CB069045

THOMSON REUTERS
REVISTA DOS
TRIBUNAIS

MINI VADE MECUM TRABALHO
LEGISLAÇÃO SELECIONADA PARA OAB E CONCURSOS

CONSOLIDAÇÃO DAS LEIS DO TRABALHO
CÓDIGO DE PROCESSO CIVIL
CONSTITUIÇÃO FEDERAL
LEGISLAÇÃO TRABALHISTA,
PROCESSUAL TRABALHISTA E PREVIDENCIÁRIA

Mini Vade Mecum Trabalho
Legislação selecionada para OAB e Concursos

Consolidação das Leis do Trabalho • Código de Processo Civil •
Constituição Federal • Legislação Trabalhista, Processual Trabalhista e
Previdenciária.

Organizadores Leone Pereira; Renato Sabino Carvalho Filho.
2. ed. rev., ampl. e atual. São Paulo. RT, 2013.

Dados Internacionais de Catalogação na Publicação (CIP)
(Câmara Brasileira do Livro, SP, Brasil)

Mini Vade Mecum Trabalho: legislação selecionada para OAB e concursos / Leone Pereira, Renato Sabino Carvalho Filho, organizadores; Darlan Barroso, Marco Antonio Araujo Junior, coordenação. – 2. ed. rev., ampl. e atual. São Paulo: Editora Revista dos Tribunais, 2013.

ISBN 978-85-203-4862-8

1. Direito – Manuais 2. Direito do trabalho – Brasil 3. Direito do trabalho – Brasil – Concursos I. Pereira, Leone. II. Carvalho Filho, Renato Sabino. III. Barroso, Darlan. IV. Araujo Junior, Marco Antonio.

13-06859 CDU-34(81)(02)

Índices para catálogo sistemático: 1. Direito: Brasil: Vademécuns 34 (81)(02) 2. Vademécuns: Direito: Brasil 34 (81)(02)

LEONE PEREIRA
RENATO SABINO CARVALHO FILHO
organizadores

2013

mini VADE MECUM
TRABALHO

Legislação selecionada para OAB e Concursos

2.ª edição
revista, ampliada e atualizada

Destaques

- Constituição Federal na íntegra
- Notas remissivas abrangentes
- Índices completos:
 - sistemáticos da CF, CLT e CPC
 - alfabético-remissivo da CF
 - alfabético-remissivo da CLT, integrado com leis, súmulas e orientações jurisprudenciais
 - alfabético-remissivo do CPC, integrado com leis e súmulas
 - de matérias da legislação trabalhista
 - cronológico geral
- Projeto gráfico diferenciado, com cabeçalhos que indicam normas e artigos
- Papel e tipo de letra especiais
- Fita marcadora

Atualizado até 19.07.2013

DARLAN BARROSO
MARCO ANTONIO ARAUJO JUNIOR
coordenação

THOMSON REUTERS
REVISTA DOS TRIBUNAIS

Mini Vade Mecum Trabalho
Legislação selecionada para OAB e Concursos

Consolidação das Leis do Trabalho • Código de Processo Civil •
Constituição Federal • Legislação Trabalhista, Processual
Trabalhista e Previdenciária.

Organizadores Leone Pereira; Renato Sabino Carvalho Filho

2. ed. rev., ampl. e atual. São Paulo. RT, 2013.

Diagramação eletrônica: Editora Revista dos Tribunais Ltda., CNPJ 60.501.293/0001-12.
Impressão e encadernação: Geo-Gráfica e Editora Ltda., CNPJ 44.197.044/0001-29.

© desta edição [2013]

EDITORA REVISTA DOS TRIBUNAIS LTDA.

GISELLE TAPAI
Diretora responsável

Visite nosso *site*
www.rt.com.br

CENTRAL DE RELACIONAMENTO RT
(atendimento, em dias úteis, das 8 às 17 horas)

Tel. 0800-702-2433

e-mail de atendimento ao consumidor
sac@rt.com.br

Rua do Bosque, 820 – Barra Funda
Tel. 11 3613-8400 – Fax 11 3613-8450
CEP 01136-000 – São Paulo, SP, Brasil

TODOS OS DIREITOS RESERVADOS. Proibida a reprodução total ou parcial, por qualquer meio ou processo, especialmente por sistemas gráficos, microfílmicos, fotográficos, reprográficos, fonográficos, videográficos. Vedada a memorização e/ou a recuperação total ou parcial, bem como a inclusão de qualquer parte desta obra em qualquer sistema de processamento de dados. Essas proibições aplicam-se também às características gráficas da obra e à sua editoração. A violação dos direitos autorais é punível como crime (art. 184 e parágrafos, do Código Penal), com pena de prisão e multa, conjuntamente com busca e apreensão e indenizações diversas (arts. 101 a 110 da Lei 9.610, de 19.02.1998, Lei dos Direitos Autorais).

Impresso no Brasil [07- 2013]

Atualizada até [19.07.2013]

ISBN 978-85-203-4862-8

Apresentação

A EDITORA REVISTA DOS TRIBUNAIS lança a 2. edição da Coleção Mini Vade Mecum, destinada a prover candidatos no Exame da OAB e em concursos em geral com todo o material legislativo necessário permitido pelos respectivos editais.

Em seu segmento, a Coleção Mini Vade Mecum não encontra similar, inicialmente por ser coordenada por dois profissionais do Direito diretamente envolvidos com tais certames há muitos anos, o que lhes confere vasta experiência e conhecimento; e, depois, por ter como suporte a legislação compilada pela RT, criteriosamente reproduzida das publicações oficiais e sempre atualizada.

Cada volume da Coleção é dedicado a um ramo do Direito. Organizado por juristas de renome, seu formato, tipo de letra e diagramação foram especialmente selecionados para proporcionar mais praticidade e agilidade à pesquisa, que é ainda mais facilitada e sistematizada pelo auxílio de fitas marcadoras coloridas.

O presente volume foi organizado por LEONE PEREIRA – mestre em Direito do Trabalho e Direito Processual do Trabalho pela PUC-SP; especialista em Direito do Trabalho e Direito Processual do Trabalho com capacitação para o ensino no magistério superior; professor de Direito do Trabalho, Direito Processual do Trabalho e Direito Processual Civil no Complexo Educacional Damásio de Jesus; coordenador da Área Trabalhista no Complexo Educacional Damásio de Jesus; professor e palestrante sobre Direito do Trabalho e Direito Processual do Trabalho na Escola Superior de Advocacia – ESA-SP; professor de Direito do Trabalho e Processo do Trabalho na Fundação Getulio Vargas (FGV); MBA em Direito do Trabalho; autor de diversas obras e artigos jurídicos; advogado – e RENATO SABINO CARVALHO FILHO – mestrando em Direito do Trabalho pela PUC-SP; professor no Complexo Educacional Damásio de Jesus e em cursos de especialização; autor de várias obras e artigos na área trabalhista; juiz do Trabalho.

A Editora Revista dos Tribunais procura sempre consultar as necessidades dos seus leitores, esperando, assim, merecer a sua preferência. Para isso, garante empenho permanente no aperfeiçoamento dos seus produtos e não prescinde de críticas e sugestões.

Darlan Barroso
Marco Antonio Araujo Junior
Coordenadores

Índice Geral

Apresentação ... 5

CONSTITUIÇÃO FEDERAL
Índice Sistemático da Constituição da República Federativa do Brasil 11
Índice Cronológico das Emendas à Constituição da República Federativa do Brasil.. 15
Constituição da República Federativa do Brasil....................................... 21
Ato das Disposições Constitucionais Transitórias.................................... 139
Emendas à Constituição da República Federativa do Brasil 167
Lei de Introdução às normas do Direito Brasileiro 201

CONSOLIDAÇÃO DAS LEIS DO TRABALHO
Índice Sistemático da Consolidação das Leis do Trabalho 207
Notas de Atualização.. 213
Exposição de Motivos da Consolidação das Leis do Trabalho............... 215
Consolidação das Leis do Trabalho.. 223

CÓDIGO DE PROCESSO CIVIL
Índice Sistemático do Código de Processo Civil...................................... 381
Exposição de Motivos do Código de Processo Civil............................... 389
Código de Processo Civil ... 405

LEGISLAÇÃO TRABALHISTA ... 577

LEGISLAÇÃO PROCESSUAL TRABALHISTA.. 1037

LEGISLAÇÃO PREVIDENCIÁRIA
I. Plano de Custeio ... 1149
II. Planos de Benefícios.. 1183

III. Regulamento da Previdência Social ... 1216
IV. Legislação Previdenciária .. 1341

REGIMENTO INTERNO DO TRIBUNAL SUPERIOR DO TRABALHO – TST 1431

SÚMULAS SELECIONADAS

Supremo Tribunal Federal – STF
 I. Súmulas vinculantes ... 1475
 II. Súmulas ... 1477
Superior Tribunal de Justiça – STJ ... 1487
Tribunal Federal de Recursos – TFR .. 1495
Tribunal Superior do Trabalho – TST ... 1499
Orientações Jurisprudenciais do Tribunal Pleno – TST 1540
Orientações Jurisprudenciais da SDI (subseção I) – TST 1542
Orientações Jurisprudenciais da SDI (subseção I) – Transitória – TST 1570
Orientações Jurisprudenciais da SDI (subseção II) – TST 1580
Orientações Jurisprudenciais da SDC – TST 1590
Precedentes Normativos – TST ... 1593

ÍNDICES

Índice Alfabético-remissivo da Constituição da República Federativa do Brasil ... 1605
Índice Alfabético-remissivo da CLT, da Legislação Trabalhista e Previdenciária, das Súmulas selecionadas, das Orientações Jurisprudenciais e Precedentes Normativos do TST ... 1685
Índice Alfabético-remissivo do Código de Processo Civil, da Legislação Processual Trabalhista e das Súmulas selecionadas 1771
Índice de Matérias da Legislação Trabalhista 1829
Índice Cronológico da Legislação (geral) 1845

CONSTITUIÇÃO FEDERAL

- Índice Sistemático da Constituição da República Federativa do Brasil

- Índice Cronológico das Emendas à Constituição da República Federativa do Brasil

- Constituição da República Federativa do Brasil

- Ato das Disposições Constitucionais Transitórias

- Emendas à Constituição da República Federativa do Brasil

- Lei de Introdução às normas do Direito Brasileiro

ÍNDICE SISTEMÁTICO DA CONSTITUIÇÃO DA REPÚBLICA FEDERATIVA DO BRASIL

Preâmbulo, **21**

TÍTULO I
DOS PRINCÍPIOS FUNDAMENTAIS

Arts. 1º a 4º, **21**

TÍTULO II
DOS DIREITOS E GARANTIAS FUNDAMENTAIS

Arts. 5º a 17, **22**

Capítulo I – Dos direitos e deveres individuais e coletivos (art. 5º), **22**

Capítulo II – Dos direitos sociais (arts. 6º a 11), **30**

Capítulo III – Da nacionalidade (arts. 12 e 13), **33**

Capítulo IV – Dos direitos políticos (arts. 14 a 16), **34**

Capítulo V – Dos partidos políticos (art. 17), **35**

TÍTULO III
DA ORGANIZAÇÃO DO ESTADO

Arts. 18 a 43, **36**

Capítulo I – Da organização político-administrativa (arts. 18 e 19), **36**

Capítulo II – Da União (arts. 20 a 24), **36**

Capítulo III – Dos Estados federados (arts. 25 a 28), **42**

Capítulo IV – Dos Municípios (arts. 29 a 31), **43**

Capítulo V – Do Distrito Federal e dos Territórios (arts. 32 e 33), **46**

Seção I – Do Distrito Federal (art. 32), **46**

Seção II – Dos Territórios (art. 33), **47**

Capítulo VI – Da intervenção (arts. 34 a 36), **47**

Capítulo VII – Da administração pública (arts. 37 a 43), **48**

Seção I – Disposições gerais (arts. 37 e 38), **48**

Seção II – Dos servidores públicos (arts. 39 a 41), **53**

Seção III – Dos militares dos Estados, do Distrito Federal e dos Territórios (art. 42), **57**

Seção IV – Das regiões (art. 43), **57**

TÍTULO IV
DA ORGANIZAÇÃO DOS PODERES

Arts. 44 a 135, **58**

Capítulo I – Do Poder Legislativo (arts. 44 a 75), **58**

Seção I – Do Congresso Nacional (arts. 44 a 47), **58**

Seção II – Das atribuições do Congresso Nacional (arts. 48 a 50), **58**

Seção III – Da Câmara dos Deputados (art. 51), **60**

Seção IV – Do Senado Federal (art. 52), **60**

Seção V – Dos Deputados e dos Senadores (arts. 53 a 56), **61**

Seção VI – Das reuniões (art. 57), **62**

ÍNDICE SISTEMÁTICO DA CF

Seção VII – Das comissões (art. 58), **63**

Seção VIII – Do processo legislativo (arts. 59 a 69), **64**

Subseção I – Disposição geral (art. 59), **64**

Subseção II – Da emenda à Constituição (art. 60), **64**

Subseção III – Das leis (arts. 61 a 69), **64**

Seção IX – Da fiscalização contábil, financeira e orçamentária (arts. 70 a 75), **67**

Capítulo II – Do Poder Executivo (arts. 76 a 91), **69**

Seção I – Do Presidente e do Vice-Presidente da República (arts. 76 a 83), **69**

Seção II – Das atribuições do Presidente da República (art. 84), **70**

Seção III – Da responsabilidade do Presidente da República (arts. 85 e 86), **71**

Seção IV – Dos Ministros de Estado (arts. 87 e 88), **72**

Seção V – Do Conselho da República e do Conselho de Defesa Nacional (arts. 89 a 91), **72**

Subseção I – Do Conselho da República (arts. 89 e 90), **72**

Subseção II – Do Conselho de Defesa Nacional (art. 91), **73**

Capítulo III – Do Poder Judiciário (arts. 92 a 126), **73**

Seção I – Disposições gerais (arts. 92 a 100), **73**

Seção II – Do Supremo Tribunal Federal (arts. 101 a 103-B), **78**

Seção III – Do Superior Tribunal de Justiça (arts. 104 e 105), **83**

Seção IV – Dos Tribunais Regionais Federais e dos Juízes Federais (arts. 106 a 110), **84**

Seção V – Dos Tribunais e Juízes do Trabalho (arts. 111 a 117), **86**

Seção VI – Dos Tribunais e Juízes Eleitorais (arts. 118 a 121), **88**

Seção VII – Dos Tribunais e Juízes Militares (arts. 122 a 124), **89**

Seção VIII – Dos Tribunais e Juízes dos Estados (arts. 125 e 126), **89**

Capítulo IV – Das funções essenciais à Justiça (arts. 127 a 135), **90**

Seção I – Do Ministério Público (arts. 127 a 130-A), **90**

Seção II – Da Advocacia Pública (arts. 131 e 132), **93**

Seção III – Da Advocacia e da Defensoria Pública (arts. 133 a 135), **94**

TÍTULO V
DA DEFESA DO ESTADO E DAS INSTITUIÇÕES DEMOCRÁTICAS

Arts. 136 a 144, **95**

Capítulo I – Do estado de defesa e do estado de sítio (arts. 136 a 141), **95**

Seção I – Do estado de defesa (art. 136), **95**

Seção II – Do estado de sítio (arts. 137 a 139), **95**

Seção III – Disposições gerais (arts. 140 e 141), **96**

Capítulo II – Das Forças Armadas (arts. 142 e 143), **96**

Capítulo III – Da segurança pública (art. 144), **97**

TÍTULO VI
DA TRIBUTAÇÃO E DO ORÇAMENTO

Arts. 145 a 169, **98**

Capítulo I – Do sistema tributário nacional (arts. 145 a 162), **98**

Seção I – Dos princípios gerais (arts. 145 a 149-A), **98**

ÍNDICE SISTEMÁTICO DA CF

Seção II – Das limitações do poder de tributar (arts. 150 a 152), **100**

Seção III – Dos impostos da União (arts. 153 e 154), **102**

Seção IV – Dos impostos dos Estados e do Distrito Federal (art. 155), **103**

Seção V – Dos impostos dos Municípios (art. 156), **105**

Seção VI – Da repartição das receitas tributárias (arts. 157 a 162), **106**

Capítulo II – Das finanças públicas (arts. 163 a 169), **108**

Seção I – Normas gerais (arts. 163 e 164), **108**

Seção II – Dos orçamentos (arts. 165 a 169), **109**

TÍTULO VII
DA ORDEM ECONÔMICA E FINANCEIRA

Arts. 170 a 192, **113**

Capítulo I – Dos princípios gerais da atividade econômica (arts. 170 a 181), **113**

Capítulo II – Da política urbana (arts. 182 e 183), **116**

Capítulo III – Da política agrícola e fundiária e da reforma agrária (arts. 184 a 191), **117**

Capítulo IV – Do sistema financeiro nacional (art. 192), **118**

TÍTULO VIII
DA ORDEM SOCIAL

Arts. 193 a 232, **118**

Capítulo I – Disposição geral (art. 193), **118**

Capítulo II – Da seguridade social (arts. 194 a 204), **118**

Seção I – Disposições gerais (arts. 194 e 195), **119**

Seção II – Da saúde (arts. 196 a 200), **120**

Seção III – Da previdência social (arts. 201 e 202), **122**

Seção IV – Da assistência social (arts. 203 e 204), **124**

Capítulo III – Da educação, da cultura e do desporto (arts. 205 a 217), **125**

Seção I – Da educação (arts. 205 a 214), **125**

Seção II – Da cultura (arts. 215 a 216-A), **128**

Seção III – Do desporto (art. 217), **130**

Capítulo IV – Da ciência e tecnologia (arts. 218 e 219), **130**

Capítulo V – Da comunicação social (arts. 220 a 224), **131**

Capítulo VI – Do meio ambiente (art. 225), **133**

Capítulo VII – Da família, da criança, do adolescente, do jovem e do idoso (arts. 226 a 230), **134**

Capítulo VIII – Dos índios (arts. 231 e 232), **136**

TÍTULO IX
DAS DISPOSIÇÕES CONSTITUCIONAIS GERAIS

Arts. 233 a 250, **136**

ATO DAS DISPOSIÇÕES CONSTITUCIONAIS TRANSITÓRIAS

Arts. 1º a 97, **139**

ÍNDICE CRONOLÓGICO DAS EMENDAS À CONSTITUIÇÃO DA REPÚBLICA FEDERATIVA DO BRASIL

EMENDAS CONSTITUCIONAIS DE REVISÃO

n. 1 – de 1º de março de 1994 .. 168
n. 2 – de 7 de junho de 1994 ... 168
n. 3 – de 7 de junho de 1994 ... 169
n. 4 – de 7 de junho de 1994 ... 169
n. 5 – de 7 de junho de 1994 ... 169
n. 6 – de 7 de junho de 1994 ... 169

EMENDAS CONSTITUCIONAIS

n. 1 – de 31 de março de 1992 – Dispõe sobre a remuneração dos Deputados Estaduais e dos Vereadores. .. 167

n. 2 – de 25 de agosto de 1992 – Dispõe sobre o plebiscito previsto no art. 2º do Ato das Disposições Constitucionais Transitórias. 167

n. 3 – de 17 de março de 1993 – Altera dispositivos da Constituição Federal. 167

n. 4 – de 14 de setembro de 1993 – Dá nova redação ao art. 16 da Constituição Federal. ... 168

n. 5 – de 15 de agosto de 1995 – Altera o § 2º do art. 25 da Constituição Federal. 170

n. 6 – de 15 de agosto de 1995 – Altera o inciso IX do art. 170, o art. 171 e o § 1º do art. 176 da Constituição Federal. .. 170

n. 7 – de 15 de agosto de 1995 – Altera o art. 178 da Constituição Federal e dispõe sobre a adoção de Medidas Provisórias. 170

n. 8 – de 15 de agosto de 1995 – Altera o inciso XI e a alínea a do inciso XII do art. 21 da Constituição Federal. ... 170

n. 9 – de 9 de novembro de 1995 – Dá nova redação ao art. 177 da Constituição Federal, alterando e inserindo parágrafos. 171

n. 10 – de 4 de março de 1996 – Altera os arts. 71 e 72 do Ato das Disposições Constitucionais Transitórias, introduzidos pela Emenda Constitucional de Revisão n. 1, de 1994. ... 171

n. 11 – de 30 de abril de 1996 – Permite a admissão de professores, técnicos e cientistas estrangeiros pelas universidades brasileiras e concede autonomia às instituições de pesquisa científica e tecnológica. 171

Cronológico das Emendas à CF

n. 12 – de 15 de agosto de 1996 – Outorga competência à União, para instituir contribuição provisória sobre movimentação ou transmissão de valores e de créditos e direitos de natureza financeira. 171

n. 13 – de 21 de agosto de 1996 – Dá nova redação ao inciso II do art. 192 da Constituição Federal. 172

n. 14 – de 12 de setembro de 1996 – Modifica os arts. 34, 208, 211 e 212 da Constituição Federal e dá nova redação ao art. 60 do Ato das Disposições Constitucionais Transitórias. 172

n. 15 – de 12 de setembro de 1996 – Dá nova redação ao § 4º do art. 18 da Constituição Federal. 172

n. 16 – de 4 de junho de 1997 – Dá nova redação ao § 5º do art. 14, ao *caput* do art. 28, ao inciso II do art. 29, ao *caput* do art. 77 e ao art. 82 da Constituição Federal. 173

n. 17 – de 22 de novembro de 1997 – Altera dispositivos dos arts. 71 e 72 do Ato das Disposições Constitucionais Transitórias, introduzidos pela Emenda Constitucional de Revisão n. 1, de 1994. 173

n. 18 – de 5 de fevereiro de 1998 – Dispõe sobre o regime constitucional dos militares. 174

n. 19 – de 4 de junho de 1998 – Modifica o regime e dispõe sobre princípios e normas da Administração Pública, servidores e agentes políticos, controle de despesas e finanças públicas e custeio de atividades a cargo do Distrito Federal, e dá outras providências. 174

n. 20 – de 15 de dezembro de 1998 – Modifica o sistema de previdência social, estabelece normas de transição e dá outras providências. 176

n. 21 – de 18 de março de 1999 – Prorroga, alterando a alíquota, a contribuição provisória sobre movimentação ou transmissão de valores e de créditos e de direitos de natureza financeira, a que se refere o art. 74 do Ato das Disposições Constitucionais Transitórias. 178

n. 22 – de 18 de março de 1999 – Acrescenta parágrafo único ao art. 98 e altera as alíneas *i* do inciso I do art. 102 e *c* do inciso I do art. 105 da Constituição Federal 179

n. 23 – de 2 de setembro de 1999 – Altera os arts. 12, 52, 84, 91, 102 e 105 da Constituição Federal (criação do Ministério da Defesa) 179

n. 24 – de 9 de dezembro de 1999 – Altera dispositivos da Constituição Federal pertinentes à representação classista na Justiça do Trabalho. 179

n. 25 – de 14 de fevereiro de 2000 – Altera o inciso VI do art. 29 e acrescenta o art. 29-A à Constituição Federal, que dispõem sobre limites de despesas com o Poder Legislativo Municipal 179

n. 26 – de 14 de fevereiro de 2000 – Altera a redação do art. 6º da Constituição Federal 180

n. 27 – de 21 de março de 2000 – Acrescenta o art. 76 ao Ato das Disposições Constitucionais Transitórias, instituindo a desvinculação de arrecadação de impostos e contribuições sociais da União 180

n. 28 – de 25 de maio de 2000 – Dá nova redação ao inciso XXIX do art. 7º e revoga o art. 233 da Constituição Federal. 180

Cronológico das Emendas à CF

n. 29 – de 13 de setembro de 2000 – Altera os arts. 34, 35, 156, 160, 167 e 198 da Constituição Federal e acrescenta artigo ao Ato das Disposições Constitucionais Transitórias, para assegurar os recursos mínimos para o financiamento das ações e serviços públicos de saúde. 180

n. 30 – de 13 de setembro de 2000 – Altera a redação do art. 100 da Constituição Federal e acrescenta o art. 78 no Ato das Disposições Constitucionais Transitórias, referente ao pagamento de precatórios judiciários. 181

n. 31 – de 14 de dezembro de 2000 – Altera o Ato das Disposições Constitucionais Transitórias, introduzindo artigos que criam o Fundo de Combate e Erradicação da Pobreza. 181

n. 32 – de 11 de setembro de 2001 – Altera dispositivos dos arts. 48, 57, 61, 62, 64, 66, 84, 88 e 246 da Constituição Federal, e dá outras providências. 182

n. 33 – de 11 de dezembro de 2001 – Altera os arts. 149, 155 e 177 da Constituição Federal. 182

n. 34 – de 13 de dezembro de 2001 – Dá nova redação à alínea c do inciso XVI do art. 37 da Constituição Federal. 182

n. 35 – de 20 de dezembro de 2001 – Dá nova redação ao art. 53 da Constituição Federal. 182

n. 36 – de 28 de maio de 2002 – Dá nova redação ao art. 222 da Constituição Federal, para permitir a participação de pessoas jurídicas no capital social de empresas jornalísticas e de radiodifusão sonora e de sons e imagens, nas condições que especifica. 183

n. 37 – de 12 de junho de 2002 – Altera os arts. 100 e 156 da Constituição Federal e acrescenta os arts. 84, 85, 86, 87 e 88 ao Ato das Disposições Constitucionais Transitórias. 183

n. 38 – de 12 de junho de 2002 – Acrescenta o art. 89 ao Ato das Disposições Constitucionais Transitórias, incorporando os Policiais Militares do extinto Território Federal de Rondônia aos Quadros da União. 183

n. 39 – de 19 de dezembro de 2002 – Acrescenta o art. 149-A à Constituição Federal (instituindo contribuição para custeio do serviço de iluminação pública nos Municípios e no Distrito Federal). 184

n. 40 – de 29 de maio de 2003 – Altera o inciso V do art. 163 e o art. 192 da Constituição Federal, e o *caput* do art. 52 do Ato das Disposições Constitucionais Transitórias. 184

n. 41 – de 19 de dezembro de 2003 – Modifica os arts. 37, 40, 42, 48, 96, 149 e 201 da Constituição Federal, revoga o inciso IX do § 3º do art. 142 da Constituição Federal e dispositivos da Emenda Constitucional n. 20, de 15 de dezembro de 1998, e dá outras providências. 184

n. 42 – de 19 de dezembro de 2003 – Altera o Sistema Tributário Nacional e dá outras providências. 187

n. 43 – de 15 de abril de 2004 – Altera o art. 42 do Ato das Disposições Constitucionais Transitórias, prorrogando, por 10 (dez) anos, a aplicação, por parte da União, de percentuais mínimos do total dos recursos destinados à irrigação nas Regiões Centro-Oeste e Nordeste. 188

n. 44 – de 30 de junho de 2004 – Altera o Sistema Tributário Nacional e dá outras providências. 188

Cronológico das Emendas à CF

n. 45 – de 8 de dezembro de 2004 – Altera dispositivos dos arts. 5º, 36, 52, 92, 93, 95, 98, 99, 102, 103, 104, 105, 107, 109, 111, 112, 114, 115, 125, 126, 127, 128, 129, 134 e 168 da Constituição Federal, e acrescenta os arts. 103-A, 103-B, 111-A e 130-A, e dá outras providências. 188

n. 46 – de 5 de maio de 2005 – Altera o inciso IV do art. 20 da Constituição Federal. 189

n. 47 – de 5 de julho de 2005 – Altera os arts. 37, 40, 195 e 201 da Constituição Federal, para dispor sobre a previdência social, e dá outras providências. ... 190

n. 48 – de 10 de agosto de 2005 – Acrescenta o § 3º ao art. 215 da Constituição Federal, instituindo o Plano Nacional de Cultura. 190

n. 49 – de 8 de fevereiro de 2006 – Altera a redação da alínea *b* e acrescenta alínea *c* ao inciso XXIII do *caput* do art. 21 e altera a redação do inciso V do *caput* do art. 177 da Constituição Federal para excluir do monopólio da União a produção, a comercialização e a utilização de radioisótopos de meia-vida curta, para usos médicos, agrícolas e industriais. 191

n. 50 – de 14 de fevereiro de 2006 – Modifica o art. 57 da Constituição Federal. ... 191

n. 51 – de 14 de fevereiro de 2006 – Acrescenta os §§ 4º, 5º e 6º ao art. 198 da Constituição Federal. 191

n. 52 – de 8 de março de 2006 – Dá nova redação ao § 1º do art. 17 da Constituição Federal para disciplinar as coligações eleitorais. 192

n. 53 – de 19 de dezembro de 2006 – Dá nova redação aos arts. 7º, 23, 30, 206, 208, 211 e 212 da Constituição Federal e ao art. 60 do Ato das Disposições Constitucionais Transitórias. 192

n. 54 – de 20 de setembro de 2007 – Dá nova redação à alínea *c* do inciso I do art. 12 da Constituição Federal e acrescenta art. 95 ao Ato das Disposições Constitucionais Transitórias, assegurando o registro nos consulados de brasileiros nascidos no estrangeiro. 192

n. 55 – de 20 de setembro de 2007 – Altera o art. 159 da Constituição Federal, aumentando a entrega de recursos pela União ao Fundo de Participação dos Municípios. 193

n. 56 – de 20 de dezembro de 2007 – Prorroga o prazo previsto no *caput* do art. 76 do Ato das Disposições Constitucionais Transitórias e dá outras providências. 193

n. 57 – de 18 de dezembro de 2008 – Acrescenta artigo ao Ato das Disposições Constitucionais Transitórias para convalidar os atos de criação, fusão, incorporação e desmembramento de Municípios 193

n. 58 – de 23 de setembro de 2009 – Altera a redação do inciso IV do *caput* do art. 29 e do art. 29-A da Constituição Federal, tratando das disposições relativas à recomposição das Câmaras Municipais 193

n. 59 – de 11 de novembro de 2009 – Acrescenta § 3º ao art. 76 do Ato das Disposições Constitucionais Transitórias para reduzir, anualmente, a partir do exercício de 2009, o percentual da Desvinculação das Receitas da União incidente sobre os recursos destinados à manutenção e desenvolvimento do ensino de que trata o art. 212 da Constituição Federal, dá nova redação aos incisos I e VII do art. 208, de forma a prever a obrigatoriedade do ensino de quatro a dezessete anos e ampliar a abrangência dos programas suplementares para todas as etapas da educação básica, e dá nova redação ao § 4º do art. 211 e ao § 3º do art. 212 e ao *caput* do art. 214, com a inserção neste dispositivo de inciso VI. 194

Cronológico das Emendas à CF

n. 60 – de 11 de novembro de 2009 – Altera o art. 89 do Ato das Disposições Constitucionais Transitórias para dispor sobre o quadro de servidores civis e militares do ex-Território Federal de Rondônia 195

n. 61 – de 11 de novembro de 2009 – Altera o art. 103-B da Constituição Federal, para modificar a composição do Conselho Nacional de Justiça 195

n. 62 – de 9 de dezembro de 2009 – Altera o art. 100 da Constituição Federal e acrescenta o art. 97 ao Ato das Disposições Constitucionais Transitórias, instituindo regime especial de pagamento de precatórios pelos Estados, Distrito Federal e Municípios .. 195

n. 63 – de 4 de fevereiro de 2010 – Altera o § 5º do art. 198 da Constituição Federal para dispor sobre piso salarial profissional nacional e diretrizes para os Planos de Carreira de agentes comunitários de saúde e de agentes de combate às endemias .. 196

n. 64 – de 4 de fevereiro de 2010 – Altera o art. 6º da Constituição Federal, para introduzir a alimentação como direito social 196

n. 65 – de 13 de julho de 2010 – Altera a denominação do Capítulo VII do Título VIII da Constituição Federal e modifica o seu art. 227, para cuidar dos interesses da juventude .. 196

n. 66 – de 13 de julho de 2010 – Dá nova redação ao § 6º do art. 226 da Constituição Federal, que dispõe sobre a dissolubilidade do casamento civil pelo divórcio, suprimindo o requisito de prévia separação judicial por mais de 1 (um) ano ou de comprovada separação de fato por mais de 2 (dois) anos .. 196

n. 67 – de 22 de dezembro de 2010 – Prorroga, por tempo indeterminado, o prazo de vigência do Fundo de Combate e Erradicação da Pobreza 197

n. 68 – de 21 de dezembro de 2011 – Altera o art. 76 do Ato da Disposições Constitucionais Transitórias ... 197

n. 69 – de 29 de março de 2012 – Altera os arts. 21, 22 e 48 da Constituição Federal, para transferir da União para o Distrito Federal as atribuições de organizar e manter a Defensoria Pública do Distrito Federal. 197

n. 70 – de 29 de março de 2012 – Acrescenta art. 6º-A à Emenda Constitucional 41, de 2003, para estabelecer critérios para o cálculo e a correção dos proventos da aposentadoria por invalidez dos servidores públicos que ingressaram no serviço público até a data da publicação daquela Emenda Constitucional. ... 198

n. 71 – de 29 de novembro de 2012 – Acrescenta o art. 216-A à Constituição Federal para instituir o Sistema Nacional de Cultura. 198

n. 72 – de 2 de abril de 2013 – Altera a redação do parágrafo único do art. 7º da Constituição Federal para estabelecer a igualdade de direitos trabalhistas entre os trabalhadores domésticos e os demais trabalhadores urbanos e rurais. 198

n. 73 – de 6 de junho de 2013 – Cria os Tribunais Regionais Federais da 6ª, 7ª, 8ª e 9ª Regiões. ... 199

n. 74 – de 2013 – Altera o art. 134 da Constituição Federal.. 199

CRONOLÓGICO DAS EMENDAS À CF

n. 60 — de 11 de novembro de 2009 — Altera o art. 89 do Ato das Disposições Constitucionais Transitórias, para dispor sobre o quadro de servidores civis e militares do ex-Território Federal de Rondônia ... 195

n. 61 — de 11 de novembro de 2009 — Altera o art. 103-B da Constituição Federal, para modificar a composição do Conselho Nacional de Justiça 195

n. 62 — de 9 de dezembro de 2009 — Altera o art. 100 da Constituição Federal e acrescenta o art. 97 ao Ato das Disposições Constitucionais Transitórias, instituindo regime especial de pagamento de precatórios pelos Estados, Distrito Federal e Municípios ... 195

n. 63 — de 4 de fevereiro de 2010 — Altera o § 5º do art. 198 da Constituição Federal para dispor sobre piso salarial, profissional nacional e diretrizes para os planos de carreira de agentes comunitários de saúde e de agentes de combate às endemias .. 196

n. 64 — de 4 de fevereiro de 2010 — Altera o art. 6º da Constituição Federal, para introduzir a alimentação como direito social 196

n. 65 — de 13 de julho de 2010 — Altera a denominação do Capítulo VII do Título VIII da Constituição Federal e modifica o seu art. 227, para cuidar dos interesses da juventude .. 196

n. 66 — de 13 de julho de 2010 — Dá nova redação ao § 6º do art. 226 da Constituição Federal, que dispõe sobre a dissolubilidade do casamento civil pelo divórcio, suprimindo o requisito de prévia separação judicial por mais de 1 (um) ano ou de comprovada separação de fato por mais de 2 (dois) anos 196

n. 67 — de 22 de dezembro de 2010 — Prorroga, por tempo indeterminado, o prazo de vigência do Fundo de Combate e Erradicação da Pobreza 197

n. 68 — de 21 de dezembro de 2011 — Altera o art. 76 do Ato das Disposições Constitucionais Transitórias .. 197

n. 69 — de 29 de março de 2012 — Altera os arts. 21, 22 e 48 da Constituição Federal, para transferir da União para o Distrito Federal as atribuições de organizar e manter a Defensoria Pública do Distrito Federal 197

n. 70 — de 29 de março de 2012 — Acrescenta art. 6º-A à Emenda Constitucional 41, de 2003, para estabelecer critérios para o cálculo e a correção dos proventos de aposentadoria por invalidez dos servidores públicos que ingressaram no serviço público até a data da publicação daquela Emenda Constitucional 198

n. 71 — de 29 de novembro de 2012 — Acrescenta o art. 216-A à Constituição Federal para instituir o Sistema Nacional de Cultura 198

n. 72 — de 2 de abril de 2013 — Altera a redação do parágrafo único do art. 7º da Constituição Federal para estabelecer a igualdade de direitos trabalhistas entre os trabalhadores domésticos e os demais trabalhadores urbanos e rurais ... 198

n. 73 — de 6 de junho de 2013 — Cria os Tribunais Regionais Federais da 6ª, 7ª, 8ª e 9ª Regiões .. 199

n. 74 — de 2013 — Altera o art. 134 da Constituição Federal 199

CONSTITUIÇÃO DA REPÚBLICA FEDERATIVA DO BRASIL

Promulgada em 05.10.1988
Preâmbulo

Nós, representantes do povo brasileiro, reunidos em Assembleia Nacional Constituinte para instituir um Estado Democrático, destinado a assegurar o exercício dos direitos sociais e individuais, a liberdade, a segurança, o bem-estar, o desenvolvimento, a igualdade e a justiça como valores supremos de uma sociedade fraterna, pluralista e sem preconceitos, fundada na harmonia social e comprometida, na ordem interna e internacional, com a solução pacífica das controvérsias, promulgamos, sob a proteção de Deus, a seguinte Constituição da República Federativa do Brasil.

TÍTULO I
DOS PRINCÍPIOS FUNDAMENTAIS

Art. 1° A República Federativa do Brasil, formada pela união indissolúvel dos Estados e Municípios e do Distrito Federal, constitui-se em Estado Democrático de Direito e tem como fundamentos:

- V. arts. 18, *caput*, e 60, § 4°, I, CF.

I – a soberania;

- V. arts. 20, VI, 21, I e III, 84, VII, VIII, XIX e XX, CF.
- V. arts. 201, 202, 210 e 211, CPC.
- V. arts. 780 a 790, CPP.
- V. arts. 215 a 229, RISTF.

II – a cidadania;

- V. arts. 5°, XXXIV, LIV, LXXI, LXXIII e LXXVII, e 60, § 4°, IV, CF.
- V. Lei 9.265/1996 (Gratuidade dos atos necessários ao exercício da cidadania).

III – a dignidade da pessoa humana;

- V. arts. 5°, XLII, XLIII, XLVIII, XLIX, L, 34, VII, *b*, 226, § 7°, 227 e 230, CF.
- V. art. 8°, III, Lei 11.340/2006 (Violência doméstica e familiar contra a mulher).
- V. Súmula vinculante 11, STF.

IV – os valores sociais do trabalho e da livre iniciativa;

- V. arts. 6° a 11 e 170, CF.

V – o pluralismo político.

- V. art. 17, CF.
- V. Lei 9.096/1995 (Lei Orgânica dos Partidos Políticos).

Parágrafo único. Todo o poder emana do povo, que o exerce por meio de representantes eleitos ou diretamente, nos termos desta Constituição.

- V. arts. 14, 27, § 4°, 29, XIII, 60, § 4°, II, e 61, § 2°, CF.
- V. art. 1°, Lei 9.709/1998 (Regulamenta a execução do disposto nos incisos I, II e III do art. 14 da CF).

Art. 2° São Poderes da União, independentes e harmônicos entre si, o Legislativo, o Executivo e o Judiciário.

- V. art. 60, § 4°, III, CF.

Art. 3° Constituem objetivos fundamentais da República Federativa do Brasil:

I – construir uma sociedade livre, justa e solidária;

- V. art. 29-1, *d*, Dec. 99.710/1990 (Promulga a Convenção sobre os Direitos da Criança).
- V. art. 10-1, Dec. 591/1992 (Pacto Internacional sobre Direitos Econômicos, Sociais e Culturais).

II – garantir o desenvolvimento nacional;

- V. arts. 23, parágrafo único, e 174, § 1°, CF.

III – erradicar a pobreza e a marginalização e reduzir as desigualdades sociais e regionais;

- V. arts. 23, X, e 214, CF.
- V. arts. 79 a 81, ADCT.
- V. Emenda Constitucional n. 31/2000 (Fundo de Combate e Erradicação da Pobreza).
- V. LC 111/2001 (Fundo de Combate e Erradicação da Pobreza).

IV – promover o bem de todos, sem preconceitos de origem, raça, sexo, cor, idade e quaisquer outras formas de discriminação.

- V. Lei 7.716/1989 (Crimes resultantes de preconceito de raça ou de cor).

Art. 4°

CONSTITUIÇÃO FEDERAL

- V. Lei 8.081/1990 (Penas aplicáveis aos atos discriminatórios ou de preconceito de raça, cor, religião, etnia, ou procedência nacional, praticados pelos meios de comunicação ou por publicação de qualquer natureza).
- V. art. 8º, III, Lei 11.340/2006 (Violência doméstica e familiar contra a mulher).
- V. Lei 12.288/2010 (Estatuto da Igualdade Racial).
- •• V. Dec. 3.956/2001 (Convenção interamericana para a eliminação de todas as formas de discriminação contra as pessoas portadoras de deficiência).
- •• V. Dec. 4.377/2002 (Convenção sobre a eliminação de todas as formas de discriminação contra a mulher).
- •• V. Dec. 4.886/2003 (Política Nacional de Promoção da Igualdade Racial – PNPIR).
- •• V. Dec. 5.397/2005 (Composição, competência e funcionamento do Conselho Nacional de Combate à Discriminação – CNCD).
- •• V. Dec. 6.872/2009 (Plano Nacional de Promoção da Igualdade Racial – PLANAPIR).

Art. 4° A República Federativa do Brasil rege-se nas suas relações internacionais pelos seguintes princípios:

- V. arts. 21, I, e 84, VII e VIII, CF.
- V. art. 3º, *a*, LC 75/1993 (Estatuto do Ministério Público da União).
- V. art. 39, V, Lei 9.082/1995 (Lei Orçamentária de 1996).

I – independência nacional;

- V. arts. 78, *caput*, e 91, § 1º, III e IV, CF.
- V. Lei 8.183/1991 (Conselho de Defesa Nacional).
- V. Dec. 893/1993 (Conselho de Defesa Nacional – Regulamento).

II – prevalência dos direitos humanos;

- V. Dec. 678/1992 (Promulga a Convenção Americana sobre Direitos Humanos – Pacto de São José da Costa Rica).

III – autodeterminação dos povos;
IV – não intervenção;

- V. art. 2º, Dec. Leg. 44/1995 (Organização dos Estados Americanos – Protocolo de Reforma).

V – igualdade entre os Estados;
VI – defesa da paz;
VII – solução pacífica dos conflitos;
VIII – repúdio ao terrorismo e ao racismo;

- V. art. 5º, XLIII, CF.
- V. Lei 7.716/1989 (Crimes resultantes de preconceito de raça ou de cor).
- V. Lei 8.072/1990 (Crimes hediondos).
- V. Lei 12.288/2010 (Estatuto da Igualdade Racial).

- •• V. Dec. 5.639/2005 (Convenção Interamericana contra o Terrorismo).

IX – cooperação entre os povos para o progresso da humanidade;
X – concessão de asilo político.

- V. art. 98, II, Dec. 99.244/1990 (Reorganização e funcionamento dos órgãos da Presidência da República e dos Ministérios).
- V. Lei 9.474/1997 (Estatuto dos Refugiados).

Parágrafo único. A República Federativa do Brasil buscará a integração econômica, política, social e cultural dos povos da América Latina, visando à formação de uma comunidade latino-americana de nações.

- V. Dec. 350/1991 (Promulga o Tratado para a Constituição de um Mercado Comum – MERCOSUL).
- V. Dec. 922/1993 (Protocolo para a solução de controvérsias – MERCOSUL).

TÍTULO II
DOS DIREITOS E GARANTIAS FUNDAMENTAIS
Capítulo I
DOS DIREITOS E DEVERES INDIVIDUAIS E COLETIVOS

Art. 5° Todos são iguais perante a lei, sem distinção de qualquer natureza, garantindo-se aos brasileiros e aos estrangeiros residentes no País a inviolabilidade do direito à vida, à liberdade, à igualdade, à segurança e à propriedade, nos termos seguintes:

- V. arts. 5º, §§ 1º e 2º, 14, *caput*, e 60, § 4º, IV, CF.
- V. Lei 1.542/1952 (Casamento de funcionário da carreira diplomática com estrangeiros).
- V. Lei 5.709/1971 (Aquisição de imóvel rural por estrangeiro residente ou pessoa jurídica estrangeira).
- V. Dec. 74.965/1974 (Aquisição de imóvel rural por estrangeiro – Regulamento da Lei 5.709/1971).
- V. Lei 6.815/1980 (Estatuto do Estrangeiro).
- V. Dec. 86.715/1981 (Regulamenta a Lei 6.815/1980).
- V. art. 4º, Lei 8.159/1991 (Política nacional de arquivos públicos e privados).
- V. Dec. 678/1992 (Promulga a Convenção Americana sobre Direitos Humanos – Pacto de São José da Costa Rica).
- V. Lei 9.047/1995 (Altera redação do § 1º do art. 10, Dec.-lei 4.657/1942).
- V. Lei 12.288/2010 (Estatuto da Igualdade Racial).

Art. 5º

CONSTITUIÇÃO FEDERAL

I – homens e mulheres são iguais em direitos e obrigações, nos termos desta Constituição;
- V. arts. 143, § 2º, e 226, § 5º, CF.
- V. art. 372, CLT.

II – ninguém será obrigado a fazer ou deixar de fazer alguma coisa senão em virtude de lei;
- V. arts. 14, § 1º, I, e 143, CF.
- V. Súmulas 636 e 686, STF.

III – ninguém será submetido a tortura nem a tratamento desumano ou degradante;
- V. art. 5º, XLVII, XLIX, LXII, LXIII, LXV e LXVI, CF.
- V. art. 4º, b, Lei 4.898/1965 (Abuso de autoridade).
- V. arts. 2º e 8º, Lei 8.072/1990 (Crimes hediondos).
- V. Dec. 40/1991 (Ratifica convenção contra a tortura e outros tratamentos ou penas cruéis, desumanos ou degradantes).
- V. art. 5º, Dec. 678/1992 (Promulga a Convenção Americana sobre Direitos Humanos – Pacto de São José da Costa Rica).
- V. Lei 9.455/1997 (Crime de tortura).
- V. Súmula vinculante 11, STF.

IV – é livre a manifestação do pensamento, sendo vedado o anonimato;
- V. art. 220, § 1º, CF.
- V. art. 1º, Lei 7.524/1986 (Manifestação de pensamentos e opinião política por militar inativo).
- V. art. 2º, a, Lei 8.389/1991 (Conselho de Comunicação Social).
- V. art. 6º, XIV, e, LC 75/1993 (Estatuto do Ministério Público da União).

V – é assegurado o direito de resposta, proporcional ao agravo, além da indenização por dano material, moral ou à imagem;
- V. art. 220, § 1º, CF.
- V. art. 6º, Lei 8.159/1991 (Política nacional de arquivos públicos e privados).
- V. Dec. 1.171/1994 (Código de Ética Profissional do Servidor Público Civil do Poder Executivo Federal).
- V. Súmulas 37, 227 e 403, STJ.

VI – é inviolável a liberdade de consciência e de crença, sendo assegurado o livre exercício dos cultos religiosos e garantida, na forma da lei, a proteção aos locais de culto e a suas liturgias;
- V. art. 208, CP.
- V. art. 3º, d e e, Lei 4.898/1965 (Abuso de autoridade).
- V. art. 24, Lei 7.210/1984 (Lei de Execução Penal).
- V. arts. 16, III, e 124, XIV, Lei 8.069/1990 (Estatuto da Criança e do Adolescente).
- V. art. 39, Lei 8.313/1991 (Programa Nacional de Apoio à Cultura – PRONAC).
- V. art. 12-1, Dec. 678/1992 (Promulga a Convenção Americana sobre Direitos Humanos – Pacto de São José da Costa Rica).

VII – é assegurada, nos termos da lei, a prestação de assistência religiosa nas entidades civis e militares de internação coletiva;
- V. Lei 6.923/1981 (Assistência religiosa nas Forças Armadas).
- V. art. 24, Lei 7.210/1984 (Lei de Execução Penal).
- V. art. 124, XIV, Lei 8.069/1990 (Estatuto da Criança e do Adolescente).

VIII – ninguém será privado de direitos por motivo de crença religiosa ou de convicção filosófica ou política, salvo se as invocar para eximir-se de obrigação legal a todos imposta e recusar-se a cumprir prestação alternativa, fixada em lei;
- V. arts. 15, IV, e 143, §§ 1º e 2º, CF.
- V. Dec.-lei 1.002/1969 (Código de Processo Penal Militar).
- V. Lei 7.210/1984 (Lei de Execução Penal).
- V. Lei 8.239/1991 (Prestação de serviço alternativo ao serviço militar).

IX – é livre a expressão da atividade intelectual, artística, científica e de comunicação, independentemente de censura ou licença;
- V. art. 220, § 2º, CF.
- V. art. 39, Lei 8.313/1991 (Programa Nacional de Apoio à Cultura – PRONAC).
- V. art. 5º, d, LC 75/1993 (Estatuto do Ministério Público da União).
- V. Lei 9.456/1997 (Lei de Proteção de Cultivares).
- V. Lei 9.610/1998 (Direitos autorais).

X – são invioláveis a intimidade, a vida privada, a honra e a imagem das pessoas, assegurado o direito a indenização pelo dano material ou moral decorrente de sua violação;
- V. art. 37, § 3º, II, CF.
- V. arts. 4º, 6º e 23, § 1º, Lei 8.159/1991 (Política nacional de arquivos públicos e privados).
- V. art. 11-2, Dec. 678/1992 (Promulga a Convenção Americana sobre Direitos Humanos – Pacto de São José da Costa Rica).
- V. art. 30, V, Lei 8.935/1994 (Serviços notariais e de registro).
- V. art. 101, § 1º, Lei 11.101/2005 (Lei de Recuperação de Empresas e Falência); sem correspondência no Dec.-lei 7.661/1945 (Lei de Falências).
- V. Súmula vinculante 11, STF.
- V. Súmula 714, STF.
- V. Súmulas 227 e 403, STJ.

Art. 5°

CONSTITUIÇÃO FEDERAL

XI – a casa é asilo inviolável do indivíduo, ninguém nela podendo penetrar sem consentimento do morador, salvo em caso de flagrante delito ou desastre, ou para prestar socorro, ou, durante o dia, por determinação judicial;

- V. art. 150, CP.
- V. art. 301, CPP.

XII – é inviolável o sigilo da correspondência e das comunicações telegráficas, de dados e das comunicações telefônicas, salvo, no último caso, por ordem judicial, nas hipóteses e na forma que a lei estabelecer para fins de investigação criminal ou instrução processual penal;

- V. arts. 136, § 1°, I, b e c, e 139, III, CF.
- V. arts. 151 e 152, CP.
- V. arts. 55, 56 e 57, Lei 4.117/1962 (Código Brasileiro de Telecomunicações).
- V. art. 3°, c, Lei 4.898/1965 (Abuso de autoridade).
- V. Lei 6.538/1978 (Serviços postais).
- V. art. 6°, XVIII, a, LC 75/1993 (Estatuto do Ministério Público da União).
- V. art. 7°, II, Lei 8.906/1994 (Estatuto da Advocacia e da OAB).
- V. Lei 9.296/1996 (Regulamenta o inciso XII, parte final, do art. 5° da CF).

XIII – é livre o exercício de qualquer trabalho, ofício ou profissão, atendidas as qualificações profissionais que a lei estabelecer;

- V. arts. 170 e 220, § 1°, CF.

XIV – é assegurado a todos o acesso à informação e resguardado o sigilo da fonte, quando necessário ao exercício profissional;

- V. art. 220, § 1°, CF.
- V. art. 154, CP.
- V. art. 6°, Lei 8.394/1991 (Preservação, organização e proteção dos acervos documentais privados dos Presidentes da República).
- V. art. 8°, § 2°, LC 75/1993 (Estatuto do Ministério Público da União).

XV – é livre a locomoção no território nacional em tempo de paz, podendo qualquer pessoa, nos termos da lei, nele entrar, permanecer ou dele sair com seus bens;

- V. arts. 109, X, e 139, CF.
- V. art. 3°, a, Lei 4.898/1965 (Abuso de autoridade).
- V. art. 2°, III, Lei 7.685/1988 (Registro provisório para o estrangeiro em situação ilegal no território nacional).
- V. art. 2°, III, Dec. 96.998/1988 (Registro provisório para o estrangeiro em situação ilegal no território nacional).

XVI – todos podem reunir-se pacificamente, sem armas, em locais abertos ao público, independentemente de autorização, desde que não frustrem outra reunião anteriormente convocada para o mesmo local, sendo apenas exigido prévio aviso à autoridade competente;

- V. arts. 136, § 1°, I, a, e 139, IV, CF.
- V. art. 21, Dec. 592/1992 (Pacto Internacional sobre Direitos Civis e Políticos).
- V. art. 15, Dec. 678/1992 (Promulga a Convenção Americana sobre Direitos Humanos – Pacto de São José da Costa Rica).

XVII – é plena a liberdade de associação para fins lícitos, vedada a de caráter paramilitar;

- V. arts. 8°, 17, § 4°, e 37, VI, CF.
- V. art. 199, CP.
- V. art. 3°, f, Lei 4.898/1965 (Abuso de autoridade).
- V. art. 117, VII, Lei 8.112/1990 (Regime jurídico dos servidores públicos civis da União, das autarquias e das fundações públicas).

XVIII – a criação de associações e, na forma da lei, a de cooperativas independem de autorização, sendo vedada a interferência estatal em seu funcionamento;

- V. arts. 8°, I, e 37, VI, CF.
- V. Lei 5.764/1971 (Regime jurídico das sociedades cooperativas).

XIX – as associações só poderão ser compulsoriamente dissolvidas ou ter suas atividades suspensas por decisão judicial, exigindo-se, no primeiro caso, o trânsito em julgado;

XX – ninguém poderá ser compelido a associar-se ou a permanecer associado;

- V. arts. 4°, II, a, e 5°, V, Lei 8.078/1990 (Código de Defesa do Consumidor).
- V. art. 117, VII, Lei 8.112/1990 (Regime jurídico dos servidores públicos civis da União, das autarquias e das fundações públicas).

XXI – as entidades associativas, quando expressamente autorizadas, têm legitimidade para representar seus filiados judicial ou extrajudicialmente;

- V. art. 5°, Lei 7.347/1985 (Ação civil pública).
- V. art. 5°, I e III, Lei 7.802/1989 (Agrotóxicos).
- V. art. 3°, Lei 7.853/1989 (Apoio às pessoas portadoras de deficiência).
- V. art. 210, III, Lei 8.069/1990 (Estatuto da Criança e do Adolescente).
- V. art. 82, IV, Lei 8.078/1990 (Código de Defesa do Consumidor).
- V. Súmula 629, STF.

Art. 5°

CONSTITUIÇÃO FEDERAL

XXII – é garantido o direito de propriedade;
- V. art. 243, CF.
- V. arts. 524 a 648, CC/1916; e arts. 1.228 a 1.368, CC/2002.
- V. Lei 4.504/1964 (Estatuto da Terra).
- V. arts. 1°, 4° e 15, Lei 8.257/1991 (Expropriação das glebas nas quais se localizem culturas ilegais de plantas psicotrópicas).

XXIII – a propriedade atenderá a sua função social;
- V. arts. 156, § 1°, 170, III, 182, § 2°, 185, parágrafo único, e 186, CF.
- V. art. 5°, Dec.-lei 4.657/1942 (Lei de Introdução às normas do Direito Brasileiro).
- V. arts. 2°, 12, 18, a, e 47, I, Lei 4.504/1964 (Estatuto da Terra).
- V. art. 2°, I, Lei 8.171/1991 (Política agrícola).
- V. arts. 2°, § 1°, 5°, § 2°, e 9°, Lei 8.629/1993 (Regulamentação dos dispositivos constitucionais relativos à reforma agrária).

XXIV – a lei estabelecerá o procedimento para desapropriação por necessidade ou utilidade pública, ou por interesse social, mediante justa e prévia indenização em dinheiro, ressalvados os casos previstos nesta Constituição;
- V. arts. 182, § 2°, 184 e 185, I e II, CF.
- V. art. 590, CC/1916; e art. 1.275, V, CC/2002.
- V. art. 591, CC/1916, sem correspondência no CC/2002.
- V. Dec.-lei 3.365/1941 (Desapropriação por utilidade pública).
- V. Lei 4.132/1962 (Desapropriação por interesse social).
- V. arts. 17, a, 18, 19, §§ 1° a 4°, 31, IV, e 35, caput, Lei 4.504/1964 (Estatuto da Terra).
- V. Dec.-lei 1.075/1970 (Imissão de posse, initio litis, em imóveis residenciais urbanos).
- V. Lei 6.602/1978 (Desapropriação por utilidade pública – alterações).
- V. arts. 1° a 4° e 18, LC 76/1993 (Procedimento contraditório especial para o processo de desapropriação de imóvel rural por interesse social).
- V. arts. 2°, § 1°, 5°, § 2°, e 7°, IV, Lei 8.629/1993 (Regulamentação dos dispositivos constitucionais relativos à reforma agrária).
- V. art. 10, Lei 9.074/1995 (Concessões e permissões de serviços públicos – Prorrogações).
- V. art. 34, IV, Lei 9.082/1995 (Lei Orçamentária de 1996).
- V. Súmulas 23, 111, 157, 164, 218, 345, 378, 416, 561, 618 e 652, STF.
- V. Súmulas 69, 70, 113, 114 e 119, STJ.

XXV – no caso de iminente perigo público, a autoridade competente poderá usar de propriedade particular, assegurada ao proprietário indenização ulterior, se houver dano;

- V. art. 591, CC/1916, sem correspondência no CC/2002.

XXVI – a pequena propriedade rural, assim definida em lei, desde que trabalhada pela família, não será objeto de penhora para pagamento de débitos decorrentes de sua atividade produtiva, dispondo a lei sobre os meios de financiar o seu desenvolvimento;
- V. art. 185, CF.
- V. Lei 4.504/1964 (Estatuto da Terra).
- V. art. 19, IX, Lei 4.595/1964 (Conselho Monetário Nacional).
- V. art. 4°, § 2°, Lei 8.009/1990 (Impenhorabilidade do bem de família).
- V. art. 4°, I, LC 76/1993 (Procedimento contraditório especial para o processo de desapropriação de imóvel rural por interesse social).
- V. art. 4°, II e parágrafo único, Lei 8.629/1993 (Regulamentação dos dispositivos constitucionais relativos à reforma agrária).

XXVII – aos autores pertence o direito exclusivo de utilização, publicação ou reprodução de suas obras, transmissível aos herdeiros pelo tempo que a lei fixar;
- V. art. 842, § 3°, CPC.
- V. art. 184, CP.
- V. art. 30, Lei 8.977/1995 (Serviço de TV a Cabo).
- V. Dec. 2.206/1997 (Regulamento do Serviço de TV a Cabo).
- V. Lei 9.609/1998 (Proteção da propriedade intelectual sobre programas de computador).
- V. Lei 9.610/1998 (Direitos autorais).
- V. Súmula 386, STF.

XXVIII – são assegurados, nos termos da lei:
a) a proteção às participações individuais em obras coletivas e à reprodução da imagem e voz humanas, inclusive nas atividades desportivas;
- V. Lei 6.533/1978 (Regulamentação das profissões de artista e de técnico em espetáculos de diversões).
- V. Lei 9.610/1998 (Direitos autorais).

b) o direito de fiscalização do aproveitamento econômico das obras que criarem ou de que participarem aos criadores, aos intérpretes e às respectivas representações sindicais e associativas;

XXIX – a lei assegurará aos autores de inventos industriais privilégio temporário para sua utilização, bem como proteção às criações industriais, à propriedade das marcas, aos nomes de empresas e a outros signos distintivos, tendo em vista o interesse social

Art. 5°

CONSTITUIÇÃO FEDERAL

e o desenvolvimento tecnológico e econômico do País;

- V. art. 140, III, Dec.-lei 7.661/1945 (Lei de Falências); e art. 48, IV, Lei 11.101/2005 (Lei de Recuperação de Empresas e Falência).
- V. art. 4°, VI, Lei 8.078/1990 (Código de Defesa do Consumidor).
- V. Lei 9.279/1996 (Regula direitos e obrigações relativas à propriedade industrial).
- V. Lei 9.456/1997 (Lei de Proteção de Cultivares).

XXX – é garantido o direito de herança;

- V. arts. 1.572 a 1.805, CC/1916; e arts. 1.784 a 2.027, CC/2002.
- V. arts. 856, § 2°, 1.138 e 1.158, CPC.
- V. arts. 2° e 3°, Lei 8.971/1994 (Regula os direitos dos companheiros a alimentos e à sucessão).
- V. Lei 9.278/1996 (Regula o § 3° do art. 226 da CF).

XXXI – a sucessão de bens de estrangeiros situados no País será regulada pela lei brasileira em benefício do cônjuge ou dos filhos brasileiros, sempre que não lhes seja mais favorável a lei pessoal do *de cujus*;

XXXII – o Estado promoverá, na forma da lei, a defesa do consumidor;

- V. art. 48, ADCT.
- V. Lei 8.078/1990 (Código de Defesa do Consumidor).
- V. art. 4°, Lei 8.137/1990 (Crimes contra a ordem tributária, econômica e contra as relações de consumo).
- V. Lei 8.178/1991 (Preços e salários).
- V. Lei 8.979/1995 (Torna obrigatória divulgação de preço total de mercadorias à venda).

XXXIII – todos têm direito a receber dos órgãos públicos informações de seu interesse particular, ou de interesse coletivo ou geral, que serão prestadas no prazo da lei, sob pena de responsabilidade, ressalvadas aquelas cujo sigilo seja imprescindível à segurança da sociedade e do Estado;

- V. arts. 5°, LXXII, e 37, § 3°, II, CF.
- V. Dec. 5.301/2004 (Regulamenta o disposto na MP 228/2004, convertida na Lei 11.111/2005).
- V. Lei 12.527/2011 (Lei Geral de Acesso à Informação Pública).
- V. Dec. 7.724/2012 (Regulamenta a Lei 12.527/2012).

XXXIV – são a todos assegurados, independentemente do pagamento de taxas:

a) o direito de petição aos Poderes Públicos em defesa de direitos ou contra ilegalidade ou abuso de poder;

- V. Súmula vinculante 21, STF.
- V. Súmula 373, STJ.

b) a obtenção de certidões em repartições públicas, para defesa de direitos e esclarecimento de situações de interesse pessoal;

XXXV – a lei não excluirá da apreciação do Poder Judiciário lesão ou ameaça a direito;

- V. Lei 9.307/1996 (Arbitragem).
- V. art. 40, Lei 11.101/2005 (Lei de Recuperação de Empresas e Falência); sem correspondência no Dec.-lei 7.661/1945 (Lei de Falências).
- V. Súmula vinculante 28, STF.

XXXVI – a lei não prejudicará o direito adquirido, o ato jurídico perfeito e a coisa julgada;

- V. art. 6°, Dec.-lei 4.657/1942 (Lei de Introdução às normas do Direito Brasileiro).
- V. Súmulas 654 e 678, STF.
- V. Súmulas vinculantes 1 e 9, STF.

XXXVII – não haverá juízo ou tribunal de exceção;

XXXVIII – é reconhecida a instituição do júri, com a organização que lhe der a lei, assegurados:

a) a plenitude de defesa;

b) o sigilo das votações;

c) a soberania dos veredictos;

d) a competência para o julgamento dos crimes dolosos contra a vida;

- V. arts. 74, § 1°, e 406 a 497, CPP.
- V. Súmula 721, STF.

XXXIX – não há crime sem lei anterior que o defina, nem pena sem prévia cominação legal;

- V. art. 1°, CP.

XL – a lei penal não retroagirá, salvo para beneficiar o réu;

- V. art. 2°, parágrafo único, CP.
- V. art. 66, Lei 7.210/1984 (Lei de Execução Penal).
- V. Súmula 471, STJ.

XLI – a lei punirá qualquer discriminação atentatória dos direitos e liberdades fundamentais;

- V. Dec. 5.397/2005 (Composição, competência e funcionamento do Conselho Nacional de Combate à Discriminação – CNCD).
- V. Lei 12.288/2010 (Estatuto da Igualdade Racial).

Art. 5°

Constituição Federal

XLII – a prática do racismo constitui crime inafiançável e imprescritível, sujeito à pena de reclusão, nos termos da lei;

- V. Lei 7.716/1989 (Crimes resultantes de preconceito de raça ou de cor).
- V. Lei 12.288/2010 (Estatuto da Igualdade Racial).

XLIII – a lei considerará crimes inafiançáveis e insuscetíveis de graça ou anistia a prática da tortura, o tráfico ilícito de entorpecentes e drogas afins, o terrorismo e os definidos como crimes hediondos, por eles respondendo os mandantes, os executores e os que, podendo evitá-los, se omitirem;

- V. Lei 8.072/1990 (Crimes hediondos).
- V. Lei 9.455/1997 (Crimes de tortura).
- V. Lei 11.343/2006 (Lei Antidrogas).

XLIV – constitui crime inafiançável e imprescritível a ação de grupos armados, civis ou militares, contra a ordem constitucional e o Estado Democrático;

- V. Lei 9.034/1995 (Crime organizado).
- •• V. Dec. 5.015/2004 (Convenção das Nações Unidas contra o Crime Organizado Transnacional).

XLV – nenhuma pena passará da pessoa do condenado, podendo a obrigação de reparar o dano e a decretação do perdimento de bens ser, nos termos da lei, estendidas aos sucessores e contra eles executadas, até o limite do valor do patrimônio transferido;

- V. arts. 1.521 e 1.525, CC/1916; e arts. 932 e 935, CC/2002.
- V. art. 59, CP.

XLVI – a lei regulará a individualização da pena e adotará, entre outras, as seguintes:

- V. Súmula vinculante 26, STF.

a) privação ou restrição da liberdade;
b) perda de bens;
c) multa;
d) prestação social alternativa;
e) suspensão ou interdição de direitos;

XLVII – não haverá penas:

a) de morte, salvo em caso de guerra declarada, nos termos do art. 84, XIX;

- V. art. 60, § 4º, IV, CF.

b) de caráter perpétuo;
c) de trabalhos forçados;
d) de banimento;
e) cruéis;

XLVIII – a pena será cumprida em estabelecimentos distintos, de acordo com a natureza do delito, a idade e o sexo do apenado;

- V. arts. 5º a 9º e 82 a 104, Lei 7.210/1984 (Lei de Execução Penal).

XLIX – é assegurado aos presos o respeito à integridade física e moral;

- V. art. 5º, III, CF.
- V. art. 38, CP.
- V. Súmula vinculante 11, STF.

L – às presidiárias serão asseguradas condições para que possam permanecer com seus filhos durante o período de amamentação;

- V. art. 89, Lei 7.210/1984 (Lei de Execução Penal).

LI – nenhum brasileiro será extraditado, salvo o naturalizado, em caso de crime comum, praticado antes da naturalização, ou de comprovado envolvimento em tráfico ilícito de entorpecentes e drogas afins, na forma da lei;

- V. art. 12, II, CF.
- V. art. 77, Lei 6.815/1980 (Estatuto do Estrangeiro).
- V. Dec. 98.961/1990 (Expulsão de estrangeiro condenado por tráfico de entorpecentes).
- V. Lei 11.343/2006 (Lei Antidrogas).
- •• V. Dec. 4.388/2002 (Estatuto de Roma do Tribunal Penal Internacional).

LII – não será concedida extradição de estrangeiro por crime político ou de opinião;

- V. arts. 76 a 94, Lei 6.815/1980 (Estatuto do Estrangeiro).
- V. Dec. 86.715/1981 (Regulamenta a Lei 6.815/1980).

LIII – ninguém será processado nem sentenciado senão pela autoridade competente;

- V. Súmula 704, STF.

LIV – ninguém será privado da liberdade ou de seus bens sem o devido processo legal;

- V. Súmula vinculante 14, STF.
- V. Súmula 704, STF.
- V. Súmula 347, STJ.

LV – aos litigantes, em processo judicial ou administrativo, e aos acusados em geral são assegurados o contraditório e ampla defesa, com os meios e recursos a ela inerentes;

- V. Lei 8.112/1990 (Regime jurídico dos servidores públicos civis da União, das autarquias e das fundações públicas federais).

Art. 5°

CONSTITUIÇÃO FEDERAL

- V. Lei 9.784/1999 (Regula o processo administrativo no âmbito federal).
- V. Súmulas 701, 704, 705 e 712, STF.
- V. Súmulas vinculantes 5, 14, 21 e 28, STF.
- V. Súmulas 347, 358 e 373, STJ.

LVI – são inadmissíveis, no processo, as provas obtidas por meios ilícitos;

- V. art. 332 e ss., CPC.
- V. art. 157, CPP.
- V. Lei 9.296/1996 (Regulamenta o inciso XII, parte final, do art. 5º da CF).

LVII – ninguém será considerado culpado até o trânsito em julgado de sentença penal condenatória;

- V. Súmula 9, STJ.

LVIII – o civilmente identificado não será submetido a identificação criminal, salvo nas hipóteses previstas em lei;

- V. art. 6º, VIII, CPP.
- V. Lei 12.037/2009 (Identificação criminal do civilmente identificado).

LIX – será admitida ação privada nos crimes de ação pública, se esta não for intentada no prazo legal;

- V. art. 29, CPP.
- V. art. 100, § 3º, CP.

LX – a lei só poderá restringir a publicidade dos atos processuais quando a defesa da intimidade ou o interesse social o exigirem;

- V. art. 93, IX, CF.
- V. arts. 155 e 444, CPC.
- V. art. 20, CPP.

LXI – ninguém será preso senão em flagrante delito ou por ordem escrita e fundamentada de autoridade judiciária competente, salvo nos casos de transgressão militar ou crime propriamente militar, definidos em lei;

- V. art. 301 e ss., CPP.
- V. Dec.-lei 1.001/1969 (Código Penal Militar).
- V. Lei 6.880/1980 (Estatuto dos Militares).

LXII – a prisão de qualquer pessoa e o local onde se encontre serão comunicados imediatamente ao juiz competente e à família do preso ou à pessoa por ele indicada;

- V. art. 136, § 3º, IV, CF.

LXIII – o preso será informado de seus direitos, entre os quais o de permanecer calado, sendo-lhe assegurada a assistência da família e de advogado;

LXIV – o preso tem direito à identificação dos responsáveis por sua prisão ou por seu interrogatório policial;

LXV – a prisão ilegal será imediatamente relaxada pela autoridade judiciária;

- V. arts. 307 a 310, CPP.
- V. Súmula 697, STF.

LXVI – ninguém será levado à prisão ou nela mantido, quando a lei admitir a liberdade provisória, com ou sem fiança;

- V. arts. 321 a 350, CPP.

LXVII – não haverá prisão civil por dívida, salvo a do responsável pelo inadimplemento voluntário e inescusável de obrigação alimentícia e a do depositário infiel;

- V. art. 1.287, CC/1916; e art. 652, CC/2002.
- V. art. 733, § 1º, CPC.
- V. arts. 19 e 22, Lei 5.478/1968 (Ação de alimentos).
- V. Dec.-lei 911/1969 (Alienação fiduciária).
- V. art. 7º, 7, Dec. 678/1992 (Promulga a Convenção Americana sobre Direitos Humanos – Pacto de São José da Costa Rica).
- V. Lei 8.866/1994 (Depositário infiel).
- V. Súmula vinculante 25, STF.
- V. Súmulas 309 e 419, STJ.

LXVIII – conceder-se-á *habeas corpus* sempre que alguém sofrer ou se achar ameaçado de sofrer violência ou coação em sua liberdade de locomoção, por ilegalidade ou abuso de poder;

- V. art. 142, § 2º, CF.
- V. art. 647 e ss., CPP.
- V. art. 5º, Lei 9.289/1996 (Custas na Justiça Federal).
- V. Súmulas 693 e 695, STF.

LXIX – conceder-se-á mandado de segurança para proteger direito líquido e certo, não amparado por *habeas corpus* ou *habeas data*, quando o responsável pela ilegalidade ou abuso de poder for autoridade pública ou agente de pessoa jurídica no exercício de atribuições do Poder Público;

- V. Lei 9.507/1997 (Disciplina o rito processual do *habeas data*).
- V. Lei 12.016/2009 (Nova Lei do Mandado de Segurança).
- V. Súmula 632, STF.

LXX – o mandado de segurança coletivo pode ser impetrado por:

- V. Lei 12.016/2009 (Nova Lei do Mandado de Segurança).

Art. 5°

CONSTITUIÇÃO FEDERAL

a) partido político com representação no Congresso Nacional;
b) organização sindical, entidade de classe ou associação legalmente constituída e em funcionamento há pelo menos um ano, em defesa dos interesses de seus membros ou associados;

- V. art. 5°, Lei 7.347/1985 (Ação civil pública).
- V. Súmulas 629 e 630, STF.

LXXI – conceder-se-á mandado de injunção sempre que a falta de norma regulamentadora torne inviável o exercício dos direitos e liberdades constitucionais e das prerrogativas inerentes à nacionalidade, à soberania e à cidadania;

- V. Lei 9.265/1996 (Gratuidade dos atos necessários ao exercício da cidadania).

LXXII – conceder-se-á *habeas data*:

- V. art. 5°, Lei 9.289/1996 (Custas na Justiça Federal).
- V. Lei 9.507/1997 (Rito processual do *habeas data*).

a) para assegurar o conhecimento de informações relativas à pessoa do impetrante, constantes de registros ou bancos de dados de entidades governamentais ou de caráter público;
b) para a retificação de dados, quando não se prefira fazê-lo por processo sigiloso, judicial ou administrativo;

LXXIII – qualquer cidadão é parte legítima para propor ação popular que vise a anular ato lesivo ao patrimônio público ou de entidade de que o Estado participe, à moralidade administrativa, ao meio ambiente e ao patrimônio histórico e cultural, ficando o autor, salvo comprovada má-fé, isento de custas judiciais e do ônus da sucumbência;

- V. Lei 4.717/1965 (Ação popular).
- V. Lei 6.938/1981 (Política nacional do meio ambiente).

LXXIV – o Estado prestará assistência jurídica integral e gratuita aos que comprovarem insuficiência de recursos;

- V. art. 134, CF.
- V. Lei 1.060/1950 (Lei de Assistência Judiciária).
- V. LC 80/1994 (Organiza a Defensoria Pública da União e prescreve normas gerais para sua organização nos Estados).

LXXV – o Estado indenizará o condenado por erro judiciário, assim como o que ficar preso além do tempo fixado na sentença;

LXXVI – são gratuitos para os reconhecidamente pobres, na forma da lei:

- V. art. 30, §§ 1° e 2°, Lei 6.015/1973 (Lei de Registros Públicos).
- V. art. 45, Lei 8.935/1994 (Regulamenta o art. 236 da CF).

a) o registro civil de nascimento;

- V. arts. 50 a 66, Lei 6.015/1973 (Lei de Registros Públicos).

b) a certidão de óbito;

- V. arts. 77 a 88, Lei 6.015/1973 (Lei de Registros Públicos).

LXXVII – são gratuitas as ações de *habeas corpus* e *habeas data*, e, na forma da lei, os atos necessários ao exercício da cidadania;

- V. Lei 9.265/1996 (Gratuidade dos atos necessários ao exercício da cidadania).
- V. Lei 9.507/1997 (Rito processual do *habeas data*).

LXXVIII – a todos, no âmbito judicial e administrativo, são assegurados a razoável duração do processo e os meios que garantam a celeridade de sua tramitação.

- Inciso LXXVIII acrescentado pela Emenda Constitucional n. 45/2004.
- V. art. 75, parágrafo único, Lei 11.101/2005 (Lei de Recuperação de Empresas e Falência); sem correspondência no Dec.-lei 7.661/1945 (Lei de Falências).

§ 1° As normas definidoras dos direitos e garantias fundamentais têm aplicação imediata.

§ 2° Os direitos e garantias expressos nesta Constituição não excluem outros decorrentes do regime e dos princípios por ela adotados, ou dos tratados internacionais em que a República Federativa do Brasil seja parte.

- V. Súmula vinculante 25, STF.

§ 3° Os tratados e convenções internacionais sobre direitos humanos que forem aprovados, em cada Casa do Congresso Nacional, em dois turnos, por três quintos dos votos dos respectivos membros, serão equivalentes às emendas constitucionais.

- § 3° acrescentado pela Emenda Constitucional n. 45/2004.

Art. 6°

§ 4° O Brasil se submete à jurisdição de Tribunal Penal Internacional a cuja criação tenha manifestado adesão.
- § 4° acrescentado pela Emenda Constitucional n. 45/2004.
- V. Dec. 4.388/2002 (Estatuto de Roma do Tribunal Penal Internacional).

Capítulo II
DOS DIREITOS SOCIAIS

Art. 6° São direitos sociais a educação, a saúde, a alimentação, o trabalho, a moradia, o lazer, a segurança, a previdência social, a proteção à maternidade e à infância, a assistência aos desamparados, na forma desta Constituição.
- Artigo com redação determinada pela Emenda Constitucional n. 64/2010.

Art. 7° São direitos dos trabalhadores urbanos e rurais, além de outros que visem à melhoria de sua condição social:
I – relação de emprego protegida contra despedida arbitrária ou sem justa causa, nos termos de lei complementar, que preverá indenização compensatória, dentre outros direitos;
- V. art. 10, ADCT.

II – seguro-desemprego, em caso de desemprego involuntário;
- V. art. 201, III, CF.
- V. art. 12, CLT.
- V. Lei 7.998/1990 (Fundo de Amparo ao Trabalhador – FAT).
- V. Lei 8.178/1991 (Preços e salários).
- V. Lei 10.779/2003 (Concessão do benefício de seguro-desemprego, durante o período de defeso, ao pescador profissional).

III – fundo de garantia do tempo de serviço;
- V. arts. 7°, 477, 478 e 492, CLT.
- V. Lei 8.036/1990 (Fundo de Garantia do Tempo de Serviço).
- V. Súmula 353, STJ.

IV – salário mínimo, fixado em lei, nacionalmente unificado, capaz de atender a suas necessidades vitais básicas e às de sua família com moradia, alimentação, educação, saúde, lazer, vestuário, higiene, transporte e previdência social, com reajustes periódicos que lhe preservem o poder aquisitivo, sendo vedada sua vinculação para qualquer fim;
- V. art. 39, § 3°, CF.
- V. Súmulas vinculantes 4, 6, 15 e 16, STF.

V – piso salarial proporcional à extensão e à complexidade do trabalho;
- V. LC 103/2000 (Piso salarial a que se refere o inciso V do art. 7° da CF).

VI – irredutibilidade do salário, salvo o disposto em convenção ou acordo coletivo;

VII – garantia de salário, nunca inferior ao mínimo, para os que percebem remuneração variável;
- V. art. 39, § 3°, CF.
- V. Lei 8.716/1993 (Garantia do salário mínimo).
- V. Lei 9.032/1995 (Valor do salário mínimo).

VIII – décimo terceiro salário com base na remuneração integral ou no valor da aposentadoria;
- V. arts. 39, § 3°, e 142, § 3°, VIII, CF.
- V. Lei 4.090/1962 (Gratificação de Natal para trabalhadores).

IX – remuneração do trabalho noturno superior à do diurno;
- V. art. 39, § 3°, CF.
- V. art. 73, CLT.

X – proteção do salário na forma da lei, constituindo crime sua retenção dolosa;

XI – participação nos lucros, ou resultados, desvinculada da remuneração, e, excepcionalmente, participação na gestão da empresa, conforme definido em lei;
- V. arts. 543 e 621, CLT.

XII – salário-família pago em razão do dependente do trabalhador de baixa renda nos termos da lei;
- Inciso XII com redação determinada pela Emenda Constitucional n. 20/1998.
- V. arts. 39, § 3°, e 142, § 3°, VIII, CF.
- V. art. 12, CLT.

XIII – duração do trabalho normal não superior a oito horas diárias e quarenta e quatro semanais, facultada a compensação de horários e a redução da jornada, mediante acordo ou convenção coletiva de trabalho;
- V. art. 39, § 3°, CF.
- V. arts. 58 e 67, CLT.

XIV – jornada de seis horas para o trabalho realizado em turnos ininterruptos de revezamento, salvo negociação coletiva;
- V. art. 58, CLT.
- V. Súmula 675, STF.
- ** V. Súmula 423, TST.

Art. 7º

CONSTITUIÇÃO FEDERAL

XV – repouso semanal remunerado, preferencialmente aos domingos;

- V. art. 39, §§ 2º e 3º, CF.
- V. art. 67, CLT.

XVI – remuneração do serviço extraordinário superior, no mínimo, em cinquenta por cento à do normal;

- V. art. 39, §§ 2º e 3º, CF.
- V. art. 59, CLT.

XVII – gozo de férias anuais remuneradas com, pelo menos, um terço a mais do que o salário normal;

- V. art. 39, §§ 2º e 3º, CF.
- V. arts. 7º, 129, 142 e 143, CLT.
- V. Súmula 386, STJ.

XVIII – licença à gestante, sem prejuízo do emprego e do salário, com a duração de cento e vinte dias;

- O STF, na ADIn 1.946-5 (*DJU* 16.05.2003 e *DOU* 03.06.2003), julgou parcialmente procedente o pedido formulado na ação para dar "ao art. 14 da EC n. 20/1998, sem redução de texto, interpretação conforme a CF, para excluir sua aplicação ao salário da licença à gestante a que se refere o art. 7º, inciso XVIII da referida Carta".
- V. art. 39, §§ 2º e 3º, CF.
- V. arts. 391 e 392, CLT.
- V. Lei 11.770/2008 (Programa Empresa Cidadã, destinado à prorrogação da licença-maternidade mediante concessão de incentivo fiscal).
- V. Dec. 7.052/2009 (Regulamenta a Lei 11.770/2008).

XIX – licença-paternidade, nos termos fixados em lei;

- V. art. 39, §§ 2º e 3º, CF.
- V. art. 10, § 1º, ADCT.

XX – proteção do mercado de trabalho da mulher, mediante incentivos específicos, nos termos da lei;

- V. art. 39, §§ 2º e 3º, CF.
- V. art. 372, CLT.

XXI – aviso-prévio proporcional ao tempo de serviço, sendo no mínimo de trinta dias, nos termos da lei;

- V. arts. 7º e 487, CLT.

XXII – redução dos riscos inerentes ao trabalho, por meio de normas de saúde, higiene e segurança;

- V. art. 39, §§ 2º e 3º, CF.
- V. arts. 154 e 192, CLT.

XXIII – adicional de remuneração para as atividades penosas, insalubres ou perigosas, na forma da lei;

- V. art. 39, § 2º, CF.
- V. arts. 154, 192 e 193, CLT.

XXIV – aposentadoria;

- V. art. 154, CLT.
- V. art. 42 e ss., Lei 8.213/1991 (Planos de Benefícios da Previdência Social).

XXV – assistência gratuita aos filhos e dependentes desde o nascimento até 5 (cinco) anos de idade em creches e pré-escolas;

- Inciso XXV com redação determinada pela Emenda Constitucional n. 53/2006.
- V. art. 142, § 3º, VIII, CF.

XXVI – reconhecimento das convenções e acordos coletivos de trabalho;

- V. art. 611, CLT.

XXVII – proteção em face de automação, na forma da lei;

XXVIII – seguro contra acidentes de trabalho, a cargo do empregador, sem excluir a indenização a que este está obrigado, quando incorrer em dolo ou culpa;

- V. arts. 12 e 154, CLT.
- V. Lei 6.338/1976 (Indenização por acidente de trabalho).
- V. art. 83, I, Lei 11.101/2005 (Lei de Recuperação de Empresas e Falência); sem correspondência no Dec.-lei 7.661/1945 (Lei de Falências).
- V. Súmula vinculante 22, STF.

XXIX – ação, quanto aos créditos resultantes das relações de trabalho, com prazo prescricional de 5 (cinco) anos para os trabalhadores urbanos e rurais, até o limite de 2 (dois) anos após a extinção do contrato de trabalho;

- Inciso XXIX com redação determinada pela Emenda Constitucional n. 28/2000, e retificado no *DOU* 29.05.2000.
- V. art. 11, I e II, CLT.
- V. art. 10, Lei 5.889/1973 (Normas reguladoras do trabalho rural).

a) *(Revogada pela Emenda Constitucional n. 28/2000.)*

b) *(Revogada pela Emenda Constitucional n. 28/2000.)*

XXX – proibição de diferença de salários, de exercício de funções e de critério de admis-

são por motivo de sexo, idade, cor ou estado civil;
- V. art. 39, § 3°, CF.
- V. Lei 9.029/1995 (Proíbe a exigência de atestados de gravidez e esterilização para efeitos admissionais).
- V. Súmula 683, STF.

XXXI – proibição de qualquer discriminação no tocante a salário e critérios de admissão do trabalhador portador de deficiência;

XXXII – proibição de distinção entre trabalho manual, técnico e intelectual ou entre os profissionais respectivos;

XXXIII – proibição de trabalho noturno, perigoso ou insalubre a menores de dezoito e de qualquer trabalho a menores de dezesseis anos, salvo na condição de aprendiz, a partir de quatorze anos;
- Inciso XXXIII com redação determinada pela Emenda Constitucional n. 20/1998.
- V. art. 227, CF.
- V. arts. 192, 402 e 792, CLT.

XXXIV – igualdade de direitos entre o trabalhador com vínculo empregatício permanente e o trabalhador avulso.

Parágrafo único. São asseguradas à categoria dos trabalhadores domésticos os direitos previstos nos incisos IV, VI, VII, VIII, X, XIII, XV, XVI, XVII, XVIII, XIX, XXI, XXII, XXIV, XXVI, XXX, XXXI e XXXIII e, atendidas as condições estabelecidas em lei e observada a simplificação do cumprimento das obrigações tributárias, principais e acessórias, decorrentes da relação de trabalho e suas peculiaridades, os previstos nos incisos I, II, III, IX, XII, XXV e XXVIII, bem como a sua integração à previdência social.
- Parágrafo único com redação determinada pela EC n. 72/2013.
- V. art. 7°, CLT.
- V. Lei 5.859/1972 (Empregado doméstico).
- V. Dec. 3.361/2000 (Regulamenta dispositivos da Lei 5.859/1972 – Acesso ao FGTS).

Art. 8° É livre a associação profissional ou sindical, observado o seguinte:
- V. arts. 511, 515, 524, 537, 543, 553, 558 e 570, CLT.

I – a lei não poderá exigir autorização do Estado para a fundação de sindicato, ressalvado o registro no órgão competente, vedadas ao Poder Público a interferência e a intervenção na organização sindical;
- V. Súmula 677, STF.

II – é vedada a criação de mais de uma organização sindical, em qualquer grau, representativa de categoria profissional ou econômica, na mesma base territorial, que será definida pelos trabalhadores ou empregadores interessados, não podendo ser inferior à área de um Município;
- V. Súmula 677, STF.

III – ao sindicato cabe a defesa dos direitos e interesses coletivos ou individuais da categoria, inclusive em questões judiciais ou administrativas;

IV – a assembleia geral fixará a contribuição que, em se tratando de categoria profissional, será descontada em folha, para custeio do sistema confederativo da representação sindical respectiva, independentemente da contribuição prevista em lei;
- V. Súmula 666, STF.
- V. Súmula 396, STJ.

V – ninguém será obrigado a filiar-se ou a manter-se filiado a sindicato;

VI – é obrigatória a participação dos sindicatos nas negociações coletivas de trabalho;

VII – o aposentado filiado tem direito a votar e ser votado nas organizações sindicais;

VIII – é vedada a dispensa do empregado sindicalizado a partir do registro da candidatura a cargo de direção ou representação sindical e, se eleito, ainda que suplente, até um ano após o final do mandato, salvo se cometer falta grave nos termos da lei.
- V. art. 543, CLT.

Parágrafo único. As disposições deste artigo aplicam-se à organização de sindicatos rurais e de colônias de pescadores, atendidas as condições que a lei estabelecer.
- V. Lei 11.699/2008 (Colônias, Federações e Confederação Nacional dos Pescadores, regulamentando este parágrafo).

Art. 9° É assegurado o direito de greve, competindo aos trabalhadores decidir sobre a oportunidade de exercê-lo e sobre os interesses que devam por meio dele defender.
- V. art. 114, II, CF.
- V. Lei 7.783/1989 (Direito de greve).

§ 1° A lei definirá os serviços ou atividades essenciais e disporá sobre o atendimento das necessidades inadiáveis da comunidade.

§ 2° Os abusos cometidos sujeitam os responsáveis às penas da lei.

Art. 12

CONSTITUIÇÃO FEDERAL

Art. 10. É assegurada a participação dos trabalhadores e empregadores nos colegiados dos órgãos públicos em que seus interesses profissionais ou previdenciários sejam objeto de discussão e deliberação.

Art. 11. Nas empresas de mais de duzentos empregados, é assegurada a eleição de um representante destes com a finalidade exclusiva de promover-lhes o entendimento direto com os empregadores.

* V. art. 543, CLT.

Capítulo III
DA NACIONALIDADE

* V. art. 5º, LXXI, CF.
** V. art. XV, Declaração Universal dos Direitos Humanos.
** V. art. 20, Dec. 678/1992 (Pacto de São José da Costa Rica).

Art. 12. São brasileiros:
I – natos:
a) os nascidos na República Federativa do Brasil, ainda que de pais estrangeiros, desde que estes não estejam a serviço de seu país;
b) os nascidos no estrangeiro, de pai brasileiro ou mãe brasileira, desde que qualquer deles esteja a serviço da República Federativa do Brasil;
c) os nascidos no estrangeiro de pai brasileiro ou de mãe brasileira, desde que sejam registrados em repartição brasileira competente ou venham a residir na República Federativa do Brasil e optem, em qualquer tempo, depois de atingida a maioridade, pela nacionalidade brasileira;

* Alínea c com redação determinada pela Emenda Constitucional n. 54/2007.

II – naturalizados:
* V. Lei 818/1949 (Aquisição, perda e reaquisição da nacionalidade e perda dos direitos políticos).
* V. art. 111 e ss., Lei 6.815/1980 (Estatuto do Estrangeiro).
* V. art. 119 e ss., Dec. 86.715/1981(Regulamenta a Lei 6.815/1980).
* V. Dec. 3.453/2000 (Delega competência ao Ministro da Justiça para declarar a perda e a requisição da nacionalidade brasileira).

a) os que, na forma da lei, adquiram a nacionalidade brasileira, exigidas aos originários de países de língua portuguesa apenas residência por um ano ininterrupto e idoneidade moral;

b) os estrangeiros de qualquer nacionalidade residentes na República Federativa do Brasil há mais de quinze anos ininterruptos e sem condenação penal, desde que requeiram a nacionalidade brasileira.

* Alínea b com redação determinada pela Emenda Constitucional de Revisão n. 3/1994.

§ 1º Aos portugueses com residência permanente no País, se houver reciprocidade em favor de brasileiros, serão atribuídos os direitos inerentes ao brasileiro, salvo os casos previstos nesta Constituição.

* § 1º com redação determinada pela Emenda Constitucional de Revisão n. 3/1994.
** V. Dec. 3.927/2001 (Tratado de Amizade, Cooperação e Consulta entre Brasil e Portugal).

§ 2º A lei não poderá estabelecer distinção entre brasileiros natos e naturalizados, salvo nos casos previstos nesta Constituição.
§ 3º São privativos de brasileiro nato os cargos:
I – de Presidente e Vice-Presidente da República;
II – de Presidente da Câmara dos Deputados;
III – de Presidente do Senado Federal;
IV – de Ministro do Supremo Tribunal Federal;
V – da carreira diplomática;
VI – de oficial das Forças Armadas;
VII – de Ministro de Estado da Defesa.

* Inciso VII acrescentado pela Emenda Constitucional n. 23/1999.

§ 4º Será declarada a perda da nacionalidade do brasileiro que:
I – tiver cancelada sua naturalização, por sentença judicial, em virtude de atividade nociva ao interesse nacional;
II – adquirir outra nacionalidade, salvo nos casos:

* Inciso II com redação determinada pela Emenda Constitucional de Revisão n. 3/1994.
* V. Dec. 3.453/2000 (Delega competência ao Ministro da Justiça para declarar a perda e a requisição da nacionalidade brasileira).

a) de reconhecimento de nacionalidade originária pela lei estrangeira;
b) de imposição de naturalização, pela norma estrangeira, ao brasileiro residente em Estado estrangeiro, como condição para permanência em seu território ou para o exercício de direitos civis.

Art. 13

CONSTITUIÇÃO FEDERAL

Art. 13. A língua portuguesa é o idioma oficial da República Federativa do Brasil.

§ 1º São símbolos da República Federativa do Brasil a bandeira, o hino, as armas e o selo nacionais.

- V. Lei 5.700/1971 (Símbolos nacionais).

§ 2º Os Estados, o Distrito Federal e os Municípios poderão ter símbolos próprios.

Capítulo IV
DOS DIREITOS POLÍTICOS

- V. art. 5º, LXXI, CF.
- • V. art. XXI, Declaração Universal dos Direitos Humanos.
- • V. art. 23, Dec. 678/1992 (Pacto de são José da Costa Rica).

Art. 14. A soberania popular será exercida pelo sufrágio universal e pelo voto direto e secreto, com valor igual para todos, e, nos termos da lei, mediante:

- V. Lei 4.737/1965 (Código Eleitoral).
- V. Lei 9.709/1998 (Regulamenta a execução do disposto nos incisos I, II e III do art. 14 da CF).

I – plebiscito;

- V. art. 18, §§ 3º e 4º, CF.
- V. arts. 1º, I, 2º, § 2º, 3º a 10 e 12, Lei 9.709/1998 (Regulamenta a execução do disposto nos incisos I, II e III do art. 14 da CF).

II – referendo;

- V. arts. 1º, II, 2º, § 2º, 3º, 6º, 8º e 10 a 12, Lei 9.709/1998 (Regulamenta a execução do disposto nos incisos I, II e III do art. 14 da CF).

III – iniciativa popular.

- V. art. 61, § 2º, CF.
- V. arts. 1º, III, 13 e 14, Lei 9.709/1998 (Regulamenta a execução do disposto nos incisos I, II e III do art. 14 da CF).

§ 1º O alistamento eleitoral e o voto são:

- V. arts. 42 a 81 e 133 a 156, Lei 4.737/1965 (Código Eleitoral).

I – obrigatórios para os maiores de dezoito anos;

- V. Lei 9.274/1996 (Anistia relativamente às eleições de 3 de outubro e de 15 de novembro dos anos de 1992 e 1994).

II – facultativos para:
a) os analfabetos;
b) os maiores de setenta anos;
c) os maiores de dezesseis e menores de dezoito anos.

§ 2º Não podem alistar-se como eleitores os estrangeiros e, durante o período do serviço militar obrigatório, os conscritos.

§ 3º São condições de elegibilidade, na forma da lei:

I – a nacionalidade brasileira;

II – o pleno exercício dos direitos políticos;

- V. art. 47, I, CP.

III – o alistamento eleitoral;

IV – o domicílio eleitoral na circunscrição;

V – a filiação partidária;

- V. Lei 9.096/1995 (Lei Orgânica dos Partidos Políticos).

VI – a idade mínima de:
a) trinta e cinco anos para Presidente e Vice-Presidente da República e Senador;
b) trinta anos para Governador e Vice-Governador de Estado e do Distrito Federal;
c) vinte e um anos para Deputado Federal, Deputado Estadual ou Distrital, Prefeito, Vice-Prefeito e juiz de paz;
d) dezoito anos para Vereador.

- V. Dec.-lei 201/1967 (Responsabilidade de Prefeitos e Vereadores).

§ 4º São inelegíveis os inalistáveis e os analfabetos.

§ 5º O Presidente da República, os Governadores de Estado e do Distrito Federal, os Prefeitos e quem os houver sucedido ou substituído no curso dos mandatos poderão ser reeleitos para um único período subsequente.

- § 5º com redação determinada pela Emenda Constitucional n. 16/1997.

§ 6º Para concorrerem a outros cargos, o Presidente da República, os Governadores de Estado e do Distrito Federal e os Prefeitos devem renunciar aos respectivos mandatos até seis meses antes do pleito.

§ 7º São inelegíveis, no território de jurisdição do titular, o cônjuge e os parentes consanguíneos ou afins, até o segundo grau ou por adoção, do Presidente da República, de Governador de Estado ou Território, do Distrito Federal, de Prefeito ou de quem os haja substituído dentro dos seis meses anteriores ao pleito, salvo se já titular de mandato eletivo e candidato à reeleição.

- V. Súmula vinculante 18, STF.

Constituição Federal

§ 8º O militar alistável é elegível, atendidas as seguintes condições:

I – se contar menos de dez anos de serviço, deverá afastar-se da atividade;

II – se contar mais de dez anos de serviço, será agregado pela autoridade superior e, se eleito, passará automaticamente, no ato da diplomação, para a inatividade.

- V. art. 42, § 1º, CF.

§ 9º Lei complementar estabelecerá outros casos de inelegibilidade e os prazos de sua cessação, a fim de proteger a probidade administrativa, a moralidade para o exercício do mandato, considerada a vida pregressa do candidato, e a normalidade e legitimidade das eleições contra a influência do poder econômico ou o abuso do exercício de função, cargo ou emprego na administração direta ou indireta.

- § 9º com redação determinada pela Emenda Constitucional de Revisão n. 4/1994.
- V. art. 37, § 4º, CF.
- V. LC 64/1990 (Inelegibilidades).
- V. LC 135/2010 (Altera a LC 64/1990).

§ 10. O mandato eletivo poderá ser impugnado ante a Justiça Eleitoral no prazo de quinze dias contados da diplomação, instruída a ação com provas de abuso do poder econômico, corrupção ou fraude.

§ 11. A ação de impugnação de mandato tramitará em segredo de justiça, respondendo o autor, na forma da lei, se temerária ou de manifesta má-fé.

Art. 15. É vedada a cassação de direitos políticos, cuja perda ou suspensão só se dará nos casos de:

- V. Lei 9.096/1995 (Lei Orgânica dos Partidos Políticos).

I – cancelamento da naturalização por sentença transitada em julgado;

II – incapacidade civil absoluta;

III – condenação criminal transitada em julgado, enquanto durarem seus efeitos;

- V. art. 92, I, CP.

IV – recusa de cumprir obrigação a todos imposta ou prestação alternativa, nos termos do art. 5º, VIII;

- V. art. 143, CF.
- V. Lei 8.239/1991 (Prestação de serviço alternativo ao serviço militar).

V – improbidade administrativa, nos termos do art. 37, § 4º.

Art. 16. A lei que alterar o processo eleitoral entrará em vigor na data de sua publicação, não se aplicando à eleição que ocorra até 1 (um) ano da data de sua vigência.

- Artigo com redação determinada pela Emenda Constitucional n. 4/1993.
- V. Lei 9.504/1997 (Normas eleitorais).

Capítulo V
DOS PARTIDOS POLÍTICOS

Art. 17. É livre a criação, fusão, incorporação e extinção de partidos políticos, resguardados a soberania nacional, o regime democrático, o pluripartidarismo, os direitos fundamentais da pessoa humana e observados os seguintes preceitos:

- V. Lei 9.096/1995 (Lei Orgânica dos Partidos Políticos).
- V. Lei 9.504/1997 (Normas eleitorais).

I – caráter nacional;

II – proibição de recebimento de recursos financeiros de entidade ou governo estrangeiros ou de subordinação a estes;

III – prestação de contas à Justiça Eleitoral;

IV – funcionamento parlamentar de acordo com a lei.

§ 1º É assegurada aos partidos políticos autonomia para definir sua estrutura interna, organização e funcionamento e para adotar os critérios de escolha e o regime de suas coligações eleitorais, sem obrigatoriedade de vinculação entre as candidaturas em âmbito nacional, estadual, distrital ou municipal, devendo seus estatutos estabelecer normas de disciplina e fidelidade partidária.

- § 1º com redação determinada pela Emenda Constitucional n. 52/2006.
- O STF, na ADIn 3.685-8 (DOU 31.03.2006 e DJU 10.08.2006), julgou procedente a ação "para fixar que o § 1º do artigo 17 da Constituição, com a redação dada pela Emenda Constitucional n. 52, de 8 de março de 2006, não se aplica às eleições de 2006, remanescendo aplicável à tal eleição a redação original do mesmo artigo".

§ 2º Os partidos políticos, após adquirirem personalidade jurídica, na forma da lei civil, registrarão seus estatutos no Tribunal Superior Eleitoral.

Art. 18

CONSTITUIÇÃO FEDERAL

§ 3º Os partidos políticos têm direito a recursos do fundo partidário e acesso gratuito ao rádio e à televisão, na forma da lei.

- V. art. 241, Lei 4.737/1965 (Código Eleitoral).

§ 4º É vedada a utilização pelos partidos políticos de organização paramilitar.

TÍTULO III
DA ORGANIZAÇÃO DO ESTADO

Capítulo I
DA ORGANIZAÇÃO POLÍTICO-ADMINISTRATIVA

Art. 18. A organização político-administrativa da República Federativa do Brasil compreende a União, os Estados, o Distrito Federal e os Municípios, todos autônomos, nos termos desta Constituição.

§ 1º Brasília é a Capital Federal.

§ 2º Os Territórios Federais integram a União, e sua criação, transformação em Estado ou reintegração ao Estado de origem serão reguladas em lei complementar.

§ 3º Os Estados podem incorporar-se entre si, subdividir-se ou desmembrar-se para se anexarem a outros, ou formarem novos Estados ou Territórios Federais, mediante aprovação da população diretamente interessada, através de plebiscito, e do Congresso Nacional, por lei complementar.

- V. arts. 3º e 4º, Lei 9.709/1998 (Regulamenta a execução do disposto nos incisos I, II e III do art. 14 da CF).

§ 4º A criação, a incorporação, a fusão e o desmembramento de Municípios far-se-ão por lei estadual, dentro do período determinado por lei complementar federal, e dependerão de consulta prévia, mediante plebiscito, às populações dos Municípios envolvidos, após divulgação dos Estudos de Viabilidade Municipal, apresentados e publicados na forma da lei.

- § 4º com redação determinada pela Emenda Constitucional n. 15/1996.
- V. art. 5º, Lei 9.709/1998 (Regulamenta a execução do disposto nos incisos I, II e III do art. 14 da CF).

Art. 19. É vedado à União, aos Estados, ao Distrito Federal e aos Municípios:

I – estabelecer cultos religiosos ou igrejas, subvencioná-los, embaraçar-lhes o funcionamento ou manter com eles ou seus representantes relações de dependência ou aliança, ressalvada, na forma da lei, a colaboração de interesse público;

II – recusar fé aos documentos públicos;

III – criar distinções entre brasileiros ou preferências entre si.

- V. art. 325, CLT.

Capítulo II
DA UNIÃO

Art. 20. São bens da União:

- V. art. 176, §§ 1º a 4º, CF.
- V. Dec.-lei 9.760/1946 (Bens imóveis da União).

I – os que atualmente lhe pertencem e os que lhe vierem a ser atribuídos;

- V. Súmula 650, STF.

II – as terras devolutas indispensáveis à defesa das fronteiras, das fortificações e construções militares, das vias federais de comunicação e à preservação ambiental, definidas em lei;

- V. Lei 4.504/1964 (Estatuto da Terra).
- V. Dec.-lei 227/1967 (Nova redação ao Dec.-lei 1.985/1940 – Código de Minas).
- V. Dec.-lei 1.135/1970 (Organização, competência e funcionamento do Conselho de Segurança Nacional).
- V. Dec.-lei 1.414/1975 (Processo de ratificação das concessões e alterações de terras devolutas na faixa de fronteiras).
- V. Lei 6.383/1976 (Processo discriminatório de terras devolutas da União).
- V. Lei 6.431/1977 (Doação de porções de terras devolutas a Municípios incluídos na região da Amazônia Legal).
- V. Lei 6.442/1977 (Áreas de proteção para o funcionamento das estações radiogoniométricas de alta frequência do Ministério da Marinha e de radiomonitoragem do Ministério das Comunicações).
- V. Lei 6.634/1979 (Faixa de fronteira).
- V. Lei 6.925/1981 (Altera dispositivos do Dec.-lei 1.414/1975).
- V. Lei 9.314/1996 (Altera dispositivos do Dec.-lei 227/1967).
- V. Súmula 477, STF.

III – os lagos, rios e quaisquer correntes de água em terrenos de seu domínio, ou que banhem mais de um Estado, sirvam de limi-

Constituição Federal

tes com outros países, ou se estendam a território estrangeiro ou dele provenham, bem como os terrenos marginais e as praias fluviais;

- V. Dec. 1.265/1994 (Política marítima nacional).

IV – as ilhas fluviais e lacustres nas zonas limítrofes com outros países; as praias marítimas; as ilhas oceânicas e as costeiras, excluídas, destas, as que contenham a sede de Municípios, exceto aquelas áreas afetadas ao serviço público e a unidade ambiental federal, e as referidas no art. 26, II;

- Inciso IV com redação determinada pela Emenda Constitucional n. 46/2005.
- V. Dec. 1.265/1994 (Política marítima nacional).

V – os recursos naturais da plataforma continental e da zona econômica exclusiva;

- V. Lei 8.617/1993 (Mar territorial).
- V. Dec. 1.265/1994 (Política marítima nacional).

VI – o mar territorial;

- V. Lei 8.617/1993 (Mar territorial).
- V. Dec. 1.265/1994 (Política marítima nacional).

VII – os terrenos de marinha e seus acrescidos;

VIII – os potenciais de energia hidráulica;

IX – os recursos minerais, inclusive os do subsolo;

X – as cavidades naturais subterrâneas e os sítios arqueológicos e pré-históricos;

XI – as terras tradicionalmente ocupadas pelos índios.

- V. Súmula 650, STF.

§ 1º É assegurada, nos termos da lei, aos Estados, ao Distrito Federal e aos Municípios, bem como a órgãos da administração direta da União, participação no resultado da exploração de petróleo ou gás natural, de recursos hídricos para fins de geração de energia elétrica e de outros recursos minerais no respectivo território, plataforma continental, mar territorial ou zona econômica exclusiva, ou compensação financeira por essa exploração.

- V. art. 177, CF.
- V. Lei 7.990/1989 (Exploração de recursos energéticos e compensação financeira).
- V. Lei 8.001/1990 (Percentuais da distribuição da compensação da Lei 7.990/1989).
- V. Dec. 1/1991 (Pagamento da compensação financeira da Lei 7.990/1989).

§ 2º A faixa de até cento e cinquenta quilômetros de largura, ao longo das fronteiras terrestres, designada como faixa de fronteira, é considerada fundamental para defesa do território nacional, e sua ocupação e utilização serão reguladas em lei.

- V. Dec.-lei 1.135/1970 (Organização, competência e funcionamento do Conselho de Segurança Nacional).
- V. Lei 6.634/1979 (Faixa de fronteira).

Art. 21. Compete à União:

I – manter relações com Estados estrangeiros e participar de organizações internacionais;

II – declarar a guerra e celebrar a paz;

III – assegurar a defesa nacional;

IV – permitir, nos casos previstos em lei complementar, que forças estrangeiras transitem pelo território nacional ou nele permaneçam temporariamente;

V – decretar o estado de sítio, o estado de defesa e a intervenção federal;

VI – autorizar e fiscalizar a produção e o comércio de material bélico;

VII – emitir moeda;

VIII – administrar as reservas cambiais do País e fiscalizar as operações de natureza financeira, especialmente as de crédito, câmbio e capitalização, bem como as de seguros e de previdência privada;

IX – elaborar e executar planos nacionais e regionais de ordenação do território e de desenvolvimento econômico e social;

- V. Lei 9.491/1997 (Programa Nacional de Desestatização).

X – manter o serviço postal e o correio aéreo nacional;

- V. Lei 6.538/1978 (Serviços postais).

XI – explorar, diretamente ou mediante autorização, concessão ou permissão, os serviços de telecomunicações, nos termos da lei, que disporá sobre a organização dos serviços, a criação de um órgão regulador e outros aspectos institucionais;

- Inciso XI com redação determinada pela Emenda Constitucional n. 8/1995.
- V. art. 246, CF.
- V. Lei 9.295/1996 (Serviços de telecomunicações).
- V. Lei 9.472/1997 (Organização dos serviços de telecomunicações).

Art. 21

CONSTITUIÇÃO FEDERAL

XII – explorar, diretamente ou mediante autorização, concessão ou permissão:
- V. Lei 4.117/1962 (Código Brasileiro de Telecomunicações).
- V. Dec. 2.196/1997 (Regulamento de Serviços Especiais).
- V. Dec. 2.197/1997 (Regulamento de Serviço Limitado).
- V. Dec. 2.198/1997 (Regulamento de Serviços Públicos).

a) os serviços de radiodifusão sonora e de sons e imagens;
- Alínea a com redação determinada pela Emenda Constitucional n. 8/1995.
- V. art. 246, CF.
- V. Lei 9.472/1997 (Organização dos serviços de telecomunicações).

b) os serviços e instalações de energia elétrica e o aproveitamento energético dos cursos de água, em articulação com os Estados onde se situam os potenciais hidroenergéticos;

c) a navegação aérea, aeroespacial e a infraestrutura aeroportuária;
- V. Lei 7.565/1986 (Código Brasileiro de Aeronáutica).
- V. Dec. 1.886/1996 (Regulamenta a Lei 8.630/1993).
- V. Lei 9.994/2000 (Programa de Desenvolvimento Científico e Tecnológico do Setor Espacial).

d) os serviços de transporte ferroviário e aquaviário entre portos brasileiros e fronteiras nacionais, ou que transponham os limites de Estado ou Território;
- V. Lei 9.277/1996 (Autoriza a União a delegar aos Municípios, Estados da Federação e ao Distrito Federal a administração e exploração de rodovias e portos federais).
- V. Lei 9.432/1997 (Transporte aquaviário).

e) os serviços de transporte rodoviário interestadual e internacional de passageiros;

f) os portos marítimos, fluviais e lacustres;
- V. Dec. 1.265/1994 (Política marítima nacional).

XIII – organizar e manter o Poder Judiciário, o Ministério Público do Distrito Federal e dos Territórios e a Defensoria Pública dos Territórios;
- Inciso XIII com redação determinada pela Emenda Constitucional n. 69/2012 (DOU 30.03.2012), em vigor na data de sua publicação, produzindo efeitos após decorridos 120 (cento e vinte) dias de sua publicação oficial (v. art. 4º, da referida EC).

XIV – organizar e manter a polícia civil, a polícia militar e o corpo de bombeiros militar do Distrito Federal, bem como prestar assistência financeira ao Distrito Federal para a execução de serviços públicos, por meio de fundo próprio;
- Inciso XIV com redação determinada pela Emenda Constitucional n. 19/1998.
- V. art. 25, Emenda Constitucional n. 19/1998.
- V. Súmula 647, STF.

XV – organizar e manter os serviços oficiais de estatística, geografia, geologia e cartografia de âmbito nacional;

XVI – exercer a classificação, para efeito indicativo, de diversões públicas e de programas de rádio e televisão;
- V. art. 23, ADCT.

XVII – conceder anistia;

XVIII – planejar e promover a defesa permanente contra as calamidades públicas, especialmente as secas e as inundações;

XIX – instituir sistema nacional de gerenciamento de recursos hídricos e definir critérios de outorga de direitos de seu uso;
- V. Lei 9.433/1997 (Política Nacional de Recursos Hídricos e Sistema Nacional de Gerenciamento de Recursos Hídricos).

XX – instituir diretrizes para o desenvolvimento urbano, inclusive habitação, saneamento básico e transportes urbanos;
- V. Lei 11.445/2007 (Diretrizes nacionais para o saneamento básico).
- V. Lei 12.587/2012 (Política Nacional de Mobilidade Urbana).

XXI – estabelecer princípios e diretrizes para o sistema nacional de viação;
- V. Lei 12.379/2011 (Sistema Nacional de Viação – SNV).

XXII – executar os serviços de polícia marítima, aeroportuária e de fronteiras;
- Inciso XXII com redação determinada pela Emenda Constitucional n. 19/1998.

XXIII – explorar os serviços e instalações nucleares de qualquer natureza e exercer monopólio estatal sobre a pesquisa, a lavra, o enriquecimento e reprocessamento, a industrialização e o comércio de minérios nucleares e seus derivados, atendidos os seguintes princípios e condições:

a) toda atividade nuclear em território nacional somente será admitida para fins pací-

Art. 22

CONSTITUIÇÃO FEDERAL

ficos e mediante aprovação do Congresso Nacional;
b) sob regime de permissão, são autorizadas a comercialização e a utilização de radioisótopos para a pesquisa e usos médicos, agrícolas e industriais;

- Alínea *b* com redação determinada pela Emenda Constitucional n. 49/2006.

c) sob regime de permissão, são autorizadas a produção, comercialização e utilização de radioisótopos de meia-vida igual ou inferior a duas horas;

- Alínea *c* acrescentada pela Emenda Constitucional n. 49/2006.

d) a responsabilidade civil por danos nucleares independe da existência de culpa;

- Primitiva alínea *c* renumerada pela Emenda Constitucional n. 49/2006.
- V. Lei 9.425/1996 (Concessão de pensão especial às vítimas do acidente nuclear ocorrido em Goiânia).

XXIV – organizar, manter e executar a inspeção do trabalho;

- V. art. 174, CF.

XXV – estabelecer as áreas e as condições para o exercício da atividade de garimpagem, em forma associativa.

- V. Lei 11.685/2008 (Estatuto do Garimpeiro).

Art. 22. Compete privativamente à União legislar sobre:
I – direito civil, comercial, penal, processual, eleitoral, agrário, marítimo, aeronáutico, espacial e do trabalho;

- V. Lei 556/1850 (Código Comercial).
- V. Dec.-lei 2.848/1940 (Código Penal).
- V. Dec.-lei 3.689/1941 (Código de Processo Penal).
- V. Dec.-lei 5.452/1943 (Consolidação das Leis do Trabalho).
- V. Lei 4.504/1964 (Estatuto da Terra).
- V. Lei 4.737/1965 (Código Eleitoral).
- V. Lei 4.947/1966 (Fixa normas de direito agrário).
- V. Lei 5.869/1973 (Código de Processo Civil).
- V. Lei 7.565/1986 (Código Brasileiro de Aeronáutica).
- V. Dec. 1.265/1994 (Política marítima nacional).
- V. Lei 10.406/2002 (Código Civil).
- V. Súmula 722, STF.

II – desapropriação;

- V. arts. 184 e 185, I e II, CF.
- V. art. 590, CC/1916; e art. 1.275, V, CC/2002.
- V. Dec.-lei 3.365/1941 (Desapropriação por utilidade pública).
- V. Lei 4.132/1962 (Desapropriação por interesse social).
- V. Dec.-lei 1.075/1970 (Imissão de posse, *initio litis*, em imóveis residenciais urbanos).
- V. Lei 6.602/1978 (Desapropriação por utilidade pública – alterações).

III – requisições civis e militares, em caso de iminente perigo e em tempo de guerra;
IV – águas, energia, informática, telecomunicações e radiodifusão;

- V. Lei 4.117/1962 (Código Brasileiro de Telecomunicações).
- V. Lei 9.295/1996 (Serviços de telecomunicações).
- V. Dec. 2.196/1997 (Regulamento de Serviços Especiais).
- V. Dec. 2.197/1997 (Regulamento de Serviço Limitado).
- V. Dec. 2.198/1997 (Regulamento de Serviços Públicos).
- V. Lei 9.984/2000 (Criação da Agência Nacional de Águas – ANA).

V – serviço postal;

- V. Lei 6.538/1978 (Serviços postais).

VI – sistema monetário e de medidas, títulos e garantias dos metais;
VII – política de crédito, câmbio, seguros e transferência de valores;

- V. Súmula vinculante 32, STF.

VIII – comércio exterior e interestadual;
IX – diretrizes da política nacional de transportes;
X – regime dos portos, navegação lacustre, fluvial, marítima, aérea e aeroespacial;

- V. Dec. 1.265/1994 (Política marítima nacional).
- V. Lei 9.277/1996 (Autoriza a União a delegar aos Municípios, Estados da Federação e ao Distrito Federal a administração e exploração de rodovias e portos federais).
- V. Lei 9.994/2000 (Programa de Desenvolvimento Científico e Tecnológico do Setor Espacial).

XI – trânsito e transporte;

- V. Lei 9.503/1997 (Código de Trânsito Brasileiro).

XII – jazidas, minas, outros recursos minerais e metalurgia;
XIII – nacionalidade, cidadania e naturalização;

- V. Lei 6.815/1980 (Estatuto do Estrangeiro).
- V. Dec. 86.715/1981 (Regulamenta a Lei 6.815/1980).

XIV – populações indígenas;

- V. art. 231, CF.
- V. Lei 6.001/1973 (Estatuto do Índio).

Art. 23

CONSTITUIÇÃO FEDERAL

XV – emigração e imigração, entrada, extradição e expulsão de estrangeiros;

XVI – organização do sistema nacional de emprego e condições para o exercício de profissões;

XVII – organização judiciária, do Ministério Público do Distrito Federal e dos Territórios e da Defensoria Pública dos Territórios, bem como organização administrativa destes;

- Inciso XVII com redação determinada pela Emenda Constitucional n. 69/2012 (*DOU* 30.03.2012), em vigor na data de sua publicação, produzindo efeitos após decorridos 120 (cento e vinte) dias de sua publicação oficial (v. art. 4º, da referida EC).

XVIII – sistema estatístico, sistema cartográfico e de geologia nacionais;

XIX – sistemas de poupança, captação e garantia da poupança popular;

- V. Lei 8.177/1991 (Desindexação da economia).

XX – sistemas de consórcios e sorteios;

- V. Súmula vinculante 2, STF.

XXI – normas gerais de organização, efetivos, material bélico, garantias, convocação e mobilização das polícias militares e corpos de bombeiros militares;

XXII – competência da polícia federal e das polícias rodoviária e ferroviária federais;

XXIII – seguridade social;

- V. Lei 8.212/1991 (Organização da Seguridade Social e Plano de Custeio).

XXIV – diretrizes e bases da educação nacional;

- V. Lei 9.394/1996 (Diretrizes e bases da educação nacional).

XXV – registros públicos;

- V. Lei 6.015/1973 (Lei de Registros Públicos).

XXVI – atividades nucleares de qualquer natureza;

XXVII – normas gerais de licitação e contratação, em todas as modalidades, para as administrações públicas diretas, autárquicas e fundacionais da União, Estados, Distrito Federal e Municípios, obedecido o disposto no art. 37, XXI, e para as empresas públicas e sociedades de economia mista, nos termos do art. 173, § 1º, III;

- Inciso XXVII com redação determinada pela Emenda Constitucional n. 19/1998.
- V. art. 37, XXI, CF.
- V. Lei 8.666/1993 (Lei de Licitações).

XXVIII – defesa territorial, defesa aeroespacial, defesa marítima, defesa civil e mobilização nacional;

- V. Dec. 5.376/2005 (Sistema Nacional de Defesa Civil – SINDEC e Conselho Nacional de Defesa Civil).

XXIX – propaganda comercial.

- V. Lei 8.078/1990 (Código de Defesa do Consumidor).

Parágrafo único. Lei complementar poderá autorizar os Estados a legislar sobre questões específicas das matérias relacionadas neste artigo.

Art. 23. É competência comum da União, dos Estados, do Distrito Federal e dos Municípios:

I – zelar pela guarda da Constituição, das leis e das instituições democráticas e conservar o patrimônio público;

II – cuidar da saúde e assistência pública, da proteção e garantia das pessoas portadoras de deficiência;

- V. art. 203, V, CF.

III – proteger os documentos, as obras e outros bens de valor histórico, artístico e cultural, os monumentos, as paisagens naturais notáveis e os sítios arqueológicos;

- V. LC 140/2011 (Ações de cooperação para a proteção do meio ambiente).

IV – impedir a evasão, a destruição e a descaracterização de obras de arte e de outros bens de valor histórico, artístico e cultural;

V – proporcionar os meios de acesso à cultura, à educação e à ciência;

VI – proteger o meio ambiente e combater a poluição em qualquer de suas formas;

- V. Lei 6.938/1981 (Política nacional do meio ambiente).
- V. Lei 9.605/1998 (Lei de Crimes Ambientais).
- V. Dec. 6.514/2008 (Infrações e sanções administrativas ao meio ambiente, e processo administrativo federal para apuração destas infrações).
- V. LC 140/2011 (Ações de cooperação para a proteção do meio ambiente).

VII – preservar as florestas, a fauna e a flora;

- V. Lei 5.197/1967 (Código de Caça).
- V. Dec.-lei 221/1967 (Código de Pesca).
- V. LC 140/2011 (Ações de cooperação para a proteção do meio ambiente).

VIII – fomentar a produção agropecuária e organizar o abastecimento alimentar;

Art. 24

CONSTITUIÇÃO FEDERAL

IX – promover programas de construção de moradias e a melhoria das condições habitacionais e de saneamento básico;

* V. Lei 11.445/2007 (Diretrizes nacionais para o saneamento básico).

X – combater as causas da pobreza e os fatores de marginalização, promovendo a integração social dos setores desfavorecidos;

* V. Emenda Constitucional n. 31/2000 (Fundo de Combate e Erradicação da Pobreza).

XI – registrar, acompanhar e fiscalizar as concessões de direitos de pesquisa e exploração de recursos hídricos e minerais em seus territórios;

XII – estabelecer e implantar política de educação para a segurança do trânsito.

Parágrafo único. Leis complementares fixarão normas para a cooperação entre a União e os Estados, o Distrito Federal e os Municípios, tendo em vista o equilíbrio do desenvolvimento e do bem-estar em âmbito nacional.

* Parágrafo único com redação determinada pela Emenda Constitucional n. 53/2006.

Art. 24. Compete à União, aos Estados e ao Distrito Federal legislar concorrentemente sobre:

I – direito tributário, financeiro, penitenciário, econômico e urbanístico;

* V. Lei 4.320/1964 (Lei de Orçamentos).
* V. Lei 5.172/1966 (Código Tributário Nacional).
* V. Lei 7.210/1984 (Lei de Execução Penal).

II – orçamento;
III – juntas comerciais;

* V. Lei 8.934/1994 (Registro público de empresas mercantis).
* V. Dec. 1.800/1996 (Regulamenta a Lei 8.934/1994).

IV – custas dos serviços forenses;

* V. Lei 9.289/1996 (Custas na Justiça Federal).

V – produção e consumo;
VI – florestas, caça, pesca, fauna, conservação da natureza, defesa do solo e dos recursos naturais, proteção do meio ambiente e controle da poluição;

* V. Lei 5.197/1967 (Código de Caça).
* V. Dec.-lei 221/1967 (Código de Pesca).
* V. Lei 9.605/1998 (Lei de Crimes Ambientais).
* V. Lei 9.795/1999 (Educação ambiental).
* V. Dec. 6.514/2008 (Infrações e sanções administrativas ao meio ambiente, e processo administrativo federal para apuração destas infrações).

VII – proteção ao patrimônio histórico, cultural, artístico, turístico e paisagístico;

VIII – responsabilidade por dano ao meio ambiente, ao consumidor, a bens e direitos de valor artístico, estético, histórico, turístico e paisagístico;

* V. Lei 7.347/1985 (Ação civil pública).
* V. Lei 8.625/1993 (Lei Orgânica do Ministério Público).
* V. Dec. 6.514/2008 (Infrações e sanções administrativas ao meio ambiente, e processo administrativo federal para apuração destas infrações).

IX – educação, cultura, ensino e desporto;
X – criação, funcionamento e processo do juizado de pequenas causas;

* V. art. 98, I, CF.
* V. Lei 9.099/1995 (Juizados Especiais Cíveis e Criminais).

XI – procedimentos em matéria processual;

* V. art. 98, I, CF.
* V. Lei 9.099/1995 (Juizados Especiais Cíveis e Criminais).

XII – previdência social, proteção e defesa da saúde;

* V. Lei 9.273/1996 (Torna obrigatória a inclusão de dispositivo de segurança que impeça a reutilização das seringas descartáveis).

XIII – assistência jurídica e defensoria pública;

* V. Lei 1.060/1950 (Assistência judiciária).

XIV – proteção e integração social das pessoas portadoras de deficiência;

* V. art. 203, V, CF.

XV – proteção à infância e à juventude;

* V. Lei 8.069/1990 (Estatuto da Criança e do Adolescente).

XVI – organização, garantias, direitos e deveres das polícias civis.

§ 1º No âmbito da legislação concorrente, a competência da União limitar-se-á a estabelecer normas gerais.

§ 2º A competência da União para legislar sobre normas gerais não exclui a competência suplementar dos Estados.

§ 3º Inexistindo lei federal sobre normas gerais, os Estados exercerão a competência legislativa plena, para atender a suas peculiaridades.

§ 4º A superveniência de lei federal sobre normas gerais suspende a eficácia da lei estadual, no que lhe for contrário.

Capítulo III
DOS ESTADOS FEDERADOS

Art. 25. Os Estados organizam-se e regem-se pelas Constituições e leis que adotarem, observados os princípios desta Constituição.

§ 1º São reservadas aos Estados as competências que não lhes sejam vedadas por esta Constituição.

• V. art. 19, CF.

§ 2º Cabe aos Estados explorar diretamente, ou mediante concessão, os serviços locais de gás canalizado, na forma da lei, vedada a edição de medida provisória para a sua regulamentação.

• § 2º com redação determinada pela Emenda Constitucional n. 5/1995.
• V. art. 246, CF.
• V. Lei 9.478/1997 (Política energética nacional e atividades relativas ao monopólio do petróleo).

§ 3º Os Estados poderão, mediante lei complementar, instituir regiões metropolitanas, aglomerações urbanas e microrregiões, constituídas por agrupamentos de municípios limítrofes, para integrar a organização, o planejamento e a execução de funções públicas de interesse comum.

Art. 26. Incluem-se entre os bens dos Estados:

I – as águas superficiais ou subterrâneas, fluentes, emergentes e em depósito, ressalvadas, neste caso, na forma da lei, as decorrentes de obras da União;

• V. art. 29, Dec. 24.643/1934 (Código das Águas).
• V. Lei 9.984/2000 (Criação da Agência Nacional de Águas – ANA).

II – as áreas, nas ilhas oceânicas e costeiras, que estiverem no seu domínio, excluídas aquelas sob domínio da União, Municípios ou terceiros;

III – as ilhas fluviais e lacustres não pertencentes à União;

IV – as terras devolutas não compreendidas entre as da União.

Art. 27. O número de Deputados à Assembleia Legislativa corresponderá ao triplo da representação do Estado na Câmara dos Deputados e, atingindo o número de trinta e seis, será acrescido de tantos quantos forem os Deputados Federais acima de doze.

• V. art. 32, CF.

§ 1º Será de quatro anos o mandato dos Deputados Estaduais, aplicando-se-lhes as regras desta Constituição sobre sistema eleitoral, inviolabilidade, imunidades, remuneração, perda de mandato, licença, impedimentos e incorporação às Forças Armadas.

§ 2º O subsídio dos Deputados Estaduais será fixado por lei de iniciativa da Assembleia Legislativa, na razão de, no máximo, setenta e cinco por cento daquele estabelecido, em espécie, para os Deputados Federais, observado o que dispõem os arts. 39, § 4º, 57, § 7º, 150, II, 153, III, e 153, § 2º, I.

• § 2º com redação determinada pela Emenda Constitucional n. 19/1998.

§ 3º Compete às Assembleias Legislativas dispor sobre seu regimento interno, polícia e serviços administrativos de sua secretaria, e prover os respectivos cargos.

§ 4º A lei disporá sobre a iniciativa popular no processo legislativo estadual.

• V. art. 6º, Lei 9.709/1998 (Regulamenta a execução do disposto nos incisos I, II e III do art. 14 da CF).

Art. 28. A eleição do Governador e do Vice-Governador de Estado, para mandato de quatro anos, realizar-se-á no primeiro domingo de outubro, em primeiro turno, e no último domingo de outubro, em segundo turno, se houver, do ano anterior ao do término do mandato de seus antecessores, e a posse ocorrerá em primeiro de janeiro do ano subsequente, observado, quanto ao mais, o disposto no art. 77.

• *Caput* com redação determinada pela Emenda Constitucional n. 16/1997.

§ 1º Perderá o mandato o Governador que assumir outro cargo ou função na administração pública direta ou indireta, ressalvada a posse em virtude de concurso público e observado o disposto no art. 38, I, IV e V.

• Primitivo parágrafo único renumerado pela Emenda Constitucional n. 19/1998.
• V. art. 29, XIV, CF.

§ 2º Os subsídios do Governador, do Vice-Governador e dos Secretários de Estado serão fixados por lei de iniciativa da Assem-

Art. 29

Constituição Federal

bleia Legislativa, observado o que dispõem os arts. 37, XI, 39, § 4º, 150, II, 153, III, e 153, § 2º, I.

- § 2º acrescentado pela Emenda Constitucional n. 19/1998.

Capítulo IV
DOS MUNICÍPIOS

Art. 29. O Município reger-se-á por lei orgânica, votada em dois turnos, com o interstício mínimo de dez dias, e aprovada por dois terços dos membros da Câmara Municipal, que a promulgará, atendidos os princípios estabelecidos nesta Constituição, na Constituição do respectivo Estado e os seguintes preceitos:

I – eleição do Prefeito, do Vice-Prefeito e dos Vereadores, para mandato de quatro anos, mediante pleito direto e simultâneo realizado em todo o País;

II – eleição do Prefeito e do Vice-Prefeito realizada no primeiro domingo de outubro do ano anterior ao término do mandato dos que devam suceder, aplicadas as regras do art. 77 no caso de Municípios com mais de duzentos mil eleitores;

- Inciso II com redação determinada pela Emenda Constitucional n. 16/1997.

III – posse do Prefeito e do Vice-Prefeito no dia 1º de janeiro do ano subsequente ao da eleição;

IV – para a composição das Câmaras Municipais, será observado o limite máximo de:

- Inciso IV com redação determinada pela Emenda Constitucional n. 58/2009 (*DOU* 24.09.2009), em vigor na data de sua promulgação, produzindo efeitos a partir do processo eleitoral de 2008 (v. art. 3º, I, da referida EC).
- O STF, na Med. Caut. em ADIn 4.307-2 (*DJE* 08.10.2009, divulgado em 07.10.2009), deferiu medida cautelar com efeito *ex tunc*, *ad referendum* do Plenário, para sustar os efeitos do inciso I do art. 3º da EC n. 58/2009. A cautelar concedida foi referendada pelo Tribunal (*DOU* e *DJE* 27.11.2009). O STF, na ADIn 4.307 (*DOU* e *DJE* 23.04.2013), julgou procedente a ação direta.

a) 9 (nove) Vereadores, nos Municípios de até 15.000 (quinze mil) habitantes;

b) 11 (onze) Vereadores, nos Municípios de mais de 15.000 (quinze mil) habitantes e de até 30.000 (trinta mil) habitantes;

c) 13 (treze) Vereadores, nos Municípios com mais de 30.000 (trinta mil) habitantes e de até 50.000 (cinquenta mil) habitantes;

d) 15 (quinze) Vereadores, nos Municípios de mais de 50.000 (cinquenta mil) habitantes e de até 80.000 (oitenta mil) habitantes;

e) 17 (dezessete) Vereadores, nos Municípios de mais de 80.000 (oitenta mil) habitantes e de até 120.000 (cento e vinte mil) habitantes;

f) 19 (dezenove) Vereadores, nos Municípios de mais de 120.000 (cento e vinte mil) habitantes e de até 160.000 (cento e sessenta mil) habitantes;

g) 21 (vinte e um) Vereadores, nos Municípios de mais de 160.000 (cento e sessenta mil) habitantes e de até 300.000 (trezentos mil) habitantes;

h) 23 (vinte e três) Vereadores, nos Municípios de mais de 300.000 (trezentos mil) habitantes e de até 450.000 (quatrocentos e cinquenta mil) habitantes;

i) 25 (vinte e cinco) Vereadores, nos Municípios de mais de 450.000 (quatrocentos e cinquenta mil) habitantes e de até 600.000 (seiscentos mil) habitantes;

j) 27 (vinte e sete) Vereadores, nos Municípios de mais de 600.000 (seiscentos mil) habitantes e de até 750.000 (setecentos e cinquenta mil) habitantes;

k) 29 (vinte e nove) Vereadores, nos Municípios de mais de 750.000 (setecentos e cinquenta mil) habitantes e de até 900.000 (novecentos mil) habitantes;

l) 31 (trinta e um) Vereadores, nos Municípios de mais de 900.000 (novecentos mil) habitantes e de até 1.050.000 (um milhão e cinquenta mil) habitantes;

m) 33 (trinta e três) Vereadores, nos Municípios de mais de 1.050.000 (um milhão e cinquenta mil) habitantes e de até 1.200.000 (um milhão e duzentos mil) habitantes;

n) 35 (trinta e cinco) Vereadores, nos Municípios de mais de 1.200.000 (um milhão e duzentos mil) habitantes e de até 1.350.000 (um milhão e trezentos e cinquenta mil) habitantes;

o) 37 (trinta e sete) Vereadores, nos Municípios de 1.350.000 (um milhão e trezentos e cinquenta mil) habitantes e de até

Art. 29

CONSTITUIÇÃO FEDERAL

1.500.000 (um milhão e quinhentos mil) habitantes;

p) 39 (trinta e nove) Vereadores, nos Municípios de mais de 1.500.000 (um milhão e quinhentos mil) habitantes e de até 1.800.000 (um milhão e oitocentos mil) habitantes;

q) 41 (quarenta e um) Vereadores, nos Municípios de mais de 1.800.000 (um milhão e oitocentos mil) habitantes e de até 2.400.000 (dois milhões e quatrocentos mil) habitantes;

r) 43 (quarenta e três) Vereadores, nos Municípios de mais de 2.400.000 (dois milhões e quatrocentos mil) habitantes e de até 3.000.000 (três milhões) de habitantes;

s) 45 (quarenta e cinco) Vereadores, nos Municípios de mais de 3.000.000 (três milhões) de habitantes e de até 4.000.000 (quatro milhões) de habitantes;

t) 47 (quarenta e sete) Vereadores, nos Municípios de mais de 4.000.000 (quatro milhões) de habitantes e de até 5.000.000 (cinco milhões) de habitantes;

u) 49 (quarenta e nove) Vereadores, nos Municípios de mais de 5.000.000 (cinco milhões) de habitantes e de até 6.000.000 (seis milhões) de habitantes;

v) 51 (cinquenta e um) Vereadores, nos Municípios de mais de 6.000.000 (seis milhões) de habitantes e de até 7.000.000 (sete milhões) de habitantes;

w) 53 (cinquenta e três) Vereadores, nos Municípios de mais de 7.000.000 (sete milhões) de habitantes e de até 8.000.000 (oito milhões) de habitantes; e

x) 55 (cinquenta e cinco) Vereadores, nos Municípios de mais de 8.000.000 (oito milhões) de habitantes;

V – subsídios do Prefeito, do Vice-Prefeito e dos Secretários Municipais fixados por lei de iniciativa da Câmara Municipal, observado o que dispõem os arts. 37, XI, 39, § 4º, 150, II, 153, III, e 153, § 2º, I;

• Inciso V com redação determinada pela Emenda Constitucional n. 19/1998.

VI – o subsídio dos Vereadores será fixado pelas respectivas Câmaras Municipais em cada legislatura para a subsequente, observado o que dispõe esta Constituição, observados os critérios estabelecidos na respectiva Lei Orgânica e os seguintes limites máximos:

• Inciso VI com redação determinada pela Emenda Constitucional n. 25/2000 (*DOU* 15.02.2000), em vigor em 1º.01.2001.

a) em Municípios de até dez mil habitantes, o subsídio máximo dos Vereadores corresponderá a vinte por cento do subsídio dos Deputados Estaduais;

b) em Municípios de dez mil e um a cinquenta mil habitantes, o subsídio máximo dos Vereadores corresponderá a trinta por cento do subsídio dos Deputados Estaduais;

c) em Municípios de cinquenta mil e um a cem mil habitantes, o subsídio máximo dos Vereadores corresponderá a quarenta por cento do subsídio dos Deputados Estaduais;

d) em Municípios de cem mil e um a trezentos mil habitantes, o subsídio máximo dos Vereadores corresponderá a cinquenta por cento do subsídio dos Deputados Estaduais;

e) em Municípios de trezentos mil e um a quinhentos mil habitantes, o subsídio máximo dos Vereadores corresponderá a sessenta por cento do subsídio dos Deputados Estaduais;

f) em Municípios de mais de quinhentos mil habitantes, o subsídio máximo dos Vereadores corresponderá a setenta e cinco por cento do subsídio dos Deputados Estaduais;

VII – o total da despesa com a remuneração dos Vereadores não poderá ultrapassar o montante de cinco por cento da receita do município;

• Inciso VII acrescentado pela Emenda Constitucional n. 1/1992.

VIII – inviolabilidade dos Vereadores por suas opiniões, palavras e votos no exercício do mandato e na circunscrição do Município;

• Primitivo inciso VI renumerado pela Emenda Constitucional n. 1/1992.

IX – proibições e incompatibilidades, no exercício da vereança, similares, no que couber, ao disposto nesta Constituição para os membros do Congresso Nacional e, na Constituição do respectivo Estado, para os membros da Assembleia Legislativa;

• Primitivo inciso VII renumerado pela Emenda Constitucional n. 1/1992.

Art. 29-A

CONSTITUIÇÃO FEDERAL

X – julgamento do Prefeito perante o Tribunal de Justiça;

- Primitivo inciso VIII renumerado pela Emenda Constitucional n. 1/1992.
- V. Dec.-lei 201/1967 (Responsabilidade de Prefeitos e Vereadores).
- V. Súmulas 702 e 703, STF.

XI – organização das funções legislativas e fiscalizadoras da Câmara Municipal;

- Primitivo inciso IX renumerado pela Emenda Constitucional n. 1/1992.

XII – cooperação das associações representativas no planejamento municipal;

- Primitivo inciso X renumerado pela Emenda Constitucional n. 1/1992.

XIII – iniciativa popular de projetos de lei de interesse específico do Município, da cidade ou de bairros, através de manifestação de, pelo menos, cinco por cento do eleitorado;

- Primitivo inciso XI renumerado pela Emenda Constitucional n. 1/1992.

XIV – perda do mandato do Prefeito, nos termos do art. 28, parágrafo único.

- Primitivo inciso XII renumerado pela Emenda Constitucional n. 1/1992.
- A Emenda Constitucional n. 19/1998 transformou o parágrafo único do art. 28 em § 1º.

Art. 29-A. O total da despesa do Poder Legislativo Municipal, incluídos os subsídios dos Vereadores e excluídos os gastos com inativos, não poderá ultrapassar os seguintes percentuais, relativos ao somatório da receita tributária e das transferências previstas no § 5º do art. 153 e nos arts. 158 e 159, efetivamente realizado no exercício anterior:

- *Caput* acrescentado pela Emenda Constitucional n. 25/2000 (*DOU* 15.02.2000), em vigor em 1º.01.2001.

I – 7% (sete por cento) para Municípios com população de até 100.000 (cem mil) habitantes;

- Inciso I com redação determinada pela Emenda Constitucional n. 58/2009 (*DOU* 24.09.2009), em vigor na data de sua promulgação, produzindo efeitos a partir de 1º de janeiro do ano subsequente ao da promulgação desta Emenda (v. art. 3º, II, da referida EC).

II – 6% (seis por cento) para Municípios com população entre 100.000 (cem mil) e 300.000 (trezentos mil) habitantes;

- Inciso II com redação determinada pela Emenda Constitucional n. 58/2009 (*DOU* 24.09.2009), em vigor na data de sua promulgação, produzindo efeitos a partir de 1º de janeiro do ano subsequente ao da promulgação desta Emenda (v. art. 3º, II, da referida EC).

III – 5% (cinco por cento) para Municípios com população entre 300.001 (trezentos mil e um) e 500.000 (quinhentos mil) habitantes;

- Inciso III com redação determinada pela Emenda Constitucional n. 58/2009 (*DOU* 24.09.2009), em vigor na data de sua promulgação, produzindo efeitos a partir de 1º de janeiro do ano subsequente ao da promulgação desta Emenda (v. art. 3º, II, da referida EC).

IV – 4,5% (quatro inteiros e cinco décimos por cento) para Municípios com população entre 500.001 (quinhentos mil e um) e 3.000.000 (três milhões) de habitantes;

- Inciso IV com redação determinada pela Emenda Constitucional n. 58/2009 (*DOU* 24.09.2009), em vigor na data de sua promulgação, produzindo efeitos a partir de 1º de janeiro do ano subsequente ao da promulgação desta Emenda (v. art. 3º, II, da referida EC).

V – 4% (quatro por cento) para Municípios com população entre 3.000.001 (três milhões e um) e 8.000.000 (oito milhões) de habitantes;

- Inciso V acrescentado pela Emenda Constitucional n. 58/2009 (*DOU* 24.09.2009), em vigor na data de sua promulgação, produzindo efeitos a partir de 1º de janeiro do ano subsequente ao da promulgação desta Emenda (v. art. 3º, II, da referida EC).

VI – 3,5% (três inteiros e cinco décimos por cento) para Municípios com população acima de 8.000.001 (oito milhões e um) habitantes.

- Inciso VI acrescentado pela Emenda Constitucional n. 58/2009 (*DOU* 24.09.2009), em vigor na data de sua promulgação, produzindo efeitos a partir de 1º de janeiro do ano subsequente ao da promulgação desta Emenda (v. art. 3º, II, da referida EC).

§ 1º A Câmara Municipal não gastará mais de setenta por cento de sua receita com folha de pagamento, incluído o gasto com o subsídio de seus Vereadores.

- § 1º acrescentado pela Emenda Constitucional n. 25/2000 (*DOU* 15.02.2000), em vigor em 1º.01.2001.

Art. 30

CONSTITUIÇÃO FEDERAL

§ 2º Constitui crime de responsabilidade do Prefeito Municipal:

- § 2º acrescentado pela Emenda Constitucional n. 25/2000 (*DOU* 15.02.2000), em vigor em 1º.01.2001.

I – efetuar repasse que supere os limites definidos neste artigo;
II – não enviar o repasse até o dia vinte de cada mês; ou
III – enviá-lo a menor em relação à proporção fixada na Lei Orçamentária.

§ 3º Constitui crime de responsabilidade do Presidente da Câmara Municipal o desrespeito ao § 1º deste artigo.

- § 3º acrescentado pela Emenda Constitucional n. 25/2000 (*DOU* 15.02.2000), em vigor em 1º.01.2001.

Art. 30. Compete aos Municípios:
I – legislar sobre assuntos de interesse local;

- V. Súmula 645, STF.

II – suplementar a legislação federal e a estadual no que couber;
III – instituir e arrecadar os tributos de sua competência, bem como aplicar suas rendas, sem prejuízo da obrigatoriedade de prestar contas e publicar balancetes nos prazos fixados em lei;

- V. art. 156, CF.

IV – criar, organizar e suprimir distritos, observada a legislação estadual;
V – organizar e prestar, diretamente ou sob regime de concessão ou permissão, os serviços públicos de interesse local, incluído o de transporte coletivo, que tem caráter essencial;

** V. Lei 8.987/1995 (Concessão e permissão da prestação de serviços públicos).

VI – manter, com a cooperação técnica e financeira da União e do Estado, programas de educação infantil e de ensino fundamental;

- Inciso VI com redação determinada pela Emenda Constitucional n. 53/2006.

VII – prestar, com cooperação técnica e financeira da União e do Estado, serviços de atendimento à saúde da população;
VIII – promover, no que couber, adequado ordenamento territorial, mediante planejamento e controle do uso, do parcelamento e da ocupação do solo urbano;

- V. art. 182, CF.

IX – promover a proteção do patrimônio histórico-cultural local, observada a legislação e a ação fiscalizadora federal e estadual.

Art. 31. A fiscalização do Município será exercida pelo Poder Legislativo Municipal, mediante controle externo, e pelos sistemas de controle interno do Poder Executivo Municipal, na forma da lei.

§ 1º O controle externo da Câmara Municipal será exercido com o auxílio dos Tribunais de Contas dos Estados ou do Município ou dos Conselhos ou Tribunais de Contas dos Municípios, onde houver.

§ 2º O parecer prévio, emitido pelo órgão competente sobre as contas que o Prefeito deve anualmente prestar, só deixará de prevalecer por decisão de dois terços dos membros da Câmara Municipal.

§ 3º As contas dos Municípios ficarão, durante sessenta dias, anualmente, à disposição de qualquer contribuinte, para exame e apreciação, o qual poderá questionar-lhes a legitimidade, nos termos da lei.

§ 4º É vedada a criação de Tribunais, Conselhos ou órgãos de Contas Municipais.

Capítulo V
DO DISTRITO FEDERAL E DOS TERRITÓRIOS

Seção I
Do Distrito Federal

- A Lei Orgânica do Distrito Federal foi publicada no Diário da Câmara Legislativa do DF, de 08.06.1993 (suplemento especial).

Art. 32. O Distrito Federal, vedada sua divisão em Municípios, reger-se-á por lei orgânica, votada em dois turnos com interstício mínimo de dez dias, e aprovada por dois terços da Câmara Legislativa, que a promulgará, atendidos os princípios estabelecidos nesta Constituição.

§ 1º Ao Distrito Federal são atribuídas as competências legislativas reservadas aos Estados e Municípios.

- V. Súmula 642, STF.

§ 2º A eleição do Governador e do Vice-Governador, observadas as regras do art. 77, e dos Deputados Distritais coincidirá com a

Art. 35

CONSTITUIÇÃO FEDERAL

dos Governadores e Deputados Estaduais, para mandato de igual duração.

§ 3º Aos Deputados Distritais e à Câmara Legislativa aplica-se o disposto no art. 27.

§ 4º Lei federal disporá sobre a utilização, pelo Governo do Distrito Federal, das polícias civil e militar e do corpo de bombeiros militar.

- V. Dec.-lei 667/1969 (Polícias militares e corpos de bombeiros militares dos Estados, dos Territórios e do Distrito Federal).
- V. Lei 6.450/1977 (Organização básica da polícia militar do Distrito Federal).
- V. Lei 7.289/1984 (Estatuto dos Policiais Militares da Polícia Militar do Distrito Federal).
- V. Lei 7.479/1986 (Estatuto dos Bombeiros Militares do Corpo de Bombeiros do Distrito Federal).

Seção II
Dos Territórios

Art. 33. A lei disporá sobre a organização administrativa e judiciária dos Territórios.

- V. Lei 11.697/2008 (Organização judiciária do Distrito Federal e dos Territórios).

§ 1º Os Territórios poderão ser divididos em Municípios, aos quais se aplicará, no que couber, o disposto no Capítulo IV deste Título.

§ 2º As contas do Governo do Território serão submetidas ao Congresso Nacional, com parecer prévio do Tribunal de Contas da União.

§ 3º Nos Territórios Federais com mais de cem mil habitantes, além do Governador nomeado na forma desta Constituição, haverá órgãos judiciários de primeira e segunda instância, membros do Ministério Público e defensores públicos federais; a lei disporá sobre as eleições para a Câmara Territorial e sua competência deliberativa.

Capítulo VI
DA INTERVENÇÃO

Art. 34. A União não intervirá nos Estados nem no Distrito Federal, exceto para:

I – manter a integridade nacional;

- V. art. 1º, CF.

II – repelir invasão estrangeira ou de uma unidade da Federação em outra;

III – pôr termo a grave comprometimento da ordem pública;

IV – garantir o livre exercício de qualquer dos Poderes nas unidades da Federação;

- V. art. 36, I, CF.

V – reorganizar as finanças da unidade da Federação que:

a) suspender o pagamento da dívida fundada por mais de dois anos consecutivos, salvo motivo de força maior;

b) deixar de entregar aos Municípios receitas tributárias fixadas nesta Constituição, dentro dos prazos estabelecidos em lei;

- V. art. 10, LC 63/1990 (Critérios e prazos de crédito das parcelas do produto da arrecadação de impostos de competência dos Estados e de transferências por estes recebidas pertencentes aos Municípios).

VI – prover a execução de lei federal, ordem ou decisão judicial;

- V. art. 36, § 3º, CF.
- V. Súmula 637, STF.

VII – assegurar a observância dos seguintes princípios constitucionais:

- V. art. 36, III e § 3º, CF.

a) forma republicana, sistema representativo e regime democrático;

b) direitos da pessoa humana;

c) autonomia municipal;

d) prestação de contas da administração pública, direta e indireta;

e) aplicação do mínimo exigido da receita resultante de impostos estaduais, compreendida a proveniente de transferências, na manutenção e desenvolvimento do ensino e nas ações e serviços públicos de saúde.

- Alínea e acrescentada pela Emenda Constitucional n. 29/2000.

Art. 35. O Estado não intervirá em seus Municípios, nem a União nos Municípios localizados em Território Federal, exceto quando:

I – deixar de ser paga, sem motivo de força maior, por dois anos consecutivos, a dívida fundada;

II – não forem prestadas contas devidas, na forma da lei;

III – não tiver sido aplicado o mínimo exigido da receita municipal na manutenção e de-

Art. 36

senvolvimento do ensino e nas ações e serviços públicos de saúde;

- Inciso III com redação determinada pela Emenda Constitucional n. 29/2000.

IV – o Tribunal de Justiça der provimento a representação para assegurar a observância de princípios indicados na Constituição Estadual, ou para prover a execução de lei, de ordem ou de decisão judicial.

Art. 36. A decretação da intervenção dependerá:

I – no caso do art. 34, IV, de solicitação do Poder Legislativo ou do Poder Executivo coacto ou impedido, ou de requisição do Supremo Tribunal Federal, se a coação for exercida contra o Poder Judiciário;

II – no caso de desobediência a ordem ou decisão judiciária, de requisição do Supremo Tribunal Federal, do Superior Tribunal de Justiça ou do Tribunal Superior Eleitoral;

III – de provimento, pelo Supremo Tribunal Federal, de representação do Procurador-Geral da República, na hipótese do art. 34, VII, e no caso de recusa à execução de lei federal.

- Inciso III com redação determinada pela Emenda Constitucional n. 45/2004.

IV – *(Revogado pela Emenda Constitucional n. 45/2004.)*

§ 1º O decreto de intervenção, que especificará a amplitude, o prazo e as condições de execução e que, se couber, nomeará o interventor, será submetido à apreciação do Congresso Nacional ou da Assembleia Legislativa do Estado, no prazo de vinte e quatro horas.

§ 2º Se não estiver funcionando o Congresso Nacional ou a Assembleia Legislativa, far-se-á convocação extraordinária, no mesmo prazo de vinte e quatro horas.

§ 3º Nos casos do art. 34, VI e VII, ou do art. 35, IV, dispensada a apreciação pelo Congresso Nacional ou pela Assembleia Legislativa, o decreto limitar-se-á a suspender a execução do ato impugnado, se essa medida bastar ao restabelecimento da normalidade.

§ 4º Cessados os motivos da intervenção, as autoridades afastadas de seus cargos a estes voltarão, salvo impedimento legal.

Capítulo VII
DA ADMINISTRAÇÃO PÚBLICA

Seção I
Disposições gerais

Art. 37. A administração pública direta e indireta de qualquer dos Poderes da União, dos Estados, do Distrito Federal e dos Municípios obedecerá aos princípios de legalidade, impessoalidade, moralidade, publicidade e eficiência e, também, ao seguinte:

- *Caput* com redação determinada pela Emenda Constitucional n. 19/1998.
- V. art. 19, ADCT.
- V. Lei 8.112/1990 (Regime jurídico dos servidores públicos civis da União, das autarquias e das fundações públicas federais).
- V. Lei 8.727/1993 (Reescalonamento, pela União, de dívidas das administrações direta e indireta dos Estados, do Distrito Federal e dos Municípios).
- V. Lei 8.730/1993 (Obrigatoriedade de declaração de bens e rendas para o exercício de cargos, empregos e funções nos Poderes Executivo, Legislativo e Judiciário).
- V. Súmula vinculante 13, STF.

I – os cargos, empregos e funções públicas são acessíveis aos brasileiros que preencham os requisitos estabelecidos em lei, assim como aos estrangeiros, na forma da lei;

- Inciso I com redação determinada pela Emenda Constitucional n. 19/1998.
- V. art. 7º, CLT.
- V. arts. 3º e 5º, Lei 8.112/1990 (Regime jurídico dos servidores públicos civis da União, das autarquias e das fundações públicas federais).
- V. Súmula 686, STF.

II – a investidura em cargo ou emprego público depende de aprovação prévia em concurso público de provas ou de provas e títulos, de acordo com a natureza e a complexidade do cargo ou emprego, na forma prevista em lei, ressalvadas as nomeações para cargo em comissão declarado em lei de livre nomeação e exoneração;

- Inciso II com redação determinada pela Emenda Constitucional n. 19/1998.
- V. art. 7º, CLT.
- V. arts. 11 e 12, Lei 8.112/1990 (Regime jurídico dos servidores públicos civis da União, das autarquias e das fundações públicas federais).

Art. 37

CONSTITUIÇÃO FEDERAL

- V. Lei 9.962/2000 (Disciplina o regime de emprego público).
- V. Súmula 685, STF.

III – o prazo de validade do concurso público será de até dois anos, prorrogável uma vez, por igual período;

- V. art. 12, Lei 8.112/1990 (Regime jurídico dos servidores públicos civis da União, das autarquias e das fundações públicas federais).

IV – durante o prazo improrrogável previsto no edital de convocação, aquele aprovado em concurso público de provas ou de provas e títulos será convocado com prioridade sobre novos concursados para assumir cargo ou emprego, na carreira;

- V. art. 7º, CLT.

V – as funções de confiança, exercidas exclusivamente por servidores ocupantes de cargo efetivo, e os cargos em comissão, a serem preenchidos por servidores de carreira nos casos, condições e percentuais mínimos previstos em lei, destinam-se apenas às atribuições de direção, chefia e assessoramento;

- Inciso V com redação determinada pela Emenda Constitucional n. 19/1998.

VI – é garantido ao servidor público civil o direito à livre associação sindical;

VII – o direito de greve será exercido nos termos e nos limites definidos em lei específica;

- Inciso VII com redação determinada pela Emenda Constitucional n. 19/1998.

VIII – a lei reservará percentual dos cargos e empregos públicos para as pessoas portadoras de deficiência e definirá os critérios de sua admissão;

- V. Lei 7.853/1989 (Integração social das pessoas portadoras de deficiência).
- V. art. 5º, § 2º, Lei 8.112/1990 (Regime jurídico dos servidores públicos civis da União, das autarquias e das fundações públicas federais).
- V. Súmula 377, STJ.

IX – a lei estabelecerá os casos de contratação por tempo determinado para atender a necessidade temporária de excepcional interesse público;

- V. Lei 8.745/1993 (Contratação por tempo determinado para atender a necessidade temporária de excepcional interesse público).
- V. Lei 9.849/1999 (Altera a Lei 8.745/1993).
- V. art. 30, Lei 10.871/2004 (Criação de carreiras e organização de cargos efetivos das autarquias especiais).

X – a remuneração dos servidores públicos e o subsídio de que trata o § 4º do art. 39 somente poderão ser fixados ou alterados por lei específica, observada a iniciativa privativa em cada caso, assegurada revisão geral anual, sempre na mesma data e sem distinção de índices;

- Inciso X com redação determinada pela Emenda Constitucional n. 19/1998.
- V. arts. 39, § 4º, 95, III, e 128, § 5º, I, c, CF.
- V. Lei 7.706/1988 (Revisão de vencimentos, salários, soldos e proventos dos servidores civis e militares).
- V. Lei 8.237/1991 (Remuneração dos servidores militares federais das Forças Armadas).

XI – a remuneração e o subsídio dos ocupantes de cargos, funções e empregos públicos da administração direta, autárquica e fundacional, dos membros de qualquer dos Poderes da União, dos Estados, do Distrito Federal e dos Municípios, dos detentores de mandato eletivo e dos demais agentes políticos e os proventos, pensões ou outra espécie remuneratória, percebidos cumulativamente ou não, incluídas as vantagens pessoais ou de qualquer outra natureza, não poderão exceder o subsídio mensal, em espécie, dos Ministros do Supremo Tribunal Federal, aplicando-se como limite, nos Municípios, o subsídio do Prefeito, e nos Estados e no Distrito Federal, o subsídio mensal do Governador no âmbito do Poder Executivo, o subsídio dos Deputados Estaduais e Distritais no âmbito do Poder Legislativo e o subsídio dos Desembargadores do Tribunal de Justiça, limitado a noventa inteiros e vinte e cinco centésimos por cento do subsídio mensal, em espécie, dos Ministros do Supremo Tribunal Federal, no âmbito do Poder Judiciário, aplicável este limite aos membros do Ministério Público, aos Procuradores e aos Defensores Públicos;

- Inciso XI com redação determinada pela Emenda Constitucional n. 41/2003.
- O STF, na ADIn 3.854-1 (*DOU* e *DJU* 08.03.2007), concedeu liminar para, "dando interpretação conforme à Constituição ao artigo 37, inciso XI, e § 12, da Constituição da República, o primeiro dispositivo, na redação da EC n. 41/2003, e o segundo, introduzido pela EC n. 47/2005, excluir a submissão dos membros da magistratura estadual ao subteto de remuneração [...]".

Art. 37

CONSTITUIÇÃO FEDERAL

- V. arts. 27, § 2º, 28, § 2º, 29, V e VI, 39, §§ 4º e 5º, 49, VII e VIII, 93, V, 95, III, 128, § 5º, I, c, e 142, § 3º, VIII, CF.
- V. art. 3º, § 3º, Emenda Constitucional n. 20/1998.
- V. arts. 7º e 8º, Emenda Constitucional n. 41/2003.
- V. Lei 8.112/1990 (Regime jurídico dos servidores públicos civis da União, das autarquias e das fundações públicas federais).
- V. Lei Delegada 13/1992 (Gratificações de atividade para os servidores civis do Poder Executivo).
- V. Lei 12.042/2009 (Revisão do subsídio do Procurador-Geral da República).

XII – os vencimentos dos cargos do Poder Legislativo e do Poder Judiciário não poderão ser superiores aos pagos pelo Poder Executivo;

- V. art. 135, CF.
- V. art. 42, Lei 8.112/1990 (Regime jurídico dos servidores públicos civis da União, das autarquias e das fundações públicas federais).
- V. Lei 8.852/1994 (Aplicação dos arts. 37, XI e XII, e 39, § 1º, CF).

XIII – é vedada a vinculação ou equiparação de quaisquer espécies remuneratórias para o efeito de remuneração de pessoal do serviço público;

- Inciso XIII com redação determinada pela Emenda Constitucional n. 19/1998.
- V. art. 142, § 3º, VIII.

XIV – os acréscimos pecuniários percebidos por servidor público não serão computados nem acumulados para fins de concessão de acréscimos ulteriores;

- Inciso XIV com redação determinada pela Emenda Constitucional n. 19/1998.
- V. art. 142, § 3º, VIII, CF.

XV – o subsídio e os vencimentos dos ocupantes de cargos e empregos públicos são irredutíveis, ressalvado o disposto nos incisos XI e XIV deste artigo e nos arts. 39, § 4º, 150, II, 153, III, e 153, § 2º, I;

- Inciso XV com redação determinada pela Emenda Constitucional n. 19/1998.
- V. art. 142, § 3º, VIII, CF.

XVI – é vedada a acumulação remunerada de cargos públicos, exceto, quando houver compatibilidade de horários, observado em qualquer caso o disposto no inciso XI:

- Caput do inciso XVI com redação determinada pela Emenda Constitucional n. 19/1998.

a) a de dois cargos de professor;

- Alínea a com redação determinada pela Emenda Constitucional n. 19/1998.

b) a de um cargo de professor com outro, técnico ou científico;

- Alínea b com redação determinada pela Emenda Constitucional n. 19/1998.

c) a de dois cargos ou empregos privativos de profissionais de saúde, com profissões regulamentadas;

- Alínea c com redação determinada pela Emenda Constitucional n. 34/2001.
- V. arts. 118 a 120, Lei 8.112/1990 (Regime jurídico dos servidores públicos civis da União, das autarquias e das fundações públicas federais).

XVII – a proibição de acumular estende-se a empregos e funções e abrange autarquias, fundações, empresas públicas, sociedades de economia mista, suas subsidiárias, e sociedades controladas, direta ou indiretamente, pelo poder público;

- Inciso XVII com redação determinada pela Emenda Constitucional n. 19/1998.
- V. art. 118, § 1º, Lei 8.112/1990 (Regime jurídico dos servidores públicos civis da União, das autarquias e das fundações públicas federais).

XVIII – a administração fazendária e seus servidores fiscais terão, dentro de suas áreas de competência e jurisdição, precedência sobre os demais setores administrativos, na forma da lei;

XIX – somente por lei específica poderá ser criada autarquia e autorizada a instituição de empresa pública, de sociedade de economia mista e de fundação, cabendo à lei complementar, neste último caso, definir as áreas de sua atuação;

- Inciso XIX com redação determinada pela Emenda Constitucional n. 19/1998.

XX – depende de autorização legislativa, em cada caso, a criação de subsidiárias das entidades mencionadas no inciso anterior, assim como a participação de qualquer delas em empresa privada;

XXI – ressalvados os casos especificados na legislação, as obras, serviços, compras e alienações serão contratados mediante processo de licitação pública que assegure igualdade de condições a todos os concorrentes, com cláusulas que estabeleçam obrigações de pagamento, mantidas as condições efetivas da proposta, nos termos da lei, o qual somente permitirá as exigências de

Art. 37
CONSTITUIÇÃO FEDERAL

qualificação técnica e econômica indispensáveis à garantia do cumprimento das obrigações.

- V. art. 22, XXVII, CF.
- V. art. 3º, Lei 8.666/1993 (Lei de Licitações).
- V. Lei 8.883/1994 (Licitações e contratos da administração pública – altera a Lei 8.666/1993).
- V. Lei 9.854/1999 (Licitações e contratos da administração pública – altera a Lei 8.666/1993).
- V. Súmula 333, STJ.

XXII – as administrações tributárias da União, dos Estados, do Distrito Federal e dos Municípios, atividades essenciais ao funcionamento do Estado, exercidas por servidores de carreiras específicas, terão recursos prioritários para a realização de suas atividades e atuarão de forma integrada, inclusive com o compartilhamento de cadastros e de informações fiscais, na forma da lei ou convênio.

- Inciso XXII acrescentado pela Emenda Constitucional n. 42/2003.

§ 1º A publicidade dos atos, programas, obras, serviços e campanhas dos órgãos públicos deverá ter caráter educativo, informativo ou de orientação social, dela não podendo constar nomes, símbolos ou imagens que caracterizem promoção pessoal de autoridades ou servidores públicos.

- V. Lei 8.389/1991 (Conselho de Comunicação Social).

§ 2º A não observância do disposto nos incisos II e III implicará a nulidade do ato e a punição da autoridade responsável, nos termos da lei.

- V. arts. 116 a 142, Lei 8.112/1990 (Regime jurídico dos servidores públicos civis da União, das autarquias e das fundações públicas federais).
- V. Lei 8.429/1992 (Enriquecimento ilícito – sanções aplicáveis).

§ 3º A lei disciplinará as formas de participação do usuário na administração pública direta e indireta, regulando especialmente:

- § 3º com redação determinada pela Emenda Constitucional n. 19/1998.

I – as reclamações relativas à prestação dos serviços públicos em geral, asseguradas a manutenção de serviços de atendimento ao usuário e a avaliação periódica, externa e interna, da qualidade dos serviços;

II – o acesso dos usuários a registros administrativos e a informações sobre atos de governo, observado o disposto no art. 5º, X e XXXIII;

- V. Lei 12.527/2011 (Lei Geral de Acesso à Informação Pública).
- V. Dec. 7.724/2012 (Regulamenta a Lei 12.527/2012).

III – a disciplina da representação contra o exercício negligente ou abusivo de cargo, emprego ou função na administração pública.

§ 4º Os atos de improbidade administrativa importarão a suspensão dos direitos políticos, a perda da função pública, a indisponibilidade dos bens e o ressarcimento ao erário, na forma e gradação previstas em lei, sem prejuízo da ação penal cabível.

- V. art. 15, V, CF.
- V. Dos crimes praticados por funcionário público contra a administração em geral, Capítulo I do Título XI, CP.
- V. Dec.-lei 3.240/1941 (Crimes contra a Fazenda Pública – sequestro de bens).
- V. Dec.-lei 502/1969 (Confisco de bens).
- V. Lei 8.026/1990 (Aplicação da pena de demissão a funcionário público).
- V. Lei 8.027/1990 (Conduta dos servidores públicos civis da União, das autarquias e das fundações públicas).
- V. Lei 8.112/1990 (Regime jurídico dos servidores públicos civis da União, das autarquias e das fundações públicas federais).
- V. art. 3º, Lei 8.137/1990 (Crimes contra a ordem tributária, econômica e contra as relações de consumo).
- V. Lei 8.429/1992 (Enriquecimento ilícito – sanções aplicáveis).
- V. arts. 81 a 99, Lei 8.666/1993 (Lei de Licitações).

§ 5º A lei estabelecerá os prazos de prescrição para ilícitos praticados por qualquer agente, servidor ou não, que causem prejuízos ao erário, ressalvadas as respectivas ações de ressarcimento.

- V. art. 142, Lei 8.112/1990 (Regime jurídico dos servidores públicos civis da União, das autarquias e das fundações públicas federais).
- V. art. 23, Lei 8.429/1992 (Enriquecimento ilícito – sanções aplicáveis).

§ 6º As pessoas jurídicas de direito público e as de direito privado prestadoras de serviços públicos responderão pelos danos que seus agentes, nessa qualidade, causarem a terceiros, assegurado o direito de regresso

contra o responsável nos casos de dolo ou culpa.

* V. art. 15, CC/1916; e art. 43, CC/2002.
* V. Lei 6.453/1977 (Responsabilidade civil e criminal por danos nucleares).

§ 7º A lei disporá sobre os requisitos e as restrições ao ocupante de cargo ou emprego da administração direta e indireta que possibilite o acesso a informações privilegiadas.

* § 7º acrescentado pela Emenda Constitucional n. 19/1998.

§ 8º A autonomia gerencial, orçamentária e financeira dos órgãos e entidades da administração direta e indireta poderá ser ampliada mediante contrato, a ser firmado entre seus administradores e o poder público, que tenha por objeto a fixação de metas de desempenho para o órgão ou entidade, cabendo à lei dispor sobre:

* § 8º acrescentado pela Emenda Constitucional n. 19/1998.

I – o prazo de duração do contrato;
II – os controles e critérios de avaliação de desempenho, direitos, obrigações e responsabilidade dos dirigentes;
III – a remuneração do pessoal.

§ 9º O disposto no inciso XI aplica-se às empresas públicas e às sociedades de economia mista, e suas subsidiárias, que receberem recursos da União, dos Estados, do Distrito Federal ou dos Municípios para pagamento de despesas de pessoal ou de custeio em geral.

* § 9º acrescentado pela Emenda Constitucional n. 19/1998.

§ 10. É vedada a percepção simultânea de proventos de aposentadoria decorrentes do art. 40 ou dos arts. 42 e 142 com a remuneração de cargo, emprego ou função pública, ressalvados os cargos acumuláveis na forma desta Constituição, os cargos eletivos e os cargos em comissão declarados em lei de livre nomeação e exoneração.

* § 10 acrescentado pela Emenda Constitucional n. 20/1998.

§ 11. Não serão computadas, para efeito dos limites remuneratórios de que trata o inciso XI do *caput* deste artigo, as parcelas de caráter indenizatório previstas em lei.

* § 11 acrescentado pela Emenda Constitucional n. 47/2005 (*DOU* 06.07.2005), em vigor na data de sua publicação, com efeitos retroativos à data de vigência da Emenda Constitucional n. 41/2003 (*DOU* 31.12.2003).
* V. art. 4º, Emenda Constitucional n. 47/2005.

§ 12. Para os fins do disposto no inciso XI do *caput* deste artigo, fica facultado aos Estados e ao Distrito Federal fixar, em seu âmbito, mediante emenda às respectivas Constituições e Lei Orgânica, como limite único, o subsídio mensal dos Desembargadores do respectivo Tribunal de Justiça, limitado a noventa inteiros e vinte e cinco centésimos por cento do subsídio mensal dos Ministros do Supremo Tribunal Federal, não se aplicando o disposto neste parágrafo aos subsídios dos Deputados Estaduais e Distritais e dos Vereadores.

* § 12 acrescentado pela Emenda Constitucional n. 47/2005 (*DOU* 06.07.2005), em vigor na data de sua publicação, com efeitos retroativos à data de vigência da Emenda Constitucional n. 41/2003 (*DOU* 31.12.2003).

Art. 38. Ao servidor público da administração direta, autárquica e fundacional, no exercício de mandato eletivo, aplicam-se as seguintes disposições:

* *Caput* com redação determinada pela Emenda Constitucional n. 19/1998.
* V. art. 28, CF.
* V. Lei 8.112/1990 (Regime jurídico dos servidores públicos civis da União, das autarquias e das fundações públicas federais).

I – tratando-se de mandato eletivo federal, estadual ou distrital, ficará afastado de seu cargo, emprego ou função;

* V. art. 28, § 1º, CF.

II – investido no mandato de Prefeito, será afastado do cargo, emprego ou função, sendo-lhe facultado optar pela sua remuneração;
III – investido no mandato de Vereador, havendo compatibilidade de horários, perceberá as vantagens de seu cargo, emprego ou função, sem prejuízo da remuneração do cargo eletivo, e, não havendo compatibilidade, será aplicada a norma do inciso anterior;
IV – em qualquer caso que exija o afastamento para o exercício de mandato eletivo, seu tempo de serviço será contado para to-

Art. 39

CONSTITUIÇÃO FEDERAL

dos os efeitos legais, exceto para promoção por merecimento;

- V. art. 28, § 1º, CF.

V – para efeito de benefício previdenciário, no caso de afastamento, os valores serão determinados como se no exercício estivesse.

- V. art. 28, § 1º, CF.

Seção II
Dos servidores públicos

- Rubrica da Seção II renomeada pela Emenda Constitucional n. 18/1998.
- V. Súmula 378, STJ.

Art. 39. A União, os Estados, o Distrito Federal e os Municípios instituirão conselho de política de administração e remuneração de pessoal, integrado por servidores designados pelos respectivos Poderes.

- Artigo com redação determinada pela Emenda Constitucional n. 19/1998.
- O STF, na ADIn 2.135-4 (*DOU* e *DJU* 14.08.2007), deferiu parcialmente a medida cautelar, com efeitos *ex nunc*, para suspender a eficácia do art. 39, *caput*, da CF, com a redação determinada pela EC n. 19/1998. De acordo com o voto do relator, em função da liminar concedida, volta a vigorar a redação original: "Art. 39. A União, os Estados, o Distrito Federal e os Municípios instituirão, no âmbito de sua competência, regime jurídico único e planos de carreira para os servidores da administração pública direta, das autarquias e das fundações públicas".
- V. art. 24, ADCT.
- V. Lei 8.026/1990 (Aplicação da pena de demissão a funcionário público).
- V. Lei 8.027/1990 (Conduta dos servidores públicos civis da União, das autarquias e das fundações públicas).
- V. Lei 8.112/1990 (Regime jurídico dos servidores públicos civis da União, das autarquias e das fundações públicas federais).

§ 1º A fixação dos padrões de vencimento e dos demais componentes do sistema remuneratório observará:

- V. Súmula vinculante 4, STF.

I – a natureza, o grau de responsabilidade e a complexidade dos cargos componentes de cada carreira;
II – os requisitos para a investidura;
III – as peculiaridades dos cargos.

- V. art. 41, § 4º, Lei 8.112/1990 (Regime jurídico dos servidores públicos civis da União, das autarquias e das fundações públicas federais).

- V. Lei 8.448/1992 (Regulamenta o art. 39, § 1º, CF).
- V. Res. CN 1/1992 (Poderes ao Presidente da República para legislar sobre revisão e instituição de gratificações de atividade dos servidores do Poder Executivo, civis e militares, com o fim específico de lhes assegurar a isonomia).
- V. Lei 8.852/1994 (Aplicação dos arts. 37, XI e XII, e 39, § 1º, CF).
- V. Lei 9.367/1996 (Fixa critérios para unificação das tabelas de vencimentos dos servidores).

§ 2º A União, os Estados e o Distrito Federal manterão escolas de governo para a formação e o aperfeiçoamento dos servidores públicos, constituindo-se a participação nos cursos um dos requisitos para a promoção na carreira, facultada, para isso, a celebração de convênios ou contratos entre os entes federados.

§ 3º Aplica-se aos servidores ocupantes de cargo público o disposto no art. 7º, IV, VII, VIII, IX, XII, XIII, XV, XVI, XVII, XVIII, XIX, XX, XXII e XXX, podendo a lei estabelecer requisitos diferenciados de admissão quando a natureza do cargo o exigir.

- V. Dec.-lei 5.452/1943 (Consolidação das Leis do Trabalho).
- V. Súmula vinculante 16, STF.

§ 4º O membro de Poder, o detentor de mandato eletivo, os Ministros de Estado e os Secretários Estaduais e Municipais serão remunerados exclusivamente por subsídio fixado em parcela única, vedado o acréscimo de qualquer gratificação, adicional, abono, prêmio, verba de representação ou outra espécie remuneratória, obedecido, em qualquer caso, o disposto no art. 37, X e XI.

- V. arts. 27, § 2º, 28, § 2º, 29, V e VI, 37, XV, 48, XV, 49, VII e VIII, 93, V, 95, III, 128, § 5º, I, c, e 135, CF.
- V. Lei 11.144/2005 (Subsídio do Procurador Geral da República).
- V. Lei 12.042/2009 (Revisão do subsídio do Procurador-Geral da República).

§ 5º Lei da União, dos Estados, do Distrito Federal e dos Municípios poderá estabelecer a relação entre a maior e a menor remuneração dos servidores públicos, obedecido, em qualquer caso, o disposto no art. 37, XI.

§ 6º Os Poderes Executivo, Legislativo e Judiciário publicarão anualmente os valores do subsídio e da remuneração dos cargos e empregos públicos.

Art. 40

CONSTITUIÇÃO FEDERAL

§ 7º Lei da União, dos Estados, do Distrito Federal e dos Municípios disciplinará a aplicação de recursos orçamentários provenientes da economia com despesas correntes em cada órgão, autarquia e fundação, para aplicação no desenvolvimento de programas de qualidade e produtividade, treinamento e desenvolvimento, modernização, reaparelhamento e racionalização do serviço público, inclusive sob a forma de adicional ou prêmio de produtividade.

§ 8º A remuneração dos servidores públicos organizados em carreira poderá ser fixada nos termos do § 4º.

Art. 40. Aos servidores titulares de cargos efetivos da União, dos Estados, do Distrito Federal e dos Municípios, incluídas suas autarquias e fundações, é assegurado regime de previdência de caráter contributivo e solidário, mediante contribuição do respectivo ente público, dos servidores ativos e inativos e dos pensionistas, observados critérios que preservem o equilíbrio financeiro e atuarial e o disposto neste artigo.

- *Caput* com redação determinada pela Emenda Constitucional n. 41/2003.
- V. arts. 37, § 10, 73, § 3º, e 93, VI, CF.
- V. arts. 4º e 6º, Emenda Constitucional n. 41/2003.
- V. art. 3º, Emenda Constitucional n. 47/2005.
- V. art. 3º, Lei 12.618/2012 (Regime de Previdência Complementar para os servidores públicos federais).

§ 1º Os servidores abrangidos pelo regime de previdência de que trata este artigo serão aposentados, calculados os seus proventos a partir dos valores fixados na forma dos §§ 3º e 17:

- *Caput* do § 1º com redação determinada pela Emenda Constitucional n. 41/2003.
- V. art. 2º, § 5º, Emenda Constitucional n. 41/2003.

I – por invalidez permanente, sendo os proventos proporcionais ao tempo de contribuição, exceto se decorrente de acidente em serviço, moléstia profissional ou doença grave, contagiosa ou incurável, na forma da lei;

- Inciso I com redação determinada pela Emenda Constitucional n. 41/2003.

II – compulsoriamente, aos setenta anos de idade, com proventos proporcionais ao tempo de contribuição;

- Inciso II acrescentado pela Emenda Constitucional n. 20/1998.
- V. arts. 2º, § 5º, e 3º, § 1º, Emenda Constitucional n. 41/2003.

III – voluntariamente, desde que cumprido tempo mínimo de dez anos de efetivo exercício no serviço público e cinco anos no cargo efetivo em que se dará a aposentadoria, observadas as seguintes condições:

- Inciso III acrescentado pela Emenda Constitucional n. 20/1998.
- V. art. 2º, § 1º, Emenda Constitucional n. 41/2003.

a) sessenta anos de idade e trinta e cinco de contribuição, se homem, e cinquenta e cinco anos de idade e trinta de contribuição, se mulher;

- V. art. 3º, § 1º, Emenda Constitucional n. 20/1998.

b) sessenta e cinco anos de idade, se homem, e sessenta anos de idade, se mulher, com proventos proporcionais ao tempo de contribuição.

§ 2º Os proventos de aposentadoria e as pensões, por ocasião de sua concessão, não poderão exceder a remuneração do respectivo servidor, no cargo efetivo em que se deu a aposentadoria ou que serviu de referência para a concessão da pensão.

- § 2º com redação determinada pela Emenda Constitucional n. 20/1998.

§ 3º Para o cálculo dos proventos de aposentadoria, por ocasião da sua concessão, serão consideradas as remunerações utilizadas como base para as contribuições do servidor aos regimes de previdência de que tratam este artigo e o art. 201, na forma da lei.

- § 3º com redação determinada pela Emenda Constitucional n. 41/2003.
- V. art. 2º, Emenda Constitucional n. 41/2003.
- V. art. 1º, Lei 10.887/2004 (Aplicação de disposições da EC n. 41/2003).

§ 4º É vedada a adoção de requisitos e critérios diferenciados para a concessão de aposentadoria aos abrangidos pelo regime de que trata este artigo, ressalvados, nos

Constituição Federal

termos definidos em leis complementares, os casos de servidores:

- § 4° com redação determinada pela Emenda Constitucional n. 47/2005 (*DOU* 06.07.2005), em vigor na data de sua publicação, com efeitos retroativos à data de vigência da Emenda Constitucional n. 41/2003 (*DOU* 31.12.2003).

I – portadores de deficiência;

II – que exerçam atividades de risco;

III – cujas atividades sejam exercidas sob condições especiais que prejudiquem a saúde ou a integridade física.

§ 5º Os requisitos de idade e de tempo de contribuição serão reduzidos em cinco anos, em relação ao disposto no § 1º, III, *a*, para o professor que comprove exclusivamente tempo de efetivo exercício das funções de magistério na educação infantil e no ensino fundamental e médio.

- § 5º com redação determinada pela Emenda Constitucional n. 20/1998.
- V. arts. 2º, § 1º, e 6º, Emenda Constitucional n. 41/2003.
- V. art. 67, § 2º, Lei 9.394/1996 (Diretrizes e bases da educação nacional).
- V. Súmula 726, STF.

§ 6º Ressalvadas as aposentadorias decorrentes dos cargos acumuláveis na forma desta Constituição, é vedada a percepção de mais de uma aposentadoria à conta do regime de previdência previsto neste artigo.

- § 6º com redação determinada pela Emenda Constitucional n. 20/1998.

§ 7º Lei disporá sobre a concessão do benefício de pensão por morte, que será igual:

- § 7º com redação determinada pela Emenda Constitucional n. 41/2003.
- V. art. 42, § 2º, CF.

I – ao valor da totalidade dos proventos do servidor falecido, até o limite máximo estabelecido para os benefícios do regime geral de previdência social de que trata o art. 201, acrescido de setenta por cento da parcela excedente a este limite, caso aposentado à data do óbito; ou

II – ao valor da totalidade da remuneração do servidor no cargo efetivo em que se deu o falecimento, até o limite máximo estabelecido para os benefícios do regime geral de previdência social de que trata o art. 201, acrescido de setenta por cento da parcela excedente a este limite, caso em atividade na data do óbito.

§ 8º É assegurado o reajustamento dos benefícios para preservar-lhes, em caráter permanente, o valor real, conforme critérios estabelecidos em lei.

- § 8º com redação determinada pela Emenda Constitucional n. 41/2003.
- V. art. 2º, § 6º, Emenda Constitucional n. 41/2003.

§ 9º O tempo de contribuição federal, estadual ou municipal será contado para efeito de aposentadoria e o tempo de serviço correspondente para efeito de disponibilidade.

- § 9º acrescentado pela Emenda Constitucional n. 20/1998.
- V. art. 42, § 1º, CF.

§ 10. A lei não poderá estabelecer qualquer forma de contagem de tempo de contribuição fictício.

- § 10 acrescentado pela Emenda Constitucional n. 20/1998.
- V. art. 4º, Emenda Constitucional n. 20/1998.

§ 11. Aplica-se o limite fixado no art. 37, XI, à soma total dos proventos de inatividade, inclusive quando decorrentes da acumulação de cargos ou empregos públicos, bem como de outras atividades sujeitas a contribuição para o regime geral de previdência social, e ao montante resultante da adição de proventos de inatividade com remuneração de cargo acumulável na forma desta Constituição, cargo em comissão declarado em lei de livre nomeação e exoneração, e de cargo eletivo.

- § 11 acrescentado pela Emenda Constitucional n. 20/1998.

§ 12. Além do disposto neste artigo, o regime de previdência dos servidores públicos titulares de cargo efetivo observará, no que couber, os requisitos e critérios fixados para o regime geral de previdência social.

- § 12 acrescentado pela Emenda Constitucional n. 20/1998.

§ 13. Ao servidor ocupante, exclusivamente, de cargo em comissão declarado em lei de livre nomeação e exoneração bem como de outro cargo temporário ou de emprego

Art. 41

público, aplica-se o regime geral de previdência social.

- § 13 acrescentado pela Emenda Constitucional n. 20/1998.
- V. Lei 9.962/2000 (Disciplina o regime de emprego público).

§ 14. A União, os Estados, o Distrito Federal e os Municípios, desde que instituam regime de previdência complementar para os seus respectivos servidores titulares de cargo efetivo, poderão fixar, para o valor das aposentadorias e pensões a serem concedidas pelo regime de que trata este artigo, o limite máximo estabelecido para os benefícios do regime geral de previdência social de que trata o art. 201.

- § 14 acrescentado pela Emenda Constitucional n. 20/1998.
- V. Lei 12.618/2012 (Regime de Previdência Complementar para os servidores públicos federais).

§ 15. O regime de previdência complementar de que trata o § 14 será instituído por lei de iniciativa do respectivo Poder Executivo, observado o disposto no art. 202 e seus parágrafos, no que couber, por intermédio de entidades fechadas de previdência complementar, de natureza pública, que oferecerão aos respectivos participantes planos de benefícios somente na modalidade de contribuição definida.

- § 15 com redação determinada pela Emenda Constitucional n. 41/2003.
- V. Lei 12.618/2012 (Regime de Previdência Complementar para os servidores públicos federais).

§ 16. Somente mediante sua prévia e expressa opção, o disposto nos §§ 14 e 15 poderá ser aplicado ao servidor que tiver ingressado no serviço público até a data da publicação do ato de instituição do correspondente regime de previdência complementar.

- § 16 acrescentado pela Emenda Constitucional n. 20/1998.
- V. Lei 12.618/2012 (Regime de Previdência Complementar para os servidores públicos federais).

§ 17. Todos os valores de remuneração considerados para o cálculo do benefício previsto no § 3º serão devidamente atualizados, na forma da lei.

- § 17 acrescentado pela Emenda Constitucional n. 41/2003.
- V. art. 2º, Emenda Constitucional n. 41/2003.

§ 18. Incidirá contribuição sobre os proventos de aposentadorias e pensões concedidas pelo regime de que trata este artigo que superem o limite máximo estabelecido para os benefícios do regime geral de previdência social de que trata o art. 201, com percentual igual ao estabelecido para os servidores titulares de cargos efetivos.

- § 18 acrescentado pela Emenda Constitucional n. 41/2003.
- V. art. 4º, I e II, Emenda Constitucional n. 41/2003.

§ 19. O servidor de que trata este artigo que tenha completado as exigências para aposentadoria voluntária estabelecidas no § 1º, III, *a*, e que opte por permanecer em atividade fará jus a um abono de permanência equivalente ao valor da sua contribuição previdenciária até completar as exigências para aposentadoria compulsória contidas no § 1º, II.

- § 19 acrescentado pela Emenda Constitucional n. 41/2003.

§ 20. Fica vedada a existência de mais de um regime próprio de previdência social para os servidores titulares de cargos efetivos, e de mais de uma unidade gestora do respectivo regime em cada ente estatal, ressalvado o disposto no art. 142, § 3º, X.

- § 20 acrescentado pela Emenda Constitucional n. 41/2003.
- V. art. 2º, Emenda Constitucional n. 41/2003.

§ 21. A contribuição prevista no § 18 deste artigo incidirá apenas sobre as parcelas de proventos de aposentadoria e de pensão que superem o dobro do limite máximo estabelecido para os benefícios do regime geral de previdência social de que trata o art. 201 desta Constituição, quando o beneficiário, na forma da lei, for portador de doença incapacitante.

- § 21 acrescentado pela Emenda Constitucional n. 47/2005 (*DOU* 06.07.2005), em vigor na data de sua publicação, com efeitos retroativos à data de vigência da Emenda Constitucional n. 41/2003 (*DOU* 31.12.2003).

Art. 41. São estáveis após três anos de efetivo exercício os servidores nomeados para cargo de provimento efetivo em virtude de concurso público.

- Artigo com redação determinada pela Emenda Constitucional n. 19/1998.
- •• V. Súmula 390, TST.

Constituição Federal

§ 1º O servidor público estável só perderá o cargo:
I – em virtude de sentença judicial transitada em julgado;
II – mediante processo administrativo em que lhe seja assegurada ampla defesa;
III – mediante procedimento de avaliação periódica de desempenho, na forma de lei complementar, assegurada ampla defesa.

* V. art. 247, CF.

§ 2º Invalidada por sentença judicial a demissão do servidor estável, será ele reintegrado, e o eventual ocupante da vaga, se estável, reconduzido ao cargo de origem, sem direito a indenização, aproveitado em outro cargo ou posto em disponibilidade com remuneração proporcional ao tempo de serviço.
§ 3º Extinto o cargo ou declarada a sua desnecessidade, o servidor estável ficará em disponibilidade, com remuneração proporcional ao tempo de serviço, até seu adequado aproveitamento em outro cargo.
§ 4º Como condição para a aquisição da estabilidade, é obrigatória a avaliação especial de desempenho por comissão instituída para essa finalidade.

* V. art. 28, Emenda Constitucional n. 19/1998.

Seção III
Dos militares dos Estados, do Distrito Federal e dos Territórios

* Rubrica da Seção III renomeada pela Emenda Constitucional n. 18/1998.

Art. 42. Os membros das Polícias Militares e Corpos de Bombeiros Militares, instituições organizadas com base na hierarquia e disciplina, são militares dos Estados, do Distrito Federal e dos Territórios.

* Caput com redação determinada pela Emenda Constitucional n. 18/1998.
* V. art. 37, § 10, CF.
* V. Lei 8.237/1991 (Remuneração dos servidores militares federais das Forças Armadas).

§ 1º Aplicam-se aos militares dos Estados, do Distrito Federal e dos Territórios, além do que vier a ser fixado em lei, as disposições do art. 14, § 8º; do art. 40, § 9º; e do art. 142, §§ 2º e 3º, cabendo a lei estadual específica dispor sobre as matérias do art. 142, § 3º, inciso X, sendo as patentes dos oficiais conferidas pelos respectivos governadores.

* § 1º com redação determinada pela Emenda Constitucional n. 20/1998.

§ 2º Aos pensionistas dos militares dos Estados, do Distrito Federal e dos Territórios aplica-se o que for fixado em lei específica do respectivo ente estatal.

* § 2º com redação determinada pela Emenda Constitucional n. 41/2003.

Seção IV
Das regiões

Art. 43. Para efeitos administrativos, a União poderá articular sua ação em um mesmo complexo geoeconômico e social, visando a seu desenvolvimento e à redução das desigualdades regionais.
§ 1º Lei complementar disporá sobre:
I – as condições para integração de regiões em desenvolvimento;
II – a composição dos organismos regionais que executarão, na forma da lei, os planos regionais, integrantes dos planos nacionais de desenvolvimento econômico e social, aprovados juntamente com estes.

* V. LC 124/2007 (SUDAM).
* V. LC 125/2007 (SUDENE).
* V. LC 129/2009 (SUDECO).

§ 2º Os incentivos regionais compreenderão, além de outros, na forma da lei:
I – igualdade de tarifas, fretes, seguros e outros itens de custos e preços de responsabilidade do Poder Público;
II – juros favorecidos para financiamento de atividades prioritárias;
III – isenções, reduções ou diferimento temporário de tributos federais devidos por pessoas físicas ou jurídicas;
IV – prioridade para o aproveitamento econômico e social dos rios e das massas de água represadas ou represáveis nas regiões de baixa renda, sujeitas a secas periódicas.
§ 3º Nas áreas a que se refere o § 2º, IV, a União incentivará a recuperação de terras áridas e cooperará com os pequenos e médios proprietários rurais para o estabelecimento, em suas glebas, de fontes de água e de pequena irrigação.

TÍTULO IV
DA ORGANIZAÇÃO DOS PODERES

Capítulo I
DO PODER LEGISLATIVO

Seção I
Do Congresso Nacional

Art. 44. O Poder Legislativo é exercido pelo Congresso Nacional, que se compõe da Câmara dos Deputados e do Senado Federal.

Parágrafo único. Cada legislatura terá a duração de quatro anos.

Art. 45. A Câmara dos Deputados compõe-se de representantes do povo, eleitos, pelo sistema proporcional, em cada Estado, em cada Território e no Distrito Federal.

§ 1º O número total de Deputados, bem como a representação por Estado e pelo Distrito Federal, será estabelecido por lei complementar, proporcionalmente à população, procedendo-se aos ajustes necessários, no ano anterior às eleições, para que nenhuma daquelas unidades da Federação tenha menos de oito ou mais de setenta Deputados.

* V. LC 78/1993 (Fixação do número de deputados).

§ 2º Cada Território elegerá quatro Deputados.

Art. 46. O Senado Federal compõe-se de representantes dos Estados e do Distrito Federal, eleitos segundo o princípio majoritário.

§ 1º Cada Estado e o Distrito Federal elegerão três Senadores, com mandato de oito anos.

§ 2º A representação de cada Estado e do Distrito Federal será renovada de quatro em quatro anos, alternadamente, por um e dois terços.

§ 3º Cada Senador será eleito com dois suplentes.

Art. 47. Salvo disposição constitucional em contrário, as deliberações de cada Casa e de suas Comissões serão tomadas por maioria dos votos, presente a maioria absoluta de seus membros.

Seção II
Das atribuições do Congresso Nacional

Art. 48. Cabe ao Congresso Nacional, com a sanção do Presidente da República, não exigida esta para o especificado nos arts. 49, 51 e 52, dispor sobre todas as matérias de competência da União, especialmente sobre:

I – sistema tributário, arrecadação e distribuição de rendas;

II – plano plurianual, diretrizes orçamentárias, orçamento anual, operações de crédito, dívida pública e emissões de curso forçado;

* V. Lei 9.276/1996 (Plano Plurianual para o período de 1996/1999).

III – fixação e modificação do efetivo das Forças Armadas;

IV – planos e programas nacionais, regionais e setoriais de desenvolvimento;

V – limites do território nacional, espaço aéreo e marítimo e bens do domínio da União;

VI – incorporação, subdivisão ou desmembramento de áreas de Territórios ou Estados, ouvidas as respectivas Assembleias Legislativas;

* V. art. 4º, Lei 9.709/1998 (Regulamenta a execução do disposto nos incisos I, II e III do art. 14 da CF).

VII – transferência temporária da sede do Governo Federal;

VIII – concessão de anistia;

IX – organização administrativa, judiciária, do Ministério Público e da Defensoria Pública da União e dos Territórios e organização judiciária e do Ministério Público do Distrito Federal;

* Inciso IX com redação determinada pela Emenda Constitucional n. 69/2012 (DOU 30.03.2012), em vigor na data de sua publicação, produzindo efeitos após decorridos 120 (cento e vinte) dias de sua publicação oficial (v. art. 4º, da referida EC).

X – criação, transformação e extinção de cargos, empregos e funções públicas, observado o que estabelece o art. 84, VI, b;

* Inciso X com redação determinada pela Emenda Constitucional n. 32/2001.

Art. 50

CONSTITUIÇÃO FEDERAL

XI – criação e extinção de Ministérios e órgãos da administração pública;
- Inciso XI com redação determinada pela Emenda Constitucional n. 32/2001.

XII – telecomunicações e radiodifusão;
- V. Lei 9.295/1996 (Serviços de telecomunicações).

XIII – matéria financeira, cambial e monetária, instituições financeiras e suas operações;

XIV – moeda, seus limites de emissão, e montante da dívida mobiliária federal;

XV – fixação do subsídio dos Ministros do Supremo Tribunal Federal, observado o que dispõem os arts. 39, § 4º; 150, II; 153, III; e 153, § 2º, I.
- Inciso XV com redação determinada pela Emenda Constitucional n. 41/2003.
- V. Lei 11.143/2005 (Subsídio de Ministro do Supremo Tribunal Federal).
- V. Lei 12.041/2009 (Revisão do subsídio de Ministro do STF).

Art. 49. É da competência exclusiva do Congresso Nacional:
- V. art. 48, CF.

I – resolver definitivamente sobre tratados, acordos ou atos internacionais que acarretem encargos ou compromissos gravosos ao patrimônio nacional;

II – autorizar o Presidente da República a declarar guerra, a celebrar a paz, a permitir que forças estrangeiras transitem pelo território nacional ou nele permaneçam temporariamente, ressalvados os casos previstos em lei complementar;

III – autorizar o Presidente e o Vice-Presidente da República a se ausentarem do País, quando a ausência exceder a quinze dias;

IV – aprovar o estado de defesa e a intervenção federal, autorizar o estado de sítio, ou suspender qualquer uma dessas medidas;

V – sustar os atos normativos do Poder Executivo que exorbitem do poder regulamentar ou dos limites de delegação legislativa;

VI – mudar temporariamente sua sede;

VII – fixar idêntico subsídio para os Deputados Federais e os Senadores, observado o que dispõem os arts. 37, XI, 39, § 4º, 150, II, 153, III, e 153, § 2º, I;
- Inciso VII com redação determinada pela Emenda Constitucional n. 19/1998.

VIII – fixar os subsídios do Presidente e do Vice-Presidente da República e dos Ministros de Estado, observado o que dispõem os arts. 37, XI, 39, § 4º, 150, II, 153, III, e 153, § 2º, I;
- Inciso VIII com redação determinada pela Emenda Constitucional n. 19/1998.

IX – julgar anualmente as contas prestadas pelo Presidente da República e apreciar os relatórios sobre a execução dos planos de governo;

X – fiscalizar e controlar, diretamente, ou por qualquer de suas Casas, os atos do Poder Executivo, incluídos os da administração indireta;

XI – zelar pela preservação de sua competência legislativa em face da atribuição normativa dos outros Poderes;

XII – apreciar os atos de concessão e renovação de concessão de emissoras de rádio e televisão;

XIII – escolher dois terços dos membros do Tribunal de Contas da União;
- V. Dec. Leg. 6/1993 (Escolha de Ministros do Tribunal de Contas da União pelo Congresso Nacional).

XIV – aprovar iniciativas do Poder Executivo referentes a atividades nucleares;

XV – autorizar referendo e convocar plebiscito;
- V. arts. 1º a 12, Lei 9.709/1998 (Regulamenta a execução do disposto nos incisos I, II e III do art. 14 da CF).

XVI – autorizar, em terras indígenas, a exploração e o aproveitamento de recursos hídricos e a pesquisa e lavra de riquezas minerais;

XVII – aprovar, previamente, a alienação ou concessão de terras públicas com área superior a dois mil e quinhentos hectares.

Art. 50. A Câmara dos Deputados e o Senado Federal, ou qualquer de suas Comissões, poderão convocar Ministro de Estado ou quaisquer titulares de órgãos diretamente subordinados à Presidência da República para prestarem, pessoalmente, informações sobre assunto previamente determinado, importando em crime de responsabilidade a ausência sem justificação adequada.
- *Caput* com redação determinada pela Emenda Constitucional de Revisão n. 2/1994.

Art. 51

§ 1º Os Ministros de Estado poderão comparecer ao Senado Federal, à Câmara dos Deputados, ou a qualquer de suas Comissões, por sua iniciativa e mediante entendimentos com a Mesa respectiva, para expor assunto de relevância de seu Ministério.

§ 2º As Mesas da Câmara dos Deputados e do Senado Federal poderão encaminhar pedidos escritos de informação a Ministros de Estado ou a qualquer das pessoas referidas no *caput* deste artigo, importando em crime de responsabilidade a recusa, ou o não atendimento, no prazo de trinta dias, bem como a prestação de informações falsas.

- § 2º com redação determinada pela Emenda Constitucional de Revisão n. 2/1994.

Seção III
Da Câmara dos Deputados

Art. 51. Compete privativamente à Câmara dos Deputados:

- V. art. 48, CF.

I – autorizar, por dois terços de seus membros, a instauração de processo contra o Presidente e o Vice-Presidente da República e os Ministros de Estado;

II – proceder à tomada de contas do Presidente da República, quando não apresentadas ao Congresso Nacional dentro de sessenta dias após a abertura da sessão legislativa;

III – elaborar seu regimento interno;

IV – dispor sobre sua organização, funcionamento, polícia, criação, transformação ou extinção dos cargos, empregos e funções de seus serviços, e a iniciativa de lei para fixação da respectiva remuneração, observados os parâmetros estabelecidos na lei de diretrizes orçamentárias;

- Inciso IV com redação determinada pela Emenda Constitucional n. 19/1998.

V – eleger membros do Conselho da República, nos termos do art. 89, VII.

Seção IV
Do Senado Federal

Art. 52. Compete privativamente ao Senado Federal:

- V. art. 48, CF.

I – processar e julgar o Presidente e o Vice-Presidente da República nos crimes de responsabilidade, bem como os Ministros de Estado e os Comandantes da Marinha, do Exército e da Aeronáutica nos crimes da mesma natureza conexos com aqueles;

- Inciso I com redação determinada pela Emenda Constitucional n. 23/1999.
- V. art. 102, I, *c*, CF.

II – processar e julgar os Ministros do Supremo Tribunal Federal, os membros do Conselho Nacional de Justiça e do Conselho Nacional do Ministério Público, o Procurador-Geral da República e o Advogado-Geral da União nos crimes de responsabilidade;

- Inciso II com redação determinada pela Emenda Constitucional n. 45/2004.
- V. arts. 103-B e 130-A, CF.
- V. art. 5º, Emenda Constitucional n. 45/2004.

III – aprovar previamente, por voto secreto, após arguição pública, a escolha de:
a) magistrados, nos casos estabelecidos nesta Constituição;
b) Ministros do Tribunal de Contas da União indicados pelo Presidente da República;
c) Governador de Território;
d) Presidente e Diretores do Banco Central;
e) Procurador-Geral da República;
f) titulares de outros cargos que a lei determinar;

IV – aprovar previamente, por voto secreto, após arguição em sessão secreta, a escolha dos chefes de missão diplomática de caráter permanente;

V – autorizar operações externas de natureza financeira, de interesse da União, dos Estados, do Distrito Federal, dos Territórios e dos Municípios;

- V. Res. SF 50/1993 (Operações de financiamento externo com recursos orçamentários da União).

VI – fixar, por proposta do Presidente da República, limites globais para o montante da dívida consolidada da União, dos Estados, do Distrito Federal e dos Municípios;

VII – dispor sobre limites globais e condições para as operações de crédito externo e interno da União, dos Estados, do Distrito Federal e dos Municípios, de suas autarquias e demais entidades controladas pelo Poder Público federal;

- V. Res. SF 50/1993 (Operações de financiamento externo com recursos orçamentários da União).

Art. 53

CONSTITUIÇÃO FEDERAL

VIII – dispor sobre limites e condições para a concessão de garantia da União em operações de crédito externo e interno;
IX – estabelecer limites globais e condições para o montante da dívida mobiliária dos Estados, do Distrito Federal e dos Municípios;
X – suspender a execução, no todo ou em parte, de lei declarada inconstitucional por decisão definitiva do Supremo Tribunal Federal;
XI – aprovar, por maioria absoluta e por voto secreto, a exoneração, de ofício, do Procurador-Geral da República antes do término de seu mandato;
XII – elaborar seu regimento interno;
XIII – dispor sobre sua organização, funcionamento, polícia, criação, transformação ou extinção dos cargos, empregos e funções de seus serviços, e a iniciativa de lei para fixação da respectiva remuneração, observados os parâmetros estabelecidos na lei de diretrizes orçamentárias;

• Inciso XIII com redação determinada pela Emenda Constitucional n. 19/1998.

XIV – eleger membros do Conselho da República, nos termos do art. 89, VII;
XV – avaliar periodicamente a funcionalidade do Sistema Tributário Nacional, em sua estrutura e seus componentes, e o desempenho das administrações tributárias da União, dos Estados e do Distrito Federal e dos Municípios.

• Inciso XV acrescentado pela Emenda Constitucional n. 42/2003.

Parágrafo único. Nos casos previstos nos incisos I e II, funcionará como Presidente o do Supremo Tribunal Federal, limitando-se a condenação, que somente será proferida por dois terços dos votos do Senado Federal, à perda do cargo, com inabilitação, por oito anos, para o exercício de função pública, sem prejuízo das demais sanções judiciais cabíveis.

Seção V
Dos Deputados e dos Senadores

Art. 53. Os Deputados e Senadores são invioláveis, civil e penalmente, por quaisquer de suas opiniões, palavras e votos.

• Artigo com redação determinada pela Emenda Constitucional n. 35/2001.

§ 1º Os Deputados e Senadores, desde a expedição do diploma, serão submetidos a julgamento perante o Supremo Tribunal Federal.

• V. art. 102, I, b, CF.

§ 2º Desde a expedição do diploma, os membros do Congresso Nacional não poderão ser presos, salvo em flagrante de crime inafiançável. Nesse caso, os autos serão remetidos dentro de vinte e quatro horas à Casa respectiva, para que, pelo voto da maioria de seus membros, resolva sobre a prisão.

• V. art. 301, CPP.

§ 3º Recebida a denúncia contra o Senador ou Deputado, por crime ocorrido após a diplomação, o Supremo Tribunal Federal dará ciência à Casa respectiva, que, por iniciativa de partido político nela representado e pelo voto da maioria de seus membros, poderá, até a decisão final, sustar o andamento da ação.

§ 4º O pedido de sustação será apreciado pela Casa respectiva no prazo improrrogável de quarenta e cinco dias do seu recebimento pela Mesa Diretora.

§ 5º A sustação do processo suspende a prescrição, enquanto durar o mandato.

§ 6º Os Deputados e Senadores não serão obrigados a testemunhar sobre informações recebidas ou prestadas em razão do exercício do mandato, nem sobre as pessoas que lhes confiaram ou deles receberam informações.

§ 7º A incorporação às Forças Armadas de Deputados e Senadores, embora militares e ainda que em tempo de guerra, dependerá de prévia licença da Casa respectiva.

§ 8º As imunidades de Deputados ou Senadores subsistirão durante o estado de sítio, só podendo ser suspensas mediante o voto de dois terços dos membros da Casa respectiva, nos casos de atos praticados fora do recinto do Congresso Nacional, que sejam incompatíveis com a execução da medida.

• V. arts. 137 a 141, CF.
• V. arts. 138 a 145, CP.

Art. 54

CONSTITUIÇÃO FEDERAL

Art. 54. Os Deputados e Senadores não poderão:
I – desde a expedição do diploma:
a) firmar ou manter contrato com pessoa jurídica de direito público, autarquia, empresa pública, sociedade de economia mista ou empresa concessionária de serviço público, salvo quando o contrato obedecer a cláusulas uniformes;
b) aceitar ou exercer cargo, função ou emprego remunerado, inclusive os de que sejam demissíveis *ad nutum*, nas entidades constantes da alínea anterior;
II – desde a posse:
a) ser proprietários, controladores ou diretores de empresa que goze de favor decorrente de contrato com pessoa jurídica de direito público, ou nela exercer função remunerada;
b) ocupar cargo ou função de que sejam demissíveis *ad nutum*, nas entidades referidas no inciso I, a;
c) patrocinar causa em que seja interessada qualquer das entidades a que se refere o inciso I, a;
d) ser titulares de mais de um cargo ou mandato público eletivo.

Art. 55. Perderá o mandato o Deputado ou Senador:
I – que infringir qualquer das proibições estabelecidas no artigo anterior;
II – cujo procedimento for declarado incompatível com o decoro parlamentar;
III – que deixar de comparecer, em cada sessão legislativa, à terça parte das sessões ordinárias da Casa a que pertencer, salvo licença ou missão por esta autorizada;
IV – que perder ou tiver suspensos os direitos políticos;
V – quando o decretar a Justiça Eleitoral, nos casos previstos nesta Constituição;
VI – que sofrer condenação criminal em sentença transitada em julgado.

* V. art. 92, I, CP.

§ 1º É incompatível com o decoro parlamentar, além dos casos definidos no regimento interno, o abuso das prerrogativas asseguradas a membro do Congresso Nacional ou a percepção de vantagens indevidas.

§ 2º Nos casos dos incisos I, II e VI, a perda do mandato será decidida pela Câmara dos Deputados ou pelo Senado Federal, por voto secreto e maioria absoluta, mediante provocação da respectiva Mesa ou de partido político representado no Congresso Nacional, assegurada ampla defesa.

§ 3º Nos casos previstos nos incisos III a V, a perda será declarada pela Mesa da Casa respectiva, de ofício ou mediante provocação de qualquer de seus membros, ou de partido político representado no Congresso Nacional, assegurada ampla defesa.

§ 4º A renúncia de parlamentar submetido a processo que vise ou possa levar à perda do mandato, nos termos deste artigo, terá seus efeitos suspensos até as deliberações finais de que tratam os §§ 2º e 3º.

* § 4º acrescentado pela Emenda Constitucional de Revisão n. 6/1994.

Art. 56. Não perderá o mandato o Deputado ou Senador:
I – investido no cargo de Ministro de Estado, Governador de Território, Secretário de Estado, do Distrito Federal, de Território, de Prefeitura de Capital ou chefe de missão diplomática temporária;
II – licenciado pela respectiva Casa por motivo de doença, ou para tratar, sem remuneração, de interesse particular, desde que, neste caso, o afastamento não ultrapasse cento e vinte dias por sessão legislativa.

§ 1º O suplente será convocado nos casos de vaga, de investidura em funções previstas neste artigo ou de licença superior a cento e vinte dias.

§ 2º Ocorrendo vaga e não havendo suplente, far-se-á eleição para preenchê-la se faltarem mais de quinze meses para o término do mandato.

§ 3º Na hipótese do inciso I, o Deputado ou Senador poderá optar pela remuneração do mandato.

Seção VI
Das reuniões

Art. 57. O Congresso Nacional reunir-se-á, anualmente, na Capital Federal, de 2 de

Constituição Federal

fevereiro a 17 de julho e de 1º de agosto a 22 de dezembro.

* *Caput* com redação determinada pela Emenda Constitucional n. 50/2006.

§ 1º As reuniões marcadas para essas datas serão transferidas para o primeiro dia útil subsequente, quando recaírem em sábados, domingos ou feriados.

§ 2º A sessão legislativa não será interrompida sem a aprovação do projeto de lei de diretrizes orçamentárias.

§ 3º Além de outros casos previstos nesta Constituição, a Câmara dos Deputados e o Senado Federal reunir-se-ão em sessão conjunta para:

I – inaugurar a sessão legislativa;

II – elaborar o regimento comum e regular a criação de serviços comuns às duas Casas;

III – receber o compromisso do Presidente e do Vice-Presidente da República;

IV – conhecer do veto e sobre ele deliberar.

§ 4º Cada uma das Casas reunir-se-á em sessões preparatórias, a partir de 1º de fevereiro, no primeiro ano da legislatura, para a posse de seus membros e eleição das respectivas Mesas, para mandato de 2 (dois) anos, vedada a recondução para o mesmo cargo na eleição imediatamente subsequente.

* § 4º com redação determinada pela Emenda Constitucional n. 50/2006, que manteve a redação original.

§ 5º A Mesa do Congresso Nacional será presidida pelo Presidente do Senado Federal, e os demais cargos serão exercidos, alternadamente, pelos ocupantes de cargos equivalentes na Câmara dos Deputados e no Senado Federal.

§ 6º A convocação extraordinária do Congresso Nacional far-se-á:

* *Caput* do § 6º com redação determinada pela Emenda Constitucional n. 50/2006, que manteve a redação original.

I – pelo Presidente do Senado Federal, em caso de decretação de estado de defesa ou de intervenção federal, de pedido de autorização para a decretação de estado de sítio e para o compromisso e a posse do Presidente e do Vice-Presidente da República;

II – pelo Presidente da República, pelos Presidentes da Câmara dos Deputados e do Senado Federal ou a requerimento da maioria dos membros de ambas as Casas, em caso de urgência ou interesse público relevante, em todas as hipóteses deste inciso com a aprovação da maioria absoluta de cada uma das Casas do Congresso Nacional.

* Inciso II com redação determinada pela Emenda Constitucional n. 50/2006.

§ 7º Na sessão legislativa extraordinária, o Congresso Nacional somente deliberará sobre a matéria para a qual foi convocado, ressalvada a hipótese do § 8º deste artigo, vedado o pagamento de parcela indenizatória, em razão da convocação.

* § 7º com redação determinada pela Emenda Constitucional n. 50/2006.

§ 8º Havendo medidas provisórias em vigor na data de convocação extraordinária do Congresso Nacional, serão elas automaticamente incluídas na pauta da convocação.

* § 8º acrescentado pela Emenda Constitucional n. 32/2001.

Seção VII
Das comissões

Art. 58. O Congresso Nacional e suas Casas terão comissões permanentes e temporárias, constituídas na forma e com as atribuições previstas no respectivo regimento ou no ato de que resultar sua criação.

§ 1º Na constituição das Mesas e de cada Comissão, é assegurada, tanto quanto possível, a representação proporcional dos partidos ou dos blocos parlamentares que participam da respectiva Casa.

§ 2º Às comissões, em razão da matéria de sua competência, cabe:

I – discutir e votar projeto de lei que dispensar, na forma do regimento, a competência do Plenário, salvo se houver recurso de um décimo dos membros da Casa;

II – realizar audiências públicas com entidades da sociedade civil;

III – convocar Ministro de Estado para prestar informações sobre assuntos inerentes a suas atribuições;

IV – receber petições, reclamações, representações ou queixas de qualquer pessoa contra atos ou omissões das autoridades ou entidades públicas;

Art. 59

CONSTITUIÇÃO FEDERAL

V – solicitar depoimento de qualquer autoridade ou cidadão;
VI – apreciar programas de obras, planos nacionais, regionais e setoriais de desenvolvimento e sobre eles emitir parecer.
§ 3º As comissões parlamentares de inquérito, que terão poderes de investigação próprios das autoridades judiciais, além de outros previstos nos regimentos das respectivas Casas, serão criadas pela Câmara dos Deputados e pelo Senado Federal, em conjunto ou separadamente, mediante requerimento de um terço de seus membros, para a apuração de fato determinado e por prazo certo, sendo suas conclusões, se for o caso, encaminhadas ao Ministério Público, para que promova a responsabilidade civil ou criminal dos infratores.

* V. Lei 10.001/2000 (Prioridade nos procedimentos a serem adotados pelo Ministério Público a respeito das conclusões da Comissão Parlamentar de Inquérito).

§ 4º Durante o recesso, haverá uma Comissão representativa do Congresso Nacional, eleita por suas Casas na última sessão ordinária do período legislativo, com atribuições definidas no regimento comum, cuja composição reproduzirá, quanto possível, a proporcionalidade da representação partidária.

Seção VIII
Do processo legislativo

Subseção I
Disposição geral

Art. 59. O processo legislativo compreende a elaboração de:
I – emendas à Constituição;
II – leis complementares;
III – leis ordinárias;
IV – leis delegadas;
V – medidas provisórias;

* V. art. 73, ADCT.

VI – decretos legislativos;

* V. art. 3º, Lei 9.709/1998 (Regulamenta a execução do disposto nos incisos I, II e III do art. 14 da CF).

VII – resoluções.
Parágrafo único. Lei complementar disporá sobre a elaboração, redação, alteração e consolidação das leis.

* V. LC 95/1998 (Elaboração das leis).
* V. Dec. 4.176/2002 (Regulamenta a LC 95/1998).

Subseção II
Da emenda à Constituição

Art. 60. A Constituição poderá ser emendada mediante proposta:
I – de um terço, no mínimo, dos membros da Câmara dos Deputados ou do Senado Federal;
II – do Presidente da República;
III – de mais da metade das Assembleias Legislativas das unidades da Federação, manifestando-se, cada uma delas, pela maioria relativa de seus membros.
§ 1º A Constituição não poderá ser emendada na vigência de intervenção federal, de estado de defesa ou de estado de sítio.

* V. arts. 34 a 36 e 136 a 141, CF.

§ 2º A proposta será discutida e votada em cada Casa do Congresso Nacional, em dois turnos, considerando-se aprovada se obtiver, em ambos, três quintos dos votos dos respectivos membros.
§ 3º A emenda à Constituição será promulgada pelas Mesas da Câmara dos Deputados e do Senado Federal, com o respectivo número de ordem.
§ 4º Não será objeto de deliberação a proposta de emenda tendente a abolir:
I – a forma federativa de Estado;

* V. arts. 1º e 18, CF.

II – o voto direto, secreto, universal e periódico;

* V. arts. 1º, 14 e 81, § 1º, CF.
* V. Lei 9.709/1998 (Regulamenta a execução do disposto nos incisos I, II e III do art. 14 da CF).

III – a separação dos Poderes;

* V. art. 2º, CF.

IV – os direitos e garantias individuais.

* V. art. 5º, CF.

§ 5º A matéria constante de proposta de emenda rejeitada ou havida por prejudicada não pode ser objeto de nova proposta na mesma sessão legislativa.

Subseção III
Das leis

Art. 61. A iniciativa das leis complementares e ordinárias cabe a qualquer membro

ou Comissão da Câmara dos Deputados, do Senado Federal ou do Congresso Nacional, ao Presidente da República, ao Supremo Tribunal Federal, aos Tribunais Superiores, ao Procurador-Geral da República e aos cidadãos, na forma e nos casos previstos nesta Constituição.

§ 1º São de iniciativa privativa do Presidente da República as leis que:

I – fixem ou modifiquem os efetivos das Forças Armadas;

II – disponham sobre:

a) criação de cargos, funções ou empregos públicos na administração direta e autárquica ou aumento de sua remuneração;

- V. Súmula 679, STF.

b) organização administrativa e judiciária, matéria tributária e orçamentária, serviços públicos e pessoal da administração dos Territórios;

c) servidores públicos da União e Territórios, seu regime jurídico, provimento de cargos, estabilidade e aposentadoria;

- Alínea c com redação determinada pela Emenda Constitucional n. 18/1998.

d) organização do Ministério Público e da Defensoria Pública da União, bem como normas gerais para a organização do Ministério Público e da Defensoria Pública dos Estados, do Distrito Federal e dos Territórios;

e) criação e extinção de Ministérios e órgãos da administração pública, observado o disposto no art. 84, VI;

- Alínea e com redação determinada pela Emenda Constitucional n. 32/2001.

f) militares das Forças Armadas, seu regime jurídico, provimento de cargos, promoções, estabilidade, remuneração, reforma e transferência para a reserva.

- Alínea f acrescentada pela Emenda Constitucional n. 18/1998.

§ 2º A iniciativa popular pode ser exercida pela apresentação à Câmara dos Deputados de projeto de lei subscrito por, no mínimo, um por cento do eleitorado nacional, distribuído pelo menos por cinco Estados, com não menos de três décimos por cento dos eleitores de cada um deles.

- V. arts. 1º, III, 13 e 14, Lei 9.709/1998 (Regulamenta a execução do disposto nos incisos I, II e III do art. 14 da CF).

Art. 62. Em caso de relevância e urgência, o Presidente da República poderá adotar medidas provisórias, com força de lei, devendo submetê-las de imediato ao Congresso Nacional.

- Artigo com redação determinada pela Emenda Constitucional n. 32/2001.
- V. art. 246, CF.
- V. Res. CN 1/2002 (Apreciação, pelo Congresso Nacional, das Medidas Provisórias a que se refere o art. 62 da CF).

§ 1º É vedada a edição de medidas provisórias sobre matéria:

I – relativa a:

a) nacionalidade, cidadania, direitos políticos, partidos políticos e direito eleitoral;

b) direito penal, processual penal e processual civil;

c) organização do Poder Judiciário e do Ministério Público, a carreira e a garantia de seus membros;

d) planos plurianuais, diretrizes orçamentárias, orçamento e créditos adicionais e suplementares, ressalvado o previsto no art. 167, § 3º;

II – que vise a detenção ou sequestro de bens, de poupança popular ou qualquer outro ativo financeiro;

III – reservada a lei complementar;

IV – já disciplinada em projeto de lei aprovado pelo Congresso Nacional e pendente de sanção ou veto do Presidente da República.

§ 2º Medida provisória que implique instituição ou majoração de impostos, exceto os previstos nos arts. 153, I, II, IV, V, e 154, II, só produzirá efeitos no exercício financeiro seguinte se houver sido convertida em lei até o último dia daquele em que foi editada.

§ 3º As medidas provisórias, ressalvado o disposto nos §§ 11 e 12 perderão eficácia, desde a edição, se não forem convertidas em lei no prazo de sessenta dias, prorrogável, nos termos do § 7º, uma vez por igual período, devendo o Congresso Nacional disciplinar, por decreto legislativo, as relações jurídicas delas decorrentes.

§ 4º O prazo a que se refere o § 3º contar-se-á da publicação da medida provisória, suspendendo-se durante os períodos de recesso do Congresso Nacional.

§ 5º A deliberação de cada uma das Casas do Congresso Nacional sobre o mérito das

Art. 63

CONSTITUIÇÃO FEDERAL

medidas provisórias dependerá de juízo prévio sobre o atendimento de seus pressupostos constitucionais.

§ 6º Se a medida provisória não for apreciada em até quarenta e cinco dias contados de sua publicação, entrará em regime de urgência, subsequentemente, em cada uma das Casas do Congresso Nacional, ficando sobrestadas, até que se ultime a votação, todas as demais deliberações legislativas da Casa em que estiver tramitando.

§ 7º Prorrogar-se-á uma única vez por igual período a vigência de medida provisória que, no prazo de sessenta dias, contado de sua publicação, não tiver a sua votação encerrada nas duas Casas do Congresso Nacional.

§ 8º As medidas provisórias terão sua votação iniciada na Câmara dos Deputados.

§ 9º Caberá à comissão mista de Deputados e Senadores examinar as medidas provisórias e sobre elas emitir parecer, antes de serem apreciadas, em sessão separada, pelo plenário de cada uma das Casas do Congresso Nacional.

§ 10. É vedada a reedição, na mesma sessão legislativa, de medida provisória que tenha sido rejeitada ou que tenha perdido sua eficácia por decurso de prazo.

§ 11. Não editado o decreto legislativo a que se refere o § 3º até sessenta dias após a rejeição ou perda de eficácia de medida provisória, as relações jurídicas constituídas e decorrentes de atos praticados durante sua vigência conservar-se-ão por ela regidas.

§ 12. Aprovado projeto de lei de conversão alterando o texto original da medida provisória, esta manter-se-á integralmente em vigor até que seja sancionado ou vetado o projeto.

Art. 63. Não será admitido aumento da despesa prevista:

I – nos projetos de iniciativa exclusiva do Presidente da República, ressalvado o disposto no art. 166, §§ 3º e 4º;

II – nos projetos sobre organização dos serviços administrativos da Câmara dos Deputados, do Senado Federal, dos Tribunais Federais e do Ministério Público.

Art. 64. A discussão e votação dos projetos de lei de iniciativa do Presidente da República, do Supremo Tribunal Federal e dos Tribunais Superiores terão início na Câmara dos Deputados.

§ 1º O Presidente da República poderá solicitar urgência para apreciação de projetos de sua iniciativa.

§ 2º Se, no caso do § 1º, a Câmara dos Deputados e o Senado Federal não se manifestarem sobre a proposição, cada qual sucessivamente, em até quarenta e cinco dias, sobrestar-se-ão todas as demais deliberações legislativas da respectiva Casa, com exceção das que tenham prazo constitucional determinado, até que se ultime a votação.

- § 2º com redação determinada pela Emenda Constitucional n. 32/2001.

§ 3º A apreciação das emendas do Senado Federal pela Câmara dos Deputados far-se-á no prazo de dez dias, observado quanto ao mais o disposto no parágrafo anterior.

§ 4º Os prazos do § 2º não correm nos períodos de recesso do Congresso Nacional, nem se aplicam aos projetos de código.

Art. 65. O projeto de lei aprovado por uma Casa será revisto pela outra, em um só turno de discussão e votação, e enviado à sanção ou promulgação, se a Casa revisora o aprovar, ou arquivado, se o rejeitar.

Parágrafo único. Sendo o projeto emendado, voltará à Casa iniciadora.

Art. 66. A Casa na qual tenha sido concluída a votação enviará o projeto de lei ao Presidente da República, que, aquiescendo, o sancionará.

§ 1º Se o Presidente da República considerar o projeto, no todo ou em parte, inconstitucional ou contrário ao interesse público, vetá-lo-á total ou parcialmente, no prazo de quinze dias úteis, contados da data do recebimento, e comunicará, dentro de quarenta e oito horas, ao Presidente do Senado Federal os motivos do veto.

§ 2º O veto parcial somente abrangerá texto integral de artigo, de parágrafo, de inciso ou de alínea.

§ 3º Decorrido o prazo de quinze dias, o silêncio do Presidente da República importará sanção.

§ 4º O veto será apreciado em sessão conjunta, dentro de trinta dias a contar de seu recebimento, só podendo ser rejeitado pelo

Constituição Federal

voto da maioria absoluta dos Deputados e Senadores, em escrutínio secreto.

§ 5º Se o veto não for mantido, será o projeto enviado, para promulgação, ao Presidente da República.

§ 6º Esgotado sem deliberação o prazo estabelecido no § 4º, o veto será colocado na ordem do dia da sessão imediata, sobrestadas as demais proposições, até sua votação final.

- § 6º com redação determinada pela Emenda Constitucional n. 32/2001.

§ 7º Se a lei não for promulgada dentro de quarenta e oito horas pelo Presidente da República, nos casos dos §§ 3º e 5º, o Presidente do Senado a promulgará e, se este não fizer em igual prazo, caberá ao Vice-Presidente do Senado fazê-lo.

Art. 67. A matéria constante de projeto de lei rejeitado somente poderá constituir objeto de novo projeto, na mesma sessão legislativa, mediante proposta da maioria absoluta dos membros de qualquer das Casas do Congresso Nacional.

Art. 68. As leis delegadas serão elaboradas pelo Presidente da República, que deverá solicitar a delegação ao Congresso Nacional.

§ 1º Não serão objeto de delegação os atos de competência exclusiva do Congresso Nacional, os de competência privativa da Câmara dos Deputados ou do Senado Federal, a matéria reservada à lei complementar, nem a legislação sobre:

I – organização do Poder Judiciário e do Ministério Público, a carreira e a garantia de seus membros;

II – nacionalidade, cidadania, direitos individuais, políticos e eleitorais;

III – planos plurianuais, diretrizes orçamentárias e orçamentos.

§ 2º A delegação ao Presidente da República terá a forma de resolução do Congresso Nacional, que especificará seu conteúdo e os termos de seu exercício.

§ 3º Se a resolução determinar a apreciação do projeto pelo Congresso Nacional, este a fará em votação única, vedada qualquer emenda.

Art. 69. As leis complementares serão aprovadas por maioria absoluta.

Seção IX
Da fiscalização contábil, financeira e orçamentária

Art. 70. A fiscalização contábil, financeira, orçamentária, operacional e patrimonial da União e das entidades da administração direta e indireta, quanto à legalidade, legitimidade, economicidade, aplicação das subvenções e renúncia de receitas, será exercida pelo Congresso Nacional, mediante controle externo, e pelo sistema de controle interno de cada Poder.

Parágrafo único. Prestará contas qualquer pessoa física ou jurídica, pública ou privada, que utilize, arrecade, guarde, gerencie ou administre dinheiros, bens e valores públicos ou pelos quais a União responda, ou que, em nome desta, assuma obrigações de natureza pecuniária.

- Parágrafo único com redação determinada pela Emenda Constitucional n. 19/1998.

Art. 71. O controle externo, a cargo do Congresso Nacional, será exercido com o auxílio do Tribunal de Contas da União, ao qual compete:

- V. Lei 8.443/1992 (Lei Orgânica do Tribunal de Contas da União).

I – apreciar as contas prestadas anualmente pelo Presidente da República, mediante parecer prévio que deverá ser elaborado em sessenta dias a contar de seu recebimento;

II – julgar as contas dos administradores e demais responsáveis por dinheiros, bens e valores públicos da administração direta e indireta, incluídas as fundações e sociedades instituídas e mantidas pelo Poder Público federal, e as contas daqueles que derem causa a perda, extravio ou outra irregularidade de que resulte prejuízo ao erário público;

III – apreciar, para fins de registro, a legalidade dos atos de admissão de pessoal, a qualquer título, na administração direta e indireta, incluídas as fundações instituídas e mantidas pelo Poder Público, excetuadas as nomeações para cargo de provimento em comissão, bem como a das concessões de aposentadorias, reformas e pensões, ressal-

vadas as melhorias posteriores que não alterem o fundamento legal do ato concessório;

- V. Súmula vinculante 3, STF.

IV – realizar, por iniciativa própria, da Câmara dos Deputados, do Senado Federal, de Comissão técnica ou de inquérito, inspeções e auditorias de natureza contábil, financeira, orçamentária, operacional e patrimonial, nas unidades administrativas dos Poderes Legislativo, Executivo e Judiciário, e demais entidades referidas no inciso II;
V – fiscalizar as contas nacionais das empresas supranacionais de cujo capital social a União participe, de forma direta ou indireta, nos termos do tratado constitutivo;
VI – fiscalizar a aplicação de quaisquer recursos repassados pela União mediante convênio, acordo, ajuste ou outros instrumentos congêneres, a Estado, ao Distrito Federal ou a Município;
VII – prestar as informações solicitadas pelo Congresso Nacional, por qualquer de suas Casas, ou por qualquer das respectivas Comissões, sobre a fiscalização contábil, financeira, orçamentária, operacional e patrimonial e sobre resultados de auditorias e inspeções realizadas;
VIII – aplicar aos responsáveis, em caso de ilegalidade de despesa ou irregularidade de contas, as sanções previstas em lei, que estabelecerá, entre outras cominações, multa proporcional ao dano causado ao erário;
IX – assinar prazo para que o órgão ou entidade adote as providências necessárias ao exato cumprimento da lei, se verificada ilegalidade;
X – sustar, se não atendido, a execução do ato impugnado, comunicando a decisão à Câmara dos Deputados e ao Senado Federal;
XI – representar ao Poder competente sobre irregularidades ou abusos apurados.
§ 1º No caso de contrato, o ato de sustação será adotado diretamente pelo Congresso Nacional, que solicitará, de imediato, ao Poder Executivo as medidas cabíveis.
§ 2º Se o Congresso Nacional ou o Poder Executivo, no prazo de noventa dias, não efetivar as medidas previstas no parágrafo anterior, o Tribunal decidirá a respeito.

§ 3º As decisões do Tribunal de que resulte imputação de débito ou multa terão eficácia de título executivo.
§ 4º O Tribunal encaminhará ao Congresso Nacional, trimestral e anualmente, relatório de suas atividades.

Art. 72. A Comissão mista permanente a que se refere o art. 166, § 1º, diante de indícios de despesas não autorizadas, ainda que sob a forma de investimentos não programados ou de subsídios não aprovados, poderá solicitar à autoridade governamental responsável que, no prazo de cinco dias, preste os esclarecimentos necessários.

- V. art. 16, § 2º, ADCT.

§ 1º Não prestados os esclarecimentos, ou considerados estes insuficientes, a Comissão solicitará ao Tribunal pronunciamento conclusivo sobre a matéria, no prazo de trinta dias.
§ 2º Entendendo o Tribunal irregular a despesa, a Comissão, se julgar que o gasto possa causar dano irreparável ou grave lesão à economia pública, proporá ao Congresso Nacional sua sustação.

Art. 73. O Tribunal de Contas da União, integrado por nove Ministros, tem sede no Distrito Federal, quadro próprio de pessoal e jurisdição em todo o território nacional, exercendo, no que couber, as atribuições previstas no art. 96.

- V. art. 84, XV, CF.
- V. Lei 8.443/1992 (Lei Orgânica do Tribunal de Contas da União).

§ 1º Os Ministros do Tribunal de Contas da União serão nomeados dentre brasileiros que satisfaçam os seguintes requisitos:
I – mais de trinta e cinco e menos de sessenta e cinco anos de idade;
II – idoneidade moral e reputação ilibada;
III – notórios conhecimentos jurídicos, contábeis, econômicos e financeiros ou de administração pública;
IV – mais de dez anos de exercício de função ou de efetiva atividade profissional que exija os conhecimentos mencionados no inciso anterior.
§ 2º Os Ministros do Tribunal de Contas da União serão escolhidos:
I – um terço pelo Presidente da República, com aprovação do Senado Federal, sendo

dois alternadamente dentre auditores e membros do Ministério Público junto ao Tribunal, indicados em lista tríplice pelo Tribunal, segundo os critérios de antiguidade e merecimento;

II – dois terços pelo Congresso Nacional.

* V. Dec. Leg. 6/1993 (Escolha de Ministros do Tribunal de Contas da União pelo Congresso Nacional).

§ 3º Os Ministros do Tribunal de Contas da União terão as mesmas garantias, prerrogativas, impedimentos, vencimentos e vantagens dos Ministros do Superior Tribunal de Justiça, aplicando-se-lhes, quanto à aposentadoria e pensão, as normas constantes do art. 40.

* § 3º com redação determinada pela Emenda Constitucional n. 20/1998.

§ 4º O auditor, quando em substituição a Ministro, terá as mesmas garantias e impedimentos do titular e, quando no exercício das demais atribuições da judicatura, as de juiz de Tribunal Regional Federal.

Art. 74. Os Poderes Legislativo, Executivo e Judiciário manterão, de forma integrada, sistema de controle interno com a finalidade de:

I – avaliar o cumprimento das metas previstas no plano plurianual, a execução dos programas de governo e dos orçamentos da União;

II – comprovar a legalidade e avaliar os resultados, quanto à eficácia e eficiência, da gestão orçamentária, financeira e patrimonial nos órgãos e entidades da administração federal, bem como da aplicação de recursos públicos por entidades de direito privado;

III – exercer o controle das operações de crédito, avais e garantias, bem como dos direitos e haveres da União;

IV – apoiar o controle externo no exercício de sua missão institucional.

§ 1º Os responsáveis pelo controle interno, ao tomarem conhecimento de qualquer irregularidade ou ilegalidade, dela darão ciência ao Tribunal de Contas da União, sob pena de responsabilidade solidária.

§ 2º Qualquer cidadão, partido político, associação ou sindicato é parte legítima para, na forma da lei, denunciar irregularidades ou ilegalidades perante o Tribunal de Contas da União.

* V. arts. 1º, XVI, e 53, Lei 8.443/1992 (Lei Orgânica do Tribunal de Contas da União).

Art. 75. As normas estabelecidas nesta seção aplicam-se, no que couber, à organização, composição e fiscalização dos Tribunais de Contas dos Estados e do Distrito Federal, bem como dos Tribunais e Conselhos de Contas dos Municípios.

** V. art. 31, § 4º, CF.

Parágrafo único. As Constituições estaduais disporão sobre os Tribunais de Contas respectivos, que serão integrados por sete Conselheiros.

Capítulo II
DO PODER EXECUTIVO

Seção I
Do Presidente e do Vice-Presidente da República

Art. 76. O Poder Executivo é exercido pelo Presidente da República, auxiliado pelos Ministros de Estado.

Art. 77. A eleição do Presidente e do Vice-Presidente da República realizar-se-á, simultaneamente, no primeiro domingo de outubro, em primeiro turno, e no último domingo de outubro, em segundo turno, se houver, do ano anterior ao do término do mandato presidencial vigente.

* *Caput* com redação determinada pela Emenda Constitucional n. 16/1997.
* V. arts. 28, 29, II, 32, § 2º, CF.

§ 1º A eleição do Presidente da República importará a do Vice-Presidente com ele registrado.

§ 2º Será considerado eleito Presidente o candidato que, registrado por partido político, obtiver a maioria absoluta de votos, não computados os em branco e os nulos.

§ 3º Se nenhum candidato alcançar maioria absoluta na primeira votação, far-se-á nova eleição em até vinte dias após a proclamação do resultado, concorrendo os dois candidatos mais votados e considerando-se eleito aquele que obtiver a maioria dos votos válidos.

§ 4º Se, antes de realizado o segundo turno, ocorrer morte, desistência ou impedimento legal de candidato, convocar-se-á, dentre os remanescentes, o de maior votação.

§ 5º Se, na hipótese dos parágrafos anteriores, remanescer, em segundo lugar, mais de um candidato com a mesma votação, qualificar-se-á o mais idoso.

Art. 78. O Presidente e o Vice-Presidente da República tomarão posse em sessão do Congresso Nacional, prestando o compromisso de manter, defender e cumprir a Constituição, observar as leis, promover o bem geral do povo brasileiro, sustentar a união, a integridade e a independência do Brasil.

Parágrafo único. Se, decorridos dez dias da data fixada para a posse, o Presidente ou o Vice-Presidente, salvo motivo de força maior, não tiver assumido o cargo, este será declarado vago.

Art. 79. Substituirá o Presidente, no caso de impedimento, e suceder-lhe-á, no de vaga, o Vice-Presidente.

Parágrafo único. O Vice-Presidente da República, além de outras atribuições que lhe forem conferidas por lei complementar, auxiliará o Presidente, sempre que por ele convocado para missões especiais.

Art. 80. Em caso de impedimento do Presidente e do Vice-Presidente, ou vacância dos respectivos cargos, serão sucessivamente chamados ao exercício da Presidência o Presidente da Câmara dos Deputados, o do Senado Federal e o do Supremo Tribunal Federal.

Art. 81. Vagando os cargos de Presidente e Vice-Presidente da República, far-se-á eleição noventa dias depois de aberta a última vaga.

§ 1º Ocorrendo a vacância nos últimos dois anos do período presidencial, a eleição para ambos os cargos será feita trinta dias depois da última vaga, pelo Congresso Nacional, na forma da lei.

§ 2º Em qualquer dos casos, os eleitos deverão completar o período de seus antecessores.

Art. 82. O mandato do Presidente da República é de quatro anos e terá início em primeiro de janeiro do ano seguinte ao da sua eleição.

- Artigo com redação determinada pela Emenda Constitucional n. 16/1997.

Art. 83. O Presidente e o Vice-Presidente da República não poderão, sem licença do Congresso Nacional, ausentar-se do País por período superior a quinze dias, sob pena de perda do cargo.

Seção II
Das atribuições do Presidente da República

Art. 84. Compete privativamente ao Presidente da República:

I – nomear e exonerar os Ministros de Estado;

II – exercer, com o auxílio dos Ministros de Estado, a direção superior da administração federal;

III – iniciar o processo legislativo, na forma e nos casos previstos nesta Constituição;

IV – sancionar, promulgar e fazer publicar as leis, bem como expedir decretos e regulamentos para sua fiel execução;

V – vetar projetos de lei, total ou parcialmente;

- V. art. 66, §§ 1º a 7º, CF.

VI – dispor, mediante decreto, sobre:

- Inciso VI com redação determinada pela Emenda Constitucional n. 32/2001.

a) organização e funcionamento da administração federal, quando não implicar aumento de despesa nem criação ou extinção de órgãos públicos;

b) extinção de funções ou cargos públicos, quando vagos;

VII – manter relações com Estados estrangeiros e acreditar seus representantes diplomáticos;

VIII – celebrar tratados, convenções e atos internacionais, sujeitos a referendo do Congresso Nacional;

IX – decretar o estado de defesa e o estado de sítio;

X – decretar e executar a intervenção federal;

XI – remeter mensagem e plano de governo ao Congresso Nacional por ocasião da abertura da sessão legislativa, expondo a situa-

Constituição Federal

ção do País e solicitando as providências que julgar necessárias;

XII – conceder indulto e comutar penas, com audiência, se necessário, dos órgãos instituídos em lei;

- V. Dec. 1.860/1996 (Concede indulto especial e condicional).
- V. Dec. 2.002/1996 (Concede indulto e comuta penas).

XIII – exercer o comando supremo das Forças Armadas, nomear os Comandantes da Marinha, do Exército e da Aeronáutica, promover seus oficiais-generais e nomeá-los para os cargos que lhes são privativos;

- Inciso XIII com redação determinada pela Emenda Constitucional n. 23/1999.

XIV – nomear, após aprovação pelo Senado Federal, os Ministros do Supremo Tribunal Federal e dos Tribunais Superiores, os Governadores de Territórios, o Procurador-Geral da República, o presidente e os diretores do Banco Central e outros servidores, quando determinado em lei;

XV – nomear, observado o disposto no art. 73, os Ministros do Tribunal de Contas da União;

XVI – nomear os magistrados, nos casos previstos nesta Constituição, e o Advogado-Geral da União;

XVII – nomear membros do Conselho da República, nos termos do art. 89, VII;

XVIII – convocar e presidir o Conselho da República e o Conselho de Defesa Nacional;

XIX – declarar guerra, no caso de agressão estrangeira, autorizado pelo Congresso Nacional ou referendado por ele, quando ocorrida no intervalo das sessões legislativas, e, nas mesmas condições, decretar, total ou parcialmente, a mobilização nacional;

- V. art. 5º, XLVII, a, CF.
- V. Lei 11.631/2007 (Mobilização nacional e Sistema Nacional de Mobilização – SINAMOB).

XX – celebrar a paz, autorizado ou com o referendo do Congresso Nacional;

XXI – conferir condecorações e distinções honoríficas;

XXII – permitir, nos casos previstos em lei complementar, que forças estrangeiras transitem pelo território nacional ou nele permaneçam temporariamente;

- V. LC 90/1997 (Determina os casos em que forças estrangeiras possam transitar pelo território nacional ou nele permanecer temporariamente).

XXIII – enviar ao Congresso Nacional o plano plurianual, o projeto de lei de diretrizes orçamentárias e as propostas de orçamento previstos nesta Constituição;

XXIV – prestar, anualmente, ao Congresso Nacional, dentro de sessenta dias após a abertura da sessão legislativa, as contas referentes ao exercício anterior;

XXV – prover e extinguir os cargos públicos federais, na forma da lei;

XXVI – editar medidas provisórias com força de lei, nos termos do art. 62;

XXVII – exercer outras atribuições previstas nesta Constituição.

Parágrafo único. O Presidente da República poderá delegar as atribuições mencionadas nos incisos VI, XII e XXV, primeira parte, aos Ministros de Estado, ao Procurador-Geral da República ou ao Advogado-Geral da União, que observarão os limites traçados nas respectivas delegações.

Seção III
Da responsabilidade do Presidente da República

Art. 85. São crimes de responsabilidade os atos do Presidente da República que atentem contra a Constituição Federal e, especialmente, contra:

I – a existência da União;

II – o livre exercício do Poder Legislativo, do Poder Judiciário, do Ministério Público e dos Poderes constitucionais das unidades da Federação;

III – o exercício dos direitos políticos, individuais e sociais;

IV – a segurança interna do País;

V – a probidade na administração;

- V. art. 37, § 4º, CF.

VI – a lei orçamentária;

VII – o cumprimento das leis e das decisões judiciais.

Parágrafo único. Esses crimes serão definidos em lei especial, que estabelecerá as normas de processo e julgamento.

- V. Lei 1.079/1950 (Crimes de responsabilidade).
- V. Súmula 722, STF.

Art. 86

Art. 86. Admitida a acusação contra o Presidente da República, por dois terços da Câmara dos Deputados, será ele submetido a julgamento perante o Supremo Tribunal Federal, nas infrações penais comuns, ou perante o Senado Federal, nos crimes de responsabilidade.

§ 1º O Presidente ficará suspenso de suas funções:

I – nas infrações penais comuns, se recebida a denúncia ou queixa-crime pelo Supremo Tribunal Federal;

II – nos crimes de responsabilidade, após a instauração do processo pelo Senado Federal.

§ 2º Se, decorrido o prazo de cento e oitenta dias, o julgamento não estiver concluído, cessará o afastamento do Presidente, sem prejuízo do regular prosseguimento do processo.

§ 3º Enquanto não sobrevier sentença condenatória, nas infrações comuns, o Presidente da República não estará sujeito a prisão.

§ 4º O Presidente da República, na vigência de seu mandato, não pode ser responsabilizado por atos estranhos ao exercício de suas funções.

* * V. Lei 1.079/1950 (Crimes de responsabilidade).

Seção IV
Dos Ministros de Estado

Art. 87. Os Ministros de Estado serão escolhidos dentre brasileiros maiores de vinte um anos e no exercício dos direitos políticos.

Parágrafo único. Compete ao Ministro de Estado, além de outras atribuições estabelecidas nesta Constituição e na lei:

I – exercer a orientação, coordenação e supervisão dos órgãos e entidades da administração federal na área de sua competência e referendar os atos e decretos assinados pelo Presidente da República;

II – expedir instruções para a execução das leis, decretos e regulamentos;

III – apresentar ao Presidente da República relatório anual de sua gestão no Ministério;

IV – praticar os atos pertinentes às atribuições que lhe forem outorgadas ou delegadas pelo Presidente da República.

Art. 88. A lei disporá sobre a criação e extinção de Ministérios e órgãos da administração pública.

* Artigo com redação determinada pela Emenda Constitucional n. 32/2001.

Seção V
Do Conselho da República e do Conselho de Defesa Nacional

Subseção I
Do Conselho da República

Art. 89. O Conselho da República é órgão superior de consulta do Presidente da República, e dele participam:

* V. Lei 8.041/1990 (Organização e funcionamento do Conselho da República).

I – o Vice-Presidente da República;

II – o Presidente da Câmara dos Deputados;

III – o Presidente do Senado Federal;

IV – os líderes da maioria e da minoria na Câmara dos Deputados;

V – os líderes da maioria e da minoria no Senado Federal;

VI – o Ministro da Justiça;

VII – seis cidadãos brasileiros natos, com mais de trinta e cinco anos de idade, sendo dois nomeados pelo Presidente da República, dois eleitos pelo Senado Federal e dois eleitos pela Câmara dos Deputados, todos com mandato de três anos, vedada a recondução.

* V. arts. 51, V, 52, XIV, e 84, XVII, CF.

Art. 90. Compete ao Conselho da República pronunciar-se sobre:

I – intervenção federal, estado de defesa e estado de sítio;

II – as questões relevantes para a estabilidade das instituições democráticas.

§ 1º O Presidente da República poderá convocar Ministro de Estado para participar da reunião do Conselho, quando constar da pauta questão relacionada com o respectivo Ministério.

§ 2º A lei regulará a organização e o funcionamento do Conselho da República.

* V. Lei 8.041/1990 (Organização e funcionamento do Conselho da República).

CONSTITUIÇÃO FEDERAL

Subseção II
Do Conselho de Defesa Nacional

Art. 91. O Conselho de Defesa Nacional é órgão de consulta do Presidente da República nos assuntos relacionados com a soberania nacional e a defesa do Estado democrático, e dele participam como membros natos:

- V. Lei 8.183/1991 (Conselho de Defesa Nacional).
- V. Dec. 893/1993 (Conselho de Defesa Nacional – Regulamento).

I – o Vice-Presidente da República;
II – o Presidente da Câmara dos Deputados;
III – o Presidente do Senado Federal;
IV – o Ministro da Justiça;
V – o Ministro de Estado da Defesa;

- Inciso V com redação determinada pela Emenda Constitucional n. 23/1999.

VI – o Ministro das Relações Exteriores;
VII – o Ministro do Planejamento;
VIII – os Comandantes da Marinha, do Exército e da Aeronáutica.

- Inciso VIII acrescentado pela Emenda Constitucional n. 23/1999.

§ 1º Compete ao Conselho de Defesa Nacional:
I – opinar nas hipóteses de declaração de guerra e de celebração da paz, nos termos desta Constituição;
II – opinar sobre a decretação do estado de defesa, do estado de sítio e da intervenção federal;
III – propor os critérios e condições de utilização de áreas indispensáveis à segurança do território nacional e opinar sobre seu efetivo uso, especialmente na faixa de fronteira e nas relacionadas com a preservação e a exploração dos recursos naturais de qualquer tipo;
IV – estudar, propor e acompanhar o desenvolvimento de iniciativas necessárias a garantir a independência nacional e a defesa do Estado democrático.
§ 2º A lei regulará a organização e o funcionamento do Conselho de Defesa Nacional.

- V. Lei 8.183/1991 (Conselho de Defesa Nacional).
- V. Dec. 893/1993 (Conselho de Defesa Nacional – Regulamento).

Capítulo III
DO PODER JUDICIÁRIO

Seção I
Disposições gerais

Art. 92. São órgãos do Poder Judiciário:
I – o Supremo Tribunal Federal;
I-A – o Conselho Nacional de Justiça;

- Inciso I-A acrescentado pela Emenda Constitucional n. 45/2004.
- V. art. 103-B, CF.
- V. art. 5º, Emenda Constitucional n. 45/2004.

II – o Superior Tribunal de Justiça;
III – os Tribunais Regionais Federais e Juízes Federais;
IV – os Tribunais e Juízes do Trabalho;
V – os Tribunais e Juízes Eleitorais;
VI – os Tribunais e Juízes Militares;
VII – os Tribunais e Juízes dos Estados e do Distrito Federal e Territórios.
§ 1º O Supremo Tribunal Federal, o Conselho Nacional de Justiça e os Tribunais Superiores têm sede na Capital Federal.

- § 1º acrescentado pela Emenda Constitucional n. 45/2004.
- V. art. 103-B, CF.

§ 2º O Supremo Tribunal Federal e os Tribunais Superiores têm jurisdição em todo o território nacional.

- § 2º acrescentado pela Emenda Constitucional n. 45/2004.

Art. 93. Lei complementar, de iniciativa do Supremo Tribunal Federal, disporá sobre o Estatuto da Magistratura, observados os seguintes princípios:

- V. LC 35/1979 (Lei Orgânica da Magistratura Nacional).

I – ingresso na carreira, cujo cargo inicial será o de juiz substituto, mediante concurso público de provas e títulos, com a participação da Ordem dos Advogados do Brasil em todas as fases, exigindo-se do bacharel em direito, no mínimo, 3 (três) anos de atividade jurídica e obedecendo-se, nas nomeações, à ordem de classificação;

- Inciso I com redação determinada pela Emenda Constitucional n. 45/2004.

II – promoção de entrância para entrância, alternadamente, por antiguidade e merecimento, atendidas as seguintes normas:

Art. 93

a) é obrigatória a promoção do juiz que figure por três vezes consecutivas ou cinco alternadas em lista de merecimento;

b) a promoção por merecimento pressupõe dois anos de exercício na respectiva entrância e integrar o juiz a primeira quinta parte da lista de antiguidade desta, salvo se não houver com tais requisitos quem aceite o lugar vago;

c) aferição do merecimento conforme o desempenho e pelos critérios objetivos de produtividade e presteza no exercício da jurisdição e pela frequência e aproveitamento em cursos oficiais ou reconhecidos de aperfeiçoamento;

- Alínea *c* com redação determinada pela Emenda Constitucional n. 45/2004.

d) na apuração de antiguidade, o tribunal somente poderá recusar o juiz mais antigo pelo voto fundamentado de dois terços de seus membros, conforme procedimento próprio, e assegurada ampla defesa, repetindo-se a votação até fixar-se a indicação;

- Alínea *d* com redação determinada pela Emenda Constitucional n. 45/2004.

e) não será promovido o juiz que, injustificadamente, retiver autos em seu poder além do prazo legal, não podendo devolvê-los ao cartório sem o devido despacho ou decisão;

- Alínea *e* acrescentada pela Emenda Constitucional n. 45/2004.

III – o acesso aos tribunais de segundo grau far-se-á por antiguidade e merecimento, alternadamente, apurados na última ou única entrância;

- Inciso III com redação determinada pela Emenda Constitucional n. 45/2004.

IV – previsão de cursos oficiais de preparação, aperfeiçoamento e promoção de magistrados, constituindo etapa obrigatória do processo de vitaliciamento a participação em curso oficial ou reconhecido por escola nacional de formação e aperfeiçoamento de magistrados;

- Inciso IV com redação determinada pela Emenda Constitucional n. 45/2004.

V – o subsídio dos Ministros dos Tribunais Superiores corresponderá a noventa e cinco por cento do subsídio mensal fixado para os Ministros do Supremo Tribunal Federal e os subsídios dos demais magistrados serão fixados em lei e escalonados, em nível federal e estadual, conforme as respectivas categorias da estrutura judiciária nacional, não podendo a diferença entre uma e outra ser superior a dez por cento ou inferior a cinco por cento, nem exceder a noventa e cinco por cento do subsídio mensal dos Ministros dos Tribunais Superiores, obedecido, em qualquer caso, o disposto nos arts. 37, XI, e 39, § 4º;

- Inciso V com redação determinada pela Emenda Constitucional n. 19/1998.

VI – a aposentadoria dos magistrados e a pensão de seus dependentes observarão o disposto no art. 40;

- Inciso VI com redação determinada pela Emenda Constitucional n. 20/1998.

VII – o juiz titular residirá na respectiva comarca, salvo autorização do tribunal;

- Inciso VII com redação determinada pela Emenda Constitucional n. 45/2004.

VIII – o ato de remoção, disponibilidade e aposentadoria do magistrado, por interesse público, fundar-se-á em decisão por voto da maioria absoluta do respectivo tribunal ou do Conselho Nacional de Justiça, assegurada ampla defesa;

- Inciso VIII com redação determinada pela Emenda Constitucional n. 45/2004.
- V. arts. 95, II, e 103-B, CF.
- V. art. 5º, Emenda Constitucional n. 45/2004.

VIII-A – a remoção a pedido ou a permuta de magistrados de comarca de igual entrância atenderá, no que couber, ao disposto nas alíneas *a*, *b*, *c* e *e* do inciso II;

- Inciso VIII-A acrescentado pela Emenda Constitucional n. 45/2004.

IX – todos os julgamentos dos órgãos do Poder Judiciário serão públicos, e fundamentadas todas as decisões, sob pena de nulidade, podendo a lei limitar a presença, em determinados atos, às próprias partes e a seus advogados, ou somente a estes, em casos nos quais a preservação do direito à intimidade do interessado no sigilo não prejudique o interesse público à informação;

- Inciso IX com redação determinada pela Emenda Constitucional n. 45/2004.

X – as decisões administrativas dos tribunais serão motivadas e em sessão pública, sendo

Constituição Federal

as disciplinares tomadas pelo voto da maioria absoluta de seus membros;

* Inciso X com redação determinada pela Emenda Constitucional n. 45/2004.

XI – nos tribunais com número superior a vinte e cinco julgadores, poderá ser constituído órgão especial, com o mínimo de onze e o máximo de vinte e cinco membros, para o exercício das atribuições administrativas e jurisdicionais delegadas da competência do tribunal pleno, provendo-se metade das vagas por antiguidade e a outra metade por eleição pelo tribunal pleno;

* Inciso XI com redação determinada pela Emenda Constitucional n. 45/2004.

XII – a atividade jurisdicional será ininterrupta, sendo vedado férias coletivas nos juízos e tribunais de segundo grau, funcionando, nos dias em que não houver expediente forense normal, juízes em plantão permanente;

* Inciso XII acrescentado pela Emenda Constitucional n. 45/2004.

XIII – o número de juízes na unidade jurisdicional será proporcional à efetiva demanda judicial e à respectiva população;

* Inciso XIII acrescentado pela Emenda Constitucional n. 45/2004.

XIV – os servidores receberão delegação para a prática de atos de administração e atos de mero expediente sem caráter decisório;

* Inciso XIV acrescentado pela Emenda Constitucional n. 45/2004.

XV – a distribuição de processos será imediata, em todos os graus de jurisdição.

* Inciso XV acrescentado pela Emenda Constitucional n. 45/2004.

Art. 94. Um quinto dos lugares dos Tribunais Regionais Federais, dos Tribunais dos Estados, e do Distrito Federal e Territórios será composto de membros, do Ministério Público, com mais de dez anos de carreira, e de advogados de notório saber jurídico e de reputação ilibada, com mais de dez anos de efetiva atividade profissional, indicados em lista sêxtupla pelos órgãos de representação das respectivas classes.

* V. arts. 104, p.u., II e 115, II, CF.

Parágrafo único. Recebidas as indicações, o tribunal formará lista tríplice, enviando-a ao Poder Executivo, que, nos vinte dias subsequentes, escolherá um de seus integrantes para nomeação.

Art. 95. Os juízes gozam das seguintes garantias:

I – vitaliciedade, que, no primeiro grau, só será adquirida após dois anos de exercício, dependendo a perda do cargo, nesse período, de deliberação do tribunal a que o juiz estiver vinculado, e, nos demais casos, de sentença judicial transitada em julgado;

II – inamovibilidade, salvo por motivo de interesse público, na forma do art. 93, VIII;

III – irredutibilidade de subsídio, ressalvado o disposto nos arts. 37, X e XI, 39, § 4º, 150, II, 153, III, e 153, § 2º, I.

* Inciso III com redação determinada pela Emenda Constitucional n. 19/1998.

Parágrafo único. Aos juízes é vedado:

* Caput do parágrafo único com redação determinada pela Emenda Constitucional n. 45/2004.

I – exercer, ainda que em disponibilidade, outro cargo ou função, salvo uma de magistério;

II – receber, a qualquer título ou pretexto, custas ou participação em processo;

III – dedicar-se à atividade político-partidária;

IV – receber, a qualquer título ou pretexto, auxílios ou contribuições de pessoas físicas, entidades públicas ou privadas, ressalvadas as exceções previstas em lei;

* Inciso IV acrescentado pela Emenda Constitucional n. 45/2004.

V – exercer a advocacia no juízo ou tribunal do qual se afastou, antes de decorridos três anos do afastamento do cargo por aposentadoria ou exoneração.

* Inciso V acrescentado Emenda Constitucional n. 45/2004.
* V. art. 128, § 6º, CF.

Art. 96. Compete privativamente:

* V. art. 4º, Emenda Constitucional n. 45/2004.

I – aos tribunais:

a) eleger seus órgãos diretivos e elaborar seus regimentos internos, com observância das normas de processo e das garantias processuais das partes, dispondo sobre a competência e o funcionamento dos respectivos órgãos jurisdicionais e administrativos;

b) organizar suas secretarias e serviços auxiliares e os dos juízos que lhes forem vinculados, velando pelo exercício da atividade correicional respectiva;
c) prover, na forma prevista nesta Constituição, os cargos de juiz de carreira da respectiva jurisdição;
d) propor a criação de novas varas judiciárias;
e) prover, por concurso público de provas, ou provas e títulos, obedecido o disposto no art. 169, parágrafo único, os cargos necessários à administração da Justiça, exceto os de confiança assim definidos em lei;
f) conceder licença, férias e outros afastamentos a seus membros e aos juízes e servidores que lhes forem imediatamente vinculados;
II – ao Supremo Tribunal Federal, aos Tribunais Superiores e aos Tribunais de Justiça propor ao Poder Legislativo respectivo, observado o disposto no art. 169:
a) a alteração do número de membros dos tribunais inferiores;
b) a criação e a extinção de cargos e a remuneração dos seus serviços auxiliares e dos juízos que lhes forem vinculados, bem como a fixação do subsídio de seus membros e dos juízes, inclusive dos tribunais inferiores, onde houver;

* Alínea b com redação determinada pela Emenda Constitucional n. 41/2003.

c) a criação ou extinção dos tribunais inferiores;
d) a alteração da organização e da divisão judiciárias;
III – aos Tribunais de Justiça julgar os juízes estaduais e do Distrito Federal e Territórios, bem como os membros do Ministério Público, nos crimes comuns e de responsabilidade, ressalvada a competência da Justiça Eleitoral.

Art. 97. Somente pelo voto da maioria absoluta de seus membros ou dos membros do respectivo órgão especial poderão os tribunais declarar a inconstitucionalidade de lei ou ato normativo do Poder Público.

* V. Súmula vinculante 10, STF.

Art. 98. A União, no Distrito Federal e nos Territórios, e os Estados criarão:

I – juizados especiais, providos por juízes togados, ou togados e leigos, competentes para a conciliação, o julgamento e a execução de causas cíveis de menor complexidade e infrações penais de menor potencial ofensivo, mediante os procedimentos oral e sumaríssimo, permitidos, nas hipóteses previstas em lei, a transação e o julgamento de recursos por turmas de juízes de primeiro grau;

* V. Lei 9.099/1995 (Juizados Especiais Cíveis e Criminais).
* V. Súmula vinculante 27, STF.
* V. Súmula 376, STJ.

II – justiça de paz, remunerada, composta de cidadãos eleitos pelo voto direto, universal e secreto, com mandato de quatro anos e competência para, na forma da lei, celebrar casamentos, verificar, de ofício ou em face de impugnação apresentada, o processo de habilitação e exercer atribuições conciliatórias, sem caráter jurisdicional, além de outras previstas na legislação.

* V. art. 30, ADCT.

§ 1º Lei federal disporá sobre a criação de juizados especiais no âmbito da Justiça Federal.

* Anterior parágrafo único renumerado pela Emenda Constitucional n. 45/2004.
* V. Lei 10.259/2001 (Juizados Especiais Cíveis e Criminais no âmbito da Justiça Federal).

§ 2º As custas e emolumentos serão destinados exclusivamente ao custeio dos serviços afetos às atividades específicas da Justiça.

* § 2º acrescentado pela Emenda Constitucional n. 45/2004.

Art. 99. Ao Poder Judiciário é assegurada autonomia administrativa e financeira.
§ 1º Os tribunais elaborarão suas propostas orçamentárias dentro dos limites estipulados conjuntamente com os demais Poderes na lei de diretrizes orçamentárias.
§ 2º O encaminhamento da proposta, ouvidos os outros tribunais interessados, compete:

* V. art. 134, § 2º, CF.

I – no âmbito da União, aos Presidentes do Supremo Tribunal Federal e dos Tribunais Superiores, com a aprovação dos respectivos tribunais;

Art. 100

CONSTITUIÇÃO FEDERAL

II – no âmbito dos Estados e no do Distrito Federal e Territórios, aos Presidentes dos Tribunais de Justiça, com a aprovação dos respectivos tribunais.

§ 3º Se os órgãos referidos no § 2º não encaminharem as respectivas propostas orçamentárias dentro do prazo estabelecido na lei de diretrizes orçamentárias, o Poder Executivo considerará, para fins de consolidação da proposta orçamentária anual, os valores aprovados na lei orçamentária vigente, ajustados de acordo com os limites estipulados na forma do § 1º deste artigo.

- § 3º acrescentado pela Emenda Constitucional n. 45/2004.

§ 4º Se as propostas orçamentárias de que trata este artigo forem encaminhadas em desacordo com os limites estipulados na forma do § 1º, o Poder Executivo procederá aos ajustes necessários para fins de consolidação da proposta orçamentária anual.

- § 4º acrescentado pela Emenda Constitucional n. 45/2004.

§ 5º Durante a execução orçamentária do exercício, não poderá haver a realização de despesas ou a assunção de obrigações que extrapolem os limites estabelecidos na lei de diretrizes orçamentárias, exceto se previamente autorizadas, mediante a abertura de créditos suplementares ou especiais.

- § 5º acrescentado pela Emenda Constitucional n. 45/2004.

Art. 100. Os pagamentos devidos pelas Fazendas Públicas Federal, Estaduais, Distrital e Municipais, em virtude de sentença judiciária, far-se-ão exclusivamente na ordem cronológica de apresentação dos precatórios e à conta dos créditos respectivos, proibida a designação de casos ou de pessoas nas dotações orçamentárias e nos créditos adicionais abertos para este fim.

- Artigo com redação determinada pela Emenda Constitucional n. 62/2009.
- V. ADIn 4.357.
- V. art. 97, ADCT.
- V. Súmula 339, STJ.

§ 1º Os débitos de natureza alimentícia compreendem aqueles decorrentes de salários, vencimentos, proventos, pensões e suas complementações, benefícios previdenciários e indenizações por morte ou por invalidez, fundadas em responsabilidade civil, em virtude de sentença judicial transitada em julgado, e serão pagos com preferência sobre todos os demais débitos, exceto sobre aqueles referidos no § 2º deste artigo.

- V. Súmula 655, STF.

§ 2º Os débitos de natureza alimentícia cujos titulares tenham 60 (sessenta) anos de idade ou mais na data de expedição do precatório, ou sejam portadores de doença grave, definidos na forma da lei, serão pagos com preferência sobre todos os demais débitos, até o valor equivalente ao triplo do fixado em lei para os fins do disposto no § 3º deste artigo, admitido o fracionamento para essa finalidade, sendo que o restante será pago na ordem cronológica de apresentação do precatório.

§ 3º O disposto no *caput* deste artigo relativamente à expedição de precatórios não se aplica aos pagamentos de obrigações definidas em leis como de pequeno valor que as Fazendas referidas devam fazer em virtude de sentença judicial transitada em julgado.

§ 4º Para os fins do disposto no § 3º, poderão ser fixados, por leis próprias, valores distintos às entidades de direito público, segundo as diferentes capacidades econômicas, sendo o mínimo igual ao valor do maior benefício do regime geral de previdência social.

§ 5º É obrigatória a inclusão, no orçamento das entidades de direito público, de verba necessária ao pagamento de seus débitos, oriundos de sentenças transitadas em julgado, constantes de precatórios judiciários apresentados até 1º de julho, fazendo-se o pagamento até o final do exercício seguinte, quando terão seus valores atualizados monetariamente.

- V. Súmula vinculante 17, STF.

§ 6º As dotações orçamentárias e os créditos abertos serão consignados diretamente ao Poder Judiciário, cabendo ao Presidente do Tribunal que proferir a decisão exequenda determinar o pagamento integral e autorizar, a requerimento do credor e exclusivamente para os casos de preterimento de seu direito de precedência ou de não alocação orçamentária do valor necessário à satisfa-

ção do seu débito, o sequestro da quantia respectiva.

§ 7º O Presidente do Tribunal competente que, por ato comissivo ou omissivo, retardar ou tentar frustrar a liquidação regular de precatórios incorrerá em crime de responsabilidade e responderá, também, perante o Conselho Nacional de Justiça.

§ 8º É vedada a expedição de precatórios complementares ou suplementares de valor pago, bem como o fracionamento, repartição ou quebra do valor da execução para fins de enquadramento de parcela do total ao que dispõe o § 3º deste artigo.

§ 9º No momento da expedição dos precatórios, independentemente de regulamentação, deles deverá ser abatido, a título de compensação, valor correspondente aos débitos líquidos e certos, inscritos ou não em dívida ativa e constituídos contra o credor original pela Fazenda Pública devedora, incluídas parcelas vincendas de parcelamentos, ressalvados aqueles cuja execução esteja suspensa em virtude de contestação administrativa ou judicial.

§ 10. Antes da expedição dos precatórios, o Tribunal solicitará à Fazenda Pública devedora, para resposta em até 30 (trinta) dias, sob pena de perda do direito de abatimento, informação sobre os débitos que preencham as condições estabelecidas no § 9º, para os fins nele previstos.

§ 11. É facultada ao credor, conforme estabelecido em lei da entidade federativa devedora, a entrega de créditos em precatórios para compra de imóveis públicos do respectivo ente federado.

§ 12. A partir da promulgação desta Emenda Constitucional, a atualização de valores de requisitórios, após sua expedição, até o efetivo pagamento, independentemente de sua natureza, será feita pelo índice oficial de remuneração básica da caderneta de poupança, e, para fins de compensação da mora, incidirão juros simples no mesmo percentual de juros incidentes sobre a caderneta de poupança, ficando excluída a incidência de juros compensatórios.

§ 13. O credor poderá ceder, total ou parcialmente, seus créditos em precatórios a terceiros, independentemente da concordância do devedor, não se aplicando ao cessionário o disposto nos §§ 2º e 3º.

§ 14. A cessão de precatórios somente produzirá efeitos após comunicação, por meio de petição protocolizada, ao tribunal de origem e à entidade devedora.

§ 15. Sem prejuízo do disposto neste artigo, lei complementar a esta Constituição Federal poderá estabelecer regime especial para pagamento de crédito de precatórios de Estados, Distrito Federal e Municípios, dispondo sobre vinculações à receita corrente líquida e forma e prazo de liquidação.

§ 16. A seu critério exclusivo e na forma de lei, a União poderá assumir débitos, oriundos de precatórios, de Estados, Distrito Federal e Municípios, refinanciando-os diretamente.

Seção II
Do Supremo Tribunal Federal

Art. 101. O Supremo Tribunal Federal compõe-se de onze Ministros, escolhidos dentre cidadãos com mais de trinta e cinco e menos de sessenta e cinco anos de idade, de notável saber jurídico e reputação ilibada.

- V. Lei 8.038/1990 (Normas procedimentais, para os processos que especifica, perante o STJ e o STF).

Parágrafo único. Os Ministros do Supremo Tribunal Federal serão nomeados pelo Presidente da República, depois de aprovada a escolha pela maioria absoluta do Senado Federal.

Art. 102. Compete ao Supremo Tribunal Federal, precipuamente, a guarda da Constituição, cabendo-lhe:

I – processar e julgar, originariamente:

a) a ação direta de inconstitucionalidade de lei ou ato normativo federal ou estadual e a ação declaratória de constitucionalidade de lei ou ato normativo federal;

- Alínea a com redação determinada pela Emenda Constitucional n. 3/1993.
- V. Lei 9.868/1999 (Processo e julgamento da ação direta de inconstitucionalidade e da ação declaratória de constitucionalidade).
- V. Súmula 642, STF.

b) nas infrações penais comuns, o Presidente da República, o Vice-Presidente, os membros do Congresso Nacional, seus próprios

Art. 102

CONSTITUIÇÃO FEDERAL

Ministros e o Procurador-Geral da República;

c) nas infrações penais comuns e nos crimes de responsabilidade, os Ministros de Estado e os Comandantes da Marinha, do Exército e da Aeronáutica, ressalvado o disposto no art. 52, I, os membros dos Tribunais Superiores, os do Tribunal de Contas da União e os chefes de missão diplomática de caráter permanente;

* Alínea c com redação determinada pela Emenda Constitucional n. 23/1999.

d) o *habeas corpus*, sendo paciente qualquer das pessoas referidas nas alíneas anteriores; o mandado de segurança e o *habeas data* contra atos do Presidente da República, das Mesas da Câmara dos Deputados e do Senado Federal, do Tribunal de Contas da União, do Procurador-Geral da República e do próprio Supremo Tribunal Federal;

* V. Lei 9.507/1997 (Rito processual do *habeas data*).
* V. Súmula 692, STF.

e) o litígio entre Estado estrangeiro ou organismo internacional e a União, o Estado, o Distrito Federal ou o Território;

f) as causas e os conflitos entre a União e os Estados, a União e o Distrito Federal, ou entre uns e outros, inclusive as respectivas entidades da administração indireta;

g) a extradição solicitada por Estado estrangeiro;

h) (Revogada pela Emenda Constitucional n. 45/2004.)

i) o *habeas corpus*, quando o coator for Tribunal Superior ou quando o coator ou o paciente for autoridade ou funcionário cujos atos estejam sujeitos diretamente à jurisdição do Supremo Tribunal Federal, ou se trate de crime sujeito à mesma jurisdição em uma única instância;

* Alínea i com redação determinada pela Emenda Constitucional n. 22/1999.
* V. Súmulas 690 e 691, STF.

j) a revisão criminal e a ação rescisória de seus julgados;

l) a reclamação para a preservação de sua competência e garantia da autoridade de suas decisões;

•• V. Súmula 734, STF.

m) a execução de sentença nas causas de sua competência originária, facultada a delegação de atribuições para a prática de atos processuais;

n) a ação em que todos os membros da magistratura sejam direta ou indiretamente interessados, e aquela em que mais da metade dos membros do tribunal de origem estejam impedidos ou sejam direta ou indiretamente interessados;

* V. Súmula 731, STF.

o) os conflitos de competência entre o Superior Tribunal de Justiça e quaisquer tribunais, entre Tribunais Superiores, ou entre estes e qualquer outro tribunal;

p) o pedido de medida cautelar das ações diretas de inconstitucionalidade;

q) o mandado de injunção, quando a elaboração da norma regulamentadora for atribuição do Presidente da República, do Congresso Nacional, da Câmara dos Deputados, do Senado Federal, das Mesas de uma dessas Casas Legislativas, do Tribunal de Contas da União, de um dos Tribunais Superiores, ou do próprio Supremo Tribunal Federal;

r) as ações contra o Conselho Nacional de Justiça e contra o Conselho Nacional do Ministério Público;

* Alínea r acrescentada pela Emenda Constitucional n. 45/2004.
* V. arts. 103-B e 130-A, CF.

II – julgar, em recurso ordinário:

a) o *habeas corpus*, o mandado de segurança, o *habeas data* e o mandado de injunção decididos em única instância pelos Tribunais Superiores, se denegatória a decisão;

* V. Lei 9.507/1997 (Rito processual do *habeas data*).

b) o crime político;

III – julgar, mediante recurso extraordinário, as causas decididas em única ou última instância, quando a decisão recorrida:

* V. Lei 8.038/1990 (Normas procedimentais para os processos que especifica perante o STJ e o STF).
* V. Lei 8.658/1993 (Aplicação nos Tribunais de Justiça e nos Tribunais Regionais Federais da Lei 8.038/1990).

a) contrariar dispositivo desta Constituição;

* V. Súmula 735, STF.

b) declarar a inconstitucionalidade de tratado ou lei federal;
c) julgar válida lei ou ato de governo local contestado em face desta Constituição;
d) julgar válida lei local contestada em face de lei federal.

- Alínea *d* acrescentada pela Emenda Constitucional n. 45/2004.
- ∗∗ V. arts. 22 a 24, CF.

§ 1º A arguição de descumprimento de preceito fundamental, decorrente desta Constituição, será apreciada pelo Supremo Tribunal Federal, na forma da lei.

- § 1º com redação determinada pela Emenda Constitucional n. 3/1993.
- V. Lei 9.882/1999 (Processo e julgamento da arguição de descumprimento de preceito fundamental).

§ 2º As decisões definitivas de mérito, proferidas pelo Supremo Tribunal Federal, nas ações diretas de inconstitucionalidade e nas ações declaratórias de constitucionalidade, produzirão eficácia contra todos e efeito vinculante, relativamente aos demais órgãos do Poder Judiciário e à administração pública direta e indireta, nas esferas federal, estadual e municipal.

- § 2º com redação determinada pela Emenda Constitucional n. 45/2004.
- ∗∗ V. art. 28, parágrafo único, Lei 9.868/1999 (Processo e julgamento da ação direta de inconstitucionalidade e da ação declaratória de constitucionalidade).

§ 3º No recurso extraordinário o recorrente deverá demonstrar a repercussão geral das questões constitucionais discutidas no caso, nos termos da lei, a fim de que o Tribunal examine a admissão do recurso, somente podendo recusá-lo pela manifestação de dois terços de seus membros.

- § 3º acrescentado pela Emenda Constitucional n. 45/2004.
- V. arts. 543-A e 543-B, CPC.
- V. Lei 11.418/2006 (Acrescenta ao CPC dispositivos que regulamentam o § 3º do art. 102 da CF – Repercussão Geral).

Art. 103. Podem propor a ação direta de inconstitucionalidade e a ação declaratória de constitucionalidade:

- *Caput* com redação determinada pela Emenda Constitucional n. 45/2004.

I – o Presidente da República;
II – a Mesa do Senado Federal;
III – a Mesa da Câmara dos Deputados;
IV – a Mesa de Assembleia Legislativa ou da Câmara Legislativa do Distrito Federal;

- Inciso IV com redação determinada pela Emenda Constitucional n. 45/2004.

V – o Governador de Estado ou do Distrito Federal;

- Inciso V com redação determinada pela Emenda Constitucional n. 45/2004.

VI – o Procurador-Geral da República;
VII – o Conselho Federal da Ordem dos Advogados do Brasil;
VIII – partido político com representação no Congresso Nacional;
IX – confederação sindical ou entidade de classe de âmbito nacional.

§ 1º O Procurador-Geral da República deverá ser previamente ouvido nas ações de inconstitucionalidade e em todos os processos de competência do Supremo Tribunal Federal.

§ 2º Declarada a inconstitucionalidade por omissão de medida para tornar efetiva norma constitucional, será dada ciência ao Poder competente para a adoção das providências necessárias e, em se tratando de órgão administrativo, para fazê-lo em trinta dias.

- ∗∗ V. art. 12, *h*, Lei 9.868/1999 (Processo e julgamento da ação direta de inconstitucionalidade e da ação declaratória de constitucionalidade).

§ 3º Quando o Supremo Tribunal Federal apreciar a inconstitucionalidade, em tese, de norma legal ou ato normativo, citará, previamente, o Advogado-Geral da União, que defenderá o ato ou texto impugnado.

§ 4º *(Revogado pela Emenda Constitucional n. 45/2004.)*

Art. 103-A. O Supremo Tribunal Federal poderá, de ofício ou por provocação, mediante decisão de dois terços dos seus membros, após reiteradas decisões sobre matéria constitucional, aprovar súmula que, a partir de sua publicação na imprensa oficial, terá efeito vinculante em relação aos demais órgãos do Poder Judiciário e à administração pública direta e indireta, nas esferas federal, estadual e municipal, bem como pro-

Art. 103-B

CONSTITUIÇÃO FEDERAL

ceder à sua revisão ou cancelamento, na forma estabelecida em lei.

- Artigo acrescentado pela Emenda Constitucional n. 45/2004.
- V. art. 8º, Emenda Constitucional n. 45/2004.
- V. Lei 11.417/2006 (Regulamenta o art. 103-A da CF – Súmula vinculante).

§ 1º A súmula terá por objetivo a validade, a interpretação e a eficácia de normas determinadas, acerca das quais haja controvérsia atual entre órgãos judiciários ou entre esses e a administração pública que acarrete grave insegurança jurídica e relevante multiplicação de processos sobre questão idêntica.

§ 2º Sem prejuízo do que vier a ser estabelecido em lei, a aprovação, revisão ou cancelamento de súmula poderá ser provocada por aqueles que podem propor a ação direta de inconstitucionalidade.

§ 3º Do ato administrativo ou decisão judicial que contrariar a súmula aplicável ou que indevidamente a aplicar, caberá reclamação ao Supremo Tribunal Federal que, julgando-a procedente, anulará o ato administrativo ou cassará a decisão judicial reclamada, e determinará que outra seja proferida com ou sem a aplicação da súmula, conforme o caso.

Art. 103-B. O Conselho Nacional de Justiça compõe-se de 15 (quinze) membros com mandato de 2 (dois) anos, admitida 1 (uma) recondução, sendo:

- *Caput* com redação determinada pela Emenda Constitucional n. 61/2009.
- V. art. 5º, Emenda Constitucional n. 45/2004.
- V. Lei 11.364/2006 (Conselho Nacional de Justiça).

I – o Presidente do Supremo Tribunal Federal;

- Inciso I com redação determinada pela Emenda Constitucional n. 61/2009.

II – um Ministro do Superior Tribunal de Justiça, indicado pelo respectivo tribunal;

- Inciso II acrescentado pela Emenda Constitucional n. 45/2004.

III – um Ministro do Tribunal Superior do Trabalho, indicado pelo respectivo tribunal;

- Inciso III acrescentado pela Emenda Constitucional n. 45/2004.

IV – um desembargador de Tribunal de Justiça, indicado pelo Supremo Tribunal Federal;

- Inciso IV acrescentado pela Emenda Constitucional n. 45/2004.

V – um juiz estadual, indicado pelo Supremo Tribunal Federal;

- Inciso V acrescentado pela Emenda Constitucional n. 45/2004.

VI – um juiz de Tribunal Regional Federal, indicado pelo Superior Tribunal de Justiça;

- Inciso VI acrescentado pela Emenda Constitucional n. 45/2004.

VII – um juiz federal, indicado pelo Superior Tribunal de Justiça;

- Inciso VII acrescentado pela Emenda Constitucional n. 45/2004.

VIII – um juiz de Tribunal Regional do Trabalho, indicado pelo Tribunal Superior do Trabalho;

- Inciso VIII acrescentado pela Emenda Constitucional n. 45/2004.

IX – um juiz do trabalho, indicado pelo Tribunal Superior do Trabalho;

- Inciso IX acrescentado pela Emenda Constitucional n. 45/2004.

X – um membro do Ministério Público da União, indicado pelo Procurador-Geral da República;

- Inciso X acrescentado pela Emenda Constitucional n. 45/2004.

XI – um membro do Ministério Público estadual, escolhido pelo Procurador-Geral da República dentre os nomes indicados pelo órgão competente de cada instituição estadual;

- Inciso XI acrescentado pela Emenda Constitucional n. 45/2004.

XII – dois advogados, indicados pelo Conselho Federal da Ordem dos Advogados do Brasil;

- Inciso XII acrescentado pela Emenda Constitucional n. 45/2004.

XIII – dois cidadãos, de notável saber jurídico e reputação ilibada, indicados um pela Câmara dos Deputados e outro pelo Senado Federal.

- Inciso XIII acrescentado pela Emenda Constitucional n. 45/2004.

§ 1º O Conselho será presidido pelo Presidente do Supremo Tribunal Federal e, nas

Art. 103-B

suas ausências e impedimentos, pelo Vice-Presidente do Supremo Tribunal Federal.

* § 1º com redação determinada pela Emenda Constitucional n. 61/2009.

§ 2º Os demais membros do Conselho serão nomeados pelo Presidente da República, depois de aprovada a escolha pela maioria absoluta do Senado Federal.

* § 2º com redação determinada pela Emenda Constitucional n. 61/2009.

§ 3º Não efetuadas, no prazo legal, as indicações previstas neste artigo, caberá a escolha ao Supremo Tribunal Federal.

* § 3º acrescentado pela Emenda Constitucional n. 45/2004.

§ 4º Compete ao Conselho o controle da atuação administrativa e financeira do Poder Judiciário e do cumprimento dos deveres funcionais dos juízes, cabendo-lhe, além de outras atribuições que lhe forem conferidas pelo Estatuto da Magistratura:

* § 4º acrescentado pela Emenda Constitucional n. 45/2004.

I – zelar pela autonomia do Poder Judiciário e pelo cumprimento do Estatuto da Magistratura, podendo expedir atos regulamentares, no âmbito de sua competência, ou recomendar providências;

II – zelar pela observância do art. 37 e apreciar, de ofício ou mediante provocação, a legalidade dos atos administrativos praticados por membros ou órgãos do Poder Judiciário, podendo desconstituí-los, revê-los ou fixar prazo para que se adotem as providências necessárias ao exato cumprimento da lei, sem prejuízo da competência do Tribunal de Contas da União;

III – receber e conhecer das reclamações contra membros ou órgãos do Poder Judiciário, inclusive contra seus serviços auxiliares, serventias e órgãos prestadores de serviços notariais e de registro que atuem por delegação do poder público ou oficializados, sem prejuízo da competência disciplinar e correicional dos tribunais, podendo avocar processos disciplinares em curso e determinar a remoção, a disponibilidade ou a aposentadoria com subsídios ou proventos proporcionais ao tempo de serviço e aplicar outras sanções administrativas, assegurada ampla defesa;

IV – representar ao Ministério Público, no caso de crime contra a administração pública ou de abuso de autoridade;

V – rever, de ofício ou mediante provocação, os processos disciplinares de juízes e membros de tribunais julgados há menos de um ano;

VI – elaborar semestralmente relatório estatístico sobre processos e sentenças prolatadas, por unidade da Federação, nos diferentes órgãos do Poder Judiciário;

VII – elaborar relatório anual, propondo as providências que julgar necessárias, sobre a situação do Poder Judiciário no País e as atividades do Conselho, o qual deve integrar mensagem do Presidente do Supremo Tribunal Federal a ser remetida ao Congresso Nacional, por ocasião da abertura da sessão legislativa.

§ 5º O Ministro do Superior Tribunal de Justiça exercerá a função de Ministro-Corregedor e ficará excluído da distribuição de processos no Tribunal, competindo-lhe, além das atribuições que lhe forem conferidas pelo Estatuto da Magistratura, as seguintes:

* § 5º acrescentado pela Emenda Constitucional n. 45/2004.

I – receber as reclamações e denúncias, de qualquer interessado, relativas aos magistrados e aos serviços judiciários;

II – exercer funções executivas do Conselho, de inspeção e de correição geral;

III – requisitar e designar magistrados, delegando-lhes atribuições, e requisitar servidores de juízos ou tribunais, inclusive nos Estados, Distrito Federal e Territórios.

§ 6º Junto ao Conselho oficiarão o Procurador-Geral da República e o Presidente do Conselho Federal da Ordem dos Advogados do Brasil.

* § 6º acrescentado pela Emenda Constitucional n. 45/2004.

§ 7º A União, inclusive no Distrito Federal e nos Territórios, criará ouvidorias de justiça, competentes para receber reclamações e denúncias de qualquer interessado contra membros ou órgãos do Poder Judiciário, ou contra seus serviços auxiliares, representan-

Constituição Federal

do diretamente ao Conselho Nacional de Justiça.

- § 7º acrescentado pela Emenda Constitucional n. 45/2004.

Seção III
Do Superior Tribunal de Justiça

Art. 104. O Superior Tribunal de Justiça compõe-se de, no mínimo, trinta e três Ministros.

- V. Lei 8.038/1990 (Normas procedimentais, para os processos que especifica, perante o STJ e o STF).

Parágrafo único. Os Ministros do Superior Tribunal de Justiça serão nomeados pelo Presidente da República, dentre brasileiros com mais de trinta e cinco e menos de sessenta e cinco anos, de notável saber jurídico e reputação ilibada, depois de aprovada a escolha pela maioria absoluta do Senado Federal, sendo:

- *Caput* do parágrafo único com redação determinada pela Emenda Constitucional n. 45/2004.

I – um terço dentre juízes dos Tribunais Regionais Federais e um terço dentre desembargadores dos Tribunais de Justiça, indicados em lista tríplice elaborada pelo próprio Tribunal;

II – um terço, em partes iguais, dentre advogados e membros do Ministério Público Federal, Estadual, do Distrito Federal e Territórios, alternadamente, indicados na forma do art. 94.

Art. 105. Compete ao Superior Tribunal de Justiça:

I – processar e julgar, originariamente:

a) nos crimes comuns, os Governadores dos Estados e do Distrito Federal, e, nestes e nos de responsabilidade, os desembargadores dos Tribunais de Justiça dos Estados e do Distrito Federal, os membros dos Tribunais de Contas dos Estados e do Distrito Federal, os dos Tribunais Regionais Federais, dos Tribunais Regionais Eleitorais e do Trabalho, os membros dos Conselhos ou Tribunais de Contas dos Municípios e os do Ministério Público da União que oficiem perante tribunais;

b) os mandados de segurança e os *habeas data* contra ato de Ministro de Estado, dos Comandantes da Marinha, do Exército e da Aeronáutica ou do próprio Tribunal;

- Alínea *b* com redação determinada pela Emenda Constitucional n. 23/1999.
- V. Lei 9.507/1997 (Rito processual do *habeas data*).

c) os *habeas corpus*, quando o coator ou paciente for qualquer das pessoas mencionadas na alínea *a*, ou quando o coator for tribunal sujeito à sua jurisdição, Ministro de Estado ou Comandante da Marinha, do Exército ou da Aeronáutica, ressalvada a competência da Justiça Eleitoral;

- Alínea *c* com redação determinada pela Emenda Constitucional n. 23/1999.

d) os conflitos de competência entre quaisquer tribunais, ressalvado o disposto no art. 102, I, *o*, bem como entre tribunal e juízes a ele não vinculados e entre juízes vinculados a tribunais diversos;

e) as revisões criminais e as ações rescisórias de seus julgados;

f) a reclamação para a preservação de sua competência e garantia da autoridade de suas decisões;

g) os conflitos de atribuições entre autoridades administrativas e judiciárias da União, ou entre autoridades judiciárias de um Estado e administrativas de outro ou do Distrito Federal, ou entre as deste e da União;

h) o mandado de injunção, quando a elaboração da norma regulamentadora for atribuição de órgão, entidade ou autoridade federal, da administração direta ou indireta, excetuados os casos de competência do Supremo Tribunal Federal e dos órgãos da Justiça Militar, da Justiça Eleitoral, da Justiça do Trabalho e da Justiça Federal;

i) a homologação de sentenças estrangeiras e a concessão de *exequatur* às cartas rogatórias;

- Alínea *i* acrescentada pela Emenda Constitucional n. 45/2004.
- V. art. 109, X, CF.
- V. arts. 483 e 484, CPC.
- V. Res. STJ 9/2005 (Dispõe, em caráter transitório, sobre competência acrescida ao Superior Tribunal de Justiça pela Emenda Constitucional n. 45/2004).
- ** V. arts. 475-J e 475-N, VI e p.u., CPC.
- ** V. art. 15, Dec.-lei 4.657/1942 (Lei de Introdução às normas do Direito Brasileiro).

Art. 106

II – julgar, em recurso ordinário:
a) os *habeas corpus* decididos em única ou última instância pelos Tribunais Regionais Federais ou pelos Tribunais dos Estados, do Distrito Federal e Territórios, quando a decisão for denegatória;
b) os mandados de segurança decididos em única instância pelos Tribunais Regionais Federais ou pelos Tribunais dos Estados, do Distrito Federal e Territórios, quando denegatória a decisão;
c) as causas em que forem partes Estado estrangeiro ou organismo internacional, de um lado, e, do outro, Município ou pessoa residente ou domiciliada no País;
III – julgar, em recurso especial, as causas decididas, em única ou última instância, pelos Tribunais Regionais Federais ou pelos Tribunais dos Estados, do Distrito Federal e Territórios, quando a decisão recorrida:

- V. Lei 8.038/1990 (Normas procedimentais para os processos que especifica perante o STJ e o STF).
- V. Lei 8.658/1993 (Aplicação nos Tribunais de Justiça e nos Tribunais Regionais Federais da Lei 8.038/1990).
- V. Súmulas 320 e 418, STJ.

a) contrariar tratado ou lei federal, ou negar-lhes vigência;
b) julgar válido ato de governo local contestado em face de lei federal;

- Alínea *b* com redação determinada pela Emenda Constitucional n. 45/2004.

c) der a lei federal interpretação divergente da que lhe haja atribuído outro tribunal.
Parágrafo único. Funcionarão junto ao Superior Tribunal de Justiça:

- Parágrafo único com redação determinada pela Emenda Constitucional n. 45/2004.

I – a escola nacional de formação e aperfeiçoamento de magistrados, cabendo-lhe, dentre outras funções, regulamentar os cursos oficiais para o ingresso e promoção na carreira;
II – o Conselho da Justiça Federal, cabendo-lhe exercer, na forma da lei, a supervisão administrativa e orçamentária da Justiça Federal de primeiro e segundo graus, como órgão central do sistema e com poderes correicionais, cujas decisões terão caráter vinculante.

Seção IV
Dos Tribunais Regionais Federais e dos Juízes Federais

Art. 106. São órgãos da Justiça Federal:
I – os Tribunais Regionais Federais;

- V. Lei 7.727/1989 (Composição e instalação dos Tribunais Regionais Federais).

II – os Juízes Federais.

Art. 107. Os Tribunais Regionais Federais compõem-se de, no mínimo, sete juízes, recrutados, quando possível, na respectiva região e nomeados pelo Presidente da República dentre brasileiros com mais de trinta e menos de sessenta e cinco anos, sendo:
I – um quinto dentre advogados com mais de dez anos de efetiva atividade profissional e membros do Ministério Público Federal com mais de dez anos de carreira;
II – os demais, mediante promoção de juízes federais com mais de cinco anos de exercício, por antiguidade e merecimento, alternadamente.

- V. art. 27, § 9º, ADCT.

§ 1º A lei disciplinará a remoção ou permuta de juízes dos Tribunais Regionais Federais e determinará sua jurisdição e sede.

- Primitivo parágrafo único renumerado pela Emenda Constitucional n. 45/2004.

§ 2º Os Tribunais Regionais Federais instalarão a justiça itinerante, com a realização de audiências e demais funções da atividade jurisdicional, nos limites territoriais da respectiva jurisdição, servindo-se de equipamentos públicos e comunitários.

- § 2º acrescentado pela Emenda Constitucional n. 45/2004.

§ 3º Os Tribunais Regionais Federais poderão funcionar descentralizadamente, constituindo Câmaras regionais, a fim de assegurar o pleno acesso do jurisdicionado à justiça em todas as fases do processo.

- § 3º acrescentado pela Emenda Constitucional n. 45/2004.

Art. 108. Compete aos Tribunais Regionais Federais:
I – processar e julgar, originariamente:
a) os juízes federais da área de sua jurisdição, incluídos os da Justiça Militar e da Justiça do Trabalho, nos crimes comuns e de

Constituição Federal

responsabilidade, e os membros do Ministério Público da União, ressalvada a competência da Justiça Eleitoral;
b) as revisões criminais e as ações rescisórias de julgados seus ou dos juízes federais da região;
c) os mandados de segurança e os *habeas data* contra ato do próprio Tribunal ou de juiz federal;

* V. Lei 9.507/1997 (Rito processual do *habeas data*).

d) os *habeas corpus*, quando a autoridade coatora for juiz federal;
e) os conflitos de competência entre juízes federais vinculados ao Tribunal;
II – julgar, em grau de recurso, as causas decididas pelos juízes federais e pelos juízes estaduais no exercício da competência federal da área de sua jurisdição.

Art. 109. Aos juízes federais compete processar e julgar:

* V. Lei 7.492/1986 (Crimes contra o sistema financeiro nacional).
* V. art. 70, Lei 11.343/2006 (Lei Antidrogas).
* V. Súmula 173, STJ.

I – as causas em que a União, entidade autárquica ou empresa pública federal forem interessadas na condição de autoras, rés, assistentes ou oponentes, exceto as de falência, as de acidentes de trabalho e as sujeitas à Justiça Eleitoral e à Justiça do Trabalho;

* V. Súmulas vinculantes 22 e 27, STF.
* V. Súmulas 324 e 365, STJ.
** V. Súmula 489, STJ.

II – as causas entre Estado estrangeiro ou organismo internacional e Município ou pessoa domiciliada ou residente no País;
III – as causas fundadas em tratado ou contrato da União com Estado estrangeiro ou organismo internacional;
IV – os crimes políticos e as infrações penais praticadas em detrimento de bens, serviços ou interesse da União ou de suas entidades autárquicas ou empresas públicas, excluídas as contravenções e ressalvada a competência da Justiça Militar e da Justiça Eleitoral;
V – os crimes previstos em tratado ou convenção internacional, quando, iniciada a execução no País, o resultado tenha ou devesse ter ocorrido no estrangeiro, ou reciprocamente;

V-A – as causas relativas a direitos humanos a que se refere o § 5º deste artigo;

* Inciso V-A acrescentado pela Emenda Constitucional n. 45/2004.

VI – os crimes contra a organização do trabalho e, nos casos determinados por lei, contra o sistema financeiro e a ordem econômico-financeira;

* V. Lei 8.137/1990 (Crimes contra a ordem tributária, econômica e contra as relações de consumo).
* V. Lei 8.176/1991 (Crimes contra a ordem econômica – Cria o sistema de estoques de combustíveis).

VII – os *habeas corpus*, em matéria criminal de sua competência ou quando o constrangimento provier de autoridade cujos atos não estejam diretamente sujeitos a outra jurisdição;
VIII – os mandados de segurança e os *habeas data* contra ato de autoridade federal, excetuados os casos de competência dos tribunais federais;

* V. Lei 9.507/1997 (Rito processual do *habeas data*).

IX – os crimes cometidos a bordo de navios ou aeronaves, ressalvada a competência da Justiça Militar;

* V. art. 125, § 4º, CF.

X – os crimes de ingresso ou permanência irregular de estrangeiro, a execução de carta rogatória, após o *exequatur*, e de sentença estrangeira, após a homologação, as causas referentes à nacionalidade, inclusive a respectiva opção, e à naturalização;

* V. art. 105, I, *i*, CF.
* V. art. 484, CPC.

XI – a disputa sobre direitos indígenas.
§ 1º As causas em que a União for autora serão aforadas na seção judiciária onde tiver domicílio a outra parte.
§ 2º As causas intentadas contra a União poderão ser aforadas na seção judiciária em que for domiciliado o autor, naquela onde houver ocorrido o ato ou fato que deu origem à demanda ou onde esteja situada a coisa, ou, ainda, no Distrito Federal.
§ 3º Serão processadas e julgadas na justiça estadual, no foro do domicílio dos segurados ou beneficiários, as causas em que forem parte instituição de previdência social e segurado, sempre que a comarca não seja

Art. 110

CONSTITUIÇÃO FEDERAL

sede de vara do juízo federal, e, se verificada essa condição, a lei poderá permitir que outras causas sejam também processadas e julgadas pela justiça estadual.

- V. Lei 5.010/1966 (Organiza a Justiça Federal de 1ª instância).
- V. Dec.-lei 253/1967 (Modifica a Lei 5.010/1966).

§ 4º Na hipótese do parágrafo anterior, o recurso cabível será sempre para o Tribunal Regional Federal na área de jurisdição do juiz de primeiro grau.

§ 5º Nas hipóteses de grave violação de direitos humanos, o Procurador-Geral da República, com a finalidade de assegurar o cumprimento de obrigações decorrentes de tratados internacionais de direitos humanos dos quais o Brasil seja parte, poderá suscitar, perante o Superior Tribunal de Justiça, em qualquer fase do inquérito ou processo, incidente de deslocamento de competência para a Justiça Federal.

- § 5º acrescentado pela Emenda Constitucional n. 45/2004.

Art. 110. Cada Estado, bem como o Distrito Federal, constituirá uma seção judiciária que terá por sede a respectiva Capital, e varas localizadas segundo o estabelecido em lei.

- V. Lei 5.010/1966 (Organiza a Justiça Federal de 1ª instância).

Parágrafo único. Nos Territórios Federais, a jurisdição e as atribuições cometidas aos juízes federais caberão aos juízes da justiça local, na forma da lei.

Seção V
Dos Tribunais e Juízes do Trabalho

- V. art. 644, CLT.

Art. 111. São órgãos da Justiça do Trabalho:
I – o Tribunal Superior do Trabalho;
II – os Tribunais Regionais do Trabalho;
III – Juízes do Trabalho.

- Inciso III com redação determinada pela Emenda Constitucional n. 24/1999.

§ 1º *(Revogado pela Emenda Constitucional n. 45/2004.)*
I – *(Revogado pela Emenda Constitucional n. 24/1999.)*
II – *(Revogado pela Emenda Constitucional n. 24/1999.)*
§ 2º *(Revogado pela Emenda Constitucional n. 45/2004.)*
§ 3º *(Revogado pela Emenda Constitucional n. 45/2004.)*

Art. 111-A. O Tribunal Superior do Trabalho compor-se-á de vinte e sete Ministros, escolhidos dentre brasileiros com mais de trinta e cinco e menos de sessenta e cinco anos, nomeados pelo Presidente da República após aprovação pela maioria absoluta do Senado Federal, sendo:

- Artigo acrescentado pela Emenda Constitucional n. 45/2004.

I – um quinto dentre advogados com mais de 10 (dez) anos de efetiva atividade profissional e membros do Ministério Público do Trabalho com mais de 10 (dez) anos de efetivo exercício, observado o disposto no art. 94;
II – os demais dentre juízes dos Tribunais Regionais do Trabalho, oriundos da magistratura da carreira, indicados pelo próprio Tribunal Superior.
§ 1º A lei disporá sobre a competência do Tribunal Superior do Trabalho.
§ 2º Funcionarão junto ao Tribunal Superior do Trabalho:
I – a Escola Nacional de Formação e Aperfeiçoamento de Magistrados do Trabalho, cabendo-lhe, dentre outras funções, regulamentar os cursos oficiais para o ingresso e promoção na carreira;
II – o Conselho Superior da Justiça do Trabalho, cabendo-lhe exercer, na forma da lei, a supervisão administrativa, orçamentária, financeira e patrimonial da Justiça do Trabalho de primeiro e segundo graus, como órgão central do sistema, cujas decisões terão efeito vinculante.

- V. art. 6º, Emenda Constitucional n. 45/2004.

Art. 112. A lei criará varas da Justiça do Trabalho, podendo, nas comarcas não abrangidas por sua jurisdição, atribuí-la aos juízes de direito, com recurso para o respectivo Tribunal Regional do Trabalho.

- Artigo com redação determinada pela Emenda Constitucional n. 45/2004.

Art. 114

CONSTITUIÇÃO FEDERAL

Art. 113. A lei disporá sobre a constituição, investidura, jurisdição, competência, garantias e condições de exercício dos órgãos da Justiça do Trabalho.

- Artigo com redação determinada pela Emenda Constitucional n. 24/1999.
- V. arts. 643 a 673, CLT.
- V. LC 35/1979 (Lei Orgânica da Magistratura Nacional).

Art. 114. Compete à Justiça do Trabalho processar e julgar:

- *Caput* com redação determinada pela Emenda Constitucional n. 45/2004.
- V. art. 6º, § 2º, Lei 11.101/2005 (Lei de Recuperação de Empresas e Falência); sem correspondência no Dec.-lei 7.661/1945 (Lei de Falências).
- V. Súmula vinculante 22, STF.
- V. Súmula 349, STJ.

I – as ações oriundas da relação de trabalho, abrangidos os entes de direito público externo e da administração pública direta e indireta da União, dos Estados, do Distrito Federal e dos Municípios;

- Inciso I acrescentado pela Emenda Constitucional n. 45/2004.
- O STF, na ADIn 3.395-6 (*DJU* 04.02.2005), concedeu liminar com efeito *ex tunc*, suspendendo *ad referendum* "... toda e qualquer interpretação dada ao inciso I do art. 114 da CF, na redação dada pela EC 45/2004, que inclua na competência da Justiça do Trabalho, a '... apreciação... de causas que ... sejam instauradas entre o Poder Público e seus servidores, a ele vinculados por típica relação de ordem estatutária ou de caráter jurídico-administrativo'". A liminar concedida foi referendada pelo Tribunal (*DJU* 10.11.2006).
- O STF, na ADIn 3.684-0 (*DJU* 03.08.2007), deferiu a medida cautelar, com eficácia *ex tunc*, para dar interpretação conforme, decidindo que "o disposto no art. 114, incs. I, IV e IX, da Constituição da República, acrescidos pela Emenda Constitucional n. 45, não atribui à Justiça do Trabalho competência para processar e julgar ações penais".

II – as ações que envolvam exercício do direito de greve;

- Inciso II acrescentado pela Emenda Constitucional n. 45/2004.
- V. art. 9º, CF.
- V. Lei 7.783/1989 (Direito de greve).
- V. Súmula vinculante 23, STF.

III – as ações sobre representação sindical, entre sindicatos, entre sindicatos e trabalhadores, e entre sindicatos e empregadores;

- Inciso III acrescentado pela Emenda Constitucional n. 45/2004.

- V. Lei 8.984/1995 (Estende a competência da Justiça do Trabalho).

IV – os mandados de segurança, *habeas corpus* e *habeas data*, quando o ato questionado envolver matéria sujeita à sua jurisdição;

- Inciso IV acrescentado pela Emenda Constitucional n. 45/2004.
- O STF, na ADIn 3.684-0 (*DJU* 03.08.2007), deferiu a medida cautelar, com eficácia *ex tunc*, para dar interpretação conforme, decidindo que "o disposto no art. 114, incs. I, IV e IX, da Constituição da República, acrescidos pela Emenda Constitucional n. 45, não atribui à Justiça do Trabalho competência para processar e julgar ações penais".
- V. art. 5º, LXVIII, LXIX, LXXII, CF.
- V. Lei 9.507/1997 (Rito processual do *habeas data*).
- V. Lei 12.016/2009 (Nova Lei do Mandado de Segurança).

V – os conflitos de competência entre órgãos com jurisdição trabalhista, ressalvado o disposto no art. 102, I, *o*;

- Inciso V acrescentado pela Emenda Constitucional n. 45/2004.

VI – as ações de indenização por dano moral ou patrimonial, decorrentes da relação de trabalho;

- Inciso VI acrescentado pela Emenda Constitucional n. 45/2004.

VII – as ações relativas às penalidades administrativas impostas aos empregadores pelos órgãos de fiscalização das relações de trabalho;

- Inciso VII acrescentado pela Emenda Constitucional n. 45/2004.

VIII – a execução, de ofício, das contribuições sociais previstas no art. 195, I, *a*, e II, e seus acréscimos legais, decorrentes das sentenças que proferir;

- Inciso VIII acrescentado pela Emenda Constitucional n. 45/2004.

IX – outras controvérsias decorrentes da relação de trabalho, na forma da lei.

- Inciso IX acrescentado pela Emenda Constitucional n. 45/2004.
- O STF, na ADIn 3.684-0 (*DJU* 03.08.2007), deferiu a medida cautelar, com eficácia *ex tunc*, para dar interpretação conforme, decidindo que "o disposto no art. 114, incs. I, IV e IX, da Constituição da República, acrescidos pela Emenda Constitucional n. 45, não atribui à Justiça do Trabalho competência para processar e julgar ações penais".
- V. Súmula 736, STF.

Art. 115

CONSTITUIÇÃO FEDERAL

§ 1º Frustrada a negociação coletiva, as partes poderão eleger árbitros.

§ 2º Recusando-se qualquer das partes à negociação coletiva ou à arbitragem, é facultado às mesmas, de comum acordo, ajuizar dissídio coletivo de natureza econômica, podendo a Justiça do Trabalho decidir o conflito, respeitadas as disposições mínimas legais de proteção ao trabalho, bem como as convencionadas anteriormente.

- § 2º com redação determinada pela Emenda Constitucional n. 45/2004.

§ 3º Em caso de greve em atividade essencial, com possibilidade de lesão do interesse público, o Ministério Público do Trabalho poderá ajuizar dissídio coletivo, competindo à Justiça do Trabalho decidir o conflito.

- § 3º com redação determinada pela Emenda Constitucional n. 45/2004.
- V. art. 9º, § 1º, CF.
- V. Lei 7.783/1989 (Direito de greve).

Art. 115. Os Tribunais Regionais do Trabalho compõem-se de, no mínimo, sete juízes, recrutados, quando possível, na respectiva região, e nomeados pelo Presidente da República dentre brasileiros com mais de trinta e menos de sessenta e cinco anos, sendo:

- Artigo com redação determinada pela Emenda Constitucional n. 45/2004.

I – um quinto dentre advogados com mais de 10 (dez) anos de efetiva atividade profissional e membros do Ministério Público do Trabalho com mais de 10 (dez) anos de efetivo exercício, observado o disposto no art. 94;

II – os demais, mediante promoção de juízes do trabalho por antiguidade e merecimento, alternadamente.

§ 1º Os Tribunais Regionais do Trabalho instalarão a justiça itinerante, com a realização de audiências e demais funções de atividade jurisdicional, nos limites territoriais da respectiva jurisdição, servindo-se de equipamentos públicos e comunitários.

§ 2º Os Tribunais Regionais do Trabalho poderão funcionar descentralizadamente, constituindo Câmaras regionais, a fim de assegurar o pleno acesso do jurisdicionado à justiça em todas as fases do processo.

Art. 116. Nas Varas do Trabalho, a jurisdição será exercida por um juiz singular.

- *Caput* com redação determinada pela Emenda Constitucional n. 24/1999.

Parágrafo único. *(Revogado pela Emenda Constitucional n. 24/1999.)*

Art. 117. *(Revogado pela Emenda Constitucional n. 24/1999.)*

Seção VI
Dos Tribunais e Juízes Eleitorais

- V. arts. 12 a 41, Lei 4.737/1965 (Código Eleitoral).

Art. 118. São órgãos da Justiça Eleitoral:
I – o Tribunal Superior Eleitoral;
II – os Tribunais Regionais Eleitorais;
III – os Juízes Eleitorais;
IV – as Juntas Eleitorais.

Art. 119. O Tribunal Superior Eleitoral compor-se-á, no mínimo, de sete membros, escolhidos:
I – mediante eleição, pelo voto secreto:
a) três juízes dentre os Ministros do Supremo Tribunal Federal;
b) dois juízes dentre os Ministros do Superior Tribunal de Justiça;
II – por nomeação do Presidente da República, dois juízes dentre seis advogados de notável saber jurídico e idoneidade moral, indicados pelo Supremo Tribunal Federal.

Parágrafo único. O Tribunal Superior Eleitoral elegerá seu Presidente e o Vice-Presidente dentre os Ministros do Supremo Tribunal Federal, e o Corregedor Eleitoral dentre os Ministros do Superior Tribunal de Justiça.

Art. 120. Haverá um Tribunal Regional Eleitoral na Capital de cada Estado e no Distrito Federal.

§ 1º Os Tribunais Regionais Eleitorais compor-se-ão:
I – mediante eleição, pelo voto secreto:
a) de dois juízes dentre os desembargadores do Tribunal de Justiça;
b) de dois juízes, dentre juízes de direito, escolhidos pelo Tribunal de Justiça;
II – de um juiz do Tribunal Regional Federal com sede na Capital do Estado ou no Distrito Federal, ou, não havendo, de juiz federal, escolhido, em qualquer caso, pelo Tribunal Regional Federal respectivo;

Constituição Federal

III – por nomeação, pelo Presidente da República, de dois juízes dentre seis advogados de notável saber jurídico e idoneidade moral, indicados pelo Tribunal de Justiça.

§ 2º O Tribunal Regional Eleitoral elegerá seu Presidente e o Vice-Presidente dentre os desembargadores.

Art. 121. Lei complementar disporá sobre a organização e competência dos tribunais, dos juízes de direito e das juntas eleitorais.

- V. arts. 22, 23, 29, 30, 34, 40 e 41, Lei 4.737/1965 (Código Eleitoral).
- V. Súmula 368, STJ.

§ 1º Os membros dos tribunais, os juízes de direito e os integrantes das juntas eleitorais, no exercício de suas funções, e no que lhes for aplicável, gozarão de plenas garantias e serão inamovíveis.

§ 2º Os juízes dos tribunais eleitorais, salvo motivo justificado, servirão por dois anos, no mínimo, e nunca por mais de dois biênios consecutivos, sendo os substitutos escolhidos na mesma ocasião e pelo mesmo processo, em número igual para cada categoria.

§ 3º São irrecorríveis as decisões do Tribunal Superior Eleitoral, salvo as que contrariarem esta Constituição e as denegatórias de *habeas corpus* ou mandado de segurança.

§ 4º Das decisões dos Tribunais Regionais Eleitorais somente caberá recurso quando:

I – forem proferidas contra disposição expressa desta Constituição ou de lei;

II – ocorrer divergência na interpretação de lei entre dois ou mais tribunais eleitorais;

III – versarem sobre inelegibilidade ou expedição de diplomas nas eleições federais ou estaduais;

IV – anularem diplomas ou decretarem a perda de mandatos eletivos federais ou estaduais;

V – denegarem *habeas corpus*, mandado de segurança, *habeas data* ou mandado de injunção.

Seção VII
Dos Tribunais e Juízes Militares

Art. 122. São órgãos da Justiça Militar:

- V. Lei 8.457/1992 (Justiça Militar da União e funcionamento de seus serviços auxiliares).

- V. Lei 9.839/1999 (Veda a aplicação da Lei 9.099/1995 na Justiça Militar).

I – o Superior Tribunal Militar;

II – os Tribunais e Juízes Militares instituídos por lei.

Art. 123. O Superior Tribunal Militar compor-se-á de quinze Ministros vitalícios, nomeados pelo Presidente da República, depois de aprovada a indicação pelo Senado Federal, sendo três dentre oficiais-generais da Marinha, quatro dentre oficiais-generais do Exército, três dentre oficiais-generais da Aeronáutica, todos da ativa e do posto mais elevado da carreira, e cinco dentre civis.

Parágrafo único. Os Ministros civis serão escolhidos pelo Presidente da República dentre brasileiros maiores de trinta e cinco anos, sendo:

I – três dentre advogados de notório saber jurídico e conduta ilibada, com mais de dez anos de efetiva atividade profissional;

II – dois, por escolha paritária, dentre juízes auditores e membros do Ministério Público da Justiça Militar.

Art. 124. À Justiça Militar compete processar e julgar os crimes militares definidos em lei.

- V. Dec.-lei 1.002/1969 (Código de Processo Penal Militar).
- V. Lei 9.839/1999 (Veda a aplicação da Lei 9.099/1995 na Justiça Militar).

Parágrafo único. A lei disporá sobre a organização, o funcionamento e a competência da Justiça Militar.

- V. Lei 8.457/1992 (Justiça Militar da União e funcionamento de seus serviços auxiliares).

Seção VIII
Dos Tribunais e Juízes dos Estados

Art. 125. Os Estados organizarão sua Justiça, observados os princípios estabelecidos nesta Constituição.

§ 1º A competência dos tribunais será definida na Constituição do Estado, sendo a lei de organização judiciária de iniciativa do Tribunal de Justiça.

- V. art. 70, ADCT.
- V. Súmula 721, STF.

§ 2º Cabe aos Estados a instituição de representação de inconstitucionalidade de leis ou atos normativos estaduais ou municipais em face da Constituição Estadual, vedada a atribuição da legitimação para agir a um único órgão.

§ 3º A lei estadual poderá criar, mediante proposta do Tribunal de Justiça, a Justiça Militar estadual, constituída, em primeiro grau, pelos juízes de direito e pelos Conselhos de Justiça e, em segundo grau, pelo próprio Tribunal de Justiça, ou por Tribunal de Justiça Militar nos Estados em que o efetivo militar seja superior a vinte mil integrantes.

- § 3º com redação determinada pela Emenda Constitucional n. 45/2004.

§ 4º Compete à Justiça Militar estadual processar e julgar os militares dos Estados, nos crimes militares definidos em lei e as ações judiciais contra atos disciplinares militares, ressalvada a competência do júri quando a vítima for civil, cabendo ao tribunal competente decidir sobre a perda do posto e da patente dos oficiais e da graduação das praças.

- § 4º com redação determinada pela Emenda Constitucional n. 45/2004.
- V. Súmula 673, STF.

§ 5º Compete aos juízes de direito do juízo militar processar e julgar, singularmente, os crimes militares cometidos contra civis e as ações judiciais contra atos disciplinares militares, cabendo ao Conselho de Justiça, sob a presidência de juiz de direito, processar e julgar os demais crimes militares.

- § 5º acrescentado pela Emenda Constitucional n. 45/2004.

§ 6º O Tribunal de Justiça poderá funcionar descentralizadamente, constituindo Câmaras regionais, a fim de assegurar o pleno acesso ao jurisdicionado à justiça em todas as fases do processo.

- § 6º acrescentado pela Emenda Constitucional n. 45/2004.

§ 7º O Tribunal de Justiça instalará a justiça itinerante, com a realização de audiências e demais funções da atividade jurisdicional, nos limites territoriais da respectiva jurisdição, servindo-se de equipamentos públicos e comunitários.

- § 7º acrescentado pela Emenda Constitucional n. 45/2004.

Art. 126. Para dirimir conflitos fundiários, o Tribunal de Justiça proporá a criação de varas especializadas, com competência exclusiva para questões agrárias.

- *Caput* com redação determinada pela Emenda Constitucional n. 45/2004.

Parágrafo único. Sempre que necessário à eficiente prestação jurisdicional, o juiz far-se-á presente no local do litígio.

Capítulo IV
DAS FUNÇÕES ESSENCIAIS À JUSTIÇA

Seção I
Do Ministério Público

- V. Lei 8.625/1993 (Lei Orgânica Nacional do Ministério Público).
- V. LC 75/1993 (Estatuto do Ministério Público da União).

Art. 127. O Ministério Público é instituição permanente, essencial à função jurisdicional do Estado, incumbindo-lhe a defesa da ordem jurídica, do regime democrático e dos interesses sociais e individuais indisponíveis.

§ 1º São princípios institucionais do Ministério Público a unidade, a indivisibilidade e a independência funcional.

§ 2º Ao Ministério Público é assegurada autonomia funcional e administrativa, podendo, observado o disposto no art. 169, propor ao Poder Legislativo a criação e extinção de seus cargos e serviços auxiliares, provendo-os por concurso público de provas ou de provas e títulos, a política remuneratória e os planos de carreira; a lei disporá sobre sua organização e funcionamento.

- § 2º com redação determinada pela Emenda Constitucional n. 19/1998.
- V. Lei 11.144/2005 (Subsídio do Procurador-Geral da República).

§ 3º O Ministério Público elaborará sua proposta orçamentária dentro dos limites estabelecidos na lei de diretrizes orçamentárias.

§ 4º Se o Ministério Público não encaminhar a respectiva proposta orçamentária dentro

Art. 128

Constituição Federal

do prazo estabelecido na lei de diretrizes orçamentárias, o Poder Executivo considerará, para fins de consolidação da proposta orçamentária anual, os valores aprovados na lei orçamentária vigente, ajustados de acordo com os limites estipulados na forma do § 3º.

- § 4º acrescentado pela Emenda Constitucional n. 45/2004.

§ 5º Se a proposta orçamentária de que trata este artigo for encaminhada em desacordo com os limites estipulados na forma do § 3º, o Poder Executivo procederá aos ajustes necessários para fins de consolidação da proposta orçamentária anual.

- § 5º acrescentado pela Emenda Constitucional n. 45/2004.

§ 6º Durante a execução orçamentária do exercício, não poderá haver a realização de despesas ou a assunção de obrigações que extrapolem os limites estabelecidos na lei de diretrizes orçamentárias, exceto se previamente autorizadas, mediante a abertura de créditos suplementares ou especiais.

- § 6º acrescentado pela Emenda Constitucional n. 45/2004.

Art. 128. O Ministério Público abrange:
I – o Ministério Público da União, que compreende:

- V. LC 75/1993 (Estatuto do Ministério Público da União).

a) o Ministério Público Federal;
b) o Ministério Público do Trabalho;
c) o Ministério Público Militar;
d) o Ministério Público do Distrito Federal e Territórios;
II – os Ministérios Públicos dos Estados.

§ 1º O Ministério Público da União tem por chefe o Procurador-Geral da República, nomeado pelo Presidente da República dentre integrantes da carreira, maiores de trinta e cinco anos, após a aprovação de seu nome pela maioria absoluta dos membros do Senado Federal, para mandato de dois anos, permitida a recondução.

§ 2º A destituição do Procurador-Geral da República, por iniciativa do Presidente da República, deverá ser precedida de autorização da maioria absoluta do Senado Federal.

§ 3º Os Ministérios Públicos dos Estados e o do Distrito Federal e Territórios formarão lista tríplice dentre integrantes da carreira, na forma da lei respectiva, para escolha de seu Procurador-Geral, que será nomeado pelo Chefe do Poder Executivo, para mandato de dois anos, permitida uma recondução.

§ 4º Os Procuradores-Gerais nos Estados e no Distrito Federal e Territórios poderão ser destituídos por deliberação da maioria absoluta do Poder Legislativo, na forma da lei complementar respectiva.

§ 5º Leis complementares da União e dos Estados, cuja iniciativa é facultada aos respectivos Procuradores-Gerais, estabelecerão a organização, as atribuições e o estatuto de cada Ministério Público, observadas, relativamente a seus membros:
I – as seguintes garantias:
a) vitaliciedade, após dois anos de exercício, não podendo perder o cargo senão por sentença judicial transitada em julgado;
b) inamovibilidade, salvo por motivo de interesse público, mediante decisão do órgão colegiado competente do Ministério Público, pelo voto da maioria absoluta de seus membros, assegurada ampla defesa;

- Alínea *b* com redação determinada pela Emenda Constitucional n. 45/2004.

c) irredutibilidade de subsídio, fixado na forma do art. 39, § 4º, e ressalvado o disposto nos arts. 37, X e XI, 150, II, 153, III, 153, § 2º, I;

- Alínea *c* com redação determinada pela Emenda Constitucional n. 19/1998.
- V. Lei 11.144/2005 (Subsídio do Procurador-Geral da República).
- V. Lei 12.042/2009 (Revisão do subsídio do Procurador-Geral da República).

II – as seguintes vedações:
a) receber, a qualquer título e sob qualquer pretexto, honorários, percentagens ou custas processuais;
b) exercer a advocacia;
c) participar de sociedade comercial, na forma da lei;
d) exercer, ainda que em disponibilidade, qualquer outra função pública, salvo uma de magistério;
e) exercer atividade político-partidária;

- Alínea *e* com redação determinada pela Emenda Constitucional n. 45/2004.

Art. 129

CONSTITUIÇÃO FEDERAL

f) receber, a qualquer título ou pretexto, auxílios ou contribuições de pessoas físicas, entidades públicas ou privadas, ressalvadas as exceções previstas em lei.

* Alínea *f* acrescentada pela Emenda Constitucional n. 45/2004.

§ 6º Aplica-se aos membros do Ministério Público o disposto no art. 95, parágrafo único, V.

* § 6º acrescentado pela Emenda Constitucional n. 45/2004.

Art. 129. São funções institucionais do Ministério Público:

I – promover, privativamente, a ação penal pública, na forma da lei;

* V. art. 100, § 1º, CP.
* V. art. 24, CPP.
* V. Lei 8.625/1993 (Lei Orgânica Nacional do Ministério Público).

II – zelar pelo efetivo respeito dos Poderes Públicos e dos serviços de relevância pública aos direitos assegurados nesta Constituição, promovendo as medidas necessárias a sua garantia;

III – promover o inquérito civil e a ação civil pública, para a proteção do patrimônio público e social, do meio ambiente e de outros interesses difusos e coletivos;

* V. Lei 7.347/1985 (Ação civil pública).
* V. Súmula 643, STF.
* V. Súmula 329, STJ.

IV – promover a ação de inconstitucionalidade ou representação para fins de intervenção da União e dos Estados, nos casos previstos nesta Constituição;

* V. arts. 34 a 36, CF.

V – defender judicialmente os direitos e interesses das populações indígenas;

* V. art. 231, CF.

VI – expedir notificações nos procedimentos administrativos de sua competência, requisitando informações e documentos para instruí-los, na forma da lei complementar respectiva;

VII – exercer o controle externo da atividade policial, na forma da lei complementar mencionada no artigo anterior;

* V. arts. 3º, 9º, 10 e 38, IV, LC 75/1993 (Estatuto do Ministério Público da União).

VIII – requisitar diligências investigatórias e a instauração de inquérito policial, indicados os fundamentos jurídicos de suas manifestações processuais;

IX – exercer outras funções que lhe forem conferidas, desde que compatíveis com sua finalidade, sendo-lhe vedada a representação judicial e a consultoria jurídica de entidades públicas.

§ 1º A legitimação do Ministério Público para as ações civis previstas neste artigo não impede a de terceiros, nas mesmas hipóteses, segundo o disposto nesta Constituição e na lei.

* V. Lei 7.347/1985 (Ação civil pública).

§ 2º As funções do Ministério Público só podem ser exercidas por integrantes da carreira, que deverão residir na comarca da respectiva lotação, salvo autorização do chefe da instituição.

* § 2º com redação determinada pela Emenda Constitucional n. 45/2004.

§ 3º O ingresso na carreira do Ministério Público far-se-á mediante concurso público de provas e títulos, assegurada a participação da Ordem dos Advogados do Brasil em sua realização, exigindo-se do bacharel em direito, no mínimo, 3 (três) anos de atividade jurídica e observando-se, nas nomeações, a ordem de classificação.

* § 3º com redação determinada pela Emenda Constitucional n. 45/2004.

§ 4º Aplica-se ao Ministério Público, no que couber, o disposto no art. 93.

* § 4º com redação determinada pela Emenda Constitucional n. 45/2004.

§ 5º A distribuição de processos no Ministério Público será imediata.

* § 5º acrescentado pela Emenda Constitucional n. 45/2004.

Art. 130. Aos membros do Ministério Público junto aos Tribunais de Contas aplicam-se as disposições desta seção pertinentes a direitos, vedações e forma de investidura.

Art. 130-A. O Conselho Nacional do Ministério Público compõe-se de quatorze membros nomeados pelo Presidente da República, depois de aprovada a escolha pela

maioria absoluta do Senado Federal, para um mandato de 2 (dois) anos, admitida uma recondução, sendo:

- Artigo acrescentado pela Emenda Constitucional n. 45/2004.
- V. art. 5º, Emenda Constitucional n. 45/2004.

I – o Procurador-Geral da República, que o preside;
II – quatro membros do Ministério Público da União, assegurada a representação de cada uma de suas carreiras;
III – três membros do Ministério Público dos Estados;
IV – dois juízes, indicados um pelo Supremo Tribunal Federal e outro pelo Superior Tribunal de Justiça;
V – dois advogados, indicados pelo Conselho Federal da Ordem dos Advogados do Brasil;
VI – dois cidadãos de notável saber jurídico e reputação ilibada, indicados um pela Câmara dos Deputados e outro pelo Senado Federal.

§ 1º Os membros do Conselho oriundos do Ministério Público serão indicados pelos respectivos Ministérios Públicos, na forma da lei.

- V. Lei 11.372/2006 (Regulamenta o § 1º do art. 130-A da CF).

§ 2º Compete ao Conselho Nacional do Ministério Público o controle da atuação administrativa e financeira do Ministério Público e do cumprimento dos deveres funcionais de seus membros, cabendo-lhe:
I – zelar pela autonomia funcional e administrativa do Ministério Público, podendo expedir atos regulamentares, no âmbito de sua competência, ou recomendar providências;
II – zelar pela observância do art. 37 e apreciar, de ofício ou mediante provocação, a legalidade dos atos administrativos praticados por membros ou órgãos do Ministério Público da União e dos Estados, podendo desconstituí-los, revê-los ou fixar prazo para que se adotem as providências necessárias ao exato cumprimento da lei, sem prejuízo da competência dos Tribunais de Contas;
III – receber e conhecer das reclamações contra membros ou órgãos do Ministério Público da União ou dos Estados, inclusive contra seus serviços auxiliares, sem prejuízo da competência disciplinar e correicional da instituição, podendo avocar processos disciplinares em curso, determinar a remoção, a disponibilidade ou a aposentadoria com subsídios ou proventos proporcionais ao tempo de serviço e aplicar outras sanções administrativas, assegurada ampla defesa;
IV – rever, de ofício ou mediante provocação, os processos disciplinares de membros do Ministério Público da União ou dos Estados julgados há menos de 1 (um) ano;
V – elaborar relatório anual, propondo as providências que julgar necessárias sobre a situação do Ministério Público no País e as atividades do Conselho, o qual deve integrar a mensagem prevista no art. 84, XI.

§ 3º O Conselho escolherá, em votação secreta, um Corregedor nacional, dentre os membros do Ministério Público que o integram, vedada a recondução, competindo-lhe, além das atribuições que lhe forem conferidas pela lei, as seguintes:
I – receber reclamações e denúncias, de qualquer interessado, relativas aos membros do Ministério Público e dos seus serviços auxiliares;
II – exercer funções executivas do Conselho, de inspeção e correição geral;
III – requisitar e designar membros do Ministério Público, delegando-lhes atribuições, e requisitar servidores de órgãos do Ministério Público.

§ 4º O Presidente do Conselho Federal da Ordem dos Advogados do Brasil oficiará junto ao Conselho.

§ 5º Leis da União e dos Estados criarão ouvidorias do Ministério Público, competentes para receber reclamações e denúncias de qualquer interessado contra membros ou órgãos do Ministério Público, inclusive contra seus serviços auxiliares, representando diretamente ao Conselho Nacional do Ministério Público.

Seção II
Da Advocacia Pública

- Rubrica da Seção II renomeada pela Emenda Constitucional n. 19/1998.

Art. 131. A Advocacia-Geral da União é a instituição que, diretamente ou através de

órgão vinculado, representa a União, judicial e extrajudicialmente, cabendo-lhe, nos termos da lei complementar que dispuser sobre sua organização e funcionamento, as atividades de consultoria e assessoramento jurídico do Poder Executivo.

- V. LC 73/1993 (Lei Orgânica da Advocacia-Geral da União).
- V. Dec. 767/1993 (Controle interno da Advocacia-Geral da União).
- V. Lei 9.028/1995 (Exercício das atribuições institucionais da Advocacia-Geral da União em caráter emergencial e provisório).
- V. Lei 9.469/1997 (Regulamenta o art. 4º, VI, da LC 73/1993).

§ 1º A Advocacia-Geral da União tem por chefe o Advogado-Geral da União, de livre nomeação pelo Presidente da República dentre cidadãos maiores de trinta e cinco anos, de notável saber jurídico e reputação ilibada.

§ 2º O ingresso nas classes iniciais das carreiras da instituição de que trata este artigo far-se-á mediante concurso público de provas e títulos.

§ 3º Na execução da dívida ativa de natureza tributária, a representação da União cabe à Procuradoria-Geral da Fazenda Nacional, observado o disposto em lei.

Art. 132. Os Procuradores dos Estados e do Distrito Federal, organizados em carreira, na qual o ingresso dependerá de concurso público de provas e títulos, com a participação da Ordem dos Advogados do Brasil em todas as suas fases, exercerão a representação judicial e a consultoria jurídica das respectivas unidades federadas.

- Artigo com redação determinada pela Emenda Constitucional n. 19/1998.

Parágrafo único. Aos procuradores referidos neste artigo é assegurada estabilidade após três anos de efetivo exercício, mediante avaliação de desempenho perante os órgãos próprios, após relatório circunstanciado das corregedorias.

Seção III
Da Advocacia e da Defensoria Pública

Art. 133. O advogado é indispensável à administração da justiça, sendo inviolável por seus atos e manifestações no exercício da profissão, nos limites da lei.

- V. Lei 8.906/1994 (Estatuto da Advocacia e da OAB).
- V. Súmula vinculante 14, STF.

Art. 134. A Defensoria Pública é instituição essencial à função jurisdicional do Estado, incumbindo-lhe a orientação jurídica e a defesa, em todos os graus, dos necessitados, na forma do art. 5º, LXXIV.

- V. Súmula 421, STJ.

§ 1º Lei complementar organizará a Defensoria Pública da União e do Distrito Federal e dos Territórios e prescreverá normas gerais para sua organização nos Estados, em cargos de carreira, providos, na classe inicial, mediante concurso público de provas e títulos, assegurada a seus integrantes a garantia da inamovibilidade e vedado o exercício da advocacia fora das atribuições institucionais.

- Primitivo parágrafo único renumerado pela Emenda Constitucional n. 45/2004.
- V. LC 80/1994 (Organiza a Defensoria Pública da União e prescreve normas gerais para sua organização nos Estados).
- V. LC 98/1999 (Altera dispositivos da LC 80/1994).

§ 2º Às Defensorias Públicas Estaduais são asseguradas autonomia funcional e administrativa e a iniciativa de sua proposta orçamentária dentro dos limites estabelecidos na lei de diretrizes orçamentárias e subordinação ao disposto no art. 99, § 2º.

- § 2º acrescentado pela Emenda Constitucional 45/2004.

§ 3º Aplica-se o disposto no § 2º às Defensorias Públicas da União e do Distrito Federal.

- § 3º acrescentado pela Emenda Constitucional n. 74/2013.

Art. 135. Os servidores integrantes das carreiras disciplinadas nas Seções II e III deste Capítulo serão remunerados na forma do art. 39, § 4º.

- Artigo com redação determinada pela Emenda Constitucional n. 19/1998.
- V. art. 132, CF.

CONSTITUIÇÃO FEDERAL

TÍTULO V
DA DEFESA DO ESTADO E DAS INSTITUIÇÕES DEMOCRÁTICAS

Capítulo I
DO ESTADO DE DEFESA E DO ESTADO DE SÍTIO

Seção I
Do estado de defesa

Art. 136. O Presidente da República pode, ouvidos o Conselho da República e o Conselho de Defesa Nacional, decretar estado de defesa para preservar ou prontamente restabelecer, em locais restritos e determinados, a ordem pública ou a paz social ameaçadas por grave e iminente instabilidade institucional ou atingidas por calamidades de grandes proporções na natureza.

- V. arts. 89 a 91, CF.
- V. Lei 8.041/1990 (Organização e funcionamento do Conselho da República).
- V. Lei 8.183/1991 (Conselho de Defesa Nacional).
- V. Dec. 893/1993 (Conselho de Defesa Nacional – Regulamento).

§ 1º O decreto que instituir o estado de defesa determinará o tempo de sua duração, especificará as áreas a serem abrangidas e indicará, nos termos e limites da lei, as medidas coercitivas a vigorarem, dentre as seguintes:

I – restrições aos direitos de:

a) reunião, ainda que exercida no seio das associações;
b) sigilo de correspondência;
c) sigilo de comunicação telegráfica e telefônica;

II – ocupação e uso temporário de bens e serviços públicos, na hipótese de calamidade pública, respondendo a União pelos danos e custos decorrentes.

§ 2º O tempo de duração do estado de defesa não será superior a trinta dias, podendo ser prorrogado uma vez, por igual período, se persistirem as razões que justificaram a sua decretação.

§ 3º Na vigência do estado de defesa:

I – a prisão por crime contra o Estado, determinada pelo executor da medida, será por este comunicada imediatamente ao juiz competente, que a relaxará, se não for legal, facultado ao preso requerer exame de corpo de delito à autoridade policial;

II – a comunicação será acompanhada de declaração, pela autoridade, do estado físico e mental do detido no momento de sua autuação;

III – a prisão ou detenção de qualquer pessoa não poderá ser superior a dez dias, salvo quando autorizada pelo Poder Judiciário;

IV – é vedada a incomunicabilidade do preso.

§ 4º Decretado o estado de defesa ou sua prorrogação, o Presidente da República, dentro de vinte e quatro horas, submeterá o ato com a respectiva justificação ao Congresso Nacional, que decidirá por maioria absoluta.

§ 5º Se o Congresso Nacional estiver em recesso, será convocado, extraordinariamente, no prazo de cinco dias.

§ 6º O Congresso Nacional apreciará o decreto dentro de dez dias contados de seu recebimento, devendo continuar funcionando enquanto vigorar o estado de defesa.

§ 7º Rejeitado o decreto, cessa imediatamente o estado de defesa.

Seção II
Do estado de sítio

Art. 137. O Presidente da República pode, ouvidos o Conselho da República e o Conselho de Defesa Nacional, solicitar ao Congresso Nacional autorização para decretar o estado de sítio nos casos de:

I – comoção grave de repercussão nacional ou ocorrência de fatos que comprovem a ineficácia de medida tomada durante o estado de defesa;

II – declaração de estado de guerra ou resposta a agressão armada estrangeira.

Parágrafo único. O Presidente da República, ao solicitar autorização para decretar o estado de sítio ou sua prorrogação, relatará os motivos determinantes do pedido, devendo o Congresso Nacional decidir por maioria absoluta.

Art. 138

Art. 138. O decreto do estado de sítio indicará sua duração, as normas necessárias a sua execução e as garantias constitucionais que ficarão suspensas, e, depois de publicado, o Presidente da República designará o executor das medidas específicas e as áreas abrangidas.

§ 1º O estado de sítio, no caso do art. 137, I, não poderá ser decretado por mais de trinta dias, nem prorrogado, de cada vez, por prazo superior; no do inciso II, poderá ser decretado por todo o tempo que perdurar a guerra ou a agressão armada estrangeira.

§ 2º Solicitada autorização para decretar o estado de sítio durante o recesso parlamentar, o Presidente do Senado Federal, de imediato, convocará extraordinariamente o Congresso Nacional para se reunir dentro de cinco dias, a fim de apreciar o ato.

§ 3º O Congresso Nacional permanecerá em funcionamento até o término das medidas coercitivas.

Art. 139. Na vigência do estado de sítio decretado com fundamento no art. 137, I, só poderão ser tomadas contra as pessoas as seguintes medidas:

I – obrigação de permanência em localidade determinada;

II – detenção em edifício não destinado a acusados ou condenados por crimes comuns;

III – restrições relativas à inviolabilidade da correspondência, ao sigilo das comunicações, à prestação de informações e à liberdade de imprensa, radiodifusão e televisão, na forma da lei;

- V. Lei 9.296/1996 (Regulamenta o inciso XII, parte final, do art. 5º da Constituição Federal).

IV – suspensão da liberdade de reunião;

V – busca e apreensão em domicílio;

VI – intervenção nas empresas de serviços públicos;

VII – requisição de bens.

Parágrafo único. Não se inclui nas restrições do inciso III a difusão de pronunciamentos de parlamentares efetuados em suas Casas Legislativas, desde que liberada pela respectiva Mesa.

Seção III
Disposições gerais

Art. 140. A Mesa do Congresso Nacional, ouvidos os líderes partidários, designará Comissão composta de cinco de seus membros para acompanhar e fiscalizar a execução das medidas referentes ao estado de defesa e ao estado de sítio.

Art. 141. Cessado o estado de defesa ou o estado de sítio, cessarão também seus efeitos, sem prejuízo da responsabilidade pelos ilícitos cometidos por seus executores ou agentes.

Parágrafo único. Logo que cesse o estado de defesa ou o estado de sítio, as medidas aplicadas em sua vigência serão relatadas pelo Presidente da República, em mensagem ao Congresso Nacional, com especificação e justificação das providências adotadas, com relação nominal dos atingidos e indicação das restrições aplicadas.

Capítulo II
DAS FORÇAS ARMADAS

Art. 142. As Forças Armadas, constituídas pela Marinha, pelo Exército e pela Aeronáutica, são instituições nacionais permanentes e regulares, organizadas com base na hierarquia e na disciplina, sob a autoridade suprema do Presidente da República, e destinam-se à defesa da Pátria, à garantia dos poderes constitucionais e, por iniciativa de qualquer destes, da lei e da ordem.

- V. art. 37, X, CF.
- V. Lei 8.071/1990 (Efetivos do Exército em tempo de paz).

§ 1º Lei complementar estabelecerá as normas gerais a serem adotadas na organização, no preparo e no emprego das Forças Armadas.

- V. LC 97/1999 (Organização, preparo e emprego das Forças Armadas).

§ 2º Não caberá *habeas corpus* em relação a punições disciplinares militares.

- V. art. 42, § 1º, CF.
- V. Dec.-lei 1.001/1969 (Código Penal Militar).

§ 3º Os membros das Forças Armadas são denominados militares, aplicando-se-lhes,

Constituição Federal

além das que vierem a ser fixadas em lei, as seguintes disposições:

- § 3º acrescentado pela Emenda Constitucional n. 18/1998.
- V. art. 42, § 1º, CF.

I – as patentes, com prerrogativas, direitos e deveres a elas inerentes, são conferidas pelo Presidente da República e asseguradas em plenitude aos oficiais da ativa, da reserva ou reformados, sendo-lhes privativos os títulos e postos militares e, juntamente com os demais membros, o uso dos uniformes das Forças Armadas;

II – o militar em atividade que tomar posse em cargo ou emprego público civil permanente será transferido para a reserva, nos termos da lei;

III – o militar da ativa que, de acordo com a lei, tomar posse em cargo, emprego ou função pública civil temporária, não eletiva, ainda que da administração indireta, ficará agregado ao respectivo quadro e somente poderá, enquanto permanecer nessa situação, ser promovido por antiguidade, contando-se-lhe o tempo de serviço apenas para aquela promoção e transferência para a reserva, sendo depois de dois anos de afastamento, contínuos ou não, transferido para a reserva, nos termos da lei;

- Inciso III retificado no *DOU* de 16.02.1998.

IV – ao militar são proibidas a sindicalização e a greve;

V – o militar, enquanto em serviço ativo, não pode estar filiado a partidos políticos;

VI – o oficial só perderá o posto e a patente se for julgado indigno do oficialato ou com ele incompatível, por decisão de tribunal militar de caráter permanente, em tempo de paz, ou de tribunal especial, em tempo de guerra;

VII – o oficial condenado na justiça comum ou militar a pena privativa de liberdade superior a dois anos, por sentença transitada em julgado, será submetido ao julgamento previsto no inciso anterior;

VIII – aplica-se aos militares o disposto no art. 7º, incisos VIII, XII, XVII, XVIII, XIX e XXV e no art. 37, incisos XI, XIII, XIV e XV;

IX – *(Revogado pela Emenda Constitucional n. 41/2003.)*

X – a lei disporá sobre o ingresso nas Forças Armadas, os limites de idade, a estabilidade e outras condições de transferência do militar para a inatividade, os direitos, os deveres, a remuneração, as prerrogativas e outras situações especiais dos militares, consideradas as peculiaridades de suas atividades, inclusive aquelas cumpridas por força de compromissos internacionais e de guerra.

- V. art. 42, § 1º, CF.

Art. 143. O serviço militar é obrigatório nos termos da lei.

§ 1º Às Forças Armadas compete, na forma da lei, atribuir serviço alternativo aos que, em tempo de paz, após alistados, alegarem imperativo de consciência, entendendo-se como tal o decorrente de crença religiosa e de convicção filosófica ou política, para se eximirem de atividades de caráter essencialmente militar.

- V. art. 5º, VIII, CF.
- V. Lei 8.239/1991 (Prestação de serviço alternativo ao serviço militar).

§ 2º As mulheres e os eclesiásticos ficam isentos do serviço militar obrigatório em tempo de paz, sujeitos, porém, a outros encargos que a lei lhes atribuir.

- V. Lei 8.239/1991 (Prestação de serviço alternativo ao serviço militar).

Capítulo III
DA SEGURANÇA PÚBLICA

Art. 144. A segurança pública, dever do Estado, direito e responsabilidade de todos, é exercida para a preservação da ordem pública e da incolumidade das pessoas e do patrimônio, através dos seguintes órgãos:

I – polícia federal;
II – polícia rodoviária federal;
III – polícia ferroviária federal;
IV – polícias civis;
V – polícias militares e corpos de bombeiros militares.

§ 1º A polícia federal, instituída por lei como órgão permanente, organizado e mantido pela União e estruturado em carreira, destina-se a:

- *Caput* do § 1º com redação determinada pela Emenda Constitucional n. 19/1998.

I – apurar infrações penais contra a ordem política e social ou em detrimento de bens, serviços e interesses da União ou de suas entidades autárquicas e empresas públicas, assim como outras infrações cuja prática tenha repercussão interestadual ou internacional e exija repressão uniforme, segundo se dispuser em lei;

II – prevenir e reprimir o tráfico ilícito de entorpecentes e drogas afins, o contrabando e o descaminho, sem prejuízo da ação fazendária e de outros órgãos públicos nas respectivas áreas de competência;

- V. Lei 11.343/2006 (Lei Antidrogas).

III – exercer as funções de polícia marítima, aeroportuária e de fronteiras;

- Inciso III com redação determinada pela Emenda Constitucional n. 19/1998.

IV – exercer, com exclusividade, as funções de polícia judiciária da União.

§ 2º A polícia rodoviária federal, órgão permanente, organizado e mantido pela União e estruturado em carreira, destina-se, na forma da lei, ao patrulhamento ostensivo das rodovias federais.

- § 2º com redação determinada pela Emenda Constitucional n. 19/1998.

§ 3º A polícia ferroviária federal, órgão permanente, organizado e mantido pela União e estruturado em carreira, destina-se, na forma da lei, ao patrulhamento ostensivo das ferrovias federais.

- § 3º com redação determinada pela Emenda Constitucional n. 19/1998.

§ 4º Às polícias civis, dirigidas por delegados de polícia de carreira, incumbem, ressalvada a competência da União, as funções de polícia judiciária e a apuração de infrações penais, exceto as militares.

§ 5º Às polícias militares cabem a polícia ostensiva e a preservação da ordem pública; aos corpos de bombeiros militares, além das atribuições definidas em lei, incumbe a execução de atividades de defesa civil.

- V. Dec.-lei 667/1969 (Polícias militares e corpos de bombeiros militares dos Estados, dos Territórios e do Distrito Federal).

§ 6º As polícias militares e corpos de bombeiros militares, forças auxiliares e reserva do Exército subordinam-se, juntamente com as polícias civis, aos Governadores dos Estados, do Distrito Federal e dos Territórios.

§ 7º A lei disciplinará a organização e o funcionamento dos órgãos responsáveis pela segurança pública, de maneira a garantir a eficiência de suas atividades.

- V. Dec.-lei 200/1967 (Organização da administração federal).

§ 8º Os Municípios poderão constituir guardas municipais destinadas à proteção de seus bens, serviços e instalações, conforme dispuser a lei.

§ 9º A remuneração dos servidores policiais integrantes dos órgãos relacionados neste artigo será fixada na forma do § 4º do art. 39.

- § 9º acrescentado pela Emenda Constitucional n. 19/1998.

TÍTULO VI
DA TRIBUTAÇÃO E DO ORÇAMENTO

Capítulo I
DO SISTEMA TRIBUTÁRIO NACIONAL

- V. Lei 8.137/1990 (Crimes contra a ordem tributária, econômica e contra as relações de consumo).
- V. Lei 8.981/1995 (Altera a legislação tributária federal).
- V. Dec. 2.730/1998 (Representação fiscal para fins penais).

Seção I
Dos princípios gerais

Art. 145. A União, os Estados, o Distrito Federal e os Municípios poderão instituir os seguintes tributos:

- V. arts. 1º a 5º, CTN.

I – impostos;

- V. art. 16 e ss., CTN.

II – taxas, em razão do exercício do poder de polícia ou pela utilização, efetiva ou potencial, de serviços públicos específicos e divisíveis, prestados ao contribuinte ou postos a sua disposição;

- V. art. 77 e ss., CTN.
- V. Lei 7.940/1989 (Taxa de fiscalização dos mercados de títulos e valores mobiliários).

Art. 148

Constituição Federal

- V. Lei 7.944/1989 (Taxa de fiscalização dos mercados de seguro, capitalização e previdência privada).
- V. Lei 8.003/1990 (Legislação tributária federal – alterações).
- V. Súmula vinculante 19, STF.
- V. Súmulas 665 e 670, STF.

III – contribuição de melhoria, decorrente de obras públicas.

- V. art. 81 e ss., CTN.

§ 1º Sempre que possível, os impostos terão caráter pessoal e serão graduados segundo a capacidade econômica do contribuinte, facultado à administração tributária, especialmente para conferir efetividade a esses objetivos, identificar, respeitados os direitos individuais e nos termos da lei, o patrimônio, os rendimentos e as atividades econômicas do contribuinte.

- V. Lei 8.021/1990 (Identificação dos contribuintes para fins fiscais).
- V. Súmulas 656 e 668, STF.

§ 2º As taxas não poderão ter base de cálculo própria de impostos.

- V. art. 77, parágrafo único, CTN.
- V. Súmula vinculante 29, STF.
- V. Súmula 665, STF.

Art. 146. Cabe à lei complementar:
I – dispor sobre conflitos de competência, em matéria tributária, entre a União, os Estados, o Distrito Federal e os Municípios;

- V. arts. 6º a 8º, CTN.

II – regular as limitações constitucionais ao poder de tributar;

- V. arts. 9º a 15, CTN.

III – estabelecer normas gerais em matéria de legislação tributária, especialmente sobre:

- V. art. 149, CF.

a) definição de tributos e de suas espécies, bem como, em relação aos impostos discriminados nesta Constituição, a dos respectivos fatos geradores, bases de cálculo e contribuintes;
b) obrigação, lançamento, crédito, prescrição e decadência tributários;
c) adequado tratamento tributário ao ato cooperativo praticado pelas sociedades cooperativas;
d) definição de tratamento diferenciado e favorecido para as microempresas e para as empresas de pequeno porte, inclusive regimes especiais ou simplificados no caso do imposto previsto no art. 155, II, das contribuições previstas no art. 195, I e §§ 12 e 13, e da contribuição a que se refere o art. 239.

- Alínea *d* acrescentada pela Emenda Constitucional n. 42/2003.
- V. art. 94, ADCT.

Parágrafo único. A lei complementar de que trata o inciso III, *d*, também poderá instituir um regime único de arrecadação dos impostos e contribuições da União, dos Estados, do Distrito Federal e dos Municípios, observado que:

- Parágrafo único acrescentado pela Emenda Constitucional n. 42/2003.

I – será opcional para o contribuinte;
II – poderão ser estabelecidas condições de enquadramento diferenciadas por Estado;
III – o recolhimento será unificado e centralizado e a distribuição da parcela de recursos pertencentes aos respectivos entes federados será imediata, vedada qualquer retenção ou condicionamento;
IV – a arrecadação, a fiscalização e a cobrança poderão ser compartilhadas pelos entes federados, adotado cadastro nacional único de contribuintes.

Art. 146-A. Lei complementar poderá estabelecer critérios especiais de tributação, com o objetivo de prevenir desequilíbrios da concorrência, sem prejuízo da competência de a União, por lei, estabelecer normas de igual objetivo.

- Artigo acrescentado pela Emenda Constitucional n. 42/2003.

Art. 147. Competem à União, em Território Federal, os impostos estaduais e, se o Território não for dividido em Municípios, cumulativamente, os impostos municipais; ao Distrito Federal cabem os impostos municipais.

Art. 148. A União, mediante lei complementar, poderá instituir empréstimos compulsórios:

I – para atender a despesas extraordinárias, decorrentes de calamidade pública, de guerra externa ou sua iminência;

Art. 149

CONSTITUIÇÃO FEDERAL

II – no caso de investimento público de caráter urgente e de relevante interesse nacional, observado o disposto no art. 150, III, *b*.

• V. art. 34, § 12, ADCT.

Parágrafo único. A aplicação dos recursos provenientes de empréstimo compulsório será vinculada à despesa que fundamentou sua instituição.

Art. 149. Compete exclusivamente à União instituir contribuições sociais, de intervenção no domínio econômico e de interesse das categorias profissionais ou econômicas, como instrumento de sua atuação nas respectivas áreas, observado o disposto nos arts. 146, III, e 150, I e III, e sem prejuízo do previsto no art. 195, § 6º, relativamente às contribuições a que alude o dispositivo.

§ 1º Os Estados, o Distrito Federal e os Municípios instituirão contribuição, cobrada de seus servidores, para o custeio, em benefício destes, do regime previdenciário de que trata o art. 40, cuja alíquota não será inferior à da contribuição dos servidores titulares de cargos efetivos da União.

• § 1º com redação determinada pela Emenda Constitucional n. 41/2003.

§ 2º As contribuições sociais e de intervenção no domínio econômico de que trata o *caput* deste artigo:

• *Caput* do § 2º acrescentado pela Emenda Constitucional n. 33/2001.

I – não incidirão sobre as receitas decorrentes de exportação;

• Inciso I acrescentado pela Emenda Constitucional n. 33/2001.

II – incidirão também sobre a importação de produtos estrangeiros ou serviços;

• Inciso II com redação determinada pela Emenda Constitucional n. 42/2003.

III – poderão ter alíquotas:

• Inciso III acrescentado pela Emenda Constitucional n. 33/2001.

a) ad valorem, tendo por base o faturamento, a receita bruta ou o valor da operação e, no caso de importação, o valor aduaneiro;

b) específica, tendo por base a unidade de medida adotada.

§ 3º A pessoa natural destinatária das operações de importação poderá ser equiparada a pessoa jurídica, na forma da lei.

• § 3º acrescentado pela Emenda Constitucional n. 33/2001.

§ 4º A lei definirá as hipóteses em que as contribuições incidirão uma única vez.

• § 4º acrescentado pela Emenda Constitucional n. 33/2001.

Art. 149-A. Os Municípios e o Distrito Federal poderão instituir contribuição, na forma das respectivas leis, para o custeio do serviço de iluminação pública, observado o disposto no art. 150, I e III.

• Artigo acrescentado pela Emenda Constitucional n. 39/2002.

Parágrafo único. É facultada a cobrança da contribuição a que se refere o *caput*, na fatura de consumo de energia elétrica.

Seção II
Das limitações
do poder de tributar

Art. 150. Sem prejuízo de outras garantias asseguradas ao contribuinte, é vedado à União, aos Estados, ao Distrito Federal e aos Municípios:

• V. Lei 5.172/1966 (Código Tributário Nacional).

I – exigir ou aumentar tributo sem lei que o estabeleça;

• V. arts. 3º e 97, I e II, CTN.

II – instituir tratamento desigual entre contribuintes que se encontrem em situação equivalente, proibida qualquer distinção em razão de ocupação profissional ou função por eles exercida, independentemente da denominação jurídica dos rendimentos, títulos ou direitos;

III – cobrar tributos:

a) em relação a fatos geradores ocorridos antes do início da vigência da lei que os houver instituído ou aumentado;

• V. art. 9º, II, CTN.

b) no mesmo exercício financeiro em que haja sido publicada a lei que os instituiu ou aumentou;

• V. art. 195, § 6º, CF.

c) antes de decorridos noventa dias da data em que haja sido publicada a lei que os ins-

CONSTITUIÇÃO FEDERAL

tituiu ou aumentou, observado o disposto na alínea *b*;

* Alínea *c* acrescentada pela Emenda Constitucional n. 42/2003.

IV – utilizar tributo com efeito de confisco;
V – estabelecer limitações ao tráfego de pessoas ou bens, por meio de tributos interestaduais ou intermunicipais, ressalvada a cobrança de pedágio pela utilização de vias conservadas pelo Poder Público;

* V. art. 9º, III, CTN.

VI – instituir impostos sobre:
a) patrimônio, renda ou serviços, uns dos outros;

* V. art. 9º, IV, *a*, CTN.

b) templos de qualquer culto;

* V. art. 9º, IV, *b*, CTN.

c) patrimônio, renda ou serviços dos partidos políticos, inclusive suas fundações, das entidades sindicais dos trabalhadores, das instituições de educação e de assistência social, sem fins lucrativos, atendidos os requisitos da lei;

* V. arts. 9º, IV, *c*, e 14, CTN.
* V. Súmulas 724 e 730, STF.

d) livros, jornais, periódicos e o papel destinado a sua impressão.

* V. art. 9º, IV, *d*, CTN.
* V. Súmula 657, STF.

§ 1º A vedação do inciso III, *b*, não se aplica aos tributos previstos nos arts. 148, I, 153, I, II, IV e V; e 154, II; e a vedação do inciso III, *c*, não se aplica aos tributos previstos nos arts. 148, I, 153, I, II, III e V; e 154, II, nem à fixação da base de cálculo dos impostos previstos nos arts. 155, III, e 156, I.

* § 1º com redação determinada pela Emenda Constitucional n. 42/2003.

§ 2º A vedação do inciso VI, *a*, é extensiva às autarquias e às fundações instituídas e mantidas pelo Poder Público, no que se refere ao patrimônio, à renda e aos serviços, vinculados a suas finalidades essenciais ou às delas decorrentes.
§ 3º As vedações do inciso VI, *a*, e do parágrafo anterior não se aplicam ao patrimônio, à renda e aos serviços, relacionados com exploração de atividades econômicas regidas pelas normas aplicáveis a empreendimentos privados, ou em que haja contraprestação ou pagamento de preços ou tarifas pelo usuário, nem exonera o promitente comprador da obrigação de pagar imposto relativamente ao bem imóvel.
§ 4º As vedações expressas no inciso VI, alíneas *b* e *c*, compreendem somente o patrimônio, a renda e os serviços, relacionados com as finalidades essenciais das entidades nelas mencionadas.
§ 5º A lei determinará medidas para que os consumidores sejam esclarecidos acerca dos impostos que incidam sobre mercadorias e serviços.
§ 6º Qualquer subsídio ou isenção, redução de base de cálculo, concessão de crédito presumido, anistia ou remissão, relativos a impostos, taxas ou contribuições, só poderá ser concedido mediante lei específica, federal, estadual ou municipal, que regule exclusivamente as matérias acima enumeradas ou o correspondente tributo ou contribuição, sem prejuízo do disposto no art. 155, § 2º, XII, *g*.

* § 6º com redação determinada pela Emenda Constitucional n. 3/1993.

§ 7º A lei poderá atribuir a sujeito passivo de obrigação tributária a condição de responsável pelo pagamento de imposto ou contribuição, cujo fato gerador deva ocorrer posteriormente, assegurada a imediata e preferencial restituição da quantia paga, caso não se realize o fato gerador presumido.

* § 7º acrescentado pela Emenda Constitucional n. 3/1993.

Art. 151. É vedado à União:
I – instituir tributo que não seja uniforme em todo o território nacional ou que implique distinção ou preferência em relação a Estado, ao Distrito Federal ou a Município, em detrimento de outro, admitida a concessão de incentivos fiscais destinados a promover o equilíbrio do desenvolvimento socioeconômico entre as diferentes regiões do País;

* V. art. 10, CTN.
* V. Lei 9.440/1997 (Estabelece incentivos fiscais para o desenvolvimento regional).

II – tributar a renda das obrigações da dívida pública dos Estados, do Distrito Federal e dos Municípios, bem como a remuneração e os proventos dos respectivos agentes pú-

Art. 152

CONSTITUIÇÃO FEDERAL

blicos, em níveis superiores aos que fixar para suas obrigações e para seus agentes;

III – instituir isenções de tributos da competência dos Estados, do Distrito Federal ou dos Municípios.

Art. 152. É vedado aos Estados, ao Distrito Federal e aos Municípios estabelecer diferença tributária entre bens e serviços, de qualquer natureza, em razão de sua procedência ou destino.

- V. art. 11, CTN.

Seção III
Dos impostos da União

Art. 153. Compete à União instituir impostos sobre:

- V. art. 154, I, CF.

I – importação de produtos estrangeiros;

- V. Lei 7.810/1989 (Imposto de Importação – redução).
- V. Lei 8.003/1990 (Legislação tributária federal – alterações).
- V. Lei 8.032/1990 (Isenção ou redução do Imposto de Importação).
- V. Lei 9.449/1997 (Reduz o Imposto de Importação para produtos que especifica).

II – exportação, para o exterior, de produtos nacionais ou nacionalizados;

III – renda e proventos de qualquer natureza;

- V. arts. 27, § 2º, 28, § 2º, 29, V e VI, 37, XV, 48, XV, 49, VII e VIII, 95, III, 128, § 5º, I, c, CF.
- V. art. 34, § 2º, I, ADCT.
- V. Lei 8.034/1990 (Imposto de Renda – alterações – pessoas jurídicas).
- V. Lei 8.166/1991 (Imposto de Renda – não incidência sobre lucros ou dividendos distribuídos a residentes ou domiciliados no exterior, doados a instituições sem fins lucrativos).
- V. Lei 8.848/1994 (Imposto de Renda – alterações).
- V. Lei 8.849/1994 (Imposto de Renda – alterações).
- V. Lei 8.981/1995 (Altera a legislação tributária federal).
- V. Lei 9.316/1996 (Altera a legislação do Imposto de Renda e da Contribuição Social sobre o Lucro Líquido).
- V. Lei 9.430/1996 (Altera a legislação tributária federal).
- V. Lei 9.532/1997 (Altera a legislação tributária federal).

IV – produtos industrializados;

- V. art. 34, § 2º, I, ADCT.
- V. Lei 8.003/1990 (Legislação tributária federal – alterações).
- V. Lei 9.363/1996 (Crédito presumido do IPI para ressarcimento do valor do PIS/PASEP e COFINS).
- V. Lei 9.493/1997 (Isenções do IPI).

V – operações de crédito, câmbio e seguro, ou relativas a títulos ou valores mobiliários;

- V. arts. 63 a 67, CTN.
- V. Lei 8.894/1994 (IOF).
- V. Dec. 6.306/2007 (Regulamenta o Imposto sobre Operações de Crédito, Câmbio e Seguro, ou relativas a Títulos ou Valores Mobiliários – IOF).
- V. Súmula vinculante 32, STF.

VI – propriedade territorial rural;

- V. Lei 8.847/1994 (ITR).
- V. Lei 9.321/1996 (Programa Nacional de Fortalecimento da Agricultura Familiar – PRONAF).
- V. Lei 9.393/1996 (ITR e Títulos da Dívida Agrária).

VII – grandes fortunas, nos termos de lei complementar.

§ 1º É facultado ao Poder Executivo, atendidas as condições e os limites estabelecidos em lei, alterar as alíquotas dos impostos enumerados nos incisos I, II, IV e V.

- V. art. 150, § 1º, CF.
- V. Lei 8.088/1990 (Atualização do Bônus do Tesouro Nacional e depósitos de poupança).

§ 2º O imposto previsto no inciso III:

- V. Dec.-lei 1.351/1974 (Altera a legislação do Imposto de Renda).

I – será informado pelos critérios da generalidade, da universalidade e da progressividade, na forma da lei;

- V. arts. 27, § 2º, 28, § 2º, 29, V e VI, 37, XV, 48, XV, 49, VII e VIII, 95, III, e 128, § 5º, I, c, CF.

II – *(Revogado pela Emenda Constitucional n. 20/1998.)*

§ 3º O imposto previsto no inciso IV:

I – será seletivo, em função da essencialidade do produto;

II – será não cumulativo, compensando-se o que for devido em cada operação com o montante cobrado nas anteriores;

III – não incidirá sobre produtos industrializados destinados ao exterior;

IV – terá reduzido seu impacto sobre a aquisição de bens de capital pelo contribuinte do imposto, na forma da lei.

- Inciso IV acrescentado pela Emenda Constitucional n. 42/2003.

Art. 155

CONSTITUIÇÃO FEDERAL

§ 4º O imposto previsto no inciso VI do *caput*:

- § 4º com redação determinada pela Emenda Constitucional n. 42/2003.
- V. Lei 8.629/1993 (Regulamenta os dispositivos constitucionais relativos à reforma agrária).

I – será progressivo e terá suas alíquotas fixadas de forma a desestimular a manutenção de propriedades improdutivas;

II – não incidirá sobre pequenas glebas rurais, definidas em lei, quando as explore o proprietário que não possua outro imóvel;

III – será fiscalizado e cobrado pelos Municípios que assim optarem, na forma da lei, desde que não implique redução do imposto ou qualquer outra forma de renúncia fiscal.

- V. Lei 11.250/2005 (Regulamenta o inciso III do § 4º do art. 153 da CF).

§ 5º O ouro, quando definido em lei como ativo financeiro ou instrumento cambial, sujeita-se exclusivamente à incidência do imposto de que trata o inciso V do *caput* deste artigo, devido na operação de origem; a alíquota mínima será de um por cento, assegurada a transferência do montante da arrecadação nos seguintes termos:

- V. art. 74, § 2º, ADCT.
- V. Lei 7.766/1989 (Ouro como ativo financeiro).

I – trinta por cento para o Estado, o Distrito Federal ou o Território, conforme a origem;

II – setenta por cento para o Município de origem.

- V. art. 72, § 3º, ADCT.

Art. 154. A União poderá instituir:

I – mediante lei complementar, impostos não previstos no artigo anterior, desde que sejam não cumulativos e não tenham fato gerador ou base de cálculo próprios dos discriminados nesta Constituição;

- V. art. 195, § 4º, CF.
- V. art. 74, § 2º, ADCT.

II – na iminência ou no caso de guerra externa, impostos extraordinários, compreendidos ou não em sua competência tributária, os quais serão suprimidos, gradativamente, cessadas as causas de sua criação.

- V. art. 150, § 1º, CF.

Seção IV
Dos impostos dos Estados e do Distrito Federal

Art. 155. Compete aos Estados e ao Distrito Federal instituir impostos sobre:

- *Caput* com redação determinada pela Emenda Constitucional n. 3/1993.

I – transmissão *causa mortis* e doação, de quaisquer bens ou direitos;

II – operações relativas à circulação de mercadorias e sobre prestações de serviços de transporte interestadual e intermunicipal e de comunicação, ainda que as operações e as prestações se iniciem no exterior;

- V. LC 24/1975 (Convênios para a concessão de isenção de ICMS).
- V. LC 87/1996 (ICMS).
- V. LC 102/2000 (Altera dispositivos da LC 87/1996).
- V. Súmula 662, STF.
- V. Súmulas 334 e 457, STJ.

III – propriedade de veículos automotores.

§ 1º O imposto previsto no inciso I:

- *Caput* do § 1º com redação determinada pela Emenda Constitucional n. 3/1993.

I – relativamente a bens imóveis e respectivos direitos, compete ao Estado da situação do bem, ou ao Distrito Federal;

II – relativamente a bens móveis, títulos e créditos, compete ao Estado onde se processar o inventário ou arrolamento, ou tiver domicílio o doador, ou ao Distrito Federal;

III – terá a competência para sua instituição regulada por lei complementar:

a) se o doador tiver domicílio ou residência no exterior;

b) se o *de cujus* possuía bens, era residente ou domiciliado ou teve o seu inventário processado no exterior;

IV – terá suas alíquotas máximas fixadas pelo Senado Federal.

§ 2º O imposto previsto no inciso II atenderá ao seguinte:

- *Caput* do § 2º com redação determinada pela Emenda Constitucional n. 3/1993.
- V. Dec.-lei 406/1968 (Normas gerais de direito financeiro aplicáveis ao ICMS e ISS).
- V. LC 24/1975 (Convênios para concessão de isenções de ICMS).
- V. LC 101/2000 (Estabelece normas de finanças públicas voltadas para a responsabilidade na gestão fiscal).

Art. 155

CONSTITUIÇÃO FEDERAL

I – será não cumulativo, compensando-se o que for devido em cada operação relativa à circulação de mercadorias ou prestação de serviços com o montante cobrado nas anteriores pelo mesmo ou outro Estado ou pelo Distrito Federal;

II – a isenção ou não incidência, salvo determinação em contrário da legislação:

a) não implicará crédito para compensação com o montante devido nas operações ou prestações seguintes;

b) acarretará a anulação do crédito relativo às operações anteriores;

III – poderá ser seletivo, em função da essencialidade das mercadorias e dos serviços;

IV – resolução do Senado Federal, de iniciativa do Presidente da República ou de um terço dos Senadores, aprovada pela maioria absoluta de seus membros, estabelecerá as alíquotas aplicáveis às operações e prestações, interestaduais e de exportação;

V – é facultado ao Senado Federal:

a) estabelecer alíquotas mínimas nas operações internas, mediante resolução de iniciativa de um terço e aprovada pela maioria absoluta de seus membros;

b) fixar alíquotas máximas nas mesmas operações para resolver conflito específico que envolva interesse de Estados, mediante resolução de iniciativa da maioria absoluta e aprovada por dois terços de seus membros;

VI – salvo deliberação em contrário dos Estados e do Distrito Federal, nos termos do disposto no inciso XII, g, as alíquotas internas, nas operações relativas à circulação de mercadorias e nas prestações de serviços, não poderão ser inferiores às previstas para as operações interestaduais;

VII – em relação às operações e prestações que destinem bens e serviços a consumidor final localizado em outro Estado, adotar-se-á:

a) a alíquota interestadual, quando o destinatário for contribuinte do imposto;

b) a alíquota interna, quando o destinatário não for contribuinte dele;

VIII – na hipótese da alínea a do inciso anterior, caberá ao Estado da localização do destinatário o imposto correspondente à diferença entre a alíquota interna e a interestadual;

IX – incidirá também:

a) sobre a entrada de bem ou mercadoria importados do exterior por pessoa física ou jurídica, ainda que não seja contribuinte habitual do imposto, qualquer que seja a sua finalidade, assim como sobre o serviço prestado no exterior, cabendo o imposto ao Estado onde estiver situado o domicílio ou o estabelecimento do destinatário da mercadoria, bem ou serviço;

* Alínea a com redação determinada pela Emenda Constitucional n. 33/2001.
* V. Súmulas 660 e 661, STF.

b) sobre o valor total da operação, quando mercadorias forem fornecidas com serviços não compreendidos na competência tributária dos Municípios;

X – não incidirá:

a) sobre operações que destinem mercadorias para o exterior, nem sobre serviços prestados a destinatários no exterior, assegurada a manutenção e o aproveitamento do montante do imposto cobrado nas operações e prestações anteriores;

* Alínea a com redação determinada pela Emenda Constitucional n. 42/2003.

b) sobre operações que destinem a outros Estados petróleo, inclusive lubrificantes, combustíveis líquidos e gasosos dele derivados, e energia elétrica;

c) sobre o ouro, nas hipóteses definidas no art. 153, § 5º;

* V. Lei 7.766/1989 (Ouro como ativo financeiro).

d) nas prestações de serviço de comunicação nas modalidades de radiodifusão sonora e de sons e imagens de recepção livre e gratuita;

* Alínea d acrescentada pela Emenda Constitucional n. 42/2003.

XI – não compreenderá, em sua base de cálculo, o montante do imposto sobre produtos industrializados, quando a operação, realizada entre contribuintes e relativa a produto destinado à industrialização ou à comercialização, configure fato gerador dos dois impostos;

XII – cabe à lei complementar:

* V. art. 4º, Emenda Constitucional n. 42/2003.

a) definir seus contribuintes;

b) dispor sobre substituição tributária;

c) disciplinar o regime de compensação do imposto;

d) fixar, para efeito de sua cobrança e definição do estabelecimento responsável, o local das operações relativas à circulação de mercadorias e das prestações de serviços;

e) excluir da incidência do imposto, nas exportações para o exterior, serviços e outros produtos além dos mencionados no inciso X, *a*;

f) prever casos de manutenção de crédito, relativamente à remessa para outro Estado e exportação para o exterior, de serviços e de mercadorias;

g) regular a forma como, mediante deliberação dos Estados e do Distrito Federal, isenções, incentivos e benefícios fiscais serão concedidos e revogados;

h) definir os combustíveis e lubrificantes sobre os quais o imposto incidirá uma única vez, qualquer que seja a sua finalidade, hipótese em que não se aplicará o disposto no inciso X, *b*;

- Alínea *h* acrescentada pela Emenda Constitucional n. 33/2001.

i) fixar a base de cálculo, de modo que o montante do imposto a integre, também na importação do exterior de bem, mercadoria ou serviço.

- Alínea *i* acrescentada pela Emenda Constitucional n. 33/2001.

§ 3º À exceção dos impostos de que tratam o inciso II do *caput* deste artigo e o art. 153, I e II, nenhum outro imposto poderá incidir sobre operações relativas a energia elétrica, serviços de telecomunicações, derivados de petróleo, combustíveis e minerais do País.

- § 3º com redação determinada pela Emenda Constitucional n. 33/2001.
- V. Súmula 659, STF.

§ 4º Na hipótese do inciso XII, *h*, observar-se-á o seguinte:

- § 4º acrescentado pela Emenda Constitucional n. 33/2001.

I – nas operações com os lubrificantes e combustíveis derivados de petróleo, o imposto caberá ao Estado onde ocorrer o consumo;

II – nas operações interestaduais, entre contribuintes, com gás natural e seus derivados, e lubrificantes e combustíveis não incluídos no inciso I deste parágrafo, o imposto será repartido entre os Estados de origem e de destino, mantendo-se a mesma proporcionalidade que ocorre nas operações com as demais mercadorias;

III – nas operações interestaduais com gás natural e seus derivados, e lubrificantes e combustíveis não incluídos no inciso I deste parágrafo, destinadas a não contribuinte, o imposto caberá ao Estado de origem;

IV – as alíquotas do imposto serão definidas mediante deliberação dos Estados e Distrito Federal, nos termos do § 2º, XII, *g*, observando-se o seguinte:

a) serão uniformes em todo o território nacional, podendo ser diferenciadas por produto;

b) poderão ser específicas, por unidade de medida adotada, ou *ad valorem*, incidindo sobre o valor da operação ou sobre o preço que o produto ou seu similar alcançaria em uma venda em condições de livre concorrência;

c) poderão ser reduzidas e restabelecidas, não se lhes aplicando o disposto no art. 150, III, *b*.

§ 5º As regras necessárias à aplicação do disposto no § 4º, inclusive as relativas à apuração e à destinação do imposto, serão estabelecidas mediante deliberação dos Estados e do Distrito Federal, nos termos do § 2º, XII, *g*.

- § 5º acrescentado pela Emenda Constitucional n. 33/2001.

§ 6º O imposto previsto no inciso III:

- § 6º acrescentado pela Emenda Constitucional n. 42/2003.

I – terá alíquotas mínimas fixadas pelo Senado Federal;

II – poderá ter alíquotas diferenciadas em função do tipo e utilização.

Seção V
Dos impostos dos Municípios

Art. 156. Compete aos Municípios instituir impostos sobre:

- V. art. 167, § 4º, CF.

I – propriedade predial e territorial urbana;

- V. arts. 32 a 34, CTN.

II – transmissão *inter vivos*, a qualquer título, por ato oneroso, de bens imóveis, por natureza ou acessão física, e de direitos reais so-

bre imóveis, exceto os de garantia, bem como cessão de direitos a sua aquisição;

- V. arts. 35 a 42, CTN.
- V. Súmula 656, STF.

III – serviços de qualquer natureza, não compreendidos no art. 155, II, definidos em lei complementar;

- Inciso III com redação determinada pela Emenda Constitucional n. 3/1993.

IV – *(Revogado pela Emenda Constitucional n. 3/1993.)*

§ 1º Sem prejuízo da progressividade no tempo a que se refere o art. 182, § 4º, inciso II, o imposto previsto no inciso I poderá:

- § 1º com redação determinada pela Emenda Constitucional n. 29/2000.
- V. arts. 182, §§ 2º e 4º, e 186, CF.
- V. Súmula 589, STF.

I – ser progressivo em razão do valor do imóvel; e

II – ter alíquotas diferentes de acordo com a localização e o uso do imóvel.

§ 2º O imposto previsto no inciso II:

I – não incide sobre a transmissão de bens ou direitos incorporados ao patrimônio de pessoa jurídica em realização de capital, nem sobre a transmissão de bens ou direitos decorrente de fusão, incorporação, cisão ou extinção de pessoa jurídica, salvo se, nesses casos, a atividade preponderante do adquirente for a compra e venda desses bens ou direitos, locação de bens imóveis ou arrendamento mercantil;

II – compete ao Município da situação do bem.

§ 3º Em relação ao imposto previsto no inciso III do *caput* deste artigo, cabe à lei complementar:

- *Caput* do § 3º com redação determinada pela Emenda Constitucional n. 37/2002.

I – fixar as suas alíquotas máximas e mínimas;

- Inciso I com redação determinada pela Emenda Constitucional n. 37/2002.

II – excluir da sua incidência exportações de serviços para o exterior;

- Inciso II com redação determinada pela Emenda Constitucional n. 3/1993.

III – regular a forma e as condições como isenções, incentivos e benefícios fiscais serão concedidos e revogados.

- Inciso III acrescentado pela Emenda Constitucional n. 37/2002.

§ 4º *(Revogado pela Emenda Constitucional n. 3/1993.)*

Seção VI
Da repartição das receitas tributárias

Art. 157. Pertencem aos Estados e ao Distrito Federal:

- V. art. 167, § 4º, CF.

I – o produto da arrecadação do imposto da União sobre renda e proventos de qualquer natureza, incidente na fonte, sobre rendimentos pagos, a qualquer título, por eles, suas autarquias e pelas fundações que instituírem e mantiverem;

- V. art. 159, § 1º, CF.
- V. Súmula 447, STJ.

II – vinte por cento do produto da arrecadação do imposto que a União instituir no exercício da competência que lhe é atribuída pelo art. 154, I.

- V. art. 72, § 3º, ADCT.

Art. 158. Pertencem aos Municípios:

I – o produto da arrecadação do imposto da União sobre renda e proventos de qualquer natureza, incidente na fonte, sobre rendimentos pagos, a qualquer título, por eles, suas autarquias e pelas fundações que instituírem e mantiverem;

- V. art. 159, § 1º, CF.

II – cinquenta por cento do produto da arrecadação do imposto da União sobre a propriedade territorial rural, relativamente aos imóveis neles situados, cabendo a totalidade na hipótese da opção a que se refere o art. 153, § 4º, III;

- Inciso II com redação determinada pela Emenda Constitucional n. 42/2003.
- V. art. 72, § 4º, ADCT.

III – cinquenta por cento do produto da arrecadação do imposto do Estado sobre a propriedade de veículos automotores licenciados em seus territórios;

- V. art. 1º, LC 63/1990 (Critérios e prazos de crédito das parcelas do produto da arrecadação de impostos de competência dos Estados e de transferências por estes recebidas, pertencentes aos Municípios).

Art. 159

Constituição Federal

IV – vinte e cinco por cento do produto da arrecadação do imposto do Estado sobre operações relativas à circulação de mercadorias e sobre prestações de serviços de transporte interestadual e intermunicipal e de comunicação.

- V. art. 1º, LC 63/1990 (Critérios e prazos de crédito das parcelas do produto da arrecadação de impostos de competência dos Estados e de transferências por estes recebidas, pertencentes aos Municípios).

Parágrafo único. As parcelas de receita pertencentes aos Municípios, mencionadas no inciso IV, serão creditadas conforme os seguintes critérios:

I – três quartos, no mínimo, na proporção do valor adicionado nas operações relativas à circulação de mercadorias e nas prestações de serviços, realizadas em seus territórios;

II – até um quarto, de acordo com o que dispuser lei estadual ou, no caso dos Territórios, lei federal.

Art. 159. A União entregará:

- V. art. 72, §§ 2º e 4º, ADCT.
- V. LC 62/1989 (Fundos de Participação – normas sobre cálculo e entrega).

I – do produto da arrecadação dos impostos sobre renda e proventos de qualquer natureza e sobre produtos industrializados quarenta e oito por cento na seguinte forma:

- *Caput* do inciso I com redação determinada pela Emenda Constitucional n. 55/2007.
- V. art. 2º, Emenda Constitucional n. 55/2007, que determina que, no exercício de 2007, as alterações do art. 159 da CF previstas na referida Emenda Constitucional somente se aplicam sobre a arrecadação dos impostos sobre renda e proventos de qualquer natureza e sobre produtos industrializados realizada a partir de 1º.09.2007.

a) vinte um inteiros e cinco décimos por cento ao Fundo de Participação dos Estados e do Distrito Federal;

- V. arts. 34, § 2º, II, e 60, § 2º, ADCT.
- V. LC 62/1989 (Estabelece normas sobre o cálculo, a entrega e o controle das liberações dos recursos dos Fundos de Participação).

b) vinte e dois inteiros e cinco décimos por cento ao Fundo de Participação dos Municípios;

- V. LC 62/1989 (Estabelece normas sobre o cálculo, a entrega e o controle das liberações dos recursos dos Fundos de Participação).

c) três por cento, para aplicação em programas de financiamento ao setor produtivo das Regiões Norte, Nordeste e Centro-Oeste, através de suas instituições financeiras de caráter regional, de acordo com os planos regionais de desenvolvimento, ficando assegurada ao semiárido do Nordeste a metade dos recursos destinados à Região, na forma que a lei estabelecer;

- V. Lei 7.827/1989 (Fundos Constitucionais de Financiamento).

d) um por cento ao Fundo de Participação dos Municípios, que será entregue no primeiro decêndio do mês de dezembro de cada ano;

- Alínea *d* acrescentada pela Emenda Constitucional n. 55/2007.
- V. art. 2º, Emenda Constitucional n. 55/2007, que determina que, no exercício de 2007, as alterações do art. 159 da CF previstas na referida Emenda Constitucional somente se aplicam sobre a arrecadação dos impostos sobre renda e proventos de qualquer natureza e sobre produtos industrializados realizada a partir de 1º.09.2007.

II – do produto da arrecadação do imposto sobre produtos industrializados, dez por cento aos Estados e ao Distrito Federal, proporcionalmente ao valor das respectivas exportações de produtos industrializados;

- V. art. 1º, LC 63/1990 (Critérios e prazos de crédito das parcelas do produto da arrecadação de impostos de competência dos Estados e de transferências por estes recebidas, pertencentes aos Municípios).
- V. Lei 8.016/1990 (Entrega das cotas de participação dos Estados e do Distrito Federal na arrecadação do IPI de que trata o inciso II do art. 159 da CF/1988).

III – do produto da arrecadação da contribuição de intervenção no domínio econômico prevista no art. 177, § 4º, 29% (vinte e nove por cento) para os Estados e o Distrito Federal, distribuídos na forma da lei, observada a destinação a que se refere o inciso II, *c*, do referido parágrafo.

- Inciso III com redação determinada pela Emenda Constitucional n. 44/2004.
- V. art. 93, ADCT.

§ 1º Para efeito de cálculo da entrega a ser efetuada de acordo com o previsto no inciso I, excluir-se-á a parcela da arrecadação do imposto de renda e proventos de qualquer natureza pertencentes aos Estados, ao Dis-

Art. 160

CONSTITUIÇÃO FEDERAL

trito Federal e aos Municípios, nos termos do disposto nos arts. 157, I, e 158, I.

§ 2º A nenhuma unidade federada poderá ser destinada parcela superior a vinte por cento do montante a que se refere o inciso II, devendo o eventual excedente ser distribuído entre os demais participantes, mantido, em relação a esses, o critério de partilha nele estabelecido.

- V. LC 61/1989 (IPI – Fundo de Participação dos Estados).

§ 3º Os Estados entregarão aos respectivos Municípios vinte e cinco por cento dos recursos que receberem nos termos do inciso II, observados os critérios estabelecidos no art. 158, parágrafo único, I e II.

- V. art. 1º, LC 63/1990 (Critérios e prazos de crédito das parcelas do produto da arrecadação de impostos de competência dos Estados e de transferências por estes recebidas, pertencentes aos Municípios).

§ 4º Do montante de recursos de que trata o inciso III que cabe a cada Estado, vinte e cinco por cento serão destinados aos seus Municípios, na forma da lei a que se refere o mencionado inciso.

- § 4º acrescentado pela Emenda Constitucional n. 42/2003.
- V. art. 93, ADCT.

Art. 160. É vedada a retenção ou qualquer restrição à entrega e ao emprego dos recursos atribuídos, nesta seção, aos Estados, ao Distrito Federal e aos Municípios, neles compreendidos adicionais e acréscimos relativos a impostos.

Parágrafo único. A vedação prevista neste artigo não impede a União e os Estados de condicionarem a entrega de recursos:

- Parágrafo único com redação determinada pela Emenda Constitucional n. 29/2000.

I – ao pagamento de seus créditos, inclusive de suas autarquias;
II – ao cumprimento do disposto no art. 198, § 2º, incisos II e III.

Art. 161. Cabe à lei complementar:
I – definir valor adicionado para fins do disposto no art. 158, parágrafo único, I;

- V. LC 63/1990 (Critérios e prazos de crédito das parcelas do produto da arrecadação de impostos de competência dos Estados e de transferências

por estes recebidas, pertencentes aos Municípios).

II – estabelecer normas sobre a entrega dos recursos de que trata o art. 159, especialmente sobre os critérios de rateio dos fundos previstos em seu inciso I, objetivando promover o equilíbrio socioeconômico entre Estados e entre Municípios;

- V. art. 34, § 2º, ADCT.
- V. LC 62/1989 (Estabelece normas sobre o cálculo, a entrega e o controle das liberações dos recursos dos Fundos de Participação).

III – dispor sobre o acompanhamento, pelos beneficiários, do cálculo das quotas e da liberação das participações previstas nos arts. 157, 158 e 159.

- V. LC 62/1989 (Estabelece normas sobre o cálculo, a entrega e o controle das liberações dos recursos dos Fundos de Participação).

Parágrafo único. O Tribunal de Contas da União efetuará o cálculo das quotas referentes aos fundos de participação a que alude o inciso II.

Art. 162. A União, os Estados, o Distrito Federal e os Municípios divulgarão, até o último dia do mês subsequente ao da arrecadação, os montantes de cada um dos tributos arrecadados, os recursos recebidos, os valores de origem tributária entregues e a entregar e a expressão numérica dos critérios de rateio.

Parágrafo único. Os dados divulgados pela União serão discriminados por Estado e por Município; os dos Estados, por Município.

Capítulo II
DAS FINANÇAS PÚBLICAS

Seção I
Normas gerais

Art. 163. Lei complementar disporá sobre:

- V. art. 30, Emenda Constitucional n. 19/1998.
- V. Lei 4.320/1964 (Normas gerais de direito financeiro para elaboração e controle dos orçamentos e balanços da União, dos Estados, dos Municípios e do Distrito Federal).
- V. Lei 6.830/1980 (Lei de Execução Fiscal).
- V. Dec.-lei 1.833/1980 (Extingue a vinculação a categorias econômicas, na aplicação dos Esta-

Art. 165

CONSTITUIÇÃO FEDERAL

dos, Distrito Federal, Territórios e Municípios, de recursos tributários transferidos pela União).

I – finanças públicas;

- V. LC 101/2000 (Estabelece normas de finanças públicas voltadas para a responsabilidade na gestão fiscal).

II – dívida pública externa e interna, incluída a das autarquias, fundações e demais entidades controladas pelo Poder Público;

- V. Lei 8.388/1991 (Diretrizes para o reescalonamento, pela União, de dívidas das administrações direta e indireta dos Estados, do Distrito Federal e dos Municípios).
- V. Dec. 456/1992 (Regulamenta a Lei 8.388/1991).

III – concessão de garantias pelas entidades públicas;

IV – emissão e resgate de títulos da dívida pública;

- V. art. 34, § 2º, I, ADCT.

V – fiscalização financeira da administração pública direta e indireta;

- Inciso V com redação determinada pela Emenda Constitucional n. 40/2003.
- V. Lei 4.595/1964 (Conselho Monetário Nacional).

VI – operações de câmbio realizadas por órgãos e entidades da União, dos Estados, do Distrito Federal e dos Municípios;

- V. Dec.-lei 9.025/1946 (Operações de câmbio).
- V. Dec.-lei 9.602/1946 (Operações de câmbio).
- V. Lei 1.807/1953 (Operações de câmbio).
- V. Lei 4.131/1962 (Aplicação do capital estrangeiro e as remessas de valores para o exterior).

VII – compatibilização das funções das instituições oficiais de crédito da União, resguardadas as características e condições operacionais plenas das voltadas ao desenvolvimento regional.

- V. Lei 4.595/1964 (Conselho Monetário Nacional).

Art. 164. A competência da União para emitir moeda será exercida exclusivamente pelo Banco Central.

§ 1º É vedado ao Banco Central conceder, direta ou indiretamente, empréstimos ao Tesouro Nacional e a qualquer órgão ou entidade que não seja instituição financeira.

§ 2º O Banco Central poderá comprar e vender títulos de emissão do Tesouro Nacional, com o objetivo de regular a oferta de moeda ou a taxa de juros.

§ 3º As disponibilidades de caixa da União serão depositadas no Banco Central; as dos Estados, do Distrito Federal, dos Municípios e dos órgãos ou entidades do Poder Público e das empresas por ele controladas, em instituições financeiras oficiais, ressalvados os casos previstos em lei.

Seção II
Dos orçamentos

Art. 165. Leis de iniciativa do Poder Executivo estabelecerão:

I – o plano plurianual;

II – as diretrizes orçamentárias;

III – os orçamentos anuais.

§ 1º A lei que instituir o plano plurianual estabelecerá, de forma regionalizada, as diretrizes, objetivos e metas da administração pública federal para as despesas de capital e outras delas decorrentes e para as relativas aos programas de duração continuada.

§ 2º A lei de diretrizes orçamentárias compreenderá as metas e prioridades da administração pública federal, incluindo as despesas de capital para o exercício financeiro subsequente, orientará a elaboração da lei orçamentária anual, disporá sobre as alterações na legislação tributária e estabelecerá a política de aplicação das agências financeiras oficiais de fomento.

§ 3º O Poder Executivo publicará, até trinta dias após o encerramento de cada bimestre, relatório resumido da execução orçamentária.

§ 4º Os planos e programas nacionais, regionais e setoriais previstos nesta Constituição serão elaborados em consonância com o plano plurianual e apreciados pelo Congresso Nacional.

- V. Lei 9.491/1997 (Programa Nacional de Desestatização).

§ 5º A lei orçamentária anual compreenderá:

I – o orçamento fiscal referente aos Poderes da União, seus fundos, órgãos e entidades da administração direta e indireta, inclusive fundações instituídas e mantidas pelo Poder Público;

II – o orçamento de investimento das empresas em que a União, direta ou indiretamente, detenha a maioria do capital social com direito a voto;

Art. 166

III – o orçamento da seguridade social, abrangendo todas as entidades e órgãos a ela vinculados, da administração direta ou indireta, bem como os fundos e fundações instituídos e mantidos pelo Poder Público.

§ 6º O projeto de lei orçamentária será acompanhado de demonstrativo regionalizado do efeito, sobre as receitas e despesas, decorrente de isenções, anistias, remissões, subsídios e benefícios de natureza financeira, tributária e creditícia.

§ 7º Os orçamentos previstos no § 5º, I e II, deste artigo, compatibilizados com o plano plurianual, terão entre suas funções a de reduzir desigualdades inter-regionais, segundo critério populacional.

- V. art. 35, ADCT.

§ 8º A lei orçamentária anual não conterá dispositivo estranho à previsão da receita e à fixação da despesa, não se incluindo na proibição a autorização para abertura de créditos suplementares e contratação de operações de crédito, ainda que por antecipação de receita, nos termos da lei.

§ 9º Cabe à lei complementar:

- V. art. 168, CF.
- V. art. 35, § 2º, ADCT.
- V. Lei 4.320/1964 (Normas gerais de direito financeiro para elaboração e controle dos orçamentos e balanços da União, dos Estados, dos Municípios e do Distrito Federal).
- V. Dec.-lei 200/1967 (Organização da administração federal).
- V. Dec.-lei 900/1969 (Altera dispositivos do Dec.-lei 200/1967).

I – dispor sobre o exercício financeiro, a vigência, os prazos, a elaboração e a organização do plano plurianual, da lei de diretrizes orçamentárias e da lei orçamentária anual;

II – estabelecer normas de gestão financeira e patrimonial da administração direta e indireta, bem como condições para a instituição e funcionamento de fundos.

- V. art. 35, § 2º, ADCT.
- V. LC 89/1997 (Fundo para Aparelhamento e Operacionalização das Atividades-fim da Polícia Federal – FUNAPOL).

Art. 166. Os projetos de lei relativos ao plano plurianual, às diretrizes orçamentárias, ao orçamento anual e aos créditos adicionais serão apreciados pelas duas Casas do Congresso Nacional, na forma do regimento comum.

§ 1º Caberá a uma Comissão mista permanente de Senadores e Deputados:

- V. Res. CN 1/2006 (Comissão Mista Permanente a que se refere o § 1º do art. 166 da CF).

I – examinar e emitir parecer sobre os projetos referidos neste artigo e sobre as contas apresentadas anualmente pelo Presidente da República;

II – examinar e emitir parecer sobre os planos e programas nacionais, regionais e setoriais previstos nesta Constituição e exercer o acompanhamento e a fiscalização orçamentária, sem prejuízo da atuação das demais comissões do Congresso Nacional e de suas Casas, criadas de acordo com o art. 58.

§ 2º As emendas serão apresentadas na Comissão mista, que sobre elas emitirá parecer, e apreciadas, na forma regimental, pelo Plenário das duas Casas do Congresso Nacional.

§ 3º As emendas ao projeto de lei do orçamento anual ou aos projetos que o modifiquem somente podem ser aprovadas caso:

I – sejam compatíveis com o plano plurianual e com a lei de diretrizes orçamentárias;

II – indiquem os recursos necessários, admitidos apenas os provenientes de anulação de despesa, excluídas as que incidam sobre:

a) dotações para pessoal e seus encargos;
b) serviço da dívida;
c) transferências tributárias constitucionais para Estados, Municípios e Distrito Federal; ou

III – sejam relacionadas:

a) com a correção de erros ou omissões; ou
b) com os dispositivos do texto do projeto de lei.

§ 4º As emendas ao projeto de lei de diretrizes orçamentárias não poderão ser aprovadas quando incompatíveis com o plano plurianual.

- V. art. 63, I, CF.

§ 5º O Presidente da República poderá enviar mensagem ao Congresso Nacional para propor modificação nos projetos a que se refere este artigo enquanto não iniciada a votação, na Comissão mista, da parte cuja alteração é proposta.

Art. 167

Constituição Federal

§ 6º Os projetos de lei do plano plurianual, das diretrizes orçamentárias e do orçamento anual serão enviados pelo Presidente da República ao Congresso Nacional, nos termos da lei complementar a que se refere o art. 165, § 9º.

§ 7º Aplicam-se aos projetos mencionados neste artigo, no que não contrariar o disposto nesta seção, as demais normas relativas ao processo legislativo.

§ 8º Os recursos que, em decorrência de veto, emenda ou rejeição do projeto de lei orçamentária anual, ficarem sem despesas correspondentes poderão ser utilizados, conforme o caso, mediante créditos especiais ou suplementares, com prévia e específica autorização legislativa.

Art. 167. São vedados:

I – o início de programas ou projetos não incluídos na lei orçamentária anual;

II – a realização de despesas ou a assunção de obrigações diretas que excedam os créditos orçamentários ou adicionais;

III – a realização de operações de créditos que excedam o montante das despesas de capital, ressalvadas as autorizadas mediante créditos suplementares ou especiais com finalidade precisa, aprovados pelo Poder Legislativo por maioria absoluta;

• V. art. 37, ADCT.

IV – a vinculação de receita de impostos a órgão, fundo ou despesa, ressalvadas a repartição do produto da arrecadação dos impostos a que se referem os arts. 158 e 159, a destinação de recursos para as ações e serviços públicos de saúde, para manutenção e desenvolvimento do ensino e para realização de atividades da administração tributária, como determinado, respectivamente, pelos arts. 198, § 2º, 212 e 37, XXII, e a prestação de garantias às operações de crédito por antecipação de receita, previstas no art. 165, § 8º, bem como o disposto no § 4º deste artigo;

• Inciso IV com redação determinada pela Emenda Constitucional n. 42/2003.

V – a abertura de crédito suplementar ou especial sem prévia autorização legislativa e sem indicação dos recursos correspondentes;

VI – a transposição, o remanejamento ou a transferência de recursos de uma categoria de programação para outra ou de um órgão para outro, sem prévia autorização legislativa;

VII – a concessão ou utilização de créditos ilimitados;

VIII – a utilização, sem autorização legislativa específica, de recursos dos orçamentos fiscal e da seguridade social para suprir necessidade ou cobrir déficit de empresas, fundações e fundos, inclusive dos mencionados no art. 165, § 5º;

IX – a instituição de fundos de qualquer natureza, sem prévia autorização legislativa;

X – a transferência voluntária de recursos e a concessão de empréstimos, inclusive por antecipação de receita, pelos Governos Federal e Estaduais e suas instituições financeiras, para pagamento de despesas com pessoal ativo, inativo e pensionista, dos Estados, do Distrito Federal e dos Municípios;

• Inciso X acrescentado pela Emenda Constitucional n. 19/1998.

XI – a utilização dos recursos provenientes das contribuições sociais de que trata o art. 195, I, a, e II, para a realização de despesas distintas do pagamento de benefícios do regime geral de previdência social de que trata o art. 201.

• Inciso XI acrescentado pela Emenda Constitucional n. 20/1998.

§ 1º Nenhum investimento cuja execução ultrapasse um exercício financeiro poderá ser iniciado sem prévia inclusão no plano plurianual, ou sem lei que autorize a inclusão, sob pena de crime de responsabilidade.

§ 2º Os créditos especiais e extraordinários terão vigência no exercício financeiro em que forem autorizados, salvo se o ato de autorização for promulgado nos últimos quatro meses daquele exercício, caso em que, reabertos nos limites de seus saldos, serão incorporados ao orçamento do exercício financeiro subsequente.

§ 3º A abertura de crédito extraordinário somente será admitida para atender a despesas imprevisíveis e urgentes, como as decorrentes de guerra, comoção interna ou cala-

midade pública, observado o disposto no art. 62.

- O art. 2º, § 6º, da Res. CN 1/2002 dispõe: "Quando se tratar de Medida Provisória que abra crédito extraordinário à lei orçamentária anual, conforme os arts. 62 e 167, § 3º da Constituição Federal, o exame e o parecer serão realizados pela Comissão Mista prevista no art. 166, § 1º, da Constituição, observando-se os prazos e o rito estabelecidos nesta Resolução".

§ 4º É permitida a vinculação de receitas próprias geradas pelos impostos a que se referem os arts. 155 e 156, e dos recursos de que tratam os arts. 157, 158 e 159, I, a e b, e II, para a prestação de garantia ou contragarantia à União e para pagamento de débitos para com esta.

- § 4º acrescentado pela Emenda Constitucional n. 3/1993.

Art. 168. Os recursos correspondentes às dotações orçamentárias, compreendidos os créditos suplementares e especiais, destinados aos órgãos dos Poderes Legislativo e Judiciário, do Ministério Público e da Defensoria Pública, ser-lhes-ão entregues até o dia 20 de cada mês, em duodécimos, na forma da lei complementar a que se refere o art. 165, § 9º.

- Artigo com redação determinada pela Emenda Constitucional n. 45/2004.

Art. 169. A despesa com pessoal ativo e inativo da União, dos Estados, do Distrito Federal e dos Municípios não poderá exceder os limites estabelecidos em lei complementar.

- Artigo com redação determinada pela Emenda Constitucional n. 19/1998.
- V. arts. 96, II, e 127, § 2º, CF.
- V. LC 101/2000 (Finanças públicas).

§ 1º A concessão de qualquer vantagem ou aumento de remuneração, a criação de cargos, empregos e funções ou alteração de estrutura de carreiras, bem como a admissão ou contratação de pessoal, a qualquer título, pelos órgãos e entidades da administração direta ou indireta, inclusive fundações instituídas e mantidas pelo poder público, só poderão ser feitas:

- V. art. 96, I, e, CF.

I – se houver prévia dotação orçamentária suficiente para atender às projeções de despesa de pessoal e aos acréscimos dela decorrentes;

II – se houver autorização específica na lei de diretrizes orçamentárias, ressalvadas as empresas públicas e as sociedades de economia mista.

§ 2º Decorrido o prazo estabelecido na lei complementar referida neste artigo para a adaptação aos parâmetros ali previstos, serão imediatamente suspensos todos os repasses de verbas federais ou estaduais aos Estados, ao Distrito Federal e aos Municípios que não observarem os referidos limites.

§ 3º Para o cumprimento dos limites estabelecidos com base neste artigo, durante o prazo fixado na lei complementar referida no *caput*, a União, os Estados, o Distrito Federal e os Municípios adotarão as seguintes providências:

I – redução em pelo menos vinte por cento das despesas com cargos em comissão e funções de confiança;

II – exoneração dos servidores não estáveis.

- V. art. 33, Emenda Constitucional n. 19/1998.

§ 4º Se as medidas adotadas com base no parágrafo anterior não forem suficientes para assegurar o cumprimento da determinação da lei complementar referida neste artigo, o servidor estável poderá perder o cargo, desde que ato normativo motivado de cada um dos Poderes especifique a atividade funcional, o órgão ou unidade administrativa objeto da redução de pessoal.

§ 5º O servidor que perder o cargo na forma do parágrafo anterior fará jus a indenização correspondente a um mês de remuneração por ano de serviço.

§ 6º O cargo objeto da redução prevista nos parágrafos anteriores será considerado extinto, vedada a criação de cargo, emprego ou função com atribuições iguais ou assemelhadas pelo prazo de quatro anos.

§ 7º Lei federal disporá sobre as normas gerais a serem obedecidas na efetivação do disposto no § 4º.

- V. art. 247, CF.

Art. 173

Constituição Federal

TÍTULO VII
DA ORDEM ECONÔMICA E FINANCEIRA

Capítulo I
DOS PRINCÍPIOS GERAIS DA ATIVIDADE ECONÔMICA

Art. 170. A ordem econômica, fundada na valorização do trabalho humano e na livre iniciativa, tem por fim assegurar a todos existência digna, conforme os ditames da justiça social, observados os seguintes princípios:
I – soberania nacional;
- V. art. 1º, I, CF.

II – propriedade privada;
- V. art. 5º, XXII, CF.
- V. arts. 524 a 648, CC/1916; e arts. 1.228 a 1.368, CC/2002.

III – função social da propriedade;
IV – livre concorrência;
- V. Súmula 646, STF.

V – defesa do consumidor;
- V. Lei 8.078/1990 (Código de Defesa do Consumidor).

VI – defesa do meio ambiente, inclusive mediante tratamento diferenciado conforme o impacto ambiental dos produtos e serviços e de seus processos de elaboração e prestação;
- Inciso VI com redação determinada pela Emenda Constitucional n. 42/2003.
- V. art. 5º, LXXIII, CF.
- V. Lei 7.347/1985 (Ação civil pública).

VII – redução das desigualdades regionais e sociais;
- V. art. 3º, III, CF.

VIII – busca do pleno emprego;
- V. arts. 6º e 7º, CF.
- V. art. 47, Lei 11.101/2005 (Lei de Recuperação de Empresas e Falência); sem correspondência no Dec.-lei 7.661/1945 (Lei de Falências).

IX – tratamento favorecido para as empresas de pequeno porte constituídas sob as leis brasileiras e que tenham sua sede e administração no País.
- Inciso IX com redação determinada pela Emenda Constitucional n. 6/1995.
- V. art. 246, CF.
- V. LC 123/2006 (Supersimples).

Parágrafo único. É assegurado a todos o livre exercício de qualquer atividade econômica, independentemente de autorização de órgãos públicos, salvo nos casos previstos em lei.
- V. Súmula 646, STF.

Art. 171. (Revogado pela Emenda Constitucional n. 6/1995.)

Art. 172. A lei disciplinará, com base no interesse nacional, os investimentos de capital estrangeiro, incentivará os reinvestimentos e regulará a remessa de lucros.
- V. Lei 4.131/1962 (Aplicação do capital estrangeiro e as remessas de valores para o exterior).
- V. Dec.-lei 37/1966 (Reorganiza os serviços aduaneiros).
- V. Dec.-lei 94/1966 (Imposto de Renda).

Art. 173. Ressalvados os casos previstos nesta Constituição, a exploração direta de atividade econômica pelo Estado só será permitida quando necessária aos imperativos da segurança nacional ou a relevante interesse coletivo, conforme definidos em lei.
§ 1º A lei estabelecerá o estatuto jurídico da empresa pública, da sociedade de economia mista e de suas subsidiárias que explorem atividade econômica de produção ou comercialização de bens ou de prestação de serviços, dispondo sobre:
- § 1º com redação determinada pela Emenda Constitucional n. 19/1998.

I – sua função social e formas de fiscalização pelo Estado e pela sociedade;
II – a sujeição ao regime jurídico próprio das empresas privadas, inclusive quanto aos direitos e obrigações civis, comerciais, trabalhistas e tributários;
III – licitação e contratação de obras, serviços, compras e alienações, observados os princípios da administração pública;
- V. art. 22, XXVII, CF.
- V. Súmula 333, STJ.

IV – a constituição e o funcionamento dos conselhos de administração e fiscal, com a participação de acionistas minoritários;
V – os mandatos, a avaliação de desempenho e a responsabilidade dos administradores.
§ 2º As empresas públicas e as sociedades de economia mista não poderão gozar de

privilégios fiscais não extensivos às do setor privado.

§ 3º A lei regulamentará as relações da empresa pública com o Estado e a sociedade.

§ 4º A lei reprimirá o abuso do poder econômico que vise à dominação dos mercados, à eliminação da concorrência e ao aumento arbitrário dos lucros.

- V. Lei 8.137/1990 (Crimes contra a ordem tributária, econômica e contra as relações de consumo).
- V. Lei 8.176/1991 (Crimes contra a ordem econômica – Cria o sistema de estoques de combustíveis).
- V. Lei 8.884/1994 (Infrações à ordem econômica – CADE).
- V. Lei 9.069/1995 (Plano Real).
- V. Súmula 646, STF.

§ 5º A lei, sem prejuízo da responsabilidade individual dos dirigentes da pessoa jurídica, estabelecerá a responsabilidade desta, sujeitando-a às punições compatíveis com sua natureza, nos atos praticados contra a ordem econômica e financeira e contra a economia popular.

- V. Lei Del. 4/1962 (Intervenção no domínio econômico para assegurar a livre distribuição de produtos necessários ao consumo do povo).

Art. 174. Como agente normativo e regulador da atividade econômica, o Estado exercerá, na forma da lei, as funções de fiscalização, incentivo e planejamento, sendo este determinante para o setor público e indicativo para o setor privado.

§ 1º A lei estabelecerá as diretrizes e bases do planejamento do desenvolvimento nacional equilibrado, o qual incorporará e compatibilizará os planos nacionais e regionais de desenvolvimento.

§ 2º A lei apoiará e estimulará o cooperativismo e outras formas de associativismo.

- V. Lei 5.764/1971 (Política nacional de cooperativismo).
- V. Lei 9.867/1999 (Criação e funcionamento de cooperativas sociais).

§ 3º O Estado favorecerá a organização da atividade garimpeira em cooperativas, levando em conta a proteção do meio ambiente e a promoção econômico-social dos garimpeiros.

- V. Dec.-lei 227/1967 (Dá nova redação ao Dec.-lei 1.985/1940 – Código de Minas).
- V. Lei 9.314/1996 (Altera dispositivos do Dec.-lei 227/1967).
- V. Lei 11.685/2008 (Estatuto do Garimpeiro).

§ 4º As cooperativas a que se refere o parágrafo anterior terão prioridade na autorização ou concessão para pesquisa e lavra dos recursos e jazidas de minerais garimpáveis, nas áreas onde estejam atuando, e naquelas fixadas de acordo com o art. 21, XXV, na forma da lei.

Art. 175. Incumbe ao Poder Público, na forma da lei, diretamente ou sob regime de concessão ou permissão, sempre através de licitação, a prestação de serviços públicos.

- V. Lei 8.987/1995 (Concessão e permissão da prestação de serviços públicos).
- V. Lei 9.427/1996 (Agência Nacional de Energia Elétrica).
- V. Dec. 2.196/1997 (Regulamento de Serviços Especiais).
- V. Dec. 2.206/1997 (Regulamento do Serviço de TV a Cabo).
- V. Dec. 3.896/2001 (Serviços de Telecomunicações).
- V. Súmula 407, STJ.

Parágrafo único. A lei disporá sobre:

I – o regime das empresas concessionárias e permissionárias de serviços públicos, o caráter especial de seu contrato e de sua prorrogação, bem como as condições de caducidade, fiscalização e rescisão da concessão ou permissão;

II – os direitos dos usuários;

III – política tarifária;

IV – a obrigação de manter serviço adequado.

Art. 176. As jazidas, em lavra ou não, e demais recursos minerais e os potenciais de energia hidráulica constituem propriedade distinta da do solo, para efeito de exploração ou aproveitamento, e pertencem à União, garantida ao concessionário a propriedade do produto da lavra.

§ 1º A pesquisa e a lavra de recursos minerais e o aproveitamento dos potenciais a que se refere o caput deste artigo somente poderão ser efetuados mediante autorização ou concessão da União, no interesse nacional, por brasileiros ou empresa constituída sob as leis brasileiras e que tenham sua sede e administração no País, na forma da lei, que estabelecerá as condições específicas quando essas atividades se desenvolve-

rem em faixa de fronteira ou terras indígenas.

- § 1º com redação determinada pela Emenda Constitucional n. 6/1995.
- V. art. 246, CF.
- V. Dec.-lei 227/1967 (Dá nova redação ao Dec.-lei 1.985/1940 – Código de Minas).
- V. Lei 9.314/1996 (Altera dispositivos do Dec.-lei 227/1967).

§ 2º É assegurada participação ao proprietário do solo nos resultados da lavra, na forma e no valor que dispuser a lei.

- V. Dec.-lei 227/1967 (Dá nova redação ao Dec.-lei 1.985/1940 – Código de Minas).
- V. Lei 8.901/1994 (Altera o Dec.-lei 227/1967).
- V. Lei 9.314/1996 (Altera dispositivos do Dec.-lei 227/1967).

§ 3º A autorização de pesquisa será sempre por prazo determinado, e as autorizações e concessões previstas neste artigo não poderão ser cedidas ou transferidas, total ou parcialmente, sem prévia anuência do poder concedente.

§ 4º Não dependerá de autorização ou concessão o aproveitamento do potencial de energia renovável de capacidade reduzida.

Art. 177. Constituem monopólio da União:

- V. Lei 9.478/1997 (Política energética nacional e atividades relativas ao monopólio do petróleo).
- V. Lei 11.909/2009 (Atividades relativas ao transporte de gás natural, de que trata o art. 177 da CF).

I – a pesquisa e a lavra das jazidas de petróleo e gás natural e outros hidrocarbonetos fluidos;

II – a refinação do petróleo nacional ou estrangeiro;

- V. art. 45, ADCT.

III – a importação e exportação dos produtos e derivados básicos resultantes das atividades previstas nos incisos anteriores;

IV – o transporte marítimo do petróleo bruto de origem nacional ou de derivados básicos de petróleo produzidos no País, bem assim o transporte, por meio de conduto, de petróleo bruto, seus derivados e gás natural de qualquer origem;

V – a pesquisa, a lavra, o enriquecimento, o reprocessamento, a industrialização e o comércio de minérios e minerais nucleares e seus derivados, com exceção dos radioisótopos cuja produção, comercialização e utilização poderão ser autorizadas sob regime de permissão, conforme as alíneas *b* e *c* do inciso XXIII do *caput* do art. 21 desta Constituição Federal.

- Inciso V com redação determinada pela Emenda Constitucional n. 49/2006.
- V. Lei 7.781/1989 (Altera a Lei 6.189/1974, que criou a CNEN e a NUCLEBRÁS).

§ 1º A União poderá contratar com empresas estatais ou privadas a realização das atividades previstas nos incisos I a IV deste artigo, observadas as condições estabelecidas em lei.

- § 1º com redação determinada pela Emenda Constitucional n. 9/1995.

§ 2º A lei a que se refere o § 1º disporá sobre:

- § 2º acrescentado pela Emenda Constitucional n. 9/1995.

I – a garantia do fornecimento dos derivados de petróleo em todo o território nacional;

II – as condições de contratação;

III – a estrutura e atribuições do órgão regulador do monopólio da União.

- V. Lei 9.478/1997 (Política energética nacional e atividades relativas ao monopólio do petróleo).

§ 3º A lei disporá sobre o transporte e a utilização de materiais radioativos no território nacional.

- Primitivo § 2º renumerado pela Emenda Constitucional n. 9/1995.

§ 4º A lei que instituir contribuição de intervenção no domínio econômico relativa às atividades de importação ou comercialização de petróleo e seus derivados, gás natural e seus derivados e álcool combustível deverá atender aos seguintes requisitos:

- § 4º acrescentado pela Emenda Constitucional n. 33/2001.
- V. Lei 10.336/2001 (CIDE).

I – a alíquota da contribuição poderá ser:

a) diferenciada por produto ou uso;

b) reduzida e restabelecida por ato do Poder Executivo, não se lhe aplicando o disposto no art. 150, III, *b*;

II – os recursos arrecadados serão destinados:

Art. 178

CONSTITUIÇÃO FEDERAL

a) ao pagamento de subsídios a preços ou transporte de álcool combustível, gás natural e seus derivados e derivados de petróleo;
b) ao financiamento de projetos ambientais relacionados com a indústria do petróleo e do gás;
c) ao financiamento de programas de infraestrutura de transportes.

Art. 178. A lei disporá sobre a ordenação dos transportes aéreo, aquático e terrestre, devendo, quanto à ordenação do transporte internacional, observar os acordos firmados pela União, atendido o princípio da reciprocidade.

- Artigo com redação determinada pela Emenda Constitucional n. 7/1995.
- V. art. 246, CF.
- V. Dec.-lei 116/1967 (Operações inerentes ao transporte de mercadorias por via d'água).
- V. Lei 7.565/1986 (Código Brasileiro de Aeronáutica).
- V. Lei 11.442/2007 (Transporte rodoviário de cargas).

Parágrafo único. Na ordenação do transporte aquático, a lei estabelecerá as condições em que o transporte de mercadorias na cabotagem e a navegação interior poderão ser feitos por embarcações estrangeiras.

- V. art. 246, CF.

Art. 179. A União, os Estados, o Distrito Federal e os Municípios dispensarão às microempresas e às empresas de pequeno porte, assim definidas em lei, tratamento jurídico diferenciado, visando a incentivá-las pela simplificação de suas obrigações administrativas, tributárias, previdenciárias e creditícias, ou pela eliminação ou redução destas por meio de lei.

- V. art. 47, § 1º, ADCT.
- V. LC 123/2006 (Supersimples).

Art. 180. A União, os Estados, o Distrito Federal e os Municípios promoverão e incentivarão o turismo como fator de desenvolvimento social e econômico.

Art. 181. O atendimento de requisição de documento ou informação de natureza comercial, feita por autoridade administrativa ou judiciária estrangeira, a pessoa física ou jurídica residente ou domiciliada no País dependerá de autorização do Poder competente.

Capítulo II
DA POLÍTICA URBANA

Art. 182. A política de desenvolvimento urbano, executada pelo Poder Público municipal, conforme diretrizes gerais fixadas em lei, tem por objetivo ordenar o pleno desenvolvimento das funções sociais da cidade e garantir o bem-estar de seus habitantes.

- V. Lei 10.257/2001 (Estatuto da Cidade).
- V. Lei 12.587/2012 (Política Nacional de Mobilidade Urbana).

§ 1º O plano diretor, aprovado pela Câmara Municipal, obrigatório para cidades com mais de vinte mil habitantes, é o instrumento básico da política de desenvolvimento e de expansão urbana.

§ 2º A propriedade urbana cumpre sua função social quando atende às exigências fundamentais de ordenação da cidade expressas no plano diretor.

- V. art. 186, CF.
- V. Súmula 668, STF.

§ 3º As desapropriações de imóveis urbanos serão feitas com prévia e justa indenização em dinheiro.

§ 4º É facultado ao Poder Público municipal, mediante lei específica para área incluída no plano diretor, exigir, nos termos da lei federal, do proprietário do solo urbano não edificado, subutilizado ou não utilizado, que promova seu adequado aproveitamento, sob pena, sucessivamente de:

I – parcelamento ou edificação compulsórios;

II – imposto sobre a propriedade predial e territorial urbana progressivo no tempo;

- V. Súmula 668, STF.

III – desapropriação com pagamento mediante títulos da dívida pública de emissão previamente aprovada pelo Senado Federal, com prazo de resgate de até dez anos, em parcelas anuais, iguais e sucessivas, assegurados o valor real da indenização e os juros legais.

Art. 183. Aquele que possuir como sua área urbana de até duzentos e cinquenta

Art. 187

CONSTITUIÇÃO FEDERAL

metros quadrados, por cinco anos, ininterruptamente e sem oposição, utilizando-a para sua moradia ou de sua família, adquirir-lhe-á o domínio, desde que não seja proprietário de outro imóvel urbano ou rural.

- V. Lei 10.257/2001 (Estatuto da Cidade).

§ 1º O título de domínio e a concessão de uso serão conferidos ao homem ou à mulher, ou a ambos, independentemente do estado civil.

§ 2º Esse direito não será reconhecido ao mesmo possuidor mais de uma vez.

§ 3º Os imóveis públicos não serão adquiridos por usucapião.

Capítulo III
DA POLÍTICA AGRÍCOLA E FUNDIÁRIA E DA REFORMA AGRÁRIA

- V. Lei 4.504/1964 (Estatuto da Terra).
- V. Lei 8.174/1991 (Princípios da política agrícola).
- V. Lei 8.629/1993 (Regulamentação dos dispositivos constitucionais relativos à reforma agrária).

Art. 184. Compete à União desapropriar por interesse social, para fins de reforma agrária, o imóvel rural que não esteja cumprindo sua função social, mediante prévia e justa indenização em títulos da dívida agrária, com cláusula de preservação do valor real, resgatáveis no prazo de até vinte anos, a partir do segundo ano de sua emissão, e cuja utilização será definida em lei.

- V. Lei 8.629/1993 (Regulamentação dos dispositivos constitucionais relativos à reforma agrária).

§ 1º As benfeitorias úteis e necessárias serão indenizadas em dinheiro.

§ 2º O decreto que declarar o imóvel como de interesse social, para fins de reforma agrária, autoriza a União a propor a ação de desapropriação.

§ 3º Cabe à lei complementar estabelecer procedimento contraditório especial, de rito sumário, para o processo judicial de desapropriação.

- V. LC 76/1993 (Procedimento contraditório especial para o processo de desapropriação de imóvel rural por interesse social).

§ 4º O orçamento fixará anualmente o volume total de títulos da dívida agrária, assim como o montante de recursos para atender ao programa de reforma agrária no exercício.

§ 5º São isentas de impostos federais, estaduais e municipais as operações de transferência de imóveis desapropriados para fins de reforma agrária.

Art. 185. São insuscetíveis de desapropriação para fins de reforma agrária:

- V. Lei 8.629/1993 (Regulamentação dos dispositivos constitucionais relativos à reforma agrária).

I – a pequena e média propriedade rural, assim definida em lei, desde que seu proprietário não possua outra;

II – a propriedade produtiva.

Parágrafo único. A lei garantirá tratamento especial à propriedade produtiva e fixará normas para o cumprimento dos requisitos relativos a sua função social.

Art. 186. A função social é cumprida quando a propriedade rural atende, simultaneamente, segundo critérios e graus de exigência estabelecidos em lei, aos seguintes requisitos:

- V. Lei 8.629/1993 (Regulamentação dos dispositivos constitucionais relativos à reforma agrária).

I – aproveitamento racional e adequado;

II – utilização adequada dos recursos naturais disponíveis e preservação do meio ambiente;

III – observância das disposições que regulam as relações de trabalho;

IV – exploração que favoreça o bem-estar dos proprietários e dos trabalhadores.

Art. 187. A política agrícola será planejada e executada na forma da lei, com a participação efetiva do setor de produção, envolvendo produtores e trabalhadores rurais, bem como dos setores de comercialização, de armazenamento e de transportes, levando em conta, especialmente:

- V. Lei 8.171/1991 (Política agrícola).
- V. Lei 8.174/1991 (Princípios da política agrícola).

I – os instrumentos creditícios e fiscais;

II – os preços compatíveis com os custos de produção e a garantia de comercialização;

III – o incentivo à pesquisa e à tecnologia;

IV – a assistência técnica e extensão rural;

V – o seguro agrícola;

VI – o cooperativismo;

VII – a eletrificação rural e irrigação;

VIII – a habitação para o trabalhador rural.

§ 1º Incluem-se no planejamento agrícola as atividades agroindustriais, agropecuárias, pesqueiras e florestais.

§ 2º Serão compatibilizadas as ações de política agrícola e de reforma agrária.

Art. 188. A destinação de terras públicas e devolutas será compatibilizada com a política agrícola e com o plano nacional de reforma agrária.

§ 1º A alienação ou a concessão, a qualquer título, de terras públicas com área superior a dois mil e quinhentos hectares a pessoa física ou jurídica, ainda que por interposta pessoa, dependerá de prévia aprovação do Congresso Nacional.

§ 2º Excetuam-se do disposto no parágrafo anterior as alienações ou as concessões de terras públicas para fins de reforma agrária.

Art. 189. Os beneficiários da distribuição de imóveis rurais pela reforma agrária receberão títulos de domínio ou de concessão de uso, inegociáveis pelo prazo de dez anos.

Parágrafo único. O título de domínio e a concessão de uso serão conferidos ao homem ou à mulher, ou a ambos, independentemente do estado civil, nos termos e condições previstos em lei.

- V. Lei 8.629/1993 (Regulamentação dos dispositivos constitucionais relativos à reforma agrária).

Art. 190. A lei regulará e limitará a aquisição ou o arrendamento de propriedade rural por pessoa física ou jurídica estrangeira e estabelecerá os casos que dependerão de autorização do Congresso Nacional.

- V. Lei 8.629/1993 (Regulamentação dos dispositivos constitucionais relativos à reforma agrária).

Art. 191. Aquele que, não sendo proprietário de imóvel rural ou urbano, possua como seu, por cinco anos ininterruptos, sem oposição, área de terra, em zona rural, não superior a cinquenta hectares, tornando-a produtiva por seu trabalho ou de sua família, tendo nela sua moradia, adquirir-lhe-á a propriedade.

Parágrafo único. Os imóveis públicos não serão adquiridos por usucapião.

Capítulo IV
DO SISTEMA FINANCEIRO NACIONAL

Art. 192. O sistema financeiro nacional, estruturado de forma a promover o desenvolvimento equilibrado do País e a servir aos interesses da coletividade, em todas as partes que o compõem, abrangendo as cooperativas de crédito, será regulado por leis complementares que disporão, inclusive, sobre a participação do capital estrangeiro nas instituições que o integram.

- Artigo com redação determinada pela Emenda Constitucional n. 40/2003.

I – *(Revogado pela Emenda Constitucional n. 40/2003.)*

II – *(Revogado pela Emenda Constitucional n. 40/2003.)*

III – *(Revogado pela Emenda Constitucional n. 40/2003.)*

IV – *(Revogado pela Emenda Constitucional n. 40/2003.)*

V – *(Revogado pela Emenda Constitucional n. 40/2003.)*

VI – *(Revogado pela Emenda Constitucional n. 40/2003.)*

VII – *(Revogado pela Emenda Constitucional n. 40/2003.)*

VIII – *(Revogado pela Emenda Constitucional n. 40/2003.)*

§ 1º *(Revogado pela Emenda Constitucional n. 40/2003.)*

§ 2º *(Revogado pela Emenda Constitucional n. 40/2003.)*

§ 3º *(Revogado pela Emenda Constitucional n. 40/2003.)*

TÍTULO VIII
DA ORDEM SOCIAL

Capítulo I
DISPOSIÇÃO GERAL

Art. 193. A ordem social tem como base o primado do trabalho, e como objetivo o bem-estar e a justiça sociais.

Capítulo II
DA SEGURIDADE SOCIAL

- V. Lei 8.212/1991 (Organização da Seguridade Social e Plano de Custeio).

Art. 195

Constituição Federal

- V. Lei 8.213/1991 (Planos de Benefícios da Previdência Social).
- V. Lei 8.742/1993 (Lei Orgânica da Assistência Social).
- V. Dec. 3.048/1999 (Regulamento da Previdência Social).

Seção I
Disposições gerais

Art. 194. A seguridade social compreende um conjunto integrado de ações de iniciativa dos Poderes Públicos e da sociedade, destinadas a assegurar os direitos relativos à saúde, à previdência e à assistência social.
Parágrafo único. Compete ao Poder Público, nos termos da lei, organizar a seguridade social, com base nos seguintes objetivos:
I – universalidade da cobertura e do atendimento;
II – uniformidade e equivalência dos benefícios e serviços às populações urbanas e rurais;
III – seletividade e distributividade na prestação dos benefícios e serviços;
IV – irredutibilidade do valor dos benefícios;
V – equidade na forma de participação no custeio;
VI – diversidade da base de financiamento;
VII – caráter democrático e descentralizado da administração, mediante gestão quadripartite, com participação dos trabalhadores, dos empregadores, dos aposentados e do Governo nos órgãos colegiados.

- Inciso VII com redação determinada pela Emenda Constitucional n. 20/1998.

Art. 195. A seguridade social será financiada por toda a sociedade, de forma direta e indireta, nos termos da lei, mediante recursos provenientes dos orçamentos da União, dos Estados, do Distrito Federal e dos Municípios, e das seguintes contribuições sociais:

- V. art. 12, Emenda Constitucional n. 20/1998.
- V. Lei 7.689/1988 (Contribuição Social sobre o lucro das pessoas jurídicas).
- V. Lei 7.894/1989 (Contribuição para FINSOCIAL e PIS/PASEP).
- V. LC 70/1991 (Contribuição para financiamento da Seguridade Social).
- V. Lei 9.316/1996 (Altera a legislação do Imposto de Renda e da Contribuição Social sobre o Lucro Líquido).
- V. Lei 9.363/1996 (Crédito presumido do IPI para ressarcimento do valor do PIS/PASEP e COFINS).
- V. Lei 9.477/1997 (Fundo de Aposentadoria Programada Individual – FAPI).
- V. Súmulas 658 e 659, STF.

I – do empregador, da empresa e da entidade a ela equiparada na forma da lei, incidentes sobre:

- Inciso I com redação determinada pela Emenda Constitucional n. 20/1998.
- V. Súmula 688, STF.

a) a folha de salários e demais rendimentos do trabalho pagos ou creditados, a qualquer título, à pessoa física que lhe preste serviço, mesmo sem vínculo empregatício;

- V. arts. 114, VIII, e 167, XI, CF.

b) a receita ou o faturamento;
c) o lucro;
II – do trabalhador e dos demais segurados da previdência social, não incidindo contribuição sobre aposentadoria e pensão concedidas pelo regime geral de previdência social de que trata o art. 201;

- Inciso II com redação determinada pela Emenda Constitucional n. 20/1998.
- V. arts. 114, VIII, e 167, XI, CF.

III – sobre a receita de concursos de prognósticos;

- V. art. 4º, Lei 7.856/1989 (Destinação da renda de concursos de prognósticos).

IV – do importador de bens ou serviços do exterior, ou de quem a lei a ele equiparar.

- Inciso IV acrescentado pela Emenda Constitucional n. 42/2003.

§ 1º As receitas dos Estados, do Distrito Federal e dos Municípios destinadas à seguridade social constarão dos respectivos orçamentos, não integrando o orçamento da União.
§ 2º A proposta de orçamento da seguridade social será elaborada de forma integrada pelos órgãos responsáveis pela saúde, previdência social e assistência social, tendo em vista as metas e prioridades estabelecidas na lei de diretrizes orçamentárias, assegurada a cada área a gestão de seus recursos.
§ 3º A pessoa jurídica em débito com o sistema da seguridade social, como estabelecido em lei, não poderá contratar com o Po-

Art. 196

der Público nem dele receber benefícios ou incentivos fiscais ou creditícios.

- V. Capítulo X, Lei 8.212/1991 (Organização da Seguridade Social e Plano de Custeio).

§ 4º A lei poderá instituir outras fontes destinadas a garantir a manutenção ou expansão da seguridade social, obedecido o disposto no art. 154, I.

§ 5º Nenhum benefício ou serviço da seguridade social poderá ser criado, majorado ou estendido sem a correspondente fonte de custeio total.

§ 6º As contribuições sociais de que trata este artigo só poderão ser exigidas após decorridos noventa dias da data da publicação da lei que as houver instituído ou modificado, não se lhes aplicando o disposto no art. 150, III, *b*.

- V. art. 74, § 4º, ADCT.
- V. Súmula 669, STF.

§ 7º São isentas de contribuição para a seguridade social as entidades beneficentes de assistência social que atendam às exigências estabelecidas em lei.

- V. art. 55, Lei 8.212/1991 (Organização da Seguridade Social e Plano de Custeio).
- V. Súmula 659, STF.
- V. Súmula 352, STJ.

§ 8º O produtor, o parceiro, o meeiro e o arrendatário rurais e o pescador artesanal, bem como os respectivos cônjuges, que exerçam suas atividades em regime de economia familiar, sem empregados permanentes, contribuirão para a seguridade social mediante a aplicação de uma alíquota sobre o resultado da comercialização da produção e farão jus aos benefícios nos termos da lei.

- § 8º com redação determinada pela Emenda Constitucional n. 20/1998.
- V. art. 55, Lei 8.212/1991 (Organização da Seguridade Social e Plano de Custeio).

§ 9º As contribuições sociais previstas no inciso I do *caput* deste artigo poderão ter alíquotas ou bases de cálculo diferenciadas, em razão da atividade econômica, da utilização intensiva de mão de obra, do porte da empresa ou da condição estrutural do mercado de trabalho.

- § 9º com redação determinada pela Emenda Constitucional n. 47/2005 (*DOU* 06.07.2005), em vigor na data de sua publicação, com efeitos retroativos à data de vigência da Emenda Constitucional n. 41/2003 (*DOU* 31.12.2003).

§ 10. A lei definirá os critérios de transferência de recursos para o sistema único de saúde e de ações de assistência social da União para os Estados, o Distrito Federal e os Municípios, e dos Estados para os Municípios, observada a respectiva contrapartida de recursos.

- § 10 acrescentado pela Emenda Constitucional n. 20/1998.

§ 11. É vedada a concessão de remissão ou anistia das contribuições sociais de que tratam os incisos I, *a*, e II deste artigo, para débitos em montante superior ao fixado em lei complementar.

- § 11 acrescentado pela Emenda Constitucional n. 20/1998.

§ 12. A lei definirá os setores de atividade econômica para os quais as contribuições incidentes na forma dos incisos I, *b*; e IV do *caput*, serão não cumulativas.

- § 12 acrescentado pela Emenda Constitucional n. 42/2003.

§ 13. Aplica-se o disposto no § 12 inclusive na hipótese de substituição gradual, total ou parcial, da contribuição incidente na forma do inciso I, *a*, pela incidente sobre a receita ou o faturamento.

- § 13 acrescentado pela Emenda Constitucional n. 42/2003.

Seção II
Da saúde

- V. Lei 8.147/1990 (Alíquota do FINSOCIAL).
- V. Lei 9.961/2000 (Agência Nacional de Saúde Suplementar – ANS).
- V. Dec. 3.327/2000 (Regulamento da Lei 9.961/2000).

Art. 196. A saúde é direito de todos e dever do Estado, garantido mediante políticas sociais e econômicas que visem à redução do risco de doença e de outros agravos e ao acesso universal e igualitário às ações e serviços para sua promoção, proteção e recuperação.

- V. Lei 9.273/1996 (Torna obrigatória a inclusão de dispositivo de segurança que impeça a reutilização das seringas descartáveis).
- V. Lei 9.313/1996 (Distribuição gratuita de medicamentos aos portadores e doentes de AIDS).

Constituição Federal

- V. Lei 9.797/1999 (Obrigatoriedade da cirurgia plástica reparadora da mama pela rede do SUS).

Art. 197. São de relevância pública as ações e serviços de saúde, cabendo ao Poder Público dispor, nos termos da lei, sobre sua regulamentação, fiscalização e controle, devendo sua execução ser feita diretamente ou através de terceiros e, também, por pessoa física ou jurídica de direito privado.

- V. Lei 8.080/1990 (Condições para a promoção, proteção e recuperação da saúde).
- V. Lei 9.273/1996 (Torna obrigatória a inclusão de dispositivo de segurança que impeça a reutilização das seringas descartáveis).

Art. 198. As ações e serviços públicos de saúde integram uma rede regionalizada e hierarquizada e constituem um sistema único, organizado de acordo com as seguintes diretrizes:

I – descentralização, com direção única em cada esfera de governo;

- V. Lei 8.080/1990 (Condições para a promoção, proteção e recuperação da saúde).

II – atendimento integral, com prioridade para as atividades preventivas, sem prejuízo dos serviços assistenciais;

III – participação da comunidade.

§ 1º O sistema único de saúde será financiado, nos termos do art. 195, com recursos do orçamento da seguridade social, da União, dos Estados, do Distrito Federal e dos Municípios, além de outras fontes.

- Primitivo parágrafo único renumerado pela Emenda Constitucional n. 29/2000.

§ 2º A União, os Estados, o Distrito Federal e os Municípios aplicarão, anualmente, em ações e serviços públicos de saúde recursos mínimos derivados da aplicação de percentuais calculados sobre:

- § 2º acrescentado pela Emenda Constitucional n. 29/2000.

I – no caso da União, na forma definida nos termos da lei complementar prevista no § 3º;

II – no caso dos Estados e do Distrito Federal, o produto da arrecadação dos impostos a que se refere o art. 155 e dos recursos de que tratam os arts. 157 e 159, inciso I, alínea a, e inciso II, deduzidas as parcelas que forem transferidas aos respectivos Municípios;

III – no caso dos Municípios e do Distrito Federal, o produto da arrecadação dos impostos a que se refere o art. 156 e dos recursos de que tratam os arts. 158 e 159, inciso I, alínea b e § 3º.

§ 3º Lei complementar, que será reavaliada pelo menos a cada 5 (cinco) anos, estabelecerá:

- § 3º acrescentado pela Emenda Constitucional n. 29/2000.

I – os percentuais de que trata o § 2º;

II – os critérios de rateio dos recursos da União vinculados à saúde destinados aos Estados, ao Distrito Federal e aos Municípios, e dos Estados destinados a seus respectivos Municípios, objetivando a progressiva redução das disparidades regionais;

III – as normas de fiscalização, avaliação e controle das despesas com saúde nas esferas federal, estadual, distrital e municipal;

IV – as normas de cálculo do montante a ser aplicado pela União.

§ 4º Os gestores locais do sistema único de saúde poderão admitir agentes comunitários de saúde e agentes de combate às endemias por meio de processo seletivo público, de acordo com a natureza e complexidade de suas atribuições e requisitos específicos para sua atuação.

- § 4º acrescentado pela Emenda Constitucional n. 51/2006.
- V. art. 2º, Emenda Constitucional n. 51/2006.

§ 5º Lei federal disporá sobre o regime jurídico, o piso salarial profissional nacional, as diretrizes para os Planos de Carreira e a regulamentação das atividades de agente comunitário de saúde e agente de combate às endemias, competindo à União, nos termos da lei, prestar assistência financeira complementar aos Estados, ao Distrito Federal e aos Municípios, para o cumprimento do referido piso salarial.

- § 5º com redação determinada pela Emenda Constitucional n. 63/2010.
- V. Lei 11.350/2006 (Regulamenta o § 5º do art. 198 da CF e dispõe sobre o aproveitamento de pessoal amparado pelo parágrafo único do art. 2º da EC n. 51/2006).

§ 6º Além das hipóteses previstas no § 1º do art. 41 e no § 4º do art. 169 da Constituição Federal, o servidor que exerça funções equivalentes às de agente comunitário de saúde

ou de agente de combate às endemias poderá perder o cargo em caso de descumprimento dos requisitos específicos, fixados em lei, para o seu exercício.

- § 6º acrescentado pela Emenda Constitucional n. 51/2006.

Art. 199. A assistência à saúde é livre à iniciativa privada.

§ 1º As instituições privadas poderão participar de forma complementar do sistema único de saúde, segundo diretrizes deste, mediante contrato de direito público ou convênio, tendo preferência as entidades filantrópicas e as sem fins lucrativos.

§ 2º É vedada a destinação de recursos públicos para auxílios ou subvenções às instituições privadas com fins lucrativos.

§ 3º É vedada a participação direta ou indireta de empresas ou capitais estrangeiros na assistência à saúde no País, salvo nos casos previstos em lei.

- V. Lei 8.080/1990 (Condições para a promoção, proteção e recuperação da saúde).

§ 4º A lei disporá sobre as condições e os requisitos que facilitem a remoção de órgãos, tecidos ou substâncias humanas para fins de transplante, pesquisa e tratamento, bem como a coleta, processamento e transfusão de sangue e seus derivados, sendo vedado todo tipo de comercialização.

- V. Lei 8.501/1992 (Utilização de cadáver não reclamado para fins de estudo ou pesquisa científica).
- V. Lei 9.434/1997 (Transplantes).
- V. Dec. 2.268/1997 (Regulamenta a Lei 9.434/1997).
- V. Lei 10.205/2001 (Regulamenta o § 4º do art. 199 da CF).

Art. 200. Ao sistema único de saúde compete, além de outras atribuições, nos termos da lei:

- V. Lei 8.080/1990 (Condições para a promoção, proteção e recuperação da saúde).

I – controlar e fiscalizar procedimentos, produtos e substâncias de interesse para a saúde e participar da produção de medicamentos, equipamentos, imunobiológicos, hemoderivados e outros insumos;

- V. Lei 9.431/1997 (Programas de controle de infecções hospitalares).

II – executar as ações de vigilância sanitária e epidemiológica, bem como as de saúde do trabalhador;

III – ordenar a formação de recursos humanos na área de saúde;

IV – participar da formulação da política e da execução das ações de saneamento básico;

V – incrementar em sua área de atuação o desenvolvimento científico e tecnológico;

VI – fiscalizar e inspecionar alimentos, compreendido o controle de seu teor nutricional, bem como bebidas e águas para consumo humano;

VII – participar do controle e fiscalização da produção, transporte, guarda e utilização de substâncias e produtos psicoativos, tóxicos e radioativos;

- V. Lei 7.802/1989 (Agrotóxicos).
- V. Lei 9.974/2000 (Altera a Lei 7.802/1989).

VIII – colaborar na proteção do meio ambiente, nele compreendido o do trabalho.

Seção III
Da previdência social

- V. Lei 8.147/1990 (Alíquota do FINSOCIAL).

Art. 201. A previdência social será organizada sob a forma de regime geral, de caráter contributivo e de filiação obrigatória, observados critérios que preservem o equilíbrio financeiro e atuarial, e atenderá, nos termos da lei, a:

- *Caput* com redação determinada pela Emenda Constitucional n. 20/1998.
- V. arts. 167, XI, e 195, II, CF.
- V. art. 14, Emenda Constitucional n. 20/1998.
- V. arts. 4º, parágrafo único, I e II, e 5º, Emenda Constitucional n. 41/2003.
- V. Lei 8.213/1991 (Planos de Benefícios da Previdência Social).
- V. Dec. 3.048/1999 (Regulamento da Previdência Social).

I – cobertura dos eventos de doença, invalidez, morte e idade avançada;

II – proteção à maternidade, especialmente à gestante;

III – proteção ao trabalhador em situação de desemprego involuntário;

- V. Lei 7.998/1990 (Fundo de Amparo ao Trabalhador – FAT).
- V. Lei 10.779/2003 (Concessão do benefício de seguro-desemprego, durante o período de defeso, ao pescador profissional).

Constituição Federal

IV – salário-família e auxílio-reclusão para os dependentes dos segurados de baixa renda;

V – pensão por morte do segurado, homem ou mulher, ao cônjuge ou companheiro e dependentes, observado o disposto no § 2º.

§ 1º É vedada a adoção de requisitos e critérios diferenciados para a concessão de aposentadoria aos beneficiários do regime geral de previdência social, ressalvados os casos de atividades exercidas sob condições especiais que prejudiquem a saúde ou a integridade física e quando se tratar de segurados portadores de deficiência, nos termos definidos em lei complementar.

- § 1º com redação determinada pela Emenda Constitucional n. 47/2005 (*DOU* 06.07.2005), em vigor na data de sua publicação, com efeitos retroativos à data de vigência da Emenda Constitucional n. 41/2003 (*DOU* 31.12.2003).
- V. art. 15, Emenda Constitucional n. 20/1998.
- V. LC 142/2013 (Regulamenta o § 1º do art. 201 da CF).

§ 2º Nenhum benefício que substitua o salário de contribuição ou o rendimento do trabalho do segurado terá valor mensal inferior ao salário mínimo.

- § 2º com redação determinada pela Emenda Constitucional n. 20/1998.

§ 3º Todos os salários de contribuição considerados para o cálculo de benefício serão devidamente atualizados, na forma da lei.

- § 3º com redação determinada pela Emenda Constitucional n. 20/1998.

§ 4º É assegurado o reajustamento dos benefícios para preservar-lhes, em caráter permanente, o valor real, conforme critérios definidos em lei.

- § 4º com redação determinada pela Emenda Constitucional n. 20/1998.
- V. art. 3º, § 4º, Lei 11.430/2006 (Aumenta o valor dos benefícios da previdência social).

§ 5º É vedada a filiação ao regime geral de previdência social, na qualidade de segurado facultativo, de pessoa participante de regime próprio de previdência.

- § 5º com redação determinada pela Emenda Constitucional n. 20/1998.

§ 6º A gratificação natalina dos aposentados e pensionistas terá por base o valor dos proventos do mês de dezembro de cada ano.

- § 6º com redação determinada pela Emenda Constitucional n. 20/1998.

§ 7º É assegurada aposentadoria no regime geral de previdência social, nos termos da lei, obedecidas as seguintes condições:

- § 7º com redação determinada pela Emenda Constitucional n. 20/1998.

I – trinta e cinco anos de contribuição, se homem, e trinta anos de contribuição, se mulher;

II – sessenta e cinco anos de idade, se homem, e sessenta anos de idade, se mulher, reduzido em cinco anos o limite para os trabalhadores rurais de ambos os sexos e para os que exerçam suas atividades em regime de economia familiar, nestes incluídos o produtor rural, o garimpeiro e o pescador artesanal.

§ 8º Os requisitos a que se refere o inciso I do parágrafo anterior serão reduzidos em cinco anos, para o professor que comprove exclusivamente tempo de efetivo exercício das funções de magistério na educação infantil e no ensino fundamental e médio.

- § 8º com redação determinada pela Emenda Constitucional n. 20/1998.
- V. art. 67, § 2º, Lei 9.394/1996 (Diretrizes e bases da educação nacional).

§ 9º Para efeito de aposentadoria, é assegurada a contagem recíproca do tempo de contribuição na administração pública e na atividade privada, rural e urbana, hipótese em que os diversos regimes de previdência social se compensarão financeiramente, segundo critérios estabelecidos em lei.

- § 9º com redação determinada pela Emenda Constitucional n. 20/1998.
- V. Lei 9.796/1999 (Regime Geral de Previdência Social e regimes de previdência dos servidores da União, dos Estados, do Distrito Federal e dos Municípios, nos casos de contagem recíproca de tempo de contribuição para efeito de aposentadoria).

§ 10. Lei disciplinará a cobertura do risco de acidente do trabalho, a ser atendida concorrentemente pelo regime geral de previdência social e pelo setor privado.

- § 10 com redação determinada pela Emenda Constitucional n. 20/1998.

§ 11. Os ganhos habituais do empregado, a qualquer título, serão incorporados ao salá-

rio para efeito de contribuição previdenciária e consequente repercussão em benefícios, nos casos e na forma da lei.

* § 11 com redação determinada pela Emenda Constitucional n. 20/1998.

§ 12. Lei disporá sobre sistema especial de inclusão previdenciária para atender a trabalhadores de baixa renda e àqueles sem renda própria que se dediquem exclusivamente ao trabalho doméstico no âmbito de sua residência, desde que pertencentes a famílias de baixa renda, garantindo-lhes acesso a benefícios de valor igual a um salário mínimo.

* § 12 com redação determinada pela Emenda Constitucional n. 47/2005 (*DOU* 06.07.2005), em vigor na data de sua publicação, com efeitos retroativos à data de vigência da Emenda Constitucional n. 41/2003 (*DOU* 31.12.2003).

§ 13. O sistema especial de inclusão previdenciária de que trata o § 12 deste artigo terá alíquotas e carências inferiores às vigentes para os demais segurados do regime geral de previdência social.

* § 13 acrescentado pela Emenda Constitucional n. 47/2005 (*DOU* 06.07.2005), em vigor na data de sua publicação, com efeitos retroativos à data de vigência da Emenda Constitucional n. 41/2003 (*DOU* 31.12.2003).

Art. 202. O regime de previdência privada, de caráter complementar e organizado de forma autônoma em relação ao regime geral de previdência social, será facultativo, baseado na constituição de reservas que garantam o benefício contratado, e regulado por lei complementar.

* Artigo com redação determinada pela Emenda Constitucional n. 20/1998.
* V. art. 7º, Emenda Constitucional n. 20/1998.

§ 1º A lei complementar de que trata este artigo assegurará ao participante de planos de benefícios de entidades de previdência privada o pleno acesso às informações relativas à gestão de seus respectivos planos.

§ 2º As contribuições do empregador, os benefícios e as condições contratuais previstas nos estatutos, regulamentos e planos de benefícios das entidades de previdência privada não integram o contrato de trabalho dos participantes, assim como, à exceção dos benefícios concedidos, não integram a remuneração dos participantes, nos termos da lei.

§ 3º É vedado o aporte de recursos a entidade de previdência privada pela União, Estados, Distrito Federal e Municípios, suas autarquias, fundações, empresas públicas, sociedades de economia mista e outras entidades públicas, salvo na qualidade de patrocinador, situação na qual, em hipótese alguma, sua contribuição normal poderá exceder a do segurado.

* V. art. 5º, Emenda Constitucional n. 20/1998.

§ 4º Lei complementar disciplinará a relação entre a União, Estados, Distrito Federal ou Municípios, inclusive suas autarquias, fundações, sociedades de economia mista e empresas controladas direta ou indiretamente, enquanto patrocinadoras de entidades fechadas de previdência privada, e suas respectivas entidades fechadas de previdência privada.

§ 5º A lei complementar de que trata o parágrafo anterior aplicar-se-á, no que couber, às empresas privadas permissionárias ou concessionárias de prestação de serviços públicos, quando patrocinadoras de entidades fechadas de previdência privada.

§ 6º A lei complementar a que se refere o § 4º deste artigo estabelecerá os requisitos para a designação dos membros das diretorias das entidades fechadas de previdência privada e disciplinará a inserção dos participantes nos colegiados e instâncias de decisão em que seus interesses sejam objeto de discussão e deliberação.

Seção IV
Da assistência social

* V. Lei 8.147/1990 (Alíquota do FINSOCIAL).

Art. 203. A assistência social será prestada a quem dela necessitar, independentemente da contribuição à seguridade social, e tem por objetivos:

* V. Lei 8.213/1991 (Planos de Benefícios da Previdência Social).
* V. Lei 8.742/1993 (Organização da Assistência Social).

Art. 206

CONSTITUIÇÃO FEDERAL

- V. Lei 8.909/1994 (Prestação de serviços por entidades de assistência social, entidades beneficentes de assistência social e entidades de fins filantrópicos – Conselho Nacional de Assistência Social).
- V. Lei 9.429/1996 (Certificado de Entidades de Fins Filantrópicos).

I – a proteção à família, à maternidade, à infância, à adolescência e à velhice;

II – o amparo às crianças e adolescentes carentes;

III – a promoção da integração ao mercado de trabalho;

IV – a habilitação e reabilitação das pessoas portadoras de deficiência e a promoção de sua integração à vida comunitária;

V – a garantia de um salário mínimo de benefício mensal à pessoa portadora de deficiência e ao idoso que comprovem não possuir meios de prover à própria manutenção ou de tê-la provida por sua família, conforme dispuser a lei.

Art. 204. As ações governamentais na área da assistência social serão realizadas com recursos do orçamento da seguridade social, previstos no art. 195, além de outras fontes, e organizadas com base nas seguintes diretrizes:

I – descentralização político-administrativa, cabendo a coordenação e as normas gerais à esfera federal e a coordenação e a execução dos respectivos programas às esferas estadual e municipal, bem como a entidades beneficentes e de assistência social;

II – participação da população, por meio de organizações representativas, na formulação das políticas e no controle das ações em todos os níveis.

Parágrafo único. É facultado aos Estados e ao Distrito Federal vincular a programa de apoio à inclusão e promoção social até cinco décimos por cento de sua receita tributária líquida, vedada a aplicação desses recursos no pagamento de:

- Parágrafo único acrescentado pela Emenda Constitucional n. 42/2003.

I – despesas com pessoal e encargos sociais;
II – serviço da dívida;
III – qualquer outra despesa corrente não vinculada diretamente aos investimentos ou ações apoiados.

Capítulo III
DA EDUCAÇÃO, DA CULTURA E DO DESPORTO

Seção I
Da educação

Art. 205. A educação, direito de todos e dever do Estado e da família, será promovida e incentivada com a colaboração da sociedade, visando ao pleno desenvolvimento da pessoa, seu preparo para o exercício da cidadania e sua qualificação para o trabalho.

- V. Lei 8.147/1990 (Alíquota do FINSOCIAL).
- V. Lei 9.394/1996 (Diretrizes e bases da educação nacional).

Art. 206. O ensino será ministrado com base nos seguintes princípios:

I – igualdade de condições para o acesso e permanência na escola;

II – liberdade de aprender, ensinar, pesquisar e divulgar o pensamento, a arte e o saber;

III – pluralismo de ideias e de concepções pedagógicas, e coexistência de instituições públicas e privadas de ensino;

IV – gratuidade do ensino público em estabelecimentos oficiais;

- V. art. 242, CF.
- V. Súmula vinculante 12, STF.

V – valorização dos profissionais da educação escolar, garantidos, na forma da lei, planos de carreira, com ingresso exclusivamente por concurso público de provas e títulos, aos das redes públicas;

- Inciso V com redação determinada pela Emenda Constitucional n. 53/2006.
- V. Lei 9.424/1996 (Fundo de Manutenção e Desenvolvimento do Ensino Fundamental e de Valorização do Magistério).

VI – gestão democrática do ensino público, na forma da lei;

- V. Lei 9.394/1996 (Diretrizes e bases da educação nacional).

VII – garantia de padrão de qualidade;
VIII – piso salarial profissional nacional para os profissionais da educação escolar pública, nos termos de lei federal.

- Inciso VIII acrescentado pela Emenda Constitucional n. 53/2006.

Parágrafo único. A lei disporá sobre as categorias de trabalhadores considerados profissionais da educação básica e sobre a fixação de prazo para a elaboração ou adequação de seus planos de carreira, no âmbito da União, dos Estados, do Distrito Federal e dos Municípios.

* Parágrafo único acrescentado pela Emenda Constitucional n. 53/2006.

Art. 207. As universidades gozam de autonomia didático-científica, administrativa e de gestão financeira e patrimonial, e obedecerão ao princípio de indissociabilidade entre ensino, pesquisa e extensão.

§ 1º É facultado às universidades admitir professores, técnicos e cientistas estrangeiros, na forma da lei.

* § 1º acrescentado pela Emenda Constitucional n. 11/1996.

§ 2º O disposto neste artigo aplica-se às instituições de pesquisa científica e tecnológica.

* § 2º acrescentado pela Emenda Constitucional n. 11/1996.

Art. 208. O dever do Estado com a educação será efetivado mediante a garantia de:

I – educação básica obrigatória e gratuita dos 4 (quatro) aos 17 (dezessete) anos de idade, assegurada inclusive sua oferta gratuita para todos os que a ela não tiveram acesso na idade própria;

* Inciso I com redação determinada pela Emenda Constitucional n. 59/2009.
* V. art. 6º, Emenda Constitucional n. 59/2009, que determina que o disposto neste inciso deverá ser implementado progressivamente, até 2016, nos termos do Plano Nacional de Educação, com apoio técnico e financeiro da União.

II – progressiva universalização do ensino médio gratuito;

* Inciso II com redação determinada pela Emenda Constitucional n. 14/1996.
* V. art. 6º, Emenda Constitucional n. 14/1996.

III – atendimento educacional especializado aos portadores de deficiência, preferencialmente na rede regular de ensino;

* V. Lei 10.845/2004 (Programa de Complementação ao Atendimento Educacional Especializado às Pessoas Portadoras de Deficiência).

IV – educação infantil, em creche e pré-escola, às crianças até 5 (cinco) anos de idade;

* Inciso IV com redação determinada pela Emenda Constitucional n. 53/2006.

V – acesso aos níveis mais elevados do ensino, da pesquisa e da criação artística, segundo a capacidade de cada um;

VI – oferta de ensino noturno regular, adequado às condições do educando;

VII – atendimento ao educando, em todas as etapas da educação básica, por meio de programas suplementares de material didático-escolar, transporte, alimentação e assistência à saúde.

* Inciso VII com redação determinada pela Emenda Constitucional n. 59/2009.
* V. art. 212, § 4º, CF.

§ 1º O acesso ao ensino obrigatório e gratuito é direito público subjetivo.

§ 2º O não oferecimento do ensino obrigatório pelo Poder Público, ou sua oferta irregular, importa responsabilidade da autoridade competente.

§ 3º Compete ao Poder Público recensear os educandos no ensino fundamental, fazer-lhes a chamada e zelar, junto aos pais ou responsáveis, pela frequência à escola.

Art. 209. O ensino é livre à iniciativa privada, atendidas as seguintes condições:

I – cumprimento das normas gerais da educação nacional;

II – autorização e avaliação de qualidade pelo Poder Público.

Art. 210. Serão fixados conteúdos mínimos para o ensino fundamental, de maneira a assegurar formação básica comum e respeito aos valores culturais e artísticos, nacionais e regionais.

§ 1º O ensino religioso, de matrícula facultativa, constituirá disciplina dos horários normais das escolas públicas de ensino fundamental.

§ 2º O ensino fundamental regular será ministrado em língua portuguesa, assegurada às comunidades indígenas também a utilização de suas línguas maternas e processos próprios de aprendizagem.

Constituição Federal

Art. 211. A União, os Estados, o Distrito Federal e os Municípios organizarão em regime de colaboração seus sistemas de ensino.

- V. art. 60, § 1º, ADCT.
- V. art. 6º, Emenda Constitucional n. 14/1996.

§ 1º A União organizará o sistema federal de ensino e o dos Territórios, financiará as instituições de ensino públicas federais e exercerá, em matéria educacional, função redistributiva e supletiva, de forma a garantir equalização de oportunidades educacionais e padrão mínimo de qualidade do ensino mediante assistência técnica e financeira aos Estados, ao Distrito Federal e aos Municípios.

- § 1º com redação determinada pela Emenda Constitucional n. 14/1996.

§ 2º Os Municípios atuarão prioritariamente no ensino fundamental e na educação infantil.

- § 2º com redação determinada pela Emenda Constitucional n. 14/1996.

§ 3º Os Estados e o Distrito Federal atuarão prioritariamente no ensino fundamental e médio.

- § 3º acrescentados pela Emenda Constitucional n. 14/1996.

§ 4º Na organização de seus sistemas de ensino, a União, os Estados, o Distrito Federal e os Municípios definirão formas de colaboração, de modo a assegurar a universalização do ensino obrigatório.

- § 4º com redação determinada pela Emenda Constitucional n. 59/2009.

§ 5º A educação básica pública atenderá prioritariamente ao ensino regular.

- § 5º acrescentado pela Emenda Constitucional n. 53/2006.

Art. 212. A União aplicará, anualmente, nunca menos de dezoito, e os Estados, o Distrito Federal e os Municípios vinte e cinco por cento, no mínimo, da receita resultante de impostos, compreendida a proveniente de transferências, na manutenção e desenvolvimento do ensino.

- V. art. 167, IV, CF.
- V. arts. 60 e 72, §§ 2º e 3º e 76, § 3º, ADCT.
- V. Lei 9.424/1996 (Fundo de Manutenção e Desenvolvimento do Ensino Fundamental e de Valorização do Magistério).
- V. Lei 11.494/2007 (Fundo de Manutenção e Desenvolvimento da Educação Básica e de Valorização dos Profissionais da Educação – FUNDEB).

§ 1º A parcela da arrecadação de impostos transferida pela União aos Estados, ao Distrito Federal e aos Municípios, ou pelos Estados aos respectivos Municípios, não é considerada, para efeito do cálculo previsto neste artigo, receita do governo que a transferir.

§ 2º Para efeito do cumprimento do disposto no *caput* deste artigo, serão considerados os sistemas de ensino federal, estadual e municipal e os recursos aplicados na forma do art. 213.

§ 3º A distribuição dos recursos públicos assegurará prioridade ao atendimento das necessidades do ensino obrigatório, no que se refere a universalização, garantia de padrão de qualidade e equidade, nos termos do plano nacional de educação.

- § 3º com redação determinada pela Emenda Constitucional n. 59/2009.

§ 4º Os programas suplementares de alimentação e assistência à saúde previstos no art. 208, VII, serão financiados com recursos provenientes de contribuições sociais e outros recursos orçamentários.

§ 5º A educação básica pública terá como fonte adicional de financiamento a contribuição social do salário-educação, recolhida pelas empresas na forma da lei.

- § 5º com redação determinada pela Emenda Constitucional n. 53/2006.
- V. art. 76, § 2º, ADCT.
- V. Lei 9.766/1998 (Salário-educação).
- V. Dec. 6.003/2006 (Regulamenta a arrecadação, a fiscalização e a cobrança da contribuição social do salário-educação, a que se refere o art. 212, § 5º, da CF).
- V. Súmula 732, STF.

§ 6º As cotas estaduais e municipais da arrecadação da contribuição social do salário-educação serão distribuídas proporcionalmente ao número de alunos matriculados na educação básica nas respectivas redes públicas de ensino.

- § 6º acrescentado pela Emenda Constitucional n. 53/2006.

Art. 213. Os recursos públicos serão destinados às escolas públicas, podendo ser di-

Art. 214

CONSTITUIÇÃO FEDERAL

rigidos a escolas comunitárias, confessionais ou filantrópicas, definidas em lei, que:

- V. art. 212, CF.
- V. art. 61, ADCT.
- V. Lei 9.394/1996 (Diretrizes e bases da educação nacional).

I – comprovem finalidade não lucrativa e apliquem seus excedentes financeiros em educação;

II – assegurem a destinação de seu patrimônio a outra escola comunitária, filantrópica ou confessional, ou ao Poder Público, no caso de encerramento de suas atividades.

- V. art. 61, ADCT.

§ 1º Os recursos de que trata este artigo poderão ser destinados a bolsas de estudo para o ensino fundamental e médio, na forma da lei, para os que demonstrarem insuficiência de recursos, quando houver falta de vagas e cursos regulares da rede pública na localidade da residência do educando, ficando o Poder Público obrigado a investir prioritariamente na expansão de sua rede na localidade.

- V. Lei 9.394/1996 (Diretrizes e bases da educação nacional).

§ 2º As atividades universitárias de pesquisa e extensão poderão receber apoio financeiro do Poder Público.

- V. Lei 8.436/1992 (Programa do crédito educativo para estudantes carentes).

Art. 214. A lei estabelecerá o plano nacional de educação, de duração decenal, com o objetivo de articular o sistema nacional de educação em regime de colaboração e definir diretrizes, objetivos, metas e estratégias de implementação para assegurar a manutenção e desenvolvimento do ensino em seus diversos níveis, etapas e modalidades por meio de ações integradas dos poderes públicos das diferentes esferas federativas que conduzam a:

- *Caput* com redação determinada pela Emenda Constitucional n. 59/2009.
- V. Lei 9.394/1996 (Diretrizes e bases da educação nacional).

I – erradicação do analfabetismo;
II – universalização do atendimento escolar;
III – melhoria da qualidade do ensino;
IV – formação para o trabalho;

V – promoção humanística, científica e tecnológica do País;
VI – estabelecimento de meta de aplicação de recursos públicos em educação como proporção do produto interno bruto.

- Inciso VI acrescentado pela Emenda Constitucional n. 59/2009.

Seção II
Da cultura

Art. 215. O Estado garantirá a todos o pleno exercício dos direitos culturais e acesso às fontes da cultura nacional, e apoiará e incentivará a valorização e a difusão das manifestações culturais.

- V. Lei 8.313/1991 (Programa Nacional de Apoio à Cultura – PRONAC).
- V. Lei 8.685/1993 (Mecanismos de fomento à atividade audiovisual).
- V. Lei 9.312/1996 (Modifica a Lei 8.313/1991).
- V. Dec. 2.290/1997 (Regulamenta o disposto no art. 5º, inciso VIII, da Lei 8.313/1991).
- V. Lei 9.874/1999 (Altera dispositivos da Lei 8.313/1991).
- V. Lei 9.999/2000 (Altera o inciso VIII do art. 5º da Lei 8.313/1991).
- V. MP 2.228-1/2001 (Agência Nacional do Cinema – ANCINE).
- V. Lei 10.454/2002 (Remissão da CONDECINE e alteração da MP 2.228-1/2001).
- V. Dec. 4.456/2002 (Regulamenta o art. 67 da MP 2.228-1/2001).
- V. Dec. 5.761/2006 (Regulamenta a Lei 8.313/1991).
- V. Dec. 6.304/2007 (Regulamenta a Lei 8.685/1993).

§ 1º O Estado protegerá as manifestações das culturas populares, indígenas e afro-brasileiras, e das de outros grupos participantes do processo civilizatório nacional.

§ 2º A lei disporá sobre a fixação de datas comemorativas de alta significação para os diferentes segmentos étnicos nacionais.

§ 3º A lei estabelecerá o Plano Nacional de Cultura, de duração plurianual, visando ao desenvolvimento cultural do País e à integração das ações do poder público que conduzem à:

- § 3º acrescentado pela Emenda Constitucional n. 48/2005.
- V. Lei 12.343/2010 (Plano Nacional de Cultura – PNC e Sistema Nacional de Informação e Indicadores Culturais – SNIIC).

I – defesa e valorização do patrimônio cultural brasileiro;

II – produção, promoção e difusão de bens culturais;
III – formação de pessoal qualificado para a gestão da cultura em suas múltiplas dimensões;
IV – democratização do acesso aos bens de cultura;
V – valorização da diversidade étnica e regional.

Art. 216. Constituem patrimônio cultural brasileiro os bens de natureza material e imaterial, tomados individualmente ou em conjunto, portadores de referência à identidade, à ação, à memória dos diferentes grupos formadores da sociedade brasileira, nos quais se incluem:
I – as formas de expressão;
II – os modos de criar, fazer e viver;
III – as criações científicas, artísticas e tecnológicas;

- V. Lei 9.610/1998 (Direitos autorais).

IV – as obras, objetos, documentos, edificações e demais espaços destinados às manifestações artístico-culturais;
V – os conjuntos urbanos e sítios de valor histórico, paisagístico, artístico, arqueológico, paleontológico, ecológico e científico.
§ 1º O Poder Público, com a colaboração da comunidade, promoverá e protegerá o patrimônio cultural brasileiro, por meio de inventários, registros, vigilância, tombamento e desapropriação, e de outras formas de acautelamento e preservação.

- V. Lei 7.347/1985 (Ação civil pública).
- V. Lei 8.394/1991 (Preservação, organização e proteção dos acervos documentais privados dos Presidentes da República).

§ 2º Cabem à administração pública, na forma da lei, a gestão da documentação governamental e as providências para franquear sua consulta a quantos dela necessitem.

- V. Lei 8.159/1991 (Sistema nacional de arquivos públicos e privados).
- V. Lei 12.527/2011 (Lei Geral de Acesso à Informação Pública).
- V. Dec. 7.724/2012 (Regulamenta a Lei 12.527/2012).

§ 3º A lei estabelecerá incentivos para a produção e o conhecimento de bens e valores culturais.

- V. Lei 8.313/1991 (Programa nacional de apoio à cultura).
- V. Lei 8.685/1993 (Mecanismos de fomento à atividade audiovisual).
- V. Lei 9.312/1996 (Modifica a Lei 8.313/1991).
- V. Lei 9.323/1996 (Altera o limite de dedução de que trata a Lei 8.685/1993).
- V. MP 2.228-1/2001 (Agência Nacional do Cinema – ANCINE).
- V. Lei 10.454/2002 (Remissão da CONDECINE e alteração da MP 2.228-1/2001).
- V. Dec. 4.456/2002 (Regulamenta o art. 67 da MP 2.228-1/2001).
- V. Dec. 6.304/2007 (Regulamenta a Lei 8.685/1993).

§ 4º Os danos e ameaças ao patrimônio cultural serão punidos, na forma da lei.

- V. Lei 3.924/1961 (Movimentos arqueológicos e pré-históricos).
- V. Lei 4.717/1965 (Ação popular).
- V. Lei 7.347/1985 (Ação civil pública).

§ 5º Ficam tombados todos os documentos e os sítios detentores de reminiscências históricas dos antigos quilombos.
§ 6º É facultado aos Estados e ao Distrito Federal vincular a fundo estadual de fomento à cultura até cinco décimos por cento de sua receita tributária líquida, para o financiamento de programas e projetos culturais, vedada a aplicação desses recursos no pagamento de:

- § 6º acrescentado pela Emenda Constitucional n. 42/2003.

I – despesas com pessoal e encargos sociais;
II – serviço da dívida;
III – qualquer outra despesa corrente não vinculada diretamente aos investimentos ou ações apoiados.

Art. 216-A. O Sistema Nacional de Cultura, organizado em regime de colaboração, de forma descentralizada e participativa, institui um processo de gestão e promoção conjunta de políticas públicas de cultura, democráticas e permanentes, pactuadas entre os entes da Federação e a sociedade, tendo por objetivo promover o desenvolvimento humano, social e econômico com pleno exercício dos direitos culturais.

- Artigo acrescentado pela Emenda Constitucional n. 71/2012.

§ 1º O Sistema Nacional de Cultura fundamenta-se na política nacional de cultura e nas suas diretrizes, estabelecidas no Plano Nacional de Cultura, e rege-se pelos seguintes princípios:

Art. 217

CONSTITUIÇÃO FEDERAL

I – diversidade das expressões culturais;
II – universalização do acesso aos bens e serviços culturais;
III – fomento à produção, difusão e circulação de conhecimento e bens culturais;
IV – cooperação entre os entes federados, os agentes públicos e privados atuantes na área cultural;
V – integração e interação na execução das políticas, programas, projetos e ações desenvolvidas;
VI – complementaridade nos papéis dos agentes culturais;
VII – transversalidade das políticas culturais;
VIII – autonomia dos entes federados e das instituições da sociedade civil;
IX – transparência e compartilhamento das informações;
X – democratização dos processos decisórios com participação e controle social;
XI – descentralização articulada e pactuada da gestão, dos recursos e das ações;
XII – ampliação progressiva dos recursos contidos nos orçamentos públicos para a cultura.
§ 2º Constitui a estrutura do Sistema Nacional de Cultura, nas respectivas esferas da Federação:
I – órgãos gestores da cultura;
II – conselhos de política cultural;
III – conferências de cultura;
IV – comissões intergestores;
V – planos de cultura;
VI – sistemas de financiamento à cultura;
VII – sistemas de informações e indicadores culturais;
VIII – programas de formação na área da cultura; e
IX – sistemas setoriais de cultura.
§ 3º Lei federal disporá sobre a regulamentação do Sistema Nacional de Cultura, bem como de sua articulação com os demais sistemas nacionais ou políticas setoriais de governo.
§ 4º Os Estados, o Distrito Federal e os Municípios organizarão seus respectivos sistemas de cultura em leis próprias.

Seção III
Do desporto

Art. 217. É dever do Estado fomentar práticas desportivas formais e não formais, como direito de cada um, observados:
I – a autonomia das entidades desportivas dirigentes e associações, quanto a sua organização e funcionamento;
II – a destinação de recursos públicos para a promoção prioritária do desporto educacional e, em casos específicos, para a do desporto de alto rendimento;
III – o tratamento diferenciado para o desporto profissional e o não profissional;
IV – a proteção e o incentivo às manifestações desportivas de criação nacional.
§ 1º O Poder Judiciário só admitirá ações relativas à disciplina e às competições desportivas após esgotarem-se as instâncias da justiça desportiva, regulada em lei.
§ 2º A justiça desportiva terá o prazo máximo de sessenta dias, contados da instauração do processo, para proferir decisão final.
§ 3º O Poder Público incentivará o lazer, como forma de promoção social.

Capítulo IV
DA CIÊNCIA E TECNOLOGIA

Art. 218. O Estado promoverá e incentivará o desenvolvimento científico, a pesquisa e a capacitação tecnológicas.
§ 1º A pesquisa científica básica receberá tratamento prioritário do Estado, tendo em vista o bem público e o progresso das ciências.
§ 2º A pesquisa tecnológica voltar-se-á preponderantemente para a solução dos problemas brasileiros e para o desenvolvimento do sistema produtivo nacional e regional.
§ 3º O Estado apoiará a formação de recursos humanos nas áreas de ciência, pesquisa e tecnologia, e concederá aos que delas se ocupem meios e condições especiais de trabalho.
§ 4º A lei apoiará e estimulará as empresas que invistam em pesquisa, criação de tecnologia adequada ao País, formação e aperfeiçoamento de seus recursos humanos e que pratiquem sistemas de remuneração que assegurem ao empregado, desvinculada do

Constituição Federal

salário, participação nos ganhos econômicos resultantes da produtividade de seu trabalho.

- V. Lei 8.248/1991 (Capacitação e competitividade no setor de informática e automação).
- V. Lei 8.387/1991 (Altera e consolida a legislação sobre zona franca).
- V. Lei 9.257/1996 (Conselho Nacional de Ciência e Tecnologia).
- V. Lei 10.176/2001 (Altera as Leis 8.248/1991 e 8.387/1991 e o Dec.-lei 288/1967).

§ 5º É facultado aos Estados e ao Distrito Federal vincular parcela de sua receita orçamentária a entidades públicas de fomento ao ensino e à pesquisa científica e tecnológica.

Art. 219. O mercado interno integra o patrimônio nacional e será incentivado de modo a viabilizar o desenvolvimento cultural e socioeconômico, o bem-estar da população e a autonomia tecnológica do País, nos termos de lei federal.

Capítulo V
DA COMUNICAÇÃO SOCIAL

Art. 220. A manifestação do pensamento, a criação, a expressão e a informação, sob qualquer forma, processo ou veículo não sofrerão qualquer restrição, observado o disposto nesta Constituição.

- V. arts. 1º, III e IV, 3º, III e IV, 4º, II, 5º, IX, XII, XIV, XXVII, XXVIII e XXIX, CF.
- V. art. 1º, Lei 7.524/1986 (Manifestação, por militar inativo, de pensamento e opinião políticos ou filosóficos).
- V. arts. 36, 37, 43 e 44, Lei 8.078/1990 (Código de Defesa do Consumidor).
- V. art. 2º, Lei 8.389/1991 (Conselho de Comunicação Social).
- V. art. 7º, Lei 9.610/1998 (Direitos autorais).

§ 1º Nenhuma lei conterá dispositivo que possa constituir embaraço à plena liberdade de informação jornalística em qualquer veículo de comunicação social, observado o disposto no art. 5º, IV, V, X, XIII e XIV.

- V. art. 45, Lei 9.504/1997 (Normas para as eleições).

§ 2º É vedada toda e qualquer censura de natureza política, ideológica e artística.
§ 3º Compete à lei federal:
I – regular as diversões e espetáculos públicos, cabendo ao Poder Público informar sobre a natureza deles, as faixas etárias a que não se recomendem, locais e horários em que sua apresentação se mostre inadequada;

- V. art. 21, XVI, CF.
- V. arts. 74, 80, 247 e 258, Lei 8.069/1990 (Estatuto da Criança e do Adolescente).
- V. Lei 10.359/2001 (Obrigatoriedade de os novos aparelhos de televisão conterem dispositivo que possibilite o bloqueio temporário da recepção de programação inadequada).
- V. Portaria MJ 1.220/2007 (Regulamenta as disposições das Leis 8.069/1990 e 10.359/2001 e do Dec. 6.061/2007, relativos ao processo de classificação indicativa de obras audiovisuais destinadas à televisão e congêneres).

II – estabelecer os meios legais que garantam à pessoa e à família a possibilidade de se defenderem de programas ou programações de rádio e televisão que contrariem o disposto no art. 221, bem como da propaganda de produtos, práticas e serviços que possam ser nocivos à saúde e ao meio ambiente.

- V. arts. 9º e 10, Lei 8.078/1990 (Código de Defesa do Consumidor).
- V. art. 2º, Lei 8.389/1991 (Conselho de Comunicação Social).

§ 4º A propaganda comercial de tabaco, bebidas alcoólicas, agrotóxicos, medicamentos e terapias estará sujeita a restrições legais, nos termos do inciso II do parágrafo anterior, e conterá, sempre que necessário, advertência sobre os malefícios decorrentes de seu uso.

- V. Lei 9.294/1996 (Restrições ao uso e à propaganda de produtos fumígeros, bebidas alcoólicas, medicamentos, terapias e defensivos agrícolas).
- V. Lei 10.167/2000 (Altera a Lei 9.294/1996).

§ 5º Os meios de comunicação social não podem, direta ou indiretamente, ser objeto de monopólio ou oligopólio.
§ 6º A publicação de veículo impresso de comunicação independe de licença de autoridade.

- V. art. 114, parágrafo único, Lei 6.015/1973 (Lei de Registros Públicos).

Art. 221. A produção e a programação das emissoras de rádio e televisão atenderão aos seguintes princípios:
I – preferência a finalidades educativas, artísticas, culturais e informativas;

Art. 222

CONSTITUIÇÃO FEDERAL

II – promoção da cultura nacional e regional e estímulo à produção independente que objetive sua divulgação;

- V. art. 2º, MP 2.228-1/2001 (Agência Nacional do Cinema – ANCINE).
- V. Lei 10.454/2002 (Remissão da CONDECINE e alteração da MP 2.228-1/2001).
- V. Dec. 4.456/2002 (Regulamenta o art. 67 da MP 2.228-1/2001).

III – regionalização da produção cultural, artística e jornalística, conforme percentuais estabelecidos em lei;

- V. art. 3º, III, CF.

IV – respeito aos valores éticos e sociais da pessoa e da família.

- V. arts. 1º, III, 5º, XLII, XLIII, XLVIII, XLIX, L, 34, VII, b, 225 a 227 e 230, CF.
- V. art. 8º, III, Lei 11.340/2006 (Violência doméstica e familiar contra a mulher).

Art. 222. A propriedade de empresa jornalística e de radiodifusão sonora e de sons e imagens é privativa de brasileiros natos ou naturalizados há mais de dez anos, ou de pessoas jurídicas constituídas sob as leis brasileiras e que tenham sede no País.

- Artigo com redação determinada pela Emenda Constitucional n. 36/2002.

§ 1º Em qualquer caso, pelo menos setenta por cento do capital total e do capital votante das empresas jornalísticas e de radiodifusão sonora e de sons e imagens deverá pertencer, direta ou indiretamente, a brasileiros natos ou naturalizados há mais de dez anos, que exercerão obrigatoriamente a gestão das atividades e estabelecerão o conteúdo da programação.

§ 2º A responsabilidade editorial e as atividades de seleção e direção da programação veiculada são privativas de brasileiros natos ou naturalizados há mais de dez anos, em qualquer meio de comunicação social.

§ 3º Os meios de comunicação social eletrônica, independentemente da tecnologia utilizada para a prestação do serviço, deverão observar os princípios enunciados no art. 221, na forma de lei específica, que também garantirá a prioridade de profissionais brasileiros na execução de produções nacionais.

§ 4º Lei disciplinará a participação de capital estrangeiro nas empresas de que trata o § 1º.

- V. Lei 10.610/2002 (Participação de capital estrangeiro nas empresas jornalísticas e de radiodifusão).

§ 5º As alterações de controle societário das empresas de que trata o § 1º serão comunicadas ao Congresso Nacional.

Art. 223. Compete ao Poder Executivo outorgar e renovar concessão, permissão e autorização para o serviço de radiodifusão sonora e de sons e imagens, observado o princípio da complementaridade dos sistemas privado, público e estatal.

- V. arts 2º e 10, Dec. 52.795/1963 (Aprova o Regulamento dos Serviços de Radiodifusão).
- V. Dec.-lei 236/1967 (Complementa e modifica a Lei 4.117/1962).
- V. Dec. 88.066/1983 (Prorroga prazo das concessões outorgadas para exploração de serviços de radiodifusão).
- V. Decreto de 10 de maio de 1991 (Consolida decretos de outorga de concessões e de autorizações para execução dos serviços de radiodifusão).
- V. Dec. 2.108/1996 (Altera dispositivos do Regulamento dos Serviços de Radiodifusão).

§ 1º O Congresso Nacional apreciará o ato no prazo do art. 64, §§ 2º e 4º, a contar do recebimento da mensagem.

§ 2º A não renovação da concessão ou permissão dependerá de aprovação de, no mínimo, dois quintos do Congresso Nacional, em votação nominal.

§ 3º O ato de outorga ou renovação somente produzirá efeitos legais após deliberação do Congresso Nacional, na forma dos parágrafos anteriores.

§ 4º O cancelamento da concessão ou permissão, antes de vencido o prazo, depende de decisão judicial.

§ 5º O prazo da concessão ou permissão será de dez anos para as emissoras de rádio e de quinze para as de televisão.

Art. 224. Para os efeitos do disposto neste capítulo, o Congresso Nacional instituirá, como seu órgão auxiliar, o Conselho de Comunicação Social, na forma da lei.

- V. Lei 6.650/1979 (Secretaria de Comunicação Social).
- V. Lei 8.389/1991 (Conselho de Comunicação Social).

Art. 225

CONSTITUIÇÃO FEDERAL

Capítulo VI
DO MEIO AMBIENTE

Art. 225. Todos têm direito ao meio ambiente ecologicamente equilibrado, bem de uso comum do povo e essencial à sadia qualidade de vida, impondo-se ao Poder Público e à coletividade o dever de defendê-lo e preservá-lo para as presentes e futuras gerações.

- V. Lei 7.735/1989 (Instituto Brasileiro do Meio Ambiente e dos Recursos Naturais Renováveis).
- V. Lei 7.797/1989 (Fundo Nacional do Meio Ambiente).
- V. Dec. 3.524/2000 (Administração do Fundo Nacional do Meio Ambiente).
- V. Dec. 4.339/2002 (Princípios e diretrizes para a implementação da Política Nacional da Biodiversidade).
- V. Lei 11.284/2006 (Gestão de florestas públicas).

§ 1º Para assegurar a efetividade desse direito, incumbe ao Poder Público:

I – preservar e restaurar os processos ecológicos essenciais e prover o manejo ecológico das espécies e ecossistemas;

- V. Lei 9.985/2000 (Sistema Nacional de Unidades de Conservação da Natureza).

II – preservar a diversidade e a integridade do patrimônio genético do País e fiscalizar as entidades dedicadas à pesquisa e manipulação de material genético;

- V. Lei 9.985/2000 (Sistema Nacional de Unidades de Conservação da Natureza).
- V. MP 2.186-16/2001 (Regulamenta o inciso II do § 1º e o § 4º do art. 225 da Constituição).
- V. Lei 11.105/2005 (Lei de Biossegurança).

III – definir, em todas as unidades da Federação, espaços territoriais e seus componentes a serem especialmente protegidos, sendo a alteração e a supressão permitidas somente através de lei, vedada qualquer utilização que comprometa a integridade dos atributos que justifiquem sua proteção;

- V. Lei 9.985/2000 (Sistema Nacional de Unidades de Conservação da Natureza).

IV – exigir, na forma da lei, para instalação de obra ou atividade potencialmente causadora de significativa degradação do meio ambiente, estudo prévio de impacto ambiental, a que se dará publicidade;

- V. Lei 11.105/2005 (Lei de Biossegurança).

V – controlar a produção, a comercialização e o emprego de técnicas, métodos e substâncias que comportem risco para a vida, a qualidade de vida e o meio ambiente;

- V. Lei 7.802/1989 (Agrotóxicos).
- V. Lei 11.105/2005 (Lei de Biossegurança).

VI – promover a educação ambiental em todos os níveis de ensino e a conscientização pública para a preservação do meio ambiente;

- V. Lei 9.795/1999 (Educação ambiental).

VII – proteger a fauna e a flora, vedadas, na forma da lei, as práticas que coloquem em risco sua função ecológica, provoquem a extinção de espécies ou submetam os animais a crueldade.

- V. Lei 9.985/2000 (Sistema Nacional de Unidades de Conservação da Natureza).
- V. Lei 11.794/2008 (Regulamenta o inciso VII do § 1º do art. 225 da CF, estabelecendo procedimentos para o uso científico de animais).

§ 2º Aquele que explorar recursos minerais fica obrigado a recuperar o meio ambiente degradado, de acordo com solução técnica exigida pelo órgão público competente, na forma da lei.

§ 3º As condutas e atividades consideradas lesivas ao meio ambiente sujeitarão os infratores, pessoas físicas ou jurídicas, a sanções penais e administrativas, independentemente da obrigação de reparar os danos causados.

- V. Lei 9.605/1998 (Lei de Crimes Ambientais).
- V. Dec. 6.514/2008 (Infrações e sanções administrativas ao meio ambiente, e processo administrativo federal para apuração destas infrações).

§ 4º A Floresta Amazônica brasileira, a Mata Atlântica, a Serra do Mar, o Pantanal Mato-Grossense e a Zona Costeira são patrimônio nacional, e sua utilização far-se-á, na forma da lei, dentro de condições que assegurem a preservação do meio ambiente, inclusive quanto ao uso dos recursos naturais.

- V. MP 2.186-16/2001 (Regulamenta o inciso II do § 1º e o § 4º do art. 225 da Constituição).

§ 5º São indisponíveis as terras devolutas ou arrecadadas pelos Estados, por ações discriminatórias, necessárias à proteção dos ecossistemas naturais.

§ 6º As usinas que operem com reator nuclear deverão ter sua localização definida em lei federal, sem o que não poderão ser instaladas.

Art. 226

CONSTITUIÇÃO FEDERAL

Capítulo VII
DA FAMÍLIA, DA CRIANÇA, DO ADOLESCENTE, DO JOVEM E DO IDOSO

- Rubrica do Capítulo VII com redação determinada pela Emenda Constitucional n. 65/2010.
- V. Lei 8.069/1990 (Estatuto da Criança e do Adolescente).
- V. Lei 10.741/2003 (Estatuto do Idoso).

Art. 226. A família, base da sociedade, tem especial proteção do Estado.

§ 1º O casamento é civil e gratuita a celebração.

- V. arts. 192 a 201, CC/1916; e arts. 1.533 a 1.542, CC/2002).
- V. Lei 4.121/1962 (Estatuto da Mulher Casada).
- V. art. 67 e ss., Lei 6.015/1973 (Lei de Registros Públicos).

§ 2º O casamento religioso tem efeito civil, nos termos da lei.

- V. Lei 1.110/1950 (Reconhecimento dos efeitos civis do casamento religioso).
- V. Lei 6.015/1973 (Lei de Registros Públicos).

§ 3º Para efeito da proteção do Estado, é reconhecida a união estável entre o homem e a mulher como entidade familiar, devendo a lei facilitar sua conversão em casamento.

- V. Lei 8.971/1994 (Regula os direitos dos companheiros a alimentos e à sucessão).
- V. Lei 9.278/1996 (Regula o § 3º do art. 226 da CF).

§ 4º Entende-se, também, como entidade familiar a comunidade formada por qualquer dos pais e seus descendentes.

- V. art. 25, Lei 8.069/1990 (Estatuto da Criança e do Adolescente).
- V. Súmula 364, STJ.

§ 5º Os direitos e deveres referentes à sociedade conjugal são exercidos igualmente pelo homem e pela mulher.

- V. arts. 1.565 e 1.567, CC/2002.
- V. art. 2º e ss., Lei 6.515/1977 (Lei do Divórcio).
- V. Súmula 364, STJ.

§ 6º O casamento civil pode ser dissolvido pelo divórcio.

- § 6º com redação determinada pela Emenda Constitucional n. 66/2010.
- V. Lei 6.515/1977 (Lei do Divórcio).

§ 7º Fundado nos princípios da dignidade da pessoa humana e da paternidade responsável, o planejamento familiar é livre decisão do casal, competindo ao Estado propiciar recursos educacionais e científicos para o exercício desse direito, vedada qualquer forma coercitiva por parte de instituições oficiais ou privadas.

- V. Lei 9.263/1996 (Planejamento familiar).

§ 8º O Estado assegurará a assistência à família na pessoa de cada um dos que a integram, criando mecanismos para coibir a violência no âmbito de suas relações.

- V. Lei 11.340/2006 (Violência doméstica e familiar contra a mulher).

Art. 227. É dever da família, da sociedade e do Estado assegurar à criança, ao adolescente e ao jovem, com absoluta prioridade, o direito à vida, à saúde, à alimentação, à educação, ao lazer, à profissionalização, à cultura, à dignidade, ao respeito, à liberdade e à convivência familiar e comunitária, além de colocá-los a salvo de toda forma de negligência, discriminação, exploração, violência, crueldade e opressão.

- *Caput* com redação determinada pela Emenda Constitucional n. 65/2010.
- V. Lei 8.069/1990 (Estatuto da Criança e do Adolescente).
- V. Lei 12.288/2010 (Estatuto da Igualdade Racial).

§ 1º O Estado promoverá programas de assistência integral à saúde da criança, do adolescente e do jovem, admitida a participação de entidades não governamentais, mediante políticas específicas e obedecendo aos seguintes preceitos:

- *Caput* do § 1º com redação determinada pela Emenda Constitucional n. 65/2010.
- V. Lei 8.642/1993 (Programa Nacional de Atenção Integral à Criança e ao Adolescente – PRONAICA).

I – aplicação de percentual dos recursos públicos destinados à saúde na assistência materno-infantil;

II – criação de programas de prevenção e atendimento especializado para as pessoas portadoras de deficiência física, sensorial ou mental, bem como de integração social do adolescente e do jovem portador de deficiência, mediante o treinamento para o trabalho e a convivência, e a facilitação do acesso aos bens e serviços coletivos, com a

Art. 230

Constituição Federal

eliminação de obstáculos arquitetônicos e de todas as formas de discriminação.
* Inciso II com redação determinada pela Emenda Constitucional n. 65/2010.
* V. arts. 7º a 14, Lei 8.069/1990 (Estatuto da Criança e do Adolescente).

§ 2º A lei disporá sobre normas de construção dos logradouros e dos edifícios de uso público e de fabricação de veículos de transporte coletivo, a fim de garantir acesso adequado às pessoas portadoras de deficiência.
* V. art. 244, CF.
* V. art. 3º, Lei 7.853/1989 (Apoio às pessoas portadoras de deficiência).

§ 3º O direito a proteção especial abrangerá os seguintes aspectos:

I – idade mínima de quatorze anos para admissão ao trabalho, observado o disposto no art. 7º, XXXIII;

II – garantia de direitos previdenciários e trabalhistas;

III – garantia de acesso do trabalhador adolescente e jovem à escola;
* Inciso III com redação determinada pela Emenda Constitucional n. 65/2010.

IV – garantia de pleno e formal conhecimento da atribuição de ato infracional, igualdade na relação processual e defesa técnica por profissional habilitado, segundo dispuser a legislação tutelar específica;

V – obediência aos princípios de brevidade, excepcionalidade e respeito à condição peculiar de pessoa em desenvolvimento, quando da aplicação de qualquer medida privativa da liberdade;

VI – estímulo do Poder Público, através de assistência jurídica, incentivos fiscais e subsídios, nos termos da lei, ao acolhimento, sob a forma de guarda, de criança ou adolescente órfão ou abandonado;
* V. arts. 33 a 35, Lei 8.069/1990 (Estatuto da Criança e do Adolescente).

VII – programas de prevenção e atendimento especializado à criança, ao adolescente e ao jovem dependente de entorpecentes e drogas afins.
* Inciso VII com redação determinada pela Emenda Constitucional n. 65/2010.
* V. Lei 11.343/2006 (Lei Antidrogas).

§ 4º A lei punirá severamente o abuso, a violência e a exploração sexual da criança e do adolescente.
* V. art. 217-A a 218-B, CP.
* V. art. 225 e ss., Lei 8.069/1990 (Estatuto da Criança e do Adolescente).

§ 5º A adoção será assistida pelo Poder Público, na forma da lei, que estabelecerá casos e condições de sua efetivação por parte de estrangeiros.
* V. arts 1.618 e 1.619, CC/2002.
* V. arts. 39 a 52, Lei 8.069/1990 (Estatuto da Criança e do Adolescente).

§ 6º Os filhos, havidos ou não da relação do casamento, ou por adoção, terão os mesmos direitos e qualificações, proibidas quaisquer designações discriminatórias relativas à filiação.
* V. art. 41, §§ 1º e 2º, Lei 8.069/1990 (Estatuto da Criança e do Adolescente).
* V. Lei 8.560/1992 (Regula a investigação de paternidade dos filhos havidos fora do casamento).

§ 7º No atendimento dos direitos da criança e do adolescente levar-se-á em consideração o disposto no art. 204.

§ 8º A lei estabelecerá:
* § 8º acrescentado pela Emenda Constitucional n. 65/2010.

I – o estatuto da juventude, destinado a regular os direitos dos jovens;

II – o plano nacional de juventude, de duração decenal, visando à articulação das várias esferas do poder público para a execução de políticas públicas.

Art. 228. São penalmente inimputáveis os menores de dezoito anos, sujeitos às normas da legislação especial.
* V. art. 27, CP.
* V. art. 104, Lei 8.069/1990 (Estatuto da Criança e do Adolescente).

Art. 229. Os pais têm o dever de assistir, criar e educar os filhos menores, e os filhos maiores têm o dever de ajudar e amparar os pais na velhice, carência ou enfermidade.
* V. art. 22, Lei 8.069/1990 (Estatuto da Criança e do Adolescente).

Art. 230. A família, a sociedade e o Estado têm o dever de amparar as pessoas idosas, assegurando sua participação na comunidade, defendendo sua dignidade e bem-estar e garantindo-lhes o direito à vida.
* V. Lei 8.842/1994 (Conselho Nacional do Idoso).
* V. Lei 10.741/2003 (Estatuto do Idoso).

§ 1º Os programas de amparo aos idosos serão executados preferencialmente em seus lares.

§ 2º Aos maiores de sessenta e cinco anos é garantida a gratuidade dos transportes coletivos urbanos.

Capítulo VIII
DOS ÍNDIOS

Art. 231. São reconhecidos aos índios sua organização social, costumes, línguas, crenças e tradições, e os direitos originários sobre as terras que tradicionalmente ocupam, competindo à União demarcá-las, proteger e fazer respeitar todos os seus bens.

- V. Lei 6.001/1973 (Estatuto do Índio).
- V. Dec. 26/1991 (Educação indígena no Brasil).
- V. Dec. 1.141/1994 (Proteção ambiental, saúde, e apoio às atividades produtivas das comunidades indígenas).
- V. Dec. 1.775/1996 (Procedimento administrativo de demarcação das terras indígenas).

§ 1º São terras tradicionalmente ocupadas pelos índios as por eles habitadas em caráter permanente, as utilizadas para suas atividades produtivas, as imprescindíveis à preservação dos recursos ambientais necessários a seu bem-estar e as necessárias a sua reprodução física e cultural, segundo seus usos, costumes e tradições.

§ 2º As terras tradicionalmente ocupadas pelos índios destinam-se a sua posse permanente, cabendo-lhes o usufruto exclusivo das riquezas do solo, dos rios e dos lagos nelas existentes.

§ 3º O aproveitamento dos recursos hídricos, incluídos os potenciais energéticos, a pesquisa e a lavra das riquezas minerais em terras indígenas só podem ser efetivados com autorização do Congresso Nacional, ouvidas as comunidades afetadas, ficando-lhes assegurada participação nos resultados da lavra, na forma da lei.

- V. Dec.-lei 227/1967 (Dá nova redação ao Dec.-lei 1.985/1940 – Código de Minas).
- V. Lei 9.314/1996 (Altera dispositivos do Dec.-lei 227/1967).

§ 4º As terras de que trata este artigo são inalienáveis e indisponíveis, e os direitos sobre elas, imprescritíveis.

§ 5º É vedada a remoção dos grupos indígenas de suas terras, salvo, *ad referendum* do Congresso Nacional, em caso de catástrofe ou epidemia que ponha em risco sua população, ou no interesse da soberania do País, após deliberação do Congresso Nacional, garantido, em qualquer hipótese, o retorno imediato logo que cesse o risco.

§ 6º São nulos e extintos, não produzindo efeitos jurídicos, os atos que tenham por objeto a ocupação, o domínio e a posse das terras a que se refere este artigo, ou a exploração das riquezas naturais do solo, dos rios e dos lagos nelas existentes, ressalvado relevante interesse público da União, segundo o que dispuser lei complementar, não gerando a nulidade e a extinção direito a indenização ou a ações contra a União, salvo, na forma da lei, quanto às benfeitorias derivadas da ocupação de boa-fé.

- V. art. 62, Lei 6.001/1973 (Estatuto do Índio).

§ 7º Não se aplica às terras indígenas o disposto no art. 174, §§ 3º e 4º.

Art. 232. Os índios, suas comunidades e organizações são partes legítimas para ingressar em juízo em defesa de seus direitos e interesses, intervindo o Ministério Público em todos os atos do processo.

TÍTULO IX
DAS DISPOSIÇÕES CONSTITUCIONAIS GERAIS

Art. 233. *(Revogado pela Emenda Constitucional n. 28/2000.)*

Art. 234. É vedado à União, direta ou indiretamente, assumir, em decorrência da criação de Estado, encargos referentes a despesas com pessoal inativo e com encargos e amortizações da dívida interna ou externa da administração pública, inclusive da indireta.

- V. art. 13, § 6º, ADCT.

Art. 235. Nos dez primeiros anos da criação de Estado, serão observadas as seguintes normas básicas:

I – a Assembleia Legislativa será composta de dezessete Deputados se a população do Estado for inferior a seiscentos mil habitantes, e de vinte e quatro, se igual ou superior a esse número, até um milhão e quinhentos mil;

Constituição Federal

II – o Governo terá no máximo dez Secretarias;

III – o Tribunal de Contas terá três membros, nomeados, pelo Governador eleito, dentre brasileiros de comprovada idoneidade e notório saber;

IV – o Tribunal de Justiça terá sete Desembargadores;

V – os primeiros Desembargadores serão nomeados pelo Governador eleito, escolhidos da seguinte forma:

a) cinco dentre os magistrados com mais de trinta e cinco anos de idade, em exercício na área do novo Estado ou do Estado originário;

b) dois dentre promotores, nas mesmas condições, e advogados de comprovada idoneidade e saber jurídico, com dez anos, no mínimo, de exercício profissional, obedecido o procedimento fixado na Constituição;

VI – no caso de Estado proveniente de Território Federal, os cinco primeiros Desembargadores poderão ser escolhidos dentre juízes de direito de qualquer parte do País;

VII – em cada Comarca, o primeiro Juiz de Direito, o primeiro Promotor de Justiça e o primeiro Defensor Público serão nomeados pelo Governador eleito após concurso público de provas e títulos;

VIII – até a promulgação da Constituição Estadual, responderão pela Procuradoria-Geral, pela Advocacia-Geral e pela Defensoria-Geral do Estado advogados de notório saber, com trinta e cinco anos de idade, no mínimo, nomeados pelo Governador eleito e demissíveis *ad nutum*;

IX – se o novo Estado for resultado de transformação de Território Federal, a transferência de encargos financeiros da União para pagamento dos servidores optantes que pertenciam à Administração Federal ocorrerá da seguinte forma:

a) no sexto ano de instalação, o Estado assumirá vinte por cento dos encargos financeiros para fazer face ao pagamento dos servidores públicos, ficando ainda o restante sob a responsabilidade da União;

b) no sétimo ano, os encargos do Estado serão acrescidos de trinta por cento e, no oitavo, dos restantes cinquenta por cento;

X – as nomeações que se seguirem às primeiras, para os cargos mencionados neste artigo, serão disciplinadas na Constituição Estadual;

XI – as despesas orçamentárias com pessoal não poderão ultrapassar cinquenta por cento da receita do Estado.

Art. 236. Os serviços notariais e de registro são exercidos em caráter privado, por delegação do Poder Público.

- V. art. 32, ADCT.
- V. Lei 8.935/1994 (Regulamenta o art. 236 da CF).

§ 1º Lei regulará as atividades, disciplinará a responsabilidade civil e criminal dos notários, dos oficiais de registro e de seus prepostos, e definirá a fiscalização de seus atos pelo Poder Judiciário.

§ 2º Lei federal estabelecerá normas gerais para fixação de emolumentos relativos aos atos praticados pelos serviços notariais e de registro.

§ 3º O ingresso na atividade notarial e de registro depende de concurso público de provas e títulos, não se permitindo que qualquer serventia fique vaga, sem abertura de concurso de provimento ou de remoção, por mais de seis meses.

Art. 237. A fiscalização e o controle sobre o comércio exterior, essenciais à defesa dos interesses fazendários nacionais, serão exercidos pelo Ministério da Fazenda.

Art. 238. A lei ordenará a venda e revenda de combustíveis de petróleo, álcool carburante e outros combustíveis derivados de matérias-primas renováveis, respeitados os princípios desta Constituição.

- V. Lei 9.478/1997 (Abastecimento nacional de combustíveis).
- V. Lei 9.847/1999 (Fiscalização das atividades relativas ao abastecimento nacional de combustíveis).

Art. 239. A arrecadação decorrente das contribuições para o Programa de Integração Social, criado pela Lei Complementar 7, de 7 de setembro de 1970, e para o Programa de Formação do Patrimônio do Servidor Público, criado pela Lei Complementar 8, de 3 de dezembro de 1970, passa, a partir da promulgação desta Constituição, a financiar, nos termos que a lei dispuser, o progra-

ma do seguro-desemprego e o abono de que trata o § 3º deste artigo.

- V. art. 72, §§ 2º e 3º, ADCT.
- V. Lei 7.998/1990 (Fundo de Amparo ao Trabalhador – FAT).
- V. Lei 9.715/1998 (PIS/PASEP).

§ 1º Dos recursos mencionados no *caput* deste artigo, pelo menos quarenta por cento serão destinados a financiar programas de desenvolvimento econômico, através do Banco Nacional de Desenvolvimento Econômico e Social, com critérios de remuneração que lhes preservem o valor.

§ 2º Os patrimônios acumulados do Programa de Integração Social e do Programa de Formação do Patrimônio do Servidor Público são preservados, mantendo-se os critérios de saque nas situações previstas nas leis específicas, com exceção da retirada por motivo de casamento, ficando vedada a distribuição da arrecadação de que trata o *caput* deste artigo, para depósito nas contas individuais dos participantes.

§ 3º Aos empregados que percebam de empregadores que contribuem para o Programa de Integração Social ou para o Programa de Formação do Patrimônio do Servidor Público, até dois salários mínimos de remuneração mensal, é assegurado o pagamento de um salário mínimo anual, computado neste valor o rendimento das contas individuais, no caso daqueles que já participavam dos referidos programas, até a data da promulgação desta Constituição.

- V. Lei 7.859/1989 (Regulamento – concessão e o pagamento do abono).

§ 4º O financiamento do seguro-desemprego receberá uma contribuição adicional da empresa cujo índice de rotatividade da força de trabalho superar o índice médio da rotatividade do setor, na forma estabelecida por lei.

- V. Lei 7.998/1990 (Fundo de Amparo ao Trabalhador – FAT).
- V. Lei 8.352/1991 (Disponibilidades financeiras para o FAT).

Art. 240. Ficam ressalvadas do disposto no art. 195 as atuais contribuições compulsórias dos empregadores sobre a folha de salários, destinadas às entidades privadas de serviço social e de formação profissional vinculadas ao sistema sindical.

- V. Súmula 499, STJ.

Art. 241. A União, os Estados, o Distrito Federal e os Municípios disciplinarão por meio de lei os consórcios públicos e os convênios de cooperação entre os entes federados, autorizando a gestão associada de serviços públicos, bem como a transferência total ou parcial de encargos, serviços, pessoal e bens essenciais à continuidade dos serviços transferidos.

- Artigo com redação determinada pela Emenda Constitucional n. 19/1998.

Art. 242. O princípio do art. 206, IV, não se aplica às instituições educacionais oficiais criadas por lei estadual ou municipal e existentes na data da promulgação desta Constituição, que não sejam total ou preponderantemente mantidas com recursos públicos.

§ 1º O ensino da História do Brasil levará em conta as contribuições das diferentes culturas e etnias para a formação do povo brasileiro.

§ 2º O Colégio Pedro II, localizado na cidade do Rio de Janeiro, será mantido na órbita federal.

Art. 243. As glebas de qualquer região do País onde forem localizadas culturas ilegais de plantas psicotrópicas serão imediatamente expropriadas e especificamente destinadas ao assentamento de colonos, para o cultivo de produtos alimentícios e medicamentosos, sem qualquer indenização ao proprietário e sem prejuízo de outras sanções previstas em lei.

- V. Lei 8.257/1991 (Expropriação das glebas nas quais se localizem culturas ilegais de plantas psicotrópicas).
- V. Dec. 577/1992 (Culturas ilegais de plantas psicotrópicas).

Parágrafo único. Todo e qualquer bem de valor econômico apreendido em decorrência do tráfico ilícito de entorpecentes e drogas afins será confiscado e reverterá em benefício de instituições e pessoal especializados no tratamento e recuperação de viciados e no aparelhamento e custeio de atividades de fiscalização, controle, prevenção e

ADCT

repressão do crime de tráfico dessas substâncias.
* V. Lei 11.343/2006 (Lei Antidrogas).

Art. 244. A lei disporá sobre a adaptação dos logradouros, dos edifícios de uso público e dos veículos de transporte coletivo atualmente existentes a fim de garantir acesso adequado às pessoas portadoras de deficiência, conforme o disposto no art. 227, § 2º.
* V. Lei 7.853/1989 (Apoio às pessoas portadoras de deficiência).
* V. Lei 8.899/1994 (Passe livre às pessoas portadoras de deficiência no sistema de transporte coletivo interestadual).

Art. 245. A lei disporá sobre as hipóteses e condições em que o Poder Público dará assistência aos herdeiros e dependentes carentes de pessoas vitimadas por crime doloso, sem prejuízo da responsabilidade civil do autor do ilícito.
* V. LC 79/1994 (Fundo Penitenciário Nacional – FUPEN).

Art. 246. É vedada a adoção de medida provisória na regulamentação de artigo da Constituição cuja redação tenha sido alterada por meio de emenda promulgada entre 1º de janeiro de 1995 até a promulgação desta emenda, inclusive.
* Artigo com redação determinada pela Emenda Constitucional n. 32/2001.
* V. art. 62, CF.

Art. 247. As leis previstas no inciso III do § 1º do art. 41 e no § 7º do art. 169 estabelecerão critérios e garantias especiais para a perda do cargo pelo servidor público estável que, em decorrência das atribuições de seu cargo efetivo, desenvolva atividades exclusivas de Estado.
* Artigo acrescentado pela Emenda Constitucional n. 19/1998.

Parágrafo único. Na hipótese de insuficiência de desempenho, a perda do cargo somente ocorrerá mediante processo administrativo em que lhe sejam assegurados o contraditório e a ampla defesa.

Art. 248. Os benefícios pagos, a qualquer título, pelo órgão responsável pelo regime geral de previdência social, ainda que à conta do Tesouro Nacional, e os não sujeitos ao limite máximo de valor fixado para os benefícios concedidos por esse regime observarão os limites fixados no art. 37, XI.
* Artigo acrescentado pela Emenda Constitucional n. 20/1998.

Art. 249. Com o objetivo de assegurar recursos para o pagamento de proventos de aposentadoria e pensões concedidas aos respectivos servidores e seus dependentes, em adição aos recursos dos respectivos tesouros, a União, os Estados, o Distrito Federal e os Municípios poderão constituir fundos integrados pelos recursos provenientes de contribuições e por bens, direitos e ativos de qualquer natureza, mediante lei que disporá sobre a natureza e administração desses fundos.
* Artigo acrescentado pela Emenda Constitucional n. 20/1998.

Art. 250. Com o objetivo de assegurar recursos para o pagamento dos benefícios concedidos pelo regime geral de previdência social, em adição aos recursos de sua arrecadação, a União poderá constituir fundo integrado por bens, direitos e ativos de qualquer natureza, mediante lei que disporá sobre a natureza e administração desse fundo.
* Artigo acrescentado pela Emenda Constitucional n. 20/1998.

Brasília, 5 de outubro de 1988.

Ulysses Guimarães
Presidente
Mauro Benevides
Vice-Presidente
Jorge Arbage
Vice-Presidente

ATO DAS DISPOSIÇÕES CONSTITUCIONAIS TRANSITÓRIAS

Art. 1º O Presidente da República, o Presidente do Supremo Tribunal Federal e os membros do Congresso Nacional prestarão o compromisso de manter, defender e cumprir a Constituição, no ato e na data de sua promulgação.

Art. 2º No dia 7 de setembro de 1993 o eleitorado definirá, através de plebiscito, a forma (república ou monarquia constitucional) e o sistema de governo (parlamentaris-

mo ou presidencialismo) que devem vigorar no País.

* V. Emenda Constitucional n. 2/1992.
* V. Lei 8.624/1993 (Regulamenta o art. 2º do ADCT).

§ 1º Será assegurada gratuidade na livre divulgação dessas formas e sistemas, através dos meios de comunicação de massa cessionários de serviço público.

§ 2º O Tribunal Superior Eleitoral, promulgada a Constituição, expedirá as normas regulamentadoras deste artigo.

Art. 3º A revisão constitucional será realizada após cinco anos, contados da promulgação da Constituição, pelo voto da maioria absoluta dos membros do Congresso Nacional, em sessão unicameral.

* V. Emendas Constitucionais de Revisão n. 1 a 6/1994.

Art. 4º O mandato do atual Presidente da República terminará em 15 de março de 1990.

§ 1º A primeira eleição para Presidente da República após a promulgação da Constituição será realizada no dia 15 de novembro de 1989, não se lhe aplicando o disposto no art. 16 da Constituição.

§ 2º É assegurada a irredutibilidade da atual representação dos Estados e do Distrito Federal na Câmara dos Deputados.

§ 3º Os mandatos dos Governadores e dos Vice-Governadores eleitos em 15 de novembro de 1986 terminarão em 15 de março de 1991.

§ 4º Os mandatos dos atuais Prefeitos, Vice-Prefeitos e Vereadores terminarão no dia 1º de janeiro de 1989, com a posse dos eleitos.

Art. 5º Não se aplicam às eleições previstas para 15 de novembro de 1988 o disposto no art. 16 e as regras do art. 77 da Constituição.

§ 1º Para as eleições de 15 de novembro de 1988 será exigido domicílio eleitoral na circunscrição pelo menos durante os quatro meses anteriores ao pleito, podendo os candidatos que preencham este requisito, atendidas as demais exigências da lei, ter seu registro efetivado pela Justiça Eleitoral após a promulgação da Constituição.

§ 2º Na ausência de norma legal específica, caberá ao Tribunal Superior Eleitoral editar as normas necessárias à realização das eleições de 1988, respeitada a legislação vigente.

§ 3º Os atuais parlamentares federais e estaduais eleitos Vice-Prefeitos, se convocados a exercer a função de Prefeito, não perderão o mandato parlamentar.

§ 4º O número de vereadores por município será fixado, para a representação a ser eleita em 1988, pelo respectivo Tribunal Regional Eleitoral, respeitados os limites estipulados no art. 29, IV, da Constituição.

§ 5º Para as eleições de 15 de novembro de 1988, ressalvados os que já exercem mandato eletivo, são inelegíveis para qualquer cargo, no território de jurisdição do titular, o cônjuge e os parentes por consanguinidade ou afinidade, até o segundo grau, ou por adoção, do Presidente da República, do Governador do Estado, do Governador do Distrito Federal e do Prefeito que tenham exercido mais da metade do mandato.

Art. 6º Nos seis meses posteriores à promulgação da Constituição, parlamentares federais, reunidos em número não inferior a trinta, poderão requerer ao Tribunal Superior Eleitoral o registro de novo partido político, juntando ao requerimento o manifesto, o estatuto e o programa devidamente assinados pelos requerentes.

§ 1º O registro provisório, que será concedido de plano pelo Tribunal Superior Eleitoral, nos termos deste artigo, defere ao novo partido todos os direitos, deveres e prerrogativas dos atuais, entre eles o de participar, sob legenda própria, das eleições que vierem a ser realizadas nos doze meses seguintes a sua formação.

§ 2º O novo partido perderá automaticamente seu registro provisório se, no prazo de vinte e quatro meses, contados de sua formação, não obtiver registro definitivo no Tribunal Superior Eleitoral, na forma que a lei dispuser.

Art. 7º O Brasil propugnará pela formação de um tribunal internacional dos direitos humanos.

Art. 8º É concedida anistia aos que, no período de 18 de setembro de 1946 até a data da promulgação da Constituição, foram atingidos, em decorrência de motiva-

ADCT

ção exclusivamente política, por atos de exceção, institucionais ou complementares, aos que foram abrangidos pelo Decreto Legislativo 18, de 15 de dezembro de 1961, e aos atingidos pelo Dec.-lei 864, de 12 de setembro de 1969, asseguradas as promoções, na inatividade, ao cargo, emprego, posto ou graduação a que teriam direito se estivessem em serviço ativo, obedecidos os prazos de permanência em atividade previstos nas leis e regulamentos vigentes, respeitadas as características e peculiaridades das carreiras dos servidores públicos civis e militares e observados os respectivos regimes jurídicos.

• V. Súmula 674, STF.

§ 1º O disposto neste artigo somente gerará efeitos financeiros a partir da promulgação da Constituição, vedada a remuneração de qualquer espécie em caráter retroativo.

§ 2º Ficam assegurados os benefícios estabelecidos neste artigo aos trabalhadores do setor privado, dirigentes e representantes sindicais que, por motivos exclusivamente políticos, tenham sido punidos, demitidos ou compelidos ao afastamento das atividades remuneradas que exercem, bem como aos que foram impedidos de exercer atividades profissionais em virtude de pressões ostensivas ou expedientes oficiais sigilosos.

§ 3º Aos cidadãos que foram impedidos de exercer, na vida civil, atividade profissional específica, em decorrência das Portarias Reservadas do Ministério da Aeronáutica n. S-50-GM5, de 19 de junho de 1964, e n. S-285-GM5 será concedida reparação de natureza econômica, na forma que dispuser lei de iniciativa do Congresso Nacional e a entrar em vigor no prazo de doze meses a contar da promulgação da Constituição.

§ 4º Aos que, por força de atos institucionais, tenham exercido gratuitamente mandato eletivo de vereador serão computados, para efeito de aposentadoria no serviço público e previdência social, os respectivos períodos.

§ 5º A anistia concedida nos termos deste artigo aplica-se aos servidores públicos civis e aos empregados em todos os níveis de governo ou em suas fundações, empresas públicas ou empresas mistas sob controle estatal, exceto nos Ministérios militares, que tenham sido punidos ou demitidos por atividades profissionais interrompidas em virtude de decisão de seus trabalhadores, bem como em decorrência do Dec.-lei 1.632, de 4 de agosto de 1978, ou por motivos exclusivamente políticos, assegurada a readmissão dos que foram atingidos a partir de 1979, observado o disposto no § 1º.

• O Dec.-lei 1.632/1978 foi revogado pela Lei 7.783/1989.

Art. 9º Os que, por motivos exclusivamente políticos, foram cassados ou tiveram seus direitos políticos suspensos no período de 15 de julho a 31 de dezembro de 1969, por ato do então Presidente da República, poderão requerer ao Supremo Tribunal Federal o reconhecimento dos direitos e vantagens interrompidos pelos atos punitivos, desde que comprovem terem sido estes eivados de vício grave.

Parágrafo único. O Supremo Tribunal Federal proferirá a decisão no prazo de cento e vinte dias, a contar do pedido do interessado.

Art. 10. Até que seja promulgada a Lei Complementar a que se refere o art. 7º, I, da Constituição:

I – fica limitada a proteção nele referida ao aumento, para quatro vezes, da porcentagem prevista no art. 6º, *caput* e § 1º, da Lei 5.107, de 13 de setembro de 1966;

• A Lei 5.107/1966 foi revogada pela Lei 7.839/1989.
• V. Lei 8.036/1990 (Fundo de Garantia do Tempo de Serviço).

II – fica vedada a dispensa arbitrária ou sem justa causa:

a) do empregado eleito para cargo de direção de comissões internas de prevenção de acidentes, desde o registro de sua candidatura até um ano após o final de seu mandato;

• V. Súmula 676, STF.

b) da empregada gestante, desde a confirmação da gravidez até cinco meses após o parto.

§ 1º Até que a lei venha a disciplinar o disposto no art. 7º, XIX, da Constituição, o prazo da licença-paternidade a que se refere o inciso é de cinco dias.

Art. 11

ADCT

§ 2º Até ulterior disposição legal, a cobrança das contribuições para o custeio das atividades dos sindicatos rurais será feita juntamente com a do imposto territorial rural, pelo mesmo órgão arrecadador.

§ 3º Na primeira comprovação do cumprimento das obrigações trabalhistas pelo empregador rural, na forma do art. 233, após a promulgação da Constituição, será certificada perante a Justiça do Trabalho a regularidade do contrato e das atualizações das obrigações trabalhistas de todo o período.

- O mencionado art. 233 foi revogado pela Emenda Constitucional n. 28/2000.

Art. 11. Cada Assembleia Legislativa, com poderes constituintes, elaborará a Constituição do Estado, no prazo de um ano, contado da promulgação da Constituição Federal, obedecidos os princípios desta.

Parágrafo único. Promulgada a Constituição do Estado, caberá à Câmara Municipal, no prazo de seis meses, votar a Lei Orgânica respectiva, em dois turnos de discussão e votação, respeitado o disposto na Constituição Federal e na Constituição Estadual.

Art. 12. Será criada, dentro de noventa dias da promulgação da Constituição, Comissão de Estudos Territoriais, com dez membros indicados pelo Congresso Nacional e cinco pelo Poder Executivo, com a finalidade de apresentar estudos sobre o território nacional e anteprojetos relativos a novas unidades territoriais, notadamente na Amazônia Legal e em áreas pendentes de solução.

§ 1º No prazo de um ano, a Comissão submeterá ao Congresso Nacional os resultados de seus estudos para, nos termos da Constituição, serem apreciados nos doze meses subsequentes, extinguindo-se logo após.

§ 2º Os Estados e os Municípios deverão no prazo de três anos, a contar da promulgação da Constituição, promover, mediante acordo ou arbitramento, a demarcação de suas linhas divisórias atualmente litigiosas, podendo para isso fazer alterações e compensações de área que atendam aos acidentes naturais, critérios históricos, conveniências administrativas e comodidade das populações limítrofes.

§ 3º Havendo solicitação dos Estados e Municípios interessados, a União poderá encarregar-se dos trabalhos demarcatórios.

§ 4º Se, decorrido o prazo de três anos, a contar da promulgação da Constituição, os trabalhos demarcatórios não tiverem sido concluídos, caberá à União determinar os limites das áreas litigiosas.

§ 5º Ficam reconhecidos e homologados os atuais limites do Estado do Acre com os Estados do Amazonas e de Rondônia, conforme levantamentos cartográficos e geodésicos realizados pela Comissão Tripartite integrada por representantes dos Estados e dos serviços técnico-especializados do Instituto Brasileiro de Geografia e Estatística.

Art. 13. É criado o Estado do Tocantins, pelo desmembramento da área descrita neste artigo, dando-se sua instalação no quadragésimo sexto dia após a eleição prevista no § 3º, mas não antes de 1º de janeiro de 1989.

§ 1º O Estado do Tocantins integra a Região Norte e limita-se com o Estado de Goiás pelas divisas norte dos Municípios de São Miguel do Araguaia, Porangatu, Formoso, Minaçu, Cavalcante, Monte Alegre de Goiás e Campos Belos, conservando a leste, norte e oeste as divisas atuais de Goiás com os Estados da Bahia, Piauí, Maranhão, Pará e Mato Grosso.

§ 2º O Poder Executivo designará uma das cidades do Estado para sua Capital provisória até a aprovação da sede definitiva do governo pela Assembleia Constituinte.

§ 3º O Governador, o Vice-Governador, os Senadores, os Deputados Federais e os Deputados Estaduais serão eleitos, em um único turno, até setenta e cinco dias após a promulgação da Constituição, mas não antes de 15 de novembro de 1988, a critério do Tribunal Superior Eleitoral, obedecidas, entre outras, as seguintes normas:

I – o prazo de filiação partidária dos candidatos será encerrado setenta e cinco dias antes da data das eleições;

II – as datas das convenções regionais partidárias destinadas a deliberar sobre coligações e escolha de candidatos, de apresentação de requerimento de registro dos candi-

ADCT

datos escolhidos e dos demais procedimentos legais serão fixadas, em calendário especial, pela Justiça Eleitoral;

III – são inelegíveis os ocupantes de cargos estaduais ou municipais que não se tenham deles afastado, em caráter definitivo, setenta e cinco dias antes da data das eleições previstas neste parágrafo;

IV – ficam mantidos os atuais diretórios regionais dos partidos políticos do Estado de Goiás, cabendo às comissões executivas nacionais designar comissões provisórias no Estado do Tocantins, nos termos e para os fins previstos na lei.

§ 4º Os mandatos do Governador, do Vice-Governador, dos Deputados Federais e Estaduais eleitos na forma do parágrafo anterior extinguir-se-ão concomitantemente aos das demais unidades da Federação; o mandato do Senador eleito menos votado extinguir-se-á nessa mesma oportunidade, e os dos outros dois, juntamente com os dos Senadores eleitos em 1986, nos demais Estados.

§ 5º A Assembleia Estadual Constituinte será instalada no quadragésimo sexto dia da eleição de seus integrantes, mas não antes de 1º de janeiro de 1989, sob a presidência do Presidente do Tribunal Regional Eleitoral do Estado de Goiás, e dará posse, na mesma data, ao Governador e ao Vice-Governador eleitos.

§ 6º Aplicam-se à criação e instalação do Estado do Tocantins, no que couber, as normas legais disciplinadoras da divisão do Estado de Mato Grosso, observado o disposto no art. 234 da Constituição.

§ 7º Fica o Estado de Goiás liberado dos débitos e encargos decorrentes de empreendimentos no território do novo Estado, e autorizada a União, a seu critério, a assumir os referidos débitos.

Art. 14. Os Territórios Federais de Roraima e do Amapá são transformados em Estados Federados, mantidos seus atuais limites geográficos.

§ 1º A instalação dos Estados dar-se-á com a posse dos governadores eleitos em 1990.

§ 2º Aplicam-se à transformação e instalação dos Estados de Roraima e Amapá as normas e critérios seguidos na criação do Estado de Rondônia, respeitado o disposto na Constituição e neste Ato.

§ 3º O Presidente da República, até quarenta e cinco dias após a promulgação da Constituição, encaminhará à apreciação do Senado Federal os nomes dos governadores dos Estados de Roraima e do Amapá que exercerão o Poder Executivo até a instalação dos novos Estados com a posse dos governadores eleitos.

§ 4º Enquanto não concretizada a transformação em Estados, nos termos deste artigo, os Territórios Federais de Roraima e do Amapá serão beneficiados pela transferência de recursos prevista nos arts. 159, I, a, da Constituição, e 34, § 2º, II, deste Ato.

Art. 15. Fica extinto o Território Federal de Fernando de Noronha, sendo sua área reincorporada ao Estado de Pernambuco.

Art. 16. Até que se efetive o disposto no art. 32, § 2º, da Constituição, caberá ao Presidente da República, com a aprovação do Senado Federal, indicar o Governador e o Vice-Governador do Distrito Federal.

§ 1º A competência da Câmara Legislativa do Distrito Federal, até que se instale, será exercida pelo Senado Federal.

§ 2º A fiscalização contábil, financeira, orçamentária, operacional e patrimonial do Distrito Federal, enquanto não for instalada a Câmara Legislativa, será exercida pelo Senado Federal, mediante controle externo, com o auxílio do Tribunal de Contas do Distrito Federal, observado o disposto no art. 72 da Constituição.

§ 3º Incluem-se entre os bens do Distrito Federal aqueles que lhe vierem a ser atribuídos pela União na forma da lei.

Art. 17. Os vencimentos, a remuneração, as vantagens e os adicionais, bem como os proventos de aposentadoria que estejam sendo percebidos em desacordo com a Constituição serão imediatamente reduzidos aos limites dela decorrentes, não se admitindo, neste caso, invocação de direito adquirido ou percepção de excesso a qualquer título.

• V. art. 9º, Emenda Constitucional n. 41/2003.

§ 1º É assegurado o exercício cumulativo de dois cargos ou empregos privativos de médico que estejam sendo exercidos por médico militar na administração pública direta ou indireta.

Art. 18

ADCT

§ 2º É assegurado o exercício cumulativo de dois cargos ou empregos privativos de profissionais de saúde que estejam sendo exercidos na administração pública direta ou indireta.

Art. 18. Ficam extintos os efeitos jurídicos de qualquer ato legislativo ou administrativo, lavrado a partir da instalação da Assembleia Nacional Constituinte, que tenha por objeto a concessão de estabilidade a servidor admitido sem concurso público, da administração direta ou indireta, inclusive das fundações instituídas e mantidas pelo Poder Público.

Art. 19. Os servidores públicos civis da União, dos Estados, do Distrito Federal e dos Municípios, da administração direta, autárquica e das fundações públicas, em exercício na data da promulgação da Constituição, há pelo menos cinco anos continuados, e que não tenham sido admitidos na forma regulada no art. 37, da Constituição, são considerados estáveis no serviço público.

§ 1º O tempo de serviço dos servidores referidos neste artigo será contado como título quando se submeterem a concurso para fins de efetivação, na forma da lei.

§ 2º O disposto neste artigo não se aplica aos ocupantes de cargos, funções e empregos de confiança ou em comissão, nem aos que a lei declare de livre exoneração, cujo tempo de serviço não será computado para os fins do *caput* deste artigo, exceto se se tratar de servidor.

§ 3º O disposto neste artigo não se aplica aos professores de nível superior, nos termos da lei.

Art. 20. Dentro de cento e oitenta dias, proceder-se-á à revisão dos direitos dos servidores públicos inativos e pensionistas e à atualização dos proventos e pensões a eles devidos, a fim de ajustá-los ao disposto na Constituição.

Art. 21. Os juízes togados de investidura limitada no tempo, admitidos mediante concurso público de provas e títulos e que estejam em exercício na data da promulgação da Constituição, adquirem estabilidade, observado o estágio probatório, e passam a compor quadro em extinção, mantidas as competências, prerrogativas e restrições da legislação a que se achavam submetidos, salvo as inerentes à transitoriedade da investidura.

Parágrafo único. A aposentadoria dos juízes de que trata este artigo regular-se-á pelas normas fixadas para os demais juízes estaduais.

Art. 22. É assegurado aos defensores públicos investidos na função até a data de instalação da Assembleia Nacional Constituinte o direito de opção pela carreira, com a observância das garantias e vedações previstas no art. 134, parágrafo único, da Constituição.

• O citado parágrafo único foi renumerado para § 1º pela Emenda Constitucional n. 45/2004.

Art. 23. Até que se edite a regulamentação do art. 21, XVI, da Constituição, os atuais ocupantes do cargo de censor federal continuarão exercendo funções com este compatíveis, no Departamento de Polícia Federal, observadas as disposições constitucionais.

Parágrafo único. A lei referida disporá sobre o aproveitamento dos Censores Federais, nos termos deste artigo.

Art. 24. A União, os Estados, o Distrito Federal e os Municípios editarão leis que estabeleçam critérios para a compatibilização de seus quadros de pessoal ao disposto no art. 39 da Constituição e à reforma administrativa dela decorrente, no prazo de dezoito meses, contados da sua promulgação.

Art. 25. Ficam revogados, a partir de cento e oitenta dias da promulgação da Constituição, sujeito este prazo à prorrogação por lei, todos os dispositivos legais que atribuam ou deleguem a órgão do Poder Executivo competência assinalada pela Constituição ao Congresso Nacional, especialmente no que tange a:

• V. Lei 7.763/1989 (Altera a Lei 7.150/1983).

I – ação normativa;

II – alocação ou transferência de recursos de qualquer espécie.

§ 1º Os decretos-leis em tramitação no Congresso Nacional e por este não apreciados até a promulgação da Constituição terão seus efeitos regulados da seguinte forma:

I – se editados até 2 de setembro de 1988, serão apreciados pelo Congresso Nacional

ADCT

no prazo de até cento e oitenta dias a contar da promulgação da Constituição, não computado o recesso parlamentar;

II – decorrido o prazo definido no inciso anterior, e não havendo apreciação, os decretos-leis ali mencionados serão considerados rejeitados;

III – nas hipóteses definidas nos incisos I e II, terão plena validade os atos praticados na vigência dos respectivos decretos-leis, podendo o Congresso Nacional, se necessário, legislar sobre os efeitos deles remanescentes.

§ 2º Os decretos-leis editados entre 3 de setembro de 1988 e a promulgação da Constituição serão convertidos, nesta data, em medidas provisórias, aplicando-se-lhes as regras estabelecidas no art. 62, parágrafo único.

• V. art. 62, § 3º, CF.

Art. 26. No prazo de um ano a contar da promulgação da Constituição, o Congresso Nacional promoverá, através de Comissão mista, exame analítico e pericial dos atos e fatos geradores do endividamento externo brasileiro.

§ 1º A Comissão terá a força legal de Comissão parlamentar de inquérito para os fins de requisição e convocação, e atuará com o auxílio do Tribunal de Contas da União.

§ 2º Apurada irregularidade, o Congresso Nacional proporá ao Poder Executivo a declaração de nulidade do ato e encaminhará o processo ao Ministério Público Federal, que formalizará, no prazo de sessenta dias, a ação cabível.

Art. 27. O Superior Tribunal de Justiça será instalado sob a Presidência do Supremo Tribunal Federal.

§ 1º Até que se instale o Superior Tribunal de Justiça, o Supremo Tribunal Federal exercerá as atribuições e competências definidas na ordem constitucional precedente.

§ 2º A composição inicial do Superior Tribunal de Justiça far-se-á:

I – pelo aproveitamento dos Ministros do Tribunal Federal de Recursos;

II – pela nomeação dos Ministros que sejam necessários para completar o número estabelecido na Constituição.

§ 3º Para os efeitos do disposto na Constituição, os atuais Ministros do Tribunal Federal de Recursos serão considerados pertencentes à classe de que provieram, quando de sua nomeação.

§ 4º Instalado o Tribunal, os Ministros aposentados do Tribunal Federal de Recursos tornar-se-ão, automaticamente, Ministros aposentados do Superior Tribunal de Justiça.

§ 5º Os Ministros a que se refere o § 2º, II, serão indicados em lista tríplice pelo Tribunal Federal de Recursos, observado o disposto no art. 104, parágrafo único, da Constituição.

§ 6º Ficam criados cinco Tribunais Regionais Federais, a serem instalados no prazo de seis meses a contar da promulgação da Constituição, com a jurisdição e sede que lhes fixar o Tribunal Federal de Recursos, tendo em conta o número de processos e sua localização geográfica.

• V. Lei 7.727/1989 (Composição e instalação dos Tribunais Regionais Federais).

§ 7º Até que se instalem os Tribunais Regionais Federais, o Tribunal Federal de Recursos exercerá a competência a eles atribuída em todo o território nacional, cabendo-lhe promover sua instalação e indicar os candidatos a todos os cargos da composição inicial, mediante lista tríplice, podendo desta constar juízes federais de qualquer região, observado o disposto no § 9º.

§ 8º É vedado, a partir da promulgação da Constituição, o provimento de vagas de Ministros do Tribunal Federal de Recursos.

§ 9º Quando não houver juiz federal que conte o tempo mínimo previsto no art. 107, II, da Constituição, a promoção poderá contemplar juiz com menos de cinco anos no exercício do cargo.

§ 10. Compete à Justiça Federal julgar as ações nela propostas até a data da promulgação da Constituição, e aos Tribunais Regionais Federais bem como ao Superior Tribunal de Justiça julgar as ações rescisórias das decisões até então proferidas pela Justiça Federal, inclusive daquelas cuja matéria tenha passado à competência de outro ramo do Judiciário.

§ 11. São criados, ainda, os seguintes Tribunais Regionais Federais: o da 6ª Região, com

sede em Curitiba, Estado do Paraná, e jurisdição nos Estados do Paraná, Santa Catarina e Mato Grosso do Sul; o da 7ª Região, com sede em Belo Horizonte, Estado de Minas Gerais, e jurisdição no Estado de Minas Gerais; o da 8ª Região, com sede em Salvador, Estado da Bahia, e jurisdição nos Estados da Bahia e Sergipe; e o da 9ª Região, com sede em Manaus, Estado do Amazonas, e jurisdição nos Estados do Amazonas, Acre, Rondônia e Roraima.

- § 11 acrescentado pela Emenda Constitucional n. 73/2013.
- V. art. 2º, Emenda Constitucional n. 73/2013 (Cria os Tribunais Regionais Federais da 6ª, 7ª, 8ª e 9ª Regiões).

Art. 28. Os juízes federais de que trata o art. 123, § 2º, da Constituição de 1967, com a redação dada pela Emenda Constitucional n. 7, de 1977, ficam investidos na titularidade de varas na Seção Judiciária para a qual tenham sido nomeados ou designados; na inexistência de vagas, proceder-se-á ao desdobramento das varas existentes.

Parágrafo único. Para efeito de promoção por antiguidade, o tempo de serviço desses juízes será computado a partir do dia de sua posse.

Art. 29. Enquanto não aprovadas as leis complementares relativas ao Ministério Público e à Advocacia-Geral da União, o Ministério Público Federal, a Procuradoria-Geral da Fazenda Nacional, as Consultorias Jurídicas dos Ministérios, as Procuradorias e Departamentos Jurídicos de autarquias federais com representação própria e os membros das Procuradorias das Universidades fundacionais públicas continuarão a exercer suas atividades na área das respectivas atribuições.

- V. LC 73/1993 (Lei Orgânica da Advocacia-Geral da União).
- V. LC 75/1993 (Estatuto do Ministério Público da União).
- V. Dec. 767/1993 (Controle interno da Advocacia-Geral da União).

§ 1º O Presidente da República, no prazo de cento e vinte dias, encaminhará ao Congresso Nacional projeto de lei complementar dispondo sobre a organização e o funcionamento da Advocacia-Geral da União.

§ 2º Aos atuais Procuradores da República, nos termos da Lei Complementar, será facultada a opção, de forma irretratável, entre as carreiras do Ministério Público Federal e da Advocacia-Geral da União.

§ 3º Poderá optar pelo regime anterior, no que respeita às garantias e vantagens, o membro do Ministério Público admitido antes da promulgação da Constituição, observando-se, quanto às vedações, a situação jurídica na data desta.

§ 4º Os atuais integrantes do quadro suplementar dos Ministérios Públicos do Trabalho e Militar que tenham adquirido estabilidade nessas funções passam a integrar o quadro da respectiva carreira.

§ 5º Cabe à atual Procuradoria-Geral da Fazenda Nacional, diretamente ou por delegação, que pode ser ao Ministério Público Estadual, representar judicialmente a União nas causas de natureza fiscal, na área da respectiva competência, até a promulgação das Leis Complementares previstas neste artigo.

Art. 30. A legislação que criar a justiça de paz manterá os atuais juízes de paz até a posse dos novos titulares, assegurando-lhes os direitos e atribuições conferidos a estes, e designará o dia para a eleição prevista no art. 98, II, da Constituição.

Art. 31. Serão estatizadas as serventias do foro judicial, assim definidas em lei, respeitados os direitos dos atuais titulares.

- V. Lei 8.935/1994 (Regulamenta o art. 236 da CF).

Art. 32. O disposto no art. 236 não se aplica aos serviços notariais e de registro que já tenham sido oficializados pelo Poder Público, respeitando-se o direito de seus servidores.

Art. 33. Ressalvados os créditos de natureza alimentar, o valor dos precatórios judiciais pendentes de pagamento na data da promulgação da Constituição, incluído o remanescente de juros e correção monetária, poderá ser pago em moeda corrente, com atualização, em prestações anuais, iguais e sucessivas, no prazo máximo de oito anos, a partir de 1º de julho de 1989, por decisão

ADCT

editada pelo Poder Executivo até cento e oitenta dias da promulgação da Constituição.

• V. art. 97, § 15, ADCT.

Parágrafo único. Poderão as entidades devedoras, para o cumprimento do disposto neste artigo, emitir, em cada ano, no exato montante do dispêndio, títulos de dívida pública não computáveis para efeito do limite global de endividamento.

Art. 34. O sistema tributário nacional entrará em vigor a partir do primeiro dia do quinto mês seguinte ao da promulgação da Constituição, mantido, até então, o da Constituição de 1967, com redação dada pela Emenda n. 1, de 1969, e pelas posteriores.

§ 1º Entrarão em vigor com a promulgação da Constituição os arts. 148, 149, 150, 154, I, 156, III, e 159, I, c, revogadas as disposições em contrário da Constituição de 1967 e das Emendas que a modificaram, especialmente de seu art. 25, III.

§ 2º O Fundo de Participação dos Estados e do Distrito Federal e o Fundo de Participação dos Municípios obedecerão às seguintes determinações:

I – a partir da promulgação da Constituição, os percentuais serão, respectivamente, de dezoito por cento e de vinte por cento, calculados sobre o produto da arrecadação dos impostos referidos no art. 153, III e IV, mantidos os atuais critérios de rateio até a entrada em vigor da lei complementar a que se refere o art. 161, II;

II – o percentual relativo ao Fundo de Participação dos Estados e do Distrito Federal será acrescido de um ponto percentual no exercício financeiro de 1989 e, a partir de 1990, inclusive, à razão de meio ponto por exercício, até 1992, inclusive, atingindo em 1993 o percentual estabelecido no art. 159, I, a;

III – o percentual relativo ao Fundo de Participação dos Municípios, a partir de 1989, inclusive, será elevado à razão de meio ponto percentual por exercício financeiro, até atingir o estabelecido no art. 159, I, b.

§ 3º Promulgada a Constituição, a União, os Estados, o Distrito Federal e os Municípios poderão editar as leis necessárias à aplicação do sistema tributário nacional nela previsto.

§ 4º As leis editadas nos termos do parágrafo anterior produzirão efeitos a partir da entrada em vigor do sistema tributário nacional previsto na Constituição.

§ 5º Vigente o novo sistema tributário nacional, fica assegurada a aplicação da legislação anterior, no que não seja incompatível com ele e com a legislação referida nos §§ 3º e 4º.

• V. Súmula 663, STF.

§ 6º Até 31 de dezembro de 1989, o disposto no art. 150, III, b, não se aplica aos impostos de que tratam os arts. 155, I, a e b, e 156, II e III, que podem ser cobrados trinta dias após a publicação da lei que os tenha instituído ou aumentado.

• Em virtude da Emenda Constitucional n. 3/1993, a referência ao art. 155, I, a e b, passou a ser ao art. 155, I e II.

§ 7º Até que sejam fixadas em lei complementar, as alíquotas máximas do imposto municipal sobre vendas a varejo de combustíveis líquidos e gasosos não excederão a três por cento.

§ 8º Se, no prazo de sessenta dias contados da promulgação da Constituição, não for editada a lei complementar necessária à instituição do imposto de que trata o art. 155, I, b, os Estados e o Distrito Federal, mediante convênio celebrado nos termos da Lei Complementar 24, de 7 de janeiro de 1975, fixarão normas para regular provisoriamente a matéria.

• Em virtude da Emenda Constitucional n. 3/1993, a referência ao art. 155, I, a e b, passou a ser ao art. 155, I e II.
• V. LC 87/1996 (ICMS).

§ 9º Até que lei complementar disponha sobre a matéria, as empresas distribuidoras de energia elétrica, na condição de contribuintes ou de substitutos tributários, serão as responsáveis, por ocasião da saída do produto de seus estabelecimentos, ainda que destinado a outra unidade da Federação, pelo pagamento do imposto sobre operações relativas à circulação de mercadorias incidente sobre energia elétrica, desde a produção ou importação até a última operação, calculado o imposto sobre o preço então praticado na operação final e assegurado seu recolhimento ao Estado ou ao Dis-

Art. 35

ADCT

trito Federal, conforme o local onde deva ocorrer essa operação.

§ 10. Enquanto não entrar em vigor a lei prevista no art. 159, I, c, cuja promulgação se fará até 31 de dezembro de 1989, é assegurada a aplicação dos recursos previstos naquele dispositivo da seguinte maneira:

- V. Lei 7.827/1989 (Fundos Constitucionais de Financiamento).

I – seis décimos por cento na Região Norte, através do Banco da Amazônia S.A.;

II – um inteiro e oito décimos por cento na Região Nordeste, através do Banco do Nordeste do Brasil S.A.;

III – seis décimos por cento na Região Centro-Oeste, através do Banco do Brasil S.A.

§ 11. Fica criado, nos termos da lei, o Banco de Desenvolvimento do Centro-Oeste, para dar cumprimento, na referida região, ao que determinam os arts. 159, I, c, e 192, § 2º, da Constituição.

- O mencionado § 2º do art. 192 foi revogado pela Emenda Constitucional n. 40/2003.

§ 12. A urgência prevista no art. 148, II, não prejudica a cobrança do empréstimo compulsório instituído, em benefício das Centrais Elétricas Brasileiras S.A. (Eletrobrás), pela Lei 4.156, de 28 de novembro de 1962, com as alterações posteriores.

Art. 35. O disposto no art. 165, § 7º, será cumprido de forma progressiva, no prazo de até dez anos, distribuindo-se os recursos entre as regiões macroeconômicas em razão proporcional à população, a partir da situação verificada no biênio 1986-1987.

§ 1º Para aplicação dos critérios de que trata este artigo, excluem-se das despesas totais as relativas:

I – aos projetos considerados prioritários no plano plurianual;

II – à segurança e defesa nacional;

III – à manutenção dos órgãos federais no Distrito Federal;

IV – ao Congresso Nacional, ao Tribunal de Contas da União e ao Poder Judiciário;

V – ao serviço da dívida da administração direta e indireta da União, inclusive fundações instituídas e mantidas pelo Poder Público federal.

§ 2º Até a entrada em vigor da Lei Complementar a que se refere o art. 165, § 9º, I e II, serão obedecidas as seguintes normas:

I – o projeto do plano plurianual, para vigência até o final do primeiro exercício financeiro do mandato presidencial subsequente, será encaminhado até quatro meses antes do encerramento do primeiro exercício financeiro e devolvido para sanção até o encerramento da sessão legislativa;

II – o projeto de lei de diretrizes orçamentárias será encaminhado até oito meses e meio antes do encerramento do exercício financeiro e devolvido para sanção até o encerramento do primeiro período da sessão legislativa;

III – o projeto de lei orçamentária da União será encaminhado até quatro meses antes do encerramento do exercício financeiro e devolvido para sanção até o encerramento da sessão legislativa.

Art. 36. Os fundos existentes na data da promulgação da Constituição, excetuados os resultantes de isenções fiscais que passem a integrar patrimônio privado e os que interessem à defesa nacional, extinguir-se-ão, se não forem ratificados pelo Congresso Nacional no prazo de dois anos.

Art. 37. A adaptação ao que estabelece o art. 167, III, deverá processar-se no prazo de cinco anos, reduzindo-se o excesso à base de, pelo menos, um quinto por ano.

Art. 38. Até a promulgação da lei complementar referida no art. 169, a União, os Estados, o Distrito Federal e os Municípios não poderão despender com pessoal mais do que sessenta e cinco por cento do valor das respectivas receitas correntes.

Parágrafo único. A União, os Estados, o Distrito Federal e os Municípios, quando a respectiva despesa de pessoal exceder o limite previsto neste artigo, deverão retornar àquele limite, reduzindo o percentual excedente à razão de um quinto por ano.

Art. 39. Para efeito do cumprimento das disposições constitucionais que impliquem variações de despesas e receitas da União, após a promulgação da Constituição, o Poder Executivo deverá elaborar e o Poder Legislativo apreciar projeto de revisão da lei or-

Art. 45

ADCT

çamentária referente ao exercício financeiro de 1989.

Parágrafo único. O Congresso Nacional deverá votar no prazo de doze meses a Lei Complementar prevista no art. 161, II.

Art. 40. É mantida a Zona Franca de Manaus, com suas características de área livre de comércio, de exportação e importação, e de incentivos fiscais, pelo prazo de vinte e cinco anos, a partir da promulgação da Constituição.

Parágrafo único. Somente por lei federal podem ser modificados os critérios que disciplinaram ou venham a disciplinar a aprovação dos projetos na Zona Franca de Manaus.

• V. art. 92, ADCT.

Art. 41. Os Poderes Executivos da União, dos Estados, do Distrito Federal e dos Municípios reavaliarão todos os incentivos fiscais de natureza setorial ora em vigor, propondo aos Poderes Legislativos respectivos as medidas cabíveis.

• V. arts. 151, I, 155, XII, g, 195, § 3º, e 227, § 3º, VI, CF.
• V. Lei 8.402/1992 (Incentivos fiscais).

§ 1º Considerar-se-ão revogados após dois anos, a partir da data da promulgação da Constituição, os incentivos que não forem confirmados por lei.

§ 2º A revogação não prejudicará os direitos que já tiverem sido adquiridos, àquela data, em relação a incentivos concedidos sob condição e com prazo certo.

§ 3º Os incentivos concedidos por convênio entre Estados, celebrados nos termos do art. 23, § 6º, da Constituição de 1967, com a redação da Emenda n. 1, de 17 de outubro de 1969, também deverão ser reavaliados e reconfirmados nos prazos deste artigo.

Art. 42. Durante 25 (vinte e cinco) anos, a União aplicará, dos recursos destinados à irrigação:

• *Caput* com redação determinada pela Emenda Constitucional n. 43/2004.

I – vinte por cento na Região Centro-Oeste;
II – cinquenta por cento na Região Nordeste, preferencialmente no semiárido.

Art. 43. Na data da promulgação da lei que disciplinar a pesquisa e a lavra de recursos e jazidas minerais, ou no prazo de um ano, a contar da promulgação da Constituição, tornar-se-ão sem efeito as autorizações, concessões e demais títulos atributivos de direitos minerários, caso os trabalhos de pesquisa ou de lavra não hajam sido comprovadamente iniciados nos prazos legais ou estejam inativos.

• V. Lei 7.886/1989 (Regulamenta o art. 43 do ADCT).

Art. 44. As atuais empresas brasileiras titulares de autorização de pesquisa, concessão de lavra de recursos minerais e de aproveitamento dos potenciais de energia hidráulica em vigor terão quatro anos, a partir da promulgação da Constituição, para cumprir os requisitos do art. 176, § 1º.

§ 1º Ressalvadas as disposições de interesse nacional previstas no texto constitucional, as empresas brasileiras ficarão dispensadas do cumprimento do disposto no art. 176, § 1º, desde que, no prazo de até quatro anos da data da promulgação da Constituição, tenham o produto de sua lavra e beneficiamento destinado a industrialização no território nacional, em seus próprios estabelecimentos ou em empresa industrial controladora ou controlada.

§ 2º Ficarão também dispensadas do cumprimento do disposto no art. 176, § 1º, as empresas brasileiras titulares de concessão de energia hidráulica para uso em seu processo de industrialização.

§ 3º As empresas brasileiras referidas no § 1º, somente poderão ter autorizações de pesquisa e concessões de lavra ou potenciais de energia hidráulica, desde que a energia e o produto da lavra sejam utilizados nos respectivos processos industriais.

Art. 45. Ficam excluídas do monopólio estabelecido pelo art. 177, II, da Constituição as refinarias em funcionamento no País amparadas pelo art. 43 e nas condições do art. 45 da Lei 2.004, de 3 de outubro de 1953.

• A Lei 2.004/1953 foi revogada pela Lei 9.478/1997.

Parágrafo único. Ficam ressalvados da vedação do art. 177, § 1º, os contratos de risco feitos com a Petróleo Brasileiro S.A. (Petrobrás), para pesquisa de petróleo, que

Art. 46

ADCT

estejam em vigor na data da promulgação da Constituição.

Art. 46. São sujeitos à correção monetária desde o vencimento, até seu efetivo pagamento, sem interrupção ou suspensão, os créditos junto a entidades submetidas aos regimes de intervenção ou liquidação extrajudicial, mesmo quando esses regimes sejam convertidos em falência.

Parágrafo único. O disposto neste artigo aplica-se também:

I – às operações realizadas posteriormente à decretação dos regimes referidos no *caput* deste artigo;

II – às operações de empréstimo, financiamento, refinanciamento, assistência financeira de liquidez, cessão ou sub-rogação de créditos ou cédulas hipotecárias, efetivação de garantia de depósitos do público ou de compra de obrigações passivas, inclusive as realizadas com recursos de fundos que tenham essas destinações;

III – aos créditos anteriores à promulgação da Constituição;

IV – aos créditos das entidades da administração pública anteriores à promulgação da Constituição, não liquidados até 1º de janeiro de 1988.

Art. 47. Na liquidação dos débitos, inclusive suas renegociações e composições posteriores, ainda que ajuizados, decorrentes de quaisquer empréstimos concedidos por bancos e por instituições financeiras, não existirá correção monetária desde que o empréstimo tenha sido concedido:

I – aos micro e pequenos empresários ou seus estabelecimentos no período de 28 de fevereiro de 1986 a 28 de fevereiro de 1987;

II – aos mini, pequenos e médios produtores rurais no período de 28 de fevereiro de 1986 a 31 de dezembro de 1987, desde que relativos a crédito rural.

§ 1º Consideram-se, para efeito deste artigo, microempresas as pessoas jurídicas e as firmas individuais com receitas anuais de até dez mil Obrigações do Tesouro Nacional, e pequenas empresas as pessoas jurídicas e as firmas individuais com receita anual de até vinte e cinco mil Obrigações do Tesouro Nacional.

• V. art. 179, CF.

§ 2º A classificação de mini, pequeno e médio produtor rural será feita obedecendo-se às normas de crédito rural vigentes à época do contrato.

§ 3º A isenção da correção monetária a que se refere este artigo só será concedida nos seguintes casos:

I – se a liquidação do débito inicial, acrescido de juros legais e taxas judiciais, vier a ser efetivada no prazo de noventa dias, a contar da data da promulgação da Constituição;

II – se a aplicação dos recursos não contrariar a finalidade do financiamento, cabendo o ônus da prova à instituição credora;

III – se não for demonstrado pela instituição credora que o mutuário dispõe de meios para o pagamento de seu débito, excluído desta demonstração seu estabelecimento, a casa de moradia e os instrumentos de trabalho e produção;

IV – se o financiamento inicial não ultrapassar o limite de cinco mil Obrigações do Tesouro Nacional;

V – se o beneficiário não for proprietário de mais de cinco módulos rurais.

§ 4º Os benefícios de que trata este artigo não se estendem aos débitos já quitados e aos devedores que sejam constituintes.

§ 5º No caso de operações com prazos de vencimento posteriores à data limite de liquidação da dívida, havendo interesse do mutuário, os bancos e as instituições financeiras promoverão, por instrumento próprio, alteração nas condições contratuais originais de forma a ajustá-las ao presente benefício.

§ 6º A concessão do presente benefício por bancos comerciais privados em nenhuma hipótese acarretará ônus para o Poder Público, ainda que através de refinanciamento e repasse de recursos pelo Banco Central.

§ 7º No caso de repasse a agentes financeiros oficiais ou cooperativas de crédito, o ônus recairá sobre a fonte de recursos originária.

Art. 48. O Congresso Nacional, dentro de cento e vinte dias da promulgação da Constituição, elaborará código de defesa do consumidor.

• V. Lei 8.078/1990 (Código de Defesa do Consumidor).

ADCT

Art. 49. A lei disporá sobre o instituto da enfiteuse em imóveis urbanos, sendo facultada aos foreiros, no caso de sua extinção, a remição dos aforamentos mediante aquisição do domínio direto, na conformidade do que dispuserem os respectivos contratos.

- V. arts. 678 e 694, CC/1916; sem correspondência no CC/2002.
- V. Dec.-lei 9.760/1946 (Bens imóveis da União).

§ 1º Quando não existir cláusula contratual, serão adotados os critérios e bases hoje vigentes na legislação especial dos imóveis da União.

§ 2º Os direitos dos atuais ocupantes inscritos ficam assegurados pela aplicação de outra modalidade de contrato.

§ 3º A enfiteuse continuará sendo aplicada aos terrenos de marinha e seus acrescidos, situados na faixa de segurança, a partir da orla marítima.

§ 4º Remido o foro, o antigo titular do domínio direto deverá, no prazo de noventa dias, sob pena de responsabilidade, confiar à guarda do registro de imóveis competente toda a documentação a ele relativa.

Art. 50. Lei agrícola a ser promulgada no prazo de um ano disporá, nos termos da Constituição, sobre os objetivos e instrumentos de política agrícola, prioridades, planejamento de safras, comercialização, abastecimento interno, mercado externo e instituição de crédito fundiário.

- V. Lei 8.171/1991 (Princípios da política agrícola).

Art. 51. Serão revistos pelo Congresso Nacional, através de Comissão mista, nos três anos a contar da data da promulgação da Constituição, todas as doações, vendas e concessões de terras públicas com área superior a três mil hectares, realizadas no período de 1º de janeiro de 1962 a 31 de dezembro de 1987.

§ 1º No tocante às vendas, a revisão será feita com base exclusivamente no critério de legalidade da operação.

§ 2º No caso de concessões e doações, a revisão obedecerá aos critérios de legalidade e de conveniência do interesse público.

§ 3º Nas hipóteses previstas nos parágrafos anteriores, comprovada a ilegalidade, ou havendo interesse público, as terras reverterão ao patrimônio da União, dos Estados, do Distrito Federal ou dos Municípios.

Art. 52. Até que sejam fixadas as condições do art. 192, são vedados:

- *Caput* com redação determinada pela Emenda Constitucional n. 40/2003.

I – a instalação, no País, de novas agências de instituições financeiras domiciliadas no exterior;

II – o aumento do percentual de participação, no capital de instituições financeiras com sede no País, de pessoas físicas ou jurídicas residentes ou domiciliadas no exterior.

Parágrafo único. A vedação a que se refere este artigo não se aplica às autorizações resultantes de acordos internacionais, de reciprocidade, ou de interesse do Governo brasileiro.

Art. 53. Ao ex-combatente que tenha efetivamente participado de operações bélicas durante a Segunda Guerra Mundial, nos termos da Lei 5.315, de 12 de setembro de 1967, serão assegurados os seguintes direitos:

I – aproveitamento no serviço público, sem a exigência de concurso com estabilidade;

II – pensão especial correspondente à deixada por segundo-tenente das Forças Armadas, que poderá ser requerida a qualquer tempo, sendo inacumulável com quaisquer rendimentos recebidos dos cofres públicos, exceto os benefícios previdenciários, ressalvado o direito de opção;

III – em caso de morte, pensão à viúva ou companheira ou dependente, de forma proporcional, de valor igual à do inciso anterior;

IV – assistência médica, hospitalar e educacional gratuita, extensiva aos dependentes;

V – aposentadoria com proventos integrais aos vinte e cinco anos de serviço efetivo, em qualquer regime jurídico;

VI – prioridade na aquisição da casa própria, para os que não a possuam ou para suas viúvas ou companheiras.

Parágrafo único. A concessão da pensão especial do inciso II substitui, para todos os efeitos legais, qualquer outra pensão já concedida ao ex-combatente.

Art. 54. Os seringueiros recrutados nos termos do Dec.-lei 5.813, de 14 de setem-

Art. 55

ADCT

bro de 1943, e amparados pelo Dec.-lei 9.882, de 16 de setembro de 1946, receberão, quando carentes, pensão mensal vitalícia no valor de dois salários mínimos.

• V. Lei 7.986/1989 (Regulamenta a concessão do benefício previsto no art. 54 do ADCT).

§ 1º O benefício é estendido aos seringueiros que, atendendo a apelo do Governo brasileiro, contribuíram para o esforço de guerra, trabalhando na produção de borracha, na Região Amazônica, durante a Segunda Guerra Mundial.

§ 2º Os benefícios estabelecidos neste artigo são transferíveis aos dependentes reconhecidamente carentes.

§ 3º A concessão do benefício far-se-á conforme lei a ser proposta pelo Poder Executivo dentro de cento e cinquenta dias da promulgação da Constituição.

Art. 55. Até que seja aprovada a lei de diretrizes orçamentárias, trinta por cento, no mínimo, do orçamento da seguridade social, excluído o seguro-desemprego, serão destinados ao setor de saúde.

Art. 56. Até que a lei disponha sobre o art. 195, I, a arrecadação decorrente de, no mínimo, cinco dos seis décimos percentuais correspondentes à alíquota da contribuição de que trata o Dec.-lei 1.940, de 25 de maio de 1982, alterada pelo Dec.-lei 2.049, de 1º de agosto de 1983, pelo Decreto 91.236, de 8 de maio de 1985, e pela Lei 7.611, de 8 de julho de 1987, passa a integrar a receita da seguridade social, ressalvados, exclusivamente no exercício de 1988, os compromissos assumidos com programas e projetos em andamento.

Art. 57. Os débitos dos Estados e dos Municípios relativos às contribuições previdenciárias até 30 de junho de 1988 serão liquidados, com correção monetária, em cento e vinte parcelas mensais, dispensados os juros e multas sobre eles incidentes, desde que os devedores requeiram o parcelamento e iniciem seu pagamento no prazo de cento e oitenta dias a contar da promulgação da Constituição.

§ 1º O montante a ser pago em cada um dos dois primeiros anos não será inferior a cinco por cento do total do débito consolidado e atualizado, sendo o restante dividido em parcelas mensais de igual valor.

§ 2º A liquidação poderá incluir pagamentos na forma de cessão de bens e prestação de serviços, nos termos da Lei 7.578, de 23 de dezembro de 1986.

§ 3º Em garantia do cumprimento do parcelamento, os Estados e os Municípios consignarão, anualmente, nos respectivos orçamentos as dotações necessárias ao pagamento de seus débitos.

§ 4º Descumprida qualquer das condições estabelecidas para concessão do parcelamento, o débito será considerado vencido em sua totalidade, sobre ele incidindo juros de mora; nesta hipótese, parcela dos recursos correspondentes aos Fundos de Participação, destinada aos Estados e Municípios devedores, será bloqueada e repassada à previdência social para pagamento de seus débitos.

Art. 58. Os benefícios de prestação continuada, mantidos pela previdência social na data da promulgação da Constituição, terão seus valores revistos, a fim de que seja restabelecido o poder aquisitivo, expresso em número de salários mínimos, que tinham na data de sua concessão, obedecendo-se a esse critério de atualização até a implantação do plano de custeio e benefícios referidos no artigo seguinte.

• V. Súmula 687, STF.

Parágrafo único. As prestações mensais dos benefícios atualizadas de acordo com este artigo serão devidas e pagas a partir do sétimo mês a contar da promulgação da Constituição.

Art. 59. Os projetos de lei relativos à organização da seguridade social e aos planos de custeio e de benefício serão apresentados no prazo máximo de seis meses da promulgação da Constituição ao Congresso Nacional, que terá seis meses para apreciá-los.

Parágrafo único. Aprovados pelo Congresso Nacional, os planos serão implantados progressivamente nos dezoito meses seguintes.

Art. 60. Até o 14º (décimo quarto) ano a partir da promulgação desta Emenda Constitucional, os Estados, o Distrito Federal e os

Art. 60

ADCT

Municípios destinarão parte dos recursos a que se refere o *caput* do art. 212 da Constituição Federal à manutenção e desenvolvimento da educação básica e à remuneração condigna dos trabalhadores da educação, respeitadas as seguintes disposições:

- Artigo com redação determinada pela Emenda Constitucional n. 53/2006 (*DOU* 20.12.2006), em vigor na data de sua publicação, mantidos os efeitos do art. 60 do ADCT, conforme estabelecido pela EC n. 14/1996, até o início da vigência dos Fundos, nos termos da EC n. 53/2006.
- V. Lei 11.494/2007 (Regulamenta o Fundo de Manutenção e Desenvolvimento da Educação Básica e de Valorização dos Profissionais da Educação – FUNDEB, de que trata o art. 60 do ADCT).
- V. Dec. 6.253/2007 (Fundo de Manutenção e Desenvolvimento da Educação Básica e de Valorização dos Profissionais da Educação – FUNDEB e regulamentação da Lei 11.494/2007).

I – a distribuição dos recursos e de responsabilidades entre o Distrito Federal, os Estados e seus Municípios é assegurada mediante a criação, no âmbito de cada Estado e do Distrito Federal, de um Fundo de Manutenção e Desenvolvimento da Educação Básica e de Valorização dos Profissionais da Educação – FUNDEB, de natureza contábil;

II – os Fundos referidos no inciso I do *caput* deste artigo serão constituídos por 20% (vinte por cento) dos recursos a que se referem os incisos I, II e III do art. 155; o inciso II do *caput* do art. 157; os incisos II, III e IV do *caput* do art. 158; e as alíneas *a* e *b* do inciso I e o inciso II do *caput* do art. 159, todos da Constituição Federal, e distribuídos entre cada Estado e seus Municípios, proporcionalmente ao número de alunos das diversas etapas e modalidades da educação básica presencial, matriculados nas respectivas redes, nos respectivos âmbitos de atuação prioritária estabelecidos nos §§ 2º e 3º do art. 211 da Constituição Federal;

III – observadas as garantias estabelecidas nos incisos I, II, III e IV do *caput* do art. 208 da Constituição Federal e as metas de universalização da educação básica estabelecidas no Plano Nacional de Educação, a lei disporá sobre:

- V. Lei 9.424/1996 (Fundo de Manutenção e Desenvolvimento do Ensino Fundamental e de Valorização do Magistério).

a) a organização dos Fundos, a distribuição proporcional de seus recursos, as diferenças e as ponderações quanto ao valor anual por aluno entre etapas e modalidades da educação básica e tipos de estabelecimento de ensino;

b) a forma de cálculo do valor anual mínimo por aluno;

c) os percentuais máximos de apropriação dos recursos dos Fundos pelas diversas etapas e modalidades da educação básica, observados os arts. 208 e 214 da Constituição Federal, bem como as metas do Plano Nacional de Educação;

d) a fiscalização e o controle dos Fundos;

e) prazo para fixar, em lei específica, piso salarial profissional nacional para os profissionais do magistério público da educação básica;

- V. Lei 11.738/2008 (Regulamenta a alínea *e* do inciso III do *caput* do art. 60 do ADCT, para instituir o piso salarial profissional nacional para os profissionais do magistério público da educação básica).

IV – os recursos recebidos à conta dos Fundos instituídos nos termos do inciso I do *caput* deste artigo serão aplicados pelos Estados e Municípios exclusivamente nos respectivos âmbitos de atuação prioritária, conforme estabelecido nos §§ 2º e 3º do art. 211 da Constituição Federal;

V – a União complementará os recursos dos Fundos a que se refere o inciso II do *caput* deste artigo sempre que, no Distrito Federal e em cada Estado, o valor por aluno não alcançar o mínimo definido nacionalmente, fixado em observância ao disposto no inciso VII do *caput* deste artigo, vedada a utilização dos recursos a que se refere o § 5º do art. 212 da Constituição Federal;

VI – até 10% (dez por cento) da complementação da União prevista no inciso V do *caput* deste artigo poderá ser distribuída para os Fundos por meio de programas direcionados para a melhoria da qualidade da educação, na forma da lei a que se refere o inciso III do *caput* deste artigo;

VII – a complementação da União de que trata o inciso V do *caput* deste artigo será de, no mínimo:

Art. 61

ADCT

a) R$ 2.000.000.000,00 (dois bilhões de reais), no primeiro ano de vigência dos Fundos;
b) R$ 3.000.000.000,00 (três bilhões de reais), no segundo ano de vigência dos Fundos;
c) R$ 4.500.000.000,00 (quatro bilhões e quinhentos milhões de reais), no terceiro ano de vigência dos Fundos;
d) 10% (dez por cento) do total dos recursos a que se refere o inciso II do *caput* deste artigo, a partir do quarto ano de vigência dos Fundos;

VIII – a vinculação de recursos à manutenção e desenvolvimento do ensino estabelecida no art. 212 da Constituição Federal suportará, no máximo, 30% (trinta por cento) da complementação da União, considerando-se para os fins deste inciso os valores previstos no inciso VII do *caput* deste artigo;

IX – os valores a que se referem as alíneas a, b, e c do inciso VII do *caput* deste artigo serão atualizados, anualmente, a partir da promulgação desta Emenda Constitucional, de forma a preservar, em caráter permanente, o valor real da complementação da União;

X – aplica-se à complementação da União o disposto no art. 160 da Constituição Federal;

XI – o não cumprimento do disposto nos incisos V e VII do *caput* deste artigo importará crime de responsabilidade da autoridade competente;

XII – proporção não inferior a 60% (sessenta por cento) de cada Fundo referido no inciso I do *caput* deste artigo será destinada ao pagamento dos profissionais do magistério da educação básica em efetivo exercício.

§ 1º A União, os Estados, o Distrito Federal e os Municípios deverão assegurar, no financiamento da educação básica, a melhoria da qualidade de ensino, de forma a garantir padrão mínimo definido nacionalmente.

§ 2º O valor por aluno do ensino fundamental, no Fundo de cada Estado e do Distrito Federal, não poderá ser inferior ao praticado no âmbito do Fundo de Manutenção e Desenvolvimento do Ensino Fundamental e de Valorização do Magistério – FUNDEF, no ano anterior à vigência desta Emenda Constitucional.

§ 3º O valor anual mínimo por aluno do ensino fundamental, no âmbito do Fundo de Manutenção e Desenvolvimento da Educação Básica e de Valorização dos Profissionais da Educação – FUNDEB, não poderá ser inferior ao valor mínimo fixado nacionalmente no ano anterior ao da vigência desta Emenda Constitucional.

§ 4º Para efeito de distribuição de recursos dos Fundos a que se refere o inciso I do *caput* deste artigo, levar-se-á em conta a totalidade das matrículas no ensino fundamental e considerar-se-á para a educação infantil, para o ensino médio e para a educação de jovens e adultos 1/3 (um terço) das matrículas no primeiro ano, 2/3 (dois terços) no segundo ano e sua totalidade a partir do terceiro ano.

§ 5º A porcentagem dos recursos de constituição dos Fundos, conforme o inciso II do *caput* deste artigo, será alcançada gradativamente nos primeiros 3 (três) anos de vigência dos Fundos, da seguinte forma:

I – no caso dos impostos e transferências constantes do inciso II do *caput* do art. 155; do inciso IV do *caput* do art. 158; e das alíneas a e b do inciso I e do inciso II do *caput* do art. 159 da Constituição Federal:
a) 16,66% (dezesseis inteiros e sessenta e seis centésimos por cento), no primeiro ano;
b) 18,33% (dezoito inteiros e trinta e três centésimos por cento), no segundo ano;
c) 20% (vinte por cento), a partir do terceiro ano;

II – no caso dos impostos e transferências constantes dos incisos I e III do *caput* do art. 155; do inciso II do *caput* do art. 157; e dos incisos II e III do *caput* do art. 158 da Constituição Federal:
a) 6,66% (seis inteiros e sessenta e seis centésimos por cento), no primeiro ano;
b) 13,33% (treze inteiros e trinta e três centésimos por cento), no segundo ano;
c) 20% (vinte por cento), a partir do terceiro ano.

§ 6º *(Revogado pela Emenda Constitucional n. 53/2006.)*

§ 7º *(Revogado pela Emenda Constitucional n. 53/2006.)*

Art. 61. As entidades educacionais a que se refere o art. 213, bem como as fundações de ensino e pesquisa cuja criação tenha sido autorizada por lei, que preencham os requisitos dos incisos I e II do referido artigo e que, nos últimos três anos, tenham recebido recursos públicos, poderão continuar a

ADCT

recebê-los, salvo disposição legal em contrário.

Art. 62. A lei criará o Serviço Nacional de Aprendizagem Rural (SENAR) nos moldes da legislação relativa ao Serviço Nacional de Aprendizagem Industrial (SENAI) e ao Serviço Nacional de Aprendizagem do Comércio (SENAC), sem prejuízo das atribuições dos órgãos públicos que atuam na área.

* V. Lei 8.315/1991 (Regulamenta o art. 62 do ADCT).

Art. 63. É criada uma Comissão composta de nove membros, sendo três do Poder Legislativo, três do Poder Judiciário e três do Poder Executivo, para promover as comemorações do centenário da proclamação da República e da promulgação da primeira Constituição republicana do país, podendo, a seu critério, desdobrar-se em tantas subcomissões quantas forem necessárias.

Parágrafo único. No desenvolvimento de suas atribuições, a Comissão promoverá estudos, debates e avaliações sobre a evolução política, social, econômica e cultural do País, podendo articular-se com os governos estaduais e municipais e com instituições públicas e privadas que desejem participar dos eventos.

Art. 64. A Imprensa Nacional e demais gráficas da União, dos Estados, do Distrito Federal e dos Municípios, da administração direta ou indireta, inclusive fundações instituídas e mantidas pelo Poder Público, promoverão edição popular do texto integral da Constituição, que será posta à disposição das escolas e dos cartórios, dos sindicatos, dos quartéis, das igrejas e de outras instituições representativas da comunidade, gratuitamente, de modo que cada cidadão brasileiro possa receber do Estado um exemplar da Constituição do Brasil.

Art. 65. O Poder Legislativo regulamentará, no prazo de doze meses, o art. 220, § 4º.

Art. 66. São mantidas as concessões de serviços públicos de telecomunicações atualmente em vigor, nos termos da lei.

Art. 67. A União concluirá a demarcação das terras indígenas no prazo de cinco anos a partir da promulgação da Constituição.

Art. 68. Aos remanescentes das comunidades dos quilombos que estejam ocupando suas terras é reconhecida a propriedade definitiva, devendo o Estado emitir-lhes os títulos respectivos.

Art. 69. Será permitido aos Estados manter consultorias jurídicas separadas de suas Procuradorias-Gerais ou Advocacias-Gerais, desde que, na data da promulgação da Constituição, tenham órgãos distintos para as respectivas funções.

Art. 70. Fica mantida a atual competência dos tribunais estaduais até que a mesma seja definida na Constituição do Estado, nos termos do art. 125, § 1º, da Constituição.

* V. art. 4º, Emenda Constitucional n. 45/2004.

Art. 71. É instituído, nos exercícios financeiros de 1994 e 1995, bem assim nos períodos de 1º de janeiro de 1996 a 30 de junho de 1997 e 1º de julho de 1997 a 31 de dezembro de 1999, o Fundo Social de Emergência, com o objetivo de saneamento financeiro da Fazenda Pública Federal e de estabilização econômica, cujos recursos serão aplicados prioritariamente no custeio das ações dos sistemas de saúde e educação, incluindo a complementação de recursos de que trata o § 3º do art. 60 do Ato das Disposições Constitucionais Transitórias, benefícios previdenciários e auxílios assistenciais de prestação continuada, inclusive liquidação de passivo previdenciário, e despesas orçamentárias associadas a programas de relevante interesse econômico e social.

* *Caput* com redação determinada pela Emenda Constitucional n. 17/1997.

§ 1º Ao Fundo criado por este artigo não se aplica o disposto na parte final do inciso II do § 9º do art. 165 da Constituição.

* § 1º acrescentado pela Emenda Constitucional n. 10/1996.

§ 2º O Fundo criado por este artigo passa a ser denominado Fundo de Estabilização Fiscal a partir do início do exercício financeiro de 1996.

* § 2º acrescentado pela Emenda Constitucional n. 10/1996.

§ 3º O Poder Executivo publicará demonstrativo da execução orçamentária, de periodicidade bimestral, no qual se discriminarão

Art. 72

as fontes e usos do Fundo criado por este artigo.
- § 3º acrescentado pela Emenda Constitucional n. 10/1996.

Art. 72. Integram o Fundo Social de Emergência:
- Caput acrescentado pela Emenda Constitucional de Revisão n. 1/1994.

I – o produto da arrecadação do imposto sobre renda e proventos de qualquer natureza incidente na fonte sobre pagamentos efetuados, a qualquer título, pela União, inclusive suas autarquias e fundações;
- Inciso I acrescentado pela Emenda Constitucional de Revisão n. 1/1994.

II – a parcela do produto da arrecadação do imposto sobre renda e proventos de qualquer natureza e do imposto sobre operações de crédito, câmbio e seguro, ou relativas a títulos e valores mobiliários, decorrente das alterações produzidas pela Lei 8.894, de 21 de junho de 1994, e pelas Leis 8.849 e 8.848, ambas de 28 de janeiro de 1994, e modificações posteriores;
- Inciso II com redação determinada pela Emenda Constitucional n. 10/1996.

III – a parcela do produto da arrecadação resultante da elevação da alíquota da contribuição social sobre o lucro dos contribuintes a que se refere o § 1º do art. 22 da Lei 8.212, de 24 de julho de 1991, a qual, nos exercícios financeiros de 1994 e 1995, bem assim no período de 1º de janeiro de 1996 a 30 de junho de 1997, passa a ser de trinta por cento, sujeita a alteração por lei ordinária, mantidas as demais normas da Lei 7.689, de 15 de dezembro de 1988;
- Inciso III com redação determinada pela Emenda Constitucional n. 10/1996.

IV – vinte por cento do produto da arrecadação de todos os impostos e contribuições da União, já instituídos ou a serem criados, excetuado o previsto nos incisos I, II e III, observado o disposto nos §§ 3º e 4º;
- Inciso IV com redação determinada pela Emenda Constitucional n. 10/1996.

V – a parcela do produto da arrecadação da contribuição de que trata a Lei Complementar 7, de 7 de setembro de 1970, devida pelas pessoas jurídicas a que se refere o inciso III deste artigo, a qual será calculada, nos exercícios financeiros de 1994 a 1995, bem assim nos períodos de 1º de janeiro de 1996 a 30 de junho de 1997 e de 1º de julho de 1997 a 31 de dezembro de 1999, mediante a aplicação da alíquota de setenta e cinco centésimos por cento, sujeita a alteração por lei ordinária posterior, sobre a receita bruta operacional, como definida na legislação do imposto sobre renda e proventos de qualquer natureza;
- Inciso V com redação determinada pela Emenda Constitucional n. 17/1997.

VI – outras receitas previstas em lei específica.
- Inciso VI acrescentado pela Emenda Constitucional de Revisão n. 1/1994.

§ 1º As alíquotas e a base de cálculo previstas nos incisos III e V aplicar-se-ão a partir do primeiro dia do mês seguinte aos noventa dias posteriores à promulgação desta Emenda.
- § 1º acrescentado pela Emenda Constitucional de Revisão n. 1/1994.

§ 2º As parcelas de que tratam os incisos I, II, III e V serão previamente deduzidas da base de cálculo de qualquer vinculação ou participação constitucional ou legal, não se lhes aplicando o disposto nos arts. 159, 212 e 239 da Constituição.
- § 2º com redação determinada pela Emenda Constitucional n. 10/1996.

§ 3º A parcela de que trata o inciso IV será previamente deduzida da base de cálculo das vinculações ou participações constitucionais previstas nos arts. 153, § 5º, 157, II, 212 e 239 da Constituição.
- § 3º com redação determinada pela Emenda Constitucional n. 10/1996.

§ 4º O disposto no parágrafo anterior não se aplica aos recursos previstos nos arts. 158, II, e 159 da Constituição.
- § 4º com redação determinada pela Emenda Constitucional n. 10/1996.

§ 5º A parcela dos recursos provenientes do imposto sobre renda e proventos de qualquer natureza, destinada ao Fundo Social de Emergência, nos termos do inciso II deste artigo, não poderá exceder a cinco inteiros e seis décimos por cento do total do produto da sua arrecadação.
- § 5º com redação determinada pela Emenda Constitucional n. 10/1996.

ADCT

Art. 73. Na regulação do Fundo Social de Emergência não poderá ser utilizado o instrumento previsto no inciso V do art. 59 da Constituição.

* Artigo acrescentado pela Emenda Constitucional de Revisão n. 1/1994.

Art. 74. A União poderá instituir contribuição provisória sobre movimentação ou transmissão de valores e de créditos e direitos de natureza financeira.

* Artigo acrescentado pela Emenda Constitucional n. 12/1996.

§ 1º A alíquota da contribuição de que trata este artigo não excederá a vinte e cinco centésimos por cento, facultado ao Poder Executivo reduzi-la ou restabelecê-la, total ou parcialmente, nas condições e limites fixados em lei.

§ 2º À contribuição de que trata este artigo não se aplica o disposto nos arts. 153, § 5º, e 154, I, da Constituição.

§ 3º O produto da arrecadação da contribuição de que trata este artigo será destinado integralmente ao Fundo Nacional de Saúde, para financiamento das ações e serviços de saúde.

§ 4º A contribuição de que trata este artigo terá sua exigibilidade subordinada ao disposto no art. 195, § 6º, da Constituição, e não poderá ser cobrada por prazo superior a dois anos.

* V. Lei 9.311/1996 (Contribuição provisória sobre movimentação ou transmissão de valores e de créditos e direitos de natureza financeira – CPMF).

Art. 75. É prorrogada, por trinta e seis meses, a cobrança da contribuição provisória sobre movimentação ou transmissão de valores e de créditos e direitos de natureza financeira de que trata o art. 74, instituída pela Lei 9.311, de 24 de outubro de 1996, modificada pela Lei 9.539, de 12 de dezembro de 1997, cuja vigência é também prorrogada por idêntico prazo.

* Artigo acrescentado pela Emenda Constitucional n. 21/1999.

§ 1º Observado o disposto no § 6º do art. 195 da Constituição Federal, a alíquota da contribuição será de trinta e oito centésimos por cento, nos primeiros doze meses, e de trinta centésimos, nos meses subsequentes, facultado ao Poder Executivo reduzi-la total ou parcialmente, nos limites aqui definidos.

§ 2º O resultado do aumento da arrecadação, decorrente da alteração da alíquota, nos exercícios financeiros de 1999, 2000 e 2001, será destinado ao custeio da previdência social.

§ 3º É a União autorizada a emitir títulos da dívida pública interna, cujos recursos serão destinados ao custeio da saúde e da previdência social, em montante equivalente ao produto da arrecadação da contribuição, prevista e não realizada em 1999.

* O STF, na ADIn 2.031-5 (*DOU* e *DJU* 05.11.2003), julgou parcialmente procedente o pedido formulado na ação para declarar a inconstitucionalidade do § 3º do art. 75 do ADCT, incluído pela EC n. 21/1999.

Art. 76. São desvinculados de órgão, fundo ou despesa, até 31 de dezembro de 2015, 20% (vinte por cento) da arrecadação da União de impostos, contribuições sociais e de intervenção no domínio econômico, já instituídos ou que vierem a ser criados até a referida data, seus adicionais e respectivos acréscimos legais.

* Artigo com redação determinada pela Emenda Constitucional n. 68/2011.

§ 1º O disposto no *caput* não reduzirá a base de cálculo das transferências a Estados, Distrito Federal e Municípios, na forma do § 5º do art. 153, do inciso I do art. 157, dos incisos I e II do art. 158 e das alíneas *a*, *b* e *d* do inciso I e do inciso II do art. 159 da Constituição Federal, nem a base de cálculo das destinações a que se refere a alínea c do inciso I do art. 159 da Constituição Federal.

§ 2º Excetua-se da desvinculação de que trata o *caput* a arrecadação da contribuição social do salário-educação a que se refere o § 5º do art. 212 da Constituição Federal.

§ 3º Para efeito do cálculo dos recursos para manutenção e desenvolvimento do ensino de que trata o art. 212 da Constituição Federal, o percentual referido no *caput* será nulo.

Art. 77. Até o exercício financeiro de 2004, os recursos mínimos aplicados nas ações e serviços públicos de saúde serão equivalentes:

* Artigo acrescentado pela Emenda Constitucional n. 29/2000.

Art. 78

ADCT

I – no caso da União:
a) no ano 2000, o montante empenhado em ações e serviços públicos de saúde no exercício financeiro de 1999 acrescido de, no mínimo, cinco por cento;
b) do ano 2001 ao ano 2004, o valor apurado no ano anterior, corrigido pela variação nominal do Produto Interno Bruto – PIB;
II – no caso dos Estados e do Distrito Federal, doze por cento do produto da arrecadação dos impostos a que se refere o art. 155 e dos recursos de que tratam os arts. 157 e 159, inciso I, alínea a, e inciso II, deduzidas as parcelas que forem transferidas aos respectivos Municípios; e
III – no caso dos Municípios e do Distrito Federal, quinze por cento do produto da arrecadação dos impostos a que se refere o art. 156 e dos recursos de que tratam os arts. 158 e 159, inciso I, alínea b e § 3º.
§ 1º Os Estados, o Distrito Federal e os Municípios que apliquem percentuais inferiores aos fixados nos incisos II e III deverão elevá-los gradualmente, até o exercício financeiro de 2004, reduzida a diferença à razão de, pelo menos, um quinto por ano, sendo que, a partir de 2000, a aplicação será de pelo menos sete por cento.
§ 2º Dos recursos da União apurados nos termos deste artigo, quinze por cento, no mínimo, serão aplicados nos Municípios, segundo o critério populacional, em ações e serviços básicos de saúde, na forma da lei.
§ 3º Os recursos dos Estados, do Distrito Federal e dos Municípios destinados às ações e serviços públicos de saúde e os transferidos pela União para a mesma finalidade serão aplicados por meio de Fundo de Saúde que será acompanhado e fiscalizado por Conselho de Saúde, sem prejuízo do disposto no art. 74 da Constituição Federal.
§ 4º Na ausência da lei complementar a que se refere o art. 198, § 3º, a partir do exercício financeiro de 2005, aplicar-se-á à União, aos Estados, ao Distrito Federal e aos Municípios o disposto neste artigo.

Art. 78. Ressalvados os créditos definidos em lei como de pequeno valor, os de natureza alimentícia, os de que trata o art. 33 deste Ato das Disposições Constitucionais Transitórias e suas complementações e os que já tiverem os seus respectivos recursos liberados ou depositados em juízo, os precatórios pendentes na data de promulgação desta Emenda e os que decorram de ações iniciais ajuizadas até 31 de dezembro de 1999 serão liquidados pelo seu valor real, em moeda corrente, acrescido de juros legais, em prestações anuais, iguais e sucessivas, no prazo máximo de dez anos, permitida a cessão dos créditos.

- Artigo acrescentado pela Emenda Constitucional n. 30/2000.
- V. art. 97, ADCT.
- O STF, na Med. Caut. em ADIn 2.356 e 2.362, deferiu a cautelar (DOU e DJE 07.12.2010; DJE 19.05.2011) para suspender a eficácia do art. 2º da Emenda Constitucional 30/2000, que introduziu o art. 78 no ADCT.

§ 1º É permitida a decomposição de parcelas, a critério do credor.
§ 2º As prestações anuais a que se refere o caput deste artigo terão, se não liquidadas até o final do exercício a que se referem, poder liberatório do pagamento de tributos da entidade devedora.

- V. art. 6º, Emenda Constitucional n. 62/2009.

§ 3º O prazo referido no caput deste artigo fica reduzido para dois anos, nos casos de precatórios judiciais originários de desapropriação de imóvel residencial do credor, desde que comprovadamente único à época da imissão na posse.
§ 4º O Presidente do Tribunal competente deverá, vencido o prazo ou em caso de omissão no orçamento, ou preterição ao direito de precedência, a requerimento do credor, requisitar ou determinar o sequestro de recursos financeiros da entidade executada, suficientes à satisfação da prestação.

Art. 79. É instituído, para vigorar até o ano de 2010, no âmbito do Poder Executivo Federal, o Fundo de Combate e Erradicação da Pobreza, a ser regulado por lei complementar com o objetivo de viabilizar a todos os brasileiros acesso a níveis dignos de subsistência, cujos recursos serão aplicados em ações suplementares de nutrição, habitação, educação, saúde, reforço de renda familiar e outros programas de relevante interesse social voltados para melhoria da qualidade de vida.

- Artigo acrescentado pela Emenda Constitucional n. 31/2000.
- V. art. 4º, Emenda Constitucional n. 42/2003.

Art. 82

ADCT

- V. art. 1º, Emenda Constitucional n. 67/2010 (DOU 23.12.2010), que prorroga por tempo indeterminado, o prazo de vigência do Fundo de Combate e Erradicação da Pobreza a que se refere o *caput* do art. 79 do ADCT e, igualmente, o prazo de vigência da LC 111/2001.

Parágrafo único. O Fundo previsto neste artigo terá Conselho Consultivo e de Acompanhamento que conte com a participação de representantes da sociedade civil, nos termos da lei.

Art. 80. Compõem o Fundo de Combate e Erradicação da Pobreza:

- Artigo acrescentado pela Emenda Constitucional n. 31/2000.
- V. art. 4º, Emenda Constitucional n. 42/2003.

I – a parcela do produto da arrecadação correspondente a um adicional de oito centésimos por cento, aplicável de 18 de junho de 2000 a 17 de junho de 2002, na alíquota da contribuição social de que trata o art. 75 do Ato das Disposições Constitucionais Transitórias;

II – a parcela do produto da arrecadação correspondente a um adicional de cinco pontos percentuais na alíquota do Imposto sobre Produtos Industrializados – IPI, ou do imposto que vier a substituí-lo, incidente sobre produtos supérfluos e aplicável até a extinção do Fundo;

III – o produto da arrecadação do imposto de que trata o art. 153, inciso VII, da Constituição;

IV – dotações orçamentárias;

V – doações, de qualquer natureza, de pessoas físicas ou jurídicas do País ou do exterior;

VI – outras receitas, a serem definidas na regulamentação do referido Fundo.

§ 1º Aos recursos integrantes do Fundo de que trata este artigo não se aplica o disposto nos arts. 159 e 167, inciso IV, da Constituição, assim como qualquer desvinculação de recursos orçamentários.

§ 2º A arrecadação decorrente do disposto no inciso I deste artigo, no período compreendido entre 18 de junho de 2000 e o início da vigência da lei complementar a que se refere o art. 79, será integralmente repassada ao Fundo, preservado o seu valor real, em títulos públicos federais, progressivamente resgatáveis após 18 de junho de 2002, na forma da lei.

Art. 81. É instituído Fundo constituído pelos recursos recebidos pela União em decorrência da desestatização de sociedades de economia mista ou empresas públicas por ela controladas, direta ou indiretamente, quando a operação envolver a alienação do respectivo controle acionário a pessoa ou entidade não integrante da Administração Pública, ou de participação societária remanescente após a alienação, cujos rendimentos, gerados a partir de 18 de junho de 2002, reverterão ao Fundo de Combate e Erradicação da Pobreza.

- Artigo acrescentado pela Emenda Constitucional n. 31/2000.

§ 1º Caso o montante anual previsto nos rendimentos transferidos ao Fundo de Combate e Erradicação da Pobreza, na forma deste artigo, não alcance o valor de quatro bilhões de reais, far-se-á complementação na forma do art. 80, inciso IV, do Ato das Disposições Constitucionais Transitórias.

§ 2º Sem prejuízo do disposto no § 1º, o Poder Executivo poderá destinar ao Fundo a que se refere este artigo outras receitas decorrentes da alienação de bens da União.

§ 3º A constituição do Fundo a que se refere o *caput*, a transferência de recursos ao Fundo de Combate e Erradicação da Pobreza e as demais disposições referentes ao § 1º deste artigo serão disciplinadas em lei, não se aplicando o disposto no art. 165, § 9º, inciso II, da Constituição.

Art. 82. Os Estados, o Distrito Federal e os Municípios devem instituir Fundos de Combate à Pobreza, com os recursos de que trata este artigo e outros que vierem a destinar, devendo os referidos Fundos ser geridos por entidades que contem com a participação da sociedade civil.

- *Caput* acrescentado pela Emenda Constitucional n. 31/2000.
- V. art. 4º, Emenda Constitucional n. 42/2003.

§ 1º Para o financiamento dos Fundos Estaduais e Distrital, poderá ser criado adicional de até dois pontos percentuais na alíquota do Imposto sobre Circulação de Mercadorias e Serviços – ICMS, sobre os produtos e serviços supérfluos e nas condições definidas na lei complementar de que trata o art.

Art. 83

ADCT

155, § 2º, XII, da Constituição, não se aplicando, sobre este percentual, o disposto no art. 158, IV, da Constituição.

* § 1º com redação determinada pela Emenda Constitucional n. 42/2003.

§ 2º Para o financiamento dos Fundos Municipais, poderá ser criado adicional de até meio ponto percentual na alíquota do Imposto sobre Serviços ou do imposto que vier a substituí-lo, sobre serviços supérfluos.

* § 2º acrescentado pela Emenda Constitucional n. 31/2000.

Art. 83. Lei federal definirá os produtos e serviços supérfluos a que se referem os arts. 80, II, e 82, § 2º.

* Artigo com redação determinada pela Emenda Constitucional n. 42/2003.

Art. 84. A contribuição provisória sobre movimentação ou transmissão de valores e de créditos e direitos de natureza financeira, prevista nos arts. 74, 75 e 80, I, deste Ato das Disposições Constitucionais Transitórias, será cobrada até 31 de dezembro de 2004.

* Artigo acrescentado pela Emenda Constitucional n. 37/2002.
* V. art. 90, ADCT.

§ 1º Fica prorrogada, até a data referida no *caput* deste artigo, a vigência da Lei 9.311, de 24 de outubro de 1996, e suas alterações.

§ 2º Do produto da arrecadação da contribuição social de que trata este artigo será destinada a parcela correspondente à alíquota de:

I – vinte centésimos por cento ao Fundo Nacional de Saúde, para financiamento das ações e serviços de saúde;

II – dez centésimos por cento ao custeio da previdência social;

III – oito centésimos por cento ao Fundo de Combate e Erradicação da Pobreza, de que tratam os arts. 80 e 81 deste Ato das Disposições Constitucionais Transitórias.

§ 3º A alíquota da contribuição de que trata este artigo será de:

I – trinta e oito centésimos por cento, nos exercícios financeiros de 2002 e 2003;

II – *(Revogado pela Emenda Constitucional n. 42/2003.)*

Art. 85. A contribuição a que se refere o art. 84 deste Ato das Disposições Constitucionais Transitórias não incidirá, a partir do trigésimo dia da data de publicação desta Emenda Constitucional, nos lançamentos:

* Artigo acrescentado pela Emenda Constitucional n. 37/2002.

I – em contas-correntes de depósito especialmente abertas e exclusivamente utilizadas para operações de:

* V. art. 2º, Lei 10.892/2004 (*DOU* 14.07.2004), em vigor em 1º.10.2004, que dispõe sobre multas nos casos de utilização diversa da prevista na legislação das contas-correntes de depósito beneficiárias da alíquota 0 (zero), bem como da inobservância de normas baixadas pelo BACEN que resulte na falta de cobrança da CPMF devida.

a) câmaras e prestadoras de serviços de compensação e de liquidação de que trata o parágrafo único do art. 2º da Lei 10.214, de 27 de março de 2001;

b) companhias securitizadoras de que trata a Lei 9.514, de 20 de novembro de 1997;

c) sociedades anônimas que tenham por objeto exclusivo a aquisição de créditos oriundos de operações praticadas no mercado financeiro;

II – em contas-correntes de depósito, relativos a:

a) operações de compra e venda de ações, realizadas em recintos ou sistemas de negociação de bolsas de valores e no mercado de balcão organizado;

b) contratos referenciados em ações ou índices de ações, em suas diversas modalidades, negociados em bolsas de valores, de mercadorias e de futuros;

III – em contas de investidores estrangeiros, relativos a entradas no País e a remessas para o exterior de recursos financeiros empregados, exclusivamente, em operações e contratos referidos no inciso II deste artigo.

§ 1º O Poder Executivo disciplinará o disposto neste artigo no prazo de trinta dias da data de publicação desta Emenda Constitucional.

§ 2º O disposto no inciso I deste artigo aplica-se somente às operações relacionadas em ato do Poder Executivo, dentre aquelas que constituam o objeto social das referidas entidades.

§ 3º O disposto no inciso II deste artigo aplica-se somente a operações e contratos efe-

tuados por intermédio de instituições financeiras, sociedades corretoras de títulos e valores mobiliários, sociedades distribuidoras de títulos e valores mobiliários e sociedades corretoras de mercadorias.

Art. 86. Serão pagos conforme disposto no art. 100 da Constituição Federal, não se lhes aplicando a regra de parcelamento estabelecida no *caput* do art. 78 deste Ato das Disposições Constitucionais Transitórias, os débitos da Fazenda Federal, Estadual, Distrital ou Municipal oriundos de sentenças transitadas em julgado, que preencham, cumulativamente, as seguintes condições:

- Artigo acrescentado pela Emenda Constitucional n. 37/2002.

I – ter sido objeto de emissão de precatórios judiciários;

II – ter sido definidos como de pequeno valor pela lei de que trata o § 3º do art. 100 da Constituição Federal ou pelo art. 87 deste Ato das Disposições Constitucionais Transitórias;

III – estar, total ou parcialmente, pendentes de pagamento na data da publicação desta Emenda Constitucional.

§ 1º Os débitos a que se refere o *caput* deste artigo, ou os respectivos saldos, serão pagos na ordem cronológica de apresentação dos respectivos precatórios, com precedência sobre os de maior valor.

§ 2º Os débitos a que se refere o *caput* deste artigo, se ainda não tiverem sido objeto de pagamento parcial, nos termos do art. 78 deste Ato das Disposições Constitucionais Transitórias, poderão ser pagos em duas parcelas anuais, se assim dispuser a lei.

§ 3º Observada a ordem cronológica de sua apresentação, os débitos de natureza alimentícia previstos neste artigo terão precedência para pagamento sobre todos os demais.

Art. 87. Para efeito do que dispõem o § 3º do art. 100 da Constituição Federal e o art. 78 deste Ato das Disposições Constitucionais Transitórias serão considerados de pequeno valor, até que se dê a publicação oficial das respectivas leis definidoras pelos entes da Federação, observado o disposto no § 4º do art. 100 da Constituição Federal, os débitos ou obrigações consignados em precatório judiciário, que tenham valor igual ou inferior a:

- Artigo acrescentado pela Emenda Constitucional n. 37/2002.

I – quarenta salários mínimos, perante a Fazenda dos Estados e do Distrito Federal;

II – trinta salários mínimos, perante a Fazenda dos Municípios.

Parágrafo único. Se o valor da execução ultrapassar o estabelecido neste artigo, o pagamento far-se-á, sempre, por meio de precatório, sendo facultada à parte exequente a renúncia ao crédito do valor excedente, para que possa optar pelo pagamento do saldo sem o precatório, da forma prevista no § 3º do art. 100.

Art. 88. Enquanto lei complementar não disciplinar o disposto nos incisos I e III do § 3º do art. 156 da Constituição Federal, o imposto a que se refere o inciso III do *caput* do mesmo artigo:

- Artigo acrescentado pela Emenda Constitucional n. 37/2002.

I – terá alíquota mínima de dois por cento, exceto para os serviços a que se referem os itens 32, 33 e 34 da Lista de Serviços anexa ao Decreto-lei 406, de 31 de dezembro de 1968;

II – não será objeto de concessão de isenções, incentivos e benefícios fiscais, que resulte, direta ou indiretamente, na redução da alíquota mínima estabelecida no inciso I.

Art. 89. Os integrantes da carreira policial militar e os servidores municipais do ex-Território Federal de Rondônia que, comprovadamente, se encontravam no exercício regular de suas funções prestando serviço àquele ex-Território na data em que foi transformado em Estado, bem como os servidores e os policiais militares alcançados pelo disposto no art. 36 da Lei Complementar 41, de 22 de dezembro de 1981, e aqueles admitidos regularmente nos quadros do Estado de Rondônia até a data de posse do primeiro Governador eleito, em 15 de março de 1987, constituirão, mediante opção, quadro em extinção da administração federal, assegurados os direitos e as vantagens a eles inerentes, vedado o pagamento, a qualquer título, de diferenças remuneratórias.

Art. 90

- Artigo com redação determinada pela Emenda Constitucional n. 60/2009 (*DOU* 12.11.2009), em vigor na data de sua publicação, não produzindo efeitos retroativos.
- V. art. 1º, Emenda Constitucional n. 60/2009 (Quadro de servidores civis e militares do ex-Território Federal de Rondônia).

§ 1º Os membros da Polícia Militar continuarão prestando serviços ao Estado de Rondônia, na condição de cedidos, submetidos às corporações da Polícia Militar, observadas as atribuições de função compatíveis com o grau hierárquico.

§ 2º Os servidores a que se refere o *caput* continuarão prestando serviços ao Estado de Rondônia na condição de cedidos, até seu aproveitamento em órgão ou entidade da administração federal direta, autárquica ou fundacional.

Art. 90. O prazo previsto no *caput* do art. 84 deste Ato das Disposições Constitucionais Transitórias fica prorrogado até 31 de dezembro de 2007.

- Artigo acrescentado pela Emenda Constitucional n. 42/2003.

§ 1º Fica prorrogada, até a data referida no *caput* deste artigo, a vigência da Lei 9.311, de 24 de outubro de 1996, e suas alterações.

§ 2º Até a data referida no *caput* deste artigo, a alíquota da contribuição de que trata o art. 84 deste Ato das Disposições Constitucionais Transitórias será de trinta e oito centésimos por cento.

Art. 91. A União entregará aos Estados e ao Distrito Federal o montante definido em lei complementar, de acordo com critérios, prazos e condições nela determinados, podendo considerar as exportações para o exterior de produtos primários e semielaborados, a relação entre as exportações e as importações, os créditos decorrentes de aquisições destinadas ao ativo permanente e a efetiva manutenção e aproveitamento do crédito do imposto a que se refere o art. 155, § 2º, X, *a*.

- Artigo acrescentado pela Emenda Constitucional n. 42/2003.

§ 1º Do montante de recursos que cabe a cada Estado, setenta e cinco por cento pertencem ao próprio Estado, e vinte e cinco por cento, aos seus Municípios, distribuídos segundo os critérios a que se refere o art. 158, parágrafo único, da Constituição.

§ 2º A entrega de recursos prevista neste artigo perdurará, conforme definido em lei complementar, até que o imposto a que se refere o art. 155, II, tenha o produto de sua arrecadação destinado predominantemente, em proporção não inferior a oitenta por cento, ao Estado onde ocorrer o consumo das mercadorias, bens ou serviços.

§ 3º Enquanto não for editada a lei complementar de que trata o *caput*, em substituição ao sistema de entrega de recursos nele previsto, permanecerá vigente o sistema de entrega de recursos previsto no art. 31 e Anexo da Lei Complementar 87, de 13 de setembro de 1996, com a redação dada pela Lei Complementar 115, de 26 de dezembro de 2002.

§ 4º Os Estados e o Distrito Federal deverão apresentar à União, nos termos das instruções baixadas pelo Ministério da Fazenda, as informações relativas ao imposto de que trata o art. 155, II, declaradas pelos contribuintes que realizarem operações ou prestações com destino ao exterior.

Art. 92. São acrescidos dez anos ao prazo fixado no art. 40 deste Ato das Disposições Constitucionais Transitórias.

- Artigo acrescentado pela Emenda Constitucional n. 42/2003.

Art. 93. A vigência do disposto no art. 159, III, e § 4º, iniciará somente após a edição da lei de que trata o referido inciso III.

- Artigo acrescentado pela Emenda Constitucional n. 42/2003.

Art. 94. Os regimes especiais de tributação para microempresas e empresas de pequeno porte próprios da União, dos Estados, do Distrito Federal e dos Municípios cessarão a partir da entrada em vigor do regime previsto no art. 146, III, *d*, da Constituição.

- Artigo acrescentado pela Emenda Constitucional n. 42/2003.

Art. 95. Os nascidos no estrangeiro entre 7 de junho de 1994 e a data da promulgação desta Emenda Constitucional, filhos de pai brasileiro ou mãe brasileira, poderão ser registrados em repartição diplomática ou consular brasileira competente ou em ofício de registro, se vierem a residir na República Federativa do Brasil.

ADCT

* Artigo acrescentado pela Emenda Constitucional n. 54/2007 (*DOU* 21.09.2007).

Art. 96. Ficam convalidados os atos de criação, fusão, incorporação e desmembramento de Municípios, cuja lei tenha sido publicada até 31 de dezembro de 2006, atendidos os requisitos estabelecidos na legislação do respectivo Estado à época de sua criação.

* Artigo acrescentado pela Emenda Constitucional n. 57/2008.

Art. 97. Até que seja editada a lei complementar de que trata o § 15 do art. 100 da Constituição Federal, os Estados, o Distrito Federal e os Municípios que, na data de publicação desta Emenda Constitucional, estejam em mora na quitação de precatórios vencidos, relativos às suas administrações direta e indireta, inclusive os emitidos durante o período de vigência do regime especial instituído por este artigo, farão esses pagamentos de acordo com as normas a seguir estabelecidas, sendo inaplicável o disposto no art. 100 desta Constituição Federal, exceto em seus §§ 2º, 3º, 9º, 10, 11, 12, 13 e 14, e sem prejuízo dos acordos de juízos conciliatórios já formalizados na data de promulgação desta Emenda Constitucional.

* Artigo acrescentado pela Emenda Constitucional n. 62/2009.
* V. ADIn 4.425.
* V. art. 3º, Emenda Constitucional n. 62/2009, que determina que a implantação do regime de pagamento criado por este artigo, deverá ocorrer no prazo de até 90 (noventa) dias, contados da publicação da referida EC.
* V. art. 100, CF.

§ 1º Os Estados, o Distrito Federal e os Municípios sujeitos ao regime especial de que trata este artigo optarão, por meio de ato do Poder Executivo:
I – pelo depósito em conta especial do valor referido pelo § 2º deste artigo; ou
II – pela adoção do regime especial pelo prazo de até 15 (quinze) anos, caso em que o percentual a ser depositado na conta especial a que se refere o § 2º deste artigo corresponderá, anualmente, ao saldo total dos precatórios devidos, acrescido do índice oficial de remuneração básica da caderneta de poupança e de juros simples no mesmo percentual de juros incidentes sobre a caderneta de poupança para fins de compensação da mora, excluída a incidência de juros compensatórios, diminuído das amortizações e dividido pelo número de anos restantes no regime especial de pagamento.

§ 2º Para saldar os precatórios, vencidos e a vencer, pelo regime especial, os Estados, o Distrito Federal e os Municípios devedores depositarão mensalmente, em conta especial criada para tal fim, 1/12 (um doze avos) do valor calculado percentualmente sobre as respectivas receitas correntes líquidas, apuradas no segundo mês anterior ao mês de pagamento, sendo que esse percentual, calculado no momento de opção pelo regime e mantido fixo até o final do prazo a que se refere o § 14 deste artigo, será:

I – para os Estados e para o Distrito Federal:
a) de, no mínimo, 1,5% (um inteiro e cinco décimos por cento), para os Estados das regiões Norte, Nordeste e Centro-Oeste, além do Distrito Federal, ou cujo estoque de precatórios pendentes das suas administrações direta e indireta corresponder a até 35% (trinta e cinco por cento) do total da receita corrente líquida;
b) de, no mínimo, 2% (dois por cento), para os Estados das regiões Sul e Sudeste, cujo estoque de precatórios pendentes das suas administrações direta e indireta corresponder a mais de 35% (trinta e cinco por cento) da receita corrente líquida;

II – para Municípios:
a) de, no mínimo, 1% (um por cento), para Municípios das regiões Norte, Nordeste e Centro-Oeste, ou cujo estoque de precatórios pendentes das suas administrações direta e indireta corresponder a até 35% (trinta e cinco por cento) da receita corrente líquida;
b) de, no mínimo, 1,5% (um inteiro e cinco décimos por cento), para Municípios das regiões Sul e Sudeste, cujo estoque de precatórios pendentes das suas administrações direta e indireta corresponder a mais de 35 % (trinta e cinco por cento) da receita corrente líquida.

§ 3º Entende-se como receita corrente líquida, para os fins de que trata este artigo, o somatório das receitas tributárias, patrimoniais, industriais, agropecuárias, de contribuições e de serviços, transferências correntes e outras

Art. 97

ADCT

receitas correntes, incluindo as oriundas do § 1º do art. 20 da Constituição Federal, verificado no período compreendido pelo mês de referência e os 11 (onze) meses anteriores, excluídas as duplicidades, e deduzidas:

I – nos Estados, as parcelas entregues aos Municípios por determinação constitucional;

II – nos Estados, no Distrito Federal e nos Municípios, a contribuição dos servidores para custeio do seu sistema de previdência e assistência social e as receitas provenientes da compensação financeira referida no § 9º do art. 201 da Constituição Federal.

§ 4º As contas especiais de que tratam os §§ 1º e 2º serão administradas pelo Tribunal de Justiça local, para pagamento de precatórios expedidos pelos tribunais.

§ 5º Os recursos depositados nas contas especiais de que tratam os §§ 1º e 2º deste artigo não poderão retornar para Estados, Distrito Federal e Municípios devedores.

§ 6º Pelo menos 50% (cinquenta por cento) dos recursos de que tratam os §§ 1º e 2º deste artigo serão utilizados para pagamento de precatórios em ordem cronológica de apresentação, respeitadas as preferências definidas no § 1º, para os requisitórios do mesmo ano e no § 2º do art. 100, para requisitórios de todos os anos.

§ 7º Nos casos em que não se possa estabelecer a precedência cronológica entre 2 (dois) precatórios, pagar-se-á primeiramente o precatório de menor valor.

§ 8º A aplicação dos recursos restantes dependerá de opção a ser exercida por Estados, Distrito Federal e Municípios devedores, por ato do Poder Executivo, obedecendo à seguinte forma, que poderá ser aplicada isoladamente ou simultaneamente:

I – destinados ao pagamento dos precatórios por meio do leilão;

II – destinados a pagamento a vista de precatórios não quitados na forma do § 6º e do inciso I, em ordem única e crescente de valor por precatório;

III – destinados a pagamento por acordo direto com os credores, na forma estabelecida por lei própria da entidade devedora, que poderá prever criação e forma de funcionamento de câmara de conciliação.

§ 9º Os leilões de que trata o inciso I do § 8º deste artigo:

I – serão realizados por meio de sistema eletrônico administrado por entidade autorizada pela Comissão de Valores Mobiliários ou pelo Banco Central do Brasil;

II – admitirão a habilitação de precatórios, ou parcela de cada precatório indicada pelo seu detentor, em relação aos quais não esteja pendente, no âmbito do Poder Judiciário, recurso ou impugnação de qualquer natureza, permitida por iniciativa do Poder Executivo a compensação com débitos líquidos e certos, inscritos ou não em dívida ativa e constituídos contra devedor originário pela Fazenda Pública devedora até a data da expedição do precatório, ressalvados aqueles cuja exigibilidade esteja suspensa nos termos da legislação, ou que já tenham sido objeto de abatimento nos termos do § 9º do art. 100 da Constituição Federal;

III – ocorrerão por meio de oferta pública a todos os credores habilitados pelo respectivo ente federativo devedor;

IV – considerarão automaticamente habilitado o credor que satisfaça o que consta no inciso II;

V – serão realizados tantas vezes quanto necessário em função do valor disponível;

VI – a competição por parcela do valor total ocorrerá a critério do credor, com deságio sobre o valor desta;

VII – ocorrerão na modalidade deságio, associado ao maior volume ofertado cumulado ou não com o maior percentual de deságio, pelo maior percentual de deságio, podendo ser fixado valor máximo por credor, ou por outro critério a ser definido em edital;

VIII – o mecanismo de formação de preço constará nos editais publicados para cada leilão;

IX – a quitação parcial dos precatórios será homologada pelo respectivo Tribunal que o expediu.

§ 10. No caso de não liberação tempestiva dos recursos de que tratam o inciso II do § 1º e os §§ 2º e 6º deste artigo:

I – haverá o sequestro de quantia nas contas de Estados, Distrito Federal e Municípios devedores, por ordem do Presidente do Tribunal referido no § 4º, até o limite do valor não liberado;

II – constituir-se-á, alternativamente, por ordem do Presidente do Tribunal requerido,

ADCT

em favor dos credores de precatórios, contra Estados, Distrito Federal e Municípios devedores, direito líquido e certo, autoaplicável e independentemente de regulamentação, à compensação automática com débitos líquidos lançados por esta contra aqueles, e, havendo saldo em favor do credor, o valor terá automaticamente poder liberatório do pagamento de tributos de Estados, Distrito Federal e Municípios devedores, até onde se compensarem;

III – o chefe do Poder Executivo responderá na forma da legislação de responsabilidade fiscal e de improbidade administrativa;

IV – enquanto perdurar a omissão, a entidade devedora:

a) não poderá contrair empréstimo externo ou interno;

b) ficará impedida de receber transferências voluntárias;

V – a União reterá os repasses relativos ao Fundo de Participação dos Estados e do Distrito Federal e ao Fundo de Participação dos Municípios, e os depositará nas contas especiais referidas no § 1º, devendo sua utilização obedecer ao que prescreve o § 5º, ambos deste artigo.

§ 11. No caso de precatórios relativos a diversos credores, em litisconsórcio, admite-se o desmembramento do valor, realizado pelo Tribunal de origem do precatório, por credor, e, por este, a habilitação do valor total a que tem direito, não se aplicando, neste caso, a regra do § 3º do art. 100 da Constituição Federal.

§ 12. Se a lei a que se refere o § 4º do art. 100 não estiver publicada em até 180 (cento e oitenta) dias, contados da data de publicação desta Emenda Constitucional, será considerado, para os fins referidos, em relação a Estados, Distrito Federal e Municípios devedores, omissos na regulamentação, o valor de:

I – 40 (quarenta) salários mínimos para Estados e para o Distrito Federal;

II – 30 (trinta) salários mínimos para Municípios.

§ 13. Enquanto Estados, Distrito Federal e Municípios devedores estiverem realizando pagamentos de precatórios pelo regime especial, não poderão sofrer sequestro de valores, exceto no caso de não liberação tempestiva dos recursos de que tratam o inciso II do § 1º e o § 2º deste artigo.

§ 14. O regime especial de pagamento de precatório previsto no inciso I do § 1º vigorará enquanto o valor dos precatórios devidos for superior ao valor dos recursos vinculados, nos termos do § 2º, ambos deste artigo, ou pelo prazo fixo de até 15 (quinze) anos, no caso da opção prevista no inciso II do § 1º.

§ 15. Os precatórios parcelados na forma do art. 33 ou do art. 78 deste Ato das Disposições Constitucionais Transitórias e ainda pendentes de pagamento ingressarão no regime especial com o valor atualizado das parcelas não pagas relativas a cada precatório, bem como o saldo dos acordos judiciais e extrajudiciais.

§ 16. A partir da promulgação desta Emenda Constitucional, a atualização de valores de requisitórios, até o efetivo pagamento, independentemente de sua natureza, será feita pelo índice oficial de remuneração básica da caderneta de poupança, e, para fins de compensação da mora, incidirão juros simples no mesmo percentual de juros incidentes sobre a caderneta de poupança, ficando excluída a incidência de juros compensatórios.

§ 17. O valor que exceder o limite previsto no § 2º do art. 100 da Constituição Federal será pago, durante a vigência do regime especial, na forma prevista nos §§ 6º e 7º ou nos incisos I, II e III do § 8º deste artigo, devendo os valores dispendidos para o atendimento do disposto no § 2º do art. 100 da Constituição Federal serem computados para efeito do § 6º deste artigo.

§ 18. Durante a vigência do regime especial a que se refere este artigo, gozarão também da preferência a que se refere o § 6º os titulares originais de precatórios que tenham completado 60 (sessenta) anos de idade até a data da promulgação desta Emenda Constitucional.

Brasília, 5 de outubro de 1988.

Ulysses Guimarães
 Presidente
Mauro Benevides
 Vice-Presidente
Jorge Arbage
 Vice-Presidente

EMENDAS À CONSTITUIÇÃO DA REPÚBLICA FEDERATIVA DO BRASIL

EC N. 1, DE 31 DE MARÇO DE 1992

Dispõe sobre a remuneração dos Deputados Estaduais e dos Vereadores.

As Mesas da Câmara dos Deputados e do Senado Federal, nos termos do § 3º do artigo 60, da Constituição Federal, promulgam a seguinte Emenda ao texto constitucional:

Art. 1º O § 2º do artigo 27 da Constituição passa a vigorar com a seguinte redação:

• Alteração processada no texto do referido artigo.

Art. 2º São acrescentados ao artigo 29 da Constituição os seguintes incisos, VI e VII, renumerando-se os demais:

• Acréscimos processados no texto do referido artigo.

Art. 3º Esta Emenda Constitucional entra em vigor na data de sua publicação.

Brasília, 31 de março de 1992.

Mesa da Câmara dos Deputados: *Ibsen Pinheiro,* Presidente

Mesa do Senado Federal: *Mauro Benevides,* Presidente

(DOU 06.04.1992)

EC N. 2, DE 25 DE AGOSTO DE 1992

Dispõe sobre o plebiscito previsto no art. 2º do Ato das Disposições Constitucionais Transitórias.

As Mesas da Câmara dos Deputados e do Senado Federal, nos termos do § 3º do artigo 60 da Constituição Federal, promulgam a seguinte Emenda ao texto constitucional:

Artigo único. O plebiscito de que trata o artigo 2º do Ato das Disposições Constitucionais Transitórias realizar-se-á no dia 21 de abril de 1993.

§ 1º A forma e o sistema de governo definidos pelo plebiscito terão vigência em 1º de janeiro de 1995.

§ 2º A lei poderá dispor sobre a realização do plebiscito, inclusive sobre a gratuidade da livre divulgação das formas e sistemas de governo, através dos meios de comunicação de massa concessionários ou permissionários de serviço público, assegurada igualdade de tempo e paridade de horários.

§ 3º A norma constante do parágrafo anterior não exclui a competência do Tribunal Superior Eleitoral para expedir instruções necessárias à realização da consulta plebiscitária.

Brasília, 25 de agosto de 1992.

Mesa da Câmara dos Deputados: *Ibsen Pinheiro,* Presidente

Mesa do Senado Federal: *Mauro Benevides,* Presidente

(DOU 1º.09.1992)

EC N. 3, DE 17 DE MARÇO DE 1993

Altera dispositivos da Constituição Federal.

As Mesas da Câmara dos Deputados e do Senado Federal, nos termos do § 3º do art. 60 da Constituição Federal, promulgam a seguinte Emenda ao texto constitucional:

Art. 1º Os dispositivos da Constituição Federal abaixo enumerados passam a vigorar com as seguintes alterações:

• Alterações do art. 40, § 6º; art. 42, § 10; art. 102, I, *a*, §§ 1º e 2º; art. 103, § 4º; art. 150, §§ 6º e 7º; art. 155, I a III, §§ 1º, 2º, *caput,* e § 3º; art. 156, III, § 3º, I e II; art. 160, parágrafo único e art. 167, IV, § 4º processadas no texto da Constituição.

Art. 2º A União poderá instituir, nos termos de lei complementar, com vigência até 31 de dezembro de 1994, imposto sobre

EC n. 4/1993

movimentação ou transmissão de valores e de créditos e direitos de natureza financeira.

§ 1º A alíquota do imposto de que trata este artigo não excederá a vinte e cinco centésimos por cento, facultado ao Poder Executivo reduzi-la ou restabelecê-la, total ou parcialmente, nas condições e limites fixados em lei.

§ 2º Ao imposto de que trata este artigo não se aplica o art. 150, III, *b*, e VI, nem o disposto no § 5º do artigo 153 da Constituição.

§ 3º O produto da arrecadação do imposto de que trata este artigo não se encontra sujeito a qualquer modalidade de repartição com outra entidade federada.

§ 4º *(Revogado pela Emenda Constitucional de Revisão n. 1/1994.)*

Art. 3º A eliminação do adicional ao Imposto sobre a Renda, de competência dos Estados, decorrente desta Emenda Constitucional, somente produzirá efeitos a partir de 1º de janeiro de 1996, reduzindo-se a correspondente alíquota, pelo menos, a dois e meio por cento no exercício financeiro de 1995.

Art. 4º A eliminação do imposto sobre vendas a varejo de combustíveis líquidos e gasosos, de competência dos Municípios, decorrente desta Emenda Constitucional, somente produzirá efeitos a partir de 1º de janeiro de 1996, reduzindo-se a correspondente alíquota, pelo menos, a um e meio por cento no exercício financeiro de 1995.

Art. 5º Até 31 de dezembro de 1999, os Estados, o Distrito Federal e os Municípios somente poderão emitir títulos da dívida pública no montante necessário ao refinanciamento do principal devidamente atualizado de suas obrigações, representadas por essa espécie de títulos, ressalvado o disposto no art. 33, parágrafo único, do Ato das Disposições Constitucionais Transitórias.

Art. 6º Revogam-se o inciso IV e o § 4º do art. 156 da Constituição Federal.

Brasília, 17 de março de 1993.

Mesa da Câmara dos Deputados: *Deputado Inocêncio Oliveira*, Presidente

Mesa do Senado Federal: *Senador Humberto Lucena*, Presidente

(*DOU* 18.03.1993)

EC N. 4,
DE 14 DE SETEMBRO DE 1993

Dá nova redação ao art. 16 da Constituição Federal.

As Mesas da Câmara dos Deputados e do Senado Federal, nos termos do § 3º do art. 60 da Constituição Federal, promulgam a seguinte Emenda ao texto constitucional:

Artigo único. O art. 16 da Constituição Federal passa a vigorar com a seguinte redação:

* Alteração processada no texto do referido artigo.

Brasília, 14 de setembro de 1993.

Mesa da Câmara dos Deputados: *Deputado Inocêncio Oliveira*, Presidente

Mesa do Senado Federal: *Senador Humberto Lucena*, Presidente

(*DOU* 15.09.1993)

EC DE REVISÃO N. 1,
DE 1º DE MARÇO DE 1994

A Mesa do Congresso Nacional, nos termos do art. 60 da Constituição Federal, combinado com o art. 3º do Ato das Disposições Constitucionais Transitórias, promulga a seguinte Emenda Constitucional:

Art. 1º Ficam incluídos os arts. 71, 72 e 73 no Ato das Disposições Constitucionais Transitórias, com a seguinte redação:

* Acréscimos processados no texto do Ato das Disposições Constitucionais Transitórias.

Art. 2º Fica revogado o § 4º do art. 2º da Emenda Constitucional n. 3, de 1993.

Art. 3º Esta Emenda entra em vigor na data de sua publicação.

Brasília, 1º de março de 1994.

Humberto Lucena, Presidente

(*DOU* 02.03.1994)

EC DE REVISÃO N. 2,
DE 7 DE JUNHO DE 1994

A Mesa do Congresso Nacional, nos termos do art. 60 da Constituição Federal, combinado com o art. 3º do Ato das Disposições Constitucionais Transitórias, promulga a seguinte Emenda Constitucional:

Art. 1º É acrescentada a expressão "ou quaisquer titulares de órgãos diretamente

EC de Rev. n. 3/1994

EMENDAS CONSTITUCIONAIS

subordinados à Presidência da República" ao texto do art. 50 da Constituição, que passa a vigorar com a redação seguinte:

- Acréscimo processado no texto do referido artigo.

Art. 2º É acrescentada a expressão "ou a qualquer das pessoas referidas no *caput* deste artigo" ao § 2º do art. 50, que passa a vigorar com a redação seguinte:

- Acréscimo processado no texto do referido artigo.

Art. 3º Esta Emenda Constitucional entra em vigor na data de sua publicação.

Brasília, 7 de junho de 1994.

Humberto Lucena, Presidente

(*DOU* 09.06.1994)

EC DE REVISÃO N. 3,
DE 7 DE JUNHO DE 1994

A Mesa do Congresso Nacional, nos termos do art. 60 da Constituição Federal, combinado com o art. 3º do Ato das Disposições Constitucionais Transitórias, promulga a seguinte Emenda Constitucional:

Art. 1º A alínea *c* do inciso I, a alínea *b* do inciso II, o § 1º e o inciso II do § 4º do art. 12 da Constituição Federal passam a vigorar com a seguinte redação:

- Alterações processadas no texto do referido artigo.

Art. 2º Esta Emenda Constitucional entra em vigor na data de sua publicação.

Brasília, 7 de junho de 1994.

Humberto Lucena, Presidente

(*DOU* 09.06.1994)

EC DE REVISÃO N. 4,
DE 7 DE JUNHO DE 1994

A Mesa do Congresso Nacional, nos termos do art. 60 da Constituição Federal, combinado com o art. 3º do Ato das Disposições Constitucionais Transitórias, promulga a seguinte Emenda Constitucional:

Art. 1º São acrescentadas ao § 9º do art. 14 da Constituição as expressões "a probidade administrativa, a moralidade para o exercício do mandato, considerada a vida pregressa do candidato, e", após a expressão "a fim de proteger", passando o dispositivo a vigorar com a seguinte redação:

- Acréscimos processados no texto do referido artigo.

Art. 2º Esta Emenda Constitucional entra em vigor na data de sua publicação.

Brasília, 7 de junho de 1994.

Humberto Lucena, Presidente

(*DOU* 09.06.1994)

EC DE REVISÃO N. 5,
DE 7 DE JUNHO DE 1994

A Mesa do Congresso Nacional, nos termos do art. 60 da Constituição Federal, combinado com o art. 3º do Ato das Disposições Constitucionais Transitórias, promulga a seguinte Emenda Constitucional:

Art. 1º No art. 82 fica substituída a expressão "cinco anos" por "quatro anos".

- Alteração processada no texto do referido artigo.

Art. 2º Esta Emenda Constitucional entra em vigor no dia 1º de janeiro de 1995.

Brasília, 7 de junho de 1994.

Humberto Lucena, Presidente

(*DOU* 09.06.1994)

EC DE REVISÃO N. 6,
DE 7 DE JUNHO DE 1994

A Mesa do Congresso Nacional, nos termos do art. 60 da Constituição Federal, combinado com o art. 3º do Ato das Disposições Constitucionais Transitórias, promulga a seguinte Emenda Constitucional:

Art. 1º Fica acrescido, no art. 55, o § 4º, com a seguinte redação:

- Acréscimo processado no texto do referido artigo.

Art. 2º Esta Emenda Constitucional entra em vigor na data de sua publicação.

Brasília, 7 de junho de 1994.

Humberto Lucena, Presidente

(*DOU* 09.06.1994)

EC N. 5,
DE 15 DE AGOSTO DE 1995

Altera o § 2º do art. 25 da Constituição Federal.

As Mesas da Câmara dos Deputados e do Senado Federal, nos termos do § 3º do art. 60 da Constituição Federal, promulgam a seguinte Emenda ao texto constitucional:

Artigo único. O § 2º do art. 25 da Constituição Federal passa a vigorar com a seguinte redação:

- Alteração processada no texto do referido artigo.

Brasília, 15 de agosto de 1995.

Mesa da Câmara dos Deputados: *Deputado Luís Eduardo,* Presidente

Mesa do Senado Federal: *Senador José Sarney,* Presidente

(*DOU* 16.08.1995)

EC N. 6,
DE 15 DE AGOSTO DE 1995

Altera o inciso IX do art. 170, o art. 171 e o § 1º do art. 176 da Constituição Federal.

As Mesas da Câmara dos Deputados e do Senado Federal, nos termos do § 3º do art. 60 da Constituição Federal, promulgam a seguinte Emenda ao texto constitucional:

Art. 1º O inciso IX do art. 170 e o § 1º do art. 176 da Constituição Federal passam a vigorar com a seguinte redação:

- Alterações processadas no texto dos referidos artigos.

Art. 2º Fica incluído o seguinte art. 246 no Título IX – "Das Disposições Constitucionais Gerais":

- Inclusão processada no texto do referido Título.

Art. 3º Fica revogado o art. 171 da Constituição Federal.

Brasília, 15 de agosto de 1995.

Mesa da Câmara dos Deputados: *Deputado Luís Eduardo,* Presidente

Mesa do Senado Federal: *Senador José Sarney,* Presidente

(*DOU* 16.08.1995)

EC N. 7,
DE 15 DE AGOSTO DE 1995

Altera o art. 178 da Constituição Federal e dispõe sobre a adoção de Medidas Provisórias.

As Mesas da Câmara dos Deputados e do Senado Federal, nos termos do § 3º do art. 60 da Constituição Federal, promulgam a seguinte Emenda ao texto constitucional:

Art. 1º O art. 178 da Constituição Federal passa a vigorar com a seguinte redação:

- Alteração processada no texto do referido artigo.

Art. 2º Fica incluído o seguinte art. 246 no Título IX – "Das Disposições Constitucionais Gerais":

- Inclusão processada no texto do referido Título.

Brasília, 15 de agosto de 1995.

Mesa da Câmara dos Deputados: *Deputado Luís Eduardo,* Presidente

Mesa do Senado Federal: *Senador José Sarney,* Presidente

(*DOU* 16.08.1995)

EC N. 8,
DE 15 DE AGOSTO DE 1995

Altera o inciso XI e a alínea a do inciso XII do art. 21 da Constituição Federal.

As Mesas da Câmara dos Deputados e do Senado Federal, nos termos do § 3º do art. 60 da Constituição Federal, promulgam a seguinte Emenda ao texto constitucional:

Art. 1º O inciso XI e a alínea a do inciso XII do art. 21 da Constituição Federal passam a vigorar com a seguinte redação:

- Alterações processadas no texto do referido artigo.

Art. 2º É vedada a adoção de medida provisória para regulamentar o disposto no inciso XI do art. 21 com a redação dada por esta emenda constitucional.

Brasília, 15 de agosto de 1995.

Mesa da Câmara dos Deputados: *Deputado Luis Eduardo,* Presidente

Mesa do Senado Federal: *Senador José Sarney,* Presidente

(*DOU* 16.08.1995)

EMENDAS CONSTITUCIONAIS

EC N. 9,
DE 9 DE NOVEMBRO DE 1995

Dá nova redação ao art. 177 da Constituição Federal, alterando e inserindo parágrafos.

As mesas da Câmara dos Deputados e do Senado Federal, nos termos do § 3º do art. 60 da Constituição Federal, promulgam a seguinte Emenda ao texto constitucional:

Art. 1º O § 1º do art. 177 da Constituição Federal passa a vigorar com a seguinte redação:

* Alteração processada no texto do referido artigo.

Art. 2º Inclua-se um parágrafo, a ser enumerado como § 2º com a redação seguinte, passando o atual § 2º para § 3º, no art. 177 da Constituição Federal:

* Alterações processadas no texto do referido artigo.

Art. 3º É vedada a edição de medida provisória para a regulamentação da matéria prevista nos incisos I a IV dos §§ 1º e 2º do art. 177 da Constituição Federal.

Brasília, 9 de novembro de 1995.

Mesa da Câmara dos Deputados: *Deputado Luís Eduardo,* Presidente

Mesa do Senado Federal: *Senador José Sarney,* Presidente

(*DOU* 10.11.1995)

EC N. 10,
DE 4 DE MARÇO DE 1996

Altera os arts. 71 e 72 do Ato das Disposições Constitucionais Transitórias, introduzidos pela Emenda Constitucional de Revisão n. 1, de 1994.

As Mesas da Câmara dos Deputados e do Senado Federal, nos termos do § 3º do art. 60 da Constituição Federal, promulgam a seguinte Emenda ao texto constitucional:

Art. 1º O art. 71 do Ato das Disposições Constitucionais Transitórias passa a vigorar com a seguinte redação:

* Alteração processada no texto do Ato das Disposições Constitucionais Transitórias.

Art. 2º O art. 72 do Ato das Disposições Constitucionais Transitórias passa a vigorar com a seguinte redação:

* Alteração processada no texto do Ato das Disposições Constitucionais Transitórias.

Art. 3º Esta Emenda Constitucional entra em vigor na data de sua publicação.

Brasília, 4 de março de 1996.

Mesa da Câmara dos Deputados: *Deputado Luís Eduardo,* Presidente

Mesa do Senado Federal: *Senador José Sarney,* Presidente

(*DOU* 07.03.1996)

EC N. 11,
DE 30 DE ABRIL DE 1996

Permite a admissão de professores, técnicos e cientistas estrangeiros pelas universidades brasileiras e concede autonomia às instituições de pesquisa científica e tecnológica.

As Mesas da Câmara dos Deputados e do Senado Federal, nos termos do § 3º do art. 60 da Constituição Federal, promulgam a seguinte Emenda ao texto constitucional:

Art. 1º São acrescentados ao art. 207 da Constituição Federal dois parágrafos com a seguinte redação:

* Acréscimos processados no texto do referido artigo.

Art. 2º Esta Emenda entra em vigor na data de sua publicação.

Brasília, 30 de abril de 1996.

Mesa da Câmara dos Deputados: *Deputado Luís Eduardo,* Presidente

Mesa do Senado Federal: *Senador José Sarney,* Presidente

(*DOU* 02.05.1996)

EC N. 12,
DE 15 DE AGOSTO DE 1996

Outorga competência à União, para instituir contribuição provisória sobre movimentação ou transmissão de valores e de créditos e direitos de natureza financeira.

As Mesas da Câmara dos Deputados e do Senado Federal promulgam, nos termos do

EC n. 13/1996

EMENDAS CONSTITUCIONAIS

§ 3º do art. 60 da Constituição Federal, a seguinte Emenda ao texto constitucional:

Artigo único. Fica incluído o art. 74 no Ato das Disposições Constitucionais Transitórias, com a seguinte redação:

- Acréscimo processado no texto do Ato das Disposições Constitucionais Transitórias.

Brasília, em 15 de agosto de 1996.

Mesa da Câmara dos Deputados: *Deputado Luís Eduardo,* Presidente

Mesa do Senado Federal: *Senador José Sarney,* Presidente

(*DOU* 16.08.1996)

EC N. 13,
DE 21 DE AGOSTO DE 1996
Dá nova redação ao inciso II do art. 192 da Constituição Federal.

As Mesas da Câmara dos Deputados e do Senado Federal, nos termos do § 3º do art. 60 da Constituição Federal, promulgam a seguinte Emenda ao texto constitucional:

Artigo único. O inciso II do art. 192 da Constituição Federal passa a vigorar com a seguinte redação:

- Alteração processada no texto do referido artigo.

Brasília, 21 de agosto de 1996.

Mesa da Câmara dos Deputados: *Deputado Luís Eduardo,* Presidente

Mesa do Senado Federal: *Senador José Sarney,* Presidente

(*DOU* 22.08.1996)

EC N. 14,
DE 12 DE SETEMBRO DE 1996
Modifica os arts. 34, 208, 211 e 212 da Constituição Federal e dá nova redação ao art. 60 do Ato das Disposições Constitucionais Transitórias.

As Mesas da Câmara dos Deputados e do Senado Federal, nos termos do § 3º do art. 60 da Constituição Federal, promulgam a seguinte Emenda ao texto constitucional:

Art. 1º É acrescentada no inciso VII do art. 34, da Constituição Federal, a alínea e, com a seguinte redação:

- Acréscimo processado no texto do referido artigo.

Art. 2º É dada nova redação aos incisos I e II do art. 208 da Constituição Federal nos seguintes termos:

- Alterações processadas no texto do referido artigo.

Art. 3º É dada nova redação aos §§ 1º e 2º do art. 211 da Constituição Federal e nele são inseridos mais dois parágrafos passando a ter a seguinte redação:

- Alterações processadas e §§ 3º e 4º acrescentados no texto do referido artigo.

Art. 4º É dada nova redação ao § 5º do art. 212 da Constituição Federal nos seguintes termos:

- Alteração processada no texto do referido artigo.

Art. 5º É alterado o art. 60 do Ato das Disposições Constitucionais Transitórias e nele são inseridos novos parágrafos, passando o artigo a ter a seguinte redação:

- Alteração e acréscimos processados no texto do referido artigo.

Art. 6º Esta Emenda entra em vigor a primeiro de janeiro do ano subsequente ao de sua promulgação.

Brasília, 12 de setembro de 1996.

Mesa da Câmara dos Deputados: *Deputado Luiz Eduardo,* Presidente

Mesa do Senado Federal: *Senador José Sarney,* Presidente

(*DOU* 13.09.1996)

EC N. 15,
DE 12 DE SETEMBRO DE 1996
Dá nova redação ao § 4º do art. 18 da Constituição Federal.

As Mesas da Câmara dos Deputados e do Senado Federal, nos termos do § 3º do art. 60 da Constituição Federal, promulgam a seguinte Emenda ao texto constitucional:

Artigo único. O § 4º do art. 18 da Constituição Federal passa a vigorar com a seguinte redação:

- Alteração processada no texto do referido artigo.

Brasília, 12 de setembro de 1996.

Mesa da Câmara dos Deputados: *Deputado Luiz Eduardo,* Presidente

Mesa do Senado Federal: *Senador José Sarney,* Presidente

(*DOU* 13.09.1996)

EC n. 16/1997

EMENDAS CONSTITUCIONAIS

EC N. 16,
DE 4 DE JUNHO DE 1997

Dá nova redação ao § 5º do art. 14, ao caput do art. 28, ao inciso II do art. 29, ao caput do art. 77 e ao art. 82 da Constituição Federal.

As Mesas da Câmara dos Deputados e do Senado Federal, nos termos do § 3º do art. 60 da Constituição Federal, promulgam a seguinte Emenda ao texto constitucional:

Art. 1º O § 5º do art. 14, o *caput* do art. 28, o inciso II do art. 29, o *caput* do art. 77 e o art. 82 da Constituição Federal passam a vigorar com a seguinte redação:

- Alterações processadas no texto dos referidos artigos.

Art. 2º Esta Emenda Constitucional entra em vigor na data de sua publicação.

Brasília, 4 de junho de 1997.

Mesa da Câmara dos Deputados: *Deputado Michel Temer,* Presidente

Mesa do Senado Federal: *Senador Antônio Carlos Magalhães,* Presidente

(DOU 05.06.1997)

EC N. 17,
DE 22 DE NOVEMBRO DE 1997

Altera dispositivos dos arts. 71 e 72 do Ato das Disposições Constitucionais Transitórias, introduzidos pela Emenda Constitucional de Revisão n. 1, de 1994.

As Mesas da Câmara dos Deputados e do Senado Federal, nos termos do § 3º do art. 60 da Constituição Federal, promulgam a seguinte Emenda ao texto constitucional:

Art. 1º O *caput* do art. 71 do Ato das Disposições Constitucionais Transitórias passa a vigorar com a seguinte redação:

- Alteração processada no texto do referido artigo.

Art. 2º O inc. V do art. 72 do Ato das Disposições Constitucionais Transitórias passa a vigorar com a seguinte redação:

- Alteração processada no texto do referido artigo.

Art. 3º A União repassará aos Municípios, do produto da arrecadação do Imposto sobre a Renda e Proventos de Qualquer Natureza, tal como considerado na constituição dos fundos de que trata o art. 159, I, da Constituição, excluída a parcela referida no art. 72, I, do Ato das Disposições Constitucionais Transitórias, os seguintes percentuais:

I – um inteiro e cinquenta e seis centésimos por cento, no período de 1º de julho de 1997 a 31 de dezembro de 1997;

II – um inteiro e oitocentos e setenta e cinco milésimos por cento, no período de 1º de janeiro de 1998 a 31 de dezembro de 1998;

III – dois inteiros e cinco décimos por cento, no período de 1º de janeiro de 1999 a 31 de dezembro de 1999.

Parágrafo único. O repasse dos recursos de que trata este artigo obedecerá à mesma periodicidade e aos mesmos critérios de repartição e normas adotadas no Fundo de Participação dos Municípios, observado o disposto no art. 160 da Constituição.

Art. 4º Os efeitos do disposto nos arts. 71 e 72 do Ato das Disposições Constitucionais Transitórias, com a redação dada pelos arts. 1º e 2º desta Emenda, são retroativos a 1º de julho de 1997.

Parágrafo único. As parcelas de recursos destinados ao Fundo de Estabilização Fiscal e entregues na forma do art. 159, I, da Constituição, no período compreendido entre 1º de julho de 1997 e a data de promulgação desta Emenda, serão deduzidas das cotas subsequentes, limitada a dedução a um décimo do valor total entregue em cada mês.

Art. 5º Observado o disposto no artigo anterior, a União aplicará as disposições do art. 3º desta Emenda retroativamente a 1º de julho de 1997.

Art. 6º Esta Emenda Constitucional entra em vigor na data de sua publicação.

Brasília, 22 de novembro de 1997.

Mesa da Câmara dos Deputados: *Deputado Michel Temer,* Presidente

Mesa do Senado Federal: *Senador Antonio Carlos Magalhães,* Presidente

(DOU 25.11.1997)

EC n. 18/1998

EC N. 18,
DE 5 DE FEVEREIRO DE 1998

Dispõe sobre o regime constitucional dos militares.

As Mesas da Câmara dos Deputados e do Senado Federal, nos termos do § 3º do art. 60 da Constituição Federal, promulgam a seguinte Emenda ao texto constitucional:

Art. 1º O art. 37, inciso XV, da Constituição passa a vigorar com a seguinte redação:

- Alteração processada no texto do referido artigo.

Art. 2º A Seção II do Capítulo VII do Título III da Constituição passa a denominar-se "DOS SERVIDORES PÚBLICOS" e a Seção III do Capítulo VII do Título III da Constituição Federal passa a denominar-se "DOS MILITARES DOS ESTADOS, DO DISTRITO FEDERAL E DOS TERRITÓRIOS", dando-se ao art. 42 a seguinte redação:

- Alterações processadas no texto do referido artigo e das referidas Seções.

Art. 3º O inciso II do § 1º do art. 61 da Constituição passa a vigorar com as seguintes alterações:

- Alteração processada no texto do referido artigo.

Art. 4º Acrescente-se o seguinte § 3º ao art. 142 da Constituição.

- Acréscimo processado no texto do referido artigo.

Art. 5º Esta Emenda Constitucional entra em vigor na data de sua publicação.

Brasília, 5 de fevereiro de 1998.

Mesa da Câmara dos Deputados: *Deputado Michel Temer*, Presidente

Mesa do Senado Federal: *Senador Antonio Carlos Magalhães*, Presidente

(*DOU* 06.02.1998)

EC N. 19,
DE 4 DE JUNHO DE 1998

Modifica o regime e dispõe sobre princípios e normas da Administração Pública, servidores e agentes políticos, controle de despesas e finanças públicas e custeio de atividades a cargo do Distrito Federal, e dá outras providências.

As Mesas da Câmara dos Deputados e do Senado Federal, nos termos do § 3º do art. 60 da Constituição Federal, promulgam esta Emenda ao texto constitucional:

Art. 1º Os incisos XIV e XXII do art. 21 e XXVII do art. 22 da Constituição Federal passam a vigorar com a seguinte redação:

- Alterações processadas no texto dos referidos artigos.

Art. 2º O § 2º do art. 27 e os incisos V e VI do art. 29 da Constituição Federal passam a vigorar com a seguinte redação, inserindo-se § 2º no art. 28 e renumerando-se para o § 1º o atual parágrafo único:

- Alterações processadas no texto dos referidos artigos.

Art. 3º O *caput*, os incisos I, II, V, VII, X, XI, XIII, XIV, XV, XVI, XVII e XIX e o § 3º do art. 37 da Constituição Federal passam a vigorar com a seguinte redação, acrescendo-se ao artigo os §§ 7º a 9º:

- Alterações e acréscimos processados no texto do referido artigo.

Art. 4º O *caput* do art. 38 da Constituição Federal passa a vigorar com a seguinte redação:

- Alteração processada no texto do referido artigo.

Art. 5º O art. 39 da Constituição Federal passa a vigorar com a seguinte redação:

- Alteração processada no texto do referido artigo.
- V. ADIn 2.135-4.

Art. 6º O art. 41 da Constituição Federal passa a vigorar com a seguinte redação:

- Alteração processada no texto do referido artigo.

Art. 7º O art. 48 da Constituição Federal passa a vigorar acrescido do seguinte inciso XV:

- Acréscimo processado no texto do referido artigo.

Art. 8º Os incisos VII e VIII do art. 49 da Constituição Federal passam a vigorar com a seguinte redação:

- Alterações processadas no texto do referido artigo.

Art. 9º O inciso IV do art. 51 da Constituição Federal passa a vigorar com a seguinte redação:

- Alteração processada no texto do referido artigo.

EMENDAS CONSTITUCIONAIS

Art. 10. O inciso XIII do art. 52 da Constituição Federal passa a vigorar com a seguinte redação:

• Alteração processada no texto do referido artigo.

Art. 11. O § 7º do art. 57 da Constituição Federal passa a vigorar com a seguinte redação:

• Alteração processada no texto do referido artigo.

Art. 12. O parágrafo único do art. 70 da Constituição Federal passa a vigorar com a seguinte redação:

• Alteração processada no texto do referido artigo.

Art. 13. O inciso V do art. 93, o inciso III do art. 95 e a alínea *b* do inciso II do art. 96 da Constituição Federal passam a vigorar com a seguinte redação:

• Alterações processadas no texto dos referidos artigos.

Art. 14. O § 2º do art. 127 da Constituição Federal passa a vigorar com a seguinte redação:

• Alteração processada no texto do referido artigo.

Art. 15. A alínea c do inciso I do § 5º do art. 128 da Constituição Federal passa a vigorar com a seguinte redação:

• Alteração processada no texto do referido artigo.

Art. 16. A Seção II do Capítulo IV do Título IV da Constituição Federal passa a denominar-se "DA ADVOCACIA PÚBLICA".

• Alteração processada no texto da referida Seção.

Art. 17. O art. 132 da Constituição Federal passa a vigorar com a seguinte redação:

• Alteração processada no texto do referido artigo.

Art. 18. O art. 135 da Constituição Federal passa a vigorar com a seguinte redação:

• Alteração processada no texto do referido artigo.

Art. 19. O § 1º e seu inciso III e os §§ 2º e 3º do art. 144 da Constituição Federal passam a vigorar com a seguinte redação, inserindo-se no artigo § 9º:

• Alterações e acréscimo processados no texto do referido artigo.

Art. 20. O *caput* do art. 167 da Constituição Federal passa a vigorar acrescido de inciso X, com a seguinte redação:

• Acréscimo processado no texto do referido artigo.

Art. 21. O art. 169 da Constituição Federal passa a vigorar com a seguinte redação:

• Alteração processada no texto do referido artigo.

Art. 22. O § 1º do art. 173 da Constituição Federal passa a vigorar com a seguinte redação:

• Alteração processada no texto do referido artigo.

Art. 23. O inciso V do art. 206 da Constituição Federal passa a vigorar com a seguinte redação:

• Alteração processada no texto do referido artigo.

Art. 24. O art. 241 da Constituição Federal passa a vigorar com a seguinte redação:

• Alteração processada no texto do referido artigo.

Art. 25. Até a instituição do fundo a que se refere o inciso XIV do art. 21 da Constituição Federal, compete à União manter os atuais compromissos financeiros com a prestação de serviços públicos do Distrito Federal.

Art. 26. No prazo de dois anos da promulgação desta Emenda, as entidades da administração indireta terão seus estatutos revistos quanto à respectiva natureza jurídica, tendo em conta a finalidade e as competências efetivamente executadas.

Art. 27. O Congresso Nacional, dentro de cento e vinte dias da promulgação desta Emenda, elaborará lei de defesa do usuário de serviços públicos.

Art. 28. É assegurado o prazo de dois anos de efetivo exercício para aquisição da estabilidade aos atuais servidores em estágio probatório, sem prejuízo da avaliação a que se refere o § 4º do art. 41 da Constituição Federal.

Art. 29. Os subsídios, vencimentos, remuneração, proventos da aposentadoria e pensões e quaisquer outras espécies remuneratórias adequar-se-ão, a partir da promulgação desta Emenda, aos limites decorrentes da Constituição Federal, não se admitindo a percepção de excesso a qualquer título.

Art. 30. O projeto de lei complementar a que se refere o art. 163 da Constituição Federal será apresentado pelo Poder Executivo ao Congresso Nacional no prazo máximo de cento e oitenta dias da promulgação desta Emenda.

EC n. 20/1998

Art. 31. Os servidores públicos federais da administração direta e indireta, os servidores municipais e os integrantes da carreira policial militar dos ex-Territórios Federais do Amapá e de Roraima, que comprovadamente encontravam-se no exercício regular de suas funções prestando serviços àqueles ex-Territórios na data em que foram transformados em Estados; os policiais militares que tenham sido admitidos por força de lei federal, custeados pela União; e, ainda, os servidores civis nesses Estados com vínculo funcional já reconhecido pela União, constituirão quadro em extinção da administração federal, assegurados os direitos e vantagens inerentes aos seus servidores, vedado o pagamento, a qualquer título, de diferenças remuneratórias.

§ 1º Os servidores da carreira policial militar continuarão prestando serviços aos respectivos Estados, na condição de cedidos, submetidos às disposições legais e regulamentares a que estão sujeitas as corporações das respectivas Polícias Militares, observadas as atribuições de função compatíveis com seu grau hierárquico.

§ 2º Os servidores civis continuarão prestando serviços aos respectivos Estados, na condição de cedidos, até seu aproveitamento em órgão da administração federal.

Art. 32. A Constituição Federal passa a vigorar acrescida do seguinte artigo:

- Artigo 247 acrescentado ao texto da Constituição.

Art. 33. Consideram-se servidores não estáveis, para os fins do art. 169, § 3º, II, da Constituição Federal aqueles admitidos na administração direta, autárquica e fundacional sem concurso público de provas ou de provas e títulos após o dia 5 de outubro de 1983.

Art. 34. Esta Emenda Constitucional entra em vigor na data de sua promulgação.

Brasília, 4 de junho de 1998.

Mesa da Câmara dos Deputados: *Deputado Michel Temer*, Presidente

Mesa do Senado Federal: *Senador Antonio Carlos Magalhães*, Presidente

(DOU 05.06.1998)

EC N. 20, DE 15 DE DEZEMBRO DE 1998

Modifica o sistema de previdência social, estabelece normas de transição e dá outras providências.

As Mesas da Câmara dos Deputados e do Senado Federal, nos termos do § 3º do art. 60 da Constituição Federal, promulgam a seguinte emenda ao texto constitucional:

Art. 1º A Constituição Federal passa a vigorar com as seguintes alterações:

- Alterações do art. 7º, XII, XXXIII; art. 37, § 10; art. 40; §§ 1º a 16; art. 42, §§ 1º e 2º; art. 73, § 3º; art. 93, VI; art. 100, § 3º; art. 114, § 3º; art. 142, § 3º, IX; art. 167, XI; art. 194, parágrafo único, VII; art. 195, I, II e §§ 8º a 11; art. 201, I a V, §§ 1º a 11 e art. 202, §§ 1º a 6º processadas no texto da Constituição.

Art. 2º A Constituição Federal, nas Disposições Constitucionais Gerais, é acrescida dos seguintes artigos:

- Artigos 248, 249 e 250 acrescentados no texto da Constituição.

Art. 3º É assegurada a concessão de aposentadoria e pensão, a qualquer tempo, aos servidores públicos e aos segurados do regime geral de previdência social, bem como aos seus dependentes, que, até a data da publicação desta Emenda, tenham cumprido os requisitos para a obtenção destes benefícios, com base nos critérios da legislação então vigente.

§ 1º O servidor de que trata este artigo, que tenha completado as exigências para aposentadoria integral e que opte por permanecer em atividade fará jus à isenção da contribuição previdenciária até completar as exigências para aposentadoria contidas no art. 40, § 1º, III, a, da Constituição Federal.

§ 2º Os proventos da aposentadoria a ser concedida aos servidores públicos referidos no *caput*, em termos integrais ou proporcionais ao tempo de serviço já exercido até a data de publicação desta Emenda, bem como as pensões de seus dependentes, serão calculados de acordo com a legislação em vigor à época em que foram atendidas as prescrições nela estabelecidas para a concessão destes benefícios ou nas condições da legislação vigente.

EC n. 20/1998

§ 3º São mantidos todos os direitos e garantias assegurados nas disposições constitucionais vigentes à data de publicação desta Emenda aos servidores e militares, inativos e pensionistas, aos anistiados e aos ex-combatentes, assim como àqueles que já cumpriram, até aquela data, os requisitos para usufruírem tais direitos, observado o disposto no art. 37, XI, da Constituição Federal.

Art. 4º Observado o disposto no art. 40, § 10, da Constituição Federal, o tempo de serviço considerado pela legislação vigente para efeito de aposentadoria, cumprido até que a lei discipline a matéria, será contado como tempo de contribuição.

• V. art. 2º, Emenda Constitucional n. 41/2003.

Art. 5º O disposto no art. 202, § 3º, da Constituição Federal, quanto à exigência de paridade entre a contribuição da patrocinadora e a contribuição do segurado, terá vigência no prazo de dois anos a partir da publicação desta Emenda, ou, caso ocorra antes, na data de publicação da lei complementar a que se refere o § 4º do mesmo artigo.

Art. 6º As entidades fechadas de previdência privada patrocinadas por entidades públicas, inclusive empresas públicas e sociedades de economia mista, deverão rever, no prazo de dois anos, a contar da publicação desta Emenda, seus planos de benefícios e serviços, de modo a ajustá-los atuarialmente a seus ativos, sob pena de intervenção, sendo seus dirigentes e os de suas respectivas patrocinadoras responsáveis civil e criminalmente pelo descumprimento do disposto neste artigo.

Art. 7º Os projetos das leis complementares previstas no art. 202 da Constituição Federal deverão ser apresentados ao Congresso Nacional no prazo máximo de noventa dias após a publicação desta Emenda.

Art. 8º *(Revogado pela Emenda Constitucional n. 41/2003.)*

Art. 9º Observado o disposto no art. 4º desta Emenda e ressalvado o direito de opção à aposentadoria pelas normas por ela estabelecidas para o regime geral de previdência social, é assegurado o direito à aposentadoria ao segurado que se tenha filiado ao regime geral de previdência social, até a data de publicação desta Emenda, quando, cumulativamente, atender aos seguintes requisitos:

I – contar com cinquenta e três anos de idade, se homem, e quarenta e oito anos de idade, se mulher; e

II – contar tempo de contribuição igual, no mínimo, à soma de:

a) trinta e cinco anos, se homem, e trinta anos, se mulher; e

b) um período adicional de contribuição equivalente a vinte por cento do tempo que, na data da publicação desta Emenda, faltaria para atingir o limite de tempo constante da alínea anterior.

§ 1º O segurado de que trata este artigo, desde que atendido o disposto no inciso I do *caput*, e observado o disposto no art. 4º desta Emenda, pode aposentar-se com valores proporcionais ao tempo de contribuição, quando atendidas as seguintes condições:

I – contar tempo de contribuição igual, no mínimo, à soma de:

a) trinta anos, se homem, e vinte e cinco anos, se mulher; e

b) um período adicional de contribuição equivalente a quarenta por cento do tempo que, na data da publicação desta Emenda, faltaria para atingir o limite de tempo constante da alínea anterior;

II – o valor da aposentadoria proporcional será equivalente a setenta por cento do valor da aposentadoria a que se refere o *caput*, acrescido de cinco por cento por ano de contribuição que supere a soma a que se refere o inciso anterior, até o limite de cem por cento.

§ 2º O professor que, até a data da publicação desta Emenda, tenha exercido atividade de magistério e que opte por aposentar-se na forma do disposto no *caput*, terá o tempo de serviço exercido até a publicação desta Emenda contado com o acréscimo de dezessete por cento, se homem, e de vinte por cento, se mulher, desde que se aposente,

exclusivamente, com tempo de efetivo exercício de atividade de magistério.

Art. 10. *(Revogado pela Emenda Constitucional n. 41/2003.)*

Art. 11. A vedação prevista no art. 37, § 10, da Constituição Federal, não se aplica aos membros de poder e aos inativos, servidores e militares, que, até a publicação desta Emenda, tenham ingressado novamente no serviço público por concurso público de provas ou de provas e títulos, e pelas demais formas previstas na Constituição Federal, sendo-lhes proibida a percepção de mais de uma aposentadoria pelo regime de previdência a que se refere o art. 40 da Constituição Federal, aplicando-se-lhes, em qualquer hipótese, o limite de que trata o § 11 deste mesmo artigo.

Art. 12. Até que produzam efeitos as leis que irão dispor sobre as contribuições de que trata o art. 195 da Constituição Federal, são exigíveis as estabelecidas em lei, destinadas ao custeio da seguridade social e dos diversos regimes previdenciários.

Art. 13. Até que a lei discipline o acesso ao salário-família e auxílio-reclusão para os servidores, segurados e seus dependentes, esses benefícios serão concedidos apenas àqueles que tenham renda bruta mensal igual ou inferior a R$ 360,00 (trezentos e sessenta reais), que, até a publicação da lei, serão corrigidos pelos mesmos índices aplicados aos benefícios do regime geral de previdência social.

Art. 14. O limite máximo para o valor dos benefícios do regime geral de previdência social de que trata o art. 201 da Constituição Federal é fixado em R$ 1.200,00 (um mil e duzentos reais), devendo, a partir da data da publicação desta Emenda, ser reajustado de forma a preservar, em caráter permanente, seu valor real, atualizado pelos mesmos índices aplicados aos benefícios do regime geral de previdência social.

• O STF, na ADIn 1.946-5 (*DJU* 16.05.2003; *DOU* 03.06.2003), julgou parcialmente procedente o pedido formulado na ação para dar "ao art. 14 da EC n. 20/1998, sem redução de texto, interpretação conforme a CF, para excluir sua aplicação ao salário da licença à gestante a que se refere o art. 7°, inciso XVIII da referida Carta".

Art. 15. Até que a lei complementar a que se refere o art. 201, § 1°, da Constituição Federal, seja publicada, permanece em vigor o disposto nos arts. 57 e 58 da Lei 8.213, de 24 de julho de 1991, na redação vigente à data da publicação desta Emenda.

Art. 16. Esta Emenda Constitucional entra em vigor na data de sua publicação.

Art. 17. Revoga-se o inciso II do § 2° do art. 153 da Constituição Federal.

Brasília, 15 de dezembro de 1998.

Mesa da Câmara dos Deputados: *Deputado Michel Temer,* Presidente

Mesa do Senado Federal: *Senador Antonio Carlos Magalhães,* Presidente

(*DOU* 16.12.1998)

EC N. 21,
DE 18 DE MARÇO DE 1999

Prorroga, alterando a alíquota, a contribuição provisória sobre movimentação ou transmissão de valores e de créditos e de direitos de natureza financeira, a que se refere o art. 74 do Ato das Disposições Constitucionais Transitórias.

As Mesas da Câmara dos Deputados e do Senado Federal, nos termos do § 3° do art. 60 da Constituição Federal, promulgam a seguinte Emenda ao texto constitucional:

Art. 1° Fica incluído o art. 75 no Ato das Disposições Constitucionais Transitórias, com a seguinte redação:

• Inclusão processada no texto do Ato das Disposições Constitucionais Transitórias.

Art. 2° Esta Emenda entra em vigor na data de sua publicação.

Brasília, 18 de março de 1999.

Mesa da Câmara dos Deputados: *Deputado Michel Temer,* Presidente

Mesa do Senado Federal: *Senador Antonio Carlos Magalhães,* Presidente

(*DOU* 19.03.1999)

EMENDAS CONSTITUCIONAIS

EC N. 22,
DE 18 DE MARÇO DE 1999

Acrescenta parágrafo único ao art. 98 e altera as alíneas i do inciso I do art. 102 e c do inciso I do art. 105 da Constituição Federal.

As Mesas da Câmara dos Deputados e do Senado Federal, nos termos do § 3º do art. 60 da Constituição Federal, promulgam a seguinte Emenda ao texto constitucional:

Art. 1º É acrescentado ao art. 98 da Constituição Federal o seguinte parágrafo único:

- Acréscimo processado no texto do referido artigo.

Art. 2º A alínea *i* do inciso I do art. 102 da Constituição Federal passa a vigorar com a seguinte redação:

- Alteração processada no texto do referido artigo.

Art. 3º A alínea *c* do inciso I do art. 105 da Constituição Federal passa a vigorar com a seguinte redação:

- Alteração processada no texto do referido artigo.

Art. 4º Esta Emenda Constitucional entra em vigor na data de sua publicação.

Brasília, 18 de março de 1999.

Mesa da Câmara dos Deputados: *Deputado Michel Temer,* Presidente

Mesa do Senado Federal: *Senador Antonio Carlos Magalhães,* Presidente

(*DOU* 19.03.1999)

EC N. 23,
DE 2 DE SETEMBRO DE 1999

Altera os arts. 12, 52, 84, 91, 102 e 105 da Constituição Federal (criação do Ministério da Defesa).

As Mesas da Câmara dos Deputados e do Senado Federal, nos termos do § 3º do art. 60 da Constituição Federal, promulgam a seguinte Emenda ao texto constitucional:

Art. 1º Os arts. 12, 52, 84, 91, 102 e 105 da Constituição Federal, passam a vigorar com as seguintes alterações:

- Alterações processadas no texto dos referidos artigos.

Art. 2º Esta Emenda Constitucional entra em vigor na data de sua publicação.

Brasília, 2 de setembro de 1999.

Mesa da Câmara dos Deputados: *Deputado Michel Temer,* Presidente

Mesa do Senado Federal: *Senador Antonio Carlos Magalhães,* Presidente

(*DOU* 03.09.1999)

EC N. 24,
DE 9 DE DEZEMBRO DE 1999

Altera dispositivos da Constituição Federal pertinentes à representação classista na Justiça do Trabalho.

As Mesas da Câmara dos Deputados e do Senado Federal, nos termos do § 3º do art. 60 da Constituição Federal, promulgam a seguinte Emenda ao texto constitucional:

Art. 1º Os arts. 111, 112, 113, 115 e 116 da Constituição Federal passam a vigorar com a seguinte redação:

- Alterações processadas no texto dos referidos artigos.

Art. 2º É assegurado o cumprimento dos mandatos dos atuais ministros classistas temporários do Tribunal Superior do Trabalho e dos atuais juízes classistas temporários dos Tribunais Regionais do Trabalho e das Juntas de Conciliação e Julgamento.

Art. 3º Esta Emenda Constitucional entra em vigor na data de sua publicação.

Art. 4º Revoga-se o art. 117 da Constituição Federal.

Brasília, em 9 de dezembro de 1999.

Mesa da Câmara dos Deputados: *Deputado Michel Temer,* Presidente

Mesa do Senado Federal: *Senador Antonio Carlos Magalhães,* Presidente

(*DOU* 10.12.1999)

EC N. 25,
DE 14 DE FEVEREIRO DE 2000

Altera o inciso VI do art. 29 e acrescenta o art. 29-A à Constituição Federal, que dispõem sobre limites de despesas com o Poder Legislativo Municipal.

As Mesas da Câmara dos Deputados e do Senado Federal, nos termos do § 3º do art.

EC n. 26/2000

60 da Constituição Federal, promulgam a seguinte Emenda ao texto constitucional:

Art. 1º O inciso VI do art. 29 da Constituição Federal passa a vigorar com a seguinte redação:

- Alteração processada no texto do referido artigo.

Art. 2º A Constituição Federal passa a vigorar acrescida do seguinte art. 29-A:

- Acréscimo processado no texto da Constituição.

Art. 3º Esta Emenda Constitucional entra em vigor em 1º de janeiro de 2001.

Brasília, 14 de fevereiro de 2000.

Mesa da Câmara dos Deputados: *Deputado Michel Temer,* Presidente

Mesa do Senado Federal: *Senador Antonio Carlos Magalhães,* Presidente

(*DOU* 15.02.2000)

EC N. 26, DE 14 DE FEVEREIRO DE 2000

Altera a redação do art. 6º da Constituição Federal.

As Mesas da Câmara dos Deputados e do Senado Federal, nos termos do § 3º do art. 60 da Constituição Federal, promulgam a seguinte Emenda ao texto constitucional:

Art. 1º O art. 6º da Constituição Federal passa a vigorar com a seguinte redação:

- Alteração processada no texto do referido artigo.

Art. 2º Esta Emenda Constitucional entra em vigor na data de sua publicação.

Brasília, 14 de fevereiro de 2000.

Mesa da Câmara dos Deputados: *Deputado Michel Temer,* Presidente

Mesa do Senado Federal: *Senador Antonio Carlos Magalhães,* Presidente

(*DOU* 15.02.2000)

EC N. 27, DE 21 DE MARÇO DE 2000

Acrescenta o art. 76 ao Ato das Disposições Constitucionais Transitórias, instituindo a desvinculação de arrecadação de impostos e contribuições sociais da União.

As Mesas da Câmara dos Deputados e do Senado Federal, nos termos do § 3º do art. 60 da Constituição Federal, promulgam a seguinte Emenda ao texto constitucional:

Art. 1º É incluído o art. 76 ao Ato das Disposições Constitucionais Transitórias, com a seguinte redação:

- Acréscimo processado no texto do Ato das Disposições Constitucionais Transitórias.

Art. 2º Esta Emenda Constitucional entra em vigor na data de sua publicação.

Brasília, 21 de março de 2000.

Mesa da Câmara dos Deputados: *Deputado Michel Temer,* Presidente

Mesa do Senado Federal: *Senador Antonio Carlos Magalhães,* Presidente

(*DOU* 22.03.2000)

EC N. 28, DE 25 DE MAIO DE 2000

Dá nova redação ao inciso XXIX do art. 7º e revoga o art. 233 da Constituição Federal.

As Mesas da Câmara dos Deputados e do Senado Federal, nos termos do § 3º do art. 60 da Constituição Federal, promulgam a seguinte Emenda ao texto constitucional:

Art. 1º O inciso XXIX do art. 7º da Constituição Federal passa a vigorar com a seguinte redação:

- Alteração processada no texto do referido artigo.

Art. 2º Revoga-se o art. 233 da Constituição Federal.

Art. 3º Esta Emenda Constitucional entra em vigor na data de sua publicação.

Brasília, em 25 de maio de 2000.

Mesa da Câmara dos Deputados: *Deputado Michel Temer,* Presidente

Mesa do Senado Federal: *Senador Antonio Carlos Magalhães,* Presidente

(*DOU* 29.05.2000)

EC N. 29, DE 13 DE SETEMBRO DE 2000

Altera os arts. 34, 35, 156, 160, 167 e 198 da Constituição Federal e acrescenta artigo ao Ato das Disposições Constitucionais Transitórias, para assegurar os recursos mínimos para o financiamento das ações e serviços públicos de saúde.

As Mesas da Câmara dos Deputados e do Senado Federal, nos termos do § 3º do art.

EC n. 30/2000

EMENDAS CONSTITUCIONAIS

60 da Constituição Federal, promulgam a seguinte Emenda ao texto constitucional:

Art. 1º A alínea e do inciso VII do art. 34 passa a vigorar com a seguinte redação:

- Alteração processada no texto do referido artigo.

Art. 2º O inciso III do art. 35 passa a vigorar com a seguinte redação:

- Alteração processada no texto do referido artigo.

Art. 3º O § 1º do art. 156 da Constituição Federal passa a vigorar com a seguinte redação:

- Alteração processada no texto do referido artigo.

Art. 4º O parágrafo único do art. 160 passa a vigorar com a seguinte redação:

- Alteração processada no texto do referido artigo.

Art. 5º O inciso IV do art. 167 passa a vigorar com a seguinte redação:

- Alteração processada no texto do referido artigo.

Art. 6º O art. 198 passa a vigorar acrescido dos seguintes §§ 2º e 3º, numerando-se o atual parágrafo único como § 1º:

- Acréscimos processados no texto do referido artigo.

Art. 7º O Ato das Disposições Constitucionais Transitórias passa a vigorar acrescido do seguinte art. 77:

- Acréscimo processado no texto do Ato das Disposições Constitucionais Transitórias.

Art. 8º Esta Emenda Constitucional entra em vigor na data de sua publicação.

Brasília, 13 de setembro de 2000.

Mesa da Câmara dos Deputados: *Deputado Michel Temer,* Presidente

Mesa do Senado Federal: *Senador Antonio Carlos Magalhães,* Presidente

(*DOU* 14.09.2000)

EC N. 30,
DE 13 DE SETEMBRO DE 2000

Altera a redação do art. 100 da Constituição Federal e acrescenta o art. 78 no Ato das Disposições Constitucionais Transitórias, referente ao pagamento de precatórios judiciários.

As Mesas da Câmara dos Deputados e do Senado Federal, nos termos do § 3º do art. 60 da Constituição Federal, promulgam a seguinte Emenda ao texto constitucional:

Art. 1º O art. 100 da Constituição Federal passa a vigorar com a seguinte redação:

- Alteração processada no texto do referido artigo.

Art. 2º É acrescido, no Ato das Disposições Constitucionais Transitórias, o art. 78, com a seguinte redação:

- Acréscimo processado no texto do Ato das Disposições Constitucionais Transitórias.
- O STF, na Med. Caut. em ADIn 2.356 e 2.362, deferiu a cautelar (*DOU* e *DJE* 07.12.2010; *DJE* 19.05.2011) para suspender a eficácia do art. 2º da Emenda Constitucional 30/2000.

Art. 3º Esta Emenda Constitucional entra em vigor na data de sua publicação.

Brasília, em 13 de setembro de 2000.

Mesa da Câmara dos Deputados: *Deputado Michel Temer,* Presidente

Mesa do Senado Federal: *Senador Antonio Carlos Magalhães,* Presidente

(*DOU* 14.09.2000)

EC N. 31,
DE 14 DE DEZEMBRO DE 2000

Altera o Ato das Disposições Constitucionais Transitórias, introduzindo artigos que criam o Fundo de Combate e Erradicação da Pobreza.

As Mesas da Câmara dos Deputados e do Senado Federal, nos termos do § 3º do art. 60 da Constituição Federal, promulgam a seguinte emenda ao texto constitucional:

Art. 1º A Constituição Federal, no Ato das Disposições Constitucionais Transitórias, é acrescida dos seguintes artigos:

- Artigos 79, 80, 81, 82 e 83 acrescentados no texto do Ato das Disposições Constitucionais Transitórias.

Art. 2º Esta Emenda Constitucional entra em vigor na data de sua publicação.

Brasília, 14 de dezembro de 2000.

Mesa da Câmara dos Deputados: *Deputado Michel Temer,* Presidente

Mesa do Senado Federal: *Senador Antonio Carlos Magalhães,* Presidente

(*DOU* 18.12.2000)

EC N. 32, DE 11 DE SETEMBRO DE 2001

Altera dispositivos dos arts. 48, 57, 61, 62, 64, 66, 84, 88 e 246 da Constituição Federal, e dá outras providências.

As Mesas da Câmara dos Deputados e do Senado Federal, nos termos do § 3º do art. 60 da Constituição Federal, promulgam a seguinte Emenda ao texto constitucional:

Art. 1º Os arts. 48, 57, 61, 62, 64, 66, 84, 88 e 246 da Constituição Federal passam a vigorar com as seguintes alterações:

- Alterações processadas no texto dos referidos artigos.

Art. 2º As medidas provisórias editadas em data anterior à da publicação desta emenda continuam em vigor até que medida provisória ulterior as revogue explicitamente ou até deliberação definitiva do Congresso Nacional.

Art. 3º Esta Emenda Constitucional entra em vigor na data de sua publicação.

Brasília, 11 de setembro de 2001.

Mesa da Câmara dos Deputados: *Deputado Aécio Neves,* Presidente

Mesa do Senado Federal: *Senador Edison Lobão,* Presidente

(*DOU* 12.09.2001)

EC N. 33, DE 11 DE DEZEMBRO DE 2001

Altera os arts. 149, 155 e 177 da Constituição Federal.

As Mesas da Câmara dos Deputados e do Senado Federal, nos termos do § 3º do art. 60 da Constituição Federal, promulgam a seguinte Emenda ao texto constitucional:

Art. 1º O art. 149 da Constituição Federal passa a vigorar acrescido dos seguintes parágrafos, renumerando-se o atual parágrafo único para § 1º:

- Parágrafo único renumerado e §§ 2º a 4º acrescentados no texto do referido artigo.

Art. 2º O art. 155 da Constituição Federal passa a vigorar com as seguintes alterações:

- Alterações processadas no texto do referido artigo.

Art. 3º O art. 177 da Constituição Federal passa a vigorar acrescido do seguinte parágrafo:

- § 4º acrescentado no texto do referido artigo.

Art. 4º Enquanto não entrar em vigor a lei complementar de que trata o art. 155, § 2º, XII, *h*, da Constituição Federal, os Estados e o Distrito Federal, mediante convênio celebrado nos termos do § 2º, XII, *g*, do mesmo artigo, fixarão normas para regular provisoriamente a matéria.

Art. 5º Esta Emenda Constitucional entra em vigor na data de sua promulgação.

Brasília, 11 de dezembro de 2001.

Mesa da Câmara dos Deputados: *Deputado Aécio Neves,* Presidente

Mesa do Senado Federal: *Senador Ramez Tebet,* Presidente

(*DOU* 12.12.2001)

EC N. 34, DE 13 DE DEZEMBRO DE 2001

Dá nova redação à alínea c do inciso XVI do art. 37 da Constituição Federal.

As Mesas da Câmara dos Deputados e do Senado Federal, nos termos do § 3º do art. 60 da Constituição Federal, promulgam a seguinte Emenda ao texto constitucional:

Art. 1º A alínea c do inciso XVI do art. 37 da Constituição Federal passa a vigorar com a seguinte redação:

- Alteração processada no texto do referido artigo.

Art. 2º Esta Emenda Constitucional entra em vigor na data de sua publicação.

Brasília, 13 de dezembro de 2001.

Mesa da Câmara dos Deputados: *Deputado Aécio Neves,* Presidente

Mesa do Senado Federal: *Senador Ramez Tebet,* Presidente

(*DOU* 14.12.2001)

EC N. 35, DE 20 DE DEZEMBRO DE 2001

Dá nova redação ao art. 53 da Constituição Federal.

As Mesas da Câmara dos Deputados e do Senado Federal, nos termos do § 3º do art.

EC n. 36/2002

60 da Constituição Federal, promulgam a seguinte Emenda ao texto constitucional:

Art. 1º O art. 53 da Constituição Federal passa a vigorar com as seguintes alterações:

* Alterações processadas no texto do referido artigo.

Art. 2º Esta Emenda Constitucional entra em vigor na data de sua publicação.

Brasília, 20 de dezembro de 2001.

Mesa da Câmara dos Deputados: *Deputado Aécio Neves,* Presidente

Mesa do Senado Federal: *Senador Ramez Tebet,* Presidente

(*DOU* 21.12.2001)

EC N. 36, DE 28 DE MAIO DE 2002

Dá nova redação ao art. 222 da Constituição Federal, para permitir a participação de pessoas jurídicas no capital social de empresas jornalísticas e de radiodifusão sonora e de sons e imagens, nas condições que especifica.

As Mesas da Câmara dos Deputados e do Senado Federal, nos termos do § 3º do art. 60 da Constituição Federal, promulgam a seguinte Emenda ao texto constitucional:

Art. 1º O art. 222 da Constituição Federal passa a vigorar com a seguinte redação:

* Alteração processada no texto do referido artigo.

Art. 2º Esta Emenda Constitucional entra em vigor na data de sua publicação.

Brasília, 28 de maio de 2002.

Mesa da Câmara dos Deputados: *Deputado Aécio Neves,* Presidente

Mesa do Senado Federal: *Senador Ramez Tebet,* Presidente

(*DOU* 29.05.2002)

EC N. 37, DE 12 DE JUNHO DE 2002

Altera os arts. 100 e 156 da Constituição Federal e acrescenta os arts. 84, 85, 86, 87 e 88 ao Ato das Disposições Constitucionais Transitórias.

As Mesas da Câmara dos Deputados e do Senado Federal, nos termos do § 3º do art. 60 da Constituição Federal, promulgam a seguinte Emenda ao texto constitucional:

Art. 1º O art. 100 da Constituição Federal passa a vigorar acrescido do seguinte § 4º, renumerando-se os subsequentes:

* § 4º acrescentado e renumeração processada no texto do referido artigo.

Art. 2º O § 3º do art. 156 da Constituição Federal passa a vigorar com a seguinte redação:

* Alteração processada no texto do referido artigo.

Art. 3º O Ato das Disposições Constitucionais Transitórias passa a vigorar acrescido dos seguintes arts. 84, 85, 86, 87 e 88:

* Acréscimos processados no texto do Ato das Disposições Constitucionais Transitórias.

Art. 4º Esta Emenda Constitucional entra em vigor na data de sua publicação.

Brasília, em 12 de junho de 2002.

Mesa da Câmara dos Deputados: *Deputado Aécio Neves,* Presidente

Mesa do Senado Federal: *Senador Ramez Tebet,* Presidente

(*DOU* 13.06.2002)

EC N. 38, DE 12 DE JUNHO DE 2002

Acrescenta o art. 89 ao Ato das Disposições Constitucionais Transitórias, incorporando os Policiais Militares do extinto Território Federal de Rondônia aos Quadros da União.

As Mesas da Câmara dos Deputados e do Senado Federal, nos termos do § 3º do art. 60 da Constituição Federal, promulgam a seguinte Emenda ao texto constitucional:

Art. 1º O Ato das Disposições Constitucionais Transitórias passa a vigorar acrescido do seguinte art. 89:

* Acréscimo processado no texto do Ato das Disposições Constitucionais Transitórias.

Art. 2º Esta Emenda Constitucional entra em vigor na data de sua publicação.

Brasília, em 12 de junho de 2002.

Mesa da Câmara dos Deputados: *Deputado Aécio Neves,* Presidente

Mesa do Senado Federal: *Senador Ramez Tebet,* Presidente

(*DOU* 13.06.2002)

EC n. 39/2002

EMENDAS CONSTITUCIONAIS

EC N. 39,
DE 19 DE DEZEMBRO DE 2002

Acrescenta o art. 149-A à Constituição Federal (instituindo contribuição para custeio do serviço de iluminação pública nos Municípios e no Distrito Federal).

As Mesas da Câmara dos Deputados e do Senado Federal, nos termos do § 3º do art. 60 da Constituição Federal, promulgam a seguinte Emenda ao texto constitucional:

Art. 1º A Constituição Federal passa a vigorar acrescida do seguinte art. 149-A:

* Acréscimo processado no texto da Constituição.

Art. 2º Esta Emenda Constitucional entra em vigor na data de sua publicação.

Brasília, em 19 de dezembro de 2002.

Mesa da Câmara dos Deputados: *Deputado Efraim Morais,* Presidente

Mesa do Senado Federal: *Senador Ramez Tebet,* Presidente

(*DOU* 20.12.2002)

EC N. 40,
DE 29 DE MAIO DE 2003

Altera o inciso V do art. 163 e o art. 192 da Constituição Federal, e o caput do art. 52 do Ato das Disposições Constitucionais Transitórias.

As Mesas da Câmara dos Deputados e do Senado Federal, nos termos do § 3º do art. 60 da Constituição Federal, promulgam a seguinte Emenda ao texto constitucional:

Art. 1º O inciso V do art. 163 da Constituição Federal passa a vigorar com a seguinte redação:

* Alteração processada no texto do referido artigo.

Art. 2º O art. 192 da Constituição Federal passa a vigorar com a seguinte redação:

* Alteração processada no texto do referido artigo.

Art. 3º O *caput* do art. 52 do Ato das Disposições Constitucionais Transitórias passa a vigorar com a seguinte redação:

* Alteração processada no texto do referido artigo.

Art. 4º Esta Emenda Constitucional entra em vigor na data de sua publicação.

Brasília, em 29 de maio de 2003.

Mesa da Câmara dos Deputados: *Deputado João Paulo Cunha,* Presidente

Mesa do Senado Federal: *Senador José Sarney,* Presidente

(*DOU* 30.05.2003)

EC N. 41,
DE 19 DE DEZEMBRO DE 2003

Modifica os arts. 37, 40, 42, 48, 96, 149 e 201 da Constituição Federal, revoga o inciso IX do § 3º do art. 142 da Constituição Federal e dispositivos da Emenda Constitucional n. 20, de 15 de dezembro de 1998, e dá outras providências.

As Mesas da Câmara dos Deputados e do Senado Federal, nos termos do § 3º do art. 60 da Constituição Federal, promulgam a seguinte Emenda ao texto constitucional:

Art. 1º A Constituição Federal passa a vigorar com as seguintes alterações:

* Alterações do art. 37, XI; art. 40, *caput*, § 1º, I, § 3º, § 7º, I e II, § 8º, § 15 e §§ 17 a 20; art. 42, § 2º; art. 48, XV; art. 96, II, *b*; art. 149, § 1º e art. 201, § 12 processadas no texto da Constituição.

Art. 2º Observado o disposto no art. 4º da Emenda Constitucional n. 20, de 15 de dezembro de 1998, é assegurado o direito de opção pela aposentadoria voluntária com proventos calculados de acordo com o art. 40, §§ 3º e 17, da Constituição Federal, àquele que tenha ingressado regularmente em cargo efetivo na Administração Pública direta, autárquica e fundacional, até a data da publicação daquela Emenda, quando o servidor, cumulativamente:

* V. art. 1º, Lei 10.887/2004 (Dispõe sobre a aplicação de disposições da EC n. 41/2003).
* V. art. 3º, Emenda Constitucional n. 47/2005.

I – tiver cinquenta e três anos de idade, se homem, e quarenta e oito anos de idade, se mulher;

II – tiver cinco anos de efetivo exercício no cargo em que se der a aposentadoria;

III – contar tempo de contribuição igual, no mínimo, à soma de:

a) trinta e cinco anos, se homem, e trinta anos, se mulher; e

b) um período adicional de contribuição equivalente a vinte por cento do tempo que,

na data de publicação daquela Emenda, faltaria para atingir o limite de tempo constante da alínea a deste inciso.

§ 1º O servidor de que trata este artigo que cumprir as exigências para aposentadoria na forma do *caput* terá os seus proventos de inatividade reduzidos para cada ano antecipado em relação aos limites de idade estabelecidos pelo art. 40, § 1º, III, a, e § 5º da Constituição Federal, na seguinte proporção:

I – três inteiros e cinco décimos por cento, para aquele que completar as exigências para aposentadoria na forma do *caput* até 31 de dezembro de 2005;

II – cinco por cento, para aquele que completar as exigências para aposentadoria na forma do *caput* a partir de 1º de janeiro de 2006.

§ 2º Aplica-se ao magistrado e ao membro do Ministério Público e de Tribunal de Contas o disposto neste artigo.

§ 3º Na aplicação do disposto no § 2º deste artigo, o magistrado ou o membro do Ministério Público ou de Tribunal de Contas, se homem, terá o tempo de serviço exercido até a data de publicação da Emenda Constitucional n. 20, de 15 de dezembro de 1998, contado com acréscimo de dezessete por cento, observado o disposto no § 1º deste artigo.

§ 4º O professor, servidor da União, dos Estados, do Distrito Federal e dos Municípios, incluídas suas autarquias e fundações, que, até a data de publicação da Emenda Constitucional n. 20, de 15 de dezembro de 1998, tenha ingressado, regularmente, em cargo efetivo de magistério e que opte por aposentar-se na forma do disposto no *caput*, terá o tempo de serviço exercido até a publicação daquela Emenda contado com o acréscimo de dezessete por cento, se homem, e de vinte por cento, se mulher, desde que se aposente, exclusivamente, com tempo de efetivo exercício nas funções de magistério, observado o disposto no § 1º.

§ 5º O servidor de que trata este artigo, que tenha completado as exigências para aposentadoria voluntária estabelecidas no *caput*, e que opte por permanecer em atividade, fará jus a um abono de permanência equivalente ao valor da sua contribuição previdenciária até completar as exigências para aposentadoria compulsória contidas no art. 40, § 1º, II, da Constituição Federal.

§ 6º Às aposentadorias concedidas de acordo com este artigo aplica-se o disposto no art. 40, § 8º, da Constituição Federal.

Art. 3º É assegurada a concessão, a qualquer tempo, de aposentadoria aos servidores públicos, bem como pensão aos seus dependentes, que, até a data de publicação desta Emenda tenham cumprido todos os requisitos para obtenção desses benefícios, com base nos critérios da legislação então vigente.

§ 1º O servidor de que trata este artigo que opte por permanecer em atividade tendo completado as exigências para aposentadoria voluntária e que conte com, no mínimo, vinte e cinco anos de contribuição, se mulher, ou trinta anos de contribuição, se homem, fará jus a um abono de permanência equivalente ao valor da sua contribuição previdenciária até completar as exigências para aposentadoria compulsória contidas no art. 40, § 1º, II, da Constituição Federal.

§ 2º Os proventos da aposentadoria a ser concedida aos servidores públicos referidos no *caput*, em termos integrais ou proporcionais ao tempo de contribuição já exercido até a data de publicação desta Emenda, bem como as pensões de seus dependentes, serão calculados de acordo com a legislação em vigor à época em que foram atendidos os requisitos nela estabelecidos para a concessão desses benefícios ou nas condições da legislação vigente.

Art. 4º Os servidores inativos e os pensionistas da União, dos Estados, do Distrito Federal e dos Municípios, incluídas suas autarquias e fundações, em gozo de benefícios na data de publicação desta Emenda, bem como os alcançados pelo disposto no seu art. 3º, contribuirão para o custeio do regime de que trata o art. 40 da Constituição Federal com percentual igual ao estabeleci-

EC n. 41/2003

do para os servidores titulares de cargos efetivos.

Parágrafo único. A contribuição previdenciária a que se refere o *caput* incidirá apenas sobre a parcela dos proventos e das pensões que supere:

I – cinquenta por cento do limite máximo estabelecido para os benefícios do regime geral de previdência social de que trata o art. 201 da Constituição Federal, para os servidores inativos e os pensionistas dos Estados, do Distrito Federal e dos Municípios;

- O STF, nas ADIns 3.105-8 e 3.128-7 (*DOU* e *DJU* 27.08.2004), julgou inconstitucionais as expressões "cinquenta por cento do" e "sessenta por cento do", contidas, respectivamente, nos incisos I e II do parágrafo único do art. 4º da EC n. 41/2003, pelo que se aplica, então, à hipótese do art. 4º da EC n. 41/2003 o § 18 do art. 40 do texto permanente da Constituição, introduzido pela mesma Emenda Constitucional.

II – sessenta por cento do limite máximo estabelecido para os benefícios do regime geral de previdência social de que trata o art. 201 da Constituição Federal, para os servidores inativos e os pensionistas da União.

- O STF, nas ADIns 3.105-8 e 3.128-7 (*DOU* e *DJU* 27.08.2004), julgou inconstitucionais as expressões "cinquenta por cento do" e "sessenta por cento do", contidas, respectivamente, nos incisos I e II do parágrafo único do art. 4º da EC n. 41/2003, pelo que se aplica, então, à hipótese do art. 4º da EC n. 41/2003 o § 18 do art. 40 do texto permanente da Constituição, introduzido pela mesma Emenda Constitucional.

Art. 5º O limite máximo para o valor dos benefícios do regime geral de previdência social de que trata o art. 201 da Constituição Federal é fixado em R$ 2.400,00 (dois mil e quatrocentos reais), devendo, a partir da data de publicação desta Emenda, ser reajustado de forma a preservar, em caráter permanente, seu valor real, atualizado pelos mesmos índices aplicados aos benefícios do regime geral de previdência social.

Art. 6º Ressalvado o direito de opção à aposentadoria pelas normas estabelecidas pelo art. 40 da Constituição Federal ou pelas regras estabelecidas pelo art. 2º desta Emenda, o servidor da União, dos Estados, do Distrito Federal e dos Municípios, incluídas suas autarquias e fundações, que tenha ingressado no serviço público até a data de publicação desta Emenda poderá aposentar-se com proventos integrais, que corresponderão à totalidade da remuneração do servidor no cargo efetivo em que se der a aposentadoria, na forma da lei, quando, observadas as reduções de idade e tempo de contribuição contidas no § 5º do art. 40 da Constituição Federal, vier a preencher, cumulativamente, as seguintes condições:

- V. arts. 2º e 3º, Emenda Constitucional n. 47/2005.

I – sessenta anos de idade, se homem, e cinquenta e cinco anos de idade, se mulher;

II – trinta e cinco anos de contribuição, se homem, e trinta anos de contribuição, se mulher;

III – vinte anos de efetivo exercício no serviço público; e

IV – dez anos de carreira e cinco anos de efetivo exercício no cargo em que se der a aposentadoria.

Parágrafo único. *(Revogado pela Emenda Constitucional n. 47/2005 (DOU 06.07.2005), em vigor na data de sua publicação, com efeitos retroativos à data de vigência da Emenda Constitucional n. 41/2003.)*

Art. 6º-A. O servidor da União, dos Estados, do Distrito Federal e dos Municípios, incluídas suas autarquias e fundações, que tenha ingressado no serviço público até a data de publicação desta Emenda Constitucional e que tenha se aposentado ou venha a se aposentar por invalidez permanente, com fundamento no inciso I do § 1º do art. 40 da Constituição Federal, tem direito a proventos de aposentadoria calculados com base na remuneração do cargo efetivo em que se der a aposentadoria, na forma da lei, não sendo aplicáveis as disposições constantes dos §§ 3º, 8º e 17 do art. 40 da Constituição Federal.

- Artigo acrescentado pela Emenda Constitucional n. 70/2012.

Parágrafo único. Aplica-se ao valor dos proventos de aposentadorias concedidas com base no *caput* o disposto no art. 7º desta Emenda Constitucional, observando-se

igual critério de revisão às pensões derivadas dos proventos desses servidores.

Art. 7º Observado o disposto no art. 37, XI, da Constituição Federal, os proventos de aposentadoria dos servidores públicos titulares de cargo efetivo e as pensões dos seus dependentes pagos pela União, Estados, Distrito Federal e Municípios, incluídas suas autarquias e fundações, em fruição na data de publicação desta Emenda, bem como os proventos de aposentadoria dos servidores e as pensões dos dependentes abrangidos pelo art. 3º desta Emenda, serão revistos na mesma proporção e na mesma data, sempre que se modificar a remuneração dos servidores em atividade, sendo também estendidos aos aposentados e pensionistas quaisquer benefícios ou vantagens posteriormente concedidos aos servidores em atividade, inclusive quando decorrentes da transformação ou reclassificação do cargo ou função em que se deu a aposentadoria ou que serviu de referência para a concessão da pensão, na forma da lei.

Art. 8º Até que seja fixado o valor do subsídio de que trata o art. 37, XI, da Constituição Federal, será considerado, para os fins do limite fixado naquele inciso, o valor da maior remuneração atribuída por lei na data de publicação desta Emenda a Ministro do Supremo Tribunal Federal, a título de vencimento, de representação mensal e da parcela recebida em razão de tempo de serviço, aplicando-se como limite, nos Municípios, o subsídio do Prefeito, e nos Estados e no Distrito Federal, o subsídio mensal do Governador no âmbito do Poder Executivo, o subsídio dos Deputados Estaduais e Distritais no âmbito do Poder Legislativo e o subsídio dos Desembargadores do Tribunal de Justiça, limitado a noventa inteiros e vinte e cinco centésimos por cento da maior remuneração mensal de Ministro do Supremo Tribunal Federal a que se refere este artigo, no âmbito do Poder Judiciário, aplicável este limite aos membros do Ministério Público, aos Procuradores e aos Defensores Públicos.

Art. 9º Aplica-se o disposto no art. 17 do Ato das Disposições Constitucionais Transitórias aos vencimentos, remunerações e subsídios dos ocupantes de cargos, funções e empregos públicos da administração direta, autárquica e fundacional, dos membros de qualquer dos Poderes da União, dos Estados, do Distrito Federal e dos Municípios, dos detentores de mandato eletivo e dos demais agentes políticos e os proventos, pensões ou outra espécie remuneratória percebidos cumulativamente ou não, incluídas as vantagens pessoais ou de qualquer outra natureza.

Art. 10. Revogam-se o inciso IX do § 3º do art. 142 da Constituição Federal, bem como os arts. 8º e 10 da Emenda Constitucional n. 20, de 15 de dezembro de 1998.

Art. 11. Esta Emenda Constitucional entra em vigor na data de sua publicação.

Brasília, em 19 de dezembro de 2003.

Mesa da Câmara dos Deputados: *Deputado João Paulo Cunha,* Presidente

Mesa do Senado Federal: *Senador José Sarney,* Presidente

(*DOU* 31.12.2003)

EC N. 42,
DE 19 DE DEZEMBRO DE 2003

Altera o Sistema Tributário Nacional e dá outras providências.

As Mesas da Câmara dos Deputados e do Senado Federal, nos termos do § 3º do art. 60 da Constituição Federal, promulgam a seguinte Emenda ao texto constitucional:

Art. 1º Os artigos da Constituição a seguir enumerados passam a vigorar com as seguintes alterações:

- Alterações do art. 37, XXII; art. 52, XV; art. 146, III, *d*, parágrafo único, I a IV; art. 146-A; art. 149, § 2º, II; art. 150, III, *c*, § 1º; art.153, § 3º, IV e § 4º, I a III; art. 155, § 2º, X, *a, d*, § 6º, I e II; art. 158, II; art. 159, III e § 4º; art. 167, IV; art. 170, VI; art. 195, IV, §§ 12 e 13; art. 204, parágrafo único, I a III e art. 216, § 6º, I a III processadas no texto da Constituição.

Art. 2º Os artigos do Ato das Disposições Constitucionais Transitórias a seguir enumerados passam a vigorar com as seguintes alterações:

- Alterações do art. 76, *caput* e § 1º; art. 82, § 1º e art. 83 processadas no texto do Ato das Disposições Constitucionais Transitórias.

EC n. 43/2004

EMENDAS CONSTITUCIONAIS

Art. 3º O Ato das Disposições Constitucionais Transitórias passa a vigorar acrescido dos seguintes artigos:

• Artigos 90, 91, 92, 93 e 94 acrescentados no texto do Ato das Disposições Constitucionais Transitórias.

Art. 4º Os adicionais criados pelos Estados e pelo Distrito Federal até a data da promulgação desta Emenda, naquilo em que estiverem em desacordo com o previsto nesta Emenda, na Emenda Constitucional n. 31, de 14 de dezembro de 2000, ou na lei complementar de que trata o art. 155, § 2º, XII, da Constituição, terão vigência, no máximo, até o prazo previsto no art. 79 do Ato das Disposições Constitucionais Transitórias.

Art. 5º O Poder Executivo, em até sessenta dias contados da data da promulgação desta Emenda, encaminhará ao Congresso Nacional projeto de lei, sob o regime de urgência constitucional, que disciplinará os benefícios fiscais para a capacitação do setor de tecnologia da informação, que vigerão até 2019 nas condições que estiverem em vigor no ato da aprovação desta Emenda.

Art. 6º Fica revogado o inciso II do § 3º do art. 84 do Ato das Disposições Constitucionais Transitórias.

Brasília, em 19 de dezembro de 2003.

Mesa da Câmara dos Deputados: *Deputado João Paulo Cunha,* Presidente

Mesa do Senado Federal: *Senador José Sarney,* Presidente

(*DOU* 31.12.2003)

EC N. 43, DE 15 DE ABRIL DE 2004

Altera o art. 42 do Ato das Disposições Constitucionais Transitórias, prorrogando, por 10 (dez) anos, a aplicação, por parte da União, de percentuais mínimos do total dos recursos destinados à irrigação nas Regiões Centro-Oeste e Nordeste.

As Mesas da Câmara dos Deputados e do Senado Federal, nos termos do § 3º do art. 60 da Constituição Federal, promulgam a seguinte Emenda ao texto constitucional:

Art. 1º O *caput* do art. 42 do Ato das Disposições Constitucionais Transitórias passa a vigorar com a seguinte redação:

• Alteração processada no texto do referido artigo.

Art. 2º Esta Emenda Constitucional entra em vigor na data de sua publicação.

Mesa da Câmara dos Deputados: *Deputado João Paulo Cunha,* Presidente

Mesa do Senado Federal: *Senador José Sarney,* Presidente

(*DOU* 16.04.2004)

EC N. 44, DE 30 DE JUNHO DE 2004

Altera o Sistema Tributário Nacional e dá outras providências.

As Mesas da Câmara dos Deputados e do Senado Federal, nos termos do § 3º do art. 60 da Constituição Federal, promulgam a seguinte Emenda ao texto constitucional:

Art. 1º O inciso III do art. 159 da Constituição passa a vigorar com a seguinte redação:

• Alteração processada no texto do referido artigo.

Art. 2º Esta Emenda à Constituição entra em vigor na data de sua publicação.

Mesa da Câmara dos Deputados: *Deputado João Paulo Cunha,* Presidente

Mesa do Senado Federal: *Senador José Sarney,* Presidente

(*DOU* 1º.07.2004)

EC N. 45, DE 8 DE DEZEMBRO DE 2004

Altera dispositivos dos arts. 5º, 36, 52, 92, 93, 95, 98, 99, 102, 103, 104, 105, 107, 109, 111, 112, 114, 115, 125, 126, 127, 128, 129, 134 e 168 da Constituição Federal, e acrescenta os arts. 103-A, 103-B, 111-A e 130-A, e dá outras providências.

• V. Súmula 367, STJ.

As Mesas da Câmara dos Deputados e do Senado Federal, nos termos do § 3º do art. 60 da Constituição Federal, promulgam a seguinte Emenda ao texto constitucional:

Art. 1º Os arts. 5º, 36, 52, 92, 93, 95, 98, 99, 102, 103, 104, 105, 107, 109, 111,

EMENDAS CONSTITUCIONAIS

112, 114, 115, 125, 126, 127, 128, 129, 134 e 168 da Constituição Federal passam a vigorar com a seguinte redação:

* Alterações processadas no texto dos referidos artigos.

Art. 2º A Constituição Federal passa a vigorar acrescida dos seguintes arts. 103-A, 103-B, 111-A e 130-A:

* Acréscimos processados no texto da Constituição.

Art. 3º A lei criará o Fundo de Garantia das Execuções Trabalhistas, integrado pelas multas decorrentes de condenações trabalhistas e administrativas oriundas da fiscalização do trabalho, além de outras receitas.

Art. 4º Ficam extintos os tribunais de Alçada, onde houver, passando os seus membros a integrar os Tribunais de Justiça dos respectivos Estados, respeitadas a antiguidade e classe de origem.

Parágrafo único. No prazo de 180 (cento e oitenta) dias, contado da promulgação desta Emenda, os Tribunais de Justiça, por ato administrativo, promoverão a integração dos membros dos tribunais extintos em seus quadros, fixando-lhes a competência e remetendo, em igual prazo, ao Poder Legislativo, proposta de alteração da organização e da divisão judiciária correspondentes, assegurados os direitos dos inativos e pensionistas e o aproveitamento dos servidores no Poder Judiciário estadual.

Art. 5º O Conselho Nacional de Justiça e o Conselho Nacional do Ministério Público serão instalados no prazo de 180 (cento e oitenta) dias a contar da promulgação desta Emenda, devendo a indicação ou escolha de seus membros ser efetuada até 30 (trinta) dias antes do termo final.

§ 1º Não efetuadas as indicações e escolha dos nomes para os Conselhos Nacional de Justiça e do Ministério Público dentro do prazo fixado no *caput* deste artigo, caberá, respectivamente, ao Supremo Tribunal Federal e ao Ministério Público da União realizá-las.

§ 2º Até que entre em vigor o Estatuto da Magistratura, o Conselho Nacional de Justiça, mediante resolução, disciplinará seu funcionamento e definirá as atribuições do Ministro-Corregedor.

Art. 6º O Conselho Superior da Justiça do Trabalho será instalado no prazo de cento e oitenta dias, cabendo ao Tribunal Superior do Trabalho regulamentar seu funcionamento por resolução, enquanto não promulgada a lei a que se refere o art. 111-A, § 2º, II.

Art. 7º O Congresso Nacional instalará, imediatamente após a promulgação desta Emenda Constitucional, comissão especial mista, destinada a elaborar, em cento e oitenta dias, os projetos de lei necessários à regulamentação da matéria nela tratada, bem como promover alterações na legislação federal objetivando tornar mais amplo o acesso à Justiça e mais célere a prestação jurisdicional.

Art. 8º As atuais súmulas do Supremo Tribunal Federal somente produzirão efeito vinculante após sua confirmação por dois terços de seus integrantes e publicação na imprensa oficial.

Art. 9º São revogados o inciso IV do art. 36; a alínea *h* do inciso I do art. 102; o § 4º do art. 103; e os §§ 1º a 3º do art. 111.

Art. 10. Esta Emenda Constitucional entra em vigor na data de sua publicação.

Brasília, em 8 de dezembro de 2004.

Mesa da Câmara dos Deputados: *Deputado João Paulo Cunha,* Presidente

Mesa do Senado Federal: *Senador José Sarney,* Presidente

(DOU 31.12.2004)

EC N. 46, DE 5 DE MAIO DE 2005

Altera o inciso IV do art. 20 da Constituição Federal.

As Mesas da Câmara dos Deputados e do Senado Federal, nos termos do § 3º do art. 60 da Constituição Federal, promulgam a seguinte Emenda ao texto constitucional:

Art. 1º O inciso IV do art. 20 da Constituição Federal passa a vigorar com a seguinte redação:

* Alteração processada no texto do referido artigo.

EC n. 47/2005

EMENDAS CONSTITUCIONAIS

Art. 2º Esta Emenda Constitucional entra em vigor na data de sua publicação.
Brasília, em 5 de maio de 2005.

Mesa da Câmara dos Deputados: *Deputado Severino Cavalcanti,* Presidente

Mesa do Senado Federal: *Senador Renan Calheiros,* Presidente

(*DOU* 06.05.2005)

EC N. 47, DE 5 DE JULHO DE 2005

Altera os arts. 37, 40, 195 e 201 da Constituição Federal, para dispor sobre a previdência social, e dá outras providências.

As Mesas da Câmara dos Deputados e do Senado Federal, nos termos do § 3º do art. 60 da Constituição Federal, promulgam a seguinte Emenda ao texto constitucional:

Art. 1º Os arts. 37, 40, 195 e 201 da Constituição Federal passam a vigorar com a seguinte redação:

- Alterações processadas no texto dos referidos artigos.

Art. 2º Aplica-se aos proventos de aposentadorias dos servidores públicos que se aposentarem na forma do *caput* do art. 6º da Emenda Constitucional n. 41, de 2003, o disposto no art. 7º da mesma Emenda.

Art. 3º Ressalvado o direito de opção à aposentadoria pelas normas estabelecidas pelo art. 40 da Constituição Federal ou pelas regras estabelecidas pelos arts. 2º e 6º da Emenda Constitucional n. 41, de 2003, o servidor da União, dos Estados, do Distrito Federal e dos Municípios, incluídas suas autarquias e fundações, que tenha ingressado no serviço público até 16 de dezembro de 1998 poderá aposentar-se com proventos integrais, desde que preencha, cumulativamente, as seguintes condições:

I – trinta e cinco anos de contribuição, se homem, e trinta anos de contribuição, se mulher;

II – vinte e cinco anos de efetivo exercício no serviço público, quinze anos de carreira e cinco anos no cargo em que se der a aposentadoria;

III – idade mínima resultante da redução, relativamente aos limites do art. 40, § 1º, inciso III, alínea *a,* da Constituição Federal, de um ano de idade para cada ano de contribuição que exceder a condição prevista no inciso I do *caput* deste artigo.

Parágrafo único. Aplica-se ao valor dos proventos de aposentadorias concedidas com base neste artigo o disposto no art. 7º da Emenda Constitucional n. 41, de 2003, observando-se igual critério de revisão às pensões derivadas dos proventos de servidores falecidos que tenham se aposentado em conformidade com este artigo.

Art. 4º Enquanto não editada a lei a que se refere o § 11 do art. 37 da Constituição Federal, não será computada, para efeito dos limites remuneratórios de que trata o inciso XI do *caput* do mesmo artigo, qualquer parcela de caráter indenizatório, assim definida pela legislação em vigor na data de publicação da Emenda Constitucional n. 41, de 2003.

Art. 5º Revoga-se o parágrafo único do art. 6º da Emenda Constitucional n. 41, de 19 de dezembro de 2003.

Art. 6º Esta Emenda Constitucional entra em vigor na data de sua publicação, com efeitos retroativos à data de vigência da Emenda Constitucional n. 41, de 2003.

Brasília, em 5 de julho de 2005.

Mesa da Câmara dos Deputados: *Deputado Severino Cavalcanti,* Presidente

Mesa do Senado Federal: *Senador Renan Calheiros,* Presidente

(*DOU* 06.07.2005)

EC N. 48, DE 10 DE AGOSTO DE 2005

Acrescenta o § 3º ao art. 215 da Constituição Federal, instituindo o Plano Nacional de Cultura.

As Mesas da Câmara dos Deputados e do Senado Federal, nos termos do art. 60 da Constituição Federal, promulgam a seguinte Emenda ao texto constitucional:

Art. 1º O art. 215 da Constituição Federal passa a vigorar acrescido do seguinte § 3º:

- Acréscimo processado no texto do referido artigo.

EMENDAS CONSTITUCIONAIS

Art. 2º Esta Emenda Constitucional entra em vigor na data de sua publicação.

Brasília, em 10 de agosto de 2005.

Mesa da Câmara dos Deputados: *Deputado Severino Cavalcanti,* Presidente

Mesa do Senado Federal: *Senador Renan Calheiros,* Presidente

(*DOU* 11.08.2005)

EC N. 49, DE 8 DE FEVEREIRO DE 2006

Altera a redação da alínea b e acrescenta alínea c ao inciso XXIII do caput do art. 21 e altera a redação do inciso V do caput do art. 177 da Constituição Federal para excluir do monopólio da União a produção, a comercialização e a utilização de radioisótopos de meia-vida curta, para usos médicos, agrícolas e industriais.

As Mesas da Câmara dos Deputados e do Senado Federal, nos termos do art. 60 da Constituição Federal, promulgam a seguinte Emenda ao texto constitucional:

Art. 1º O inciso XXIII do art. 21 da Constituição Federal passa a vigorar com a seguinte redação:

• Alteração processada no texto do referido artigo.

Art. 2º O inciso V do *caput* do art. 177 da Constituição Federal passa a vigorar com a seguinte redação:

• Alteração processada no texto do referido artigo.

Art. 3º Esta Emenda Constitucional entra em vigor na data de sua publicação.

Brasília, em 8 de fevereiro de 2006.

Mesa da Câmara dos Deputados: *Deputado Aldo Rebelo,* Presidente

Mesa do Senado Federal: *Senador Renan Calheiros,* Presidente

(*DOU* 09.02.2006)

EC N. 50, DE 14 DE FEVEREIRO DE 2006

Modifica o art. 57 da Constituição Federal.

As Mesas da Câmara dos Deputados e do Senado Federal, nos termos do art. 60 da Constituição Federal, promulgam a seguinte Emenda ao texto constitucional:

Art. 1º O art. 57 da Constituição Federal passa a vigorar com a seguinte redação:

• Alteração processada no texto do referido artigo.

Art. 2º Esta Emenda Constitucional entra em vigor na data de sua publicação.

Brasília, em 14 de fevereiro de 2006.

Mesa da Câmara dos Deputados: *Deputado Aldo Rebelo,* Presidente

Mesa do Senado Federal: *Senador Renan Calheiros,* Presidente

(*DOU* 15.02.2006)

EC N. 51, DE 14 DE FEVEREIRO DE 2006

Acrescenta os §§ 4º, 5º e 6º ao art. 198 da Constituição Federal.

As Mesas da Câmara dos Deputados e do Senado Federal, nos termos do art. 60 da Constituição Federal, promulgam a seguinte Emenda ao texto constitucional:

Art. 1º O art. 198 da Constituição Federal passa a vigorar acrescido dos seguintes §§ 4º, 5º e 6º:

• Acréscimos processados no texto do referido artigo.

Art. 2º Após a promulgação da presente Emenda Constitucional, os agentes comunitários de saúde e os agentes de combate às endemias somente poderão ser contratados diretamente pelos Estados, pelo Distrito Federal ou pelos Municípios na forma do § 4º do art. 198 da Constituição Federal, observado o limite de gasto estabelecido na Lei Complementar de que trata o art. 169 da Constituição Federal.

Parágrafo único. Os profissionais que, na data de promulgação desta Emenda e a qualquer título, desempenharem as atividades de agente comunitário de saúde ou de agente de combate às endemias, na forma da lei, ficam dispensados de se submeter ao processo seletivo público a que se refere o § 4º do art. 198 da Constituição Federal, desde que tenham sido contratados a partir de anterior processo de Seleção Pública efetuado por órgãos ou entes da administração direta ou indireta de Estado, Distrito Federal ou Município ou por outras instituições com

a efetiva supervisão e autorização da administração direta dos entes da federação.

Art. 3º Esta Emenda Constitucional entra em vigor na data da sua publicação.

Brasília, em 14 de fevereiro de 2006.

Mesa da Câmara dos Deputados: *Deputado Aldo Rebelo,* Presidente

Mesa do Senado Federal: *Senador Renan Calheiros,* Presidente

(DOU 15.02.2006)

EC N. 52, DE 8 DE MARÇO DE 2006

Dá nova redação ao § 1º do art. 17 da Constituição Federal para disciplinar as coligações eleitorais.

As Mesas da Câmara dos Deputados e do Senado Federal, nos termos do § 3º do art. 60 da Constituição Federal, promulgam a seguinte Emenda ao texto constitucional:

Art. 1º O § 1º do art. 17 da Constituição Federal passa a vigorar com a seguinte redação:

- Alteração processada no texto do referido artigo.

Art. 2º Esta Emenda Constitucional entra em vigor na data de sua publicação, aplicando-se às eleições que ocorrerão no ano de 2002.

Brasília, em 8 de março de 2006.

Mesa da Câmara dos Deputados: *Deputado Aldo Rebelo,* Presidente

Mesa do Senado Federal: *Senador Renan Calheiros,* Presidente

(DOU 09.03.2006)

EC N. 53, DE 19 DE DEZEMBRO DE 2006

Dá nova redação aos arts. 7º, 23, 30, 206, 208, 211 e 212 da Constituição Federal e ao art. 60 do Ato das Disposições Constitucionais Transitórias.

As Mesas da Câmara dos Deputados e do Senado Federal, nos termos do § 3º do art. 60 da Constituição Federal, promulgam a seguinte Emenda ao texto constitucional:

Art. 1º A Constituição Federal passa a vigorar com as seguintes alterações:

- Alterações do art. 7º, XXV; art. 23, parágrafo único; art. 30, VI; art. 206, V, VIII e parágrafo único; art. 208, IV; art. 211, § 5º e art. 212, §§ 5º e 6º processadas no texto da Constituição.

Art. 2º O art. 60 do Ato das Disposições Constitucionais Transitórias passa a vigorar com a seguinte redação:

- Alterações processadas no texto do Ato das Disposições Constitucionais Transitórias.

Art. 3º Esta Emenda Constitucional entra em vigor na data de sua publicação, mantidos os efeitos do art. 60 do Ato das Disposições Constitucionais Transitórias, conforme estabelecido pela Emenda Constitucional n. 14, de 12 de setembro de 1996, até o início da vigência dos Fundos, nos termos desta Emenda Constitucional.

Brasília, em 19 de dezembro de 2006.

Mesa da Câmara dos Deputados: *Deputado Aldo Rebelo,* Presidente

Mesa do Senado Federal: *Senador Renan Calheiros,* Presidente

(DOU 20.12.2006)

EC N. 54, DE 20 DE SETEMBRO DE 2007

Dá nova redação à alínea c do inciso I do art. 12 da Constituição Federal e acrescenta art. 95 ao Ato das Disposições Constitucionais Transitórias, assegurando o registro nos consulados de brasileiros nascidos no estrangeiro.

As Mesas da Câmara dos Deputados e do Senado Federal, nos termos do § 3º do art. 60 da Constituição Federal, promulgam a seguinte Emenda ao texto constitucional:

Art. 1º A alínea c do inciso I do art. 12 da Constituição Federal passa a vigorar com a seguinte redação:

- Alteração processada no texto do referido artigo.

Art. 2º O Ato das Disposições Constitucionais Transitórias passa a vigorar acrescido do seguinte art. 95:

- Alteração processada no texto do Ato das Disposições Constitucionais Transitórias.

EC n. 55/2007

EMENDAS CONSTITUCIONAIS

Art. 3º Esta Emenda Constitucional entra em vigor na data de sua publicação.

Mesa da Câmara dos Deputados: *Deputado Arlindo Chinaglia,* Presidente

Mesa do Senado Federal: *Senador Renan Calheiros,* Presidente

(*DOU* 21.09.2007)

EC N. 55, DE 20 DE SETEMBRO DE 2007

Altera o art. 159 da Constituição Federal, aumentando a entrega de recursos pela União ao Fundo de Participação dos Municípios.

As Mesas da Câmara dos Deputados e do Senado Federal, nos termos do § 3º do art. 60 da Constituição Federal, promulgam a seguinte Emenda ao texto constitucional:

Art. 1º O art. 159 da Constituição Federal passa a vigorar com as seguintes alterações:

• Alterações processadas no texto da Constituição.

Art. 2º No exercício de 2007, as alterações do art. 159 da Constituição Federal previstas nesta Emenda Constitucional somente se aplicam sobre a arrecadação dos impostos sobre renda e proventos de qualquer natureza e sobre produtos industrializados realizada a partir de 1º de setembro de 2007.

Art. 3º Esta Emenda Constitucional entra em vigor na data de sua publicação.

Mesa da Câmara dos Deputados: *Deputado Arlindo Chinaglia,* Presidente

Mesa do Senado Federal: *Senador Renan Calheiros,* Presidente

(*DOU* 21.09.2007)

EC N. 56, DE 20 DE DEZEMBRO DE 2007

Prorroga o prazo previsto no caput *do art. 76 do Ato das Disposições Constitucionais Transitórias e dá outras providências.*

As Mesas da Câmara dos Deputados e do Senado Federal, nos termos do § 3º do art. 60 da Constituição Federal, promulgam a seguinte Emenda ao texto constitucional:

Art. 1º O *caput* do art. 76 do Ato das Disposições Constitucionais Transitórias passa a vigorar com a seguinte redação:

• Alteração processada no texto do Ato das Disposições Constitucionais Transitórias.

Art. 2º Esta Emenda Constitucional entra em vigor na data da sua publicação.

Brasília, em 20 de dezembro de 2007.

Mesa da Câmara dos Deputados: *Deputado Arlindo Chinaglia,* Presidente

Mesa do Senado Federal: *Senador Garibaldi Alves Filho,* Presidente

(*DOU* 21.12.2007)

EC N. 57, DE 18 DE DEZEMBRO DE 2008

Acrescenta artigo ao Ato das Disposições Constitucionais Transitórias para convalidar os atos de criação, fusão, incorporação e desmembramento de Municípios.

As Mesas da Câmara dos Deputados e do Senado Federal, nos termos do § 3º do art. 60 da Constituição Federal, promulgam a seguinte Emenda ao texto constitucional:

Art. 1º O Ato das Disposições Constitucionais Transitórias passa a vigorar acrescido do seguinte art. 96:

• Acréscimo processado no texto do Ato das Disposições Constitucionais Transitórias.

Art. 2º Esta Emenda Constitucional entra em vigor na data de sua publicação.

Brasília, em 18 de dezembro de 2008.

Mesa da Câmara dos Deputados: *Deputado Arlindo Chinaglia,* Presidente

Mesa do Senado Federal: *Senador Garibaldi Alves Filho,* Presidente

(*DOU* 18.12.2008, edição extra)

EC N. 58, DE 23 DE SETEMBRO DE 2009

Altera a redação do inciso IV do caput *do art. 29 e do art. 29-A da Constituição Federal, tratando das disposições relativas à recomposição das Câmaras Municipais.*

As Mesas da Câmara dos Deputados e do Senado Federal, nos termos do § 3º do art.

EC n. 59/2009

60 da Constituição Federal, promulgam a seguinte Emenda ao texto constitucional:

Art. 1º O inciso IV do *caput* do art. 29 da Constituição Federal passa a vigorar com a seguinte redação:

- Alteração processada no texto do referido artigo.

Art. 2º O art. 29-A da Constituição Federal passa a vigorar com a seguinte redação:

- Alteração processada no texto do referido artigo.

Art. 3º Esta Emenda Constitucional entra em vigor na data de sua promulgação, produzindo efeitos:

I – o disposto no art. 1º, a partir do processo eleitoral de 2008; e

- O STF, na Med. Caut. em ADIn 4.307-2 (*DJE* 08.10.2009, divulgado em 07.10.2009), deferiu medida cautelar com efeito *ex tunc*, *ad referendum* do Plenário, para sustar os efeitos do inciso I do art. 3º da EC n. 58/2009. A cautelar concedida foi referendada pelo Tribunal (*DOU* e *DJE* 27.11.2009). O STF, na ADIn 4.307 (*DOU* e *DJE* 23.04.2013), julgou procedente a ação direta.
- O STF, na Med. Caut. em ADIn 4.310, (*DJE* 14.08.2012), deferiu medida cautelar com efeitos ex tunc, para sustar os efeitos do inciso I do art. 3º da EC n. 58/2009.

II – o disposto no art. 2º, a partir de 1º de janeiro do ano subsequente ao da promulgação desta Emenda.

Brasília, em 23 de setembro de 2009.

Mesa da Câmara dos Deputados: *Deputado Michel Temer,* Presidente

Mesa do Senado Federal: *Senador José Sarney,* Presidente

(*DOU* 24.09.2009)

EC N. 59, DE 11 DE NOVEMBRO DE 2009

Acrescenta § 3º ao art. 76 do Ato das Disposições Constitucionais Transitórias para reduzir, anualmente, a partir do exercício de 2009, o percentual da Desvinculação das Receitas da União incidente sobre os recursos destinados à manutenção e desenvolvimento do ensino de que trata o art. 212 da Constituição Federal, dá nova redação aos incisos I e VII do art. 208, de forma a prever a obrigatoriedade do ensino de quatro a dezessete anos e ampliar a abrangência dos programas suplementares para todas as etapas da educação básica, e dá nova redação ao § 4º do art. 211 e ao § 3º do art. 212 e ao caput do art. 214, com a inserção neste dispositivo de inciso VI.

As Mesas da Câmara dos Deputados e do Senado Federal, nos termos do § 3º do art. 60 da Constituição Federal, promulgam a seguinte Emenda ao texto constitucional:

Art. 1º Os incisos I e VII do art. 208 da Constituição Federal, passam a vigorar com as seguintes alterações:

- Alterações processadas no texto do referido artigo.

Art. 2º O § 4º do art. 211 da Constituição Federal passa a vigorar com a seguinte redação:

- Alteração processada no texto do referido artigo.

Art. 3º O § 3º do art. 212 da Constituição Federal passa a vigorar com a seguinte redação:

- Alteração processada no texto do referido artigo.

Art. 4º O *caput* do art. 214 da Constituição Federal passa a vigorar com a seguinte redação, acrescido do inciso VI:

- Alterações processadas no texto do referido artigo.

Art. 5º O art. 76 do Ato das Disposições Constitucionais Transitórias passa a vigorar acrescido do seguinte § 3º:

- Acréscimo processado no texto do Ato das Disposições Constitucionais Transitórias.

Art. 6º O disposto no inciso I do art. 208 da Constituição Federal deverá ser implementado progressivamente, até 2016, nos termos do Plano Nacional de Educação, com apoio técnico e financeiro da União.

Art. 7º Esta Emenda Constitucional entra em vigor na data da sua publicação.

Brasília, em 11 de novembro de 2009.

Mesa da Câmara dos Deputados: *Deputado Michel Temer,* Presidente

Mesa do Senado Federal: *Senador José Sarney,* Presidente

(*DOU* 12.11.2009)

EC n. 60/2009

EMENDAS CONSTITUCIONAIS

EC N. 60, DE 11 DE NOVEMBRO DE 2009

Altera o art. 89 do Ato das Disposições Constitucionais Transitórias para dispor sobre o quadro de servidores civis e militares do ex-Território Federal de Rondônia.

As Mesas da Câmara dos Deputados e do Senado Federal, nos termos do § 3º do art. 60 da Constituição Federal, promulgam a seguinte Emenda ao texto constitucional:

Art. 1º O art. 89 do Ato das Disposições Constitucionais Transitórias passa a vigorar com a seguinte redação, vedado o pagamento, a qualquer título, em virtude de tal alteração, de ressarcimentos ou indenizações, de qualquer espécie, referentes a períodos anteriores à data de publicação desta Emenda Constitucional:

- Alteração processada no texto do Ato das Disposições Contituicionais Transitórias.

Art. 2º Esta Emenda Constitucional entra em vigor na data de sua publicação, não produzindo efeitos retroativos.

Brasília, em 11 de novembro de 2009.

Mesa da Câmara dos Deputados: *Deputado Michel Temer,* Presidente

Mesa do Senado Federal: *Senador José Sarney,* Presidente

(*DOU* 12.11.2009)

EC N. 61, DE 11 DE NOVEMBRO DE 2009

Altera o art. 103-B da Constituição Federal, para modificar a composição do Conselho Nacional de Justiça.

As Mesas da Câmara dos Deputados e do Senado Federal, nos termos do § 3º do art. 60 da Constituição Federal, promulgam a seguinte Emenda ao texto constitucional:

Art. 1º O art. 103-B da Constituição Federal passa a vigorar com a seguinte redação:

- Alteração processada no texto do referido artigo.

Art. 2º Esta Emenda Constitucional entra em vigor na data de sua publicação.

Brasília, em 11 de novembro de 2009.

Mesa da Câmara dos Deputados: *Deputado Michel Temer,* Presidente

Mesa do Senado Federal: *Senador José Sarney,* Presidente

(*DOU* 12.11.2009)

EC N. 62, DE 9 DE DEZEMBRO DE 2009

Altera o art. 100 da Constituição Federal e acrescenta o art. 97 ao Ato das Disposições Constitucionais Transitórias, instituindo regime especial de pagamento de precatórios pelos Estados, Distrito Federal e Municípios.

- V. ADIn 4.357.

As Mesas da Câmara dos Deputados e do Senado Federal, nos termos do § 3º do art. 60 da Constituição Federal, promulgam a seguinte Emenda ao texto constitucional:

Art. 1º O art. 100 da Constituição Federal passa a vigorar com a seguinte redação:

- Alteração processada no texto do referido artigo.

Art. 2º O Ato das Disposições Constitucionais Transitórias passa a vigorar acrescido do seguinte art. 97:

- Acréscimo processado no texto do Ato das Disposições Constitucionais Transitórias.

Art. 3º A implantação do regime de pagamento criado pelo art. 97 do Ato das Disposições Constitucionais Transitórias deverá ocorrer no prazo de até 90 (noventa dias), contados da data da publicação desta Emenda Constitucional.

Art. 4º A entidade federativa voltará a observar somente o disposto no art. 100 da Constituição Federal:

I – no caso de opção pelo sistema previsto no inciso I do § 1º do art. 97 do Ato das Disposições Constitucionais Transitórias, quando o valor dos precatórios devidos for inferior ao dos recursos destinados ao seu pagamento;

II – no caso de opção pelo sistema previsto no inciso II do § 1º do art. 97 do Ato das Disposições Constitucionais Transitórias, ao final do prazo.

Art. 5º Ficam convalidadas todas as cessões de precatórios efetuadas antes da promulgação desta Emenda Constitucional, independentemente da concordância da entidade devedora.

Art. 6º Ficam também convalidadas todas as compensações de precatórios com tributos vencidos até 31 de outubro de 2009 da entidade devedora, efetuadas na forma do disposto no § 2º do art. 78 do

EC n. 63/2010

ADCT, realizadas antes da promulgação desta Emenda Constitucional.

Art. 7º Esta Emenda Constitucional entra em vigor na data de sua publicação.

Brasília, em 9 de dezembro de 2009.

Mesa da Câmara dos Deputados: *Deputado Michel Temer,* Presidente

Mesa do Senado Federal: *Senador Marconi Perillo,* 1º Vice-Presidente, no exercício da Presidência

(DOU 10.12.2009)

EC N. 63,
DE 4 DE FEVEREIRO DE 2010

Altera o § 5º do art. 198 da Constituição Federal para dispor sobre piso salarial profissional nacional e diretrizes para os Planos de Carreira de agentes comunitários de saúde e de agentes de combate às endemias.

As Mesas da Câmara dos Deputados e do Senado Federal, nos termos do art. 60 da Constituição Federal, promulgam a seguinte Emenda ao texto constitucional:

Art. 1º O § 5º do art. 198 da Constituição Federal passa a vigorar com a seguinte redação:

• Alteração processada no texto do referido artigo.

Art. 2º Esta Emenda Constitucional entra em vigor na data de sua publicação.

Brasília, em 4 de fevereiro de 2010.

Mesa da Câmara dos Deputados: *Deputado Michel Temer,* Presidente

Mesa do Senado Federal: *Senador José Sarney,* Presidente

(DOU 05.02.2010)

EC N. 64,
DE 4 DE FEVEREIRO DE 2010

Altera o art. 6º da Constituição Federal, para introduzir a alimentação como direito social.

As Mesas da Câmara dos Deputados e do Senado Federal, nos termos do art. 60 da Constituição Federal, promulgam a seguinte Emenda ao texto constitucional:

Art. 1º O art. 6º da Constituição Federal passa a vigorar com a seguinte redação:

• Alteração processada no texto do referido artigo.

Art. 2º Esta Emenda Constitucional entra em vigor na data de sua publicação.

Brasília, em 4 de fevereiro de 2010.

Mesa da Câmara dos Deputados: *Deputado Michel Temer,* Presidente

Mesa do Senado Federal: *Senador José Sarney,* Presidente

(DOU 05.02.2010)

EC N. 65,
DE 13 DE JULHO DE 2010

Altera a denominação do Capítulo VII do Título VIII da Constituição Federal e modifica o seu art. 227, para cuidar dos interesses da juventude.

As Mesas da Câmara dos Deputados e do Senado Federal, nos termos do art. 60 da Constituição Federal, promulgam a seguinte Emenda ao texto constitucional:

Art. 1º O Capítulo VII do Título VIII da Constituição Federal passa a denominar-se "Da Família, da Criança, do Adolescente, do Jovem e do Idoso".

Art. 2º O art. 227 da Constituição Federal passa a vigorar com a seguinte redação:

• Alterações processadas no texto do referido artigo.

Art. 3º Esta Emenda Constitucional entra em vigor na data de sua publicação.

Brasília, em 13 de julho de 2010.

Mesa da Câmara dos Deputados: *Deputado Michel Temer,* Presidente

Mesa do Senado Federal: *Senador José Sarney,* Presidente

(DOU 14.07.2010)

EC N. 66,
DE 13 DE JULHO DE 2010

Dá nova redação ao § 6º do art. 226 da Constituição Federal, que dispõe sobre a dissolubilidade do casamento civil pelo divórcio, suprimindo o requisito de prévia separação judicial por mais de 1 (um) ano ou de comprovada separação de fato por mais de 2 (dois) anos.

As Mesas da Câmara dos Deputados e do Senado Federal, nos termos do art. 60 da Constituição Federal, promulgam a seguinte Emenda ao texto constitucional:

EC n. 67/2010

EMENDAS CONSTITUCIONAIS

Art. 1º O § 6º do art. 226 da Constituição Federal passa a vigorar com a seguinte redação:

* Alteração processada no texto do referido artigo.

Art. 2º Esta Emenda Constitucional entra em vigor na data de sua publicação.

Brasília, em 13 de julho de 2010.

Mesa da Câmara dos Deputados: *Deputado Michel Temer*, Presidente

Mesa do Senado Federal: *Senador José Sarney*, Presidente

(DOU 14.07.2010)

EC N. 67, DE 22 DE DEZEMBRO DE 2010

Prorroga, por tempo indeterminado, o prazo de vigência do Fundo de Combate e Erradicação da Pobreza.

As Mesas da Câmara dos Deputados e do Senado Federal, nos termos do § 3º do art. 60 da Constituição Federal, promulgam a seguinte Emenda ao texto constitucional:

Art. 1º Prorrogam-se, por tempo indeterminado, o prazo de vigência do Fundo de Combate e Erradicação da Pobreza a que se refere o *caput* do art. 79 do Ato das Disposições Constitucionais Transitórias e, igualmente, o prazo de vigência da Lei Complementar 111, de 6 de julho de 2001, que "Dispõe sobre o Fundo de Combate e Erradicação da Pobreza, na forma prevista nos arts. 79, 80 e 81 do Ato das Disposições Constitucionais Transitórias".

Art. 2º Esta Emenda Constitucional entra em vigor na data de sua publicação.

Brasília, em 22 de dezembro de 2010.

Mesa da Câmara dos Deputados: *Deputado Marco Maia*, Presidente

Mesa do Senado Federal: *Senador José Sarney*, Presidente

(DOU 23.12.2010)

EC N. 68, DE 21 DE DEZEMBRO DE 2011

Altera o art. 76 do Ato das Disposições Constitucionais Transitórias.

As Mesas da Câmara dos Deputados e do Senado Federal, nos termos do § 3º do art. 60 da Constituição Federal, promulgam a seguinte Emenda ao texto constitucional:

Art. 1º O art. 76 do Ato das Disposições Constitucionais Transitórias passa a vigorar com a seguinte redação:

* Alterações processadas no texto do referido artigo.

Art. 2º Esta Emenda Constitucional entra em vigor na data da sua publicação.

Brasília, 21 de dezembro de 2011.

Mesa da Câmara dos Deputados: *Deputado Marco Maia*, Presidente

Mesa do Senado Federal: *Senador José Sarney*, Presidente

(DOU 22.12.2011)

EC N. 69, DE 29 DE MARÇO DE 2012

Altera os arts. 21, 22 e 48 da Constituição Federal, para transferir da União para o Distrito Federal as atribuições de organizar e manter a Defensoria Pública do Distrito Federal.

As Mesas da Câmara dos Deputados e do Senado Federal, nos termos do art. 60 da Constituição Federal, promulgam a seguinte Emenda ao texto constitucional:

Art. 1º Os arts. 21, 22 e 48 da Constituição Federal passam a vigorar com a seguinte redação:

* Alterações processadas no texto dos referidos artigos.

Art. 2º Sem prejuízo dos preceitos estabelecidos na Lei Orgânica do Distrito Federal, aplicam-se à Defensoria Pública do Distrito Federal os mesmos princípios e regras que, nos termos da Constituição Federal, regem as Defensorias Públicas dos Estados.

Art. 3º O Congresso Nacional e a Câmara Legislativa do Distrito Federal, imediatamente após a promulgação desta Emenda Constitucional e de acordo com suas competências, instalarão comissões especiais destinadas a elaborar, em 60 (sessenta) dias, os projetos de lei necessários à adequação da legislação infraconstitucional à matéria nela tratada.

Art. 4º Esta Emenda Constitucional entra em vigor na data de sua publicação, produ-

EC n. 70/2012

zindo efeitos quanto ao disposto no art. 1º após decorridos 120 (cento e vinte) dias de sua publicação oficial.

Brasília, 29 de março de 2012.

Mesa da Câmara dos Deputados: *Deputado Marco Maia*, Presidente

Mesa do Senado Federal: *Senador José Sarney*, Presidente

(DOU 30.03.2012)

EC N. 70, DE 29 DE MARÇO DE 2012

Acrescenta art. 6º-A à Emenda Constitucional 41, de 2003, para estabelecer critérios para o cálculo e a correção dos proventos da aposentadoria por invalidez dos servidores públicos que ingressaram no serviço público até a data da publicação daquela Emenda Constitucional.

As Mesas da Câmara dos Deputados e do Senado Federal, nos termos do § 3º do art. 60 da Constituição Federal, promulgam a seguinte Emenda ao texto constitucional:

Art. 1º A Emenda Constitucional 41, de 19 de dezembro de 2003, passa a vigorar acrescida do seguinte art. 6º-A:

- Acréscimo processado no texto da referida Emenda Constitucional.

Art. 2º A União, os Estados, o Distrito Federal e os Municípios, assim como as respectivas autarquias e fundações, procederão, no prazo de 180 (cento e oitenta) dias da entrada em vigor desta Emenda Constitucional, à revisão das aposentadorias, e das pensões delas decorrentes, concedidas a partir de 1º de janeiro de 2004, com base na redação dada ao § 1º do art. 40 da Constituição Federal pela Emenda Constitucional 20, de 15 de dezembro de 1998, com efeitos financeiros a partir da data de promulgação desta Emenda Constitucional.

Art. 3º Esta Emenda Constitucional entra em vigor na data de sua publicação.

Brasília, 29 de março de 2012.

Mesa da Câmara dos Deputados: *Deputado Marco Maia*, Presidente

Mesa do Senado Federal: *Senador José Sarney*, Presidente

(DOU 30.03.2012)

EC N. 71, DE 29 DE NOVEMBRO DE 2012

Acrescenta o art. 216-A à Constituição Federal para instituir o Sistema Nacional de Cultura.

As Mesas da Câmara dos Deputados e do Senado Federal, nos termos do § 3º do art. 60 da Constituição Federal, promulgam a seguinte Emenda ao texto constitucional:

Art. 1º A Constituição Federal passa a vigorar acrescida do seguinte art. 216-A:

- Acréscimo processado no texto da Constituição.

Art. 2º Esta Emenda Constitucional entra em vigor na data de sua publicação.

Brasília, em 29 de novembro de 2012.

Mesa da Câmara dos Deputados: *Deputado Marco Maia*, Presidente

Mesa do Senado Federal: *Senador José Sarney*, Presidente

(DOU 30.11.2012)

EC N. 72, DE 2 DE ABRIL DE 2013

Altera a redação do parágrafo único do art. 7º da Constituição Federal para estabelecer a igualdade de direitos trabalhistas entre os trabalhadores domésticos e os demais trabalhadores urbanos e rurais.

As Mesas da Câmara dos Deputados e do Senado Federal, nos termos do § 3º do art. 60 da Constituição Federal, promulgam a seguinte Emenda ao texto constitucional:

Artigo único. O parágrafo único do art. 7º da Constituição Federal passa a vigorar com a seguinte redação:

"Art. 7º [...]

"[...]

"Parágrafo único. São assegurados à categoria dos trabalhadores domésticos os direitos previstos nos incisos IV, VI, VII, VIII, X, XIII, XV, XVI, XVII, XVIII, XIX, XXI, XXII, XXIV, XXVI, XXX, XXXI e XXXIII e, atendidas as condições estabelecidas em lei e observada a simplificação do cumprimento das obrigações tributárias, principais e acessórias, decorrentes da relação de trabalho e suas peculiaridades, os previstos nos incisos I, II, III,

EC n. 73/2013

EMENDAS CONSTITUCIONAIS

IX, XII, XXV e XXVIII, bem como a sua integração à previdência social."

Brasília, em 2 de abril de 2013.

Mesa da Câmara dos Deputados: *Deputado Henrique Eduardo Alves,* Presidente

Mesa do Senado Federal: *Senador Renan Calheiros,* Presidente

(*DOU* 03.04.2013)

EC N. 73,
DE 6 DE JUNHO DE 2013

Cria os Tribunais Regionais Federais da 6ª, 7ª, 8ª e 9ª Regiões.

As Mesas da Câmara dos Deputados e do Senado Federal, nos termos do § 3º do art. 60 da Constituição Federal, promulgam a seguinte Emenda ao texto Constitucional:

Art. 1º O art. 27 do Ato das Disposições Constitucionais Transitórias passa a vigorar acrescido do seguinte § 11:

"Art. 27. [...]

"[...]

"§ 11. São criados, ainda, os seguintes Tribunais Regionais Federais: o da 6ª Região, com sede em Curitiba, Estado do Paraná, e jurisdição nos Estados do Paraná, Santa Catarina e Mato Grosso do Sul; o da 7ª Região, com sede em Belo Horizonte, Estado de Minas Gerais, e jurisdição no Estado de Minas Gerais; o da 8ª Região, com sede em Salvador, Estado da Bahia, e jurisdição nos Estados da Bahia e Sergipe; e o da 9ª Região, com sede em Manaus, Estado do Amazonas, e jurisdição nos Estados do Amazonas, Acre, Rondônia e Roraima."

Art. 2º Os Tribunais Regionais Federais da 6ª, 7ª, 8ª e 9ª Regiões deverão ser instalados no prazo de 6 (seis) meses, a contar da promulgação desta Emenda Constitucional.

Art. 3º Esta Emenda Constitucional entra em vigor na data de sua publicação.

Brasília, em 6 de junho de 2013.

Mesa da Câmara dos Deputados: *Deputado André Vargas,* 1º Vice-Presidente no exercício da Presidência

Mesa do Senado Federal: *Senador Romero Jucá,* 2º Vice-Presidente no exercício da Presidência

(*DOU* 07.06.2013)

EC N. 74/2013

Altera o art. 134 da Constituição Federal.

- Até o fechamento desta edição este texto não havia sido publicado em Diário Oficial.

As Mesas da Câmara dos Deputados e do Senado Federal, nos termos do § 3º do art. 60 da Constituição Federal, promulgam a seguinte Emenda ao texto constitucional:

Art. 1º O art. 134 da Constituição Federal passa a vigorar acrescido do seguinte § 3º:

"Art. 134. [...]

"[...]

"§ 3º Aplica-se o disposto no § 2º às Defensorias Públicas da União e do Distrito Federal."

Art. 2º Esta Emenda Constitucional entra em vigor na data de sua publicação.

LEI DE INTRODUÇÃO ÀS NORMAS DO DIREITO BRASILEIRO

DECRETO-LEI 4.657, DE 4 DE SETEMBRO DE 1942

Lei de Introdução às normas do Direito Brasileiro.

- Ementa com redação determinada pela Lei 12.376/2010.

O Presidente da República, usando da atribuição que lhe confere o art. 180 da Constituição, decreta:

Art. 1º Salvo disposição contrária, a lei começa a vigorar em todo o país 45 (quarenta e cinco) dias depois de oficialmente publicada.

- V. art. 62, §§ 3º, 4º, 6º e 7º, CF.
- V. arts. 101 a 104, CTN.
- V. art. 8º, LC 95/1998 (Elaboração das Leis).

§ 1º Nos Estados estrangeiros, a obrigatoriedade da lei brasileira, quando admitida, se inicia 3 (três) meses depois de oficialmente publicada.

- V. art. 16, Lei 2.145/1953 (Cria a Carteira de Comércio Exterior).

§ 2º *(Revogado pela Lei 12.036/2009.)*

§ 3º Se, antes de entrar a lei em vigor, ocorrer nova publicação de seu texto, destinada a correção, o prazo deste artigo e dos parágrafos anteriores começará a correr da nova publicação.

§ 4º As correções a texto de lei já em vigor consideram-se lei nova.

Art. 2º Não se destinando à vigência temporária, a lei terá vigor até que outra a modifique ou revogue.

- V. LC 95/1998 (Elaboração das Leis).

§ 1º A lei posterior revoga a anterior quando expressamente o declare, quando seja com ela incompatível ou quando regule inteiramente a matéria de que tratava a lei anterior.

§ 2º A lei nova, que estabeleça disposições gerais ou especiais a par das já existentes, não revoga nem modifica a lei anterior.

§ 3º Salvo disposição em contrário, a lei revogada não se restaura por ter a lei revogadora perdido a vigência.

Art. 3º Ninguém se escusa de cumprir a lei, alegando que não a conhece.

Art. 4º Quando a lei for omissa, o juiz decidirá o caso de acordo com a analogia, os costumes e os princípios gerais de direito.

- V. arts. 126, 127, 335 e 1.109, CPC.
- V. arts. 100, 101 e 107 a 111, CTN.
- V. art. 8º, CLT.
- V. art. 2º, Lei 9.307/1996 (Arbitragem).

Art. 5º Na aplicação da lei, o juiz atenderá aos fins sociais a que ela se dirige e às exigências do bem comum.

- V. art. 5º, LIV, CF.
- V. arts. 107 a 111, CTN.
- V. art. 6º, Lei 9.099/1995 (Juizados Especiais Cíveis e Criminais).

Art. 6º A lei em vigor terá efeito imediato e geral, respeitados o ato jurídico perfeito, o direito adquirido e a coisa julgada.

- Artigo com redação determinada pela Lei 3.238/1957.
- V. art. 5º, XXXVI, CF.
- V. art. 1.577, CC/1916; e art. 1.787, CC/2002.

§ 1º Reputa-se ato jurídico perfeito o já consumado segundo a lei vigente ao tempo em que se efetuou.

§ 2º Consideram-se adquiridos assim os direitos que o seu titular, ou alguém por ele, possa exercer, como aqueles cujo começo do exercício tenha termo pré-fixo, ou condição preestabelecida inalterável, a arbítrio de outrem.

- V. art. 74, III, CC/1916, sem correspondência no CC/2002.
- V. arts. 114, 121 a 124, CC/1916; e arts. 121, 126, 130, 131 e 135, CC/2002.

§ 3º Chama-se coisa julgada ou caso julgado a decisão judicial de que já não caiba recurso.

- V. art. 5º, XXXVI, CF.
- V. arts. 114, 119, 122, 124, CC/1916; e arts. 121, 126 a 128, 131 e 135, CC/2002.
- V. arts. 301, § 1º, e 467, CPC.

Dec.-lei 4.657/1942

LEI DE INTRODUÇÃO

Art. 7º A lei do país em que for domiciliada a pessoa determina as regras sobre o começo e o fim da personalidade, o nome, a capacidade e os direitos de família.

- V. arts. 2º a 11, 31 a 42 e 180 a 484, CC/1916; e arts. 1º a 10, 22 a 39, 70 a 78 e 1.511 a 1.638, CC/2002.
- V. Dec. 66.605/1970 (Convenção sobre Consentimento para Casamento).
- V. arts. 55 a 58, Lei 6.015/1973 (Lei de Registros Públicos).
- V. arts. 31, 42 e ss., Lei 6.815/1980 (Estatuto do Estrangeiro).

§ 1º Realizando-se o casamento no Brasil, será aplicada a lei brasileira quanto aos impedimentos dirimentes e às formalidades da celebração.

- V. arts. 183 e 192 a 201, CC/1916; e arts. 1.517, 1.521, 1.523 e 1.533 a 1542, CC/2002.
- V. arts. 8º e 9º, Lei 1.110/1950 (Reconhecimento dos efeitos civis do casamento religioso).
- V. Lei 6.015/1973 (Lei de Registros Públicos).

§ 2º O casamento de estrangeiros poderá celebrar-se perante autoridades diplomáticas ou consulares do país de ambos os nubentes.

- § 2º com redação determinada pela Lei 3.238/1957.
- V. art. 204, CC/1916; e art. 1.544, CC/2002.

§ 3º Tendo os nubentes domicílio diverso, regerá os casos de invalidade do matrimônio a lei do primeiro domicílio conjugal.

- V. arts. 207 a 224, CC/1916; e arts. 1.548 a 1.564, CC/2002.

§ 4º O regime de bens, legal ou convencional, obedece à lei do país em que tiverem os nubentes domicílio, e, se este for diverso, à do primeiro domicílio conjugal.

- V. arts. 256 a 261, CC/1916; e arts. 1.639 a 1.653, CC/2002.

§ 5º O estrangeiro casado, que se naturalizar brasileiro, pode, mediante expressa anuência de seu cônjuge, requerer ao juiz, no ato de entrega do decreto de naturalização, se apostile ao mesmo a adoção do regime de comunhão parcial de bens, respeitados os direitos de terceiros e dada esta adoção ao competente registro.

- § 5º com redação determinada pela Lei 6.515/1977.
- V. arts. 269 a 275, CC/1916; e arts. 1.658 a 1.666, CC/2002.

§ 6º O divórcio realizado no estrangeiro, se um ou ambos os cônjuges forem brasileiros, só será reconhecido no Brasil depois de 1 (um) ano da data da sentença, salvo se houver sido antecedida de separação judicial por igual prazo, caso em que a homologação produzirá efeito imediato, obedecidas as condições estabelecidas para a eficácia das sentenças estrangeiras no país. O Superior Tribunal de Justiça, na forma de seu regimento interno, poderá reexaminar, a requerimento do interessado, decisões já proferidas em pedidos de homologação de sentenças estrangeiras de divórcio de brasileiros, a fim de que passem a produzir todos os efeitos legais.

- § 6º com redação determinada pela Lei 12.036/2009.
- V. art. 15.
- V. arts. 105, I, *i*, e 227, § 6º, CF.
- V. art. 483, CPC.

§ 7º Salvo o caso de abandono, o domicílio do chefe da família estende-se ao outro cônjuge e aos filhos não emancipados, e o do tutor ou curador aos incapazes sob sua guarda.

- V. arts. 226, § 5º, e 227, § 6º, CF.
- V. arts. 5º, 6º, 36, CC/1916; e arts. 3º, 4º e 76, parágrafo único, CC/2002.
- V. Lei 10.216/2001 (Proteção a pessoas portadoras de transtornos mentais).

§ 8º Quando a pessoa não tiver domicílio, considerar-se-á domiciliada no lugar de sua residência ou naquele em que se encontre.

- V. arts. 31 a 33, CC/1916; e arts. 70, 71 e 73, CC/2002.
- V. art. 94, § 3º, CPC.

Art. 8º Para qualificar os bens e regular as relações a eles concernentes, aplicar-se-á a lei do país em que estiverem situados.

- V. Lei 8.617/1993 (Mar territorial).

§ 1º Aplicar-se-á a lei do país em que for domiciliado o proprietário, quanto aos bens móveis que ele trouxer ou se destinarem a transporte para outros lugares.

§ 2º O penhor regula-se pela lei do domicílio que tiver a pessoa, em cuja posse se encontre a coisa apenhada.

- V. arts. 768 a 796, CC/1916; e arts. 1.431 a 1.435, 1.438 a 1.440, 1.442, 1.445, 1.446, 1.451 a 1.460 e 1.467 a 1.471, CC/2002.
- V. arts. 797 a 801, CC/1916, sem correspondência no CC/2002.

Dec.-lei 4.657/1942

Lei de Introdução

Art. 9º Para qualificar e reger as obrigações, aplicar-se-á a lei do país em que se constituírem.

§ 1º Destinando-se a obrigação a ser executada no Brasil e dependendo de forma essencial, será esta observada, admitidas as peculiaridades da lei estrangeira quanto aos requisitos extrínsecos do ato.

- V. Dec.-lei 857/1969 (Moeda para pagamento de obrigações exequíveis no Brasil).

§ 2º A obrigação resultante do contrato reputa-se constituída no lugar em que residir o proponente.

- V. art. 1.087, CC/1916; e art. 435, CC/2002.

Art. 10. A sucessão por morte ou por ausência obedece à lei do país em que era domiciliado o defunto ou o desaparecido, qualquer que seja a natureza e a situação dos bens.

- V. arts. 469 a 483 e 1.572 a 1.769, CC/1916; e arts. 26 a 39 e 1.784 a 1.990, CC/2002.

§ 1º A sucessão de bens de estrangeiros, situados no país, será regulada pela lei brasileira em benefício do cônjuge ou dos filhos brasileiros, ou de quem os represente, sempre que não lhes seja mais favorável a lei pessoal do *de cujus*.

- § 1º com redação determinada pela Lei 9.047/1995.
- V. art. 5º, XXXI, CF.
- V. arts. 1.620 a 1.625, CC/1916; e arts. 1.851 a 1.856, CC/2002.

§ 2º A lei do domicílio do herdeiro ou legatário regula a capacidade para suceder.

- V. art. 5º, XXX e XXXI, CF.
- V. arts. 1.577 e 1.717 a 1.720, CC/1916; e arts. 1.787, 1.799, 1.801 e 1.802, CC/2002.
- V. arts. 89, II, 96 e 982, CPC.

Art. 11. As organizações destinadas a fins de interesse coletivo, como as sociedades e as fundações, obedecem à lei do Estado em que se constituírem.

- V. arts. 24 a 30 e 1.363 a 1.409, CC/1916; e arts. 62, 63, 65 a 69 e 681 a 1.141, CC/2002.
- V. art. 12, § 3º, CPC.

§ 1º Não poderão, entretanto, ter no Brasil filiais, agências ou estabelecimentos antes de serem os atos constitutivos aprovados pelo Governo brasileiro, ficando sujeitas à lei brasileira.

- V. art. 170, parágrafo único, CF.
- V. arts. 12, VII, § 3º, e 88, parágrafo único, CPC.
- V. Dec. 24.643/1934 (Código de Águas).
- V. Dec.-lei 2.980/1941 (Loterias).
- V. art. 74, Dec.-lei 73/1966 (Sistema Nacional de Seguros Privados).
- V. art. 12, Dec.-lei 200/1967 (Alterações nos atos que regem o funcionamento das sociedades estrangeiras).
- V. Dec.-lei 227/1967 (Código de Mineração).
- V. art. 32, II, Lei 8.934/1994 (Registro público de empresas mercantis e atividades afins).

§ 2º Os Governos estrangeiros, bem como as organizações de qualquer natureza, que eles tenham constituído, dirijam ou hajam investido de funções públicas, não poderão adquirir no Brasil bens imóveis ou suscetíveis de desapropriação.

§ 3º Os Governos estrangeiros podem adquirir a propriedade dos prédios necessários à sede dos representantes diplomáticos ou dos agentes consulares.

- V. Lei 4.331/1964 (Aquisição de imóveis no Distrito Federal por governos estrangeiros).

Art. 12. É competente a autoridade judiciária brasileira, quando for o réu domiciliado no Brasil ou aqui tiver de ser cumprida a obrigação.

- V. arts. 88 a 90, CPC.

§ 1º Só à autoridade judiciária brasileira compete conhecer das ações relativas a imóveis situados no Brasil.

- V. art. 89, I, CPC.

§ 2º A autoridade judiciária brasileira cumprirá, concedido o *exequatur* e segundo a forma estabelecida pela lei brasileira, as diligências deprecadas por autoridade estrangeira competente, observando a lei desta, quanto ao objeto das diligências.

- V. arts. 105, I, *i*, e 109, X, CF.
- V. arts. 88, 89, 94, § 3º, 95, 211, 212 e 231, § 1º, CPC.

Art. 13. A prova dos fatos ocorridos em país estrangeiro rege-se pela lei que nele vigorar, quanto ao ônus e aos meios de produzir-se, não admitindo os tribunais brasileiros provas que a lei brasileira desconheça.

- V. art. 140, CC/1916; e art. 224, CC/2002.
- V. arts. 332, 334 e 337, CPC.
- V. art. 32, *caput*, Lei 6.015/1973 (Lei de Registros Públicos).

Art. 14. Não conhecendo a lei estrangeira, poderá o juiz exigir de quem a invoca prova do texto e da vigência.

- V. art. 337, CPC.

203

Lei 12.376/2010

LEI DE INTRODUÇÃO

Art. 15. Será executada no Brasil a sentença proferida no estrangeiro, que reúna os seguintes requisitos:

- V. art. 12, § 2º.
- V. arts. 211, 212, 483 e 484, CPC.
- V. arts. 6º, I, *i*, 13, IX, 52, III, 215 a 347, I, e 367, RISTF.

a) haver sido proferida por juiz competente;

- V. Súmula 381, STF.

b) terem sido as partes citadas ou haver-se legalmente verificado a revelia;

c) ter passado em julgado e estar revestida das formalidades necessárias para a execução no lugar em que foi proferida;

- V. Súmula 420, STF.

d) estar traduzida por intérprete autorizado;
e) ter sido homologada pelo Supremo Tribunal Federal.

- Com a promulgação da EC n. 45/2004, que modificou o art. 105, I, *i*, da CF, a competência para homologação de sentença estrangeira passou a ser do Superior Tribunal de Justiça.
- V. art. 105, I, *i*, CF.
- V. art. 483, CPC.
- V. art. 9º, CP.
- V. arts. 787 a 790, CPP.
- V. art. 35, Lei 9.307/1996 (Arbitragem).

Parágrafo único. (*Revogado pela Lei 12.036/2009.*)

Art. 16. Quando, nos termos dos artigos precedentes, se houver de aplicar a lei estrangeira, ter-se-á em vista a disposição desta, sem considerar-se qualquer remissão por ela feita a outra lei.

Art. 17. As leis, atos e sentenças de outro país, bem como quaisquer declarações de vontade, não terão eficácia no Brasil, quando ofenderem a soberania nacional, a ordem pública e os bons costumes.

- V. art. 781, CPP.

Art. 18. Tratando-se de brasileiros, são competentes as autoridades consulares brasileiras para lhes celebrar o casamento e os mais atos de Registro Civil e de tabelionato, inclusive o registro de nascimento e de óbito dos filhos de brasileiro ou brasileira nascidos no país da sede do Consulado.

- Artigo com redação determinada pela Lei 3.238/1957.

- V. art. 19.
- V. Dec. 360/1935 (Funções consulares).
- V. art. 32, § 3º, Lei 6.015/1973 (Lei de Registros Públicos).
- V. Dec. 84.451/1980 (Atos notariais e de registro civil).

Art. 19. Reputam-se válidos todos os atos indicados no artigo anterior e celebrados pelos cônsules brasileiros na vigência do Dec.-lei 4.657, de 4 de setembro de 1942, desde que satisfaçam todos os requisitos legais.

- Artigo acrescentado pela Lei 3.238/1957.

Parágrafo único. No caso em que a celebração desses atos tiver sido recusada pelas autoridades consulares, com fundamento no art. 18 do mesmo Decreto-lei, ao interessado é facultado renovar o pedido dentre em 90 (noventa) dias contados da data da publicação desta Lei.

Rio de Janeiro, 4 de setembro de 1942; 121º da Independência e 54º da República.

Getúlio Vargas

(*DOU* 09.09.1942; ret. 08.10.1942 e 17.06.1943)

LEI 12.376, DE 30 DE DEZEMBRO DE 2010

Altera a ementa do Decreto-lei 4.657, de 4 de setembro de 1942.

O Presidente da República:

Faço saber que o Congresso Nacional decreta e eu sanciono a seguinte Lei:

Art. 1º Esta Lei altera a ementa do Decreto-lei 4.657, de 4 de setembro de 1942, ampliando o seu campo de aplicação.

Art. 2º A ementa do Decreto-lei 4.657, de 4 de setembro de 1942, passa a vigorar com a seguinte redação:

"Lei de Introdução às normas do Direito Brasileiro."

Art. 3º Esta Lei entra em vigor na data de sua publicação.

Brasília, 30 de dezembro de 2010; 189º da Independência e 122º da República.

Luiz Inácio Lula da Silva

(*DOU* 31.12.2010)

CONSOLIDAÇÃO DAS LEIS DO TRABALHO

Índice Sistemático da Consolidação das Leis do Trabalho

Notas de Atualização

Exposição de Motivos da Consolidação das Leis do Trabalho

Consolidação das Leis do Trabalho

ÍNDICE SISTEMÁTICO DA CONSOLIDAÇÃO DAS LEIS DO TRABALHO

DECRETO-LEI 5.452, DE 1º DE MAIO DE 1943

TÍTULO I
INTRODUÇÃO

Arts. 1º a 12, **223**

TÍTULO II
DAS NORMAS GERAIS DE TUTELA DO TRABALHO

Arts. 13 a 223, **226**

Capítulo I – Da identificação profissional (arts. 13 a 56), **226**

 Seção I – Da Carteira de Trabalho e Previdência Social (art. 13), **226**

 Seção II – Da emissão da Carteira de Trabalho e Previdência Social (arts. 14 a 24), **226**

 Seção III – Da entrega das Carteiras de Trabalho e Previdência Social (arts. 25 a 28), **227**

 Seção IV – Das anotações (arts. 29 a 35), **228**

 Seção V – Das reclamações por falta ou recusa de anotação (arts. 36 a 39), **229**

 Seção VI – Do valor das anotações (art. 40), **229**

 Seção VII – Dos livros de registro de empregados (arts. 41 a 48), **230**

 Seção VIII – Das penalidades (arts. 49 a 56), **230**

Capítulo II – Da duração do trabalho (arts. 57 a 75), **231**

 Seção I – Disposição preliminar (art. 57), **231**

 Seção II – Da jornada de trabalho (arts. 58 a 65), **231**

 Seção III – Dos períodos de descanso (arts. 66 a 72), **234**

 Seção IV – Do trabalho noturno (art. 73), **235**

 Seção V – Do quadro de horário (art. 74), **236**

 Seção VI – Das penalidades (art. 75), **236**

Capítulo III – Do salário mínimo (arts. 76 a 128), **236**

 Seção I – Do conceito (arts. 76 a 83), **237**

 Seção II – Das regiões e sub-regiões (arts. 84 a 86), **237**

 Seção III – Da constituição das comissões (arts. 87 a 100) (Revogados pela Lei 4.589/1964), **238**

 Seção IV – Das atribuições das comissões de salário mínimo (arts. 101 a 111) (Revogados pela Lei 4.589/1964), **238**

 Seção V – Da fixação do salário mínimo (arts. 112 a 116), **238**

 Seção VI – Disposições gerais (arts. 117 a 128), **238**

Capítulo IV – Das férias anuais (arts. 129 a 153), **239**

 Seção I – Do direito a férias e da sua duração (arts. 129 a 133), **239**

 Seção II – Da concessão e da época das férias (arts. 134 a 138), **240**

ÍNDICE SISTEMÁTICO DA CLT

Seção III – Das férias coletivas (arts. 139 a 141), **241**

Seção IV – Da remuneração e do abono de férias (arts. 142 a 145), **242**

Seção V – Dos efeitos da cessação do contrato de trabalho (arts. 146 a 148), **243**

Seção VI – Do início da prescrição (art. 149), **243**

Seção VII – Disposições especiais (arts. 150 a 152), **243**

Seção VIII – Das penalidades (art. 153), **244**

Capítulo V – Da segurança e da medicina do trabalho (arts. 154 a 223), **244**

Seção I – Disposições gerais (arts. 154 a 159), **244**

Seção II – Da inspeção prévia e do embargo ou interdição (arts. 160 e 161), **245**

Seção III – Dos órgãos de segurança e de medicina do trabalho nas empresas (arts. 162 a 165), **246**

Seção IV – Do equipamento de proteção individual (arts. 166 e 167), **247**

Seção V – Das medidas preventivas de medicina do trabalho (arts. 168 e 169), **247**

Seção VI – Das edificações (arts. 170 a 174), **247**

Seção VII – Da iluminação (art. 175), **248**

Seção VIII – Do conforto térmico (arts. 176 a 178), **248**

Seção IX – Das instalações elétricas (arts. 179 a 181), **248**

Seção X – Da movimentação, armazenagem e manuseio de materiais (arts. 182 e 183), **248**

Seção XI – Das máquinas e equipamentos (arts. 184 a 186), **249**

Seção XII – Das caldeiras, fornos e recipientes sob pressão (arts. 187 e 188), **249**

Seção XIII – Das atividades insalubres ou perigosas (arts. 189 a 197), **250**

Seção XIV – Da prevenção da fadiga (arts. 198 e 199), **252**

Seção XV – Das outras medidas especiais de proteção (art. 200), **252**

Seção XVI – Das penalidades (arts. 201 a 223), **253**

TÍTULO III
DAS NORMAS ESPECIAIS DE TUTELA DO TRABALHO

Arts. 224 a 441, **253**

Capítulo I – Das disposições especiais sobre duração e condições de trabalho (arts. 224 a 351), **253**

Seção I – Dos bancários (arts. 224 a 226), **253**

Seção II – Dos empregados nos serviços de telefonia, de telegrafia submarina e subfluvial, de radiotelegrafia e radiotelefonia (arts. 227 a 231), **254**

Seção III – Dos músicos profissionais (arts. 232 e 233), **254**

Seção IV – Dos operadores cinematográficos (arts. 234 e 235), **254**

Seção IV-A – Do serviço do motorista profissional (arts. 235-A a 235-H), **255**

Seção V – Do serviço ferroviário (arts. 236 a 247), **257**

Seção VI – Das equipagens das embarcações da marinha mercante nacional, de navegação fluvial e lacustre, do tráfego nos portos e da pesca (arts. 248 a 252), **260**

Seção VII – Dos serviços frigoríficos (art. 253), **261**

Seção VIII – Dos serviços de estiva (arts. 254 a 284) *(Revogados pela Lei 8.630/1993)*, **261**

Seção IX – Dos serviços de capatazias nos portos (arts. 285 a 292) *(Revogados pela Lei 8.630/1993)*, **261**

Índice Sistemático da CLT

Seção X – Do trabalho em minas de subsolo (arts. 293 a 301), **261**

Seção XI – Dos jornalistas profissionais (arts. 302 a 316), **262**

Seção XII – Dos professores (arts. 317 a 324), **263**

Seção XIII – Dos químicos (arts. 325 a 350), **264**

Seção XIV – Das penalidades (art. 351), **268**

Capítulo II – Da nacionalização do trabalho (arts. 352 a 371), **268**

Seção I – Da proporcionalidade de empregados brasileiros (arts. 352 a 358), **268**

Seção II – Das relações anuais de empregados (arts. 359 a 362), **270**

Seção III – Das penalidades (arts. 363 e 364), **271**

Seção IV – Disposições gerais (arts. 365 a 367), **271**

Seção V – Das disposições especiais sobre a nacionalização da marinha mercante (arts. 368 a 371), **271**

Capítulo III – Da proteção do trabalho da mulher (arts. 372 a 401-B), **272**

Seção I – Da duração, condições do trabalho e da discriminação contra a mulher (arts. 372 a 378), **272**

Seção II – Do trabalho noturno (arts. 379 a 381), **273**

Seção III – Dos períodos de descanso (arts. 382 a 386), **273**

Seção IV – Dos métodos e locais de trabalho (arts. 387 a 390-E), **273**

Seção V – Da proteção à maternidade (arts. 391 a 400), **274**

Seção VI – Das penalidades (arts. 401 a 401-B), **276**

Capítulo IV – Da proteção do trabalho do menor (arts. 402 a 441), **276**

Seção I – Disposições gerais (arts. 402 a 410), **276**

Seção II – Da duração do trabalho (arts. 411 a 414), **278**

Seção III – Da admissão em emprego e da Carteira de Trabalho e Previdência Social (arts. 415 a 423), **278**

Seção IV – Dos deveres dos responsáveis legais de menores e dos empregadores. Da aprendizagem (arts. 424 a 433), **278**

Seção V – Das penalidades (arts. 434 a 438), **281**

Seção VI – Disposições finais (arts. 439 a 441), **281**

TÍTULO IV
DO CONTRATO INDIVIDUAL DO TRABALHO

Arts. 442 a 510, **282**

Capítulo I – Disposições gerais (arts. 442 a 456), **282**

Capítulo II – Da remuneração (arts. 457 a 467), **284**

Capítulo III – Da alteração (arts. 468 a 470), **287**

Capítulo IV – Da suspensão e da interrupção (arts. 471 a 476-A), **288**

Capítulo V – Da rescisão (arts. 477 a 486), **290**

Capítulo VI – Do aviso-prévio (arts. 487 a 491), **293**

Capítulo VII – Da estabilidade (arts. 492 a 500), **294**

Capítulo VIII – Da força maior (arts. 501 a 504), **295**

Capítulo IX – Disposições especiais (arts. 505 a 510), **296**

TÍTULO V
DA ORGANIZAÇÃO SINDICAL

Arts. 511 a 610, **296**

Capítulo I – Da instituição sindical (arts. 511 a 569), **296**

Seção I – Da associação em sindicato (arts. 511 a 514), **296**

ÍNDICE SISTEMÁTICO DA CLT

Seção II – Do reconhecimento e investidura sindical (arts. 515 a 521), **297**

Seção III – Da administração do sindicato (arts. 522 a 528), **299**

Seção IV – Das eleições sindicais (arts. 529 a 532), **301**

Seção V – Das associações sindicais de grau superior (arts. 533 a 539), **303**

Seção VI – Dos direitos dos exercentes de atividades ou profissões e dos sindicalizados (arts. 540 a 547), **304**

Seção VII – Da gestão financeira do sindicato e sua fiscalização (arts. 548 a 552), **306**

Seção VIII – Das penalidades (arts. 553 a 557), **308**

Seção IX – Disposições gerais (arts. 558 a 569), **309**

Capítulo II – Do enquadramento sindical (arts. 570 a 577), **310**

Capítulo III – Da contribuição sindical (arts. 578 a 610), **312**

Seção I – Da fixação e do recolhimento da contribuição sindical (arts. 578 a 591), **312**

Seção II – Da aplicação da contribuição sindical (arts. 592 a 594), **316**

Seção III – Da comissão da contribuição sindical (arts. 595 a 597) *(Revogados pela Lei 4.589/1964)*, **317**

Seção IV – Das penalidades (arts. 598 a 600), **317**

Seção V – Disposições gerais (arts. 601 a 610), **318**

TÍTULO VI
DAS CONVENÇÕES
COLETIVAS DE TRABALHO

Arts. 611 a 625, **319**

TÍTULO VI-A
DAS COMISSÕES
DE CONCILIAÇÃO PRÉVIA

Arts. 625-A a 625-H, **322**

TÍTULO VII
DO PROCESSO
DE MULTAS ADMINISTRATIVAS

Arts. 626 a 642, **323**

Capítulo I – Da fiscalização, da autuação e da imposição de multas (arts. 626 a 634), **323**

Capítulo II – Dos recursos (arts. 635 a 638), **325**

Capítulo III – Do depósito, da inscrição e da cobrança (arts. 639 a 642), **326**

TÍTULO VII-A
DA PROVA DE INEXISTÊNCIA
DE DÉBITOS TRABALHISTAS

Art. 642-A, **326**

TÍTULO VIII
DA JUSTIÇA DO TRABALHO

Arts. 643 a 735, **327**

Capítulo I – Introdução (arts. 643 a 646), **327**

Capítulo II – Das Juntas de Conciliação e Julgamento (arts. 647 a 667), **327**

Seção I – Da composição e funcionamento (arts. 647 a 649), **328**

Seção II – Da jurisdição e competência das Juntas (arts. 650 a 653), **328**

Seção III – Dos Presidentes das Juntas (arts. 654 a 659), **329**

Seção IV – Dos vogais das Juntas (arts. 660 a 667), **331**

Capítulo III – Dos Juízos de Direito (arts. 668 e 669), **333**

Capítulo IV – Dos Tribunais Regionais do Trabalho (arts. 670 a 689), **333**

Seção I – Da composição e do funcionamento (arts. 670 a 673), **334**

Seção II – Da jurisdição e competência (arts. 674 a 680), **336**

Seção III – Dos Presidentes dos Tribunais Regionais (arts. 681 a 683), **338**

Índice Sistemático da CLT

Seção IV – Dos juízes representantes classistas dos Tribunais Regionais (arts. 684 a 689), *339*

Capítulo V – Do Tribunal Superior do Trabalho (arts. 690 a 709), *340*

Seção I – Disposições preliminares (arts. 690 a 692), *340*

Seção II – Da composição e funcionamento do Tribunal Superior do Trabalho (arts. 693 a 701), *340*

Seção III – Da competência do Tribunal Pleno (art. 702), *341*

Seção IV – Da competência da Câmara de Justiça do Trabalho (arts. 703 a 705) *(Revogados pelo Dec.-lei 8.737/1946)*, *342*

Seção V – Da competência da Câmara de Previdência Social (art. 706) *(Revogado pelo Dec.-lei 8.737/1946)*, *342*

Seção VI – Das atribuições do presidente do Tribunal Superior do Trabalho (art. 707), *342*

Seção VII – Das atribuições do vice-presidente (art. 708), *343*

Seção VIII – Das atribuições do corregedor (art. 709), *343*

Capítulo VI – Dos serviços auxiliares da Justiça do Trabalho (arts. 710 a 721), *344*

Seção I – Da Secretaria das Juntas de Conciliação e Julgamento (arts. 710 a 712), *344*

Seção II – Dos distribuidores (arts. 713 a 715), *345*

Seção III – Do Cartório dos Juízos de Direito (arts. 716 e 717), *345*

Seção IV – Das Secretarias dos Tribunais Regionais (arts. 718 a 720), *345*

Seção V – Dos oficiais de justiça e oficiais de justiça avaliadores (art. 721), *346*

Capítulo VII – Das penalidades (arts. 722 a 733), *346*

Seção I – Do *lockout* e da greve (arts. 722 a 725), *346*

Seção II – Das penalidades contra os membros da Justiça do Trabalho (arts. 726 a 728), *347*

Seção III – De outras penalidades (arts. 729 a 733), *347*

Capítulo VIII – Disposições gerais (arts. 734 e 735), *348*

TÍTULO IX
DO MINISTÉRIO PÚBLICO
DO TRABALHO

Arts. 736 a 762, *348*

Capítulo I – Disposições gerais (arts. 736 a 739), *348*

Capítulo II – Da Procuradoria da Justiça do Trabalho (arts. 740 a 754), *349*

Seção I – Da organização (arts. 740 a 745), *349*

Seção II – Da competência da Procuradoria-Geral (art. 746), *349*

Seção III – Da competência das Procuradorias Regionais (art. 747), *350*

Seção IV – Das atribuições do procurador-geral (art. 748), *350*

Seção V – Das atribuições dos procuradores (art. 749), *350*

Seção VI – Das atribuições dos procuradores regionais (arts. 750 e 751), *350*

Seção VII – Da Secretaria (arts. 752 a 754), *351*

Capítulo III – Da Procuradoria de Previdência Social (arts. 755 a 762), *351*

TÍTULO X
DO PROCESSO JUDICIÁRIO
DO TRABALHO

Arts. 763 a 910, *351*

Capítulo I – Disposições preliminares (arts. 763 a 769), *351*

Capítulo II – Do processo em geral (arts. 770 a 836), *352*

Seção I – Dos atos, termos e prazos processuais (arts. 770 a 782), *352*

Seção II – Da distribuição (arts. 783 a 788), *353*

ÍNDICE SISTEMÁTICO DA CLT

Seção III – Das custas e emolumentos (arts. 789 a 790-B), *354*

Seção IV – Das partes e dos procuradores (arts. 791 a 793), *356*

Seção V – Das nulidades (arts. 794 a 798), *356*

Seção VI – Das exceções (arts. 799 a 802), *356*

Seção VII – Dos conflitos de jurisdição (arts. 803 a 812), *357*

Seção VIII – Das audiências (arts. 813 a 817), *358*

Seção IX – Das provas (arts. 818 a 830), *359*

Seção X – Da decisão e sua eficácia (arts. 831 a 836), *360*

Capítulo III – Dos dissídios individuais (arts. 837 a 855), *361*

Seção I – Da forma de reclamação e da notificação (arts. 837 a 842), *361*

Seção II – Da audiência de julgamento (arts. 843 a 852), *362*

Seção II-A – Do procedimento sumaríssimo (arts. 852-A a 852-I), *364*

Seção III – Do inquérito para apuração de falta grave (arts. 853 a 855), *365*

Capítulo IV – Dos dissídios coletivos (arts. 856 a 875), *366*

Seção I – Da instauração da instância (arts. 856 a 859), *366*

Seção II – Da conciliação e do julgamento (arts. 860 a 867), *366*

Seção III – Da extensão das decisões (arts. 868 a 871), *367*

Seção IV – Do cumprimento das decisões (art. 872), *367*

Seção V – Da revisão (arts. 873 a 875), *367*

Capítulo V – Da execução (arts. 876 a 892), *368*

Seção I – Das disposições preliminares (arts. 876 a 879), *368*

Seção II – Do mandado e da penhora (arts. 880 a 883), *369*

Seção III – Dos embargos à execução e da sua impugnação (art. 884), *370*

Seção IV – Do julgamento e dos trâmites finais da execução (arts. 885 a 889-A), *370*

Seção V – Da execução por prestações sucessivas (arts. 890 a 892), *371*

Capítulo VI – Dos recursos (arts. 893 a 902), *372*

Capítulo VII – Da aplicação das penalidades (arts. 903 a 908), *376*

Capítulo VIII – Disposições finais (arts. 909 e 910), *377*

TÍTULO XI
DISPOSIÇÕES FINAIS E TRANSITÓRIAS

Arts. 911 a 922, *377*

NOTAS DE ATUALIZAÇÃO

I – Unidades Monetárias:
 a) Dec.-lei 4.791, de 05.10.1942 – instituiu o cruzeiro (Cr$) equivalente a mil-réis;
 b) Lei 4.511, de 01.12.1964 – extinguiu o centavo;
 c) Dec.-lei 1, de 13.11.1965 – instituiu o cruzeiro novo (NCr$), equivalente a 1.000 (mil) cruzeiros, com vigência a partir de 13.02.1967;
 d) Res. BCB 144, de 31.03.1970 – reinstituiu o cruzeiro (Cr$);
 e) Lei 7.214, de 15.08.1984 – extinguiu o centavo;
 f) Dec.-lei 2.284, de 10.03.1986 – instituiu o cruzado (CZ$), equivalente a 1.000 (mil) cruzeiros;
 g) Lei 7.730, de 31.01.1989 – instituiu o cruzado novo (NCZ$), equivalente a 1.000 (cruzados);
 h) Lei 8.024, de 12.04.1990 – reinstituiu o cruzeiro (Cr$), sem outras modificações;
 i) Lei 8.697, de 27.08.1993 – instituiu o cruzeiro real (CR$), equivalente a 1.000 (mil) cruzeiros;
 j) Lei 8.880, de 27.05.1994 – criou a unidade real de valor (URV), equivalente a CR$ 2.750,00 (dois mil setecentos e cinquenta) cruzeiros reais;
 k) Lei 9.069, de 29.06.1995 – instituiu o real (R$), equivalente a uma URV, com vigência a partir de 01.07.1994.

II – Multas:
1. As multas originais constantes da CLT eram expressas em cruzeiros, e, com o advento do Dec.-lei 229/1967, algumas foram transformadas em salário mínimo regional.
2. Após essa data, muitos foram os diplomas a alterar seus valores:
 a) Lei 6.205, de 29.04.1975, que dispôs que os valores monetários fixados com base no salário mínimo não mais seriam considerados para quaisquer fins;
 b) Lei 6.986, de 13.04.1982, que dispôs que os valores das multas por infração aos preceitos da CLT seriam decuplicados;
 c) Constituição Federal, art. 7º, IV, que unificou o valor do salário mínimo para todo o País e vedou sua vinculação para qualquer fim, exceto para os benefícios da Previdência Social;
 d) Lei 7.855, de 24.10.1989, que dispôs que os valores das multas administrativas por violação das normas da CLT e legislação extravagante seriam triplicados e, em seguida, expressos em BTNs;
 e) Lei 8.177, de 01.03.1991, que extinguiu o BTN fiscal (instituído pela Lei 7.799, de 10.07.1989) e o BTN (da Lei 7.777, de 19.06.1989);
 f) Lei 8.383, de 30.12.1991, que instituiu a UFIR como medida de valor e parâmetro de atualização monetária de tributos e de valores expressos na legislação tributária federal, bem como os relativos a multas e penalidades de qualquer natureza;
 g) Lei 9.069, de 29.06.1995, que extinguiu a UFIR diária;

NOTAS DE ATUALIZAÇÃO

h) Medida Provisória 1.750-48, de 11.03.1999, que dispôs que a UFIR, durante o ano de 1996 seria reajustada semestralmente, e, a partir de 01.01.1997, anualmente. A MP 1.750 foi convertida na Lei 10.192/2001;

i) Lei 10.522, de 19.07.2002, que extinguiu a UFIR.

3. Atualmente, a Portaria MTb 290, de 11.04.1997, estabelece as normas para a imposição de multas administrativas previstas na legislação trabalhista, tendo como parâmetro o último valor da UFIR, que é atualizado segundo coeficientes oficiais.

Observações:

1. O art. 25 da Lei 10.683, de 28.05.2003, estabelece os seguintes Ministérios:

 - da Agricultura, Pecuária e Abastecimento
 - das Cidades
 - da Ciência, Tecnologia e Inovação
 - das Comunicações
 - da Cultura
 - da Defesa
 - do Desenvolvimento Agrário
 - do Desenvolvimento Social e Combate à Fome
 - do Desenvolvimento, Indústria e Comércio Exterior
 - da Educação
 - do Esporte
 - da Fazenda
 - da Integração Nacional
 - da Justiça
 - do Meio Ambiente
 - de Minas e Energia
 - da Pesca e Aquicultura
 - do Planejamento, Orçamento e Gestão
 - da Previdência Social
 - das Relações Exteriores
 - da Saúde
 - do Trabalho e Emprego
 - dos Transportes
 - do Turismo

 O parágrafo único deste mesmo artigo estabelece: "São Ministros de Estado: I – os titulares dos Ministérios; II – os titulares das Secretarias da Presidência da República; III – o Advogado-Geral da União; IV – o Chefe da Casa Civil da Presidência da República; V – o Chefe do Gabinete de Segurança Institucional da Presidência da República; VI – o Chefe da Controladoria-Geral da União; VII – o Presidente do Banco Central do Brasil."

2. A Emenda Constitucional n. 24, de 09.12.1999, substituiu as Juntas de Conciliação e Julgamento por Varas do Trabalho (juiz singular) e extinguiu a representação classista na Justiça do Trabalho.

3. De acordo com a Emenda Constitucional n. 45, de 08.12.2004, ao alterar a redação do art. 112 da CF, nas comarcas não abrangidas pelas varas da Justiça do Trabalho, a jurisdição é atribuída aos Juízes de Direito, com recurso para o respectivo Tribunal Regional do Trabalho.

4. A Emenda Constitucional n. 45, de 08.12.2004 modificou a competência da Justiça do Trabalho ao alterar a redação do art. 114 da CF.

5. A composição do Tribunal Superior do Trabalho foi modificada pela Emenda Constitucional n. 45, de 08.12.2004, que acrescentou o art. 111-A da CF.

6. A Resolução TST 129/2005 (*DJU* 20.04.2005) modificou a denominação dos verbetes da jurisprudência predominante do Tribunal Superior do Trabalho de "Enunciado" para "Súmula" e determinou várias alterações no conteúdo das Súmulas e Orientações Jurisprudenciais deste Tribunal.

7. Posteriormente à Resolução TST 129/2005 foi publicada a Resolução TST 137/2005 (*DJU* 22.08.2005), que determinou várias alterações no conteúdo das Súmulas e Orientações Jurisprudenciais do Tribunal Superior do Trabalho.

EXPOSIÇÃO DE MOTIVOS DA CONSOLIDAÇÃO DAS LEIS DO TRABALHO

Sr. Presidente da República:
Tenho grande honra de apresentar a Vossa Excelência o projeto definitivo de Consolidação das Leis de Proteção ao Trabalho, relevante cometimento jurídico e social, cuja redação última foi procedida, havendo sido escrupulosamente apreciadas as sugestões e emendas propostas ao anteprojeto, após uma verdadeira autocrítica, que a própria Comissão efetuou, do texto original divulgado pelo *Diário Oficial* de 5 de janeiro do corrente ano.

2. A Comissão cotejou e julgou cerca de dois mil reparos, observações ou comentários feitos à Consolidação.

3. Peço vênia a Vossa Excelência, preliminarmente, para ressaltar o esforço, a cultura, a inteligência com que, no desempenho da difícil incumbência, se houveram os signatários do Relatório incluso no aprofundado exame da matéria.

4. Durante quase um ano, em longas reuniões diárias, entregaram-se à tarefa complexa e ilustre, com uma dedicação e um espírito público que bem demonstram o patriotismo que os inspirou. Desejo, por isso, antes de mais nada, e perante V. Exa., patentear o meu reconhecimento e a minha admiração por esses notáveis colaboradores da obra ministerial.

5. É da mais alta significação social e merece uma referência especial o interesse suscitado pela divulgação do anteprojeto.

6. Juristas e magistrados, entidades públicas, empresas privadas e associações culturais concorreram com a judiciosa reflexão de sua experiência para sugerir um ou outro retoque.

7. Revelando, não só a repercussão alcançada pelo monumento legal projetado, mas, principalmente, uma vigorosa consciência sindical – prova plena de um regime social já radicado – manifestaram-se as classes de empregadores e de empregados, através das respectivas instituições representativas. Esta foi, na realidade, a contribuição mais palpitante, trazida à Comissão, quer pelo teor original da discussão das teses, quer pela eficiência patente do sistema paritário de equilíbrio social, evidenciando-se, do contraste de interesses, sob a luz de um pensamento público de bem comum, a fórmula de composição harmônica das forças do capital e do trabalho.

8. A Consolidação corresponde a um estágio no desenvolvimento do progresso jurídico.

9. Entre a compilação ou coleção de leis e um código – que são, respectivamente, os momentos extremos de um processo de corporificação do direito – existe a consolidação, que é a fase própria da concatenação dos textos e da coordenação dos princípios, quando já se denuncia primeiro o pensamento do sistema depois de haverem sido reguladas, de modo amplo, relações sociais em determinado plano da vida política.

10. Projetada a ação do Estado em várias direções, para atender ao tratamento de situações especiais e constantes em uma mesma órbita jurídica, impõe-se, desde o instante em que se surpreende a unidade interna desses problemas, perscrutar a sua inteligência ordenadora, que será então a *ratio legis* do sistema normativo necessário.

11. Esse o significado da Consolidação, que não é uma coleção de leis, mas a sua coordenação sistematizada.

Exposição de Motivos

CONSOLIDAÇÃO DAS LEIS DO TRABALHO

Não é apenas um engenho de arquitetura legislativa, mas uma recapitulação de valores coerentes, que resultaram de uma grande expansão legislativa, anterior, em um dado ramo de direito.

12. É o diploma do idealismo excepcional do Brasil orientado pela clarividência genial de V. Exa., reajustando o imenso e fundamental processo de sua dinâmica econômica, nas suas relações com o trabalho, aos padrões mais altos de dignidade e de humanidade da justiça social. É incontestavelmente a síntese das instituições políticas estabelecidas por V. Exa. desde o início de seu governo.

13. Empenhou-se, por isso, a Comissão na articulação dos textos legais vigentes, na exata dedução dos princípios, na concordância essencial das regras, na unidade interna do sistema. As lacunas preenchidas propuseram-se a tornar explícitas verdades inerentes às leis anteriores. Algumas inovações aparentes não passam de necessárias consequências da Constituição. As omissões intencionalmente ocorridas restringiram-se a excluir do conjunto as leis tipicamente transitórias e que, para atender a situações de emergência decorrentes do estado de guerra, ficaram à margem dos postulados do nosso direito social.

14. O que importa salientar é ter havido a preocupação dominante de subordinação às leis preexistentes e não como se procedesse à organização de um código, para o qual se permite modernamente a originalidade inicial e onde é mesmo espontânea e essencial a livre criação do direito, sem qualquer dependência do regime vigente.

15. A Consolidação representa, portanto, em sua substância normativa e em seu título, neste ano de 1943, não um ponto de partida, nem uma adesão recente a uma doutrina, mas a maturidade de uma ordem social há mais de um decênio instituída, que já se consagrou pelos benefícios distribuídos, como também pelo julgamento da opinião pública consciente, e sob cujo espírito de equidade confraternizaram as classes na vida econômica, instaurando nesse ambiente, antes instável e incerto, os mesmos sentimentos de humanismo cristão que encheram de generosidade e de nobreza os anais do nossa vida pública e social.

16. No relatório elaborado pela Comissão respectiva, que corresponde a um prefácio admirável da obra monumental, e no qual se filia a presente exposição de motivos, encontrará Vossa Excelência minucioso e brilhante estudo das doutrinas, dos sistemas, das leis, dos regulamentos e das emendas sugeridas, comprovando que a Consolidação representa um documento resultante da intuição do gênio com que Vossa Excelência vem preparando o Brasil para uma missão universal.

17. A estrutura da Consolidação e a ordenada distribuição das matérias que lhe compõem o texto evidenciam claramente não só um plano lógico como também um pensamento doutrinário.

18. A sucessiva disposição das matérias, nos Títulos e Capítulos, corresponde a uma racional precedência.

19. Assim, sem fazer injúria ao bom-senso geral, exemplificarei, entretanto: o contrato individual do trabalho pressupõe a regulamentação legal de tutela do empregado, não lhe podendo ser adversa; a organização sindical pressupõe igualmente a condição de emprego ou o exercício de profissão e a constituição da empresa; o contrato coletivo de trabalho seria, por sua vez, inviável sem a prévia formação sindical das classes.

20. Essa uma distribuição em que os institutos jurídico-políticos são alinhados, não ao sabor de classificações subjetivas ou sob a sugestão irrefletida de padrões quaisquer, mas sim, e verdadeiramente, de acordo com dados racionais derivados do próprio valor e da função social que lhes é essencial.

21. Para melhor compreensão, dividiu a Comissão o Título II do anteprojeto em dois Títulos, visando tornar ainda mais intuitivo o esquema da Consolidação: ocupando-se essas duas divisões, respectivamente, "Das Normas Gerais de Tutela do Trabalho" e "Das Normas Especiais de Tutela do Trabalho", que constituem exatamente os princí-

Exposição de Motivos

Consolidação das Leis do Trabalho

pios institucionais e básicos da proteção do trabalho.

22. Mais uma vez nota-se nessa concepção um ânimo de ordem que resultou de uma meditação exclusiva sobre os institutos concatenados.

23. O pormenorizado exame, nesta exposição, de todos os temas ali discutidos, importaria reproduzir, quase na íntegra, o referido relatório, com prejuízo talvez de sua harmonia e da lógica irretorquível com que se apresenta.

24. Peço licença, entretanto, para assinalar alguns aspectos principais do trabalho da Comissão.

25. No concernente à identificação profissional, há quem incorra em absoluto equívoco, ignorando o sentido exato dessa instituição jurídica.

26. Houve quem lhe apontasse apenas a utilidade de mero instrumento de contrato do trabalho, quando, na verdade, é este, embora de grande alcance, apenas um aspecto da carteira profissional, cujo caráter fundamental é o de documento de qualificação profissional, constituindo mesmo a primeira manifestação de tutela do Estado ao trabalhador, antes formalmente "desqualificado" sob o ponto de vista profissional e a seguir, com a emissão daquele título, habilitado à ocupação de um emprego ou ao exercício de uma profissão. Não há como subordinar essa criação típica do Direito Social ao papel acessório de prova do contrato de trabalho, quando, como se vê, a sua emissão antecede livremente o ajuste do emprego e agora, pela Consolidação, passará até a constituir uma condição obrigatória para o trabalho.

27. Foi, aliás, considerando a importância da carteira profissional como elemento primacial para manutenção do cadastro profissional dos trabalhadores, como título de qualificação profissional, como documento indispensável à colocação e à inscrição sindical e, finalmente, por servir de instrumento prático do contrato individual do trabalho – que a Comissão encontrou razões bastantes para reputar uma instituição fundamental de proteção do trabalhador e não admitir fosse relegada à inoperância da franquia liberal, tornando-a, então, obrigatória.

28. Em relação aos contratos de trabalho, cumpre esclarecer que a precedência das "normas" de tutela sobre os "contratos" acentuou que a ordem institucional ou estatutária prevalece sobre a concepção contratualista.

29. A análise do conteúdo da nossa legislação social provava exuberantemente a primazia do caráter institucional sobre o efeito do contrato, restrito este à objetivação do ajuste, à determinação do salário e à estipulação da natureza dos serviços e isso mesmo dentro de *standards* e sob condições preestabelecidas na lei.

30. Ressaltar essa expressão peculiar constituiria certamente uma conformação com a realidade e com a filosofia do novo Direito, justificando-se assim a ênfase inicial atribuída à enumeração das normas de proteção ao trabalho, para somente em seguida ser referido o contrato individual.

31. Nem há como contestar semelhante método, desde que o Direito Social é, por definição, um complexo de normas e de instituições votadas à proteção do trabalho dependente na atividade privada.

32. Entre as inúmeras sugestões trazidas, uma houve que suscitou singular estranheza, dada a sua procedência de uma entidade representativa de empregados.

33. Objetava contra a exclusão da permissão contida no inciso final do parágrafo único do art. 4º da Lei 264, de 5 de outubro de 1936, e reclamava a sua incorporação à Consolidação.

34. Esse texto propositadamente omitido colidia rigorosamente com um dispositivo legal posterior – art. 12 do Decreto-lei 2.308, de 13 de junho de 1942 – em que se anunciava uma regra irrecusável de proteção ao trabalhador.

35. Como se tolerar, efetivamente, que possa um empregado realizar os encargos de sua função, por mais rudimentar que esta seja, durante oito horas sucessivas, sem um intervalo para repouso ou alimentação?

36. Talvez uma incompreensão tivesse surgido na consideração desse preceito legal

Exposição de Motivos

CONSOLIDAÇÃO DAS LEIS DO TRABALHO

vigente: há, na realidade, determinadas funções de supervisão e de controle, tais como as exercidas por encarregados de estações ou usinas elétricas, cujo trabalho é intermitente, não exigindo uma atenção constante e um esforço continuado, sendo benéfica, então, para esses empregados, a exclusão da hora de repouso pela redução que se dá no tempo de permanência no serviço, facilitada, por outro lado, a organização das tabelas de rodízio dos ocupantes desses cargos pelas empresas.

37. Essa hipótese, constituindo tipicamente o caso do trabalho descontínuo, segundo a conhecida definição de Barassi, não se enquadra, entretanto, na determinação do citado art. 12 do Decreto-lei 2.308, que apenas abrange o "trabalho contínuo", conforme foi incluído à Consolidação no Capítulo "Da Duração do Trabalho", parecendo, portanto, resolvida a dúvida.

38. O trabalho dos menores, entre quatorze e dezoito anos, ou tem como finalidade a preparação dos mesmos para um ofício, uma profissão, ou, então, constitui uma exploração e um aniquilamento da juventude.

39. Esse pensamento fez com que o Decreto-lei 3.616, de 13 de setembro de 1941, salvo nos casos excepcionais de força maior ou de interesse público, proibisse para os menores a prorrogação da duração normal de trabalho. Tal a fonte do dispositivo idêntico que se encontra na Consolidação, sem incorrer em inovação.

40. Atentando, também, nos deveres impostos aos empregadores de menores, ver-se-á que são eles obrigados a permitir a esses seus empregados a frequência às aulas, quer às de instrução primária, conforme sempre foi estabelecido, como também às de formação profissional a cargo do Serviço Nacional de Aprendizagem dos Industriários, de acordo com o estatuído pelo Decreto-lei 4.481, de 16 de julho de 1942.

41. Acreditamos que não se levantará mais qualquer argumento contra a razoabilíssima disposição legal de proibição da prorrogação do horário normal do trabalho dos menores, justificada não só por óbvias considerações biológicas de preservação da saúde dos adolescentes, como também por motivos educacionais irrefutáveis.

42. A clara e total definição que do contrato individual do trabalho foi dada pelo anteprojeto da Consolidação, provocou algumas divergências de mero gosto polêmico.

43. A emenda então apresentada não pôde ser aceita. Revelava, primeiramente, incompreensão do espírito institucional tantas vezes salientado nesses empreendimentos. Repetia ainda um conceito prévio e básico já formulado, qual seja, o de empregado.

44. O que os objetantes não alcançaram foi o deliberado propósito de se reconhecer a correspondência e equivalência entre a "relação de emprego" e o "contrato individual do trabalho", para os efeitos da legislação social, correspondência essa que a escola contratualista italiana nega, exigindo a expressa pactuação.

45. Na concepção do projeto, admitido, como fundamento de contrato, o acordo tácito, é lógico que a "relação de emprego" constitui o ato jurídico suficiente para provocar a objetivação das medidas tutelares que se contém no direito do trabalho em vigor.

46. O conceito firmado na Consolidação é tanto mais justo e relevante quanto é o que se evidencia em face de contratos formalmente nulos ou substancialmente contrários à ordem pública dos preceitos da legislação de proteção ao trabalho.

47. Embora seja plenamente positivo o texto da Consolidação, diante de dúvidas propostas, urge repetir que o projeto não feriu nenhum direito, garantindo até simples expectativas de direito, uma vez que todos os empregados bancários admitidos até a data da vigência do decreto-lei que aprovar a Consolidação terão assegurada a estabilidade em dois anos, nos termos do art. 15 do mesmo Decreto 24.615, de 9 de julho de 1934.

48. O que não poderia ser admitido, em uma Consolidação que se propõe a sistematizar os princípios do nosso Direito Social, era a persistência de um singular privilégio para uma categoria de trabalhadores, quando o prestígio das instituições públicas

Exposição de Motivos

CONSOLIDAÇÃO DAS LEIS DO TRABALHO

exige exatamente uma igualdade de tratamento para situações sociais idênticas.

49. Fosse uma medida de proteção especial correlata de peculiares condições de trabalho, e não teria havido a menor dúvida em se manter tal regime, conforme aliás procedeu a Comissão, conservando o estatuto profissional dos bancários todos os preceitos que lhes fossem favoráveis e suprimindo os que não se equiparassem às disposições gerais de proteção à duração de trabalho, tais como os que legitimavam a prorrogação a horas suplementares independentemente de pagamento extraordinário.

50. Houve, portanto, estrita justiça.

51. Conforme ficou esclarecido, inicialmente, a redação final que tenho a subida honra de apresentar a Vossa Excelência foi precedida de um meticuloso exame de todas as sugestões apresentadas, não constituindo menor contribuição a que cada um dos membros da Comissão procurou fazer, corrigindo e completando o anteprojeto.

52. Na revisão realizada, a Comissão assumiu uma posição censora de sua própria obra, promovendo consequentemente o aprimoramento do respectivo teor.

53. Na introdução aperfeiçoou a redação dos artigos; inseriu a definição de empregador, que integra o conceito definitivo da relação de emprego, acompanhando-a da noção legal de empregadora única dada pela Lei 435, de 17 de maio de 1937; removeu, outrossim, para o Capítulo pertinente, a declaração da igualdade de salário por trabalho do mesmo valor sem distinção de sexo. Foi, por outro lado, suprimida a afirmação concernente à proibição da renúncia de direitos, que entendeu a Comissão ser elementar do princípio de ordem pública, mediante o qual são nulos os atos praticados no intuito de excluir a eficácia da legislação social.

54. O Título das normas institucionais foi reconstituído em dois outros, para mais fácil apresentação dos preceitos nele contidos.

55. O Capítulo sobre a identificação profissional e os registros de empregados foi melhorado na nomenclatura, na redação e na disposição das Seções.

56. Sofreu alteração o texto que reproduziu o parágrafo único do art. 18 do Decreto 22.035, de 29 de outubro de 1932, eliminando-se agora da carteira profissional a averbação de notas desabonadoras, as quais, somente quando resultarem de sentença transitada em julgado, serão inscritas no prontuário do portador da carteira.

57. Ligeiros retoques foram dados ao Capítulo sobre a duração geral do trabalho.

58. Considerou-se de justiça equiparar o regime de trabalho dos operadores das empresas de serviços telefônicos aos das que exploram serviços de telegrafia, radiotelegrafia e radiotelefonia, cujas condições de fadiga são idênticas.

59. A duração do trabalho nos serviços ferroviários foi reexaminada de acordo com sugestões do Sindicato dos Empregados Ferroviários do Rio de Janeiro, e das empresas responsáveis por esses serviços, principalmente a Companhia Paulista de Estradas de Ferro, cuja cooperação inteligente favoreceu a racionalização imprimida ao projeto, com a supressão, pela qual se batia a Comissão, do confuso e prejudicial sistema de ciclos de 96 horas em 14 dias, com duração máxima diária de 16 horas, do citado Decreto 279, de graves consequências para a saúde dos ferroviários.

60. As disposições destinadas à regulamentação das condições de trabalho nos serviços de estiva mereceram igual reexame, atendidas, em harmonia, as sugestões da Comissão de Marinha Mercante, do Sindicato dos Estivadores do Rio de Janeiro e do Sindicato dos Trabalhadores em Estiva de Minérios desta Capital.

61. Houve também a preocupação de atender tanto quanto possível à equiparação, pleiteada pelo Sindicato dos Operários nos Serviços Portuários de Santos, entre os serviços de estiva e os de capatazias, que realmente funcionam em necessária coordenação.

62. Uma lacuna estava a exigir, há longa data, fosse coberta na nossa legislação. Recomendado, reiteradas vezes, pelo Presidente da República, diante da insuficiência

Exposição de Motivos

CONSOLIDAÇÃO DAS LEIS DO TRABALHO

da lei geral, não se ultimara, entretanto, até o presente, o projetado decreto-lei especial amparando as condições de trabalho em minas de subsolo. Coligindo os dados apurados pelo Departamento Nacional do Trabalho, depois de sucessivas e conclusivas investigações locais, foi constituída uma Seção prevendo as reduções do horário nos trabalhos em minas subterrâneas, trabalhos esses árduos e particularmente ruinosos para a vida dos respectivos operários.

63. Na Seção em que se regula o exercício da profissão de químico, foi adotada a indicação da Federação das Indústrias do Estado de São Paulo, no sentido de ficarem declinados os tipos de indústrias em que se torna obrigatória a admissão de um químico. De acordo com a sugestão e segundo o critério do Instituto Nacional de Tecnologia deste Ministério, ficou resolvida essa questão e homologada a orientação prática deste Ministério.

64. O Capítulo da Nacionalização do Trabalho recebeu pequenas emendas de redação, tendo sido suprimido o dispositivo do anteprojeto relativo aos cargos de chefia. Reconsiderando a matéria, verificou a Comissão que o problema, que suscitava a emenda aditiva ao anteprojeto, encontrava solução no próprio texto legal quando este disciplina que os ocupantes de funções técnicas somente ficarão à margem da proporcionalidade na falta de trabalhadores nacionais especializados. Sem gerar confusões que não haviam sido, aliás, pretendidas pelo preceito ora suprimido, o qual não continha qualquer restrição à desejada colaboração de iniciativas e de capitais estrangeiros, restará sempre no dispositivo acima referido o remédio para o Governo proporcionar garantias às elites de técnicos nacionais.

65. O regime de Higiene e Segurança do Trabalho, pela revisão efetuada, adquiriu maior eficácia, por força da explícita declaração que constitui formalidade longamente seguida, da exigência de prévia verificação e aprovação das instalações dos estabelecimentos industriais para o respectivo funcionamento.

66. Estabeleceu-se, igualmente, a obrigatoriedade do uso, pelos empregados, dos equipamentos de defesa pessoal fornecidos pelos empregadores e aprovados pelas autoridades de Higiene do Trabalho.

67. Quanto aos Capítulos da proteção ao trabalho das mulheres e dos menores, as correções limitaram-se a erros de impressão, tendo sido, por outro lado, restabelecido o preceito inscrito no parágrafo único do art. 16 do antigo Decreto 22.042, de 3 de novembro de 1932, que, pela referência feita no § 3º do art. 16 do Decreto-lei 3.616, de 13 de setembro de 1941, é intuitivo concluir fôra omitido, involuntariamente, neste último diploma legal.

68. Os deveres impostos aos empregadores para o efeito da habilitação profissional dos respectivos empregados menores e consubstanciados no Decreto-lei 4.481, de 16 de julho de 1942, corporificando normas de tutela dessa classe de empregados, cujo trabalho tem de ser orientado pelo alto escopo da educação técnica, passaram a integrar a Seção correspondente do Capítulo versando esse regime especial.

69. É oportuno salientar que a legislação social, universalmente, vem atribuindo um remarcado desvelo pelas condições de trabalho dos menores.

70. Em consonância com as convenções internacionais e as recomendações de congressos, e mesmo a estas se antecipando, o Brasil, pela pessoal inspiração de Vossa Excelência, vem realizando, através deste Ministério, uma salutar ação pública de preservação da juventude que trabalha.

71. O prosseguimento dessa política especializada é um imperativo e pareceu à Comissão dever ser assim ponderado na revisão, a que se procede, do Código de Menores, pois os seus preceitos atinentes ao trabalho foram totalmente melhorados e anexados à nossa legislação trabalhista, cujo Decreto-lei 3.616, consolidado agora, consagra a melhor solução de articulação e distinção entre a competência dos magistrados de menores e a das autoridades de trabalho, conferindo àqueles a plenitude das funções morais, jurisdicionais e supletivas do pátrio poder, que lhes são eminente-

Exposição de Motivos

CONSOLIDAÇÃO DAS LEIS DO TRABALHO

mente reservados, e atribuindo às autoridades deste Ministério a efetivação do regime de proteção ao trabalho.

72. O Título em que se compendiam as regras constitutivas do contrato individual de trabalho careceu apenas de pequenas especificações do pensamento já expresso, acrescentando-se-lhe, entretanto, as normas pertinentes aos contratos de autores teatrais e congêneres, oriundos da celebrada Lei Getúlio Vargas, cuja atualização vinha sendo ultimamente promovida por uma Comissão Interministerial, da qual provieram os artigos de lei aditados ao presente projeto.

73. Estatuiu a Consolidação que aos trabalhadores rurais se aplicam as regras básicas do contrato individual do trabalho, inclusive o aviso-prévio, não lhes atingindo, porém, o regime de garantias em caso de rescisão, a que não tenham dado motivo, nem o instituto da estabilidade. A essa conclusão chegou a Comissão, em voto preponderante, sob a alegação de serem imprescindíveis maiores esclarecimentos das exatas condições das classes rurais, inibidas, no momento, por falta de lei, da representação sindical dos respectivos interesses.

74. Em seu relatório, manifesta a Comissão, consequentemente e em princípio, a sua restrição quanto ao projeto do Código Rural, publicado no *Diário Oficial* de 16 de janeiro último, na parte referente ao Contrato de Trabalho, objeto preciso desta Consolidação e não de um Código em que, com exclusividade, deveriam ser tratados os problemas relativos à produção na agricultura e em atividades conexas.

75. A revisão dos artigos compreendidos no Título da Organização Sindical ofereceu oportunidade para pequenas adaptações, sem afetar o sistema.

76. Procedeu-se à consolidação do Decreto-lei 5.242, de 11 de fevereiro de 1943, que dispôs sobre a exigência da sindicalização para o exercício da função de representação social em órgão oficial bem como para o gozo de favores ou isenções tributárias.

77. Suprimiu-se a emenda constante do anteprojeto tendente à instituição do regime de tomada de contas dos sindicatos. A eficiência do sistema de controle contábil do patrimônio das entidades sindicais e o regime de recolhimento do imposto sindical, posteriormente criados pela Portaria Ministerial 884, de 5 de dezembro de 1942, veio indicar ser prescindível esse processo de tomada de contas, que poderia determinar a burocratização desses órgãos de classe, por todos os títulos evitável, a fim de se conservar a espontaneidade e originalidade do regime sindical.

78. A Federação das Indústrias do Estado de São Paulo propôs e foram aceitos os aumentos, de um para sete, do número máximo de membros da diretoria das entidades de grau superior, e de Cr$ 20,00 para Cr$ 30,00, da importância mínima correspondente ao imposto sindical de empregadores.

79. A Comissão de Enquadramento Sindical, dado o crescente desenvolvimento de sua atividade, teve a respectiva composição ampliada, incluindo um representante do Ministério da Agricultura na previsão da próxima sindicalização das classes rurais.

80. Ligeiros reparos foram feitos ao Capítulo do Imposto Sindical, na base do regime estabelecido pelo Decreto-lei 4.298, de 14 de maio de 1942, introduzindo-se apenas um artigo destinado a facultar a ação executiva, com os privilégios da Fazenda Pública, excluído o foro próprio, para a cobrança do imposto sindical, quando houver débito certificado pela autoridade competente deste Ministério.

81. Finalmente, quanto à Justiça do Trabalho, deliberou-se a exclusão de toda a parte consistente em regimento dos órgãos e serviços, bem como dos assuntos referentes à administração dos seguros sociais.

82. O julgamento dos agravos foi elevado ao seu verdadeiro nível, que é o da instância superior, necessário à adequada conceituação desses recursos e à jurídica apreciação da respectiva substância. Apurou-se, outrossim, a definição do prejulgado, estabelecendo-se a forma do seu processamento e os efeitos que gera.

83. Tais, em rápida resenha, as principais modificações operadas no anteprojeto pu-

Exposição de Motivos

CONSOLIDAÇÃO DAS LEIS DO TRABALHO

blicado. De todas essas alterações deflui um único pensamento – o de ajustar, mais e mais, a obra constituída às diretrizes da Política Social do Governo, fixadas de maneira tão ampla e coerente no magnífico quadro das disposições legais que acabam de ser recapituladas.

84. Ao pedir a atenção de Vossa Excelência para essa notável obra de construção jurídica, afirmo, com profunda convicção e de um modo geral, que, nesta hora dramática que o mundo sofre, a Consolidação constitui um marco venerável na história de nossa civilização, demonstra a vocação brasileira pelo direito e, na escuridão que envolve a humanidade, representa a expressão de uma luz que não se apagou.

Apresento a Vossa Excelência os protestos do meu mais profundo respeito.

Rio de Janeiro, 19 de abril de 1943.

Alexandre Marcondes Filho

CONSOLIDAÇÃO DAS LEIS DO TRABALHO

DECRETO-LEI 5.452, DE 1º DE MAIO DE 1943

Aprova a Consolidação das Leis do Trabalho.

O Presidente da República, usando da atribuição que lhe confere o art. 180 da Constituição, decreta:

Art. 1º Fica aprovada a Consolidação das Leis do Trabalho, que a este Decreto-lei acompanha, com as alterações por ela introduzidas na legislação vigente.

Parágrafo único. Continuam em vigor as disposições legais transitórias ou de emergência, bem como as que não tenham aplicação em todo o território nacional.

Art. 2º O presente Decreto-lei entrará em vigor em 10 de novembro de 1943.

Rio de Janeiro, 1º de maio de 1943; 122º da Independência e 55º da República.
Getúlio Vargas
Alexandre Marcondes Filho

(*DOU* 09.08.1943)

CONSOLIDAÇÃO DAS LEIS DO TRABALHO

TÍTULO I
INTRODUÇÃO

Art. 1º Esta Consolidação estatui as normas que regulam as relações individuais e coletivas de trabalho, nela previstas.

* * V. art. 114, CF.
* * V. art. 7º, CLT.
* * V. Lei 7.064/1982 (Prestação de serviços no exterior).
* * V. Súmula 207, TST.

Art. 2º Considera-se empregador a empresa, individual ou coletiva, que, assumindo os riscos da atividade econômica, admite, assalaria e dirige a prestação pessoal de serviços.

* * V. art. 3º, CLT.
* * V. art. 3º, Lei 5.889/1973 (Trabalho rural).

§ 1º Equiparam-se ao empregador, para os efeitos exclusivos da relação de emprego, os profissionais liberais, as instituições de beneficência, as associações recreativas ou outras instituições sem fins lucrativos, que admitirem trabalhadores como empregados.

* * V. art. 4º, Lei 5.889/1973 (Trabalho rural).

§ 2º Sempre que uma ou mais empresas, tendo, embora, cada uma delas, personalidade jurídica própria, estiverem sob a direção, controle ou administração de outra, constituindo grupo industrial, comercial ou de qualquer outra atividade econômica, serão, para os efeitos da relação de emprego, solidariamente responsáveis a empresa principal e cada uma das subordinadas.

* • V. art. 173, § 1º, II, CF.
* • V. Súmula 129, TST.
* * V. art. 3º, § 2º, Lei 5.889/1973 (Trabalho rural).
* * V. Súmulas 93, 129 e 239, TST.

Art. 3º Considera-se empregado toda pessoa física que prestar serviços de natureza não eventual a empregador, sob a dependência deste e mediante salário.

* • V. Lei 3.207/1957 (Empregados vendedores, viajantes ou pracistas).
* • V. Portaria MPAS 4.677/1998 (Preenchimento de cargos por pessoas portadoras de deficiência).
* • V. Res. INSS 630/1998 (Garantia de vagas pelas empresas para pessoas portadoras de deficiência).
* • V. Súmula 386, TST.
* * V. arts. 2º e 442, CLT.
* * V. art. 1º, Lei 5.859/1972 (Empregado doméstico).
* * V. art. 2º, Lei 5.889/1973 (Trabalho rural).
* • V. Súmulas 377 e 386, TST.
* • V. OJ 199, 315 e 419 SDI (I).

Art. 4º

CONSOLIDAÇÃO DAS LEIS DO TRABALHO

Parágrafo único. Não haverá distinções relativas à espécie de emprego e à condição de trabalhador, nem entre o trabalho intelectual, técnico e manual.

* V. art. 7º, XXX a XXXII e XXXIV, CF.
* V. Súmula 214, TFR.
** V. art. 7º, XXXII, CF.

Art. 4º Considera-se como de serviço efetivo o período em que o empregado esteja à disposição do empregador, aguardando ou executando ordens, salvo disposição especial expressamente consignada.

** V. arts. 58, 238, 294 e 492, p.u., CLT.
** V. art. 21, Lei 8.213/1991 (Planos de Benefícios da Previdência Social).
** V. Súmulas 90, 118, 320 e 429, TST.
** V. OJ 326, SDI (I).
** V. OJ 36, SDI (I) Transitória.
** V. PN 31, TST.

Parágrafo único. Computar-se-ão, na contagem de tempo de serviço, para efeito de indenização e estabilidade, os períodos em que o empregado estiver afastado do trabalho prestando serviço militar e por motivo de acidente do trabalho.

* Parágrafo único acrescentado pela Lei 4.072/1962.
* V. Súmula 463, STF.
** V. art. 472, CLT.
** V. art. 15, § 5º, Lei 8.036/1990 (FGTS).
** V. art. 28, Dec. 99.684/1990 (Normas regulamentares do FGTS).
** V. Súmula 463, STF.
** V. Súmula 269, TST.

Art. 5º A todo trabalho de igual valor corresponderá salário igual, sem distinção de sexo.

* V. arts. 5º, I, e 7º, XXX, CF.
** V. arts. 5º, I, e 7º, XXX, CF.
** V. arts. 6º, 373-A e 461, CLT.
** V. Lei 9.029/1995 (Exigência de atestados de gravidez e de esterilização).
** V. Súmula 202, STF.
** V. Súmula 6, TST.

Art. 6º Não se distingue entre o trabalho realizado no estabelecimento do empregador, o executado no domicílio do empregado e o realizado a distância, desde que estejam caracterizados os pressupostos da relação de emprego.

* Artigo com redação determinada pela Lei 12.551/2011.

Parágrafo único. Os meios telemáticos e informatizados de comando, controle e supervisão se equiparam, para fins de subordinação jurídica, aos meios pessoais e diretos de comando, controle e supervisão do trabalho alheio.

** V. Súmula 428, TST.

Art. 7º Os preceitos constantes da presente Consolidação, salvo quando for, em cada caso, expressamente determinado em contrário, não se aplicam:

* Caput com redação determinada pelo Dec.-lei 8.079/1945.
** V. art. 1º, CLT.

a) aos empregados domésticos, assim considerados, de um modo geral, os que prestam serviços de natureza não econômica à pessoa ou à família, no âmbito residencial destas;

* V. art. 7º, parágrafo único, CF.
* V. Lei 5.859/1972 (Empregado doméstico).
* V. Dec. 71.885/1973 (Regulamenta a Lei 5.859/1972).
* V. Lei 7.195/1984 (Responsabilidade civil das agências de empregados domésticos).

b) aos trabalhadores rurais, assim considerados aqueles que, exercendo funções diretamente ligadas à agricultura e à pecuária, não sejam empregados em atividades que, pelos métodos de execução dos respectivos trabalhos ou pela finalidade de suas operações, se classifiquem como industriais ou comerciais;

* V. art. 7º, caput, CF.
* V. Lei 5.889/1973 (Trabalho rural).
* V. Dec. 73.626/1974 (Regulamenta a Lei 5.889/1973).
** V. art. 505, CLT.
** V. Súmula 196, STF.
** V. OJ 419, SDI (I).

c) aos funcionários públicos da União, dos Estados e dos Municípios e aos respectivos extranumerários em serviço nas próprias repartições;

* Alínea c com redação determinada pelo Dec.-lei 8.079/1945.
* V. arts. 37, 39, 42 e 114, I, CF.
** V. Lei 8.112/1990 (Regime jurídico dos servidores públicos federais; Estatuto do servidor público).

Art. 11

CONSOLIDAÇÃO DAS LEIS DO TRABALHO

d) aos servidores de autarquias paraestatais, desde que sujeitos a regime próprio de proteção ao trabalho, que lhes assegure situação análoga à dos funcionários públicos.

* Alínea *d* com redação determinada pelo Dec.-lei 8.079/1945.
* V. arts. 37, 39, 42, 114, I, e 173, § 1º, II, CF.
** V. Súmula 679, STF.
** V. Súmulas 97 e 149, STJ.
** V. Súmulas 243 e 319, TST.
** V. OJ 297, 308 e 353, SDI (I).
** V. OJ 5, SDC.

Parágrafo único. *(Revogado pelo Dec.-lei 8.079/1945.)*

Art. 8º As autoridades administrativas e a Justiça do Trabalho, na falta de disposições legais ou contratuais, decidirão, conforme o caso, pela jurisprudência, por analogia, por equidade e outros princípios e normas gerais do direito, principalmente do direito do trabalho, e, ainda, de acordo com os usos e costumes, o direito comparado, mas sempre de maneira que nenhum interesse de classe ou particular prevaleça sobre o interesse público.

* V. art. 5º, § 2º, CF.
** V. arts. 4º, Dec.-lei 4.657/1942 (Lei de Introdução às normas do Direito Brasileiro).
** V. art. 126, CPC.
** V. Súmula 612, STF.
** V. Súmulas 229 e 346, TST.
** V. OJ 130, SDI (I).
** V. PN 79, TST.

Parágrafo único. O direito comum será fonte subsidiária do direito do trabalho, naquilo em que não for incompatível com os princípios fundamentais deste.

* V. Dec.-lei 4.657/1942 (Lei de Introdução às normas do Direito Brasileiro).
** V. arts. 769 e 889, CLT.

Art. 9º Serão nulos de pleno direito os atos praticados com o objetivo de desvirtuar, impedir ou fraudar a aplicação dos preceitos contidos na presente Consolidação.

* V. Súmulas 91 e 152, TST.
** V. art. 444, CLT.
** V. Súmulas 77, 199, 331 e 363, TST.
** V. OJ 199, SDI (I).
** V. OJ 30, SDC.

Art. 10. Qualquer alteração na estrutura jurídica da empresa não afetará os direitos adquiridos por seus empregados.

** V. art. 448, CLT.
** V. arts. 60, p.u., 83, I e IV, c, e 141, II, Lei 11.101/2005 (Lei de Recuperação de Empresas e Falência).
** V. OJ 92, 261, 408 e 411, SDI (I).
** V. OJ 48, SDI (I) Transitória.
** V. ADI 3934-DF.
** V. RE 583955-RJ.

Art. 11. O direito de ação quanto a créditos resultantes das relações de trabalho prescreve:

* Artigo com redação determinada pela Lei 9.658/1998.
* V. art. 7º, XXIX, CF.
** V. art. 189 e ss., CC.
** V. art. 219, § 5º, CPC.
** V. arts. 119, 149 e 440, CLT.
** V. Súmula 403, STF.
** V. Súmulas 6, IX, 62, 156, 326, 327, 350, 362 e 373, TST.
** OJ 38, 76, 83, 129, 130, 175, 242, 243, 271, 294, 361, 370, 375, 392, 401, 404 e 417, SDI (I).
** V. OJ 39, SDI (I) Transitória.

I – em 5 (cinco) anos para o trabalhador urbano, até o limite de 2 (dois) anos após a extinção do contrato;

* V. art. 7º, XXIX, CF.
** V. Súmula 308, I, TST.

II – em 2 (dois) anos, após a extinção do contrato de trabalho, para o trabalhador rural.

* V. art. 7º, XXIX, CF, que determinou que o direito de ação para os trabalhadores urbanos e *rurais*, no que se refere aos créditos resultantes das relações de trabalho, terá prazo prescricional de 5 (cinco) anos, até o limite de 2 (dois) anos após a extinção do contrato de trabalho.
* V. Lei 5.889/1973 (Trabalho rural).
* V. Dec. 73.626/1974 (Regulamenta a Lei 5.889/1973).

§ 1º O disposto neste artigo não se aplica às ações que tenham por objeto anotações para fins de prova junto à Previdência Social.

** V. Súmula 230, STF.
** V. Súmulas 156, 199, 326, 327, 350 e 362, TST.

§§ 2º e 3º *(Vetados.)*

* V. Súmulas 327 e 349, STF.
* V. Súmulas 6, 114, 153, 206, 268, 275, 294, 308 e 382, TST.

225

Art. 12

Art. 12. Os preceitos concernentes ao regime de seguro social são objeto de lei especial.

- V. arts. 194 a 204, CF.
- V. Lei 8.212/1991 (Organização da Seguridade Social e Plano de Custeio).
- V. Lei 8.213/1991 (Planos de Benefícios da Previdência Social).
- V. Dec. 3.048/1999 (Regulamento da Previdência Social).
- V. Súmulas 289, 290 e 291, STJ.
- V. Súmulas 87 e 401, TST.

TÍTULO II
DAS NORMAS GERAIS DE TUTELA DO TRABALHO

Capítulo I
DA IDENTIFICAÇÃO PROFISSIONAL

Seção I
Da Carteira de Trabalho e Previdência Social

Art. 13. A Carteira de Trabalho e Previdência Social é obrigatória para o exercício de qualquer emprego, inclusive de natureza rural, ainda que em caráter temporário, e para o exercício por conta própria de atividade profissional remunerada.

- *Caput* com redação determinada pelo Dec.-lei 926/1969.
- V. Lei 6.019/1974 (Trabalho temporário).
- V. Dec. 73.841/1974 (Regulamenta a Lei 6.019/1974).

§ 1º O disposto neste artigo aplica-se, igualmente, a quem:

- § 1º com redação determinada pelo Dec.-lei 926/1969.

I – proprietário rural ou não, trabalhe individualmente ou em regime de economia familiar, assim entendido o trabalho dos membros da mesma família, indispensável à própria subsistência, e exercido em condições de mútua dependência e colaboração;
II – em regime de economia familiar e sem empregado, explore área não excedente do módulo rural ou de outro limite que venha a ser fixado, para cada região, pelo Ministério do Trabalho e Previdência Social.

§ 2º A Carteira de Trabalho e Previdência Social e respectiva Ficha de Declaração obedecerão aos modelos que o Ministério do Trabalho e Previdência Social adotar.

- § 2º com redação determinada pelo Dec.-lei 926/1969.

§ 3º Nas localidades onde não for emitida a Carteira de Trabalho e Previdência Social poderá ser admitido, até 30 (trinta) dias, o exercício de emprego ou atividade remunerada por quem não a possua, ficando a empresa obrigada a permitir o comparecimento do empregado ao posto de emissão mais próximo.

- § 3º com redação determinada pela Lei 5.686/1971.

§ 4º Na hipótese do § 3º:

- § 4º com redação determinada pelo Dec.-lei 926/1969.

I – o empregador fornecerá ao empregado, no ato da admissão, documento do qual constem a data da admissão, a natureza do trabalho, o salário e a forma de seu pagamento;
II – se o empregado ainda não possuir a carteira na data em que for dispensado, o empregador lhe fornecerá atestado de que conste o histórico da relação empregatícia.

- V. Portaria MTPS 3.626/1991 (Registro de empregados e anotações na CTPS).
- V. Súmula 225, STF.

Seção II
Da emissão da Carteira de Trabalho e Previdência Social

Art. 14. A Carteira de Trabalho e Previdência Social será emitida pelas Delegacias Regionais do Trabalho e Emprego ou, mediante convênio, pelos órgãos federais, estaduais e municipais da administração direta ou indireta.

- *Caput* com redação determinada pelo Dec.-lei 926/1969.

Parágrafo único. Inexistindo convênio com os órgãos indicados ou na inexistência destes, poderá ser admitido convênio com sindicatos para o mesmo fim.

- Parágrafo único com redação determinada pela Lei 5.686/1971.

Consolidação das Leis do Trabalho

Art. 15. Para obtenção da Carteira de Trabalho e Previdência Social o interessado comparecerá pessoalmente ao órgão emitente, onde será identificado e prestará as declarações necessárias.

• Artigo com redação determinada pelo Dec.-lei 926/1969.

Art. 16. A Carteira de Trabalho e Previdência Social, além do número, série, data de emissão e folhas destinadas às anotações pertinentes ao contrato de trabalho e as de interesse da Previdência Social, conterá:

• Artigo com redação determinada pela Lei 8.260/1991.

I – fotografia, de frente, modelo 3 x 4;

II – nome, filiação, data e lugar de nascimento e assinatura;

III – nome, idade e estado civil dos dependentes;

IV – número do documento de naturalização ou data da chegada ao Brasil e demais elementos constantes da identidade de estrangeiro, quando for o caso.

Parágrafo único. A Carteira de Trabalho e Previdência Social será fornecida mediante a apresentação de:

a) duas fotografias com as características mencionadas no inciso I;

b) qualquer documento oficial de identificação pessoal do interessado, no qual possam ser colhidos dados referentes ao nome completo, filiação, data e lugar de nascimento.

Art. 17. Na impossibilidade de apresentação, pelo interessado, de documento idôneo que o qualifique, a Carteira de Trabalho e Previdência Social será fornecida com base em declarações verbais confirmadas por duas testemunhas, lavrando-se, na primeira folha de anotações gerais da carteira, termo assinado pelas mesmas testemunhas.

• Artigo com redação determinada pelo Dec.-lei 926/1969.

§ 1º Tratando-se de menor de 18 (dezoito) anos, as declarações previstas neste artigo serão prestadas por seu responsável legal.

§ 2º Se o interessado não souber ou não puder assinar sua carteira, ela será fornecida mediante impressão digital ou assinatura a rogo.

Arts. 18 e 19. *(Revogados pela Lei 7.855/1989.)*

Art. 20. As anotações relativas à alteração do estado civil e aos dependentes do portador da Carteira de Trabalho e Previdência Social serão feitas pelo Instituto Nacional de Previdência Social (INPS) e somente em sua falta por qualquer dos órgãos emitentes.

• Artigo com redação determinada pelo Dec.-lei 926/1969.

Art. 21. Em caso de imprestabilidade ou esgotamento do espaço destinado a registros e anotações, o interessado deverá obter outra carteira, conservando-se o número e a série da anterior.

• *Caput* com redação determinada pela Lei 5.686/1971.

§§ 1º e 2º *(Revogados pelo Dec.-lei 926/1969.)*

Arts. 22 a 24. *(Revogados pelo Dec.-lei 926/1969.)*

Seção III
Da entrega das Carteiras de Trabalho e Previdência Social

Art. 25. As Carteiras de Trabalho e Previdência Social serão entregues aos interessados pessoalmente, mediante recibo.

Art. 26. Os sindicatos poderão, mediante solicitação das respectivas diretorias, incumbir-se da entrega das Carteiras de Trabalho e Previdência Social pedidas por seus associados e pelos demais profissionais da mesma classe.

• Artigo com redação determinada pelo Dec.-lei 229/1967.

Parágrafo único. Não poderão os sindicatos, sob pena das sanções previstas neste Capítulo, cobrar remuneração pela entrega das Carteiras de Trabalho e Previdência Social, cujo serviço nas respectivas sedes será fiscalizado pelas Delegacias Regionais do Trabalho e Emprego ou órgãos autorizados.

Arts. 27 e 28. *(Revogados pela Lei 7.855/1989.)*

Art. 29

Seção IV
Das anotações

• V. Portaria MTE 41/2007 (Registro e anotação na CTPS).

Art. 29. A Carteira de Trabalho e Previdência Social será obrigatoriamente apresentada, contra recibo, pelo trabalhador ao empregador que o admitir, o qual terá o prazo de 48 (quarenta e oito) horas para nela anotar, especificamente, a data de admissão, a remuneração e as condições especiais, se houver, sendo facultada a adoção de sistema manual, mecânico ou eletrônico, conforme instruções a serem expedidas pelo Ministério do Trabalho.

• Caput com redação determinada pela Lei 7.855/1989.

§ 1º As anotações concernentes à remuneração devem especificar o salário, qualquer que seja sua forma de pagamento, seja ele em dinheiro ou em utilidades, bem como a estimativa da gorjeta.

• § 1º com redação determinada pelo Dec.-lei 229/1967.
•• V. art. 457, CLT.

§ 2º As anotações na Carteira de Trabalho e Previdência Social serão feitas:

• § 2º com redação determinada pela Lei 7.855/1989.

a) na data base;
b) a qualquer tempo, por solicitação do trabalhador;
c) no caso de rescisão contratual; ou
d) necessidade de comprovação perante a Previdência Social.

§ 3º A falta de cumprimento pelo empregador do disposto neste artigo acarretará a lavratura do auto de infração, pelo Fiscal do Trabalho, que deverá, de ofício, comunicar a falta de anotação ao órgão competente, para o fim de instaurar o processo de anotação.

• § 3º com redação determinada pela Lei 7.855/1989.
• V. Súmula 225, STF.
• V. Súmula 12, TST.

§ 4º É vedado ao empregador efetuar anotações desabonadoras à conduta do empregado em sua Carteira de Trabalho e Previdência Social.

• § 4º acrescentado pela Lei 10.270/2001.

§ 5º O descumprimento do disposto no § 4º deste artigo submeterá o empregador ao pagamento de multa prevista no art. 52 deste Capítulo.

• § 5º acrescentado pela Lei 10.270/2001.

Art. 30. Os acidentes do trabalho serão obrigatoriamente anotados pelo Instituto Nacional de Previdência Social na carteira do acidentado.

• Artigo com redação determinada pelo Dec.-lei 926/1969.

Art. 31. Aos portadores de Carteiras de Trabalho e Previdência Social fica assegurado o direito de as apresentar aos órgãos autorizados, para o fim de ser anotado o que for cabível, não podendo ser recusada a solicitação, nem cobrado emolumento não previsto em lei.

• Artigo com redação determinada pelo Dec.-lei 229/1967.

Art. 32. As anotações relativas a alterações no estado civil dos portadores de Carteiras de Trabalho e Previdência Social serão feitas mediante prova documental. As declarações referentes aos dependentes serão registradas nas fichas respectivas, pelo funcionário encarregado da identificação profissional, a pedido do próprio declarante, que as assinará.

• Artigo com redação determinada pelo Dec.-lei 229/1967.

Parágrafo único. As Delegacias Regionais do Trabalho e Emprego e os órgãos autorizados deverão comunicar à Secretaria de Relações do Trabalho todas as alterações que anotarem nas Carteiras de Trabalho e Previdência Social.

Art. 33. As anotações nas fichas de declaração e nas Carteiras de Trabalho e Previdência Social serão feitas seguidamente sem abreviaturas, ressalvando-se no fim de cada assentamento, as emendas, entrelinhas e quaisquer circunstâncias que possam ocasionar dúvidas.

• Artigo com redação determinada pelo Dec.-lei 229/1967.

Art. 34. Tratando-se de serviço de profissionais de qualquer atividade, exercido por empreitada individual ou coletiva, com ou sem fiscalização da outra parte contratante,

a carteira será anotada pelo respectivo sindicato profissional ou pelo representante legal de sua cooperativa.

Art. 35. *(Revogado pela Lei 6.533/1978.)*

Seção V
Das reclamações por falta ou recusa de anotação

Art. 36. Recusando-se a empresa a fazer as anotações a que se refere o art. 29 ou a devolver a Carteira de Trabalho e Previdência Social recebida, poderá o empregado comparecer, pessoalmente ou por intermédio de seu sindicato, perante a Delegacia Regional ou órgão autorizado, para apresentar reclamação.

* Artigo com redação determinada pelo Dec.-lei 229/1967.
* V. art. 1º, Dec.-lei 926/1969 (Institui a Carteira de Trabalho e Previdência Social).

Art. 37. No caso do art. 36, lavrado o termo de reclamação, determinar-se-á a realização de diligência para instrução do feito, observado, se for o caso, o disposto no § 2º do art. 29, notificando-se posteriormente o reclamado por carta registrada, caso persista a recusa, para que, em dia e hora previamente designados, venha prestar esclarecimentos ou efetuar as devidas anotações na Carteira de Trabalho e Previdência Social ou sua entrega.

* Artigo com redação determinada pelo Dec.-lei 229/1967.
* V. art. 1º, Dec.-lei 926/1969 (Institui a Carteira de Trabalho e Previdência Social).

Parágrafo único. Não comparecendo o reclamado, lavrar-se-á termo de ausência, sendo considerado revel e confesso sobre os termos da reclamação feita, devendo as anotações ser efetuadas por despacho da autoridade que tenha processado a reclamação.

Art. 38. Comparecendo o empregador e recusando-se a fazer as anotações reclamadas, será lavrado um termo de comparecimento, que deverá conter, entre outras indicações, o lugar, o dia e hora de sua lavratura, o nome e a residência do empregador, assegurando-se-lhe o prazo de 48 (quarenta e oito) horas, a contar do termo, para apresentar defesa.

Parágrafo único. Findo o prazo para a defesa, subirá o processo à autoridade administrativa de primeira instância, para se ordenarem diligências, que completem a instrução do feito, ou para julgamento, se o caso estiver suficientemente esclarecido.

Art. 39. Verificando-se que as alegações feitas pelo reclamado versam sobre a não existência de relação de emprego, ou sendo impossível verificar essa condição pelos meios administrativos, será o processo encaminhado à Justiça do Trabalho, ficando, nesse caso, sobrestado o julgamento do auto de infração que houver sido lavrado.

* Artigo com redação determinada pelo Dec.-lei 229/1967.

§ 1º Se não houver acordo, a Junta de Conciliação e Julgamento, em sua sentença, ordenará que a Secretaria efetue as devidas anotações uma vez transitada em julgado, e faça a comunicação à autoridade competente para o fim de aplicar a multa cabível.

* A EC n. 24/1999 substituiu as Juntas de Conciliação e Julgamento por Varas do Trabalho (juiz singular) e extinguiu a representação classista na Justiça do Trabalho.

§ 2º Igual procedimento observar-se-á no caso de processo trabalhista de qualquer natureza, quando for verificada a falta de anotações na Carteira de Trabalho e Previdência Social, devendo o Juiz, nesta hipótese, mandar proceder, desde logo, àquelas sobre as quais não houver controvérsia.

* V. art. 1º, Dec.-lei 926/1969 (Institui a Carteira de Trabalho e Previdência Social).

Seção VI
Do valor das anotações

Art. 40. As Carteiras de Trabalho e Previdência Social regularmente emitidas e anotadas servirão de prova nos atos em que sejam exigidas carteiras de identidade e especialmente:

* Artigo com redação determinada pelo Dec.-lei 229/1967.
** V. Súmula 12, TST.

I – nos casos de dissídio na Justiça do Trabalho entre a empresa e o empregado por motivo de salário, férias ou tempo de serviço;

II – perante a Previdência Social, para o efeito de declaração de dependentes;

III – para cálculo de indenização por acidente do trabalho ou moléstia profissional.

Seção VII
Dos livros de registro de empregados

- V. Lei 6.868/1980 (Dispensa de documentos).
- V. Portaria MTPS 3.626/1991 (Registro de empregados e anotações na CTPS).

Art. 41. Em todas as atividades será obrigatório para o empregador o registro dos respectivos trabalhadores, podendo ser adotados livros, fichas ou sistema eletrônico, conforme instruções a serem expedidas pelo Ministério do Trabalho.

- Artigo com redação determinada pela Lei 7.855/1989.
- V. Lei 4.923/1965 (Cadastro permanente das admissões e dispensas de empregados; medidas contra o desemprego).
- V. Portaria MTPS 3.626/1991 (Registro de empregados e anotações na CTPS).
- V. Portaria MTE 41/2007 (Registro e anotação na CTPS).

Parágrafo único. Além da qualificação civil ou profissional de cada trabalhador, deverão ser anotados todos os dados relativos à sua admissão no emprego, duração e efetividade do trabalho, a férias, acidentes e demais circunstâncias que interessem à proteção do trabalhador.

Art. 42. *(Revogado pela Lei 10.243/2001.)*

Arts. 43 e 44. *(Revogados pela Lei 7.855/1989.)*

Arts. 45 e 46. *(Revogados pelo Dec.-lei 229/1967.)*

Art. 47. A empresa que mantiver empregado não registrado nos termos do art. 41 e seu parágrafo único, incorrerá na multa de valor igual a um salário mínimo regional, por empregado não registrado, acrescido de igual valor em cada reincidência.

- Artigo com redação determinada pelo Dec.-lei 229/1967.
- Multas: ver Notas de Atualização e Portaria MTb 290/1997.

Parágrafo único. As demais infrações referentes ao registro de empregados sujeitarão a empresa à multa de valor igual à metade do salário mínimo regional, dobrada na reincidência.

Art. 48. As multas previstas nesta Seção serão aplicadas pelas Delegacias Regionais do Trabalho e Emprego.

Seção VIII
Das penalidades

Art. 49. Para os efeitos da emissão, substituição ou anotação de Carteiras de Trabalho e Previdência Social, considerar-se-á crime de falsidade, com as penalidades previstas no art. 299 do Código Penal:

- Artigo com redação determinada pelo Dec.-lei 229/1967.
- V. art. 1º, Dec.-lei 926/1969 (Institui a Carteira de Trabalho e Previdência Social).

I – fazer, no todo ou em parte, qualquer documento falso ou alterar o verdadeiro;

II – afirmar falsamente a sua própria identidade, filiação, lugar de nascimento, residência, profissão ou estado civil e beneficiários, ou atestar os de outra pessoa;

III – servir-se de documentos, por qualquer forma falsificados;

IV – falsificar, fabricando ou alterando, ou vender, usar ou possuir Carteira de Trabalho e Previdência Social assim alterada;

- V. art. 1º, Dec.-lei 926/1969 (Institui a Carteira de Trabalho e Previdência Social).

V – anotar dolosamente em Carteira de Trabalho e Previdência Social ou registro de empregado, ou confessar ou declarar em juízo, ou fora dele, data de admissão em emprego diversa da verdadeira.

- V. art. 1º, Dec.-lei 926/1969 (Institui a Carteira de Trabalho e Previdência Social).

Art. 50. Comprovando-se falsidade, quer nas declarações para emissão de Carteira de Trabalho e Previdência Social, quer nas respectivas anotações, o fato será levado ao conhecimento da autoridade que houver emitido a carteira, para fins de direito.

- V. art. 1º, Dec.-lei 926/1969 (Institui a Carteira de Trabalho e Previdência Social).

Art. 51. Incorrerá em multa de valor igual a três vezes o salário mínimo regional aquele que, comerciante ou não, vender ou expuser à venda qualquer tipo de carteira

igual ou semelhante ao tipo oficialmente adotado.

- Artigo com redação determinada pelo Dec.-lei 229/1967.
- Multas: ver Notas de Atualização e Portaria MTb 290/1997.

Art. 52. O extravio ou inutilização da Carteira de Trabalho e Previdência Social por culpa da empresa sujeitará esta à multa de valor igual à metade do salário mínimo regional.

- Artigo com redação determinada pelo Dec.-lei 926/1969.
- Multas: ver Notas de Atualização e Portaria MTb 290/1997.

Art. 53. A empresa que receber Carteira de Trabalho e Previdência Social para anotar e a retiver por mais de 48 (quarenta e oito) horas ficará sujeita à multa de valor igual à metade do salário mínimo regional.

- Artigo com redação determinada pelo Dec.-lei 229/1967.
- V. art. 1º, Dec.-lei 926/1969 (Institui a Carteira de Trabalho e Previdência Social).
- Multas: ver Notas de Atualização e Portaria MTb 290/1997.

Art. 54. A empresa que, tendo sido intimada, não comparecer para anotar a Carteira de Trabalho e Previdência Social de seu empregado, ou cujas alegações para recusa tenham sido julgadas improcedentes, ficará sujeita à multa de valor igual a um salário mínimo regional.

- Artigo com redação determinada pelo Dec.-lei 229/1967.
- V. art. 1º, Dec.-lei 926/1969 (Institui a Carteira de Trabalho e Previdência Social).
- Multas: ver Notas de Atualização e Portaria MTb 290/1997.

Art. 55. Incorrerá na multa de valor igual a um salário mínimo regional a empresa que infringir o art. 13 e seus parágrafos.

- Artigo com redação determinada pelo Dec.-lei 229/1967.
- Multas: ver Notas de Atualização e Portaria MTb 290/1997.

Art. 56. O sindicato que cobrar remuneração pela entrega de Carteira de Trabalho e Previdência Social ficará sujeito à multa de valor igual a três vezes o salário mínimo regional.

- Artigo com redação determinada pelo Dec.-lei 229/1967.
- V. art. 1º, Dec.-lei 926/1969 (Institui a Carteira de Trabalho e Previdência Social).
- Multas: ver Notas de Atualização e Portaria MTb 290/1997.

Capítulo II
DA DURAÇÃO DO TRABALHO

Seção I
Disposição preliminar

Art. 57. Os preceitos deste Capítulo aplicam-se a todas as atividades, salvo as expressamente excluídas, constituindo exceções as disposições especiais, concernentes estritamente a peculiaridades profissionais constantes do Capítulo I do Título III.

- V. arts. 224 a 226, 227 a 231, 234 e 235, 235-A a 235-H, 236 a 247, 248 a 252, 253, 293 a 301, 302 a 316, 317 a 324, 325 a 350 e 411 a 414, CLT.
- V. Lei 3.270/1957 (Jornada de trabalho de cabineiros de elevador).
- V. Lei 3.857/1960 (Ordem dos Músicos do Brasil).
- V. Lei 5.811/1972 (Trabalho na indústria petroquímica).
- V. Lei 6.533/1978 (Regulamentação das profissões de Artistas e de Técnico em Espetáculos de Diversões).
- V. Lei 6.615/1978 (Regulamentação da profissão de Radialista).
- V. Lei 7.183/1984 (Regula o exercício da profissão de Aeronauta).
- V. Lei 7.394/1985 (Regula o exercício da Profissão de Técnico em Radiologia).
- V. Lei 8.856/1994 (Jornada de trabalho dos profissionais Fisioterapeuta e Terapeuta Ocupacional).
- V. Lei 8.906/1994 (Estatuto da OAB).
- V. Lei 9.615/1998 (Lei Pelé).
- V. Dec.-lei 16/1966 (Produção, comércio e transporte clandestino de açúcar e de álcool).
- V. Dec-lei 78/1966 (Altera o Dec.-lei 18/1966).
- V. Dec-lei 910/1938 (Duração e condições do trabalho em empresas jornalísticas).
- V. OJ 240, SDI (I).

Seção II
Da jornada de trabalho

Art. 58. A duração normal do trabalho, para os empregados em qualquer atividade privada, não excederá de 8 (oito) horas diá-

Art. 58-A

CONSOLIDAÇÃO DAS LEIS DO TRABALHO

rias, desde que não seja fixado expressamente outro limite.

- V. art. 7º, XIII e XIV, CF.
- V. MP 2.164-41/2001 (Trabalho a tempo parcial e suspensão do contrato de trabalho).
- V. Súmulas 90, 102 e 320, TST.
- • V. arts. 4º e 71, CLT.
- • V. Lei 5.811/1972 (Trabalho na indústria petroquímica).
- • V. Súmula 675, STF.
- • V. Súmulas 24, 85, 110, 360, 366, 370, 391, 423, 429 e 444, TST.
- • V. OJ 60, 274, 275, 360, 372, 395, 396 e 420, SDI (I).
- • V. OJ 36, SDI (I) Transitória.

§ 1º Não serão descontadas nem computadas como jornada extraordinária as variações de horário no registro de ponto não excedentes de 5 (cinco) minutos, observado o limite máximo de 10 (dez) minutos diários.

- § 1º acrescentado pela Lei 10.243/2001.
- V. Súmula 366, TST.
- • V. art. 74, § 2º, CLT.
- • V. OJ 372, SDI (I).

§ 2º O tempo despendido pelo empregado até o local de trabalho e para o seu retorno, por qualquer meio de transporte, não será computado na jornada de trabalho, salvo quando, tratando-se de local de difícil acesso ou não servido por transporte público, o empregador fornecer a condução.

- § 2º acrescentado pela Lei 10.243/2001.
- • V. arts. 58, § 3º e 413, I, CLT.
- • V. Súmula 429, TST.

§ 3º Poderão ser fixados, para as microempresas e empresas de pequeno porte, por meio de acordo ou convenção coletiva, em caso de transporte fornecido pelo empregador, em local de difícil acesso ou não servido por transporte público, o tempo médio despendido pelo empregado, bem como a forma e a natureza da remuneração.

- § 3º acrescentado pela LC 123/2006.
- • V. art. 58, § 2º, CLT.

Art. 58-A. Considera-se trabalho em regime de tempo parcial aquele cuja duração não exceda a 25 (vinte e cinco) horas semanais.

- Artigo acrescentado pela MP 2.164-41/2001.
- • V. arts. 59, § 4º, 130-A e 143, § 3º, CLT.

§ 1º O salário a ser pago aos empregados sob o regime de tempo parcial será proporcional à sua jornada, em relação aos empregados que cumprem, nas mesmas funções, tempo integral.

§ 2º Para os atuais empregados, a adoção do regime de tempo parcial será feita mediante opção manifestada perante a empresa, na forma prevista em instrumento decorrente de negociação coletiva.

Art. 59. A duração normal do trabalho poderá ser acrescida de horas suplementares, em número não excedente de duas, mediante acordo escrito entre empregador e empregado, ou mediante contrato coletivo de trabalho.

- V. Súmulas 45, 63, 102, 109, 110, 113, 115, 118, 172, 199, 226, 253, 264, 291, 354 e 376, TST.
- • V. Súmulas 24, 94, 132, 173, 215, 340, 347, 372, 374 e 428, TST.
- • V. OJ 47, 233, 235, 275, 323, 332, 394, 397, 403, e 415, SDI (I).

§ 1º Do acordo ou do contrato coletivo de trabalho deverá constar, obrigatoriamente, a importância da remuneração da hora suplementar, que será, pelo menos, 20% (vinte por cento) superior à da hora normal.

- De acordo com a Constituição Federal, o percentual é de no mínimo 50% (cinquenta por cento) sobre a hora normal (art. 7º, XVI).
- • V. art. 7º, XVI, CF.
- • V. art. 20, § 2º, Lei 8.906/1994 (Estatuto da OAB).

§ 2º Poderá ser dispensado o acréscimo de salário se, por força de acordo ou convenção coletiva de trabalho, o excesso de horas em um dia for compensado pela correspondente diminuição em outro dia, de maneira que não exceda, no período máximo de 1 (um) ano, à soma das jornadas semanais de trabalho previstas, nem seja ultrapassado o limite máximo de 10 (dez) horas diárias.

- § 2º com redação determinada pela MP 2.164-41/2001.
- • V. art. 7º, XIII e XIV, CF.
- • V. Súmulas 222 e 226, TFR.
- • V. Súmula 85, TST.
- • V. art. 59, § 3º, CLT.

§ 3º Na hipótese de rescisão do contrato de trabalho sem que tenha havido a compensação integral da jornada extraordinária, na forma do parágrafo anterior, fará o trabalhador jus ao pagamento das horas

extras não compensadas, calculadas sobre o valor da remuneração na data da rescisão.

* § 3º acrescentado pela Lei 9.601/1998.
** V. art. 59, § 2º, CLT.

§ 4º Os empregados sob o regime de tempo parcial não poderão prestar horas extras.

* § 4º acrescentado pela MP 2.164-41/2001.
* V. MP 2.164-41/2001 (Trabalho a tempo parcial e suspensão do contrato de trabalho).
** V. art. 58-A, CLT.

Art. 60. Nas atividades insalubres, assim consideradas as constantes dos quadros mencionados no Capítulo "Da Segurança e da Medicina do Trabalho", ou que neles venham a ser incluídas por ato do Ministro do Trabalho, Indústria e Comércio, quaisquer prorrogações só poderão ser acordadas mediante licença prévia das autoridades competentes em matéria de higiene do trabalho, as quais, para esse efeito, procederão aos necessários exames locais e à verificação dos métodos e processos de trabalho, quer diretamente, quer por intermédio de autoridades sanitárias federais, estaduais e municipais, com quem entrarão em entendimento para tal fim.

* V. art. 7º, XXXIII, CF.
* V. art. 35, Dec.-lei 229/1967 (Altera dispositivos da Consolidação das Leis do Trabalho – CLT).
* V. Lei 6.514/1977 (Altera o Capítulo V do Título II da Consolidação das Leis do Trabalho, relativo a segurança e medicina do trabalho).
** V. art. 7º, XXIII, CF.
** V. Súmula 349, TST.

Art. 61. Ocorrendo necessidade imperiosa, poderá a duração do trabalho exceder do limite legal ou convencionado, seja para fazer face a motivo de força maior, seja para atender à realização ou conclusão de serviços inadiáveis ou cuja inexecução possa acarretar prejuízo manifesto.

§ 1º O excesso, nos casos deste artigo, poderá ser exigido independentemente de acordo ou contrato coletivo e deverá ser comunicado, dentro de 10 (dez) dias, à autoridade competente em matéria de trabalho, ou, antes desse prazo, justificado no momento da fiscalização sem prejuízo dessa comunicação.

§ 2º Nos casos de excesso de horário por motivo de força maior, a remuneração da hora excedente não será inferior à da hora normal. Nos demais casos de excesso previsto neste artigo, a remuneração será, pelo menos, 25% (vinte e cinco por cento) superior à da hora normal, e o trabalho não poderá exceder de 12 (doze) horas, desde que a lei não fixe expressamente outro limite.

* De acordo com a Constituição Federal, o percentual é de no mínimo 50% (cinquenta por cento) sobre a hora normal (art. 7º, XVI).
** V. art. 7º, XVI, CF.

§ 3º Sempre que ocorrer interrupção do trabalho, resultante de causas acidentais, ou de força maior, que determinem a impossibilidade de sua realização, a duração do trabalho poderá ser prorrogada pelo tempo necessário até o máximo de 2 (duas) horas, durante o número de dias indispensáveis à recuperação do tempo perdido, desde que não exceda de 10 (dez) horas diárias, em período não superior a 45 (quarenta e cinco) dias por ano, sujeita essa recuperação à prévia autorização da autoridade competente.

Art. 62. Não são abrangidos pelo regime previsto neste Capítulo:

* Artigo com redação determinada pela Lei 8.966/1994.
* V. Súmula 287, TST.
** V. art. 7º, XIII, XVI e p.u., CF.
** V. Lei 5.859/1972 (Empregado doméstico).

I – os empregados que exercem atividade externa incompatível com a fixação de horário de trabalho, devendo tal condição ser anotada na Carteira de Trabalho e Previdência Social e no registro de empregados;

* V. art. 1º, Dec.-lei 926/1969 (Institui a Carteira de Trabalho e Previdência Social).
** V. OJ 332, SDI (I).

II – os gerentes, assim considerados os exercentes de cargos de gestão, aos quais se equiparam, para efeito do disposto neste artigo, os diretores e chefes de departamento ou sua filial.

** V. Súmula 287, TST.

Parágrafo único. O regime previsto neste Capítulo será aplicável aos empregados mencionados no inciso II deste artigo, quando o salário do cargo de confiança, compreendendo a gratificação de função, se hou-

ver, for inferior ao valor do respectivo salário efetivo acrescido de 40% (quarenta por cento).

- • V. Súmula 372, TST.
- •• V. art. 224, CLT.
- •• V. Súmulas 102 e 287, TST.

Art. 63. Não haverá distinção entre empregados e interessados, e a participação em lucros ou comissões, salvo em lucros de caráter social, não exclui o participante do regime deste Capítulo.

- •• V. art. 7º, XI, CF.
- •• V. OJ 390, SDI (I).

Art. 64. O salário-hora normal, no caso do empregado mensalista, será obtido dividindo-se o salário mensal correspondente à duração do trabalho, a que se refere o art. 58, por trinta vezes o número de horas dessa duração.

- •• V. Súmulas 124, 343, 431, TST.
- •• V OJ 396, SDI (I).

Parágrafo único. Sendo o número de dias inferior a 30 (trinta), adotar-se-á para o cálculo, em lugar desse número, o de dias de trabalho por mês.

Art. 65. No caso do empregado diarista, o salário-hora normal será obtido dividindo-se o salário diário correspondente à duração do trabalho, estabelecido no art. 58, pelo número de horas de efetivo trabalho.

Seção III
Dos períodos de descanso

Art. 66. Entre duas jornadas de trabalho haverá um período mínimo de 11 (onze) horas consecutivas para descanso.

- • V. art. 7º, XV, CF.
- •• V. arts. 71, § 4º, 229, 235, *caput* e § 2º, 308, 382 e 412, CLT.
- •• V. 5º, Lei 5.889/1973 (Trabalho rural).
- •• V. art. 8º, Lei 9.719/1998 (Condições gerais de proteção ao trabalho portuário).
- •• V. Súmula 110, TST.
- •• V. OJ 355, SDI (I).

Art. 67. Será assegurado a todo empregado um descanso semanal de 24 (vinte e quatro) horas consecutivas, o qual, salvo motivo de conveniência pública ou necessidade imperiosa do serviço, deverá coincidir com o domingo, no todo ou em parte.

- • V. Súmulas 27, 146, 172, 351 e 354, TST.
- •• V. art. 7º, XV, CF.
- •• V. Lei 605/1949 (Repouso semanal remunerado).
- •• V. Súmulas 201 e 461, STF.
- •• V. Súmulas 15, 110, 113, 225 e 360, TST.
- •• V. OJ 103, 394, e 410, SDI (I).

Parágrafo único. Nos serviços que exijam trabalho aos domingos, com exceção quanto aos elencos teatrais, será estabelecida escala de revezamento, mensalmente organizada e constando do quadro sujeito à fiscalização.

- • V. Lei 605/1949 (Repouso semanal remunerado).
- • V. Dec. 27.048/1949 (Regulamenta a Lei 605/1949).

Art. 68. O trabalho em domingo, seja total ou parcial, na forma do art. 67, será sempre subordinado à permissão prévia da autoridade competente em matéria de trabalho.

- • V. Portaria MTb 3.118/1989 (Subdelega competência aos Delegados Regionais do Trabalho para decidir sobre os pedidos de autorização para trabalho aos domingos e nos dias feriados civis e religiosos).
- •• V. arts. 6º, 6º-A e 6º-B, Lei 10.101/2000 (Participação dos trabalhadores nos lucros).
- •• V. Súmula 225, TST.

Parágrafo único. A permissão será concedida a título permanente nas atividades que, por sua natureza ou pela conveniência pública, devem ser exercidas aos domingos, cabendo ao Ministro do Trabalho, Indústria e Comércio expedir instruções em que sejam especificadas tais atividades. Nos demais casos, ela será dada sob forma transitória, com discriminação do período autorizado, o qual, de cada vez, não excederá de 60 (sessenta) dias.

- • V. art. 35, Dec.-lei 229/1967 (Altera dispositivos da Consolidação das Leis do Trabalho – CLT).

Art. 69. Na regulamentação do funcionamento de atividades sujeitas ao regime deste Capítulo, os municípios atenderão aos preceitos nele estabelecidos, e as regras que venham a fixar não poderão contrariar tais preceitos nem as instruções que, para seu cumprimento, forem expedidas pelas

Consolidação das Leis do Trabalho

autoridades competentes em matéria de trabalho.

* V. art. 22, I, CF.

Art. 70. Salvo o disposto nos arts. 68 e 69, é vedado o trabalho em dias feriados nacionais e feriados religiosos, nos termos da legislação própria.

* Artigo com redação determinada pelo Dec.-lei 229/1967.
* V. art. 30, CF.
* V. art. 6º, Lei 10.101/2000 (Participação nos lucros e trabalho em domingos e feriados).

Art. 71. Em qualquer trabalho contínuo, cuja duração exceda de 6 (seis) horas, é obrigatória a concessão de um intervalo para repouso ou alimentação, o qual será, no mínimo, de 1 (uma) hora e, salvo acordo escrito ou contrato coletivo em contrário, não poderá exceder de 2 (duas) horas.

** V. arts. 72, 253, 298, 383 e 396, CLT.

§ 1º Não excedendo de 6 (seis) horas o trabalho, será, entretanto, obrigatório um intervalo de 15 (quinze) minutos quando a duração ultrapassar 4 (quatro) horas.

* V. Súmula 675, STF.

§ 2º Os intervalos de descanso não serão computados na duração do trabalho.

§ 3º O limite mínimo de 1 (uma) hora para repouso ou refeição poderá ser reduzido por ato do Ministro do Trabalho, Indústria e Comércio quando, ouvido o Serviço de Alimentação de Previdência Social, se verificar que o estabelecimento atende integralmente às exigências concernentes à organização dos refeitórios e quando os respectivos empregados não estiverem sob regime de trabalho prorrogado a horas suplementares.

* V. art. 35, Dec.-lei 229/1967 (Altera dispositivos da Consolidação das Leis do Trabalho – CLT).
* V. Portaria MTE 1.095/2010 (Requisitos para a redução de intervalo intrajornada).

** V. Súmula 437, TST.

§ 4º Quando o intervalo para repouso e alimentação, previsto neste artigo, não for concedido pelo empregador, este ficará obrigado a remunerar o período correspondente com um acréscimo de no mínimo 50% (cinquenta por cento) sobre o valor da remuneração da hora normal de trabalho.

* § 4º acrescentado pela Lei 8.923/1994.

** V. art. 5º, Lei 5.889/1973 (Trabalho rural).

** V. art 5º, Dec. 73.626/1974 (Regulamenta a Lei 5.889/1973).

** V. Súmulas 88, 118, 360 e 437, TST.

§ 5º Os intervalos expressos no *caput* e no § 1º poderão ser fracionados quando compreendidos entre o término da primeira hora trabalhada e o início da última hora trabalhada, desde que previsto em convenção ou acordo coletivo de trabalho, ante a natureza do serviço e em virtude das condições especiais do trabalho a que são submetidos estritamente os motoristas, cobradores, fiscalização de campo e afins nos serviços de operação de veículos rodoviários, empregados no setor de transporte coletivo de passageiros, mantida a mesma remuneração e concedidos intervalos para descanso menores e fracionados ao final de cada viagem, não descontados da jornada.

* § 5º acrescentado pela Lei 12.619/2012 (*DOU* 02.05.2012), em vigor 45 (quarenta e cinco) dias após a data de sua publicação, de acordo com o art. 1º do Dec.-lei 4.657/1942.

** V. Súmula 437, TST.

Art. 72. Nos serviços permanentes de mecanografia (datilografia, escrituração ou cálculo), a cada período de 90 (noventa) minutos de trabalho consecutivo corresponderá um repouso de 10 (dez) minutos não deduzidos da duração normal de trabalho.

* V. Súmula 346, TST.

** V. arts. 71, 253, 298 e 396, CLT.

Seção IV
Do trabalho noturno

Art. 73. Salvo nos casos de revezamento semanal ou quinzenal, o trabalho noturno terá remuneração superior à do diurno e, para esse efeito, sua remuneração terá um acréscimo de 20% (vinte por cento), pelo menos, sobre a hora diurna.

* Artigo com redação determinada pelo Dec.-lei 9.666/1946.
* V. art. 7º, IX, CF.

** V. art. 5º, *caput*, I e 7º, IX e XXXIII, CF.
** V. arts. 224, §§ 1º e 2º, 381 e 404, CLT.
** V. art. 3º, I, Lei 5.811/1972 (Trabalho na indústria petroquímica).
** V. arts. 7º e 8º, Lei 5.889/1973 (Trabalho rural).
** V. art. 20, § 3º, Lei 8.906/1994 (Estatuto da OAB).
** V. art. 1º, Dec.-lei 546/1969 (Trabalho noturno em estabelecimentos bancários).

Art. 74

- •• V. Súmulas 213 e 402, STF.
- •• V. Súmulas 60, 65, 112, 130, 140, 172, 265, 354 e 391, TST.
- •• V. OJ 97, 127, 259, 360, 388, 395 e 396, SDI-I (I).

§ 1º A hora do trabalho noturno será computada como de 52 (cinquenta e dois) minutos e 30 (trinta) segundos.

- • V. Súmula 214, STF.
- • V. Súmulas 65 e 112, TST.

§ 2º Considera-se noturno, para os efeitos deste artigo, o trabalho executado entre as 22 (vinte e duas) horas de um dia e as 5 (cinco) horas do dia seguinte.

§ 3º O acréscimo a que se refere o presente artigo, em se tratando de empresas que não mantêm, pela natureza de suas atividades, trabalho noturno habitual, será feito tendo em vista os quantitativos pagos por trabalhos diurnos de natureza semelhante. Em relação às empresas cujo trabalho noturno decorra da natureza de suas atividades, o aumento será calculado sobre o salário mínimo, não sendo devido quando exceder desse limite, já acrescido da percentagem.

- • V. art. 76, CLT.
- • V. Súmula 313, STF.

§ 4º Nos horários mistos, assim entendidos os que abrangem períodos diurnos e noturnos, aplica-se às horas de trabalho noturno o disposto neste artigo e seus parágrafos.

§ 5º Às prorrogações do trabalho noturno aplica-se o disposto neste Capítulo.

- • V. Súmulas 213 e 402, STF.
- • V. Súmulas 60, II, 140, 265 e 354, TST.

Seção V
Do quadro de horário

Art. 74. O horário do trabalho constará de quadro, organizado conforme modelo expedido pelo Ministro do Trabalho, Indústria e Comércio e afixado em lugar bem visível. Esse quadro será discriminativo no caso de não ser o horário único para todos os empregados de uma mesma seção ou turma.

- • V. art. 35, Dec.-lei 229/1967 (Altera dispositivos da Consolidação das Leis do Trabalho – CLT).
- • V. art. 13, Portaria MTPS 3.626/1991 (Registro de empregados e anotações na CTPS).

§ 1º O horário de trabalho será anotado em registro de empregados com a indicação de acordos ou contratos coletivos porventura celebrados.

§ 2º Para os estabelecimentos de mais de dez trabalhadores será obrigatória a anotação da hora de entrada e de saída, em registro manual, mecânico ou eletrônico, conforme instruções a serem expedidas pelo Ministério do Trabalho, devendo haver pré-assinalação do período de repouso.

- • § 2º com redação determinada pela Lei 7.855/1989.
- • V. Súmulas 338 e 340, TST.
- •• V. art. 58, § 1º, CLT.
- •• V. Portaria MTE 1.510/2009 (Registro eletrônico de ponto).
- •• V. Portaria MTE 1.987/2012 (Prazo para uso do Registrador Eletrônico de Ponto).
- •• V. Súmula 74, TST.
- •• V. OJ 233, SDI (I).

§ 3º Se o trabalho for executado fora do estabelecimento, o horário dos empregados constará, explicitamente, de ficha ou papeleta em seu poder, sem prejuízo do que dispõe o § 1º deste artigo.

Seção VI
Das penalidades

Art. 75. Os infratores dos dispositivos do presente Capítulo incorrerão na multa de 50 (cinquenta) a 5.000 (cinco mil) cruzeiros, segundo a natureza da infração, sua extensão e a intenção de quem a praticou, aplicada em dobro no caso de reincidência e oposição à fiscalização ou desacato à autoridade.

- • Multas: ver Notas de Atualização e Portaria MTb 290/1997.

Parágrafo único. São competentes para impor penalidades as Delegacias Regionais do Trabalho e Emprego.

Capítulo III
DO SALÁRIO MÍNIMO

- • V. Lei 8.542/1992 (Política Nacional de Salários).
- • V. Lei 8.716/1993 (Garantia do salário mínimo).
- • V. Lei 10.192/2001 (Medidas complementares ao Plano Real).
- • V. Lei 12.382/2011 (Valor do salário mínimo em 2011 e sua política de valorização de longo prazo).
- • V. Dec. 7.872/2012 (Regulamenta a Lei 12.382/2011).

Consolidação das Leis do Trabalho

Seção I
Do conceito

Art. 76. Salário mínimo é a contraprestação mínima devida e paga diretamente pelo empregador a todo trabalhador, inclusive ao trabalhador rural, sem distinção de sexo, por dia normal de serviço, e capaz de satisfazer, em determinada época e região do País, as suas necessidades normais de alimentação, habitação, vestuário, higiene e transporte.

- O art. 7º, IV, da CF ampliou o conceito de salário mínimo, unificou seu valor para todo o País e vedou sua vinculação para qualquer fim, exceto para os benefícios da Previdência Social (art. 201, § 2º, da CF).
- V. Lei 7.418/1985 (Vale-transporte).
- V. Dec. 95.247/1987 (Regulamenta a Lei 7.418/1985).
- V. Súmula 203, STF.
- V. Súmula 228, TST.
- • V. Súmula vinculante 4, STF.

Art. 77. *(Revogado pela Lei 4.589/1964.)*

Art. 78. Quando o salário for ajustado por empreitada, ou convencionado por tarefa ou peça, será garantida ao trabalhador uma remuneração diária nunca inferior à do salário mínimo por dia normal.

- V. art. 7º, IV e V, CF.

Parágrafo único. Quando o salário mínimo mensal do empregado a comissão ou que tenha direito a percentagem for integrado por parte fixa e parte variável, ser-lhe-á sempre garantido o salário mínimo, vedado qualquer desconto em mês subsequente a título de compensação.

- Parágrafo único acrescentado pelo Dec.-lei 229/1967.
- V. art. 7º, VII, CF.
- V. Lei 8.716/1993 (Garantia do salário mínimo).

Art. 79. Quando se tratar da fixação do salário mínimo dos trabalhadores ocupados em serviços insalubres, poderão as Comissões de salário mínimo aumentá-lo até de metade do salário mínimo normal.

- Artigo revogado. V. Lei 4.589/1964 (salário mínimo).
- V. art. 7º, IV, CF.
- V. art. 76, CLT.

Art. 80. *(Revogado pela Lei 10.097/2000.)*

Art. 81. O salário mínimo será determinado pela fórmula $Sm = a + b + c + d + e$, em que a, b, c, d e e representam, respectivamente, o valor das despesas diárias com alimentação, habitação, vestuário, higiene e transporte necessários à vida de um trabalhador adulto.

- V. art. 76, CLT.
- V. Lei 8.716/1993 (Garantia do salário mínimo).

§ 1º A parcela correspondente à alimentação terá um valor mínimo igual aos valores da lista de provisões, constantes dos quadros devidamente aprovados e necessários à alimentação diária do trabalhador adulto.

§ 2º Poderão ser substituídos pelos equivalentes de cada grupo, também mencionados nos quadros a que alude o parágrafo anterior, os alimentos, respeitados os valores nutritivos determinados nos mesmos quadros.

§ 3º O Ministério do Trabalho, Indústria e Comércio fará, periodicamente, a revisão dos quadros a que se refere o § 1º deste artigo.

- V. art. 35, Dec.-lei 229/1967 (Altera dispositivos da Consolidação das Leis do Trabalho – CLT).

Art. 82. Quando o empregador fornecer, *in natura*, uma ou mais das parcelas do salário mínimo, o salário em dinheiro será determinado pela fórmula $Sd = Sm - P$, em que Sd representa o salário em dinheiro, Sm o salário mínimo e P a soma dos valores daquelas parcelas.

- Ver nota ao art. 76, CLT.
- V. Súmula 258, TST.
- • V. art. 458, CLT.
- • V. Súmula 241 e 367, TST.

Parágrafo único. O salário mínimo pago em dinheiro não será inferior a 30% (trinta por cento) do salário mínimo.

Art. 83. É devido o salário mínimo ao trabalhador em domicílio, considerado este como o executado na habitação do empregado ou em oficina de família, por conta de empregador que o remunere.

Seção II
Das regiões e sub-regiões

Arts. 84 a 86. [...]

- Seção II revogada. V. art. 7º, IV, CF.

Art. 87

CONSOLIDAÇÃO DAS LEIS DO TRABALHO

Seção III
Da constituição das comissões

Arts. 87 a 100. *(Revogados pela Lei 4.589/1964.)*

Seção IV
Das atribuições das comissões de salário mínimo

Arts. 101 a 111. *(Revogados pela Lei 4.589/1964.)*

Seção V
Da fixação do salário mínimo

Arts. 112 a 115. *(Revogados pela Lei 4.589/1964.)*

Art. 116. O decreto fixando o salário mínimo, decorridos 60 (sessenta) dias de sua publicação no *Diário Oficial*, obrigará a todos que utilizem o trabalho de outrem mediante remuneração.

- O art. 7º, IV, da CF estabelece que o salário mínimo só poderá ser fixado por lei.
- V. art. 76, CLT.
- V. Lei 4.589/1964 (Salário mínimo).

§ 1º O salário mínimo, uma vez fixado, vigorará pelo prazo de 3 (três) anos, podendo ser modificado ou confirmado por novo período de 3 (três) anos, e assim seguidamente, por decisão da respectiva Comissão de salário mínimo, aprovada pelo Ministro do Trabalho, Indústria e Comércio.

- § 1º revogado. V. art. 23, Lei 4.589/1964 (Salário mínimo).
- V. art. 35, Dec.-lei 229/1967 (Altera dispositivos da Consolidação das Leis do Trabalho – CLT).

§ 2º Excepcionalmente, poderá o salário mínimo ser modificado, antes de decorridos 3 (três) anos de sua vigência, sempre que a respectiva Comissão de salário mínimo, pelo voto de 3/4 (três quartos) de seus componentes, reconhecer que fatores de ordem econômica tenham alterado de maneira profunda a situação econômica e financeira da região interessada.

- § 2º revogado. V. art. 23, Lei 4.589/1964 (salário mínimo).

Seção VI
Disposições gerais

Art. 117. Será nulo de pleno direito, sujeitando o empregador às sanções do art. 120, qualquer contrato ou convenção que estipule remuneração inferior ao salário mínimo.

- V. art. 7º, IV, CF.
- V. art. 76, CLT.

Art. 118. O trabalhador a quem for pago salário inferior ao mínimo terá direito, não obstante qualquer contrato, ou convenção em contrário, a reclamar do empregador o complemento de seu salário mínimo.

- V. art. 7º, IV, CF.
- V. art. 76, CLT.

Art. 119. Prescreve em 2 (dois) anos a ação para reaver a diferença, contados, para cada pagamento, da data em que o mesmo tenha sido efetuado.

- Artigo revogado. V. art. 7º, XXIX, CF.

Art. 120. Aquele que infringir qualquer dispositivo concernente ao salário mínimo será passível de multa de 50 (cinquenta) a 2.000 (dois mil) cruzeiros, elevada ao dobro na reincidência.

- Multas: ver Notas de Atualização e Portaria MTb 290/1997.

Art. 121. *(Revogado pelo Dec.-lei 229/1967.)*

Arts. 122 e 123. *(Revogados pela Lei 4.589/1964.)*

Art. 124. A aplicação dos preceitos deste Capítulo não poderá, em caso algum, ser causa determinante da redução do salário.

- V. art. 7º, VI, CF.

Art. 125. *(Revogado pela Lei 4.589/1964.)*

Art. 126. O Ministro do Trabalho, Indústria e Comércio expedirá as instruções necessárias à fiscalização do salário mínimo, podendo cometer essa fiscalização a qualquer dos órgãos componentes do respectivo Ministério, e, bem assim, aos fiscais dos Institutos de Aposentadoria e Pensões, na forma da legislação em vigor.

- V. art. 35, Dec.-lei 229/1967 (Altera dispositivos da Consolidação das Leis do Trabalho – CLT).

Art. 131

CONSOLIDAÇÃO DAS LEIS DO TRABALHO

Arts. 127 e 128. *(Revogados pelo Dec.-lei 229/1967.)*

Capítulo IV
DAS FÉRIAS ANUAIS

Seção I
Do direito a férias e da sua duração

Art. 129. Todo empregado terá direito anualmente ao gozo de um período de férias, sem prejuízo da remuneração.

* Artigo com redação determinada pelo Dec.-lei 1.535/1977.
* V. art. 7º, XVII, XXXIV e p.u, CF.
* V. Súmulas 7, 10 e 14, TST.
** Convenção 132 OIT (Férias anuais remuneradas).
** arts. 150 a 152 e 322, CLT.
** art. 3º, Lei 5.859/1972 (Empregado doméstico).
** V. Súmula 149, TST.

Art. 130. Após cada período de 12 (doze) meses de vigência do contrato de trabalho, o empregado terá direito a férias, na seguinte proporção:

* Artigo com redação determinada pelo Dec.-lei 1.535/1977.
** V. art. 130-A, CLT.
** V. Súmulas 46, 89 e 155, TST.

I – trinta dias corridos, quando não houver faltado ao serviço mais de 5 (cinco) vezes;
II – vinte e quatro dias corridos, quando houver tido de 6 (seis) a 14 (quatorze) faltas;
III – dezoito dias corridos, quando houver tido de 15 (quinze) a 23 (vinte e três) faltas;
IV – doze dias corridos, quando houver tido de 24 (vinte e quatro) a 32 (trinta e duas) faltas.

§ 1º É vedado descontar, do período de férias, as faltas do empregado ao serviço.

* V. Súmulas 89 e 155, TST.
** V. Súmula 46, TST.

§ 2º O período de férias será computado, para todos os efeitos, como tempo de serviço.

* V. art. 7º, XVII, CF.

Art. 130-A. Na modalidade do regime de tempo parcial, após cada período de 12 (doze) meses de vigência do contrato de trabalho, o empregado terá direito a férias, na seguinte proporção:

* Artigo acrescentado pela MP 2.164-41/2001.
** arts. 58-A, 59, § 4º, 130 e 143, § 3º, CLT.
** V. Súmulas 46 e 89, TST.

I – 18 (dezoito) dias, para a duração do trabalho semanal superior a 22 (vinte e duas) horas, até 25 (vinte e cinco) horas;
II – 16 (dezesseis) dias, para a duração do trabalho semanal superior a 20 (vinte) horas, até 22 (vinte e duas) horas;
III – 14 (quatorze) dias, para a duração do trabalho semanal superior a 15 (quinze) horas, até 20 (vinte) horas;
IV –12 (doze) dias, para a duração do trabalho semanal superior a 10 (dez) horas, até 15 (quinze) horas;
V – 10 (dez) dias, para a duração do trabalho semanal superior a 5 (cinco) horas, até 10 (dez) horas;
VI – 8 (oito) dias, para a duração do trabalho semanal igual ou inferior a 5 (cinco) horas.

Parágrafo único. O empregado contratado sob o regime de tempo parcial que tiver mais de 7 (sete) faltas injustificadas ao longo do período aquisitivo terá o seu período de férias reduzido à metade.

Art. 131. Não será considerada falta ao serviço, para os efeitos do artigo anterior, a ausência do empregado:

* *Caput* com redação determinada pelo Dec.-lei 1.535/1977.
** V. art. 395, CLT.
** V. Súmulas 46 e 89, TST.

I – nos casos referidos no art. 473;

* Inciso I com redação determinada pelo Dec.-lei 1.535/1977.

II – durante o licenciamento compulsório da empregada por motivo de maternidade ou aborto, observados os requisitos para percepção do salário-maternidade custeado pela Previdência Social;

* Inciso II com redação determinada pela Lei 8.921/1994.

III – por motivo de acidente do trabalho ou enfermidade atestada pelo Instituto Nacional do Seguro Social – INSS, excetuada a hipótese do inciso IV do art. 133;

* Inciso III com redação determinada pela Lei 8.726/1993.
* V. Súmula 46, TST.

239

IV – justificada pela empresa, entendendo-se como tal a que não tiver determinado o desconto do correspondente salário;

- Inciso IV com redação determinada pelo Dec.-lei 1.535/1977.

V – durante a suspensão preventiva para responder a inquérito administrativo ou de prisão preventiva, quando for impronunciado ou absolvido; e

- Inciso V com redação determinada pelo Dec.-lei 1.535/1977.

VI – nos dias em que não tenha havido serviço, salvo na hipótese do inciso III do art. 133.

- Inciso VI com redação determinada pelo Dec.-lei 1.535/1977.
- V. Súmula 198, STF.
- V. Súmula 89, TST.

Art. 132. O tempo de trabalho anterior à apresentação do empregado para serviço militar obrigatório será computado no período aquisitivo, desde que ele compareça ao estabelecimento dentro de 90 (noventa) dias da data em que se verificar a respectiva baixa.

- Artigo com redação determinada pelo Dec.-lei 1.535/1977.
- ** V. Súmula 463, STF.

Art. 133. Não terá direito a férias o empregado que, no curso do período aquisitivo:

- Caput com redação determinada pelo Dec.-lei 1.535/1977.

I – deixar o emprego e não for readmitido dentro dos 60 (sessenta) dias subsequentes à sua saída;

- ** V. art. 453, CLT.

II – permanecer em gozo de licença, com percepção de salários, por mais de 30 (trinta) dias;

III – deixar de trabalhar, com percepção do salário, por mais de 30 (trinta) dias, em virtude de paralisação parcial ou total dos serviços da empresa; e

IV – tiver percebido da Previdência Social prestações de acidente de trabalho ou de auxílio-doença por mais de 6 (seis) meses, embora descontínuos.

§ 1º A interrupção da prestação de serviços deverá ser anotada na Carteira de Trabalho e Previdência Social.

- § 1º com redação determinada pelo Dec.-lei 1.535/1977.

§ 2º Iniciar-se-á o decurso de novo período aquisitivo quando o empregado, após o implemento de qualquer das condições previstas neste artigo, retornar ao serviço.

- § 2º com redação determinada pelo Dec.-lei 1.535/1977.

§ 3º Para os fins previstos no inciso III deste artigo a empresa comunicará ao órgão local do Ministério do Trabalho, com antecedência mínima de 15 (quinze) dias, as datas de início e fim da paralisação total ou parcial dos serviços da empresa, e, em igual prazo, comunicará, nos mesmos termos, ao sindicato representativo da categoria profissional, bem como afixará aviso nos respectivos locais de trabalho.

- § 3º acrescentado pela Lei 9.016/1995.

§ 4º *(Vetado.)*

- § 4º acrescentado pela Lei 9.016/1995.

Seção II
Da concessão e da época das férias

Art. 134. As férias serão concedidas por ato do empregador, em um só período, nos 12 (doze) meses subsequentes à data em o que empregado tiver adquirido o direito.

- Artigo com redação determinada pelo Dec.-lei 1.535/1977.
- V. Súmula 7, TST.

§ 1º Somente em casos excepcionais serão as férias concedidas em dois períodos, um dos quais não poderá ser inferior a 10 (dez) dias corridos.

- ** V. art. 139, § 1º, CLT.

§ 2º Aos menores de 18 (dezoito) anos e aos maiores de 50 (cinquenta) anos de idade, as férias serão sempre concedidas de uma só vez.

Art. 135. A concessão das férias será participada, por escrito, ao empregado, com antecedência de, no mínimo, 30 (trinta) dias. Dessa participação o interessado dará recibo.

- Caput com redação determinada pela Lei 7.414/1985.

§ 1º O empregado não poderá entrar no gozo das férias sem que apresente ao em-

pregador sua Carteira de Trabalho e Previdência Social, para que nela seja anotada a respectiva concessão.

* § 1º com redação determinada pelo Dec.-lei 1.535/1977.

§ 2º A concessão das férias será, igualmente, anotada no livro ou nas fichas de registro dos empregados.

* § 2º com redação determinada pelo Dec.-lei 1.535/1977.

Art. 136. A época da concessão das férias será a que melhor consulte os interesses do empregador.

* Artigo com redação determinada pelo Dec.-lei 1.535/1977.

§ 1º Os membros de uma família, que trabalharem no mesmo estabelecimento ou empresa, terão direito a gozar férias no mesmo período, se assim o desejarem e se disto não resultar prejuízo para o serviço.

§ 2º O empregado estudante, menor de 18 (dezoito) anos, terá direito a fazer coincidir suas férias com as férias escolares.

Art. 137. Sempre que as férias forem concedidas após o prazo de que trata o art. 134, o empregador pagará em dobro a respectiva remuneração.

* Artigo com redação determinada pelo Dec.-lei 1.535/1977.
* V. Súmulas 7 e 81, TST.
** V. art. 145, CLT.
** V. Súmula 328, TST.
** V. OJ 386, SDI (I).

§ 1º Vencido o mencionado prazo sem que o empregador tenha concedido as férias, o empregado poderá ajuizar reclamação pedindo a fixação, por sentença, da época de gozo das mesmas.

§ 2º A sentença cominará pena diária de 5% (cinco por cento) do salário mínimo, devida ao empregado até que seja cumprida.

* V. art. 76, CLT.

§ 3º Cópia da decisão judicial transitada em julgado será remetida ao órgão local do Ministério do Trabalho, para fins de aplicação da multa de caráter administrativo.

Art. 138. Durante as férias, o empregado não poderá prestar serviços a outro empregador, salvo se estiver obrigado a fazê-lo em virtude de contrato de trabalho regularmente mantido com aquele.

* Artigo com redação determinada pelo Dec.-lei 1.535/1977.

Seção III
Das férias coletivas

Art. 139. Poderão ser concedidas férias coletivas a todos os empregados de uma empresa ou de determinados estabelecimentos ou setores da empresa.

* Artigo com redação determinada pelo Dec.-lei 1.535/1977.

§ 1º As férias poderão ser gozadas em dois períodos anuais desde que nenhum deles seja inferior a 10 (dez) dias corridos.

** V. art. 134, § 1º, CLT.

§ 2º Para os fins previstos neste artigo, o empregador comunicará ao órgão local do Ministério do Trabalho, com a antecedência mínima de 15 (quinze) dias, as datas de início e fim das férias, precisando quais os estabelecimentos ou setores abrangidos pela medida.

§ 3º Em igual prazo, o empregador enviará cópia da aludida comunicação aos sindicatos representativos da respectiva categoria profissional, e providenciará a afixação de aviso nos locais de trabalho.

Art. 140. Os empregados contratados há menos de 12 (doze) meses gozarão, na oportunidade, férias proporcionais, iniciando-se, então, novo período aquisitivo.

* Artigo com redação determinada pelo Dec.-lei 1.535/1977.

Art. 141. Quando o número de empregados contemplados com as férias coletivas for superior a 300 (trezentos), a empresa poderá promover, mediante carimbo, as anotações de que trata o art. 135, § 1º.

* Artigo com redação determinada pelo Dec.-lei 1.535/1977.

§ 1º O carimbo, cujo modelo será aprovado pelo Ministério do Trabalho, dispensará a referência ao período aquisitivo a que correspondem, para cada empregado, as férias concedidas.

§ 2º Adotado o procedimento indicado neste artigo, caberá à empresa fornecer ao empregado cópia visada do recibo corres-

pondente à quitação mencionada no parágrafo único do art. 145.

§ 3º Quando da cessação do contrato de trabalho, o empregador anotará na Carteira de Trabalho e Previdência Social as datas dos períodos aquisitivos correspondentes às férias coletivas gozadas pelo empregado.

Seção IV
Da remuneração e do abono de férias

Art. 142. O empregado perceberá, durante as férias, a remuneração que lhe for devida na data da sua concessão.

- Artigo com redação determinada pelo Dec.-lei 1.535/1977.
- O art. 7º, XVII, da CF estabeleceu que a remuneração das férias será pelo menos 1/3 (um terço) maior do que a remuneração normal.
- • V. Súmulas 7, 159, 328 e 354, TST.
- • V. OJ 50, SDI (I) Transitória.

§ 1º Quando o salário for pago por hora com jornadas variáveis, apurar-se-á a média do período aquisitivo, aplicando-se o valor do salário na data da concessão das férias.

- V. Súmula 199, STF.

§ 2º Quando o salário for pago por tarefa, tomar-se-á por base a média da produção no período aquisitivo do direito a férias, aplicando-se o valor da remuneração da tarefa na data da concessão das férias.

- V. art. 7º, VII, CF.
- V. Súmula 149, TST.

§ 3º Quando o salário for pago por percentagem, comissão ou viagem, apurar-se-á a média percebida pelo empregado nos 12 (doze) meses que precederem à concessão das férias.

§ 4º A parte do salário paga em utilidades será computada de acordo com a anotação na Carteira de Trabalho e Previdência Social.

- V. art. 1º, Dec.-lei 926/1969 (Institui a Carteira de Trabalho e Previdência Social).

§ 5º Os adicionais por trabalho extraordinário, noturno, insalubre ou perigoso serão computados no salário que servirá de base ao cálculo da remuneração das férias.

- V. art. 7º, XVI, CF.
- V. Súmula 347, TST.

§ 6º Se, no momento das férias, o empregado não estiver percebendo o mesmo adicional do período aquisitivo, ou quando o valor deste não tiver sido uniforme, será computada a média duodecimal recebida naquele período, após a atualização das importâncias pagas, mediante incidência dos percentuais dos reajustamentos salariais supervenientes.

- V. Súmulas 253 e 328, TST.

Art. 143. É facultado ao empregado converter 1/3 (um terço) do período de férias a que tiver direito em abono pecuniário, no valor da remuneração que lhe seria devida nos dias correspondentes.

- *Caput* com redação determinada pelo Dec.-lei 1.535/1977.
- • V. art. 7º, XVII, CF.
- • V. OJ 50, SDI (I) Transitória.

§ 1º O abono de férias deverá ser requerido até 15 (quinze) dias antes do término do período aquisitivo.

- § 1º com redação determinada pelo Dec.-lei 1.535/1977.

§ 2º Tratando-se de férias coletivas, a conversão a que se refere este artigo deverá ser objeto de acordo coletivo entre o empregador e o sindicato representativo da respectiva categoria profissional, independendo de requerimento individual a concessão do abono.

- § 2º com redação determinada pelo Dec.-lei 1.535/1977.

§ 3º O disposto neste artigo não se aplica aos empregados sob o regime de tempo parcial.

- § 3º acrescentado pela MP 2.164-41/2001.
- V. MP 2.164-41/2001 (Trabalho a tempo parcial e suspensão do contrato de trabalho).
- • V. arts. 58-A, 59, § 4º e 130-A, CLT.

Art. 144. O abono de férias de que trata o artigo anterior, bem como o concedido em virtude de cláusula do contrato de trabalho, do regulamento da empresa, de convenção ou acordo coletivo, desde que não excedente de 20 (vinte) dias do salário, não integrarão a remuneração do empregado para os efeitos da legislação do trabalho.

- Artigo com redação determinada pela Lei 9.528/1997.
- V. art. 7º, XVII, CF.

Art. 150

CONSOLIDAÇÃO DAS LEIS DO TRABALHO

Art. 145. O pagamento da remuneração das férias e, se for o caso, o do abono referido no art. 143 serão efetuados até 2 (dois) dias antes do início do respectivo período.

* Artigo com redação determinada pelo Dec.-lei 1.535/1977.
** V. art. 137, CLT.
** V. OJ 386, SDI (I).

Parágrafo único. O empregado dará quitação do pagamento, com indicação do início e do termo das férias.

Seção V
Dos efeitos da cessação do contrato de trabalho

Art. 146. Na cessação do contrato de trabalho, qualquer que seja a sua causa, será devida ao empregado a remuneração simples ou em dobro, conforme o caso, correspondente ao período de férias cujo direito tenha adquirido.

* Artigo com redação determinada pelo Dec.-lei 1.535/1977.
* V. Súmula 386, STJ.
** V. Súmulas 7, 10, 171, 261 e 328, TST.
** OJ 195, SDI (I).

Parágrafo único. Na cessação do contrato de trabalho, após 12 (doze) meses de serviço, o empregado, desde que não haja sido demitido por justa causa, terá direito à remuneração relativa ao período incompleto de férias, de acordo com o art. 130, na proporção de 1/12 (um doze avos) por mês de serviço ou fração superior a 14 (quatorze) dias.

* V. Súmula 200, STF.
** V. Súmulas 171 e 261, TST.

Art. 147. O empregado que for despedido sem justa causa, ou cujo contrato de trabalho se extinguir em prazo predeterminado, antes de completar 12 (doze) meses de serviço, terá direito à remuneração relativa ao período incompleto de férias, de conformidade com o disposto no artigo anterior.

* Artigo com redação determinada pelo Dec.-lei 1.535/1977.
* V. Súmula 261, TST.

Art. 148. A remuneração das férias, ainda quando devida após a cessação do contrato de trabalho, terá natureza salarial, para os efeitos do art. 449.

* Artigo com redação determinada pelo Dec.-lei 1.535/1977.

Seção VI
Do início da prescrição

Art. 149. A prescrição do direito de reclamar a concessão das férias ou o pagamento da respectiva remuneração é contada do término do prazo mencionado no art. 134 ou, se for o caso, da cessação do contrato de trabalho.

* Artigo com redação determinada pelo Dec.-lei 1.535/1977.
* V. art. 7º, XXIX, CF.
** V. art. 11 e 119, CLT.

Seção VII
Disposições especiais

Art. 150. O tripulante que, por determinação do armador, for transferido para o serviço de outro, terá computado, para o efeito de gozo de férias, o tempo de serviço prestado ao primeiro, ficando obrigado a concedê-las o armador em cujo serviço ele se encontra na época de gozá-las.

* Artigo com redação determinada pelo Dec.-lei 1.535/1977.

§ 1º As férias poderão ser concedidas, a pedido dos interessados e com aquiescência do armador, parceladamente, nos portos de escala de grande estadia do navio, aos tripulantes ali residentes.

§ 2º Será considerada grande estadia a permanência no porto por prazo excedente de 6 (seis) dias.

§ 3º Os embarcadiços, para gozarem férias nas condições deste artigo, deverão pedi-las, por escrito, ao armador, antes do início da viagem, no porto de registro ou armação.

§ 4º O tripulante, ao terminar as férias, apresentar-se-á ao armador, que deverá designá-lo para qualquer de suas embarcações ou o adir a algum dos seus serviços terrestres, respeitadas a condição pessoal e a remuneração.

§ 5º Em caso de necessidade, determinada pelo interesse público, e comprovada pela autoridade competente, poderá o armador

ordenar a suspensão das férias já iniciadas ou a iniciar-se, ressalvado ao tripulante o direito ao respectivo gozo posteriormente.

§ 6º O Delegado do Trabalho Marítimo poderá autorizar a acumulação de dois períodos de férias do marítimo, mediante requerimento justificado:

I – do sindicato, quando se tratar de sindicalizado; e

II – da empresa, quando o empregado não for sindicalizado.

- O cargo de Delegado do Trabalho Marítimo foi extinto.
- V. Súmula 531, STF.
•• V. OJ 391, SDI (I).

Art. 151. Enquanto não se criar um tipo especial de caderneta profissional para os marítimos, as férias serão anotadas pela Capitania do Porto na caderneta matrícula do tripulante, na página das observações.

- Artigo com redação determinada pelo Dec.-lei 1.535/1977.

Art. 152. A remuneração do tripulante, no gozo de férias, será acrescida da importância correspondente à etapa que estiver vencendo.

- Artigo com redação determinada pelo Dec.-lei 1.535/1977.

Seção VIII
Das penalidades

Art. 153. As infrações ao disposto neste Capítulo serão punidas com multas de valor igual a 160 (cento e sessenta) BTN por empregado em situação irregular.

- Artigo com redação determinada pela Lei 7.855/1989.
- Multas: ver Notas de Atualização e Portaria MTb 290/1997.

Parágrafo único. Em caso de reincidência, embaraço ou resistência à fiscalização, emprego de artifício ou simulação com o objetivo de fraudar a lei, a multa será aplicada em dobro.

Capítulo V
DA SEGURANÇA
E DA MEDICINA DO TRABALHO

- Capítulo V com redação determinada pelo art. 1º da Lei 6.514/1977.

Seção I
Disposições gerais

- V. NR-1 (Disposições gerais).

Art. 154. A observância, em todos os locais de trabalho, do disposto neste Capítulo, não desobriga as empresas do cumprimento de outras disposições que, com relação à matéria, sejam incluídas em códigos de obras ou regulamentos sanitários dos Estados ou Municípios em que se situem os respectivos estabelecimentos, bem como daquelas oriundas de convenções coletivas de trabalho.

- Artigo com redação determinada pela Lei 6.514/1977.

Art. 155. Incumbe ao órgão de âmbito nacional competente em matéria de segurança e medicina do trabalho:

- Artigo com redação determinada pela Lei 6.514/1977.
- V. art. 7º, XXII e XXIII, CF.

I – estabelecer, nos limites de sua competência, normas sobre a aplicação dos preceitos deste Capítulo, especialmente os referidos no art. 200;

II – coordenar, orientar, controlar e supervisionar a fiscalização e as demais atividades relacionadas com a segurança e a medicina do trabalho em todo o território nacional, inclusive a Campanha Nacional de Prevenção de Acidentes do Trabalho;

III – conhecer, em última instância, dos recursos, voluntários ou de ofício, das decisões proferidas pelos Delegados Regionais do Trabalho e Emprego, em matéria de segurança e medicina do trabalho.

Art. 156. Compete especialmente às Delegacias Regionais do Trabalho e Emprego, nos limites de sua jurisdição:

- Artigo com redação determinada pela Lei 6.514/1977.

I – promover a fiscalização do cumprimento das normas de segurança e medicina do trabalho;

II – adotar as medidas que se tornem exigíveis, em virtude das disposições deste Capítulo, determinando as obras e reparos que, em qualquer local de trabalho, se façam necessárias;

Art. 161

CONSOLIDAÇÃO DAS LEIS DO TRABALHO

III – impor as penalidades cabíveis por descumprimento das normas constantes deste Capítulo, nos termos do art. 201.

Art. 157. Cabe às empresas:
* Artigo com redação determinada pela Lei 6.514/1977.

I – cumprir e fazer cumprir as normas de segurança e medicina do trabalho;
II – instruir os empregados, através de ordens de serviço, quanto às precauções a tomar no sentido de evitar acidentes do trabalho ou doenças ocupacionais;
III – adotar as medidas que lhes sejam determinadas pelo órgão regional competente;
IV – facilitar o exercício da fiscalização pela autoridade competente.

Art. 158. Cabe aos empregados:
* Artigo com redação determinada pela Lei 6.514/1977.

I – observar as normas de segurança e medicina do trabalho, inclusive as instruções de que trata o item II do artigo anterior;
II – colaborar com a empresa na aplicação dos dispositivos deste Capítulo.

Parágrafo único. Constitui ato faltoso do empregado a recusa injustificada:
** V. art. 482, CLT.

a) à observância das instruções expedidas pelo empregador na forma do item II do artigo anterior;
b) ao uso dos equipamentos de proteção individual fornecidos pela empresa.

Art. 159. Mediante convênio autorizado pelo Ministro do Trabalho, poderão ser delegadas a outros órgãos federais, estaduais ou municipais atribuições de fiscalização ou orientação às empresas quanto ao cumprimento das disposições constantes deste Capítulo.
* Artigo com redação determinada pela Lei 6.514/1977.

Seção II
Da inspeção prévia e do embargo ou interdição
* V. NR-2 (Inspeção Prévia).
* V. NR-3 (Embargo e Interdição).

Art. 160. Nenhum estabelecimento poderá iniciar suas atividades sem prévia inspeção e aprovação das respectivas instalações pela autoridade regional competente em matéria de segurança e medicina do trabalho.
* Artigo com redação determinada pela Lei 6.514/1977.

§ 1º Nova inspeção deverá ser feita quando ocorrer modificação substancial nas instalações, inclusive equipamentos, que a empresa fica obrigada a comunicar, prontamente, à Delegacia Regional do Trabalho.

§ 2º É facultado às empresas solicitar prévia aprovação, pela Delegacia Regional do Trabalho, dos projetos de construção e respectivas instalações.

Art. 161. O Delegado Regional do Trabalho, à vista do laudo técnico do serviço competente que demonstre grave e iminente risco para o trabalhador, poderá interditar estabelecimento, setor de serviço, máquina ou equipamento, ou embargar obra, indicando na decisão, tomada com a brevidade que a ocorrência exigir, as providências que deverão ser adotadas para prevenção de infortúnios de trabalho.
* Artigo com redação determinada pela Lei 6.514/1977.
* V. Portaria MTE 40/2011 (Procedimentos relativos aos embargos e interdições).

§ 1º As autoridades federais, estaduais e municipais darão imediato apoio às medidas determinadas pelo Delegado Regional do Trabalho.

§ 2º A interdição ou embargo poderão ser requeridos pelo serviço competente da Delegacia Regional do Trabalho e, ainda, por agente da inspeção do trabalho ou por entidade sindical.

§ 3º Da decisão do Delegado Regional do Trabalho poderão os interessados recorrer, no prazo de 10 (dez) dias, para o órgão de âmbito nacional competente em matéria de segurança e medicina do trabalho, ao qual será facultado dar efeito suspensivo ao recurso.

§ 4º Responderá por desobediência, além das medidas penais cabíveis, quem, após determinada a interdição ou embargo, ordenar ou permitir o funcionamento do estabelecimento ou de um dos seus setores, a utilização de máquina ou equipamento, ou

o prosseguimento de obra, se, em consequência, resultarem danos a terceiros.

§ 5º O Delegado Regional do Trabalho, independente de recurso, e após laudo técnico do serviço competente, poderá levantar a interdição.

§ 6º Durante a paralisação dos serviços, em decorrência da interdição ou embargo, os empregados receberão os salários como se estivessem em efetivo exercício.

Seção III
Dos órgãos de segurança e de medicina do trabalho nas empresas

- V. NR-4 (Serviço Especializado em Segurança e Medicina do Trabalho – SESMT).
- V. NR-5 (Comissão Interna de Prevenção de Acidentes).

Art. 162. As empresas, de acordo com normas a serem expedidas pelo Ministério do Trabalho, estarão obrigadas a manter serviços especializados em segurança e em medicina do trabalho.

- Artigo com redação determinada pela Lei 6.514/1977.
- •• V. NR-4 (Serviço Especializado em Segurança e Medicina do Trabalho – SESMT).

Parágrafo único. As normas a que se refere este artigo estabelecerão:

a) a classificação das empresas segundo o número de empregados e a natureza do risco de suas atividades;
b) o número mínimo de profissionais especializados exigido de cada empresa, segundo o grupo em que se classifique, na forma da alínea anterior;
c) a qualificação exigida para os profissionais em questão e o seu regime de trabalho;
d) as demais características e atribuições dos serviços especializados em segurança e em medicina do trabalho, nas empresas.

Art. 163. Será obrigatória a constituição de Comissão Interna de Prevenção de Acidentes (CIPA), de conformidade com instruções expedidas pelo Ministério do Trabalho, nos estabelecimentos ou locais de obra nelas especificadas.

- Artigo com redação determinada pela Lei 6.514/1977.

•• V. NR-5 (Comissão Interna de Prevenção de Acidentes – CIPA).

Parágrafo único. O Ministério do Trabalho regulamentará as atribuições, a composição e o funcionamento das CIPAs.

Art. 164. Cada CIPA será composta de representantes da empresa e dos empregados, de acordo com os critérios que vierem a ser adotados na regulamentação de que trata o parágrafo único do artigo anterior.

- Artigo com redação determinada pela Lei 6.514/1977.

§ 1º Os representantes dos empregadores, titulares e suplentes, serão por eles designados.

§ 2º Os representantes dos empregados, titulares e suplentes, serão eleitos em escrutínio secreto, do qual participem, independentemente de filiação sindical, exclusivamente os empregados interessados.

§ 3º O mandato dos membros eleitos da CIPA terá a duração de 1 (um) ano, permitida uma reeleição.

§ 4º O disposto no parágrafo anterior não se aplicará ao membro suplente que, durante o seu mandato, tenha participado de menos da metade do número de reuniões da CIPA.

§ 5º O empregador designará, anualmente, dentre os seus representantes, o Presidente da CIPA e os empregados elegerão, dentre eles, o Vice-Presidente.

Art. 165. Os titulares da representação dos empregados nas CIPAs não poderão sofrer despedida arbitrária, entendendo-se como tal a que não se fundar em motivo disciplinar, técnico, econômico ou financeiro.

- Artigo com redação determinada pela Lei 6.514/1977.
- O art. 10, II, a, do ADCT vedou a dispensa arbitrária ou sem justa causa do empregado eleito para cargo de direção das CIPAs.
- V. Súmula 676, STF.
- •• V. art. 7º, I, CF.
- •• V. art. 10, II, a, ADCT.
- •• V. Súmula 676, STF.
- •• V. Súmula 339, TST.
- •• V. OJ 6, SDI (II).

Parágrafo único. Ocorrendo a despedida, caberá ao empregador, em caso de reclamação à Justiça do Trabalho, comprovar a existência de qualquer dos motivos men-

cionados neste artigo, sob pena de ser condenado a reintegrar o empregado.

- V. Súmula 197, STF.
- V. Súmula 339, TST.

Seção IV
Do equipamento de proteção individual

- V. NR-6 (Equipamentos de Proteção Individual – EPI).

Art. 166. A empresa é obrigada a fornecer aos empregados, gratuitamente, equipamento de proteção individual adequado ao risco e em perfeito estado de conservação e funcionamento, sempre que as medidas de ordem geral não ofereçam completa proteção contra os riscos de acidentes e danos à saúde dos empregados.

- Artigo com redação determinada pela Lei 6.514/1977.

Art. 167. O equipamento de proteção só poderá ser posto à venda ou utilizado com a indicação do Certificado de Aprovação do Ministério do Trabalho.

- Artigo com redação determinada pela Lei 6.514/1977.

Seção V
Das medidas preventivas de medicina do trabalho

- V. NR-7 (Exames Médicos).

Art. 168. Será obrigatório exame médico, por conta do empregador, nas condições estabelecidas neste artigo e nas instruções complementares a serem expedidas pelo Ministério do Trabalho:

- Artigo com redação determinada pela Lei 7.855/1989.

I – na admissão;
II – na demissão;
III – periodicamente.

§ 1º O Ministério do Trabalho baixará instruções relativas aos casos em que serão exigíveis exames:
a) por ocasião da demissão;
b) complementares.

§ 2º Outros exames complementares poderão ser exigidos, a critério médico, para apuração da capacidade ou aptidão física e mental do empregado para a função que deva exercer.

- V. Lei 9.029/1995 (Proibição de atestados de gravidez e esterilização para efeitos admissionais).

§ 3º O Ministério do Trabalho estabelecerá, de acordo com o risco da atividade e o tempo de exposição, a periodicidade dos exames médicos.

§ 4º O empregador manterá, no estabelecimento, o material necessário à prestação de primeiros socorros médicos, de acordo com o risco da atividade.

§ 5º O resultado dos exames médicos, inclusive o exame complementar, será comunicado ao trabalhador, observados os preceitos da ética médica.

Art. 169. Será obrigatória a notificação das doenças profissionais e das produzidas em virtude de condições especiais de trabalho, comprovadas ou objeto de suspeita, de conformidade com as instruções expedidas pelo Ministério do Trabalho.

- Artigo com redação determinada pela Lei 6.514/1977.

Seção VI
Das edificações

- V. NR-8 (Edificações).

Art. 170. As edificações deverão obedecer aos requisitos técnicos que garantam perfeita segurança aos que nelas trabalhem.

- Artigo com redação determinada pela Lei 6.514/1977.

Art. 171. Os locais de trabalho deverão ter, no mínimo, três metros de pé-direito, assim considerada a altura livre do piso ao teto.

- Artigo com redação determinada pela Lei 6.514/1977.

Parágrafo único. Poderá ser reduzido esse mínimo desde que atendidas as condições de iluminação e conforto térmico compatíveis com a natureza do trabalho, sujeitando-se tal redução ao controle do órgão competente em matéria de segurança e medicina do trabalho.

Art. 172. Os pisos dos locais de trabalho não deverão apresentar saliências nem de-

pressões que prejudiquem a circulação de pessoas ou a movimentação de materiais.

* Artigo com redação determinada pela Lei 6.514/1977.

Art. 173. As aberturas nos pisos e paredes serão protegidas de forma que impeçam a queda de pessoas ou de objetos.

* Artigo com redação determinada pela Lei 6.514/1977.

Art. 174. As paredes, escadas, rampas de acesso, passarelas, pisos, corredores, coberturas e passagens dos locais de trabalho deverão obedecer às condições de segurança e de saúde no trabalho estabelecidas pelo Ministério do Trabalho e manter-se em perfeito estado de conservação e limpeza.

* Artigo com redação determinada pela Lei 6.514/1977.

Seção VII
Da iluminação

Art. 175. Em todos os locais de trabalho deverá haver iluminação adequada, natural ou artificial, apropriada à natureza da atividade.

* Artigo com redação determinada pela Lei 6.514/1977.

§ 1º A iluminação deverá ser uniformemente distribuída, geral e difusa, a fim de evitar ofuscamento, reflexos incômodos, sombras e contrastes excessivos.

§ 2º O Ministério do Trabalho estabelecerá os níveis mínimos de iluminamento a serem observados.

Seção VIII
Do conforto térmico

* V. NR-9 (Riscos Ambientais).
* V. Portaria MS 3.523/1998 (Qualidade do ar de interiores).

Art. 176. Os locais de trabalho deverão ter ventilação natural, compatível com o serviço realizado.

* Artigo com redação determinada pela Lei 6.514/1977.
* V. Portaria MS 3.523/1998 (Qualidade do ar de interiores).

Parágrafo único. A ventilação artificial será obrigatória sempre que a natural não preencha as condições de conforto térmico.

Art. 177. Se as condições de ambiente se tornarem desconfortáveis, em virtude de instalações geradoras de frio ou de calor, será obrigatório o uso de vestimenta adequada para o trabalho em tais condições ou de capelas, anteparos, paredes duplas, isolamento térmico e recursos similares, de forma que os empregados fiquem protegidos contra as radiações térmicas.

* Artigo com redação determinada pela Lei 6.514/1977.

Art. 178. As condições de conforto térmico dos locais de trabalho devem ser mantidas dentro dos limites fixados pelo Ministério do Trabalho.

* Artigo com redação determinada pela Lei 6.514/1977.
* V. Portaria MS 3.523/1998 (Qualidade do ar de interiores).

Seção IX
Das instalações elétricas

* V. NR-10 (Instalações e serviços de eletricidade).

Art. 179. O Ministério do Trabalho disporá sobre as condições de segurança e as medidas especiais a serem observadas relativamente a instalações elétricas, em qualquer das fases de produção, transmissão, distribuição ou consumo de energia.

* Artigo com redação determinada pela Lei 6.514/1977.

Art. 180. Somente profissional qualificado poderá instalar, operar, inspecionar ou reparar instalações elétricas.

* Artigo com redação determinada pela Lei 6.514/1977.

Art. 181. Os que trabalharem em serviços de eletricidade ou instalações elétricas devem estar familiarizados com os métodos de socorro a acidentados por choque elétrico.

* Artigo com redação determinada pela Lei 6.514/1977.

Seção X
Da movimentação, armazenagem e manuseio de materiais

* V. NR-11 (Transporte, movimentação armazenagem e manuseio de materiais).

Consolidação das Leis do Trabalho

Art. 182. O Ministério do Trabalho estabelecerá normas sobre:

* Artigo com redação determinada pela Lei 6.514/1977.

I – as precauções de segurança na movimentação de materiais nos locais de trabalho, os equipamentos a serem obrigatoriamente utilizados e as condições especiais a que estão sujeitas a operação e a manutenção desses equipamentos, inclusive exigências de pessoal habilitado;

II – as exigências similares relativas ao manuseio e à armazenagem de materiais, inclusive quanto às condições de segurança e higiene relativas aos recipientes e locais de armazenagem e os equipamentos de proteção individual;

III – a obrigatoriedade de indicação de carga máxima permitida nos equipamentos de transporte, dos avisos de proibição de fumar e de advertência quanto à natureza perigosa ou nociva à saúde das substâncias em movimentação ou em depósito, bem como das recomendações de primeiros socorros e de atendimento médico e símbolo de perigo, segundo padronização internacional, nos rótulos dos materiais ou substâncias armazenados ou transportados.

Parágrafo único. As disposições relativas ao transporte de materiais aplicam-se, também, no que couber, ao transporte de pessoas nos locais de trabalho.

Art. 183. As pessoas que trabalharem na movimentação de materiais deverão estar familiarizadas com os métodos racionais de levantamento de cargas.

* Artigo com redação determinada pela Lei 6.514/1977.

Seção XI
Das máquinas e equipamentos

* V. NR-12 (Máquinas e equipamentos).

Art. 184. As máquinas e os equipamentos deverão ser dotados de dispositivos de partida e parada e outros que se fizerem necessários para a prevenção de acidentes do trabalho, especialmente quanto ao risco de acionamento acidental.

* Artigo com redação determinada pela Lei 6.514/1977.

Parágrafo único. É proibida a fabricação, a importação, a venda, a locação e o uso de máquinas e equipamentos que não atendam ao disposto neste artigo.

Art. 185. Os reparos, limpeza e ajustes somente poderão ser executados com as máquinas paradas, salvo se o movimento for indispensável à realização do ajuste.

* Artigo com redação determinada pela Lei 6.514/1977.

Art. 186. O Ministério do Trabalho estabelecerá normas adicionais sobre proteção e medidas de segurança na operação de máquinas e equipamentos, especialmente quanto à proteção das partes móveis, distância entre estas, vias de acesso às máquinas e equipamentos de grandes dimensões, emprego de ferramentas, sua adequação e medidas de proteção exigidas quando motorizadas ou elétricas.

* Artigo com redação determinada pela Lei 6.514/1977.

Seção XII
Das caldeiras, fornos e recipientes sob pressão

Art. 187. As caldeiras, equipamentos e recipientes em geral que operam sob pressão deverão dispor de válvulas e outros dispositivos de segurança, que evitem seja ultrapassada a pressão interna de trabalho compatível com a sua resistência.

* Artigo com redação determinada pela Lei 6.514/1977.

Parágrafo único. O Ministério do Trabalho expedirá normas complementares quanto à segurança das caldeiras, fornos e recipientes sob pressão, especialmente quanto ao revestimento interno, à localização, à ventilação dos locais e outros meios de eliminação de gases ou vapores prejudiciais à saúde, e demais instalações ou equipamentos necessários à execução segura das tarefas de cada empregado.

Art. 188. As caldeiras serão periodicamente submetidas a inspeções de segurança, por engenheiro ou empresa especializada, inscritos no Ministério do Trabalho, de

Art. 189

conformidade com as instruções que, para esse fim, forem expedidas.

- Artigo com redação determinada pela Lei 6.514/1977.

§ 1º Toda caldeira será acompanhada de "Prontuário", com documentação original do fabricante, abrangendo, no mínimo: especificação técnica, desenhos, detalhes, provas e testes realizados durante a fabricação e a montagem, características funcionais e a pressão máxima de trabalho permitida (PMTP), esta última indicada, em local visível, na própria caldeira.

§ 2º O proprietário da caldeira deverá organizar, manter atualizado e apresentar, quando exigido pela autoridade competente, o Registro de Segurança, no qual serão anotadas, sistematicamente, as indicações das provas efetuadas, inspeções, reparos e quaisquer outras ocorrências.

§ 3º Os projetos de instalação de caldeiras, fornos e recipientes sob pressão deverão ser submetidos à aprovação prévia do órgão regional competente em matéria de segurança do trabalho.

Seção XIII
Das atividades insalubres ou perigosas

- V. NR-15 (Atividades e operações insalubres).
- V. NR-16 (Atividades e operações perigosas).

Art. 189. Serão consideradas atividades ou operações insalubres aquelas que, por sua natureza, condições ou métodos de trabalho, exponham os empregados a agentes nocivos à saúde, acima dos limites de tolerância fixados em razão da natureza e da intensidade do agente e do tempo de exposição aos seus efeitos.

- Artigo com redação determinada pela Lei 6.514/1977.
- V. art. 7º, XXXIII, CF.
- • V. art. 7º, XXIII, CF.

Art. 190. O Ministério do Trabalho aprovará o quadro das atividades e operações insalubres e adotará normas sobre os critérios de caracterização da insalubridade, os limites de tolerância aos agentes agressivos, meios de proteção e o tempo máximo de exposição do empregado a esses agentes.

- Artigo com redação determinada pela Lei 6.514/1977.
- • V. art. 87, II, CF.
- • NR-15 (Atividades e operações insalubres).
- • V. Súmulas 194 e 460, STF.
- • V. Súmula 248, TST.
- • V. OJ 4, SDI (I).

Parágrafo único. As normas referidas neste artigo incluirão medidas de proteção do organismo do trabalhador nas operações que produzem aerodispersoides tóxicos, irritantes, alergênicos ou incômodos.

- V. Súmulas 194 e 460, STF.

Art. 191. A eliminação ou a neutralização da insalubridade ocorrerá:

- Artigo com redação determinada pela Lei 6.514/1977.
- V. Súmula 289, TST.
- • V. Súmula 80, TST.
- • V. OJ 4, SDI (I).

I – com a adoção de medidas que conservem o ambiente de trabalho dentro dos limites de tolerância;

II – com a utilização de equipamentos de proteção individual ao trabalhador, que diminuam a intensidade do agente agressivo a limites de tolerância.

Parágrafo único. Caberá às Delegacias Regionais do Trabalho e Emprego, comprovada a insalubridade, notificar as empresas, estipulando prazos para sua eliminação ou neutralização, na forma deste artigo.

Art. 192. O exercício de trabalho em condições insalubres, acima dos limites de tolerância estabelecidos pelo Ministério do Trabalho, assegura a percepção de adicional respectivamente de 40% (quarenta por cento), 20% (vinte por cento) e 10% (dez por cento) do salário-mínimo da região, segundo se classifiquem nos graus máximo, médio e mínimo.

- Artigo com redação determinada pela Lei 6.514/1977.
- V. art. 7º, IV e XXIII, CF.
- V. art. 76, CLT.
- V. Súmula Vinculante 4, STF.
- V. Súmula 307, STF.
- V. Súmula 187, TRF.
- V. Súmulas 47, 80, 139, 228 e 248, TST.
- • V. Súmulas 194 e 460, STF.
- • V. Súmulas 17, 289 e 293, TST.
- • V. OJ 4, 47, 165, 173 e 278, SDI (I).
- • V. Reclamação 6.266/DF.

Consolidação das Leis do Trabalho

Art. 193. São consideradas atividades ou operações perigosas, na forma da regulamentação aprovada pelo Ministério do Trabalho e Emprego, aquelas que, por sua natureza ou métodos de trabalho, impliquem risco acentuado em virtude de exposição permanente do trabalhador a:

- *Caput* com redação determinada pela Lei 12.740/2012.
- V. art. 7º, XXIII, CF.
- V. Súmula 364, TST.
- • V. Súmula 212, STF.
- • V. Súmulas 39, 70, 132, 191 e 361, TST.
- • V. OJ 165, 279, 345, 347 e 385, SDI (I).
- • V. NR-16 (Atividades e operações perigosas).

I – inflamáveis, explosivos ou energia elétrica;

- Inciso I acrescentado pela Lei 12.740/2012.

II – roubos ou outras espécies de violência física nas atividades profissionais de segurança pessoal ou patrimonial.

- Inciso II acrescentado pela Lei 12.740/2012.

§ 1º O trabalho em condições de periculosidade assegura ao empregado um adicional de 30% (trinta por cento) sobre o salário sem os acréscimos resultantes de gratificações, prêmios ou participações nos lucros da empresa.

- V. Lei 10.101/2000 (Participação dos trabalhadores nos lucros ou resultados da empresa).
- V. Súmula 212, STF.
- V. Súmulas 39, 70, 132, 191, 361 e 364, TST.

§ 2º O empregado poderá optar pelo adicional de insalubridade que porventura lhe seja devido.

§ 3º Serão descontados ou compensados do adicional outros da mesma natureza eventualmente já concedidos ao vigilante por meio de acordo coletivo.

- § 3º acrescentado pela Lei 12.740/2012.

Art. 194. O direito do empregado ao adicional de insalubridade ou de periculosidade cessará com a eliminação do risco à sua saúde ou integridade física, nos termos desta Seção e das normas expedidas pelo Ministério do Trabalho.

- Artigo com redação determinada pela Lei 6.514/1977.
- • V. Súmulas 80 e 248, TST.

Art. 195. A caracterização e a classificação da insalubridade e da periculosidade, segundo as normas do Ministério do Trabalho, far-se-ão através de perícia a cargo de Médico do Trabalho ou Engenheiro do Trabalho, registrado no Ministério do Trabalho.

- Artigo com redação determinada pela Lei 6.514/1977.
- • V. OJ 165, SDI (I).

§ 1º É facultado às empresas e aos sindicatos das categorias profissionais interessadas requererem ao Ministério do Trabalho a realização de perícia em estabelecimento ou setor deste, com o objetivo de caracterizar e classificar ou delimitar as atividades insalubres ou perigosas.

§ 2º Arguida em juízo insalubridade ou periculosidade, seja por empregado, seja por sindicato em favor de grupo de associados, o juiz designará perito habilitado na forma deste artigo, e, onde não houver, requisitará perícia ao órgão competente do Ministério do Trabalho.

- V. Súmula 293, TST.
- • V. OJ 278 e 406, SDI (I).

§ 3º O disposto nos parágrafos anteriores não prejudica a ação fiscalizadora do Ministério do Trabalho, nem a realização *ex officio* da perícia.

Art. 196. Os efeitos pecuniários decorrentes do trabalho em condições de insalubridade ou periculosidade serão devidos a contar da data da inclusão da respectiva atividade nos quadros aprovados pelo Ministério do Trabalho, respeitadas as normas do art. 11.

- Artigo com redação determinada pela Lei 6.514/1977.
- • V. Súmula 248, TST.
- • V. OJ 172, SDI (I).

Art. 197. Os materiais e substâncias empregados, manipulados ou transportados nos locais de trabalho, quando perigosos ou nocivos à saúde, devem conter, no rótulo, sua composição, recomendações de socorro imediato e o símbolo de perigo correspondente, segundo a padronização internacional.

- Artigo com redação determinada pela Lei 6.514/1977.
- • V. NR-16 (Atividades e operações perigosas).

Parágrafo único. Os estabelecimentos que mantenham as atividades previstas neste artigo afixarão, nos setores de trabalho atingidos, avisos ou cartazes, com advertência quanto aos materiais e substâncias perigosos ou nocivos à saúde.

Seção XIV
Da prevenção da fadiga

• V. NR-17 (Ergonomia).

Art. 198. É de 60 (sessenta) quilogramas o peso máximo que um empregado pode remover individualmente, ressalvadas as disposições especiais relativas ao trabalho do menor e da mulher.

• Artigo com redação determinada pela Lei 6.514/1977.

•• V. arts. 390, 405, § 5º e 483, a, CLT.

Parágrafo único. Não está compreendida na proibição deste artigo a remoção de material feita por impulsão ou tração de vagonetes sobre trilhos, carros de mão ou quaisquer outros aparelhos mecânicos, podendo o Ministério do Trabalho, em tais casos, fixar limites diversos, que evitem sejam exigidos do empregado serviços superiores às suas forças.

Art. 199. Será obrigatória a colocação de assentos que assegurem postura correta ao trabalhador, capazes de evitar posições incômodas ou forçadas, sempre que a execução da tarefa exija que trabalhe sentado.

• Artigo com redação determinada pela Lei 6.514/1977.

Parágrafo único. Quando o trabalho deva ser executado de pé, os empregados terão à sua disposição assentos para serem utilizados nas pausas que o serviço permitir.

Seção XV
Das outras medidas especiais de proteção

Art. 200. Cabe ao Ministério do Trabalho estabelecer disposições complementares às normas de que trata este Capítulo, tendo em vista as peculiaridades de cada atividade ou setor de trabalho, especialmente sobre:

• Artigo com redação determinada pela Lei 6.514/1977.

I – medidas de prevenção de acidentes e os equipamentos de proteção individual em obras de construção, demolição ou reparos;

II – depósitos, armazenagem e manuseio de combustíveis, inflamáveis e explosivos, bem como trânsito e permanência nas áreas respectivas;

III – trabalho em escavações, túneis, galerias, minas e pedreiras, sobretudo quanto à prevenção de explosões, incêndios, desmoronamentos e soterramentos, eliminação de poeiras, gases etc., e facilidades de rápida saída dos empregados;

IV – proteção contra incêndio em geral e as medidas preventivas adequadas, com exigências ao especial revestimento de portas e paredes, construção de paredes contra fogo, diques e outros anteparos, assim como garantia geral de fácil circulação, corredores de acesso e saídas amplas e protegidas, com suficiente sinalização;

V – proteção contra insolação, calor, frio, umidade e ventos, sobretudo no trabalho a céu aberto, com provisão, quanto a este, de água potável, alojamento e profilaxia de endemias;

VI – proteção do trabalhador exposto a substâncias químicas nocivas, radiações ionizantes e não ionizantes, ruídos, vibrações e trepidações ou pressões anormais ao ambiente de trabalho, com especificação das medidas cabíveis para eliminação ou atenuação desses efeitos, limites máximos quanto ao tempo de exposição, à intensidade da ação ou de seus efeitos sobre o organismo do trabalhador, exames médicos obrigatórios, limites de idade, controle permanente dos locais de trabalho e das demais exigências que se façam necessárias;

VII – higiene nos locais de trabalho, com discriminação das exigências, instalações sanitárias, com separação de sexos, chuveiros, lavatórios, vestiários e armários individuais, refeitórios ou condições de conforto por ocasião das refeições, fornecimento de água potável, condições de limpeza dos locais de trabalho e modo de sua execução, tratamento de resíduos industriais;

VIII – emprego das cores nos locais de trabalho, inclusive nas sinalizações de perigo.

CONSOLIDAÇÃO DAS LEIS DO TRABALHO

Parágrafo único. Tratando-se de radiações ionizantes e explosivos, as normas a que se refere este artigo serão expedidas de acordo com as resoluções a respeito adotadas pelo órgão técnico.

Seção XVI
Das penalidades

• V. NR-28 (Fiscalização e penalidades).

Art. 201. As infrações ao disposto neste Capítulo relativas à medicina do trabalho serão punidas com multa de três a trinta vezes o valor de referência previsto no art. 2º, parágrafo único, da Lei 6.205, de 29 de abril de 1975, e as concernentes à segurança do trabalho com multa de cinco a cinquenta vezes o mesmo valor.

• Artigo com redação determinada pela Lei 6.514/1977.
• Multas: ver Notas de Atualização e Portaria MTb 290/1997.
• V. art. 47, CLT.

Parágrafo único. Em caso de reincidência, embaraço ou resistência à fiscalização, emprego de artifício ou simulação com o objetivo de fraudar a lei, a multa será aplicada em seu valor máximo.

Arts. 202 a 223. *(Revogados pela Lei 6.514/1977.)*

TÍTULO III
DAS NORMAS ESPECIAIS DE TUTELA DO TRABALHO

Capítulo I
DAS DISPOSIÇÕES ESPECIAIS SOBRE DURAÇÃO E CONDIÇÕES DE TRABALHO

Seção I
Dos bancários

Art. 224. A duração normal do trabalho dos empregados em bancos, casas bancárias e Caixa Econômica Federal será de 6 (seis) horas contínuas nos dias úteis, com exceção dos sábados, perfazendo um total de 30 (trinta) horas de trabalho por semana.

• *Caput* com redação determinada pela Lei 7.430/1985.
•• V. Súmula 19, STJ.

•• V. Súmulas 55, 93, 102, 109, 113, 117, 119, 124, 239, 240, 247, 257, 287 e 343, TST.
•• V. OJ 123, 178 e 379, SDI (I).

§ 1º A duração normal do trabalho estabelecida neste artigo ficará compreendida entre 7 (sete) e 22 (vinte e duas) horas, assegurando-se ao empregado, no horário diário, um intervalo de 15 (quinze) minutos para alimentação.

• § 1º com redação determinada pelo Dec.-lei 229/1967.

§ 2º As disposições deste artigo não se aplicam aos que exercem funções de direção, gerência, fiscalização, chefia e equivalentes, ou que desempenhem outros cargos de confiança, desde que o valor da gratificação não seja inferior a 1/3 (um terço) do salário do cargo efetivo.

• § 2º com redação determinada pelo Dec.-lei 754/1969.
• V. Súmulas 93, 102, 109, 113, 117, 119, 124, 239, 240, 247, 257 e 287, TST.
•• V. Súmulas 93, 102, 109, 113, 117, 119, 124, 199, 226, 229, 239, 240, 247, 257, 287 e 343, TST.

Art. 225. A duração normal de trabalho dos bancários poderá ser excepcionalmente prorrogada até 8 (oito) horas diárias, não excedendo de 40 (quarenta) horas semanais, observados os preceitos gerais sobre a duração do trabalho.

• Artigo com redação determinada pela Lei 6.637/1979.
• V. Súmula 226, TFR.
• V. Súmula 199, TST.
•• V. Súmula 226, TST.

Art. 226. O regime especial de 6 (seis) horas de trabalho também se aplica aos empregados de portaria e de limpeza, tais como porteiros, telefonistas de mesa, contínuos e serventes, empregados em bancos e casas bancárias.

• Artigo com redação determinada pela Lei 3.488/1958.
•• V. Súmulas 117, 178 e 257, TST.

Parágrafo único. A direção de cada banco organizará a escala de serviço do estabelecimento de maneira a haver empregados do quadro da portaria em função, meia hora antes e até meia hora após o encerramento dos trabalhos, respeitado o limite de 6 (seis) horas diárias.

Seção II
Dos empregados nos serviços de telefonia, de telegrafia submarina e subfluvial, de radiotelegrafia e radiotelefonia

Art. 227. Nas empresas que explorem o serviço de telefonia, telegrafia submarina ou subfluvial, de radiotelegrafia ou de radiotelefonia, fica estabelecida para os respectivos operadores a duração máxima de 6 (seis) horas contínuas de trabalho por dia ou 36 (trinta e seis) horas semanais.

- *Caput* com redação determinada pelo Dec.-lei 6.353/1944.
- V. Súmula 178, TST.
- ** V. Súmula 146, TST.
- ** OJ 213 e 273, SDI (I).

§ 1º Quando, em caso de indeclinável necessidade, forem os operadores obrigados a permanecer em serviço além do período normal fixado neste artigo, a empresa pagar-lhes-á extraordinariamente o tempo excedente com acréscimo de 50% (cinquenta por cento) sobre o seu salário-hora normal.

§ 2º O trabalho aos domingos, feriados e dias santos de guarda será considerado extraordinário e obedecerá, quanto à sua execução e remuneração, ao que dispuserem empregadores e empregados em acordo, ou os respectivos sindicatos em contrato coletivo de trabalho.

- § 2º com redação determinada pelo Dec.-lei 6.353/1944.

Art. 228. Os operadores não poderão trabalhar, de modo ininterrupto, na transmissão manual, bem como na recepção visual, auditiva, com escrita manual ou datilográfica, quando a velocidade for superior a 25 (vinte e cinco) palavras por minuto.

Art. 229. Para os empregados sujeitos a horários variáveis, fica estabelecida a duração máxima de 7 (sete) horas diárias de trabalho e 17 (dezessete) horas de folga, deduzindo-se desse tempo 20 (vinte) minutos para descanso, de cada um dos empregados, sempre que se verificar um esforço contínuo de mais de 3 (três) horas.

§ 1º São considerados empregados sujeitos a horários variáveis, além dos operadores, cujas funções exijam classificação distinta, os que pertençam a seções de técnica, telefones, revisão, expedição, entrega e balcão.

- § 1º com redação determinada pelo Dec.-lei 6.353/1944.

§ 2º Quanto à execução e remuneração aos domingos, feriados e dias santos de guarda e às prorrogações de expediente, o trabalho dos empregados a que se refere o parágrafo anterior será regido pelo que se contém no § 1º do art. 227 desta Seção.

- § 2º com redação determinada pelo Dec.-lei 6.353/1944.

Art. 230. A direção das empresas deverá organizar as turmas de empregados, para a execução dos seus serviços, de maneira que prevaleça sempre o revezamento entre os que exercem a mesma função, quer em escalas diurnas, quer em noturnas.

§ 1º Aos empregados que exerçam a mesma função será permitida, entre si, a troca de turmas, desde que isso não importe em prejuízo dos serviços, cujo chefe ou encarregado resolverá sobre a oportunidade ou possibilidade dessa medida, dentro das prescrições desta Seção.

§ 2º As empresas não poderão organizar horários que obriguem os empregados a fazer a refeição do almoço antes das 10 (dez) e depois das 13 (treze) horas e a do jantar antes das 16 (dezesseis) e depois das 19 (dezenove) horas e 30 (trinta) minutos.

Art. 231. As disposições desta Seção não abrangem o trabalho dos operadores de radiotelegrafia embarcados em navios ou aeronaves.

Seção III
Dos músicos profissionais

Arts. 232 e 233. [...]

- Artigos revogados. V. Lei 3.857/1960 (Disciplina o exercício da profissão de músico).

Seção IV
Dos operadores cinematográficos

Art. 234. A duração normal do trabalho dos operadores cinematográficos e seus

Art. 235-C

CONSOLIDAÇÃO DAS LEIS DO TRABALHO

ajudantes não excederá de 6 (seis) horas diárias, assim distribuídas:

* *Caput* com redação determinada pelo Dec.-lei 6.353/1944.

a) 5 (cinco) horas consecutivas de trabalho em cabina, durante o funcionamento cinematográfico;

b) um período suplementar, até o máximo de 1 (uma) hora para limpeza, lubrificação dos aparelhos de projeção, ou revisão de filmes.

Parágrafo único. Mediante remuneração adicional de 25% (vinte e cinco por cento) sobre o salário da hora normal e observado um intervalo de 2 (duas) horas para folga, entre o período a que se refere a alínea *b* deste artigo e o trabalho em cabina de que trata a alínea *a*, poderá o trabalho dos operadores cinematográficos e seus ajudantes ter a duração prorrogada por 2 (duas) horas diárias, para exibições extraordinárias.

* De acordo com a Constituição Federal, o percentual é de no mínimo 50% (cinquenta por cento) sobre a hora normal (art. 7º, XVI).

Art. 235. Nos estabelecimentos cujo funcionamento normal seja noturno, será facultado aos operadores cinematográficos e seus ajudantes, mediante acordo ou convenção coletiva de trabalho e com um acréscimo de 25% (vinte e cinco por cento) sobre o salário da hora normal, executar o trabalho em sessões diurnas extraordinárias e, cumulativamente, nas noturnas, desde que isso se verifique até três vezes por semana e entre as sessões diurnas e as noturnas haja o intervalo de 1 (uma) hora, no mínimo, de descanso.

* De acordo com a Constituição Federal, o percentual é de no mínimo 50% (cinquenta por cento) sobre a hora normal (art. 7º, XVI).

§ 1º A duração de trabalho cumulativo a que alude o presente artigo não poderá exceder de 10 (dez) horas.

§ 2º Em seguida a cada período de trabalho haverá um intervalo de repouso no mínimo de 12 (doze) horas.

Seção IV-A
Do Serviço do Motorista Profissional

* Seção IV-A acrescentada pela Lei 12.619/2012 (*DOU* 02.05.2012), em vigor 45 (quarenta e cinco) dias após a data de sua publicação, de acordo com o art. 1º do Dec.-lei 4.657/1942.

Art. 235-A. Ao serviço executado por motorista profissional aplicam-se os preceitos especiais desta Seção.

* Artigo acrescentado pela Lei 12.619/2012 (*DOU* 02.05.2012), em vigor 45 (quarenta e cinco) dias após a data de sua publicação, de acordo com o art. 1º do Dec.-lei 4.657/1942.

Art. 235-B. São deveres do motorista profissional:

* Artigo acrescentado pela Lei 12.619/2012 (*DOU* 02.05.2012), em vigor 45 (quarenta e cinco) dias após a data de sua publicação, de acordo com o art. 1º do Dec.-lei 4.657/1942.

I – estar atento às condições de segurança do veículo;

II – conduzir o veículo com perícia, prudência, zelo e com observância aos princípios de direção defensiva;

III – respeitar a legislação de trânsito e, em especial, as normas relativas ao tempo de direção e de descanso;

IV – zelar pela carga transportada e pelo veículo;

V – colocar-se à disposição dos órgãos públicos de fiscalização na via pública;

VI – (*Vetado*.)

VII – submeter-se a teste e a programa de controle de uso de droga e de bebida alcoólica, instituído pelo empregador, com ampla ciência do empregado.

Parágrafo único. A inobservância do disposto no inciso VI e a recusa do empregado em submeter-se ao teste e ao programa de controle de uso de droga e de bebida alcoólica previstos no inciso VII serão consideradas infração disciplinar, passível de penalização nos termos da lei.

Art. 235-C. A jornada diária de trabalho do motorista profissional será a estabelecida na Constituição Federal ou mediante instrumentos de acordos ou convenção coletiva de trabalho.

* Artigo acrescentado pela Lei 12.619/2012 (*DOU* 02.05.2012), em vigor 45 (quarenta e cinco) dias após a data de sua publicação, de acordo com o art. 1º do Dec.-lei 4.657/1942.

§ 1º Admite-se a prorrogação da jornada de trabalho por até 2 (duas) horas extraordinárias.

§ 2º Será considerado como trabalho efetivo o tempo que o motorista estiver à dis-

Art. 235-D

posição do empregador, excluídos os intervalos para refeição, repouso, espera e descanso.

§ 3º Será assegurado ao motorista profissional intervalo mínimo de 1 (uma) hora para refeição, além de intervalo de repouso diário de 11 (onze) horas a cada 24 (vinte e quatro) horas e descanso semanal de 35 (trinta e cinco) horas.

§ 4º As horas consideradas extraordinárias serão pagas com acréscimo estabelecido na Constituição Federal ou mediante instrumentos de acordos ou convenção coletiva de trabalho.

§ 5º À hora de trabalho noturno aplica-se o disposto no art. 73 desta Consolidação.

§ 6º O excesso de horas de trabalho realizado em um dia poderá ser compensado, pela correspondente diminuição em outro dia, se houver previsão em instrumentos de natureza coletiva, observadas as disposições previstas nesta Consolidação.

§ 7º *(Vetado)*.

§ 8º São considerados tempo de espera as horas que excederem à jornada normal de trabalho do motorista de transporte rodoviário de cargas que ficar aguardando para carga ou descarga do veículo no embarcador ou destinatário ou para fiscalização da mercadoria transportada em barreiras fiscais ou alfandegárias, não sendo computadas como horas extraordinárias.

§ 9º As horas relativas ao período do tempo de espera serão indenizadas com base no salário-hora normal acrescido de 30% (trinta por cento).

Art. 235-D. Nas viagens de longa distância, assim consideradas aquelas em que o motorista profissional permanece fora da base da empresa, matriz ou filial e de sua residência por mais de 24 (vinte e quatro) horas, serão observados:

- Artigo acrescentado pela Lei 12.619/2012 (*DOU* 02.05.2012), em vigor 45 (quarenta e cinco) dias após a data de sua publicação, de acordo com o art. 1º do Dec.-lei 4.657/1942.

I – intervalo mínimo de 30 (trinta) minutos para descanso a cada 4 (quatro) horas de tempo ininterrupto de direção, podendo ser fracionados o tempo de direção e o de intervalo de descanso, desde que não completa-das as 4 (quatro) horas ininterruptas de direção;

II – intervalo mínimo de 1 (uma) hora para refeição, podendo coincidir ou não com o intervalo de descanso do inciso I;

III – repouso diário do motorista obrigatoriamente com o veículo estacionado, podendo ser feito em cabine leito do veículo ou em alojamento do empregador, do contratante do transporte, do embarcador ou do destinatário ou em hotel, ressalvada a hipótese da direção em dupla de motoristas prevista no § 6º do art. 235-E.

Art. 235-E. Ao transporte rodoviário de cargas em longa distância, além do previsto no art. 235-D, serão aplicadas regras conforme a especificidade da operação de transporte realizada.

- Artigo acrescentado pela Lei 12.619/2012 (*DOU* 02.05.2012), em vigor 45 (quarenta e cinco) dias após a data de sua publicação, de acordo com o art. 1º do Dec.-lei 4.657/1942.

§ 1º Nas viagens com duração superior a 1 (uma) semana, o descanso semanal será de 36 (trinta e seis) horas por semana trabalhada ou fração semanal trabalhada, e seu gozo ocorrerá no retorno do motorista à base (matriz ou filial) ou em seu domicílio, salvo se a empresa oferecer condições adequadas para o efetivo gozo do referido descanso.

§ 2º *(Vetado.)*

§ 3º É permitido o fracionamento do descanso semanal em 30 (trinta) horas mais 6 (seis) horas a serem cumpridas na mesma semana e em continuidade de um período de repouso diário.

§ 4º O motorista fora da base da empresa que ficar com o veículo parado por tempo superior à jornada normal de trabalho fica dispensado do serviço, exceto se for exigida permanência junto ao veículo, hipótese em que o tempo excedente à jornada será considerado de espera.

§ 5º Nas viagens de longa distância e duração, nas operações de carga ou descarga e nas fiscalizações em barreiras fiscais ou aduaneira de fronteira, o tempo parado que exceder a jornada normal será computado como tempo de espera e será indenizado na forma do § 9º do art. 235-C.

Art. 237

Consolidação das Leis do Trabalho

§ 6º Nos casos em que o empregador adotar revezamento de motoristas trabalhando em dupla no mesmo veículo, o tempo que exceder a jornada normal de trabalho em que o motorista estiver em repouso no veículo em movimento será considerado tempo de reserva e será remunerado na razão de 30% (trinta por cento) da hora normal.

§ 7º É garantido ao motorista que trabalha em regime de revezamento repouso diário mínimo de 6 (seis) horas consecutivas fora do veículo em alojamento externo ou, se na cabine leito, com o veículo estacionado.

§ 8º *(Vetado.)*

§ 9º Em caso de força maior, devidamente comprovado, a duração da jornada de trabalho do motorista profissional poderá ser elevada pelo tempo necessário para sair da situação extraordinária e chegar a um local seguro ou ao seu destino.

§ 10. Não será considerado como jornada de trabalho nem ensejará o pagamento de qualquer remuneração o período em que o motorista ou o ajudante ficarem espontaneamente no veículo usufruindo do intervalo de repouso diário ou durante o gozo de seus intervalos intrajornadas.

§ 11. Nos casos em que o motorista tenha que acompanhar o veículo transportado por qualquer meio onde ele siga embarcado, e que a embarcação disponha de alojamento para gozo do intervalo de repouso diário previsto no § 3º do art. 235-C, esse tempo não será considerado como jornada de trabalho, a não ser o tempo restante, que será considerado de espera.

§ 12. Aplica-se o disposto no § 6º deste artigo ao transporte de passageiros de longa distância em regime de revezamento.

Art. 235-F. Convenção e acordo coletivo poderão prever jornada especial de 12 (doze) horas de trabalho por 36 (trinta e seis) horas de descanso para o trabalho do motorista, em razão da especificidade do transporte, de sazonalidade ou de característica que o justifique.

- Artigo acrescentado pela Lei 12.619/2012 (*DOU* 02.05.2012), em vigor 45 (quarenta e cinco) dias após a data de sua publicação, de acordo com o art. 1º do Dec.-lei 4.657/1942.

Art. 235-G. É proibida a remuneração do motorista em função da distância percorrida, do tempo de viagem e/ou da natureza e quantidade de produtos transportados, inclusive mediante oferta de comissão ou qualquer outro tipo de vantagem, se essa remuneração ou comissionamento comprometer a segurança rodoviária ou da coletividade ou possibilitar violação das normas da presente legislação.

- Artigo acrescentado pela Lei 12.619/2012 (*DOU* 02.05.2012), em vigor 45 (quarenta e cinco) dias após a data de sua publicação, de acordo com o art. 1º do Dec.-lei 4.657/1942.

Art. 235-H. Outras condições específicas de trabalho do motorista profissional, desde que não prejudiciais à saúde e à segurança do trabalhador, incluindo jornadas especiais, remuneração, benefícios, atividades acessórias e demais elementos integrantes da relação de emprego, poderão ser previstas em convenções e acordos coletivos de trabalho, observadas as demais disposições desta Consolidação.

- Artigo acrescentado pela Lei 12.619/2012 (*DOU* 02.05.2012), em vigor 45 (quarenta e cinco) dias após a data de sua publicação, de acordo com o art. 1º do Dec.-lei 4.657/1942.

Seção V
Do serviço ferroviário

Art. 236. No serviço ferroviário – considerado este o de transporte em estradas de ferro abertas ao tráfego público, compreendendo a administração, construção, conservação e remoção das vias férreas e seus edifícios, obras de arte, material rodante, instalações complementares e acessórias, bem como o serviço de tráfego, de telegrafia, telefonia e funcionamento de todas as instalações ferroviárias – aplicam-se os preceitos especiais constantes desta Seção.

Art. 237. O pessoal a que se refere o artigo antecedente fica dividido nas seguintes categorias:

a) funcionários de alta administração, chefes e ajudantes de departamentos e seções, engenheiros residentes, chefes de depósito, inspetores e demais empregados que exercem funções administrativas ou fiscalizadoras;

b) pessoal que trabalhe em lugares ou trechos determinados e cujas tarefas requeiram atenção constante; pessoal de escritório, turmas de conservação e construção da via permanente, oficinas e estações principais, inclusive os respectivos telegrafistas; pessoal de tração, lastro e revistadores;

c) das equipagens de trens em geral;

d) pessoal cujo serviço é de natureza intermitente ou de pouca intensidade, embora com permanência prolongada nos locais de trabalho; vigias e pessoal das estações do interior, inclusive os respectivos telegrafistas.

Art. 238. Será computado como de trabalho efetivo todo o tempo em que o empregado estiver à disposição da Estrada.

- Artigo alterado pela Lei 3.970/1961 e com redação original restabelecida pelo Dec.-lei 5/1966.

§ 1º Nos serviços efetuados pelo pessoal da categoria c, não será considerado como de trabalho efetivo o tempo gasto em viagens do local ou para o local de terminação e início dos mesmos serviços.

§ 2º Ao pessoal removido ou comissionado fora da sede será contado como de trabalho normal e efetivo o tempo gasto em viagens, sem direito à percepção de horas extraordinárias.

§ 3º No caso das turmas de conservação da via permanente, o tempo efetivo do trabalho será contado desde a hora da saída da casa da turma até a hora em que cessar o serviço em qualquer ponto compreendido dentro dos limites da respectiva turma. Quando o empregado trabalhar fora dos limites da sua turma, ser-lhe-á também computado como de trabalho efetivo o tempo gasto no percurso da volta a esses limites.

§ 4º Para o pessoal da equipagem de trens, só será considerado esse trabalho efetivo, depois de chegado ao destino, o tempo em que o ferroviário estiver ocupado ou retido à disposição da Estrada. Quando, entre dois períodos de trabalho, não mediar intervalo superior a 1 (uma) hora, será esse intervalo computado como de trabalho efetivo.

§ 5º O tempo concedido para refeição não se computa como de trabalho efetivo, senão para o pessoal da categoria c, quando as refeições forem tomadas em viagem ou nas estações durante as paradas. Esse tempo não será inferior a 1 (uma) hora, exceto para o pessoal da referida categoria em serviço de trens.

§ 6º No trabalho das turmas encarregadas da conservação de obras de arte, linhas telegráficas ou telefônicas e edifícios, não será contado como de trabalho efetivo o tempo de viagem para o local do serviço, sempre que não exceder de 1 (uma) hora, seja para ida ou para volta, e a Estrada fornecer os meios de locomoção, computando-se sempre o tempo excedente a esse limite.

Art. 239. Para o pessoal da categoria c, a prorrogação do trabalho independe de acordo ou contrato coletivo, não podendo, entretanto, exceder de 12 (doze) horas, pelo que as empresas organizarão, sempre que possível, os serviços de equipagens de trens com destacamentos nos trechos das linhas de modo a ser observada a duração normal de 8 (oito) horas de trabalho.

§ 1º Para o pessoal sujeito ao regime do presente artigo, depois de cada jornada de trabalho haverá um repouso de 10 (dez) horas contínuas, no mínimo, observando-se, outrossim, o descanso semanal.

§ 2º Para o pessoal da equipagem de trens, a que se refere o presente artigo, quando a empresa não fornecer alimentação, em viagem, e hospedagem, no destino, concederá uma ajuda de custo para atender a tais despesas.

§ 3º As escalas do pessoal abrangido pelo presente artigo serão organizadas de modo que não caiba a qualquer empregado, quinzenalmente, um total de horas de serviço noturno superior às de serviço diurno.

§ 4º Os períodos de trabalho do pessoal a que alude o presente artigo serão registrados em cadernetas especiais, que ficarão sempre em poder do empregado, de acordo com o modelo aprovado pelo Ministro do Trabalho, Indústria e Comércio.

- V. art. 35, Dec.-lei 229/1967 (Altera dispositivos da Consolidação das Leis do Trabalho – CLT).

Art. 240. Nos casos de urgência ou de acidente, capazes de afetar a segurança ou regularidade do serviço, poderá a duração do trabalho ser excepcionalmente elevada a qualquer número de horas, incumbindo à Estrada zelar pela incolumidade dos seus

Art. 245

CONSOLIDAÇÃO DAS LEIS DO TRABALHO

empregados e pela possibilidade de revezamento de turmas, assegurando ao pessoal um repouso correspondente e comunicando a ocorrência ao Ministério do Trabalho, Indústria e Comércio, dentro de 10 (dez) dias da sua verificação.

* V. art. 35, Dec.-lei 229/1967 (Altera dispositivos da Consolidação das Leis do Trabalho – CLT).

Parágrafo único. Nos casos previstos neste artigo, a recusa, sem causa justificada, por parte de qualquer empregado, à execução de serviço extraordinário será considerada falta grave.

Art. 241. As horas excedentes das do horário normal de 8 (oito) horas serão pagas como serviço extraordinário na seguinte base: as duas primeiras com o acréscimo de 25% (vinte e cinco por cento) sobre o salário-hora normal; as duas subsequentes com um adicional de 50% (cinquenta por cento) e as restantes com um adicional de 75% (setenta e cinco por cento).

* De acordo com a Constituição Federal, o percentual é de no mínimo 50% (cinquenta por cento) sobre a hora normal (art. 7º, XVI).

Parágrafo único. Para o pessoal da categoria c, a primeira hora será majorada de 25% (vinte e cinco por cento), a segunda hora será paga com o acréscimo de 50% (cinquenta por cento) e as 2 (duas) subsequentes com o de 60% (sessenta por cento), salvo caso de negligência comprovada.

* De acordo com a Constituição Federal, o percentual é de no mínimo 50% (cinquenta por cento) sobre a hora normal (art. 7º, XVI).

Art. 242. As frações de 1/2 (meia) hora superiores a 10 (dez) minutos serão computadas como 1/2 (meia) hora.

Art. 243. Para os empregados de estações do interior, cujo serviço for de natureza intermitente ou de pouca intensidade, não se aplicam os preceitos gerais sobre duração do trabalho, sendo-lhes, entretanto, assegurado o repouso contínuo de 10 (dez) horas, no mínimo, entre dois períodos de trabalho e descanso semanal.

* V. Súmula 61, TST.

Art. 244. As estradas de ferro poderão ter empregados extranumerários, de sobreaviso e de prontidão, para executarem serviços imprevistos ou para substituições de outros empregados que faltem à escala organizada.

* *Caput* alterado pela Lei 3.970/1961 e com redação original restabelecida pelo Dec.-lei 5/1966.

§ 1º Considera-se "extranumerário" o empregado não efetivo, candidato à efetivação, que se apresentar normalmente ao serviço, embora só trabalhe quando for necessário. O extranumerário só receberá os dias de trabalho efetivo.

* § 1º alterado pela Lei 3.970/1961 e com redação original restabelecida pelo Dec.-lei 5/1966.

§ 2º Considera-se de "sobreaviso" o empregado efetivo, que permanecer em sua própria casa, aguardando a qualquer momento o chamado para o serviço. Cada escala de "sobreaviso" será, no máximo, de 24 (vinte e quatro) horas. As horas de "sobreaviso", para todos os efeitos, serão contadas à razão de 1/3 (um terço) do salário normal.

* § 2º com redação determinada pelo Dec.-lei 6.353/1944.
* V. Súmula 229, TST.
** V. Súmulas 132 e 428, TST.

§ 3º Considera-se de "prontidão" o empregado que ficar nas dependências da Estrada, aguardando ordens. A escala de prontidão será, no máximo, de 12 (doze) horas. As horas de prontidão serão, para todos os efeitos, contadas à razão de 2/3 (dois terços) do salário-hora normal.

* § 3º alterado pela Lei 3.970/1961 e com redação original restabelecida pelo Dec.-lei 5/1966.

§ 4º Quando, no estabelecimento ou dependência em que se achar o empregado, houver facilidade de alimentação, as 12 (doze) horas de prontidão, a que se refere o parágrafo anterior, poderão ser contínuas. Quando não existir essa facilidade, depois de 6 (seis) horas de prontidão, haverá sempre um intervalo de 1 (uma) hora para cada refeição, que não será, nesse caso, computada como de serviço.

* § 4º alterado pela Lei 3.970/1961 e com redação original restabelecida pelo Dec.-lei 5/1966.

Art. 245. O horário normal de trabalho dos cabineiros nas estações de tráfego intenso não excederá de 8 (oito) horas e deverá ser dividido em 2 (dois) turnos com inter-

valo não inferior a 1 (uma) hora de repouso, não podendo nenhum turno ter duração superior a 5 (cinco) horas, com um período de descanso entre 2 (duas) jornadas de trabalho de 14 (quatorze) horas consecutivas.

Art. 246. O horário de trabalho dos operadores telegrafistas nas estações de tráfego intenso não excederá de 6 (seis) horas diárias.

Art. 247. As estações principais, estações de tráfego intenso e estações do interior serão classificadas para cada empresa pelo Departamento Nacional de Estradas de Ferro.

Seção VI
Das equipagens das embarcações da marinha mercante nacional, de navegação fluvial e lacustre, do tráfego nos portos e da pesca

Art. 248. Entre as horas 0 (zero) e 24 (vinte e quatro) de cada dia civil, o tripulante poderá ser conservado em seu posto durante 8 (oito) horas, quer de modo contínuo, quer de modo intermitente.

§ 1º A exigência do serviço contínuo ou intermitente ficará a critério do comandante e, neste último caso, nunca por período menor que 1 (uma) hora.

§ 2º Os serviços de quarto nas máquinas, passadiço, vigilância e outros que, consoante parecer médico, possam prejudicar a saúde do tripulante, serão executados por períodos não maiores e com intervalos não menores de 4 (quatro) horas.

Art. 249. Todo o tempo de serviço efetivo, excedente de 8 (oito) horas, ocupado na forma do artigo anterior, será considerado de trabalho extraordinário, sujeito à compensação a que se refere o art. 250, exceto se se tratar de trabalho executado:

a) em virtude de responsabilidade pessoal do tripulante e no desempenho de funções de direção, sendo consideradas como tais todas aquelas que a bordo se achem constituídas em um único indivíduo com responsabilidade exclusiva e pessoal;

b) na iminência de perigo, para salvaguarda ou defesa da embarcação, dos passageiros, ou da carga, a juízo exclusivo do comandante ou do responsável pela segurança a bordo;

c) por motivo de manobras ou fainas gerais que reclamem a presença, em seus postos, de todo o pessoal de bordo;

d) na navegação lacustre e fluvial, quando se destina ao abastecimento do navio ou embarcação de combustível e rancho, ou por efeito das contingências da natureza da navegação, na transposição de passos ou pontos difíceis, inclusive operações de alívio ou transbordo de carga, para obtenção de calado menor para essa transposição.

§ 1º O trabalho executado aos domingos e feriados será considerado extraordinário, salvo se se destinar:

a) ao serviço de quartos e vigilância, movimentação das máquinas e aparelhos de bordo, limpeza e higiene da embarcação, preparo de alimentação da equipagem e dos passageiros, serviço pessoal destes e, bem assim, aos socorros de urgência ao navio ou ao pessoal;

b) ao fim da navegação ou das manobras para a entrada ou saída de portos, atracação, desatracação, embarque ou desembarque de carga e passageiros.

§ 2º Não excederá de 30 (trinta) horas semanais o serviço extraordinário prestado para o tráfego nos portos.

Art. 250. As horas de trabalho extraordinário serão compensadas, segundo a conveniência do serviço, por descanso em período equivalente, no dia seguinte ou no subsequente, dentro das do trabalho normal, ou no fim da viagem, ou pelo pagamento do salário correspondente.

Parágrafo único. As horas extraordinárias de trabalho são indivisíveis, computando-se a fração de hora como hora inteira.

Art. 251. Em cada embarcação haverá um livro em que serão anotadas as horas extraordinárias de trabalho de cada tripulante, e outro, do qual constarão, devidamente circunstanciadas, as transgressões dos mesmos tripulantes.

Parágrafo único. Os livros de que trata este artigo obedecerão a modelos organiza-

Art. 297

CONSOLIDAÇÃO DAS LEIS DO TRABALHO

dos pelo Ministério do Trabalho, Indústria e Comércio, serão escriturados em dia pelo comandante da embarcação e ficam sujeitos às formalidades instituídas para os livros de registro de empregados em geral.

- V. art. 35, Dec.-lei 229/1967 (Altera dispositivos da Consolidação das Leis do Trabalho – CLT).
- V. Súmula 96, TST.

Art. 252. Qualquer tripulante que se julgue prejudicado por ordem emanada de superior hierárquico poderá interpor recurso, em termos, perante a Delegacia do Trabalho Marítimo, por intermédio do respectivo comandante, o qual deverá encaminhá-lo com a respectiva informação dentro de 5 (cinco) dias, contados de sua chegada ao porto.

- A Lei 7.731/1989 extinguiu a Delegacia do Trabalho Marítimo.

Seção VII
Dos serviços frigoríficos

Art. 253. Para os empregados que trabalham no interior das câmaras frigoríficas e para os que movimentam mercadorias do ambiente quente normal para o frio e vice-versa, depois de 1 (uma) hora e 40 (quarenta) minutos de trabalho contínuo, será assegurado um período de 20 (vinte) minutos de repouso, computado esse intervalo como de trabalho efetivo.

- ** V. arts. 72, 298 e 396, CLT.
- ** V. Súmula 438, TST.

Parágrafo único. Considera-se artificialmente frio, para os fins do presente artigo, o que for inferior, nas primeira, segunda e terceira zonas climáticas do mapa oficial do Ministério do Trabalho, Indústria e Comércio, a 15º (quinze graus), na quarta zona a 12º (doze graus), e nas quinta, sexta e sétima zonas a 10º (dez graus).

- V. art. 35, Dec.-lei 229/1967 (Altera dispositivos da Consolidação das Leis do Trabalho – CLT).

Seção VIII
Dos serviços de estiva

Arts. 254 a 284. *(Revogados pela Lei 8.630/1993.)*

Seção IX
Dos serviços de capatazias nos portos

Arts. 285 a 292. *(Revogados pela Lei 8.630/1993.)*

Seção X
Do trabalho em minas de subsolo

Art. 293. A duração normal do trabalho efetivo para os empregados em minas no subsolo não excederá de 6 (seis) horas diárias ou de 36 (trinta e seis) semanais.

Art. 294. O tempo despendido pelo empregado da boca da mina ao local do trabalho e vice-versa será computado para o efeito de pagamento do salário.

- ** V. art. 4º, CLT.
- ** V. Súmula 429, TST.

Art. 295. A duração normal do trabalho efetivo no subsolo poderá ser elevada até 8 (oito) horas diárias ou 48 (quarenta e oito) semanais, mediante acordo escrito entre empregado e empregador ou contrato coletivo de trabalho, sujeita essa prorrogação à prévia licença da autoridade competente em matéria de saúde do trabalho.

- De acordo com a Constituição Federal, o limite máximo é de 44 (quarenta e quatro) horas semanais (art. 7º, XIII).

Parágrafo único. A duração normal do trabalho efetivo no subsolo poderá ser inferior a 6 (seis) horas diárias, por determinação da autoridade de que trata este artigo, tendo em vista condições locais de insalubridade e os métodos e processos do trabalho adotado.

Art. 296. A remuneração da hora prorrogada será no mínimo de 25% (vinte e cinco por cento) superior à da hora normal e deverá constar do acordo ou contrato coletivo de trabalho.

- De acordo com a Constituição Federal, o percentual é de no mínimo 50% (cinquenta por cento) sobre a hora normal (art. 7º, XVI).

Art. 297. Ao empregado no subsolo será fornecida, pelas empresas exploradoras de minas, alimentação adequada à natureza do trabalho, de acordo com as instruções estabelecidas pelo Serviço de Alimentação

da Previdência Social e aprovadas pelo Ministério do Trabalho, Indústria e Comércio.

- V. art. 35, Dec.-lei 229/1967 (Altera dispositivos da Consolidação das Leis do Trabalho – CLT).

Art. 298 Em cada período de 3 (três) horas consecutivas de trabalho, será obrigatória uma pausa de 15 (quinze) minutos para repouso, a qual será computada na duração normal de trabalho efetivo.

•• V. arts. 72, 253 e 396, CLT.

Art. 299 Quando nos trabalhos de subsolo ocorrerem acontecimentos que possam comprometer a vida ou a saúde do empregado, deverá a empresa comunicar o fato imediatamente à autoridade regional do trabalho, do Ministério do Trabalho, Indústria e Comércio.

- V. art. 35, Dec.-lei 229/1967 (Altera dispositivos da Consolidação das Leis do Trabalho – CLT).

Art. 300 Sempre que, por motivo de saúde, for necessária a transferência do empregado, a juízo da autoridade competente em matéria de segurança e saúde do trabalho, dos serviços no subsolo para os de superfície, é a empresa obrigada a realizar essa transferência, assegurando ao transferido a remuneração atribuída ao trabalhador de superfície em serviço equivalente, respeitada a capacidade profissional do interessado.

- Artigo com redação determinada pela Lei 2.924/1956.

Parágrafo único No caso de recusa do empregado em atender a essa transferência, será ouvida a autoridade competente em matéria de segurança e saúde do trabalho, que decidirá a respeito.

Art. 301 O trabalho no subsolo somente será permitido a homens, com idade compreendida entre 21 (vinte e um) e 50 (cinquenta) anos, assegurada a transferência para a superfície nos termos previstos no artigo anterior.

- O art. 7º, XXX, da CF proíbe a discriminação em razão de sexo.
- V. art. 922, CLT.

Seção XI
Dos jornalistas profissionais

Art. 302 Os dispositivos da presente Seção se aplicam aos que nas empresas jornalísticas prestem serviços como jornalistas, revisores, fotógrafos, ou na ilustração, com as exceções nela previstas.

- V. arts. 5º, IX e XIV, e 220 a 224, CF.

§ 1º Entende-se como jornalista o trabalhador intelectual cuja função se estende desde a busca de informações até a redação de notícias e artigos e a organização, orientação e direção desse trabalho.

§ 2º Consideram-se empresas jornalísticas, para os fins desta Seção, aquelas que têm a seu cargo a edição de jornais, revistas, boletins e periódicos, ou a distribuição de noticiário, e, ainda, a radiodifusão e em suas seções destinadas à transmissão de notícias e comentários.

Art. 303 A duração normal do trabalho dos empregados compreendidos nesta Seção não deverá exceder de 5 (cinco) horas, tanto de dia como à noite.

•• V. OJ 407, SDI (I).

Art. 304 Poderá a duração normal do trabalho ser elevada a 7 (sete) horas, mediante acordo escrito, em que se estipule aumento de ordenado, correspondente ao excesso do tempo de trabalho, e em que se fixe um intervalo destinado a repouso ou a refeição.

Parágrafo único Para atender a motivos de força maior, poderá o empregado prestar serviços por mais tempo do que aquele permitido nesta Seção. Em tais casos, porém, o excesso deve ser comunicado à Divisão de Fiscalização da Secretaria de Segurança e Saúde no Trabalho e às Delegacias Regionais do Trabalho e Emprego, dentro de 5 (cinco) dias, com a indicação expressa dos seus motivos.

Art. 305 As horas de serviço extraordinário, quer as prestadas em virtude de acordo, quer as que derivam das causas previstas no parágrafo único do artigo anterior, não poderão ser remuneradas com quantia inferior à que resulta do quociente da divisão da importância do salário mensal por 150 (cento e cinquenta) para os mensalistas, e do salário diário por 5 (cinco) para os

Consolidação das Leis do Trabalho

diaristas, acrescido de, pelo menos, 25% (vinte e cinco por cento).

* De acordo com a Constituição Federal, o percentual é de no mínimo 50% (cinquenta por cento) sobre a hora normal (art. 7º, XVI).

Art. 306. Os dispositivos dos arts. 303, 304 e 305 não se aplicam àqueles que exercem as funções de redator-chefe, secretário, subsecretário, chefe e subchefe de revisão, chefe de oficina, de ilustração e chefe de portaria.

Parágrafo único. Não se aplicam, do mesmo modo, os artigos acima referidos aos que se ocuparem unicamente em serviços externos.

Art. 307. A cada 6 (seis) dias de trabalho efetivo corresponderá 1 (um) dia de descanso obrigatório, que coincidirá com o domingo, salvo acordo escrito em contrário, no qual será expressamente estipulado o dia em que se deve verificar o descanso.

* V. art. 7º, XV, CF.

Art. 308. Em seguida a cada período diário de trabalho haverá um intervalo mínimo de 10 (dez) horas, destinado ao repouso.

Art. 309. Será computado como de trabalho efetivo o tempo em que o empregado estiver à disposição do empregador.

Art. 310. *(Revogado pelo Dec.-lei 972/1969.)*

Arts. 311 a 313. [...]

* Artigos revogados. V. Dec.-lei 972/1969 (Exercício da profissão de jornalista).

Art. 314. *(Revogado pelo Dec.-lei 972/1969.)*

Art. 315. O Governo Federal, de acordo com os governos estaduais, promoverá a criação de escolas de preparação ao jornalismo, destinadas à formação dos profissionais da imprensa.

Art. 316. [...]

* Artigo revogado. V. Dec.-lei 368/1968 (Efeitos dos débitos salariais).

Seção XII
Dos professores

Art. 317. O exercício remunerado do magistério, em estabelecimentos particulares de ensino, exigirá apenas habilitação legal e registro no Ministério da Educação.

* Artigo com redação determinada pela Lei 7.855/1989.
* V. arts. 37, XVI e XVII, e 207, § 1º, CF.

Art. 318. Num mesmo estabelecimento de ensino não poderá o professor dar, por dia, mais de quatro aulas consecutivas, nem mais de seis, intercaladas.

•• V. OJ 206, 244 e 393, SDI (I).
•• PN 31 e 78, TST.

Art. 319. Aos professores é vedado, aos domingos, a regência de aulas e o trabalho em exames.

Art. 320. A remuneração dos professores será fixada pelo número de aulas semanais, na conformidade dos horários.

§ 1º O pagamento far-se-á mensalmente, considerando-se para este efeito cada mês constituído de quatro semanas e meia.

* V. Súmula 351, TST.
•• V. OJ 393, SDI (I).

§ 2º Vencido cada mês, será descontada, na remuneração dos professores, a importância correspondente ao número de aulas a que tiverem faltado.

§ 3º Não serão descontadas, no decurso de 9 (nove) dias, as faltas verificadas por motivo de gala ou de luto em consequência de falecimento do cônjuge, do pai ou mãe, ou de filho.

•• V. art. 473, I e II, CLT.

Art. 321. Sempre que o estabelecimento de ensino tiver necessidade de aumentar o número de aulas marcado nos horários, remunerará o professor, findo cada mês, com uma importância correspondente ao número de aulas excedentes.

Art. 322. No período de exames e no de férias escolares, é assegurado aos professores o pagamento, na mesma periodicidade contratual, da remuneração por eles percebida, na conformidade dos horários, durante o período de aulas.

* *Caput* com redação determinada pela Lei 9.013/1995.

§ 1º Não se exigirá dos professores, no período de exames, a prestação de mais de 8 (oito) horas de trabalho diário, salvo mediante o pagamento complementar de cada

hora excedente pelo preço correspondente ao de uma aula.

§ 2º No período de férias, não se poderá exigir dos professores outro serviço senão o relacionado com a realização de exames.

§ 3º Na hipótese de dispensa sem justa causa, ao término do ano letivo ou no curso das férias escolares, é assegurado ao professor o pagamento a que se refere o *caput* deste artigo.

- § 3º acrescentado pela Lei 9.013/1995.
- V. Súmula 10, TST.

Art. 323. Não será permitido o funcionamento do estabelecimento particular de ensino que não remunere condignamente os seus professores, ou não lhes pague pontualmente a remuneração de cada mês.

Parágrafo único. Compete aos Ministérios da Educação e da Cultura fixar os critérios para a determinação da condigna remuneração devida aos professores bem como assegurar a execução do preceito estabelecido no presente artigo.

Art. 324. *(Revogado pela Lei 7.855/1989.)*

Seção XIII
Dos químicos

Art. 325. É livre o exercício da profissão de químico em todo o território da República, observadas as condições de capacidade técnica e outras exigências previstas na presente Seção:

a) aos possuidores de diploma de químico, químico industrial, químico industrial agrícola ou engenheiro químico, concedido, no Brasil, por escola oficial ou oficialmente reconhecida;

b) aos diplomados em química por instituto estrangeiro de ensino superior, que tenham, de acordo com a lei e a partir de 14 de julho de 1934, revalidado os seus diplomas;

c) aos que, ao tempo da publicação do Dec. 24.693, de 12 de julho de 1934, se achavam no exercício efetivo de função pública ou particular, para a qual seja exigida a qualidade de químico, e que tenham requerido o respectivo registro até a extinção do prazo fixado pelo Dec.-lei 2.298, de 10 de junho de 1940.

§ 1º Aos profissionais incluídos na alínea *c* deste artigo, se dará, para os efeitos da presente Seção, a denominação de "licenciados".

§ 2º O livre exercício da profissão de que trata o presente artigo só é permitido a estrangeiros, quando compreendidos:

a) nas alíneas *a* e *b*, independentemente de revalidação do diploma, se exerciam, legitimamente, na República, a profissão de químico quando da data da promulgação da Constituição de 1934;

b) na alínea *b*, se a seu favor militar a existência de reciprocidade internacional, admitida em lei, para o reconhecimento dos respectivos diplomas;

c) na alínea *c*, satisfeitas as condições nela estabelecidas.

§ 3º O livre exercício da profissão a brasileiros naturalizados está subordinado à prévia prestação do serviço militar, no Brasil.

§ 4º Só aos brasileiros natos é permitida a revalidação dos diplomas de químicos, expedidos por institutos estrangeiros de ensino superior.

- § 4º revogado. V. Lei 6.192/1974 (Proíbe distinções entre brasileiro nato e naturalizado).
- V. arts. 5º, *caput*, e 12, § 2º, CF.

Art. 326. Todo aquele que exercer ou pretender exercer as funções de químico é obrigado ao uso de Carteira de Trabalho e Previdência Social, devendo os profissionais que se encontrarem nas condições das alíneas *a* e *b* do art. 325 registrar os seus diplomas de acordo com a legislação vigente.

- V. art. 1º, Dec.-lei 926/1969 (Institui a Carteira de Trabalho e Previdência Social).

§ 1º A requisição de Carteiras de Trabalho e Previdência Social para uso dos químicos, além do disposto no capítulo "Da Identificação Profissional", somente será processada mediante apresentação dos seguintes documentos que provem:

- V. art. 1º, Dec.-lei 926/1969 (Institui a Carteira de Trabalho e Previdência Social).

a) ser o requerente brasileiro, nato ou naturalizado, ou estrangeiro;

- Alínea a revogada. V. Lei 6.192/1974 (Proíbe distinções entre brasileiro nato e naturalizado).
- V. arts. 5º, *caput*, e 12, § 2º, CF.

b) estar, se for brasileiro, de posse dos direitos civis e políticos;

c) ter diploma de químico, químico industrial, químico industrial agrícola ou engenheiro químico, expedido por escola superior oficial ou oficializada;

d) ter, se diplomado no estrangeiro, o respectivo diploma revalidado nos termos da lei;

e) haver, o que for brasileiro naturalizado, prestado serviço militar no Brasil;

- Alínea *e* revogada. V. Lei 6.192/1974 (Proíbe distinções entre brasileiro nato e naturalizado).
- V. arts. 5º, *caput*, e 12, § 2º, CF.

f) achar-se o estrangeiro, ao ser promulgada a Constituição de 1934, exercendo legitimamente, na República, a profissão de químico, ou concorrer a seu favor a existência de reciprocidade internacional, admitida em lei, para o reconhecimento dos diplomas dessa especialidade.

§ 2º A requisição de que trata o parágrafo anterior deve ser acompanhada:

a) do diploma devidamente autenticado, no caso da alínea *b* do artigo precedente, e com as firmas reconhecidas no país de origem na Secretaria de Estado das Relações Exteriores, ou da respectiva certidão, bem como do título de revalidação, ou certidão respectiva, de acordo com a legislação em vigor;

b) do certificado ou atestado comprobatório de se achar o requerente, na hipótese da alínea *c* do referido artigo, ao tempo da publicação do Dec. 24.693, de 12 de julho de 1934, no exercício efetivo de função pública, ou particular, para a qual seja exigida a qualidade de químico, devendo esses documentos ser autenticados pelo Delegado Regional do Trabalho, quando se referirem a requerentes moradores nas capitais dos Estados, ou coletor federal, no caso de residirem os interessados nos municípios do interior;

c) de três exemplares de fotografia exigida pelo art. 329 e de uma folha com as declarações que devem ser lançadas na Carteira de Trabalho e Previdência Social, de conformidade com o disposto nas alíneas do mesmo artigo e seu parágrafo único.

- Parágrafo único do art. 329 revogado pela Lei 6.192/1974 (Proíbe distinção entre brasileiro nato e naturalizado).
- V. art. 1º, Dec.-lei 926/1969 (Carteira de Trabalho e Previdência Social).

§ 3º [...]

- § 3º revogado. V. Lei 2.800/1956 (Disciplina o exercício da profissão de químico).

Art. 327. [...]

- Artigo revogado. V. Lei 2.800/1956 (Disciplina o exercício da profissão de químico).

Art. 328.
Só poderão ser admitidos a registro os diplomas, certificados de diplomas, cartas e outros títulos, bem como atestados e certificados que estiverem na devida forma e cujas firmas hajam sido regularmente reconhecidas por tabelião público e, sendo estrangeiros, pela Secretaria do Estado das Relações Exteriores, acompanhados estes últimos da respectiva tradução, feita por intérprete comercial brasileiro.

Parágrafo único. [...]

- Parágrafo único revogado. V. Lei 2.800/1956 (Disciplina o exercício da profissão de químico).

Art. 329.
A cada inscrito, e como documento comprobatório do registro, será fornecida pelos Conselhos Regionais de Química, uma Carteira do Trabalho e Previdência Social, numerada, que, além da fotografia, medindo 3 por 4 centímetros, tirada de frente, com a cabeça descoberta, e das impressões do polegar, conterá as declarações seguintes:

- *Caput* atualizado pela Lei 2.800/1956.

a) o nome por extenso;

b) a nacionalidade e, se estrangeiro, a circunstância de ser ou não naturalizado;

- Alínea *b* revogada. V. Lei 6.192/1974 (Proíbe distinção entre brasileiro nato e naturalizado).

c) a data e lugar do nascimento;

d) a denominação da escola em que houver feito o curso;

e) a data da expedição do diploma e o número do registro no respectivo Conselho Regional de Química;

- Alínea *e* atualizada pela Lei 2.800/1956.

f) a data da revalidação do diploma, se de instituto estrangeiro;

g) a especificação, inclusive data, de outro título ou títulos de habilitação;

h) a assinatura do inscrito.
Parágrafo único. [...]
- Parágrafo único revogado. V. Lei 6.192/1974 (Proíbe distinção entre brasileiro nato e naturalizado).
- V. arts. 5°, *caput*, e 12, § 2°, CF.

Art. 330. A Carteira de Trabalho e Previdência Social, expedida nos termos desta Seção, é obrigatória para o exercício da profissão, substitui em todos os casos o diploma ou título e servirá de carteira de identidade.
- Artigo com redação determinada pelo Dec.-lei 5.922/1943.
- V. art. 1°, Dec.-lei 926/1969 (Institui a Carteira de Trabalho e Previdência Social).

Art. 331. Nenhuma autoridade poderá receber impostos relativos ao exercício profissional de químico, senão à vista da prova de que o interessado se acha registrado de acordo com a presente Seção, e essa prova será também exigida para a realização de concursos periciais e todos os outros atos oficiais que exijam capacidade técnica de químico.

Art. 332. Quem, mediante anúncios, placas, cartões comerciais ou outros meios capazes de ser identificados, se propuser ao exercício da química, em qualquer dos seus ramos, sem que esteja devidamente registrado, fica sujeito às penalidades aplicáveis ao exercício ilegal da profissão.

Art. 333. Os profissionais a que se referem os dispositivos anteriores só poderão exercer legalmente as funções de químicos depois de satisfazerem as obrigações constantes do art. 330 desta Seção.

Art. 334. O exercício da profissão de químico compreende:
a) a fabricação de produtos e subprodutos químicos em seus diversos graus de pureza;
b) a análise química, a elaboração de pareceres, atestados e projetos da especialidade e sua execução, perícia civil ou judiciária sobre essa matéria, a direção e a responsabilidade de laboratórios ou departamentos químicos, de indústria e empresas comerciais;
c) o magistério nas cadeiras de química dos cursos superiores especializados em química;
d) a engenharia química.

§ 1° Aos químicos, químicos industriais e químicos industriais agrícolas que estejam nas condições estabelecidas no art. 325, alíneas *a* e *b*, compete o exercício das atividades definidas nos itens *a*, *b* e *c* deste artigo, sendo privativa dos engenheiros químicos a do item *d*.

§ 2° Aos que estiverem nas condições do art. 325, alíneas *a* e *b*, compete, como aos diplomados em medicina ou farmácia, as atividades definidas no art. 2°, alíneas *d*, *e* e *f* do Dec. 20.377, de 8 de setembro de 1931, cabendo aos agrônomos e engenheiros agrônomos as que se acham especificadas no art. 6°, alínea *h*, do Dec. 23.196, de 12 de outubro de 1933.

Art. 335. É obrigatória a admissão de químicos nos seguintes tipos de indústria:
a) de fabricação de produtos químicos;
b) que mantenham laboratório de controle químico;
c) de fabricação de produtos industriais que são obtidos por meio de reações químicas dirigidas, tais como: cimento, açúcar e álcool, vidro, curtume, massas plásticas artificiais, explosivos, derivados de carvão ou de petróleo, refinação de óleos vegetais ou minerais, sabão, celulose e derivados.

Art. 336. No preenchimento de cargos públicos, para os quais se faz mister a qualidade de químico, ressalvadas as especializações referidas no § 2° do art. 334, a partir da data da publicação do Dec. 24.693, de 12 de julho de 1934, requer-se, como condição essencial, que os candidatos previamente hajam satisfeito as exigências do art. 333 desta Seção.

Art. 337. Fazem fé pública os certificados de análises químicas, pareceres, atestados, laudos de perícias e projetos relativos a essa especialidade, assinados por profissionais que satisfaçam as condições estabelecidas nas alíneas *a* e *b* do art. 325.

Art. 338. É facultado aos químicos que satisfizerem as condições constantes do art. 325, alíneas *a* e *b*, o ensino da especialidade a que se dedicarem, nas escolas superiores, oficiais ou oficializadas.
Parágrafo único. Na hipótese de concurso para o provimento de cargo ou emprego

Consolidação das Leis do Trabalho

público, os químicos a que este artigo se refere terão preferência, em igualdade de condições.

Art. 339. O nome do químico responsável pela fabricação dos produtos de uma fábrica, usina ou laboratório deverá figurar nos respectivos rótulos, faturas e anúncios, compreendida entre estes últimos a legenda impressa em cartas e sobrecartas.

Art. 340. Somente os químicos habilitados, nos termos do art. 325, alíneas *a* e *b*, poderão ser nomeados *ex officio* para os exames periciais de fábricas, laboratórios e usinas e de produtos aí fabricados.

Parágrafo único. Não se acham compreendidos no artigo anterior os produtos farmacêuticos e os laboratórios de produtos farmacêuticos.

Art. 341. Cabe aos químicos habilitados, conforme estabelece o art. 325, alíneas *a* e *b*, a execução de todos os serviços que, não especificados no presente regulamento, exijam por sua natureza o conhecimento de química.

Art. 342. [...]
- Artigo revogado. V. Lei 2.800/1956 (Disciplina a profissão de químico).

Art. 343. São atribuições dos órgãos de fiscalização:

a) examinar os documentos exigidos para o registro profissional de que trata o art. 326 e seus §§ 1º e 2º e o art. 327, proceder à respectiva inscrição e indeferir o pedido dos interessados que não satisfizerem as exigências desta Seção;
- Art. 327 revogado pela Lei 2.800/1956.

b) registrar as comunicações e contratos, a que aludem o art. 350 e seus parágrafos, e dar as respectivas baixas;

c) verificar o exato cumprimento das disposições desta Seção, realizando as investigações que forem necessárias, bem como o exame dos arquivos, livros de escrituração, folhas de pagamento, contratos e outros documentos de uso de firmas ou empresas industriais ou comerciais, em cujos serviços tome parte um ou mais profissionais que desempenhem função para a qual se deva exigir a qualidade de químico.

Art. 344. Aos sindicatos de químicos devidamente reconhecidos é facultado auxiliar a fiscalização, no tocante à observação da alínea c do artigo anterior.
- Artigo revogado. V. Lei 2.800/1956 (Disciplina a profissão de químico).

Art. 345. Verificando-se, pelo Conselho Regional de Química, serem falsos os diplomas ou outros títulos dessa natureza, atestados, certificados e quaisquer documentos exibidos para os fins de que trata esta Seção, incorrerão os seus autores e cúmplices nas penalidades estabelecidas em lei.
- Artigo atualizado pela Lei 2.800/1956.

Parágrafo único. A falsificação de diploma ou outros quaisquer títulos, uma vez verificada, implicará a instauração, pelo respectivo Conselho Regional de Química, do processo que no caso couber.

Art. 346. Será suspenso do exercício de suas funções, independentemente de outras penas em que possa incorrer, o químico, inclusive o licenciado, que incidir em alguma das seguintes faltas:
- V. Res. Normativa CFQ 241/2011 (Regulamenta o art. 346 da CLT).

a) revelar improbidade profissional, dar falso testemunho, quebrar o sigilo profissional e promover falsificações, referentes à prática de atos de que trata esta Seção;

b) concorrer com seus conhecimentos científicos para a prática de crime ou atentado contra a pátria, a ordem social ou a saúde pública;

c) deixar, no prazo marcado nesta Seção, de requerer a revalidação e registro do diploma estrangeiro, ou o seu registro profissional no respectivo Conselho Regional de Química.

Parágrafo único. O tempo de suspensão a que alude este artigo variará entre 1 (um) mês e 1 (um) ano, a critério do respectivo Conselho Regional de Química, após processo regular, ressalvada a ação da justiça pública.
- Artigo atualizado pela Lei 2.800/1956.

Art. 347. Aqueles que exercerem a profissão de químico sem ter preenchido as condições do art. 325 e suas alíneas, nem promovido o seu registro, nos termos do art.

326, incorrerão na multa de 2/5 (dois quintos) do salário mínimo a dez salários mínimos regionais, que será elevada ao dobro, no caso de reincidência.

- Multas: ver Notas de Atualização e Portaria MTb 290/1997.

Art. 348. Aos licenciados a que alude o § 1º do art. 325 poderão, por ato do respectivo Conselho Regional de Química, sujeito à aprovação do Conselho Federal de Química, ser cassadas as garantias asseguradas por esta Seção, desde que interrompam, por motivo de falta prevista no art. 346, a função pública ou particular em que se encontravam por ocasião da publicação do Dec. 24.693, de 12 de julho de 1934.

- Artigo atualizado pela Lei 2.800/1956.

Art. 349. O número de químicos estrangeiros a serviço de particulares, empresas ou companhias não poderá exceder de 1/3 (um terço) ao dos profissionais brasileiros compreendidos nos respectivos quadros.

- Artigo revogado. V. Lei 6.192/1974 (Proíbe distinções entre brasileiros natos e naturalizados).
- V. arts. 5º, *caput*, e 12, § 2º, CF.

Art. 350. O químico que assumir a direção técnica ou cargo de químico de qualquer usina, fábrica, ou laboratório industrial ou de análise deverá, dentro de 24 (vinte e quatro) horas e por escrito, comunicar essa ocorrência ao órgão fiscalizador, contraindo, desde essa data, a responsabilidade da parte técnica referente à sua profissão, assim como a responsabilidade técnica dos produtos manufaturados.

§ 1º Firmando-se contrato entre o químico e o proprietário da usina, fábrica ou laboratório, será esse documento apresentado, dentro do prazo de 30 (trinta) dias, para registro, ao órgão fiscalizador.

§ 2º Comunicação idêntica à de que trata a primeira parte deste artigo fará o químico quando deixar a direção técnica ou o cargo de químico, em cujo exercício se encontrava, a fim de ressalvar a sua responsabilidade e fazer-se o cancelamento do contrato. Em caso de falência do estabelecimento, a comunicação será feita pela firma proprietária.

Seção XIV
Das penalidades

Art. 351. Os infratores dos dispositivos do presente Capítulo incorrerão na multa de cinquenta a cinco mil cruzeiros, segundo a natureza da infração, sua extensão e a intenção de quem a praticou, aplicada em dobro no caso de reincidência, oposição à fiscalização ou desacato à autoridade.

- Multas: ver Notas de Atualização e Portaria MTb 290/1997.

Parágrafo único. São competentes para impor penalidades as autoridades de primeira instância incumbidas da fiscalização dos preceitos constantes do presente Capítulo.

Capítulo II
DA NACIONALIZAÇÃO DO TRABALHO

Seção I
Da proporcionalidade de empregados brasileiros

- Seção I revogada. V. Lei 6.192/1974 (Proíbe distinções entre brasileiros natos e naturalizados).
- V. arts. 5º, *caput*, e 12, § 2º, CF.

Art. 352. As empresas, individuais ou coletivas, que explorem serviços públicos dados em concessão, ou que exerçam atividades industriais ou comerciais, são obrigadas a manter, no quadro do seu pessoal, quando composto de três ou mais empregados, uma proporção de brasileiros não inferior à estabelecida no presente Capítulo.

§ 1º Sob a denominação geral de atividades industriais e comerciais compreendem-se, além de outras que venham a ser determinadas em portaria do Ministro do Trabalho, Indústria e Comércio, as exercidas:

- V. art. 35, Dec.-lei 229/1967 (Altera dispositivos da Consolidação das Leis do Trabalho – CLT).

a) nos estabelecimentos industriais em geral;

b) nos serviços de comunicações, de transportes terrestres, marítimos, fluviais, lacustres e aéreos;

c) nas garagens, oficinas de reparos e postos de abastecimento de automóveis e nas cocheiras;
d) na indústria da pesca;
e) nos estabelecimentos comerciais em geral;
f) nos escritórios comerciais em geral;
g) nos estabelecimentos bancários, ou de economia coletiva, nas empresas de seguros e nas de capitalização;
h) nos estabelecimentos jornalísticos, de publicidade e de radiodifusão;
i) nos estabelecimentos de ensino remunerado, excluídos os que neles trabalhem por força de voto religioso;
j) nas drogarias e farmácias;
k) nos salões de barbeiro ou cabeleireiro e de beleza;
l) nos estabelecimentos de diversões públicas, excluídos os elencos teatrais, e nos clubes esportivos;
m) nos hotéis, restaurantes, bares e estabelecimentos congêneres;
n) nos estabelecimentos hospitalares e fisioterápicos cujos serviços sejam remunerados, excluídos os que neles trabalhem por força de voto religioso;
o) nas empresas de mineração;
p) nas autarquias, empresas públicas, sociedades de economia mista e demais órgãos da Administração Pública, direta ou indireta, que tenham em seus quadros de pessoal empregados regidos pela Consolidação das Leis do Trabalho.

§ 2º Não se acham sujeitas às obrigações da proporcionalidade as indústrias rurais, as que, em zona agrícola, se destinem ao beneficiamento ou transformação de produtos da região e as atividades industriais de natureza extrativa, salvo a mineração.

Art. 353. Equiparam-se aos brasileiros, para os fins deste Capítulo, ressalvado o exercício de profissões reservadas aos brasileiros natos ou aos brasileiros em geral, os estrangeiros que, residindo no País há mais de 10 (dez) anos, tenham cônjuge ou filho brasileiro, e os portugueses.

• Artigo com redação determinada pela Lei 6.651/1979.

Art. 354. A proporcionalidade será de 2/3 (dois terços) de empregados brasileiros, podendo, entretanto, ser fixada proporcionalidade inferior, em atenção às circunstâncias especiais de cada atividade, mediante ato do Poder Executivo, e depois de devidamente apurada pelo Departamento Nacional do Trabalho e pelo Serviço de Estatística de Previdência e Trabalho a insuficiência do número de brasileiros na atividade de que se tratar.

Parágrafo único. A proporcionalidade é obrigatória não só em relação à totalidade do quadro de empregados, com as exceções desta Lei, como ainda em relação à correspondente folha de salários.

• V. Nota de Atualização.

Art. 355. Consideram-se como estabelecimentos autônomos, para os efeitos da proporcionalidade a ser observada, as sucursais, filiais e agências em que trabalhem três ou mais empregados.

Art. 356. Sempre que uma empresa ou indivíduo explore atividades sujeitas a proporcionalidades diferentes, observar-se-á, em relação a cada uma delas, a que lhe corresponder.

Art. 357. Não se compreendem na proporcionalidade os empregados que exerçam funções técnicas especializadas, desde que, a juízo do Ministério do Trabalho, Indústria e Comércio, haja falta de trabalhadores nacionais.

• V. art. 35, Dec.-lei 229/1967 (Altera dispositivos da Consolidação das Leis do Trabalho – CLT).

Art. 358. Nenhuma empresa, ainda que não sujeita à proporcionalidade, poderá pagar a brasileiro que exerça função análoga, a juízo do Ministério do Trabalho, Indústria e Comércio, à que é exercida por estrangeiro a seu serviço, salário inferior ao deste, excetuando-se os casos seguintes:

• V. art. 35, Dec.-lei 229/1967 (Altera dispositivos da Consolidação das Leis do Trabalho – CLT).

a) quando, nos estabelecimentos que não tenham quadros de empregados organizados em carreira, o brasileiro contar menos de 2 (dois) anos de serviço, e o estrangeiro mais de 2 (dois) anos;
b) quando, mediante aprovação do Ministério do Trabalho, Indústria e Comércio, hou-

ver quadro organizado em carreira em que seja garantido o acesso por antiguidade;

- V. art. 35, Dec.-lei 229/1967 (Altera dispositivos da Consolidação das Leis do Trabalho – CLT).

c) quando o brasileiro for aprendiz, ajudante ou servente, e não o for o estrangeiro;
d) quando a remuneração resultar de maior produção, para os que trabalham a comissão ou por tarefa.
Parágrafo único. Nos casos de falta ou cessação de serviço, a dispensa do empregado estrangeiro deve preceder à de brasileiro que exerça função análoga.

Seção II
Das relações anuais de empregados

Art. 359. Nenhuma empresa poderá admitir a seu serviço empregado estrangeiro sem que este exiba a carteira de identidade de estrangeiro devidamente anotada.
Parágrafo único. A empresa é obrigada a assentar no registro de empregados os dados referentes à nacionalidade de qualquer empregado estrangeiro e o número da respectiva carteira de identidade.

Art. 360. Toda empresa compreendida na enumeração do art. 352, § 1º, deste Capítulo, qualquer que seja o número de seus empregados, deve apresentar anualmente às repartições competentes do Ministério do Trabalho, Indústria e Comércio, de 2 de maio a 30 de junho, uma relação em duas vias, de todos os seus empregados, segundo o modelo que for expedido.

- *Caput* retificado pelo Dec.-lei 6.353/1944.
- V. art. 35, Dec.-lei 229/1967 (Altera dispositivos da Consolidação das Leis do Trabalho – CLT).
- O Dec. 76.900/1975 instituiu a Relação Anual de Informações Sociais – RAIS.
- O Dec. 97.936/1989 instituiu o Documento de Informações Sociais – DIS, em substituição à RAIS, que, no entanto, não é utilizado.

§ 1º As relações terão, na 1ª via, o selo de três cruzeiros pela folha inicial e dois cruzeiros por folha excedente, além do selo do Fundo de Educação, e nelas será assinalada, em tinta vermelha, a modificação havida com referência à última relação apresentada. Se se tratar de nova empresa, a relação, encimada pelos dizeres – Primeira Relação – deverá ser feita dentro de 30 (trinta) dias de seu registro no Departamento Nacional da Indústria e Comércio ou repartições competentes.
§ 2º A entrega das relações far-se-á diretamente às repartições competentes do Ministério do Trabalho, Indústria e Comércio ou, onde não as houver, às Coletorias Federais, que as remeterão desde logo àquelas repartições. A entrega operar-se-á contra recibo especial, cuja exibição é obrigatória, em caso de fiscalização, enquanto não for devolvida ao empregador a via autenticada da declaração.

- V. art. 35, Dec.-lei 229/1967 (Altera dispositivos da Consolidação das Leis do Trabalho – CLT).

§ 3º Quando não houver empregado far-se-á declaração negativa.

Art. 361. Apurando-se, das relações apresentadas, qualquer infração, será concedido ao infrator o prazo de 10 (dez) dias para defesa, seguindo-se o despacho pela autoridade competente.

Art. 362. As repartições às quais competir a fiscalização do disposto no presente Capítulo manterão fichário especial de empresas, do qual constem as anotações referentes ao respectivo cumprimento, e fornecerão aos interessados as certidões de quitação que se tornarem necessárias, no prazo de 30 (trinta) dias, contados da data do pedido.

- Artigo com redação determinada pelo Dec.-lei 229/1967.

§ 1º As certidões de quitação farão prova até 30 de setembro do ano seguinte àquele a que se referirem e estarão sujeitas à taxa correspondente a 1/10 (um décimo) do valor de referência regional. Sem elas nenhum fornecimento ou contrato poderá ser feito com o Governo da União, dos Estados ou Municípios, ou com as instituições paraestatais a eles subordinadas, nem será renovada autorização à empresa estrangeira para funcionar no País.

- A taxa criada por este parágrafo foi extinta pela Lei 8.522/1992.

§ 2º A primeira via da relação, depois de considerada pela repartição fiscalizadora, será remetida anualmente ao Departamento Nacional de Mão de Obra (DNMO), como subsídio ao estudo das condições de merca-

Art. 370

Consolidação das Leis do Trabalho

do de trabalho, de um modo geral, e, em particular, no que se refere à mão de obra qualificada.

§ 3º A segunda via da relação será devolvida à empresa, devidamente autenticada.

Seção III
Das penalidades

Art. 363. O processo das infrações do presente Capítulo obedecerá ao disposto no Título "Do Processo de Multas Administrativas", no que lhe for aplicável, com observância dos modelos de auto a serem expedidos.

Art. 364. As infrações do presente Capítulo serão punidas com a multa de cem a dez mil cruzeiros.

- Multas: ver Notas de Atualização e Portaria MTb 290/1997.

Parágrafo único. Em se tratando de empresa concessionária de serviço público, ou de sociedade estrangeira autorizada a funcionar no País, se a infratora, depois de multada, não atender afinal ao cumprimento do texto infringido, poderá ser-lhe cassada a concessão ou autorização.

Seção IV
Disposições gerais

Art. 365. O presente Capítulo não derroga as restrições vigentes quanto às exigências de nacionalidade brasileira para o exercício de determinadas profissões nem as que vigoram para as faixas de fronteiras, na conformidade da respectiva legislação.

Art. 366. Enquanto não for expedida a carteira a que se refere o art. 359 deste Capítulo, valerá, a título precário, como documento hábil, uma certidão, passada pelo serviço competente do Registro de Estrangeiros, provando que o empregado requereu sua permanência no País.

Art. 367. A redução a que se refere o art. 354, enquanto o Serviço de Estatística da Previdência e Trabalho não dispuser dos dados estatísticos necessários à fixação da proporcionalidade conveniente para cada atividade, poderá ser feita por ato do Ministro do Trabalho, Indústria e Comércio mediante representação fundamentada da associação sindical.

- V. art. 35, Dec.-lei 229/1967 (Altera dispositivos da Consolidação das Leis do Trabalho – CLT).

Parágrafo único. O Serviço de Estatística da Previdência e Trabalho, deverá promover, e manter em dia, estudos necessários aos fins do presente Capítulo.

Seção V
Das disposições especiais sobre a nacionalização da marinha mercante

- V. Lei 9.719/1998 (Proteção ao trabalho portuário).

Art. 368. O comando de navio mercante nacional só poderá ser exercido por brasileiro nato.

- Artigo revogado. V. Lei 6.192/1974 (Proíbe distinções entre brasileiro nato e naturalizado).
- V. arts. 5º, *caput*, e 12, § 2º, CF.

Art. 369. A tripulação de navio ou embarcação nacional será constituída, pelo menos, de 2/3 (dois terços) de brasileiros natos.

- Artigo revogado. V. Lei 6.192/1974 (Proíbe distinções entre brasileiro nato e naturalizado).
- Artigo com redação determinada pela Lei 5.683/1971.
- V. arts. 5º, *caput*, e 12, § 2º, CF.

Parágrafo único. O disposto neste artigo não se aplica aos navios nacionais de pesca, sujeitos à legislação específica.

- V. art. 178, parágrafo único, CF.

Art. 370. As empresas de navegação organizarão as relações dos tripulantes das respectivas embarcações, enviando-as, no prazo a que se refere a Seção II deste Capítulo, à Delegacia do Trabalho Marítimo onde as mesmas tiverem sede.

- O Dec. 76.900/1975 instituiu a Relação Anual de Informações Sociais – RAIS.
- O Dec. 97.936/1989 instituiu o Documento de Informações Sociais – DIS, em substituição à RAIS, que, no entanto, não é utilizado.
- A Lei 7.731/1989 extinguiu a Delegacia do Trabalho Marítimo.

Parágrafo único. As relações a que alude o presente artigo obedecerão, na discrimi-

nação hierárquica e funcional do pessoal embarcadiço, ao quadro aprovado pelo regulamento das Capitanias dos Portos.

Art. 371. A presente Seção é também aplicável aos serviços de navegação fluvial e lacustre e à praticagem nas barras, portos, rios, lagos e canais.

Capítulo III
DA PROTEÇÃO
DO TRABALHO DA MULHER

* V. Lei 9.029/1995 (Proibição de atestados de gravidez e esterilização para efeitos admissionais).

Seção I
Da duração, condições do trabalho e da discriminação contra a mulher

* Rubrica da Seção I com redação determinada pela Lei 9.799/1999.

Art. 372. Os preceitos que regulam o trabalho masculino são aplicáveis ao trabalho feminino, naquilo em que não colidirem com a proteção especial instituída por este Capítulo.

* V. arts. 5º, I, e 7º, XX e XXX, CF.

Parágrafo único. Não é regido pelos dispositivos a que se refere este artigo o trabalho nas oficinas em que sirvam exclusivamente pessoas da família da mulher e esteja esta sob a direção do esposo, do pai, da mãe, do tutor ou do filho.

Art. 373. A duração normal de trabalho da mulher será de 8 (oito) horas diárias, exceto nos casos para os quais for fixada duração inferior.

* V. art. 7º, XIII, CF.

Art. 373-A. Ressalvadas as disposições legais destinadas a corrigir as distorções que afetam o acesso da mulher ao mercado de trabalho e certas especificidades estabelecidas nos acordos trabalhistas, é vedado:

* Artigo acrescentado pela Lei 9.799/1999.
** V. art. 5º, *caput*, I, e 7º , I, XX e XXX, CF.
** V. Lei 9.029/1995 (Exigência de atestados de gravidez e de esterilização).
** V. Súmula 443, TST.

I – publicar ou fazer publicar anúncio de emprego no qual haja referência ao sexo, à idade, à cor ou situação familiar, salvo quando a natureza da atividade a ser exercida, pública e notoriamente, assim o exigir;

II – recusar emprego, promoção ou motivar a dispensa do trabalho em razão de sexo, idade, cor, situação familiar ou estado de gravidez, salvo quando a natureza da atividade seja notória e publicamente incompatível;

III – considerar o sexo, a idade, a cor ou situação familiar como variável determinante para fins de remuneração, formação profissional e oportunidades de ascensão profissional;

IV – exigir atestado ou exame, de qualquer natureza, para comprovação de esterilidade ou gravidez, na admissão ou permanência no emprego;

** V. arts. 5º, V e X e 114, VI, CF.
** V. arts. 186 e 927, CC.
** V. Súmula 392, TST.

V – impedir o acesso ou adotar critérios subjetivos para deferimento de inscrição ou aprovação em concursos, em empresas privadas, em razão de sexo, idade, cor, situação familiar ou estado de gravidez;

VI – proceder o empregador ou preposto a revistas íntimas nas empregadas ou funcionárias.

** V. arts. 5º, *caput*, I, V e X, 114, VI, CF.
** V. arts. 186 e 927, CC.
** V. Súmula 392, TST.

Parágrafo único. O disposto neste artigo não obsta a adoção de medidas temporárias que visem ao estabelecimento das políticas de igualdade entre homens e mulheres, em particular as que se destinam a corrigir as distorções que afetam a formação profissional, o acesso ao emprego e as condições gerais de trabalho da mulher.

Arts. 374 e 375. *(Revogados pela Lei 7.855/1989.)*

Art. 376. *(Revogado pela Lei 10.244/2001.)*

Art. 377. A adoção de medidas de proteção ao trabalho das mulheres é considerada de ordem pública, não justificando, em hipótese alguma, a redução de salário.

* V. art. 7º, VI, CF.

Consolidação das Leis do Trabalho

Art. 378. *(Revogado pela Lei 7.855/1989.)*

Seção II
Do trabalho noturno

Arts. 379 e 380. *(Revogados pela Lei 7.855/1989.)*

Art. 381. O trabalho noturno das mulheres terá salário superior ao diurno.

• V. art. 7º, XXX, CF.

§ 1º Para os fins desse artigo, os salários serão acrescidos duma percentagem adicional de 20% (vinte por cento) no mínimo.

§ 2º Cada hora do período noturno de trabalho das mulheres terá 52 (cinquenta e dois) minutos e 30 (trinta) segundos.

Seção III
Dos períodos de descanso

Art. 382. Entre duas jornadas de trabalho, haverá um intervalo de 11 (onze) horas consecutivas, no mínimo, destinado ao repouso.

Art. 383. Durante a jornada de trabalho, será concedido à empregada um período para refeição e repouso não inferior a 1 (uma) hora nem superior a 2 (duas) horas, salvo a hipótese prevista no art. 71, § 3º.

Art. 384. Em caso de prorrogação do horário normal, será obrigatório um descanso de 15 (quinze) minutos no mínimo, antes do início do período extraordinário do trabalho.

•• V. art. 5º, *caput*, I e 7º, XXX, CF.
•• V. art. 413, p.u., CLT.

Art. 385. O descanso semanal será de 24 (vinte e quatro) horas consecutivas e coincidirá no todo ou em parte com o domingo, salvo motivo de conveniência pública ou necessidade imperiosa de serviço, a juízo da autoridade competente, na forma das disposições gerais, caso em que recairá em outro dia.

• V. art. 7º, IX, CF.
• V. Lei 605/1949 (Repouso semanal remunerado).
• V. Dec. 27.048/1949 (Regulamenta a Lei 605/1949).
• V. art. 6º, Lei 10.101/2000 (Participação nos lucros e trabalho em domingos e feriados).

Parágrafo único. Observar-se-ão, igualmente, os preceitos da legislação geral sobre a proibição de trabalho nos feriados civis e religiosos.

Art. 386. Havendo trabalho aos domingos, será organizada uma escala de revezamento quinzenal, que favoreça o repouso dominical.

• V. art. 7º, IX, CF.
• V. art. 6º, Lei 10.101/2000 (Participação nos lucros e trabalho em domingos e feriados).

Seção IV
Dos métodos e locais de trabalho

Art. 387. *(Revogado pela Lei 7.855/1989.)*

Art. 388. Em virtude de exame e parecer da autoridade competente, o Ministro do Trabalho, Indústria e Comércio poderá estabelecer derrogações totais ou parciais às proibições a que alude o artigo anterior, quando tiver desaparecido, nos serviços considerados perigosos ou insalubres, todo e qualquer caráter perigoso ou prejudicial mediante a aplicação de novos métodos de trabalho ou pelo emprego de medidas de ordem preventiva.

• Artigo sem efeito em face da revogação do artigo anterior.

Art. 389. Toda empresa é obrigada:

• Artigo com redação determinada pelo Dec.-lei 229/1967.
• V. art. 7º, XV, CF.

I – a prover os estabelecimentos de medidas concernentes à higienização dos métodos e locais de trabalho, tais como ventilação e iluminação e outros que se fizerem necessários à segurança e ao conforto das mulheres, a critério da autoridade competente;

II – a instalar bebedouros, lavatórios, aparelhos sanitários; dispor de cadeiras ou bancos, em número suficiente, que permitam às mulheres trabalhar sem grande esgotamento físico;

III – a instalar vestiários com armários individuais privativos das mulheres, exceto os estabelecimentos comerciais, escritórios, bancos e atividades afins, em que não seja exigida a troca de roupa, e outros, a critério da autoridade competente em matéria de segurança e saúde do trabalho, admitindo-se

como suficientes as gavetas ou escaninhos, onde possam as empregadas guardar seus pertences;

IV – a fornecer, gratuitamente, a juízo da autoridade competente, os recursos de proteção individual, tais como óculos, máscaras, luvas e roupas especiais, para a defesa dos olhos, do aparelho respiratório e da pele, de acordo com a natureza do trabalho.

§ 1º Os estabelecimentos em que trabalharem pelo menos trinta mulheres, com mais de 16 (dezesseis) anos de idade, terão local apropriado onde seja permitido às empregadas guardar sob vigilância e assistência os seus filhos no período da amamentação.

§ 2º A exigência do § 1º poderá ser suprida por meio de creches distritais mantidas, diretamente ou mediante convênios, com outras entidades públicas ou privadas, pelas próprias empresas, em regime comunitário, ou a cargo do SESI, do SESC, da LBA ou de entidades sindicais.

Art. 390. Ao empregador é vedado empregar a mulher em serviço que demande o emprego de força muscular superior a 20 (vinte) quilos para o trabalho contínuo, ou 25 (vinte e cinco) quilos para o trabalho ocasional.

• V. art. 7º, XXX, CF.
•• V. arts. 198, 405, § 5º e 483, a, CLT.

Parágrafo único. Não está compreendida na determinação deste artigo a remoção de material feita por impulsão ou tração de vagonetes sobre trilhos, de carros de mão ou quaisquer aparelhos mecânicos.

Art. 390-A. *(Vetado.)*

• Artigo acrescentado pela Lei 9.799/1999.

Art. 390-B. As vagas dos cursos de formação de mão de obra, ministrados por instituições governamentais, pelos próprios empregadores ou por qualquer órgão de ensino profissionalizante, serão oferecidas aos empregados de ambos os sexos.

• Artigo acrescentado pela Lei 9.799/1999.

Art. 390-C. As empresas com mais de cem empregados, de ambos os sexos, deverão manter programas especiais de incentivos e aperfeiçoamento profissional da mão de obra.

• Artigo acrescentado pela Lei 9.799/1999.

Art. 390-D. *(Vetado.)*

• Artigo acrescentado pela Lei 9.799/1999.

Art. 390-E. A pessoa jurídica poderá associar-se a entidade de formação profissional, sociedades civis, sociedades cooperativas, órgãos e entidades públicas ou entidades sindicais, bem como firmar convênios para o desenvolvimento de ações conjuntas, visando à execução de projetos relativos ao incentivo ao trabalho da mulher.

• Artigo acrescentado pela Lei 9.799/1999.

Seção V
Da proteção à maternidade

Art. 391. Não constitui justo motivo para a rescisão do contrato de trabalho da mulher o fato de haver contraído matrimônio ou de encontrar-se em estado de gravidez.

•• V. art. 7º, I, CF.
•• V. art. 10, II, b, ADCT.
•• V. art. 4º-A, Lei 5.859/1972 (Empregado doméstico).
•• V. art. 373-A, CLT.
•• V. Súmula 244, TST.
•• V. OJ 399, SDI (I).

Parágrafo único. Não serão permitidas em regulamentos de qualquer natureza, contratos coletivos ou individuais de trabalho, restrições ao direito da mulher ao seu emprego, por motivo de casamento ou de gravidez.

• V. art. 7º, XVIII e XXX, CF.
• V. art. 10, II, b, ADCT.
• V. Lei 9.029/1995 (Proibição de atestados de gravidez e esterilização para efeitos admissionais).

Art. 391-A. A confirmação do estado de gravidez advindo no curso do contrato de trabalho, ainda que durante o prazo do aviso prévio trabalhado ou indenizado, garante à empregada gestante a estabilidade provisória prevista na alínea b do inciso II do art. 10 do Ato das Disposições Constitucionais Transitórias.

• Artigo acrescentado pela Lei 12.812/2013.

Art. 392. A empregada gestante tem direito à licença-maternidade de 120 (cento e vinte) dias, sem prejuízo do emprego e do salário.

• *Caput* com redação determinada pela Lei 10.421/2002.

- V. art. 7º, XVIII, CF, que estabelece licença à gestante de 120 (cento e vinte) dias.
- ** V. art. 395, CLT.
- ** V. arts. 71 a 73, Lei 8.213/1991 (Planos de Benefícios da Previdência Social).
- ** V. Lei 11.770/2008 (Programa empresa cidadã – licença-maternidade).
- ** V. arts. 93 a 103, Dec. 3.048/1999 (Regulamento da Previdência Social).
- V. OJ 44, SDI (I).

§ 1º A empregada deve, mediante atestado médico, notificar o seu empregador da data do início do afastamento do emprego, que poderá ocorrer entre o 28º (vigésimo oitavo) dia antes do parto e ocorrência deste.

- § 1º com redação determinada pela Lei 10.421/2002.

§ 2º Os períodos de repouso, antes e depois do parto, poderão ser aumentados de 2 (duas) semanas cada um, mediante atestado médico.

- § 2º com redação determinada pela Lei 10.421/2002.

§ 3º Em caso de parto antecipado, a mulher terá direito aos 120 (cento e vinte) dias previstos neste artigo.

- § 3º com redação determinada pela Lei 10.421/2002.

§ 4º É garantido à empregada, durante a gravidez, sem prejuízo do salário e demais direitos:

- § 4º acrescentado pela Lei 9.799/1999.

I – transferência de função, quando as condições de saúde o exigirem, assegurada a retomada da função anteriormente exercida, logo após o retorno ao trabalho;

II – dispensa do horário de trabalho pelo tempo necessário para a realização de, no mínimo, seis consultas médicas e demais exames complementares.

- V. art. 7º, XVIII, CF, que estabelece licença à gestante de 120 (cento e vinte) dias.
- V. art. 10, II, b, ADCT.

§ 5º *(Vetado.)*

- § 5º acrescentado pela Lei 10.421/2002.

Art. 392-A. À empregada que adotar ou obtiver guarda judicial para fins de adoção de criança será concedida licença-maternidade nos termos do art. 392, observado o disposto no seu § 5º.

- *Caput* acrescentado pela Lei 10.421/2002.
- ** V. art. 71-A, Lei 8.213/1991 (Planos de Benefícios da Previdência Social).
- ** V. art. 1º, § 2º, Lei 11.770/2008 (Programa Empresa Cidadã – Licença-maternidade).

§§ 1º a 3º *(Revogados pela Lei 12.010/2009 – DOU 04.08.2009, em vigor noventa dias após a data de sua publicação.)*

§ 4º A licença-maternidade só será concedida mediante apresentação do termo judicial de guarda à adotante ou guardiã.

- § 4º acrescentado pela Lei 10.421/2002.

Art. 393. Durante o período a que se refere o art. 392, a mulher terá direito ao salário integral e, quando variável, calculado de acordo com a média dos seis últimos meses de trabalho, bem como aos direitos e vantagens adquiridos, sendo-lhe ainda facultado reverter à função que anteriormente ocupava.

- Artigo com redação determinada pelo Dec.-lei 229/1967.
- V. Súmula 244, TST.

Art. 394. Mediante atestado médico, à mulher grávida é facultado romper o compromisso resultante de qualquer contrato de trabalho, desde que este seja prejudicial à gestação.

Art. 395. Em caso de aborto não criminoso, comprovado por atestado médico oficial, a mulher terá um repouso remunerado de 2 (duas) semanas, ficando-lhe assegurado o direito de retornar à função que ocupava antes de seu afastamento.

Art. 396. Para amamentar o próprio filho, até que este complete 6 (seis) meses de idade, a mulher terá direito, durante a jornada de trabalho, a dois descansos especiais, de meia hora cada um.

- ** V. arts. 72, 253 e 298, CLT.

Parágrafo único. Quando o exigir a saúde do filho, o período de 6 (seis) meses poderá ser dilatado, a critério da autoridade competente.

Art. 397. O SESI, o SESC, a LBA e outras entidades públicas destinadas à assistência à infância manterão ou subvencionarão, de acordo com suas possibilidades financeiras, escolas maternais e jardins de infância, distribuídos nas zonas de maior densidade de

Art. 398

CONSOLIDAÇÃO DAS LEIS DO TRABALHO

trabalhadores, destinados especialmente aos filhos das mulheres empregadas.

• V. arts. 7º, XXV, CF.

Art. 398. *(Revogado pelo Dec.-lei 229/1967.)*

Art. 399. O Ministro do Trabalho, Indústria e Comércio conferirá diploma de benemerência aos empregadores que se distinguirem pela organização e manutenção de creches e de instituições de proteção aos menores em idade pré-escolar, desde que tais serviços se recomendem por sua generosidade e pela eficiência das respectivas instalações.

• V. art. 35, Dec.-lei 229/1967 (Altera dispositivos da Consolidação das Leis do Trabalho – CLT).

Art. 400. Os locais destinados à guarda dos filhos das operárias durante o período da amamentação deverão possuir, no mínimo, um berçário, uma saleta de amamentação, uma cozinha dietética e uma instalação sanitária.

• V. art. 7º, XXV, CF.

Seção VI
Das penalidades

Art. 401. Pela infração de qualquer dispositivo deste Capítulo, será imposta ao empregador a multa de dois a vinte valores de referência regionais, aplicada pelas Delegacias Regionais do Trabalho e Emprego ou por autoridades que exerçam funções delegadas.

• Multas: ver Notas de Atualização e Portaria MTb 290/1997.

§ 1º A penalidade será sempre aplicada no grau máximo:
a) se ficar apurado o emprego de artifício ou simulação para fraudar a aplicação dos dispositivos deste Capítulo;
b) nos casos de reincidência.

§ 2º O processo na verificação das infrações, bem como na aplicação e cobrança das multas, será o previsto no Título "Do Processo de Multas Administrativas", observadas as disposições deste artigo.

Arts. 401-A e 401-B. *(Vetados.)*

• Artigos acrescentados pela Lei 9.799/1999.

Capítulo IV
DA PROTEÇÃO
DO TRABALHO DO MENOR

Seção I
Disposições gerais

• V. Lei 8.069/1990 (Estatuto da Criança e do Adolescente).
• V. Instrução Normativa SIT 66/2006 (Atuação da Inspeção do Trabalho no combate ao trabalho infantil e proteção ao trabalhador adolescente).

Art. 402. Considera-se menor para os efeitos desta Consolidação o trabalhador de 14 (quatorze) até 18 (dezoito) anos.

• *Caput* com redação determinada pela Lei 10.097/2000.
• V. art. 7º, XXXIII, CF.
•• V. arts. 439 e 440, CLT.

Parágrafo único. O trabalho do menor reger-se-á pelas disposições do presente Capítulo, exceto no serviço em oficinas em que trabalhem exclusivamente pessoas da família do menor e esteja este sob a direção do pai, mãe ou tutor, observado, entretanto, o disposto nos arts. 404, 405 e na Seção II.

• Parágrafo único com redação determinada pelo Dec.-lei 229/1967.

Art. 403. É proibido qualquer trabalho a menores de 16 (dezesseis) anos de idade, salvo na condição de aprendiz, a partir dos 14 (quatorze) anos.

• Artigo com redação determinada pela Lei 10.097/2000.
• V. art. 7º, XXXIII, CF.
•• V. art. 5º, p.u., V, CC.
•• V. art. 68, ECA.

Parágrafo único. O trabalho do menor não poderá ser realizado em locais prejudiciais à sua formação, ao seu desenvolvimento físico, psíquico, moral e social e em horários e locais que não permitam a frequência à escola.
a) (Revogada pela Lei 10.097/2000.)
b) (Revogada pela Lei 10.097/2000.)

Art. 404. Ao menor de 18 (dezoito) anos é vedado o trabalho noturno, considerado este o que for executado no período compreendido entre as 22 (vinte e duas) horas e as 5 (cinco) horas.

• V. art. 7º, XXXIII, da CF, que estabelece a proibição de trabalho noturno, perigoso ou insalubre a me-

nores de 18 anos e de qualquer trabalho a menores de 16 anos, salvo na condição de aprendiz, a partir de 14 anos.

** V. art. 73, CLT.

Art. 405. Ao menor não será permitido o trabalho:

* *Caput* com redação determinada pelo Dec.-lei 229/1967.
* V. art. 7º, XXXIII, CF.

I – nos locais e serviços perigosos ou insalubres, constantes de quadro para esse fim aprovado pela Secretaria da Segurança e Saúde no Trabalho;

* V. art. 441, CLT.
* V. Dec. 6.481/2008 (Lista das Piores Formas de Trabalho Infantil).

II – em locais ou serviços prejudiciais à sua moralidade.

§ 1º *(Revogado pela Lei 10.097/2000.)*

§ 2º O trabalho exercido nas ruas, praças e outros logradouros dependerá de prévia autorização do Juiz da Infância e da Juventude, ao qual cabe verificar se a ocupação é indispensável à sua própria subsistência ou à de seus pais, avós ou irmãos e se dessa ocupação não poderá advir prejuízo à sua formação moral.

* § 2º com redação determinada pelo Dec.-lei 229/1967.

§ 3º Considera-se prejudicial à moralidade do menor o trabalho:

* § 3º com redação determinada pelo Dec.-lei 229/1967.

a) prestado de qualquer modo em teatros de revista, cinemas, boates, cassinos, cabarés, *dancings* e estabelecimentos análogos;
b) em empresas circenses, em funções de acrobata, saltimbanco, ginasta e outras semelhantes;
c) de produção, composição, entrega ou venda de escritos, impressos, cartazes, desenhos, gravuras, pinturas, emblemas, imagens e quaisquer outros objetos que possam, a juízo da autoridade competente, prejudicar sua formação moral;
d) consistente na venda, a varejo, de bebidas alcoólicas.

§ 4º Nas localidades em que existirem, oficialmente reconhecidas, instituições destinadas ao amparo dos menores jornaleiros, só aos que se encontrem sob o patrocínio dessas entidades será outorgada a autorização do trabalho a que alude o § 2º.

* § 4º com redação determinada pelo Dec.-lei 229/1967.

§ 5º Aplica-se ao menor o disposto no art. 390 e seu parágrafo único.

* § 5º com redação determinada pelo Dec.-lei 229/1967.

** V. arts. 198, 390 e 405, § 5º, CLT.

Art. 406. O Juiz da Infância e da Juventude poderá autorizar ao menor o trabalho a que se referem as letras *a* e *b* do § 3º do art. 405:

* Artigo com redação determinada pelo Dec.-lei 229/1967.

I – desde que a representação tenha fim educativo ou a peça de que participe não possa ser prejudicial à sua formação moral;
II – desde que se certifique ser a ocupação do menor indispensável à própria subsistência ou à de seus pais, avós ou irmãos e não advir nenhum prejuízo à sua formação moral.

Art. 407. Verificado pela autoridade competente que o trabalho executado pelo menor é prejudicial à sua saúde, ao seu desenvolvimento físico ou à sua moralidade, poderá ela obrigá-lo a abandonar o serviço, devendo a respectiva empresa, quando for o caso, proporcionar ao menor todas as facilidades para mudar de funções.

* Artigo com redação determinada pelo Dec.-lei 229/1967.

Parágrafo único. Quando a empresa não tomar as medidas possíveis e recomendadas pela autoridade competente para que o menor mude de função, configurar-se-á a rescisão do contrato de trabalho, na forma do art. 483.

Art. 408. Ao responsável legal do menor é facultado pleitear a extinção do contrato de trabalho, desde que o serviço possa acarretar para ele prejuízos de ordem física ou moral.

* Artigo com redação determinada pelo Dec.-lei 229/1967.

Art. 409. Para maior segurança do trabalho e garantia da saúde dos menores, a autoridade fiscalizadora poderá proibir-lhes

o gozo dos períodos de repouso nos locais de trabalho.

Art. 410. O Ministro do Trabalho, Indústria e Comércio poderá derrogar qualquer proibição decorrente do quadro a que se refere o inciso I do art. 405 quando se certificar haver desaparecido, parcial ou totalmente, o caráter perigoso ou insalubre, que determinou a proibição.

* V. art. 35, Dec.-lei 229/1967 (Altera dispositivos da Consolidação das Leis do Trabalho – CLT).

Seção II
Da duração do trabalho

Art. 411. A duração do trabalho do menor regular-se-á pelas disposições legais relativas à duração do trabalho em geral, com as restrições estabelecidas neste Capítulo.

* V. art. 7º, XIII, CF.

Art. 412. Após cada período de trabalho efetivo, quer contínuo, quer dividido em dois turnos, haverá um intervalo de repouso, não inferior a 11 (onze) horas.

Art. 413. É vedado prorrogar a duração normal diária do trabalho do menor, salvo:

* Artigo com redação determinada pelo Dec.-lei 229/1967.
* * V. art. 432, CLT.

I – até mais 2 (duas) horas, independentemente de acréscimo salarial, mediante convenção ou acordo coletivo nos termos do Título VI desta Consolidação, desde que o excesso de horas em um dia seja compensado pela diminuição em outro, de modo a ser observado o limite máximo de 48 (quarenta e oito) horas semanais ou outro inferior legalmente fixado;

* De acordo com a Constituição Federal, o limite máximo é de 44 (quarenta e quatro) horas semanais (art. 7º, XIII).
* * V. art. 58, § 2º, CLT.

II – excepcionalmente, por motivo de força maior, até o máximo de 12 (doze) horas, com acréscimo salarial de pelo menos 25% (vinte e cinco por cento) sobre a hora normal e desde que o trabalho do menor seja imprescindível ao funcionamento do estabelecimento.

* De acordo com a Constituição Federal, o percentual é de no mínimo 50% (cinquenta por cento) sobre a hora normal (art. 7º, XVI).
* V. art. 59, CLT.
* * V. arts. 61 e 501, CLT.

Parágrafo único. Aplica-se à prorrogação do trabalho do menor o disposto no art. 375, no parágrafo único do art. 376, no art. 378 e no art. 384 desta Consolidação.

* Os arts. 375 e 378 foram revogados pela Lei 7.855/1989; e o art. 376 foi revogado pela Lei 10.244/2001.

Art. 414. Quando o menor de 18 (dezoito) anos for empregado em mais de um estabelecimento, as horas de trabalho em cada um serão totalizadas.

Seção III
Da admissão em emprego e da Carteira de Trabalho e Previdência Social

Art. 415. [...]

* Artigo revogado. V. Dec.-lei 926/1969 (Normas sobre a CTPS).

Arts. 416 e 417. [...]

* Artigos revogados. V. Lei 5.686/1971 (Normas sobre a CTPS).

Art. 418. (Revogado pela Lei 7.855/1989.)

Arts. 419 a 423. [...]

* Artigos revogados. V. Lei 5.686/1971 (Normas sobre a CTPS).

Seção IV
Dos deveres dos responsáveis legais de menores e dos empregadores. Da aprendizagem

* V. Dec. 5.598/2005 (Regulamenta a contratação de aprendizes).

Art. 424. É dever dos responsáveis legais de menores, pais, mães, ou tutores, afastá-los de empregos que diminuam consideravelmente o seu tempo de estudo, reduzam o tempo de repouso necessário à sua saúde e constituição física, ou prejudiquem a sua educação moral.

* V. art. 208, § 3º, CF.

Consolidação das Leis do Trabalho

Art. 425. Os empregadores de menores de 18 (dezoito) anos são obrigados a velar pela observância, nos seus estabelecimentos ou empresas, dos bons costumes e da decência pública, bem como das regras de segurança e saúde do trabalho.

Art. 426. É dever do empregador, na hipótese do art. 407, proporcionar ao menor todas as facilidades para mudar de serviço.

Art. 427. O empregador, cuja empresa ou estabelecimento ocupar menores, será obrigado a conceder-lhes o tempo que for necessário para a frequência às aulas.

Parágrafo único. Os estabelecimentos situados em lugar onde a escola estiver a maior distância que dois quilômetros, e que ocuparem, permanentemente, mais de trinta menores analfabetos, de 14 (quatorze) a 18 (dezoito) anos, serão obrigados a manter local apropriado em que lhes seja ministrada a instrução primária.

Art. 428. Contrato de aprendizagem é o contrato de trabalho especial, ajustado por escrito e por prazo determinado, em que o empregador se compromete a assegurar ao maior de 14 (quatorze) e menor de 24 (vinte e quatro) anos inscrito em programa de aprendizagem formação técnico-profissional metódica, compatível com o seu desenvolvimento físico, moral e psicológico, e o aprendiz, a executar com zelo e diligência as tarefas necessárias a essa formação.

- *Caput* com redação determinada pela Lei 11.180/2005.
- V. Dec. 5.598/2005 (Regulamenta a contratação de aprendizes).
- V. Instrução Normativa SIT/MTE 75/2009 (Disciplina a fiscalização das condições de trabalho no âmbito dos programas de aprendizagem).
- ** V. art. 7º, XXXIII, CF.

§ 1º A validade do contrato de aprendizagem pressupõe anotação na Carteira de Trabalho e Previdência Social, matrícula e frequência do aprendiz na escola, caso não haja concluído o ensino médio, e inscrição em programa de aprendizagem desenvolvido sob orientação de entidade qualificada em formação técnico-profissional metódica.

- § 1º com redação determinada pela Lei 11.788/2008.
- V. art. 1º, Dec.-lei 926/1969 (Institui a Carteira de Trabalho e Previdência Social).

§ 2º Ao menor aprendiz, salvo condição mais favorável, será garantido o salário mínimo hora.

- § 2º acrescentado pela Lei 10.097/2000.

§ 3º O contrato de aprendizagem não poderá ser estipulado por mais de 2 (dois) anos, exceto quando se tratar de aprendiz portador de deficiência.

- § 3º com redação determinada pela Lei 11.788/2008.

§ 4º A formação técnico-profissional a que se refere o *caput* deste artigo caracteriza-se por atividades teóricas e práticas, metodicamente organizadas em tarefas de complexidade progressiva desenvolvidas no ambiente de trabalho.

- § 4º acrescentado pela Lei 10.097/2000.
- V. art. 7º, XXXIII, CF.

§ 5º A idade máxima prevista no *caput* deste artigo não se aplica a aprendizes portadores de deficiência.

- § 5º acrescentado pela Lei 11.180/2005.

§ 6º Para os fins do contrato de aprendizagem, a comprovação da escolaridade de aprendiz portador de deficiência mental deve considerar, sobretudo, as habilidades e competências relacionadas com a profissionalização.

- § 6º acrescentado pela Lei 11.180/2005.

§ 7º Nas localidades onde não houver oferta de ensino médio para o cumprimento do disposto no § 1º deste artigo, a contratação do aprendiz poderá ocorrer sem a frequência à escola, desde que ele já tenha concluído o ensino fundamental.

- § 7º acrescentado pela Lei 11.788/2008.

Art. 429. Os estabelecimentos de qualquer natureza são obrigados a empregar e matricular nos cursos dos Serviços Nacionais de Aprendizagem número de aprendizes equivalente a 5% (cinco por cento), no mínimo, e 15% (quinze por cento), no máximo, dos trabalhadores existentes em cada estabelecimento, cujas funções demandem formação profissional.

- *Caput* com redação determinada pela Lei 10.097/2000.
- V. art. 62, ADCT.

a) (Revogada pela Lei 10.097/2000.);

Art. 430

CONSOLIDAÇÃO DAS LEIS DO TRABALHO

b) *(Revogada pelo Dec.-lei 9.576/1946 e pela Lei 10.097/2000.).*

§ 1º-A. O limite fixado neste artigo não se aplica quando o empregador for entidade sem fins lucrativos, que tenha por objetivo a educação profissional.

- § 1º-A acrescentado pela Lei 10.097/2000.

§ 1º As frações de unidade, no cálculo da percentagem de que trata o *caput*, darão lugar à admissão de um aprendiz.

- § 1º acrescentado pela Lei 10.097/2000.
- V. art. 7º, XXXIII, CF.

§ 2º Os estabelecimentos de que trata o *caput* ofertarão vagas de aprendizes a adolescentes usuários do Sistema Nacional de Atendimento Socioeducativo (Sinase) nas condições a serem dispostas em instrumentos de cooperação celebrados entre os estabelecimentos e os gestores dos Sistemas de Atendimento Socioeducativo locais.

- § 2º acrescentado pela Lei 12.594/2012 (*DOU* 19.01.2012; ret. 20.01.2012), em vigor após decorridos 90 (noventa) dias de sua publicação oficial.

Art. 430. Na hipótese de os Serviços Nacionais de Aprendizagem não oferecerem cursos ou vagas suficientes para atender à demanda dos estabelecimentos, esta poderá ser suprida por outras entidades qualificadas em formação técnico-profissional metódica, a saber:

- Artigo com redação determinada pela Lei 10.097/2000.
- V. art. 7º, XXXIII, CF.
- V. Portaria MTE 2.755/2010 (Realização de cooperação ou parcerias entre entidades sem fins lucrativos para o desenvolvimento e a execução dos programas de aprendizagem).

I – Escolas Técnicas de Educação;

II – entidades sem fins lucrativos, que tenham por objetivo a assistência ao adolescente e à educação profissional, registradas no Conselho Municipal dos Direitos da Criança e do Adolescente.

§ 1º As entidades mencionadas neste artigo deverão contar com estrutura adequada ao desenvolvimento dos programas de aprendizagem, de forma a manter a qualidade do processo de ensino, bem como acompanhar e avaliar os resultados.

§ 2º Aos aprendizes que concluírem os cursos de aprendizagem, com aproveitamento, será concedido certificado de qualificação profissional.

§ 3º O Ministério do Trabalho e Emprego fixará normas para avaliação da competência das entidades mencionadas no inciso II deste artigo.

Art. 431. A contratação do aprendiz poderá ser efetivada pela empresa onde se realizará a aprendizagem ou pelas entidades mencionadas no inciso II do art. 430, caso em que não gera vínculo de emprego com a empresa tomadora dos serviços.

- *Caput* com redação determinada pela Lei 10.097/2000.

a) *(Revogada pela Lei 10.097/2000.)*
b) *(Revogada pela Lei 10.097/2000.)*
c) *(Revogada pela Lei 10.097/2000.)*

Parágrafo único. Aos candidatos rejeitados pela seleção profissional deverá ser dada, tanto quanto possível orientação profissional para ingresso em atividade mais adequada às qualidades e aptidões que tiverem demonstrado.

Art. 432. A duração do trabalho do aprendiz não excederá de 6 (seis) horas diárias, sendo vedadas a prorrogação e a compensação de jornada.

- *Caput* com redação determinada pela Lei 10.097/2000.
- V. art. 7º, XXXIII, CF.
- • V. arts. 411 e 413, CLT.

§ 1º O limite previsto neste artigo poderá ser de até 8 (oito) horas diárias para os aprendizes que já tiverem completado o ensino fundamental, se nelas forem computadas as horas destinadas à aprendizagem teórica.

- § 1º com redação determinada pela Lei 10.097/2000.

§ 2º *(Revogado pela Lei 10.097/2000.)*

Art. 433. O contrato de aprendizagem extinguir-se-á no seu termo ou quando o aprendiz completar 24 (vinte e quatro) anos, ressalvada a hipótese prevista no § 5º do art. 428 desta Consolidação, ou ainda antecipadamente nas seguintes hipóteses:

- *Caput* com redação determinada pela Lei 11.180/2005.
- V. art. 7º, XXXIII, CF.

Art. 441

CONSOLIDAÇÃO DAS LEIS DO TRABALHO

a) *(Revogada pela Lei 10.097/2000.)*
b) *(Revogada pela Lei 10.097/2000.)*

I – desempenho insuficiente ou inadaptação do aprendiz;

- Inciso I acrescentado pela Lei 10.097/2000.

II – falta disciplinar grave;

- Inciso II acrescentado pela Lei 10.097/2000.
- ** V. art. 482, CLT.

III – ausência injustificada à escola que implique perda do ano letivo; ou

- Inciso III acrescentado pela Lei 10.097/2000.

IV – a pedido do aprendiz.

- Inciso IV acrescentado pela Lei 10.097/2000.

Parágrafo único. *(Revogado pela Lei 3.519/1958.)*

§ 2º Não se aplica o disposto nos arts. 479 e 480 desta Consolidação às hipóteses de extinção do contrato mencionadas neste artigo.

- § 2º acrescentado pela Lei 10.097/2000 (a Lei 10.097/2000 não renumerou os parágrafos deste artigo).

Seção V
Das penalidades

Art. 434. Os infratores das disposições deste Capítulo ficam sujeitos à multa de valor igual a um salário mínimo regional, aplicada tantas vezes quantos forem os menores empregados em desacordo com a lei, não podendo, todavia, a soma das multas exceder a cinco vezes o salário mínimo regional, salvo no caso de reincidência, em que esse total poderá ser elevado ao dobro.

- Artigo com redação determinada pelo Dec.-lei 229/1967.
- Multas: ver Notas de Atualização e Portaria MTb 290/1997.

Art. 435. Fica sujeita à multa de valor igual a um salário mínimo regional e ao pagamento da emissão de nova via a empresa que fizer na Carteira de Trabalho e Previdência Social do menor anotação não prevista em lei.

- Artigo com redação determinada pelo Dec.-lei 229/1967.

- V. art. 1º, Dec.-lei 926/1969 (Carteira de Trabalho e Previdência Social).
- Multas: ver Notas de Atualização e Portaria MTb 290/1997.

Arts. 436 e 437. *(Revogados pela Lei 10.097/2000.)*

Art. 438. São competentes para impor as penalidades previstas neste capítulo:

a) no Distrito Federal, a autoridade de 1ª instância do Departamento Nacional do Trabalho;

b) nos Estados e Território do Acre, os delegados regionais do Ministério do Trabalho, Indústria e Comércio ou os funcionários por eles designados para tal fim.

- V. art. 35, IV, Dec.-lei 229/1967.

Parágrafo único. O processo, na verificação das infrações, bem como na aplicação e cobrança das multas, será o previsto no Título "Do Processo de Multas Administrativas", observadas as disposições deste artigo.

Seção VI
Disposições finais

Art. 439. É lícito ao menor firmar recibo pelo pagamento dos salários. Tratando-se, porém, de rescisão do contrato de trabalho, é vedado ao menor de 18 (dezoito) anos dar, sem assistência dos seus responsáveis legais, quitação ao empregador pelo recebimento da indenização que lhe for devida.

- ** V. art. 7º, XXXIII, CF.
- ** V. art. 402, CLT.

Art. 440. Contra os menores de 18 (dezoito) anos não corre nenhum prazo de prescrição.

- ** V. art. 7º, XXIX, CF.
- ** V. art. 198, I, CC.
- ** V. art. 11, I, CLT.
- ** V. art. 10, p.u., Lei 5.889/1973 (Trabalho rural).
- ** V. Súmula 308, I, TST.

Art. 441. O quadro a que se refere o item I do art. 405 será revisto bienalmente.

- Artigo com redação determinada pelo Dec.-lei 229/1967.

Art. 442

TÍTULO IV
DO CONTRATO INDIVIDUAL DO TRABALHO

Capítulo I
DISPOSIÇÕES GERAIS

- V. Lei 9.601/1998 (Contrato de trabalho por prazo determinado).
- V. Dec. 2.490/1998 (Regulamenta a Lei 9.601/1998).
- V. Portaria MTb 207/1998 (Instruções sobre a forma de cálculo das médias previstas nos arts. 3º e 4º da Lei 9.601/1998).

Art. 442. Contrato individual de trabalho é o acordo tácito ou expresso, correspondente à relação de emprego.

- V. arts. 2º e 3º, CLT.
- V. Súmulas 129, 363 e 386, TST.
- V. OJ 199, SDI (I).

Parágrafo único. Qualquer que seja o ramo de atividade da sociedade cooperativa, não existe vínculo empregatício entre ela e seus associados, nem entre estes e os tomadores de serviços daquela.

- Parágrafo único acrescentado pela Lei 8.949/1994.
- V. Lei 9.867/1999 (Criação e funcionamento de Cooperativas Sociais).

Art. 442-A. Para fins de contratação, o empregador não exigirá do candidato a emprego comprovação de experiência prévia por tempo superior a 6 (seis) meses no mesmo tipo de atividade.

- Artigo acrescentado pela Lei 11.644/2008.
- V. arts. 5º, *caput*, I, e XIII e 7º, XXX, CF.
- V. arts. 443, § 2º, c e 478, § 1º, CLT.
- V. Lei 9.029/1995 (Exigência de atestados de gravidez e de esterilização).

Art. 443. O contrato individual de trabalho poderá ser acordado tácita ou expressamente, verbalmente ou por escrito e por prazo determinado ou indeterminado.

§ 1º Considera-se como de prazo determinado o contrato de trabalho cuja vigência dependa de termo prefixado ou da execução de serviços especificados ou ainda da realização de certo acontecimento suscetível de previsão aproximada.

- Primitivo parágrafo único renumerado pelo Dec.-lei 229/1967.

CONSOLIDAÇÃO DAS LEIS DO TRABALHO

- V. Lei 9.601/1998 (Contrato de trabalho por prazo determinado).
- V. Dec. 2.490/1998 (Regulamenta a Lei 9.601/1998).
- V. Portaria MTb 207/1998 (Instruções sobre a forma de cálculo das médias previstas nos arts. 3º e 4º da Lei 9.601/1998).

§ 2º O contrato por prazo determinado só será válido em se tratando:

- § 2º acrescentado pelo Dec.-lei 229/1967.
- V. art. 37, IX, CF.
- V. Lei 6.019/1974 (Trabalho temporário).
- V. Lei 6.553/1978 (Altera a Lei 4.737/1965).
- V. Lei 9.601/1998 (Contrato de trabalho por prazo determinado).
- V. Lei 9.615/1998 (Lei Pelé).
- V. Súmula 212, TST.

a) de serviço cuja natureza ou transitoriedade justifique a predeterminação do prazo;
b) de atividades empresariais de caráter transitório;
c) de contrato de experiência.

- V. arts. 445, p.u., 451, 478, § 1º e 479, § 1º, CLT.
- V. Súmulas 163, 188 e 244, III, TST.

Art. 444. As relações contratuais de trabalho podem ser objeto de livre estipulação das partes interessadas em tudo quanto não contravenha às disposições de proteção ao trabalho, aos contratos coletivos que lhes sejam aplicáveis e às decisões das autoridades competentes.

- V. art. 5º, XIII, CF.
- V. Súmulas 51, 91, 92 e 288, TST.
- V. art. 9º, CLT.

Art. 445. O contrato de trabalho por prazo determinado não poderá ser estipulado por mais de 2 (dois) anos, observada a regra do art. 451.

- Artigo com redação determinada pelo Dec.-lei 229/1967.
- V. Lei 9.601/1998 (Contrato de trabalho por prazo determinado).
- V. Dec. 2.490/1998 (Regulamenta a Lei 9.601/1998).
- V. Portaria MTb 207/1998 (Instruções sobre a forma de cálculo das médias previstas nos arts. 3º e 4º da Lei 9.601/1998).
- V. Súmula 195, STF.

Parágrafo único. O contrato de experiência não poderá exceder de 90 (noventa) dias.

- V. Súmulas 163 e 188, TST.
- V. arts. 443, § 2º, c e 451, CLT.

Consolidação das Leis do Trabalho

Art. 446. *(Revogado pela Lei 7.855/1989.)*

Art. 447. Na falta de acordo ou prova sobre condição essencial ao contrato verbal, esta se presume existente, como se a tivessem estatuído os interessados, na conformidade dos preceitos jurídicos adequados à sua legitimidade.

- V. Súmula 12, TST.

Art. 448. A mudança na propriedade ou na estrutura jurídica da empresa não afetará os contratos de trabalho dos respectivos empregados.

- V. arts. 60, parágrafo único, e 141, § 2º, Lei 11.101/2005 (Lei de Recuperação de Empresas e Falência); sem correspondência no Dec.-lei 7.661/1945 (Lei de Falências).
- V. art. 10, CLT.
- V. OJ 92, 202, 261, 408 e 411, SDI (I).

Art. 449. Os direitos oriundos da existência do contrato de trabalho subsistirão em caso de falência, concordata ou dissolução da empresa.

- V. art. 102, *caput*, Dec.-lei 7.661/1945 (Lei de Falências); e art. 151, Lei 11.101/2005 (Lei de Recuperação de Empresas e Falência).
- V. arts. 60, parágrafo único, e 141, § 2º, Lei 11.101/2005 (Lei de Recuperação de Empresas e Falência); sem correspondência nò Dec.-lei 7.661/1945 (Lei de Falências).

§ 1º Na falência, constituirão créditos privilegiados a totalidade dos salários devidos ao empregado e a totalidade das indenizações a que tiver direito.

- § 1º com redação determinada pela Lei 6.449/1977.
- V. art. 102, § 1º, Dec.-lei 7.661/1945 (Lei de Falências); e art. 83, I, Lei 11.101/2005 (Lei de Recuperação de Empresas e Falência).

§ 2º Havendo concordata na falência, será facultado aos contratantes tornar sem efeito a rescisão do contrato de trabalho e consequente indenização, desde que o empregador pague, no mínimo, a metade dos salários que seriam devidos ao empregado durante o interregno.

- V. Súmula 227, STF.
- V. Súmula 173, TST.

Art. 450. Ao empregado chamado a ocupar, em comissão, interinamente, ou em substituição eventual ou temporária, cargo diverso do que exercer na empresa, serão garantidas a contagem do tempo naquele serviço, bem como volta ao cargo anterior.

- V. Súmula 204, STF.
- V. Súmula 159, TST.
- V. Súmula 372, TST.

Art. 451. O contrato de trabalho por prazo determinado que, tácita ou expressamente, for prorrogado mais de uma vez, passará a vigorar sem determinação de prazo.

- V. Súmula 188, TST.
- V. art. 445, CLT.

Art. 452. Considera-se por prazo indeterminado todo contrato que suceder, dentro de 6 (seis) meses, a outro contrato por prazo determinado, salvo se a expiração deste dependeu da execução de serviços especializados ou da realização de certos acontecimentos.

- V. Súmula 195, STF.

Art. 453. No tempo de serviço do empregado, quando readmitido, serão computados os períodos, ainda que não contínuos, em que tiver trabalhado anteriormente na empresa, salvo se houver sido despedido por falta grave, recebido indenização legal ou se aposentado espontaneamente.

- *Caput* com redação determinada pela Lei 6.204/1975.
- V. Súmula 156, TST.
- V. Súmula 138, TST.
- V. art. 49, I, *b*, Lei 8.213/1991 (Planos de Benefícios da Previdência Social).
- V. Súmula 215, STF.
- V. OJ 177 e 361, SDI (I).

§ 1º Na aposentadoria espontânea de empregados das empresas públicas e sociedades de economia mista é permitida sua readmissão desde que atendidos aos requisitos constantes do art. 37, inciso XVI, da Constituição, e condicionada à prestação de concurso público.

- § 1º acrescentado pela Lei 9.528/1997.
- O STF, na ADIn 1.770-4 (*DOU* e *DJU* 20.10.2006), declarou a inconstitucionalidade do § 1º do art. 453 da CLT.

§ 2º O ato de concessão de benefício de aposentadoria a empregado que não tiver completado 35 (trinta e cinco) anos de servi-

Art. 454

CONSOLIDAÇÃO DAS LEIS DO TRABALHO

ço, se homem, ou 30 (trinta), se mulher, importa em extinção do vínculo empregatício.

- § 2º acrescentado pela Lei 9.528/1997.
- O STF, na ADIn 1.721-3 (*DOU* e *DJU* 20.10.2006), declarou a inconstitucionalidade do § 2º do art. 453 da CLT.
- V. Súmula 215, STF.

Art. 454. [...]
- Artigo revogado. V. Lei 9.279/1996 (Código da Propriedade Industrial).
- V. Lei 9.609/1998 (Proteção da propriedade intelectual do programa de computador).
- ** V. art. 5º, XXVII, XXVIII e XXIX, CF.
- ** V. Lei 9.279/1996 (Propriedade Industrial).

Art. 455. Nos contratos de subempreitada responderá o subempreiteiro pelas obrigações derivadas do contrato de trabalho que celebrar, cabendo, todavia, aos empregados, o direito de reclamação contra o empreiteiro principal pelo inadimplemento daquelas obrigações por parte do primeiro.

- ** V. Súmula 331, IV, TST.
- ** V. OJ 191, SDI (I).

Parágrafo único. Ao empreiteiro principal fica ressalvada, nos termos da lei civil, ação regressiva contra o subempreiteiro e a retenção de importâncias a este devidas, para a garantia das obrigações previstas neste artigo.

Art. 456. A prova do contrato individual de trabalho será feita pelas anotações constantes da Carteira de Trabalho e Previdência Social ou por instrumento escrito e suprida por todos os meios permitidos em direito.

- V. art. 1º, Dec.-lei 926/1969 (Carteira de Trabalho e Previdência Social).

Parágrafo único. À falta de prova ou inexistindo cláusula expressa a tal respeito, entender-se-á que o empregado se obrigou a todo e qualquer serviço compatível com a sua condição pessoal.

- V. Súmula 12, TST.

Capítulo II
DA REMUNERAÇÃO

- V. Lei 4.090/1962 (Gratificação de Natal para os trabalhadores).
- V. Lei 4.266/1963 (Salário-família do trabalhador).
- V. Dec. 53.153/1963 (Regulamenta a Lei 4.266/1963).
- V. Lei 4.749/1965 (Pagamento da gratificação prevista na Lei 4.090/1962).
- V. Dec. 57.155/1965 (Regulamenta a Lei 4.090/1962).
- V. Lei 8.542/1992 (Política Nacional de Salários).
- V. Lei 9.424/1996 (Fundo de manutenção e desenvolvimento do ensino fundamental).
- V. Lei 9.766/1998 (Salário-educação).

Art. 457. Compreendem-se na remuneração do empregado, para todos os efeitos legais, além do salário devido e pago diretamente pelo empregador, como contraprestação do serviço, as gorjetas que receber.

- *Caput* com redação determinada pela Lei 1.999/1953.
- V. arts. 7º, VII, VIII, X e XI, e 201, §§ 4º e 6º, CF.
- V. Súmula 63, TST.
- ** V. art. 457, § 3º, CLT.
- ** V. Súmulas 247, 318 e 354, TST.

§ 1º Integram o salário não só a importância fixa estipulada, como também as comissões, percentagens, gratificações ajustadas, diárias para viagens e abonos pagos pelo empregador.

- § 1º com redação determinada pela Lei 1.999/1953.
- V. Súmulas 207, 209, 459 e 462, STF.
- V. Súmulas 101, 115, 152, 203, 226 e 264, TST.
- ** V. art. 7º, VII, CF.
- ** V. Súmulas 45, 46, 50, 52, 91, 148, 202, 225, 240, 253 e 318, TST.
- ** V. OJ 43, SDI (I) Transitória.

§ 2º Não se incluem nos salários as ajudas de custo, assim como as diárias para viagem que não excedam de 50% (cinquenta por cento) do salário percebido pelo empregado.

- § 2º com redação determinada pela Lei 1.999/1953.
- V. Lei 10.101/2000 (Participação dos trabalhadores nos lucros ou resultados da empresa).
- V. Súmulas 101 e 318, TST.
- ** V. Súmulas 91, 101, 202, 225 e 318, TST.

§ 3º Considera-se gorjeta não só a importância espontaneamente dada pelo cliente ao empregado, como também aquela que for cobrada pela empresa ao cliente, como adicional nas contas, a qualquer título, e destinada à distribuição aos empregados.

- § 3º acrescentado pelo Dec.-lei 229/1967.
- V. Súmula 354, TST.

Art. 458. Além do pagamento em dinheiro, compreende-se no salário, para todos os efeitos legais, a alimentação, habitação, vestuário ou outras prestações *in natu-*

Art. 460

CONSOLIDAÇÃO DAS LEIS DO TRABALHO

ra que a empresa, por força do contrato ou do costume, fornecer habitualmente ao empregado. Em caso algum será permitido o pagamento com bebidas alcoólicas ou drogas nocivas.

- *Caput* com redação determinada pelo Dec.-lei 229/1967.
- V. arts. 7º, IV e VII, CF.
- V. Lei 6.321/1976 (Programa de Alimentação do Trabalhador).
- V. Dec. 5/1991 (Regulamenta a Lei 6.321/1976).
- V. Lei 9.294/1996 (Restrições ao uso de produtos fumígeros).
- V. Dec. 2.018/1996 (Regulamenta a Lei 9.294/1996).
- V. Súmulas 258 e 367, TST.
- ** V. arts. 81 e 82, CLT.
- ** V. art. 9º, Lei 5.889/1973 (Trabalho rural).
- ** V. Súmula 241, TST.
- ** V. OJ 413, SDI (I).

§ 1º Os valores atribuídos às prestações *in natura* deverão ser justos e razoáveis, não podendo exceder, em cada caso, os dos percentuais das parcelas componentes do salário mínimo (arts. 81 e 82).

- § 1º com redação determinada pelo Dec.-lei 229/1967.

§ 2º Para os efeitos previstos neste artigo, não serão consideradas como salário as seguintes utilidades concedidas pelo empregador:

- *Caput* do § 2º com redação determinada pela Lei 10.243/2001.

I – vestuários, equipamentos e outros acessórios fornecidos aos empregados e utilizados no local de trabalho, para a prestação do serviço;

- Inciso I acrescentado pela Lei 10.243/2001.

II – educação, em estabelecimento de ensino próprio ou de terceiros, compreendendo os valores relativos a matrícula, mensalidade, anuidade, livros e material didático;

- Inciso II acrescentado pela Lei 10.243/2001.

III – transporte destinado ao deslocamento para o trabalho e retorno, em percurso servido ou não por transporte público;

- Inciso III acrescentado pela Lei 10.243/2001.

IV – assistência médica, hospitalar e odontológica, prestada diretamente ou mediante seguro-saúde;

- Inciso IV acrescentado pela Lei 10.243/2001.

V – seguros de vida e de acidentes pessoais;

- Inciso V acrescentado pela Lei 10.243/2001.

VI – previdência privada;

- Inciso VI acrescentado pela Lei 10.243/2001.

VII – *(Vetado.)*

- Inciso VII acrescentado pela Lei 10.243/2001.

VIII – o valor correspondente ao vale-cultura.

- Inciso VIII acrescentado pela Lei 12.761/2012.

§ 3º A habitação e a alimentação fornecidas como salário-utilidade deverão atender aos fins a que se destinam e não poderão exceder, respectivamente, a 25% (vinte e cinco por cento) e 20% (vinte por cento) do salário contratual.

- § 3º acrescentado pela Lei 8.860/1994.
- ** V. Súmula 258, TST.

§ 4º Tratando-se de habitação coletiva, o valor do salário-utilidade a ela correspondente será obtido mediante a divisão do justo valor da habitação pelo número de co-ocupantes, vedada, em qualquer hipótese, a utilização da mesma unidade residencial por mais de uma família.

- § 4º acrescentado pela Lei 8.860/1994.

Art. 459. O pagamento do salário, qualquer que seja a modalidade do trabalho, não deve ser estipulado por período superior a 1 (um) mês, salvo no que concerne a comissões, percentagens e gratificações.

- V. art. 7º, X, CF.
- V. Súmula 381, TST.
- ** V. OJ 159, SDI (I).

§ 1º Quando o pagamento houver sido estipulado por mês, deverá ser efetuado, o mais tardar, até o quinto dia útil do mês subsequente ao vencido.

- § 1º com redação determinada pela Lei 7.855/1989.
- O correto é parágrafo único, diferentemente do que consta da publicação oficial.

Art. 460. Na falta de estipulação do salário ou não havendo prova sobre a importância ajustada, o empregado terá direito a perceber salário igual ao daquele que, na mesma empresa, fizer serviço equivalente, ou do que for habitualmente pago para serviço semelhante.

Art. 461

CONSOLIDAÇÃO DAS LEIS DO TRABALHO

Art. 461. Sendo idêntica a função, a todo trabalho de igual valor, prestado ao mesmo empregador, na mesma localidade, corresponderá igual salário, sem distinção de sexo, nacionalidade ou idade.

- *Caput* com redação determinada pela Lei 1.723/1952.
- V. art. 7º, XXX e XXXI, CF.
- V. Súmula 6, TST.
- • V. art. 7º, XXXII, CF.
- • V. art. 5º, CLT.
- • V. Súmula 202, STF.
- • V. Súmula 223, TFR.
- • V. Súmulas 19, 127, 159 e 275 , TST.
- • OJ 125, 296, 297, 298, 353 e 418, SDI (I).

§ 1º Trabalho de igual valor, para os fins deste Capítulo, será o que for feito com igual produtividade e com a mesma perfeição técnica, entre pessoas cuja diferença de tempo de serviço não for superior a 2 (dois) anos.

- § 1º com redação determinada pela Lei 1.723/1952.

§ 2º Os dispositivos deste artigo não prevalecerão quando o empregador tiver pessoal organizado em quadro de carreira, hipótese em que as promoções deverão obedecer aos critérios de antiguidade e merecimento.

- § 2º com redação determinada pela Lei 1.723/1952.
- V. Súmulas 6, 19 e 127, TST.

§ 3º No caso do parágrafo anterior, as promoções deverão ser feitas alternadamente por merecimento e por antiguidade, dentro de cada categoria profissional.

- § 3º com redação determinada pela Lei 1.723/1952.
- V. Súmula 127, TST.

§ 4º O trabalhador readaptado em nova função por motivo de deficiência física ou mental atestada pelo órgão competente da Previdência Social não servirá de paradigma para fins de equiparação salarial.

- § 4º acrescentado pela Lei 5.798/1972.
- V. Súmula 202, STF.

Art. 462. Ao empregador é vedado efetuar qualquer desconto nos salários do empregado, salvo quando este resultar de adiantamentos, de dispositivos de lei ou de contrato coletivo.

- V. art. 7º, VI, CF.

- V. Súmula 342, TST.
- • V. art. 649, IV, §§ 1º e 2º, CPC.
- • V. arts. 468 e 582, CLT.
- • V. art. 1º, Lei 10.820/2003 (Autorização para desconto em folha de pagamento).
- • V. Súmula 368, TST.
- • V. OJ 160 e 251, SDI (I).

§ 1º Em caso de dano causado pelo empregado, o desconto será lícito, desde que esta possibilidade tenha sido acordada ou na ocorrência de dolo do empregado.

- Primitivo parágrafo único renumerado pelo Dec.-lei 229/1967.

§ 2º É vedado à empresa que mantiver armazém para venda de mercadorias aos empregados ou serviços destinados a proporcionar-lhes prestações *in natura* exercer qualquer coação ou induzimento no sentido de que os empregados se utilizem do armazém ou dos serviços.

- § 2º acrescentado pelo Dec.-lei 229/1967.

§ 3º Sempre que não for possível o acesso dos empregados a armazéns ou serviços não mantidos pela empresa, é lícito à autoridade competente determinar a adoção de medidas adequadas, visando a que as mercadorias sejam vendidas e os serviços prestados a preços razoáveis, sem intuito de lucro e sempre em benefício dos empregados.

- § 3º acrescentado pelo Dec.-lei 229/1967.

§ 4º Observado o disposto neste Capítulo, é vedado às empresas limitar, por qualquer forma, a liberdade dos empregados de dispor do seu salário.

- § 4º acrescentado pelo Dec.-lei 229/1967.

Art. 463. A prestação, em espécie, do salário será paga em moeda corrente do País.
Parágrafo único. O pagamento do salário realizado com inobservância deste artigo considera-se como não feito.

Art. 464. O pagamento do salário deverá ser efetuado contra recibo, assinado pelo empregado; em se tratando de analfabeto, mediante sua impressão digital, ou, não sendo esta possível, a seu rogo.

- • V. PN 58, TST.

Parágrafo único. Terá força de recibo o comprovante de depósito em conta bancária, aberta para esse fim em nome de cada empregado, com o consentimento deste,

em estabelecimento de crédito próximo ao local de trabalho.

• Parágrafo único acrescentado pela Lei 9.528/1997.

Art. 465. O pagamento dos salários será efetuado em dia útil e no local do trabalho, dentro do horário do serviço ou imediatamente após o encerramento deste, salvo quando efetuado por depósito em conta bancária, observado o disposto no artigo anterior.

• Artigo com redação determinada pela Lei 9.528/1997.

Art. 466. O pagamento de comissões e percentagens só é exigível depois de ultimada a transação a que se referem.

•• V. Lei 3.207/1957 (Empregados vendedores, viajantes ou pracistas).
•• V. Súmula 27, TST.
•• V. OJ 175, SDI (I).

§ 1º Nas transações realizadas por prestações sucessivas, é exigível o pagamento das percentagens e comissões que lhes disserem respeito proporcionalmente à respectiva liquidação.

§ 2º A cessação das relações de trabalho não prejudica a percepção das comissões e percentagens devidas na forma estabelecida por este artigo.

Art. 467. Em caso de rescisão de contrato de trabalho, havendo controvérsia sobre o montante das verbas rescisórias, o empregador é obrigado a pagar ao trabalhador, à data do comparecimento à Justiça do Trabalho, a parte incontroversa dessas verbas, sob pena de pagá-las acrescidas de 50% (cinquenta por cento).

• Artigo com redação determinada pela Lei 10.272/2001.
• A MP 2.180-35/2001 (DOU 27.08.2001) acrescentava o seguinte texto a este artigo: "Parágrafo único. O disposto no *caput* não se aplica à União, aos Estados, ao Distrito Federal, aos Municípios e as suas autarquias e fundações públicas".
• A Lei 10.272/2001 (DOU 06.09.2001), ao alterar o art. 467, não manteve o parágrafo único e nem fez constar linha pontilhada indicando sua continuidade.
• V. Súmula 388, TST.
•• V. art. 477, CLT.
•• V. Súmulas 13 e 69, TST.
•• V. OJ 238, SDI (I).

Capítulo III
DA ALTERAÇÃO

Art. 468. Nos contratos individuais de trabalho só é lícita a alteração das respectivas condições por mútuo consentimento, e, ainda assim, desde que não resultem, direta ou indiretamente, prejuízos ao empregado, sob pena de nulidade da cláusula infringente desta garantia.

• V. Súmulas 51, 152, 288 e 391, TST.
•• V. arts. 9º e 444, CLT.
•• V. Súmula 222, TFR.
•• V. Súmulas 29, 87, 92, 97, 186, 265, 326, 327 e 372, TST.
•• V. OJ 159 e 308, SDI (I).

Parágrafo único. Não se considera alteração unilateral a determinação do empregador para que o respectivo empregado reverta ao cargo efetivo, anteriormente ocupado, deixando o exercício de função de confiança.

• V. arts. 7º, VI e XXVII, e 37, XV, CF.
• V. art. 17, ADCT.
• V. Súmula 372, TST.

Art. 469. Ao empregador é vedado transferir o empregado, sem a sua anuência, para localidade diversa da que resultar do contrato, não se considerando transferência a que não acarretar necessariamente a mudança do seu domicílio.

•• V. art. 543, § 1º, CLT.
•• V. Lei 7.064/1982 (Prestação de serviços no exterior).
• V. Súmula 221, STF.

§ 1º Não estão compreendidos na proibição deste artigo os empregados que exerçam cargos de confiança e aqueles cujos contratos tenham como condição, implícita ou explícita, a transferência, quando esta decorra de real necessidade de serviço.

• § 1º com redação determinada pela Lei 6.203/1975.
•• V. art. 659, IX, CLT.
•• V. Súmula 43, TST.

§ 2º É lícita a transferência quando ocorrer extinção do estabelecimento em que trabalhar o empregado.

• V. Súmula 221, STF.

§ 3º Em caso de necessidade de serviço o empregador poderá transferir o empregado

Art. 470

para localidade diversa da que resultar do contrato, não obstante as restrições do artigo anterior, mas, nesse caso, ficará obrigado a um pagamento suplementar, nunca inferior a 25% (vinte e cinco por cento) dos salários que o empregado percebia naquela localidade, enquanto durar essa situação.

- § 3º com redação determinada pela Lei 6.203/1975.
- V. Lei 7.064/1982 (Trabalho no exterior).
- V. Dec. 89.339/1984 (Regulamenta a Lei 7.064/1982).
- V. Súmula 29, TST.
- • V. OJ 113, SDI (I).

Art. 470. As despesas resultantes da transferência correrão por conta do empregador.

- Artigo com redação determinada pela Lei 6.203/1975.
- • V. Súmula 29, TST.

Capítulo IV
DA SUSPENSÃO E DA INTERRUPÇÃO

Art. 471. Ao empregado afastado do emprego, são asseguradas, por ocasião de sua volta, todas as vantagens que, em sua ausência, tenham sido atribuídas à categoria a que pertencia na empresa.

- V. Súmula 269, TST.

Art. 472. O afastamento do empregado em virtude das exigências do serviço militar, ou de outro encargo público, não constituirá motivo para a alteração ou rescisão do contrato de trabalho por parte do empregador.

- • V. art. 4º, p.u., CLT.
- • V. art. 15, § 5º, Lei 8.036/1990 (FGTS).
- • V. Dec. 28 Dec. 99.684/1990 (Normas regulamentares do FGTS).
- • V. Súmula 269, TST.

§ 1º Para que o empregado tenha direito a voltar a exercer o cargo do qual se afastou em virtude de exigência do serviço militar ou de encargo público, é indispensável que notifique o empregador dessa intenção, por telegrama ou carta registrada, dentro do prazo máximo de 30 (trinta) dias, contados da data em que se verificar a respectiva baixa ou a terminação do encargo a que estava obrigado.

- § 1º revogado parcialmente. V. arts. 60 e 61, Lei 4.375/1964 (Lei do Serviço Militar).

§ 2º Nos contratos por prazo determinado, o tempo de afastamento, se assim acordarem as partes interessadas, não será computado na contagem do prazo para a respectiva terminação.

§ 3º Ocorrendo motivo relevante de interesse para a segurança nacional, poderá a autoridade competente solicitar o afastamento do empregado do serviço ou do local de trabalho, sem que se configure a suspensão do contrato de trabalho.

- § 3º acrescentado pelo Dec.-lei 3/1966.

§ 4º O afastamento a que se refere o parágrafo anterior será solicitado pela autoridade competente diretamente ao empregador, em representação fundamentada, com audiência da Procuradoria Regional do Trabalho, que providenciará desde logo a instauração do competente inquérito administrativo.

- § 4º acrescentado pelo Dec.-lei 3/1966.

§ 5º Durante os primeiros 90 (noventa) dias desse afastamento, o empregado continuará percebendo sua remuneração.

- § 5º acrescentado pelo Dec.-lei 3/1966.
- • V. art. 1º, CF.

Art. 473. O empregado poderá deixar de comparecer ao serviço sem prejuízo do salário:

- *Caput* com redação determinada pelo Dec.-lei 229/1967.
- • V. art. 60, §§ 3º e 4º, Lei 8.213/1991 (Planos de Benefícios da Previdência Social).
- • V. Súmulas 15, 89, 155 e 282, TST.

I – até 2 (dois) dias consecutivos, em caso de falecimento do cônjuge, ascendente, descendente, irmão ou pessoa que, declarada em sua Carteira de Trabalho e Previdência Social, viva sob sua dependência econômica;

- Inciso I com redação determinada pelo Dec.-lei 229/1967.
- • V. art. 320, § 3º, CLT.
- • V. art. 16, Lei 8.213/1991 (Planos de Benefícios da Previdência Social).

II – até 3 (três) dias consecutivos, em virtude de casamento;

- Inciso II com redação determinada pelo Dec.-lei 229/1967.

Art. 476-A

Consolidação das Leis do Trabalho

- V. art. 1º, Dec.-lei 926/1969 (Carteira de Trabalho e Previdência Social).
- ** V. art. 320, § 3º, CLT.

III – por 1 (um) dia, em caso de nascimento de filho, no decorrer da primeira semana;

- Inciso III com redação determinada pelo Dec.-lei 229/1967.
- V. art. 7º, XIX, CF.
- De acordo com o ADCT, o referido prazo é de 5 (cinco) dias (art. 10, § 1º).

IV – por 1 (um) dia, em cada 12 (doze) meses de trabalho, em caso de doação voluntária de sangue devidamente comprovada;

- Inciso IV com redação determinada pelo Dec.-lei 229/1967.

V – até 2 (dois) dias consecutivos ou não, para o fim de se alistar eleitor, nos termos da lei respectiva;

- Inciso V com redação determinada pelo Dec.-lei 229/1967.
- ** V. art. 48, Lei 4.737/1965 (Código Eleitoral).

VI – no período de tempo em que tiver de cumprir as exigências do serviço militar referidas na letra c do art. 65 da Lei 4.375, de 17 de agosto de 1964 (Lei do Serviço Militar);

- Inciso VI acrescentado pelo Dec.-lei 757/1969.

VII – nos dias em que estiver comprovadamente realizando provas de exame vestibular para ingresso em estabelecimento de ensino superior;

- Inciso VII acrescentado pela Lei 9.471/1997.
- V. Súmula 89, TST.

VIII – pelo tempo que se fizer necessário, quando tiver que comparecer a juízo;

- Inciso VIII acrescentado pela Lei 9.853/1999.
- V. Súmula 155, TST.
- ** V. art. 419, p.u., CPC.
- ** V. art. 822, CLT.

IX – pelo tempo que se fizer necessário, quando, na qualidade de representante de entidade sindical, estiver participando de reunião oficial de organismo internacional do qual o Brasil seja membro.

- Inciso IX acrescentado pela Lei 11.304/2006.

Art. 474. A suspensão do empregado por mais de 30 (trinta) dias consecutivos importa na rescisão injusta do contrato de trabalho.

- ** V. arts. 494, 853 a 855, CLT.

Art. 475. O empregado que for aposentado por invalidez terá suspenso o seu contrato de trabalho durante o prazo fixado pelas leis de previdência social para a efetivação do benefício.

- ** V. art. 42 e ss., Lei 8.213/1991 (Planos de Benefícios da Previdência Social).
- ** V. Súmula 217, STF.
- ** V. Súmulas 160 e 440, TST.
- ** V. OJ 375, SDI (I).

§ 1º Recuperando o empregado a capacidade de trabalho e sendo a aposentadoria cancelada, ser-lhe-á assegurado o direito à função que ocupava ao tempo da aposentadoria, facultado, porém, ao empregador, o direito de indenizá-lo por rescisão do contrato de trabalho, nos termos dos arts. 477 e 478, salvo na hipótese de ser ele portador de estabilidade, quando a indenização deverá ser paga na forma do art. 497.

- § 1º com redação determinada pela Lei 4.824/1965.
- V. Súmulas 217, 219 e 220, STF.
- V. Súmulas 97 e 160, TST.
- ** V. art. 47, Lei 8.213/1991 (Planos de Benefícios da Previdência Social).
- ** V. Súmula 160, TST.

§ 2º Se o empregador houver admitido substituto para o aposentado, poderá rescindir, com este, o respectivo contrato de trabalho sem indenização, desde que tenha havido ciência inequívoca da interinidade ao ser celebrado o contrato.

Art. 476. Em caso de seguro-doença ou auxílio-enfermidade, o empregado é considerado em licença não remunerada, durante o prazo desse benefício.

- ** V. art. 59 e ss., Lei 8.213/1991 (Planos de Benefícios da Previdência Social).

Art. 476-A. O contrato de trabalho poderá ser suspenso, por um período de 2 (dois) a 5 (cinco) meses, para participação do empregado em curso ou programa de qualificação profissional oferecido pelo empregador, com duração equivalente à suspensão contratual, mediante previsão em convenção ou acordo coletivo de trabalho e aquiescência formal do empregado, observado o disposto no art. 471 desta Consolidação.

- Artigo acrescentado pela MP 2.164-41/2001.

Art. 477

§ 1º Após a autorização concedida por intermédio de convenção ou acordo coletivo, o empregador deverá notificar o respectivo sindicato, com antecedência mínima de 15 (quinze) dias da suspensão contratual.
§ 2º O contrato de trabalho não poderá ser suspenso em conformidade com o disposto no *caput* deste artigo mais de uma vez no período de 16 (dezesseis) meses.
§ 3º O empregador poderá conceder ao empregado ajuda compensatória mensal, sem natureza salarial, durante o período de suspensão contratual nos termos do *caput* deste artigo, com valor a ser definido em convenção ou acordo coletivo.
§ 4º Durante o período de suspensão contratual para participação em curso ou programa de qualificação profissional, o empregado fará jus aos benefícios voluntariamente concedidos pelo empregador.
§ 5º Se ocorrer a dispensa do empregado no transcurso do período de suspensão contratual ou nos 3 (três) meses subsequentes ao seu retorno ao trabalho, o empregador pagará ao empregado, além das parcelas indenizatórias previstas na legislação em vigor, multa a ser estabelecida em convenção ou acordo coletivo, sendo de, no mínimo, 100% (cem por cento) sobre o valor da última remuneração mensal anterior à suspensão do contrato.
§ 6º Se durante a suspensão do contrato não for ministrado o curso ou programa de qualificação profissional, ou o empregado permanecer trabalhando para o empregador, ficará descaracterizada a suspensão, sujeitando o empregador ao pagamento imediato dos salários e dos encargos sociais referentes ao período, às penalidades cabíveis previstas na legislação em vigor, bem como às sanções previstas em convenção ou acordo coletivo.
§ 7º O prazo limite fixado no *caput* poderá ser prorrogado mediante convenção ou acordo coletivo de trabalho e aquiescência formal do empregado, desde que o empregador arque com o ônus correspondente ao valor da bolsa de qualificação profissional, no respectivo período.

• V. Lei 4.923/1965 (Cadastro permanente das admissões e dispensas de empregados; medidas contra o desemprego).

Capítulo V
DA RESCISÃO

• V. LC 110/2001 (Institui contribuições sociais, autoriza créditos de complementos de atualização monetária em contas vinculadas do FGTS).
• V. Dec. 3.914/2001 (Regulamentação das contribuições sociais pela LC 110/2001).
• V. Instrução Normativa MTE 3/2002 (Assistência ao empregado na rescisão do contrato).

Art. 477. É assegurado a todo empregado, não existindo prazo estipulado para a terminação do respectivo contrato, e quando não haja ele dado motivo para cessação das relações de trabalho, o direito de haver do empregador uma indenização, paga na base da maior remuneração que tenha percebido na mesma empresa.

• *Caput* com redação determinada pela Lei 5.584/1970.
• V. art. 7º, I a III, CF.
• V. Lei 7.998/1990 (Seguro-desemprego – FAT).
• V. Lei 8.900/1994 (Seguro-desemprego).
•• V. art. 7º, I, CF.
•• V. art. 10, ADCT.
•• V. arts. 478 e 492, CLT.
•• V. Súmula 98, TST.

§ 1º O pedido de demissão ou recibo de quitação de rescisão do contrato de trabalho, firmado por empregado com mais de 1 (um) ano de serviço, só será válido quando feito com a assistência do respectivo Sindicato ou perante a autoridade do Ministério do Trabalho e Previdência Social.

• § 1º com redação determinada pela Lei 5.584/1970.
•• V. Súmula 330, TST.

§ 2º O instrumento de rescisão ou recibo de quitação, qualquer que seja a causa ou forma de dissolução do contrato, deve ter especificada a natureza de cada parcela paga ao empregado e discriminado o seu valor, sendo válida a quitação, apenas, relativamente às mesmas parcelas.

• § 2º com redação determinada pela Lei 5.584/1970.
•• V. art. 625-E, p.u., CLT.
•• V. Súmulas 41 e 330, TST.
•• V. OJ 270, SDI (I).

§ 3º Quando não existir na localidade nenhum dos órgãos previstos neste artigo, a assistência será prestada pelo representante do Ministério Público ou, onde houver, pelo

Art. 479

Consolidação das Leis do Trabalho

Defensor Público e, na falta ou impedimento destes, pelo Juiz de Paz.
- § 3º com redação determinada pela Lei 5.584/1970.
- •• V. art. 793, CLT.

§ 4º O pagamento a que fizer jus o empregado será efetuado no ato da homologação da rescisão do contrato de trabalho, em dinheiro ou em cheque visado, conforme acordem as partes, salvo se o empregado for analfabeto, quando o pagamento somente poderá ser feito em dinheiro.
- § 4º com redação determinada pela Lei 5.584/1970.

§ 5º Qualquer compensação no pagamento de que trata o parágrafo anterior não poderá exceder o equivalente a 1 (um) mês de remuneração do empregado.
- § 5º com redação determinada pela Lei 5.584/1970.
- •• V. art. 767, CLT.
- •• V. Súmulas 18 e 48, TST.

§ 6º O pagamento das parcelas constantes do instrumento de rescisão ou recibo de quitação deverá ser efetuado nos seguintes prazos:
- § 6º acrescentado pela Lei 7.855/1989.
- V. Instrução Normativa MTE 3/2002 (Assistência ao empregado na recisão do contrato de trabalho).
- •• V. art. 477, § 8º, CLT.
- •• V. OJ 14, 162, e 238, SDI, (I).

a) até o primeiro dia útil imediato ao término do contrato; ou
b) até o décimo dia, contado da data da notificação da demissão, quando da ausência do aviso-prévio, indenização do mesmo ou dispensa de seu cumprimento.

§ 7º O ato da assistência na rescisão contratual (§§ 1º e 2º) será sem ônus para o trabalhador e empregador.
- § 7º acrescentado pela Lei 7.855/1989.
- V. Instrução Normativa MTE 3/2002 (Assistência ao empregado na recisão do contrato de trabalho).
- V. Súmula 330, TST.
- •• V. OJ 16, SDC.

§ 8º A inobservância do disposto no § 6º deste artigo sujeitará o infrator à multa de 160 (cento e sessenta) BTN, por trabalhador, bem assim ao pagamento da multa a favor do empregado, em valor equivalente ao seu salário, devidamente corrigido pelo índice de variação do BTN, salvo quando, comprovadamente, o trabalhador der causa à mora.
- § 8º acrescentado pela Lei 7.855/1989.
- Multas: ver Notas de Atualização e Portaria MTb 290/1967.
- V. Súmula 388, TST.
- •• V. art. 477, § 6º, CLT.
- •• V. Súmula 388, TST.
- •• V. OJ 351, SDI (I).

§ 9º *(Vetado.)*
- § 9º acrescentado pela Lei 7.855/1989.

Art. 478. A indenização devida pela rescisão de contrato por prazo indeterminado será de 1 (um) mês de remuneração por ano de serviço efetivo, ou por ano e fração igual ou superior a 6 (seis) meses.
- •• V. arts. 477 e 492, CLT.
- •• V. Súmula 207, STF.
- •• V. Súmulas 24, 60, 132 e 148, TST.

§ 1º O primeiro ano de duração do contrato por prazo indeterminado é considerado como período de experiência, e, antes que se complete, nenhuma indenização será devida.
- •• V. art. 443, § 2º, c, CLT.

§ 2º Se o salário for pago por dia, o cálculo da indenização terá por base 30 (trinta) dias.
§ 3º Se pago por hora, a indenização apurar-se-á na base de 200 (duzentas) horas por mês.
- De acordo com a Constituição Federal, a indenização apurar-se-á na base de 220 (duzentas e vinte) horas (art. 7º, XIII).

§ 4º Para os empregados que trabalhem à comissão ou que tenham direito a percentagens, a indenização será calculada pela média das comissões ou percentagens percebidas nos últimos 12 (doze) meses de serviço.
- § 4º com redação determinada pelo Dec.-lei 229/1967.

§ 5º Para os empregados que trabalhem por tarefa ou serviço feito, a indenização será calculada na base média do tempo costumeiramente gasto pelo interessado para realização de seu serviço, calculando-se o valor do que seria feito durante 30 (trinta) dias.

Art. 479. Nos contratos que tenham termo estipulado, o empregador que, sem jus-

291

ta causa, despedir o empregado, será obrigado a pagar-lhe, a título de indenização, e por metade, a remuneração a que teria direito até o termo do contrato.

• • V. arts. 433, § 2º e 480, CLT.
• • V. art. 14, Dec. 99.684/1990 (Normas regulamentares do FGTS).
• • V. Súmula 125, TST.

Parágrafo único. Para a execução do que dispõe o presente artigo, o cálculo da parte variável ou incerta dos salários será feito de acordo com o prescrito para o cálculo da indenização referente à rescisão dos contratos por prazo indeterminado.

Art. 480. Havendo termo estipulado, o empregado não se poderá desligar do contrato, sem justa causa, sob pena de ser obrigado a indenizar o empregador dos prejuízos que desse fato lhe resultarem.

• • V. arts. 433, § 2º e 479, CLT.

§ 1º A indenização, porém, não poderá exceder àquela a que teria direito o empregado em idênticas condições.

• Primitivo parágrafo único renumerado pelo Dec.-lei 6.353/1944.

§ 2º *(Revogado pela Lei 6.533/1978.)*

Art. 481. Aos contratos por prazo determinado, que contiverem cláusula assecuratória do direito recíproco de rescisão antes de expirado o termo ajustado, aplicam-se, caso seja exercido tal direito por qualquer das partes, os princípios que regem a rescisão dos contratos por prazo indeterminado.

• V. Lei 9.601/1998 (Contrato de trabalho por prazo determinado).
• V. Dec. 2.490/1998 (Regulamenta a Lei 9.601/1998).
• V. Portaria MTb 207/1998 (Instruções sobre a forma de cálculo das médias previstas nos arts. 3º e 4º de Lei 9.601/1998).
• V. Súmula 163, TST.

Art. 482. Constituem justa causa para rescisão do contrato de trabalho pelo empregador:

• • V. art. 158, parágrafo único, CLT.

a) ato de improbidade;
b) incontinência de conduta ou mau procedimento;
c) negociação habitual por conta própria ou alheia sem permissão do empregador, e quando constituir ato de concorrência à empresa para a qual trabalha o empregado, ou for prejudicial ao serviço;
d) condenação criminal do empregado, passada em julgado, caso não tenha havido suspensão da execução da pena;
e) desídia no desempenho das respectivas funções;
f) embriaguez habitual ou em serviço;
g) violação de segredo da empresa;
h) ato de indisciplina ou de insubordinação;
i) abandono de emprego;

• V. Súmulas 32 e 62, TST.
• • V. Súmulas 73 e 212, TST.

j) ato lesivo da honra ou da boa fama praticado no serviço contra qualquer pessoa, ou ofensas físicas, nas mesmas condições, salvo em caso de legítima defesa, própria ou de outrem;
k) ato lesivo da honra ou da boa fama ou ofensas físicas praticadas contra o empregador e superiores hierárquicos, salvo em caso de legítima defesa, própria ou de outrem;
l) prática constante de jogos de azar.

Parágrafo único. Constitui igualmente justa causa para dispensa de empregado a prática, devidamente comprovada em inquérito administrativo, de atos atentatórios à segurança nacional.

• Parágrafo único acrescentado pelo Dec.-lei 3/1966.
• V. Súmula 316, STF.
• • V. art. 1º, CF.

Art. 483. O empregado poderá considerar rescindido o contrato e pleitear a devida indenização quando:

• • V. art. 487, § 4º, CLT.

a) forem exigidos serviços superiores às suas forças, defesos por lei, contrários aos bons costumes, ou alheios ao contrato;

• • V. arts. 198, 390 e 405, § 5º, CLT.

b) for tratado pelo empregador ou por seus superiores hierárquicos com rigor excessivo;
c) correr perigo manifesto de mal considerável;
d) não cumprir o empregador as obrigações do contrato;

• V. Súmula 13, TST.
• • V. art. 2º, § 1º, Dec.-lei 368/1968 (Débitos salariais).

e) praticar o empregador ou seus prepostos, contra ele ou pessoas de sua família, ato lesivo da honra e boa fama;

** V. art. 216-A, CP.

f) o empregador ou seus prepostos ofenderem-no fisicamente, salvo em caso de legítima defesa, própria ou de outrem;

g) o empregador reduzir o seu trabalho, sendo este por peça ou tarefa, de forma a afetar sensivelmente a importância dos salários.

§ 1º O empregado poderá suspender a prestação dos serviços ou rescindir o contrato, quando tiver de desempenhar obrigações legais, incompatíveis com a continuação do serviço.

§ 2º No caso de morte do empregador constituído em empresa individual, é facultado ao empregado rescindir o contrato de trabalho.

** V. art. 485, CLT.

§ 3º Nas hipóteses das letras *d* e *g*, poderá o empregado pleitear a rescisão de seu contrato de trabalho e o pagamento das respectivas indenizações, permanecendo ou não no serviço até final decisão do processo.

• § 3º acrescentado pela Lei 4.825/1965.

Art. 484. Havendo culpa recíproca no ato que determinou a rescisão do contrato de trabalho, o tribunal de trabalho reduzirá a indenização à que seria devida em caso de culpa exclusiva do empregador, por metade.

• V. Súmula 14, TST.

** V. art. 18, § 2º, Lei 8.036/1990 (FGTS).

Art. 485. Quando cessar a atividade da empresa, por morte do empregador, os empregados terão direito, conforme o caso, à indenização a que se referem os arts. 477 e 497.

** V. art. 485, § 2º, CLT.
** V. Súmula 44, TST.

Art. 486. No caso de paralisação temporária ou definitiva do trabalho, motivada por ato de autoridade municipal, estadual ou federal, ou pela promulgação de lei ou resolução que impossibilite a continuação da atividade, prevalecerá o pagamento da indenização, que ficará a cargo do governo responsável.

• *Caput* com redação determinada pela Lei 1.530/1951.

§ 1º Sempre que o empregador invocar em sua defesa o preceito do presente artigo, o tribunal do trabalho competente notificará a pessoa de direito público apontada como responsável pela paralisação do trabalho, para que, no prazo de 30 (trinta) dias, alegue o que entender devido, passando a figurar no processo como chamada à autoria.

• § 1º com redação determinada pelo Dec.-lei 6.110/1943.

§ 2º Sempre que a parte interessada, firmada em documento hábil, invocar defesa baseada na disposição deste artigo e indicar qual o juiz competente, será ouvida a parte contrária, para, dentro de 3 (três) dias, falar sobre essa alegação.

• § 2º com redação determinada pela Lei 1.530/1951.

§ 3º Verificada qual a autoridade responsável, a Junta de Conciliação ou Juiz dar-se-á por incompetente, remetendo os autos ao Juiz Privativo da Fazenda, perante o qual correrá o feito nos termos previstos no processo comum.

• § 3º com redação determinada pela Lei 1.530/1951.
• A EC n. 24/1999 substituiu as Juntas de Conciliação e Julgamento por Varas do Trabalho (juiz singular) e extinguiu a representação classista na Justiça do Trabalho.
• V. art. 109, I, CF.
• V. Lei 5.010/1966, que transferiu a competência das Varas da Fazenda para os Juízes Federais.

Capítulo VI
DO AVISO-PRÉVIO

Art. 487. Não havendo prazo estipulado, a parte que, sem justo motivo, quiser rescindir o contrato deverá avisar a outra da sua resolução com a antecedência mínima de:

• V. Súmulas 371 e 380, TST.
** V. art. 7º, XXI, CF.
** V. Lei 12.506/2011 (Aviso-prévio).
** V. Súmulas 14, 44, 73, 163, 182, 253, 276, 305, 348, 354 e 441, TST.
** V. OJ 14, 82 e 367, SDI (I).

Art. 488

CONSOLIDAÇÃO DAS LEIS DO TRABALHO

I – 8 (oito) dias, se o pagamento for efetuado por semana ou tempo inferior;

- Inciso I com redação determinada pela Lei 1.530/1951.
- Revogado. V. art. 7º, XXI, CF.

II – 30 (trinta) dias aos que perceberem por quinzena ou mês, ou que tenham mais de 12 (doze) meses de serviço na empresa.

- Inciso II com redação determinada pela Lei 1.530/1951.
- V. Súmulas 44, 73, 163 e 253, TST.
- ** V. Súmula 380, TST.

§ 1º A falta do aviso-prévio por parte do empregador dá ao empregado o direito aos salários correspondentes ao prazo do aviso, garantida sempre a integração desse período no seu tempo de serviço.

- V. Súmulas 182, 305, 348 e 354, TST.
- ** V. Súmulas 276 e 371, TST.
- ** V. OJ 82, SDI (I).

§ 2º A falta de aviso-prévio por parte do empregado dá ao empregador o direito de descontar os salários correspondentes ao prazo respectivo.

- V. Súmula 276, TST.

§ 3º Em se tratando de salário pago na base de tarefa, o cálculo, para os efeitos dos parágrafos anteriores, será feito de acordo com a média dos últimos 12 (doze) meses de serviço.

§ 4º É devido o aviso-prévio na despedida indireta.

- § 4º acrescentado pela Lei 7.108/1983.
- ** V. art. 483, CLT.
- ** V. Súmula 31, TST.

§ 5º O valor das horas extraordinárias habituais integra o aviso-prévio indenizado.

- § 5º acrescentado pela Lei 10.218/2001.

§ 6º O reajustamento salarial coletivo, determinado no curso do aviso-prévio, beneficia o empregado pré-avisado da despedida, mesmo que tenha recebido antecipadamente os salários correspondentes ao período do aviso, que integra seu tempo de serviço para todos os efeitos legais.

- § 6º acrescentado pela Lei 10.218/2001.
- ** V. Súmulas 182 e 314, TST.

Art. 488. O horário normal de trabalho do empregado, durante o prazo do aviso, e se a rescisão tiver sido promovida pelo empregador, será reduzido de 2 (duas) horas diárias, sem prejuízo do salário integral.

Parágrafo único. É facultado ao empregado trabalhar sem a redução das 2 (duas) horas diárias previstas neste artigo, caso em que poderá faltar ao serviço, sem prejuízo do salário integral, por 1 (um) dia, na hipótese do inciso I, e por 7 (sete) dias corridos, na hipótese do inciso II do art. 487 desta Consolidação.

- Parágrafo único acrescentado pela Lei 7.093/1983.
- Inciso I do art. 487 revogado pelo art. 7º, XXI, CF.
- V. Súmula 230, TST.

Art. 489. Dado o aviso-prévio, a rescisão torna-se efetiva depois de expirado o respectivo prazo, mas, se a parte notificante reconsiderar o ato, antes de seu termo, à outra parte é facultado aceitar ou não a reconsideração.

Parágrafo único. Caso seja aceita a reconsideração ou continuando a prestação depois de expirado o prazo, o contrato continuará a vigorar, como se o aviso não tivesse sido dado.

Art. 490. O empregador que, durante o prazo do aviso-prévio dado ao empregado, praticar ato que justifique a rescisão imediata do contrato, sujeita-se ao pagamento da remuneração correspondente ao prazo do referido aviso, sem prejuízo da indenização que for devida.

- ** V. art. 483, CLT.

Art. 491. O empregado que, durante o prazo do aviso-prévio, cometer qualquer das faltas consideradas pela lei como justas para a rescisão, perde o direito ao restante do respectivo prazo.

- ** V. art. 482, CLT.
- ** V. Súmula 73, TST.

Capítulo VII
DA ESTABILIDADE

Art. 492. O empregado que contar mais de 10 (dez) anos de serviço na mesma empresa não poderá ser despedido senão por motivo de falta grave ou circunstância de força maior, devidamente comprovadas.

- Revogado. V. art. 7º, I e III, CF.
- V. Lei 8.036/1990 (Fundo de Garantia do Tempo de Serviço – FGTS).

- V. Dec. 99.684/1990 (Regulamento do FGTS).
- V. Lei 8.844/1994 (Fiscalização, apuração e cobrança judicial das contribuições).
- V. Portaria MTb 148/1996 (Organização e tramitação dos processos de multas administrativas).
- V. Portaria MTb 1.061/1996 (Procedimentos para organização e tramitação dos processos de débito salarial).
- V. Súmulas 54 e 98, TST.
- •• V. arts. 477 e 478, CLT.
- •• V. art. 14, Lei 8.036/1990 (FGTS).
- •• V. Súmulas 54 e 98, TST.

Parágrafo único. Considera-se como de serviço todo o tempo em que o empregado esteja à disposição do empregador.

- •• V. art. 4º, CLT.

Art. 493. Constitui falta grave a prática de qualquer dos fatos a que se refere o art. 482, quando por sua repetição ou natureza representem séria violação dos deveres e obrigações do empregado.

Art. 494. O empregado acusado de falta grave poderá ser suspenso de suas funções, mas a sua despedida só se tornará efetiva após o inquérito em que se verifique a procedência da acusação.

- V. Súmulas 62, 77 e 379, TST.
- •• V. arts. 474, 853 a 855, CLT.
- •• V. Súmulas 197 e 403, STF.
- •• V. OJ 137, SDI (II).

Parágrafo único. A suspensão, no caso deste artigo, perdurará até a decisão final do processo.

- V. Súmulas 197 e 403, STF.

Art. 495. Reconhecida a inexistência de falta grave praticada pelo empregado, fica o empregador obrigado a readmiti-lo no serviço e a pagar-lhe os salários a que teria direito no período da suspensão.

Art. 496. Quando a reintegração do empregado estável for desaconselhável, dado o grau de incompatibilidade resultante do dissídio, especialmente quando for o empregador pessoa física, o tribunal do trabalho poderá converter aquela obrigação em indenização devida nos termos do artigo seguinte.

- V. Súmulas 28 e 396, TST.

Art. 497. Extinguindo-se a empresa, sem a ocorrência de motivo de força maior, ao empregado estável despedido é garantida a indenização por rescisão do contrato por prazo indeterminado, paga em dobro.

- V. Súmula 220, STF.

Art. 498. Em caso de fechamento do estabelecimento, filial ou agência, ou supressão necessária de atividade, sem ocorrência de motivo de força maior, é assegurado aos empregados estáveis, que ali exerçam suas funções, o direito à indenização, na forma do artigo anterior.

Art. 499. Não haverá estabilidade no exercício dos cargos de diretoria, gerência ou outros de confiança imediata do empregador, ressalvado o cômputo do tempo de serviço para todos os efeitos legais.

§ 1º Ao empregado garantido pela estabilidade, que deixar de exercer cargo de confiança, é assegurada, salvo no caso de falta grave, a reversão ao cargo efetivo que haja anteriormente ocupado.

§ 2º Ao empregado despedido sem justa causa, que só tenha exercido cargo de confiança e que contar mais de 10 (dez) anos de serviço na mesma empresa, é garantida a indenização proporcional ao tempo de serviço nos termos dos arts. 477 e 478.

§ 3º A despedida que se verificar com o fim de obstar ao empregado a aquisição de estabilidade sujeitará o empregador a pagamento em dobro da indenização prescrita nos arts. 477 e 478.

Art. 500. O pedido de demissão do empregado estável só será válido quando feito com a assistência do respectivo Sindicato e, se não o houver, perante autoridade local competente do Ministério do Trabalho e Previdência Social ou da Justiça do Trabalho.

- Artigo com redação determinada pela Lei 5.584/1970.

Capítulo VIII
DA FORÇA MAIOR

Art. 501. Entende-se como força maior todo acontecimento inevitável, em relação à vontade do empregador, e para realização do qual este não concorreu, direta ou indiretamente.

§ 1º A imprevidência do empregador exclui a razão de força maior.

Art. 502

§ 2º À ocorrência do motivo de força maior que não afetar substancialmente, nem for suscetível de afetar, em tais condições, a situação econômica e financeira da empresa, não se aplicam as restrições desta Lei referentes ao disposto neste Capítulo.

Art. 502. Ocorrendo motivo de força maior que determine a extinção da empresa, ou de um dos estabelecimentos em que trabalhe o empregado, é assegurada a este, quando despedido, uma indenização na forma seguinte:

•• V. art. 18, § 2º, Lei 8.036/1990 (FGTS).

I – sendo estável, nos termos dos arts. 477 e 478;

II – não tendo direito à estabilidade, metade da que seria devida em caso de rescisão sem justa causa;

III – havendo contrato por prazo determinado, aquela a que se refere o art. 479 desta Lei, reduzida igualmente à metade.

• V. Súmula 221, STF.

Art. 503. É lícita, em caso de força maior ou prejuízos devidamente comprovados, a redução geral dos salários dos empregados da empresa, proporcionalmente aos salários de cada um, não podendo, entretanto, ser superior a 25% (vinte e cinco por cento), respeitado, em qualquer caso, o salário mínimo.

• Revogado. V. art. 7º, VI e X, CF.
• V. art. 76, CLT.

Parágrafo único. Cessados os efeitos decorrentes do motivo de força maior, é garantido o restabelecimento dos salários reduzidos.

Art. 504. Comprovada a falsa alegação do motivo de força maior, é garantida a reintegração aos empregados estáveis, e aos não estáveis o complemento da indenização já percebida, assegurado a ambos o pagamento da remuneração atrasada.

Capítulo IX
DISPOSIÇÕES ESPECIAIS

Art. 505. São aplicáveis aos trabalhadores rurais os dispositivos constantes dos Capítulos I, II e VI do presente Título.

• V. art. 7º, CF.

Art. 506. No contrato de trabalho agrícola é lícito o acordo que estabelecer a remuneração *in natura*, contanto que seja de produtos obtidos pela exploração do negócio e não exceda de 1/3 (um terço) do salário total do empregado.

• Artigo revogado. V. Lei 5.889/1973 (Trabalho rural).

Art. 507. As disposições do Capítulo VII do presente Título não serão aplicáveis aos empregados em consultórios ou escritórios de profissionais liberais.

Parágrafo único. *(Revogado pela Lei 6.533/1978.)*

Art. 508. *(Revogado pela Lei 12.347/2010.)*

Art. 509. *(Revogado pela Lei 6.533/1978.)*

Art. 510. Pela infração das proibições constantes deste Título, será imposta à empresa a multa de valor igual a um salário mínimo regional, elevada ao dobro, no caso de reincidência, sem prejuízo das demais cominações legais.

• Artigo com redação determinada pela Lei 5.562/1968.
• Multas: ver Notas de Atualização e Portaria MTb 290/1997.

TÍTULO V
DA ORGANIZAÇÃO SINDICAL

• V. arts. 5º, XVIII, e 8º, CF.
• V. Lei 8.073/1990 (Substituição processual).
• V. Lei 11.648/2008 (Reconhecimento formal das centrais sindicais).
• V. Portaria MTE 186/2008 (Registro sindical).

Capítulo I
DA INSTITUIÇÃO SINDICAL

Seção I
Da associação em sindicato

Art. 511. É lícita a associação para fins de estudo, defesa e coordenação dos seus interesses econômicos ou profissionais de todos os que, como empregadores, empregados, agentes ou trabalhadores autônomos, ou profissionais liberais, exerçam, respectivamente, a mesma atividade ou profissão ou

atividades ou profissões similares ou conexas.

* V. art. 8º, CF.
* V. Lei 4.886/1965 (Representantes comerciais autônomos).
** V. arts. 570 e ss., CLT.
** V. Súmula 196, STF.
** V. OJ 9, SDC.

§ 1º A solidariedade de interesses econômicos dos que empreendem atividades idênticas, similares ou conexas, constitui o vínculo social básico que se denomina categoria econômica.

§ 2º A similitude de condições de vida oriunda da profissão ou trabalho em comum, em situação de emprego na mesma atividade econômica ou em atividades econômicas similares ou conexas, compõe a expressão social elementar compreendida como categoria profissional.

§ 3º Categoria profissional diferenciada é a que se forma dos empregados que exerçam profissões ou funções diferenciadas por força de estatuto profissional especial ou em consequência de condições de vida singulares.

* V. Súmula 374, TST.

§ 4º Os limites de identidade, similaridade ou conexidade fixam as dimensões dentro das quais a categoria econômica ou profissional é homogênea e a associação é natural.

Art. 512. Somente as associações profissionais constituídas para os fins e na forma do artigo anterior e registradas de acordo com o art. 558 poderão ser reconhecidas como sindicatos e investidas nas prerrogativas definidas nesta Lei.

* V. art. 8º, CF.

Art. 513. São prerrogativas dos sindicatos:
a) representar, perante as autoridades administrativas e judiciárias, os interesses gerais da respectiva categoria ou profissão liberal ou os interesses individuais dos associados relativos à atividade ou profissão exercida;

* V. arts. 5º, LXX, *b*, 8º, III, e 103, IX, CF.
* V. Lei 8.073/1990 (Substituição processual).

b) celebrar convenções coletivas de trabalho;

* Alínea *b* atualizada pelo Dec.-lei 229/1967.

c) eleger ou designar os representantes da respectiva categoria ou profissão liberal;
d) colaborar com o Estado, como órgãos técnicos e consultivos, no estudo e solução dos problemas que se relacionam com a respectiva categoria ou profissão liberal;
e) impor contribuições a todos aqueles que participam das categorias econômicas ou profissionais ou das profissões liberais representadas.

* V. art. 8º, IV, CF.

Parágrafo único. Os sindicatos de empregados terão, outrossim, a prerrogativa de fundar e manter agências de colocação.

Art. 514. São deveres dos sindicatos:
a) colaborar com os poderes públicos no desenvolvimento da solidariedade social;
b) manter serviços de assistência judiciária para os associados;
c) promover a conciliação nos dissídios de trabalho;
d) sempre que possível, e de acordo com as suas possibilidades, manter no seu quadro de pessoal, em convênio com entidades assistenciais ou por conta própria, um assistente social com as atribuições específicas de promover a cooperação operacional na empresa e a integração profissional na classe.

* Alínea *d* acrescentada pela Lei 6.200/1975.

Parágrafo único. Os sindicatos de empregados terão, outrossim, o dever de:
a) promover a fundação de cooperativas de consumo e de crédito;
b) fundar e manter escolas de alfabetização e pré-vocacionais.

Seção II
Do reconhecimento e investidura sindical

Art. 515. As associações profissionais deverão satisfazer os seguintes requisitos para serem reconhecidas como sindicatos:

* Revogado. V. art. 8º, CF.

a) reunião de 1/3 (um terço), no mínimo, de empresas legalmente constituídas, sob a

forma individual ou de sociedade, se se tratar de associação de empregadores; ou de 1/3 (um terço) dos que integrem a mesma categoria ou exerçam a mesma profissão liberal, se se tratar de associação de empregados ou de trabalhadores ou agentes autônomos ou de profissão liberal;
b) duração de 3 (três) anos para o mandato da diretoria;

- Alínea b com redação determinada pelo Dec.-lei 771/1969.

c) exercício do cargo de presidente e dos demais cargos de administração e representação por brasileiros.

Parágrafo único. O Ministro do Trabalho, Indústria e Comércio poderá, excepcionalmente, reconhecer como sindicato a associação cujo número de associados seja inferior ao terço a que se refere a alínea a.

- V. art. 35, Dec.-lei 229/1967 (Altera dispositivos da Consolidação das Leis do Trabalho – CLT).

Art. 516. Não será reconhecido mais de um sindicato representativo da mesma categoria econômica ou profissional, ou profissão liberal, em uma dada base territorial.

- V. art. 8º, II, CF.

Art. 517. Os sindicatos poderão ser distritais, municipais, intermunicipais, estaduais e interestaduais. Excepcionalmente, e atendendo às peculiaridades de determinadas categorias ou profissões, o Ministro do Trabalho, Indústria e Comércio poderá autorizar o reconhecimento de sindicatos nacionais.

- Revogado. V. art. 8º, CF.
- V. art. 35, Dec.-lei 229/1967 (Altera dispositivos da Consolidação das Leis do Trabalho – CLT).

§ 1º O Ministro do Trabalho, Indústria e Comércio outorgará e delimitará a base territorial do sindicato.

- V. art. 35, Dec.-lei 229/1967 (Altera dispositivos da Consolidação das Leis do Trabalho – CLT).

§ 2º Dentro da base territorial que lhe for determinada é facultado ao sindicato instituir delegacias ou seções para melhor proteção dos associados e da categoria econômica ou profissional ou profissão liberal representada.

Art. 518. O pedido de reconhecimento será dirigido ao Ministro do Trabalho, Indústria e Comércio instruído com exemplar ou cópia autenticada dos estatutos da associação.

- Revogado. V. art. 8º, CF.
- V. art. 35, Dec.-lei 229/1967 (Altera dispositivos da Consolidação das Leis do Trabalho – CLT).

§ 1º Os estatutos deverão conter:
a) a denominação e a sede da associação;
b) a categoria econômica ou profissional ou a profissão liberal cuja representação é requerida;
c) a afirmação de que a associação agirá como órgão de colaboração com os poderes públicos e as demais associações no sentido da solidariedade social e da subordinação dos interesses econômicos ou profissionais ao interesse nacional;
d) as atribuições, o processo eleitoral e das votações, os casos de perda de mandato e de substituição dos administradores;
e) o modo de constituição e administração do patrimônio social e o destino que lhe será dado no caso de dissolução;
f) as condições em que se dissolverá a associação.

§ 2º O processo de reconhecimento será regulado em instruções baixadas pelo Ministro do Trabalho, Indústria e Comércio.

- V. art. 35, Dec.-lei 229/1967 (Altera dispositivos da Consolidação das Leis do Trabalho – CLT).

Art. 519. A investidura sindical será conferida sempre à associação profissional mais representativa, a juízo do Ministro do Trabalho, Indústria e Comércio, constituindo elementos para essa apreciação, entre outros:

- Revogado. V. art. 8º, CF.
- V. art. 35, Dec.-lei 229/1967 (Altera dispositivos da Consolidação das Leis do Trabalho – CLT).

a) o número de associados;
b) os serviços sociais fundados e mantidos;
c) o valor do patrimônio.

Art. 520. Reconhecida como sindicato a associação profissional, ser-lhe-á expedida carta de reconhecimento, assinada pelo Ministro do Trabalho, Indústria e Comércio, na qual será especificada a representação econômica ou profissional conferida e mencionada a base territorial outorgada.

- Revogado. V. art. 8º, CF.
- V. art. 35, Dec.-lei 229/1967 (Altera dispositivos da Consolidação das Leis do Trabalho – CLT).

Consolidação das Leis do Trabalho

Parágrafo único. O reconhecimento investe a associação nas prerrogativas do art. 513 e a obriga aos deveres do art. 514, cujo inadimplemento a sujeitará às sanções desta Lei.

Art. 521. São condições para o funcionamento do sindicato:

• Revogado. V. art. 8º, CF.

a) proibição de qualquer propaganda de doutrinas incompatíveis com as instituições e os interesses da Nação, bem como de candidaturas a cargos eletivos estranhos ao sindicato;

• Alínea a com redação determinada pelo Dec.-lei 9.502/1946.

b) proibição de exercício de cargo eletivo cumulativamente com o de emprego remunerado pelo sindicato ou por entidade sindical de grau superior;

c) gratuidade do exercício dos cargos eletivos;

d) proibição de quaisquer atividades não compreendidas nas finalidades mencionadas no art. 511, inclusive as de caráter político-partidário;

• Alínea d acrescentada pelo Dec.-lei 9.502/1946.

e) proibição de cessão gratuita ou remunerada da respectiva sede a entidade de índole político-partidária.

• Alínea e acrescentada pelo Dec.-lei 9.502/1946.

Parágrafo único. Quando, para o exercício de mandato, tiver o associado de sindicato de empregados, de trabalhadores autônomos ou de profissionais liberais de se afastar do seu trabalho, poderá ser-lhe arbitrada pela assembleia geral uma gratificação nunca excedente da importância de sua remuneração na profissão respectiva.

Seção III
Da administração do sindicato

Art. 522. A administração do sindicato será exercida por uma diretoria constituída, no máximo, de sete e, no mínimo, de três membros e de um conselho fiscal composto de três membros, eleitos esses órgãos pela assembleia geral.

• V. art. 8º, CF.
•• V. art. 8º, caput, I e VIII, CF.
•• V. art. 543, § 3º, CLT.

•• V. Súmula 369, TST.
•• V. OJ 365 e 369, SDI (I).

§ 1º A diretoria elegerá, dentre os seus membros, o presidente do sindicato.

§ 2º A competência do conselho fiscal é limitada à fiscalização da gestão financeira do sindicato.

§ 3º Constituirá atribuição exclusiva da diretoria do sindicato e dos delegados sindicais, a que se refere o art. 523, a representação e a defesa dos interesses da entidade perante os poderes públicos e as empresas, salvo mandatário com poderes outorgados por procuração da diretoria, ou associado investido em representação prevista em lei.

• § 3º com redação determinada pelo Dec.-lei 9.502/1946.

Art. 523. Os delegados sindicais destinados à direção das delegacias ou seções instituídas na forma estabelecida no § 2º do art. 517 serão designados pela diretoria dentre os associados radicados no território da correspondente delegacia.

• V. art. 8º, CF.
•• V. OJ 369, SDI (I).

Art. 524. Serão sempre tomadas por escrutínio secreto, na forma estatutária, as deliberações da assembleia geral concernentes aos seguintes assuntos:

• Caput com redação determinada pela Lei 2.693/1955.
• V. art. 8º, CF.

a) eleição de associado para representação da respectiva categoria prevista em lei;

• Alínea a com redação determinada pelo Dec.-lei 9.502/1946.

b) tomada a aprovação de contas da diretoria;

• Alínea b com redação determinada pelo Dec.-lei 9.502/1946.

c) aplicação do patrimônio;

• Alínea c com redação determinada pelo Dec.-lei 9.502/1946.

d) julgamento dos atos da diretoria, relativos a penalidades impostas a associados;

• Alínea d com redação determinada pelo Dec.-lei 9.502/1946.

e) pronunciamento sobre relações ou dissídio de trabalho. Neste caso, as deliberações da assembleia geral só serão consideradas

válidas quando ela tiver sido especialmente convocada para esse fim, de acordo com as disposições dos estatutos da entidade sindical. O *quorum* para validade da assembleia será de metade mais um dos associados quites; não obtido esse *quorum* em primeira convocação, reunir-se-á a assembleia em segunda convocação com os presentes, considerando-se aprovadas as deliberações que obtiverem 2/3 (dois terços) dos votos.

- Alínea e com redação determinada pela Lei 2.693/1955.

§ 1º A eleição para cargos de diretoria e conselho fiscal será realizada por escrutínio secreto, durante 6 (seis) horas contínuas, pelo menos, na sede do sindicato, na de suas delegacias e seções e nos principais locais de trabalho, onde funcionarão as mesas coletoras designadas pelos Delegados Regionais do Trabalho e Emprego.

- § 1º acrescentado pelo Dec.-lei 9.502/1946.

§ 2º Concomitantemente ao término do prazo estipulado para a votação, instalar-se-á, em assembleia eleitoral pública e permanente, na sede do sindicato, a mesa apuradora, para a qual serão enviadas, imediatamente, pelos presidentes das mesas coletoras, as urnas receptoras e as atas respectivas. Será facultada designação de mesa apuradora supletiva sempre que as peculiaridades ou conveniências do pleito a exigirem.

- § 2º acrescentado pelo Dec.-lei 9.502/1946.

§ 3º A mesa apuradora será presidida por membro do Ministério Público do Trabalho ou pessoa de notória idoneidade, designada pelo Procurador-Geral da Justiça do Trabalho ou procuradores regionais.

- § 3º acrescentado pelo Dec.-lei 9.502/1946.

§ 4º O pleito só será válido na hipótese de participarem da votação mais de 2/3 (dois terços) dos associados com capacidade para votar. Não obtido esse coeficiente, será realizada nova eleição dentro de 15 (quinze) dias, a qual terá validade se nela tomarem parte mais de 50% (cinquenta por cento) dos referidos associados. Na hipótese de não ter sido alcançado, na segunda votação, o coeficiente exigido, será realizado o terceiro e último pleito, cuja validade dependerá do voto de mais de 40% (quarenta por cento) dos aludidos associados, proclamando o presidente da mesa apuradora, em qualquer dessas hipóteses, os eleitos, os quais serão empossados automaticamente na data do término do mandato expirante, não tendo efeito suspensivo os protestos ou recursos oferecidos na conformidade da lei.

- § 4º acrescentado pelo Dec.-lei 9.502/1946.

§ 5º Não sendo atingido o coeficiente legal para a eleição, o Ministério do Trabalho, Indústria e Comércio declarará a vacância da administração, a partir do término do mandato dos membros em exercício, e designará administrador para o sindicato, realizando-se novas eleições dentro de 6 (seis) meses.

- § 5º acrescentado pelo Dec.-lei 9.502/1946.
- V. art. 35, Dec.-lei 229/1967 (Altera dispositivos da Consolidação das Leis do Trabalho – CLT).

Art. 525. É vedada a pessoas físicas ou jurídicas, estranhas ao sindicato, qualquer interferência na sua administração ou nos seus serviços.

- *Caput* com redação determinada pelo Dec.-lei 9.502/1946.
- V. art. 8º, CF.

Parágrafo único. Estão excluídos dessa proibição:
a) os Delegados do Ministério do Trabalho, Indústria e Comércio especialmente designados pelo Ministro ou por quem o represente;

- V. art. 35, Dec.-lei 229/1967 (Altera dispositivos da Consolidação das Leis do Trabalho – CLT).

b) os que, como empregados, exerçam cargos no sindicato mediante autorização da assembleia geral.

Art. 526. Os empregados do sindicato serão nomeados pela diretoria respectiva *ad referendum* da assembleia geral, não podendo recair tal nomeação nos que estiverem nas condições previstas nos itens II, IV, V, VI, VII e VIII do art. 530 e, na hipótese de o nomeado haver sido dirigente sindical, também nas do item I do mesmo artigo.

- *Caput* com redação determinada pelo Dec.-lei 925/1969.
- V. art. 8º, CF.

Parágrafo único. *(Revogado pela Lei 11.295/2006.)*

Art. 530

CONSOLIDAÇÃO DAS LEIS DO TRABALHO

§ 2º Aplicam-se ao empregado de entidade sindical os preceitos das leis de proteção do trabalho e de previdência social, inclusive o direito de associação em sindicato.

* § 2º acrescentado pela Lei 11.295/2006.
* Numeração do § 2º de acordo com a Lei 11.295/2006.

Art. 527. Na sede de cada sindicato haverá um livro de registro, autenticado pelo funcionário competente do Ministério do Trabalho, Indústria e Comércio, e do qual deverão constar:

* V. art. 8º, CF.
* V. art. 35, Dec.-lei 229/1967 (Altera dispositivos da Consolidação das Leis do Trabalho – CLT).

a) tratando-se de sindicato de empregadores, a firma, individual ou coletiva, ou a denominação das empresas e sua sede, o nome, idade, estado civil, nacionalidade e residência dos respectivos sócios, ou, em se tratando de sociedade por ações, dos diretores, bem como a indicação desses dados quanto ao sócio ou diretor que representar a empresa no sindicato;

b) tratando-se de sindicato de empregados, ou de agentes ou trabalhadores autônomos ou de profissionais liberais, além do nome, idade, estado civil, nacionalidade, profissão ou função e residência de cada associado, o estabelecimento ou lugar onde exerce a sua profissão ou função, o número e a série da respectiva Carteira de Trabalho e Previdência Social e o número da inscrição na instituição de previdência a que pertencer.

* V. Lei 4.886/1965 (Representantes comerciais autônomos).
* V. Dec.-lei 72/1966 (Instituto Nacional de Previdência Social).
* V. art. 35, Dec.-lei 229/1967 (Altera dispositivos da Consolidação das Leis do Trabalho – CLT).
* V. art. 1º, Dec.-lei 926/1969 (Carteira de Trabalho e Previdência Social).

Art. 528. Ocorrendo dissídio ou circunstâncias que perturbem o funcionamento de entidade sindical ou motivos relevantes de segurança nacional, o Ministro do Trabalho e Previdência Social poderá nela intervir, por intermédio de Delegado ou de Junta Interventora, com atribuições para administrá-la e executar ou propor as medidas necessárias para normalizar-lhe o funcionamento.

* Artigo com redação determinada pelo Dec.-lei 3/1966.
* V. art. 8º, CF.

Seção IV
Das eleições sindicais

Art. 529. São condições para o exercício do direito do voto como para a investidura em cargo de administração ou representação econômica ou profissional:

* V. art. 8º, CF.

a) ter o associado mais de 6 (seis) meses de inscrição no quadro social e mais de 2 (dois) anos de exercício da atividade ou da profissão;

* Alínea a com redação determinada pelo Dec.-lei 8.080/1945.

b) ser maior de 18 (dezoito) anos;
c) estar no gozo dos direitos sindicais.

Parágrafo único. É obrigatório aos associados o voto nas eleições sindicais.

* Parágrafo único acrescentado pelo Dec.-lei 229/1967.
* V. Súmula 4, STJ.
* V. Súmula 255, TFR.

Art. 530. Não podem ser eleitos para cargos administrativos ou de representação econômica ou profissional, nem permanecer no exercício desses cargos:

* Caput com redação determinada pelo Dec.-lei 229/1967.
* V. arts. 8º e 15, CF.

I – os que não tiverem definitivamente aprovadas as suas contas de exercício em cargos de administração;

* Inciso I com redação determinada pelo Dec.-lei 229/1967.

II – os que houverem lesado o patrimônio de qualquer entidade sindical;

* Inciso II com redação determinada pelo Dec.-lei 229/1967.

III – os que não estiverem, desde 2 (dois) anos antes, pelo menos, no exercício efetivo da atividade ou da profissão dentro da base territorial do sindicato, ou no desempenho de representação econômica ou profissional;

* Inciso III com redação determinada pelo Dec.-lei 229/1967.
* V. art. 15, III, CF.

IV – os que tiverem sido condenados por crime doloso enquanto persistirem os efeitos da pena;

- Inciso IV com redação determinada pelo Dec.-lei 229/1967.

V – os que não estiverem no gozo de seus direitos políticos;

- Inciso V com redação determinada pelo Dec.-lei 229/1967.

VI – *(Revogado pela Lei 8.865/1994.)*

VII – má conduta, devidamente comprovada;

- Inciso VII acrescentado pelo Dec.-lei 507/1969.

VIII – *(Revogado pela Lei 8.865/1994.)*

Art. 531. Nas eleições para cargos de diretoria e do conselho fiscal serão considerados eleitos os candidatos que obtiverem maioria absoluta de votos em relação ao total dos associados eleitores.

- V. art. 8º, CF.

§ 1º Não ocorrendo à primeira convocação maioria absoluta de eleitores, ou não obtendo nenhum dos candidatos essa maioria, proceder-se-á a nova convocação para dia posterior, sendo então considerados eleitos os candidatos que obtiverem maioria dos eleitores presentes.

§ 2º Havendo somente uma chapa registrada para as eleições, poderá a assembleia, em última convocação, ser realizada 2 (duas) horas após a primeira convocação, desde que do edital respectivo conste essa advertência.

§ 3º Concorrendo mais de uma chapa, poderá o Ministro do Trabalho, Indústria e Comércio designar o presidente da sessão eleitoral, desde que o requeiram os associados que encabeçarem as respectivas chapas.

- § 3º com redação determinada pelo Dec.-lei 8.080/1945.
- V. art. 35, Dec.-lei 229/1967 (Altera dispositivos da Consolidação das Leis do Trabalho – CLT).

§ 4º O Ministro do Trabalho, Indústria e Comércio expedirá instruções regulando o processo das eleições.

- V. art. 35, Dec.-lei 229/1967 (Altera dispositivos da Consolidação das Leis do Trabalho – CLT).

Art. 532. As eleições para a renovação da diretoria e do conselho fiscal deverão ser procedidas dentro do prazo máximo de 60 (sessenta) dias e mínimo de 30 (trinta) dias, antes do término do mandato dos dirigentes em exercício.

- *Caput* com redação determinada pelo Dec.-lei 8.080/1945.
- V. art. 8º, CF.

§ 1º Não havendo protesto na ata da assembleia eleitoral ou recurso interposto por algum dos candidatos, dentro de 15 (quinze) dias, a contar da data das eleições, a posse da diretoria eleita independerá da aprovação das eleições pelo Ministério do Trabalho, Indústria e Comércio.

- § 1º com redação determinada pelo Dec.-lei 8.080/1945.
- V. art. 35, Dec.-lei 229/1967 (Altera dispositivos da Consolidação das Leis do Trabalho – CLT).

§ 2º Competirá à diretoria em exercício, dentro de 30 (trinta) dias da realização das eleições e não tendo havido recurso, dar publicidade ao resultado do pleito, fazendo comunicação ao órgão local do Ministério do Trabalho, Indústria e Comércio da relação dos eleitos, com os dados pessoais de cada um e a designação da função que vai exercer.

- § 2º com redação determinada pelo Dec.-lei 8.080/1945.
- V. art. 35, Dec.-lei 229/1967 (Altera dispositivos da Consolidação das Leis do Trabalho – CLT).

§ 3º Havendo protesto na ata da assembleia eleitoral ou recurso interposto dentro de 15 (quinze) dias da realização das eleições, competirá à diretoria em exercício encaminhar, devidamente instruído, o processo eleitoral ao órgão local do Ministério do Trabalho, Indústria e Comércio, que o encaminhará para decisão do Ministro de Estado. Nesta hipótese, permanecerão na administração, até despacho final do processo, a diretoria e o conselho fiscal que se encontrarem em exercício.

- § 3º com redação determinada pelo Dec.-lei 8.080/1945.
- V. art. 35, Dec.-lei 229/1967 (Altera dispositivos da Consolidação das Leis do Trabalho – CLT).

§ 4º Não se verificando as hipóteses previstas no parágrafo anterior, a posse da nova diretoria deverá se verificar dentro de 30

(trinta) dias subsequentes ao término do mandato da anterior.

- § 4º com redação determinada pelo Dec.-lei 8.080/1945.

§ 5º Ao assumir o cargo, o eleito prestará, por escrito e solenemente, o compromisso de respeitar, no exercício do mandato, a Constituição, as leis vigentes e os estatutos da entidade.

- § 5º acrescentado pelo Dec.-lei 229/1967.

Seção V
Das associações sindicais de grau superior

Art. 533. Constituem associações sindicais de grau superior as federações e confederações organizadas nos termos desta Lei.

- V. art. 8º, CF.

Art. 534. É facultado aos sindicatos, quando em número não inferior a 5 (cinco), desde que representem a maioria absoluta de um grupo de atividades ou profissões idênticas, similares ou conexas, organizarem-se em federação.

- Artigo com redação determinada pela Lei 3.265/1957.
- V. art. 8º, CF.
- V. Súmula 156, TFR.

§ 1º Se já existir federação no grupo de atividades ou profissões em que deva ser constituída a nova entidade, a criação desta não poderá reduzir a menos de 5 (cinco) o número de sindicatos que àquela devam continuar filiados.

§ 2º As federações serão constituídas por Estados, podendo o Ministro do Trabalho, Indústria e Comércio autorizar a constituição de federações interestaduais ou nacionais.

- V. art. 35, Dec.-lei 229/1967 (Altera dispositivos da Consolidação das Leis do Trabalho – CLT).

§ 3º É permitido a qualquer federação, para o fim de lhes coordenar os interesses, agrupar os sindicatos de determinado município ou região a ela filiados, mas a União não terá direito de representação das atividades ou profissões agrupadas.

Art. 535. As confederações organizar-se-ão com o mínimo de três federações e terão sede na Capital da República.

- V. art. 8º, CF.

§ 1º As confederações formadas por federações de sindicatos de empregadores denominar-se-ão: Confederação Nacional da Indústria, Confederação Nacional do Comércio, Confederação Nacional de Transportes Marítimos, Fluviais e Aéreos, Confederação Nacional de Transportes Terrestres, Confederação Nacional de Comunicações e Publicidade, Confederação Nacional das Empresas de Crédito e Confederação Nacional de Educação e Cultura.

§ 2º As confederações formadas por federações de sindicatos de empregados terão a denominação de: Confederação Nacional dos Trabalhadores na Indústria, Confederação Nacional dos Trabalhadores no Comércio, Confederação Nacional dos Trabalhadores em Transportes Marítimos, Fluviais e Aéreos, Confederação Nacional dos Trabalhadores em Transportes Terrestres, Confederação Nacional dos Trabalhadores em Comunicações e Publicidade, Confederação Nacional dos Trabalhadores nas Empresas de Crédito e Confederação Nacional dos Trabalhadores em Estabelecimentos de Educação e Cultura.

§ 3º Denominar-se-á Confederação Nacional das Profissões Liberais a reunião das respectivas federações.

§ 4º As associações sindicais de grau superior da Agricultura e Pecuária serão organizadas na conformidade do que dispuser a lei que regular a sindicalização dessas atividades ou profissões.

Art. 536. *(Revogado pelo Dec.-lei 229/1967.)*

Art. 537. O pedido de reconhecimento de uma federação será dirigido ao Ministro do Trabalho, Indústria e Comércio acompanhado de um exemplar dos respectivos estatutos e das cópias autenticadas das atas da assembleia de cada sindicato ou federação que autorizar a filiação.

- V. art. 8º, CF.
- V. art. 35, Dec.-lei 229/1967 (Altera dispositivos da Consolidação das Leis do Trabalho – CLT).

§ 1º A organização das federações e confederações obedecerá às exigências contidas nas alíneas *b* e *c* do art. 515.

Art. 538

CONSOLIDAÇÃO DAS LEIS DO TRABALHO

§ 2º A carta de reconhecimento das federações será expedida pelo Ministro do Trabalho, Indústria e Comércio, na qual será especificada a coordenação econômica ou profissional conferida e mencionada a base territorial outorgada.

- V. art. 35, Dec.-lei 229/1967 (Altera dispositivos da Consolidação das Leis do Trabalho – CLT).

§ 3º O reconhecimento das confederações será feito por decreto do Presidente da República.

Art. 538. A administração das federações e confederações será exercida pelos seguintes órgãos:

- *Caput* com redação determinada pela Lei 2.693/1955.
- V. art. 8º, CF.

a) diretoria;
b) conselho de representantes;
c) conselho fiscal.

§ 1º A diretoria será constituída no mínimo de três membros e de três membros se comporá o conselho fiscal, os quais serão eleitos pelo conselho de representantes com mandato por 3 (três) anos.

- § 1º com redação determinada pelo Dec.-lei 771/1969.

§ 2º Só poderão ser eleitos os integrantes dos grupos das federações ou dos planos das confederações, respectivamente.

- § 2º com redação determinada pela Lei 2.693/1955.

§ 3º O presidente da federação ou confederação será escolhido dentre os seus membros, pela diretoria.

- § 3º com redação determinada pela Lei 2.693/1955.

§ 4º O conselho de representantes será formado pelas delegações dos sindicatos ou das federações filiadas, constituída cada delegação de dois membros, com mandato por 3 (três) anos, cabendo um voto a cada delegação.

- § 4º com redação determinada pelo Dec.-lei 771/1969.

§ 5º A competência do conselho fiscal é limitada à fiscalização da gestão financeira.

- § 5º com redação determinada pela Lei 2.693/1955.

Art. 539. Para a constituição e administração das federações serão observadas, no que for aplicável, as disposições das Seções II e III do presente Capítulo.

- V. art. 8º, CF.

Seção VI
Dos direitos dos exercentes de atividades ou profissões e dos sindicalizados

Art. 540. A toda empresa ou indivíduo que exerçam, respectivamente, atividade ou profissão, desde que satisfaçam as exigências desta Lei, assiste o direito de ser admitido no sindicato da respectiva categoria, salvo o caso de falta de idoneidade, devidamente comprovada, com recurso para o Ministério do Trabalho, Indústria e Comércio.

- V. art. 8º, V, CF.
- V. art. 35, Dec.-lei 229/1967 (Altera dispositivos da Consolidação das Leis do Trabalho – CLT).

§ 1º Perderá os direitos de associado o sindicalizado que, por qualquer motivo, deixar o exercício de atividade ou de profissão.

§ 2º Os associados de sindicatos de empregados, de agentes ou trabalhadores autônomos e de profissões liberais que forem aposentados, estiverem em desemprego ou falta de trabalho ou tiverem sido convocados para prestação de serviço militar não perderão os respectivos direitos sindicais e ficarão isentos de qualquer contribuição, não podendo, entretanto, exercer cargo de administração sindical ou de representação econômica ou profissional.

- V. Lei 4.886/1965 (Representantes comerciais autônomos).

Art. 541. Os que exercerem determinada atividade ou profissão onde não haja sindicato da respectiva categoria, ou de atividade ou profissão similar ou conexa, poderão filiar-se a sindicato de profissão idêntica, similar ou conexa, existente na localidade mais próxima.

Parágrafo único. O disposto neste artigo se aplica aos sindicatos em relação às respectivas federações, na conformidade do Quadro de Atividades e Profissões a que se refere o art. 577.

CONSOLIDAÇÃO DAS LEIS DO TRABALHO

Art. 542. De todo ato lesivo de direitos ou contrário a esta Lei, emanado da diretoria, do conselho ou da assembleia geral da entidade sindical, poderá qualquer exercente de atividade ou profissão recorrer, dentro de 30 (trinta) dias, para a autoridade competente do Ministério do Trabalho, Indústria e Comércio.

* V. art. 8º, I, CF.
* V. art. 35, Dec.-lei 229/1967 (Altera dispositivos da Consolidação das Leis do Trabalho – CLT).

Art. 543. O empregado eleito para cargo de administração sindical ou representação profissional, inclusive junto a órgão de deliberação coletiva, não poderá ser impedido do exercício de suas funções, nem transferido para lugar ou mister que lhe dificulte ou torne impossível o desempenho das suas atribuições sindicais.

* *Caput* com redação determinada pelo Dec.-lei 229/1967.

§ 1º O empregado perderá o mandato se a transferência for por ele solicitada ou voluntariamente aceita.

* § 1º com redação determinada pelo Dec.-lei 229/1967.
** V. arts. 469 e 470, CLT.

§ 2º Considera-se de licença não remunerada, salvo assentimento da empresa ou cláusula contratual, o tempo em que o empregado se ausentar do trabalho no desempenho das funções a que se refere este artigo.

* § 2º com redação determinada pelo Dec.-lei 229/1967.

§ 3º Fica vedada a dispensa do empregado sindicalizado ou associado, a partir do momento do registro de sua candidatura a cargo de direção ou representação de entidade sindical ou de associação profissional, até 1 (um) ano após o final do seu mandato, caso seja eleito, inclusive como suplente, salvo se cometer falta grave devidamente apurada nos termos desta Consolidação.

* § 3º com redação determinada pela Lei 7.543/1986.
* V. art. 8º, VIII, CF.
* V. Súmula 379, TST.
** V. Súmulas 197 e 403, STF.
** V. Súmula 396, TST.
** V. OJ 365, 369, e 396, SDI (I).
** V. OJ 65, 137 e 142, SDI (II).

§ 4º Considera-se cargo de direção ou de representação sindical aquele cujo exercício ou indicação decorre de eleição prevista em lei.

* § 4º com redação determinada pela Lei 7.223/1984.

§ 5º Para os fins deste artigo, a entidade sindical comunicará por escrito à empresa, dentro de 24 (vinte e quatro) horas, o dia e a hora do registro da candidatura do seu empregado e, em igual prazo, sua eleição e posse, fornecendo, outrossim, a este, comprovante no mesmo sentido. O Ministério do Trabalho e Previdência Social fará no mesmo prazo a comunicação no caso da designação referida no final do § 4º.

* § 5º com redação determinada pelo Dec.-lei 229/1967.

§ 6º A empresa que, por qualquer modo, procurar impedir que o empregado se associe a sindicato, organize associação profissional ou sindical ou exerça os direitos inerentes à condição de sindicalizado fica sujeita à penalidade prevista na letra *a* do art. 553, sem prejuízo da reparação a que tiver direito o empregado.

* § 6º com redação determinada pelo Dec.-lei 229/1967.

Art. 544. É livre a associação profissional ou sindical, mas ao empregado sindicalizado é assegurada, em igualdade de condições, preferência:

* V. arts. 5º, XX, e 8º, V, CF.

I – para a admissão nos trabalhos de empresa que explore serviços públicos ou mantenha contrato com os poderes públicos;

II – para ingresso em funções públicas ou assemelhadas, em caso de cessação coletiva de trabalho, por motivo de fechamento de estabelecimento;

III – nas concorrências para aquisição de casa própria, pelo Plano Nacional de Habitação ou por intermédio de quaisquer instituições públicas;

IV – nos loteamentos urbanos ou rurais, promovidos pela União, por seus órgãos de administração direta ou indireta ou sociedades de economia mista;

V – na locação ou compra de imóveis, de propriedade de pessoa de direito público ou

Art. 545

sociedade de economia mista, quando sob ação de despejo em tramitação judicial;
VI – na concessão de empréstimos simples concedidos pelas agências financeiras do Governo ou a ele vinculadas;
VII – na aquisição de automóveis, outros veículos e instrumentos relativos ao exercício da profissão, quando financiados pelas autarquias, sociedades de economia mista ou agências financeiras do Governo;
VIII – *(Revogado pela Lei 8.630/1993.)*
IX – na concessão de bolsas de estudo para si ou para seus filhos, obedecida a legislação que regule a matéria.

* Inciso IX com redação determinada pelo Dec.-lei 229/1967.

Art. 545. Os empregadores ficam obrigados a descontar na folha de pagamento dos seus empregados, desde que por eles devidamente autorizados, as contribuições devidas ao sindicato, quando por este notificados, salvo quanto à contribuição sindical, cujo desconto independe dessas formalidades.

* Artigo com redação determinada pelo Dec.-lei 925/1969.
* V. art. 8º, IV, CF.
* V. Súmula 666, STF.

Parágrafo único. O recolhimento à entidade sindical beneficiária do importe descontado deverá ser feito até o décimo dia subsequente ao do desconto, sob pena de juros de mora no valor de 10% (dez por cento) sobre o montante retido, sem prejuízo da multa prevista no art. 553 e das cominações penais relativas à apropriação indébita.

Art. 546. Às empresas sindicalizadas é assegurada preferência, em igualdade de condições, nas concorrências para exploração de serviços públicos, bem como nas concorrências para fornecimento às repartições federais, estaduais e municipais e às entidades paraestatais.

Art. 547. É exigida a qualidade de sindicalizado para o exercício de qualquer função representativa de categoria econômica ou profissional, em órgão oficial de deliberação coletiva, bem como para o gozo de favores ou isenções tributárias, salvo em se tratando de atividades não econômicas.

* V. arts. 5º, XX, 8º, V, e 150, VI, *c*, CF.

Parágrafo único. Antes da posse ou exercício das funções a que alude o artigo anterior ou de concessão dos favores, será indispensável comprovar a sindicalização, ou oferecer prova, mediante certidão negativa no Departamento Nacional do Trabalho, no Distrito Federal, ou da autoridade regional do Ministério do Trabalho, Indústria e Comércio, nos Estados e no Território do Acre, de que não existe sindicato no local onde o interessado exerce a respectiva atividade ou profissão.

* V. Lei 4.923/1965 (Cadastro permanente de admissões e dispensas de empregados).
* V. art. 35, Dec.-lei 229/1967 (Altera dispositivos da Consolidação das Leis do Trabalho – CLT).

Seção VII
Da gestão financeira do sindicato e sua fiscalização

Art. 548. Constituem o patrimônio das associações sindicais:
a) as contribuições devidas aos sindicatos pelos que participem das categorias econômicas ou profissionais ou das profissões liberais representadas pelas referidas entidades, sob a denominação de contribuição sindical, pagas e arrecadadas na forma do Capítulo III deste Título;
b) as contribuições dos associados, na forma estabelecida nos estatutos ou pelas assembleias gerais;
c) os bens e valores adquiridos e as rendas produzidas pelos mesmos;
d) as doações e legados;
e) as multas e outras rendas eventuais.

Art. 549. A receita dos sindicatos, federações e confederações só poderá ter aplicação na forma prevista nos respectivos orçamentos anuais, obedecidas as disposições estabelecidas na lei e nos seus estatutos.

* Artigo com redação determinada pela Lei 6.386/1976.

§ 1º Para alienação, locação ou aquisição de bens imóveis, ficam as entidades sindicais obrigadas a realizar avaliação prévia pela Caixa Econômica Federal ou pelo Banco Nacional da Habitação ou, ainda, por qualquer outra organização legalmente habilitada a tal fim.

Consolidação das Leis do Trabalho

§ 2º Os bens imóveis das entidades sindicais não serão alienados sem a prévia autorização das respectivas assembleias gerais, reunidas com a presença da maioria absoluta dos associados com direito a voto ou dos conselhos de representantes com a maioria absoluta dos seus membros.

§ 3º Caso não seja obtido o *quorum* estabelecido no parágrafo anterior, a matéria poderá ser decidida em nova assembleia geral, reunida com qualquer número de associados com direito a voto, após o transcurso de 10 (dez) dias da primeira convocação.

§ 4º Nas hipóteses previstas nos §§ 2º e 3º a decisão somente terá validade se adotada pelo mínimo de 2/3 (dois terços) dos presentes, em escrutínio secreto.

§ 5º Da deliberação da assembleia geral, concernente à alienação de bens imóveis, caberá recurso voluntário, dentro do prazo de 15 (quinze) dias, ao Ministro do Trabalho, com efeito suspensivo.

§ 6º A venda do imóvel será efetuada pela diretoria da entidade, após a decisão da assembleia geral ou do conselho de representantes, mediante concorrência pública, com edital publicado no *Diário Oficial da União* e na imprensa diária, com antecedência mínima de 30 (trinta) dias da data de sua realização.

§ 7º Os recursos destinados ao pagamento total ou parcelado dos bens imóveis adquiridos serão consignados, obrigatoriamente, nos orçamentos anuais das entidades sindicais.

Art. 550. Os orçamentos das entidades sindicais serão aprovados, em escrutínio secreto, pelas respectivas assembleias gerais ou conselho de representantes, até 30 (trinta) dias antes do início do exercício financeiro a que se referem, e conterão a discriminação da receita e da despesa, na forma das instruções e modelos expedidos pelo Ministério do Trabalho.

* Artigo com redação determinada pela Lei 6.386/1976.

§ 1º Os orçamentos, após a aprovação prevista no presente artigo, serão publicados, em resumo, no prazo de 30 (trinta) dias, contados da data da realização da respectiva assembleia geral ou da reunião do conselho de representantes, que os aprovou, observada a seguinte sistemática:

a) no *Diário Oficial da União* – Seção I – Parte II, os orçamentos das confederações, federações e sindicatos de base interestadual ou nacional;

b) no órgão de imprensa oficial do Estado ou Território ou jornal de grande circulação local, os orçamentos das federações estaduais e sindicatos distritais municipais, intermunicipais e estaduais.

§ 2º As dotações orçamentárias que se apresentarem insuficientes para o atendimento das despesas, ou não incluídas nos orçamentos correntes, poderão ser ajustadas ao fluxo dos gastos, mediante a abertura de créditos adicionais solicitados pela diretoria da entidade às respectivas assembleias gerais ou conselhos de representantes, cujos atos concessórios serão publicados até o último dia do exercício correspondente, obedecida a mesma sistemática prevista no parágrafo anterior.

§ 3º Os créditos adicionais classificam-se em:

a) suplementares, os destinados a reforçar dotações alocadas no orçamento; e

b) especiais, os destinados a incluir dotações no orçamento, a fim de fazer face às despesas para as quais não se tenha consignado crédito específico.

§ 4º A abertura dos créditos adicionais depende da existência de receita para sua compensação, considerando-se, para esse efeito, desde que não comprometidos:

a) o superávit financeiro apurado em balanço do exercício anterior;

b) o excesso de arrecadação, assim entendido o saldo positivo da diferença entre a renda prevista e a realizada, tendo-se em conta, ainda, a tendência do exercício; e

c) a resultante da anulação parcial ou total de dotações alocadas no orçamento ou de créditos adicionais abertos no exercício.

§ 5º Para efeito orçamentário e contábil sindical, o exercício financeiro coincidirá com o ano civil, a ele pertencendo todas as receitas arrecadadas e as despesas compromissadas.

Art. 551. Todas as operações de ordem financeira e patrimonial serão evidenciadas pelos registros contábeis das entidades sin-

dicais, executadas sob a responsabilidade de contabilista legalmente habilitado, em conformidade com o plano de contas e as instruções baixadas pelo Ministério do Trabalho.

* Artigo com redação determinada pela Lei 6.386/1976.

§ 1º A escrituração contábil a que se refere este artigo será baseada em documentos de receita e despesa, que ficarão arquivados nos serviços de contabilidade, à disposição dos órgãos responsáveis pelo acompanhamento administrativo e da fiscalização financeira da própria entidade, ou do controle que poderá ser exercido pelos órgãos da União, em face da legislação específica.

§ 2º Os documentos comprobatórios dos atos de receita e despesa, a que se refere o parágrafo anterior, poderão ser incinerados, após decorridos 5 (cinco) anos da data de quitação das contas pelo órgão competente.

§ 3º É obrigatório o uso do livro Diário, encadernado, com folhas seguida e tipograficamente numeradas, para a escrituração, pelo método das partidas dobradas, diretamente ou por reprodução, dos atos ou operações que modifiquem ou venham a modificar a situação patrimonial da entidade, o qual conterá, respectivamente, na primeira e na última páginas, os termos de abertura e de encerramento.

§ 4º A entidade sindical que se utilizar de sistema mecânico ou eletrônico para sua escrituração contábil poderá substituir o Diário e os livros facultativos ou auxiliares por fichas ou formulários contínuos, cujos lançamentos deverão satisfazer a todos os requisitos e normas de escrituração exigidos com relação aos livros mercantis, inclusive no que respeita a termos de abertura e de encerramento e numeração sequencial e tipográfica.

§ 5º Na escrituração por processos de fichas ou formulários contínuos, a entidade adotará livro próprio para inscrição do balanço patrimonial e da demonstração do resultado do exercício, o qual conterá os mesmos requisitos exigidos para os livros de escrituração.

§ 6º Os livros e fichas ou formulários contínuos serão obrigatoriamente submetidos a registro e autenticação das Delegacias Regionais do Trabalho e Emprego localizadas na base territorial da entidade.

§ 7º As entidades sindicais manterão registro específico dos bens de qualquer natureza, de sua propriedade, em livros ou fichas próprios, que atenderão às mesmas formalidades exigidas para o livro Diário, inclusive no que se refere ao registro e autenticação da Delegacia Regional do Trabalho local.

§ 8º As contas dos administradores das entidades sindicais serão aprovadas, em escrutínio secreto, pelas respectivas assembleias gerais ou conselhos de representantes, com prévio parecer do conselho fiscal, cabendo ao Ministro do Trabalho estabelecer prazos e procedimentos para a sua elaboração e destinação.

Art. 552. Os atos que importem em malversação ou dilapidação do patrimônio das associações ou entidades sindicais ficam equiparados ao crime de peculato, julgado e punido na conformidade da legislação penal.

* Artigo com redação determinada pelo Dec.-lei 925/1969.

Seção VIII
Das penalidades

Art. 553. As infrações ao disposto neste Capítulo serão punidas, segundo o seu caráter e a sua gravidade, com as seguintes penalidades:

* V. art. 8º, I, CF.

a) multa de 1/5 (um quinto) a dez salários mínimos regionais, dobrada na reincidência;

* Multas: ver Notas de Atualização e Portaria MTb 290/1997.

b) suspensão de diretores por prazo não superior a 30 (trinta) dias;

c) destituição de diretores ou de membros de conselho;

d) fechamento de sindicato, federação ou confederação por prazo nunca superior a 6 (seis) meses;

e) cassação da carta de reconhecimento;

f) multa de 1/3 (um terço) do salário mínimo regional, aplicável ao associado que deixar de cumprir, sem causa justificada, o disposto no parágrafo único do art. 529.

- Alínea *f* acrescentada pelo Dec.-lei 229/1967.
- Multas: ver Notas de Atualização e Portaria MTb 290/1997.

§ 1º A imposição de penalidades aos administradores não exclui a aplicação das que este artigo prevê para a associação.

- Primitivo parágrafo único renumerado pelo Dec.-lei 925/1969.

§ 2º Poderá o Ministro do Trabalho e Previdência Social determinar o afastamento preventivo de cargo ou representação sindicais de seus exercentes, com fundamento em elementos constantes de denúncia formalizada que constituam indício veemente ou início de prova bastante do fato e da autoria denunciados.

- § 2º acrescentado pelo Dec.-lei 925/1969.

Art. 554. Destituída a administração, na hipótese da alínea *c* do artigo anterior, o Ministro do Trabalho, Indústria e Comércio nomeará um delegado para dirigir a associação e proceder, dentro do prazo de 90 (noventa) dias, em assembleia geral por ele convocada e presidida, à eleição dos novos diretores e membros do conselho fiscal.

- Artigo revogado. V. arts. 5º, XIX, e 8º, I, CF.
- V. art. 35, Dec.-lei 229/1967 (Altera dispositivos da Consolidação das Leis do Trabalho – CLT).

Art. 555. A pena de cassação da carta de reconhecimento será imposta à entidade sindical:

- Artigo revogado. V. art. 8º, I, CF.

a) que deixar de satisfazer as condições de constituição e funcionamento estabelecidas nesta Lei;

b) que se recusar ao cumprimento de ato do Presidente da República, no uso da faculdade conferida pelo art. 536;

c) que criar obstáculos à execução da política econômica adotada pelo Governo.

- Alínea *c* com redação determinada pelo Dec.-lei 8.080/1945.

Art. 556. A cassação da carta de reconhecimento da entidade sindical não importará o cancelamento de seu registro, nem, consequentemente, a sua dissolução, que se processará de acordo com as disposições da lei que regulam a dissolução das associações civis.

- Artigo revogado. V. art. 8º, I, CF.

Parágrafo único. No caso de dissolução, por se achar a associação incursa nas leis que definem crimes contra a personalidade internacional, a estrutura e a segurança do Estado e a ordem política e social, os seus bens, pagas as dívidas decorrentes das suas responsabilidades, serão incorporados ao patrimônio da União e aplicados em obras de assistência social.

Art. 557. As penalidades de que trata o art. 553 serão impostas:

- Artigo revogado. V. art. 8º, I, CF.

a) as das alíneas *a* e *b*, pelo diretor-geral do Departamento Nacional do Trabalho, com recurso para o Ministro de Estado;

- V. art. 35, Dec.-lei 229/1967 (Altera dispositivos da Consolidação das Leis do Trabalho – CLT).

b) as demais, pelo Ministro de Estado.

§ 1º Quando se tratar de associações de grau superior, as penalidades serão impostas pelo Ministro de Estado, salvo se a pena for de cassação da carta de reconhecimento de confederação, caso em que a pena será imposta pelo Presidente da República.

§ 2º Nenhuma pena será imposta sem que seja assegurada defesa ao acusado.

Seção IX
Disposições gerais

Art. 558. São obrigadas ao registro todas as associações profissionais constituídas por atividades ou profissões idênticas, similares ou conexas, de acordo com o art. 511 e na conformidade do Quadro de Atividades e Profissões a que alude o Capítulo II deste Título. As associações profissionais registradas nos termos deste artigo poderão representar, perante as autoridades administrativas e judiciárias, os interesses individuais dos associados relativos à sua atividade ou profissão, sendo-lhes também extensivas as prerrogativas contidas na alínea *d* e no parágrafo único do art. 513.

- V. art. 8º, CF.

§ 1º O registro a que se refere o presente artigo competirá às Delegacias Regionais do

Ministério do Trabalho e Previdência Social ou às repartições autorizadas em virtude da lei.

- § 1º com redação determinada pelo Dec.-lei 925/1969.

§ 2º O registro das associações far-se-á mediante requerimento, acompanhado da cópia autêntica dos estatutos e da declaração do número de associados, do patrimônio e dos serviços sociais organizados.

§ 3º As alterações dos estatutos das associações profissionais não entrarão em vigor sem aprovação da autoridade que houver concedido o respectivo registro.

- V. Portaria MTE 186/2008 (Registro sindical).

Art. 559. O Presidente da República, excepcionalmente e mediante proposta do Ministro do Trabalho, Indústria e Comércio, fundada em razões de utilidade pública, poderá conceder, por decreto, às associações civis constituídas para a defesa e coordenação de interesses econômicos e profissionais e não obrigadas ao registro previsto no artigo anterior, a prerrogativa da alínea *d* do art. 513 deste Capítulo.

- Artigo revogado. V. art. 8º, I, CF.
- V. art. 35, Dec.-lei 229/1967 (Altera dispositivos da Consolidação das Leis do Trabalho – CLT).

Art. 560. Não se reputará transmissão de bens, para efeitos fiscais, a incorporação do patrimônio de uma associação profissional ao da entidade sindical, ou das entidades aludidas entre si.

Art. 561. A denominação "sindicato" é privativa das associações profissionais de primeiro grau, reconhecidas na forma desta Lei.

Art. 562. As expressões "federação" e "confederação", seguidas da designação de uma atividade econômica ou profissional, constituem denominações privativas das entidades sindicais de grau superior.

Art. 563. *(Revogado pelo Dec.-lei 925/1969.)*

Art. 564. Às entidades sindicais, sendo-lhes peculiar e essencial a atribuição representativa e coordenadora das correspondentes categorias ou profissões, é vedado, direta ou indiretamente, o exercício de atividade econômica.

- V. art. 8º, CF.

Art. 565. As entidades sindicais reconhecidas nos termos desta Lei não poderão filiar-se a organizações internacionais, nem com elas manter relações, sem prévia licença concedida por decreto do Presidente da República.

- Artigo com redação determinada pela Lei 2.802/1956.
- Artigo revogado. V. art. 8º, CF.

Art. 566. Não podem sindicalizar-se os servidores do Estado e os das instituições paraestatais.

- Artigo revogado. V. arts. 8º, I, e 37, VI, CF.

Parágrafo único. Excluem-se da proibição constante deste artigo os empregados das sociedades de economia mista, da Caixa Econômica Federal e das fundações criadas ou mantidas pelo Poder Público da União, dos Estados e Municípios.

- Parágrafo único com redação determinada pela Lei 7.449/1985.

Arts. 567 a 569. *(Revogados pelo Dec.-lei 229/1967.)*

Capítulo II
DO ENQUADRAMENTO SINDICAL

Art. 570. Os sindicatos constituir-se-ão, normalmente, por categorias econômicas ou profissionais específicas, na conformidade da discriminação do Quadro de Atividades e Profissões a que se refere o art. 577, ou segundo as subdivisões que, sob proposta da Comissão do Enquadramento Sindical, de que trata o art. 576, forem criadas pelo Ministro do Trabalho, Indústria e Comércio.

- V. art. 8º, I e II, CF.
- V. art. 35, Dec.-lei 229/1967 (Altera dispositivos da Consolidação das Leis do Trabalho – CLT).

Parágrafo único. Quando os exercentes de quaisquer atividades ou profissões se constituírem, seja pelo número reduzido, seja pela natureza mesma dessas atividades ou profissões, seja pelas afinidades existentes entre elas, em condições tais que não se possam sindicalizar eficientemente pelo critério de especificidade de categoria, é-lhes

permitido sindicalizar-se pelo critério de categorias similares ou conexas, entendendo-se como tais as que se acham compreendidas nos limites de cada grupo constante do Quadro de Atividades e Profissões.

• V. Súmula 196, STF.

Art. 571. Qualquer das atividades ou profissões concentradas na forma do parágrafo único do artigo anterior poderá dissociar-se do sindicato principal, formando um sindicato específico, desde que o novo sindicato, a juízo da Comissão do Enquadramento Sindical, ofereça possibilidade de vida associativa regular e de ação sindical eficiente.

• V. art. 8º, I e II, CF.

Art. 572. Os sindicatos que se constituírem por categorias similares ou conexas, nos termos do parágrafo único do art. 570, adotarão denominação em que fiquem, tanto quanto possível, explicitamente mencionadas as atividades ou profissões concentradas, de conformidade com o Quadro de Atividades e Profissões, ou se se tratar de subdivisões, de acordo com o que determinar a Comissão do Enquadramento Sindical.

• V. art. 8º, I e II, CF.

Parágrafo único. Ocorrendo a hipótese do artigo anterior, o sindicato principal terá a denominação alterada, eliminando-se-lhe a designação relativa à atividade ou profissão dissociada.

Art. 573. O agrupamento dos sindicatos em federações obedecerá às mesmas regras que as estabelecidas neste Capítulo para o agrupamento das atividades e profissões em sindicatos.

• V. art. 8º, I e II, CF.

Parágrafo único. As federações de sindicatos de profissões liberais poderão ser organizadas independentemente do grupo básico da confederação, sempre que as respectivas profissões se acharem submetidas, por disposições de lei, a um único regulamento.

• Primitivo § 1º renumerado pelo Dec.-lei 229/1967, que também revogou o § 2º deste artigo.

Art. 574. Dentro da mesma base territorial, as empresas industriais do tipo artesanal poderão constituir entidades sindicais, de primeiro e segundo graus, distintas das associações sindicais das empresas congêneres, de tipo diferente.

• V. art. 8º, I e II, CF.

Parágrafo único. Compete à Comissão do Enquadramento Sindical definir, de modo genérico, com a aprovação do Ministro do Trabalho, Indústria e Comércio, a dimensão e os demais características das empresas industriais de tipo artesanal.

• V. art. 35, Dec.-lei 229/1967 (Altera dispositivos da Consolidação das Leis do Trabalho – CLT).

Art. 575. O Quadro de Atividades e Profissões será revisto de 2 (dois) em 2 (dois) anos, por proposta da Comissão do Enquadramento Sindical, para o fim de ajustá-lo às condições da estrutura econômica e profissional do País.

• Artigo revogado. V. art. 8º, I e II, CF.

§ 1º Antes de proceder à revisão do Quadro, a Comissão deverá solicitar sugestões às entidades sindicais e às associações profissionais.

§ 2º A proposta de revisão será submetida à aprovação do Ministro do Trabalho, Indústria e Comércio.

• V. art. 35, Dec.-lei 229/1967 (Altera dispositivos da Consolidação das Leis do Trabalho – CLT).

Art. 576. A Comissão do Enquadramento Sindical será constituída pelo Diretor-Geral do Departamento Nacional do Trabalho e Emprego, que a presidirá, e pelos seguintes membros:

• Artigo revogado. V. art. 8º, I e II, CF.
• *Caput* com redação determinada pela Lei 5.819/1972.

I – dois representantes do Departamento Nacional do Trabalho;

II – um representante da Diretoria das Relações do Trabalho;

III – um representante do Instituto Nacional de Tecnologia, do Ministério da Indústria, do Comércio e do Turismo;

IV – um representante do Instituto Nacional de Colonização e Reforma Agrária, do Ministério da Agricultura;

V – um representante do Ministério dos Transportes;
VI – dois representantes das categorias econômicas; e
VII – dois representantes das categorias profissionais.
§ 1º Os membros da CES serão designados pelo Ministro do Trabalho e Previdência Social, mediante:

- § 1º com redação determinada pelo Dec.-lei 229/1967.

a) indicação dos titulares das Pastas, quanto aos representantes dos outros Ministérios;
b) indicação do respectivo Diretor-Geral, quanto ao da Secretaria das Relações do Trabalho;
c) eleição pelas respectivas confederações, em conjunto, quanto aos representantes das categorias econômicas e profissionais, de acordo com as instruções que forem expedidas pelo Ministro do Trabalho e Previdência Social.
§ 2º Cada membro terá um suplente designado juntamente com o titular.

- § 2º com redação determinada pelo Dec.-lei 229/1967.

§ 3º Será de 3 (três) anos o mandato dos representantes das categorias econômica e profissional.

- § 3º com redação determinada pelo Dec.-lei 925/1969.

§ 4º Os integrantes da Comissão perceberão a gratificação de presença que for estabelecida por decreto executivo.

- § 4º com redação determinada pelo Dec.-lei 229/1967.

§ 5º Em suas faltas ou impedimentos, o Diretor-Geral do DNT será substituído na presidência pelo Diretor substituto do Departamento ou pelo representante deste na Comissão, nesta ordem.

- § 5º com redação determinada pelo Dec.-lei 506/1969.

§ 6º Além das atribuições fixadas no presente Capítulo e concernentes ao enquadramento sindical, individual ou coletivo, e à classificação das atividades e profissões, competirá também à CES resolver, com recurso para o Ministro do Trabalho e Previdência Social, todas as dúvidas e controvérsias concernentes à organização sindical.

- § 6º com redação determinada pelo Dec.-lei 229/1967.

Art. 577. O Quadro de Atividades e Profissões em vigor fixará o plano básico do enquadramento sindical.

- V. art. 8º, I e II, CF.

Capítulo III
DA CONTRIBUIÇÃO SINDICAL

- Capítulo atualizado pelo Dec.-lei 27/1966.
- V. arts. 5º, XX, e 8º, V, CF.
- V. art. 7º, Lei 11.648/2008, que determina que os artigos abrangidos por este Capítulo, vigorarão até que a lei venha disciplinar a contribuição negocial, vinculada ao exercício efetivo da negociação coletiva e à aprovação em assembleia geral da categoria.

Seção I
Da fixação e do recolhimento da contribuição sindical

Art. 578. As contribuições devidas aos sindicatos pelos que participem das categorias econômicas ou profissionais ou das profissões liberais representadas pelas referidas entidades serão, sob a denominação de "contribuição sindical", pagas, recolhidas e aplicadas na forma estabelecida neste Capítulo.

- V. art. 8º, IV, CF.
- V. Súmula 396, STJ.
- • V. arts. 114, III e 149, CF.
- • V. Súmula 666, STF.
- • V. Súmula 222, STJ.
- • V. PN 119, TST.

Art. 579. A contribuição sindical é devida por todos aqueles que participarem de uma determinada categoria econômica ou profissional, ou de uma profissão liberal, em favor do sindicato representativo da mesma categoria ou profissão, ou, inexistindo este, na conformidade do disposto no art. 591.

- Artigo com redação determinada pelo Dec.-lei 229/1967.
- V. art. 8º, IV, CF.

Art. 580. A contribuição sindical será recolhida, de um só vez, anualmente, e consistirá:

- Caput com redação determinada pela Lei 6.386/1976.
- V. art. 8º, IV, CF.

I – na importância correspondente à remuneração de 1 (um) dia de trabalho, para os empregados, qualquer que seja a forma da referida remuneração;

- Inciso I com redação determinada pela Lei 6.386/1976.

II – para os agentes ou trabalhadores autônomos e para os profissionais liberais, numa importância correspondente a 30% (trinta por cento) do maior valor de referência fixado pelo Poder Executivo, vigente à época em que é devida a contribuição sindical, arredondada para Cr$ 1,00 (um cruzeiro) a fração porventura existente;

- Inciso II com redação determinada pela Lei 7.047/1982.
- V. Lei 4.886/1965 (Representantes comerciais autônomos).

III – para os empregadores, numa importância proporcional ao capital social da firma ou empresa, registrado nas respectivas Juntas Comerciais ou órgãos equivalentes, mediante a aplicação de alíquotas, conforme a seguinte tabela progressiva:

Classes de Capital	Alíquota (%)
1 – Até 150 vezes o maior valor de referência	0,8
2 – Acima de 150, até 1.500 vezes o maior valor de referência	0,2
3 – Acima de 1.500, até 150.000 vezes o maior valor de referência	0,1
4 – Acima de 150.000, até 800.000 vezes o maior valor de referência	0,02

- Inciso III com redação determinada pela Lei 7.047/1982.

§ 1º A contribuição sindical prevista na tabela constante do item III deste artigo corresponderá à soma da aplicação das alíquotas sobre a porção do capital distribuído em cada classe, observados os respectivos limites.

- § 1º com redação determinada pela Lei 6.386/1976.

§ 2º Para efeito do cálculo de que trata a tabela progressiva inserta no item III deste artigo, considerar-se-á o valor de referência fixado pelo Poder Executivo, vigente à data de competência da contribuição, arredondando-se para Cr$ 1,00 (um cruzeiro) a fração porventura existente.

- § 2º com redação determinada pela Lei 6.386/1976.

§ 3º É fixado em 60% (sessenta por cento) do maior valor de referência, a que alude o parágrafo anterior, a contribuição mínima devida pelos empregadores, independentemente do capital social da firma ou empresa, ficando, do mesmo modo, estabelecido o capital equivalente a 800.000 vezes o maior valor de referência, para efeito do cálculo da contribuição máxima, respeitada a tabela progressiva constante do item III.

- § 3º com redação determinada pela Lei 7.047/1982.

§ 4º Os agentes ou trabalhadores autônomos e os profissionais liberais, organizados em firma ou empresa, com capital social registrado, recolherão a contribuição sindical de acordo com a tabela progressiva a que se refere o item III.

- § 4º com redação determinada pela Lei 6.386/1976.

§ 5º As entidades ou instituições que não estejam obrigadas ao registro de capital social considerarão como capital, para efeito do cálculo de que trata a tabela progressiva constante do item III deste artigo, o valor resultante da aplicação do percentual de 40% (quarenta por cento) sobre o movimento econômico registrado no exercício imediatamente anterior, do que darão conhecimento à respectiva entidade sindical ou à Delegacia Regional do Trabalho, observados os limites estabelecidos no § 3º deste artigo.

- § 5º com redação determinada pela Lei 6.386/1976.

§ 6º Excluem-se da regra do § 5º as entidades ou instituições que comprovarem, através de requerimento dirigido ao Ministério do Trabalho, que não exercem atividade econômica com fins lucrativos.

- § 6º com redação determinada pela Lei 6.386/1976.

Art. 581. Para os fins do item III do artigo anterior, as empresas atribuirão parte do respectivo capital às suas sucursais, filiais ou agências, desde que localizadas fora da base territorial da entidade sindical representativa da atividade econômica do estabele-

cimento principal, na proporção das correspondentes operações econômicas, fazendo a devida comunicação às Delegacias Regionais do Trabalho e Emprego, conforme a localidade da sede da empresa, sucursais, filiais ou agências.

- Artigo com redação determinada pela Lei 6.386/1976.

§ 1º Quando a empresa realizar diversas atividades econômicas, sem que nenhuma delas seja preponderante, cada uma dessas atividades será incorporada à respectiva categoria econômica, sendo a contribuição sindical devida à entidade sindical representativa da mesma categoria, procedendo-se, em relação às correspondentes sucursais, agências ou filiais, na forma do presente artigo.

§ 2º Entende-se por atividade preponderante a que caracterizar a unidade de produto, operação ou objetivo final, para cuja obtenção todas as demais atividades convirjam, exclusivamente, em regime de conexão funcional.

Art. 582. Os empregadores são obrigados a descontar, da folha de pagamento de seus empregados relativa ao mês de março de cada ano, a contribuição sindical por estes devida aos respectivos sindicatos.

- Artigo com redação determinada pela Lei 6.386/1976.
- V. art. 8º, IV, CF.

§ 1º Considera-se um dia de trabalho para efeito de determinação da importância a que alude o item I do art. 580, o equivalente:

a) a uma jornada normal de trabalho, se o pagamento ao empregado for feito por unidade de tempo;

b) a 1/30 (um trinta avos) da quantia percebida no mês anterior, se a remuneração for paga por tarefa, empreitada ou comissão.

§ 2º Quando o salário for pago em utilidades, ou nos casos em que o empregado receba, habitualmente, gorjetas, a contribuição sindical corresponderá a 1/30 (um trinta avos) da importância que tiver servido de base, no mês de janeiro, para a contribuição do empregado à Previdência Social.

Art. 583. O recolhimento da contribuição sindical referente aos empregados e trabalhadores avulsos será efetuado no mês de abril de cada ano, e o relativo aos agentes ou trabalhadores autônomos e profissionais liberais realizar-se-á no mês de fevereiro.

- Artigo com redação determinada pela Lei 6.386/1976.
- V. Lei 4.886/1965 (Representantes comerciais autônomos).
- V. Dec. 63.912/1968 (Pagamento da gratificação de Natal ao trabalhador avulso).
- V. Lei 9.719/1998 (Proteção ao trabalho portuário).

§ 1º O recolhimento obedecerá ao sistema de guias, de acordo com as instruções expedidas pelo Ministro do Trabalho.

§ 2º O comprovante de depósito da contribuição sindical será remetido ao respectivo sindicato; na falta deste, à correspondente entidade sindical de grau superior, e, se for o caso, ao Ministério do Trabalho.

Art. 584. Servirá de base para o pagamento da contribuição sindical, pelos agentes ou trabalhadores autônomos e profissionais liberais, a lista de contribuintes organizada pelos respectivos sindicatos e, na falta destes, pelas federações ou confederações coordenadoras da categoria.

- Artigo com redação determinada pela Lei 6.386/1976.

Art. 585. Os profissionais liberais poderão optar pelo pagamento da contribuição sindical unicamente à entidade sindical representativa da respectiva profissão, desde que a exerça, efetivamente, na firma ou empresa e como tal sejam nelas registrados.

- Artigo com redação determinada pela Lei 6.386/1976.

Parágrafo único. Na hipótese referida neste artigo, à vista da manifestação do contribuinte e da exibição da prova de quitação da contribuição, dada por sindicato de profissionais liberais, o empregador deixará de efetuar, no salário do contribuinte, o desconto a que se refere o art. 582.

Art. 586. A contribuição sindical será recolhida, nos meses fixados no presente Capítulo, à Caixa Econômica Federal, ao Banco do Brasil S/A, ou aos estabelecimentos bancários nacionais integrantes do Sistema de Arrecadação dos Tributos Federais, os quais,

de acordo com instruções expedidas pelo Conselho Monetário Nacional, repassarão à Caixa Econômica Federal as importâncias arrecadadas.

- Artigo com redação determinada pela Lei 6.386/1976.

§ 1º Integrarão a rede arrecadadora as Caixas Econômicas Estaduais, nas localidades onde inexistam os estabelecimentos previstos no *caput* deste artigo.

§ 2º Tratando-se de empregador, agentes ou trabalhadores autônomos ou profissionais liberais, o recolhimento será efetuado pelos próprios, diretamente ao estabelecimento arrecadador.

§ 3º A contribuição sindical devida pelos empregados e trabalhadores avulsos será recolhida pelo empregador e pelo sindicato, respectivamente.

Art. 587. O recolhimento da contribuição sindical dos empregadores efetuar-se-á no mês de janeiro de cada ano, ou, para os que venham a estabelecer-se após aquele mês, na ocasião em que requeiram às repartições o registro ou a licença para o exercício da respectiva atividade.

- Artigo com redação determinada pela Lei 6.386/1976.

Art. 588. A Caixa Econômica Federal manterá conta-corrente intitulada "Depósitos da Arrecadação da Contribuição Sindical", em nome de cada uma das entidades sindicais beneficiadas, cabendo ao Ministério do Trabalho cientificá-la das ocorrências pertinentes à vida administrativa dessas entidades.

- Artigo com redação determinada pela Lei 6.386/1976.

§ 1º Os saques na conta-corrente referida no *caput* deste artigo far-se-ão mediante ordem bancária ou cheque com as assinaturas conjuntas do presidente e do tesoureiro da entidade sindical.

§ 2º A Caixa Econômica Federal remeterá, mensalmente, a cada entidade sindical, um extrato da respectiva conta-corrente, e, quando solicitado, aos órgãos do Ministério do Trabalho.

Art. 589. Da importância da arrecadação da contribuição sindical serão feitos os seguintes créditos pela Caixa Econômica Federal, na forma das instruções que forem expedidas pelo Ministro do Trabalho:

- *Caput* com redação determinada pela Lei 6.386/1976.

I – para os empregadores:

- Inciso I com redação determinada pela Lei 11.648/2008.

a) 5% (cinco por cento) para a confederação correspondente;
b) 15% (quinze por cento) para a federação;
c) 60% (sessenta por cento) para o sindicato respectivo; e
d) 20% (vinte por cento) para a "Conta Especial Emprego e Salário";

II – para os trabalhadores:

- Inciso II com redação determinada pela Lei 11.648/2008.

a) 5% (cinco por cento) para a confederação correspondente;
b) 10% (dez por cento) para a central sindical;
c) 15% (quinze por cento) para a federação;
d) 60% (sessenta por cento) para o sindicato respectivo; e
e) 10% (dez por cento) para a "Conta Especial Emprego e Salário";

III e IV – *(Revogados pela Lei 11.648/2008.)*

§ 1º O sindicato de trabalhadores indicará ao Ministério do Trabalho e Emprego a central sindical a que estiver filiado como beneficiária da respectiva contribuição sindical, para fins de destinação dos créditos previstos neste artigo.

- § 1º acrescentado pela Lei 11.648/2008.

§ 2º A central sindical a que se refere a alínea *b* do inciso II do *caput* deste artigo deverá atender aos requisitos de representatividade previstos na legislação específica sobre a matéria.

- § 2º acrescentado pela Lei 11.648/2008.

Art. 590. Inexistindo confederação, o percentual previsto no art. 589 desta Consolidação caberá à federação representativa do grupo.

- *Caput* com redação determinada pela Lei 11.648/2008.

§§ 1º e 2º *(Revogados pela Lei 11.648/2008.)*

Art. 591

CONSOLIDAÇÃO DAS LEIS DO TRABALHO

§ 3º Não havendo sindicato, nem entidade sindical de grau superior ou central sindical, a contribuição sindical será creditada, integralmente, à "Conta Especial Emprego e Salário".

* § 3º com redação determinada pela Lei 11.648/2008.

§ 4º Não havendo indicação de central sindical, na forma do § 1º do art. 589 desta Consolidação, os percentuais que lhe caberiam serão destinados à "Conta Especial Emprego e Salário."

* § 4º acrescentado pela Lei 11.648/2008.

Art. 591. Inexistindo sindicato, os percentuais previstos na alínea *c* do inciso I e na alínea *d* do inciso II do *caput* do art. 589 desta Consolidação serão creditados à federação correspondente à mesma categoria econômica ou profissional.

* Artigo com redação determinada pela Lei 11.648/2008.

Parágrafo único. Na hipótese do *caput* deste artigo, os percentuais previstos nas alíneas *a* e *b* do inciso I e nas alíneas *a* e *c* do inciso II do *caput* do art. 589 desta Consolidação caberão à confederação.

Seção II
Da aplicação da contribuição sindical

Art. 592. A contribuição sindical, além das despesas vinculadas à sua arrecadação, recolhimento e controle, será aplicada pelos sindicatos, na conformidade dos respectivos estatutos, visando aos seguintes objetivos:

* Artigo com redação determinada pela Lei 6.386/1976.

I – sindicatos de empregadores e de agentes autônomos:
a) assistência técnica e jurídica;
b) assistência médica, dentária, hospitalar e farmacêutica;
c) realização de estudos econômicos e financeiros;
d) agências de colocação;
e) cooperativas;
f) bibliotecas;
g) creches;
h) congressos e conferências;
i) medidas de divulgação comercial e industrial no País, e no estrangeiro, bem como em outras tendentes a incentivar e aperfeiçoar a produção nacional;
j) feiras e exposições;
l) prevenção de acidentes do trabalho;
m) finalidades desportivas;

II – sindicatos de empregados:
a) assistência jurídica;
b) assistência médica, dentária, hospitalar e farmacêutica;
c) assistência à maternidade;
d) agências de colocação;
e) cooperativas;
f) bibliotecas;
g) creches;
h) congressos e conferências;
i) auxílio-funeral;
j) colônias de férias e centros de recreação;
l) prevenção de acidentes do trabalho;
m) finalidades desportivas e sociais;
n) educação e formação profissional;
o) bolsas de estudo;

III – sindicatos de profissionais liberais:
a) assistência jurídica;
b) assistência médica, dentária, hospitalar e farmacêutica;
c) assistência à maternidade;
d) bolsas de estudo;
e) cooperativas;
f) bibliotecas;
g) creches;
h) congressos e conferências;
i) auxílio-funeral;
j) colônias de férias e centros de recreação;
l) estudos técnicos e científicos;
m) finalidades desportivas e sociais;
n) educação e formação profissional;
o) prêmios por trabalhos técnicos e científicos;

IV – sindicatos de trabalhadores autônomos:
a) assistência técnica e jurídica;
b) assistência médica, dentária, hospitalar e farmacêutica;
c) assistência à maternidade;
d) bolsas de estudo;
e) cooperativas;
f) bibliotecas;
g) creches;
h) congressos e conferências;

Art. 600

i) auxílio-funeral;

j) colônias de férias e centros de recreação;

l) educação e formação profissional;

m) finalidades desportivas e sociais.

§ 1º A aplicação prevista neste artigo ficará a critério de cada entidade, que, para tal fim, obedecerá, sempre, às peculiaridades do respectivo grupo ou categoria, facultado ao Ministro do Trabalho permitir a inclusão de novos programas, desde que assegurados os serviços assistenciais fundamentais da entidade.

* V. art. 8º, I, CF.

§ 2º Os sindicatos poderão destacar, em seus orçamentos anuais, até 20% (vinte por cento) dos recursos da contribuição sindical para o custeio das suas atividades administrativas, independentemente de autorização ministerial.

§ 3º O uso da contribuição sindical prevista no § 2º não poderá exceder do valor total das mensalidades sociais, consignadas nos orçamentos dos sindicatos, salvo autorização expressa do Ministro do Trabalho.

Art. 593. As percentagens atribuídas às entidades sindicais de grau superior e às centrais sindicais serão aplicadas de conformidade com o que dispuserem os respectivos conselhos de representantes ou estatutos.

* Artigo com redação determinada pela Lei 11.648/2008.

Parágrafo único. Os recursos destinados às centrais sindicais deverão ser utilizados no custeio das atividades de representação geral dos trabalhadores decorrentes de suas atribuições legais.

Art. 594. *(Revogado pela Lei 4.589/1964.)*

Seção III
Da comissão da contribuição sindical

Arts. 595 a 597. *(Revogados pela Lei 4.589/1964.)*

Seção IV
Das penalidades

Art. 598. Sem prejuízo da ação criminal e das penalidades previstas no art. 553, serão aplicadas multas de 10 (dez) cruzeiros a 10.000 (dez mil) cruzeiros, pelas infrações deste Capítulo, impostas pelas Delegacias Regionais do Trabalho e Emprego.

* Multas: ver Notas de Atualização e Portaria MTb 290/1997.

Parágrafo único. A gradação da multa atenderá à natureza da infração e às condições sociais e econômicas do infrator.

Art. 599. Para os profissionais liberais, a penalidade consistirá na suspensão do exercício profissional, até a necessária quitação, e será aplicada pelos órgãos públicos ou autárquicos disciplinadores das respectivas profissões mediante comunicação das autoridades fiscalizadoras.

Art. 600. O recolhimento da contribuição sindical efetuado fora do prazo referido neste Capítulo, quando espontâneo, será acrescido da multa de 10% (dez por cento), nos 30 (trinta) primeiros dias, com o adicional de 2% (dois por cento) por mês subsequente de atraso, além de juros de mora de 1% (um por cento) ao mês e correção monetária, ficando, nesse caso, o infrator, isento de outra penalidade.

* Artigo com redação determinada pela Lei 6.181/1974.
* V. art. 2º, Lei 8.022/1990 (Altera o sistema de administração das receitas federais).
* V. Súmula 432, TST.

§ 1º O montante das cominações previstas neste artigo reverterá sucessivamente:

a) ao sindicato respectivo;

b) à federação respectiva, na ausência de sindicato;

c) à confederação respectiva, inexistindo federação.

§ 2º Na falta de sindicato ou entidade de grau superior, o montante a que alude o parágrafo precedente reverterá à conta "Emprego e Salário".

Art. 601

CONSOLIDAÇÃO DAS LEIS DO TRABALHO

Seção V
Disposições gerais

Art. 601. No ato da admissão de qualquer empregado, dele exigirá o empregador a apresentação da prova de quitação da contribuição sindical.

Art. 602. Os empregados que não estiverem trabalhando no mês destinado ao desconto da contribuição sindical serão descontados no primeiro mês subsequente ao do reinício do trabalho.

Parágrafo único. De igual forma se procederá com os empregados que forem admitidos depois daquela data e que não tenham trabalhado anteriormente nem apresentado a respectiva quitação.

Art. 603. Os empregadores são obrigados a prestar aos encarregados da fiscalização os esclarecimentos necessários ao desempenho de sua missão e a exibir-lhes, quando exigidos, na parte relativa ao pagamento de empregados, os seus livros, folhas de pagamento e outros documentos comprobatórios desses pagamentos, sob pena da multa cabível.

Art. 604. Os agentes ou trabalhadores autônomos ou profissionais liberais são obrigados a prestar aos encarregados da fiscalização os esclarecimentos que lhes forem solicitados, inclusive exibição de quitação da contribuição sindical.

- V. Lei 4.886/1965 (Representantes comerciais autônomos).

Art. 605. As entidades sindicais são obrigadas a promover a publicação de editais concernentes ao recolhimento da contribuição sindical, durante 3 (três) dias, nos jornais de maior circulação local e até 10 (dez) dias da data fixada para depósito bancário.

Art. 606. Às entidades sindicais cabe, em caso de falta de pagamento da contribuição sindical, promover a respectiva cobrança judicial, mediante ação executiva, valendo como título de dívida a certidão expedida pelas autoridades regionais do Ministério do Trabalho e Previdência Social.

- *Caput* com redação determinada pelo Dec.-lei 925/1969.

§ 1º O ministro do Trabalho, Indústria e Comércio baixará as instruções regulando a expedição das certidões a que se refere o presente artigo, das quais deverá constar a individualização do contribuinte, a indicação do débito e a designação da entidade a favor da qual é recolhida a importância da contribuição sindical, de acordo com o respectivo enquadramento sindical.

- V. art. 35, Dec.-lei 229/1967 (Altera dispositivos da Consolidação das Leis do Trabalho – CLT).

§ 2º Para os fins da cobrança judicial da contribuição sindical, são extensivos às entidades sindicais, com exceção do foro especial, os privilégios da Fazenda Pública, para cobrança da dívida ativa.

Art. 607. São considerados como documento essencial ao comparecimento às concorrências públicas ou administrativas e para o fornecimento às repartições paraestatais ou autárquicas a prova da quitação da respectiva contribuição sindical e a de recolhimento da contribuição sindical descontada dos respectivos empregados.

Art. 608. As repartições federais, estaduais ou municipais não concederão registro ou licenças para funcionamento ou renovação de atividades aos estabelecimentos de empregadores e aos escritórios ou congêneres dos agentes ou trabalhadores autônomos e profissionais liberais, nem concederão alvarás de licença ou localização, sem que sejam exibidas as provas de quitação da contribuição sindical, na forma do artigo anterior.

Parágrafo único. A não observância do disposto neste artigo acarretará, de pleno direito, a nulidade dos atos nele referidos, bem como dos mencionados no art. 607.

- Parágrafo único acrescentado pela Lei 6.386/1976.

Art. 609. O recolhimento da contribuição sindical e todos os lançamentos e movimentos nas contas respectivas são isentos de selos e taxas federais, estaduais ou municipais.

Art. 610. As dúvidas no cumprimento deste Capítulo serão resolvidas pelo Secretário das Relações de Trabalho que expedirá

as instruções que se tornarem necessárias à sua execução.
- Artigo com redação determinada pela Lei 4.589/1964.

TÍTULO VI
DAS CONVENÇÕES COLETIVAS DE TRABALHO

- V. arts. 7º, XXVI, e 8º, VI, CF.
- V. Lei 4.725/1965 (Normas para o processo dos dissídios coletivos).
- V. Portaria MTb 3.122/1988 (Composição dos conflitos individuais e coletivos de trabalho).
- V. Súmula 679, STF.

Art. 611. Convenção Coletiva de Trabalho é o acordo de caráter normativo, pelo qual dois ou mais sindicatos representativos de categorias econômicas e profissionais estipulam condições de trabalho aplicáveis, no âmbito das respectivas representações, às relações individuais de trabalho.
- Artigo com redação determinada pelo Dec.-lei 229/1967.
- * V. Súmula 277, TST.

§ 1º É facultado aos sindicatos representativos de categorias profissionais celebrar Acordos Coletivos com uma ou mais empresas da correspondente categoria econômica, que estipulem condições de trabalho, aplicáveis no âmbito da empresa ou das empresas acordantes às respectivas relações de trabalho.

§ 2º As federações e, na falta destas, as confederações representativas de categorias econômicas ou profissionais poderão celebrar convenções coletivas de trabalho para reger as relações das categorias a elas vinculadas, inorganizadas em sindicatos, no âmbito de suas representações.

Art. 612. Os sindicatos só poderão celebrar Convenções ou Acordos Coletivos de Trabalho, por deliberação de assembleia geral especialmente convocada para esse fim, consoante o disposto nos respectivos estatutos, dependendo a validade da mesma do comparecimento e votação, em primeira convocação, de 2/3 (dois terços) dos associados da entidade, se se tratar de Convenção, e dos interessados, no caso de Acordo, e, em segunda, de 1/3 (um terço) dos membros.

- Artigo com redação determinada pelo Dec.-lei 229/1967.

Parágrafo único. O *quorum* de comparecimento e votação será de 1/8 (um oitavo) dos associados em segunda convocação, nas entidades sindicais que tenham mais de 5.000 (cinco mil) associados.

Art. 613. As Convenções e os Acordos deverão conter obrigatoriamente:
- Artigo com redação determinada pelo Dec.-lei 229/1967.

I – designação dos sindicatos convenentes ou dos sindicatos e empresas acordantes;
II – prazo de vigência;
III – categorias ou classes de trabalhadores abrangidas pelos respectivos dispositivos;
IV – condições ajustadas para reger as relações individuais de trabalho durante sua vigência;
V – normas para a conciliação das divergências surgidas entre os convenentes por motivos da aplicação de seus dispositivos;
VI – disposições sobre o processo de sua prorrogação e de revisão total ou parcial de seus dispositivos;
VII – direitos e deveres dos empregados e empresas;
VIII – penalidades para os sindicatos convenentes, os empregados e as empresas em caso de violação de seus dispositivos.

Parágrafo único. As Convenções e os Acordos serão celebrados por escrito, sem emendas nem rasuras, em tantas vias quantos forem os sindicatos convenentes ou as empresas acordantes, além de uma destinada a registro.

Art. 614. Os sindicatos convenentes ou as empresas acordantes promoverão, conjunta ou separadamente, dentro de 8 (oito) dias da assinatura da Convenção ou Acordo, o depósito de uma via do mesmo, para fins de registro e arquivo, no Departamento Nacional do Trabalho, em se tratando de instrumento de caráter nacional ou interestadual, ou nos órgãos regionais do Ministério do Trabalho e Previdência Social, nos demais casos.

- Artigo com redação determinada pelo Dec.-lei 229/1967.
- V. Portaria MTE 282/2007 (Implantação do Sistema de Negociações Coletivas de Trabalho – MEDIADOR).

- V. Instrução Normativa SRT/MTE 11/2009 (Depósito, registro e arquivo de convenções e acordos coletivos de trabalho nos órgãos do MTE).

§ 1º As Convenções e os Acordos entrarão em vigor 3 (três) dias após a data da entrega dos mesmos no órgão referido neste artigo.

§ 2º Cópias autênticas das Convenções e dos Acordos deverão ser afixadas de modo visível, pelos sindicatos convenentes, nas respectivas sedes e nos estabelecimentos das empresas compreendidas no seu campo de aplicação, dentro de 5 (cinco) dias da data do depósito previsto neste artigo.

§ 3º Não será permitido estipular duração de Convenção ou Acordo superior a 2 (dois) anos.

- V. art. 868, p.u., CLT.
- V. Súmula 277, TST.

Art. 615. O processo de prorrogação, revisão, denúncia ou revogação total ou parcial de Convenção ou Acordo ficará subordinado, em qualquer caso, à aprovação de assembleia geral dos sindicatos convenentes ou partes acordantes, com observância do disposto no art. 612.

- Artigo com redação determinada pelo Dec.-lei 229/1967.

§ 1º O instrumento de prorrogação, revisão, denúncia ou revogação de Convenção ou Acordo será depositado, para fins de registro e arquivamento, na repartição em que o mesmo originariamente foi depositado, observado o disposto no art. 614.

§ 2º As modificações introduzidas em Convenção ou Acordo, por força de revisão ou de revogação parcial de suas cláusulas, passarão a vigorar 3 (três) dias após a realização do depósito previsto no § 1º.

Art. 616. Os sindicatos representativos de categorias econômicas ou profissionais e as empresas, inclusive as que não tenham representação sindical, quando provocados, não podem recusar-se à negociação coletiva.

- *Caput* com redação determinada pelo Dec.-lei 229/1967.

§ 1º Verificando-se recusa à negociação coletiva, cabe aos sindicatos ou empresas interessadas dar ciência do fato, conforme o caso, ao Departamento Nacional do Trabalho ou aos órgãos regionais do Ministério do Trabalho e Previdência Social, para convocação compulsória dos sindicatos ou empresas recalcitrantes.

- § 1º com redação determinada pelo Dec.-lei 229/1967.

§ 2º No caso de persistir a recusa à negociação coletiva, pelo desatendimento às convocações feitas pelo Departamento Nacional do Trabalho ou órgãos regionais do Ministério do Trabalho e Previdência Social, ou se malograr a negociação entabulada, é facultada aos sindicatos ou empresas interessadas a instauração de dissídio coletivo.

- § 2º com redação determinada pelo Dec.-lei 229/1967.
- V. art. 114, §§ 1º e 2º, CF.
- V. Lei 4.725/1965 (Normas para o processo dos dissídios coletivos).

§ 3º Havendo convenção, acordo ou sentença normativa em vigor, o dissídio coletivo deverá ser instaurado dentro dos 60 (sessenta) dias anteriores ao respectivo termo final, para que o novo instrumento possa ter vigência no dia imediato a esse termo.

- § 3º com redação determinada pelo Dec.-lei 429/1969.
- V. Súmula 277, TST.

§ 4º Nenhum processo de dissídio coletivo de natureza econômica será admitido sem antes se esgotarem as medidas relativas à formalização da Convenção ou Acordo correspondente.

- § 4º com redação determinada pelo Dec.-lei 229/1967.

Art. 617. Os empregados de uma ou mais empresas que decidirem celebrar Acordo Coletivo de Trabalho com as respectivas empresas darão ciência de sua resolução, por escrito, ao sindicato representativo da categoria profissional, que terá o prazo de 8 (oito) dias para assumir a direção dos entendimentos entre os interessados, devendo igual procedimento ser observado pelas empresas interessadas com relação ao sindicato da respectiva categoria econômica.

- Artigo com redação determinada pelo Dec.-lei 229/1967.

§ 1º Expirado o prazo de 8 (oito) dias sem que o sindicato tenha se desincumbido do encargo recebido, poderão os interessados dar conhecimento do fato à federação a

que estiver vinculado o sindicato e, em falta dessa, à correspondente confederação, para que, no mesmo prazo, assuma a direção dos entendimentos. Esgotado esse prazo, poderão os interessados prosseguir diretamente na negociação coletiva até final.

* V. art. 8º, VI, CF.

§ 2º Para o fim de deliberar sobre o Acordo, a entidade sindical convocará assembleia geral dos diretamente interessados, sindicalizados ou não, nos termos do art. 612.

Art. 618. As empresas e instituições que não estiverem incluídas no enquadramento sindical a que se refere o art. 577 desta Consolidação poderão celebrar Acordos Coletivos de Trabalho com os sindicatos representativos dos respectivos empregados, nos termos deste Título.

* Artigo com redação determinada pelo Dec.-lei 229/1967.

Art. 619. Nenhuma disposição de contrato individual de trabalho que contrarie normas de Convenção ou Acordo Coletivo de Trabalho poderá prevalecer na execução do mesmo, sendo considerada nula de pleno direito.

* Artigo com redação determinada pelo Dec.-lei 229/1967.

Art. 620. As condições estabelecidas em Convenção, quando mais favoráveis, prevalecerão sobre as estipuladas em Acordo.

* Artigo com redação determinada pelo Dec.-lei 229/1967.

Art. 621. As Convenções e os Acordos poderão incluir, entre suas cláusulas, disposição sobre a constituição e funcionamento de comissões mistas de consulta e colaboração, no plano da empresa e sobre participação nos lucros. Estas disposições mencionarão a forma de constituição, o modo de funcionamento e as atribuições das comissões, assim como o plano de participação, quando for o caso.

* Artigo com redação determinada pelo Dec.-lei 229/1967.
* V. arts. 7º, XI, e 11, CF.
* V. Lei 10.101/2000 (Participação dos trabalhadores nos lucros ou resultados da empresa).

Art. 622. Os empregados e as empresas que celebrarem contratos individuais de trabalho, estabelecendo condições contrárias ao que tiver sido ajustado em Convenção ou Acordo que lhes for aplicável, serão passíveis da multa neles fixada.

* Artigo com redação determinada pelo Dec.-lei 229/1967.
* V. Súmula 384, TST.

Parágrafo único. A multa a ser imposta ao empregado não poderá exceder da metade daquela que, nas mesmas condições, seja estipulada para a empresa.

Art. 623. Será nula de pleno direito disposição de Convenção ou Acordo que, direta ou indiretamente, contrarie proibição ou norma disciplinadora da política econômico-financeira do Governo ou concernente à política salarial vigente, não produzindo quaisquer efeitos perante autoridades e repartições públicas, inclusive para fins de revisão de preços e tarifas de mercadorias e serviços.

* Artigo com redação determinada pelo Dec.-lei 229/1967.

Parágrafo único. Na hipótese deste artigo, a nulidade será declarada, de ofício ou mediante representação, pelo Ministro do Trabalho e Previdência Social, ou pela Justiça do Trabalho, em processo submetido ao seu julgamento.

Art. 624. A vigência de cláusula de aumento ou reajuste salarial, que implique elevação de tarifas ou de preços sujeitos à fixação por autoridade pública ou repartição governamental, dependerá de prévia audiência dessa autoridade ou repartição e sua expressa declaração no tocante à possibilidade de elevação da tarifa ou do preço e quanto ao valor dessa elevação.

* Artigo com redação determinada pelo Dec.-lei 229/1967.

Art. 625. As controvérsias resultantes da aplicação de Convenção ou de Acordo celebrado nos termos deste Título serão dirimidas pela Justiça do Trabalho.

* Artigo com redação determinada pelo Dec.-lei 229/1967.
* V. art. 114, § 2º, CF.

Art. 625-A

TÍTULO VI-A
DAS COMISSÕES DE CONCILIAÇÃO PRÉVIA

• Título VI-A acrescentado pela Lei 9.958/2000.

Art. 625-A. As empresas e os sindicatos podem instituir Comissões de Conciliação Prévia, de composição paritária, com representantes dos empregados e dos empregadores, com a atribuição de tentar conciliar os conflitos individuais do trabalho.

• Artigo acrescentado pela Lei 9.958/2000.

Parágrafo único. As Comissões referidas no *caput* deste artigo poderão ser constituídas por grupos de empresas ou ter caráter intersindical.

Art. 625-B. A Comissão instituída no âmbito da empresa será composta de, no mínimo, dois e, no máximo, dez membros, e observará as seguintes normas:

• Artigo acrescentado pela Lei 9.958/2000.

I – a metade de seus membros será indicada pelo empregador e a outra metade eleita pelos empregados, em escrutínio secreto, fiscalizado pelo sindicato da categoria profissional;
II – haverá na Comissão tantos suplentes quantos forem os representantes titulares;
III – o mandato dos seus membros, titulares e suplentes, é de 1 (um) ano, permitida uma recondução.

§ 1º É vedada a dispensa dos representantes dos empregados membros da Comissão de Conciliação Prévia, titulares e suplentes, até 1 (um) ano após o final do mandato, salvo se cometerem falta grave, nos termos da lei.

•• V. art. 8º, VIII, CF.
•• V. art. 543, § 3º, CLT.
•• V. Súmulas 197 e 403, STF.
•• V. Súmula 379, TST.

§ 2º O representante dos empregados desenvolverá seu trabalho normal na empresa, afastando-se de suas atividades apenas quando convocado para atuar como conciliador, sendo computado como tempo de trabalho efetivo o despendido nessa atividade.

Art. 625-C. A Comissão instituída no âmbito do sindicato terá sua constituição e normas de funcionamento definidas em convenção ou acordo coletivo.

• Artigo acrescentado pela Lei 9.958/2000.

Art. 625-D. Qualquer demanda de natureza trabalhista será submetida à Comissão de Conciliação Prévia se, na localidade da prestação de serviços, houver sido instituída a Comissão no âmbito da empresa ou do sindicato da categoria.

• Artigo acrescentado pela Lei 9.958/2000.
• O STF, na Med. Caut. em ADIn 2.139-7 e 2.160-5 (*DOU* e *DJE* 22.05.2009), deferiu parcialmente a cautelar para dar interpretação conforme a Constituição Federal relativamente ao art. 625-D, introduzido pelo art. 1º da Lei 9.958/2000.

§ 1º A demanda será formulada por escrito ou reduzida a termo por qualquer dos membros da Comissão, sendo entregue cópia datada e assinada pelo membro aos interessados.

§ 2º Não prosperando a conciliação, será fornecida ao empregado e ao empregador declaração da tentativa conciliatória frustrada com a descrição de seu objeto, firmada pelos membros da Comissão, que deverá ser juntada à eventual reclamação trabalhista.

§ 3º Em caso de motivo relevante que impossibilite a observância do procedimento previsto no *caput* deste artigo, será a circunstância declarada na petição inicial da ação intentada perante a Justiça do Trabalho.

§ 4º Caso exista, na mesma localidade e para a mesma categoria, Comissão de empresa e Comissão sindical, o interessado optará por uma delas para submeter a sua demanda, sendo competente aquela que primeiro conhecer do pedido.

Art. 625-E. Aceita a conciliação, será lavrado termo assinado pelo empregado, pelo empregador ou seu preposto e pelos membros da Comissão, fornecendo-se cópia às partes.

• Artigo acrescentado pela Lei 9.958/2000.
•• V. art. 477, § 2º, CLT.
•• V. Súmulas 41 e 330, TST.
•• V. OJ 270, SDI (I).

Parágrafo único. O termo de conciliação é título executivo extrajudicial e terá eficácia

Art. 628

Consolidação das Leis do Trabalho

liberatória geral, exceto quanto às parcelas expressamente ressalvadas.

Art. 625-F. As Comissões de Conciliação Prévia têm prazo de 10 (dez) dias para a realização da sessão de tentativa de conciliação a partir da provocação do interessado.

* Artigo acrescentado pela Lei 9.958/2000.

Parágrafo único. Esgotado o prazo sem a realização da sessão, será fornecida, no último dia do prazo, a declaração a que se refere o § 2º do art. 625-D.

Art. 625-G. O prazo prescricional será suspenso a partir da provocação da Comissão de Conciliação Prévia, recomeçando a fluir, pelo que lhe resta, a partir da tentativa frustrada de conciliação ou do esgotamento do prazo previsto no art. 625-F.

* Artigo acrescentado pela Lei 9.958/2000.

Art. 625-H. Aplicam-se aos Núcleos Intersindicais de Conciliação Trabalhista em funcionamento ou que vierem a ser criados, no que couber, as disposições previstas neste Título, desde que observados os princípios da paridade e da negociação coletiva na sua constituição.

* Artigo acrescentado pela Lei 9.958/2000.

TÍTULO VII
DO PROCESSO DE MULTAS ADMINISTRATIVAS

* Multas: ver Notas de Atualização e Portaria MTb 290/1997.

Capítulo I
DA FISCALIZAÇÃO, DA AUTUAÇÃO E DA IMPOSIÇÃO DE MULTAS

Art. 626. Incumbe às autoridades competentes do Ministério do Trabalho, Indústria e Comércio, ou àquelas que exerçam funções delegadas, a fiscalização do fiel cumprimento das normas de proteção ao trabalho.

* V. art. 35, Dec.-lei 229/1967 (Altera dispositivos da Consolidação das Leis do Trabalho – CLT).

Parágrafo único. Os fiscais dos Institutos de Seguro Social e das entidades paraestatais em geral, dependentes do Ministério do Trabalho, Indústria e Comércio, serão competentes para a fiscalização a que se refere o presente artigo, na forma das instruções que forem expedidas pelo Ministro do Trabalho, Indústria e Comércio.

* V. art. 21, XXIV, CF.
* V. art. 35, Dec.-lei 229/1967 (Altera dispositivos da Consolidação das Leis do Trabalho – CLT).

Art. 627. A fim de promover a instrução dos responsáveis no cumprimento das leis de proteção do trabalho, a fiscalização deverá observar o critério de dupla visita nos seguintes casos:

a) quando ocorrer promulgação ou expedição de novas leis, regulamentos ou instruções ministeriais, sendo que, com relação exclusivamente a esses atos, será feita apenas a instrução dos responsáveis;

b) em se realizando a primeira inspeção dos estabelecimentos ou dos locais de trabalho, recentemente inaugurados ou empreendidos.

Art. 627-A. Poderá ser instaurado procedimento especial para ação fiscal, objetivando a orientação sobre o cumprimento das leis de proteção ao trabalho, bem como a prevenção e o saneamento de infrações à legislação mediante Termo de Compromisso, na forma a ser disciplinada no Regulamento da Inspeção do Trabalho.

* Artigo acrescentado pela MP 2.164-41/2001.

Art. 628. Salvo o disposto nos arts. 627 e 627-A, a toda verificação em que o Auditor Fiscal do Trabalho concluir pela existência de violação de preceito legal deve corresponder, sob pena de responsabilidade administrativa, a lavratura de auto de infração.

* *Caput* com redação determinada pela MP 2.164-41/2001.

§ 1º Ficam as empresas obrigadas a possuir o livro intitulado "Inspeção do Trabalho", cujo modelo será aprovado por portaria ministerial.

* § 1º acrescentado pelo Dec.-lei 229/1967.

§ 2º Nesse livro, registrará o agente da inspeção sua visita ao estabelecimento, declarando a data e a hora do início e término da mesma, bem como o resultado da inspeção, nele consignando, se for o caso, todas as irregularidades verificadas e as exigências feitas, com os respectivos prazos para seu

atendimento, e, ainda, de modo legível, os elementos de sua identificação funcional.

* § 2º acrescentado pelo Dec.-lei 229/1967.

§ 3º Comprovada má-fé do agente da inspeção, quanto à omissão ou lançamento de qualquer elemento no livro, responderá ele por falta grave no cumprimento do dever, ficando passível, desde logo, da pena de suspensão até 30 (trinta) dias, instaurando-se, obrigatoriamente, em caso de reincidência, inquérito administrativo.

* § 3º acrescentado pelo Dec.-lei 229/1967.

§ 4º A lavratura de autos contra empresas fictícias e de endereços inexistentes, assim como a apresentação de falsos relatórios, constituem falta grave, punível na forma do § 3º.

* § 4º acrescentado pelo Dec.-lei 229/1967.

Art. 629. O auto de infração será lavrado em duplicata, nos termos dos modelos e instruções expedidos, sendo uma via entregue ao infrator, contra recibo, ou ao mesmo enviada, dentro de 10 (dez) dias da lavratura, sob pena de responsabilidade, em registro postal, com franquia e recibo de volta.

* Artigo com redação determinada pelo Dec.-lei 229/1967.

§ 1º O auto não terá o seu valor probante condicionado à assinatura do infrator ou de testemunhas, e será lavrado no local da inspeção, salvo havendo motivo justificado que será declarado no próprio auto, quando então deverá ser lavrado no prazo de 24 (vinte e quatro) horas, sob pena de responsabilidade.

§ 2º Lavrado o auto de infração, não poderá ele ser inutilizado, nem sustado o curso do respectivo processo, devendo o agente da inspeção apresentá-lo à autoridade competente, mesmo se incidir em erro.

§ 3º O infrator terá, para apresentar defesa, o prazo de 10 (dez) dias contados do recebimento do auto.

§ 4º O auto de infração será registrado com a indicação sumária de seus elementos característicos, em livro próprio que deverá existir em cada órgão fiscalizador, de modo a assegurar o controle do seu processamento.

Art. 630. Nenhum agente da inspeção poderá exercer as atribuições do seu cargo sem exibir a carteira de identidade fiscal, devidamente autenticada, fornecida pela autoridade competente.

* Artigo com redação determinada pelo Dec.-lei 229/1967.

§ 1º É proibida a outorga de identidade fiscal a quem não esteja autorizado, em razão do cargo ou função, a exercer ou praticar, no âmbito da legislação trabalhista, atos de fiscalização.

§ 2º A credencial a que se refere este artigo deverá ser devolvida para inutilização, sob as penas da lei, em casos de provimento em outro cargo público, exoneração ou demissão, bem como nos de licenciamento por prazo superior a 60 (sessenta) dias e de suspensão do exercício do cargo.

§ 3º O agente da inspeção terá livre acesso a todas as dependências dos estabelecimentos sujeitos ao regime da legislação trabalhista, sendo as empresas, por seus dirigentes ou prepostos, obrigadas a prestar-lhe os esclarecimentos necessários ao desempenho de suas atribuições legais e a exibir-lhe, quando exigidos, quaisquer documentos que digam respeito ao fiel cumprimento das normas de proteção ao trabalho.

§ 4º Os documentos sujeitos à inspeção deverão permanecer, sob as penas da lei, nos locais de trabalho, somente se admitindo, por exceção, a critério da autoridade competente, sejam os mesmos apresentados em dia e hora previamente fixados pelo agente da inspeção.

§ 5º No território do exercício de sua função, o agente da inspeção gozará de passe livre nas empresas de transportes, públicas ou privadas, mediante a apresentação da carteira de identidade fiscal.

§ 6º A inobservância do disposto nos §§ 3º, 4º e 5º configurará resistência ou embaraço à fiscalização e justificará a lavratura do respectivo auto de infração, cominada a multa de valor igual a meio salário mínimo regional, até cinco vezes esse valor, levando-se em conta, além das circunstâncias atenuantes ou agravantes, a situação econômico-fi-

nanceira do infrator e os meios a seu alcance para cumprir a lei.

* Multas: ver Notas de Atualização e Portaria MTb 290/1997.

§ 7º Para o efeito do disposto no § 5º, a autoridade competente divulgará, em janeiro e julho de cada ano, a relação dos agentes da inspeção titulares da carteira de identidade fiscal.

§ 8º As autoridades policiais, quando solicitadas, deverão prestar aos agentes da inspeção a assistência de que necessitarem para o fiel cumprimento de suas atribuições legais.

Art. 631. Qualquer funcionário público federal, estadual ou municipal, ou representante legal de associação sindical, poderá comunicar à autoridade competente do Ministério do Trabalho, Indústria e Comércio as infrações que verificar.

* V. art. 35, Dec.-lei 229/1967 (Altera dispositivos da Consolidação das Leis do Trabalho – CLT).

Parágrafo único. De posse dessa comunicação, a autoridade competente procederá desde logo às necessárias diligências, lavrando os autos de que haja mister.

Art. 632. Poderá o autuado requerer a audiência de testemunhas e as diligências que lhe parecerem necessárias à elucidação do processo, cabendo, porém, à autoridade julgar da necessidade de tais provas.

Art. 633. Os prazos para defesa ou recurso poderão ser prorrogados de acordo com despacho expresso da autoridade competente, quando o autuado residir em localidade diversa daquela onde se achar essa autoridade.

Art. 634. Na falta de disposição especial, a imposição das multas incumbe às autoridades regionais competentes em matéria de trabalho, na forma estabelecida por este Título.

Parágrafo único. A aplicação da multa não eximirá o infrator da responsabilidade em que incorrer por infração das leis penais.

Capítulo II
DOS RECURSOS

Art. 635. De toda decisão que impuser multa por infração das leis e disposições reguladoras do trabalho, e não havendo forma especial de processo, caberá recurso para o Diretor-Geral Departamento ou Serviço do Ministério do Trabalho e da Previdência Social, que for competente na matéria.

* Artigo com redação determinada pelo Dec.-lei 229/1967.

Parágrafo único. As decisões serão sempre fundamentadas.

Art. 636. Os recursos devem ser interpostos no prazo de 10 (dez) dias, contados do recebimento da notificação, perante a autoridade que houver imposto a multa, a qual, depois de os informar, encaminhá-los-á à autoridade de instância superior.

* Artigo com redação determinada pelo Dec.-lei 229/1967.

§ 1º O recurso só terá seguimento se o interessado o instruir com a prova do depósito da multa.

* O STF, na ADPF 156 (*DOU* e *DJE* 26.08.2011 e *DJE* 28.10.2011), por votação unânime, julgou procedente a ação para declarar a não recepção do § 1º do art. 636 da CLT pela CF/1988.
* V. Súmula 424, TST.
** V. Súmula Vinculante 21, STF.

§ 2º A notificação somente será realizada por meio de edital, publicado no órgão oficial, quando o infrator estiver em lugar incerto e não sabido.

§ 3º A notificação de que trata este artigo fixará igualmente o prazo de 10 (dez) dias para que o infrator recolha o valor da multa, sob pena de cobrança executiva.

§ 4º As guias de depósito ou recolhimento serão emitidas em três vias e o recolhimento da multa deverá proceder-se dentro de 5 (cinco) dias às repartições federais competentes, que escriturarão a receita a crédito do Ministério do Trabalho e Previdência Social.

§ 5º A segunda via da guia de recolhimento será devolvida pelo infrator à repartição que a emitiu, até o sexto dia depois de sua expedição, para a averbação no processo.

§ 6º A multa será reduzida de 50% (cinquenta por cento) se o infrator, renunciando ao recurso, a recolher ao Tesouro Nacional dentro do prazo de 10 (dez) dias contados do recebimento da notificação ou da publicação do edital.

§ 7º Para a expedição da guia, no caso do § 6º, deverá o infrator juntar a notificação com a prova da data do seu recebimento, ou a folha do órgão oficial que publicou o edital.

Art. 637. De todas as decisões que proferirem em processos de infração das leis de proteção ao trabalho e que impliquem arquivamento destes, observado o disposto no parágrafo único do art. 635, deverão as autoridades prolatoras recorrer de ofício para a autoridade competente de instância superior.

• Artigo com redação determinada pelo Dec.-lei 229/1967.

Art. 638. Ao Ministro do Trabalho, Indústria e Comércio é facultado avocar ao seu exame e decisão, dentro de 90 (noventa) dias do despacho final do assunto, ou no curso do processo, as questões referentes à fiscalização dos preceitos estabelecidos nesta Consolidação.

• V. art. 35, Dec.-lei 229/1967 (Altera dispositivos da Consolidação das Leis do Trabalho – CLT).

Capítulo III
DO DEPÓSITO, DA INSCRIÇÃO E DA COBRANÇA

Art. 639. Não sendo provido o recurso, o depósito se converterá em pagamento.

Art. 640. É facultado às Delegacias Regionais do Trabalho e Emprego, na conformidade de instruções expedidas pelo Ministro de Estado, promover a cobrança amigável das multas antes do encaminhamento dos processos à cobrança executiva.

• Artigo com redação determinada pelo Dec.-lei 229/1967.

Art. 641. Não comparecendo o infrator, ou não depositando a importância da multa ou penalidade, far-se-á a competente inscrição em livro especial, existente nas repartições das quais se tiver originado a multa ou penalidade, ou de onde tenha provindo a reclamação que a determinou, sendo extraída cópia autêntica dessa inscrição e enviada às autoridades competentes para a respectiva cobrança judicial, valendo tal instrumento como título de dívida líquida e certa.

Art. 642. A cobrança judicial das multas impostas pelas autoridades administrativas do trabalho obedecerá ao disposto na legislação aplicável à cobrança da dívida ativa da União, sendo promovida, no Distrito Federal e nas capitais dos Estados em que funcionarem Tribunais Regionais do Trabalho, pela Procuradoria da Justiça do Trabalho, e, nas demais localidades, pelo Ministério Público Estadual, nos termos do Dec.-lei 960, de 17 de dezembro de 1938.

• Expressão "Conselhos Regionais" substituída por "Tribunais Regionais", de acordo com o art. 2º do Dec.-lei 9.797/1946.

Parágrafo único. *(Revogado pelo Dec.-lei 9.509/1946.)*

TÍTULO VII-A
DA PROVA DE INEXISTÊNCIA DE DÉBITOS TRABALHISTAS

• Título VII-A acrescentado pela Lei 12.440/2011 (DOU 08.07.2011), em vigor 180 (cento e oitenta) dias após a data da sua publicação.

Art. 642-A. É instituída a Certidão Negativa de Débitos Trabalhistas (CNDT), expedida gratuita e eletronicamente, para comprovar a inexistência de débitos inadimplidos perante a Justiça do Trabalho.

• Artigo acrescentado pela Lei 12.440/2011 (DOU 08.07.2011), em vigor 180 (cento e oitenta) dias após a data da sua publicação.

§ 1º O interessado não obterá a certidão quando em seu nome constar:
I – o inadimplemento de obrigações estabelecidas em sentença condenatória transitada em julgado proferida pela Justiça do Trabalho ou em acordos judiciais trabalhistas, inclusive no concernente aos recolhimentos previdenciários, a honorários, a custas, a emolumentos ou a recolhimentos determinados em lei; ou
II – o inadimplemento de obrigações decorrentes de execução de acordos firmados perante o Ministério Público do Trabalho ou Comissão de Conciliação Prévia.
§ 2º Verificada a existência de débitos garantidos por penhora suficiente ou com exigibilidade suspensa, será expedida Certidão Positiva de Débitos Trabalhistas em nome do interessado com os mesmos efeitos da CNDT.

Art. 646

CONSOLIDAÇÃO DAS LEIS DO TRABALHO

§ 3º A CNDT certificará a empresa em relação a todos os seus estabelecimentos, agências e filiais.

§ 4º O prazo de validade da CNDT é de 180 (cento e oitenta) dias, contado da data de sua emissão.

TÍTULO VIII
DA JUSTIÇA DO TRABALHO

- V. Dec. Lei 779/1969 (Normas processuais trabalhistas aplicadas aos entes federados).
- V. Lei 7.701/1988 (Especialização de Turmas dos Tribunais do Trabalho).
- A EC n. 24/1999 substituiu as Juntas de Conciliação e Julgamento por Varas do Trabalho (juiz singular) e extinguiu a representação classista na Justiça do Trabalho.

Capítulo I
INTRODUÇÃO

- V. arts. 109, I, II e IV, e 114, CF.

Art. 643. Os dissídios, oriundos das relações entre empregados e empregadores, bem como de trabalhadores avulsos e seus tomadores de serviços, em atividades reguladas na legislação social, serão dirimidos pela Justiça do Trabalho, de acordo com o presente Título e na forma estabelecida pelo processo judiciário do trabalho.

- *Caput* com redação determinada pela Lei 7.494/1986.
- V. art. 7º, XXXIV, CF.
- V. Súmula 736, STF.
- V. Súmulas 19, 189, 368, 389 e 392, TST.
- • V. art. 114, CF.
- • V. EC n. 45/2004.
- • V. Súmulas Vinculantes 22 e 23, STF.
- • V. Súmula 433, STF.
- • V. Súmulas 10, 15, 89, 97, 137, 170, 173, 218, 349 e 367, STJ.
- • V. Súmula 176, TST.
- • V. OJ 26, 138 e 391, SDI (I).
- • V. ADIs 3.395-6 e 3.684-0.

§ 1º As questões concernentes à Previdência Social serão decididas pelos órgãos e autoridades previstos no Capítulo V deste Título e na legislação sobre Seguro Social.

- V. Lei 3.807/1960 (Lei Orgânica da Previdência Social).

§ 2º As questões referentes a acidentes do trabalho continuam sujeitas à justiça ordinária, na forma do Dec. 24.637, de 10 de julho de 1934, e legislação subsequente.

- V. Súmula 15, STJ.
- V. Súmulas 18, 66, 82, 88, 150, 158, 169 e 200, TFR.
- • V. Súmulas 235 e 501, TST.

§ 3º A Justiça do Trabalho é competente, ainda, para processar e julgar as ações entre trabalhadores portuários e os operadores portuários ou o Órgão Gestor de Mão de Obra – OGMO decorrentes da relação de trabalho.

- § 3º acrescentado pela MP 2.164-41/2001.

Art. 644. São órgãos da Justiça do Trabalho:

- Artigo com redação determinada pelo Dec.-lei 9.797/1946.
- • V. art. 111, CF.

a) o Tribunal Superior do Trabalho;

- V. art. 111-A, CF.

b) os Tribunais Regionais do Trabalho;

c) as Juntas de Conciliação e Julgamento ou os Juízos de Direito.

- A EC n. 24/1999 substituiu as Juntas de Conciliação e Julgamento por Varas do Trabalho (juiz singular) e extinguiu a representação classista na Justiça do Trabalho.

Art. 645. O serviço da Justiça do Trabalho é relevante e obrigatório, ninguém dele podendo eximir-se, salvo motivo justificado.

Art. 646. Os órgãos da Justiça do Trabalho funcionarão perfeitamente coordenados, em regime de mútua colaboração, sob a orientação do presidente do Tribunal Superior do Trabalho.

- Expressão "Conselho Nacional do Trabalho" substituída por "Tribunal Superior do Trabalho", de acordo com o art. 2º do Dec.-lei 9.797/1946.
- V. arts. 10, 111-A, § 2º, II, 113 e 116, CF.

Capítulo II
DAS JUNTAS DE CONCILIAÇÃO E JULGAMENTO

- A EC n. 24/1999 substituiu as Juntas de Conciliação e Julgamento por Varas do Trabalho (juiz singular) e extinguiu a representação classista na Justiça do Trabalho.

Seção I
Da composição e funcionamento

Art. 647. Cada Junta de Conciliação e Julgamento terá a seguinte composição:

- Artigo com redação determinada pelo Dec.-lei 9.797/1946.
- A EC n. 24/1999 substituiu as Juntas de Conciliação e Julgamento por Varas do Trabalho (juiz singular) e extinguiu a representação classista na Justiça do Trabalho.
- V. art. 116, CF.

a) um juiz do trabalho, que será seu presidente;
b) dois vogais, sendo um representante dos empregadores e outro dos empregados.

Parágrafo único. Haverá um suplente para cada vogal.

Art. 648. São incompatíveis entre si, para os trabalhos da mesma Junta, os parentes consanguíneos e afins até o terceiro grau civil.

- A EC n. 24/1999 substituiu as Juntas de Conciliação e Julgamento por Varas do Trabalho (juiz singular) e extinguiu a representação classista na Justiça do Trabalho.

Parágrafo único. A incompatibilidade resolve-se a favor do primeiro vogal designado ou empossado, ou por sorteio, se a designação ou posse for da mesma data.

Art. 649. As Juntas poderão conciliar, instruir ou julgar com qualquer número, sendo, porém, indispensável a presença do presidente, cujo voto prevalecerá em caso de empate.

- Artigo com redação determinada pelo Dec.-lei 8.737/1946.
- A EC n. 24/1999 substituiu as Juntas de Conciliação e Julgamento por Varas do Trabalho (juiz singular) e extinguiu a representação classista na Justiça do Trabalho.

§ 1º No julgamento de embargos deverão estar presentes todos os membros da Junta.
§ 2º Na execução e na liquidação das decisões funciona apenas o presidente.

Seção II
Da jurisdição e competência das Juntas

- A EC n. 24/1999 substituiu as Juntas de Conciliação e Julgamento por Varas do Trabalho (juiz singular) e extinguiu a representação classista na Justiça do Trabalho.

Art. 650. A jurisdição de cada Junta de Conciliação e Julgamento abrange todo o território da Comarca em que tem sede, só podendo ser estendida ou restringida por lei federal.

- Artigo com redação determinada pela Lei 5.442/1968.
- A EC n. 24/1999 substituiu as Juntas de Conciliação e Julgamento por Varas do Trabalho (juiz singular) e extinguiu a representação classista na Justiça do Trabalho.
- ** V. art. 112, CF.
- ** V. Súmula 10, STJ.

Parágrafo único. As leis locais de Organização Judiciária não influirão sobre a competência de Juntas de Conciliação e Julgamento já criadas, até que lei federal assim determine.

Art. 651. A competência das Juntas de Conciliação e Julgamento é determinada pela localidade onde o empregado, reclamante ou reclamado, prestar serviços ao empregador, ainda que tenha sido contratado noutro local ou no estrangeiro.

- A EC n. 24/1999 substituiu as Juntas de Conciliação e Julgamento por Varas do Trabalho (juiz singular) e extinguiu a representação classista na Justiça do Trabalho.
- V. art. 114, CF.
- ** V. arts. 102, 111,112 e 114, CPC.
- ** V. Súmula 33, STJ.
- ** V. Súmula 214, TST.

§ 1º Quando for parte no dissídio agente ou viajante comercial, a competência será da Junta da localidade em que a empresa tenha agência ou filial e a esta o empregado esteja subordinado e, na falta, será competente a Junta da localização em que o empregado tenha domicílio ou a localidade mais próxima.

- § 1º com redação determinada pela Lei 9.851/1999.

§ 2º A competência das Juntas de Conciliação e Julgamento, estabelecida neste artigo, estende-se aos dissídios ocorridos em agência ou filial no estrangeiro, desde que o empregado seja brasileiro e não haja convenção internacional dispondo em contrário.

- ** V. arts. 1º e 3º, Lei 7.064/1982 (Prestação de serviços no exterior).
- ** V. Súmula 207, TST.

§ 3º Em se tratando de empregador que promova realização de atividades fora do lugar do contrato de trabalho, é assegurado ao empregado apresentar reclamação no foro da celebração do contrato ou no da prestação dos respectivos serviços.

• V. Súmula 18, TFR.
•• V. OJ 149, SDI (II).

Art. 652. Compete às Juntas de Conciliação e Julgamento:

• A EC n. 24/1999 substituiu as Juntas de Conciliação e Julgamento por Varas do Trabalho (juiz singular) e extinguiu a representação classista na Justiça do Trabalho.

a) conciliar e julgar:
I – os dissídios em que se pretenda o reconhecimento da estabilidade de empregado;
II – os dissídios concernentes a remuneração, férias e indenizações por motivo de rescisão do contrato individual de trabalho;
III – os dissídios resultantes de contratos de empreitadas em que o empreiteiro seja operário ou artífice;
IV – os demais dissídios concernentes ao contrato individual de trabalho;

• V. Súmula 300, TST.

V – as ações entre trabalhadores portuários e os operadores portuários ou o Órgão Gestor de Mão de Obra – OGMO decorrentes da relação de trabalho;

• Inciso V acrescentado pela MP 2.164-41/2001.

b) processar e julgar os inquéritos para apuração de falta grave;
c) julgar os embargos opostos às suas próprias decisões;
d) impor multas e demais penalidades relativas aos atos de sua competência;

• Alínea d com redação determinada pelo Dec.-lei 6.353/1944.

e) (Revogada pelo Dec.-lei 6.353/1944.)
Parágrafo único. Terão preferência para julgamento os dissídios sobre pagamento de salário e aqueles que derivarem da falência do empregador, podendo o presidente da Junta, a pedido do interessado, constituir processo em separado, sempre que a reclamação também versar sobre outros assuntos.

Art. 653. Compete, ainda, às Juntas de Conciliação e Julgamento:

• A EC n. 24/1999 substituiu as Juntas de Conciliação e Julgamento por Varas do Trabalho (juiz singular) e extinguiu a representação classista na Justiça do Trabalho.

a) requisitar às autoridades competentes a realização das diligências necessárias ao esclarecimento dos feitos sob sua apreciação, representando contra aquelas que não atenderem a tais requisições;
b) realizar as diligências e praticar os atos processuais ordenados pelos Tribunais Regionais do Trabalho ou pelo Tribunal Superior do Trabalho;

• Alínea b retificada pelo Dec.-lei 6.353/1944.
• Expressões "Conselhos Regionais do Trabalho" e "Conselho Nacional do Trabalho" substituídas por "Tribunais Regionais do Trabalho" e "Tribunal Superior do Trabalho", respectivamente, de acordo com o art. 2º do Dec.-lei 9.797/1946.

c) julgar as suspeições arguidas contra os seus membros;
d) julgar as exceções de incompetência que lhes forem opostas;
e) expedir precatórias e cumprir as que lhes forem deprecadas;

• V. Súmula 89, TFR.

f) exercer, em geral, no interesse da Justiça do Trabalho, quaisquer outras atribuições que decorram da sua jurisdição.

Seção III
Dos Presidentes das Juntas

• A EC n. 24/1999 substituiu as Juntas de Conciliação e Julgamento por Varas do Trabalho (juiz singular) e extinguiu a representação classista na Justiça do Trabalho.

Art. 654. O ingresso na magistratura do trabalho far-se-á para o cargo de juiz do trabalho substituto. As nomeações subsequentes por promoção, alternadamente, por antiguidade e merecimento.

• *Caput* com redação determinada pelo Dec.-lei 229/1967.

§ 1º Nas 7ª e 8ª Regiões da Justiça do Trabalho, nas localidades fora das respectivas sedes, haverá suplentes de juiz do trabalho presidente de Junta, sem direito a acesso, nomeados pelo Presidente da República, dentre brasileiros, bacharéis em direito, de reconhecida idoneidade moral, especializa-

dos em direito do trabalho, pelo período de 2 (dois) anos, podendo ser reconduzidos.

- § 1º revogado. V. Lei 7.221/1984 (Cargos de Suplente de Juiz do Trabalho Presidente).
- A EC n. 24/1999 substituiu as Juntas de Conciliação e Julgamento por Varas do Trabalho (juiz singular) e extinguiu a representação classista na Justiça do Trabalho.

§ 2º Os suplentes de juiz do trabalho receberão, quando em exercício, vencimentos iguais aos dos juízes que substituíram.

- § 2º revogado. V. Lei 7.221/1984 (Cargos de Suplente de Juiz do Trabalho Presidente).

§ 3º Os juízes substitutos serão nomeados após aprovação em concurso público de provas e títulos realizado perante o Tribunal Regional do Trabalho da Região, válido por 2 (dois) anos e prorrogável, a critério do mesmo órgão, por igual período, uma só vez, e organizado de acordo com as instruções expedidas pelo Tribunal Superior do Trabalho.

- § 3º com redação determinada pela Lei 6.087/1974.
- V. art. 37, III, CF.
- V. Súmula 478, STF.

§ 4º Os candidatos inscritos só serão admitidos ao concurso após apreciação prévia, pelo Tribunal Regional do Trabalho da respectiva Região, dos seguintes requisitos:

- § 4º com redação determinada pelo Dec.-lei 229/1967.

a) idade maior de 25 (vinte e cinco) anos e menor de 45 (quarenta e cinco) anos;

- V. arts. 7º, XXX, e 39, § 3º, CF.

b) idoneidade para o exercício das funções.

§ 5º O preenchimento dos cargos de presidente de Junta, vagos ou criados por lei, será feito dentro de cada Região:

- Caput do § 5º com redação determinada pelo Dec.-lei 229/1967.

a) pela remoção de outro presidente, prevalecendo a antiguidade no cargo, caso haja mais de um pedido, desde que a remoção tenha sido requerida, dentro de 15 (quinze) dias, contados da abertura da vaga, ao presidente do Tribunal Regional, a quem caberá expedir o respectivo ato.

- Alínea a com redação determinada pela Lei 6.090/1974.

b) pela promoção do substituto, cuja aceitação será facultativa, obedecido o critério alternado de antiguidade e merecimento.

- Alínea b com redação determinada pelo Dec.-lei 229/1967.

§ 6º Os juízes do trabalho, presidentes de Junta, juízes substitutos e suplentes de juiz tomarão posse perante o presidente do Tribunal da respectiva Região. Nos Estados que não forem sede de Tribunal Regional do Trabalho a posse dar-se-á perante o presidente do Tribunal de Justiça, que remeterá o termo ao presidente do Tribunal Regional da jurisdição do empossado. Nos Territórios, a posse dar-se-á perante o presidente do Tribunal Regional do Trabalho da respectiva Região.

- § 6º com redação determinada pelo Dec.-lei 229/1967.

Art. 655. (*Revogado pelo Dec.-lei 229/1967.*)

Art. 656. O juiz do trabalho substituto, sempre que não estiver substituindo o juiz-presidente de Junta, poderá ser designado para atuar nas Juntas de Conciliação e Julgamento.

- Artigo com redação determinada pela Lei 8.432/1992.
- A EC n. 24/1999 substituiu as Juntas de Conciliação e Julgamento por Varas do Trabalho (juiz singular) e extinguiu a representação classista na Justiça do Trabalho.

§ 1º Para o fim mencionado no *caput* deste artigo, o território da Região poderá ser dividido em zonas, compreendendo a jurisdição de uma ou mais Juntas, a juízo do Tribunal Regional do Trabalho respectivo.

§ 2º A designação referida no *caput* deste artigo será de atribuição do juiz-presidente do Tribunal Regional do Trabalho ou, não havendo disposição regimental específica, de quem este indicar.

§ 3º Os juízes do trabalho substitutos, quando designados ou estiverem substituindo os juízes-presidentes de Juntas, perceberão os vencimentos destes.

§ 4º O juiz-presidente do Tribunal Regional do Trabalho ou, não havendo disposição regimental específica, que este indicar, fará a lotação e a movimentação dos juízes substi-

Consolidação das Leis do Trabalho

tutos entre as diferentes zonas da Região na hipótese de terem sido criadas na forma do § 1º deste artigo.

Art. 657. Os presidentes de Juntas e os presidentes substitutos perceberão a remuneração ou os vencimentos fixados em lei.

* Artigo com redação determinada pelo Dec.-lei 8.737/1946.
* A EC n. 24/1999 substituiu as Juntas de Conciliação e Julgamento por Varas do Trabalho (juiz singular) e extinguiu a representação classista na Justiça do Trabalho.
* V. art. 93, V, CF, com redação determinada pela EC n. 19/1998.

Art. 658. São deveres precípuos dos presidentes das Juntas, além dos que decorram do exercício de sua função:

* Artigo com redação determinada pelo Dec.-lei 8.737/1946.
* A EC n. 24/1999 substituiu as Juntas de Conciliação e Julgamento por Varas do Trabalho (juiz singular) e extinguiu a representação classista na Justiça do Trabalho.

a) manter perfeita conduta pública e privada;

b) abster-se de atender a solicitações ou recomendações relativamente aos feitos que hajam sido ou tenham de ser submetidos à sua apreciação;

c) residir dentro dos limites de sua jurisdição, não podendo ausentar-se sem licença do presidente do Tribunal Regional;

* Expressão "Conselho Regional" substituída por "Tribunal Regional", de acordo com o art. 2º do Dec.-lei 9.797/1946.

d) despachar e praticar todos os atos decorrentes de suas funções, dentro dos prazos estabelecidos, sujeitando-se ao desconto correspondente a 1 (um) dia de vencimento para cada dia de retardamento.

Art. 659. Competem privativamente aos presidentes das Juntas, além das que lhes forem conferidas neste Título e das decorrentes de seu cargo, as seguintes atribuições:

* A EC n. 24/1999 substituiu as Juntas de Conciliação e Julgamento por Varas do Trabalho (juiz singular) e extinguiu a representação classista na Justiça do Trabalho.

I – presidir as audiências das Juntas;

II – executar as suas próprias decisões, as proferidas pela Junta e aquelas cuja execução lhes for deprecada;

III – dar posse aos vogais nomeados para a Junta, ao chefe de Secretaria e aos demais funcionários da Secretaria;

IV – convocar os suplentes dos vogais, no impedimento destes;

V – representar ao presidente do Tribunal Regional da respectiva jurisdição, no caso de falta de qualquer vogal a três reuniões consecutivas, sem motivo justificado, para os fins do art. 727;

* Expressão "Conselho Regional" substituída por "Tribunal Regional", de acordo com o art. 2º do Dec.-lei 9.797/1946.

VI – despachar os recursos interpostos pelas partes, fundamentando a decisão recorrida antes da remessa ao Tribunal Regional, ou submetendo-os à decisão da Junta, no caso do art. 894;

* Expressão "Conselho Regional" substituída por "Tribunal Regional", de acordo com o art. 2º do Dec.-lei 9.797/1946.

VII – assinar as folhas de pagamento dos membros e funcionários da Junta;

VIII – apresentar ao presidente do Tribunal Regional, até 15 de fevereiro de cada ano, o relatório dos trabalhos do ano anterior;

* Expressão "Conselho Regional" substituída por "Tribunal Regional", de acordo com o art. 2º do Dec.-lei 9.797/1946.

IX – conceder medida liminar, até decisão final do processo, em reclamações trabalhistas que visem a tornar sem efeito transferência disciplinada pelos parágrafos do art. 469 desta Consolidação;

* Inciso IX acrescentado pela Lei 6.203/1975.

X – conceder medida liminar, até decisão final do processo, em reclamações trabalhistas que visem reintegrar no emprego dirigente sindical afastado, suspenso ou dispensado pelo empregador.

* Inciso X acrescentado pela Lei 9.270/1996.

Seção IV
Dos vogais das Juntas

* A EC n. 24/1999 substituiu as Juntas de Conciliação e Julgamento por Varas do Trabalho (juiz singular) e extinguiu a representação classista na Justiça do Trabalho.

Art. 660

CONSOLIDAÇÃO DAS LEIS DO TRABALHO

Art. 660. Os vogais das Juntas são designados pelo presidente do Tribunal Regional da respectiva jurisdição.

- Expressão "Conselho Regional" substituída por "Tribunal Regional", de acordo com o art. 2º do Dec.-lei 9.797/1946.
- A EC n. 24/1999 substituiu as Juntas de Conciliação e Julgamento por Varas do Trabalho (juiz singular) e extinguiu a representação classista na Justiça do Trabalho.

Art. 661. Para o exercício da função de vogal da Junta ou suplente deste são exigidos os seguintes requisitos:

- A EC n. 24/1999 substituiu as Juntas de Conciliação e Julgamento por Varas do Trabalho (juiz singular) e extinguiu a representação classista na Justiça do Trabalho.

a) ser brasileiro;

- Alínea a com redação determinada pelo Dec.-lei 229/1967.

b) ter reconhecida idoneidade moral;
c) ser maior de 25 (vinte e cinco) anos e ter menos de 70 (setenta) anos;

- Alínea c com redação determinada pelo Dec.-lei 229/1967.

d) estar no gozo dos direitos civis e políticos;
e) estar quite com o serviço militar;
f) contar mais de 2 (dois) anos de efetivo exercício na profissão e ser sindicalizado.

Parágrafo único. A prova da qualidade profissional a que se refere a alínea f deste artigo é feita mediante declaração do respectivo sindicato.

Art. 662. A escolha dos vogais das Juntas e seus suplentes far-se-á dentre os nomes constantes das listas que, para esse efeito, forem encaminhadas pelas associações sindicais de primeiro grau ao presidente do Tribunal Regional.

- Expressão "Conselho Regional" substituída por "Tribunal Regional", de acordo com o art. 2º do Dec.-lei 9.797/1946.
- A EC n. 24/1999 substituiu as Juntas de Conciliação e Julgamento por Varas do Trabalho (juiz singular) e extinguiu a representação classista na Justiça do Trabalho.

§ 1º Para esse fim, cada sindicato de empregadores e de empregados, com base territorial extensiva à área de jurisdição da Junta, no todo ou em parte, procederá, na ocasião determinada pelo presidente do Tribunal Regional, à escolha de três nomes que comporão a lista, aplicando-se à eleição o disposto no art. 524 e seus §§ 1º a 3º.

- § 1º com redação determinada pela Lei 5.657/1971.

§ 2º Recebidas as listas pelo presidente do Tribunal Regional, designará este, dentro de 5 (cinco) dias, os nomes dos vogais e dos respectivos suplentes, expedindo para cada um deles um título, mediante a apresentação do qual será empossado.

- Expressão "Conselho Regional" substituída por "Tribunal Regional", de acordo com o art. 2º do Dec.-lei 9.797/1946.

§ 3º Dentro de 15 (quinze) dias, contados da data da posse, pode ser contestada a investidura do vogal ou do suplente, por qualquer interessado, sem efeito suspensivo, por meio de representação escrita, dirigida ao presidente do Tribunal Regional.

- Expressão "Conselho Regional" substituída por "Tribunal Regional", de acordo com o art. 2º do Dec.-lei 9.797/1946.

§ 4º Recebida a contestação, o presidente do Tribunal designará imediatamente relator, o qual, se houver necessidade de ouvir testemunhas ou de proceder a quaisquer diligências, providenciará para que tudo se realize com a maior brevidade, submetendo, por fim, a contestação ao parecer do Tribunal, na primeira sessão.

- § 4º com redação determinada pela Lei 2.244/1954.

§ 5º Se o Tribunal julgar procedente a contestação, o presidente providenciará a designação de novo vogal ou suplente.

- § 5º com redação determinada pelo Dec.-lei 229/1967.

§ 6º Em falta de indicação, pelos sindicatos, de nomes para representantes das respectivas categorias profissionais e econômicas nas Juntas de Conciliação e Julgamento, ou nas localidades onde não existirem sindicatos, serão esses representantes livremente designados pelo presidente do Tribunal Regional do Trabalho, observados os requisitos exigidos para o exercício da função.

- § 6º acrescentado pelo Dec.-lei 229/1967.

Art. 663. A investidura dos vogais das Juntas e seus suplentes é de 3 (três) anos, podendo, entretanto, ser dispensado, a pe-

dido, aquele que tiver servido, sem interrupção, durante metade desse período.

- Caput com redação determinada pela Lei 2.244/1954.
- A EC n. 24/1999 substituiu as Juntas de Conciliação e Julgamento por Varas do Trabalho (juiz singular) e extinguiu a representação classista na Justiça do Trabalho.

§ 1º Na hipótese da dispensa do vogal a que alude este artigo, assim como nos casos de impedimento, morte ou renúncia, sua substituição far-se-á pelo suplente, mediante convocação do presidente da Junta.

- § 1º com redação determinada pela Lei 2.244/1954.

§ 2º Na falta do suplente, por impedimento, morte ou renúncia, serão designados novo vogal e o respectivo suplente, dentre os nomes constantes das listas a que se refere o art. 662, servindo os designados até o fim do período.

Art. 664. Os vogais das Juntas e seus suplentes tomam posse perante o presidente da Junta em que têm de funcionar.

- A EC n. 24/1999 substituiu as Juntas de Conciliação e Julgamento por Varas do Trabalho (juiz singular) e extinguiu a representação classista na Justiça do Trabalho.

Art. 665. Enquanto durar sua investidura, gozam os vogais das Juntas e seus suplentes das prerrogativas asseguradas aos jurados.

- A EC n. 24/1999 substituiu as Juntas de Conciliação e Julgamento por Varas do Trabalho (juiz singular) e extinguiu a representação classista na Justiça do Trabalho.

Art. 666. Por audiência a que comparecerem, até o máximo de vinte por mês, os vogais das Juntas e seus suplentes perceberão a gratificação fixada em lei.

- A EC n. 24/1999 substituiu as Juntas de Conciliação e Julgamento por Varas do Trabalho (juiz singular) e extinguiu a representação classista na Justiça do Trabalho.

Art. 667. São prerrogativas dos vogais das Juntas, além das referidas no art. 665:

- A EC n. 24/1999 substituiu as Juntas de Conciliação e Julgamento por Varas do Trabalho (juiz singular) e extinguiu a representação classista na Justiça do Trabalho.

a) tomar parte nas reuniões do Tribunal a que pertençam;

b) aconselhar às partes a conciliação;
c) votar no julgamento dos feitos e nas matérias de ordem interna do Tribunal, submetidas às suas deliberações;
d) pedir vista dos processos pelo prazo de 24 (vinte e quatro) horas;
e) formular, por intermédio do presidente, aos litigantes, testemunhas e peritos, as perguntas que quiserem fazer, para esclarecimento do caso.

Capítulo III
DOS JUÍZOS DE DIREITO

Art. 668. Nas localidades não compreendidas na jurisdição das Juntas de Conciliação e Julgamento, os Juízos de Direito são os órgãos de administração da Justiça do Trabalho, com a jurisdição que lhes for determinada pela lei de organização judiciária local.

- V. art. 112, CF.
- A EC n. 24/1999 substituiu as Juntas de Conciliação e Julgamento por Varas do Trabalho (juiz singular) e extinguiu a representação classista na Justiça do Trabalho.

Art. 669. A competência dos Juízos de Direito, quando investidos na administração da Justiça do Trabalho, é a mesma das Juntas de Conciliação e Julgamento, na forma da Seção II do Capítulo II.

- V. art. 112, CF.
- A EC n. 24/1999 substituiu as Juntas de Conciliação e Julgamento por Varas do Trabalho (juiz singular) e extinguiu a representação classista na Justiça do Trabalho.

§ 1º Nas localidades onde houver mais de um Juízo de Direito a competência é determinada, entre os juízes do cível, por distribuição ou pela divisão judiciária local, na conformidade da lei de organização respectiva.

§ 2º Quando o critério de competência da lei de organização judiciária for diverso do previsto no parágrafo anterior, será competente o juiz do cível mais antigo.

Capítulo IV
DOS TRIBUNAIS REGIONAIS DO TRABALHO

- Expressão "Conselhos Regionais do Trabalho" substituída por "Tribunais Regionais do Traba-

Art. 670

CONSOLIDAÇÃO DAS LEIS DO TRABALHO

lho", de acordo com o art. 2º do Dec.-lei 9.797/1946.

- A EC n. 24/1999 substituiu as Juntas de Conciliação e Julgamento por Varas do Trabalho (juiz singular) e extinguiu a representação classista na Justiça do Trabalho.

Seção I
Da composição e do funcionamento

Art. 670. O Tribunal Regional do Trabalho da 1ª Região compor-se-á de 54 (cinquenta e quatro) juízes, sendo 36 (trinta e seis) togados, vitalícios, e 18 (dezoito) classistas, temporários; o Tribunal Regional da 2ª Região compor-se-á de 64 (sessenta e quatro) juízes, sendo 42 (quarenta e dois) togados, vitalícios, e 22 (vinte e dois) classistas, temporários; o Tribunal Regional da 3ª Região compor-se-á de 36 (trinta e seis) juízes, sendo 24 (vinte e quatro) togados, vitalícios, e 12 (doze) classistas, temporários; o Tribunal Regional da 4ª Região compor-se-á de 36 (trinta e seis) juízes, sendo 24 (vinte e quatro) togados, vitalícios, e 12 (doze) classistas, temporários; o Tribunal Regional da 5ª Região compor-se-á de 29 (vinte e nove) juízes, sendo 19 (dezenove) togados, vitalícios, e 10 (dez) classistas, temporários; o Tribunal Regional da 6ª Região compor-se-á de 18 (dezoito) juízes, sendo 12 (doze) togados, vitalícios, e 6 (seis) classistas, temporários; o Tribunal Regional da 7ª Região compor-se-á de 8 (oito) juízes, sendo 6 (seis) togados, vitalícios, e 2 (dois) classistas, temporários; o Tribunal Regional da 8ª Região compor-se-á de 23 (vinte e três) juízes, sendo 15 (quinze) togados, vitalícios, e 8 (oito) classistas, temporários; o Tribunal Regional da 9ª Região compor-se-á de 28 (vinte e oito) juízes, sendo 18 (dezoito) togados, vitalícios, e 10 (dez) classistas, temporários; o Tribunal Regional da 10ª Região compor-se-á de 17 (dezessete) juízes, sendo 11 (onze) togados, vitalícios, e 6 (seis) classistas, temporários; o Tribunal Regional da 11ª Região compor-se-á de 8 (oito) juízes, sendo 6 (seis) togados, vitalícios, e 2 (dois) classistas, temporários; o Tribunal Regional da 12ª Região compor-se-á de 18 (dezoito) juízes, sendo 12 (doze) togados, vitalícios, e 6 (seis) classistas, temporários; o Tribunal Regional da 13ª Região compor-se-á de 8 (oito) juízes, sendo 6 (seis) togados, vitalícios, e 2 (dois) classistas, temporários; o Tribunal Regional da 14ª Região compor-se-á de 8 (oito) juízes, sendo 6 (seis) togados, de investidura vitalícia, e 2 (dois) classistas, de investidura temporária; o Tribunal Regional da 15ª Região compor-se-á de 36 (trinta e seis) juízes, sendo 24 (vinte e quatro) togados, vitalícios, e 12 (doze) classistas, temporários; o Tribunal Regional da 16ª Região compor-se-á de 8 (oito) juízes, sendo 6 (seis) togados, de investidura vitalícia, e 2 (dois) classistas, de investidura temporária; o Tribunal Regional da 17ª Região compor-se-á de 8 (oito) juízes, sendo 6 (seis) togados, de investidura vitalícia, e 2 (dois) classistas, de investidura temporária; o Tribunal Regional da 18ª Região compor-se-á de 8 (oito) juízes, sendo 6 (seis) togados, de investidura vitalícia, e 2 (dois) classistas, de investidura temporária; o Tribunal Regional da 19ª Região compor-se-á de 8 (oito) juízes, sendo 6 (seis) togados, de investidura vitalícia, e 2 (dois) classistas, de investidura temporária; o Tribunal Regional da 20ª Região compor-se-á de 8 (oito) juízes, sendo 6 (seis) togados, de investidura vitalícia, e 2 (dois) classistas, de investidura temporária; o Tribunal Regional da 21ª Região compor-se-á de 8 (oito) juízes, sendo 6 (seis) togados, de investidura vitalícia, e 2 (dois) classistas, de investidura temporária; o Tribunal Regional da 22ª Região compor-se-á de 8 (oito) juízes, sendo 6 (seis) togados, de investidura vitalícia, e 2 (dois) classistas, de investidura temporária; o Tribunal Regional da 23ª Região compor-se-á de 8 (oito) juízes, sendo 6 (seis) togados, de investidura vitalícia, e 2 (dois) classistas, de investidura temporária; e o Tribunal Regional da 24ª Região compor-se-á de 8 (oito) juízes, sendo 6 (seis) togados, de investidura vitalícia, e 2 (dois) classistas, de investidura temporária, todos nomeados pelo Presidente da República.

- V. art. 115, CF.
- A EC n. 24/1999 substituiu as Juntas de Conciliação e Julgamento por Varas do Trabalho (juiz singular) e extinguiu a representação classista na Justiça do Trabalho.

Consolidação das Leis do Trabalho

§ 1º Haverá um suplente para cada juiz representante classista.

- § 1º com redação determinada pelo Dec.-lei 9.797/1946.
- A Lei 5.442/1968 propôs nova redação a este dispositivo mas teve seu texto vetado.

§ 2º Nos Tribunais Regionais constituídos de seis ou mais juízes togados, e menos de onze, um deles será escolhido dentre advogados, um dentre membros do Ministério Público da União junto à Justiça do Trabalho e os demais dentre juízes do trabalho, presidentes de Junta da respectiva Região, na forma prevista no parágrafo anterior.

- § 2º com redação determinada pela Lei 5.442/1968.
- V. arts. 94 e 115, I e II, CF.

§ 3º Nos Tribunais do Trabalho das demais Regiões, terão assento três juízes alheios aos interesses profissionais.

- § 3º com redação determinada pelo Dec.-lei 9.797/1946.
- A Lei 5.442/1968 propôs nova redação a este dispositivo mas teve seu texto vetado.

§ 4º Os juízes classistas referidos neste artigo representarão, paritariamente, empregadores e empregados.

- § 4º acrescentado pela Lei 5.442/1968.

§ 5º Haverá um suplente para cada juiz classista.

- § 5º acrescentado pela Lei 5.442/1968.

§ 6º Os Tribunais Regionais, no respectivo regimento interno, disporão sobre a substituição de seus juízes, observados, na convocação de juízes inferiores, os critérios de livre escolha e antiguidade, alternadamente.

- § 6º revogado. V. arts. 93 e 118, LC 35/1979, com redação determinada pela LC 54/1986.
- § 6º acrescentado pela Lei 5.442/1968.

§ 7º Dentre os seus juízes togados, os Tribunais Regionais elegerão os respectivos presidente e vice-presidente, assim como os presidentes de Turmas, onde as houver.

- § 7º acrescentado pela Lei 5.442/1968.

§ 8º Os Tribunais Regionais das 1ª e 2ª Regiões dividir-se-ão em Turmas, facultada essa divisão aos constituídos de, pelo menos, doze juízes. Cada Turma se comporá de três juízes togados e dois classistas, um representante dos empregados e outro dos empregadores.

- § 8º acrescentado pela Lei 5.442/1968.
- V. arts. 113 e 115, I e II, CF.

Art. 671. Para os trabalhos dos Tribunais Regionais existe a mesma incompatibilidade prevista no art. 648, sendo idêntica a forma de sua resolução.

- Expressão "Conselhos Regionais" substituída por "Tribunais Regionais", de acordo com o art. 2º do Dec.-lei 9.797/1946.

Art. 672. Os Tribunais Regionais, em sua composição plena, deliberarão com a presença, além do presidente, da metade e mais um do número de seus juízes, dos quais, no mínimo, um representante dos empregados e outro dos empregadores.

- Artigo com redação determinada pela Lei 5.442/1968.
- A EC n. 24/1999 substituiu as Juntas de Conciliação e Julgamento por Varas do Trabalho (juiz singular) e extinguiu a representação classista na Justiça do Trabalho.

§ 1º As Turmas somente poderão deliberar presentes, pelo menos, três dos seus juízes, entre eles os dois classistas. Para a integração desse *quorum*, poderá o presidente de uma Turma convocar juízes de outra, da classe a que pertencer o ausente ou impedido.

§ 2º Nos Tribunais Regionais, as decisões tomar-se-ão pelo voto da maioria dos juízes presentes, ressalvada, no Tribunal Pleno, a hipótese de declaração de inconstitucionalidade de lei ou ato do poder público (art. 116 da Constituição).

- V. art. 97, CF.

§ 3º O presidente do Tribunal Regional, excetuada a hipótese de declaração de inconstitucionalidade de lei ou ato do poder público, somente terá voto de desempate. Nas sessões administrativas, o presidente votará como os demais juízes, cabendo-lhe, ainda, o voto de qualidade.

- V. art. 97, CF.

§ 4º No julgamento de recursos contra decisão ou despacho do presidente, do vice-presidente ou do relator, ocorrendo empate, prevalecerá a decisão ou despacho recorrido.

Art. 673

Art. 673. A ordem das sessões dos Tribunais Regionais será estabelecida no respectivo regimento interno.

- Expressão "Conselhos Regionais" substituída por "Tribunais Regionais", de acordo com o art. 2º do Dec.-lei 9.797/1946.

Seção II
Da jurisdição e competência

Art. 674. Para efeito da jurisdição dos Tribunais Regionais, o território nacional é dividido nas 24 (vinte e quatro) Regiões seguintes:
1ª Região: Estado do Rio de Janeiro;
2ª Região: Estado de São Paulo;

- A Lei 7.520, de 15 de julho de 1986, estabelece, no § 1º do art. 1º, que a 2ª Região da Justiça do Trabalho passa a abranger apenas o Município da Capital do Estado de São Paulo e os Municípios de Arujá, Barueri, Biritiba-Mirim, Caieiras, Cajamar, Carapicuíba, Cotia, Cubatão, Diadema, Embu, Embu-Guaçu, Ferraz de Vasconcelos, Francisco Morato, Franco da Rocha, Guararema, Guarujá, Guarulhos, Itapecerica da Serra, Itapevi, Itaquaquecetuba, Jandira, Juquitiba, Mairiporã, Mauá, Mogi das Cruzes, Osasco, Pirapora do Bom Jesus, Poá, Praia Grande, Ribeirão Pires, Rio Grande da Serra, Salesópolis, Santa Isabel, Santana do Parnaíba, Santo André, Santos, São Bernardo do Campo, São Caetano do Sul, São Vicente, Suzano e Taboão da Serra.

3ª Região: Estado de Minas Gerais;
4ª Região: Estado do Rio Grande do Sul;
5ª Região: Estado da Bahia;
6ª Região: Estado de Pernambuco;
7ª Região: Estado do Ceará;
8ª Região: Estados do Pará e do Amapá;
9ª Região: Estado do Paraná;

- Criada pela Lei 6.241/1975.

10ª Região: Distrito Federal e Tocantins;

- Criada pela Lei 6.927/1981.

11ª Região: Estados do Amazonas e de Roraima;

- Criada pela Lei 6.915/1981.

12ª Região: Estado de Santa Catarina;

- Criada pela Lei 6.928/1981.

13ª Região: Estado da Paraíba;

- Criada pela Lei 7.324/1985.

14ª Região: Estados de Rondônia e Acre;

- Criada pela Lei 7.523/1986.

15ª Região: Estado de São Paulo (área não abrangida pela jurisdição estabelecida na 2ª Região);

- Criada pela Lei 7.520/1986.

16ª Região: Estado do Maranhão;

- Criada pela Lei 7.671/1988.

17ª Região: Estado do Espírito Santo;

- Criada pela Lei 7.872/1989.

18ª Região: Estado de Goiás;

- Criada pela Lei 7.873/1989.

19ª Região: Estado de Alagoas;

- Criada pela Lei 8.219/1991.

20ª Região: Estado de Sergipe;

- Criada pela Lei 8.233/1991.

21ª Região: Estado do Rio Grande do Norte;

- Criada pela Lei 8.215/1991.

22ª Região: Estado do Piauí;

- Criada pela Lei 8.221/1991.

23ª Região: Estado do Mato Grosso;

- Criada pela Lei 8.430/1992.

24ª Região: Estado do Mato Grosso do Sul.

- Criada pela Lei 8.431/1992.

Parágrafo único. Os Tribunais têm sede nas cidades: Rio de Janeiro (1ª Região), São Paulo (2ª Região), Belo Horizonte (3ª Região), Porto Alegre (4ª Região), Salvador (5ª Região), Recife (6ª Região), Fortaleza (7ª Região), Belém (8ª Região), Curitiba (9ª Região), Brasília (10ª Região), Manaus (11ª Região), Florianópolis (12ª Região), João Pessoa (13ª Região), Porto Velho (14ª Região), Campinas (15ª Região), São Luís (16ª Região), Vitória (17ª Região), Goiânia (18ª Região), Maceió (19ª Região), Aracaju (20ª Região), Natal (21ª Região), Teresina (22ª Região), Cuiabá (23ª Região) e Campo Grande (24ª Região).

Art. 675. *(Revogado pela Lei 5.442/1968.)*

Art. 676. O número de regiões, a jurisdição e a categoria dos Tribunais Regionais, estabelecidos nos artigos anteriores, somente podem ser alterados pelo Presidente da República.

- Artigo revogado. V. arts. 96, II, e 113, CF.

Art. 677. A competência dos Tribunais Regionais determina-se pela forma indicada no art. 651 e seus parágrafos e, nos casos de

dissídio coletivo, pelo local onde este ocorrer.

- Expressão "Conselhos Regionais" substituída por "Tribunais Regionais", de acordo com o art. 2º do Dec.-lei 9.797/1946.
- V. Lei 4.725/1965 (Normas para o processo dos dissídios coletivos).
- V. Portaria MTb 3.122/1988 (Composição dos conflitos individuais e coletivos de trabalho).

Art. 678. Aos Tribunais Regionais, quando divididos em Turmas, compete:

- Artigo com redação determinada pela Lei 5.442/1968.

I – ao Tribunal Pleno, especialmente:

- V. art. 93, XI, CF.

a) processar, conciliar e julgar originariamente os dissídios coletivos;
b) processar e julgar originariamente:
1) as revisões de sentenças normativas;
2) a extensão das decisões proferidas em dissídios coletivos;
3) os mandados de segurança;
4) as impugnações à investidura de vogais e seus suplentes nas Juntas de Conciliação e Julgamento;

- A EC n. 24/1999 substituiu as Juntas de Conciliação e Julgamento por Varas do Trabalho (juiz singular) e extinguiu a representação classista na Justiça do Trabalho.

c) processar e julgar em última instância:
1) os recursos das multas impostas pelas Turmas;
2) as ações rescisórias das decisões das Juntas de Conciliação e Julgamento, dos juízes de direito investidos na jurisdição trabalhista, das Turmas e de seus próprios acórdãos;
3) os conflitos de jurisdição entre as suas Turmas, os juízes de direito investidos na jurisdição trabalhista, as Juntas de Conciliação e Julgamento, ou entre aqueles e estas;
d) julgar em única ou última instância:
1) os processos e os recursos de natureza administrativa atinentes aos seus serviços auxiliares e respectivos servidores;
2) as reclamações contra atos administrativos de seu presidente ou de qualquer de seus membros, assim como dos juízes de primeira instância e de seus funcionários;
II – às Turmas:
a) julgar os recursos ordinários previstos no art. 895, a;
b) julgar os agravos de petição e de instrumento, estes de decisões denegatórias de recursos de sua alçada;
c) impor multas e demais penalidades relativas a atos de sua competência jurisdicional, e julgar os recursos interpostos das decisões das Juntas e dos juízes de direito que as impuserem.

Parágrafo único. Das decisões das Turmas não caberá recurso para o Tribunal Pleno, exceto no caso do inciso I, alínea c, item 1, deste artigo.

Art. 679. Aos Tribunais Regionais não divididos em Turmas compete o julgamento das matérias a que se refere o artigo anterior, exceto a de que trata o inciso I, alínea c, item 1, como os conflitos de jurisdição entre Turmas.

- Artigo com redação determinada pela Lei 5.442/1968.

Art. 680. Compete, ainda, aos Tribunais Regionais, ou suas Turmas:

- Artigo com redação determinada pela Lei 5.442/1968.
- V. art. 96, CF.

a) determinar às Juntas e aos juízes de direito a realização dos atos processuais e diligências necessárias ao julgamento dos feitos sob sua apreciação;

- A EC n. 24/1999 substituiu as Juntas de Conciliação e Julgamento por Varas do Trabalho (juiz singular) e extinguiu a representação classista na Justiça do Trabalho.

b) fiscalizar o cumprimento de suas próprias decisões;
c) declarar a nulidade dos atos praticados com infração de suas decisões;
d) julgar as suspeições arguidas contra seus membros;
e) julgar as exceções de incompetência que lhes forem opostas;
f) requisitar às autoridades competentes as diligências necessárias ao esclarecimento dos feitos sob apreciação, representando contra aquelas que não atenderem a tais requisições;
g) exercer, em geral, no interesse da Justiça do Trabalho, as demais atribuições que decorram de sua jurisdição.

Seção III
Dos Presidentes dos Tribunais Regionais

- Expressão "Conselhos Regionais" substituída por "Tribunais Regionais", de acordo com o art. 2º do Dec.-lei 9.797/1946.

Art. 681. Os presidentes e vice-presidentes dos Tribunais Regionais do Trabalho tomarão posse perante os respectivos Tribunais.

- *Caput* com redação determinada pela Lei 6.320/1976.

Parágrafo único. *(Revogado pela Lei 6.320/1976.)*

Art. 682. Competem privativamente aos presidentes dos Tribunais Regionais, além das que forem conferidas neste e no título e das decorrentes do seu cargo, as seguintes atribuições:

- *Caput* e incisos com redação determinada pelo Dec.-lei 8.737/1946.
- Expressão "Conselhos Regionais" substituída por "Tribunais Regionais", de acordo com o art. 2º do Dec.-lei 9.797/1946.

I – *(Revogado pela Lei 5.442/1968.)*
II – designar os vogais das Juntas e seus suplentes;

- A EC n. 24/1999 substituiu as Juntas de Conciliação e Julgamento por Varas do Trabalho (juiz singular) e extinguiu a representação classista na Justiça do Trabalho.

III – dar posse aos presidentes de Juntas e presidentes substitutos, aos vogais e suplentes e funcionários do próprio Tribunal e conceder férias e licenças aos mesmos e aos vogais e suplentes das Juntas;
IV – presidir às sessões do Tribunal;
V – presidir às audiências de conciliação nos dissídios coletivos;
VI – executar suas próprias decisões e as proferidas pelo Tribunal;
VII – convocar suplentes dos juízes do Tribunal, nos impedimentos destes;

- Expressão "dos vogais do Conselho" substituída por "juízes do Tribunal", de acordo com os arts. 2º e 3º do Dec.-lei 9.797/1946.

VIII – representar ao presidente do Tribunal Superior do Trabalho contra os presidentes e os vogais, nos casos previstos no art. 727 e seu parágrafo único;

- Expressão "Conselho Nacional do Trabalho" substituída por "Tribunal Superior do Trabalho", de acordo com o art. 2º do Dec.-lei 9.797/1946.

IX – despachar os recursos interpostos pelas partes;
X – requisitar às autoridades competentes, nos casos de dissídio coletivo, a força necessária, sempre que houver ameaça de perturbação da ordem;
XI – exercer correição, pelo menos uma vez por ano, sobre as Juntas, ou parcialmente sempre que se fizer necessário, e solicitá-la, quando julgar conveniente, ao presidente do Tribunal de Justiça, relativamente aos juízes de direito investidos na administração da Justiça do Trabalho;
XII – distribuir os feitos, designando os juízes que os devem relatar;
XIII – designar, dentre os funcionários do Tribunal e das Juntas existentes em uma mesma localidade, o que deve exercer a função de distribuidor;
XIV – assinar as folhas de pagamento dos juízes e servidores do Tribunal.

§ 1º Na falta ou impedimento do presidente da Junta e do substituto da mesma localidade, é facultado ao presidente do Tribunal Regional designar substituto de outra localidade, observada a ordem de antiguidade entre os substitutos desimpedidos.

- § 1º com redação determinada pelo Dec.-lei 8.737/1946.
- Expressão "Conselho Regional" substituída por "Tribunal Regional", de acordo com o art. 2º do Dec.-lei 9.797/1946.

§ 2º Na falta ou impedimento do vogal da Junta e do respectivo suplente, é facultado ao presidente do Tribunal Regional designar suplente de outra Junta, respeitada a categoria profissional ou econômica do representante e a ordem de antiguidade dos suplentes desimpedidos.

- § 2º com redação determinada pelo Dec.-lei 8.737/1946.
- Expressão "Conselho Regional" substituída por "Tribunal Regional", de acordo com o art. 2º do Dec.-lei 9.797/1946.

§ 3º Na falta ou impedimento de qualquer juiz representante classista e seu respectivo suplente, é facultado ao presidente do Tribunal Regional designar um dos vogais de Junta de Conciliação de Julgamento para

Art. 688

CONSOLIDAÇÃO DAS LEIS DO TRABALHO

funcionar nas sessões do Tribunal, respeitada a categoria profissional ou econômica do representante.

- § 3º acrescentado pela Lei 3.440/1958.

Art. 683. Na falta ou impedimento dos presidentes dos Tribunais Regionais, e como auxiliares destes, sempre que necessário, funcionarão seus substitutos.

- Artigo com redação determinada pelo Dec.-lei 8.737/1946.
- Expressão "Conselhos Regionais" substituída por "Tribunais Regionais", de acordo com o art. 2º do Dec.-lei 9.797/1946.

§ 1º Nos casos de férias, por 30 (trinta) dias, licença, morte ou renúncia, a convocação competirá diretamente ao presidente do Tribunal Superior do Trabalho.

- Expressão "Conselho Nacional do Trabalho" substituída por "Tribunal Superior do Trabalho", de acordo com o art. 2º do Dec.-lei 9.797/1946.

§ 2º Nos demais casos, mediante convocação do próprio presidente do Tribunal ou comunicação do secretário deste, o presidente substituto assumirá imediatamente o exercício, ciente o presidente do Tribunal Superior do Trabalho.

- Expressões "Conselho" e "Conselho Nacional do Trabalho" substituídas por "Tribunal" e "Tribunal Superior do Trabalho", respectivamente, de acordo com o art. 2º do Dec.-lei 9.797/1946.

Seção IV
Dos juízes representantes classistas dos Tribunais Regionais

- Expressão "Conselhos Regionais" substituída por "Tribunais Regionais", de acordo com o art. 2º do Dec.-lei 9.797/1946.
- A EC n. 24/1999 substituiu as Juntas de Conciliação e Julgamento por Varas do Trabalho (juiz singular) e extinguiu a representação classista na Justiça do Trabalho.

Art. 684. Os juízes representantes classistas dos Tribunais Regionais são designados pelo Presidente da República.

- Expressão "Conselhos Regionais" substituída por "Tribunais Regionais", de acordo com o art. 2º do Dec.-lei 9.797/1946.
- A EC n. 24/1999 substituiu as Juntas de Conciliação e Julgamento por Varas do Trabalho (juiz singular) e extinguiu a representação classista na Justiça do Trabalho.
- V. art. 115, CF.

Parágrafo único. Aos juízes representantes classistas dos empregados e dos empregadores, nos Tribunais Regionais, aplicam-se as disposições do art. 661.

- Primitivo § 1º renumerado pela Lei 5.442/1968, que também revogou o § 2º deste artigo.

Art. 685. A escolha dos juízes e suplentes dos Tribunais Regionais, representantes dos empregadores e empregados, é feita dentre os nomes constantes das listas para esse fim encaminhadas ao presidente do Tribunal Superior do Trabalho pelas associações sindicais de grau superior com sede nas respectivas Regiões.

- Expressões "Conselhos Regionais" e "Conselho Nacional do Trabalho" substituídas por "Tribunais Regionais" e "Tribunal Superior do Trabalho", respectivamente, de acordo com o art. 2º do Dec.-lei 9.797/1946.
- A EC n. 24/1999 substituiu as Juntas de Conciliação e Julgamento por Varas do Trabalho (juiz singular) e extinguiu a representação classista na Justiça do Trabalho.
- V. art. 115, CF.

§ 1º Para o efeito deste artigo, o conselho de representantes de cada associação sindical de grau superior, na ocasião determinada pelo presidente do Tribunal Superior do Trabalho, organizará, por maioria de votos, uma lista de três nomes.

§ 2º O presidente do Tribunal Superior do Trabalho submeterá os nomes constantes das listas ao Presidente da República, por intermédio do Ministro da Justiça.

- § 2º com redação determinada pela Lei 2.244/1954.

Art. 686. *(Revogado pelo Dec.-lei 9.797/1946.)*

Art. 687. Os juízes representantes classistas dos Tribunais Regionais tomam posse perante o respectivo presidente.

- Expressão "Conselhos Regionais" substituída por "Tribunais Regionais", de acordo com o art. 2º do Dec.-lei 9.797/1946.
- A EC n. 24/1999 substituiu as Juntas de Conciliação e Julgamento por Varas do Trabalho (juiz singular) e extinguiu a representação classista na Justiça do Trabalho.

Art. 688. Aos juízes representantes classistas dos Tribunais Regionais aplicam-se as disposições do art. 663, sendo a nova escolha feita dentre os nomes constantes das listas a que se refere o art. 685, ou na forma

indicada no art. 686 e, bem assim, as dos arts. 665 e 667.

- Expressão "Conselhos Regionais" substituída por "Tribunais Regionais", de acordo com o art. 2º do Dec.-lei 9.797/1946.
- A EC n. 24/1999 substituiu as Juntas de Conciliação e Julgamento por Varas do Trabalho (juiz singular) e extinguiu a representação classista na Justiça do Trabalho.

Art. 689. Por sessão a que comparecerem, até o máximo de quinze por mês, perceberão os juízes representantes classistas e suplentes dos Tribunais Regionais a gratificação fixada em lei.

- Artigo com redação determinada pelo Dec.-lei 8.737/1946.
- Expressão "Conselhos Regionais" substituída por "Tribunais Regionais", de acordo com o art. 2º do Dec.-lei 9.797/1946.
- A EC n. 24/1999 substituiu as Juntas de Conciliação e Julgamento por Varas do Trabalho (juiz singular) e extinguiu a representação classista na Justiça do Trabalho.

Parágrafo único. Os juízes representantes classistas que retiverem processos além dos prazos estabelecidos no Regimento Interno dos Tribunais Regionais sofrerão automaticamente, na gratificação mensal a que teriam direito, desconto equivalente a 1/30 (um trinta avos) por processo retido.

Capítulo V
DO TRIBUNAL SUPERIOR DO TRABALHO

- Expressão "Conselho Nacional do Trabalho" substituída por "Tribunal Superior do Trabalho", de acordo com o art. 2º do Dec.-lei 9.797/1946.
- V. art. 111-A, CF.
- V. Regimento Interno do TST (RITST).

Seção I
Disposições preliminares

Art. 690. O Tribunal Superior do Trabalho, com sede na Capital da República e jurisdição em todo o território nacional, é a instância superior da Justiça do Trabalho.

- Artigo atualizado pela Lei 7.701/1988.
- Artigo com redação determinada pela Lei 2.244/1954.
- V. art. 111-A, CF.

Parágrafo único. O Tribunal funciona na plenitude de sua composição ou dividido em Turmas, com observância da paridade de representação de empregados e empregadores.

Arts. 691 e 692. *(Revogados pelo Dec.-lei 8.737/1946.)*

Seção II
Da composição e funcionamento do Tribunal Superior do Trabalho

- Expressão "Conselho Nacional do Trabalho" substituída por "Tribunal Superior do Trabalho", de acordo com o art. 2º do Dec.-lei 9.797/1946.

Art. 693. O Tribunal Superior do Trabalho compõe-se de dezessete juízes, com a denominação de ministros, sendo:

a) onze togados e vitalícios, nomeados pelo Presidente da República, depois de aprovada a escolha pelo Senado Federal, dentre brasileiros natos, maiores de 35 (trinta e cinco) anos, de notável saber jurídico e de reputação ilibada;

b) seis classistas, em representação paritária dos empregadores e dos empregados, nomeados pelo Presidente da República, de conformidade com o disposto nos §§ 2º e 3º deste artigo.

- A EC n. 24/1999 substituiu as Juntas de Conciliação e Julgamento por Varas do Trabalho (juiz singular) e extinguiu a representação classista na Justiça do Trabalho.
- V. art. 111-A, CF.

§ 1º Dentre os juízes togados do Tribunal Superior do Trabalho, alheios aos interesses profissionais, serão eleitos o presidente, o vice-presidente e o corregedor, além dos presidentes das Turmas, na forma estabelecida em seu regimento interno.

- § 1º com redação determinada pela Lei 2.244/1954.

§ 2º Para nomeação trienal dos juízes classistas, o presidente do Tribunal Superior do Trabalho publicará edital, com antecedência mínima de 15 (quinze) dias, convocando as associações sindicais de grau superior, para que cada uma, mediante maioria de votos do respectivo conselho de representantes, organize uma lista de três nomes, que será encaminhada, por intermédio daquele Tribunal, ao Ministro da Justiça, dentro do prazo que for fixado no edital.

- § 2º com redação determinada pela Lei 2.244/1954.

- V. art. 111-A, CF.

§ 3º Na lista de que trata o parágrafo anterior figurarão somente brasileiros natos, de reconhecida idoneidade, maiores de 25 (vinte e cinco) anos, quites com o serviço militar, que estejam no gozo de seus direitos civis e políticos e contem mais de 2 (dois) anos de efetivo exercício da profissão ou se encontrem no desempenho de representação profissional prevista em lei.

- § 3º com redação determinada pelo Dec.-lei 9.797/1946.
- V. art. 111-A, CF.

Art. 694. Os juízes togados escolher-se-ão: sete, dentre magistrados da Justiça do Trabalho, dois, dentre advogados no efetivo exercício da profissão, e dois, dentre membros do Ministério Público da União junto à Justiça do Trabalho.

- Artigo com redação determinada pela Lei 5.442/1968.
- V. art. 111-A, CF.

Art. 695. *(Revogado pelo Dec.-lei 9.797/1946.)*

Art. 696. Importará em renúncia o não comparecimento do membro do Tribunal, sem motivo justificado, a mais de três sessões ordinárias consecutivas.

- Artigo com redação determinada pelo Dec.-lei 8.737/1946.
- V. art. 111-A, CF.

§ 1º Ocorrendo a hipótese prevista neste artigo, o presidente do Tribunal comunicará, imediatamente, o fato ao Ministro da Justiça, a fim de que seja feita a substituição do juiz renunciante, sem prejuízo das sanções cabíveis.

- § 1º revogado. V. LC 35/1979 (Lei Orgânica da Magistratura Nacional).

§ 2º Para os efeitos do parágrafo anterior, a designação do substituto será feita dentre os nomes constantes das listas de que trata o § 2º do art. 693.

Art. 697. Em caso de licença superior a 30 (trinta) dias, ou de vacância, enquanto não for preenchido o cargo, os ministros do Tribunal poderão ser substituídos mediante convocação de juízes, de igual categoria, de qualquer dos Tribunais Regionais do Trabalho, na forma que dispuser o Regimento do Tribunal Superior do Trabalho.

- Artigo com redação determinada pela Lei 6.289/1975.

Art. 698. *(Revogado pelo Dec.-lei 8.737/1946.)*

Art. 699. O Tribunal Superior do Trabalho não poderá deliberar, na plenitude de sua composição, senão com a presença de, pelo menos, nove dos seus juízes, além do presidente.

- Artigo revogado. V. Lei 7.701/1988 (Especialização de Turmas do TST).
- V. art. 111-A, CF.

Parágrafo único. As Turmas do Tribunal, compostas de cinco juízes, só poderão deliberar com a presença de, pelo menos, três de seus membros, além do respectivo presidente, cabendo também a este funcionar como relator ou revisor nos feitos que lhe forem distribuídos, conforme estabelecer o regimento interno.

Art. 700. O Tribunal reunir-se-á em dias previamente fixados pelo presidente, o qual poderá, sempre que for necessário, convocar sessões extraordinárias.

- Artigo com redação determinada pelo Dec.-lei 8.737/1946.
- V. art. 96, I, a, CF.

Art. 701. As sessões do Tribunal serão públicas e começarão às 14 (quatorze) horas, terminando às 17 (dezessete) horas, mas poderão ser prorrogadas pelo presidente em caso de manifesta necessidade.

- Artigo com redação determinada pelo Dec.-lei 8.737/1946.
- V. art. 96, I, a, CF.

§ 1º As sessões extraordinárias do Tribunal só se realizarão quando forem comunicadas aos seus membros com 24 (vinte e quatro) horas, no mínimo, de antecedência.

§ 2º Nas sessões do Tribunal, os debates poderão tornar-se secretos, desde que, por motivo de interesse público, assim resolver a maioria de seus membros.

Seção III
Da competência do Tribunal Pleno

Art. 702. Ao Tribunal Pleno compete:

- Artigo revogado. V. Lei 7.701/1988 (Especialização de Turmas do TST).
- V. art. 111-A, § 1º, CF.

Art. 703

I – em única instância:
a) decidir sobre matéria constitucional, quando arguido, para invalidar lei ou ato do poder público;
b) conciliar e julgar os dissídios coletivos que excedam a jurisdição dos Tribunais Regionais do Trabalho, bem como estender ou rever suas próprias decisões normativas, nos casos previstos em lei;
c) homologar os acordos celebrados em dissídios de que trata a alínea anterior;
d) julgar os agravos dos despachos do presidente, nos casos previstos em lei;
e) julgar as suspeições arguidas contra o presidente e demais juízes do Tribunal, nos feitos pendentes de sua decisão;
f) estabelecer súmulas de jurisprudência uniforme, na forma prescrita no regimento interno;

- Alínea f com redação determinada pela Lei 7.033/1982.

g) aprovar tabela de custas e emolumentos, nos termos da lei;
h) elaborar o Regimento Interno do Tribunal e exercer as atribuições administrativas previstas em lei, ou decorrentes da Constituição Federal;
II – em última instância:
a) julgar os recursos ordinários das decisões proferidas pelos Tribunais Regionais, em processos de sua competência originária;
b) julgar os embargos opostos às decisões de que tratam as alíneas b e c do inciso I deste artigo;
c) julgar embargos das decisões das Turmas, quando estas divirjam entre si ou de decisão proferida pelo próprio Tribunal Pleno, ou que forem contrárias a letra de lei federal;
d) julgar os agravos de despachos denegatórios dos presidentes de Turmas, em matéria de embargos, na forma estabelecida no regimento interno;
e) julgar os embargos de declaração opostos aos seus acórdãos.
§ 1º Quando adotada pela maioria de 2/3 (dois terços) dos juízes do Tribunal Pleno, a decisão proferida nos embargos de que trata o inciso II, alínea c, deste artigo, terá força de prejulgado, nos termos dos §§ 2º e 3º do art. 902.

§ 2º É da competência de cada uma das Turmas do Tribunal:
a) julgar, em única instância, os conflitos de jurisdição entre Tribunais Regionais do Trabalho e os que se suscitarem entre juízes de direito ou Juntas de Conciliação e Julgamento de regiões diferentes;

- A EC n. 24/1999 substituiu as Juntas de Conciliação e Julgamento por Varas do Trabalho (juiz singular) e extinguiu a representação classista na Justiça do Trabalho.

b) julgar, em última instância, os recursos de revista interpostos de decisões dos Tribunais Regionais e das Juntas de Conciliação e Julgamento ou juízes de direito, nos casos previstos em lei;
c) julgar os agravos de instrumento dos despachos que denegarem a interposição de recursos ordinários ou de revista;
d) julgar os embargos de declaração opostos aos seus acórdãos;
e) julgar as habilitações incidentes e arguições de falsidade, suspeição e outras, nos casos pendentes de sua decisão.

Seção IV
Da competência da Câmara de Justiça do Trabalho

Arts. 703 a 705. *(Revogados pelo Dec.-lei 8.737/1946.)*

Seção V
Da competência da Câmara de Previdência Social

Art. 706. *(Revogado pelo Dec.-lei 8.737/1946.)*

Seção VI
Das atribuições do presidente do Tribunal Superior do Trabalho

- Expressão "Conselho Nacional do Trabalho" substituída por "Tribunal Superior do Trabalho", de acordo com o art. 2º do Dec.-lei 9.797/1946.
- V. arts. 96, I, a, e 113, CF.

Art. 707. Compete ao presidente do Tribunal:

- Artigo com redação determinada pelo Dec.-lei 8.737/1946.

Art. 709

CONSOLIDAÇÃO DAS LEIS DO TRABALHO

a) presidir às sessões do Tribunal, fixando os dias para a realização das sessões ordinárias e convocando as extraordinárias;
b) superintender todos os serviços do Tribunal;
c) expedir instruções e adotar as providências necessárias para o bom funcionamento do Tribunal e dos demais órgãos da Justiça do Trabalho;
d) fazer cumprir as decisões originárias do Tribunal, determinando aos Tribunais Regionais e aos demais órgãos da Justiça do Trabalho a realização dos atos processuais e das diligências necessárias;
e) submeter ao Tribunal os processos em que tenha de deliberar e designar, na forma do regimento interno, os respectivos relatores;
f) despachar os recursos interpostos pelas partes e os demais papéis em que deva deliberar;
g) determinar as alterações que se fizerem necessárias na lotação do pessoal da Justiça do Trabalho, fazendo remoções *ex officio* de servidores entre os Tribunais Regionais, Juntas de Conciliação e Julgamento e outros órgãos, bem como conceder as requeridas que julgar convenientes ao serviço, respeitada a lotação de cada órgão;

• A EC n. 24/1999 substituiu as Juntas de Conciliação e Julgamento por Varas do Trabalho (juiz singular) e extinguiu a representação classista na Justiça do Trabalho.

h) conceder licenças e férias aos servidores do Tribunal, bem como impor-lhes as penas disciplinares que excederem da alçada das demais autoridades;
i) dar posse e conceder licença aos membros do Tribunal, bem como conceder licenças e férias aos presidentes dos Tribunais Regionais;
j) apresentar ao Ministro da Justiça, até 31 de março de cada ano, o relatório das atividades do Tribunal e dos demais órgãos da Justiça do Trabalho.

Parágrafo único. O presidente terá um secretário, por ele designado dentre os funcionários lotados no Tribunal, e será auxiliado por servidores designados nas mesmas condições.

Seção VII
Das atribuições do vice-presidente

Art. 708. Compete ao vice-presidente do Tribunal:

• Artigo com redação determinada pela Lei 2.244/1954.

a) substituir o presidente e o corregedor em suas faltas e impedimentos;
b) (Revogada pela Lei 2.244/1954.)

Parágrafo único. Na ausência do presidente e do vice-presidente, será o Tribunal presidido pelo juiz togado mais antigo, ou pelo mais idoso quando igual a antiguidade.

Seção VIII
Das atribuições do corregedor

Art. 709. Compete ao corregedor, eleito dentre os ministros togados do Tribunal Superior do Trabalho:

• *Caput* com redação determinada pelo Dec.-lei 229/1967.

I – exercer funções de inspeção e correição permanente com relação aos Tribunais Regionais e seus presidentes;

• Inciso I com redação determinada pelo Dec.-lei 229/1967.

II – decidir reclamações contra os atos atentatórios da boa ordem processual praticados pelos Tribunais Regionais e seus presidentes, quando inexistir recurso específico;

• Inciso II com redação determinada pelo Dec.-lei 229/1967.

III – *(Revogado pela Lei 5.442/1968.)*

§ 1º Das decisões proferidas pelo corregedor, nos casos do artigo, caberá o agravo regimental, para o Tribunal Pleno.

• § 1º com redação determinada pelo Dec.-lei 229/1967.

§ 2º O corregedor não integrará as Turmas do Tribunal, mas participará, com voto, das sessões do Tribunal Pleno, quando não se encontrar em correição ou em férias, embora não relate nem revise processos, cabendo-lhe, outrossim, votar em incidente de inconstitucionalidade, nos processos administrativos e nos feitos em que estiver vincula-

do por visto anterior à sua posse na Corregedoria.

- § 2º com redação determinada pela Lei 7.121/1983.

Capítulo VI
DOS SERVIÇOS AUXILIARES DA JUSTIÇA DO TRABALHO

Seção I
Da Secretaria das Juntas de Conciliação e Julgamento

- A EC n. 24/1999 substituiu as Juntas de Conciliação e Julgamento por Varas do Trabalho (juiz singular) e extinguiu a representação classista na Justiça do Trabalho.
- V. art. 96, I, *a*, CF.

Art. 710. Cada Junta terá uma Secretaria, sob a direção de funcionário que o presidente designar, para exercer a função de secretário, e que receberá, além dos vencimentos correspondentes ao seu padrão, a gratificação de função fixada em lei.

- Artigo com redação determinada pelo Dec.-lei 8.737/1946.
- A EC n. 24/1999 substituiu as Juntas de Conciliação e Julgamento por Varas do Trabalho (juiz singular) e extinguiu a representação classista na Justiça do Trabalho.

Art. 711. Compete à Secretaria das Juntas:

- A EC n. 24/1999 substituiu as Juntas de Conciliação e Julgamento por Varas do Trabalho (juiz singular) e extinguiu a representação classista na Justiça do Trabalho.

a) o recebimento, a autuação, o andamento, a guarda e a conservação dos processos e outros papéis que lhe forem encaminhados;

b) a manutenção do protocolo de entrada e saída dos processos e demais papéis;

c) o registro das decisões;

d) a informação, às partes interessadas e seus procuradores, do andamento dos respectivos processos, cuja consulta lhes facilitará;

e) a abertura de vista dos processos às partes, na própria Secretaria;

f) a contagem das custas devidas pelas partes, nos respectivos processos;

g) o fornecimento de certidões sobre o que constar dos livros ou do arquivamento da Secretaria;

h) a realização das penhoras e demais diligências processuais;

i) o desempenho dos demais trabalhos que lhe forem cometidos pelo presidente da Junta, para melhor execução dos serviços que lhe estão afetos.

Art. 712. Compete especialmente aos diretores de secretaria das Juntas de Conciliação e Julgamento:

- Artigo com redação determinada pelo Dec.-lei 8.737/1946.
- A EC n. 24/1999 substituiu as Juntas de Conciliação e Julgamento por Varas do Trabalho (juiz singular) e extinguiu a representação classista na Justiça do Trabalho.

a) superintender os trabalhos da Secretaria, velando pela boa ordem do serviço;

b) cumprir e fazer cumprir as ordens emanadas do presidente e das autoridades superiores;

c) submeter a despacho e assinatura do presidente o expediente e os papéis que devam ser por ele despachados e assinados;

d) abrir a correspondência oficial dirigida à Junta e ao seu presidente, a cuja deliberação será submetida;

e) tomar por termo as reclamações verbais nos casos de dissídios individuais;

f) promover o rápido andamento dos processos, especialmente na fase de execução, e a pronta realização dos atos e diligências deprecadas pelas autoridades superiores;

g) secretariar as audiências da Junta, lavrando as respectivas atas;

h) subscrever as certidões e os termos processuais;

i) dar aos litigantes ciência das reclamações e demais atos processuais de que devam ter conhecimento, assinando as respectivas notificações;

j) executar os demais trabalhos que lhe forem atribuídos pelo presidente da Junta.

Parágrafo único. Os serventuários que, sem motivo justificado, não realizarem os atos, dentro dos prazos fixados, serão descontados em seus vencimentos, em tantos dias quantos os do excesso.

Art. 719

CONSOLIDAÇÃO DAS LEIS DO TRABALHO

Seção II
Dos distribuidores

Art. 713. Nas localidades em que existir mais de uma Junta de Conciliação e Julgamento haverá um distribuidor.

- A EC n. 24/1999 substituiu as Juntas de Conciliação e Julgamento por Varas do Trabalho (juiz singular) e extinguiu a representação classista na Justiça do Trabalho.

Art. 714. Compete ao distribuidor:

a) a distribuição, pela ordem rigorosa de entrada, e sucessivamente a cada Junta, dos feitos que, para esse fim, lhe forem apresentados pelos interessados;

- A EC n. 24/1999 substituiu as Juntas de Conciliação e Julgamento por Varas do Trabalho (juiz singular) e extinguiu a representação classista na Justiça do Trabalho.

b) o fornecimento, aos interessados, do recibo correspondente a cada feito distribuído;

c) a manutenção de dois fichários dos feitos distribuídos, sendo um organizado pelos nomes dos reclamantes e o outro dos reclamados, ambos por ordem alfabética;

d) o fornecimento a qualquer pessoa que o solicite, verbalmente ou por certidão, de informações sobre os feitos distribuídos;

e) a baixa na distribuição dos feitos, quando isto lhe for determinado pelos presidentes das Juntas, formando, com as fichas correspondentes, fichários à parte, cujos dados poderão ser consultados pelos interessados, mas não serão mencionados em certidões.

Art. 715. Os distribuidores são designados pelo presidente do Tribunal Regional, dentre os funcionários das Juntas e do Tribunal Regional, existentes na mesma localidade, e ao mesmo presidente diretamente subordinados.

- Expressão "Conselho Regional" substituída por "Tribunal Regional", de acordo com o art. 2º do Dec.-lei 9.797/1946.
- A EC n. 24/1999 substituiu as Juntas de Conciliação e Julgamento por Varas do Trabalho (juiz singular) e extinguiu a representação classista na Justiça do Trabalho.

Seção III
Do Cartório dos Juízos de Direito

Art. 716. Os Cartórios dos Juízos de Direito, investidos na administração da Justiça do Trabalho, têm, para esse fim, as mesmas atribuições e obrigações conferidas na Seção I às Secretarias das Juntas de Conciliação e Julgamento.

- A EC n. 24/1999 substituiu as Juntas de Conciliação e Julgamento por Varas do Trabalho (juiz singular) e extinguiu a representação classista na Justiça do Trabalho.

Parágrafo único. Nos juízos em que houver mais de um Cartório, far-se-á entre eles a distribuição alternada e sucessiva das reclamações.

Art. 717. Aos escrivães dos Juízos de Direito, investidos na administração da Justiça do Trabalho, competem especialmente as atribuições e obrigações dos diretores de secretaria das Juntas; e aos demais funcionários dos Cartórios, as que couberem nas respectivas funções, dentre as que competem às Secretarias das Juntas, enumeradas no art. 711.

- A EC n. 24/1999 substituiu as Juntas de Conciliação e Julgamento por Varas do Trabalho (juiz singular) e extinguiu a representação classista na Justiça do Trabalho.

Seção IV
Das Secretarias dos Tribunais Regionais

- Expressão "Conselhos Regionais" substituída por "Tribunais Regionais", de acordo com o art. 2º do Dec.-lei 9.797/1946.

Art. 718. Cada Tribunal Regional tem uma Secretaria, sob a direção do funcionário designado para exercer a função de secretário, com a gratificação de função fixada em lei.

- Artigo com redação determinada pelo Dec.-lei 8.737/1946.
- Expressão "Conselho Regional" substituída por "Tribunal Regional", de acordo com o art. 2º do Dec.-lei 9.797/1946.

Art. 719. Competem à Secretaria dos Tribunais, além das atribuições estabelecidas

no art. 711, para a Secretaria das Juntas, mais as seguintes:

- Expressão "Conselhos" substituída por "Tribunais", de acordo com o art. 2º do Dec.-lei 9.797/1946.
- A EC n. 24/1999 substituiu as Juntas de Conciliação e Julgamento por Varas do Trabalho (juiz singular) e extinguiu a representação classista na Justiça do Trabalho.

a) a conclusão dos processos ao presidente e sua remessa, depois de despachados, aos respectivos relatores;
b) a organização e a manutenção de um fichário de jurisprudência do Tribunal, para consulta dos interessados.
Parágrafo único. No regimento interno dos Tribunais Regionais serão estabelecidas as demais atribuições, o funcionamento e a ordem dos trabalhos de suas Secretarias.

- Expressão "Conselhos Regionais" substituída por "Tribunais Regionais", de acordo com o art. 2º do Dec.-lei 9.797/1946.

Art. 720. Competem aos secretários dos Tribunais Regionais as mesmas atribuições conferidas no art. 712 aos diretores de secretaria das Juntas, além das que lhes forem fixadas no regimento interno dos Tribunais.

- Expressão "Conselhos Regionais" substituída por "Tribunais Regionais", de acordo com o art. 2º do Dec.-lei 9.797/1946.
- A EC n. 24/1999 substituiu as Juntas de Conciliação e Julgamento por Varas do Trabalho (juiz singular) e extinguiu a representação classista na Justiça do Trabalho.

Seção V
Dos oficiais de justiça e oficiais de justiça avaliadores

Art. 721. Incumbe aos oficiais de justiça e oficiais de justiça avaliadores da Justiça do Trabalho a realização dos atos decorrentes da execução dos julgados das Juntas de Conciliação e Julgamento e dos Tribunais Regionais do Trabalho, que lhes forem cometidos pelos respectivos presidentes.

- Artigo com redação determinada pela Lei 5.442/1968.
- A EC n. 24/1999 substituiu as Juntas de Conciliação e Julgamento por Varas do Trabalho (juiz singular) e extinguiu a representação classista na Justiça do Trabalho.

§ 1º Para efeito de distribuição dos referidos atos, cada oficial de justiça ou oficial de justiça avaliador funcionará perante uma Junta de Conciliação e Julgamento, salvo quando da existência, nos Tribunais Regionais do Trabalho, de órgão específico, destinado à distribuição de mandados judiciais.
§ 2º Nas localidades onde houver mais de uma Junta, respeitado o disposto no parágrafo anterior, a atribuição para o cumprimento do ato deprecado ao oficial de justiça ou oficial de justiça avaliador será transferida a outro oficial, sempre que, após o decurso de 9 (nove) dias, sem razões que o justifiquem, não tiver sido cumprido o ato, sujeitando-se o serventuário às penalidades da lei.
§ 3º No caso de avaliação, terá o oficial de justiça avaliador, para cumprimento do ato, o prazo previsto no art. 888.
§ 4º É facultado aos presidentes dos Tribunais Regionais do Trabalho cometer a qualquer oficial de justiça ou oficial de justiça avaliador a realização dos atos de execução das decisões desses Tribunais.
§ 5º Na falta ou impedimento do oficial de justiça ou oficial de justiça avaliador, o presidente da Junta poderá atribuir a realização do ato a qualquer serventuário.

Capítulo VII
DAS PENALIDADES

Seção I
Do *lockout* e da greve

- V. art. 9º, CF.
- V. Lei 7.783/1989 (Exercício do direito de greve).

Art. 722. Os empregadores que, individual ou coletivamente, suspenderem os trabalhos dos seus estabelecimentos, sem prévia autorização do Tribunal competente, ou que violarem, ou se recusarem a cumprir decisão proferida em dissídio coletivo, incorrerão nas seguintes penalidades:
a) multa de 5.000 (cinco mil) a 50.000 (cinquenta mil) cruzeiros;

- Multas: ver Notas de Atualização e Portaria MTb 290/1997.

b) perda do cargo de representação profissional em cujo desempenho estiverem;
c) suspensão, pelo prazo de 2 (dois) a 5 (cinco) anos, do direito de serem eleitos para cargos de representação profissional.

Consolidação das Leis do Trabalho

§ 1º Se o empregador for pessoa jurídica, as penas previstas nas alíneas *b* e *c* incidirão sobre os administradores responsáveis.

§ 2º Se o empregador for concessionário de serviço público, as penas serão aplicadas em dobro. Nesse caso, se o concessionário for pessoa jurídica, o presidente do Tribunal que houver proferido a decisão poderá, sem prejuízo do cumprimento desta e da aplicação das penalidades cabíveis, ordenar o afastamento dos administradores responsáveis, sob pena de ser cassada a concessão.

§ 3º Sem prejuízo das sanções cominadas neste artigo, os empregadores ficarão obrigados a pagar os salários devidos aos seus empregados, durante o tempo de suspensão do trabalho.

Arts. 723 a 725. *(Revogados pela Lei 9.842/1999.)*

Seção II
Das penalidades contra os membros da Justiça do Trabalho

Art. 726. Aquele que recusar o exercício da função de vogal de Junta de Conciliação e Julgamento ou juiz representante classista do Tribunal Regional, sem motivo justificado, incorrerá nas seguintes penas:

- Expressão "vogal do Conselho Regional" substituída por "juiz representante classista do Tribunal Regional", de acordo com o art. 3º do Dec.-lei 9.797/1946.
- A EC n. 24/1999 substituiu as Juntas de Conciliação e Julgamento por Varas do Trabalho (juiz singular) e extinguiu a representação classista na Justiça do Trabalho.

a) sendo representante de empregadores, multa de 100 (cem) a 1.000 (mil) cruzeiros e suspensão do direito de representação profissional por 2 (dois) a 5 (cinco) anos;

b) sendo representante de empregados, multa de 100 (cem) cruzeiros e suspensão do direito de representação profissional por 2 (dois) a 5 (cinco) anos.

- Multas: ver Notas de Atualização e Portaria MTb 290/1997.

Art. 727. Os vogais das Juntas de Conciliação e Julgamento, ou juízes representantes classistas dos Tribunais Regionais, que faltarem a três reuniões ou sessões consecutivas, sem motivo justificado, perderão o cargo, além de incorrerem nas penas do artigo anterior.

- Expressão "vogais dos Conselhos Regionais" substituída por "juízes representantes classistas dos Tribunais Regionais", de acordo com o art. 3º do Dec.-lei 9.797/1946.
- A EC n. 24/1999 substituiu as Juntas de Conciliação e Julgamento por Varas do Trabalho (juiz singular) e extinguiu a representação classista na Justiça do Trabalho.

Parágrafo único. Se a falta for de presidente, incorrerá ele na pena de perda do cargo, além da perda dos vencimentos correspondentes aos dias em que tiver faltado às audiências ou sessões consecutivas.

Art. 728. Aos presidentes, membros, juízes, vogais e funcionários auxiliares da Justiça do Trabalho, aplica-se o disposto no Título XI do Código Penal.

- A EC n. 24/1999 substituiu as Juntas de Conciliação e Julgamento por Varas do Trabalho (juiz singular) e extinguiu a representação classista na Justiça do Trabalho.

Seção III
De outras penalidades

Art. 729. O empregador que deixar de cumprir decisão passada em julgado sobre a readmissão ou reintegração de empregado, além do pagamento dos salários deste, incorrerá na multa de 500 (quinhentos) a 5.000 (cinco mil) cruzeiros por dia, até que seja cumprida a decisão.

- Multas: ver Notas de Atualização e Portaria MTb 290/1997.

§ 1º O empregador que impedir ou tentar impedir que empregado seu sirva como vogal em Tribunal de Trabalho, ou que perante este preste depoimento, incorrerá na multa de 500 (quinhentos) a 5.000 (cinco mil) cruzeiros.

- Multas: ver Notas de Atualização e Portaria MTb 290/1997.
- A EC n. 24/1999 substituiu as Juntas de Conciliação e Julgamento por Varas do Trabalho (juiz singular) e extinguiu a representação classista na Justiça do Trabalho.

§ 2º Na mesma pena do parágrafo anterior incorrerá o empregador que dispensar seu empregado pelo fato de haver servido como vogal ou prestado depoimento como teste-

munha, sem prejuízo da indenização que a lei estabeleça.

Art. 730. Aqueles que se recusarem a depor como testemunhas, sem motivo justificado, incorrerão na multa de 50 (cinquenta) a 500 (quinhentos) cruzeiros.

- Multas: ver Notas de Atualização e Portaria MTb 290/1997.

Art. 731. Aquele que, tendo apresentado ao distribuidor reclamação verbal, não se apresentar, no prazo estabelecido no parágrafo único do art. 786, à Junta ou Juízo para fazê-lo tomar por termo, incorrerá na pena de perda, pelo prazo de 6 (seis) meses, do direito de reclamar perante a Justiça do Trabalho.

- V. art. 133, CF.
- A EC n. 24/1999 substituiu as Juntas de Conciliação e Julgamento por Varas do Trabalho (juiz singular) e extinguiu a representação classista na Justiça do Trabalho.
- • V. arts. 732, 786 e 844, CLT.
- • V. art. 268, p.u., CPC.

Art. 732. Na mesma pena do artigo anterior incorrerá o reclamante que, por duas vezes seguidas, der causa ao arquivamento de que trata o art. 844.

- • V. arts. 731, 786 e 844, CLT.
- • V. art. 268, p.u., CPC.
- • V. Súmula 268, TST.
- • V. OJ 359, SDI (I) TST.

Art. 733. As infrações de disposições deste Título, para as quais não haja penalidades cominadas, serão punidas com a multa de 50 (cinquenta) a 5.000 (cinco mil) cruzeiros, elevada ao dobro na reincidência.

- Multas: ver Notas de Atualização e Portaria MTb 290/1997.

Capítulo VIII
DISPOSIÇÕES GERAIS

Art. 734. *(Revogado pelo Dec.-lei 72/1966.)*

Art. 735. As repartições públicas e as associações sindicais são obrigadas a fornecer aos juízes e Tribunais do Trabalho e à Procuradoria da Justiça do Trabalho as informações e os dados necessários à instrução e ao julgamento dos feitos submetidos à sua apreciação.

Parágrafo único. A recusa de informações ou dados a que se refere este artigo, por parte de funcionários públicos, importa na aplicação das penalidades previstas pelo Estatuto dos Funcionários Públicos por desobediência.

TÍTULO IX
DO MINISTÉRIO PÚBLICO DO TRABALHO

- V. arts. 127 a 130, CF.
- V. art. 29, § 4º, ADCT.
- V. arts. 83 a 115, LC 75/1993 (Estatuto do Ministério Público da União).

Capítulo I
DISPOSIÇÕES GERAIS

Art. 736. O Ministério Público do Trabalho é constituído por agentes diretos do Poder Executivo, tendo por função zelar pela exata observância da Constituição Federal, das leis e demais atos emanados dos poderes públicos, na esfera de suas atribuições.

Parágrafo único. Para o exercício de suas funções, o Ministério Público do Trabalho reger-se-á pelo que estatui esta Consolidação e, na falta de disposição expressa, pelas normas que regem o Ministério Público Federal.

Art. 737. O Ministério Público do Trabalho compõe-se da Procuradoria da Justiça do Trabalho e da Procuradoria da Previdência Social, aquela funcionando como órgão de coordenação entre a Justiça do Trabalho e o Ministério do Trabalho, Indústria e Comércio, ambas diretamente subordinadas ao Ministro de Estado.

- Artigo com redação determinada pelo Dec.-lei 8.737/1946.
- V. art. 35, Dec.-lei 229/1967 (Altera dispositivos da Consolidação das Leis do Trabalho – CLT).

Art. 738. *(Revogado pelo Dec.-lei 8.024/1945.)*

Art. 739. Não estão sujeitos a ponto os procuradores-gerais e os procuradores.

CONSOLIDAÇÃO DAS LEIS DO TRABALHO

Capítulo II
DA PROCURADORIA DA JUSTIÇA DO TRABALHO

Seção I
Da organização

Art. 740. A Procuradoria da Justiça do Trabalho compreende:

* Artigo atualizado pela Lei 8.470/1992.

a) uma Procuradoria-Geral, que funcionará junto ao Tribunal Superior do Trabalho;
b) vinte e quatro Procuradorias Regionais, que funcionarão junto aos Tribunais Regionais do Trabalho.

Art. 741. As Procuradorias Regionais são subordinadas diretamente ao procurador-geral.

Art. 742. A Procuradoria-Geral é constituída de um procurador-geral e de procuradores.

Parágrafo único. As Procuradorias Regionais compõem-se de um procurador regional, auxiliado, quando necessário, por procuradores adjuntos.

Art. 743. Haverá, nas Procuradorias Regionais, substitutos de procurador adjunto ou, quando não houver este cargo, de procurador regional, designados previamente por decreto do Presidente da República, sem ônus para os cofres públicos.

§ 1º O substituto tomará posse perante o respectivo procurador regional, que será a autoridade competente para convocá-lo.

§ 2º O procurador regional será substituído em suas faltas e impedimentos pelo procurador adjunto, quando houver, e, havendo mais de um, pelo que for por ele designado.

§ 3º O procurador adjunto será substituído, em suas faltas e impedimentos, pelo respectivo procurador substituto.

§ 4º Será dispensado, automaticamente, o substituto que não atender à convocação, salvo motivo de doença, devidamente comprovada.

§ 5º Nenhum direito ou vantagem terá o substituto além do vencimento do cargo do substituído e somente durante o seu impedimento legal.

Art. 744. A nomeação do procurador-geral deverá recair em bacharel em ciências jurídicas e sociais, que tenha exercido, por 5 (cinco) ou mais anos, cargo de magistratura ou de Ministério Público, ou a advocacia.

* V. art. 88, LC 75/1993 (Estatuto do Ministério Público da União).

Art. 745. Para a nomeação dos demais procuradores, atender-se-á aos mesmos requisitos estabelecidos no artigo anterior, reduzido a 2 (dois) anos, no mínimo, o tempo de exercício.

Seção II
Da competência da Procuradoria-Geral

Art. 746. Compete à Procuradoria-Geral da Justiça do Trabalho:

* Artigo com redação determinada pelo Dec.-lei 8.737/1946.
* V. Res. CSMPT 1/1993 (Intervenção obrigatória do Ministério Público do Trabalho nos processos de competência do TST).
* V. Res. CSMPT 2/1993 (Intervenção obrigatória do Ministério Público do Trabalho nos processos de competência dos TRTs).

a) oficiar, por escrito, em todos os processos e questões de trabalho de competência do Tribunal Superior do Trabalho;
b) funcionar nas sessões do mesmo Tribunal, opinando verbalmente sobre a matéria em debate e solicitando as requisições e diligências que julgar convenientes, sendo-lhe assegurado o direito de vista do processo em julgamento sempre que for suscitada questão nova, não examinada no parecer exarado;
c) requerer prorrogação das sessões do Tribunal, quando essa medida for necessária para que se ultime o julgamento;
d) exarar, por intermédio do procurador-geral, o seu "ciente" nos acórdãos do Tribunal;
e) proceder às diligências e inquéritos solicitados pelo Tribunal;
f) recorrer das decisões do Tribunal, nos casos previstos em lei;
g) promover, perante o juízo competente, a cobrança executiva das multas impostas pelas autoridades administrativas e judiciárias do trabalho;

h) representar às autoridades competentes contra os que não cumprirem as decisões do Tribunal;

i) prestar às autoridades do Ministério do Trabalho, Indústria e Comércio as informações que lhe forem solicitadas sobre os dissídios submetidos à apreciação do Tribunal e encaminhar aos órgãos competentes cópia autenticada das decisões que por eles devam ser atendidas ou cumpridas;

- V. art. 35, Dec.-lei 229/1967 (Altera dispositivos da Consolidação das Leis do Trabalho – CLT).

j) requisitar, de quaisquer autoridades, inquéritos, exames periciais, diligências, certidões e esclarecimentos que se tornem necessários no desempenho de suas atribuições;

l) defender a jurisdição dos órgãos da Justiça do Trabalho;

m) suscitar conflitos de jurisdição.

Seção III
Da competência das Procuradorias Regionais

Art. 747. Compete às Procuradorias Regionais exercer, dentro da jurisdição do Tribunal Regional respectivo, as atribuições indicadas na Seção anterior.

- Expressão "Conselho Regional" substituída por "Tribunal Regional", de acordo com o art. 2º do Dec.-lei 9.797/1946.

Seção IV
Das atribuições do procurador-geral

Art. 748. Como chefe da Procuradoria-Geral da Justiça do Trabalho, incumbe ao procurador-geral:

- Artigo com redação determinada pelo Dec.-lei 8.737/1946.

a) dirigir os serviços da Procuradoria-Geral, orientar e fiscalizar as Procuradorias Regionais, expedindo as necessárias instruções;

b) funcionar nas sessões do Tribunal Superior do Trabalho, pessoalmente ou por intermédio do procurador que designar;

c) exarar o seu "ciente" nos acórdãos do Tribunal;

d) designar o procurador que o substitua nas faltas e impedimentos e o diretor da secretaria da Procuradoria;

e) apresentar, até o dia 31 de março, ao Ministro do Trabalho, Indústria e Comércio, relatório dos trabalhos da Procuradoria-Geral no ano anterior, com as observações e sugestões que julgar convenientes;

- V. art. 35, Dec.-lei 229/1967 (Altera dispositivos da Consolidação das Leis do Trabalho – CLT).

f) conceder férias aos procuradores e demais funcionários que sirvam na Procuradoria e impor-lhes penas disciplinares, observada, quanto aos procuradores, a legislação em vigor para o Ministério Público Federal;

g) funcionar em juízo, em primeira instância, ou designar os procuradores que o devam fazer;

h) admitir e dispensar o pessoal extranumerário da Secretaria e prorrogar o expediente remunerado dos funcionários e extranumerários.

Seção V
Das atribuições dos procuradores

Art. 749. Incumbe aos procuradores com exercício na Procuradoria-Geral:

- Artigo com redação determinada pelo Dec.-lei 8.737/1946.

a) funcionar, por designação do procurador-geral, nas sessões do Tribunal Superior do Trabalho.

- Expressão "Conselho Nacional do Trabalho" substituída por "Tribunal Superior do Trabalho", de acordo com o art. 2º do Dec.-lei 9.797/1946.

b) desempenhar os demais encargos que lhes forem atribuídos pelo procurador-geral.

Parágrafo único. Aos procuradores é facultado, nos processos em que oficiarem, requerer ao procurador-geral as diligências e investigações necessárias.

Seção VI
Das atribuições dos procuradores regionais

Art. 750. Incumbe aos procuradores regionais:

- Artigo com redação determinada pelo Dec.-lei 8.737/1946.

a) dirigir os serviços da respectiva Procuradoria;

Art. 764

CONSOLIDAÇÃO DAS LEIS DO TRABALHO

b) funcionar nas sessões do Tribunal Regional, pessoalmente ou por intermédio do procurador adjunto que designar;

- Expressão "Conselho Regional" substituída por "Tribunal Regional", de acordo com o art. 2º do Dec.-lei 9.797/1946.

c) apresentar, semestralmente, ao procurador-geral, um relatório das atividades da respectiva Procuradoria, bem como dados e informações sobre a administração da Justiça do Trabalho na respectiva região;

d) requerer e acompanhar perante as autoridades administrativas ou judiciárias as diligências necessárias à execução das medidas e providências ordenadas pelo procurador-geral;

e) prestar ao procurador-geral as informações necessárias sobre os feitos em andamento e consultá-lo nos casos de dúvidas;

f) funcionar em juízo, na sede do respectivo Tribunal Regional;

- Expressão "Conselho Regional" substituída por "Tribunal Regional", de acordo com o art. 2º do Dec.-lei 9.797/1946.

g) exarar o seu "ciente" nos acórdãos do Tribunal;

- Expressão "Conselho" substituída por "Tribunal", de acordo com o art. 2º do Dec.-lei 9.797/1946.

h) designar o procurador que o substitua nas faltas e impedimentos e o secretário da Procuradoria.

Art. 751. Incumbe aos procuradores adjuntos das Procuradorias Regionais:

- Artigo com redação determinada pelo Dec.-lei 8.737/1946.

a) funcionar por designação do procurador regional, nas sessões do Tribunal Regional;

- Expressão "Conselho Regional" substituída por "Tribunal Regional", de acordo com o art. 2º do Dec.-lei 9.797/1946.

b) desempenhar os demais encargos que lhes forem atribuídos pelo procurador regional.

Seção VII
Da Secretaria

Art. 752. A Secretaria da Procuradoria-Geral funcionará sob a direção de um diretor designado pelo procurador-geral e terá o pessoal designado pelo Ministro do Trabalho, Indústria e Comércio.

- Artigo com redação determinada pelo Dec.-lei 8.737/1946.
- V. art. 35, Dec.-lei 229/1967 (Altera dispositivos da Consolidação das Leis do Trabalho – CLT).

Art. 753. Compete à Secretaria:

a) receber, registrar e encaminhar os processos ou papéis entrados;

b) classificar e arquivar os pareceres e outros papéis;

c) prestar informações sobre os processos ou papéis sujeitos à apreciação da Procuradoria;

d) executar o expediente da Procuradoria;

e) providenciar sobre o suprimento do material necessário;

f) desempenhar os demais trabalhos que lhe forem cometidos pelo procurador-geral, para melhor execução dos serviços a seu cargo.

Art. 754. Nas Procuradorias Regionais, os trabalhos a que se refere o artigo anterior serão executados pelos funcionários para esse fim designados.

Capítulo III
DA PROCURADORIA
DE PREVIDÊNCIA SOCIAL

Arts. 755 a 762. [...]

- Artigos revogados. V. Dec.-lei 72/1966 (Justiça do Trabalho).

TÍTULO X
DO PROCESSO JUDICIÁRIO
DO TRABALHO

Capítulo I
DISPOSIÇÕES PRELIMINARES

- V. arts. 22, I, e 24, XI, CF.

Art. 763. O processo da Justiça do Trabalho, no que concerne aos dissídios individuais e coletivos e à aplicação de penalidades, reger-se-á, em todo o território nacional, pelas normas estabelecidas neste Título.

Art. 764. Os dissídios individuais ou coletivos submetidos à apreciação da Justiça do Trabalho serão sempre sujeitos à conciliação.

** V. art. 114, *caput*, CF.

Art. 765

CONSOLIDAÇÃO DAS LEIS DO TRABALHO

§ 1º Para os efeitos deste artigo, os juízes e Tribunais do Trabalho empregarão sempre os seus bons ofícios e persuasão no sentido de uma solução conciliatória dos conflitos.

•• V. art. 852-E, CLT.

§ 2º Não havendo acordo, o juízo conciliatório converter-se-á obrigatoriamente em arbitral, proferindo decisão na forma prescrita neste Título.

§ 3º É lícito às partes celebrar acordo que ponha termo ao processo, ainda mesmo depois de encerrado o juízo conciliatório.

•• V. art. 831, 846, 850, 852-E e 862, CLT.

•• V. Súmulas 100, V, 259 e 418, TST.

Art. 765. Os Juízos e Tribunais do Trabalho terão ampla liberdade na direção do processo e velarão pelo andamento rápido das causas, podendo determinar qualquer diligência necessária ao esclarecimento delas.

•• V. arts. 130 e 131, CPC.

Art. 766. Nos dissídios sobre estipulação de salários, serão estabelecidas condições que, assegurando justos salários aos trabalhadores, permitam também justa retribuição às empresas interessadas.

Art. 767. A compensação, ou retenção, só poderá ser arguida como matéria de defesa.

• Artigo atualizado pelo Dec.-lei 6.353/1944.

• V. Súmulas 18 e 48, TST.

•• V. art. 477, § 5º, CLT.

•• V. art. 368 e ss., CC.

Art. 768. Terá preferência em todas as fases processuais o dissídio cuja decisão tiver de ser executada perante o juízo da falência.

Art. 769. Nos casos omissos, o direito processual comum será fonte subsidiária do direito processual do trabalho, exceto naquilo em que for incompatível com as normas deste Título.

• V. Súmula 10, STJ.

•• V. arts. 8º, p.u. e 889, CLT.

Capítulo II
DO PROCESSO EM GERAL

Seção I
Dos atos, termos e prazos processuais

Art. 770. Os atos processuais serão públicos, salvo quando o contrário determinar o interesse social, e realizar-se-ão nos dias úteis das 6 (seis) às 20 (vinte) horas.

•• V. arts. 5º, LX e 93, IX, CF.

•• V arts. 155, 172 e 444, CPC.

•• V. art. 813, CLT.

•• V. Súmulas 1, 262, 385 e 387, TST.

Parágrafo único. A penhora poderá realizar-se em domingo ou dia feriado, mediante autorização expressa do juiz ou presidente.

Art. 771. Os atos e termos processuais poderão ser escritos a tinta, datilografados ou a carimbo.

Art. 772. Os atos e termos processuais, que devam ser assinados pelas partes interessadas, quando estas, por motivo justificado, não possam fazê-lo, serão firmados a rogo, na presença de duas testemunhas, sempre que não houver procurador legalmente constituído.

Art. 773. Os termos relativos ao movimento dos processos constarão de simples notas, datadas e rubricadas pelos diretores de secretaria ou escrivães.

• Artigo atualizado pela Lei 409/1948.

Art. 774. Salvo disposição em contrário, os prazos previstos neste Título contam-se, conforme o caso, a partir da data em que for feita pessoalmente, ou recebida a notificação, daquela em que for publicado o edital no jornal oficial ou no que publicar o expediente da Justiça do Trabalho, ou, ainda, daquela em que for afixado o edital na sede da Junta, Juízo ou Tribunal.

• *Caput* com redação determinada pela Lei 2.244/1954.

• A EC n. 24/1999 substituiu as Juntas de Conciliação e Julgamento por Varas do Trabalho (juiz singular) e extinguiu a representação classista na Justiça do Trabalho.

•• V. arts. 184 e 240, CPC.

Art. 785

CONSOLIDAÇÃO DAS LEIS DO TRABALHO

•• V. art. 775, CLT.
•• V. Súmulas 1, 262 e 385, TST.
•• V. OJ 146, SDI (II).

Parágrafo único. Tratando-se de notificação postal, no caso de não ser encontrado o destinatário ou no de recusa de recebimento, o Correio ficará obrigado, sob pena de responsabilidade do servidor, a devolvê-la, no prazo de 48 (quarenta e oito) horas, ao Tribunal de origem.

• Parágrafo único com redação determinada pelo Dec.-lei 8.737/1946.
• V. Súmula 16, TST.

•• V. Súmula 1, TST.

Art. 775. Os prazos estabelecidos neste Título contam-se com exclusão do dia do começo e inclusão do dia do vencimento, e são contínuos e irreleváveis, podendo, entretanto, ser prorrogados pelo tempo estritamente necessário pelo juiz ou tribunal, ou em virtude de força maior, devidamente comprovada.

• Artigo com redação determinada pelo Dec.-lei 8.737/1946.

•• V. arts. 175, 177 a 192 e 240, CPC.
•• V. art. 774, CLT.
•• V. arts. 3º e 4º, §§ 3º e 4º, Lei 11.419/2006 (Informatização do Processo Judicial).
•• V. art. 1º, II e III, Dec.-lei 779/1969 (Normas processuais trabalhistas a entes públicos que não explorem atividade econômica).
•• V. Súmula 387, TST.
•• V. OJ 310, SDI (I).

Parágrafo único. Os prazos que se vencerem em sábado, domingo ou feriado terminarão no primeiro dia útil seguinte.

• V. Súmula 310, STF.
• V. Súmulas 1, 100, 262 e 385, TST.

Art. 776. O vencimento dos prazos será certificado nos processos pelos escrivães ou diretores de secretaria.

• Artigo atualizado pela Lei 409/1948.

Art. 777. Os requerimentos e documentos apresentados, os atos e termos processuais, as petições ou razões de recursos e quaisquer outros papéis referentes aos feitos formarão os autos dos processos, os quais ficarão sob a responsabilidade dos escrivães ou diretores de secretaria.

• Artigo atualizado pela Lei 409/1948.

Art. 778. Os autos dos processos da Justiça do Trabalho não poderão sair dos cartórios ou secretarias, salvo se solicitados por advogado regularmente constituído por qualquer das partes, ou quando tiverem de ser remetidos aos órgãos competentes, em caso de recurso ou requisição.

• Artigo com redação determinada pela Lei 6.598/1978.

Art. 779. As partes, ou seus procuradores, poderão consultar, com ampla liberdade, os processos nos cartórios ou secretarias.

Art. 780. Os documentos juntos aos autos poderão ser desentranhados somente depois de findo o processo, ficando traslado.

Art. 781. As partes poderão requerer certidões dos processos em curso ou arquivados, as quais serão lavradas pelos escrivães ou diretores de secretaria.

• Artigo atualizado pela Lei 409/1948.

Parágrafo único. As certidões dos processos que correrem em segredo de justiça dependerão de despacho do juiz ou presidente.

Art. 782. São isentos de selo as reclamações, representações, requerimentos, atos e processos relativos à Justiça do Trabalho.

Seção II
Da distribuição

Art. 783. A distribuição das reclamações será feita entre as Juntas de Conciliação e Julgamento, ou os juízes de direito do cível, nos casos previstos no art. 669, § 1º, pela ordem rigorosa de sua apresentação ao distribuidor, quando o houver.

• A EC n. 24/1999 substituiu as Juntas de Conciliação e Julgamento por Varas do Trabalho (juiz singular) e extinguiu a representação classista na Justiça do Trabalho.

Art. 784. As reclamações serão registradas em livro próprio, rubricado em todas as folhas pela autoridade a que estiver subordinado o distribuidor.

Art. 785. O distribuidor fornecerá ao interessado um recibo, do qual constarão, essencialmente, o nome do reclamante e do reclamado, a data da distribuição, o objeto

353

da reclamação e a Junta ou o Juízo a que coube a distribuição.

• A EC n. 24/1999 substituiu as Juntas de Conciliação e Julgamento por Varas do Trabalho (juiz singular) e extinguiu a representação classista na Justiça do Trabalho.

Art. 786. A reclamação verbal será distribuída antes de sua redução a termo.

•• V. art. 268, p.u., CPC.
•• V. arts. 731, 732, 840, § 2º e 844, CLT.

Parágrafo único. Distribuída a reclamação verbal, o reclamante deverá, salvo motivo de força maior, apresentar-se no prazo de 5 (cinco) dias, ao cartório ou à secretaria, para reduzi-la a termo, sob a pena estabelecida no art. 731.

Art. 787. A reclamação escrita deverá ser formulada em duas vias e desde logo acompanhada dos documentos em que se fundar.

• V. Súmula 8, TST.
•• V. art. 840, § 1º, CLT.

Art. 788. Feita a distribuição, a reclamação será remetida pelo distribuidor à Junta ou Juízo competente, acompanhada do bilhete de distribuição.

• A EC n. 24/1999 substituiu as Juntas de Conciliação e Julgamento por Varas do Trabalho (juiz singular) e extinguiu a representação classista na Justiça do Trabalho.

Seção III
Das custas e emolumentos

• Seção III com redação determinada pela Lei 10.537/2002.

Art. 789. Nos dissídios individuais e nos dissídios coletivos do trabalho, nas ações e procedimentos de competência da Justiça do Trabalho, bem como nas demandas propostas perante a Justiça Estadual, no exercício da jurisdição trabalhista, as custas relativas ao processo de conhecimento incidirão à base de 2% (dois por cento), observado o mínimo de R$ 10,64 (dez reais e sessenta e quatro centavos) e serão calculadas:

• Artigo com redação determinada pela Lei 10.537/2002.
•• V. art. 789-A, CLT.
•• V. Súmula 669, STF.
•• V. Súmulas 25, 36, 53, 71, 86 e 170, TST.
•• V. OJ 33, 104, 158 e 186, SDI (I).

•• V. OJ 53, SDI (I) Transitória.
•• V. OJ. 88, 91, 148 e 155, SDI (II).
•• V. OJ 27, SDC.

I – quando houver acordo ou condenação, sobre o respectivo valor;

II – quando houver extinção do processo, sem julgamento do mérito, ou julgado totalmente improcedente o pedido, sobre o valor da causa;

III – no caso de procedência do pedido formulado em ação declaratória e em ação constitutiva, sobre o valor da causa;

IV – quando o valor for indeterminado, sobre o que o juiz fixar.

§ 1º As custas serão pagas pelo vencido, após o trânsito em julgado da decisão. No caso de recurso, as custas serão pagas e comprovado o recolhimento dentro do prazo recursal.

§ 2º Não sendo líquida a condenação, o juízo arbitrar-lhe-á o valor e fixará o montante das custas processuais.

§ 3º Sempre que houver acordo, se de outra forma não for convencionado, o pagamento das custas caberá em partes iguais aos litigantes.

§ 4º Nos dissídios coletivos, as partes vencidas responderão solidariamente pelo pagamento das custas, calculadas sobre o valor arbitrado na decisão, ou pelo Presidente do Tribunal.

Art. 789-A. No processo de execução são devidas custas, sempre de responsabilidade do executado e pagas ao final, de conformidade com a seguinte tabela:

• Artigo acrescentado pela Lei 10.537/2002.

I – autos de arrematação, de adjudicação e de remição: 5% (cinco por cento) sobre o respectivo valor, até o máximo de R$ 1.915,38 (mil novecentos e quinze reais e trinta e oito centavos);

II – atos dos oficiais de justiça, por diligência certificada:

a) em zona urbana: R$ 11,06 (onze reais e seis centavos);

b) em zona rural: R$ 22,13 (vinte e dois reais e treze centavos);

III – agravo de instrumento: R$ 44,26 (quarenta e quatro reais e vinte e seis centavos);

IV – agravo de petição: R$ 44,26 (quarenta e quatro reais e vinte e seis centavos);

Art. 790-B

V – embargos à execução, embargos de terceiro e embargos à arrematação: R$ 44,26 (quarenta e quatro reais e vinte e seis centavos);
VI – recurso de revista: R$ 55,35 (cinquenta e cinco reais e trinta e cinco centavos);
VII – impugnação à sentença de liquidação: R$ 55,35 (cinquenta e cinco reais e trinta e cinco centavos);
VIII – despesa de armazenagem em depósito judicial – por dia: 0,1% (um décimo por cento) do valor da avaliação;
IX – cálculos de liquidação realizados pelo contador do juízo – sobre o valor liquidado: 0,5% (cinco décimos por cento) até o limite de R$ 638,46 (seiscentos e trinta e oito reais e quarenta e seis centavos).

Art. 789-B. Os emolumentos serão suportados pelo Requerente, nos valores fixados na seguinte tabela:

* Artigo acrescentado pela Lei 10.537/2002.

I – autenticação de traslado de peças mediante cópia reprográfica apresentada pelas partes – por folha: R$ 0,55 (cinquenta e cinco centavos de real);
II – fotocópia de peças – por folha: R$ 0,28 (vinte e oito centavos de real);
III – autenticação de peças – por folha: R$ 0,55 (cinquenta e cinco centavos de real);
IV – cartas de sentença, de adjudicação, de remição e de arrematação – por folha: R$ 0,55 (cinquenta e cinco centavos de real);
V – certidões – por folha: R$ 5,53 (cinco reais e cinquenta e três centavos).

Art. 790. Nas Varas do Trabalho, nos Juízos de Direito, nos Tribunais e no Tribunal Superior do Trabalho, a forma de pagamento das custas e emolumentos obedecerá às instruções que serão expedidas pelo Tribunal Superior do Trabalho.

* Artigo com redação determinada pela Lei 10.537/2002.

§ 1º Tratando-se de empregado que não tenha obtido o benefício da justiça gratuita, ou isenção de custas, o sindicato que houver intervindo no processo responderá solidariamente pelo pagamento das custas devidas.

§ 2º No caso de não pagamento das custas, far-se-á execução da respectiva importância, segundo o procedimento estabelecido no Capítulo V deste Título.

§ 3º É facultado aos juízes, órgãos julgadores e presidentes dos tribunais do trabalho de qualquer instância conceder, a requerimento ou de ofício, o benefício da justiça gratuita, inclusive quanto a traslados e instrumentos, àqueles que perceberem salário igual ou inferior ao dobro do mínimo legal, ou declararem, sob as penas da lei, que não estão em condições de pagar as custas do processo sem prejuízo do sustento próprio ou de sua família.

* * V. art. 14 e ss., Lei 5.584/1970 (Processo do trabalho e assistência judiciária).
* * V. arts. 3º e 4º, Lei 1.060/1950 (Lei de Assistência Judiciária).
* * V. Súmula 223, STF.
* * V. Súmulas 219 e 329, TST.
* * V. OJ 269, 304, 305 e 331, SDI (I).

Art. 790-A. São isentos do pagamento de custas, além dos beneficiários de justiça gratuita:

* Artigo acrescentado pela Lei 10.537/2002.
* * V. Súmulas 86 e 170, TST.
* * V. OJ 382 e 389, SDI, (I).

I – a União, os Estados, o Distrito Federal, os Municípios e respectivas autarquias e fundações públicas federais, estaduais ou municipais que não explorem atividade econômica;
II – o Ministério Público do Trabalho.
Parágrafo único. A isenção prevista neste artigo não alcança as entidades fiscalizadoras do exercício profissional, nem exime as pessoas jurídicas referidas no inciso I da obrigação de reembolsar as despesas judiciais realizadas pela parte vencedora.

Art. 790-B. A responsabilidade pelo pagamento dos honorários periciais é da parte sucumbente na pretensão objeto da perícia, salvo se beneficiária de justiça gratuita.

* Artigo acrescentado pela Lei 10.537/2002.
* * V. Súmula 341, TST.
* * V. OJ 198 e 387, SDI (I).
* * V. OJ 98, SDI (II).
* * V. Res. CSJT 66/2010 (Responsabilidade pelo pagamento e antecipação de honorários do perito, do tradutor e do intérprete).

Art. 791

CONSOLIDAÇÃO DAS LEIS DO TRABALHO

- • V. art. 6º, IN TST 27/2005 (Procedimentos aplicáveis ao processo do trabalho em decorrência da ampliação da competência da Justiça do Trabalho pela EC 45/2004).

Seção IV
Das partes e dos procuradores

Art. 791. Os empregados e os empregadores poderão reclamar pessoalmente perante a Justiça do Trabalho e acompanhar as suas reclamações até o final.

- • V. Súmula 425, TST.
- •• V. art. 839, *a*, CLT.
- •• V. Súmulas 164, 219, 329, 383, 395 e 436, TST.
- •• V. OJ 7, 52, 75, 110, 200, 255, 286, 304, 305, 318, 319, 348, 349, 371 e 373, SDI (I).

§ 1º Nos dissídios individuais os empregados e empregadores poderão fazer-se representar por intermédio do sindicato, advogado, solicitador, ou provisionado, inscrito na Ordem dos Advogados do Brasil.

§ 2º Nos dissídios coletivos é facultada aos interessados a assistência por advogado.

§ 3º A constituição de procurador com poderes para o foro em geral poderá ser efetivada, mediante simples registro em ata de audiência, a requerimento verbal do advogado interessado, com anuência da parte representada.

- • § 3º acrescentado pela Lei 12.437/2011.

Art. 792. Os maiores de 18 (dezoito) e menores de 21 (vinte e um) anos e as mulheres casadas poderão pleitear perante a Justiça do Trabalho sem a assistência de seus pais, tutores ou maridos.

Art. 793. A reclamação trabalhista do menor de 18 (dezoito) anos será feita por seus representantes legais e, na falta destes, pela Procuradoria da Justiça do Trabalho, pelo sindicato, pelo Ministério Público estadual ou curador nomeado em juízo.

- • Artigo com redação determinada pela Lei 10.288/2001.
- •• V. art. 477, § 3º, CLT.

Seção V
Das nulidades

Art. 794. Nos processos sujeitos à apreciação da Justiça do Trabalho só haverá nulidade quando resultar dos atos inquinados manifesto prejuízo às partes litigantes.

- •• V. arts. 154 e 244, CPC.

Art. 795. As nulidades não serão declaradas senão mediante provocação das partes, as quais deverão argui-las à primeira vez em que tiverem de falar em audiência ou nos autos.

§ 1º Deverá, entretanto, ser declarada *ex officio* a nulidade fundada em incompetência de foro. Nesse caso, serão considerados nulos os atos decisórios.

§ 2º O juiz ou tribunal que se julgar incompetente determinará, na mesma ocasião, que se faça remessa do processo, com urgência, à autoridade competente, fundamentando sua decisão.

Art. 796. A nulidade não será pronunciada:

a) quando for possível suprir-se a falta ou repetir-se o ato;
b) quando arguida por quem lhe tiver dado causa.

Art. 797. O juiz ou tribunal que pronunciar a nulidade declarará os atos a que ela se estende.

Art. 798. A nulidade do ato não prejudicará senão os posteriores que dele dependam ou sejam consequência.

Seção VI
Das exceções

Art. 799. Nas causas da jurisdição da Justiça do Trabalho, somente podem ser opostas, com suspensão do feito, as exceções de suspeição ou incompetência.

- • Artigo com redação determinada pelo Dec.-lei 8.737/1946.
- •• V. art. 847, CLT.

§ 1º As demais exceções serão alegadas como matéria de defesa.

§ 2º Das decisões sobre exceções de suspeição e incompetência, salvo, quanto a estas, se terminativas do feito, não caberá recurso, podendo, no entanto, as partes alegá-las novamente no recurso que couber da decisão final.

- •• V. arts. 852-G e 893, § 1º, CLT.
- •• V. art. 162, § 2º, CPC.
- •• V. Súmulas 214 e 414, TST.

Art. 808

CONSOLIDAÇÃO DAS LEIS DO TRABALHO

Art. 800. Apresentada a exceção de incompetência, abrir-se-á vista dos autos ao exceto, por 24 (vinte e quatro) horas improrrogáveis, devendo a decisão ser proferida na primeira audiência ou sessão que se seguir.

•• V. art. 802, CLT.

Art. 801. O juiz, presidente ou classista, é obrigado a dar-se por suspeito, e pode ser recusado, por algum dos seguintes motivos, em relação à pessoa dos litigantes:

- A EC n. 24/1999 substituiu as Juntas de Conciliação e Julgamento por Varas do Trabalho (juiz singular) e extinguiu a representação classista na Justiça do Trabalho.

•• V. arts. 134 e 135, CPC.

a) inimizade pessoal;
b) amizade íntima;
c) parentesco por consanguinidade ou afinidade até o terceiro grau civil;
d) interesse particular na causa.

Parágrafo único. Se o recusante houver praticado algum ato pelo qual haja consentido na pessoa do juiz, não mais poderá alegar exceção de suspeição, salvo sobrevindo novo motivo. A suspeição não será também admitida, se do processo constar que o recusante deixou de alegá-la anteriormente, quando já a conhecia, ou que, depois de conhecida, aceitou o juiz recusado ou, finalmente, se procurou de propósito o motivo de que ela se originou.

Art. 802. Apresentada a exceção de suspeição, o juiz ou tribunal designará audiência dentro de 48 (quarenta e oito) horas, para instrução e julgamento da exceção.

•• V. art. 800, CLT.

§ 1º Nas Juntas de Conciliação e Julgamento e nos Tribunais Regionais, julgada procedente a exceção de suspeição, será logo convocado para a mesma audiência ou sessão, ou para a seguinte, o suplente do membro suspeito, o qual continuará a funcionar no feito até decisão final. Proceder-se-á da mesma maneira quando algum dos membros se declarar suspeito.

- Expressão "Conselhos Regionais" substituída por "Tribunais Regionais", de acordo com o art. 2º do Dec.-lei 9.797/1946.
- A EC n. 24/1999 substituiu as Juntas de Conciliação e Julgamento por Varas do Trabalho (juiz singular) e extinguiu a representação classista na Justiça do Trabalho.

§ 2º Se se tratar de suspeição de juiz de direito, será este substituído na forma da organização judiciária local.

Seção VII
Dos conflitos de jurisdição

Art. 803. Os conflitos de jurisdição podem ocorrer entre:

a) Juntas de Conciliação e Julgamento e Juízes de Direito investidos na administração da Justiça do Trabalho;

- A EC n. 24/1999 substituiu as Juntas de Conciliação e Julgamento por Varas do Trabalho (juiz singular) e extinguiu a representação classista na Justiça do Trabalho.

b) Tribunais Regionais do Trabalho;

- Expressão "Conselhos Regionais" substituída por "Tribunais Regionais", de acordo com o art. 2º do Dec.-lei 9.797/1946.

c) Juízos e Tribunais do Trabalho e órgãos da Justiça Ordinária;
d) *(Revogada pelo Dec.-lei 8.737/1946.)*

- V. Súmula 3, STJ.

Art. 804. Dar-se-á conflito de jurisdição:
a) quando ambas as autoridades se considerarem competentes;
b) quando ambas as autoridades se considerarem incompetentes.

Art. 805. Os conflitos de jurisdição podem ser suscitados:

•• V. art. 116, CPC.

a) pelos juízes e Tribunais do Trabalho;
b) pelo procurador-geral e pelos procuradores regionais da Justiça do Trabalho;
c) pela parte interessada, ou o seu representante.

Art. 806. É vedado à parte interessada suscitar conflitos de jurisdição quando já houver oposto na causa exceção de incompetência.

Art. 807. No ato de suscitar o conflito deverá a parte interessada produzir a prova de existência dele.

Art. 808. Os conflitos de jurisdição de que trata o art. 803 serão resolvidos:

- *Caput* atualizado pelo Dec.-lei 6.353/1944.
- Artigo revogado. V. art. 102, CF.

•• V. arts. 102, I, *o*, e 105, I, *d*, CF.

•• V. Súmula 420, TST.

a) pelos Tribunais Regionais, os suscitados entre Juntas e entre Juízos de Direito, ou entre umas e outros, nas respectivas regiões;

- Expressão "Conselhos Regionais" substituída por "Tribunais Regionais", de acordo com o art. 2º do Dec.-lei 9.797/1946.
- A EC n. 24/1999 substituiu as Juntas de Conciliação e Julgamento por Varas do Trabalho (juiz singular) e extinguiu a representação classista na Justiça do Trabalho.

b) pelo Tribunal Superior do Trabalho, os suscitados entre Tribunais Regionais, ou entre Juntas e Juízes de Direito sujeitos à jurisdição de Tribunais Regionais diferentes;

- Expressões "Conselho Nacional do Trabalho" e "Conselhos Regionais" substituídas por "Tribunal Superior do Trabalho" e "Tribunais Regionais", respectivamente, de acordo com o art. 2º do Dec.-lei 9.797/1946.

c) (Revogada pelo Dec.-lei 9.797/1946.)

d) pelo Supremo Tribunal Federal, os suscitados entre as autoridades da Justiça do Trabalho e as da Justiça Ordinária.

Art. 809. Nos conflitos de jurisdição entre as Juntas e os Juízos de Direito observar-se-á o seguinte:

- A EC n. 24/1999 substituiu as Juntas de Conciliação e Julgamento por Varas do Trabalho (juiz singular) e extinguiu a representação classista na Justiça do Trabalho.

I – o juiz ou presidente mandará extrair dos autos as provas do conflito e, com a sua informação, remeterá o processo assim formado, no mais breve prazo possível, ao presidente do Tribunal Regional competente;

- Expressão "Conselho Regional" substituída por "Tribunal Regional", de acordo com o art. 2º do Dec.-lei 9.797/1946.

II – no Tribunal Regional, logo que der entrada o processo, o presidente determinará a distribuição do feito, podendo o relator ordenar imediatamente às Juntas e aos Juízos, nos casos de conflito positivo, que sobrestejam o andamento dos respectivos processos, e solicitar, ao mesmo tempo, quaisquer informações que julgue convenientes. Seguidamente, será ouvida a Procuradoria, após o que o relator submeterá o feito a julgamento na primeira sessão;

- Expressão "Conselho Regional" substituída por "Tribunal Regional", de acordo com o art. 2º do Dec.-lei 9.797/1946.

III – proferida a decisão, será a mesma comunicada, imediatamente, às autoridades em conflito, prosseguindo no foro julgado competente.

Art. 810. Aos conflitos de jurisdição entre os Tribunais Regionais aplicar-se-ão as normas estabelecidas no artigo anterior.

- Expressão "Conselhos Regionais" substituída por "Tribunais Regionais", de acordo com o art. 2º do Dec.-lei 9.797/1946.

Art. 811. Nos conflitos suscitados na Justiça do Trabalho entre as autoridades desta e os órgãos da Justiça Ordinária, o processo do conflito, formado de acordo com o inciso I do art. 809, será remetido diretamente ao presidente do Supremo Tribunal Federal.

- V. Súmula 180, STJ.

Art. 812. (Revogado pelo Dec.-lei 9.797/1946.)

Seção VIII
Das audiências

Art. 813. As audiências dos órgãos da Justiça do Trabalho serão públicas e realizar-se-ão na sede do Juízo ou Tribunal em dias úteis previamente fixados, entre 8 (oito) e 18 (dezoito) horas, não podendo ultrapassar 5 (cinco) horas seguidas, salvo quando houver matéria urgente.

- V. arts. 5º, LX e 93, IX, CF.
- V. art. 770, CLT.
- V. arts. 155 e 444, CPC.

§ 1º Em casos especiais, poderá ser designado outro local para a realização das audiências, mediante edital afixado na sede do Juízo ou Tribunal, com a antecedência mínima de 24 (vinte e quatro) horas.

§ 2º Sempre que for necessário, poderão ser convocadas audiências extraordinárias, observado o prazo do parágrafo anterior.

- V. arts. 844, p.u. e 849, CLT.

Art. 814. Às audiências deverão estar presentes, comparecendo com a necessária antecedência, os escrivães ou diretores de secretaria.

- Artigo atualizado pela Lei 409/1948.

Art. 828

CONSOLIDAÇÃO DAS LEIS DO TRABALHO

Art. 815. À hora marcada, o juiz ou presidente declarará aberta a audiência, sendo feita pelo secretário ou escrivão a chamada das partes, testemunhas e demais pessoas que devam comparecer.
Parágrafo único. Se, até 15 (quinze) minutos após a hora marcada, o juiz ou presidente não houver comparecido, os presentes poderão retirar-se, devendo o ocorrido constar do livro de registro das audiências.

* Parágrafo único atualizado pela Lei 409/1948.
** V. art. 7º, XX, Lei 8.906/1994 (Estatuto da OAB).
** V. OJ 245, SDI (I).

Art. 816. O juiz ou presidente manterá a ordem nas audiências, podendo mandar retirar do recinto os assistentes que a perturbarem.

Art. 817. O registro das audiências será feito em livro próprio, constando de cada registro os processos apreciados e a respectiva solução, bem como as ocorrências eventuais.
Parágrafo único. Do registro das audiências poderão ser fornecidas certidões às pessoas que o requererem.

Seção IX
Das provas

Art. 818. A prova das alegações incumbe à parte que as fizer.

* V. Súmula 225, STF.
* V. Súmulas 6 e 212, TST.
** V. art. 333, CPC.
** V. art. 6º, VIII, CDC.
** V. Súmulas 6, VIII, 16, 254 e 338, TST.
** V. OJ 233, SDI (I).

Art. 819. O depoimento das partes e testemunhas que não souberem falar a língua nacional será feito por meio de intérprete nomeado pelo juiz ou presidente.
§ 1º Proceder-se-á da forma indicada neste artigo, quando se tratar de surdo-mudo, ou de mudo, que não saiba escrever.
§ 2º Em ambos os casos de que este artigo trata, as despesas correrão por conta da parte a que interessar o depoimento.

Art. 820. As partes e testemunhas serão inquiridas pelo juiz ou presidente, podendo ser reinquiridas, por seu intermédio, a requerimento dos vogais, das partes, seus representantes ou advogados.

* A EC n. 24/1999 substituiu as Juntas de Conciliação e Julgamento por Varas do Trabalho (juiz singular) e extinguiu a representação classista na Justiça do Trabalho.

Art. 821. Cada uma das partes não poderá indicar mais de três testemunhas, salvo quando se tratar de inquérito, caso em que esse número poderá ser elevado a seis.

* Artigo com redação determinada pelo Dec.-lei 8.737/1946.
** V. art. 852-H, § 2º, CLT.

Art. 822. As testemunhas não poderão sofrer qualquer desconto pelas faltas ao serviço, ocasionadas pelo seu comparecimento para depor, quando devidamente arroladas ou convocadas.

** V. art. 473, VIII, CLT.
** V. art. 419, CPC.
** V. Súmula 155, TST.

Art. 823. Se a testemunha for funcionário civil ou militar, e tiver de depor em hora de serviço, será requisitada ao chefe da repartição para comparecer à audiência marcada.

Art. 824. O juiz ou presidente providenciará para que o depoimento de uma testemunha não seja ouvido pelas demais que tenham de depor no processo.

Art. 825. As testemunhas comparecerão à audiência independentemente de notificação ou intimação.
Parágrafo único. As que não comparecerem serão intimadas, *ex officio* ou a requerimento da parte, ficando sujeitas a condução coercitiva, além das penalidades do art. 730, caso, sem motivo justificado, não atendam à intimação.

Art. 826. *(Revogado pela Lei 5.584/1970.)*

Art. 827. O juiz ou presidente poderá arguir os peritos compromissados ou os técnicos, e rubricará, para ser junto ao processo, o laudo que os primeiros tiverem apresentado.

Art. 828. Toda testemunha, antes de prestar o compromisso legal, será qualificada, indicando o nome, nacionalidade, profissão, idade, residência e, quando empre-

gada, o tempo de serviço prestado ao empregador, ficando sujeita, em caso de falsidade, às leis penais.

** V. art. 414, CPC.
** V. art. 342, CP.
** V. Súmula 165, STJ.

Parágrafo único. Os depoimentos das testemunhas serão resumidos, por ocasião da audiência, pelo diretor de secretaria da Junta ou funcionário para esse fim designado, devendo a súmula ser assinada pelo presidente do Tribunal e pelos depoentes.

• Parágrafo único atualizado pela Lei 409/1948.
• A EC n. 24/1999 substituiu as Juntas de Conciliação e Julgamento por Varas do Trabalho (juiz singular) e extinguiu a representação classista na Justiça do Trabalho.
• V. Súmula 357, TST.

** V. art. 2º, § 3º, Lei 5.584/1970 (Processo do trabalho e assistência judiciária).

Art. 829. A testemunha que for parente até o terceiro grau civil, amigo íntimo ou inimigo de qualquer das partes não prestará compromisso, e seu depoimento valerá como simples informação.

** V. art. 405, CPC.
** V. Súmula 357, TST.

Art. 830. O documento em cópia oferecido para prova poderá ser declarado autêntico pelo próprio advogado, sob sua responsabilidade pessoal.

• Artigo com redação determinada pela Lei 11.925/2009 (DOU 17.04.2009, edição extra), em vigor 90 (noventa) dias após a data de sua publicação.
• V. Súmula 8, TST.

** V. art. 365, IV, CPC.
** V. Súmula 337, TST.
** V. OJ 36, 134 e 287, SDI (I).

Parágrafo único. Impugnada a autenticidade da cópia, a parte que a produziu será intimada para apresentar cópias devidamente autenticadas ou o original, cabendo ao serventuário competente proceder à conferência e certificar a conformidade entre esses documentos.

Seção X
Da decisão e sua eficácia

Art. 831. A decisão será proferida depois de rejeitada pelas partes a proposta de conciliação.

** V. arts. 764, 846, 850,852, 852-E, 852-I e 862, CLT.

Parágrafo único. No caso de conciliação, o termo que for lavrado valerá como decisão irrecorrível, salvo para a Previdência Social quanto às contribuições que lhe forem devidas.

• Parágrafo único com redação determinada pela Lei 10.035/2000.

** V. arts. 764, § 3º, 832, § 4º e 846, § 1º, CLT.
** V. Súmulas 100, V, 259 e 418, TST.
** V. OJ 368, 376 e 398, SDI (I).
** V. OJ 132,134 e 150, SDI (II).

Art. 832. Da decisão deverão constar o nome das partes, o resumo do pedido e da defesa, a apreciação das provas, os fundamentos da decisão e a respectiva conclusão.

** V. art. 458, CPC.
** V. arts. 831, 850, 852 e 852-I, CLT.
** V. Súmulas 187, 200, 211, 304, 311 e 368, TST.
** V. OJ 376, SDI (I).

§ 1º Quando a decisão concluir pela procedência do pedido, determinará o prazo e as condições para o seu cumprimento.

** V. arts. 835 e 846, §§ 1º e 2º, CLT.

§ 2º A decisão mencionará sempre as custas que devam ser pagas pela parte vencida.

§ 3º As decisões cognitivas ou homologatórias deverão sempre indicar a natureza jurídica das parcelas constantes da condenação ou do acordo homologado, inclusive o limite de responsabilidade de cada parte pelo recolhimento da contribuição previdenciária, se for o caso.

• § 3º acrescentado pela Lei 10.035/2000.

** V. OJ 368, SDI (I).

§ 4º A União será intimada das decisões homologatórias de acordos que contenham parcela indenizatória, na forma do art. 20 da Lei 11.033, de 21 dezembro de 2004, facultada a interposição de recurso relativo aos tributos que lhe forem devidos.

• § 4º com redação determinada pela Lei 11.457/2007 (DOU 19.03.2007), em vigor no primeiro dia

Art. 838

CONSOLIDAÇÃO DAS LEIS DO TRABALHO

útil do segundo mês subsequente à data de sua publicação (v. art. 51, II, da referida Lei).

•• V. art. 831, p.u., CLT.

§ 5º Intimada da sentença, a União poderá interpor recurso relativo à discriminação de que trata o § 3º deste artigo.

• § 5º acrescentado pela Lei 11.457/2007 (*DOU* 19.03.2007), em vigor no primeiro dia útil do segundo mês subsequente à data de sua publicação (v. art. 51, II, da referida Lei).

§ 6º O acordo celebrado após o trânsito em julgado da sentença ou após a elaboração dos cálculos de liquidação de sentença não prejudicará os créditos da União.

• § 6º acrescentado pela Lei 11.457/2007 (*DOU* 19.03.2007), em vigor no primeiro dia útil do segundo mês subsequente à data de sua publicação (v. art. 51, II, da referida Lei).

§ 7º O Ministro de Estado da Fazenda poderá, mediante ato fundamentado, dispensar a manifestação da União nas decisões homologatórias de acordos em que o montante da parcela indenizatória envolvida ocasionar perda de escala decorrente da atuação do órgão jurídico.

• § 7º acrescentado pela Lei 11.457/2007 (*DOU* 19.03.2007), em vigor no primeiro dia útil do segundo mês subsequente à data de sua publicação (v. art. 51, II, da referida Lei).

Art. 833. Existindo na decisão evidentes erros ou enganos de escrita, de datilografia ou de cálculo, poderão os mesmos, antes da execução, ser corrigidos, *ex officio*, ou a requerimento dos interessados ou da Procuradoria da Justiça do Trabalho.

•• V. art. 463, I, CPC.
•• V. art. 897-A, p.u., CLT.

Art. 834. Salvo nos casos previstos nesta Consolidação, a publicação das decisões e sua notificação aos litigantes, ou seus patronos, consideram-se realizadas nas próprias audiências em que forem as mesmas proferidas.

•• V. arts. 852 e 852-I, § 3º, CLT.
•• V. Súmula 197, TST.

Art. 835. O cumprimento do acordo ou da decisão far-se-á no prazo e condições estabelecidos.

Art. 836. É vedado aos órgãos da Justiça do Trabalho conhecer de questões já decididas, excetuados os casos expressamente previstos neste Título e a ação rescisória, que será admitida na forma do disposto no Capítulo IV do Título IX da Lei 5.869, de 11 de janeiro de 1973 – Código de Processo Civil, sujeita ao depósito prévio de 20% (vinte por cento) do valor da causa, salvo prova de miserabilidade jurídica do autor.

• *Caput* com redação determinada pela Lei 11.495/2007 (*DOU* 25.06.2007), em vigor 90 (noventa) dias após a data de sua publicação.
• V. Instrução Normativa TST 31/2007 (Regulamenta a forma de realização do depósito prévio em ação rescisória de que trata o art. 836 da CLT).
• V. Súmula 338, STF.
• V. Súmulas 83, 99, 100, 192, 219, 298, 299, 365 e 397 a 413, TST.
•• V. arts. 485 a 495, CPC.
•• Súmulas 249, 252, 264, 343 e 514, STF.
•• V. Súmulas 259 e 303, TST.
•• V. OJ 1 a 48, 70, 71, 76, 78, 80, 84, 94, 97, 101, 103, 107, 112, 123, 124, 128, 131, 132, 134, 135, 136, 146, 150, 151, 152, 154, 155, 157 e 158, SDI (II).

Parágrafo único. A execução da decisão proferida em ação rescisória far-se-á nos próprios autos da ação que lhe deu origem, e será instruída com o acórdão da rescisória e a respectiva certidão de trânsito em julgado.

• Parágrafo único acrescentado pela MP 2.180-35/2001.

Capítulo III
DOS DISSÍDIOS INDIVIDUAIS

Seção I
Da forma de reclamação e da notificação

Art. 837. Nas localidades em que houver apenas uma Junta de Conciliação e Julgamento, ou um escrivão do cível, a reclamação será apresentada diretamente à secretaria da Junta, ou ao cartório do Juízo.

• A EC n. 24/1999 substituiu as Juntas de Conciliação e Julgamento por Varas do Trabalho (juiz singular) e extinguiu a representação classista na Justiça do Trabalho.
•• V. arts. 783 e 838, CLT.

Art. 838. Nas localidades em que houver mais de uma Junta ou mais de um Juízo, ou escrivão do cível, a reclamação será, prelimi-

narmente, sujeita a distribuição, na forma do disposto no Capítulo II, Seção II, deste Título.

- A EC n. 24/1999 substituiu as Juntas de Conciliação e Julgamento por Varas do Trabalho (juiz singular) e extinguiu a representação classista na Justiça do Trabalho.

Art. 839. A reclamação poderá ser apresentada:

a) pelos empregados e empregadores, pessoalmente, ou por seus representantes, e pelos sindicatos de classe;

- O art. 133 da CF estabelece que o advogado é indispensável à administração da justiça.

b) por intermédio das Procuradorias Regionais da Justiça do Trabalho.

Art. 840. A reclamação poderá ser escrita ou verbal.

•• V. arts. 46 a 49, CPC.
•• V. arts. 853 e 856, CLT.
•• V. Súmulas 36 e 406, TST.
•• V. OJ 9, SDI (I) Transitória.

§ 1º Sendo escrita, a reclamação deverá conter a designação do presidente da Junta, ou do juiz de direito, a quem for dirigida, a qualificação do reclamante e do reclamado, uma breve exposição dos fatos de que resulte o dissídio, o pedido, a data e a assinatura do reclamante ou de seu representante.

- A EC n. 24/1999 substituiu as Juntas de Conciliação e Julgamento por Varas do Trabalho (juiz singular) e extinguiu a representação classista na Justiça do Trabalho.

•• V. art. 282, CPC.
•• V. art. 787, CLT.
•• V. Súmulas 71, 263, 299, II, TST.

§ 2º Se verbal, a reclamação será reduzida a termo, em duas vias datadas e assinadas pelo escrivão ou diretor de secretaria, observado, no que couber, o disposto no parágrafo anterior.

- § 2º atualizado de acordo com a Lei 409/1948.
•• V. art. 786, CLT.

Art. 841. Recebida e protocolada a reclamação, o escrivão ou secretário, dentro de 48 (quarenta e oito) horas, remeterá a segunda via da petição, ou do termo, ao reclamado, notificando-o, ao mesmo tempo, para comparecer à audiência de julgamento, que será a primeira desimpedida, depois de 5 (cinco) dias.

- Artigo atualizado pela Lei 409/1948.
•• V. art. 1º, II, Dec.-lei 779/1969 (Normas processuais trabalhistas a entes públicos que não explorem atividade econômica.)
•• V. Súmulas 16 e 427, TST.
•• V. OJ 392, SDI (I).

§ 1º A notificação será feita em registro postal com franquia. Se o reclamado criar embaraços ao seu recebimento ou não for encontrado, far-se-á a notificação por edital, inserto no jornal oficial ou no que publicar o expediente forense, ou, na falta, afixado na sede da Junta ou Juízo.

- A EC n. 24/1999 substituiu as Juntas de Conciliação e Julgamento por Varas do Trabalho (juiz singular) e extinguiu a representação classista na Justiça do Trabalho.
- V. Súmula 262, TST.
•• V. arts. 852, 852-B, II e 880, CLT.

§ 2º O reclamante será notificado no ato da apresentação da reclamação ou na forma do parágrafo anterior.

Art. 842. Sendo várias as reclamações e havendo identidade de matéria, poderão ser acumuladas num só processo, se se tratar de empregados da mesma empresa ou estabelecimento.

•• V. art. 843, CLT.
•• V. art. 46 a 49, CPC.
•• V. Súmulas 36 e 406, TST.
•• V. OJ 9, SDI (I) Transitória.

Seção II
Da audiência de julgamento

Art. 843. Na audiência de julgamento deverão estar presentes o reclamante e o reclamado, independentemente do comparecimento de seus representantes, salvo nos casos de reclamatórias plúrimas ou ações de cumprimento, quando os empregados poderão fazer-se representar pelo sindicato de sua categoria.

- *Caput* com redação determinada pela Lei 6.667/1979.
- V. Súmula 74, TST.
•• V. arts. 791, 842 e 872, p.u., CLT.
•• V. Súmula 644, STF.
•• V. Súmula, 286, TST.
•• V. OJ 52, 318 e 373, SDI (I).

§ 1º É facultado ao empregador fazer-se substituir pelo gerente, ou qualquer outro

Art. 850

CONSOLIDAÇÃO DAS LEIS DO TRABALHO

preposto que tenha conhecimento do fato, e cujas declarações obrigarão o proponente.
- V. Súmula 377, TST.
- V. art. 861, CLT.
- V. art. 54, LC 123/2006 (Supersimples).

§ 2º Se por doença ou qualquer outro motivo poderoso, devidamente comprovado, não for possível ao empregado comparecer pessoalmente, poderá fazer-se representar por outro empregado que pertença à mesma profissão, ou pelo seu sindicato.
- Consta na publicação oficial "poderoso", em vez de "ponderoso".
- V. Súmula 122, TST.

Art. 844. O não comparecimento do reclamante à audiência importa o arquivamento da reclamação, e o não comparecimento do reclamado importa revelia, além de confissão quanto à matéria de fato.
- V. Súmula 9, TST.
- V arts. 267, IV e 319 a 322, CPC.
- V. arts. 731 e 732, CLT.
- V. Súmulas 74, 122 e 268, TST.
- V. OJ 152, 245 e 359, SDI (I).

Parágrafo único. Ocorrendo, entretanto, motivo relevante, poderá o presidente suspender o julgamento, designando nova audiência.
- V. arts. 813, § 2º e 849, CLT.

Art. 845. O reclamante e o reclamado comparecerão à audiência acompanhados das suas testemunhas, apresentando, nessa ocasião, as demais provas.
- V. Súmulas 8 e 74, TST.
- V. arts. 787, 825 e 852-H, *caput* e § 2º, CLT.

Art. 846. Aberta a audiência, o juiz ou presidente proporá a conciliação.
- Artigo com redação determinada pela Lei 9.022/ 1995.
- V. arts. 764, 831, 850 e 852-E, CLT.
- V. OJ 376, SDI (I).

§ 1º Se houver acordo lavrar-se-á termo, assinado pelo presidente e pelos litigantes, consignando-se o prazo e demais condições para seu cumprimento.
- V. art. 764, § 3º, CLT.
- V. Súmulas 100, V, 259 e 418, TST.

§ 2º Entre as condições a que se refere o parágrafo anterior, poderá ser estabelecida a de ficar a parte que não cumprir o acordo obrigada a satisfazer integralmente o pedido ou pagar uma indenização convencionada, sem prejuízo do cumprimento do acordo.

Art. 847. Não havendo acordo, o reclamado terá 20 (vinte) minutos para aduzir sua defesa, após a leitura da reclamação, quando esta não for dispensada por ambas as partes.
- Artigo com redação determinada pela Lei 9.022/ 1995.
- V. arts. 297 e ss., CPC.
- V. arts. 799 a 802, CLT.

Art. 848. Terminada a defesa, seguir-se-á a instrução do processo, podendo o presidente, *ex officio* ou a requerimento de qualquer juiz temporário, interrogar os litigantes.
- *Caput* com redação determinada pela Lei 9.022/ 1995.

§ 1º Findo o interrogatório, poderá qualquer dos litigantes retirar-se, prosseguindo a instrução com o seu representante.

§ 2º Serão, a seguir, ouvidas as testemunhas, os peritos e os técnicos, se houver.

Art. 849. A audiência de julgamento será contínua; mas, se não for possível, por motivo de força maior, concluí-la no mesmo dia, o juiz ou presidente marcará a sua continuação para a primeira desimpedida, independentemente de nova notificação.
- V. arts. 765, 813, § 2º, 844, p.u. e 852-C, CLT.

Art. 850. Terminada a instrução, poderão as partes aduzir razões finais, em prazo não excedente de 10 (dez) minutos para cada uma. Em seguida, o juiz ou presidente renovará a proposta de conciliação, e, não se realizando esta, será proferida a decisão.
- V. arts. 831, 832, 834, 846, 852, 852-E e 852-I, § 3º, CLT.

Parágrafo único. O presidente da Junta, após propor a solução do dissídio, tomará os votos dos vogais, e, havendo divergência entre estes, poderá desempatar ou proferir decisão que melhor atenda ao cumprimento da lei e ao justo equilíbrio entre os votos divergentes e ao interesse social.
- A EC n. 24/1999 substituiu as Juntas de Conciliação e Julgamento por Varas do Trabalho (juiz sin-

Art. 851

gular) e extinguiu a representação classista na Justiça do Trabalho.

Art. 851. Os trâmites de instrução e julgamento da reclamação serão resumidos em ata, de que constará, na íntegra, a decisão.

• Artigo com redação determinada pelo Dec.-lei 8.737/1946.

§ 1º Nos processos de exclusiva alçada das Juntas, será dispensável, a juízo do presidente, o resumo dos depoimentos, devendo constar da ata a conclusão do tribunal quanto à matéria de fato.

• A EC n. 24/1999 substituiu as Juntas de Conciliação e Julgamento por Varas do Trabalho (juiz singular) e extinguiu a representação classista na Justiça do Trabalho.
•• V. art. 2º, § 3º, Lei 5.584/1970 (Processo do trabalho e assistência judiciária).

§ 2º A ata será, pelo presidente ou juiz, junta ao processo, devidamente assinada, no prazo improrrogável de 48 (quarenta e oito) horas, contado da audiência de julgamento, e assinada pelos vogais presentes à mesma audiência.

•• V. Súmulas 30 e 197, TST.

Art. 852. Da decisão serão os litigantes notificados, pessoalmente, ou por seu representante, na própria audiência. No caso de revelia, a notificação far-se-á pela forma estabelecida no § 1º do art. 841.

•• V. arts. 831, 832, 834, 850 e 852-I, § 3º, CLT.
•• V. Súmula 197, TST.

Seção II-A
Do procedimento sumaríssimo

• Seção II-A (arts. 852-A a 852-I) acrescentada pela Lei 9.957/2000.

Art. 852-A. Os dissídios individuais cujo valor não exceda a quarenta vezes o salário mínimo vigente na data do ajuizamento da reclamação ficam submetidos ao procedimento sumaríssimo.

•• V. arts. 895, §§ 1º e 2º, e 896, § 6º, CLT.
•• V art. 2º, §§ 3º e 4º, Lei 5.584/1970 (Processo do trabalho e assistência judiciária).

Parágrafo único. Estão excluídas do procedimento sumaríssimo as demandas em que é parte a Administração Pública direta, autárquica e fundacional.

•• V. Dec.-lei 779/1969 (Normas processuais trabalhistas a entes públicos que não explorem atividade econômica).

Art. 852-B. Nas reclamações enquadradas no procedimento sumaríssimo:
I – o pedido deverá ser certo ou determinado e indicará o valor correspondente;
II – não se fará citação por edital, incumbindo ao autor a correta indicação do nome e endereço do reclamado;
III – a apreciação da reclamação deverá ocorrer no prazo máximo de 15 (quinze) dias do seu ajuizamento, podendo constar de pauta especial, se necessário, de acordo com o movimento judiciário da Junta de Conciliação e Julgamento.

• A EC n. 24/1999 substituiu as Juntas de Conciliação e Julgamento por Varas do Trabalho (juiz singular) e extinguiu a representação classista na Justiça do Trabalho.
•• V. art. 852-H, § 7º, CLT.

§ 1º O não atendimento, pelo reclamante, do disposto nos incisos I e II deste artigo importará no arquivamento da reclamação e condenação ao pagamento de custas sobre o valor da causa.

•• V. Súmula 268, TST.

§ 2º As partes e advogados comunicarão ao juízo as mudanças de endereço ocorridas no curso do processo, reputando-se eficazes as intimações enviadas ao local anteriormente indicado, na ausência de comunicação.

Art. 852-C. As demandas sujeitas a rito sumaríssimo serão instruídas e julgadas em audiência única, sob a direção de juiz presidente ou substituto, que poderá ser convocado para atuar simultaneamente com o titular.

•• V. art. 849, CLT.

Art. 852-D. O juiz dirigirá o processo com liberdade para determinar as provas a serem produzidas, considerado o ônus probatório de cada litigante, podendo limitar ou excluir as que considerar excessivas, impertinentes ou protelatórias, bem como para apreciá-las e dar especial valor às regras de experiência comum ou técnica.

Art. 852-E. Aberta a sessão, o juiz esclarecerá as partes presentes sobre as vantagens da conciliação e usará os meios adequados de persuasão para a solução conci-

Art. 855

CONSOLIDAÇÃO DAS LEIS DO TRABALHO

liatória do litígio, em qualquer fase da audiência.

•• V. arts. 846 e 850, CLT.

Art. 852-F. Na ata de audiência serão registrados resumidamente os atos essenciais, as afirmações fundamentais das partes e as informações úteis à solução da causa trazidas pela prova testemunhal.

Art. 852-G. Serão decididos, de plano, todos os incidentes e exceções que possam interferir no prosseguimento da audiência e do processo. As demais questões serão decididas na sentença.

Art. 852-H. Todas as provas serão produzidas na audiência de instrução e julgamento, ainda que não requeridas previamente.

•• V. art. 845, CLT.

§ 1º Sobre os documentos apresentados por uma das partes manifestar-se-á imediatamente a parte contrária, sem interrupção da audiência, salvo absoluta impossibilidade, a critério do juiz.

§ 2º As testemunhas, até o máximo de duas para cada parte, comparecerão à audiência de instrução e julgamento independentemente de intimação.

•• V. arts. 821 e 825, CLT.

§ 3º Só será deferida intimação de testemunha que, comprovadamente convidada, deixar de comparecer. Não comparecendo a testemunha intimada, o juiz poderá determinar sua imediata condução coercitiva.

§ 4º Somente quando a prova do fato o exigir, ou for legalmente imposta, será deferida prova técnica, incumbindo ao juiz, desde logo, fixar o prazo, o objeto da perícia e nomear perito.

•• V. art. 3º, Lei 5.584/1970 (Processo do trabalho e assistência judiciária).

§ 5º *(Vetado.)*

§ 6º As partes serão intimadas a manifestar-se sobre o laudo, no prazo comum de 5 (cinco) dias.

§ 7º Interrompida a audiência, o seu prosseguimento e a solução do processo dar-se-ão no prazo máximo de 30 (trinta) dias, salvo motivo relevante justificado nos autos pelo juiz da causa.

•• V. art. 852-B, III, CLT.

Art. 852-I. A sentença mencionará os elementos de convicção do juízo, com resumo dos fatos relevantes ocorridos em audiência, dispensado o relatório.

§ 1º O juízo adotará em cada caso a decisão que reputar mais justa e equânime, atendendo aos fins sociais da lei e as exigências do bem comum.

§ 2º *(Vetado.)*

§ 3º As partes serão intimadas da sentença na própria audiência em que prolatada.

•• V. arts. 834, 850 e 852, CLT.

Seção III
Do inquérito para apuração de falta grave

Art. 853. Para a instauração do inquérito para apuração de falta grave contra empregado garantido com estabilidade, o empregador apresentará reclamação por escrito à Junta ou Juízo de Direito, dentro de 30 (trinta) dias, contados da data da suspensão do empregado.

• A EC n. 24/1999 substituiu as Juntas de Conciliação e Julgamento por Varas do Trabalho (juiz singular) e extinguiu a representação classista na Justiça do Trabalho.

•• V. arts. 494, 840, § 1º e 856, CLT.
•• V. Súmulas 197 e 403, STF.
•• V. Súmulas 62, 77 e 379, TST.
•• V. OJ 137, SDI (II).

Art. 854. O processo do inquérito perante a Junta ou Juízo obedecerá às normas estabelecidas no presente Capítulo, observadas as disposições desta Seção.

• A EC n. 24/1999 substituiu as Juntas de Conciliação e Julgamento por Varas do Trabalho (juiz singular) e extinguiu a representação classista na Justiça do Trabalho.

Art. 855. Se tiver havido prévio reconhecimento da estabilidade do empregado, o julgamento do inquérito pela Junta ou Juízo não prejudicará a execução para pagamento dos salários devidos ao empregado, até a data da instauração do mesmo inquérito.

• A EC n. 24/1999 substituiu as Juntas de Conciliação e Julgamento por Varas do Trabalho (juiz singular) e extinguiu a representação classista na Justiça do Trabalho.

Art. 856

CONSOLIDAÇÃO DAS LEIS DO TRABALHO

Capítulo IV
DOS DISSÍDIOS COLETIVOS

Seção I
Da instauração da instância

Art. 856. A instância será instaurada mediante representação escrita ao presidente do Tribunal. Poderá ser também instaurada por iniciativa do presidente ou, ainda, a requerimento da Procuradoria da Justiça do Trabalho, sempre que ocorrer suspensão do trabalho.

•• V. art. 114, §§ 1º a 3º, CF.

Art. 857. A representação para instaurar a instância em dissídio coletivo constitui prerrogativa das associações sindicais, excluídas as hipóteses aludidas no art. 856, quando ocorrer suspensão do trabalho.

• *Caput* com redação determinada pelo Dec.-lei 7.321/1945.

Parágrafo único. Quando não houver sindicato representativo da categoria econômica ou profissional, poderá a representação ser instaurada pelas federações correspondentes e, na falta destas, pelas confederações respectivas, no âmbito de sua representação.

• Parágrafo único acrescentado pela Lei 2.693/1955.

Art. 858. A representação será apresentada em tantas vias quantos forem os reclamados e deverá conter:

a) designação e qualificação dos reclamantes e dos reclamados e a natureza do estabelecimento ou do serviço;

b) os motivos do dissídio e as bases da conciliação.

Art. 859. A representação dos sindicatos para instauração da instância fica subordinada à aprovação de assembleia, da qual participem os associados interessados na solução do dissídio coletivo, em primeira convocação, por maioria de 2/3 (dois terços) dos mesmos, ou, em segunda convocação, por 2/3 (dois terços) dos presentes.

Parágrafo único. *(Revogado pelo Dec.-lei 7.321/1945.)*

Seção II
Da conciliação e do julgamento

Art. 860. Recebida e protocolada a representação, e estando na devida forma, o presidente do Tribunal designará a audiência de conciliação, dentro do prazo de 10 (dez) dias, determinando a notificação dos dissidentes, com observância do disposto no art. 841.

Parágrafo único. Quando a instância for instaurada *ex officio*, a audiência deverá ser realizada dentro do prazo mais breve possível, após o reconhecimento do dissídio.

Art. 861. É facultado ao empregador fazer-se representar na audiência pelo gerente, ou por qualquer outro preposto que tenha conhecimento do dissídio, e por cujas declarações será sempre responsável.

Art. 862. Na audiência designada, comparecendo ambas as partes ou seus representantes, o presidente do Tribunal as convidará para se pronunciarem sobre as bases da conciliação. Caso não sejam aceitas as bases propostas, o presidente submeterá aos interessados a solução que lhe pareça capaz de resolver o dissídio.

Art. 863. Havendo acordo, o presidente o submeterá à homologação do Tribunal na primeira sessão.

Art. 864. Não havendo acordo, ou não comparecendo ambas as partes ou uma delas, o presidente submeterá o processo a julgamento, depois de realizadas as diligências que entender necessárias e ouvida a Procuradoria.

• Artigo com redação determinada pelo Dec.-lei 8.737/1946.

Art. 865. Sempre que, no decorrer do dissídio, houver ameaça de perturbação da ordem, o presidente requisitará à autoridade competente as providências que se tornarem necessárias.

Art. 866. Quando o dissídio ocorrer fora da sede do Tribunal, poderá o presidente, se julgar conveniente, delegar à autoridade local as atribuições de que tratam os arts. 860 e 862. Nesse caso, não havendo conciliação, a autoridade delegada encaminhará o

processo ao Tribunal, fazendo exposição circunstanciada dos fatos e indicando a solução que lhe parecer conveniente.

Art. 867. Da decisão do Tribunal serão notificadas as partes, ou seus representantes, em registrado postal, com franquia, fazendo-se, outrossim, a sua publicação no jornal oficial, para ciência dos demais interessados.

Parágrafo único. A sentença normativa vigorará:

- Parágrafo único acrescentado pelo Dec.-lei 424/1969.
- V. Súmulas 277 e 279, TST.

a) a partir da data de sua publicação, quando ajuizado o dissídio após o prazo do art. 616, § 3°, ou, quando não existir acordo, convenção ou sentença normativa em vigor, da data do ajuizamento;

b) a partir do dia imediato ao termo final de vigência do acordo, convenção ou sentença normativa, quando ajuizado o dissídio no prazo do art. 616, § 3°.

Seção III
Da extensão das decisões

Art. 868. Em caso de dissídio coletivo que tenha por motivo novas condições de trabalho e no qual figure como parte apenas uma fração de empregados de uma empresa, poderá o Tribunal competente, na própria decisão, estender tais condições de trabalho, se julgar justo e conveniente, aos demais empregados da empresa que forem da mesma profissão dos dissidentes.

Parágrafo único. O Tribunal fixará a data em que a decisão deve entrar em execução, bem como o prazo de sua vigência, o qual não poderá ser superior a 4 (quatro) anos.

Art. 869. A decisão sobre novas condições de trabalho poderá também ser estendida a todos os empregados da mesma categoria profissional compreendida na jurisdição do Tribunal:

a) por solicitação de um ou mais empregadores, ou de qualquer sindicato destes;

b) por solicitação de um ou mais sindicatos de empregados;

c) ex officio, pelo Tribunal que houver proferido a decisão;

d) por solicitação da Procuradoria da Justiça do Trabalho.

Art. 870. Para que a decisão possa ser estendida, na forma do artigo anterior, torna-se preciso que 3/4 (três quartos) dos empregadores e 3/4 (três quartos) dos empregados, ou os respectivos sindicatos, concordem com a extensão da decisão.

§ 1° O Tribunal competente marcará prazo, não inferior a 30 (trinta) nem superior a 60 (sessenta) dias, a fim de que se manifestem os interessados.

§ 2° Ouvidos os interessados e a Procuradoria da Justiça do Trabalho, será o processo submetido ao julgamento do Tribunal.

Art. 871. Sempre que o Tribunal estender a decisão, marcará a data em que a extensão deva entrar em vigor.

Seção IV
Do cumprimento das decisões

Art. 872. Celebrado o acordo, ou transitada em julgado a decisão, seguir-se-á o seu cumprimento, sob as penas estabelecidas neste Título.

Parágrafo único. Quando os empregadores deixarem de satisfazer o pagamento de salários, na conformidade da decisão proferida, poderão os empregados ou seus sindicatos, independentes de outorga de poderes de seus associados, juntando certidão de tal decisão, apresentar reclamação à Junta ou Juízo competente, observado o processo previsto no Capítulo II deste Título, sendo vedado, porém, questionar sobre a matéria de fato e de direito já apreciada na decisão.

- Parágrafo único com redação determinada pela Lei 2.275/1954.
- A EC n. 24/1999 substituiu as Juntas de Conciliação e Julgamento por Varas do Trabalho (juiz singular) e extinguiu a representação classista na Justiça do Trabalho.
- ** V. Súmulas 180, 246, 286, 350, 359 e 397, TST.
- ** V. OJ 277, SDI (I).

Seção V
Da revisão

Art. 873. Decorrido mais de 1 (um) ano de sua vigência, caberá revisão das decisões que fixarem condições de trabalho, quando

se tiverem modificado as circunstâncias que as ditaram, de modo que tais condições se hajam tornado injustas ou inaplicáveis.

Art. 874. A revisão poderá ser promovida por iniciativa do Tribunal prolator, da Procuradoria da Justiça do Trabalho, das associações sindicais ou de empregador ou empregadores interessados no cumprimento da decisão.

Parágrafo único. Quando a revisão for promovida por iniciativa do Tribunal prolator ou da Procuradoria, as associações sindicais e o empregador ou empregadores interessados serão ouvidos no prazo de 30 (trinta) dias. Quando promovida por uma das partes interessadas, serão as outras ouvidas também por igual prazo.

Art. 875. A revisão será julgada pelo Tribunal que tiver proferido a decisão, depois de ouvida a Procuradoria da Justiça do Trabalho.

Capítulo V
DA EXECUÇÃO

Seção I
Das disposições preliminares

Art. 876. As decisões passadas em julgado ou das quais não tenha havido recurso com efeito suspensivo; os acordos, quando não cumpridos; os termos de ajuste de conduta firmados perante o Ministério Público do Trabalho e os termos de conciliação firmados perante as Comissões de Conciliação Prévia serão executados pela forma estabelecida neste Capítulo.

* Caput com redação determinada pela Lei 9.958/2000.
** V. art. 114, VII, CF.
** V. arts. 475-N e 585, CPC.

Parágrafo único. Serão executadas ex officio as contribuições sociais devidas em decorrência de decisão proferida pelos Juízes e Tribunais do Trabalho, resultantes de condenação ou homologação de acordo, inclusive sobre os salários pagos durante o período contratual reconhecido.

* Parágrafo único com redação determinada pela Lei 11.457/2007 (DOU 19.03.2007), em vigor no primeiro dia útil do segundo mês subsequente à data de sua publicação (v. art. 51, II, da referida Lei).
** V. art. 114, VIII, CF.
** V. Súmula 368, TST.
** V. OJ 368, SDI (I).

Art. 877. É competente para a execução das decisões o juiz ou presidente do Tribunal que tiver conciliado ou julgado originariamente o dissídio.

Art. 877-A. É competente para a execução de título executivo extrajudicial o juiz que teria competência para o processo de conhecimento relativo à matéria.

* Artigo acrescentado pela Lei 9.958/2000.

Art. 878. A execução poderá ser promovida por qualquer interessado, ou ex officio pelo próprio juiz ou presidente ou Tribunal competente, nos termos do artigo anterior.

** V. arts. 2º, 262, 566 e 567, CPC.

Parágrafo único. Quando se tratar de decisão dos Tribunais Regionais, a execução poderá ser promovida pela Procuradoria da Justiça do Trabalho.

* Expressão "Conselhos Regionais" substituída por "Tribunais Regionais", de acordo com o art. 2º do Dec.-lei 9.797/1946.

Art. 878-A. Faculta-se ao devedor o pagamento imediato da parte que entender devida à Previdência Social, sem prejuízo da cobrança de eventuais diferenças encontradas na execução ex officio.

* Artigo acrescentado pela Lei 10.035/2000.

Art. 879. Sendo ilíquida a sentença exequenda, ordenar-se-á, previamente, a sua liquidação, que poderá ser feita por cálculo, por arbitramento ou por artigos.

* Caput com redação determinada pela Lei 2.244/1954.
** V. arts. 475-A a 475-H, CPC.
** V. Súmula 344, STJ.
** V. Súmula 211, TST.

§ 1º Na liquidação, não se poderá modificar, ou inovar, a sentença liquidanda, nem discutir matéria pertinente à causa principal.

* § 1º com redação determinada pela Lei 8.432/1992.
** V. art. 475-G, CPC.

Art. 881

CONSOLIDAÇÃO DAS LEIS DO TRABALHO

§ 1º-A. A liquidação abrangerá, também, o cálculo das contribuições previdenciárias devidas.

* § 1º-A acrescentado pela Lei 10.035/2000.

§ 1º-B. As partes deverão ser previamente intimadas para a apresentação do cálculo de liquidação, inclusive da contribuição previdenciária incidente.

* § 1º-B acrescentado pela Lei 10.035/2000.

§ 2º Elaborada a conta e tornada líquida, o juiz poderá abrir às partes prazo sucessivo de 10 (dez) dias para impugnação fundamentada com a indicação dos itens e valores objeto da discordância, sob pena de preclusão.

* § 2º com redação determinada pela Lei 8.432/1992.
** V. art. 884, § 3º, CLT.

§ 3º Elaborada a conta pela parte ou pelos órgãos auxiliares da Justiça do Trabalho, o juiz procederá à intimação da União para manifestação, no prazo de 10 (dez) dias, sob pena de preclusão.

* § 3º com redação determinada pela Lei 11.457/2007 (DOU 19.03.2007), em vigor no primeiro dia útil do segundo mês subsequente à data de sua publicação (v. art. 51, II, da referida Lei).

§ 4º A atualização do crédito devido à Previdência Social observará os critérios estabelecidos na legislação previdenciária.

* § 4º acrescentado pela Lei 10.035/2000.

§ 5º O Ministro de Estado da Fazenda poderá, mediante ato fundamentado, dispensar a manifestação da União quando o valor total das verbas que integram o salário de contribuição, na forma do art. 28 da Lei 8.212, de 24 de julho de 1991, ocasionar perda de escala decorrente da atuação do órgão jurídico.

* § 5º acrescentado pela Lei 11.457/2007 (DOU 19.03.2007), em vigor no primeiro dia útil do segundo mês subsequente à data de sua publicação (v. art. 51, II, da referida Lei).

§ 6º Tratando-se de cálculos de liquidação complexos, o juiz poderá nomear perito para a elaboração e fixará, depois da conclusão do trabalho, o valor dos respectivos honorários com observância, entre outros, dos critérios de razoabilidade e proporcionalidade.

* § 6º acrescentado pela Lei 12.405/2011.

Seção II
Do mandado e da penhora

Art. 880. Requerida a execução, o juiz ou presidente do tribunal mandará expedir mandado de citação do executado, a fim de que cumpra a decisão ou o acordo no prazo, pelo modo e sob as cominações estabelecidas ou, quando se tratar de pagamento em dinheiro, inclusive de contribuições sociais devidas à União, para que o faça em 48 (quarenta e oito) horas ou garanta a execução, sob pena de penhora.

* Caput com redação determinada pela Lei 11.457/2007 (DOU 19.03.2007), em vigor no primeiro dia útil do segundo mês subsequente à data de sua publicação (v. art. 51, II, da referida Lei).
** V. art. 475-J, CPC.
** V. OJ 300, SDI (I).

§ 1º O mandado de citação deverá conter a decisão exequenda ou o termo de acordo não cumprido.

§ 2º A citação será feita pelos oficiais de justiça.

** V. art. 841, CLT.

§ 3º Se o executado, procurado por duas vezes no espaço de 48 (quarenta e oito) horas, não for encontrado, far-se-á a citação por edital, publicado no jornal oficial ou, na falta deste, afixado na sede da Junta ou Juízo, durante 5 (cinco) dias.

* A EC n. 24/1999 substituiu as Juntas de Conciliação e Julgamento por Varas do Trabalho (juiz singular) e extinguiu a representação classista na Justiça do Trabalho.

Art. 881. No caso de pagamento da importância reclamada, será este feito perante o escrivão ou diretor de secretaria, lavrando-se termo de quitação, em duas vias, assinadas pelo exequente, pelo executado e pelo mesmo escrivão ou diretor de secretaria, entregando-se a segunda via ao executado e juntando-se a outra ao processo.

* Caput atualizado pela Lei 409/1948.

Parágrafo único. Não estando presente o exequente, será depositada a importância, mediante guia, em estabelecimento oficial de crédito ou, em falta deste, em estabelecimento bancário idôneo.

* Parágrafo único com redação determinada pela Lei 7.305/1985.

Art. 882. O executado que não pagar a importância reclamada poderá garantir a execução mediante depósito da mesma, atualizada e acrescida das despesas processuais, ou nomeando bens à penhora, observada a ordem preferencial estabelecida no art. 655 do Código Processual Civil.

- Artigo com redação determinada pela Lei 8.432/1992.
- • V. art. 889, CLT.
- • V. art. 11, Lei 6.830/1980 (Lei de Execução Fiscal).

Art. 883. Não pagando o executado, nem garantindo a execução, seguir-se-á penhora dos bens, tantos quantos bastem ao pagamento da importância da condenação, acrescida de custas e juros de mora, sendo estes, em qualquer caso, devidos a partir da data em que for ajuizada a reclamação inicial.

- Artigo com redação determinada pela Lei 2.244/1954.
- • V. art. 655-A, CPC.
- • V. Súmulas 200, 211, 304, 307, 311, 417 e 439, TST.
- • V. OJ 87, 143, 226, 300 e 343, SDI (I).
- • V. OJ 59, 89, 93, 143 e 153, SDI (II).

Seção III
Dos embargos à execução e da sua impugnação

Art. 884. Garantida a execução ou penhorados os bens, terá o executado 5 (cinco) dias para apresentar embargos, cabendo igual prazo ao exequente para impugnação.

- O art. 1º-B da Lei 9.494/1997, com redação determinada pela MP 2.180-35/2001, dispõe: "O prazo a que se refere o *caput* dos arts. 730 do Código de Processo Civil, e 884 da Consolidação das Leis do Trabalho, aprovada pelo Decreto-lei 5.452, de 1º de maio de 1943, passa a ser de 30 (trinta) dias".
- O STF, na Med. Caut. em ADC 11-8 (*DJU* 29.06.2007), deferiu a cautelar para suspender todos os processos em que se discuta a constitucionalidade do art. 1º-B da Lei 9.494/1997, acrescentado pela MP 2.180-35/2001.
- • V. arts. 475-L e 475-M, CPC.
- • V. Súmulas 327 e 621, STF.
- • V. Súmulas 84, 92 e 134, STJ.
- • V. Súmulas 32, 33 e 184, TFR.
- • V. Súmulas 114 e 419, TST.

§ 1º A matéria de defesa será restrita às alegações de cumprimento da decisão ou do acordo, quitação ou prescrição da dívida.

- • V. arts. 475-L e 745, CPC.

§ 2º Se na defesa tiverem sido arroladas testemunhas, poderá o juiz ou o presidente do Tribunal, caso julgue necessários seus depoimentos, marcar audiência para a produção das provas, a qual deverá realizar-se dentro de 5 (cinco) dias.

§ 3º Somente nos embargos à penhora poderá o executado impugnar a sentença de liquidação, cabendo ao exequente igual direito e no mesmo prazo.

- § 3º com redação determinada pela Lei 2.244/1954.
- • V. art. 879, § 2º, CLT.

§ 4º Julgar-se-ão na mesma sentença os embargos e as impugnações à liquidação apresentadas pelos credores trabalhista e previdenciário.

- § 4º com redação determinada pela Lei 10.035/2000.

§ 5º Considera-se inexigível o título judicial fundado em lei ou ato normativo declarados inconstitucionais pelo Supremo Tribunal Federal ou em aplicação ou interpretação tidas por incompatíveis com a Constituição Federal.

- § 5º acrescentado pela MP 2.180-35/2001.
- • V. art. 475-L, § 1º, CPC.

Seção IV
Do julgamento e dos trâmites finais da execução

Art. 885. Não tendo sido arroladas testemunhas na defesa, o juiz ou presidente, conclusos os autos, proferirá sua decisão, dentro de 5 (cinco) dias, julgando subsistente ou insubsistente a penhora.

Art. 886. Se tiverem sido arroladas testemunhas, finda a sua inquirição em audiência, o escrivão ou secretário fará, dentro de 48 (quarenta e oito) horas, conclusos os autos ao juiz ou presidente, que proferirá sua decisão, na forma prevista no artigo anterior.

Art. 891

§ 1º Proferida a decisão, serão da mesma notificadas as partes interessadas, em registrado postal, com franquia.

§ 2º Julgada subsistente a penhora, o juiz ou presidente mandará proceder logo à avaliação dos bens penhorados.

Art. 887. A avaliação dos bens penhorados em virtude da execução de decisão condenatória será feita por avaliador escolhido de comum acordo pelas partes, que perceberá as custas arbitradas pelo juiz, ou presidente do Tribunal Trabalhista, de conformidade com a tabela a ser expedida pelo Tribunal Superior do Trabalho.

- Artigo revogado. V. Lei 5.442/1968 (Normas processuais).

§ 1º Não acordando as partes quanto à designação de avaliador, dentro de 5 (cinco) dias após o despacho que determinou a avaliação, será o avaliador designado livremente pelo juiz ou presidente do Tribunal.

§ 2º Os servidores da Justiça do Trabalho não poderão ser escolhidos ou designados para servir de avaliador.

Art. 888. Concluída a avaliação, dentro de 10 (dez) dias, contados da data da nomeação do avaliador, seguir-se-á a arrematação, que será anunciada por edital afixado na sede do Juízo ou Tribunal e publicado no jornal local, se houver, com a antecedência de 20 (vinte) dias.

- Artigo com redação determinada pela Lei 5.584/1970.
- •• V. art. 13, Lei 5.584/1970 (Processo do trabalho e assistência judiciária).

§ 1º A arrematação far-se-á em dia, hora e lugar anunciados e os bens serão vendidos pelo maior lance, tendo o exequente preferência para a adjudicação.

§ 2º O arrematante deverá garantir o lance com o sinal correspondente a 20% (vinte por cento) do seu valor.

§ 3º Não havendo licitante, e não requerendo o exequente a adjudicação dos bens penhorados, poderão os mesmos ser vendidos por leiloeiro nomeado pelo juiz ou presidente.

§ 4º Se o arrematante, ou seu fiador, não pagar dentro de 24 (vinte e quatro) horas o preço da arrematação, perderá, em benefício da execução, o sinal de que trata o § 2º deste artigo, voltando à praça os bens executados.

Art. 889. Aos trâmites e incidentes do processo da execução são aplicáveis, naquilo em que não contravierem ao presente Título, os preceitos que regem o processo dos executivos fiscais para a cobrança judicial da dívida ativa da Fazenda Pública Federal.

- •• V. art. 769, CLT.

Art. 889-A. Os recolhimentos das importâncias devidas, referentes às contribuições sociais, serão efetuados nas agências locais da Caixa Econômica Federal ou do Banco do Brasil S.A., por intermédio de documento de arrecadação da Previdência Social, dele se fazendo constar o número do processo.

- *Caput* acrescentado pela Lei 10.035/2000.

§ 1º Concedido parcelamento pela Secretaria da Receita Federal do Brasil, o devedor juntará aos autos a comprovação do ajuste, ficando a execução da contribuição social correspondente suspensa até a quitação de todas as parcelas.

- § 1º com redação determinada pela Lei 11.457/2007 (*DOU* 19.03.2007), em vigor no primeiro dia útil do segundo mês subsequente à data de sua publicação (v. art. 51, II, da referida Lei).

§ 2º As Varas do Trabalho encaminharão mensalmente à Secretaria da Receita Federal do Brasil informações sobre os recolhimentos efetivados nos autos, salvo se outro prazo for estabelecido em regulamento.

- § 2º com redação determinada pela Lei 11.457/2007 (*DOU* 19.03.2007), em vigor no primeiro dia útil do segundo mês subsequente à data de sua publicação (v. art. 51, II, da referida Lei).

Seção V
Da execução por prestações sucessivas

Art. 890. A execução para pagamento de prestações sucessivas far-se-á com observância das normas constantes desta Seção, sem prejuízo das demais estabelecidas neste Capítulo.

Art. 891. Nas prestações sucessivas por tempo determinado, a execução pelo não pagamento de uma prestação compreenderá as que lhe sucederem.

Art. 892

CONSOLIDAÇÃO DAS LEIS DO TRABALHO

Art. 892. Tratando-se de prestações sucessivas por tempo indeterminado, a execução compreenderá inicialmente as prestações devidas até a data do ingresso na execução.

Capítulo VI
DOS RECURSOS

- V. arts. 96, I, e 113, CF.
- V. Lei 5.638/1970 (Processo e julgamento das ações trabalhistas de competência da Justiça Federal).
- V. Lei 8.177/1991 (Depósito recursal).
- V. Instrução Normativa TST 3/1993 (Depósito para recurso nas ações da Justiça do Trabalho).
- V. Lei 9.756/1998 (Processamento dos recursos no âmbito dos tribunais).

Art. 893. Das decisões são admissíveis os seguintes recursos:

- *Caput* com redação determinada pela Lei 861/1949.
- V. Súmulas 184, 197, 283, 297 e 385, TST.
- •• V. Súmulas 228 e 640, STF.
- •• V. Súmulas 214, 414, 434 e 435, TST.
- •• V. OJ 412, SDI (I).

I – embargos;
II – recurso ordinário;
III – recurso de revista;
IV – agravo.

§ 1º Os incidentes do processo serão resolvidos pelo próprio Juízo ou Tribunal, admitindo-se a apreciação do merecimento das decisões interlocutórias somente em recursos da decisão definitiva.

- § 1º com redação determinada pelo Dec.-lei 8.737/1946.
- V. Súmula 214, TST.
- •• V. art. 162, § 2º, CPC.
- •• V. art. 799, § 2º, CLT.
- •• V. Súmula 414, TST.

§ 2º A interposição de recurso para o Supremo Tribunal Federal não prejudicará a execução do julgado.

- § 2º com redação determinada pelo Dec.-lei 8.737/1946.
- V. art. 102, III, CF.

Art. 894. No Tribunal Superior do Trabalho cabem embargos, no prazo de 8 (oito) dias:

- Artigo com redação determinada pela Lei 11.496/2007 (*DOU* 25.06.2007), em vigor 90 (noventa) dias após a data de sua publicação.

- •• V. Súmulas 23, 126, 184, 197, 221, 283, 333, 337, 353 e 421, TST.
- •• V. OJ 378, SDI (I).

I – de decisão não unânime de julgamento que:

a) conciliar, julgar ou homologar conciliação em dissídios coletivos que excedam a competência territorial dos Tribunais Regionais do Trabalho e estender ou rever as sentenças normativas do Tribunal Superior do Trabalho, nos casos previstos em lei; e

- •• V. art. 2º, II, *c*, Lei 7.701/1988 (Turmas Especializadas nos Tribunais do Trabalho).

b) (Vetado.)

II – das decisões das Turmas que divergirem entre si, ou das decisões proferidas pela Seção de Dissídios Individuais, salvo se a decisão recorrida estiver em consonância com súmula ou orientação jurisprudencial do Tribunal Superior do Trabalho ou do Supremo Tribunal Federal.

- •• V. art. 3º, III, *b*, Lei 7.701/1988 (Turmas Especializadas nos Tribunais do Trabalho).
- •• V. OJ 405, SDI (I).

Parágrafo único. *(Revogado pela Lei 11.496/2007 – DOU 25.06.2007, em vigor 90 dias após a data de sua publicação.)*

Art. 895. Cabe recurso ordinário para a instância superior:

- •• V. art. 112, CF.
- •• V. Súmula 10, STJ.
- •• V. Súmulas 158, 201, 283, 393, 422 e 425, TST.
- •• V. OJ 357, SDI (I).
- •• V. OJ 69 e 100, SDI (II).

I – das decisões definitivas ou terminativas das Varas e Juízos, no prazo de 8 (oito) dias; e

- Anterior alínea *a* renomeada e com redação determinada pela Lei 11.925/2009 (*DOU* 17.04.2009, edição extra), em vigor 90 (noventa) dias após a data de sua publicação.

II – das decisões definitivas ou terminativas dos Tribunais Regionais, em processos de sua competência originária, no prazo de 8 (oito) dias, quer nos dissídios individuais, quer nos dissídios coletivos.

- Anterior alínea *b* renomeada e com redação determinada pela Lei 11.925/2009 (*DOU* 17.04.2009, edição extra), em vigor 90 (noventa) dias após a data de sua publicação.

Art. 896

CONSOLIDAÇÃO DAS LEIS DO TRABALHO

§ 1º Nas reclamações sujeitas ao procedimento sumaríssimo, o recurso ordinário:

- § 1º acrescentado pela Lei 9.957/2000.
- •• V. arts. 852-A e 852-I, CLT.

I – *(Vetado.)*

II – será imediatamente distribuído, uma vez recebido no Tribunal, devendo o relator liberá-lo no prazo máximo de 10 (dez) dias, e a Secretaria do Tribunal ou Turma colocá-lo imediatamente em pauta para julgamento, sem revisor;

III – terá parecer oral do representante do Ministério Público presente à sessão de julgamento, se este entender necessário o parecer, com registro na certidão;

IV – terá acórdão consistente unicamente na certidão de julgamento, com a indicação suficiente do processo e parte dispositiva, e das razões de decidir do voto prevalente. Se a sentença for confirmada pelos próprios fundamentos, a certidão de julgamento, registrando tal circunstância, servirá de acórdão.

§ 2º Os Tribunais Regionais, divididos em Turmas, poderão designar Turma para o julgamento dos recursos ordinários interpostos das sentenças prolatadas nas demandas sujeitas ao procedimento sumaríssimo.

- § 2º acrescentado pela Lei 9.957/2000.

Art. 896. Cabe recurso de revista para Turma do Tribunal Superior do Trabalho das decisões proferidas em grau de recurso ordinário, em dissídio individual, pelos Tribunais Regionais do Trabalho, quando:

- *Caput* com redação determinada pela Lei 9.756/1998.
- V. art. 111-A, § 1º, CF.
- V. Súmula 297, TST.
- •• V. art. 896-A, CLT.
- •• V. Súmulas 283 e 401, STF.
- •• V. Súmulas 23, 126, 218, 221, 266, 283, 285, 296, 312, 333, 337 e 422, TST.
- •• V. OJ 62, 111, 115, 147, 219, 260, 334, 354, 374 e 377, SDI (I).
- •• V. OJ 152, SDI (II).

a) derem ao mesmo dispositivo de lei federal interpretação diversa da que lhe houver dado outro Tribunal Regional, no seu Pleno ou Turma, ou a Seção de Dissídios Individuais do Tribunal Superior do Trabalho, ou a Súmula de Jurisprudência Uniforme dessa Corte;

- V. Súmula 413, TST.
- •• V. art. 896, c e § 6º, CLT.

b) derem ao mesmo dispositivo de lei estadual, convenção coletiva de trabalho, acordo coletivo, sentença normativa ou regulamento empresarial de observância obrigatória, em área territorial que exceda a jurisdição do Tribunal Regional prolator da decisão recorrida, interpretação divergente, na forma da alínea a;

- •• V. art. 896, § 3º, CLT.
- •• V. OJ 147 e 219, SDI (I).

c) proferidas com violação literal de disposição de lei federal ou afronta direta e literal à Constituição Federal.

§ 1º O recurso de revista, dotado de efeito apenas devolutivo, será apresentado ao presidente do Tribunal recorrido, que poderá recebê-lo ou denegá-lo, fundamentando, em qualquer caso, a decisão.

- § 1º com redação determinada pela Lei 9.756/1998.

§ 2º Das decisões proferidas pelos Tribunais Regionais do Trabalho ou por suas Turmas, em execução de sentença, inclusive em processo incidente de embargos de terceiro, não caberá recurso de revista, salvo na hipótese de ofensa direta e literal de norma da Constituição Federal.

- § 2º com redação determinada pela Lei 9.756/1998.
- •• V. Súmulas 266 e 433, TST.

§ 3º Os Tribunais Regionais do Trabalho procederão, obrigatoriamente, à uniformização de sua jurisprudência, nos termos do Livro I, Título IX, Capítulo I, do CPC, não servindo a súmula respectiva para ensejar a admissibilidade do recurso de revista quando contrariar Súmula da Jurisprudência Uniforme do Tribunal Superior do Trabalho.

- § 3º com redação determinada pela Lei 9.756/1998.
- •• V. art. 896 a e b, CLT.
- •• V. arts. 476 a 479, CPC.
- •• V. OJ 111, SDI (I).

§ 4º A divergência apta a ensejar o recurso de revista deve ser atual, não se considerando como tal a ultrapassada por súmula, ou

Art. 896-A

CONSOLIDAÇÃO DAS LEIS DO TRABALHO

superada por iterativa e notória jurisprudência do Tribunal Superior do Trabalho.

- § 4º com redação determinada pela Lei 9.756/1998.
- •• V. Súmula 333, TST.

§ 5º Estando a decisão recorrida em consonância com enunciado da Súmula da Jurisprudência do Tribunal Superior do Trabalho, poderá o ministro-relator, indicando-o, negar seguimento ao recurso de revista, aos embargos ou ao agravo de instrumento. Será denegado seguimento ao recurso nas hipóteses de intempestividade, deserção, falta de alçada e ilegitimidade de representação, cabendo a interposição de agravo.

- § 5º com redação determinada pela Lei 7.701/1988.

§ 6º Nas causas sujeitas ao procedimento sumaríssimo, somente será admitido recurso de revista por contrariedade a súmula de jurisprudência uniforme do Tribunal Superior do Trabalho e violação direta da Constituição da República.

- § 6º acrescentado pela Lei 9.957/2000.
- •• V. Súmula 442, TST.

Art. 896-A. O Tribunal Superior do Trabalho, no recurso de revista, examinará previamente se a causa oferece transcedência com relação aos reflexos gerais de natureza econômica, política, social ou jurídica.

- Artigo acrescentado pela MP 2.226/2001.
- •• V. arts. 543-A, 543-B, 543-C, CPC.
- •• V. art. 896, § 3º, CLT.
- •• V. OJ 219, SDI (I).

Art. 897. Cabe agravo, no prazo de 8 (oito) dias:

- *Caput* com redação determinada pela Lei 8.432/1992.
- •• V. Súmulas 283 e 416, TST.
- •• V. OJ 110, 132, 217, 282, 283, 284, 285, 286, 294, 295, 374, 389 e 412, SDI (I).

a) de petição, das decisões do juiz ou presidente, nas execuções;

b) de instrumento, dos despachos que denegarem a interposição de recursos.

§ 1º O agravo de petição só será recebido quando o agravante delimitar, justificadamente, as matérias e os valores impugnados, permitida a execução imediata da parte remanescente até o final, nos próprios autos ou por carta de sentença.

- § 1º com redação determinada pela Lei 8.432/1992.
- V. Súmula 416, TST.

§ 2º O agravo de instrumento interposto contra o despacho que não receber agravo de petição não suspende a execução da sentença.

- § 2º com redação determinada pela Lei 8.432/1992.

§ 3º Na hipótese da alínea a deste artigo, o agravo será julgado pelo próprio tribunal, presidido pela autoridade recorrida, salvo se se tratar de decisão de Juiz do Trabalho de 1ª Instância ou de Juiz de Direito, quando o julgamento competirá a uma das Turmas do Tribunal Regional a que estiver subordinado o prolator da sentença, observado o disposto no art. 679, a quem este remeterá as peças necessárias para o exame da matéria controvertida, em autos apartados, ou nos próprios autos, se tiver sido determinada a extração de carta de sentença.

- § 3º com redação determinada pela Lei 10.035/2000.

§ 4º Na hipótese da alínea *b* deste artigo, o agravo será julgado pelo Tribunal que seria competente para conhecer o recurso cuja interposição foi denegada.

- § 4º com redação determinada pela Lei 8.432/1992.

§ 5º Sob pena de não conhecimento, as partes promoverão a formação do instrumento do agravo de modo a possibilitar, caso provido, o imediato julgamento do recurso denegado, instruindo a petição de interposição:

- *Caput* do § 5º acrescentado pela Lei 9.756/1998.
- •• V. art. 544, *caput*, CPC.
- •• V. Res. Adm. TST 1.418/2010 (Responsabilidade pelo pagamento e antecipação de honorários do perito, do tradutor e do intérprete).

I – obrigatoriamente, com cópias da decisão agravada, da certidão da respectiva intimação, das procurações outorgadas aos advogados do agravante e do agravado, da petição inicial, da contestação, da decisão originária, do depósito recursal referente ao recurso que se pretende destrancar, da comprovação do recolhimento das custas e

do depósito recursal a que se refere o § 7º do art. 899 desta Consolidação;

- Inciso I com redação determinada pela Lei 12.275/2010 (DOU 29.06.2010, edição extra), em vigor 45 (quarenta e cinco) dias após a data de sua publicação, de acordo com o art. 1º do Dec.-lei 4.657/1942.

II – facultativamente, com outras peças que o agravante reputar úteis ao deslinde da matéria de mérito controvertida.

- Inciso II acrescentado pela Lei 9.756/1998.

§ 6º O agravado será intimado para oferecer resposta ao agravo e ao recurso principal, instruindo-a com as peças que considerar necessárias ao julgamento de ambos os recursos.

- § 6º acrescentado pela Lei 9.756/1998.

§ 7º Provido o agravo, a Turma deliberará sobre o julgamento do recurso principal, observando-se, se for o caso, daí em diante, o procedimento relativo a esse recurso.

- § 7º acrescentado pela Lei 9.756/1998.

§ 8º Quando o agravo de petição versar apenas sobre as contribuições sociais, o juiz da execução determinará a extração de cópias das peças necessárias, que serão autuadas em apartado, conforme dispõe o § 3º, parte final, e remetidas à instância superior para apreciação, após contraminuta.

- § 8º acrescentado pela Lei 10.035/2000.

Art. 897-A.
Caberão embargos de declaração da sentença ou acórdão, no prazo de 5 (cinco) dias, devendo seu julgamento ocorrer na primeira audiência ou sessão subsequente a sua apresentação, registrado na certidão, admitido efeito modificativo da decisão nos casos de omissão e contradição no julgado e manifesto equívoco no exame dos pressupostos extrínsecos do recurso.

- Artigo acrescentado pela Lei 9.957/2000.
- V. Súmula 421, TST.
- ** V. art. 833, CLT.
- ** V. arts. 535 a 538, CPC.
- ** V. Súmula 98, STJ.
- ** V. Súmulas 184, 278 e 297, TST.
- ** V. OJ 115, 142, 192 e 377, SDI (I).

Parágrafo único. Os erros materiais poderão ser corrigidos de ofício ou a requerimento de qualquer das partes.

- ** V. art. 463, I, CPC.
- ** V. art. 833, CLT.

Art. 898.
Das decisões proferidas em dissídio coletivo que afete empresa de serviço público, ou, em qualquer caso, das proferidas em revisão, poderão recorrer, além dos interessados, o presidente do Tribunal e a Procuradoria da Justiça do Trabalho.

- ** V. art. 895, II, CLT.
- ** V. art. 9º, Lei 7.701/1988 (Turmas Especializadas nos Tribunais do Trabalho).
- ** V. art. 14, Lei 10.192/2001 (Medidas complementares ao Plano Real).

Art. 899.
Os recursos serão interpostos por simples petição e terão efeito meramente devolutivo, salvo as exceções previstas neste Título, permitida a execução provisória até a penhora.

- Caput com redação determinada pela Lei 5.442/1968.
- ** V. arts. 475-O, § 3º, 520 e 521, CPC.
- ** V. art. 9º, Lei 7.701/1988 (Especialização de Turmas dos Tribunais do Trabalho).
- ** V. Súmulas 414, I e 422, TST.

§ 1º Sendo a condenação de valor até dez vezes o valor de referência regional, nos dissídios individuais, só será admitido o recurso, inclusive o extraordinário, mediante prévio depósito da respectiva importância. Transitada em julgado a decisão recorrida, ordenar-se-á o levantamento imediato da importância do depósito, em favor da parte vencedora, por simples despacho do juiz.

- § 1º com redação determinada pela Lei 5.442/1968.
- ** V. art. 7º, Lei 5.584/1970 (Processo do trabalho e assistência judiciária).
- ** V. art. 3º, VII, Lei 1.060/1950 (Lei de Assistência Judiciária).
- ** V. art. 40, Lei 8.117/1991 (Controle prévio das exportações e importações de açúcar, álcool, mel rico ou mel residual).
- ** V. IN TST 3/1993 (Depósito para recursos trabalhistas).
- ** V. Súmulas 86, 99, 128, 161, 170, 217, 245 e 426, TST.
- ** V. OJ 13 e 140, SDI (I).

§ 2º Tratando-se de condenação de valor indeterminado, o depósito corresponderá ao que for arbitrado para efeito de custas, pela Junta ou Juízo de Direito, até o limite de dez vezes o valor de referência regional.

- § 2º com redação determinada pela Lei 5.442/1968.

Art. 900

CONSOLIDAÇÃO DAS LEIS DO TRABALHO

- A EC n. 24/1999 substituiu as Juntas de Conciliação e Julgamento por Varas do Trabalho (juiz singular) e extinguiu a representação classista na Justiça do Trabalho.

§ 3º *(Revogado pela Lei 7.033/1982.)*
§ 4º O depósito de que trata o § 1º far-se-á na conta vinculada do empregado a que se refere o art. 2º da Lei 5.107, de 13 de setembro de 1966, aplicando-se-lhe os preceitos dessa lei, observado, quanto ao respectivo levantamento, o disposto no § 1º.

- § 4º com redação determinada pela Lei 5.442/1968.

§ 5º Se o empregado ainda não tiver conta vinculada aberta em seu nome, nos termos do art. 2º da Lei 5.107, de 13 de setembro de 1966, a empresa procederá à respectiva abertura, para efeito do disposto no § 2º.

- § 5º com redação determinada pela Lei 5.442/1968.
- A Lei 8.036/1990 disciplina, atualmente, o FGTS.

§ 6º Quando o valor da condenação, ou o arbitrado para fins de custas, exceder o limite de dez vezes o valor de referência regional, o depósito para fins de recursos será limitado a este valor.

- § 6º com redação determinada pela Lei 5.442/1968.
- V. art. 40, Lei 8.177/1991 (Valor do depósito para fins de recursos).

§ 7º No ato de interposição do agravo de instrumento, o depósito recursal corresponderá a 50% (cinquenta por cento) do valor do depósito do recurso ao qual se pretende destrancar.

- § 7º acrescentado pela Lei 12.275/2010 (*DOU* 29.06.2010, edição extra), em vigor 45 (quarenta e cinco) dias após a data de sua publicação, de acordo com o art. 1º do Dec.-lei 4.657/1942.
- V. art. 7º, Lei 5.584/1970 (Processo do trabalho e assistência judiciária).
- V. Súmula 245, TST.

Art. 900. Interposto o recurso, será notificado o recorrido para oferecer as suas razões, em prazo igual ao que tiver o recorrente.

- V. art. 6º, Lei 5.584/1970 (Processo do trabalho e assistência judiciária).

Art. 901. Sem prejuízo dos prazos previstos neste Capítulo, terão as partes vistas dos autos em cartório ou na secretaria.

Parágrafo único. Salvo quando estiver correndo prazo comum, aos procuradores das partes será permitido ter vista dos autos fora do cartório ou secretaria.

- Parágrafo único acrescentado pela Lei 8.638/1993.

Art. 902. *(Revogado pela Lei 7.033/1982.)*

Capítulo VII
DA APLICAÇÃO DAS PENALIDADES

- V. arts. 102, I, c, 105, I, a, e 108, I, a, CF.

Art. 903. As penalidades estabelecidas no Título anterior serão aplicadas pelo juiz, ou Tribunal, que tiver de conhecer da desobediência, violação, recusa, falta ou coação, *ex officio*, ou mediante representação de qualquer interessado ou da Procuradoria da Justiça do Trabalho.

- Artigo com redação determinada pelo Dec.-lei 8.737/1946.

Art. 904. As sanções em que incorrerem as autoridades da Justiça do Trabalho serão aplicadas pela autoridade ou Tribunal imediatamente superior, conforme o caso, *ex officio*, ou mediante representação de qualquer interessado ou da Procuradoria.

- *Caput* com redação determinada pelo Dec.-lei 8.737/1946.

Parágrafo único. Tratando-se de membro do Tribunal Superior do Trabalho será competente para a imposição de sanções o Senado Federal.

- Parágrafo único revogado. V. arts. 102, I, c, 105, I, a, e 108, I, a, CF.

Art. 905. Tomando conhecimento do fato imputado, o juiz, ou Tribunal competente, mandará notificar o acusado, para apresentar, no prazo de 15 (quinze) dias, defesa por escrito.

- Artigo revogado. V. LC 35/1979 (Lei Orgânica da Magistratura Nacional).

§ 1º É facultado ao acusado, dentro do prazo estabelecido neste artigo, requerer a produção de testemunhas até o máximo de cinco. Neste caso, será marcada audiência para a inquirição.
§ 2º Findo o prazo de defesa, o processo será imediatamente concluso para julgamen-

Art. 917

CONSOLIDAÇÃO DAS LEIS DO TRABALHO

to, que deverá ser proferido no prazo de 10 (dez) dias.

Art. 906. Da imposição das penalidades a que se refere este Capítulo, caberá recurso ordinário para o Tribunal Superior, no prazo de 10 (dez) dias, salvo se a imposição resultar de dissídio coletivo, caso em que o prazo será de 20 (vinte) dias.

Art. 907. Sempre que o infrator incorrer em pena criminal, far-se-á remessa das peças necessárias à autoridade competente.

Art. 908. A cobrança das multas estabelecidas neste Título será feita mediante executivo fiscal, perante o juiz competente para a cobrança de dívida ativa da Fazenda Pública Federal.

Parágrafo único. A cobrança das multas será promovida, no Distrito Federal e nos Estados em que funcionarem os Tribunais Regionais, pela Procuradoria da Justiça do Trabalho, e, nos demais Estados, de acordo com o disposto no Dec.-lei 960, de 17 de dezembro de 1938.

- Parágrafo único revogado. V. Lei 6.830/1980 (Lei de Execução Fiscal).

Capítulo VIII
DISPOSIÇÕES FINAIS

- V. art. 96, I, a, CF.

Art. 909. A ordem dos processos no Tribunal Superior do Trabalho será regulada em seu regimento interno.

- Expressão "Conselho Nacional do Trabalho" substituída por "Tribunal Superior do Trabalho", de acordo com o art. 2º do Dec.-lei 9.797/1946.

Art. 910. Para os efeitos deste Título, equiparam-se aos serviços públicos os de utilidade pública, bem como os que forem prestados em armazéns de gêneros alimentícios, açougues, padarias, leiterias, farmácias, hospitais, minas, empresas de transportes e comunicações, bancos e estabelecimentos que interessem à segurança nacional.

TÍTULO XI
DISPOSIÇÕES FINAIS E TRANSITÓRIAS

Art. 911. Esta Consolidação entrará em vigor em 10 de novembro de 1943.

Art. 912. Os dispositivos de caráter imperativo terão aplicação imediata às relações iniciadas, mas não consumadas, antes da vigência desta Consolidação.

- V. art. 5º, § 1º, CF.
- • V. art. 1.211, CPC.
- • V. art. 915, CLT.
- • V. art. 6º, Dec.-lei 4.657/1942 (Lei de Introdução às normas do Direito Brasileiro).

Art. 913. O Ministro do Trabalho, Indústria e Comércio expedirá instruções, quadros, tabelas e modelos que se tornarem necessários à execução desta Consolidação.

- V. art. 87, parágrafo único, II, CF.
- V. art. 35, Dec.-lei 229/1967 (Altera dispositivos da Consolidação das Leis do Trabalho – CLT).

Parágrafo único. O Tribunal Superior do Trabalho adaptará o seu regimento interno e os dos Tribunais Regionais do Trabalho às normas contidas nesta Consolidação.

- Parágrafo único revogado. V. art. 96, I, CF.

Art. 914. Continuarão em vigor os quadros, tabelas e modelos, aprovados em virtude de dispositivos não alterados pela presente Consolidação.

Art. 915. Não serão prejudicados os recursos interpostos com apoio em dispositivos alterados ou cujo prazo para interposição esteja em curso à data da vigência desta Consolidação.

- • V. art. 1.211, CPC.
- • V. art. 912, CLT.
- • V. art. 6º, Dec.-lei 4.657/1942 (Lei de Introdução às normas do Direito Brasileiro).

Art. 916. Os prazos de prescrição fixados pela presente Consolidação começarão a correr da data da vigência desta, quando menores do que os previstos pela legislação anterior.

- V. art. 7º, XXIX, CF.

Art. 917. O Ministro do Trabalho, Indústria e Comércio marcará prazo para adaptação dos atuais estabelecimentos às exigências contidas no Capítulo "Da Segurança e

da Medicina do Trabalho". Compete ainda àquela autoridade fixar os prazos dentro dos quais, em cada Estado, entrará em vigor a obrigatoriedade do uso da Carteira de Trabalho e Previdência Social, para os atuais empregados.

- V. art. 35, Dec.-lei 229/1967 (Altera dispositivos da Consolidação das Leis do Trabalho – CLT).

Parágrafo único. O Ministro do Trabalho, Indústria e Comércio fixará, para cada Estado e quando julgar conveniente, o início da vigência de parte ou de todos os dispositivos contidos no Capítulo "Da Segurança e da Medicina do Trabalho".

- V. art. 35, Dec.-lei 229/1967 (Altera dispositivos da Consolidação das Leis do Trabalho – CLT).
- V. Lei 6.514/1977 (Altera o Capítulo V do Título II da Consolidação das Leis do Trabalho, relativo a segurança e medicina do trabalho).

Art. 918. [...]

- Artigo revogado. V. Dec.-lei 72/1966 e Lei 3.807/1960 (Justiça do Trabalho).

Art. 919. Ao empregado bancário, admitido até a data da vigência da presente Lei, fica assegurado o direito à aquisição da estabilidade nos termos do art. 15 do Dec. 24.615, de 9 de julho de 1934.

Art. 920. Enquanto não forem constituídas as confederações, ou na falta destas, a representação de classes, econômicas ou profissionais, que derivar da indicação desses órgãos ou dos respectivos presidentes, será suprida por equivalente designação ou eleição realizada pelas correspondentes federações.

Art. 921. As empresas que não estiverem incluídas no enquadramento sindical de que trata o art. 577 poderão firmar contratos coletivos de trabalho com os sindicatos representativos da respectiva categoria profissional.

Art. 922. O disposto no art. 301 regerá somente as relações de emprego iniciadas depois da vigência desta Consolidação.

- Artigo acrescentado pelo Dec.-lei 6.353/1944.
- Deixamos de publicar o anexo a esta Consolidação.

CÓDIGO DE PROCESSO CIVIL

Índice Sistemático do Código de Processo Civil

Exposição de Motivos do Código de Processo Civil

Código de Processo Civil

CÓDIGO DE PROCESSO CIVIL

Índice Sistemático do Código de Processo Civil

Exposição de Motivos do Código de Processo Civil

Código de Processo Civil

ÍNDICE SISTEMÁTICO DO CÓDIGO DE PROCESSO CIVIL

LEI 5.869, DE 11 DE JANEIRO DE 1973

LIVRO I
DO PROCESSO DE CONHECIMENTO

TÍTULO I
DA JURISDIÇÃO E DA AÇÃO

Arts. 1º a 6º, *405*

Capítulo I – Da jurisdição (arts. 1º e 2º), *405*

Capítulo II – Da ação (arts. 3º a 6º), *405*

TÍTULO II
DAS PARTES E DOS PROCURADORES

Arts. 7º a 80, *405*

Capítulo I – Da capacidade processual (arts. 7º a 13), *405*

Capítulo II – Dos deveres das partes e dos seus procuradores (arts. 14 a 35), *407*

Seção I – Dos deveres (arts. 14 e 15), *407*

Seção II – Da responsabilidade das partes por dano processual (arts. 16 a 18), *408*

Seção III – Das despesas e das multas (arts. 19 a 35), *408*

Capítulo III – Dos procuradores (arts. 36 a 40), *411*

Capítulo IV – Da substituição das partes e dos procuradores (arts. 41 a 45), *412*

Capítulo V – Do litisconsórcio e da assistência (arts. 46 a 55), *412*

Seção I – Do litisconsórcio (arts. 46 a 49), *412*

Seção II – Da assistência (arts. 50 a 55), *413*

Capítulo VI – Da intervenção de terceiros (arts. 56 a 80), *414*

Seção I – Da oposição (arts. 56 a 61), *414*

Seção II – Da nomeação à autoria (arts. 62 a 69), *414*

Seção III – Da denunciação da lide (arts. 70 a 76), *415*

Seção IV – Do chamamento ao processo (arts. 77 a 80), *416*

TÍTULO III
DO MINISTÉRIO PÚBLICO

Arts. 81 a 85, *416*

TÍTULO IV
DOS ÓRGÃOS JUDICIÁRIOS E DOS AUXILIARES DA JUSTIÇA

Arts. 86 a 153, *417*

Capítulo I – Da competência (arts. 86 e 87), *417*

Capítulo II – Da competência internacional (arts. 88 a 90), *417*

Capítulo III – Da competência interna (arts. 91 a 124), *417*

ÍNDICE SISTEMÁTICO DO CPC

Seção I – Da competência em razão do valor e da matéria (arts. 91 e 92), **417**

Seção II – Da competência funcional (art. 93), **418**

Seção III – Da competência territorial (arts. 94 a 101), **418**

Seção IV – Das modificações da competência (arts. 102 a 111), **419**

Seção V – Da declaração de incompetência (arts. 112 a 124), **420**

Capítulo IV – Do juiz (arts. 125 a 138), **421**

Seção I – Dos poderes, dos deveres e da responsabilidade do juiz (arts. 125 a 133), **421**

Seção II – Dos impedimentos e da suspeição (arts. 134 a 138), **423**

Capítulo V – Dos auxiliares da justiça (arts. 139 a 153), **423**

Seção I – Do serventuário e do oficial de justiça (arts. 140 a 144), **424**

Seção II – Do perito (arts. 145 a 147), **424**

Seção III – Do depositário e do administrador (arts. 148 a 150), **425**

Seção IV – Do intérprete (arts. 151 a 153), **425**

TÍTULO V
DOS ATOS PROCESSUAIS

Arts. 154 a 261, **425**

Capítulo I – Da forma dos atos processuais (arts. 154 a 171), **425**

Seção I – Dos atos em geral (arts. 154 a 157), **425**

Seção II – Dos atos da parte (arts. 158 a 161), **426**

Seção III – Dos atos do juiz (arts. 162 a 165), **426**

Seção IV – Dos atos do escrivão ou do chefe de secretaria (arts. 166 a 171), **427**

Capítulo II – Do tempo e do lugar dos atos processuais (arts. 172 a 176), **428**

Seção I – Do tempo (arts. 172 a 175), **428**

Seção II – Do lugar (art. 176), **428**

Capítulo III – Dos prazos (arts. 177 a 199), **429**

Seção I – Das disposições gerais (arts. 177 a 192), **429**

Seção II – Da verificação dos prazos e das penalidades (arts. 193 a 199), **430**

Capítulo IV – Das comunicações dos atos (arts. 200 a 242), **431**

Seção I – Das disposições gerais (arts. 200 e 201), **431**

Seção II – Das cartas (arts. 202 a 212), **431**

Seção III – Das citações (arts. 213 a 233), **432**

Seção IV – Das intimações (arts. 234 a 242), **435**

Capítulo V – Das nulidades (arts. 243 a 250), **437**

Capítulo VI – De outros atos processuais (arts. 251 a 261), **437**

Seção I – Da distribuição e do registro (arts. 251 a 257), **437**

Seção II – Do valor da causa (arts. 258 a 261), **438**

TÍTULO VI
DA FORMAÇÃO, DA SUSPENSÃO E DA EXTINÇÃO DO PROCESSO

Arts. 262 a 269, **438**

Capítulo I – Da formação do processo (arts. 262 a 264), **438**

Índice Sistemático do CPC

Capítulo II – Da suspensão do processo (arts. 265 e 266), **439**

Capítulo III – Da extinção do processo (arts. 267 a 269), **440**

TÍTULO VII
DO PROCESSO E DO PROCEDIMENTO

Arts. 270 a 281, **441**

Capítulo I – Das disposições gerais (arts. 270 a 273), **441**

Capítulo II – Do procedimento ordinário (art. 274), **442**

Capítulo III – Do procedimento sumário (arts. 275 a 281), **442**

TÍTULO VIII
DO PROCEDIMENTO ORDINÁRIO

Arts. 282 a 475-R, **443**

Capítulo I – Da petição inicial (arts. 282 a 296), **443**

Seção I – Dos requisitos da petição inicial (arts. 282 a 285-B), **443**

Seção II – Do pedido (arts. 286 a 294), **444**

Seção III – Do indeferimento da petição inicial (arts. 295 e 296), **445**

Capítulo II – Da resposta do réu (arts. 297 a 318), **446**

Seção I – Das disposições gerais (arts. 297 a 299), **446**

Seção II – Da contestação (arts. 300 a 303), **446**

Seção III – Das exceções (arts. 304 a 314), **447**

Subseção I – Da incompetência (arts. 307 a 311), **447**

Subseção II – Do impedimento e da suspeição (arts. 312 a 314), **448**

Seção IV – Da reconvenção (arts. 315 a 318), **448**

Capítulo III – Da revelia (arts. 319 a 322), **448**

Capítulo IV – Das providências preliminares (arts. 323 a 328), **449**

Seção I – Do efeito da revelia (art. 324), **449**

Seção II – Da declaração incidente (art. 325), **449**

Seção III – Dos fatos impeditivos, modificativos ou extintivos do pedido (art. 326), **449**

Seção IV – Das alegações do réu (arts. 327 e 328), **449**

Capítulo V – Do julgamento conforme o estado do processo (arts. 329 a 331), **449**

Seção I – Da extinção do processo (art. 329), **449**

Seção II – Do julgamento antecipado da lide (art. 330), **449**

Seção III – Da audiência preliminar (art. 331), **450**

Capítulo VI – Das provas (arts. 332 a 443), **450**

Seção I – Das disposições gerais (arts. 332 a 341), **450**

Seção II – Do depoimento pessoal (arts. 342 a 347), **451**

Seção III – Da confissão (arts. 348 a 354), **452**

Seção IV – Da exibição de documento ou coisa (arts. 355 a 363), **452**

Seção V – Da prova documental (arts. 364 a 399), **453**

Subseção I – Da força probante dos documentos (art. 364 a 389), **453**

Subseção II – Da arguição de falsidade (arts. 390 a 395), **456**

ÍNDICE SISTEMÁTICO DO CPC

Subseção III – Da produção da prova documental (arts. 396 a 399), *457*

Seção VI – Da prova testemunhal (arts. 400 a 419), *457*

Subseção I – Da admissibilidade e do valor da prova testemunhal (arts. 400 a 406), *457*

Subseção II – Da produção da prova testemunhal (arts. 407 a 419), *458*

Seção VII – Da prova pericial (arts. 420 a 439), *461*

Seção VIII – Da inspeção judicial (arts. 440 a 443), *463*

Capítulo VII – Da audiência (arts. 444 a 457), *463*

Seção I – Das disposições gerais (arts. 444 a 446), *463*

Seção II – Da conciliação (arts. 447 a 449), *463*

Seção III – Da instrução e julgamento (arts. 450 a 457), *463*

Capítulo VIII – Da sentença e da coisa julgada (arts. 458 a 475), *464*

Seção I – Dos requisitos e dos efeitos da sentença (arts. 458 a 466-C), *464*

Seção II – Da coisa julgada (arts. 467 a 475), *466*

Capítulo IX – Da liquidação de sentença (arts. 475-A a 475-H), *467*

Capítulo X – Do cumprimento da sentença (arts. 475-I a 475-R), *468*

TÍTULO IX
DO PROCESSO NOS TRIBUNAIS

Arts. 476 a 495, *472*

Capítulo I – Da uniformização da jurisprudência (arts. 476 a 479), *472*

Capítulo II – Da declaração de inconstitucionalidade (arts. 480 a 482), *472*

Capítulo III – Da homologação de sentença estrangeira (arts. 483 e 484), *473*

Capítulo IV – Da ação rescisória (arts. 485 a 495), *473*

TÍTULO X
DOS RECURSOS

Arts. 496 a 565, *474*

Capítulo I – Das disposições gerais (arts. 496 a 512), *474*

Capítulo II – Da apelação (arts. 513 a 521), *476*

Capítulo III – Do agravo (arts. 522 a 529), *478*

Capítulo IV – Dos embargos infringentes (arts. 530 a 534), *480*

Capítulo V – Dos embargos de declaração (arts. 535 a 538), *480*

Capítulo VI – Dos recursos para o Supremo Tribunal Federal e o Superior Tribunal de Justiça (arts. 539 a 546), *481*

Seção I – Dos recursos ordinários (arts. 539 e 540), *481*

Seção II – Do recurso extraordinário e do recurso especial (arts. 541 a 546), *481*

Capítulo VII – Da ordem dos processos no tribunal (arts. 547 a 565), *484*

LIVRO II
DO PROCESSO DE EXECUÇÃO

TÍTULO I
DA EXECUÇÃO EM GERAL

Arts. 566 a 611, *486*

Capítulo I – Das partes (arts. 566 a 574), *486*

Capítulo II – Da competência (arts. 575 a 579), *487*

ÍNDICE SISTEMÁTICO DO CPC

Capítulo III – Dos requisitos necessários para realizar qualquer execução (arts. 580 a 590), **488**

Seção I – Do inadimplemento do devedor (arts. 580 a 582), **488**

Seção II – Do título executivo (arts. 583 a 590), **488**

Capítulo IV – Da responsabilidade patrimonial (arts. 591 a 597), **490**

Capítulo V – Das disposições gerais (arts. 598 a 602), **491**

Capítulo VI – Da liquidação da sentença (arts. 603 a 611) *(Revogados pela Lei 11.232/2005)*, **492**

TÍTULO II
DAS DIVERSAS ESPÉCIES DE EXECUÇÃO

Arts. 612 a 735, **492**

Capítulo I – Das disposições gerais (arts. 612 a 620), **492**

Capítulo II – Da execução para a entrega de coisa (arts. 621 a 631), **493**

Seção I – Da entrega de coisa certa (arts. 621 a 628), **493**

Seção II – Da entrega de coisa incerta (arts. 629 a 631), **494**

Capítulo III – Da execução das obrigações de fazer e de não fazer (arts. 632 a 645), **494**

Seção I – Da obrigação de fazer (arts. 632 a 641), **494**

Seção II – Da obrigação de não fazer (arts. 642 e 643), **495**

Seção III – Das disposições comuns às seções precedentes (arts. 644 e 645), **495**

Capítulo IV – Da execução por quantia certa contra devedor solvente (arts. 646 a 731), **496**

Seção I – Da penhora, da avaliação e da expropriação de bens (arts. 646 a 707), **496**

Subseção I – Das disposições gerais (arts. 646 a 651), **496**

Subseção II – Da citação do devedor e da indicação de bens (arts. 652 a 658), **498**

Subseção III – Da penhora e do depósito (arts. 659 a 670), **500**

Subseção IV – Da penhora de créditos e de outros direitos patrimoniais (arts. 671 a 676), **502**

Subseção V – Da penhora, do depósito e da administração de empresa e de outros estabelecimentos (arts. 677 a 679), **503**

Subseção VI – Da avaliação (arts. 680 a 685), **503**

Subseção VI-A – Da adjudicação (arts. 685-A e 685-B), **504**

Subseção VI-B – Da alienação por iniciativa particular (art. 685-C), **505**

Subseção VII – Da alienação em hasta pública (arts. 686 a 707), **505**

Seção II – Do pagamento ao credor (arts. 708 a 729), **510**

Subseção I – Das disposições gerais (art. 708), **510**

Subseção II – Da entrega do dinheiro (arts. 709 a 713), **510**

Subseção III – Da adjudicação de imóvel (arts. 714 e 715), *(Revogados pela Lei 11.382/2006)*, **510**

Subseção IV – Do usufruto de móvel ou imóvel (arts. 716 a 729), **510**

Seção III – Da execução contra a Fazenda Pública (arts. 730 e 731), **511**

Capítulo V – Da execução de prestação alimentícia (arts. 732 a 735), **512**

TÍTULO III
DOS EMBARGOS DO DEVEDOR

Arts. 736 a 747, **512**

ÍNDICE SISTEMÁTICO DO CPC

Capítulo I – Das disposições gerais (arts. 736 a 740), **512**

Capítulo II – Dos embargos à execução contra a Fazenda Pública (arts. 741 a 743), **514**

Capítulo III – Dos embargos à execução (arts. 744 a 746), **515**

Capítulo IV – Dos embargos na execução por carta (art. 747), **516**

TÍTULO IV
DA EXECUÇÃO POR QUANTIA CERTA CONTRA DEVEDOR INSOLVENTE

Arts. 748 a 786-A, **516**

Capítulo I – Da insolvência (arts. 748 a 753), **516**

Capítulo II – Da insolvência requerida pelo credor (arts. 754 a 758), **517**

Capítulo III – Da insolvência requerida pelo devedor ou pelo seu espólio (arts. 759 e 760), **517**

Capítulo IV – Da declaração judicial de insolvência (arts. 761 e 762), **517**

Capítulo V – Das atribuições do administrador (arts. 763 a 767), **518**

Capítulo VI – Da verificação e da classificação dos créditos (arts. 768 a 773), **518**

Capítulo VII – Do saldo devedor (arts. 774 a 776), **519**

Capítulo VIII – Da extinção das obrigações (arts. 777 a 782), **519**

Capítulo IX – Das disposições gerais (arts. 783 a 786-A), **520**

TÍTULO V
DA REMIÇÃO

Arts. 787 a 790 (*Revogados pela Lei 11.382/2006*), **520**

TÍTULO VI
DA SUSPENSÃO E DA EXTINÇÃO DO PROCESSO DE EXECUÇÃO

Arts. 791 a 795, **520**

Capítulo I – Da suspensão (arts. 791 a 793), **520**

Capítulo II – Da extinção (arts. 794 e 795), **520**

LIVRO III
DO PROCESSO CAUTELAR

TÍTULO ÚNICO
DAS MEDIDAS CAUTELARES

Arts. 796 a 889, **521**

Capítulo I – Das disposições gerais (arts. 796 a 812), **521**

Capítulo II – Dos procedimentos cautelares específicos (arts. 813 a 889), **523**

Seção I – Do arresto (arts. 813 a 821), **523**

Seção II – Do sequestro (arts. 822 a 825), **524**

Seção III – Da caução (arts. 826 a 838), **524**

Seção IV – Da busca e apreensão (arts. 839 a 843), **525**

Seção V – Da exibição (arts. 844 e 845), **526**

Seção VI – Da produção antecipada de provas (arts. 846 a 851), **526**

Seção VII – Dos alimentos provisionais (arts. 852 a 854), **526**

Seção VIII – Do arrolamento de bens (arts. 855 a 860), **527**

Seção IX – Da justificação (arts. 861 a 866), **527**

Seção X – Dos protestos, notificações e interpelações (arts. 867 a 873), **528**

ÍNDICE SISTEMÁTICO DO CPC

Seção XI – Da homologação do penhor legal (arts. 874 a 876), **528**

Seção XII – Da posse em nome do nascituro (arts. 877 e 878), **529**

Seção XIII – Do atentado (arts. 879 a 881), **529**

Seção XIV – Do protesto e da apreensão de títulos (arts. 882 a 887), **529**

Seção XV – De outras medidas provisionais (arts. 888 e 889), **530**

LIVRO IV
DOS PROCEDIMENTOS ESPECIAIS

TÍTULO I
DOS PROCEDIMENTOS ESPECIAIS DE JURISDIÇÃO CONTENCIOSA

Arts. 890 a 1.102-C, **530**

Capítulo I – Da ação de consignação em pagamento (arts. 890 a 900), **530**

Capítulo II – Da ação de depósito (arts. 901 a 906), **532**

Capítulo III – Da ação de anulação e substituição de títulos ao portador (arts. 907 a 913), **533**

Capítulo IV – Da ação de prestação de contas (arts. 914 a 919), **533**

Capítulo V – Das ações possessórias (arts. 920 a 933), **534**

Seção I – Das disposições gerais (arts. 920 a 925), **534**

Seção II – Da manutenção e da reintegração de posse (arts. 926 a 931), **535**

Seção III – Do interdito proibitório (arts. 932 e 933), **535**

Capítulo VI – Da ação de nunciação de obra nova (arts. 934 a 940), **535**

Capítulo VII – Da ação de usucapião de terras particulares (arts. 941 a 945), **536**

Capítulo VIII – Da ação de divisão e da demarcação de terras particulares (arts. 946 a 981), **537**

Seção I – Das disposições gerais (arts. 946 a 949), **537**

Seção II – Da demarcação (arts. 950 a 966), **537**

Seção III – Da divisão (arts. 967 a 981), **539**

Capítulo IX – Do inventário e da partilha (arts. 982 a 1.045), **541**

Seção I – Das disposições gerais (arts. 982 a 986), **541**

Seção II – Da legitimidade para requerer o inventário (arts. 987 a 989), **542**

Seção III – Do inventariante e das primeiras declarações (arts. 990 a 998), **542**

Seção IV – Das citações e das impugnações (arts. 999 a 1.002), **544**

Seção V – Da avaliação e do cálculo do imposto (arts. 1.003 a 1.013), **545**

Seção VI – Das colações (arts. 1.014 a 1.016), **546**

Seção VII – Do pagamento das dívidas (arts. 1.017 a 1.021), **546**

Seção VIII – Da partilha (arts. 1.022 a 1.030), **547**

Seção IX – Do arrolamento (arts. 1.031 a 1.038), **548**

Seção X – Das disposições comuns às seções precedentes (arts. 1.039 a 1.045), **549**

Capítulo X – Dos embargos de terceiro (arts. 1.046 a 1.054), **550**

Capítulo XI – Da habilitação (arts. 1.055 a 1.062), **551**

Capítulo XII – Da restauração de autos (arts. 1.063 a 1.069), **552**

ÍNDICE SISTEMÁTICO DO CPC

Capítulo XIII – Das vendas a crédito com reserva de domínio (arts. 1.070 e 1.071), **552**

Capítulo XIV – Do juízo arbitral (arts. 1.072 a 1.102) (*Revogados pela Lei 9.307/ 1996*), **553**

Capítulo XV – Da ação monitória (arts. 1.102-A a 1.102-C), **553**

TÍTULO II
DOS PROCEDIMENTOS ESPECIAIS DE JURISDIÇÃO VOLUNTÁRIA

Arts. 1.103 a 1.210, **554**

Capítulo I – Das disposições gerais (arts. 1.103 a 1.112), **554**

Capítulo II – Das alienações judiciais (arts. 1.113 a 1.119), **554**

Capítulo III – Da separação consensual (arts. 1.120 a 1.124-A), **555**

Capítulo IV – Dos testamentos e codicilos (arts. 1.125 a 1.141), **557**

Seção I – Da abertura, do registro e do cumprimento (arts. 1.125 a 1.129), **557**

Seção II – Da confirmação do testamento particular (arts. 1.130 a 1.133), **557**

Seção III – Do testamento militar, marítimo, nuncupativo e do codicilo (art. 1.134), **558**

Seção IV – Da execução dos testamentos (arts. 1.135 a 1.141), **558**

Capítulo V – Da herança jacente (arts. 1.142 a 1.158), **559**

Capítulo VI – Dos bens dos ausentes (arts. 1.159 a 1.169), **560**

Capítulo VII – Das coisas vagas (arts. 1.170 a 1.176), **561**

Capítulo VIII – Da curatela dos interditos (arts. 1.177 a 1.186), **562**

Capítulo IX – Das disposições comuns à tutela e à curatela (arts. 1.187 a 1.198), **563**

Seção I – Da nomeação do tutor ou curador (arts. 1.187 a 1.193), **563**

Seção II – Da remoção e dispensa de tutor ou curador (arts. 1.194 a 1.198), **564**

Capítulo X – Da organização e da fiscalização das fundações (arts. 1.199 a 1.204), **564**

Capítulo XI – Da especialização da hipoteca legal (arts. 1.205 a 1.210), **564**

LIVRO V
DAS DISPOSIÇÕES FINAIS E TRANSITÓRIAS

Arts. 1.211 a 1.220, **565**

EXPOSIÇÃO DE MOTIVOS DO CÓDIGO DE PROCESSO CIVIL

LEI 5.869,
DE 11 DE JANEIRO DE 1973

Excelentíssimos Senhores Membros do Congresso Nacional:
Nos termos do art. 56 da Constituição, tenho a honra de submeter à elevada deliberação de Vossas Excelências, acompanhado de Exposição de Motivos do Senhor Ministro de Estado da Justiça, o anexo projeto de lei de "Código de Processo Civil".
Brasília, 2 de agosto de 1972.
Emílio G. Médici
GM/473-B
Brasília, 31 de julho de 1972.
Excelentíssimo Senhor Presidente da República

"Convien decidersi a una riforma fondamentale o rinunciare alla speranza di un serio progresso" (Chiovenda, La riforma del procedimento civile, Roma, 1911, p. 4).

Tenho a honra de apresentar à alta consideração de Vossa Excelência o projeto de Código de Processo Civil.

Capítulo I
REVISÃO OU CÓDIGO NOVO?

1. As palavras do insigne mestre italiano, que servem de epígrafe a esta Exposição de Motivos, constituem grave advertência ao legislador que aspira a reformar o Código de Processo Civil. Foi sob a inspiração e também sob o temor desse conselho que empreendemos a tarefa de redigir o projeto, a fim de pôr o sistema processual civil brasileiro em consonância com o progresso científico dos tempos atuais.

Ao iniciarmos os estudos depararam-se-nos duas sugestões: rever o Código vigente ou elaborar Código novo. A primeira tinha a vantagem de não interromper a continuidade legislativa. O plano de trabalho, bem que compreendendo a quase totalidade dos preceitos legais, cingir-se-ia a manter tudo quanto estava conforme com os enunciados da ciência, emendando o que fosse necessário, preenchendo lacunas e suprimindo o supérfluo, que retarda o andamento dos feitos.

Mas a pouco e pouco nos convencemos de que era mais difícil corrigir o Código velho que escrever um novo. A emenda ao Código atual requeria um concerto de opiniões, precisamente nos pontos em que a fidelidade aos princípios não tolera transigências. E quando a dissensão é insuperável, a tendência é de resolvê-la mediante concessões, que não raro sacrificam a verdade científica a meras razões de oportunidade. O grande mal das reformas parciais é o de transformar o Código em mosaico, com coloridos diversos que traduzem as mais variadas direções. Dessas várias reformas tem experiência o país; mas, como observou LOPES DA COSTA, umas foram para melhor; mas em outras saiu a emenda pior que o soneto.[1]

Depois de demorada reflexão, verificamos que o problema era muito mais amplo, grave e profundo, atingindo a substância das instituições, a disposição ordenada das matérias e a íntima correlação entre a função do processo civil e a estrutura orgânica do Poder Judiciário. Justamente por isso a nossa tarefa não se limitou à mera revisão. Impunha-se refazer o Código em suas linhas fundamentais, dando-lhe novo plano de acordo com as conquistas modernas e as experiências dos povos cultos. Nossa preocupação foi a de realizar um trabalho unitário, assim no plano dos princípios, como no de suas aplicações práticas.

1 Lopes da Costa, *Direito processual civil brasileiro*, 2ª ed., v. 1, p. 29.

2. Propondo uma reforma *total*, pode parecer que queremos deitar abaixo as instituições do Código vigente, substituindo-as por outras inteiramente novas. Não. Introduzimos modificações substanciais, a fim de simplificar a estrutura do Código, facilitar-lhe o manejo, racionalizar-lhe o sistema e torná-lo um instrumento dúctil para a administração da justiça.

Bem presentes em nosso espírito estiveram as recomendações de NICETO ALCALÁ-ZAMORA Y CASTILLO, que classificou os princípios em duas espécies: "Suponiendo que se trate de sustitución plena de un código por otro, la primera questión que se plantea es la de si debe hacerse tabla rasa del pasado o si, por el contrario, conviene aprovechar, y en qué escala, elementos del texto precedente. Entran aqui en juego los contrapuestos principios de técnica legislativa, que bien cabría denominar de *conservación* y de *innovación*, pero lo fundamental no son los nombres que reciban, sino el criterio conforme a cual funcionen. Como es natural, no se puede sentar de una vez para todas una pauta absoluta, y muchísimo menos proporciones o porcentajes, porque el predominio de uno de esos principios sobre el otro, dependrá de las deficiencias que presente el código de cuya derogación se trate, apreciadas por la persona o comisión llamadas a reformarlo. Cabría, sin embargo, aconsejar que el principio de conservación sirva para hacer menos perturbador el cambio y el de innovación para remediar los males advertidos durante la vigencia del ordenamiento anterior. Nada más dañino que alterar por completo la estructura y redacción de un código, si sus fallas e inconvenientes subsisten o se agravan en el que venga a reemplazarlo. El reformador no debe olvidar nunca que 'por muy viejo que sea un edificio siempre de su derribo se obtienen materiales para construcciones futuras'; y si, verbigracia, en el código antiguo existe una buena distribución de materiales o cuenta con preceptos de correcta formulación jurídica y gramatical, seria absurdo llevar el prurito innovador hasta prescindir por completo da aquélla e de éstos, suponiendo que al huir del precedente nacional quepa también escapar de los modelos extranjeros y con olvido de que la asimilación por jueces, abogados, secretarios etc., de un nuevo código civil, penal o mercantil es mucho más rápida y sencilia que la de nuevas leyes procesales, que son vividas a diario por las profesiones forenses y no meramente invocadas o aplicadas".[2]

Entram em jogo dois princípios antagônicos de técnica legislativa: o da *conservação* e o da *inovação*. Ambos se harmonizam, porque, se o primeiro torna menos perturbadora a mudança, o segundo remedeia os males observados durante a aplicação do Código. O reformador não deve olvidar que, por mais velho que seja um edifício, sempre se obtém, quando demolido, materiais para construções futuras.

Capítulo II
DO SISTEMA DO CÓDIGO DE PROCESSO CIVIL VIGENTE

3. No Código de Processo Civil vigente podem distinguir-se quatro partes fundamentais. A primeira se ocupa com o chamado processo de conhecimento (arts. 1º a 297). A segunda, a maior de todas, abrange numerosos procedimentos especiais (arts. 298 a 781). A terceira é dedicada aos recursos e processos de competência originária dos tribunais (arts. 782 a 881). A quarta e última tem por objeto o processo de execução (arts. 882 a 1.030).

O processo de conhecimento, elaborou-o o legislador segundo os princípios modernos da ciência do processo. Serviram-lhe de paradigma os Códigos da Áustria, da Alemanha e de Portugal; nesses diplomas, bem como nos trabalhos preparatórios de revisão legislativa feitos na Itália, foi o legislador brasileiro buscar a soma de experiências e encontrar os altos horizontes, que a ciência pudera dilatar, a fim de construir

2 Niceto Alcalá-Zamora Y Castillo, *Princípios técnicos y políticos de una reforma procesal*, Honduras, 1950, p. 7 e ss.

CÓDIGO DE PROCESSO CIVIL

uma sistemática de fecundos resultados práticos.³

4. O legislador brasileiro não foi, porém, feliz nas outras partes. Manteve injustificavelmente uma série exaustiva de ações especiais, minuciosamente reguladas em cerca de quinhentos artigos, que compreendem quase a metade do Código.⁴ Vergando ao peso da tradição, conservou as linhas básicas dos recursos que herdamos de Portugal, com as distinções sutis que os tornam de trato difícil. O processo de execução, que produz o sistema do direito anterior, não avançou senão algumas tímidas inovações.

Os princípios informativos do Código, embora louváveis do ponto de vista dogmático, não lograram plena efetivação. A extensão territorial do país, as promoções dos magistrados de entrância para entrância, o surto do progresso que deu lugar à formação de um grande parque industrial e o aumento da densidade demográfica vieram criar considerável embaraço à aplicação dos princípios da oralidade e da identidade da pessoa física do juiz, consagrados em termos rígidos no sistema do Código. Os inconvenientes resultavam não do sistema, mas de sua adaptação às nossas condições geográficas, a cujo respeito falharam as previsões do legislador. Não se duvidava, pois, da excelência do princípio da oralidade, mas se apontavam os males de uma aplicação irrestrita e incondicional à realidade brasileira.

Malgrado esses defeitos e outros que serão adiante indicados, reconhecemos que o Código de Processo Civil representa um assinalado esforço para adequar o direito brasileiro à nova orientação legislativa dos povos civilizados.

Capítulo III
DO MÉTODO DA REFORMA

I – Os Modelos do Projeto

5. Na elaboração do projeto tomamos por modelo os monumentos legislativos mais notáveis do nosso tempo. Não se veja nessa confissão mero espírito de mimetismo, que se compraz antes em repetir do que em criar, nem desapreço aos méritos de nosso desenvolvimento cultural. Um Código de Processo é uma instituição eminentemente técnica. E a técnica não é apanágio de um povo, senão conquista de valor universal.

O processo civil é um instrumento que o Estado põe à disposição dos litigantes, a fim de administrar justiça. Não se destina a simples definição de direitos na luta privada entre os contendores. Atua, como já observara BETTI, não no interesse de uma ou de outra parte, mas por meio do interesse de ambos. O interesse das partes não é senão um meio, que serve para conseguir a finalidade do processo na medida em que dá lugar àquele impulso destinado a satisfazer o interesse público da atuação da lei na composição dos conflitos. A aspiração de cada uma das partes é a de ter razão: a finalidade do processo é a de dar razão a quem efetivamente a tem. Ora, dar razão a quem a tem é, na realidade, não um interesse privado das partes, mas um interesse público de toda sociedade.⁵

Assim entendido, o processo civil é preordenado a assegurar a observância da lei; há de ter, pois, tantos atos quantos sejam necessários para alcançar essa finalidade. Diversamente de outros ramos da ciência jurídica, que traduzem a índole do povo atra-

3 Alfredo Buzaid, "Ensaio para uma revisão do sistema de recursos no Código de Processo Civil brasileiro", *Revista da Faculdade de Direito*, v. 52, p. 181 e ss.; José Frederico Marques, *Instituições de direito processual civil*, v. 1, p. 66 e ss.; Alcides de Mendonça Lima, "A recorribilidade dos despachos interlocutórios no Código de Processo Civil brasileiro", in *Estudios jurídicos en memoria de Eduardo Couture*, Montevideo, 1957, p. 483 e ss.

4 O Prof. Hugo Alsina não escondeu a sua perplexidade, ao verificar que o Código regulou sessenta e um processos especiais, malgrado o confessado propósito de instituir um tipo único para as ações (Hugo Alsina, "El nuevo régimen procesal en el Brasil", *Revista Forense*, v. 81, p. 314).

5 Betti, *Diritto processuale civile*, p. 5.

vés de longa tradição, o processo civil deve ser dotado exclusivamente de meios racionais, tendentes a obter a atuação do direito. As duas exigências que concorrem para aperfeiçoá-lo são a rapidez e a justiça. Força é, portanto, estruturá-lo de tal modo que ele se torne efetivamente apto a administrar, sem delongas, a justiça.

As nações mais adiantadas não se pejaram de exaltar os méritos dos Códigos de outros países. Na França, tão ciosa de sua elevada cultura, TISSIER reconheceu que o Código de Processo Civil da Áustria é "la meilleure procédure civile du continent".[6]

II – Da Terminologia do Projeto

6. Fiel a essa orientação, esforça-se o projeto por aplicar os princípios da técnica legislativa, um dos quais é o rigor da terminologia na linguagem jurídica.

Haja vista, por exemplo, o vocábulo "lide". No Código de Processo Civil vigente ora significa processo (art. 96), ora o mérito da causa (arts. 287, 684, IV, e 687, § 2º). O projeto só usa a palavra "lide" para designar o mérito da causa. Lide é, consoante a lição de CARNELUTTI, o conflito de interesses qualificado pela pretensão de um dos litigantes e pela resistência do outro. O julgamento desse conflito de pretensões, mediante o qual o juiz, acolhendo ou rejeitando o pedido, dá razão a uma das partes e nega-a à outra, constitui uma sentença definitiva de mérito. A lide é, portanto, o objeto principal do processo e nela se exprimem as aspirações em conflito de ambos os litigantes.[7]

Outra expressão, que o projeto eliminou, é instância. Dela se serve o Código de Processo Civil vigente para designar o instituto da suspensão, da absolvição e da cessação do processo (arts. 196 – 207). Todavia, a palavra é equívoca. Nas fontes romanas significa atividade, empenho, diligência e pedido.[8] Também exprime o exercício da ação desde a litiscontestação até a sentença.[9] PARA PEREIRA E SOUSA e RAMALHO, a instância é o tempo dentro do qual se trata e determina a causa com a decisão final.[10] JOÃO MENDES JÚNIOR define-a como a existência fluente do litígio.[11]

JOÃO MONTEIRO distingue-lhe duas acepções: legítima discussão da causa até a sentença passada em julgado e grau de jurisdição.[12] No antigo direito português se dizia que com a apelação ou o agravo começava nova instância.[13] Mas, como já adverte JOÃO MENDES JÚNIOR,[14] não se deve confundir instância com grau de jurisdição, porque pode dar-se o caso de dois graus de jurisdição funcionando em uma só e mesma instância; assim a execução é uma outra instância no mesmo primeiro grau de jurisdição.[15] Finalmente, para MACHADO GUIMARÃES, ELIÉZER ROSA, JOSÉ ALBERTO DOS REIS e BARBOSA MAGALHÃES, instância significa processo, entendido como relação jurídica.[16]

Bastam estas considerações para se ver que a palavra *instância* é uma fonte de dúvidas e equívocos. O projeto a substitui por *processo* e, assim, no Capítulo VI do Livro I e Capítulo VI do Livro II, fala de *Formação,*

6 Tissier, *Le centenaire du Code de Procédure Civile*, 1906, p. 43.

7 Carnelutti, *Sistema*, v. 1, p. 40; Betti, *Diritto processuale civile*, p. 445.

8 Matos Peixoto, *Recurso extraordinário*, p. 196; D. 22-1-33, pr.; D. 13-7-43, I.

9 Pereira, *Elucidarium*, p. 536: "Instantia dicitur tempus exercendi iudicii, videlicet e litiscontestatione ad sententiam usque". (Cf. também Manuel de Almeida e Souza, *Segundas linhas*, nota 228.)

10 Pereira e Sousa, *Primeiras linhas*, § 103; Ramalho, *Praxe*, § 122.

11 João Mendes Júnior, *Direito judiciário*, p. 241.

12 João Monteiro, *Processo civil*, § 78, nota 2.

13 Ord. Afons. III, 23, 3; Man. III, 18, I; Fil. III, 27, pr.

14 João Mendes Júnior, *Direito judiciário*, p. 482 e ss.

15 Pereira e Sousa, *Primeiras linhas*, nota 780; Manuel de Almeida e Souza, *Execução*, Cap. V, art. I; Ramalho, *Praxe*, § 123; Liebman, *Processo de execução*, p. 83.

16 Machado Guimarães, *A instância e a relação processual*, p. 69; Eliézer Rosa, *Dicionário de processo civil*, p. 238; José Alberto dos Reis, *Comentários ao Código de Processo Civil*, v. 3, p. 20 e ss.; Barbosa Magalhães, *Estudo sobre o novo Código de Processo Civil*, p. 239 e ss.

Suspensão e *Extinção do Processo*, empregando este vocábulo porque ele traduz, com todo o rigor científico, o fenômeno jurídico que o Código define.

7. Ainda quanto à linguagem, cabe-nos explicar a denominação do Livro III. Empregamos aí a expressão *processo cautelar*. Cautelar não figura, nos nossos dicionários, como adjetivo, mas tão só como verbo, já em desuso. O projeto o adotou, porém, como adjetivo, a fim de qualificar um tipo de processo autônomo. Na tradição de nosso direito processual era a função cautelar distribuída, por três espécies de processos, designados por preparatórios, preventivos e incidentes.[17] O projeto, reconhecendo-lhe caráter autônomo, reuniu os vários procedimentos preparatórios, preventivos e incidentes sob fórmula geral, não tendo encontrado melhor vocábulo que o adjetivo cautelar para designar a função que exercem. A expressão processo cautelar tem a virtude de abranger todas as medidas preventivas, conservatórias e incidentes que o projeto ordena no Livro III, e, pelo vigor e amplitude do seu significado, traduz melhor que qualquer outra palavra a tutela legal.

As razões de nossa preferência por essa expressão se fundam também no precedente legislativo português, cujo Código de Processo Civil a consagrou (arts. 381 e ss.) e no uso corrente da doutrina nacional e portuguesa.[18] No direito italiano, argentino e uruguaio também a doutrina manifestou o seu assentimento à expressão processo cautelar.[19]

III – Das Definições Legais

8. À força de ser repetido, passou à categoria de adágio jurídico o conselho das fontes romanas, segundo o qual *omnis definitio injure civile periculosa est* (D. 50.17.202). Sem discutir o valor dessa recomendação, de cujo acerto não pomos dúvida, ousamos, contudo, em vários lugares do projeto, desatendê-la, formulando algumas definições, que reputamos estritamente necessárias.

O Código de Processo Civil vigente alude à conexão, ora para autorizar a reunião de ações (art. 116), ora para considerá-la critério de determinação da competência (art. 133, IV), ora como fundamento de prorrogação da competência (art. 148). Notando a falta de um conceito legal de conexão, o Professor FRANCISCO MORATO aconselhou que o legislador a definisse. PEDRO BATISTA MARTINS, autor do projeto do Código de Processo Civil atual, não lhe acolheu a sugestão. "O conceito de conexão", escrevia, "não pode ser realmente fixado em princípios aprioristicos e abstratos. Defini-lo seria um erro de consequências incalculáveis, porque bem poderia acontecer que a experiência viesse a apresentar novas figuras de conexão que se não pudessem ajustar às categorias discriminadas na lei".[20]

Os argumentos expedidos por este eminente escritor não procedem. A conexão pode e deve ser conceituada pelo legislador, precisamente para eliminar as vacilações da doutrina e da jurisprudência. O ideal é que a lei seja sempre clara e explícita. Adotando esta orientação, o projeto define não só a conexão (art. 108) como a continência (art. 109).

9. Também por falta de definição legal, o conceito de litispendência andou de envolta com o de prevenção de jurisdição. Sustenta-

17 Assim o Código de Processo do Estado de São Paulo (Título do Livro III); do Distrito Federal (Livro III, Título I); do Paraná (Lei 1.915, de 23 de fevereiro de 1920), Parte Especial, Título II; da Bahia com o título "Dos processos preventivos, assecuratórios e preparatórios" (Livro I, Título II, Capítulo V, Seção XVII); do Rio Grande do Sul (Parte segunda, Título IV); de Minas Gerais (Livro II, Título I).

18 Pontes de Miranda, *Comentários ao Código de Processo Civil*, 2ª ed., v. 7, p. 293; Lopes da Costa, *Medidas preventivas*, 2ª ed., p. 17; José Alberto dos Reis, *A figura do processo cautelar*, p. 9.

19 Calamandrei, *Introduzione allo studio sistematico dei provvedimenti cautelari*, passim; Carnelutti, *Diritto e processo*, p. 353; Liebman, *Manuale*, v. 1, p. 91; Couture, *Fundamentos del derecho procesal civil*, p. 321.

20 Pedro Batista Martins, *Comentários ao Código de Processo Civil*, Forense, v. 2, p. 45 e ss.

ram alguns escritores que a litispendência tem por efeito obstar a que, perante o mesmo juiz, seja reproduzida ação idêntica à anterior. A litispendência distingue-se da prevenção, porque esta tende a impedir que a mesma ação, iniciada perante juiz competente, seja renovada perante outro juiz, embora de igual competência. Assim a litispendência e a prevenção têm de comum que, em ambas, se dá o concurso de duas ações idênticas; e diferem entre si em que na litispendência há um só juiz, e na prevenção, mais de um.[21] Para CARVALHO SANTOS, no entanto, há litispendência quando duas demandas são formuladas sobre o mesmo objeto, entre as mesmas partes, mas perante dois juízos diferentes.[22] LIEBMAN,[23] com observar que nenhuma dessas restrições se justifica, ressalta ainda que a doutrina portuguesa não apresentava ideias suficientemente claras acerca da litispendência e da prevenção.[24] Na doutrina estrangeira, nomeadamente alemã e italiana, a litispendência indica a existência de uma ação, produzindo a plenitude de seus efeitos, isto é, a situação jurídica em que se encontra uma causa submetida ao conhecimento do Poder Judiciário.[25]

A fim de dirimir as incertezas acima apontadas, o projeto formulou a definição de identificação de ações (art. 305, § 2º) e, em seguida, a de litispendência (art. 305, § 3º).

- O artigo correto é de n. 301, diferentemente do que consta da publicação oficial.

21 Gusmão, *Processo civil e comercial*, 4ª ed., v. 1, p. 441. No mesmo sentido: João Monteiro, *Processo civil e comercial*, § 110, notas 6 e 8.
22 Carvalho Santos, *Código de Processo Civil interpretado*, obs. n. 5 ao art. 182.
23 Liebman, in Chiovenda, *Instituições de direito processual civil*, v. 2, p. 386. No mesmo sentido: José Frederico Marques, *Instituições de direito processual civil*, v. 3, p. 212 e ss.; Moacyr Amaral Santos, *Primeiras linhas de direito processual civil*, v. 2, p. 145.
24 Pereira e Sousa, *Primeiras linhas*, nota 291; Manuel de Almeida e Souza, *Segundas linhas*, nota 291.
25 Chiovenda, *Saggi*, v. 1, p. 298; Goldschmidt, *Zivilprozessrecht*, § 55; Rosenberg, *Lehrbuch*, § 96; Redenti, *Profili*, p. 337; Zanzucchi, *Diritto processuale civile*, v. 1, p. 334.

10. Para arrematar esta ordem de considerações, convém lembrar o conceito de coisa julgada. A atual Lei de Introdução ao Código Civil prescreve, no art. 6º, § 3º: "Chama-se coisa julgada ou caso julgado a decisão judicial de que já não caiba recurso". Esta disposição, que reproduz o art. 3º, da antiga Lei de Introdução, não está, porém, isenta de críticas. Senão, vejamos. O Projeto do Código Civil falava de recurso ordinário,[26] inspirando-se, por certo, na lição de PAULA BATISTA e de RAMALHO.[27] O Senado eliminou-lhe, entretanto, o epíteto.[28]

O direito brasileiro não distingue, para efeito de coisa julgada, recurso ordinário e recurso extraordinário. Uma sentença, enquanto pode ser modificada ou revogada mediante recurso, não passa em julgado; ou, em outras palavras, uma sentença passa em julgado quando não está mais sujeita a nenhum recurso.[29] Apesar da clareza destas ideias, reinam discrepâncias acerca da condição da sentença sujeita a recurso extraordinário, cujos reflexos repercutem substancialmente na doutrina geral da execução.

O projeto tentou solucionar esses problemas, perfilhando conceito de coisa julgada elaborado por LIEBMAN e seguido por vários autores nacionais.[30]

Capítulo IV
DO PLANO DA REFORMA

I – Da Distribuição da Matéria

11. O projeto está dividido em cinco livros. O primeiro se ocupa com o processo de co-

26 *Trabalhos*, v. 3, p. 26, e v. 4, p. 27; Ruy Barbosa, *Parecer*, Rio, 1902, p. 22.
27 Paula Batista, *Teoria e prática do processo*, § 182; Ramalho, *Praxe*, § 227.
28 Beviláqua, *Código Civil*, obs. 6 ao art. 3º.
29 Luís Eulálio de Bueno Vidigal, "Execução de sentença na pendência de recursos de revista e extraordinário", *Revista dos Tribunais*, v. 321, p. 11 e ss.
30 Liebman, *Eficácia e autoridade da sentença*, p. 153 e ss.; J. Frederico Marques, *Instituições de direito processual civil*, v. 5, p. 35; Pedro Batista Martins, *Comentários ao Código de Processo Civil*, Forense, v. 3, p. 304 e ss.; Moacyr Amaral Santos, *Primeiras linhas de direito processual civil*, v. 3, p. 58 e ss.

CÓDIGO DE PROCESSO CIVIL

nhecimento; o segundo, com o processo de execução; o terceiro, com o processo cautelar; o quarto, com os procedimentos especiais; e o quinto, com as disposições gerais e transitórias.

A matéria dos três primeiros livros corresponde à função jurisdicional de conhecimento, de execução e cautelar. A dogmática do processo civil moderno sanciona esta classificação.[31] O processo cautelar foi regulado no Livro III, porque é um *tertium genus*, que contém a um tempo as funções do processo de conhecimento e de execução.[32] O seu elemento específico é a prevenção.[33] O quarto livro abrange procedimentos especiais, distribuídos em dois títulos: os de jurisdição contenciosa e os de jurisdição voluntária. Estará certa a colocação dos procedimentos de jurisdição voluntária no Livro IV? O tema tem sido objeto de larga controvérsia. No direito alemão constitui objeto de lei especial (*Gesetz über die Angelegenheiten der freiwilligen Gerichtsbarkeit*,[34] de 17 de maio de 1898), modificada por leis posteriores. Mas nem a lei alemã abrange toda a jurisdição voluntária, nem o Código de Processo Civil se absteve completamente de tratar dela.[35] Na Áustria, a lei de 1º de agosto de 1895, denominada *Jurisdiktionsnorm*, dedica o Capítulo III aos negócios não contenciosos (§§ 105 – 122), mas de modo também incompleto.

31 Carnelutti, *Diritto e processo*, p. 353; Liebman, *Manuale di diritto processuale civile*, Milão, 1957, v. 1, p. 31 e ss.; Rosenberg, *Lehrbuch*, 8ª ed., p. 3; Niceto Alcalá-Zamora Y Castillo, *Princípios técnicos y políticos de una reforma procesal*, Honduras, 1950, p. 10.
32 Carnelutti, *Diritto e processo*, p. 365.
33 Niceto Alcalá-Zamora Y Castillo, op. cit., p. 11. Os autores alemães tratam geralmente das medidas cautelares no processo de execução (Lent-Jauernig, *Zwangsvollstreckungs und Konkursrecht*, 9ª ed., 1963, p. 104).
34 Texto da lei em Schlegelberger, *Gesetz über die Angelegenheiten der freiwilligen Gerichtsbarkeit*, 1952, v. 1, p. 22 e ss.
35 Niceto Alcalá-Zamora Y Castillo, "Premisas para determinar la índole de la llamada jurisdicción voluntaria", in *Studi in onore di Redenti*, v. 1, p. 9.

12. Os autores, que trataram *ex professo* da matéria, reconhecem que a sistematização dos procedimentos de jurisdição voluntária está ainda por se fazer.[36] LOPES DA COSTA, em monografia fundamental sobre o tema, diz que "sobre ela não temos lei especial. Dela, o Código de Processo Civil trata de envolta com outros procedimentos especiais, de jurisdição contenciosa. Salvo a coisa julgada (art. 288), não diz quais as normas gerais do processo que não se aplicam à jurisdição voluntária".[37]
O voto de NICETO ALCALÁ-ZAMORA Y CASTILLO é de considerá-la objeto de lei especial, como na Alemanha; não sendo possível substituir a intervenção do juiz por notários, deveria figurar como apêndice ao Código de Processo Civil, com numeração própria.[38]
JOSÉ FREDERICO MARQUES, que escreveu também uma obra clássica sobre o tema, afirma que "a administração pública dos interesses privados, nem mesmo quando se realiza através da jurisdição voluntária, está afeta, no que diz com a sua regulamentação, às leis processuais. Cabe ao Direito Processual apenas a forma e o *modus faciendi* dos atos forenses da atividade de jurisdição voluntária".[39]
No projeto figura a jurisdição voluntária como título especial no Livro IV, porque, por larga tradição, em tais casos sempre coube ao juiz a função de administrar os interesses privados.

II – Do Processo Oral

13. O projeto manteve, quanto ao processo oral, o sistema vigente, mitigando-lhe o rigor, a fim de atender a peculiaridades da extensão territorial do país. O ideal seria atingir a oralidade em toda a sua pureza. Os elementos que a caracterizam são: *a*) a identidade da pessoa física do juiz, de modo que este dirija o processo desde o seu

36 Fazzallari, *La giurisdizione volontaria*, p. 41.
37 Lopes da Costa, *A administração pública e a ordem jurídica privada*, p. 1.
38 Niceto Alcalá-Zamora Y Castillo, *Principios técnicos y políticos de una reforma procesal*, p. 11.
39 José Frederico Marques, *Ensaio sobre a jurisdição voluntária*, 2ª ed., p. 109.

início até o julgamento; *b)* a concentração, isto é, que em uma ou em poucas audiências próximas se realize a produção das provas; *c)* a irrecorribilidade das decisões interlocutórias, evitando a cisão do processo ou a sua interrupção contínua, mediante recursos, que devolvem ao Tribunal o julgamento da decisão impugnada.[40]

Falando de processo oral em sua pureza, cumpre esclarecer que se trata de um tipo ideal, resultante da experiência legislativa de vários povos e condensado pela doutrina em alguns princípios. Mas, na realidade, há diversos tipos de processo oral, dos quais dois são os mais importantes: o austríaco e o alemão. Entre estes, a diferença, que sobreleva notar, concerne ao princípio da concentração.[41]

Ocorre, porém, que o projeto, por amor aos princípios, não deve sacrificar as condições próprias da realidade nacional. O Código de Processo Civil se destina a servir ao Brasil. Atendendo a estas ponderações, julgamos de bom aviso limitar o sistema de processo oral, não só no que toca ao princípio da identidade da pessoa física do juiz, como também quanto à irrecorribilidade das decisões interlocutórias.

O Brasil não poderia consagrar uma aplicação rígida e inflexível do princípio da identidade, sobretudo porque, quando o juiz é promovido para comarca distante, tem grande dificuldade para retornar ao juízo de origem e concluir as audiências iniciadas. O projeto preservou o princípio da identidade física do juiz, salvo nos casos de remoção, promoção ou aposentadoria (art. 137). A exceção aberta à regra geral confirma-lhe a eficácia e o valor científico. "O que importa", diz CHIOVENDA, "é que a oralidade e a concentração sejam observadas rigorosamente como regra".[42]

15.* Outro ponto é o da irrecorribilidade, em separado, das decisões interlocutórias. A aplicação deste princípio entre nós provou que os litigantes, impacientes de qualquer demora no julgamento do recurso, acabaram por engendrar esdrúxulas formas de impugnação. Podem ser lembradas, a título de exemplo, a correição parcial e o mandado de segurança. Não sendo possível modificar a natureza das coisas, o projeto preferiu admitir agravo de instrumento de todas as decisões interlocutórias. É mais uma exceção. O projeto a introduziu para ser fiel à realidade da prática nacional. Finalmente, em alguns processos, especialmente naqueles em que toda prova é produzida em audiência, a oralidade se ostenta em sua plenitude.[43] Em outros se torna menos evidente, como nos casos em que a audiência é suprimida em virtude da antecipação do julgamento do mérito (art. 334). Os articulados, nestes casos, lhe esgotam toda a discussão. Pareceu-nos, então, supérfluo manter a audiência tão só para o debate oral. Não cremos, pois, que o projeto mereça, nesse ponto, qualquer censura por condensar, em vez de dilatar, a discussão e o julgamento do mérito.

III – Das Inovações

16. O projeto contém numerosas inovações. Não sendo possível, nos estreitos limites desta Exposição de Motivos, esmiuçar as particularidades de cada uma, cingimo-nos a indicar as mais evidentes e persuasivas. O projeto enfrenta desassombradamente todos os problemas, tomando posição em face das controvérsias doutrinárias. Não foi seu intuito, porém, fazer obra acadêmica, antes solucionar com nitidez "los problemas que la realidad social, económica, cultural y social presenta al legislador".[44]

a) Das inovações constantes do Livro I

17. Posto que o processo civil seja, de sua índole, eminentemente dialético, é reprovável que as partes se sirvam dele, faltando ao dever, da verdade, agindo com deslealdade e empregando artifícios fraudulentos; porque tal conduta não se compadece com a dignidade de um instrumento que o Estado põe à disposição dos contendores para atuação do direito e realização da justiça. Tendo em conta estas razões ético-jurídicas,

40 Chiovenda, *La riforma del procedimento civile*, separata, Roma, 1911, p. 10 e ss.
41 Chiovenda, *La riforma*, cit., p. 15 e ss.
42 Chiovenda, *La riforma*, cit., p. 22.
* O n. 14 não consta da publicação oficial.
43 Chiovenda, *La riforma*, cit., p. 22.
44 Couture, *Proyecto de Código de Procedimiento Civil*, Montevideo, 1945, p. 31.

CÓDIGO DE PROCESSO CIVIL

definiu o projeto como dever das partes: *a)* expor os fatos em juízo conforme a verdade; *b)* proceder com lealdade e boa-fé; *c)* não formular pretensões, nem alegar defesa, cientes de que são destituídas de fundamento; *d)* não produzir provas, nem praticar atos inúteis ou desnecessários à declaração ou defesa do direito (art. 17). E, em seguida, dispôs que "responde por perdas e danos todo aquele que pleitear de má-fé como autor, réu ou interveniente" (art. 19). No art. 20, prescreveu: "Reputar-se-á litigante de má-fé aquele que: *a)* deduzir pretensão ou defesa, cuja falta de fundamento não possa razoavelmente desconhecer; *b)* alterar intencionalmente a verdade dos fatos; *c)* omitir intencionalmente fatos essenciais ao julgamento da causa; *d)* usar do processo com o intuito de conseguir objetivo ilegal; *e)* opuser resistência injustificada ao andamento do processo; *f)* proceder de modo temerário em qualquer incidente ou ato do processo; *g)* provocar incidentes manifestamente infundados".

O projeto adota o princípio do sucumbimento, pelo qual o vencido responde por custas e honorários advocatícios em benefício do vencedor (art. 23). "O fundamento desta condenação", como escreveu CHIOVENDA, "é o fato objetivo da derrota; e a justificação deste instituto está em que a atuação da lei não deve representar uma diminuição patrimonial para a parte a cujo favor se efetiva; por ser interesse do Estado que o emprego do processo não se resolva em prejuízo de quem tem razão e por ser, de outro turno, que os direitos tenham um valor tanto quanto possível nítido e constante".[45]

No capítulo "Da Intervenção de Terceiros", foi incluído o instituto do *Chamamento ao Processo*, à semelhança do Código de Processo Civil português (art. 330). O projeto admite o chamamento do devedor na ação intentada contra o fiador: dos outros fiadores, quando a ação for proposta contra um deles; e de todos os devedores solidários, quando o credor exigir de um ou de alguns deles, parcial ou totalmente, a dívida comum (art. 82). A vantagem deste instituto está em que a sentença, julgando procedente a ação, condenará os devedores, valendo como título executivo em favor do que satisfez a dívida, para exigi-la, por inteiro, do devedor principal, ou de cada um dos codevedores, a sua quota, na proporção que lhe tocar (art. 85).

O Ministério Público é considerado em sua dupla função de órgão agente e de órgão interveniente (art. 86). Quando exerce a ação civil nos casos prescritos em lei, competem-lhe os mesmos poderes e ônus das partes.

A competência é regulada no plano interno e internacional. Distribuiu-se a competência interna em razão do valor e da matéria (arts. 96 e ss.), da função (arts. 98 e ss.) e do território (arts. 99 e ss.).

18. O projeto consagra o princípio dispositivo (art. 266), mas reforça a autoridade do Poder Judiciário, armando-o de poderes para prevenir ou reprimir qualquer ato atentatório à dignidade da justiça (art. 130, III). Este fenômeno ocorre mais frequentemente no processo de execução que no processo de conhecimento. É que o processo de conhecimento se desenvolve num sistema de igualdade entre as partes, segundo o qual ambas procuram alcançar uma sentença de mérito. Na execução, ao contrário, há desigualdade entre o exequente e o executado. O exequente tem posição de preeminência; o executado, estado de sujeição. Graças a essa situação de primado que a lei atribui ao exequente, realizam-se atos de execução forçada contra o devedor, que não pode impedi-los, nem subtrair-se a seus efeitos. A execução se presta, contudo, a manobras protelatórias, que arrastam os processos por anos, sem que o Poder Judiciário possa adimplir a prestação jurisdicional.

Para coibir abusos, considerou o projeto atentatório à dignidade da justiça o ato do executado: *a)* que frauda a execução; *b)* que se opõe maliciosamente à execução, empregando ardis e meios artificiosos; *c)* que resiste injustificadamente às ordens judiciais, a ponto de o juiz precisar requisitar

45 Chiovenda, *Instituições de direito processual civil*, trad. bras., com notas de Liebman, v. 3, p. 285.

a intervenção da força policial; *d)* que não indica ao juiz onde se encontram os bens sujeitos à execução (art. 612). Se o executado, advertido pelo juiz, persevera na prática de qualquer desses atos, a sanção que o projeto lhe impõe é a de perder o direito de falar no processo (art. 613).

19. Modificação substancial no procedimento consta do Título VII, Capítulos IV e V. Findo o prazo para resposta do réu, sobem os autos à conclusão do juiz para diversas providências. Se o réu, reconhecendo o fato em que se funda a ação, outro lhe opuser impeditivo, modificativo, ou extintivo do direito do autor, este será ouvido no prazo de 10 (dez) dias, facultando-lhe o juiz a produção de prova documental (art. 330). Se o réu também alegar qualquer das matérias enumeradas no art. 305, o autor será ouvido no prazo de 10 (dez) dias. Verificando-se a existência de irregularidade ou de nulidade, o juiz mandará supri-la (art. 331). Se o réu não contestar a ação, reputar-se-ão verdadeiros os fatos afirmados pelo autor (art. 323). A revelia não produz, contudo, este efeito: *a)* se, havendo pluralidade de réus, algum deles contestar a ação; *b)* se o litígio versar sobre direitos indisponíveis; *c)* se a petição inicial não estiver instruída com instrumento público, que a lei considere indispensável à prova do ato (art. 324). E, finalmente, se o réu contestar o direito que constitui fundamento do pedido, o autor poderá requerer que o juiz profira sentença incidente, quando a declaração da existência ou da inexistência do direito depender, no todo ou em parte, do julgamento da lide (arts. 5º, 329 e 474).

Cumpridas as providências preliminares ou não havendo necessidade delas, o juiz profere *julgamento conforme o estado do processo.* Esta atribuição lhe permite, logo após os articulados, ou extinguir o processo ocorrendo qualquer das hipóteses previstas nos arts. 271 e 273, II, III, IV e V; ou decidir imediatamente a causa, quando ocorrer a revelia ou quando a questão de mérito for unicamente de direito, ou, sendo de direito e de fato, não houver necessidade de produzir provas em audiência (arts. 333 e 334). O que o processo ganha em condensação e celeridade, bem podem avaliar os que lidam no foro. Suprime-se a audiência, porque nela nada há de particular a discutir. Assim, não se pratica ato inútil. De outra parte, não sofre o processo paralisação, dormindo meses nas estantes dos cartórios, enquanto aguarda uma audiência, cuja realização nenhum proveito trará ao esclarecimento da causa, porque esta já se acha amplamente discutida na inicial e na resposta do réu.

Com a adoção desta nova técnica, bem se vê quanto ficou simplificado o sistema do processo civil.

20. A doutrina das provas sofreu importantes modificações. O art. 336 declara que "todos os meios legais, bem como os moralmente legítimos, ainda que não especificados neste Código, serão hábeis para provar a verdade dos fatos, em que se fundam a ação ou a defesa". Mas não é só. Permite o projeto que o juiz, em falta de normas jurídicas particulares, aplique as regras da experiência comum, subministradas pela observação do que ordinariamente acontece (art. 339).

Passa depois à disciplina particular das várias espécies de provas. Trata, em seções distintas, do depoimento pessoal e da confissão (arts. 346 e ss.). Disciplina com rigor a exibição de documento ou coisa, considerando em particular os motivos de escusa (art. 367). Dispõe sobre a força probante dos documentos (arts. 368 e ss.), a arguição de falsidade (arts. 394 e ss.) e a oportunidade da produção da prova documental (arts. 400 e ss.). E confere ao juiz o poder de inspeção direta e pessoal (arts. 444 e ss.).

b) Das inovações constantes do Livro II

21. Dentre as inovações constantes do Livro II, duas merecem especial relevo. A primeira respeitante à unidade do processo de execução; a segunda, à criação do instituto da insolvência civil.

O direito luso-brasileiro conhece dois meios de realizar a função executiva: *a)* pela *parata executio; b)* pela ação executiva. Esta se funda em título extrajudicial; aquela, em sentença condenatória.

Mas, como observa LIEBMAN, diferentes foram os resultados da evolução histórica nos países do continente europeu. O direito costumeiro francês reafirmou energicamente a equivalência das sentenças e dos instrumentos públicos *(lettres obligatoires faites par devant notaire ou passées sous Seel Royal)*; e reconheceu a ambos a *exécution parée*. Este princípio foi acolhido pelas Ordenações reais e, depois, pelo *Code de Procédure Civile* napoleônico, de 1806, do qual passou para a maior parte das legislações modernas.[46] Adotaram, nos nossos dias, o sistema unificado os Códigos de Processo Civil da Itália (art. 474), da Alemanha (§§ 704 e 794), de Portugal (art. 46) e a Lei de Execução da Áustria (§ 1º).

O projeto segue esta orientação porque, na verdade, a ação executiva nada mais é do que uma espécie da execução geral; e assim parece aconselhável reunir os títulos executivos judiciais e extrajudiciais. Sob o aspecto prático são evidentes as vantagens que resultam dessa unificação, pois o projeto suprime a ação executiva e o executivo fiscal como ações autônomas.

22. O projeto distingue execução contra devedor solvente e execução contra o devedor insolvente. Enquanto o devedor possui bens livres e desembaraçados, o credor obtém a satisfação do seu direito em execução singular. Pela penhora adquire o credor um direito real sobre os bens penhorados, a exemplo do que dispõe o § 804 do Código de Processo alemão. Quando, porém, as dívidas excedem às importâncias dos bens do devedor, dar-se-á insolvência civil. A declaração de insolvência produz o vencimento antecipado das dívidas, a arrecadação dos bens do devedor e a execução por concurso universal (art. 763).

Neste sistema, o devedor civil se equipara ao comerciante. Se este tem direito à extinção das obrigações, decorrido o prazo de 5 (cinco) anos contados do encerramento da falência (Dec.-lei 7.661, art. 135, III), nenhuma razão justifica que o devedor civil continue sujeito aos longos prazos prescricionais, em cujo decurso fica praticamente inabilitado para a prática, em seu próprio nome, dos atos da vida civil.

• O Dec.-lei 7.661/1945 foi revogado pela Lei 11.101/2005.
• V. art. 158, III, Lei 11.101/2005 (Lei de Recuperação de Empresas e Falência).

Escrevendo sobre este tema, em 1952, formulamos votos no sentido de se instituir o concurso universal de credores, estendendo-se ao devedor civil os benefícios que a Lei de Falências concede ao comerciante.[47]

c) Das inovações constantes do Livro III

23. O Livro III, relativo ao processo cautelar, se divide em dois capítulos. O primeiro contém disposições gerais sobre medidas inominadas e o procedimento que deve ser observado assim em relação a estas como aos procedimentos cautelares específicos regulados no capítulo seguinte.

O projeto disciplina os seguintes procedimentos cautelares específicos: o arresto, o sequestro, a caução, a busca e apreensão, a produção antecipada de provas, os alimentos provisionais, o arrolamento de bens, o atentado, a posse em nome do nascituro, protestos, notificações e interpelações, justificação, nunciação de obra nova e outras medidas, como obras de conservação em coisa litigiosa, entrega de objeto e bens de uso pessoal da mulher e dos filhos, a posse provisória, a guarda e a educação dos filhos, o depósito de menor e o afastamento temporário de um dos cônjuges da morada do casal.

d) Das inovações constantes do Livro IV

24. O Livro IV está dividido em dois títulos: *a)* procedimentos de jurisdição contenciosa; *b)* procedimentos de jurisdição voluntária.

O primeiro abrange as ações de consignação, de depósito, de anulação e substituição de títulos ao portador, de prestação de contas, de usucapião de terras particulares, de divisão e demarcação de terras, de inventário e partilha, de embargos de terceiros, de habilitação e de restauração de au-

46 Liebman, *Processo de execução*, n. 6, nota 10.

47 Alfredo Buzaid, *Do concurso de credores no processo de execução*, p. 358 e ss.

tos, bem como as ações possessórias e o juízo arbitral.

O segundo contém regras gerais sobre a jurisdição voluntária e procedimentos especiais. O art. 1.119 do projeto dispõe: "Quando este Código não estabelecer procedimento especial, regem a jurisdição voluntária as disposições constantes deste Capítulo". O projeto simplificou a matéria, porque submeteu às regras enunciadas na seção geral vários institutos que no Código de Processo Civil vigente são regulamentados em particular. O projeto só disciplinou, pois, de modo autônomo, os procedimentos que, por suas peculiaridades, demandavam tratamento especial. Eles ficaram reduzidos a nove e são: 1. das vendas judiciais; 2. do desquite por mútuo consentimento; 3. dos testamentos e codicilos; 4. da herança jacente; 5. dos bens dos ausentes; 6. das coisas vagas; 7. da curatela dos interditos; 8. das disposições comuns à tutela e curatela; e 9. da organização e fiscalização das fundações.

Notar-se-á, por outro lado, que o projeto não incluiu alguns procedimentos especiais que constam do Código de Processo Civil vigente, como, por exemplo, Averbações e Retificações do Registro Civil, Habilitação para o Casamento, Casamento em Iminente Risco de Vida, Bem de Família, Registro Torrens, Nulidade de Patente de Invenção e de Marca de Indústria e Comércio, Loteamento e Venda de Imóveis a Prestações, Despejo, Locação Comercial regida pelo Dec. 24.150, Dissolução e Liquidação de Sociedades e outros. A exclusão foi intencional. No regime jurídico atual figuram tais institutos, ao mesmo tempo, em vários diplomas legais, onde têm regulamentação paralela. Essa fragmentação não se coaduna com a boa técnica legislativa, que recomenda, tanto quanto possível, tratamento unitário. O Código Civil e algumas leis extravagantes os disciplinam, estabelecendo regras de direito material. Por que então dividi-los, regulamentando-os parte no Código de Processo Civil e parte em leis especiais? Parece mais lógico incluir os procedimentos desses institutos em suas respectivas leis especiais, onde serão exauridos completa e satisfatoriamente.

e) Das inovações constantes do Livro V

25. O Livro V reúne disposições gerais e transitórias. Destas, ressaem duas inovações que devem ser postas em relevo.

Uma entende com o sistema de recursos. Declara o projeto que o novo sistema se aplica a todas as leis especiais, como as que regulam o mandado de segurança, a desapropriação, a ação popular e outras. O seu objetivo é implantar a harmonia no sistema jurídico nacional.

Outra concerne à incineração de autos arquivados. O foro está abarrotado de processos, cuja conservação é tão dispendiosa quanto desnecessária. A cremação não causa dano às partes, porque lhes foi ressalvado o direito de requerer o desentranhamento dos documentos e de microfilmar os autos. Nos processos onde há documentos de valor histórico, a autoridade competente os recolherá ao Arquivo Público.

Capítulo V
DOS RECURSOS

26. Não poderíamos encerrar esta Exposição de Motivos sem uma análise aprofundada do sistema de recursos, a fim de justificar a inovação preconizada pelo projeto. O direito brasileiro se ressente, entre outros, de dois defeitos fundamentais: *a)* sob o aspecto terminológico, o emprego de uma expressão única para designar institutos diferentes; *b)* sob o aspecto sistemático, uma quantidade excessiva de meios de impugnar as decisões.

O rigor da ciência jurídica depende substancialmente da pureza da linguagem não devendo designar com um nome comum institutos diversos, nem institutos iguais com nomes diferentes. O direito brasileiro, ao nomear os recursos, não observou essa exigência da técnica jurídica. Sob o nome comum de agravo de petição, reúne cinco recursos, cujas condições de admissibilidade são essencialmente diversas. Assim é

que cabe: a) da decisão que põe termo ao processo, sem entrar no julgamento do mérito (Código de Processo Civil, art. 846); b) da decisão terminativa da instância e da sentença proferida sobre o pedido das partes (Dec.-lei 960, de 17 de novembro de 1938, art. 45); c) da decisão de mérito proferida em ações de acidente de trabalho e de alimentos (Lei 5.316, de 14 de novembro de 1967, art. 15, § 2º, e Lei 5.478, de 25 de julho de 1968, art. 14); d) nos casos expressamente indicados na Lei de Falências (Dec.-lei 7.661, de 21 de junho de 1945, arts. 18, § 3º; 19; 69, § 4º; 77, § 4º; 79, § 2º; 97; 137, § 4º, e 155, § 3º); e e) da decisão que nega ou concede mandado de segurança (Lei 1.533, de 31 de dezembro de 1951, art. 12).

- O Dec.-lei 7.661/1945 foi revogado pela Lei 11.101/2005.
- A Lei 1.533/1951 foi revogada pela Lei 12.016/2009.
- V. arts. 17, caput, 90, caput, 100, 159, § 5º, Lei 11.101/2005 (Lei de Recuperação de Empresas e Falência).

27. Admitindo agravo de petição, quer de decisão terminativa, quer de decisão definitiva, quer de outras providências jurisdicionais de índole diversa, o legislador brasileiro abandonou a ideia de uniformidade. Ora, o sistema de recursos deve fundar-se, antes de mais nada, em um critério, qualquer que seja, contanto que seja um critério. O legislador poderá reduzir a uma denominação única todos os recursos, chamando os simplesmente apelação, ou atendendo à natureza do provimento jurisdicional, conceder a apelação de sentença definitiva de mérito e agravo das demais decisões.

O legislador brasileiro não abraçou, porém, nenhum critério. Divorciado de qualquer preocupação científica ou sistemática, preferiu, em cada lei, as soluções puramente empíricas.

28. Sob o aspecto sistemático, o legislador mantém uma variedade considerável de recursos. Os autores nacionais não escondem a sua perplexidade diante de tamanha confusão legislativa e chegaram ao ponto de propor reformas substanciais, consideradas inadiáveis.[48] E. D. MONIZ DE ARAGÃO, animado do propósito de colaborar na tarefa de revisão legislativa, apresenta, num substancioso estudo, as linhas fundamentais de uma nova sistemática de recursos.[49]

Era indispensável apontar essa ausência de unidade, especialmente porque várias leis extravagantes serão atingidas pela reforma do Código, devendo submeter-se às normas que regem o novo sistema de recursos. Não se justificava que, tratando-se de ações, gozassem de um tratamento especial, com recursos próprios, diferentes daqueles aplicados às ações em geral. Na tarefa de uniformizar a teoria geral dos recursos, foi preciso não só refundi-los, atendendo a razões práticas, mas até suprimir alguns, cuja manutenção não mais se explica à luz da ciência. O projeto aboliu os agravos de petição e no auto do processo.

29. Duas razões principais nos levaram a eliminar o agravo de petição. A primeira é que deixou de ser um recurso próprio e específico, passando a recurso de conteúdo genérico e variável. Basta esta única circunstância para se ver que ele não deve subsistir no sistema geral, pelo menos com a função que atualmente exerce. Carecendo de precisão terminológica e de individuação científica, aplica-se indiferentemente a uma pluralidade de decisões, constituindo por isso fonte de graves incertezas.

A segunda razão é que o Código vigente admitiu apelação de sentença definitiva (art. 820) e agravo de petição, de decisão terminativa (art. 846). O elemento que aproxima e, ao mesmo tempo, exclui os dois recursos é o mérito da causa. Quando o juiz o decide, cabe apelação; quando põe termo ao processo sem decidi-lo, cabe agravo de petição.[50]

48 E. D. Moniz de Aragão, Estudo sobre os embargos de nulidade e infringentes do julgado, Curitiba, 1959, p. 127; Costa Carvalho, Direito judiciário civil, 3ª ed., v. 4, p. 39; Chryssolito de Gusmão, Direito judiciário e direito constitucional, p. 38; Alcides de Mendonça Lima, Estudios en honor de Couture, p. 495; José Frederico Marques, Instituições, v. 4, p. 13.

49 Moniz de Aragão, Dos recursos cíveis, p. 11 e ss.

50 Liebman, nota in Chiovenda, Instituições, v. 3, p. 295.

CÓDIGO DE PROCESSO CIVIL

O critério é lógico, mas não prático. Definir o que seja o mérito é um dos problemas mais árduos da ciência do processo e tendo o Código adotado um critério distintivo entre esses dois recursos, de índole eminentemente conceitual, manteve dúvidas que não foram dissipadas ao longo de trinta anos de sua aplicação.[51] Ainda não se tranquilizaram as opiniões, na doutrina e na jurisprudência, acerca do recurso hábil para impugnar as decisões que resolvem a questão de carência de ação, de legitimidade *ad causam* e de prescrição do direito.[52]

30. O projeto também aboliu o agravo no auto do processo. Uma das características do processo oral e concentrado é a irrecorribilidade em separado das decisões interlocutórias.[53] Esse é o sistema adotado por algumas legislações.[54] Assim, também, o entendimento da doutrina nacional.[55] De todas as figuras de agravo que herdamos de Portugal, aquela cuja índole se amolda ao princípio da irrecorribilidade em separado das interlocutórias é o agravo no auto do processo.[56]

Coube ao eminente processualista MACHADO GUIMARÃES, o mérito de haver sugerido a revivescência desse recurso, por entender que ele se harmonizava com o processo oral e concentrado.[57] Foi provavelmente sob a influência dessas ideias que MONIZ DE ARAGÃO conservou no projeto que escreveu, ao lado do agravo de instrumento, o agravo no auto do processo.[58]

Embora reconheçamos que esse recurso se ajuste aos princípios fundamentais que estruturam o Código, pareceu-nos melhor conceder, para os casos que ele especifica, o agravo de instrumento, que apresenta sobre o agravo no auto do processo algumas vantagens dignas de realce.

Nenhuma dessas figuras de agravo suspende o andamento do processo principal. O agravo no auto do processo, ínsito no bojo dos autos, aguarda a ascensão da causa do Tribunal, onde será conhecido como preliminar, no julgamento da apelação (Código de Processo Civil, art. 877). Só então é que se separará o gravame. O agravo de instrumento, sem interromper a marcha do processo, assegura, todavia, a verificação da decisão impugnada antes que o juiz profira sentença definitiva. O Tribunal corrigirá os erros cometidos pelo juiz, em cada oportunidade, sem embaraçar o andamento da ação.

31. Convém, ainda, tecer alguns comentários sobre a nomenclatura do Código vigente.

Os recursos de agravo de instrumento e no auto do processo (arts. 842 e 851) se fundam num critério meramente casuístico, que não exaure a totalidade dos casos que se apresentam na vida cotidiana dos tribunais. Daí a razão por que o dinamismo da vida judiciária teve de suprir as lacunas da ordem jurídica positiva, concedendo dois sucedâneos de recurso, a saber, a correição parcial e o mandado de segurança.

A experiência demonstrou que esses dois remédios foram úteis corrigindo injustiças ou ilegalidades flagrantes, mas representavam uma grave deformação no sistema, pelo uso de expedientes estranhos ao quadro de recursos.

É certo que, para obviar aos inconvenientes da interposição errônea de um recurso por

51 Alfredo Buzaid, *Do agravo de petição*, 2ª ed., p. 115 e ss.; E. D. Moniz de Aragão, *Estudos sobre os embargos de nulidade e infringentes do julgado*, Curitiba, 1959, p. 130.
52 Alfredo Buzaid, *Do agravo de petição*, 2ª ed., p. 134 e ss.
53 Chiovenda, *Instituições*, v. 3, p. 81; *Saggi*, v. 2, p. 32.
54 Código de Processo Civil da Alemanha, § 511; da Áustria, § 462; da Hungria, § 479; da Basileia, § 221; de Lucerna, § 443.
55 Francisco Morato, "A oralidade", *Revista Forense*, v. 74, p. 145; Luís Machado Guimarães, "O processo oral e o processo escrito", *Revista Forense*, v. 74, p. 166; Alcides de Mendonça Lima, *Estudios en honor de Couture*, p. 483.
56 Liebman, *Instituições*, v. 3, p. 295; E. D. Moniz de Aragão, *Estudo*, cit., p. 129; Eliézer Rosa, *Dicionário*, verbete "Agravo no auto do processo"; José Olympio de Castro Filho, "Agravo no auto do processo", *Revista Forense*, v. 151, p. 185; Alfredo Buzaid, "Agravio nel auto del proceso", *Revista de Derecho Procesal*, 1951, v. 1, p. 153 e ss.

57 Eliézer Rosa, *Revista Forense*, v. 124, p. 348.
58 Moniz de Aragão, op. cit., p. 30.

outro, o Código vigente admite o seu conhecimento pela instância superior e ordena a remessa à câmara ou turma, desde que não esteja viciado por má-fé ou erro grosseiro (art. 810). O Código consagrou, nesse preceito legal, a teoria do "recurso indiferente" (Sowohls-auch-Theorie), como ensinam os autores alemães.[59]

Esta solução não serviu, porém, para melhorar o sistema, porque a frequência com que os recursos, erroneamente interpostos, não são conhecidos pelo Tribunal evidenciou que a aplicação do art. 810 tem valor limitadíssimo.

32. Por outro lado, o enunciado de algumas disposições gerais (Livro VII, Título I) denota imprecisão e ambiguidade justamente nos pontos em que a lei deveria ser exata e explícita. Haja vista, por exemplo, o art. 814, assim no que concerne à parte, como ao Ministério Público e ainda o art. 815, ao conceder recurso ao terceiro prejudicado.

O pressuposto do recurso é o estado de sucumbimento, cuja medida é dada pela existência de um prejuízo. Ora, esta ideia não aparece claramente no referido título, que sempre fala de parte, sem aludir, uma vez sequer, à circunstância de ser "vencida". O réu pode sofrer prejuízo, ainda quando o juiz lhe dá ganho de causa. É o que ocorre, quando o magistrado declara o autor carecedor da ação, ao invés de julgar improcedente a ação.[60]

Mas não é só. Prescreve o Código que compete ao órgão do Ministério Público o direito de recorrer "quando expresso em lei" (art. 814). O Ministério Público oficia, no processo civil, ora como parte, ora como fiscal da lei. A locução empregada pelo referido preceito, sem qualquer individuação, assim no Código como em Lei especial, deu lugar a fundas divergências, que era preciso afastar a bem da segurança dos negócios jurídicos e da missão atribuída ao Ministério Público.[61]

Em relação ao terceiro, o Código diz simplesmente que ele "poderá recorrer" (art. 815), deixando de mencionar os pressupostos de sua admissibilidade; a doutrina, diante de regra tão extensa, construiu duas soluções distintas: uma que permite o recurso como intervenção *ad coadjuvandum*[62] e outra, *ad infringendum*.[63]

33. Diversamente do Código vigente, o projeto simplifica o sistema de recursos. Concede apelação só de sentença; de todas as decisões interlocutórias, agravo de instrumento. Esta solução atende plenamente aos princípios fundamentais do Código, sem sacrificar o andamento da causa e sem retardar injustificavelmente a resolução de questões incidentes, muitas das quais são de importância decisiva para a apreciação do mérito. O critério que distingue os dois recursos é simples. Se o juiz põe termo ao processo, cabe apelação. Não importa indagar se decidiu ou não o mérito. A condição do recurso é que tenha havido julgamento final no processo. Cabe agravo de instrumento de toda a decisão, proferida no curso do processo, pela qual o juiz resolve questão incidente.

34. No sistema do projeto, o recurso extraordinário sobe por instrumento. Na verdade, partindo-se da ideia de que compete aos Tribunais estaduais e ao Tribunal Federal de Recursos o julgamento das causas em segundo grau de jurisdição, daí se segue que, perante a sua justiça, hão de exaurir-se os recursos ordinários conferidos pelo Código de Processo Civil. Ora, depois que a ação percorre os dois graus de jurisdição, é de se supor que a causa tenha sido amplamente apreciada, sob o duplo aspecto de fato e de direito; e, se apesar disso, a parte vencida ainda não se sente convencida e pretende interpor recurso extraordinário, é verdadeiramente paradoxal que o vencedor tenha de extrair carta de sentença, às suas expensas, para executar o julgado, só porque o recurso foi admitido pelo Presidente do Tribunal. Esta solução do di-

59 Goldschmidt, *Zivilprozessrecht*, § 64.
60 Goldschmidt, op. cit., § 64.
61 Moniz de Aragão, *Estudo*, cit., p. 28; José Frederico Marques, *Instituições*, v. 4, p. 81.

62 Liebman, *Instituições*, v. 3, p. 387.
63 Pedro Lins Palmeira, *Da intervenção de terceiros*, p. 125; E. D. Moniz de Aragão é partidário de um conceito amplo (*Estudo*, p. 29).

reito vigente encerra uma inversão na ordem das coisas, impondo que o vencedor suporte ainda um ônus, depois de ter sido decretada a procedência do seu pedido. Mais lógico seria que o recurso extraordinário se processasse em separado, com a trasladação das peças por conta do recorrente.

Capítulo VI
DO PROCEDIMENTO SUMARÍSSIMO*

37. ** No antigo direito luso-brasileiro, o procedimento era ordinário, sumário, sumaríssimo e executivo (cf. NEVES DE CASTRO, *Manual do processo civil ordinário*, 2ª ed., n. 2, nota 5; PEREIRA E SOUSA, *Primeiras linhas sobre o processo civil*, § 7º; CORREIA TELLES, *Doutrina das ações*, § 15; PAULA BATISTA, *Processo civil*, § 75; RAMALHO, *Praxe*, § 298; GUSMÃO, *Processo civil e comercial*, Cap. 17). A virtude do procedimento sumaríssimo está em que ele se desenvolve *simpliciter et de plano ac sine strepitu*. O que o caracteriza é a simplificação de atos, de modo que as demandas sejam processadas e decididas em curto espaço de tempo e com o mínimo de despesas.

* V. arts. 272 e 275 a 281, CPC.

** Os ns. 35 e 36 não constam da publicação oficial.

A Constituição vigente estabelece que "para as causas ou litígios, que a lei definirá, poderão ser instituídos processos e julgamento de rito sumaríssimo, observados os critérios de descentralização, de economia e de comodidade das partes" (art. 112, parágrafo único). Em cumprimento ao disposto neste preceito constitucional, dedica o projeto um capítulo ao *procedimento sumaríssimo*, cuja disciplina atendeu a dois critérios: *a)* o do valor das causas; *b)* o da matéria. Assim, obedecerão a esse tipo de procedimento os pleitos cujo valor não exceder 50 (cinquenta) vezes o maior salário mínimo vigente no País e também as causas, qualquer que seja o valor, enumeradas no art. 279.

Capítulo VII
CONCLUSÃO

38. Estas são, Senhor Presidente, as linhas fundamentais do Projeto de Código de Processo Civil. Pela sua leitura, ver-se-á que foram cumpridas as recomendações constantes da mensagem enviada ao Congresso, da qual peço vênia para transcrever o seguinte passo: "Na reforma das leis processuais, cujos projetos se encontram em vias de encaminhamento à consideração do Congresso Nacional, cuida-se, por isso, de modo todo especial, em conferir aos órgãos jurisdicionais os meios de que necessitam para que a prestação da justiça se efetue com a presteza indispensável à eficaz atuação do direito. Cogita-se, pois, de racionalizar o procedimento, assim na ordem civil como na penal, simplificando-lhe os termos de tal sorte que os trâmites processuais levem à prestação da sentença com economia de tempo e despesas para os litigantes. Evitar-se-á, assim, o retardamento na decisão das causas ou na execução dos direitos já reconhecidos em juízo. No tutelar-se por essa forma o interesse das partes e a dignidade da justiça, seguir-se-á, aliás, o caminho facultado pela Constituição vigente, quando no art. 112, parágrafo único, dispõe: 'Para as causas ou litígios, que a lei definirá, poderão ser instituídos processos e julgamento de rito sumaríssimo, observados os critérios de descentralização, de economia e de comodidade das partes'" (*Diário do Congresso Nacional*, ano XXVII, n. I, p. 5).

Aproveito a oportunidade para renovar a Vossa Excelência protestos do mais profundo respeito.

Alfredo Buzaid
Ministro da Justiça

CÓDIGO DE PROCESSO CIVIL

LEI 5.869,
DE 11 DE JANEIRO DE 1973

Institui o Código de Processo Civil.

O Presidente da República:
Faço saber que o Congresso Nacional decreta e eu sanciono a seguinte Lei:

LIVRO I
DO PROCESSO DE CONHECIMENTO
TÍTULO I
DA JURISDIÇÃO E DA AÇÃO
Capítulo I
DA JURISDIÇÃO

Art. 1° A jurisdição civil, contenciosa e voluntária, é exercida pelos juízes, em todo o território nacional, conforme as disposições que este Código estabelece.

- V. arts. 271, 463, 890, 1.103 e 1.211, CPC.

Art. 2° Nenhum juiz prestará a tutela jurisdicional senão quando a parte ou o interessado a requerer, nos casos e formas legais.

- V. arts. 128, 262, 460, 989, 1.113 e 1.129, CPC.

Capítulo II
DA AÇÃO

Art. 3° Para propor ou contestar ação é necessário ter interesse e legitimidade.

- V. arts. 267, VI, 295, II e III, e 329, CPC.
- V. arts. 75 e 76, CC/1916, sem correspondência no CC/2002.

Art. 4° O interesse do autor pode limitar-se à declaração:
I – da existência ou da inexistência de relação jurídica;

- V. arts. 5°, 286, 325 e 585, § 1°, CPC.

II – da autenticidade ou falsidade de documento.

Parágrafo único. É admissível a ação declaratória, ainda que tenha ocorrido a violação do direito.

- V. art. 265, IV, *a* e § 5°, CPC.
- V. Súmula 258, STF.

Art. 5° Se, no curso do processo, se tornar litigiosa relação jurídica de cuja existência ou inexistência depender o julgamento da lide, qualquer das partes poderá requerer que o juiz a declare por sentença.

- Artigo com redação determinada pela Lei 5.925/1973.
- V. arts. 34, 109, 265, IV, *c* e § 5°, 325 e 470, CPC.

Art. 6° Ninguém poderá pleitear, em nome próprio, direito alheio, salvo quando autorizado por lei.

- V. arts. 5°, XXI e LXX e 103, I a IX, CF.
- V. arts. 42, § 1°, 264, 267, VI, e 295, II, CPC.
- V. art. 289, III, CC/1916, sem correspondência no CC/2002.
- V. art. 1.331, CC/1916; e art. 861, CC/2002.
- V. art. 68, CPP.
- V. art. 35, § 1°, Lei 818/1949 (Nacionalidade brasileira).
- V. Lei 1.134/1950 (Representação dos associados de classes).
- V. art. 1°, Lei 4.717/1965 (Ação popular).
- V. Lei 7.347/1985 (Ação civil pública).
- V. art. 81, Lei 8.078/1990 (Código de Defesa do Consumidor).
- V. Lei 8.906/1994 (Estatuto da Advocacia e da OAB).

TÍTULO II
DAS PARTES E DOS PROCURADORES
Capítulo I
DA CAPACIDADE PROCESSUAL

Art. 7° Toda pessoa que se acha no exercício dos seus direitos tem capacidade para estar em juízo.

- V. arts. 12 e 13, CPC.
- V. art. 15, § 1°, Lei 8.906/1994 (Estatuto da Advocacia e da OAB).
- V. art. 8°, § 2°, Lei 9.099/1995 (Juizados Especiais Cíveis e Criminais).

Art. 8° Os incapazes serão representados ou assistidos por seus pais, tutores ou curadores, na forma da lei civil.

- V. art. 82, I, CPC.

Art. 9°

CÓDIGO DE PROCESSO CIVIL

- V. arts. 5°, 6°, 84, 384, V, 387, 426, I, 427, VII, 446, 453, 454, 458, 459 e 462, CC/1916; e arts. 3°, 4°, 1.690, 1.692, 1.747, I, 1.748, V, 1.767, 1.774, 1.775, 1.778, 1.779, 1.781 e 1.782, CC/2002.
- V. art. 84, CC/1916, sem correspondência no CC/2002.
- V. arts. 7° a 11, Lei 6.001/1973 (Estatuto do Índio).
- V. art. 21, Lei 8.069/1990 (Estatuto da Criança e do Adolescente).

Art. 9° O juiz dará curador especial:

I – ao incapaz, se não tiver representante legal, ou se os interesses deste colidirem com os daquele;

II – ao réu preso, bem como ao revel citado por edital ou com hora certa.

- V. arts. 218, §§ 2° e 3°, 302, parágrafo único, 1.042 e 1.179, CPC.
- V. art. 222, CC/1916, sem correspondência no CC/2002.
- V. art. 387, CC/1916; e art. 1.692, CC/2002.
- V. art. 8°, Lei 9.099/1995 (Juizados Especiais Cíveis e Criminais).

Parágrafo único. Nas comarcas onde houver representante judicial de incapazes ou de ausentes, a este competirá a função de curador especial.

Art. 10. O cônjuge somente necessitará do consentimento do outro para propor ações que versem sobre direitos reais imobiliários.

- *Caput* com redação determinada pela Lei 8.952/1994.
- V. arts. 235, III, e 237 a 239, CC/1916; e arts. 1.647 a 1.650, CC/2002.

§ 1° Ambos os cônjuges serão necessariamente citados para as ações:

- *Caput* do anterior parágrafo único renumerado pela Lei 8.952/1994.
- V. arts. 47 e 284, CPC.
- V. arts. 233, I, 235, 237, 242, 245, 246, parágrafo único, 248, 251, 252, 254 e 274, CC/1916; e arts. 1.567, 1.570, 1.644, 1.647 a 1.649, 1.651, 1.663, *caput* e § 1°, e 1.666, CC/2002.
- V. arts. 233, I, 246, parágrafo único, e 248, CC/1916, sem correspondência no CC/2002.

I – que versem sobre direitos reais imobiliários;

- Inciso I com redação determinada pela Lei 8.952/1994.
- V. art. 674, CC/1916; e art. 1.225, CC/2002.

II – resultantes de fatos que digam respeito a ambos os cônjuges ou de atos praticados por eles;

- Inciso II com redação determinada pela Lei 5.925/1973.

III – fundadas em dívidas contraídas pelo marido a bem da família, mas cuja execução tenha de recair sobre o produto do trabalho da mulher ou os seus bens reservados;

- Inciso III com redação determinada pela Lei 5.925/1973.
- V. art. 226, § 5°, CF.

IV – que tenham por objeto o reconhecimento, a constituição ou a extinção de ônus sobre imóveis de um ou de ambos os cônjuges.

- Inciso IV com redação determinada pela Lei 5.925/1973.

§ 2° Nas ações possessórias, a participação do cônjuge do autor ou do réu somente é indispensável nos casos de composse ou de ato por ambos praticado.

- § 2° acrescentado pela Lei 8.952/1994.

Art. 11. A autorização do marido e a outorga da mulher podem suprir-se judicialmente, quando um cônjuge a recuse ao outro sem justo motivo, ou lhe seja impossível dá-la.

- V. art. 226, § 5°, CF.
- V. arts. 237 e 245, CC/1916, e arts. 1.567 e 1.648, CC/2002.

Parágrafo único. A falta, não suprida pelo juiz, da autorização ou da outorga, quando necessária, invalida o processo.

- V. arts. 13, 267, IV, 285, 301, VIII, 327 e 329, CPC.
- V. art. 252, CC/1916; e art. 1.649, CC/2002.

Art. 12. Serão representados em juízo, ativa e passivamente:

- V. art. 7°, LC 76/1993 (Rito sumário para desapropriação de imóvel rural).

I – a União, os Estados, o Distrito Federal e os Territórios, por seus procuradores;

- V. art. 132, CF.

II – o Município, por seu Prefeito ou procurador;

III – a massa falida, pelo síndico;

- V. art. 63, XVI, Dec.-lei 7.661/1945 (Lei de Falências); e art. 22, III, *n*, Lei 11.101/2005 (Lei de Recuperação de Empresas e Falência).

IV – a herança jacente ou vacante, por seu curador;

- V. art. 1.144, I, CPC.
- V. arts. 1.591 e 1.593, CC/1916; e arts. 1.819 e 1.820, CC/2002.

Art. 14

CÓDIGO DE PROCESSO CIVIL

V – o espólio, pelo inventariante;

* V. arts. 43, 753, III, e 991, I, 1ª parte, CPC.

VI – as pessoas jurídicas, por quem os respectivos estatutos designarem, ou, não os designando, por seus diretores;

* V. art. 17, CC/1916; e art. 47, CC/2002.

VII – as sociedades sem personalidade jurídica, pela pessoa a quem couber a administração dos seus bens;

VIII – a pessoa jurídica estrangeira, pelo gerente, representante ou administrador de sua filial, agência ou sucursal aberta ou instalada no Brasil (art. 88, parágrafo único);

IX – o condomínio, pelo administrador ou pelo síndico.

* V. art. 766, II, CPC.
* V. arts. 635 e 641, CC/1916, sem correspondência no CC/2002.
* V. arts. 636 a 640, CC/1916; e arts. 1.323 a 1.326, CC/2002.
* V. art. 22, § 1º, Lei 4.591/1964 (Condomínio em edificações e as incorporações imobiliárias).
* V. art. 68, § 3º, Lei 6.404/1976 (Sociedades por ações).

§ 1º Quando o inventariante for dativo, todos os herdeiros e sucessores do falecido serão autores ou réus nas ações em que o espólio for parte.

* V. arts. 47 e 991, I, 2ª parte, CPC.

§ 2º As sociedades sem personalidade jurídica, quando demandadas, não poderão opor a irregularidade de sua constituição.

* V. art. 20, § 2º, CC/1916, sem correspondência no CC/2002.
* V. art. 987, CC/2002.

§ 3º O gerente da filial ou agência presume-se autorizado, pela pessoa jurídica estrangeira, a receber citação inicial para o processo de conhecimento, de execução, cautelar e especial.

Art. 13. Verificando a incapacidade processual ou a irregularidade da representação das partes, o juiz, suspendendo o processo, marcará prazo razoável para ser sanado o defeito. Não sendo cumprido o despacho dentro do prazo, se a providência couber:

* V. arts. 267, IV, 284 e 301, VIII, CPC.

I – ao autor, o juiz decretará a nulidade do processo;

II – ao réu, reputar-se-á revel;

III – ao terceiro, será excluído do processo.

* V. art. 265, I, CPC.

Capítulo II
DOS DEVERES DAS PARTES E DOS SEUS PROCURADORES

Seção I
Dos deveres

Art. 14. São deveres das partes e de todos aqueles que de qualquer forma participam do processo:

* *Caput* com redação determinada pela Lei 10.358/2001.

I – expor os fatos em juízo conforme a verdade;

II – proceder com lealdade e boa-fé;

* V. arts. 16 a 18, CPC.

III – não formular pretensões, nem alegar defesa, cientes de que são destituídas de fundamento;

IV – não produzir provas, nem praticar atos inúteis ou desnecessários à declaração ou defesa do direito;

* V. arts. 161, 340, 416, § 1º, 445, II, e 485, III, CPC.

V – cumprir com exatidão os provimentos mandamentais e não criar embaraços à efetivação de provimentos judiciais, de natureza antecipatória ou final.

* Inciso V acrescentado pela Lei 10.358/2001.

Parágrafo único. Ressalvados os advogados que se sujeitam exclusivamente aos estatutos da OAB, a violação do disposto no inciso V deste artigo constitui ato atentatório ao exercício da jurisdição, podendo o juiz, sem prejuízo das sanções criminais, civis e processuais cabíveis, aplicar ao responsável multa em montante a ser fixado de acordo com a gravidade da conduta e não superior a 20% (vinte por cento) do valor da causa; não sendo paga no prazo estabelecido, contado do trânsito em julgado da decisão final da causa, a multa será inscrita sempre como dívida ativa da União ou do Estado.

* Parágrafo único acrescentado pela Lei 10.358/2001.
* O STF, na ADIn 2.652-6 (*DOU* e *DJU* 03.12.2003), julgou procedente a ação para "sem redução de texto, emprestar à expressão 'ressalvados os advogados que se sujeitam exclusiva-

Art. 15

mente aos estatutos da OAB', contida no parágrafo único do art. 14 do CPC, com a redação imprimida pela Lei 10.358/2001, interpretação conforme a Carta, a abranger advogados do setor privado e do setor público".

Art. 15. É defeso às partes e seus advogados empregar expressões injuriosas nos escritos apresentados no processo, cabendo ao juiz, de ofício ou a requerimento do ofendido, mandar riscá-las.

• V. art. 142, I, CP.

Parágrafo único. Quando as expressões injuriosas forem proferidas em defesa oral, o juiz advertirá o advogado que não as use, sob pena de lhe ser cassada a palavra.

• V. art. 445, CPC.

Seção II
Da responsabilidade das partes por dano processual

Art. 16. Responde por perdas e danos aquele que pleitear de má-fé como autor, réu ou interveniente.

• V. arts. 574, 811 e 881, parágrafo único, CPC.
• V. art. 159, CC/1916; e arts. 186 e 927, CC/2002.
• V. arts. 1.059 a 1.061 e 1.531, CC/1916; e arts. 402 a 404 e 940, CC/2002.

Art. 17. Reputa-se litigante de má-fé aquele que:

• *Caput* com redação determinada pela Lei 6.771/1980.
• V. arts. 14, 31, 129, 599, II, 600 e 601, CPC.
• V. art. 32, Lei 8.906/1994 (Estatuto da Advocacia e da OAB).

I – deduzir pretensão ou defesa contra texto expresso de lei ou fato incontroverso;

• Inciso I com redação determinada pela Lei 6.771/1980.

II – alterar a verdade dos fatos;

• Inciso II com redação determinada pela Lei 6.771/1980.

III – usar do processo para conseguir objetivo ilegal;

• Inciso III com redação determinada pela Lei 6.771/1980.

IV – opuser resistência injustificada ao andamento do processo;

• Inciso IV com redação determinada pela Lei 6.771/1980.

V – proceder de modo temerário em qualquer incidente ou ato do processo;

• Inciso V com redação determinada pela Lei 6.771/1980.

VI – provocar incidentes manifestamente infundados;

• Inciso VI com redação determinada pela Lei 6.771/1980.

VII – interpuser recurso com intuito manifestamente protelatório.

• Inciso VII acrescentado pela Lei 9.668/1998.

Art. 18. O juiz ou tribunal, de ofício ou a requerimento, condenará o litigante de má-fé a pagar multa não excedente a 1% (um por cento) sobre o valor da causa e a indenizar a parte contrária dos prejuízos que esta sofreu, mais os honorários advocatícios e todas as despesas que efetuou.

• *Caput* com redação determinada pela Lei 9.668/1998.
• V. art. 5º, LV, CF.
• V. art. 32, Lei 8.906/1994 (Estatuto da Advocacia e da OAB).

§ 1º Quando forem dois ou mais os litigantes de má-fé, o juiz condenará cada um na proporção do seu respectivo interesse na causa, ou solidariamente aqueles que se coligaram para lesar a parte contrária.

• V. arts. 69, 77 e 1.069, CPC.
• V. arts. 904 a 915 e 1.518, *caput*, 2ª parte, CC/1916; e arts. 275 a 285 e 942, *caput*, 2ª parte, CC/2002.

§ 2º O valor da indenização será desde logo fixado pelo juiz, em quantia não superior a 20% (vinte por cento) sobre o valor da causa, ou liquidado por arbitramento.

• § 2º com redação determinada pela Lei 8.952/1994.
• V. art. 615-A, § 4º, CPC.
• V. art. 17, Lei 7.347/1985 (Ação civil pública).

Seção III
Das despesas e das multas

• V. Lei 9.289/1996 (Custas na Justiça Federal).

Art. 19. Salvo as disposições concernentes à justiça gratuita, cabe às partes prover as despesas dos atos que realizam ou requerem no processo, antecipando-lhes o pagamento desde o início até sentença final; e bem ainda, na execução, até a plena satisfação do direito declarado pela sentença.

• V. art. 5º, LXXIII e LXXIV, CF.
• V. arts. 10 e 30, Dec.-lei 3.365/1941 (Desapropriações por utilidade pública).

Art. 21

CÓDIGO DE PROCESSO CIVIL

- V. Lei 1.060/1950 (Lei de Assistência Judiciária).
- V. Lei 5.478/1968 (Ação de alimentos).
- V. LC 80/1994 (Defensoria Pública da União).
- V. art. 4º, II, Lei 9.289/1996 (Custas na Justiça Federal).

§ 1º O pagamento de que trata este artigo será feito por ocasião de cada ato processual.

§ 2º Compete ao autor adiantar as despesas relativas a atos, cuja realização o juiz determinar de ofício ou a requerimento do Ministério Público.

- V. arts. 24, 27, 33, 208, 212, 257 e 419, CPC.
- V. art. 39, Lei 6.830/1980 (Execução fiscal).
- V. art. 18, Lei 7.347/1985 (Ação civil pública).
- V. art. 128, Lei 8.213/1991 (Planos da Previdência Social).
- V. Lei 9.289/1996 (Custas na Justiça Federal).

Art. 20. A sentença condenará o vencido a pagar ao vencedor as despesas que antecipou e os honorários advocatícios. Essa verba honorária será devida, também, nos casos em que o advogado funcionar em causa própria.

- *Caput* com redação determinada pela Lei 6.355/1976.
- V. arts. 494 e 1.102-C, § 1º, CPC.
- V. art. 27, § 1º, Dec.-lei 3.365/1941 (Desapropriação por utilidade pública).
- V. art. 11, § 1º, Lei 1.060/1950 (Lei de Assistência Judiciária).
- V. art. 12, Lei 4.717/1965 (Ação popular).
- V. art. 22, parágrafo único, Lei 6.515/1977 (Lei do Divórcio).
- V. Lei 6.899/1981 (Correção monetária nos débitos oriundos de decisão judicial).
- V. art. 18, Lei 7.347/1985 (Ação civil pública).
- V. arts. 61 e 62, Lei 8.245/1991 (Locação de imóveis urbanos).
- V. arts. 22 a 26, Lei 8.906/1994 (Estatuto da Advocacia e da OAB).
- V. Súmulas 14, 105, 110, 111 e 453, STJ.

§ 1º O juiz, ao decidir qualquer incidente ou recurso, condenará nas despesas o vencido.

- § 1º com redação determinada pela Lei 5.925/1973.
- V. art. 14, § 2º, Lei 9.289/1996 (Custas na Justiça Federal).

§ 2º As despesas abrangem não só as custas dos atos do processo, como também a indenização de viagem, diária de testemunha e remuneração do assistente técnico.

- § 2º com redação determinada pela Lei 5.925/1973.
- V. Súmula 69, TFR.

§ 3º Os honorários serão fixados entre o mínimo de 10% (dez por cento) e o máximo de 20% (vinte por cento) sobre o valor da condenação, atendidos:

- § 3º com redação determinada pela Lei 5.925/1973.
- V. Súmula 185, STF.

a) o grau de zelo do profissional;
b) o lugar de prestação do serviço;
c) a natureza e importância da causa, o trabalho realizado pelo advogado e o tempo exigido para o seu serviço.

§ 4º Nas causas de pequeno valor, nas de valor inestimável, naquelas em que não houver condenação ou for vencida a Fazenda Pública, e nas execuções, embargadas ou não, os honorários serão fixados consoante apreciação equitativa do juiz, atendidas as normas das alíneas *a*, *b* e *c* do parágrafo anterior.

- § 4º com redação determinada pela Lei 8.952/1994.
- V. arts. 127, 258, 419 e 459, CPC.
- V. art. 11, Lei 1.060/1950 (Lei de Assistência Judiciária).
- V. Súmula 345, STJ.

§ 5º Nas ações de indenização por ato ilícito contra pessoa, o valor da condenação será a soma das prestações vencidas com o capital necessário a produzir a renda correspondente às prestações vincendas (art. 602), podendo estas ser pagas, também mensalmente, na forma do § 2º do referido art. 602, inclusive em consignação na folha de pagamentos do devedor.

- § 5º acrescentado pela Lei 6.745/1979.
- O art. 602 do CPC foi revogado pela Lei 11.232/2005.
- V. Súmulas 234, 256, 257, 389, 512 e 616, STF.

Art. 21. Se cada litigante for em parte vencedor e vencido, serão recíproca e proporcionalmente distribuídos e compensados entre eles os honorários e as despesas.

- V. arts. 23 e 500, CPC.
- V. art. 14, Lei 9.289/1996 (Custas na Justiça Federal).
- V. Súmula 306, STJ.

Parágrafo único. Se um litigante decair de parte mínima do pedido, o outro responderá, por inteiro, pelas despesas e honorários.

Art. 22. O réu que, por não arguir na sua resposta fato impeditivo, modificativo ou extintivo do direito do autor, dilatar o julgamento da lide, será condenado nas custas a partir do saneamento do processo e perderá, ainda que vencedor na causa, o direito a haver do vencido honorários advocatícios.

- Artigo com redação determinada pela Lei 5.925/1973.
- V. arts. 303, 326 e 462, CPC.

Art. 23. Concorrendo diversos autores ou diversos réus, os vencidos respondem pelas despesas e honorários em proporção.

- V. art. 21, CPC.
- V. art. 890, CC/1916; e art. 257, CC/2002.

Art. 24. Nos procedimentos de jurisdição voluntária, as despesas serão adiantadas pelo requerente, mas rateadas entre os interessados.

- V. arts. 19, 34 e 1.103 a 1.210, CPC.

Art. 25. Nos juízos divisórios, não havendo litígio, os interessados pagarão as despesas proporcionalmente aos seus quinhões.

- V. arts. 946 a 981, CPC.
- V. art. 629, CC/1916; e art. 1.320, CC/2002.
- V. art. 14, § 4º, Lei 9.289/1996 (Custas na Justiça Federal).

Art. 26. Se o processo terminar por desistência ou reconhecimento do pedido, as despesas e os honorários serão pagos pela parte que desistiu ou reconheceu.

- V. arts. 267, VIII e § 4º, e 269, II e V, CPC.

§ 1º Sendo parcial a desistência ou o reconhecimento, a responsabilidade pelas despesas e honorários será proporcional à parte de que se desistiu ou que se reconheceu.

§ 2º Havendo transação e nada tendo as partes disposto quanto às despesas, estas serão divididas igualmente.

Art. 27. As despesas dos atos processuais, efetuados a requerimento do Ministério Público ou da Fazenda Pública, serão pagas a final pelo vencido.

- V. art. 19, § 2º, CPC.
- V. art. 39, Lei 6.830/1980 (Execução fiscal).
- V. Súmula 154, TFR.

Art. 28. Quando, a requerimento do réu, o juiz declarar extinto o processo sem julgar o mérito (art. 267, § 2º), o autor não poderá intentar de novo a ação, sem pagar ou depositar em cartório as despesas e os honorários, em que foi condenado.

- V. arts. 267, § 2º, e 268, *caput*, CPC.

Art. 29. As despesas dos atos, que forem adiados ou tiverem de repetir-se, ficarão a cargo da parte, do serventuário, do órgão do Ministério Público ou do juiz que, sem justo motivo, houver dado causa ao adiamento ou à repetição.

- V. arts. 133, 181, § 2º, 193, 194, 267, § 3º, 412 e 453, § 3º, CPC.

Art. 30. Quem receber custas indevidas ou excessivas é obrigado a restituí-las, incorrendo em multa equivalente ao dobro de seu valor.

- V. art. 35, 2ª parte, CPC.

Art. 31. As despesas dos atos manifestamente protelatórios, impertinentes ou supérfluos serão pagas pela parte que os tiver promovido ou praticado, quando impugnados pela outra.

- V. art. 538, parágrafo único, CPC.

Art. 32. Se o assistido ficar vencido, o assistente será condenado nas custas em proporção à atividade que houver exercido no processo.

- V. arts. 50, 52 e 54, CPC.

Art. 33. Cada parte pagará a remuneração do assistente técnico que houver indicado; a do perito será paga pela parte que houver requerido o exame, ou pelo autor, quando requerido por ambas as partes ou determinado de ofício pelo juiz.

- V. arts. 19, 20, § 2º, e 420 e ss., CPC.
- V. art. 10, Lei 9.289/1996 (Custas na Justiça Federal).
- V. Súmula 69, TFR.

Parágrafo único. O juiz poderá determinar que a parte responsável pelo pagamento dos honorários do perito deposite em juízo o valor correspondente a essa remuneração. O numerário, recolhido em depósito bancário à ordem do juízo e com correção monetária, será entregue ao perito após a apresentação do laudo, facultada a sua liberação parcial, quando necessária.

- Parágrafo único acrescentado pela Lei 8.952/1994.

Art. 34. Aplicam-se à reconvenção, à oposição, à ação declaratória incidental e

aos procedimentos de jurisdição voluntária, no que couber, as disposições constantes desta seção.

- Artigo com redação determinada pela Lei 5.925/1973.
- V. arts. 5º, 56 a 61, 315 a 318, 325, 469, III, 470 e 1.103 a 1.210, CPC.
- V. arts. 7º e 14, § 2º, Lei 9.289/1996 (Custas na Justiça Federal).

Art. 35. As sanções impostas às partes em consequência de má-fé serão contadas como custas e reverterão em benefício da parte contrária; as impostas aos serventuários pertencerão ao Estado.

- V. arts. 17, 18, 161, 196, 197, 233, 424, 488, II, 695 e 701, § 2º, CPC.

Capítulo III
DOS PROCURADORES

Art. 36. A parte será representada em juízo por advogado legalmente habilitado. Ser-lhe-á lícito, no entanto, postular em causa própria, quando tiver habilitação legal ou, não a tendo, no caso de falta de advogado no lugar ou recusa ou impedimento dos que houver.

- V. arts. 133 e 134, CF.
- V. arts. 44, 254 e 265, § 2º, CPC.
- V. art. 1.324, CC/1916; e art. 692, CC/2002.
- V. art. 355, CP.
- V. art. 791, §§ 1º e 2º, CLT.
- V. art. 47, Dec.-lei 3.688/1941 (Lei das Contravenções Penais).
- V. art. 6º, § 5º, Lei 818/1949 (Nacionalidade brasileira).
- V. Lei 3.836/1960 (Entrega de autos aos advogados).
- V. art. 2º, Lei 5.478/1968 (Ação de alimentos).
- V. art. 13, Lei 6.367/1976 (Acidente do trabalho).
- V. art. 1º, I, Lei 8.906/1994 (Estatuto da Advocacia e da OAB).
- V. art. 9º, Lei 9.099/1995 (Juizados Especiais Cíveis e Criminais).

§§ 1º e 2º *(Revogados pela Lei 9.649/1998.)*

Art. 37. Sem instrumento de mandato, o advogado não será admitido a procurar em juízo. Poderá, todavia, em nome da parte, intentar ação, a fim de evitar decadência ou prescrição, bem como intervir, no processo, para praticar atos reputados urgentes. Nestes casos, o advogado se obrigará, independentemente de caução, a exibir o instrumento de mandato no prazo de 15 (quinze) dias, prorrogável até outros 15 (quinze), por despacho do juiz.

- V. art. 254, III, CPC.
- V. arts. 1.324 a 1.330, CC/1916; e art. 692, CC/2002.
- V. art. 16, Lei 1.060/1950 (Lei de Assistência Judiciária).
- V. art. 5º, § 1º, Lei 8.906/1994 (Estatuto da Advocacia e da OAB).
- V. Súmula 115, STJ.

Parágrafo único. Os atos, não ratificados no prazo, serão havidos por inexistentes, respondendo o advogado por despesas e perdas e danos.

Art. 38. A procuração geral para o foro, conferida por instrumento público, ou particular assinado pela parte, habilita o advogado a praticar todos os atos do processo, salvo para receber a citação inicial, confessar, reconhecer a procedência do pedido, transigir, desistir, renunciar ao direito sobre que se funda a ação, receber, dar quitação e firmar compromisso.

- *Caput* com redação determinada pela Lei 8.952/1994.
- V. arts. 57, 215, 349, parágrafo único, e 991, III, CPC.
- V. arts. 1.289 e 1.324, CC/1916; e arts. 654 e 692, CC/2002.
- V. art. 16, parágrafo único, *a*, Lei 1.060/1950 (Lei de Assistência Judiciária).

Parágrafo único. A procuração pode ser assinada digitalmente com base em certificado emitido por Autoridade Certificadora credenciada, na forma da lei específica.

- Parágrafo único acrescentado pela Lei 11.419/2006 (*DOU* 20.12.2006), em vigor 90 (noventa) dias depois de sua publicação.

Art. 39. Compete ao advogado, ou à parte quando postular em causa própria:

I – declarar, na petição inicial ou na contestação, o endereço em que receberá intimação;

II – comunicar ao escrivão do processo qualquer mudança de endereço.

Parágrafo único. Se o advogado não cumprir o disposto no n. I deste artigo, o juiz, antes de determinar a citação do réu, mandará que se supra a omissão no prazo de 48 (quarenta e oito) horas, sob pena de indeferimento da petição; se infringir o previsto no n. II, reputar-se-ão válidas as intima-

ções enviadas, em carta registrada, para o endereço constante dos autos.

* V. arts. 13, 295, VI, e 284, CPC.

Art. 40. O advogado tem direito de:

* V. arts. 155, parágrafo único, 167, parágrafo único, e 256, CPC.

I – examinar, em cartório de justiça e secretaria de tribunal, autos de qualquer processo, salvo o disposto no art. 155;

* V. art. 7º, Lei 8.906/1994 (Estatuto da Advocacia e da OAB).

II – requerer, como procurador, vista dos autos de qualquer processo pelo prazo de 5 (cinco) dias;

* V. art. 195, CPC.

III – retirar os autos do cartório ou secretaria, pelo prazo legal, sempre que lhe competir falar neles por determinação do juiz, nos casos previstos em lei.

§ 1º Ao receber os autos, o advogado assinará carga no livro competente.

§ 2º Sendo comum às partes o prazo, só em conjunto ou mediante prévio ajuste por petição nos autos, poderão os seus procuradores retirar os autos, ressalvada a obtenção de cópias para a qual cada procurador poderá retirá-los pelo prazo de 1 (uma) hora independentemente de ajuste.

* § 2º com redação determinada pela Lei 11.969/2009.

Capítulo IV
DA SUBSTITUIÇÃO DAS PARTES E DOS PROCURADORES

Art. 41. Só é permitida, no curso do processo, a substituição voluntária das partes nos casos expressos em lei.

* V. arts. 87, 263, 264 e 566 a 568, CPC.

Art. 42. A alienação da coisa ou do direito litigioso, a título particular, por ato entre vivos, não altera a legitimidade das partes.

* V. arts. 593 e 626, CPC.

§ 1º O adquirente ou o cessionário não poderá ingressar em juízo, substituindo o alienante, ou o cedente, sem que o consinta a parte contrária.

* V. art. 1.061, CPC.

§ 2º O adquirente ou o cessionário poderá, no entanto, intervir no processo, assistindo o alienante ou o cedente.

* V. arts. 50 a 55, CPC.

§ 3º A sentença, proferida entre as partes originárias, estende os seus efeitos ao adquirente ou ao cessionário.

* V. arts. 567, I e II, 568, II e III, e 592, I, CPC.

Art. 43. Ocorrendo a morte de qualquer das partes, dar-se-á a substituição pelo seu espólio ou pelos seus sucessores, observado o disposto no art. 265.

* V. arts. 12, V, § 1º, 180, 267, IX, 507, 991, 1.055 e 1.061, CPC.

Art. 44. A parte, que revogar o mandato outorgado ao seu advogado, no mesmo ato constituirá outro que assuma o patrocínio da causa.

* V. art. 1.319, CC/1916; e art. 687, CC/2002.

Art. 45. O advogado poderá, a qualquer tempo, renunciar ao mandato, provando que cientificou o mandante a fim de que este nomeie substituto. Durante os 10 (dez) dias seguintes, o advogado continuará a representar o mandante, desde que necessário para lhe evitar prejuízo.

* Artigo com redação determinada pela Lei 8.952/1994.
* V. art. 265, I, § 1º, CPC.
* V. arts. 1.316, I, e 1.320, CC/1916; e arts. 682 e 688, CC/2002.
* V. Código de Ética e Disciplina da OAB/1995.
** V. art. 5º, § 3º, Lei 8.906/1994 (Estatuto da OAB).

Capítulo V
DO LITISCONSÓRCIO E DA ASSISTÊNCIA

Seção I
Do litisconsórcio

* V. art. 24, Lei 12.016/2009 (Nova Lei do Mandado de Segurança).
** V. art. 10, Lei 9.099/1995 (Juizados Especiais Cíveis e Criminais).

Art. 46. Duas ou mais pessoas podem litigar, no mesmo processo, em conjunto, ativa ou passivamente, quando:

* V. art. 94, § 1º, Lei 11.101/2005 (Lei de Recuperação de Empresas e Falência); sem correspondência no Dec.-lei 7.661/1945 (Lei de Falências).

CÓDIGO DE PROCESSO CIVIL

I – entre elas houver comunhão de direitos ou de obrigações relativamente à lide;
II – os direitos ou as obrigações derivarem do mesmo fundamento de fato ou de direito;
III – entre as causas houver conexão pelo objeto ou pela causa de pedir;

- V. arts. 102 e 241, CPC.
- V. art. 5º, § 5º, Lei 7.347/1985 (Ação civil pública).

IV – ocorrer afinidade de questões por um ponto comum de fato ou de direito.

- V. art. 125, II, CPC.
- V. art. 14, § 2º, Lei 9.289/1996 (Custas na Justiça Federal).

Parágrafo único. O juiz poderá limitar o litisconsórcio facultativo quanto ao número de litigantes, quando este comprometer a rápida solução do litígio ou dificultar a defesa. O pedido de limitação interrompe o prazo para a resposta, que recomeça da intimação da decisão.

- Parágrafo único acrescentado pela Lei 8.952/1994.

Art. 47. Há litisconsórcio necessário, quando, por disposição de lei ou pela natureza da relação jurídica, o juiz tiver de decidir a lide de modo uniforme para todas as partes; caso em que a eficácia da sentença dependerá da citação de todos os litisconsortes no processo.

- V. art. 946, II, CPC.
- V. art. 6º, Lei 4.717/1965 (Ação popular).

Parágrafo único. O juiz ordenará ao autor que promova a citação de todos os litisconsortes necessários, dentro do prazo que assinar, sob pena de declarar extinto o processo.

- V. arts. 267, III, e 329, CPC.
- V. art. 94, Lei 8.078/1990 (Código de Defesa do Consumidor).

Art. 48. Salvo disposição em contrário, os litisconsortes serão considerados, em suas relações com a parte adversa, como litigantes distintos; os atos e as omissões de um não prejudicarão nem beneficiarão os outros.

- V. arts. 320, I, 350, 501 e 509, CPC.

Art. 49. Cada litisconsorte tem o direito de promover o andamento do processo e todos devem ser intimados dos respectivos atos.

- V. art. 191, CPC.

Seção II
Da assistência

Art. 50. Pendendo uma causa entre duas ou mais pessoas, o terceiro, que tiver interesse jurídico em que a sentença seja favorável a uma delas, poderá intervir no processo para assisti-la.

- V. arts. 42, § 2º, 54 e 454, §§ 1º e 2º, CPC.
- V. art. 6º, Lei 4.717/1965 (Ação popular).
- V. art. 14, § 2º, Lei 9.289/1996 (Custas na Justiça Federal).
- V. Súmula 62, TFR.

Parágrafo único. A assistência tem lugar em qualquer dos tipos de procedimento e em todos os graus da jurisdição; mas o assistente recebe o processo no estado em que se encontra.

Art. 51. Não havendo impugnação dentro de 5 (cinco) dias, o pedido do assistente será deferido. Se qualquer das partes alegar, no entanto, que falece ao assistente interesse jurídico para intervir a bem do assistido, o juiz:

I – determinará, sem suspensão do processo, o desentranhamento da petição e da impugnação, a fim de serem autuadas em apenso;
II – autorizará a produção de provas;
III – decidirá, dentro de 5 (cinco) dias, o incidente.

- V. arts. 54, parágrafo único, 82, III, e 295, III, CPC.

Art. 52. O assistente atuará como auxiliar da parte principal, exercerá os mesmos poderes e sujeitar-se-á aos mesmos ônus processuais que o assistido.

- V. arts. 32 e 319, CPC.
- V. arts. 1.297 e 1.331 a 1.345, CC/1916; e arts. 665 e 861 a 875, CC/2002.

Parágrafo único. Sendo revel o assistido, o assistente será considerado seu gestor de negócios.

Art. 53. A assistência não obsta a que a parte principal reconheça a procedência do pedido, desista da ação ou transija sobre direitos controvertidos; casos em que, terminando o processo, cessa a intervenção do assistente.

Art. 54. Considera-se litisconsorte da parte principal o assistente, toda vez que a

sentença houver de influir na relação jurídica entre ele e o adversário do assistido.

- V. arts. 42, § 2º, 50 e 191, CPC.
- V. Súmula 62, TFR.

Parágrafo único. Aplica-se ao assistente litisconsorcial, quanto ao pedido de intervenção, sua impugnação e julgamento do incidente, o disposto no art. 51.

Art. 55. Transitada em julgado a sentença, na causa em que interveio o assistente, este não poderá, em processo posterior, discutir a justiça da decisão, salvo se alegar e provar que:

- V. arts. 467 e 472, CPC.

I – pelo estado em que recebera o processo, ou pelas declarações e atos do assistido, fora impedido de produzir provas suscetíveis de influir na sentença;

II – desconhecia a existência de alegações ou de provas, de que o assistido, por dolo ou culpa, não se valeu.

Capítulo VI
DA INTERVENÇÃO DE TERCEIROS

Seção I
Da oposição

Art. 56. Quem pretender, no todo ou em parte, a coisa ou o direito sobre que controvertem autor e réu, poderá, até ser proferida a sentença, oferecer oposição contra ambos.

- V. art. 454, § 2º, CPC.
- V. art. 14, § 2º, Lei 9.289/1996 (Custas na Justiça Federal).

Art. 57. O oponente deduzirá o seu pedido, observando os requisitos exigidos para a propositura da ação (arts. 282 e 283). Distribuída a oposição por dependência, serão os opostos citados, na pessoa dos seus respectivos advogados, para contestar o pedido no prazo comum de 15 (quinze) dias.

- V. arts. 34, 109, 213, 215, 221, 224, 231 e 241, CPC.

Parágrafo único. Se o processo principal correr à revelia do réu, este será citado na forma estabelecida no Título V, Capítulo IV, Seção III, deste Livro.

Art. 58. Se um dos opostos reconhecer a procedência do pedido, contra o outro prosseguirá o oponente.

- V. art. 269, II, CPC.

Art. 59. A oposição, oferecida antes da audiência, será apensada aos autos principais e correrá simultaneamente com a ação, sendo ambas julgadas pela mesma sentença.

- V. art. 34, CPC.

Art. 60. Oferecida depois de iniciada a audiência, seguirá a oposição o procedimento ordinário, sendo julgada sem prejuízo da causa principal. Poderá o juiz, todavia, sobrestar no andamento do processo, por prazo nunca superior a 90 (noventa) dias, a fim de julgá-la conjuntamente com a oposição.

- V. arts. 282 a 475, CPC.

Art. 61. Cabendo ao juiz decidir simultaneamente a ação e a oposição, desta conhecerá em primeiro lugar.

- V. art. 109, CPC.

Seção II
Da nomeação à autoria

Art. 62. Aquele que detiver a coisa em nome alheio, sendo-lhe demandada em nome próprio, deverá nomear à autoria o proprietário ou o possuidor.

- V. arts. 486, 487 e 1.192, III, CC/1916; e arts. 569, III, 1.197 e 1.198, CC/2002.

Art. 63. Aplica-se também o disposto no artigo antecedente à ação de indenização, intentada pelo proprietário ou pelo titular de um direito sobre a coisa, toda vez que o responsável pelos prejuízos alegar que praticou o ato por ordem, ou em cumprimento de instruções de terceiro.

- V. art. 1.521, III, CC/1916; e art. 932, III, CC/2002.

Art. 64. Em ambos os casos, o réu requererá a nomeação no prazo para a defesa; o juiz, ao deferir o pedido, suspenderá o processo e mandará ouvir o autor no prazo de 5 (cinco) dias.

- V. art. 297, CPC.

Art. 65. Aceitando o nomeado, ao autor incumbirá promover-lhe a citação; recusando-o, ficará sem efeito a nomeação.

Código de Processo Civil

Art. 66. Se o nomeado reconhecer a qualidade que lhe é atribuída, contra ele correrá o processo; se a negar, o processo continuará contra o nomeante.

Art. 67. Quando o autor recusar o nomeado, ou quando este negar a qualidade que lhe é atribuída, assinar-se-á ao nomeante novo prazo para contestar.

Art. 68. Presume-se aceita a nomeação se:

I – o autor nada requereu, no prazo em que, a seu respeito, lhe competia manifestar-se;

II – o nomeado não comparecer, ou, comparecendo, nada alegar.

- V. art. 319, CPC.

Art. 69. Responderá por perdas e danos aquele a quem incumbia a nomeação:

- V. arts. 16 a 18, CPC.
- V. arts. 1.059 a 1.061, CC/1916; e arts. 402 a 405, CC/2002.

I – deixando de nomear à autoria, quando lhe competir;

II – nomeando pessoa diversa daquela em cujo nome detém a coisa demandada.

Seção III
Da denunciação da lide

Art. 70. A denunciação da lide é obrigatória:

- V. art. 73, CPC.

I – ao alienante, na ação em que terceiro reivindica a coisa, cujo domínio foi transferido à parte, a fim de que esta possa exercer o direito que da evicção lhe resulta;

- V. arts. 486 e 1.107 a 1.117, CC/1916; e arts. 447 a 457 e 1.197, CC/2002.

II – ao proprietário ou ao possuidor indireto quando, por força de obrigação ou direito, em casos como o do usufrutuário, do credor pignoratício, do locatário, o réu, citado em nome próprio, exerça a posse direta da coisa demandada;

III – àquele que estiver obrigado, pela lei ou pelo contrato, a indenizar, em ação regressiva, o prejuízo do que perder a demanda.

- V. art. 250, CC/1916; e art. 1.646, CC/2002.
- V. arts. 521 e 690, § 1º, CC/1916, sem correspondência no CC/2002.

- V. Súmula 188, STF.

Art. 71. A citação do denunciado será requerida, juntamente com a do réu, se o denunciante for o autor; e, no prazo para contestar, se o denunciante for o réu.

Art. 72. Ordenada a citação, ficará suspenso o processo.

- V. art. 79, CPC.

§ 1º A citação do alienante, do proprietário, do possuidor indireto ou do responsável pela indenização far-se-á:

a) quando residir na mesma comarca, dentro de 10 (dez) dias;

b) quando residir em outra comarca, ou em lugar incerto, dentro de 30 (trinta) dias.

§ 2º Não se procedendo à citação no prazo marcado, a ação prosseguirá unicamente em relação ao denunciante.

Art. 73. Para os fins do disposto no art. 70, o denunciado, por sua vez, intimará do litígio o alienante, o proprietário, o possuidor indireto ou o responsável pela indenização e, assim, sucessivamente, observando-se, quanto aos prazos, o disposto no artigo antecedente.

Art. 74. Feita a denunciação pelo autor, o denunciado, comparecendo, assumirá a posição de litisconsorte do denunciante e poderá aditar a petição inicial, procedendo-se em seguida à citação do réu.

- V. arts. 46 a 49 e 79, CPC.

Art. 75. Feita a denunciação pelo réu:

I – se o denunciado a aceitar e contestar o pedido, o processo prosseguirá entre o autor, de um lado, e de outro, como litisconsortes, o denunciante e o denunciado;

II – se o denunciado for revel, ou comparecer apenas para negar a qualidade que lhe foi atribuída, cumprirá ao denunciante prosseguir na defesa até final;

- V. art. 319, CPC.

III – se o denunciado confessar os fatos alegados pelo autor, poderá o denunciante prosseguir na defesa.

Art. 76. A sentença, que julgar procedente a ação, declarará, conforme o caso, o direito do evicto, ou a responsabilidade por

perdas e danos, valendo como título executivo.
- V. art. 646, CPC.
- V. arts. 1.059 a 1.061, CC/1916; e arts. 402 a 405, CC/2002.
- V. art. 101, II, Lei 8.078/1990 (Código de Defesa do Consumidor).

Seção IV
Do chamamento ao processo

Art. 77. É admissível o chamamento ao processo:
I – do devedor, na ação em que o fiador for réu;
II – dos outros fiadores, quando para a ação for citado apenas um deles;
- Inciso II com redação determinada pela Lei 5.925/1973.

III – de todos os devedores solidários, quando o credor exigir de um ou de alguns deles, parcial ou totalmente, a dívida comum.
- V. art. 241, III, CPC.
- V. arts. 896, 904, 1.481, 1.491, 1.493 e 1.495, CC/1916; e arts. 264, 265, 275, 818, 827, 829 e 831, CC/2002.

Art. 78. Para que o juiz declare, na mesma sentença, as responsabilidades dos obrigados, a que se refere o artigo antecedente, o réu requererá, no prazo para contestar, a citação do chamado.

Art. 79. O juiz suspenderá o processo, mandando observar, quanto à citação e aos prazos, o disposto nos arts. 72 e 74.

Art. 80. A sentença, que julgar procedente a ação, condenando os devedores, valerá como título executivo, em favor do que satisfizer a dívida, para exigi-la, por inteiro, do devedor principal, ou de cada um dos codevedores a sua cota, na proporção que lhes tocar.
- V. art. 566, CPC.
- V. arts. 913 a 915 e 1.495, CC/1916; e arts. 283 a 285 e 831, CC/2002.
- V. art. 101, II, Lei 8.078/1990 (Código de Defesa do Consumidor).

TÍTULO III
DO MINISTÉRIO PÚBLICO

- V. arts. 127 a 130, CF.

Art. 81. O Ministério Público exercerá o direito de ação nos casos previstos em lei, cabendo-lhe, no processo, os mesmos poderes e ônus que às partes.
- V. arts. 19, § 2º, 27, 188, 197, 487, 499, § 2º, e 566, II, CPC.
- V. art. 32, Lei 8.625/1993 (Lei Orgânica do Ministério Público).

Art. 82. Compete ao Ministério Público intervir:
•• V. Súmula 470, STJ.
I – nas causas em que há interesses de incapazes;
- V. art. 246, CPC.

II – nas causas concernentes ao estado da pessoa, pátrio poder, tutela, curatela, interdição, casamento, declaração de ausência e disposições de última vontade;
- V. arts. 1.630 a 1.638, CC/2002 (Do poder familiar).

III – nas ações que envolvam litígios coletivos pela posse da terra rural e nas demais causas em que há interesse público evidenciado pela natureza da lide ou qualidade da parte.
- Inciso III com redação determinada pela Lei 9.415/1996.
- V. arts. 51, 295, III, 944, 999, § 4º, 1.105, 1.122, § 1º, 1.126, 1.131, III, 1.141, 1.144, III, 1.145, § 2º, 1.151, 1.169 e 1.172, CPC.
- V. art. 6º, § 4º, Lei 4.717/1965 (Ação popular).
- V. art. 9º, Lei 5.478/1968 (Ação de alimentos).
- V. arts. 57, *caput*, 67, § 1º, 76, § 3º, 109, *caput*, 200 e 213, § 3º, Lei 6.015/1973 (Lei de Registros Públicos).
- V. art. 5º, Lei 7.347/1985 (Ação civil pública).

Art. 83. Intervindo como fiscal da lei, o Ministério Público:
- V. art. 236, § 2º, CPC.

I – terá vista dos autos depois das partes, sendo intimado de todos os atos do processo;
II – poderá juntar documentos e certidões, produzir prova em audiência e requerer medidas ou diligências necessárias ao descobrimento da verdade.
- V. art. 197, CPC.

Art. 84. Quando a lei considerar obrigatória a intervenção do Ministério Público, a parte promover-lhe-á a intimação sob pena de nulidade do processo.
- V. art. 246, CPC.

Art. 85. O órgão do Ministério Público será civilmente responsável quando, no

CÓDIGO DE PROCESSO CIVIL

exercício de suas funções, proceder com dolo ou fraude.

- V. art. 37, § 6º, CF.

TÍTULO IV
DOS ÓRGÃOS JUDICIÁRIOS E DOS AUXILIARES DA JUSTIÇA
Capítulo I
DA COMPETÊNCIA

Art. 86. As causas cíveis serão processadas e decididas, ou simplesmente decididas, pelos órgãos jurisdicionais, nos limites de sua competência, ressalvada às partes a faculdade de instituírem juízo arbitral.

- V. art. 5º, XXXV, CF.
- V. Lei 9.307/1996 (Arbitragem).

Art. 87. Determina-se a competência no momento em que a ação é proposta. São irrelevantes as modificações do estado de fato ou de direito ocorridas posteriormente, salvo quando suprimirem o órgão judiciário ou alterarem a competência em razão da matéria ou da hierarquia.

- V. art. 263, CPC.
- V. Súmulas 1, 4, 10, 11, 15, 32 a 34, 46, 58, 66, 82, 97, 137, 170 e 173, STJ.
- V. Súmulas 13 a 16, 21, 49, 51, 53, 58, 60, 62, 66, 67, 72, 82, 83, 87, 88, 89, 103, 114, 148, 169, 183, 216 e 244, TFR.

Capítulo II
DA COMPETÊNCIA INTERNACIONAL

Art. 88. É competente a autoridade judiciária brasileira quando:

I – o réu, qualquer que seja a sua nacionalidade, estiver domiciliado no Brasil;

- V. arts. 31 a 42, CC/1916; e arts. 70 a 78, CC/2002.

II – no Brasil tiver de ser cumprida a obrigação;

III – a ação se originar de fato ocorrido ou de ato praticado no Brasil.

Parágrafo único. Para o fim do disposto no n. I, reputa-se domiciliada no Brasil a pessoa jurídica estrangeira que aqui tiver agência, filial ou sucursal.

- V. art. 12, VIII, § 3º, CPC.

- V. art. 35, § 4º, CC/1916; e art. 75, § 2º, CC/2002.
- V. art. 12, Dec.-lei 4.657/1942 (Lei de Introdução às normas do Direito Brasileiro).

Art. 89. Compete à autoridade judiciária brasileira, com exclusão de qualquer outra:

I – conhecer de ações relativas a imóveis situados no Brasil;

- V. art. 95, CPC.
- V. art. 12, § 1º, Dec.-lei 4.657/1942 (Lei de Introdução às normas do Direito Brasileiro).

II – proceder a inventário e partilha de bens, situados no Brasil, ainda que o autor da herança seja estrangeiro e tenha residido fora do território nacional.

- V. art. 10, Dec.-lei 4.657/1942 (Lei de Introdução às normas do Direito Brasileiro).

Art. 90. A ação intentada perante tribunal estrangeiro não induz litispendência, nem obsta a que a autoridade judiciária brasileira conheça da mesma causa e das que lhe são conexas.

- V. art. 102, I, e, CF.
- V. arts. 103, 105 a 301, §§ 1º a 3º, CPC.

Capítulo III
DA COMPETÊNCIA INTERNA

Seção I
Da competência em razão do valor e da matéria

Art. 91. Regem a competência em razão do valor e da matéria as normas de organização judiciária, ressalvados os casos expressos neste Código.

- V. art. 125, § 1º, CF.
- V. arts. 102 e 111, CPC.

Art. 92. Compete, porém, exclusivamente ao juiz de direito processar e julgar:

- V. art. 22, LC 35/1979 (Lei Orgânica da Magistratura Nacional).

I – o processo de insolvência;

- V. arts. 748 a 786, CPC.
- V. art. 3º, § 2º, Lei 9.099/1995 (Juizados Especiais Cíveis e Criminais).
- V. Súmula 244, TFR.

II – as ações concernentes ao estado e à capacidade da pessoa.

- V. art. 320, II, CPC.
- V. art. 3º, § 2º, Lei 9.099/1995 (Juizados Especiais Cíveis e Criminais).

Seção II
Da competência funcional

Art. 93. Regem a competência dos tribunais as normas da Constituição da República e de organização judiciária. A competência funcional dos juízes de primeiro grau é disciplinada neste Código.

- V. arts. 102, 105, 108 e 125, § 1º, CF.

Seção III
Da competência territorial

- ** V. art. 800, CPC.
- ** V. art. 101, I, Lei 8.078/1990 (Código de Defesa do Consumidor).
- ** V. art. 58, II, Lei 8.245/1991(Lei de Locações).
- ** V. art. 2º, Lei 7.347/1985 (Ação civil pública).
- ** V. art. 3º, Lei 11.101/2005 (Lei de Recuperação de Empresas e Falência).

Art. 94. A ação fundada em direito pessoal e a ação fundada em direito real sobre bens móveis serão propostas, em regra, no foro do domicílio do réu.

- V. art. 111, CPC.
- V. arts. 31 a 42, CC/1916; e arts. 70 a 78, CC/2002.
- V. arts. 127 e 159, CTN.
- V. art. 12, Dec.-lei 4.657/1942 (Lei de Introdução às normas do Direito Brasileiro).

§ 1º Tendo mais de um domicílio, o réu será demandado no foro de qualquer deles.

- V. art. 32, CC/1916; e art. 71, CC/2002.

§ 2º Sendo incerto ou desconhecido o domicílio do réu, ele será demandado onde for encontrado ou no foro do domicílio do autor.

- V. art. 33, CC/1916; e art. 73, CC/2002.

§ 3º Quando o réu não tiver domicílio nem residência no Brasil, a ação será proposta no foro do domicílio do autor. Se este também residir fora do Brasil, a ação será proposta em qualquer foro.

- V. art. 12, Dec.-lei 4.657/1942 (Lei de Introdução às normas do Direito Brasileiro).

§ 4º Havendo dois ou mais réus, com diferentes domicílios, serão demandados no foro de qualquer deles, à escolha do autor.

Art. 95. Nas ações fundadas em direito real sobre imóveis é competente o foro da situação da coisa. Pode o autor, entretanto, optar pelo foro do domicílio ou de eleição, não recaindo o litígio sobre direito de propriedade, vizinhança, servidão, posse, divisão e demarcação de terras e nunciação de obra nova.

- V. arts. 111, 920 a 940 e 946 a 981, CPC.
- V. arts. 951 e 980, CC/1916; e arts. 328 e 341, CC/2002.
- V. art. 12, Dec.-lei 4.657/1942 (Lei de Introdução às normas do Direito Brasileiro).
- V. art. 48, Lei 6.766/1979 (Parcelamento do solo urbano).
- V. art. 58, II, Lei 8.245/1991 (Locação de imóveis urbanos).
- V. Súmula 218, STF.
- V. Súmula 14, TFR.

Art. 96. O foro do domicílio do autor da herança, no Brasil, é o competente para o inventário, a partilha, a arrecadação, o cumprimento de disposições de última vontade e todas as ações em que o espólio for réu, ainda que o óbito tenha ocorrido no estrangeiro.

- V. arts. 89, II, 982 a 1.045 e 1.125 a 1.158, CPC.
- V. art. 1.578, CC/1916; e art. 1.785, CC/2002.
- V. Súmula 58, TFR.

Parágrafo único. É, porém, competente o foro:
I – da situação dos bens, se o autor da herança não possuía domicílio certo;

- V. art. 33, CC/1916; e art. 73, CC/2002.

II – do lugar em que ocorreu o óbito, se o autor da herança não tinha domicílio certo e possuía bens em lugares diferentes.

- V. Súmula 58, TFR.

Art. 97. As ações em que o ausente for réu correm no foro de seu último domicílio, que é também o competente para a arrecadação, o inventário, a partilha e o cumprimento de disposições testamentárias.

- V. arts. 1.159 a 1.169, CPC.
- V. arts. 463 a 468, 470, 472 a 480 e 482 a 484, CC/1916; e arts. 22 a 25, 27, 29 a 36, 38 e 39, CC/2002.

Art. 98. A ação em que o incapaz for réu se processará no foro do domicílio de seu representante.

- V. art. 36, CC/1916; e art. 76, CC/2002.

Art. 99. O foro da Capital do Estado ou do Território é competente:
I – para as causas em que a União for autora, ré ou interveniente;

- V. arts. 109, I, e 110, CF.

Art. 107

CÓDIGO DE PROCESSO CIVIL

II – para as causas em que o Território for autor, réu ou interveniente.
- V. arts. 109, I, e 110, parágrafo único, CF.

Parágrafo único. Correndo o processo perante outro juiz, serão os autos remetidos ao juiz competente da Capital do Estado ou Território, tanto que neles intervenha uma das entidades mencionadas neste artigo.
- V. Súmula 244, TFR.

Excetuam-se:
I – o processo de insolvência;
- V. art. 109, I, CF.
- V. arts. 748 a 786, CPC.

II – os casos previstos em lei.
- V. art. 109, § 3º, CF.

Art. 100. É competente o foro:
I – da residência da mulher, para a ação de separação dos cônjuges e a conversão desta em divórcio, e para a anulação de casamento;
- Inciso I com redação determinada pela Lei 6.515/1977.
- V. arts. 5º, I, e 226, § 5º, CF.

II – do domicílio ou da residência do alimentando, para a ação em que se pedem alimentos;
- V. art. 852, II, CPC.
- V. art. 26, Lei 5.478/1968 (Ação de alimentos).
- V. Súmula 1, STJ.

III – do domicílio do devedor, para a ação de anulação de títulos extraviados ou destruídos;
- V. arts. 907 a 913, CPC.

IV – do lugar:
a) onde está a sede, para a ação em que for ré a pessoa jurídica;
- V. art. 35, CC/1916; e art. 75, CC/2002.

b) onde se acha a agência ou sucursal, quanto às obrigações que ela contraiu;
- V. Súmula 363, STF.

c) onde exerce a sua atividade principal, para a ação em que for ré a sociedade, que carece de personalidade jurídica;
- V. art. 12, VII e § 2º, CPC.

d) onde a obrigação deve ser satisfeita, para a ação em que se lhe exigir o cumprimento;
- V. art. 891, CPC.
- V. arts. 950 e 951, CC/1916; e arts. 327 e 328, CC/2002.

V – do lugar do ato ou fato:

a) para a ação de reparação do dano;
b) para a ação em que for réu o administrador ou gestor de negócios alheios.
- V. arts. 1.331 a 1.345, CC/1916; e arts. 861 a 875, CC/2002.

Parágrafo único. Nas ações de reparação do dano sofrido em razão de delito ou acidente de veículos, será competente o foro do domicílio do autor ou do local do fato.
- V. art. 275, II, e, CPC.

Art. 101. *(Revogado pela Lei 9.307/1996.)*

Seção IV
Das modificações da competência

Art. 102. A competência, em razão do valor e do território, poderá modificar-se pela conexão ou continência, observado o disposto nos artigos seguintes.
- V. arts. 87, 90, 114, 141, IV, d, 253 e 292, CPC.

Art. 103. Reputam-se conexas duas ou mais ações, quando lhes for comum o objeto ou a causa de pedir.
- V. arts. 46, III, e 282, III, CPC.
- V. Súmula 383, STJ.

Art. 104. Dá-se a continência entre duas ou mais ações sempre que há identidade quanto às partes e à causa de pedir, mas o objeto de uma, por ser mais amplo, abrange o das outras.
- V. art. 301, §§ 1º a 3º, CPC.

Art. 105. Havendo conexão ou continência, o juiz, de ofício ou a requerimento de qualquer das partes, pode ordenar a reunião de ações propostas em separado, a fim de que sejam decididas simultaneamente.
- V. art. 301, VII e § 4º, CPC.

Art. 106. Correndo em separado ações conexas perante juízes que têm a mesma competência territorial, considera-se prevento aquele que despachou em primeiro lugar.
- V. arts. 219 e 263, CPC.
- V. art. 202, § 1º, Dec.-lei 7.661/1945 (Lei de Falências); e art. 6º, § 8º, Lei 11.101/2005 (Lei de Recuperação de Empresas e Falência).

Art. 107. Se o imóvel se achar situado em mais de um Estado ou comarca, deter-

minar-se-á o foro pela prevenção, estendendo-se a competência sobre a totalidade do imóvel.

* V. arts. 95, 219 e 263, CPC.

Art. 108. A ação acessória será proposta perante o juiz competente para a ação principal.

* V. arts. 800, 1.046, 1.055 e 1.063, CPC.
* V. arts. 7°, §§ 2° e 3°, e 56, Dec.-lei 7.661/1945 (Lei de Falências); e arts. 76 e 134, Lei 11.101/2005 (Lei de Recuperação de Empresas e Falência).

Art. 109. O juiz da causa principal é também competente para a reconvenção, a ação declaratória incidente, as ações de garantia e outras que respeitam ao terceiro interveniente.

* V. arts. 5°, 56, 62, 70, 76, 77, 315, 325 e 470, CPC.

Art. 110. Se o conhecimento da lide depender necessariamente da verificação da existência de fato delituoso, pode o juiz mandar sobrestar no andamento do processo até que se pronuncie a justiça criminal.

* V. arts. 265, IV, a e § 5°, e 575, IV, CPC.
* V. art. 1.525, CC/1916; e art. 935, CC/2002.
* V. art. 91, I, CP.
* V. arts. 64 e 65, CPP.
* V. art. 103, § 4°, Lei 8.078/1990 (Código de Defesa do Consumidor).

Parágrafo único. Se a ação penal não for exercida dentro de 30 (trinta) dias, contados da intimação do despacho de sobrestamento, cessará o efeito deste, decidindo o juiz cível a questão prejudicial.

* V. art. 469, III, CPC.

Art. 111. A competência em razão da matéria e da hierarquia é inderrogável por convenção das partes; mas estas podem modificar a competência em razão do valor e do território, elegendo foro onde serão propostas as ações oriundas de direitos e obrigações.

* V. arts. 42, CC/1916; e art. 78, CC/2002.
* V. art. 846, CC/1916, sem correspondência no CC/2002.
* V. art. 1°, Dec.-lei 4.597/1942 (Prescrição das ações contra a Fazenda Pública).
* V. art. 58, II, Lei 8.245/1991 (Locação de imóveis urbanos).
* V. Súmula 335, STF.

§ 1° O acordo, porém, só produz efeito, quando constar de contrato escrito e aludir expressamente a determinado negócio jurídico.

§ 2° O foro contratual obriga os herdeiros e sucessores das partes.

Seção V
Da declaração
de incompetência

Art. 112. Argui-se, por meio de exceção, a incompetência relativa.

* V. arts. 297, 304, 305, parágrafo único, 307 a 311, 598, 741, VII, e 742, CPC.

Parágrafo único. A nulidade da cláusula de eleição de foro, em contrato de adesão, pode ser declarada de ofício pelo juiz, que declinará de competência para o juízo de domicílio do réu.

* Parágrafo único acrescentado pela Lei 11.280/2006 (DOU 17.02.2006), em vigor 90 (noventa) dias após a data de sua publicação.
* V. art. 114, CPC.

Art. 113. A incompetência absoluta deve ser declarada de ofício e pode ser alegada, em qualquer tempo e grau de jurisdição, independentemente de exceção.

* V. arts. 111, 122, 301, II, § 4°, e 485, II, CPC.
* V. Súmula 33, STJ.

§ 1° Não sendo, porém, deduzida no prazo da contestação, ou na primeira oportunidade em que lhe couber falar nos autos, a parte responderá integralmente pelas custas.

* V. art. 301, II, CPC.

§ 2° Declarada a incompetência absoluta, somente os atos decisórios serão nulos, remetendo-se os autos ao juiz competente.

* V. arts. 245 e 248, CPC.
* V. Súmula 59, STJ.

Art. 114. Prorrogar-se-á a competência se dela o juiz não declinar na forma do parágrafo único do art. 112 desta Lei ou o réu não opuser exceção declinatória nos casos e prazos legais.

* Artigo com redação determinada pela Lei 11.280/2006 (DOU 17.02.2006), em vigor 90 (noventa) dias após a data de sua publicação.
* V. arts. 297, 305 e 306, CPC.
* V. Súmula 252, TFR.

Art. 115. Há conflito de competência:

* V. arts. 102, I, o, 105, I, d, e 108, I, e, CF.

CÓDIGO DE PROCESSO CIVIL

I – quando dois ou mais juízes se declaram competentes;
 • V. arts. 219 e 267, V, CPC.

II – quando dois ou mais juízes se consideram incompetentes;
 • V. arts. 219 e 267, V, CPC.

III – quando entre dois ou mais juízes surge controvérsia acerca da reunião ou separação de processos.
 • V. art. 105, CPC.

Art. 116. O conflito pode ser suscitado por qualquer das partes, pelo Ministério Público ou pelo juiz.

Parágrafo único. O Ministério Público será ouvido em todos os conflitos de competência; mas terá qualidade de parte naqueles que suscitar.
 • V. arts. 82, III, e 246, CPC.

Art. 117. Não pode suscitar conflito a parte que, no processo, ofereceu exceção de incompetência.
 • V. arts. 304 a 311, CPC.

Parágrafo único. O conflito de competência não obsta, porém, a que a parte, que o não suscitou, ofereça exceção declinatória do foro.

Art. 118. O conflito será suscitado ao presidente do tribunal:
 • V. Súmula 59, STJ.

I – pelo juiz, por ofício;

II – pela parte e pelo Ministério Público, por petição.
 • V. arts. 102, I, o, 105, I, d, e 108, I, e, CF.

Parágrafo único. O ofício e a petição serão instruídos com os documentos necessários à prova do conflito.

Art. 119. Após a distribuição, o relator mandará ouvir os juízes em conflito, ou apenas o suscitado, se um deles for suscitante; dentro do prazo assinado pelo relator, caberá ao juiz ou juízes prestar as informações.

Art. 120. Poderá o relator, de ofício, ou a requerimento de qualquer das partes, determinar, quando o conflito for positivo, seja sobrestado o processo, mas, neste caso, bem como no de conflito negativo, designará um dos juízes para resolver, em caráter provisório, as medidas urgentes.

 • V. arts. 265, VI, e 266, CPC.

Parágrafo único. Havendo jurisprudência dominante do tribunal sobre a questão suscitada, o relator poderá decidir de plano o conflito de competência, cabendo agravo, no prazo de 5 (cinco) dias contado da intimação da decisão às partes, para o órgão recursal competente.
 • Parágrafo único acrescentado pela Lei 9.756/1998.

Art. 121. Decorrido o prazo, com informações ou sem elas, será ouvido, em 5 (cinco) dias, o Ministério Público; em seguida o relator apresentará o conflito em sessão de julgamento.
 • V. arts. 84 e 246, CPC.

Art. 122. Ao decidir o conflito, o tribunal declarará qual o juiz competente, pronunciando-se também sobre a validade dos atos do juiz incompetente.
 • V. arts. 87, 106, 219 e 263, CPC.

Parágrafo único. Os autos do processo, em que se manifestou o conflito, serão remetidos ao juiz declarado competente.

Art. 123. No conflito entre turmas, seções, câmaras, Conselho Superior da Magistratura, juízes de segundo grau e desembargadores, observar-se-á o que dispuser a respeito o regimento interno do tribunal.
 • V. arts. 163 a 168, RISTF.
 • V. arts. 193 a 198, RISTJ.
 • V. Súmula 22, STJ.

Art. 124. Os regimentos internos dos tribunais regularão o processo e julgamento do conflito de atribuições entre autoridade judiciária e autoridade administrativa.
 • V. art. 105, I, g, CF.

Capítulo IV
DO JUIZ

Seção I
Dos poderes, dos deveres e da responsabilidade do juiz

Art. 125. O juiz dirigirá o processo conforme as disposições deste Código, competindo-lhe:
 • V. arts. 162 a 165, 189, 198 e 199, CPC.

Art. 126

CÓDIGO DE PROCESSO CIVIL

I – assegurar às partes igualdade de tratamento;

- V. art. 5º, *caput* e I, CF.
- V. arts. 188 e 191, CPC.

II – velar pela rápida solução do litígio;

- V. arts. 105, 130 e 262, CPC.
- V. art. 35, II e III, LC 35/1979 (Lei Orgânica da Magistratura Nacional).

III – prevenir ou reprimir qualquer ato contrário à dignidade da justiça;

- V. arts. 15, 445, 446 e 599, II, e 601, CPC.

IV – tentar, a qualquer tempo, conciliar as partes.

- Inciso IV acrescentado pela Lei 8.952/1994.
- V. arts. 447 a 449 e 599, CPC.

Art. 126. O juiz não se exime de sentenciar ou despachar alegando lacuna ou obscuridade da lei. No julgamento da lide caber-lhe-á aplicar as normas legais; não as havendo, recorrerá à analogia, aos costumes e aos princípios gerais de direito.

- Artigo com redação determinada pela Lei 5.925/1973.
- V. art. 335, CPC.
- V. art. 4º, Dec.-lei 4.657/1942 (Lei de Introdução às normas do Direito Brasileiro).

Art. 127. O juiz só decidirá por equidade nos casos previstos em lei.

- V. arts. 20, § 4º, e 1.109, CPC.
- V. art. 1.456, CC/1916, sem correspondência no CC/2002.
- V. art. 15, Lei 5.478/1968 (Ação de alimentos).

Art. 128. O juiz decidirá a lide nos limites em que foi proposta, sendo-lhe defeso conhecer de questões, não suscitadas, a cujo respeito a lei exige a iniciativa da parte.

- V. arts. 219, § 5º, 293, 295, IV, 459 e 460, CPC.

Art. 129. Convencendo-se, pelas circunstâncias da causa, de que autor e réu se serviram do processo para praticar ato simulado ou conseguir fim proibido por lei, o juiz proferirá sentença que obste aos objetivos das partes.

- V. arts. 17 e 125, III, CPC.

Art. 130. Caberá ao juiz, de ofício ou a requerimento da parte, determinar as provas necessárias à instrução do processo, indeferindo as diligências inúteis ou meramente protelatórias.

- V. arts. 14, IV, 125, II, 165, 2ª parte, 437 e 1.107, CPC.

Art. 131. O juiz apreciará livremente a prova, atendendo aos fatos e circunstâncias constantes dos autos, ainda que não alegados pelas partes; mas deverá indicar, na sentença, os motivos que lhe formaram o convencimento.

- Artigo com redação determinada pela Lei 5.925/1973.
- V. art. 93, IX, CF.
- V. arts. 458, II, e 1.107, CPC.

Art. 132. O juiz, titular ou substituto, que concluir a audiência julgará a lide, salvo se estiver convocado, licenciado, afastado por qualquer motivo, promovido ou aposentado, casos em que passará os autos ao seu sucessor.

- Artigo com redação determinada pela Lei 8.637/1993.
- V. Súmulas 217 e 262, TFR.

Parágrafo único. Em qualquer hipótese, o juiz que proferir a sentença, se entender necessário, poderá mandar repetir as provas já produzidas.

- V. art. 446, II, CPC.

Art. 133. Responderá por perdas e danos o juiz, quando:

- V. art. 37, § 6º, CF.
- V. arts. 1.059 a 1.061, CC/1916; e arts. 402 a 404, CC/2002.

I – no exercício de suas funções, proceder com dolo ou fraude;

II – recusar, omitir ou retardar, sem justo motivo, providência que deva ordenar de ofício, ou a requerimento da parte.

- V. art. 319, CP.

Parágrafo único. Reputar-se-ão verificadas as hipóteses previstas no n. II só depois que a parte, por intermédio do escrivão, requerer ao juiz que determine a providência e este não lhe atender o pedido dentro de 10 (dez) dias.

- V. arts. 29, 189, 198 e 199, CPC.
- V. arts. 1.059 a 1.061, CC/1916; e arts. 402 a 404, CC/2002.
- V. arts. 35, II e III, e 49, parágrafo único, LC 35/1979 (Lei Orgânica da Magistratura Nacional).

Seção II
Dos impedimentos e da suspeição

Art. 134. É defeso ao juiz exercer as suas funções no processo contencioso ou voluntário:

• V. arts. 304 a 306, 312 a 314 e 485, II, CPC.

I – de que for parte;
II – em que interveio como mandatário da parte, oficiou como perito, funcionou como órgão do Ministério Público, ou prestou depoimento como testemunha;

• V. art. 409, I, CPC.

III – que conheceu em primeiro grau de jurisdição, tendo-lhe proferido sentença ou decisão;

• V. art. 277, parágrafo único, RISTF.
• V. Súmula 252, STF.

IV – quando nele estiver postulando, como advogado da parte, o seu cônjuge ou qualquer parente seu, consanguíneo ou afim, em linha reta; ou na linha colateral até o segundo grau;
V – quando cônjuge, parente, consanguíneo ou afim, de alguma das partes, em linha reta ou, na colateral, até o terceiro grau;
VI – quando for órgão de direção ou de administração de pessoa jurídica, parte na causa.

• V. Lei 9.307/1996 (Arbitragem).

Parágrafo único. No caso do n. IV, o impedimento só se verifica quando o advogado já estava exercendo o patrocínio da causa; é, porém, vedado ao advogado pleitear no processo, a fim de criar o impedimento do juiz.

Art. 135. Reputa-se fundada a suspeição de parcialidade do juiz, quando:

• V. arts. 304 a 306 e 312 a 314, CPC.

I – amigo íntimo ou inimigo capital de qualquer das partes;
II – alguma das partes for credora ou devedora do juiz, de seu cônjuge ou de parentes destes, em linha reta ou na colateral até o terceiro grau;
III – herdeiro presuntivo, donatário ou empregador de alguma das partes;
IV – receber dádivas antes ou depois de iniciado o processo; aconselhar alguma das partes acerca do objeto da causa, ou subministrar meios para atender às despesas do litígio;
V – interessado no julgamento da causa em favor de uma das partes.

• V. Lei 9.307/1996 (Arbitragem).

Parágrafo único. Poderá ainda o juiz declarar-se suspeito por motivo íntimo.

Art. 136. Quando dois ou mais juízes forem parentes, consanguíneos ou afins, em linha reta e no segundo grau na linha colateral, o primeiro, que conhecer da causa no tribunal, impede que o outro participe do julgamento; caso em que o segundo se escusará, remetendo o processo ao seu substituto legal.

Art. 137. Aplicam-se os motivos de impedimento e suspeição aos juízes de todos os tribunais. O juiz que violar o dever de abstenção, ou não se declarar suspeito, poderá ser recusado por qualquer das partes (art. 304).

Art. 138. Aplicam-se também os motivos de impedimento e de suspeição:
I – ao órgão do Ministério Público, quando não for parte, e, sendo parte, nos casos previstos nos ns. I a IV do art. 135;
II – ao serventuário de justiça;

• V. art. 142, CPC.

III – ao perito;

• Inciso III com redação determinada pela Lei 8.455/1992.
• V. arts. 146 e 423, CPC.

IV – ao intérprete.
§ 1º A parte interessada deverá arguir o impedimento ou a suspeição, em petição fundamentada e devidamente instruída, na primeira oportunidade em que lhe couber falar nos autos; o juiz mandará processar o incidente em separado e sem suspensão da causa, ouvindo o arguido no prazo de 5 (cinco) dias, facultando a prova quando necessária e julgando o pedido.
§ 2º Nos tribunais caberá ao relator processar e julgar o incidente.

Capítulo V
DOS AUXILIARES DA JUSTIÇA

Art. 139. São auxiliares do juízo, além de outros, cujas atribuições são determinadas

Art. 140

CÓDIGO DE PROCESSO CIVIL

pelas normas de organização judiciária, o escrivão, o oficial de justiça, o perito, o depositário, o administrador e o intérprete.

• V. arts. 140 a 153, 166 a 171, 193 e 194, CPC.

Seção I
Do serventuário e do oficial de justiça

Art. 140. Em cada juízo haverá um ou mais ofícios de justiça, cujas atribuições são determinadas pelas normas de organização judiciária.

Art. 141. Incumbe ao escrivão:

• V. arts. 166 a 171, CPC.

I – redigir, em forma legal, os ofícios, mandados, cartas precatórias e mais atos que pertencem ao seu ofício;

II – executar as ordens judiciais, promovendo citações e intimações, bem como praticando todos os demais atos, que lhe forem atribuídos pelas normas de organização judiciária;

• V. arts. 213, 219, § 6º, e 234, CPC.

III – comparecer às audiências, ou, não podendo fazê-lo, designar para substituí-lo escrevente juramentado, de preferência datilógrafo ou taquígrafo;

• V. art. 170, CPC.

IV – ter, sob sua guarda e responsabilidade, os autos, não permitindo que saiam de cartório, exceto:

a) quando tenham de subir à conclusão do juiz;

• V. arts. 159, § 2º, e 190, CPC.

b) com vista aos procuradores, ao Ministério Público ou à Fazenda Pública;

• V. arts. 40, II e III, 82, III, 83, I, e 195 a 197, CPC.
• V. art. 7º, XV e XVI, Lei 8.906/1994 (Estatuto da Advocacia e da OAB).

c) quando devam ser remetidos ao contador ou ao partidor;

d) quando, modificando-se a competência, forem transferidos a outro juízo;

• V. art. 87, in fine, CPC.

V – dar, independentemente de despacho, certidão de qualquer ato ou termo do processo, observado o disposto no art. 155.

Art. 142. No impedimento do escrivão, o juiz convocar-lhe-á o substituto, e, não havendo, nomeará pessoa idônea para o ato.

Art. 143. Incumbe ao oficial de justiça:

• V. art. 138, II, CPC.

I – fazer pessoalmente as citações, prisões, penhoras, arrestos e mais diligências próprias do seu ofício, certificando no mandado o ocorrido, com menção de lugar, dia e hora. A diligência, sempre que possível, realizar-se-á na presença de duas testemunhas;

II – executar as ordens do juiz a que estiver subordinado;

• V. art. 577, CPC.

III – entregar, em cartório, o mandado, logo depois de cumprido;

IV – estar presente às audiências e coadjuvar o juiz na manutenção da ordem;

V – efetuar avaliações.

• Inciso V acrescentado pela Lei 11.382/2006 (DOU 07.12.2006), em vigor 45 (quarenta e cinco) dias após a data de sua publicação, de acordo com o art. 1º do Dec.-lei 4.657/1942.
• V. art. 680, CPC.

Art. 144. O escrivão e o oficial de justiça são civilmente responsáveis:

• V. art. 37, § 6º, CF.

I – quando, sem justo motivo, se recusarem a cumprir, dentro do prazo, os atos que lhes impõe a lei, ou os que o juiz, a que estão subordinados, lhes comete;

II – quando praticarem ato nulo com dolo ou culpa.

Seção II
Do perito

Art. 145. Quando a prova do fato depender de conhecimento técnico ou científico, o juiz será assistido por perito, segundo o disposto no art. 421.

• V. art. 152, II, CPC.

§ 1º Os peritos serão escolhidos entre profissionais de nível universitário, devidamente inscritos no órgão de classe competente, respeitado o disposto no Capítulo VI, seção VII, deste Código.

• § 1º acrescentado pela Lei 7.270/1984.
• V. arts. 138, III, e 420 a 439, CPC.

§ 2º Os peritos comprovarão sua especialidade na matéria sobre que deverão opinar, mediante certidão do órgão profissional em que estiverem inscritos.

• § 2º acrescentado pela Lei 7.270/1984.

Art. 154

CÓDIGO DE PROCESSO CIVIL

§ 3º Nas localidades onde não houver profissionais qualificados que preencham os requisitos dos parágrafos anteriores, a indicação dos peritos será de livre escolha do juiz.
- § 3º acrescentado pela Lei 7.270/1984.

Art. 146. O perito tem o dever de cumprir o ofício, no prazo que lhe assina a lei, empregando toda a sua diligência; pode, todavia, escusar-se do encargo alegando motivo legítimo.
- V. arts. 153, 218, § 1º, 422, 423, 433 e 435, parágrafo único, CPC.

Parágrafo único. A escusa será apresentada dentro de 5 (cinco) dias, contados da intimação ou do impedimento superveniente, sob pena de se reputar renunciado o direito a alegá-la (art. 423).
- Parágrafo único com redação determinada pela Lei 8.455/1992.
- V. art. 138, III, CPC.

Art. 147. O perito que, por dolo ou culpa, prestar informações inverídicas, responderá pelos prejuízos que causar à parte, ficará inabilitado, por 2 (dois) anos, a funcionar em outras perícias e incorrerá na sanção que a lei penal estabelecer.
- V. art. 153, CPC.
- V. art. 342, CP.

Seção III
Do depositário e do administrador

Art. 148. A guarda e conservação de bens penhorados, arrestados, sequestrados ou arrecadados serão confiadas a depositário ou a administrador, não dispondo a lei de outro modo.
- V. art. 5º, LXVII, CF.
- V. arts. 666 e 1.219, CPC.

Art. 149. O depositário ou o administrador perceberá, por seu trabalho, remuneração que o juiz fixará, atendendo à situação dos bens, ao tempo do serviço e às dificuldades de sua execução.

Parágrafo único. O juiz poderá nomear, por indicação do depositário ou do administrador, um ou mais prepostos.

Art. 150. O depositário ou o administrador responde pelos prejuízos que, por dolo ou culpa, causar à parte, perdendo a remuneração que lhe for arbitrada; mas tem o direito a haver o que legitimamente despendeu no exercício do encargo.
- V. art. 919, CPC.
- V. art. 168, § 1º, II, CP.

Seção IV
Do intérprete

Art. 151. O juiz nomeará intérprete toda vez que o repute necessário para:
I – analisar documento de entendimento duvidoso, redigido em língua estrangeira;
II – verter em português as declarações das partes e das testemunhas que não conhecerem o idioma nacional;
III – traduzir a linguagem mímica dos surdos-mudos, que não puderem transmitir a sua vontade por escrito.

Art. 152. Não pode ser intérprete quem:
I – não tiver a livre administração dos seus bens;
II – for arrolado como testemunha ou serve como perito no processo;
III – estiver inabilitado ao exercício da profissão por sentença penal condenatória, enquanto durar o seu efeito.
- V. arts. 156 e 157, CPC.
- V. art. 47, II, CP.

Art. 153. O intérprete, oficial ou não, é obrigado a prestar o seu ofício, aplicando-se-lhe o disposto nos arts. 146 e 147.
- V. art. 138, IV, CPC.

TÍTULO V
DOS ATOS PROCESSUAIS

Capítulo I
DA FORMA DOS ATOS PROCESSUAIS

Seção I
Dos atos em geral

Art. 154. Os atos e termos processuais não dependem de forma determinada senão quando a lei expressamente a exigir, reputando-se válidos os que, realizados de outro modo, lhe preencham a finalidade essencial.
- V. arts. 244 e 250, CPC.

Art. 155

CÓDIGO DE PROCESSO CIVIL

Parágrafo único. Os tribunais, no âmbito da respectiva jurisdição, poderão disciplinar a prática e a comunicação oficial dos atos processuais por meios eletrônicos, atendidos os requisitos de autenticidade, integridade, validade jurídica e interoperabilidade da Infraestrutura de Chaves Públicas Brasileira – ICP-Brasil.

- Parágrafo único com redação determinada pela Lei 11.280/2006 (*DOU* 17.02.2006), em vigor 90 (noventa) dias após a data de sua publicação.
- V. MP 2.200-2/2001 (Institui a Infraestrutura de Chaves Públicas Brasileira – ICP-Brasil).

§ 2º Todos os atos e termos do processo podem ser produzidos, transmitidos, armazenados e assinados por meio eletrônico, na forma da lei.

- § 2º acrescentado pela Lei 11.419/2006 (*DOU* 20.12.2006), em vigor 90 (noventa) dias depois de sua publicação.
- Numeração do § 2º de acordo com a Lei 11.419/2006, que nada mencionou a respeito da renumeração do atual parágrafo único deste artigo.

Art. 155. Os atos processuais são públicos. Correm, todavia, em segredo de justiça os processos:

- V. art. 5º, LX, CF.
- V. arts. 444, 815 e 841, CPC.

I – em que o exigir o interesse público;

II – que dizem respeito a casamento, filiação, separação dos cônjuges, conversão desta em divórcio, alimentos e guarda de menores.

- Inciso II com redação determinada pela Lei 6.515/1977.
- V. art. 841, CPC.

Parágrafo único. O direito de consultar os autos e de pedir certidões de seus atos é restrito às partes e a seus procuradores. O terceiro, que demonstrar interesse jurídico, poderá requerer ao juiz certidão do dispositivo da sentença, bem como de inventário e partilha resultante do desquite.

- V. arts. 5º, XXXIV, *b*, e 133, CF.
- V. arts. 40 e 141, V, CPC.

Art. 156. Em todos os atos e termos do processo é obrigatório o uso do vernáculo.

- V. art. 13, CF.

Art. 157. Só poderá ser junto aos autos documento redigido em língua estrangeira, quando acompanhado de versão em vernáculo, firmada por tradutor juramentado.

- V. art. 151, CPC.
- V. art. 140, CC/1916; e art. 224, CC/2002.
- V. art. 129, 6, Lei 6.015/1973 (Lei de Registros Públicos).
- V. Súmula 259, STF.

Seção II
Dos atos da parte

Art. 158. Os atos das partes, consistentes em declarações unilaterais ou bilaterais de vontade, produzem imediatamente a constituição, a modificação ou a extinção de direitos processuais.

Parágrafo único. A desistência da ação só produzirá efeito depois de homologada por sentença.

- V. arts. 26, 38, 53, 267, VIII e § 4º, 298, parágrafo único, 317, 485, VIII, 569 e 838, CPC.

Art. 159. Salvo no Distrito Federal e nas Capitais de Estados, todas as petições e documentos que instruírem o processo, não constantes de registro público, serão sempre acompanhados de cópia, datada e assinada por quem os oferecer.

- V. art. 1.063, parágrafo único, CPC.

§ 1º Depois de conferir a cópia, o escrivão ou chefe da secretaria irá formando autos suplementares, dos quais constará a reprodução de todos os atos e termos do processo original.

- V. art. 1.067, § 2º, CPC.

§ 2º Os autos suplementares só sairão de cartório para conclusão ao juiz, na falta dos autos originais.

Art. 160. Poderão as partes exigir recibo de petições, arrazoados, papéis e documentos que entregarem em cartório.

Art. 161. É defeso lançar, nos autos, cotas marginais ou interlineares; o juiz mandará riscá-las, impondo a quem as escrever multa correspondente à metade do salário mínimo vigente na sede do juízo.

- V. art. 35, CPC.

Seção III
Dos atos do juiz

- Alterações decorrentes da Lei 11.232/2005, consolidadas no CPC, republicadas no *DOU* de 27.07.2006, conforme determina seu art. 7º.

Art. 169

CÓDIGO DE PROCESSO CIVIL

Art. 162. Os atos do juiz consistirão em sentenças, decisões interlocutórias e despachos.
- V. arts. 189, 342, 440 e 456, CPC.

§ 1º Sentença é o ato do juiz que implica alguma das situações previstas nos arts. 267 e 269 desta Lei.
- § 1º com redação determinada pela Lei 11.232/2005 (DOU 23.12.2005), em vigor 6 (seis) meses após a data de sua publicação.
- V. arts. 295 e 513, CPC.

§ 2º Decisão interlocutória é o ato pelo qual o juiz, no curso do processo, resolve questão incidente.
- V. art. 522, CPC.

§ 3º São despachos todos os demais atos do juiz praticados no processo, de ofício ou a requerimento da parte, a cujo respeito a lei não estabelece outra forma.
- V. art. 504, CPC.
- V. art. 93, XIV, CF.

§ 4º Os atos meramente ordinatórios, como a juntada e a vista obrigatória, independem de despacho, devendo ser praticados de ofício pelo servidor e revistos pelo juiz quando necessário.
- § 4º acrescentado pela Lei 8.952/1994.
- V. art. 93, XIV, CF.

Art. 163. Recebe a denominação de acórdão o julgamento proferido pelos tribunais.

Art. 164. Os despachos, decisões, sentenças e acórdãos serão redigidos, datados e assinados pelos juízes. Quando forem proferidos, verbalmente, o taquígrafo ou o datilógrafo os registrará, submetendo-os aos juízes para revisão e assinatura.
- V. arts. 169 e 170, CPC.

Parágrafo único. A assinatura dos juízes, em todos os graus de jurisdição, pode ser feita eletronicamente, na forma da lei.
- Parágrafo único acrescentado pela Lei 11.419/2006 (DOU 20.12.2006), em vigor 90 (noventa) dias depois de sua publicação.

Art. 165. As sentenças e acórdãos serão proferidos com observância do disposto no art. 458; as demais decisões serão fundamentadas, ainda que de modo conciso.
- V. art. 93, IX, CF.
- V. arts. 458 e 459, CPC.

Seção IV
Dos atos do escrivão
ou do chefe de secretaria

Art. 166. Ao receber a petição inicial de qualquer processo, o escrivão a autuará, mencionando o juízo, a natureza do feito, o número de seu registro, os nomes das partes e a data do seu início; e procederá do mesmo modo quanto aos volumes que se forem formando.
- V. arts. 141 e 159, CPC.
- V. art. 16, Lei 9.099/1995 (Juizados Especiais Cíveis e Criminais).

Art. 167. O escrivão numerará e rubricará todas as folhas dos autos, procedendo da mesma forma quanto aos suplementares.

Parágrafo único. Às partes, aos advogados, aos órgãos do Ministério Público, aos peritos e às testemunhas é facultado rubricar as folhas correspondentes aos atos em que intervieram.

Art. 168. Os termos de juntada, vista, conclusão e outros semelhantes constarão de notas datadas e rubricadas pelo escrivão.

Art. 169. Os atos e termos do processo serão datilografados ou escritos com tinta escura e indelével, assinando-os as pessoas que neles intervieram. Quando estas não puderem ou não quiserem firmá-los, o escrivão certificará, nos autos, a ocorrência.

§ 1º É vedado usar abreviaturas.
- Primitivo parágrafo único renumerado pela Lei 11.419/2006 (DOU 20.12.2006), em vigor 90 (noventa) dias depois de sua publicação.

§ 2º Quando se tratar de processo total ou parcialmente eletrônico, os atos processuais praticados na presença do juiz poderão ser produzidos e armazenados de modo integralmente digital em arquivo eletrônico inviolável, na forma da lei, mediante registro em termo que será assinado digitalmente pelo juiz e pelo escrivão ou chefe de secretaria, bem como pelos advogados das partes.
- § 2º acrescentado pela Lei 11.419/2006 (DOU 20.12.2006), em vigor 90 (noventa) dias depois de sua publicação.

§ 3º No caso do § 2º deste artigo, eventuais contradições na transcrição deverão ser suscitadas oralmente no momento da realização do ato, sob pena de preclusão, devendo

o juiz decidir de plano, registrando-se a alegação e a decisão no termo.

> § 3º acrescentado pela Lei 11.419/2006 (*DOU* 20.12.2006), em vigor 90 (noventa) dias depois de sua publicação.

Art. 170. É lícito o uso da taquigrafia, da estenotipia, ou de outro método idôneo, em qualquer juízo ou tribunal.

> Artigo com redação determinada pela Lei 8.952/1994.
> V. arts. 141, III, e 164, CPC.

Art. 171. Não se admitem, nos atos e termos, espaços em branco, bem como entrelinhas, emendas ou rasuras, salvo se aqueles forem inutilizados e estas expressamente ressalvadas.

> V. art. 386, CPC.

Capítulo II
DO TEMPO E DO LUGAR DOS ATOS PROCESSUAIS

Seção I
Do tempo

Art. 172. Os atos processuais realizar-se-ão em dias úteis, das 6 (seis) às 20 (vinte) horas.

> Artigo com redação determinada pela Lei 8.952/1994.

§ 1º Serão, todavia, concluídos, depois das 20 (vinte) horas, os atos iniciados antes, quando o adiamento prejudicar a diligência ou causar grave dano.

> V. arts. 689, 860 e 1.146, CPC.

§ 2º A citação e a penhora poderão, em casos excepcionais, e mediante autorização expressa do juiz, realizar-se em domingos e feriados, ou nos dias úteis, fora do horário estabelecido neste artigo, observado o disposto no art. 5º, inciso XI, da Constituição Federal.

> V. arts. 213 a 233 e 646 a 679, CPC.

§ 3º Quando o ato tiver que ser praticado em determinado prazo, por meio de petição, esta deverá ser apresentada no protocolo, dentro do horário de expediente, nos termos da lei de organização judiciária local.

Art. 173. Durante as férias e nos feriados não se praticarão atos processuais. Excetuam-se:

> V. art. 93, XII, CF.
> V. art. 175, CPC.
> V. art. 66, § 1º, LC 35/1979 (Lei Orgânica da Magistratura Nacional).

I – a produção antecipada de provas (art. 846);

II – a citação, a fim de evitar o perecimento de direito; e bem assim o arresto, o sequestro, a penhora, a arrecadação, a busca e apreensão, o depósito, a prisão, a separação de corpos, a abertura de testamento, os embargos de terceiro, a nunciação de obra nova e outros atos análogos.

Parágrafo único. O prazo para a resposta do réu só começará a correr no primeiro dia útil seguinte ao feriado ou às férias.

> V. arts. 175, 184, 240, parágrafo único, 241, III, e 297, CPC.

Art. 174. Processam-se durante as férias e não se suspendem pela superveniência delas:

I – os atos de jurisdição voluntária bem como os necessários à conservação de direitos, quando possam ser prejudicados pelo adiamento;

> V. arts. 1.103 a 1.210, CPC.

II – as causas de alimentos provisionais, de dação ou remoção de tutores e curadores, bem como as mencionadas no art. 275;

> V. arts. 732 a 735, 852 a 854, 1.187 a 1.198, CPC.

III – todas as causas que a lei federal determinar.

> V. art. 39, Dec.-lei 3.365/1941 (Desapropriação por utilidade pública).
> V. art. 1º, Lei 6.338/1976 (Ações que têm curso nas férias).
> V. art. 129, II, Lei 8.213/1991 (Benefícios da Previdência Social).
> V. art. 58, I, Lei 8.245/1991 (Locação de imóveis urbanos).
> V. art. 2º, § 1º, LC 76/1993 (Reforma agrária).

Art. 175. São feriados, para efeito forense, os domingos e os dias declarados por lei.

> V. arts. 1º e 2º, Lei 9.093/1995 (Feriados).

Seção II
Do lugar

Art. 176. Os atos processuais realizam-se de ordinário na sede do juízo. Podem, todavia, efetuar-se em outro lugar, em razão de deferência, de interesse da justiça, ou de

Art. 186

CÓDIGO DE PROCESSO CIVIL

obstáculo arguido pelo interessado e acolhido pelo juiz.

- V. arts. 410, III, 411 e 442, CPC.

Capítulo III
DOS PRAZOS
Seção I
Das disposições gerais

Art. 177. Os atos processuais realizar-se-ão nos prazos prescritos em lei. Quando esta for omissa, o juiz determinará os prazos, tendo em conta a complexidade da causa.

- V. arts. 184, § 1º, e 185, CPC.

Art. 178. O prazo, estabelecido pela lei ou pelo juiz, é contínuo, não se interrompendo nos feriados.

Art. 179. A superveniência de férias suspenderá o curso do prazo; o que lhe sobejar recomeçará a correr do primeiro dia útil seguinte ao termo das férias.

- V. Súmula 105, TFR.

Art. 180. Suspende-se também o curso do prazo por obstáculo criado pela parte ou ocorrendo qualquer das hipóteses do art. 265, ns. I e III; casos em que o prazo será restituído por tempo igual ao que faltava para a sua complementação.

- V. art. 62, II, c, Lei 8.245/1991 (Locação de imóveis urbanos).
- V. Súmula 173, STF.

Art. 181. Podem as partes, de comum acordo, reduzir ou prorrogar o prazo dilatório; a convenção, porém, só tem eficácia se, requerida antes do vencimento do prazo, se fundar em motivo legítimo.

§ 1º O juiz fixará o dia do vencimento do prazo da prorrogação.

§ 2º As custas acrescidas ficarão a cargo da parte em favor de quem foi concedida a prorrogação.

Art. 182. É defeso às partes, ainda que todas estejam de acordo, reduzir ou prorrogar os prazos peremptórios. O juiz poderá, nas comarcas onde for difícil o transporte, prorrogar quaisquer prazos, mas nunca por mais de 60 (sessenta) dias.

- V. arts. 186 e 507, CPC.

Parágrafo único. Em caso de calamidade pública, poderá ser excedido o limite previsto neste artigo para a prorrogação de prazos.

Art. 183. Decorrido o prazo, extingue-se, independentemente de declaração judicial, o direito de praticar o ato, ficando salvo, porém, à parte provar que o não realizou por justa causa.

- V. arts. 473 e 507, CPC.

§ 1º Reputa-se justa causa o evento imprevisto, alheio à vontade da parte, e que a impediu de praticar o ato por si ou por mandatário.

§ 2º Verificada a justa causa o juiz permitirá à parte a prática do ato no prazo que lhe assinar.

Art. 184. Salvo disposição em contrário, computar-se-ão os prazos, excluindo o dia do começo e incluindo o do vencimento.

- *Caput* com redação determinada pela Lei 5.925/1973.
- V. arts. 4º, § 4º, e 5º, §§ 1º e 2º, Lei 11.419/2006 (Informatização do processo judicial).

§ 1º Considera-se prorrogado o prazo até o primeiro dia útil se o vencimento cair em feriado ou em dia em que:

- § 1º com redação determinada pela Lei 5.925/1973.

I – for determinado o fechamento do fórum;

II – o expediente forense for encerrado antes da hora normal.

§ 2º Os prazos somente começam a correr do primeiro dia útil após a intimação (art. 240 e parágrafo único).

- § 2º com redação determinada pela Lei 8.079/1990.
- V. arts. 173, 240 a 242 e 506, CPC.
- V. art. 125, CC/1916; e art. 132, CC/2002.
- V. art. 210, CTN.
- V. art. 775, CLT.
- V. Súmula 117, STJ.

Art. 185. Não havendo preceito legal nem assinação pelo juiz, será de 5 (cinco) dias o prazo para a prática de ato processual a cargo da parte.

- V. art. 177, CPC.

Art. 186. A parte poderá renunciar ao prazo estabelecido exclusivamente em seu favor.

Art. 187

Art. 187. Em qualquer grau de jurisdição, havendo motivo justificado, pode o juiz exceder, por igual tempo, os prazos que este Código lhe assina.
- V. art. 189, CPC.
- V. arts. 35, II, e 39, LC 35/1979 (Lei Orgânica da Magistratura Nacional).

Art. 188. Computar-se-á em quádruplo o prazo para contestar e em dobro para recorrer quando a parte for a Fazenda Pública ou o Ministério Público.
- V. ADIn 1.910-1.
- V. arts. 191 e 241, III, CPC.
- V. art. 5º, § 5º, Lei 1.060/1950 (Lei de Assistência Judiciária).
- V. art. 10, Lei 9.469/1997 (Estende às autarquias e fundações públicas o disposto nos arts. 188 e 475, *caput* e II, CPC).
- V. Súmula 116, STJ.
- V. arts. 44, I, e 89, I, LC 80/1994 (Defensoria Pública da União).

Art. 189. O juiz proferirá:
- V. arts. 133, 198, 199 e 456, CPC.

I – os despachos de expediente, no prazo de 2 (dois) dias;
II – as decisões, no prazo de 10 (dez) dias.

Art. 190. Incumbirá ao serventuário remeter os autos conclusos no prazo de 24 (vinte e quatro) horas e executar os atos processuais no prazo de 48 (quarenta e oito) horas, contados:
- V. arts. 144, I, e 193, CPC.

I – da data em que houver concluído o ato processual anterior, se lhe foi imposto pela lei;
II – da data em que tiver ciência da ordem, quando determinada pelo juiz.

Parágrafo único. Ao receber os autos, certificará o serventuário o dia e a hora em que ficou ciente da ordem, referida no n. II.

Art. 191. Quando os litisconsortes tiverem diferentes procuradores, ser-lhes-ão contados em dobro os prazos para contestar, para recorrer e, de modo geral, para falar nos autos.
- V. arts. 40, § 2º, 49, 241, III, 242, 297 e 506, CPC.
- V. Súmula 641, STF.

Art. 192. Quando a lei não marcar outro prazo, as intimações somente obrigarão a comparecimento depois de decorridas 24 (vinte e quatro) horas.

Seção II
Da verificação dos prazos e das penalidades

Art. 193. Compete ao juiz verificar se o serventuário excedeu, sem motivo legítimo, os prazos que este Código estabelece.
- V. art. 190, CPC.
- V. art. 35, III, LC 35/1979 (Lei Orgânica da Magistratura Nacional).

Art. 194. Apurada a falta, o juiz mandará instaurar procedimento administrativo, na forma da Lei de Organização Judiciária.
- V. art. 5º, LV, CF.

Art. 195. O advogado deve restituir os autos no prazo legal. Não o fazendo, mandará o juiz, de ofício, riscar o que neles houver escrito e desentranhar as alegações e documentos que apresentar.
- V. art. 197, CPC.
- V. art. 34, XXII, Lei 8.906/1994 (Estatuto da Advocacia e da OAB).

Art. 196. É lícito a qualquer interessado cobrar os autos ao advogado que exceder o prazo legal. Se, intimado, não os devolver dentro em 24 (vinte e quatro) horas, perderá o direito à vista fora de cartório e incorrerá em multa, correspondente à metade do salário mínimo vigente na sede do juízo.
- V. art. 197, CPC.
- V. art. 7º, XV e XVI, Lei 8.906/1994 (Estatuto da Advocacia e da OAB).

Parágrafo único. Apurada a falta, o juiz comunicará o fato à seção local da Ordem dos Advogados do Brasil, para o procedimento disciplinar e imposição da multa.
- V. art. 37, I, Lei 8.906/1994 (Estatuto da Advocacia e da OAB).

Art. 197. Aplicam-se ao órgão do Ministério Público e ao representante da Fazenda Pública as disposições constantes dos arts. 195 e 196.

Art. 198. Qualquer das partes ou o órgão do Ministério Público poderá representar ao Presidente do Tribunal de Justiça contra o juiz que excedeu os prazos previstos em lei. Distribuída a representação ao órgão competente, instaurar-se-á procedimento para apuração da responsabilidade. O relator, conforme as circunstâncias, poderá avocar os autos em que ocorreu excesso

de prazo, designando outro juiz para decidir a causa.

Art. 199. A disposição do artigo anterior aplicar-se-á aos tribunais superiores, na forma que dispuser o seu regimento interno.

Capítulo IV
DAS COMUNICAÇÕES DOS ATOS
Seção I
Das disposições gerais

Art. 200. Os atos processuais serão cumpridos por ordem judicial ou requisitados por carta, conforme hajam de realizar-se dentro ou fora dos limites territoriais da comarca.

• V. arts. 5º, § 2º, e 8º, Lei 5.478/1968 (Ação de alimentos).

Art. 201. Expedir-se-á carta de ordem se o juiz for subordinado ao tribunal de que ela emanar; carta rogatória, quando dirigida à autoridade judiciária estrangeira; e carta precatória, nos demais casos.

• V. arts. 231, § 1º, 658 e 747, CPC.
• V. arts. 5º, § 2º, e 8º, Lei 5.478/1968 (Ação de alimentos).

Seção II
Das cartas

Art. 202. São requisitos essenciais da carta de ordem, da carta precatória e da carta rogatória:

I – a indicação dos juízes de origem e de cumprimento do ato;
II – o inteiro teor da petição, do despacho judicial e do instrumento do mandato conferido ao advogado;
III – a menção do ato processual, que lhe constitui o objeto;
IV – o encerramento com a assinatura do juiz.

§ 1º O juiz mandará trasladar, na carta, quaisquer outras peças, bem como instruí-la com mapa, desenho ou gráfico, sempre que estes documentos devam ser examinados, na diligência, pelas partes, peritos ou testemunhas.

§ 2º Quando o objeto da carta for exame pericial sobre documento, este será remetido em original, ficando nos autos reprodução fotográfica.

• V. arts. 206, 230, 428 e 1.006, CPC.

§ 3º A carta de ordem, carta precatória ou carta rogatória pode ser expedida por meio eletrônico, situação em que a assinatura do juiz deverá ser eletrônica, na forma da lei.

• § 3º acrescentado pela Lei 11.419/2006 (DOU 20.12.2006), em vigor 90 (noventa) dias depois de sua publicação.
• V. art. 7º, Lei 11.419/2006 (Informatização do processo judicial).

Art. 203. Em todas as cartas declarará o juiz o prazo dentro do qual deverão ser cumpridas, atendendo à facilidade das comunicações e à natureza da diligência.

• V. arts. 212, 265, IV, b, e 338, CPC.

Art. 204. A carta tem caráter itinerante; antes ou depois de lhe ser ordenado o cumprimento, poderá ser apresentada a juízo diverso do que dela consta, a fim de se praticar o ato.

Art. 205. Havendo urgência, transmitir-se-ão a carta de ordem e a carta precatória por telegrama, radiograma ou telefone.

Art. 206. A carta de ordem e a carta precatória, por telegrama ou radiograma, conterão, em resumo substancial, os requisitos mencionados no art. 202, bem como a declaração, pela agência expedidora, de estar reconhecida a assinatura do juiz.

• V. art. 374, CPC.

Art. 207. O secretário do tribunal ou o escrivão do juízo deprecante transmitirá, pelo telefone, a carta de ordem, ou a carta precatória ao juízo, em que houver de cumprir-se o ato, por intermédio do escrivão do primeiro ofício da primeira vara, se houver na comarca mais de um ofício ou de uma vara, observando, quanto aos requisitos, o disposto no artigo antecedente.

§ 1º O escrivão, no mesmo dia ou no dia útil imediato, telefonará ao secretário do tribunal ou ao escrivão do juízo deprecante, lendo-lhe os termos da carta e solicitando-lhe que lha confirme.

§ 2º Sendo confirmada, o escrivão submeterá a carta a despacho.

Art. 208. Executar-se-ão, de ofício, os atos requisitados por telegrama, radiogra-

ma ou telefone. A parte depositará, contudo, na secretaria do tribunal ou no cartório do juízo deprecante, a importância correspondente às despesas que serão feitas no juízo em que houver de praticar-se o ato.

• V. art. 19, CPC.

Art. 209. O juiz recusará cumprimento à carta precatória, devolvendo-a com despacho motivado:

I – quando não estiver revestida dos requisitos legais;

II – quando carecer de competência, em razão da matéria ou da hierarquia;

III – quando tiver dúvida acerca de sua autenticidade.

Art. 210. A carta rogatória obedecerá, quanto à sua admissibilidade e modo de seu cumprimento, ao disposto na convenção internacional; à falta desta, será remetida à autoridade judiciária estrangeira, por via diplomática, depois de traduzida para a língua do país em que há de praticar-se o ato.

• V. art. 231, § 1º, CPC.

Art. 211. A concessão de exequibilidade às cartas rogatórias das justiças estrangeiras obedecerá ao disposto no Regimento Interno do Supremo Tribunal Federal.

• V. art. 105, I, *i*, CF.
• V. art. 215, RISTF.

Art. 212. Cumprida a carta, será devolvida ao juízo de origem, no prazo de 10 (dez) dias, independentemente de traslado, pagas as custas pela parte.

Seção III
Das citações

• V. art. 6º, Lei 11.419/2006 (Informatização do processo judicial).

Art. 213. Citação é o ato pelo qual se chama a juízo o réu ou o interessado a fim de se defender.

• Artigo com redação determinada pela Lei 5.925/1973.
• V. Súmula 78, TFR.

Art. 214. Para a validade do processo, é indispensável a citação inicial do réu.

• Artigo com redação determinada pela Lei 5.925/1973.
• V. arts. 247, 285-A, 301, I e § 4º, e 741, I, CPC.

§ 1º O comparecimento espontâneo do réu supre, entretanto, a falta de citação.

§ 2º Comparecendo o réu apenas para arguir a nulidade e sendo esta decretada, considerar-se-á feita a citação na data em que ele ou seu advogado for intimado da decisão.

Art. 215. Far-se-á a citação pessoalmente ao réu, ao seu representante legal ou ao procurador legalmente autorizado.

• V. arts. 8º, 10, §§ 1º e 2º, 12 e 173, II, CPC.

§ 1º Estando o réu ausente, a citação far-se-á na pessoa de seu mandatário, administrador, feitor ou gerente, quando a ação se originar de atos por eles praticados.

• V. art. 119, Lei 6.404/1976 (Sociedades por ações).

§ 2º O locador que se ausentar do Brasil sem cientificar o locatário de que deixou na localidade, onde estiver situado o imóvel, procurador com poderes para receber citação, será citado na pessoa do administrador do imóvel encarregado do recebimento dos aluguéis.

• V. art. 58, IV, Lei 8.245/1991 (Locação de imóveis urbanos).

Art. 216. A citação efetuar-se-á em qualquer lugar em que se encontre o réu.

Parágrafo único. O militar, em serviço ativo, será citado na unidade em que estiver servindo se não for conhecida a sua residência ou nela não for encontrado.

Art. 217. Não se fará, porém, a citação, salvo para evitar o perecimento do direito:

• V. art. 285-A, CPC.

I – a quem estiver assistindo a qualquer ato de culto religioso;

• Primitivo inciso II renumerado pela Lei 8.952/1994.

II – ao cônjuge ou a qualquer parente do morto, consanguíneo ou afim, em linha reta, ou na linha colateral em segundo grau, no dia do falecimento e nos 7 (sete) dias seguintes;

• Primitivo inciso III renumerado pela Lei 8.952/1994.

III – aos noivos, nos três primeiros dias de bodas;

• Primitivo inciso IV renumerado pela Lei 8.952/1994.

IV – aos doentes, enquanto grave o seu estado.
* Primitivo inciso V renumerado pela Lei 8.952/1994.

Art. 218. Também não se fará citação, quando se verificar que o réu é demente ou está impossibilitado de recebê-la.

§ 1º O oficial de justiça passará certidão, descrevendo minuciosamente a ocorrência. O juiz nomeará um médico, a fim de examinar o citando. O laudo será apresentado em 5 (cinco) dias.
* V. art. 82, I, CPC.
* V. arts. 446 e 454, CC/1916; e arts. 1.767 e 1.775, CC/2002.

§ 2º Reconhecida a impossibilidade, o juiz dará ao citando um curador, observando, quanto à sua escolha, a preferência estabelecida na lei civil. A nomeação é restrita à causa.
* V. art. 454, CC/1916; e art. 1.775, CC/2002.

§ 3º A citação será feita na pessoa do curador, a quem incumbirá a defesa do réu.

Art. 219. A citação válida torna prevento o juízo, induz litispendência e faz litigiosa a coisa; e, ainda quando ordenada por juiz incompetente, constitui em mora o devedor e interrompe a prescrição.
* *Caput* com redação determinada pela Lei 5.925/1973.
* V. art. 617, CPC.
* V. Súmula 106, STJ.
* V. Súmula 78, TFR.

§ 1º A interrupção da prescrição retroagirá à data da propositura da ação.
* § 1º com redação determinada pela Lei 8.952/1994.
* V. arts. 106, 263 e 617, CPC.
* V. art. 8º, § 2º, Lei 6.830/1980 (Execução fiscal).

§ 2º Incumbe à parte promover a citação do réu nos 10 (dez) dias subsequentes ao despacho que a ordenar, não ficando prejudicada pela demora imputável exclusivamente ao serviço judiciário.
* § 2º com redação determinada pela Lei 8.952/1994.

§ 3º Não sendo citado o réu, o juiz prorrogará o prazo até o máximo de 90 (noventa) dias.
* § 3º com redação determinada pela Lei 8.952/1994.

§ 4º Não se efetuando a citação nos prazos mencionados nos parágrafos antecedentes, haver-se-á por não interrompida a prescrição.
* § 4º com redação determinada pela Lei 5.925/1973.

§ 5º O juiz pronunciará, de ofício, a prescrição.
* § 5º com redação determinada pela Lei 11.280/2006 (*DOU* 17.02.2006), em vigor 90 (noventa) dias após a data de sua publicação.
* V. arts. 269, IV, 295, IV, e 810, CPC.
* V. Súmula 409, STJ.

§ 6º Passada em julgado a sentença, a que se refere o parágrafo anterior, o escrivão comunicará ao réu o resultado do julgamento.
* § 6º com redação determinada pela Lei 5.925/1973.
* V. arts. 141, II, 463, 467 e 471, CPC.

Art. 220. O disposto no artigo anterior aplica-se a todos os prazos extintivos previstos na lei.
* V. arts. 177 a 179, CC/1916; e arts. 205 e 206, CC/2002.

Art. 221. A citação far-se-á:
* V. art. 58, IV, Lei 8.245/1991 (Locação de imóveis urbanos).
* V. art. 18, Lei 9.099/1995 (Juizados Especiais Cíveis e Criminais).

I – pelo correio;
II – por oficial de justiça;
III – por edital;
IV – por meio eletrônico, conforme regulado em lei própria.
* Inciso IV acrescentado pela Lei 11.419/2006 (*DOU* 20.12.2006), em vigor 90 (noventa) dias depois de sua publicação.
* V. art. 9º, Lei 11.419/2006 (Informatização do processo judicial).

Art. 222. A citação será feita pelo correio, para qualquer comarca do País, exceto:
* Artigo com redação determinada pela Lei 8.710/1993.
* V. art. 224, CPC.

a) nas ações de estado;
b) quando for ré pessoa incapaz;
c) quando for ré pessoa de direito público;
d) nos processos de execução;
e) quando o réu residir em local não atendido pela entrega domiciliar de correspondência;

f) quando o autor a requerer de outra forma.

Art. 223. Deferida a citação pelo correio, o escrivão ou chefe da secretaria remeterá ao citando cópias da petição inicial e do despacho do juiz, expressamente consignada em seu inteiro teor a advertência a que se refere o art. 285, segunda parte, comunicando, ainda, o prazo para a resposta e o juízo e cartório, com o respectivo endereço.

* Artigo com redação determinada pela Lei 8.710/1993.

Parágrafo único. A carta será registrada para entrega ao citando, exigindo-lhe o carteiro, ao fazer a entrega, que assine o recibo. Sendo o réu pessoa jurídica, será válida a entrega a pessoa com poderes de gerência geral ou de administração.

* V. Súmula 429, STJ.

Art. 224. Far-se-á a citação por meio de oficial de justiça nos casos ressalvados no art. 222, ou quando frustrada a citação pelo correio.

* Artigo com redação determinada pela Lei 8.710/1993.
* V. art. 999, § 1º, CPC.

Art. 225. O mandado, que o oficial de justiça tiver de cumprir, deverá conter:

* Artigo com redação determinada pela Lei 5.925/1973.
* V. arts. 287, 461, § 4º, 644, 645 e 999, § 1º, CPC.

I – os nomes do autor e do réu, bem como os respectivos domicílios ou residências;
II – o fim da citação, com todas as especificações constantes da petição inicial, bem como a advertência a que se refere o art. 285, segunda parte, se o litígio versar sobre direitos disponíveis;
III – a cominação, se houver;
IV – o dia, hora e lugar do comparecimento;
V – a cópia do despacho;
VI – o prazo para defesa;
VII – a assinatura do escrivão e a declaração de que o subscreve por ordem do juiz.

Parágrafo único. O mandado poderá ser em breve relatório, quando o autor entregar em cartório, com a petição inicial, tantas cópias desta quantos forem os réus; caso em que as cópias depois de conferidas com o original, farão parte integrante do mandado.

Art. 226. Incumbe ao oficial de justiça procurar o réu e, onde o encontrar, citá-lo:
I – lendo-lhe o mandado e entregando-lhe a contrafé;
II – portando por fé se recebeu ou recusou a contrafé;
III – obtendo a nota de ciente, ou certificando que o réu não a após no mandado.

* V. arts. 173, II, 175, 652, 653 e 999, § 1º, CPC.

Art. 227. Quando, por três vezes, o oficial de justiça houver procurado o réu em seu domicílio ou residência, sem o encontrar, deverá, havendo suspeita de ocultação, intimar a qualquer pessoa da família, ou em sua falta a qualquer vizinho, que, no dia imediato, voltará, a fim de efetuar a citação, na hora que designar.

* V. art. 999, § 1º, CPC.

Art. 228. No dia e hora designados, o oficial de justiça, independentemente de novo despacho, comparecerá ao domicílio ou residência do citando, a fim de realizar a diligência.

* V. art. 999, § 1º, CPC.

§ 1º Se o citando não estiver presente, o oficial de justiça procurará informar-se das razões da ausência, dando por feita a citação, ainda que o citando se tenha ocultado em outra comarca.
§ 2º Da certidão da ocorrência, o oficial de justiça deixará contrafé com pessoa da família ou com qualquer vizinho, conforme o caso, declarando-lhe o nome.

Art. 229. Feita a citação com hora certa, o escrivão enviará ao réu carta, telegrama ou radiograma, dando-lhe de tudo ciência.

* V. arts. 9º, II, e 999, § 1º, CPC.

Art. 230. Nas comarcas contíguas, de fácil comunicação, e nas que se situem na mesma região metropolitana, o oficial de justiça poderá efetuar citações ou intimações em qualquer delas.

* Artigo com redação determinada pela Lei 8.710/1993.
* V. arts. 238 e 999, § 1º, CPC.

Art. 231. Far-se-á a citação por edital:

* V. arts. 9º, II, 241, V, 942, 953, 968 e 999, § 1º, CPC.

I – quando desconhecido ou incerto o réu;

* V. art. 233, CPC.

Art. 237

CÓDIGO DE PROCESSO CIVIL

II – quando ignorado, incerto ou inacessível o lugar em que se encontrar;

- V. art. 233, CPC.

III – nos casos expressos em lei.

- V. art. 654, CPC.

§ 1º Considera-se inacessível, para efeito de citação por edital, o país que recusar o cumprimento de carta rogatória.

§ 2º No caso de ser inacessível o lugar em que se encontrar o réu, a notícia de sua citação será divulgada também pelo rádio, se na comarca houver emissora de radiodifusão.

Art. 232. São requisitos da citação por edital:

- V. art. 4º, § 1º, Lei 6.739/1979 (Matrícula e registro de imóveis rurais).
- V. art. 5º, § 2º, Lei 6.969/1981 (Aquisição de imóveis rurais por usucapião especial).

I – a afirmação do autor, ou a certidão do oficial, quanto às circunstâncias previstas nos ns. I e II do artigo antecedente;

II – a afixação do edital, na sede do juízo, certificada pelo escrivão;

III – a publicação do edital no prazo máximo de 15 (quinze) dias, uma vez no órgão oficial e pelo menos duas vezes em jornal local, onde houver;

- V. art. 3º, parágrafo único, Lei 1.060/1950 (Lei de Assistência Judiciária).
- V. Lei 8.639/1993 (Uso de caracteres nas publicações obrigatórias).

IV – a determinação, pelo juiz, do prazo, que variará entre 20 (vinte) e 60 (sessenta) dias, correndo da data da primeira publicação;

- V. art. 942, CPC.

V – a advertência a que se refere o art. 285, segunda parte, se o litígio versar sobre direitos disponíveis.

- Inciso V acrescentado pela Lei 5.925/1973.

§ 1º Juntar-se-á aos autos um exemplar de cada publicação, bem como do anúncio, de que trata o número II deste artigo.

- Anterior parágrafo único renumerado pela Lei 7.359/1985.

§ 2º A publicação do edital será feita apenas no órgão oficial quando a parte for beneficiária da Assistência Judiciária.

- § 2º acrescentado pela Lei 7.359/1985.

Art. 233. A parte que requerer a citação por edital, alegando dolosamente os requisitos do art. 231, I e II, incorrerá em multa de cinco vezes o salário mínimo vigente na sede do juízo.

Parágrafo único. A multa reverterá em benefício do citando.

- V. art. 35, CPC.
- V. art. 4º, § 1º, Lei 6.739/1979 (Matrícula e registro de imóveis rurais).

Seção IV
Das intimações

- V. art. 5º, Lei 11.419/2006 (Informatização do processo judicial).

Art. 234. Intimação é o ato pelo qual se dá ciência a alguém dos atos e termos do processo, para que faça ou deixe de fazer alguma coisa.

Art. 235. As intimações efetuam-se de ofício, em processos pendentes, salvo disposição em contrário.

Art. 236. No Distrito Federal e nas Capitais dos Estados e dos Territórios, consideram-se feitas as intimações pela só publicação dos atos no órgão oficial.

§ 1º É indispensável, sob pena de nulidade, que da publicação constem os nomes das partes e de seus advogados, suficientes para sua identificação.

- V. art. 242, § 2º, CPC.
- V. art. 3º, § 2º, Lei 8.906/1994 (Estatuto da Advocacia e da OAB).

§ 2º A intimação do Ministério Público, em qualquer caso, será feita pessoalmente.

- V. art. 84, CPC.
- V. Súmula 117, TFR.

Art. 237. Nas demais comarcas aplicar-se-á o disposto no artigo antecedente, se houver órgão de publicação dos atos oficiais; não o havendo, competirá ao escrivão intimar, de todos os atos do processo, os advogados das partes:

I – pessoalmente, tendo domicílio na sede do juízo;

- V. art. 1.007, CPC.

II – por carta registrada, com aviso de recebimento, quando domiciliado fora do juízo.

Art. 238

Parágrafo único. As intimações podem ser feitas de forma eletrônica, conforme regulado em lei própria.
- Parágrafo único acrescentado pela Lei 11.419/2006 (*DOU* 20.12.2006), em vigor 90 (noventa) dias depois de sua publicação.

Art. 238. Não dispondo a lei de outro modo, as intimações serão feitas às partes, aos seus representantes legais e aos advogados pelo correio ou, se presentes em cartório, diretamente pelo escrivão ou chefe de secretaria.
- *Caput* com redação determinada pela Lei 8.710/1993.
- V. art. 230, CPC.

Parágrafo único. Presumem-se válidas as comunicações e intimações dirigidas ao endereço residencial ou profissional declinado na inicial, contestação ou embargos, cumprindo às partes atualizar o respectivo endereço sempre que houver modificação temporária ou definitiva.
- Parágrafo único acrescentado pela Lei 11.382/2006 (*DOU* 07.12.2006), em vigor 45 (quarenta e cinco) dias após a data de sua publicação, de acordo com o art. 1º do Dec.-lei 4.657/1942.

Art. 239. Far-se-á a intimação por meio de oficial de justiça quando frustrada a realização pelo correio.
- *Caput* com redação determinada pela Lei 8.710/1993.

Parágrafo único. A certidão de intimação deve conter:
- *Caput* do parágrafo único com redação determinada pela Lei 8.710/1993.

I – a indicação do lugar e a descrição da pessoa intimada, mencionando, quando possível, o número de sua carteira de identidade e o órgão que a expediu;

II – a declaração de entrega da contrafé;

III – a nota de ciente ou certidão de que o interessado não a apôs no mandado.
- Inciso III com redação determinada pela Lei 8.952/1994.
- Em lugar de "interessado", o correto é "intimado", diferente do que consta na publicação oficial.

Art. 240. Salvo disposição em contrário, os prazos para as partes, para a Fazenda Pública e para o Ministério Público contar-se-ão da intimação.

Parágrafo único. As intimações consideram-se realizadas no primeiro dia útil seguinte, se tiverem ocorrido em dia que não tenha havido expediente forense.
- Parágrafo único acrescentado pela Lei 8.079/1990.

Art. 241. Começa a correr o prazo:
- V. arts. 184, § 2º, 240, 298, parágrafo único, 598, 738 e 802, parágrafo único, CPC.

I – quando a citação ou intimação for pelo correio, da data de juntada aos autos do aviso de recebimento;
- Inciso I com redação determinada pela Lei 8.710/1993.

II – quando a citação ou intimação for por oficial de justiça, da data de juntada aos autos do mandado cumprido;
- Inciso II com redação determinada pela Lei 8.710/1993.

III – quando houver vários réus, da data de juntada aos autos do último aviso de recebimento ou mandado citatório cumprido;
- Inciso III com redação determinada pela Lei 8.710/1993.

IV – quando o ato se realizar em cumprimento de carta de ordem, precatória ou rogatória, da data de sua juntada aos autos devidamente cumprida;
- Inciso IV com redação determinada pela Lei 8.710/1993.

V – quando a citação for por edital, finda a dilação assinada pelo juiz.
- Primitivo inciso III renumerado pela Lei 8.710/1993.

Art. 242. O prazo para a interposição de recurso conta-se da data, em que os advogados são intimados da decisão, da sentença ou do acórdão.
- V. arts. 236 e 506, CPC.
- V. Súmula 25, STJ.

§ 1º Reputam-se intimados na audiência, quando nesta é publicada a decisão ou a sentença.
- V. art. 456, CPC.

§ 2º Havendo antecipação da audiência, o juiz, de ofício ou a requerimento da parte, mandará intimar pessoalmente os advogados para ciência da nova designação.
- Primitivo § 2º revogado pela Lei 8.952/1994, que também determinou a renumeração do § 3º para § 2º.

Art. 253

CÓDIGO DE PROCESSO CIVIL

Capítulo V
DAS NULIDADES

Art. 243. Quando a lei prescrever determinada forma, sob pena de nulidade, a decretação desta não pode ser requerida pela parte que lhe deu causa.

- V. arts. 11, parágrafo único, 13, I, 236, § 1º, 618 e 1.005, CPC.

Art. 244. Quando a lei prescrever determinada forma, sem cominação de nulidade, o juiz considerará válido o ato se, realizado de outro modo, lhe alcançar a finalidade.

- V. arts. 154 e 249, § 2º, CPC.

Art. 245. A nulidade dos atos deve ser alegada na primeira oportunidade em que couber à parte falar nos autos, sob pena de preclusão.

Parágrafo único. Não se aplica esta disposição às nulidades que o juiz deva decretar de ofício, nem prevalece a preclusão, provando a parte legítimo impedimento.

- V. arts. 183, § 1º, 267, § 3º, 301, § 4º, 303, II, e 473, CPC.

Art. 246. É nulo o processo, quando o Ministério Público não for intimado a acompanhar o feito em que deva intervir.

- V. arts. 84, 236, § 2º, e 249, CPC.

Parágrafo único. Se o processo tiver corrido, sem conhecimento do Ministério Público, o juiz o anulará a partir do momento em que o órgão devia ter sido intimado.

- V. art. 82, CPC.

Art. 247. As citações e as intimações serão nulas, quando feitas sem observância das prescrições legais.

- V. arts. 214 e 741, I, CPC.

Art. 248. Anulado o ato, reputam-se de nenhum efeito todos os subsequentes, que dele dependam; todavia, a nulidade de uma parte do ato não prejudicará as outras, que dela sejam independentes.

Art. 249. O juiz, ao pronunciar a nulidade, declarará que atos são atingidos, ordenando as providências necessárias, a fim de que sejam repetidos, ou retificados.

- V. arts. 327, 2ª parte, 515, § 4º e 560, parágrafo único, CPC.

§ 1º O ato não se repetirá nem se lhe suprirá a falta quando não prejudicar a parte.

- V. art. 154, CPC.

§ 2º Quando puder decidir do mérito a favor da parte a quem aproveite a declaração da nulidade, o juiz não a pronunciará nem mandará repetir o ato, ou suprir-lhe a falta.

Art. 250. O erro de forma do processo acarreta unicamente a anulação dos atos que não possam ser aproveitados, devendo praticar-se os que forem necessários, a fim de se observarem, quanto possível, as prescrições legais.

Parágrafo único. Dar-se-á o aproveitamento dos atos praticados, desde que não resulte prejuízo à defesa.

Capítulo VI
DE OUTROS ATOS PROCESSUAIS

Seção I
Da distribuição e do registro

Art. 251. Todos os processos estão sujeitos a registro, devendo ser distribuídos onde houver mais de um juiz ou mais de um escrivão.

- V. arts. 166 e 253, parágrafo único, CPC.

Art. 252. Será alternada a distribuição entre juízes e escrivães, obedecendo a rigorosa igualdade.

Art. 253. Distribuir-se-ão por dependência as causas de qualquer natureza:

- *Caput* com redação determinada pela Lei 10.358/2001.

I – quando se relacionarem, por conexão ou continência, com outra já ajuizada;

- Inciso I acrescentado pela Lei 10.358/2001.

II – quando, tendo sido extinto o processo, sem julgamento de mérito, for reiterado o pedido, ainda que em litisconsórcio com outros autores ou que sejam parcialmente alterados os réus da demanda;

- Inciso II com redação determinada pela Lei 11.280/2006 (*DOU* 17.02.2006), em vigor 90 (noventa) dias após a data de sua publicação.
- V. arts. 56, 102, 800, 1.017, § 1º, 1.043, § 2º, e 1.049, CPC.

III – quando houver ajuizamento de ações idênticas, ao juízo prevento.
* Inciso III acrescentado pela Lei 11.280/2006 (*DOU* 17.02.2006), em vigor 90 (noventa) dias após a data de sua publicação.

Parágrafo único. Havendo reconvenção ou intervenção de terceiro, o juiz, de ofício, mandará proceder à respectiva anotação pelo distribuidor.
* V. arts. 50, 54, 56, 62, 70, 77 e 315, CPC.

Art. 254. É defeso distribuir a petição não acompanhada do instrumento do mandato, salvo:

I – se o requerente postular em causa própria;

II – se a procuração estiver junta aos autos principais;

III – no caso previsto no art. 37.

Art. 255. O juiz, de ofício ou a requerimento do interessado, corrigirá o erro ou a falta de distribuição, compensando-a.

Art. 256. A distribuição poderá ser fiscalizada pela parte ou por seu procurador.

Art. 257. Será cancelada a distribuição do feito que, em 30 (trinta) dias, não for preparado no cartório em que deu entrada.

Seção II
Do valor da causa
* V. Súmulas 259 e 261, TFR.

Art. 258. A toda causa será atribuído um valor certo, ainda que não tenha conteúdo econômico imediato.
* V. art. 275, I e parágrafo único, CPC.
* V. art. 3º, I, Lei 9.099/1995 (Juizados Especiais Cíveis e Criminais).

Art. 259. O valor da causa constará sempre da petição inicial e será:
* V. art. 282, V, CPC.

I – na ação de cobrança de dívida, a soma do principal, da pena e dos juros vencidos até a propositura da ação;

II – havendo cumulação de pedidos, a quantia correspondente à soma dos valores de todos eles;
* V. arts. 292 e 921, CPC.

III – sendo alternativos os pedidos, o de maior valor;
* V. art. 288, CPC.

IV – se houver também pedido subsidiário, o valor do pedido principal;
* V. art. 289, CPC.

V – quando o litígio tiver por objeto a existência, validade, cumprimento, modificação ou rescisão de negócio jurídico, o valor do contrato;
* V. art. 4º, I, CPC.

VI – na ação de alimentos, a soma de doze prestações mensais, pedidas pelo autor;

VII – na ação de divisão, de demarcação e de reivindicação, a estimativa oficial para lançamento do imposto.

Art. 260. Quando se pedirem prestações vencidas e vincendas, tomar-se-á em consideração o valor de umas e outras. O valor das prestações vincendas será igual a uma prestação anual, se a obrigação for por tempo indeterminado, ou por tempo superior a 1 (um) ano; se, por tempo inferior, será igual à soma das prestações.
* V. art. 290, CPC.
* V. art. 58, III, Lei 8.245/1991 (Locação de imóveis urbanos).

Art. 261. O réu poderá impugnar, no prazo da contestação, o valor atribuído à causa pelo autor. A impugnação será autuada em apenso, ouvindo-se o autor no prazo de 5 (cinco) dias. Em seguida o juiz, sem suspender o processo, servindo-se, quando necessário, do auxílio de perito, determinará, no prazo de 10 (dez) dias, o valor da causa.

Parágrafo único. Não havendo impugnação, presume-se aceito o valor atribuído à causa na petição inicial.

TÍTULO VI
DA FORMAÇÃO, DA SUSPENSÃO E DA EXTINÇÃO DO PROCESSO

Capítulo I
DA FORMAÇÃO DO PROCESSO

Art. 262. O processo civil começa por iniciativa da parte, mas se desenvolve por impulso oficial.
* V. arts. 2º, 989, 1.129, 1.142 e 1.160, CPC.

Art. 263. Considera-se proposta a ação, tanto que a petição inicial seja despachada

Art. 266

CÓDIGO DE PROCESSO CIVIL

pelo juiz, ou simplesmente distribuída, onde houver mais de uma vara. A propositura da ação, todavia, só produz, quanto ao réu, os efeitos mencionados no art. 219 depois que for validamente citado.

- V. arts. 87, 106 e 219, CPC.

Art. 264. Feita a citação, é defeso ao autor modificar o pedido ou a causa de pedir, sem o consentimento do réu, mantendo-se as mesmas partes, salvo as substituições permitidas por lei.

- Artigo com redação determinada pela Lei 5.925/1973.
- V. art. 2º, § 8º, Lei 6.830/1980 (Execução fiscal).

Parágrafo único. A alteração do pedido ou da causa de pedir em nenhuma hipótese será permitida após o saneamento do processo.

- V. arts. 294, 303, 321, 331 e 462, CPC.

Capítulo II
DA SUSPENSÃO DO PROCESSO

Art. 265. Suspende-se o processo:

- V. arts. 807, parágrafo único, e 538, CPC.

I – pela morte ou perda da capacidade processual de qualquer das partes, de seu representante legal ou de seu procurador;

- V. arts. 12, 13, 43, 180, 507, 791, II, e 1.055, CPC.

II – pela convenção das partes;

- V. art. 791, II, CPC.

III – quando for oposta exceção de incompetência do juízo, da câmara ou do tribunal, bem como de suspeição ou impedimento do juiz;

- V. arts. 304 a 314 e 791, II, CPC.

IV – quando a sentença de mérito:

- V. art. 162, § 1º, CPC.

a) depender do julgamento de outra causa, ou da declaração da existência ou inexistência da relação jurídica, que constitua o objeto principal de outro processo pendente;

b) não puder ser proferida senão depois de verificado determinado fato, ou de produzida certa prova, requisitada a outro juízo;

- V. art. 338, CPC.

c) tiver por pressuposto o julgamento de questão de estado, requerido como declaração incidente;

V – por motivo de força maior;

- V. art. 507, CPC.

VI – nos demais casos, que este Código regula.

- V. arts. 13, 60, 64, 72, 394, 791, 792, 881 e 1.052, CPC.

§ 1º No caso de morte ou perda da capacidade processual de qualquer das partes, ou de seu representante legal, provado o falecimento ou a incapacidade, o juiz suspenderá o processo, salvo se já tiver iniciado a audiência de instrução e julgamento; caso em que:

a) o advogado continuará no processo até o encerramento da audiência;

b) o processo só se suspenderá a partir da publicação da sentença ou do acórdão.

§ 2º No caso de morte do procurador de qualquer das partes, ainda que iniciada a audiência de instrução e julgamento, o juiz marcará, a fim de que a parte constitua novo mandatário, o prazo de 20 (vinte) dias, findo o qual extinguirá o processo sem julgamento do mérito, se o autor não nomear novo mandatário, ou mandará prosseguir no processo, à revelia do réu, tendo falecido o advogado deste.

- V. art. 322, CPC.

§ 3º A suspensão do processo por convenção das partes, de que trata o n. II, nunca poderá exceder 6 (seis) meses; findo o prazo, o escrivão fará os autos conclusos ao juiz, que ordenará o prosseguimento do processo.

§ 4º No caso do n. III, a exceção, em primeiro grau da jurisdição, será processada na forma do disposto neste Livro, Título VIII, Capítulo II, Seção III; e, no tribunal, consoante lhe estabelecer o regimento interno.

- V. arts. 277 a 287, RISTF.
- V. arts. 272 a 282, RISTJ.

§ 5º Nos casos enumerados nas letras a, b e c do n. IV, o período de suspensão nunca poderá exceder 1 (um) ano. Findo este prazo, o juiz mandará prosseguir no processo.

Art. 266. Durante a suspensão é defeso praticar qualquer ato processual; poderá o juiz, todavia, determinar a realização de atos urgentes, a fim de evitar dano irreparável.

- V. arts. 173, 180, 793, 797 e 798, CPC.

Art. 267

Capítulo III
DA EXTINÇÃO DO PROCESSO

- Alterações decorrentes da Lei 11.232/2005, consolidadas no CPC, republicadas no DOU de 27.07.2006, conforme determina seu art. 7º.

Art. 267. Extingue-se o processo, sem resolução de mérito:

- *Caput* com redação determinada pela Lei 11.232/2005 (DOU 23.12.2005), em vigor 6 (seis) meses após a data de sua publicação.
- V. arts. 329, 513 e 515, § 3º, CPC.
- V. art. 6º, § 5º, Lei 12.016/2009 (Nova Lei do Mandado de Segurança).

I – quando o juiz indeferir a petição inicial;

- V. art. 295, CPC.

II – quando ficar parado durante mais de 1 (um) ano por negligência das partes;

III – quando, por não promover os atos e diligências que lhe competir, o autor abandonar a causa por mais de 30 (trinta) dias;

- V. art. 268, parágrafo único, CPC.
- V. Súmula 216, STF.

IV – quando se verificar a ausência de pressupostos de constituição e de desenvolvimento válido e regular do processo;

V – quando o juiz acolher a alegação de perempção, litispendência ou de coisa julgada;

- V. art. 5º, XXXVI, CF.
- V. arts. 268, *caput*, 301, IV a VI e §§ 1º a 3º, CPC.

VI – quando não concorrer qualquer das condições da ação, como a possibilidade jurídica, a legitimidade das partes e o interesse processual;

- V. art. 3º, CPC.

VII – pela convenção de arbitragem;

- Inciso VII com redação determinada pela Lei 9.307/1996.

VIII – quando o autor desistir da ação;

- V. arts. 26, 158, parágrafo único, 298, parágrafo único, e 569, CPC.

IX – quando a ação for considerada intransmissível por disposição legal;

X – quando ocorrer confusão entre autor e réu;

- V. arts. 1.049 a 1.052, CC/1916; e arts. 381 a 384, CC/2002.

XI – nos demais casos prescritos neste Código.

- V. arts. 47, parágrafo único, 284, parágrafo único, 329, 459 e 513, CPC.
- V. Súmula 137, TFR.

§ 1º O juiz ordenará, nos casos dos ns. II e III, o arquivamento dos autos, declarando a extinção do processo, se a parte, intimada pessoalmente, não suprir a falta em 48 (quarenta e oito) horas.

- V. Súmula 216, STF.

§ 2º No caso do parágrafo anterior, quanto ao n. II, as partes pagarão proporcionalmente as custas e, quanto ao n. III, o autor será condenado ao pagamento das despesas e honorários de advogado (art. 28).

- V. arts. 26 e 28, CPC.

§ 3º O juiz conhecerá de ofício, em qualquer tempo e grau de jurisdição, enquanto não proferida a sentença de mérito, da matéria constante dos ns. IV, V e VI; todavia, o réu que a não alegar, na primeira oportunidade em que lhe caiba falar nos autos, responderá pelas custas de retardamento.

§ 4º Depois de decorrido o prazo para a resposta, o autor não poderá, sem o consentimento do réu, desistir da ação.

Art. 268. Salvo o disposto no art. 267, V, a extinção do processo não obsta a que o autor intente de novo a ação. A petição inicial, todavia, não será despachada sem a prova do pagamento ou do depósito das custas e dos honorários de advogado.

- V. art. 810, CPC.

Parágrafo único. Se o autor der causa, por três vezes, à extinção do processo pelo fundamento previsto no n. III do artigo anterior, não poderá intentar nova ação contra o réu com o mesmo objeto, ficando-lhe ressalvada, entretanto, a possibilidade de alegar em defesa o seu direito.

- V. art. 267, III e § 1º, CPC.

Art. 269. Haverá resolução de mérito:

- *Caput* com redação determinada pela Lei 11.232/2005 (DOU 23.12.2005), em vigor 6 (seis) meses após a data de sua publicação.
- V. arts. 329, 513, 515, §§ 1º e 2º, 794 e 810, CPC.

I – quando o juiz acolher ou rejeitar o pedido do autor;

- Inciso I com redação determinada pela Lei 5.925/1973.

Art. 273

CÓDIGO DE PROCESSO CIVIL

II – quando o réu reconhecer a procedência do pedido;
- Inciso II com redação determinada pela Lei 5.925/1973.
- V. art. 329, CPC.

III – quando as partes transigirem;
- Inciso III com redação determinada pela Lei 5.925/1973.
- V. arts. 329 e 794, II, CPC.

IV – quando o juiz pronunciar a decadência ou a prescrição;
- Inciso IV com redação determinada pela Lei 5.925/1973.
- V. arts. 295, IV, 329 e 515, §§ 1º e 2º, CPC.
- V. art. 4º, II, Dec.-lei 7.661/1945 (Lei de Falências); e art. 96, II, Lei 11.101/2005 (Lei de Recuperação de Empresas e Falência).

V – quando o autor renunciar ao direito sobre que se funda a ação.
- Inciso V com redação determinada pela Lei 5.925/1973.
- V. art. 329, CPC.

TÍTULO VII
DO PROCESSO E DO PROCEDIMENTO

Capítulo I
DAS DISPOSIÇÕES GERAIS

Art. 270. Este Código regula o processo de conhecimento (Livro I), de execução (Livro II), cautelar (Livro III) e os procedimentos especiais (Livro IV).

Art. 271. Aplica-se a todas as causas o procedimento comum, salvo disposição em contrário deste Código ou de lei especial.
- V. arts. 250, 292, § 2º, e 295, V, CPC.

Art. 272. O procedimento comum é ordinário ou sumário.
- Artigo com redação determinada pela Lei 8.952/1994.
- V. arts. 274 e 275, CPC.

Parágrafo único. O procedimento especial e o procedimento sumário regem-se pelas disposições que lhes são próprias, aplicando-se-lhes, subsidiariamente, as disposições gerais do procedimento ordinário.

Art. 273. O juiz poderá, a requerimento da parte, antecipar, total ou parcialmente, os efeitos da tutela pretendida no pedido inicial, desde que, existindo prova inequívoca, se convença da verossimilhança da alegação e:
- *Caput* com redação determinada pela Lei 8.952/1994.
- V. arts. 461 e 489, CPC.
- V. art. 7º, § 5º, Lei 12.016/2009 (Nova Lei do Mandado de Segurança).
- •• V. art. 461, § 4º, CPC.

I – haja fundado receio de dano irreparável ou de difícil reparação; ou
- V. art. 798, CPC.

II – fique caracterizado o abuso de direito de defesa ou o manifesto propósito protelatório do réu.
- V. art. 17, IV e VI, CPC.

§ 1º Na decisão que antecipar a tutela, o juiz indicará, de modo claro e preciso, as razões do seu convencimento.
- § 1º com redação determinada pela Lei 8.952/1994.
- V. art. 93, IX, CF.
- V. arts. 165 e 458, II, CPC.

§ 2º Não se concederá a antecipação da tutela quando houver perigo de irreversibilidade do provimento antecipado.
- § 2º com redação determinada pela Lei 8.952/1994.

§ 3º A efetivação da tutela antecipada observará, no que couber e conforme sua natureza, as normas previstas nos arts. 588, 461, §§ 4º e 5º, e 461-A.
- § 3º com redação determinada pela Lei 10.444/2002.
- O art. 588 do CPC foi revogado pela Lei 11.232/2005.

§ 4º A tutela antecipada poderá ser revogada ou modificada a qualquer tempo, em decisão fundamentada.
- § 4º com redação determinada pela Lei 8.952/1994.
- V. arts. 522, 523, § 2º, e 529, CPC.

§ 5º Concedida ou não a antecipação da tutela, prosseguirá o processo até final julgamento.
- § 5º com redação determinada pela Lei 8.952/1994.
- V. art. 522, CPC.

§ 6º A tutela antecipada também poderá ser concedida quando um ou mais dos pedidos cumulados, ou parcela deles, mostrar-se incontroverso.
- § 6º acrescentado pela Lei 10.444/2002.

§ 7º Se o autor, a título de antecipação de tutela, requerer providência de natureza cautelar, poderá o juiz, quando presentes os respectivos pressupostos, deferir a medida cautelar em caráter incidental do processo ajuizado.

- § 7º acrescentado pela Lei 10.444/2002.

Capítulo II
DO PROCEDIMENTO ORDINÁRIO

Art. 274. O procedimento ordinário reger-se-á segundo as disposições dos Livros I e II deste Código.

Capítulo III
DO PROCEDIMENTO SUMÁRIO

Art. 275. Observar-se-á o procedimento sumário:

- *Caput* com redação determinada pela Lei 9.245/1995.
- V. arts. 686, § 3º, 1.102-A a 1.102-C, CPC.

I – nas causas cujo valor não exceda a sessenta vezes o valor do salário mínimo;

- Inciso I com redação determinada pela Lei 10.444/2002.
- V. arts. 3º, I, e 9º, Lei 9.099/1995 (Juizados Especiais Cíveis e Criminais).

II – nas causas, qualquer que seja o valor:

- Inciso II com redação determinada pela Lei 9.245/1995.
- V. art. 255, Lei 7.565/1986 (Código Brasileiro de Aeronáutica).
- V. art. 3º, II, Lei 9.099/1995 (Juizados Especiais Cíveis e Criminais).

a) de arrendamento rural e de parceria agrícola;
b) de cobrança ao condômino de quaisquer quantias devidas ao condomínio;

- V. art. 12, § 2º, Lei 4.591/1964 (Condomínio em edificações e as incorporações imobiliárias).

c) de ressarcimento por danos em prédio urbano ou rústico;
d) de ressarcimento por danos causados em acidente de veículo de via terrestre;

- V. art. 100, parágrafo único, CPC.

e) de cobrança de seguro, relativamente aos danos causados em acidente de veículo, ressalvados os casos de processo de execução;
f) de cobrança de honorários dos profissionais liberais, ressalvado o disposto em legislação especial;

g) que versem sobre revogação de doação;

- Alínea g acrescentada pela Lei 12.122/2009.
- V. arts. 555 a 564, CC/2002.
- •• V. art. 14, Lei 10.257/2001 (Estatuto da Cidade).

h) nos demais casos previstos em lei.

- Primitiva alínea *g* reordenada pela Lei 12.122/2009.
- •• V. art. 68, Lei 8.245/1991 (Lei de Locação).
- •• V. art. 69, Lei 10.741/2003 (Estatuto do Idoso).

Parágrafo único. Este procedimento não será observado nas ações relativas ao estado e à capacidade das pessoas.

- Parágrafo único com redação determinada pela Lei 9.245/1995.
- V. art. 16, Dec.-lei 58/1937 (Loteamento e venda de terrenos para pagamentos em prestações).
- V. art. 20, Lei 6.383/1976 (Processo discriminatório de terras devolutas da União).
- V. art. 12, Lei 8.374/1991 (Seguro obrigatório – embarcações).

Art. 276. Na petição inicial, o autor apresentará o rol de testemunhas e, se requerer perícia, formulará quesitos, podendo indicar assistente técnico.

- Artigo com redação determinada pela Lei 9.245/1995.
- V. arts. 33, 282 e 420 a 439, CPC.
- V. art. 68, I, Lei 8.245/1991 (Locação de imóvel urbano).

Art. 277. O juiz designará a audiência de conciliação a ser realizada no prazo de 30 (trinta) dias, citando-se o réu com a antecedência mínima de 10 (dez) dias e sob a advertência prevista no § 2º deste artigo, determinando o comparecimento das partes. Sendo ré a Fazenda Pública, os prazos contar-se-ão em dobro.

- Artigo com redação determinada pela Lei 9.245/1995 e posterior retificação publicada no *DOU* de 04.01.1996.
- V. arts. 188, 191 e 444 a 457, CPC.

§ 1º A conciliação será reduzida a termo e homologada por sentença, podendo o juiz ser auxiliado por conciliador.

- V. arts. 125, IV, e 447 a 449, CPC.

§ 2º Deixando injustificadamente o réu de comparecer à audiência, reputar-se-ão verdadeiros os fatos alegados na petição inicial (art. 319), salvo se o contrário resultar da prova dos autos, proferindo o juiz, desde logo, a sentença.

- V. arts. 320 e 458 a 466, CPC.

Código de Processo Civil

§ 3º As partes comparecerão pessoalmente à audiência, podendo fazer-se representar por preposto com poderes para transigir.

§ 4º O juiz, na audiência, decidirá de plano a impugnação ao valor da causa ou a controvérsia sobre a natureza da demanda, determinando, se for o caso, a conversão do procedimento sumário em ordinário.

- V. arts. 258 a 261, CPC.

§ 5º A conversão também ocorrerá quando houver necessidade de prova técnica de maior complexidade.

Art. 278. Não obtida a conciliação, oferecerá o réu, na própria audiência, resposta escrita ou oral, acompanhada de documentos e rol de testemunhas e, se requerer perícia, formulará seus quesitos desde logo, podendo indicar assistente técnico.

- Artigo com redação determinada pela Lei 9.245/1995.
- V. arts. 420 a 439, CPC.

§ 1º É lícito ao réu, na contestação, formular pedido em seu favor, desde que fundado nos mesmos fatos referidos na inicial.

- V. art. 922, CPC.
- V. art. 31, Lei 9.099/1995 (Juizados Especiais Cíveis e Criminais).

§ 2º Havendo necessidade de produção de prova oral e não ocorrendo qualquer das hipóteses previstas nos arts. 329 e 330, I e II, será designada audiência de instrução e julgamento para data próxima, não excedente de 30 (trinta) dias, salvo se houver determinação de perícia.

Art. 279. Os atos probatórios realizados em audiência poderão ser documentados mediante taquigrafia, estenotipia ou outro método hábil de documentação, fazendo-se a respectiva transcrição se a determinar o juiz.

- Artigo com redação determinada pela Lei 9.245/1995.
- V. art. 170, CPC.

Parágrafo único. Nas comarcas ou varas em que não for possível a taquigrafia, a estenotipia ou outro método de documentação, os depoimentos serão reduzidos a termo, do qual constará apenas o essencial.

Art. 280. No procedimento sumário não são admissíveis a ação declaratória incidental e a intervenção de terceiros, salvo a assistência, o recurso de terceiro prejudicado e a intervenção fundada em contrato de seguro.

- Artigo com redação determinada pela Lei 10.444/2002.

Art. 281. Findos a instrução e os debates orais, o juiz proferirá sentença na própria audiência ou no prazo de 10 (dez) dias.

- Artigo com redação determinada pela Lei 9.245/1995.
- V. arts. 242, § 1º, 508, 513 e 550, CPC.

TÍTULO VIII
DO PROCEDIMENTO ORDINÁRIO

Capítulo I
DA PETIÇÃO INICIAL

Seção I
Dos requisitos da petição inicial

Art. 282. A petição inicial indicará:

- V. arts. 67, I, 68, I, e 71, Lei 8.245/1991 (Locação de imóveis urbanos).
- V. art. 37, Lei 9.307/1996 (Arbitragem).
- V. arts. 273 e 275, CPC

I – o juiz ou tribunal, a que é dirigida;

- V. arts. 94 a 100, CPC.

II – os nomes, prenomes, estado civil, profissão, domicílio e residência do autor e do réu;

- V. art. 39, I, CPC.

III – o fato e os fundamentos jurídicos do pedido;

IV – o pedido, com as suas especificações;

- V. arts. 286 a 294, 461, § 5º e 461-A, CPC.

V – o valor da causa;

VI – as provas com que o autor pretende demonstrar a verdade dos fatos alegados;

VII – o requerimento para a citação do réu.

- V. art. 14, Lei 9.099/1995 (Juizados Especiais Cíveis e Criminais).
- V. art. 1211-A, CPC.
- V. art. 1º, Lei 1.060/1950 (Lei de Assistência Judiciária).

Art. 283

Art. 283. A petição inicial será instruída com os documentos indispensáveis à propositura da ação.

* V. arts. 57, 257, 302, II, 320, III, 366, 396, 397, 614, I, 616 e 835, CPC.
* V. art. 46, Lei 6.766/1979 (Parcelamento do solo urbano).

Art. 284. Verificando o juiz que a petição inicial não preenche os requisitos exigidos nos arts. 282 e 283, ou que apresenta defeitos e irregularidades capazes de dificultar o julgamento de mérito, determinará que o autor a emende, ou a complete, no prazo de 10 (dez) dias.

* V. art. 106, Lei 11.101/2005 (Lei de Recuperação de Empresas e Falência); sem correspondência no Dec.-lei 7.661/1945 (Lei de Falências).

Parágrafo único. Se o autor não cumprir a diligência, o juiz indeferirá a petição inicial.

* V. arts. 267, I, 295, 296 e 301, III, CPC.

Art. 285. Estando em termos a petição inicial, o juiz a despachará, ordenando a citação do réu, para responder; do mandado constará que, não sendo contestada a ação, se presumirão aceitos pelo réu, como verdadeiros, os fatos articulados pelo autor.

* Artigo com redação determinada pela Lei 5.925/1973.
* V. arts. 223, 225, II, 232, V, 302, 319, 320 e 803, CPC.

Art. 285-A. Quando a matéria controvertida for unicamente de direito e no juízo já houver sido proferida sentença de total improcedência em outros casos idênticos, poderá ser dispensada a citação e proferida sentença, reproduzindo-se o teor da anteriormente prolatada.

* Artigo acrescentado pela Lei 11.277/2006 (*DOU* 08.02.2006), em vigor 90 (noventa) dias após a data de sua publicação.

§ 1º Se o autor apelar, é facultado ao juiz decidir, no prazo de 5 (cinco) dias, não manter a sentença e determinar o prosseguimento da ação.

•• V. art. 513, CPC.

§ 2º Caso seja mantida a sentença, será ordenada a citação do réu para responder ao recurso.

Art. 285-B. Nos litígios que tenham por objeto obrigações decorrentes de empréstimo, financiamento ou arrendamento mercantil, o autor deverá discriminar na petição inicial, dentre as obrigações contratuais, aquelas que pretende controverter, quantificando o valor incontroverso.

* Artigo acrescentado pela Lei 12.810/2013.

Parágrafo único. O valor incontroverso deverá continuar sendo pago no tempo e modo contratados.

Seção II
Do pedido

Art. 286. O pedido deve ser certo ou determinado. É lícito, porém, formular pedido genérico:

* V. arts. 264, 294 e 459, parágrafo único, CPC.
* V. art. 14, Lei 9.099/1995 (Juizados Especiais Cíveis e Criminais).

I – nas ações universais, se não puder o autor individuar na petição os bens demandados;

* Inciso I com redação determinada pela Lei 5.925/1973.

II – quando não for possível determinar, de modo definitivo, as consequências do ato ou do fato ilícito;

III – quando a determinação do valor da condenação depender de ato que deva ser praticado pelo réu.

Art. 287. Se o autor pedir que seja imposta ao réu a abstenção da prática de algum ato, tolerar alguma atividade, prestar ato ou entregar coisa, poderá requerer cominação de pena pecuniária para o caso de descumprimento da sentença ou da decisão antecipatória de tutela (arts. 461, § 4º, e 461-A).

* Artigo com redação determinada pela Lei 10.444/2002.
* V. arts. 461, § 4º, 461-A, 632 e 638 a 645, CPC.
* V. art. 84, § 2º, Lei 8.078/1990 (Código de Defesa do Consumidor).
* V. Súmula 500, STF.

Art. 288. O pedido será alternativo, quando, pela natureza da obrigação, o devedor puder cumprir a prestação de mais de um modo.

* V. art. 259, III, CPC.

CÓDIGO DE PROCESSO CIVIL

- V. arts. 884 a 888, CC/1916; e arts. 252 a 256, CC/2002.
- V. art. 15, Lei 9.099/1995 (Juizados Especiais Cíveis e Criminais).

Parágrafo único. Quando, pela lei ou pelo contrato, a escolha couber ao devedor, o juiz lhe assegurará o direito de cumprir a prestação de um ou de outro modo, ainda que o autor não tenha formulado pedido alternativo.

Art. 289. É lícito formular mais de um pedido em ordem sucessiva, a fim de que o juiz conheça do posterior, em não podendo acolher o anterior.

- V. art. 259, IV, CPC.

Art. 290. Quando a obrigação consistir em prestações periódicas, considerar-se-ão elas incluídas no pedido, independentemente de declaração expressa do autor; se o devedor, no curso do processo, deixar de pagá-las ou de consigná-las, a sentença as incluirá na condenação, enquanto durar a obrigação.

Art. 291. Na obrigação indivisível com pluralidade de credores, aquele que não participou do processo receberá a sua parte, deduzidas as despesas na proporção de seu crédito.

- V. arts. 892 e 893, CC/1916; e arts. 260 e 261, CC/2002.

Art. 292. É permitida a cumulação, num único processo, contra o mesmo réu, de vários pedidos, ainda que entre eles não haja conexão.

- V. arts. 103 e 259, II, CPC.

§ 1º São requisitos de admissibilidade da cumulação:

I – que os pedidos sejam compatíveis entre si;

II – que seja competente para conhecer deles o mesmo juízo;

- V. Súmula 170, STJ.

III – que seja adequado para todos os pedidos o tipo de procedimento.

- V. art. 250, CPC.

§ 2º Quando, para cada pedido, corresponder tipo diverso de procedimento, admitir-se-á a cumulação, se o autor empregar o procedimento ordinário.

Art. 293. Os pedidos são interpretados restritivamente, compreendendo-se, entretanto, no principal os juros legais.

- V. arts. 1.062 a 1.064, CC/1916; e arts. 406 e 407, CC/2002.
- V. Súmula 254, STF.
- V. Súmula 176, STJ.

Art. 294. Antes da citação, o autor poderá aditar o pedido, correndo à sua conta as custas acrescidas em razão dessa iniciativa.

- Artigo com redação determinada pela Lei 8.718/1993.
- V. arts. 264 e 321, CPC.

Seção III
Do indeferimento
da petição inicial

Art. 295. A petição inicial será indeferida:

- Artigo com redação determinada pela Lei 5.925/1973.
- V. arts. 267, I, 490, I, e 739, III, CPC.

I – quando for inepta;

II – quando a parte for manifestamente ilegítima;

- V. art. 3º, CPC.

III – quando o autor carecer de interesse processual;

- V. arts. 4º, 51 e 82, III, CPC.

IV – quando o juiz verificar, desde logo, a decadência ou a prescrição (art. 219, § 5º);

- V. art. 269, IV, CPC.

V – quando o tipo de procedimento, escolhido pelo autor, não corresponder à natureza da causa, ou ao valor da ação; caso em que só não será indeferida, se puder adaptar-se ao tipo de procedimento legal;

- V. arts. 250 e 920, CPC.

VI – quando não atendidas as prescrições dos arts. 39, parágrafo único, primeira parte, e 284.

Parágrafo único. Considera-se inepta a petição inicial quando:

I – lhe faltar pedido ou causa de pedir;

II – da narração dos fatos não decorrer logicamente a conclusão;

- V. Súmulas 284, 287 e 291, STF.

III – o pedido for juridicamente impossível;

IV – contiver pedidos incompatíveis entre si.
- V. arts. 267, I, 490 e 739, III, CPC.

Art. 296. Indeferida a petição inicial, o autor poderá apelar, facultado ao juiz, no prazo de 48 (quarenta e oito) horas, reformar sua decisão.
- Artigo com redação determinada pela Lei 8.952/1994.
- V. art. 198, VII, Lei 8.069/1990 (Estatuto da Criança e do Adolescente).

Parágrafo único. Não sendo reformada a decisão, os autos serão imediatamente encaminhados ao tribunal competente.

Capítulo II
DA RESPOSTA DO RÉU

Seção I
Das disposições gerais

Art. 297. O réu poderá oferecer, no prazo de 15 (quinze) dias, em petição escrita, dirigida ao juiz da causa, contestação, exceção e reconvenção.
- V. arts. 3º, 5º, 22, 173, parágrafo único, 188, 191, 241, 278, 301, 305, 315, 319 e 396, CPC.

Art. 298. Quando forem citados para a ação vários réus, o prazo para responder ser-lhes-á comum, salvo o disposto no art. 191.
- V. arts. 241, III, e 267, § 4º, CPC.

Parágrafo único. Se o autor desistir da ação quanto a algum réu ainda não citado, o prazo para a resposta correrá da intimação do despacho que deferir a desistência.

Art. 299. A contestação e a reconvenção serão oferecidas simultaneamente, em peças autônomas; a exceção será processada em apenso aos autos principais.

Seção II
Da contestação

Art. 300. Compete ao réu alegar, na contestação, toda a matéria de defesa, expondo as razões de fato e de direito, com que impugna o pedido do autor e especificando as provas que pretende produzir.
- V. arts. 22, 39, I, e 302, parágrafo único, CPC.

Art. 301. Compete-lhe, porém, antes de discutir o mérito, alegar:
- *Caput* com redação determinada pela Lei 5.925/1973.
- V. art. 327, CPC.

I – inexistência ou nulidade da citação;
- Inciso I com redação determinada pela Lei 5.925/1973.
- V. arts. 214, § 2º, e 247, CPC.

II – incompetência absoluta;
- Inciso II com redação determinada pela Lei 5.925/1973.
- V. art. 113, CPC.

III – inépcia da petição inicial;
- Inciso III com redação determinada pela Lei 5.925/1973.
- V. arts. 267, I, e 295, I e parágrafo único, CPC.

IV – perempção;
- Inciso IV com redação determinada pela Lei 5.925/1973.
- V. art. 268, parágrafo único, CPC.

V – litispendência;
- Inciso V com redação determinada pela Lei 5.925/1973.
- V. art. 219, CPC.

VI – coisa julgada;
- Inciso VI com redação determinada pela Lei 5.925/1973.
- V. art. 5º, XXXVI, CF.
- V. arts. 467 a 475, CPC.
- •• V. art. 219, CPC.

VII – conexão;
- Inciso VII com redação determinada pela Lei 5.925/1973.
- V. arts. 102 a 106, CPC.
- •• V. art. 219, CPC.

VIII – incapacidade da parte, defeito de representação ou falta de autorização;
- Inciso VIII com redação determinada pela Lei 5.925/1973.
- V. arts. 7º a 13, CPC.
- V. arts. 5º, 6º, 84 e 384, V, CC/1916; e arts. 3º, 4º e 1.634, V, CC/2002.
- V. art. 84, CC/1916, sem correspondência no CC/2002.
- •• V. art. 219, CPC.

IX – convenção de arbitragem;
- Inciso IX com redação determinada pela Lei 9.307/1996.
- V. art. 267, VII, CPC.
- V. Lei 9.307/1996 (Arbitragem).

X – carência de ação;
- Inciso X com redação determinada pela Lei 5.925/1973.

Art. 308

CÓDIGO DE PROCESSO CIVIL

• V. arts. 267, VI, e 295, II, III e parágrafo único, III, CPC.

XI – falta de caução ou de outra prestação, que a lei exige como preliminar.

• Inciso XI com redação determinada pela Lei 5.925/1973.
• V. arts. 327, 826 a 838, 940 e 1.166, CPC.

§ 1º Verifica-se a litispendência ou a coisa julgada, quando se reproduz ação anteriormente ajuizada.

• § 1º com redação determinada pela Lei 5.925/1973.
• V. art. 5º, XXXVI, CF.

§ 2º Uma ação é idêntica à outra quando tem as mesmas partes, a mesma causa de pedir e o mesmo pedido.

• § 2º com redação determinada pela Lei 5.925/1973.
• V. art. 282, II, III e IV, CPC.

§ 3º Há litispendência, quando se repete ação, que está em curso; há coisa julgada, quando se repete ação que já foi decidida por sentença, de que não caiba recurso.

• § 3º com redação determinada pela Lei 5.925/1973.
• V. arts. 219 e 263, CPC.

§ 4º Com exceção do compromisso arbitral, o juiz conhecerá de ofício da matéria enumerada neste artigo.

• § 4º com redação determinada pela Lei 5.925/1973.
• V. art. 301, IX, alterado pelo art. 41 da Lei 9.307/1996, que substitui a expressão "compromisso arbitral" por "convenção de arbitragem".

Art. 302. Cabe também ao réu manifestar-se precisamente sobre os fatos narrados na petição inicial. Presumem-se verdadeiros os fatos não impugnados, salvo:

I – se não for admissível, a seu respeito, a confissão;

II – se a petição inicial não estiver acompanhada do instrumento público que a lei considerar da substância do ato;

III – se estiverem em contradição com a defesa, considerada em seu conjunto.

• V. arts. 285, 320, III, 351 e 396, CPC.

Parágrafo único. Esta regra, quanto ao ônus da impugnação especificada dos fatos, não se aplica ao advogado dativo, ao curador especial e ao órgão do Ministério Público.

Art. 303. Depois da contestação, só é lícito deduzir novas alegações quando:

• V. arts. 22, 219, § 5º, e 741, VI, CPC.

I – relativas a direito superveniente;

• V. art. 462, CPC.

II – competir ao juiz conhecer delas de ofício;

• V. art. 301, § 4º, CPC.

III – por expressa autorização legal, puderem ser formuladas em qualquer tempo e juízo.

Seção III
Das exceções

Art. 304. É lícito a qualquer das partes arguir, por meio de exceção, a incompetência (art. 112), o impedimento (art. 134) ou a suspeição (art. 135).

• V. art. 742, CPC.
•• V. arts. 134 e 135, CPC.

Art. 305. Este direito pode ser exercido em qualquer tempo, ou grau de jurisdição, cabendo à parte oferecer exceção, no prazo de 15 (quinze) dias, contado do fato que ocasionou a incompetência, o impedimento ou a suspeição.

Parágrafo único. Na exceção de incompetência (art. 112 desta Lei), a petição pode ser protocolizada no juízo de domicílio do réu, com requerimento de sua imediata remessa ao juízo que determinou a citação.

• Parágrafo único acrescentado pela Lei 11.280/2006 (DOU 17.02.2006), em vigor 90 (noventa) dias após a data de sua publicação.

Art. 306. Recebida a exceção, o processo ficará suspenso (art. 265, III), até que seja definitivamente julgada.

• V. art. 299, 2ª parte, CPC.

Subseção I
Da incompetência

Art. 307. O excipiente arguirá a incompetência em petição fundamentada e devidamente instruída, indicando o juízo para o qual declina.

• V. art. 265, III e § 4º, CPC.

Art. 308. Conclusos os autos, o juiz mandará processar a exceção, ouvindo o excepto dentro em 10 (dez) dias e decidindo em igual prazo.

• V. art. 299, 2ª parte, CPC.

Art. 309. Havendo necessidade de prova testemunhal, o juiz designará audiência de instrução, decidindo dentro de 10 (dez) dias.
- Artigo com redação determinada pela Lei 5.925/1973.

Art. 310. O juiz indeferirá a petição inicial da exceção, quando manifestamente improcedente.
- Artigo com redação determinada pela Lei 5.925/1973.

Art. 311. Julgada procedente a exceção, os autos serão remetidos ao juiz competente.

Subseção II
Do impedimento e da suspeição

Art. 312. A parte oferecerá a exceção de impedimento ou de suspeição, especificando o motivo da recusa (arts. 134 e 135). A petição, dirigida ao juiz da causa, poderá ser instruída com documentos em que o excipiente fundar a alegação e conterá o rol de testemunhas.
- V. arts. 265, III, 485, II, e 742, CPC.

Art. 313. Despachando a petição, o juiz, se reconhecer o impedimento ou a suspeição, ordenará a remessa dos autos ao seu substituto legal; em caso contrário, dentro de 10 (dez) dias, dará as suas razões, acompanhadas de documentos e de rol de testemunhas, se houver, ordenando a remessa dos autos ao tribunal.

Art. 314. Verificando que a exceção não tem fundamento legal, o tribunal determinará o seu arquivamento; no caso contrário, condenará o juiz nas custas, mandando remeter os autos ao seu substituto legal.

Seção IV
Da reconvenção

Art. 315. O réu pode reconvir ao autor no mesmo processo, toda vez que a reconvenção seja conexa com a ação principal ou com o fundamento da defesa.
- V. arts. 103, 109, 278, § 1º, e 299, CPC.
- V. art. 36, *caput*, Lei 6.515/1977 (Lei do Divórcio).
- V. art. 16, § 3º, Lei 6.830/1980 (Execução fiscal).
- V. art. 7º, Lei 9.289/1996 (Custas na Justiça Federal).

Parágrafo único. Não pode o réu, em seu próprio nome, reconvir ao autor, quando este demandar em nome de outrem.
- Primitivo § 1º renumerado pela Lei 9.245/1995.
- V. art. 6º, CPC.

§ 2º *(Revogado pela Lei 9.245/1995.)*

Art. 316. Oferecida a reconvenção, o autor reconvindo será intimado, na pessoa do seu procurador, para contestá-la no prazo de 15 (quinze) dias.
- V. arts. 188, 191 e 253, parágrafo único, CPC.

Art. 317. A desistência da ação, ou a existência de qualquer causa que a extinga, não obsta ao prosseguimento da reconvenção.
- V. art. 267, § 4º, CPC.

Art. 318. Julgar-se-ão na mesma sentença a ação e a reconvenção.

Capítulo III
DA REVELIA

Art. 319. Se o réu não contestar a ação, reputar-se-ão verdadeiros os fatos afirmados pelo autor.
- V. arts. 13, II, 277, § 2º, 219, 285, 330, II, 803, 897 e 1.102-C, 2ª parte, CPC.
- V. Súmula 256, TFR.

Art. 320. A revelia não induz, contudo, o efeito mencionado no artigo antecedente:
I – se, havendo pluralidade de réus, algum deles contestar a ação;
- V. arts. 47 a 49 e 241, III, CPC.

II – se o litígio versar sobre direitos indisponíveis;
- V. arts. 333, parágrafo único, I, e 351, CPC.
- V. Súmula 256, TFR.

III – se a petição inicial não estiver acompanhada do instrumento público, que a lei considere indispensável à prova do ato.
- V. arts. 283, 302, II, e 366, CPC.

Art. 321. Ainda que ocorra revelia, o autor não poderá alterar o pedido, ou a causa de pedir, nem demandar declaração incidente, salvo promovendo nova citação do réu, a quem será assegurado o direito de responder no prazo de 15 (quinze) dias.
- V. arts. 5º, 264, 294 e 325, CPC.

Art. 322. Contra o revel que não tenha patrono nos autos, correrão os prazos inde-

Art. 330

pendentemente de intimação, a partir da publicação de cada ato decisório.

* Artigo com redação determinada pela Lei 11.280/2006 (*DOU* 17.02.2006), em vigor 90 (noventa) dias após a data de sua publicação.
* V. art. 330, II, CPC.

Parágrafo único. O revel poderá intervir no processo em qualquer fase, recebendo-o no estado em que se encontrar.

Capítulo IV
DAS PROVIDÊNCIAS PRELIMINARES

Art. 323. Findo o prazo para a resposta do réu, o escrivão fará a conclusão dos autos. O juiz, no prazo de 10 (dez) dias, determinará, conforme o caso, as providências preliminares, que constam das seções deste Capítulo.

Seção I
Do efeito da revelia

Art. 324. Se o réu não contestar a ação, o juiz, verificando que não ocorreu o efeito da revelia, mandará que o autor especifique as provas que pretenda produzir na audiência.

* Artigo com redação determinada pela Lei 5.925/1973.
* V. arts. 319 a 322 e 330, II, CPC.

Seção II
Da declaração incidente

Art. 325. Contestando o réu o direito que constitui fundamento do pedido, o autor poderá requerer, no prazo de 10 (dez) dias, que sobre ele o juiz profira sentença incidente, se da declaração da existência ou da inexistência do direito depender, no todo ou em parte, o julgamento da lide (art. 5º).

* V. arts. 34, 109, 265, IV, *c* e § 5º, 321 e 470, CPC.

Seção III
Dos fatos impeditivos, modificativos ou extintivos do pedido

Art. 326. Se o réu, reconhecendo o fato em que se fundou a ação, outro lhe opuser impeditivo, modificativo ou extintivo do direito do autor, este será ouvido no prazo de 10 (dez) dias, facultando-lhe o juiz a produção de prova documental.

* V. arts. 22, 333, II, e 741, VI, CPC.

Seção IV
Das alegações do réu

Art. 327. Se o réu alegar qualquer das matérias enumeradas no art. 301, o juiz mandará ouvir o autor no prazo de 10 (dez) dias, permitindo-lhe a produção de prova documental. Verificando a existência de irregularidades ou de nulidades sanáveis, o juiz mandará supri-las, fixando à parte prazo nunca superior a 30 (trinta) dias.

* V. arts. 13, 243 a 250, CPC.

Art. 328. Cumpridas as providências preliminares, ou não havendo necessidade delas, o juiz proferirá julgamento conforme o estado do processo, observando o que dispõe o capítulo seguinte.

Capítulo V
DO JULGAMENTO CONFORME O ESTADO DO PROCESSO

Seção I
Da extinção do processo

Art. 329. Ocorrendo qualquer das hipóteses previstas nos arts. 267 e 269, ns. II a V, o juiz declarará extinto o processo.

* V. arts. 269 e 278, § 2º, CPC.

Seção II
Do julgamento antecipado da lide

Art. 330. O juiz conhecerá diretamente do pedido, proferindo sentença:

* *Caput* com redação determinada pela Lei 5.925/1973.
* V. art. 37, *caput*, Lei 6.515/1977 (Lei do Divórcio).
* V. art. 87, § 3º, Lei 11.101/2005 (Lei de Recuperação de Empresas e Falência); sem correspondência no Dec.-lei 7.661/1945 (Lei de Falências).

I – quando a questão de mérito for unicamente de direito, ou, sendo de direito e de fato, não houver necessidade de produzir prova em audiência;

* V. arts. 269, 278, § 2º, 740, parágrafo único, 803, 832, III, e 912, parágrafo único, CPC.

Art. 331

CÓDIGO DE PROCESSO CIVIL

II – quando ocorrer a revelia (art. 319).
- V. arts. 269, 278, § 2º, 320, 324, 915, § 2º, e 955, CPC.

Seção III
Da audiência preliminar

- Rubrica da Seção com redação determinada pela Lei 10.444/2002.

Art. 331. Se não ocorrer qualquer das hipóteses previstas nas seções precedentes, e versar a causa sobre direitos que admitam transação, o juiz designará audiência preliminar, a realizar-se no prazo de 30 (trinta) dias, para a qual serão as partes intimadas a comparecer, podendo fazer-se representar por procurador ou preposto, com poderes para transigir.

- *Caput* com redação determinada pela Lei 10.444/2002.
- V. art. 125, IV, CPC.

§ 1º Obtida a conciliação, será reduzida a termo e homologada por sentença.

- § 1º acrescentado pela Lei 8.952/1994.

§ 2º Se, por qualquer motivo, não for obtida a conciliação, o juiz fixará os pontos controvertidos, decidirá as questões processuais pendentes e determinará as provas a serem produzidas, designando audiência de instrução e julgamento, se necessário.

- § 2º acrescentado pela Lei 8.952/1994.
- V. arts. 145, 421 e 451, CPC.
- V. art. 92, II, *b*, Dec.-lei 7.661/1945 (Lei de Falências); e art. 15, IV, Lei 11.101/2005 (Lei de Recuperação de Empresas e Falência).

§ 3º Se o direito em litígio não admitir transação, ou se as circunstâncias da causa evidenciarem ser improvável sua obtenção, o juiz poderá, desde logo, sanear o processo e ordenar a produção da prova, nos termos do § 2º.

- § 3º acrescentado pela Lei 10.444/2002.

Capítulo VI
DAS PROVAS

Seção I
Das disposições gerais

Art. 332. Todos os meios legais, bem como os moralmente legítimos, ainda que não especificados neste Código, são hábeis para provar a verdade dos fatos, em que se funda a ação ou a defesa.

- V. art. 5º, LVI, CF.
- V. art. 136, CC/1916; e art. 212, CC/2002.
- V. Lei 9.296/1996 (Interceptação de comunicações telefônicas).

Art. 333. O ônus da prova incumbe:

- V. arts. 130, 282, VI, 300, 1.102-C e 1.107, CPC.
- V. arts. 6º, VIII, 38 e 51, VI, Lei 8.078/1990 (Código de Defesa do Consumidor).

I – ao autor, quanto ao fato constitutivo do seu direito;

II – ao réu, quanto à existência de fato impeditivo, modificativo ou extintivo do direito do autor.

Parágrafo único. É nula a convenção que distribui de maneira diversa o ônus da prova quando:

I – recair sobre direito indisponível da parte;

- V. arts. 320, II, e 351, CPC.
- V. art. 1.035, CC/1916; e art. 841, CC/2002.

II – tornar excessivamente difícil a uma parte o exercício do direito.

Art. 334. Não dependem de prova os fatos:

I – notórios;

II – afirmados por uma parte e confessados pela parte contrária;

- V. arts. 348 a 354, CPC.

III – admitidos, no processo, como incontroversos;

- V. art. 302, CPC.

IV – em cujo favor milita presunção legal de existência ou de veracidade.

Art. 335. Em falta de normas jurídicas particulares, o juiz aplicará as regras de experiência comum subministradas pela observação do que ordinariamente acontece e ainda as regras de experiência técnica, ressalvado, quanto a esta, o exame pericial.

- V. art. 126, CPC.

Art. 336. Salvo disposição especial em contrário, as provas devem ser produzidas em audiência.

- V. arts. 410, III, 452 e 846 a 851, CPC.

Parágrafo único. Quando a parte, ou a testemunha, por enfermidade, ou por outro motivo relevante, estiver impossibilitada de comparecer à audiência, mas não de prestar depoimento, o juiz designará, con-

CÓDIGO DE PROCESSO CIVIL

forme as circunstâncias, dia, hora e lugar para inquiri-la.

• V. arts. 202 a 212 e 410, CPC.

Art. 337. A parte, que alegar direito municipal, estadual, estrangeiro ou consuetudinário, provar-lhe-á o teor e a vigência, se assim o determinar o juiz.

• V. art. 14, Dec.-lei 4.657/1942 (Lei de Introdução às normas do Direito Brasileiro).

Art. 338. A carta precatória e a carta rogatória suspenderão o processo, no caso previsto na alínea b do inciso IV do art. 265 desta Lei, quando, tendo sido requeridas antes da decisão de saneamento, a prova nelas solicitada apresentar-se imprescindível.

• *Caput* com redação determinada pela Lei 11.280/2006 (*DOU* 17.02.2006), em vigor 90 (noventa) dias após a data de sua publicação.

Parágrafo único. A carta precatória e a carta rogatória, não devolvidas dentro do prazo ou concedidas sem efeito suspensivo, poderão ser juntas aos autos até o julgamento final.

• V. art. 265, § 5º, CPC.

Art. 339. Ninguém se exime do dever de colaborar com o Poder Judiciário para o descobrimento da verdade.

Art. 340. Além dos deveres enumerados no art. 14, compete à parte:

I – comparecer em juízo, respondendo ao que lhe for interrogado;

II – submeter-se à inspeção judicial, que for julgada necessária;

• V. arts. 440 a 443, CPC.

III – praticar o ato que lhe for determinado.

• V. art. 5º, II, CF.

Art. 341. Compete ao terceiro, em relação a qualquer pleito:

I – informar ao juiz os fatos e as circunstâncias, de que tenha conhecimento;

• V. art. 5º, XIV, CF.

II – exibir coisa ou documento, que esteja em seu poder.

• V. arts. 355 a 363, CPC.

Seção II
Do depoimento pessoal

Art. 342. O juiz pode, de ofício, em qualquer estado do processo, determinar o comparecimento pessoal das partes, a fim de interrogá-las sobre os fatos da causa.

• V. art. 847, CPC.

Art. 343. Quando o juiz não o determinar de ofício, compete a cada parte requerer o depoimento pessoal da outra, a fim de interrogá-la na audiência de instrução e julgamento.

§ 1º A parte será intimada pessoalmente, constando do mandado que se presumirão confessados os fatos contra ela alegados, caso não compareça ou, comparecendo, se recuse a depor.

§ 2º Se a parte intimada não comparecer, ou comparecendo, se recusar a depor, o juiz lhe aplicará a pena de confissão.

• V. arts. 340, I, e 348, CPC.

Art. 344. A parte será interrogada na forma prescrita para a inquirição de testemunhas.

• V. art. 140, CPC.

Parágrafo único. É defeso, a quem ainda não depôs, assistir ao interrogatório da outra parte.

Art. 345. Quando a parte, sem motivo justificado, deixar de responder ao que lhe for perguntado, ou empregar evasivas, o juiz, apreciando as demais circunstâncias e elementos de prova, declarará, na sentença, se houve recusa de depor.

Art. 346. A parte responderá pessoalmente sobre os fatos articulados, não podendo servir-se de escritos adrede preparados; o juiz lhe permitirá, todavia, a consulta a notas breves, desde que objetivem completar esclarecimentos.

Art. 347. A parte não é obrigada a depor de fatos:

I – criminosos ou torpes, que lhe forem imputados;

II – a cujo respeito, por estado ou profissão, deva guardar sigilo.

• V. art. 154, CP.

Parágrafo único. Esta disposição não se aplica às ações de filiação, de desquite e de anulação de casamento.

Seção III
Da confissão

Art. 348. Há confissão, quando a parte admite a verdade de um fato, contrário ao seu interesse e favorável ao adversário. A confissão é judicial ou extrajudicial.

- V. arts. 48 e 131, CPC.
- V. art. 136, I, CC/1916; e art. 212, I, CC/2002.

Art. 349. A confissão judicial pode ser espontânea ou provocada. Da confissão espontânea, tanto que requerida pela parte, se lavrará o respectivo termo nos autos; a confissão provocada constará do depoimento pessoal prestado pela parte.

Parágrafo único. A confissão espontânea pode ser feita pela própria parte, ou por mandatário com poderes especiais.

- V. art. 38, CPC.

Art. 350. A confissão judicial faz prova contra o confitente, não prejudicando, todavia, os litisconsortes.

- V. arts. 48 e 75, III, CPC.

Parágrafo único. Nas ações que versarem sobre bens imóveis ou direitos sobre imóveis alheios, a confissão de um cônjuge não valerá sem a do outro.

- V. arts. 235, I, e 242, I, CC/1916; e art. 1.647, CC/2002.

Art. 351. Não vale como confissão a admissão, em juízo, de fatos relativos a direitos indisponíveis.

- V. art. 320, II, CPC.
- V. art. 1.035, CC/1916; e art. 841, CC/2002.

Art. 352. A confissão, quando emanar de erro, dolo ou coação, pode ser revogada:

- V. art. 372, parágrafo único, CPC.
- V. arts. 86, 92 e 98, CC/1916; e arts. 138, 145 e 151, CC/2002.

I – por ação anulatória, se pendente o processo em que foi feita;

- V. art. 486, CPC.

II – por ação rescisória, depois de transitada em julgado a sentença, da qual constituir o único fundamento.

- V. art. 485, III, VIII e IX, CPC.

Parágrafo único. Cabe ao confitente o direito de propor a ação, nos casos de que trata este artigo; mas, uma vez iniciada, passa aos seus herdeiros.

- V. art. 267, IX, CPC.

Art. 353. A confissão extrajudicial, feita por escrito à parte ou a quem a represente, tem a mesma eficácia probatória da judicial; feita a terceiro, ou contida em testamento, será livremente apreciada pelo juiz.

Parágrafo único. Todavia, quando feita verbalmente, só terá eficácia nos casos em que a lei não exija prova literal.

- V. art. 134, CC/1916; e art. 215, CC/2002.

Art. 354. A confissão é, de regra, indivisível, não podendo a parte, que a quiser invocar como prova, aceitá-la no tópico que a beneficiar e rejeitá-la no que lhe for desfavorável. Cindir-se-á, todavia, quando o confitente lhe aduzir fatos novos, suscetíveis de constituir fundamento de defesa de direito material ou de reconvenção.

- V. arts. 315 a 318, 373, parágrafo único, e 380, CPC.

Seção IV
Da exibição
de documento ou coisa

- V. Súmula 372, STJ.

Art. 355. O juiz pode ordenar que a parte exiba documento ou coisa, que se ache em seu poder.

- V. arts. 341, II, 844 e 845, CPC.

Art. 356. O pedido formulado pela parte conterá:

I – a individuação, tão completa quanto possível, do documento ou da coisa;

- V. art. 136, III, CC/1916; e art. 212, II, CC/2002.

II – a finalidade da prova, indicando os fatos que se relacionam com o documento ou a coisa;

III – as circunstâncias em que se funda o requerente para afirmar que o documento ou a coisa existe e se acha em poder da parte contrária.

Art. 357. O requerido dará a sua resposta nos 5 (cinco) dias subsequentes à sua intimação. Se afirmar que não possui o documento ou a coisa, o juiz permitirá que o re-

Art. 365

CÓDIGO DE PROCESSO CIVIL

querente prove, por qualquer meio, que a declaração não corresponde à verdade.

- V. arts. 333 e 359, I, CPC.

Art. 358. O juiz não admitirá a recusa:

I – se o requerido tiver obrigação legal de exibir;

- V. art. 195, CTN.

II – se o requerido aludiu ao documento ou à coisa no processo, com o intuito de constituir prova;

III – se o documento, por seu conteúdo, for comum às partes.

Art. 359. Ao decidir o pedido, o juiz admitirá como verdadeiros os fatos que, por meio do documento ou da coisa, a parte pretendia provar:

I – se o requerido não efetuar a exibição, nem fizer qualquer declaração no prazo do art. 357;

II – se a recusa for havida por ilegítima.

Art. 360. Quando o documento ou a coisa estiver em poder de terceiro, o juiz mandará citá-lo para responder no prazo de 10 (dez) dias.

- V. art. 341, II, CPC.

Art. 361. Se o terceiro negar a obrigação de exibir, ou a posse do documento ou da coisa, o juiz designará audiência especial, tomando-lhe o depoimento, bem como o das partes e, se necessário, de testemunhas; em seguida proferirá a sentença.

Art. 362. Se o terceiro, sem justo motivo, se recusar a efetuar a exibição, o juiz lhe ordenará que proceda ao respectivo depósito em cartório ou noutro lugar designado, no prazo de 5 (cinco) dias, impondo ao requerente que o embolse das despesas que tiver; se o terceiro descumprir a ordem, o juiz expedirá mandado de apreensão, requisitando, se necessário, força policial, tudo sem prejuízo da responsabilidade por crime de desobediência.

- V. art. 330, CP.

Art. 363. A parte e o terceiro se escusam de exibir, em juízo, o documento ou a coisa:

- V. arts. 672, § 1º, 885, 936, parágrafo único, 1.046, 1.071 e 1.218, XII, CPC.

I – se concernente a negócios da própria vida da família;

II – se a sua apresentação puder violar dever de honra;

- V. art. 5º, X, CF.

III – se a publicidade do documento redundar em desonra à parte ou ao terceiro, bem como a seus parentes consanguíneos ou afins até o terceiro grau; ou lhes representar perigo de ação penal;

IV – se a exibição acarretar a divulgação de fatos, a cujo respeito, por estado ou profissão, devam guardar segredo;

- V. art. 5º, XIV, CF.
- V. art. 347, II, CPC.
- V. art. 154, CP.
- V. art. 8º, § 2º, Lei 7.347/1985 (Ação civil pública).
- V. art. 34, VII, Lei 8.906/1994 (Estatuto da Advocacia e da OAB).

V – se subsistirem outros motivos graves que, segundo o prudente arbítrio do juiz, justifiquem a recusa da exibição.

- Inciso V com redação determinada pela Lei 5.925/1973.

Parágrafo único. Se os motivos de que tratam os ns. I a V disserem respeito só a uma parte do conteúdo do documento, da outra se extrairá uma suma para ser apresentada em juízo.

- Parágrafo único com redação determinada pela Lei 5.925/1973.

Seção V
Da prova documental

Subseção I
Da força probante dos documentos

Art. 364. O documento público faz prova não só da sua formação, mas também dos fatos que o escrivão, o tabelião, ou o funcionário declarar que ocorreram em sua presença.

Art. 365. Fazem a mesma prova que os originais:

- V. art. 157, CPC.

I – as certidões textuais de qualquer peça dos autos, do protocolo das audiências, ou de outro livro a cargo do escrivão, sendo extraídas por ele ou sob sua vigilância e por ele subscritas;

- V. art. 385, CPC.
- V. arts. 137 a 140, CC/1916; e arts. 216 a 218 e 224, CC/2002.

II – os traslados e as certidões extraídas por oficial público, de instrumentos ou documentos lançados em suas notas;

- V. art. 161, Lei 6.015/1973 (Lei de Registros Públicos).

III – as reproduções dos documentos públicos, desde que autenticadas por oficial público ou conferidas em cartório, com os respectivos originais;

- V. art. 138, CC/1916; e art. 217, CC/2002.
- V. Lei 5.433/1968 (Microfilmagem de documentos).

IV – as cópias reprográficas de peças do próprio processo judicial declaradas autênticas pelo próprio advogado sob sua responsabilidade pessoal, se não lhes for impugnada a autenticidade.

- Inciso IV acrescentado pela Lei 11.382/2006 (DOU 07.12.2006), em vigor 45 (quarenta e cinco) dias após a data de sua publicação, de acordo com o art. 1º do Dec.-lei 4.657/1942.

V – os extratos digitais de bancos de dados, públicos e privados, desde que atestado pelo seu emitente, sob as penas da lei, que as informações conferem com o que consta na origem;

- Inciso V acrescentado pela Lei 11.419/2006 (DOU 20.12.2006), em vigor 90 (noventa) dias depois de sua publicação.

VI – as reproduções digitalizadas de qualquer documento, público ou particular, quando juntados aos autos pelos órgãos da Justiça e seus auxiliares, pelo Ministério Público e seus auxiliares, pelas procuradorias, pelas repartições públicas em geral e por advogados públicos ou privados, ressalvada a alegação motivada e fundamentada de adulteração antes ou durante o processo de digitalização.

- Inciso VI acrescentado pela Lei 11.419/2006 (DOU 20.12.2006), em vigor 90 (noventa) dias depois de sua publicação.

§ 1º Os originais dos documentos digitalizados, mencionados no inciso VI do *caput* deste artigo, deverão ser preservados pelo seu detentor até o final do prazo para interposição de ação rescisória.

- § 1º acrescentado pela Lei 11.419/2006 (DOU 20.12.2006), em vigor 90 (noventa) dias depois de sua publicação.

§ 2º Tratando-se de cópia digital de título executivo extrajudicial ou outro documento relevante à instrução do processo, o juiz poderá determinar o seu depósito em cartório ou secretaria.

- § 2º acrescentado pela Lei 11.419/2006 (DOU 20.12.2006), em vigor 90 (noventa) dias depois de sua publicação.

Art. 366. Quando a lei exigir, como da substância do ato, o instrumento público, nenhuma outra prova, por mais especial que seja, pode suprir-lhe a falta.

- V. art. 130, CC/1916, sem correspondência no CC/2002.
- V. art. 134, CC/1916; e art. 215, CC/2002.

Art. 367. O documento, feito por oficial público incompetente, ou sem a observância das formalidades legais, sendo subscrito pelas partes, tem a mesma eficácia probatória do documento particular.

Art. 368. As declarações constantes do documento particular, escrito e assinado, ou somente assinado, presumem-se verdadeiras em relação ao signatário.

- V. art. 131, CC/1916; e art. 219, CC/2002.

Parágrafo único. Quando, todavia, contiver declaração de ciência, relativa a determinado fato, o documento particular prova a declaração, mas não o fato declarado, competindo ao interessado em sua veracidade o ônus de provar o fato.

Art. 369. Reputa-se autêntico o documento, quando o tabelião reconhecer a firma do signatário, declarando que foi aposta em sua presença.

- V. art. 1.289, § 3º, CC/1916; e art. 654, § 2º, CC/2002.
- V. arts. 13, § 1º, e 246, Lei 6.015/1973 (Lei de Registros Públicos).

Art. 370. A data do documento particular, quando a seu respeito surgir dúvida ou impugnação entre os litigantes, provar-se-á por todos os meios de direito. Mas, em relação a terceiros, considerar-se-á datado o documento particular:

I – no dia em que foi registrado;

- V. art. 127, I, Lei 6.015/1973 (Lei de Registros Públicos).

II – desde a morte de algum dos signatários;
III – a partir da impossibilidade física, que sobreveio a qualquer dos signatários;
IV – da sua apresentação em repartição pública ou em juízo;

Código de Processo Civil

V – do ato ou fato que estabeleça, de modo certo, a anterioridade da formação do documento.

• V. Súmula 132, STJ.

Art. 371. Reputa-se autor do documento particular:

I – aquele que o fez e o assinou;

II – aquele, por conta de quem foi feito, estando assinado;

III – aquele que, mandando compô-lo, não o firmou, porque, conforme a experiência comum, não se costuma assinar, como livros comerciais e assentos domésticos.

Art. 372. Compete à parte, contra quem foi produzido documento particular, alegar, no prazo estabelecido no art. 390, se lhe admite ou não a autenticidade da assinatura e a veracidade do contexto; presumindo-se, com o silêncio, que o tem por verdadeiro.

• V. art. 389, CPC.

Parágrafo único. Cessa, todavia, a eficácia da admissão expressa ou tácita, se o documento houver sido obtido por erro, dolo ou coação.

• V. art. 352, CPC.
• V. arts. 86 a 101, CC/1916; e arts. 138 a 155, CC/2002.

Art. 373. Ressalvado o disposto no parágrafo único do artigo anterior, o documento particular, de cuja autenticidade se não duvida, prova que o seu autor fez a declaração, que lhe é atribuída.

• V. arts. 354 e 380, CPC.

Parágrafo único. O documento particular, admitido expressa ou tacitamente, é indivisível, sendo defeso à parte, que pretende utilizar-se dele, aceitar os fatos que lhe são favoráveis e recusar os que são contrários ao seu interesse, salvo se provar que estes se não verificaram.

Art. 374. O telegrama, o radiograma ou qualquer outro meio de transmissão tem a mesma força probatória do documento particular, se o original constante da estação expedidora foi assinado pelo remetente.

Parágrafo único. A firma do remetente poderá ser reconhecida pelo tabelião, declarando-se essa circunstância no original depositado na estação expedidora.

Art. 375. O telegrama ou o radiograma presume-se conforme com o original, provando a data de sua expedição e do recebimento pelo destinatário.

• Artigo com redação determinada pela Lei 5.925/1973.
• V. art. 1.086, CC/1916; e art. 434, CC/2002.

Art. 376. As cartas, bem como os registros domésticos, provam contra quem os escreveu quando:

I – enunciam o recebimento de um crédito;

II – contêm anotação, que visa a suprir a falta de título em favor de quem é apontado como credor;

III – expressam conhecimento de fatos para os quais não se exija determinada prova.

• V. art. 131, CC/1916; e art. 219, CC/2002.

Art. 377. A nota escrita pelo credor em qualquer parte de documento representativo de obrigação, ainda que não assinada, faz prova em benefício do devedor.

• V. art. 85, CC/1916; e art. 112, CC/2002.
• V. art. 47, Lei 8.078/1990 (Código de Defesa do Consumidor).

Parágrafo único. Aplica-se esta regra tanto para o documento, que o credor conservar em seu poder, como para aquele que se achar em poder do devedor.

Art. 378. Os livros comerciais provam contra o seu autor. É lícito ao comerciante, todavia, demonstrar, por todos os meios permitidos em direito, que os lançamentos não correspondem à verdade dos fatos.

• V. art. 19, Lei 5.474/1968 (Duplicatas).
• V. art. 100, Lei 6.404/1976 (Sociedades por ações).

Art. 379. Os livros comerciais, que preencham os requisitos exigidos por lei, provam também a favor do seu autor no litígio entre comerciantes.

Art. 380. A escrituração contábil é indivisível; se dos fatos que resultam dos lançamentos, uns são favoráveis ao interesse de seu autor e outros lhe são contrários, ambos serão considerados em conjunto como unidade.

• V. arts. 354 e 373, parágrafo único, CPC.

Art. 381. O juiz pode ordenar, a requerimento da parte, a exibição integral dos li-

vros comerciais e dos documentos do arquivo:

- V. arts. 844, III, 845, 993, parágrafo único, 1.003, parágrafo único, e 1.218, VII, CPC.
- V. art. 63, V, Dec.-lei 7.661/1945 (Lei de Falências); e art. 22, III, *b*, Lei 11.101/2005 (Lei de Recuperação de Empresas e Falência).
- V. art. 105, Lei 6.404/1976 (Sociedades por ações).

I – na liquidação de sociedade;
II – na sucessão por morte de sócio;
III – quando e como determinar a lei.

- V. arts. 844, II, e 845, CPC.

Art. 382. O juiz pode, de ofício, ordenar à parte a exibição parcial dos livros e documentos, extraindo-se deles a suma que interessar ao litígio, bem como reproduções autenticadas.

- V. arts. 844 e 845, CPC.
- V. Súmula 260, STF.

Art. 383. Qualquer reprodução mecânica, como a fotográfica, cinematográfica, fonográfica ou de outra espécie, faz prova dos fatos ou das coisas representadas, se aquele contra quem foi produzida lhe admitir a conformidade.

- V. Lei 5.433/1968 (Microfilmagem de documentos).
- V. art. 141, Lei 6.015/1973 (Lei de Registros Públicos).

Parágrafo único. Impugnada a autenticidade da reprodução mecânica, o juiz ordenará a realização de exame pericial.

Art. 384. As reproduções fotográficas ou obtidas por outros processos de repetição, dos documentos particulares, valem como certidões, sempre que o escrivão portar por fé a sua conformidade com o original.

Art. 385. A cópia de documento particular tem o mesmo valor probante que o original, cabendo ao escrivão, intimadas as partes, proceder à conferência e certificar a conformidade entre a cópia e o original.
§ 1º Quando se tratar de fotografia, esta terá de ser acompanhada do respectivo negativo.
§ 2º Se a prova for uma fotografia publicada em jornal, exigir-se-ão o original e o negativo.

- V. arts. 365 e 367 a 369, CPC.

Art. 386. O juiz apreciará livremente a fé que deva merecer o documento, quando em ponto substancial e sem ressalva contiver entrelinha, emenda, borrão ou cancelamento.

- V. art. 171, CPC.

Art. 387. Cessa a fé do documento, público ou particular, sendo-lhe declarada judicialmente a falsidade.
Parágrafo único. A falsidade consiste:
I – em formar documento não verdadeiro;
II – em alterar documento verdadeiro.

Art. 388. Cessa a fé do documento particular quando:
I – lhe for contestada a assinatura e enquanto não se lhe comprovar a veracidade;
II – assinado em branco, for abusivamente preenchido.
Parágrafo único. Dar-se-á abuso quando aquele, que recebeu documento assinado, com texto não escrito no todo ou em parte, o formar ou o completar, por si ou por meio de outrem, violando o pacto feito com o signatário.

Art. 389. Incumbe o ônus da prova quando:
I – se tratar de falsidade de documento, à parte que a arguir;
II – se tratar de contestação de assinatura, à parte que produziu o documento.

- V. art. 372, CPC.

Subseção II
Da arguição de falsidade

Art. 390. O incidente de falsidade tem lugar em qualquer tempo e grau de jurisdição, incumbindo à parte, contra quem foi produzido o documento, suscitá-lo na contestação ou no prazo de 10 (dez) dias, contados da intimação da sua juntada aos autos.

- V. arts. 372 e 389, I, CPC.

Art. 391. Quando o documento for oferecido antes de encerrada a instrução, a parte o arguirá de falso, em petição dirigida ao juiz da causa, expondo os motivos em que funda a sua pretensão e os meios com que provará o alegado.

Art. 392. Intimada a parte, que produziu o documento, a responder no prazo de 10 (dez) dias, o juiz ordenará o exame pericial.
- V. art. 434, CPC.

Parágrafo único. Não se procederá ao exame pericial, se a parte, que produziu o documento, concordar em retirá-lo e a parte contrária não se opuser ao desentranhamento.

Art. 393. Depois de encerrada a instrução, o incidente de falsidade correrá em apenso aos autos principais; no tribunal processar-se-á perante o relator, observando-se o disposto no artigo antecedente.

Art. 394. Logo que for suscitado o incidente de falsidade, o juiz suspenderá o processo principal.
- V. art. 265, VI, CPC.

Art. 395. A sentença, que resolver o incidente, declarará a falsidade ou autenticidade do documento.

Subseção III
Da produção da prova documental

Art. 396. Compete à parte instruir a petição inicial (art. 283), ou a resposta (art. 297), com os documentos destinados a provar-lhe as alegações.
- V. arts. 326, 327, 355 e 360, CPC.

Art. 397. É lícito às partes, em qualquer tempo, juntar aos autos documentos novos, quando destinados a fazer prova de fatos ocorridos depois dos articulados, ou para contrapô-los aos que foram produzidos nos autos.

Art. 398. Sempre que uma das partes requerer a juntada de documento aos autos, o juiz ouvirá, a seu respeito, a outra, no prazo de 5 (cinco) dias.
- V. art. 504, CPC.

Art. 399. O juiz requisitará às repartições públicas em qualquer tempo ou grau de jurisdição:

I – as certidões necessárias à prova das alegações das partes;
- V. art. 5º, XXXIV, CF.
- V. art. 1º, § 6º, Lei 4.717/1965 (Ação popular).
- V. art. 8º, Lei 7.347/1985 (Ação civil pública).

II – os procedimentos administrativos nas causas em que forem interessados a União, o Estado, o Município, ou as respectivas entidades da administração indireta.
- V. Lei 94/1947 (Requisição de processos administrativos pelos juízes da Fazenda Pública).
- V. art. 41, parágrafo único, Lei 6.830/1980 (Execução fiscal).

§ 1º Recebidos os autos, o juiz mandará extrair, no prazo máximo e improrrogável de 30 (trinta) dias, certidões ou reproduções fotográficas das peças indicadas pelas partes ou de ofício; findo o prazo, devolverá os autos à repartição de origem.
- Primitivo parágrafo único renumerado pela Lei 11.419/2006 (DOU 20.12.2006), em vigor 90 (noventa) dias depois de sua publicação.

§ 2º As repartições públicas poderão fornecer todos os documentos em meio eletrônico conforme disposto em lei, certificando, pelo mesmo meio, que se trata de extrato fiel do que consta em seu banco de dados ou do documento digitalizado.
- § 2º acrescentado pela Lei 11.419/2006 (DOU 20.12.2006), em vigor 90 (noventa) dias depois de sua publicação.

Seção VI
Da prova testemunhal

Subseção I
Da admissibilidade e do valor da prova testemunhal

Art. 400. A prova testemunhal é sempre admissível, não dispondo a lei de modo diverso. O juiz indeferirá a inquirição de testemunhas sobre fatos:
- V. arts. 1.093, 1.400 e 1.483, CC/1916; e arts. 472 e 819, CC/2002.
- V. art. 1.400, CC/1916, sem correspondência no CC/2002.

I – já provados por documento ou confissão da parte;
- V. arts. 330 e 348 a 354, CPC.

II – que só por documento ou por exame pericial puderem ser provados.
- V. art. 145, CPC.

Art. 401. A prova exclusivamente testemunhal só se admite nos contratos cujo valor não exceda o décuplo do maior salário mínimo vigente no país, ao tempo em que foram celebrados.

Art. 402. Qualquer que seja o valor do contrato, é admissível a prova testemunhal, quando:

- V. arts. 141, parágrafo único, e 142, CC/1916; e arts. 227, parágrafo único, e 228, CC/2002.

I – houver começo de prova por escrito, reputando-se tal o documento emanado da parte contra quem se pretende utilizar o documento como prova;

II – o credor não pode ou não podia, moral ou materialmente, obter a prova escrita da obrigação, em casos como o de parentesco, depósito necessário ou hospedagem em hotel.

- V. art. 1.282, CC/1916; e art. 647, CC/2002.

Art. 403. As normas estabelecidas nos dois artigos antecedentes aplicam-se ao pagamento e à remissão da dívida.

- V. arts. 863 a 889, 930 a 998 e 1.053 a 1.055, CC/1916; e arts. 304 a 333 e 352 a 388, CC/2002.

Art. 404. É lícito à parte inocente provar com testemunhas:

I – nos contratos simulados, a divergência entre a vontade real e a vontade declarada;

- V. art. 102, CC/1916; e art. 167, § 1º, CC/2002.

II – nos contratos em geral, os vícios do consentimento.

- V. arts. 86, 92, 98 e 106, CC/1916; e arts. 138, 145 e 158, *caput*, CC/2002.

Art. 405. Podem depor como testemunhas todas as pessoas, exceto as incapazes, impedidas ou suspeitas.

- Artigo com redação determinada pela Lei 5.925/1973.
- V. arts. 409 e 414, § 1º, CPC.

§ 1º São incapazes:

I – o interdito por demência;

II – o que, acometido por enfermidade, ou debilidade mental, ao tempo em que ocorreram os fatos, não podia discerni-los; ou, ao tempo em que deve depor, não está habilitado a transmitir as percepções;

III – o menor de 16 (dezesseis) anos;

IV – o cego e o surdo, quando a ciência do fato depender dos sentidos que lhes faltam.

- V. art. 142, CC/1916; e art. 228, CC/2002.

§ 2º São impedidos:

I – o cônjuge, bem como o ascendente e o descendente em qualquer grau, ou colateral, até o terceiro grau, de alguma das partes por consanguinidade ou afinidade, salvo se o exigir o interesse público, ou, tratando-se de causa relativa ao estado da pessoa, não se puder obter de outro modo a prova, que o juiz repute necessária ao julgamento do mérito;

- V. art. 143, CC/1916, sem correspondência no CC/2002.

II – o que é parte na causa;

III – o que intervém em nome de uma parte, como o tutor na causa do menor, o representante legal da pessoa jurídica, o juiz, o advogado e outros, que assistam ou tenham assistido as partes.

- V. art. 7º, XIX, Lei 8.906/1994 (Estatuto da Advocacia e da OAB).

§ 3º São suspeitos:

I – o condenado por crime de falso testemunho, havendo transitado em julgado a sentença;

- V. art. 342, CP.

II – o que, por seus costumes, não for digno de fé;

III – o inimigo capital da parte, ou seu amigo íntimo;

IV – o que tiver interesse no litígio.

- V. arts. 50, 56, 62, 70 e 77, CPC.

§ 4º Sendo estritamente necessário, o juiz ouvirá testemunhas impedidas ou suspeitas; mas os seus depoimentos serão prestados independentemente de compromisso (art. 415) e o juiz lhes atribuirá o valor que possam merecer.

- V. art. 414, § 1º, CPC.

Art. 406. A testemunha não é obrigada a depor de fatos:

I – que lhe acarretem grave dano, bem como ao seu cônjuge e aos seus parentes consanguíneos ou afins, em linha reta, ou na colateral em segundo grau;

II – a cujo respeito, por estado ou profissão, deva guardar sigilo.

- V. arts. 347, II, 363, IV, e 414, § 2º, CPC.
- V. art. 144, CC/1916; e art. 229, CC/2002.
- V. arts. 153 e 154, CP.

Subseção II
Da produção da prova testemunhal

Art. 407. Incumbe às partes, no prazo que o juiz fixará ao designar a data da audiência, depositar em cartório o rol de teste-

munhas, precisando-lhes o nome, profissão, residência e o local de trabalho; omitindo-se o juiz, o rol será apresentado até 10 (dez) dias antes da audiência.

- *Caput* com redação determinada pela Lei 10.358/2001.
- V. art. 847, CPC.

Parágrafo único. É lícito a cada parte oferecer, no máximo, dez testemunhas; quando qualquer das partes oferecer mais de três testemunhas para a prova de cada fato, o juiz poderá dispensar as restantes.

Art. 408. Depois de apresentado o rol, de que trata o artigo antecedente, a parte só pode substituir a testemunha:
I – que falecer;
II – que, por enfermidade, não estiver em condições de depor;
III – que, tendo mudado de residência, não for encontrada pelo oficial de justiça.

Art. 409. Quando for arrolado como testemunha o juiz da causa, este:
I – declarar-se-á impedido, se tiver conhecimento de fatos, que possam influir na decisão; caso em que será defeso à parte, que o incluiu no rol, desistir de seu depoimento;
II – se nada souber, mandará excluir o seu nome.

- V. art. 134, II, CPC.

Art. 410. As testemunhas depõem, na audiência de instrução, perante o juiz da causa, exceto:

- V. arts. 176 e 336, CPC.

I – as que prestam depoimento antecipadamente;

- V. arts. 846 a 848, CPC.

II – as que são inquiridas por carta;

- V. arts. 202 a 212, CPC.

III – as que, por doença, ou outro motivo relevante, estão impossibilitadas de comparecer em juízo (art. 336, parágrafo único);
IV – as designadas no artigo seguinte.

Art. 411. São inquiridos em sua residência, ou onde exerçam a sua função:
I – o Presidente e o Vice-Presidente da República;
II – o Presidente do Senado e o da Câmara dos Deputados;
III – os Ministros de Estado;
IV – os ministros do Supremo Tribunal Federal, do Superior Tribunal de Justiça, do Superior Tribunal Militar, do Tribunal Superior Eleitoral, do Tribunal Superior do Trabalho e do Tribunal de Contas da União;

- Inciso IV com redação determinada pela Lei 11.382/2006 (*DOU* 07.12.2006), em vigor 45 (quarenta e cinco) dias após a data de sua publicação, de acordo com o art. 1º do Dec.-lei 4.657/1942.

V – o Procurador-Geral da República;
VI – os Senadores e Deputados Federais;
VII – os Governadores dos Estados, dos Territórios e do Distrito Federal;
VIII – os Deputados Estaduais;
IX – os Desembargadores dos Tribunais de Justiça, os juízes dos Tribunais de Alçada, os juízes dos Tribunais Regionais do Trabalho e dos Tribunais Regionais Eleitorais e os Conselheiros dos Tribunais de Contas dos Estados e do Distrito Federal;

- V. art. 33, I, LC 35/1979 (Lei Orgânica da Magistratura Nacional).
- V. art. 40, I, Lei 8.625/1993 (Lei Orgânica do Ministério Público).
- V. art. 4º, EC n. 45/2004 (Reforma do Judiciário), que extinguiu os Tribunais de Alçada.

X – o embaixador de país que, por lei ou tratado, concede idêntica prerrogativa ao agente diplomático do Brasil.

Parágrafo único. O juiz solicitará à autoridade que designe dia, hora e local a fim de ser inquirida, remetendo-lhe cópia da petição inicial ou da defesa oferecida pela parte, que a arrolou como testemunha.

Art. 412. A testemunha é intimada a comparecer à audiência, constando do mandado dia, hora e local, bem como os nomes das partes e a natureza da causa. Se a testemunha deixar de comparecer, sem motivo justificado, será conduzida, respondendo pelas despesas do adiamento.

- *Caput* com redação determinada pela Lei 5.925/1973.

§ 1º A parte pode comprometer-se a levar à audiência a testemunha, independentemente de intimação; presumindo-se, caso não compareça, que desistiu de ouvi-la.

- § 1º com redação determinada pela Lei 5.925/1973.

§ 2º Quando figurar no rol de testemunhas funcionário público ou militar, o juiz o requi-

sitará ao chefe da repartição ou ao comando do corpo em que servir.

• § 2º com redação determinada pela Lei 5.925/1973.

§ 3º A intimação poderá ser feita pelo correio, sob registro ou com entrega em mão própria, quando a testemunha tiver residência certa.

• § 3º acrescentado pela Lei 8.710/1993.

Art. 413. O juiz inquirirá as testemunhas separada e sucessivamente; primeiro as do autor e depois as do réu, providenciando de modo que uma não ouça o depoimento das outras.

Art. 414. Antes de depor, a testemunha será qualificada, declarando o nome por inteiro, a profissão, a residência e o estado civil, bem como se tem relações de parentesco com a parte, ou interesse no objeto do processo.

§ 1º É lícito à parte contraditar a testemunha, arguindo-lhe a incapacidade, o impedimento ou a suspeição. Se a testemunha negar os fatos que lhe são imputados, a parte poderá provar a contradita com documentos ou com testemunhas, até três, apresentadas no ato e inquiridas em separado. Sendo provados ou confessados os fatos, o juiz dispensará a testemunha, ou lhe tomará o depoimento, observando o disposto no art. 405, § 4º.

§ 2º A testemunha pode requerer ao juiz que a escuse de depor, alegando os motivos de que trata o art. 406; ouvidas as partes, o juiz decidirá de plano.

Art. 415. Ao início da inquirição, a testemunha prestará o compromisso de dizer a verdade do que souber e lhe for perguntado.

• V. art. 405, § 4º, CPC.

Parágrafo único. O juiz advertirá à testemunha que incorre em sanção penal quem faz afirmação falsa, cala ou oculta a verdade.

• V. art. 342, CP.

Art. 416. O juiz interrogará a testemunha sobre os fatos articulados, cabendo, primeiro à parte, que a arrolou, e depois à parte contrária, formular perguntas tendentes a esclarecer ou completar o depoimento.

§ 1º As partes devem tratar as testemunhas com urbanidade, não lhes fazendo perguntas ou considerações impertinentes, capciosas ou vexatórias.

• V. arts. 400 e 446, III e parágrafo único, CPC.

§ 2º As perguntas que o juiz indeferir serão obrigatoriamente transcritas no termo se a parte o requerer.

• § 2º com redação determinada pela Lei 7.005/1982.

Art. 417. O depoimento, datilografado ou registrado por taquigrafia, estenotipia ou outro método idôneo de documentação, será assinado pelo juiz, pelo depoente e pelos procuradores, facultando-se às partes a sua gravação.

• *Caput* com redação determinada pela Lei 8.952/1994.

§ 1º O depoimento será passado para a versão datilográfica quando houver recurso da sentença ou noutros casos, quando o juiz o determinar, de ofício ou a requerimento da parte.

• Anterior parágrafo único renumerado pela Lei 11.419/2006 (*DOU* 20.12.2006), em vigor 90 (noventa) dias depois de sua publicação.

§ 2º Tratando-se de processo eletrônico, observar-se-á o disposto nos §§ 2º e 3º do art. 169 desta Lei.

• § 2º acrescentado pela Lei 11.419/2006 (*DOU* 20.12.2006), em vigor 90 (noventa) dias depois de sua publicação.

Art. 418. O juiz pode ordenar, de ofício ou a requerimento da parte:

I – a inquirição de testemunhas referidas nas declarações da parte ou das testemunhas;

II – a acareação de duas ou mais testemunhas ou de alguma delas com a parte, quando, sobre fato determinado, que possa influir na decisão da causa, divergirem as suas declarações.

• V. art. 130, CPC.

Art. 419. A testemunha pode requerer ao juiz o pagamento da despesa que efetuou para comparecimento à audiência, devendo a parte pagá-la logo que arbitrada, ou depositá-la em cartório dentro de 3 (três) dias.

• V. art. 20, § 2º, CPC.

Parágrafo único. O depoimento prestado em juízo é considerado serviço público. A testemunha, quando sujeita ao regime da

Código de Processo Civil

legislação trabalhista, não sofre, por comparecer à audiência, perda de salário nem desconto no tempo de serviço.

Seção VII
Da prova pericial

Art. 420. A prova pericial consiste em exame, vistoria ou avaliação.

* V. arts. 846, parte final, e 850, CPC.

Parágrafo único. O juiz indeferirá a perícia quando:
I – a prova do fato não depender do conhecimento especial de técnico;
II – for desnecessária em vista de outras provas produzidas;
III – a verificação for impraticável.

Art. 421. O juiz nomeará o perito, fixando de imediato o prazo para a entrega do laudo.

* *Caput* com redação determinada pela Lei 8.455/1992.
* V. arts. 145, 331, § 2º, e 850, CPC.
* V. art. 35, Lei 9.099/1995 (Juizados Especiais Cíveis e Criminais).

§ 1º Incumbe às partes, dentro em 5 (cinco) dias, contados da intimação do despacho de nomeação do perito:
I – indicar o assistente técnico;
II – apresentar quesitos.

* V. arts. 276 e 426, II, CPC.

§ 2º Quando a natureza do fato o permitir, a perícia poderá consistir apenas na inquirição pelo juiz do perito e dos assistentes, por ocasião da audiência de instrução e julgamento a respeito das coisas que houverem informalmente examinado ou avaliado.

* § 2º com redação determinada pela Lei 8.455/1992.

Art. 422. O perito cumprirá escrupulosamente o encargo que lhe foi cometido, independentemente de termo de compromisso. Os assistentes técnicos são de confiança da parte, não sujeitos a impedimento ou suspeição.

* Artigo com redação determinada pela Lei 8.455/1992.
* V. art. 850, CPC.

Art. 423. O perito pode escusar-se (art. 146), ou ser recusado por impedimento ou suspeição (art. 138, III); ao aceitar a escusa ou ao julgar procedente a impugnação, o juiz nomeará novo perito.

* Artigo com redação determinada pela Lei 8.455/1992.
* V. art. 850, CPC.

Art. 424. O perito pode ser substituído quando:

* *Caput* com redação determinada pela Lei 8.455/1992.
* V. art. 850, CPC.

I – carecer de conhecimento técnico ou científico;
II – sem motivo legítimo, deixar de cumprir o encargo no prazo que lhe foi assinado.

* Inciso II com redação determinada pela Lei 8.455/1992.

Parágrafo único. No caso previsto no inciso II, o juiz comunicará a ocorrência à corporação profissional respectiva, podendo, ainda, impor multa ao perito, fixada tendo em vista o valor da causa e o possível prejuízo decorrente do atraso no processo.

* Parágrafo único com redação determinada pela Lei 8.455/1992.

Art. 425. Poderão as partes apresentar, durante a diligência, quesitos suplementares. Da juntada dos quesitos aos autos dará o escrivão ciência à parte contrária.

* V. art. 850, CPC.

Art. 426. Compete ao juiz:

* V. arts. 130, 421, § 1º, II, e 850, CPC.

I – indeferir quesitos impertinentes;
II – formular os que entender necessários ao esclarecimento da causa.

Art. 427. O juiz poderá dispensar prova pericial quando as partes, na inicial e na contestação, apresentarem sobre as questões de fato pareceres técnicos ou documentos elucidativos que considerar suficientes.

* Artigo com redação determinada pela Lei 8.455/1992.
* V. art. 850, CPC.

Art. 428. Quando a prova tiver de realizar-se por carta, poderá proceder-se à nomeação de perito e indicação de assistentes técnicos no juízo, ao qual se requisitar a perícia.

* V. arts. 202, § 2º, e 850, CPC.

Art. 429

Art. 429. Para o desempenho de sua função, podem o perito e os assistentes técnicos utilizar-se de todos os meios necessários, ouvindo testemunhas, obtendo informações, solicitando documentos que estejam em poder de parte ou em repartições públicas, bem como instruir o laudo com plantas, desenhos, fotografias e outras quaisquer peças.

- V. art. 850, CPC.

Arts. 430 e 431. *(Revogados pela Lei 8.455/1992.)*

Art. 431-A. As partes terão ciência da data e local designados pelo juiz ou indicados pelo perito para ter início a produção da prova.

- Artigo acrescentado pela Lei 10.358/2001.

Art. 431-B. Tratando-se de perícia complexa, que abranja mais de uma área de conhecimento especializado, o juiz poderá nomear mais de um perito e a parte indicar mais de um assistente técnico.

- Artigo acrescentado pela Lei 10.358/2001.

Art. 432. Se o perito, por motivo justificado, não puder apresentar o laudo dentro do prazo, o juiz conceder-lhe-á, por uma vez, prorrogação, segundo o seu prudente arbítrio.

- V. arts. 183, § 2º, 427, 433 e 850, CPC.

Parágrafo único. *(Revogado pela Lei 8.455/1992.)*

Art. 433. O perito apresentará o laudo em cartório, no prazo fixado pelo juiz, pelo menos 20 (vinte) dias antes da audiência de instrução e julgamento.

- *Caput* com redação determinada pela Lei 8.455/1992.

Parágrafo único. Os assistentes técnicos oferecerão seus pareceres no prazo comum de 10 (dez) dias, após intimadas as partes da apresentação do laudo.

- Parágrafo único com redação determinada pela Lei 10.358/2001.
- V. art. 850, CPC.

Art. 434. Quando o exame tiver por objeto a autenticidade ou a falsidade de documento, ou for de natureza médico-legal, o perito será escolhido, de preferência, entre os técnicos dos estabelecimentos oficiais especializados. O juiz autorizará a remessa dos autos, bem como do material sujeito a exame, ao diretor do estabelecimento.

- *Caput* com redação determinada pela Lei 8.952/1994.
- V. art. 850, CPC.

Parágrafo único. Quando o exame tiver por objeto a autenticidade da letra e firma, o perito poderá requisitar, para efeito de comparação, documentos existentes em repartições públicas; na falta destes, poderá requerer ao juiz que a pessoa, a quem se atribuir a autoria do documento, lance em folha de papel por cópia, ou sob ditado, dizeres diferentes, para fins de comparação.

Art. 435. A parte, que desejar esclarecimento do perito e do assistente técnico, requererá ao juiz que mande intimá-lo a comparecer à audiência, formulando desde logo as perguntas, sob forma de quesitos.

- V. arts. 452, I, e 850, CPC.

Parágrafo único. O perito e o assistente técnico só estarão obrigados a prestar os esclarecimentos a que se refere este artigo, quando intimados 5 (cinco) dias antes da audiência.

Art. 436. O juiz não está adstrito ao laudo pericial, podendo formar a sua convicção com outros elementos ou fatos provados nos autos.

- V. arts. 131 e 850, CPC.

Art. 437. O juiz poderá determinar, de ofício ou a requerimento da parte, a realização de nova perícia, quando a matéria não lhe parecer suficientemente esclarecida.

- V. arts. 130 e 850, CPC.

Art. 438. A segunda perícia tem por objeto os mesmos fatos sobre que recaiu a primeira e destina-se a corrigir eventual omissão ou inexatidão dos resultados a que esta conduziu.

- V. art. 850, CPC.

Art. 439. A segunda perícia rege-se pelas disposições estabelecidas para a primeira.

- V. art. 850, CPC.

Parágrafo único. A segunda perícia não substitui a primeira, cabendo ao juiz apreciar livremente o valor de uma e outra.

Código de Processo Civil

Seção VIII
Da inspeção judicial

Art. 440. O juiz, de ofício ou a requerimento da parte, pode, em qualquer fase do processo, inspecionar pessoas ou coisas, a fim de se esclarecer sobre fato, que interesse à decisão da causa.

- V. arts. 130, 340, II, CPC.
- V. art. 35, parágrafo único, Lei 9.099/1995 (Juizados Especiais Cíveis e Criminais).

Art. 441. Ao realizar a inspeção direta, o juiz poderá ser assistido de um ou mais peritos.

Art. 442. O juiz irá ao local, onde se encontre a pessoa ou coisa, quando:
I – julgar necessário para a melhor verificação ou interpretação dos fatos que deva observar;
II – a coisa não puder ser apresentada em juízo, sem consideráveis despesas ou graves dificuldades;
III – determinar a reconstituição dos fatos.

Parágrafo único. As partes têm sempre direito a assistir à inspeção, prestando esclarecimentos e fazendo observações que reputem de interesse para a causa.

- V. art. 126, parágrafo único, CF.

Art. 443. Concluída a diligência, o juiz mandará lavrar auto circunstanciado, mencionando nele tudo quanto for útil ao julgamento da causa.

- Artigo com redação determinada pela Lei 5.925/1973.

Parágrafo único. O auto poderá ser instruído com desenho, gráfico ou fotografia.

Capítulo VII
DA AUDIÊNCIA

Seção I
Das disposições gerais

Art. 444. A audiência será pública; nos casos de que trata o art. 155, realizar-se-á a portas fechadas.

- V. art. 242, § 2º, CPC.

Art. 445. O juiz exerce o poder de polícia, competindo-lhe:

- V. arts. 15, parágrafo único, 461, § 5º, e 579, CPC.

I – manter a ordem e o decoro na audiência;
II – ordenar que se retirem da sala da audiência os que se comportarem inconvenientemente;
III – requisitar, quando necessário, a força policial.

Art. 446. Compete ao juiz em especial:
I – dirigir os trabalhos da audiência;
II – proceder direta e pessoalmente à colheita das provas;

- V. art. 132, parágrafo único, CPC.

III – exortar os advogados e o órgão do Ministério Público a que discutam a causa com elevação e urbanidade.

- V. art. 416, § 1º, CPC.

Parágrafo único. Enquanto depuserem as partes, o perito, os assistentes técnicos e as testemunhas, os advogados não podem intervir ou apartear, sem licença do juiz.

Seção II
Da conciliação

Art. 447. Quando o litígio versar sobre direitos patrimoniais de caráter privado, o juiz, de ofício, determinará o comparecimento das partes ao início da audiência de instrução e julgamento.

- V. arts. 125, IV, 277 e 331, CPC.
- V. art. 1.035, CC/1916; e art. 841, CC/2002.

Parágrafo único. Em causas relativas à família, terá lugar igualmente a conciliação, nos casos e para os fins em que a lei consente a transação.

- V. art. 1.123, CPC.
- V. Lei 968/1949 (Conciliação na separação judicial e alimentos).
- V. art. 9º, Lei 5.478/1968 (Ação de alimentos).

Art. 448. Antes de iniciar a instrução, o juiz tentará conciliar as partes. Chegando a acordo, o juiz mandará tomá-lo por termo.

Art. 449. O termo de conciliação, assinado pelas partes e homologado pelo juiz, terá valor de sentença.

- V. art. 585, II, CPC.
- V. art. 1.030, CC/1916; e art. 849, CC/2002.

Seção III
Da instrução e julgamento

Art. 450. No dia e hora designados, o juiz declarará aberta a audiência, mandan-

do apregoar as partes e os seus respectivos advogados.

Art. 451. Ao iniciar a instrução, o juiz, ouvidas as partes, fixará os pontos controvertidos sobre que incidirá a prova.

• V. art. 331, § 2º, CPC.

Art. 452. As provas serão produzidas na audiência nesta ordem:
I – o perito e os assistentes técnicos responderão aos quesitos de esclarecimentos, requeridos no prazo e na forma do art. 435;
II – o juiz tomará os depoimentos pessoais, primeiro do autor e depois do réu;

• V. arts. 342 a 347, CPC.

III – finalmente, serão inquiridas as testemunhas arroladas pelo autor e pelo réu.

• V. arts. 413 e 416, CPC.

Art. 453. A audiência poderá ser adiada:
I – por convenção das partes, caso em que só será admissível uma vez;
II – se não puderem comparecer, por motivo justificado, o perito, as partes, as testemunhas ou os advogados.
§ 1º Incumbe ao advogado provar o impedimento até a abertura da audiência; não o fazendo, o juiz procederá à instrução.
§ 2º Pode ser dispensada pelo juiz a produção das provas requeridas pela parte cujo advogado não compareceu à audiência.
§ 3º Quem der causa ao adiamento responderá pelas despesas acrescidas.

• V. arts. 29, 242, § 2º, e 419, CPC.

Art. 454. Finda a instrução, o juiz dará a palavra ao advogado do autor e ao do réu, bem como ao órgão do Ministério Público, sucessivamente, pelo prazo de 20 (vinte) minutos para cada um, prorrogável por 10 (dez), a critério do juiz.
§ 1º Havendo litisconsorte ou terceiro, o prazo, que formará com o da prorrogação um só todo, dividir-se-á entre os do mesmo grupo, se não convencionarem de modo diverso.
§ 2º No caso previsto no art. 56, o opoente sustentará as suas razões em primeiro lugar, seguindo-se-lhe os opostos, cada qual pelo prazo de 20 (vinte) minutos.

• V. art. 61, CPC.

§ 3º Quando a causa apresentar questões complexas de fato ou de direito, o debate oral poderá ser substituído por memoriais, caso em que o juiz designará dia e hora para o seu oferecimento.

Art. 455. A audiência é una e contínua. Não sendo possível concluir, num só dia, a instrução, o debate e o julgamento, o juiz marcará o seu prosseguimento para dia próximo.

Art. 456. Encerrado o debate ou oferecidos os memoriais, o juiz proferirá a sentença desde logo ou no prazo de 10 (dez) dias.

• Artigo com redação determinada pela Lei 5.925/1973.
• V. arts. 61, 105, 242 e 318, CPC.

Art. 457. O escrivão lavrará, sob ditado do juiz, termo que conterá, em resumo, o ocorrido na audiência, bem como, por extenso, os despachos e a sentença, se esta for proferida no ato.

• V. arts. 170 e 416, § 2º, CPC.

§ 1º Quando o termo for datilografado, o juiz lhe rubricará as folhas, ordenando que sejam encadernadas em volume próprio.
§ 2º Subscreverão o termo o juiz, os advogados, o órgão do Ministério Público e o escrivão.
§ 3º O escrivão trasladará para os autos cópia autêntica do termo de audiência.
§ 4º Tratando-se de processo eletrônico, observar-se-á o disposto nos §§ 2º e 3º do art. 169 desta Lei.

• § 4º acrescentado pela Lei 11.419/2006 (DOU 20.12.2006), em vigor 90 (noventa) dias depois de sua publicação.

Capítulo VIII
DA SENTENÇA E DA COISA JULGADA

• Alterações decorrentes da Lei 11.232/2005, consolidadas no CPC, republicadas no DOU de 27.07.2006, conforme determina seu art. 7º.

Seção I
Dos requisitos e dos efeitos da sentença

Art. 458. São requisitos essenciais da sentença:

• V. art. 14, parágrafo único, Dec.-lei 7.661/1945 (Lei de Falências); e art. 99, Lei 11.101/2005 (Lei de Recuperação de Empresas e Falência).

Art. 461

CÓDIGO DE PROCESSO CIVIL

I – o relatório, que conterá os nomes das partes, a suma do pedido e da resposta do réu, bem como o registro das principais ocorrências havidas no andamento do processo;
II – os fundamentos, em que o juiz analisará as questões de fato e de direito;
III – o dispositivo, em que o juiz resolverá as questões, que as partes lhe submeterem.

- V. arts. 126, 131 e 165, CPC.

Art. 459. O juiz proferirá a sentença, acolhendo ou rejeitando, no todo ou em parte, o pedido formulado pelo autor. Nos casos de extinção do processo sem julgamento do mérito, o juiz decidirá em forma concisa.
Parágrafo único. Quando o autor tiver formulado pedido certo, é vedado ao juiz proferir sentença ilíquida.

- V. arts. 286 e 572, CPC.
- V. arts. 114 a 122, CC/1916; e arts. 121 a 130 e 135, CC/2002.
- V. Súmula 318, STJ.

Art. 460. É defeso ao juiz proferir sentença, a favor do autor, de natureza diversa da pedida, bem como condenar o réu em quantidade superior ou em objeto diverso do que lhe foi demandado.

- V. art. 287, CPC.

Parágrafo único. A sentença deve ser certa, ainda quando decida relação jurídica condicional.

- Parágrafo único acrescentado pela Lei 8.952/1994.

Art. 461. Na ação que tenha por objeto o cumprimento de obrigação de fazer ou não fazer, o juiz concederá a tutela específica da obrigação ou, se procedente o pedido, determinará providências que assegurem o resultado prático equivalente ao do adimplemento.

- *Caput* com redação determinada pela Lei 8.952/1994.
- V. arts. 287 e 475-I, CPC.
- V. art. 11, Lei 7.347/1985 (Ação civil pública).
- V. art. 213, *caput*, Lei 8.069/1990 (Estatuto da Criança e do Adolescente).
- V. art. 84, *caput*, Lei 8.078/1990 (Código de Defesa do Consumidor).
- V. art. 52, V e VI, Lei 9.099/1995 (Juizados Especiais Cíveis e Criminais).
- V. art. 7º, § 5º, Lei 12.016/2009 (Nova Lei do Mandado de Segurança).

§ 1º A obrigação somente se converterá em perdas e danos se o autor o requerer ou se impossível a tutela específica ou a obtenção do resultado prático correspondente.

- § 1º acrescentado pela Lei 8.952/1994.
- V. art. 84, § 1º, Lei 8.078/1990 (Código de Defesa do Consumidor).

§ 2º A indenização por perdas e danos dar-se-á sem prejuízo da multa (art. 287).

- § 2º acrescentado pela Lei 8.952/1994.
- V. art. 84, § 2º, Lei 8.078/1990 (Código de Defesa do Consumidor).

§ 3º Sendo relevante o fundamento da demanda e havendo justificado receio de ineficácia do provimento final, é lícito ao juiz conceder a tutela liminarmente ou mediante justificação prévia, citado o réu. A medida liminar poderá ser revogada ou modificada, a qualquer tempo, em decisão fundamentada.

- § 3º acrescentado pela Lei 8.952/1994.
- V. art. 213, § 1º, Lei 8.069/1990 (Estatuto da Criança e do Adolescente).
- V. art. 84, § 3º, Lei 8.078/1990 (Código de Defesa do Consumidor).

§ 4º O juiz poderá, na hipótese do parágrafo anterior ou na sentença, impor multa diária ao réu, independentemente de pedido do autor, se for suficiente ou compatível com a obrigação, fixando-lhe prazo razoável para o cumprimento do preceito.

- § 4º acrescentado pela Lei 8.952/1994.
- V. art. 213, § 2º, Lei 8.069/1990 (Estatuto da Criança e do Adolescente).
- V. art. 84, § 4º, Lei 8.078/1990 (Código de Defesa do Consumidor).

§ 5º Para a efetivação da tutela específica ou a obtenção do resultado prático equivalente, poderá o juiz, de ofício ou a requerimento, determinar as medidas necessárias, tais como a imposição de multa por tempo de atraso, busca e apreensão, remoção de pessoas e coisas, desfazimento de obras e impedimento de atividade nociva, se necessário com requisição de força policial.

- § 5º com redação determinada pela Lei 10.444/2002.
- V. art. 84, § 5º, Lei 8.078/1990 (Código de Defesa do Consumidor).

§ 6º O juiz poderá, de ofício, modificar o valor ou a periodicidade da multa, caso verifique que se tornou insuficiente ou excessiva.

- § 6º acrescentado pela Lei 10.444/2002.

Art. 461-A

Art. 461-A. Na ação que tenha por objeto a entrega de coisa, o juiz, ao conceder a tutela específica, fixará o prazo para o cumprimento da obrigação.

- Artigo acrescentado pela Lei 10.444/2002.
- V. art. 475-I, CPC.

§ 1º Tratando-se de entrega de coisa determinada pelo gênero e quantidade, o credor a individualizará na petição inicial, se lhe couber a escolha; cabendo ao devedor escolher, este a entregará individualizada, no prazo fixado pelo juiz.

§ 2º Não cumprida a obrigação no prazo estabelecido, expedir-se-á em favor do credor mandado de busca e apreensão ou de imissão na posse, conforme se tratar de coisa móvel ou imóvel.

§ 3º Aplica-se à ação prevista neste artigo o disposto nos §§ 1º a 6º do art. 461.

Art. 462. Se, depois da propositura da ação, algum fato constitutivo, modificativo ou extintivo do direito influir no julgamento da lide, caberá ao juiz tomá-lo em consideração, de ofício ou a requerimento da parte, no momento de proferir a sentença.

- Artigo com redação determinada pela Lei 5.925/1973.
- V. arts. 22, 264, 294 e 303, CPC.

Art. 463. Publicada a sentença, o juiz só poderá alterá-la:

- *Caput* com redação determinada pela Lei 11.232/2005 (*DOU* 23.12.2005), em vigor 6 (seis) meses após a data de sua publicação.
- V. art. 471, CPC.

I – para lhe corrigir, de ofício ou a requerimento da parte, inexatidões materiais, ou lhe retificar erros de cálculo;

- V. art. 1.028, CPC.
- V. art. 96, § 3º, RISTF.
- V. art. 103, § 2º, RISTJ.

II – por meio de embargos de declaração.

- V. arts. 535 a 538, CPC.

Arts. 464 e 465. *(Revogados pela Lei 8.950/1994.)*

Art. 466. A sentença que condenar o réu no pagamento de uma prestação, consistente em dinheiro ou em coisa, valerá como título constitutivo de hipoteca judiciária, cuja inscrição será ordenada pelo juiz na forma prescrita na Lei de Registros Públicos.

- V. art. 827, CC/1916; e art. 1.489, CC/2002.
- V. arts. 824, 829 e 842, I, CC/1916, sem correspondência no CC/2002.
- V. art. 167, I-2, Lei 6.015/1973 (Lei de Registros Públicos).

Parágrafo único. A sentença condenatória produz a hipoteca judiciária:

I – embora a condenação seja genérica;
II – pendente arresto de bens do devedor;
III – ainda quando o credor possa promover a execução provisória da sentença.

Art. 466-A. Condenado o devedor a emitir declaração de vontade, a sentença, uma vez transitada em julgado, produzirá todos os efeitos da declaração não emitida.

- Artigo acrescentado pela Lei 11.232/2005 (*DOU* 23.12.2005), em vigor 6 (seis) meses após a data de sua publicação.

Art. 466-B. Se aquele que se comprometeu a concluir um contrato não cumprir a obrigação, a outra parte, sendo isso possível e não excluído pelo título, poderá obter uma sentença que produza o mesmo efeito do contrato a ser firmado.

- Artigo acrescentado pela Lei 11.232/2005 (*DOU* 23.12.2005), em vigor 6 (seis) meses após a data de sua publicação.

Art. 466-C. Tratando-se de contrato que tenha por objeto a transferência da propriedade de coisa determinada, ou de outro direito, a ação não será acolhida se a parte que a intentou não cumprir a sua prestação, nem a oferecer, nos casos e formas legais, salvo se ainda não exigível.

- Artigo acrescentado pela Lei 11.232/2005 (*DOU* 23.12.2005), em vigor 6 (seis) meses após a data de sua publicação.

Seção II
Da coisa julgada

Art. 467. Denomina-se coisa julgada material a eficácia, que torna imutável e indiscutível a sentença, não mais sujeita a recurso ordinário ou extraordinário.

- V. art. 5º, XXXVI, CF.
- V. art. 301, VI e §§ 1º e 3º, CPC.
- V. art. 6º, § 3º, Dec.-lei 4.657/1942 (Lei de Introdução às normas do Direito Brasileiro).
- V. Súmula 401, STJ.

Art. 468. A sentença, que julgar total ou parcialmente a lide, tem força de lei nos limites da lide e das questões decididas.

- V. arts. 128, 268 e 460, CPC.

Art. 475-A

CÓDIGO DE PROCESSO CIVIL

Art. 469. Não fazem coisa julgada:
I – os motivos, ainda que importantes para determinar o alcance da parte dispositiva da sentença;
II – a verdade dos fatos, estabelecida como fundamento da sentença;
III – a apreciação da questão prejudicial, decidida incidentemente no processo.

Art. 470. Faz, todavia, coisa julgada a resolução da questão prejudicial, se a parte o requerer (arts. 5º e 325), o juiz for competente em razão da matéria e constituir pressuposto necessário para o julgamento da lide.

Art. 471. Nenhum juiz decidirá novamente as questões já decididas, relativas à mesma lide, salvo:
I – se, tratando-se de relação jurídica continuativa, sobreveio modificação no estado de fato ou de direito; caso em que poderá a parte pedir a revisão do que foi estatuído na sentença;

* V. arts. 462 e 463, CPC.
* V. art. 401, CC/1916; e art. 1.699, CC/2002.
* V. art. 15, Lei 5.478/1968 (Ação de alimentos).

II – nos demais casos prescritos em lei.

* V. art. 527, II, CPC.

Art. 472. A sentença faz coisa julgada às partes entre as quais é dada, não beneficiando, nem prejudicando terceiros. Nas causas relativas ao estado de pessoa, se houverem sido citados no processo, em litisconsórcio necessário, todos os interessados, a sentença produz coisa julgada em relação a terceiros.

* V. arts. 42, § 3º, e 55, CPC.
* V. art. 16, Lei 7.347/1985 (Ação civil pública).

Art. 473. É defeso à parte discutir, no curso do processo, as questões já decididas, a cujo respeito se operou a preclusão.

* V. arts. 245, 515, § 1º, e 516, CPC.

Art. 474. Passada em julgado a sentença de mérito, reputar-se-ão deduzidas e repelidas todas as alegações e defesas, que a parte poderia opor assim ao acolhimento como à rejeição do pedido.

Art. 475. Está sujeita ao duplo grau de jurisdição, não produzindo efeito senão depois de confirmada pelo tribunal, a sentença:

* Artigo com redação determinada pela Lei 10.352/2001.

* V. art. 4º, § 3º, Lei 818/1949 (Nacionalidade brasileira).
* V. art. 19, *caput*, Lei 4.717/1965 (Ação popular).
* V. art. 4º, § 1º, Lei 7.853/1989 (Apoio às pessoas portadoras de deficiência).
* V. art. 10, Lei 9.469/1997 (Estende às autarquias e fundações públicas o disposto nos arts. 188 e 475, *caput* e II, do CPC).
** V. Súmula 490, STJ.

I – proferida contra a União, o Estado, o Distrito Federal, o Município, e as respectivas autarquias e fundações de direito público;
II – que julgar procedentes, no todo ou em parte, os embargos à execução de dívida ativa da Fazenda Pública (art. 585, VI).

* V. art. 585, VII, CPC.
* V. Lei 6.830/1980 (Execução fiscal).
* V. Súmulas 45 e 325, STJ.
* V. Súmula 77, TFR.

§ 1º Nos casos previstos neste artigo, o juiz ordenará a remessa dos autos ao tribunal, haja ou não apelação; não o fazendo, deverá o presidente do tribunal avocá-los.
§ 2º Não se aplica o disposto neste artigo sempre que a condenação, ou o direito controvertido, for de valor certo não excedente a sessenta salários mínimos, bem como no caso de procedência dos embargos do devedor na execução de dívida ativa do mesmo valor.
§ 3º Também não se aplica o disposto neste artigo quando a sentença estiver fundada em jurisprudência do plenário do Supremo Tribunal Federal ou em súmula deste Tribunal ou do tribunal superior competente.

* V. Lei 11.417/2006 (Regulamenta o art. 103-A da CF – súmula vinculante).

Capítulo IX
DA LIQUIDAÇÃO DE SENTENÇA

* Capítulo IX acrescentado pela Lei 11.232/2005 (*DOU* 23.12.2005), em vigor 6 (seis) meses após a data de sua publicação.
* Alterações decorrentes da Lei 11.232/2005, consolidadas no CPC, republicadas no *DOU* de 27.07.2006, conforme determina seu art. 7º.
* V. Súmula 344, STJ.

Art. 475-A. Quando a sentença não determinar o valor devido, procede-se à sua liquidação.

* Artigo acrescentado pela Lei 11.232/2005 (*DOU* 23.12.2005), em vigor 6 (seis) meses após a data de sua publicação.
** V. Súmula 453, STJ.

Art. 475-B

CÓDIGO DE PROCESSO CIVIL

§ 1º Do requerimento de liquidação de sentença será a parte intimada, na pessoa de seu advogado.

§ 2º A liquidação poderá ser requerida na pendência de recurso, processando-se em autos apartados, no juízo de origem, cumprindo ao liquidante instruir o pedido com cópias das peças processuais pertinentes.

§ 3º Nos processos sob procedimento comum sumário, referidos no art. 275, inciso II, alíneas *d* e *e* desta Lei, é defesa a sentença ilíquida, cumprindo ao juiz, se for o caso, fixar de plano, a seu prudente critério, o valor devido.

Art. 475-B. Quando a determinação do valor da condenação depender apenas de cálculo aritmético, o credor requererá o cumprimento da sentença, na forma do art. 475-J desta Lei, instruindo o pedido com a memória discriminada e atualizada do cálculo.

* Artigo acrescentado pela Lei 11.232/2005 (*DOU* 23.12.2005), em vigor 6 (seis) meses após a data de sua publicação.

§ 1º Quando a elaboração da memória do cálculo depender de dados existentes em poder do devedor ou de terceiro, o juiz, a requerimento do credor, poderá requisitá-los, fixando prazo de até 30 (trinta) dias para o cumprimento da diligência.

§ 2º Se os dados não forem, injustificadamente, apresentados pelo devedor, reputar-se-ão corretos os cálculos apresentados pelo credor, e, se não o forem pelo terceiro, configurar-se-á a situação prevista no art. 362.

§ 3º Poderá o juiz valer-se do contador do juízo, quando a memória apresentada pelo credor aparentemente exceder os limites da decisão exequenda e, ainda, nos casos de assistência judiciária.

§ 4º Se o credor não concordar com os cálculos feitos nos termos do § 3º deste artigo, far-se-á a execução pelo valor originariamente pretendido, mas a penhora terá por base o valor encontrado pelo contador.

Art. 475-C. Far-se-á a liquidação por arbitramento quando:

* Artigo acrescentado pela Lei 11.232/2005 (*DOU* 23.12.2005), em vigor 6 (seis) meses após a data de sua publicação.

I – determinado pela sentença ou convencionado pelas partes;
II – o exigir a natureza do objeto da liquidação.

Art. 475-D. Requerida a liquidação por arbitramento, o juiz nomeará o perito e fixará o prazo para a entrega do laudo.

* Artigo acrescentado pela Lei 11.232/2005 (*DOU* 23.12.2005), em vigor 6 (seis) meses após a data de sua publicação.

Parágrafo único. Apresentado o laudo, sobre o qual poderão as partes manifestar-se no prazo de 10 (dez) dias, o juiz proferirá decisão ou designará, se necessário, audiência.

Art. 475-E. Far-se-á a liquidação por artigos, quando, para determinar o valor da condenação, houver necessidade de alegar e provar fato novo.

* Artigo acrescentado pela Lei 11.232/2005 (*DOU* 23.12.2005), em vigor 6 (seis) meses após a data de sua publicação.

Art. 475-F. Na liquidação por artigos, observar-se-á, no que couber, o procedimento comum (art. 272).

* Artigo acrescentado pela Lei 11.232/2005 (*DOU* 23.12.2005), em vigor 6 (seis) meses após a data de sua publicação.

Art. 475-G. É defeso, na liquidação, discutir de novo a lide ou modificar a sentença que a julgou.

* Artigo acrescentado pela Lei 11.232/2005 (*DOU* 23.12.2005), em vigor 6 (seis) meses após a data de sua publicação.

Art. 475-H. Da decisão de liquidação caberá agravo de instrumento.

* Artigo acrescentado pela Lei 11.232/2005 (*DOU* 23.12.2005), em vigor 6 (seis) meses após a data de sua publicação.
** V. art. 522, CPC.

Capítulo X
DO CUMPRIMENTO DA SENTENÇA

* Capítulo X acrescentado pela Lei 11.232/2005 (*DOU* 23.12.2005), em vigor 6 (seis) meses após a data de sua publicação.
* Alterações decorrentes da Lei 11.232/2005, consolidadas no CPC, republicadas no *DOU* de 27.07.2006, conforme determina seu art. 7º.

Art. 475-I. O cumprimento da sentença far-se-á conforme os arts. 461 e 461-A desta Lei ou, tratando-se de obrigação por

Art. 475-M

CÓDIGO DE PROCESSO CIVIL

quantia certa, por execução, nos termos dos demais artigos deste Capítulo.

* Artigo acrescentado pela Lei 11.232/2005 (*DOU* 23.12.2005), em vigor 6 (seis) meses após a data de sua publicação.

§ 1º É definitiva a execução da sentença transitada em julgado e provisória quando se tratar de sentença impugnada mediante recurso ao qual não foi atribuído efeito suspensivo.

* V. art. 587, CPC.

§ 2º Quando na sentença houver uma parte líquida e outra ilíquida, ao credor é lícito promover simultaneamente a execução daquela e, em autos apartados, a liquidação desta.

Art. 475-J. Caso o devedor, condenado ao pagamento de quantia certa ou já fixada em liquidação, não o efetue no prazo de 15 (quinze) dias, o montante da condenação será acrescido de multa no percentual de 10% (dez por cento) e, a requerimento do credor e observado o disposto no art. 614, inciso II, desta Lei, expedir-se-á mandado de penhora e avaliação.

* Artigo acrescentado pela Lei 11.232/2005 (*DOU* 23.12.2005), em vigor 6 (seis) meses após a data de sua publicação.

§ 1º Do auto de penhora e de avaliação será de imediato intimado o executado, na pessoa de seu advogado (arts. 236 e 237), ou, na falta deste, o seu representante legal, ou pessoalmente, por mandado ou pelo correio, podendo oferecer impugnação, querendo, no prazo de 15 (quinze) dias.

* V. art. 681, CPC.

§ 2º Caso o oficial de justiça não possa proceder à avaliação, por depender de conhecimentos especializados, o juiz, de imediato, nomeará avaliador, assinando-lhe breve prazo para a entrega do laudo.

§ 3º O exequente poderá, em seu requerimento, indicar desde logo os bens a serem penhorados.

§ 4º Efetuado o pagamento parcial no prazo previsto no *caput* deste artigo, a multa de 10% (dez por cento) incidirá sobre o restante.

§ 5º Não sendo requerida a execução no prazo de 6 (seis) meses, o juiz mandará arquivar os autos, sem prejuízo de seu desarquivamento a pedido da parte.

Art. 475-L. A impugnação somente poderá versar sobre:

* Artigo acrescentado pela Lei 11.232/2005 (*DOU* 23.12.2005), em vigor 6 (seis) meses após a data de sua publicação.

I – falta ou nulidade da citação, se o processo correu à revelia;
II – inexigibilidade do título;
III – penhora incorreta ou avaliação errônea;
IV – ilegitimidade das partes;
V – excesso de execução;

* V. art. 743, CPC.

VI – qualquer causa impeditiva, modificativa ou extintiva da obrigação, como pagamento, novação, compensação, transação ou prescrição, desde que superveniente à sentença.

§ 1º Para efeito do disposto no inciso II do *caput* deste artigo, considera-se também inexigível o título judicial fundado em lei ou ato normativo declarados inconstitucionais pelo Supremo Tribunal Federal, ou fundado em aplicação ou interpretação da lei ou ato normativo tidas pelo Supremo Tribunal Federal como incompatíveis com a Constituição Federal.

§ 2º Quando o executado alegar que o exequente, em excesso de execução, pleiteia quantia superior à resultante da sentença, cumprir-lhe-á declarar de imediato o valor que entende correto, sob pena de rejeição liminar dessa impugnação.

Art. 475-M. A impugnação não terá efeito suspensivo, podendo o juiz atribuir-lhe tal efeito desde que relevantes seus fundamentos e o prosseguimento da execução seja manifestamente suscetível de causar ao executado grave dano de difícil ou incerta reparação.

* Artigo acrescentado pela Lei 11.232/2005 (*DOU* 23.12.2005), em vigor 6 (seis) meses após a data de sua publicação.

§ 1º Ainda que atribuído efeito suspensivo à impugnação, é lícito ao exequente requerer o prosseguimento da execução, oferecendo e prestando caução suficiente e idônea, arbitrada pelo juiz e prestada nos próprios autos.

Art. 475-N

§ 2º Deferido efeito suspensivo, a impugnação será instruída e decidida nos próprios autos e, caso contrário, em autos apartados.

§ 3º A decisão que resolver a impugnação é recorrível mediante agravo de instrumento, salvo quando importar extinção da execução, caso em que caberá apelação.

Art. 475-N. São títulos executivos judiciais:

* Artigo acrescentado pela Lei 11.232/2005 (*DOU* 23.12.2005), em vigor 6 (seis) meses após a data de sua publicação.

I – a sentença proferida no processo civil que reconheça a existência de obrigação de fazer, não fazer, entregar coisa ou pagar quantia;

II – a sentença penal condenatória transitada em julgado;

•• V. art. 387, IV, CPP.
•• V. art. 475-N, p.u., CPC.

III – a sentença homologatória de conciliação ou de transação, ainda que inclua matéria não posta em juízo;

•• V. art. 269, III, CPC.

IV – a sentença arbitral;

•• V. art. 475-N, p.u., CPC.
•• V. art. 31, Lei 9.307/1996 (Arbitragem).
•• V. Súmula 485, STJ.

V – o acordo extrajudicial, de qualquer natureza, homologado judicialmente;

* V. art. 57, *caput*, Lei 9.099/1995 (Juizados Especiais Cíveis e Criminais).

VI – a sentença estrangeira, homologada pelo Superior Tribunal de Justiça;

•• V. art. 105, I, *i*, e 109, X, CF.
•• V. art. 475-N, p.u., CPC.
•• V. Art. 15, Dec.-lei 4.657/1942 (Lei de Introdução às normas do Direito Brasileiro).

VII – o formal e a certidão de partilha, exclusivamente em relação ao inventariante, aos herdeiros e aos sucessores a título singular ou universal.

Parágrafo único. Nos casos dos incisos II, IV e VI, o mandado inicial (art. 475-J) incluirá a ordem de citação do devedor, no juízo cível, para liquidação ou execução, conforme o caso.

Art. 475-O. A execução provisória da sentença far-se-á, no que couber, do mesmo modo que a definitiva, observadas as seguintes normas:

* *Caput* acrescentado pela Lei 11.232/2005 (*DOU* 23.12.2005), em vigor 6 (seis) meses após a data de sua publicação.

I – corre por iniciativa, conta e responsabilidade do exequente, que se obriga, se a sentença for reformada, a reparar os danos que o executado haja sofrido;

* Inciso I acrescentado pela Lei 11.232/2005 (*DOU* 23.12.2005), em vigor 6 (seis) meses após a data de sua publicação.

II – fica sem efeito, sobrevindo acórdão que modifique ou anule a sentença objeto da execução, restituindo-se as partes ao estado anterior e liquidados eventuais prejuízos nos mesmos autos, por arbitramento;

* Inciso II acrescentado pela Lei 11.232/2005 (*DOU* 23.12.2005), em vigor 6 (seis) meses após a data de sua publicação.

III – o levantamento de depósito em dinheiro e a prática de atos que importem alienação de propriedade ou dos quais possa resultar grave dano ao executado dependem de caução suficiente e idônea, arbitrada de plano pelo juiz e prestada nos próprios autos.

* Inciso III acrescentado pela Lei 11.232/2005 (*DOU* 23.12.2005), em vigor 6 (seis) meses após a data de sua publicação.

§ 1º No caso do inciso II do *caput* deste artigo, se a sentença provisória for modificada ou anulada apenas em parte, somente nesta ficará sem efeito a execução.

* § 1º acrescentado pela Lei 11.232/2005 (*DOU* 23.12.2005), em vigor 6 (seis) meses após a data de sua publicação.
* § 1º retificado no *DOU* de 26.06.2006.

§ 2º A caução a que se refere o inciso III do *caput* deste artigo poderá ser dispensada:

* *Caput* do § 2º acrescentado pela Lei 11.232/2005 (*DOU* 23.12.2005), em vigor 6 (seis) meses após a data de sua publicação.

I – quando, nos casos de crédito de natureza alimentar ou decorrente de ato ilícito, até o limite de sessenta vezes o valor do salário mínimo, o exequente demonstrar situação de necessidade;

* Inciso I acrescentado pela Lei 11.232/2005 (*DOU* 23.12.2005), em vigor 6 (seis) meses após a data de sua publicação.

II – nos casos de execução provisória em que penda agravo perante o Supremo Tribunal

Federal ou o Superior Tribunal de Justiça (art. 544), salvo quando da dispensa possa manifestamente resultar risco de grave dano, de difícil ou incerta reparação.

* Inciso II com redação determinada pela Lei 12.322/2010 (*DOU* 10.09.2010), em vigor 90 (noventa) dias após a data de sua publicação oficial.

§ 3º Ao requerer a execução provisória, o exequente instruirá a petição com cópias autenticadas das seguintes peças do processo, podendo o advogado declarar a autenticidade, sob sua responsabilidade pessoal:

* *Caput* do § 3º com redação determinada pela Lei 12.322/2010 (*DOU* 10.09.2010), em vigor 90 (noventa) dias após a data de sua publicação oficial.

I – sentença ou acórdão exequendo;

* Inciso I acrescentado pela Lei 11.232/2005 (*DOU* 23.12.2005), em vigor 6 (seis) meses após a data de sua publicação.

II – certidão de interposição do recurso não dotado de efeito suspensivo;

* Inciso II acrescentado pela Lei 11.232/2005 (*DOU* 23.12.2005), em vigor 6 (seis) meses após a data de sua publicação.

III – procurações outorgadas pelas partes;

* Inciso III acrescentado pela Lei 11.232/2005 (*DOU* 23.12.2005), em vigor 6 (seis) meses após a data de sua publicação.

IV – decisão de habilitação, se for o caso;

* Inciso IV acrescentado pela Lei 11.232/2005 (*DOU* 23.12.2005), em vigor 6 (seis) meses após a data de sua publicação.

V – facultativamente, outras peças processuais que o exequente considere necessárias.

* Inciso V acrescentado pela Lei 11.232/2005 (*DOU* 23.12.2005), em vigor 6 (seis) meses após a data de sua publicação.

Art. 475-P. O cumprimento da sentença efetuar-se-á perante:

* Artigo acrescentado pela Lei 11.232/2005 (*DOU* 23.12.2005), em vigor 6 (seis) meses após a data de sua publicação.

I – os tribunais, nas causas de sua competência originária;

II – o juízo que processou a causa no primeiro grau de jurisdição;

III – o juízo cível competente, quando se tratar de sentença penal condenatória, de sentença arbitral ou de sentença estrangeira.

Parágrafo único. No caso do inciso II do *caput* deste artigo, o exequente poderá optar pelo juízo do local onde se encontram bens sujeitos à expropriação ou pelo do atual domicílio do executado, casos em que a remessa dos autos do processo será solicitada ao juízo de origem.

Art. 475-Q. Quando a indenização por ato ilícito incluir prestação de alimentos, o juiz, quanto a esta parte, poderá ordenar ao devedor constituição de capital, cuja renda assegure o pagamento do valor mensal da pensão.

* Artigo acrescentado pela Lei 11.232/2005 (*DOU* 23.12.2005), em vigor 6 (seis) meses após a data de sua publicação.

§ 1º Este capital, representado por imóveis, títulos da dívida pública ou aplicações financeiras em banco oficial, será inalienável e impenhorável enquanto durar a obrigação do devedor.

§ 2º O juiz poderá substituir a constituição do capital pela inclusão do beneficiário da prestação em folha de pagamento de entidade de direito público ou de empresa de direito privado de notória capacidade econômica, ou, a requerimento do devedor, por fiança bancária ou garantia real, em valor a ser arbitrado de imediato pelo juiz.

§ 3º Se sobrevier modificação nas condições econômicas, poderá a parte requerer, conforme as circunstâncias, redução ou aumento da prestação.

§ 4º Os alimentos podem ser fixados tomando por base o salário mínimo.

§ 5º Cessada a obrigação de prestar alimentos, o juiz mandará liberar o capital, cessar o desconto em folha ou cancelar as garantias prestadas.

Art. 475-R. Aplicam-se subsidiariamente ao cumprimento da sentença, no que couber, as normas que regem o processo de execução de título extrajudicial.

* Artigo acrescentado pela Lei 11.232/2005 (*DOU* 23.12.2005), em vigor 6 (seis) meses após a data de sua publicação.

Art. 476

CÓDIGO DE PROCESSO CIVIL

TÍTULO IX
DO PROCESSO NOS TRIBUNAIS

Capítulo I
DA UNIFORMIZAÇÃO DA JURISPRUDÊNCIA

• V. Lei 11.417/2006 (Regulamenta o art. 103-A da CF – súmula vinculante).

Art. 476. Compete a qualquer juiz, ao dar o voto na turma, câmara, ou grupo de câmaras, solicitar o pronunciamento prévio do tribunal acerca da interpretação do direito quando:

I – verificar que, a seu respeito, ocorre divergência;

II – no julgamento recorrido a interpretação for diversa da que lhe haja dado outra turma, câmara, grupo de câmaras ou câmaras cíveis reunidas.

Parágrafo único. A parte poderá, ao arrazoar o recurso ou em petição avulsa, requerer, fundamentadamente, que o julgamento obedeça ao disposto neste artigo.

Art. 477. Reconhecida a divergência, será lavrado o acórdão, indo os autos ao presidente do tribunal para designar a sessão de julgamento. A secretaria distribuirá a todos os juízes cópia do acórdão.

Art. 478. O tribunal, reconhecendo a divergência, dará a interpretação a ser observada, cabendo a cada juiz emitir o seu voto em exposição fundamentada.

Parágrafo único. Em qualquer caso, será ouvido o chefe do Ministério Público que funciona perante o tribunal.

Art. 479. O julgamento, tomado pelo voto da maioria absoluta dos membros que integram o tribunal, será objeto de súmula e constituirá precedente na uniformização da jurisprudência.

• V. art. 93, XI, CF.
• V. arts. 16, parágrafo único, e 101, § 3º, c, LC 35/1979 (Lei Orgânica da Magistratura Nacional).

Parágrafo único. Os regimentos internos disporão sobre a publicação no órgão oficial das súmulas de jurisprudência predominante.

Capítulo II
DA DECLARAÇÃO DE INCONSTITUCIONALIDADE

Art. 480. Arguida a inconstitucionalidade de lei ou de ato normativo do poder público, o relator, ouvido o Ministério Público, submeterá a questão à turma ou câmara, a que tocar o conhecimento do processo.

• V. arts. 52, X, 97, 102, I e III, 103, 125, § 2º, e 129, IV, CF.
• V. LC 35/1979 (Lei Orgânica da Magistratura Nacional).
• V. Lei 9.868/1999 (Processo e julgamento da ação direta de inconstitucionalidade e de ação declaratória de constitucionalidade perante o STF).

Art. 481. Se a alegação for rejeitada, prosseguirá o julgamento; se for acolhida, será lavrado o acórdão, a fim de ser submetida a questão ao tribunal pleno.

Parágrafo único. Os órgãos fracionários dos tribunais não submeterão ao plenário, ou ao órgão especial, a arguição de inconstitucionalidade, quando já houver pronunciamento destes ou do plenário do Supremo Tribunal Federal sobre a questão.

• Parágrafo único acrescentado pela Lei 9.756/1998.

Art. 482. Remetida a cópia do acórdão a todos os juízes, o presidente do tribunal designará a sessão de julgamento.

§ 1º O Ministério Público e as pessoas jurídicas de direito público responsáveis pela edição do ato questionado, se assim o requererem, poderão manifestar-se no incidente de inconstitucionalidade, observados os prazos e condições fixados no Regimento Interno do Tribunal.

• § 1º acrescentado pela Lei 9.868/1999.

§ 2º Os titulares do direito de propositura referidos no art. 103 da Constituição poderão manifestar-se, por escrito, sobre a questão constitucional objeto de apreciação pelo órgão especial ou pelo Pleno do Tribunal, no prazo fixado em Regimento, sendo-lhes assegurado o direito de apresentar memoriais ou de pedir a juntada de documentos.

• § 2º acrescentado pela Lei 9.868/1999.

§ 3º O relator, considerando a relevância da matéria e a representatividade dos postulantes, poderá admitir, por despacho irre-

corrível, a manifestação de outros órgãos ou entidades.
- § 3º acrescentado pela Lei 9.868/1999.

Capítulo III
DA HOMOLOGAÇÃO DE SENTENÇA ESTRANGEIRA

- Com a promulgação da EC n. 45/2004, que modificou o art. 105, I, *i*, da CF, a competência para homologação de sentença estrangeira passou a ser do Superior Tribunal de Justiça.
- V. art. 105, I, *i*, CF.

Art. 483. A sentença proferida por tribunal estrangeiro não terá eficácia no Brasil senão depois de homologada pelo Supremo Tribunal Federal.
- V. art. 475-N, VI, CPC.
- V. art. 36, Lei 9.307/1996 (Arbitragem).

Parágrafo único. A homologação obedecerá ao que dispuser o regimento interno do Supremo Tribunal Federal.
- V. arts. 105, I, *i*, e 109, X, CF.

Art. 484. A execução far-se-á por carta de sentença extraída dos autos da homologação e obedecerá às regras estabelecidas para a execução da sentença nacional da mesma natureza.
- V. art. 109, X, CF.
- V. art. 475-N, VI, CPC.
- V. art. 221, III, Lei 6.015/1973 (Lei de Registros Públicos).
- V. art. 36, Lei 9.307/1996 (Arbitragem).

Capítulo IV
DA AÇÃO RESCISÓRIA

Art. 485. A sentença de mérito, transitada em julgado, pode ser rescindida quando:
- V. arts. 102, I, *j*, 105, I, *e*, e 108, I, *b*, CF.
- V. ADIn 1.910-1.
- V. arts. 269, 352, II, parágrafo único, 467 e 1.030, CPC.
- V. art. 836, CLT.
- V. art. 59, Lei 9.099/1995 (Juizados Especiais Cíveis e Criminais).

I – se verificar que foi dada por prevaricação, concussão ou corrupção do juiz;
- V. arts. 316, 317 e 319, CP.

II – proferida por juiz impedido ou absolutamente incompetente;
- V. arts. 134, 136 e 137, CPC.

III – resultar de dolo da parte vencedora em detrimento da parte vencida, ou de colusão entre as partes, a fim de fraudar a lei;
- V. arts. 92 a 97 e 102, CC/1916; e arts. 145 a 150 e 167, CC/2002.
- V. arts. 103 a 105, CC/1916, sem correspondência no CC/2002.

IV – ofender a coisa julgada;
V – violar literal disposição de lei;
- V. Súmula 343, STF.

VI – se fundar em prova, cuja falsidade tenha sido apurada em processo criminal ou seja provada na própria ação rescisória;
VII – depois da sentença, o autor obtiver documento novo, cuja existência ignorava, ou de que não pôde fazer uso, capaz, por si só, de lhe assegurar pronunciamento favorável;
VIII – houver fundamento para invalidar confissão, desistência ou transação, em que se baseou a sentença;
- V. art. 352, II e parágrafo único, CPC.

IX – fundada em erro de fato, resultante de atos ou de documentos da causa.
§ 1º Há erro, quando a sentença admitir um fato inexistente, ou quando considerar inexistente um fato efetivamente ocorrido.
- V. arts. 86 a 91, CC/1916; e arts. 138 a 142, CC/2002.

§ 2º É indispensável, num como noutro caso, que não tenha havido controvérsia, nem pronunciamento judicial sobre o fato.

Art. 486. Os atos judiciais, que não dependem de sentença, ou em que esta for meramente homologatória, podem ser rescindidos, como os atos jurídicos em geral, nos termos da lei civil.
- V. arts. 145 a 158 e 178, § 9º, V, CC/1916; e arts. 166 a 184 e 178, CC/2002.

Art. 487. Tem legitimidade para propor a ação:
I – quem foi parte no processo ou o seu sucessor a título universal ou singular;
- V. arts. 41 a 43, CPC.

II – o terceiro juridicamente interessado;
- V. arts. 35, 56, 62, 70, 77 e 494, CPC.
- V. Súmula 175, STJ.

III – o Ministério Público:
a) se não foi ouvido no processo, em que lhe era obrigatória a intervenção;
- V. arts. 82 e 84, CPC.

b) quando a sentença é o efeito de colusão das partes, a fim de fraudar a lei.

Art. 488. A petição inicial será elaborada com observância dos requisitos essenciais do art. 282, devendo o autor:

I – cumular ao pedido de rescisão, se for o caso, o de novo julgamento da causa;

II – depositar a importância de 5% (cinco por cento) sobre o valor da causa, a título de multa, caso a ação seja, por unanimidade de votos, declarada inadmissível, ou improcedente.

- V. arts. 35, 490, II, e 494, CPC.
- V. Súmula 175, STJ.
- V. Súmula 129, TFR.

Parágrafo único. Não se aplica o disposto no n. II à União, ao Estado, ao Município e ao Ministério Público.

Art. 489. O ajuizamento da ação rescisória não impede o cumprimento da sentença ou acórdão rescindendo, ressalvada a concessão, casos imprescindíveis e sob os pressupostos previstos em lei, de medidas de natureza cautelar ou antecipatória de tutela.

- Artigo com redação determinada pela Lei 11.280/2006 (DOU 17.02.2006), em vigor 90 (noventa) dias após a data de sua publicação.
- V. arts. 273, 574, 587 e 798, CPC.
- V. art. 15, MP 2.180-35/2001.

Art. 490. Será indeferida a petição inicial:

I – nos casos previstos no art. 295;

II – quando não efetuado o depósito, exigido pelo art. 488, II.

Art. 491. O relator mandará citar o réu, assinando-lhe prazo nunca inferior a 15 (quinze) dias nem superior a 30 (trinta) para responder aos termos da ação. Findo o prazo com ou sem resposta, observar-se-á no que couber o disposto no Livro I, Título VIII, Capítulos IV e V.

- V. arts. 323 a 331, CPC.

Art. 492. Se os fatos alegados pelas partes dependerem de prova, o relator delegará a competência ao juiz de direito da comarca onde deva ser produzida, fixando prazo de 45 (quarenta e cinco) a 90 (noventa) dias para a devolução dos autos.

Art. 493. Concluída a instrução, será aberta vista, sucessivamente, ao autor e ao réu, pelo prazo de 10 (dez) dias, para razões finais. Em seguida, os autos subirão ao relator, procedendo-se ao julgamento:

- V. Súmula 252, STF.

I – no Supremo Tribunal Federal e no Superior Tribunal de Justiça, na forma dos seus regimentos internos;

- Inciso I com redação determinada pela Lei 11.382/2006 (DOU 07.12.2006), em vigor 45 (quarenta e cinco) dias após a data de sua publicação, de acordo com o art. 1º do Dec.-lei 4.657/1942.
- V. Súmulas 249 e 515, STF.

II – nos Estados, conforme dispuser a norma de Organização Judiciária.

- V. art. 70, ADCT.
- V. arts. 101, § 3º, e, e 110, parágrafo único, LC 35/1979 (Lei Orgânica da Magistratura Nacional).

Art. 494. Julgando procedente a ação, o tribunal rescindirá a sentença, proferirá, se for o caso, novo julgamento e determinará a restituição do depósito; declarando inadmissível ou improcedente a ação, a importância do depósito reverterá a favor do réu, sem prejuízo do disposto no art. 20.

Art. 495. O direito de propor ação rescisória se extingue em 2 (dois) anos, contados do trânsito em julgado da decisão.

- V. arts. 219 e 220, CPC.
- V. Súmula 401, STJ.

TÍTULO X
DOS RECURSOS

Capítulo I
DAS DISPOSIÇÕES GERAIS

Art. 496. São cabíveis os seguintes recursos:

- *Caput* com redação determinada pela Lei 8.038/1990.
- V. art. 5º, LV, CF.
- V. arts. 508 e 513 a 521, CPC.

I – apelação;

- Inciso I com redação determinada pela Lei 8.038/1990.
- V. arts. 508 e 513 a 521, CPC.

II – agravo;

- Inciso II com redação determinada pela Lei 8.950/1994.
- V. arts. 522 a 529, 544 e 545, CPC.

III – embargos infringentes;

- Inciso III com redação determinada pela Lei 8.038/1990.

Art. 502

CÓDIGO DE PROCESSO CIVIL

- V. arts. 508 e 530 a 534, CPC.

IV – embargos de declaração;
- Inciso IV com redação determinada pela Lei 8.038/1990.
- V. arts. 535 a 538, CPC.

V – recurso ordinário;
- Inciso V com redação determinada pela Lei 8.038/1990.
- V. arts. 508, 539 e 540, CPC.

VI – recurso especial;
- Inciso VI acrescentado pela Lei 8.038/1990.
- V. arts. 508 e 541 a 543, CPC.

VII – recurso extraordinário;
- Inciso VII acrescentado pela Lei 8.038/1990.
- V. arts. 508 e 541 a 543, CPC.

VIII – embargos de divergência em recurso especial e em recurso extraordinário.
- Inciso VIII acrescentado pela Lei 8.950/1994.
- V. arts. 508 e 546, CPC.
- V. Súmulas 315 e 316, STJ.

Art. 497. O recurso extraordinário e o recurso especial não impedem a execução da sentença; a interposição do agravo de instrumento não obsta o andamento do processo, ressalvado o disposto no art. 558 desta Lei.
- Artigo com redação determinada pela Lei 8.038/1990.
- V. art. 527, II, CPC.

Art. 498. Quando o dispositivo do acórdão contiver julgamento por maioria de votos e julgamento unânime, e forem interpostos embargos infringentes, o prazo para recurso extraordinário ou recurso especial, relativamente ao julgamento unânime, ficará sobrestado até a intimação da decisão nos embargos.
- Artigo com redação determinada pela Lei 10.352/2001.

Parágrafo único. Quando não forem interpostos embargos infringentes, o prazo relativo à parte unânime da decisão terá como dia de início aquele em que transitar em julgado a decisão por maioria de votos.

Art. 499. O recurso pode ser interposto pela parte vencida, pelo terceiro prejudicado e pelo Ministério Público.
- V. arts. 56, 62, 70, 77, 82 e 487, CPC.

§ 1º Cumpre ao terceiro demonstrar o nexo de interdependência entre o seu interesse de intervir e a relação jurídica submetida à apreciação judicial.

§ 2º O Ministério Público tem legitimidade para recorrer assim no processo em que é parte, como naqueles em que oficiou como fiscal da lei.
- V. art. 188, CPC.
- V. Súmula 99, STJ.

Art. 500. Cada parte interporá o recurso, independentemente, no prazo e observadas as exigências legais. Sendo, porém, vencidos autor e réu, ao recurso interposto por qualquer deles poderá aderir a outra parte. O recurso adesivo fica subordinado ao recurso principal e se rege pelas disposições seguintes:
- *Caput* com redação determinada pela Lei 5.925/1973.

I – será interposto perante a autoridade competente para admitir o recurso principal, no prazo de que a parte dispõe para responder;
- Inciso I com redação determinada pela Lei 8.950/1994.

II – será admissível na apelação, nos embargos infringentes, no recurso extraordinário e no recurso especial;
- Inciso II com redação determinada pela Lei 8.038/1990.

III – não será conhecido, se houver desistência do recurso principal, ou se for ele declarado inadmissível ou deserto.
- Inciso III com redação determinada pela Lei 5.925/1973.

Parágrafo único. Ao recurso adesivo se aplicam as mesmas regras do recurso independente, quanto às condições de admissibilidade, preparo e julgamento no tribunal superior.
- Parágrafo único com redação determinada pela Lei 5.925/1973.

Art. 501. O recorrente poderá, a qualquer tempo, sem a anuência do recorrido ou dos litisconsortes, desistir do recurso.
** V. art. 48, CPC.

Art. 502. A renúncia ao direito de recorrer independe da aceitação da outra parte.
- V. art. 158, CPC.

Art. 503

Art. 503. A parte, que aceitar expressa ou tacitamente a sentença ou a decisão, não poderá recorrer.

Parágrafo único. Considera-se aceitação tácita a prática, sem reserva alguma, de um ato incompatível com a vontade de recorrer.

Art. 504. Dos despachos não cabe recurso.

- Artigo com redação determinada pela Lei 11.276/2006 (DOU 08.02.2006), em vigor 90 (noventa) dias após a data de sua publicação.
- • V. art. 93, XIV, CF.
- • V. art. 162, § 3º, CPC.

Art. 505. A sentença pode ser impugnada no todo ou em parte.

- V. arts. 515, § 1º, e 516, CPC.

Art. 506. O prazo para a interposição do recurso, aplicável em todos os casos o disposto no art. 184 e seus parágrafos, contar-se-á da data:
I – da leitura da sentença em audiência;
II – da intimação às partes, quando a sentença não for proferida em audiência;
III – da publicação do dispositivo do acórdão no órgão oficial.

- Inciso III com redação determinada pela Lei 11.276/2006 (DOU 08.02.2006), em vigor 90 (noventa) dias após a data de sua publicação.
- V. arts. 242 e 322, CPC.

Parágrafo único. No prazo para a interposição do recurso, a petição será protocolada em cartório ou segundo a norma de organização judiciária, ressalvado o disposto no § 2º do art. 525 desta Lei.

- Parágrafo único com redação determinada pela Lei 11.276/2006 (DOU 08.02.2006), em vigor 90 (noventa) dias após a data de sua publicação.

Art. 507. Se, durante o prazo para a interposição do recurso, sobrevier o falecimento da parte ou de seu advogado, ou ocorrer motivo de força maior, que suspenda o curso do processo, será tal prazo restituído em proveito da parte, do herdeiro ou do sucessor, contra quem começará a correr novamente depois da intimação.

- V. arts. 43, 182, 265, I e V, e 1.055, CPC.

Art. 508. Na apelação, nos embargos infringentes, no recurso ordinário, no recurso especial, no recurso extraordinário e nos embargos de divergência, o prazo para interpor e para responder é de 15 (quinze) dias.

- *Caput* com redação determinada pela Lei 8.950/1994.
- V. arts. 174, 175, 179, 181, 182, 186, 188, 191 e 242, CPC.

Parágrafo único. *(Revogado pela Lei 6.314/1975.)*

Art. 509. O recurso interposto por um dos litisconsortes a todos aproveita, salvo se distintos ou opostos os seus interesses.

Parágrafo único. Havendo solidariedade passiva, o recurso interposto por um devedor aproveitará aos outros, quando as defesas opostas ao credor lhes forem comuns.

- V. arts. 48 e 501, CPC.
- V. arts. 904 a 915, CC/1916; e arts. 275 a 285, CC/2002.

Art. 510. Transitado em julgado o acórdão, o escrivão, ou secretário, independentemente de despacho, providenciará a baixa dos autos ao juízo de origem, no prazo de 5 (cinco) dias.

Art. 511. No ato de interposição do recurso, o recorrente comprovará, quando exigido pela legislação pertinente, o respectivo preparo, inclusive porte de remessa e de retorno, sob pena de deserção.

- Artigo com redação determinada pela Lei 9.756/1998.
- V. art. 519, CPC.
- • V. Súmulas 484 e 485, STJ.

§ 1º São dispensados de preparo os recursos interpostos pelo Ministério Público, pela União, pelos Estados e Municípios e respectivas autarquias, e pelos que gozam de isenção legal.

§ 2º A insuficiência no valor do preparo implicará deserção, se o recorrente, intimado, não vier a supri-lo no prazo de 5 (cinco) dias.

Art. 512. O julgamento proferido pelo tribunal substituirá a sentença ou a decisão recorrida no que tiver sido objeto de recurso.

Capítulo II
DA APELAÇÃO

Art. 513. Da sentença caberá apelação (arts. 267 e 269).

- V. arts. 162, § 1º, 459, 506 e 508, CPC.
- V. art. 132, § 2º, Dec.-lei 7.661/1945 (Lei de Falências); e art. 156, parágrafo único, Lei 11.101/

Art. 520

CÓDIGO DE PROCESSO CIVIL

2005 (Lei de Recuperação de Empresas e Falência).
- V. art. 19, Lei 6.014/1973 (Código de Processo Civil – adaptação).
- • V. arts. 267, I, 285-A e 296, CPC.
- • V. art. 198, VII, Lei 8.069/1990 (Estatuto da Criança e do Adolescente).

Art. 514. A apelação, interposta por petição dirigida ao juiz, conterá:
I – os nomes e a qualificação das partes;
II – os fundamentos de fato e de direito;
III – o pedido de nova decisão.
Parágrafo único. *(Revogado pela Lei 8.950/1994.)*

Art. 515. A apelação devolverá ao tribunal o conhecimento da matéria impugnada.
- V. arts. 128 e 460, CPC.

§ 1º Serão, porém, objeto de apreciação e julgamento pelo tribunal todas as questões suscitadas e discutidas no processo, ainda que a sentença não as tenha julgado por inteiro.

§ 2º Quando o pedido ou a defesa tiver mais de um fundamento e o juiz acolher apenas um deles, a apelação devolverá ao tribunal o conhecimento dos demais.

§ 3º Nos casos de extinção do processo sem julgamento do mérito (art. 267), o tribunal pode julgar desde logo a lide, se a causa versar questão exclusivamente de direito e estiver em condições de imediato julgamento.
- § 3º acrescentado pela Lei 10.352/2001.

§ 4º Constatando a ocorrência de nulidade sanável, o tribunal poderá determinar a realização ou renovação do ato processual, intimadas as partes; cumprida a diligência, sempre que possível prosseguirá o julgamento da apelação.
- § 4º acrescentado pela Lei 11.276/2006 (*DOU* 08.02.2006), em vigor 90 (noventa) dias após a data de sua publicação.

Art. 516. Ficam também submetidas ao tribunal as questões anteriores à sentença, ainda não decididas.
- Artigo com redação determinada pela Lei 8.950/1994.

Art. 517. As questões de fato, não propostas no juízo inferior, poderão ser suscitadas na apelação, se a parte provar que deixou de fazê-lo por motivo de força maior.

Art. 518. Interposta a apelação, o juiz, declarando os efeitos em que a recebe, mandará dar vista ao apelado para responder.
- *Caput* com redação determinada pela Lei 8.950/1994.

§ 1º O juiz não receberá o recurso de apelação quando a sentença estiver em conformidade com súmula do Superior Tribunal de Justiça ou do Supremo Tribunal Federal.
- § 1º acrescentado pela Lei 11.276/2006 (*DOU* 08.02.2006), em vigor 90 (noventa) dias após a data de sua publicação.

§ 2º Apresentada a resposta, é facultado ao juiz, em 5 (cinco) dias, o reexame dos pressupostos de admissibilidade do recurso.
- § 2º acrescentado pela Lei 11.276/2006 (*DOU* 08.02.2006), em vigor 90 (noventa) dias após a data de sua publicação.

Art. 519. Provando o apelante justo impedimento, o juiz relevará a pena de deserção, fixando-lhe prazo para efetuar o preparo.
- Artigo com redação determinada pela Lei 8.950/1994.

Parágrafo único. A decisão referida neste artigo será irrecorrível, cabendo ao tribunal apreciar-lhe a legitimidade.

Art. 520. A apelação será recebida em seu efeito devolutivo e suspensivo. Será, no entanto, recebida só no efeito devolutivo, quando interposta de sentença que:
- *Caput* com redação determinada pela Lei 5.925/1973.
- V. art. 1.184, CPC.
- V. art. 58, V, Lei 8.245/1991 (Locação de imóveis urbanos).
- • V. art. 3º, § 5º, Dec.-lei 911/1969 (Alienação fiduciária).
- • V. art. 90, Lei 11.101/2005 (Lei de Recuperação de Empresas e Falência).

I – homologar a divisão ou a demarcação;
- Inciso I com redação determinada pela Lei 5.925/1973.

II – condenar à prestação de alimentos;
- Inciso II com redação determinada pela Lei 5.925/1973.

III – *(Revogado pela Lei 11.232/2005 – DOU 23.12.2005, em vigor 6 (seis) meses após a data de sua publicação.)*

Art. 521

CÓDIGO DE PROCESSO CIVIL

IV – decidir o processo cautelar;
- Inciso IV com redação determinada pela Lei 5.925/1973.

V – rejeitar liminarmente embargos à execução ou julgá-los improcedentes;
- Inciso V com redação determinada pela Lei 8.950/1994.
- V. art. 739, CPC.
- V. art. 21, Lei 6.383/1976 (Processo discriminatório de terras devolutas da União).
- V. Súmulas 317 e 331, STJ.

VI – julgar procedente o pedido de instituição de arbitragem;
- Inciso VI acrescentado pela Lei 9.307/1996.

VII – confirmar a antecipação dos efeitos da tutela.
- Inciso VII acrescentado pela Lei 10.352/2001.

Art. 521. Recebida a apelação em ambos os efeitos, o juiz não poderá inovar no processo; recebida só no efeito devolutivo, o apelado poderá promover, desde logo, a execução provisória da sentença, extraindo a respectiva carta.

Capítulo III
DO AGRAVO

- Rubrica do Capítulo com redação determinada pela Lei 9.139/1995.

Art. 522. Das decisões interlocutórias caberá agravo, no prazo de 10 (dez) dias, na forma retida, salvo quando se tratar de decisão suscetível de causar à parte lesão grave e de difícil reparação, bem como nos casos de inadmissão da apelação e nos relativos aos efeitos em que a apelação é recebida, quando será admitida a sua interposição por instrumento.

- *Caput* com redação determinada pela Lei 11.187/2005 (*DOU* 20.10.2005), em vigor após decorridos 90 (noventa) dias de sua publicação oficial.
- V. arts. 162, § 2º, 475-H, 475-M, § 3º, 496, II, e 506, CPC.
- ** V. art. 100, Lei 11.101/2005 (Lei de Recuperação de Empresas e Falência).
- ** V. art. 7º, § 1º, Lei 12.016/2009 (Nova Lei do Mandado de Segurança).

Parágrafo único. O agravo retido independe de preparo.

- Parágrafo único com redação determinada pela Lei 9.139/1995.

- V. art. 511, CPC.

Art. 523. Na modalidade de agravo retido o agravante requererá que o tribunal dele conheça, preliminarmente, por ocasião do julgamento da apelação.

- *Caput* com redação determinada pela Lei 9.139/1995.

§ 1º Não se conhecerá do agravo se a parte não requerer expressamente, nas razões ou na resposta da apelação, sua apreciação pelo Tribunal.

- § 1º com redação determinada pela Lei 9.139/1995.
- V. art. 518, CPC.

§ 2º Interposto o agravo, e ouvido o agravado no prazo de 10 (dez) dias, o juiz poderá reformar sua decisão.

- § 2º com redação determinada pela Lei 10.352/2001.

§ 3º Das decisões interlocutórias proferidas na audiência de instrução e julgamento caberá agravo na forma retida, devendo ser interposto oral e imediatamente, bem como constar do respectivo termo (art. 457), nele expostas sucintamente as razões do agravante.

- § 3º com redação determinada pela Lei 11.187/2005 (*DOU* 20.10.2005), em vigor após decorridos 90 (noventa) dias de sua publicação oficial.
- V. arts. 162, § 2º, 164 e 165, CPC.

§ 4º *(Revogado pela Lei 11.187/2005 – DOU 20.10.2005, em vigor após decorridos 90 (noventa) dias de sua publicação oficial).*

Art. 524. O agravo de instrumento será dirigido diretamente ao tribunal competente, através de petição com os seguintes requisitos:

- Artigo com redação determinada pela Lei 9.139/1995.
- V. art. 506, parágrafo único, CPC.

I – a exposição do fato e do direito;

II – as razões do pedido de reforma da decisão;

III – o nome e o endereço completo dos advogados, constantes do processo.

Art. 525. A petição de agravo de instrumento será instruída:

- Artigo com redação determinada pela Lei 9.139/1995.

Art. 527

CÓDIGO DE PROCESSO CIVIL

I – obrigatoriamente, com cópias da decisão agravada, da certidão da respectiva intimação e das procurações outorgadas aos advogados do agravante e do agravado;

- V. Súmula 288, STF.

II – facultativamente, com outras peças que o agravante entender úteis.

§ 1º Acompanhará a petição o comprovante do pagamento das respectivas custas e do porte de retorno, quando devidos, conforme tabela que será publicada pelos tribunais.

- V. art. 24, IV, CF.
- V. arts. 19 e 511, CPC.
- V. art. 8º, Lei 9.289/1996 (Custas na Justiça Federal).

§ 2º No prazo do recurso, a petição será protocolada no tribunal, ou postada no correio sob registro com aviso de recebimento, ou, ainda, interposta por outra forma prevista na lei local.

- V. arts. 506, I a III, 527, parágrafo único, e 547, CPC.

Art. 526. O agravante, no prazo de 3 (três) dias, requererá juntada, aos autos do processo, de cópia da petição do agravo de instrumento e do comprovante de sua interposição, assim como a relação dos documentos que instruíram o recurso.

- *Caput* com redação determinada pela Lei 9.139/1995.
- V. arts. 160 e 183, CPC.

Parágrafo único. O não cumprimento do disposto neste artigo, desde que arguido e provado pelo agravado, importa inadmissibilidade do agravo.

- Parágrafo único acrescentado pela Lei 10.352/2001.

Art. 527. Recebido o agravo de instrumento no tribunal, e distribuído *incontinenti*, o relator:

- *Caput* com redação determinada pela Lei 10.352/2001.

I – negar-lhe-á seguimento, liminarmente, nos casos do art. 557;

- Inciso I com redação determinada pela Lei 10.352/2001.
- V. arts. 547 a 549, *caput*, CPC.

II – converterá o agravo de instrumento em agravo retido, salvo quando se tratar de decisão suscetível de causar à parte lesão grave e de difícil reparação, bem como nos casos de inadmissão da apelação e nos relativos aos efeitos em que a apelação é recebida, mandando remeter os autos ao juiz da causa;

- Inciso II com redação determinada pela Lei 11.187/2005 (*DOU* 20.10.2005), em vigor após decorridos 90 (noventa) dias de sua publicação oficial.

III – poderá atribuir efeito suspensivo ao recurso (art. 558), ou deferir, em antecipação de tutela, total ou parcialmente, a pretensão recursal, comunicando ao juiz sua decisão;

- Inciso III com redação determinada pela Lei 10.352/2001.

IV – poderá requisitar informações ao juiz da causa, que as prestará no prazo de 10 (dez) dias;

- Primitivo inciso I renumerado pela Lei 10.352/2001.
- V. art. 35, I, LC 35/1979 (Lei Orgânica da Magistratura Nacional).

V – mandará intimar o agravado, na mesma oportunidade, por ofício dirigido ao seu advogado, sob registro e com aviso de recebimento, para que responda no prazo de 10 (dez) dias (art. 525, § 2º), facultando-lhe juntar a documentação que entender conveniente, sendo que, nas comarcas sede de tribunal e naquelas em que o expediente forense for divulgado no diário oficial, a intimação far-se-á mediante publicação no órgão oficial;

- Inciso V com redação determinada pela Lei 11.187/2005 (*DOU* 20.10.2005), em vigor após decorridos 90 (noventa) dias de sua publicação oficial.
- V. arts. 236, 237, 239, 241, 242 e 506, CPC.

VI – ultimadas as providências referidas nos incisos III a V do *caput* deste artigo, mandará ouvir o Ministério Público, se for o caso, para que se pronuncie no prazo de 10 (dez) dias.

- Inciso VI com redação determinada pela Lei 11.187/2005 (*DOU* 20.10.2005), em vigor após decorridos 90 (noventa) dias de sua publicação oficial.
- V. art. 82, CPC.

Parágrafo único. A decisão liminar, proferida nos casos dos incisos II e III do *caput* deste artigo, somente é passível de reforma no momento do julgamento do agravo, salvo se o próprio relator a reconsiderar.

- Parágrafo único com redação determinada pela Lei 11.187/2005 (*DOU* 20.10.2005), em vigor após decorridos 90 (noventa) dias de sua publicação oficial.

Art. 528

Art. 528. Em prazo não superior a 30 (trinta) dias da intimação do agravado, o relator pedirá dia para julgamento.
- Artigo com redação determinada pela Lei 9.139/1995.

Art. 529. Se o juiz comunicar que reformou inteiramente a decisão, o relator considerará prejudicado o agravo.
- Artigo com redação determinada pela Lei 9.139/1995.

Capítulo IV
DOS EMBARGOS INFRINGENTES
- V. Súmula 390, STJ.

Art. 530. Cabem embargos infringentes quando o acórdão não unânime houver reformado, em grau de apelação, a sentença de mérito, ou houver julgado procedente ação rescisória. Se o desacordo for parcial, os embargos serão restritos à matéria objeto da divergência.
- Artigo com redação determinada pela Lei 10.352/2001.
- V. arts. 496, III, 498, 500, II, e 508, CPC.
- ** V. art. 25, Lei 12.016/2009 (Nova Lei de Mandado de Segurança).
- V. Súmulas 293, 354, 455 e 518, STF.
- V. Súmula 88, STJ.
- V. Súmulas 48 e 77, TFR.

Art. 531. Interpostos os embargos, abrir-se-á vista ao recorrido para contrarrazões; após, o relator do acórdão embargado apreciará a admissibilidade do recurso.
- *Caput* com redação determinada pela Lei 10.352/2001.
- V. art. 508, CPC.

Parágrafo único. *(Revogado pela Lei 8.950/1994.)*

Art. 532. Da decisão que não admitir os embargos caberá agravo, em 5 (cinco) dias, para o órgão competente para o julgamento do recurso.
- Artigo com redação determinada pela Lei 8.950/1994.

Art. 533. Admitidos os embargos, serão processados e julgados conforme dispuser o regimento do tribunal.
- Artigo com redação determinada pela Lei 10.352/2001, que suprimiu o parágrafo único.

CÓDIGO DE PROCESSO CIVIL

Art. 534. Caso a norma regimental determine a escolha de novo relator, esta recairá, se possível, em juiz que não haja participado do julgamento anterior.
- Artigo com redação determinada pela Lei 10.352/2001, que suprimiu o parágrafo único.

Capítulo V
DOS EMBARGOS DE DECLARAÇÃO

Art. 535. Cabem embargos de declaração quando:
- Artigo com redação determinada pela Lei 8.950/1994.
- V. art. 463, II, CPC.

I – houver, na sentença ou no acórdão, obscuridade ou contradição;

II – for omitido ponto sobre o qual devia pronunciar-se o juiz ou tribunal.

Art. 536. Os embargos serão opostos, no prazo de 5 (cinco) dias, em petição dirigida ao juiz ou relator, com indicação do ponto obscuro, contraditório ou omisso, não estando sujeitos a preparo.
- Artigo com redação determinada pela Lei 8.950/1994.

Art. 537. O juiz julgará os embargos em 5 (cinco) dias; nos tribunais, o relator apresentará os embargos em mesa na sessão subsequente, proferindo voto.
- Artigo com redação determinada pela Lei 8.950/1994.

Art. 538. Os embargos de declaração interrompem o prazo para a interposição de outros recursos, por qualquer das partes.
- Artigo com redação determinada pela Lei 8.950/1994.
- V. arts. 180 e 265, CPC.
- V. Súmulas 98 e 418, STJ.

Parágrafo único. Quando manifestamente protelatórios os embargos, o juiz ou tribunal, declarando que o são, condenará o embargante a pagar ao embargado multa não excedente de 1% (um por cento) sobre o valor da causa. Na reiteração de embargos protelatórios, a multa é elevada a até 10% (dez por cento), ficando condicionada a interposição de qualquer outro recurso ao depósito do valor respectivo.

Art. 542

CÓDIGO DE PROCESSO CIVIL

Capítulo VI
DOS RECURSOS PARA O SUPREMO TRIBUNAL FEDERAL E O SUPERIOR TRIBUNAL DE JUSTIÇA

- Rubrica do Capítulo com redação determinada pela Lei 8.950/1994.
- V. arts. 101 a 105, CF.

Seção I
Dos recursos ordinários

- Rubrica da Seção com redação determinada pela Lei 8.950/1994.

Art. 539. Serão julgados em recurso ordinário:

- Artigo com redação determinada pela Lei 8.950/1994.

I – pelo Supremo Tribunal Federal, os mandados de segurança, os *habeas data* e os mandados de injunção decididos em única instância pelos Tribunais Superiores, quando denegatória a decisão;

II – pelo Superior Tribunal de Justiça:

a) os mandados de segurança decididos em única instância pelos Tribunais Regionais Federais ou pelos Tribunais dos Estados e do Distrito Federal e Territórios, quando denegatória a decisão;

- V. art. 105, II, b, CF.

b) as causas em que forem partes, de um lado, Estado estrangeiro ou organismo internacional e, do outro, Município ou pessoa residente ou domiciliada no País.

Parágrafo único. Nas causas referidas no inciso II, alínea b, caberá agravo das decisões interlocutórias.

Art. 540. Aos recursos mencionados no artigo anterior aplica-se, quanto aos requisitos de admissibilidade e ao procedimento no juízo de origem, o disposto nos Capítulos II e III deste Título, observando-se, no Supremo Tribunal Federal e no Superior Tribunal de Justiça, o disposto nos seus regimentos internos.

- Artigo com redação determinada pela Lei 8.950/1994.

Seção II
Do recurso extraordinário e do recurso especial

- Rubrica da Seção com redação determinada pela Lei 8.950/1994.
- Arts. 541 a 546 revigorados pelo art. 2º da Lei 8.950/1994.
- • V. arts. 102, III e 105, III, CF.

Art. 541. O recurso extraordinário e o recurso especial, nos casos previstos na Constituição Federal, serão interpostos perante o presidente ou o vice-presidente do tribunal recorrido, em petições distintas, que conterão:

- Artigo com redação determinada pela Lei 8.950/1994.
- V. Súmula 320, STJ.
- • V. Súmulas 282, 733 e 735, STF.

I – a exposição do fato e do direito;

II – a demonstração do cabimento do recurso interposto;

III – as razões do pedido de reforma da decisão recorrida.

Parágrafo único. Quando o recurso fundar-se em dissídio jurisprudencial, o recorrente fará a prova da divergência mediante certidão, cópia autenticada ou pela citação do repositório de jurisprudência, oficial ou credenciado, inclusive em mídia eletrônica, em que tiver sido publicada a decisão divergente, ou ainda pela reprodução de julgado disponível na internet, com indicação da respectiva fonte, mencionando, em qualquer caso, as circunstâncias que identifiquem ou assemelhem os casos confrontados.

- Parágrafo único com redação determinada pela Lei 11.341/2006.

Art. 542. Recebida a petição pela secretaria do tribunal, será intimado o recorrido, abrindo-se-lhe vista, para apresentar contrarrazões.

- *Caput* com redação determinada pela Lei 10.352/2001.

§ 1º Findo esse prazo, serão os autos conclusos para admissão ou não do recurso, no prazo de 15 (quinze) dias, em decisão fundamentada.

- § 1º com redação determinada pela Lei 8.950/1994.

Art. 543

CÓDIGO DE PROCESSO CIVIL

§ 2º Os recursos extraordinário e especial serão recebidos no efeito devolutivo.

- § 2º com redação determinada pela Lei 8.950/1994.

§ 3º O recurso extraordinário, ou o recurso especial, quando interpostos contra decisão interlocutória em processo de conhecimento, cautelar, ou embargos à execução ficará retido nos autos e somente será processado se o reiterar a parte, no prazo para a interposição do recurso contra a decisão final, ou para as contrarrazões.

- § 3º acrescentado pela Lei 9.756/1998.

Art. 543. Admitidos ambos os recursos, os autos serão remetidos ao Superior Tribunal de Justiça.

- Artigo com redação determinada pela Lei 8.950/1994.

§ 1º Concluído o julgamento do recurso especial, serão os autos remetidos ao Supremo Tribunal Federal, para apreciação do recurso extraordinário, se este não estiver prejudicado.

§ 2º Na hipótese de o relator do recurso especial considerar que o recurso extraordinário é prejudicial àquele, em decisão irrecorrível sobrestará o seu julgamento e remeterá os autos ao Supremo Tribunal Federal, para o julgamento do recurso extraordinário.

§ 3º No caso do parágrafo anterior, se o relator do recurso extraordinário, em decisão irrecorrível, não o considerar prejudicial, devolverá os autos ao Superior Tribunal de Justiça, para o julgamento do recurso especial.

Art. 543-A. O Supremo Tribunal Federal, em decisão irrecorrível, não conhecerá do recurso extraordinário, quando a questão constitucional nele versada não oferecer repercussão geral, nos termos deste artigo.

- Artigo acrescentado pela Lei 11.418/2006 (*DOU* 20.12.2006), em vigor 60 (sessenta) dias após a data de sua publicação.
- V. art. 4º, Lei 11.418/2006, que determina que esta Lei se aplica aos recursos interpostos a partir do primeiro dia de sua vigência.
- V. arts. 321 a 329, RISTF.

§ 1º Para efeito da repercussão geral, será considerada a existência, ou não, de questões relevantes do ponto de vista econômico, político, social ou jurídico, que ultrapassem os interesses subjetivos da causa.

§ 2º O recorrente deverá demonstrar, em preliminar do recurso, para apreciação exclusiva do Supremo Tribunal Federal, a existência da repercussão geral.

§ 3º Haverá repercussão geral sempre que o recurso impugnar decisão contrária a súmula ou jurisprudência dominante do Tribunal.

§ 4º Se a Turma decidir pela existência da repercussão geral por, no mínimo, quatro votos, ficará dispensada a remessa do recurso ao Plenário.

§ 5º Negada a existência da repercussão geral, a decisão valerá para todos os recursos sobre matéria idêntica, que serão indeferidos liminarmente, salvo revisão da tese, tudo nos termos do Regimento Interno do Supremo Tribunal Federal.

§ 6º O Relator poderá admitir, na análise da repercussão geral, a manifestação de terceiros, subscrita por procurador habilitado, nos termos do Regimento Interno do Supremo Tribunal Federal.

§ 7º A Súmula da decisão sobre a repercussão geral constará de ata, que será publicada no Diário Oficial e valerá como acórdão.

Art. 543-B. Quando houver multiplicidade de recursos com fundamento em idêntica controvérsia, a análise da repercussão geral será processada nos termos do Regimento Interno do Supremo Tribunal Federal, observado o disposto neste artigo.

- Artigo acrescentado pela Lei 11.418/2006 (*DOU* 20.12.2006), em vigor 60 (sessenta) dias após a data de sua publicação.
- V. art. 4º, Lei 11.418/2006, que determina que esta Lei se aplica aos recursos interpostos a partir do primeiro dia de sua vigência.
- V. arts. 321 a 329, RISTF.

§ 1º Caberá ao Tribunal de origem selecionar um ou mais recursos representativos da controvérsia e encaminhá-los ao Supremo Tribunal Federal, sobrestando os demais até o pronunciamento definitivo da Corte.

§ 2º Negada a existência de repercussão geral, os recursos sobrestados considerar-se-ão automaticamente não admitidos.

§ 3º Julgado o mérito do recurso extraordinário, os recursos sobrestados serão apreciados pelos Tribunais, Turmas de Uniformização ou Turmas Recursais, que poderão declará-los prejudicados ou retratar-se.

§ 4º Mantida a decisão e admitido o recurso, poderá o Supremo Tribunal Federal, nos termos do Regimento Interno, cassar ou reformar, liminarmente, o acórdão contrário à orientação firmada.

§ 5º O Regimento Interno do Supremo Tribunal Federal disporá sobre as atribuições dos Ministros, das Turmas e de outros órgãos, na análise da repercussão geral.

Art. 543-C. Quando houver multiplicidade de recursos com fundamento em idêntica questão de direito, o recurso especial será processado nos termos deste artigo.

- Artigo acrescentado pela Lei 11.672/2008 (*DOU* 09.05.2008), em vigor 90 (noventa) dias após a data de sua publicação.
- V. Res. STJ 8/2008 (Procedimentos relativos ao processamento e julgamento de recursos especiais repetitivos).
- V. Provimento CFOAB 128/2008 (Parâmetros de atuação do Conselho Federal da OAB para manifestação em recursos especiais repetitivos – artigo 543-C do CPC).

§ 1º Caberá ao presidente do tribunal de origem admitir um ou mais recursos representativos da controvérsia, os quais serão encaminhados ao Superior Tribunal de Justiça, ficando suspensos os demais recursos especiais até o pronunciamento definitivo do Superior Tribunal de Justiça.

§ 2º Não adotada a providência descrita no § 1º deste artigo, o relator no Superior Tribunal de Justiça, ao identificar que sobre a controvérsia já existe jurisprudência dominante ou que a matéria já está afeta ao colegiado, poderá determinar a suspensão, nos tribunais de segunda instância, dos recursos nos quais a controvérsia esteja estabelecida.

§ 3º O relator poderá solicitar informações, a serem prestadas no prazo de 15 (quinze) dias, aos tribunais federais ou estaduais a respeito da controvérsia.

§ 4º O relator, conforme dispuser o regimento interno do Superior Tribunal de Justiça e considerando a relevância da matéria, poderá admitir manifestação de pessoas, órgãos ou entidades com interesse na controvérsia.

§ 5º Recebidas as informações e, se for o caso, após cumprido o disposto no § 4º deste artigo, terá vista o Ministério Público pelo prazo de 15 (quinze) dias.

§ 6º Transcorrido o prazo para o Ministério Público e remetida cópia do relatório aos demais Ministros, o processo será incluído em pauta na seção ou na Corte Especial, devendo ser julgado com preferência sobre os demais feitos, ressalvados os que envolvam réu preso e os pedidos de *habeas corpus*.

§ 7º Publicado o acórdão do Superior Tribunal de Justiça, os recursos especiais sobrestados na origem:

I – terão seguimento denegado na hipótese de o acórdão recorrido coincidir com a orientação do Superior Tribunal de Justiça; ou

II – serão novamente examinados pelo tribunal de origem na hipótese de o acórdão recorrido divergir da orientação do Superior Tribunal de Justiça.

§ 8º Na hipótese prevista no inciso II do § 7º deste artigo, mantida a decisão divergente pelo tribunal de origem, far-se-á o exame de admissibilidade do recurso especial.

§ 9º O Superior Tribunal de Justiça e os tribunais de segunda instância regulamentarão, no âmbito de suas competências, os procedimentos relativos ao processamento e julgamento do recurso especial nos casos previstos neste artigo.

Art. 544. Não admitido o recurso extraordinário ou o recurso especial, caberá agravo nos próprios autos, no prazo de 10 (dez) dias.

- *Caput* com redação determinada pela Lei 12.322/2010 (*DOU* 10.09.2010), em vigor 90 (noventa) dias após a data de sua publicação oficial.

§ 1º O agravante deverá interpor um agravo para cada recurso não admitido.

- § 1º com redação determinada pela Lei 12.322/2010 (*DOU* 10.09.2010), em vigor 90 (noventa) dias após a data de sua publicação oficial.

§ 2º A petição de agravo será dirigida à presidência do tribunal de origem, não dependendo do pagamento de custas e despesas postais. O agravado será intimado, de imediato, para no prazo de 10 (dez) dias oferecer resposta, podendo instruí-la com cópias das peças que entender conveniente. Em seguida, subirá o agravo ao tribunal superior, onde será processado na forma regimental.

- § 2º com redação determinada pela Lei 10.352/2001.

Art. 545

CÓDIGO DE PROCESSO CIVIL

§ 3º O agravado será intimado, de imediato, para no prazo de 10 (dez) dias oferecer resposta. Em seguida, os autos serão remetidos à superior instância, observando-se o disposto no art. 543 deste Código e, no que couber, na Lei 11.672, de 8 de maio de 2008.

- § 3º com redação determinada pela Lei 12.322/2010 (*DOU* 10.09.2010), em vigor 90 (noventa) dias após a data de sua publicação oficial.

§ 4º No Supremo Tribunal Federal e no Superior Tribunal de Justiça, o julgamento do agravo obedecerá ao disposto no respectivo regimento interno, podendo o relator:

- § 4º com redação determinada pela Lei 12.322/2010 (*DOU* 10.09.2010), em vigor 90 (noventa) dias após a data de sua publicação oficial.
- V. Lei 11.417/2006 (Regulamenta o art. 103-A da CF – súmula vinculante).

I – não conhecer do agravo manifestamente inadmissível ou que não tenha atacado especificamente os fundamentos da decisão agravada;

II – conhecer do agravo para:

a) negar-lhe provimento, se correta a decisão que não admitiu o recurso;

b) negar seguimento ao recurso manifestamente inadmissível, prejudicado ou em confronto com súmula ou jurisprudência dominante no tribunal;

c) dar provimento ao recurso, se o acórdão recorrido estiver em confronto com súmula ou jurisprudência dominante no tribunal.

Art. 545. Da decisão do relator que não conhecer do agravo, negar-lhe provimento ou decidir, desde logo, o recurso não admitido na origem, caberá agravo, no prazo de 5 (cinco) dias, ao órgão competente, observado o disposto nos §§ 1º e 2º do art. 557.

- Artigo com redação determinada pela Lei 12.322/2010 (*DOU* 10.09.2010), em vigor 90 (noventa) dias após a data de sua publicação oficial.

Art. 546. É embargável a decisão da turma que:

- Artigo com redação determinada pela Lei 8.950/1994.
- V. art. 508, CPC.
- V. Súmulas 158, 168, 169 e 316, STJ.

I – em recurso especial, divergir do julgamento de outra turma, da seção ou do órgão especial;

II – em recurso extraordinário, divergir do julgamento da outra turma ou do plenário.

Parágrafo único. Observar-se-á, no recurso de embargos, o procedimento estabelecido no regimento interno.

Capítulo VII
DA ORDEM
DOS PROCESSOS NO TRIBUNAL

Art. 547. Os autos remetidos ao tribunal serão registrados no protocolo no dia de sua entrada, cabendo à secretaria verificar-lhes a numeração das folhas e ordená-los para distribuição.

- V. art. 141, IV, CPC.

Parágrafo único. Os serviços de protocolo poderão, a critério do tribunal, ser descentralizados, mediante delegação a ofícios de justiça de primeiro grau.

- Parágrafo único acrescentado pela Lei 10.352/2001.

Art. 548. Far-se-á a distribuição de acordo com o regimento interno do tribunal, observando-se os princípios da publicidade, da alternatividade e do sorteio.

Art. 549. Distribuídos, os autos subirão, no prazo de 48 (quarenta e oito) horas, à conclusão do relator, que, depois de estudá-los, os restituirá à secretaria com o seu "visto".

Parágrafo único. O relator fará nos autos uma exposição dos pontos controvertidos sobre que versar o recurso.

Art. 550. Os recursos interpostos nas causas de procedimento sumário deverão ser julgados no tribunal, dentro de 40 (quarenta) dias.

- De acordo com o art. 3º da Lei 9.245/1995, a expressão "procedimento sumaríssimo" foi substituída pela expressão "procedimento sumário".
- V. arts. 275 e 281, CPC.

Art. 551. Tratando-se de apelação, de embargos infringentes e de ação rescisória, os autos serão conclusos ao revisor.

§ 1º Será revisor o juiz que se seguir ao relator na ordem descendente de antiguidade.

- V. art. 24, RISTF.
- V. art. 36, RISTJ.

§ 2º O revisor aporá nos autos o seu "visto", cabendo-lhe pedir dia para julgamento.

Código de Processo Civil

§ 3º Nos recursos interpostos nas causas de procedimentos sumários, de despejo e nos casos de indeferimento liminar da petição inicial, não haverá revisor.

- § 3º com redação determinada pela Lei 8.950/1994.

Art. 552. Os autos serão, em seguida, apresentados ao presidente, que designará dia para julgamento, mandando publicar a pauta no órgão oficial.

§ 1º Entre a data da publicação da pauta e a sessão de julgamento mediará, pelo menos, o espaço de 48 (quarenta e oito) horas.

- V. Súmula 117, STJ.

§ 2º Afixar-se-á a pauta na entrada da sala em que se realizar a sessão de julgamento.

§ 3º Salvo caso de força maior, participará do julgamento do recurso o juiz que houver lançado o "visto" nos autos.

Art. 553. Nos embargos infringentes e na ação rescisória, devolvidos os autos pelo relator, a secretaria do tribunal expedirá cópias autenticadas do relatório e as distribuirá entre os juízes que compuserem o tribunal competente para o julgamento.

Art. 554. Na sessão de julgamento, depois de feita a exposição da causa pelo relator, o presidente, se o recurso não for de embargos declaratórios ou de agravo de instrumento, dará a palavra, sucessivamente, ao recorrente e ao recorrido, pelo prazo improrrogável de 15 (quinze) minutos para cada um, a fim de sustentarem as razões do recurso.

- V. art. 565, CPC.

Art. 555. No julgamento de apelação ou de agravo, a decisão será tomada, na câmara ou turma, pelo voto de três juízes.

- Caput com redação determinada pela Lei 10.352/2001.

§ 1º Ocorrendo relevante questão de direito, que faça conveniente prevenir ou compor divergência entre câmaras ou turmas do tribunal, poderá o relator propor seja o recurso julgado pelo órgão colegiado que o regimento indicar; reconhecendo o interesse público na assunção de competência, esse órgão colegiado julgará o recurso.

- § 1º com redação determinada pela Lei 10.352/2001.

§ 2º Não se considerando habilitado a proferir imediatamente seu voto, a qualquer juiz é facultado pedir vista do processo, devendo devolvê-lo no prazo de 10 (dez) dias, contados da data em que o recebeu; o julgamento prosseguirá na primeira sessão ordinária subsequente à devolução, dispensada nova publicação em pauta.

- § 2º com redação determinada pela Lei 11.280/2006 (DOU 17.02.2006), em vigor 90 (noventa) dias após a data de sua publicação.
- V. art. 121, LC 35/1979 (Lei Orgânica da Magistratura Nacional).

§ 3º No caso do § 2º deste artigo, não devolvidos os autos no prazo, nem solicitada expressamente sua prorrogação pelo juiz, o presidente do órgão julgador requisitará o processo e reabrirá o julgamento na sessão ordinária subsequente, com publicação em pauta.

- § 3º acrescentado pela Lei 11.280/2006 (DOU 17.02.2006), em vigor 90 (noventa) dias após a data de sua publicação.

Art. 556. Proferidos os votos, o presidente anunciará o resultado do julgamento, designando para redigir o acórdão o relator, ou, se este for vencido, o autor do primeiro voto vencedor.

Parágrafo único. Os votos, acórdãos e demais atos processuais podem ser registrados em arquivo eletrônico inviolável e assinados eletronicamente, na forma da lei, devendo ser impressos para juntada aos autos do processo quando este não for eletrônico.

- Parágrafo único acrescentado pela Lei 11.419/2006 (DOU 20.12.2006), em vigor 90 (noventa) dias depois de sua publicação.

Art. 557. O relator negará seguimento a recurso manifestamente inadmissível, improcedente, prejudicado ou em confronto com súmula ou com jurisprudência dominante do respectivo tribunal, do Supremo Tribunal Federal, ou de Tribunal Superior.

- Artigo com redação determinada pela Lei 9.756/1998.
- V. arts. 513, 527 e 530, CPC.
- V. Lei 11.417/2006 (Regulamenta o art. 103-A da CF – súmula vinculante).
- V. Súmula 288, STF.

§ 1º-A. Se a decisão recorrida estiver em manifesto confronto com súmula ou com jurisprudência dominante do Supremo Tribunal

CÓDIGO DE PROCESSO CIVIL

Federal, ou de Tribunal Superior, o relator poderá dar provimento ao recurso.

§ 1º Da decisão caberá agravo, no prazo de 5 (cinco) dias, ao órgão competente para o julgamento do recurso, e, se não houver retratação, o relator apresentará o processo em mesa, proferindo voto; provido o agravo, o recurso terá seguimento.

- V. art. 545, CPC.

§ 2º Quando manifestamente inadmissível ou infundado o agravo, o tribunal condenará o agravante a pagar ao agravado multa entre 1% (um por cento) e 10% (dez por cento) do valor corrigido da causa, ficando a interposição de qualquer outro recurso condicionada ao depósito do respectivo valor.

- V. art. 545, CPC.

Art. 558. O relator poderá, a requerimento do agravante, nos casos de prisão civil, adjudicação, remição de bens, levantamento de dinheiro sem caução idônea e em outros casos dos quais possa resultar lesão grave e de difícil reparação, sendo relevante a fundamentação, suspender o cumprimento da decisão até o pronunciamento definitivo da turma ou câmara.

- Artigo com redação determinada pela Lei 9.139/1995.
- V. arts. 497, 527, II, 733 e 904, parágrafo único, CPC.
- V. art. 19, Lei 5.478/1968 (Ação de alimentos).
- V. art. 14, Lei 7.347/1985 (Ação civil pública).

Parágrafo único. Aplicar-se-á o disposto neste artigo às hipóteses do art. 520.

Art. 559. A apelação não será incluída em pauta antes do agravo de instrumento interposto no mesmo processo.

Parágrafo único. Se ambos os recursos houverem de ser julgados na mesma sessão, terá precedência o agravo.

Art. 560. Qualquer questão preliminar suscitada no julgamento será decidida antes do mérito, deste não se conhecendo se incompatível com a decisão daquela.

- Artigo com redação determinada pela Lei 5.925/1973.

Parágrafo único. Versando a preliminar sobre nulidade suprível, o tribunal, havendo necessidade, converterá o julgamento em diligência, ordenando a remessa dos autos ao juiz, a fim de ser sanado o vício.

Art. 561. Rejeitada a preliminar, ou se com ela for compatível a apreciação do mérito, seguir-se-ão a discussão e julgamento da matéria principal, pronunciando-se sobre esta os juízes vencidos na preliminar.

- V. arts. 515, § 1º, e 516, CPC.

Art. 562. Preferirá aos demais o recurso cujo julgamento tenha sido iniciado.

Art. 563. Todo acórdão conterá ementa.

- Artigo com redação determinada pela Lei 8.950/1994.

Art. 564. Lavrado o acórdão, serão as suas conclusões publicadas no órgão oficial dentro de 10 (dez) dias.

- V. art. 506, III, CPC.

Art. 565. Desejando proferir sustentação oral, poderão os advogados requerer que na sessão imediata seja o feito julgado em primeiro lugar, sem prejuízo das preferências legais.

- V. art. 554, CPC.

Parágrafo único. Se tiverem subscrito o requerimento os advogados de todos os interessados, a preferência será concedida para a própria sessão.

LIVRO II
DO PROCESSO DE EXECUÇÃO

TÍTULO I
DA EXECUÇÃO EM GERAL

Capítulo I
DAS PARTES

Art. 566. Podem promover a execução forçada:

I – o credor a quem a lei confere título executivo;

- V. arts. 291 e 585, CPC.

II – o Ministério Público, nos casos prescritos em lei.

- V. art. 81, CPC.

Art. 567. Podem também promover a execução, ou nela prosseguir:

- V. art. 1.498, CC/1916; e art. 834, CC/2002.

I – o espólio, os herdeiros ou os sucessores do credor, sempre que, por morte deste,

Art. 575

CÓDIGO DE PROCESSO CIVIL

lhes for transmitido o direito resultante do título executivo;

- V. arts. 12, V, 267, IX, e 1.055 a 1.062, CPC.

II – o cessionário, quando o direito resultante do título executivo lhe foi transferido por ato entre vivos;

- V. arts. 42, § 1º, e 1.061, CPC.
- V. arts. 1.065 a 1.067, CC/1916; e arts. 287 a 289, CC/2002.
- V. art. 1.068, CC/1916, sem correspondência no CC/2002.

III – o sub-rogado, nos casos de sub-rogação legal ou convencional.

- V. arts. 673 e 1.061, CPC.
- V. arts. 985 a 990 e 1.495, CC/1916; e arts. 346 a 351 e 831, CC/2002.

Art. 568. São sujeitos passivos na execução:

- Caput com redação determinada pela Lei 5.925/1973.

I – o devedor, reconhecido como tal no título executivo;

- V. art. 591, CPC.

II – o espólio, os herdeiros ou os sucessores do devedor;

III – o novo devedor, que assumiu, com o consentimento do credor, a obrigação resultante do título executivo;

- V. arts. 42, § 1º, e 1.061, CPC.

IV – o fiador judicial;

- V. art. 595, CPC.

V – o responsável tributário, assim definido na legislação própria.

- V. arts. 121, parágrafo único, e 128 a 138, CTN.

Art. 569. O credor tem a faculdade de desistir de toda a execução ou de apenas algumas medidas executivas.

- V. arts. 38, 158, parágrafo único, e 267, § 4º, CPC.

Parágrafo único. Na desistência da execução, observar-se-á o seguinte:

- Parágrafo único acrescentado pela Lei 8.953/1994.

a) serão extintos os embargos que versarem apenas sobre questões processuais, pagando o credor as custas e os honorários advocatícios;

b) nos demais casos, a extinção dependerá da concordância do embargante.

Art. 570. *(Revogado pela Lei 11.232/2005 – DOU 23.12.2005, em vigor 6 (seis) meses após a data de sua publicação.)*

Art. 571. Nas obrigações alternativas, quando a escolha couber ao devedor, este será citado para exercer a opção e realizar a prestação dentro em 10 (dez) dias, se outro prazo não lhe foi determinado em lei, no contrato, ou na sentença.

- V. art. 288, parágrafo único, CPC.
- V. arts. 884 a 888, CC/1916; e arts. 252 a 256, CC/2002.

§ 1º Devolver-se-á ao credor a opção, se o devedor não a exercitou no prazo marcado.

§ 2º Se a escolha couber ao credor, este a indicará na petição inicial da execução.

Art. 572. Quando o juiz decidir relação jurídica sujeita a condição ou termo, o credor não poderá executar a sentença sem provar que se realizou a condição ou que ocorreu o termo.

- V. arts. 614, III, 618, III, 741, II, e 743, V, CPC.
- V. arts. 114 a 124, CC/1916; e arts. 121 a 135, CC/2002.

Art. 573. É lícito ao credor, sendo o mesmo o devedor, cumular várias execuções, ainda que fundadas em títulos diferentes, desde que para todas elas seja competente o juiz e idêntica a forma do processo.

- V. art. 292, CPC.
- V. Súmula 27, STJ.

Art. 574. O credor ressarcirá ao devedor os danos que este sofreu, quando a sentença, passada em julgado, declarar inexistente, no todo ou em parte, a obrigação, que deu lugar à execução.

Capítulo II
DA COMPETÊNCIA

Art. 575. A execução, fundada em título judicial, processar-se-á perante:

- V. arts. 475-P e 747, CPC.

I – os tribunais superiores, nas causas de sua competência originária;

- V. art. 102, I, m, CF.

II – o juízo que decidiu a causa no primeiro grau de jurisdição;

III – *(Revogado pela Lei 10.358/2001.)*

Art. 576

CÓDIGO DE PROCESSO CIVIL

IV – o juízo cível competente, quando o título executivo for sentença penal condenatória ou sentença arbitral.

- Inciso IV com redação determinada pela Lei 10.358/2001.

Art. 576. A execução, fundada em título extrajudicial, será processada perante o juízo competente, na conformidade do disposto no Livro I, Título IV, Capítulos II e III.

- V. arts. 88 a 90 e 91 a 124, CPC.

Art. 577. Não dispondo a lei de modo diverso, o juiz determinará os atos executivos e os oficiais de justiça os cumprirão.

- V. arts. 143, 144, 193 e 194, CPC.

Art. 578. A execução fiscal (art. 585, VI) será proposta no foro do domicílio do réu; se não o tiver, no de sua residência ou no lugar onde for encontrado.

- V. art. 109, § 3º, parte final, CF.
- V. arts. 5º, 28 e 29, Lei 6.830/1980 (Execução fiscal).
- V. Súmula 58, STJ.

Parágrafo único. Na execução fiscal, a Fazenda Pública poderá escolher o foro de qualquer um dos devedores, quando houver mais de um, ou o foro de qualquer dos domicílios do réu; a ação poderá ainda ser proposta no foro do lugar em que se praticou o ato ou ocorreu o fato que deu origem à dívida, embora nele não mais resida o réu, ou, ainda, no foro da situação dos bens, quando a dívida deles se originar.

Art. 579. Sempre que, para efetivar a execução, for necessário o emprego da força policial, o juiz a requisitará.

- V. arts. 445, III, e 662, CPC.

Capítulo III
DOS REQUISITOS NECESSÁRIOS PARA REALIZAR QUALQUER EXECUÇÃO

Seção I
Do inadimplemento do devedor

Art. 580. A execução pode ser instaurada caso o devedor não satisfaça a obrigação certa, líquida e exigível, consubstanciada em título executivo.

- *Caput* com redação determinada pela Lei 11.382/2006 (*DOU* 07.12.2006), em vigor 45 (quarenta e cinco) dias após a data de sua publicação, de acordo com o art. 1º do Dec.-lei 4.657/1942.

Parágrafo único. (Revogado pela Lei 11.382/2006 – DOU 07.12.2006, em vigor 45 (quarenta e cinco) dias após a data de sua publicação, de acordo com o art. 1º do Dec.-lei 4.657/1942.)

Art. 581. O credor não poderá iniciar a execução, ou nela prosseguir, se o devedor cumprir a obrigação; mas poderá recusar o recebimento da prestação, estabelecida no título executivo, se ela não corresponder ao direito ou à obrigação; caso em que requererá ao juiz a execução, ressalvado ao devedor o direito de embargá-la.

- V. art. 736, CPC.
- V. art. 863, CC/1916; e art. 313, CC/2002.

Art. 582. Em todos os casos em que é defeso a um contraente, antes de cumprida a sua obrigação, exigir o implemento da do outro, não se procederá à execução, se o devedor se propõe satisfazer a prestação, com meios considerados idôneos pelo juiz, mediante a execução da contraprestação pelo credor, e este, sem justo motivo, recusar a oferta.

- V. arts. 615, IV e 743, IV, CPC.
- V. art. 1.092, CC/1916; e arts. 476 e 477, CC/2002.

Parágrafo único. O devedor poderá, entretanto, exonerar-se da obrigação, depositando em juízo a prestação ou a coisa; caso em que o juiz suspenderá a execução, não permitindo que o credor a receba, sem cumprir a contraprestação, que lhe tocar.

Seção II
Do título executivo

Art. 583. (Revogado pela Lei 11.382/2006 – DOU 07.12.2006, em vigor 45 (quarenta e cinco) dias após a data de sua publicação, de acordo com o art. 1º do Dec.-lei 4.657/1942.)

Art. 584. (Revogado pela Lei 11.232/2005 – DOU 23.12.2005, em vigor 6 (seis) meses após a data de sua publicação.)

- V. art. 475-N, CPC.

Art. 585

CÓDIGO DE PROCESSO CIVIL

Art. 585. São títulos executivos extrajudiciais:
- Caput com redação determinada pela Lei 5.925/1973.
- V. Súmulas 233, 300 e 317, STJ.

I – a letra de câmbio, a nota promissória, a duplicata, a debênture e o cheque;
- Inciso I com redação determinada pela Lei 8.953/1994.
- V. arts. 49, 50, 51 e 56, Dec. 2.044/1908 (Letra de câmbio e nota promissória).
- V. Dec. 57.595/1966 (Convenções para adoção de uma Lei Uniforme em matéria de cheques).
- V. art. 44, Dec.-lei 167/1967 (Títulos de crédito rural).
- V. arts. 15 e 22, Lei 5.474/1968 (Duplicatas).
- V. Dec.-lei 413/1969 (Títulos de crédito industrial).
- V. arts. 52 a 74, Lei 6.404/1976 (Sociedades por ações).
- V. art. 2º, Lei 6.458/1977 (Adapta ao Código de Processo Civil a Lei 5.474/1968).
- V. Lei 7.357/1985 (Cheque).

II – a escritura pública ou outro documento público assinado pelo devedor; o documento particular assinado pelo devedor e por duas testemunhas; o instrumento de transação referendado pelo Ministério Público, pela Defensoria Pública ou pelos advogados dos transatores;
- Inciso II com redação determinada pela Lei 8.953/1994.
- V. arts. 134 e 135, CC/1916; e arts. 215 e 221, CC/2002.
- V. art. 4º, I, LC 80/1994 (Defensoria Pública da União).
- V. art. 57, parágrafo único, Lei 9.099/1995 (Juizados Especiais Cíveis e Criminais).
- V. Súmulas 233 e 300, STJ.

III – os contratos garantidos por hipoteca, penhor, anticrese e caução, bem como os de seguro de vida;
- Inciso III com redação determinada pela Lei 11.382/2006 (DOU 07.12.2006), em vigor 45 (quarenta e cinco) dias após a data de sua publicação, de acordo com o art. 1º do Dec.-lei 4.657/1942.
- V. arts. 768 a 780, 789 a 795, 805 a 862, CC/1916; e arts. 1.419 a 1.510, CC/2002.
- V. arts. 1º a 13 e 31, Lei 492/1937 (Penhor rural e a cédula pignoratícia).
- V. Dec.-lei 5.384/1943 (Beneficiários do seguro de vida).
- V. Dec.-lei 70/1966 (Cédula hipotecária).

IV – o crédito decorrente de foro e laudêmio;
- Inciso IV com redação determinada pela Lei 11.382/2006 (DOU 07.12.2006), em vigor 45 (quarenta e cinco) dias após a data de sua publicação, de acordo com o art. 1º do Dec.-lei 4.657/1942.
- V. arts. 678 e 686, CC/1916, sem correspondência no CC/2002.

V – o crédito, documentalmente comprovado, decorrente de aluguel de imóvel, bem como de encargos acessórios, tais como taxas e despesas de condomínio;
- Inciso V com redação determinada pela Lei 11.382/2006 (DOU 07.12.2006), em vigor 45 (quarenta e cinco) dias após a data de sua publicação, de acordo com o art. 1º do Dec.-lei 4.657/1942.
- V. art. 624, CC/1916; e art. 1.315, CC/2002.
- V. Lei 4.591/1964 (Condomínio em edificações e as incorporações imobiliárias).

VI – o crédito de serventuário de justiça, de perito, de intérprete, ou de tradutor, quando as custas, emolumentos ou honorários forem aprovados por decisão judicial;
- Inciso VI com redação determinada pela Lei 11.382/2006 (DOU 07.12.2006), em vigor 45 (quarenta e cinco) dias após a data de sua publicação, de acordo com o art. 1º do Dec.-lei 4.657/1942.

VII – a certidão de dívida ativa da Fazenda Pública da União, dos Estados, do Distrito Federal, dos Territórios e dos Municípios, correspondente aos créditos inscritos na forma da lei;
- Inciso VII com redação determinada pela Lei 11.382/2006 (DOU 07.12.2006), em vigor 45 (quarenta e cinco) dias após a data de sua publicação, de acordo com o art. 1º do Dec.-lei 4.657/1942.
- V. arts. 475, II, e 578, parágrafo único, CPC.
- V. arts. 201 a 204, CTN.
- V. arts. 2º e 3º, Lei 6.830/1980 (Execução fiscal).

VIII – todos os demais títulos a que, por disposição expressa, a lei atribuir força executiva.
- Inciso VIII acrescentado pela Lei 11.382/2006 (DOU 07.12.2006), em vigor 45 (quarenta e cinco) dias após a data de sua publicação, de acordo com o art. 1º do Dec.-lei 4.657/1942.
- V. arts. 29, 32, § 2º, 35, § 1º, e 38, Dec.-lei 70/1966 (Cédula hipotecária).
- V. art. 41, Dec.-lei 167/1967 (Títulos de crédito rural).
- V. art. 10, Lei 5.741/1971 (Sistema Financeiro da Habitação).
- V. art. 107, I, Lei 6.404/1976 (Sociedades por ações).

Art. 586

- V. art. 211, Lei 8.069/1990 (Estatuto da Criança e do Adolescente).
- V. art. 24, Lei 8.906/1994 (Estatuto da Advocacia e da OAB).
- V. art. 142, § 6º, III, Lei 11.101/2005 (Lei de Recuperação de Empresas e Falência); sem correspondência no Dec.-lei 7.661/1945 (Lei de Falências).

§ 1º A propositura de qualquer ação relativa ao débito constante do título executivo não inibe o credor de promover-lhe a execução.

- § 1º com redação determinada pela Lei 8.953/1994.
- V. art. 148, Dec.-lei 7.661/1945 (Lei de Falências); e art. 49, § 1º, Lei 11.101/2005 (Lei de Recuperação de Empresas e Falência).

§ 2º Não dependem de homologação pelo Supremo Tribunal Federal, para serem executados, os títulos executivos extrajudiciais, oriundos de país estrangeiro. O título, para ter eficácia executiva, há de satisfazer aos requisitos de formação exigidos pela lei do lugar de sua celebração e indicar o Brasil como o lugar de cumprimento da obrigação.

- § 2º com redação determinada pela Lei 5.925/1973.
- V. art. 13, Dec.-lei 4.657/1942 (Lei de Introdução às normas do Direito Brasileiro).

Art. 586. A execução para cobrança de crédito fundar-se-á sempre em título de obrigação certa, líquida e exigível.

- *Caput* com redação determinada pela Lei 11.382/2006 (*DOU* 07.12.2006), em vigor 45 (quarenta e cinco) dias após a data de sua publicação, de acordo com o art. 1º do Dec.-lei 4.657/1942.
- V. arts. 618, I, e 754, CPC.

§§ 1º e 2º *(Revogados pela Lei 11.382/2006 – DOU 07.12.2006, em vigor 45 (quarenta e cinco) dias após a data de sua publicação, de acordo com o art. 1º do Dec.-lei 4.657/1942.)*

Art. 587. É definitiva a execução fundada em título extrajudicial; é provisória enquanto pendente apelação da sentença de improcedência dos embargos do executado, quando recebidos com efeito suspensivo (art. 739).

- Artigo com redação determinada pela Lei 11.382/2006 (*DOU* 07.12.2006), em vigor 45 (quarenta e cinco) dias após a data de sua publicação, de acordo com o art. 1º do Dec.-lei 4.657/1942.
- V. art. 739-A, CPC.

- V. Súmula 317, STJ.

Arts. 588 a 590. *(Revogados pela Lei 11.232/2005 – DOU 23.12.2005, em vigor 6 (seis) meses após a data de sua publicação.)*

Capítulo IV
DA RESPONSABILIDADE PATRIMONIAL

Art. 591. O devedor responde, para o cumprimento de suas obrigações, com todos os seus bens presentes e futuros, salvo as restrições estabelecidas em lei.

- V. art. 646, CPC.

Art. 592. Ficam sujeitos à execução os bens:

- V. art. 568, CPC.

I – do sucessor a título singular, tratando-se de execução fundada em direito real ou obrigação reipersecutória;

- Inciso I com redação determinada pela Lei 11.382/2006 (*DOU* 07.12.2006), em vigor 45 (quarenta e cinco) dias após a data de sua publicação, de acordo com o art. 1º do Dec.-lei 4.657/1942.

II – do sócio, nos termos da lei;

- V. art. 596, CPC.

III – do devedor, quando em poder de terceiros;

IV – do cônjuge, nos casos em que os seus bens próprios, reservados ou de sua meação respondem pela dívida;

- V. art. 246, parágrafo único, CC/1916; e art. 1.642, CC/2002.

V – alienados ou gravados com ônus real em fraude de execução.

Art. 593. Considera-se em fraude de execução a alienação ou oneração de bens:

- V. arts. 600, I, 615-A, § 3º, 626 e 672, § 3º, 750, II, e 813, II, *b*, CPC.
- V. art. 185, CTN.
- V. arts. 216 e 240, Lei 6.015/1973 (Lei de Registros Públicos).

I – quando sobre eles pender ação fundada em direito real;

II – quando, ao tempo da alienação ou oneração, corria contra o devedor demanda capaz de reduzi-lo à insolvência;

- V. Súmula 375, STJ.

III – nos demais casos expressos em lei.

CÓDIGO DE PROCESSO CIVIL

Art. 594. O credor, que estiver, por direito de retenção, na posse de coisa pertencente ao devedor, não poderá promover a execução sobre outros bens senão depois de excutida a coisa que se achar em seu poder.

- V. arts. 303, 516, 517, 760, 772, 806 a 808, 939, 1.092, 1.130, 1.131, 1.199 e 1.315, CC/1916; e arts. 319, 476, 477, 491, 495, 578, 644, 664, 681, 708, 1.219, 1.220, 1.423, 1.433, II, 1.434 e 1.507 a 1.509, CC/2002.
- V. arts. 303 e 1.279, CC/1916, sem correspondência no CC/2002.

Art. 595. O fiador, quando executado, poderá nomear à penhora bens livres e desembargados do devedor. Os bens do fiador ficarão, porém, sujeitos à execução, se os do devedor forem insuficientes à satisfação do direito do credor.

Parágrafo único. O fiador, que pagar a dívida, poderá executar o afiançado nos autos do mesmo processo.

- V. arts. 1.491 e 1.492, CC/1916; e arts. 827 e 828, CC/2002.

Art. 596. Os bens particulares dos sócios não respondem pelas dívidas da sociedade senão nos casos previstos em lei; o sócio, demandado pelo pagamento da dívida, tem direito a exigir que sejam primeiro excutidos os bens da sociedade.

- V. art. 592, II, CPC.
- V. arts. 1.395 e 1.407, CC/1916; e art. 1.022, CC/2002.
- V. art. 1.407, CC/1916, sem correspondência no CC/2002.
- V. arts. 134, VII, e 135, I, CTN.

§ 1º Cumpre ao sócio, que alegar o benefício deste artigo, nomear bens da sociedade, sitos na mesma comarca, livres e desembargados, quantos bastem para pagar o débito.

§ 2º Aplica-se aos casos deste artigo o disposto no parágrafo único do artigo anterior.

Art. 597. O espólio responde pelas dívidas do falecido; mas, feita a partilha, cada herdeiro responde por elas na proporção da parte que na herança lhe coube.

- V. arts. 1.587 e 1.796, CC/1916; e arts. 1.792, 1.821 e 1.997, CC/2002.

Capítulo V
DAS DISPOSIÇÕES GERAIS

Art. 598. Aplicam-se subsidiariamente à execução as disposições que regem o processo de conhecimento.

Art. 599. O juiz pode, em qualquer momento do processo:

- Artigo com redação determinada pela Lei 5.925/1973.

I – ordenar o comparecimento das partes;

II – advertir ao devedor que o seu procedimento constitui ato atentatório à dignidade da justiça.

Art. 600. Considera-se atentatório à dignidade da Justiça o ato do executado que:

- *Caput* com redação determinada pela Lei 11.382/2006 (*DOU* 07.12.2006), em vigor 45 (quarenta e cinco) dias após a data de sua publicação, de acordo com o art. 1º do Dec.-lei 4.657/1942.

I – frauda a execução;

- Inciso I com redação determinada pela Lei 5.925/1973.
- V. arts. 593, 626, 672, § 3º, 813, II, *b*, e III, CPC.

II – se opõe maliciosamente à execução, empregando ardis e meios artificiosos;

- Inciso II com redação determinada pela Lei 5.925/1973.

III – resiste injustificadamente às ordens judiciais;

- Inciso III com redação determinada pela Lei 5.925/1973.

IV – intimado, não indica ao juiz, em 5 (cinco) dias, quais são e onde se encontram os bens sujeitos à penhora e seus respectivos valores.

- Inciso IV com redação determinada pela Lei 11.382/2006 (*DOU* 07.12.2006), em vigor 45 (quarenta e cinco) dias após a data de sua publicação, de acordo com o art. 1º do Dec.-lei 4.657/1942.

Art. 601. Nos casos previstos no artigo anterior, o devedor incidirá em multa fixada pelo juiz, em montante não superior a 20% (vinte por cento) do valor atualizado do débito em execução, sem prejuízo de outras sanções de natureza processual ou material, multa essa que reverterá em proveito do credor, exigível na própria execução.

- *Caput* com redação determinada pela Lei 8.953/1994.

Art. 602

CÓDIGO DE PROCESSO CIVIL

Parágrafo único. O juiz relevará a pena, se o devedor se comprometer a não mais praticar qualquer dos atos definidos no artigo antecedente e der fiador idôneo, que responda ao credor pela dívida principal, juros, despesas e honorários advocatícios.

- Parágrafo único com redação determinada pela Lei 5.925/1973.

Art. 602. *(Revogado pela Lei 11.232/2005 – DOU 23.12.2005, em vigor 6 (seis) meses após a data de sua publicação.)*

- V. art. 475-Q, CPC.

Capítulo VI
DA LIQUIDAÇÃO DA SENTENÇA

- Capítulo VI revogado pela Lei 11.232/2005 – DOU 23.12.2005, em vigor 6 (seis) meses após a data de sua publicação.
- V. arts. 475-A a 475-H, CPC.

Arts. 603 a 611. *(Revogados pela Lei 11.232/2005 – DOU 23.12.2005, em vigor 6 (seis) meses após a data de sua publicação.)*

TÍTULO II
DAS DIVERSAS ESPÉCIES DE EXECUÇÃO

Capítulo I
DAS DISPOSIÇÕES GERAIS

Art. 612. Ressalvado o caso de insolvência do devedor, em que tem lugar o concurso universal (art. 751, III), realiza-se a execução no interesse do credor, que adquire, pela penhora, o direito de preferência sobre os bens penhorados.

- V. arts. 709, I, 711, 712, 751, II, 761, II, e 784, CPC.
- V. art. 187, parágrafo único, CTN.
- V. Súmula 244, TFR.

Art. 613. Recaindo mais de uma penhora sobre os mesmos bens, cada credor conservará o seu título de preferência.

- V. arts. 711 e 712, CPC.
- V. art. 167, I-5, Lei 6.015/1973 (Lei de Registros Públicos).

Art. 614. Cumpre ao credor, ao requerer a execução, pedir a citação do devedor e instruir a petição inicial:

- V. arts. 222, *d*, 282, 284, 568, 598 e 615, IV, CPC.

I – com o título executivo extrajudicial;

- Inciso I com redação determinada pela Lei 11.382/2006 (DOU 07.12.2006), em vigor 45 (quarenta e cinco) dias após a data de sua publicação, de acordo com o art. 1º do Dec.-lei 4.657/1942.
- V. art. 585, CPC.

II – com o demonstrativo do débito atualizado até a data da propositura da ação, quando se tratar de execução por quantia certa.

- Inciso II com redação determinada pela Lei 8.953/1994.
- V. art. 475-J, *caput*, CPC.

III – com a prova de que se verificou a condição, ou ocorreu o termo (art. 572).

- Inciso III acrescentado pela Lei 8.953/1994.
- V. arts. 385, 572, 618, III, e 743, V, CPC.
- V. arts. 114 a 124, CC/1916; e arts. 121 a 131 e 135, CC/2002.

Art. 615. Cumpre ainda ao credor:
I – indicar a espécie de execução que prefere, quando por mais de um modo pode ser efetuada;

- V. art. 620, CPC.

II – requerer a intimação do credor pignoratício, hipotecário, ou anticrético, ou usufrutuário, quando a penhora recair sobre bens gravados por penhor, hipoteca, anticrese ou usufruto;

- V. arts. 619 e 698, CPC.

III – pleitear medidas acautelatórias urgentes;

- V. arts. 796 a 889, CPC.

IV – provar que adimpliu a contraprestação, que lhe corresponde, ou que lhe assegura o cumprimento, se o executado não for obrigado a satisfazer a sua prestação senão mediante a contraprestação do credor.

- V. art. 582, CPC.

Art. 615-A. O exequente poderá, no ato da distribuição, obter certidão comprobatória do ajuizamento da execução, com identificação das partes e valor da causa, para fins de averbação no registro de imóveis, registro de veículos ou registro de outros bens sujeitos à penhora ou arresto.

- Artigo acrescentado pela Lei 11.382/2006 (DOU 07.12.2006), em vigor 45 (quarenta e cinco) dias após a data de sua publicação, de acordo com o art. 1º do Dec.-lei 4.657/1942.

Art. 624

CÓDIGO DE PROCESSO CIVIL

§ 1º O exequente deverá comunicar ao juízo as averbações efetivadas, no prazo de 10 (dez) dias de sua concretização.

§ 2º Formalizada penhora sobre bens suficientes para cobrir o valor da dívida, será determinado o cancelamento das averbações de que trata este artigo relativas àqueles que não tenham sido penhorados.

§ 3º Presume-se em fraude à execução a alienação ou oneração de bens efetuada após a averbação (art. 593).

§ 4º O exequente que promover averbação manifestamente indevida indenizará a parte contrária, nos termos do § 2º do art. 18 desta Lei, processando-se o incidente em autos apartados.

§ 5º Os tribunais poderão expedir instruções sobre o cumprimento deste artigo.

Art. 616. Verificando o juiz que a petição inicial está incompleta, ou não se acha acompanhada dos documentos indispensáveis à propositura da execução, determinará que o credor a corrija, no prazo de 10 (dez) dias, sob pena de ser indeferida.

- V. arts. 284, parágrafo único, e 598, CPC.

Art. 617. A propositura da execução, deferida pelo juiz, interrompe a prescrição, mas a citação do devedor deve ser feita com observância do disposto no art. 219.

- V. art. 263, CPC.
- V. Súmulas 150, 153 e 154, STF.

Art. 618. É nula a execução:

I – se o título executivo extrajudicial não corresponder a obrigação certa, líquida e exigível (art. 586);

- Inciso I com redação determinada pela Lei 11.382/2006 (*DOU* 07.12.2006), em vigor 45 (quarenta e cinco) dias após a data de sua publicação, de acordo com o art. 1º do Dec.-lei 4.657/1942.

II – se o devedor não for regularmente citado;

- V. arts. 214, 222, *d*, e 741, I, CPC.

III – se instaurada antes de se verificar a condição ou de ocorrido o termo, nos casos do art. 572.

Art. 619. A alienação de bem aforado ou gravado por penhor, hipoteca, anticrese ou usufruto será ineficaz em relação ao senhorio direto, ou ao credor pignoratício, hipotecário, anticrético, ou usufrutuário, que não houver sido intimado.

- V. art. 615, II, CPC.
- V. art. 826, CC/1916; e art. 1.501, CC/2002.

Art. 620. Quando por vários meios o credor puder promover a execução, o juiz mandará que se faça pelo modo menos gravoso para o devedor.

- V. arts. 615, I, e 716, CPC.
- V. Súmula 417, STJ.

Capítulo II
DA EXECUÇÃO PARA A ENTREGA DE COISA

Seção I
Da entrega de coisa certa

Art. 621. O devedor de obrigação de entrega de coisa certa, constante de título executivo extrajudicial, será citado para, dentro de 10 (dez) dias, satisfazer a obrigação ou, seguro o juízo (art. 737, II), apresentar embargos.

- Artigo com redação determinada pela Lei 10.444/2002.
- O art. 737 do CPC foi revogado pela Lei 11.382/2006.
- V. art. 241, CPC.
- V. arts. 863 a 873, CC/1916; e arts. 233 a 242 e 313, CC/2002.
- V. art. 35, I, Lei 8.078/1990 (Código de Defesa do Consumidor).

Parágrafo único. O juiz, ao despachar a inicial, poderá fixar multa por dia de atraso no cumprimento da obrigação, ficando o respectivo valor sujeito a alteração, caso se revele insuficiente ou excessivo.

Art. 622. O devedor poderá depositar a coisa, em vez de entregá-la, quando quiser opor embargos.

- Artigo com redação determinada pela Lei 5.925/1973.
- V. arts. 736, 741 e 745, CPC.

Art. 623. Depositada a coisa, o exequente não poderá levantá-la antes do julgamento dos embargos.

- Artigo com redação determinada pela Lei 8.953/1994.
- V. art. 791, I, CPC.

Art. 624. Se o executado entregar a coisa, lavrar-se-á o respectivo termo e dar-se-á

por finda a execução, salvo se esta tiver de prosseguir para o pagamento de frutos ou ressarcimento de prejuízos.

- Artigo com redação determinada pela Lei 10.444/2002.
- V. arts. 581, 794, I, e 795, CPC.
- V. arts. 864, 865 e 867, CC/1916; e arts. 233, 234 e 236, CC/2002.

Art. 625. Não sendo a coisa entregue ou depositada, nem admitidos embargos suspensivos da execução, expedir-se-á, em favor do credor, mandado de imissão na posse ou de busca e apreensão, conforme se tratar de imóvel ou de móvel.

- Artigo com redação determinada pela Lei 5.925/1973.
- V. art. 739, CPC.

Art. 626. Alienada a coisa quando já litigiosa, expedir-se-á mandado contra o terceiro adquirente, que somente será ouvido depois de depositá-la.

- V. arts. 42, 219, 593 e 1.046, CPC.

Art. 627. O credor tem direito a receber, além de perdas e danos, o valor da coisa, quando esta não lhe for entregue, se deteriorou, não for encontrada ou não for reclamada do poder de terceiro adquirente.

- V. arts. 1.059 a 1.061, CC/1916; e arts. 402 a 404, CC/2002.

§ 1º Não constando do título o valor da coisa, ou sendo impossível a sua avaliação, o exequente far-lhe-á a estimativa, sujeitando-se ao arbitramento judicial.

- § 1º com redação determinada pela Lei 10.444/2002.

§ 2º Serão apurados em liquidação o valor da coisa e os prejuízos.

- § 2º com redação determinada pela Lei 10.444/2002.

Art. 628. Havendo benfeitorias indenizáveis feitas na coisa pelo devedor ou por terceiros, de cujo poder ela houver sido tirada, a liquidação prévia é obrigatória. Se houver saldo em favor do devedor, o credor o depositará ao requerer a entrega da coisa; se houver saldo em favor do credor, este poderá cobrá-lo nos autos do mesmo processo.

- V. arts. 63, 516 a 519 e 873, CC/1916; e arts. 96, 242 e 1.219 a 1.222, CC/2002.

Seção II
Da entrega de coisa incerta

Art. 629. Quando a execução recair sobre coisas determinadas pelo gênero e quantidade, o devedor será citado para entregá-las individualizadas, se lhe couber a escolha; mas se essa couber ao credor, este a indicará na petição inicial.

- V. arts. 50 e 874 a 877, CC/1916; e arts. 85 e 243 a 246, CC/2002.
- V. art. 15, Lei 8.929/1994 (Cédula de produto rural).

Art. 630. Qualquer das partes poderá, em 48 (quarenta e oito) horas, impugnar a escolha feita pela outra, e o juiz decidirá de plano, ou, se necessário, ouvindo perito de sua nomeação.

Art. 631. Aplicar-se-á à execução para entrega de coisa incerta o estatuído na seção anterior.

Capítulo III
DA EXECUÇÃO DAS OBRIGAÇÕES DE FAZER E DE NÃO FAZER

Seção I
Da obrigação de fazer

Art. 632. Quando o objeto da execução for obrigação de fazer, o devedor será citado para satisfazê-la no prazo que o juiz lhe assinar, se outro não estiver determinado no título executivo.

- Artigo com redação determinada pela Lei 8.953/1994.
- V. arts. 644 e 645, CPC.
- V. arts. 878 a 881, CC/1916; e arts. 247 a 249, CC/2002.
- V. Súmula 410, STJ.

Art. 633. Se, no prazo fixado, o devedor não satisfizer a obrigação, é lícito ao credor, nos próprios autos do processo, requerer que ela seja executada à custa do devedor, ou haver perdas e danos; caso em que ela se converte em indenização.

- V. arts. 461, §§ 1º e 2º, e 638, parágrafo único, CPC.
- V. art. 881, CC/1916; e art. 249, CC/2002.
- V. arts. 35 e 84, Lei 8.078/1990 (Código de Defesa do Consumidor).

Parágrafo único. O valor das perdas e danos será apurado em liquidação, seguin-

do-se a execução para cobrança de quantia certa.

- V. arts. 1.059 a 1.061, CC/1916; e arts. 402 a 405, CC/2002.

Art. 634. Se o fato puder ser prestado por terceiro, é lícito ao juiz, a requerimento do exequente, decidir que aquele o realize à custa do executado.

- Artigo com redação determinada pela Lei 11.382/2006 (DOU 07.12.2006), em vigor 45 (quarenta e cinco) dias após a data de sua publicação, de acordo com o art. 1º do Dec.-lei 4.657/1942.

Parágrafo único. O exequente adiantará as quantias previstas na proposta que, ouvidas as partes, o juiz houver aprovado.

- V. art. 637, parágrafo único, CPC.

§§ 1º a 7º (Revogados pela Lei 11.382/2006 – DOU 07.12.2006, em vigor 45 (quarenta e cinco) dias após a data de sua publicação, de acordo com o art. 1º do Dec.-lei 4.657/1942.)

Art. 635. Prestado o fato, o juiz ouvirá as partes no prazo de 10 (dez) dias; não havendo impugnação, dará por cumprida a obrigação; em caso contrário, decidirá a impugnação.

Art. 636. Se o contratante não prestar o fato no prazo, ou se o praticar de modo incompleto ou defeituoso, poderá o credor requerer ao juiz, no prazo de 10 (dez) dias, que o autorize a concluí-lo, ou a repará-lo, por conta do contratante.

Parágrafo único. Ouvido o contratante no prazo de 5 (cinco) dias, o juiz mandará avaliar o custo das despesas necessárias e condenará o contratante a pagá-lo.

Art. 637. Se o credor quiser executar, ou mandar executar, sob sua direção e vigilância, as obras e trabalhos necessários à prestação do fato, terá preferência, em igualdade de condições de oferta, ao terceiro.

Parágrafo único. O direito de preferência será exercido no prazo de 5 (cinco) dias, contados da apresentação da proposta pelo terceiro (art. 634, parágrafo único).

- Parágrafo único com redação determinada pela Lei 11.382/2006 (DOU 07.12.2006), em vigor 45 (quarenta e cinco) dias após a data de sua publicação, de acordo com o art. 1º do Dec.-lei 4.657/1942.

Art. 638. Nas obrigações de fazer, quando for convencionado que o devedor a faça pessoalmente, o credor poderá requerer ao juiz que lhe assine prazo para cumpri-la.

Parágrafo único. Havendo recusa ou mora do devedor, a obrigação pessoal do devedor converter-se-á em perdas e danos, aplicando-se outrossim o disposto no art. 633.

- V. art. 880, CC/1916; e art. 247, CC/2002.

Arts. 639 a 641. (Revogados pela Lei 11.232/2005 – DOU 23.12.2005, em vigor 6 (seis) meses após a data de sua publicação.)

- V. arts. 466-A a 466-C, CPC.

Seção II
Da obrigação de não fazer

Art. 642. Se o devedor praticou o ato, a cuja abstenção estava obrigado pela lei ou pelo contrato, o credor requererá ao juiz que lhe assine prazo para desfazê-lo.

- V. art. 883, CC/1916; e art. 251, caput, CC/2002.

Art. 643. Havendo recusa ou mora do devedor, o credor requererá ao juiz que mande desfazer o ato à sua custa, respondendo o devedor por perdas e danos.

- V. arts. 1.059 a 1.061, CC/1916; e arts. 402 a 404, CC/2002.

Parágrafo único. Não sendo possível desfazer-se o ato, a obrigação resolve-se em perdas e danos.

Seção III
Das disposições comuns às seções precedentes

Art. 644. A sentença relativa a obrigação de fazer ou não fazer cumpre-se de acordo com o art. 461, observando-se, subsidiariamente, o disposto neste Capítulo.

- Artigo com redação determinada pela Lei 10.444/2002.
- V. arts. 287, 461, §§ 2º e 4º, 461-A e 585, CPC.
- V. art. 12, § 2º, Lei 7.347/1985 (Ação civil pública).

Art. 645. Na execução de obrigação de fazer ou não fazer, fundada em título extrajudicial, o juiz, ao despachar a inicial, fixará multa por dia de atraso no cumpri-

Art. 646

mento da obrigação e a data a partir da qual será devida.
- Artigo com redação determinada pela Lei 8.953/1994.
- V. arts. 287, 461, §§ 2º e 4º, e 585, CPC.

Parágrafo único. Se o valor da multa estiver previsto no título, o juiz poderá reduzi-lo, se excessivo.

Capítulo IV
DA EXECUÇÃO POR QUANTIA CERTA CONTRA DEVEDOR SOLVENTE

Seção I
Da penhora, da avaliação e da expropriação de bens

- Rubrica da Seção I com redação determinada pela Lei 11.382/2006 (DOU 07.12.2006), em vigor 45 (quarenta e cinco) dias após a data de sua publicação, de acordo com o art. 1º do Dec.-lei 4.657/1942.

Subseção I
Das disposições gerais

Art. 646. A execução por quantia certa tem por objeto expropriar bens do devedor, a fim de satisfazer o direito do credor (art. 591).
- V. arts. 593 e 659, CPC.

Art. 647. A expropriação consiste:
I – na adjudicação em favor do exequente ou das pessoas indicadas no § 2º do art. 685-A desta Lei;
- Inciso I com redação determinada pela Lei 11.382/2006 (DOU 07.12.2006), em vigor 45 (quarenta e cinco) dias após a data de sua publicação, de acordo com o art. 1º do Dec.-lei 4.657/1942.
- V. arts. 685-A e 685-B, CPC.

II – na alienação por iniciativa particular;
- Inciso II com redação determinada pela Lei 11.382/2006 (DOU 07.12.2006), em vigor 45 (quarenta e cinco) dias após a data de sua publicação, de acordo com o art. 1º do Dec.-lei 4.657/1942.
- V. art. 685-C, CPC.

III – na alienação em hasta pública;
- Inciso III com redação determinada pela Lei 11.382/2006 (DOU 07.12.2006), em vigor 45 (quarenta e cinco) dias após a data de sua publicação, de acordo com o art. 1º do Dec.-lei 4.657/1942.

- V. arts. 686 a 707, CPC.

IV – no usufruto de bem móvel ou imóvel.
- Inciso IV acrescentado pela Lei 11.382/2006 (DOU 07.12.2006), em vigor 45 (quarenta e cinco) dias após a data de sua publicação, de acordo com o art. 1º do Dec.-lei 4.657/1942.
- V. arts. 716 a 724, CPC.

Art. 648. Não estão sujeitos à execução os bens que a lei considera impenhoráveis ou inalienáveis.
- V. art. 591, CPC.
- V. arts. 70 a 73, CC/1916; e arts. 1.711, caput, 1.714, 1.717 e 1.722, CC/2002.
- V. Lei 8.009/1990 (Impenhorabilidade do bem de família).
- •• V. Súmulas 449, 451 e 486, STJ.

Art. 649. São absolutamente impenhoráveis:
- V. art. 41, Dec.-lei 7.661/1945 (Lei de Falências); e art. 108, § 4º, Lei 11.101/2005 (Lei de Recuperação de Empresas e Falência).
- V. Lei 4.673/1965 (Impenhorabilidade sobre os bens penhorados em execução fiscal).
- V. art. 69, Dec.-lei 167/1967 (Títulos de crédito rural).
- V. art. 57, Dec.-lei 413/1969 (Títulos de crédito industrial).
- V. art. 5º, parágrafo único, Dec.-lei 911/1969 (Alienação fiduciária).
- V. art. 10, parte final, Lei 6.830/1980 (Execução fiscal).

I – os bens inalienáveis e os declarados, por ato voluntário, não sujeitos à execução;

II – os móveis, pertences e utilidades domésticas que guarnecem a residência do executado, salvo os de elevado valor ou que ultrapassem as necessidades comuns correspondentes a um médio padrão de vida;
- Inciso II com redação determinada pela Lei 11.382/2006 (DOU 07.12.2006), em vigor 45 (quarenta e cinco) dias após a data de sua publicação, de acordo com o art. 1º do Dec.-lei 4.657/1942.

III – os vestuários, bem como os pertences de uso pessoal do executado, salvo se de elevado valor;
- Inciso III com redação determinada pela Lei 11.382/2006 (DOU 07.12.2006), em vigor 45 (quarenta e cinco) dias após a data de sua publicação, de acordo com o art. 1º do Dec.-lei 4.657/1942.

IV – os vencimentos, subsídios, soldos, salários, remunerações, proventos de aposentadoria, pensões, pecúlios e montepios; as

quantias recebidas por liberalidade de terceiro e destinadas ao sustento do devedor e sua família, os ganhos de trabalhador autônomo e os honorários de profissional liberal, observado o disposto no § 3º deste artigo;

- Inciso IV com redação determinada pela Lei 11.382/2006 (*DOU* 07.12.2006), em vigor 45 (quarenta e cinco) dias após a data de sua publicação, de acordo com o art. 1º do Dec.-lei 4.657/1942.
- V. art. 114, Lei 8.213/1991 (Planos de Benefícios da Previdência Social).

V – os livros, as máquinas, as ferramentas, os utensílios, os instrumentos ou outros bens móveis necessários ou úteis ao exercício de qualquer profissão;

- Inciso V com redação determinada pela Lei 11.382/2006 (*DOU* 07.12.2006), em vigor 45 (quarenta e cinco) dias após a data de sua publicação, de acordo com o art. 1º do Dec.-lei 4.657/1942.
- V. art. 5º, parágrafo único, Dec.-lei 911/1969 (Alienação fiduciária).
- V. Súmula 451, STJ.

VI – o seguro de vida;

- Inciso VI com redação determinada pela Lei 11.382/2006 (*DOU* 07.12.2006), em vigor 45 (quarenta e cinco) dias após a data de sua publicação, de acordo com o art. 1º do Dec.-lei 4.657/1942.

VII – os materiais necessários para obras em andamento, salvo se essas forem penhoradas;

- Inciso VII com redação determinada pela Lei 11.382/2006 (*DOU* 07.12.2006), em vigor 45 (quarenta e cinco) dias após a data de sua publicação, de acordo com o art. 1º do Dec.-lei 4.657/1942.
- V. arts. 46 e 49, CC/1916; e arts. 81, *caput* e II, e 84, CC/2002.
- V. art. 5º, parágrafo único, Dec.-lei 911/1969 (Alienação fiduciária).

VIII – a pequena propriedade rural, assim definida em lei, desde que trabalhada pela família;

- Inciso VIII com redação determinada pela Lei 11.382/2006 (*DOU* 07.12.2006), em vigor 45 (quarenta e cinco) dias após a data de sua publicação, de acordo com o art. 1º do Dec.-lei 4.657/1942.
- V. art. 5º, XXVI, CF.
- V. arts. 4º, § 2º, Lei 8.009/1990 (Impenhorabilidade do bem de família).

IX – os recursos públicos recebidos por instituições privadas para aplicação compulsória em educação, saúde ou assistência social;

- Inciso IX com redação determinada pela Lei 11.382/2006 (*DOU* 07.12.2006), em vigor 45 (quarenta e cinco) dias após a data de sua publicação, de acordo com o art. 1º do Dec.-lei 4.657/1942.

X – até o limite de 40 (quarenta) salários mínimos, a quantia depositada em caderneta de poupança.

- Inciso X com redação determinada pela Lei 11.382/2006 (*DOU* 07.12.2006), em vigor 45 (quarenta e cinco) dias após a data de sua publicação, de acordo com o art. 1º do Dec.-lei 4.657/1942.

XI – os recursos públicos do fundo partidário recebidos, nos termos da lei, por partido político.

- Inciso XI acrescentado pela Lei 11.694/2008.

§ 1º A impenhorabilidade não é oponível à cobrança do crédito concedido para a aquisição do próprio bem.

- § 1º acrescentado pela Lei 11.382/2006 (*DOU* 07.12.2006), em vigor 45 (quarenta e cinco) dias após a data de sua publicação, de acordo com o art. 1º do Dec.-lei 4.657/1942.

§ 2º O disposto no inciso IV do *caput* deste artigo não se aplica no caso de penhora para pagamento de prestação alimentícia.

- § 2º acrescentado pela Lei 11.382/2006 (*DOU* 07.12.2006), em vigor 45 (quarenta e cinco) dias após a data de sua publicação, de acordo com o art. 1º do Dec.-lei 4.657/1942.
- V. art. 734, CPC.

§ 3º *(Vetado.)*

- § 3º acrescentado pela Lei 11.382/2006 (*DOU* 07.12.2006), em vigor 45 (quarenta e cinco) dias após a data de sua publicação, de acordo com o art. 1º do Dec.-lei 4.657/1942.

Art. 650. Podem ser penhorados, à falta de outros bens, os frutos e rendimentos dos bens inalienáveis, salvo se destinados à satisfação de prestação alimentícia.

- Artigo com redação determinada pela Lei 11.382/2006 (*DOU* 07.12.2006), em vigor 45 (quarenta e cinco) dias após a data de sua publicação, de acordo com o art. 1º do Dec.-lei 4.657/1942.

Parágrafo único. *(Vetado.)*

Art. 651. Antes de adjudicados ou alienados os bens, pode o executado, a todo tempo, remir a execução, pagando ou consignando a importância atualizada da dívi-

Art. 652

da, mais juros, custas e honorários advocatícios.

- Artigo com redação determinada pela Lei 11.382/2006 (*DOU* 07.12.2006), em vigor 45 (quarenta e cinco) dias após a data de sua publicação, de acordo com o art. 1º do Dec.-lei 4.657/1942.
- V. arts. 694 e 794, I, CPC.
- V. arts. 930 e 931, CC/1916; e arts. 304 e 305, CC/2002.
- V. art. 19, I e II, Lei 6.830/1980 (Execução fiscal).

Subseção II
Da citação do devedor
e da indicação de bens

- Rubrica da Subseção II com redação determinada pela Lei 11.382/2006 (*DOU* 07.12.2006), em vigor 45 (quarenta e cinco) dias após a data de sua publicação, de acordo com o art. 1º do Dec.-lei 4.657/1942.

Art. 652. O executado será citado para, no prazo de 3 (três) dias, efetuar o pagamento da dívida.

- Artigo com redação determinada pela Lei 11.382/2006 (*DOU* 07.12.2006), em vigor 45 (quarenta e cinco) dias após a data de sua publicação, de acordo com o art. 1º do Dec.-lei 4.657/1942.
- V. Lei 5.670/1971 (Cálculo da correção monetária).
- V. art. 8º, Lei 6.830/1980 (Execução fiscal).
- V. Lei 6.899/1981 (Correção monetária nos débitos oriundos de decisão judicial).
- V. Lei 8.397/1992 (Medida cautelar fiscal).
- • V. art. 738, CPC.

§ 1º Não efetuado o pagamento, munido da segunda via do mandado, o oficial de justiça procederá de imediato à penhora de bens e a sua avaliação, lavrando-se o respectivo auto e de tais atos intimando, na mesma oportunidade, o executado.

§ 2º O credor poderá, na inicial da execução, indicar bens a serem penhorados (art. 655).

§ 3º O juiz poderá, de ofício ou a requerimento do exequente, determinar, a qualquer tempo, a intimação do executado para indicar bens passíveis de penhora.

§ 4º A intimação do executado far-se-á na pessoa de seu advogado; não o tendo, será intimado pessoalmente.

§ 5º Se não localizar o executado para intimá-lo da penhora, o oficial certificará detalhadamente as diligências realizadas, caso em que o juiz poderá dispensar a intimação ou determinará novas diligências.

Art. 652-A. Ao despachar a inicial, o juiz fixará, de plano, os honorários de advogado a serem pagos pelo executado (art. 20, § 4º).

- Artigo acrescentado pela Lei 11.382/2006 (*DOU* 07.12.2006), em vigor 45 (quarenta e cinco) dias após a data de sua publicação, de acordo com o art. 1º do Dec.-lei 4.657/1942.

Parágrafo único. No caso de integral pagamento no prazo de 3 (três) dias, a verba honorária será reduzida pela metade.

Art. 653. O oficial de justiça, não encontrando o devedor, arrestar-lhe-á tantos bens quantos bastem para garantir a execução.

- V. art. 813, CPC.

Parágrafo único. Nos 10 (dez) dias seguintes à efetivação do arresto, o oficial de justiça procurará o devedor três vezes em dias distintos; não o encontrando, certificará o ocorrido.

Art. 654. Compete ao credor, dentro de 10 (dez) dias, contados da data em que foi intimado do arresto a que se refere o parágrafo único do artigo anterior, requerer a citação por edital do devedor. Findo o prazo do edital, terá o devedor o prazo a que se refere o art. 652, convertendo-se o arresto em penhora em caso de não pagamento.

- V. arts. 231, 232, 813 e 818, CPC.
- V. art. 11, Lei 6.830/1980 (Execução fiscal).

Art. 655. A penhora observará, preferencialmente, a seguinte ordem:

- Artigo com redação determinada pela Lei 11.382/2006 (*DOU* 07.12.2006), em vigor 45 (quarenta e cinco) dias após a data de sua publicação, de acordo com o art. 1º do Dec.-lei 4.657/1942.
- V. arts. 600, IV, e 601, CPC.
- V. art. 11, Lei 6.830/1980 (Execução fiscal).

I – dinheiro, em espécie ou em depósito ou aplicação em instituição financeira;

- V. arts. 709 a 713, CPC.
- V. Súmulas 328 e 417, STJ.

II – veículos de via terrestre;

III – bens móveis em geral;

- V. arts. 47 e 48, CC/1916; e arts. 82 e 83, CC/2002.

IV – bens imóveis;

- V. arts. 43 e 44, CC/1916; e arts. 79 e 80, CC/2002.

Art. 656

CÓDIGO DE PROCESSO CIVIL

V – navios e aeronaves;
- V. art. 679, CPC.
- V. art. 155, Lei 7.565/1986 (Código Brasileiro de Aeronáutica).

VI – ações e quotas de sociedades empresárias;
- ** V. Súmula 451, STJ.

VII – percentual do faturamento de empresa devedora;

VIII – pedras e metais preciosos;
- V. art. 666, § 2°, CPC.

IX – títulos da dívida pública da União, Estados e Distrito Federal com cotação em mercado;

X – títulos e valores mobiliários com cotação em mercado;

XI – outros direitos.
- V. arts. 671 a 676, CPC.
- V. Súmula 406, STJ.

§ 1º Na execução de crédito com garantia hipotecária, pignoratícia ou anticrética, a penhora recairá, preferencialmente, sobre a coisa dada em garantia; se a coisa pertencer a terceiro garantidor, será também esse intimado da penhora.

§ 2º Recaindo a penhora em bens imóveis, será intimado também o cônjuge do executado.

Art. 655-A. Para possibilitar a penhora de dinheiro em depósito ou aplicação financeira, o juiz, a requerimento do exequente, requisitará à autoridade supervisora do sistema bancário, preferencialmente por meio eletrônico, informações sobre a existência de ativos em nome do executado, podendo no mesmo ato determinar sua indisponibilidade, até o valor indicado na execução.
- *Caput* acrescentado pela Lei 11.382/2006 (*DOU* 07.12.2006), em vigor 45 (quarenta e cinco) dias após a data de sua publicação, de acordo com o art. 1º do Dec.-lei 4.657/1942.

§ 1º As informações limitar-se-ão à existência ou não de depósito ou aplicação até o valor indicado na execução.
- § 1º acrescentado pela Lei 11.382/2006 (*DOU* 07.12.2006), em vigor 45 (quarenta e cinco) dias após a data de sua publicação, de acordo com o art. 1º do Dec.-lei 4.657/1942.

§ 2º Compete ao executado comprovar que as quantias depositadas em conta-corrente referem-se à hipótese do inciso IV do *caput* do art. 649 desta Lei ou que estão revestidas de outra forma de impenhorabilidade.
- § 2º acrescentado pela Lei 11.382/2006 (*DOU* 07.12.2006), em vigor 45 (quarenta e cinco) dias após a data de sua publicação, de acordo com o art. 1º do Dec.-lei 4.657/1942.

§ 3º Na penhora de percentual do faturamento da empresa executada, será nomeado depositário, com a atribuição de submeter à aprovação judicial a forma de efetivação da constrição, bem como de prestar contas mensalmente, entregando ao exequente as quantias recebidas, a fim de serem imputadas no pagamento da dívida.
- § 3º acrescentado pela Lei 11.382/2006 (*DOU* 07.12.2006), em vigor 45 (quarenta e cinco) dias após a data de sua publicação, de acordo com o art. 1º do Dec.-lei 4.657/1942.

§ 4º Quando se tratar de execução contra partido político, o juiz, a requerimento do exequente, requisitará à autoridade supervisora do sistema bancário, nos termos do que estabelece o *caput* deste artigo, informações sobre a existência de ativos tão somente em nome do órgão partidário que tenha contraído a dívida executada ou que tenha dado causa a violação de direito ou ao dano, ao qual cabe exclusivamente a responsabilidade pelos atos praticados, de acordo com o disposto no art. 15-A da Lei 9.096, de 19 de setembro de 1995.
- § 4º acrescentado pela Lei 11.694/2008.

Art. 655-B. Tratando-se de penhora em bem indivisível, a meação do cônjuge alheio à execução recairá sobre o produto da alienação do bem.
- Artigo acrescentado pela Lei 11.382/2006 (*DOU* 07.12.2006), em vigor 45 (quarenta e cinco) dias após a data de sua publicação, de acordo com o art. 1º do Dec.-lei 4.657/1942.
- V. Súmula 406, STJ.

Art. 656. A parte poderá requerer a substituição da penhora:
- Artigo com redação determinada pela Lei 11.382/2006 (*DOU* 07.12.2006), em vigor 45 (quarenta e cinco) dias após a data de sua publicação, de acordo com o art. 1º do Dec.-lei 4.657/1942.
- V. Súmula 406, STJ.

I – se não obedecer à ordem legal;

II – se não incidir sobre os bens designados em lei, contrato ou ato judicial para o pagamento;

Art. 657

III – se, havendo bens no foro da execução, outros houverem sido penhorados;

- Inciso III retificado no *DOU* de 10.01.2007.

IV – se, havendo bens livres, a penhora houver recaído sobre bens já penhorados ou objeto de gravame;

V – se incidir sobre bens de baixa liquidez;

VI – se fracassar a tentativa de alienação judicial do bem; ou

VII – se o devedor não indicar o valor dos bens ou omitir qualquer das indicações a que se referem os incisos I a IV do parágrafo único do art. 668 desta Lei.

§ 1º É dever do executado (art. 600), no prazo fixado pelo juiz, indicar onde se encontram os bens sujeitos à execução, exibir a prova de sua propriedade e, se for o caso, certidão negativa de ônus, bem como abster-se de qualquer atitude que dificulte ou embarace a realização da penhora (art. 14, parágrafo único).

§ 2º A penhora pode ser substituída por fiança bancária ou seguro garantia judicial, em valor não inferior ao do débito constante da inicial, mais 30% (trinta por cento).

§ 3º O executado somente poderá oferecer bem imóvel em substituição caso o requeira com a expressa anuência do cônjuge.

Art. 657. Ouvida em 3 (três) dias a parte contrária, se os bens inicialmente penhorados (art. 652) forem substituídos por outros, lavrar-se-á o respectivo termo.

- Artigo com redação determinada pela Lei 11.382/2006 (*DOU* 07.12.2006), em vigor 45 (quarenta e cinco) dias após a data de sua publicação, de acordo com o art. 1º do Dec.-lei 4.657/1942.

Parágrafo único. O juiz decidirá de plano quaisquer questões suscitadas.

Art. 658. Se o devedor não tiver bens no foro da causa, far-se-á a execução por carta, penhorando-se, avaliando-se e alienando-se os bens no foro da situação (art. 747).

- V. arts. 202 a 212 e 1.213, CPC.
- V. Súmula 46, STJ.
- V. Súmulas 32 e 33, TFR.

Subseção III
Da penhora e do depósito

Art. 659. A penhora deverá incidir em tantos bens quantos bastem para o pagamento do principal atualizado, juros, custas e honorários advocatícios.

- *Caput* com redação determinada pela Lei 11.382/2006 (*DOU* 07.12.2006), em vigor 45 (quarenta e cinco) dias após a data de sua publicação, de acordo com o art. 1º do Dec.-lei 4.657/1942.
- V. arts. 173, II, 664 e 791, III, CPC.

§ 1º Efetuar-se-á a penhora onde quer que se encontrem os bens, ainda que sob a posse, detenção ou guarda de terceiros.

- § 1º com redação determinada pela Lei 11.382/2006 (*DOU* 07.12.2006), em vigor 45 (quarenta e cinco) dias após a data de sua publicação, de acordo com o art. 1º do Dec.-lei 4.657/1942.

§ 2º Não se levará a efeito a penhora, quando evidente que o produto da execução dos bens encontrados será totalmente absorvido pelo pagamento das custas da execução.

§ 3º No caso do parágrafo anterior e bem assim quando não encontrar quaisquer bens penhoráveis, o oficial descreverá na certidão os que guarnecem a residência ou o estabelecimento do devedor.

§ 4º A penhora de bens imóveis realizar-se-á mediante auto ou termo de penhora, cabendo ao exequente, sem prejuízo da imediata intimação do executado (art. 652, § 4º), providenciar, para presunção absoluta de conhecimento por terceiros, a respectiva averbação no ofício imobiliário, mediante a apresentação de certidão de inteiro teor do ato, independentemente de mandado judicial.

- § 4º com redação determinada pela Lei 11.382/2006 (*DOU* 07.12.2006), em vigor 45 (quarenta e cinco) dias após a data de sua publicação, de acordo com o art. 1º do Dec.-lei 4.657/1942.
- V. art. 167, I-5, Lei 6.015/1973 (Lei de Registros Públicos).
- V. Súmula 375, STJ.

§ 5º Nos casos do § 4º, quando apresentada certidão da respectiva matrícula, a penhora de imóveis, independentemente de onde se localizem, será realizada por termo nos autos, do qual será intimado o executado, pessoalmente ou na pessoa de seu advogado, e por este ato constituído depositário.

- § 5º acrescentado pela Lei 10.444/2002.

§ 6º Obedecidas as normas de segurança que forem instituídas, sob critérios uniformes, pelos Tribunais, a penhora de numerário e as averbações de penhoras de bens

CÓDIGO DE PROCESSO CIVIL

imóveis e móveis podem ser realizadas por meios eletrônicos.

- § 6º acrescentado pela Lei 11.382/2006 (*DOU* 07.12.2006), em vigor 45 (quarenta e cinco) dias após a data de sua publicação, de acordo com o art. 1º do Dec.-lei 4.657/1942.
- V. art. 154, § 2º, CPC.
- V. Lei 11.419/2006 (Informatização do processo judicial).

Art. 660. Se o devedor fechar as portas da casa, a fim de obstar a penhora dos bens, o oficial de justiça comunicará o fato ao juiz, solicitando-lhe ordem de arrombamento.

Art. 661. Deferido o pedido mencionado no artigo antecedente, dois oficiais de justiça cumprirão o mandado, arrombando portas, móveis e gavetas, onde presumirem que se achem os bens, e lavrando de tudo auto circunstanciado, que será assinado por duas testemunhas, presentes à diligência.

Art. 662. Sempre que necessário, o juiz requisitará força policial, a fim de auxiliar os oficiais de justiça na penhora dos bens e na prisão de quem resistir à ordem.

- V. arts. 579 e 825, parágrafo único, CPC.
- V. arts. 329 e 330, CP.

Art. 663. Os oficiais de justiça lavrarão em duplicata o auto de resistência, entregando uma via ao escrivão do processo para ser junta aos autos e a outra à autoridade policial, a quem entregarão o preso.

Parágrafo único. Do auto de resistência constará o rol de testemunhas, com a sua qualificação.

Art. 664. Considerar-se-á feita a penhora mediante a apreensão e o depósito dos bens, lavrando-se um só auto se as diligências forem concluídas no mesmo dia.

Parágrafo único. Havendo mais de uma penhora, lavrar-se-á para cada qual um auto.

Art. 665. O auto de penhora conterá:
- V. arts. 143, I, e 681, CPC.

I – a indicação do dia, mês, ano e lugar em que foi feita;
II – os nomes do credor e do devedor;
III – a descrição dos bens penhorados, com os seus característicos;
IV – a nomeação do depositário dos bens.

- V. arts. 148 a 150, 677 e 919, CPC.
- V. Súmula 319, STJ.

Art. 666

Art. 666. Os bens penhorados serão preferencialmente depositados:

- *Caput* com redação determinada pela Lei 11.382/2006 (*DOU* 07.12.2006), em vigor 45 (quarenta e cinco) dias após a data de sua publicação, de acordo com o art. 1º do Dec.-lei 4.657/1942.

I – no Banco do Brasil, na Caixa Econômica Federal, ou em um banco, de que o Estado-Membro da União possua mais de metade do capital social integralizado; ou, em falta de tais estabelecimentos de crédito, ou agências suas no lugar, em qualquer estabelecimento de crédito, designado pelo juiz, as quantias em dinheiro, as pedras e os metais preciosos, bem como os papéis de crédito;

- V. arts. 1.116, parágrafo único, e 1.219, CPC.
- V. arts. 35, § 2º, e 38, § 1º, Lei 6.766/1979 (Parcelamento do solo urbano).
- V. Dec.-lei 1.737/1979 (Depósitos de interesse da administração pública efetuados na Caixa Econômica Federal).
- V. art. 32, Lei 6.830/1980 (Execução fiscal).
- V. Súmula 257, TFR.

II – em poder do depositário judicial, os móveis e os imóveis urbanos;

III – em mãos de depositário particular, os demais bens.

- Inciso III com redação determinada pela Lei 11.382/2006 (*DOU* 07.12.2006), em vigor 45 (quarenta e cinco) dias após a data de sua publicação, de acordo com o art. 1º do Dec.-lei 4.657/1942.

§ 1º Com a expressa anuência do exequente ou nos casos de difícil remoção, os bens poderão ser depositados em poder do executado.

- § 1º acrescentado pela Lei 11.382/2006 (*DOU* 07.12.2006), em vigor 45 (quarenta e cinco) dias após a data de sua publicação, de acordo com o art. 1º do Dec.-lei 4.657/1942.

§ 2º As joias, pedras e objetos preciosos deverão ser depositados com registro do valor estimado de resgate.

- § 2º acrescentado pela Lei 11.382/2006 (*DOU* 07.12.2006), em vigor 45 (quarenta e cinco) dias após a data de sua publicação, de acordo com o art. 1º do Dec.-lei 4.657/1942.

§ 3º A prisão de depositário judicial infiel será decretada no próprio processo, independentemente de ação de depósito.

- § 3º acrescentado pela Lei 11.382/2006 (*DOU* 07.12.2006), em vigor 45 (quarenta e cinco) dias

Art. 667

após a data de sua publicação, de acordo com o art. 1º do Dec.-lei 4.657/1942.

Art. 667. Não se procede à segunda penhora, salvo se:
I – a primeira for anulada;
II – executados os bens, o produto da alienação não bastar para o pagamento do credor;

- V. art. 685, II, CPC.
- V. Súmula 224, TFR.

III – o credor desistir da primeira penhora, por serem litigiosos os bens, ou por estarem penhorados, arrestados ou onerados.

- V. art. 219, *caput*, CPC.

Art. 668. O executado pode, no prazo de 10 (dez) dias após intimado da penhora, requerer a substituição do bem penhorado, desde que comprove cabalmente que a substituição não trará prejuízo algum ao exequente e será menos onerosa para ele devedor (art. 17, incisos IV e VI, e art. 620).

- Artigo com redação determinada pela Lei 11.382/2006 (*DOU* 07.12.2006), em vigor 45 (quarenta e cinco) dias após a data de sua publicação, de acordo com o art. 1º do Dec.-lei 4.657/1942.
- V. art. 15, I, Lei 6.830/1980 (Execução fiscal).

Parágrafo único. Na hipótese prevista neste artigo, ao executado incumbe:
I – quanto aos bens imóveis, indicar as respectivas matrículas e registros, situá-los e mencionar as divisas e confrontações;
II – quanto aos móveis, particularizar o estado e o lugar em que se encontram;
III – quanto aos semoventes, especificá-los, indicando o número de cabeças e o imóvel em que se encontram;
IV – quanto aos créditos, identificar o devedor e qualificá-lo, descrevendo a origem da dívida, o título que a representa e a data do vencimento; e
V – atribuir valor aos bens indicados à penhora.

Art. 669. (Revogado pela Lei 11.382/2006 – DOU 07.12.2006, em vigor 45 (quarenta e cinco) dias após a data de sua publicação, de acordo com o art. 1º do Dec.-lei 4.657/1942.)

Art. 670. O juiz autorizará a alienação antecipada dos bens penhorados quando:
I – sujeitos a deterioração ou depreciação;
II – houver manifesta vantagem.

Parágrafo único. Quando uma das partes requerer a alienação antecipada dos bens penhorados, o juiz ouvirá sempre a outra antes de decidir.

- V. arts. 1.113 a 1.117, CPC.

Subseção IV
Da penhora de créditos e de outros direitos patrimoniais

Art. 671. Quando a penhora recair em crédito do devedor, o oficial de justiça o penhorará. Enquanto não ocorrer a hipótese prevista no artigo seguinte, considerar-se-á feita a penhora pela intimação:

- Artigo com redação determinada pela Lei 5.925/1973.

I – ao terceiro devedor para que não pague ao seu credor;

- V. art. 938, CC/1916; e art. 312, CC/2002.

II – ao credor do terceiro para que não pratique ato de disposição do crédito.

Art. 672. A penhora de crédito, representada por letra de câmbio, nota promissória, duplicata, cheque ou outros títulos, far-se-á pela apreensão do documento, esteja ou não em poder do devedor.
§ 1º Se o título não for apreendido, mas o terceiro confessar a dívida, será havido como depositário da importância.
§ 2º O terceiro só se exonerará da obrigação, depositando em juízo a importância da dívida.

- V. art. 938, CC/1916; e art. 312, CC/2002.

§ 3º Se o terceiro negar o débito em conluio com o devedor, a quitação, que este lhe der, considerar-se-á em fraude de execução.

- V. art. 593, CPC.

§ 4º A requerimento do credor, o juiz determinará o comparecimento, em audiência especialmente designada, do devedor e do terceiro, a fim de lhes tomar os depoimentos.

Art. 673. Feita a penhora em direito e ação do devedor, e não tendo este oferecido embargos, ou sendo estes rejeitados, o credor fica sub-rogado nos direitos do devedor até a concorrência do seu crédito.

- V. arts. 738 e 745, CPC.
- V. art. 985, CC/1916; e art. 346, CC/2002.

CÓDIGO DE PROCESSO CIVIL

§ 1º O credor pode preferir, em vez da sub-rogação, a alienação judicial do direito penhorado, caso em que declarará a sua vontade no prazo de 10 (dez) dias contados da realização da penhora.

* V. arts. 1.113 a 1.117, CPC.

§ 2º A sub-rogação não impede ao sub-rogado, se não receber o crédito do devedor, de prosseguir na execução, nos mesmos autos, penhorando outros bens do devedor.

Art. 674. Quando o direito estiver sendo pleiteado em juízo, averbar-se-á no rosto dos autos a penhora, que recair nele e na ação que lhe corresponder, a fim de se efetivar nos bens, que forem adjudicados ou vierem a caber ao devedor.

* V. art. 1.021, CPC.

Art. 675. Quando a penhora recair sobre dívidas de dinheiro a juros, de direito a rendas, ou de prestações periódicas, o credor poderá levantar os juros, os rendimentos ou as prestações à medida que forem sendo depositadas, abatendo-se do crédito as importâncias recebidas, conforme as regras da imputação em pagamento.

* V. arts. 991 a 994, CC/1916; e arts. 352 a 355, CC/2002.

Art. 676. Recaindo a penhora sobre direito, que tenha por objeto prestação ou restituição de coisa determinada, o devedor será intimado para, no vencimento, depositá-la, correndo sobre ela a execução.

* V. art. 655, X, CPC.

Subseção V
Da penhora, do depósito e da administração de empresa e de outros estabelecimentos

Art. 677. Quando a penhora recair em estabelecimento comercial, industrial ou agrícola, bem como em semoventes, plantações ou edifício em construção, o juiz nomeará um depositário, determinando-lhe que apresente em 10 (dez) dias a forma de administração.

* V. art. 647, III, CPC.

§ 1º Ouvidas as partes, o juiz decidirá.
§ 2º É lícito, porém, às partes ajustarem a forma de administração, escolhendo o depositário; caso em que o juiz homologará por despacho a indicação.

Art. 678. A penhora de empresa, que funcione mediante concessão ou autorização, far-se-á, conforme o valor do crédito, sobre a renda, sobre determinados bens, ou sobre todo o patrimônio, nomeando o juiz como depositário, de preferência, um dos seus diretores.

Parágrafo único. Quando a penhora recair sobre a renda ou sobre determinados bens, o depositário apresentará a forma de administração e o esquema de pagamento observando-se, quanto ao mais, o disposto nos arts. 716 a 720; recaindo, porém, sobre todo o patrimônio, prosseguirá a execução os seus ulteriores termos, ouvindo-se, antes da arrematação ou da adjudicação, o poder público, que houver outorgado a concessão.

Art. 679. A penhora sobre navio ou aeronave não obsta a que continue navegando ou operando até a alienação; mas o juiz, ao conceder a autorização para navegar ou operar, não permitirá que saia do porto ou aeroporto antes que o devedor faça o seguro usual contra riscos.

* V. art. 155, Lei 7.565/1986 (Código Brasileiro de Aeronáutica).

Subseção VI
Da avaliação

Art. 680. A avaliação será feita pelo oficial de justiça (art. 652), ressalvada a aceitação do valor estimado pelo executado (art. 668, parágrafo único, inciso V); caso sejam necessários conhecimentos especializados, o juiz nomeará avaliador, fixando-lhe prazo não superior a 10 (dez) dias para entrega do laudo.

* Artigo com redação determinada pela Lei 11.382/2006 (*DOU* 07.12.2006), em vigor 45 (quarenta e cinco) dias após a data de sua publicação, de acordo com o art. 1º do Dec.-lei 4.657/1942.
* V. art. 143, V, CPC.
* V. art. 13, Lei 6.830/1980 (Execução fiscal).

Art. 681. O laudo da avaliação integrará o auto de penhora ou, em caso de perícia

Art. 682

(art. 680), será apresentado no prazo fixado pelo juiz, devendo conter:
- *Caput* com redação determinada pela Lei 11.382/2006 (*DOU* 07.12.2006), em vigor 45 (quarenta e cinco) dias após a data de sua publicação, de acordo com o art. 1º do Dec.-lei 4.657/1942.
- V. art. 1.004, CPC.

I – a descrição dos bens, com os seus característicos, e a indicação do estado em que se encontram;

II – o valor dos bens.

Parágrafo único. Quando o imóvel for suscetível de cômoda divisão, o avaliador, tendo em conta o crédito reclamado, o avaliará em partes, sugerindo os possíveis desmembramentos.
- Parágrafo único com redação determinada pela Lei 11.382/2006 (*DOU* 07.12.2006), em vigor 45 (quarenta e cinco) dias após a data de sua publicação, de acordo com o art. 1º do Dec.-lei 4.657/1942.

Art. 682. O valor dos títulos da dívida pública, das ações das sociedades e dos títulos de crédito negociáveis em bolsa será o da cotação oficial do dia, provada por certidão ou publicação no órgão oficial.
- V. art. 1.004, CPC.

Art. 683. É admitida nova avaliação quando:
- Artigo com redação determinada pela Lei 11.382/2006 (*DOU* 07.12.2006), em vigor 45 (quarenta e cinco) dias após a data de sua publicação, de acordo com o art. 1º do Dec.-lei 4.657/1942.
- V. art. 1.004, CPC.

I – qualquer das partes arguir, fundamentadamente, a ocorrência de erro na avaliação ou dolo do avaliador;

II – se verificar, posteriormente à avaliação, que houve majoração ou diminuição no valor do bem; ou

III – houver fundada dúvida sobre o valor atribuído ao bem (art. 668, parágrafo único, inciso V).

Art. 684. Não se procederá à avaliação se:

I – o exequente aceitar a estimativa feita pelo executado (art. 668, parágrafo único, inciso V);
- Inciso I com redação determinada pela Lei 11.382/2006 (*DOU* 07.12.2006), em vigor 45 (quarenta e cinco) dias após a data de sua publicação, de acordo com o art. 1º do Dec.-lei 4.657/1942.
- V. art. 818, CC/1916; e art. 1.484, CC/2002.

II – se tratar de títulos ou de mercadorias, que tenham cotação em bolsa, comprovada por certidão ou publicação oficial;
- V. arts. 655, IX e X, e 686, § 1º, CPC.

III – (*Revogado pela Lei 11.382/2006* – DOU 07.12.2006, em vigor 45 (quarenta e cinco) dias após a data de sua publicação, de acordo com o art. 1º do Dec.-lei 4.657/1942.)

Art. 685. Após a avaliação, poderá mandar o juiz, a requerimento do interessado e ouvida a parte contrária:
- V. art. 5º, LV, CF.

I – reduzir a penhora aos bens suficientes, ou transferi-la para outros, que bastem à execução, se o valor dos penhorados for consideravelmente superior ao crédito do exequente e acessórios;
- V. art. 668, CPC.

II – ampliar a penhora, ou transferi-la para outros bens mais valiosos, se o valor dos penhorados for inferior ao referido crédito.
- V. art. 15, II, Lei 6.830/1980 (Execução fiscal).

Parágrafo único. Uma vez cumpridas essas providências, o juiz dará início aos atos de expropriação de bens.
- Parágrafo único com redação determinada pela Lei 11.382/2006 (*DOU* 07.12.2006), em vigor 45 (quarenta e cinco) dias após a data de sua publicação, de acordo com o art. 1º do Dec.-lei 4.657/1942.
- V. arts. 685-A, 685-C, 686 e 687, CPC.

Subseção VI-A
Da adjudicação
- Subseção VI-A acrescentada pela Lei 11.382/2006 (*DOU* 07.12.2006), em vigor 45 (quarenta e cinco) dias após a data de sua publicação, de acordo com o art. 1º do Dec.-lei 4.657/1942.

Art. 685-A. É lícito ao exequente, oferecendo preço não inferior ao da avaliação, requerer lhe sejam adjudicados os bens penhorados.
- Artigo acrescentado pela Lei 11.382/2006 (*DOU* 07.12.2006), em vigor 45 (quarenta e cinco) dias após a data de sua publicação, de acordo com o art. 1º do Dec.-lei 4.657/1942.

§ 1º Se o valor do crédito for inferior ao dos bens, o adjudicante depositará de imediato a diferença, ficando esta à disposição do

Art. 686

CÓDIGO DE PROCESSO CIVIL

executado; se superior, a execução prosseguirá pelo saldo remanescente.

§ 2º Idêntico direito pode ser exercido pelo credor com garantia real, pelos credores concorrentes que hajam penhorado o mesmo bem, pelo cônjuge, pelos descendentes ou ascendentes do executado.

§ 3º Havendo mais de um pretendente, proceder-se-á entre eles à licitação; em igualdade de oferta, terá preferência o cônjuge, descendente ou ascendente, nessa ordem.

§ 4º No caso de penhora de quota, procedida por exequente alheio à sociedade, esta será intimada, assegurando preferência aos sócios.

§ 5º Decididas eventuais questões, o juiz mandará lavrar o auto de adjudicação.

Art. 685-B. A adjudicação considera-se perfeita e acabada com a lavratura e assinatura do auto pelo juiz, pelo adjudicante, pelo escrivão e, se for presente, pelo executado, expedindo-se a respectiva carta, se bem imóvel, ou mandado de entrega ao adjudicante, se bem móvel.

* Artigo acrescentado pela Lei 11.382/2006 (*DOU* 07.12.2006), em vigor 45 (quarenta e cinco) dias após a data de sua publicação, de acordo com o art. 1º do Dec.-lei 4.657/1942.

Parágrafo único. A carta de adjudicação conterá a descrição do imóvel, com remissão a sua matrícula e registros, a cópia do auto de adjudicação e a prova de quitação do imposto de transmissão.

Subseção VI-B
Da alienação por iniciativa particular

* Subseção VI-B acrescentada pela Lei 11.382/2006 (*DOU* 07.12.2006), em vigor 45 (quarenta e cinco) dias após a data de sua publicação, de acordo com o art. 1º do Dec.-lei 4.657/1942.

Art. 685-C. Não realizada a adjudicação dos bens penhorados, o exequente poderá requerer sejam eles alienados por sua própria iniciativa ou por intermédio de corretor credenciado perante a autoridade judiciária.

* Artigo acrescentado pela Lei 11.382/2006 (*DOU* 07.12.2006), em vigor 45 (quarenta e cinco) dias após a data de sua publicação, de acordo com o art. 1º do Dec.-lei 4.657/1942.

§ 1º O juiz fixará o prazo em que a alienação deve ser efetivada, a forma de publicidade, o preço mínimo (art. 680), as condições de pagamento e as garantias, bem como, se for o caso, a comissão de corretagem.

§ 2º A alienação será formalizada por termo nos autos, assinado pelo juiz, pelo exequente, pelo adquirente e, se for presente, pelo executado, expedindo-se carta de alienação do imóvel para o devido registro imobiliário, ou, se bem móvel, mandado de entrega ao adquirente.

§ 3º Os Tribunais poderão expedir provimentos detalhando o procedimento da alienação prevista neste artigo, inclusive com o concurso de meios eletrônicos, e dispondo sobre o credenciamento dos corretores, os quais deverão estar em exercício profissional por não menos de 5 (cinco) anos.

Subseção VII
Da alienação em hasta pública

* Rubrica da Subseção VII com redação determinada pela Lei 11.382/2006 (*DOU* 07.12.2006), em vigor 45 (quarenta e cinco) dias após a data de sua publicação, de acordo com o art. 1º do Dec.-lei 4.657/1942.

Art. 686. Não requerida a adjudicação e não realizada a alienação particular do bem penhorado, será expedido o edital de hasta pública, que conterá:

* *Caput* com redação determinada pela Lei 11.382/2006 (*DOU* 07.12.2006), em vigor 45 (quarenta e cinco) dias após a data de sua publicação, de acordo com o art. 1º do Dec.-lei 4.657/1942.
* V. art. 22, Lei 6.830/1980 (Execução fiscal).

I – a descrição do bem penhorado, com suas características e, tratando-se de imóvel, a situação e divisas, com remissão à matrícula e aos registros;

* Inciso I com redação determinada pela Lei 11.382/2006 (*DOU* 07.12.2006), em vigor 45 (quarenta e cinco) dias após a data de sua publicação, de acordo com o art. 1º do Dec.-lei 4.657/1942.
* V. art. 168, Lei 6.015/1973 (Lei de Registros Públicos).

II – o valor do bem;

III – o lugar onde estiverem os móveis, veículos e semoventes; e, sendo direito e ação, os autos do processo, em que foram penhorados;

Art. 687

IV – o dia e a hora de realização da praça, se bem imóvel, ou o local, dia e hora de realização do leilão, se bem móvel;

- Inciso IV com redação determinada pela Lei 11.382/2006 (DOU 07.12.2006), em vigor 45 (quarenta e cinco) dias após a data de sua publicação, de acordo com o art. 1º do Dec.-lei 4.657/1942.

V – menção da existência de ônus, recurso ou causa pendente sobre os bens a serem arrematados;

- Inciso V com redação determinada pela Lei 8.953/1994.

VI – a comunicação de que, se o bem não alcançar lanço superior à importância da avaliação, seguir-se-á, em dia e hora que forem desde logo designados entre os 10 (dez) e os 20 (vinte) dias seguintes, a sua alienação pelo maior lanço (art. 692).

- Inciso VI com redação determinada pela Lei 8.953/1994.
- V. art. 701, § 4º, CPC.
- V. Súmula 128, STJ.

§ 1º No caso do art. 684, n. II, constará do edital o valor da última cotação anterior à expedição deste.

- § 1º com redação determinada pela Lei 5.925/1973.

§ 2º A praça realizar-se-á no átrio do edifício do fórum; o leilão, onde estiverem os bens, ou no lugar designado pelo juiz.

- § 2º com redação determinada pela Lei 5.925/1973.
- V. arts. 22 e 23, caput, Lei 6.830/1980 (Execução fiscal).

§ 3º Quando o valor dos bens penhorados não exceder 60 (sessenta) vezes o valor do salário mínimo vigente na data da avaliação, será dispensada a publicação de editais; nesse caso, o preço da arrematação não será inferior ao da avaliação.

- § 3º com redação determinada pela Lei 11.382/2006 (DOU 07.12.2006), em vigor 45 (quarenta e cinco) dias após a data de sua publicação, de acordo com o art. 1º do Dec.-lei 4.657/1942.

Art. 687. O edital será fixado no local do costume e publicado, em resumo, com antecedência mínima de 5 (cinco) dias, pelo menos uma vez em jornal de ampla circulação local.

- Caput com redação determinada pela Lei 8.953/1994.

§ 1º A publicação do edital será feita no órgão oficial, quando o credor for beneficiário da justiça gratuita.

- § 1º com redação determinada pela Lei 8.953/1994.
- V. art. 3º, parágrafo único, Lei 1.060/1950 (Lei de Assistência Judiciária).

§ 2º Atendendo ao valor dos bens e às condições da comarca, o juiz poderá alterar a forma e a frequência da publicidade na imprensa, mandar divulgar avisos em emissora local e adotar outras providências tendentes a mais ampla publicidade da alienação, inclusive recorrendo a meios eletrônicos de divulgação.

- § 2º com redação determinada pela Lei 11.382/2006 (DOU 07.12.2006), em vigor 45 (quarenta e cinco) dias após a data de sua publicação, de acordo com o art. 1º do Dec.-lei 4.657/1942.

§ 3º Os editais de praça serão divulgados pela imprensa preferencialmente na seção ou local reservado à publicidade de negócios imobiliários.

- § 3º com redação determinada pela Lei 8.953/1994.
- V. Súmula 121, STJ.

§ 4º O juiz poderá determinar a reunião de publicações em listas referentes a mais de uma execução.

- § 4º com redação determinada pela Lei 8.953/1994.

§ 5º O executado terá ciência do dia, hora e local da alienação judicial por intermédio de seu advogado ou, se não tiver procurador constituído nos autos, por meio de mandado, carta registrada, edital ou outro meio idôneo.

- § 5º com redação determinada pela Lei 11.382/2006 (DOU 07.12.2006), em vigor 45 (quarenta e cinco) dias após a data de sua publicação, de acordo com o art. 1º do Dec.-lei 4.657/1942.
- V. arts. 619 e 698, CPC.
- V. art. 826, CC/1916; e art. 1.501, CC/2002.
- V. Súmula 121, STJ.

Art. 688. Não se realizando, por motivo justo, a praça ou o leilão, o juiz mandará publicar pela imprensa local e no órgão oficial a transferência.

Parágrafo único. O escrivão, o porteiro ou o leiloeiro, que culposamente der causa à transferência, responde pelas despesas da nova publicação, podendo o juiz aplicar-lhe

CÓDIGO DE PROCESSO CIVIL

a pena de suspensão por 5 (cinco) a 30 (trinta) dias.

Art. 689. Sobrevindo a noite, prosseguirá a praça ou leilão no dia útil imediato, à mesma hora em que teve início, independentemente de novo edital.

• V. art. 172, CPC.

Art. 689-A. O procedimento previsto nos arts. 686 a 689 poderá ser substituído, a requerimento do exequente, por alienação realizada por meio da rede mundial de computadores, com uso de páginas virtuais criadas pelos Tribunais ou por entidades públicas ou privadas em convênio com eles firmado.

• Artigo acrescentado pela Lei 11.382/2006 (DOU 07.12.2006), em vigor 45 (quarenta e cinco) dias após a data de sua publicação, de acordo com o art. 1º do Dec.-lei 4.657/1942.

Parágrafo único. O Conselho da Justiça Federal e os Tribunais de Justiça, no âmbito das suas respectivas competências, regulamentarão esta modalidade de alienação, atendendo aos requisitos de ampla publicidade, autenticidade e segurança, com observância das regras estabelecidas na legislação sobre certificação digital.

Art. 690. A arrematação far-se-á mediante o pagamento imediato do preço pelo arrematante ou, no prazo de até 15 (quinze) dias, mediante caução.

• Artigo com redação determinada pela Lei 11.382/2006 (DOU 07.12.2006), em vigor 45 (quarenta e cinco) dias após a data de sua publicação, de acordo com o art. 1º do Dec.-lei 4.657/1942.
• V. art. 130, parágrafo único, CTN.

§ 1º Tratando-se de bem imóvel, quem estiver interessado em adquiri-lo em prestações poderá apresentar por escrito sua proposta, nunca inferior à avaliação, com oferta de pelo menos 30% (trinta por cento) à vista, sendo o restante garantido por hipoteca sobre o próprio imóvel.

I a III – (Revogados pela Lei 11.382/2006 – DOU 07.12.2006, em vigor 45 (quarenta e cinco) dias após a data de sua publicação, de acordo com o art. 1º do Dec.-lei 4.657/1942.)

§ 2º As propostas para aquisição em prestações, que serão juntadas aos autos, indicarão o prazo, a modalidade e as condições de pagamento do saldo.

§ 3º O juiz decidirá por ocasião da praça, dando o bem por arrematado pelo apresentante do melhor lanço ou proposta mais conveniente.

§ 4º No caso de arrematação a prazo, os pagamentos feitos pelo arrematante pertencerão ao exequente até o limite de seu crédito, e os subsequentes ao executado.

Art. 690-A. É admitido a lançar todo aquele que estiver na livre administração de seus bens, com exceção:

• Artigo acrescentado pela Lei 11.382/2006 (DOU 07.12.2006), em vigor 45 (quarenta e cinco) dias após a data de sua publicação, de acordo com o art. 1º do Dec.-lei 4.657/1942.

I – dos tutores, curadores, testamenteiros, administradores, síndicos ou liquidantes, quanto aos bens confiados a sua guarda e responsabilidade;

II – dos mandatários, quanto aos bens de cuja administração ou alienação estejam encarregados;

III – do juiz, membro do Ministério Público e da Defensoria Pública, escrivão e demais servidores e auxiliares da Justiça.

Parágrafo único. O exequente, se vier a arrematar os bens, não estará obrigado a exibir o preço; mas, se o valor dos bens exceder o seu crédito, depositará, dentro de 3 (três) dias, a diferença, sob pena de ser tornada sem efeito a arrematação e, neste caso, os bens serão levados a nova praça ou leilão à custa do exequente.

Art. 691. Se a praça ou o leilão for de diversos bens e houver mais de um lançador, será preferido aquele que se propuser a arrematá-los englobadamente, oferecendo para os que não tiverem licitante preço igual ao da avaliação e para os demais o de maior lanço.

• V. art. 23, § 1º, Lei 6.830/1980 (Execução fiscal).

Art. 692. Não será aceito lanço que, em segunda praça ou leilão, ofereça preço vil.

• Artigo com redação determinada pela Lei 8.953/1994.
• V. art. 686, VI, CPC.
• V. Súmula 128, STJ.

Art. 693

Parágrafo único. Será suspensa a arrematação logo que o produto da alienação dos bens bastar para o pagamento do credor.

Art. 693. A arrematação constará de auto que será lavrado de imediato, nele mencionadas as condições pelas quais foi alienado o bem.

- Artigo com redação determinada pela Lei 11.382/2006 (*DOU* 07.12.2006), em vigor 45 (quarenta e cinco) dias após a data de sua publicação, de acordo com o art. 1º do Dec.-lei 4.657/1942.

Parágrafo único. A ordem de entrega do bem móvel ou a carta de arrematação do bem imóvel será expedida depois de efetuado o depósito ou prestadas as garantias pelo arrematante.

Art. 694. Assinado o auto pelo juiz, pelo arrematante e pelo serventuário da justiça ou leiloeiro, a arrematação considerar-se-á perfeita, acabada e irretratável, ainda que venham a ser julgados procedentes os embargos do executado.

- Artigo com redação determinada pela Lei 11.382/2006 (*DOU* 07.12.2006), em vigor 45 (quarenta e cinco) dias após a data de sua publicação, de acordo com o art. 1º do Dec.-lei 4.657/1942.
- V. art. 746, CPC.

§ 1º A arrematação poderá, no entanto, ser tornada sem efeito:
I – por vício de nulidade;
II – se não for pago o preço ou se não for prestada a caução;

- V. art. 690, *caput*, CPC.

III – quando o arrematante provar, nos 5 (cinco) dias seguintes, a existência de ônus real ou de gravame (art. 686, inciso V) não mencionado no edital;
IV – a requerimento do arrematante, na hipótese de embargos à arrematação (art. 746, §§ 1º e 2º);
V – quando realizada por preço vil (art. 692);
VI – nos casos previstos neste Código (art. 698).

§ 2º No caso de procedência dos embargos, o executado terá direito a haver do exequente o valor por este recebido como produto da arrematação; caso inferior ao valor do bem, haverá do exequente também a diferença.

Art. 695. Se o arrematante ou seu fiador não pagar o preço no prazo estabelecido, o juiz impor-lhe-á, em favor do exequente, a perda da caução, voltando os bens a nova praça ou leilão, dos quais não serão admitidos a participar o arrematante e o fiador remissos.

- *Caput* com redação determinada pela Lei 11.382/2006 (*DOU* 07.12.2006), em vigor 45 (quarenta e cinco) dias após a data de sua publicação, de acordo com o art. 1º do Dec.-lei 4.657/1942.

§§ 1º a 3º *(Revogados pela Lei 11.382/2006 – DOU 07.12.2006, em vigor 45 (quarenta e cinco) dias após a data de sua publicação, de acordo com o art. 1º do Dec.-lei 4.657/1942.)*

Art. 696. O fiador do arrematante, que pagar o valor do lanço e a multa, poderá requerer que a arrematação lhe seja transferida.

- V. art. 690, CPC.

Art. 697. *(Revogado pela Lei 11.382/2006 – DOU 07.12.2006, em vigor 45 (quarenta e cinco) dias após a data de sua publicação, de acordo com o art. 1º do Dec.-lei 4.657/1942.)*

Art. 698. Não se efetuará a adjudicação ou alienação de bem do executado sem que da execução seja cientificado, por qualquer modo idôneo e com pelo menos 10 (dez) dias de antecedência, o senhorio direto, o credor com garantia real ou com penhora anteriormente averbada, que não seja de qualquer modo parte na execução.

- Artigo com redação determinada pela Lei 11.382/2006 (*DOU* 07.12.2006), em vigor 45 (quarenta e cinco) dias após a data de sua publicação, de acordo com o art. 1º do Dec.-lei 4.657/1942.
- V. arts. 615, II, e 619, CPC.
- V. art. 826, CC/1916; e art. 1.501, CC/2002.
- V. art. 251, II, Lei 6.015/1973 (Registros Públicos).

Arts. 699 e 700. *(Revogados pela Lei 11.382/2006 – DOU 07.12.2006, em vigor 45 (quarenta e cinco) dias após a data de sua publicação, de acordo com o art. 1º do Dec.-lei 4.657/1942.)*

Art. 701. Quando o imóvel de incapaz não alcançar em praça pelo menos 80% (oitenta por cento) do valor da avaliação, o juiz o confiará à guarda e administração de de-

positário idôneo, adiando a alienação por prazo não superior a 1 (um) ano.

§ 1º Se, durante o adiamento, algum pretendente assegurar, mediante caução idônea, o preço da avaliação, o juiz ordenará a alienação em praça.

§ 2º Se o pretendente à arrematação se arrepender, o juiz lhe imporá uma multa de 20% (vinte por cento) sobre o valor da avaliação, em benefício do incapaz, valendo a decisão como título executivo.

- V. arts. 585, VII, e 692, CPC.

§ 3º Sem prejuízo do disposto nos dois parágrafos antecedentes, o juiz poderá autorizar a locação do imóvel no prazo do adiamento.

§ 4º Findo o prazo do adiamento, o imóvel será alienado, na forma prevista no art. 686, VI.

Art. 702. Quando o imóvel admitir cômoda divisão, o juiz, a requerimento do devedor, ordenará a alienação judicial de parte dele, desde que suficiente para pagar o credor.

- V. art. 681, parágrafo único, CPC.

Parágrafo único. Não havendo lançador, far-se-á a alienação do imóvel em sua integridade.

Art. 703. A carta de arrematação conterá:

- V. art. 722, § 2º, CPC.

I – a descrição do imóvel, com remissão à sua matrícula e registros;

- Inciso I com redação determinada pela Lei 11.382/2006 (*DOU* 07.12.2006), em vigor 45 (quarenta e cinco) dias após a data de sua publicação, de acordo com o art. 1º do Dec.-lei 4.657/1942.

II – a cópia do auto de arrematação; e

- Inciso II com redação determinada pela Lei 11.382/2006 (*DOU* 07.12.2006), em vigor 45 (quarenta e cinco) dias após a data de sua publicação, de acordo com o art. 1º do Dec.-lei 4.657/1942.

III – a prova de quitação do imposto de transmissão.

- Inciso III com redação determinada pela Lei 11.382/2006 (*DOU* 07.12.2006), em vigor 45 (quarenta e cinco) dias após a data de sua publicação, de acordo com o art. 1º do Dec.-lei 4.657/1942.

IV – *(Revogado pela Lei 11.382/2006 – DOU 07.12.2006, em vigor 45 (quarenta e cinco) dias após a data de sua publicação, de acordo com o art. 1º do Dec.-lei 4.657/1942.)*

Art. 704. Ressalvados os casos de alienação de bens imóveis e aqueles de atribuição de corretores da Bolsa de Valores, todos os demais bens serão alienados em leilão público.

- Artigo com redação determinada pela Lei 11.382/2006 (*DOU* 07.12.2006), em vigor 45 (quarenta e cinco) dias após a data de sua publicação, de acordo com o art. 1º do Dec.-lei 4.657/1942.
- V. arts. 682 e 684, II, CPC.

Art. 705. Cumpre ao leiloeiro:

I – publicar o edital, anunciando a alienação;

II – realizar o leilão onde se encontrem os bens, ou no lugar designado pelo juiz;

III – expor aos pretendentes os bens ou as amostras das mercadorias;

IV – receber do arrematante a comissão estabelecida em lei ou arbitrada pelo juiz;

- V. art. 23, § 2º, Lei 6.830/1980 (Execução fiscal).

V – receber e depositar, dentro em 24 (vinte e quatro) horas, à ordem do juízo, o produto da alienação;

VI – prestar contas nas 48 (quarenta e oito) horas subsequentes ao depósito.

Art. 706. O leiloeiro público será indicado pelo exequente.

- Artigo com redação determinada pela Lei 11.382/2006 (*DOU* 07.12.2006), em vigor 45 (quarenta e cinco) dias após a data de sua publicação, de acordo com o art. 1º do Dec.-lei 4.657/1942.

Art. 707. Efetuado o leilão, lavrar-se-á o auto, que poderá abranger bens penhorados em mais de uma execução, expedindo-se, se necessário, ordem judicial de entrega ao arrematante.

- Artigo com redação determinada pela Lei 11.382/2006 (*DOU* 07.12.2006), em vigor 45 (quarenta e cinco) dias após a data de sua publicação, de acordo com o art. 1º do Dec.-lei 4.657/1942.
- V. art. 703, CPC.

Art. 708

Seção II
Do pagamento ao credor
Subseção I
Das disposições gerais

Art. 708. O pagamento ao credor far-se-á:
I – pela entrega do dinheiro;
II – pela adjudicação dos bens penhorados;
III – pelo usufruto de bem imóvel ou de empresa.

Subseção II
Da entrega do dinheiro

Art. 709. O juiz autorizará que o credor levante, até a satisfação integral de seu crédito, o dinheiro depositado para segurar o juízo ou o produto dos bens alienados quando:

- V. art. 675, CPC.

I – a execução for movida só a benefício do credor singular, a quem, por força da penhora, cabe o direito de preferência sobre os bens penhorados e alienados;

- V. arts. 612, 613 e 711, CPC.

II – não houver sobre os bens alienados qualquer outro privilégio ou preferência, instituído anteriormente à penhora.

Parágrafo único. Ao receber o mandado de levantamento, o credor dará ao devedor, por termo nos autos, quitação da quantia paga.

Art. 710. Estando o credor pago do principal, juros, custas e honorários, a importância que sobejar será restituída ao devedor.

- V. art. 794, I, CPC.
- V. Lei 6.899/1981 (Correção monetária nos débitos oriundos de decisão judicial).

Art. 711. Concorrendo vários credores, o dinheiro ser-lhes-á distribuído e entregue consoante a ordem das respectivas prelações; não havendo título legal à preferência, receberá em primeiro lugar o credor que promoveu a execução, cabendo aos demais concorrentes direito sobre a importância restante, observada a anterioridade de cada penhora.

- V. art. 613, CPC.
- V. art. 99, Lei 8.078/1990 (Código de Defesa do Consumidor).

CÓDIGO DE PROCESSO CIVIL

- V. art. 24, *caput*, Lei 8.906/1994 (Estatuto da Advocacia e da OAB).
- V. Súmula 244, TFR.
- •• V. Súmula 478, STJ.

Art. 712. Os credores formularão as suas pretensões, requerendo as provas que irão produzir em audiência; mas a disputa entre eles versará unicamente sobre o direito de preferência e a anterioridade da penhora.

- V. Súmula 563, STF.

Art. 713. Findo o debate, o juiz decidirá.

- Artigo com redação determinada pela Lei 11.382/2006 (*DOU* 07.12.2006), em vigor 45 (quarenta e cinco) dias após a data de sua publicação, de acordo com o art. 1º do Dec.-lei 4.657/1942.

Subseção III
Da adjudicação de imóvel

- Subseção III revogada pela Lei 11.382/2006 (*DOU* 07.12.2006), em vigor 45 (quarenta e cinco) dias após a data de sua publicação, de acordo com o art. 1º do Dec.-lei 4.657/1942.

Arts. 714 e 715. *(Revogados pela Lei 11.382/2006 – DOU 07.12.2006, em vigor 45 (quarenta e cinco) dias após a data de sua publicação, de acordo com o art. 1º do Dec.-lei 4.657/1942.)*

Subseção IV
Do usufruto de móvel ou imóvel

- Rubrica da Subseção IV com redação determinada pela Lei 11.382/2006 (*DOU* 07.12.2006), em vigor 45 (quarenta e cinco) dias após a data de sua publicação, de acordo com o art. 1º do Dec.-lei 4.657/1942.
- V. arts. 1.390 a 1.411, CC/2002.

Art. 716. O juiz pode conceder ao exequente o usufruto de móvel ou imóvel, quando o reputar menos gravoso ao executado e eficiente para o recebimento do crédito.

- Artigo com redação determinada pela Lei 11.382/2006 (*DOU* 07.12.2006), em vigor 45 (quarenta e cinco) dias após a data de sua publicação, de acordo com o art. 1º do Dec.-lei 4.657/1942.
- V. arts. 615, I, 620 e 678, parágrafo único, CPC.

Art. 717. Decretado o usufruto, perde o executado o gozo do móvel ou imóvel, até que o exequente seja pago do principal, juros, custas e honorários advocatícios.

- Artigo com redação determinada pela Lei 11.382/2006 (*DOU* 07.12.2006), em vigor 45

Art. 730

CÓDIGO DE PROCESSO CIVIL

(quarenta e cinco) dias após a data de sua publicação, de acordo com o art. 1º do Dec.-lei 4.657/1942.
- V. art. 678, parágrafo único, CPC.
- V. Lei 6.899/1981 (Correção monetária nos débitos oriundos de decisão judicial).

Art. 718. O usufruto tem eficácia, assim em relação ao executado como a terceiros, a partir da publicação da decisão que o conceda.
- Artigo com redação determinada pela Lei 11.382/2006 (DOU 07.12.2006), em vigor 45 (quarenta e cinco) dias após a data de sua publicação, de acordo com o art. 1º do Dec.-lei 4.657/1942.
- V. art. 678, parágrafo único, CPC.

Art. 719. Na sentença, o juiz nomeará administrador que será investido de todos os poderes que concernem ao usufrutuário.
- V. art. 678, parágrafo único, CPC.
- V. art. 718, CC/1916; e art. 1.394, CC/2002.

Parágrafo único. Pode ser administrador:
I – o credor, consentindo o devedor;
II – o devedor, consentindo o credor.

Art. 720. Quando o usufruto recair sobre o quinhão do condômino na copropriedade, o administrador exercerá os direitos que cabiam ao executado.
- Artigo com redação determinada pela Lei 11.382/2006 (DOU 07.12.2006), em vigor 45 (quarenta e cinco) dias após a data de sua publicação, de acordo com o art. 1º do Dec.-lei 4.657/1942.
- V. art. 678, parágrafo único, CPC.

Art. 721. É lícito ao credor, antes da realização da praça, requerer lhe seja atribuído, em pagamento do crédito, o usufruto do imóvel penhorado.

Art. 722. Ouvido o executado, o juiz nomeará perito para avaliar os frutos e rendimentos do bem e calcular o tempo necessário para o pagamento da dívida.
- Artigo com redação determinada pela Lei 11.382/2006 (DOU 07.12.2006), em vigor 45 (quarenta e cinco) dias após a data de sua publicação, de acordo com o art. 1º do Dec.-lei 4.657/1942.

I e II – *(Revogados pela Lei 11.382/2006 – DOU 07.12.2006, em vigor 45 (quarenta e cinco) dias após a data de sua publicação, de acordo com o art. 1º do Dec.-lei 4.657/1942.)*

§ 1º Após a manifestação das partes sobre o laudo, proferirá o juiz decisão; caso deferido o usufruto de imóvel, ordenará a expedição de carta para averbação no respectivo registro.
- V. art. 1.391, CC/2002.

§ 2º Constarão da carta a identificação do imóvel e cópias do laudo e da decisão.
§ 3º *(Revogado pela Lei 11.382/2006 – DOU 07.12.2006, em vigor 45 (quarenta e cinco) dias após a data de sua publicação, de acordo com o art. 1º do Dec.-lei 4.657/1942.)*

Art. 723. Se o imóvel estiver arrendado, o inquilino pagará o aluguel diretamente ao usufrutuário, salvo se houver administrador.

Art. 724. O exequente usufrutuário poderá celebrar locação do móvel ou imóvel, ouvido o executado.
- Artigo com redação determinada pela Lei 11.382/2006 (DOU 07.12.2006), em vigor 45 (quarenta e cinco) dias após a data de sua publicação, de acordo com o art. 1º do Dec.-lei 4.657/1942.

Parágrafo único. Havendo discordância, o juiz decidirá a melhor forma de exercício do usufruto.

Arts. 725 a 729. *(Revogados pela Lei 11.382/2006 – DOU 07.12.2006, em vigor 45 (quarenta e cinco) dias após a data de sua publicação, de acordo com o art. 1º do Dec.-lei 4.657/1942.)*

Seção III
Da execução contra a Fazenda Pública

Art. 730. Na execução por quantia certa contra a Fazenda Pública, citar-se-á a devedora para opor embargos em 10 (dez) dias; se esta não os opuser, no prazo legal, observar-se-ão as seguintes regras:
- Prazo alterado para 30 (trinta) dias, em face do art. 1º-B acrescentado à Lei 9.494/1997 pela MP 2.180-35/2001.
- O STF, na Med. Caut. em ADC 11-8 (DJU 29.06.2007), deferiu a cautelar para suspender todos os processos em que se discuta a constitucionalidade do art. 1º-B da Lei 9.494/1997, acrescentado pela MP 2.180-35/2001.
- V. art. 100 e 97, CF.
- V. arts. 78, 86, 87 e 97, ADCT.
- V. art. 475, II, CPC.
- V. art. 67, CC/1916; e arts. 100 e 101, CC/2002.

- V. arts. 128 e 130, Lei 8.213/1991 (Planos de Benefícios da Previdência Social).
- V. art. 17, § 1º, Lei 10.259/2001 (Juizados Especiais Federais).
- V. Súmulas 144 e 339, STJ.

I – o juiz requisitará o pagamento por intermédio do presidente do tribunal competente;

II – far-se-á o pagamento na ordem de apresentação do precatório e à conta do respectivo crédito.

- V. art. 100, CF.
- V. Súmula 144, STJ.

Art. 731. Se o credor for preterido no seu direito de preferência, o presidente do tribunal, que expediu a ordem, poderá, depois de ouvido o chefe do Ministério Público, ordenar o sequestro da quantia necessária para satisfazer o débito.

- V. art. 100, § 6º, CF.
- V. art. 128, Lei 8.213/1991 (Planos de Benefícios da Previdência Social).

Capítulo V
DA EXECUÇÃO DE PRESTAÇÃO ALIMENTÍCIA

Art. 732. A execução de sentença, que condena ao pagamento de prestação alimentícia, far-se-á conforme o disposto no Capítulo IV deste Título.

- V. arts. 396 a 404, CC/1916; e arts. 1.694 a 1.710, CC/2002.
- V. art. 405, CC/1916, sem correspondência no CC/2002.
- V. art. 244, CP.
- V. art. 18, Lei 5.478/1968 (Ação de alimentos).
- V. Súmula 144, STJ.

Parágrafo único. Recaindo a penhora em dinheiro, o oferecimento de embargos não obsta a que o exequente levante mensalmente a importância da prestação.

Art. 733. Na execução de sentença ou de decisão, que fixa os alimentos provisionais, o juiz mandará citar o devedor para, em 3 (três) dias, efetuar o pagamento, provar que o fez ou justificar a impossibilidade de efetuá-lo.

- V. arts. 852 a 854, CPC.
- V. art. 18, Lei 5.478/1968 (Ação de alimentos).

§ 1º Se o devedor não pagar, nem se escusar, o juiz decretar-lhe-á a prisão pelo prazo de 1 (um) a 3 (três) meses.

- V. art. 5º, LXVII, CF.
- V. art. 558, CPC.
- V. arts. 18 e 19, Lei 5.478/1968 (Ação de alimentos).
- V. Súmula 309, STJ.

§ 2º O cumprimento da pena não exime o devedor do pagamento das prestações vencidas e vincendas.

- § 2º com redação determinada pela Lei 6.515/1977.

§ 3º Paga a prestação alimentícia, o juiz suspenderá o cumprimento da ordem de prisão.

Art. 734. Quando o devedor for funcionário público, militar, diretor ou gerente de empresa, bem como empregado sujeito à legislação do trabalho, o juiz mandará descontar em folha de pagamento a importância da prestação alimentícia.

- V. art. 649, IV, CPC.
- V. art. 403, parágrafo único, CC/1916; e art. 1.701, parágrafo único, CC/2002.
- V. art. 462, CLT.
- V. arts. 16 e 22, parágrafo único, Lei 5.478/1968 (Ação de alimentos).
- V. art. 115, IV, Lei 8.213/1991 (Planos de Benefícios da Previdência Social).

Parágrafo único. A comunicação será feita à autoridade, à empresa ou ao empregador por ofício, de que constarão os nomes do credor, do devedor, a importância da prestação e o tempo de sua duração.

Art. 735. Se o devedor não pagar os alimentos provisionais a que foi condenado, pode o credor promover a execução da sentença, observando-se o procedimento estabelecido no Capítulo IV deste Título.

- V. art. 18, Lei 5.478/1968 (Ação de alimentos).

TÍTULO III
DOS EMBARGOS DO DEVEDOR

- V. art. 7º, Lei 9.289/1996 (Custas na Justiça Federal).

Capítulo I
DAS DISPOSIÇÕES GERAIS

Art. 736. O executado, independentemente de penhora, depósito ou caução, poderá opor-se à execução por meio de embargos.

- *Caput* com redação determinada pela Lei 11.382/2006 (*DOU* 07.12.2006), em vigor 45

Art. 739-A

CÓDIGO DE PROCESSO CIVIL

(quarenta e cinco) dias após a data de sua publicação, de acordo com o art. 1º do Dec.-lei 4.657/1942.
- V. arts. 741 e 745, CPC.

Parágrafo único. Os embargos à execução serão distribuídos por dependência, autuados em apartado e instruídos com cópias das peças processuais relevantes, que poderão ser declaradas autênticas pelo advogado, sob sua responsabilidade pessoal.
- Parágrafo único com redação determinada pela Lei 12.322/2010 (*DOU* 10.09.2010), em vigor 90 (noventa) dias após a data de sua publicação oficial.

Art. 737. *(Revogado pela Lei 11.382/2006 – DOU 07.12.2006, em vigor 45 (quarenta e cinco) dias após a data de sua publicação, de acordo com o art. 1º do Dec.-lei 4.657/1942.)*

Art. 738. Os embargos serão oferecidos no prazo de 15 (quinze) dias, contados da data da juntada aos autos do mandado de citação.
- Artigo com redação determinada pela Lei 11.382/2006 (*DOU* 07.12.2006), em vigor 45 (quarenta e cinco) dias após a data de sua publicação, de acordo com o art. 1º do Dec.-lei 4.657/1942.
- V. art. 16, *caput*, Lei 6.830/1980 (Execução fiscal).

I a IV – *(Revogados pela Lei 11.382/2006 – DOU 07.12.2006, em vigor 45 (quarenta e cinco) dias após a data de sua publicação, de acordo com o art. 1º do Dec.-lei 4.657/1942.)*

§ 1º Quando houver mais de um executado, o prazo para cada um deles embargar conta-se a partir da juntada do respectivo mandado citatório, salvo tratando-se de cônjuges.

§ 2º Nas execuções por carta precatória, a citação do executado será imediatamente comunicada pelo juiz deprecado ao juiz deprecante, inclusive por meios eletrônicos, contando-se o prazo para embargos a partir da juntada aos autos de tal comunicação.

§ 3º Aos embargos do executado não se aplica o disposto no art. 191 desta Lei.

Art. 739. O juiz rejeitará liminarmente os embargos:
- V. art. 520, V, CPC.

I – quando intempestivos;
- Inciso I com redação determinada pela Lei 11.382/2006 (*DOU* 07.12.2006), em vigor 45 (quarenta e cinco) dias após a data de sua publicação, de acordo com o art. 1º do Dec.-lei 4.657/1942.

II – quando inepta a petição (art. 295); ou
- Inciso II com redação determinada pela Lei 11.382/2006 (*DOU* 07.12.2006), em vigor 45 (quarenta e cinco) dias após a data de sua publicação, de acordo com o art. 1º do Dec.-lei 4.657/1942.

III – quando manifestamente protelatórios.
- Inciso III com redação determinada pela Lei 11.382/2006 (*DOU* 07.12.2006), em vigor 45 (quarenta e cinco) dias após a data de sua publicação, de acordo com o art. 1º do Dec.-lei 4.657/1942.

§§ 1º a 3º *(Revogados pela Lei 11.382/2006 – DOU 07.12.2006, em vigor 45 (quarenta e cinco) dias após a data de sua publicação, de acordo com o art. 1º do Dec.-lei 4.657/1942.)*

Art. 739-A. Os embargos do executado não terão efeito suspensivo.
- Artigo acrescentado pela Lei 11.382/2006 (*DOU* 07.12.2006), em vigor 45 (quarenta e cinco) dias após a data de sua publicação, de acordo com o art. 1º do Dec.-lei 4.657/1942.
- V. arts. 587 e 791, I, CPC.

§ 1º O juiz poderá, a requerimento do embargante, atribuir efeito suspensivo aos embargos quando, sendo relevantes seus fundamentos, o prosseguimento da execução manifestamente possa causar ao executado grave dano de difícil ou incerta reparação, e desde que a execução já esteja garantida por penhora, depósito ou caução suficientes.

§ 2º A decisão relativa aos efeitos dos embargos poderá, a requerimento da parte, ser modificada ou revogada a qualquer tempo, em decisão fundamentada, cessando as circunstâncias que a motivaram.

§ 3º Quando o efeito suspensivo atribuído aos embargos disser respeito apenas a parte do objeto da execução, essa prosseguirá quanto à parte restante.

§ 4º A concessão de efeito suspensivo aos embargos oferecidos por um dos executados não suspenderá a execução contra os que não embargaram, quando o respectivo

Art. 739-B

fundamento disser respeito exclusivamente ao embargante.

§ 5º Quando o excesso de execução for fundamento dos embargos, o embargante deverá declarar na petição inicial o valor que entende correto, apresentando memória do cálculo, sob pena de rejeição liminar dos embargos ou de não conhecimento desse fundamento.

§ 6º A concessão de efeito suspensivo não impedirá a efetivação dos atos de penhora e de avaliação dos bens.

Art. 739-B. A cobrança de multa ou de indenizações decorrentes de litigância de má-fé (arts. 17 e 18) será promovida no próprio processo de execução, em autos apensos, operando-se por compensação ou por execução.

- Artigo acrescentado pela Lei 11.382/2006 (*DOU* 07.12.2006), em vigor 45 (quarenta e cinco) dias após a data de sua publicação, de acordo com o art. 1º do Dec.-lei 4.657/1942.

Art. 740. Recebidos os embargos, será o exequente ouvido no prazo de 15 (quinze) dias; a seguir, o juiz julgará imediatamente o pedido (art. 330) ou designará audiência de conciliação, instrução e julgamento, proferindo sentença no prazo de 10 (dez) dias.

- Artigo com redação determinada pela Lei 11.382/2006 (*DOU* 07.12.2006), em vigor 45 (quarenta e cinco) dias após a data de sua publicação, de acordo com o art. 1º do Dec.-lei 4.657/1942.
- V. arts. 444 e 457, CPC.
- V. art. 17, *caput*, Lei 6.830/1980 (Execução fiscal).

Parágrafo único. No caso de embargos manifestamente protelatórios, o juiz imporá, em favor do exequente, multa ao embargante em valor não superior a 20% (vinte por cento) do valor em execução.

Capítulo II
DOS EMBARGOS À EXECUÇÃO CONTRA A FAZENDA PÚBLICA

- Rubrica do Capítulo com redação determinada pela Lei 11.232/2005 (*DOU* 23.12.2005), em vigor 6 (seis) meses após a data de sua publicação.

Art. 741. Na execução contra a Fazenda Pública, os embargos só poderão versar sobre:

- *Caput* com redação determinada pela Lei 11.232/2005 (*DOU* 23.12.2005), em vigor 6 (seis) meses após a data de sua publicação.
- V. arts. 739, II, 745, 756, I, e 791, I, CPC.
- V. art. 5º, parágrafo único, Lei 5.741/1971 (Proteção de financiamento de bens imóveis – SFH).
- V. art. 33, § 3º, Lei 9.307/1996 (Arbitragem).

I – falta ou nulidade da citação, se o processo correu à revelia;

- Inciso I com redação determinada pela Lei 11.232/2005 (*DOU* 23.12.2005), em vigor 6 (seis) meses após a data de sua publicação.
- V. arts. 214 e 319, CPC.

II – inexigibilidade do título;

- V. art. 586, CPC.

III – ilegitimidade das partes;

- V. arts. 267, VI, 566 a 568, CPC.

IV – cumulação indevida de execuções;

- V. art. 573, CPC.

V – excesso de execução;

- Inciso V com redação determinada pela Lei 11.232/2005 (*DOU* 23.12.2005), em vigor 6 (seis) meses após a data de sua publicação.
- V. art. 743, CPC.

VI – qualquer causa impeditiva, modificativa ou extintiva da obrigação, como pagamento, novação, compensação, transação ou prescrição, desde que superveniente à sentença;

- Inciso VI com redação determinada pela Lei 11.232/2005 (*DOU* 23.12.2005), em vigor 6 (seis) meses após a data de sua publicação.
- V. arts. 161 a 179 e 930 a 1.036, CC/1916; e arts. 189 a 211 e 304 a 388, CC/2002.
- V. art. 16, § 3º, Lei 6.830/1980 (Execução fiscal).
- V. Súmula 150, STF.
- V. Súmula 394, STJ.

VII – incompetência do juízo da execução, bem como suspeição ou impedimento do juiz.

- V. arts. 304 a 314 e 575 a 578, CPC.
- V. art. 16, § 3º, Lei 6.830/1980 (Execução fiscal).

Parágrafo único. Para efeito do disposto no inciso II do *caput* deste artigo, considera-se também inexigível o título judicial fundado em lei ou ato normativo declarados inconstitucionais pelo Supremo Tribunal Federal, ou fundado em aplicação ou interpretação da lei ou ato normativo tidas pelo Su-

CÓDIGO DE PROCESSO CIVIL

premo Tribunal Federal como incompatíveis com a Constituição Federal.
* Parágrafo único com redação determinada pela Lei 11.232/2005 (*DOU* 23.12.2005), em vigor 6 (seis) meses após a data de sua publicação.
** V. Súmula 487, STJ.

Art. 742. Será oferecida, juntamente com os embargos, a exceção de incompetência do juízo, bem como a de suspeição ou de impedimento do juiz.
* V. arts. 304 e 756, I, CPC.
* V. art. 16, § 3°, Lei 6.830/1980 (Execução fiscal).
* V. Súmula 58, STJ.

Art. 743. Há excesso de execução:
I – quando o credor pleiteia quantia superior à do título;
II – quando recai sobre coisa diversa daquela declarada no título;
III – quando se processa de modo diferente do que foi determinado na sentença;
IV – quando o credor, sem cumprir a prestação que lhe corresponde, exige o adimplemento da do devedor (art. 582);
V – se o credor não provar que a condição se realizou.
* V. art. 618, III, CPC.

Capítulo III
DOS EMBARGOS À EXECUÇÃO
* Rubrica do Capítulo III com redação determinada pela Lei 11.382/2006 (*DOU* 07.12.2006), em vigor 45 (quarenta e cinco) dias após a data de sua publicação, de acordo com o art. 1° do Dec.-lei 4.657/1942.

Art. 744. (*Revogado pela Lei 11.382/2006 – DOU 07.12.2006, em vigor 45 (quarenta e cinco) dias após a data de sua publicação, de acordo com o art. 1° do Dec.-lei 4.657/1942.*)

Art. 745. Nos embargos, poderá o executado alegar:
* Artigo com redação determinada pela Lei 11.382/2006 (*DOU* 07.12.2006), em vigor 45 (quarenta e cinco) dias após a data de sua publicação, de acordo com o art. 1° do Dec.-lei 4.657/1942.
* V. arts. 585 e 756, I, CPC.

I – nulidade da execução, por não ser executivo o título apresentado;
II – penhora incorreta ou avaliação errônea;
III – excesso de execução ou cumulação indevida de execuções;
IV – retenção por benfeitorias necessárias ou úteis, nos casos de título para entrega de coisa certa (art. 621);
V – qualquer matéria que lhe seria lícito deduzir como defesa em processo de conhecimento.

§ 1° Nos embargos de retenção por benfeitorias, poderá o exequente requerer a compensação de seu valor com o dos frutos ou danos considerados devidos pelo executado, cumprindo ao juiz, para a apuração dos respectivos valores, nomear perito, fixando-lhe breve prazo para entrega do laudo.

§ 2° O exequente poderá, a qualquer tempo, ser imitido na posse da coisa, prestando caução ou depositando o valor devido pelas benfeitorias ou resultante da compensação.

Art. 745-A. No prazo para embargos, reconhecendo o crédito do exequente e comprovando o depósito de 30% (trinta por cento) do valor em execução, inclusive custas e honorários de advogado, poderá o executado requerer seja admitido a pagar o restante em até 6 (seis) parcelas mensais, acrescidas de correção monetária e juros de 1% (um por cento) ao mês.
* Artigo acrescentado pela Lei 11.382/2006 (*DOU* 07.12.2006), em vigor 45 (quarenta e cinco) dias após a data de sua publicação, de acordo com o art. 1° do Dec.-lei 4.657/1942.

§ 1° Sendo a proposta deferida pelo juiz, o exequente levantará a quantia depositada e serão suspensos os atos executivos; caso indeferida, seguir-se-ão os atos executivos, mantido o depósito.

§ 2° O não pagamento de qualquer das prestações implicará, de pleno direito, o vencimento das subsequentes e o prosseguimento do processo, com o imediato início dos atos executivos, imposta ao executado multa de 10% (dez por cento) sobre o valor das prestações não pagas e vedada a oposição de embargos.

Art. 746. É lícito ao executado, no prazo de 5 (cinco) dias, contados da adjudicação, alienação ou arrematação, oferecer embargos fundados em nulidade da execução, ou em causa extintiva da obrigação, desde que

superveniente à penhora, aplicando-se, no que couber, o disposto neste Capítulo.

- Artigo com redação determinada pela Lei 11.382/2006 (DOU 07.12.2006), em vigor 45 (quarenta e cinco) dias após a data de sua publicação, de acordo com o art. 1º do Dec.-lei 4.657/1942.
- Este artigo passou a integrar o Capítulo III do Título III do Livro II, de acordo com o art. 5º da Lei 11.382/2006.
- V. art. 694, CPC.
- V. Súmula 331, STJ.

§ 1º Oferecidos embargos, poderá o adquirente desistir da aquisição.

§ 2º No caso do § 1º deste artigo, o juiz deferirá de plano o requerimento, com a imediata liberação do depósito feito pelo adquirente (art. 694, § 1º, inciso IV).

§ 3º Caso os embargos sejam declarados manifestamente protelatórios, o juiz imporá multa ao embargante, não superior a 20% (vinte por cento) do valor da execução, em favor de quem desistiu da aquisição.

Capítulo IV
DOS EMBARGOS NA EXECUÇÃO POR CARTA

- Primitivo Capítulo V renumerado pelo art. 5º da Lei 11.382/2006 (DOU 07.12.2006), em vigor 45 (quarenta e cinco) dias após a data de sua publicação, de acordo com o art. 1º do Dec.-lei 4.657/1942.

Art. 747. Na execução por carta, os embargos serão oferecidos no juízo deprecante ou no juízo deprecado, mas a competência para julgá-los é do juízo deprecante, salvo se versarem unicamente vícios ou defeitos da penhora, avaliação ou alienação dos bens.

- Artigo com redação determinada pela Lei 8.953/1994.
- V. arts. 202 a 212, 575, 576, 658 e 1.049, CPC.
- V. art. 20, parágrafo único, Lei 6.830/1980 (Execução fiscal).
- V. Súmula 46, STJ.
- V. Súmulas 32 e 33, TFR.

TÍTULO IV
DA EXECUÇÃO POR QUANTIA CERTA CONTRA DEVEDOR INSOLVENTE

Capítulo I
DA INSOLVÊNCIA

Art. 748. Dá-se a insolvência toda vez que as dívidas excederem à importância dos bens do devedor.

- V. arts. 92, I, e 991, VIII, CPC.

Art. 749. Se o devedor for casado e o outro cônjuge, assumindo a responsabilidade por dívidas, não possuir bens próprios que bastem ao pagamento de todos os credores, poderá ser declarada, nos autos do mesmo processo, a insolvência de ambos.

- V. art. 1.046, § 3º, CPC.

Art. 750. Presume-se a insolvência quando:

I – o devedor não possuir outros bens livres e desembaraçados para nomear à penhora;

II – forem arrestados bens do devedor, com fundamento no art. 813, I, II e III.

- V. art. 791, III, CPC.

Art. 751. A declaração de insolvência do devedor produz:

- V. art. 30, Lei 6.766/1979 (Parcelamento do solo urbano).

I – o vencimento antecipado das suas dívidas;

- V. art. 25, Dec.-lei 7.661/1945 (Lei de Falências); e art. 77, Lei 11.101/2005 (Lei de Recuperação de Empresas e Falência).

II – a arrecadação de todos os seus bens suscetíveis de penhora, quer os atuais, quer os adquiridos no curso do processo;

- V. art. 116, Lei 11.101/2005 (Lei de Recuperação de Empresas e Falência); sem correspondência no Dec.-lei 7.661/1945 (Lei de Falências).

III – a execução por concurso universal dos seus credores.

- V. arts. 612 e 777, CPC.

Art. 752. Declarada a insolvência, o devedor perde o direito de administrar os seus bens e de dispor deles, até a liquidação total da massa.

- V. art. 782, CPC.

Art. 762

- V. art. 40, Dec.-lei 7.661/1945 (Lei de Falências); e arts. 99, VI e 103, Lei 11.101/2005 (Lei de Recuperação de Empresas e Falência).

Art. 753. A declaração de insolvência pode ser requerida:

- V. arts. 8º e 9º, Dec.-lei 7.661/1945 (Lei de Falências); e art. 97, Lei 11.101/2005 (Lei de Recuperação de Empresas e Falência).

I – por qualquer credor quirografário;

- V. art. 102, IV, § 4º, Dec.-lei 7.661/1945 (Lei de Falências); e art. 83, VI, Lei 11.101/2005 (Lei de Recuperação de Empresas e Falência).

II – pelo devedor;

III – pelo inventariante do espólio do devedor.

Capítulo II
DA INSOLVÊNCIA REQUERIDA PELO CREDOR

Art. 754. O credor requererá a declaração de insolvência do devedor, instruindo o pedido com título executivo judicial ou extrajudicial (art. 586).

- V. art. 585, CPC.

Art. 755. O devedor será citado para, no prazo de 10 (dez) dias, opor embargos; se os não oferecer, o juiz proferirá, em 10 (dez) dias, a sentença.

- V. arts. 213, 241, 319 e 598, CPC.

Art. 756. Nos embargos pode o devedor alegar:

I – que não paga por ocorrer alguma das causas enumeradas nos arts. 741, 742 e 745, conforme o pedido de insolvência se funde em título judicial ou extrajudicial;

II – que o seu ativo é superior ao passivo.

Art. 757. O devedor ilidirá o pedido de insolvência se, no prazo para opor embargos, depositar a importância do crédito, para lhe discutir a legitimidade ou o valor.

Art. 758. Não havendo provas a produzir, o juiz dará a sentença em 10 (dez) dias; havendo-as, designará audiência de instrução e julgamento.

- V. arts. 331, §§ 1º e 2º, e 444 a 457, CPC.

Capítulo III
DA INSOLVÊNCIA REQUERIDA PELO DEVEDOR OU PELO SEU ESPÓLIO

Art. 759. É lícito ao devedor ou ao seu espólio, a todo tempo, requerer a declaração de insolvência.

Art. 760. A petição, dirigida ao juiz da comarca em que o devedor tem o seu domicílio, conterá:

- V. art. 8º, Dec.-lei 7.661/1945 (Lei de Falências); e art. 105, Lei 11.101/2005 (Lei de Recuperação de Empresas e Falência).

I – a relação nominal de todos os credores, com a indicação do domicílio de cada um, bem como da importância e da natureza dos respectivos créditos;

II – a individuação de todos os bens, com a estimativa do valor de cada um;

III – o relatório do estado patrimonial, com a exposição das causas que determinaram a insolvência.

Capítulo IV
DA DECLARAÇÃO JUDICIAL DE INSOLVÊNCIA

Art. 761. Na sentença, que declarar a insolvência, o juiz:

- V. arts. 520, 768, 779 e 784, CPC.
- V. art. 14, parágrafo único, Dec.-lei 7.661/1945 (Lei de Falências); e art. 99, Lei 11.101/2005 (Lei de Recuperação de Empresas e Falência).

I – nomeará, dentre os maiores credores, um administrador da massa;

II – mandará expedir edital, convocando os credores para que apresentem, no prazo de 20 (vinte) dias, a declaração do crédito, acompanhada do respectivo título.

- V. arts. 765 e 768, CPC.
- V. Súmula 244, TFR.

Art. 762. Ao juízo da insolvência concorrerão todos os credores do devedor comum.

- V. arts. 99, parágrafo único, I, e 784, CPC.
- V. art. 23, *caput*, Dec.-lei 7.661/1945 (Lei de Falências); e art. 115, Lei 11.101/2005 (Lei de Recuperação de Empresas e Falência).
- V. Súmula 244, TFR.

§ 1º As execuções movidas por credores individuais serão remetidas ao juízo da insolvência.

Art. 763

§ 2º Havendo, em alguma execução, dia designado para a praça ou o leilão, far-se-á a arrematação, entrando para a massa o produto dos bens.

Capítulo V
DAS ATRIBUIÇÕES DO ADMINISTRADOR

Art. 763. A massa dos bens do devedor insolvente ficará sob a custódia e responsabilidade de um administrador, que exercerá as suas atribuições, sob a direção e superintendência do juiz.

- V. arts. 59 e 63, Dec.-lei 7.661/1945 (Lei de Falências); e art. 22, Lei 11.101/2005 (Lei de Recuperação de Empresas e Falência).

Art. 764. Nomeado o administrador, o escrivão o intimará a assinar, dentro de 24 (vinte e quatro) horas, termo de compromisso de desempenhar bem e fielmente o cargo.

- V. art. 62, Dec.-lei 7.661/1945 (Lei de Falências); e art. 33, Lei 11.101/2005 (Lei de Recuperação de Empresas e Falência).

Art. 765. Ao assinar o termo, o administrador entregará a declaração de crédito, acompanhada do título executivo. Não o tendo em seu poder, juntá-lo-á no prazo fixado pelo art. 761, II.

Art. 766. Cumpre ao administrador:

- V. art. 63, Dec.-lei 7.661/1945 (Lei de Falências); e art. 22, Lei 11.101/2005 (Lei de Recuperação de Empresas e Falência).

I – arrecadar todos os bens do devedor, onde quer que estejam, requerendo para esse fim as medidas judiciais necessárias;

- V. arts. 63, III, e 70, Dec.-lei 7.661/1945 (Lei de Falências); e arts. 22, III, *f*, e 108, Lei 11.101/2005 (Lei de Recuperação de Empresas e Falência).

II – representar a massa, ativa e passivamente, contratando advogado, cujos honorários serão previamente ajustados e submetidos à aprovação judicial;

- V. art. 63, XVI, Dec.-lei 7.661/1945 (Lei de Falências); e arts. 22, III, *n*, 11.101/2005 (Lei de Recuperação de Empresas e Falência).

III – praticar todos os atos conservatórios de direitos e de ações, bem como promover a cobrança das dívidas ativas;

- V. art. 63, XIV, Dec.-lei 7.661/1945 (Lei de Falências); e arts. 22, III, *l*, Lei 11.101/2005 (Lei de Recuperação de Empresas e Falência).

IV – alienar em praça ou em leilão, com autorização judicial, os bens da massa.

- V. art. 704, CPC.

Art. 767. O administrador terá direito a uma remuneração, que o juiz arbitrará, atendendo à sua diligência, ao trabalho, à responsabilidade da função e à importância da massa.

- V. art. 67, Dec.-lei 7.661/1945 (Lei de Falências); e art. 24, Lei 11.101/2005 (Lei de Recuperação de Empresas e Falência).

Capítulo VI
DA VERIFICAÇÃO E DA CLASSIFICAÇÃO DOS CRÉDITOS

Art. 768. Findo o prazo, a que se refere o n. II do art. 761, o escrivão, dentro de 5 (cinco) dias, ordenará todas as declarações, autuando cada uma com o seu respectivo título. Em seguida intimará, por edital, todos os credores para, no prazo de 20 (vinte) dias, que lhes é comum, alegarem as suas preferências, bem como a nulidade, simulação, fraude, ou falsidade de dívidas e contratos.

- V. art. 24, Lei 8.906/1994 (Estatuto da Advocacia e da OAB).
- V. art. 7º, § 2º, Lei 11.101/2005 (Lei de Recuperação de Empresas e Falência); sem correspondência no Dec.-lei 7.661/1945 (Lei de Falências).

Parágrafo único. No prazo, a que se refere este artigo, o devedor poderá impugnar quaisquer créditos.

Art. 769. Não havendo impugnações, o escrivão remeterá os autos ao contador, que organizará o quadro geral dos credores, observando, quanto à classificação dos créditos e dos títulos legais de preferência, o que dispõe a lei civil.

- V. arts. 776 e 783, CPC.
- V. arts. 1.554 a 1.571, CC/1916; e arts. 955 a 965, CC/2002.
- V. arts. 148 e 449, CLT.
- V. art. 186, CTN.
- V. art. 102, Dec.-lei 7.661/1945 (Lei de Falências); e arts. 83, *caput*, I, e 151, Lei 11.101/2005 (Lei de Recuperação de Empresas e Falência).

Parágrafo único. Se concorrerem aos bens apenas credores quirografários, o con-

Art. 782

Código de Processo Civil

tador organizará o quadro, relacionando-os em ordem alfabética.

Art. 770. Se, quando for organizado o quadro geral dos credores, os bens da massa já tiverem sido alienados, o contador indicará a percentagem, que caberá a cada credor no rateio.

Art. 771. Ouvidos todos os interessados, no prazo de 10 (dez) dias, sobre o quadro geral dos credores, o juiz proferirá sentença.

• V. art. 513, CPC.

Art. 772. Havendo impugnação pelo credor ou pelo devedor, o juiz deferirá, quando necessário, a produção de provas e em seguida proferirá sentença.

• V. art. 520, CPC.

§ 1º Se for necessária prova oral, o juiz designará audiência de instrução e julgamento.

• V. arts. 444 a 457, CPC.

§ 2º Transitada em julgado a sentença, observar-se-á o que dispõem os três artigos antecedentes.

• V. art. 513, CPC.

Art. 773. Se os bens não foram alienados antes da organização do quadro geral, o juiz determinará alienação em praça ou em leilão, destinando-se o produto ao pagamento dos credores.

• V. art. 704, CPC.

Capítulo VII
DO SALDO DEVEDOR

Art. 774. Liquidada a massa sem que tenha sido efetuado o pagamento integral a todos os credores, o devedor insolvente continua obrigado pelo saldo.

• V. art. 591, CPC.

Art. 775. Pelo pagamento dos saldos respondem os bens penhoráveis que o devedor adquirir, até que se lhe declare a extinção das obrigações.

• V. arts. 648 a 650, CPC.

Art. 776. Os bens do devedor poderão ser arrecadados nos autos do mesmo processo, a requerimento de qualquer credor incluído no quadro geral, a que se refere o art. 769, procedendo-se à sua alienação e à distribuição do respectivo produto aos credores, na proporção dos seus saldos.

• V. art. 780, II, CPC.

Capítulo VIII
DA EXTINÇÃO DAS OBRIGAÇÕES

Art. 777. A prescrição das obrigações, interrompida com a instauração do concurso universal de credores, recomeça a correr no dia em que passar em julgado a sentença que encerrar o processo de insolvência.

• V. arts. 172, III, e 173, CC/1916; e art. 202, IV e parágrafo único, CC/2002.
• V. arts. 47 e 134, Dec.-lei 7.661/1945 (Lei de Falências); e arts. 6º, *caput*, 82, § 1º, e 157, Lei 11.101/2005 (Lei de Recuperação de Empresas e Falência).

Art. 778. Consideram-se extintas todas as obrigações do devedor, decorrido o prazo de 5 (cinco) anos, contados da data do encerramento do processo de insolvência.

• V. art. 135, III, Dec.-lei 7.661/1945 (Lei de Falências); e art. 158, III, Lei 11.101/2005 (Lei de Recuperação de Empresas e Falência).

Art. 779. É lícito ao devedor requerer ao juízo da insolvência a extinção das obrigações; o juiz mandará publicar edital, com prazo de 30 (trinta) dias, no órgão oficial e em outro jornal de grande circulação.

Art. 780. No prazo, estabelecido no artigo antecedente, qualquer credor poderá opor-se ao pedido, alegando que:

I – não transcorreram 5 (cinco) anos da data do encerramento da insolvência;

II – o devedor adquiriu bens, sujeitos à arrecadação (art. 776).

Art. 781. Ouvido o devedor no prazo de 10 (dez) dias, o juiz proferirá sentença; havendo provas a produzir, o juiz designará audiência de instrução e julgamento.

• V. arts. 444 a 457, CPC.

Art. 782. A sentença, que declarar extintas as obrigações, será publicada por edital, ficando o devedor habilitado a praticar todos os atos da vida civil.

• V. art. 138, Dec.-lei 7.661/1945 (Lei de Falências); e art. 102, parágrafo único, Lei 11.101/2005 (Lei de Recuperação de Empresas e Falência).

Art. 783

Capítulo IX
DAS DISPOSIÇÕES GERAIS

Art. 783. O devedor insolvente poderá, depois da aprovação do quadro a que se refere o art. 769, acordar com os seus credores, propondo-lhes a forma de pagamento. Ouvidos os credores, se não houver oposição, o juiz aprovará a proposta por sentença.

Art. 784. Ao credor retardatário é assegurado o direito de disputar, por ação direta, antes do rateio final, a prelação ou a cota proporcional ao seu crédito.

* V. art. 98, Dec.-lei 7.661/1945 (Lei de Falências); art. 10, Lei 11.101/2005 (Lei de Recuperação de Empresas e Falência).

Art. 785. O devedor, que caiu em estado de insolvência sem culpa sua, pode requerer ao juiz, se a massa o comportar, que lhe arbitre uma pensão, até a alienação dos bens. Ouvidos os credores, o juiz decidirá.

Art. 786. As disposições deste Título aplicam-se às sociedades civis, qualquer que seja a sua forma.

* V. art. 16, I, CC/1916; e art. 44, I e II, CC/2002.

Art. 786-A. Os editais referidos neste Título também serão publicados, quando for o caso, nos órgãos oficiais dos Estados em que o devedor tenha filiais ou representantes.

* Artigo acrescentado pela Lei 9.462/1997.

TÍTULO V
DA REMIÇÃO

* Título V revogado pela Lei 11.382/2006 (*DOU* 07.12.2006), em vigor 45 (quarenta e cinco) dias após a data de sua publicação, de acordo com o art. 1º do Dec.-lei 4.657/1942.

Arts. 787 a 790. (*Revogados pela Lei 11.382/2006 – DOU 07.12.2006, em vigor 45 (quarenta e cinco) dias após a data de sua publicação, de acordo com o art. 1º do Dec.-lei 4.657/1942.*)

TÍTULO VI
DA SUSPENSÃO
E DA EXTINÇÃO DO PROCESSO
DE EXECUÇÃO

Capítulo I
DA SUSPENSÃO

Art. 791. Suspende-se a execução:

* V. art. 40, Lei 6.830/1980 (Execução fiscal).

I – no todo ou em parte, quando recebidos com efeito suspensivo os embargos à execução (art. 739-A);

* Inciso I com redação determinada pela Lei 11.382/2006 (*DOU* 07.12.2006), em vigor 45 (quarenta e cinco) dias após a data de sua publicação, de acordo com o art. 1º do Dec.-lei 4.657/1942.

II – nas hipóteses previstas no art. 265, ns. I a III;

III – quando o devedor não possuir bens penhoráveis.

* V. art. 40, Lei 6.830/1980 (Execução fiscal).

Art. 792. Convindo as partes, o juiz declarará suspensa a execução durante o prazo concedido pelo credor, para que o devedor cumpra voluntariamente a obrigação.

Parágrafo único. Findo o prazo sem cumprimento da obrigação, o processo retomará o seu curso.

* Parágrafo único acrescentado pela Lei 8.953/1994.
* V. arts. 181 e 265, II e § 3º, CPC.

Art. 793. Suspensa a execução, é defeso praticar quaisquer atos processuais. O juiz poderá, entretanto, ordenar providências cautelares urgentes.

* Artigo com redação determinada pela Lei 5.925/1973.
* V. arts. 180 e 266, CPC.

Capítulo II
DA EXTINÇÃO

Art. 794. Extingue-se a execução quando:

* V. Súmula 224, TFR.

I – o devedor satisfaz a obrigação;

* V. arts. 624 e 635, CPC.
* V. art. 930, CC/1916; e art. 304, CC/2002.

II – o devedor obtém, por transação ou por qualquer outro meio, a remissão total da dívida;

- V. art. 269, III, CPC.

III – o credor renunciar ao crédito.

Art. 795. A extinção só produz efeito quando declarada por sentença.

- V. arts. 162, § 1º, e 463, CPC.

LIVRO III
DO PROCESSO CAUTELAR

TÍTULO ÚNICO
DAS MEDIDAS CAUTELARES

Capítulo I
DAS DISPOSIÇÕES GERAIS

Art. 796. O procedimento cautelar pode ser instaurado antes ou no curso do processo principal e deste é sempre dependente.

- V. art. 102, I, *p*, CF.
- V. Lei 2.770/1956 (Suprime a concessão de medidas liminares nas ações e procedimentos judiciais de qualquer natureza que visem à liberação de bens, mercadorias ou coisas de procedência estrangeira).
- V. art. 7º, § 1º, Lei 6.515/1977 (Lei do Divórcio).
- V. Lei 8.437/1992 (Concessão de medidas cautelares contra o Poder Público).

Art. 797. Só em casos excepcionais, expressamente autorizados por lei, determinará o juiz medidas cautelares sem a audiência das partes.

- V. arts. 266, 653, 793, 804, 1.000, parágrafo único, 1.001, 1.018, parágrafo único, 1.039 e 1.113, CPC.

Art. 798. Além dos procedimentos cautelares específicos, que este Código regula no Capítulo II deste Livro, poderá o juiz determinar as medidas provisórias que julgar adequadas, quando houver fundado receio de que uma parte, antes do julgamento da lide, cause ao direito da outra lesão grave e de difícil reparação.

- V. arts. 273, 461, § 3º, 489 e 813 a 889, CPC.
- V. art. 17, Lei 9.492/1997 (Protesto de títulos e outros documentos de dívida).
- •• V. art. 804, CPC.

Art. 799. No caso do artigo anterior, poderá o juiz, para evitar o dano, autorizar ou vedar a prática de determinados atos, ordenar a guarda judicial de pessoas e depósito de bens e impor a prestação de caução.

- V. arts. 826 a 838, CPC.

Art. 800. As medidas cautelares serão requeridas ao juiz da causa; e, quando preparatórias, ao juiz competente para conhecer da ação principal.

- V. arts. 103 a 105, 108 e 253, CPC.
- V. Súmula 263, TFR.

Parágrafo único. Interposto o recurso, a medida cautelar será requerida diretamente ao tribunal.

- Parágrafo único com redação determinada pela Lei 8.952/1994.
- V. Súmulas 634 e 635, STF.

Art. 801. O requerente pleiteará a medida cautelar em petição escrita, que indicará:

- V. arts. 282 e 889, CPC.
- •• V. art. 100, IV, *d*, CPC.
- •• V. art. 48, Lei 7.357/1985 (Lei do cheque);

I – a autoridade judiciária, a que for dirigida;
II – o nome, o estado civil, a profissão e a residência do requerente e do requerido;
III – a lide e seu fundamento;
IV – a exposição sumária do direito ameaçado e o receio da lesão;
V – as provas que serão produzidas.

Parágrafo único. Não se exigirá o requisito do n. III senão quando a medida cautelar for requerida em procedimento preparatório.

Art. 802. O requerido será citado, qualquer que seja o procedimento cautelar para, no prazo de 5 (cinco) dias, contestar o pedido, indicando as provas que pretende produzir.

- V. arts. 188, 191, 214, 225, VI, 874, 880, 889 e 1.058, CPC.

Parágrafo único. Conta-se o prazo, da juntada aos autos do mandado:
I – de citação devidamente cumprido;

- V. art. 241, CPC.

II – da execução da medida cautelar, quando concedida liminarmente ou após justificação prévia.

Art. 803. Não sendo contestado o pedido, presumir-se-ão aceitos pelo requerido, como verdadeiros, os fatos alegados pelo

requerente (arts. 285 e 319); caso em que o juiz decidirá dentro em 5 (cinco) dias.

- Artigo com redação determinada pela Lei 5.925/1973.
- V. arts. 302, 520, IV, 880, 889, 939, 1.053, 1.058, 1.065, § 2º, 1.119, parágrafo único, e 1.196, CPC.

Parágrafo único. Se o requerido contestar no prazo legal, o juiz designará audiência de instrução e julgamento, havendo prova a ser nela produzida.

Art. 804. É lícito ao juiz conceder liminarmente ou após justificação prévia a medida cautelar, sem ouvir o réu, quando verificar que este, sendo citado, poderá torná-la ineficaz, caso em que poderá determinar que o requerente preste caução real ou fidejussória de ressarcir os danos que o requerido possa vir a sofrer.

- Artigo com redação determinada pela Lei 5.925/1973.
- V. arts. 797, 811, II, e 816, II, CPC.
- V. art. 84, § 3º, Lei 8.078/1990 (Código de Defesa do Consumidor).

Art. 805. A medida cautelar poderá ser substituída, de ofício ou a requerimento de qualquer das partes, pela prestação de caução ou outra garantia menos gravosa para o requerido, sempre que adequada e suficiente para evitar a lesão ou repará-la integralmente.

- Artigo com redação determinada pela Lei 8.952/1994.
- V. arts. 826 a 838, CPC.

Art. 806. Cabe à parte propor a ação, no prazo de 30 (trinta) dias, contados da data da efetivação da medida cautelar, quando esta for concedida em procedimento preparatório.

- V. arts. 808, I, e 811, III, CPC.
- V. art. 11, Lei 8.397/1992 (Medida cautelar fiscal).
- ** V. Súmula 482, STJ.

Art. 807. As medidas cautelares conservam a sua eficácia no prazo do artigo antecedente e na pendência do processo principal; mas podem, a qualquer tempo, ser revogadas ou modificadas.

- V. art. 12, parágrafo único, Lei 8.397/1992 (Medida cautelar fiscal).

Parágrafo único. Salvo decisão judicial em contrário, a medida cautelar conservará a eficácia durante o período de suspensão do processo.

- V. art. 265, CPC.

Art. 808. Cessa a eficácia da medida cautelar:

- V. arts. 811, III, e 1.039, CPC.

I – se a parte não intentar a ação no prazo estabelecido no art. 806;

II – se não for executada dentro de 30 (trinta) dias;

III – se o juiz declarar extinto o processo principal, com ou sem julgamento do mérito.

- V. arts. 267 e 269, CPC.

Parágrafo único. Se por qualquer motivo cessar a medida, é defeso à parte repetir o pedido, salvo por novo fundamento.

Art. 809. Os autos do procedimento cautelar serão apensados aos do processo principal.

Art. 810. O indeferimento da medida não obsta a que a parte intente a ação, nem influi no julgamento desta, salvo se o juiz, no procedimento cautelar, acolher a alegação de decadência ou de prescrição do direito do autor.

- V. arts. 219, § 5º, 268, caput, 295, IV, 811, IV, e 817, CPC.
- V. art. 15, Lei 8.397/1992 (Medida cautelar fiscal).

Art. 811. Sem prejuízo do disposto no art. 16, o requerente do procedimento cautelar responde ao requerido pelo prejuízo que lhe causar a execução da medida:

I – se a sentença no processo principal lhe for desfavorável;

II – se, obtida liminarmente a medida no caso do art. 804 deste Código, não promover a citação do requerido dentro em 5 (cinco) dias;

III – se ocorrer a cessação da eficácia da medida, em qualquer dos casos previstos no art. 808 deste Código;

IV – se o juiz acolher, no procedimento cautelar, a alegação de decadência ou prescrição do direito do autor (art. 810).

Parágrafo único. A indenização será liquidada nos autos do procedimento cautelar.

Art. 812. Aos procedimentos cautelares específicos, regulados no Capítulo seguin-

te, aplicam-se as disposições gerais deste Capítulo.

Capítulo II
DOS PROCEDIMENTOS CAUTELARES ESPECÍFICOS

Seção I
Do arresto

Art. 813. O arresto tem lugar:
- V. arts. 173, II, 653 e 654, CPC.
- V. art. 69, Dec.-lei 167/1967 (Títulos de crédito rural).
- V. arts. 7º, III, 11 e 14, Lei 6.830/1980 (Execução fiscal).
- V. art. 155, Lei 7.565/1986 (Código Brasileiro de Aeronáutica).

I – quando o devedor sem domicílio certo intenta ausentar-se ou alienar os bens que possui, ou deixa de pagar a obrigação no prazo estipulado;
- V. art. 750, II, CPC.

II – quando o devedor, que tem domicílio:
- V. art. 750, II, CPC.

a) se ausenta ou tenta ausentar-se furtivamente;
b) caindo em insolvência, aliena ou tenta alienar bens que possui; contrai ou tenta contrair dívidas extraordinárias; põe ou tenta pôr os seus bens em nome de terceiros; ou comete outro qualquer artifício fraudulento, a fim de frustrar a execução ou lesar credores;
- V. arts. 593, 672, § 3º, e 750, II, CPC.
- V. arts. 106 a 113, CC/1916; e arts. 158 a 165, CC/2002.

III – quando o devedor, que possui bens de raiz, intenta aliená-los, hipotecá-los ou dá-los em anticrese, sem ficar com algum ou alguns, livres e desembargados, equivalentes às dívidas;
- V. art. 750, II, CPC.
- V. arts. 805 a 808, 809 a 862 e 1.122, CC/1916; e arts. 481 e 1.473 a 1.509, CC/2002.

IV – nos demais casos expressos em lei.

Art. 814. Para a concessão do arresto é essencial:
I – prova literal da dívida líquida e certa;
- V. art. 586, CPC.

II – prova documental ou justificação de algum dos casos mencionados no artigo antecedente.
- V. art. 803, parágrafo único, CPC.

Parágrafo único. Equipara-se à prova literal da dívida líquida e certa, para efeito de concessão de arresto, a sentença, líquida ou ilíquida, pendente de recurso, condenando o devedor ao pagamento de dinheiro ou de prestação que em dinheiro possa converter-se.
- Parágrafo único com redação determinada pela Lei 10.444/2002.

Art. 815. A justificação prévia, quando ao juiz parecer indispensável, far-se-á em segredo e de plano, reduzindo-se a termo o depoimento das testemunhas.
- V. art. 155, CPC.

Art. 816. O juiz concederá o arresto independentemente de justificação prévia:
I – quando for requerido pela União, Estado ou Município, nos casos previstos em lei;
II – se o credor prestar caução (art. 804).

Art. 817. Ressalvado o disposto no art. 810, a sentença proferida no arresto não faz coisa julgada na ação principal.
- V. arts. 467 e 520, IV, CPC.

Art. 818. Julgada procedente a ação principal, o arresto se resolve em penhora.
- V. art. 654, CPC.

Art. 819. Ficará suspensa a execução do arresto se o devedor:
I – tanto que intimado, pagar ou depositar em juízo a importância da dívida, mais os honorários de advogado que o juiz arbitrar, e custas;
II – der fiador idôneo, ou prestar caução para garantir a dívida, honorários do advogado do requerente e custas.
- V. arts. 826 a 838, CPC.
- V. arts. 789 a 795 e 1.481 a 1.504, CC/1916; e arts. 818 a 839 e 1.451 a 1.460, CC/2002.

Art. 820. Cessa o arresto:
- V. art. 808, CPC.

I – pelo pagamento;
- V. art. 794, I, CPC.
- V. arts. 930 a 998, CC/1916; e arts. 304 a 359, CC/2002.

II – pela novação;
- V. arts. 999 a 1.008, CC/1916; e arts. 360 a 367, CC/2002.

III – pela transação.
- V. arts. 269, III, e 794, II, CPC.
- V. arts. 1.025 a 1.036, CC/1916; e arts. 840 a 850, CC/2002.

Art. 821. Aplicam-se ao arresto as disposições referentes à penhora, não alteradas na presente Seção.
- V. arts. 646 a 679 e 823, CPC.

Seção II
Do sequestro

Art. 822. O juiz, a requerimento da parte, pode decretar o sequestro:
- V. art. 173, II, CPC.
- V. art. 56, § 3º, Dec.-lei 7.661/1945 (Lei de Falências); e art. 137, Lei 11.101/2005 (Lei de Recuperação de Empresas e Falência).
- V. art. 69, Dec.-lei 167/1967 (Títulos de crédito rural).
- V. art. 41, item 2º, Dec.-lei 413/1969 (Títulos de crédito industrial).
- V. arts. 153 e 154, Lei 7.565/1986 (Código Brasileiro de Aeronáutica).

I – de bens móveis, semoventes ou imóveis, quando lhes for disputada a propriedade ou a posse, havendo fundado receio de rixas ou danificações;
II – dos frutos e rendimentos do imóvel reivindicando, se o réu, depois de condenado por sentença ainda sujeita a recurso, os dissipar;
III – dos bens do casal, nas ações de desquite e de anulação de casamento, se o cônjuge os estiver dilapidando;
- V. art. 39, Lei 6.515/1977 (Lei do Divórcio).

IV – nos demais casos expressos em lei.
- V. art. 919, CPC.
- V. arts. 234 e 507, parágrafo único, CC/1916, sem correspondência no CC/2002.
- V. arts. 6º, parágrafo único, e 12, § 4º, Dec.-lei 7.661/1945 (Lei de Falências); e art. 82, § 2º, Lei 11.101/2005 (Lei de Recuperação de Empresas e Falência).
- V. art. 18, Lei 8.929/1994 (Cédula de produto rural).

Art. 823. Aplica-se ao sequestro, no que couber, o que este Código estatui acerca do arresto.
- V. art. 821, CPC.

Art. 824. Incumbe ao juiz nomear o depositário dos bens sequestrados. A escolha poderá, todavia, recair:
I – em pessoa indicada, de comum acordo, pelas partes;
II – em uma das partes, desde que ofereça maiores garantias e preste caução idônea.
- V. art. 148, CPC.

Art. 825. A entrega dos bens ao depositário far-se-á logo depois que este assinar o compromisso.

Parágrafo único. Se houver resistência, o depositário solicitará ao juiz a requisição de força policial.
- V. arts. 579 e 662, CPC.
- V. arts. 329 e 330, CP.

Seção III
Da caução

Art. 826. A caução pode ser real ou fidejussória.
- V. arts. 940, 1.051 e 1.166, CPC.
- V. art. 529, CC/1916; e art. 1.281, CC/2002.

Art. 827. Quando a lei não determinar a espécie de caução, esta poderá ser prestada mediante depósito em dinheiro, papéis de crédito, títulos da União ou dos Estados, pedras e metais preciosos, hipoteca, penhor e fiança.
- V. arts. 789 a 795, CC/1916; e arts. 1.451 a 1.460, CC/2002.

Art. 828. A caução pode ser prestada pelo interessado ou por terceiro.

Art. 829. Aquele que for obrigado a dar caução requererá a citação da pessoa a favor de quem tiver de ser prestada, indicando na petição inicial:
- V. arts. 831 e 834, I, CPC.

I – o valor a caucionar;
II – o modo pelo qual a caução vai ser prestada;
III – a estimativa dos bens;
IV – a prova da suficiência da caução ou da idoneidade do fiador.

Art. 830. Aquele em cujo favor há de ser dada a caução requererá a citação do obrigado para que a preste, sob pena de incorrer na sanção que a lei ou o contrato cominar para a falta.
- V. arts. 831 e 834, II, CPC.

CÓDIGO DE PROCESSO CIVIL

Art. 831. O requerido será citado para, no prazo de 5 (cinco) dias, aceitar a caução (art. 829), prestá-la (art. 830), ou contestar o pedido.

* V. art. 802, parágrafo único, CPC.

Art. 832. O juiz proferirá imediatamente a sentença:

I – se o requerido não contestar;

* V. art. 330, II, CPC.

II – se a caução oferecida ou prestada for aceita;

III – se a matéria for somente de direito ou, sendo de direito e de fato, já não houver necessidade de outra prova.

Art. 833. Contestado o pedido, o juiz designará audiência de instrução e julgamento, salvo o disposto no n. III do artigo anterior.

* V. arts. 444 a 457, CPC.

Art. 834. Julgando procedente o pedido, o juiz determinará a caução e assinará o prazo em que deve ser prestada, cumprindo-se as diligências que forem determinadas.

* V. art. 520, IV, CPC.

Parágrafo único. Se o requerido não cumprir a sentença no prazo estabelecido, o juiz declarará:

I – no caso do art. 829, não prestada a caução;

II – no caso do art. 830, efetivada a sanção que cominou.

Art. 835. O autor, nacional ou estrangeiro, que residir fora do Brasil ou dele se ausentar na pendência da demanda, prestará, nas ações que intentar, caução suficiente às custas e honorários de advogado da parte contrária, se não tiver no Brasil bens imóveis que lhes assegurem o pagamento.

* V. art. 9º, III, c, Dec.-lei 7.661/1945 (Lei de Falências); e art. 97, § 2º, Lei 11.101/2005 (Lei de Recuperação de Empresas e Falência).

Art. 836. Não se exigirá, porém, a caução, de que trata o artigo antecedente:

I – na execução fundada em título extrajudicial;

* V. art. 585, CPC.

II – na reconvenção.

* V. arts. 315 a 318, CPC.

Art. 837. Verificando-se no curso do processo que se desfalcou a garantia, poderá o interessado exigir reforço da caução. Na petição inicial, o requerente justificará o pedido, indicando a depreciação do bem dado em garantia e a importância do reforço que pretende obter.

Art. 838. Julgando procedente o pedido, o juiz assinará prazo para que o obrigado reforce a caução. Não sendo cumprida a sentença, cessarão os efeitos da caução prestada, presumindo-se que o autor tenha desistido da ação ou o recorrente desistido do recurso.

* V. arts. 158, parágrafo único, e 520, IV, CPC.

Seção IV
Da busca e apreensão

Art. 839. O juiz pode decretar a busca e apreensão de pessoas ou de coisas.

* V. arts. 173, II, 461, § 5º, e 1.129, parágrafo único, CPC.
* V. art. 84, § 5º, Lei 8.078/1990 (Código de Defesa do Consumidor).

Art. 840. Na petição inicial exporá o requerente as razões justificativas da medida e da ciência de estar a pessoa ou a coisa no lugar designado.

* V. arts. 801, 812 e 1.129, parágrafo único, CPC.

Art. 841. A justificação prévia far-se-á em segredo de justiça, se for indispensável. Provado quanto baste o alegado, expedir-se-á o mandado que conterá:

* V. arts. 155, 804 e 1.129, parágrafo único, CPC.

I – a indicação da casa ou do lugar em que deve efetuar-se a diligência;

II – a descrição da pessoa ou da coisa procurada e o destino a lhe dar;

III – a assinatura do juiz, de quem emanar a ordem.

Art. 842. O mandado será cumprido por dois oficiais de justiça, um dos quais o lerá ao morador, intimando-o a abrir as portas.

* V. arts. 579 e 1.129, parágrafo único, CPC.

§ 1º Não atendidos, os oficiais de justiça arrombarão as portas externas, bem como as internas e quaisquer móveis onde presumam que esteja oculta a pessoa ou a coisa procurada.

Art. 843

§ 2º Os oficiais de justiça far-se-ão acompanhar de duas testemunhas.
§ 3º Tratando-se de direito autoral ou direito conexo do artista, intérprete ou executante, produtores de fonogramas e organismos de radiodifusão, o juiz designará, para acompanharem os oficiais de justiça, dois peritos, aos quais incumbirá confirmar a ocorrência da violação, antes de ser efetivada a apreensão.

- V. Lei 9.610/1998 (Direitos autorais).

Art. 843. Finda a diligência, lavrarão os oficiais de justiça auto circunstanciado, assinando-o com as testemunhas.

- V. art. 1.129, parágrafo único, CPC.

Seção V
Da exibição

- V. Súmula 372, STJ.

Art. 844. Tem lugar, como procedimento preparatório, a exibição judicial:
I – de coisa móvel em poder de outrem e que o requerente repute sua ou tenha interesse em conhecer;
II – de documento próprio ou comum, em poder de cointeressado, sócio, condômino, credor ou devedor; ou em poder de terceiro que o tenha em sua guarda, como inventariante, testamenteiro, depositário ou administrador de bens alheios;
III – da escrituração comercial por inteiro, balanços e documentos de arquivo, nos casos expressos em lei.

- V. arts. 355 e 381, CPC.
- V. art. 105, Lei 6.404/1976 (Sociedades por ações).
- V. Súmulas 260 e 390, STF.

Art. 845. Observar-se-á, quanto ao procedimento, no que couber, o disposto nos arts. 355 a 363, e 381 e 382.

Seção VI
Da produção antecipada de provas

Art. 846. A produção antecipada da prova pode consistir em interrogatório da parte, inquirição de testemunhas e exame pericial.

- V. arts. 173, I, e 420, CPC.
- V. Súmula 154, STF.
- V. Súmula 263, TFR.

Art. 847. Far-se-á o interrogatório da parte ou a inquirição das testemunhas antes da propositura da ação, ou na pendência desta, mas antes da audiência de instrução:

- V. arts. 336, parágrafo único, 342, 407 e 408, II, CPC.

I – se tiver de ausentar-se;
II – se por motivo de idade ou de moléstia grave, houver justo receio de que ao tempo da prova já não exista, ou esteja impossibilitada de depor.

- V. art. 410, III, CPC.

Art. 848. O requerente justificará sumariamente a necessidade da antecipação e mencionará com precisão os fatos sobre que há de recair a prova.

Parágrafo único. Tratando-se de inquirição de testemunha, serão intimados os interessados a comparecer à audiência em que prestará o depoimento.

Art. 849. Havendo fundado receio de que venha a tornar-se impossível ou muito difícil a verificação de certos fatos na pendência da ação, é admissível o exame pericial.

Art. 850. A prova pericial realizar-se-á conforme o disposto nos arts. 420 a 439.

Art. 851. Tomado o depoimento ou feito exame pericial, os autos permanecerão em cartório, sendo lícito aos interessados solicitar as certidões que quiserem.

- V. Súmula 263, TFR.

Seção VII
Dos alimentos provisionais

- V. Lei 11.804/2008 (Alimentos gravídicos).

Art. 852. É lícito pedir alimentos provisionais:
I – nas ações de desquite e de anulação de casamento, desde que estejam separados os cônjuges;

- V. arts. 19 e 39, Lei 6.515/1977 (Lei do Divórcio).

II – nas ações de alimentos, desde o despacho da petição inicial;

- V. arts. 732 a 735, CPC.
- V. arts. 396, 401 e 403 a 404, CC/1916; e arts. 1.694, 1.699, 1.701 e 1.707, CC/2002.
- V. art. 405, CC/1916, sem correspondência no CC/2002.
- V. art. 4º, Lei 5.478/1968 (Ação de alimentos).

Art. 866

CÓDIGO DE PROCESSO CIVIL

- V. art. 23, Lei 6.515/1977 (Lei do Divórcio).

III – nos demais casos expressos em lei.

- V. art. 7º, Lei 8.560/1992 (Investigação de paternidade).

Parágrafo único. No caso previsto no n. I deste artigo, a prestação alimentícia devida ao requerente abrange, além do que necessitar para sustento, habitação e vestuário, as despesas para custear a demanda.

Art. 853. Ainda que a causa principal penda de julgamento no tribunal, processar-se-á no primeiro grau de jurisdição o pedido de alimentos provisionais.

Art. 854. Na petição inicial, exporá o requerente as suas necessidades e as possibilidades do alimentante.

Parágrafo único. O requerente poderá pedir que o juiz, ao despachar a petição inicial e sem audiência do requerido, lhe arbitre desde logo uma mensalidade para manutença.

- V. art. 4º, *caput*, Lei 5.478/1968 (Ação de alimentos).

Seção VIII
Do arrolamento de bens

Art. 855. Procede-se ao arrolamento sempre que há fundado receio de extravio ou de dissipação de bens.

Art. 856. Pode requerer o arrolamento todo aquele que tem interesse na conservação dos bens.

§ 1º O interesse do requerente pode resultar de direito já constituído ou que deva ser declarado em ação própria.

§ 2º Aos credores só é permitido requerer arrolamento nos casos em que tenha lugar a arrecadação de herança.

Art. 857. Na petição inicial exporá o requerente:
I – o seu direito aos bens;
II – os fatos em que funda o receio de extravio ou de dissipação dos bens.

Art. 858. Produzidas as provas em justificação prévia, o juiz, convencendo-se de que o interesse do requerente corre sério risco, deferirá a medida, nomeando depositário dos bens.

Parágrafo único. O possuidor ou detentor dos bens será ouvido se a audiência não comprometer a finalidade da medida.

Art. 859. O depositário lavrará auto, descrevendo minuciosamente todos os bens e registrando quaisquer ocorrências que tenham interesse para a sua conservação.

- V. arts. 148 e 149, CPC.

Art. 860. Não sendo possível efetuar desde logo o arrolamento ou concluí-lo no dia em que foi iniciado, apor-se-ão selos nas portas da casa ou nos móveis em que estejam os bens, continuando-se a diligência no dia que for designado.

- V. art. 172, § 1º, CPC.

Seção IX
Da justificação

Art. 861. Quem pretender justificar a existência de algum fato ou relação jurídica, seja para simples documento e sem caráter contencioso, seja para servir de prova em processo regular, exporá, em petição circunstanciada, a sua intenção.

- V. art. 108, Lei 8.213/1991 (Planos de Benefícios da Previdência Social).
- V. Súmula 32, STJ.

Art. 862. Salvo nos casos expressos em lei, é essencial a citação dos interessados.

- V. arts. 214 e 802, CPC.

Parágrafo único. Se o interessado não puder ser citado pessoalmente, intervirá no processo o Ministério Público.

Art. 863. A justificação consistirá na inquirição de testemunhas sobre os fatos alegados, sendo facultado ao requerente juntar documentos.

Art. 864. Ao interessado é lícito contraditar as testemunhas, reinquiri-las e manifestar-se sobre os documentos, dos quais terá vista em cartório por 24 (vinte e quatro) horas.

- V. art. 414, § 1º, CPC.

Art. 865. No processo de justificação não se admite defesa nem recurso.

Art. 866. A justificação será afinal julgada por sentença e os autos serão entregues ao requerente independentemente de tras-

lado, decorridas 48 (quarenta e oito) horas da decisão.
* V. art. 111, Lei 6.015/1973 (Lei de Registros Públicos).

Parágrafo único. O juiz não se pronunciará sobre o mérito da prova, limitando-se a verificar se foram observadas as formalidades legais.

Seção X
Dos protestos, notificações e interpelações

Art. 867. Todo aquele que desejar prevenir responsabilidade, prover a conservação e ressalva de seus direitos ou manifestar qualquer intenção de modo formal, poderá fazer por escrito o seu protesto, em petição dirigida ao juiz, e requerer que do mesmo se intime a quem de direito.
* V. art. 873, CPC.

Art. 868. Na petição o requerente exporá os fatos e os fundamentos do protesto.
* V. arts. 282 e 801, CPC.

Art. 869. O juiz indeferirá o pedido, quando o requerente não houver demonstrado legítimo interesse e o protesto, dando causa a dúvidas e incertezas, possa impedir a formação de contrato ou a realização de negócio lícito.
* V. art. 18, § 2º, Lei 6.766/1979 (Parcelamento do solo urbano).

Art. 870. Far-se-á a intimação por editais:
* V. arts. 231 e 233, CPC.

I – se o protesto for para conhecimento do público em geral, nos casos previstos em lei, ou quando a publicidade seja essencial para que o protesto, notificação ou interpelação atinja seus fins;

II – se o citando for desconhecido, incerto ou estiver em lugar ignorado ou de difícil acesso;

III – se a demora da intimação pessoal puder prejudicar os efeitos da interpelação ou do protesto.

Parágrafo único. Quando se tratar de protesto contra a alienação de bens, pode o juiz ouvir, em 3 (três) dias, aquele contra quem foi dirigido, desde que lhe pareça haver no pedido ato emulativo, tentativa de extorsão, ou qualquer outro fim ilícito, decidindo em seguida sobre o pedido de publicação de editais.

Art. 871. O protesto ou interpelação não admite defesa nem contraprotesto nos autos; mas o requerido pode contraprotestar em processo distinto.

Art. 872. Feita a intimação, ordenará o juiz que, pagas as custas, e decorridas 48 (quarenta e oito) horas, sejam os autos entregues à parte independentemente de traslado.

Art. 873. Nos casos previstos em lei processar-se-á a notificação ou interpelação na conformidade dos artigos antecedentes.
* V. arts. 955 a 960, 962, 963, 1.069, 1.077, 1.196 e 1.268, CC/1916; e arts. 290, 298, 394 a 401, 575 e 633, CC/2002.
* V. arts. 1.209 e 1.213, CC/1916, sem correspondência no CC/2002.

Seção XI
Da homologação do penhor legal

Art. 874. Tomado o penhor legal nos casos previstos em lei, requererá o credor, ato contínuo, a homologação. Na petição inicial, instruída com a conta pormenorizada das despesas, a tabela dos preços e a relação dos objetos retidos, pedirá a citação do devedor para, em 24 (vinte e quatro) horas, pagar ou alegar defesa.
* V. arts. 776 a 780, CC/1916; e arts. 1.467 a 1.471, CC/2002.

Parágrafo único. Estando suficientemente provado o pedido nos termos deste artigo, o juiz poderá homologar de plano o penhor legal.

Art. 875. A defesa só pode consistir em:
I – nulidade do processo;
II – extinção da obrigação;
III – não estar a dívida compreendida entre as previstas em lei ou não estarem os bens sujeitos a penhor legal.

Art. 876. Em seguida, o juiz decidirá; homologando o penhor, serão os autos entregues ao requerente 48 (quarenta e oito) horas depois, independentemente de traslado, salvo se, dentro desse prazo, a parte houver pedido certidão; não sendo homolo-

gado, o objeto será entregue ao réu, ressalvado ao autor o direito de cobrar a conta por ação ordinária.

Seção XII
Da posse em nome do nascituro

Art. 877. A mulher que, para garantia dos direitos do filho nascituro, quiser provar seu estado de gravidez, requererá ao juiz que, ouvido o órgão do Ministério Público, mande examiná-la por um médico de sua nomeação.

- V. art. 4º, CC/1916; e art. 2º, CC/2002.

§ 1º O requerimento será instruído com a certidão de óbito da pessoa, de quem o nascituro é sucessor.
§ 2º Será dispensado o exame se os herdeiros do falecido aceitarem a declaração da requerente.
§ 3º Em caso algum a falta do exame prejudicará os direitos do nascituro.

Art. 878. Apresentado o laudo que reconheça a gravidez, o juiz, por sentença, declarará a requerente investida na posse dos direitos que assistam ao nascituro.

Parágrafo único. Se à requerente não couber o exercício do pátrio poder, o juiz nomeará curador ao nascituro.

- V. art. 462, CC/1916; e art. 1.779, CC/2002.
- V. arts. 1.630 a 1.638, CC/2002 (Do poder familiar).

Seção XIII
Do atentado

Art. 879. Comete atentado a parte que no curso do processo:
I – viola penhora, arresto, sequestro ou imissão na posse;

- V. arts. 625 e 664, CPC.

II – prossegue em obra embargada;

- V. arts. 934, 935, parágrafo único, 936, I, 937 e 938, CPC.

III – pratica outra qualquer inovação ilegal no estado de fato.

- V. art. 347, CP.
- V. art. 25, Lei 6.383/1976 (Processo discriminatório de terras devolutas da União).

Art. 880. A petição inicial será autuada em separado, observando-se, quanto ao procedimento, o disposto nos arts. 802 e 803.

Parágrafo único. A ação de atentado será processada e julgada pelo juiz que conheceu originariamente da causa principal, ainda que esta se encontre no tribunal.

Art. 881. A sentença, que julgar procedente a ação, ordenará o restabelecimento do estado anterior, a suspensão da causa principal e a proibição de o réu falar nos autos até a purgação do atentado.

- V. art. 265, VI, CPC.

Parágrafo único. A sentença poderá condenar o réu a ressarcir à parte lesada as perdas e danos que sofreu em consequência do atentado.

- V. arts. 1.059 a 1.061, CC/1916; e arts. 402 a 404, CC/2002.

Seção XIV
Do protesto
e da apreensão de títulos

Art. 882. O protesto de títulos e contas judicialmente verificadas far-se-á nos casos e com observância da lei especial.

- V. art. 23, Dec. 1.102/1903 (Estabelecimento de empresas de armazéns gerais).
- V. arts. 28, 33 e 56, Dec. 2.044/1908 (Letra de câmbio e nota promissória).
- V. arts. 10 e 11, Dec.-lei 7.661/1945 (Lei de Falências); e art. 94, I, e § 3º, Lei 11.101/2005 (Lei de Recuperação de Empresas e Falência).
- V. arts. 13 e 14, Lei 5.474/1968 (Duplicatas).
- V. art. 48, Lei 7.357/1985 (Cheque).

Art. 883. O oficial intimará do protesto o devedor, por carta registrada ou entregando-lhe em mãos o aviso.

- V. Lei 6.690/1979 (Cancelamento de protesto de títulos cambiais).

Parágrafo único. Far-se-á, todavia, por edital a intimação:
I – se o devedor não for encontrado na comarca;
II – quando se tratar de pessoa desconhecida ou incerta.

Art. 884. Se o oficial opuser dúvidas ou dificuldades à tomada do protesto ou à entrega do respectivo instrumento, poderá a parte reclamar ao juiz. Ouvido o oficial, o juiz proferirá sentença, que será transcrita no instrumento.

Art. 885. O juiz poderá ordenar a apreensão de título não restituído ou sonegado pelo emitente, sacado ou aceitante; mas só decretará a prisão de quem o recebeu para firmar aceite ou efetuar pagamento, se o portador provar, com justificação ou por documento, a entrega do título e a recusa da devolução.

• V. art. 31, Dec. 2.044/1908 (Letra de câmbio e nota promissória).

Parágrafo único. O juiz mandará processar de plano o pedido, ouvirá depoimentos se for necessário e, estando provada a alegação, ordenará a prisão.

Art. 886. Cessará a prisão:
I – se o devedor restituir o título, ou pagar o seu valor e as despesas feitas, ou o exibir para ser levado a depósito;
II – quando o requerente desistir;
III – não sendo iniciada a ação penal dentro do prazo da lei;

• V. arts. 10 e 46, CPP.

IV – não sendo proferido o julgado dentro de 90 (noventa) dias da data da execução do mandado.

Art. 887. Havendo contestação do crédito, o depósito das importâncias referido no artigo precedente não será levantado antes de passada em julgado a sentença.

Seção XV
De outras medidas provisionais

Art. 888. O juiz poderá ordenar ou autorizar, na pendência da ação principal ou antes de sua proposição:

• V. arts. 461, § 5º, e 798, CPC.

I – obras de conservação em coisa litigiosa ou judicialmente apreendida;

• V. art. 219, *caput*, CPC.

II – a entrega de bens de uso pessoal do cônjuge e dos filhos;
III – a posse provisória dos filhos, nos casos de separação judicial ou anulação de casamento;

• V. art. 39, Lei 6.515/1977 (Lei do Divórcio).

IV – o afastamento do menor autorizado a contrair casamento contra a vontade dos pais;
V – o depósito de menores ou incapazes castigados imoderadamente por seus pais, tutores ou curadores, ou por eles induzidos à prática de atos contrários à lei ou à moral;
VI – o afastamento temporário de um dos cônjuges da morada do casal;

• V. art. 7º, § 1º, Lei 6.515/1977 (Lei do Divórcio).

VII – a guarda e a educação dos filhos, regulado o direito de visita que, no interesse da criança ou do adolescente, pode, a critério do juiz, ser extensivo a cada um dos avós;

• Inciso VII com redação determinada pela Lei 12.398/2011.

VIII – a interdição ou a demolição de prédio para resguardar a saúde, a segurança ou outro interesse público.

• V. arts. 461, § 5º, e 936, I, CPC.

Art. 889. Na aplicação das medidas enumeradas no artigo antecedente observar-se-á o procedimento estabelecido nos arts. 801 a 803.

Parágrafo único. Em caso de urgência, o juiz poderá autorizar ou ordenar as medidas, sem audiência do requerido.

LIVRO IV
DOS PROCEDIMENTOS ESPECIAIS

TÍTULO I
DOS PROCEDIMENTOS ESPECIAIS DE JURISDIÇÃO CONTENCIOSA

Capítulo I
DA AÇÃO DE CONSIGNAÇÃO EM PAGAMENTO

Art. 890. Nos casos previstos em lei, poderá o devedor ou terceiro requerer, com efeito de pagamento, a consignação da quantia ou da coisa devida.

• V. arts. 972 a 984, CC/1916; e arts. 334 a 345, CC/2002.
• V. art. 164, CTN.
• V. art. 67, Lei 8.245/1991 (Locação de imóveis urbanos).

§ 1º Tratando-se de obrigação em dinheiro, poderá o devedor ou terceiro optar pelo depósito da quantia devida, em estabelecimento bancário oficial, onde houver, situado no lugar do pagamento, em conta com correção monetária, cientificando-se o credor por carta com aviso de recepção, assina-

do o prazo de 10 (dez) dias para a manifestação de recusa.

- § 1º acrescentado pela Lei 8.951/1994.
- V. art. 223, parágrafo único, CPC.

§ 2º Decorrido o prazo referido no parágrafo anterior, sem a manifestação de recusa, reputar-se-á o devedor liberado da obrigação, ficando à disposição do credor a quantia depositada.

- § 2º acrescentado pela Lei 8.951/1994.

§ 3º Ocorrendo a recusa, manifestada por escrito ao estabelecimento bancário, o devedor ou terceiro poderá propor, dentro de 30 (trinta) dias, a ação de consignação, instruindo a inicial com a prova do depósito e da recusa.

- § 3º acrescentado pela Lei 8.951/1994.
- V. art. 893, I, CPC.

§ 4º Não proposta a ação no prazo do parágrafo anterior, ficará sem efeito o depósito, podendo levantá-lo o depositante.

- § 4º acrescentado pela Lei 8.951/1994.

Art. 891. Requerer-se-á a consignação no lugar do pagamento, cessando para o devedor, tanto que se efetue o depósito, os juros e os riscos, salvo se for julgada improcedente.

- V. art. 100, IV, *d*, CPC.
- V. arts. 950 e 951, CC/1916; e arts. 327 e 328, CC/2002.

Parágrafo único. Quando a coisa devida for corpo que deva ser entregue no lugar em que está, poderá o devedor requerer a consignação no foro em que ela se encontra.

Art. 892. Tratando-se de prestações periódicas, uma vez consignada a primeira, pode o devedor continuar a consignar, no mesmo processo e sem mais formalidades, as que se forem vencendo, desde que os depósitos sejam efetuados até 5 (cinco) dias, contados da data do vencimento.

- V. art. 290, CPC.
- V. art. 67, III, Lei 8.245/1991 (Locação de imóveis urbanos).

Art. 893. O autor, na petição inicial, requererá:

- Artigo com redação determinada pela Lei 8.951/1994.
- V. art. 260, CPC.

I – o depósito da quantia ou da coisa devida, a ser efetivado no prazo de 5 (cinco) dias contados do deferimento, ressalvada a hipótese do § 3º do art. 890;

- V. art. 62, II, Lei 8.245/1991 (Locação de imóveis urbanos).

II – a citação do réu para levantar o depósito ou oferecer resposta.

- V. arts. 188, 191 e 297, CPC.

Art. 894. Se o objeto da prestação for coisa indeterminada e a escolha couber ao credor, será este citado para exercer o direito dentro de 5 (cinco) dias, se outro prazo não constar de lei ou do contrato, ou para aceitar que o devedor o faça, devendo o juiz, ao despachar a petição inicial, fixar lugar, dia e hora em que se fará a entrega, sob pena de depósito.

- V. art. 629, CPC.
- V. arts. 884 e 981, CC/1916; e arts. 252 e 342, CC/2002.

Art. 895. Se ocorrer dúvida sobre quem deva legitimamente receber o pagamento, o autor requererá o depósito e a citação dos que o disputam para provarem o seu direito.

- V. arts. 898, 973, IV, 983 e 984, CC/1916; e arts. 266, 335, IV, e 344, CC/2002.

Art. 896. Na contestação, o réu poderá alegar que:

- Artigo com redação determinada pela Lei 8.951/1994.
- V. art. 241, CPC.

I – não houve recusa ou mora em receber a quantia ou coisa devida;

II – foi justa a recusa;

III – o depósito não se efetuou no prazo ou no lugar do pagamento;

IV – o depósito não é integral.

- V. art. 899, CPC.

Parágrafo único. No caso do inciso IV, a alegação será admissível se o réu indicar o montante que entende devido.

Art. 897. Não oferecida a contestação, e ocorrentes os efeitos da revelia, o juiz julgará procedente o pedido, declarará extinta a obrigação e condenará o réu nas custas e honorários advocatícios.

- *Caput* com redação determinada pela Lei 8.951/1994.

Art. 898

Parágrafo único. Proceder-se-á do mesmo modo se o credor receber e der quitação.

Art. 898. Quando a consignação se fundar em dúvida sobre quem deva legitimamente receber, não comparecendo nenhum pretendente, converter-se-á o depósito em arrecadação de bens de ausentes; comparecendo apenas um, o juiz decidirá de plano; comparecendo mais de um, o juiz declarará efetuado o depósito e extinta a obrigação, continuando o processo a correr unicamente entre os credores; caso em que se observará o procedimento ordinário.

- V. arts. 895 e 1.159 a 1.169, CPC.

Art. 899. Quando na contestação o réu alegar que o depósito não é integral, é lícito ao autor completá-lo, dentro em 10 (dez) dias, salvo se corresponder a prestação, cujo inadimplemento acarrete a rescisão do contrato.

§ 1º Alegada a insuficiência do depósito, poderá o réu levantar, desde logo, a quantia ou a coisa depositada, com a consequente liberação parcial do autor, prosseguindo o processo quanto à parcela controvertida.

- § 1º acrescentado pela Lei 8.951/1994.

§ 2º A sentença que concluir pela insuficiência do depósito determinará, sempre que possível, o montante devido, e, neste caso, valerá como título executivo, facultado ao credor promover-lhe a execução nos mesmos autos.

- § 2º acrescentado pela Lei 8.951/1994.

Art. 900. Aplica-se o procedimento estabelecido neste Capítulo, no que couber, ao resgate do aforamento.

- Artigo com redação determinada pela Lei 5.925/1973.
- V. art. 693, CC/1916, sem correspondência no CC/2002.

Capítulo II
DA AÇÃO DE DEPÓSITO

- V. art. 4º, Dec.-lei 911/1969 (Alienação fiduciária), com a redação determinada pela Lei 6.014/1973.
- V. art. 5º, §§ 2º e 3º, Lei 10.820/2003 (Autorização para desconto de prestações em folha de pagamento).

Art. 901. Esta ação tem por fim exigir a restituição da coisa depositada.

- Artigo com redação determinada pela Lei 5.925/1973.
- V. art. 173, II, CPC.
- V. arts. 1.015, II, e 1.265 a 1.287, CC/1916; e arts. 373, II, e 627 a 652, CC/2002.
- V. art. 168, § 1º, I e II, CP.
- V. art. 11, Dec. 1.102/1903 (Estabelecimentos de empresas de armazéns gerais).
- V. art. 27, § 4º, Dec. 21.981/1932 (Leiloeiro).
- V. arts. 23 e 35, Lei 492/1937 (Penhor rural e cédula pignoratícia).
- V. arts. 72 e 189, I, Dec.-lei 7.661/1945 (Lei de Falências); e arts. 108, § 1º, e 173, Lei 11.101/2005 (Lei de Recuperação de Empresas e Falência).
- V. Lei 2.313/1954 (Prazos do contrato de depósito regular e voluntário de bens de qualquer espécie).
- V. art. 1º, § 1º, Lei 2.666/1955 (Penhor de produtos agrícolas).
- V. art. 17, Lei 4.021/1961 (Leiloeiro rural).
- V. art. 4º, Dec.-lei 911/1969 (Alienação fiduciária).
- V. Lei 8.866/1994 (Depositário infiel).

Art. 902. Na petição inicial instruída com a prova literal do depósito e a estimativa do valor da coisa, se não constar do contrato, o autor pedirá a citação do réu para no prazo de 5 (cinco) dias:

- Artigo com redação determinada pela Lei 5.925/1973.

I – entregar a coisa, depositá-la em juízo ou consignar-lhe o equivalente em dinheiro;
II – contestar a ação.

§ 1º Do pedido poderá constar, ainda, a cominação da pena de prisão até 1 (um) ano, que o juiz decretará na forma do art. 904, parágrafo único.

- V. art. 666, § 3º, CPC.
- V. art. 7º, Lei 8.866/1994 (Depositário infiel).

§ 2º O réu poderá alegar, além da nulidade ou falsidade do título e da extinção das obrigações, as defesas previstas na lei civil.

Art. 903. Se o réu contestar a ação, observar-se-á o procedimento ordinário.

Art. 904. Julgada procedente a ação, ordenará o juiz a expedição de mandado para a entrega, em 24 (vinte e quatro) horas, da coisa ou do equivalente em dinheiro.

Parágrafo único. Não sendo cumprido o mandado, o juiz decretará a prisão do depositário infiel.

- V. art. 5º, LXVII, CF.
- V. arts. 558, parágrafo único, 666, § 3º, e 902, § 1º, CPC.
- V. art. 1.287, CC/1916; e art. 652, CC/2002.
- V. art. 168, § 1º, I, CP.

CÓDIGO DE PROCESSO CIVIL

* V. art. 19, Lei 5.478/1968 (Ação de alimentos).
** V. Súmula vinculante 25, STF.

Art. 905. Sem prejuízo do depósito ou da prisão do réu, é lícito ao autor promover a busca e apreensão da coisa. Se esta for encontrada ou entregue voluntariamente pelo réu, cessará a prisão e será devolvido o equivalente em dinheiro.

* V. arts. 839 a 843, CPC.

Art. 906. Quando não receber a coisa ou o equivalente em dinheiro, poderá o autor prosseguir nos próprios autos para haver o que lhe for reconhecido na sentença, observando-se o procedimento da execução por quantia certa.

* V. art. 646, CPC.

Capítulo III
DA AÇÃO DE ANULAÇÃO E SUBSTITUIÇÃO DE TÍTULOS AO PORTADOR

Art. 907. Aquele que tiver perdido título ao portador ou dele houver sido injustamente desapossado poderá:

* V. art. 100, III, CPC.
* V. arts. 521 e 1.509, CC/1916, sem correspondência no CC/2002.
* V. art. 27, Dec. 1.102/1903 (Estabelecimento de empresas de armazéns gerais).
* V. art. 71, Lei 4.728/1965 (Mercado de capitais).
* V. art. 38, Lei 6.404/1976 (Sociedades por ações).
* V. art. 24, parágrafo único, Lei 7.357/1985 (Cheque).

I – reivindicá-lo da pessoa que o detiver;
II – requerer-lhe a anulação e substituição por outro.

Art. 908. No caso do n. II do artigo antecedente, exporá o autor, na petição inicial, a quantidade, espécie, valor nominal do título e atributos que o individualizem, a época e o lugar em que o adquiriu, as circunstâncias em que o perdeu e quando recebeu os últimos juros e dividendos, requerendo:

I – a citação do detentor e, por edital, de terceiros interessados para contestarem o pedido;
II – a intimação do devedor, para que deposite em juízo o capital, bem como juros ou dividendos vencidos ou vincendos;
III – a intimação da Bolsa de Valores, para conhecimento de seus membros, a fim de que estes não negociem os títulos.

Art. 909. Justificado quanto baste o alegado, ordenará o juiz a citação do réu e o cumprimento das providências enumeradas nos ns. II e III do artigo anterior.
Parágrafo único. A citação abrangerá também terceiros interessados, para responderem à ação.

Art. 910. Só se admitirá a contestação quando acompanhada do título reclamado.
Parágrafo único. Recebida a contestação do réu, observar-se-á o procedimento ordinário.

Art. 911. Julgada procedente a ação, o juiz declarará caduco o título reclamado e ordenará ao devedor que lavre outro em substituição, dentro do prazo que a sentença lhe assinar.

Art. 912. Ocorrendo destruição parcial, o portador, exibindo o que restar do título, pedirá a citação do devedor para em 10 (dez) dias substituí-lo ou contestar a ação.
Parágrafo único. Não havendo contestação, o juiz proferirá desde logo a sentença; em caso contrário, observar-se-á o procedimento ordinário.

Art. 913. Comprado o título em bolsa ou leilão público, o dono que pretender a restituição é obrigado a indenizar ao adquirente o preço que este pagou, ressalvado o direito de reavê-lo do vendedor.

Capítulo IV
DA AÇÃO DE PRESTAÇÃO DE CONTAS

Art. 914. A ação de prestação de contas competirá a quem tiver:

* V. arts. 991, VII, 995, V, 1.135, e 1.144, V, CPC.
* V. art. 34, XXI, Lei 8.906/1994 (Estatuto da Advocacia e da OAB).
** V. arts. 996 e 1.020, CC.
** V. Súmula 477, STJ.

I – o direito de exigi-las;

* V. Súmula 259, STJ.

II – a obrigação de prestá-las.

Art. 915. Aquele que pretender exigir a prestação de contas requererá a citação do

réu para, no prazo de 5 (cinco) dias, as apresentar ou contestar a ação.

§ 1º Prestadas as contas, terá o autor 5 (cinco) dias para dizer sobre elas; havendo necessidade de produzir provas, o juiz designará audiência de instrução e julgamento; em caso contrário, proferirá desde logo a sentença.

• V. arts. 444 a 457, CPC.

§ 2º Se o réu não contestar a ação ou não negar a obrigação de prestar contas, observar-se-á o disposto no art. 330; a sentença, que julgar procedente a ação, condenará o réu a prestar as contas no prazo de 48 (quarenta e oito) horas, sob pena de não lhe ser lícito impugnar as que o autor apresentar.

§ 3º Se o réu apresentar as contas dentro do prazo estabelecido no parágrafo anterior, seguir-se-á o procedimento do § 1º deste artigo; em caso contrário, apresentá-las-á o autor dentro em 10 (dez) dias, sendo as contas julgadas segundo o prudente arbítrio do juiz, que poderá determinar, se necessário, a realização do exame pericial contábil.

Art. 916. Aquele que estiver obrigado a prestar contas requererá a citação do réu para, no prazo de 5 (cinco) dias, aceitá-las ou contestar a ação.

§ 1º Se o réu não contestar a ação ou se declarar que aceita as contas oferecidas, serão estas julgadas dentro de 10 (dez) dias.

§ 2º Se o réu contestar a ação ou impugnar as contas e houver necessidade de produzir provas, o juiz designará audiência de instrução e julgamento.

• V. arts. 444 a 457, CPC.

Art. 917. As contas assim do autor como do réu serão apresentadas em forma mercantil, especificando-se as receitas e a aplicação das despesas, bem como o respectivo saldo; e serão instruídas com os documentos justificativos.

Art. 918. O saldo credor declarado na sentença poderá ser cobrado em execução forçada.

• V. art. 646, CPC.

Art. 919. As contas do inventariante, do tutor, do curador, do depositário e de outro qualquer administrador serão prestadas em apenso aos autos do processo em que tiver sido nomeado. Sendo condenado a pagar o saldo e não o fazendo no prazo legal, o juiz poderá destituí-lo, sequestrar os bens sob sua guarda e glosar o prêmio ou gratificação a que teria direito.

• V. arts. 822, IV, e 1.144, V, CPC.

Capítulo V
DAS AÇÕES POSSESSÓRIAS

Seção I
Das disposições gerais

Art. 920. A propositura de uma ação possessória em vez de outra não obstará a que o juiz conheça do pedido e outorgue a proteção legal correspondente àquela, cujos requisitos estejam provados.

• V. arts. 10, § 2º, 95 e 1.046, CPC.
• V. arts. 485 a 523, CC/1916; e arts. 1.196 a 1.224, CC/2002.
• V. art. 3º, IV, Lei 9.099/1995 (Juizados Especiais Cíveis e Criminais).
• V. Súmula 14, TFR.

Art. 921. É lícito ao autor cumular ao pedido possessório o de:

I – condenação em perdas e danos;

• V. art. 503, CC/1916, sem correspondência no CC/2002.

II – cominação de pena para caso de nova turbação ou esbulho;

• V. arts. 287, 461, §§ 2º e 4º, e 644, CPC.

III – desfazimento de construção ou plantação feita em detrimento de sua posse.

Art. 922. É lícito ao réu, na contestação, alegando que foi o ofendido em sua posse, demandar a proteção possessória e a indenização pelos prejuízos resultantes da turbação ou do esbulho cometido pelo autor.

• V. art. 278, § 1º, CPC.
• V. art. 31, 2ª parte, Lei 9.099/1995 (Juizados Especiais Cíveis e Criminais).

Art. 923. Na pendência do processo possessório é defeso, assim ao autor como ao réu, intentar ação de reconhecimento do domínio.

• Artigo com redação determinada pela Lei 6.820/1980.
• V. art. 505, CC/1916; e art. 1.210, § 2º, CC/2002.
• V. Súmula 487, STF.
• V. Súmula 14, TFR.

CÓDIGO DE PROCESSO CIVIL

Art. 924. Regem o procedimento de manutenção e de reintegração de posse as normas da seção seguinte, quando intentado dentro de ano e dia da turbação ou do esbulho; passado esse prazo, será ordinário, não perdendo, contudo, o caráter possessório.

• V. art. 523, CC/1916, sem correspondência no CC/2002.

Art. 925. Se o réu provar, em qualquer tempo, que o autor provisoriamente mantido ou reintegrado na posse carece de idoneidade financeira para, no caso de decair da ação, responder por perdas e danos, o juiz assinar-lhe-á o prazo de 5 (cinco) dias para requerer caução sob pena de ser depositada a coisa litigiosa.

• V. arts. 822, I, e 826, CPC.

Seção II
Da manutenção
e da reintegração de posse

Art. 926. O possuidor tem direito a ser mantido na posse em caso de turbação e reintegrado no de esbulho.

• V. art. 499, CC/1916; e art. 1.210, CC/2002.

Art. 927. Incumbe ao autor provar:

• V. art. 333, I, CPC.

I – a sua posse;

• V. arts. 485 e 499, CC/1916; e arts. 1.196 e 1.210, CC/2002.

II – a turbação ou o esbulho praticado pelo réu;

III – a data da turbação ou do esbulho;

IV – a continuação da posse, embora turbada, na ação de manutenção; a perda da posse, na ação de reintegração.

Art. 928. Estando a petição inicial devidamente instruída, o juiz deferirá, sem ouvir o réu, a expedição do mandado liminar de manutenção ou de reintegração; no caso contrário, determinará que o autor justifique previamente o alegado, citando-se o réu para comparecer à audiência que for designada.

• V. arts. 861 a 866 e 930, parágrafo único, CPC.
• V. Súmula 262, STF.

Parágrafo único. Contra as pessoas jurídicas de direito público não será deferida a manutenção ou a reintegração liminar sem prévia audiência dos respectivos representantes judiciais.

Art. 929. Julgada procedente a justificação, o juiz fará logo expedir mandado de manutenção ou de reintegração.

Art. 930. Concedido ou não o mandado liminar de manutenção ou de reintegração, o autor promoverá, nos 5 (cinco) dias subsequentes, a citação do réu para contestar a ação.

• V. arts. 300 e 922, CPC.

Parágrafo único. Quando for ordenada a justificação prévia (art. 928), o prazo para contestar contar-se-á da intimação do despacho que deferir ou não a medida liminar.

Art. 931. Aplica-se, quanto ao mais, o procedimento ordinário.

• V. arts. 274 e 282, CPC.

Seção III
Do interdito proibitório

Art. 932. O possuidor direto ou indireto, que tenha justo receio de ser molestado na posse, poderá impetrar ao juiz que o segure da turbação ou esbulho iminente, mediante mandado proibitório, em que se comine ao réu determinada pena pecuniária, caso transgrida o preceito.

• V. art. 920, CPC.
• V. art. 501, CC/1916, sem correspondência no CC/2002.

Art. 933. Aplica-se ao interdito proibitório o disposto na seção anterior.

Capítulo VI
DA AÇÃO DE NUNCIAÇÃO
DE OBRA NOVA

Art. 934. Compete esta ação:

• V. arts. 95, 173, II, e 879, II, CPC.
• V. arts. 554, 572, 573 e 580 a 583, CC/1916; e arts. 1.277, 1.299, 1.301 e 1.305 a 1.308, CC/2002.
• V. arts. 69, 90, 92, 97, 98, 103, 117, 118 e 121, Dec. 24.643/1934 (Código de Águas).

I – ao proprietário ou possuidor, a fim de impedir que a edificação de obra nova em imóvel vizinho lhe prejudique o prédio, suas servidões ou fins a que é destinado;

II – ao condômino, para impedir que o co-proprietário execute alguma obra com prejuízo ou alteração da coisa comum;

III – ao Município, a fim de impedir que o particular construa em contravenção da lei, do regulamento ou de postura.

- V. art. 572, CC/1916; e art. 1.299, CC/2002.
- V. art. 578, CC/1916, sem correspondência no CC/2002.

Art. 935. Ao prejudicado também é lícito, se o caso for urgente, fazer o embargo extrajudicial, notificando verbalmente, perante duas testemunhas, o proprietário ou, em sua falta, o construtor, para não continuar a obra.

Parágrafo único. Dentro de 3 (três) dias requererá o nunciante a ratificação em juízo, sob pena de cessar o efeito do embargo.

Art. 936. Na petição inicial, elaborada com observância dos requisitos do art. 282, requererá o nunciante:

I – o embargo para que fique suspensa a obra e se mande afinal reconstituir, modificar ou demolir o que estiver feito em seu detrimento;

II – a cominação de pena para o caso de inobservância do preceito;

- V. arts. 225, III, 287 e 644, CPC.

III – a condenação em perdas e danos.

- V. arts. 1.059 a 1.061, CC/1916; e arts. 402 a 404, CC/2002.

Parágrafo único. Tratando-se de demolição, colheita, corte de madeiras, extração de minérios e obras semelhantes, pode incluir-se o pedido de apreensão e depósito dos materiais e produtos já retirados.

- V. art. 822, IV, CPC.

Art. 937. É lícito ao juiz conceder o embargo liminarmente ou após justificação prévia.

Art. 938. Deferido o embargo, o oficial de justiça, encarregado de seu cumprimento, lavrará auto circunstanciado, descrevendo o estado em que se encontra a obra; e, ato contínuo, intimará o construtor e os operários a que não continuem a obra sob pena de desobediência e citará o proprietário a contestar em 5 (cinco) dias a ação.

- V. art. 241, CPC.

Art. 939. Aplica-se a esta ação o disposto no art. 803.

Art. 940. O nunciado poderá, a qualquer tempo e em qualquer grau de jurisdição, requerer o prosseguimento da obra, desde que preste caução e demonstre prejuízo resultante da suspensão dela.

- V. arts. 826 a 838, CPC.

§ 1º A caução será prestada no juízo de origem, embora a causa se encontre no tribunal.

§ 2º Em nenhuma hipótese terá lugar o prosseguimento, tratando-se de obra nova levantada contra determinação de regulamentos administrativos.

Capítulo VII
DA AÇÃO DE USUCAPIÃO DE TERRAS PARTICULARES

Art. 941. Compete a ação de usucapião ao possuidor para que se lhe declare, nos termos da lei, o domínio do imóvel ou a servidão predial.

- V. arts. 183, §§ 1º a 3º, e 191, parágrafo único, CF.
- V. arts. 550 a 553 e 698, CC/1916; e arts. 1.238 a 1.244 e 1.379, CC/2002.
- V. art. 200, Dec.-lei 9.760/1946 (Bens imóveis da União).
- V. Lei 4.504/1964 (Estatuto da Terra).
- V. Lei 6.969/1981 (Usucapião especial).
- V. Súmula 340, STF.
- • V. art. 14, Lei 10.257/2001 (Estatuto da Cidade).

Art. 942. O autor, expondo na petição inicial o fundamento do pedido e juntando planta do imóvel, requererá a citação daquele em cujo nome estiver registrado o imóvel usucapiendo, bem como dos confinantes e, por edital, dos réus em lugar incerto e dos eventuais interessados, observado quanto ao prazo o disposto no inciso IV do art. 232.

- Artigo com redação determinada pela Lei 8.951/1994.
- V. Súmulas 263 e 391, STF.

Art. 943. Serão intimados por via postal, para que manifestem interesse na causa, os representantes da Fazenda Pública da União, dos Estados, do Distrito Federal, dos Territórios e dos Municípios.

- Artigo com redação determinada pela Lei 8.951/1994.

Art. 953

- V. art. 223, parágrafo único, CPC.
- V. Súmula 13, TFR.

Art. 944. Intervirá obrigatoriamente em todos os atos do processo o Ministério Público.

- V. arts. 82 e 246, CPC.
- V. Súmula 99, STJ.

Art. 945. A sentença, que julgar procedente a ação, será transcrita, mediante mandado, no registro de imóveis, satisfeitas as obrigações fiscais.

- V. art. 226, Lei 6.015/1973 (Lei de Registros Públicos).

Capítulo VIII
DA AÇÃO DE DIVISÃO E DA DEMARCAÇÃO DE TERRAS PARTICULARES

Seção I
Das disposições gerais

Art. 946. Cabe:

- V. arts. 95, 107 e 1.047, I, CPC.

I – a ação de demarcação ao proprietário para obrigar o seu confinante a estremar os respectivos prédios, fixando-se novos limites entre eles ou aviventando-se os já apagados;

- V. art. 950, CPC.
- V. arts. 569 e 570, CC/1916; e arts. 1.297 e 1.298, CC/2002.
- V. Lei 6.383/1976 (Processo discriminatório de terras devolutas da União).

II – a ação de divisão, ao condômino para obrigar os demais consortes, a partilhar a coisa comum.

- V. art. 967, CPC.
- V. art. 629, CC/1916; e art. 1.320, CC/2002.
- V. art. 631, CC/1916, sem correspondência no CC/2002.

Art. 947. É lícita a cumulação destas ações; caso em que deverá processar-se primeiramente a demarcação total ou parcial da coisa comum, citando-se os confinantes e condôminos.

- V. art. 292, CPC.

Art. 948. Fixados os marcos da linha de demarcação, os confinantes considerar-se-ão terceiros quanto ao processo divisório; fica-lhes, porém, ressalvado o direito de vindicarem os terrenos de que se julguem despojados por invasão das linhas limítrofes constitutivas do perímetro ou a reclamarem uma indenização pecuniária correspondente ao seu valor.

Art. 949. Serão citados para a ação todos os condôminos, se ainda não transitou em julgado a sentença homologatória da divisão; e todos os quinhoeiros dos terrenos vindicados, se proposta posteriormente.

- Artigo com redação determinada pela Lei 5.925/1973.
- V. arts. 10, 47 e 974, § 1º, CPC.

Parágrafo único. Neste último caso, a sentença que julga procedente a ação, condenando a restituir os terrenos ou a pagar a indenização, valerá como título executivo em favor dos quinhoeiros para haverem dos outros condôminos, que forem parte na divisão, ou de seus sucessores por título universal, na proporção que lhes tocar, a composição pecuniária do desfalque sofrido.

- V. art. 974, § 2º, CPC.

Seção II
Da demarcação

Art. 950. Na petição inicial, instruída com os títulos da propriedade, designar-se-á o imóvel pela situação e denominação, descrever-se-ão os limites por constituir, aviventar ou renovar e nomear-se-ão todos os confinantes da linha demarcanda.

- V. arts. 259, VII, 282, 283, 946, I, 1.047, I, CPC.
- V. arts. 569 e 570, CC/1916; e arts. 1.297 e 1.298, CC/2002.

Art. 951. O autor pode requerer a demarcação com queixa de esbulho ou turbação, formulando também o pedido de restituição do terreno invadido com os rendimentos que deu, ou a indenização dos danos pela usurpação verificada.

Art. 952. Qualquer condômino é parte legítima para promover a demarcação do imóvel comum, citando-se os demais como litisconsortes.

- V. arts. 46 a 49 e 981, CPC.

Art. 953. Os réus que residirem na comarca serão citados pessoalmente; os demais, por edital.

- V. arts. 231 a 233, 968 e 981, CPC.

Art. 954

Art. 954. Feitas as citações, terão os réus o prazo comum de 20 (vinte) dias para contestar.

- V. arts. 10, 191, 241, 297 a 299, 968 e 981, CPC.

Art. 955. Havendo contestação, observar-se-á o procedimento ordinário; não havendo, aplica-se o disposto no art. 330, n. II.

- V. arts. 274, 968 e 981, CPC.

Art. 956. Em qualquer dos casos do artigo anterior, o juiz, antes de proferir a sentença definitiva, nomeará dois arbitradores e um agrimensor para levantarem o traçado da linha demarcanda.

Art. 957. Concluídos os estudos, apresentarão os arbitradores minucioso laudo sobre o traçado da linha demarcanda, tendo em conta os títulos, marcos, rumos, a fama da vizinhança, as informações de antigos moradores do lugar e outros elementos que coligirem.

Parágrafo único. Ao laudo anexará o agrimensor a planta da região e o memorial das operações de campo, os quais serão juntos aos autos, podendo as partes, no prazo comum de 10 (dez) dias, alegar o que julgarem conveniente.

Art. 958. A sentença, que julgar procedente a ação, determinará o traçado da linha demarcanda.

Art. 959. Tanto que passe em julgado a sentença, o agrimensor efetuará a demarcação, colocando os marcos necessários. Todas as operações serão consignadas em planta e memorial descritivo com as referências convenientes para a identificação, em qualquer tempo, dos pontos assinalados.

- V. arts. 467 e 963, CPC.
- V. art. 22, parágrafo único, Lei 6.383/1976 (Processo discriminatório de terras devolutas da União).

Art. 960. Nos trabalhos de campo observar-se-ão as seguintes regras:

- V. art. 972, CPC.
- V. art. 22, parágrafo único, Lei 6.383/1976 (Processo discriminatório de terras devolutas da União).

I – a declinação magnética da agulha será determinada na estação inicial;

II – empregar-se-ão os instrumentos aconselhados pela técnica;

III – quando se utilizarem fitas metálicas ou correntes, as medidas serão tomadas horizontalmente, em lances determinados pelo declive, de 20 (vinte) metros no máximo;

IV – as estações serão marcadas por pequenas estacas, fortemente cravadas, colocando-se ao lado estacas maiores, numeradas;

V – quando as estações não tiverem afastamento superior a 50 (cinquenta) metros, as visadas serão feitas sobre balizas com o diâmetro máximo de 12 (doze) milímetros;

VI – tomar-ser-ão por aneroides ou por cotas obtidas mediante levantamento taqueométrico as altitudes dos pontos mais acidentados.

Art. 961. A planta será orientada segundo o meridiano do marco primordial, determinada a declinação magnética e conterá:

- V. arts. 972 e 975, CPC.
- V. art. 22, parágrafo único, Lei 6.383/1976 (Processo discriminatório de terras devolutas da União).

I – as altitudes relativas de cada estação do instrumento e a conformação altimétrica ou orográfica aproximativa dos terrenos;

II – as construções existentes, com indicação dos seus fins, bem como os marcos, valos, cercas, muros divisórios e outros quaisquer vestígios que possam servir ou tenham servido de base à demarcação;

III – as águas principais, determinando-se, quanto possível, os volumes, de modo que se lhes possa calcular o valor mecânico;

IV – a indicação, por cores convencionais, das culturas existentes, pastos, campos, matas, capoeiras e divisas do imóvel.

Parágrafo único. As escalas das plantas podem variar entre os limites de 1 (um) para 500 (quinhentos) a 1 (um) para 5.000 (cinco mil) conforme a extensão das propriedades rurais, sendo admissível a de 1 (um) para 10.000 (dez mil) nas propriedades de mais de 5 (cinco) quilômetros quadrados.

Art. 962. Acompanharão as plantas as cadernetas de operações de campo e o memorial descritivo, que conterá:

- V. arts. 972 e 975, CPC.
- V. art. 22, parágrafo único, Lei 6.383/1976 (Processo discriminatório de terras devolutas da União).

Código de Processo Civil

I – o ponto de partida, os rumos seguidos e a aviventação dos antigos com os respectivos cálculos;
II – os acidentes encontrados, as cercas, valos, marcos antigos, córregos, rios, lagoas e outros;
III – a indicação minuciosa dos novos marcos cravados, das culturas existentes e sua produção anual;
IV – a composição geológica dos terrenos, bem como a qualidade e extensão dos campos, matas e capoeiras;
V – as vias de comunicação;
VI – as distâncias à estação da estrada de ferro, ao porto de embarque e ao mercado mais próximo;
VII – a indicação de tudo o mais que for útil para o levantamento da linha ou para a identificação da linha já levantada.

Art. 963. É obrigatória a colocação de marcos assim na estação inicial – marco primordial – como nos vértices dos ângulos, salvo se algum destes últimos pontos for assinalado por acidentes naturais de difícil remoção ou destruição.

- V. arts. 972, 975 e 979, CPC.
- V. art. 22, parágrafo único, Lei 6.383/1976 (Processo discriminatório de terras devolutas da União).

Art. 964. A linha será percorrida pelos arbitradores, que examinarão os marcos e rumos, consignando em relatório escrito a exatidão do memorial e planta apresentados pelo agrimensor ou as divergências porventura encontradas.

- V. art. 979, CPC.
- V. art. 22, parágrafo único, Lei 6.383/1976 (Processo discriminatório de terras devolutas da União).

Art. 965. Junto aos autos o relatório dos arbitradores, determinará o juiz que as partes se manifestem sobre ele no prazo comum de 10 (dez) dias. Em seguida, executadas as correções e retificações que ao juiz pareçam necessárias, lavrar-se-á o auto de demarcação em que os limites demarcandos serão minuciosamente descritos de acordo com o memorial e a planta.

- V. art. 980, CPC.
- V. art. 22, parágrafo único, Lei 6.383/1976 (Processo discriminatório de terras devolutas da União).

Art. 966. Assinado o auto pelo juiz, arbitradores e agrimensor, será proferida a sentença homologatória da demarcação.

- V. art. 520, I, CPC.
- V. art. 532, I, CC/1916, sem correspondência no CC/2002.
- V. art. 22, parágrafo único, Lei 6.383/1976 (Processo discriminatório de terras devolutas da União).

Seção III
Da divisão

Art. 967. A petição inicial, elaborada com observância dos requisitos do art. 282 e instruída com os títulos de domínio do promovente, conterá:

- V. arts. 25, 259, VII, 282, 283, 946, II e 1.047, I, CPC.
- V. arts. 629 e 630, CC/1916; e art. 1.320, CC/2002.
- V. art. 631, CC/1916, sem correspondência no CC/2002.

I – a indicação da origem da comunhão e a denominação, situação, limites e característicos do imóvel;
II – o nome, o estado civil, a profissão e a residência de todos os condôminos, especificando-se os estabelecidos no imóvel com benfeitorias e culturas;
III – as benfeitorias comuns.

Art. 968. Feitas as citações como preceitua o art. 953, prosseguir-se-á na forma dos arts. 954 e 955.

- V. art. 10, § 1º, CPC.

Art. 969. Prestado o compromisso pelos arbitradores e agrimensor, terão início, pela medição do imóvel, as operações de divisão.

- V. art. 422, CPC.

Art. 970. Todos os condôminos serão intimados a apresentar, dentro em 10 (dez) dias, os seus títulos, se ainda não o tiverem feito; e a formular os seus pedidos sobre a constituição dos quinhões.

Art. 971. O juiz ouvirá as partes no prazo comum de 10 (dez) dias.
Parágrafo único. Não havendo impugnação, o juiz determinará a divisão geodésica do imóvel; se houver, proferirá, no prazo de 10 (dez) dias, decisão sobre os pedidos e os títulos que devam ser atendidos na formação dos quinhões.

Art. 972

Art. 972. A medição será efetuada na forma dos arts. 960 a 963.

Art. 973. Se qualquer linha do perímetro atingir benfeitorias permanentes dos confinantes, feitas há mais de 1 (um) ano, serão elas respeitadas, bem como os terrenos onde estiverem, os quais não se computarão na área dividenda.

- V. art. 62, CC/1916, sem correspondência no CC/2002.
- V. arts. 63 e 64, CC/1916; e arts. 96 e 97, CC/2002.

Parágrafo único. Consideram-se benfeitorias, para os efeitos deste artigo, as edificações, muros, cercas, culturas e pastos fechados, não abandonados há mais de 2 (dois) anos.

Art. 974. É lícito aos confinantes do imóvel dividendo demandar a restituição dos terrenos que lhes tenham sido usurpados.

- Artigo com redação determinada pela Lei 5.925/1973.

§ 1º Serão citados para a ação todos os condôminos, se ainda não transitou em julgado a sentença homologatória da divisão; e todos os quinhoeiros dos terrenos vindicados, se proposta posteriormente.

- V. art. 949, *caput*, CPC.

§ 2º Neste último caso terão os quinhoeiros o direito, pela mesma sentença que os obrigar à restituição, a haver dos outros condôminos do processo divisório, ou de seus sucessores a título universal, a composição pecuniária proporcional ao desfalque sofrido.

- V. art. 949, parágrafo único, CPC.

Art. 975. Concluídos os trabalhos de campo, levantará o agrimensor a planta do imóvel e organizará o memorial descritivo das operações, observado o disposto nos arts. 961 a 963.

§ 1º A planta assinalará também:
I – as povoações e vias de comunicação existentes no imóvel;
II – as construções e benfeitorias, com a indicação dos seus fins, proprietários e ocupantes;
III – as águas principais que banham o imóvel;
IV – a composição geológica, qualidade e vestimenta dos terrenos, bem como o valor destes e das culturas.

§ 2º O memorial descritivo indicará mais:
I – a composição geológica, a qualidade e o valor dos terrenos, bem como a cultura e o destino a que melhor possam adaptar-se;
II – as águas que banham o imóvel, determinando-lhes, tanto quanto possível, o volume, de modo que se lhes possa calcular o valor mecânico;
III – a qualidade e a extensão aproximada de campos e matas;
IV – as indústrias exploradas e as suscetíveis de exploração;
V – as construções, benfeitorias e culturas existentes, mencionando-se os respectivos proprietários e ocupantes;
VI – as vias de comunicação estabelecidas e as que devam ser abertas;
VII – a distância aproximada à estação de transporte de mais fácil acesso;
VIII – quaisquer outras informações que possam concorrer para facilitar a partilha.

Art. 976. Durante os trabalhos de campo procederão os arbitradores ao exame, classificação e avaliação das terras, culturas, edifícios e outras benfeitorias, entregando o laudo ao agrimensor.

Art. 977. O agrimensor avaliará o imóvel no seu todo, se os arbitradores reconhecerem que a homogeneidade das terras não determina variedade de preços; ou o classificará em áreas, se houver diversidade de valores.

Art. 978. Em seguida os arbitradores e o agrimensor proporão, em laudo fundamentado, a forma da divisão, devendo consultar, quanto possível, a comodidade das partes, respeitar, para adjudicação a cada condômino, a preferência dos terrenos contíguos às suas residências e benfeitorias e evitar o retalhamento dos quinhões em glebas separadas.

§ 1º O cálculo será precedido do histórico das diversas transmissões efetuadas a partir do ato ou fato gerador da comunhão, atualizando-se os valores primitivos.

§ 2º Seguir-se-ão, em títulos distintos, as contas de cada condômino, mencionadas todas as aquisições e alterações em ordem cronológica, bem como as respectivas datas e as folhas dos autos onde se encontrem os documentos correspondentes.

Art. 982

CÓDIGO DE PROCESSO CIVIL

§ 3º O plano de divisão será também consignado em um esquema gráfico.

Art. 979. Ouvidas as partes, no prazo comum de 10 (dez) dias, sobre o cálculo e o plano da divisão, deliberará o juiz a partilha. Em cumprimento desta decisão, procederá o agrimensor, assistido pelos arbitradores, à demarcação dos quinhões, observando, além do disposto nos arts. 963 e 964, as seguintes regras:

I – as benfeitorias comuns, que não comportarem divisão cômoda, serão adjudicadas a um dos condôminos mediante compensação;

II – instituir-se-ão as servidões que forem indispensáveis, em favor de uns quinhões sobre os outros, incluindo o respectivo valor no orçamento para que, não se tratando de servidões naturais, seja compensado o condômino aquinhoado com o prédio serviente;

- V. arts. 695 a 712, CC/1916; e arts. 1.378 a 1.389, CC/2002.

III – as benfeitorias particulares dos condôminos, que excederem a área a que têm direito, serão adjudicadas ao quinhoeiro vizinho mediante reposição;

- V. art. 62, CC/1916, sem correspondência no CC/2002.
- V. arts 63 e 64, CC/1916; e arts. 96 e 97, CC/2002.

IV – se outra coisa não acordarem as partes, as compensações e reposições serão feitas em dinheiro.

Art. 980. Terminados os trabalhos e desenhados na planta os quinhões e as servidões aparentes, organizará o agrimensor o memorial descritivo. Em seguida, cumprido o disposto no art. 965, o escrivão lavrará o auto de divisão, seguido de uma folha de pagamento para cada condômino. Assinado o auto pelo juiz, agrimensor e arbitradores, será proferida sentença homologatória da divisão.

- Artigo com redação determinada pela Lei 5.925/1973.
- V. arts. 25, 520, I, e 975, CPC.
- V. art. 532, I, CC/1916, sem correspondência no CC/2002.

§ 1º O auto conterá:

I – a confinação e a extensão superficial do imóvel;

II – a classificação das terras com o cálculo das áreas de cada consorte e a respectiva avaliação, ou a avaliação do imóvel na sua integridade, quando a homogeneidade das terras não determinar diversidade de valores;

III – o valor e a quantidade geométrica que couber a cada condômino, declarando-se as reduções e compensações resultantes da diversidade de valores das glebas componentes de cada quinhão.

§ 2º Cada folha de pagamento conterá:

I – a descrição das linhas divisórias do quinhão, mencionadas as confinantes;

II – a relação das benfeitorias e culturas do próprio quinhoeiro e das que lhe foram adjudicadas por serem comuns ou mediante compensação;

III – a declaração das servidões instituídas, especificados os lugares, a extensão e modo de exercício.

Art. 981. Aplica-se às divisões o disposto nos arts. 952 a 955.

- Artigo com redação determinada pela Lei 5.925/1973.
- V. art. 968, CPC.

Capítulo IX
DO INVENTÁRIO E DA PARTILHA

Seção I
Das disposições gerais

Art. 982. Havendo testamento ou interessado incapaz, proceder-se-á ao inventário judicial; se todos forem capazes e concordes, poderá fazer-se o inventário e a partilha por escritura pública, a qual constituirá título hábil para o registro imobiliário.

- *Caput* com redação determinada pela Lei 11.441/2007.
- V. Res. CNJ 35/2007 (Disciplina a aplicação da Lei 11.441/2007 pelos serviços notariais e de registro).

§ 1º O tabelião somente lavrará a escritura pública se todas as partes interessadas estiverem assistidas por advogado comum ou advogados de cada uma delas ou por defensor público, cuja qualificação e assinatura constarão do ato notarial.

- § 1º acrescentado pela Lei 11.965/2009.

Art. 983

§ 2º A escritura e demais atos notariais serão gratuitos àqueles que se declararem pobres sob as penas da lei.

- § 2º acrescentado pela Lei 11.965/2009.

Art. 983. O processo de inventário e partilha deve ser aberto dentro de 60 (sessenta) dias a contar da abertura da sucessão, ultimando-se nos 12 (doze) meses subsequentes, podendo o juiz prorrogar tais prazos, de ofício ou a requerimento de parte.

- *Caput* com redação determinada pela Lei 11.441/2007.
- V. Res. CNJ 35/2007 (Disciplina a aplicação da Lei 11.441/2007 pelos serviços notariais e de registro).

Parágrafo único. *(Revogado pela Lei 11.441/2007.)*

Art. 984. O juiz decidirá todas as questões de direito e também as questões de fato, quando este se achar provado por documento, só remetendo para os meios ordinários as que demandarem alta indagação ou dependerem de outras provas.

- V. arts. 1.000, parágrafo único, 1.001, 1.016, § 2º, e 1.018, *caput*, CPC.

Art. 985. Até que o inventariante preste o compromisso (art. 990, parágrafo único), continuará o espólio na posse do administrador provisório.

Art. 986. O administrador provisório representa ativa e passivamente o espólio, é obrigado a trazer ao acervo os frutos que desde a abertura da sucessão percebeu, tem direito ao reembolso das despesas necessárias e úteis que fez e responde pelo dano a que, por dolo ou culpa, der causa.

Seção II
Da legitimidade para requerer o inventário

Art. 987. A quem estiver na posse e administração do espólio incumbe, no prazo estabelecido no art. 983, requerer o inventário e a partilha.

Parágrafo único. O requerimento será instruído com a certidão de óbito do autor da herança.

Art. 988. Tem, contudo, legitimidade concorrente:

I – o cônjuge supérstite;
II – o herdeiro;
III – o legatário;
IV – o testamenteiro;
V – o cessionário do herdeiro ou do legatário;
VI – o credor do herdeiro, do legatário ou do autor da herança;
VII – o síndico da falência do herdeiro, do legatário, do autor da herança ou do cônjuge supérstite;
VIII – o Ministério Público, havendo herdeiros incapazes;
IX – a Fazenda Pública, quando tiver interesse.

Art. 989. O juiz determinará, de ofício, que se inicie o inventário, se nenhuma das pessoas mencionadas nos artigos antecedentes o requerer no prazo legal.

Seção III
Do inventariante e das primeiras declarações

Art. 990. O juiz nomeará inventariante:

- V. art. 998, CPC.

I – o cônjuge ou companheiro sobrevivente, desde que estivesse convivendo com o outro ao tempo da morte deste;

- Inciso I com redação determinada pela Lei 12.195/2010 (*DOU* 15.01.2010), em vigor após decorridos 45 (quarenta e cinco) dias de sua publicação oficial.

II – o herdeiro que se achar na posse e administração do espólio, se não houver cônjuge ou companheiro sobrevivente ou estes não puderem ser nomeados;

- Inciso II com redação determinada pela Lei 12.195/2010 (*DOU* 15.01.2010), em vigor após decorridos 45 (quarenta e cinco) dias de sua publicação oficial.

III – qualquer herdeiro, nenhum estando na posse e administração do espólio;

IV – o testamenteiro, se lhe foi confiada a administração do espólio ou toda a herança estiver distribuída em legados;

V – o inventariante judicial, se houver;

VI – pessoa estranha idônea, onde não houver inventariante judicial.

CÓDIGO DE PROCESSO CIVIL

Parágrafo único. O inventariante, intimado da nomeação, prestará, dentro de 5 (cinco) dias, o compromisso de bem e fielmente desempenhar o cargo.

* V. art. 985, CPC.

Art. 991. Incumbe ao inventariante:
I – representar o espólio ativa e passivamente, em juízo ou fora dele, observando-se, quanto ao dativo, o disposto no art. 12, § 1º;
II – administrar o espólio, velando-lhe os bens com a mesma diligência como se seus fossem;
III – prestar as primeiras e últimas declarações pessoalmente ou por procurador com poderes especiais;

* V. arts. 993, 995, I, e 1.011, CPC.

IV – exibir em cartório, a qualquer tempo, para exame das partes, os documentos relativos ao espólio;
V – juntar aos autos certidão do testamento, se houver;
VI – trazer à colação os bens recebidos pelo herdeiro ausente, renunciante ou excluído;

* V. arts. 1.014 a 1.016, CPC.

VII – prestar contas de sua gestão ao deixar o cargo ou sempre que o juiz lhe determinar;

* V. arts. 914 e 995, V, CPC.

VIII – requerer a declaração de insolvência (art. 748).

Art. 992. Incumbe ainda ao inventariante, ouvidos os interessados e com autorização do juiz:
I – alienar bens de qualquer espécie;
II – transigir em juízo ou fora dele;

* V. arts. 1.025 a 1.036, CC/1916; e arts. 840 a 850, CC/2002.

III – pagar dívidas do espólio;

* V. arts. 1.017 a 1.021, CPC.
* V. arts. 134, IV, parágrafo único, e 192, CTN.

IV – fazer as despesas necessárias com a conservação e o melhoramento dos bens do espólio.

Art. 993. Dentro de 20 (vinte) dias, contados da data em que prestou o compromisso, fará o inventariante as primeiras declarações, das quais se lavrará termo circunstanciado. No termo, assinado pelo juiz, escrivão e inventariante, serão exarados:

* Artigo com redação determinada pela Lei 5.925/1973.
* V. arts. 999, §§ 2º a 4º, e 1.000, CPC.

I – o nome, estado, idade e domicílio do autor da herança, dia e lugar em que faleceu e bem ainda se deixou testamento;
II – o nome, estado, idade e residência dos herdeiros e, havendo cônjuge supérstite, o regime de bens do casamento;
III – a qualidade dos herdeiros e o grau de seu parentesco com o inventariado;
IV – a relação completa e individuada de todos os bens do espólio e dos alheios que nele forem encontrados, descrevendo-se:

* V. art. 1.046, *caput*, última parte, CPC.

a) os imóveis, com as suas especificações, nomeadamente local em que se encontram, extensão da área, limites, confrontações, benfeitorias, origem dos títulos, números das transcrições aquisitivas e ônus que os gravam;
b) os móveis, com os sinais característicos;
c) os semoventes, seu número, espécies, marcas e sinais distintivos;
d) o dinheiro, as joias, os objetos de ouro e prata, e as pedras preciosas, declarando-se-lhes especificadamente a qualidade, o peso e a importância;
e) os títulos da dívida pública, bem como as ações, cotas e títulos de sociedade, mencionando-se-lhes o número, o valor e a data;
f) as dívidas ativas e passivas, indicando-se-lhes as datas, títulos, origem da obrigação, bem como os nomes dos credores e dos devedores;
g) direitos e ações;
h) o valor corrente de cada um dos bens do espólio.

* V. arts. 1.007 e 1.008, CPC.

Parágrafo único. O juiz determinará que se proceda:

* V. art. 1.003, parágrafo único, CPC.

I – ao balanço do estabelecimento, se o autor da herança era comerciante em nome individual;

* V. art. 669, Dec.-lei 1.608/1939 (Código de Processo Civil antigo).

II – a apuração de haveres, se o autor da herança era sócio de sociedade que não anônima.
- V. art. 381, II, CPC.
- V. art. 668, Dec.-lei 1.608/1939 (Código de Processo Civil antigo).
- V. Súmula 265, STF.

Art. 994. Só se pode arguir de sonegação ao inventariante depois de encerrada a descrição dos bens, com a declaração, por ele feita, de não existirem outros por inventariar.
- V. art. 1.784, CC/1916; e art. 1.996, CC/2002.

Art. 995. O inventariante será removido:
I – se não prestar, no prazo legal, as primeiras e as últimas declarações;
- V. arts. 993 e 1.011, CPC.

II – se não der ao inventário andamento regular, suscitando dúvidas infundadas ou praticando atos meramente protelatórios;
III – se, por culpa sua, se deteriorarem, forem dilapidados ou sofrerem dano bens do espólio;
- V. art. 991, II, CPC.

IV – se não defender o espólio nas ações em que for citado, deixar de cobrar dívidas ativas ou não promover as medidas necessárias para evitar o perecimento de direitos;
- V. art. 991, I, CPC.

V – se não prestar contas ou as que prestar não forem julgadas boas;
- V. arts. 914, 919 e 991, VII, CPC.

VI – se sonegar, ocultar ou desviar bens do espólio.
- V. arts. 1.781 a 1.784, CC/1916; e arts. 1.993 a 1.996, CC/2002.

Art. 996. Requerida a remoção com fundamento em qualquer dos números do artigo antecedente, será intimado o inventariante para, no prazo de 5 (cinco) dias, defender-se e produzir provas.
Parágrafo único. O incidente da remoção correrá em apenso aos autos do inventário.

Art. 997. Decorrido o prazo com a defesa do inventariante ou sem ela, o juiz decidirá. Se remover o inventariante, nomeará outro, observada a ordem estabelecida no art. 990.

Art. 998. O inventariante removido entregará imediatamente ao substituto os bens do espólio; deixando de fazê-lo, será compelido mediante mandado de busca e apreensão, ou de imissão na posse, conforme se tratar de bem móvel ou imóvel.

Seção IV
Das citações e das impugnações

Art. 999. Feitas as primeiras declarações, o juiz mandará citar, para os termos do inventário e partilha, o cônjuge, os herdeiros, os legatários, a Fazenda Pública, o Ministério Público, se houver herdeiro incapaz ou ausente, e o testamenteiro, se o finado deixou testamento.
- Artigo com redação determinada pela Lei 5.925/1973.

§ 1º Citar-se-ão, conforme o disposto nos arts. 224 a 230, somente as pessoas domiciliadas na comarca por onde corre o inventário ou que aí forem encontradas; e por edital, com prazo de 20 (vinte) a 60 (sessenta) dias, todas as demais, residentes, assim no Brasil como no estrangeiro.
- V. arts. 231 a 233, CPC.

§ 2º Das primeiras declarações extrair-se-ão tantas cópias quantas forem as partes.
§ 3º O oficial de justiça, ao proceder à citação, entregará um exemplar a cada parte.
§ 4º Incumbe ao escrivão remeter cópias à Fazenda Pública, ao Ministério Público, ao testamenteiro se houver, e ao advogado, se a parte já estiver representada nos autos.

Art. 1.000. Concluídas as citações, abrir-se-á vista às partes, em cartório e pelo prazo comum de 10 (dez) dias, para dizerem sobre as primeiras declarações. Cabe à parte:
- V. arts. 1.002, 1.003 e 1.014, CPC.

I – arguir erros e omissões;
II – reclamar contra a nomeação do inventariante;
III – contestar a qualidade de quem foi incluído no título de herdeiro.
Parágrafo único. Julgando procedente a impugnação referida no n. I, o juiz mandará retificar as primeiras declarações. Se acolher o pedido, de que trata o n. II, nomeará outro inventariante, observada a preferência legal. Verificando que a disputa sobre a quali-

dade de herdeiro, a que alude o n. III, constitui matéria de alta indagação, remeterá a parte para os meios ordinários e sobrestará, até o julgamento da ação, na entrega do quinhão que na partilha couber ao herdeiro admitido.

- V. arts. 984, 990, 997, 1.014 e 1.039, I, CPC.

Art. 1.001. Aquele que se julgar preterido poderá demandar a sua admissão no inventário, requerendo-o antes da partilha. Ouvidas as partes no prazo de 10 (dez) dias, o juiz decidirá. Se não acolher o pedido, remeterá o requerente para os meios ordinários, mandando reservar, em poder do inventariante, o quinhão do herdeiro excluído, até que se decida o litígio.

- V. arts. 984 e 1.039, I, CPC.

Art. 1.002. A Fazenda Pública, no prazo de 20 (vinte) dias, após a vista de que trata o art. 1.000, informará ao juízo, de acordo com os dados que constam de seu cadastro imobiliário, o valor dos bens de raiz descritos nas primeiras declarações.

- Artigo com redação determinada pela Lei 5.925/1973.
- V. art. 1.007, CPC.

Seção V
Da avaliação e do cálculo do imposto

Art. 1.003. Findo o prazo do art. 1.000, sem impugnação ou decidida a que houver sido oposta, o juiz nomeará um perito para avaliar os bens do espólio, se não houver na comarca avaliador judicial.

- V. arts. 145 a 147, CPC.

Parágrafo único. No caso previsto no art. 993, parágrafo único, o juiz nomeará um contador para levantar o balanço ou apurar os haveres.

Art. 1.004. Ao avaliar os bens do espólio, observará o perito, no que for aplicável, o disposto nos arts. 681 a 683.

Art. 1.005. O herdeiro que requerer, durante a avaliação, a presença do juiz e do escrivão, pagará as despesas da diligência.

- V. art. 19, CPC.

Art. 1.006. Não se expedirá carta precatória para a avaliação de bens situados fora da comarca por onde corre o inventário, se eles forem de pequeno valor ou perfeitamente conhecidos do perito nomeado.

Art. 1.007. Sendo capazes todas as partes, não se procederá à avaliação, se a Fazenda Pública, intimada na forma do art. 237, n. I, concordar expressamente com o valor atribuído, nas primeiras declarações, aos bens do espólio.

- Artigo com redação determinada pela Lei 5.925/1973.
- V. art. 1.002, CPC.

Art. 1.008. Se os herdeiros concordarem com o valor dos bens declarados pela Fazenda Pública, a avaliação cingir-se-á aos demais.

- Artigo com redação determinada pela Lei 5.925/1973.

Art. 1.009. Entregue o laudo de avaliação, o juiz mandará que sobre ele se manifestem as partes no prazo de 10 (dez) dias, que correrá em cartório.

§ 1º Versando a impugnação sobre o valor dado pelo perito, o juiz a decidirá de plano, à vista do que constar dos autos.

§ 2º Julgando procedente a impugnação, determinará o juiz que o perito retifique a avaliação, observando os fundamentos da decisão.

Art. 1.010. O juiz mandará repetir a avaliação:

I – quando viciada por erro ou dolo do perito;

II – quando se verificar, posteriormente à avaliação, que os bens apresentam defeito que lhes diminui o valor.

Art. 1.011. Aceito o laudo ou resolvidas as impugnações suscitadas a seu respeito lavrar-se-á em seguida o termo de últimas declarações, no qual o inventariante poderá emendar, aditar ou completar as primeiras.

- V. art. 995, I, CPC.

Art. 1.012. Ouvidas as partes sobre as últimas declarações no prazo comum de 10 (dez) dias, proceder-se-á ao cálculo do imposto.

- V. Súmulas 112 a 115, 331 e 590, STF.

Art. 1.013. Feito o cálculo, sobre ele serão ouvidas todas as partes no prazo co-

mum de 5 (cinco) dias, que correrá em cartório e, em seguida, a Fazenda Pública.
§ 1º Se houver impugnação julgada procedente, ordenará o juiz novamente a remessa dos autos ao contador, determinando as alterações que devam ser feitas no cálculo.
§ 2º Cumprido o despacho, o juiz julgará o cálculo do imposto.

Seção VI
Das colações

Art. 1.014. No prazo estabelecido no art. 1.000, o herdeiro obrigado à colação conferirá por termo nos autos os bens que recebeu ou, se já os não possuir, trar-lhes-á o valor.

- V. arts. 1.785 a 1.795, CC/1916; e arts. 2.002 a 2.012, CC/2002.

Parágrafo único. Os bens que devem ser conferidos na partilha, assim como as acessões e benfeitorias que o donatário fez, calcular-se-ão pelo valor que tiverem ao tempo da abertura da sucessão.

- V. art. 1.792, CC/1916; e art. 2.004, CC/2002.

Art. 1.015. O herdeiro que renunciou à herança ou o que dela foi excluído não se exime, pelo fato da renúncia ou da exclusão, de conferir, para o efeito de repor a parte inoficiosa, as liberalidades que houve do doador.

- V. art. 1.790, parágrafo único, CC/1916; e art. 2.007, CC/2002.

§ 1º É lícito ao donatário escolher, dos bens doados, tantos quantos bastem para perfazer a legítima e a metade disponível, entrando na partilha o excedente para ser dividido entre os demais herdeiros.
§ 2º Se a parte inoficiosa da doação recair sobre bem imóvel, que não comporte divisão cômoda, o juiz determinará que sobre ela se proceda entre os herdeiros à licitação; o donatário poderá concorrer na licitação e, em igualdade de condições, preferirá aos herdeiros.

Art. 1.016. Se o herdeiro negar o recebimento dos bens ou a obrigação de os conferir, o juiz, ouvidas as partes no prazo comum de 5 (cinco) dias, decidirá à vista das alegações e provas produzidas.

§ 1º Declarada improcedente a oposição, se o herdeiro, no prazo improrrogável de 5 (cinco) dias, não proceder à conferência, o juiz mandará sequestrar-lhe, para serem inventariados e partilhados, os bens sujeitos à colação, ou imputar ao seu quinhão hereditário o valor deles, se já os não possuir.
§ 2º Se a matéria for de alta indagação, o juiz remeterá as partes para os meios ordinários, não podendo o herdeiro receber o seu quinhão hereditário, enquanto pender a demanda, sem prestar caução correspondente ao valor dos bens sobre que versar a conferência.

- V. arts. 826 a 838 e 984, CPC.

Seção VII
Do pagamento das dívidas

Art. 1.017. Antes da partilha, poderão os credores do espólio requerer ao juízo do inventário o pagamento das dívidas vencidas e exigíveis.

- V. art. 992, III, CPC.
- V. arts. 1.796 a 1.800, CC/1916; e arts. 1.997 a 2.001, CC/2002.
- V. arts. 187 a 189, CTN.
- V. art. 4º, § 4º, Lei 6.830/1980 (Execução fiscal).

§ 1º A petição, acompanhada de prova literal da dívida, será distribuída por dependência e autuada em apenso aos autos do processo de inventário.
§ 2º Concordando as partes com o pedido, o juiz, ao declarar habilitado o credor, mandará que se faça a separação de dinheiro ou, em sua falta, de bens suficientes para o seu pagamento.
§ 3º Separados os bens, tantos quantos forem necessários para o pagamento dos credores habilitados, o juiz mandará aliená-los em praça ou leilão, observadas, no que forem aplicáveis, as regras do Livro II, Título II, Capítulo IV, Seção I, Subseção VII e Seção II, Subseções I e II.

- V. art. 1.022, CPC.

§ 4º Se o credor requerer que, em vez de dinheiro, lhe sejam adjudicados, para o seu pagamento, os bens já reservados, o juiz deferir-lhe-á o pedido, concordando todas as partes.

Art. 1.018. Não havendo concordância de todas as partes sobre o pedido de paga-

CÓDIGO DE PROCESSO CIVIL

mento feito pelo credor, será ele remetido para os meios ordinários.
- V. arts. 984 e 1.039, I, CPC.
- V. art. 1.796, § 2º, CC/1916; e art. 1.997, § 2º, CC/2002.

Parágrafo único. O juiz mandará, porém, reservar em poder do inventariante bens suficientes para pagar o credor, quando a dívida constar de documento que comprove suficientemente a obrigação e a impugnação não se fundar em quitação.

Art. 1.019. O credor de dívida líquida e certa, ainda não vencida, pode requerer habilitação no inventário. Concordando as partes com o pedido, o juiz, ao julgar habilitado o crédito, mandará que se faça separação de bens para o futuro pagamento.

Art. 1.020. O legatário é parte legítima para manifestar-se sobre as dívidas do espólio:
I – quando toda a herança for dividida em legados;
II – quando o reconhecimento das dívidas importar redução dos legados.
- V. arts. 1.678 a 1.709, CC/1916; e arts. 1.912 a 1.940, CC/2002.

Art. 1.021. Sem prejuízo do disposto no art. 674, é lícito aos herdeiros, ao separarem bens para o pagamento de dívidas, autorizar que o inventariante os nomeie à penhora no processo em que o espólio for executado.

Seção VIII
Da partilha

Art. 1.022. Cumprido o disposto no art. 1.017, § 3º, o juiz facultará às partes que, no prazo comum de 10 (dez) dias, formulem o pedido de quinhão; em seguida proferirá, no prazo de 10 (dez) dias, o despacho de deliberação da partilha, resolvendo os pedidos das partes e designando os bens que devam constituir quinhão de cada herdeiro e legatário.
- V. art. 1.031, § 1º, CPC.
- V. arts. 1.772 a 1.779, CC/1916; e arts. 2.013 a 2.021, CC/2002.
- V. art. 167, I-25, Lei 6.015/1973 (Lei de Registros Públicos).

Art. 1.023. O partidor organizará o esboço da partilha de acordo com a decisão, observando nos pagamentos a seguinte ordem:
I – dívidas atendidas;
II – meação do cônjuge;
III – meação disponível;
IV – quinhões hereditários, a começar pelo coerdeiro mais velho.

Art. 1.024. Feito o esboço, dirão sobre ele as partes no prazo comum de 5 (cinco) dias. Resolvidas as reclamações, será a partilha lançada nos autos.

Art. 1.025. A partilha constará:
I – de um auto de orçamento, que mencionará:
a) os nomes do autor da herança, do inventariante, do cônjuge supérstite, dos herdeiros, dos legatários e dos credores admitidos;
b) o ativo, o passivo e o líquido partível, com as necessárias especificações;
c) o valor de cada quinhão;
II – de uma folha de pagamento para cada parte, declarando a cota a pagar-lhe, a razão do pagamento, a relação dos bens que lhe compõem o quinhão, as características que os individualizam e os ônus que os gravam.

Parágrafo único. O auto e cada uma das folhas serão assinados pelo juiz e pelo escrivão.

Art. 1.026. Pago o imposto de transmissão a título de morte, e junta aos autos certidão ou informação negativa de dívida para com a Fazenda Pública, o juiz julgará por sentença a partilha.
- V. art. 1.028, CPC.
- V. art. 192, CTN.
- V. art. 22, § 2º, Lei 4.947/1966 (Direito agrário).

Art. 1.027. Passada em julgado a sentença mencionada no artigo antecedente, receberá o herdeiro os bens que lhe tocarem e um formal de partilha, do qual constarão as seguintes peças:
I – termo de inventariante e título de herdeiros;
II – avaliação dos bens que constituíram o quinhão do herdeiro;
III – pagamento do quinhão hereditário;
IV – quitação dos impostos;
V – sentença.

Parágrafo único. O formal de partilha poderá ser substituído por certidão do paga-

mento do quinhão hereditário, quando este não exceder cinco vezes o salário mínimo vigente na sede do juízo; caso em que se transcreverá nela a sentença de partilha transitada em julgado.

Art. 1.028. A partilha, ainda depois de passar em julgado a sentença (art. 1.026), pode ser emendada nos mesmos autos do inventário, convindo todas as partes, quando tenha havido erro de fato na descrição dos bens; o juiz, de ofício ou a requerimento da parte, poderá, a qualquer tempo, corrigir-lhe as inexatidões materiais.

Art. 1.029. A partilha amigável, lavrada em instrumento público, reduzida a termo nos autos do inventário ou constante de escrito particular homologado pelo juiz, pode ser anulada, por dolo, coação, erro essencial ou intervenção de incapaz.

- Artigo com redação determinada pela Lei 5.925/1973.
- V. art. 1.773, CC/1916; e art. 2.015, CC/2002.

Parágrafo único. O direito de propor ação anulatória de partilha amigável prescreve em 1 (um) ano, contado este prazo:

- V. arts. 147, 178, § 6º, V, e 1.805, CC/1916; e arts. 171 e 2.027, CC/2002.

I – no caso de coação, do dia em que ela cessou;

II – no de erro ou dolo, do dia em que se realizou o ato;

III – quanto ao incapaz, do dia em que cessar a incapacidade.

Art. 1.030. É rescindível a partilha julgada por sentença:

- V. art. 485, CPC.

I – nos casos mencionados no artigo antecedente;

II – se feita com preterição de formalidades legais;

III – se preteriu herdeiro ou incluiu quem não o seja.

Seção IX
Do arrolamento

Art. 1.031. A partilha amigável, celebrada entre partes capazes, nos termos do art. 2.015 da Lei 10.406, de 10 de janeiro de 2002 – Código Civil, será homologada de plano pelo juiz, mediante a prova da quitação dos tributos relativos aos bens do espólio e às suas rendas, com observância dos arts. 1.032 a 1.035 desta Lei.

- *Caput* com redação determinada pela Lei 11.441/2007.
- V. Res. CNJ 35/2007 (Disciplina a aplicação da Lei 11.441/2007 pelos serviços notariais e de registro).

§ 1º O disposto neste artigo aplica-se, também, ao pedido de adjudicação, quando houver herdeiro único.

- Primitivo parágrafo único renumerado pela Lei 9.280/1996.

§ 2º Transitada em julgado a sentença de homologação de partilha ou adjudicação, o respectivo formal, bem como os alvarás referentes aos bens por ele abrangidos, só serão expedidos e entregues às partes após a comprovação, verificada pela Fazenda Pública, do pagamento de todos os tributos.

- § 2º acrescentado pela Lei 9.280/1996.

Art. 1.032. Na petição de inventário, que se processará na forma de arrolamento sumário, independentemente da lavratura de termos de qualquer espécie, os herdeiros:

- Artigo com redação determinada pela Lei 7.019/1982.

I – requererão ao juiz a nomeação do inventariante que designarem;

- V. arts. 985, 991 a 998 e 1.031, CPC.

II – declararão os títulos dos herdeiros e os bens do espólio, observado o disposto no art. 993 desta Lei;

III – atribuirão o valor dos bens do espólio, para fins de partilha.

Art. 1.033. Ressalvada a hipótese prevista no parágrafo único do art. 1.035 desta Lei, não se procederá à avaliação dos bens do espólio para qualquer finalidade.

- Artigo com redação determinada pela Lei 7.019/1982.
- V. art. 1.031, CPC.

Art. 1.034. No arrolamento, não serão conhecidas ou apreciadas questões relativas ao lançamento, ao pagamento ou à quitação de taxas judiciárias e de tributos incidentes sobre a transmissão da propriedade dos bens do espólio.

- Artigo com redação determinada pela Lei 7.019/1982.

Art. 1.040

CÓDIGO DE PROCESSO CIVIL

• V. arts. 1.031 e 1.036, § 4º, CPC.

§ 1º A taxa judiciária, se devida, será calculada com base no valor atribuído pelos herdeiros, cabendo ao fisco, se apurar em processo administrativo valor diverso do estimado, exigir a eventual diferença pelos meios adequados ao lançamento de créditos tributários em geral.

§ 2º O imposto de transmissão será objeto de lançamento administrativo, conforme dispuser a legislação tributária, não ficando as autoridades fazendárias adstritas aos valores dos bens do espólio atribuídos pelos herdeiros.

Art. 1.035. A existência de credores do espólio não impedirá a homologação da partilha ou da adjudicação, se forem reservados bens suficientes para o pagamento da dívida.

• Artigo com redação determinada pela Lei 7.019/1982.
• V. arts. 1.017, §§ 2º a 4º, 1.019, 1.031 e 1.033, CPC.

Parágrafo único. A reserva de bens será realizada pelo valor estimado pelas partes, salvo se o credor, regularmente notificado, impugnar a estimativa, caso em que se promoverá a avaliação dos bens a serem reservados.

• V. arts. 1.003 e 1.033, CPC.

Art. 1.036. Quando o valor dos bens do espólio for igual ou inferior a 2.000 (duas mil) Obrigações Reajustáveis do Tesouro Nacional – ORTN, o inventário processar-se-á na forma de arrolamento, cabendo ao inventariante nomeado, independentemente da assinatura de termo de compromisso, apresentar, com suas declarações, a atribuição do valor dos bens do espólio e o plano da partilha.

• Artigo com redação determinada pela Lei 7.019/1982.
• V. art. 1º, Lei 6.858/1980 (Pagamento aos dependentes ou sucessores de valores não recebidos em vida).
• V. Lei 7.730/1989 (Extinção da OTN).
• V. art. 112, Lei 8.213/1991 (Planos de Benefícios da Previdência Social).

§ 1º Se qualquer das partes ou o Ministério Público impugnar a estimativa, o juiz nomeará um avaliador que oferecerá laudo em 10 (dez) dias.

§ 2º Apresentado o laudo, o juiz, em audiência que designar, deliberará sobre a partilha, decidindo de plano todas as reclamações e mandando pagar as dívidas não impugnadas.

§ 3º Lavrar-se-á de tudo um só termo, assinado pelo juiz e pelas partes presentes.

§ 4º Aplicam-se a esta espécie de arrolamento, no que couberem, as disposições do art. 1.034 e seus parágrafos, relativamente ao lançamento, ao pagamento e à quitação da taxa judiciária e do imposto sobre a transmissão da propriedade dos bens do espólio.

§ 5º Provada a quitação dos tributos relativos aos bens do espólio e às suas rendas, o juiz julgará a partilha.

Art. 1.037. Independerá de inventário ou arrolamento o pagamento dos valores previstos na Lei 6.858, de 24 de novembro de 1980.

• Artigo com redação determinada pela Lei 7.019/1982.

Art. 1.038. Aplicam-se subsidiariamente a esta seção as disposições das seções antecedentes, bem como as da seção subsequente.

• Artigo com redação determinada pela Lei 7.019/1982.

Seção X
Das disposições comuns às seções precedentes

Art. 1.039. Cessa a eficácia das medidas cautelares previstas nas várias seções deste Capítulo:

• V. arts. 806 e 808, CPC.

I – se a ação não for proposta em 30 (trinta) dias, contados da data em que da decisão foi intimado o impugnante (art. 1.000, parágrafo único), o herdeiro excluído (art. 1.001) ou o credor não admitido (art. 1.018);

II – se o juiz declarar extinto o processo de inventário com ou sem julgamento do mérito.

Art. 1.040. Ficam sujeitos à sobrepartilha os bens:

I – sonegados;
- V. arts. 1.780 a 1.784, CC/1916; e arts. 1.992 a 1.996, CC/2002.

II – da herança que se descobrirem depois da partilha;

III – litigiosos, assim como os de liquidação difícil ou morosa;
- V. arts. 219, *caput*, e 1.028, CPC.

IV – situados em lugar remoto da sede do juízo onde se processa o inventário.

Parágrafo único. Os bens mencionados nos ns. III e IV deste artigo serão reservados à sobrepartilha sob a guarda e administração do mesmo ou de diverso inventariante, a aprazimento da maioria dos herdeiros.

Art. 1.041. Observar-se-á na sobrepartilha dos bens o processo de inventário e partilha.

Parágrafo único. A sobrepartilha correrá nos autos do inventário do autor da herança.

Art. 1.042. O juiz dará curador especial:
- V. art. 9º, I, CPC.
- V. art. 387, CC/1916; e art. 1.692, CC/2002.

I – ao ausente, se o não tiver;
II – ao incapaz, se concorrer na partilha com o seu representante.

Art. 1.043. Falecendo o cônjuge meeiro supérstite antes da partilha dos bens do pré-morto, as duas heranças serão cumulativamente inventariadas e partilhadas, se os herdeiros de ambos forem os mesmos.

§ 1º Haverá um só inventariante para os dois inventários.

§ 2º O segundo inventário será distribuído por dependência, processando-se em apenso ao primeiro.

Art. 1.044. Ocorrendo a morte de algum herdeiro na pendência do inventário em que foi admitido e não possuindo outros bens além do seu quinhão na herança, poderá este ser partilhado juntamente com os bens do monte.

Art. 1.045. Nos casos previstos nos dois artigos antecedentes prevalecerão as primeiras declarações, assim como o laudo de avaliação, salvo se se alterou o valor dos bens.

Parágrafo único. No inventário a que se proceder por morte do cônjuge herdeiro supérstite, é lícito, independentemente de sobrepartilha, descrever e partilhar bens omitidos no inventário do cônjuge pré-morto.

Capítulo X
DOS EMBARGOS DE TERCEIRO
- V. Súmula 303, STJ.

Art. 1.046. Quem, não sendo parte no processo, sofrer turbação ou esbulho na posse de seus bens por ato de apreensão judicial, em casos como o de penhora, depósito, arresto, sequestro, alienação judicial, arrecadação, arrolamento, inventário, partilha, poderá requerer lhes sejam mantidos ou restituídos por meio de embargos.
- V. Súmula 184, TFR.

§ 1º Os embargos podem ser de terceiro senhor e possuidor, ou apenas possuidor.
- V. Súmulas 84 e 134, STJ.

§ 2º Equipara-se a terceiro a parte que, posto figure no processo, defende bens que, pelo título de sua aquisição ou pela qualidade em que os possuir, não podem ser atingidos pela apreensão judicial.

§ 3º Considera-se também terceiro o cônjuge quando defende a posse de bens dotais, próprios, reservados ou de sua meação.
- V. art. 246, CC/1916; e art. 1.642, I, CC/2002.
- V. arts. 278 a 288, CC/1916, sem correspondência no CC/2002.

Art. 1.047. Admitem-se ainda embargos de terceiro:

I – para a defesa da posse, quando nas ações de divisão ou de demarcação, for o imóvel sujeito a atos materiais, preparatórios ou definitivos, da partilha ou da fixação de rumos;
- V. art. 946, CPC.

II – para o credor com garantia real obstar alienação judicial do objeto da hipoteca, penhor ou anticrese.
- V. art. 679, CPC.

Art. 1.048. Os embargos podem ser opostos a qualquer tempo no processo de conhecimento enquanto não transitada em julgado a sentença, e, no processo de execução, até 5 (cinco) dias depois da arrematação, adjudicação ou remição, mas sempre antes da assinatura da respectiva carta.
- V. art. 173, II, CPC.

CÓDIGO DE PROCESSO CIVIL

Art. 1.049. Os embargos serão distribuídos por dependência e correrão em autos distintos perante o mesmo juiz que ordenou a apreensão.

• V. arts. 173, II, e 747, CPC.
• V. Súmulas 32 e 33, TFR.

Art. 1.050. O embargante, em petição elaborada com observância do disposto no art. 282, fará a prova sumária de sua posse e a qualidade de terceiro, oferecendo documentos e rol de testemunhas.

§ 1º É facultada a prova da posse em audiência preliminar designada pelo juiz.

§ 2º O possuidor direto pode alegar, com a sua posse, domínio alheio.

• V. art. 486, CC/1916; e art. 1.197, CC/2002.

§ 3º A citação será pessoal, se o embargado não tiver procurador constituído nos autos da ação principal.

• § 3º acrescentado pela Lei 12.125/2009.

Art. 1.051. Julgando suficientemente provada a posse, o juiz deferirá liminarmente os embargos e ordenará a expedição de mandado de manutenção ou de restituição em favor do embargante, que só receberá os bens depois de prestar caução de os devolver com seus rendimentos, caso sejam a final declarados improcedentes.

• V. art. 799, última parte, CPC.

Art. 1.052. Quando os embargos versarem sobre todos os bens, determinará o juiz a suspensão do curso do processo principal; versando sobre alguns deles, prosseguirá o processo principal somente quanto aos bens não embargados.

Art. 1.053. Os embargos poderão ser contestados no prazo de 10 (dez) dias, findo o qual proceder-se-á de acordo com o disposto no art. 803.

Art. 1.054. Contra os embargos do credor com garantia real, somente poderá o embargado alegar que:

I – o devedor comum é insolvente;

• V. art. 751, CPC.

II – o título é nulo ou não obriga a terceiro;

III – outra é a coisa dada em garantia.

Capítulo XI
DA HABILITAÇÃO

Art. 1.055. A habilitação tem lugar quando, por falecimento de qualquer das partes, os interessados houverem de suceder-lhe no processo.

• V. arts. 41 a 43 e 265, I e § 1º, CPC.

Art. 1.056. A habilitação pode ser requerida:

I – pela parte, em relação aos sucessores do falecido;

II – pelos sucessores do falecido, em relação à parte.

Art. 1.057. Recebida a petição inicial, ordenará o juiz a citação dos requeridos para contestar a ação no prazo de 5 (cinco) dias.

• V. art. 1.164, parágrafo único, CPC.

Parágrafo único. A citação será pessoal, se a parte não tiver procurador constituído na causa.

Art. 1.058. Findo o prazo da contestação, observar-se-á o disposto nos arts. 802 e 803.

Art. 1.059. Achando-se a causa no tribunal, a habilitação processar-se-á perante o relator e será julgada conforme o disposto no regimento interno.

• V. arts. 288 a 296, RISTF.
• V. arts. 283 a 287, RISTJ.

Art. 1.060. Proceder-se-á à habilitação nos autos da causa principal e independentemente de sentença quando:

I – promovida pelo cônjuge e herdeiros necessários, desde que provem por documento o óbito do falecido e a sua qualidade;

• V. art. 43, CPC.

II – em outra causa, sentença passada em julgado houver atribuído ao habilitando a qualidade de herdeiro ou sucessor;

III – o herdeiro for incluído sem qualquer oposição no inventário;

IV – estiver declarada a ausência ou determinada a arrecadação da herança jacente;

V – oferecidos os artigos de habilitação, a parte reconhecer a procedência do pedido e não houver oposição de terceiros.

Art. 1.061. Falecendo o alienante ou o cedente, poderá o adquirente ou o cessio-

Art. 1.062

nário prosseguir na causa juntando aos autos o respectivo título e provando a sua identidade.
* Artigo com redação determinada pela Lei 5.925/1973.
* V. art. 567, III, CPC.

Art. 1.062. Passada em julgado a sentença de habilitação, ou admitida a habilitação, nos casos em que independer de sentença, a causa principal retomará o seu curso.

Capítulo XII
DA RESTAURAÇÃO DE AUTOS

Art. 1.063. Verificado o desaparecimento dos autos, pode qualquer das partes promover-lhes a restauração.
* V. art. 47, Lei 6.515/1977 (Lei do Divórcio).

Parágrafo único. Havendo autos suplementares, nestes prosseguirá o processo.
* V. art. 159, CPC.

Art. 1.064. Na petição inicial declarará a parte o estado da causa ao tempo do desaparecimento dos autos, oferecendo:
I – certidões dos atos constantes do protocolo de audiências do cartório por onde haja corrido o processo;
II – cópia dos requerimentos que dirigiu ao juiz;
III – quaisquer outros documentos que facilitem a restauração.

Art. 1.065. A parte contrária será citada para contestar o pedido no prazo de 5 (cinco) dias, cabendo-lhe exibir as cópias, contrafés e mais reproduções dos atos e documentos que estiverem em seu poder.

§ 1º Se a parte concordar com a restauração, lavrar-se-á o respectivo auto que, assinado pelas partes e homologado pelo juiz, suprirá o processo desaparecido.

§ 2º Se a parte não contestar ou se a concordância for parcial, observar-se-á o disposto no art. 803.

Art. 1.066. Se o desaparecimento dos autos tiver ocorrido depois da produção das provas em audiência, o juiz mandará repeti-las.

§ 1º Serão reinquiridas as mesmas testemunhas; mas se estas tiverem falecido ou se acharem impossibilitadas de depor e não houver meio de comprovar de outra forma o depoimento, poderão ser substituídas.

§ 2º Não havendo certidão ou cópia do laudo, far-se-á nova perícia, sempre que for possível e de preferência pelo mesmo perito.

§ 3º Não havendo certidão de documentos, estes serão reconstituídos mediante cópias e, na falta, pelos meios ordinários de prova.

§ 4º Os serventuários e auxiliares da justiça não podem eximir-se de depor como testemunhas a respeito de atos que tenham praticado ou assistido.

§ 5º Se o juiz houver proferido sentença da qual possua cópia, esta será junta aos autos e terá a mesma autoridade da original.

Art. 1.067. Julgada a restauração, seguirá o processo os seus termos.
* V. arts. 458 e 513, CPC.

§ 1º Aparecendo os autos originais, nestes se prosseguirá sendo-lhes apensados os autos da restauração.

§ 2º Os autos suplementares serão restituídos ao cartório, deles se extraindo certidões de todos os atos e termos a fim de completar os autos originais.

Art. 1.068. Se o desaparecimento dos autos tiver ocorrido no tribunal, a ação será distribuída, sempre que possível, ao relator do processo.
* V. arts. 298 a 303, RISTF.

§ 1º A restauração far-se-á no juízo de origem quanto aos atos que neste se tenham realizado.

§ 2º Remetidos os autos ao tribunal, aí se completará a restauração e se procederá ao julgamento.

Art. 1.069. Quem houver dado causa ao desaparecimento dos autos responderá pelas custas da restauração e honorários de advogado, sem prejuízo da responsabilidade civil ou penal em que incorrer.
* V. arts. 16 a 18, 85 e 133, I, CPC.

Capítulo XIII
DAS VENDAS A CRÉDITO COM RESERVA DE DOMÍNIO

* V. art. 44, IV, Dec.-lei 7.661/1945 (Lei de Falências); e art. 119, IV, Lei 11.101/2005 (Lei de Recuperação de Empresas e Falência).

Art. 1.102-C

CÓDIGO DE PROCESSO CIVIL

Art. 1.070. Nas vendas a crédito com reserva de domínio, quando as prestações estiverem representadas por título executivo, o credor poderá cobrá-las, observando-se o disposto no Livro II, Título II, Capítulo IV.

• V. art. 585, CPC.

§ 1º Efetuada a penhora da coisa vendida, é lícito a qualquer das partes, no curso do processo, requerer-lhe a alienação judicial em leilão.

• V. arts. 704 a 707, CPC.

§ 2º O produto do leilão será depositado, sub-rogando-se nele a penhora.

Art. 1.071. Ocorrendo mora do comprador, provada com o protesto do título, o vendedor poderá requerer, liminarmente e sem audiência do comprador, a apreensão e depósito da coisa vendida.

§ 1º Ao deferir o pedido, nomeará o juiz perito, que procederá à vistoria da coisa e arbitramento do seu valor, descrevendo-lhe o estado e individuando-a com todos os característicos.

§ 2º Feito o depósito, será citado o comprador para, dentro em 5 (cinco) dias, contestar a ação. Neste prazo poderá o comprador, que houver pago mais de 40% (quarenta por cento) do preço, requerer ao juiz que lhe conceda 30 (trinta) dias para reaver a coisa, liquidando as prestações vencidas, juros, honorários e custas.

• V. arts. 300 a 318, CPC.

§ 3º Se o réu não contestar, deixar de pedir a concessão do prazo ou não efetuar o pagamento referido no parágrafo anterior, poderá o autor, mediante a apresentação dos títulos vencidos e vincendos, requerer a reintegração imediata na posse da coisa depositada; caso em que, descontada do valor arbitrado a importância da dívida acrescida das despesas judiciais e extrajudiciais, o autor restituirá ao réu o saldo, depositando-o em pagamento.

§ 4º Se a ação for contestada, observar-se-á o procedimento ordinário, sem prejuízo da reintegração liminar.

• V. arts. 282 a 475, CPC.

Capítulo XIV
DO JUÍZO ARBITRAL

• V. Lei 9.307/1996 (Arbitragem).

Arts. 1.072 a 1.102. *(Revogados pela Lei 9.307/1996.)*

Capítulo XV
DA AÇÃO MONITÓRIA

• Capítulo acrescentado pela Lei 9.079/1995.
• V. Súmulas 282, 292 e 339, STJ.

Art. 1.102-A. A ação monitória compete a quem pretender, com base em prova escrita sem eficácia de título executivo, pagamento de soma em dinheiro, entrega de coisa fungível ou de determinado bem móvel.

• Artigo acrescentado pela Lei 9.079/1995.
• V. Súmulas 299 e 384, STJ.
•• V. art. 100, IV, *d*, CPC.
•• V. Súmulas 233, 247, 258 e 384, STJ.

Art. 1.102-B. Estando a petição inicial devidamente instruída, o juiz deferirá de plano a expedição do mandado de pagamento ou de entrega da coisa no prazo de 15 (quinze) dias.

• Artigo acrescentado pela Lei 9.079/1995.
• V. art. 93, IX, CF.
• V. art. 295, parágrafo único, CPC.

Art. 1.102-C. No prazo previsto no art. 1.102-B, poderá o réu oferecer embargos, que suspenderão a eficácia do mandado inicial. Se os embargos não forem opostos, constituir-se-á, de pleno direito, o título executivo judicial, convertendo-se o mandado inicial em mandado executivo e prosseguindo-se na forma do Livro I, Título VIII, Capítulo X, desta Lei.

• *Caput* com redação determinada pela Lei 11.232/2005 (*DOU* 23.12.2005), em vigor 6 (seis) meses após a data de sua publicação.
• V. arts. 621 a 631 e 646 a 731, CPC.

§ 1º Cumprindo o réu o mandado, ficará isento de custas e honorários advocatícios.

• § 1º acrescentado pela Lei 9.079/1995.

§ 2º Os embargos independem de prévia segurança do juízo e serão processados nos próprios autos, pelo procedimento ordinário.

• § 2º acrescentado pela Lei 9.079/1995.
•• V. art. 300, CPC.

Art. 1.103

§ 3º Rejeitados os embargos, constituir-se-á, de pleno direito, o título executivo judicial, intimando-se o devedor e prosseguindo-se na forma prevista no Livro I, Título VIII, Capítulo X, desta Lei.

- § 3º com redação determinada pela Lei 11.232/2005 (*DOU* 23.12.2005), em vigor 6 (seis) meses após a data de sua publicação.
- V. arts. 621 a 631 e 646 a 731, CPC.

TÍTULO II
DOS PROCEDIMENTOS ESPECIAIS DE JURISDIÇÃO VOLUNTÁRIA

Capítulo I
DAS DISPOSIÇÕES GERAIS

Art. 1.103. Quando este Código não estabelecer procedimento especial, regem a jurisdição voluntária as disposições constantes deste Capítulo.

- V. art. 174, I, CPC.

Art. 1.104. O procedimento terá início por provocação do interessado ou do Ministério Público, cabendo-lhes formular o pedido em requerimento dirigido ao juiz, devidamente instruído com os documentos necessários e com a indicação da providência judicial.

Art. 1.105. Serão citados, sob pena de nulidade, todos os interessados, bem como o Ministério Público.

- V. arts. 82, 84 e 246, parágrafo único, CPC.

Art. 1.106. O prazo para responder é de 10 (dez) dias.

- V. arts. 241 e 297, CPC.

Art. 1.107. Os interessados podem produzir as provas destinadas a demonstrar as suas alegações; mas ao juiz é lícito investigar livremente os fatos e ordenar de ofício a realização de quaisquer provas.

- V. art. 130, CPC.

Art. 1.108. A Fazenda Pública será sempre ouvida nos casos em que tiver interesse.

Art. 1.109. O juiz decidirá o pedido no prazo de 10 (dez) dias; não é, porém, obrigado a observar critério de legalidade estrita, podendo adotar em cada caso a solução que reputar mais conveniente ou oportuna.

Art. 1.110. Da sentença caberá apelação.

- V. art. 513, CPC.

Art. 1.111. A sentença poderá ser modificada, sem prejuízo dos efeitos já produzidos, se ocorrerem circunstâncias supervenientes.

Art. 1.112. Processar-se-á na forma estabelecida neste Capítulo o pedido de:

I – emancipação;

- V. arts. 9º, § 1º, I, e 12, II, CC/1916; e arts. 5º, parágrafo único, e 9º, II, CC/2002.
- V. arts. 29, IV, 89 a 91, 104 e 107, § 1º, Lei 6.015/1973 (Lei de Registros Públicos).

II – sub-rogação;

- V. arts. 985 a 990 e 1.677, CC/1916; e arts. 346 a 351 e 1.911, parágrafo único, CC/2002.

III – alienação, arrendamento ou oneração de bens dotais de menores, de órfãos e de interditos;

- V. arts. 293, 386, 453 e 1.117, III, CPC.

IV – alienação, locação e administração da coisa comum;

- V. art. 1.117, II, CPC.
- V. arts. 632 e 635 a 640, CC/1916; e arts. 1.322 a 1.326, CC/2002.
- V. art. 641, CC/1916, sem correspondência no CC/2002.

V – alienação de quinhão em coisa comum;

- V. art. 1.118, CPC.
- V. arts. 1.139 e 1.777, CC/1916; e arts. 504 e 2.019, CC/2002.

VI – extinção de usufruto e de fideicomisso.

- V. arts. 713 a 741 e 1.733 a 1.740, CC/1916; e arts. 1.390 a 1.410 e 1.951 a 1.960, CC/2002.

Capítulo II
DAS ALIENAÇÕES JUDICIAIS

Art. 1.113. Nos casos expressos em lei e sempre que os bens depositados judicialmente forem de fácil deterioração, estiverem avariados ou exigirem grandes despesas para a sua guarda, o juiz, de ofício ou a requerimento do depositário ou de qualquer das partes, mandará aliená-los em leilão.

- V. arts. 704 a 707, 797, 1.017, § 3º, 1.070, § 1º, e 1.155, CPC.
- V. arts. 293, CC/1916, sem correspondência no CC/2002.
- V. art. 606, CC/1916; e art. 1.237, CC/2002.
- V. Dec.-lei 911/1969 (Alienação fiduciária).

Art. 1.121

CÓDIGO DE PROCESSO CIVIL

§ 1º Poderá o juiz autorizar, da mesma forma, a alienação de semoventes e outros bens de guarda dispendiosa; mas não o fará se alguma das partes se obrigar a satisfazer ou garantir as despesas de conservação.
§ 2º Quando uma das partes requerer a alienação judicial, o juiz ouvirá sempre a outra antes de decidir.
§ 3º Far-se-á a alienação independentemente de leilão, se todos os interessados forem capazes e nisso convierem expressamente.

Art. 1.114. Os bens serão avaliados por um perito nomeado pelo juiz quando:
I – não o hajam sido anteriormente;
II – tenham sofrido alteração em seu valor.

• V. art. 680, CPC.

Art. 1.115. A alienação será feita pelo maior lanço oferecido, ainda que seja inferior ao valor da avaliação.

Art. 1.116. Efetuada a alienação e deduzidas as despesas, depositar-se-á o preço, ficando nele sub-rogados os ônus ou responsabilidades a que estiverem sujeitos os bens.

• Artigo com redação determinada pela Lei 5.925/1973.

Parágrafo único. Não sendo caso de se levantar o depósito antes de 30 (trinta) dias, inclusive na ação ou na execução, o juiz determinará a aplicação do produto da alienação ou do depósito, em obrigações ou títulos da dívida pública da União ou dos Estados.

Art. 1.117. Também serão alienados em leilão, procedendo-se como nos artigos antecedentes:

• V. arts. 704 a 707, CPC.

I – o imóvel que, na partilha, não couber no quinhão de um só herdeiro ou não admitir divisão cômoda, salvo se adjudicado a um ou mais herdeiros acordes;

• V. art. 1.777, CC/1916; e art. 2.019, CC/2002.

II – a coisa comum indivisível ou que, pela divisão, se tornar imprópria ao seu destino, verificada previamente a existência de desacordo quanto à adjudicação a um dos condôminos;

• V. art. 1.112, IV, CPC.
• V. art. 1.139, CC/1916; e art. 504, CC/2002.

III – os bens móveis e imóveis de órfãos nos casos em que a lei o permite e mediante autorização do juiz.

• V. art. 1.112, III, CPC.
• V. art. 429, CC/1916; e art. 1.750, CC/2002.

Art. 1.118. Na alienação judicial de coisa comum, será preferido:
I – em condições iguais, o condômino ao estranho;
II – entre os condôminos, o que tiver benfeitorias de maior valor;
III – o condômino proprietário de quinhão maior, se não houver benfeitorias.

Art. 1.119. Verificada a alienação de coisa comum sem observância das preferências legais, o condômino prejudicado poderá requerer, antes da assinatura da carta, o depósito do preço e adjudicação da coisa.

Parágrafo único. Serão citados o adquirente e os demais condôminos para dizerem de seu direito, observando-se, quanto ao procedimento, o disposto no art. 803.

Capítulo III
DA SEPARAÇÃO CONSENSUAL

Art. 1.120. A separação consensual será requerida em petição assinada por ambos os cônjuges.

• V. art. 226, § 6º, CF.
• V. arts. 4º, 34 e 40, § 2º, Lei 6.515/1977 (Lei do Divórcio).

§ 1º Se os cônjuges não puderem ou não souberem escrever, é lícito que outrem assine a petição a rogo deles.
§ 2º As assinaturas, quando não lançadas na presença do juiz, serão reconhecidas por tabelião.

Art. 1.121. A petição, instruída com a certidão de casamento e o contrato antenupcial se houver, conterá:

• V. art. 1.123, CPC.
• V. art. 4º, Lei 6.515/1977 (Lei do Divórcio).

I – a descrição dos bens do casal e a respectiva partilha;
II – o acordo relativo à guarda dos filhos menores e ao regime de visitas;

• Inciso II com redação determinada pela Lei 11.112/2005 (*DOU* 16.05.2005), em vigor 45 (quarenta e cinco) dias após a sua publicação (v. art. 1º, do Dec.-lei 4.657/1942).

Art. 1.122

CÓDIGO DE PROCESSO CIVIL

- V. art. 384, II, CC/1916; e art. 1.634, II, CC/2002.
- V. arts. 9º e 15, Lei 6.515/1977 (Lei do Divórcio).

III – o valor da contribuição para criar e educar os filhos;

- V. art. 20, Lei 6.515/1977 (Lei do Divórcio).

IV – a pensão alimentícia do marido à mulher, se esta não possuir bens suficientes para se manter.

- V. art. 5º, I, CF.
- V. Súmula 379, STF.
- V. Súmula 64, TFR.

§ 1º Se os cônjuges não acordarem sobre a partilha dos bens, far-se-á esta, depois de homologada a separação consensual, na forma estabelecida neste Livro, Título I, Capítulo IX.

- Primitivo parágrafo único renumerado pela Lei 11.112/2005 (*DOU* 16.05.2005), em vigor 45 (quarenta e cinco) dias após a sua publicação (v. art. 1º, do Dec.-lei 4.657/1942).
- V. arts. 31 e 43, Lei 6.515/1977 (Lei do Divórcio).

§ 2º Entende-se por regime de visitas a forma pela qual os cônjuges ajustarão a permanência dos filhos em companhia daquele que não ficar com sua guarda, compreendendo encontros periódicos regularmente estabelecidos, repartição das férias escolares e dias festivos.

- § 2º acrescentado pela Lei 11.112/2005 (*DOU* 16.05.2005), em vigor 45 (quarenta e cinco) dias após a sua publicação (v. art. 1º, do Dec.-lei 4.657/1942).

Art. 1.122. Apresentada a petição ao juiz, este verificará se ela preenche os requisitos exigidos nos dois artigos antecedentes; em seguida, ouvirá os cônjuges sobre os motivos da separação consensual, esclarecendo-lhes as consequências da manifestação de vontade.

§ 1º Convencendo-se o juiz de que ambos, livremente e sem hesitações, desejam a separação consensual, mandará reduzir a termo as declarações e, depois de ouvir o Ministério Público no prazo de 5 (cinco) dias, a homologará; em caso contrário, marcar-lhes-á dia e hora, com 15 (quinze) a 30 (trinta) dias de intervalo, para que voltem, a fim de ratificar o pedido de separação consensual.

- V. art. 39, Lei 6.515/1977 (Lei do Divórcio).
- V. Súmula 305, STF.

§ 2º Se qualquer dos cônjuges não comparecer à audiência designada ou não ratificar o pedido, o juiz mandará autuar a petição e documentos e arquivar o processo.

Art. 1.123. É lícito às partes, a qualquer tempo, no curso da separação judicial, lhe requererem a conversão em separação consensual; caso em que será observado o disposto no art. 1.121 e primeira parte do § 1º do artigo antecedente.

- V. art. 447, parágrafo único, CPC.
- V. art. 39, Lei 6.515/1977 (Lei do Divórcio).

Art. 1.124. Homologada a separação consensual, averbar-se-á a sentença no registro civil e, havendo bens imóveis, na circunscrição onde se acham registrados.

- V. arts. 4º e 40, § 2º, Lei 6.515/1977 (Lei do Divórcio).

Art. 1.124-A. A separação consensual e o divórcio consensual, não havendo filhos menores ou incapazes do casal e observados os requisitos legais quanto aos prazos, poderão ser realizados por escritura pública, da qual constarão as disposições relativas à descrição e à partilha dos bens comuns e à pensão alimentícia e, ainda, ao acordo quanto à retomada pelo cônjuge de seu nome de solteiro ou à manutenção do nome adotado quando se deu o casamento.

- *Caput* acrescentado pela Lei 11.441/2007.
- V. Res. CNJ 35/2007 (Disciplina a aplicação da Lei 11.441/2007 pelos serviços notariais e de registro).

§ 1º A escritura não depende de homologação judicial e constitui título hábil para o registro civil e o registro de imóveis.

- § 1º acrescentado pela Lei 11.441/2007.

§ 2º O tabelião somente lavrará a escritura se os contratantes estiverem assistidos por advogado comum ou advogados de cada um deles ou por defensor público, cuja qualificação e assinatura constarão do ato notarial.

- § 2º com redação determinada pela Lei 11.965/2009.

§ 3º A escritura e demais atos notariais serão gratuitos àqueles que se declararem pobres sob as penas da lei.

- § 3º acrescentado pela Lei 11.441/2007.

Art. 1.131

CÓDIGO DE PROCESSO CIVIL

Capítulo IV
DOS TESTAMENTOS E CODICILOS

Seção I
Da abertura, do registro e do cumprimento

Art. 1.125. Ao receber testamento cerrado, o juiz, após verificar se está intacto, o abrirá e mandará que o escrivão o leia em presença de quem o entregou.

- V. arts. 173, II, e 1.128, parágrafo único, CPC.
- V. arts. 1.638 a 1.644, CC/1916; e arts. 1.868 a 1.875, CC/2002.

Parágrafo único. Lavrar-se-á em seguida o ato de abertura que, rubricado pelo juiz e assinado pelo apresentante, mencionará:
I – a data e o lugar em que o testamento foi aberto;
II – o nome do apresentante e como houve ele o testamento;
III – a data e o lugar do falecimento do testador;
IV – qualquer circunstância digna de nota, encontrada no invólucro ou no interior do testamento.

Art. 1.126. Conclusos os autos, o juiz, ouvido o órgão do Ministério Público, mandará registrar, arquivar e cumprir o testamento, se lhe não achar vício externo, que o torne suspeito de nulidade ou falsidade.

- V. arts. 1.128, parágrafo único, e 1.133, CPC.
- V. art. 1.644, CC/1916; e art. 1.875, CC/2002.

Parágrafo único. O testamento será registrado e arquivado no cartório a que tocar, dele remetendo o escrivão uma cópia, no prazo de 8 (oito) dias, à repartição fiscal.

Art. 1.127. Feito o registro, o escrivão intimará o testamenteiro nomeado a assinar, no prazo de 5 (cinco) dias, o termo da testamentaria; se não houver testamenteiro nomeado, estiver ele ausente ou não aceitar o encargo, o escrivão certificará a ocorrência e fará os autos conclusos; caso em que o juiz nomeará testamenteiro dativo, observando-se a preferência legal.

- V. arts. 1.133 e 1.138, CPC.
- V. arts. 1.753 a 1.765, 1.768 e 1.769, CC/1916; e arts. 1.976 a 1.986, 1.989 e 1.990, CC/2002.

Parágrafo único. Assinado o termo de aceitação da testamentaria, o escrivão extrairá cópia autêntica do testamento para ser juntada aos autos de inventário ou de arrecadação da herança.

Art. 1.128. Quando o testamento for público, qualquer interessado, exibindo-lhe o traslado ou certidão, poderá requerer ao juiz que ordene o seu cumprimento.

- V. arts. 1.632 a 1.637, CC/1916; e arts. 1.864 a 1.867, CC/2002.

Parágrafo único. O juiz mandará processá-lo conforme o disposto nos arts. 1.125 e 1.126.

Art. 1.129. O juiz, de ofício ou a requerimento de qualquer interessado, ordenará ao detentor de testamento que o exiba em juízo para os fins legais, se ele, após a morte do testador, não se tiver antecipado em fazê-lo.

- Artigo com redação determinada pela Lei 5.925/1973.

Parágrafo único. Não sendo cumprida a ordem, proceder-se-á à busca e apreensão do testamento, de conformidade com o disposto nos arts. 839 a 843.

- V. arts. 1.595, III, 1.596 e 1.598, CC/1916; e arts. 1.814, III, 1.815, *caput*, 1.817, parágrafo único, CC/2002.
- V. arts. 330, 337 e 356, CP.

Seção II
Da confirmação do testamento particular

Art. 1.130. O herdeiro, o legatário ou o testamenteiro poderá requerer, depois da morte do testador, a publicação em juízo do testamento particular, inquirindo-se as testemunhas que lhe ouviram a leitura e, depois disso, o assinaram.

- V. arts. 1.645 a 1.649, CC/1916; e arts. 1.876 a 1.880, CC/2002.

Parágrafo único. A petição será instruída com a cédula do testamento particular.

Art. 1.131. Serão intimados para a inquirição:
I – aqueles a quem caberia a sucessão legítima;
II – o testamenteiro, os herdeiros e os legatários que não tiverem requerido a publicação;

III – o Ministério Público.
Parágrafo único. As pessoas, que não forem encontradas na comarca, serão intimadas por edital.
Art. 1.132. Inquiridas as testemunhas, poderão os interessados, no prazo comum de 5 (cinco) dias, manifestar-se sobre o testamento.
Art. 1.133. Se pelo menos três testemunhas contestes reconhecerem que é autêntico o testamento, o juiz, ouvido o órgão do Ministério Público, o confirmará, observando-se quanto ao mais o disposto nos arts. 1.126 e 1.127.

- V. art. 1.647, CC/1916; e art. 1.878, CC/2002.

Seção III
Do testamento militar, marítimo, nuncupativo e do codicilo

Art. 1.134. As disposições da seção precedente aplicam-se:
I – ao testamento marítimo;

- V. arts. 1.656 a 1.659, CC/1916; e arts. 1.888 e 1.890 a 1.892, CC/2002.

II – ao testamento militar;

- V. arts. 1.660 a 1.663, CC/1916; e arts. 1.893 a 1.896, CC/2002.

III – ao testamento nuncupativo;

- V. art. 1.663, CC/1916; e art. 1.896, CC/2002.
- V. art. 76, Lei 6.015/1973 (Lei de Registros Públicos).

IV – ao codicilo.

- V. arts. 1.651 a 1.655, CC/1916; e arts. 1.881 a 1.885, CC/2002.

Seção IV
Da execução dos testamentos

Art. 1.135. O testamenteiro deverá cumprir as disposições testamentárias no prazo legal, se outro não tiver sido assinado pelo testador e prestar contas, no juízo do inventário, do que recebeu e despendeu.

- V. arts. 914, 919 e 1.138, CPC.
- V. arts. 1.753 a 1.756, 1.768 e 1.769, CC/1916; e arts. 1.976 a 1.979, 1.989 e 1.990, CC/2002.

Parágrafo único. Será ineficaz a disposição testamentária que eximir o testamenteiro da obrigação de prestar contas.

Art. 1.136. Se dentro de 3 (três) meses, contados do registro do testamento, não estiver inscrita a hipoteca legal da mulher casada, do menor e do interdito instituídos herdeiros ou legatários, o testamenteiro requerer-lhe-á a inscrição, sem a qual não se haverão por cumpridas as disposições do testamento.

- V. arts. 5º, I, e 226, § 5º, CF.
- V. arts. 1.205 a 1.210, CPC.
- V. art. 840, II, CC/1916, sem correspondência no CC/2002.
- V. arts. 167, I-2, 168 e 217, Lei 6.015/1973 (Lei de Registros Públicos).

Art. 1.137. Incumbe ao testamenteiro:
I – cumprir as obrigações do testamento;
II – propugnar a validade do testamento;
III – defender a posse dos bens da herança;
IV – requerer ao juiz que lhe conceda os meios necessários para cumprir as disposições testamentárias.

Art. 1.138. O testamenteiro tem direito a um prêmio que, se o testador não houver fixado, o juiz arbitrará, levando em conta o valor da herança e o trabalho de execução do testamento.

- V. art. 1.768, CC/1916; e art. 1.989, CC/2002.
- V. art. 1.759, CC/1916, sem correspondência no CC/2002.

§ 1º O prêmio, que não excederá 5% (cinco por cento), será calculado sobre a herança líquida e deduzido somente da metade disponível quando houver herdeiros necessários, e de todo o acervo líquido nos demais casos.
§ 2º Sendo o testamenteiro casado, sob o regime de comunhão de bens, com herdeiro ou legatário do testador, não terá direito ao prêmio; ser-lhe-á lícito, porém, preferir o prêmio à herança ou legado.

Art. 1.139. Não se efetuará o pagamento do prêmio mediante adjudicação de bens do espólio, salvo se o testamenteiro for meeiro.

Art. 1.140. O testamenteiro será removido e perderá o prêmio se:
I – lhe forem glosadas as despesas por ilegais ou em discordância com o testamento;

Art. 1.152

CÓDIGO DE PROCESSO CIVIL

II – não cumprir as disposições testamentárias.

* V. art. 1.759, CC/1916, sem correspondência no CC/2002.

Art. 1.141. O testamenteiro, que quiser demitir-se do encargo, poderá requerer ao juiz a escusa, alegando causa legítima. Ouvidos os interessados e o órgão do Ministério Público, o juiz decidirá.

Capítulo V
DA HERANÇA JACENTE

Art. 1.142. Nos casos em que a lei civil considere jacente a herança, o juiz, em cuja comarca tiver domicílio o falecido, procederá sem perda de tempo à arrecadação de todos os seus bens.

* V. art. 1.165, parágrafo único, CPC.
* V. arts. 1.591 a 1.594, CC/1916; e arts. 1.819 a 1.823, CC/2002.

Art. 1.143. A herança jacente ficará sob a guarda, conservação e administração de um curador até a respectiva entrega ao sucessor legalmente habilitado, ou até a declaração de vacância; caso em que será incorporada ao domínio da União, do Estado ou do Distrito Federal.

* V. art. 1.594, CC/1916; e art. 1.822, CC/2002.

Art. 1.144. Incumbe ao curador:
I – representar a herança em juízo ou fora dele, com assistência do órgão do Ministério Público;

* V. art. 12, IV, CPC.

II – ter em boa guarda e conservação os bens arrecadados e promover a arrecadação de outros porventura existentes;
III – executar as medidas conservatórias dos direitos da herança;
IV – apresentar mensalmente ao juiz um balancete da receita e da despesa;
V – prestar contas a final de sua gestão.

* V. art. 919, CPC.

Parágrafo único. Aplica-se ao curador o disposto nos arts. 148 a 150.

Art. 1.145. Comparecendo à residência do morto, acompanhado do escrivão e do curador, o juiz mandará arrolar os bens e descrevê-los em auto circunstanciado.

§ 1º Não estando ainda nomeado o curador, o juiz designará um depositário e lhe entregará os bens, mediante simples termo nos autos, depois de compromissado.

§ 2º O órgão do Ministério Público e o representante da Fazenda Pública serão intimados a assistir à arrecadação, que se realizará, porém, estejam presentes ou não.

Art. 1.146. Quando a arrecadação não terminar no mesmo dia, o juiz procederá à aposição de selos, que serão levantados à medida que se efetuar o arrolamento, mencionando-se o estado em que foram encontrados os bens.

* V. art. 172, § 1º, CPC.

Art. 1.147. O juiz examinará reservadamente os papéis, cartas missivas e os livros domésticos; verificando que não apresentam interesse, mandará empacotá-los e lacrá-los para serem assim entregues aos sucessores do falecido, ou queimados quando os bens forem declarados vacantes.

Art. 1.148. Não podendo comparecer imediatamente por motivo justo ou por estarem os bens em lugar muito distante, o juiz requisitará à autoridade policial que proceda à arrecadação e ao arrolamento dos bens.

Parágrafo único. Duas testemunhas assistirão às diligências e, havendo necessidade de apor selos, estes só poderão ser abertos pelo juiz.

Art. 1.149. Se constar ao juiz a existência de bens em outra comarca, mandará expedir carta precatória a fim de serem arrecadados.

Art. 1.150. Durante a arrecadação o juiz inquirirá os moradores da casa e da vizinhança sobre a qualificação do falecido, o paradeiro de seus sucessores e a existência de outros bens, lavrando-se de tudo um auto de inquirição e informação.

Art. 1.151. Não se fará a arrecadação ou suspender-se-á esta quando iniciada, se se apresentar para reclamar os bens o cônjuge, herdeiro ou testamenteiro notoriamente reconhecido e não houver oposição motivada do curador, de qualquer interessado, do órgão do Ministério Público ou do representante da Fazenda Pública.

Art. 1.152. Ultimada a arrecadação, o juiz mandará expedir edital, que será estam-

pado três vezes, com intervalo de 30 (trinta) dias para cada um, no órgão oficial e na imprensa da comarca, para que venham a habilitar-se os sucessores do finado no prazo de 6 (seis) meses contados da primeira publicação.

• V. art. 1.157, CPC.

§ 1º Verificada a existência de sucessor ou testamenteiro em lugar certo, far-se-á a sua citação, sem prejuízo do edital.

§ 2º Quando o finado for estrangeiro, será também comunicado o fato à autoridade consular.

Art. 1.153. Julgada a habilitação do herdeiro, reconhecida a qualidade do testamenteiro ou provada a identidade do cônjuge, a arrecadação converter-se-á em inventário.

Art. 1.154. Os credores da herança poderão habilitar-se como nos inventários ou propor a ação de cobrança.

• V. arts. 1.017 a 1.021, CPC.

Art. 1.155. O juiz poderá autorizar a alienação:

• V. arts. 1.113 a 1.119, CPC.

I – de bens móveis, se forem de conservação difícil ou dispendiosa;
II – de semoventes, quando não empregados na exploração de alguma indústria;
III – de títulos e papéis de crédito, havendo fundado receio de depreciação;
IV – de ações de sociedade quando, reclamada a integralização, não dispuser a herança de dinheiro para o pagamento;
V – de bens imóveis:
a) se ameaçarem ruína, não convindo a reparação;
b) se estiverem hipotecados e vencer-se a dívida, não havendo dinheiro para o pagamento.

Parágrafo único. Não se procederá, entretanto, à venda se a Fazenda Pública ou o habilitando adiantar a importância para as despesas.

Art. 1.156. Os bens com valor de afeição, como retratos, objetos de uso pessoal, livros e obras de arte, só serão alienados depois de declarada a vacância da herança.

Art. 1.157. Passado 1 (um) ano da primeira publicação do edital (art. 1.152) e não havendo herdeiro habilitado nem habilitação pendente, será a herança declarada vacante.

• V. arts. 1.593 e 1.594, *caput*, CC/1916; e arts. 1.820 e 1.822, CC/2002.

Parágrafo único. Pendendo habilitação, a vacância será declarada pela mesma sentença que a julgar improcedente. Sendo diversas as habilitações, aguardar-se-á o julgamento da última.

Art. 1.158. Transitada em julgado a sentença que declarou a vacância, o cônjuge, os herdeiros e os credores só poderão reclamar o seu direito por ação direta.

Capítulo VI
DOS BENS DOS AUSENTES

Art. 1.159. Desaparecendo alguém do seu domicílio sem deixar representante a quem caiba administrar-lhe os bens, ou deixando mandatário que não queira ou não possa continuar a exercer o mandato, declarar-se-á a sua ausência.

• V. arts. 1.163 e 1.165, CPC.
• V. arts. 463, 470, 472 a 480, 482 e 483, CC/1916; e arts. 22, 27, 29 a 36, 38 e 39, CC/2002.
• V. arts. 468 e 484, CC/1916, sem correspondência no CC/2002.
• V. arts. 29, VI, e 94, Lei 6.015/1973 (Lei de Registros Públicos).
• V. Súmula 53, TFR.

Art. 1.160. O juiz mandará arrecadar os bens do ausente e nomear-lhe-á curador na forma estabelecida no Capítulo antecedente.

• V. art. 1.042, CPC.

Art. 1.161. Feita a arrecadação, o juiz mandará publicar editais durante 1 (um) ano, reproduzidos de dois em dois meses, anunciando a arrecadação e chamando o ausente a entrar na posse de seus bens.

Art. 1.162. Cessa a curadoria:
I – pelo comparecimento do ausente, do seu procurador ou de quem o represente;

• V. art. 104, Lei 6.015/1973 (Lei de Registros Públicos).

II – pela certeza da morte do ausente;
III – pela sucessão provisória.

Art. 1.163. Passado um ano da publicação do primeiro edital sem que se saiba do ausente e não tendo comparecido seu pro-

CÓDIGO DE PROCESSO CIVIL

curador ou representante, poderão os interessados requerer que se abra provisoriamente a sucessão.

§ 1º Consideram-se para este efeito interessados:

I – o cônjuge não separado judicialmente;

II – os herdeiros presumidos legítimos e os testamentários;

III – os que tiverem sobre os bens do ausente direito subordinado à condição de morte;

IV – os credores de obrigações vencidas e não pagas.

§ 2º Findo o prazo deste artigo e não havendo absolutamente interessados na sucessão provisória, cumpre ao órgão do Ministério Público requerê-la.

- V. art. 1.165, CPC.
- V. arts. 470 e 472 a 480, CC/1916; e arts. 27 e 29 a 36, CC/2002.

Art. 1.164. O interessado, ao requerer a abertura da sucessão provisória, pedirá a citação pessoal dos herdeiros presentes e do curador e, por editais, a dos ausentes para oferecerem artigos de habilitação.

Parágrafo único. A habilitação dos herdeiros obedecerá ao processo do art. 1.057.

Art. 1.165. A sentença que determinar a abertura da sucessão provisória só produzirá efeito 6 (seis) meses depois de publicada pela imprensa; mas, logo que passe em julgado, se procederá à abertura do testamento, se houver, e ao inventário e partilha dos bens, como se o ausente fosse falecido.

- V. art. 104, parágrafo único, Lei 6.015/1973 (Lei de Registros Públicos).

Parágrafo único. Se dentro em 30 (trinta) dias não comparecer interessado ou herdeiro, que requeira o inventário, a herança será considerada jacente.

- V. art. 1.142, CPC.

Art. 1.166. Cumpre aos herdeiros, imitidos na posse dos bens do ausente, prestar caução de os restituir.

- V. arts. 826 a 838, CPC.

Art. 1.167. A sucessão provisória cessará pelo comparecimento do ausente e converter-se-á em definitiva:

- V. arts. 482 e 483, CC/1916; e arts. 38 e 39, CC/2002.
- V. Súmula 331, STF.

I – quando houver certeza da morte do ausente;

II – 10 (dez) anos depois de passada em julgado a sentença de abertura da sucessão provisória;

III – quando o ausente contar 80 (oitenta) anos de idade e houverem decorrido 5 (cinco) anos das últimas notícias suas.

Art. 1.168. Regressando o ausente nos 10 (dez) anos seguintes à abertura da sucessão definitiva ou algum dos seus descendentes ou ascendentes, aquele ou estes só poderão requerer ao juiz a entrega dos bens existentes no estado em que se acharem, os sub-rogados em seu lugar ou o preço que os herdeiros e demais interessados houverem recebido pelos alienados depois daquele tempo.

Art. 1.169. Serão citados para lhe contestarem o pedido os sucessores provisórios ou definitivos, o órgão do Ministério Público e o representante da Fazenda Pública.

Parágrafo único. Havendo contestação, seguir-se-á o procedimento ordinário.

Capítulo VII
DAS COISAS VAGAS

Art. 1.170. Aquele que achar coisa alheia perdida, não lhe conhecendo o dono ou legítimo possuidor, a entregará à autoridade judiciária ou policial, que a arrecadará, mandando lavrar o respectivo auto, dele constando a sua descrição e as declarações do inventor.

- V. arts. 603 a 606, CC/1916; e arts. 1.233 a 1.237, CC/2002.
- V. art. 169, parágrafo único, II, CP.

Parágrafo único. A coisa, com o auto, será logo remetida ao juiz competente, quando a entrega tiver sido feita à autoridade policial ou a outro juiz.

Art. 1.171. Depositada a coisa, o juiz mandará publicar edital, por duas vezes, no órgão oficial, com intervalo de 10 (dez) dias, para que o dono ou legítimo possuidor a reclame.

§ 1º O edital conterá a descrição da coisa e as circunstâncias em que foi encontrada.

§ 2º Tratando-se de coisa de pequeno valor, o edital será apenas afixado no átrio do edifício do fórum.

Art. 1.172. Comparecendo o dono ou o legítimo possuidor dentro do prazo do edital e provando o seu direito, o juiz, ouvido o órgão do Ministério Público e o representante da Fazenda Pública, mandará entregar-lhe a coisa.

Art. 1.173. Se não for reclamada, será a coisa avaliada e alienada em hasta pública e, deduzidas do preço as despesas e a recompensa do inventor, o saldo pertencerá, na forma da lei, à União, ao Estado ou ao Distrito Federal.

Art. 1.174. Se o dono preferir abandonar a coisa, poderá o inventor requerer que lhe seja adjudicada.

Art. 1.175. O procedimento estabelecido neste Capítulo aplica-se aos objetos deixados nos hotéis, oficinas e outros estabelecimentos, não sendo reclamados dentro de 1 (um) mês.

Art. 1.176. Havendo fundada suspeita de que a coisa foi criminosamente subtraída, a autoridade policial converterá a arrecadação em inquérito; caso em que competirá ao juiz criminal mandar entregar a coisa a quem provar que é o dono ou legítimo possuidor.

Capítulo VIII
DA CURATELA DOS INTERDITOS

Art. 1.177. A interdição pode ser promovida:

- V. arts. 446 a 462, CC/1916; e arts. 1.767 a 1.779 e 1.781 a 1.783, CC/2002.

I – pelo pai, mãe ou tutor;

- V. art. 5º, I, CF.

II – pelo cônjuge ou algum parente próximo;
III – pelo órgão do Ministério Público.

- V. art. 81, CPC.

Art. 1.178. O órgão do Ministério Público só requererá a interdição:
I – no caso de anomalia psíquica;
II – se não existir ou não promover a interdição alguma das pessoas designadas no artigo antecedente, ns. I e II;
III – se, existindo, forem menores ou incapazes.

Art. 1.179. Quando a interdição for requerida pelo órgão do Ministério Público, o juiz nomeará ao interditando curador à lide (art. 9º).

Art. 1.180. Na petição inicial, o interessado provará a sua legitimidade, especificará os fatos que revelam a anomalia psíquica e assinalará a incapacidade do interditando para reger a sua pessoa e administrar os seus bens.

Art. 1.181. O interditando será citado para, em dia designado, comparecer perante o juiz, que o examinará, interrogando-o minuciosamente acerca de sua vida, negócios, bens e do mais que lhe parecer necessário para ajuizar do seu estado mental, reduzidas a auto as perguntas e respostas.

- V. art. 450, CC/1916; e art. 1.771, CC/2002.

Art. 1.182. Dentro do prazo de 5 (cinco) dias contados da audiência de interrogatório, poderá o interditando impugnar o pedido.

§ 1º Representará o interditando nos autos do procedimento o órgão do Ministério Público ou, quando for este o requerente, o curador à lide.

- V. arts. 82, II, e 84, CPC.

§ 2º Poderá o interditando constituir advogado para defender-se.

§ 3º Qualquer parente sucessível poderá constituir-lhe advogado com os poderes judiciais que teria se nomeado pelo interditando, respondendo pelos honorários.

Art. 1.183. Decorrido o prazo a que se refere o artigo antecedente, o juiz nomeará perito para proceder ao exame do interditando. Apresentado o laudo, o juiz designará audiência de instrução e julgamento.

Parágrafo único. Decretando a interdição, o juiz nomeará curador ao interdito.

Art. 1.184. A sentença de interdição produz efeito desde logo, embora sujeita a apelação. Será inscrita no Registro de Pessoas Naturais e publicada pela imprensa local e pelo órgão oficial por três vezes, com intervalo de 10 (dez) dias, constando do edital os nomes do interdito e do curador, a causa da interdição e os limites da curatela.

- V. arts. 12, III, e 452, CC/1916; e arts. 9º, III, e 1.773, CC/2002.
- V. arts. 29, V, 92 e 107, § 1º, Lei 6.015/1973 (Lei de Registros Públicos).

Art. 1.185. Obedecerá às disposições dos artigos antecedentes, no que for aplicável, a interdição do pródigo, a do surdo-mudo sem educação que o habilite a enunciar precisamente a sua vontade e a dos viciados pelo uso de substâncias entorpecentes quando acometidos de perturbações mentais.

* V. art. 459, CC/1916; e art. 1.782, CC/2002.
* V. arts. 460 e 461, CC/1916, sem correspondência no CC/2002.
* V. Lei 11.343/2006 (Lei Antidrogas).

Art. 1.186. Levantar-se-á a interdição, cessando a causa que a determinou.

§ 1º O pedido de levantamento poderá ser feito pelo interditado e será apensado aos autos da interdição. O juiz nomeará perito para proceder ao exame de sanidade no interditado e após a apresentação do laudo designará audiência de instrução e julgamento.

§ 2º Acolhido o pedido, o juiz decretará o levantamento da interdição e mandará publicar a sentença, após o trânsito em julgado, pela imprensa local e órgão oficial por três vezes, com intervalo de 10 (dez) dias, seguindo-se a averbação no Registro de Pessoas Naturais.

Capítulo IX
DAS DISPOSIÇÕES COMUNS À TUTELA E À CURATELA

Seção I
Da nomeação do tutor ou curador

Art. 1.187. O tutor ou curador será intimado a prestar compromisso no prazo de 5 (cinco) dias contados:

I – da nomeação feita na conformidade da lei civil;

II – da intimação do despacho que mandar cumprir o testamento ou o instrumento público que o houver instituído.

* V. arts. 384, 406, 407, parágrafo único, 446 e 453, CPC.

Art. 1.188. Prestado o compromisso por termo em livro próprio rubricado pelo juiz, o tutor ou curador, antes de entrar em exercício, requererá, dentro em 10 (dez) dias, a especialização em hipoteca legal de imóveis necessários para acautelar os bens que serão confiados à sua administração.

* V. art. 827, IV, CC/1916, sem correspondência no CC/2002.

Parágrafo único. Incumbe ao órgão do Ministério Público promover a especialização de hipoteca legal, se o tutor ou o curador não a tiver requerido no prazo assinado neste artigo.

Art. 1.189. Enquanto não for julgada a especialização, incumbirá ao órgão do Ministério Público reger a pessoa do incapaz e administrar-lhe os bens.

* V. art. 1.205, CC/1916, sem correspondência no CC/2002.

Art. 1.190. Se o tutor ou curador for de reconhecida idoneidade, poderá o juiz admitir que entre em exercício, prestando depois a garantia, ou dispensando-a desde logo.

* V. art. 419, CC/1916, sem correspondência no CC/2002.

Art. 1.191. Ressalvado o disposto no artigo antecedente, a nomeação ficará sem efeito se o tutor ou curador não puder garantir a sua gestão.

* V. art. 419, CC/1916, sem correspondência no CC/2002.

Art. 1.192. O tutor ou curador poderá eximir-se do encargo, apresentando escusa ao juiz no prazo de 5 (cinco) dias. Contar-se-á o prazo:

I – antes de aceitar o encargo, da intimação para prestar compromisso;

II – depois de entrar em exercício, do dia em que sobrevier o motivo da escusa.

Parágrafo único. Não sendo requerida a escusa no prazo estabelecido neste artigo, reputar-se-á renunciado o direito de alegá-la.

* V. arts. 414 a 416, CC/1916; e arts. 1.736 a 1.738, CC/2002.

Art. 1.193. O juiz decidirá de plano o pedido de escusa. Se não a admitir, exercerá o nomeado a tutela ou curatela enquanto não for dispensado por sentença transitada em julgado.

* V. art. 417, CC/1916; e art. 1.739, CC/2002.

Seção II
Da remoção e dispensa de tutor ou curador

Art. 1.194. Incumbe ao órgão do Ministério Público, ou a quem tenha legítimo interesse, requerer, nos casos previstos na lei civil, a remoção do tutor ou curador.

- V. arts. 413, 445 e 453, CC/1916; e arts. 1.735, 1.766, 1.774 e 1.781, CC/2002.

Art. 1.195. O tutor ou curador será citado para contestar a arguição no prazo de 5 (cinco) dias.

Art. 1.196. Findo o prazo, observar-se-á o disposto no art. 803.

Art. 1.197. Em caso de extrema gravidade, poderá o juiz suspender do exercício de suas funções o tutor ou curador, nomeando-lhe interinamente substituto.

Art. 1.198. Cessando as funções do tutor ou curador pelo decurso do prazo em que era obrigado a servir, ser-lhe-á lícito requerer a exoneração do encargo; não o fazendo dentro dos 10 (dez) dias seguintes à expiração do termo, entender-se-á reconduzido, salvo se o juiz o dispensar.

Capítulo X
DA ORGANIZAÇÃO E DA FISCALIZAÇÃO DAS FUNDAÇÕES

Art. 1.199. O instituidor, ao criar a fundação, elaborará o seu estatuto ou designará quem o faça.

- V. arts. 24 a 30, CC/1916; e arts. 62, 63 e 65 a 69, CC/2002.

Art. 1.200. O interessado submeterá o estatuto ao órgão do Ministério Público, que verificará se foram observadas as bases da fundação e se os bens são suficientes ao fim a que ela se destina.

Art. 1.201. Autuado o pedido, o órgão do Ministério Público, no prazo de 15 (quinze) dias, aprovará o estatuto, indicará as modificações que entender necessárias ou lhe denegará a aprovação.

§ 1º Nos dois últimos casos, pode o interessado, em petição motivada, requerer ao juiz o suprimento da aprovação.

- V. art. 5º, XXXV, CF.
- V. art. 1.203, CPC.

§ 2º O juiz, antes de suprir a aprovação, poderá mandar fazer no estatuto modificações a fim de adaptá-lo ao objetivo do instituidor.

- V. art. 1.203, CPC.

Art. 1.202. Incumbirá ao órgão do Ministério Público elaborar o estatuto e submetê-lo à aprovação do juiz:

I – quando o instituidor não o fizer nem nomear quem o faça;

II – quando a pessoa encarregada não cumprir o encargo no prazo assinado pelo instituidor ou, não havendo prazo, dentro em 6 (seis) meses.

Art. 1.203. A alteração do estatuto ficará sujeita à aprovação do órgão do Ministério Público. Sendo-lhe denegada, observar-se-á o disposto no art. 1.201, §§ 1º e 2º.

Parágrafo único. Quando a reforma não houver sido deliberada por votação unânime, os administradores, ao submeterem ao órgão do Ministério Público o estatuto, pedirão que se dê ciência à minoria vencida para impugná-la no prazo de 10 (dez) dias.

Art. 1.204. Qualquer interessado ou o órgão do Ministério Público promoverá a extinção da fundação quando:

I – se tornar ilícito o seu objeto;
II – for impossível a sua manutenção;
III – se vencer o prazo de sua existência.

- V. art. 30, CC/1916; e art. 69, CC/2002.

Capítulo XI
DA ESPECIALIZAÇÃO DA HIPOTECA LEGAL

Art. 1.205. O pedido para especialização da hipoteca legal declarará a estimativa da responsabilidade e será instruído com a prova do domínio dos bens, livres de ônus, dados em garantia.

- V. arts. 827 a 830, CC/1916; e arts. 1.489, 1.497 e 1.498, CC/2002.

Art. 1.206. O arbitramento do valor da responsabilidade e a avaliação dos bens far-se-á por perito nomeado pelo juiz.

CÓDIGO DE PROCESSO CIVIL

§ 1º O valor da responsabilidade será calculado de acordo com a importância dos bens e dos saldos prováveis dos rendimentos que devem ficar em poder dos tutores e curadores durante a administração, não se computando, porém, o preço do imóvel.

§ 2º Será dispensado o arbitramento do valor da responsabilidade nas hipotecas legais em favor:

I – da mulher casada, para garantia do dote, caso em que o valor será o da estimação, constante da escritura antenupcial;

* V. arts. 5º, I, e 226, § 5º, CF.

II – da Fazenda Pública, nas cauções prestadas pelos responsáveis, caso em que será o valor caucionado.

§ 3º Dispensa-se a avaliação, quando estiverem mencionados na escritura os bens do marido, que devam garantir o dote.

Art. 1.207. Sobre o laudo manifestar-se-ão os interessados no prazo comum de 5 (cinco) dias. Em seguida, o juiz homologará ou corrigirá o arbitramento e a avaliação; e achando livres e suficientes os bens designados, julgará por sentença a especialização, mandando que se proceda à inscrição da hipoteca.

Parágrafo único. Da sentença constarão expressamente o valor da hipoteca e os bens do responsável, com a especificação do nome, situação e características.

Art. 1.208. Sendo insuficientes os bens oferecidos para a hipoteca legal em favor do menor, do interdito ou de mulher casada e não havendo reforço mediante caução real ou fidejussória, ordenará o juiz a avaliação de outros bens; tendo-os, proceder-se-á como nos artigos antecedentes; não os tendo, será julgada improcedente a especialização.

* V. arts. 5º, I, e 226, § 5º, CF.
* V. arts. 826 a 838, CPC.

Art. 1.209. Nos demais casos de especialização, prevalece a hipoteca legal dos bens oferecidos, ainda que inferiores ao valor da responsabilidade, ficando salvo aos interessados completar a garantia pelos meios regulares.

Art. 1.210. Não dependerá de intervenção judicial a especialização de hipoteca legal sempre que o interessado, capaz de contratar, a convencionar, por escritura pública, com o responsável.

LIVRO V
DAS DISPOSIÇÕES FINAIS E TRANSITÓRIAS

Art. 1.211. Este Código regerá o processo civil em todo o território brasileiro. Ao entrar em vigor, suas disposições aplicar-se-ão desde logo aos processos pendentes.

* V. Súmula 48, TFR.

Art. 1.211-A. Os procedimentos judiciais em que figure como parte ou interessado pessoa com idade igual ou superior a 60 (sessenta) anos, ou portadora de doença grave, terão prioridade de tramitação em todas as instâncias.

* Artigo com redação determinada pela Lei 12.008/2009.
* V. art. 71, *caput*, Lei 10.741/2003 (Estatuto do Idoso).
* V. Res. STF 408/2009 (Concessão de prioridade na tramitação de procedimentos judiciais às pessoas que especifica).

Parágrafo único. (*Vetado.*)

Art. 1.211-B. A pessoa interessada na obtenção do benefício, juntando prova de sua condição, deverá requerê-lo à autoridade judiciária competente para decidir o feito, que determinará ao cartório do juízo as providências a serem cumpridas.

* Artigo com redação determinada pela Lei 12.008/2009.
* V. art. 71, § 1º, Lei 10.741/2003 (Estatuto do Idoso).
* V. Res. STF 408/2009 (Concessão de prioridade na tramitação de procedimentos judiciais às pessoas que especifica).

§ 1º Deferida a prioridade, os autos receberão identificação própria que evidencie o regime de tramitação prioritária.

§§ 2º e 3º (*Vetados.*)

Art. 1.211-C. Concedida a prioridade, essa não cessará com a morte do beneficiado, estendendo-se em favor do cônjuge supérstite, companheiro ou companheira, em união estável.

* Artigo com redação determinada pela Lei 12.008/2009.
* V. art. 71, § 2º, Lei 10.741/2003 (Estatuto do Idoso).

- V. Res. STF 408/2009 (Concessão de prioridade na tramitação de procedimentos judiciais às pessoas que especifica).

Art. 1.212. A cobrança da dívida ativa da União incumbe aos seus procuradores e, quando a ação for proposta em foro diferente do Distrito Federal ou das Capitais dos Estados ou Territórios, também aos membros do Ministério Público Estadual e dos Territórios, dentro dos limites territoriais fixados pela organização judiciária local.

- V. art. 578, CPC.
- V. art. 1º, Lei 6.830/1980 (Execução fiscal).

Parágrafo único. As petições, arrazoados ou atos processuais praticados pelos representantes da União perante as justiças dos Estados, do Distrito Federal e dos Territórios, não estão sujeitos a selos, emolumentos, taxas ou contribuições de qualquer natureza.

Art. 1.213. As cartas precatórias citatórias, probatórias, executórias e cautelares, expedidas pela Justiça Federal, poderão ser cumpridas nas comarcas do interior pela Justiça Estadual.

- V. Súmula 89, TFR.

Art. 1.214. Adaptar-se-ão às disposições deste Código as resoluções sobre organização judiciária e os regimentos internos dos tribunais.

Art. 1.215. Os autos poderão ser eliminados por incineração, destruição mecânica ou por outro meio adequado, findo o prazo de 5 (cinco) anos, contado da data do arquivamento, publicando-se previamente no órgão oficial e em jornal local, onde houver, aviso aos interessados, com o prazo de 30 (trinta) dias.

- Artigo com vigência suspensa pela Lei 6.246/1975 até que lei especial discipline a matéria.
- Artigo com redação determinada pela Lei 5.925/1973.

§ 1º É lícito, porém, às partes e interessados requerer, às suas expensas, o desentranhamento dos documentos que juntaram aos autos, ou a microfilmagem total ou parcial do feito.

§ 2º Se, a juízo da autoridade competente, houver, nos autos, documentos de valor histórico, serão eles recolhidos ao Arquivo Público.

Art. 1.216. O órgão oficial da União e os dos Estados publicarão gratuitamente, no dia seguinte ao da entrega dos originais, os despachos, intimações, atas das sessões dos tribunais e notas de expediente dos cartórios.

- V. art. 236, CPC.
- V. art. 5º, Dec. 4.521/2002 (Autonomia administrativa, financeira e técnica da Imprensa Nacional).

Art. 1.217. Ficam mantidos os recursos dos processos regulados em leis especiais e as disposições que lhes regem o procedimento constantes do Dec.-lei 1.608, de 18 de setembro de 1939, até que seja publicada a lei que os adaptará ao sistema deste Código.

- V. Súmula 169, STJ.

Art. 1.218. Continuam em vigor até serem incorporados nas leis especiais os procedimentos regulados pelo Dec.-lei 1.608, de 18 de setembro de 1939, concernentes:
I – ao loteamento e venda de imóveis a prestações (arts. 345 a 349);

- V. art. 1º, Lei 6.014/1973 (Código de Processo Civil – adaptação).

II – ao despejo (arts. 350 a 353);

- V. arts. 59 a 66, Lei 8.245/1991 (Locação de imóveis urbanos).

III – à renovação de contrato de locação de imóveis destinados a fins comerciais (arts. 354 a 365);

- V. arts. 12 e 13, Lei 6.014/1973 (Código de Processo Civil – adaptação).

IV – ao Registro Torrens (arts. 457 a 464);

- V. arts. 277 a 288, Lei 6.015/1973 (Lei de Registros Públicos).

V – às averbações ou retificações do registro civil (arts. 595 a 599);

- V. arts. 97 a 113, Lei 6.015/1973 (Lei de Registros Públicos).

VI – ao bem de família (arts. 647 a 651);

- V. arts. 260 a 265, Lei 6.015/1973 (Lei de Registros Públicos).

VII – à dissolução e liquidação das sociedades (arts. 655 a 674);

VIII – aos protestos formados a bordo (arts. 725 a 729);

- Inciso VIII acrescentado pela Lei 6.780/1980, renumerados os seguintes.

CÓDIGO DE PROCESSO CIVIL

IX – à habilitação para casamento (arts. 742 a 745);

- V. arts. 67 a 69, Lei 6.015/1973 (Lei de Registros Públicos).

X – ao dinheiro a risco (arts. 754 e 755);
XI – à vistoria de fazendas avariadas (art. 756);
XII – à apreensão de embarcações (arts. 757 a 761);
XIII – à avaria a cargo do segurador (arts. 762 a 764);
XIV – às avarias (arts. 765 a 768);
XV – *(Revogado pela Lei 7.542/1986.)*
XVI – às arribadas forçadas (arts. 772 a 775).

Art. 1.219. Em todos os casos em que houver recolhimento de importância em dinheiro, esta será depositada em nome da parte ou do interessado, em conta especial, movimentada por ordem do juiz.

- Artigo acrescentado pela Lei 5.925/1973.

Art. 1.220. Este Código entrará em vigor no dia 1º de janeiro de 1974, revogadas as disposições em contrário.

- Artigo renumerado pela Lei 5.925/1973.

Brasília, 11 de janeiro de 1973; 152º da Independência e 85º da República.
Emílio G. Médici
Alfredo Buzaid

(*DOU* 17.01.1973)

LEGISLAÇÃO TRABALHISTA, PROCESSUAL TRABALHISTA E PREVIDENCIÁRIA

LEGISLAÇÃO SELECIONADA

- Abono anual – Lei 7.859/1989
- Agravo de instrumento manifestamente inadmissível – Resolução STJ 4/2006
- Altera a CLT – Lei 12.551/2011
- Altera a CLT (estabilidade provisória da gestante) – Lei 12.812/2013
- Altera o art. 193 da CLT (critérios para caracterização das atividades ou operações perigosas) – Lei 12.740/2012
- Altera a Legislação Previdenciária – Lei 8.870/1994 e Lei 10.887/2004*
- Altera a Lei 5.889/1973 – Aposentadoria do trabalhador rural – Lei 11.718/2008*
- Altera as Leis 7.998/1990 e 8.212/1991 – Lei 12.513/2011
- Altera as Leis 8.212/1991 e 8.213/1991 – Lei 12.470/2011
- Altera dispositivos das Leis 9.250/1995, 8.212/1991, 5.859/1972 e 605/1949 – Lei 11.324/2006
- Altera o Regulamento da Previdência Social – Decreto 6.042/2007*
- Ampliação da competência da Justiça do Trabalho pela EC n. 45/2004 – Instrução Normativa TST 27/2005
- Aposentadoria da pessoa com deficiência segurada do RGPS (Regulamenta o art. 201, § 1°, da CF) – Lei Complementar 142/2013

- Aposentadoria especial ao cooperado de cooperativa de trabalho ou de produção – Lei 10.666/2003
- Apresentação de documentos ao Ministério do Trabalho – Portaria MTb 3.120/1980
- Apuração e liquidação dos saldos de contas do FGTS – Decreto 3.913/2001
- Arbitramento das custas processuais – Instrução Normativa TST 9/1996
- Atividades de movimentação de mercadorias em geral e trabalho avulso – Lei 12.023/2009
- Audiência prévia de conciliação – Instrução Normativa TST 24/2003
- Auditores fiscais e o trabalho escravo – Portaria MTE 1.153/2003
- Autoriza o Presidente do Tribunal a decidir, monocraticamente, os agravos de instrumento em recurso de revista e os recursos de revista pendentes de distribuição – Ato TST 310/2009
- Autorização para desconto na folha de pagamento – Decreto 4.840/2003
- Autorização para trabalho aos domingos e feriados – Portaria MTb 3.118/1989
- Aviso Prévio – Lei 12.506/2011
- Bem de família – Lei 8.009/1990
- Benefício do Seguro-desemprego e altera a Lei 7.998/1990 – Lei 8.900/1994
- Benefício financeiro às gestantes nos deslocamentos para o pré-natal e parto – Portaria MS 68/2012
- Cadastro Geral de Empregados e Desempregados – Caged – Portaria MTE 235/2003
- Cadastro permanente de admissões e dispensas de empregados e redução da jornada de trabalho – Lei 4.923/1965
- Comprovação do depósito recursal na Justiça do Trabalho – Instrução Normativa TST 18/1999
- Condicionamento do recebimento do seguro-desemprego à comprovação de matrícula e frequência em curso – Decreto 7.721/2012
- Contratação de Aprendizes – Decreto 5.598/2005
- Contrato de trabalho por prazo determinado – Lei 9.601/1998
- Contribuição Previdenciária do Contribuinte Individual – Lei 9.876/1999
- Credenciamento de mediador na DRT – Portaria MTb 818/1995

- Cria as Juntas de Conciliação e Julgamento e define jurisdições – Lei 8.432/1992*

- CTPS Informatizada – Portaria MTE 210/2008

- Débitos salariais – Decreto-lei 368/1968

- Dedução do IR de despesas do PAT – Lei 6.321/1976

- Depósito recursal na Justiça do Trabalho – Instrução Normativa TST 3/1993

- Depósito, registro e arquivo de convenções e acordos coletivos de trabalho nos órgãos do MTE – Instrução SRT/MTE 11/2009

- Dilatação do horário de repouso – Portaria MTPS 417/1966

- Direito de férias aos trabalhadores avulsos – Lei 5.085/1966

- Direito de greve – Lei 7.783/1989

- Disciplina a alteração na jornada e no horário de trabalho dos empregados que trabalhem em regime de turnos ininterruptos de revezamento – Portaria MTE 412/2007

- Eliminação de autos findos na Justiça do Trabalho – Lei 7.627/1987

- Ementas normativas da Secretaria de Relações do Trabalho – Portaria SRT 1/2006

- Empregado doméstico – FGTS e Seguro-desemprego – Lei 10.208/2001

- Empregados vendedores, viajantes ou pracistas – Lei 3.207/1957

- Estatuto do Garimpeiro – Lei 11.685/2008

- Estatuto do Ministério Público da União – Lei Complementar 75/1993*

- Estende a competência da Justiça do Trabalho (art. 144 da CF) – Lei 8.984/1995

- Estende à mãe adotiva o direito à licença-maternidade e ao salário-maternidade – Lei 10.421/2002

- Execução do Programa de Alimentação do Trabalhador – PAT – Portaria SIT/DSST 3/2002*

- Execução Fiscal – Lei 6.830/1980

- Expedição de Precatórios e Requisições de Pequeno Valor – Instrução Normativa TST 32/2007

- Feriados – Lei 9.093/1995

- FGTS – Lei 8.036/1990

- Fiscalização do trabalho temporário – Instrução Normativa MTb 3/1997

- Fiscalização e cobrança judicial das contribuições do FGTS – Lei 8.844/1994
- Fiscalização para a erradicação do trabalho em condição análoga à de escravo – Instrução Normativa SIT/MTE 91/2011
- Fundo de Aposentadoria Programada Individual – Fapi e Plano de Incentivo à Aposentadoria Programada Individual – Lei 9.477/1997
- Gratificação natalina (13º salário) – Lei 4.090/1962
- Gratificação natalina ao trabalhador avulso – Decreto 63.912/1968
- Institui a URV – Lei 8.880/1994*
- Institui contribuições sociais e autoriza créditos de complementos em contas do FGTS – Lei Complementar 110/2001
- Institui o *Diário Eletrônico da Justiça do Trabalho* – Ato TST/CSJT 15/2008
- Instruções para a aferição dos requisitos de representatividade das centrais sindicais – Portaria MTE 194/2008
- Jornada de trabalho de cabineiros de elevador – Lei 3.270/1957
- Lei Pelé – Lei 9.615/1998*
- Mandado de segurança – Lei 12.016/2009
- Mediação na negociação coletiva de natureza trabalhista – Decreto 1.572/1995
- Medidas complementares ao Plano Real – Lei 10.192/2001
- Medidas de continuidade de serviços públicos durante greves de servidores públicos federais – Decreto 7.777/2012
- Multa administrativa – Portaria MTE 1.199/2003
- Multas administrativas trabalhistas – Portaria MTb 290/1997
- Multas trabalhistas – Lei 7.855/1989
- Não aplicação de dispositivos da CLT aos contratos de técnicos estrangeiros – Decreto-lei 691/1969
- Negociações coletivas de trabalho das entidades estatais – Decreto 908/1993
- Normas de proteção ao trabalhador portuário – Lei 9.719/1998
- Normas para organização e tramitação dos processos de débito salarial e mora do FGTS – Portaria MTb 1.061/1996
- Normas processuais trabalhistas a entes públicos que não explorem atividade econômica – Decreto-lei 779/1969
- Normas regulamentares do FGTS – Decreto 99.684/1990

- Normas relativas à inserção de tema na Orientação Jurisprudencial do TST – Instrução Normativa TST 19/2000
- Normas relativas ao depósito recursal – Instrução Normativa TST 15/1998
- Orientação às empresas e aos trabalhadores sobre testagem relacionada ao HIV – Portaria MTE 1.246/2010
- Pagamentos de valores aos dependentes ou sucessores – Lei 6.858/1980
- Participação de mediador nos conflitos de negociação coletiva trabalhista – Portaria MTb 817/1995
- Participação dos trabalhadores nos lucros – Lei 10.101/2000
- Participação dos trabalhadores nos lucros (alteradora da Lei 10.101/2000) – Lei 12.832/2013
- Piso salarial proporcional – Lei Complementar 103/2000
- Planos de Benefícios da Previdência Social – Lei 8.213/1991
- Política Nacional de Salários – Lei 8.073/1990
- Política Nacional de Salários – Salário Mínimo – Lei 8.542/1992
- Portos e atividades dos operadores portuários – Lei 12.815/2013
- Prazo de pagamento do salário – Instrução Normativa SRT 1/1989
- Preenchimento de cargo por pessoas portadoras de deficiência – Portaria MPAS 4.677/1998
- Prestação de serviços no exterior – Lei 7.064/1982
- Procedimentos dos Juízos Trabalhistas relativamente a credores trabalhistas de empresa falida ou em recuperação judicial – Provimento TST 1/2012
- Procedimentos relativos ao processo e julgamento de recursos especiais repetitivos – Resolução STJ 8/2008
- Processamento de recursos nos Tribunais – Lei 9.756/1998
- Processamento do agravo de instrumento – Provimento CGJT 1/2001
- Processo de dissídios coletivos – Lei 4.725/1965
- Processo judicial eletrônico no TST – Ato TST 342/2010
- Processos administrativos de multas e de notificações para depósitos do FGTS – Portaria MTb 148/1996
- Programa de Cultura do Trabalhador – Lei 12.761/2012
- Programa Empresa Cidadã (licença-maternidade) – Lei 11.770/2008

- Proíbe a exigência de atestados de gravidez e de esterilização – Lei 9.029/1995
- Prorrogação do contrato de trabalho temporário – Portaria MTE 550/2010
- Prova de regularidade fiscal perante a Fazenda Nacional – Decreto 6.106/2007
- Prova documental – Lei 7.115/1983
- Reajuste dos benefícios mantidos pela Previdência Social em 2010 e 2011 – Lei 12.254/2010
- Reembolso-Creche – Portaria MTb 3.296/1986
- Regime de emprego público na administração federal – Lei 9.962/2000
- Regime de Previdência Complementar – Lei Complementar 109/2001
- Regime de trabalho na indústria petroquímica – Lei 5.811/1972
- Registro e anotações da CTPS – Portaria MTE 41/2007
- Registro e fiscalização de entidades sem fins lucrativos que tenham por objetivo assistência ao adolescente – Resolução Conanda 74/2001
- Registro de empresas de trabalho temporário – Instrução Normativa SRT/MTE 14/2009
- Registros e anotações na CTPS – Portaria MTPS 3.626/1991
- Registro sindical e alteração estatutária – Portaria MTE 186/2008
- Regulamenta a Lei 11.770/2008 – Decreto 7.052/2009
- Regulamenta a Lei 605/1949 – Decreto 27.048/1949
- Regulamenta a Lei 5.859/1972 – Decreto 3.361/2000
- Regulamenta a Lei 5.859/1972 – Decreto 71.885/1973
- Regulamenta a Lei 5.889/1973 – Decreto 73.626/1974
- Regulamenta a Lei 6.019/1974 – Decreto 73.841/1974
- Regulamenta a Lei 6.321/1976 – Decreto 5/1991
- Regulamenta a Lei 6.858/1980 – Decreto 85.845/1981
- Regulamenta a Lei 6.899/1981 – Decreto 86.649/1981
- Regulamenta a Lei 4.090/1962 – Decreto 57.155/1965

- Regulamenta a Lei 7.418/1985 – Decreto 95.247/1987
- Regulamenta a Lei 7.853/1989 – Decreto 3.298/1999*
- Regulamenta a Lei 9.601/1998 – Decreto 2.490/1998
- Regulamenta a realização do depósito prévio em ação rescisória – Instrução Normativa TST 31/2007
- Regulamenta dispositivos da Lei 7.064/1982 – Decreto 89.339/1984
- Regulamenta dispositivos da Lei 8.036/1990 – Decreto 5.113/2004
- Regulamenta o Dec.-lei 1.422/1975 – Decreto 87.043/1982
- Regulamenta, no âmbito da Justiça do Trabalho, a Lei 11.419/2006 – Instrução Normativa TST 30/2007
- Regulamentação das contribuições sociais da LC 110/2001 – Decreto 3.914/2001
- Regulamentação do exercício da profissão de comerciário – Lei 12.790/2013
- Regulamento da Inspeção do Trabalho – Decreto 4.552/2002
- Regulamento da Previdência Social – Decreto 3.048/1999*
- Relação Anual de Informações Sociais – Rais – Decreto 76.900/1975
- Relação entre Administração Pública e as suas respectivas entidades de previdência complementar – Lei Complementar 108/2001
- Repercussão geral – Lei 11.418/2006
- Repouso semanal remunerado – Lei 605/1949
- Requisitos para a redução do intervalo intrajornada – Portaria MTE 1.095/2010
- Reserva de vagas nas empresas a beneficiários ou pessoas portadoras de deficiência e reabilitados – Resolução INSS 630/1998
- Revisão dos benefícios previdenciários concedidos com data de início posterior a fevereiro de 1994 – Lei 10.999/2004
- Salário mínimo – Decreto 7.655/2011
- Salário-educação – Decreto-lei 1.422/1975
- Salário-educação – Lei 9.766/1998
- Salário-família – Lei 4.266/1963

- Seguridade Social e Plano de Custeio – Lei 8.212/1991
- Seguro-desemprego – Lei 7.998/1990
- Sistema de Negociações Coletivas de Trabalho – Mediador – Instrução Normativa SRT/MTE 9/2008
- Sistema de Negociações Coletivas de Trabalho – Mediador – Portaria MTE 282/2007
- Sistemas alternativos de controle de jornada de trabalho – Portaria MTE 373/2011
- Superintendência Nacional de Previdência Complementar – Previc – Lei 12.154/2009*
- Trabalho em regime de tempo parcial e suspensão do contrato de trabalho – Medida Provisória 2.164-41/2001
- Trabalho escravo – Lei 10.803/2003
- Trabalho rural – Lei 5.889/1973
- Trabalho temporário – Lei 6.019/1974
- Tratamento tributário relativo a valores pagos a título de abono pecuniário de férias – Instrução Normativa RFB 936/2009
- Turmas Especializadas nos Tribunais do Trabalho – Lei 7.701/1988
- Uniformiza a interpretação sobre o agravo de instrumento – Instrução Normativa TST 16/1999
- Uniformiza a interpretação sobre o recurso de revista – Instrução Normativa TST 17/1999
- Vale-transporte – Lei 7.418/1985
- Assistência e homologação na rescisão de contrato de trabalho – Instrução Normativa SRT/MTE 15/2010

REGIMENTO INTERNO
- TST

* Conteúdo parcial de acordo com a matéria específica de cada Código ou Coletânea.

Abono Anual – PIS/Pasep

**LEI 7.859,
DE 25 DE OUTUBRO DE 1989**

Regula a concessão e o pagamento do abono previsto no § 3º do art. 239 da Constituição Federal.

Faço saber que o Presidente da República adotou a Medida Provisória 88, de 1989, que o Congresso Nacional aprovou, e eu, Iram Saraiva, 1º Vice-Presidente, no exercício da Presidência do Senado Federal, para os efeitos do disposto no parágrafo único do art. 62 da Constituição Federal, promulgo a seguinte Lei:

Art. 1º É assegurado o recebimento de abono anual, no valor de um salário mínimo vigente na data do respectivo pagamento, aos empregados que:

I – perceberem de empregadores, que contribuem para o Programa de Integração Social – PIS ou para o Programa de Formação do Patrimônio do Servidor Público – PASEP, até dois salários mínimos médios de remuneração mensal no período trabalhado, e que tenham exercido atividade remunerada pelo menos durante 30 (trinta) dias no ano-base;

II – estejam cadastrados, há pelo menos 5 (cinco) anos (art. 4º, § 3º, da Lei Complementar 26, de 11 de setembro de 1975) no Fundo de Participação PIS/Pasep ou no Cadastro Nacional do Trabalhador.

Parágrafo único. No caso de beneficiários integrantes do Fundo de Participação PIS/Pasep, o abono anual será pago com os rendimentos das contas individuais, a cargo do Fundo, e complementado, quando for o caso, com recursos oriundos da arrecadação das contribuições dos programas mencionados neste artigo.

Art. 2º O abono será pago pelo Banco do Brasil S/A e pela Caixa Econômica Federal, mediante:
I – depósito em nome do trabalhador;
II – saque em espécie; ou
III – folha de salários.

§ 1º Ao Banco do Brasil S/A caberá o pagamento aos servidores e empregados dos contribuintes mencionados no art. 14 do Decreto-lei 2.052, de 3 de agosto de 1983, e à Caixa Econômica Federal, aos empregados dos contribuintes a que se refere o art. 15 do mesmo Decreto-lei.

§ 2º Os recursos financeiros, necessários à complementação prevista no parágrafo único do art. 1º, serão consignados no Orçamento da União e repassados ao Banco do Brasil S/A e à Caixa Econômica Federal, de acordo com as datas de desembolsos previstas nos respectivos cronogramas.

§ 3º As instituições financeiras pagadoras manterão em seu poder, à disposição das autoridades fazendárias, por processo que possibilite a sua imediata recuperação, os comprovantes de pagamentos efetuados.

Art. 3º O Ministro da Fazenda expedirá as instruções necessárias à execução desta Lei, relacionadas com:
I – a aprovação do cronograma de pagamento e de desembolso;
II – os procedimentos para operacionalização do abono; e
III – a remuneração dos agentes.

Art. 4º Esta Lei entra em vigor na data de sua publicação.

Art. 5º Revogam-se as disposições em contrário.

Senado Federal, em 25 de outubro de 1989; 168º da Independência e 101º da República.
Iram Saraiva
1º Vice-Presidente, no exercício da Presidência
(*DOU* 26.10.1989)

LEI 7.859
DE 25 DE OUTUBRO DE 1989

Regula a concessão e o pagamento do abono previsto no § 3° do art. 239 da Constituição Federal.

Faço saber que o Presidente da República adotou a Medida Provisória 88, de 1989, que o Congresso Nacional aprovou, e eu, Iram Saraiva, 1° Vice-Presidente, no exercício da Presidência do Senado Federal, para os efeitos do disposto no parágrafo único do art. 62 da Constituição Federal, promulgo a seguinte Lei.

Art. 1° É assegurado o recebimento de abono anual, no valor de um salário mínimo vigente na data do respectivo pagamento, aos empregados que:

I — perceberem de empregadores, que contribuem para o Programa de Integração Social — PIS ou para o Programa de Formação do Patrimônio do Servidor Público — PASEP, até dois salários mínimos médios de remuneração mensal no período trabalhado, e que tenha o exercido atividade remunerada pelo menos durante 30 (trinta) dias no ano base;

II — estejam cadastrados, há pelo menos 5 (cinco) anos (art. 4°, § 1°, da Lei Complementar 26, de 11 de setembro de 1975) no Fundo de Participação PIS-Pasep ou no Cadastro Nacional do Trabalhador.

Parágrafo único. No caso de beneficiários integrantes do Fundo de Participação PIS-Pasep, o abono anual será pago com os rendimentos das contas individuais, a cargo do fundo, e complementado, quando for o caso, com recursos oriundos da arrecadação das contribuições dos programas mencionados neste artigo.

Art. 2° O abono será pago pelo Banco do Brasil S/A e pela Caixa Econômica Federal, mediante:

I — depósito em nome do trabalhador;
II — saque em espécie; ou
III — folha de salário.

§ 1° Ao Banco do Brasil S/A caberá o pagamento aos servidores e empregados dos contribuintes mencionados no art. 14 do Decreto-lei 2.052, de 3 de agosto de 1983, e a Caixa Econômica Federal, aos empregados dos contribuintes a que se refere o art. 15 do mesmo Decreto-lei.

§ 2° Os recursos financeiros necessários à complementação prevista no parágrafo único do art. 1°, serão consignados no Orçamento da União e repassados ao Banco do Brasil S/A e à Caixa Econômica Federal, de acordo com as datas de desembolsos previstas nos respectivos cronogramas.

§ 3° As instituições financeiras pagadoras manterão em seu poder, à disposição das autoridades fazendárias, por processo que possibilite a sua imediata recuperação, os comprovantes de pagamentos efetuados.

Art. 3° O Ministro da Fazenda expedirá as instruções necessárias à execução desta lei, relacionadas com:

I — a aprovação do cronograma de pagamento e de desembolso;
II — procedimentos para operacionalização do abono;
III — a remuneração dos agentes.

Art. 4° Esta lei entra em vigor na data de sua publicação.

Art. 5° Revogam-se as disposições em contrário.

Senado Federal, em 25 de outubro de 1989, 168° da Independência e 101° da República.

IRAM SARAIVA
1° Vice-Presidente, no exercício da Presidência
(DOU 26.10.1989)

ADMISSÃO AO TRABALHO

LEI 9.029, DE 13 DE ABRIL DE 1995

Proíbe a exigência de atestados de gravidez e esterilização, e outras práticas discriminatórias, para efeitos admissionais ou de permanência da relação jurídica de trabalho, e dá outras providências.

O Presidente da República:
Faço saber que o Congresso Nacional decreta e eu sanciono a seguinte Lei:

Art. 1º Fica proibida a adoção de qualquer prática discriminatória e limitativa para efeito de acesso a relação de emprego, ou sua manutenção, por motivo de sexo, origem, raça, cor, estado civil, situação familiar ou idade, ressalvadas, neste caso, as hipóteses de proteção ao menor previstas no inciso XXXIII do art. 7º da Constituição Federal.

- V. arts. 5º, I, XII e XLII, e 7º, XX e XVIII, CF.
- V. art. 10, II, *b*, ADCT.
- V. arts. 372, 391, 394 e 401, CLT.
- V. arts. 71 a 73, Lei 8.213/1991 (Planos de Benefícios da Previdência Social).

Art. 2º Constituem crime as seguintes práticas discriminatórias:
I – a exigência de teste, exame, perícia, laudo, atestado, declaração ou qualquer outro procedimento relativo à esterilização ou a estado de gravidez;
II – a adoção de quaisquer medidas, de iniciativa do empregador, que configurem:
a) indução ou instigamento à esterilização genética;
b) promoção do controle de natalidade, assim não considerado o oferecimento de serviços e de aconselhamento ou planejamento familiar, realizados através de instituições públicas ou privadas, submetidas às normas do Sistema Único de Saúde – SUS.
Pena – detenção de 1 (um) a 2 (dois) anos e multa.
Parágrafo único. São sujeitos ativos dos crimes a que se refere este artigo:
I – a pessoa física empregadora;
II – o representante legal do empregador, como definido na legislação trabalhista;
III – o dirigente, direto ou por delegação, de órgãos públicos e entidades das Administrações Públicas direta, indireta e fundacional de qualquer dos Poderes da União, dos Estados, do Distrito Federal e dos Municípios.

Art. 3º Sem prejuízo do prescrito no art. 2º e nos dispositivos legais que tipificam os crimes resultantes de preconceito de etnia, raça ou cor, as infrações do disposto nesta Lei são passíveis das seguintes cominações:

- *Caput* com redação determinada pela Lei 12.288/2010 (*DOU* 21.07.2010), em vigor 90 (noventa) dias após a data de sua publicação.

I – multa administrativa de dez vezes o valor do maior salário pago pelo empregador, elevado em 50% (cinquenta por cento) em caso de reincidência;
II – proibição de obter empréstimo ou financiamento junto a instituições financeiras oficiais.

Art. 4º O rompimento da relação de trabalho por ato discriminatório, nos moldes desta Lei, além do direito à reparação pelo dano moral, faculta ao empregado optar entre:

- *Caput* com redação determinada pela Lei 12.288/2010 (*DOU* 21.07.2010), em vigor 90 (noventa) dias após a data de sua publicação.

I – a readmissão com ressarcimento integral de todo o período de afastamento, mediante pagamento das remunerações devidas, corrigidas monetariamente, acrescidas dos juros legais;
II – a percepção, em dobro, da remuneração do período de afastamento, corrigida monetariamente e acrescida dos juros legais.

Art. 5º Esta Lei entra em vigor na data de sua publicação.

Port. MPAS 4.677/1998

ADMISSÃO AO TRABALHO

Art. 6º Revogam-se as disposições em contrário.
Brasília, 13 de abril de 1995; 174º da Independência e 107º da República.
Fernando Henrique Cardoso
(*DOU* 17.04.1995)

PORTARIA 4.677,
DE 29 DE JULHO DE 1998,
DO MINISTÉRIO DA PREVIDÊNCIA
E ASSISTÊNCIA SOCIAL – MPAS

Dispõe sobre o preenchimento de cargos por pessoas portadoras de deficiência ou beneficiários reabilitados.

O Ministro de Estado da Previdência e Assistência Social, no uso da atribuição que lhe confere o inciso II do parágrafo único do artigo 87 da Constituição Federal,
Considerando os arts. 93 e 133 da Lei 8.213, de 24 de julho de 1991;
Considerando os arts. 201 e 250 do Regulamento dos Benefícios da Previdência Social – RBPS, aprovado pelo Decreto 2.172, de 5 de março de 1997, resolve:

Art. 1º A empresa com cem ou mais empregados está obrigada a preencher de 2% (dois por cento) a 5% (cinco por cento) dos seus cargos com beneficiários reabilitados ou pessoas portadoras de deficiência, habilitadas, na seguinte proporção:
I – até 200 empregados 2%
II – de 201 a 500 empregados 3%
III – de 501 a 1.000 empregados 4%
IV – mais de 1.000 empregados 5%

§ 1º Consideram-se beneficiários reabilitados todos os segurados e dependentes vinculados ao Regime Geral de Previdência Social – RGPS, submetidos a processo de reabilitação profissional desenvolvido ou homologado pelo Instituto Nacional do Seguro Social – INSS.

§ 2º Consideram-se pessoas portadoras de deficiência, habilitadas, aquelas não vinculadas ao RGPS, que se tenham submetido a processo de habilitação profissional desenvolvido pelo INSS ou por entidades reconhecidas legalmente para este fim.

§ 3º A dispensa de empregado na condição estabelecida neste artigo, quando se tratar de contrato por tempo superior a noventa dias e a imotivada, no contrato por prazo indeterminado, somente poderá ocorrer após a contratação de substituto em condições semelhantes.

Art. 2º O descumprimento ao disposto no *caput* do art. 1º ou ao seu § 3º constitui infração ao art. 93 e seu § 1º da Lei 8.213, de 1991, ficando o infrator sujeito à multa prevista no art. 133 da Lei 8.213, de 1991, aplicada pela fiscalização do INSS, observado o disposto nos arts. 110 a 113 do Regulamento da Organização e do Custeio da Seguridade Social – ROCSS.

Art. 3º O INSS estabelecerá no prazo de 30 (trinta) dias sistemática de fiscalização, avaliação e controle das empresas, para o fiel cumprimento do disposto nesta Portaria, gerando estatística sobre o total de empregados e vagas preenchidas para acompanhamento por parte das unidades de reabilitação profissional e quando solicitado, por sindicatos e entidades representativas de categorias.

Art. 4º Esta Portaria entra em vigor na data de sua publicação.
Waldeck Ornélas
(*DOU* 30.07.1998)

RESOLUÇÃO 630,
DE 20 DE OUTUBRO DE 1998,
DO INSTITUTO NACIONAL
DO SEGURO SOCIAL – INSS

Dispõe sobre ações a serem desenvolvidas, para garantir a reserva de vagas pelas empresas, destinadas a beneficiário reabilitado ou pessoa portadora de deficiência habilitada.

O Presidente do Instituto Nacional do Seguro Social – INSS, no uso da atribuição que lhe confere o inciso V, artigo 163 do Regimento Interno, aprovado pela Portaria MPS 458, de 24 de setembro de 1992;
Considerando a competência das Diretorias de Arrecadação e Fiscalização e do Seguro Social; e
Considerando a necessidade de organizar e padronizar as ações para garantir a reserva

Port. MTE 1.246/2010

ADMISSÃO AO TRABALHO

de vagas para beneficiário reabilitado ou pessoa portadora de deficiência habilitada, resolve:

1. Determinar aos Diretores de Arrecadação e Fiscalização e do Seguro Social que estabeleçam sistemática de fiscalização, avaliação e controle das empresas, para assegurar o preenchimento das vagas reservadas a beneficiário reabilitado ou pessoa portadora de deficiência habilitada, nos seguintes percentuais:

– 100 a 200 empregados 2%
– de 201 a 500 empregados 3%
– de 501 a 1.000 empregados 4%
– mais de 1.000 empregados 5%

1.1 A proporção de vagas exclui o segurado acidentado do trabalho, tendo em vista o estabelecido no artigo 118 da Lei 8.213/1991.

1.2 O disposto neste ato não se aplica aos órgãos públicos da União, Estados, Distrito Federal e Municípios, uma vez que o percentual de pessoas portadoras de deficiência que poderão participar de concurso público, observada a Constituição Federal, é matéria a ser tratada em legislação própria.

1.3 A dispensa de empregado na condição estabelecida no *caput*, ao final de contrato por prazo determinado de mais de noventa dias e a imotivada, no contrato por prazo indeterminado, somente poderá ocorrer após a contratação de substituto em condição semelhante.

1.4 Caberá à Fiscalização aplicar as penalidades previstas na legislação previdenciária, pelo descumprimento do disposto no art. 93 e seu § 1º da Lei 8.213/1991.

1.5 Após lavrado o Auto de Infração – AI e não tendo a empresa cumprido a obrigação no prazo determinado, a Fiscalização deverá formalizar processo que será encaminhado ao Seguro Social para remessa ao Ministério Público do Trabalho, para as providências cabíveis.

2. Considerar como beneficiário reabilitado, o segurado e o dependente vinculados ao Regime Geral de Previdência Social – RGPS, submetidos a processo de reabilitação profissional desenvolvido ou homologado pelo Instituto Nacional do Seguro Social – INSS.

3. Considerar como pessoa portadora de deficiência habilitada aquela não vinculada ao RGPS, que se tenha submetido a processo de habilitação profissional desenvolvido ou homologado pelo INSS.

4. Determinar que sejam definidos os instrumentos necessários à efetividade das ações pertinentes, inclusive produção de dados estatísticos sobre o total de empregados e vagas preenchidas, para acompanhamento por parte das unidades de reabilitação profissional e, quando solicitado, por sindicatos e entidades representativas de categorias.

5. Esta Resolução entra em vigor na data de sua publicação.

Crésio de Matos Rolim

(*DOU* 27.10.1998)

PORTARIA 1.246, DE 28 DE MAIO DE 2010, DO MINISTÉRIO DO TRABALHO E EMPREGO – MTE

O Ministro do Trabalho e Emprego, no uso das atribuições que lhe confere o inciso II do Parágrafo único do art. 87 da Constituição Federal;

Considerando que a Convenção da Organização Internacional do Trabalho – OIT 111, promulgada pelo Decreto 62.150, de 19 de janeiro de 1968, proíbe todo tipo de discriminação no emprego ou profissão;

Considerando que a Lei 9.029, de 13 de abril de 1995, proíbe a adoção de qualquer prática discriminatória e limitativa para efeito de acesso à relação de emprego ou a sua manutenção;

Considerando o previsto na ação programática constante do item *j* do Objetivo Estratégico VI do Eixo Orientador III do Programa Nacional de Direitos Humanos, aprovado pelo Decreto 7.037, de 22 de dezembro de 2009;

Considerando que a Portaria Interministerial 869, de 12 de agosto de 1992, proíbe, no âmbito do Serviço Público Federal, a exigência de teste para detecção do vírus de imunodeficiência adquirida – HIV, tanto nos exames pré-admissionais quanto nos exames periódicos de saúde; e

Port. MTE 1.246/2010

ADMISSÃO AO TRABALHO

Considerando que a Resolução 1.665 do Conselho Federal de Medicina, de 7 de maio de 2003, veda a realização compulsória de sorologia para o HIV, resolve:

Art. 1º Orientar as empresas e os trabalhadores em relação à testagem relacionada ao vírus da imunodeficiência adquirida – HIV.

Art. 2º Não será permitida, de forma direta ou indireta, nos exames médicos por ocasião da admissão, mudança de função, avaliação periódica, retorno, demissão ou outros ligados à relação de emprego, a testagem do trabalhador quanto ao HIV.

Parágrafo único. O disposto no *caput* deste artigo não obsta que campanhas ou programas de prevenção da saúde estimulem os trabalhadores a conhecer seu estado sorológico quanto ao HIV por meio de orientações e exames comprovadamente voluntários, sem vínculo com a relação de trabalho e sempre resguardada a privacidade quanto ao conhecimento dos resultados.

Art. 3º Esta Portaria entra em vigor na data de sua publicação.

Carlos Roberto Lupi

(*DOU* 31.05.2010)

ALIMENTAÇÃO DO TRABALHADOR

LEI 6.321,
DE 14 DE ABRIL DE 1976

Dispõe sobre a dedução do lucro tributável para fins de Imposto sobre a Renda das pessoas jurídicas, do dobro das despesas realizadas em programas de alimentação do trabalhador.

• Lei regulamentada pelo Dec. 5/1991.

O Presidente da República:
Faço saber que o Congresso Nacional decreta e eu sanciono a seguinte Lei:

Art. 1º As pessoas jurídicas poderão deduzir, do lucro tributável para fins do imposto sobre a renda, o dobro das despesas comprovadamente realizadas no período base, em programas de alimentação do trabalhador, previamente aprovados pelo Ministério do Trabalho na forma em que dispuser o Regulamento desta Lei.

§ 1º A dedução a que se refere o *caput* deste artigo não poderá exceder, em cada exercício financeiro, isoladamente, a 5% (cinco por cento) e cumulativamente com a dedução de que trata a Lei 6.297, de 15 de dezembro de 1975, a 10% (dez por cento) do lucro tributável.

§ 2º As despesas não deduzidas no exercício financeiro correspondente poderão ser transferidas para dedução nos dois exercícios financeiros subsequentes.

Art. 2º Os programas de alimentação a que se refere o artigo anterior deverão conferir prioridade ao atendimento dos trabalhadores de baixa renda e limitar-se-ão aos contratados pela pessoa jurídica beneficiária.

§ 1º O Ministério do Trabalho articular-se-á com o Instituto Nacional de Alimentação e Nutrição – Inan, para efeito do exame e aprovação dos programas a que se refere a presente Lei.

• Primitivo parágrafo único renumerado pela MP 2.164-41/2001.

§ 2º As pessoas jurídicas beneficiárias do Programa de Alimentação do Trabalhador – PAT poderão estender o benefício previsto nesse Programa aos trabalhadores por elas dispensados, no período de transição para um novo emprego, limitada a extensão ao período de 6 (seis) meses.

• § 2º acrescentado pela MP 2.164-41/2001.

§ 3º As pessoas jurídicas beneficiárias do PAT poderão estender o benefício previsto neste Programa aos empregados que estejam com contrato suspenso para participação em curso ou programa de qualificação profissional, limitada essa extensão ao período de 5 (cinco) meses.

• § 3º acrescentado pela MP 2.164-41/2001.

Art. 3º Não se inclui como salário de contribuição a parcela paga *in natura*, pela empresa, nos programas de alimentação aprovados pelo Ministério do Trabalho.

Art. 4º O Poder Executivo regulamentará a presente lei no prazo de 60 (sessenta) dias.

Art. 5º Esta Lei entrará em vigor na data de sua publicação, revogadas as disposições em contrário.

Brasília, 14 de abril de 1976; 155º da Independência e 88º da República.
Ernesto Geisel

(*DOU* 19.04.1976)

DECRETO 5,
DE 14 DE JANEIRO DE 1991

Regulamenta a Lei 6.321, de 14 de abril de 1976, que trata do Programa de Alimentação do Trabalhador, revoga o Decreto 78.676, de 8 de novembro de 1976, e dá outras providências.

O Presidente da República, no uso da atribuição que lhe confere o art. 84, inciso IV, da Constituição, decreta:

Art. 1º A pessoa jurídica poderá deduzir, do Imposto de Renda devido, valor equivalente à aplicação da alíquota cabível do Im-

Dec. 5/1991

ALIMENTAÇÃO DO TRABALHADOR

posto de Renda sobre a soma das despesas de custeio realizadas, no período base, em Programas de Alimentação do Trabalhador, previamente aprovados pelo Ministério do Trabalho e da Previdência Social (MTPS), nos termos deste regulamento.

§ 1º As despesas realizadas durante o período base da pessoa jurídica, além de constituírem custo operacional, poderão ser consideradas em igual montante para o fim previsto neste artigo.

§ 2º A dedução do Imposto de Renda estará limitada a 5% (cinco por cento) do imposto devido em cada exercício, podendo o eventual excesso ser transferido para dedução nos dois exercícios subsequentes.

* § 2º com redação determinada pelo Dec. 349/1991.

§ 3º As despesas de custeio admitidas na base de cálculo de incentivo são aquelas que vierem a constituir o custo direto e exclusivo do serviço de alimentação, podendo ser considerados, além da matéria-prima, mão de obra, encargos decorrentes de salários, asseio e os gastos de energia diretamente relacionados ao preparo e à distribuição das refeições.

§ 4º Para os efeitos deste Decreto, entende-se como prévia aprovação pelo Ministério do Trabalho e da Previdência Social, a apresentação de documento hábil a ser definido em Portaria dos Ministros do Trabalho e Previdência Social; da Economia, Fazenda e Planejamento e da Saúde.

Art. 2º Para os efeitos do art. 2º da Lei 6.321, de 14 de abril de 1976, os trabalhadores de renda mais elevada poderão ser incluídos no programa de alimentação, desde que esteja garantido o atendimento da totalidade dos trabalhadores contratados pela pessoa jurídica beneficiária que percebam até cinco salários mínimos.

§ 1º A participação do trabalhador fica limitada a 20% (vinte por cento) do custo direto da refeição.

* § 1º acrescentado pelo Dec. 349/1991.

§ 2º A quantificação do custo direto da refeição far-se-á conforme o período de execução do Programa aprovado pelo Ministério do Trabalho e da Previdência Social, limitado ao máximo de 12 (doze) meses.

* § 2º acrescentado pelo Dec. 349/1991.

Art. 3º Os Programas de Alimentação do Trabalhador deverão propiciar condições de avaliação do teor nutritivo de alimentação.

Art. 4º Para a execução dos programas de alimentação do trabalhador, a pessoa jurídica beneficiária pode manter serviço próprio de refeições, distribuir alimentos e firmar convênio com entidades fornecedoras de alimentação coletiva, sociedades civis, sociedades comerciais e sociedades cooperativas.

* *Caput* com redação determinada pelo Dec. 2.101/1996.

Parágrafo único. A pessoa jurídica beneficiária será responsável por quaisquer irregularidades resultantes dos programas executados na forma deste artigo.

Art. 5º A pessoa jurídica que custear em comum as despesas definidas no art. 4º poderá beneficiar-se da dedução prevista na Lei 6.321, de 14 de abril de 1976, pelo critério de rateio do custo total da alimentação.

Art. 6º Nos Programas de Alimentação do Trabalhador (PAT), previamente aprovados pelo Ministério do Trabalho e da Previdência Social, a parcela paga *in natura* pela empresa não tem natureza salarial, não se incorpora à remuneração para quaisquer efeitos, não constitui base de incidência de contribuição previdenciária ou do Fundo de Garantia do Tempo de Serviço e nem se configura como rendimento tributável do trabalhador.

Art. 7º A pessoa jurídica deverá destacar contabilmente, com subtítulos por natureza de gastos, as despesas constantes do programa de alimentação do trabalhador.

Art. 8º A execução inadequada dos programas de Alimentação do Trabalhador ou o desvio ou desvirtuamento de suas finalidades acarretarão a perda do incentivo fiscal e a aplicação das penalidades cabíveis.

Parágrafo único. Na hipótese de infringência de dispositivos deste regulamento, as autoridades incumbidas da fiscalização no âmbito dos Ministérios do Trabalho e da Previdência Social, da Economia, Fazenda e Planejamento, e da Saúde aplicarão as pe-

Port. SIT/DSST 3/2002

ALIMENTAÇÃO DO TRABALHADOR

nalidades cabíveis no âmbito de suas competências.

Art. 9º O Ministério do Trabalho e da Previdência Social expedirá instruções dispondo sobre a aplicação deste Decreto.

Art. 10. Este Decreto entra em vigor na data de sua publicação.

Art. 11. Revogam-se o Decreto 78.676, de 8 de novembro de 1976, e demais disposições em contrário.

Brasília, 14 de janeiro de 1991; 170º da Independência e 103º da República.
Fernando Collor

(*DOU* 15.01.1991)

PORTARIA 3,
DE 1º DE MARÇO DE 2002, DA SECRETARIA DE INSPEÇÃO DO TRABALHO E DIRETORIA DO DEPARTAMENTO DE SEGURANÇA E SAÚDE NO TRABALHO – SIT/DSST

Baixa instruções sobre a execução do Programa de Alimentação do Trabalhador – PAT.

A Secretária de Inspeção do Trabalho e o Diretor do Departamento de Segurança e Saúde no Trabalho, no uso de suas atribuições legais, considerando o disposto no art. 9º, do Decreto 5, de 14 de janeiro de 1991, resolvem:

I – Do objetivo do Programa de Alimentação do Trabalhador – PAT

Art. 1º O Programa de Alimentação do Trabalhador – PAT, instituído pela Lei 6.321, de 14 de abril de 1976, tem por objetivo a melhoria da situação nutricional dos trabalhadores, visando a promover sua saúde e prevenir as doenças profissionais.

I-A – Da inscrição e do registro

• Seção I-A revogada pela Portaria SIT/DSST 343/2013.

Arts. 1º-A a 1º-G. *(Revogados pela Portaria SIT/DSST 343/2013.)*

II – Das pessoas jurídicas beneficiárias

Art. 2º Para inscrever-se no Programa e usufruir dos benefícios fiscais, a pessoa jurídica deverá requerer a sua inscrição à Secretaria de Inspeção do Trabalho – SIT, através do Departamento de Segurança e Saúde no Trabalho – DSST, do Ministério do Trabalho e Emprego – MTE, em impresso próprio para esse fim a ser adquirido na Empresa Brasileira de Correios e Telégrafos – ECT ou por meio eletrônico utilizando o formulário constante da página do Ministério do Trabalho e Emprego na internet (www.mte.gov.br).

• Artigo com vigência restaurada pela Portaria SIT/DSST 343/2013.

§ 1º A cópia do formulário e o respectivo comprovante oficial de postagem ao DSST/SIT ou o comprovante da adesão via internet deverá ser mantida nas dependências da empresa, matriz e filiais, à disposição da fiscalização federal do trabalho.

• V. Portaria SIT/DSST 8/2002.

§ 2º A documentação relacionada aos gastos com o Programa e aos incentivos dele decorrentes será mantida à disposição da fiscalização federal do trabalho, de modo a possibilitar seu exame e confronto com os registros contábeis e fiscais exigidos pela legislação.

• V. Portaria SIT/DSST 8/2002.

Art. 3º As pessoas jurídicas beneficiárias poderão incluir no Programa trabalhadores de renda mais elevada, desde que esteja garantido o atendimento da totalidade dos trabalhadores que percebam até cinco salários mínimos, independentemente da duração da jornada de trabalho.

Parágrafo único. O benefício concedido aos trabalhadores que percebam até cinco salários mínimos não poderá, sob qualquer pretexto, ter valor inferior àquele concedido aos de rendimento mais elevado.

Art. 4º A participação financeira do trabalhador fica limitada a 20% (vinte por cento) do custo direto do benefício concedido.

Parágrafo único. *(Revogado pela Portaria SIT/DSST 343/2013.)*

Art. 5º Os programas de alimentação do trabalhador deverão propiciar condições de avaliação do teor nutritivo da alimentação, conforme disposto no art. 3º do Decreto 5, de 14 de janeiro de 1991.

Port. SIT/DSST 3/2002

ALIMENTAÇÃO DO TRABALHADOR

• Artigo com redação determinada pela Portaria SIT/DSST 193/2006.

§ 1º Entende-se por alimentação saudável, o direito humano a um padrão alimentar adequado às necessidades biológicas e sociais dos indivíduos, respeitando os princípios da variedade, da moderação e do equilíbrio, dando-se ênfase aos alimentos regionais e respeito ao seu significado socioeconômico e cultural, no contexto da Segurança Alimentar e Nutricional.

§ 2º As pessoas jurídicas participantes do Programa de Alimentação do Trabalhador – PAT, mediante prestação de serviços próprios ou de terceiros, deverão assegurar qualidade e quantidade da alimentação fornecida aos trabalhadores, de acordo com esta Portaria, cabendo-lhes a responsabilidade de fiscalizar o disposto neste artigo.

§ 3º Os parâmetros nutricionais para a alimentação do trabalhador estabelecidos nesta Portaria deverão ser calculados com base nos seguintes valores diários de referência para macro e micro nutrientes:

NUTRIENTES
VALOR ENERGÉTICO TOTAL
CARBOIDRATO
PROTEÍNA
GORDURA TOTAL
GORDURA SATURADA
FIBRA
SÓDIO

I – as refeições principais (almoço, jantar e ceia) deverão conter de seiscentas a oitocentas calorias, admitindo-se um acréscimo de 20% (vinte por cento) (quatrocentas calorias) em relação ao Valor Energético Total – VET de duas mil calorias por dia e deverá corresponder a faixa de 30 – 40% (trinta a quarenta por cento) do VET diário;

II – as refeições menores (desjejum e lanche) deverão conter de trezentas a quatrocentas calorias, admitindo-se um acréscimo de 20% (vinte por cento) (quatrocentas calorias) em relação ao Valor Energético Total de duas mil calorias por dia e deverão corresponder a faixa de 15 – 20% (quinze a vinte por cento) do VET diário;

III – as refeições principais e menores deverão seguir a seguinte distribuição de macro nutrientes, fibra e sódio: e

Refeições	carboidratos (%)	proteínas (%)	gorduras totais (%)	gorduras saturadas (%)	fibras (g)	sódio (mg)
desjejum/lanche	60	15	25	<10	4-5	360-480
almoço/jantar/ceia	60	15	25	<10	7-10	720-960

IV – o percentual proteico – calórico (NDPCAL) das refeições deverá ser de no mínimo 6% (seis por cento) e no máximo 10% (dez por cento).

§ 4º Os estabelecimentos vinculados ao PAT deverão promover educação nutricional, inclusive mediante a disponibilização, em local visível ao público, de sugestão de cardápio saudável aos trabalhadores, em conformidade com o § 3º deste artigo.

§ 5º A análise de outros nutrientes poderá ser realizada, desde que não seja substituída a declaração dos nutrientes solicitados como obrigatórios.

§ 6º Independente da modalidade adotada para o provimento da refeição, a pessoa jurídica beneficiária poderá oferecer aos seus trabalhadores uma ou mais refeições diárias.

§ 7º O cálculo do VET será alterado, em cumprimento às exigências laborais, em benefício da saúde do trabalhador, desde que baseado em estudos de diagnóstico nutricional.

§ 8º Quando a distribuição de gêneros alimentícios constituir benefício adicional àqueles referidos nos incisos I, II e III do § 3º deste artigo, os índices de NDPCAL e percentuais de macro e micro nutrientes poderão deixar de obedecer aos parâmetros determinados nesta Portaria, com exceção do sódio e das gorduras saturadas.

§ 9º As empresas beneficiárias deverão fornecer aos trabalhadores portadores de doenças relacionadas à alimentação e nutrição, devidamente diagnosticadas, refeições adequadas e condições amoldadas ao PAT,

Port. SIT/DSST 3/2002

ALIMENTAÇÃO DO TRABALHADOR

para tratamento de suas patologias, devendo ser realizada avaliação nutricional periódica destes trabalhadores.

§ 10. Os cardápios deverão oferecer, pelo menos, uma porção de frutas e uma porção de legumes ou verduras, nas refeições principais (almoço, jantar e ceia) e pelo menos uma porção de frutas nas refeições menores (desjejum e lanche).

§ 11. As empresas fornecedoras e prestadoras de serviços de alimentação coletiva do PAT, bem como as pessoas jurídicas beneficiárias na modalidade autogestão deverão possuir responsável técnico pela execução do programa.

§ 12. O responsável técnico do PAT é o profissional legalmente habilitado em Nutrição, que tem por compromisso a correta execução das atividades nutricionais do programa, visando à promoção da alimentação saudável ao trabalhador.

Art. 6º É vedado à pessoa jurídica beneficiária:

I – suspender, reduzir ou suprimir o benefício do Programa a título de punição ao trabalhador;

II – utilizar o Programa, sob qualquer forma, como premiação; e,

III – utilizar o Programa em qualquer condição que desvirtue sua finalidade.

Art. 7º Todas as empresas participantes do Programa de Alimentação do Trabalhador – PAT, beneficiárias, fornecedoras ou prestadoras de serviço de alimentação coletiva e respectivas associações de classe, deverão promover a realização de atividades de conscientização e de educação alimentar para os trabalhadores, além de divulgação sobre métodos de vida saudável, seja mediante campanhas, seja por meio de programas de duração continuada.

III – Das modalidades de execução do PAT

Art. 8º Para a execução do PAT, a pessoa jurídica beneficiária poderá manter serviço próprio de refeições ou distribuição de alimentos, inclusive não preparados, bem como firmar convênios com entidades que forneçam ou prestem serviços de alimentação coletiva, desde que essas entidades sejam credenciadas pelo Programa e se obriguem a cumprir o disposto na legislação do PAT e nesta Portaria, condição que deverá constar expressamente do texto do convênio entre as partes interessadas.

Art. 9º As empresas produtoras de cestas de alimentos e similares, que fornecem componentes alimentícios devidamente embalados e registrados nos órgãos competentes, para transporte individual, deverão comprovar atendimento à legislação vigente.

• Artigo com redação determinada pela Portaria SIT/DSST 61/2003.

Art. 10. Quando a pessoa jurídica beneficiária fornecer a seus trabalhadores documentos de legitimação (impressos, cartões eletrônicos, magnéticos ou outros oriundos de tecnologia adequada) que permitam a aquisição de refeições ou de gêneros alimentícios em estabelecimentos comerciais, o valor do documento deverá ser suficiente para atender às exigências nutricionais do PAT.

Parágrafo único. Cabe à pessoa jurídica beneficiária orientar devidamente seus trabalhadores sobre a correta utilização dos documentos referidos neste artigo.

IV – Das pessoas jurídicas fornecedoras e das prestadoras de serviços de alimentação coletiva

Art. 11. As pessoas jurídicas que pretendam credenciar-se como fornecedoras ou prestadoras de serviços de alimentação coletiva deverão requerer seu registro no PAT mediante preenchimento de formulário próprio oficial, conforme modelo anexo a esta Portaria, o qual se encontra também na página eletrônica do Ministério do Trabalho e Emprego – MTE na internet, e que, após preenchido, deverá ser encaminhado com a documentação nele especificada ao Departamento de Segurança e Saúde no Trabalho – DSST, da Secretaria de Inspeção do Trabalho – SIT, por intermédio da Delegacia Regional do Trabalho local ou diretamente pela internet.

• Artigo com vigência restaurada pela Portaria SIT/DSST 343/2013.

Port. SIT/DSST 3/2002

ALIMENTAÇÃO DO TRABALHADOR

Parágrafo único. As empresas prestadoras de serviços de alimentação coletiva deverão encaminhar o formulário e a documentação nele especificada exclusivamente por intermédio da Delegacia Regional do Trabalho local.

Art. 12. A pessoa jurídica será registrada no PAT nas seguintes categorias:

I – fornecedora de alimentação coletiva:

a) operadora de cozinha industrial e fornecedora de refeições preparadas transportadas;

b) administradora de cozinha da contratante;

c) fornecedora de cestas de alimento e similares, para transporte individual;

II – prestadora de serviço de alimentação coletiva:

a) administradora de documentos de legitimação para aquisição de refeições em restaurantes e estabelecimentos similares (refeição convênio);

b) administradora de documentos de legitimação para aquisição de gêneros alimentícios em estabelecimentos comerciais (alimentação convênio).

Parágrafo único. O registro poderá ser concedido nas duas modalidades aludidas no inciso II, sendo, neste caso, obrigatória a emissão de documentos de legitimação distintos.

V – Da operação das pessoas jurídicas prestadoras de serviços de alimentação coletiva

Art. 13. Cabe às prestadoras de serviços de alimentação coletiva:

I – garantir que os restaurantes e outros estabelecimentos por elas credenciados se situem nas imediações dos locais de trabalho;

II – garantir que os documentos de legitimação para aquisição de refeições ou gêneros alimentícios sejam diferenciados e regularmente aceitos pelos estabelecimentos credenciados, de acordo com a finalidade expressa no documento;

III – reembolsar ao estabelecimento comercial credenciado os valores dos documentos de legitimação, mediante depósito na conta bancária em nome da empresa credenciada, expressamente indicada para esse fim;

IV – cancelar o credenciamento dos estabelecimentos comerciais que não cumprirem as exigências sanitárias e nutricionais e, ainda, que, por ação ou omissão, concorrerem para o desvirtuamento do PAT mediante o uso indevido dos documentos de legitimação ou outras práticas irregulares, especialmente:

a) a troca do documento de legitimação por dinheiro em espécie ou por mercadorias, serviços ou produtos não compreendidos na finalidade do PAT;

b) a exigência de qualquer tipo de ágio ou a imposição de descontos sobre o valor do documento de legitimação;

c) o uso de documentos de legitimação que lhes forem apresentados para qualquer outro fim que não o de reembolso direto junto à prestadora do serviço, emissora do documento, vedada a utilização de quaisquer intermediários.

Art. 14. Poderá ser cancelado o registro da pessoa jurídica fornecedora ou prestadora de serviços de alimentação coletiva que:

* Artigo com redação determinada pela Portaria SIT/DSST 61/2003.

I – deixar de cumprir obrigações legítimas de reembolso à rede de estabelecimentos comerciais junto a ela credenciados; ou

II – deixar de garantir a emissão de documento de legitimação impresso em papel, quando esta modalidade estiver estabelecida em contrato com a empresa beneficiária.

Art. 15. As prestadoras de serviços de alimentação coletiva deverão manter atualizados os cadastros de todos os estabelecimentos comerciais junto a elas credenciados, em documento que contenha as seguintes informações:

I – categoria do estabelecimento credenciado, com indicação de que:

a) comercializa refeições (restaurante, lanchonete, bar ou similar); ou

b) comercializa gêneros alimentícios (supermercados, armazém, mercearia, açougue, peixaria, hortimercado, comércio de laticínios e/ou frios, padaria, etc.).

II – capacidade instalada de atendimento, com informação do número máximo de refeições/dia, medida da área de atendimento ao público, número de mesas, cadeiras ou

Port. SIT/DSST 3/2002

ALIMENTAÇÃO DO TRABALHADOR

bancos e o número de lugares possíveis em balcão, no caso do inciso I, alínea *a*;
III – capacidade instalada de atendimento, com indicação da área e equipamento, como caixa registradora e outros, de modo a permitir que se verifique o porte do estabelecimento, no caso do inciso I, alínea *b*.

Parágrafo único. Cabe às prestadoras de serviços de alimentação coletiva proceder à verificação *in loco* das informações prestadas pelos estabelecimentos comerciais credenciados devendo o documento de cadastramento ficar à disposição da fiscalização federal do trabalho.

* Parágrafo único retificado pela Portaria SIT/DSST 8/2002.

VI – Dos documentos de legitimação

Art. 16. O fornecimento de documentos de legitimação, para as finalidades previstas no art. 10, é atribuição exclusiva das empresas prestadoras de serviço de alimentação coletiva, credenciadas de conformidade com o disposto nesta Portaria.

Parágrafo único. A pessoa jurídica beneficiária celebrará contrato com a prestadora de serviço de alimentação coletiva visando ao fornecimento dos documentos de legitimação mencionados no *caput*, que poderão ser na forma impressa, na de cartões eletrônicos ou magnéticos, ou outra forma que se adeque à utilização na rede de estabelecimentos conveniados.

Art. 17. Nos documentos de legitimação de que trata o artigo anterior deverão constar:
I – razão ou denominação social da pessoa jurídica beneficiária;
II – numeração contínua, em sequência ininterrupta, vinculada à empregadora;
III – valor em moeda corrente no País;
IV – nome, endereço e CGC da prestadora de serviço de alimentação coletiva;
V – prazo de validade, não inferior a 30 (trinta) dias, nem superior a 15 (quinze) meses, para os documentos impressos;
VI – a expressão "válido somente para pagamento de refeições" ou "válido somente para aquisição de gêneros alimentícios", conforme o caso.

* Inciso VI retificado pela Portaria SIT/DSST 8/2002.

§ 1º Na emissão dos documentos de legitimação deverão ser adotados mecanismos que assegurem proteção contra falsificação.
§ 2º Os documentos de legitimação destinados à aquisição de refeição ou de gêneros alimentícios serão distintos e aceitos pelos estabelecimentos conveniados, de acordo com a finalidade expressa em cada um deles, sendo vedada a utilização de instrumento único.
§ 3º A pessoa jurídica beneficiária deverá exigir que cada trabalhador firme uma declaração, que será mantida à disposição da fiscalização federal do trabalho, acusando o recebimento dos documentos de legitimação, na qual deverá constar a numeração e a identificação da espécie dos documentos entregues.

* § 3º retificado pela Portaria SIT/DSST 8/2002.

§ 4º Quando os documentos de legitimação previstos nesta Portaria forem concedidos sob a forma de cartões magnéticos ou eletrônicos, a pessoa jurídica beneficiária deverá obter de cada trabalhador uma única declaração de recebimento do cartão, que será mantida à disposição da fiscalização federal do trabalho, e servirá como comprovação da concessão do benefício.

* § 4º retificado pela Portaria SIT/DSST 8/2002.

§ 5º Quando os documentos de legitimação previstos nesta Portaria forem concedidos sob a forma de cartões magnéticos ou eletrônicos, o valor do benefício será comprovado mediante a emissão de notas fiscais pelas empresas prestadoras de serviços de alimentação coletiva, além dos correspondentes contratos celebrados entre estas e as pessoas jurídicas beneficiárias.
§ 6º Os documentos de legitimação, sejam impressos ou na forma de cartões eletrônicos ou magnéticos, destinam-se exclusivamente às finalidades do Programa de Alimentação do Trabalhador, sendo vedada sua utilização para outros fins.
§ 7º A validade do cartão magnético e/ou eletrônico, pelas suas características operacionais, poderá ser de até 5 (cinco) anos.

Art. 18. Em caso de utilização a menor do valor do documento de legitimação, o estabelecimento comercial deverá fornecer

Port. SIT/DSST 3/2002

ALIMENTAÇÃO DO TRABALHADOR

ao trabalhador um contravale com a diferença, vedada a devolução em moeda corrente.

VII – Das disposições finais

Art. 19. A execução inadequada do Programa de Alimentação do Trabalhador – PAT acarretará o cancelamento da inscrição no Ministério do Trabalho e Emprego, com a consequente perda do incentivo fiscal, sem prejuízo do disposto no art. 8º, parágrafo único, do Decreto 5, de 14 de janeiro de 1991.

Art. 20. O Ministério do Trabalho e Emprego, através da Secretaria de Inspeção do Trabalho, emitirá Instrução Normativa relativa à fiscalização do cumprimento da legislação de sustento do Programa de Alimentação junto às empresas inscritas e registradas no mesmo.

• Artigo com redação determinada pela Portaria SIT/DSST 8/2002.

Art. 21. As dúvidas e casos omissos serão dirimidos pelo DSST/SIT/MTE.

Art. 22. Esta Portaria entra em vigor na data de sua publicação.

Art. 23. Revogam-se a Portaria MTb 87, de 28 de janeiro de 1997 e demais disposições em contrário.

• Deixamos de publicar os Anexos a esta Portaria.

Vera Olímpia Gonçalves
Secretária de Inspeção do Trabalho
Juarez Correia Barros Júnior
Diretor do Departamento de Segurança e Saúde no Trabalho

(*DOU* 05.03.2002)

AVISO-PRÉVIO

LEI 12.506, DE 11 DE OUTUBRO DE 2011

Dispõe sobre o aviso-prévio e dá outras providências.

A Presidenta da República:

Faço saber que o Congresso Nacional decreta e eu sanciono a seguinte Lei:

Art. 1º O aviso-prévio, de que trata o Capítulo VI do Título IV da Consolidação das Leis do Trabalho – CLT, aprovada pelo Decreto-lei 5.452, de 1º de maio de 1943, será concedido na proporção de 30 (trinta) dias aos empregados que contem até 1 (um) ano de serviço na mesma empresa.

Parágrafo único. Ao aviso-prévio previsto neste artigo serão acrescidos 3 (três) dias por ano de serviço prestado na mesma empresa, até o máximo de 60 (sessenta) dias, perfazendo um total de até 90 (noventa) dias.

Art. 2º Esta Lei entra em vigor na data de sua publicação.

Brasília, 11 de outubro de 2011; 190º da Independência e 123º da República.

Dilma Rousseff

(*DOU* 13.10.2011)

AVULSOS E TRABALHO PORTUÁRIO

LEI 5.085,
DE 27 DE AGOSTO DE 1966

Reconhece aos trabalhadores avulsos o direito a férias.

O Presidente da República:
Faço saber que o Congresso Nacional manteve e eu promulgo, nos termos da parte final do § 3º, do artigo 70, da Constituição Federal, a seguinte Lei:

Art. 1º É reconhecido aos trabalhadores avulsos, inclusive aos estivadores, conferentes e consertadores de carga e descarga, vigias portuários, arrumadores e ensacadores de café e de cacau, o direito a férias anuais remuneradas, aplicando-se aos mesmos no que couber, as disposições constantes das Seções I a V, do Capítulo IV do Título II, artigos 130 a 147, da Consolidação das Leis do Trabalho, aprovada pelo Decreto-lei 5.452, de 1º de maio de 1943.

Art. 2º As férias serão pagas pelos empregadores que adicionarão ao salário normal do trabalhador avulso, uma importância destinada a esse fim.

Art. 3º Os Sindicatos representativos das respectivas categorias profissionais agirão como intermediários, recebendo as importâncias correspondentes às férias, fiscalizando o preenchimento das condições, legais e regulamentares, aquisitivas do direito, e efetuando o pagamento das férias aos trabalhadores sindicalizados ou não, que fizerem jus a elas.

Art. 4º O Poder Executivo, dentro de 60 (sessenta) dias, regulamentará a presente Lei, fixando o quantum percentual a ser acrescido ao salário para o pagamento das férias, que deverá ter em vista a relação existente entre o número de dias e horas trabalhadas e os referentes às férias, e estabelecendo a importância a ser recebida pelos Sindicatos para atender às necessárias despesas de administração.

Art. 5º Esta Lei entra em vigor na data de sua publicação.

Art. 6º Revogam-se as disposições em contrário.

Brasília, 27 de agosto de 1966; 145º da Independência e 78º da República.
H. Castello Branco

(*DOU* 31.08.1966)

LEI 9.719,
DE 27 DE NOVEMBRO DE 1998

Dispõe sobre normas e condições gerais de proteção ao trabalho portuário, institui multas pela inobservância de seus preceitos, e dá outras providências.

Faço saber que o Presidente da República adotou a Medida Provisória 1.728-19, de 1998, que o Congresso Nacional aprovou, e eu, Antonio Carlos Magalhães, Presidente, para os efeitos do disposto no parágrafo único do art. 62 da Constituição Federal, promulgo a seguinte Lei:

Art. 1º Observado o disposto nos arts. 18 e seu parágrafo único, 19 e seus parágrafos, 20, 21, 22, 25 e 27 e seus parágrafos, 29, 47, 49 e 56 e seu parágrafo único, da Lei 8.630, de 25 de fevereiro de 1993, a mão de obra do trabalho portuário avulso deverá ser requisitada ao órgão gestor de mão de obra.

Art. 2º Para os fins previstos no art. 1º desta Lei:

I – cabe ao operador portuário recolher ao órgão gestor de mão de obra os valores devidos pelos serviços executados, referentes à remuneração por navio, acrescidos dos percentuais relativos a décimo terceiro salário, férias, Fundo de Garantia do Tempo de Serviço – FGTS, encargos fiscais e previdenciários, no prazo de 24 (vinte e quatro) horas da realização do serviço, para viabilizar o pagamento ao trabalhador portuário avulso;

Lei 9.719/1998

AVULSOS

II – cabe ao órgão gestor de mão de obra efetuar o pagamento da remuneração pelos serviços executados e das parcelas referentes a décimo terceiro salário e férias, diretamente ao trabalhador portuário avulso.

§ 1º O pagamento da remuneração pelos serviços executados será feito no prazo de 48 (quarenta e oito) horas após o término do serviço.

§ 2º Para efeito do disposto no inciso II, o órgão gestor de mão de obra depositará as parcelas referentes às férias e ao décimo terceiro salário, separada e respectivamente, em contas individuais vinculadas, a serem abertas e movimentadas às suas expensas, especialmente para este fim, em instituição bancária de sua livre escolha, sobre as quais deverão incidir rendimentos mensais com base nos parâmetros fixados para atualização dos saldos dos depósitos de poupança.

§ 3º Os depósitos a que se refere o parágrafo anterior serão efetuados no dia 2 do mês seguinte ao da prestação do serviço, prorrogado o prazo para o primeiro dia útil subsequente se o vencimento cair em dia em que não haja expediente bancário.

§ 4º O operador portuário e o órgão gestor de mão de obra são solidariamente responsáveis pelo pagamento dos encargos trabalhistas, das contribuições previdenciárias e demais obrigações, inclusive acessórias, devidas à Seguridade Social, arrecadadas pelo Instituto Nacional do Seguro Social – INSS, vedada a invocação do benefício de ordem.

§ 5º Os prazos previstos neste artigo podem ser alterados mediante convenção coletiva firmada entre entidades sindicais representativas dos trabalhadores e operadores portuários, observado o prazo legal para recolhimento dos encargos fiscais, trabalhistas e previdenciários.

§ 6º A liberação das parcelas referentes ao décimo terceiro salário e férias, depositadas nas contas individuais vinculadas, e o recolhimento do FGTS e dos encargos fiscais e previdenciários serão efetuados conforme regulamentação do Poder Executivo.

Art. 3º O órgão gestor de mão de obra manterá o registro do trabalhador portuário avulso que:

I – for cedido ao operador portuário para trabalhar em caráter permanente;

II – constituir ou se associar a cooperativa formada para se estabelecer como operador portuário, na forma do art. 17 da Lei 8.630, de 1993.

§ 1º Enquanto durar a cessão ou a associação de que tratam os incisos I e II deste artigo, o trabalhador deixará de concorrer à escala como avulso.

§ 2º É vedado ao órgão gestor de mão de obra ceder trabalhador portuário avulso cadastrado a operador portuário, em caráter permanente.

Art. 4º É assegurado ao trabalhador portuário avulso cadastrado no órgão gestor de mão de obra o direito de concorrer à escala diária complementando a equipe de trabalho do quadro dos registrados.

Art. 5º A escalação do trabalhador portuário avulso, em sistema de rodízio, será feita pelo órgão gestor de mão de obra.

Art. 6º Cabe ao operador portuário e ao órgão gestor de mão de obra verificar a presença, no local de trabalho, dos trabalhadores constantes da escala diária.

Parágrafo único. Somente fará jus à remuneração o trabalhador avulso que, constante da escala diária, estiver em efetivo serviço.

Art. 7º O órgão gestor de mão de obra deverá, quando exigido pela fiscalização do Ministério do Trabalho e do INSS, exibir as listas de escalação diária dos trabalhadores portuários avulsos, por operador portuário e por navio.

Parágrafo único. Caberá exclusivamente ao órgão gestor de mão de obra a responsabilidade pela exatidão dos dados lançados nas listas diárias referidas no *caput* deste artigo, assegurando que não haja preterição do trabalhador regularmente registrado e simultaneidade na escalação.

Art. 8º Na escalação diária do trabalhador portuário avulso deverá sempre ser observado um intervalo mínimo de 11 (onze) horas consecutivas entre duas jornadas, salvo em situações excepcionais, constantes de acordo ou convenção coletiva de trabalho.

Lei 12.023/2009

AVULSOS

Art. 9º Compete ao órgão gestor de mão de obra, ao operador portuário e ao empregador, conforme o caso, cumprir e fazer cumprir as normas concernentes a saúde e segurança do trabalho portuário.

Parágrafo único. O Ministério do Trabalho estabelecerá as normas regulamentadoras de que trata o *caput* deste artigo.

Art. 10. O descumprimento do disposto nesta Lei sujeitará o infrator às seguintes multas:

I – de R$ 173,00 (cento e setenta e três reais) a R$ 1.730,00 (um mil, setecentos e trinta reais), por infração ao *caput* do art. 7º;

II – de R$ 575,00 (quinhentos e setenta e cinco reais) a R$ 5.750,00 (cinco mil, setecentos e cinquenta reais), por infração às normas de segurança do trabalho portuário, e de R$ 345,00 (trezentos e quarenta e cinco reais) a R$ 3.450,00 (três mil, quatrocentos e cinquenta reais), por infração às normas de saúde do trabalho, nos termos do art. 9º;

III – de R$ 345,00 (trezentos e quarenta e cinco reais) a R$ 3.450,00 (três mil, quatrocentos e cinquenta reais), por trabalhador em situação irregular, por infração ao parágrafo único do art. 7º e aos demais artigos.

Parágrafo único. As multas previstas neste artigo serão graduadas segundo a natureza da infração, sua extensão e a intenção de quem a praticou, e aplicadas em dobro em caso de reincidência, oposição à fiscalização e desacato à autoridade, sem prejuízo das penalidades previstas na legislação previdenciária.

Art. 10-A. É assegurado, na forma do regulamento, benefício assistencial mensal, de até 1 (um) salário mínimo, aos trabalhadores portuários avulsos, com mais de 60 (sessenta) anos, que não cumprirem os requisitos para a aquisição das modalidades de aposentadoria previstas nos arts. 42, 48, 52 e 57 da Lei 8.213, de 24 de julho de 1991, e que não possuam meios para prover a sua subsistência.

* Artigo acrescentado pela Lei 12.815/2013.

Parágrafo único. O benefício de que trata este artigo não pode ser acumulado pelo beneficiário com qualquer outro no âmbito da seguridade social ou de outro regime, salvo os da assistência médica e da pensão especial de natureza indenizatória.

Art. 11. *(Revogado pela Lei 12.815/2013.)*

Art. 12. O processo de autuação e imposição das multas previstas nesta Lei obedecerá ao disposto no Título VII da Consolidação das Leis do Trabalho ou na legislação previdenciária, conforme o caso.

Art. 13. Esta Lei também se aplica aos requisitantes de mão de obra de trabalhador portuário avulso junto ao órgão gestor de mão de obra que não sejam operadores portuários.

Art. 14. Compete ao Ministério do Trabalho e ao INSS a fiscalização da observância das disposições contidas nesta Lei, devendo as autoridades de que trata o art. 3º da Lei 8.630, de 1993, colaborar com os Agentes da Inspeção do Trabalho e Fiscais do INSS em sua ação fiscalizadora, nas instalações portuárias ou a bordo de navios.

Art. 15. Ficam convalidados os atos praticados com base na Medida Provisória 1.679-18, de 26 de outubro de 1998.

Art. 16. Esta Lei entra em vigor na data de sua publicação.

Art. 17. Revoga-se a Medida Provisória 1.679-18, de 26 de outubro de 1998.

Congresso Nacional, em 27 de novembro de 1998; 177º da Independência e 110º da República.

Senador Antonio Carlos Magalhães

(*DOU* 30.11.1998)

LEI 12.023, DE 27 DE AGOSTO DE 2009

Dispõe sobre as atividades de movimentação de mercadorias em geral e sobre o trabalho avulso.

O Presidente da República:

Faço saber que o Congresso Nacional decreta e eu sanciono a seguinte Lei:

Art. 1º As atividades de movimentação de mercadorias em geral exercidas por trabalhadores avulsos, para os fins desta Lei, são aquelas desenvolvidas em áreas urba-

Lei 12.023/2009

AVULSOS

nas ou rurais sem vínculo empregatício, mediante intermediação obrigatória do sindicato da categoria, por meio de Acordo ou Convenção Coletiva de Trabalho para execução das atividades.

Parágrafo único. A remuneração, a definição das funções, a composição de equipes e as demais condições de trabalho serão objeto de negociação entre as entidades representativas dos trabalhadores avulsos e dos tomadores de serviços.

Art. 2º São atividades da movimentação de mercadorias em geral:

I – cargas e descargas de mercadorias a granel e ensacados, costura, pesagem, embalagem, enlonamento, ensaque, arrasto, posicionamento, acomodação, reordenamento, reparação da carga, amostragem, arrumação, remoção, classificação, empilhamento, transporte com empilhadeiras, paletização, ova e desova de vagões, carga e descarga em feiras livres e abastecimento de lenha em secadores e caldeiras;

II – operações de equipamentos de carga e descarga;

III – pré-limpeza e limpeza em locais necessários à viabilidade das operações ou à sua continuidade.

Parágrafo único. *(Vetado.)*

Art. 3º As atividades de que trata esta Lei serão exercidas por trabalhadores com vínculo empregatício ou em regime de trabalho avulso nas empresas tomadoras do serviço.

Art. 4º O sindicato elaborará a escala de trabalho e as folhas de pagamento dos trabalhadores avulsos, com a indicação do tomador do serviço e dos trabalhadores que participaram da operação, devendo prestar, com relação a estes, as seguintes informações:

I – os respectivos números de registros ou cadastro no sindicato;

II – o serviço prestado e os turnos trabalhados;

III – as remunerações pagas, devidas ou creditadas a cada um dos trabalhadores, registrando-se as parcelas referentes a:

a) repouso remunerado;
b) Fundo de Garantia por Tempo de Serviço;
c) 13º salário;
d) férias remuneradas mais 1/3 (um terço) constitucional;
e) adicional de trabalho noturno;
f) adicional de trabalho extraordinário.

Art. 5º São deveres do sindicato intermediador:

I – divulgar amplamente as escalas de trabalho dos avulsos, com a observância do rodízio entre os trabalhadores;

II – proporcionar equilíbrio na distribuição das equipes e funções, visando à remuneração em igualdade de condições de trabalho para todos e a efetiva participação dos trabalhadores não sindicalizados;

III – repassar aos respectivos beneficiários, no prazo máximo de 72 (setenta e duas) horas úteis, contadas a partir do seu arrecadamento, os valores devidos e pagos pelos tomadores do serviço, relativos à remuneração do trabalhador avulso;

IV – exibir para os tomadores da mão de obra avulsa e para as fiscalizações competentes os documentos que comprovem o efetivo pagamento das remunerações devidas aos trabalhadores avulsos;

V – zelar pela observância das normas de segurança, higiene e saúde no trabalho;

VI – firmar Acordo ou Convenção Coletiva de Trabalho para normatização das condições de trabalho.

§ 1º Em caso de descumprimento do disposto no inciso III deste artigo, serão responsáveis, pessoal e solidariamente, os dirigentes da entidade sindical.

§ 2º A identidade de cadastro para a escalação não será a carteira do sindicato e não assumirá nenhuma outra forma que possa dar ensejo à distinção entre trabalhadores sindicalizados e não sindicalizados para efeito de acesso ao trabalho.

Art. 6º São deveres do tomador de serviços:

I – pagar ao sindicato os valores devidos pelos serviços prestados ou dias trabalhados, acrescidos dos percentuais relativos a repouso remunerado, 13º salário e férias acrescidas de 1/3 (um terço), para viabilizar o pagamento do trabalhador avulso, bem como os percentuais referentes aos adicionais extraordinários e noturnos;

AVULSOS

II – efetuar o pagamento a que se refere o inciso I, no prazo máximo de 72 (setenta e duas) horas úteis, contadas a partir do encerramento do trabalho requisitado;

III – recolher os valores devidos ao Fundo de Garantia por Tempo de Serviço, acrescido dos percentuais relativos ao 13º salário, férias, encargos fiscais, sociais e previdenciários, observando o prazo legal.

Art. 7º A liberação das parcelas referentes ao 13º salário e às férias, depositadas nas contas individuais vinculadas e o recolhimento do FGTS e dos encargos fiscais e previdenciários serão efetuados conforme regulamentação do Poder Executivo.

Art. 8º As empresas tomadoras do trabalho avulso respondem solidariamente pela efetiva remuneração do trabalho contratado e são responsáveis pelo recolhimento dos encargos fiscais e sociais, bem como das contribuições ou de outras importâncias devidas à Seguridade Social, no limite do uso que fizerem do trabalho avulso intermediado pelo sindicato.

Art. 9º As empresas tomadoras do trabalho avulso são responsáveis pelo fornecimento dos Equipamentos de Proteção Individual e por zelar pelo cumprimento das normas de segurança no trabalho.

Art. 10. A inobservância dos deveres estipulados nos arts. 5º e 6º sujeita os respectivos infratores à multa administrativa no valor de R$ 500,00 (quinhentos reais) por trabalhador avulso prejudicado.

Parágrafo único. O processo de fiscalização, notificação, autuação e imposição de multas reger-se-á pelo disposto no Título VII da Consolidação das Leis do Trabalho – CLT, aprovada pelo Decreto-lei 5.452, de 1º de maio de 1943.

Art. 11. Esta Lei não se aplica às relações de trabalho regidas pela Lei 8.630, de 25 de fevereiro de 1993, e pela Lei 9.719, de 27 de novembro de 1998.

Art. 12. Esta Lei entra em vigor 30 (trinta) dias após sua publicação.

Brasília, 27 de agosto de 2009; 188º da Independência e 121º da República.

Luiz Inácio Lula da Silva

(*DOU* 28.08.2009; ret. 02.09.2009)

Lei 12.815/2013

LEI 12.815,
DE 5 DE JUNHO DE 2013

Dispõe sobre a exploração direta e indireta pela União de portos e instalações portuárias e sobre as atividades desempenhadas pelos operadores portuários; altera as Leis 5.025, de 10 de junho de 1966, 10.233, de 5 de junho de 2001, 10.683, de 28 de maio de 2003, 9.719, de 27 de novembro de 1998, e 8.213, de 24 de julho de 1991; revoga as Leis 8.630, de 25 de fevereiro de 1993, e 11.610, de 12 de dezembro de 2007, e dispositivos das Leis 11.314, de 3 de julho de 2006, e 11.518, de 5 de setembro de 2007; e dá outras providências.

A Presidenta da República:

Faço saber que o Congresso Nacional decreta e eu sanciono a seguinte Lei:

Capítulo I
DEFINIÇÕES E OBJETIVOS

Art. 1º Esta Lei regula a exploração pela União, direta ou indiretamente, dos portos e instalações portuárias e as atividades desempenhadas pelos operadores portuários.

§ 1º A exploração indireta do porto organizado e das instalações portuárias nele localizadas ocorrerá mediante concessão e arrendamento de bem público.

§ 2º A exploração indireta das instalações portuárias localizadas fora da área do porto organizado ocorrerá mediante autorização, nos termos desta Lei.

§ 3º As concessões, os arrendamentos e as autorizações de que trata esta Lei serão outorgados a pessoa jurídica que demonstre capacidade para seu desempenho, por sua conta e risco.

Art. 2º Para os fins desta Lei, consideram-se:

I – porto organizado: bem público construído e aparelhado para atender a necessidades de navegação, de movimentação de passageiros ou de movimentação e armazenagem de mercadorias, e cujo tráfego e operações portuárias estejam sob jurisdição de autoridade portuária;

II – área do porto organizado: área delimitada por ato do Poder Executivo que compreende as instalações portuárias e a infra-

Lei 12.815/2013

estrutura de proteção e de acesso ao porto organizado;

III – instalação portuária: instalação localizada dentro ou fora da área do porto organizado e utilizada em movimentação de passageiros, em movimentação ou armazenagem de mercadorias, destinadas ou provenientes de transporte aquaviário;

IV – terminal de uso privado: instalação portuária explorada mediante autorização e localizada fora da área do porto organizado;

V – estação de transbordo de cargas: instalação portuária explorada mediante autorização, localizada fora da área do porto organizado e utilizada exclusivamente para operação de transbordo de mercadorias em embarcações de navegação interior ou cabotagem;

VI – instalação portuária pública de pequeno porte: instalação portuária explorada mediante autorização, localizada fora do porto organizado e utilizada em movimentação de passageiros ou mercadorias em embarcações de navegação interior;

VII – instalação portuária de turismo: instalação portuária explorada mediante arrendamento ou autorização e utilizada em embarque, desembarque e trânsito de passageiros, tripulantes e bagagens, e de insumos para o provimento e abastecimento de embarcações de turismo;

VIII – (Vetado.):

a) (Vetada.);

b) (Vetada.); e

c) (Vetada.);

IX – concessão: cessão onerosa do porto organizado, com vistas à administração e à exploração de sua infraestrutura por prazo determinado;

X – delegação: transferência, mediante convênio, da administração e da exploração do porto organizado para Municípios ou Estados, ou a consórcio público, nos termos da Lei 9.277, de 10 de maio de 1996;

XI – arrendamento: cessão onerosa de área e infraestrutura públicas localizadas dentro do porto organizado, para exploração por prazo determinado;

XII – autorização: outorga de direito à exploração de instalação portuária localizada fora da área do porto organizado e formalizada mediante contrato de adesão; e

XIII – operador portuário: pessoa jurídica pré-qualificada para exercer as atividades de movimentação de passageiros ou movimentação e armazenagem de mercadorias, destinadas ou provenientes de transporte aquaviário, dentro da área do porto organizado.

Art. 3º A exploração dos portos organizados e instalações portuárias, com o objetivo de aumentar a competitividade e o desenvolvimento do País, deve seguir as seguintes diretrizes:

I – expansão, modernização e otimização da infraestrutura e da superestrutura que integram os portos organizados e instalações portuárias;

II – garantia da modicidade e da publicidade das tarifas e preços praticados no setor, da qualidade da atividade prestada e da efetividade dos direitos dos usuários;

III – estímulo à modernização e ao aprimoramento da gestão dos portos organizados e instalações portuárias, à valorização e à qualificação da mão de obra portuária e à eficiência das atividades prestadas;

IV – promoção da segurança da navegação na entrada e na saída das embarcações dos portos; e

V – estímulo à concorrência, incentivando a participação do setor privado e assegurando o amplo acesso aos portos organizados, instalações e atividades portuárias.

Capítulo II
DA EXPLORAÇÃO DOS PORTOS E INSTALAÇÕES PORTUÁRIAS

Seção I
Da Concessão de Porto Organizado e do Arrendamento de Instalação Portuária

Art. 4º A concessão e o arrendamento de bem público destinado à atividade portuária serão realizados mediante a celebração de contrato, sempre precedida de licitação, em conformidade com o disposto nesta Lei e no seu regulamento.

Art. 5º São essenciais aos contratos de concessão e arrendamento as cláusulas relativas:

I – ao objeto, à área e ao prazo;

II – ao modo, forma e condições da exploração do porto organizado ou instalação portuária;

III – aos critérios, indicadores, fórmulas e parâmetros definidores da qualidade da atividade prestada, assim como às metas e prazos para o alcance de determinados níveis de serviço;

IV – ao valor do contrato, às tarifas praticadas e aos critérios e procedimentos de revisão e reajuste;

V – aos investimentos de responsabilidade do contratado;

VI – aos direitos e deveres dos usuários, com as obrigações correlatas do contratado e as sanções respectivas;

VII – às responsabilidades das partes;

VIII – à reversão de bens;

IX – aos direitos, garantias e obrigações do contratante e do contratado, inclusive os relacionados a necessidades futuras de suplementação, alteração e expansão da atividade e consequente modernização, aperfeiçoamento e ampliação das instalações;

X – à forma de fiscalização das instalações, dos equipamentos e dos métodos e práticas de execução das atividades, bem como à indicação dos órgãos ou entidades competentes para exercê-las;

XI – às garantias para adequada execução do contrato;

XII – à responsabilidade do titular da instalação portuária pela inexecução ou deficiente execução das atividades;

XIII – às hipóteses de extinção do contrato;

XIV – à obrigatoriedade da prestação de informações de interesse do poder concedente, da Agência Nacional de Transportes Aquaviários – Antaq e das demais autoridades que atuam no setor portuário, inclusive as de interesse específico da Defesa Nacional, para efeitos de mobilização;

XV – à adoção e ao cumprimento das medidas de fiscalização aduaneira de mercadorias, veículos e pessoas;

XVI – ao acesso ao porto organizado ou à instalação portuária pelo poder concedente, pela Antaq e pelas demais autoridades que atuam no setor portuário;

XVII – às penalidades e sua forma de aplicação; e

XVIII – ao foro.

§ 1º *(Vetado.)*

§ 2º Findo o prazo dos contratos, os bens vinculados à concessão ou ao arrendamento reverterão ao patrimônio da União, na forma prevista no contrato.

Art. 6º Nas licitações dos contratos de concessão e arrendamento, serão considerados como critérios para julgamento, de forma isolada ou combinada, a maior capacidade de movimentação, a menor tarifa ou o menor tempo de movimentação de carga, e outros estabelecidos no edital, na forma do regulamento.

§ 1º As licitações de que trata este artigo poderão ser realizadas na modalidade leilão, conforme regulamento.

§ 2º Compete à Antaq, com base nas diretrizes do poder concedente, realizar os procedimentos licitatórios de que trata este artigo.

§ 3º Os editais das licitações de que trata este artigo serão elaborados pela Antaq, observadas as diretrizes do poder concedente.

§ 4º *(Vetado.)*

§ 5º Sem prejuízo das diretrizes previstas no art. 3º, o poder concedente poderá determinar a transferência das competências de elaboração do edital e a realização dos procedimentos licitatórios de que trata este artigo à Administração do Porto, delegado ou não.

§ 6º O poder concedente poderá autorizar, mediante requerimento do arrendatário, na forma do regulamento, expansão da área arrendada para área contígua dentro da poligonal do porto organizado, sempre que a medida trouxer comprovadamente eficiência na operação portuária.

Art. 7º A Antaq poderá disciplinar a utilização em caráter excepcional, por qualquer interessado, de instalações portuárias arrendadas ou exploradas pela concessionária, assegurada a remuneração adequada ao titular do contrato.

Lei 12.815/2013

Seção II
Da Autorização de Instalações Portuárias

Art. 8º Serão exploradas mediante autorização, precedida de chamada ou anúncio públicos e, quando for o caso, processo seletivo público, as instalações portuárias localizadas fora da área do porto organizado, compreendendo as seguintes modalidades:
I – terminal de uso privado;
II – estação de transbordo de carga;
III – instalação portuária pública de pequeno porte;
IV – instalação portuária de turismo;
V – *(Vetado.)*
§ 1º A autorização será formalizada por meio de contrato de adesão, que conterá as cláusulas essenciais previstas no *caput* do art. 5º, com exceção daquelas previstas em seus incisos IV e VIII.
§ 2º A autorização de instalação portuária terá prazo de até 25 (vinte e cinco) anos, prorrogável por períodos sucessivos, desde que:
I – a atividade portuária seja mantida; e
II – o autorizatário promova os investimentos necessários para a expansão e modernização das instalações portuárias, na forma do regulamento.
§ 3º A Antaq adotará as medidas para assegurar o cumprimento dos cronogramas de investimento previstos nas autorizações e poderá exigir garantias ou aplicar sanções, inclusive a cassação da autorização.
§ 4º *(Vetado.)*

Art. 9º Os interessados em obter a autorização de instalação portuária poderão requerê-la à Antaq a qualquer tempo, na forma do regulamento.
§ 1º Recebido o requerimento de autorização de instalação portuária, a Antaq deverá:
I – publicar o extrato do requerimento, inclusive na internet; e
II – promover a abertura de processo de anúncio público, com prazo de 30 (trinta) dias, para identificar a existência de outros interessados na obtenção de autorização de instalação portuária na mesma região e com características semelhantes.
§ 2º *(Vetado.)*
§ 3º *(Vetado.)*

Art. 10. O poder concedente poderá determinar à Antaq, a qualquer momento e em consonância com as diretrizes do planejamento e das políticas do setor portuário, a abertura de processo de chamada pública para identificar a existência de interessados na obtenção de autorização de instalação portuária, na forma do regulamento e observado o prazo previsto no inciso II do § 1º do art. 9º.

Art. 11. O instrumento da abertura de chamada ou anúncio público indicará obrigatoriamente os seguintes parâmetros:
I – a região geográfica na qual será implantada a instalação portuária;
II – o perfil das cargas a serem movimentadas; e
III – a estimativa do volume de cargas ou de passageiros a ser movimentado nas instalações portuárias.
Parágrafo único. O interessado em autorização de instalação portuária deverá apresentar título de propriedade, inscrição de ocupação, certidão de aforamento, cessão de direito real ou outro instrumento jurídico que assegure o direito de uso e fruição do respectivo terreno, além de outros documentos previstos no instrumento de abertura.

Art. 12. Encerrado o processo de chamada ou anúncio público, o poder concedente deverá analisar a viabilidade locacional das propostas e sua adequação às diretrizes do planejamento e das políticas do setor portuário.
§ 1º Observado o disposto no regulamento, poderão ser expedidas diretamente as autorizações de instalação portuária quando:
I – o processo de chamada ou anúncio público seja concluído com a participação de um único interessado; ou
II – havendo mais de uma proposta, não haja impedimento locacional à implantação de todas elas de maneira concomitante.
§ 2º Havendo mais de uma proposta e impedimento locacional que inviabilize sua implantação de maneira concomitante, a Antaq deverá promover processo seletivo público, observados os princípios da legalidade,

impessoalidade, moralidade, publicidade e eficiência.

§ 3º O processo seletivo público de que trata o § 2º atenderá ao disposto no regulamento e considerará como critério de julgamento, de forma isolada ou combinada, a maior capacidade de movimentação, a menor tarifa ou o menor tempo de movimentação de carga, e outros estabelecidos no edital.

§ 4º Em qualquer caso, somente poderão ser autorizadas instalações portuárias compatíveis com as diretrizes do planejamento e das políticas do setor portuário, na forma do *caput*.

Art. 13. A Antaq poderá disciplinar as condições de acesso, por qualquer interessado, em caráter excepcional, às instalações portuárias autorizadas, assegurada remuneração adequada ao titular da autorização.

Seção III
Dos Requisitos
para a Instalação dos Portos
e Instalações Portuárias

Art. 14. A celebração do contrato de concessão ou arrendamento e a expedição de autorização serão precedidas de:

I – consulta à autoridade aduaneira;

II – consulta ao respectivo poder público municipal; e

III – emissão, pelo órgão licenciador, do termo de referência para os estudos ambientais com vistas ao licenciamento.

Seção IV
Da Definição
da Área de Porto Organizado

Art. 15. Ato do Presidente da República disporá sobre a definição da área dos portos organizados, a partir de proposta da Secretaria de Portos da Presidência da República.

Parágrafo único. A delimitação da área deverá considerar a adequação dos acessos marítimos e terrestres, os ganhos de eficiência e competitividade decorrente da escala das operações e as instalações portuárias já existentes.

Capítulo III
DO PODER CONCEDENTE

Art. 16. Ao poder concedente compete:

I – elaborar o planejamento setorial em conformidade com as políticas e diretrizes de logística integrada;

II – definir as diretrizes para a realização dos procedimentos licitatórios, das chamadas públicas e dos processos seletivos de que trata esta Lei, inclusive para os respectivos editais e instrumentos convocatórios;

III – celebrar os contratos de concessão e arrendamento e expedir as autorizações de instalação portuária, devendo a Antaq fiscalizá-los em conformidade com o disposto na Lei 10.233, de 5 de junho de 2001; e

IV – estabelecer as normas, os critérios e os procedimentos para a pré-qualificação dos operadores portuários.

§ 1º Para os fins do disposto nesta Lei, o poder concedente poderá celebrar convênios ou instrumentos congêneres de cooperação técnica e administrativa com órgãos e entidades da administração pública federal, dos Estados, do Distrito Federal e dos Municípios, inclusive com repasse de recursos.

§ 2º No exercício da competência prevista no inciso II do *caput*, o poder concedente deverá ouvir previamente a Agência Nacional do Petróleo, Gás Natural e Biocombustíveis sempre que a licitação, a chamada pública ou o processo seletivo envolver instalações portuárias voltadas à movimentação de petróleo, gás natural, seus derivados e biocombustíveis.

Capítulo IV
DA ADMINISTRAÇÃO
DO PORTO ORGANIZADO

Seção I
Das Competências

Art. 17. A administração do porto é exercida diretamente pela União, pela delegatária ou pela entidade concessionária do porto organizado.

§ 1º Compete à administração do porto organizado, denominada autoridade portuária:

I – cumprir e fazer cumprir as leis, os regulamentos e os contratos de concessão;

Lei 12.815/2013

II – assegurar o gozo das vantagens decorrentes do melhoramento e aparelhamento do porto ao comércio e à navegação;

III – pré-qualificar os operadores portuários, de acordo com as normas estabelecidas pelo poder concedente;

IV – arrecadar os valores das tarifas relativas às suas atividades;

V – fiscalizar ou executar as obras de construção, reforma, ampliação, melhoramento e conservação das instalações portuárias;

VI – fiscalizar a operação portuária, zelando pela realização das atividades com regularidade, eficiência, segurança e respeito ao meio ambiente;

VII – promover a remoção de embarcações ou cascos de embarcações que possam prejudicar o acesso ao porto;

VIII – autorizar a entrada e saída, inclusive atracação e desatracação, o fundeio e o tráfego de embarcação na área do porto, ouvidas as demais autoridades do porto;

IX – autorizar a movimentação de carga das embarcações, ressalvada a competência da autoridade marítima em situações de assistência e salvamento de embarcação, ouvidas as demais autoridades do porto;

X – suspender operações portuárias que prejudiquem o funcionamento do porto, ressalvados os aspectos de interesse da autoridade marítima responsável pela segurança do tráfego aquaviário;

XI – reportar infrações e representar perante a Antaq, visando à instauração de processo administrativo e aplicação das penalidades previstas em lei, em regulamento e nos contratos;

XII – adotar as medidas solicitadas pelas demais autoridades no porto;

XIII – prestar apoio técnico e administrativo ao conselho de autoridade portuária e ao órgão de gestão de mão de obra;

XIV – estabelecer o horário de funcionamento do porto, observadas as diretrizes da Secretaria de Portos da Presidência da República, e as jornadas de trabalho no cais de uso público; e

XV – organizar a guarda portuária, em conformidade com a regulamentação expedida pelo poder concedente.

§ 2º A autoridade portuária elaborará e submeterá à aprovação da Secretaria de Portos da Presidência da República o respectivo Plano de Desenvolvimento e Zoneamento do Porto.

§ 3º O disposto nos incisos IX e X do § 1º não se aplica à embarcação militar que não esteja praticando comércio.

§ 4º A autoridade marítima responsável pela segurança do tráfego pode intervir para assegurar aos navios da Marinha do Brasil a prioridade para atracação no porto.

§ 5º *(Vetado.)*

Art. 18. Dentro dos limites da área do porto organizado, compete à administração do porto:

I – sob coordenação da autoridade marítima:

a) estabelecer, manter e operar o balizamento do canal de acesso e da bacia de evolução do porto;

b) delimitar as áreas de fundeadouro, de fundeio para carga e descarga, de inspeção sanitária e de polícia marítima;

c) delimitar as áreas destinadas a navios de guerra e submarinos, plataformas e demais embarcações especiais, navios em reparo ou aguardando atracação e navios com cargas inflamáveis ou explosivas;

d) estabelecer e divulgar o calado máximo de operação dos navios, em função dos levantamentos batimétricos efetuados sob sua responsabilidade; e

e) estabelecer e divulgar o porte bruto máximo e as dimensões máximas dos navios que trafegarão, em função das limitações e características físicas do cais do porto;

II – sob coordenação da autoridade aduaneira:

a) delimitar a área de alfandegamento; e

b) organizar e sinalizar os fluxos de mercadorias, veículos, unidades de cargas e de pessoas.

Art. 19. A administração do porto poderá, a critério do poder concedente, explorar

direa ou indiretamente áreas não afetas às operações portuárias, observado o disposto no respectivo Plano de Desenvolvimento e Zoneamento do Porto.

Parágrafo único. O disposto no *caput* não afasta a aplicação das normas de licitação e contratação pública quando a administração do porto for exercida por órgão ou entidade sob controle estatal.

Art. 20. Será instituído em cada porto organizado um conselho de autoridade portuária, órgão consultivo da administração do porto.

§ 1º O regulamento disporá sobre as atribuições, o funcionamento e a composição dos conselhos de autoridade portuária, assegurada a participação de representantes da classe empresarial, dos trabalhadores portuários e do poder público.

§ 2º A representação da classe empresarial e dos trabalhadores no conselho a que alude o *caput* será paritária.

§ 3º A distribuição das vagas no conselho a que alude o *caput* observará a seguinte proporção:

I – 50% (cinquenta por cento) de representantes do poder público;

II – 25% (vinte e cinco por cento) de representantes da classe empresarial; e

III – 25% (vinte e cinco por cento) de representantes da classe trabalhadora.

Art. 21. Fica assegurada a participação de um representante da classe empresarial e outro da classe trabalhadora no conselho de administração ou órgão equivalente da administração do porto, quando se tratar de entidade sob controle estatal, na forma do regulamento.

Parágrafo único. A indicação dos representantes das classes empresarial e trabalhadora a que alude o *caput* será feita pelos respectivos representantes no conselho de autoridade portuária.

Art. 22. A Secretaria de Portos da Presidência da República coordenará a atuação integrada dos órgãos e entidades públicos nos portos organizados e instalações portuárias, com a finalidade de garantir a eficiência e a qualidade de suas atividades, nos termos do regulamento.

Seção II
Da Administração Aduaneira nos Portos Organizados e nas Instalações Portuárias Alfandegadas

Art. 23. A entrada ou a saída de mercadorias procedentes do exterior ou a ele destinadas somente poderá efetuar-se em portos ou instalações portuárias alfandegados.

Parágrafo único. O alfandegamento de portos organizados e instalações portuárias destinados à movimentação e armazenagem de mercadorias importadas ou à exportação será efetuado após cumpridos os requisitos previstos na legislação específica.

Art. 24. Compete ao Ministério da Fazenda, por intermédio das repartições aduaneiras:

I – cumprir e fazer cumprir a legislação que regula a entrada, a permanência e a saída de quaisquer bens ou mercadorias do País;

II – fiscalizar a entrada, a permanência, a movimentação e a saída de pessoas, veículos, unidades de carga e mercadorias, sem prejuízo das atribuições das outras autoridades no porto;

III – exercer a vigilância aduaneira e reprimir o contrabando e o descaminho, sem prejuízo das atribuições de outros órgãos;

IV – arrecadar os tributos incidentes sobre o comércio exterior;

V – proceder ao despacho aduaneiro na importação e na exportação;

VI – proceder à apreensão de mercadoria em situação irregular, nos termos da legislação fiscal;

VII – autorizar a remoção de mercadorias da área portuária para outros locais, alfandegados ou não, nos casos e na forma prevista na legislação aduaneira;

VIII – administrar a aplicação de regimes suspensivos, exonerativos ou devolutivos de tributos às mercadorias importadas ou a exportar;

IX – assegurar o cumprimento de tratados, acordos ou convenções internacionais no plano aduaneiro; e

Lei 12.815/2013

X – zelar pela observância da legislação aduaneira e pela defesa dos interesses fazendários nacionais.

§ 1º No exercício de suas atribuições, a autoridade aduaneira terá livre acesso a quaisquer dependências do porto ou instalação portuária, às embarcações atracadas ou não e aos locais onde se encontrem mercadorias procedentes do exterior ou a ele destinadas.

§ 2º No exercício de suas atribuições, a autoridade aduaneira poderá, sempre que julgar necessário, requisitar documentos e informações e o apoio de força pública federal, estadual ou municipal.

Capítulo V
DA OPERAÇÃO PORTUÁRIA

Art. 25. A pré-qualificação do operador portuário será efetuada perante a administração do porto, conforme normas estabelecidas pelo poder concedente.

§ 1º As normas de pré-qualificação devem obedecer aos princípios da legalidade, impessoalidade, moralidade, publicidade e eficiência.

§ 2º A administração do porto terá prazo de 30 (trinta) dias, contado do pedido do interessado, para decidir sobre a pré-qualificação.

§ 3º Em caso de indeferimento do pedido mencionado no § 2º, caberá recurso, no prazo de 15 (quinze) dias, dirigido à Secretaria de Portos da Presidência da República, que deverá apreciá-lo no prazo de 30 (trinta) dias, nos termos do regulamento.

§ 4º Considera-se pré-qualificada como operador portuário a administração do porto.

Art. 26. O operador portuário responderá perante:

I – a administração do porto pelos danos culposamente causados à infraestrutura, às instalações e ao equipamento de que a administração do porto seja titular, que se encontre a seu serviço ou sob sua guarda;

II – o proprietário ou consignatário da mercadoria pelas perdas e danos que ocorrerem durante as operações que realizar ou em decorrência delas;

III – o armador pelas avarias ocorridas na embarcação ou na mercadoria dada a transporte;

IV – o trabalhador portuário pela remuneração dos serviços prestados e respectivos encargos;

V – o órgão local de gestão de mão de obra do trabalho avulso pelas contribuições não recolhidas;

VI – os órgãos competentes pelo recolhimento dos tributos incidentes sobre o trabalho portuário avulso; e

VII – a autoridade aduaneira pelas mercadorias sujeitas a controle aduaneiro, no período em que lhe estejam confiadas ou quando tenha controle ou o uso exclusivo de área onde se encontrem depositadas ou devam transitar.

Parágrafo único. Compete à administração do porto responder pelas mercadorias a que se referem os incisos II e VII do *caput* quando estiverem em área por ela controlada e após o seu recebimento, conforme definido pelo regulamento de exploração do porto.

Art. 27. As atividades do operador portuário estão sujeitas às normas estabelecidas pela Antaq.

§ 1º O operador portuário é titular e responsável pela coordenação das operações portuárias que efetuar.

§ 2º A atividade de movimentação de carga a bordo da embarcação deve ser executada de acordo com a instrução de seu comandante ou de seus prepostos, responsáveis pela segurança da embarcação nas atividades de arrumação ou retirada da carga, quanto à segurança da embarcação.

Art. 28. É dispensável a intervenção de operadores portuários em operações:

I – que, por seus métodos de manipulação, suas características de automação ou mecanização, não requeiram a utilização de mão de obra ou possam ser executadas exclusivamente pela tripulação das embarcações;

II – de embarcações empregadas:

a) em obras de serviços públicos nas vias aquáticas do País, executadas direta ou indiretamente pelo poder público;

AVULSOS

b) no transporte de gêneros de pequena lavoura e da pesca, para abastecer mercados de âmbito municipal;
c) na navegação interior e auxiliar;
d) no transporte de mercadorias líquidas a granel; e
e) no transporte de mercadorias sólidas a granel, quando a carga ou descarga for feita por aparelhos mecânicos automáticos, salvo quanto às atividades de rechego;
III – relativas à movimentação de:
a) cargas em área sob controle militar, quando realizadas por pessoal militar ou vinculado a organização militar;
b) materiais por estaleiros de construção e reparação naval; e
c) peças sobressalentes, material de bordo, mantimentos e abastecimento de embarcações; e
IV – relativas ao abastecimento de aguada, combustíveis e lubrificantes para a navegação.
Parágrafo único. *(Vetado.)*

Art. 29. As cooperativas formadas por trabalhadores portuários avulsos, registrados de acordo com esta Lei, poderão estabelecer-se como operadores portuários.

Art. 30. A operação portuária em instalações localizadas fora da área do porto organizado será disciplinada pelo titular da respectiva autorização, observadas as normas estabelecidas pelas autoridades marítima, aduaneira, sanitária, de saúde e de polícia marítima.

Art. 31. O disposto nesta Lei não prejudica a aplicação das demais normas referentes ao transporte marítimo, inclusive as decorrentes de convenções internacionais ratificadas, enquanto vincularem internacionalmente o País.

Capítulo VI
DO TRABALHO PORTUÁRIO

Art. 32. Os operadores portuários devem constituir em cada porto organizado um órgão de gestão de mão de obra do trabalho portuário, destinado a:
I – administrar o fornecimento da mão de obra do trabalhador portuário e do trabalhador portuário avulso;
II – manter, com exclusividade, o cadastro do trabalhador portuário e o registro do trabalhador portuário avulso;
III – treinar e habilitar profissionalmente o trabalhador portuário, inscrevendo-o no cadastro;
IV – selecionar e registrar o trabalhador portuário avulso;
V – estabelecer o número de vagas, a forma e a periodicidade para acesso ao registro do trabalhador portuário avulso;
VI – expedir os documentos de identificação do trabalhador portuário; e
VII – arrecadar e repassar aos beneficiários os valores devidos pelos operadores portuários relativos à remuneração do trabalhador portuário avulso e aos correspondentes encargos fiscais, sociais e previdenciários.
Parágrafo único. Caso celebrado contrato, acordo ou convenção coletiva de trabalho entre trabalhadores e tomadores de serviços, o disposto no instrumento precederá o órgão gestor e dispensará sua intervenção nas relações entre capital e trabalho no porto.

Art. 33. Compete ao órgão de gestão de mão de obra do trabalho portuário avulso:
I – aplicar, quando couber, normas disciplinares previstas em lei, contrato, convenção ou acordo coletivo de trabalho, no caso de transgressão disciplinar, as seguintes penalidades:
a) repreensão verbal ou por escrito;
b) suspensão do registro pelo período de 10 (dez) a 30 (trinta) dias; ou
c) cancelamento do registro;
II – promover:
a) a formação profissional do trabalhador portuário e do trabalhador portuário avulso, adequando-a aos modernos processos de movimentação de carga e de operação de aparelhos e equipamentos portuários;
b) o treinamento multifuncional do trabalhador portuário e do trabalhador portuário avulso; e
c) a criação de programas de realocação e de cancelamento do registro, sem ônus para o trabalhador;
III – arrecadar e repassar aos beneficiários contribuições destinadas a incentivar o can-

Lei 12.815/2013

celamento do registro e a aposentadoria voluntária;

IV – arrecadar as contribuições destinadas ao custeio do órgão;

V – zelar pelas normas de saúde, higiene e segurança no trabalho portuário avulso; e

VI – submeter à administração do porto propostas para aprimoramento da operação portuária e valorização econômica do porto.

§ 1º O órgão não responde por prejuízos causados pelos trabalhadores portuários avulsos aos tomadores dos seus serviços ou a terceiros.

§ 2º O órgão responde, solidariamente com os operadores portuários, pela remuneração devida ao trabalhador portuário avulso e pelas indenizações decorrentes de acidente de trabalho.

§ 3º O órgão pode exigir dos operadores portuários garantia prévia dos respectivos pagamentos, para atender a requisição de trabalhadores portuários avulsos.

§ 4º As matérias constantes nas alíneas *a* e *b* do inciso II deste artigo serão discutidas em fórum permanente, composto, em caráter paritário, por representantes do governo e da sociedade civil.

§ 5º A representação da sociedade civil no fórum previsto no § 4º será paritária entre trabalhadores e empresários.

Art. 34. O exercício das atribuições previstas nos arts. 32 e 33 pelo órgão de gestão de mão de obra do trabalho portuário avulso não implica vínculo empregatício com trabalhador portuário avulso.

Art. 35. O órgão de gestão de mão de obra pode ceder trabalhador portuário avulso, em caráter permanente, ao operador portuário.

Art. 36. A gestão da mão de obra do trabalho portuário avulso deve observar as normas do contrato, convenção ou acordo coletivo de trabalho.

Art. 37. Deve ser constituída, no âmbito do órgão de gestão de mão de obra, comissão paritária para solucionar litígios decorrentes da aplicação do disposto nos arts. 32, 33 e 35.

§ 1º Em caso de impasse, as partes devem recorrer à arbitragem de ofertas finais.

§ 2º Firmado o compromisso arbitral, não será admitida a desistência de qualquer das partes.

§ 3º Os árbitros devem ser escolhidos de comum acordo entre as partes, e o laudo arbitral proferido para solução da pendência constitui título executivo extrajudicial.

§ 4º As ações relativas aos créditos decorrentes da relação de trabalho avulso prescrevem em 5 (cinco) anos até o limite de 2 (dois) anos após o cancelamento do registro ou do cadastro no órgão gestor de mão de obra.

Art. 38. O órgão de gestão de mão de obra terá obrigatoriamente 1 (um) conselho de supervisão e 1 (uma) diretoria executiva.

§ 1º O conselho de supervisão será composto por 3 (três) membros titulares e seus suplentes, indicados na forma do regulamento, e terá como competência:

I – deliberar sobre a matéria contida no inciso V do *caput* do art. 32;

II – editar as normas a que se refere o art. 42; e

III – fiscalizar a gestão dos diretores, examinar, a qualquer tempo, os livros e papéis do órgão e solicitar informações sobre quaisquer atos praticados pelos diretores ou seus prepostos.

§ 2º A diretoria executiva será composta por 1 (um) ou mais diretores, designados e destituíveis na forma do regulamento, cujo prazo de gestão será de 3 (três) anos, permitida a redesignação.

§ 3º Até 1/3 (um terço) dos membros do conselho de supervisão poderá ser designado para cargos de diretores.

§ 4º No silêncio do estatuto ou contrato social, competirá a qualquer diretor a representação do órgão e a prática dos atos necessários ao seu funcionamento regular.

Art. 39. O órgão de gestão de mão de obra é reputado de utilidade pública, sendo-lhe vedado ter fins lucrativos, prestar serviços a terceiros ou exercer qualquer atividade não vinculada à gestão de mão de obra.

Art. 40. O trabalho portuário de capatazia, estiva, conferência de carga, conserto de carga, bloco e vigilância de embarcações, nos portos organizados, será realizado

Lei 12.815/2013

AVULSOS

por trabalhadores portuários com vínculo empregatício por prazo indeterminado e por trabalhadores portuários avulsos.

§ 1º Para os fins desta Lei, consideram-se:

I – capatazia: atividade de movimentação de mercadorias nas instalações dentro do porto, compreendendo o recebimento, conferência, transporte interno, abertura de volumes para a conferência aduaneira, manipulação, arrumação e entrega, bem como o carregamento e descarga de embarcações, quando efetuados por aparelhamento portuário;

II – estiva: atividade de movimentação de mercadorias nos conveses ou nos porões das embarcações principais ou auxiliares, incluindo o transbordo, arrumação, peação e despeação, bem como o carregamento e a descarga, quando realizados com equipamentos de bordo;

III – conferência de carga: contagem de volumes, anotação de suas características, procedência ou destino, verificação do estado das mercadorias, assistência à pesagem, conferência do manifesto e demais serviços correlatos, nas operações de carregamento e descarga de embarcações;

IV – conserto de carga: reparo e restauração das embalagens de mercadorias, nas operações de carregamento e descarga de embarcações, reembalagem, marcação, remarcação, carimbagem, etiquetagem, abertura de volumes para vistoria e posterior recomposição;

V – vigilância de embarcações: atividade de fiscalização da entrada e saída de pessoas a bordo das embarcações atracadas ou fundeadas ao largo, bem como da movimentação de mercadorias nos portalós, rampas, porões, conveses, plataformas e em outros locais da embarcação; e

VI – bloco: atividade de limpeza e conservação de embarcações mercantes e de seus tanques, incluindo batimento de ferrugem, pintura, reparos de pequena monta e serviços correlatos.

§ 2º A contratação de trabalhadores portuários de capatazia, bloco, estiva, conferência de carga, conserto de carga e vigilância de embarcações com vínculo empregatício por prazo indeterminado será feita exclusivamente dentre trabalhadores portuários avulsos registrados.

§ 3º O operador portuário, nas atividades a que alude o *caput*, não poderá locar ou tomar mão de obra sob o regime de trabalho temporário de que trata a Lei 6.019, de 3 de janeiro de 1974.

§ 4º As categorias previstas no *caput* constituem categorias profissionais diferenciadas.

Art. 41. O órgão de gestão de mão de obra:

I – organizará e manterá cadastro de trabalhadores portuários habilitados ao desempenho das atividades referidas no § 1º do art. 40; e

II – organizará e manterá o registro dos trabalhadores portuários avulsos.

§ 1º A inscrição no cadastro do trabalhador portuário dependerá exclusivamente de prévia habilitação profissional do trabalhador interessado, mediante treinamento realizado em entidade indicada pelo órgão de gestão de mão de obra.

§ 2º O ingresso no registro do trabalhador portuário avulso depende de prévia seleção e inscrição no cadastro de que trata o inciso I do *caput*, obedecidas a disponibilidade de vagas e a ordem cronológica de inscrição no cadastro.

§ 3º A inscrição no cadastro e o registro do trabalhador portuário extinguem-se por morte ou cancelamento.

Art. 42. A seleção e o registro do trabalhador portuário avulso serão feitos pelo órgão de gestão de mão de obra avulsa, de acordo com as normas estabelecidas em contrato, convenção ou acordo coletivo de trabalho.

Art. 43. A remuneração, a definição das funções, a composição dos ternos, a multifuncionalidade e as demais condições do trabalho avulso serão objeto de negociação entre as entidades representativas dos trabalhadores portuários avulsos e dos operadores portuários.

Parágrafo único. A negociação prevista no *caput* contemplará a garantia de renda mínima inserida no item 2 do artigo 2 da Convenção 137 da Organização Internacional do Trabalho – OIT.

Lei 12.815/2013

Art. 44. É facultada aos titulares de instalações portuárias sujeitas a regime de autorização a contratação de trabalhadores a prazo indeterminado, observado o disposto no contrato, convenção ou acordo coletivo de trabalho.

Art. 45. *(Vetado.)*

Capítulo VII
DAS INFRAÇÕES E PENALIDADES

Art. 46. Constitui infração toda ação ou omissão, voluntária ou involuntária, que importe em:

I – realização de operações portuárias com infringência ao disposto nesta Lei ou com inobservância dos regulamentos do porto;

II – recusa injustificada, por parte do órgão de gestão de mão de obra, da distribuição de trabalhadores a qualquer operador portuário; ou

III – utilização de terrenos, área, equipamentos e instalações portuárias, dentro ou fora do porto organizado, com desvio de finalidade ou com desrespeito à lei ou aos regulamentos.

Parágrafo único. Responde pela infração, conjunta ou isoladamente, qualquer pessoa física ou jurídica que, intervindo na operação portuária, concorra para sua prática ou dela se beneficie.

Art. 47. As infrações estão sujeitas às seguintes penas, aplicáveis separada ou cumulativamente, de acordo com a gravidade da falta:

I – advertência;

II – multa;

III – proibição de ingresso na área do porto por período de 30 (trinta) a 180 (cento e oitenta) dias;

IV – suspensão da atividade de operador portuário, pelo período de 30 (trinta) a 180 (cento e oitenta) dias; ou

V – cancelamento do credenciamento do operador portuário.

Parágrafo único. Sem prejuízo do disposto nesta Lei, aplicam-se subsidiariamente às infrações previstas no art. 46 as penalidades estabelecidas na Lei 10.233, de 5 de junho de 2001, separada ou cumulativamente, de acordo com a gravidade da falta.

Art. 48. Apurada, no mesmo processo, a prática de 2 (duas) ou mais infrações pela mesma pessoa física ou jurídica, aplicam-se cumulativamente as penas a elas cominadas, se as infrações não forem idênticas.

§ 1º Serão reunidos em um único processo os diversos autos ou representações de infração continuada, para aplicação da pena.

§ 2º Serão consideradas continuadas as infrações quando se tratar de repetição de falta ainda não apurada ou objeto do processo, de cuja instauração o infrator não tenha conhecimento, por meio de intimação.

Art. 49. Na falta de pagamento de multa no prazo de 30 (trinta) dias, contado da ciência pelo infrator da decisão final que impuser a penalidade, será realizado processo de execução.

Art. 50. As importâncias pecuniárias resultantes da aplicação das multas previstas nesta Lei reverterão para a Antaq, na forma do inciso V do *caput* do art. 77 da Lei 10.233, de 5 de junho de 2001.

Art. 51. O descumprimento do disposto nos arts. 36, 39 e 42 desta Lei sujeitará o infrator à multa prevista no inciso I do art. 10 da Lei 9.719, de 27 de novembro de 1998, sem prejuízo das demais sanções cabíveis.

Art. 52. O descumprimento do disposto no *caput* e no § 3º do art. 40 desta Lei sujeitará o infrator à multa prevista no inciso III do art. 10 da Lei 9.719, de 27 de novembro de 1998, sem prejuízo das demais sanções cabíveis.

Capítulo VIII
DO PROGRAMA NACIONAL DE DRAGAGEM PORTUÁRIA E HIDROVIÁRIA II

Art. 53. Fica instituído o Programa Nacional de Dragagem Portuária e Hidroviária II, a ser implantado pela Secretaria de Portos da Presidência da República e pelo Ministério dos Transportes, nas respectivas áreas de atuação.

§ 1º O Programa de que trata o *caput* abrange, dentre outras atividades:

I – as obras e serviços de engenharia de dragagem para manutenção ou ampliação de áreas portuárias e de hidrovias, inclusive ca-

nais de navegação, bacias de evolução e de fundeio, e berços de atracação, compreendendo a remoção do material submerso e a escavação ou derrocamento do leito;

II – o serviço de sinalização e balizamento, incluindo a aquisição, instalação, reposição, manutenção e modernização de sinais náuticos e equipamentos necessários às hidrovias e ao acesso aos portos e terminais portuários;

III – o monitoramento ambiental; e

IV – o gerenciamento da execução dos serviços e obras.

§ 2º Para fins do Programa de que trata o *caput*, consideram-se:

I – dragagem: obra ou serviço de engenharia que consiste na limpeza, desobstrução, remoção, derrocamento ou escavação de material do fundo de rios, lagos, mares, baías e canais;

II – draga: equipamento especializado acoplado à embarcação ou à plataforma fixa, móvel ou flutuante, utilizado para execução de obras ou serviços de dragagem;

III – material dragado: material retirado ou deslocado do leito dos corpos d'água decorrente da atividade de dragagem e transferido para local de despejo autorizado pelo órgão competente;

IV – empresa de dragagem: pessoa jurídica que tenha por objeto a realização de obra ou serviço de dragagem com a utilização ou não de embarcação; e

V – sinalização e balizamento: sinais náuticos para o auxílio à navegação e à transmissão de informações ao navegante, de forma a possibilitar posicionamento seguro de acesso e tráfego.

Art. 54. A dragagem por resultado compreende a contratação de obras de engenharia destinadas ao aprofundamento, alargamento ou expansão de áreas portuárias e de hidrovias, inclusive canais de navegação, bacias de evolução e de fundeio e berços de atracação, bem como os serviços de sinalização, balizamento, monitoramento ambiental e outros com o objetivo de manter as condições de profundidade e segurança estabelecidas no projeto implantado.

§ 1º As obras ou serviços de dragagem por resultado poderão contemplar mais de um porto, num mesmo contrato, quando essa medida for mais vantajosa para a administração pública.

§ 2º Na contratação de dragagem por resultado, é obrigatória a prestação de garantia pelo contratado.

§ 3º A duração dos contratos de que trata este artigo será de até 10 (dez) anos, improrrogável.

§ 4º As contratações das obras e serviços no âmbito do Programa Nacional de Dragagem Portuária e Hidroviária II poderão ser feitas por meio de licitações internacionais e utilizar o Regime Diferenciado de Contratações Públicas, de que trata a Lei 12.462, de 4 de agosto de 2011.

§ 5º A administração pública poderá contratar empresa para gerenciar e auditar os serviços e obras contratados na forma do *caput*.

Art. 55. As embarcações destinadas à dragagem sujeitam-se às normas específicas de segurança da navegação estabelecidas pela autoridade marítima e não se submetem ao disposto na Lei 9.432, de 8 de janeiro de 1997.

Capítulo IX
DISPOSIÇÕES FINAIS E TRANSITÓRIAS

Art. 56. *(Vetado).*
Parágrafo único. *(Vetado).*

Art. 57. Os contratos de arrendamento em vigor firmados sob a Lei 8.630, de 25 de fevereiro de 1993, que possuam previsão expressa de prorrogação ainda não realizada, poderão ter sua prorrogação antecipada, a critério do poder concedente.

§ 1º A prorrogação antecipada de que trata o *caput* dependerá da aceitação expressa de obrigação de realizar investimentos, segundo plano elaborado pelo arrendatário e aprovado pelo poder concedente em até 60 (sessenta) dias.

§ 2º *(Vetado).*

§ 3º Caso, a critério do poder concedente, a antecipação das prorrogações de que trata o *caput* não seja efetivada, tal decisão não

Lei 12.815/2013

implica obrigatoriamente na recusa da prorrogação contratual prevista originalmente.

§ 4º *(Vetado.)*

§ 5º O Poder Executivo deverá encaminhar ao Congresso Nacional, até o último dia útil do mês de março de cada ano, relatório detalhado sobre a implementação das iniciativas tomadas com base nesta Lei, incluindo, pelo menos, as seguintes informações:

I – relação dos contratos de arrendamento e concessão em vigor até 31 de dezembro do ano anterior, por porto organizado, indicando data dos contratos, empresa detentora, objeto detalhado, área, prazo de vigência e situação de adimplemento com relação às cláusulas contratuais;

II – relação das instalações portuárias exploradas mediante autorizações em vigor até 31 de dezembro do ano anterior, segundo a localização, se dentro ou fora do porto organizado, indicando data da autorização, empresa detentora, objeto detalhado, área, prazo de vigência e situação de adimplemento com relação às cláusulas dos termos de adesão e autorização;

III – relação dos contratos licitados no ano anterior com base no disposto no art. 56 desta Lei, por porto organizado, indicando data do contrato, modalidade da licitação, empresa detentora, objeto, área, prazo de vigência e valor dos investimentos realizados e previstos nos contratos de concessão ou arrendamento;

IV – relação dos termos de autorização e os contratos de adesão adaptados no ano anterior, com base no disposto nos arts. 58 e 59 desta Lei, indicando data do contrato de autorização, empresa detentora, objeto, área, prazo de vigência e valor dos investimentos realizados e previstos nos termos de adesão e autorização;

V – relação das instalações portuárias operadas no ano anterior com base no previsto no art. 7º desta Lei, indicando empresa concessionária, empresa que utiliza efetivamente a instalação portuária, motivo e justificativa da utilização por interessado não detentor do arrendamento ou concessão e prazo de utilização.

Art. 58. Os termos de autorização e os contratos de adesão em vigor deverão ser adaptados ao disposto nesta Lei, em especial ao previsto nos §§ 1º a 4º do art. 8º, independentemente de chamada pública ou processo seletivo.

Parágrafo único. A Antaq deverá promover a adaptação de que trata o *caput* no prazo de 1 (um) ano, contado da data de publicação desta Lei.

Art. 59. As instalações portuárias enumeradas nos incisos I a IV do *caput* do art. 8º, localizadas dentro da área do porto organizado, terão assegurada a continuidade das suas atividades, desde que realizada a adaptação nos termos do art. 58.

Parágrafo único. Os pedidos de autorização para exploração de instalações portuárias enumeradas nos incisos I a IV do art. 8º, localizadas dentro da área do porto organizado, protocolados na Antaq até dezembro de 2012, poderão ser deferidos pelo poder concedente, desde que tenha sido comprovado até a referida data o domínio útil da área.

Art. 60. Os procedimentos licitatórios para contratação de dragagem homologados e os contratos de dragagem em vigor na data da publicação desta Lei permanecem regidos pelo disposto na Lei 11.610, de 12 de dezembro de 2007.

Art. 61. Até a publicação do regulamento previsto nesta Lei, ficam mantidas as regras para composição dos conselhos da autoridade portuária e dos conselhos de supervisão e diretorias executivas dos órgãos de gestão de mão de obra.

Art. 62. O inadimplemento, pelas concessionárias, arrendatárias, autorizatárias e operadoras portuárias no recolhimento de tarifas portuárias e outras obrigações financeiras perante a administração do porto e a Antaq, assim declarado em decisão final, impossibilita a inadimplente de celebrar ou prorrogar contratos de concessão e arrendamento, bem como obter novas autorizações.

§ 1º Para dirimir litígios relativos aos débitos a que se refere o *caput*, poderá ser utilizada a arbitragem, nos termos da Lei 9.307, de 23 de setembro de 1996.

§ 2º O impedimento previsto no *caput* também se aplica às pessoas jurídicas, direta ou

indiretamente, controladoras, controladas, coligadas, ou de controlador comum com a inadimplente.

Art. 63. As Companhias Docas observarão regulamento simplificado para contratação de serviços e aquisição de bens, observados os princípios constitucionais da publicidade, impessoalidade, moralidade, economicidade e eficiência.

Art. 64. As Companhias Docas firmarão com a Secretaria de Portos da Presidência da República compromissos de metas e desempenho empresarial que estabelecerão, nos termos do regulamento:

I – objetivos, metas e resultados a serem atingidos, e prazos para sua consecução;

II – indicadores e critérios de avaliação de desempenho;

III – retribuição adicional em virtude do seu cumprimento; e

IV – critérios para a profissionalização da gestão das Docas.

Art. 65. Ficam transferidas à Secretaria de Portos da Presidência da República as competências atribuídas ao Ministério dos Transportes e ao Departamento Nacional de Infraestrutura de Transportes – DNIT em leis gerais e específicas relativas a portos fluviais e lacustres, exceto as competências relativas a instalações portuárias públicas de pequeno porte.

Art. 66. Aplica-se subsidiariamente às licitações de concessão de porto organizado e de arrendamento de instalação portuária o disposto nas Leis 12.462, de 4 de agosto de 2011, 8.987, de 13 de fevereiro de 1995, e 8.666, de 21 de junho de 1993.

Art. 67. Aplica-se subsidiariamente a esta Lei o disposto na Lei 10.233, de 5 de junho de 2001, em especial no que se refere às competências e atribuições da Antaq.

Art. 68. As poligonais de áreas de portos organizados que não atendam ao disposto no art. 15 deverão ser adaptadas no prazo de 1 (um) ano.

Art. 69. *(Vetado.)*

Art. 70. O art. 29 da Lei 5.025, de 10 de junho de 1966, passa a vigorar com a seguinte redação:

"Art. 29. Os serviços públicos necessários à importação e exportação deverão ser centralizados pela administração pública em todos os portos organizados.

"§ 1º Os serviços de que trata o *caput* serão prestados em horário corrido e coincidente com a operação de cada porto, em turnos, inclusive aos domingos e feriados.

"§ 2º O horário previsto no § 1º poderá ser reduzido por ato do Poder Executivo, desde que não haja prejuízo à segurança nacional e à operação portuária.

"[...]"

Art. 71. A Lei 10.233, de 5 de junho de 2001, passa a vigorar com as seguintes alterações:

"Art. 13. Ressalvado o disposto em legislação específica, as outorgas a que se refere o inciso I do *caput* do art. 12 serão realizadas sob a forma de:

"[...]"

"Art. 14. Ressalvado o disposto em legislação específica, o disposto no art. 13 aplica-se conforme as seguintes diretrizes:

"[...]

"III – depende de autorização:

"[...]

"c) a construção e a exploração das instalações portuárias de que trata o art. 8º da Lei na qual foi convertida a Medida Provisória 595, de 6 de dezembro de 2012;

"[...]

"g) (revogada.)

"h) (revogada.)

"[...]"

"Art. 20. [...]

"I – implementar, nas respectivas esferas de atuação, as políticas formuladas pelo Conselho Nacional de Integração de Políticas de Transporte, pelo Ministério dos Transportes e pela Secretaria de Portos da Presidência da República, nas respectivas áreas de competência, segundo os princípios e diretrizes estabelecidos nesta Lei;

"[...]"

"Art. 21. Ficam instituídas a Agência Nacional de Transportes Terrestres – ANTT e a Agência Nacional de Transportes Aquaviários – Antaq, entidades integrantes da administração federal indireta, submetidas ao regime autárquico especial e vinculadas,

Lei 12.815/2013

respectivamente, ao Ministério dos Transportes e à Secretaria de Portos da Presidência da República, nos termos desta Lei.
"[...]"
"Art. 23. Constituem a esfera de atuação da Antaq:
"[...]
"II – os portos organizados e as instalações portuárias neles localizadas;
"III – as instalações portuárias de que trata o art. 8º da Lei na qual foi convertida a Medida Provisória 595, de 6 de dezembro de 2012;
"[...]
"§ 1º A Antaq articular-se-á com órgãos e entidades da administração, para resolução das interfaces do transporte aquaviário com as outras modalidades de transporte, com a finalidade de promover a movimentação intermodal mais econômica e segura de pessoas e bens.
"[...]"
"Art. 27. [...]
"I – promover estudos específicos de demanda de transporte aquaviário e de atividades portuárias;
"[...]
"III – propor ao Ministério dos Transportes o plano geral de outorgas de exploração da infraestrutura aquaviária e de prestação de serviços de transporte aquaviário;
"a) (revogada.)
"b) (revogada.)
"[...]
"VII – promover as revisões e os reajustes das tarifas portuárias, assegurada a comunicação prévia, com antecedência mínima de 15 (quinze) dias úteis, ao poder concedente e ao Ministério da Fazenda;
"[...]
"XIV – estabelecer normas e padrões a serem observados pelas administrações portuárias, concessionários, arrendatários, autorizatários e operadores portuários, nos termos da Lei na qual foi convertida a Medida Provisória 595, de 6 de dezembro de 2012;
"XV – elaborar editais e instrumentos de convocação e promover os procedimentos de licitação e seleção para concessão, arrendamento ou autorização da exploração de portos organizados ou instalações portuárias, de acordo com as diretrizes do poder concedente, em obediência ao disposto na Lei na qual foi convertida a Medida Provisória 595, de 6 de dezembro de 2012;
"XVI – cumprir e fazer cumprir as cláusulas e condições dos contratos de concessão de porto organizado ou dos contratos de arrendamento de instalações portuárias quanto à manutenção e reposição dos bens e equipamentos reversíveis à União de que trata o inciso VIII do *caput* do art. 5º da Lei na qual foi convertida a Medida Provisória 595, de 6 de dezembro de 2012;
"[...]
"XXII – fiscalizar a execução dos contratos de adesão das autorizações de instalação portuária de que trata o art. 8º da Lei na qual foi convertida a Medida Provisória 595, de 6 de dezembro de 2012;
"[...]
"XXV – celebrar atos de outorga de concessão para a exploração da infraestrutura aquaviária, gerindo e fiscalizando os respectivos contratos e demais instrumentos administrativos;
"XXVI – fiscalizar a execução dos contratos de concessão de porto organizado e de arrendamento de instalação portuária, em conformidade com o disposto na Lei na qual foi convertida a Medida Provisória 595, de 6 de dezembro de 2012;
"XXVII – *(revogado.)*
"§ 1º [...]
"[...]
"II – participar de foros internacionais, sob a coordenação do Poder Executivo; e
"[...]
"§ 3º *(Revogado.)*
"§ 4º *(Revogado.)*"
"Art. 33. Ressalvado o disposto em legislação específica, os atos de outorga de autorização, concessão ou permissão editados e celebrados pela ANTT e pela Antaq obedecerão ao disposto na Lei 8.987, de 13 de fevereiro de 1995, nas Subseções II, III, IV e V desta Seção e nas regulamentações complementares editadas pelas Agências."
"Art. 34-A. [...]
"[...]

Avulsos

"§ 2º O edital de licitação indicará obrigatoriamente, ressalvado o disposto em legislação específica:
"[...]"
"Art. 35. O contrato de concessão deverá refletir fielmente as condições do edital e da proposta vencedora e terá como cláusulas essenciais, ressalvado o disposto em legislação específica, as relativas a:
"[...]"
"Art. 43. A autorização, ressalvado o disposto em legislação específica, será outorgada segundo as diretrizes estabelecidas nos arts. 13 e 14 e apresenta as seguintes características:
"[...]"
"Art. 44. A autorização, ressalvado o disposto em legislação específica, será disciplinada em regulamento próprio e será outorgada mediante termo que indicará:
"[...]"
"Art. 51-A. Fica atribuída à Antaq a competência de fiscalização das atividades desenvolvidas pelas administrações de portos organizados, pelos operadores portuários e pelas arrendatárias ou autorizatárias de instalações portuárias, observado o disposto na Lei na qual foi convertida a Medida Provisória 595, de 6 de dezembro de 2012.
"§ 1º Na atribuição citada no *caput* inclui-se as administrações dos portos objeto de convênios de delegação celebrados nos termos da Lei 9.277, de 10 de maio de 1996.
"§ 2º A Antaq prestará ao Ministério dos Transportes ou à Secretaria de Portos da Presidência da República todo apoio necessário à celebração dos convênios de delegação."
"Art. 56. [...]
"Parágrafo único. Cabe ao Ministro de Estado dos Transportes ou ao Ministro de Estado Chefe da Secretaria de Portos da Presidência da República, conforme o caso, instaurar o processo administrativo disciplinar, competindo ao Presidente da República determinar o afastamento preventivo, quando for o caso, e proferir o julgamento."
"Art. 67. As decisões das Diretorias serão tomadas pelo voto da maioria absoluta de seus membros, cabendo ao Diretor-Geral o voto de qualidade, e serão registradas em atas.
"Parágrafo único. As datas, as pautas e as atas das reuniões de Diretoria, assim como os documentos que as instruam, deverão ser objeto de ampla publicidade, inclusive por meio da internet, na forma do regulamento."
"Art. 78. A ANTT e a Antaq submeterão ao Ministério dos Transportes e à Secretaria de Portos da Presidência da República, respectivamente, suas propostas orçamentárias anuais, nos termos da legislação em vigor.
"[...]"
"Art. 78-A. [...]
"§ 1º Na aplicação das sanções referidas no *caput*, a Antaq observará o disposto na Lei na qual foi convertida a Medida Provisória 595, de 6 de dezembro de 2012.
"§ 2º A aplicação da sanção prevista no inciso IV do *caput*, quando se tratar de concessão de porto organizado ou arrendamento e autorização de instalação portuária, caberá ao poder concedente, mediante proposta da Antaq."
"Art. 81. [...]
"[...]"
"III – instalações e vias de transbordo e de interface intermodal, exceto as portuárias;
"IV – *(revogado.)*"
"Art. 82. [...]
"[...]"
"§ 2º No exercício das atribuições previstas neste artigo e relativas a vias navegáveis, o DNIT observará as prerrogativas específicas da autoridade marítima.
"[...]"

Art. 72. A Lei 10.683, de 28 de maio de 2003, passa a vigorar com as seguintes alterações:
"Art. 24-A. À Secretaria de Portos compete assessorar direta e imediatamente o Presidente da República na formulação de políticas e diretrizes para o desenvolvimento e o fomento do setor de portos e instalações portuárias marítimos, fluviais e lacustres e, especialmente, promover a execução e a avaliação de medidas, programas e projetos de apoio ao desenvolvimento da infraestrutura e da superestrutura dos portos e

Lei 12.815/2013

instalações portuárias marítimos, fluviais e lacustres.
"[...]
"§ 2º [...]
"[...]
"III – a elaboração dos planos gerais de outorgas;
"[...]
"V – o desenvolvimento da infraestrutura e da superestrutura aquaviária dos portos e instalações portuárias sob sua esfera de atuação, com a finalidade de promover a segurança e a eficiência do transporte aquaviário de cargas e de passageiros.
"[...]"
"Art. 27. [...]
"[...]
"XXII – [...]
"a) política nacional de transportes ferroviário, rodoviário e aquaviário;
"b) marinha mercante e vias navegáveis; e
"c) participação na coordenação dos transportes aeroviários;
"[...]"

Art. 73. A Lei 9.719, de 27 de novembro de 1998, passa a vigorar acrescida do seguinte art. 10-A:
"Art. 10-A. É assegurado, na forma do regulamento, benefício assistencial mensal, de até 1 (um) salário mínimo, aos trabalhadores portuários avulsos, com mais de 60 (sessenta) anos, que não cumprirem os requisitos para a aquisição das modalidades de aposentadoria previstas nos arts. 42, 48, 52 e 57 da Lei 8.213, de 24 de julho de 1991, e que não possuam meios para prover a sua subsistência.
"Parágrafo único. O benefício de que trata este artigo não pode ser acumulado pelo beneficiário com qualquer outro no âmbito da seguridade social ou de outro regime, salvo os da assistência médica e da pensão especial de natureza indenizatória."

Art. 74. (Vetado.)

Art. 75. Esta Lei entra em vigor na data de sua publicação.

Art. 76. Ficam revogados:
I – a Lei 8.630, de 25 de fevereiro de 1993;
II – a Lei 11.610, de 12 de dezembro de 2007;
III – o art. 21 da Lei 11.314, de 3 de julho de 2006;
IV – o art. 14 da Lei 11.518, de 5 de setembro de 2007;
V – os seguintes dispositivos da Lei 10.233, de 5 de junho de 2001:
a) as alíneas g e h do inciso III do caput do art. 14;
b) as alíneas a e b do inciso III do caput do art. 27;
c) o inciso XXVII do caput do art. 27;
d) os §§ 3º e 4º do art. 27; e
e) o inciso IV do caput do art. 81; e
VI – o art. 11 da Lei 9.719, de 27 de novembro de 1998.

Brasília, 5 de junho de 2013; 192º da Independência e 125º da República.
Dilma Rousseff

(DOU 05.06.2013, edição extra)

Contrato de Trabalho a Tempo Parcial e Suspensão do Contrato de Trabalho

MEDIDA PROVISÓRIA 2.164-41, DE 24 DE AGOSTO DE 2001

Altera a Consolidação das Leis do Trabalho – CLT, para dispor sobre o trabalho a tempo parcial, a suspensão do contrato de trabalho e o programa de qualificação profissional, modifica as Leis 4.923, de 23 de dezembro de 1965, 5.889, de 8 de junho de 1973, 6.321, de 14 de abril de 1976, 6.494, de 7 de dezembro de 1977, 7.998, de 11 de janeiro de 1990, 8.036, de 11 de maio de 1990, e 9.601, de 21 de janeiro de 1998, e dá outras providências.

O Presidente da República, no uso da atribuição que lhe confere o art. 62 da Constituição, adota a seguinte Medida Provisória, com força de lei:

Art. 1º Acrescentem-se os seguintes arts. 58-A, 130-A, 476-A e 627-A à Consolidação das Leis do Trabalho – CLT (Decreto-lei 5.452, de 1º de maio de 1943):

"Art. 58-A. Considera-se trabalho em regime de tempo parcial aquele cuja duração não exceda a 25 (vinte e cinco) horas semanais.

"§ 1º O salário a ser pago aos empregados sob o regime de tempo parcial será proporcional à sua jornada, em relação aos empregados que cumprem, nas mesmas funções, tempo integral.

"§ 2º Para os atuais empregados, a adoção do regime de tempo parcial será feita mediante opção manifestada perante a empresa, na forma prevista em instrumento decorrente de negociação coletiva."

"Art. 130-A. Na modalidade do regime de tempo parcial, após cada período de 12 (doze) meses de vigência do contrato de trabalho, o empregado terá direito a férias, na seguinte proporção:

"I – 18 (dezoito) dias, para a duração do trabalho semanal superior a 22 (vinte e duas) horas, até 25 (vinte e cinco) horas;

"II – 16 (dezesseis) dias, para a duração do trabalho semanal superior a 20 (vinte) horas, até 22 (vinte e duas) horas;

"III – 14 (quatorze) dias, para a duração do trabalho semanal superior a 15 (quinze) horas, até 20 (vinte) horas;

"IV – 12 (doze) dias, para a duração do trabalho semanal superior a 10 (dez) horas, até 15 (quinze) horas;

"V – 10 (dez) dias, para a duração do trabalho semanal superior a 5 (cinco) horas, até 10 (dez) horas;

"VI – 8 (oito) dias, para a duração do trabalho semanal igual ou inferior a 5 (cinco) horas.

"Parágrafo único. O empregado contratado sob o regime de tempo parcial que tiver mais de sete faltas injustificadas ao longo do período aquisitivo terá o seu período de férias reduzido à metade."

"Art. 476-A. O contrato de trabalho poderá ser suspenso, por um período de 2 (dois) a 5 (cinco) meses, para participação do empregado em curso ou programa de qualificação profissional oferecido pelo empregador, com duração equivalente à suspensão contratual, mediante previsão em convenção ou acordo coletivo de trabalho e aquiescência formal do empregado, observado o disposto no art. 471 desta Consolidação.

"§ 1º Após a autorização concedida por intermédio de convenção ou acordo coletivo, o empregador deverá notificar o respectivo

sindicato, com antecedência mínima de 15 (quinze) dias da suspensão contratual.

"§ 2º O contrato de trabalho não poderá ser suspenso em conformidade com o disposto no *caput* deste artigo mais de uma vez no período de 16 (dezesseis) meses.

"§ 3º O empregador poderá conceder ao empregado ajuda compensatória mensal, sem natureza salarial, durante o período de suspensão contratual nos termos do *caput* deste artigo, com valor a ser definido em convenção ou acordo coletivo.

"§ 4º Durante o período de suspensão contratual para participação em curso ou programa de qualificação profissional, o empregado fará jus aos benefícios voluntariamente concedidos pelo empregador.

"§ 5º Se ocorrer a dispensa do empregado no transcurso do período de suspensão contratual ou nos 3 (três) meses subsequentes ao seu retorno ao trabalho, o empregador pagará ao empregado, além das parcelas indenizatórias previstas na legislação em vigor, multa a ser estabelecida em convenção ou acordo coletivo, sendo de, no mínimo, 100% (cem por cento) sobre o valor da última remuneração mensal anterior à suspensão do contrato.

"§ 6º Se durante a suspensão do contrato não for ministrado o curso ou programa de qualificação profissional, ou o empregado permanecer trabalhando para o empregador, ficará descaracterizada a suspensão, sujeitando o empregador ao pagamento imediato dos salários e dos encargos sociais referentes ao período, às penalidades cabíveis previstas na legislação em vigor, bem como às sanções previstas em convenção ou acordo coletivo.

"§ 7º O prazo limite fixado no *caput* poderá ser prorrogado mediante convenção ou acordo coletivo de trabalho e aquiescência formal do empregado, desde que o empregador arque com ônus correspondente ao valor da bolsa de qualificação profissional, no respectivo período."

"Art. 627-A. Poderá ser instaurado procedimento especial para a ação fiscal, objetivando a orientação sobre o cumprimento das leis de proteção ao trabalho, bem como a prevenção e o saneamento de infrações à legislação mediante Termo de Compromisso, na forma a ser disciplinada no Regulamento da Inspeção do Trabalho."

Art. 2º Os arts. 59, 143, 628, 643 e 652 da Consolidação das Leis do Trabalho – CLT passam a vigorar com as seguintes alterações:

"Art. 59. [...]

"[...]

"§ 2º Poderá ser dispensado o acréscimo de salário se, por força de acordo ou convenção coletiva de trabalho, o excesso de horas em um dia for compensado pela correspondente diminuição em outro dia, de maneira que não exceda, no período máximo de 1 (um) ano, à soma das jornadas semanais de trabalho previstas, nem seja ultrapassado o limite máximo de 10 (dez) horas diárias.

"[...]

"§ 4º Os empregados sob o regime de tempo parcial não poderão prestar horas extras."

"Art. 143. [...]

"[...]

"§ 3º O disposto neste artigo não se aplica aos empregados sob o regime de tempo parcial."

"Art. 628. Salvo o disposto nos arts. 627 e 627-A, a toda verificação em que o Auditor Fiscal do Trabalho concluir pela existência de violação de preceito legal deve corresponder, sob pena de responsabilidade administrativa, a lavratura de auto de infração.

"[...]"

"Art. 643. [...]

"[...]

"§ 3º A Justiça do Trabalho é competente, ainda, para processar e julgar as ações entre trabalhadores portuários e os operadores portuários ou Órgão Gestor de Mão de Obra – OGMO decorrentes da relação de trabalho."

"Art. 652. [...]

"*a)* [...]

"[...]

"V – as ações entre trabalhadores portuários e os operadores portuários ou Órgão Gestor de Mão de Obra – OGMO decorrentes da relação de trabalho;

MP 2.164-41/2001

TRABALHO A TEMPO PARCIAL

"[...]"

Art. 3º O art. 1º da Lei 4.923, de 23 de dezembro de 1965, passa a vigorar com a seguinte alteração:

"Art. 1º [...]

"§ 1º As empresas que dispensarem ou admitirem empregados ficam obrigadas a fazer a respectiva comunicação às Delegacias Regionais do Trabalho, mensalmente, até o dia sete do mês subsequente ou como estabelecido em regulamento, em relação nominal por estabelecimento, da qual constará também a indicação da Carteira de Trabalho e Previdência Social ou, para os que ainda não a possuírem, nos termos da lei, os dados indispensáveis à sua identificação pessoal.

"§ 2º O cumprimento do prazo fixado no § 1º será exigido a partir de 1º de janeiro de 2001."

Art. 4º O art. 18 da Lei 5.889, de 8 de junho de 1973, passa a vigorar com a seguinte redação:

"Art. 18. As infrações aos dispositivos desta Lei serão punidas com multa de R$ 380,00 (trezentos e oitenta reais) por empregado em situação irregular.

"§ 1º As infrações aos dispositivos da Consolidação das Leis do Trabalho – CLT e legislação esparsa, cometidas contra o trabalhador rural, serão punidas com as multas nelas previstas.

"§ 2º As penalidades serão aplicadas pela autoridade competente do Ministério do Trabalho e Emprego, de acordo com o disposto no Título VII da CLT.

"§ 3º A fiscalização do Ministério do Trabalho e Emprego exigirá dos empregadores rurais ou produtores equiparados a comprovação do recolhimento da Contribuição Sindical Rural das categorias econômica e profissional."

Art. 5º Acrescentem-se os seguintes §§ 2º e 3º ao art. 2º da Lei 6.321, de 14 de abril de 1976, transformando-se o parágrafo único do artigo mencionado em § 1º:

"§ 2º As pessoas jurídicas beneficiárias do Programa de Alimentação do Trabalhador – PAT poderão estender o benefício previsto nesse Programa aos trabalhadores por elas dispensados, no período de transição para um novo emprego, limitada a extensão ao período de 6 (seis) meses.

"§ 3º As pessoas jurídicas beneficiárias do PAT poderão estender o benefício previsto nesse Programa aos empregados que estejam com contrato suspenso para participação em curso ou programa de qualificação profissional, limitada essa extensão ao período de 5 (cinco) meses."

Art. 6º *(Revogado pela Lei 11.788/2008.)*

Art. 7º O inciso II do art. 2º da Lei 7.998, de 11 de janeiro de 1990, passa a vigorar com a redação seguinte:

"II – auxiliar os trabalhadores na busca ou preservação do emprego, promovendo, para tanto, ações integradas de orientação, recolocação e qualificação profissional."

Art. 8º Acrescentem-se os seguintes arts. 2º-A, 2º-B, 3º-A, 7º-A, 8º-A, 8º-B e 8º-C à Lei 7.998, de 1990:

"Art. 2º-A. Para efeito do disposto no inciso II do art. 2º, fica instituída a bolsa de qualificação profissional, a ser custeada pelo Fundo de Amparo ao Trabalhador – FAT, à qual fará jus o trabalhador que estiver com o contrato de trabalho suspenso em virtude de participação em curso ou programa de qualificação profissional oferecido pelo empregador, em conformidade com o disposto em convenção ou acordo coletivo celebrado para este fim."

"Art. 2º-B. Em caráter excepcional e pelo prazo de 6 (seis) meses, os trabalhadores que estejam em situação de desemprego involuntário pelo período compreendido entre 12 (doze) e 18 (dezoito) meses, ininterruptos, e que já tenham sido beneficiados com o recebimento do Seguro-Desemprego, farão jus a três parcelas do benefício, correspondente cada uma a R$ 100,00 (cem reais).

"§ 1º O período de 12 (doze) a 18 (dezoito) meses de que trata o *caput* será contado a partir do recebimento da primeira parcela do Seguro-Desemprego.

"§ 2º O benefício poderá estar integrado a ações de qualificação profissional e articulado com ações de emprego a serem executadas nas localidades de domicílio do beneficiado.

TRABALHO A TEMPO PARCIAL

"§ 3º Caberá ao Conselho Deliberativo do Fundo de Amparo ao Trabalhador – CODEFAT o estabelecimento, mediante resolução, das demais condições indipensáveis ao recebimento do benefício de que trata este artigo, inclusive quanto à idade e domicílio do empregador ao qual o trabalhador estava vinculado, bem como os respectivos limites de comprometimento dos recursos do FAT."

"Art. 3º-A. A periodicidade, os valores, o cálculo do número de parcelas e os demais procedimentos operacionais de pagamento da bolsa de qualificação profissional, nos termos do art. 2º-A desta Lei, bem como os pré-requisitos para habilitação serão os mesmos adotados em relação ao benefício do Seguro-Desemprego, exceto quanto à dispensa sem justa causa."

"Art. 7º-A. O pagamento da bolsa de qualificação profissional será suspenso se ocorrer a rescisão do contrato de trabalho."

"Art. 8º-A. O benefício da bolsa de qualificação profissional será cancelado nas seguintes situações:

"I – fim da suspensão contratual e retorno ao trabalho;

"II – por comprovação de falsidade na prestação das informações necessárias à habilitação;

"III – por comprovação de fraude visando à percepção indevida da bolsa de qualificação profissional;

"IV – por morte do beneficiário."

"Art. 8º-B. Na hipótese prevista no § 5º do art. 476-A da Consolidação das Leis do Trabalho – CLT, as parcelas da bolsa de qualificação profissional que o empregado tiver recebido serão descontadas das parcelas do benefício do Seguro-Desemprego a que fizer jus, sendo-lhe garantido, no mínimo, o recebimento de uma parcela do Seguro-Desemprego."

"Art. 8º-C. Para efeito de habilitação ao Seguro-Desemprego, desconsiderar-se-á o período de suspensão contratual de que trata o art. 476-A da CLT, para o cálculo dos períodos de que tratam os incisos I e II do art. 3º desta Lei."

Art. 9º A Lei 8.036, de 11 de maio de 1990, passa a vigorar com as seguintes alterações:

"Art. 19-A. É devido o depósito do FGTS na conta vinculada do trabalhador cujo contrato de trabalho seja declarado nulo nas hipóteses previstas no art. 37, § 2º, da Constituição Federal, quando mantido o direito ao salário.

"Parágrafo único. O saldo existente em conta vinculada, oriundo de contrato declarado nulo até 28 de julho de 2001, nas condições do *caput*, que não tenha sido levantado até essa data, será liberado ao trabalhador a partir do mês de agosto de 2002."

"Art. 20. [...]

"[...]

"II – extinção total da empresa, fechamento de quaisquer de seus estabelecimentos, filiais ou agências, supressão de parte de suas atividades, declaração de nulidade do contrato de trabalho nas condições do art. 19-A, ou ainda falecimento do empregador individual sempre que qualquer dessas ocorrências implique rescisão de contrato de trabalho, comprovada por declaração escrita da empresa, suprida, quando for o caso, por decisão judicial transitada em julgado;

"[...]

"XIII – quando o trabalhador ou qualquer de seus dependentes for portador do vírus HIV;

"XIV – quando o trabalhador ou qualquer de seus dependentes estiver em estágio terminal, em razão de doença grave, nos termos do regulamento;

"XV – quando o trabalhador tiver idade igual ou superior a 70 (setenta) anos.

"[...]"

"Art. 29-C. Nas ações entre o FGTS e os titulares de contas vinculadas, bem como naquelas em que figurem os respectivos representantes ou substitutos processuais, não haverá condenação em honorários advocatícios."

• O STF, na ADIn 2.736 (*DJE* 29.03.2011, divulgado em 28.03.2011), julgou procedente a ação direta declarando como "inconstitucional a medida provisória que, alterando lei, suprime condenação em honorários advocatícios, por sucumbên-

TRABALHO A TEMPO PARCIAL

cia, nas ações entre o Fundo de Garantia por Tempo de Serviço (FGTS) e titulares de contas vinculadas, bem como naquelas em que figurem os respectivos representantes ou substitutos processuais."

"Art. 29-D. A penhora em dinheiro, na execução fundada em título judicial em que se determine crédito complementar de saldo de conta vinculada do FGTS, será feita mediante depósito de recursos do Fundo em conta vinculada em nome do exequente, à disposição do juízo.

"Parágrafo único. O valor do depósito só poderá ser movimentado, após liberação judicial, nas hipóteses previstas no art. 20 ou para reversão ao Fundo."

Art. 10. O *caput* do art. 2º da Lei 9.601, de 21 de janeiro de 1998, passa a vigorar com a seguinte redação:

"Art. 2º Para os contratos previstos no art. 1º, são reduzidas por 60 (sessenta) meses, a contar da data de publicação desta Lei:"

Art. 11. Ao empregado com contrato de trabalho suspenso nos termos do disposto no art. 476-A da Consolidação das Leis do Trabalho – CLT aplica-se o disposto no art. 15, inciso II, da Lei 8.213, de 24 de julho de 1991.

Art. 12. Cabe ao Ministério do Trabalho e Emprego a adoção das providências administrativas necessárias à implementação da bolsa de qualificação profissional, disponibilizando o acesso ao benefício a partir de 1º de janeiro de 1999.

Art. 13. Ficam convalidados os atos praticados com base na Medida Provisória 2.164-40, de 27 de julho de 2001.

Art. 14. Esta Medida Provisória entra em vigor na data de sua publicação.

Brasília, 24 de agosto de 2001; 180º da Independência e 113º da República.

Fernando Henrique Cardoso

(*DOU* 27.08.2001)

CONTRATO DE TRABALHO POR PRAZO DETERMINADO

LEI 9.601, DE 21 DE JANEIRO DE 1998

Dispõe sobre o contrato de trabalho por prazo determinado e dá outras providências.

O Presidente da República:
Faço saber que o Congresso Nacional decreta e eu sanciono a seguinte Lei:

Art. 1º As convenções e os acordos coletivos de trabalho poderão instituir contrato de trabalho por prazo determinado, de que trata o art. 443 da Consolidação das Leis do Trabalho – CLT, independentemente das condições estabelecidas em seu § 2º, em qualquer atividade desenvolvida pela empresa ou estabelecimento, para admissões que representem acréscimo no número de empregados.

§ 1º As partes estabelecerão, na convenção ou acordo coletivo referido neste artigo:

I – a indenização para as hipóteses de rescisão antecipada do contrato de que trata este artigo, por iniciativa do empregador ou do empregado, não se aplicando o disposto nos arts. 479 e 480 da CLT;

II – as multas pelo descumprimento de suas cláusulas.

§ 2º Não se aplica ao contrato de trabalho previsto neste artigo o disposto no art. 451 da CLT.

§ 3º *(Vetado.)*

§ 4º São garantidas as estabilidades provisórias da gestante; do dirigente sindical, ainda que suplente; do empregado eleito para cargo de direção de comissões internas de prevenção de acidentes; do empregado acidentado, nos termos do art. 118 da Lei 8.213, de 24 de julho de 1991, durante a vigência do contrato por prazo determinado, que não poderá ser rescindido antes do prazo estipulado pelas partes.

Art. 2º Para os contratos previstos no art. 1º, são reduzidas, por 60 (sessenta) meses, a contar da data de publicação desta Lei:

• *Caput* com redação determinada pela MP 2.164-41/2001.

I – a 50% (cinquenta por cento) de seu valor vigente em 1º de janeiro de 1996, as alíquotas das contribuições sociais destinadas ao Serviço Social da Indústria – Sesi, Serviço Social do Comércio – Sesc, Serviço Social do Transporte – Sest, Serviço Nacional de Aprendizagem Industrial – Senai, Serviço Nacional de Aprendizagem Comercial – Senac, Serviço Nacional de Aprendizagem do Transporte – Senat, Serviço Brasileiro de Apoio às Micro e Pequenas Empresas – Sebrae e Instituto Nacional de Colonização e Reforma Agrária – Incra, bem como ao salário-educação e para o financiamento do seguro de acidente do trabalho;

II – para 2% (dois por cento), a alíquota da contribuição para o Fundo de Garantia do Tempo de Serviço – FGTS, de que trata a Lei 8.036, de 11 de maio de 1990.

Parágrafo único. As partes estabelecerão, na convenção ou acordo coletivo, obrigação de o empregador efetuar, sem prejuízo do disposto no inciso II deste artigo, depósitos mensais vinculados, a favor do empregado, em estabelecimento bancário, com periodicidade determinada de saque.

Art. 3º O número de empregados contratados nos termos do art. 1º desta Lei observará o limite estabelecido no instrumento decorrente da negociação coletiva, não podendo ultrapassar os seguintes percentuais, que serão aplicados cumulativamente:

I – 50% (cinquenta por cento) do número de trabalhadores, para a parcela inferior a cinquenta empregados;

Lei 9.601/1998

TRABALHO POR PRAZO DETERMINADO

II – 35% (trinta e cinco por cento) do número de trabalhadores, para a parcela entre cinquenta e cento e noventa e nove empregados; e

III – 20% (vinte por cento) do número de trabalhadores, para a parcela acima de duzentos empregados.

Parágrafo único. As parcelas referidas nos incisos deste artigo serão calculadas sobre a média aritmética mensal do número de empregados contratados por prazo indeterminado do estabelecimento, nos 6 (seis) meses imediatamente anteriores ao da data de publicação desta Lei.

Art. 4º As reduções previstas no art. 2º serão asseguradas desde que, no momento da contratação:

I – o empregador esteja adimplente junto ao Instituto Nacional do Seguro Social – INSS e ao Fundo de Garantia do Tempo de Serviço – FGTS;

II – o contrato de trabalho por prazo determinado e a relação mencionada no § 3º deste artigo tenham sido depositados no Ministério do Trabalho.

§ 1º As reduções referidas neste artigo subsistirão enquanto:

I – o quadro de empregados e a respectiva folha salarial, da empresa ou estabelecimento, forem superiores às respectivas médias mensais dos 6 (seis) meses imediatamente anteriores ao da data de publicação desta Lei; e

II – o número de empregados contratados por prazo indeterminado for, no mínimo, igual à média referida no parágrafo único do art. 3º.

§ 2º O Ministério do Trabalho tornará disponíveis ao INSS e ao Agente Operador do FGTS as informações constantes da convenção ou acordo coletivo de que trata o art. 1º e do contrato de trabalho depositado, necessárias ao controle do recolhimento das contribuições mencionadas, respectivamente, nos incisos I e II do art. 2º desta Lei.

§ 3º O empregador deverá afixar, no quadro de avisos da empresa, cópias do instrumento normativo mencionado no art. 1º e da relação dos contratados, que conterá, dentre outras informações, o nome do empregado, número da Carteira de Trabalho e Previdência Social, o número de inscrição do trabalhador no Programa de Integração Social – PIS e as datas de início e de término do contrato por prazo determinado.

§ 4º O Ministro do Trabalho disporá sobre as variáveis a serem consideradas e a metodologia de cálculo das médias aritméticas mensais de que trata o § 1º deste artigo.

Art. 5º As empresas que, a partir da data de publicação desta Lei, aumentarem seu quadro de pessoal em relação à média mensal do número de empregos no período de referência mencionado no artigo anterior terão preferência na obtenção de recursos no âmbito dos programas executados pelos estabelecimentos federais de crédito, especialmente junto ao Banco Nacional de Desenvolvimento Econômico e Social – BNDES.

Art. 6º O art. 59 da Consolidação das Leis do Trabalho – CLT passa a vigorar com a seguinte redação:

* Alteração processada no texto da CLT.
* A MP 2.164-41/2001 determina nova redação aos §§ 2º e 4º do art. 59, CLT.

Art. 7º O descumprimento, pelo empregador, do disposto nos arts. 3º e 4º desta Lei sujeita-o a multa de quinhentas Unidades Fiscais de Referência – Ufir, por trabalhador contratado nos moldes do art. 1º, que se constituirá receita adicional do Fundo de Amparo ao Trabalhador – FAT, de que trata a Lei 7.998, de 11 de janeiro de 1990.

* V. art. 29, § 3º, Lei 10.522/2002, que extinguiu a UFIR.

Art. 8º O Poder Executivo regulamentará esta Lei no prazo de 30 (trinta) dias, contado a partir da data de sua publicação.

Art. 9º Esta Lei entra em vigor na data de sua publicação.

Art. 10. Revogam-se as disposições em contrário.

Brasília, 21 de janeiro de 1998; 177º da Independência e 110º da República.

Fernando Henrique Cardoso

(*DOU* 22.01.1998)

Dec. 2.490/1998

TRABALHO POR PRAZO DETERMINADO

DECRETO 2.490,
DE 4 DE FEVEREIRO DE 1998

Regulamenta a Lei 9.601, de 21 de janeiro de 1998, que dispõe sobre o contrato de trabalho por prazo determinado e dá outras providências.

O Presidente da República, no uso da atribuição que lhe confere o art. 84, inciso IV, da Constituição, e tendo em vista o disposto na Lei 9.601, de 21 de janeiro de 1998, decreta:

Art. 1º As convenções e os acordos coletivos de trabalho poderão instituir contrato de trabalho por prazo determinado, de que trata o art. 443 da Consolidação das Leis do Trabalho – CLT, independentemente das condições estabelecidas em seu § 2º, em qualquer atividade desenvolvida pela empresa ou estabelecimento, para admissões que representem acréscimo no número de empregados.

Parágrafo único. É vedada a contratação de empregados por prazo determinado, na forma do *caput* para substituição de pessoal regular e permanente contratado por prazo indeterminado.

Art. 2º Fica o empregador obrigado a anotar na Carteira de Trabalho e Previdência Social – CTPS do empregado a sua condição de contratado por prazo determinado, com indicação do número da lei de regência, e a discriminar em separado na folha de pagamento tais empregados.

Art. 3º Em relação ao mesmo empregado, o contrato por prazo determinado na forma da Lei 9.601, de 21 de janeiro de 1998, será de no máximo 2 (dois) anos, permitindo-se, dentro deste período, sofrer sucessivas prorrogações, sem acarretar o efeito previsto no art. 451 da CLT.

Parágrafo único. O contrato por prazo determinado poderá ser sucedido por outro por prazo indeterminado.

Art. 4º Os depósitos mensais vinculados previstos no art. 2º, parágrafo único, da Lei 9.601/1998, serão estipulados pelas partes nas convenções ou acordos coletivos.

§ 1º As partes deverão pactuar sobre o valor dos depósitos mensais vinculados, o estabelecimento bancário receptor, a periodicidade de saque e as demais condições inerentes.

§ 2º O pacto acerca dos depósitos mensais vinculados não desonera o empregador de efetuar os depósitos para o Fundo de Garantia do Tempo de Serviço – FGTS.

§ 3º Os depósitos de que trata o *caput* deste artigo não têm natureza salarial.

Art. 5º A média aritmética prevista no art. 3º, parágrafo único, da Lei 9.601/1998, abrangerá o período de 1º de julho a 31 de dezembro de 1997.

§ 1º Para se alcançar a média aritmética, adotar-se-ão os seguintes procedimentos:

a) apurar-se-á a média mensal, somando-se o número de empregados com vínculo empregatício por prazo indeterminado de cada dia do mês e dividindo-se o seu somatório pelo número de dias do mês respectivo;

b) apurar-se-á a média semestral pela soma das médias mensais dividida por seis.

§ 2º Os estabelecimentos instalados ou os que não possuíam empregados contratados por prazo indeterminado a partir de 1º de julho de 1997 terão sua média aritmética aferida contando-se o prazo de 6 (seis) meses a começar do primeiro dia do mês subsequente à data da primeira contratação por prazo indeterminado.

Art. 6º Fixada a média semestral, para se alcançar o número máximo de empregados que poderão ser contratados na modalidade do contrato por prazo determinado nos termos da Lei 9.601/1998, proceder-se-á da seguinte forma:

I – para estabelecimentos com média semestral até 49 empregados, aplicar-se-á o percentual de 50% (cinquenta por cento);

II – para estabelecimentos com média semestral de 50 a 199 empregados, subtrair-se-á 49 (quarenta e nove) empregados, aplicando-se o percentual de 35% (trinta e cinco por cento) sobre o remanescente, somando-se ao resultado 24,5 (vinte e quatro inteiros e cinco décimos) empregados;

III – para estabelecimentos com média semestral igual ou superior a 200 (duzentos) empregados, subtrair-se-á 199 (cento e noventa e nove) empregados e aplicar-se-á o

623

percentual de 20% (vinte por cento) sobre o remanescente, somando-se ao resultado 77 (setenta e sete) empregados.

Parágrafo único. No resultado obtido nos termos deste artigo, as frações decimais até 0,4 (quatro décimos) serão desprezadas, considerando-se o número inteiro, e para as frações decimais iguais ou superiores a 0,5 (cinco décimos) considerar-se-á o número inteiro imediatamente superior.

Art. 7º A redução de alíquotas previstas no art. 2º da Lei 9.601/1998 será assegurada mediante depósito no órgão regional do Ministério do Trabalho do contrato escrito firmado entre empregado e empregador.

§ 1º Para efetuar o depósito, o interessado apresentará os seguintes documentos:

a) requerimento de depósito, dirigido ao Delegado Regional do Trabalho, onde o empregador declarará, sob as penas da lei, que no momento da contratação se encontra adimplente junto ao Instituto Nacional do Seguro Social – INSS e FGTS e que as admissões representam acréscimo no número de empregados e obedecem aos percentuais legais;

b) cópia da convenção ou acordo coletivo;

c) segunda via dos contratos de trabalho por prazo determinado;

d) relação dos empregados contratados, que conterá, dentre outras informações, o número da CTPS, o número de inscrição do trabalhador no Programa de Integração Social – PIS e as datas de início e de término do contrato especial por prazo determinado.

§ 2º Para a prorrogação do contrato de trabalho, exigir-se-á depósito do novo instrumento no órgão regional do Ministério do Trabalho.

Art. 8º O Ministério do Trabalho, por intermédio de cada Delegacia Regional do Trabalho, comunicará mensalmente ao órgão regional do INSS e ao agente operador do FGTS, para fins de controle do recolhimento das contribuições mencionadas nos incisos I e II do art. 2º da Lei 9.601/1998, os dados disponíveis nos contratos depositados, principalmente:

I – qualificação da empresa;

II – nome, número da CTPS e número do PIS do empregado;

III – data de início e de término dos contratos de trabalho;

IV – outras informações relevantes da convenção ou acordo coletivo.

Art. 9º Os sindicatos ou empregados prejudicados poderão denunciar ao órgão regional do Ministério do Trabalho situações de descumprimento da Lei 9.601/1998.

Art. 10. A inobservância de quaisquer dos requisitos previstos na Lei 9.601/1998 e neste Decreto descaracteriza o contrato por prazo determinado na forma do art. 1º da referida Lei, que passa a gerar os efeitos próprios dos contratos por prazo indeterminado.

Art. 11. Caberá à fiscalização do Ministério do Trabalho e do INSS, no âmbito de suas competências, observar o fiel cumprimento das disposições contidas na Lei 9.601/1998 e neste Decreto.

Art. 12. As penalidades previstas no art. 7º da Lei 9.601/1998 serão aplicadas pela autoridade competente do Ministério do Trabalho, de acordo com o disposto no Título VII da CLT, e pela autoridade competente do INSS, de acordo com o Decreto 2.173, de 5 de março de 1997.

Art. 13. Caberá ao INSS e ao agente operador do FGTS expedir atos normativos referentes aos recolhimentos da sua área de competência, previstos nos incisos I e II do art. 2º da Lei 9.601/1998.

Art. 14. Este Decreto entra em vigor na data de sua publicação.

Brasília, 4 de fevereiro de 1998; 177º da Independência e 110º da República.

Fernando Henrique Cardoso

(*DOU* 05.02.1998)

CRIANÇA, ADOLESCENTE E APRENDIZ

LEI 8.069,
DE 13 DE JULHO DE 1990

Dispõe sobre o Estatuto da Criança e do Adolescente, e dá outras providências.

- V. Lei 12.318/2010 (Alienação parental).

O Presidente da República:
Faço saber que o Congresso Nacional decreta e eu sanciono a seguinte Lei:

LIVRO I
PARTE GERAL

[...]

TÍTULO II
DOS DIREITOS FUNDAMENTAIS

[...]

Capítulo V
DO DIREITO À PROFISSIONALIZAÇÃO E À PROTEÇÃO NO TRABALHO

- V. art. 207, CF.
- V. arts. 402 a 441, CLT.
- V. Dec. 5.598/2005 (Regulamenta a contratação de aprendizes).

Art. 60. É proibido qualquer trabalho a menores de 14 (quatorze) anos de idade, salvo na condição de aprendiz.

- V. art. 62.
- V. arts. 7º, XXXIII, e 227, § 3º, I, CF.
- V. art. 402, CLT.

Art. 61. A proteção ao trabalho dos adolescentes é regulada por legislação especial, sem prejuízo do disposto nesta Lei.

- V. arts. 402 a 441, CLT.

Art. 62. Considera-se aprendizagem a formação técnico-profissional ministrada segundo as diretrizes e bases da legislação de educação em vigor.

- V. art. 429, CLT.

Art. 63. A formação técnico-profissional obedecerá aos seguintes princípios:

I – garantia de acesso e frequência obrigatória ao ensino regular;

- V. art. 227, § 3º, III, CF.

II – atividade compatível com o desenvolvimento do adolescente;

- V. art. 69, I.

III – horário especial para o exercício das atividades.

Art. 64. Ao adolescente até 14 (quatorze) anos de idade é assegurada bolsa de aprendizagem.

- V. art. 429, CLT.

Art. 65. Ao adolescente aprendiz, maior de 14 (quatorze) anos, são assegurados os direitos trabalhistas e previdenciários.

- V. art. 227, § 3º, III, CF.

Art. 66. Ao adolescente portador de deficiência é assegurado trabalho protegido.

- V. arts. 5º, XXXI, 23, II, 24, XIV, e 37, VIII, CF.

Art. 67. Ao adolescente empregado, aprendiz, em regime familiar de trabalho, aluno de escola técnica, assistido em entidade governamental ou não governamental, é vedado trabalho:

- V. arts. 62 e 68.
- V. art. 7º, XXXIII, CF.

I – noturno, realizado entre as 22 (vinte e duas) horas de um dia e as 5 (cinco) horas do dia seguinte;

II – perigoso, insalubre ou penoso;

- V. arts. 189 a 197, CLT.

III – realizado em locais prejudiciais à sua formação e ao seu desenvolvimento físico, psíquico, moral e social;

- V. art. 69, I.

IV – realizado em horários e locais que não permitam a frequência à escola.

- V. art. 63, I e III.

Res. Conanda 74/2001

CRIANÇA, ADOLESCENTE E APRENDIZ

Art. 68. O programa social que tenha por base o trabalho educativo, sob responsabilidade de entidade governamental ou não governamental sem fins lucrativos, deverá assegurar ao adolescente que dele participe condições de capacitação para o exercício de atividade regular remunerada.

• V. arts. 69.

§ 1º Entende-se por trabalho educativo a atividade laboral em que as exigências pedagógicas relativas ao desenvolvimento pessoal e social do educando prevalecem sobre o aspecto produtivo.

§ 2º A remuneração que o adolescente recebe pelo trabalho efetuado ou a participação na venda dos produtos de seu trabalho não desfigura o caráter educativo.

Art. 69. O adolescente tem direito à profissionalização e à proteção no trabalho, observados os seguintes aspectos, entre outros:

• V. art. 227, *caput*, CF.

I – respeito à condição peculiar de pessoa em desenvolvimento;

II – capacitação profissional adequada ao mercado de trabalho.

[...]

DISPOSIÇÕES FINAIS E TRANSITÓRIAS

[...]

Art. 266. Esta Lei entra em vigor 90 (noventa) dias após sua publicação.

Parágrafo único. Durante o período de vacância deverão ser promovidas atividades e campanhas de divulgação e esclarecimentos acerca do disposto nesta Lei.

Art. 267. Revogam-se as Leis 4.513, de 1964, e 6.697, de 10 de outubro de 1979 (Código de Menores), e as demais disposições em contrário.

Brasília, em 13 de julho de 1990; 169º da Independência e 102º da República.

Fernando Collor

(*DOU* 16.07.1990; ret. 27.09.1990)

RESOLUÇÃO 74, DE 13 DE SETEMBRO DE 2001, DO CONSELHO NACIONAL DOS DIREITOS DA CRIANÇA E DO ADOLESCENTE – CONANDA

Dispõe sobre o registro e fiscalização das entidades sem fins lucrativos que tenham por objetivo a assistência ao adolescente e à educação profissional e dá outras providências.

O Presidente do Conselho Nacional dos Direitos da Criança e do Adolescente – Conanda, no uso de suas atribuições legais estabelecidas na Lei 8.242, de 12 de outubro de 1991, (...) resolve:

Art. 1º Os Conselhos Municipais dos Direitos da Criança e do Adolescente ficam obrigados a:

I – proceder ao registro específico das entidades não governamentais como entidades sem fins lucrativos que tenham por objetivo a assistência ao adolescente e à educação profissional, nos termos do art. 91, *caput*, do Estatuto da Criança e do Adolescente;

II – comunicar o registro da entidade ao Conselho Tutelar, à autoridade judiciária e à unidade descentralizada do Ministério do Trabalho e Emprego com jurisdição na respectiva localidade;

III – proceder ao mapeamento das entidades sem fins lucrativos que façam a intermediação do trabalho de adolescentes, promovam o trabalho educativo e ofereçam cursos de profissionalização e aprendizagem, contendo:

a) a identificação da entidade, na qual devem constar as seguintes informações: nome, endereço, CNPJ ou CPF, natureza jurídica e estatuto e ata de posse da diretoria atual;

b) a relação dos adolescentes inscritos no programa ou na entidade, na qual devem constar as seguintes informações: nome, data de nascimento, filiação, escolaridade, endereço, tempo de participação no programa ou na entidade, endereço da empresa ou órgão público onde estão inseridos;

c) a relação dos cursos oferecidos, na qual devem constar as seguintes informações: programa, carga horária, duração, data de matrícula, número de vagas oferecidas, idade dos participantes.

Parágrafo único. Cópia do mapeamento deverá ser enviada à respectiva unidade descentralizada do Ministério do Trabalho e Emprego.

Art. 2º As entidades referidas no inciso II do art. 430 da Consolidação das Leis do Trabalho ficam obrigadas a se registrar no Conselho Municipal dos Direitos da Criança e do Adolescente e a depositar seus programas de aprendizagem no mesmo e na respectiva unidade descentralizada do Ministério do Trabalho e Emprego.

Parágrafo único. As entidades de base estadual deverão fazer o registro no Conselho Municipal dos Direitos da Criança e do Adolescente do Município onde o programa está sendo implementado e enviar cópia do mesmo ao respectivo Conselho Estadual dos Direitos da Criança e do Adolescente.

Art. 3º Os Conselhos Tutelares devem promover a fiscalização dos programas desenvolvidos pelas entidades, verificando:

I – a adequação das instalações físicas e as condições gerais do ambiente em que se desenvolve a aprendizagem;

II – a compatibilidade das atividades desenvolvidas pelos adolescentes com o previsto no programa de aprendizagem nas fases teórica e prática, bem como o respeito aos princípios estabelecidos pelo Estatuto da Criança e do Adolescente;

III – a regularidade quanto à constituição da entidade;

IV – a adequação da capacitação profissional ao mercado de trabalho, com base na apuração feita pela entidade;

V – o respeito à condição peculiar de pessoa em desenvolvimento do adolescente;

VI – o cumprimento da obrigatoriedade de os adolescentes já terem concluído ou estarem cursando o ensino obrigatório, e a compatibilidade da jornada da aprendizagem com a da escola;

VII – a ocorrência de ameaça ou violação dos direitos do adolescente, em especial tratamento desumano, violento, aterrorizante, vexatório ou constrangedor, bem como exploração, crueldade ou opressão praticados por pessoas ligadas à entidade ou aos estabelecimentos onde ocorrer a fase prática da aprendizagem;

VIII – a observância das proibições previstas no art. 67 do Estatuto da Criança e do Adolescente.

Parágrafo único. As irregularidades encontradas deverão ser comunicadas ao Conselho Municipal dos Direitos da Criança e do Adolescente e à respectiva unidade descentralizada do Ministério do Trabalho e Emprego.

Art. 4º Esta Resolução entra em vigor na data de sua publicação.

Cláudio Augusto Vieira da Silva

(*DOU* 26.09.2001)

DECRETO 5.598,
DE 1º DE DEZEMBRO DE 2005

Regulamenta a contratação de aprendizes e dá outras providências.

O Presidente da República, no uso da atribuição que lhe confere o art. 84, inciso IV, da Constituição, e tendo em vista o disposto no Título III, Capítulo IV, Seção IV, do Decreto-lei 5.452, de 1º de maio de 1943 – Consolidação das Leis do Trabalho, e no Livro I, Título II, Capítulo V, da Lei 8.069, de 13 de julho de 1990 – Estatuto da Criança e do Adolescente, decreta:

Art. 1º Nas relações jurídicas pertinentes à contratação de aprendizes, será observado o disposto neste Decreto.

Capítulo I
DO APRENDIZ

Art. 2º Aprendiz é o maior de quatorze anos e menor de vinte e quatro anos que celebra contrato de aprendizagem, nos ter-

mos do art. 428 da Consolidação das Leis do Trabalho – CLT.

Parágrafo único. A idade máxima prevista no *caput* deste artigo não se aplica a aprendizes portadores de deficiência.

Capítulo II
DO CONTRATO DE APRENDIZAGEM

Art. 3º Contrato de aprendizagem é o contrato de trabalho especial, ajustado por escrito e por prazo determinado não superior a 2 (dois) anos, em que o empregador se compromete a assegurar ao aprendiz, inscrito em programa de aprendizagem, formação técnico-profissional metódica compatível com o seu desenvolvimento físico, moral e psicológico, e o aprendiz se compromete a executar com zelo e diligência as tarefas necessárias a essa formação.

Parágrafo único. Para fins do contrato de aprendizagem, a comprovação da escolaridade de aprendiz portador de deficiência mental deve considerar, sobretudo, as habilidades e competências relacionadas com a profissionalização.

Art. 4º A validade do contrato de aprendizagem pressupõe anotação na Carteira de Trabalho e Previdência Social, matrícula e frequência do aprendiz à escola, caso não haja concluído o ensino fundamental, e inscrição em programa de aprendizagem desenvolvido sob a orientação de entidade qualificada em formação técnico-profissional metódica.

Art. 5º O descumprimento das disposições legais e regulamentares importará a nulidade do contrato de aprendizagem, nos termos do art. 9º da CLT, estabelecendo-se o vínculo empregatício diretamente com o empregador responsável pelo cumprimento da cota de aprendizagem.

Parágrafo único. O disposto no *caput* não se aplica, quanto ao vínculo, a pessoa jurídica de direito público.

Capítulo III
DA FORMAÇÃO TÉCNICO-PROFISSIONAL E DAS ENTIDADES QUALIFICADAS EM FORMAÇÃO TÉCNICO-PROFISSIONAL METÓDICA

Seção I
Da formação técnico-profissional

Art. 6º Entendem-se por formação técnico-profissional metódica para os efeitos do contrato de aprendizagem as atividades teóricas e práticas, metodicamente organizadas em tarefas de complexidade progressiva desenvolvidas no ambiente de trabalho.

Parágrafo único. A formação técnico-profissional metódica de que trata o *caput* deste artigo realiza-se por programas de aprendizagem organizados e desenvolvidos sob a orientação e responsabilidade de entidades qualificadas em formação técnico-profissional metódica definidas no art. 8º deste Decreto.

Art. 7º A formação técnico-profissional do aprendiz obedecerá aos seguintes princípios:

I – garantia de acesso e frequência obrigatória ao ensino fundamental;

II – horário especial para o exercício das atividades; e

III – capacitação profissional adequada ao mercado de trabalho.

Parágrafo único. Ao aprendiz com idade inferior a dezoito anos é assegurado o respeito à sua condição peculiar de pessoa em desenvolvimento.

Seção II
Das entidades qualificadas em formação técnico-profissional metódica

Art. 8º Consideram-se entidades qualificadas em formação técnico-profissional metódica:

I – os Serviços Nacionais de Aprendizagem, assim identificados:

a) Serviço Nacional de Aprendizagem Industrial – Senai;

b) Serviço Nacional de Aprendizagem Comercial – Senac;
c) Serviço Nacional de Aprendizagem Rural – Senar;
d) Serviço Nacional de Aprendizagem do Transporte – Senat; e
e) Serviço Nacional de Aprendizagem do Cooperativismo – Sescoop;
II – as escolas técnicas de educação, inclusive as agrotécnicas; e
III – as entidades sem fins lucrativos, que tenham por objetivos a assistência ao adolescente e à educação profissional, registradas no Conselho Municipal dos Direitos da Criança e do Adolescente.
§ 1º As entidades mencionadas nos incisos deste artigo deverão contar com estrutura adequada ao desenvolvimento dos programas de aprendizagem, de forma a manter a qualidade do processo de ensino, bem como acompanhar e avaliar os resultados.
§ 2º O Ministério do Trabalho e Emprego editará, ouvido o Ministério da Educação, normas para avaliação da competência das entidades mencionadas no inciso III.

Capítulo IV
Seção I
Da obrigatoriedade da contratação de aprendizes

Art. 9º Os estabelecimentos de qualquer natureza são obrigados a empregar e matricular nos cursos dos Serviços Nacionais de Aprendizagem número de aprendizes equivalente a 5% (cinco por cento), no mínimo, e 15% (quinze por cento), no máximo, dos trabalhadores existentes em cada estabelecimento, cujas funções demandem formação profissional.
§ 1º No cálculo da percentagem de que trata o *caput* deste artigo, as frações de unidade darão lugar à admissão de um aprendiz.
§ 2º Entende-se por estabelecimento todo complexo de bens organizado para o exercício de atividade econômica ou social do empregador, que se submeta ao regime da CLT.

Art. 10. Para a definição das funções que demandam formação profissional, deverá ser considerada a Classificação Brasileira de Ocupações (CBO), elaborada pelo Ministério do Trabalho e Emprego.
§ 1º Ficam excluídas da definição do caput deste artigo as funções que demandem, para o seu exercício, habilitação profissional de nível técnico ou superior, ou, ainda, as funções que estejam caracterizadas como cargos de direção, de gerência ou de confiança, nos termos do inciso II e do parágrafo único do art. 62 e do § 2º do art. 224 da CLT.
§ 2º Deverão ser incluídas na base de cálculo todas as funções que demandem formação profissional, independentemente de serem proibidas para menores de dezoito anos.

Art. 11. A contratação de aprendizes deverá atender, prioritariamente, aos adolescentes entre quatorze e dezoito anos, exceto quando:
I – as atividades práticas da aprendizagem ocorrerem no interior do estabelecimento, sujeitando os aprendizes à insalubridade ou à periculosidade, sem que se possa elidir o risco ou realizá-las integralmente em ambiente simulado;
II – a lei exigir, para o desempenho das atividades práticas, licença ou autorização vedada para pessoa com idade inferior a dezoito anos; e
III – a natureza das atividades práticas for incompatível com o desenvolvimento físico, psicológico e moral dos adolescentes aprendizes.

Parágrafo único. A aprendizagem para as atividades relacionadas nos incisos deste artigo deverá ser ministrada para jovens de dezoito a vinte e quatro anos.

Art. 12. Ficam excluídos da base de cálculo de que trata o *caput* do art. 9º deste Decreto os empregados que executem os serviços prestados sob o regime de trabalho temporário, instituído pela Lei 6.019, de 3 de janeiro de 1973, bem como os aprendizes já contratados.

Parágrafo único. No caso de empresas que prestem serviços especializados para terceiros, independentemente do local onde sejam executados, os empregados serão incluídos na base de cálculo da prestadora, exclusivamente.

Art. 13. Na hipótese de os Serviços Nacionais de Aprendizagem não oferecerem

cursos ou vagas suficientes para atender à demanda dos estabelecimentos, esta poderá ser suprida por outras entidades qualificadas em formação técnico-profissional metódica previstas no art 8º.

Parágrafo único. A insuficiência de cursos ou vagas a que se refere o *caput* será verificada pela inspeção do trabalho.

Art. 14. Ficam dispensadas da contratação de aprendizes:

I – as microempresas e as empresas de pequeno porte; e

II – as entidades sem fins lucrativos que tenham por objetivo a educação profissional.

Seção II
Das espécies de contratação do aprendiz

Art. 15. A contratação do aprendiz deverá ser efetivada diretamente pelo estabelecimento que se obrigue ao cumprimento da cota de aprendizagem ou, supletivamente, pelas entidades sem fins lucrativos mencionadas no inciso III do art. 8º deste Decreto.

§ 1º Na hipótese de contratação de aprendiz diretamente pelo estabelecimento que se obrigue ao cumprimento da cota de aprendizagem, este assumirá a condição de empregador, devendo inscrever o aprendiz em programa de aprendizagem a ser ministrado pelas entidades indicadas no art. 8º deste Decreto.

§ 2º A contratação de aprendiz por intermédio de entidade sem fins lucrativos, para efeito de cumprimento da obrigação estabelecida no *caput* do art. 9º, somente deverá ser formalizada após a celebração de contrato entre o estabelecimento e a entidade sem fins lucrativos, no qual, dentre outras obrigações recíprocas, se estabelecerá as seguintes:

I – a entidade sem fins lucrativos, simultaneamente ao desenvolvimento do programa de aprendizagem, assume a condição de empregador, com todos os ônus dele decorrentes, assinando a Carteira de Trabalho e Previdência Social do aprendiz e anotando, no espaço destinado às anotações gerais, a informação de que o específico contrato de trabalho decorre de contrato firmado com determinado estabelecimento para efeito do cumprimento de sua cota de aprendizagem; e

II – o estabelecimento assume a obrigação de proporcionar ao aprendiz a experiência prática da formação técnico-profissional metódica a que este será submetido.

Art. 16. A contratação de aprendizes por empresas públicas e sociedades de economia mista dar-se-á de forma direta, nos termos do § 1º do art. 15, hipótese em que será realizado processo seletivo mediante edital, ou nos termos do § 2º daquele artigo.

Parágrafo único. A contratação de aprendizes por órgãos e entidades da administração direta, autárquica e fundacional observará regulamento específico, não se aplicando o disposto neste Decreto.

Capítulo V
DOS DIREITOS TRABALHISTAS E OBRIGAÇÕES ACESSÓRIAS

Seção I
Da remuneração

Art. 17. Ao aprendiz, salvo condição mais favorável, será garantido o salário mínimo hora.

Parágrafo único. Entende-se por condição mais favorável aquela fixada no contrato de aprendizagem ou prevista em convenção ou acordo coletivo de trabalho, onde se especifique o salário mais favorável ao aprendiz, bem como o piso regional de que trata a Lei Complementar 103, de 14 de julho de 2000.

Seção II
Da jornada

Art. 18. A duração do trabalho do aprendiz não excederá 6 (seis) horas diárias.

§ 1º O limite previsto no *caput* deste artigo poderá ser de até 8 (oito) horas diárias para os aprendizes que já tenham concluído o ensino fundamental, se nelas forem computadas as horas destinadas à aprendizagem teórica.

§ 2º A jornada semanal do aprendiz, inferior a 25 (vinte e cinco) horas, não caracteriza

trabalho em tempo parcial de que trata o art. 58-A da CLT.

Art. 19. São vedadas a prorrogação e a compensação de jornada.

Art. 20. A jornada do aprendiz compreende as horas destinadas às atividades teóricas e práticas, simultâneas ou não, cabendo à entidade qualificada em formação técnico-profissional metódica fixá-las no plano do curso.

Art. 21. Quando o menor de dezoito anos for empregado em mais de um estabelecimento, as horas de trabalho em cada um serão totalizadas.

Parágrafo único. Na fixação da jornada de trabalho do aprendiz menor de dezoito anos, a entidade qualificada em formação técnico-profissional metódica levará em conta os direitos assegurados na Lei 8.069, de 13 de julho de 1990.

Seção III
Das atividades
teóricas e práticas

Art. 22. As aulas teóricas do programa de aprendizagem devem ocorrer em ambiente físico adequado ao ensino, e com meios didáticos apropriados.

§ 1º As aulas teóricas podem se dar sob a forma de aulas demonstrativas no ambiente de trabalho, hipótese em que é vedada qualquer atividade laboral do aprendiz, ressalvado o manuseio de materiais, ferramentas, instrumentos e assemelhados.

§ 2º É vedado ao responsável pelo cumprimento da cota de aprendizagem cometer ao aprendiz atividades diversas daquelas previstas no programa de aprendizagem.

Art. 23. As aulas práticas podem ocorrer na própria entidade qualificada em formação técnico-profissional metódica ou no estabelecimento contratante ou concedente da experiência prática do aprendiz.

§ 1º Na hipótese de o ensino prático ocorrer no estabelecimento, será formalmente designado pela empresa, ouvida a entidade qualificada em formação técnico-profissional metódica, um empregado monitor responsável pela coordenação de exercícios práticos e acompanhamento das atividades do aprendiz no estabelecimento, em conformidade com o programa de aprendizagem.

§ 2º A entidade responsável pelo programa de aprendizagem fornecerá aos empregadores e ao Ministério do Trabalho e Emprego, quando solicitado, cópia do projeto pedagógico do programa.

§ 3º Para os fins da experiência prática segundo a organização curricular do programa de aprendizagem, o empregador que mantenha mais de um estabelecimento em um mesmo município poderá centralizar as atividades práticas correspondentes em um único estabelecimento.

§ 4º Nenhuma atividade prática poderá ser desenvolvida no estabelecimento em desacordo com as disposições do programa de aprendizagem.

Seção IV
Do Fundo de Garantia
do Tempo de Serviço

Art. 24. Nos contratos de aprendizagem, aplicam-se as disposições da Lei 8.036, de 11 de maio de 1990.

Parágrafo único. A Contribuição ao Fundo de Garantia do Tempo de Serviço corresponderá a dois por cento da remuneração paga ou devida, no mês anterior, ao aprendiz.

Seção V
Das férias

Art. 25. As férias do aprendiz devem coincidir, preferencialmente, com as férias escolares, sendo vedado ao empregador fixar período diverso daquele definido no programa de aprendizagem.

Seção VI
Dos efeitos dos instrumentos
coletivos de trabalho

Art. 26. As convenções e acordos coletivos apenas estendem suas cláusulas sociais ao aprendiz quando expressamente previs-

to e desde que não excluam ou reduzam o alcance dos dispositivos tutelares que lhes são aplicáveis.

Seção VII
Do vale-transporte

Art. 27. É assegurado ao aprendiz o direito ao benefício da Lei 7.418, de 16 de dezembro de 1985, que institui o vale-transporte.

Seção VIII
Das hipóteses de extinção e rescisão do contrato de aprendizagem

Art. 28. O contrato de aprendizagem extinguir-se-á no seu termo ou quando o aprendiz completar vinte e quatro anos, exceto na hipótese de aprendiz deficiente, ou, ainda antecipadamente, nas seguintes hipóteses:

I – desempenho insuficiente ou inadaptação do aprendiz;

II – falta disciplinar grave;

III – ausência injustificada à escola que implique perda do ano letivo; e

IV – a pedido do aprendiz.

Parágrafo único. Nos casos de extinção ou rescisão do contrato de aprendizagem, o empregador deverá contratar novo aprendiz, nos termos deste Decreto, sob pena de infração ao disposto no art. 429 da CLT.

Art. 29. Para efeito das hipóteses descritas nos incisos do art. 28 deste Decreto, serão observadas as seguintes disposições:

I – o desempenho insuficiente ou inadaptação do aprendiz referente às atividades do programa de aprendizagem será caracterizado mediante laudo de avaliação elaborado pela entidade qualificada em formação técnico-profissional metódica;

II – a falta disciplinar grave caracteriza-se por quaisquer das hipóteses descritas no art. 482 da CLT; e

III – a ausência injustificada à escola que implique perda do ano letivo será caracterizada por meio de declaração da instituição de ensino.

Art. 30. Não se aplica o disposto nos arts. 479 e 480 da CLT às hipóteses de extinção do contrato mencionadas nos incisos do art. 28 deste Decreto.

Capítulo VI
DO CERTIFICADO DE QUALIFICAÇÃO PROFISSIONAL DE APRENDIZAGEM

Art. 31. Aos aprendizes que concluírem os programas de aprendizagem com aproveitamento, será concedido pela entidade qualificada em formação técnico-profissional metódica o certificado de qualificação profissional.

Parágrafo único. O certificado de qualificação profissional deverá enunciar o título e o perfil profissional para a ocupação na qual o aprendiz foi qualificado.

Capítulo VII
DAS DISPOSIÇÕES FINAIS

Art. 32. Compete ao Ministério do Trabalho e Emprego organizar cadastro nacional das entidades qualificadas em formação técnico-profissional metódica e disciplinar a compatibilidade entre o conteúdo e a duração do programa de aprendizagem, com vistas a garantir a qualidade técnico-profissional.

Art. 33. Este Decreto entra em vigor na data de sua publicação.

Art. 34. Revoga-se o Decreto 31.546, de 6 de outubro de 1952.

Brasília, 1º de dezembro de 2005; 184º da Independência e 117º da República.

Luiz Inácio Lula da Silva

(*DOU* 02.12.2005)

Lei 12.594/2012

LEI 12.594, DE 18 DE JANEIRO DE 2012

Institui o Sistema Nacional de Atendimento Socioeducativo (Sinase), regulamenta a execução das medidas socioeducativas destinadas a adolescente que pratique ato infracional; e altera as Leis 8.069, de 13 de julho de 1990 (Estatuto da Criança e do Adolescente); 7.560, de 19 de dezembro de 1986, 7.998, de 11 de janeiro de 1990, 5.537, de 21 de novembro de 1968, 8.315, de 23 de dezembro de 1991, 8.706, de 14 de setembro de 1993, os Decretos-leis 4.048, de 22 de janeiro de 1942, 8.621, de 10 de janeiro de 1946, e a Consolidação das Leis do Trabalho (CLT), aprovada pelo Decreto-lei 5.452, de 1º de maio de 1943.

A Presidenta da República:
Faço saber que o Congresso Nacional decreta e eu sanciono a seguinte Lei:

TÍTULO I
DO SISTEMA NACIONAL DE ATENDIMENTO SOCIOEDUCATIVO (SINASE)

Capítulo I
DISPOSIÇÕES GERAIS

Art. 1º Esta Lei institui o Sistema Nacional de Atendimento Socioeducativo (Sinase) e regulamenta a execução das medidas destinadas a adolescente que pratique ato infracional.

§ 1º Entende-se por Sinase o conjunto ordenado de princípios, regras e critérios que envolvem a execução de medidas socioeducativas, incluindo-se nele, por adesão, os sistemas estaduais, distrital e municipais, bem como todos os planos, políticas e programas específicos de atendimento a adolescente em conflito com a lei.
[...]

Capítulo III
DOS PLANOS DE ATENDIMENTO SOCIOEDUCATIVO

Art. 8º Os Planos de Atendimento Socioeducativo deverão, obrigatoriamente, prever ações articuladas nas áreas de educação, saúde, assistência social, cultura, capacitação para o trabalho e esporte, para os adolescentes atendidos, em conformidade com os princípios elencados na Lei 8.069, de 13 de julho de 1990 (Estatuto da Criança e do Adolescente).
[...]

Capítulo VIII
DA CAPACITAÇÃO PARA O TRABALHO

Art. 76. O art. 2º do Decreto-lei 4.048, de 22 de janeiro de 1942, passa a vigorar acrescido do seguinte § 1º, renumerando-se o atual parágrafo único para § 2º:
"Art. 2º [...]"
"§ 1º As escolas do SENAI poderão ofertar vagas aos usuários do Sistema Nacional de Atendimento Socioeducativo (Sinase) nas condições a serem dispostas em instrumentos de cooperação celebrados entre os operadores do SENAI e os gestores dos Sistemas de Atendimento Socioeducativo locais.
"§ 2º [...]"

Art. 77. O art. 3º do Decreto-lei 8.621, de 10 de janeiro de 1946, passa a vigorar acrescido do seguinte § 1º, renumerando-se o atual parágrafo único para § 2º:
"Art. 3º [...]"
"§ 1º As escolas do SENAC poderão ofertar vagas aos usuários do Sistema Nacional de Atendimento Socioeducativo (Sinase) nas condições a serem dispostas em instrumentos de cooperação celebrados entre os operadores do SENAC e os gestores dos Sistemas de Atendimento Socioeducativo locais.
"§ 2º. [...]"

Art. 78. O art. 1º da Lei 8.315, de 23 de dezembro de 1991, passa a vigorar acrescido do seguinte parágrafo único:
"Art. 1º [...]"
"Parágrafo único. Os programas de formação profissional rural do SENAR poderão ofertar vagas aos usuários do Sistema Nacional de Atendimento Socioeducativo (Sinase) nas condições a serem dispostas em instrumentos de cooperação celebrados entre os operadores do SENAR e os gesto-

res dos Sistemas de Atendimento Socioeducativo locais."

Art. 79. O art. 3º da Lei 8.706, de 14 de setembro de 1993, passa a vigorar acrescido do seguinte parágrafo único:

"Art. 3º [...]

"Parágrafo único. Os programas de formação profissional do SENAT poderão ofertar vagas aos usuários do Sistema Nacional de Atendimento Socioeducativo (Sinase) nas condições a serem dispostas em instrumentos de cooperação celebrados entre os operadores do SENAT e os gestores dos Sistemas de Atendimento Socioeducativo locais."

Art. 80. O art. 429 do Decreto-lei 5.452, de 1º de maio de 1943, passa a vigorar acrescido do seguinte § 2º:

"Art. 429. [...]

"[...]

"§ 2º Os estabelecimentos de que trata o *caput* ofertarão vagas de aprendizes a adolescentes usuários do Sistema Nacional de Atendimento Socioeducativo (Sinase) nas condições a serem dispostas em instrumentos de cooperação celebrados entre os estabelecimentos e os gestores dos Sistemas de Atendimento Socioeducativo locais."

[...]

TÍTULO III
DISPOSIÇÕES FINAIS E TRANSITÓRIAS

[...]

Art. 90. Esta Lei entra em vigor após decorridos 90 (noventa) dias de sua publicação oficial.

Brasília, 18 de janeiro de 2012; 191º da Independência e 124º da República.

Dilma Rousseff

• Assinatura retificada no *DOU* de 20.01.2012.

(*DOU* 19.01.2012; ret. 20.01.2012)

CRIMES

DECRETO-LEI 2.848,
DE 7 DE DEZEMBRO DE 1940

Código Penal.

* Publicado no *Diário Oficial da União* de 31.12.1940. Em 03.01.1941 foi republicado e retificado.

O Presidente da República, usando da atribuição que lhe confere o art. 180 da Constituição, decreta a seguinte Lei:

* V. art. 22, I, CF.

[...]

PARTE ESPECIAL
TÍTULO I
DOS CRIMES CONTRA A PESSOA

[...]

Capítulo VI
DOS CRIMES CONTRA A LIBERDADE INDIVIDUAL

[...]

Seção III
Dos crimes contra a inviolabilidade de correspondência

[...]

Correspondência comercial

Art. 152. Abusar da condição de sócio ou empregado de estabelecimento comercial ou industrial para, no todo ou em parte, desviar, sonegar, subtrair ou suprimir correspondência, ou revelar a estranho seu conteúdo:

Pena – detenção, de 3 (três) meses a 2 (dois) anos.

* V. art. 3º, *c*, Lei 4.898/1965 (Abuso de autoridade).
* V. art. 47, Lei 6.538/1978 (Serviços postais).
* V. art. 89, Lei 9.099/1995 (Juizados Especiais Cíveis e Criminais).

Parágrafo único. Somente se procede mediante representação.

* V. art. 100, § 1º, CP.
* V. arts. 24, 38 e 39, CPP.

[...]

Seção IV
Dos crimes contra a inviolabilidade dos segredos

[...]

Violação do segredo profissional

Art. 154. Revelar alguém, sem justa causa, segredo, de que tem ciência em razão de função, ministério, ofício ou profissão, e cuja revelação possa produzir dano a outrem:

Pena – detenção, de 3 (três) meses a 1 (um) ano, ou multa.

* V. art. 207, CPP.
* V. art. 144, CC/1916; e art. 229, CC/2002.
* V. art. 21, Lei 7.170/1983 (Lei de Segurança Nacional).
* V. arts. 60, 61 e 89, Lei 9.099/1995 (Juizados Especiais Cíveis e Criminais).
* V. art. 195, XII, Lei 9.279/1996 (Regula direitos e obrigações relativos à propriedade industrial).

Parágrafo único. Somente se procede mediante representação.

* V. art. 100, § 1º, CP.
* V. arts. 24, 38 e 39, CPP.

Invasão de dispositivo informático

* Rubrica acrescentada pela Lei 12.737/2012 (*DOU* 03.12.2012), em vigor após decorridos 120 (cento e vinte) dias de sua publicação oficial.

Art. 154-A. Invadir dispositivo informático alheio, conectado ou não à rede de computadores, mediante violação indevida de mecanismo de segurança e com o fim de obter, adulterar ou destruir dados ou informações sem autorização expressa ou tácita do titular do dispositivo ou instalar vulnerabilidades para obter vantagem ilícita:

* Artigo acrescentado pela Lei 12.737/2012 (*DOU* 03.12.2012), em vigor após decorridos 120 (cento e vinte) dias de sua publicação oficial.

Dec.-lei 2.848/1940

CRIMES

Pena – detenção, de 3 (três) meses a 1 (um) ano, e multa.

§ 1º Na mesma pena incorre quem produz, oferece, distribui, vende ou difunde dispositivo ou programa de computador com o intuito de permitir a prática da conduta definida no *caput*.

§ 2º Aumenta-se a pena de 1/6 (um sexto) a 1/3 (um terço) se da invasão resulta prejuízo econômico.

§ 3º Se da invasão resultar a obtenção de conteúdo de comunicações eletrônicas privadas, segredos comerciais ou industriais, informações sigilosas, assim definidas em lei, ou o controle remoto não autorizado do dispositivo invadido:

Pena – reclusão, de 6 (seis) meses a 2 (dois) anos, e multa, se a conduta não constitui crime mais grave.

§ 4º Na hipótese do § 3º, aumenta-se a pena de 1 (um) a 2/3 (dois terços) se houver divulgação, comercialização ou transmissão a terceiro, a qualquer título, dos dados ou informações obtidos.

§ 5º Aumenta-se a pena de 1/3 (um terço) à 1/2 (metade) se o crime for praticado contra:
I – Presidente da República, governadores e prefeitos;
II – Presidente do Supremo Tribunal Federal;
III – Presidente da Câmara dos Deputados, do Senado Federal, de Assembleia Legislativa de Estado, da Câmara Legislativa do Distrito Federal ou de Câmara Municipal; ou
IV – dirigente máximo da administração direta e indireta federal, estadual, municipal ou do Distrito Federal.

Ação penal
- Rubrica acrescentada pela Lei 12.737/2012 (*DOU* 03.12.2012), em vigor após decorridos 120 (cento e vinte) dias de sua publicação oficial.

Art. 154-B. Nos crimes definidos no art. 154-A, somente se procede mediante representação, salvo se o crime é cometido contra a administração pública direta ou indireta de qualquer dos Poderes da União, Estados, Distrito Federal ou Municípios ou contra empresas concessionárias de serviços públicos.
- Artigo acrescentado pela Lei 12.737/2012 (*DOU* 03.12.2012), em vigor após decorridos 120 (cento e vinte) dias de sua publicação oficial.

TÍTULO II
DOS CRIMES CONTRA O PATRIMÔNIO

- V. art. 5º, *caput*, CF.
- V. arts. 24 a 27, Dec.-lei 3.688/1941 (Lei das Contravenções Penais).
- V. art. 59, Lei 6.001/1973 (Estatuto do Índio).

[...]

Capítulo V
DA APROPRIAÇÃO INDÉBITA

[...]

Apropriação indébita previdenciária
Art. 168-A. Deixar de repassar à previdência social as contribuições recolhidas dos contribuintes, no prazo e forma legal ou convencional:

Pena – reclusão, de 2 (dois) a 5 (cinco) anos, e multa.

- Artigo acrescentado pela Lei 9.983/2000.
- V. art. 9º, Lei 10.684/2003 (Altera a legislação tributária).
- V. arts. 68 e 69, Lei 11.941/2009 (Altera a legislação tributária federal).

§ 1º Nas mesmas penas incorre quem deixar de:
I – recolher, no prazo legal, contribuição ou outra importância destinada à previdência social que tenha sido descontada de pagamento efetuado a segurados, a terceiros ou arrecadada do público;
II – recolher contribuições devidas à previdência social que tenham integrado despesas contábeis ou custos relativos à venda de produtos ou à prestação de serviços;
III – pagar benefício devido a segurado, quando as respectivas cotas ou valores já tiverem sido reembolsados à empresa pela previdência social.

§ 2º É extinta a punibilidade se o agente, espontaneamente, declara, confessa e efetua o pagamento das contribuições, importâncias ou valores e presta as informações devidas à previdência social, na forma definida em lei ou regulamento, antes do início da ação fiscal.

§ 3º É facultado ao juiz deixar de aplicar a pena ou aplicar somente a de multa se o agente for primário e de bons antecedentes, desde que:

Dec.-lei 2.848/1940

CRIMES

I – tenha promovido, após o início da ação fiscal e antes de oferecida a denúncia, o pagamento da contribuição social previdenciária, inclusive acessórios; ou

II – o valor das contribuições devidas, inclusive acessórios, seja igual ou inferior àquele estabelecido pela previdência social, administrativamente, como sendo o mínimo para o ajuizamento de suas execuções fiscais. [...]

TÍTULO IV
DOS CRIMES CONTRA A ORGANIZAÇÃO DO TRABALHO

- V. arts. 47 a 49, Dec.-lei 3.688/1941 (Lei das Contravenções Penais).
- V. art. 4º, Lei 7.716/1989 (Crimes resultantes de preconceito de raça ou de cor).
- V. art. 8º, III, Lei 7.853/1989 (Apoio às pessoas portadoras de deficiências).
- V. art. 1º, Lei 9.099/1995 (Juizados Especiais Cíveis e Criminais).

Atentado contra a liberdade de trabalho

Art. 197. Constranger alguém, mediante violência ou grave ameaça:

I – a exercer ou não exercer arte, ofício, profissão ou indústria, ou a trabalhar ou não trabalhar durante certo período ou em determinados dias:

Pena – detenção, de 1 (um) mês a 1 (um) ano, e multa, além da pena correspondente à violência;

II – a abrir ou fechar o seu estabelecimento de trabalho, ou a participar de parede ou paralisação de atividade econômica:

Pena – detenção, de 3 (três) meses a 1 (um) ano, e multa, além da pena correspondente à violência.

- V. art. 722, CLT (*Lockout*).
- V. Lei 7.783/1989 (Direito de greve).

Atentado contra a liberdade de contrato de trabalho e boicotagem violenta

Art. 198. Constranger alguém, mediante violência ou grave ameaça, a celebrar contrato de trabalho, ou a não fornecer a outrem ou não adquirir de outrem matéria-prima ou produto industrial ou agrícola:

Pena – detenção, de 1 (um) mês a 1 (um) ano, e multa, além da pena correspondente à violência.

Atentado contra a liberdade de associação

Art. 199. Constranger alguém, mediante violência ou grave ameaça, a participar ou deixar de participar de determinado sindicato ou associação profissional:

Pena – detenção, de 1 (um) mês a 1 (um) ano, e multa, além da pena correspondente à violência.

- V. art. 511 e ss., CLT (Organização sindical).
- V. art. 3º, *f*, Lei 4.898/1965 (Abuso de autoridade).

Paralisação de trabalho, seguida de violência ou perturbação da ordem

Art. 200. Participar de suspensão ou abandono coletivo de trabalho, praticando violência contra pessoa ou contra coisa:

Pena – detenção, de 1 (um) mês a 1 (um) ano, e multa, além da pena correspondente à violência.

Parágrafo único. Para que se considere coletivo o abandono de trabalho, é indispensável o concurso de, pelo menos, três empregados.

Paralisação de trabalho de interesse coletivo

Art. 201. Participar de suspensão ou abandono coletivo de trabalho, provocando a interrupção de obra pública ou serviço de interesse coletivo:

Pena – detenção, de 6 (seis) meses a 2 (dois) anos, e multa.

- V. art. 3º, II, Lei 1.521/1951 (Crimes contra a economia popular).

Invasão de estabelecimento industrial, comercial ou agrícola. Sabotagem

Art. 202. Invadir ou ocupar estabelecimento industrial, comercial ou agrícola, com o intuito de impedir ou embaraçar o curso normal do trabalho, ou com o mesmo fim danificar o estabelecimento ou as coisas nele existentes ou delas dispor:

Pena – reclusão, de 1 (um) a 3 (três) anos, e multa.

Dec.-lei 2.848/1940

CRIMES

Frustração de direito assegurado por lei trabalhista
Art. 203. Frustrar, mediante fraude ou violência, direito assegurado pela legislação do trabalho:
Pena – detenção de 1 (um) ano a 2 (dois) anos, e multa, além da pena correspondente à violência.
- Pena determinada pela Lei 9.777/1998.
- V. art. 89, Lei 9.099/1995 (Juizados Especiais Cíveis e Criminais).

§ 1º Na mesma pena incorre quem:
- § 1º acrescentado pela Lei 9.777/1998.

I – obriga ou coage alguém a usar mercadorias de determinado estabelecimento, para impossibilitar o desligamento do serviço em virtude de dívida;
II – impede alguém de se desligar de serviços de qualquer natureza, mediante coação ou por meio da retenção de seus documentos pessoais ou contratuais.
§ 2º A pena é aumentada de 1/6 (um sexto) a 1/3 (um terço) se a vítima é menor de 18 (dezoito) anos, idosa, gestante, indígena ou portadora de deficiência física ou mental.
- § 2º acrescentado pela Lei 9.777/1998.

Frustração de lei sobre a nacionalização do trabalho
Art. 204. Frustrar, mediante fraude ou violência, obrigação legal relativa à nacionalização do trabalho:
Pena – detenção, de 1 (um) mês a 1 (um) ano, e multa, além da pena correspondente à violência.
- V. arts. 352 a 371, CLT.
- V. arts. 60, 61 e 89, Lei 9.099/1995 (Juizados Especiais Cíveis e Criminais).
- V. Súmula 115, TFR.

Exercício de atividade com infração de decisão administrativa
Art. 205. Exercer atividade, de que está impedido por decisão administrativa:
Pena – detenção, de 3 (três) meses a 2 (dois) anos, ou multa.
- V. arts. 47 e 48, Dec.-lei 3.688/1941 (Lei das Contravenções Penais).
- V. art. 89, Lei 9.099/1995 (Juizados Especiais Cíveis e Criminais).

Aliciamento para o fim de emigração
Art. 206. Recrutar trabalhadores, mediante fraude, com o fim de levá-los para território estrangeiro:
Pena – detenção, de 1 (um) a 3 (três) anos, e multa.
- Artigo com redação determinada pela Lei 8.683/1993.
- V. art. 89, Lei 9.099/1995 (Juizados Especiais Cíveis e Criminais).

Aliciamento de trabalhadores de um local para outro do território nacional
Art. 207. Aliciar trabalhadores, com fim de levá-los de uma para outra localidade do território nacional:
Pena – detenção de 1 (um) a 3 (três) anos, e multa.
- Pena determinada pela Lei 9.777/1998.

§ 1º Incorre na mesma pena quem recrutar trabalhadores fora da localidade de execução do trabalho, dentro do território nacional, mediante fraude ou cobrança de qualquer quantia do trabalhador, ou, ainda, não assegurar condições do seu retorno ao local de origem.
- § 1º acrescentado pela Lei 9.777/1998.

§ 2º A pena é aumentada de 1/6 (um sexto) a 1/3 (um terço) se a vítima é menor de 18 (dezoito) anos, idosa, gestante, indígena ou portadora de deficiência física ou mental.
- § 2º acrescentado pela Lei 9.777/1998.

[...]

TÍTULO X
DOS CRIMES CONTRA A FÉ PÚBLICA

[...]

Capítulo III
DA FALSIDADE DOCUMENTAL
- V. art. 145, IV, CPP.
- V. art. 4º, I, Dec.-lei 7.661/1945 (Lei de Falências); e art. 96, I, Lei 11.101/2005 (Lei de Recuperação de Empresas e Falência).

[...]

Falsificação de documento público
Art. 297. Falsificar, no todo ou em parte, documento público, ou alterar documento público verdadeiro:

Dec.-lei 2.848/1940

CRIMES

Pena – reclusão, de 2 (dois) a 6 (seis) anos, e multa.

* V. art. 49, IV, CLT.
* V. art. 64, Lei 8.383/1991 (Altera a legislação do Imposto de Renda).

[...]

§ 3º Nas mesmas penas incorre quem insere ou faz inserir:

* § 3º acrescentado pela Lei 9.983/2000.

I – na folha de pagamento ou em documento de informações que seja destinado a fazer prova perante a previdência social, pessoa que não possua a qualidade de segurado obrigatório;
II – na Carteira de Trabalho e Previdência Social do empregado ou em documento que deva produzir efeito perante a previdência social, declaração falsa ou diversa da que deveria ter sido escrita;
III – em documento contábil ou em qualquer outro documento relacionado com as obrigações da empresa perante a previdência social, declaração falsa ou diversa da que deveria ter constado.

§ 4º Nas mesmas penas incorre quem omite, nos documentos mencionados no § 3º, nome do segurado e seus dados pessoais, a remuneração, a vigência do contrato de trabalho ou de prestação de serviços.

* § 4º acrescentado pela Lei 9.983/2000.

[...]

TÍTULO XI
DOS CRIMES CONTRA A ADMINISTRAÇÃO PÚBLICA

* V. arts. 513 a 518, CPP.
* V. art. 1º, Dec.-lei 3.240/1941 (Crime contra a Fazenda Pública – sequestro de bens).
* V. arts. 19 e 20, Lei 4.947/1966 (Direito agrário).
* V. arts. 50 a 52, Lei 6.766/1979 (Parcelamento do solo urbano).
* V. art. 3º, Lei 7.716/1989 (Crimes resultantes de preconceito de raça ou de cor).
* V. Lei 8.429/1992 (Enriquecimento ilícito – sanções aplicáveis).
* V. art. 89, Lei 9.099/1995 (Juizados Especiais Cíveis e Criminais).
* V. arts. 66 a 69, Lei 9.605/1998 (Crimes contra o meio ambiente).
* V. art. 1º, Lei 9.613/1998 (Crimes de "lavagem" de capitais).

Capítulo I
DOS CRIMES PRATICADOS POR FUNCIONÁRIO PÚBLICO CONTRA A ADMINISTRAÇÃO EM GERAL

[...]

Inserção de dados falsos em sistema de informações

Art. 313-A. Inserir ou facilitar, o funcionário autorizado, a inserção de dados falsos, alterar ou excluir indevidamente dados corretos nos sistemas informatizados ou bancos de dados da Administração Pública com o fim de obter vantagem indevida para si ou para outrem ou para causar dano:
Pena – reclusão, de 2 (dois) a 12 (doze) anos, e multa.

* Artigo acrescentado pela Lei 9.983/2000.

Modificação ou alteração não autorizada de sistema de informações

Art. 313-B. Modificar ou alterar, o funcionário, sistema de informações ou programa de informática sem autorização ou solicitação de autoridade competente:
Pena – detenção, de 3 (três) meses a 2 (dois) anos, e multa.

* Artigo acrescentado pela Lei 9.983/2000.
* V. art. 89, Lei 9.099/1995 (Juizados Especiais Cíveis e Criminais).

Parágrafo único. As penas são aumentadas de 1/3 (um terço) até a metade se da modificação ou alteração resulta dano para a Administração Pública ou para o administrado.

[...]

Capítulo II
DOS CRIMES PRATICADOS POR PARTICULAR CONTRA A ADMINISTRAÇÃO EM GERAL

[...]

Sonegação de contribuição previdenciária

Art. 337-A. Suprimir ou reduzir contribuição social previdenciária e qualquer acessório, mediante as seguintes condutas:

* Artigo acrescentado pela Lei 9.983/2000.
* V. Lei 10.467/2002 (Acrescenta o Capítulo II-A ao Título XI do Código Penal).

- V. art. 9°, Lei 10.684/2003 (Altera a legislação tributária).
- V. arts. 68 e 69, Lei 11.941/2009 (Altera a legislação tributária federal).

I – omitir de folha de pagamento da empresa ou de documento de informações previsto pela legislação previdenciária segurados empregado, empresário, trabalhador avulso ou trabalhador autônomo ou a este equiparado que lhe prestem serviços;
II – deixar de lançar mensalmente nos títulos próprios da contabilidade da empresa as quantias descontadas dos segurados ou as devidas pelo empregador ou pelo tomador de serviços;
III – omitir, total ou parcialmente, receitas ou lucros auferidos, remunerações pagas ou creditadas e demais fatos geradores de contribuições sociais previdenciárias:
Pena – reclusão, de 2 (dois) a 5 (cinco) anos, e multa.

§ 1º É extinta a punibilidade se o agente, espontaneamente, declara e confessa as contribuições, importâncias ou valores e presta as informações devidas à previdência social, na forma definida em lei ou no regulamento, antes do início da ação fiscal.

§ 2º É facultado ao juiz deixar de aplicar a pena ou aplicar somente a de multa se o agente for primário e de bons antecedentes, desde que:

I – *(Vetado.)*

II – o valor das contribuições devidas, inclusive acessórios, seja igual ou inferior àquele estabelecido pela previdência social, administrativamente, como sendo o mínimo para o ajuizamento de suas execuções fiscais.

§ 3º Se o empregador não é pessoa jurídica e sua folha de pagamento mensal não ultrapassa R$ 1.510,00 (um mil, quinhentos e dez reais), o juiz poderá reduzir a pena de 1/3 (um terço) até a metade ou aplicar apenas a de multa.

- Valor original sujeito a atualização mediante Portaria do Ministério da Previdência Social – MPS.

§ 4º O valor a que se refere o parágrafo anterior será reajustado nas mesmas datas e nos mesmos índices do reajuste dos benefícios da previdência social.

[...]

DISPOSIÇÕES FINAIS

[...]

Art. 361. Este Código entrará em vigor no dia 1º de janeiro de 1942.

Rio de Janeiro, 7 de dezembro de 1940; 119º da Independência e 52º da República.

Getúlio Vargas
Francisco Campos

(*DOU* 31.12.1940; ret. 03.01.1941)

DESPORTO

LEI 9.615, DE 24 DE MARÇO DE 1998

Institui normas gerais sobre desporto e dá outras providências.

- V. Dec. 7.894/2013 (Regulamenta a Lei 9.615/1998, que institui normas gerais sobre desporto).

O Presidente da República:
Faço saber que o Congresso Nacional decreta e eu sanciono a seguinte Lei:

Capítulo I
DISPOSIÇÕES INICIAIS

Art. 1º O desporto brasileiro abrange práticas formais e não formais e obedece às normas gerais desta Lei, inspirado nos fundamentos constitucionais do Estado Democrático de Direito.

§ 1º A prática desportiva formal é regulada por normas nacionais e internacionais e pelas regras de prática desportiva de cada modalidade, aceitas pelas respectivas entidades nacionais de administração do desporto.

§ 2º A prática desportiva não formal é caracterizada pela liberdade lúdica de seus praticantes.

Capítulo II
DOS PRINCÍPIOS FUNDAMENTAIS

Art. 2º O desporto, como direito individual, tem como base os princípios:

I – da soberania, caracterizado pela supremacia nacional na organização da prática desportiva;
II – da autonomia, definido pela faculdade e liberdade de pessoas físicas e jurídicas organizarem-se para a prática desportiva;
III – da democratização, garantido em condições de acesso às atividades desportivas sem quaisquer distinções ou formas de discriminação;
IV – da liberdade, expresso pela livre prática do desporto, de acordo com a capacidade e interesse de cada um, associando-se ou não a entidade do setor;
V – do direito social, caracterizado pelo dever do Estado em fomentar as práticas desportivas formais e não formais;
VI – da diferenciação, consubstanciado no tratamento específico dado ao desporto profissional e não profissional;
VII – da identidade nacional, refletido na proteção e incentivo às manifestações desportivas de criação nacional;
VIII – da educação, voltado para o desenvolvimento integral do homem como ser autônomo e participante, e fomentado por meio da prioridade dos recursos públicos ao desporto educacional;
IX – da qualidade, assegurado pela valorização dos resultados desportivos, educativos e dos relacionados à cidadania e ao desenvolvimento físico e moral;
X – da descentralização, consubstanciado na organização e funcionamento harmônicos de sistemas desportivos diferenciados e autônomos para os níveis federal, estadual, distrital e municipal;
XI – da segurança, propiciado ao praticante de qualquer modalidade desportiva, quanto a sua integridade física, mental ou sensorial;
XII – da eficiência, obtido por meio do estímulo à competência desportiva e administrativa.

Parágrafo único. A exploração e a gestão do desporto profissional constituem exercício de atividade econômica sujeitando-se, especificamente, à observância dos princípios:

- Parágrafo único acrescentado pela Lei 10.672/2003.

I – da transparência financeira e administrativa;
II – da moralidade na gestão desportiva;
III – da responsabilidade social de seus dirigentes;
IV – do tratamento diferenciado em relação ao desporto não profissional; e

Lei 9.615/1998

DESPORTO

V – da participação na organização desportiva do País.

Capítulo III
DA NATUREZA E DAS FINALIDADES DO DESPORTO

Art. 3° O desporto pode ser reconhecido em qualquer das seguintes manifestações:
I – desporto educacional, praticado nos sistemas de ensino e em formas assistemáticas de educação, evitando-se a seletividade, a hipercompetitividade de seus praticantes, com a finalidade de alcançar o desenvolvimento integral do indivíduo e a sua formação para o exercício da cidadania e a prática do lazer;
II – desporto de participação, de modo voluntário, compreendendo as modalidades desportivas praticadas com a finalidade de contribuir para a integração dos praticantes na plenitude da vida social, na promoção da saúde e educação e na preservação do meio ambiente;
III – desporto de rendimento, praticado segundo normas gerais desta Lei e regras de prática desportiva, nacionais e internacionais, com a finalidade de obter resultados e integrar pessoas e comunidades do País e estas com as de outras nações.
Parágrafo único. O desporto de rendimento pode ser organizado e praticado:
I – de modo profissional, caracterizado pela remuneração pactuada em contrato formal de trabalho entre o atleta e a entidade de prática desportiva;
II – de modo não profissional, identificado pela liberdade de prática e pela inexistência de contrato de trabalho, sendo permitido o recebimento de incentivos materiais e de patrocínio.

• Inciso II com redação determinada pela Lei 9.981/2000.

a) *(Revogada pela Lei 9.981/2000.)*
b) *(Revogada pela Lei 9.981/2000.)*
[...]

Capítulo V
DA PRÁTICA DESPORTIVA PROFISSIONAL

Art. 26. Atletas e entidades de prática desportiva são livres para organizar a atividade profissional, qualquer que seja sua modalidade, respeitados os termos desta Lei.
Parágrafo único. Considera-se competição profissional para os efeitos desta Lei aquela promovida para obter renda e disputada por atletas profissionais cuja remuneração decorra de contrato de trabalho desportivo.

• Parágrafo único acrescentado pela Lei 10.672/2003.

Art. 27. As entidades de prática desportiva participantes de competições profissionais e as entidades de administração de desporto ou ligas em que se organizarem, independentemente da forma jurídica adotada, sujeitam os bens particulares de seus dirigentes ao disposto no art. 50 da Lei 10.406, de 10 de janeiro de 2002, além das sanções e responsabilidades previstas no *caput* do art. 1.017 da Lei 10.406, de 10 de janeiro de 2002, na hipótese de aplicarem créditos ou bens sociais da entidade desportiva em proveito próprio ou de terceiros.

• *Caput* com redação determinada pela Lei 10.672/2003.

§ 1° *(Revogado pela Lei 9.981/2000.)*

• Primitivo parágrafo único renumerado pela Lei 9.981/2000.

§ 2° A entidade a que se refere este artigo não poderá utilizar seus bens patrimoniais, desportivos ou sociais para integralizar sua parcela de capital ou oferecê-los como garantia, salvo com a concordância da maioria absoluta da assembleia geral dos associados e na conformidade do respectivo estatuto.

• § 2° acrescentado pela Lei 9.981/2000.

§ 3° *(Revogado pela Lei 10.672/2003.)*
§ 4° *(Revogado pela Lei 10.672/2003.)*
§ 5° O disposto no art. 23 aplica-se, no que couber, às entidades a que se refere o *caput* deste artigo.

• § 5° acrescentado pela Lei 10.672/2003.

§ 6° Sem prejuízo de outros requisitos previstos em lei, as entidades de que trata o *caput* deste artigo somente poderão obter financiamento com recursos públicos ou fazer jus a programas de recuperação econômico-financeiros se, cumulativamente, atenderem às seguintes condições:

Lei 9.615/1998

Desporto

- *Caput* do § 6º com redação determinada pela Lei 12.395/2011.

I – realizar todos os atos necessários para permitir a identificação exata de sua situação financeira;

- Inciso I acrescentado pela Lei 10.672/2003.

II – apresentar plano de resgate e plano de investimento;

- Inciso II acrescentado pela Lei 10.672/2003.

III – garantir a independência de seus conselhos de fiscalização e administração, quando houver;

- Inciso III acrescentado pela Lei 10.672/2003.

IV – adotar modelo profissional e transparente; e

- Inciso IV acrescentado pela Lei 10.672/2003.

V – apresentar suas demonstrações financeiras, juntamente com os respectivos relatórios de auditoria, nos termos definidos no inciso I do art. 46-A desta Lei.

- Inciso V com redação determinada pela Lei 12.395/2011.

§ 7º Os recursos do financiamento voltados à implementação do plano de resgate serão utilizados:

- § 7º acrescentado pela Lei 10.672/2003.

I – prioritariamente, para quitação de débitos fiscais, previdenciários e trabalhistas; e

II – subsidiariamente, para construção ou melhoria de estádio próprio ou de que se utilizam para mando de seus jogos, com a finalidade de atender a critérios de segurança, saúde e bem estar do torcedor.

§ 8º Na hipótese do inciso II do § 7º, a entidade de prática desportiva deverá apresentar à instituição financiadora o orçamento das obras pretendidas.

- § 8º acrescentado pela Lei 10.672/2003.

§ 9º É facultado às entidades desportivas profissionais constituírem-se regularmente em sociedade empresária, segundo um dos tipos regulados nos arts. 1.039 a 1.092 da Lei 10.406, de 10 de janeiro de 2002 – Código Civil.

- § 9º acrescentado pela Lei 10.672/2003.

§ 10. Considera-se entidade desportiva profissional, para fins desta Lei, as entidades de prática desportiva envolvidas em competições de atletas profissionais, as ligas em que se organizarem e as entidades de administração de desporto profissional.

- § 10 acrescentado pela Lei 10.672/2003.

§ 11. Os administradores de entidades desportivas profissionais respondem solidária e ilimitadamente pelos atos ilícitos praticados, de gestão temerária ou contrários ao previsto no contrato social ou no estatuto, nos termos da Lei 10.406, de 10 de janeiro de 2002 – Código Civil.

- § 11 com redação determinada pela Lei 12.395/2011.

§ 12. *(Vetado.)*

- § 12 acrescentado pela Lei 10.672/2003.

§ 13. Para os fins de fiscalização e controle do disposto nesta Lei, as atividades profissionais das entidades de que trata o *caput* deste artigo, independentemente da forma jurídica sob a qual estejam constituídas, equiparam-se às das sociedades empresárias.

- § 13 com redação determinada pela Lei 12.395/2011.

Art. 27-A. Nenhuma pessoa física ou jurídica que, direta ou indiretamente, seja detentora de parcela do capital com direito a voto ou, de qualquer forma, participe da administração de qualquer entidade de prática desportiva poderá ter participação simultânea no capital social ou na gestão de outra entidade de prática desportiva disputante da mesma competição profissional.

- *Caput* acrescentado pela Lei 9.981/2000.

§ 1º É vedado que duas ou mais entidades de prática desportiva disputem a mesma competição profissional das primeiras séries ou divisões das diversas modalidades desportivas quando:

- § 1º acrescentado pela Lei 9.981/2000.

a) uma mesma pessoa física ou jurídica, direta ou indiretamente, através de relação contratual, explore, controle ou administre direitos que integrem seus patrimônios; ou,

b) uma mesma pessoa física ou jurídica, direta ou indiretamente, seja detentora de parcela do capital com direito a voto ou, de qualquer forma, participe da administração de mais de uma sociedade ou associação que explore, controle ou administre direitos que integrem os seus patrimônios.

Lei 9.615/1998

DESPORTO

§ 2º A vedação de que trata este artigo aplica-se:

• § 2º acrescentado pela Lei 9.981/2000.

a) ao cônjuge e aos parentes até o segundo grau das pessoas físicas; e

b) às sociedades controladoras, controladas e coligadas das mencionadas pessoas jurídicas, bem como a fundo de investimento, condomínio de investidores ou outra forma assemelhada que resulte na participação concomitante vedada neste artigo.

§ 3º Excluem-se da vedação de que trata este artigo os contratos de administração e investimentos em estádios, ginásios e praças desportivas, de patrocínio, de licenciamento de uso de marcas e símbolos, de publicidade e de propaganda, desde que não importem na administração direta ou na cogestão das atividades desportivas profissionais das entidades de prática desportiva, assim como os contratos individuais ou coletivos que sejam celebrados entre as detentoras de concessão, permissão ou autorização para exploração de serviços de radiofusão sonora e de sons e imagens, bem como de televisão por assinatura, e entidades de prática desportiva para fins de transmissão de eventos desportivos.

• § 3º acrescentado pela Lei 9.981/2000.

§ 4º A infringência a este artigo implicará a inabilitação da entidade de prática desportiva para percepção dos benefícios de que trata o art. 18 desta Lei.

• § 4º com redação determinada pela Lei 10.672/2003.

§ 5º As empresas detentoras de concessão, permissão ou autorização para exploração de serviço de radiodifusão sonora e de sons e imagens, bem como de televisão por assinatura, ficam impedidas de patrocinar ou veicular sua própria marca, bem como a de seus canais e dos títulos de seus programas, nos uniformes de competições das entidades desportivas.

• § 5º com redação determinada pela Lei 10.672/2003.

§ 6º A violação do disposto no § 5º implicará a eliminação da entidade de prática desportiva que lhe deu causa da competição ou do torneio em que aquela se verificou, sem prejuízo das penalidades que venham a ser aplicadas pela Justiça Desportiva.

• § 6º acrescentado pela Lei 10.672/2003.

Art. 27-B. São nulas de pleno direito as cláusulas de contratos firmados entre as entidades de prática desportiva e terceiros, ou entre estes e atletas, que possam intervir ou influenciar nas transferências de atletas ou, ainda, que interfiram no desempenho do atleta ou da entidade de prática desportiva, exceto quando objeto de acordo ou convenção coletiva de trabalho.

• Artigo acrescentado pela Lei 12.395/2011.

Art. 27-C. São nulos de pleno direito os contratos firmados pelo atleta ou por seu representante legal com agente desportivo, pessoa física ou jurídica, bem como as cláusulas contratuais ou de instrumentos procuratórios que:

• Artigo acrescentado pela Lei 12.395/2011.

I – resultem vínculo desportivo;

II – impliquem vinculação ou exigência de receita total ou parcial exclusiva da entidade de prática desportiva, decorrente de transferência nacional ou internacional de atleta, em vista da exclusividade de que trata o inciso I do art. 28;

III – restrinjam a liberdade de trabalho desportivo;

IV – estabeleçam obrigações consideradas abusivas ou desproporcionais;

V – infrinjam os princípios da boa-fé objetiva ou do fim social do contrato; ou

VI – versem sobre o gerenciamento de carreira de atleta em formação com idade inferior a 18 (dezoito) anos.

Art. 28. A atividade do atleta profissional é caracterizada por remuneração pactuada em contrato especial de trabalho desportivo, firmado com entidade de prática desportiva, no qual deverá constar, obrigatoriamente:

• *Caput* com redação determinada pela Lei 12.395/2011.

I – cláusula indenizatória desportiva, devida exclusivamente à entidade de prática desportiva à qual está vinculado o atleta, nas seguintes hipóteses:

a) transferência do atleta para outra entidade, nacional ou estrangeira, durante a vi-

Desporto

gência do contrato especial de trabalho desportivo; ou
b) por ocasião do retorno do atleta às atividades profissionais em outra entidade de prática desportiva, no prazo de até 30 (trinta) meses; e
II – cláusula compensatória desportiva, devida pela entidade de prática desportiva ao atleta, nas hipóteses dos incisos III a V do § 5º.
§ 1º O valor da cláusula indenizatória desportiva a que se refere o inciso I do *caput* deste artigo será livremente pactuado pelas partes e expressamente quantificado no instrumento contratual:

* § 1º com redação determinada pela Lei 12.395/2011.

I – até o limite máximo de 2.000 (duas mil) vezes o valor médio do salário contratual, para as transferências nacionais; e
II – sem qualquer limitação, para as transferências internacionais.
§ 2º São solidariamente responsáveis pelo pagamento da cláusula indenizatória desportiva de que trata o inciso I do *caput* deste artigo o atleta e a nova entidade de prática desportiva empregadora.

* Caput do § 2º com redação determinada pela Lei 12.395/2011.

I – *(Revogado pela Lei 12.395/2011.)*
II – *(Revogado pela Lei 12.395/2011.)*
III – *(Revogado pela Lei 12.395/2011.)*
§ 3º O valor da cláusula compensatória desportiva a que se refere o inciso II do *caput* deste artigo será livremente pactuado entre as partes e formalizado no contrato especial de trabalho desportivo, observando-se, como limite máximo, 400 vezes o valor do salário mensal no momento da rescisão e, como limite mínimo, o valor total de salários mensais a que teria direito o atleta até o término do referido contrato.

* § 3º com redação determinada pela Lei 12.395/2011.

§ 4º Aplicam-se ao atleta profissional as normas gerais da legislação trabalhista e da Seguridade Social, ressalvadas as peculiaridades constantes desta Lei, especialmente as seguintes:

* § 4º com redação determinada pela Lei 12.395/2011.

I – se conveniente à entidade de prática desportiva, a concentração não poderá ser superior a 3 (três) dias consecutivos por semana, desde que esteja programada qualquer partida, prova ou equivalente, amistosa ou oficial, devendo o atleta ficar à disposição do empregador por ocasião da realização de competição fora da localidade onde tenha sua sede;
II – o prazo de concentração poderá ser ampliado, independentemente de qualquer pagamento adicional, quando o atleta estiver à disposição da entidade de administração do desporto;
III – acréscimos remuneratórios em razão de períodos de concentração, viagens, pré-temporada e participação do atleta em partida, prova ou equivalente, conforme previsão contratual;
IV – repouso semanal remunerado de 24 (vinte e quatro) horas ininterruptas, preferentemente em dia subsequente à participação do atleta na partida, prova ou equivalente, quando realizada no final de semana;
V – férias anuais remuneradas de 30 (trinta) dias, acrescidas do abono de férias, coincidentes com o recesso das atividades desportivas;
VI – jornada de trabalho desportiva normal de 44 (quarenta e quatro) horas semanais.
§ 5º O vínculo desportivo do atleta com a entidade de prática desportiva contratante constitui-se com o registro do contrato especial de trabalho desportivo na entidade de administração do desporto, tendo natureza acessória ao respectivo vínculo empregatício, dissolvendo-se, para todos os efeitos legais:

* § 5º com redação determinada pela Lei 12.395/2011.

I – com o término da vigência do contrato ou o seu distrato;
II – com o pagamento da cláusula indenizatória desportiva ou da cláusula compensatória desportiva;
III – com a rescisão decorrente do inadimplemento salarial, de responsabilidade da entidade de prática desportiva empregadora, nos termos desta Lei;
IV – com a rescisão indireta, nas demais hipóteses previstas na legislação trabalhista; e

Lei 9.615/1998

DESPORTO

V – com a dispensa imotivada do atleta.

§ 6º *(Revogado pela Lei 10.672/2003.)*

§ 7º A entidade de prática desportiva poderá suspender o contrato especial de trabalho desportivo do atleta profissional, ficando dispensada do pagamento da remuneração nesse período, quando o atleta for impedido de atuar, por prazo ininterrupto superior a 90 (noventa) dias, em decorrência de ato ou evento de sua exclusiva responsabilidade, desvinculado da atividade profissional, conforme previsto no referido contrato.

* § 7º com redação determinada pela Lei 12.395/2011.

§ 8º O contrato especial de trabalho desportivo deverá conter cláusula expressa reguladora de sua prorrogação automática na ocorrência da hipótese prevista no § 7º deste artigo.

* § 8º acrescentado pela Lei 12.395/2011.

§ 9º Quando o contrato especial de trabalho desportivo for por prazo inferior a 12 (doze) meses, o atleta profissional terá direito, por ocasião da rescisão contratual por culpa da entidade de prática desportiva empregadora, a tantos doze avos da remuneração mensal quantos forem os meses da vigência do contrato, referentes a férias, abono de férias e 13º (décimo terceiro) salário.

* § 9º acrescentado pela Lei 12.395/2011.

§ 10. Não se aplicam ao contrato especial de trabalho desportivo os arts. 479 e 480 da Consolidação das Leis do Trabalho – CLT, aprovada pelo Decreto-lei 5.452, de 1º de maio de 1943.

* § 10 acrescentado pela Lei 12.395/2011.

Art. 28-A. Caracteriza-se como autônomo o atleta maior de 16 anos que não mantém relação empregatícia com entidade de prática desportiva, auferindo rendimentos por conta e por meio de contrato de natureza civil.

* Artigo acrescentado pela Lei 12.395/2011.

§ 1º O vínculo desportivo do atleta autônomo com a entidade de prática desportiva resulta de inscrição para participar de competição e não implica reconhecimento de relação empregatícia.

§ 2º A filiação ou a vinculação de atleta autônomo a entidade de administração ou a sua integração a delegações brasileiras partícipes de competições internacionais não caracteriza vínculo empregatício.

§ 3º O disposto neste artigo não se aplica às modalidades desportivas coletivas.

Art. 29. A entidade de prática desportiva formadora do atleta terá o direito de assinar com ele, a partir de 16 anos de idade, o primeiro contrato especial de trabalho desportivo, cujo prazo não poderá ser superior a 5 (cinco) anos.

* *Caput* com redação determinada pela Lei 12.395/2011.

Parágrafo único. *(Vetado.)*

* A Lei 9.981/2000 nada mencionou sobre a renumeração deste parágrafo.

§ 2º É considerada formadora de atleta a entidade de prática desportiva que:

* § 2º com redação determinada pela Lei 12.395/2011.

I – forneça aos atletas programas de treinamento nas categorias de base e complementação educacional; e

II – satisfaça cumulativamente os seguintes requisitos:

a) estar o atleta em formação inscrito por ela na respectiva entidade regional de administração do desporto há, pelo menos, 1 (um) ano;

b) comprovar que, efetivamente, o atleta em formação está inscrito em competições oficiais;

c) garantir assistência educacional, psicológica, médica e odontológica, assim como alimentação, transporte e convivência familiar;

d) manter alojamento e instalações desportivas adequados, sobretudo em matéria de alimentação, higiene, segurança e salubridade;

e) manter corpo de profissionais especializados em formação técnico-desportiva;

f) ajustar o tempo destinado à efetiva atividade de formação do atleta, não superior a 4 (quatro) horas por dia, aos horários do currículo escolar ou de curso profissionalizante, além de propiciar-lhe a matrícula escolar, com exigência de frequência e satisfatório aproveitamento;

g) ser a formação do atleta gratuita e a expensas da entidade de prática desportiva;

h) comprovar que participa anualmente de competições organizadas por entidade de administração do desporto em, pelo menos, duas categorias da respectiva modalidade desportiva; e

i) garantir que o período de seleção não coincida com os horários escolares.

§ 3º A entidade nacional de administração do desporto certificará como entidade de prática desportiva formadora aquela que comprovadamente preencha os requisitos estabelecidos nesta Lei.

• § 3º com redação determinada pela Lei 12.395/ 2011.

§ 4º O atleta não profissional em formação, maior de 14 e menor de 20 anos de idade, poderá receber auxílio financeiro da entidade de prática desportiva formadora, sob a forma de bolsa de aprendizagem livremente pactuada mediante contrato formal, sem que seja gerado vínculo empregatício entre as partes.

• § 4º acrescentado pela Lei 10.672/2003.

§ 5º A entidade de prática desportiva formadora fará jus a valor indenizatório se ficar impossibilitada de assinar o primeiro contrato especial de trabalho desportivo por oposição do atleta, ou quando ele se vincular, sob qualquer forma, a outra entidade de prática desportiva, sem autorização expressa da entidade de prática desportiva formadora, atendidas as seguintes condições:

• § 5º com redação determinada pela Lei 12.395/ 2011.

I – o atleta deverá estar regularmente registrado e não pode ter sido desligado da entidade de prática desportiva formadora;

II – a indenização será limitada ao montante correspondente a 200 vezes os gastos comprovadamente efetuados com a formação do atleta, especificados no contrato de que trata o § 4º deste artigo;

III – o pagamento do valor indenizatório somente poderá ser efetuado por outra entidade de prática desportiva e deverá ser efetivado diretamente à entidade de prática desportiva formadora no prazo máximo de 15 (quinze) dias, contados da data da vinculação do atleta à nova entidade de prática desportiva, para efeito de permitir novo registro em entidade de administração do desporto.

§ 6º O contrato de formação desportiva a que se refere o § 4º deste artigo deverá incluir obrigatoriamente:

• § 6º com redação determinada pela Lei 12.395/ 2011.

I – identificação das partes e dos seus representantes legais;

II – duração do contrato;

III – direitos e deveres das partes contratantes, inclusive garantia de seguro de vida e de acidentes pessoais para cobrir as atividades do atleta contratado; e

IV – especificação dos itens de gasto para fins de cálculo da indenização com a formação desportiva.

§ 7º A entidade de prática desportiva formadora e detentora do primeiro contrato especial de trabalho desportivo com o atleta por ela profissionalizado terá o direito de preferência para a primeira renovação deste contrato, cujo prazo não poderá ser superior a 3 (três) anos, salvo se para equiparação de proposta de terceiro.

• *Caput* com redação determinada pela Lei 12.395/2011.

I – *(Revogado pela Lei 12.395/2011.)*
II – *(Revogado pela Lei 12.395/2011.)*
III – *(Revogado pela Lei 12.395/2011.)*
IV – *(Revogado pela Lei 12.395/2011.)*
V – *(Revogado pela Lei 12.395/2011.)*

§ 8º Para assegurar seu direito de preferência, a entidade de prática desportiva formadora e detentora do primeiro contrato especial de trabalho desportivo deverá apresentar, até 45 (quarenta e cinco) dias antes do término do contrato em curso, proposta ao atleta, de cujo teor deverá ser cientificada a correspondente entidade regional de administração do desporto, indicando as novas condições contratuais e os salários ofertados, devendo o atleta apresentar resposta à entidade de prática desportiva formadora, de cujo teor deverá ser notificada a referida entidade de administração, no prazo de 15 (quinze) dias contados da data do recebimento da proposta, sob pena de aceitação tácita.

• § 8º acrescentado pela Lei 12.395/2011.

Lei 9.615/1998

DESPORTO

§ 9º Na hipótese de outra entidade de prática desportiva resolver oferecer proposta mais vantajosa a atleta vinculado à entidade de prática desportiva que o formou, deve-se observar o seguinte:

• § 9º acrescentado pela Lei 12.395/2011.

I – a entidade proponente deverá apresentar à entidade de prática desportiva formadora proposta, fazendo dela constar todas as condições remuneratórias;

II – a entidade proponente deverá dar conhecimento da proposta à correspondente entidade regional de administração; e

III – a entidade de prática desportiva formadora poderá, no prazo máximo de 15 (quinze) dias, a contar do recebimento da proposta, comunicar se exercerá o direito de preferência de que trata o § 7º, nas mesmas condições oferecidas.

§ 10. A entidade de administração do desporto deverá publicar o recebimento das propostas de que tratam os §§ 7º e 8º, nos seus meios oficiais de divulgação, no prazo de 5 (cinco) dias contados da data do recebimento.

• § 10 acrescentado pela Lei 12.395/2011.

§ 11. Caso a entidade de prática desportiva formadora oferte as mesmas condições, e, ainda assim, o atleta se oponha à renovação do primeiro contrato especial de trabalho desportivo, ela poderá exigir da nova entidade de prática desportiva contratante o valor indenizatório correspondente a, no máximo, 200 vezes o valor do salário mensal constante da proposta.

• § 11 acrescentado pela Lei 12.395/2011.

§ 12. A contratação do atleta em formação será feita diretamente pela entidade de prática desportiva formadora, sendo vedada a sua realização por meio de terceiros.

• § 12 acrescentado pela Lei 12.395/2011.

§ 13. A entidade de prática desportiva formadora deverá registrar o contrato de formação desportiva do atleta em formação na entidade de administração da respectiva modalidade desportiva.

• § 13 acrescentado pela Lei 12.395/2011.

Art. 29-A. Sempre que ocorrer transferência nacional, definitiva ou temporária, de atleta profissional, até 5% (cinco por cento) do valor pago pela nova entidade de prática desportiva serão obrigatoriamente distribuídos entre as entidades de práticas desportivas que contribuíram para a formação do atleta, na proporção de:

• Artigo acrescentado pela Lei 12.395/2011.

I – 1% (um por cento) para cada ano de formação do atleta, dos 14 aos 17 anos de idade, inclusive; e

II – 0,5% (meio por cento) para cada ano de formação, dos 18 aos 19 anos de idade, inclusive.

§ 1º Caberá à entidade de prática desportiva cessionária do atleta reter do valor a ser pago à entidade de prática desportiva cedente 5% (cinco por cento) do valor acordado para a transferência, distribuindo-os às entidades de prática desportiva que contribuíram para a formação do atleta.

§ 2º Como exceção à regra estabelecida no § 1º deste artigo, caso o atleta se desvincule da entidade de prática desportiva de forma unilateral, mediante pagamento da cláusula indenizatória desportiva prevista no inciso I do art. 28 desta Lei, caberá à entidade de prática desportiva que recebeu a cláusula indenizatória desportiva distribuir 5% (cinco por cento) de tal montante às entidades de prática desportiva responsáveis pela formação do atleta.

§ 3º O percentual devido às entidades de prática desportiva formadoras do atleta deverá ser calculado sempre de acordo com certidão a ser fornecida pela entidade nacional de administração do desporto, e os valores distribuídos proporcionalmente em até 30 (trinta) dias da efetiva transferência, cabendo-lhe exigir o cumprimento do que dispõe este parágrafo.

Art. 30. O contrato de trabalho do atleta profissional terá prazo determinado, com vigência nunca inferior a 3 (três) meses nem superior a 5 (cinco) anos.

• *Caput* com redação determinada pela Lei 9.981/2000.

Parágrafo único. Não se aplica ao contrato especial de trabalho desportivo do atleta profissional o disposto nos arts. 445 e 451 da Consolidação das Leis do Trabalho – CLT, aprovada pelo Decreto-lei 5.452, de 1º de maio de 1943.

Lei 9.615/1998

DESPORTO

- Parágrafo único com redação determinada pela Lei 12.395/2011.

Art. 31. A entidade de prática desportiva empregadora que estiver com pagamento de salário de atleta profissional em atraso, no todo ou em parte, por período igual ou superior a 3 (três) meses, terá o contrato especial de trabalho desportivo daquele atleta rescindido, ficando o atleta livre para se transferir para qualquer outra entidade de prática desportiva de mesma modalidade, nacional ou internacional, e exigir a cláusula compensatória desportiva e os haveres devidos.

- *Caput* com redação determinada pela Lei 12.395/2011.

§ 1º São entendidos como salário, para efeitos do previsto no *caput*, o abono de férias, o décimo terceiro salário, as gratificações, os prêmios e demais verbas inclusas no contrato de trabalho.

§ 2º A mora contumaz será considerada também pelo não recolhimento do FGTS e das contribuições previdenciárias.

§ 3º *(Revogado pela Lei 12.395/2011.)*

§ 4º *(Vetado.)*

- § 4º acrescentado pela Lei 10.672/2003.

Art. 32. É lícito ao atleta profissional recusar competir por entidade de prática desportiva quando seus salários, no todo ou em parte, estiverem atrasados em dois ou mais meses.

Art. 33. *(Revogado pela Lei 12.395/2011.)*

Art. 34. São deveres da entidade de prática desportiva empregadora, em especial:

- *Caput* com redação determinada pela Lei 9.981/2000.

I – registrar o contrato especial de trabalho desportivo do atleta profissional na entidade de administração da respectiva modalidade desportiva;

- Inciso I com redação determinada pela Lei 12.395/2011.

II – proporcionar aos atletas profissionais as condições necessárias à participação nas competições desportivas, treinos e outras atividades preparatórias ou instrumentais;

- Inciso II com redação determinada pela Lei 9.981/2000.

III – submeter os atletas profissionais aos exames médicos e clínicos necessários à prática desportiva.

- Inciso III com redação determinada pela Lei 9.981/2000.

Art. 35. São deveres do atleta profissional, em especial:

- Artigo com redação determinada pela Lei 9.981/2000.

I – participar dos jogos, treinos, estágios e outras sessões preparatórias de competições com a aplicação e dedicação correspondentes às suas condições psicofísicas e técnicas;

II – preservar as condições físicas que lhes permitam participar das competições desportivas, submetendo-se aos exames médicos e tratamentos clínicos necessários à prática desportiva;

III – exercitar a atividade desportiva profissional de acordo com as regras da respectiva modalidade desportiva e as normas que regem a disciplina e a ética desportivas.

Art. 36. *(Revogado pela Lei 9.981/2000.)*

Art. 37. *(Revogado pela Lei 9.981/2000.)*

Art. 38. Qualquer cessão ou transferência de atleta profissional ou não profissional depende de sua formal e expressa anuência.

- Artigo com redação determinada pela Lei 9.981/2000.

Art. 39. O atleta cedido temporariamente a outra entidade de prática desportiva que tiver os salários em atraso, no todo ou em parte, por mais de 2 (dois) meses, notificará a entidade de prática desportiva cedente para, querendo, purgar a mora, no prazo de 15 (quinze) dias, não se aplicando, nesse caso, o disposto no *caput* do art. 31 desta Lei.

- Artigo com redação determinada pela Lei 12.395/2011.

§ 1º O não pagamento ao atleta de salário e contribuições previstas em lei por parte da entidade de prática desportiva cessionária, por 2 (dois) meses, implicará a rescisão do contrato de empréstimo e a incidência da cláusula compensatória desportiva nele prevista, a ser paga ao atleta pela entidade de prática desportiva cessionária.

§ 2º Ocorrendo a rescisão mencionada no § 1º deste artigo, o atleta deverá retornar à

Lei 9.615/1998

DESPORTO

entidade de prática desportiva cedente para cumprir o antigo contrato especial de trabalho desportivo.

Art. 40. Na cessão ou transferência de atleta profissional para entidade de prática desportiva estrangeira observar-se-ão as instruções expedidas pela entidade nacional de título.

§ 1º As condições para transferência do atleta profissional para o exterior deverão integrar obrigatoriamente os contratos de trabalho entre o atleta e a entidade de prática desportiva brasileira que o contratou.

• Primitivo parágrafo único renumerado pela Lei 10.672/2003.

§ 2º O valor da cláusula indenizatória desportiva internacional originariamente pactuada entre o atleta e a entidade de prática desportiva cedente, independentemente do pagamento da cláusula indenizatória desportiva nacional, será devido a esta pela entidade de prática desportiva cessionária caso esta venha a concretizar transferência internacional do mesmo atleta, em prazo inferior a 3 (três) meses, caracterizando o conluio com a entidade de prática desportiva estrangeira.

• § 2º com redação determinada pela Lei 12.395/2011.

Art. 41. A participação de atletas profissionais em seleções será estabelecida na forma como acordarem a entidade de administração convocante e a entidade de prática desportiva cedente.

§ 1º A entidade convocadora indenizará a cedente dos encargos previstos no contrato de trabalho, pelo período em que durar a convocação do atleta, sem prejuízo de eventuais ajustes celebrados entre este e a entidade convocadora.

§ 2º O período de convocação estender-se-á até a reintegração do atleta à entidade que o cedeu, apto a exercer sua atividade.

Art. 42. Pertence às entidades de prática desportiva o direito de arena, consistente na prerrogativa exclusiva de negociar, autorizar ou proibir a captação, a fixação, a emissão, a transmissão, a retransmissão ou a reprodução de imagens, por qualquer meio ou processo, de espetáculo desportivo de que participem.

• Caput com redação determinada pela Lei 12.395/2011.

§ 1º Salvo convenção coletiva de trabalho em contrário, 5% (cinco por cento) da receita proveniente da exploração de direitos desportivos audiovisuais serão repassados aos sindicatos de atletas profissionais, e estes distribuirão, em partes iguais, aos atletas profissionais participantes do espetáculo, como parcela de natureza civil.

• § 1º com redação determinada pela Lei 12.395/2011.

§ 2º O disposto neste artigo não se aplica à exibição de flagrantes de espetáculo ou evento desportivo para fins exclusivamente jornalísticos, desportivos ou educativos, respeitadas as seguintes condições:

• § 2º com redação determinada pela Lei 12.395/2011.

I – a captação das imagens para a exibição de flagrante de espetáculo ou evento desportivo dar-se-á em locais reservados, nos estádios e ginásios, para não detentores de direitos ou, caso não disponíveis, mediante o fornecimento das imagens pelo detentor de direitos locais para a respectiva mídia;

II – a duração de todas as imagens do flagrante do espetáculo ou evento desportivo exibidas não poderá exceder 3% (três por cento) do total do tempo de espetáculo ou evento;

III – é proibida a associação das imagens exibidas com base neste artigo a qualquer forma de patrocínio, propaganda ou promoção comercial.

§ 3º O espectador pagante, por qualquer meio, de espetáculo ou evento desportivo equipara-se, para todos os efeitos legais, ao consumidor, nos termos do art. 2º da Lei 8.078, de 11 de setembro de 1990.

Art. 43. É vedada a participação em competições desportivas profissionais de atletas não profissionais com idade superior a 20 anos.

• Artigo com redação determinada pela Lei 9.981/2000.

Art. 44. É vedada a prática do profissionalismo, em qualquer modalidade, quando se tratar de:

Lei 9.615/1998

Desporto

I – desporto educacional, seja nos estabelecimentos escolares de 1º e 2º graus ou superiores;

II – desporto militar;

III – menores até a idade de 16 anos completos.

Art. 45. As entidades de prática desportiva são obrigadas a contratar seguro de vida e de acidentes pessoais, vinculado à atividade desportiva, para os atletas profissionais, com o objetivo de cobrir os riscos a que eles estão sujeitos.

* Artigo com redação determinada pela Lei 12.395/2011.

§ 1º A importância segurada deve garantir ao atleta profissional, ou ao beneficiário por ele indicado no contrato de seguro, o direito a indenização mínima correspondente ao valor anual da remuneração pactuada.

§ 2º A entidade de prática desportiva é responsável pelas despesas médico-hospitalares e de medicamentos necessários ao restabelecimento do atleta enquanto a seguradora não fizer o pagamento da indenização a que se refere o § 1º deste artigo.

Art. 46. Ao estrangeiro atleta profissional de modalidade desportiva, referido no inciso V do art. 13 da Lei 6.815, de 19 de agosto de 1980, poderá ser concedido visto, observadas as exigências da legislação específica, por prazo não excedente a 5 (cinco) anos e correspondente à duração fixada no respectivo contrato especial de trabalho desportivo, permitida uma única renovação.

* Artigo com redação determinada pela Lei 12.395/2011.

§ 1º É vedada a participação de atleta de nacionalidade estrangeira como integrante de equipe de competição de entidade de prática desportiva nacional nos campeonatos oficiais quando o visto de trabalho temporário recair na hipótese do inciso III do art. 13 da Lei 6.815, de 19 de agosto de 1980.

§ 2º A entidade de administração do desporto será obrigada a exigir da entidade de prática desportiva o comprovante do visto de trabalho do atleta de nacionalidade estrangeira fornecido pelo Ministério do Trabalho e Emprego, sob pena de cancelamento da inscrição desportiva.

Art. 46-A. As ligas desportivas, as entidades de administração de desporto e as de prática desportiva envolvidas em qualquer competição de atletas profissionais, independentemente da forma jurídica adotada, ficam obrigadas a:

* *Caput* acrescentado pela Lei 10.672/2003.

I – elaborar suas demonstrações financeiras, separadamente por atividade econômica, de modo distinto das atividades recreativas e sociais, nos termos da lei e de acordo com os padrões e critérios estabelecidos pelo Conselho Federal de Contabilidade, e, após terem sido submetidas a auditoria independente, providenciar sua publicação, até o último dia útil do mês de abril do ano subsequente, por período não inferior a 3 (três) meses, em sítio eletrônico próprio e da respectiva entidade de administração ou liga desportiva;

* Inciso I com redação determinada pela Lei 12.395/2011.

II – apresentar suas contas juntamente com os relatórios da auditoria de que trata o inciso I ao Conselho Nacional do Esporte – CNE, sempre que forem beneficiárias de recursos públicos, na forma do regulamento.

* Inciso II acrescentado pela Lei 10.672/2003.

§ 1º Sem prejuízo da aplicação das penalidades previstas na legislação tributária, trabalhista, previdenciária, cambial, e das consequentes responsabilidades civil e penal, a infringência a este artigo implicará:

* § 1º acrescentado pela Lei 10.672/2003.

I – para as entidades de administração do desporto e ligas desportivas, a inelegibilidade, por 10 (dez) anos, de seus dirigentes para o desempenho de cargos ou funções eletivas ou de livre nomeação, em quaisquer das entidades ou órgãos referidos no parágrafo único do art. 13 desta Lei;

II – para as entidades de prática desportiva, a inelegibilidade, por 5 (cinco) anos, de seus dirigentes para cargos ou funções eletivas ou de livre nomeação em qualquer entidade ou empresa direta ou indiretamente vinculada às competições profissionais da respectiva modalidade desportiva.

Lei 9.615/1998

§ 2º As entidades que violarem o disposto neste artigo ficam ainda sujeitas:

• *Caput* do § 2º acrescentado pela Lei 10.672/2003.

I – ao afastamento de seus dirigentes; e

• Inciso I acrescentado pela Lei 10.672/2003.

II – à nulidade de todos os atos praticados por seus dirigentes em nome da entidade, após a prática da infração, respeitado o direito de terceiros de boa-fé.

• Inciso II com redação determinada pela Lei 12.395/2011.

§ 3º Os dirigentes de que trata o § 2º serão sempre:

• § 3º acrescentado pela Lei 10.672/2003.

I – o presidente da entidade, ou aquele que lhe faça as vezes; e

II – o dirigente que praticou a infração ainda que por omissão.

§ 4º *(Vetado.)*

• § 4º acrescentado pela Lei 10.672/2003.

[...]

Capítulo VIII
DOS RECURSOS PARA O DESPORTO

[...]

Art. 57. Constituirão recursos para a assistência social e educacional aos atletas profissionais, aos ex-atletas e aos atletas em formação os recolhidos:

• *Caput* com redação determinada pela Lei 12.395/2011.

I – diretamente para a federação das associações de atletas profissionais – Faap, equivalentes a:

• Inciso I com redação determinada pela Lei 12.395/2011.

a) 0,5% (cinco décimos por cento) do valor correspondente à parcela ou parcelas que compõem o salário mensal, nos termos do contrato do atleta profissional pertencente ao Sistema Brasileiro do Desporto, a serem pagos mensalmente pela entidade de prática desportiva contratante; e

b) 0,8% (oito décimos por cento) do valor correspondente às transferências nacionais e internacionais, a serem pagos pela entidade de prática desportiva cedente; e

II – diretamente para a Federação Nacional dos Atletas Profissionais de Futebol – Fenapaf, equivalentes a 0,2% (dois décimos por cento) do valor correspondente às transferências nacionais e internacionais de atletas da modalidade de futebol, a serem pagos no ato do recebimento pela entidade de prática desportiva cedente;

• Inciso II com redação determinada pela Lei 12.395/2011.

III – *(Revogado pela Lei 12.395/2011.)*
IV – *(Revogado pela Lei 12.395/2011.)*

§ 1º A entidade responsável pelo registro de transferências de atleta profissional de entidade de prática desportiva para outra deverá exigir, sob pena de sua não efetivação, além dos documentos necessários, o comprovante do recolhimento dos valores fixados neste artigo.

• § 1º acrescentado pela Lei 12.395/2011.

§ 2º Os recursos de que trata este artigo serão integralmente aplicados em conformidade com programa de assistência social e educacional, previamente aprovado pelas entidades de que tratam os incisos I e II deste artigo, nos termos dos seus estatutos.

• § 2º acrescentado pela Lei 12.395/2011.

[...]

Capítulo X
DISPOSIÇÕES GERAIS

Art. 82. Os dirigentes, unidades ou órgãos de entidades de administração do desporto, inscritas ou não no registro de comércio, não exercem função delegada pelo Poder Público, nem são considerados autoridades públicas para os efeitos desta Lei.

Art. 82-A. As entidades de prática desportiva de participação ou de rendimento, profissional ou não profissional, promoverão obrigatoriamente exames periódicos para avaliar a saúde dos atletas, nos termos da regulamentação.

• Artigo acrescentado pela Lei 12.346/2010 (*DOU* 10.12.2010), em vigor em 180 (cento e oitenta) dias após a sua publicação.

Art. 83. As entidades desportivas internacionais com sede permanente ou temporária no País receberão dos poderes públicos o mesmo tratamento dispensado às

entidades nacionais de administração do desporto.

Art. 84. Será considerado como efetivo exercício, para todos os efeitos legais, o período em que o atleta servidor público civil ou militar, da Administração Pública direta, indireta, autárquica ou fundacional, estiver convocado para integrar representação nacional em treinamento ou competição desportiva no País ou no exterior.

* *Caput* com redação determinada pela Lei 9.981/2000.

§ 1º O período de convocação será definido pela entidade nacional de administração da respectiva modalidade desportiva, cabendo a esta ou aos Comitês Olímpico ou Paraolímpico Brasileiros fazer a devida comunicação e solicitar ao Ministério do Esporte a competente liberação do afastamento do atleta, árbitro e assistente, cabendo ao referido Ministério comunicar a ocorrência ao órgão de origem do servidor ou militar.

* § 1º com redação determinada pela Lei 12.395/2011.

§ 2º O disposto neste artigo aplica-se, também, aos profissionais especializados e dirigentes, quando indispensáveis à composição da delegação.
[...]

Art. 87. A denominação e os símbolos de entidade de administração do desporto ou prática desportiva, bem como o nome ou apelido desportivo do atleta profissional, são de propriedade exclusiva dos mesmos, contando com a proteção legal, válida para todo o território nacional, por tempo indeterminado, sem necessidade de registro ou averbação no órgão competente.

Parágrafo único. A garantia legal outorgada às entidades e aos atletas referidos neste artigo permite-lhes o uso comercial de sua denominação, símbolos, nomes e apelidos.

Art. 87-A. O direito ao uso da imagem do atleta pode ser por ele cedido ou explorado, mediante ajuste contratual de natureza civil e com fixação de direitos, deveres e condições inconfundíveis com o contrato especial de trabalho desportivo.

* Artigo acrescentado pela Lei 12.395/2011.

Art. 88. Os árbitros e auxiliares de arbitragem poderão constituir entidades nacionais, estaduais e do Distrito Federal, por modalidade desportiva ou grupo de modalidades, objetivando o recrutamento, a formação e a prestação de serviços às entidades de administração do desporto.

* *Caput* com redação determinada pela Lei 12.395/2011.

Parágrafo único. Independentemente da constituição de sociedade ou entidades, os árbitros e seus auxiliares não terão qualquer vínculo empregatício com as entidades desportivas diretivas onde atuarem, e sua remuneração como autônomos exonera tais entidades de quaisquer outras responsabilidades trabalhistas, securitárias e previdenciárias.

Art. 89. Em campeonatos ou torneios regulares com mais de uma divisão, as entidades de administração do desporto determinarão em seus regulamentos o princípio do acesso e do descenso, observado sempre o critério técnico.

Art. 89-A. As entidades responsáveis pela organização de competições desportivas profissionais deverão disponibilizar equipes para atendimento de emergências entre árbitros e atletas, nos termos da regulamentação.

* Artigo acrescentado pela Lei 12.346/2010 (*DOU* 10.12.2010), em vigor em 180 (cento e oitenta) dias após a sua publicação.

Art. 90. É vedado aos administradores e membros de conselho fiscal de entidade de prática desportiva o exercício de cargo ou função em entidade de administração do desporto.

Art. 90-A. *(Vetado.)*

* Artigo acrescentado pela Lei 10.672/2003.

Art. 90-B. *(Vetado.)*

* Artigo acrescentado pela Lei 10.672/2003.

Art. 90-C. As partes interessadas poderão valer-se da arbitragem para dirimir litígios relativos a direitos patrimoniais disponíveis, vedada a apreciação de matéria referente à disciplina e à competição desportiva.

* Artigo acrescentado pela Lei 12.395/2011.

Lei 12.663/2012

DESPORTO

Parágrafo único. A arbitragem deverá estar prevista em acordo ou convenção coletiva de trabalho e só poderá ser instituída após a concordância expressa de ambas as partes, mediante cláusula compromissória ou compromisso arbitral.

Art. 90-D. Os atletas profissionais poderão ser representados em juízo por suas entidades sindicais em ações relativas aos contratos especiais de trabalho desportivo mantidos com as entidades de prática desportiva.

• Artigo acrescentado pela Lei 12.395/2011.

Art. 90-E. O disposto no § 4º do art. 28 quando houver vínculo empregatício aplica-se aos integrantes da comissão técnica e da área de saúde.

• Artigo acrescentado pela Lei 12.395/2011.

Art. 90-F. Os profissionais credenciados pelas Associações de Cronistas Esportivos quando em serviço têm acesso a praças, estádios e ginásios desportivos em todo o território nacional, obrigando-se a ocupar locais a eles reservados pelas respectivas entidades de administração do desporto.

• Artigo acrescentado pela Lei 12.395/2011.

Capítulo XI
DISPOSIÇÕES TRANSITÓRIAS

Art. 91. Até a edição dos Códigos da Justiça dos Desportos Profissionais e Não Profissionais continuam em vigor os atuais Códigos, com as alterações constantes desta Lei.

Art. 92. Os atuais atletas profissionais de futebol, de qualquer idade, que, na data de entrada em vigor desta Lei, estiverem com passe livre, permanecerão nesta situação, e a rescisão de seus contratos de trabalho dar-se-á nos termos dos arts. 479 e 480 da CLT.

Art. 93. O disposto no art. 28, § 2º, desta Lei somente produzirá efeitos jurídicos a partir de 26 de março de 2001, respeitados os direitos adquiridos decorrentes dos contratos de trabalho e vínculos desportivos de atletas profissionais pactuados com base na legislação anterior.

• Artigo com redação determinada pela Lei 9.981/2000.

Parágrafo único. *(Vetado.)*

Art. 94. O disposto nos arts. 27, 27-A, 28, 29, 29-A, 30, 39, 43, 45 e no § 1º do art. 41 desta Lei será obrigatório exclusivamente para atletas e entidades de prática profissional da modalidade de futebol.

• *Caput* com redação determinada pela Lei 12.395/2011.

Parágrafo único. É facultado às demais modalidades desportivas adotar os preceitos constantes dos dispositivos referidos no *caput* deste artigo.

• Parágrafo único com redação determinada pela Lei 9.981/2000.

Art. 94-A. O Poder Executivo regulamentará o disposto nesta Lei, inclusive a distribuição dos recursos, gradação das multas e os procedimentos de sua aplicação.

• Artigo acrescentado pela Lei 9.981/2000.

Art. 95. Esta Lei entra em vigor na data de sua publicação.

Art. 96. São revogados, a partir da vigência do disposto no § 2º do art. 28 desta Lei, os incisos II e V e os §§ 1º e 3º do art. 3º, os arts. 4º, 6º, 11 e 13, o § 2º do art. 15, o parágrafo único do art. 16 e os arts. 23 e 26 da Lei 6.354, de 2 de setembro de 1976; são revogadas, a partir da data de publicação desta Lei, as Leis 8.672, de 6 de julho de 1993, e 8.946, de 5 de dezembro de 1994.

Brasília, 24 de março de 1998; 177º da Independência e 110º da República.

Fernando Henrique Cardoso

(DOU 25.03.1998)

LEI 12.663,
DE 5 DE JUNHO DE 2012

Dispõe sobre as medidas relativas à Copa das Confederações FIFA 2013, à Copa do Mundo FIFA 2014 e à Jornada Mundial da Juventude – 2013, que serão realizadas no Brasil; altera as Leis 6.815, de 19 de agosto de 1980, e 10.671, de 15 de maio de 2003; e estabelece concessão de prêmio e de auxílio especial mensal aos jogadores das seleções campeãs do mundo em 1958, 1962 e 1970.

A Presidenta da República:

Faço saber que o Congresso Nacional decreta e eu sanciono a seguinte Lei:

Lei 12.663/2012

DESPORTO

Capítulo I
DISPOSIÇÕES PRELIMINARES

Art. 1º Esta Lei dispõe sobre as medidas relativas à Copa das Confederações FIFA 2013, à Copa do Mundo FIFA 2014 e aos eventos relacionados, que serão realizados no Brasil.

Art. 2º Para os fins desta Lei, serão observadas as seguintes definições:

I – *Fédération Internationale de Football Association* (FIFA): associação suíça de direito privado, entidade mundial que regula o esporte de futebol de associação, e suas subsidiárias não domiciliadas no Brasil;

II – Subsidiária FIFA no Brasil: pessoa jurídica de direito privado, domiciliada no Brasil, cujo capital social total pertence à FIFA;

III – Copa do Mundo FIFA 2014 – Comitê Organizador Brasileiro Ltda. (COL): pessoa jurídica de direito privado, reconhecida pela FIFA, constituída sob as leis brasileiras com o objetivo de promover a Copa das Confederações FIFA 2013 e a Copa do Mundo FIFA 2014, bem como os eventos relacionados;

IV – Confederação Brasileira de Futebol (CBF): associação brasileira de direito privado, sendo a associação nacional de futebol no Brasil;

V – Competições: a Copa das Confederações FIFA 2013 e a Copa do Mundo FIFA 2014;

VI – Eventos: as Competições e as seguintes atividades relacionadas às Competições, oficialmente organizadas, chanceladas, patrocinadas ou apoiadas pela FIFA, Subsidiárias FIFA no Brasil, COL ou CBF:

a) os congressos da FIFA, cerimônias de abertura, encerramento, premiação e outras cerimônias, sorteio preliminar, final e quaisquer outros sorteios, lançamentos de mascote e outras atividades de lançamento;

b) seminários, reuniões, conferências, *workshops* e coletivas de imprensa;

c) atividades culturais, concertos, exibições, apresentações, espetáculos ou outras expressões culturais, bem como os projetos Futebol pela Esperança (*Football for Hope*) ou projetos beneficentes similares;

d) partidas de futebol e sessões de treino; e

e) outras atividades consideradas relevantes para a realização, organização, preparação, marketing, divulgação, promoção ou encerramento das Competições;

VII – Confederações FIFA: as seguintes confederações:

a) Confederação Asiática de Futebol (*Asian Football Confederation* – AFC);

b) Confederação Africana de Futebol (*Confédération Africaine de Football* – CAF);

c) Confederação de Futebol da América do Norte, Central e Caribe (*Confederation of North, Central American and Caribbean Association Football* – CONCACAF);

d) Confederação Sul-Americana de Futebol (*Confederación Sudamericana de Fútbol* – CONMEBOL);

e) Confederação de Futebol da Oceania (*Oceania Football Confederation* – OFC); e

f) União das Associações Europeias de Futebol (*Union des Associations Européennes de Football* – UEFA);

VIII – Associações estrangeiras membros da FIFA: as associações nacionais de futebol de origem estrangeira, oficialmente afiliadas à FIFA, participantes ou não das Competições;

IX – Emissora fonte da FIFA: pessoa jurídica licenciada ou autorizada, com base em relação contratual, para produzir o sinal e o conteúdo audiovisual básicos ou complementares dos Eventos com o objetivo de distribuição no Brasil e no exterior para os detentores de direitos de mídia;

X – Prestadores de serviços da FIFA: pessoas jurídicas licenciadas ou autorizadas, com base em relação contratual, para prestar serviços relacionados à organização e à produção dos Eventos, tais como:

a) coordenadores da FIFA na gestão de acomodações, de serviços de transporte, de programação de operadores de turismo e dos estoques de Ingressos;

b) fornecedores da FIFA de serviços de hospitalidade e de soluções de tecnologia da informação; e

c) outros prestadores licenciados ou autorizados pela FIFA para a prestação de serviços ou fornecimento de bens;

XI – Parceiros comerciais da FIFA: pessoas jurídicas licenciadas ou autorizadas com base em qualquer relação contratual, em relação aos Eventos, bem como os seus subcontra-

Lei 12.663/2012

DESPORTO

tados, com atividades relacionadas aos Eventos, excluindo as entidades referidas nos incisos III, IV e VII a X;

XII – Emissoras: pessoas jurídicas licenciadas ou autorizadas com base em relação contratual, seja pela FIFA, seja por nomeada ou licenciada pela FIFA, que adquiram o direito de realizar emissões ou transmissões, por qualquer meio de comunicação, do sinal e do conteúdo audiovisual básicos ou complementares de qualquer Evento, consideradas Parceiros Comerciais da FIFA;

XIII – Agência de direitos de transmissão: pessoa jurídica licenciada ou autorizada com base em relação contratual, seja pela FIFA, seja por nomeada ou autorizada pela FIFA, para prestar serviços de representação de vendas e nomeação de Emissoras, considerada Prestadora de Serviços da FIFA;

XIV – Locais oficiais de competição: locais oficialmente relacionados às Competições, tais como estádios, centros de treinamento, centros de mídia, centros de credenciamento, áreas de estacionamento, áreas para a transmissão de Partidas, áreas oficialmente designadas para atividades de lazer destinadas aos fãs, localizados ou não nas cidades que irão sediar as Competições, bem como qualquer local no qual o acesso seja restrito aos portadores de credenciais emitidas pela FIFA ou de Ingressos;

XV – Partida: jogo de futebol realizado como parte das Competições;

XVI – Períodos de competição: espaço de tempo compreendido entre o 20º (vigésimo) dia anterior à realização da primeira Partida e o 5º (quinto) dia após a realização da última Partida de cada uma das Competições;

XVII – Representantes de imprensa: pessoas naturais autorizadas pela FIFA, que recebam credenciais oficiais de imprensa relacionadas aos Eventos, cuja relação será divulgada com antecedência, observados os critérios previamente estabelecidos nos termos do § 1º do art. 13, podendo tal relação ser alterada com base nos mesmos critérios;

XVIII – Símbolos Oficiais: sinais visivelmente distintivos, emblemas, marcas, logomarcas, mascotes, lemas, hinos e qualquer outro símbolo de titularidade da FIFA; e

XIX – Ingressos: documentos ou produtos emitidos pela FIFA que possibilitam o ingresso em um Evento, inclusive pacotes de hospitalidade e similares.

Parágrafo único. A Emissora Fonte, os Prestadores de Serviços e os Parceiros Comerciais da FIFA referidos nos incisos IX, X e XI poderão ser autorizados ou licenciados diretamente pela FIFA ou por meio de uma de suas autorizadas ou licenciadas.

[...]

Capítulo III
DOS VISTOS DE ENTRADA E DAS PERMISSÕES DE TRABALHO

Art. 19. Deverão ser concedidos, sem qualquer restrição quanto à nacionalidade, raça ou credo, vistos de entrada, aplicando-se, subsidiariamente, no que couber, as disposições da Lei 6.815, de 19 de agosto de 1980, para:

I – todos os membros da delegação da FIFA, inclusive:

a) membros de comitê da FIFA;

b) equipe da FIFA ou das pessoas jurídicas, domiciliadas ou não no Brasil, de cujo capital total e votante a FIFA detenha ao menos 99% (noventa e nove por cento);

c) convidados da FIFA; e

d) qualquer outro indivíduo indicado pela FIFA como membro da delegação da FIFA;

II – funcionários das Confederações FIFA;

III – funcionários das Associações Estrangeiras Membros da FIFA;

IV – árbitros e demais profissionais designados para trabalhar durante os Eventos;

V – membros das seleções participantes em qualquer das Competições, incluindo os médicos das seleções e demais membros da delegação;

VI – equipe dos Parceiros Comerciais da FIFA;

VII – equipe da Emissora Fonte da FIFA, das Emissoras e das Agências de Direitos de Transmissão;

VIII – equipe dos Prestadores de Serviços da FIFA;

IX – clientes de serviços comerciais de hospitalidade da FIFA;

X – Representantes de Imprensa; e

XI – espectadores que possuam Ingressos ou confirmação de aquisição de Ingressos válidos para qualquer Evento e todos os indivíduos que demonstrem seu envolvimento oficial com os Eventos, contanto que evidenciem de maneira razoável que sua entrada no País possui alguma relação com qualquer atividade relacionada aos Eventos.

§ 1º O prazo de validade dos vistos de entrada concedidos com fundamento nos incisos I a XI encerra-se no dia 31 de dezembro de 2014.

§ 2º O prazo de estada dos portadores dos vistos concedidos com fundamento nos incisos I a X poderá ser fixado, a critério da autoridade competente, até o dia 31 de dezembro de 2014.

§ 3º O prazo de estada dos portadores dos vistos concedidos com fundamento no inciso XI será de até 90 (noventa) dias, improrrogáveis.

§ 4º Considera-se documentação suficiente para obtenção do visto de entrada ou para o ingresso no território nacional o passaporte válido ou documento de viagem equivalente, em conjunto com qualquer instrumento que demonstre a vinculação de seu titular com os Eventos.

§ 5º O disposto neste artigo não constituirá impedimento à denegação de visto e ao impedimento à entrada, nas hipóteses previstas nos arts. 7º e 26 da Lei 6.815, de 19 de agosto de 1980.

§ 6º A concessão de vistos de entrada a que se refere este artigo e para os efeitos desta Lei, quando concedidos no exterior, pelas Missões diplomáticas, Repartições consulares de carreira, Vice-Consulares e, quando autorizados pela Secretaria de Estado das Relações Exteriores, pelos Consulados honorários terá caráter prioritário na sua emissão.

§ 7º Os vistos de entrada concedidos com fundamento no inciso XI deverão ser emitidos mediante meio eletrônico, na forma disciplinada pelo Poder Executivo, se na época houver disponibilidade da tecnologia adequada.

Art. 20. Serão emitidas as permissões de trabalho, caso exigíveis, para as pessoas mencionadas nos incisos I a X do art. 19, desde que comprovado, por documento expedido pela FIFA ou por terceiro por ela indicado, que a entrada no País se destina ao desempenho de atividades relacionadas aos Eventos.

§ 1º Em qualquer caso, o prazo de validade da permissão de trabalho não excederá o prazo de validade do respectivo visto de entrada.

§ 2º Para os fins desta Lei, poderão ser estabelecidos procedimentos específicos para concessão de permissões de trabalho.

Art. 21. Os vistos e permissões de que tratam os arts. 19 e 20 serão emitidos em caráter prioritário, sem qualquer custo, e os requerimentos serão concentrados em um único órgão da administração pública federal.

[...]

Capítulo X
DISPOSIÇÕES FINAIS

Art. 51. A União será obrigatoriamente intimada nas causas demandadas contra a FIFA, as Subsidiárias FIFA no Brasil, seus representantes legais, empregados ou consultores, cujo objeto verse sobre as hipóteses estabelecidas nos arts. 22 e 23, para que informe se possui interesse de integrar a lide.

Art. 52. As controvérsias entre a União e a FIFA, Subsidiárias FIFA no Brasil, seus representantes legais, empregados ou consultores, cujo objeto verse sobre os Eventos, poderão ser resolvidas pela Advocacia-Geral da União, em sede administrativa, mediante conciliação, se conveniente à União e às demais pessoas referidas neste artigo.

Parágrafo único. A validade de Termo de Conciliação que envolver o pagamento de indenização será condicionada:

I – à sua homologação pelo Advogado-Geral da União; e

II – à sua divulgação, previamente à homologação, mediante publicação no *Diário Oficial da União* e a manutenção de seu inteiro teor, por prazo mínimo de 5 (cinco) dias úteis, na página da Advocacia-Geral da União na internet.

Art. 53. A FIFA, as Subsidiárias FIFA no Brasil, seus representantes legais, consultores e empregados são isentos do adianta-

Lei 12.663/2012

DESPORTO

mento de custas, emolumentos, caução, honorários periciais e quaisquer outras despesas devidas aos órgãos da Justiça Federal, da Justiça do Trabalho, da Justiça Militar da União, da Justiça Eleitoral e da Justiça do Distrito Federal e Territórios, em qualquer instância, e aos tribunais superiores, assim como não serão condenados em custas e despesas processuais, salvo comprovada má-fé.

Art. 54. A União colaborará com o Distrito Federal, com os Estados e com os Municípios que sediarão as Competições, e com as demais autoridades competentes, para assegurar que, durante os Períodos de Competição, os Locais Oficiais de Competição, em especial os estádios, onde sejam realizados os Eventos, estejam disponíveis, inclusive quanto ao uso de seus assentos, para uso exclusivo da FIFA.

Art. 55. A União, observadas a Lei Complementar 101, de 4 de maio de 2000, e as responsabilidades definidas em instrumento próprio, promoverá a disponibilização para a realização dos Eventos, sem qualquer custo para o seu Comitê Organizador, de serviços de sua competência relacionados, entre outros, a:

I – segurança;

II – saúde e serviços médicos;

III – vigilância sanitária; e

IV – alfândega e imigração.

§ 1º Observado o disposto no *caput*, a União, por intermédio da administração pública federal direta ou indireta, poderá disponibilizar, por meio de instrumento próprio, os serviços de telecomunicação necessários para a realização dos eventos.

• § 1º acrescentado pela Lei 12.833/2013.

§ 2º É dispensável a licitação para a contratação pela administração pública federal, direta ou indireta, da Telebrás ou de empresa por ela controlada, para realizar os serviços previstos no § 1º.

• § 2º acrescentado pela Lei 12.833/2013.

Art. 56. Durante a Copa do Mundo FIFA 2014 de Futebol, a União poderá declarar feriados nacionais os dias em que houver jogo da Seleção Brasileira de Futebol.

Parágrafo único. Os Estados, o Distrito Federal e os Municípios que sediarão os Eventos poderão declarar feriado ou ponto facultativo os dias de sua ocorrência em seu território.

Art. 57. O serviço voluntário que vier a ser prestado por pessoa física para auxiliar a FIFA, a Subsidiária FIFA no Brasil ou o COL na organização e realização dos Eventos constituirá atividade não remunerada e atenderá ao disposto neste artigo.

§ 1º O serviço voluntário referido no *caput*:

I – não gera vínculo empregatício, nem obrigação de natureza trabalhista, previdenciária ou afim para o tomador do serviço voluntário; e

II – será exercido mediante a celebração de termo de adesão entre a entidade contratante e o voluntário, dele devendo constar o objeto e as condições de seu exercício.

§ 2º A concessão de meios para a prestação do serviço voluntário, a exemplo de transporte, alimentação e uniformes, não descaracteriza a gratuidade do serviço voluntário.

§ 3º O prestador do serviço voluntário poderá ser ressarcido pelas despesas que comprovadamente realizar no desempenho das atividades voluntárias, desde que expressamente autorizadas pela entidade a que for prestado o serviço voluntário.

Art. 58. O serviço voluntário que vier a ser prestado por pessoa física a entidade pública de qualquer natureza ou instituição privada de fins não lucrativos, para os fins de que trata esta Lei, observará o disposto na Lei 9.608, de 18 de fevereiro de 1998.

Art. 59. (*Vetado.*)

Art. 60. (*Vetado.*)

Art. 61. Durante a realização dos Eventos, respeitadas as peculiaridades e condicionantes das operações militares, fica autorizado o uso de Aeródromos Militares para embarque e desembarque de passageiros e cargas, trânsito e estacionamento de aeronaves civis, ouvidos o Ministério da Defesa e demais órgãos do setor aéreo brasileiro, mediante Termo de Cooperação próprio, que deverá prever recursos para o custeio das operações aludidas.

Lei 12.663/2012

DESPORTO

Art. 62. As autoridades aeronáuticas deverão estimular a utilização dos aeroportos nas cidades limítrofes dos Municípios que sediarão os Eventos.

Parágrafo único. Aplica-se o disposto no art. 22 da Lei 6.815, de 19 de agosto de 1980, à entrada de estrangeiro no território nacional fazendo uso de Aeródromos Militares.

Art. 63. Os procedimentos previstos para a emissão de vistos de entrada estabelecidos nesta Lei serão também adotados para a organização da Jornada Mundial da Juventude – 2013, conforme regulamentado por meio de ato do Poder Executivo.

Parágrafo único. As disposições sobre a prestação de serviço voluntário constante do art. 57 também poderão ser adotadas para a organização da Jornada Mundial da Juventude – 2013.

Art. 64. Em 2014, os sistemas de ensino deverão ajustar os calendários escolares de forma que as férias escolares decorrentes do encerramento das atividades letivas do primeiro semestre do ano, nos estabelecimentos de ensino das redes pública e privada, abranjam todo o período entre a abertura e o encerramento da Copa do Mundo FIFA 2014 de Futebol.

Art. 65. Será concedido Selo de Sustentabilidade pelo Ministério do Meio Ambiente às empresas e entidades fornecedoras dos Eventos que apresentem programa de sustentabilidade com ações de natureza econômica, social e ambiental, conforme normas e critérios por ele estabelecidos.

Art. 66. Aplicam-se subsidiariamente as disposições das Leis 9.279, de 14 de maio de 1996, 9.609, de 19 de fevereiro de 1998, e 9.610, de 19 de fevereiro de 1998.

Art. 67. Aplicam-se subsidiariamente às Competições, no que couber e exclusivamente em relação às pessoas jurídicas ou naturais brasileiras, exceto às subsidiárias FIFA no Brasil e ao COL, as disposições da Lei 9.615, de 24 de março de 1998.

Art. 68. Aplicam-se a essas Competições, no que couberem, as disposições da Lei 10.671, de 15 de maio de 2003.

§ 1º Excetua-se da aplicação supletiva constante do *caput* deste artigo o disposto nos arts. 13-A a 17, 19 a 22, 24 e 27, no § 2º do art. 28, nos arts. 31-A, 32 e 37 e nas disposições constantes dos Capítulos II, III, VIII, IX e X da referida Lei.

§ 2º Para fins da realização das Competições, a aplicação do disposto nos arts. 2º-A, 39-A e 39-B da Lei 10.671, de 15 de maio de 2003, fica restrita às pessoas jurídicas de direito privado ou existentes de fato, constituídas ou sediadas no Brasil.

Art. 69. Aplicam-se, no que couber, às Subsidiárias FIFA no Brasil e ao COL, as disposições relativas à FIFA previstas nesta Lei.

Art. 70. A prestação dos serviços de segurança privada nos Eventos obedecerá à legislação pertinente e às orientações normativas da Polícia Federal quanto à autorização de funcionamento das empresas contratadas e à capacitação dos seus profissionais.

Art. 71. Esta Lei entra em vigor na data de sua publicação.

Parágrafo único. As disposições constantes dos arts. 37 a 47 desta Lei somente produzirão efeitos a partir de 1º de janeiro de 2013.

Brasília, 5 de junho de 2012; 191º da Independência e 124º da República.
Dilma Rousseff

• Assinatura retificada no *DOU* de 08.06.2012.
(*DOU* 06.06.2012; ret. *DOU* 08.06.2012)

Lei 12.663/2012

DESPORTO

Art. 62. As autoridades aeronáuticas deverão estimular a utilização dos aeroportos nas cidades limítrofes dos Municípios que sediarão os Eventos.

Parágrafo único. Aplica-se o disposto no art. 22 da Lei 6.815, de 19 de agosto de 1980, à entrada de estrangeiro no território nacional fazendo uso de Aeródromos Militares.

Art. 63. Os procedimentos previstos para a emissão de vistos de entrada estabelecidos nesta Lei serão também adotados para a organização da Jornada Mundial da Juventude – 2013, conforme regulamentado por meio de ato do Poder Executivo.

Parágrafo único. As disposições sobre a prestação de serviço voluntário constante do art. 57 também poderão ser adotadas para a organização da Jornada Mundial da Juventude – 2013.

Art. 64. Em 2014, os sistemas de ensino deverão ajustar os calendários escolares de forma que as férias escolares decorrentes do encerramento das atividades letivas do primeiro semestre do ano, pois estabelecimentos de ensino das redes pública e privada, abranjam todo o período entre a abertura e o encerramento da Copa do Mundo FIFA 2014 de Futebol.

Art. 65. Será concedido selo de Sustentabilidade pelo Ministério do Meio Ambiente às empresas e entidades fornecedoras dos Eventos que apresentem programas de sustentabilidade com ações de natureza econômica, social e ambiental, conforme normas e critérios por ele estabelecidos.

Art. 66. Aplicam-se subsidiariamente as disposições das Leis 9.279, de 14 de maio de 1996, 9.610, de 19 de fevereiro de 1998, e 9.610, de 19 de fevereiro de 1998.

Art. 67. Aplicam-se subsidiariamente as Competições, no que couber e exclusivamente em relação às pessoas jurídicas ou naturezas brasileiras, exceto as subsidiárias FIFA no Brasil e ao COL, as disposições da Lei 9.615, de 24 de março de 1998.

Art. 68. Aplicam-se, no que couber, nos Eventos, as disposições da Lei 10.671, de 15 de maio de 2003.

§ 1º Excetua-se da aplicação supletiva constante do caput deste artigo o disposto nos arts. 13-A a 17, 19 a 22, 24 e 27, no § 2º do art. 28, nos arts. 31-A, 32 e 37 e nas disposições constantes dos Capítulos II, III, VIII, IX e X da referida Lei.

§ 2º Para fins da realização das Competições, a aplicação do disposto nos arts. 2º-A, 39-A e 39-B da Lei 10.671, de 15 de maio de 2003, fica restrita às pessoas jurídicas de direito privado ou existentes de fato, constituídas ou sediadas no Brasil.

Art. 69. Aplicam-se, no que couber, às Subsidiárias FIFA no Brasil e ao COL as disposições relativas à FIFA previstas nesta Lei.

Art. 70. A prestação dos serviços de segurança privada nos Eventos obedecerá a legislação pertinente e as orientações normativas da Polícia Federal quanto à autorização de funcionamento das empresas contratadas e a capacitação dos seus profissionais.

Art. 71. Esta Lei entra em vigor na data de sua publicação.

Parágrafo único. As disposições constantes dos arts. 37 a 47 desta Lei somente produzirão efeitos a partir de 1º de janeiro de 2013.

Brasília, 5 de junho de 2012; 191º da Independência e 124º da República.
Dilma Rousseff

• Assinatura: publicada no DOU de 18.06.2012
(DOU 06.06.2012, ret. DOU 25.06.2012)

DISSÍDIOS COLETIVOS

DECRETO 1.572,
DE 28 DE JULHO DE 1995

Regulamenta a mediação na negociação coletiva de natureza trabalhista e dá outras providências.

O Presidente da República, no uso das atribuições que lhe confere o art. 84, inciso IV e VI, da Constituição, decreta:

Art. 1º A mediação na negociação coletiva de natureza trabalhista será exercida de acordo com o disposto neste Decreto.

Art. 2º Frustrada a negociação direta, na respectiva data base anual, as partes poderão escolher, de comum acordo, mediador para composição do conflito.

§ 1º Caso não ocorra a escolha na forma do *caput* deste artigo, as partes poderão solicitar, ao Ministério do Trabalho, a designação de mediador.

§ 2º A parte que se considerar sem as condições adequadas para, em situação de equilíbrio, participar de negociação direta, poderá, desde logo, solicitar ao Ministério do Trabalho a designação de mediador.

§ 3º A designação de que tratam os parágrafos anteriores poderá recair em:

a) mediador previamente cadastrado nos termos do art. 4º desde que as partes concordem quanto ao pagamento dos honorários por ele proposto por ocasião da indicação; ou

b) servidor do quadro do Ministério do Trabalho, sem ônus para as partes.

Art. 3º Nos casos previstos nos §§ 1º e 2º do artigo anterior, a designação do mediador competirá:

I – ao Delegado Regional do Trabalho, quando se tratar de negociação de âmbito local ou regional; ou

II – ao Secretário de Relações do Trabalho do Ministério do Trabalho, na hipótese de negociação de âmbito nacional.

Art. 4º O Ministério do Trabalho manterá cadastro de profissionais para o exercício da função de mediador para subsidiar a escolha pelas partes.

§ 1º A inscrição no cadastro far-se-á, mediante requerimento do interessado, perante a Delegacia Regional do Trabalho, desde que o requerente demonstre:

a) comprovada experiência na composição dos conflitos de natureza trabalhista;

b) conhecimentos técnicos relativos às questões de natureza trabalhista.

§ 2º Preenchidos os requisitos referidos no parágrafo anterior, caberá ao Delegado Regional do Trabalho expedir o competente ato declaratório, que será publicado no *Diário Oficial da União*.

§ 3º O credenciamento terá validade pelo prazo de 3 (três) anos contados da data de sua publicação, facultado ao Delegado Regional do Trabalho o respectivo cancelamento, mediante despacho fundamentado.

§ 4º É vedado o credenciamento de servidores públicos ativos.

Art. 5º O mediador designado terá o prazo máximo de 30 (trinta) dias para a conclusão do processo de negociação, salvo acordo expresso com as partes interessadas.

Parágrafo único. Tendo em vista circunstâncias de ordem pública, o Delegado Regional do Trabalho poderá solicitar redução no prazo de negociação.

Art. 6º Não alcançado o entendimento entre as partes, na negociação direta ou por intermédio de mediador, lavrar-se-á, de imediato, ata contendo:

I – as causas motivadoras do conflito;

II – as reivindicações de natureza econômica.

Art. 7º O Ministro de Estado do Trabalho expedirá as instruções necessárias ao cumprimento do disposto neste Decreto.

Port. MTb 817/1995

DISSÍDIOS COLETIVOS

Art. 8º Este Decreto entra em vigor na data de sua publicação.

Brasília, 28 de julho de 1995; 174º da Independência e 107º da República.

Fernando Henrique Cardoso

(DOU 31.07.1995; ret. 1º.08.1995)

PORTARIA 817,
DE 30 DE AGOSTO DE 1995, DO MINISTÉRIO DO TRABALHO – MTb

Estabelece critérios para participação do mediador nos conflitos de negociação coletiva de natureza trabalhista.

O Ministro de Estado do Trabalho, no uso de suas atribuições legais e considerando o disposto no artigo 7º do Decreto 1.572, de 28 de julho de 1995, resolve:

Art. 1º Frustrada a negociação direta, as partes, em comum acordo, poderão requerer ao Ministério do Trabalho a designação de mediador para a composição do conflito.

§ 1º Entende-se frustrada a negociação após esgotados os seguintes procedimentos:

I – apresentação ou recebimento da pauta de reivindicações;

II – análise da pauta pela representação patronal;

III – realização da primeira reunião ou rodada de negociação direta; e

IV – inexistência de consenso entre as partes sobre o conteúdo total ou parcial da pauta de reivindicações.

Art. 2º A parte que se considerar sem as condições adequadas para, em situação de equilíbrio, participar da negociação direta, poderá requerer ao Ministério do Trabalho a designação de mediador para início do processo de negociação.

Art. 3º O exercício da mediação integra o processo de negociação coletiva de trabalho e visa oferecer às partes informações sobre os efeitos e consequências do conflito, formular propostas ou recomendações às representações em litígio e estimulá-las à solução aceitável.

Art. 4º Não alcançado o entendimento entre as partes e esgotado o prazo de 30 (trinta) dias previsto no artigo 5º do Decreto 1.572, de 28 de julho de 1995, o mediador concluirá o processo de negociação e lavrará a ata contendo as causas motivadoras do conflito e as reivindicações de natureza econômica.

Art. 5º As Delegacias Regionais do Trabalho manterão serviço de acompanhamento das negociações coletivas, informando seus resultados, mensalmente, à Secretaria de Relações do Trabalho.

Art. 6º Esta Portaria entra em vigor na data de sua publicação.

Paulo Paiva

(DOU 31.08.1995)

PORTARIA 818,
DE 30 DE AGOSTO DE 1995, DO MINISTÉRIO DO TRABALHO – MTb

Estabelece critérios para o credenciamento de mediador perante as Delegacias Regionais do Trabalho.

O Ministro de Estado do Trabalho, no uso de suas atribuições legais e considerando o disposto no artigo 7º do Decreto 1.572, de 28 de julho de 1995, resolve:

Art. 1º O Ministério do Trabalho nos termos do Decreto 1.572, de 28 de julho de 1995, manterá cadastro de profissionais para o exercício da função de mediador, para subsidiar a escolha pelas partes.

§ 1º A inscrição far-se-á mediante requerimento do interessado, perante a Delegacia Regional do Trabalho, desde que o requerente comprove possuir experiência em composição de conflitos trabalhistas e conhecimentos técnicos relativos às questões de natureza trabalhista.

§ 2º A experiência na composição dos conflitos de natureza trabalhista será comprovada com a apresentação de cópia autenticada das atas de reuniões de negociação co-

Dissídios Coletivos

letiva que tenha participado, na qual conste o seu nome.

§ 3º Os conhecimentos técnicos relativos às questões de natureza trabalhista serão comprovados pela atuação em uma das seguintes áreas:

I – advocacia trabalhista;

II – área de recursos humanos; e

III – área de relações sindicais.

Art. 2º Preenchidos os requisitos referidos nos parágrafos 2º e 3º do artigo 1º, caberá ao Delegado Regional do Trabalho, após ouvida a Divisão ou Seção de Relações do Trabalho, expedir o competente ato declaratório, que será publicado no *Diário Oficial da União*.

Art. 3º É vedado o credenciamento de servidores públicos ativos.

Art. 4º A Delegacia Regional do Trabalho, periodicamente, dará conhecimento às entidades sindicais do cadastro de mediadores.

Art. 5º Esta Portaria entra em vigor na data de sua publicação.

Paulo Paiva

(*DOU* 31.08.1995)

INSTRUÇÃO NORMATIVA 24, DE 9 DE OUTUBRO DE 2003, DO TRIBUNAL SUPERIOR DO TRABALHO – TST

Dispõe sobre a faculdade de o Ministro Presidente do Tribunal Superior do Trabalho designar audiência prévia de conciliação, no caso de pedido de efeito suspensivo a recurso ordinário interposto à decisão normativa da Justiça do Trabalho.

O Tribunal Superior do Trabalho, em sua composição plena, no uso de suas atribuições legais e regimentais, sob a Presidência do Exmo. Sr. Ministro Francisco Fausto Paula de Medeiros,

Considerando o disposto no art. 14 da Lei 10.192, de 14 de fevereiro de 2001, pelo qual foi concedida ao Presidente do Tribunal Superior do Trabalho a prerrogativa de suspender, "na medida e extensão" que entender convenientes, a eficácia de decisão normativa da Justiça do Trabalho, até o julgamento do recurso ordinário interposto em autos de dissídio coletivo;

Considerando a inexistência de regulamentação dos procedimentos a serem observados pela Presidência da Corte relativamente aos pedidos de efeito suspensivo;

Considerando a marcante característica conciliatória da Justiça do Trabalho, presente, sobretudo, na sua atuação nos dissídios coletivos;

Considerando os bons resultados alcançados com a praxe que vem sendo adotada no sentido de mediar os conflitos por ocasião do recebimento de pedido de efeito suspensivo de cláusula de sentença normativa;

Considerando a instrumentalidade do processo, resolve:

I – Ao Presidente do Tribunal Superior do Trabalho é facultada a designação de audiência de conciliação relativamente a pedido de concessão de efeito suspensivo a recurso ordinário interposto à decisão normativa da Justiça do Trabalho;

II – Poderá o Presidente do Tribunal Superior do Trabalho, antes de designar audiência prévia de conciliação, conceder ao requerido o prazo de 5 (cinco) dias, para, querendo, manifestar-se sobre o pedido de efeito suspensivo;

III – O Ministério Público do Trabalho, por intermédio da Procuradoria-Geral do Trabalho, será comunicado do dia, hora e local da realização da audiência, enquanto as partes serão notificadas;

IV – Havendo transação nessa audiência, as condições respectivas constarão de ata, facultando-se ao Ministério Público do Trabalho emitir parecer oral, sendo, em seguida, sorteado Relator, que submeterá o acordo à apreciação da Seção Especializada em Dissídios Coletivos, na primeira sessão ordinária subsequente ou em sessão extraordinária designada para esse fim;

V – O Presidente do Tribunal Superior do Trabalho poderá submeter o pedido de efeito suspensivo à apreciação da Seção Especializada em Dissídios Coletivos, desde que repute a matéria de alta relevância.

Sala de Sessões, 2 de outubro de 2003.

Valério Augusto Freitas do Carmo

(*DJU* 09.10.2003)

Port. MTE 282/2007

DISSÍDIOS COLETIVOS

**PORTARIA 282,
DE 6 DE AGOSTO DE 2007,
DO MINISTÉRIO DO TRABALHO
E EMPREGO – MTE**

Dispõe sobre a implantação do Sistema de Negociações Coletivas de Trabalho – Mediador.

- V. art. 1º, Instrução Normativa SRT/MTE 9/2008, que estabelece que a utilização do Sistema MEDIADOR para fins de elaboração, transmissão, registro e arquivo, via eletrônica, dos instrumentos coletivos de trabalho será obrigatória a partir de 1º.01.2009.
- V. Instrução Normativa SRT/MTE 11/2009 (Depósito, registro e arquivo de convenções e acordos coletivos de trabalho nos órgãos do MTE).

O Ministro de Estado do Trabalho e Emprego, no uso das suas atribuições legais e tendo em vista o disposto no art. 87, parágrafo único, inciso II, da Constituição e no art. 913 da Consolidação das Leis do Trabalho, aprovada pelo Decreto-lei 5.452, de 1º de maio de 1943, resolve:

Art. 1º Implantar o Sistema de Negociações Coletivas de Trabalho – Mediador, para fins de elaboração, transmissão, registro e arquivo, via eletrônica, dos instrumentos coletivos de trabalho, em conformidade com os arts. 614 e 615 da Consolidação das Leis do Trabalho – CLT.

Art. 2º Os procedimentos e as informações necessárias para a utilização do Sistema Mediador serão definidos por ato do Secretário de Relações do Trabalho deste Ministério do Trabalho e Emprego.

Art. 3º Esta Portaria entra em vigor na data de sua publicação.
Carlos Lupi

(DOU 07.08.2007)

**INSTRUÇÃO NORMATIVA 9,
DE 5 DE AGOSTO DE 2008,
DA SECRETARIA DE RELAÇÕES DO
TRABALHO – SRT/MTE**

Estabelece a obrigatoriedade do Sistema de Negociações Coletivas de Trabalho – Mediador, implantado pela Portaria 282, de 6 de agosto de 2007.

O Secretário de Relações do Trabalho, no uso das atribuições que lhe conferem o art. 17, incisos II e III, do Decreto 5.063, de 3 de maio de 2004, o art. 1º, incisos II e III, do Anexo VII da Portaria 483, de 15 de setembro de 2004, e o art. 2º da Portaria 282, de 6 de agosto de 2007, resolve:

Art. 1º A utilização do Sistema de Negociações Coletivas de Trabalho – Mediador para fins de elaboração, transmissão, registro e arquivo, via eletrônica, dos instrumentos coletivos de trabalho a que se refere o artigo 614 da Consolidação das Leis do Trabalho – CLT, será obrigatória a partir de 1º de janeiro de 2009.

Art. 2º Até 31 de dezembro de 2008, serão admitidos para depósito, registro e arquivo os instrumentos encaminhados nos moldes dos arts. 10 e 11 da Instrução Normativa 6, de 6 de agosto de 2007.

Art. 3º Esta Instrução Normativa entra em vigor na data de sua publicação.
Luiz Antonio de Medeiros

(DOU 08.08.2008)

**INSTRUÇÃO NORMATIVA 11,
DE 24 DE MARÇO DE 2009,
DA SECRETARIA DE RELAÇÕES
DO TRABALHO – SRT/MTE**

Dispõe sobre o depósito, registro e arquivo de convenções e acordos coletivos de trabalho nos órgãos do Ministério do Trabalho e Emprego.

- V. Portaria MTE 282/2007 (Implantação do Sistema de Negociações Coletivas de Trabalho – Mediador).

O Secretário de Relações do Trabalho, no uso das atribuições que lhe conferem o art. 17, incisos II e III, do Anexo I ao Decreto 5.063, de 3 de maio de 2004 e o art. 1º, incisos II e III, do Anexo VII à Portaria 483, de 15 de setembro de 2004, resolve:

Art. 1º Disciplinar os procedimentos para depósito, registro e arquivo de convenções e acordos coletivos de trabalho e seus respectivos termos aditivos nos órgãos do Ministério do Trabalho e Emprego – MTE.

Art. 2º Os requerimentos de registro de convenções e acordos coletivos de trabalho e seus respectivos termos aditivos deverão ser efetuados por meio do Sistema Media-

IN SRT/MTE 11/2009

Dissídios Coletivos

dor, disponível no endereço eletrônico do MTE na internet (www.mte.gov.br), por qualquer das partes signatárias, observados os requisitos formais e de legitimidade previstos na Consolidação das Leis do Trabalho – CLT, aprovada pelo Decreto-lei 5.452, de 1º de maio de 1943 e nesta Instrução Normativa.

Art. 3º Os instrumentos coletivos serão registrados eletronicamente no módulo da intranet do Sistema Mediador.

Art. 4º Para os fins desta Instrução Normativa, considera-se:
I – instrumento coletivo, a convenção ou o acordo coletivo de trabalho e seus respectivos termos aditivos;
II – depósito, o ato de entrega do requerimento de registro do instrumento transmitido via internet por meio do Sistema Mediador, no protocolo dos órgãos do MTE, para fins de registro;
III – registro, o ato administrativo de assentamento da norma depositada;
IV – arquivo, o ato de organização e guarda dos documentos registrados, para fins de consulta;
V – solicitante, a entidade sindical ou a empresa a quem foi atribuída a responsabilidade de elaborar e transmitir, via internet, o instrumento coletivo para o MTE; e
VI – signatárias, todas as entidades sindicais e empresas partícipes de um instrumento coletivo.

Art. 5º Os instrumentos coletivos de trabalho deverão observar os requisitos de validade dos atos jurídicos em geral, as disposições do Título VI da CLT e demais normas vigentes, com vistas a assegurar sua validade.

Art. 6º O protocolo do requerimento de registro emitido por meio do Sistema Mediador deverá ser efetuado:
I – na Secretaria de Relações do Trabalho – SRT, quando se tratar de norma com abrangência nacional ou interestadual; e
II – nos órgãos regionais do MTE, nos demais casos.

Art. 7º O solicitante deverá transmitir, por meio do Sistema Mediador, todas as informações necessárias à validade do instrumento coletivo, inclusive as cláusulas convencionadas, classificadas em grupos e subgrupos.

Parágrafo único. Deverão ser indicadas, no pedido, todas as entidades sindicais – profissionais e patronais – e os empregadores que participaram do instrumento coletivo, bem como os representantes ou procuradores dessas entidades que assinarão o requerimento de registro.

Art. 8º Com a transmissão dos dados, o Sistema gerará o requerimento de registro de instrumento coletivo, que deverá ser assinado pelos representantes ou procuradores de todas as entidades sindicais e de todos os empregadores partícipes do instrumento.

§ 1º Todos os partícipes poderão visualizar o conteúdo do instrumento coletivo no Sistema Mediador durante a elaboração e, após a transmissão, o instrumento definitivo transmitido ao MTE.

§ 2º O requerimento de registro de instrumento coletivo, assinado por todos os partícipes, deverá ser apresentado no protocolo do órgão do MTE, acompanhado de procuração outorgando poderes ao signatário, quando for o caso.

§ 3º O protocolo do requerimento de registro assinado pelas partes faz presumir que o instrumento coletivo, transmitido via eletrônica ao MTE, corresponde ao negociado pelos signatários.

Art. 9º Após o protocolo do requerimento de registro do instrumento transmitido via internet ao MTE por meio do Sistema Mediador, o servidor competente deverá cadastrar o seu depósito no módulo intranet desse Sistema, informar a data do protocolo e o número do processo e iniciar a sua análise formal.

§ 1º Verificada a regularidade das informações enviadas, o servidor deverá efetuar o registro do instrumento coletivo no banco de dados do Sistema Mediador e informar aos interessados, por meio de ofício.

§ 2º As irregularidades serão notificadas ao solicitante para as retificações necessárias, que deverão ser efetuadas até o termo final da vigência do instrumento coletivo.

IN SRT/MTE 11/2009

Dissídios Coletivos

§ 3º Em caso de nulidade, o servidor deverá promover o arquivamento sem registro do instrumento coletivo, justificando seu ato, e informar aos interessados, por meio de ofício.

§ 4º Expirada a vigência do instrumento coletivo sem que tenham sido efetuadas as retificações necessárias, o processo será arquivado sem registro.

Art. 10. Os instrumentos coletivos registrados ficarão disponíveis para consulta de qualquer interessado na página eletrônica do MTE (www.mte.gov.br).

Art. 11. Os casos omissos serão resolvidos pela SRT.

Art. 12. Esta Instrução Normativa entra em vigor na data de sua publicação, revogando-se a Instrução Normativa SRT 6, de 6 de agosto de 2007.

Luiz Antonio de Medeiros

(*DOU* 25.03.2009)

DOCUMENTOS

PORTARIA 3.120,
DE 19 DE MAIO DE 1980, DO MINISTÉRIO DO TRABALHO – MTb

Dispõe sobre a entrega, através da ECT, em porte registrado, de documentos que devam ser apresentados às repartições do Ministério do Trabalho.

O Ministro de Estado do Trabalho, no uso de suas atribuições, e
Considerando o disposto no Decreto 83.740, de 18 de julho de 1979, que instituiu o Programa Nacional de Desburocratização;
Considerando que a legislação em vigor não obriga que a correspondência e demais expedientes dirigidos ao Ministério do Trabalho sejam entregues diretamente em seus guichês ou protocolos;
Considerando que o serviço postal já é usado, inclusive, em atos da Justiça Pública;
Considerando que a correspondência registrada comprova indubitavelmente sua respectiva expedição;
Considerando que a via postal poderá trazer maior facilidade e economia de tempo para aqueles que a preferirem em suas comunicações com o Ministério do Trabalho,
Resolve:
1 – Os empregadores e demais pessoas físicas ou jurídicas, que tenham por obrigação apresentar documentos perante as repartições do Ministério do Trabalho, poderão fazê-lo através da Empresa Brasileira de Correios e Telégrafos S/A – ECT, em porte registrado.
2 – O dia da apresentação, para efeito de prazo, será o da data aposta em carimbo, pela ECT, no expediente ou seu respectivo envelope, desde que a correspondente segunda via fique arquivada pelo remetente, juntamente com o comprovante do registro postal, para efeito de posterior fiscalização.
3 – O talão do registro postal valerá como prova da entrega do documento, quitando o expedidor daquela obrigação.
4 – Os setores do MTb responsáveis pelo recebimento da correspondência, ao encaminharem o expediente, zelarão para que este seja acompanhado do comprovante datado.
5 – Esta portaria entrará em vigor na data da sua publicação, revogadas as disposições em contrário.
Murillo Macêdo

(*DOU* 23.05.1980)

PORTARIA 235,
DE 14 DE MARÇO DE 2003, DO MINISTÉRIO DO TRABALHO E EMPREGO – MTE

O Ministro de Estado do Trabalho e Emprego, no uso de suas atribuições legais, e tendo em vista o disposto na Lei 4.923, de 23 de dezembro de 1965, resolve:

Art. 1º Estabelecer o procedimento de envio, por meio eletrônico (Internet e Disquete) do Cadastro Geral de Empregados e Desempregados – Caged, a partir da competência de março de 2003, com a utilização do Aplicativo do Caged Informatizado – ACI ou outro aplicativo fornecido pelo Ministério do Trabalho e Emprego – MTE.

§ 1º O ACI de que trata este artigo deve ser utilizado para gerar e ou analisar o arquivo do Caged, pelas empresas nas quais tenha ocorrido movimentação de empregados regidos pela Consolidação das Leis do Trabalho – CLT.

§ 2º O arquivo gerado deverá ser enviado ao MTE via Internet ou entregue em suas Delegacias Regionais do Trabalho e Emprego, Subdelegacias ou Agências de Atendimento. A cópia do arquivo, o recibo de entrega e o Extrato da Movimentação Processada, deverão ser mantidos no estabelecimento a que se referem, pelo prazo de 36 (trinta e

Port. MTE 210/2008

DOCUMENTOS

seis) meses a contar da data do envio, para fins de comprovação perante a fiscalização trabalhista.

§ 3º O Extrato da Movimentação Processada estará disponível para impressão, na Internet, após o dia 20 de cada mês no endereço www.mte.gov.br, opção Caged.

Art. 2º As empresas que possuem mais de um estabelecimento deverão remeter ao MTE arquivos específicos a cada estabelecimento.

Art. 3º O Caged de que trata o art. 1º desta Portaria, deverá ser encaminhado, ao MTE, até o dia 7 do mês subsequente àquele em que ocorreu movimentação de empregados.

Art. 4º O envio ou entrega do Caged fora do prazo sujeitará a empresa ao pagamento de multa, de acordo com o art. 10 da Lei 4.923, de 23 de dezembro de 1965, com a redação dada pelo Decreto-lei 193, de 24 de fevereiro de 1967, pela Lei 6.205, de 29 de abril de 1975, e pela Lei 8.383, de 30 de dezembro de 1991.

Art. 5º Esta Portaria entra em vigor na data de sua publicação.

Art. 6º Revoga-se a Portaria 561, de 5 de setembro de 2001, publicada no *Diário Oficial da União* de 6 de setembro de 2001, Seção 1, pág. 60.

Jaques Wagner

(*DOU* 17.03.2003)

PORTARIA 210,
DE 29 DE ABRIL DE 2008,
DO MINISTÉRIO DO TRABALHO
E EMPREGO – MTE

O Ministro de Estado do Trabalho e Emprego, no uso da atribuição que lhe confere o art. 87, parágrafo único, inciso II, da Constituição Federal, e tendo em vista o disposto no § 2º do art. 13 da Consolidação das Leis do Trabalho – CLT, aprovada pelo Decreto-lei 5.452, de 1º de maio de 1943, resolve:

Art. 1º A Carteira de Trabalho e Previdência Social – CTPS Informatizada será confeccionada segundo as disposições desta Portaria.

Art. 2º A CTPS Informatizada terá capa na cor azul e conterá na segunda contracapa do documento a letra do Hino Nacional Brasileiro.

§ 1º Será incorporado à CTPS Informatizada código de barras no padrão "2/5 interleaved," com o número do PIS do trabalhador.

§ 2º O número de páginas da CTPS Informatizada será de 34 páginas, na seguinte disposição:

I – páginas 01 e 02 – identificação do trabalhador;
II – página 03 – alteração de identidade;
III – páginas 04 e 05 – profissões regulamentadas;
IV – página 06 – dados pessoais do trabalhador e carteiras anteriores;
V – páginas 07 a 16 – contrato de trabalho;
VI – páginas 17 e 18 – alterações de salário;
VII – páginas 19 e 20 – anotações de férias;
VIII – páginas 21 a 29 – anotações gerais;
IX – página 30 – anotações para uso do Ministério do Trabalho e Emprego – MTE; e
X – páginas 31 a 34 – anotações para uso da Previdência Social – Instituto Nacional do Seguro Social – INSS.

§ 3º Integrará a CTPS Informatizada um cartão denominado Cartão de Identificação do Trabalhador – CIT.

Art. 3º O CIT conterá as seguintes informações:

I – nome do solicitante;
II – filiação e data de nascimento;
III – Número e série da CTPS;
IV – naturalidade;
V – número do Cadastro de Pessoa Física – CPF, do Ministério da Fazenda;
VI – número da CI e órgão expedidor ou n. certidão nascimento;
VII – número do PIS/Pasep;
VIII – assinatura, Impressão digital e foto do solicitante;
IX – data de expedição do CIT; e
X – assinatura eletrônica do Ministro de Estado do Trabalho e Emprego.

Art. 4º O art. 1º da Portaria 1, de 28 de janeiro de 1997, passa a vigorar com a seguinte redação:

"Art. 1º A Carteira de Trabalho e Previdência Social – CTPS será emitida exclusivamente por pessoal habilitado e credencia-

Port. MTE 210/2008

DOCUMENTOS

do pelas Superintendências Regionais do Trabalho e Emprego – SRTE e será entregue ao interessado no prazo mínimo de 2 (dois) e máximo de 15 (quinze) dias úteis, contado a partir da data constante do protocolo de requerimento, mediante apresentação de uma foto 3X4, fundo branco, com ou sem data, colorida e recente, que identifique plenamente o solicitante; comprovante de residência e outro documento oficial de identificação pessoal do interessado, original ou por meio de cópia autenticada em cartório, que contenha os seguintes dados:

"I – nome do solicitante;

"II – local de nascimento e estado;

"III – data de nascimento;

"IV – filiação; e

"V – nome, número do documento e órgão emissor.

"§ 1º Além de apresentar os documentos exigidos no *caput* deste artigo, o trabalhador não cadastrado no sistema PIS/Pasep deverá apresentar obrigatoriamente o CPF.

"§ 2º Quando da emissão da primeira via da CTPS, o cadastramento no sistema PIS/Pasep será de competência das Superintendências Regionais do Trabalho e Emprego e, quando couber, pelas Gerências Regionais do trabalho e Emprego e Unidades Descentralizadas de Emissão de CTPS Informatizada.

"§ 3º A CTPS Informatizada fornecida aos brasileiros será O modelo com capa azul e aos estrangeiros com capa verde, e serão emitidas com numeração e seriação únicas para todo o país."

Art. 5º Esta Portaria entra em vigor na data de sua publicação.

Carlos Lupi

(*DOU* 30.04.2008)

EMPREGADO DOMÉSTICO

LEI 5.859, DE 11 DE DEZEMBRO DE 1972

Dispõe sobre a profissão de empregado doméstico, e dá outras providências.

- V. Dec. 71.885/1973 (Aprova o Regulamento da Lei 5.859/1972, que dispõe sobre a profissão de empregado doméstico).

O Presidente da República:
Faço saber que o Congresso Nacional decreta e eu sanciono a seguinte Lei:

Art. 1º Ao empregado doméstico, assim considerado aquele que presta serviços de natureza contínua e de finalidade não lucrativa à pessoa ou à família, no âmbito residencial destas, aplica-se o disposto nesta Lei.

Art. 2º Para admissão ao emprego deverá o empregado doméstico apresentar:
I – Carteira de Trabalho e Previdência Social;
II – Atestado de boa conduta;
III – Atestado de saúde, a critério do empregador.

Art. 2º-A. É vedado ao empregador doméstico efetuar descontos no salário do empregado por fornecimento de alimentação, vestuário, higiene ou moradia.

- Artigo acrescentado pela Lei 11.324/2006.

§ 1º Poderão ser descontadas as despesas com moradia de que trata o *caput* deste artigo quando essa se referir a local diverso da residência em que ocorrer a prestação de serviço, e desde que essa possibilidade tenha sido expressamente acordada entre as partes.

§ 2º As despesas referidas no *caput* deste artigo não têm natureza salarial nem se incorporam à remuneração para quaisquer efeitos.

Art. 3º O empregado doméstico terá direito a férias anuais remuneradas de 30 (trinta) dias com, pelo menos, 1/3 (um terço) a mais que o salário normal, após cada período de 12 (doze) meses de trabalho, prestado à mesma pessoa ou família.

- Artigo com redação determinada pela Lei 11.324/2006.
- V. art. 5º, Lei 11.324/2006 (Altera dispositivos das Leis 9.250/1995, 8.212/1991, 8.213/1991 e 5.859/1972; e revoga dispositivo da Lei 605/1949).

Art. 3º-A. É facultada a inclusão do empregado doméstico no Fundo de Garantia do Tempo de Serviço – FGTS, de que trata a Lei 8.036, de 11 de maio de 1990, mediante requerimento do empregador, na forma do regulamento.

- Artigo acrescentado pela Lei 10.208/2001.

Art. 4º Aos empregados domésticos são assegurados os benefícios e serviços da Lei Orgânica da Previdência Social, na qualidade de segurados obrigatórios.

Art. 4º-A. É vedada a dispensa arbitrária ou sem justa causa da empregada doméstica gestante desde a confirmação da gravidez até 5 (cinco) meses após o parto.

- Artigo acrescentado pela Lei 11.324/2006.

Art. 5º Os recursos para o custeio do plano de prestações provirão das contribuições abaixo, a serem recolhidas pelo empregador até o último dia do mês seguinte àquele a que se referirem e incidentes sobre o valor do salário mínimo da região:
I – 8% (oito por cento) do empregador;

- O art. 24 da Lei 8.212/1991 estabelece que a porcentagem prevista neste inciso será de 12% (doze por cento) sobre o salário de contribuição mensal.

II – 8% (oito por cento) do empregado doméstico.

- O art. 20 da Lei 8.212/1991 estabelece que a porcentagem prevista neste inciso variará, dependendo do salário de contribuição mensal, entre 8% (oito por cento) e 11% (onze por cento) sobre o salário de contribuição mensal do empregado doméstico.
- Os valores previstos no art. 20 da Lei 8.212/1991 estão sujeitos a atualização mediante Portaria do Ministério da Previdência Social – MPS.

§ 1º O salário de contribuição para o empregado doméstico que receber salário superior ao mínimo vigente incidirá sobre a re-

muneração constante do contrato de trabalho registrado em sua Carteira de Trabalho e Previdência Social, até o limite de três salários mínimos regionais.

- § 1º com redação determinada pela Lei 6.887/1980.

§ 2º A falta de recolhimento, na época própria, das contribuições previstas neste artigo sujeitará o responsável ao pagamento do juro moratório de 1% (um por cento) ao mês, além da multa variável de 10% (dez por cento) a 50% (cinquenta por cento) do valor do débito.

- § 2º com redação determinada pela Lei 6.887/1980.

Art. 6º Não serão devidas quaisquer das contribuições discriminadas nos itens II a VII da Tabela constante do art. 3º do Decreto 60.466, de 14 de março de 1967.

Art. 6º-A. O empregado doméstico que for dispensado sem justa causa fará jus ao benefício do seguro-desemprego, de que trata a Lei 7.998, de 11 de janeiro de 1990, no valor de um salário mínimo, por um período máximo de 3 (três) meses, de forma contínua ou alternada.

- Artigo acrescentado pela Lei 10.208/2001.

§ 1º O benefício será concedido ao empregado inscrito no FGTS que tiver trabalhado como doméstico por um período mínimo de 15 (quinze) meses nos últimos 24 (vinte e quatro) meses contados da dispensa sem justa causa.

§ 2º Considera-se justa causa para os efeitos desta Lei as hipóteses previstas no art. 482, com exceção das alíneas c e g e do seu parágrafo único, da Consolidação das Leis do Trabalho.

Art. 6º-B. Para se habilitar ao benefício, o trabalhador deverá apresentar ao órgão competente do Ministério do Trabalho e Emprego:

- Artigo acrescentado pela Lei 10.208/2001.

I – Carteira de Trabalho e Previdência Social, na qual deverão constar a anotação do contrato de trabalho doméstico e a data da dispensa, de modo a comprovar o vínculo empregatício, como empregado doméstico, durante pelo menos 15 (quinze) meses nos últimos 24 (vinte e quatro) meses;

II – termo de rescisão do contrato de trabalho atestando a dispensa sem justa causa;

III – comprovantes do recolhimento da contribuição previdenciária e do FGTS, durante o período referido no inciso I, na condição de empregado doméstico;

IV – declaração de que não está em gozo de nenhum benefício de prestação continuada da Previdência Social, exceto auxílio-acidente e pensão por morte; e

V – declaração de que não possui renda própria de qualquer natureza suficiente à sua manutenção e de sua família.

Art. 6º-C. O seguro-desemprego deverá ser requerido de 7 (sete) a 90 (noventa) dias contados da data da dispensa.

- Artigo acrescentado pela Lei 10.208/2001.

Art. 6º-D. Novo seguro-desemprego só poderá ser requerido a cada período de 16 (dezesseis) meses decorridos da dispensa que originou o benefício anterior.

- Artigo acrescentado pela Lei 10.208/2001.

Art. 7º Esta Lei será regulamentada no prazo de 90 (noventa) dias, vigorando 30 (trinta) dias após a publicação do seu regulamento.

Art. 8º Revogam-se as disposições em contrário.

Brasília, 11 de dezembro de 1972; 151º da Independência e 84º da República.
Emílio G. Médici

(DOU 12.12.1972)

DECRETO 71.885,
DE 9 DE MARÇO DE 1973

Aprova o Regulamento da Lei 5.859, de 11 de dezembro de 1972, que dispõe sobre a profissão de empregado doméstico, e dá outras providências.

O Presidente da República, usando da atribuição que lhe confere o art. 81, item II, da Constituição, e tendo em vista o disposto no art. 7º da Lei 5.859, de 11 de dezembro de 1972, decreta:

Art. 1º São assegurados aos empregados domésticos os benefícios e serviços da Lei Orgânica da Previdência Social, na conformidade da Lei 5.859, de 11 de dezembro de 1972.

Dec. 71.885/1973

EMPREGADO DOMÉSTICO

Art. 2º Excetuando o Capítulo referente a férias, não se aplicam aos empregados domésticos as demais disposições da Consolidação das Leis do Trabalho.

Parágrafo único. As divergências entre empregado e empregador doméstico, relativas a férias e anotação na Carteira de Trabalho e Previdência Social, ressalvada a competência da Justiça do Trabalho, serão dirimidas pela Delegacia Regional do Trabalho.

Art. 3º Para os fins constantes da Lei 5.859, de 11 de dezembro de 1972, considera-se:

I – empregado doméstico aquele que presta serviços de natureza contínua e de finalidade não lucrativa à pessoa ou à família, no âmbito residencial destas;

II – empregador doméstico a pessoa ou família que admita a seu serviço empregado doméstico.

Art. 4º O empregado doméstico, ao ser admitido no emprego, deverá apresentar os seguintes documentos:

I – Carteira de Trabalho e Previdência Social;

II – Atestado de Boa Conduta emitido por autoridade policial, ou por pessoa idônea, a juízo do empregador;

III – Atestado de Saúde, subscrito por autoridade médica responsável, a critério do empregador doméstico.

Art. 5º Na Carteira de Trabalho e Previdência Social do empregado doméstico serão feitas, pelo respectivo empregador, as seguintes anotações:

I – data de admissão;
II – salário mensal ajustado;
III – início e término das férias;
IV – data da dispensa.

Art. 6º Após cada período contínuo de 12 (doze) meses de trabalho prestado à mesma pessoa ou família, a partir da vigência deste Regulamento, o empregado doméstico fará jus a férias remuneradas, nos termos da Consolidação das Leis do Trabalho, de 20 (vinte) dias úteis, ficando a critério do empregador doméstico a fixação do período correspondente.

Art. 7º Filiam-se à Previdência Social, como segurados obrigatórios, os que trabalham como empregados domésticos no território nacional, na forma do disposto na alínea I do art. 3º deste Regulamento.

Art. 8º O limite de 60 (sessenta) anos para filiar-se à Previdência Social, previsto no art. 4º do Dec.-lei 710, de 28 de julho de 1969, não se aplica ao empregado doméstico que:

I – inscrito como segurado facultativo para todos os efeitos, nessa qualidade já vinha contribuindo na forma da legislação anterior;

II – já sendo segurado obrigatório, tenha adquirido ou venha a adquirir a condição de empregado doméstico após se desligar de emprego ou atividade de que decorria aquela situação.

Art. 9º Considerar-se-á inscrito para os efeitos da Lei 5.859, de 11 de dezembro de 1972, o empregado doméstico que se qualificar junto ao Instituto Nacional de Previdência Social, mediante apresentação da Carteira de Trabalho e Previdência Social.

§ 1º Os empregados domésticos, inscritos como segurados facultativos passam, a partir da vigência deste Regulamento, à condição de segurados obrigatórios, independentemente de nova inscrição.

§ 2º A inscrição dos dependentes incumbe ao próprio segurado e será feita, sempre que possível, no ato de sua inscrição.

Art. 10. O auxílio-doença e a aposentadoria por invalidez do empregado doméstico serão devidos a contar da data de entrada do respectivo requerimento.

Art. 11. O custeio das prestações a que se refere o presente Regulamento será atendido pelas seguintes contribuições:

I – do segurado, em percentagem correspondente a 8% (oito por cento) do seu salário de contribuição, assim considerado, para os efeitos deste Regulamento, o valor do salário mínimo regional;

II – do empregador doméstico, em quantia igual à que for devida pelo segurado.

Parágrafo único. Quando a admissão, dispensa ou afastamento do empregado doméstico ocorrer no curso do mês, a contribuição incidirá sobre 1/30 (um inteiro e trinta avos) do salário mínimo regional por dia de trabalho efetivamente prestado.

Dec. 3.361/2000

EMPREGADO DOMÉSTICO

Art. 12. O recolhimento das contribuições, a cargo do empregador doméstico, será realizado na forma das instruções a serem baixadas pelo Instituto Nacional de Previdência Social, em formulário próprio, individualizado por empregado doméstico.

Parágrafo único. Não recolhendo na época própria as contribuições a seu cargo, ficará o empregador doméstico sujeito às penalidades previstas no art. 165 do Regulamento Geral da Previdência Social, aprovado pelo Dec. 60.501, de 14 de março de 1967.

Art. 13. Aplica-se ao empregado doméstico e respectivo empregador, no que couber, o disposto no Regulamento Geral da Previdência Social aprovado pelo Dec. 60.501, de 14 de março de 1967.

- O Dec. 60.501/1969 foi revogado pelo Dec. 72.771/1973.

Art. 14. O Ministro do Trabalho e Previdência Social baixará as instruções necessárias à execução do presente Regulamento.

Art. 15. O presente Regulamento entrará em vigor 30 (trinta) dias após sua publicação, revogadas as disposições em contrário.

Brasília, 9 de março de 1973; 152º da Independência e 85º da República.

Emílio G. Médici

(DOU 09.03.1973)

DECRETO 3.361,
DE 10 DE FEVEREIRO DE 2000

Regulamenta dispositivos da Lei 5.859, de 11 de dezembro de 1972, que dispõe sobre a profissão de empregado doméstico, para facultar o acesso do empregado doméstico ao Fundo de Garantia do Tempo de Serviço – FGTS e ao Programa do Seguro-Desemprego.

O Presidente da República, no uso da atribuição que lhe confere o art. 84, inciso IV, da Constituição, e tendo em vista o disposto na Lei 5.859, de 11 de dezembro de 1972, com as alterações introduzidas pela Medida Provisória 1.986-2, de 10 de fevereiro de 2000, decreta:

Art. 1º O empregado doméstico poderá ser incluído no Fundo de Garantia do Tempo de Serviço – FGTS, de que trata a Lei 8.036, de 11 de maio de 1990, mediante requerimento do empregador, a partir da competência março do ano 2000.

§ 1º Para efeito deste Decreto, o requerimento consistirá na apresentação da guia de recolhimento do FGTS, devidamente preenchida e assinada pelo empregador, na Caixa Econômica Federal – CEF ou na rede arrecadadora a ela conveniada.

§ 2º Efetivado o primeiro depósito na conta vinculada, o empregado doméstico será automaticamente incluído no FGTS.

Art. 2º A inclusão do empregado doméstico no FGTS é irretratável com relação ao respectivo vínculo contratual e sujeita o empregador às obrigações e penalidades previstas na Lei 8.036, de 1990.

Art. 3º O benefício do seguro-desemprego de que trata a Lei 5.859, de 11 de dezembro de 1972, será concedido ao trabalhador, vinculado ao FGTS, que tiver trabalhado como doméstico por um período mínimo de 15 (quinze) meses nos últimos 24 (vinte e quatro) meses, contados da data de sua dispensa sem justa causa.

Art. 4º Para se habilitar ao seguro-desemprego, o trabalhador deverá apresentar ao órgão competente do Ministério do Trabalho e Emprego:

I – Carteira de Trabalho e Previdência Social, na qual deverá constar a anotação do contrato de trabalho doméstico e a data da dispensa, de modo a comprovar o vínculo empregatício, como empregado doméstico, durante pelo menos 15 (quinze) meses nos últimos 24 (vinte e quatro) meses;

II – termo de rescisão do contrato de trabalho atestando a dispensa sem justa causa;

III – comprovantes do recolhimento da contribuição previdenciária e do FGTS, durante o período referido no inciso I, na condição de empregado doméstico;

IV – declaração de que não está em gozo de nenhum benefício de prestação continuada da Previdência Social, exceto auxílio-acidente e pensão por morte; e

V – declaração de que não possui renda própria de qualquer natureza, suficiente à sua manutenção e de sua família.

§ 1º Na contagem do tempo de serviço de que trata o inciso I deste artigo, serão considerados os meses em que foram efetuados

Lei 10.208/2001

Empregado Doméstico

depósitos no FGTS, em nome do trabalhador como empregado doméstico, por um ou mais empregadores.

§ 2º Considera-se 1 (um) mês de atividade, para efeito do inciso I deste artigo, a fração igual ou superior a 15 (quinze) dias.

Art. 5º O valor do benefício do seguro-desemprego do empregado doméstico corresponderá a um salário mínimo e será concedido por um período máximo de 3 (três) meses, de forma contínua ou alternada, a cada período aquisitivo de 16 (dezesseis) meses.

Parágrafo único. O benefício do seguro-desemprego só poderá ser requerido novamente a cada período de 16 (dezesseis) meses decorridos da dispensa que originou o benefício anterior, desde que satisfeitas as condições estabelecidas no artigo anterior.

Art. 6º A CEF definirá os procedimentos operacionais necessários à inclusão do empregado doméstico e seu empregador no FGTS.

Art. 7º Caberá ao Conselho Deliberativo do Fundo de Amparo ao Trabalhador – Codefat, mediante resolução, estabelecer as medidas operacionais que se fizerem necessárias à concessão do benefício do seguro-desemprego.

Art. 8º Este Decreto entra em vigor na data de sua publicação.

Brasília, 10 de fevereiro de 2000; 179º da Independência e 112º da República.

Fernando Henrique Cardoso

(*DOU* 11.02.2000)

LEI 10.208,
DE 23 DE MARÇO DE 2001

Acresce dispositivos à Lei 5.859, de 11 de dezembro de 1972, que dispõe sobre a profissão de empregado doméstico, para facultar o acesso ao Fundo de Garantia do Tempo de Serviço – FGTS e ao seguro-desemprego.

Faço saber que o Presidente da República adotou a Medida Provisória 2.104-16, de 2001, que o Congresso Nacional aprovou, e eu, Jader Barbalho, Presidente, para os efeitos do disposto no parágrafo único do art. 62 da Constituição Federal, promulgo a seguinte Lei:

Art. 1º A Lei 5.859, de 11 de dezembro de 1972, fica acrescida dos seguintes artigos:

- Alterações processadas no texto da referida Lei (arts. 3º-A, 6º-A, 6º-B, 6º-C e 6º-D).

Art. 2º As despesas decorrentes do pagamento do seguro-desemprego previsto nesta Lei serão atendidas à conta dos recursos do Fundo de Amparo ao Trabalhador – FAT.

Art. 3º O Poder Executivo regulamentará o disposto nesta Lei até 14 de fevereiro de 2000.

Art. 4º Ficam convalidados os atos praticados com base na Medida Provisória 2.104-15, de 26 de janeiro de 2001.

Art. 5º Esta Lei entra em vigor na data de sua publicação.

Congresso Nacional, em 23 de março de 2001; 180º da Independência e 113º da República.

Senador Jader Barbalho

Presidente do Congresso Nacional

(*DOU* 24.03.2001, edição extra)

LEI 11.324,
DE 19 DE JULHO DE 2006

Altera dispositivos das Leis 9.250, de 26 de dezembro de 1995, 8.212, de 24 de julho de 1991, 8.213, de 24 de julho de 1991, e 5.859, de 11 de dezembro de 1972; e revoga dispositivo da Lei 605, de 5 de janeiro de 1949.

O Presidente da República:

Faço saber que o Congresso Nacional decreta e eu sanciono a seguinte Lei:

Art. 1º O art. 12 da Lei 9.250, de 26 de dezembro de 1995, passa a vigorar com a seguinte redação:

"Art. 12. [...]

"[...]

"VII – até o exercício de 2012, ano-calendário de 2011, a contribuição patronal paga à Previdência Social pelo empregador doméstico incidente sobre o valor da remuneração do empregado.

"[...]

"§ 3º A dedução de que trata o inciso VII do *caput* deste artigo:

Lei 11.324/2006

EMPREGADO DOMÉSTICO

"I – está limitada:
"*a)* a um empregado doméstico por declaração, inclusive no caso da declaração em conjunto;
"*b)* ao valor recolhido no ano-calendário a que se referir a declaração;
"II – aplica-se somente ao modelo completo de Declaração de Ajuste Anual;
"III – não poderá exceder:
"*a)* ao valor da contribuição patronal calculada sobre um salário mínimo mensal, sobre o décimo terceiro salário e sobre a remuneração adicional de férias, referidos também a um salário mínimo;
"*b)* ao valor do imposto apurado na forma do art. 11 desta Lei, deduzidos os valores de que tratam os incisos I a III do *caput* deste artigo;
"IV – fica condicionada à comprovação da regularidade do empregador doméstico perante o regime geral de previdência social quando se tratar de contribuinte individual."

Art. 2º O art. 30 da Lei 8.212, de 24 de julho de 1991, passa a vigorar acrescido do seguinte § 6º:
"Art. 30. [...]
"[...]
"§ 6º O empregador doméstico poderá recolher a contribuição do segurado empregado a seu serviço e a parcela a seu cargo relativas à competência novembro até o dia 20 de dezembro, juntamente com a contribuição referente ao décimo terceiro salário, utilizando-se de um único documento de arrecadação."

Art. 3º *(Vetado.)*

Art. 4º A Lei 5.859, de 11 de dezembro de 1972, que dispõe sobre a profissão de empregado doméstico, passa a vigorar com a seguinte redação:
"Art. 2º-A. É vedado ao empregador doméstico efetuar descontos no salário do empregado por fornecimento de alimentação, vestuário, higiene ou moradia.
"§ 1º Poderão ser descontadas as despesas com moradia de que trata o *caput* deste artigo quando essa se referir a local diverso da residência em que ocorrer a prestação de serviço, e desde que essa possibilidade tenha sido expressamente acordada entre as partes.
"§ 2º As despesas referidas no *caput* deste artigo não têm natureza salarial nem se incorporam à remuneração para quaisquer efeitos."
"Art. 3º O empregado doméstico terá direito a férias anuais remuneradas de 30 (trinta) dias com, pelo menos, 1/3 (um terço) a mais que o salário normal, após cada período de 12 (doze) meses de trabalho, prestado à mesma pessoa ou família."
"Art. 3º-A. *(Vetado.)*
"Art. 4º-A. É vedada a dispensa arbitrária ou sem justa causa da empregada doméstica gestante desde a confirmação da gravidez até 5 (cinco) meses após o parto."
"Art. 6º-A. *(Vetado.)*"
"Art. 6º-B. *(Vetado.)*"

Art. 5º O disposto no art. 3º da Lei 5.859, de 11 de dezembro de 1972, com a redação dada por esta Lei, aplica-se aos períodos aquisitivos iniciados após a data de publicação desta Lei.

Art. 6º *(Vetado.)*

Art. 7º *(Vetado.)*

Art. 8º Esta Lei entra em vigor na data de sua publicação, produzindo efeitos em relação às contribuições patronais pagas a partir do mês de janeiro de 2006.

Art. 9º Fica revogada a alínea *a* do art. 5º da Lei 605, de 5 de janeiro de 1949.

Brasília, 19 de julho de 2006; 185º da Independência e 118º da República.
Luiz Inácio Lula da Silva

(*DOU* 20.07.2006)

ESTÁGIO DE ESTUDANTES

LEI 11.788, DE 25 DE SETEMBRO DE 2008

Dispõe sobre o estágio de estudantes; altera a redação do art. 428 da Consolidação das Leis do Trabalho – CLT, aprovada pelo Decreto-lei 5.452, de 1º de maio de 1943, e a Lei 9.394, de 20 de dezembro de 1996; revoga as Leis 6.494, de 7 de dezembro de 1977, e 8.859, de 23 de março de 1994, o parágrafo único do art. 82 da Lei 9.394, de 20 de dezembro de 1996, e o art. 6º da Medida Provisória 2.164-41, de 24 de agosto de 2001; e dá outras providências.

O Presidente da República:
Faço saber que o Congresso Nacional decreta e eu sanciono a seguinte Lei:

Capítulo I
DA DEFINIÇÃO, CLASSIFICAÇÃO E RELAÇÕES DE ESTÁGIO

Art. 1º Estágio é ato educativo escolar supervisionado, desenvolvido no ambiente de trabalho, que visa à preparação para o trabalho produtivo de educandos que estejam frequentando o ensino regular em instituições de educação superior, de educação profissional, de ensino médio, da educação especial e dos anos finais do ensino fundamental, na modalidade profissional da educação de jovens e adultos.

§ 1º O estágio faz parte do projeto pedagógico do curso, além de integrar o itinerário formativo do educando.

§ 2º O estágio visa ao aprendizado de competências próprias da atividade profissional e à contextualização curricular, objetivando o desenvolvimento do educando para a vida cidadã e para o trabalho.

Art. 2º O estágio poderá ser obrigatório ou não obrigatório, conforme determinação das diretrizes curriculares da etapa, modalidade e área de ensino e do projeto pedagógico do curso.

§ 1º Estágio obrigatório é aquele definido como tal no projeto do curso, cuja carga horária é requisito para aprovação e obtenção de diploma.

§ 2º Estágio não obrigatório é aquele desenvolvido como atividade opcional, acrescida à carga horária regular e obrigatória.

§ 3º As atividades de extensão, de monitorias e de iniciação científica na educação superior, desenvolvidas pelo estudante, somente poderão ser equiparadas ao estágio em caso de previsão no projeto pedagógico do curso.

Art. 3º O estágio, tanto na hipótese do § 1º do art. 2º desta Lei quanto na prevista no § 2º do mesmo dispositivo, não cria vínculo empregatício de qualquer natureza, observados os seguintes requisitos:

I – matrícula e frequência regular do educando em curso de educação superior, de educação profissional, de ensino médio, da educação especial e nos anos finais do ensino fundamental, na modalidade profissional da educação de jovens e adultos e atestados pela instituição de ensino;

II – celebração de termo de compromisso entre o educando, a parte concedente do estágio e a instituição de ensino;

III – compatibilidade entre as atividades desenvolvidas no estágio e aquelas previstas no termo de compromisso.

§ 1º O estágio, como ato educativo escolar supervisionado, deverá ter acompanhamento efetivo pelo professor orientador da instituição de ensino e por supervisor da parte concedente, comprovado por vistos nos relatórios referidos no inciso IV do *caput* do art. 7º desta Lei e por menção de aprovação final.

§ 2º O descumprimento de qualquer dos incisos deste artigo ou de qualquer obrigação contida no termo de compromisso caracteriza vínculo de emprego do educando com a parte concedente do estágio para todos os fins da legislação trabalhista e previdenciária.

Art. 4º A realização de estágios, nos termos desta Lei, aplica-se aos estudantes es-

Lei 11.788/2008

ESTÁGIO DE ESTUDANTES

trangeiros regularmente matriculados em cursos superiores no País, autorizados ou reconhecidos, observado o prazo do visto temporário de estudante, na forma da legislação aplicável.

Art. 5º As instituições de ensino e as partes cedentes de estágio podem, a seu critério, recorrer a serviços de agentes de integração públicos e privados, mediante condições acordadas em instrumento jurídico apropriado, devendo ser observada, no caso de contratação com recursos públicos, a legislação que estabelece as normas gerais de licitação.

§ 1º Cabe aos agentes de integração, como auxiliares no processo de aperfeiçoamento do instituto do estágio:
I – identificar oportunidades de estágio;
II – ajustar suas condições de realização;
III – fazer o acompanhamento administrativo;
IV – encaminhar negociação de seguros contra acidentes pessoais;
V – cadastrar os estudantes.

§ 2º É vedada a cobrança de qualquer valor dos estudantes, a título de remuneração pelos serviços referidos nos incisos deste artigo.

§ 3º Os agentes de integração serão responsabilizados civilmente se indicarem estagiários para a realização de atividades não compatíveis com a programação curricular estabelecida para cada curso, assim como estagiários matriculados em cursos ou instituições para as quais não há previsão de estágio curricular.

Art. 6º O local de estágio pode ser selecionado a partir de cadastro de partes cedentes, organizado pelas instituições de ensino ou pelos agentes de integração.

Capítulo II
DA INSTITUIÇÃO DE ENSINO

Art. 7º São obrigações das instituições de ensino, em relação aos estágios de seus educandos:
I – celebrar termo de compromisso com o educando ou com seu representante ou assistente legal, quando ele for absoluta ou relativamente incapaz, e com a parte concedente, indicando as condições de adequação do estágio à proposta pedagógica do curso, à etapa e modalidade da formação escolar do estudante e ao horário e calendário escolar;
II – avaliar as instalações da parte concedente do estágio e sua adequação à formação cultural e profissional do educando;
III – indicar professor orientador, da área a ser desenvolvida no estágio, como responsável pelo acompanhamento e avaliação das atividades do estagiário;
IV – exigir do educando a apresentação periódica, em prazo não superior a 6 (seis) meses, de relatório das atividades;
V – zelar pelo cumprimento do termo de compromisso, reorientando o estagiário para outro local em caso de descumprimento de suas normas;
VI – elaborar normas complementares e instrumentos de avaliação dos estágios de seus educandos;
VII – comunicar à parte concedente do estágio, no início do período letivo, as datas de realização de avaliações escolares ou acadêmicas.

Parágrafo único. O plano de atividades do estagiário, elaborado em acordo das 3 (três) partes a que se refere o inciso II do *caput* do art. 3º desta Lei, será incorporado ao termo de compromisso por meio de aditivos à medida que for avaliado, progressivamente, o desempenho do estudante.

Art. 8º É facultado às instituições de ensino celebrar com entes públicos e privados convênio de concessão de estágio, nos quais se explicitem o processo educativo compreendido nas atividades programadas para seus educandos e as condições de que tratam os arts. 6º a 14 desta Lei.

Parágrafo único. A celebração de convênio de concessão de estágio entre a instituição de ensino e a parte concedente não dispensa a celebração do termo de compromisso de que trata o inciso II do *caput* do art. 3º desta Lei.

Capítulo III
DA PARTE CONCEDENTE

Art. 9º As pessoas jurídicas de direito privado e os órgãos da administração pública direta, autárquica e fundacional de qual-

Lei 11.788/2008

ESTÁGIO DE ESTUDANTES

quer dos Poderes da União, dos Estados, do Distrito Federal e dos Municípios, bem como profissionais liberais de nível superior devidamente registrados em seus respectivos conselhos de fiscalização profissional, podem oferecer estágio, observadas as seguintes obrigações:

I – celebrar termo de compromisso com a instituição de ensino e o educando, zelando por seu cumprimento;

II – ofertar instalações que tenham condições de proporcionar ao educando atividades de aprendizagem social, profissional e cultural;

III – indicar funcionário de seu quadro de pessoal, com formação ou experiência profissional na área de conhecimento desenvolvida no curso do estagiário, para orientar e supervisionar até dez estagiários simultaneamente;

IV – contratar em favor do estagiário seguro contra acidentes pessoais, cuja apólice seja compatível com valores de mercado, conforme fique estabelecido no termo de compromisso;

V – por ocasião do desligamento do estagiário, entregar termo de realização do estágio com indicação resumida das atividades desenvolvidas, dos períodos e da avaliação de desempenho;

VI – manter à disposição da fiscalização documentos que comprovem a relação de estágio;

VII – enviar à instituição de ensino, com periodicidade mínima de 6 (seis) meses, relatório de atividades, com vista obrigatória ao estagiário.

Parágrafo único. No caso de estágio obrigatório, a responsabilidade pela contratação do seguro de que trata o inciso IV do *caput* deste artigo poderá, alternativamente, ser assumida pela instituição de ensino.

Capítulo IV
DO ESTAGIÁRIO

Art. 10. A jornada de atividade em estágio será definida de comum acordo entre a instituição de ensino, a parte concedente e o aluno estagiário ou seu representante legal, devendo constar do termo de compromisso ser compatível com as atividades escolares e não ultrapassar:

I – 4 (quatro) horas diárias e 20 (vinte) horas semanais, no caso de estudantes de educação especial e dos anos finais do ensino fundamental, na modalidade profissional de educação de jovens e adultos;

II – 6 (seis) horas diárias e 30 (trinta) horas semanais, no caso de estudantes do ensino superior, da educação profissional de nível médio e do ensino médio regular.

§ 1º O estágio relativo a cursos que alternam teoria e prática, nos períodos em que não estão programadas aulas presenciais, poderá ter jornada de até 40 (quarenta) horas semanais, desde que isso esteja previsto no projeto pedagógico do curso e da instituição de ensino.

§ 2º Se a instituição de ensino adotar verificações de aprendizagem periódicas ou finais, nos períodos de avaliação, a carga horária do estágio será reduzida pelo menos à metade, segundo estipulado no termo de compromisso, para garantir o bom desempenho do estudante.

Art. 11. A duração do estágio, na mesma parte concedente, não poderá exceder 2 (dois) anos, exceto quando se tratar de estagiário portador de deficiência.

Art. 12. O estagiário poderá receber bolsa ou outra forma de contraprestação que venha a ser acordada, sendo compulsória a sua concessão, bem como a do auxílio-transporte, na hipótese de estágio não obrigatório.

§ 1º A eventual concessão de benefícios relacionados a transporte, alimentação e saúde, entre outros, não caracteriza vínculo empregatício.

§ 2º Poderá o educando inscrever-se e contribuir como segurado facultativo do Regime Geral de Previdência Social.

Art. 13. É assegurado ao estagiário, sempre que o estágio tenha duração igual ou superior a 1 (um) ano, período de recesso de 30 (trinta) dias, a ser gozado preferencialmente durante suas férias escolares.

§ 1º O recesso de que trata este artigo deverá ser remunerado quando o estagiário receber bolsa ou outra forma de contraprestação.

Lei 11.788/2008

ESTÁGIO DE ESTUDANTES

§ 2º Os dias de recesso previstos neste artigo serão concedidos de maneira proporcional, nos casos de o estágio ter duração inferior a 1 (um) ano.

Art. 14. Aplica-se ao estagiário a legislação relacionada à saúde e segurança no trabalho, sendo sua implementação de responsabilidade da parte concedente do estágio.

Capítulo V
DA FISCALIZAÇÃO

Art. 15. A manutenção de estagiários em desconformidade com esta Lei caracteriza vínculo de emprego do educando com a parte concedente do estágio para todos os fins da legislação trabalhista e previdenciária.

§ 1º A instituição privada ou pública que reincidir na irregularidade de que trata este artigo ficará impedida de receber estagiários por 2 (dois) anos, contados da data da decisão definitiva do processo administrativo correspondente.

§ 2º A penalidade de que trata o § 1º deste artigo limita-se à filial ou agência em que for cometida a irregularidade.

Capítulo VI
DAS DISPOSIÇÕES GERAIS

Art. 16. O termo de compromisso deverá ser firmado pelo estagiário ou com seu representante ou assistente legal e pelos representantes legais da parte concedente e da instituição de ensino, vedada a atuação dos agentes de integração a que se refere o art. 5º desta Lei como representante de qualquer das partes.

Art. 17. O número máximo de estagiários em relação ao quadro de pessoal das entidades concedentes de estágio deverá atender às seguintes proporções:

I – de 1 (um) a 5 (cinco) empregados: um estagiário;

II – de 6 (seis) a 10 (dez) empregados: até dois estagiários;

III – de 11 (onze) a 25 (vinte e cinco) empregados: até cinco estagiários;

IV – acima de 25 (vinte e cinco) empregados: até 20% (vinte por cento) de estagiários.

§ 1º Para efeito desta Lei, considera-se quadro de pessoal o conjunto de trabalhadores empregados existentes no estabelecimento do estágio.

§ 2º Na hipótese de a parte concedente contar com várias filiais ou estabelecimentos, os quantitativos previstos nos incisos deste artigo serão aplicados a cada um deles.

§ 3º Quando o cálculo do percentual disposto no inciso IV do *caput* deste artigo resultar em fração, poderá ser arredondado para o número inteiro imediatamente superior.

§ 4º Não se aplica o disposto no *caput* deste artigo aos estágios de nível superior e de nível médio profissional.

§ 5º Fica assegurado às pessoas portadoras de deficiência o percentual de 10% (dez por cento) das vagas oferecidas pela parte concedente do estágio.

Art. 18. A prorrogação dos estágios contratados antes do início da vigência desta Lei apenas poderá ocorrer se ajustada às suas disposições.

Art. 19. O art. 428 da Consolidação das Leis do Trabalho – CLT, aprovada pelo Decreto-lei 5.452, de 1º de maio de 1943, passa a vigorar com as seguintes alterações:

"Art. 428. [...]

"§ 1º A validade do contrato de aprendizagem pressupõe anotação na Carteira de Trabalho e Previdência Social, matrícula e frequência do aprendiz na escola, caso não haja concluído o ensino médio, e inscrição em programa de aprendizagem desenvolvido sob orientação de entidade qualificada em formação técnico-profissional metódica.

"[...]

"§ 3º O contrato de aprendizagem não poderá ser estipulado por mais de 2 (dois) anos, exceto quando se tratar de aprendiz portador de deficiência.

"[...]

"§ 7º Nas localidades onde não houver oferta de ensino médio para o cumprimento do disposto no § 1º deste artigo, a contratação do aprendiz poderá ocorrer sem a frequência à escola, desde que ele já tenha concluído o ensino fundamental."

Lei 11.788/2008

ESTÁGIO DE ESTUDANTES

Art. 20. O art. 82 da Lei 9.394, de 20 de dezembro de 1996, passa a vigorar com a seguinte redação:
"Art. 82. Os sistemas de ensino estabelecerão as normas de realização de estágio em sua jurisdição, observada a lei federal sobre a matéria.
"Parágrafo único. *(Revogado.)*"

Art. 21. Esta Lei entra em vigor na data de sua publicação.

Art. 22. Revogam-se as Leis 6.494, de 7 de dezembro de 1977, e 8.859, de 23 de março de 1994, o parágrafo único do art. 82 da Lei 9.394, de 20 de dezembro de 1996, e o art. 6º da Medida Provisória 2.164-41, de 24 de agosto de 2001.

Brasília, 25 de setembro de 2008; 187º da Independência e 120º da República.

Luiz Inácio Lula da Silva

(*DOU* 26.09.2008)

Lei 11.788/2008

ESTÁGIO DE ESTUDANTES

Art. 20. O art. 82 da Lei 9.394, de 20 de dezembro de 1996, passa a vigorar com a seguinte redação:

"Art. 82. Os sistemas de ensino estabelecerão as normas de realização de estágio em sua jurisdição, observada a lei federal sobre a matéria.

Parágrafo único. (Revogado)."

Art. 21. Esta Lei entra em vigor na data de sua publicação.

Art. 22. Revogam-se as Leis n[os] 6.494, de 7 de dezembro de 1977, e 8.859, de 23 de março de 1994, o parágrafo único do art. 82 da Lei 9.394, de 20 de dezembro de 1996, e o art. 6º da Medida Provisória 2.164-41, de 24 de agosto de 2001.

Brasília, 25 de setembro de 2008, 187º da Independência e 120º da República.

Luiz Inácio Lula da Silva

(DOU, 26.09.2008).

FÉRIAS E FERIADOS

QUADRO DEMONSTRATIVO

Legislação	Feriados Oficiais
Lei 662/1949 (alterada pela Lei 10.607/2002)	1º de janeiro (Confraternização Universal)
	21 de abril (Tiradentes)
	1º de maio (Dia do Trabalho)
	7 de setembro (Independência do Brasil)
	2 de novembro (Finados)
	15 de novembro (Proclamação da República)
	25 de dezembro (Natal)
Lei 4.737/1965 e Lei 9.504/1997	Eleições "Art. 380. Será feriado nacional o dia em que se realizarem eleições "[...]" (Lei 4.737/1965) "Art. 1º As eleições para Presidente e Vice-Presidente da República, Governador e Vice-Governador de Estado e do Distrito Federal, Prefeito e Vice-Prefeito, Senador, Deputado Federal, Deputado Estadual, Deputado Distrital e Vereador dar-se-ão, em todo o País, no primeiro domingo de outubro do ano respectivo. "[...]" "Art. 2º [...] "§ 1º Se nenhum candidato alcançar maioria absoluta na primeira votação, far-se-á nova eleição no último domingo de outubro, concorrendo os dois candidatos mais votados, e considerando-se eleito o que obtiver a maioria dos votos válidos." "[...]" (Lei 9.504/1997)
Lei 6.802/1980	12 de outubro (Dia da Padroeira do Brasil)
Lei 9.093/1995 (alterada pela Lei 9.335/1996)	Feriados civis e religiosos "Art. 1º São feriados civis: "I – os declarados em lei federal; "II – a data magna do Estado fixada em lei estadual; "III – os dias do início e do término do ano do centenário de fundação do Município, fixados em lei municipal." "Art. 2º São feriados religiosos os dias de guarda, declarados em lei municipal, de acordo com a tradição local e em número não superior a quatro, neste incluída a Sexta-Feira da Paixão."

Port. MTb 3.118/1989

FÉRIAS E FERIADOS

PORTARIA 3.118,
DE 3 DE ABRIL DE 1989,
DO MINISTÉRIO DO TRABALHO – MTb

Subdelega competência aos Delegados Regionais do Trabalho para decidir sobre os pedidos de autorização para trabalho aos domingos e nos dias feriados civis e religiosos.

A Ministra de Estado do Trabalho usando da competência que lhe foi atribuída pelo artigo 913 da Consolidação das Leis do Trabalho, aprovado pelo Decreto-lei 5.452 de 1º de maio de 1943, e,

Considerando o disposto do artigo 1º do Decreto 83.842, de 14 de agosto de 1979, e o que prescreve o artigo 6º do Decreto 83.937, de 6 de setembro de 1979;

Considerando a necessidade de descentralizar as decisões relativas a pedidos de autorização para trabalho aos domingos e nos dias feriados civis e religiosos;

Considerando o que prescrevem os artigos 68 e 70, da CLT, e as disposições da Lei 605, de 5 de janeiro de 1949, e seu Regulamento, aprovado pelo Decreto 27.048, de 12 de agosto de 1949, resolve:

Art. 1º Subdelegar competência aos Delegados Regionais do Trabalho para decidir sobre os pedidos de autorização para o trabalho aos domingos e nos dias feriados civis e religiosos.

Art. 2º Os pedidos de autorização de que trata o artigo 1º deverão ser instruídos com os seguintes documentos:

a) laudo técnico elaborado por instituição Federal, Estadual ou Municipal, indicando as necessidades de ordem técnica e os setores que exigem a continuidade do trabalho, com validade de 4 (quatro) anos;

b) acordo coletivo de trabalho ou anuência expressa de seus empregados, manifestada com a assistência da respectiva entidade sindical;

c) escala de revezamento, observado o disposto na Portaria Ministerial 417, de 10 de julho de 1966.

Art. 3º A Delegada Regional do Trabalho deverá inspecionar a empresa requerente, conforme as instruções expedidas pela Subsecretaria de Proteção ao Trabalho e a autorização somente será concedida se não for constatada irregularidade quanto às normas de proteção, segurança e medicina do Trabalho.

Art. 4º As autorizações serão concedidas pelo prazo de 2 (dois) anos, renováveis por igual período.

Parágrafo único. Os pedidos de renovação deverão ser formalizados 3 (três) meses antes do término da autorização, observados os requisitos das letras *a*, *b* e *c* do artigo 2º.

Art. 5º O Órgão Regional do Ministério do Trabalho deverá inspecionar regularmente as empresas que obtiveram autorização, efetuando o seu cancelamento em caso de descumprimento da exigência constante desta Portaria.

Art. 6º As portarias de autorização e as de renovação deverão ser publicadas no *Diário Oficial da União*.

Art. 7º Esta portaria entrará em vigor na data de sua publicação, revogadas as disposições em contrário.

Dorothea Werneck

(*DOU* 11.05.1989)

LEI 9.093,
DE 12 DE SETEMBRO DE 1995

Dispõe sobre feriados.

O Presidente da República:

Faço saber que o Congresso Nacional decreta e eu sanciono a seguinte Lei:

Art. 1º São feriados civis:

I – os declarados em lei federal;

II – a data magna do Estado fixada em lei estadual;

III – os dias do início e do término do ano do centenário de fundação do Município, fixados em lei municipal.

• Inciso III acrescentado pela Lei 9.335/1996.

Art. 2º São feriados religiosos os dias de guarda, declarados em lei municipal, de acordo com a tradição local e em número não superior a quatro, neste incluída a Sexta-feira da Paixão.

FÉRIAS E FERIADOS

Art. 3º Esta Lei entra em vigor na data de sua publicação.

Art. 4º Revogam-se as disposições em contrário, especialmente o art. 11 da Lei 605, de 5 de janeiro de 1949.

Brasília, 12 de setembro de 1995; 174º da Independência e 107º da República.

Fernando Henrique Cardoso

(*DOU* 13.09.1995)

INSTRUÇÃO NORMATIVA 936, DE 5 DE MAIO DE 2009, DA SECRETARIA DA RECEITA FEDERAL DO BRASIL – RFB

Dispõe sobre o tratamento tributário relativo a valores pagos a título de abono pecuniário de férias.

A Secretária da Receita Federal do Brasil, no uso da atribuição que lhe confere o inciso III do art. 261 do Regimento Interno da Secretaria da Receita Federal do Brasil, aprovado pela Portaria MF 125, de 4 de março de 2009, e tendo em vista o Ato Declaratório PGFN 6, de 16 de novembro de 2006, resolve:

Art. 1º Os valores pagos a pessoa física a título de abono pecuniário de férias de que trata o art. 143 da Consolidação das Leis do Trabalho (CLT), aprovada pelo Decreto-lei 5.452, de 1º de maio de 1943, não serão tributados pelo imposto de renda na fonte nem na Declaração de Ajuste Anual.

Art. 2º A pessoa física que recebeu os rendimentos de que trata o art. 1º com desconto do imposto de renda na fonte e que incluiu tais rendimentos na Declaração de Ajuste Anual como tributáveis, para pleitear a restituição da retenção indevida, deverá apresentar declaração retificadora do respectivo exercício da retenção, excluindo o valor recebido a título de abono pecuniário de férias do campo "rendimentos tributáveis" e informando-o no campo "outros" da ficha "rendimentos isentos e não tributáveis", com especificação da natureza do rendimento.

§ 1º Para fins do disposto no *caput*, na declaração retificadora deverão ser mantidas todas as demais informações constantes da declaração original que não sofreram alterações.

§ 2º A declaração retificadora deverá ser apresentada:

I – pela Internet, mediante a utilização do programa de transmissão Receitanet, disponível no sítio da Secretaria da Receita Federal do Brasil (RFB) no endereço <http://www.receita.fazenda.gov.br>; ou

II – em disquete, nas unidades da RFB, durante o seu horário de expediente.

§ 3º Para a elaboração e transmissão da declaração retificadora deverão ser utilizados o Programa Gerador da Declaração (PGD) relativo ao exercício da retenção indevida e o mesmo modelo (completo ou simplificado) utilizado para a declaração original, bem como deverá ser informado o número constante no recibo de entrega referente a esta declaração original.

§ 4º Se da declaração retificadora resultar saldo de imposto a restituir superior ao da declaração original, a diferença entre o saldo a restituir referente à declaração retificadora e o valor eventualmente já restituído, será objeto de restituição automática.

Art. 3º No caso de ter havido recolhimento de imposto no exercício a que se refere o art. 2º, se da retificação da declaração resultar pagamento indevido, a restituição ou compensação do imposto pago indevidamente na declaração original deverá ser requerida mediante a utilização do programa Pedido de Restituição, Ressarcimento ou Reembolso e Declaração de Compensação (PER/DCOMP), disponível no sítio da RFB na Internet, no endereço mencionado no inciso I do § 2º do art. 2º.

Art. 4º O prazo para pleitear a restituição é de 5 (cinco) anos contados da data da retenção indevida.

Art. 5º O pagamento da restituição, acrescida de juros equivalentes à taxa referencial do Sistema Especial de Liquidação e de Custódia (Selic) para títulos federais, acu-

mulada mensalmente a partir do mês de maio do exercício correspondente ao da declaração original até o mês anterior ao da restituição, e de 1% (um por cento) no mês em que o crédito for disponibilizado ao contribuinte no banco, será efetuado por meio dos lotes mensais de restituição do Imposto sobre a Renda da Pessoa Física, disponíveis na rede bancária.

Art. 6º A fonte pagadora dos rendimentos de que trata o art. 1º poderá apresentar a Declaração do Imposto de Renda Retido na Fonte (Dirf) retificadora.

Parágrafo único. A retificação de que trata o *caput* não se enquadra no disposto no art. 7º da Lei 10.426, de 24 de abril de 2002.

Art. 7º Esta Instrução Normativa entra em vigor na data da sua publicação.

Lina Maria Vieira

(*DOU* 06.05.2009)

FISCALIZAÇÃO DO TRABALHO

DECRETO 4.552,
DE 27 DE DEZEMBRO DE 2002

Aprova o Regulamento da Inspeção do Trabalho.

O Presidente da República, no uso da atribuição que lhe confere o art. 84, inciso IV, e considerando o disposto no art. 21, inciso XXIV, ambos da Constituição, na Lei 10.593, de 6 de dezembro de 2002, e na Convenção 81 da Organização Internacional do Trabalho, aprovada pelo Decreto Legislativo 24, de 29 de maio de 1956, promulgada pelo Decreto 41.721, de 25 de junho de 1957, e revigorada pelo Decreto 95.461, de 11 de dezembro de 1987, bem como o disposto na Consolidação das Leis do Trabalho, aprovada pelo Decreto-lei 5.452, de 1º de maio de 1943, decreta:

Art. 1º Fica aprovado o Regulamento da Inspeção do Trabalho, que a este Decreto acompanha.

Art. 2º Este Decreto entra em vigor na data da sua publicação.

Art. 3º Revogam-se os Decretos 55.841, de 15 de março de 1965, 57.819, de 15 de fevereiro de 1966, 65.557, de 21 de outubro de 1969, e 97.995, de 26 de julho de 1989.

Brasília, 27 de dezembro de 2002; 181º da Independência e 114º da República.

Fernando Henrique Cardoso

(DOU 30.12.2002)

REGULAMENTO DA INSPEÇÃO DO TRABALHO
Capítulo I
DA FINALIDADE

Art. 1º O Sistema Federal de Inspeção do Trabalho, a cargo do Ministério do Trabalho e Emprego, tem por finalidade assegurar, em todo o território nacional, a aplicação das disposições legais, incluindo as convenções internacionais ratificadas, os atos e decisões das autoridades competentes e as convenções, acordos e contratos coletivos de trabalho, no que concerne à proteção dos trabalhadores no exercício da atividade laboral.

Capítulo II
DA ORGANIZAÇÃO

Art. 2º Compõem o Sistema Federal de Inspeção do Trabalho:

I – autoridades de direção nacional, regional ou local: aquelas indicadas em leis, regulamentos e demais atos atinentes à estrutura administrativa do Ministério do Trabalho e Emprego;

II – Auditores Fiscais do Trabalho:

* *Caput* do inciso II com redação determinada pelo Dec. 4.870/2003.

a) legislação do trabalho;

b) segurança do trabalho; e

c) saúde no trabalho;

III – Agentes de Higiene e Segurança do Trabalho, em funções auxiliares de inspeção do trabalho.

Art. 3º Os Auditores Fiscais do Trabalho são subordinados tecnicamente à autoridade nacional competente em matéria de inspeção do trabalho.

Art. 4º Para fins de inspeção, o território de cada unidade federativa será dividido em circunscrições, e fixadas as correspondentes sedes.

Parágrafo único. As circunscrições que tiverem dois ou mais Auditores Fiscais do Trabalho poderão ser divididas em áreas de inspeção delimitadas por critérios geográficos.

Art. 5º A distribuição dos Auditores Fiscais do Trabalho pelas diferentes áreas de inspeção da mesma circunscrição obedecerá ao sistema de rodízio, efetuado em sorteio público, vedada a recondução para a mesma área no período seguinte.

Dec. 4.552/2002

FISCALIZAÇÃO DO TRABALHO

§ 1º Os Auditores Fiscais do Trabalho permanecerão nas diferentes áreas de inspeção pelo prazo máximo de 12 (doze) meses.

§ 2º É facultado à autoridade de direção regional estabelecer programas especiais de fiscalização que contemplem critérios diversos dos estabelecidos neste artigo, desde que aprovados pela autoridade nacional competente em matéria de inspeção do trabalho.

Art. 6º Atendendo às peculiaridades ou circunstâncias locais ou, ainda, a programas especiais de fiscalização, poderá a autoridade nacional competente em matéria de inspeção do trabalho alterar os critérios fixados nos arts. 4º e 5º para estabelecer a fiscalização móvel, independentemente de circunscrição ou áreas de inspeção, definindo as normas para sua realização.

* Artigo com redação determinada pelo Dec. 4.870/2003.

Art. 7º Compete às autoridades de direção do Sistema Federal de Inspeção do Trabalho:

I – organizar, coordenar, avaliar e controlar as atividades de auditoria e as auxiliares da inspeção do trabalho;

II – elaborar planejamento estratégico das ações da inspeção do trabalho no âmbito de sua competência;

III – proferir decisões em processo administrativo resultante de ação de inspeção do trabalho; e

IV – receber denúncias e, quando for o caso, formulá-las e encaminhá-las aos demais órgãos do poder público.

§ 1º As autoridades de direção local e regional poderão empreender e supervisionar projetos consoante diretrizes emanadas da autoridade nacional competente em matéria de inspeção do trabalho.

§ 2º Cabe à autoridade nacional competente em matéria de inspeção do trabalho elaborar e divulgar os relatórios previstos em convenções internacionais.

Art. 8º O planejamento estratégico das ações de inspeção do trabalho será elaborado pelos órgãos competentes, considerando as propostas das respectivas unidades descentralizadas.

§ 1º O planejamento de que trata este artigo consistirá na descrição das atividades a serem desenvolvidas nas unidades descentralizadas, de acordo com as diretrizes fixadas pela autoridade nacional competente em matéria de inspeção do trabalho.

§ 2º *(Revogado pelo Dec. 4.870/2003.)*

Capítulo III
DA INSPEÇÃO

Art. 9º A inspeção do trabalho será promovida em todas as empresas, estabelecimentos e locais de trabalho, públicos ou privados, estendendo-se aos profissionais liberais e instituições sem fins lucrativos, bem como às embarcações estrangeiras em águas territoriais brasileiras.

Art. 10. Ao Auditor Fiscal do Trabalho será fornecida Carteira de Identidade Fiscal (CIF), que servirá como credencial privativa, com renovação quinquenal.

§ 1º Além da credencial aludida no *caput*, será fornecida credencial transcrita na língua inglesa ao Auditor Fiscal do Trabalho, que tenha por atribuição inspecionar embarcações de bandeira estrangeira.

§ 2º A autoridade nacional competente em matéria de inspeção do trabalho fará publicar, no *Diário Oficial da União*, relação nominal dos portadores de Carteiras de Identidade Fiscal, com nome, número de matrícula e órgão de lotação.

§ 3º É proibida a outorga de identidade fiscal a quem não seja integrante da Carreira Auditoria Fiscal do Trabalho.

Art. 11. A credencial a que se refere o art. 10 deverá ser devolvida para inutilização, sob pena de responsabilidade administrativa, nos seguintes casos:

I – posse em outro cargo público efetivo inacumulável;

II – posse em cargo comissionado de quadro diverso do Ministério do Trabalho e Emprego;

III – exoneração ou demissão do cargo de Auditor Fiscal do Trabalho;

IV – aposentadoria; ou

V – afastamento ou licenciamento por prazo superior a 6 (seis) meses.

Dec. 4.552/2002

FISCALIZAÇÃO DO TRABALHO

Art. 12. A exibição da credencial é obrigatória no momento da inspeção, salvo quando o Auditor Fiscal do Trabalho julgar que tal identificação prejudicará a eficácia da fiscalização, hipótese em que deverá fazê-lo após a verificação física.

Parágrafo único. O Auditor Fiscal somente poderá exigir a exibição de documentos após a apresentação da credencial.

Art. 13. O Auditor Fiscal do Trabalho, munido de credencial, tem o direito de ingressar, livremente, sem prévio aviso e em qualquer dia e horário, em todos os locais de trabalho mencionados no art. 9º.

Art. 14. Os empregadores, tomadores e intermediadores de serviços, empresas, instituições, associações, órgãos e entidades de qualquer natureza ou finalidade são sujeitos à inspeção do trabalho e ficam, pessoalmente ou por seus prepostos ou representantes legais, obrigados a franquear, aos Auditores Fiscais do Trabalho, o acesso aos estabelecimentos, respectivas dependências e locais de trabalho, bem como exibir os documentos e materiais solicitados para fins de inspeção do trabalho.

Art. 15. As inspeções, sempre que necessário, serão efetuadas de forma imprevista, cercadas de todas as cautelas, na época e horários mais apropriados a sua eficácia.

Art. 16. As determinações para o cumprimento de ação fiscal deverão ser comunicadas por escrito, por meio de ordens de serviço.

Parágrafo único. As ordens de serviço poderão prever a realização de inspeções por grupos de Auditores Fiscais do Trabalho.

Art. 17. Os órgãos da administração pública direta ou indireta e as empresas concessionárias ou permissionárias de serviços públicos ficam obrigadas a proporcionar efetiva cooperação aos Auditores Fiscais do Trabalho.

Art. 18. Compete aos Auditores Fiscais do Trabalho, em todo o território nacional:

I – verificar o cumprimento das disposições legais e regulamentares, inclusive as relacionadas à segurança e à saúde no trabalho, no âmbito das relações de trabalho e de emprego, em especial:

a) os registros em Carteira de Trabalho e Previdência Social (CTPS), visando à redução dos índices de informalidade;

b) o recolhimento do Fundo de Garantia do Tempo de Serviço (FGTS), objetivando maximizar os índices de arrecadação;

c) o cumprimento de acordos, convenções e contratos coletivos de trabalho celebrados entre empregados e empregadores; e

d) o cumprimento dos acordos, tratados e convenções internacionais ratificados pelo Brasil;

II – ministrar orientações e dar informações e conselhos técnicos aos trabalhadores e às pessoas sujeitas à inspeção do trabalho, atendidos os critérios administrativos de oportunidade e conveniência;

III – interrogar as pessoas sujeitas à inspeção do trabalho, seus prepostos ou representantes legais, bem como trabalhadores, sobre qualquer matéria relativa à aplicação das disposições legais e exigir-lhes documento de identificação;

IV – expedir notificação para apresentação de documentos;

V – examinar e extrair dados e cópias de livros, arquivos e outros documentos, que entenda necessários ao exercício de suas atribuições legais, inclusive quando mantidos em meio magnético ou eletrônico;

VI – proceder a levantamento e notificação de débitos;

VII – apreender, mediante termo, materiais, livros, papéis, arquivos e documentos, inclusive quando mantidos em meio magnético ou eletrônico, que constituam prova material de infração, ou, ainda, para exame ou instrução de processos;

VIII – inspecionar os locais de trabalho, o funcionamento de máquinas e a utilização de equipamentos e instalações;

IX – averiguar e analisar situações com risco potencial de gerar doenças ocupacionais e acidentes do trabalho, determinando as medidas preventivas necessárias;

X – notificar as pessoas sujeitas à inspeção do trabalho para o cumprimento de obriga-

Dec. 4.552/2002

FISCALIZAÇÃO DO TRABALHO

ções ou a correção de irregularidades e adoção de medidas que eliminem os riscos para a saúde e segurança dos trabalhadores, nas instalações ou métodos de trabalho;

XI – quando constatado grave e iminente risco para a saúde ou segurança dos trabalhadores, expedir a notificação a que se refere o inciso X deste artigo, determinando a adoção de medidas de imediata aplicação;

XII – coletar materiais e substâncias nos locais de trabalho para fins de análise, bem como apreender equipamentos e outros itens relacionados com a segurança e saúde no trabalho, lavrando o respectivo termo de apreensão;

XIII – propor a interdição de estabelecimento, setor de serviço, máquina ou equipamento, ou o embargo de obra, total ou parcial, quando constatar situação de grave e iminente risco à saúde ou à integridade física do trabalhador, por meio de emissão de laudo técnico que indique a situação de risco verificada e especifique as medidas corretivas que deverão ser adotadas pelas pessoas sujeitas à inspeção do trabalho, comunicando o fato de imediato à autoridade competente;

XIV – analisar e investigar as causas dos acidentes do trabalho e das doenças ocupacionais, bem como as situações com potencial para gerar tais eventos;

XV – realizar auditorias e perícias e emitir laudos, pareceres e relatórios;

• Inciso XV com redação determinada pelo Dec. 4.870/2003.

XVI – solicitar, quando necessário ao desempenho de suas funções, o auxílio da autoridade policial;

XVII – lavrar termo de compromisso decorrente de procedimento especial de inspeção;

XVIII – lavrar autos de infração por inobservância de disposições legais;

XIX – analisar processos administrativos de auto de infração, notificações de débitos ou outros que lhes forem distribuídos;

XX – devolver, devidamente informados, os processos e demais documentos que lhes forem distribuídos, nos prazos e formas previstos em instruções expedidas pela autoridade nacional competente em matéria de inspeção do trabalho;

XXI – elaborar relatórios de suas atividades, nos prazos e formas previstos em instruções expedidas pela autoridade nacional competente em matéria de inspeção do trabalho;

XXII – levar ao conhecimento da autoridade competente, por escrito, as deficiências ou abusos que não estejam especificamente compreendidos nas disposições legais;

XXIII – atuar em conformidade com as prioridades estabelecidas pelos planejamentos nacional e regional.

• Inciso XXIII com redação determinada pelo Dec. 4.870/2003.

§ 1º *(Revogado pelo Dec. 4.870/2003.)*

§ 2º Aos Auditores Fiscais do Trabalho serão ministrados regularmente cursos, visando a sua formação e aperfeiçoamento, observadas as peculiaridades regionais, conforme instruções expedidas pela autoridade nacional competente em matéria de inspeção do trabalho.

• § 2º com redação determinada pelo Dec. 4.870/2003.

Art. 19. É vedado às autoridades de direção do Ministério do Trabalho e Emprego:

I – conferir aos Auditores Fiscais do Trabalho encargos ou funções diversas das que lhes são próprias, salvo se para o desempenho de cargos de direção, de funções de chefia ou de assessoramento;

II – interferir no exercício das funções de inspeção do trabalho ou prejudicar, de qualquer maneira, sua imparcialidade ou a autoridade do Auditor Fiscal do Trabalho; e

III – conferir qualquer atribuição de inspeção do trabalho a servidor que não pertença ao Sistema Federal de Inspeção do Trabalho.

Art. 20. A obrigação do Auditor Fiscal do Trabalho de inspecionar os estabelecimentos e locais de trabalho situados na área de inspeção que lhe compete, em virtude do rodízio de que trata o art. 6º, § 1º, não o exime do dever de, sempre que verificar, em qualquer estabelecimento, a existência de

Dec. 4.552/2002

FISCALIZAÇÃO DO TRABALHO

violação a disposições legais, comunicar o fato, imediatamente, à autoridade competente.

Parágrafo único. Nos casos de grave e iminente risco à saúde e segurança dos trabalhadores, o Auditor Fiscal do Trabalho atuará independentemente de sua área de inspeção.

Art. 21. Caberá ao órgão regional do Ministério do Trabalho e Emprego promover a investigação das causas de acidentes ou doenças relacionadas ao trabalho, determinando as medidas de proteção necessárias.

Art. 22. O Auditor Fiscal do Trabalho poderá solicitar o concurso de especialistas e técnicos devidamente qualificados, assim como recorrer a laboratórios técnico-científicos governamentais ou credenciados, a fim de assegurar a aplicação das disposições legais e regulamentares relativas à segurança e saúde no trabalho.

Art. 23. Os Auditores Fiscais do Trabalho têm o dever de orientar e advertir as pessoas sujeitas à inspeção do trabalho e os trabalhadores quanto ao cumprimento da legislação trabalhista, e observarão o critério da dupla visita nos seguintes casos:

I – quando ocorrer promulgação ou expedição de novas leis, regulamentos ou instruções ministeriais, sendo que, com relação exclusivamente a esses atos, será feita apenas a instrução dos responsáveis;

II – quando se tratar de primeira inspeção nos estabelecimentos ou locais de trabalho recentemente inaugurados ou empreendidos;

III – quando se tratar de estabelecimento ou local de trabalho com até dez trabalhadores, salvo quando for constatada infração por falta de registro de empregado ou de anotação da CTPS, bem como na ocorrência de reincidência, fraude, resistência ou embaraço à fiscalização; e

IV – quando se tratar de microempresa e empresa de pequeno porte, na forma da lei específica.

§ 1º A autuação pelas infrações não dependerá da dupla visita após o decurso do prazo de 90 (noventa) dias da vigência das disposições a que se refere o inciso I ou do efetivo funcionamento do novo estabelecimento ou local de trabalho a que se refere o inciso II.

§ 2º Após obedecido o disposto no inciso III, não será mais observado o critério de dupla visita em relação ao dispositivo infringido.

§ 3º A dupla visita será formalizada em notificação, que fixará prazo para a visita seguinte, na forma das instruções expedidas pela autoridade nacional competente em matéria de inspeção do trabalho.

Art. 24. A toda verificação em que o Auditor Fiscal do Trabalho concluir pela existência de violação de preceito legal deve corresponder, sob pena de responsabilidade, a lavratura de auto de infração, ressalvado o disposto no art. 23 e na hipótese de instauração de procedimento especial de fiscalização.

Parágrafo único. O auto de infração não terá seu valor probante condicionado à assinatura do infrator ou de testemunhas e será lavrado no local da inspeção, salvo havendo motivo justificado que será declarado no próprio auto, quando então deverá ser lavrado no prazo de 24 (vinte e quatro) horas, sob pena de responsabilidade.

Art. 25. As notificações de débitos e outras decorrentes da ação fiscal poderão ser lavradas, a critério do Auditor Fiscal do Trabalho, no local que oferecer melhores condições.

Art. 26. Aqueles que violarem as disposições legais ou regulamentares, objeto da inspeção do trabalho, ou se mostrarem negligentes na sua aplicação, deixando de atender às advertências, notificações ou sanções da autoridade competente, poderão sofrer reiterada ação fiscal.

Parágrafo único. O reiterado descumprimento das disposições legais, comprovado mediante relatório emitido pelo Auditor Fiscal do Trabalho, ensejará por parte da autoridade regional a denúncia do fato, de imediato, ao Ministério Público do Trabalho.

Capítulo IV
DO PROCEDIMENTO ESPECIAL PARA A AÇÃO FISCAL

Art. 27. Considera-se procedimento especial para a ação fiscal aquele que objetiva

Dec. 4.552/2002

FISCALIZAÇÃO DO TRABALHO

a orientação sobre o cumprimento das leis de proteção ao trabalho, bem como a prevenção e o saneamento de infrações à legislação.

Art. 28. O procedimento especial para a ação fiscal poderá ser instaurado pelo Auditor Fiscal do Trabalho quando concluir pela ocorrência de motivo grave ou relevante que impossibilite ou dificulte o cumprimento da legislação trabalhista por pessoas ou setor econômico sujeito à inspeção do trabalho, com a anuência da chefia imediata.

§ 1º O procedimento especial para a ação fiscal iniciará com a notificação, pela chefia da fiscalização, para comparecimento das pessoas sujeitas à inspeção do trabalho, à sede da unidade descentralizada do Ministério do Trabalho e Emprego.

§ 2º A notificação deverá explicitar os motivos ensejadores da instauração do procedimento especial.

§ 3º O procedimento especial para a ação fiscal destinado à prevenção ou saneamento de infrações à legislação poderá resultar na lavratura de termo de compromisso que estipule as obrigações assumidas pelo compromissado e os prazos para seu cumprimento.

§ 4º Durante o prazo fixado no termo, o compromissado poderá ser fiscalizado para verificação de seu cumprimento, sem prejuízo da ação fiscal em atributos não contemplados no referido termo.

§ 5º Quando o procedimento especial para a ação fiscal for frustrado pelo não atendimento da convocação, pela recusa de firmar termo de compromisso ou pelo descumprimento de qualquer cláusula compromissada, serão lavrados, de imediato, os respectivos autos de infração, e poderá ser encaminhado relatório circunstanciado ao Ministério Público do Trabalho.

§ 6º Não se aplica o procedimento especial de saneamento às situações de grave e iminente risco à saúde ou à integridade física do trabalhador.

Art. 29. A chefia de fiscalização poderá, na forma de instruções expedidas pela autoridade nacional competente em matéria de inspeção do trabalho, instaurar o procedimento especial sempre que identificar a ocorrência de:

I – motivo grave ou relevante que impossibilite ou dificulte o cumprimento da legislação trabalhista pelo tomador ou intermediador de serviços;

II – situação reiteradamente irregular em setor econômico.

Parágrafo único. Quando houver ação fiscal em andamento, o procedimento especial de fiscalização deverá observar as instruções expedidas pela autoridade nacional competente em matéria de inspeção do trabalho.

Art. 30. Poderão ser estabelecidos procedimentos de fiscalização indireta, mista, ou outras que venham a ser definidas em instruções expedidas pela autoridade nacional competente em matéria de inspeção do trabalho.

§ 1º Considera-se fiscalização indireta aquela realizada por meio de sistema de notificações para apresentação de documentos nas unidades descentralizadas do Ministério do Trabalho e Emprego.

§ 2º Poderá ser adotada fiscalização indireta:

I – na execução de programa especial para a ação fiscal; ou

II – quando o objeto da fiscalização não importar necessariamente em inspeção no local de trabalho.

§ 3º Considera-se fiscalização mista aquela iniciada com a visita ao local de trabalho e desenvolvida mediante notificação para apresentação de documentos nas unidades descentralizadas do Ministério do Trabalho e Emprego.

Capítulo V
DAS ATIVIDADES AUXILIARES À INSPEÇÃO DO TRABALHO

Art. 31. São atividades auxiliares de apoio operacional à inspeção do trabalho, a cargo dos Agentes de Higiene e Segurança do Trabalho:

I – levantamento técnico das condições de segurança nos locais de trabalho, com vistas à investigação de acidentes do trabalho;

Dec. 4.552/2002

FISCALIZAÇÃO DO TRABALHO

II – levantamento de dados para fins de cálculo dos coeficientes de frequência e gravidade dos acidentes;

III – avaliação qualitativa ou quantitativa de riscos ambientais;

IV – levantamento e análise das condições de risco nas pessoas sujeitas à inspeção do trabalho;

V – auxílio à realização de perícias técnicas para caracterização de insalubridade ou de periculosidade;

VI – comunicação, de imediato e por escrito, à autoridade competente de qualquer situação de risco grave e iminente à saúde ou à integridade física dos trabalhadores;

VII – participação em estudos e análises sobre as causas de acidentes do trabalho e de doenças profissionais;

VIII – colaboração na elaboração de recomendações sobre segurança e saúde no trabalho;

IX – acompanhamento das ações de prevenção desenvolvidas pela unidade descentralizada do Ministério do Trabalho e Emprego;

X – orientação às pessoas sujeitas à inspeção do trabalho sobre instalação e funcionamento das Comissões Internas de Prevenção de Acidentes (Cipa) e dimensionamento dos Serviços Especializados em Engenharia de Segurança e em Medicina do Trabalho (SESMT);

XI – prestação de assistência às Cipa;

XII – participação nas reuniões das Cipa das pessoas sujeitas à inspeção do trabalho, como representantes da unidade descentralizada do Ministério do Trabalho e Emprego;

XIII – devolução dos processos e demais documentos que lhes forem distribuídos, devidamente informados, nos prazos assinalados;

XIV – elaboração de relatório mensal de suas atividades, nas condições e nos prazos fixados pela autoridade nacional em matéria de inspeção do trabalho; e

XV – prestação de informações e orientações em plantões fiscais na área de sua competência.

§ 1º As atividades externas de que trata este artigo somente poderão ser exercidas mediante ordem de serviço expedida pela chefia de fiscalização.

§ 2º Para o desempenho das atribuições previstas neste artigo, será fornecida aos Agentes de Higiene e Segurança do Trabalho credencial específica que lhes possibilite o livre acesso aos estabelecimentos e locais de trabalho.

Art. 32. Aos Agentes de Higiene e Segurança do Trabalho poderão ser ministrados cursos necessários à sua formação, aperfeiçoamento e especialização, conforme instruções a serem expedidas pelo Ministério do Trabalho e Emprego, expedidas pela autoridade nacional competente em matéria de inspeção do trabalho.

Capítulo VI
DAS DISPOSIÇÕES GERAIS

Art. 33. Os Auditores Fiscais do Trabalho poderão participar de atividades de coordenação, planejamento, análise de processos e de desenvolvimento de programas especiais e de outras atividades internas e externas relacionadas com a inspeção do trabalho, na forma das instruções expedidas pela autoridade nacional competente em matéria de inspeção do trabalho.

Art. 34. As empresas de transportes de qualquer natureza, inclusive as exploradas pela União, Distrito Federal, Estados e Municípios, bem como as concessionárias de rodovias que cobram pedágio para o trânsito concederão passe livre aos Auditores Fiscais do Trabalho e aos Agentes de Higiene e Segurança do Trabalho, no território nacional em conformidade com o disposto no art. 630, § 5º, da Consolidação das Leis do Trabalho (CLT), mediante a apresentação da Carteira de Identidade Fiscal.

Parágrafo único. O passe livre a que se refere este artigo abrange a travessia realizada em veículos de transporte aquaviário.

Art. 35. É vedado aos Auditores Fiscais do Trabalho e aos Agentes de Higiene e Segurança do Trabalho:

I – revelar, sob pena de responsabilidade, mesmo na hipótese de afastamento do cargo, os segredos de fabricação ou comércio,

Port. MTE 1.199/2003

FISCALIZAÇÃO DO TRABALHO

bem como os processos de exploração de que tenham tido conhecimento no exercício de suas funções;

II – revelar informações obtidas em decorrência do exercício das suas competências;

III – revelar as fontes de informações, reclamações ou denúncias; e

IV – inspecionar os locais em que tenham qualquer interesse direto ou indireto, caso em que deverão declarar o impedimento.

Parágrafo único. Os Auditores Fiscais do Trabalho e os Agentes de Higiene e Segurança do Trabalho responderão civil, penal e administrativamente pela infração ao disposto neste artigo.

Art. 36. Configura falta grave o fornecimento ou a requisição de Carteira de Identidade Fiscal para qualquer pessoa não integrante do Sistema Federal de Inspeção do Trabalho.

Parágrafo único. É considerado igualmente falta grave o uso da Carteira de Identidade Fiscal para fins outros que não os da fiscalização.

Art. 37. Em toda unidade descentralizada do Ministério do Trabalho e Emprego em que houver Auditores Fiscais do Trabalho deverá ser reservada uma sala para o uso exclusivo desses servidores.

Art. 38. A autoridade nacional competente em matéria de inspeção do trabalho expedirá as instruções necessárias à execução deste Regulamento.

PORTARIA 1.199,
DE 28 DE OUTUBRO DE 2003,
DO MINISTÉRIO DO TRABALHO E EMPREGO – MTE

Aprova normas para a imposição da multa administrativa variável prevista no art. 133 da Lei 8.213, de 24 de julho de 1991, pela infração ao art. 93 da mesma Lei, que determina às empresas o preenchimento de cargos com pessoas portadoras de deficiência ou beneficiários reabilitados.

A Ministra de Estado do Trabalho e Emprego Interina, no uso da atribuição que lhe confere o inciso II do parágrafo único do art. 87 da Constituição, resolve:

Art. 1º Esta Portaria fixa parâmetros para a gradação da multa administrativa variável prevista no art. 133 da Lei 8.213, de 24 de julho de 1991, pela infração ao art. 93 da mesma Lei.

Art. 2º A multa por infração ao disposto no art. 93 da Lei 8.213, de julho de 1991, será calculada na seguinte proporção:

I – para empresas com 100 a 200 empregados, multiplicar-se-á o número de trabalhadores portadores de deficiência ou beneficiários reabilitados que deixaram de ser contratados pelo valor mínimo legal, acrescido de zero a 20% (vinte por cento);

II – para empresas com 201 a 500 empregados, multiplicar-se-á o número de trabalhadores portadores de deficiência ou beneficiários reabilitados que deixaram de ser contratados pelo valor mínimo legal, acrescido de 20 (vinte) a 30% (trinta por cento);

III – para empresas com 501 a 1.000 empregados, multiplicar-se-á o número de trabalhadores portadores de deficiência ou beneficiários reabilitados que deixaram de ser contratados pelo valor mínimo legal, acrescido de 30 (trinta) a 40% (quarenta por cento);

IV – para empresas com mais de 1.000 empregados, multiplicar-se-á o número de trabalhadores portadores de deficiência ou beneficiários reabilitados que deixaram de ser contratados pelo valor mínimo legal, acrescido de 40 (quarenta) a 50% (cinquenta por cento).

§ 1º O valor mínimo legal a que se referem os incisos I a IV deste artigo é o previsto no artigo 133, da Lei 8.213, de 1991.

§ 2º O valor resultante da aplicação dos parâmetros previstos neste artigo não poderá ultrapassar o máximo estabelecido no artigo 133 da Lei 8.213, de 1991.

Art. 3º Esta Portaria entra em vigor na data de sua publicação.

Eva Maria Cella Dal Chiavon

(*DOU* 30.10.2003)

FUNDO DE GARANTIA DO TEMPO DE SERVIÇO – FGTS

**LEI 8.036,
DE 11 DE MAIO DE 1990**

Dispõe sobre o Fundo de Garantia do Tempo de Serviço, e dá outras providências.

O Presidente da República:
Faço saber que o Congresso Nacional decreta e eu sanciono a seguinte Lei:

Art. 1º O Fundo de Garantia do Tempo de Serviço – FGTS, instituído pela Lei 5.107, de 13 de setembro de 1966, passa a reger-se por esta Lei.

- V. Dec. 99.684/1990 (Consolida as normas regulamentares do FGTS).
- V. LC 110/2001 (Institui contribuições sociais, autoriza créditos de complementos de atualização monetária em contas vinculadas do FGTS).
- V. Dec. 3.913/2001 (Apuração e liquidação dos complementos de atualização monetária de saldos de contas vinculadas do FGTS).
- V. Dec. 3.914/2001 (Regulamentação das contribuições sociais instituídas pela LC 110/2001).
- V. Súmula 593, STF.
- V. Súmula 82, STJ.
- V. Súmula 181, TFR.

Art. 2º O FGTS é constituído pelos saldos das contas vinculadas a que se refere esta Lei e outros recursos a ele incorporados, devendo ser aplicados com atualização monetária e juros, de modo a assegurar a cobertura de suas obrigações.

§ 1º Constituem recursos incorporados ao FGTS, nos termos do *caput* deste artigo:
a) eventuais saldos apurados nos termos do art. 12, § 4º;
b) dotações orçamentárias específicas;
c) resultados das aplicações dos recursos do FGTS;
d) multas, correção monetária e juros moratórios devidos;
e) demais receitas patrimoniais e financeiras.

§ 2º As contas vinculadas em nome dos trabalhadores são absolutamente impenhoráveis.

Art. 3º O FGTS será regido por normas e diretrizes estabelecidas por um Conselho Curador, composto por representação de trabalhadores, empregadores e órgãos e entidades governamentais, na forma estabelecida pelo Poder Executivo.

- *Caput* com redação determinada pelo art. 49 da Lei 9.649/1998.
- O art. 49 da Lei 9.649/1998 possui redação determinada pela MP 2.216-37/2001.
- V. art. 59, Lei 10.683/2003 (Organização da Presidência da República e dos Ministérios).

§ 1º A Presidência do Conselho Curador será exercida pelo representante do Ministério do Trabalho e da Previdência Social.

§ 2º Os Ministros de Estado e os Presidentes das entidades mencionadas neste artigo serão os membros titulares do Conselho Curador, cabendo, a cada um deles, indicar o seu respectivo suplente ao Presidente do Conselho, que os nomeará.

- § 2º com eficácia suspensa por força da MP 2.216-37/2001.
- § 2º com redação determinada pela Lei 9.649/1998.
- V. art. 59, Lei 10.683/2003 (Organização da Presidência da República e dos Ministérios).

§ 3º Os representantes dos trabalhadores e dos empregadores e seus respectivos suplentes serão indicados pelas respectivas centrais sindicais e confederações nacionais e nomeados pelo Ministro do Trabalho e da Previdência Social, e terão mandato de 2 (dois) anos, podendo ser reconduzido uma única vez.

§ 4º O Conselho Curador reunir-se-á ordinariamente, a cada bimestre, por convocação de seu Presidente. Esgotado esse período, não tendo ocorrido convocação, qualquer de seus membros poderá fazê-la, no prazo de 15 (quinze) dias. Havendo necessidade, qualquer membro poderá convocar reunião extraordinária, na forma que vier a ser regulamentada pelo Conselho Curador.

Lei 8.036/1990

FGTS

§ 5º As decisões do Conselho serão tomadas com a presença da maioria simples de seus membros, tendo o Presidente voto de qualidade.

- § 5º com redação determinada pelo art. 49 da Lei 9.649/1998.
- O art. 49 da Lei 9.649/1998 possui redação determinada pela MP 2.216-37/2001.
- V. art. 59, Lei 10.683/2003 (Organização da Presidência da República e dos Ministérios).

§ 6º As despesas porventura exigidas para o comparecimento às reuniões do Conselho constituirão ônus das respectivas entidades representadas.

§ 7º As ausências ao trabalho dos representantes dos trabalhadores no Conselho Curador, decorrentes das atividades desse órgão, serão abonadas, computando-se como jornada efetivamente trabalhada para todos os fins e efeitos legais.

§ 8º Competirá ao Ministério do Trabalho e da Previdência Social proporcionar ao Conselho Curador os meios necessários ao exercício de sua competência, para o que contará com uma Secretaria-Executiva do Conselho Curador do FGTS.

§ 9º Aos membros do Conselho Curador, enquanto representantes dos trabalhadores, efetivos e suplentes, é assegurada a estabilidade no emprego, da nomeação até 1 (um) ano após o término do mandato de representação, somente podendo ser demitidos por motivo de falta grave, regularmente comprovada através de processo sindical.

Art. 4º A gestão da aplicação do FGTS será efetuada pelo Ministério da Ação Social, cabendo à Caixa Econômica Federal – CEF o papel de Agente Operador.

Art. 5º Ao Conselho Curador do FGTS compete:

I – estabelecer as diretrizes e os programas de alocação de todos os recursos do FGTS, de acordo com os critérios definidos nesta Lei, em consonância com a política nacional de desenvolvimento urbano e as políticas setoriais de habitação popular, saneamento básico e infraestrutura urbana estabelecidas pelo Governo Federal;

II – acompanhar e avaliar a gestão econômica e financeira dos recursos, bem como os ganhos sociais e o desempenho dos programas aprovados;

III – apreciar e aprovar os programas anuais e plurianuais do FGTS;

IV – pronunciar-se sobre as contas do FGTS, antes do seu encaminhamento aos órgãos de controle interno para os fins legais;

V – adotar as providências cabíveis para a correção de atos e fatos do Ministério da Ação Social e da Caixa Econômica Federal, que prejudiquem o desempenho e o cumprimento das finalidades no que concerne aos recursos do FGTS;

VI – dirimir dúvidas quanto à aplicação das normas regulamentares, relativas ao FGTS, nas matérias de sua competência;

VII – aprovar seu regimento interno;

VIII – fixar as normas e valores de remuneração do Agente Operador e dos Agentes Financeiros;

IX – fixar critérios para parcelamento de recolhimentos em atraso;

X – fixar critério e valor de remuneração para o exercício da fiscalização;

XI – divulgar, no *Diário Oficial da União*, todas as decisões proferidas pelo Conselho, bem como as contas do FGTS e os respectivos pareceres emitidos;

XII – fixar critérios e condições para compensação entre créditos do empregador, decorrentes de depósitos relativos a trabalhadores não optantes, com contratos extintos, e débitos resultantes de competências em atraso, inclusive aqueles que forem objeto de composição de dívida com o FGTS;

- Inciso XII acrescentado pela Lei 9.711/1998.

XIII – em relação ao Fundo de Investimento do Fundo de Garantia do Tempo de Serviço – FI-FGTS:

- Inciso XIII acrescentado pela Lei 11.491/2007.

a) aprovar a política de investimento do FI-FGTS por proposta do Comitê de Investimento;

b) decidir sobre o reinvestimento ou distribuição dos resultados positivos aos cotistas do FI-FGTS, em cada exercício;

c) definir a forma de deliberação, de funcionamento e a composição do Comitê de Investimento;

d) estabelecer o valor da remuneração da Caixa Econômica Federal pela administra-

Lei 8.036/1990

FGTS

ção e gestão do FI-FGTS, inclusive a taxa de risco;
e) definir a exposição máxima de risco dos investimentos do FI-FGTS;
f) estabelecer o limite máximo de participação dos recursos do FI-FGTS por setor, por empreendimento e por classe de ativo, observados os requisitos técnicos aplicáveis;
g) estabelecer o prazo mínimo de resgate das cotas e de retorno dos recursos à conta vinculada, observado o disposto no § 19 do art. 20 desta Lei;
h) aprovar o regulamento do FI-FGTS, elaborado pela Caixa Econômica Federal; e
i) autorizar a integralização de cotas do FI-FGTS pelos trabalhadores, estabelecendo previamente os limites globais e individuais, parâmetros e condições de aplicação e resgate.

Art. 6º Ao Ministério da Ação Social, na qualidade de gestor da aplicação do FGTS, compete:
I – praticar todos os atos necessários à gestão da aplicação do Fundo, de acordo com as diretrizes e programas estabelecidos pelo Conselho Curador;
II – expedir atos normativos relativos à alocação dos recursos para implementação dos programas aprovados pelo Conselho Curador;
III – elaborar orçamentos anuais e planos plurianuais de aplicação dos recursos, discriminando-os por Unidade da Federação, submetendo-os até 31 de julho ao Conselho Curador do Fundo;
IV – acompanhar a execução dos programas de habitação popular, saneamento básico e infraestrutura urbana, decorrentes de aplicação de recursos do FGTS, implementados pela CEF;
V – submeter à apreciação do Conselho Curador as contas do FGTS;
VI – subsidiar o Conselho Curador com estudos técnicos necessários ao aprimoramento operacional dos programas de habitação popular, saneamento básico e infraestrutura urbana;
VII – definir as metas a serem alcançadas nos programas de habitação popular, saneamento básico e infraestrutura urbana.

Art. 7º À Caixa Econômica Federal, na qualidade de Agente Operador, cabe:
I – centralizar os recursos do FGTS, manter e controlar as contas vinculadas e emitir regularmente os extratos individuais correspondentes às contas vinculadas e participar da rede arrecadadora dos recursos do FGTS;
II – expedir atos normativos referentes aos procedimentos administrativo-operacionais dos bancos depositários, dos agentes financeiros, dos empregadores e dos trabalhadores, integrantes do sistema do FGTS;
III – definir os procedimentos operacionais necessários à execução dos programas de habitação popular, saneamento básico e infraestrutura urbana, estabelecidos pelo Conselho Curador com base nas normas e diretrizes de aplicação elaboradas pelo Ministério da Ação Social;
IV – elaborar as análises jurídica e econômico-financeira dos projetos de habitação popular, infraestrutura urbana e saneamento básico a serem financiados com recursos do FGTS;
V – emitir Certificado de Regularidade do FGTS;
VI – elaborar as contas do FGTS, encaminhando-as ao Ministério da Ação Social;
VII – implementar os atos emanados do Ministério da Ação Social relativos à alocação e aplicação dos recursos do FGTS, de acordo com as diretrizes estabelecidas pelo Conselho Curador.
VIII – *(Vetado.)*

• Inciso VIII acrescentado pela Lei 9.491/1997.

IX – garantir aos recursos alocados ao FI-FGTS, em cotas de titularidade do FGTS, a remuneração aplicável às cotas vinculadas, na forma do *caput* do art. 13 desta Lei.

• Inciso IX acrescentado pela Lei 11.491/2007.
• Retificado no *DOU* de 16.08.2007.

Parágrafo único. O Ministério da Ação Social e a Caixa Econômica Federal deverão dar pleno cumprimento aos programas anuais em andamento, aprovados pelo Conselho Curador, sendo que eventuais alterações somente poderão ser processadas mediante prévia anuência daquele colegiado.

Art. 8º O Ministério da Ação Social, a Caixa Econômica Federal e o Conselho Curador

Lei 8.036/1990

FGTS

do FGTS serão responsáveis pelo fiel cumprimento e observância dos critérios estabelecidos nesta Lei.

Art. 9º As aplicações com recursos do FGTS poderão ser realizadas diretamente pela Caixa Econômica Federal e pelos demais órgãos integrantes do Sistema Financeiro da Habitação – SFH, exclusivamente segundo critérios fixados pelo Conselho Curador do FGTS, em operações que preencham os seguintes requisitos:

- *Caput* com redação determinada pela Lei 10.931/2004.

I – garantias:

- Inciso I com redação determinada pela Lei 9.467/1997.

a) hipotecária;
b) caução de créditos hipotecários próprios, relativos a financiamentos concedidos com recursos do Agente Financeiro;
c) caução dos créditos hipotecários vinculados aos imóveis objeto de financiamento;
d) hipoteca sobre outros imóveis de propriedade do Agente Financeiro, desde que livres e desembaraçados de quaisquer ônus;
e) cessão de créditos do agente financeiro, derivados de financiamentos concedidos com recursos próprios, garantidos por penhor ou hipoteca;
f) hipoteca sobre imóvel de propriedade de terceiros;
g) seguro de crédito;
h) garantia real ou vinculação de receitas, inclusive tarifárias, nas aplicações contratadas com pessoa jurídica de direito público ou de direito privado a ela vinculada;
i) aval em nota promissória;
j) fiança pessoal;
l) alienação fiduciária de bens móveis em garantia;
m) fiança bancária;
n) outras, a critério do Conselho Curador do FGTS;

II – correção monetária igual à das contas vinculadas;
III – taxa de juros média mínima, por projeto, de 3% (três por cento) ao ano;
IV – prazo máximo de 30 (trinta) anos.

- Inciso IV com redação determinada pela Lei 8.692/1993.

§ 1º A rentabilidade média das aplicações deverá ser suficiente à cobertura de todos os custos incorridos pelo Fundo e ainda à formação de reserva técnica para o atendimento de gastos eventuais não previstos, sendo da Caixa Econômica Federal o risco de crédito.

§ 2º Os recursos do FGTS deverão ser aplicados em habitação, saneamento básico e infraestrutura urbana. As disponibilidades financeiras devem ser mantidas em volume que satisfaça as condições de liquidez e remuneração mínima necessária à preservação do poder aquisitivo da moeda.

§ 3º O programa de aplicações deverá destinar, no mínimo, 60% (sessenta por cento) para investimentos em habitação popular.

§ 4º Os projetos de saneamento básico e infraestrutura urbana, financiados com recursos do FGTS, deverão ser complementares aos programas habitacionais.

§ 5º As garantias, nas diversas modalidades discriminadas no inciso I do *caput* deste artigo, serão admitidas singular ou supletivamente, considerada a suficiência de cobertura para os empréstimos e financiamentos concedidos.

- § 5º com redação determinada pela Lei 9.467/1997.

§ 6º Mantida a rentabilidade média de que trata o § 1º, as aplicações em habitação popular poderão contemplar sistemática de desconto, direcionada em função da renda familiar do beneficiário, onde o valor do benefício seja concedido mediante redução no valor das prestações a serem pagas pelo mutuário ou pagamento de parte da aquisição ou construção de imóvel, dentre outras, a critério do Conselho Curador do FGTS.

- § 6º acrescentado pela MP 2.197-43/2001.

§ 7º Os recursos necessários para a consecução da sistemática de desconto serão destacados, anualmente, do orçamento de aplicação de recursos do FGTS, constituindo reserva específica, com contabilização própria.

- § 7º acrescentado pela MP 2.197-43/2001.

§ 8º É da União o risco de crédito nas aplicações efetuadas até 1º de junho de 2001 pelos demais órgãos integrantes do Sistema Financeiro da Habitação – SFH e pelas entida-

Lei 8.036/1990

FGTS

des credenciadas pelo Banco Central do Brasil como agentes financeiros, subrogando-se nas garantias prestadas à Caixa Econômica Federal.

• § 8º acrescentado pela MP 2.196-3/2001.

Art. 10. O Conselho Curador fixará diretrizes e estabelecerá critérios técnicos para as aplicações dos recursos do FGTS, visando a:

I – exigir a participação dos contratantes de financiamentos nos investimentos a serem realizados;

II – assegurar o cumprimento, por parte dos contratantes inadimplentes, das obrigações decorrentes dos financiamentos obtidos;

III – evitar distorções na aplicação entre as regiões do País, considerando para tanto a demanda habitacional, a população e outros indicadores sociais.

Art. 11. Os depósitos feitos na rede bancária, a partir de 1º de outubro de 1989, relativos ao FGTS, serão transferidos à Caixa Econômica Federal no segundo dia útil subsequente à data em que tenham sido efetuados.

Art. 12. No prazo de 1 (um) ano, a contar da promulgação desta Lei, a Caixa Econômica Federal assumirá o controle de todas as contas vinculadas, nos termos do item I do art. 7º, passando os demais estabelecimentos bancários, findo esse prazo, à condição de agentes recebedores e pagadores do FGTS, mediante recebimento de tarifa, a ser fixada pelo Conselho Curador.

§ 1º Enquanto não ocorrer a centralização prevista no *caput* deste artigo, o depósito efetuado no decorrer do mês será contabilizado no saldo da conta vinculada do trabalhador, no primeiro dia útil do mês subsequente.

§ 2º Até que a Caixa Econômica Federal implemente as disposições do *caput* deste artigo, as contas vinculadas continuarão sendo abertas em estabelecimento bancário escolhido pelo empregador, dentre os para tanto autorizados pelo Banco Central do Brasil, em nome do trabalhador.

§ 3º Verificando-se mudança de emprego, até que venha a ser implementada a centralização prevista no *caput* deste artigo, a conta vinculada será transferida para o estabelecimento bancário da escolha do novo empregador.

§ 4º Os resultados financeiros auferidos pela Caixa Econômica Federal no período entre o repasse dos bancos e o depósito nas contas vinculadas dos trabalhadores destinar-se-ão à cobertura das despesas de administração do FGTS e ao pagamento da tarifa aos bancos depositários, devendo os eventuais saldos ser incorporados ao patrimônio do Fundo nos termos do art. 2º, § 1º.

§ 5º Após a centralização das contas vinculadas, na Caixa Econômica Federal, o depósito realizado no prazo regulamentar passa a integrar o saldo da conta vinculada do trabalhador a partir do dia 10 do mês de sua ocorrência. O depósito realizado fora do prazo será contabilizado no saldo no dia dez subsequente, após atualização monetária e capitalização de juros.

Art. 13. Os depósitos efetuados nas contas vinculadas serão corrigidos monetariamente com base nos parâmetros fixados para atualização dos saldos dos depósitos de poupança e capitalizarão juros de 3% a.a. (três por cento ao ano).

§ 1º Até que ocorra a centralização prevista no item I do art. 7º, a atualização monetária e a capitalização de juros correrão à conta do Fundo e o respectivo crédito será efetuado na conta vinculada no primeiro dia útil de cada mês, com base no saldo existente no primeiro dia útil do mês anterior, deduzidos os saques ocorridos no período.

§ 2º Após a centralização das contas vinculadas, na Caixa Econômica Federal, a atualização monetária e a capitalização de juros correrão à conta do Fundo e o respectivo crédito será efetuado na conta vinculada, no dia 10 de cada mês, com base no saldo existente no dia 10 do mês anterior ou no primeiro dia útil subsequente, caso o dia dez seja feriado bancário, deduzidos os saques ocorridos no período.

§ 3º Para as contas vinculadas dos trabalhadores optantes existentes à data de 22 de setembro de 1971, a capitalização dos juros dos depósitos continuará a ser feita na seguinte progressão, salvo no caso de mudança de empresa, quando a capitalização dos

699

Lei 8.036/1990

FGTS

juros passará a ser feita à taxa de 3% a.a. (três por cento ao ano):
I – 3% (três por cento), durante os dois primeiros anos de permanência na mesma empresa;
II – 4% (quatro por cento), do terceiro ao quinto ano de permanência na mesma empresa;
III – 5% (cinco por cento), do sexto ao décimo ano de permanência na mesma empresa;
IV – 6% (seis por cento), a partir do décimo primeiro ano de permanência na mesma empresa.
§ 4º O saldo das contas vinculadas é garantido pelo Governo Federal, podendo ser instituído seguro especial para esse fim.

Art. 14. Fica ressalvado o direito adquirido dos trabalhadores que, à data da promulgação da Constituição Federal de 1988, já tinham o direito à estabilidade no emprego nos termos do Capítulo V do Título IV da CLT.
§ 1º O tempo do trabalhador não optante do FGTS, anterior a 5 de outubro de 1988, em caso de rescisão sem justa causa pelo empregador, reger-se-á pelos dispositivos constantes dos arts. 477, 478 e 497 da CLT.
§ 2º O tempo de serviço anterior à atual Constituição poderá ser transacionado entre empregador e empregado, respeitado o limite mínimo de 60% (sessenta por cento) da indenização prevista.
§ 3º É facultado ao empregador desobrigar-se da responsabilidade da indenização relativa ao tempo de serviço anterior à opção, depositando na conta vinculada do trabalhador, até o último dia útil do mês previsto em lei para o pagamento de salário, o valor correspondente à indenização, aplicando-se ao depósito, no que couber, todas as disposições desta Lei.
§ 4º Os trabalhadores poderão a qualquer momento optar pelo FGTS com efeito retroativo a 1º de janeiro de 1967 ou à data de sua admissão, quando posterior àquela.

Art. 15. Para os fins previstos nesta Lei, todos os empregadores ficam obrigados a depositar, até o dia 7 de cada mês, em conta bancária vinculada, a importância correspondente a 8% (oito por cento) da remuneração paga ou devida, no mês anterior, a cada trabalhador, incluídas na remuneração as parcelas de que tratam os arts. 457 e 458 da CLT e a gratificação de Natal a que se refere a Lei 4.090, de 13 de julho de 1962, com as modificações da Lei 4.749, de 12 de agosto de 1965.
§ 1º Entende-se por empregador a pessoa física ou a pessoa jurídica de direito privado ou de direito público, da administração pública direta, indireta ou fundacional de qualquer dos Poderes, da União, dos Estados, do Distrito Federal e dos Municípios, que admitir trabalhadores a seu serviço, bem assim aquele que, regido por legislação especial, encontrar-se nessa condição ou figurar como fornecedor ou tomador de mão de obra, independente da responsabilidade solidária e/ou subsidiária a que eventualmente venha obrigar-se.
§ 2º Considera-se trabalhador toda pessoa física que prestar serviços a empregador, a locador ou tomador de mão de obra, excluídos os eventuais, os autônomos e os servidores públicos civis e militares sujeitos a regime jurídico próprio.
§ 3º Os trabalhadores domésticos poderão ter acesso ao regime do FGTS, na forma que vier a ser prevista em Lei.
§ 4º Considera-se remuneração as retiradas de diretores não empregados, quando haja deliberação da empresa, garantindo-lhes os direitos decorrentes do contrato de trabalho de que trata o art. 16.

• § 4º acrescentado pela Lei 9.711/1998.

§ 5º O depósito de que trata o *caput* deste artigo é obrigatório nos casos de afastamento para prestação do serviço militar obrigatório e licença por acidente do trabalho.

• § 5º acrescentado pela Lei 9.711/1998.

§ 6º Não se incluem na remuneração, para os fins desta Lei, as parcelas elencadas no § 9º do art. 28 da Lei 8.212, de 24 de julho de 1991.

• § 6º acrescentado pela Lei 9.711/1998.

§ 7º Os contratos de aprendizagem terão a alíquota a que se refere o *caput* deste artigo reduzida para 2% (dois por cento).

• § 7º acrescentado pela Lei 10.097/2000.

Lei 8.036/1990

FGTS

Art. 16. Para efeito desta Lei, as empresas sujeitas ao regime da legislação trabalhista poderão equiparar seus diretores não empregados aos demais trabalhadores sujeitos ao regime do FGTS. Considera-se diretor aquele que exerça cargo de administração previsto em Lei, estatuto ou contrato social, independente da denominação do cargo.

Art. 17. Os empregadores se obrigam a comunicar mensalmente aos trabalhadores os valores recolhidos ao FGTS e repassar-lhes todas as informações sobre suas contas vinculadas recebidas da Caixa Econômica Federal ou dos bancos depositários.

Art. 18. Ocorrendo rescisão do contrato de trabalho, por parte do empregador, ficará este obrigado a depositar na conta vinculada do trabalhador no FGTS os valores relativos aos depósitos referentes ao mês da rescisão e ao imediatamente anterior que ainda não houver sido recolhido, sem prejuízo das cominações legais.

* *Caput* com redação determinada pela Lei 9.491/1997.

§ 1º Na hipótese de despedida pelo empregador sem justa causa, depositará este, na conta vinculada do trabalhador no FGTS, importância igual a 40% (quarenta por cento) do montante de todos os depósitos realizados na conta vinculada durante a vigência do contrato de trabalho, atualizados monetariamente e acrescidos dos respectivos juros.

* § 1º com redação determinada pela Lei 9.491/1997.
* V. LC 110/2001 (Institui contribuições sociais, autoriza créditos de complementos de atualização monetária em contas vinculadas do FGTS).
* V. Dec. 3.913/2001 (Apuração e liquidação dos complementos de atualização monetária de saldos de contas vinculadas do FGTS).
* V. Dec. 3.914/2001 (Regulamentação das contribuições sociais instituídas pela LC 110/2001).

§ 2º Quando ocorrer despedida por culpa recíproca ou força maior, reconhecida pela Justiça do Trabalho, o percentual de que trata o § 1º será de 20% (vinte por cento).

§ 3º As importâncias de que trata este artigo deverão constar da documentação comprobatória do recolhimento dos valores devidos a título de rescisão do contrato de trabalho, observado o disposto no art. 477 da CLT, eximindo o empregador, exclusivamente, quanto aos valores discriminados.

* § 3º com redação determinada pela Lei 9.491/1997.

Art. 19. No caso de extinção do contrato de trabalho prevista no art. 14 desta Lei, serão observados os seguintes critérios:

I – havendo indenização a ser paga, o empregador, mediante comprovação do pagamento daquela, poderá sacar o saldo dos valores por ele depositados na conta individualizada do trabalhador;

II – não havendo indenização a ser paga, ou decorrido o prazo prescricional para a reclamação de direitos por parte do trabalhador, o empregador poderá levantar em seu favor o saldo da respectiva conta individualizada, mediante comprovação perante o órgão competente do Ministério do Trabalho e da Previdência Social.

* V. Súmula 210, STJ.

Art. 19-A. É devido o depósito do FGTS na conta vinculada do trabalhador cujo contrato de trabalho seja declarado nulo nas hipóteses previstas no art. 37, § 2º, da Constituição Federal, quando mantido o direito ao salário.

* Artigo acrescentado pela MP 2.164-41/2001.
* V. Súmula 466, STJ.

Parágrafo único. O saldo existente em conta vinculada, oriundo de contrato declarado nulo até 28 de julho de 2001, nas condições do *caput*, que não tenha sido levantado até essa data, será liberado ao trabalhador a partir do mês de agosto de 2002.

Art. 20. A conta vinculada do trabalhador no FGTS poderá ser movimentada nas seguintes situações:

I – despedida sem justa causa, inclusive a indireta, de culpa recíproca e de força maior;

* Inciso I com redação determinada pela MP 2.197-43/2001.

II – extinção total da empresa, fechamento de quaisquer de seus estabelecimentos, filiais ou agências, supressão de parte de suas atividades, declaração de nulidade do contrato de trabalho nas condições do art. 19-A, ou ainda falecimento do empregador individual sempre que qualquer dessas ocor-

Lei 8.036/1990

FGTS

rências implique rescisão de contrato de trabalho, comprovada por declaração escrita da empresa, suprida, quando for o caso, por decisão judicial transitada em julgado;

* Inciso II com redação determinada pela MP 2.164-41/2001.

III – aposentadoria concedida pela Previdência Social;

IV – falecimento do trabalhador, sendo o saldo pago a seus dependentes, para esse fim habilitados perante a Previdência Social, segundo o critério adotado para a concessão de pensões por morte. Na falta de dependentes, farão jus ao recebimento do saldo da conta vinculada os seus sucessores previstos na lei civil, indicados em alvará judicial, expedido a requerimento do interessado, independente de inventário ou arrolamento;

V – pagamento de parte das prestações decorrentes de financiamento habitacional concedido no âmbito do Sistema Financeiro da Habitação – SFH, desde que:

a) o mutuário conte com o mínimo de 3 (três) anos de trabalho sob o regime do FGTS, na mesma empresa ou em empresas diferentes;

b) o valor bloqueado seja utilizado, no mínimo, durante o prazo de 12 (doze) meses;

c) o valor do abatimento atinja, no máximo, 80% (oitenta por cento) do montante da prestação;

VI – liquidação ou amortização extraordinária do saldo devedor de financiamento imobiliário, observadas as condições estabelecidas pelo Conselho Curador, dentre elas a de que o financiamento seja concedido no âmbito do SFH e haja interstício mínimo de 2 (dois) anos para cada movimentação;

VII – pagamento total ou parcial do preço de aquisição de moradia própria, ou lote urbanizado de interesse social não construído, observadas as seguintes condições:

* *Caput* do inciso VII com redação determinada pela Lei 11.977/2009.

a) o mutuário deverá contar com o mínimo de 3 (três) anos de trabalho sob o regime do FGTS, na mesma empresa ou empresas diferentes;

b) seja a operação financiável nas condições vigentes para o SFH;

VIII – quando o trabalhador permanecer 3 (três) anos ininterruptos, a partir de 1º de junho de 1990, fora do regime do FGTS, podendo o saque, neste caso, ser efetuado a partir do mês de aniversário do titular da conta;

* Inciso VIII com redação determinada pela Lei 8.678/1993.

IX – extinção normal do contrato a termo, inclusive o dos trabalhadores temporários regidos pela Lei 6.019, de 3 de janeiro de 1974;

X – suspensão total do trabalho avulso por período igual ou superior a 90 (noventa) dias, comprovada por declaração do sindicato representativo da categoria profissional;

XI – quando o trabalhador ou qualquer de seus dependentes for acometido de neoplasia maligna;

* Inciso XI acrescentado pela Lei 8.922/1994.

XII – aplicação em quotas de Fundos Mútuos de Privatização, regidos pela Lei 6.385, de 7 de dezembro de 1976, permitida a utilização máxima de 50% (cinquenta por cento) do saldo existente e disponível em sua conta vinculada do Fundo de Garantia do Tempo de Serviço, na data em que exercer a opção.

* Inciso XII acrescentado pela Lei 9.491/1997.

XIII – quando o trabalhador ou qualquer de seus dependentes for portador do vírus HIV;

* Inciso XIII acrescentado pela MP 2.164-41/2001.

XIV – quando o trabalhador ou qualquer de seus dependentes estiver em estágio terminal, em razão de doença grave, nos termos do regulamento;

* Inciso XIV acrescentado pela MP 2.164-41/2001.

XV – quando o trabalhador tiver idade igual ou superior a 70 (setenta) anos;

* Inciso XV acrescentado pela MP 2.164-41/2001.

XVI – necessidade pessoal, cuja urgência e gravidade decorra de desastre natural, conforme disposto em regulamento, observadas as seguintes condições:

* Inciso XVI acrescentado pela Lei 10.878/2004.
* V. Dec. 5.113/2004 (Regulamenta o art. 20, XVI, da Lei 8.036/1990).

Lei 8.036/1990

FGTS

a) o trabalhador deverá ser residente em áreas comprovadamente atingidas de Município ou do Distrito Federal em situação de emergência ou em estado de calamidade pública, formalmente reconhecidos pelo Governo Federal;

b) a solicitação de movimentação da conta vinculada será admitida até 90 (noventa) dias após a publicação do ato de reconhecimento, pelo Governo Federal, da situação de emergência ou de estado de calamidade pública; e

c) o valor máximo do saque da conta vinculada será definido na forma do regulamento.

XVII – integralização de cotas do FI-FGTS, respeitado o disposto na alínea *i* do inciso XIII do art. 5º desta Lei, permitida a utilização máxima de 30% (trinta por cento) do saldo existente e disponível na data em que exercer a opção.

• Inciso XVII com redação determinada pela Lei 12.087/2009.

§ 1º A regulamentação das situações previstas nos incisos I e II assegurará que a retirada a que faz jus o trabalhador corresponda aos depósitos efetuados na conta vinculada durante o período de vigência do último contrato de trabalho, acrescida de juros e atualização monetária, deduzidos os saques.

§ 2º O Conselho Curador disciplinará o disposto no inciso V, visando a beneficiar os trabalhadores de baixa renda e a preservar o equilíbrio financeiro do FGTS.

§ 3º O direito de adquirir moradia com recursos de FGTS, pelo trabalhador, só poderá ser exercido para um único imóvel.

§ 4º O imóvel objeto de utilização do FGTS somente poderá ser objeto de outra transação com recursos do Fundo, na forma que vier a ser regulamentada pelo Conselho Curador.

§ 5º O pagamento da retirada, após o período previsto em regulamento, implicará atualização monetária dos valores devidos.

§ 6º Os recursos aplicados em cotas de Fundos Mútuos de Privatização, referidos no inciso XII, serão destinados, nas condições aprovadas pelo CND, a aquisições de valores mobiliários, no âmbito do Programa Nacional de Desestatização, de que trata a Lei 9.491, de 1997, e de programas estaduais de desestatização, desde que, em ambos os casos, tais destinações sejam aprovadas pelo CND.

• § 6º com redação determinada pela Lei 9.635/1998.

§ 7º Ressalvadas as alienações decorrentes das hipóteses de que trata o § 8º, os valores mobiliários a que se refere o parágrafo anterior só poderão ser integralmente vendidos, pelos respectivos Fundos, 6 (seis) meses após a sua aquisição, podendo ser alienada em prazo inferior parcela equivalente a 10% (dez por cento) do valor adquirido, autorizada a livre aplicação do produto dessa alienação, nos termos da Lei 6.385, de 7 de dezembro de 1976.

• § 7º com redação determinada pela Lei 9.635/1998.

§ 8º As aplicações em Fundos Mútuos de Privatização e no FI-FGTS são nominativas, impenhoráveis e, salvo as hipóteses previstas nos incisos I a XI e XIII a XVI do *caput* deste artigo, indisponíveis por seus titulares.

• § 8º com redação determinada pela Lei 11.491/2007.

§ 9º Decorrido o prazo mínimo de 12 (doze) meses, contados da efetiva transferência das quotas para os Fundos Mútuos de Privatização, os titulares poderão optar pelo retorno para sua conta vinculada no Fundo de Garantia do Tempo de Serviço.

• § 9º acrescentado pela Lei 9.491/1997.

§ 10. A cada período de 6 (seis) meses, os titulares das aplicações em Fundos Mútuos de Privatização poderão transferi-las para outro fundo de mesma natureza.

• § 10 acrescentado pela Lei 9.491/1997.

§ 11. O montante das aplicações de que trata o § 6º deste artigo ficará limitado ao valor dos créditos contra o Tesouro Nacional de que seja titular o Fundo de Garantia do Tempo de Serviço.

• § 11 acrescentado pela Lei 9.491/1997.

§ 12. Desde que preservada a participação individual dos quotistas, será permitida a constituição de clubes de investimento, visando a aplicação em quotas de Fundos Mútuos de Privatização.

• § 12 acrescentado pela Lei 9.491/1997.

Lei 8.036/1990

FGTS

§ 13. A garantia a que alude o § 4º do art. 13 desta Lei não compreende as aplicações a que se referem os incisos XII e XVII do *caput* deste artigo.

- § 13 com redação determinada pela Lei 11.491/2007.

§ 14. Ficam isentos do imposto de renda:

- § 14 com redação determinada pela Lei 11.491/2007.

I – a parcela dos ganhos nos Fundos Mútuos de Privatização até o limite da remuneração das contas vinculadas de que trata o art. 13 desta Lei, no mesmo período; e

II – os ganhos do FI-FGTS e do Fundo de Investimento em Cotas – FIC, de que trata o § 19 deste artigo.

§ 15. A transferência de recursos da conta do titular no Fundo de Garantia do Tempo de Serviço em razão da aquisição de ações, nos termos do inciso XII do *caput* deste artigo, ou de cotas do FI-FGTS não afetará a base de cálculo da multa rescisória de que tratam os §§ 1º e 2º do art. 18 desta Lei.

- § 15 com redação determinada pela Lei 11.491/2007.

§ 16. Os clubes de investimento a que se refere o § 12 poderão resgatar, durante os seis primeiros meses da sua constituição, parcela equivalente a 5% (cinco por cento) das quotas adquiridas, para atendimento de seus desembolsos, autorizada a livre aplicação do produto dessa venda, nos termos da Lei 6.385, de 7 de dezembro de 1976.

- § 16 com redação determinada pela Lei 9.635/1998.

§ 17. Fica vedada a movimentação da conta vinculada do FGTS nas modalidades previstas nos incisos V, VI e VII deste artigo, nas operações firmadas, a partir de 25 de junho de 1998, no caso em que o adquirente já seja proprietário ou promitente comprador de imóvel localizado no município onde resida, bem como no caso em que o adquirente já detenha, em qualquer parte do País, pelo menos um financiamento nas condições do SFH.

- § 17 acrescentado pela MP 2.197-43/2001.

§ 18. É indispensável o comparecimento pessoal do titular da conta vinculada para o pagamento da retirada nas hipóteses previstas nos incisos I, II, III, VIII, IX e X deste artigo, salvo em caso de grave moléstia comprovada por perícia médica, quando será paga a procurador especialmente constituído para esse fim.

- § 18 acrescentado pela MP 2.197-43/2001.

§ 19. A integralização das cotas previstas no inciso XVII do *caput* deste artigo será realizada por meio de Fundo de Investimento em Cotas – FIC, constituído pela Caixa Econômica Federal especificamente para essa finalidade.

- § 19 acrescentado pela Lei 11.491/2007.

§ 20. A Comissão de Valores Mobiliários estabelecerá os requisitos para a integralização das cotas referidas no § 19 deste artigo, devendo condicioná-la pelo menos ao atendimento das seguintes exigências:

- § 20 acrescentado pela Lei 11.491/2007.

I – elaboração e entrega de prospecto ao trabalhador; e

II – declaração, por escrito, individual e específica, pelo trabalhador, de sua ciência quanto aos riscos do investimento que está realizando.

§ 21. As movimentações autorizadas nos incisos V e VI do *caput* serão estendidas aos contratos de participação de grupo de consórcio para aquisição de imóvel residencial, cujo bem já tenha sido adquirido pelo consorciado, na forma a ser regulamentada pelo Conselho Curador do FGTS.

- § 21 acrescentado pela Lei 12.058/2009.

Art. 21. Os saldos das contas não individualizadas e das contas vinculadas que se conservem ininterruptamente sem créditos de depósitos por mais de 5 (cinco) anos, a partir de 1º de junho de 1990, em razão de o seu titular ter estado fora do regime do FGTS, serão incorporados ao patrimônio do Fundo, resguardado o direito do beneficiário reclamar, a qualquer tempo, a reposição do valor transferido.

- Artigo com redação determinada pela Lei 8.678/1993.

Parágrafo único. O valor, quando reclamado, será pago ao trabalhador acrescido da remuneração prevista no § 2º do art. 13 desta Lei.

Art. 22. O empregador que não realizar os depósitos previstos nesta Lei, no prazo fi-

Lei 8.036/1990

FGTS

xado no art. 15, responderá pela incidência da Taxa Referencial – TR sobre a importância correspondente.

- Artigo com redação determinada pela Lei 9.964/2000.
- V. Dec. 3.913/2001 (Apuração e liquidação dos complementos de atualização monetária de saldos de contas vinculadas do FGTS).
- V. Súmula 459, STJ.

§ 1º Sobre o valor dos depósitos, acrescidos da TR, incidirão, ainda juros de mora de 0,5% (meio por cento) ao mês ou fração e multa, sujeitando-se, também, às obrigações e sanções previstas no Decreto-lei 368, de 19 de dezembro de 1968.

§ 2º A incidência da TR de que trata o *caput* deste artigo será cobrada por dia de atraso, tomando-se por base o índice de atualização das contas vinculadas do FGTS.

§ 2º-A. A multa referida no § 1º deste artigo será cobrada nas condições que se seguem:
I – 5% (cinco por cento), no mês de vencimento da obrigação;
II – 10% (dez por cento), a partir do mês seguinte ao do vencimento da obrigação.

§ 3º Para efeito de levantamento de débito para com o FGTS, o percentual de 8% (oito por cento) incidirá sobre o valor acrescido da TR até a data da respectiva operação.

Art. 23. Competirá ao Ministério do Trabalho e da Previdência Social a verificação, em nome da Caixa Econômica Federal, do cumprimento do disposto nesta Lei, especialmente quanto à apuração dos débitos e das infrações praticadas pelos empregadores ou tomadores de serviço, notificando-os para efetuarem e comprovarem os depósitos correspondentes e cumprirem as demais determinações legais, podendo, para tanto, contar com o concurso de outros órgãos do Governo Federal, na forma que vier a ser regulamentada.

§ 1º Constituem infrações para efeito desta Lei:
I – não depositar mensalmente o percentual referente ao FGTS, bem como os valores previstos no art. 18 desta Lei, nos prazos de que trata o § 6º do art. 477 da Consolidação das Leis do Trabalho – CLT;

- Inciso I com redação determinada pela MP 2.197-43/2001.

II – omitir as informações sobre a conta vinculada do trabalhador;
III – apresentar as informações ao Cadastro Nacional do Trabalhador, dos trabalhadores beneficiários, com erros ou omissões;
IV – deixar de computar, para efeito de cálculo dos depósitos do FGTS, parcela componente da remuneração;
V – deixar de efetuar os depósitos e os acréscimos legais, após notificado pela fiscalização.

§ 2º Pela infração do disposto no § 1º deste artigo, o infrator estará sujeito às seguintes multas por trabalhador prejudicado:
a) de dois a cinco BTN, no caso dos incisos II e III;
b) de dez a cem BTN, no caso dos incisos I, IV e V.

§ 3º Nos casos de fraude, simulação, artifício, ardil, resistência, embaraço ou desacato à fiscalização, assim como na reincidência, a multa especificada no parágrafo anterior será duplicada, sem prejuízo das demais cominações legais.

§ 4º Os valores das multas, quando não recolhidas no prazo legal, serão atualizados monetariamente até a data de seu efetivo pagamento, através de sua conversão pelo BTN Fiscal.

§ 5º O processo de fiscalização, de autuação e de imposição de multas reger-se-á pelo disposto no Título VII da CLT, respeitado o privilégio do FGTS à prescrição trintenária.

- V. Súmula 210, STJ.
- V. Súmula 206, TST.

§ 6º Quando julgado procedente o recurso interposto na forma do Título VII da CLT, os depósitos efetuados para garantia de instância serão restituídos com os valores atualizados na forma da Lei.

§ 7º A rede arrecadadora e a Caixa Econômica Federal deverão prestar ao Ministério do Trabalho e da Previdência Social as informações necessárias à fiscalização.

Art. 24. Por descumprimento ou inobservância de quaisquer das obrigações que lhe compete como agente arrecadador, pagador e mantenedor do cadastro de contas vinculadas, na forma que vier a ser regulamentada pelo Conselho Curador, fica o banco depositário sujeito ao pagamento de

Lei 8.036/1990

FGTS

multa equivalente a 10% (dez por cento) do montante da conta do empregado, independentemente das demais cominações legais.

Art. 25. Poderá o próprio trabalhador, seus dependentes e sucessores, ou ainda o Sindicato a que estiver vinculado, acionar diretamente a empresa por intermédio da Justiça do Trabalho, para compeli-la a efetuar o depósito das importâncias devidas nos termos desta Lei.

Parágrafo único. A Caixa Econômica Federal e o Ministério do Trabalho e da Previdência Social deverão ser notificados da propositura da reclamação.

Art. 26. É competente a Justiça do Trabalho para julgar os dissídios entre os trabalhadores e os empregadores decorrentes da aplicação desta Lei, mesmo quando a Caixa Econômica Federal e o Ministério do Trabalho e da Previdência Social figurarem como litisconsortes.

Parágrafo único. Nas reclamatórias trabalhistas que objetivam o ressarcimento de parcelas relativas ao FGTS, ou que, direta ou indiretamente, impliquem essa obrigação de fazer, o juiz determinará que a empresa sucumbente proceda ao recolhimento imediato das importâncias devidas a tal título.

Art. 27. A apresentação do Certificado de Regularidade do FGTS, fornecido pela Caixa Econômica Federal, é obrigatória nas seguintes situações:
a) habilitação e licitação promovida por órgão da Administração Federal, Estadual e Municipal, direta, indireta ou fundacional ou por entidade controlada direta ou indiretamente pela União, Estado e Município;
b) obtenção, por parte da União, Estados e Municípios, ou por órgãos da Administração Federal, Estadual e Municipal, direta, indireta ou fundacional, ou indiretamente pela União, Estados ou Municípios, de empréstimos ou financiamentos junto a quaisquer entidades financeiras oficiais;

- V. art. 5º, Lei 12.453/2011, que suspende, até 30.06.2012, as exigências de regularidade fiscal previstas neste dispositivo, sem prejuízo do disposto no § 3º do art. 195 da Constituição Federal, nas contratações de operações de crédito e renegociações de dívidas realizadas com instituições financeiras públicas, que tenham como mutuários os contribuintes a que se refere o art. 6º da referida Lei.

c) obtenção de favores creditícios, isenções, subsídios, auxílios, outorga ou concessão de serviços ou quaisquer outros benefícios concedidos por órgão da Administração Federal, Estadual e Municipal, salvo quando destinados a saldar débitos para com o FGTS;
d) transferência de domicílio para o exterior;
e) registro ou arquivamento, nos órgãos competentes, de alteração ou distrato de contrato social, de estatuto, ou de qualquer documento que implique modificação na estrutura jurídica do empregador ou na sua extinção.

Art. 28. São isentos de tributos federais os atos e operações necessários à aplicação desta Lei, quando praticados pela Caixa Econômica Federal, pelos trabalhadores e seus dependentes ou sucessores, pelos empregadores e pelos estabelecimentos bancários.

Parágrafo único. Aplica-se o disposto neste artigo às importâncias devidas, nos termos desta Lei, aos trabalhadores e seus dependentes ou sucessores.

Art. 29. Os depósitos em conta vinculada, efetuados nos termos desta Lei, constituirão despesas dedutíveis do lucro operacional dos empregadores e as importâncias levantadas a seu favor implicarão receita tributável.

Art. 29-A. Quaisquer créditos relativos à correção dos saldos das contas vinculadas do FGTS serão liquidados mediante lançamento pelo agente operador na respectiva conta do trabalhador.

- Artigo acrescentado pela MP 2.197-43/2001.

Art. 29-B. Não será cabível medida liminar em mandado de segurança, no procedimento cautelar ou em quaisquer outras ações de natureza cautelar ou preventiva, nem a tutela antecipada prevista nos arts. 273 e 461 do Código de Processo Civil que impliquem saque ou movimentação da conta vinculada do trabalhador no FGTS.

- Artigo acrescentado pela MP 2.197-43/2001.

Art. 29-C. Nas ações entre o FGTS e os titulares de contas vinculadas, bem como

Dec. 99.684/1990

FGTS

naquelas em que figurem os respectivos representantes ou substitutos processuais, não haverá condenação em honorários advocatícios.

* Artigo acrescentado pela MP 2.164-41/2001.

* O STF, na ADIn 2.736 (*DJE* 29.03.2011, divulgado em 28.03.2011), julgou procedente a ação direta declarando como "inconstitucional a medida provisória que, alterando lei, suprime condenação em honorários advocatícios, por sucumbência, nas ações entre o Fundo de Garantia por Tempo de Serviço (FGTS) e titulares de contas vinculadas, bem como naquelas em que figurem os respectivos representantes ou substitutos processuais."

Art. 29-D. A penhora em dinheiro, na execução fundada em título judicial em que se determine crédito complementar de saldo de conta vinculada do FGTS, será feita mediante depósito de recursos do Fundo em conta vinculada em nome do exequente, à disposição do juízo.

* Artigo acrescentado pela MP 2.164-41/2001.

Parágrafo único. O valor do depósito só poderá ser movimentado, após liberação judicial, nas hipóteses previstas no art. 20 ou para reversão ao Fundo.

Art. 30. Fica reduzida para 1,5% (um e meio por cento) a contribuição devida pelas empresas ao Serviço Social do Comércio e ao Serviço Social da Indústria e dispensadas estas entidades da subscrição compulsória a que alude o art. 21 da Lei 4.380, de 21 de agosto de 1964.

Art. 31. O Poder Executivo expedirá o Regulamento desta Lei no prazo de 60 (sessenta) dias a contar da data de sua promulgação.

Art. 32. Esta Lei entra em vigor na data de sua publicação, revogada a Lei 7.839, de 12 de outubro de 1989, e as demais disposições em contrário.

Brasília, em 11 de maio de 1990; 169º da Independência e 102º da República.

Fernando Collor

(*DOU* 14.05.1990; ret. 15.05.1990)

DECRETO 99.684,
DE 8 DE NOVEMBRO DE 1990

Consolida as normas regulamentares do Fundo de Garantia do Tempo de Serviço – FGTS.

O Presidente da República, no uso da atribuição que lhe confere o art. 84, inciso IV, da Constituição, decreta:

Art. 1º Fica aprovado o Regulamento Consolidado do Fundo de Garantia do Tempo de Serviço, que com este baixa.

Art. 2º Este Decreto entra em vigor na data de sua publicação.

Art. 3º Revogam-se as disposições em contrário, em especial os Decretos:
I – 59.820, de 20 de dezembro de 1966;
II – 61.405, de 28 de setembro de 1967;
III – 66.619, de 21 de maio de 1970;
IV – 66.819, de 1º de julho de 1970;
V – 66.867, de 13 de julho de 1970;
VI – 66.939, de 22 de julho de 1970;
VII – 69.265, de 22 de setembro de 1971;
VIII – 71.636, de 29 de dezembro de 1972;
IX – 72.141, de 26 de abril de 1973;
X – 73.423, de 7 de janeiro de 1974;
XI – 76.218, de 9 de setembro de 1975;
XII – 76.750, de 5 de dezembro de 1975;
XIII – 77.357, de 1º de abril de 1976;
XIV – 79.891, de 29 de junho de 1977;
XV – 84.509, de 25 de fevereiro de 1980;
XVI – 87.567, de 16 de setembro de 1982;
XVII – 90.408, de 7 de novembro de 1984;
XVIII – 92.366, de 4 de fevereiro de 1986;
XIX – 97.848, de 20 de junho de 1989; e
XX – 98.813, de 10 de janeiro de 1990.

Brasília, 8 de novembro de 1990; 169º da Independência e 102º da República.

Fernando Collor

(*DOU* 12.11.1990)

ANEXO
REGULAMENTO DO FUNDO DE GARANTIA DO TEMPO DE SERVIÇO – FGTS

Capítulo I
DAS DISPOSIÇÕES PRELIMINARES

Art. 1º Nas relações jurídicas pertinentes ao Fundo de Garantia do Tempo de Serviço

Dec. 99.684/1990

FGTS

– FGTS será observado o disposto neste Regulamento.

Art. 2º Para os efeitos deste Regulamento considera-se:

I – empregador, a pessoa natural ou jurídica de direito público ou privado, da Administração Pública direta, indireta ou fundacional de qualquer dos Poderes, da União, dos Estados, do Distrito Federal e dos Municípios, que admitir trabalhadores a seu serviço, bem assim aquele que, regido por legislação especial, encontrar-se nessa condição ou figurar como fornecedor ou tomador de mão de obra;

II – trabalhador, a pessoa natural que prestar serviços a empregador, excluídos os eventuais, os autônomos e os servidores públicos civis e militares sujeitos a regime jurídico próprio.

Capítulo II
DO DIREITO AO FGTS

Art. 3º A partir de 5 de outubro de 1988, o direito ao regime do FGTS é assegurado aos trabalhadores urbanos e rurais, exceto aos domésticos, independentemente de opção.

Parágrafo único. Os trabalhadores domésticos poderão ter acesso ao regime do FGTS, na forma que vier a ser prevista em Lei.

Art. 4º A opção pelo regime de que trata este Regulamento somente é admitida para o tempo de serviço anterior a 5 de outubro de 1988, podendo os trabalhadores, a qualquer tempo, optar pelo FGTS com efeito retroativo a 1º de janeiro de 1967, ou à data de sua admissão, quando posterior.

Parágrafo único. O disposto neste artigo não se aplica ao trabalhador rural (Lei 5.889, de 8 de junho de 1973), bem assim àquele:

a) que tenha transacionado com o empregador o direito a indenização, quanto ao período que foi objeto da transação; ou

b) cuja indenização pelo tempo anterior à opção já tenha sido depositada na sua conta vinculada.

Art. 5º A opção com efeito retroativo será feita mediante declaração escrita do trabalhador, com indicação do período de retroação.

§ 1º O empregador, no prazo de 48 (quarenta e oito) horas, fará as devidas anotações na Carteira de Trabalho e Previdência Social e no registro do trabalhador, comunicando ao banco depositário.

§ 2º O valor da conta vinculada em nome do empregador e individualizada em relação ao trabalhador, relativo ao período abrangido pela retroação, será transferido pelo banco depositário para a conta vinculada em nome do trabalhador.

Art. 6º O tempo de serviço anterior à opção ou a 5 de outubro de 1988 poderá ser transacionado entre empregador e empregado, respeitado o limite mínimo de 60% (sessenta por cento) da indenização simples ou em dobro, conforme o caso.

Parágrafo único. Na hipótese de que trata este artigo a transação deverá ser homologada pelo sindicato da categoria profissional, mesmo quando não houver extinção do contrato de trabalho.

Art. 7º O direito ao FGTS se estende aos diretores não empregados de empresas públicas e sociedades controladas direta ou indiretamente pela União (Lei 6.919, de 2 de junho de 1981).

Art. 8º As empresas sujeitas ao regime da legislação trabalhista poderão equiparar seus diretores não empregados aos demais trabalhadores sujeitos ao regime do FGTS.

Parágrafo único. Considera-se diretor aquele que exerça cargo de administração previsto em lei, estatuto ou contrato social, independentemente da denominação do cargo.

Capítulo III
DOS EFEITOS DA RESCISÃO OU EXTINÇÃO DO CONTRATO DE TRABALHO

Art. 9º Ocorrendo despedida sem justa causa, ainda que indireta, com culpa recíproca, por força maior ou extinção normal do contrato de trabalho a termo, inclusive a do trabalhador temporário, deverá o empregador depositar, na conta vinculada do trabalhador no FGTS, os valores relativos aos depósitos referentes ao mês da rescisão

e ao imediatamente anterior, que ainda não houver sido recolhido, sem prejuízo das cominações legais cabíveis.

* *Caput* com redação determinada pelo Dec. 2.430/1997.

§ 1º No caso de despedida sem justa causa, ainda que indireta, o empregador depositará, na conta vinculada do trabalhador no FGTS, importância igual a 40% (quarenta por cento) do montante de todos os depósitos realizados na conta vinculada durante a vigência do contrato de trabalho, atualizados monetariamente e acrescidos dos respectivos juros, não sendo permitida, para este fim, a dedução dos saques ocorridos.

* § 1º com redação determinada pelo Dec. 2.430/1997.

§ 2º Ocorrendo despedida por culpa recíproca ou força maior, reconhecida pela Justiça do Trabalho, o percentual de que trata o parágrafo precedente será de 20% (vinte por cento).

§ 3º Na determinação da base de cálculo para a aplicação dos percentuais de que tratam os parágrafos precedentes, serão computados os valores dos depósitos relativos aos meses da rescisão e o imediatamente anterior, recolhidos na forma do *caput* deste artigo.

* § 3º com redação determinada pelo Dec. 2.430/1997.

§ 4º O recolhimento das importâncias de que trata este artigo deverá ser comprovado quando da homologação das rescisões contratuais que exijam o pagamento da multa rescisória, bem como quando da habilitação ao saque, sempre que não for devida a homologação da rescisão, observado o disposto no art. 477 da Consolidação das Leis do Trabalho – CLT, eximindo o empregador, exclusivamente, quanto aos valores discriminados.

* § 4º com redação determinada pelo Dec. 2.430/1997.

§ 5º Os depósitos de que tratam o *caput* e os §§ 1º e 2º deste artigo deverão ser efetuados nos seguintes prazos:

* § 5º com redação determinada pelo Dec. 2.582/1998.

a) até o primeiro dia útil imediato ao término do contrato; ou

b) até o décimo dia, contado da data da notificação da demissão, quando da ausência do aviso-prévio, indenização do mesmo ou dispensa de seu cumprimento.

§ 6º O empregador que não realizar os depósitos previstos neste artigo, no prazo especificado no parágrafo anterior, sujeitar-se-á às cominações previstas no art. 30.

* § 6º acrescentado pelo Dec. 2.430/1997.

§ 7º O depósito dos valores previstos neste artigo deverá ser efetuado, obrigatoriamente, na CEF ou, nas localidades onde não existam unidades daquela empresa, nos bancos conveniados, aplicando-se a estes depósitos o disposto no art. 32.

* § 7º acrescentado pelo Dec. 2.430/1997.

§ 8º A CEF terá prazo de 10 (dez) dias úteis, após o recolhimento, para atender às solicitações de saque destes valores.

* § 8º acrescentado pelo Dec. 2.430/1997.

§ 9º A CEF, para fins de remuneração como Agente Operador do FGTS, considerará o recolhimento desses depósitos, da multa rescisória e dos saques desses valores como movimentações distintas.

* § 9º acrescentado pelo Dec. 2.430/1997.

Art. 10. Caberá ao banco depositário e, após a centralização, à Caixa Econômica Federal – CEF, prestar ao empregador, no prazo máximo de 5 (cinco) dias úteis da solicitação, as informações necessárias ao cumprimento do disposto nos §§ 1º e 2º do artigo precedente.

§ 1º As informações deverão discriminar os totais de depósitos efetuados pelo empregador, acrescidos dos respectivos juros e correção monetária.

§ 2º Caberá ao empregador comprovar o efetivo depósito dos valores devidos que não tenham ingressado na conta até a data da rescisão do contrato de trabalho.

Art. 11. Fica ressalvado o direito adquirido dos trabalhadores que, em 5 de outubro de 1988, já tinham o direito à estabilidade no emprego, nos termos do Capítulo V do Título IV da CLT.

Art. 12. Ocorrendo rescisão do contrato de trabalho, para a qual não tenha o trabalhador dado causa, fica assegurado, na forma do disposto nos arts. 477 a 486 e 497 da

Dec. 99.684/1990

FGTS

CLT, o direito à indenização relativa ao tempo de serviço anterior a 5 de outubro de 1988, que não tenha sido objeto de opção.

Art. 13. No caso de rescisão ou extinção do contrato de trabalho de empregado que conte tempo de serviço anterior a 5 de outubro de 1988 na qualidade de não optante, o empregador poderá levantar o saldo da respectiva conta individualizada, mediante:

I – comprovação do pagamento da indenização devida, quando for o caso; ou

II – autorização do Instituto Nacional de Seguro Social – INSS, quando não houver indenização a ser paga ou houver decorrido o prazo prescricional para reclamação de direitos por parte do trabalhador.

Parágrafo único. Nas hipóteses previstas neste artigo, os recursos serão liberados no prazo de 5 (cinco) dias úteis, contado da apresentação do comprovante de pagamento da indenização ou da autorização conferida pelo INSS.

Art. 14. No caso de contrato a termo, a rescisão antecipada, sem justa causa ou com culpa recíproca, equipara-se às hipóteses previstas nos §§ 1º e 2º do art. 9º, respectivamente, sem prejuízo do disposto no art. 479 da CLT.

Art. 15. Ocorrendo rescisão do contrato de trabalho, pelo empregador, por justa causa, o trabalhador demitido somente terá direito ao saque de sua conta vinculada nas hipóteses previstas nos incisos III e VIII do art. 35.

Art. 16. Equipara-se a extinção normal do contrato a termo o término do mandato do diretor não empregado (arts. 7º e 8º) não reconduzido.

Capítulo IV
DAS CONTAS

Art. 17. As importâncias creditadas nas contas vinculadas em nome dos trabalhadores são impenhoráveis.

Art. 18. O saldo das contas vinculadas é garantido pelo Governo Federal, podendo ser instituído seguro especial para esse fim.

Art. 19. Os depósitos efetuados nas contas vinculadas serão corrigidos monetariamente com base nos parâmetros fixados para atualização dos saldos dos depósitos de poupança e capitalizarão juros de 3% (três por cento) ao ano.

§ 1º A correção monetária e os juros correrão à conta do FGTS.

§ 2º Para as contas vinculadas dos trabalhadores optantes, existentes em 22 de setembro de 1971, a capitalização dos juros dos depósitos continuará a ser feita levando-se em conta o período de permanência na mesma empresa, na seguinte progressão:

a) 3% (três por cento), durante os dois primeiros anos;

b) 4% (quatro por cento), do terceiro ao quinto ano;

c) 5% (cinco por cento), do sexto ao décimo ano;

d) 6% (seis por cento), a partir do décimo primeiro ano.

§ 3º O disposto no parágrafo precedente deixará de ser aplicado quando o trabalhador mudar de empresa, hipótese em que a capitalização dos juros passará a ser feita à taxa de 3% (três por cento) ao ano.

Art. 20. O crédito da atualização monetária e dos juros será efetuado na conta do trabalhador:

I – no primeiro dia útil de cada mês, com base no saldo existente no primeiro dia útil do mês anterior, até que ocorra a centralização das contas na CEF; e

II – no dia 10 de cada mês, com base no saldo existente no dia 10 do mês anterior, após a centralização prevista neste artigo.

§ 1º O saldo existente no mês anterior será utilizado como base para o cálculo dos juros e da atualização monetária após a dedução dos saques ocorridos no período, exceto os efetuados no dia do crédito.

§ 2º Caso no dia 10 não haja expediente bancário, considerar-se-á o primeiro dia útil subsequente, tanto para a realização do crédito quanto para a definição do saldo base.

Art. 21. Até o dia 14 de maio de 1991, a CEF assumirá o controle de todas as contas vinculadas, passando os demais estabelecimentos bancários, findo esse prazo, à condição de agentes recebedores e pagadores do FGTS, mediante recebimento de tarifa a ser fixada pelo Conselho Curador.

Dec. 99.684/1990

FGTS

§ 1º Até que a CEF implemente as disposições deste artigo, a conta vinculada continuará sendo aberta em nome do trabalhador, em estabelecimento bancário escolhido pelo empregador.

§ 2º Verificando-se mudança de emprego, a conta vinculada será transferida para o estabelecimento bancário da escolha do novo empregador.

Art. 22. A partir do segundo mês após a centralização das contas na CEF, fica assegurado ao trabalhador o direito de receber, bimestralmente, extrato informativo da conta vinculada.

Parágrafo único. A qualquer tempo a CEF, mediante solicitação, fornecerá ao trabalhador informações sobre sua conta vinculada.

Art. 23. O banco depositário é responsável pelos lançamentos efetuados nas contas vinculadas durante o período em que estiverem sob sua administração.

Art. 24. Por ocasião da centralização na CEF, caberá ao banco depositário emitir o último extrato das contas vinculadas sob sua responsabilidade, que deverá conter, inclusive, o registro dos valores transferidos e a discriminação dos depósitos efetuados na vigência do último contrato de trabalho.

Art. 25. Após a centralização das contas na CEF o saldo de conta não individualizada e de conta vinculada sem depósito há mais de 5 (cinco) anos será incorporado ao patrimônio do FGTS, resguardado o direito do beneficiário de reclamar, a qualquer tempo, a reposição do valor transferido, mediante comprovação de ter a conta existido.

Art. 26. A empresa anotará na Carteira de Trabalho e Previdência Social o nome e endereço da agência do banco depositário.

Parágrafo único. Após a centralização das contas na CEF, a empresa ficará desobrigada da anotação de que trata este artigo.

Capítulo V
DOS DEPÓSITOS

Art. 27. O empregador, ainda que entidade filantrópica, é obrigado a depositar, até o dia 7 de cada mês, em conta bancária vinculada, a importância correspondente a 8% (oito por cento) da remuneração paga ou devida no mês anterior, a cada trabalhador, incluídas as parcelas de que tratam os arts. 457 e 458 da CLT e a gratificação de Natal a que se refere a Lei 4.090, de 13 de julho de 1962, com as modificações da Lei 4.749, de 12 de agosto de 1965.

Parágrafo único. Não integram a base de cálculo para incidência do percentual de que trata este artigo:

a) a contribuição do empregador para o Vale-Transporte (Dec. 95.247, de 17 de novembro de 1987); e

b) os gastos efetuados com bolsas de aprendizagem (Lei 8.069, de 13 de julho de 1990, art. 64).

Art. 28. O depósito na conta vinculada do FGTS é obrigatório também nos casos de interrupção do contrato de trabalho prevista em lei, tais como:

I – prestação de serviço militar;
II – licença para tratamento de saúde de até 15 (quinze) dias;
III – licença por acidente de trabalho;
IV – licença à gestante; e
V – licença-paternidade.

Parágrafo único. Na hipótese deste artigo, a base de cálculo será revista sempre que ocorrer aumento geral na empresa ou na categoria profissional a que pertencer o trabalhador.

Art. 29. O depósito a que se refere o art. 27 é devido, ainda, quando o empregado passar a exercer cargo de diretoria, gerência ou outro de confiança imediata do empregador.

Art. 30. O empregador que não realizar os depósitos previstos no prazo fixado no art. 27 sujeitar-se-á às obrigações e sanções previstas nos arts. 50 a 52 e responderá:

I – pela atualização monetária da importância correspondente; e

II – pelos juros de mora de 1% (um por cento) ao mês e multa de 20% (vinte por cento), incidentes sobre o valor atualizado.

§ 1º A atualização monetária será cobrada por dia de atraso, tomando-se por base os índices de variação do Bônus do Tesouro Nacional Fiscal (BTN Fiscal) ou, na falta deste, do título que vier a sucedê-lo, ou, ainda, a critério do Conselho Curador, por outro indicador da inflação diária.

Dec. 99.684/1990

FGTS

§ 2º Se o débito for pago até o último dia útil do mês em que o depósito deveria ter sido efetuado, a multa será reduzida para 10% (dez por cento).

§ 3º O disposto neste artigo se aplica aos depósitos decorrentes de determinação judicial.

Art. 31. Até a centralização das contas na CEF, a apropriação na conta vinculada, para fins de atualização monetária e capitalização de juros, será feita:

I – no primeiro dia útil do mês subsequente, quando o depósito ocorrer no próprio mês em que se tornou devido;

II – no primeiro dia útil do mês do depósito, quando este ocorrer no mês subsequente àquele em que se tornou devido; e

III – no primeiro dia útil do mês do depósito, quando este ocorrer a partir do segundo mês subsequente ao em que se tornou devido, atualizado monetariamente e acrescido de juros, contados da data em que a apropriação deveria ter sido feita.

Art. 32. Os depósitos relativos ao FGTS, efetuados na rede bancária, serão transferidos à CEF no segundo dia útil subsequente à data em que tenham sido efetuados.

Art. 33. Os empregadores deverão comunicar mensalmente aos trabalhadores os valores recolhidos ao FGTS e repassar-lhes todas as informações, recebidas da CEF ou dos bancos depositários, sobre as respectivas contas vinculadas.

Art. 34. Os depósitos em conta vinculada constituirão despesas dedutíveis do lucro operacional dos empregadores e as importâncias levantadas a seu favor, receita tributável (Lei 8.036, de 11 de maio de 1990).

Capítulo VI
DOS SAQUES

Art. 35. A conta vinculada do trabalhador no FGTS poderá ser movimentada nas seguintes situações:

I – despedida sem justa causa, inclusive a indireta, de culpa recíproca e por força maior, comprovada com o depósito dos valores de que tratam os §§ 1º e 2º do art. 9º;

• Inciso I com redação determinada pelo Dec. 2.430/1997.

II – extinção da empresa, fechamento de quaisquer de seus estabelecimentos, filiais ou agências, supressão de parte de suas atividades, ou, ainda, falecimento do empregador individual, sempre que qualquer dessas ocorrências implique rescisão do contrato de trabalho, comprovada por declaração escrita da empresa, suprida, quando for o caso, por decisão judicial transitada em julgado;

III – aposentadoria concedida pela Previdência Social;

IV – falecimento do trabalhador;

V – pagamento de parte das prestações decorrentes de financiamento habitacional concedido no âmbito do Sistema Financeiro da Habitação – SFH, desde que:

a) o mutuário conte com o mínimo de 3 (três) anos de trabalho sob o regime do FGTS, na mesma empresa ou em empresas diferentes;

b) o valor bloqueado seja utilizado, no mínimo, durante o prazo de 12 (doze) meses; e

c) o valor de cada parcela a ser movimentada não exceda a 80% (oitenta por cento) do montante da prestação;

VI – liquidação ou amortização extraordinária do saldo devedor de financiamento imobiliário concedido no âmbito do SFH, desde que haja interstício mínimo de 2 (dois) anos para cada movimentação, sem prejuízo de outras condições estabelecidas pelo Conselho Curador;

VII – pagamento total ou parcial do preço de aquisição de moradia própria, observadas as seguintes condições:

a) conte o mutuário com o mínimo de 3 (três) anos de trabalho sob o regime do FGTS, na mesma empresa ou empresas diferentes; e

b) seja a operação financiada pelo SFH ou, se realizada fora do Sistema, preencha os requisitos para ser por ele financiada;

VIII – quando permanecer 3 (três) anos ininterruptos, a partir de 14 de maio de 1990, sem crédito de depósitos;

IX – extinção normal do contrato a termo, inclusive o dos trabalhadores temporários regidos pela Lei 6.019, de 1974;

• Inciso IX com redação determinada pelo Dec. 5.860/2006.

Dec. 99.684/1990

FGTS

X – suspensão do trabalho avulso por período igual ou superior a 90 (noventa) dias;

* Inciso X com redação determinada pelo Dec. 5.860/2006.

XI – quando o trabalhador ou qualquer de seus dependentes for acometido de neoplasia maligna;

* Inciso XI acrescentado pelo Dec. 5.860/2006.

XII – aplicação, na forma individual ou por intermédio de Clubes de Investimento – CI-FGTS, em quotas de Fundos Mútuos de Privatização – FMP-FGTS, conforme disposto no inciso XII do art. 20 da Lei 8.036, de 11 de maio de 1990;

* Inciso XII com redação determinada pelo Dec. 5.860/2006.

XIII – quando o trabalhador ou qualquer de seus dependentes for portador do vírus HIV; e

* Inciso XIII acrescentado pelo Dec. 5.860/2006.

XIV – quando o trabalhador ou qualquer de seus dependentes estiver em estágio terminal, em razão de doença grave.

* Inciso XIV acrescentado pelo Dec. 5.860/2006.

§ 1º Os depósitos em conta vinculada em nome de aposentado, em razão de novo vínculo empregatício, poderão ser sacados também no caso de rescisão do contrato de trabalho a seu pedido.

§ 2º Nas hipóteses previstas nos incisos I e II, o trabalhador somente poderá sacar os valores relativos ao último contrato de trabalho.

§ 3º O Conselho Curador disciplinará o disposto no inciso V, visando a beneficiar os trabalhadores de baixa renda e a preservar o equilíbrio financeiro do FGTS.

§ 4º A garantia a que alude o art. 18 deste Regulamento não compreende as aplicações a que se refere o inciso XII deste artigo.

* § 4º acrescentado pelo Dec. 2.430/1997.

§ 5º Os recursos automaticamente transferidos da conta do titular no FGTS em razão da aquisição da aquisição de ações, bem como os ganhos ou perdas dela decorrentes, observado o disposto na parte final do § 1º do art. 9º, não afetarão a base de cálculo da indenização de que tratam os §§ 1º e 2º do art. 9º deste Regulamento.

* § 5º acrescentado pelo Dec. 2.430/1997.

§ 6º Os resgates de quotas dos FMP-FGTS e dos CI-FGTS, para os casos previstos nos incisos I a IV e VI a X deste artigo, somente poderão ocorrer com autorização prévia do Agente Operador do FGTS.

* § 6º com redação determinada pelo Dec. 5.860/2006.

§ 7º Nos casos previstos nos incisos IV, VI e VII, o resgaste de quotas implicará retorno à conta vinculada do trabalhador do valor resultante da aplicação.

* § 7º acrescentado pelo Dec. 2.430/1997.

§ 8º O limite de 50% (cinquenta por cento) a que se refere o inciso XII deste artigo será observado a cada aplicação e após deduzidas as utilizações anteriores que não tenham retornado ao FGTS, de modo que o somatório dos saques da espécie, atualizados, não poderá ser superior à metade do saldo atual da respectiva conta.

* § 8º acrescentado pelo Dec. 2.430/1997.

Art. 36. O saque poderá ser efetuado mediante:

I – apresentação do recibo de quitação das verbas rescisórias, nos casos dos incisos I e II do artigo precedente;

II – apresentação de documento expedido pelo Instituto Nacional de Seguro Social – INSS que:

a) declare a condição de inativo, no caso de aposentadoria; ou

b) contenha a identificação e a data de nascimento de cada dependente, no caso de falecimento do trabalhador;

III – requerimento dirigido ao agente financeiro, nas hipóteses dos incisos V e VI, ou ao banco arrecadador, nos casos dos incisos VII e VIII, todos do artigo anterior;

IV – apresentação de cópia do instrumento contratual, no caso do contrato a termo;

V – declaração do sindicato representativo da categoria profissional, no caso de suspensão do trabalho avulso por período igual ou superior a 90 (noventa) dias;

* Inciso V com redação determinada pelo Dec. 5.860/2006.

Dec. 99.684/1990

FGTS

VI – comprovação da rescisão e da sua condição de aposentado, no caso do § 1º do art. 35;

- Inciso VI com redação determinada pelo Dec. 5.860/2006.

VII – requerimento formal do trabalhador ao Administrador do FMP-FGTS, ou do CI-FGTS, ou por meio de outra forma estabelecida pelo Agente Operador do FGTS, no caso previsto no inciso XII do art. 35, garantida, sempre, a aquiescência do titular da conta vinculada; e

- Inciso VII com redação determinada pelo Dec. 5.860/2006.

VIII – atestado de diagnóstico assinado por médico, devidamente identificado por seu registro profissional, emitido na conformidade das normas dos Conselhos Federal e Regional de Medicina, com identificação de patologia consignada no Código Internacional de Doenças – CID, e descritivo dos sintomas ou do histórico patológico pelo qual se identifique que o trabalhador ou dependente seu é portador de neoplasia maligna, do vírus HIV ou que caracterize estágio terminal de vida em razão de doença grave, nos casos dos incisos XI, XIII e XIV do art. 35.

- Inciso VIII acrescentado pelo Dec. 5.860/2006.

Parágrafo único. A apresentação dos documentos de que tratam os incisos I e IV do *caput* deste artigo poderá ser suprida pela comunicação para fins de autorização da movimentação da conta vinculada do trabalhador, realizada com uso de certificação digital e em conformidade com os critérios estabelecidos pelo Agente Operador do FGTS.

- Parágrafo único acrescentado pelo Dec. 5.860/2006.

Art. 37. O saque de recursos na conta vinculada incluirá, obrigatoriamente, os valores nela depositados no mês do evento, mesmo que ainda não tenham sido creditados.

Art. 38. O saldo da conta vinculada do trabalhador que vier a falecer será pago a seu dependente, para esse fim habilitado perante a Previdência Social, independentemente da autorização judicial.

§ 1º Havendo mais de um dependente habilitado, o pagamento será feito de acordo com os critérios adotados pela Previdência Social para a concessão de pensão por morte.

§ 2º As quotas atribuídas a menores ficarão depositadas em caderneta de poupança e, salvo autorização judicial, só serão disponíveis após o menor completar 18 (dezoito) anos.

§ 3º Na falta de dependentes, farão jus ao recebimento do saldo da conta vinculada os sucessores do trabalhador, na forma prevista no Código Civil, indicados em alvará judicial, expedido a requerimento do interessado, independentemente de inventário ou arrolamento.

Art. 39. O direito de utilizar os recursos creditados em conta vinculada em nome do trabalhador não poderá ser exercido simultaneamente para a aquisição de mais um imóvel.

Art. 40. O imóvel, adquirido com a utilização do FGTS, somente poderá ser objeto de outra operação com recursos do Fundo na forma que vier a ser disciplinada pelo Conselho Curador.

Art. 41. A solicitação de saque da conta vinculada será atendida no prazo de 5 (cinco) dias úteis, quando o documento for entregue na agência onde o empregador tenha efetuado o depósito do FGTS.

§ 1º Compete à CEF expedir instruções fixando prazo para os casos em que a entrega do documento não ocorra na agência mantenedora da conta ou quando o sacador solicitar que o saque seja liberado em outra agência, ou, ainda, quando o sacador optar pelo saque após o crédito de juros e atualização monetária relativos ao mês em que se verificar o pedido.

§ 2º Decorrido o prazo, sobre o valor do saque incidirá atualização monetária com base nos índices de variação do BTN Fiscal, ou outro que vier a sucedê-lo, ou, ainda, a critério do Conselho Curador, por outro indicador da inflação diária.

§ 3º No caso de valor aplicado em FMP-FGTS, e para os fins previstos nos incisos IV, VI e VII do art. 35, o prazo de 5 (cinco) dias contar-se-á a partir do retorno do valor re-

Dec. 99.684/1990

FGTS

sultante da aplicação à conta vinculada e não da data da solicitação.

• § 3º acrescentado pelo Dec. 2.430/1997.

Art. 42. A movimentação da conta vinculada do FGTS por menor de 18 (dezoito) anos dependerá da assistência do responsável legal.

Capítulo VII
DO CERTIFICADO DE REGULARIDADE

Art. 43. A regularidade da situação do empregador perante o FGTS será comprovada pelo Certificado de Regularidade do FGTS, com validade em todo o território nacional, a ser fornecido pela CEF, mediante solicitação.

Art. 44. A apresentação do Certificado de Regularidade do FGTS é obrigatória para:
I – habilitação em licitação promovida por órgãos da Administração Pública direta, indireta ou fundacional e por empresas controladas direta ou indiretamente pela União, pelos Estados, pelo Distrito Federal e pelos Municípios;
II – obtenção de empréstimos ou financiamentos junto a quaisquer instituições financeiras públicas, por parte de órgãos e entidades da Administração Pública direta, indireta ou fundacional, bem assim empresas controladas direta ou indiretamente pela União, pelos Estados, pelo Distrito Federal e pelos Municípios;
III – obtenção de favores creditícios, isenções, subsídios, auxílios, outorga ou concessão de serviços ou quaisquer outros benefícios concedidos por órgão da Administração Pública Federal, dos Estados, do Distrito Federal e dos Municípios, salvo quando destinados a saldar débitos para com o FGTS;
IV – transferência de domicílio para o exterior; e
V – registro ou arquivamento, nos órgãos competentes, de alteração ou distrato de contrato social, de estatuto, ou de qualquer documento que implique modificação na estrutura jurídica do empregador ou na extinção da empresa.

Art. 45. Para obter o Certificado de Regularidade, o empregador deverá satisfazer as seguintes condições:

I – estar em dia com as obrigações para com o FGTS; e
II – estar em dia com o pagamento de prestação de empréstimos lastreados em recursos do FGTS.

Art. 46. O Certificado de Regularidade terá validade de até 6 (seis) meses contados da data da sua emissão.
§ 1º No caso de parcelamento de débito, a validade será de 30 (trinta) dias.
§ 2º Havendo antecipação no pagamento de parcelas, o Certificado terá validade igual ao período correspondente às prestações antecipadas, observado o prazo máximo de 6 (seis) meses.

Capítulo VIII
DAS INFRAÇÕES E DAS PENALIDADES

Art. 47. Constituem infrações à Lei 8.036, de 1990:
I – não depositar mensalmente a parcela referente ao FGTS;
II – omitir informações sobre a conta vinculada do trabalhador;
III – apresentar informações ao Cadastro Nacional do Trabalhador, dos trabalhadores beneficiários, com erros ou omissões;
IV – deixar de computar, para efeito de cálculo dos depósitos do FGTS, parcela componente da remuneração;
V – deixar de efetuar os depósitos com os acréscimos legais, após notificado pela fiscalização.
Parágrafo único. Por trabalhador prejudicado o infrator estará sujeito às seguintes multas:
a) de dois a cinco BTN, nos casos dos incisos II e III; e
b) de dez a cem BTN, nos casos dos incisos I, IV e V.

Art. 48. Nos casos de fraude, simulação, artifício, ardil, resistência, embaraço ou desacato à fiscalização, assim como na reincidência, a multa especificada no artigo anterior será duplicada, sem prejuízo das demais cominações legais.

Art. 49. Os valores das multas, quando não recolhidas ao prazo legal, serão atualizados monetariamente pelo BTN Fiscal até a data de seu efetivo pagamento.

Dec. 99.684/1990

FGTS

Art. 50. O empregador em mora com o FGTS não poderá, sem prejuízo de outras disposições legais (Dec.-lei 368, de 14 de dezembro de 1968, art. 1º):
I – pagar honorário, gratificação, pró-labore, ou qualquer tipo de retribuição ou retirada a seus diretores, sócios, gerentes ou titulares de firma individual; e
II – distribuir quaisquer lucros, bonificações, dividendos ou interesses a seus sócios, titulares, acionistas, ou membros de órgãos dirigentes, fiscais ou consultivos.

Art. 51. O empregador em mora contumaz com o FGTS não poderá receber qualquer benefício de natureza fiscal, tributária ou financeira, por parte de órgão da União, dos Estados, do Distrito Federal ou dos Municípios, ou de que estes participem (Dec.-lei 368, de 1968, art. 2º).
§ 1º Considera-se mora contumaz o não pagamento de valores devidos ao FGTS por período igual ou superior a 3 (três) meses, sem motivo grave ou relevante, excluídas as causas pertinentes ao risco do empreendimento.
§ 2º Não se incluem na proibição deste artigo as operações destinadas à liquidação dos débitos existentes para com o FGTS, o que deverá ser expressamente consignado em documento firmado pelo responsável legal da empresa, como justificação do crédito.

Art. 52. Pela infração ao disposto nos incisos I e II do art. 50, os diretores, sócios, gerentes, membros de órgãos fiscais ou consultivos, titulares de firma individual ou quaisquer outros dirigentes de empresa estão sujeitos a pena de detenção de 1 (um) mês a 1 (um) ano (Dec.-lei 368, de 1968, art. 4º).
Parágrafo único. Apurada a infração prevista neste artigo, a autoridade competente do INSS representará, sob pena de responsabilidade, ao Ministério Público, para a instauração da competente ação penal.

Art. 53. Por descumprimento ou inobservância de quaisquer das obrigações que lhe compete como agente arrecadador, pagador ou mantenedor do cadastro de contas vinculadas, na forma que vier a ser disciplinada pelo Conselho Curador, fica o banco depositário sujeito ao pagamento de multa equivalente a 10% (dez por cento) do montante da conta do empregado, independentemente das demais cominações legais.

Capítulo IX
DA FISCALIZAÇÃO

Art. 54. Compete ao Ministério do Trabalho e da Previdência Social – MTPS, por intermédio do INSS, exercer a fiscalização do cumprimento do disposto na Lei 8.036, de 1990, de acordo com este regulamento e os arts. 626 e 642 da CLT, especialmente quanto à apuração dos débitos e das infrações praticadas pelos empregadores.

Art. 55. O processo de fiscalização, de autuação e de imposição de multas reger-se-á pelo disposto no Título VII da CLT, respeitado o privilégio do FGTS à prescrição trintenária.
* V. Súmula 210, STJ.
* V. Súmula 362, TST.

Art. 56. A penalidade de multa será aplicada pelo Gerente de Atendimento de Relações de Emprego, do INSS, mediante decisão fundamentada, lançada em processo administrativo, assegurada ampla defesa ao autuado.
Parágrafo único. Na fixação da penalidade a autoridade administrativa levará em conta as circunstâncias e consequências da infração, bem como ser o infrator primário ou reincidente, a sua situação econômico-financeira e os meios ao seu alcance para cumprir a lei.

Art. 57. Quando julgado procedente o recurso interposto na forma do art. 636 da CLT, os depósitos efetuados para garantia de instância serão restituídos com os valores atualizados na forma da lei.

Art. 58. A rede arrecadadora e a CEF deverão prestar ao MTPS as informações necessárias à fiscalização.

Capítulo X
DO FUNDO E DO SEU EXERCÍCIO FINANCEIRO

Art. 59. O FGTS é constituído pelos saldos das contas vinculadas e outros recursos a ele incorporados.
Parágrafo único. Constituem recursos incorporados ao FGTS:

Dec. 99.684/1990

FGTS

a) eventuais saldos apurados nos termos do art. 68;
b) dotações orçamentárias específicas;
c) resultados de aplicações;
d) multas, correção monetária e juros moratórios auferidos; e
e) outras receitas patrimoniais e financeiras.

Art. 60. O exercício financeiro do FGTS será de 1º de janeiro a 31 de dezembro.

§ 1º No final de cada exercício financeiro será realizado balanço anual do FGTS.

§ 2º As contas do FGTS serão escrituradas em registros contábeis próprios.

Capítulo XI
DA APLICAÇÃO DOS RECURSOS

Art. 61. As aplicações com recursos do FGTS poderão ser realizadas diretamente pela CEF, pelos demais órgãos integrantes do SFH e pelas entidades para esse fim credenciadas pelo Banco Central do Brasil como agentes financeiros, exclusivamente segundo critérios fixados pelo Conselho Curador, mediante operações em que sejam assegurados:

I – garantia real;
II – correção monetária igual à das contas vinculadas;
III – taxa de juros média mínima, por projeto, de 3% (três por cento) ao ano; e
IV – prazo máximo de retorno de 25 (vinte e cinco) anos.

§ 1º A rentabilidade média das aplicações deverá ser suficiente à cobertura de todos os custos incorridos pelo Fundo e ainda à formação de reserva técnica para o atendimento de gastos eventuais não previstos, sendo da CEF o risco de crédito.

§ 2º Os recursos do FGTS deverão ser aplicados em habitação, saneamento básico e infraestrutura urbana, sem prejuízo das disponibilidades financeiras que deverão ser mantidas em volume que satisfaça às condições de liquidez e à remuneração mínima necessária à preservação do poder aquisitivo da moeda.

§ 3º O programa de aplicações deverá destinar, no mínimo, 60% (sessenta por cento) para investimentos em habitação popular.

§ 4º O Conselho Curador definirá o conceito de habitação popular considerando, em especial, a renda das famílias a serem atendidas.

§ 5º Os projetos de saneamento básico e infraestrutura urbana, financiados com recursos do FGTS, deverão ser complementares aos programas habitacionais.

§ 6º Nos financiamentos concedidos a pessoa jurídica de direito público será exigida garantia real ou vinculação de receitas.

Art. 62. O Conselho Curador fixará diretrizes e estabelecerá critérios técnicos para as aplicações dos recursos do FGTS, de forma que sejam:

I – exigida a participação dos contratantes de financiamentos nos investimentos a serem realizados;
II – assegurado o cumprimento, por parte dos contratantes, das obrigações decorrentes dos financiamentos obtidos; e
III – evitadas distorções na aplicação entre as regiões do País, considerando para tanto a demanda habitacional, a população e outros indicadores sociais.

Capítulo XII
DO CONSELHO CURADOR DO FGTS

Art. 63. O FGTS será regido segundo normas e diretrizes estabelecidas por um Conselho Curador.

Art. 64. Ao Conselho Curador compete:
I – estabelecer as diretrizes e os programas de alocação de todos os recursos do FGTS, de acordo com os critérios definidos na Lei 8.036, de 1990, em consonância com a política nacional de desenvolvimento urbano e as políticas setoriais de habitação popular, saneamento básico e infraestrutura urbana estabelecidas pelo Governo Federal;
II – apreciar e aprovar os programas anuais e plurianuais do FGTS;
III – acompanhar e avaliar a gestão econômica e financeira dos recursos, bem como os ganhos sociais e o desempenho dos programas aprovados;
IV – pronunciar-se sobre as contas do FGTS, antes do seu encaminhamento aos órgãos de controle interno;
V – adotar as providências cabíveis para a correção de atos do MAS e da CEF, que prejudiquem o desempenho e o cumprimento

Dec. 99.684/1990

FGTS

das finalidades a que se destinam os recursos do FGTS;
VI – dirimir dúvidas quanto à aplicação das normas regulamentares, relativas ao FGTS, nas matérias de sua competência;
VII – fixar as normas e valores de remuneração do Agente Operador e dos agentes financeiros;
VIII – fixar critérios para o parcelamento de recolhimentos em atraso;
IX – fixar critérios e valor de remuneração da entidade ou órgão encarregado da fiscalização;
X – divulgar, no *Diário Oficial da União*, todas as decisões proferidas pelo Conselho, bem como as contas do FGTS e os respectivos pareceres emitidos; e
XI – aprovar seu Regimento Interno.

Art. 65. O Conselho Curador do FGTS, presidido pelo Ministro de Estado do Trabalho e da Previdência Social, tem a seguinte composição:
I – Ministro de Estado da Economia, Fazenda e Planejamento;
II – Ministro de Estado da Ação Social;
III – Presidente do Banco Central do Brasil;
IV – Presidente da Caixa Econômica Federal;
V – três representantes dos trabalhadores; e
VI – três representantes dos empregadores.
§ 1º Os representantes dos trabalhadores e dos empregadores, bem como os seus suplentes, serão indicados pelas respectivas centrais sindicais e confederações nacionais e nomeados pelo Ministro de Estado do Trabalho e da Previdência Social, com mandato de 2 (dois) anos, permitida a recondução uma vez.
§ 2º Os presidentes das entidades referidas nos incisos III e IV indicarão seus suplentes ao Presidente do Conselho Curador, que os nomeará.
§ 3º O Conselho Curador reunir-se-á ordinariamente, a cada bimestre, mediante convocação de seu Presidente. Esgotado esse período, não tendo ocorrido convocação, qualquer de seus membros poderá fazê-la, no prazo de 15 (quinze) dias. Havendo necessidade, qualquer membro poderá convocar reunião extraordinária, na forma do Regimento Interno.

§ 4º As decisões do Conselho Curador serão tomadas por maioria simples, com a presença de, no mínimo, sete de seus membros, tendo o Presidente voto de qualidade.
§ 5º As despesas necessárias para o comparecimento às reuniões do Conselho Curador constituirão ônus das respectivas entidades representadas.
§ 6º As ausências ao trabalho dos representantes dos trabalhadores no Conselho Curador, decorrentes das atividades desse órgão, serão abonadas, computando-se como jornada efetivamente trabalhada para todos os fins e efeitos legais.
§ 7º Competirá ao MTPS proporcionar, ao Conselho Curador, os meios necessários ao exercício de sua competência, para o que contará com uma Secretaria-Executiva do Conselho Curador do FGTS.
§ 8º Aos membros efetivos do Conselho Curador e aos seus suplentes, enquanto representantes dos trabalhadores, é assegurada a estabilidade no emprego, da nomeação até 1 (um) ano após o término do mandato, somente podendo ser demitidos por motivo de falta grave, regularmente comprovada.
§ 9º As funções de membro do Conselho Curador não serão remuneradas, sendo o seu exercício considerado serviço relevante.

Capítulo XIII
DO GESTOR DA APLICAÇÃO DO FGTS

Art. 66. Ao Ministério da Ação Social – MAS, na qualidade de Gestor de aplicação dos recursos do FGTS, compete:

• Artigo com redação determinada pelo Dec. 1.522/1995.

I – praticar todos os atos necessários à gestão da aplicação do FGTS, de acordo com as diretrizes e programas estabelecidos pelo Conselho Curador;
II – expedir atos normativos relativos à alocação dos recursos para implementação dos programas aprovados pelo Conselho Curador;
III – definir as metas a serem alcançadas pelos programas de habitação popular, saneamento básico e infraestrutura urbana;

Dec. 99.684/1990

FGTS

IV – estabelecer os critérios, procedimentos e parâmetros básicos para análise, seleção, contratação, acompanhamento e avaliação dos projetos a serem financiados com recursos do FGTS, com observância dos objetivos da política nacional de desenvolvimento urbano e das políticas setoriais de habitação popular, saneamento básico e infraestrutura urbana, estabelecidas pelo Governo Federal;

V – definir as prioridades, a metodologia e os parâmetros básicos que nortearão a elaboração dos orçamentos e planos plurianuais de aplicação dos recursos do FGTS;

VI – elaborar os orçamentos anuais e planos plurianuais de aplicação dos recursos, discriminando-os por Unidade da Federação e submetendo-os, até 31 de julho de cada ano, ao Conselho Curador;

VII – acompanhar a execução dos programas de habitação popular, saneamento básico e infraestrutura urbana, decorrentes da aplicação dos recursos do FGTS, implementadas pelo Agente Operador;

VIII – subsidiar o Conselho Curador com estudos técnicos necessários ao aprimoramento dos programas de habitação popular, saneamento e infraestrutura urbana;

IX – submeter ao Conselho Curador as contas do FGTS.

Parágrafo único. O Gestor da aplicação poderá firmar convênios com os Governos dos Estados e do Distrito Federal para, por intermédio de instâncias colegiadas constituídas de representantes do governo estadual, dos governos municipais, quando houver, e da sociedade civil, em igual número, enquadrar, hierarquizar e selecionar os pleitos de operações de crédito com recursos do FGTS.

Capítulo XIV
DO AGENTE OPERADOR DO FGTS

Art. 67. Cabe à CEF, na qualidade de Agente Operador do FGTS:

* *Caput* com redação determinada pelo Dec. 1.522/1995.

I – centralizar os recursos do FGTS, participar da rede incumbida de sua arrecadação, manter e controlar as contas vinculadas e emitir regularmente os extratos individuais correspondentes;

* Inciso I com redação determinada pelo Dec. 1.522/1995.

II – definir os procedimentos operacionais necessários à execução dos programas de habitação popular, saneamento básico e infraestrutura urbana e ao cumprimento das resoluções do Conselho Curador e dos atos normativos do Gestor da aplicação do FGTS;

* Inciso II com redação determinada pelo Dec. 1.522/1995.

III – expedir atos normativos referentes aos procedimentos administrativos e operacionais dos bancos depositários, dos agentes financeiros e promotores, dos tomadores dos recursos, dos empregadores e dos trabalhadores, integrantes do sistema do FGTS;

* Inciso III com redação determinada pelo Dec. 1.522/1995.

IV – analisar, sob os aspectos jurídico e de viabilidade técnica, econômica e financeira os projetos de habitação popular, infraestrutura urbana e saneamento básico a serem financiados com recursos do FGTS;

* Inciso IV com redação determinada pelo Dec. 1.522/1995.

V – avaliar o desempenho e a capacidade econômico-financeira dos agentes envolvidos nas operações de crédito com recursos do FGTS;

* Inciso V com redação determinada pelo Dec. 1.522/1995.

VI – conceder os créditos para as operações previamente selecionadas e hierarquizadas, desde que consideradas viáveis, de acordo com o disposto no inciso IV deste artigo, responsabilizando-se pelo acompanhamento de sua execução e zelando pela correta aplicação dos recursos;

* Inciso VI com redação determinada pelo Dec. 1.522/1995.

VII – formalizar convênios com a rede bancária para recebimento de pagamento do FGTS, em conformidade com o disposto pelo Conselho Curador;

* Inciso VII com redação determinada pelo Dec. 1.522/1995.

Dec. 99.684/1990

FGTS

VIII – celebrar convênios e contratos, visando à aplicação dos recursos do FGTS, em conformidade com o disposto pelo Conselho Curador;

- Inciso VIII com redação determinada pelo Dec. 1.522/1995.

IX – elaborar as contas do FGTS, encaminhando-as ao Gestor da aplicação;

- Inciso IX com redação determinada pelo Dec. 1.522/1995.

X – implementar os atos do Gestor relativos à alocação e à aplicação dos recursos do FGTS, de acordo com as diretrizes estabelecidas pelo Conselho Curador;

- Inciso X com redação determinada pelo Dec. 1.522/1995.

XI – emitir Certificado de Regularidade do FGTS;

- Inciso XI com redação determinada pelo Dec. 1.522/1995.

XII – apresentar relatórios gerenciais periódicos e, sempre que solicitadas, outras informações, com a finalidade de proporcionar ao Gestor da aplicação e ao Conselho Curador meios para avaliar o desempenho dos programas, nos seus aspectos físico, econômico-financeiro, social e institucional, e sua conformidade com as diretrizes governamentais;

- Inciso XII com redação determinada pelo Dec. 1.522/1995.

XIII – expedir atos normativos referentes aos procedimentos administrativo-operacionais a serem observados pelos agentes administradores dos FMP-FGTS e dos CI-FGTS, no que se refere às questões relacionadas ao cadastramento, ao fluxo de informações das movimentações e a resgastes de quotas;

- Inciso XIII acrescentado pelo Dec. 2.430/1997.

XIV – determinar aos administradores dos FMP-FGTS e dos CI-FGTS o retorno das aplicações do FGTS, nos casos de falecimento do titular, de aquisição de casa própria, de amortização ou liquidação de saldo devedor de financiamento do SFH e para o cumprimento de ordem judicial.

- Inciso XIV acrescentado pelo Dec. 2.430/1997.

Art. 68. Os resultados financeiros auferidos pela CEF, no período entre o repasse dos bancos e o depósito nas contas vinculadas dos trabalhadores, destinar-se-ão à cobertura das despesas de administração do FGTS e ao pagamento da tarifa aos bancos depositários, devendo os eventuais saldos ser incorporados ao patrimônio do Fundo, nos termos do art. 59, parágrafo único, alínea *a*.

Capítulo XV
DAS DISPOSIÇÕES GERAIS

Art. 69. É competente a Justiça do Trabalho para julgar os dissídios entre os trabalhadores e os empregadores, decorrentes da aplicação da Lei 8.036, de 1990, mesmo quando a União e a CEF figurarem como litisconsortes.

Parágrafo único. Nas reclamatórias trabalhistas que objetivem o ressarcimento de parcelas relativas ao FGTS, ou que, direta ou indiretamente, impliquem essa obrigação, o juiz determinará que a empresa sucumbente proceda ao recolhimento imediato das importâncias devidas a tal título.

Art. 70. Poderá o próprio trabalhador, seus dependentes e sucessores, ou, ainda, o sindicato a que estiver vinculado, acionar diretamente a empresa para compeli-la a efetuar o depósito das importâncias devidas nos termos da Lei 8.036, de 1990.

Parágrafo único. A União e a CEF deverão ser notificadas da propositura da reclamação.

Art. 71. São isentos de tributos federais os atos e operações necessários à aplicação da Lei 8.036, de 1990, quando praticados pela CEF, pelos trabalhadores e seus dependentes ou sucessores, pelos empregadores e pelos estabelecimentos bancários.

Parágrafo único. Aplica-se o disposto neste artigo às importâncias devidas, nos termos da Lei 8.036, de 1990, aos trabalhadores e seus dependentes ou sucessores.

Art. 72. É facultado à entidade sindical representar os trabalhadores junto ao empregador, ao banco depositário ou à CEF, para obtenção de informações relativas ao FGTS.

FGTS

Art. 73. É facultado ao empregador desobrigar-se da responsabilidade da indenização relativa ao tempo de serviço anterior à opção, depositando na conta vinculada do trabalhador, até o último dia útil do mês previsto em lei para o pagamento de salário, o valor correspondente à indenização, aplicando-se ao depósito, no que couber, as disposições da Lei 8.036, de 1990, e deste Regulamento.

Capítulo XVI
DAS DISPOSIÇÕES FINAIS E TRANSITÓRIAS

Art. 74. O MAS, a CEF e o Conselho Curador serão responsáveis pelo fiel cumprimento e observância dos critérios estabelecidos na Lei 8.036, de 1990, e neste Regulamento.

Art. 75. O Conselho Curador expedirá os atos necessários para que seja resguardada a integridade dos direitos do trabalhador, notadamente no que se refere à atualização dos respectivos créditos e à exata informação, quando da centralização das contas do FGTS na CEF.

Art. 76. Os trabalhadores admitidos a termo e os temporários, cujos contratos se extinguiram durante a vigência da Lei 7.839/89, poderão movimentar suas contas vinculadas relativas a esses contratos, cabendo aos então empregadores fornecer os documentos necessários para o levantamento dos respectivos valores.

Art. 77. O disposto no art. 7º se aplica aos diretores não empregados das autarquias em regime especial e fundações sob supervisão ministerial (Lei 6.919/81).

Art. 78. O MAS e a CEF deverão dar pleno cumprimento aos programas anuais em andamento, aprovados pelo Conselho Curador, sendo que eventuais alterações somente poderão ser processadas mediante prévia anuência daquele colegiado.

Art. 79. Até que se cumpra o disposto no art. 29 do Ato das Disposições Constitucionais Transitórias, cabe à Procuradoria-Geral da Fazenda Nacional promover a execução judicial dos créditos da União decorrentes da aplicação de penalidades previstas na Lei 8.036, de 1990.

Lei 8.844/1994

LEI 8.844, DE 20 DE JANEIRO DE 1994

Dispõe sobre a fiscalização, apuração e cobrança judicial das contribuições e multas devidas ao Fundo de Garantia do Tempo de Serviço – FGTS.

Faço saber que o Presidente da República adotou a Medida Provisória 393, de 1993, que o Congresso Nacional aprovou, e eu, Humberto Lucena, Presidente do Senado Federal, para os efeitos do disposto no parágrafo único do art. 62 da Constituição Federal, promulgo a seguinte Lei:

Art. 1º Compete ao Ministério do Trabalho a fiscalização e a apuração das contribuições ao Fundo de Garantia do Tempo de Serviço – FGTS, bem assim a aplicação das multas e demais encargos devidos.

Parágrafo único. A Caixa Econômica Federal – CEF e a rede arrecadadora prestarão ao Ministério do Trabalho as informações necessárias ao desempenho dessas atribuições.

Art. 2º Compete à Procuradoria-Geral da Fazenda Nacional a inscrição em Dívida Ativa dos débitos para com o Fundo de Garantia do Tempo de Serviço – FGTS, bem como, diretamente ou por intermédio da Caixa Econômica Federal, mediante convênio, a representação judicial e extrajudicial do FGTS, para a correspondente cobrança, relativamente à contribuição e às multas e demais encargos previstos na legislação respectiva.

* *Caput* com redação determinada pela Lei 9.467/1997.
* V. Súmula 349, STJ.

§ 1º O Fundo de Garantia do Tempo de Serviço fica isento de custas nos processos judiciais de cobrança de seus créditos.

* § 1º com redação determinada pela Lei 9.467/1997.

§ 2º As despesas, inclusive as de sucumbência, que vierem a ser incorridas pela Procuradoria-Geral da Fazenda Nacional e pela Caixa Econômica Federal, para a realização da inscrição em Dívida Ativa, do ajuizamento e do controle e acompanhamento dos processos judiciais, serão efetuadas

Port. MTb 148/1996

FGTS

a débito do Fundo de Garantia do Tempo de Serviço.

- § 2º com redação determinada pela Lei 9.467/1997.

§ 3º Os créditos relativos ao FGTS gozam dos mesmos privilégios atribuídos aos créditos trabalhistas.

- § 3º com redação determinada pela Lei 9.467/1997.

§ 4º Na cobrança judicial dos créditos do FGTS, incidirá um encargo de 10% (dez por cento), que reverterá para o Fundo, para ressarcimento dos custos por ele incorridos, o qual será reduzido para 5% (cinco por cento), se o pagamento se der antes do ajuizamento da cobrança.

- § 4º com redação determinada pela Lei 9.964/2000.

Art. 3º Esta Lei entra em vigor na data de sua publicação.

Senado Federal, 20 de janeiro de 1994; 173º da Independência e 106º da República.

Humberto Lucena

Senador

(*DOU* 21.01.1994)

PORTARIA 148,
DE 25 DE JANEIRO DE 1996,
DO MINISTÉRIO DO TRABALHO – MTb

Aprova normas para a organização e tramitação dos processos de multas administrativas e de Notificações para Depósito do Fundo de Garantia do Tempo de Serviço – NDFG, e revoga os normativos que menciona.

O Ministro de Estado do Trabalho, no uso de suas atribuições legais e considerando a necessidade de expedir instruções para a execução do disposto no Título VII da Consolidação das Leis do Trabalho – CLT, e tendo em vista o § 1º do art. 23 da Lei 8.036, de 11 de maio de 1990, resolve:

Baixar as presentes normas sobre a organização e tramitação dos processos de multas administrativas e de Notificações para Depósito de FGTS – NDFG.

Capítulo I
DA ORGANIZAÇÃO DO PROCESSO

Art. 1º Os processos administrativos de aplicação de multas e de Notificação para Depósito de FGTS iniciar-se-ão com a lavratura do Auto de Infração e a emissão da NDFG, respectivamente.

Art. 2º Na organização e instrução do processo administrativo, serão observados os seguintes procedimentos:

I – os Autos de Infração e as NDFG serão protocolizados e organizados na forma de autos forenses;

II – o número de protocolo será sempre o mesmo, ainda quando o processo seja remetido a outro órgão ou instância superior;

III – as informações, despachos, termos, pareceres, documentos e demais peças do processo serão dispostos em ordem cronológica da entrada no processo, sendo cada folha numerada e rubricada a tinta;

IV – a remissão a qualquer documento constante do processo será feita sempre com a indicação precisa do número do processo e do número da folha em que se encontra;

V – quando a remissão for feita a documento constante de processo anexado, far-se-á a indicação do número do processo e do número da folha em que se encontra;

VI – nas informações e despachos, cuidar-se-á para que:

a) a escrita seja legível, adotando-se a datilografia ou microcomputador;

b) a redação seja clara, concisa, precisa e a linguagem isenta de agressão e parcialidade;

c) seja feita a transcrição dos textos legais citados;

d) sejam ressalvados, ao final, os espaços em branco, as entrelinhas, emendas e rasuras; e

e) conste se houve defesa e se esta foi apresentada dentro ou fora do prazo previsto;

VII – a conclusão das informações ou despachos conterá:

a) a denominação do órgão em que tem exercício o servidor, permitida a abreviatura;

b) data; e

FGTS

Port. MTb 148/1996

c) assinatura e nome do servidor com o cargo e a função.

Art. 3º O processo em andamento deverá conter, após cada ato, a declaração da data do recebimento e do encaminhamento.

Art. 4º Serão canceladas do processo, pela autoridade competente, expressões consideradas descorteses ou injuriosas.

Art. 5º Os atos e termos procedimentais, quando a lei não prescrever forma determinada, conterão somente o indispensável a sua finalidade.

Capítulo II
DO AUTO DE INFRAÇÃO E DA NOTIFICAÇÃO PARA DEPÓSITO DO FUNDO DE GARANTIA – NDFG

Seção I
Disposições gerais

Art. 6º O Auto de Infração e a Notificação para Depósito do Fundo de Garantia – NDFG terão suas características definidas em modelo oficial e serão preenchidos a tinta: em letra de fôrma ou datilograficamente, sem entrelinhas, emendas, rasuras ou vícios que possam acarretar sua nulidade, sob pena de responsabilidade do autuante e/ou notificante.

Art. 7º O Auto de Infração e a NDFG não terão seu valor probante condicionado à assinatura do infrator e de testemunhas e serão lavrados no local da inspeção, salvo nas seguintes hipóteses:

I – quando o local não oferecer condições;

II – quando sua lavratura possa perturbar o funcionamento do local fiscalizado;

III – quando houver resistência, desacato ou qualquer outra forma de constrangimento contra o Agente da Inspeção do Trabalho;

IV – quando se tratar de Notificação para Apresentação de Documentos – NAD na DRT ou em suas unidades descentralizadas, nos casos de fiscalização indireta na forma definida na Instrução Normativa Intersecretarial 8, de 15 de maio de 1995 (*DOU* 22.05.1995).

Parágrafo único. Cabe ao Agente da Inspeção do Trabalho consignar no corpo do auto e no verso da NDFG a hipótese ocorrida.

Art. 8º Poderão ser apreendidos, pelo Agente da Inspeção do Trabalho, mediante termo, quaisquer papéis e documentos que constituam prova material da infração.

Parágrafo único. Poderá o empregador, se o desejar, fornecer em substituição aos documentos exigidos pelo agente fiscalizador, para fins de apreensão, cópias devidamente autenticadas, salvo quando o fato constituir ação penal, caso em que o documento original acompanhará o processo crime, mantida uma cópia em poder do empregador.

Seção II
Do Auto de Infração

Art. 9º O Auto de Infração, pré-numerado sequencialmente, será lavrado em três vias e conterá os seguintes elementos:

I – nome, endereço e CEP do autuado;

II – ramo de atividade (CNAE), número de empregados e número de inscrição no CGC ou CPF do Ministério da Fazenda ou CEI do Ministério da Previdência Social;

III – ementa da autuação e seu código;

IV – descrição clara e precisa do fato caracterizado como infração, com referência às circunstâncias pertinentes, relacionando pelo menos um empregado em situação ou atividade irregular, exceto quando a lei cominar multa *per capita*, hipótese em que deverão ser relacionados todos os empregados em situação ou atividade irregular;

V – capitulação do fato mediante citação expressa do dispositivo legal infringido;

VI – elementos de convicção;

VII – ciência do prazo para apresentação de defesa e indicação do local para sua entrega;

VIII – local, data e hora da lavratura;

IX – assinatura e carimbo do autuante contendo nome, cargo e matrícula;

X – assinatura e identificação do autuado, seu representante ou preposto.

Port. MTb 148/1996

FGTS

§ 1º Quando se tratar de Auto de Infração com capitulação no art. 630 e seus parágrafos, da Consolidação das Leis do Trabalho – CLT, não há necessidade de relacionar pelo menos um empregado em situação ou atividade irregular conforme previsto no inciso IV deste artigo.

§ 2º O Auto de Infração será lavrado em três vias que terão a seguinte destinação: a 1ª via será entregue no protocolo da Delegacia Regional do Trabalho, para instauração do processo administrativo, em 48 horas contadas de sua lavratura; a 2ª via será entregue ao autuado; e a 3ª via ficará com o autuante.

§ 3º Em se tratando de fiscalização rural não será obedecido o prazo de 48 (quarenta e oito) horas para entregar a 1ª via no protocolo da Delegacia Regional do Trabalho, dando-se a entrega ao término da ação fiscal.

§ 4º Todos os documentos que servirem de base ao Auto de Infração deverão ser visados pelo agente, salvo os oficiais e os livros contábeis.

§ 5º Havendo recusa no recebimento do Auto de Infração durante a ação fiscal, a 1ª via do mesmo será entregue no setor/seção de multas e recursos que a enviará, via postal, com aviso de recebimento – AR.

§ 6º Persistindo a recusa após envio postal, o Auto de Infração será publicado, através de edital, no *DOU* ou em jornal de grande circulação local.

* § 6º com redação determinada pela Portaria MTb 241/1998.

Art. 10. A omissão ou incorreção no Auto de Infração não acarretará sua nulidade quando do processo constarem elementos suficientes para a caracterização da falta.

§ 1º Quando se tratar de omissão ou erro na capitulação da infração, caberá à autoridade regional, mediante despacho saneador e antes do julgamento, corrigir a irregularidade, concedendo novo prazo à autuada para apresentar defesa.

* § 1º com redação determinada pela Portaria MTb 241/1998.

§ 2º A constatação de mais de um tipo de irregularidade acarretará a lavratura de autos de infração distintos.

Seção III
Da Notificação para Depósitos de Fundo de Garantia – NDFG

Art. 11. Constatado que o depósito devido ao FGTS não foi efetuado, ou foi efetuado a menor, será expedida contra o infrator Notificação para Depósito do Fundo de Garantia – NDFG, sem prejuízo da lavratura dos Autos de Infração que couberem.

Art. 12. A NDFG, pré-numerada sequencialmente, será emitida em quatro vias e conterá os seguintes elementos:

I – código da unidade organizacional do Ministério do Trabalho – UORG;

II – nome do notificado, número de inscrição no CGC ou CPF do Ministério da Fazenda ou CEI do Ministério da Previdência Social;

III – endereço do notificado;

IV – indicação do banco depositário;

V – prazo de 10 (dez) dias para recolhimento do débito ou apresentação de defesa, devendo estar expresso que esse está lançado em moeda e valores da data da competência devida, aos quais serão acrescidos juros de mora, atualização monetária e multa, com as indicações dos dispositivos legais infringidos;

VI – indicação discriminativa dos débitos, por mês e ano de competência;

VII – discriminação do número de folhas que compõem a NDFG no montante apurado com a indicação dos elementos e documentos de onde o mesmo foi extraído;

VIII – ciência do prazo para apresentação de defesa e indicação do local para sua entrega;

IX – local e data da lavratura;

X – assinatura e identificação do notificado ou seu preposto;

XI – assinatura e carimbo do notificante, contendo nome, cargo e matrícula.

§ 1º As quatro vias da NDFG terão a seguinte destinação:

a) 1ª via – será entregue no protocolo da Delegacia Regional do Trabalho, para instauração do processo;

b) 2ª via – será entregue ao notificado;

FGTS

c) 3ª via – será enviada à Caixa Econômica Federal – CEF, após vencidas todas as instâncias recursais;
d) 4ª via – ficará com o fiscal notificante.
§ 2º A Guia de Recolhimento do FGTS – GRE obedecerá ao modelo e instruções expedidos pela Caixa Econômica Federal – CEF.

Capítulo III
DA COMPETÊNCIA

Art. 13. Compete ao Delegado Regional do Trabalho a organização do processo.
Parágrafo único. Aos Agentes da Inspeção do Trabalho, conforme a matéria específica objeto da autuação ou notificação, compete a análise dos processos de Auto de Infração e de NDFG.

Art. 14. O julgamento do processo compete:
I – em primeira instância, aos Delegados Regionais do Trabalho;
II – em segunda instância, ao Secretário de Fiscalização do Trabalho ou ao Secretário de Segurança e Saúde no Trabalho, conforme a matéria objeto da autuação ou notificação.

Capítulo IV
DA CIÊNCIA AO AUTUADO E AO NOTIFICADO

Art. 15. O autuado e o notificado serão cientificados do inteiro teor das decisões, por escrito, mantendo-se cópia no processo, podendo a ciência ser feita:

* Artigo com redação determinada pela Portaria MTb 241/1998.

I – pessoalmente;
II – por via postal, telegráfica ou outro meio de telecomunicação escrita, com prova de recebimento;
III – por edital, publicado no *DOU* ou jornal da localidade do domicílio do interessado ou que nele circule, quando este estiver em lugar incerto e não sabido.
§ 1º A notificação ou ciência pessoal, postal, telegráfica ou outro meio de telecomunicação escrita, pode ser feita ao representante legal do interessado.
§ 2º Quando a decisão acolher a análise do Agente da Inspeção do Trabalho, esta deverá ser também encaminhada ao autuado ou notificado.

Art. 16. Considera-se feita a notificação:
I – pessoal, na data da ciência do interessado;
II – por via postal, telegráfica, ou outro meio de telecomunicação escrita, 48 (quarenta e oito) horas após a sua regular expedição, mesmo que o destinatário não tenha colocado a data no aviso de recebimento – AR;
III – por edital, 10 (dez) dias após a sua publicação.

Capítulo V
DOS PRAZOS

Art. 17. Os prazos são contínuos e se contam com a exclusão do dia da notificação ou ciência e inclusão do dia do vencimento.
Parágrafo único. Os prazos só se iniciam ou vencem no dia de expediente normal do órgão onde tramitar o processo.

Art. 18. Atendendo a circunstâncias especiais, a autoridade competente poderá em despacho fundamentado:
I – acrescer até o dobro o prazo para defesa, recurso ou impugnação de exigência, quando o interessado residir em localidade diversa daquela onde se achar a autoridade;
II – prorrogar o prazo para a realização de diligência;
III – conceder novo prazo de 10 (dez) dias para recolhimento do débito ou apresentação de defesa, no caso de emissão de Termo de Retificação de NDFG.

Art. 19. O prazo para realização de ato processual que lhe caiba providenciar, será de 8 (oito) dias, sob pena de responsabilidade administrativa do servidor.
§ 1º O servidor poderá requerer à chefia imediata a dilatação do prazo, justificando o pedido.
§ 2º A chefia imediata certificará o vencimento dos prazos.

Capítulo VI
DAS NULIDADES

Art. 20. Revestem-se de nulidade:
I – os atos e termos lavrados por funcionário que não tenha competência legal para fazê-lo;

Port. MTb 148/1996

FGTS

II – as decisões proferidas por autoridade incompetente ou com preterição do direito de defesa;
III – as decisões destituídas de fundamentação.
§ 1º A nulidade não será declarada:
a) quando for possível repetir o ato ou retificar o auto de infração, nos termos do art. 10;

* Alínea a com redação determinada pela Portaria MTb 241/1998.

b) quando arguida por quem tiver dado causa.
§ 2º A autoridade que declarar a nulidade informará atos a que ela se estende e não prejudicará senão os posteriores que deles dependam ou sejam consequência.

Art. 21. As nulidades somente serão declaradas:
I – *ex officio*, nas hipóteses dos incisos I e II do artigo anterior;
II – mediante provocação do interessado ou procurador legalmente constituído, só podendo ser arguida na primeira oportunidade em que o interessado tiver de falar nos autos.

Capítulo VII
DO PROCESSO EM PRIMEIRA INSTÂNCIA

Seção I
Início do processo

Art. 22. Após protocolizado o Auto de Infração ou a NDFG e organizado o processo, o setor de multas e recursos cadastrará e informará se o infrator é primário ou reincidente.
Parágrafo único. Será considerado reincidente o infrator que for autuado por infração ao mesmo dispositivo legal, antes de decorridos 2 (dois) anos da última imposição de penalidade, após vencidas as instâncias recursais.

Seção II
Da defesa

Art. 23. A defesa, formalizada por escrito e instruída com documentos que a fundamentarem, será apresentada à Delegacia Regional do Trabalho no prazo de 10 (dez) dias, contados do recebimento do Auto de Infração ou da NDFG.

Art. 24. A defesa mencionará:
I – a autoridade a quem é dirigida;
II – a qualificação do interessado;
III – os motivos de fato e de direito em que se fundamentar; e
IV – as diligências que o interessado pretende que sejam efetuadas.
§ 1º A defesa quando assinada por procurador legalmente constituído será acompanhada do respectivo mandato.
§ 2º As provas documentais, se apresentadas por cópia, deverão ser autenticadas.
§ 3º As irregularidades verificadas nos documentos de que tratam os parágrafos anteriores serão, a critério da autoridade regional, notificadas ao interessado para, querendo, saneá-las no prazo de 10 (dez) dias.

* § 3º acrescentado pela Portaria MTb 241/1998.

Seção III
Das diligências e saneamento

Art. 25. O Delegado Regional do Trabalho determinará de ofício, ou a requerimento do interessado, a realização de diligências necessárias à apuração dos fatos, inclusive audiência de testemunhas, indeferindo as que considerar procrastinatórias.

Art. 26. Havendo necessidade de proceder alterações na NDFG, o Fiscal do Trabalho lavrará Termo de Retificação de NDFG.
Parágrafo único. O Termo de Retificação de NDFG será emitido em quatro vias, que terão a mesma destinação da NDFG, sendo que a 1ª via será parte integrante do processo original.

Seção IV
Da decisão

Art. 27. A decisão será fundamentada, clara, precisa e objetiva, e evitará o uso de expressões vagas, códigos ou siglas, a fim de que o interessado possa, de pronto, dar-lhe cumprimento ou requerer o que couber.

Art. 28. A decisão poderá ser:
I – pela procedência total;
II – pela procedência parcial;
III – pela improcedência.

FGTS

Art. 29. Das decisões do processo, assim como dos despachos que determinarem saneamento do processo ou realização de diligência, o interessado será cientificado com observância dos arts. 15, 16 e 27.

Art. 30. As inexatidões materiais, devidas a lapso manifesto, a erros de escrita ou de cálculos, existentes na decisão, poderão ser corrigidas de ofício ou a requerimento do interessado.

Seção V
Do cumprimento das decisões

Art. 31. A Delegacia Regional do Trabalho dará ciência da decisão ao autuado ou notificado para recolher o valor da multa administrativa ou do débito para com o FGTS, no prazo de 10 (dez) dias.

§ 1º A guia de depósito para recurso ou recolhimento de multa obedecerá ao modelo e instruções próprias do formulário Darf, sendo utilizados os seguintes códigos:
a) 0289 – Multas da Legislação Trabalhista;
b) 2877 – Relação Anual de Informações Sociais – Rais, Seguro-Desemprego e Cadastro Permanente de Admissão e Dispensa – Caged;
c) 7309 – Depósito para Recurso.

§ 2º As guias de recolhimento do FGTS obedecerão a modelos e instruções expedidas pela Caixa Econômica Federal – CEF.

§ 3º Feita a conferência da guia de recolhimento pela Caixa Econômica Federal, o interessado apresentará a mesma ao órgão notificante para verificação do valor quitado e consequente baixa do processo.

§ 4º Os parcelamentos de débito, quando formalizado pela Caixa Econômica Federal, suspendem o processo administrativo, cabendo ao empregador apresentar à Delegacia Regional do Trabalho cópia do acordo e comprovante de seu cumprimento até quitação final, para que seja anexado ao respectivo processo.

Art. 32. A multa administrativa será reduzida de 50% (cinquenta por cento) se o infrator, renunciando ao recurso, a recolher no prazo de 10 (dez) dias contados do recebimento da notificação, da decisão ou da publicação do edital, observando a contagem do prazo estabelecido no artigo 17 da presente Portaria.

§ 1º O depósito da multa administrativa, para efeito de recurso, deverá ser realizado sobre seu valor integral.

§ 2º O infrator remeterá uma via da guia de recolhimento autenticada pela instituição bancária ao órgão notificante, para que seja juntada ao processo.

Capítulo VIII
DOS RECURSOS

Seção I
Do recurso voluntário

Art. 33. Da decisão que impuser multa administrativa ou julgar procedente, total ou parcialmente, débito para com o FGTS, caberá recurso à Secretaria de Fiscalização do Trabalho ou à Secretaria de Segurança e Saúde no Trabalho do Ministério do Trabalho, no prazo de 10 (dez) dias, contados da notificação da decisão.

Art. 34. O recurso será interposto perante a autoridade que houver imposto a multa ou julgado o débito para com o FGTS e conterá os mesmos requisitos da defesa, no que couber.

Parágrafo único. O recurso da decisão que impuser multa administrativa será instruído com prova de seu depósito, sem a qual não terá prosseguimento.

Art. 35. O processo, devidamente instruído e com as contrarrazões de recurso, será encaminhado à Secretaria de Fiscalização do Trabalho ou à Secretaria de Segurança e Saúde no Trabalho, do Ministério do Trabalho, no prazo máximo de 8 (oito) dias.

Seção II
Do recurso de ofício

Art. 36. De toda decisão que implicar arquivamento do processo, a autoridade prolatora recorrerá de ofício à autoridade competente de instância superior.

Parágrafo único. Não havendo recurso de ofício, o servidor que verificar o fato, comunicará à autoridade julgadora, para cumprimento daquela formalidade. Persistindo a irregularidade, esta deverá ser comunicada à autoridade de instância superior.

Port. MTb 1.061/1996

FGTS

Capítulo IX
DO PROCESSO EM SEGUNDA INSTÂNCIA

Art. 37. Aplica-se às decisões de segunda instância o estabelecido nos arts. 27, 29 e 30 desta norma.

Art. 38. Proferida a decisão de segunda instância, os autos serão devolvidos à Delegacia Regional do Trabalho para ciência do interessado e para o seu cumprimento, observado, se for o caso, o disposto no art. 31.

Capítulo X
DA DÍVIDA PARA COM O FUNDO DE GARANTIA DO TEMPO DE SERVIÇO – FGTS E DA COBRANÇA DAS MULTAS ADMINISTRATIVAS

Art. 39. Decorrido o prazo de defesa da NDFG, sem a manifestação do devedor ou julgadas improcedentes suas razões ou esgotados os prazos recursais, encaminhar-se-á o processo à Caixa Econômica Federal que o preparará para inscrição em Dívida Ativa da União, competência esta da Procuradoria da Fazenda Nacional.

Art. 40. Decorrido o prazo de defesa do Auto de Infração, sem a manifestação do autuado ou julgadas improcedentes suas razões ou esgotados os prazos recursais, encaminhar-se-á o processo de multa administrativa à Procuradoria da Fazenda Nacional.

Capítulo XI
DAS DISPOSIÇÕES GERAIS

Art. 41. Os processos de NDFG oriundos do Instituto Nacional de Seguridade Social – INSS obedecerão ao disposto nesta Portaria.

Art. 42. Todo documento dirigido à autoridade que não tenha competência para decidir sobre a matéria será encaminhado ao órgão competente, no prazo máximo de 10 (dez) dias.

Art. 43. Aos Secretários de Fiscalização do Trabalho e de Segurança e Saúde no Trabalho compete resolver os casos omissos desta Portaria, no âmbito de suas atribuições.

Art. 44. Esta Portaria entra em vigor na data de sua publicação, revogada a Instrução Normativa SRT 1, de 30 de junho de 1986, a Portaria 426, de 29 de junho de 1992, e demais disposições em contrário.
Paulo Paiva

(*DOU* 26.01.1996)

PORTARIA 1.061, DE 1º DE NOVEMBRO DE 1996, DO MINISTÉRIO DO TRABALHO – MTb

Institui procedimentos para a organização e tramitação dos processos de débito salarial, mora do Fundo de Garantia do Tempo de Serviço – FGTS, mora contumaz salarial e mora contumaz do Fundo de Garantia do Tempo de Serviço – FGTS e dá outras providências.

O Ministro de Estado do Trabalho, no uso de suas atribuições legais, e

Considerando o elevado índice de denúncias de atraso de pagamento de salários e do recolhimento do FGTS, com considerável prejuízo ao trabalhador; e

Considerando a necessidade de se estabelecer procedimentos para a perfeita instrução dos processos de débito salarial, mora do FGTS, mora contumaz salarial e mora contumaz do FGTS, a que se referem o Decreto-lei 368, de 11 de dezembro de 1968, a Lei 8.036 de 11 de maio de 1990, art. 15 combinado com o art. 22, e o Regulamento do FGTS, aprovado pelo Decreto 99.684, de 8 de dezembro de 1990, arts. 50 a 52, resolve:

Art. 1º Baixar normas sobre a organização e a tramitação dos processos de débito salarial, mora do FGTS, mora contumaz salarial e mora contumaz do FGTS.

DAS DEFINIÇÕES

Art. 2º Para os efeitos desta Portaria, considera-se:

a) débito salarial – o não pagamento de salários no prazo legal e por período inferior a 3 (três) meses (Consolidação das Leis do Trabalho – CLT, art. 459, § 1º);

b) mora do FGTS – o não recolhimento das parcelas devidas ao Fundo, no prazo legal,

Port. MTb 1.061/1996

FGTS

por período inferior a 3 (três) meses (Lei 8.036/1990, art. 15);

c) mora contumaz salarial – o atraso ou sonegação de salários devidos aos empregados, por período igual ou superior a 3 (três) meses, sem motivo grave ou relevante, excluídas as causas pertinentes ao risco da atividade econômica (Decreto-lei 368/68, art. 2º, § 1º);

d) mora contumaz do FGTS – o não recolhimento de valores devidos ao FGTS, por período igual ou superior a 3 (três) meses, sem motivo grave ou relevante, excluídas as causas pertinentes ao risco do empreendimento (Decreto 99.684/1990, art. 51, § 1º).

DO INÍCIO DO PROCESSO

Art. 3º O processo de débito salarial, mora do FGTS, mora contumaz salarial e mora contumaz do FGTS iniciar-se-á por denúncia do empregado ou da entidade sindical representativa da categoria, assinada pelo seu presidente e, ainda, incidentalmente por relatório da fiscalização, originário de denúncia feita pelas mesmas partes.

Parágrafo único. A denúncia deverá ser apresentada por escrito, em duas vias, contendo os seguintes requisitos:
a) qualificação do denunciante, e se possível, quando se tratar de empregado, o número e a série de sua Carteira de Trabalho;
b) a indicação do denunciado;
c) o fato objeto da denúncia;
d) a data e assinatura do denunciante.

DA CONSTATAÇÃO DA IRREGULARIDADE

Art. 4º Recebida a denúncia, a chefia da Divisão de Fiscalização do Trabalho emitirá Ordem de Serviço, no prazo máximo de 48 (quarenta e oito) horas, designando fiscal do trabalho para a verificação acerca do teor da mesma, e constatada a irregularidade será lavrado o respectivo Auto de Infração com fundamento no art. 459, § 1º, da CLT ou art. 23, § 1º, inciso I da Lei 8.036/1990, conforme for o caso.

Art. 5º Concluída a fiscalização, o fiscal do trabalho apresentará em 48 (quarenta e oito) horas, relatório circunstanciado contendo o seguinte:
a) a qualificação e o endereço da empresa;
b) a qualificação e o endereço dos sócios da empresa;
c) o período do atraso dos salários ou da falta de recolhimento do FGTS;
d) comprovantes de pagamentos de honorários, gratificações, *pro labore* ou qualquer outro tipo de retribuição ou retirada, feitos a seus diretores, sócios, gerentes ou titulares no período citado no item anterior;
e) fundamentação específica do fato constatado, tratando-se de débito salarial, mora do FGTS, mora contumaz do salário ou mora contumaz do FGTS;
f) cópia do contrato ou estatuto social da empresa;
g) cópia autenticada do auto de infração, que deverá ser processado em apenso.

DA FORMALIZAÇÃO DO PROCESSO

Art. 6º A chefia da Divisão da Fiscalização do Trabalho, de posse do relatório da ação fiscal executada, determinará a formalização do processo, no prazo de 48 (quarenta e oito) horas e, sendo procedente a denúncia, em igual prazo, notificará a empresa para, que, apresente sua defesa.

§ 1º A defesa, formalizada por escrito e instruída com os documentos que a fundamentarem será apresentada à Delegacia Regional do Trabalho, no prazo de 10 (dez) dias, contados do recebimento da notificação.

§ 2º Não constatada a irregularidade pela Fiscalização, a chefia da Divisão de Fiscalização do Trabalho, sem prejuízo de novas diligências, proporá ao Delegado Regional do Trabalho o arquivamento do processo.

Art. 7º O não oferecimento de defesa no prazo fixado no art. 6º, § 1º, importará em revelia, podendo o Delegado Regional do Trabalho dispensar diligências e concluir o processo para decisão.

Art. 8º O Delegado Regional do Trabalho determinará de ofício ou a requerimento do interessado, a realização de diligências que lhe parecerem necessárias à elucidação de

LC 110/2001

FGTS

fatos a serem apurados, inclusive a oitiva de testemunhas, indeferindo as que considerar procrastinatórias.

Art. 9º Após encerradas as diligências, a chefia da Divisão de Fiscalização do Trabalho, no prazo de 8 (oito) dias, dará parecer conclusivo a ser submetido à aprovação do Delegado Regional do Trabalho.

Parágrafo único. O parecer conclusivo deverá conter o resumo dos fatos denunciados e das razões da defesa, a apreciação das provas, os fundamentos da convicção e a conclusão pela procedência ou não da denúncia.

Art. 10. O Delegado Regional do Trabalho encaminhará o processo, no prazo de 8 (oito) dias, à decisão do Senhor Ministro do Trabalho.

Art. 11. Constatada a infração prevista no art. 1º, inciso I e II, do Decreto-lei 368/68 e no art. 50, inciso I e II, do Decreto 9.684/1990, o Delegado Regional do Trabalho representará, sob pena de responsabilidade, ao Ministério Público, para a instauração da competente ação penal.

DA DECISÃO

Art. 12. O Ministro do Trabalho, antes de proferir sua decisão, poderá determinar diligências complementares.

Art. 13. Da decisão do processo será dada ciência às partes interessadas, pelo Delegado Regional do Trabalho.

Art. 14. Após a decisão do processo, o Delegado Regional do Trabalho, se for o caso, no prazo de 48 (quarenta e oito) horas, notificará a empresa para o pagamento da multa, no prazo de 10 (dez) dias, sob pena de encaminhamento do processo à cobrança judicial.

Art. 15. Da decisão que concluir pela mora contumaz salarial ou do FGTS, será expedida comunicação ao Senhor Ministro da Fazenda pelo Ministro do Trabalho e às autoridades fazendárias locais municipal, estadual e federal, pelo Delegado Regional do Trabalho.

DAS DISPOSIÇÕES FINAIS

Art. 16. Para os procedimentos previstos nesta Portaria aplicar-se-á, subsidiariamente, a Portaria 148, de 25 de janeiro de 1996.

Art. 17. A dissolução da empresa ficará condicionada à emissão de Certidão Negativa de Débito Salarial, pela Delegacia Regional do Trabalho, mediante prova bastante do cumprimento pela empresa de suas obrigações salariais.

§ 1º Para a expedição da Certidão Negativa de Débito Salarial, a Delegacia Regional do Trabalho poderá consultar a entidade sindical da categoria profissional dos empregados da requerente quanto à inexistência de débitos salariais.

§ 2º A Certidão de que trata este artigo será gratuita e terá validade por 30 (trinta) dias contados de sua expedição.

Art. 18. Esta Portaria entra em vigor na data de sua publicação, revogada a Portaria 3.035, de 15 de janeiro de 1969, e a Portaria 734, de 9 de junho de 1993.

Paulo Paiva

(*DOU* 05.11.1996)

LEI COMPLEMENTAR 110, DE 29 DE JUNHO DE 2001

Institui contribuições sociais, autoriza créditos de complementos de atualização monetária em contas vinculadas do Fundo de Garantia do Tempo de Serviço – FGTS e dá outras providências.

• V. Súmula vinculante 1, STF.

O Presidente da República:

Faço saber que o Congresso Nacional decreta e eu sanciono a seguinte Lei Complementar:

Art. 1º Fica instituída contribuição social devida pelos empregadores em caso de despedida de empregado sem justa causa, à alíquota de 10% (dez por cento) sobre o montante de todos os depósitos devidos, referentes ao Fundo de Garantia do Tempo de Serviço – FGTS, durante a vigência do contrato de trabalho, acrescido das remunerações aplicáveis às contas vinculadas.

LC 110/2001

FGTS

Parágrafo único. Ficam isentos da contribuição social instituída neste artigo os empregadores domésticos.

Art. 2º Fica instituída contribuição social devida pelos empregadores, à alíquota de 0,5% (cinco décimos por cento) sobre a remuneração devida, no mês anterior, a cada trabalhador, incluídas as parcelas de que trata o art. 15 da Lei 8.036, de 11 de maio de 1990.

§ 1º Ficam isentas da contribuição social instituída neste artigo:

I – as empresas inscritas no Sistema Integrado de Pagamento de Impostos e Contribuições das Microempresas e Empresas de Pequeno Porte – Simples, desde que o faturamento anual não ultrapasse o limite de R$ 1.200.000,00 (um milhão e duzentos mil reais);

II – as pessoas físicas, em relação à remuneração de empregados domésticos; e

III – as pessoas físicas, em relação à remuneração de empregados rurais, desde que sua receita bruta anual não ultrapasse o limite de R$ 1.200.000,00 (um milhão e duzentos mil reais).

§ 2º A contribuição será devida pelo prazo de 60 (sessenta) meses, a contar de sua exigibilidade.

Art. 3º Às contribuições sociais de que tratam os arts. 1º e 2º aplicam-se as disposições da Lei 8.036, de 11 de maio de 1990, e da Lei 8.844, de 20 de janeiro de 1994, inclusive quanto a sujeição passiva e equiparações, prazo de recolhimento, administração, fiscalização, lançamento, consulta, cobrança, garantias, processo administrativo de determinação e exigência de créditos tributários federais.

§ 1º As contribuições sociais serão recolhidas na rede arrecadadora e transferidas à Caixa Econômica Federal, na forma do art. 11 da Lei 8.036, de 11 de maio de 1990, e as respectivas receitas serão incorporadas ao FGTS.

§ 2º A falta de recolhimento ou o recolhimento após o vencimento do prazo sem os acréscimos previstos no art. 22 da Lei 8.036, de 11 de maio de 1990, sujeitarão o infrator à multa de 75% (setenta e cinco por cento), calculada sobre a totalidade ou a diferença da contribuição devida.

§ 3º A multa será duplicada na ocorrência das hipóteses previstas no art. 23, § 3º, da Lei 8.036, de 11 de maio de 1990, sem prejuízo das demais cominações legais.

Art. 4º Fica a Caixa Econômica Federal autorizada a creditar nas contas vinculadas do FGTS, a expensas do próprio Fundo, o complemento de atualização monetária resultante da aplicação, cumulativa, dos percentuais de 16,64% (dezesseis inteiros e sessenta e quatro centésimos por cento) e de 44,8% (quarenta e quatro inteiros e oito décimos por cento), sobre os saldos das contas mantidas, respectivamente, no período de 1º de dezembro de 1988 a 28 de fevereiro de 1989 e durante o mês de abril de 1990, desde que:

I – o titular da conta vinculada firme o Termo de Adesão de que trata esta Lei Complementar;

II – até o sexagésimo terceiro mês a partir da data de publicação desta Lei Complementar, estejam em vigor as contribuições sociais de que tratam os arts. 1º e 2º; e

III – a partir do sexagésimo quarto mês da publicação desta Lei Complementar, permaneça em vigor a contribuição social de que trata o art. 1º.

Parágrafo único. O disposto nos arts. 9º, II, e 22, § 2º, da Lei 8.036, de 11 de maio de 1990, não se aplica, em qualquer hipótese, como decorrência da efetivação do crédito de complemento de atualização monetária de que trata o *caput* deste artigo.

Art. 5º O complemento de que trata o art. 4º será remunerado até o dia 10 do mês subsequente ao da publicação desta Lei Complementar, com base nos mesmos critérios de remuneração utilizados para as contas vinculadas.

Parágrafo único. O montante apurado na data a que se refere o *caput* será remunerado, a partir do dia 11 do mês subsequente ao da publicação desta Lei Complementar, com base na Taxa Referencial – TR, até que seja creditado na conta vinculada do trabalhador.

Art. 6º O Termo de Adesão a que se refere o inciso I do art. 4º, a ser firmado no prazo

LC 110/2001

FGTS

e na forma definidos em Regulamento, conterá:

I – a expressa concordância do titular da conta vinculada com a redução do complemento de que trata o art. 4°, acrescido da remuneração prevista no *caput* do art. 5°, nas seguintes proporções:

a) zero por cento sobre o total do complemento de atualização monetária de valor até R$ 2.000,00 (dois mil reais);

b) 8% (oito por cento) sobre o total do complemento de atualização monetária de valor de R$ 2.000,01 (dois mil reais e um centavo) a R$ 5.000,00 (cinco mil reais);

c) 12% (doze por cento) sobre o total do complemento de atualização monetária de valor de R$ 5.000,01 (cinco mil reais e um centavo) a R$ 8.000,00 (oito mil reais);

d) 15% (quinze por cento) sobre o total do complemento de atualização monetária de valor acima de R$ 8.000,00 (oito mil reais);

II – a expressa concordância do titular da conta vinculada com a forma e os prazos do crédito na conta vinculada, especificados a seguir:

a) complemento de atualização monetária no valor total de R$ 1.000,00 (um mil reais), até junho de 2002, em uma única parcela, para os titulares de contas vinculadas que tenham firmado o Termo de Adesão até o último dia útil do mês imediatamente anterior;

b) complemento de atualização monetária no valor total de R$ 1.000,01 (um mil reais e um centavo) a R$ 2.000,00 (dois mil reais), em duas parcelas semestrais, com o primeiro crédito em julho de 2002, sendo a primeira parcela de R$ 1.000,00 (um mil reais), para os titulares de contas vinculadas que tenham firmado o Termo de Adesão até o último dia útil do mês imediatamente anterior;

c) complemento de atualização monetária no valor total de R$ 2.000,01 (dois mil reais e um centavo) a R$ 5.000,00 (cinco mil reais), em cinco parcelas semestrais, com o primeiro crédito em janeiro de 2003, para os titulares de contas vinculadas que tenham firmado o Termo de Adesão até o último dia útil do mês imediatamente anterior;

d) complemento de atualização monetária no valor total de R$ 5.000,01 (cinco mil reais e um centavo) a R$ 8.000,00 (oito mil reais), em sete parcelas semestrais, com o primeiro crédito em julho de 2003, para os titulares de contas vinculadas que tenham firmado o Termo de Adesão até o último dia útil do mês imediatamente anterior;

e) complemento de atualização monetária no valor total acima de R$ 8.000,00 (oito mil reais), em sete parcelas semestrais, com o primeiro crédito em janeiro de 2004, para os titulares de contas vinculadas que tenham firmado o Termo de Adesão até o último dia útil do mês imediatamente anterior; e

III – declaração do titular da conta vinculada, sob as penas da lei, de que não está nem ingressará em juízo discutindo os complementos de atualização monetária relativos a junho de 1987, ao período de 1° de dezembro de 1988 a 28 de fevereiro de 1989, a abril e maio de 1990 e a fevereiro de 1991.

§ 1° No caso da alínea *b* do inciso I, será creditado valor de R$ 2.000,00 (dois mil reais), quando a aplicação do percentual de redução resultar em quantia inferior a este.

§ 2° No caso da alínea *c* do inciso I, será creditado valor de R$ 4.600,00 (quatro mil e seiscentos reais), quando a aplicação do percentual de redução resultar em quantia inferior a este.

§ 3° No caso da alínea *d* do inciso I será creditado valor de R$ 7.040,00 (sete mil e quarenta reais), quando a aplicação do percentual de redução resultar em quantia inferior a este.

§ 4° Para os trabalhadores que vierem a firmar seus termos de adesão após as datas previstas nas alíneas *a* a *d* do inciso II, os créditos em suas contas vinculadas iniciar-se-ão no mês subsequente ao da assinatura do Termo de Adesão, observadas as demais regras constantes nesses dispositivos, quanto a valores, número e periodicidade de pagamento de parcelas.

§ 5° As faixas de valores mencionadas no inciso II do *caput* serão definidas pelos complementos a que se refere o art. 4°, acrescidos da remuneração prevista no *caput* do

LC 110/2001

FGTS

art. 5º, antes das deduções de que tratam o inciso I do *caput* e os §§ 1º e 2º.

§ 6º O titular da conta vinculada fará *jus* ao crédito de que trata o inciso II do *caput* deste artigo, em uma única parcela, até junho de 2002, disponível para imediata movimentação a partir desse mês, nas seguintes situações:

I – na hipótese de o titular ou qualquer de seus dependentes for acometido de neoplasia maligna, nos termos do inciso XI do art. 20 da Lei 8.036, de 11 de maio de 1990;

II – quando o titular ou qualquer de seus dependentes for portador do vírus HIV;

III – se o trabalhador, com crédito de até R$ 2.000,00 (dois mil reais), for aposentado por invalidez, em função de acidente do trabalho ou doença profissional, ou aposentado maior de 65 (sessenta e cinco) anos de idade;

IV – quando o titular ou qualquer de seus dependentes for acometido de doença terminal.

§ 7º O complemento de atualização monetária de valor total acima de R$ 2.000,00 (dois mil reais) poderá, a critério do titular da conta vinculada, ser resgatado mediante entrega, em julho de 2002, ou nos 6 (seis) meses seguintes, no caso de adesões que se efetuarem até dezembro de 2002, de documento de quitação com o FGTS autorizando a compra de título, lastreado nas receitas decorrentes das contribuições instituídas pelos arts. 1º e 2º desta Lei Complementar, de valor de face equivalente ao valor do referido complemento nos termos e condições estabelecidas pelo Conselho Monetário Nacional – CMN.

Art. 7º Ao titular da conta vinculada que se encontre em litígio judicial visando ao pagamento dos complementos de atualização monetária relativos a junho de 1987, dezembro de 1988 a fevereiro de 1989, abril e maio de 1990 e fevereiro de 1991, é facultado receber, na forma do art. 4º, os créditos de que trata o art. 6º, firmando transação a ser homologada no juízo competente.

Art. 8º A movimentação da conta vinculada, no que se refere ao crédito do complemento de atualização monetária, observará as condições previstas no art. 20 da Lei 8.036, de 11 de maio de 1990, inclusive nos casos em que o direito do titular à movimentação da conta tenha sido implementado em data anterior à da publicação desta Lei Complementar.

Art. 9º As despesas com as obrigações decorrentes dos montantes creditados na forma do art. 6º poderão ser diferidas contabilmente, para apropriação no resultado do balanço do FGTS, no prazo de até 15 (quinze) anos, a contar da publicação desta Lei Complementar.

Art. 10. Os bancos que, no período de dezembro de 1988 a março de 1989 e nos meses de abril e maio de 1990, eram depositários das contas vinculadas do FGTS, ou seus sucessores, repassarão à Caixa Econômica Federal, até 31 de janeiro de 2002, as informações cadastrais e financeiras necessárias ao cálculo do complemento de atualização monetária de que trata o art. 4º.

§ 1º A Caixa Econômica Federal estabelecerá a forma e o cronograma dos repasses das informações de que trata o *caput* deste artigo.

§ 2º Pelo descumprimento dos prazos e das demais obrigações estipuladas com base neste artigo, os bancos de que trata o *caput* sujeitam-se ao pagamento de multa equivalente a 10% (dez por cento) do somatório dos saldos das contas das quais eram depositários, remunerados segundo os mesmos critérios previstos no art. 5º.

§ 3º Os órgãos responsáveis pela auditoria integrada do FGTS examinarão e homologarão, no prazo de 60 (sessenta) dias, a contar da publicação desta Lei Complementar, o aplicativo a ser utilizado na validação das informações de que trata este artigo.

Art. 11. A Caixa Econômica Federal, até 30 de abril de 2002, divulgará aos titulares de contas vinculadas os respectivos valores dos complementos de atualização monetária a que têm direito, com base nas informações cadastrais e financeiras de que trata o art. 10.

Art. 12. O Tesouro Nacional fica subsidiariamente obrigado à liquidação dos valores a que se refere o art. 4º, nos prazos e nas condições estabelecidos nos arts. 5º e 6º, até o montante da diferença porventura

ocorrida entre o valor arrecadado pelas contribuições sociais de que tratam os arts. 1º e 2º e aquele necessário ao resgate dos compromissos assumidos.

Art. 13. As leis orçamentárias anuais referentes aos exercícios de 2001, 2002 e 2003 assegurarão destinação integral ao FGTS de valor equivalente à arrecadação das contribuições de que tratam os arts. 1º e 2º desta Lei Complementar.

Art. 14. Esta Lei Complementar entra em vigor na data de sua publicação, produzindo efeitos:

- O STF, nas ADIns 2.556 e 2.568 (*DOU* e *DJE* 22.06.2012), julgou, por maioria, parcialmente procedentes as ações para declarar a inconstitucionalidade do art. 14, *caput*, no que se refere à expressão "produzindo efeitos", bem como de seus incisos I e II.

I – 90 (noventa) dias a partir da data inicial de sua vigência, relativamente à contribuição social de que trata o art. 1º; e

- O STF, nas ADIns 2.556 e 2.568 (*DOU* e *DJE* 22.06.2012), julgou, por maioria, parcialmente procedentes as ações para declarar a inconstitucionalidade do art. 14, *caput*, no que se refere à expressão "produzindo efeitos", bem como de seus incisos I e II.

II – a partir do primeiro dia do mês seguinte ao nonagésimo dia da data de início de sua vigência, no tocante à contribuição social de que trata o art. 2º.

- O STF, nas ADIns 2.556 e 2.568 (*DOU* e *DJE* 22.06.2012), julgou, por maioria, parcialmente procedentes as ações para declarar a inconstitucionalidade do art. 14, *caput*, no que se refere à expressão "produzindo efeitos", bem como de seus incisos I e II.

Brasília, 29 de junho de 2001; 180º da Independência e 113º da República.
Fernando Henrique Cardoso

(*DOU* 30.06.2001)

DECRETO 3.913, DE 11 DE SETEMBRO DE 2001

Dispõe sobre a apuração e liquidação dos complementos de atualização monetária de saldos de contas vinculadas do Fundo de Garantia do Tempo de Serviço – FGTS, de que trata a Lei Complementar 110, de 29 de junho de 2001.

O Presidente da República, no uso da atribuição que lhe confere o art. 84, inciso IV, da Constituição e tendo em vista as disposições contidas na Lei Complementar 110, de 29 de junho de 2001, decreta:

Art. 1º Este Decreto regulamenta a forma de apuração dos complementos de atualização monetária das contas vinculadas do Fundo de Garantia do Tempo de Serviço – FGTS, de que trata a Lei Complementar 110, de 29 de junho de 2001, relativos aos saldos mantidos no período de 1º de dezembro de 1988 a 28 de fevereiro de 1989 e no mês de abril de 1990, a forma e os prazos para lançamento dos respectivos créditos nas contas vinculadas e a forma de adesão às condições de resgate dos referidos créditos.

Art. 2º A Caixa Econômica Federal calculará o complemento de atualização monetária relativo ao período de 1º de dezembro de 1988 a 28 de fevereiro de 1989, inclusive, e ao mês de abril de 1990, com base nos percentuais:

I – de 16,64% (dezesseis inteiros e sessenta e quatro centésimos por cento), referente ao índice de janeiro de 1989, sobre o saldo mantido na conta vinculada no período de 1º de dezembro de 1988 a 28 de fevereiro de 1989, inclusive;

II – de 44,8% (quarenta e quatro inteiros e oito décimos por cento), referente ao índice de abril de 1990, sobre o saldo mantido no mês de abril de 1990;

III – de 16,64% (dezesseis inteiros e sessenta e quatro centésimos por cento) e de 44,8% (quarenta e quatro inteiros e oito décimos por cento), cumulativos, sobre os saldos mantidos, respectivamente, no período de 1º de dezembro de 1988 a 28 de fevereiro de 1989, inclusive, e no mês de abril de 1990.

§ 1º O valor calculado na forma do *caput*, com a remuneração prevista no art. 5º e com a redução cabível especificada no inciso I do art. 6º, ambos da Lei Complementar 110, de 2001, será, a partir de 1º de maio de 2002, registrado na conta vinculada do trabalhador que tenha manifestado sua adesão às condições de resgate estabelecidas na Lei Complementar 110, de 2001, mediante assinatura do Termo de Adesão, para

ser creditado nas condições, forma e prazos previstos neste Decreto.

§ 2º O valor do complemento de atualização monetária, após o seu registro na conta vinculada do trabalhador, efetuado segundo o disposto no § 1º, integra a base de cálculo das multas rescisórias de que tratam os §§ 1º e 2º do art. 18 da Lei 8.036, de 11 de maio de 1990.

Art. 3º A adesão às condições de resgate dos complementos de atualização monetária, estabelecidas na Lei Complementar 110, de 2001, deverá ser manifestada em Termo de Adesão próprio, nos moldes dos formulários aprovados em portaria conjunta da Advocacia-Geral da União e do Ministério do Trabalho e Emprego.

§ 1º Mantido o conteúdo constante dos formulários do Termo de Adesão, as adesões poderão ser manifestadas por meios magnéticos ou eletrônicos, inclusive mediante teleprocessamento, na forma estabelecida em ato normativo do Agente Operador do FGTS.

§ 2º O titular de conta vinculada poderá, a partir de 5 de novembro de 2001, manifestar sua adesão às condições de resgate do complemento de atualização monetária previstas na Lei Complementar 110, de 2001, independentemente do conhecimento prévio do valor do complemento.

§ 3º A critério do Agente Operador do FGTS e mediante ampla divulgação prévia, o início do processo de adesão poderá ser antecipado.

Art. 4º O titular da conta vinculada manifestará, no Termo de Adesão, sua concordância:

I – com a redução do complemento de que trata o art. 2º, remunerado até o dia 10 do mês de julho de 2001 com base nos mesmos critérios de remuneração das contas vinculadas, nas seguintes proporções:

a) zero por cento sobre o total do complemento de atualização monetária de valor até R$ 2.000,00 (dois mil reais);

b) 8% (oito por cento) sobre o total do complemento de atualização monetária de valor de R$ 2.000,01 (dois mil reais e um centavo) a R$ 5.000,00 (cinco mil reais), assegurado o crédito mínimo de R$ 2.000,00 (dois mil reais), quando a aplicação do percentual de redução resultar em quantia inferior a esse valor;

c) 12% (doze por cento) sobre o total do complemento de atualização monetária de valor de R$ 5.000,01 (cinco mil reais e um centavo) a R$ 8.000,00 (oito mil reais), assegurado o crédito mínimo de R$ 4.600,00 (quatro mil e seiscentos reais), quando a aplicação do percentual de redução resultar em quantia inferior a esse valor;

d) 15% (quinze por cento) sobre o total do complemento de atualização monetária de valor acima de R$ 8.000,00 (oito mil reais), assegurado o crédito mínimo de R$ 7.040,00 (sete mil e quarenta reais), quando a aplicação do percentual de redução resultar em quantia inferior a esse valor;

II – com a forma e os prazos do crédito na conta vinculada, consoante as seguintes especificações:

a) o complemento de atualização monetária no valor total de até R$ 1.000,00 (mil reais), será creditado até 30 de junho de 2002, em uma única parcela, para os titulares de contas vinculadas que tenham firmado o Termo de Adesão até o dia 31 de maio de 2002;

b) o complemento de atualização monetária no valor total de R$ 1.000,01 (mil reais e um centavo) a R$ 2.000,00 (dois mil reais), será creditado em duas parcelas semestrais, ocorrendo o crédito da primeira parcela, no valor de R$ 1.000,00 (mil reais), até 31 de julho de 2002, para os titulares de contas vinculadas que tenham firmado o Termo de Adesão até o dia 28 de junho de 2002;

c) o complemento de atualização monetária no valor total de R$ 2.000,01 (dois mil reais e um centavo) a R$ 5.000,00 (cinco mil reais), definido antes da dedução de que trata o inciso I, alínea *b*, será creditado em cinco parcelas semestrais, a partir de janeiro de 2003, para os titulares de contas vinculadas que tenham firmado o Termo de Adesão até o dia 30 de dezembro de 2002;

d) o complemento de atualização monetária no valor total de R$ 5.000,01 (cinco mil reais e um centavo), a R$ 8.000,00 (oito mil reais), definido antes da dedução de que trata o inciso I, alínea *c*, será creditado em

Dec. 3.913/2001

FGTS

sete parcelas semestrais, a partir de julho de 2003, para os titulares de contas vinculadas que tenham firmado o Termo de Adesão até o dia 30 de junho de 2003;

e) o complemento de atualização monetária no valor total acima de R$ 8.000,00 (oito mil reais), definido antes da dedução de que trata o inciso I, alínea d, será creditado em sete parcelas semestrais, a partir de janeiro de 2004, para os titulares de contas vinculadas que tenham firmado o Termo de Adesão até o dia 30 de dezembro de 2003;

III – em firmar, sob as penas da lei, declaração de que não está discutindo em juízo, nem ingressará em juízo para discutir, complementos de atualização monetária do FGTS relativos a junho de 1987, ao período de 1º de dezembro de 1988 a 28 de fevereiro de 1989, a abril e maio de 1990 e a fevereiro de 1991;

IV – em desistir de ação judicial que tenha interposto, inclusive na condição de litisconsorte, para pleitear o pagamento de complementos de atualização monetária citados no inciso III, conformando-se, por transação a ser homologada em juízo, com as condições estabelecidas neste Decreto.

§ 1º Nos casos em que a adesão dependa de transação, serão consideradas como datas de adesão, para os efeitos das alíneas a e do inciso II, as datas em que os titulares de contas vinculadas firmaram o Termo de Adesão, independentemente da homologação judicial da transação, que deverá ser requerida mesmo depois de efetuado o crédito na conta.

* § 1º com redação determinada pelo Dec. 4.777/2003.

§ 2º Para os trabalhadores que vierem a firmar seus termos de adesão após as datas previstas nas alíneas a a d do inciso II, os créditos em suas contas vinculadas iniciar-se-ão no mês subsequente ao da assinatura do Termo de Adesão, observadas as demais regras constantes nesses dispositivos, quanto a valores, número e periodicidade de pagamento de parcelas.

§ 3º A data final para assinatura do Termo de Adesão é 30 de dezembro de 2003.

§ 4º Na ocorrência de óbito do titular da conta vinculada, o Termo de Adesão será firmado por todos os seus dependentes, habilitados perante a Previdência Social para a concessão de pensões por morte e, na falta de dependentes, por todos os seus sucessores previstos na lei civil, indicados em alvará judicial, expedido a requerimento do interessado, independentemente de inventário ou arrolamento.

Art. 5º O titular da conta vinculada fará jus ao crédito de que trata o inciso II do art. 4º deste Decreto, em uma única parcela, até junho de 2002, disponível para imediata movimentação a partir desse mês, nas hipóteses de o titular:

I – ou qualquer de seus dependentes ser acometido de neoplasia maligna;

II – ou qualquer de seus dependentes ser portador do vírus HIV;

III – com crédito de até R$ 2.000,00 (dois mil reais), ser aposentado por invalidez em função de acidente de trabalho ou doença profissional, ou ser aposentado maior de 65 (sessenta e cinco) anos de idade;

IV – de o titular ou qualquer de seus dependentes ser acometido de doença terminal.

Parágrafo único. Para efeito do inciso IV, apresentar-se-á diagnóstico médico claramente descritivo que, em face dos sintomas ou do histórico patológico, caracterize o estágio terminal de vida em razão da doença grave consignada no Código Internacional de Doenças – CID que acometa o trabalhador ou qualquer de seus dependentes, assinado por médico devidamente identificado por seu registro profissional e emitido na conformidade das normas dos Conselhos Federal e Regional de Medicina.

* Parágrafo único com redação determinada pelo Dec. 5.860/2006.

Art. 6º A movimentação da conta vinculada, relativamente ao crédito do complemento de atualização monetária, que não se enquadre nas hipóteses do art. 5º, observará as condições previstas no art. 20 da Lei 8.036, de 1990.

§ 1º As hipóteses de movimentação da conta vinculada previstas nos incisos I, II, III, IV,

FGTS

VIII, IX, X e XI do artigo 20 da Lei 8.036, de 1990, e na Lei 7.670, de 8 de setembro de 1988, ocorridas anteriormente à data da edição da Lei Complementar 110, de 2001, autorizam o saque do complemento de atualização monetária após o crédito na conta vinculada.

§ 2º Após o crédito do complemento de atualização monetária na conta vinculada, nas condições do inciso II do art. 4º, será permitida a sua utilização para a amortização ou quitação de saldo devedor de financiamento de moradia própria no âmbito do Sistema Financeiro da Habitação, inclusive na modalidade de Carta de Crédito do FGTS, mediante encontro de contas, atendidas as condições do art. 20 da Lei 8.036, de 1990.

Art. 7º Os saques de que tratam o art. 5º e o § 1º do art. 6º poderão ser processados mediante transferência do valor correspondente para conta-corrente do titular da conta vinculada, com a autorização deste.

Art. 8º A critério do titular da conta vinculada, o complemento de atualização monetária, de valor total superior a R$ 2.000,00 (dois mil reais), computada a dedução de que trata o inciso I do art. 4º, poderá ser resgatado mediante entrega, em julho de 2002, ou nos seis meses seguintes, no caso de adesões que se efetuarem até dezembro de 2002, de documento de quitação com o FGTS em que se autoriza a compra de título, lastreado nas receitas decorrentes das contribuições instituídas pelos arts. 1º e 2º da Lei Complementar 110, de 2001, de valor de face equivalente ao valor do referido complemento, nos termos e condições estabelecidas pelo Conselho Monetário Nacional – CMN.

Art. 9º O Agente Operador do FGTS, observadas as normas legais e regulamentares:
I – estabelecerá, em ato normativo, os procedimentos operacionais relativos ao exercício da adesão de que trata o art. 3º e à efetivação dos créditos nas contas vinculadas; e
II – promoverá, antes de iniciar o processo de adesão, ampla divulgação sobre os procedimentos, meios e forma de adesão, e distribuição dos respectivos formulários.

Art. 10. Este Decreto entra em vigor na data de sua publicação.

Brasília, 11 de setembro de 2001; 180º da Independência e 113º da República.

Fernando Henrique Cardoso

(*DOU* 12.09.2001)

DECRETO 3.914,
DE 11 DE SETEMBRO DE 2001

Dispõe sobre a regulamentação das contribuições sociais instituídas pela Lei Complementar 110, de 29 de junho de 2001.

O Presidente da República, no uso da atribuição que lhe confere o art. 84, inciso IV, da Constituição, decreta:

Art. 1º Este Decreto dispõe sobre a regulamentação da contribuição social devida por despedida de empregado sem justa causa e da contribuição social incidente sobre a remuneração mensal do trabalhador, instituídas pelos arts. 1º e 2º da Lei Complementar 110, de 29 de junho de 2001.

Art. 2º A contribuição social que tem por fato gerador a despedida de empregado sem justa causa é devida em relação às despedidas que ocorrerem a partir de 28 de setembro de 2001, inclusive.

§ 1º A base de cálculo da contribuição é o montante dos depósitos do Fundo de Garantia do Tempo de Serviço – FGTS, acrescidos das remunerações previstas no art. 13 da Lei 8.036, de 11 de maio de 1990, bem como nos arts. 11 da Lei 7.839, de 12 de outubro de 1989, e 3º e 4º da Lei 5.107, de 13 de setembro de 1966, enquanto vigentes, devidos durante a vigência do contrato de trabalho.

§ 2º O valor do complemento de atualização monetária de que trata o art. 4º, com a remuneração prevista no art. 5º e com a redução cabível especificada no inciso I do art. 6º, todos da Lei Complementar 110, de 2001, que esteja registrado, na data da rescisão do contrato de trabalho, na conta vinculada do trabalhador que tenha firmado o

Dec. 3.914/2001

FGTS

Termo de Adesão a que se refere o art. 4º, inciso I, da mesma Lei Complementar, integra a base de cálculo da contribuição de que trata este artigo.

§ 3º O valor da contribuição será determinado pela aplicação da alíquota de 10% (dez por cento) sobre o valor da base de cálculo especificada nos §§ 1º e 2º.

§ 4º A contribuição deve ser paga nos seguintes prazos:

I – até o primeiro dia útil imediato ao término do contrato, no caso em que o empregador concede o aviso-prévio nos termos do art. 487 da Consolidação das Leis do Trabalho – CLT; ou

II – até o décimo dia, contado da data da notificação da demissão, quando da ausência do aviso-prévio, indenização do mesmo ou dispensa de seu cumprimento.

§ 5º Os empregadores domésticos ficam isentos da contribuição social de que trata este artigo.

Art. 3º A contribuição social incidente sobre a remuneração do trabalhador é devida a partir da remuneração relativa ao mês de outubro de 2001 até a remuneração relativa ao mês de setembro de 2006.

§ 1º A contribuição incide sobre a remuneração paga ou devida, no mês anterior, a cada trabalhador.

§ 2º A base de cálculo da contribuição é o valor da remuneração paga ou devida a cada trabalhador, computadas as parcelas de que trata o art. 15 da Lei 8.036, de 1990.

§ 3º O valor do pagamento antecipado de remuneração ou de gratificação de Natal integra a base de cálculo da contribuição social relativa ao mês em que ocorrer o pagamento antecipado.

§ 4º O valor da contribuição será determinado pela aplicação da alíquota de 0,5% (cinco décimos por cento) sobre a base de cálculo especificada nos §§ 2º e 3º.

§ 5º A contribuição incidente sobre a remuneração paga ou devida em cada mês deve ser paga até o dia 7 do mês subsequente ou, não havendo expediente bancário no dia 7, até o último dia útil que o anteceder.

§ 6º Ficam isentas da contribuição social de que trata este artigo:

I – as empresas inscritas no Sistema Integrado de Pagamento de Impostos e Contribuições das Microempresas e Empresas de Pequeno Porte – Simples, desde que o faturamento anual não ultrapasse o limite de R$ 1.200.000,00 (um milhão e duzentos mil reais);

II – as pessoas físicas, em relação à remuneração de empregados domésticos; e

III – as pessoas físicas, em relação à remuneração de empregados rurais, desde que sua receita bruta anual não ultrapasse o limite de R$ 1.200.000,00 (um milhão e duzentos mil reais).

§ 7º Para os fins do disposto no § 6º, poderão ser utilizadas informações constantes dos cadastros administrados pela Secretaria da Receita Federal, na forma estabelecida em convênio.

Art. 4º O sujeito passivo das contribuições sociais de que trata este Decreto é o empregador, considerado como tal a pessoa física ou a pessoa jurídica de direito privado ou de direito público, da administração pública direta, indireta ou fundacional de qualquer dos Poderes, da União, dos Estados, do Distrito Federal e dos Municípios, que admitir trabalhadores a seu serviço, bem assim aquele que, regido por legislação especial, encontrar-se nessa condição ou figurar como fornecedor ou tomador de mão de obra, independente da responsabilidade solidária ou subsidiária a que eventualmente venha obrigar-se.

Parágrafo único. Para os efeitos deste Decreto, considera-se empregado ou trabalhador toda pessoa física que prestar serviços a empregador, a locador ou tomador de mão de obra, excluídos os eventuais, os autônomos e os servidores públicos civis e militares sujeitos a regime jurídico próprio.

Art. 5º O pagamento das contribuições sociais de que trata este Decreto fora dos prazos estabelecidos sujeita o infrator aos acréscimos previstos no art. 22 da Lei 8.036, de 1990, e nos §§ 2º e 3º do art. 3º da Lei Complementar 110, de 2001.

Art. 6º A exigência fiscal da contribuição social, que não tenha sido paga por iniciativa do contribuinte, será formalizada em notificação de débito, lavrada por Auditor Fis-

cal do Trabalho ou pela Repartição competente do Ministério do Trabalho e Emprego, nos termos de ato normativo do Ministro de Trabalho e Emprego.

Art. 7º As contribuições sociais de que trata este Decreto, inclusive os acréscimos legais correspondentes, serão pagos na rede bancária arrecadadora do FGTS, na forma a ser estabelecida pelo Agente Operador do FGTS.

§ 1º Os valores recolhidos pela rede bancária serão transferidos à Caixa Econômica Federal no segundo dia útil subsequente à data em que tenham sido recolhidos.

§ 2º A Caixa Econômica Federal procederá ao registro das receitas, relativas às contribuições sociais que lhe forem transferidas pela rede bancária, no Sistema Integrado de Administração Financeira do Governo Federal – Siafi, na forma regulada pelo Ministério da Fazenda.

Art. 8º A falta de pagamento das contribuições de que trata este Decreto resultará no impedimento da emissão, pela Caixa Econômica Federal, do Certificado de Regularidade do FGTS, sem prejuízo das demais cominações legais cabíveis.

Art. 9º O Ministério do Trabalho e Emprego expedirá as normas para disciplinar os procedimentos de administração das contribuições sociais de que trata este Decreto.

Art. 10. Este Decreto entra em vigor na data de sua publicação.

Brasília, 11 de setembro de 2001; 180º da Independência e 113º da República.

Fernando Henrique Cardoso

(*DOU* 12.09.2001)

DECRETO 5.113,
DE 22 DE JUNHO DE 2004

Regulamenta o art. 20, inciso XVI, da Lei 8.036, de 11 de maio de 1990, que dispõe sobre o Fundo de Garantia do Tempo de Serviço – FGTS, e dá outras providências.

O Presidente da República, no uso da atribuição que lhe confere o art. 84, inciso IV, da Constituição, e tendo em vista o disposto no art. 20, inciso XVI, da Lei 8.036, de 11 de maio de 1990, decreta:

Art. 1º O titular de conta vinculada do Fundo de Garantia do Tempo de Serviço – FGTS que resida em área do Distrito Federal ou de Município, em situação de emergência ou estado de calamidade pública objeto de decreto do respectivo Governo, poderá movimentar a referida conta por motivo de necessidade pessoal, cuja urgência e gravidade decorram de desastre natural.

§ 1º Para os fins da movimentação de que trata este artigo, o decreto municipal ou do Distrito Federal que declare a situação de emergência ou o estado de calamidade pública deverá ser publicado no prazo máximo de 30 (trinta) dias, contados do primeiro dia útil seguinte ao da ocorrência do desastre natural.

§ 2º A movimentação da conta vinculada de que trata o *caput* só poderá ocorrer após o reconhecimento da situação de emergência ou do estado de calamidade pública em portaria do Ministro de Estado da Integração Nacional.

§ 3º A solicitação de movimentação será admitida até 90 (noventa) dias da publicação do ato de reconhecimento de que trata o § 2º.

• Retificado no *DOU* de 24.06.2004.

Art. 2º Para os fins do disposto neste Decreto, considera-se desastre natural:

I – vendavais ou tempestades;

II – vendavais muito intensos ou ciclones extratropicais;

III – vendavais extremamente intensos, furacões, tufões ou ciclones tropicais;

IV – tornados e trombas d'água;

V – precipitações de granizos;

VI – enchentes ou inundações graduais;

VII – enxurradas ou inundações bruscas;

VIII – alagamentos; e

IX – inundações litorâneas provocadas pela brusca invasão do mar.

Art. 3º A comprovação da área atingida de que trata o *caput* do art. 1º será realizada mediante fornecimento à Caixa Econômica Federal, pelo Município ou pelo Distrito Federal, de declaração das áreas atingidas por desastres naturais, que deverá conter a descrição da área no seguinte padrão:

Dec. 5.113/2004

FGTS

I – nome do distrito, cidade e unidade da Federação, caso todas as unidades residenciais existentes no distrito tenham sido atingidas;

II – nome do bairro, cidade e unidade da Federação, caso todas as unidades residenciais existentes no bairro tenham sido atingidas;

III – nome do logradouro, bairro ou distrito, cidade e unidade da Federação, caso a área atingida se restrinja às unidades residenciais existentes naquele logradouro; ou

IV – identificação da unidade residencial, nome do logradouro, bairro ou distrito, cidade e unidade da Federação, caso a área atingida se restrinja a determinada unidade residencial.

§ 1º Para elaboração da declaração referida no *caput*, deverá ser observada a avaliação realizada pelos órgãos de defesa civil municipal e do Distrito Federal.

§ 2º A declaração referida no *caput* deverá conter a identificação do Município atingido pelo desastre natural, as informações relativas ao decreto municipal ou do Distrito Federal e à portaria do Ministro de Estado da Integração Nacional que reconheceu a situação de emergência ou o estado de calamidade pública, e a Codificação de Desastre, Ameaças e Riscos – Codar.

Art. 4º O valor do saque será equivalente ao saldo existente na conta vinculada, na data da solicitação, limitado à quantia correspondente a R$ 6.220,00 (seis mil duzentos e vinte reais), por evento caracterizado como desastre natural, desde que o intervalo entre uma movimentação e outra não seja inferior a doze meses.

• Artigo com redação determinada pelo Decreto 7.664/2012.

Art. 5º O titular da conta vinculada que não dispuser de meios para comprovação do endereço residencial poderá fazê-la com apresentação de declaração emitida pelo Governo municipal ou do Distrito Federal.

Art. 6º A Caixa Econômica Federal expedirá, no prazo de até 10 (dez) dias contados da data de publicação deste Decreto, atos normativos referentes aos procedimentos administrativos e operacionais a serem observados para a movimentação de que trata o art. 1º.

Art. 7º Este Decreto entra em vigor na data da sua publicação.

Art. 8º Fica revogado o Decreto 5.014, de 12 de março de 2004.

Brasília, 22 de junho de 2004; 183º da Independência e 116º da República.

Luiz Inácio Lula da Silva

(*DOU* 23.06.2004; ret. 24.06.2004)

GARIMPEIRO

LEI 11.685, DE 2 DE JUNHO DE 2008

Institui o Estatuto do Garimpeiro e dá outras providências.

O Vice-Presidente da República, no exercício do cargo de Presidente da República:
Faço saber que o Congresso Nacional decreta e eu sanciono a seguinte Lei:

Capítulo I
DISPOSIÇÕES PRELIMINARES

Art. 1º Fica instituído o Estatuto do Garimpeiro, destinado a disciplinar os direitos e deveres assegurados aos garimpeiros.

Art. 2º Para os fins previstos nesta Lei entende-se por:
I – garimpeiro: toda pessoa física de nacionalidade brasileira que, individualmente ou em forma associativa, atue diretamente no processo da extração de substâncias minerais garimpáveis;
II – garimpo: a localidade onde é desenvolvida a atividade de extração de substâncias minerais garimpáveis, com aproveitamento imediato do jazimento mineral, que, por sua natureza, dimensão, localização e utilização econômica, possam ser lavradas, independentemente de prévios trabalhos de pesquisa, segundo critérios técnicos do Departamento Nacional de Produção Mineral – DNPM; e
III – minerais garimpáveis: ouro, diamante, cassiterita, columbita, tantalita, wolframita, nas formas aluvionar, eluvional e coluvial, scheelita, demais gemas, rutilo, quartzo, berilo, muscovita, espodumênio, lepidolita, feldspato, mica e outros, em tipos de ocorrência que vierem a ser indicados, a critério do DNPM.

Art. 3º O exercício da atividade de garimpagem só poderá ocorrer após a outorga do competente título minerário, expedido nos termos do Decreto-lei 227, de 28 de fevereiro de 1967, e da Lei 7.805, de 18 de julho de 1989, sendo o referido título indispensável para a lavra e a primeira comercialização dos minerais garimpáveis extraídos.

Capítulo II
DAS MODALIDADES DE TRABALHO

Art. 4º Os garimpeiros realizarão as atividades de extração de substâncias minerais garimpáveis sob as seguintes modalidades de trabalho:
I – autônomo;
II – em regime de economia familiar;
III – individual, com formação de relação de emprego;
IV – mediante Contrato de Parceria, por Instrumento Particular registrado em cartório; e
V – em Cooperativa ou outra forma de associativismo.

Capítulo III
DOS DIREITOS E DEVERES DO GARIMPEIRO

Seção I
Dos direitos

Art. 5º As cooperativas de garimpeiros terão prioridade na obtenção da permissão de lavra garimpeira nas áreas nas quais estejam atuando, desde que a ocupação tenha ocorrido nos seguintes casos:
I – em áreas consideradas livres, nos termos do Decreto-lei 227, de 28 de fevereiro de 1967;
II – em áreas requeridas com prioridade, até a data de 20 de julho de 1989; e
III – em áreas onde sejam titulares de permissão de lavra garimpeira.

Parágrafo único. É facultado ao garimpeiro associar-se a mais de uma cooperativa que tenha atuação em áreas distintas.

Art. 6º As jazidas cujo título minerário esteja em processo de baixa no DNPM e que, comprovadamente, contenham, nos seus rejeitos, minerais garimpáveis que possam ser objeto de exploração garimpeira poderão ser tornadas disponíveis, por meio de

Lei 11.685/2008

GARIMPEIRO

edital, às cooperativas de garimpeiros, mediante a manifestação de interesse destas, conforme dispuser portaria do Diretor-Geral do DNPM.

Art. 7º As jazidas vinculadas a títulos minerários declarados caducos em conformidade com o art. 65 do Decreto-lei 227, de 28 de fevereiro de 1967, relativos a substâncias minerais garimpáveis que possam ser objeto de atividade garimpeira, poderão ser tornadas disponíveis, por meio de edital, às cooperativas de garimpeiros, mediante a manifestação de interesse destas, conforme dispuser portaria do Diretor-Geral do DNPM.

Art. 8º A critério do DNPM, será admitido o aproveitamento de substâncias minerais garimpáveis por cooperativas de garimpeiros em áreas de manifesto de mina e em áreas oneradas por alvarás de pesquisa e portarias de lavra, com autorização do titular, quando houver exequibilidade da lavra por ambos os regimes.

Art. 9º Fica assegurado ao garimpeiro, em qualquer das modalidades de trabalho, o direito de comercialização da sua produção diretamente com o consumidor final, desde que se comprove a titularidade da área de origem do minério extraído.

Art. 10. A atividade de garimpagem será objeto de elaboração de políticas públicas pelo Ministério de Minas e Energia destinadas a promover o seu desenvolvimento sustentável.

Art. 11. Fica assegurado o registro do exercício da atividade de garimpagem nas carteiras expedidas pelas cooperativas de garimpeiros.

Seção II
Dos deveres do garimpeiro

Art. 12. O garimpeiro, a cooperativa de garimpeiros e a pessoa que tenha celebrado Contrato de Parceria com garimpeiros, em qualquer modalidade de trabalho, ficam obrigados a:

I – recuperar as áreas degradadas por suas atividades;

II – atender ao disposto no Código de Mineração no que lhe couber; e

III – cumprir a legislação vigente em relação à segurança e à saúde no trabalho.

Art. 13. É proibido o trabalho do menor de 18 (dezoito) anos na atividade de garimpagem.

Capítulo IV
DAS ENTIDADES DE GARIMPEIROS

Art. 14. É livre a filiação do garimpeiro a associações, confederações, sindicatos, cooperativas ou outras formas associativas, devidamente registradas, conforme legislação específica.

Art. 15. As cooperativas, legalmente constituídas, titulares de direitos minerários deverão informar ao DNPM, anualmente, a relação dos garimpeiros cooperados, exclusivamente para fins de registro.

§ 1º A apresentação intempestiva ou que contenha informações inverídicas implicará multa de R$ 2.000,00 (dois mil reais), a ser aplicada pelo DNPM.

§ 2º No caso de reincidência, a multa será aplicada em dobro, podendo, no caso de não pagamento ou nova ocorrência, ensejar a caducidade do título.

Capítulo V
DISPOSIÇÕES FINAIS

Art. 16. O garimpeiro que tenha Contrato de Parceria com o titular de direito minerário deverá comprovar a regularidade de sua atividade na área titulada mediante apresentação de cópias autenticadas do contrato e do respectivo título minerário.

Parágrafo único. O contrato referido no caput deste artigo não será objeto de averbação no DNPM.

Art. 17. Fica o titular de direito minerário obrigado a enviar, anualmente, ao DNPM a relação dos garimpeiros que atuam em sua área, sob a modalidade de Contrato de Parceria, com as respectivas cópias desses contratos.

§ 1º A apresentação intempestiva ou que contenha informações inverídicas implicará

Lei 11.685/2008

GARIMPEIRO

multa de R$ 1.000,00 (mil reais), a ser aplicada pelo DNPM.

§ 2º No caso de reincidência, a multa será aplicada em dobro, podendo, no caso de não pagamento ou nova ocorrência, ensejar a caducidade do título.

Art. 18. É instituído o Dia Nacional do Garimpeiro a ser comemorado em 21 de julho.

Art. 19. Fica intitulado Patrono dos Garimpeiros o Bandeirante Fernão Dias Paes Leme.

Art. 20. Esta Lei entra em vigor na data de sua publicação.

Brasília, 2 de junho de 2008; 187º da Independência e 120º da República.

José Alencar Gomes da Silva

(*DOU* 03.06.2008)

GRATIFICAÇÃO DE NATAL – 13º SALÁRIO

LEI 4.090, DE 13 DE JULHO DE 1962

Institui a gratificação de Natal para os trabalhadores.

- V. Súmula 688, STF.
- V. Súmulas 14, 45, 46, 50, 148, 157 e 242, TST.

O Presidente da República:
Faço saber que o Congresso Nacional decreta e eu sanciono a seguinte Lei:

Art. 1º No mês de dezembro de cada ano, a todo empregado será paga, pelo empregador, uma gratificação salarial, independentemente da remuneração a que fizer jus.

§ 1º A gratificação corresponderá a 1/12 (um doze avos) da remuneração devida em dezembro, por mês de serviço, do ano correspondente.

§ 2º A fração igual ou superior a 15 (quinze) dias de trabalho será havida como mês integral para os efeitos do parágrafo anterior.

§ 3º A gratificação será proporcional:

- § 3º acrescentado pela Lei 9.011/1995.

I – na extinção dos contratos a prazo, entre estes incluídos os de safra, ainda que a relação de emprego haja findado antes de dezembro; e

II – na cessação da relação de emprego resultante da aposentadoria do trabalhador, ainda que verificada antes de dezembro.

Art. 2º As faltas legais e justificadas ao serviço não serão deduzidas para os fins previstos no § 1º do art. 1º desta Lei.

Art. 3º Ocorrendo rescisão, sem justa causa, do contrato de trabalho, o empregado receberá a gratificação devida nos termos dos §§ 1º e 2º do art. 1º desta Lei, calculada sobre a remuneração do mês da rescisão.

Art. 4º Esta Lei entrará em vigor na data de sua publicação, revogadas as disposições em contrário.
Brasília, 13 de julho de 1962; 141º da Independência e 74º da República.
João Goulart

(DOU 26.07.1962)

LEI 4.749, DE 12 DE AGOSTO DE 1965

Dispõe sobre o pagamento da gratificação prevista na Lei 4.090, de 13 de julho de 1962.

- V. Súmula 688, STF.

O Presidente da República:
Faço saber que o Congresso Nacional decreta e eu sanciono a seguinte Lei:

Art. 1º A gratificação salarial instituída pela Lei 4.090, de 13 de julho de 1962, será paga pelo empregador até o dia 20 de dezembro de cada ano, compensada a importância que, a título de adiantamento, o empregado houver recebido na forma do artigo seguinte.

Parágrafo único. *(Vetado.)*

Art. 2º Entre os meses de fevereiro e novembro de cada ano o empregador pagará, como adiantamento da gratificação referida no artigo precedente, de uma só vez, metade do salário recebido pelo respectivo empregado no mês anterior.

§ 1º O empregador não estará obrigado a pagar o adiantamento, no mesmo mês, a todos os seus empregados.

§ 2º O adiantamento será pago ao ensejo das férias do empregado, sempre que este o requerer no mês de janeiro do correspondente ano.

Art. 3º Ocorrendo a extinção do contrato de trabalho antes do pagamento de que trata o art. 1º desta Lei, o empregador poderá

Dec. 57.155/1965

13° SALÁRIO

compensar o adiantamento mencionado com a gratificação devida nos termos do art. 3º da Lei 4.090, de 13 de julho de 1962, e, se não bastar, com outro crédito de natureza trabalhista que possua o respectivo empregado.

Art. 4º As contribuições devidas aos Institutos de Aposentadoria e Pensões, que incidem sobre a gratificação salarial referida nesta Lei, ficam sujeitas ao limite estabelecido na legislação de Previdência Social.

Art. 5º Aplica-se, no corrente ano, a regra estatuída no art. 2º desta Lei, podendo o empregado usar da faculdade estatuída no seu § 2º no curso dos primeiros 30 (trinta) dias de vigência desta Lei.

Art. 6º O Poder Executivo, no prazo de 30 (trinta) dias, adaptará o regulamento aprovado pelo Decreto 1.881, de 14 de dezembro de 1962, aos preceitos desta Lei.

Art. 7º Esta Lei entra em vigor na data de sua publicação.

Art. 8º Revogam-se as disposições em contrário.

Brasília, 12 de agosto de 1965; 144º da Independência e 77º da República.

H. Castello Branco

(*DOU* 13.08.1965)

DECRETO 57.155, DE 3 DE NOVEMBRO DE 1965

Expede nova regulamentação da Lei 4.090, de 13 de julho de 1962, que institui a gratificação de Natal para os trabalhadores, com as alterações introduzidas pela Lei 4.749, de 12 de agosto de 1965.

O Presidente da República, usando da atribuição que lhe confere o art. 87, item I, da Constituição, e tendo em vista o disposto no art. 6º da Lei 4.749, de 12 de agosto de 1965, decreta:

Art. 1º O pagamento da gratificação salarial, instituída pela Lei 4.090, de 13 de julho de 1962, com as alterações constantes da Lei 4.749, de 12 de agosto de 1965, será efetuado pelo empregador até o dia 20 de dezembro de cada ano, tomando-se por base a remuneração devida nesse mês, de acordo com o tempo de serviço do empregado no ano em curso.

Parágrafo único. A gratificação corresponderá a 1/12 (um doze avos) da remuneração devida em dezembro, por mês de serviço, do ano correspondente, sendo que a fração igual ou superior a 15 (quinze) dias de trabalho será havida como mês integral.

Art. 2º Para os empregados que recebem salário variável, a qualquer título, a gratificação será calculada na base de 1/11 (um onze avos) da soma das importâncias variáveis devidas nos meses trabalhados até novembro de cada ano. A essa gratificação se somará a que corresponder à parte do salário contratual fixo.

Parágrafo único. Até o dia 10 de janeiro de cada ano, computada a parcela do mês de dezembro, o cálculo da gratificação será revisto para 1/12 (um doze avos) do total devido no ano anterior, processando-se a correção do valor da respectiva gratificação com o pagamento ou compensação das possíveis diferenças.

Art. 3º Entre os meses de fevereiro e novembro de cada ano, o empregador pagará, como adiantamento da gratificação, de uma só vez, metade do salário recebido pelo empregado no mês anterior.

§ 1º Tratando-se de empregados que recebem apenas salário variável, a qualquer título, o adiantamento será calculado na base da soma das importâncias variáveis devidas nos meses trabalhados até o anterior àquele em que se realizar o mesmo adiantamento.

§ 2º O empregador não estará obrigado a pagar o adiantamento no mesmo mês a todos os seus empregados.

§ 3º A importância que o empregado houver recebido a título de adiantamento será deduzida do valor da gratificação devida.

§ 4º Nos casos em que o empregado for admitido no curso do ano, ou, durante este, não permanecer à disposição do empregador durante todos os meses, o adiantamento corresponderá à metade de 1/12 (um doze avos) da remuneração, por mês de serviço ou fração superior a 15 (quinze) dias.

Art. 4º O adiantamento será pago ao ensejo das férias do empregado, sempre que

13° SALÁRIO

este o requerer no mês de janeiro do correspondente ano.

Art. 5° Quando parte da remuneração for paga em utilidades, o valor da quantia efetivamente descontada e correspondente a essas será computado para fixação da respectiva gratificação.

Art. 6° As faltas legais e as justificadas ao serviço não serão deduzidas para os fins previstos no art. 2° deste Decreto.

Art. 7° Ocorrendo a extinção do contrato de trabalho, salvo na hipótese de rescisão com justa causa, o empregado receberá a gratificação devida, nos termos do art. 1°, calculada sobre a remuneração do respectivo mês.

Parágrafo único. Se a extinção do contrato de trabalho ocorrer antes do pagamento de que trata o art. 1°, o empregador poderá compensar o adiantamento mencionado no art. 3°, com o valor da gratificação devida na hipótese de rescisão.

Art. 8° As contribuições devidas aos Institutos de Aposentadoria e Pensões que incidem sobre a gratificação salarial serão descontadas levando-se em conta o seu valor total e sobre este aplicando-se o limite estabelecido na Previdência Social.

Parágrafo único. O desconto, na forma deste artigo, incidirá sobre o pagamento da gratificação efetuado no mês de dezembro.

Art. 9° O presente Decreto entrará em vigor na data de sua publicação, revogadas as disposições em contrário.

Brasília, 3 de novembro de 1965; 144° da Independência e 77° da República.

H. Castello Branco

(DOU 04.11.1965)

DECRETO 63.912, DE 26 DE DEZEMBRO DE 1968

Regula o pagamento da gratificação de Natal ao trabalhador avulso e dá outras providências.

O Presidente da República, usando das atribuições que lhe confere o art. 83, II da Constituição, e tendo em vista o disposto no art. 3° da Lei 5.480, de 10 de agosto de 1968, decreta:

Art. 1° O trabalhador avulso, sindicalizado ou não, terá direito, na forma do art. 3° da Lei 5.480, de 10 de agosto de 1968, à gratificação de Natal instituída pela Lei 4.090, de 13 de julho de 1962.

§ 1° Considera-se trabalhador avulso, para os efeitos deste Decreto, entre outros:
a) estivador, trabalhador de estiva em carvão e minérios e trabalhador em alvarenga;
b) conferente de carga e descarga;
c) consertador de carga e descarga;
d) vigia portuário;
e) trabalhador avulso de capatazia;
f) trabalhador no comércio armazenador (arrumador);
g) ensacador de café, cacau, sal e similares;
h) classificador de frutas;
i) amarrador.

§ 2° No caso de fusão das categorias profissionais a que se refere o art. 2° da Lei 5.480, de 10 de agosto de 1968, o profissional que permanecer qualificado como trabalhador avulso continuará a fazer jus à gratificação de Natal.

§ 3° O Ministro do Trabalho, mediante solicitação do sindicato e ouvida a Comissão de Enquadramento Sindical, poderá incluir outras categorias de trabalhadores na relação constante do § 1°.

Art. 2° Para cobertura dos encargos decorrentes da gratificação de Natal, o requisitante ou tomador de serviços de trabalhador avulso recolherá 9% (nove por cento) sobre o total da remuneração a ele paga, sendo:

I – 8,4% (oito inteiros e quatro décimos por cento) ao sindicato da respectiva categoria profissional, até 48 (quarenta e oito) horas após a realização do serviço, devendo o recolhimento ser acompanhado de uma via da folha padrão;

II – 0,6% (seis décimos por cento) ao Instituto Nacional de Previdência Social, na forma da legislação de previdência social.

Parágrafo único. O Departamento Nacional da Previdência Social baixará normas sobre o recolhimento da contribuição devida ao INPS pelo requisitante ou tomador da mão de obra.

Art. 3° Do percentual de que trata o item I do art. 2°:

Dec. 63.912/1968

13º SALÁRIO

I – 7,74% (sete inteiros e setenta e quatro centésimos por cento) se destinam ao pagamento da gratificação de Natal;

II – 0,66% (sessenta e seis centésimos por cento) se destinam à cobertura das despesas administrativas decorrentes, para o sindicato, da aplicação deste Decreto, observado o disposto no art. 8º, **parágrafo único.**

Art. 4º O sindicato depositará no Banco do Brasil ou em Caixa Econômica Federal, na forma do Decreto-lei 151, de 9 de fevereiro de 1967, dentro de 5 (cinco) dias após o recebimento em conta intitulada "Lei 5.480 – Gratificação de Natal do Trabalhador Avulso", a parcela de que trata o item I do art. 3º.

Art. 5º O sindicato de cada categoria de trabalhador avulso efetuará o pagamento referente à gratificação de Natal, na terceira semana dos meses de junho e/ou dezembro, no valor total creditado em nome do trabalhador até o mês anterior.

Art. 6º É vedado ao sindicato efetuar qualquer adiantamento com recursos destinados ao pagamento da gratificação de Natal.

Art. 7º Para o pagamento da gratificação de Natal:

I – o sindicato, em tempo hábil, comunicará ao estabelecimento bancário o valor devido a cada um dos respectivos trabalhadores avulsos;

II – o sindicato, na véspera do dia do pagamento, entregará a cada trabalhador avulso cheque nominal no valor correspondente ao seu crédito;

III – o estabelecimento bancário, ao receber o cheque, o confrontará com a comunicação do sindicato e fará o pagamento.

Art. 8º Compete às federações representativas das categorias profissionais de trabalhadores avulsos fiscalizar o exato cumprimento, pelos sindicatos respectivos, do disposto neste Decreto.

Parágrafo único. Cada sindicato depositará em conta especial no Banco do Brasil S.A., em nome da federação respectiva, até o décimo dia útil do mês seguinte, 25% (vinte e cinco por cento) da parcela de que trata o item II do art. 3º.

Art. 9º Este Decreto vigorará a contar de 13 de novembro de 1968, revogadas as disposições em contrário.

Brasília, 26 de dezembro de 1968; 147º da Independência e 80º da República.

A. Costa e Silva

(*DOU* 27.12.1968)

GREVE

LEI 7.783, DE 28 DE JUNHO DE 1989

Dispõe sobre o exercício do direito de greve, define as atividades essenciais, regula o atendimento das necessidades inadiáveis da comunidade, e dá outras providências.

• V. art. 114, II e § 3º, CF.

O Presidente da República:
Faço saber que o Congresso Nacional decreta e eu sanciono a seguinte Lei:

Art. 1º É assegurado o direito de greve, competindo aos trabalhadores decidir sobre a oportunidade de exercê-lo e sobre os interesses que devam por meio dele defender.

Parágrafo único. O direito de greve será exercido na forma estabelecida nesta Lei.

Art. 2º Para os fins desta Lei, considera-se legítimo exercício do direito de greve a suspensão coletiva, temporária e pacífica, total ou parcial, de prestação pessoal de serviços a empregador.

Art. 3º Frustrada a negociação ou verificada a impossibilidade de recurso via arbitral, é facultada a cessação coletiva do trabalho.

Parágrafo único. A entidade patronal correspondente ou os empregadores diretamente interessados serão notificados, com antecedência mínima de 48 (quarenta e oito) horas, da paralisação.

Art. 4º Caberá à entidade sindical correspondente convocar, na forma do seu estatuto, assembleia geral que definirá as reivindicações da categoria e deliberará sobre a paralisação coletiva da prestação de serviços.

§ 1º O estatuto da entidade sindical deverá prever as formalidades de convocação e o *quorum* para a deliberação, tanto da deflagração quanto da cessação da greve.

§ 2º Na falta de entidade sindical, a assembleia geral dos trabalhadores interessados deliberará para os fins previstos no *caput*, constituindo comissão de negociação.

Art. 5º A entidade sindical ou comissão especialmente eleita representará os interesses dos trabalhadores nas negociações ou na Justiça do Trabalho.

Art. 6º São assegurados aos grevistas, dentre outros direitos:
I – o emprego de meios pacíficos tendentes a persuadir ou aliciar os trabalhadores a aderirem à greve;
II – a arrecadação de fundos e a livre divulgação do movimento.

§ 1º Em nenhuma hipótese, os meios adotados por empregados e empregadores poderão violar ou constranger os direitos e garantias fundamentais de outrem.

§ 2º É vedado às empresas adotar meios para constranger o empregado ao comparecimento ao trabalho, bem como capazes de frustrar a divulgação do movimento.

§ 3º As manifestações e atos de persuasão utilizados pelos grevistas não poderão impedir o acesso ao trabalho nem causar ameaça ou dano à propriedade ou pessoa.

Art. 7º Observadas as condições previstas nesta Lei, a participação em greve suspende o contrato de trabalho, devendo as relações obrigacionais durante o período ser regidas pelo acordo, convenção, laudo arbitral ou decisão da Justiça do Trabalho.

Parágrafo único. É vedada a rescisão do contrato de trabalho durante a greve, bem como a contratação de trabalhadores substitutos, exceto na ocorrência das hipóteses previstas nos arts. 9º e 14.

Art. 8º A Justiça do Trabalho, por iniciativa de qualquer das partes ou do Ministério Público do Trabalho, decidirá sobre a procedência, total ou parcial, ou improcedência das reivindicações, cumprindo ao Tribunal publicar, de imediato, o competente acórdão.

Art. 9º Durante a greve, o sindicato ou a comissão de negociação, mediante acordo com a entidade patronal ou diretamente com o empregador, manterá em atividade

Lei 7.783/1989

GREVE

equipes de empregados com o propósito de assegurar os serviços cuja paralisação resultem em prejuízo irreparável, pela deterioração irreversível de bens, máquinas e equipamentos, bem como a manutenção daqueles essenciais à retomada das atividades da empresa quando da cessação do movimento.

Parágrafo único. Não havendo acordo, é assegurado ao empregador, enquanto perdurar a greve o direito de contratar diretamente os serviços necessários a que se refere este artigo.

Art. 10. São considerados serviços ou atividades essenciais:
I – tratamento e abastecimento de água; produção e distribuição de energia elétrica, gás e combustíveis;
II – assistência médica e hospitalar;
III – distribuição e comercialização de medicamentos e alimentos;
IV – funerários;
V – transporte coletivo;
VI – captação e tratamento de esgoto e lixo;
VII – telecomunicações;
VIII – guarda, uso e controle de substâncias radioativas, equipamentos e materiais nucleares;
IX – processamento de dados ligados a serviços essenciais;
X – controle de tráfego aéreo;
XI – compensação bancária.

Art. 11. Nos serviços ou atividades essenciais, os sindicatos, os empregadores e os trabalhadores ficam obrigados, de comum acordo, a garantir, durante a greve, a prestação dos serviços indispensáveis ao atendimento das necessidades inadiáveis da comunidade.

Parágrafo único. São necessidades inadiáveis da comunidade aquelas que, não atendidas, coloquem em perigo iminente a sobrevivência, a saúde ou a segurança da população.

Art. 12. No caso de inobservância do disposto no artigo anterior, o Poder Público assegurará a prestação dos serviços indispensáveis.

Art. 13. Na greve em serviços ou atividades essenciais, ficam as entidades sindicais ou os trabalhadores, conforme o caso, obrigados a comunicar a decisão aos empregadores e aos usuários com antecedência mínima de 72 (setenta e duas) horas da paralisação.

Art. 14. Constitui abuso do direito de greve a inobservância das normas contidas na presente Lei, bem como a manutenção da paralisação após a celebração de acordo, convenção ou decisão da Justiça do Trabalho.

Parágrafo único. Na vigência de acordo, convenção ou sentença normativa não constitui abuso do exercício do direito de greve a paralisação que:
I – tenha por objetivo exigir o cumprimento de cláusula ou condição;
II – seja motivada pela superveniência de fato novo ou acontecimento imprevisto que modifique substancialmente a relação de trabalho.

Art. 15. A responsabilidade pelos atos praticados, ilícitos ou crimes cometidos, no curso da greve, será apurada, conforme o caso, segundo a legislação trabalhista, civil ou penal.

Parágrafo único. Deverá o Ministério Público, de ofício, requisitar a abertura do competente inquérito e oferecer denúncia quando houver indício da prática de delito.

Art. 16. Para os fins previstos no art. 37, inciso VII, da Constituição, lei complementar definirá os termos e os limites em que o direito de greve poderá ser exercido.

Art. 17. Fica vedada a paralisação das atividades, por iniciativa do empregador, com o objetivo de frustrar negociação ou dificultar o atendimento de reivindicações dos respectivos empregados (*lockout*).

Parágrafo único. A prática referida no *caput* assegura aos trabalhadores o direito à percepção dos salários durante o período de paralisação.

Art. 18. Ficam revogados a Lei 4.330, de 1º de junho de 1964, o Decreto-lei 1.632, de 4 de agosto de 1978, e demais disposições em contrário.

Art. 19. Esta Lei entra em vigor na data de sua publicação.

Brasília, 28 de junho de 1989; 168º da Independência e 101º da República.
José Sarney

(*DOU* 29.06.1989)

Dec. 7.777/2012

GREVE

DECRETO 7.777,
DE 24 DE JULHO DE 2012

Dispõe sobre as medidas para a continuidade de atividades e serviços públicos dos órgãos e entidades da administração pública federal durante greves, paralisações ou operações de retardamento de procedimentos administrativos promovidas pelos servidores públicos federais.

A Presidenta da República, no uso das atribuições que lhe confere o art. 84, *caput*, incisos IV e VI, alínea a, da Constituição, e tendo em vista o disposto na Lei 7.783, de 28 de junho de 1989, decreta:

Art. 1º Compete aos Ministros de Estado supervisores dos órgãos ou entidades em que ocorrer greve, paralisação ou retardamento de atividades e serviços públicos:

I – promover, mediante convênio, o compartilhamento da execução da atividade ou serviço com Estados, Distrito Federal ou Municípios; e

II – adotar, mediante ato próprio, procedimentos simplificados necessários à manutenção ou realização da atividade ou serviço.

§ 1º As atividades de liberação de veículos e cargas no comércio exterior serão executadas em prazo máximo a ser definido pelo respectivo Ministro de Estado supervisor dos órgãos ou entidades intervenientes.

§ 2º Compete à chefia de cada unidade a observância do prazo máximo estabelecido no § 1º.

§ 3º A responsabilidade funcional pelo descumprimento do disposto nos §§ 1º e 2º será apurada em procedimento disciplinar específico.

Art. 2º O Ministro de Estado competente aprovará o convênio e determinará os procedimentos necessários que garantam o funcionamento regular das atividades ou serviços públicos durante a greve, paralisação ou operação de retardamento.

Art. 3º As medidas adotadas nos termos deste Decreto serão encerradas com o término da greve, paralisação ou operação de retardamento e a regularização das atividades ou serviços públicos.

Art. 4º Este Decreto entra em vigor na data de sua publicação.

Brasília, 24 de julho de 2012; 191º da Independência e 124º da República.
Dilma Rousseff

(*DOU* 25.07.2012)

DECRETO 7.777,
DE 24 DE JULHO DE 2012

Dispõe sobre as medidas para a continuidade de atividades e serviços públicos dos órgãos e entidades da administração pública federal durante greves, paralisações ou operações de retardamento de procedimentos administrativos promovidas por seus servidores públicos federais.

A Presidenta da República, no uso das atribuições que lhe confere o art. 84, caput, incisos IV e VI, alínea a, da Constituição, e tendo em vista o disposto na Lei 7.783, de 28 de junho de 1989, decreta:

Art. 1º Compete aos Ministros de Estado supervisores dos órgãos ou entidades em que ocorrer greve, paralisação ou retardamento de atividades e serviços públicos:

I – promover, mediante convênio, o compartilhamento da execução da atividade ou serviço com Estados, Distrito Federal ou Municípios; e

II – adotar, mediante ato próprio, procedimentos simplificados necessários à continuidade da realização da atividade ou serviço.

Art. 2º O Ministro de Estado competente avaliará o convênio e o determinará, se os procedimentos necessários que garantam o funcionamento harmônico das atividades, serviços públicos durante a greve, paralisação ou operação de retardamento.

Art. 3º As medidas adotadas nos termos deste Decreto serão encerradas com o término da greve, paralisação ou operação de retardamento e a regularização das atividades ou serviços públicos.

Art. 4º Este Decreto entra em vigor na data de sua publicação.

Brasília, 24 de julho de 2012; 191º da Independência e 124º da República.

DILMA ROUSSEFF

§ 1º As atividades de fiscalização de veículos e cargas no comércio exterior serão executadas em prazo máximo a ser definido pelo respectivo Ministro de Estado supervisor dos órgãos ou entidades intervenientes.

§ 2º Compete a cada uma das unidades a observância do prazo máximo estabelecido no § 1º.

§ 3º A responsabilidade funcional pelo descumprimento do disposto nos §§ 1º e 2º será apurada em procedimento disciplinar específico.

JORNADA DE TRABALHO

LEI 3.270, DE 30 DE SETEMBRO DE 1957

Fixa em seis o número de horas de trabalho diário de cabineiros de elevador e dá outras providências.

O Presidente da República:
Faço saber que o Congresso Nacional decreta e eu sanciono a seguinte Lei:

Art. 1º É fixado em seis o número de horas de trabalho diário dos cabineiros de elevador.

Parágrafo único. É vedado a empregador e empregado qualquer acordo visando ao aumento das horas de trabalho fixadas no art. 1º desta Lei.

Art. 2º Esta Lei entrará em vigor na data de sua publicação, revogadas as disposições em contrário.

Rio de Janeiro, 30 de setembro de 1957; 136º da Independência e 69º da República.
Juscelino Kubitschek

(DOU 02.10.1957)

LEI 4.923, DE 23 DE DEZEMBRO DE 1965

Institui o cadastro permanente das admissões e dispensas de empregados, estabelece medidas contra o desemprego e de assistência aos desempregados, e dá outras providências.

O Presidente da República:
Faço saber que o Congresso Nacional decreta e eu sanciono a seguinte Lei:

Art. 1º Fica instituído, em caráter permanente, no Ministério do Trabalho e Previdência Social, o registro das admissões e dispensas de empregados nas empresas abrangidas pelo sistema da Consolidação das Leis do Trabalho.

§ 1º As empresas que dispensarem ou admitirem empregados ficam obrigadas a fazer a respectiva comunicação às Delegacias Regionais do Trabalho, mensalmente, até o dia 7 do mês subsequente ou como estabelecido em regulamento, em relação nominal por estabelecimento, da qual constará também a indicação da Carteira de Trabalho e Previdência Social ou, para os que ainda não a possuírem, nos termos da lei, os dados indispensáveis à sua identificação pessoal.

• Primitivo parágrafo único renumerado pela MP 2.164-41/2001.

§ 2º O cumprimento do prazo fixado no § 1º será exigido a partir de 1º de janeiro de 2001.

• § 2º acrescentado pela MP 2.164-41/2001.

Art. 2º A empresa que, em face de conjuntura econômica, devidamente comprovada, se encontrar em condições que recomendem, transitoriamente, a redução da jornada normal ou do número de dias do trabalho, poderá fazê-lo mediante prévio acordo com a entidade sindical representativa dos seus empregados homologado pela Delegacia Regional do Trabalho, por prazo certo não excedente de 3 (três) meses, prorrogável, nas mesmas condições, se ainda indispensável, e sempre de modo que a redução do salário mensal resultante não seja superior a 25% (vinte e cinco por cento) do salário contratual, respeitado o salário mínimo regional e reduzidas proporcionalmente a remuneração e as gratificações de gerentes e diretores.

§ 1º Para o fim de deliberar sobre o acordo, a entidade sindical profissional convocará assembleia geral dos empregados diretamente interessados, sindicalizados ou não, que decidirão por maioria de votos, obedecidas as normas estatutárias.

§ 2º Não havendo acordo, poderá a empresa submeter o caso à Justiça do Trabalho, por intermédio da Junta de Conciliação e Julgamento ou, em sua falta, do Juiz de Direito, com jurisdição na localidade. Da decisão de primeira instância caberá recurso ordinário, no prazo de 10 (dez) dias, para o Tri-

Lei 4.923/1965

JORNADA DE TRABALHO

bunal Regional do Trabalho da correspondente Região, sem efeito suspensivo.

- A Lei 5.584/1970 reduziu o prazo previsto neste parágrafo de 10 (dez) para 8 (oito) dias.
- A EC n. 24/1999 substituiu as Juntas de Conciliação e Julgamento por Varas do Trabalho (juiz singular) e extinguiu a representação classista na Justiça do Trabalho.

§ 3º A redução de que trata o artigo não é considerada alteração unilateral do contrato individual de trabalho para os efeitos do disposto no art. 468 da Consolidação das Leis do Trabalho.

Art. 3º As empresas que tiverem autorização para redução de tempo de trabalho, nos termos do art. 2º e seus parágrafos, não poderão, até 6 (seis) meses depois da cessação desse regime, admitir novos empregados, antes de readmitirem os que tenham sido dispensados pelos motivos que hajam justificado a citada redução ou comprovarem que não atenderam, no prazo de 8 (oito) dias, ao chamado para a readmissão.

§ 1º O empregador notificará diretamente o empregado para reassumir o cargo, ou, por intermédio da sua entidade sindical, se desconhecida sua localização, correndo o prazo de 8 (oito) dias a partir da data do recebimento da notificação pelo empregado ou pelo órgão de classe, conforme o caso.

§ 2º O disposto neste artigo não se aplica aos cargos de natureza técnica.

Art. 4º É igualmente vedado às empresas mencionadas no art. 3º, nas condições e prazo nele contidos, trabalhar em regime de horas extraordinárias, ressalvadas estritamente as hipóteses previstas no art. 61, e seus §§ 1º e 2º, da Consolidação das Leis do Trabalho.

Art. 5º Fica o Poder Executivo autorizado a instituir, de acordo com o disposto nos artigos seguintes e na forma que for estabelecida em regulamento, um plano de assistência aos trabalhadores que, após 120 (cento e vinte) dias consecutivos de serviço na mesma empresa, se encontrem desempregados ou venham a se desempregar, por dispensa sem justa causa ou por fechamento total ou parcial da empresa.

§ 1º A assistência a que se refere este artigo será prestada pelas Delegacias Regionais do Trabalho e consistirá num auxílio, em dinheiro, não excedendo de 80% (oitenta por cento) do salário mínimo local devido, até o prazo máximo de 6 (seis) meses, a partir do mês seguinte àquele a que corresponder o número de meses computados no cálculo da indenização paga na forma da legislação trabalhista, observadas as bases que forem estabelecidas no regulamento, dentro das possibilidades do Fundo de que trata o art. 6º.

- § 1º com redação determinada pela Lei 5.737/1971.

§ 2º Será motivo de cancelamento do pagamento do auxílio a recusa, por parte do empregado desempregado, de outro emprego apropriado ou de readmissão, na hipótese prevista no art. 3º, na empresa de que tiver sido dispensado.

§ 3º O auxílio a que se refere o § 1º não é acumulável com salário nem com quaisquer dos benefícios concedidos pela Previdência Social, não sendo, outrossim, devido quando o trabalhador tiver renda própria de qualquer natureza que lhe assegure a subsistência.

§ 4º É condição essencial à percepção do auxílio a que se refere o § 1º o registro do desempregado no órgão competente, conforme estabelecer o regulamento desta Lei.

§ 5º Nos casos de emergência ou de grave situação social, poderá o Fundo de Assistência ao Desempregado, a que se refere o art. 6º e mediante expressa autorização do Ministro do Trabalho e Previdência Social, prestar ajuda financeira a trabalhadores desempregados, na hipótese da impossibilidade do seu reemprego imediato.

- § 5º acrescentado pelo Dec.-lei 1.107/1970.

Art. 6º Para atender ao custeio do plano a que se refere o art. 5º, fica o Poder Executivo autorizado a constituir um Fundo de Assistência ao Desempregado, pelo qual exclusivamente correrão as respectivas despesas.

Parágrafo único. A integralização do Fundo de que trata este artigo far-se-á conforme dispuser o regulamento de que trata o art. 5º:

a) pela contribuição das empresas correspondente a 1% (um por cento) sobre a base prevista no § 3º do art. 2º da Lei 4.357, de

Lei 4.923/1965

JORNADA DE TRABALHO

16 de julho de 1964, ficando reduzida para 2% (dois por cento) a percentagem ali estabelecida para o Fundo de Indenizações Trabalhistas;

* A Lei 5.107/1966 extinguiu a contribuição referida nesta alínea.

b) por 2/3 (dois terços) da conta "Emprego e Salário" a que alude o art. 18 da Lei 4.589, de 11 de dezembro de 1964.

Art. 7º O atual Departamento Nacional de Emprego e Salário, do Ministério do Trabalho e Previdência Social, criado pelo art. 2º da Lei 4.589, de 11 de dezembro de 1964, fica desdobrado em Departamento Nacional de Mão de Obra (DNMO) e Departamento Nacional de Salário (DNS).

§ 1º Caberão ao DNMO as atribuições referidas nos itens V a X do art. 4º e no art. 20 da lei mencionada neste artigo; ao DNS as referidas nos itens I a IV e a ambos a referida no item XI do art. 4º da mesma lei.

§ 2º Caberão ainda ao DNMO as atribuições transferidas ao Ministério do Trabalho e Previdência Social, segundo o disposto nos arts. 115, item V, e 116, da Lei 4.504, de 30 de novembro de 1964 (Estatuto da Terra), na forma que se dispuser em regulamento.

§ 3º Aplica-se ao DNMO o disposto no parágrafo único do art. 3º da Lei 4.589, ficando criado um cargo de Diretor-Geral em comissão, símbolo 2-C, processando-se o respectivo custeio pela forma prevista no art. 26 da mesma lei.

§ 4º Passa a denominar-se Conselho Consultivo de Mão de Obra (CCMO) o Conselho referido no art. 5º da Lei 4.589, o qual funcionará junto ao DNMO, sob a presidência do respectivo Diretor-Geral, para os assuntos relativos a emprego.

§ 5º A atribuição mencionada no art. 6º da Lei 4.589 passa a ser exercida pelo Conselho Nacional de Política Salarial (CNPS), criado pelo art. 8º da Lei 4.725, de 13 de julho de 1965, o qual, quando reunido para exercê-la, terá a composição acrescida com os representantes das categorias econômicas e profissionais, que integram o CCMO, de que trata o § 4º deste artigo.

§ 6º Enquanto as Delegacias Regionais do Trabalho não estiverem convenientemente aparelhadas, a atribuição mencionada no item I, letras *e* e *f*, do art. 14 da Lei 4.589, continuará a cargo do IBGE, com o qual se articularão os órgãos respectivos do Ministério.

§ 7º As Delegacias Regionais do Trabalho no Estado da Guanabara e no Estado de São Paulo passarão a categoria especial, alterados os atuais cargos de Delegado Regional, símbolos 4-C e 3-C, respectivamente, para símbolo 2-C, do mesmo modo que o cargo de Diretor, símbolo 5-C, do Serviço de Estatística da Previdência e Trabalho, para símbolo 3-C.

Art. 8º O Ministério do Trabalho e Previdência Social, através do Departamento Nacional de Mão de Obra, organizará agências de colocação de mão de obra, sobretudo nas regiões mais atingidas pelo desemprego, com a colaboração, para isto, do Inda, do Ibra, das entidades sindicais de empregados e empregadores e suas delegacias, do Sesi, Sesc, Senai, Senac e LBA.

Art. 9º Ressalvada a decisão que vier a ser tomada consoante o disposto no art. 16 da Lei 4.589, de 11 de dezembro de 1964, a conta especial "Emprego e Salário" de que trata o seu art. 18, inclusive os saldos transferidos de um para outro exercício, continuará a ser utilizada, nos exercícios de 1966 e seguintes, pela forma nele prevista, revogado seu parágrafo único, com exclusão, porém, das despesas seguintes, pela forma nele prevista, revogado seu parágrafo único, com exclusão, porém, das despesas com vencimentos e vantagens fixas do pessoal, já incluídas, de acordo com o art. 19 da mesma lei, na lei orçamentária do exercício de 1966 e observado o disposto nos parágrafos deste artigo.

§ 1º Da conta de que trata este artigo, destinar-se-ão:

a) 2/3 (dois terços), ao custeio do "Fundo de Assistência ao Desempregado", de acordo com o disposto no art. 6º da presente Lei;

b) 1/3 (um terço), para completar a instalação e para funcionamento dos órgãos cria-

Lei 4.923/1965

JORNADA DE TRABALHO

dos, transformados ou atingidos pela mencionada Lei 4.589, com as alterações referidas no art. 7º desta Lei, e, em especial, para o reaparelhamento das Delegacias Regionais do Trabalho com o respectivo Serviço de Coordenação dos Órgãos Regionais e das Delegacias de Trabalho Marítimo, assim como para complementar a confecção e distribuição de Carteiras Profissionais, de modo que se lhes assegure a plena eficiência dos serviços, notadamente os da Inspeção do Trabalho, com a mais ampla descentralização local dos mesmos.

§ 2º A partir de 1º de janeiro de 1966, as atribuições referidas no art. 17 da Lei 4.589 passarão a ser exercidas pelo Departamento de Administração do Ministério do Trabalho e Previdência Social, através de seus órgãos administrativos, cabendo ao respectivo Diretor-Geral a de que trata a letra *d* do mesmo artigo.

§ 3º O Grupo de Trabalho de que trata o art. 17 da Lei 4.589, no prazo de 120 (cento e vinte) dias, após o encerramento do exercício, apresentará sua prestação de contas para encaminhamento ao Tribunal de Contas, de acordo com o disposto no § 1º do art. 16 do regulamento aprovado pelo Decreto 55.784, de 19 de fevereiro de 1965, promovendo no mesmo prazo a transferência de seu acervo aos órgãos competentes do Ministério.

Art. 10. A falta da comunicação a que se refere o parágrafo único do art. 1º desta Lei, no prazo ali estipulado, importará na aplicação automática de multa no valor de 1/3 (um terço) do salário mínimo regional, por empregado, de competência da Delegacia Regional do Trabalho.

* Artigo com redação determinada pelo Dec.-lei 193/1967.

Parágrafo único. A multa prevista no artigo ficará reduzida para 1/9 (um nono) e 1/6 (um sexto) do salário mínimo regional por empregado, quando, antes de qualquer procedimento fiscal por parte do Ministério do Trabalho e Previdência Social, a comunicação for feita, respectivamente, dentro de 30 (trinta) ou 60 (sessenta) dias após o término do prazo fixado.

Art. 11. A empresa que mantiver empregado, não registrado, nos termos do art. 41 e seu parágrafo único da CLT, incorrerá na multa de valor igual a um salário mínimo regional, por trabalhador não registrado, acrescido de igual valor em cada reincidência.

* Artigo com redação determinada pelo Dec.-lei 193/1967.

Art. 12. Dentro de 30 (trinta) dias da publicação desta Lei será constituída uma Comissão de Estudo do Seguro-Desemprego, com três representantes dos trabalhadores, três dos empregadores, indicados em conjunto pelas confederações nacionais respectivas, e três do Poder Executivo, cada qual com direito a um voto, sob a presidência do Diretor-Geral do DNMO, para elaborar, no prazo de 120 (cento e vinte) dias improrrogáveis, anteprojeto de Lei de Seguro-Desemprego.

§ 1º A Comissão, tão logo instalada, utilizando os Fundos a que se refere a letra *a* do § 1º do art. 9º, contratará uma assessoria, composta de sociólogos, atuários, economistas, estatísticos e demais pessoal que se faça preciso, para fazer os estudos técnicos apropriados, que permitam delimitar as necessidades de seguro e possibilidades de seu funcionamento.

§ 2º O disposto nos arts. 5º, 6º, 9º e § 1º vigorará até que o Seguro-Desemprego seja estabelecido por lei federal.

§ 3º Os Fundos referidos nas letras *a* e *b* do § 1º do art. 9º, que apresentem saldo, serão transferidos à entidade que ficar com os encargos decorrentes do Seguro-Desemprego, quando este for estabelecido por lei federal.

Art. 13. O regulamento a que se refere o art. 5º será expedido pelo Poder Executivo, no prazo de 30 (trinta) dias, a contar da vigência desta Lei.

Art. 14. Esta Lei entra em vigor na data de sua publicação.

Art. 15. Revogam-se as disposições em contrário.

Brasília, 23 de dezembro de 1965; 144º da Independência e 77º da República.

H. Castello Branco

(*DOU* 29.12.1965)

Port. MTPS 417/1966

JORNADA DE TRABALHO

PORTARIA 417,
DE 10 DE JUNHO DE 1966, DO MINISTÉRIO DO TRABALHO E PREVIDÊNCIA SOCIAL – MTPS

Dispõe sobre dilatação de horário de repouso.

O Ministro do Estado dos Negócios do Trabalho e Previdência Social, interino, no uso das atribuições constantes no art. 91, inciso II, da Constituição Federal, combinado com o art. 913 da Consolidação das Leis do Trabalho, [...] resolve:

Art. 1º Obedecido o limite mínimo estabelecido por lei e respeitados os direitos individuais dos empregados, a empresa, de acordo com os interesses do serviço, poderá, por acordo individual ou convênio coletivo, estipular em mais de 24 (vinte e quatro) horas o período semanal de repouso.

Art. 2º Os Agentes da Fiscalização do Trabalho, no tocante ao repouso semanal, limitar-se-ão a exigir:

a) das empresas não autorizadas a funcionar aos domingos e feriados, o estrito cumprimento do art. 67, *caput*, da Consolidação das Leis do Trabalho;

b) das empresas legalmente autorizadas a funcionar, nesses dias, a organização de escala de revezamento ou folga, como estatuído no parágrafo único do mesmo artigo, a fim de que, pelo menos em um período máximo de 7 (sete) semanas de trabalho, cada empregado usufrua pelo menos um domingo de folga.

* Alínea *b* com redação determinada pela Portaria MTPS 509/1967.

Art. 3º A escala de revezamento será efetuada através de modelo de livre escolha da empresa.

Art. 4º A presente Portaria entrará em vigor na data de sua publicação, revogadas a Portaria 195, de 12 de abril de 1965, e todas as demais que, explícita ou implicitamente, contrariem este artigo.

Armando de Oliveira Assis

(*DOU* 21.06.1966)

PORTARIA 412,
DE 20 DE SETEMBRO DE 2007, DO MINISTÉRIO DO TRABALHO E EMPREGO – MTE

Disciplina a alteração na jornada e no horário de trabalho dos empregados que trabalhem em regime de turnos ininterruptos de revezamento.

O Ministro de Estado do Trabalho e Emprego, no uso das suas atribuições legais e tendo em vista o disposto no art. 87, parágrafo único, inciso II, da Constituição e no art. 913 da Consolidação das Leis do Trabalho, aprovada pelo Decreto-lei 5.452, de 1º de maio de 1943, resolve:

Art. 1º Considera-se ilícita a alteração da jornada e do horário de trabalho dos empregados que trabalhem em regime de turnos ininterruptos de revezamento, salvo mediante convenção ou acordo coletivo de trabalho.

Parágrafo único. A não observância do disposto no *caput* implica infração ao disposto nos arts. 444 e 468 da Consolidação das Leis do Trabalho, aprovada pelo Decreto-lei 5.452, de 1º de maio de 1943 e enseja a aplicação da multa estabelecida no art. 510 daquele diploma legal.

Art. 2º Esta Portaria entra em vigor na data de sua publicação.

Carlos Lupi

(*DOU* 21.09.2007)

PORTARIA 1.095,
DE 19 DE MAIO DE 2010, DO MINISTÉRIO DO TRABALHO E EMPREGO – MTE

Disciplina os requisitos para a redução do intervalo intrajornada.

O Ministro de Estado do Trabalho e Emprego, no uso da competência que lhe confere o art. 87, parágrafo único, incisos I e II da Constituição, resolve:

Art. 1º A redução do intervalo intrajornada de que trata o art. 71, § 3º, da Consolidação das Leis do Trabalho – CLT poderá ser deferida por ato de autoridade do Ministé-

Port. MTE 373/2011

JORNADA DE TRABALHO

rio do Trabalho e Emprego quando prevista em convenção ou acordo coletivo de trabalho, desde que os estabelecimentos abrangidos pelo seu âmbito de incidência atendam integralmente às exigências concernentes à organização dos refeitórios, e quando os respectivos empregados não estiverem sob regime de trabalho prorrogado a horas suplementares.

§ 1º Fica delegada, privativamente, aos Superintendentes Regionais do Trabalho e Emprego a competência para decidir sobre o pedido de redução de intervalo para repouso ou refeição.

§ 2º Os instrumentos coletivos que estabeleçam a possibilidade de redução deverão especificar o período do intervalo intrajornada.

§ 3º Não será admitida a supressão, diluição ou indenização do intervalo intrajornada, respeitado o limite mínimo de 30 (trinta) minutos.

Art. 2º O pedido de redução do intervalo intrajornada formulado pelas empresas com fulcro em instrumento coletivo far-se-á acompanhar de cópia deste e serão dirigidos ao Superintendente Regional do Trabalho e Emprego, com a individualização dos estabelecimentos que atendam os requisitos indicados no *caput* do art. 1º desta Portaria, vedado o deferimento de pedido genérico.

§ 1º Deverá também instruir o pedido, conforme modelo previsto no anexo desta Portaria, documentação que ateste o cumprimento, por cada estabelecimento, dos requisitos previstos no *caput* do art. 1º desta Portaria.

§ 2º O Superintendente Regional do Trabalho e Emprego poderá deferir o pedido formulado, independentemente de inspeção prévia, após verificar a regularidade das condições de trabalho nos estabelecimentos pela análise da documentação apresentada, e pela extração de dados do Sistema Federal de Inspeção do Trabalho, da Relação Anual de Informações Sociais – Rais e do Cadastro Geral de Empregados e Desempregados – Caged.

Art. 3º O ato de que trata o art. 1º desta Portaria terá a vigência máxima de 2 (dois) anos e não afasta a competência dos agentes da Inspeção do Trabalho de verificar, a qualquer tempo, *in loco*, o cumprimento dos requisitos legais.

Parágrafo único. O descumprimento dos requisitos torna sem efeito a redução de intervalo, procedendo-se às autuações por descumprimento do previsto no *caput* do art. 71 da CLT, bem como das outras infrações que forem constatadas.

Art. 4º Esta Portaria entra em vigor na data de sua publicação.

Art. 5º Revoga-se a Portaria 42, de 28 de março de 2007.

Carlos Roberto Lupi

(*DOU* 20.05.2010)

PORTARIA 373, DE 25 DE FEVEREIRO DE 2011, DO MINISTÉRIO DO TRABALHO E EMPREGO – MTE

Dispõe sobre a possibilidade de adoção pelos empregadores de sistemas alternativos de controle de jornada de trabalho.

O Ministro de Estado do Trabalho e Emprego, no uso das atribuições que lhe conferem o inciso II do parágrafo único do art. 87 da Constituição Federal e os arts. 74, § 2º, e 913 da Consolidação das Leis do Trabalho, aprovada pelo Decreto-lei 5.452, de 1º de maio de 1943; resolve:

Art. 1º Os empregadores poderão adotar sistemas alternativos de controle da jornada de trabalho, desde que autorizados por Convenção ou Acordo Coletivo de Trabalho.

§ 1º O uso da faculdade prevista no *caput* implica a presunção de cumprimento integral pelo empregado da jornada de trabalho contratual, convencionada ou acordada vigente no estabelecimento.

§ 2º Deverá ser disponibilizada ao empregado, até o momento do pagamento da remuneração referente ao período em que está sendo aferida a frequência, a informação sobre qualquer ocorrência que ocasione alteração de sua remuneração em virtude da adoção de sistema alternativo.

Port. MTE 373/2011

JORNADA DE TRABALHO

Art. 2º Os empregadores poderão adotar sistemas alternativos eletrônicos de controle de jornada de trabalho, mediante autorização em Acordo Coletivo de Trabalho.

Art. 3º Os sistemas alternativos eletrônicos não devem admitir:

I – restrições à marcação do ponto;

II – marcação automática do ponto;

III – exigência de autorização prévia para marcação de sobrejornada; e

IV – a alteração ou eliminação dos dados registrados pelo empregado.

§ 1º Para fins de fiscalização, os sistemas alternativos eletrônicos deverão:

I – estar disponíveis no local de trabalho;

II – permitir a identificação de empregador e empregado; e

III – possibilitar, através da central de dados, a extração eletrônica e impressa do registro fiel das marcações realizadas pelo empregado.

Art. 4º Fica constituído Grupo de Trabalho com a finalidade de elaborar estudos com vistas à revisão e ao aperfeiçoamento do Sistema de Registro Eletrônico de Ponto – SREP.

• Artigo retificado no *DOU* de 1º.03.2011.

Art. 5º Em virtude do disposto nesta Portaria, o início da utilização obrigatória do Registrador Eletrônico de Ponto – REP, previsto no art. 31 da Portaria 1510, de 21 de agosto de 2009, será no dia 1º de setembro de 2011.

• Artigo retificado no *DOU* de 1º.03.2011.

Art. 6º Revoga-se a Portaria 1.120, de 8 de novembro de 1995.

• Artigo retificado no *DOU* de 1º.03.2011.

Art. 7º Esta Portaria entra em vigor na data de sua publicação.

• Artigo retificado no *DOU* de 1º.03.2011.

Carlos Roberto Lupi

(*DOU* 28.02.2011; ret. 01.03.2011)

Port. MTE 373/2011

JORNADA DE TRABALHO

Art. 2º - O empregador poderá adotar sistemas alternativos eletrônicos de controle de jornada de trabalho, mediante autorização em Acordo Coletivo de Trabalho.

Art. 3º - Os sistemas alternativos eletrônicos não deverão admitir:

I - restrições à marcação do ponto;
II - marcação automática do ponto;
III - exigência de autorização prévia para marcação de sobrejornada; e
IV - a alteração ou eliminação dos dados registrados pelo empregado.

§ 1º Para fins de fiscalização, os sistemas alternativos eletrônicos deverão:

I - estar disponíveis no local de trabalho;
II - permitir a identificação do empregador e empregado; e
III - possibilitar, através da central de dados, a extração eletrônica e impressa do registro fiel das marcações realizadas pelo empregado.

Art. 4º - Fica constituído Grupo de Trabalho com a finalidade de elaborar estudos com vistas à revisão e ao aperfeiçoamento do Sistema de Registro Eletrônico de Ponto - SREP.

* Vide retificado no DOU de 17.04.2011.

Art. 5º - Em virtude do disposto nesta Portaria, o início da utilização obrigatória do Registrador Eletrônico de Ponto - REP, previsto no art. 31 da Portaria 1.510, de 21 de agosto de 2009, será até o dia 1º de setembro de 2011.

* Vide revogação na Port. 2.556/2011.

Art. 6º - Revoga-se a Portaria 1.120, de 8 de novembro de 1995.

* Nota: Republicada no D.O.U. de 17.02.2011.

Art. 7º - Esta Portaria entra em vigor na data de sua publicação.

* Carlos Lupi - Ministro do Trabalho e Emprego.

(NOTA28.02.2011, rel. 21.02.2011)

MICROEMPRESA E EMPRESA DE PEQUENO PORTE

LEI COMPLEMENTAR 123, DE 14 DE DEZEMBRO DE 2006

Institui o Estatuto Nacional da Microempresa e da Empresa de Pequeno Porte; altera dispositivos das Leis 8.212 e 8.213, ambas de 24 de julho de 1991, da Consolidação das Leis do Trabalho – CLT, aprovada pelo Decreto-lei 5.452, de 1º de maio de 1943, da Lei 10.189, de 14 de fevereiro de 2001, da Lei Complementar 63, de 11 de janeiro de 1990; e revoga as Leis 9.317, de 5 de dezembro de 1996, e 9.841, de 5 de outubro de 1999.

- Esta Lei Complementar foi republicada (*DOU* 31.01.2012) em atendimento ao disposto no art. 5º da LC 139/2011, e também foi republicada no *DOU* 06.03.2012 por ter saído com incorreção.
- As alterações decorrentes das Leis Complementares 127/2007 e 128/2008 já se encontram consolidadas na republicação desta Lei Complementar.

O Presidente da República:
Faço saber que o Congresso Nacional decreta e eu sanciono a seguinte Lei Complementar:

Capítulo I
DISPOSIÇÕES PRELIMINARES

Art. 1º Esta Lei Complementar estabelece normas gerais relativas ao tratamento diferenciado e favorecido a ser dispensado às microempresas e empresas de pequeno porte no âmbito dos Poderes da União, dos Estados, do Distrito Federal e dos Municípios, especialmente no que se refere:

I – à apuração e recolhimento dos impostos e contribuições da União, dos Estados, do Distrito Federal e dos Municípios, mediante regime único de arrecadação, inclusive obrigações acessórias;

II – ao cumprimento de obrigações trabalhistas e previdenciárias, inclusive obrigações acessórias;

III – ao acesso a crédito e ao mercado, inclusive quanto à preferência nas aquisições de bens e serviços pelos Poderes Públicos, à tecnologia, ao associativismo e às regras de inclusão.

§ 1º Cabe ao Comitê Gestor do Simples Nacional (CGSN) apreciar a necessidade de revisão, a partir de 1º de janeiro de 2015, dos valores expressos em moeda nesta Lei Complementar.

- § 1º com redação determinada pela LC 139/2011 (*DOU* 11.11.2011), em vigor na data de sua publicação, produzindo efeitos a partir de 1º.01.2012.

§ 2º *(Vetado.)*
[...]

Capítulo II
DA DEFINIÇÃO DE MICROEMPRESA E DE EMPRESA DE PEQUENO PORTE

Art. 3º Para os efeitos desta Lei Complementar, consideram-se microempresas vou empresas de pequeno porte a sociedade empresária, a sociedade simples, a empresa individual de responsabilidade limitada e o empresário a que se refere o art. 966 da Lei 10.406, de 10 de janeiro de 2002 (Código Civil), devidamente registrados no Registro de Empresas Mercantis ou no Registro Civil de Pessoas Jurídicas, conforme o caso, desde que:

- *Caput* do art. 3º com redação determinada pela LC 139/2011 (*DOU* 11.11.2011), em vigor na data de sua publicação, produzindo efeitos a partir de 1º.01.2012.

I – no caso da microempresa, aufira, em cada ano-calendário, receita bruta igual ou inferior a R$ 360.000,00 (trezentos e sessenta mil reais); e

- Inciso I com redação determinada pela LC 139/2011 (*DOU* 11.11.2011), em vigor na data de sua publicação, produzindo efeitos a partir de 1º.01.2012.

II – no caso da empresa de pequeno porte, aufira, em cada ano-calendário, receita bruta superior a R$ 360.000,00 (trezentos e

LC 123/2006

MICROEMPRESA

sessenta mil reais) e igual ou inferior a R$ 3.600.000,00 (três milhões e seiscentos mil reais).

- Inciso II com redação determinada pela LC 139/2011 (*DOU* 11.11.2011), em vigor na data de sua publicação, produzindo efeitos a partir de 1º.01.2012.

§ 1º Considera-se receita bruta, para fins do disposto no *caput* deste artigo, o produto da venda de bens e serviços nas operações de conta própria, o preço dos serviços prestados e o resultado nas operações em conta alheia, não incluídas as vendas canceladas e os descontos incondicionais concedidos.

§ 2º No caso de início de atividade no próprio ano-calendário, o limite a que se refere o *caput* deste artigo será proporcional ao número de meses em que a microempresa ou a empresa de pequeno porte houver exercido atividade, inclusive as frações de meses.

§ 3º O enquadramento do empresário ou da sociedade simples ou empresária como microempresa ou empresa de pequeno porte bem como o seu desenquadramento não implicarão alteração, denúncia ou qualquer restrição em relação a contratos por elas anteriormente firmados.

§ 4º Não poderá se beneficiar do tratamento jurídico diferenciado previsto nesta Lei Complementar, incluído o regime de que trata o art. 12 desta Lei Complementar, para nenhum efeito legal, a pessoa jurídica:

I – de cujo capital participe outra pessoa jurídica;

II – que seja filial, sucursal, agência ou representação, no País, de pessoa jurídica com sede no exterior;

III – de cujo capital participe pessoa física que seja inscrita como empresário ou seja sócia de outra empresa que receba tratamento jurídico diferenciado nos termos desta Lei Complementar, desde que a receita bruta global ultrapasse o limite de que trata o inciso II do *caput* deste artigo;

IV – cujo titular ou sócio participe com mais de 10% (dez por cento) do capital de outra empresa não beneficiada por esta Lei Complementar, desde que a receita bruta global ultrapasse o limite de que trata o inciso II do *caput* deste artigo;

V – cujo sócio ou titular seja administrador ou equiparado de outra pessoa jurídica com fins lucrativos, desde que a receita bruta global ultrapasse o limite de que trata o inciso II do *caput* deste artigo;

VI – constituída sob a forma de cooperativas, salvo as de consumo;

VII – que participe do capital de outra pessoa jurídica;

VIII – que exerça atividade de banco comercial, de investimentos e de desenvolvimento, de caixa econômica, de sociedade de crédito, financiamento e investimento ou de crédito imobiliário, de corretora ou de distribuidora de títulos, valores mobiliários e câmbio, de empresa de arrendamento mercantil, de seguros privados e de capitalização ou de previdência complementar;

IX – resultante ou remanescente de cisão ou qualquer outra forma de desmembramento de pessoa jurídica que tenha ocorrido em um dos 5 (cinco) anos calendário anteriores;

X – constituída sob a forma de sociedade por ações.

§ 5º O disposto nos incisos IV e VII do § 4º deste artigo não se aplica à participação no capital de cooperativas de crédito, bem como em centrais de compras, bolsas de subcontratação, no consórcio referido no art. 50 desta Lei Complementar e na sociedade de propósito específico prevista no art. 56 desta Lei Complementar, e em associações assemelhadas, sociedades de interesse econômico, sociedades de garantia solidária e outros tipos de sociedade, que tenham como objetivo social a defesa exclusiva dos interesses econômicos das microempresas e empresas de pequeno porte.

§ 6º Na hipótese de a microempresa ou empresa de pequeno porte incorrer em alguma das situações previstas nos incisos do § 4º, será excluída do tratamento jurídico diferenciado previsto nesta Lei Complementar, bem como do regime de que trata o art. 12, com efeitos a partir do mês seguinte ao que incorrida a situação impeditiva.

- § 6º com redação determinada pela LC 139/2011 (*DOU* 11.11.2011), em vigor na data de sua publicação, produzindo efeitos a partir de 1º.01.2012.

§ 7º Observado o disposto no § 2º deste artigo, no caso de início de atividades, a microempresa que, no ano-calendário, exce-

LC 123/2006

MICROEMPRESA

der o limite de receita bruta anual previsto no inciso I do *caput* deste artigo passa, no ano-calendário seguinte, à condição de empresa de pequeno porte.

§ 8º Observado o disposto no § 2º deste artigo, no caso de início de atividades, a empresa de pequeno porte que, no ano-calendário, não ultrapassar o limite de receita bruta anual previsto no inciso I do *caput* deste artigo passa, no ano-calendário seguinte, à condição de microempresa.

§ 9º A empresa de pequeno porte que, no ano-calendário, exceder o limite de receita bruta anual previsto no inciso II do *caput* fica excluída, no mês subsequente à ocorrência do excesso, do tratamento jurídico diferenciado previsto nesta Lei Complementar, incluído o regime de que trata o art. 12, para todos os efeitos legais, ressalvado o disposto nos §§ 9º-A, 10 e 12.

* § 9º com redação determinada pela LC 139/2011 (*DOU* 11.11.2011), em vigor na data de sua publicação, produzindo efeitos a partir de 1º.01.2012.

§ 9º-A. Os efeitos da exclusão prevista no § 9º dar-se-ão no ano-calendário subsequente se o excesso verificado em relação à receita bruta não for superior a 20% (vinte por cento) do limite referido no inciso II do *caput*.

* § 9º-A acrescentado pela LC 139/2011 (*DOU* 11.11.2011), em vigor na data de sua publicação, produzindo efeitos a partir de 1º.01.2012.

§ 10. A empresa de pequeno porte que no decurso do ano-calendário de início de atividade ultrapassar o limite proporcional de receita bruta de que trata o § 2º estará excluída do tratamento jurídico diferenciado previsto nesta Lei Complementar, bem como do regime de que trata o art. 12 desta Lei Complementar, com efeitos retroativos ao início de suas atividades.

* § 10 com redação determinada pela LC 139/2011 (*DOU* 11.11.2011), em vigor na data de sua publicação, produzindo efeitos a partir de 1º.01.2012.

§ 11. Na hipótese de o Distrito Federal, os Estados e os respectivos Municípios adotarem um dos limites previstos nos incisos I e II do *caput* do art. 19 e no art. 20, caso a receita bruta auferida pela empresa durante o ano-calendário de início de atividade ultrapasse 1/12 (um doze avos) do limite estabelecido multiplicado pelo número de meses de funcionamento nesse período, a empresa não poderá recolher o ICMS e o ISS na forma do Simples Nacional, relativos ao estabelecimento localizado na unidade da federação que os houver adotado, com efeitos retroativos ao início de suas atividades.

* § 11 com redação determinada pela LC 139/2011 (*DOU* 11.11.2011), em vigor na data de sua publicação, produzindo efeitos a partir de 1º.01.2012.

§ 12. A exclusão de que trata o § 10 não retroagirá ao início das atividades se o excesso verificado em relação à receita bruta não for superior a 20% (vinte por cento) do respectivo limite referido naquele parágrafo, hipótese em que os efeitos da exclusão dar-se-ão no ano-calendário subsequente.

* § 12 com redação determinada pela LC 139/2011 (*DOU* 11.11.2011), em vigor na data de sua publicação, produzindo efeitos a partir de 1º.01.2012.

§ 13. O impedimento de que trata o § 11 não retroagirá ao início das atividades se o excesso verificado em relação à receita bruta não for superior a 20% (vinte por cento) dos respectivos limites referidos naquele parágrafo, hipótese em que os efeitos do impedimento ocorrerão no ano-calendário subsequente.

* § 13 acrescentado pela LC 139/2011 (*DOU* 11.11.2011), em vigor na data de sua publicação, produzindo efeitos a partir de 1º.01.2012.

§ 14. Para fins de enquadramento como empresa de pequeno porte, poderão ser auferidas receitas no mercado interno até o limite previsto no inciso II do *caput* ou no § 2º, conforme o caso, e, adicionalmente, receitas decorrentes da exportação de mercadorias, inclusive quando realizada por meio de comercial exportadora ou da sociedade de propósito específico prevista no art. 56 desta Lei Complementar, desde que as receitas de exportação também não excedam os referidos limites de receita bruta anual.

* § 14 acrescentado pela LC 139/2011 (*DOU* 11.11.2011), em vigor na data de sua publicação, produzindo efeitos a partir de 1º.01.2012.

§ 15. Na hipótese do § 14, para fins de determinação da alíquota de que trata o § 1º do art. 18, da base de cálculo prevista em seu § 3º e das majorações de alíquotas previstas em seus §§ 16, 16-A, 17 e 17-A, será

considerada a receita bruta total da empresa nos mercados interno e externo.

- § 15 acrescentado pela LC 139/2011 (*DOU* 11.11.2011), em vigor na data de sua publicação, produzindo efeitos a partir de 1º.01.2012.

Capítulo III
DA INSCRIÇÃO E DA BAIXA

Art. 4º Na elaboração de normas de sua competência, os órgãos e entidades envolvidos na abertura e fechamento de empresas, dos 3 (três) âmbitos de governo, deverão considerar a unicidade do processo de registro e de legalização de empresários e de pessoas jurídicas, para tanto devendo articular as competências próprias com aquelas dos demais membros, e buscar, em conjunto, compatibilizar e integrar procedimentos, de modo a evitar a duplicidade de exigências e garantir a linearidade do processo, da perspectiva do usuário.

§ 1º O processo de abertura, registro, alteração e baixa do Microempreendedor Individual (MEI) de que trata o art. 18-A desta Lei Complementar, bem como qualquer exigência para o início de seu funcionamento, deverão ter trâmite especial e simplificado, preferencialmente eletrônico, opcional para o empreendedor na forma a ser disciplinada pelo CGSIM, observado o seguinte:

- § 1º com redação determinada pela LC 139/2011.

I – poderão ser dispensados o uso da firma, com a respectiva assinatura autógrafa, o capital, requerimentos, demais assinaturas, informações relativas ao estado civil e regime de bens, bem como remessa de documentos, na forma estabelecida pelo CGSIM; e

II – o cadastro fiscal estadual ou municipal poderá ser simplificado ou ter sua exigência postergada, sem prejuízo da possibilidade de emissão de documentos fiscais de compra, venda ou prestação de serviços, vedada, em qualquer hipótese, a imposição de custos pela autorização para emissão, inclusive na modalidade avulsa.

§ 2º *(Revogado pela LC 139/2011.)*

§ 3º Ficam reduzidos a 0 (zero) os valores referentes a taxas, emolumentos e demais custos relativos à abertura, à inscrição, ao registro, ao alvará, à licença, ao cadastro e aos demais itens relativos ao disposto nos §§ 1º e 2º deste artigo. (produção de efeitos: 1º de julho de 2009)

Art. 5º Os órgãos e entidades envolvidos na abertura e fechamento de empresas, dos 3 (três) âmbitos de governo, no âmbito de suas atribuições, deverão manter à disposição dos usuários, de forma presencial e pela rede mundial de computadores, informações, orientações e instrumentos, de forma integrada e consolidada, que permitam pesquisas prévias às etapas de registro ou inscrição, alteração e baixa de empresários e pessoas jurídicas, de modo a prover ao usuário certeza quanto à documentação exigível e quanto à viabilidade do registro ou inscrição.

Parágrafo único. As pesquisas prévias à elaboração de ato constitutivo ou de sua alteração deverão bastar a que o usuário seja informado pelos órgãos e entidades competentes:

I – da descrição oficial do endereço de seu interesse e da possibilidade de exercício da atividade desejada no local escolhido;

II – de todos os requisitos a serem cumpridos para obtenção de licenças de autorização de funcionamento, segundo a atividade pretendida, o porte, o grau de risco e a localização; e

III – da possibilidade de uso do nome empresarial de seu interesse.

Art. 6º Os requisitos de segurança sanitária, metrologia, controle ambiental e prevenção contra incêndios, para os fins de registro e legalização de empresários e pessoas jurídicas, deverão ser simplificados, racionalizados e uniformizados pelos órgãos envolvidos na abertura e fechamento de empresas, no âmbito de suas competências.

§ 1º Os órgãos e entidades envolvidos na abertura e fechamento de empresas que sejam responsáveis pela emissão de licenças e autorizações de funcionamento somente realizarão vistorias após o início de operação do estabelecimento, quando a atividade, por sua natureza, comportar grau de risco compatível com esse procedimento.

§ 2º Os órgãos e entidades competentes definirão, em 6 (seis) meses, contados da publicação desta Lei Complementar, as ativi-

MICROEMPRESA

dades cujo grau de risco seja considerado alto e que exigirão vistoria prévia.

Art. 7º Exceto nos casos em que o grau de risco da atividade seja considerado alto, os Municípios emitirão Alvará de Funcionamento Provisório, que permitirá o início de operação do estabelecimento imediatamente após o ato de registro.

Parágrafo único. Nos casos referidos no caput deste artigo, poderá o Município conceder Alvará de Funcionamento Provisório para o microempreendedor individual, para microempresas e para empresas de pequeno porte:

I – instaladas em áreas desprovidas de regulação fundiária legal ou com regulamentação precária; ou

II – em residência do microempreendedor individual ou do titular ou sócio da microempresa ou empresa de pequeno porte, na hipótese em que a atividade não gere grande circulação de pessoas.

Art. 8º Será assegurado aos empresários entrada única de dados cadastrais e de documentos, resguardada a independência das bases de dados e observada a necessidade de informações por parte dos órgãos e entidades que as integrem.

Art. 9º O registro dos atos constitutivos, de suas alterações e extinções (baixas), referentes a empresários e pessoas jurídicas em qualquer órgão envolvido no registro empresarial e na abertura da empresa, dos 3 (três) âmbitos de governo, ocorrerá independentemente da regularidade de obrigações tributárias, previdenciárias ou trabalhistas, principais ou acessórias, do empresário, da sociedade, dos sócios, dos administradores ou de empresas de que participem, sem prejuízo das responsabilidades do empresário, dos sócios ou dos administradores por tais obrigações, apuradas antes ou após o ato de extinção.

§ 1º O arquivamento, nos órgãos de registro, dos atos constitutivos de empresários, de sociedades empresárias e de demais equiparados que se enquadrarem como microempresa ou empresa de pequeno porte bem como o arquivamento de suas alterações são dispensados das seguintes exigências:

I – certidão de inexistência de condenação criminal, que será substituída por declaração do titular ou administrador, firmada sob as penas da lei, de não estar impedido de exercer atividade mercantil ou a administração de sociedade, em virtude de condenação criminal;

II – prova de quitação, regularidade ou inexistência de débito referente a tributo ou contribuição de qualquer natureza.

§ 2º Não se aplica às microempresas e às empresas de pequeno porte o disposto no § 2º do art. 1º da Lei 8.906, de 4 de julho de 1994.

§ 3º No caso de existência de obrigações tributárias, previdenciárias ou trabalhistas referidas no caput, o titular, o sócio ou o administrador da microempresa e da empresa de pequeno porte que se encontre sem movimento há mais de 12 (doze) meses poderá solicitar a baixa nos registros dos órgãos públicos federais, estaduais e municipais independentemente do pagamento de débitos tributários, taxas ou multas devidas pelo atraso na entrega das respectivas declarações nesses períodos, observado o disposto nos §§ 4º e 5º.

• § 3º com redação determinada pela LC 139/2011.

§ 4º A baixa referida no § 3º não impede que, posteriormente, sejam lançados ou cobrados impostos, contribuições e respectivas penalidades, decorrentes da simples falta de recolhimento ou da prática comprovada e apurada em processo administrativo ou judicial de outras irregularidades praticadas pelos empresários, pelas microempresas, pelas empresas de pequeno porte ou por seus titulares, sócios ou administradores.

• § 4º com redação determinada pela LC 139/2011.

§ 5º A solicitação de baixa na hipótese prevista no § 3º deste artigo importa responsabilidade solidária dos titulares, dos sócios e dos administradores do período de ocorrência dos respectivos fatos geradores.

§ 6º Os órgãos referidos no caput deste artigo terão o prazo de 60 (sessenta) dias para efetivar a baixa nos respectivos cadastros.

§ 7º Ultrapassado o prazo previsto no § 6º deste artigo sem manifestação do órgão competente, presumir-se-á a baixa dos re-

LC 123/2006

MICROEMPRESA

gistros das microempresas e a das empresas de pequeno porte.

§ 8º Excetuado o disposto nos §§ 3º a 5º deste artigo, na baixa de microempresa ou de empresa de pequeno porte aplicar-se-ão as regras de responsabilidade previstas para as demais pessoas jurídicas.

§ 9º Para os efeitos do § 3º deste artigo, considera-se sem movimento a microempresa ou a empresa de pequeno porte que não apresente mutação patrimonial e atividade operacional durante todo o ano-calendário.

§ 10. No caso de existência de obrigações tributárias, previdenciárias ou trabalhistas, principais ou acessórias, o MEI poderá, a qualquer momento, solicitar a baixa nos registros independentemente do pagamento de débitos tributários, taxas ou multas devidas pelo atraso na entrega das respectivas declarações nesses períodos, observado o disposto nos §§ 1º e 2º.

• § 10 acrescentado pela LC 139/2011.

§ 11. A baixa referida no § 10 não impede que, posteriormente, sejam lançados ou cobrados do titular impostos, contribuições e respectivas penalidades, decorrentes da simples falta de recolhimento ou da prática comprovada e apurada em processo administrativo ou judicial de outras irregularidades praticadas pela empresa ou por seu titular.

• § 11 acrescentado pela LC 139/2011.

§ 12. A solicitação de baixa na hipótese prevista no § 10 importa assunção pelo titular das obrigações ali descritas.

• § 12 acrescentado pela LC 139/2011.

Art. 10. Não poderão ser exigidos pelos órgãos e entidades envolvidos na abertura e fechamento de empresas, dos três âmbitos de governo:

I – excetuados os casos de autorização prévia, quaisquer documentos adicionais aos requeridos pelos órgãos executores do Registro Público de Empresas Mercantis e Atividades Afins e do Registro Civil de Pessoas Jurídicas;

II – documento de propriedade ou contrato de locação do imóvel onde será instalada a sede, filial ou outro estabelecimento, salvo para comprovação do endereço indicado;

III – comprovação de regularidade de prepostos dos empresários ou pessoas jurídicas com seus órgãos de classe, sob qualquer forma, como requisito para deferimento de ato de inscrição, alteração ou baixa de empresa, bem como para autenticação de instrumento de escrituração.

Art. 11. Fica vedada a instituição de qualquer tipo de exigência de natureza documental ou formal, restritiva ou condicionante, pelos órgãos envolvidos na abertura e fechamento de empresas, dos três âmbitos de governo, que exceda o estrito limite dos requisitos pertinentes à essência do ato de registro, alteração ou baixa da empresa.

Capítulo IV
DOS TRIBUTOS E CONTRIBUIÇÕES

• V. Res. CGSN 4/2007 (Opção pelo Simples Nacional).

Seção I
Da instituição e abrangência

Art. 12. Fica instituído o Regime Especial Unificado de Arrecadação de Tributos e Contribuições devidos pelas Microempresas e Empresas de Pequeno Porte – Simples Nacional.

Art. 13. O Simples Nacional implica o recolhimento mensal, mediante documento único de arrecadação, dos seguintes impostos e contribuições:

I – Imposto sobre a Renda da Pessoa Jurídica – IRPJ;

II – Imposto sobre Produtos Industrializados – IPI, observado o disposto no inciso XII do § 1º deste artigo;

III – Contribuição Social sobre o Lucro Líquido – CSLL;

IV – Contribuição para o Financiamento da Seguridade Social – Cofins, observado o disposto no inciso XII do § 1º deste artigo;

V – Contribuição para o PIS/Pasep, observado o disposto no inciso XII do § 1º deste artigo;

VI – Contribuição Patronal Previdenciária – CPP para a Seguridade Social, a cargo da pessoa jurídica, de que trata o art. 22 da Lei 8.212, de 24 de julho de 1991, exceto no caso da microempresa e da empresa de pe-

queno porte que se dedique às atividades de prestação de serviços referidas no § 5º-C do art. 18 desta Lei Complementar;

VII – Imposto sobre Operações Relativas à Circulação de Mercadorias e Sobre Prestações de Serviços de Transporte Interestadual e Intermunicipal e de Comunicação – ICMS;

VIII – Imposto sobre Serviços de Qualquer Natureza – ISS.

§ 1º O recolhimento na forma deste artigo não exclui a incidência dos seguintes impostos ou contribuições, devidos na qualidade de contribuinte ou responsável, em relação aos quais será observada a legislação aplicável às demais pessoas jurídicas:

I – Imposto sobre Operações de Crédito, Câmbio e Seguro, ou Relativas a Títulos ou Valores Mobiliários – IOF;

II – Imposto sobre a Importação de Produtos Estrangeiros – II;

III – Imposto sobre a Exportação, para o Exterior, de Produtos Nacionais ou Nacionalizados – IE;

IV – Imposto sobre a Propriedade Territorial Rural – ITR;

V – Imposto de Renda, relativo aos rendimentos ou ganhos líquidos auferidos em aplicações de renda fixa ou variável;

VI – Imposto de Renda relativo aos ganhos de capital auferidos na alienação de bens do ativo permanente;

VII – Contribuição Provisória sobre Movimentação ou Transmissão de Valores e de Créditos e Direitos de Natureza Financeira – CPMF;

VIII – Contribuição para o Fundo de Garantia do Tempo de Serviço – FGTS;

IX – Contribuição para manutenção da Seguridade Social, relativa ao trabalhador;

X – Contribuição para a Seguridade Social, relativa à pessoa do empresário, na qualidade de contribuinte individual;

XI – Imposto de Renda relativo aos pagamentos ou créditos efetuados pela pessoa jurídica a pessoas físicas;

XII – Contribuição para o PIS/Pasep, Cofins e IPI incidentes na importação de bens e serviços;

XIII – ICMS devido:

a) nas operações ou prestações sujeitas ao regime de substituição tributária;

b) por terceiro, a que o contribuinte se ache obrigado, por força da legislação estadual ou distrital vigente;

c) na entrada, no território do Estado ou do Distrito Federal, de petróleo, inclusive lubrificantes e combustíveis líquidos e gasosos dele derivados, bem como energia elétrica, quando não destinados à comercialização ou industrialização;

d) por ocasião do desembaraço aduaneiro;

e) na aquisição ou manutenção em estoque de mercadoria desacobertada de documento fiscal;

f) na operação ou prestação desacobertada de documento fiscal;

g) nas operações com bens ou mercadorias sujeitas ao regime de antecipação do recolhimento do imposto, nas aquisições em outros Estados e Distrito Federal:

1. com encerramento da tributação, observado o disposto no inciso IV do § 4º do art. 18 desta Lei Complementar;

2. sem encerramento da tributação, hipótese em que será cobrada a diferença entre a alíquota interna e a interestadual, sendo vedada a agregação de qualquer valor;

h) nas aquisições em outros Estados e no Distrito Federal de bens ou mercadorias, não sujeitas ao regime de antecipação do recolhimento do imposto, relativo à diferença entre a alíquota interna e a interestadual;

XIV – ISS devido:

a) em relação aos serviços sujeitos à substituição tributária ou retenção na fonte;

b) na importação de serviços;

XV – demais tributos de competência da União, dos Estados, do Distrito Federal ou dos Municípios, não relacionados nos incisos anteriores.

§ 2º Observada a legislação aplicável, a incidência do Imposto de Renda na fonte, na hipótese do inciso V do § 1º deste artigo, será definitiva.

§ 3º As microempresas e empresas de pequeno porte optantes pelo Simples Nacional ficam dispensadas do pagamento das demais contribuições instituídas pela União, inclusive as contribuições para as entidades privadas de serviço social e de formação profissional vinculadas ao sistema sindical, de que trata o art. 240 da Constituição Fe-

deral, e demais entidades de serviço social autônomo.

§ 4º *(Vetado.)*

§ 5º A diferença entre a alíquota interna e a interestadual de que tratam as alíneas *g* e *h* do inciso XIII do § 1º deste artigo será calculada tomando-se por base as alíquotas aplicáveis às pessoas jurídicas não optantes pelo Simples Nacional.

§ 6º O Comitê Gestor do Simples Nacional:
I – disciplinará a forma e as condições em que será atribuída à microempresa ou empresa de pequeno porte optante pelo Simples Nacional a qualidade de substituta tributária; e
II – poderá disciplinar a forma e as condições em que será estabelecido o regime de antecipação do ICMS previsto na alínea *g* do inciso XIII do § 1º deste artigo.

Art. 14. Consideram-se isentos do imposto de renda, na fonte e na declaração de ajuste do beneficiário, os valores efetivamente pagos ou distribuídos ao titular ou sócio da microempresa ou da empresa de pequeno porte optante pelo Simples Nacional, salvo os que corresponderem a pró-labore, aluguéis ou serviços prestados.

§ 1º A isenção de que trata o *caput* deste artigo fica limitada ao valor resultante da aplicação dos percentuais de que trata o art. 15 da Lei 9.249, de 26 de dezembro de 1995, sobre a receita bruta mensal, no caso de antecipação de fonte, ou da receita bruta total anual, tratando-se de declaração de ajuste, subtraído do valor devido na forma do Simples Nacional no período.

§ 2º O disposto no § 1º deste artigo não se aplica na hipótese de a pessoa jurídica manter escrituração contábil e evidenciar lucro superior àquele limite.

[...]

Seção II
Das vedações ao ingresso no Simples Nacional

Art. 17. Não poderão recolher os impostos e contribuições na forma do Simples Nacional a microempresa ou a empresa de pequeno porte:
I – que explore atividade de prestação cumulativa e contínua de serviços de assessoria creditícia, gestão de crédito, seleção e riscos, administração de contas a pagar e a receber, gerenciamento de ativos (*asset management*), compras de direitos creditórios resultantes de vendas mercantis a prazo ou de prestação de serviços (*factoring*);
II – que tenha sócio domiciliado no exterior;
III – de cujo capital participe entidade da administração pública, direta ou indireta, federal, estadual ou municipal;
IV – *(Revogado.)*;
V – que possua débito com o Instituto Nacional do Seguro Social – INSS, ou com as Fazendas Públicas Federal, Estadual ou Municipal, cuja exigibilidade não esteja suspensa;
VI – que preste serviço de transporte intermunicipal e interestadual de passageiros;
VII – que seja geradora, transmissora, distribuidora ou comercializadora de energia elétrica;
VIII – que exerça atividade de importação ou fabricação de automóveis e motocicletas;
IX – que exerça atividade de importação de combustíveis;
X – que exerça atividade de produção ou venda no atacado de:
a) cigarros, cigarrilhas, charutos, filtros para cigarros, armas de fogo, munições e pólvoras, explosivos e detonantes;
b) bebidas a seguir descritas:
1 – alcoólicas;
2 – refrigerantes, inclusive águas saborizadas gaseificadas;
3 – preparações compostas, não alcoólicas (extratos concentrados ou sabores concentrados), para elaboração de bebida refrigerante, com capacidade de diluição de até 10 (dez) partes da bebida para cada parte do concentrado;
4 – cervejas sem álcool;
XI – que tenha por finalidade a prestação de serviços decorrentes do exercício de atividade intelectual, de natureza técnica, científica, desportiva, artística ou cultural, que constitua profissão regulamentada ou não, bem como a que preste serviços de instrutor, de corretor, de despachante ou de qualquer tipo de intermediação de negócios;
XII – que realize cessão ou locação de mão de obra;

LC 123/2006

MICROEMPRESA

XIII – que realize atividade de consultoria;
XIV – que se dedique ao loteamento e à incorporação de imóveis;
XV – que realize atividade de locação de imóveis próprios, exceto quando se referir a prestação de serviços tributados pelo ISS;

* Inciso XV com redação determinada pela LC 139/2011 (*DOU* 11.11.2011), em vigor na data de sua publicação, produzindo efeitos a partir de 1º.01.2012.

§ 1º As vedações relativas a exercício de atividades previstas no *caput* deste artigo não se aplicam às pessoas jurídicas que se dediquem exclusivamente às atividades referidas nos §§ 5º-B a 5º-E do art. 18 desta Lei Complementar, ou as exerçam em conjunto com outras atividades que não tenham sido objeto de vedação no *caput* deste artigo.
I – *(Revogado.)*
II – *(Revogado.)*
III – *(Revogado.)*
IV – *(Revogado.)*
V – *(Revogado.)*
VI – *(Revogado.)*
VII – *(Revogado.)*
VIII – *(Revogado.)*
IX – *(Revogado.)*
X – *(Revogado.)*
XI – *(Revogado.)*
XII – *(Revogado.)*
XIII – *(Revogado.)*
XIV – *(Revogado.)*
XV – *(Revogado.)*
XVI – *(Revogado.)*
XVII – *(Revogado.)*
XVIII – *(Revogado.)*
XIX – *(Revogado.)*
XX – *(Revogado.)*
XXI – *(Revogado.)*
XXII – *(Vetado.)*
XXIII – *(Revogado.)*
XXIV – *(Revogado.)*
XXV – *(Revogado.)*
XXVI – *(Revogado.)*
XXVII – *(Revogado.)*
XXVIII – *(Vetado.)*

§ 2º Também poderá optar pelo Simples Nacional a microempresa ou empresa de pequeno porte que se dedique à prestação de outros serviços que não tenham sido objeto de vedação expressa neste artigo, desde que não incorra em nenhuma das hipóteses de vedação previstas nesta Lei Complementar.
§ 3º *(Vetado.)*
XVI – com ausência de inscrição ou com irregularidade em cadastro fiscal federal, municipal ou estadual, quando exigível.

* Inciso XVI acrescentado pela LC 139/2011 (*DOU* 11.11.2011), em vigor na data de sua publicação, produzindo efeitos a partir de 1º.01.2012.

[...]
§ 4º Na hipótese do inciso XVI do *caput*, deverá ser observado, para o MEI, o disposto no art. 4º desta Lei Complementar.

* § 4º acrescentado pela LC 139/2011 (*DOU* 11.11.2011), em vigor na data de sua publicação, produzindo efeitos a partir de 1º.01.2012.

[...]

Capítulo VI
DA SIMPLIFICAÇÃO DAS RELAÇÕES DE TRABALHO

Seção I
Da segurança e da medicina do trabalho

Art. 50. As microempresas e as empresas de pequeno porte serão estimuladas pelo poder público e pelos Serviços Sociais Autônomos a formar consórcios para acesso a serviços especializados em segurança e medicina do trabalho.

Seção II
Das obrigações trabalhistas

Art. 51. As microempresas e as empresas de pequeno porte são dispensadas:
I – da afixação de Quadro de Trabalho em suas dependências;
II – da anotação das férias dos empregados nos respectivos livros ou fichas de registro;
III – de empregar e matricular seus aprendizes nos cursos dos Serviços Nacionais de Aprendizagem;
IV – da posse do livro intitulado "Inspeção do Trabalho"; e
V – de comunicar ao Ministério do Trabalho e Emprego a concessão de férias coletivas.

Art. 52. O disposto no art. 51 desta Lei Complementar não dispensa as microempresas e as empresas de pequeno porte dos seguintes procedimentos:

LC 123/2006

MICROEMPRESA

I – anotações na Carteira de Trabalho e Previdência Social – CTPS;
II – arquivamento dos documentos comprobatórios de cumprimento das obrigações trabalhistas e previdenciárias, enquanto não prescreverem essas obrigações;
III – apresentação da Guia de Recolhimento do Fundo de Garantia do Tempo de Serviço e Informações à Previdência Social – GFIP;
IV – apresentação das Relações Anuais de Empregados e da Relação Anual de Informações Sociais – Rais e do Cadastro Geral de Empregados e Desempregados – Caged.
Parágrafo único. *(Vetado.)*
Art. 53. *(Revogado.)*

Seção III
Do acesso à Justiça do Trabalho

Art. 54. É facultado ao empregador de microempresa ou de empresa de pequeno porte fazer-se substituir ou representar perante a Justiça do Trabalho por terceiros que conheçam dos fatos, ainda que não possuam vínculo trabalhista ou societário.

Capítulo VII
DA FISCALIZAÇÃO ORIENTADORA

Art. 55. A fiscalização, no que se refere aos aspectos trabalhista, metrológico, sanitário, ambiental e de segurança, das microempresas e empresas de pequeno porte deverá ter natureza prioritariamente orientadora, quando a atividade ou situação, por sua natureza, comportar grau de risco compatível com esse procedimento.
§ 1º Será observado o critério de dupla visita para lavratura de autos de infração, salvo quando for constatada infração por falta de registro de empregado ou anotação da Carteira de Trabalho e Previdência Social – CTPS, ou, ainda, na ocorrência de reincidência, fraude, resistência ou embaraço à fiscalização.
§ 2º *(Vetado.)*
§ 3º Os órgãos e entidades competentes definirão, em 12 (doze) meses, as atividades e situações cujo grau de risco seja considerado alto, as quais não se sujeitarão ao disposto neste artigo.
§ 4º O disposto neste artigo não se aplica ao processo administrativo fiscal relativo a tributos, que se dará na forma dos arts. 39 e 40 desta Lei Complementar.
[...]

Capítulo IX
DO ESTÍMULO AO CRÉDITO E À CAPITALIZAÇÃO

[...]

Seção III
Das condições de acesso aos depósitos especiais do Fundo de Amparo ao Trabalhador – FAT

Art. 63. O Codefat poderá disponibilizar recursos financeiros por meio da criação de programa específico para as cooperativas de crédito de cujos quadros de cooperados participem microempreendedores, empreendedores de microempresa e empresa de pequeno porte bem como suas empresas.
Parágrafo único. Os recursos referidos no *caput* deste artigo deverão ser destinados exclusivamente às microempresas e empresas de pequeno porte.
[...]

Capítulo XII
DO ACESSO À JUSTIÇA

Seção I
Do acesso aos Juizados Especiais

Art. 74. Aplica-se às microempresas e às empresas de pequeno porte de que trata esta Lei Complementar o disposto no § 1º do art. 8º da Lei 9.099, de 26 de setembro de 1995, e no inciso I do *caput* do art. 6º da Lei 10.259, de 12 de julho de 2001, as quais, assim como as pessoas físicas capazes, passam a ser admitidas como proponentes de ação perante o Juizado Especial, excluídos os cessionários de direito de pessoas jurídicas.

Seção II
Da conciliação prévia, mediação e arbitragem

Art. 75. As microempresas e empresas de pequeno porte deverão ser estimuladas a utilizar os institutos de conciliação prévia,

mediação e arbitragem para solução dos seus conflitos.

§ 1º Serão reconhecidos de pleno direito os acordos celebrados no âmbito das comissões de conciliação prévia.

§ 2º O estímulo a que se refere o *caput* deste artigo compreenderá campanhas de divulgação, serviços de esclarecimento e tratamento diferenciado, simplificado e favorecido no tocante aos custos administrativos e honorários cobrados.

Seção III
Das parcerias

Art. 75-A. Para fazer face às demandas originárias do estímulo previsto nos arts. 74 e 75 desta Lei Complementar, entidades privadas, públicas, inclusive o Poder Judiciário, poderão firmar parcerias entre si, objetivando a instalação ou utilização de ambientes propícios para a realização dos procedimentos inerentes a busca da solução de conflitos.

[...]

Capítulo XIV
DISPOSIÇÕES FINAIS E TRANSITÓRIAS

Art. 77. Promulgada esta Lei Complementar, o Comitê Gestor expedirá, em 30 (trinta) meses, as instruções que se fizerem necessárias à sua execução.

§ 1º O Ministério do Trabalho e Emprego, a Secretaria da Receita Federal, a Secretaria da Receita Previdenciária, os Estados, o Distrito Federal e os Municípios deverão editar, em 1 (um) ano, as leis e demais atos necessários para assegurar o pronto e imediato tratamento jurídico diferenciado, simplificado e favorecido às microempresas e às empresas de pequeno porte.

§ 2º A administração direta e indireta federal, estadual e municipal e as entidades paraestatais acordarão, no prazo previsto no § 1º deste artigo, as providências necessárias à adaptação dos respectivos atos normativos ao disposto nesta Lei Complementar.

§ 3º *(Vetado.)*

§ 4º O Comitê Gestor regulamentará o disposto no inciso I do § 6º do art. 13 desta Lei Complementar até 31 de dezembro de 2008.

§ 5º A partir de 1º de janeiro de 2009, perderão eficácia as substituições tributárias que não atenderem à disciplina estabelecida na forma do § 4º deste artigo.

§ 6º O Comitê de que trata o inciso III do *caput* do art. 2º desta Lei Complementar expedirá, até 31 de dezembro de 2009, as instruções que se fizerem necessárias relativas a sua competência.

Art. 78. *(Revogado.)*

Art. 79. Será concedido, para ingresso no Simples Nacional, parcelamento, em até 100 (cem) parcelas mensais e sucessivas, dos débitos com o Instituto Nacional do Seguro Social – INSS, ou com as Fazendas Públicas federal, estadual ou municipal, de responsabilidade da microempresa ou empresa de pequeno porte e de seu titular ou sócio, com vencimento até 30 de junho de 2008.

§ 1º O valor mínimo da parcela mensal será de R$ 100,00 (cem reais), considerados isoladamente os débitos para com a Fazenda Nacional, para com a Seguridade Social, para com a Fazenda dos Estados, dos Municípios ou do Distrito Federal.

§ 2º Esse parcelamento alcança inclusive débitos inscritos em dívida ativa.

§ 3º O parcelamento será requerido à respectiva Fazenda para com a qual o sujeito passivo esteja em débito.

§ 3º-A. O parcelamento deverá ser requerido no prazo estabelecido em regulamentação do Comitê Gestor.

§ 4º Aplicam-se ao disposto neste artigo as demais regras vigentes para parcelamento de tributos e contribuições federais, na forma regulamentada pelo Comitê Gestor.

§§ 5º a 8º *(Vetados.)*

§ 9º O parcelamento de que trata o *caput* deste artigo não se aplica na hipótese de reingresso de microempresa ou empresa de pequeno porte no Simples Nacional.

Art. 79-A. *(Vetado.)*

Art. 79-B. Excepcionalmente para os fatos geradores ocorridos em julho de 2007, os tributos apurados na forma dos arts. 18 a 20 desta Lei Complementar deverão ser pagos até o último dia útil de agosto de 2007.

LC 123/2006

MICROEMPRESA

Art. 79-C. A microempresa e a empresa de pequeno porte que, em 30 de junho de 2007, se enquadravam no regime previsto na Lei 9.317, de 5 de dezembro de 1996, e que não ingressaram no regime previsto no art. 12 desta Lei Complementar sujeitar-se-ão, a partir de 1º de julho de 2007, às normas de tributação aplicáveis às demais pessoas jurídicas.

§ 1º Para efeito do disposto no *caput* deste artigo, o sujeito passivo poderá optar pelo recolhimento do Imposto sobre a Renda da Pessoa Jurídica – IRPJ e da Contribuição Social sobre o Lucro Líquido – CSLL na forma do lucro real, trimestral ou anual, ou do lucro presumido.

§ 2º A opção pela tributação com base no lucro presumido dar-se-á pelo pagamento, no vencimento, do IRPJ e da CSLL devidos, correspondente ao terceiro trimestre de 2007 e, no caso do lucro real anual, com o pagamento do IRPJ e da CSLL relativos ao mês de julho de 2007 com base na estimativa mensal.

Art. 79-D. Excepcionalmente, para os fatos geradores ocorridos entre 1º de julho de 2007 e 31 de dezembro de 2008, as pessoas jurídicas que exerçam atividade sujeita simultaneamente à incidência do IPI e do ISS deverão recolher o ISS diretamente ao Município em que este imposto é devido até o último dia útil de fevereiro de 2009, aplicando-se, até esta data, o disposto no parágrafo único do art. 100 da Lei 5.172, de 25 de outubro de 1966 – Código Tributário Nacional – CTN.

Art. 79-E. A empresa de pequeno porte optante pelo Simples Nacional em 31 de dezembro de 2011 que durante o ano-calendário de 2011 auferir receita bruta total anual entre R$ 2.400.000,01 (dois milhões, quatrocentos mil reais e um centavo) e R$ 3.600.000,00 (três milhões e seiscentos mil reais) continuará automaticamente incluída no Simples Nacional com efeitos a partir de 1º de janeiro de 2012, ressalvado o direito de exclusão por comunicação da optante.

• Artigo acrescentado pela LC 139/2011 (*DOU* 11.11.2011), em vigor na data de sua publicação, produzindo efeitos a partir de 1º.01.2012.

Art. 80. O art. 21 da Lei 8.212, de 24 de julho de 1991, fica acrescido dos seguintes §§ 2º e 3º, passando o parágrafo único a vigorar como § 1º:

• Alterações processadas no texto da referida Lei.

Art. 81. O art. 45 da Lei 8.212, de 24 de julho de 1991, passa a vigorar com as seguintes alterações:

• Alterações processadas no texto da referida Lei.

Art. 82. A Lei 8.213, de 24 de julho de 1991, passa a vigorar com as seguintes alterações:

• Alterações processadas no texto da referida Lei.

Art. 83. O art. 94 da Lei 8.213, de 24 de julho de 1991, fica acrescido do seguinte § 2º, passando o parágrafo único a vigorar como § 1º:

• Alteração processada no texto da referida Lei.

Art. 84. O art. 58 da Consolidação das Leis do Trabalho – CLT, aprovada pelo Decreto-lei 5.452, de 1º de maio de 1943, passa a vigorar acrescido do seguinte § 3º:

• Alteração processada no texto da CLT.

[...]

Art. 88. Esta Lei Complementar entra em vigor na data de sua publicação, ressalvado o regime de tributação das microempresas e empresas de pequeno porte, que entra em vigor em 1º de julho de 2007.

Art. 89. Ficam revogadas, a partir de 1º de julho de 2007, a Lei 9.317, de 5 de dezembro de 1996, e a Lei 9.841, de 5 de outubro de 1999.

• Deixamos de publicar os Anexos a esta Lei Complementar.

Brasília, 14 de dezembro de 2006; 185º da Independência e 118º da República.
Luiz Inácio Lula da Silva
(*DOU* 15.12.2006; rep. 31.01.2009, edição extra; 31.01.2012 e 06.03.2012)

Ministério Público do Trabalho

LEI COMPLEMENTAR 75, DE 20 DE MAIO DE 1993

Dispõe sobre a organização, as atribuições e o estatuto do Ministério Público da União.

O Presidente da República:
Faço saber que o Congresso Nacional decreta e eu sanciono a seguinte Lei Complementar:

TÍTULO I
DAS DISPOSIÇÕES GERAIS

Capítulo I
DA DEFINIÇÃO, DOS PRINCÍPIOS E DAS FUNÇÕES INSTITUCIONAIS

Art. 1º O Ministério Público da União, organizado por esta Lei Complementar, é instituição permanente, essencial à função jurisdicional do Estado, incumbindo-lhe a defesa da ordem jurídica, do regime democrático, dos interesses sociais e dos interesses individuais indisponíveis.

- V. art. 127, *caput*, CF.
- V. arts. 1º e 2º, parágrafo único, Lei 8.625/1993 (Lei Orgânica do Ministério Público).

Art. 2º Incumbem ao Ministério Público as medidas necessárias para garantir o respeito dos Poderes Públicos e dos serviços de relevância pública aos direitos assegurados pela Constituição Federal.

Art. 3º O Ministério Público da União exercerá o controle externo da atividade policial tendo em vista:

- V. arts. 9º e 10.
- V. art. 129, VII, CF.

a) o respeito aos fundamentos do Estado Democrático de Direito, aos objetivos fundamentais da República Federativa do Brasil, aos princípios informadores das relações internacionais, bem como aos direitos assegurados na Constituição Federal e na lei;
b) a preservação da ordem pública, da incolumidade das pessoas e do patrimônio público;
c) a prevenção e a correção de ilegalidade ou de abuso de poder;
d) a indisponibilidade da persecução penal;
e) a competência dos órgãos incumbidos da segurança pública.

Art. 4º São princípios institucionais do Ministério Público da União a unidade, a indivisibilidade e a independência funcional.

- V. art. 127, § 1º, CF.
- V. art. 1º, parágrafo único, Lei 8.625/1993 (Lei Orgânica do Ministério Público).

Art. 5º São funções institucionais do Ministério Público da União:
I – a defesa da ordem jurídica, do regime democrático, dos interesses sociais e dos interesses individuais indisponíveis, considerados, dentre outros, os seguintes fundamentos e princípios:
a) a soberania e a representatividade popular;
b) os direitos políticos;
c) os objetivos fundamentais da República Federativa do Brasil;
d) a indissolubilidade da União;
e) a independência e a harmonia dos Poderes da União;
f) a autonomia dos Estados, do Distrito Federal e dos Municípios;
g) as vedações impostas à União, aos Estados, ao Distrito Federal e aos Municípios;
h) a legalidade, a impessoabilidade, a moralidade e a publicidade, relativas à administração pública direta, indireta ou fundacional, de qualquer dos Poderes da União;
II – zelar pela observância dos princípios constitucionais relativos:
a) ao sistema tributário, às limitações do poder de tributar, à repartição do poder impositivo e das receitas tributárias e aos direitos do contribuinte;
b) às finanças públicas;
c) à atividade econômica, à política urbana, agrícola, fundiária e de reforma agrária e ao sistema financeiro nacional;

LC 75/1993

MINISTÉRIO PÚBLICO DO TRABALHO

d) à seguridade social, à educação, à cultura e ao desporto, à ciência e à tecnologia, à comunicação social e ao meio ambiente;
e) à segurança pública;
III – a defesa dos seguintes bens e interesses:
a) o patrimônio nacional;
b) o patrimônio público e social;
c) o patrimônio cultural brasileiro;
d) o meio ambiente;
e) os direitos e interesses coletivos, especialmente das comunidades indígenas, da família, da criança, do adolescente e do idoso;
IV – zelar pelo efetivo respeito dos Poderes Públicos da União, dos serviços de relevância pública e dos meios de comunicação social aos princípios, garantias, condições, direitos, deveres e vedações previstos na Constituição Federal e na lei, relativos à comunicação social;
V – zelar pelo efetivo respeito dos Poderes Públicos da União e dos serviços de relevância pública quanto:
a) aos direitos assegurados na Constituição Federal relativos às ações e aos serviços de saúde e à educação;
b) aos princípios da legalidade, da impessoalidade, da moralidade e da publicidade;
VI – exercer outras funções previstas na Constituição Federal e na lei.
§ 1º Os órgãos do Ministério Público da União devem zelar pela observância dos princípios e competências da Instituição, bem como pelo livre exercício de suas funções.
§ 2º Somente a lei poderá especificar as funções atribuídas pela Constituição Federal e por esta Lei Complementar ao Ministério Público da União, observados os princípios e normas nelas estabelecidos.

• V. Lei 8.625/1993 (Lei Orgânica do Ministério Público).

Capítulo II
DOS INSTRUMENTOS DE ATUAÇÃO

Art. 6º Compete ao Ministério Público da União:
I – promover a ação direta de inconstitucionalidade e o respectivo pedido de medida cautelar;
II – promover a ação direta de inconstitucionalidade por omissão;
III – promover a arguição de descumprimento de preceito fundamental decorrente da Constituição Federal;
IV – promover a representação para intervenção federal nos Estados e no Distrito Federal;
V – promover, privativamente, a ação penal pública, na forma da lei;

• V. art. 129, I, CF.

VI – impetrar *habeas corpus* e mandado de segurança;
VII – promover o inquérito civil e a ação civil pública para:

• V. Res. CS MPF 87/2006 (Regulamenta, no âmbito do Ministério Público Federal, a instauração e tramitação do Inquérito Civil).

• V. Res. CNMP 23/2007 (Regulamenta os arts. 6º, VII, e 7º, I, da LC 75/1993 e os arts. 25, IV, e 26, I, da Lei 8.625/1993, disciplinando, no âmbito do Ministério Público, a instauração e tramitação do inquérito civil).

a) a proteção dos direitos constitucionais;
b) a proteção do patrimônio público e social, do meio ambiente, dos bens e direitos de valor artístico, estético, histórico, turístico e paisagístico;
c) a proteção dos interesses individuais indisponíveis, difusos e coletivos, relativos às comunidades indígenas, à família, à criança, ao adolescente, ao idoso, às minorias étnicas e ao consumidor;
d) outros interesses individuais indisponíveis, homogêneos, sociais, difusos e coletivos;
VIII – promover outras ações, nelas incluído o mandado de injunção sempre que a falta de norma regulamentadora torne inviável o exercício dos direitos e liberdades constitucionais e das prerrogativas inerentes à nacionalidade, à soberania e à cidadania, quando difusos os interesses a serem protegidos;
IX – promover ação visando ao cancelamento de naturalização, em virtude de atividade nociva ao interesse nacional;
X – promover a responsabilidade dos executores ou agentes do estado de defesa ou do estado de sítio, pelos ilícitos cometidos no período de sua duração;

Ministério Público do Trabalho

XI – defender judicialmente os direitos e interesses das populações indígenas, incluídos os relativos às terras por elas tradicionalmente habitadas, propondo as ações cabíveis;
XII – propor ação civil coletiva para defesa de interesses individuais homogêneos;
XIII – propor ações de responsabilidade do fornecedor de produtos e serviços;
XIV – promover outras ações necessárias ao exercício de suas funções institucionais, em defesa da ordem jurídica, do regime democrático e dos interesses sociais e individuais indisponíveis, especialmente quanto:
a) ao Estado de Direito e às instituições democráticas;
b) à ordem econômica e financeira;
c) à ordem social;
d) ao patrimônio cultural brasileiro;
e) à manifestação de pensamento, de criação, de expressão ou de informação;
f) à probidade administrativa;
g) ao meio ambiente;
XV – manifestar-se em qualquer fase dos processos, acolhendo solicitação do juiz ou por sua iniciativa, quando entender existente interesse em causa que justifique a intervenção;
XVI – *(Vetado.)*
XVII – propor as ações cabíveis para:
a) perda ou suspensão de direitos políticos, nos casos previstos na Constituição Federal;
b) declaração de nulidade de atos ou contratos geradores do endividamento externo da União, de suas autarquias, fundações e demais entidades controladas pelo Poder Público Federal, ou com repercussão direta ou indireta em suas finanças;
c) dissolução compulsória de associações, inclusive de partidos políticos, nos casos previstos na Constituição Federal;
d) cancelamento de concessão ou de permissão, nos casos previstos na Constituição Federal;
e) declaração de nulidade de cláusula contratual que contrarie direito do consumidor;
XVIII – representar:
a) ao órgão judicial competente para quebra de sigilo da correspondência e das comunicações telegráficas, de dados e das comunicações telefônicas, para fins de investigação criminal ou instrução processual penal, bem como manifestar-se sobre representação a ele dirigida para os mesmos fins;
b) ao Congresso Nacional, visando ao exercício das competências deste ou de qualquer de suas Casas ou comissões;
c) ao Tribunal de Contas da União, visando ao exercício das competências deste;
d) ao órgão judicial competente, visando à aplicação de penalidade por infrações cometidas contra as normas de proteção à infância e à juventude, sem prejuízo da promoção da responsabilidade civil e penal do infrator, quando cabível;
XIX – promover a responsabilidade:
a) da autoridade competente, pelo não exercício das incumbências, constitucional e legalmente impostas ao Poder Público da União, em defesa do meio ambiente, de sua preservação e de sua recuperação;
b) de pessoas físicas ou jurídicas, em razão da prática de atividade lesiva ao meio ambiente, tendo em vista a aplicação de sanções penais e a reparação dos danos causados;
XX – expedir recomendações, visando à melhoria dos serviços públicos e de relevância pública, bem como ao respeito, aos interesses, direitos e bens cuja defesa lhe cabe promover, fixando prazo razoável para a adoção das providências cabíveis.
§ 1º Será assegurada a participação do Ministério Público da União, como instituição observadora, na forma e nas condições estabelecidas em ato do Procurador-Geral da República, em qualquer órgão da administração pública direta, indireta ou fundacional da União, que tenha atribuições correlatas às funções da Instituição.

• V. art. 84, I.

§ 2º A lei assegurará a participação do Ministério Público da União nos órgãos colegiados estatais, federais ou do Distrito Federal, constituídos para defesa de direitos e interesses relacionados com as funções da Instituição.

• V. art. 38, VI.

LC 75/1993

MINISTÉRIO PÚBLICO DO TRABALHO

Art. 7º Incumbe ao Ministério Público da União, sempre que necessário ao exercício de suas funções institucionais:

- V. Res. CNMP 23/2007 (Regulamenta os arts. 6º, VII, e 7º, I, da LC 75/1993 e os arts. 25, IV, e 26, I, da Lei 8.625/1993, disciplinando, no âmbito do Ministério Público, a instauração e tramitação do inquérito civil).

I – instaurar inquérito civil e outros procedimentos administrativos correlatos;

II – requisitar diligências investigatórias e a instauração de inquérito policial e de inquérito policial militar, podendo acompanhá-los e apresentar provas;

III – requisitar à autoridade competente a instauração de procedimentos administrativos, ressalvados os de natureza disciplinar, podendo acompanhá-los e produzir provas.

Art. 8º Para o exercício de suas atribuições, o Ministério Público da União poderá, nos procedimentos de sua competência:

- V. Res. CNMP 13/2006 (Regulamenta o art. 8º da LC 75/1993 e o art. 26 da Lei 8.625/1993, disciplinando, no âmbito do Ministério Público, a instauração e tramitação do procedimento investigatório criminal).

I – notificar testemunhas e requisitar sua condução coercitiva, no caso de ausência injustificada;

II – requisitar informações, exames, perícias e documentos de autoridades da Administração Pública direta ou indireta;

III – requisitar da Administração Pública serviços temporários de seus servidores e meios materiais necessários para a realização de atividades específicas;

IV – requisitar informações e documentos a entidades privadas;

V – realizar inspeções e diligências investigatórias;

VI – ter livre acesso a qualquer local público ou privado, respeitadas as normas constitucionais pertinentes à inviolabilidade do domicílio;

VII – expedir notificações e intimações necessárias aos procedimentos e inquéritos que instaurar;

VIII – ter acesso incondicional a qualquer banco de dados de caráter público ou relativo a serviço de relevância pública;

IX – requisitar o auxílio de força policial.

§ 1º O membro do Ministério Público será civil e criminalmente responsável pelo uso indevido das informações e documentos que requisitar; a ação penal, na hipótese, poderá ser proposta também pelo ofendido, subsidiariamente, na forma da lei processual penal.

§ 2º Nenhuma autoridade poderá opor ao Ministério Público, sob qualquer pretexto, a exceção de sigilo, sem prejuízo da subsistência do caráter sigiloso da informação, do registro, do dado ou do documento que lhe seja fornecido.

§ 3º A falta injustificada e o retardamento indevido do cumprimento das requisições do Ministério Público implicarão a responsabilidade de quem lhe der causa.

§ 4º As correspondências, notificações, requisições e intimações do Ministério Público quando tiverem como destinatário o Presidente da República, o Vice-Presidente da República, membro do Congresso Nacional, Ministro do Supremo Tribunal Federal, Ministro de Estado, Ministro de Tribunal Superior, Ministro do Tribunal de Contas da União ou chefe de missão diplomática de caráter permanente serão encaminhadas e levadas a efeito pelo Procurador-Geral da República ou outro órgão do Ministério Público a quem essa atribuição seja delegada, cabendo às autoridades mencionadas fixar data, hora e local em que puderem ser ouvidas, se for o caso.

§ 5º As requisições do Ministério Público serão feitas fixando-se prazo razoável de até 10 (dez) dias úteis para atendimento, prorrogável mediante solicitação justificada.

[...]

Capítulo V
DAS GARANTIAS E DAS PRERROGATIVAS

Art. 17. Os membros do Ministério Público da União gozam das seguintes garantias:

I – vitaliciedade, após 2 (dois) anos de efetivo exercício, não podendo perder o cargo senão por sentença judicial transitada em julgado;

- V. art. 184.
- V. art. 128, § 5º, I, *a*, CF.

II – inamovibilidade, salvo por motivo de interesse público, mediante decisão do Conselho Superior, por voto de 2/3 (dois

MINISTÉRIO PÚBLICO DO TRABALHO

terços) de seus membros, assegurada ampla defesa;
- V. art. 209.
- V. art. 128, § 5º, I, *b*, CF.

III – *(Vetado.)*

Art. 18. São prerrogativas dos membros do Ministério Público da União:
I – institucionais:
a) sentar-se no mesmo plano e imediatamente à direita dos juízes singulares ou presidentes dos órgãos judiciários perante os quais oficiem;
[...]
c) ter ingresso e trânsito livres, em razão de serviço, em qualquer recinto público ou privado, respeitada a garantia constitucional da inviolabilidade do domicílio;
[...]
II – processuais:
[...]
h) receber intimação pessoalmente nos autos em qualquer processo e grau de jurisdição nos feitos em que tiver que oficiar.
[...]

Art. 21. As garantias e prerrogativas dos membros do Ministério Público da União são inerentes ao exercício de suas funções e irrenunciáveis.
Parágrafo único. As garantias e prerrogativas previstas nesta Lei Complementar não excluem as que sejam estabelecidas em outras leis.
[...]

TÍTULO II
DOS RAMOS DO MINISTÉRIO PÚBLICO DA UNIÃO

[...]

Capítulo II
DO MINISTÉRIO PÚBLICO DO TRABALHO

Seção I
Da competência, dos órgãos e da carreira

Art. 83. Compete ao Ministério Público do Trabalho o exercício das seguintes atribuições junto aos órgãos da Justiça do Trabalho:
I – promover as ações que lhe sejam atribuídas pela Constituição Federal e pelas leis trabalhistas;
II – manifestar-se em qualquer fase do processo trabalhista, acolhendo solicitação do juiz ou por sua iniciativa, quando entender existente interesse público que justifique a intervenção;
III – promover a ação civil pública no âmbito da Justiça do Trabalho, para defesa de interesses coletivos, quando desrespeitados os direitos sociais constitucionalmente garantidos;
IV – propor as ações cabíveis para declaração de nulidade de cláusula de contrato, acordo coletivo ou convenção coletiva que viole as liberdades individuais ou coletivas ou os direitos individuais indisponíveis dos trabalhadores;
V – propor as ações necessárias à defesa dos direitos e interesses dos menores, incapazes e índios, decorrentes das relações de trabalho;
VI – recorrer das decisões da Justiça do Trabalho, quando entender necessário, tanto nos processos em que for parte, como naqueles em que oficiar como fiscal da lei, bem como pedir revisão dos Enunciados da Súmula de Jurisprudência do Tribunal Superior do Trabalho;
VII – funcionar nas sessões dos Tribunais Trabalhistas, manifestando-se verbalmente sobre a matéria em debate, sempre que entender necessário, sendo-lhe assegurado o direito de vista dos processos em julgamento, podendo solicitar as requisições e diligências que julgar convenientes;
VIII – instaurar instância em caso de greve, quando a defesa da ordem jurídica ou o interesse público assim o exigir;
IX – promover ou participar da instrução e conciliação em dissídios decorrentes da paralisação de serviços de qualquer natureza, oficiando obrigatoriamente nos processos, manifestando sua concordância ou discordância, em eventuais acordos firmados antes da homologação, resguardado o direito de recorrer em caso de violação à lei e à Constituição Federal;

LC 75/1993

MINISTÉRIO PÚBLICO DO TRABALHO

X – promover mandado de injunção, quando a competência for da Justiça do Trabalho;

XI – atuar como árbitro, se assim for solicitado pelas partes, nos dissídios de competência da Justiça do Trabalho;

XII – requerer as diligências que julgar convenientes para o correto andamento dos processos e para a melhor solução das lides trabalhistas;

XIII – intervir obrigatoriamente em todos os feitos nos segundo e terceiro graus de jurisdição da Justiça do Trabalho, quando a parte for pessoa jurídica de Direito Público, Estado estrangeiro ou organismo internacional.

Art. 84. Incumbe ao Ministério Público do Trabalho, no âmbito das suas atribuições, exercer as funções institucionais previstas nos Capítulos I, II, III e IV do Título I, especialmente:

I – integrar os órgãos colegiados previstos no § 1º do art. 6º, que lhes sejam pertinentes;

II – instaurar inquérito civil e outros procedimentos administrativos, sempre que cabíveis, para assegurar a observância dos direitos sociais dos trabalhadores;

III – requisitar à autoridade administrativa federal competente, dos órgãos de proteção ao trabalho, a instauração de procedimentos administrativos, podendo acompanhá-los e produzir provas;

IV – ser cientificado pessoalmente das decisões proferidas pela Justiça do Trabalho, nas causas em que o órgão tenha intervido ou emitido parecer escrito;

V – exercer outras atribuições que lhe forem conferidas por lei, desde que compatíveis com sua finalidade.

Art. 85. São órgãos do Ministério Público do Trabalho:

I – o Procurador-Geral do Trabalho;

II – o Colégio de Procuradores do Trabalho;

III – o Conselho Superior do Ministério Público do Trabalho;

IV – a Câmara de Coordenação e Revisão do Ministério Público do Trabalho;

V – a Corregedoria do Ministério Público do Trabalho;

VI – os Subprocuradores Gerais do Trabalho;

VII – os Procuradores Regionais do Trabalho;

VIII – os Procuradores do Trabalho.

Art. 86. A carreira do Ministério Público do Trabalho será constituída pelos cargos de Subprocurador-Geral do Trabalho, Procurador Regional do Trabalho e Procurador do Trabalho.

Parágrafo único. O cargo inicial da carreira é o de Procurador do Trabalho e o do último nível o de Subprocurador-Geral do Trabalho.

Seção II
Do Procurador-Geral do Trabalho

Art. 87. O Procurador-Geral do Trabalho é o Chefe do Ministério Público do Trabalho.

Art. 88. O Procurador-Geral do Trabalho será nomeado pelo Procurador-Geral da República, dentre integrantes da Instituição, com mais de 35 (trinta e cinco) anos de idade e de 5 (cinco) anos na carreira, integrantes de lista tríplice escolhida mediante voto plurinominal, facultativo e secreto, pelo Colégio de Procuradores para um mandato de 2 (dois) anos, permitida uma recondução, observado o mesmo processo. Caso não haja número suficiente de candidatos com mais de 5 (cinco) anos na carreira, poderá concorrer à lista tríplice quem contar mais de 2 (dois) anos na carreira.

Parágrafo único. A exoneração do Procurador-Geral do Trabalho, antes do término do mandato, será proposta ao Procurador-Geral da República pelo Conselho Superior, mediante deliberação obtida com base em voto secreto de 2/3 (dois terços) de seus integrantes.

Art. 89. O Procurador-Geral do Trabalho designará, dentre os Subprocuradores Gerais do Trabalho, o Vice-Procurador-Geral do Trabalho, que o substituirá em seus impedimentos. Em caso de vacância, exercerá o cargo o Vice-Presidente do Conselho Superior, até o seu provimento definitivo.

Art. 90. Compete ao Procurador-Geral do Trabalho exercer as funções atribuídas ao

Ministério Público do Trabalho

Ministério Público do Trabalho junto ao Plenário do Tribunal Superior do Trabalho, propondo as ações cabíveis e manifestando-se nos processos de sua competência.

Art. 91. São atribuições do Procurador-Geral do Trabalho:

I – representar o Ministério Público do Trabalho;

II – integrar, como membro nato, e presidir o Colégio de Procuradores do Trabalho, o Conselho Superior do Ministério Público do Trabalho e a Comissão de Concurso;

III – nomear o Corregedor-Geral do Ministério Público do Trabalho, segundo lista tríplice formada pelo Conselho Superior;

IV – designar um dos membros e o Coordenador da Câmara de Coordenação e Revisão do Ministério Público do Trabalho;

V – designar, observados os critérios da lei e os estabelecidos pelo Conselho Superior, os ofícios em que exercerão suas funções os membros do Ministério Público do Trabalho;

VI – designar o Chefe da Procuradoria Regional do Trabalho dentre os Procuradores Regionais do Trabalho lotados na respectiva Procuradoria Regional;

VII – decidir, em grau de recurso, os conflitos de atribuição entre os órgãos do Ministério Público do Trabalho;

VIII – determinar a abertura de correição, sindicância ou inquérito administrativo;

IX – determinar a instauração de inquérito ou processo administrativo contra servidores dos serviços auxiliares;

X – decidir processo disciplinar contra membro da carreira ou servidor dos serviços auxiliares, aplicando as sanções que sejam de sua competência;

XI – decidir, atendendo a necessidade do serviço, sobre:

a) remoção a pedido ou por permuta;

b) alteração parcial da lista bienal de designações;

XII – autorizar o afastamento de membros do Ministério Público do Trabalho, ouvido o Conselho Superior, nos casos previstos em lei;

XIII – dar posse aos membros do Ministério Público do Trabalho;

XIV – designar membro do Ministério Público do Trabalho para:

a) funcionar nos órgãos em que a participação da Instituição seja legalmente prevista, ouvido o Conselho Superior;

b) integrar comissões técnicas ou científicas, relacionadas às funções da Instituição, ouvido o Conselho Superior;

c) assegurar a continuidade dos serviços, em caso de vacância, afastamento temporário, ausência, impedimento ou suspeição do titular, na inexistência ou falta do substituto designado;

XV – homologar, ouvido o Conselho Superior, o resultado do concurso para ingresso na carreira;

XVI – fazer publicar aviso de existência de vaga, na lotação e na relação bienal de designações;

XVII – propor ao Procurador-Geral da República, ouvido o Conselho Superior, a criação e extinção de cargos da carreira e dos ofícios em que devam ser exercidas suas funções;

XVIII – elaborar a proposta orçamentária do Ministério Público do Trabalho, submetendo-a, para aprovação, ao Conselho Superior;

XIX – encaminhar ao Procurador-Geral da República a proposta orçamentária do Ministério Público do Trabalho, após sua aprovação pelo Conselho Superior;

XX – organizar a prestação de contas do exercício anterior, encaminhando-a ao Procurador-Geral da República;

XXI – praticar atos de gestão administrativa, financeira e de pessoal;

XXII – elaborar o relatório de atividades do Ministério Público do Trabalho;

XXIII – coordenar as atividades do Ministério Público do Trabalho;

XXIV – exercer outras atribuições previstas em lei.

Art. 92. As atribuições do Procurador-Geral do Trabalho, previstas no artigo anterior, poderão ser delegadas:

I – ao Coordenador da Câmara de Coordenação e Revisão, as dos incisos XIV, alínea c, e XXIII;

II – aos Chefes das Procuradorias Regionais do Trabalho nos Estados e no Distrito Federal, as dos incisos I, XIV, alínea c, XXI e XXIII.

LC 75/1993

MINISTÉRIO PÚBLICO DO TRABALHO

Seção III
Do Colégio de Procuradores do Trabalho

Art. 93. O Colégio de Procuradores do Trabalho, presidido pelo Procurador-Geral do Trabalho, é integrado por todos os membros da carreira em atividade no Ministério Público do Trabalho.

Art. 94. São atribuições do Colégio de Procuradores do Trabalho:

I – elaborar, mediante voto plurinominal, facultativo e secreto, a lista tríplice para a escolha do Procurador-Geral do Trabalho;

II – elaborar, mediante voto plurinominal, facultativo e secreto, a lista sêxtupla para a composição do Tribunal Superior do Trabalho, sendo elegíveis os membros do Ministério Público do Trabalho com mais de 10 (dez) anos na carreira, tendo mais de 35 (trinta e cinco) e menos de 65 (sessenta e cinco) anos de idade;

III – elaborar, mediante voto plurinominal, facultativo e secreto, a lista sêxtupla para os Tribunais Regionais do Trabalho, dentre os Procuradores com mais de 10 (dez) anos de carreira;

IV – eleger, dentre os Subprocuradores Gerais do Trabalho e mediante voto plurinominal, facultativo e secreto, quatro membros do Conselho Superior do Ministério Público do Trabalho.

§ 1º Para os fins previstos nos incisos deste artigo, prescindir-se-á de reunião do Colégio de Procuradores, procedendo-se segundo dispuser o seu Regimento Interno, exigido o voto da maioria absoluta dos eleitores.

§ 2º Excepcionalmente, em caso de interesse relevante da Instituição, o Colégio de Procuradores reunir-se-á em local designado pelo Procurador-Geral do Trabalho, desde que convocado por ele ou pela maioria de seus membros.

§ 3º Regimento Interno do Colégio de Procuradores do Trabalho disporá sobre seu funcionamento.

Seção IV
Do Conselho Superior do Ministério Público do Trabalho

Art. 95. O Conselho Superior do Ministério Público do Trabalho, presidido pelo Procurador-Geral do Trabalho, tem a seguinte composição:

I – o Procurador-Geral do Trabalho e o Vice-Procurador-Geral do Trabalho, que o integram como membros natos;

II – quatro Subprocuradores Gerais do Trabalho, eleitos para um mandato de 2 (dois) anos, pelo Colégio de Procuradores do Trabalho, mediante voto plurinominal, facultativo e secreto, permitida uma reeleição;

III – quatro Subprocuradores Gerais do Trabalho, eleitos para um mandato de 2 (dois) anos, por seus pares, mediante voto plurinominal, facultativo e secreto, permitida uma reeleição.

§ 1º Serão suplentes dos membros de que tratam os incisos II e III os demais votados, em ordem decrescente, observados os critérios gerais de desempate.

§ 2º O Conselho Superior elegerá o seu Vice-Presidente, que substituirá o Presidente em seus impedimentos e em caso de vacância.

Art. 96. O Conselho Superior do Ministério Público do Trabalho reunir-se-á ordinariamente, uma vez por mês, em dia previamente fixado e, extraordinariamente, quando convocado pelo Procurador-Geral do Trabalho ou por proposta da maioria absoluta de seus membros.

Art. 97. Salvo disposição em contrário, as deliberações do Conselho Superior serão tomadas por maioria de votos, presente a maioria absoluta dos seus membros.

§ 1º Em caso de empate, prevalecerá o voto do Presidente, exceto em matéria de sanções, caso em que prevalecerá a solução mais favorável ao acusado.

§ 2º As deliberações do Conselho Superior serão publicadas no *Diário da Justiça*, exceto quando o Regimento Interno determinar sigilo.

Ministério Público do Trabalho

Art. 98. Compete ao Conselho Superior do Ministério Público do Trabalho:
I – exercer o poder normativo no âmbito do Ministério Público do Trabalho, observados os princípios desta Lei Complementar, especialmente para elaborar e aprovar:
a) seu Regimento Interno, o do Colégio de Procuradores do Trabalho e o da Câmara de Coordenação e Revisão do Ministério Público do Trabalho;
b) as normas e as instruções para o concurso de ingresso na carreira;
c) as normas sobre as designações para os diferentes ofícios do Ministério Público do Trabalho;
d) os critérios para distribuição de procedimentos administrativos e quaisquer outros feitos no Ministério Público do Trabalho;
e) os critérios de promoção por merecimento na carreira;
f) o procedimento para avaliar o cumprimento das condições do estágio probatório;
II – indicar os integrantes da Câmara de Coordenação e Revisão do Ministério Público do Trabalho;
III – propor a exoneração do Procurador-Geral do Trabalho;
IV – destituir, por iniciativa do Procurador-Geral do Trabalho e pelo voto de 2/3 (dois terços) de seus membros, antes do término do mandato, o Corregedor-Geral;
V – elaborar a lista tríplice destinada à promoção por merecimento;
VI – elaborar a lista tríplice para Corregedor-Geral do Ministério Público do Trabalho;
VII – aprovar a lista de antiguidade do Ministério Público do Trabalho e decidir sobre as reclamações a ela concernentes;
VIII – indicar o membro do Ministério Público do Trabalho para promoção por antiguidade, observado o disposto no art. 93, inciso II, alínea *d*, da Constituição Federal;
IX – opinar sobre a designação de membro do Ministério Público do Trabalho para:
a) funcionar nos órgãos em que a participação da Instituição seja legalmente prevista;
b) integrar comissões técnicas ou científicas relacionadas às funções da Instituição;
X – opinar sobre o afastamento temporário de membro do Ministério Público do Trabalho;
XI – autorizar a designação, em caráter excepcional, de membros do Ministério Público do Trabalho, para exercício de atribuições processuais perante juízos, tribunais ou ofícios diferentes dos estabelecidos para cada categoria;
XII – determinar a realização de correições e sindicâncias e apreciar os relatórios correspondentes;
XIII – determinar a instauração de processos administrativos em que o acusado seja membro do Ministério Público do Trabalho, apreciar seus relatórios e propor as medidas cabíveis;
XIV – determinar o afastamento do exercício de suas funções, de membro do Ministério Público do Trabalho, indiciado ou acusado em processo disciplinar, e o seu retorno;
XV – designar a comissão de processo administrativo em que o acusado seja membro do Ministério Público do Trabalho;
XVI – decidir sobre o cumprimento do estágio probatório por membro do Ministério Público do Trabalho, encaminhando cópia da decisão ao Procurador-Geral da República, quando for o caso, para ser efetivada sua exoneração;
XVII – decidir sobre remoção e disponibilidade de membro do Ministério Público do Trabalho, por motivo de interesse público;
XVIII – autorizar, pela maioria absoluta de seus membros, que o Procurador-Geral da República ajuíze a ação de perda de cargo contra membro vitalício do Ministério Público do Trabalho, nos casos previstos em lei;
XIX – opinar sobre os pedidos de reversão de membro da carreira;
XX – aprovar a proposta de lei para o aumento do número de cargos da carreira e dos ofícios;
XXI – deliberar sobre a realização de concurso para o ingresso na carreira, designar os membros da Comissão de Concurso e opinar sobre a homologação dos resultados;
XXII – aprovar a proposta orçamentária que integrará o projeto de orçamento do Ministério Público da União;
XXIII – exercer outras funções atribuídas em lei.

MINISTÉRIO PÚBLICO DO TRABALHO

§ 1º Aplicam-se ao Procurador-Geral e aos demais membros do Conselho Superior as normas processuais em geral, pertinentes aos impedimentos e suspeição dos membros do Ministério Público.

§ 2º As deliberações relativas aos incisos I, alíneas a e e, XI, XIII, XIV, XV e XVII somente poderão ser tomadas com o voto favorável de 2/3 (dois terços) dos membros do Conselho Superior.

Seção V
Da Câmara de Coordenação e Revisão do Ministério Público do Trabalho

Art. 99. A Câmara de Coordenação e Revisão do Ministério Público do Trabalho é um órgão de coordenação, de integração e de revisão do exercício funcional na Instituição.

Art. 100. A Câmara de Coordenação e Revisão do Ministério Público do Trabalho será organizada por ato normativo, e o Regimento Interno, que disporá sobre seu funcionamento, será elaborado pelo Conselho Superior.

Art. 101. A Câmara de Coordenação e Revisão do Ministério Público do Trabalho será composta por três membros do Ministério Público do Trabalho, sendo um indicado pelo Procurador-Geral do Trabalho e dois pelo Conselho Superior do Ministério Público do Trabalho, juntamente com seus suplentes, para um mandato de dois anos, sempre que possível, dentre integrantes do último grau da carreira.

Art. 102. Dentre os integrantes da Câmara de Coordenação e Revisão, um deles será designado pelo Procurador-Geral para a função executiva de Coordenador.

Art. 103. Compete à Câmara de Coordenação e Revisão do Ministério Público do Trabalho:

I – promover a integração e a coordenação dos órgãos institucionais do Ministério Público do Trabalho, observado o princípio da independência funcional;

II – manter intercâmbio com órgãos ou entidades que atuem em áreas afins;

III – encaminhar informações técnico-jurídicas aos órgãos institucionais do Ministério Público do Trabalho;

IV – resolver sobre a distribuição especial de feitos e procedimentos, quando a matéria, por sua natureza ou relevância, assim o exigir;

V – resolver sobre a distribuição especial de feitos, que por sua contínua reiteração, devam receber tratamento uniforme;

VI – decidir os conflitos de atribuição entre os órgãos do Ministério Público do Trabalho.

Parágrafo único. A competência fixada nos incisos IV e V será exercida segundo critérios objetivos previamente estabelecidos pelo Conselho Superior.

Seção VI
Da Corregedoria do Ministério Público do Trabalho

Art. 104. A Corregedoria do Ministério Público do Trabalho, dirigida pelo Corregedor-Geral, é o órgão fiscalizador das atividades funcionais e da conduta dos membros do Ministério Público.

Art. 105. O Corregedor-Geral será nomeado pelo Procurador-Geral do Trabalho dentre os Subprocuradores Gerais do Trabalho, integrantes de lista tríplice elaborada pelo Conselho Superior, para mandato de 2 (dois) anos, renovável uma vez.

§ 1º Não poderão integrar a lista tríplice os membros do Conselho Superior.

§ 2º Serão suplentes do Corregedor-Geral os demais integrantes da lista tríplice, na ordem em que os designar o Procurador-Geral.

§ 3º O Corregedor-Geral poderá ser destituído, por iniciativa do Procurador-Geral, antes do término do mandato, pelo voto de 2/3 (dois terços) dos membros do Conselho Superior.

Art. 106. Incumbe ao Corregedor-Geral do Ministério Público:

I – participar, sem direito a voto, das reuniões do Conselho Superior;

II – realizar, de ofício ou por determinação do Procurador-Geral ou do Conselho Superior, correições e sindicâncias, apresentando os respectivos relatórios;

LC 75/1993

Ministério Público do Trabalho

III – instaurar inquérito contra integrante da carreira e propor ao Conselho Superior a instauração do processo administrativo consequente;
IV – acompanhar o estágio probatório dos membros do Ministério Público do Trabalho;
V – propor ao Conselho Superior a exoneração de membro do Ministério Público do Trabalho que não cumprir as condições do estágio probatório.

Seção VII
Dos Subprocuradores Gerais do Trabalho

Art. 107. Os Subprocuradores Gerais do Trabalho serão designados para oficiar junto ao Tribunal Superior do Trabalho e nos ofícios na Câmara de Coordenação e Revisão.
Parágrafo único. A designação de Subprocurador-Geral do Trabalho para oficiar em órgãos jurisdicionais diferentes do previsto para a categoria dependerá de autorização do Conselho Superior.
Art. 108. Cabe aos Subprocuradores Gerais do Trabalho, privativamente, o exercício das funções de:
I – Corregedor-Geral do Ministério Público do Trabalho;
II – Coordenador da Câmara de Coordenação e Revisão do Ministério Público do Trabalho.
Art. 109. Os Subprocuradores Gerais do Trabalho serão lotados nos ofícios na Procuradoria-Geral do Trabalho.

Seção VIII
Dos Procuradores Regionais do Trabalho

Art. 110. Os Procuradores Regionais do Trabalho serão designados para oficiar junto aos Tribunais Regionais do Trabalho.
Parágrafo único. Em caso de vaga ou de afastamento de Subprocurador-Geral do Trabalho por prazo superior a 30 (trinta) dias, poderá ser convocado pelo Procurador-Geral, mediante aprovação do Conselho Superior, Procurador Regional do Trabalho para substituição.
Art. 111. O Procuradores Regionais do Trabalho serão lotados nos ofícios nas Procuradorias Regionais do Trabalho nos Estados e no Distrito Federal.

Seção IX
Dos Procuradores do Trabalho

Art. 112. Os Procuradores do Trabalho serão designados para funcionar junto aos Tribunais Regionais do Trabalho e, na forma das leis processuais, nos litígios trabalhistas que envolvam, especialmente, interesses de menores e incapazes.
Parágrafo único. A designação de Procurador do Trabalho para oficiar em órgãos jurisdicionais diferentes dos previstos para a categoria dependerá de autorização do Conselho Superior.
Art. 113. Os Procuradores do Trabalho serão lotados nos ofícios nas Procuradorias Regionais do Trabalho nos Estados e no Distrito Federal.

Seção X
Das unidades de lotação e de administração

Art. 114. Os ofícios na Procuradoria-Geral do Trabalho e nas Procuradorias Regionais do Trabalho nos Estados e no Distrito Federal são unidades de lotação e de administração do Ministério Público do Trabalho.
Art. 115. A estrutura básica das unidades de lotação e de administração será organizada por regulamento, nos termos da lei.
[...]

TÍTULO IV
DAS DISPOSIÇÕES FINAIS E TRANSITÓRIAS

[...]
Art. 294. Esta Lei Complementar entra em vigor na data de sua publicação.
Art. 295. Revogam-se as disposições em contrário.
Brasília, 20 de maio de 1993; 172º da Independência e 105º da República.
Itamar Franco

(*DOU* 21.05.1993)

MOTORISTA PROFISSIONAL

LEI 12.009,
DE 29 DE JULHO DE 2009

Regulamenta o exercício das atividades dos profissionais em transporte de passageiros, "mototaxista", em entrega de mercadorias e em serviço comunitário de rua, e "motoboy", com o uso de motocicleta, altera a Lei 9.503, de 23 de setembro de 1997, para dispor sobre regras de segurança dos serviços de transporte remunerado de mercadorias em motocicletas e motonetas – motofrete –, estabelece regras gerais para a regulação deste serviço e dá outras providências.

O Presidente da República:

Faço saber que o Congresso Nacional decreta e eu sanciono a seguinte Lei:

Art. 1º Esta Lei regulamenta o exercício das atividades dos profissionais em transportes de passageiros, "mototaxista", em entrega de mercadorias e em serviço comunitário de rua, e "motoboy", com o uso de motocicleta, dispõe sobre regras de segurança dos serviços de transporte remunerado de mercadorias em motocicletas e motonetas – motofrete – , estabelece regras gerais para a regulação deste serviço e dá outras providências.

Art. 2º Para o exercício das atividades previstas no art. 1º, é necessário:
I – ter completado 21 (vinte e um) anos;
II – possuir habilitação, por pelo menos 2 (dois) anos, na categoria;
III – ser aprovado em curso especializado, nos termos da regulamentação do Contran;
IV – estar vestido com colete de segurança dotado de dispositivos retrorrefletivos, nos termos da regulamentação do Contran.

Parágrafo único. Do profissional de serviço comunitário de rua serão exigidos ainda os seguintes documentos:
I – carteira de identidade;
II – título de eleitor;
III – cédula de identificação do contribuinte – CIC;
IV – atestado de residência;
V – certidões negativas das varas criminais;
VI – identificação da motocicleta utilizada em serviço.

Art. 3º São atividades específicas dos profissionais de que trata o art. 1º:
I – transporte de mercadorias de volume compatível com a capacidade do veículo;
II – transporte de passageiros.
Parágrafo único. (*Vetado.*)

Art. 4º A Lei 9.503, de 23 de setembro de 1997, passa a vigorar acrescida do seguinte Capítulo XIII-A:

"Capítulo XIII-A

"DA CONDUÇÃO DE MOTOFRETE

"Art. 139-A. As motocicletas e motonetas destinadas ao transporte remunerado de mercadorias – motofrete – somente poderão circular nas vias com autorização emitida pelo órgão ou entidade executivo de trânsito dos Estados e do Distrito Federal, exigindo-se, para tanto:

"I – registro como veículo da categoria de aluguel;

"II – instalação de protetor de motor mata-cachorro, fixado no chassi do veículo, destinado a proteger o motor e a perna do condutor em caso de tombamento, nos termos de regulamentação do Conselho Nacional de Trânsito – Contran;

"III – instalação de aparador de linha antena corta-pipas, nos termos de regulamentação do Contran;

"IV – inspeção semestral para verificação dos equipamentos obrigatórios e de segurança.

"§ 1º A instalação ou incorporação de dispositivos para transporte de cargas deve estar de acordo com a regulamentação do Contran.

"§ 2º É proibido o transporte de combustíveis, produtos inflamáveis ou tóxicos e de galões nos veículos de que trata este artigo, com exceção do gás de cozinha e de

Lei 12.619/2012

MOTORISTA PROFISSIONAL

galões contendo água mineral, desde que com o auxílio de *side-car*, nos termos de regulamentação do Contran."

"Art. 139-B. O disposto neste Capítulo não exclui a competência municipal ou estadual de aplicar as exigências previstas em seus regulamentos para as atividades de motofrete no âmbito de suas circunscrições."

Art. 5º O art. 244 da Lei 9.503, de 23 de setembro de 1997, passa a vigorar com a seguinte redação:

"Art. 244. [...]

"[...]

"VIII – transportando carga incompatível com suas especificações ou em desacordo com o previsto no § 2º do art. 139-A desta Lei;

"IX – efetuando transporte remunerado de mercadorias em desacordo com o previsto no art. 139-A desta Lei ou com as normas que regem a atividade profissional dos mototaxistas:

"Infração – grave;

"Penalidade – multa;

"Medida administrativa – apreensão do veículo para regularização.

"§ 1º [...]

"[...]"

Art. 6º A pessoa natural ou jurídica que empregar ou firmar contrato de prestação continuada de serviço com condutor de motofrete é responsável solidária por danos cíveis advindos do descumprimento das normas relativas ao exercício da atividade, previstas no art. 139-A da Lei 9.503, de 23 de setembro de 1997, e ao exercício da profissão, previstas no art. 2º desta Lei.

Art. 7º Constitui infração a esta Lei:

I – empregar ou manter contrato de prestação continuada de serviço com condutor de motofrete inabilitado legalmente;

II – fornecer ou admitir o uso de motocicleta ou motoneta para o transporte remunerado de mercadorias, que esteja em desconformidade com as exigências legais.

Parágrafo único. Responde pelas infrações previstas neste artigo o empregador ou aquele que contrata serviço continuado de motofrete, sujeitando-se à sanção relativa à segurança do trabalho prevista no art. 201 da Consolidação das Leis do Trabalho – CLT, aprovada pelo Decreto-lei 5.452, de 1º de maio de 1943.

Art. 8º Os condutores que atuam na prestação do serviço de motofrete, assim como os veículos empregados nessa atividade, deverão estar adequados às exigências previstas nesta Lei no prazo de até 365 (trezentos e sessenta e cinco) dias, contado da regulamentação pelo Contran dos dispositivos previstos no art. 139-A da Lei 9.503, de 23 de setembro de 1997, e no art. 2º desta Lei.

Art. 9º Esta Lei entra em vigor na data de sua publicação.

Brasília, 29 de julho de 2009; 188º da Independência e 121º da República.

Luiz Inácio Lula da Silva

(*DOU* 30.07.2009)

LEI 12.619, DE 30 DE ABRIL DE 2012

Dispõe sobre o exercício da profissão de motorista; altera a Consolidação das Leis do Trabalho – CLT, aprovada pelo Decreto-Lei 5.452, de 1º de maio de 1943, e as Leis 9.503, de 23 de setembro de 1997, 10.233, de 5 de junho de 2001, 11.079, de 30 de dezembro de 2004, e 12.023, de 27 de agosto de 2009, para regular e disciplinar a jornada de trabalho e o tempo de direção do motorista profissional; e dá outras providências.

A Presidenta da República:

Faço saber que o Congresso Nacional decreta e eu sanciono a seguinte Lei:

Art. 1º É livre o exercício da profissão de motorista profissional, atendidas as condições e qualificações profissionais estabelecidas nesta Lei.

Parágrafo único. Integram a categoria profissional de que trata esta Lei os motoristas profissionais de veículos automotores cuja condução exija formação profissional e que exerçam a atividade mediante vínculo empregatício, nas seguintes atividades ou categorias econômicas:

I – transporte rodoviário de passageiros;

II – transporte rodoviário de cargas;

III – (*vetado*);

Lei 12.619/2012

MOTORISTA PROFISSIONAL

IV – (vetado).

Art. 2º São direitos dos motoristas profissionais, além daqueles previstos no Capítulo II do Título II e no Capítulo II do Título VIII da Constituição Federal:

I – ter acesso gratuito a programas de formação e aperfeiçoamento profissional, em cooperação com o poder público;

II – contar, por intermédio do Sistema Único de Saúde – SUS, com atendimento profilático, terapêutico e reabilitador, especialmente em relação às enfermidades que mais os acometam, consoante levantamento oficial, respeitado o disposto no art. 162 da Consolidação das Leis do Trabalho – CLT, aprovada pelo Decreto-Lei 5.452, de 1º de maio de 1943;

III – não responder perante o empregador por prejuízo patrimonial decorrente da ação de terceiro, ressalvado o dolo ou a desídia do motorista, nesses casos mediante comprovação, no cumprimento de suas funções;

IV – receber proteção do Estado contra ações criminosas que lhes sejam dirigidas no efetivo exercício da profissão;

V – jornada de trabalho e tempo de direção controlados de maneira fidedigna pelo empregador, que poderá valer-se de anotação em diário de bordo, papeleta ou ficha de trabalho externo, nos termos do § 3º do art. 74 da Consolidação das Leis do Trabalho – CLT, aprovada pelo Decreto-Lei 5.452, de 1º de maio de 1943, ou de meios eletrônicos idôneos instalados nos veículos, a critério do empregador.

Parágrafo único. Aos profissionais motoristas empregados referidos nesta Lei é assegurado o benefício de seguro obrigatório, custeado pelo empregador, destinado à cobertura dos riscos pessoais inerentes às suas atividades, no valor mínimo correspondente a 10 (dez) vezes o piso salarial de sua categoria ou em valor superior fixado em convenção ou acordo coletivo de trabalho.

Art. 3º O Capítulo I do Título III da Consolidação das Leis do Trabalho – CLT, aprovada pelo Decreto-Lei 5.452, de 1º de maio de 1943, passa a vigorar acrescido da seguinte Seção IV-A:

"TÍTULO III"

"[...]"

"Capítulo I"

"[...]"

"Seção IV-A"

"Do Serviço do Motorista Profissional"

"Art. 235-A. Ao serviço executado por motorista profissional aplicam-se os preceitos especiais desta Seção."

"Art. 235-B. São deveres do motorista profissional:

"I – estar atento às condições de segurança do veículo;

"II – conduzir o veículo com perícia, prudência, zelo e com observância aos princípios de direção defensiva;

"III – respeitar a legislação de trânsito e, em especial, as normas relativas ao tempo de direção e de descanso;

"IV – zelar pela carga transportada e pelo veículo;

"V – colocar-se à disposição dos órgãos públicos de fiscalização na via pública;

"VI – (vetado);

"VII – submeter-se a teste e a programa de controle de uso de droga e de bebida alcoólica, instituído pelo empregador, com ampla ciência do empregado.

"Parágrafo único. A inobservância do disposto no inciso VI e a recusa do empregado em submeter-se ao teste e ao programa de controle de uso de droga e de bebida alcoólica previstos no inciso VII serão consideradas infração disciplinar, passível de penalização nos termos da lei."

"Art. 235-C. A jornada diária de trabalho do motorista profissional será a estabelecida na Constituição Federal ou mediante instrumentos de acordos ou convenção coletiva de trabalho.

"§ 1º Admite-se a prorrogação da jornada de trabalho por até 2 (duas) horas extraordinárias.

"§ 2º Será considerado como trabalho efetivo o tempo que o motorista estiver à disposição do empregador, excluídos os inter-

Lei 12.619/2012

MOTORISTA PROFISSIONAL

valos para refeição, repouso, espera e descanso.

"§ 3º Será assegurado ao motorista profissional intervalo mínimo de 1 (uma) hora para refeição, além de intervalo de repouso diário de 11 (onze) horas a cada 24 (vinte e quatro) horas e descanso semanal de 35 (trinta e cinco) horas.

"§ 4º As horas consideradas extraordinárias serão pagas com acréscimo estabelecido na Constituição Federal ou mediante instrumentos de acordos ou convenção coletiva de trabalho.

"§ 5º À hora de trabalho noturno aplica-se o disposto no art. 73 desta Consolidação.

"§ 6º O excesso de horas de trabalho realizado em um dia poderá ser compensado, pela correspondente diminuição em outro dia, se houver previsão em instrumentos de natureza coletiva, observadas as disposições previstas nesta Consolidação.

"§ 7º *(Vetado)*.

"§ 8º São consideradas tempo de espera as horas que excederem à jornada normal de trabalho do motorista de transporte rodoviário de cargas que ficar aguardando para carga ou descarga do veículo no embarcador ou destinatário ou para fiscalização da mercadoria transportada em barreiras fiscais ou alfandegárias, não sendo computadas como horas extraordinárias.

"§ 9º As horas relativas ao período do tempo de espera serão indenizadas com base no salário-hora normal acrescido de 30% (trinta por cento)."

"Art. 235-D. Nas viagens de longa distância, assim consideradas aquelas em que o motorista profissional permanece fora da base da empresa, matriz ou filial e de sua residência por mais de 24 (vinte e quatro) horas, serão observados:

"I – intervalo mínimo de 30 (trinta) minutos para descanso a cada 4 (quatro) horas de tempo ininterrupto de direção, podendo ser fracionados o tempo de direção e o de intervalo de descanso, desde que não completadas as 4 (quatro) horas ininterruptas de direção;

"II – intervalo mínimo de 1 (uma) hora para refeição, podendo coincidir ou não com o intervalo de descanso do inciso I;

"III – repouso diário do motorista obrigatoriamente com o veículo estacionado, podendo ser feito em cabine leito do veículo ou em alojamento do empregador, do contratante do transporte, do embarcador ou do destinatário ou em hotel, ressalvada a hipótese da direção em dupla de motoristas prevista no § 6º do art. 235-E."

"Art. 235-E. Ao transporte rodoviário de cargas em longa distância, além do previsto no art. 235-D, serão aplicadas regras conforme a especificidade da operação de transporte realizada.

"§ 1º Nas viagens com duração superior a 1 (uma) semana, o descanso semanal será de 36 (trinta e seis) horas por semana trabalhada ou fração semanal trabalhada, e seu gozo ocorrerá no retorno do motorista à base (matriz ou filial) ou em seu domicílio, salvo se a empresa oferecer condições adequadas para o efetivo gozo do referido descanso.

"§ 2º *(Vetado)*.

"§ 3º É permitido o fracionamento do descanso semanal em 30 (trinta) horas mais 6 (seis) horas a serem cumpridas na mesma semana e em continuidade de um período de repouso diário.

"§ 4º O motorista fora da base da empresa que ficar com o veículo parado por tempo superior à jornada normal de trabalho fica dispensado do serviço, exceto se for exigida permanência junto ao veículo, hipótese em que o tempo excedente à jornada será considerado de espera.

"§ 5º Nas viagens de longa distância e duração, nas operações de carga ou descarga e nas fiscalizações em barreiras fiscais ou aduaneira de fronteira, o tempo parado que exceder a jornada normal será computado como tempo de espera e será indenizado na forma do § 9º do art. 235-C.

"§ 6º Nos casos em que o empregador adotar revezamento de motoristas trabalhando em dupla no mesmo veículo, o tempo que exceder a jornada normal de traba-

Lei 12.619/2012

MOTORISTA PROFISSIONAL

lho em que o motorista estiver em repouso no veículo em movimento será considerado tempo de reserva e será remunerado na razão de 30% (trinta por cento) da hora normal.

"§ 7º É garantido ao motorista que trabalha em regime de revezamento repouso diário mínimo de 6 (seis) horas consecutivas fora do veículo em alojamento externo ou, se na cabine leito, com o veículo estacionado.

"§ 8º *(Vetado).*

"§ 9º Em caso de força maior, devidamente comprovado, a duração da jornada de trabalho do motorista profissional poderá ser elevada pelo tempo necessário para sair da situação extraordinária e chegar a um local seguro ou ao seu destino.

"§ 10. Não será considerado como jornada de trabalho nem ensejará o pagamento de qualquer remuneração o período em que o motorista ou o ajudante ficarem espontaneamente no veículo usufruindo do intervalo de repouso diário ou durante o gozo de seus intervalos intrajornadas.

"§ 11. Nos casos em que o motorista tenha que acompanhar o veículo transportado por qualquer meio onde ele siga embarcado, e que a embarcação disponha de alojamento para gozo do intervalo de repouso diário previsto no § 3º do art. 235-C, esse tempo não será considerado como jornada de trabalho, a não ser o tempo restante, que será considerado de espera.

"§ 12. Aplica-se o disposto no § 6º deste artigo ao transporte de passageiros de longa distância em regime de revezamento."

"Art. 235-F. Convenção e acordo coletivo poderão prever jornada especial de 12 (doze) horas de trabalho por 36 (trinta e seis) horas de descanso para o trabalho do motorista, em razão da especificidade do transporte, de sazonalidade ou de característica que o justifique."

"Art. 235-G. É proibida a remuneração do motorista em função da distância percorrida, do tempo de viagem e/ou da natureza e quantidade de produtos transportados, inclusive mediante oferta de comissão ou qualquer outro tipo de vantagem, se essa remuneração ou comissionamento comprometer a segurança rodoviária ou da coletividade ou possibilitar violação das normas da presente legislação."

"Art. 235-H. Outras condições específicas de trabalho do motorista profissional, desde que não prejudiciais à saúde e à segurança do trabalhador, incluindo jornadas especiais, remuneração, benefícios, atividades acessórias e demais elementos integrantes da relação de emprego, poderão ser previstas em convenções e acordos coletivos de trabalho, observadas as demais disposições desta Consolidação."

Art. 4º O art. 71 da Consolidação das Leis do Trabalho – CLT, aprovada pelo Decreto-Lei 5.452, de 1º de maio de 1943, passa a vigorar acrescido do seguinte § 5º:

"Art. 71. [...]

"[...]

"§ 5º Os intervalos expressos no *caput* e no § 1º poderão ser fracionados quando compreendidos entre o término da primeira hora trabalhada e o início da última hora trabalhada, desde que previsto em convenção ou acordo coletivo de trabalho, ante a natureza do serviço e em virtude das condições especiais do trabalho a que são submetidos estritamente os motoristas, cobradores, fiscalização de campo e afins nos serviços de operação de veículos rodoviários, empregados no setor de transporte coletivo de passageiros, mantida a mesma remuneração e concedidos intervalos para descanso menores e fracionados ao final de cada viagem, não descontados da jornada."

Art. 5º A Lei 9.503, de 23 de setembro de 1997 – Código de Trânsito Brasileiro, passa a vigorar acrescida do seguinte Capítulo III-A:

"Capítulo III-A"

"DA CONDUÇÃO DE VEÍCULOS POR MOTORISTAS PROFISSIONAIS"

"Art. 67-A. É vedado ao motorista profissional, no exercício de sua profissão e na condução de veículo mencionado no inciso

Lei 12.619/2012

MOTORISTA PROFISSIONAL

II do art. 105 deste Código, dirigir por mais de 4 (quatro) horas ininterruptas.

"§ 1º Será observado intervalo mínimo de 30 (trinta) minutos para descanso a cada 4 (quatro) horas ininterruptas na condução de veículo referido no *caput*, sendo facultado o fracionamento do tempo de direção e do intervalo de descanso, desde que não completadas 4 (quatro) horas contínuas no exercício da condução.

"§ 2º Em situações excepcionais de inobservância justificada do tempo de direção estabelecido no *caput* e desde que não comprometa a segurança rodoviária, o tempo de direção poderá ser prorrogado por até 1 (uma) hora, de modo a permitir que o condutor, o veículo e sua carga cheguem a lugar que ofereça a segurança e o atendimento demandados.

"§ 3º O condutor é obrigado a, dentro do período de 24 (vinte e quatro) horas, observar um intervalo de, no mínimo, 11 (onze) horas de descanso, podendo ser fracionado em 9 (nove) horas mais 2 (duas), no mesmo dia.

"§ 4º Entende-se como tempo de direção ou de condução de veículo apenas o período em que o condutor estiver efetivamente ao volante de um veículo em curso entre a origem e o seu destino, respeitado o disposto no § 1º, sendo-lhe facultado descansar no interior do próprio veículo, desde que este seja dotado de locais apropriados para a natureza e a duração do descanso exigido.

"§ 5º O condutor somente iniciará viagem com duração maior que 1 (um) dia, isto é, 24 (vinte e quatro) horas após o cumprimento integral do intervalo de descanso previsto no § 3º.

"§ 6º Entende-se como início de viagem, para os fins do disposto no § 5º, a partida do condutor logo após o carregamento do veículo, considerando-se como continuação da viagem as partidas nos dias subsequentes até o destino.

"§ 7º Nenhum transportador de cargas ou de passageiros, embarcador, consignatário de cargas, operador de terminais de carga, operador de transporte multimodal de cargas ou agente de cargas permitirá ou ordenará a qualquer motorista a seu serviço, ainda que subcontratado, que conduza veículo referido no *caput* sem a observância do disposto no § 5º.

"§ 8º *(Vetado).*"

"Art 67-B. *(Vetado)*."

"Art. 67-C. O motorista profissional na condição de condutor é responsável por controlar o tempo de condução estipulado no art. 67-A, com vistas na sua estrita observância.

"Parágrafo único. O condutor do veículo responderá pela não observância dos períodos de descanso estabelecidos no art. 67-A, ficando sujeito às penalidades daí decorrentes, previstas neste Código."

"Art. 67-D. *(Vetado)*."

Art. 6º A Lei 9.503, de 23 de setembro de 1997 – Código de Trânsito Brasileiro, passa a vigorar com as seguintes alterações:

"Art. 145. [...]

"Parágrafo único. A participação em curso especializado previsto no inciso IV independe da observância do disposto no inciso III."

"Art. 230. [...]

"[...]

"XXIII – em desacordo com as condições estabelecidas no art. 67-A, relativamente ao tempo de permanência do condutor ao volante e aos intervalos para descanso, quando se tratar de veículo de transporte de carga ou de passageiros:

"Infração – grave;

"Penalidade – multa;

"Medida administrativa – retenção do veículo para cumprimento do tempo de descanso aplicável;

"XXIV – *(Vetado)*."

"Art. 259. [...]

"[...]

"§ 3º *(Vetado)*."

"Art. 261. [...]

"[...]

"§ 3º *(Vetado)*

"§ 4º *(Vetado)*."

Lei 12.619/2012

MOTORISTA PROFISSIONAL

"Art. 310-A. *(Vetado)*."

Art. 7º *(Vetado)*.

Art. 8º *(Vetado)*.

Art. 9º As condições sanitárias e de conforto nos locais de espera dos motoristas de transporte de cargas em pátios do transportador de carga, embarcador, consignatário de cargas, operador de terminais de carga, operador intermodal de cargas ou agente de cargas, aduanas, portos marítimos, fluviais e secos e locais para repouso e descanso, para os motoristas de transporte de passageiros em rodoviárias, pontos de parada, de apoio, alojamentos, refeitórios das empresas ou de terceiros terão que obedecer ao disposto nas Normas Regulamentadoras do Ministério do Trabalho e Emprego, dentre outras.

Art. 10. *(Vetado)*.

Art. 11. *(Vetado)*.

Art. 12. *(Vetado)*.

Brasília, 30 de abril de 2012; 191º da Independência e 124º da República.

Dilma Rousseff

(*DOU* 02.05.2012)

MULTAS

* V. Notas de atualização.

LEI 7.855, DE 24 DE OUTUBRO DE 1989

Altera a Consolidação das Leis do Trabalho, atualiza os valores das multas trabalhistas, amplia sua aplicação, institui o Programa de Desenvolvimento do Sistema Federal de Inspeção do Trabalho, e dá outras providências.

O Presidente da República:
Faço saber que o Congresso Nacional decreta e eu sanciono a seguinte Lei:

Art. 1º A Consolidação das Leis do Trabalho, aprovada pelo Decreto-lei 5.452, de 1º de maio de 1943 – CLT, passa a vigorar com as seguintes alterações:

* Alterações processadas no texto da CLT.

Art. 2º O valor das multas administrativas decorrentes da violação das normas trabalhistas, previstas na CLT e legislação extravagante, será, na data da publicação desta Lei, triplicado e, em seguida, expresso em quantidade de BTN.

Parágrafo único. O disposto neste artigo não se aplica às multas constantes do Capítulo V, do Título II, da CLT, que terão seus valores convertidos em quantidades de BTN, nem às previstas nos artigos 153 e 477, § 8º, com a redação dada por esta Lei.

Art. 3º Acarretarão a aplicação de multa de 160 (cento e sessenta) BTN, por trabalhador prejudicado, dobrada no caso de reincidência, as infrações ao disposto:
I – na Lei 4.090, de 13 de julho de 1962, que dispõe sobre a gratificação de Natal;
II – na Lei 5.811, de 11 de outubro de 1972, que dispõe sobre o regime de trabalho nas atividades petrolíferas;
III – na Lei 6.019, de 3 de janeiro de 1974, que dispõe sobre o trabalho temporário nas empresas urbanas;
IV – na Lei 7.183, de 5 de abril de 1984, que regula o exercício da profissão de aeronauta;
V – na Lei 7.418, de 16 de dezembro de 1985, alterada pela Lei 7.619, de 30 de setembro de 1987, que instituiu o vale-transporte; e
VI – no Decreto-lei 2.284, de 10 de março de 1986, que instituiu o seguro-desemprego.

Art. 4º O salário pago fora dos prazos previstos em lei, acordos ou convenções coletivas e sentenças normativas sujeitará o infrator à multa administrativa de 160 (cento e sessenta) BTN por trabalhador prejudicado, salvo motivo de força maior (art. 501 da CLT).

Art. 5º As multas previstas na legislação trabalhista serão, quando for o caso, e sem prejuízo das demais cominações legais, agravadas até o grau máximo, nos casos de artifício, ardil, simulação, desacato, embaraço ou resistência à ação fiscal, levando-se em conta, além das circunstâncias atenuantes ou agravantes, a situação econômico-financeira do infrator e os meios a seu alcance para cumprir a lei.

Art. 6º O valor das multas não recolhidas no prazo previsto no § 3º, do art. 636, da CLT, será atualizado monetariamente pelo BTN Fiscal, acrescido de juros de mora de 1% (um por cento) ao mês-calendário, na forma da legislação aplicada aos tributos federais, até a data do seu efetivo pagamento.

§ 1º Não será considerado reincidente o empregador que não for novamente autuado por infração ao mesmo dispositivo, decorridos 2 (dois) anos da imposição da penalidade.

§ 2º A fiscalização, a autuação e o processo de imposição das multas reger-se-ão pelo Título VII da CLT.

§ 3º Será observado o critério de dupla visita nas empresas com até dez empregados, salvo quando for constatada infração por falta de registro de empregado, anotação da sua Carteira de Trabalho e Previdência

Port. MTb 290/1997

MULTAS

Social e na ocorrência de fraude, resistência ou embaraço à fiscalização.

§ 4º Na empresa que for autuada, após obedecido o disposto no parágrafo anterior, não será mais observado o critério da dupla visita em relação ao dispositivo infringido.

Art. 7º Fica instituído o Programa de Desenvolvimento do Sistema Federal de Inspeção do Trabalho, destinado a promover e desenvolver as atividades de inspeção das normas de proteção, segurança e medicina do trabalho.

§ 1º O Ministro de Estado do Trabalho estabelecerá os princípios norteadores do Programa que terá como objetivo principal assegurar o reconhecimento do vínculo empregatício do trabalhador e os direitos dele decorrentes e, para maior eficiência em sua operacionalização, fará observar o critério de rodízio dos agentes de Inspeção do Trabalho na forma prevista no Regulamento da Inspeção do Trabalho.

§ 2º O deferimento da gratificação a que se refere o Decreto-lei 2.357, de 28 de agosto de 1987, com as alterações introduzidas pelos artigos 11 e 12 do Decreto-lei 2.365, de 27 de outubro de 1987, é estendido aos servidores pertencentes às seguintes categorias funcionais integrantes do Grupo Outras Atividades de Nível Superior (NS-900), instituído na conformidade da Lei 5.645, de 10 de dezembro de 1970:

a) Fiscal do Trabalho – Códigos NS-933 e LT-NS-933;

b) Médico do Trabalho – Códigos NS-903 e LT-NS-903, quando no efetivo exercício de funções de inspeção de medicina do trabalho;

c) Engenheiro – Códigos NS-916 e LT-NS-916, quando no efetivo exercício de funções de inspeção da segurança do trabalho; e

d) Assistente Social – Códigos NS-930 e LT-NS-930, quando no efetivo exercício de funções de inspeção do trabalho das mulheres e menores.

§ 3º A gratificação de que trata o parágrafo anterior será atribuída até o máximo de 2.800 (dois mil e oitocentos) pontos por servidor, correspondendo cada ponto a 0,285% (duzentos e oitenta e cinco milésimos por cento) do respectivo vencimento básico, mediante ato do Ministro de Estado do Trabalho, que fixará a pontuação proporcionalmente à jornada legal de trabalho das referidas categorias.

Art. 8º O § 1º do art. 5º, da Lei 7.418, de 16 de dezembro de 1985, modificado pela Lei 7.619, de 30 de setembro de 1987, passa a ter a seguinte redação:

• Alteração processada no texto da referida Lei.

Art. 9º *(Vetado.)*

Art. 10. Os efeitos financeiros decorrentes da publicação desta Lei terão início em 1º de outubro de 1989.

Art. 11. As despesas com a execução do disposto nesta Lei correrão à conta das dotações próprias constantes do Orçamento Geral da União.

Art. 12. Esta Lei entra em vigor na data de sua publicação.

Art. 13. Revogam-se o parágrafo único do art. 16, os arts. 18, 19, 27, 28, 43, 44, 324, 374, 375, 378, 379, 380, 387, 418 e 446 da CLT e demais disposições em contrário.

Brasília, em 24 de outubro de 1989; 168º da Independência e 101º da República.
José Sarney

(DOU 25.10.1989)

PORTARIA 290, DE 11 DE ABRIL DE 1997, DO MINISTÉRIO DO TRABALHO – MTb

Aprova normas para a imposição de multas administrativas previstas na legislação trabalhista.

O Ministro de Estado do Trabalho, no uso da atribuição que lhe confere o art. 87, parágrafo único, inciso II, da Constituição;

Considerando a Lei 8.383, de 30 de dezembro de 1991, que instituiu a Unidade Fiscal de Referência – Ufir, como medida de valor e atualização monetária de multas e penalidades de qualquer natureza;

Considerando a necessidade de definir critérios para a gradação das multas admi-

Port. MTb 290/1997

MULTAS

nistrativas variáveis previstas na legislação trabalhista, resolve:

Art. 1º Ficam aprovadas as tabelas constantes nos anexos I, II e III, desta Portaria.

Art. 2º As multas administrativas variáveis, quando a lei não deteminar sua imposição pelo valor máximo, serão graduadas observando-se os seguintes critérios:
I – natureza da infração (arts. 75 e 351 da CLT);
II – intenção do infrator (arts. 75 e 351 da CLT);
III – meios ao alcance do infrator para cumprir a lei (art. 5º da Lei 7.855/89);
IV – extensão da infração (arts. 75 e 351 da CLT);
V – situação econômico-financeira do infrator (art. 5º da Lei 7.855/89).

Parágrafo único. O valor final da multa administrativa variável será calculado aplicando-se o percentual fixo de 20% (vinte por cento) do valor máximo previsto na lei, acrescidos os percentuais de 8% (oito por cento) a 40% (quarenta por cento), conforme o porte econômico do infrator, e de 40% (quarenta por cento), conforme a extensão da infração cumulativamente, nos termos das tabelas constantes no anexo III.

Art. 3º A multa prevista no art. 25, da Lei 7.998, de janeiro de 1990, será imposta na forma do disposto no art. 9º, da Portaria 1.127, de 22 de fevereiro de 1996.

Art. 4º Esta Portaria entra em vigor na data de sua publicação.

Paulo Paiva

(*DOU* 18.04.1997)

ANEXO I

Tabela das multas administrativas de valor fixo (em Ufir)

• O art. 29, § 3º, da Lei 10.522/2002 dispõe: "§ 3º Observado o disposto neste artigo, bem assim a atualização efetuada para o ano de 2000, nos termos do art. 75 da Lei 9.430, de 27 de dezembro de 1996, fica extinta a Unidade Fiscal de Referência – Ufir, instituída pelo art. 1º da Lei 8.383, de 30 de dezembro de 1991".

Natureza	Infração	Base Legal	Quantidade	Observações
Obrigatoriedade da CTPS	CLT art. 13	CLT art. 55	378,2847	
Falta anotação da CTPS	CLT art. 29	CLT art. 54	378,2847	
Falta registro de empregado	CLT art. 41	CLT art. 47	378,2847	Por empregado, dobrado na reincidência
Falta de atualização LRE/FRE	CLT art. 41 parágrafo único	CLT art. 47 parágrafo único	189,1424	Dobrado na reincidência
Falta de autenticação LRE/FRE	CLT art. 42	CLT art. 47 parágrafo único	189,1424	Dobrado na reincidência

Port. MTb 290/1997

MULTAS

Tabela das multas administrativas de valor fixo (em Ufir) (Continuação)

Natureza	Infração	Base Legal	Quantidade	Observações
Venda CTPS (igual ou semelhante)	CLT art. 51	CLT art. 51	1.134,8541	
Extravio ou inutilização CTPS	CLT art. 52	CLT art. 52	189,1424	
Retenção da CTPS	CLT art. 53	CLT art. 53	189,1424	
Não comparecimento audiência p/anotação CTPS	CLT art. 54	CLT art. 54	378,2847	
Cobrança CTPS pelo sindicato	CLT art. 56	CLT art. 56	1.134,8541	
Férias	CLT arts. 129/152	CLT art. 153	160,0000	Por empregado, dobrado na reincidência, embaraço ou resistência
Trabalho do menor (criança e adolescente)	CLT arts. 402/441	CLT art. 434	378,2847	Por menor irregular até o máximo de 1.891,4236 quando infrator primário. Dobrado esse máximo na reincidência
Anotação indevida CTPS	CLT art. 435	CLT art. 435	378,2847	
Contrato individual de trabalho	CLT arts. 442/508	CLT art. 510	378,2847	Dobrado na reincidência
Atraso pagamento de salário	CLT art. 459 § 1º	Lei 7.855/89 art. 4º	160,0000	Por empregado prejudicado
Não pagamento verbas rescisórias prazo previsto	CLT art. 477 § 6º	CLT art. 477 § 8º	160,0000	Por empregado prejudicado + multa de um salário corrigido, para o empregado

Port. MTb 290/1997

MULTAS

Tabela das multas administrativas de valor fixo (em Ufir)

Natureza	Infração	Base legal	Quantidade	Observações
13º salário	Lei 4.090/62	Lei 7.855/89 art. 3º	160,0000	Por empregado, dobrado na reincidência
Vale-transporte	Lei 7.418/85	Lei 7.855/89 art. 3º	160,0000	Por empregado, dobrado na reincidência
Entrega de Caged c/ atraso até 30 dias	Lei 4.923/65	Lei 4.923/65 art. 10 parágrafo único	4,2000	Por empregado
Entrega de Caged c/ atraso de 31 a 60 dias	Lei 4.923/65	Lei 4.923/65 art. 10 parágrafo único	6,3000	Por empregado
Falta de Caged entrega c/ atraso acima de 60 dias	Lei 4.923/65	Lei 4.923/65 art. 10	12,6000	Por empregado
Trabalhador temporário	Lei 6.019/74	Lei 7.855/89 art. 3º	160,0000	Por empregado, dobrado na reincidência
Atividade petrolífera	Lei 5.811/72	Lei 7.855/89 art. 3º	160,0000	Por empregado, dobrado na reincidência
Aeronauta	Lei 7.183/84	Lei 7.855/89 art. 3º	160,0000	Por empregado, dobrado na reincidência

FUNDAMENTAÇÃO LEGAL:

1 – Decreto-lei 5.452, de 1º de maio de 1943
2 – Lei 4.923, de 23 de dezembro de 1965 – (art. 11)
3 – Decreto-lei 193, de 24 de fevereiro de 1967 – (art. 1º)
4 – Decreto-lei 229, de 28 de fevereiro de 1967
5 – Lei 5.562, de 12 de dezembro de 1968 – (art. 2º)
6 – Lei 6.205, de 29 de abril de 1975 – (art. 2º, parágrafo único)
7 – Decreto 75.704, de 8 de maio de 1975
8 – Lei 6.514, de 22 de dezembro de 1977
9 – Lei 6.986, de 13 de abril de 1982 – (art. 7º)
10 – Lei 7.855, de 24 de outubro de 1989 – (arts. 2º a 6º)
11 – Lei 8.177, de 1º de março de 1991 – (art. 3º)
12 – Lei 8.178, de 1º de março de 1991 – (art. 21)
13 – Lei 8.218, de 29 de agosto de 1991 – (art. 10)
14 – Lei 8.383, de 30 de dezembro de 1991 – (arts. 1º e 3º)

Port. MTb 290/1997

MULTAS

ANEXO II
Tabela das multas administrativas de valor variável (em Ufir)

Natureza	Infração	Base legal	Mínimo	Máximo	Observações
Duração do trabalho	CLT arts. 57/74	CLT art. 75	37,8285	3.782,8472	Dobrado na reincidência, oposição ou desacato
Salário mínimo	CLT arts. 76/126	CLT art. 120	37,8285	1.513,1389	Dobrado na reincidência
Segurança do trabalho	CLT arts. 154/200	CLT art. 201	630,4745	6.304,7452	Vr. máximo na reincidência, embaraço, resistência, artifício, simulação
Medicina do trabalho	CLT arts. 154/200	CLT art. 201	378,2847	3.782,8472	Vr. máximo na reincidência, embaraço, resistência, artifício, simulação
Duração e condições especiais do trabalho	CLT arts. 224/350	CLT art. 351	37,8285	3.782,8472	Dobrado na reincidência, oposição ou desacato
Nacionalização do trabalho	CLT arts. 352/371	CLT art. 364	75,6569	7.565,6943	
Trabalho da mulher	CLT arts. 372/400	CLT art. 401	75,6569	756,5694	Vr. máximo na reincidência, artifício, simulação ou fraude
Contribuição sindical	CLT arts. 578/610	CLT art. 598	7,5657	7.565,6943	
Fiscalização	CLT arts. 626/642	CLT art. 630 § 6º	189,1424	1.891,4236	
FGTS: falta de depósito	Lei 8.036/90 art. 23, I	Lei 8.036/90, art. 23, § 2º, *b*	10,0000	100,0000	Por empregado, dobrado na reincidência, fraude, simulação, artifício, ardil, resistência, embaraço ou desacato
FGTS: omitir informações sobre a conta vinculada do trabalhador	Lei 8.036/90, art. 23, II	Lei 8.036/90, art. 23, § 2º, *a*	2,0000	5,0000	Por empregado, dobrado na reincidência, fraude, simulação, artifício, ardil, resistência, embaraço ou desacato

Port. MTb 290/1997

MULTAS

Tabela das multas administrativas de valor variável (em Ufir) (Continuação)

Natureza	Infração	Base legal	Mínimo	Máximo	Observações
FGTS: apresentar informações com erro/omissão	Lei 8.036/90, art. 23, III	Lei 8.036/90, art. 23, § 2º, a	2,0000	5,0000	Por empregado, dobrado na reincidência, fraude, simulação, artifício, ardil, resistência, embaraço ou desacato
FGTS: deixar de computar parcela de remuneração	Lei 8.036/90, art. 23, IV	Lei 8.036/90, art. 23, § 2º, b	10,0000	100,0000	Por empregado, dobrado na reincidência, fraude, simulação, artifício, ardil, resistência, embaraço ou desacato
FGTS: deixar de efetuar depósito após notificação	Lei 8.036/90, art. 23, V	Lei 8.036/90, art. 23, § 2º, b	10,0000	100,0000	Por empregado, dobrado na reincidência, fraude, simulação, artifício, ardil, resistência, embaraço ou desacato
Seguro-desemprego	Lei 7.998/90, art. 24	Lei 7.998/90, art. 25	400,0000	40.000,0000	Dobrado na reincidência, oposição ou desacato
Rais: não entregar no prazo previsto, entregar com erro, omissão ou declaração falsa	Dec. 76.900/75, art. 7º c/ Lei 7.998/90, art. 24	Lei 7.998/90, art. 25	400,0000	40.000,0000	Dobrado na reincidência, oposição ou desacato. Gradação conforme Port. MTb 319, de 26.02.1993 (art. 6º), e 1.127, de 22.11.1996
Trabalho rural (ver IN Intersecretarial Sefit/SSST/MTb 1, de 24.03.1994, que prevê mesmos critérios para o trabalho urbano e o rural, por força da CF)	Lei 5.889/73, art. 9º	Lei 5.889/73, art. 18	3,7828	378,2847	Por empregado, limitado a 151,3140 quando o infrator for primário. Dobrado na reincidência, oposição ou desacato
Radialista	Lei 6.615/78	Lei 6.615/78, art. 27	107,1738	1.071,7382	53,5869 por empregado. Valor máximo na reincidência, embaraço, resistência, artifício ou simulação
Jornalista	Decreto-lei 972/69	Dec.-lei 972/69, art. 13	53,5869	535,8692	

Port. MTb 290/1997

MULTAS

Tabela das multas administrativas de valor variável (em Ufir) (Continuação)

Natureza	Infração	Base legal	Mínimo	Máximo	Observações
Artista	Lei 6.533/78	Lei 6.533/78, art. 33	107,1738	1.071,7382	53,5869 por empregado. Valor máximo na reincidência, embaraço, resistência, artifício ou simulação
Publicitário	Lei 4.680/65	Lei 4.680/65, art. 16	3,7828	378,2847	
Músico	Lei 3.857/60	Lei 3.857/60, art. 56	0,0000	0,0082	Valores sem expressão na moeda atual, por falta de base legal para atualização ou majoração até set/89.
Repouso semanal remunerado	Lei 605/49	Lei 605/49, art. 12	0,0000	0,0040	Idem

FUNDAMENTAÇÃO LEGAL:
1 – Decreto-lei 5.452, de 1º de maio de 1943
2 – Lei 4.923, de 23 de dezembro de 1965 – (art. 11)
3 – Decreto-lei 193, de 24 de fevereiro de 1967 – (art. 1º)
4 – Decreto-lei 229, de 28 de fevereiro de 1967
5 – Lei 5.562, de 12 de dezembro de 1968 – (art. 2º)
6 – Lei 6.205, de 29 de abril de 1975 – (art. 2º, parágrafo único)
7 – Decreto 75.704, de 8 de maio de 1975
8 – Lei 6.514, de 22 de dezembro de 1977
9 – Lei 6.986, de 13 de abril de 1982 – (art. 7º)
10 – Lei 7.855, de 24 de outubro de 1989 – (arts. 2º a 6º)
11 – Lei 8.177, de 1º de março de 1991 – (art. 3º)
12 – Lei 8.178, de 1º de março de 1991 – (art. 21)
13 – Lei 8.218, de 29 de agosto de 1991 – (art. 10)
14 – Lei 8.383, de 30 de dezembro de 1991 – (arts. 1º e 3º)

MULTAS

ANEXO III
A – Tabela em Ufir de gradação das multas de valor variável (art. 5º)

Critérios	Valor a ser atribuído
I – Natureza da infração. Intenção do infrator de praticar a infração. Meios ao alcance do infrator para cumprir a lei	20% do valor máximo previsto para a multa, equivalente ao conjunto dos três critérios. Obs.: Percentual fixo aplicável a todas as infrações, conforme tabela "B" a seguir.
II – Porte econômico do infrator	De 8% (oito por cento) a 40% (quarenta por cento) do valor máximo previsto para a multa, conforme tabela abaixo.
III – Extensão da infração	a) 40% (quarenta por cento) do valor máximo previsto para a multa, quando se tratar de infração a: • Capítulos II e III do Título II da CLT (Duração do Trabalho e salário mínimo) • Capítulos I e III do Título III da CLT (Disposições especiais sobre duração e condições de trabalho e Proteção do Trabalho da Mulher) • Capítulo I do Título VII da CLT (Fiscalização, Autuação e Imposição de Multas) • Art. 23 da Lei 8.036/90 (Fundo de Garantia do Tempo de Serviço) b) De 8% (oito por cento) a 40% (quarenta por cento) do valor máximo previsto para a multa aplicável às demais infrações, conforme tabela "C" abaixo.
Obs.: O valor da multa corresponderá à soma dos valores resultantes da aplicação dos percentuais relativos aos três níveis de critérios acima (I, II e III)	

B – Tabela em Ufir do percentual fixo (20%) aplicável a todas as infrações

Base Legal								
Arts. 75 e 351 da CLT	Art. 120 da CLT	Arts. 364 e 598 da CLT	Art. 401 da CLT	Art. 630, § 6º, da CLT	Art. 16, Lei 4.680/65 Art. 18, Lei 5.889/73	Art. 13, Dec.-lei 972/69	Art. 23, § 2º, *a*, da Lei 8.036/90	Art. 23, § 2º, *b*, da Lei 8.036/90
756,5694	302,6277	1.513,1388	151,3138	378,2847	75,6569	107,1738	1,0000	20,0000

C – Tabela em Ufir de gradação de multas
de valor variável aplicável aos critérios II e III, alínea *b*, do quadro acima

Quantidade de empregados	%	Base Legal								
		Arts. 75 e 351 da CLT	Art. 120 da CLT	Arts. 364 e 598 da CLT	Art. 401 da CLT	Art. 630, § 6º, da CLT	Art. 16, Lei 4.680/65 Art. 18, Lei 5.889/73	Art. 13, Dec.-lei 972/69	Art. 23, § 2º, *a*, da Lei 8.036/90	Art. 23, § 2º, *b*, da Lei 8.036/90
De 01 a 10	8	302,6277	121,0511	605,2555	60,5255	151,3138	30,2627	42,8695	0,4000	8,0000
De 11 a 30	16	605,2555	242,1022	1.210,5111	121,0511	302,6277	60,5255	85,7390	0,8000	16,0000
De 31 a 60	24	907,8833	363,1533	1.815,7666	181,5766	453,9416	90,7883	128,6086	1,2000	24,0000
De 61 a 100	32	1.210,5111	484,2044	2.421,0221	242,1022	605,2555	121,0511	171,4781	1,6000	32,0000
Acima de 100	40	1.513,1388	605,2555	3.026,2777	302,6277	756,5694	151,3138	214,3476	2,0000	40,0000

Orientações Normativas da Secretaria das Relações do Trabalho

PORTARIA 1,
DE 25 DE MAIO DE 2006, DA SECRETARIA DE RELAÇÕES DO TRABALHO – SRT

Aprova Ementas Normativas da Secretaria de Relações do Trabalho.

O Secretário de Relações do Trabalho do Ministério do Trabalho e Emprego, no uso das atribuições previstas no art. 17 do Decreto 5.063, de 3 de maio de 2004 e no Anexo VII, do art. 1º da Portaria 483, de 15 de setembro de 2004;

Considerando a necessidade dar maior eficiência ao atendimento ao público prestado pelas Delegacias Regionais do Trabalho por meio da padronização dos procedimentos administrativos; e

Considerando as orientações e entendimentos normativos emanados desta Secretaria, resolve:

Art. 1º Aprovar as Ementas constantes do Anexo, com orientações que deverão ser adotadas pelos órgãos regionais do Ministério do Trabalho e Emprego em seus procedimentos internos e no atendimento ao público.

Art. 2º Revogar a Portaria 1, de 22 de março de 2002 e a Instrução de Serviço 1, de 17 de junho de 1999.

Art. 3º Esta Portaria entra em vigor na data de sua publicação.

Mario dos Santos Barbosa

(*DOU* 26.05.2006)

ANEXO

Ementa 1
HOMOLOGAÇÃO. EMPREGADO EMANCIPADO. Não é necessária a assistência por responsável legal, na homologação da rescisão contratual, ao empregado adolescente que comprove ter sido emancipado.
Ref.: art. 439 da CLT e art. 5º do Código Civil.

Ementa 2
HOMOLOGAÇÃO. APOSENTADORIA. É devida a assistência prevista no § 1º, do art. 477, da CLT, na ocorrência da aposentadoria espontânea acompanhada do afastamento do empregado. A assistência não é devida na aposentadoria por invalidez.
Ref.: art. 477, § 1º, da CLT; art. 4º, da IN 3, de 2002; STF RE 449.420-5/PR

• Ementa 2 com redação determinada pela Portaria SRT 3/2006.

Ementa 3
HOMOLOGAÇÃO. EMPREGADO FALECIDO. No caso de falecimento de empregado, é devida a homologação e a assistência na rescisão do contrato de trabalho aos beneficiários habilitados perante o órgão previdenciário ou assim reconhecidos judicialmente, porque a estes se transferem todos os direitos do *de cujus*.
Ref.: art. 477, § 1º, da CLT; Lei 6.858, de 1980; art. 4º da IN 3, de 2002.

Ementa 4
HOMOLOGAÇÃO. IMPEDIMENTOS. As seguintes circunstâncias, se não sanadas no decorrer da assistência, impedem o assis-

Port. SRT 1/2006

ORIENTAÇÕES NORMATIVAS

tente do Ministério do Trabalho e Emprego de efetuar a homologação, ainda que o empregado com ela concorde:
I – a irregularidade na representação das partes;
II – a existência de garantia de emprego, no caso de dispensa sem justa causa;
III – a suspensão contratual;
IV – a inaptidão do trabalhador declarada no atestado de saúde ocupacional (ASO);
V – a fraude caracterizada;
VI – a falta de apresentação de todos os documentos necessários;
VII – a falta de apresentação de prova idônea dos pagamentos rescisórios;
VIII – a recusa do empregador em pagar pelo menos parte das verbas rescisórias.
Ref.: CLT; NR-7; IN 3, de 2002.

Ementa 5
HOMOLOGAÇÃO. FALTA DE PAGAMENTO DE VERBA RESCISÓRIA DEVIDA. O agente que estiver prestando a assistência rescisória deverá informar o trabalhador quanto à existência de irregularidades. Após a ciência, se o empregado concordar com a rescisão, exceto nas circunstâncias relacionadas na Ementa 4, o agente não poderá obstá-la. Tanto a irregularidade quanto a anuência do trabalhador deverão estar especificamente ressalvadas no verso do Termo de Rescisão de Contrato de Trabalho – TRCT. Se o assistente for Auditor Fiscal do Trabalho, deverá lavrar o auto de infração cabível, consignando que o mesmo foi lavrado no ato homologatório. Se o assistente não for Auditor Fiscal do Trabalho, deverá comunicar a irregularidade ao setor de fiscalização para os devidos fins.
Ref.: arts. 14 e 39, da IN 3, de 2002.

Ementa 6
HOMOLOGAÇÃO. MEIOS DE PROVA DOS PAGAMENTOS. A assistência ao empregado na rescisão do contrato de trabalho compreende os seguintes atos: informar direitos e deveres aos interessados; conciliar controvérsias; conferir os reflexos financeiros decorrentes da extinção do contrato; e zelar pela quitação dos valores especificados no Termo de Rescisão do Contrato de Trabalho. Dada a natureza de ato vinculado da assistência, o agente somente deve admitir os meios de prova de quitação previstos em lei ou normas administrativas aplicáveis, quais sejam: o pagamento em dinheiro ou cheque administrativo no ato da assistência; a comprovação da transferência dos valores, para a conta-corrente do empregado, por meio eletrônico, por depósito bancário, ou ordem bancária de pagamento ou de crédito.
Ref.: art. 477, § 4º, da CLT e art. 36 da IN 3, de 2002.

Ementa 7
HOMOLOGAÇÃO. DEPÓSITOS BANCÁRIOS. MULTAS. Não são devidas as multas previstas no § 8º, do art. 477, da CLT quando o pagamento integral das verbas rescisórias, realizado por meio de depósito bancário em conta-corrente do empregado, tenha observado o prazo previsto no § 6º, do art. 477, da CLT. Se o depósito for efetuado mediante cheque, este deve ser compensado no referido prazo legal. Em qualquer caso, o empregado deve ser, comprovadamente, informado desse depósito. Este entendimento não se aplica às hipóteses em que o pagamento das verbas rescisórias deve ser feito necessariamente em dinheiro, como por exemplo, na rescisão do contrato do empregado analfabeto ou adolescente e na efetuada pelo grupo móvel de fiscalização.
Ref.: art. 477, §§ 6º e 8º da CLT; e art. 36, da IN 3, de 2002.

Ementa 8
HOMOLOGAÇÃO. ASSISTÊNCIA. COMPETÊNCIA RESIDUAL. A assistência na rescisão de contrato de trabalho será prestada preferencialmente pela entidade sindical representativa da categoria profissional, restando ao Ministério do Trabalho e Emprego competência para atender os traba-

Port. SRT 1/2006

ORIENTAÇÕES NORMATIVAS

lhadores quando a categoria não tiver representação sindical na localidade ou quando houver recusa ou cobrança indevida de valores pelo sindicato para prestar a assistência, incluindo-se a exigência do pagamento de contribuições de qualquer natureza.
Ref.: art. 477, § 1º, da CLT; e art. 6º da IN 3, de 2002.

Ementa 9
HOMOLOGAÇÃO. FEDERAÇÃO DE TRABALHADORES. COMPETÊNCIA. As federações de trabalhadores são competentes para prestar a assistência prevista no § 1º, do art. 477, da CLT, nas localidades onde a categoria profissional não estiver organizada em sindicato.
Ref.: art. 477, § 1º e art. 611, § 2º, da CLT.

Ementa 10
ASSISTÊNCIA. RESCISÃO. COMPETÊNCIA DOS SERVIDORES. A assistência e a homologação de rescisão do contrato de trabalho somente poderão ser prestadas por servidor não integrante da carreira de auditor fiscal do trabalho quando devidamente autorizado por portaria específica do Delegado Regional do Trabalho. Servidores cedidos de outros órgãos públicos, trabalhadores terceirizados e estagiários não poderão ser autorizados a prestar assistência e homologação de rescisão de contrato de trabalho.
Ref.: art. 477, § 1º, da CLT e art. 8º da IN 3, de 2002.

Ementa 11
HOMOLOGAÇÃO. AVISO-PRÉVIO. O período do aviso-prévio, mesmo indenizado, é considerado tempo de serviço para todos os efeitos legais. Dessa forma se, quando computado esse período, resultar mais de 1 (um) ano de serviço do empregado, deverá ser realizada a assistência à rescisão do contrato de trabalho prevista no § 1º, do art. 477, da Consolidação das Leis do Trabalho.
Ref.: art. 477, § 1º, e art. 487, § 1º, da CLT.

Ementa 12
HOMOLOGAÇÃO. CONTAGEM DO PRAZO. O prazo de 1 (um) ano e 1 (um) dia de trabalho, a partir do qual se torna necessária a prestação de assistência na rescisão do contrato de trabalho, deve ser contado pelo calendário comum, incluindo-se o dia em que se iniciou a prestação do trabalho. A assistência será devida, portanto, se houver prestação de serviço até o mesmo dia do começo, no ano seguinte.
Ref.: art. 132, § 3º, do CC.

Ementa 13
HOMOLOGAÇÃO. TRCT. Os comandos, determinações e especificações técnicas referentes ao Termo de Rescisão do Contrato de Trabalho, aprovado pela Portaria 302, de 26 de junho de 2002, não comportam alterações ou supressões, ressalvadas as permitidas na própria regulamentação.
Ref.: art. 477 da CLT e Portaria SRT 302, de 2002.

Ementa 14
HOMOLOGAÇÃO. TRCT. IDENTIFICAÇÃO DO ÓRGÃO HOMOLOGADOR. Devem constar, no campo 63 do TRCT, o nome, endereço e telefone do órgão que prestou assistência ao empregado na rescisão do contrato de trabalho. Tratando-se de entidade sindical, deverá ser informado também o número de seu registro no Ministério do Trabalho e Emprego.
Ref.: Portaria SRT 302, de 2002

Ementa 15 *(Revogada pela Portaria SRT 3/2006.)*

Ementa 16
HOMOLOGAÇÃO. PERFIL PROFISSIOGRÁFICO PREVIDENCIÁRIO. Não compete aos assistentes do MTE exigir a apresentação do Perfil Profissiográfico Previdenciário – PPP, previsto na Lei 8.213, de 1991 e no Decreto 3048, de 1999, no ato da assistência e homologação das rescisões de contrato de trabalho, uma vez que tal exigência é

Port. SRT 1/2006

ORIENTAÇÕES NORMATIVAS

de competência da Auditoria Fiscal da Previdência Social.
Ref.: art. 58, § 4º, da Lei 8.213, de 1991; art. 68, § 2º, do Decreto 3.048, de 1999; e Informação CGRT/SRT 12, de 2004.

Ementa 17
HOMOLOGAÇÃO. EMPRESA EM PROCESSO DE RECUPERAÇÃO JUDICIAL. As empresas em processo de recuperação judicial não têm privilégios ou prerrogativas em relação à homologação das rescisões de contrato de trabalho. Portanto, devem atender a todas as exigências da legislação em vigor.
Ref.: art. 6º da Lei 11.101, de 2005 e art. 477 da CLT.

Ementa 18 *(Revogada pela Portaria SRT/MTE 9/2011.)*

Ementa 19
HOMOLOGAÇÃO. ART. 9º DA LEI 7.238, DE 1984. INDENIZAÇÃO ADICIONAL. CONTAGEM DO PRAZO DO AVISO-PRÉVIO. É devida ao empregado, dispensado sem justa causa no período de 30 (trinta) dias que antecede a data base de sua categoria, indenização equivalente ao seu salário mensal. I – Será devida a indenização em referência se o término do aviso-prévio trabalhado ou a projeção do aviso-prévio indenizado se verificar em um dos dias do trintídio; II – O empregado não terá direito à indenização se o término do aviso-prévio ocorrer após ou durante a data base e fora do trintídio, no entanto, fará jus aos complementos rescisórios decorrentes da norma coletiva celebrada.
Ref.: art. 9º, da Lei 7.238, de 1984, e art. 487, § 1º, da CLT.

Ementa 20
HOMOLOGAÇÃO. AVISO-PRÉVIO CUMPRIDO EM CASA. FALTA DE PREVISÃO LEGAL. EFEITOS. Inexiste a figura jurídica do "aviso-prévio cumprido em casa". O aviso-prévio ou é trabalhado ou indenizado. A dispensa do empregado de trabalhar no período de aviso-prévio implica a necessidade de quitação das verbas rescisórias até o décimo dia, contado da data da notificação da dispensa, nos termos do § 6º, alínea *b*, do art. 477, da CLT.
Ref.: art. 477, § 6º, *b* e art. 487, § 1º, da CLT; Orientação Jurisprudencial 14 do TST.

Ementa 21
HOMOLOGAÇÃO. AVISO-PRÉVIO. CONTAGEM DO PRAZO. O prazo do aviso-prévio conta-se excluindo o dia da notificação e incluindo o dia do vencimento. A contagem do período de 30 (trinta) dias será feita independentemente de o dia seguinte ao da notificação ser útil ou não, bem como do horário em que foi feita a notificação no curso da jornada.
Ref.: art. 487 da CLT; art. 132 do CC; e Súmula 380 do TST

Ementa 22
HOMOLOGAÇÃO. AVISO-PRÉVIO INDENIZADO. PRAZO PARA PAGAMENTO. No aviso-prévio indenizado, o prazo para pagamento das verbas rescisórias deve ser contado excluindo-se o dia da notificação e incluindo-se o do vencimento.
Ref.: art. 477, § 6º, *b*, da CLT; art. 132 do CC; e Orientação Jurisprudencial 162 da SBDI-1/TST.

Ementa 23
HOMOLOGAÇÃO. AVISO-PRÉVIO. DISPENSA DO CUMPRIMENTO. PRAZO. No pedido de demissão, se o empregador aceitar a solicitação do trabalhador de dispensa de cumprimento do aviso-prévio, não haverá o dever de indenização pelo empregador, nem de cumprimento pelo trabalhador. A quitação das verbas rescisórias será feita até o décimo dia, contado do pedido de demissão ou do pedido de dispensa do cumprimento do aviso-prévio.
Ref.: art. 477, § 6º, *b*, da CLT.

Ementa 24
HOMOLOGAÇÃO. AVISO-PRÉVIO. DISPENSA DO EMPREGADO DURANTE O CUMPRIMENTO DO AVISO. PRAZO PARA PAGA-

Port. SRT 1/2006

ORIENTAÇÕES NORMATIVAS

MENTO. Quando, no curso do aviso-prévio, o trabalhador for dispensado pelo empregador do seu cumprimento, o prazo para o pagamento das verbas rescisórias será o que ocorrer primeiro: o décimo dia, a contar da dispensa do cumprimento, ou o primeiro dia útil após o término do cumprimento do aviso-prévio.
Ref.: art. 477, § 6º, da CLT.

Ementa 25
HOMOLOGAÇÃO. AVISO-PRÉVIO. CONTRATO POR PRAZO DETERMINADO. Nos contratos por prazo determinado, só haverá direito a aviso-prévio quando existir cláusula assecuratória do direito recíproco de rescisão antecipada, uma vez que, neste caso, aplicam-se as regras da rescisão dos contratos por prazo indeterminado.
Ref.: art. 7º, XXI, da CF; arts. 477 e 481 da CLT.

Ementa 26
HOMOLOGAÇÃO. RESCISÃO DE CONTRATO DE TRABALHO. DESCANSO SEMANAL REMUNERADO. Nos contratos por prazo indeterminado, será devido o pagamento do descanso semanal remunerado por ocasião da rescisão do contrato de trabalho nas seguintes hipóteses: quando o descanso for aos domingos e a carga horária semanal tiver sido cumprida integralmente; quando o prazo do aviso-prévio terminar em sábado ou sexta-feira e o sábado for compensado; quando existir escala de revezamento e o prazo do aviso-prévio se encerrar no dia anterior ao do descanso previsto.
Ref.: arts. 67 e 385 da CLT; Lei 605, de 1949, e Decreto 27.048, de 1949.

Ementa 27
HOMOLOGAÇÃO. RESCISÃO DE CONTRATO DE TRABALHO. FÉRIAS. PARCELAS VARIÁVEIS, CÁLCULO. Ressalvada norma mais favorável, o cálculo da média das parcelas variáveis incidentes sobre as férias será efetuado das seguintes formas:

I – com base no período aquisitivo, aplicando-se o valor do salário devido na data da rescisão;
II – quando pago por hora ou tarefa, com base na média quantitativa do período aquisitivo, aplicando-se o valor do salário devido na data da rescisão;
III – se o salário for pago por porcentagem, comissão ou viagem, com base na média dos salários percebidos nos 12 (doze) meses que precederam seu pagamento ou rescisão contratual.
Ref.: art. 7º, VII e XVII, da CF; art. 142 da CLT; Súmula 199 do STF; e Enunciado 149 do TST.

Ementa 28
CAPACIDADE SINDICAL. COMPROVAÇÃO. A capacidade sindical, necessária para a negociação coletiva, para a celebração de convenções e acordos coletivos do trabalho, para a participação em mediação coletiva no âmbito do Ministério do Trabalho e Emprego e para a prestação de assistência à rescisão de contrato de trabalho, é comprovada, exclusivamente, por meio do registro sindical no Cadastro Nacional de Entidades Sindicais deste Ministério.
Ref.: art. 8º, I, da CF; art. 611 da CLT; IN 1, de 2004; e Portaria MTE 343, de 2000.

Ementa 29
CONVENÇÃO OU ACORDO COLETIVO DE TRABALHO. DEPÓSITO E REGISTRO. ANÁLISE DAS CLÁUSULAS. O Ministério do Trabalho e Emprego não tem competência para negar validade a instrumento coletivo de trabalho que obedeceu aos requisitos formais previstos em lei, em face do caráter normativo conferido a esses instrumentos pelo art. 611 da Consolidação das Leis do Trabalho. Sua competência restringe-se ao registro e o arquivo das convenções e acordos coletivos depositados. A análise de mérito, efetuada após o registro dos instrumentos, visa apenas a identificar cláusulas com indícios de ilegalidade para fim de re-

Port. SRT 1/2006

ORIENTAÇÕES NORMATIVAS

gularização administrativa ou encaminhamento ao Ministério Público do Trabalho.
Ref.: art. 7º, XXVI, da CF; arts. 611 e 614 da CLT; IN 1, de 2004.

Ementa 30 *(Revogada pela Portaria SRT 3/2006.)*

Ementa 31
CONVENÇÃO OU ACORDO COLETIVO DE TRABALHO. PRAZO PARA DEPÓSITO. Somente será efetuado o registro administrativo do instrumento coletivo depositado dentro do prazo de vigência. O saneamento de irregularidade de natureza formal que tenha impedido o registro do instrumento também deverá ocorrer dentro do prazo de vigência do instrumento, sob pena de arquivamento do processo.
Ref.: arts. 613 e 614 da CLT; e art. 4º, § 5º, da IN 1, de 2004.

Ementa 32
COMISSÃO DE CONCILIAÇÃO PRÉVIA – CCP E NÚCLEO INTERSINDICAL DE CONCILIAÇÃO TRABALHISTA – NINTER. ASSISTÊNCIA AO EMPREGADO NA RESCISÃO DO CONTRATO DE TRABALHO. A Comissão de Conciliação Prévia – CCP e o Núcleo Intersindical de Conciliação Trabalhista – Ninter não têm competência para a assistência e homologação de rescisão de contrato de trabalho de empregado com mais de 1 (um) ano de serviço. O termo de conciliação celebrado no âmbito da CCP e Ninter possui natureza de título executivo extrajudicial, o qual não está sujeito à homologação prevista no art. 477 da CLT.
Ref.: art. 477, § 1º e art. 625-E, parágrafo único, da CLT.

Ementa 33
COMISSÃO DE CONCILIAÇÃO PRÉVIA – CCP E NÚCLEO INTERSINDICAL DE CONCILIAÇÃO TRABALHISTA – NINTER. DESCUMPRIMENTO DE PRAZO PARA PAGAMENTO DAS VERBAS RESCISÓRIAS.
I – Os prazos para pagamento das verbas rescisórias são determinados pelo § 6º, do art. 477, da Consolidação das Leis do Trabalho.
II – A formalização de demanda, pelo empregado, nos termos do § 1º, do art. 625-D, da CLT, após os prazos acima referidos, em virtude da não quitação das verbas rescisórias, implica a imposição da penalidade administrativa prevista no § 8º, do art. 477, da CLT, independentemente do acordo que vier a ser firmado.
Ref.: art. 477, §§ 6º e 8º, e art. 625-D, § 1º, da CLT.

Ementa 34
COMISSÃO DE CONCILIAÇÃO PRÉVIA – CCP E NÚCLEO INTERSINDICAL DE CONCILIAÇÃO TRABALHISTA – NINTER. FGTS. Não produz efeitos o acordo firmado no âmbito de CCP e Ninter transacionando o pagamento diretamente ao empregado da contribuição do FGTS e da multa de 40% (quarenta por cento), prevista no § 1º, do art. 18, da Lei 8.036, de 11 de maio de 1990, incidentes sobre os valores acordados ou devidos na duração do vínculo empregatício, dada a natureza jurídica de ordem pública da legislação respectiva.
Ref.: arts. 18 e 23 da Lei 8.036, de 11 de maio de 1990; arts. 625-A e 625-H da CLT.

Ementa 35
MEDIAÇÃO DE CONFLITOS COLETIVOS DE TRABALHO. ABRANGÊNCIA. A mediação de conflitos coletivos de trabalho, realizada pelo Ministério do Trabalho e Emprego, abrange controvérsias envolvendo a celebração de convenção ou acordo coletivo de trabalho, descumprimento e divergências de interpretação desses instrumentos normativos ou de norma legal e conflitos intersindicais relativos à representação legal das categorias.
Ref.: art. 11, da Lei 10.192, de 14 de dezembro de 2001; art. 4º, da Lei 10.101, de 19 de dezembro de 2000; art. 2º, do Decreto 1.256, de 1994; art. 2º, do Decreto 1.572, de 28 de julho de 1995; art. 7º, da Portaria 343, de 23 de maio de 2000.

Port. SRT 1/2006

Orientações Normativas

Ementa 36
MEDIAÇÃO DE CONFLITOS COLETIVOS DE TRABALHO. CONDIÇÃO FUNCIONAL DO MEDIADOR PÚBLICO. A mediação prevista no Decreto 1.572, de 1995, somente pode ser exercida por servidor integrante do quadro funcional do Ministério do Trabalho e Emprego.
Ref.: art. 11, da Lei 10.192, de 14 de dezembro de 2001; e art. 2º, do Decreto 1.572, de 28 de julho de 1995.

Ementa 37
MEDIAÇÃO DE CONFLITOS COLETIVOS DE TRABALHO. TRANSAÇÃO DE DIREITOS INDISPONÍVEIS. VEDAÇÃO. Na mediação decorrente de descumprimento de norma legal ou convencional, os direitos indisponíveis não poderão ser objeto de transação. Caso as partes não compareçam ou não cheguem a um acordo para a regularização da situação, o processo poderá ser encaminhado à Seção de Fiscalização do Trabalho para as providências cabíveis.
Ref.: art. 11, da Lei 10.192, de 14 de dezembro de 2001; e arts. 2º e 6º, do Decreto 1.572, de 28 de julho de 1995.

Ementa 38
TRABALHO TEMPORÁRIO. PRORROGAÇÃO DO CONTRATO. LOCAL DE RECEBIMENTO DO PEDIDO. Os pedidos de prorrogação do contrato de trabalho temporário devem ser protocolizados no órgão do Ministério do Trabalho e Emprego do local da prestação do serviço. Pedidos protocolizados em local diverso devem ser recebidos e encaminhados para o órgão regional responsável pela análise.
Ref.: Lei 6.019, de 1974; Portaria 574, de 2007; Notas Técnicas CGRT/SRT 114/2007 e 135/2008.

* Ementa 38 acrescentada pela Portaria SRT/MTE 4/2008.
* A Portaria MTE 574/2007 foi revogada pela Portaria MTE 550/2010.

Ementa 39
TRABALHO TEMPORÁRIO. PRORROGAÇÃO DO CONTRATO. PRAZOS PARA O PEDIDO E ANÁLISE. O prazo para protocolização do pedido de prorrogação do contrato de trabalho temporário é de até 15 (quinze) dias antes da data do término do contrato original, e o seu descumprimento enseja indeferimento do pedido. O prazo de 5 (cinco) dias para análise do pedido de prorrogação começa a ser contado no dia seguinte da entrada do processo na Seção de Relações do Trabalho da Superintendência Regional do Trabalho e Emprego ou Setor de Relações do Trabalho da Gerência Regional do Trabalho e Emprego responsável pela análise do pedido.
Ref.: Lei 6.019, de 1974; Portaria 574, de 2007; Nota Técnica CGRT/SRT 135/2008.

* Ementa 39 acrescentada pela Portaria SRT/MTE 4/2008.
* A Portaria MTE 574/2007 foi revogada pela Portaria MTE 550/2010.

Ementa 40
TRABALHO TEMPORÁRIO. PRORROGAÇÃO DO CONTRATO. DOCUMENTOS. Ao pedido de prorrogação do contrato de trabalho temporário, é essencial, para fundamentar a decisão do órgão regional, a juntada dos seguintes documentos: i) cópia do contrato original, para comparação dos dados e verificação da tempestividade do pedido; ii) documentos que comprovem as circunstâncias previstas nos incisos I e II do parágrafo único do art. 2º da Portaria 574, de 2007. As circunstâncias que não exigem prova documental podem ser somente declaradas. O servidor deve confirmar o registro da empresa de trabalho temporário no Sirett – Sistema de Registro de Empresa de Trabalho Temporário.
Ref.: Lei 6.019, de 1974; Portaria 574, de 2007; Notas Técnicas CGRT/SRT 114/2007 e 135/2008.

* Ementa 40 acrescentada pela Portaria SRT/MTE 4/2008.
* A Portaria MTE 574/2007 foi revogada pela Portaria MTE 550/2010.

Mario dos Santos Barbosa
Secretário de Relações do Trabalho

PARTICIPAÇÃO DOS TRABALHADORES NOS LUCROS DAS EMPRESAS

LEI 10.101, DE 19 DE DEZEMBRO DE 2000

Dispõe sobre a participação dos trabalhadores nos lucros ou resultados da empresa e dá outras providências.

Faço saber que o Presidente da República adotou a Medida Provisória 1.982-77, de 2000, que o Congresso Nacional aprovou, e eu, Antonio Carlos Magalhães, Presidente, para os efeitos do disposto no parágrafo único do art. 62 da Constituição Federal, promulgo a seguinte Lei:

Art. 1º Esta Lei regula a participação dos trabalhadores nos lucros ou resultados da empresa como instrumento de integração entre o capital e o trabalho e como incentivo à produtividade, nos termos do art. 7º, inciso XI, da Constituição.

Art. 2º A participação nos lucros ou resultados será objeto de negociação entre a empresa e seus empregados, mediante um dos procedimentos a seguir descritos, escolhidos pelas partes de comum acordo:

I – comissão paritária escolhida pelas partes, integrada, também, por um representante indicado pelo sindicato da respectiva categoria;

* Inciso I com redação determinada pela Lei 12.832/2013 (*DOU* 21.06.2013), em vigor na data de sua publicação, produzindo efeitos a partir de 01.01.2013.

II – convenção ou acordo coletivo.

§ 1º Dos instrumentos decorrentes da negociação deverão constar regras claras e objetivas quanto à fixação dos direitos substantivos da participação e das regras adjetivas, inclusive mecanismos de aferição das informações pertinentes ao cumprimento do acordado, periodicidade da distribuição, período de vigência e prazos para revisão do acordo, podendo ser considerados, entre outros, os seguintes critérios e condições:

I – índices de produtividade, qualidade ou lucratividade da empresa;

II – programas de metas, resultados e prazos, pactuados previamente.

§ 2º O instrumento de acordo celebrado será arquivado na entidade sindical dos trabalhadores.

§ 3º Não se equipara a empresa, para os fins desta Lei:

I – a pessoa física;

II – a entidade sem fins lucrativos que, cumulativamente:

a) não distribua resultados, a qualquer título, ainda que indiretamente, a dirigentes, administradores ou empresas vinculadas;

b) aplique integralmente os seus recursos em sua atividade institucional e no País;

c) destine o seu patrimônio a entidade congênere ou ao poder público, em caso de encerramento de suas atividades;

d) mantenha escrituração contábil capaz de comprovar a observância dos demais requisitos deste inciso, e das normas fiscais, comerciais e de direito econômico que lhe sejam aplicáveis.

§ 4º Quando forem considerados os critérios e condições definidos nos incisos I e II do § 1º deste artigo:

* § 4º acrescentado pela Lei 12.832/2013 (*DOU* 21.06.2013), em vigor na data de sua publicação, produzindo efeitos a partir de 01.01.2013.

I – a empresa deverá prestar aos representantes dos trabalhadores na comissão paritária informações que colaborem para a negociação;

II – não se aplicam as metas referentes à saúde e segurança no trabalho.

Art. 3º A participação de que trata o art. 2º não substitui ou complementa a remuneração devida a qualquer empregado, nem

Lei 10.101/2000

PARTICIPAÇÃO NOS LUCROS

constitui base de incidência de qualquer encargo trabalhista, não se lhe aplicando o princípio da habitualidade.

§ 1º Para efeito de apuração do lucro real, a pessoa jurídica poderá deduzir como despesa operacional as participações atribuídas aos empregados nos lucros ou resultados, nos termos da presente Lei, dentro do próprio exercício de sua constituição.

§ 2º É vedado o pagamento de qualquer antecipação ou distribuição de valores a título de participação nos lucros ou resultados da empresa em mais de 2 (duas) vezes no mesmo ano civil e em periodicidade inferior a 1 (um) trimestre civil.

- § 2º com redação determinada pela Lei 12.832/2013 (*DOU* 21.06.2013), em vigor na data de sua publicação, produzindo efeitos a partir de 01.01.2013.

§ 3º Todos os pagamentos efetuados em decorrência de planos de participação nos lucros ou resultados, mantidos espontaneamente pela empresa, poderão ser compensados com as obrigações decorrentes de acordos ou convenções coletivas de trabalho atinentes à participação nos lucros ou resultados.

§ 4º A periodicidade semestral mínima referida no § 2º poderá ser alterada pelo Poder Executivo, até 31 de dezembro de 2000, em função de eventuais impactos nas receitas tributárias.

§ 5º A participação de que trata este artigo será tributada pelo imposto sobre a renda exclusivamente na fonte, em separado dos demais rendimentos recebidos, no ano do recebimento ou crédito, com base na tabela progressiva anual constante do Anexo e não integrará a base de cálculo do imposto devido pelo beneficiário na Declaração de Ajuste Anual.

- § 5º com redação determinada pela Lei 12.832/2013 (*DOU* 21.06.2013), em vigor na data de sua publicação, produzindo efeitos a partir de 01.01.2013.

§ 6º Para efeito da apuração do imposto sobre a renda, a participação dos trabalhadores nos lucros ou resultados da empresa será integralmente tributada com base na tabela progressiva constante do Anexo.

- § 6º acrescentado pela Lei 12.832/2013 (*DOU* 21.06.2013), em vigor na data de sua publicação, produzindo efeitos a partir de 01.01.2013.

§ 7º Na hipótese de pagamento de mais de 1 (uma) parcela referente a um mesmo ano-calendário, o imposto deve ser recalculado, com base no total da participação nos lucros recebida no ano-calendário, mediante a utilização da tabela constante do Anexo, deduzindo-se do imposto assim apurado o valor retido anteriormente.

- § 7º acrescentado pela Lei 12.832/2013 (*DOU* 21.06.2013), em vigor na data de sua publicação, produzindo efeitos a partir de 01.01.2013.

§ 8º Os rendimentos pagos acumuladamente a título de participação dos trabalhadores nos lucros ou resultados da empresa serão tributados exclusivamente na fonte, em separado dos demais rendimentos recebidos, sujeitando-se, também de forma acumulada, ao imposto sobre a renda com base na tabela progressiva constante do Anexo.

- § 8º acrescentado pela Lei 12.832/2013 (*DOU* 21.06.2013), em vigor na data de sua publicação, produzindo efeitos a partir de 01.01.2013.

§ 9º Considera-se pagamento acumulado, para fins do § 8º, o pagamento da participação nos lucros relativa a mais de um ano-calendário.

- § 9º acrescentado pela Lei 12.832/2013 (*DOU* 21.06.2013), em vigor na data de sua publicação, produzindo efeitos a partir de 01.01.2013.

§ 10. Na determinação da base de cálculo da participação dos trabalhadores nos lucros ou resultados, poderão ser deduzidas as importâncias pagas em dinheiro a título de pensão alimentícia em face das normas do Direito de Família, quando em cumprimento de decisão judicial, de acordo homologado judicialmente ou de separação ou divórcio consensual realizado por escritura pública, desde que correspondentes a esse rendimento, não podendo ser utilizada a mesma parcela para a determinação da base de cálculo dos demais rendimentos.

- § 10 acrescentado pela Lei 12.832/2013 (*DOU* 21.06.2013), em vigor na data de sua publicação, produzindo efeitos a partir de 01.01.2013.

Lei 10.101/2000

PARTICIPAÇÃO NOS LUCROS

§ 11. A partir do ano-calendário de 2014, inclusive, os valores da tabela progressiva anual constante do Anexo serão reajustados no mesmo percentual de reajuste da Tabela Progressiva Mensal do imposto de renda incidente sobre os rendimentos das pessoas físicas.

• § 11 acrescentado pela Lei 12.832/2013 (DOU 21.06.2013), em vigor na data de sua publicação, produzindo efeitos a partir de 01.01.2013.

Art. 4º Caso a negociação visando à participação nos lucros ou resultados da empresa resulte em impasse, as partes poderão utilizar-se dos seguintes mecanismos de solução do litígio:

I – mediação;

II – arbitragem de ofertas finais, utilizando-se, no que couber, os termos da Lei 9.307, de 23 de setembro de 1996.

• Inciso II com redação determinada pela Lei 12.832/2013 (DOU 21.06.2013), em vigor na data de sua publicação, produzindo efeitos a partir de 01.01.2013.

§ 1º Considera-se arbitragem de ofertas finais aquela em que o árbitro deve restringir-se a optar pela proposta apresentada, em caráter definitivo, por uma das partes.

§ 2º O mediador ou o árbitro será escolhido de comum acordo entre as partes.

§ 3º Firmado o compromisso arbitral, não será admitida a desistência unilateral de qualquer das partes.

§ 4º O laudo arbitral terá força normativa, independentemente de homologação judicial.

Art. 5º A participação de que trata o art. 1º desta Lei, relativamente aos trabalhadores em empresas estatais, observará diretrizes específicas fixadas pelo Poder Executivo.

Parágrafo único. Consideram-se empresas estatais as empresas públicas, sociedades de economia mista, suas subsidiárias e controladas e demais empresas em que a União, direta ou indiretamente, detenha a maioria do capital social com direito a voto.

Art. 6º Fica autorizado o trabalho aos domingos nas atividades do comércio em geral, observada a legislação municipal, nos termos do inciso I do *caput* do art. 30 da Constituição Federal.

• Artigo com redação determinada pela Lei 11.603/2007.

Parágrafo único. O repouso semanal remunerado deverá coincidir, pelo menos 1 (uma) vez no período máximo de 3 (três) semanas, com o domingo, respeitadas as demais normas de proteção ao trabalho e outras a serem estipuladas em negociação coletiva.

Art. 6º-A. É permitido o trabalho em feriados nas atividades do comércio em geral, desde que autorizado em convenção coletiva de trabalho e observada a legislação municipal, nos termos do inciso I do *caput* do art. 30 da Constituição Federal.

• Artigo acrescentado pela Lei 11.603/2007.

Art. 6º-B. As infrações ao disposto nos arts. 6º e 6º-A desta Lei serão punidas com a multa prevista no art. 75 da Consolidação das Leis do Trabalho, aprovada pelo Decreto-lei 5.452, de 1º de maio de 1943.

• Artigo acrescentado pela Lei 11.603/2007.

Parágrafo único. O processo de fiscalização, de autuação e de imposição de multas reger-se-á pelo disposto no Título VII da Consolidação das Leis do Trabalho.

Art. 7º Ficam convalidados os atos praticados com base na Medida Provisória 1.982-76, de 26 de outubro de 2000.

Art. 8º Esta Lei entra em vigor na data de sua publicação.

Congresso Nacional, 19 de dezembro de 2000; 179º da Independência e 112º da República.
Senador Antonio Carlos Magalhães
Presidente

(DOU 20.12.2000)

Lei 12.832/2013

PARTICIPAÇÃO NOS LUCROS

ANEXO
PARTICIPAÇÃO NOS LUCROS
TABELA DE TRIBUTAÇÃO EXCLUSIVA NA FONTE

- Anexo acrescentado pela Lei 12.832/2013 (*DOU* 21.06.2013), em vigor na data de sua publicação, produzindo efeitos a partir de 01.01.2013.

VALOR DO PLR ANUAL (EM R$)	ALÍQUOTA	PARCELA A DEDUZIR DO IR (EM R$)
de 0,00 a 6.000,00	0%	-
de 6.000,01 a 9.000,00	7,5%	450,00
de 9.000,01 a 12.000,00	15%	1.125,00
de 12.000,01 a 15.000,00	22,5%	2.025,00
acima de 15.000,00	27,5%	2.775,00

LEI 12.832, DE 20 DE JUNHO DE 2013

Altera dispositivos das Leis 10.101, de 19 de dezembro de 2000, que dispõe sobre a participação dos trabalhadores nos lucros ou resultados da empresa, e 9.250, de 26 de dezembro de 1995, que altera a legislação do imposto de renda das pessoas físicas.

A Presidenta da República:
Faço saber que o Congresso Nacional decreta e eu sanciono a seguinte Lei:

Art. 1º A Lei 10.101, de 19 de dezembro de 2000, passa a vigorar com as seguintes alterações:
"Art. 2º [...]
"I – comissão paritária escolhida pelas partes, integrada, também, por um representante indicado pelo sindicato da respectiva categoria;
"[...]
"§ 4º Quando forem considerados os critérios e condições definidos nos incisos I e II do § 1º deste artigo:
"I – a empresa deverá prestar aos representantes dos trabalhadores na comissão paritária informações que colaborem para a negociação;
"II – não se aplicam as metas referentes à saúde e segurança no trabalho."
"Art. 3º [...]
"[...]

"§ 2º É vedado o pagamento de qualquer antecipação ou distribuição de valores a título de participação nos lucros ou resultados da empresa em mais de 2 (duas) vezes no mesmo ano civil e em periodicidade inferior a 1 (um) trimestre civil.
"[...]
"§ 5º A participação de que trata este artigo será tributada pelo imposto sobre a renda exclusivamente na fonte, em separado dos demais rendimentos recebidos, no ano do recebimento ou crédito, com base na tabela progressiva anual constante do Anexo e não integrará a base de cálculo do imposto devido pelo beneficiário na Declaração de Ajuste Anual.
"§ 6º Para efeito da apuração do imposto sobre a renda, a participação dos trabalhadores nos lucros ou resultados da empresa será integralmente tributada com base na tabela progressiva constante do Anexo.
"§ 7º Na hipótese de pagamento de mais de 1 (uma) parcela referente a um mesmo ano-calendário, o imposto deve ser recalculado, com base no total da participação nos lucros recebida no ano-calendário, mediante a utilização da tabela constante do Anexo, deduzindo-se do imposto assim apurado o valor retido anteriormente.
"§ 8º Os rendimentos pagos acumuladamente a título de participação dos trabalhadores nos lucros ou resultados da em-

Lei 12.832/2013

PARTICIPAÇÃO NOS LUCROS

presa serão tributados exclusivamente na fonte, em separado dos demais rendimentos recebidos, sujeitando-se, também de forma acumulada, ao imposto sobre a renda com base na tabela progressiva constante do Anexo.

"§ 9º Considera-se pagamento acumulado, para fins do § 8º, o pagamento da participação nos lucros relativa a mais de um ano-calendário.

"§ 10. Na determinação da base de cálculo da participação dos trabalhadores nos lucros ou resultados, poderão ser deduzidas as importâncias pagas em dinheiro a título de pensão alimentícia em face das normas do Direito de Família, quando em cumprimento de decisão judicial, de acordo homologado judicialmente ou de separação ou divórcio consensual realizado por escritura pública, desde que correspondentes a esse rendimento, não podendo ser utilizada a mesma parcela para a determinação da base de cálculo dos demais rendimentos.

"§ 11. A partir do ano-calendário de 2014, inclusive, os valores da tabela progressiva anual constante do Anexo serão reajustados no mesmo percentual de reajuste da Tabela Progressiva Mensal do imposto de renda incidente sobre os rendimentos das pessoas físicas."

"Art. 4º [...]
"[...]
"II – arbitragem de ofertas finais, utilizando-se, no que couber, os termos da Lei 9.307, de 23 de setembro de 1996.
"[...]"

Art. 2º Os arts. 4º e 8º da Lei 9.250, de 26 de dezembro de 1995, passam a vigorar com as seguintes alterações:

"Art. 4º [...]
"[...]
"VII – as contribuições para as entidades de previdência complementar de que trata a Lei 12.618, de 30 de abril de 2012.
"[...]"
"Art. 8º [...]
"[...]
"II – [...]
"[...]
"i) às contribuições para as entidades de previdência complementar de que trata a Lei 12.618, de 30 de abril de 2012.
"[...]"

Art. 3º Esta Lei entra em vigor na data de sua publicação, produzindo efeitos a partir de 1º de janeiro de 2013.

Brasília, 20 de junho de 2013; 192º da Independência e 125º da República.

Dilma Rousseff

(*DOU* 21.06.2013)

ANEXO
PARTICIPAÇÃO NOS LUCROS

TABELA DE TRIBUTAÇÃO EXCLUSIVA NA FONTE

VALOR DO PLR ANUAL (EM R$)	ALÍQUOTA	PARCELA A DEDUZIR DO IR (EM R$)
de 0,00 a 6.000,00	0%	-
de 6.000,01 a 9.000,00	7,5%	450,00
de 9.000,01 a 12.000,00	15%	1.125,00
de 12.000,01 a 15.000,00	22,5%	2.025,00
acima de 15.000,00	27,5%	2.775,00

POLÍTICA SOCIAL

LEI 11.770,
DE 9 DE SETEMBRO DE 2008

Cria o Programa Empresa Cidadã, destinado à prorrogação da licença-maternidade mediante concessão de incentivo fiscal, e altera a Lei 8.212, de 24 de julho de 1991.

* V. Dec. 7.052/2009 (Regulamenta a Lei 11.770/2008).

O Presidente da República:

Faço saber que o Congresso Nacional decreta e eu sanciono a seguinte Lei:

Art. 1º É instituído o Programa Empresa Cidadã, destinado a prorrogar por 60 (sessenta) dias a duração da licença-maternidade prevista no inciso XVIII do *caput* do art. 7º da Constituição Federal.

§ 1º A prorrogação será garantida à empregada da pessoa jurídica que aderir ao Programa, desde que a empregada a requeira até o final do primeiro mês após o parto, e concedida imediatamente após a fruição da licença-maternidade de que trata o inciso XVIII do *caput* do art. 7º da Constituição Federal.

§ 2º A prorrogação será garantida, na mesma proporção, também à empregada que adotar ou obtiver guarda judicial para fins de adoção de criança.

Art. 2º É a administração pública, direta, indireta e fundacional, autorizada a instituir programa que garanta prorrogação da licença-maternidade para suas servidoras, nos termos do que prevê o art. 1º desta Lei.

Art. 3º Durante o período de prorrogação da licença-maternidade, a empregada terá direito à sua remuneração integral, nos mesmos moldes devidos no período de percepção do salário-maternidade pago pelo regime geral de previdência social.

Art. 4º No período de prorrogação da licença-maternidade de que trata esta Lei, a empregada não poderá exercer qualquer atividade remunerada e a criança não poderá ser mantida em creche ou organização similar.

Parágrafo único. Em caso de descumprimento do disposto no *caput* deste artigo, a empregada perderá o direito à prorrogação.

Art. 5º A pessoa jurídica tributada com base no lucro real poderá deduzir do imposto devido, em cada período de apuração, o total da remuneração integral da empregada pago nos 60 (sessenta) dias de prorrogação de sua licença-maternidade, vedada a dedução como despesa operacional.

Parágrafo único. *(Vetado.)*

Art. 6º *(Vetado.)*

Art. 7º O Poder Executivo, com vistas no cumprimento do disposto no inciso II do *caput* do art. 5º e nos arts. 12 e 14 da Lei Complementar 101, de 4 de maio de 2000, estimará o montante da renúncia fiscal decorrente do disposto nesta Lei e o incluirá no demonstrativo a que se refere o § 6º do art. 165 da Constituição Federal, que acompanhará o projeto de lei orçamentária cuja apresentação se der após decorridos 60 (sessenta) dias da publicação desta Lei.

Art. 8º Esta Lei entra em vigor na data de sua publicação, produzindo efeitos a partir do primeiro dia do exercício subsequente àquele em que for implementado o disposto no seu art. 7º.

Brasília, 9 de setembro de 2008; 187º da Independência e 120º da República.

Luiz Inácio Lula da Silva

(*DOU* 10.09.2008)

DECRETO 7.052,
DE 23 DEZEMBRO DE 2009

Regulamenta a Lei 11.770, de 9 de setembro de 2008, que cria o Programa Empresa Cidadã, destinado à prorrogação da licença-maternidade, no tocante a empregadas de pessoas jurídicas.

O Presidente da República, no uso da atribuição que lhe confere o art. 84, inciso IV, da

Dec. 7.052/2009

POLÍTICA SOCIAL

Constituição, e tendo em vista o disposto na Lei 11.770, de 9 de setembro de 2008, decreta:

Art. 1º Fica instituído o Programa Empresa Cidadã, destinado a prorrogar por 60 (sessenta) dias a duração da licença-maternidade prevista no inciso XVIII do *caput* do art. 7º da Constituição e o correspondente período do salário-maternidade de que trata os arts. 71 e 71-A da Lei 8.213, de 24 de julho de 1991.

§ 1º Será beneficiada pelo Programa Empresa Cidadã a empregada da pessoa jurídica que aderir ao Programa, desde que a empregada requeira a prorrogação do salário-maternidade até o final do primeiro mês após o parto.

§ 2º A prorrogação a que se refere o § 1º iniciar-se-á no dia subsequente ao término da vigência do benefício de que tratam os arts. 71 e 71-A da Lei 8.213, de 1991.

§ 3º A prorrogação de que trata este artigo será devida, inclusive, no caso de parto antecipado.

Art. 2º O disposto no art. 1º aplica-se à empregada de pessoa jurídica que adotar ou obtiver guarda judicial para fins de adoção de criança, pelos seguintes períodos:

I – por 60 (sessenta) dias, quando se tratar de criança de até 1 (um) ano de idade;

II – por 30 (trinta) dias, quando se tratar de criança a partir de 1 (um) ano até 4 (quatro) anos de idade completos; e

III – por 15 (quinze) dias, quando se tratar de criança a partir de 4 (quatro) anos até completar 8 (oito) anos de idade.

Art. 3º As pessoas jurídicas poderão aderir ao Programa Empresa Cidadã, mediante requerimento dirigido à Secretaria da Receita Federal do Brasil.

Art. 4º Observadas as normas complementares a serem editadas pela Secretaria da Receita Federal do Brasil, a pessoa jurídica tributada com base no lucro real poderá deduzir do imposto devido, em cada período de apuração, o total da remuneração da empregada pago no período de prorrogação de sua licença-maternidade, vedada a dedução como despesa operacional.

Parágrafo único. A dedução de que trata o *caput* fica limitada ao valor do imposto devido em cada período de apuração.

Art. 5º No período de licença-maternidade e licença à adotante de que trata este Decreto, a empregada não poderá exercer qualquer atividade remunerada, salvo nos casos de contrato de trabalho simultâneo firmado previamente, e a criança não poderá ser mantida em creche ou organização similar.

Parágrafo único. Em caso de ocorrência de quaisquer das situações previstas no *caput*, a beneficiária perderá o direito à prorrogação.

Art. 6º A empregada em gozo de salário-maternidade na data de publicação deste Decreto poderá solicitar a prorrogação da licença, desde que requeira no prazo de até 30 (trinta) dias.

Art. 7º A Secretaria da Receita Federal do Brasil e o Instituto Nacional do Seguro Social – INSS poderão expedir, no âmbito de suas competências, normas complementares para execução deste Decreto.

Art. 8º Este Decreto entra em vigor na data de sua publicação, produzindo efeitos a partir de 1º de janeiro de 2010.

Brasília, 23 de dezembro de 2009; 188º da Independência e 121º da República.

Luiz Inácio Lula da Silva

(*DOU* 24.12.2009)

PORTADORES DE DEFICIÊNCIA

LEI 7.853, DE 24 DE OUTUBRO DE 1989

Dispõe sobre o apoio às pessoas portadoras de deficiência, sua integração social, sobre a Coordenadoria Nacional para Integração da Pessoa Portadora de Deficiência (Corde), institui a tutela jurisdicional de interesses coletivos ou difusos dessas pessoas, disciplina a atuação do Ministério Público, define crimes, e dá outras providências.

- V. Dec. 3.298/1999 (Regulamenta a Lei 7.853/1989).

O Presidente da República:
Faço saber que o Congresso Nacional decreta e eu sanciono a seguinte Lei:

Art. 1º Ficam estabelecidas normas gerais que asseguram o pleno exercício dos direitos individuais e sociais das pessoas portadoras de deficiências, e sua efetiva integração social, nos termos desta Lei.

§ 1º Na aplicação e interpretação desta Lei, serão considerados os valores básicos da igualdade de tratamento e oportunidade, da justiça social, do respeito à dignidade da pessoa humana, do bem-estar, e outros, indicados na Constituição ou justificados pelos princípios gerais de direito.

§ 2º As normas desta Lei visam garantir às pessoas portadoras de deficiência as ações governamentais necessárias ao seu cumprimento e das demais disposições constitucionais e legais que lhes concernem, afastadas as discriminações e os preconceitos de qualquer espécie, e entendida a matéria como obrigação nacional a cargo do Poder Público e da sociedade.

Art. 2º Ao Poder Público e seus órgãos cabe assegurar às pessoas portadoras de deficiência o pleno exercício de seus direitos básicos, inclusive dos direitos à educação, à saúde, ao trabalho, ao lazer, à previdência social, ao amparo à infância e à maternidade, e de outros que, decorrentes da Constituição e das leis, propiciem seu bem-estar pessoal, social e econômico.

Parágrafo único. Para o fim estabelecido no *caput* deste artigo, os órgãos e entidades da administração direta e indireta devem dispensar, no âmbito de sua competência e finalidade, aos assuntos objeto desta Lei, tratamento prioritário e adequado, tendente a viabilizar, sem prejuízo de outras, as seguintes medidas:
[...]
III – na área da formação profissional e do trabalho:

a) o apoio governamental à formação profissional, à orientação profissional e a garantia de acesso aos serviços concernentes, inclusive aos cursos regulares voltados à formação profissional;

b) o empenho do Poder Público quanto ao surgimento e à manutenção de empregos, inclusive de tempo parcial, destinados às pessoas portadoras de deficiência que não tenham acesso aos empregos comuns;

c) a promoção de ações eficazes que propiciem a inserção, nos setores público e privado, de pessoas portadoras de deficiência;

d) a adoção de legislação específica que discipline a reserva de mercado de trabalho, em favor das pessoas portadoras de deficiência, nas entidades da Administração Pública e do setor privado, e que regulamente a organização de oficinas e congêneres integradas ao mercado de trabalho, e a situação, nelas, das pessoas portadoras de deficiência;

IV – na área de recursos humanos:

a) a formação de professores de nível médio para a Educação Especial, de técnicos de nível médio especializados na habilitação e reabilitação, e de instrutores para formação profissional;

b) a formação e qualificação de recursos humanos que, nas diversas áreas de conhecimento, inclusive de nível superior, atendam à demanda e às necessidades reais das pessoas portadoras de deficiências;

Lei 7.853/1989

PORTADORES DE DEFICIÊNCIA

c) o incentivo à pesquisa e ao desenvolvimento tecnológico em todas as áreas do conhecimento relacionadas com a pessoa portadora de deficiência;
[...]

Art. 3º As ações civis públicas destinadas à proteção de interesses coletivos ou difusos das pessoas portadoras de deficiência poderão ser propostas pelo Ministério Público, pela União, Estados, Municípios e Distrito Federal; por associação constituída há mais de 1 (um) ano, nos termos da lei civil, autarquia, empresa pública, fundação ou sociedade de economia mista que inclua, entre suas finalidades institucionais, a proteção das pessoas portadoras de deficiência.

§ 1º Para instruir a inicial, o interessado poderá requerer às autoridades competentes as certidões e informações que julgar necessárias.

§ 2º As certidões e informações a que se refere o parágrafo anterior deverão ser fornecidas dentro de 15 (quinze) dias da entrega, sob recibo, dos respectivos requerimentos, e só poderão ser utilizadas para a instrução da ação civil.

• V. art. 8º, *caput*, Lei 7.347/1985 (Ação civil pública).

§ 3º Somente nos casos em que o interesse público, devidamente justificado, impuser sigilo, poderá ser negada certidão ou informação.

§ 4º Ocorrendo a hipótese do parágrafo anterior, a ação poderá ser proposta desacompanhada das certidões ou informações negadas, cabendo ao juiz, após apreciar os motivos do indeferimento, e, salvo quando se tratar de razão de segurança nacional, requisitar umas e outras; feita a requisição, o processo correrá em segredo de justiça, que cessará com o trânsito em julgado da sentença.

§ 5º Fica facultado aos demais legitimados ativos habilitarem-se como litisconsortes nas ações propostas por qualquer deles.

§ 6º Em caso de desistência ou abandono da ação, qualquer dos colegitimados pode assumir a titularidade ativa.

Art. 4º A sentença terá eficácia de coisa julgada oponível *erga omnes*, exceto no caso de haver sido a ação julgada improcedente por deficiência de prova, hipótese em que qualquer legitimado poderá intentar outra ação com idêntico fundamento, valendo-se de nova prova.

§ 1º A sentença que concluir pela carência ou pela improcedência da ação fica sujeita ao duplo grau de jurisdição, não produzindo efeito senão depois de confirmada pelo tribunal.

§ 2º Das sentenças e decisões proferidas contra o autor da ação e suscetíveis de recurso, poderá recorrer qualquer legitimado ativo, inclusive o Ministério Público.

Art. 5º O Ministério Público intervirá obrigatoriamente nas ações públicas, coletivas ou individuais, em que se discutam interesses relacionados a deficiências das pessoas.

Art. 6º O Ministério Público poderá instaurar, sob sua presidência, inquérito civil, ou requisitar, de qualquer pessoa física ou jurídica, pública ou particular, certidões, informações, exames ou perícias, no prazo que assinalar, não inferior a 10 (dez) dias úteis.

• V. art. 8º, § 1º, Lei 7.347/1985 (Ação civil pública).

§ 1º Esgotadas as diligências, caso se convença o órgão do Ministério Público da inexistência de elementos para a propositura de ação civil, promoverá fundamentadamente o arquivamento do inquérito civil, ou das peças informativas. Neste caso, deverá remeter a reexame os autos ou as respectivas peças, em 3 (três) dias, ao Conselho Superior do Ministério Público, que os examinará, deliberando a respeito, conforme dispuser seu Regimento.

§ 2º Se a promoção de arquivamento for reformada, o Conselho Superior do Ministério Público designará desde logo outro órgão do Ministério Público para o ajuizamento da ação.

Art. 7º Aplicam-se à ação civil pública, prevista nesta Lei, no que couber, os dispositivos da Lei 7.347, de 24 de julho de 1985.

Art. 8º Constitui crime punível com reclusão de 1 (um) a 4 (quatro) anos, e multa:
I – recusar, suspender, procrastinar, cancelar ou fazer cessar, sem justa causa, a inscrição de aluno em estabelecimento de ensino de

Dec. 3.298/1999

PORTADORES DE DEFICIÊNCIA

qualquer curso ou grau, público ou privado, por motivos derivados da deficiência que porta;

II – obstar, sem justa causa, o acesso de alguém a qualquer cargo público, por motivos derivados de sua deficiência;

III – negar, sem justa causa, a alguém, por motivos derivados de sua deficiência, emprego ou trabalho;

IV – recusar, retardar ou dificultar internação ou deixar de prestar assistência médico-hospitalar e ambulatorial, quando possível, a pessoa portadora de deficiência;

V – deixar de cumprir, retardar ou frustrar, sem justo motivo, a execução de ordem judicial expedida na ação civil a que alude esta Lei;

VI – recusar, retardar ou omitir dados técnicos indispensáveis à propositura da ação civil objeto desta Lei, quando requisitados pelo Ministério Público.

• V. art. 8º, § 1º, Lei 7.347/1985 (Ação civil pública).

[...]

Art. 15. Para atendimento e fiel cumprimento do que dispõe esta Lei, será reestruturada a Secretaria de Educação Especial do Ministério da Educação, e serão instituídos, no Ministério do Trabalho, no Ministério da Saúde e no Ministério da Previdência e Assistência Social, órgãos encarregados da coordenação setorial dos assuntos concernentes às pessoas portadoras de deficiência.

Art. 16. O Poder Executivo adotará, nos 60 (sessenta) dias posteriores à vigência desta Lei, as providências necessárias à reestruturação e ao regular funcionamento da Corde, como aquelas decorrentes do artigo anterior.

[...]

Art. 19. Esta Lei entra em vigor na data de sua publicação.

Art. 20. Revogam-se as disposições em contrário.

Brasília, em 24 de outubro de 1989; 168º da Independência e 101º da República.

José Sarney

(*DOU* 25.10.1989)

DECRETO 3.298,
DE 20 DE DEZEMBRO DE 1999

Regulamenta a Lei 7.853, de 24 de outubro de 1989, dispõe sobre a Política Nacional para a Integração da Pessoa Portadora de Deficiência, consolida as normas de proteção, e dá outras providências.

O Presidente da República, no uso das atribuições que lhe confere o art. 84, incisos IV e VI, da Constituição, e tendo em vista o disposto na Lei 7.853, de 24 de outubro de 1989, decreta:

Capítulo I
DAS DISPOSIÇÕES GERAIS

Art. 1º A Política Nacional para a Integração da Pessoa Portadora de Deficiência compreende o conjunto de orientações normativas que objetivam assegurar o pleno exercício dos direitos individuais e sociais das pessoas portadoras de deficiência.

Art. 2º Cabe aos órgãos e às entidades do Poder Público assegurar à pessoa portadora de deficiência o pleno exercício de seus direitos básicos, inclusive dos direitos à educação, à saúde, ao trabalho, ao desporto, ao turismo, ao lazer, à previdência social, à assistência social, ao transporte, à edificação pública, à habitação, à cultura, ao amparo à infância e à maternidade, e de outros que, decorrentes da Constituição e das leis, propiciem seu bem-estar pessoal, social e econômico.

Art. 3º Para os efeitos deste Decreto, considera-se:

I – deficiência – toda perda ou anormalidade de uma estrutura ou função psicológica, fisiológica ou anatômica que gere incapacidade para o desempenho de atividade, dentro do padrão considerado normal para o ser humano;

II – deficiência permanente – aquela que ocorreu ou se estabilizou durante um período de tempo suficiente para não permitir recuperação ou ter probabilidade de que se altere, apesar de novos tratamentos; e

III – incapacidade – uma redução efetiva e acentuada da capacidade de integração social, com necessidade de equipamentos,

Dec. 3.298/1999

PORTADORES DE DEFICIÊNCIA

adaptações, meios ou recursos especiais para que a pessoa portadora de deficiência possa receber ou transmitir informações necessárias ao seu bem-estar pessoal e ao desempenho de função ou atividade a ser exercida.

Art. 4º É considerada pessoa portadora de deficiência a que se enquadra nas seguintes categorias:

I – deficiência física – alteração completa ou parcial de um ou mais segmentos do corpo humano, acarretando o comprometimento da função física, apresentando-se sob a forma de paraplegia, paraparesia, monoplegia, monoparesia, tetraplegia, tetraparesia, triplegia, triparesia, hemiplegia, hemiparesia, ostomia, amputação ou ausência de membro, paralisia cerebral, nanismo, membros com deformidade congênita ou adquirida, exceto as deformidades estéticas e as que não produzam dificuldades para o desempenho de funções;

• Inciso I com redação determinada pelo Dec. 5.296/2004.

II – deficiência auditiva – perda bilateral, parcial ou total, de quarenta e um decibéis (dB) ou mais, aferida por audiograma nas frequências de 500Hz, 1.000Hz, 2.000Hz e 3.000Hz;

• Inciso II com redação determinada pelo Dec. 5.296/2004.

III – deficiência visual – cegueira, na qual a acuidade visual é igual ou menor que 0,05 no melhor olho, com a melhor correção óptica; a baixa visão, que significa acuidade visual entre 0,3 e 0,05 no melhor olho, com a melhor correção óptica; os casos nos quais a somatória da medida do campo visual em ambos os olhos for igual ou menor que 60°; ou a ocorrência simultânea de quaisquer das condições anteriores;

• Inciso III com redação determinada pelo Dec. 5.296/2004.
• V. Súmula 377, STJ.

IV – deficiência mental – funcionamento intelectual significativamente inferior à média, com manifestação antes dos dezoito anos e limitações associadas a duas ou mais áreas de habilidades adaptativas, tais como:
a) comunicação;
b) cuidado pessoal;
c) habilidades sociais;
d) utilização dos recursos da comunidade;

• Alínea d com redação determinada pelo Dec. 5.296/2004.

e) saúde e segurança;
f) habilidades acadêmicas;
g) lazer; e
h) trabalho;

V – deficiência múltipla – associação de duas ou mais deficiências.
[...]

Seção III
Da habilitação e da reabilitação profissional

Art. 30. A pessoa portadora de deficiência, beneficiária ou não do Regime Geral de Previdência Social, tem direito às prestações de habilitação e reabilitação profissional para capacitar-se a obter trabalho, conservá-lo e progredir profissionalmente.

Art. 31. Entende-se por habilitação e reabilitação profissional o processo orientado a possibilitar que a pessoa portadora de deficiência, a partir da identificação de suas potencialidades laborativas, adquira o nível suficiente de desenvolvimento profissional para ingresso e reingresso no mercado de trabalho e participar da vida comunitária.

Art. 32. Os serviços de habilitação e reabilitação profissional deverão estar dotados dos recursos necessários para atender toda pessoa portadora de deficiência, independentemente da origem de sua deficiência, desde que possa ser preparada para trabalho que lhe seja adequado e tenha perspectivas de obter, conservar e nele progredir.

Art. 33. A orientação profissional será prestada pelos correspondentes serviços de habilitação e reabilitação profissional, tendo em conta as potencialidades da pessoa portadora de deficiência, identificadas com base em relatório de equipe multiprofissional, que deverá considerar:

I – educação escolar efetivamente recebida e por receber;
II – expectativas de promoção social;
III – possibilidades de emprego existentes em cada caso;

IV – motivações, atitudes e preferências profissionais; e
V – necessidades do mercado de trabalho.

Seção IV
Do acesso ao trabalho

Art. 34. É finalidade primordial da política de emprego a inserção da pessoa portadora de deficiência no mercado de trabalho ou sua incorporação ao sistema produtivo mediante regime especial de trabalho protegido.

Parágrafo único. Nos casos de deficiência grave ou severa, o cumprimento do disposto no *caput* deste artigo poderá ser efetivado mediante a contratação das cooperativas sociais de que trata a Lei 9.867, de 10 de novembro de 1999.

Art. 35. São modalidades de inserção laboral da pessoa portadora de deficiência:
I – colocação competitiva: processo de contratação regular, nos termos da legislação trabalhista e previdenciária, que independe da adoção de procedimentos especiais para sua concretização, não sendo excluída a possibilidade de utilização de apoios especiais;
II – colocação seletiva: processo de contratação regular, nos termos da legislação trabalhista e previdenciária, que depende da adoção de procedimentos e apoios especiais para sua concretização; e
III – promoção do trabalho por conta própria: processo de fomento da ação de uma ou mais pessoas, mediante trabalho autônomo, cooperativado ou em regime de economia familiar, com vista à emancipação econômica e pessoal.

§ 1º As entidades beneficentes de assistência social, na forma da lei, poderão intermediar a modalidade de inserção laboral de que tratam os incisos II e III, nos seguintes casos:
I – na contratação para prestação de serviços, por entidade pública ou privada, da pessoa portadora de deficiência física, mental ou sensorial; e
II – na comercialização de bens e serviços decorrentes de programas de habilitação profissional de adolescente e adulto portador de deficiência em oficina protegida de produção ou terapêutica.

§ 2º Consideram-se procedimentos especiais os meios utilizados para a contratação de pessoa que, devido ao seu grau de deficiência, transitória ou permanente, exija condições especiais, tais como jornada variável, horário flexível, proporcionalidade de salário, ambiente de trabalho adequado às suas especificidades, entre outros.

§ 3º Consideram-se apoios especiais a orientação, a supervisão e as ajudas técnicas entre outros elementos que auxiliem ou permitam compensar uma ou mais limitações funcionais motoras, sensoriais ou mentais da pessoa portadora de deficiência, de modo a superar as barreiras da mobilidade e da comunicação, possibilitando a plena utilização de suas capacidades em condições de normalidade.

§ 4º Considera-se oficina protegida de produção a unidade que funciona em relação de dependência com entidade pública ou beneficente de assistência social, que tem por objetivo desenvolver programa de habilitação profissional para adolescente e adulto portador de deficiência, provendo-o com trabalho remunerado, com vista à emancipação econômica e pessoal relativa.

§ 5º Considera-se oficina protegida terapêutica a unidade que funciona em relação de dependência com entidade pública ou beneficente de assistência social, que tem por objetivo a integração social por meio de atividades de adaptação e capacitação para o trabalho de adolescente e adulto que devido ao seu grau de deficiência, transitória ou permanente, não possa desempenhar atividade laboral no mercado competitivo de trabalho ou em oficina protegida de produção.

§ 6º O período de adaptação e capacitação para o trabalho de adolescente e adulto portador de deficiência em oficina protegida terapêutica não caracteriza vínculo empregatício e está condicionado a processo de avaliação individual que considere o desenvolvimento biopsicossocial da pessoa.

§ 7º A prestação de serviços será feita mediante celebração de convênio ou contrato formal, entre a entidade beneficente de as-

sistência social e o tomador de serviços, no qual constará a relação nominal dos trabalhadores portadores de deficiência colocados à disposição do tomador.

§ 8º A entidade que se utilizar do processo de colocação seletiva deverá promover, em parceria com o tomador de serviços, programas de prevenção de doenças profissionais e de redução da capacidade laboral, bem assim programas de reabilitação caso ocorram patologias ou se manifestem outras incapacidades.

Art. 36. A empresa com cem ou mais empregados está obrigada a preencher de 2 (dois) a 5% (cinco por cento) de seus cargos com beneficiários da Previdência Social reabilitados ou com pessoa portadora de deficiência habilitada, na seguinte proporção:

I – até duzentos empregados, 2% (dois por cento);

II – de duzentos e um a quinhentos empregados, 3% (três por cento);

III – de quinhentos e um a mil empregados, 4% (quatro por cento); ou

IV – mais de mil empregados, 5% (cinco por cento).

§ 1º A dispensa de empregado na condição estabelecida neste artigo, quando se tratar de contrato por prazo determinado, superior a 90 (noventa) dias, e a dispensa imotivada, no contrato por prazo indeterminado, somente poderá ocorrer após a contratação de substituto em condições semelhantes.

§ 2º Considera-se pessoa portadora de deficiência habilitada aquela que concluiu curso de educação profissional de nível básico, técnico ou tecnológico, ou curso superior, com certificação ou diplomação expedida por instituição pública ou privada, legalmente credenciada pelo Ministério da Educação ou órgão equivalente, ou aquela com certificado de conclusão de processo de habilitação ou reabilitação profissional fornecido pelo Instituto Nacional do Seguro Social – INSS.

§ 3º Considera-se, também, pessoa portadora de deficiência habilitada aquela que, não tendo se submetido a processo de habilitação ou reabilitação, esteja capacitada para o exercício da função.

§ 4º A pessoa portadora de deficiência habilitada nos termos dos §§ 2º e 3º deste artigo poderá recorrer à intermediação de órgão integrante do sistema público de emprego, para fins de inclusão laboral na forma deste artigo.

§ 5º Compete ao Ministério do Trabalho e Emprego estabelecer sistemática de fiscalização, avaliação e controle das empresas, bem como instituir procedimentos e formulários que propiciem estatísticas sobre o número de empregados portadores de deficiência e de vagas preenchidas, para fins de acompanhamento do disposto no *caput* deste artigo.

Art. 37. Fica assegurado à pessoa portadora de deficiência o direito de se inscrever em concurso público, em igualdade de condições com os demais candidatos, para provimento de cargo cujas atribuições sejam compatíveis com a deficiência de que é portador.

• V. Súmula 377, STJ.

§ 1º O candidato portador de deficiência, em razão da necessária igualdade de condições, concorrerá a todas as vagas, sendo reservado no mínimo o percentual de 5% (cinco por cento) em face da classificação obtida.

§ 2º Caso a aplicação do percentual de que trata o parágrafo anterior resulte em número fracionado, este deverá ser elevado até o primeiro número inteiro subsequente.

Art. 38. Não se aplica o disposto no artigo anterior nos casos de provimento de:

I – cargo em comissão ou função de confiança, de livre nomeação e exoneração; e

II – cargo ou emprego público integrante de carreira que exija aptidão plena do candidato.

Art. 39. Os editais de concursos públicos deverão conter:

I – o número de vagas existentes, bem como o total correspondente à reserva destinada à pessoa portadora de deficiência;

II – as atribuições e tarefas essenciais dos cargos;

III – previsão de adaptação das provas, do curso de formação e do estágio probatório, conforme a deficiência do candidato; e

Dec. 3.298/1999

PORTADORES DE DEFICIÊNCIA

IV – exigência de apresentação, pelo candidato portador de deficiência, no ato da inscrição, de laudo médico atestando a espécie e o grau ou nível da deficiência, com expressa referência ao código correspondente da Classificação Internacional de Doença – CID, bem como a provável causa da deficiência.

Art. 40. É vedado à autoridade competente obstar a inscrição de pessoa portadora de deficiência em concurso público para ingresso em carreira da Administração Pública Federal direta e indireta.

§ 1º No ato da inscrição, o candidato portador de deficiência que necessite de tratamento diferenciado nos dias do concurso deverá requerê-lo, no prazo determinado em edital, indicando as condições diferenciadas de que necessita para a realização das provas.

§ 2º O candidato portador de deficiência que necessitar de tempo adicional para realização das provas deverá requerê-lo, com justificativa acompanhada de parecer emitido por especialista da área de sua deficiência, no prazo estabelecido no edital do concurso.

Art. 41. A pessoa portadora de deficiência, resguardadas as condições especiais previstas neste Decreto, participará de concurso em igualdade de condições com os demais candidatos no que concerne:
I – ao conteúdo das provas;
II – à avaliação e aos critérios de aprovação;
III – ao horário e ao local de aplicação das provas; e
IV – à nota mínima exigida para todos os demais candidatos.

Art. 42. A publicação do resultado final do concurso será feita em duas listas, contendo, a primeira, a pontuação de todos os candidatos, inclusive a dos portadores de deficiência, e a segunda, somente a pontuação destes últimos.

Art. 43. O órgão responsável pela realização do concurso terá a assistência de equipe multiprofissional composta de três profissionais capacitados e atuantes nas áreas das deficiências em questão, sendo um deles médico, e três profissionais integrantes da carreira almejada pelo candidato.

§ 1º A equipe multiprofissional emitirá parecer observando:
I – as informações prestadas pelo candidato no ato da inscrição;
II – a natureza das atribuições e tarefas essenciais do cargo ou da função a desempenhar;
III – a viabilidade das condições de acessibilidade e as adequações do ambiente de trabalho na execução das tarefas;
IV – a possibilidade de uso, pelo candidato, de equipamentos ou outros meios que habitualmente utilize; e
V – a CID e outros padrões reconhecidos nacional e internacionalmente.

§ 2º A equipe multiprofissional avaliará a compatibilidade entre as atribuições do cargo e a deficiência do candidato durante o estágio probatório.

Art. 44. A análise dos aspectos relativos ao potencial de trabalho do candidato portador de deficiência obedecerá ao disposto no art. 20 da Lei 8.112, de 11 de dezembro de 1990.

Art. 45. Serão implementados programas de formação e qualificação profissional voltados para a pessoa portadora de deficiência no âmbito do Plano Nacional de Formação Profissional – Planfor.

Parágrafo único. Os programas de formação e qualificação profissional para pessoa portadora de deficiência terão como objetivos:
I – criar condições que garantam a toda pessoa portadora de deficiência o direito a receber uma formação profissional adequada;
II – organizar os meios de formação necessários para qualificar a pessoa portadora de deficiência para a inserção competitiva no mercado laboral; e
III – ampliar a formação e qualificação profissional sob a base de educação geral para fomentar o desenvolvimento harmônico da pessoa portadora de deficiência, assim como para satisfazer as exigências derivadas do progresso técnico, dos novos métodos de produção e da evolução social e econômica.
[...]

Art. 59. Este Decreto entra em vigor na data da sua publicação.

Dec. 3.298/1999

PORTADORES DE DEFICIÊNCIA

Art. 60. Ficam revogados os Decretos 93.481, de 29 de outubro de 1986, 914, de 6 de setembro de 1993, 1.680, de 18 de outubro de 1995, 3.030, de 20 de abril de 1999, o § 2º do art. 141 do Regulamento da Previdência Social, aprovado pelo Decreto 3.048, de 6 de maio de 1999, e o Decreto 3.076, de 1º de junho de 1999.

Brasília, 20 de dezembro de 1999; 178º da Independência e 111º da República.

Fernando Henrique Cardoso

(*DOU* 21.12.1999)

PROFISSÕES – REGULAMENTAÇÃO ESPECÍFICA

QUADRO DEMONSTRATIVO

PROFISSÕES	LEGISLAÇÃO
Advogado	Lei 8.906/1994
Aeronauta	Lei 7.183/1984
Aeroviário	Dec. 1.232/1962
Arquiteto e urbanista	Lei 12.378/2010
Arquivista e técnico de arquivo	Lei 6.546/1978 e Dec. 82.590/1978
Artista e técnico de espetáculo de diversões	Lei 6.533/1978 e Dec. 82.385/1978
Assistente social	Lei 8.662/1993
Atuário	Dec.-lei 806/1969 e Dec. 66.408/1970
Bibliotecário	Lei 9.674/1998
Biólogo e biomédico	Lei 6.684/1979 e Decs. 88.438/1983 e 88.439/1983
Bombeiro civil	Lei 11.901/2009
Cabeleireiro, Barbeiro, Esteticista, Manicure, Pedicure, Depilador e Maquiador	Lei 12.592/2012
Contador e guarda-livros	Dec.-lei 9.295/1946
Corretor de imóveis	Lei 6.530/1978 e Dec. 81.871/1978
Corretor de seguros	Lei 4.594/1964 e Dec. 56.903/1965
Corretor de valores	Lei 2.146/1953
Dentista	Lei 5.081/1966
Despachante aduaneiro	Dec. 6.759/2009
Economista	Lei 1.411/1951 e Dec. 31.794/1952
Economista doméstico	Lei 7.387/1985 e Dec. 92.524/1986
Educação física	Lei 9.696/1998
Enfermagem	Lei 7.498/1986 e Dec. 94.406/1987
Engenheiro, arquiteto em engenharia de segurança do trabalho	Lei 7.410/1985 e Dec. 92.530/1986
Engenheiro e engenheiro agrônomo	Lei 5.194/1966
Enólogo e técnico em enologia	Lei 11.476/2007
Estatístico	Lei 4.739/1965 e Dec. 62.497/1968
Farmacêutico	Lei 3.820/1960 e Dec. 85.878/1981
Farmácia	Res. CFF 417/2004
Fisioterapeuta e terapeuta ocupacional	Dec.-lei 938/1969 e Lei 8.856/1994
Fonoaudiólogo	Lei 6.965/1981 e Dec. 87.218/1982
Garimpeiro	Lei 11.685/2008
Geógrafo	Lei 6.664/1979 e Dec. 85.138/1980
Geólogo	Lei 4.076/1962

Quadro Demonstrativo

PROFISSÕES

Guardador e lavador autônomo de veículos automotores	Lei 6.242/1975 e Dec. 79.797/1977
Guia de turismo	Lei 8.623/1993 e Dec. 946/1993
Instrutor de trânsito	Lei 12.302/2010
Jornalista	Dec.-lei 972/1969 e Dec. 83.284/1979
Leiloeiro	Dec. 21.981/1932
Leiloeiro rural	Lei 4.021/1961
Mãe social	Lei 7.644/1987
Massagista	Lei 3.968/1961
Médico-residente	Lei 6.932/1981 e Dec. 80.281/1977
Médico-veterinário	Lei 5.517/1968 e Dec. 64.704/1969
Meteorologista	Lei 6.835/1980
Motoboy e mototaxista	Lei 12.009/2009
Motorista profissional	Lei 12.619/2012
Museólogo	Lei 7.287/1984 e Dec. 91.775/1985
Músico	Lei 3.857/1960
Nutricionista	Lei 8.234/1991
Orientador educacional	Lei 5.564/1968 e Dec. 72.846/1973
Peão de rodeio	Lei 10.220/2001
Propagandista e vendedor de produtos farmacêuticos	Lei 6.224/1975
Psicólogo	Lei 4.119/1962 e Dec. 53.464/1964
Publicitário e agenciador de propaganda	Lei 4.680/1965 e Dec. 57.690/1966
Químico	Lei 2.800/1956 e Dec. 85.877/1981
Radialista	Lei 6.615/1978 e Dec. 84.134/1979
Redator, noticiarista, repórter, repórter de setor, radiorrepórter, arquivista pesquisador, revisor, ilustrador, repórter fotográfico, repórter cinematográfico	Dec.-lei 972/1969
Relações públicas	Lei 5.377/1967 e Dec. 63.283/1968
Repentista	Lei 12.198/2010
Representantes comerciais autônomos	Lei 4.886/1965
Secretário	Lei 7.377/1985
Servidor público	Lei 8.112/1990
Sociólogo	Lei 6.888/1980 e Dec. 89.531/1984
Sommelier	Lei 12.467/2011
Taxista	Lei 12.468/2011
Técnico agrícola e técnico industrial	Lei 5.524/1968 e Dec. 90.922/1985
Técnico de segurança do trabalho	Lei 7.410/1985 e Dec. 92.530/1986
Técnico em administração	Lei 4.769/1965 e Dec. 61.934/1967
Técnico em prótese dentária	Lei 6.710/1979 e Dec. 87.689/1982
Técnico em radiologia	Lei 7.394/1985 e Dec. 92.790/1986
Tradutor e intérprete da língua brasileira de sinais – LIBRAS	Lei 12.319/2010
Tradutor público e intérprete comercial	Dec. 13.609/1943
Treinador profissional de futebol	Lei 8.650/1993
Turismólogo	Lei 12.591/2012
Vigilante bancário	Lei 7.102/1983 e Dec. 89.056/1983
Zootecnista	Lei 5.550/1968

Lei 12.790/2013

PROFISSÕES

LEI 12.790, DE 14 DE MARÇO DE 2013

Dispõe sobre a regulamentação do exercício da profissão de comerciário.

A Presidenta da República:
Faço saber que o Congresso Nacional decreta e eu sanciono a seguinte Lei:

Art. 1º Aos comerciários, integrantes da categoria profissional de empregados no comércio, conforme o quadro de atividades e profissões do art. 577, combinado com o art. 511, ambos da Consolidação das Leis do Trabalho (CLT), aprovada pelo Decreto-lei 5.452, de 1º de maio de 1943, aplicam-se os dispositivos da presente Lei, sem prejuízo das demais normas trabalhistas que lhes sejam aplicáveis.

Art. 2º Na Carteira de Trabalho e Previdência Social (CTPS), a atividade ou função desempenhada pelos empregados do comércio deverá ser especificada, desde que inexista possibilidade de classificação por similaridade.

Art. 3º A jornada normal de trabalho dos empregados no comércio é de 8 (oito) horas diárias e 44 (quarenta e quatro) semanais.

§ 1º Somente mediante convenção coletiva ou acordo coletivo de trabalho poderá ser alterada a jornada normal de trabalho estabelecida no *caput* deste artigo.

§ 2º É admitida jornada de 6 (seis) horas para o trabalho realizado em turnos de revezamento, sendo vedada a utilização do mesmo empregado em mais de 1 (um) turno de trabalho, salvo negociação coletiva de trabalho.

Art. 4º O piso salarial será fixado em convenção ou acordo coletivo de trabalho, nos termos do inciso V do art. 7º da Constituição Federal.

Art. 5º *(Vetado.)*

Art. 6º As entidades representativas das categorias econômica e profissional poderão, no âmbito da negociação coletiva, negociar a inclusão, no instrumento normativo, de cláusulas que instituam programas e ações de educação, formação e qualificação profissional.

Art. 7º É instituído o Dia do Comerciário, a ser comemorado no dia 30 de outubro de cada ano.

Art. 8º Esta Lei entra em vigor na data de sua publicação.

Brasília, 14 de março de 2013; 192º da Independência e 125º da República.
Dilma Rousseff

(*DOU* 15.03.2013)

LEI 12.790, DE 14 DE MARÇO DE 2013

Dispõe sobre a regulamentação do exercício da profissão de comerciário.

A Presidenta da República,

Faço saber que o Congresso Nacional decreta e eu sanciono a seguinte Lei:

Art. 1º Aos comerciários, integrantes da categoria profissional de empregados no comércio, conforme o quadro de atividades e profissões do art. 577, combinado com o art. 511, ambos da Consolidação das Leis do Trabalho (CLT), aprovada pelo Decreto-Lei 5.452, de 1º de maio de 1943, aplicam-se os dispositivos da presente Lei, sem prejuízo dos demais direitos trabalhistas que lhes sejam aplicáveis.

Art. 2º Na Carteira de Trabalho e Previdência Social (CTPS), a atividade ou função desempenhada pelos empregados de comércio deverá ser especificada, desde que inexista possibilidade de classificação por similaridade.

Art. 3º A jornada normal de trabalho dos empregados no comércio é de 8 (oito) horas diárias e 44 (quarenta e quatro) semanais, e, 1º Somente mediante convenção coletiva ou acordo coletivo de trabalho poderá ser alterada a jornada normal de trabalho estabelecida no caput deste artigo.

§ 2º A admitida a jornada de 6 (seis) horas para o trabalho realizado em turnos de revezamento, sendo vedada a utilização do mesmo empregado em mais de 1 (um) turno de trabalho, salvo negociação coletiva de trabalho.

Art. 4º O piso salarial será fixado em convenção ou acordo coletivo de trabalho, nos termos do inciso V do art. 7º da Constituição Federal.

Art. 5º (vetado).

Art. 6º As entidades representativas das categorias reconhecerão a obrigação, quando, no âmbito da negociação coletiva, negociar a inclusão, nos instrumentos normativos, de cláusulas que instituam programas ou ações de educação, formação e qualificação profissional.

Art. 7º É instituído o Dia do Comerciário, a ser comemorado no dia 30 de outubro de cada ano.

Art. 8º Esta Lei entra em vigor na data de sua publicação.

Brasília, 14 de março de 2013; 192º da Independência e 125º da República.

DILMA ROUSSEFF

(DOU 15.03.2013)

PROPRIEDADE INDUSTRIAL

LEI 9.279, DE 14 DE MAIO DE 1996

Regula direitos e obrigações relativos à propriedade industrial.

O Presidente da República:
Faço saber que o Congresso Nacional decreta e eu sanciono a seguinte Lei:
[...]

TÍTULO I
DAS PATENTES

[...]

Capítulo XIV
DA INVENÇÃO E DO MODELO DE UTILIDADE REALIZADO POR EMPREGADO OU PRESTADOR DE SERVIÇO

Art. 88. A invenção e o modelo de utilidade pertencem exclusivamente ao empregador quando decorrerem de contrato de trabalho cuja execução ocorra no Brasil e que tenha por objeto a pesquisa ou a atividade inventiva, ou resulte esta da natureza dos serviços para os quais foi o empregado contratado.

- V. art. 121.
- V. Dec. 2.553/1998 (Regulamenta os arts. 75 e 88 a 93 da Lei 9.279/1996).

§ 1º Salvo expressa disposição contratual em contrário, a retribuição pelo trabalho a que se refere este artigo limita-se ao salário ajustado.

§ 2º Salvo prova em contrário, consideram-se desenvolvidos na vigência do contrato a invenção ou o modelo de utilidade, cuja patente seja requerida pelo empregado até 1 (um) ano após a extinção do vínculo empregatício.

Art. 89. O empregador, titular da patente, poderá conceder ao empregado, autor de invento ou aperfeiçoamento, participação nos ganhos econômicos resultantes da exploração da patente, mediante negociação com o interessado ou conforme disposto em norma da empresa.

- V. art. 121.
- V. Dec. 2.553/1998 (Regulamenta os arts. 75 e 88 a 93 da Lei 9.279/1996).

Parágrafo único. A participação referida neste artigo não se incorpora, a qualquer título, ao salário do empregado.

Art. 90. Pertencerá exclusivamente ao empregado a invenção ou o modelo de utilidade por ele desenvolvido, desde que desvinculado do contrato de trabalho e não decorrente da utilização de recursos, meios, dados, materiais, instalações ou equipamentos do empregador.

- V. art. 121.
- V. Dec. 2.553/1998 (Regulamenta os arts. 75 e 88 a 93 da Lei 9.279/1996).

Art. 91. A propriedade de invenção ou de modelo de utilidade será comum, em partes iguais, quando resultar da contribuição pessoal do empregado e de recursos, dados, meios, materiais, instalações ou equipamentos do empregador, ressalvada expressa disposição contratual em contrário.

- V. art. 121.
- V. Dec. 2.553/1998 (Regulamenta os arts. 75 e 88 a 93 da Lei 9.279/1996).

§ 1º Sendo mais de um empregado, a parte que lhes couber será dividida igualmente entre todos, salvo ajuste em contrário.

§ 2º É garantido ao empregador o direito exclusivo de licença de exploração e assegurada ao empregado a justa remuneração.

§ 3º A exploração do objeto da patente, na falta de acordo, deverá ser iniciada pelo empregador dentro do prazo de 1 (um) ano, contado da data de sua concessão, sob pena de passar à exclusiva propriedade do empregado a titularidade da patente, ressalvadas as hipóteses de falta de exploração por razões legítimas.

Lei 9.279/1996

PROPRIEDADE INDUSTRIAL

§ 4º No caso de cessão, qualquer dos cotitulares, em igualdade de condições, poderá exercer o direito de preferência.

Art. 92. O disposto nos artigos anteriores aplica-se, no que couber, às relações entre o trabalhador autônomo ou o estagiário e a empresa contratante e entre empresas contratantes e contratadas.

- V. art. 121.
- V. Dec. 2.553/1998 (Regulamenta os arts. 75 e 88 a 93 da Lei 9.279/1996).

Art. 93. Aplica-se o disposto neste Capítulo, no que couber, às entidades da Administração Pública, direta, indireta e fundacional, federal, estadual ou municipal.

- V. art. 121.
- V. Dec. 2.553/1998 (Regulamenta os arts. 75 e 88 a 93 da Lei 9.279/1996).

Parágrafo único. Na hipótese do art. 88, será assegurada ao inventor, na forma e condições previstas no estatuto ou regimento interno da entidade a que se refere este artigo, premiação de parcela no valor das vantagens auferidas com o pedido ou com a patente, a título de incentivo.
[...]

TÍTULO VIII
DAS DISPOSIÇÕES TRANSITÓRIAS E FINAIS

[...]

Art. 243. Esta Lei entra em vigor na data de sua publicação quanto às matérias disciplinadas nos arts. 230, 231, 232 e 239, e 1 (um) ano após sua publicação quanto aos demais artigos.

Art. 244. Revogam-se a Lei 5.772, de 21 de dezembro de 1971, a Lei 6.348, de 7 de julho de 1976, os arts. 187 a 196 do Dec.-lei 2.848, de 7 de dezembro de 1940, os arts. 169 a 189 do Dec.-lei 7.903, de 27 de agosto de 1945, e as demais disposições em contrário.

Brasília, 14 de maio de 1996; 175º da Independência e 108º da República.
Fernando Henrique Cardoso

(*DOU* 15.05.1996)

RECUPERAÇÃO DE EMPRESAS E FALÊNCIA

LEI 11.101, DE 9 DE FEVEREIRO DE 2005

Regula a recuperação judicial, a extrajudicial e a falência do empresário e da sociedade empresária.

O Presidente da República:
Faço saber que o Congresso Nacional decreta e eu sanciono a seguinte Lei:

Capítulo I
DISPOSIÇÕES PRELIMINARES

• Rubrica do Capítulo sem correspondência no Dec.-lei 7.661/1945.

Art. 1º Esta Lei disciplina a recuperação judicial, a recuperação extrajudicial e a falência do empresário e da sociedade empresária, doravante referidos simplesmente como devedor.

• Sem correspondência no Dec.-lei 7.661/1945.
• V. arts. 76 e 78.
• V. arts. 966, 981 e 982, CC/2002.

Art. 2º Esta Lei não se aplica a:
I – empresa pública e sociedade de economia mista;

• V. art. 195.

II – instituição financeira pública ou privada, cooperativa de crédito, consórcio, entidade de previdência complementar, sociedade operadora de plano de assistência à saúde, sociedade seguradora, sociedade de capitalização e outras entidades legalmente equiparadas às anteriores.

• Sem correspondência no Dec.-lei 7.661/1945.
• V. art. 26 e 94, Dec.-lei 73/1966 (Sistema Nacional de Seguros Privados).
• V. art. 4º, Dec.-lei 261/1967 (Sociedades de capitalização).
• V. art. 68, Dec. 60.459/1967 (Regulamenta o Dec.-lei 73/1966).
• V. art. 4º, *caput*, Lei 5.764/1971 (Política nacional de cooperativismo).
• V. art. 1º, Lei 6.024/1974 (Intervenção e liquidação extrajudicial de instituições financeiras).
• V. art. 278, Lei 6.404/1976 (Sociedades por ações).
• V. art. 187, Lei 7.565/1986 (Código Brasileiro de Aeronáutica).
• V. art. 23, *caput* e § 1º, Lei 9.656/1998 (Planos e seguros privados de assistência à saúde).
• V. art. 47, LC 109/2001 (Previdência complementar).

Art. 3º É competente para homologar o plano de recuperação extrajudicial, deferir a recuperação judicial ou decretar a falência o juízo do local do principal estabelecimento do devedor ou da filial de empresa que tenha sede fora do Brasil.

• Correspondência: art. 7º, *caput*, e 156, *caput*, Dec.-lei 7.661/1945.
• V. arts. 76 e 78.
• V. art. 75, § 2º, CC/2002.
• V. art. 3º, § 2º, Lei 9.099/1995 (Juizados Especiais Cíveis e Criminais).

Art. 4º (Vetado.)

Capítulo II
DISPOSIÇÕES COMUNS À RECUPERAÇÃO JUDICIAL E À FALÊNCIA

• Rubrica do Capítulo sem correspondência no Dec.-lei 7.661/1945.

Seção I
Disposições gerais

• Rubrica da Seção sem correspondência no Dec.-lei 7.661/1945.

Art. 5º Não são exigíveis do devedor, na recuperação judicial ou na falência:

• Correspondência: art. 23, parágrafo único, Dec.-lei 7.661/1945.

I – as obrigações a título gratuito;
II – as despesas que os credores fizerem para tomar parte na recuperação judicial ou na falência, salvo as custas judiciais decorrentes de litígio com o devedor.

• V. art. 84, IV.

Lei 11.101/2005

RECUPERAÇÃO DE EMPRESAS

Art. 6º A decretação da falência ou o deferimento do processamento da recuperação judicial suspende o curso da prescrição e de todas as ações e execuções em face do devedor, inclusive aquelas dos credores particulares do sócio solidário.

- Correspondência: arts. 24, *caput*, 39, parágrafo único, e 47, Dec.-lei 7.661/1945.
- V. art. 99, V.
- V. art. 202, CC/2002.
- V. art. 777, CPC.

§ 1º Terá prosseguimento no juízo no qual estiver se processando a ação que demandar quantia ilíquida.

- Correspondência: art. 24, § 2º, II, Dec.-lei 7.661/1945.
- V. art. 19, § 1º.
- V. art. 762, CPC.

§ 2º É permitido pleitear, perante o administrador judicial, habilitação, exclusão ou modificação de créditos derivados da relação de trabalho, mas as ações de natureza trabalhista, inclusive as impugnações a que se refere o art. 8º desta Lei, serão processadas perante a justiça especializada até a apuração do respectivo crédito, que será inscrito no quadro geral de credores pelo valor determinado em sentença.

- Sem correspondência no Dec.-lei 7.661/1945.
- V. art. 19, § 1º.
- V. art. 114, *caput*, CF.
- V. art. 44, Lei 4.886/1965 (Representantes comerciais autônomos).

§ 3º O juiz competente para as ações referidas nos §§ 1º e 2º deste artigo poderá determinar a reserva da importância que estimar devida na recuperação judicial ou na falência, e, uma vez reconhecido líquido o direito, será o crédito incluído na classe própria.

- Correspondência: art. 130, Dec.-lei 7.661/1945.
- V. arts. 10, § 4º, e 149, § 1º.

§ 4º Na recuperação judicial, a suspensão de que trata o *caput* deste artigo em hipótese nenhuma excederá o prazo improrrogável de 180 (cento e oitenta) dias contado do deferimento do processamento da recuperação, restabelecendo-se, após o decurso do prazo, o direito dos credores de iniciar ou continuar suas ações e execuções, independentemente de pronunciamento judicial.

- Sem correspondência no Dec.-lei 7.661/1945.
- V. arts. 49, §§ 3º e 5º, e 52, III.

§ 5º Aplica-se o disposto no § 2º deste artigo à recuperação judicial durante o período de suspensão de que trata o § 4º deste artigo, mas, após o fim da suspensão, as execuções trabalhistas poderão ser normalmente concluídas, ainda que o crédito já esteja inscrito no quadro geral de credores.

- Sem correspondência no Dec.-lei 7.661/1945.

§ 6º Independentemente da verificação periódica perante os cartórios de distribuição, as ações que venham a ser propostas contra o devedor deverão ser comunicadas ao juízo da falência ou da recuperação judicial:

- Sem correspondência no Dec.-lei 7.661/1945.
- V. art. 253, I, CPC.

I – pelo juiz competente, quando do recebimento da petição inicial;

II – pelo devedor, imediatamente após a citação.

§ 7º As execuções de natureza fiscal não são suspensas pelo deferimento da recuperação judicial, ressalvada a concessão de parcelamento nos termos do Código Tributário Nacional e da legislação ordinária específica.

- Sem correspondência no Dec.-lei 7.661/1945.
- V. arts. 151, VI, 155-A e 191-A, CTN.
- V. Lei 10.684/2003 (Parcelamento de débitos junto à Secretaria da Receita Federal, à Procuradoria-Geral da Fazenda Nacional e ao Instituto Nacional do Seguro Social).

§ 8º A distribuição do pedido de falência ou de recuperação judicial previne a jurisdição para qualquer outro pedido de recuperação judicial ou de falência, relativo ao mesmo devedor.

- Correspondência: art. 202, § 1º, Dec.-lei 7.661/1945.
- V. art. 106 e 219, *caput*, CPC.

Seção II
Da verificação
e da habilitação de créditos

Art. 7º A verificação dos créditos será realizada pelo administrador judicial, com base nos livros contábeis e documentos comerciais e fiscais do devedor e nos documentos que lhe forem apresentados pelos credores, podendo contar com o auxílio de profissionais ou empresas especializadas.

- Sem correspondência no Dec.-lei 7.661/1945.

Lei 11.101/2005

RECUPERAÇÃO DE EMPRESAS

§ 1º Publicado o edital previsto no art. 52, § 1º, ou no parágrafo único do art. 99 desta Lei, os credores terão o prazo de 15 (quinze) dias para apresentar ao administrador judicial suas habilitações ou suas divergências quanto aos créditos relacionados.

* Correspondência: arts. 14, parágrafo único, V, e 80, Dec.-lei 7.661/1945.
* V. arts. 9º e 10.

§ 2º O administrador judicial, com base nas informações e documentos colhidos na forma do *caput* e do § 1º deste artigo, fará publicar edital contendo a relação de credores no prazo de 45 (quarenta e cinco) dias, contado do fim do prazo do § 1º deste artigo, devendo indicar o local, o horário e o prazo comum em que as pessoas indicadas no art. 8º desta Lei terão acesso aos documentos que fundamentaram a elaboração dessa relação.

* Sem correspondência no Dec.-lei 7.661/1945.
* V. arts. 14 e 15.
* V. art. 768, CPC.

Art. 8º No prazo de 10 (dez) dias, contado da publicação da relação referida no art. 7º, § 2º, desta Lei, o Comitê, qualquer credor, o devedor ou seus sócios ou o Ministério Público podem apresentar ao juiz impugnação contra a relação de credores, apontando a ausência de qualquer crédito ou manifestando-se contra a legitimidade, importância ou classificação de crédito relacionado.

* Correspondência: art. 87, Dec.-lei 7.661/1945.
* V. arts. 81 a 83, CPC.

Parágrafo único. Autuada em separado, a impugnação será processada nos termos dos arts. 13 a 15 desta Lei.

* Sem correspondência no Dec.-lei 7.661/1945.

Art. 9º A habilitação de crédito realizada pelo credor nos termos do art. 7º, § 1º, desta Lei deverá conter:

* Correspondência: art. 82, *caput*, Dec.-lei 7.661/1945.
* V. art. 175.

I – o nome, o endereço do credor e o endereço em que receberá comunicação de qualquer ato do processo;

II – o valor do crédito, atualizado até a data da decretação da falência ou do pedido de recuperação judicial, sua origem e classificação;

III – os documentos comprobatórios do crédito e a indicação das demais provas a serem produzidas;

IV – a indicação da garantia prestada pelo devedor, se houver, e o respectivo instrumento;

V – a especificação do objeto da garantia que estiver na posse do credor.

Parágrafo único. Os títulos e documentos que legitimam os créditos deverão ser exibidos no original ou por cópias autenticadas se estiverem juntados em outro processo.

* Correspondência: art. 82, § 1º, Dec.-lei 7.661/1945.

Art. 10. Não observado o prazo estipulado no art. 7º, § 1º, desta Lei, as habilitações de crédito serão recebidas como retardatárias.

* Correspondência: art. 98, *caput*, Dec.-lei 7.661/1945.
* V. arts. 784 e 786, CPC.

§ 1º Na recuperação judicial, os titulares de créditos retardatários, excetuados os titulares de créditos derivados da relação de trabalho, não terão direito a voto nas deliberações da assembleia geral de credores.

* Sem correspondência no Dec.-lei 7.661/1945.

§ 2º Aplica-se o disposto no § 1º deste artigo ao processo de falência, salvo se, na data da realização da assembleia geral, já houver sido homologado o quadro geral de credores contendo o crédito retardatário.

* Sem correspondência no Dec.-lei 7.661/1945.

§ 3º Na falência, os créditos retardatários perderão o direito a rateios eventualmente realizados e ficarão sujeitos ao pagamento de custas, não se computando os acessórios compreendidos entre o término do prazo e a data do pedido de habilitação.

* Correspondência: art. 98, § 4º, Dec.-lei 7.661/1945.

§ 4º Na hipótese prevista no § 3º deste artigo, o credor poderá requerer a reserva de valor para satisfação de seu crédito.

* Sem correspondência no Dec.-lei 7.661/1945.
* V. art. 6º, § 3º.

§ 5º As habilitações de crédito retardatárias, se apresentadas antes da homologação do

Lei 11.101/2005

RECUPERAÇÃO DE EMPRESAS

quadro geral de credores, serão recebidas como impugnação e processadas na forma dos arts. 13 a 15 desta Lei.

* Sem correspondência no Dec.-lei 7.661/1945.

§ 6º Após a homologação do quadro geral de credores, aqueles que não habilitaram seu crédito poderão, observado, no que couber, o procedimento ordinário previsto no Código de Processo Civil, requerer ao juízo da falência ou da recuperação judicial a retificação do quadro geral para inclusão do respectivo crédito.

* Sem correspondência no Dec.-lei 7.661/1945.
* V. arts. 282 a 475, CPC.

Art. 11. Os credores cujos créditos forem impugnados serão intimados para contestar a impugnação, no prazo de 5 (cinco) dias, juntando os documentos que tiverem e indicando outras provas que reputem necessárias.

* Correspondência: art. 90, Dec.-lei 7.661/1945.
* V. art. 15.

Art. 12. Transcorrido o prazo do art. 11 desta Lei, o devedor e o Comitê, se houver, serão intimados pelo juiz para se manifestar sobre ela no prazo comum de 5 (cinco) dias.

* Sem correspondência no Dec.-lei 7.661/1945.

Parágrafo único. Findo o prazo a que se refere o *caput* deste artigo, o administrador judicial será intimado pelo juiz para emitir parecer no prazo de 5 (cinco) dias, devendo juntar à sua manifestação o laudo elaborado pelo profissional ou empresa especializada, se for o caso, e todas as informações existentes nos livros fiscais e demais documentos do devedor acerca do crédito, constante ou não da relação de credores, objeto da impugnação.

* Correspondência: art. 91, Dec.-lei 7.661/1945.
* V. art. 15.

Art. 13. A impugnação será dirigida ao juiz por meio de petição, instruída com os documentos que tiver o impugnante, o qual indicará as provas consideradas necessárias.

* Correspondência: art. 88, Dec.-lei 7.661/1945.

Parágrafo único. Cada impugnação será autuada em separado, com os documentos a ela relativos, mas terão uma só autuação as diversas impugnações versando sobre o mesmo crédito.

Art. 14. Caso não haja impugnações, o juiz homologará, como quadro geral de credores, a relação dos credores constante do edital de que trata o art. 7º, § 2º, desta Lei, dispensada a publicação de que trata o art. 18 desta Lei.

* Correspondência: art. 173, *caput*, Dec.-lei 7.661/1945.

Art. 15. Transcorridos os prazos previstos nos arts. 11 e 12 desta Lei, os autos de impugnação serão conclusos ao juiz, que:

* Correspondência: art. 92, *caput*, Dec.-lei 7.661/1945.

I – determinará a inclusão no quadro geral de credores das habilitações de créditos não impugnadas, no valor constante da relação referida no § 2º do art. 7º desta Lei;

* Sem correspondência no Dec.-lei 7.661/1945.

II – julgará as impugnações que entender suficientemente esclarecidas pelas alegações e provas apresentadas pelas partes, mencionando, de cada crédito, o valor e a classificação;

* Correspondência: art. 92, I, Dec.-lei 7.661/1945.

III – fixará, em cada uma das restantes impugnações, os aspectos controvertidos e decidirá as questões processuais pendentes;

* Correspondência: art. 92, II, Dec.-lei 7.661/1945.

IV – determinará as provas a serem produzidas, designando audiência de instrução e julgamento, se necessário.

* Correspondência: art. 92, II, *b*, Dec.-lei 7.661/1945.
* V. art. 331, § 2º, CPC.

Art. 16. O juiz determinará, para fins de rateio, a reserva de valor para satisfação do crédito impugnado.

* Correspondência: art. 130, *caput*, Dec.-lei 7.661/1945.

Parágrafo único. Sendo parcial, a impugnação não impedirá o pagamento da parte incontroversa.

* Sem correspondência no Dec.-lei 7.661/1945.

Art. 17. Da decisão judicial sobre a impugnação caberá agravo.

* Correspondência: art. 97, *caput*, Dec.-lei 7.661/1945.
* V. arts. 522 a 529, CPC.

Parágrafo único. Recebido o agravo, o relator poderá conceder efeito suspensivo à

Lei 11.101/2005

RECUPERAÇÃO DE EMPRESAS

decisão que reconhece o crédito ou determinar a inscrição ou modificação do seu valor ou classificação no quadro geral de credores, para fins de exercício de direito de voto em assembleia geral.

* Correspondência: art. 97, § 1º, Dec.-lei 7.661/1945.

Art. 18. O administrador judicial será responsável pela consolidação do quadro geral de credores, a ser homologado pelo juiz, com base na relação dos credores a que se refere o art. 7º, § 2º, desta Lei e nas decisões proferidas nas impugnações oferecidas.

* Correspondência: art. 96, *caput*, Dec.-lei 7.661/1945.

Parágrafo único. O quadro geral, assinado pelo juiz e pelo administrador judicial, mencionará a importância e a classificação de cada crédito na data do requerimento da recuperação judicial ou da decretação da falência, será juntado aos autos e publicado no órgão oficial, no prazo de 5 (cinco) dias, contado da data da sentença que houver julgado as impugnações.

* Correspondência: art. 96, § 2º, Dec.-lei 7.661/1945.

Art. 19. O administrador judicial, o Comitê, qualquer credor ou o representante do Ministério Público poderá, até o encerramento da recuperação judicial ou da falência, observado, no que couber, o procedimento ordinário previsto no Código de Processo Civil, pedir a exclusão, outra classificação ou a retificação de qualquer crédito, nos casos de descoberta de falsidade, dolo, simulação, fraude, erro essencial ou, ainda, documentos ignorados na época do julgamento do crédito ou da inclusão no quadro geral de credores.

* Correspondência: art. 99, Dec.-lei 7.661/1945.
* V. arts. 282 a 475, CPC.
* V. arts. 138 a 144 (erro), 145 a 155 (dolo), 158 a 165 (fraude) e 167 a 956 (simulação), CC/2002.

§ 1º A ação prevista neste artigo será proposta exclusivamente perante o juízo da recuperação judicial ou da falência ou, nas hipóteses previstas no art. 6º, §§ 1º e 2º, desta Lei, perante o juízo que tenha originariamente reconhecido o crédito.

* Sem correspondência no Dec.-lei 7.661/1945.

§ 2º Proposta a ação de que trata este artigo, o pagamento ao titular do crédito por ela atingido somente poderá ser realizado mediante a prestação de caução no mesmo valor do crédito questionado.

* Sem correspondência no Dec.-lei 7.661/1945.

Art. 20. As habilitações dos credores particulares do sócio ilimitadamente responsável processar-se-ão de acordo com as disposições desta Seção.

* Sem correspondência no Dec.-lei 7.661/1945.
* V. art. 1.039 e 1.045, CC/2002.
* V. art. 281, Lei 6.404/1976 (Sociedades por ações).

Seção III
Do administrador judicial e do Comitê de Credores

Art. 21. O administrador judicial será profissional idôneo, preferencialmente advogado, economista, administrador de empresas ou contador, ou pessoa jurídica especializada.

* Correspondência: art. 60, *caput* e § 2º, Dec.-lei 7.661/1945.
* V. arts. 31, 33, 52, I, e 99, IX.
* V. art. 1.011, CC/2002.

Parágrafo único. Se o administrador judicial nomeado for pessoa jurídica, declarar-se-á, no termo de que trata o art. 33 desta Lei, o nome do profissional responsável pela condução do processo de falência ou de recuperação judicial, que não poderá ser substituído sem autorização do juiz.

* Correspondência: art. 60, § 5º, Dec.-lei 7.661/1945.

Art. 22. Ao administrador judicial compete, sob a fiscalização do juiz e do Comitê, além de outros deveres que esta Lei lhe impõe:

* Correspondência: art. 63, *caput*, Dec.-lei 7.661/1945.
* V. art. 23.
* V. art. 1.103, CC/2002.
* V. arts. 763 e 766, CPC.

I – na recuperação judicial e na falência:

* Sem correspondência no Dec.-lei 7.661/1945.

a) enviar correspondência aos credores constantes na relação de que trata o inciso III do *caput* do art. 51, o inciso III do *caput* do art. 99 ou o inciso II do *caput* do art. 105

Lei 11.101/2005

RECUPERAÇÃO DE EMPRESAS

desta Lei, comunicando a data do pedido de recuperação judicial ou da decretação da falência, a natureza, o valor e a classificação dada ao crédito;

- Sem correspondência no Dec.-lei 7.661/1945.

b) fornecer, com presteza, todas as informações pedidas pelos credores interessados;

- Correspondência: art. 63, VIII, Dec.-lei 7.661/1945.

c) dar extratos dos livros do devedor, que merecerão fé de ofício, a fim de servirem de fundamento nas habilitações e impugnações de créditos;

- Correspondência: art. 63, VIII, Dec.-lei 7.661/1945.

d) exigir dos credores, do devedor ou seus administradores quaisquer informações;

- Correspondência: art. 63, IX, Dec.-lei 7.661/1945.

e) elaborar a relação de credores de que trata o § 2º do art. 7º desta Lei;

- Sem correspondência no Dec.-lei 7.661/1945.

f) consolidar o quadro geral de credores nos termos do art. 18 desta Lei;

- Sem correspondência no Dec.-lei 7.661/1945.

g) requerer ao juiz convocação da assembleia geral de credores nos casos previstos nesta Lei ou quando entender necessária sua ouvida para a tomada de decisões;

- Sem correspondência no Dec.-lei 7.661/1945.
- V. arts. 35 e 36.

h) contratar, mediante autorização judicial, profissionais ou empresas especializadas para, quando necessário, auxiliá-lo no exercício de suas funções;

- Correspondência: art. 63, VII, Dec.-lei 7.661/1945.

i) manifestar-se nos casos previstos nesta Lei;

- Sem correspondência no Dec.-lei 7.661/1945.

II – na recuperação judicial:

- Sem correspondência no Dec.-lei 7.661/1945.

a) fiscalizar as atividades do devedor e o cumprimento do plano de recuperação judicial;

- Sem correspondência no Dec.-lei 7.661/1945.

b) requerer a falência no caso de descumprimento de obrigação assumida no plano de recuperação;

- Sem correspondência no Dec.-lei 7.661/1945.
- V. arts. 61, § 1º, e 73, IV.

c) apresentar ao juiz, para juntada aos autos, relatório mensal das atividades do devedor;

- Sem correspondência no Dec.-lei 7.661/1945.

d) apresentar o relatório sobre a execução do plano de recuperação, de que trata o inciso III do *caput* do art. 63 desta Lei;

- Sem correspondência no Dec.-lei 7.661/1945.

III – na falência:

a) avisar, pelo órgão oficial, o lugar e hora em que, diariamente, os credores terão à sua disposição os livros e documentos do falido;

- Correspondência: art. 63, I, Dec.-lei 7.661/1945.

b) examinar a escrituração do devedor;

- Correspondência: art. 63, V, Dec.-lei 7.661/1945.

c) relacionar os processos e assumir a representação judicial da massa falida;

- Sem correspondência no Dec.-lei 7.661/1945.

d) receber e abrir a correspondência dirigida ao devedor, entregando a ele o que não for assunto de interesse da massa;

- Correspondência: art. 63, II, Dec.-lei 7.661/1945.

e) apresentar, no prazo de 40 (quarenta) dias, contado da assinatura do termo de compromisso, prorrogável por igual período, relatório sobre as causas e circunstâncias que conduziram à situação de falência, no qual apontará a responsabilidade civil e penal dos envolvidos, observado o disposto no art. 186 desta Lei;

- Sem correspondência no Dec.-lei 7.661/1945.

f) arrecadar os bens e documentos do devedor e elaborar o auto de arrecadação, nos termos dos arts. 108 e 110 desta Lei;

- Correspondência: art. 63, III, Dec.-lei 7.661/1945.
- V. art. 108.
- V. art. 766, I, CPC.

g) avaliar os bens arrecadados;

- Sem correspondência no Dec.-lei 7.661/1945.
- V. art. 108.

h) contratar avaliadores, de preferência oficiais, mediante autorização judicial, para a avaliação dos bens caso entenda não ter condições técnicas para a tarefa;

- Correspondência: art. 63, VI, Dec.-lei 7.661/1945.

Lei 11.101/2005

RECUPERAÇÃO DE EMPRESAS

i) praticar os atos necessários à realização do ativo e ao pagamento dos credores;

- Sem correspondência no Dec.-lei 7.661/1945.
- V. art. 139 e ss.

j) requerer ao juiz a venda antecipada de bens perecíveis, deterioráveis ou sujeitos a considerável desvalorização ou de conservação arriscada ou dispendiosa, nos termos do art. 113 desta Lei;

- Correspondência: art. 63, XIII, Dec.-lei 7.661/1945.

l) praticar todos os atos conservatórios de direitos e ações, diligenciar a cobrança de dívidas e dar a respectiva quitação;

- Correspondência: art. 63, XIV, Dec.-lei 7.661/1945.
- V. art. 766, III, CPC.

m) remir, em benefício da massa e mediante autorização judicial, bens apenhados, penhorados ou legalmente retidos;

- Correspondência: art. 63, XV, Dec.-lei 7.661/1945.

n) representar a massa falida em juízo, contratando, se necessário, advogado, cujos honorários serão previamente ajustados e aprovados pelo Comitê de Credores;

- Correspondência: art. 63, XVI, Dec.-lei 7.661/1945.
- V. art. 766, II, CPC.

o) requerer todas as medidas e diligências que forem necessárias para o cumprimento desta Lei, a proteção da massa ou a eficiência da administração;

- Correspondência: art. 63, XVII, Dec.-lei 7.661/1945.

p) apresentar ao juiz para juntada aos autos, até o 10° (décimo) dia do mês seguinte ao vencido, conta demonstrativa da administração, que especifique com clareza a receita e a despesa;

- Correspondência: art. 63, XXI, Dec.-lei 7.661/1945.

q) entregar ao seu substituto todos os bens e documentos da massa em seu poder, sob pena de responsabilidade;

- Correspondência: art. 63, XXII, Dec.-lei 7.661/1945.
- V. art. 32.

r) prestar contas ao final do processo, quando for substituído, destituído ou renunciar ao cargo.

- Correspondência: art. 69, *caput*, Dec.-lei 7.661/1945.
- V. arts. 23 e 154.

§ 1° As remunerações dos auxiliares do administrador judicial serão fixadas pelo juiz, que considerará a complexidade dos trabalhos a serem executados e os valores praticados no mercado para o desempenho de atividades semelhantes.

- Correspondência: art. 63, VII, Dec.-lei 7.661/1945.

§ 2° Na hipótese da alínea *d* do inciso I do *caput* deste artigo, se houver recusa, o juiz, a requerimento do administrador judicial, intimará aquelas pessoas para que compareçam à sede do juízo, sob pena de desobediência, oportunidade em que as interrogará na presença do administrador judicial, tomando seus depoimentos por escrito.

- Correspondência: art. 63, IX, Dec.-lei 7.661/1945.

§ 3° Na falência, o administrador judicial não poderá, sem autorização judicial, após ouvidos o Comitê e o devedor no prazo comum de 2 (dois) dias, transigir sobre obrigações e direitos da massa falida e conceder abatimento de dívidas, ainda que sejam consideradas de difícil recebimento.

- Correspondência: art. 63, XVIII, Dec.-lei 7.661/1945.

§ 4° Se o relatório de que trata a alínea *e* do inciso III do *caput* deste artigo apontar responsabilidade penal de qualquer dos envolvidos, o Ministério Público será intimado para tomar conhecimento de seu teor.

- Correspondência: art. 105, Dec.-lei 7.661/1945.
- V. art. 184.

Art. 23. O administrador judicial que não apresentar, no prazo estabelecido, suas contas ou qualquer dos relatórios previstos nesta Lei será intimado pessoalmente a fazê-lo no prazo de 5 (cinco) dias, sob pena de desobediência.

- Sem correspondência no Dec.-lei 7.661/1945.
- V. art. 330, CP.

Parágrafo único. Decorrido o prazo do *caput* deste artigo, o juiz destituirá o administrador judicial e nomeará substituto para elaborar relatórios ou organizar as contas, explicitando as responsabilidades de seu antecessor.

Lei 11.101/2005

RECUPERAÇÃO DE EMPRESAS

Art. 24. O juiz fixará o valor e a forma de pagamento da remuneração do administrador judicial, observados a capacidade de pagamento do devedor, o grau de complexidade do trabalho e os valores praticados no mercado para o desempenho de atividades semelhantes.

- Correspondência: art. 67, *caput* e § 1º, Dec.-lei 7.661/1945.
- V. art. 767, CPC.

§ 1º Em qualquer hipótese, o total pago ao administrador judicial não excederá 5% (cinco por cento) do valor devido aos credores submetidos à recuperação judicial ou do valor de venda dos bens na falência.

- Correspondência: art. 67, § 2º, Dec.-lei 7.661/ 1945.

§ 2º Será reservado 40% (quarenta por cento) do montante devido ao administrador judicial para pagamento após atendimento do previsto nos arts. 154 e 155 desta Lei.

- Correspondência: art. 67, § 3º, Dec.-lei 7.661/ 1945.

§ 3º O administrador judicial substituído será remunerado proporcionalmente ao trabalho realizado, salvo se renunciar sem relevante razão ou for destituído de suas funções por desídia, culpa, dolo ou descumprimento das obrigações fixadas nesta Lei, hipóteses em que não terá direito à remuneração.

- Correspondência: art. 67, § 4º, Dec.-lei 7.661/ 1945.

§ 4º Também não terá direito a remuneração o administrador que tiver suas contas desaprovadas.

- Correspondência: art. 67, § 4º, Dec.-lei 7.661/ 1945.

Art. 25. Caberá ao devedor ou à massa falida arcar com as despesas relativas à remuneração do administrador judicial e das pessoas eventualmente contratadas para auxiliá-lo.

- Correspondência: art. 124, § 1º, III, e § 2º, II, Dec.-lei 7.661/1945.
- V. arts. 84 e 103.

Art. 26. O Comitê de Credores será constituído por deliberação de qualquer das classes de credores na assembleia geral e terá a seguinte composição:

- Sem correspondência no Dec.-lei 7.661/1945.

I – um representante indicado pela classe de credores trabalhistas, com dois suplentes;
II – um representante indicado pela classe de credores com direitos reais de garantia ou privilégios especiais, com dois suplentes;
III – um representante indicado pela classe de credores quirografários e com privilégios gerais, com dois suplentes.

§ 1º A falta de indicação de representante por quaisquer das classes não prejudicará a constituição do Comitê, que poderá funcionar com número inferior ao previsto no *caput* deste artigo.

§ 2º O juiz determinará, mediante requerimento subscrito por credores que representem a maioria dos créditos de uma classe, independentemente da realização de assembleia:

I – a nomeação do representante e dos suplentes da respectiva classe ainda não representada no Comitê; ou
II – a substituição do representante ou dos suplentes da respectiva classe.

§ 3º Caberá aos próprios membros do Comitê indicar, entre eles, quem irá presidi-lo.

Art. 27. O Comitê de Credores terá as seguintes atribuições, além de outras previstas nesta Lei:

- Sem correspondência no Dec.-lei 7.661/1945.

I – na recuperação judicial e na falência:
a) fiscalizar as atividades e examinar as contas do administrador judicial;
b) zelar pelo bom andamento do processo e pelo cumprimento da lei;
c) comunicar ao juiz, caso detecte violação dos direitos ou prejuízo aos interesses dos credores;
d) apurar e emitir parecer sobre quaisquer reclamações dos interessados;
e) requerer ao juiz a convocação da assembleia geral de credores;
f) manifestar-se nas hipóteses previstas nesta Lei;

II – na recuperação judicial:
a) fiscalizar a administração das atividades do devedor, apresentando, a cada 30 (trinta) dias, relatório de sua situação;
b) fiscalizar a execução do plano de recuperação judicial;
c) submeter à autorização do juiz, quando ocorrer o afastamento do devedor nas hipó-

Lei 11.101/2005

RECUPERAÇÃO DE EMPRESAS

teses previstas nesta Lei, a alienação de bens do ativo permanente, a constituição de ônus reais e outras garantias, bem como atos de endividamento necessários à continuação da atividade empresarial durante o período que antecede a aprovação do plano de recuperação judicial.

§ 1º As decisões do Comitê, tomadas por maioria, serão consignadas em livro de atas, rubricado pelo juízo, que ficará à disposição do administrador judicial, dos credores e do devedor.

§ 2º Caso não seja possível a obtenção de maioria em deliberação do Comitê, o impasse será resolvido pelo administrador judicial ou, na incompatibilidade deste, pelo juiz.

Art. 28. Não havendo Comitê de Credores, caberá ao administrador judicial ou, na incompatibilidade deste, ao juiz exercer suas atribuições.

• Sem correspondência no Dec.-lei 7.661/1945.

Art. 29. Os membros do Comitê não terão sua remuneração custeada pelo devedor ou pela massa falida, mas as despesas realizadas para a realização do previsto nesta Lei, se devidamente comprovadas e com a autorização do juiz, serão ressarcidas atendendo às disponibilidades de caixa.

• Sem correspondência no Dec.-lei 7.661/1945.

Art. 30. Não poderá integrar o Comitê ou exercer as funções de administrador judicial quem, nos últimos 5 (cinco) anos, no exercício do cargo de administrador judicial ou de membro do Comitê em falência ou recuperação judicial anterior, foi destituído, deixou de prestar contas dentro dos prazos legais ou teve a prestação de contas desaprovada.

• Correspondência: art. 60, § 3º, III, Dec.-lei 7.661/1945.
• V. art. 1.011, § 1º, CC/2002.

§ 1º Ficará também impedido de integrar o Comitê ou exercer a função de administrador judicial quem tiver relação de parentesco ou afinidade até o terceiro grau com o devedor, seus administradores, controladores ou representantes legais ou deles for amigo, inimigo ou dependente.

• Correspondência: art. 60, § 3º, I, Dec.-lei 7.661/1945.

§ 2º O devedor, qualquer credor ou o Ministério Público poderá requerer ao juiz a substituição do administrador judicial ou dos membros do Comitê nomeados em desobediência aos preceitos desta Lei.

• Sem correspondência no Dec.-lei 7.661/1945.
• V. art. 31, *caput*.

§ 3º O juiz decidirá, no prazo de 24 (vinte e quatro) horas, sobre o requerimento do § 2º deste artigo.

• Sem correspondência no Dec.-lei 7.661/1945.

Art. 31. O juiz, de ofício ou a requerimento fundamentado de qualquer interessado, poderá determinar a destituição do administrador judicial ou de quaisquer dos membros do Comitê de Credores quando verificar desobediência aos preceitos desta Lei, descumprimento de deveres, omissão, negligência ou prática de ato lesivo às atividades do devedor ou a terceiros.

• Correspondência: art. 66, *caput*, Dec.-lei 7.661/1945.
• V. art. 30, § 2º.

§ 1º No ato de destituição, o juiz nomeará novo administrador judicial ou convocará os suplentes para recompor o Comitê.

• Correspondência: art. 66, § 2º, Dec.-lei 7.661/1945.

§ 2º Na falência, o administrador judicial substituído prestará contas no prazo de 10 (dez) dias, nos termos dos §§ 1º a 6º do art. 154 desta Lei.

• Correspondência: art. 69, *caput*, Dec.-lei 7.661/1945.

Art. 32. O administrador judicial e os membros do Comitê responderão pelos prejuízos causados à massa falida, ao devedor ou aos credores por dolo ou culpa, devendo o dissidente em deliberação do Comitê consignar sua discordância em ata para eximir-se da responsabilidade.

• Correspondência: art. 68, *caput*, Dec.-lei 7.661/1945.
• V. arts. 154, § 5º, e 177.

Art. 33. O administrador judicial e os membros do Comitê de Credores, logo que nomeados, serão intimados pessoalmente para, em 48 (quarenta e oito) horas, assinar, na sede do juízo, o termo de compromisso de bem e fielmente desempenhar o cargo e

Lei 11.101/2005

RECUPERAÇÃO DE EMPRESAS

assumir todas as responsabilidades a ele inerentes.

- Correspondência: art. 62, *caput*, Dec.-lei 7.661/1945.
- V. art. 21, parágrafo único.
- V. art. 764, CPC.
- V. art. 134, V, CTN.

Art. 34. Não assinado o termo de compromisso no prazo previsto no art. 33 desta Lei, o juiz nomeará outro administrador judicial.

- Correspondência: art. 65, Dec.-lei 7.661/1945.

Seção IV
Da assembleia geral de credores

- Rubrica da Seção sem correspondência no Dec.-lei 7.661/1945.

Art. 35. A assembleia geral de credores terá por atribuições deliberar sobre:

- Sem correspondência no Dec.-lei 7.661/1945.

I – na recuperação judicial:

a) aprovação, rejeição ou modificação do plano de recuperação judicial apresentado pelo devedor;

b) a constituição do Comitê de Credores, a escolha de seus membros e sua substituição;

c) (Vetado.)

d) o pedido de desistência do devedor, nos termos do § 4º do art. 52 desta Lei;

e) o nome do gestor judicial, quando do afastamento do devedor;

f) qualquer outra matéria que possa afetar os interesses dos credores;

II – na falência:

a) (Vetado.)

b) a constituição do Comitê de Credores, a escolha de seus membros e sua substituição;

c) a adoção de outras modalidades de realização do ativo, na forma do art. 145 desta Lei;

d) qualquer outra matéria que possa afetar os interesses dos credores.

Art. 36. A assembleia geral de credores será convocada pelo juiz por edital publicado no órgão oficial e em jornais de grande circulação nas localidades da sede e filiais, com antecedência mínima de 15 (quinze) dias, o qual conterá:

- Correspondência: art. 122, § 1º, Dec.-lei 7.661/1945.

I – local, data e hora da assembleia em primeira e em segunda convocação, não podendo esta ser realizada menos de 5 (cinco) dias depois da primeira;

- Correspondência: art. 122, § 1º, Dec.-lei 7.661/1945.

II – a ordem do dia;

- Sem correspondência no Dec.-lei 7.661/1945.

III – local onde os credores poderão, se for o caso, obter cópia do plano de recuperação judicial a ser submetido à deliberação da assembleia.

- Sem correspondência no Dec.-lei 7.661/1945.

§ 1º Cópia do aviso de convocação da assembleia deverá ser afixada de forma ostensiva na sede e filiais do devedor.

- Sem correspondência no Dec.-lei 7.661/1945.

§ 2º Além dos casos expressamente previstos nesta Lei, credores que representem no mínimo 25% (vinte e cinco por cento) do valor total dos créditos de uma determinada classe poderão requerer ao juiz a convocação de assembleia geral.

- Correspondência: art. 122, *caput*, Dec.-lei 7.661/1945.

§ 3º As despesas com a convocação e a realização da assembleia geral correm por conta do devedor ou da massa falida, salvo se convocada em virtude de requerimento do Comitê de Credores ou na hipótese do § 2º deste artigo.

- Sem correspondência no Dec.-lei 7.661/1945.

Art. 37. A assembleia será presidida pelo administrador judicial, que designará um secretário dentre os credores presentes.

- Correspondência: art. 122, § 2º, Dec.-lei 7.661/1945.

§ 1º Nas deliberações sobre o afastamento do administrador judicial ou em outras em que haja incompatibilidade deste, a assembleia será presidida pelo credor presente que seja titular do maior crédito.

- Sem correspondência no Dec.-lei 7.661/1945.

§ 2º A assembleia instalar-se-á, em primeira convocação, com a presença de credores titulares de mais da metade dos créditos de cada classe, computados pelo valor, e, em

Lei 11.101/2005

RECUPERAÇÃO DE EMPRESAS

segunda convocação, com qualquer número.

• Sem correspondência no Dec.-lei 7.661/1945.

§ 3º Para participar da assembleia, cada credor deverá assinar a lista de presença, que será encerrada no momento da instalação.

• Sem correspondência no Dec.-lei 7.661/1945.

§ 4º O credor poderá ser representado na assembleia geral por mandatário ou representante legal, desde que entregue ao administrador judicial, até 24 (vinte e quatro) horas antes da data prevista no aviso de convocação, documento hábil que comprove seus poderes ou a indicação das folhas dos autos do processo em que se encontre o documento.

• Sem correspondência no Dec.-lei 7.661/1945.
• V. art. 661, § 1º, CC/2002.

§ 5º Os sindicatos de trabalhadores poderão representar seus associados titulares de créditos derivados da legislação do trabalho ou decorrentes de acidente de trabalho que não comparecerem, pessoalmente ou por procurador, à assembleia.

• Sem correspondência no Dec.-lei 7.661/1945.

§ 6º Para exercer a prerrogativa prevista no § 5º deste artigo, o sindicato deverá:

• Sem correspondência no Dec.-lei 7.661/1945.

I – apresentar ao administrador judicial, até 10 (dez) dias antes da assembleia, a relação dos associados que pretende representar, e o trabalhador que conste da relação de mais de um sindicato deverá esclarecer, até 24 (vinte e quatro) horas antes da assembleia, qual sindicato o representa, sob pena de não ser representado em assembleia por nenhum deles; e

II – *(Vetado).*

§ 7º Do ocorrido na assembleia, lavrar-se-á ata que conterá o nome dos presentes e as assinaturas do presidente, do devedor e de dois membros de cada uma das classes votantes, e que será entregue ao juiz, juntamente com a lista de presença, no prazo de 48 (quarenta e oito) horas.

• Correspondência: art. 122, § 5º, Dec.-lei 7.661/1945.

Art. 38. O voto do credor será proporcional ao valor de seu crédito, ressalvado, nas deliberações sobre o plano de recuperação judicial, o disposto no § 2º do art. 45 desta Lei.

• Sem correspondência no Dec.-lei 7.661/1945.
• V. art. 45, § 2º.

Parágrafo único. Na recuperação judicial, para fins exclusivos de votação em assembleia geral, o crédito em moeda estrangeira será convertido para moeda nacional pelo câmbio da véspera da data de realização da assembleia.

• V. arts. 50, § 2º, e 77.

Art. 39. Terão direito a voto na assembleia geral as pessoas arroladas no quadro geral de credores ou, na sua falta, na relação de credores apresentada pelo administrador judicial na forma do art. 7º, § 2º, desta Lei, ou, ainda, na falta desta, na relação apresentada pelo próprio devedor nos termos dos arts. 51, incisos III e IV do *caput*, 99, inciso III do *caput*, ou 105, inciso II do *caput*, desta Lei, acrescidas, em qualquer caso, das que estejam habilitadas na data da realização da assembleia ou que tenham créditos admitidos ou alterados por decisão judicial, inclusive as que tenham obtido reserva de importâncias, observado o disposto nos §§ 1º e 2º do art. 10 desta Lei.

• Sem correspondência no Dec.-lei 7.661/1945.

§ 1º Não terão direito a voto e não serão considerados para fins de verificação do *quorum* de instalação e de deliberação os titulares de créditos excetuados na forma dos §§ 3º e 4º do art. 49 desta Lei.

§ 2º As deliberações da assembleia geral não serão invalidadas em razão de posterior decisão judicial acerca da existência, quantificação ou classificação de créditos.

§ 3º No caso de posterior invalidação de deliberação da assembleia, ficam resguardados os direitos de terceiros de boa-fé, respondendo os credores que aprovarem a deliberação pelos prejuízos comprovados causados por dolo ou culpa.

Art. 40. Não será deferido provimento liminar, de caráter cautelar ou antecipatório dos efeitos da tutela, para a suspensão ou adiamento da assembleia geral de credores em razão de pendência de discussão acerca

Lei 11.101/2005

RECUPERAÇÃO DE EMPRESAS

da existência, da quantificação ou da classificação de créditos.

- Sem correspondência no Dec.-lei 7.661/1945.
- V. art. 5º, XXXV, CF.

Art. 41. A assembleia geral será composta pelas seguintes classes de credores:

- Sem correspondência no Dec.-lei 7.661/1945.

I – titulares de créditos derivados da legislação do trabalho ou decorrentes de acidentes de trabalho;

- V. art. 45, § 2º.

II – titulares de créditos com garantia real;

- V. art. 45, § 1º.

III – titulares de créditos quirografários, com privilégio especial, com privilégio geral ou subordinados.

- V. art. 45, § 1º.

§ 1º Os titulares de créditos derivados da legislação do trabalho votam com a classe prevista no inciso I do *caput* deste artigo com o total de seu crédito, independentemente do valor.

§ 2º Os titulares de créditos com garantia real votam com a classe prevista no inciso II do *caput* deste artigo até o limite do valor do bem gravado e com a classe prevista no inciso III do *caput* deste artigo pelo restante do valor de seu crédito.

Art. 42. Considerar-se-á aprovada a proposta que obtiver votos favoráveis de credores que representem mais da metade do valor total dos créditos presentes à assembleia geral, exceto nas deliberações sobre o plano de recuperação judicial nos termos da alínea a do inciso I do *caput* do art. 35 desta Lei, a composição do Comitê de Credores ou forma alternativa de realização do ativo nos termos do art. 145 desta Lei.

- Sem correspondência no Dec.-lei 7.661/1945.
- V. art. 73, I.

Art. 43. Os sócios do devedor, bem como as sociedades coligadas, controladoras, controladas ou as que tenham sócio ou acionista com participação superior a 10% (dez por cento) do capital social do devedor ou em que o devedor ou algum de seus sócios detenham participação superior a 10% (dez por cento) do capital social, poderão participar da assembleia geral de credores, sem ter direito a voto e não serão considerados para fins de verificação do quórum de instalação e de deliberação.

- Sem correspondência no Dec.-lei 7.661/1945.

Parágrafo único. O disposto neste artigo também se aplica ao cônjuge ou parente, consanguíneo ou afim, colateral até o segundo grau, ascendente ou descendente do devedor, do administrador, do sócio controlador, de membro dos conselhos consultivo, fiscal ou semelhantes da sociedade devedora e à sociedade em que quaisquer dessas pessoas exerçam essas funções.

Art. 44. Na escolha dos representantes de cada classe no Comitê de Credores, somente os respectivos membros poderão votar.

- Sem correspondência no Dec.-lei 7.661/1945.

Art. 45. Nas deliberações sobre o plano de recuperação judicial, todas as classes de credores referidas no art. 41 desta Lei deverão aprovar a proposta.

- Sem correspondência no Dec.-lei 7.661/1945.
- V. art. 58.

§ 1º Em cada uma das classes referidas nos incisos II e III do art. 41 desta Lei, a proposta deverá ser aprovada por credores que representem mais da metade do valor total dos créditos presentes à assembleia e, cumulativamente, pela maioria simples dos credores presentes.

§ 2º Na classe prevista no inciso I do art. 41 desta Lei, a proposta deverá ser aprovada pela maioria simples dos credores presentes, independentemente do valor de seu crédito.

§ 3º O credor não terá direito a voto e não será considerado para fins de verificação de quórum de deliberação se o plano de recuperação judicial não alterar o valor ou as condições originais de pagamento de seu crédito.

Art. 46. A aprovação de forma alternativa de realização do ativo na falência, prevista no art. 145 desta Lei, dependerá do voto favorável de credores que representem 2/3 (dois terços) dos créditos presentes à assembleia.

- Correspondência: art. 123, *caput*, Dec.-lei 7.661/1945.

Lei 11.101/2005

RECUPERAÇÃO DE EMPRESAS

Capítulo III
DA RECUPERAÇÃO JUDICIAL
• Rubrica do Capítulo sem correspondência no Dec.-lei 7.661/1945.

Seção I
Disposições gerais
• Rubrica da Seção sem correspondência no Dec.-lei 7.661/1945.

Art. 47. A recuperação judicial tem por objetivo viabilizar a superação da situação de crise econômico-financeira do devedor, a fim de permitir a manutenção da fonte produtora, do emprego dos trabalhadores e dos interesses dos credores, promovendo, assim, a preservação da empresa, sua função social e o estímulo à atividade econômica.
• Sem correspondência no Dec.-lei 7.661/1945.
• V. art. 170, VIII, CF.

Art. 48. Poderá requerer recuperação judicial o devedor que, no momento do pedido, exerça regularmente suas atividades há mais de 2 (dois) anos e que atenda aos seguintes requisitos, cumulativamente:
• Correspondência: art. 158, *caput* e I, Dec.-lei 7.661/1945.
• V. arts. 2º, 161, 198 e 199.
• V. art. 1.071, VIII, e 1.072, § 4º, CC/2002.

I – não ser falido e, se o foi, estejam declaradas extintas, por sentença transitada em julgado, as responsabilidades daí decorrentes;
• Correspondência: art. 158, III, Dec.-lei 7.661/1945.
• V. arts 81 e 160.
• V. art. 1.011, § 1º, CC/2002.
• V. art. 191, CTN.

II – não ter, há menos de 5 (cinco) anos, obtido concessão de recuperação judicial;
• Correspondência: art. 140, IV, Dec.-lei 7.661/1945.
• V. art. 58.

III – não ter, há menos de 8 (oito) anos, obtido concessão de recuperação judicial com base no plano especial de que trata a Seção V deste Capítulo;
• Sem correspondência no Dec.-lei 7.661/1945.

IV – não ter sido condenado ou não ter, como administrador ou sócio controlador, pessoa condenada por qualquer dos crimes previstos nesta Lei.
• Correspondência: art. 140, III, Dec.-lei 7.661/1945.

Parágrafo único. A recuperação judicial também poderá ser requerida pelo cônjuge sobrevivente, herdeiros do devedor, inventariante ou sócio remanescente.
• Sem correspondência no Dec.-lei 7.661/1945.
• V. arts. 96, § 1º, 97, II, e 125.

Art. 49. Estão sujeitos à recuperação judicial todos os créditos existentes na data do pedido, ainda que não vencidos.
• Sem correspondência no Dec.-lei 7.661/1945.

§ 1º Os credores do devedor em recuperação judicial conservam seus direitos e privilégios contra os coobrigados, fiadores e obrigados de regresso.
• Correspondência: art. 148, Dec.-lei 7.661/1945.

§ 2º As obrigações anteriores à recuperação judicial observarão as condições originalmente contratadas ou definidas em lei, inclusive no que diz respeito aos encargos, salvo se de modo diverso ficar estabelecido no plano de recuperação judicial.
• Correspondência: art. 163, §§ 1º e 2º, Dec.-lei 7.661/1945.

§ 3º Tratando-se de credor titular da posição de proprietário fiduciário de bens móveis ou imóveis, de arrendador mercantil, de proprietário ou promitente vendedor de imóvel cujos respectivos contratos contenham cláusula de irrevogabilidade ou irretratabilidade, inclusive em incorporações imobiliárias, ou de proprietário em contrato de venda com reserva de domínio, seu crédito não se submeterá aos efeitos da recuperação judicial e prevalecerão os direitos de propriedade sobre a coisa e as condições contratuais, observada a legislação respectiva, não se permitindo, contudo, durante o prazo de suspensão a que se refere o § 4º do art. 6º desta Lei, a venda ou a retirada do estabelecimento do devedor dos bens de capital essenciais a sua atividade empresarial.
• Sem correspondência no Dec.-lei 7.661/1945.
• V. art. 161, § 1º.

§ 4º Não se sujeitará aos efeitos da recuperação judicial a importância a que se refere o inciso II do art. 86 desta Lei.
• Sem correspondência no Dec.-lei 7.661/1945.

§ 5º Tratando-se de crédito garantido por penhor sobre títulos de crédito, direitos cre-

Lei 11.101/2005

RECUPERAÇÃO DE EMPRESAS

ditórios, aplicações financeiras ou valores mobiliários, poderão ser substituídas ou renovadas as garantias liquidadas ou vencidas durante a recuperação judicial e, enquanto não renovadas ou substituídas, o valor eventualmente recebido em pagamento das garantias permanecerá em conta vinculada durante o período de suspensão de que trata o § 4º do art. 6º desta Lei.

- Sem correspondência no Dec.-lei 7.661/1945.
- V. art. 50, § 1º.

Art. 50. Constituem meios de recuperação judicial, observada a legislação pertinente a cada caso, dentre outros:

- Sem correspondência no Dec.-lei 7.661/1945.

I – concessão de prazos e condições especiais para pagamento das obrigações vencidas ou vincendas;
II – cisão, incorporação, fusão ou transformação de sociedade, constituição de subsidiária integral, ou cessão de cotas ou ações, respeitados os direitos dos sócios, nos termos da legislação vigente;

- V. arts. 1.113 a 1.122, CC/2002.
- V. arts. 220 a 234 e 251 a 253, Lei 6.404/1976 (Sociedades por ações).

III – alteração do controle societário;
IV – substituição total ou parcial dos administradores do devedor ou modificação de seus órgãos administrativos;
V – concessão aos credores de direito de eleição em separado de administradores e de poder de veto em relação às matérias que o plano especificar;
VI – aumento de capital social;

- V. arts. 1.081 a 1.084, CC/2002.
- V. arts. 166 a 174, Lei 6.404/1976 (Sociedades por ações).

VII – trespasse ou arrendamento de estabelecimento, inclusive à sociedade constituída pelos próprios empregados;

- V. arts 1.142 a 1.149, CC/2002.

VIII – redução salarial, compensação de horários e redução da jornada, mediante acordo ou convenção coletiva;
IX – dação em pagamento ou novação de dívidas do passivo, com ou sem constituição de garantia própria ou de terceiro;

- V. arts. 356 e 360, CC/2002.

X – constituição de sociedade de credores;
XI – venda parcial dos bens;
XII – equalização de encargos financeiros relativos a débitos de qualquer natureza, tendo como termo inicial a data da distribuição do pedido de recuperação judicial, aplicando-se inclusive aos contratos de crédito rural, sem prejuízo do disposto em legislação específica;
XIII – usufruto da empresa;
XIV – administração compartilhada;
XV – emissão de valores mobiliários;
XVI – constituição de sociedade de propósito específico para adjudicar, em pagamento dos créditos, os ativos do devedor.

§ 1º Na alienação de bem objeto de garantia real, a supressão da garantia ou sua substituição somente serão admitidas mediante aprovação expressa do credor titular da respectiva garantia.

- V. art. 59.

§ 2º Nos créditos em moeda estrangeira, a variação cambial será conservada como parâmetro de indexação da correspondente obrigação e só poderá ser afastada se o credor titular do respectivo crédito aprovar expressamente previsão diversa no plano de recuperação judicial.

Seção II
Do pedido e do processamento da recuperação judicial

- Rubrica da Seção sem correspondência no Dec.-lei 7.661/1945.

Art. 51. A petição inicial de recuperação judicial será instruída com:

- Correspondência: art. 159, § 1º, Dec.-lei 7.661/1945.

I – a exposição das causas concretas da situação patrimonial do devedor e das razões da crise econômico-financeira;

- Correspondência: art. 159, *caput*, Dec.-lei 7.661/1945.
- V. art. 282, III, CPC.

II – as demonstrações contábeis relativas aos três últimos exercícios sociais e as levantadas especialmente para instruir o pedido, confeccionadas com estrita observância da legislação societária aplicável e compostas obrigatoriamente de:

- Correspondência: art. 159, § 1º, IV, Dec.-lei 7.661/1945.

Lei 11.101/2005

RECUPERAÇÃO DE EMPRESAS

a) balanço patrimonial;
- Correspondência: art. 159, § 1º, IV, *a*, Dec.-lei 7.661/1945.

b) demonstração de resultados acumulados;
- Correspondência: art. 159, § 1º, IV, *b*, Dec.-lei 7.661/1945.

c) demonstração do resultado desde o último exercício social;
- Correspondência: art. 159, § 1º, IV, *c*, Dec.-lei 7.661/1945.

d) relatório gerencial de fluxo de caixa e de sua projeção;
- Sem correspondência no Dec.-lei 7.661/1945.

III – a relação nominal completa dos credores, inclusive aqueles por obrigação de fazer ou de dar, com a indicação do endereço de cada um, a natureza, a classificação e o valor atualizado do crédito, discriminando sua origem, o regime dos respectivos vencimentos e a indicação dos registros contábeis de cada transação pendente;
- Correspondência: art. 159, § 1º, VI, Dec.-lei 7.661/1945.
- V. arts. 14 e 55.

IV – a relação integral dos empregados, em que constem as respectivas funções, salários, indenizações e outras parcelas a que têm direito, com o correspondente mês de competência, e a discriminação dos valores pendentes de pagamento;
- Sem correspondência no Dec.-lei 7.661/1945.
- V. art. 54.

V – certidão de regularidade do devedor no Registro Público de Empresas, o ato constitutivo atualizado e as atas de nomeação dos atuais administradores;
- Correspondência: art. 159, § 1º, III, Dec.-lei 7.661/1945.
- V. art. 48, *caput*.
- V. art. 967, CC/2002.

VI – a relação dos bens particulares dos sócios controladores e dos administradores do devedor;
- Sem correspondência no Dec.-lei 7.661/1945.
- V. arts. 82, § 2º, e 171.

VII – os extratos atualizados das contas bancárias do devedor e de suas eventuais aplicações financeiras de qualquer modalidade, inclusive em fundos de investimento ou em bolsas de valores, emitidos pelas respectivas instituições financeiras;
- Sem correspondência no Dec.-lei 7.661/1945.

VIII – certidões dos cartórios de protestos situados na comarca do domicílio ou sede do devedor e naquelas onde possui filial;
- Correspondência: art. 158, IV, Dec.-lei 7.661/1945.

IX – a relação, subscrita pelo devedor, de todas as ações judiciais em que este figure como parte, inclusive as de natureza trabalhista, com a estimativa dos respectivos valores demandados.
- Sem correspondência no Dec.-lei 7.661/1945.

§ 1º Os documentos de escrituração contábil e demais relatórios auxiliares, na forma e no suporte previstos em lei, permanecerão à disposição do juízo, do administrador judicial e, mediante autorização judicial, de qualquer interessado.
- Correspondência: art. 160, *caput*, Dec.-lei 7.661/1945.
- V. arts. 1.179 a 1.195, CC/2002.

§ 2º Com relação à exigência prevista no inciso II do *caput* deste artigo, as microempresas e empresas de pequeno porte poderão apresentar livros e escrituração contábil simplificados nos termos da legislação específica.
- Sem correspondência no Dec.-lei 7.661/1945.
- V. arts. 3º e 27, LC 123/2006 (Supersimples).

§ 3º O juiz poderá determinar o depósito em cartório dos documentos a que se referem os §§ 1º e 2º deste artigo ou de cópia destes.
- Correspondência: art. 160, § 1º, Dec.-lei 7.661/1945.

Art. 52. Estando em termos a documentação exigida no art. 51 desta Lei, o juiz deferirá o processamento da recuperação judicial e, no mesmo ato:
- Correspondência: art. 161, § 1º, Dec.-lei 7.661/1945.

I – nomeará o administrador judicial, observado o disposto no art. 21 desta Lei;
- Correspondência: art. 161, § 1º, IV, Dec.-lei 7.661/1945.

II – determinará a dispensa da apresentação de certidões negativas para que o devedor exerça suas atividades, exceto para contratação com o Poder Público ou para recebimento de benefícios ou incentivos fiscais ou

Lei 11.101/2005

RECUPERAÇÃO DE EMPRESAS

creditícios, observando o disposto no art. 69 desta Lei;

- Sem correspondência no Dec.-lei 7.661/1945.
- V. art. 57.

III – ordenará a suspensão de todas as ações ou execuções contra o devedor, na forma do art. 6º desta Lei, permanecendo os respectivos autos no juízo onde se processam, ressalvadas as ações previstas nos §§ 1º, 2º e 7º do art. 6º desta Lei e as relativas a créditos excetuados na forma dos §§ 3º e 4º do art. 49 desta Lei;

- Correspondência: art. 161, § 1º, II, e § 2º, Dec.-lei 7.661/1945.

IV – determinará ao devedor a apresentação de contas demonstrativas mensais enquanto perdurar a recuperação judicial, sob pena de destituição de seus administradores;

- Sem correspondência no Dec.-lei 7.661/1945.

V – ordenará a intimação do Ministério Público e a comunicação por carta às Fazendas Públicas Federal e de todos os Estados e Municípios em que o devedor tiver estabelecimento.

- Sem correspondência no Dec.-lei 7.661/1945.

§ 1º O juiz ordenará a expedição de edital, para publicação no órgão oficial, que conterá:

- Correspondência: art. 161, § 1º, I e III, Dec.-lei 7.661/1945.

I – o resumo do pedido do devedor e da decisão que defere o processamento da recuperação judicial;

- Correspondência: art. 161, § 1º, I e III, Dec.-lei 7.661/1945.

II – a relação nominal de credores, em que se discrimine o valor atualizado e a classificação de cada crédito;

- Correspondência: art. 161, § 1º, I e III, Dec.-lei 7.661/1945.

III – a advertência acerca dos prazos para habilitação dos créditos, na forma do art. 7º, § 1º, desta Lei, e para que os credores apresentem objeção ao plano de recuperação judicial apresentado pelo devedor nos termos do art. 55 desta Lei.

- Correspondência: art. 161, § 1º, III, Dec.-lei 7.661/1945.

§ 2º Deferido o processamento da recuperação judicial, os credores poderão, a qualquer tempo, requerer a convocação de assembleia geral para a constituição do Comitê de Credores ou substituição de seus membros, observado o disposto no § 2º do art. 36 desta Lei.

- Sem correspondência no Dec.-lei 7.661/1945.

§ 3º No caso do inciso III do *caput* deste artigo, caberá ao devedor comunicar a suspensão aos juízos competentes.

- Sem correspondência no Dec.-lei 7.661/1945.

§ 4º O devedor não poderá desistir do pedido de recuperação judicial após o deferimento de seu processamento, salvo se obtiver aprovação da desistência na assembleia geral de credores.

- Sem correspondência no Dec.-lei 7.661/1945.

Seção III
Do plano
de recuperação judicial

- Rubrica da Seção sem correspondência no Dec.-lei 7.661/1945.

Art. 53. O plano de recuperação será apresentado pelo devedor em juízo no prazo improrrogável de 60 (sessenta) dias da publicação da decisão que deferir o processamento da recuperação judicial, sob pena de convolação em falência, e deverá conter:

- Sem correspondência no Dec.-lei 7.661/1945.
- V. art. 73, II.

I – discriminação pormenorizada dos meios de recuperação a ser empregados, conforme o art. 50 desta Lei, e seu resumo;

II – demonstração de sua viabilidade econômica; e

III – laudo econômico-financeiro e de avaliação dos bens e ativos do devedor, subscrito por profissional legalmente habilitado ou empresa especializada.

Parágrafo único. O juiz ordenará a publicação de edital contendo aviso aos credores sobre o recebimento do plano de recuperação e fixando o prazo para a manifestação de eventuais objeções, observado o art. 55 desta Lei.

Art. 54. O plano de recuperação judicial não poderá prever prazo superior a 1 (um) ano para pagamento dos créditos derivados da legislação do trabalho ou decorrentes de acidentes de trabalho vencidos até a data do pedido de recuperação judicial.

Lei 11.101/2005

RECUPERAÇÃO DE EMPRESAS

* Sem correspondência no Dec.-lei 7.661/1945.

Parágrafo único. O plano não poderá, ainda, prever prazo superior a 30 (trinta) dias para o pagamento, até o limite de cinco salários mínimos por trabalhador, dos créditos de natureza estritamente salarial vencidos nos 3 (três) meses anteriores ao pedido de recuperação judicial.

Seção IV
Do procedimento de recuperação judicial

* Rubrica da Seção sem correspondência no Dec.-lei 7.661/1945.

Art. 55. Qualquer credor poderá manifestar ao juiz sua objeção ao plano de recuperação judicial no prazo de 30 (trinta) dias contado da publicação da relação de credores de que trata o § 2º do art. 7º desta Lei.

* Sem correspondência no Dec.-lei 7.661/1945.

Parágrafo único. Caso, na data da publicação da relação de que trata o *caput* deste artigo, não tenha sido publicado o aviso previsto no art. 53, parágrafo único, desta Lei, contar-se-á da publicação deste o prazo para as objeções.

Art. 56. Havendo objeção de qualquer credor ao plano de recuperação judicial, o juiz convocará a assembleia geral de credores para deliberar sobre o plano de recuperação.

* Sem correspondência no Dec.-lei 7.661/1945.

§ 1º A data designada para a realização da assembleia geral não excederá 150 (cento e cinquenta) dias contados do deferimento do processamento da recuperação judicial.

§ 2º A assembleia geral que aprovar o plano de recuperação judicial poderá indicar os membros do Comitê de Credores, na forma do art. 26 desta Lei, se já não estiver constituído.

§ 3º O plano de recuperação judicial poderá sofrer alterações na assembleia geral, desde que haja expressa concordância do devedor e em termos que não impliquem diminuição dos direitos exclusivamente dos credores ausentes.

§ 4º Rejeitado o plano de recuperação pela assembleia geral de credores, o juiz decretará a falência do devedor.

* V. arts. 58, § 1º, e 73, III.

Art. 57. Após a juntada aos autos do plano aprovado pela assembleia geral de credores ou decorrido o prazo previsto no art. 55 desta Lei sem objeção de credores, o devedor apresentará certidões negativas de débitos tributários nos termos dos arts. 151, 205, 206 da Lei 5.172, de 25 de outubro de 1966 – Código Tributário Nacional.

* Sem correspondência no Dec.-lei 7.661/1945.
* V. art. 151, 191-A, 205 e 206, CTN.

Art. 58. Cumpridas as exigências desta Lei, o juiz concederá a recuperação judicial do devedor cujo plano não tenha sofrido objeção de credor nos termos do art. 55 desta Lei ou tenha sido aprovado pela assembleia geral de credores na forma do art. 45 desta Lei.

* Sem correspondência no Dec.-lei 7.661/1945.
* V. art. 61.

§ 1º O juiz poderá conceder a recuperação judicial com base em plano que não obteve aprovação na forma do art. 45 desta Lei, desde que, na mesma assembleia, tenha obtido, de forma cumulativa:

I – o voto favorável de credores que representem mais da metade do valor de todos os créditos presentes à assembleia, independentemente de classes;

II – a aprovação de duas das classes de credores nos termos do art. 45 desta Lei ou, caso haja somente duas classes com credores votantes, a aprovação de pelo menos uma delas;

III – na classe que o houver rejeitado, o voto favorável de mais de 1/3 (um terço) dos credores, computados na forma dos §§ 1º e 2º do art. 45 desta Lei.

§ 2º A recuperação judicial somente poderá ser concedida com base no § 1º deste artigo se o plano não implicar tratamento diferenciado entre os credores da classe que o houver rejeitado.

* V. art. 191-A, CTN.

Art. 59. O plano de recuperação judicial implica novação dos créditos anteriores ao pedido, e obriga o devedor e todos os credores a ele sujeitos, sem prejuízo das garan-

Lei 11.101/2005

RECUPERAÇÃO DE EMPRESAS

tias, observado o disposto no § 1º do art. 50 desta Lei.

- Correspondência: art. 147, Dec.-lei 7.661/1945.
- V. arts. 360 a 367, CC/2002.

§ 1º A decisão judicial que conceder a recuperação judicial constituirá título executivo judicial, nos termos do art. 584, inciso III, do *caput* da Lei 5.869, de 11 de janeiro de 1973 – Código de Processo Civil.

- Sem correspondência no Dec.-lei 7.661/1945.
- V. art. 94, I.
- O art. 584 do CPC foi revogado pela Lei 11.232/2005.

§ 2º Contra a decisão que conceder a recuperação judicial caberá agravo, que poderá ser interposto por qualquer credor e pelo Ministério Público.

- Correspondência: art. 146, Dec.-lei 7.661/1945.
- V. arts. 162, § 2º, e 522, CPC.

Art. 60. Se o plano de recuperação judicial aprovado envolver alienação judicial de filiais ou de unidades produtivas isoladas do devedor, o juiz ordenará a sua realização, observado o disposto no art. 142 desta Lei.

- Sem correspondência no Dec.-lei 7.661/1945.
- V. arts. 50, § 1º, 66 e 142.

Parágrafo único. O objeto da alienação estará livre de qualquer ônus e não haverá sucessão do arrematante nas obrigações do devedor, inclusive as de natureza tributária, observado o disposto no § 1º do art. 141 desta Lei.

- V. art. 133, § 1º, II e § 2º, CTN.
- V. arts. 448 e 449, CLT.

Art. 61. Proferida a decisão prevista no art. 58 desta Lei, o devedor permanecerá em recuperação judicial até que se cumpram todas as obrigações previstas no plano que se vencerem até 2 (dois) anos depois da concessão da recuperação judicial.

- Sem correspondência no Dec.-lei 7.661/1945.

§ 1º Durante o período estabelecido no *caput* deste artigo, o descumprimento de qualquer obrigação prevista no plano acarretará a convolação da recuperação em falência, nos termos do art. 73 desta Lei.

§ 2º Decretada a falência, os credores terão reconstituídos seus direitos e garantias nas condições originariamente contratadas, deduzidos os valores eventualmente pagos e ressalvados os atos validamente praticados no âmbito da recuperação judicial.

Art. 62. Após o período previsto no art. 61 desta Lei, no caso de descumprimento de qualquer obrigação prevista no plano de recuperação judicial, qualquer credor poderá requerer a execução específica ou a falência com base no art. 94 desta Lei.

- Sem correspondência no Dec.-lei 7.661/1945.
- V. art. 59, § 1º.

Art. 63. Cumpridas as obrigações vencidas no prazo previsto no *caput* do art. 61 desta Lei, o juiz decretará por sentença o encerramento da recuperação judicial e determinará:

- Correspondência: art. 155, *caput*, Dec.-lei 7.661/1945.

I – o pagamento do saldo de honorários ao administrador judicial, somente podendo efetuar a quitação dessas obrigações mediante prestação de contas, no prazo de 30 (trinta) dias, e aprovação do relatório previsto no inciso III do *caput* deste artigo;

- Sem correspondência no Dec.-lei 7.661/1945.
- V. art. 24.

II – a apuração do saldo das custas judiciais a serem recolhidas;

- Sem correspondência no Dec.-lei 7.661/1945.

III – a apresentação de relatório circunstanciado do administrador judicial, no prazo máximo de 15 (quinze) dias, versando sobre a execução do plano de recuperação pelo devedor;

- Sem correspondência no Dec.-lei 7.661/1945.

IV – a dissolução do Comitê de Credores e a exoneração do administrador judicial;

- Sem correspondência no Dec.-lei 7.661/1945.

V – a comunicação ao Registro Público de Empresas para as providências cabíveis.

- Sem correspondência no Dec.-lei 7.661/1945.
- V. art. 69, parágrafo único.

Art. 64. Durante o procedimento de recuperação judicial, o devedor ou seus administradores serão mantidos na condução da atividade empresarial, sob fiscalização do Comitê, se houver, e do administrador judicial, salvo se qualquer deles:

- Correspondência: art. 167, Dec.-lei 7.661/1945.
- V. art. 65.

Lei 11.101/2005

RECUPERAÇÃO DE EMPRESAS

I – houver sido condenado em sentença penal transitada em julgado por crime cometido em recuperação judicial ou falência anteriores ou por crime contra o patrimônio, a economia popular ou a ordem econômica previstos na legislação vigente;

* Sem correspondência no Dec.-lei 7.661/1945.

II – houver indícios veementes de ter cometido crime previsto nesta Lei;

* Sem correspondência no Dec.-lei 7.661/1945.

III – houver agido com dolo, simulação ou fraude contra os interesses de seus credores;

* Sem correspondência no Dec.-lei 7.661/1945.

IV – houver praticado qualquer das seguintes condutas:

* Sem correspondência no Dec.-lei 7.661/1945.

a) efetuar gastos pessoais manifestamente excessivos em relação a sua situação patrimonial;
b) efetuar despesas injustificáveis por sua natureza ou vulto, em relação ao capital ou gênero do negócio, ao movimento das operações e a outras circunstâncias análogas;
c) descapitalizar injustificadamente a empresa ou realizar operações prejudiciais ao seu funcionamento regular;
d) simular ou omitir créditos ao apresentar a relação de que trata o inciso III do *caput* do art. 51 desta Lei, sem relevante razão de direito ou amparo de decisão judicial;
V – negar-se a prestar informações solicitadas pelo administrador judicial ou pelos demais membros do Comitê;

* Sem correspondência no Dec.-lei 7.661/1945.

VI – tiver seu afastamento previsto no plano de recuperação judicial.

* Sem correspondência no Dec.-lei 7.661/1945.

Parágrafo único. Verificada qualquer das hipóteses do *caput* deste artigo, o juiz destituirá o administrador, que será substituído na forma prevista nos atos constitutivos do devedor ou do plano de recuperação judicial.

* Sem correspondência no Dec.-lei 7.661/1945.

Art. 65. Quando do afastamento do devedor, nas hipóteses previstas no art. 64 desta Lei, o juiz convocará a assembleia geral de credores para deliberar sobre o nome do gestor judicial que assumirá a administração das atividades do devedor, aplicando-se-lhe, no que couber, todas as normas sobre deveres, impedimentos e remuneração do administrador judicial.

* Sem correspondência no Dec.-lei 7.661/1945.

§ 1º O administrador judicial exercerá as funções de gestor enquanto a assembleia geral não deliberar sobre a escolha deste.
§ 2º Na hipótese de o gestor indicado pela assembleia geral de credores recusar ou estar impedido de aceitar o encargo para gerir os negócios do devedor, o juiz convocará, no prazo de 72 (setenta e duas) horas, contado da recusa ou da declaração do impedimento nos autos, nova assembleia geral, aplicado o disposto no § 1º deste artigo.

Art. 66. Após a distribuição do pedido de recuperação judicial, o devedor não poderá alienar ou onerar bens ou direitos de seu ativo permanente, salvo evidente utilidade reconhecida pelo juiz, depois de ouvido o Comitê, com exceção daqueles previamente relacionados no plano de recuperação judicial.

* Correspondência: art. 149, *caput*, Dec.-lei 7.661/1945.

Art. 67. Os créditos decorrentes de obrigações contraídas pelo devedor durante a recuperação judicial, inclusive aqueles relativos a despesas com fornecedores de bens ou serviços e contratos de mútuo, serão considerados extraconcursais, em caso de decretação de falência, respeitada, no que couber, a ordem estabelecida no art. 83 desta Lei.

* Sem correspondência no Dec.-lei 7.661/1945.

Parágrafo único. Os créditos quirografários sujeitos à recuperação judicial pertencentes a fornecedores de bens ou serviços que continuarem a provê-los normalmente após o pedido de recuperação judicial terão privilégio geral de recebimento em caso de decretação de falência, no limite do valor dos bens ou serviços fornecidos durante o período da recuperação.

* V. art. 83, V, *b*.

Art. 68. As Fazendas Públicas e o Instituto Nacional do Seguro Social – INSS poderão deferir, nos termos da legislação específica, parcelamento de seus créditos, em sede de

Lei 11.101/2005

RECUPERAÇÃO DE EMPRESAS

recuperação judicial, de acordo com os parâmetros estabelecidos na Lei 5.172, de 25 de outubro de 1966 – Código Tributário Nacional.

- Sem correspondência no Dec.-lei 7.661/1945.
- V. art. 155-A, CTN.
- V. Lei 10.684/2003 (Parcelamento de débitos junto à Secretaria da Receita Federal, à Procuradoria-Geral da Fazenda Nacional e ao Instituto Nacional do Seguro Social).

Art. 69. Em todos os atos, contratos e documentos firmados pelo devedor sujeito ao procedimento de recuperação judicial deverá ser acrescida, após o nome empresarial, a expressão "em Recuperação Judicial".

- Sem correspondência no Dec.-lei 7.661/1945.
- V. art. 191.

Parágrafo único. O juiz determinará ao Registro Público de Empresas a anotação da recuperação judicial no registro correspondente.

Seção V
Do plano de recuperação judicial para microempresas e empresas de pequeno porte

- Rubrica da Seção sem correspondência no Dec.-lei 7.661/1945.

Art. 70. As pessoas de que trata o art. 1º desta Lei e que se incluam nos conceitos de microempresa ou empresa de pequeno porte, nos termos da legislação vigente, sujeitam-se às normas deste Capítulo.

- Sem correspondência no Dec.-lei 7.661/1945.
- V. art. 3º, LC 123/2006 (Supersimples).

§ 1º As microempresas e as empresas de pequeno porte, conforme definidas em lei, poderão apresentar plano especial de recuperação judicial, desde que afirmem sua intenção de fazê-lo na petição inicial de que trata o art. 51 desta Lei.

§ 2º Os credores não atingidos pelo plano especial não terão seus créditos habilitados na recuperação judicial.

Art. 71. O plano especial de recuperação judicial será apresentado no prazo previsto no art. 53 desta Lei e limitar-se á às seguintes condições:

- Sem correspondência no Dec.-lei 7.661/1945.

I – abrangerá exclusivamente os créditos quirografários, excetuados os decorrentes de repasse de recursos oficiais e os previstos nos §§ 3º e 4º do art. 49 desta Lei;

II – preverá parcelamento em até 36 parcelas mensais, iguais e sucessivas, corrigidas monetariamente e acrescidas de juros de 12% a.a. (doze por cento ao ano);

III – preverá o pagamento da primeira parcela no prazo máximo de 180 (cento e oitenta) dias, contado da distribuição do pedido de recuperação judicial;

IV – estabelecerá a necessidade de autorização do juiz, após ouvido o administrador judicial e o Comitê de Credores, para o devedor aumentar despesas ou contratar empregados.

Parágrafo único. O pedido de recuperação judicial com base em plano especial não acarreta a suspensão do curso da prescrição nem das ações e execuções por créditos não abrangidos pelo plano.

Art. 72. Caso o devedor de que trata o art. 70 desta Lei opte pelo pedido de recuperação judicial com base no plano especial disciplinado nesta Seção, não será convocada a assembleia geral de credores para deliberar sobre o plano, e o juiz concederá a recuperação judicial se atendidas as demais exigências desta Lei.

- Sem correspondência no Dec.-lei 7.661/1945.

Parágrafo único. O juiz também julgará improcedente o pedido de recuperação judicial e decretará a falência do devedor se houver objeções, nos termos do art. 55 desta Lei, de credores titulares de mais da metade dos créditos descritos no inciso I do *caput* do art. 71 desta Lei.

Capítulo IV
DA CONVOLAÇÃO DA RECUPERAÇÃO JUDICIAL EM FALÊNCIA

- Rubrica do Capítulo sem correspondência no Dec.-lei 7.661/1945.

Art. 73. O juiz decretará a falência durante o processo de recuperação judicial:

- Correspondência: art. 162, *caput* e I a III, Dec.-lei 7.661/1945.

Lei 11.101/2005

RECUPERAÇÃO DE EMPRESAS

I – por deliberação da assembleia geral de credores, na forma do art. 42 desta Lei;

II – pela não apresentação, pelo devedor, do plano de recuperação no prazo do art. 53 desta Lei;

III – quando houver sido rejeitado o plano de recuperação, nos termos do § 4º do art. 56 desta Lei;

IV – por descumprimento de qualquer obrigação assumida no plano de recuperação, na forma do § 1º do art. 61 desta Lei.

* Correspondência: art. 175, § 8º, Dec.-lei 7.661/1945.

Parágrafo único. O disposto neste artigo não impede a decretação da falência por inadimplemento de obrigação não sujeita à recuperação judicial, nos termos dos incisos I ou II do *caput* do art. 94 desta Lei, ou por prática de ato previsto no inciso III do *caput* do art. 94 desta Lei.

* Sem correspondência no Dec.-lei 7.661/1945.

Art. 74. Na convolação da recuperação em falência, os atos de administração, endividamento, oneração ou alienação praticados durante a recuperação judicial presumem-se válidos, desde que realizados na forma desta Lei.

* Sem correspondência no Dec.-lei 7.661/1945.
* V. arts. 80 e 131.

Capítulo V
DA FALÊNCIA

Seção I
Disposições gerais

* Rubrica da Seção sem correspondência no Dec.-lei 7.661/1945.

Art. 75. A falência, ao promover o afastamento do devedor de suas atividades, visa a preservar e otimizar a utilização produtiva dos bens, ativos e recursos produtivos, inclusive os intangíveis, da empresa.

* Sem correspondência no Dec.-lei 7.661/1945.

Parágrafo único. O processo de falência atenderá aos princípios da celeridade e da economia processual.

* V. art. 79.
* V. art. 5º, LXXVIII, CF.

Art. 76. O juízo da falência é indivisível e competente para conhecer todas as ações sobre bens, interesses e negócios do falido, ressalvadas as causas trabalhistas, fiscais e aquelas não reguladas nesta Lei em que o falido figurar como autor ou litisconsorte ativo.

* Correspondência: art. 7º, §§ 2º e 3º, Dec.-lei 7.661/1945.
* V. arts. 3º e 78.
* V. art. 108, CPC.
* V. art. 187, CTN.
* * V. art. 29, *caput*, Lei 6.830/1980 (Cobrança judicial da dívida ativa da Fazenda Pública).

Parágrafo único. Todas as ações, inclusive as exceturadas no *caput* deste artigo, terão prosseguimento com o administrador judicial, que deverá ser intimado para representar a massa falida, sob pena de nulidade do processo.

* Correspondência: art. 24, § 2º, I e II, Dec.-lei 7.661/1945.

Art. 77. A decretação da falência determina o vencimento antecipado das dívidas do devedor e dos sócios ilimitada e solidariamente responsáveis, com o abatimento proporcional dos juros, e converte todos os créditos em moeda estrangeira para a moeda do País, pelo câmbio do dia da decisão judicial, para todos os efeitos desta Lei.

* Correspondência: arts. 25, *caput*, e 213, Dec.-lei 7.661/1945.
* V. arts. 333, I, 407, 1.039, 1.045 e 1.425, II, CC/2002.
* V. art. 751, I, CPC.
* V. art. 19, II, Dec. 2.044/1908 (Letra de câmbio e nota promissória).
* V. art. 43, Dec. 57.663/1966 (Lei Uniforme para letras de câmbio e notas promissórias).
* V. art. 281, Lei 6.404/1976 (Sociedades por ações).

Art. 78. Os pedidos de falência estão sujeitos a distribuição obrigatória, respeitada a ordem de apresentação.

* Correspondência: art. 202, *caput*, Dec.-lei 7.661/1945.

Parágrafo único. As ações que devam ser propostas no juízo da falência estão sujeitas a distribuição por dependência.

* Correspondência: art. 202, § 2º, Dec.-lei 7.661/1945.

Lei 11.101/2005

RECUPERAÇÃO DE EMPRESAS

Art. 79. Os processos de falência e os seus incidentes preferem a todos os outros na ordem dos feitos, em qualquer instância.

- Correspondência: art. 203, Dec.-lei 7.661/1945.
- V. art. 75, parágrafo único.

Art. 80. Considerar-se-ão habilitados os créditos remanescentes da recuperação judicial, quando definitivamente incluídos no quadro geral de credores, tendo prosseguimento as habilitações que estejam em curso.

- Correspondência: art. 153, *caput*, Dec.-lei 7.661/1945.
- V. art. 74.

Art. 81. A decisão que decreta a falência da sociedade com sócios ilimitadamente responsáveis também acarreta a falência destes, que ficam sujeitos aos mesmos efeitos jurídicos produzidos em relação à sociedade falida e, por isso, deverão ser citados para apresentar contestação, se assim o desejarem.

- Correspondência: art. 5°, *caput*, Dec.-lei 7.661/1945.

§ 1° O disposto no *caput* deste artigo aplica-se ao sócio que tenha se retirado voluntariamente ou que tenha sido excluído da sociedade, há menos de 2 (dois) anos, quanto às dívidas existentes na data do arquivamento da alteração do contrato, no caso de não terem sido solvidas até a data da decretação da falência.

- Correspondência: art. 5°, parágrafo único, Dec.-lei 7.661/1945.

§ 2° As sociedades falidas serão representadas na falência por seus administradores ou liquidantes, os quais terão os mesmos direitos e, sob as mesmas penas, ficarão sujeitos às obrigações que cabem ao falido.

- Correspondência: art. 37, Dec.-lei 7.661/1945.
- V. art. 104.

Art. 82. A responsabilidade pessoal dos sócios de responsabilidade limitada, dos controladores e dos administradores da sociedade falida, estabelecida nas respectivas leis, será apurada no próprio juízo da falência, independentemente da realização do ativo e da prova da sua insuficiência para cobrir o passivo, observado o procedimento ordinário previsto no Código de Processo Civil.

- Correspondência: art. 6°, *caput*, Dec.-lei 7.661/1945.
- V. art. 1.052, CC/2002.
- V. arts. 282 a 475, CPC.

§ 1° Prescreverá em 2 (dois) anos, contados do trânsito em julgado da sentença de encerramento da falência, a ação de responsabilização prevista no *caput* deste artigo.

- Correspondência: art. 134, Dec.-lei 7.661/1945.
- V. art. 156.
- V. arts. 189 a 211, CC/2002.

§ 2° O juiz poderá, de ofício ou mediante requerimento das partes interessadas, ordenar a indisponibilidade de bens particulares dos réus, em quantidade compatível com o dano provocado, até o julgamento da ação de responsabilização.

- Correspondência: art. 6°, parágrafo único, Dec.-lei 7.661/1945.

Seção II
Da classificação dos créditos

Art. 83. A classificação dos créditos na falência obedece à seguinte ordem:

- Correspondência: art. 102, *caput*, Dec.-lei 7.661/1945.
- V. arts. 961 a 963, CC/2002.

I – os créditos derivados da legislação do trabalho, limitados a 150 salários mínimos por credor, e os decorrentes de acidentes de trabalho;

- Correspondência: art. 102, § 1°, Dec.-lei 7.661/1945.
- V. art. 83, VI, *c*.
- V. art. 7°, XXVIII, CF.
- V. art. 449, § 1°, CLT.
- V. art. 186, parágrafo único, II, CTN.

II – créditos com garantia real até o limite do valor do bem gravado;

- Correspondência: art. 102, I, Dec.-lei 7.661/1945.
- V. art. 1.419, CC/2002.
- V. art. 58, *caput*, Lei 6.404/1976 (Sociedades por ações).

III – créditos tributários, independentemente da sua natureza e tempo de constituição, excetuadas as multas tributárias;

- Sem correspondência no Dec.-lei 7.661/1945.
- V. art. 84, V.
- V. arts. 186, parágrafo único, 187 e 188, CTN.

IV – créditos com privilégio especial, a saber:

- Correspondência: art. 102, II e § 2°, Dec.-lei 7.661/1945.

Lei 11.101/2005

RECUPERAÇÃO DE EMPRESAS

a) os previstos no art. 964 da Lei 10.406, de 10 de janeiro de 2002;

- Correspondência: art. 102, § 2º, I e II, Dec.-lei 7.661/1945.

b) os assim definidos em outras leis civis e comerciais, salvo disposição contrária desta Lei;

- Correspondência: art. 102, § 2º, I, Dec.-lei 7.661/1945.
- V. art. 4º, § 3º, Lei 4.071/1962 (Pagamento a lavradores de cana).
- V. arts. 50 e 57, LC 109/2001 (Previdência complementar).

c) aqueles a cujos titulares a lei confira o direito de retenção sobre a coisa dada em garantia;

- Correspondência: art. 102, § 2º, III, Dec.-lei 7.661/1945.
- V. arts. 681 e 708, CC/2002.
- V. art. 14, Dec. 1.102/1903 (Armazéns gerais).
- V. art. 9º, Lei 9.973/2000 (Sistema de armazenagem dos produtos agropecuários).

V – créditos com privilégio geral, a saber:

- Correspondência: art. 102, III e § 3º, Dec.-lei 7.661/1945.
- V. art. 707, CC/2002.

a) os previstos no art. 965 da Lei 10.406, de 10 de janeiro de 2002;

- Correspondência: art. 102, § 3º, I, Dec.-lei 7.661/1945.

b) os previstos no parágrafo único do art. 67 desta Lei;

- Sem correspondência no Dec.-lei 7.661/1945.

c) os assim definidos em outras leis civis e comerciais, salvo disposição contrária desta Lei;

- Correspondência: art. 102, § 3º, I, Dec.-lei 7.661/1945.
- V. art. 43, III, Lei 4.591/1964 (Condomínio em edificações).
- V. art. 1º, Dec.-lei 496/1964 (Empresas de transporte aéreo em liquidação, falência ou concordata).
- V. art. 35, § 2º, Dec.-lei 70/1966 (Execução de cédula hipotecária).
- V. art. 58, § 1º, Lei 6.404/1976 (Sociedades por ações).
- V. art. 24, *caput*, Lei 8.906/1994 (Estatuto da Advocacia).
- V. art. 246, Dec. 3.048/1999 (Regulamento da Previdência Social).
- V. art. 50, LC 109/2001 (Previdência complementar).

VI – créditos quirografários, a saber:

- Correspondência: art. 102, IV, e § 4º, Dec.-lei 7.661/1945.
- V. art. 994, § 2º, CC/2002.
- V. art. 753, I, CPC.

a) aqueles não previstos nos demais incisos deste artigo;

- Correspondência: art. 102, § 4º, Dec.-lei 7.661/1945.

b) os saldos dos créditos não cobertos pelo produto da alienação dos bens vinculados ao seu pagamento;

- Correspondência: art. 102, § 4º, Dec.-lei 7.661/1945.

c) os saldos dos créditos derivados da legislação do trabalho que excederem o limite estabelecido no inciso I do *caput* deste artigo;

- Sem correspondência no Dec.-lei 7.661/1945.

VII – as multas contratuais e as penas pecuniárias por infração das leis penais ou administrativas, inclusive as multas tributárias;

- Correspondência: art. 23, parágrafo único, III, Dec.-lei 7.661/1945.
- V. art. 186, parágrafo único, III, CTN.

VIII – créditos subordinados, a saber:

- Sem correspondência no Dec.-lei 7.661/1945.

a) os assim previstos em lei ou em contrato;

- V. art. 58, § 4º, Lei 6.404/1976 (Sociedades por ações).

b) os créditos dos sócios e dos administradores sem vínculo empregatício.

§ 1º Para os fins do inciso II do *caput* deste artigo, será considerado como valor do bem objeto de garantia real a importância efetivamente arrecadada com sua venda, ou, no caso de alienação em bloco, o valor de avaliação do bem individualmente considerado.

- Sem correspondência no Dec.-lei 7.661/1945.

§ 2º Não são oponíveis à massa os valores decorrentes de direito de sócio ao recebimento de sua parcela do capital social na liquidação da sociedade.

- Sem correspondência no Dec.-lei 7.661/1945.

§ 3º As cláusulas penais dos contratos unilaterais não serão atendidas se as obrigações

Lei 11.101/2005

RECUPERAÇÃO DE EMPRESAS

neles estipuladas se vencerem em virtude da falência.

- Correspondência: art. 25, § 3º, Dec.-lei 7.661/1945.
- V. art. 408, CC/2002.

§ 4º Os créditos trabalhistas cedidos a terceiros serão considerados quirografários.

- Sem correspondência no Dec.-lei 7.661/1945.
- V. art. 286, CC/2002.

Art. 84. Serão considerados créditos extraconcursais e serão pagos com precedência sobre os mencionados no art. 83 desta Lei, na ordem a seguir, os relativos a:

- Correspondência: art. 124, *caput*, Dec.-lei 7.661/1945.

I – remunerações devidas ao administrador judicial e seus auxiliares, e créditos derivados da legislação do trabalho ou decorrentes de acidentes de trabalho relativos a serviços prestados após a decretação da falência;

- Correspondência: art. 124, § 1º, VI, Dec.-lei 7.661/1945.

II – quantias fornecidas à massa pelos credores;

- Correspondência: art. 124, § 1º, II, Dec.-lei 7.661/1945.

III – despesas com arrecadação, administração, realização do ativo e distribuição do seu produto, bem como custas do processo de falência;

- Correspondência: art. 124, § 1º, I e III, Dec.-lei 7.661/1945.

IV – custas judiciais relativas às ações e execuções em que a massa falida tenha sido vencida;

- Correspondência: art. 124, § 1º, I, Dec.-lei 7.661/1945.

V – obrigações resultantes de atos jurídicos válidos praticados durante a recuperação judicial, nos termos do art. 67 desta Lei, ou após a decretação da falência, e tributos relativos a fatos geradores ocorridos após a decretação da falência, respeitada a ordem estabelecida no art. 83 desta Lei.

- Correspondência: art. 124, § 1º, V, e § 2º, II, Dec.-lei 7.661/1945.
- V. art. 188, CTN.

Seção III
Do pedido de restituição

Art. 85. O proprietário de bem arrecadado no processo de falência ou que se encontre em poder do devedor na data da decretação da falência poderá pedir sua restituição.

- Correspondência: art. 76, *caput* e § 1º, Dec.-lei 7.661/1945.
- V. arts. 86, I, 93 e 110, § 2º, IV.
- V. art. 1.718, CC/2002.
- V. art. 7º, *caput*, Dec.-lei 911/1969 (Alienação fiduciária).
- V. art. 20, Lei 9.514/1997 (Sistema de Financiamento Imobiliário e alienação fiduciária de coisa móvel).
- V. art. 5º, § 4º, Lei 10.820/2003 (Desconto de prestações em folha de pagamento).

Parágrafo único. Também pode ser pedida a restituição de coisa vendida a crédito e entregue ao devedor nos 15 (quinze) dias anteriores ao requerimento de sua falência, se ainda não alienada.

- Correspondência: art. 76, § 2º, e 166, Dec.-lei 7.661/1945.
- V. art. 93.

Art. 86. Proceder-se-á à restituição em dinheiro:

I – se a coisa não mais existir ao tempo do pedido de restituição, hipótese em que o requerente receberá o valor da avaliação do bem, ou, no caso de ter ocorrido sua venda, o respectivo preço, em ambos os casos no valor atualizado;

- Correspondência: art. 78, § 2º, Dec.-lei 7.661/1945.

II – da importância entregue ao devedor, em moeda corrente nacional, decorrente de adiantamento a contrato de câmbio para exportação, na forma do art. 75, §§ 3º e 4º, da Lei 4.728, de 14 de julho de 1965, desde que o prazo total da operação, inclusive eventuais prorrogações, não exceda o previsto nas normas específicas da autoridade competente;

- Sem correspondência no Dec.-lei 7.661/1945.
- V. arts. 49, § 4º, e 161, § 1º.

III – dos valores entregues ao devedor pelo contratante de boa-fé na hipótese de revogação ou ineficácia do contrato, conforme disposto no art. 136 desta Lei.

- Sem correspondência no Dec.-lei 7.661/1945.

Lei 11.101/2005

RECUPERAÇÃO DE EMPRESAS

Parágrafo único. As restituições de que trata este artigo somente serão efetuadas após o pagamento previsto no art. 151 desta Lei.

• Sem correspondência no Dec.-lei 7.661/1945.

Art. 87. O pedido de restituição deverá ser fundamentado e descreverá a coisa reclamada.

• Correspondência: art. 77, caput, Dec.-lei 7.661/1945.

§ 1º O juiz mandará autuar em separado o requerimento com os documentos que o instruírem e determinará a intimação do falido, do Comitê, dos credores e do administrador judicial para que, no prazo sucessivo de 5 (cinco) dias, se manifestem, valendo como contestação a manifestação contrária à restituição.

• Correspondência: art. 77, § 1º, Dec.-lei 7.661/1945.

§ 2º Contestado o pedido e deferidas as provas porventura requeridas, o juiz designará audiência de instrução e julgamento, se necessária.

• Correspondência: art. 77, § 3º, Dec.-lei 7.661/1945.

§ 3º Não havendo provas a realizar, os autos serão conclusos para sentença.

• Sem correspondência no Dec.-lei 7.661/1945.
• V. art. 330, CPC.

Art. 88. A sentença que reconhecer o direito do requerente determinará a entrega da coisa no prazo de 48 (quarenta e oito) horas.

• Correspondência: art. 77, § 6º, Dec.-lei 7.661/1945.

Parágrafo único. Caso não haja contestação, a massa não será condenada ao pagamento de honorários advocatícios.

• Correspondência: art. 77, § 7º, Dec.-lei 7.661/1945.

Art. 89. A sentença que negar a restituição, quando for o caso, incluirá o requerente no quadro geral de credores, na classificação que lhe couber, na forma desta Lei.

• Correspondência: art. 77, § 5º, Dec.-lei 7.661/1945.
• V. art. 83.

Art. 90. Da sentença que julgar o pedido de restituição caberá apelação sem efeito suspensivo.

• Correspondência: art. 77, § 4º, Dec.-lei 7.661/1945.
• V. arts. 513 e 521, CPC.

Parágrafo único. O autor do pedido de restituição que pretender receber o bem ou a quantia reclamada antes do trânsito em julgado da sentença prestará caução.

• Sem correspondência no Dec.-lei 7.661/1945.

Art. 91. O pedido de restituição suspende a disponibilidade da coisa até o trânsito em julgado.

• Correspondência: art. 78, caput, Dec.-lei 7.661/1945.
• V. arts. 86, I, e 113.

Parágrafo único. Quando diversos requerentes houverem de ser satisfeitos em dinheiro e não existir saldo suficiente para o pagamento integral, far-se-á rateio proporcional entre eles.

• Correspondência: art. 78, § 3º, Dec.-lei 7.661/1945.

Art. 92. O requerente que tiver obtido êxito no seu pedido ressarcirá a massa falida ou a quem tiver suportado as despesas de conservação da coisa reclamada.

• Correspondência: art. 78, § 4º, Dec.-lei 7.661/1945.

Art. 93. Nos casos em que não couber pedido de restituição, fica resguardado o direito dos credores de propor embargos de terceiros, observada a legislação processual civil.

• Correspondência: art. 79, caput e § 1º, Dec.-lei 7.661/1945.
• V. arts. 1.046 a 1.054, CPC.

Seção IV
Do procedimento para a decretação da falência

Art. 94. Será decretada a falência do devedor que:

• Correspondência: art. 1º, caput, Dec.-lei 7.661/1945.
• V. arts. 62, 96 e 97.
• V. arts. 1º, 2º, 7º, c, 15, I, a, e 19, d, Lei 6.024/1974 (Intervenção e liquidação extrajudicial das instituições financeiras).
• V. art. 278, § 2º, Lei 6.404/1976 (Sociedades por ações).

Lei 11.101/2005

RECUPERAÇÃO DE EMPRESAS

I – sem relevante razão de direito, não paga, no vencimento, obrigação líquida materializada em título ou títulos executivos protestados cuja soma ultrapasse o equivalente a quarenta salários mínimos na data do pedido de falência;

- Correspondência: arts. 1º, *caput*, e 10, *caput*, Dec.-lei 7.661/1945.
- V. arts. 73, parágrafo único, 96 e 98, parágrafo único.
- V. art. 19, II, Dec. 2.044/1908 (Letra de câmbio e nota promissória).
- V. art. 1º, Lei 9.492/1997 (Protesto de títulos e outros documentos de dívida).

II – executado por qualquer quantia líquida, não paga, não deposita e não nomeia à penhora bens suficientes dentro do prazo legal;

- Correspondência: art. 2º, I, Dec.-lei 7.661/1945.
- V. arts. 73, parágrafo único, e 98, parágrafo único.

III – pratica qualquer dos seguintes atos, exceto se fizer parte de plano de recuperação judicial:

- Sem correspondência no Dec.-lei 7.661/1945.
- V. arts. 73, parágrafo único.

a) procede à liquidação precipitada de seus ativos ou lança mão de meio ruinoso ou fraudulento para realizar pagamentos;

- Correspondência: art. 2º, II, Dec.-lei 7.661/1945.

b) realiza ou, por atos inequívocos, tenta realizar, com o objetivo de retardar pagamentos ou fraudar credores, negócio simulado ou alienação de parte ou da totalidade de seu ativo a terceiro, credor ou não;

- Correspondência: art. 2º, IV, Dec.-lei 7.661/1945.

c) transfere estabelecimento a terceiro, credor ou não, sem o consentimento de todos os credores e sem ficar com bens suficientes para solver seu passivo;

- Correspondência: art. 2º, V, Dec.-lei 7.661/1945.
- V. art. 1.145, CC/2002.

d) simula a transferência de seu principal estabelecimento com o objetivo de burlar a legislação ou a fiscalização ou para prejudicar credor;

- Sem correspondência no Dec.-lei 7.661/1945.

e) dá ou reforça garantia a credor por dívida contraída anteriormente sem ficar com bens livres e desembaraçados suficientes para saldar seu passivo;

- Correspondência: art. 2º, VI, Dec.-lei 7.661/1945.

f) ausenta-se sem deixar representante habilitado e com recursos suficientes para pagar os credores, abandona estabelecimento ou tenta ocultar-se de seu domicílio, do local de sua sede ou de seu principal estabelecimento;

- Correspondência: art. 2º, VII, Dec.-lei 7.661/1945.
- V. art. 22, CC/2002.

g) deixa de cumprir, no prazo estabelecido, obrigação assumida no plano de recuperação judicial.

- Correspondência: arts. 150, I, e 152, *caput*, Dec.-lei 7.661/1945.

§ 1º Credores podem reunir-se em litisconsórcio a fim de perfazer o limite mínimo para o pedido de falência com base no inciso I do *caput* deste artigo.

- Sem correspondência no Dec.-lei 7.661/1945.
- V. art. 46, CPC.

§ 2º Ainda que líquidos, não legitimam o pedido de falência os créditos que nela não se possam reclamar.

- Correspondência: art. 1º, § 2º, Dec.-lei 7.661/1945.
- V. art. 5º.

§ 3º Na hipótese do inciso I do *caput* deste artigo, o pedido de falência será instruído com os títulos executivos na forma do parágrafo único do art. 9º desta Lei, acompanhados, em qualquer caso, dos respectivos instrumentos de protesto para fim falimentar nos termos da legislação específica.

- Correspondência: art. 11, *caput*, Dec.-lei 7.661/1945.

§ 4º Na hipótese do inciso II do *caput* deste artigo, o pedido de falência será instruído com certidão expedida pelo juízo em que se processa a execução.

- Sem correspondência no Dec.-lei 7.661/1945.

§ 5º Na hipótese do inciso III do *caput* deste artigo, o pedido de falência descreverá os fatos que a caracterizam, juntando-se as provas que houver e especificando-se as que serão produzidas.

- Correspondência: art. 12, *caput*, Dec.-lei 7.661/1945.

Lei 11.101/2005

RECUPERAÇÃO DE EMPRESAS

Art. 95. Dentro do prazo de contestação, o devedor poderá pleitear sua recuperação judicial.

- Correspondência: art. 178, Dec.-lei 7.661/1945.
- V. arts. 47 a 72.

Art. 96. A falência requerida com base no art. 94, inciso I do *caput*, desta Lei, não será decretada se o requerido provar:

- Correspondência: art. 4º, *caput*, Dec.-lei 7.661/1945.

I – falsidade de título;

- Correspondência: art. 4º, I, Dec.-lei 7.661/1945.
- V. arts. 296 a 305, CP.

II – prescrição;

- Correspondência: art. 4º, II, Dec.-lei 7.661/1945.
- V. art. 193, CC/2002.
- V. art. 269, IV, CPC.

III – nulidade de obrigação ou de título;

- Correspondência: art. 4º, III, Dec.-lei 7.661/1945.
- V. arts. 166 e 167, *caput*, CC/2002.

IV – pagamento da dívida;

- Correspondência: art. 4º, IV, Dec.-lei 7.661/1945.

V – qualquer outro fato que extinga ou suspenda obrigação ou não legitime a cobrança de título;

- Correspondência: art. 4º, VIII, Dec.-lei 7.661/1945.
- V. arts. 121 a 137, CC/2002.

VI – vício em protesto ou em seu instrumento;

- Sem correspondência no Dec.-lei 7.661/1945.
- V. Lei 9.492/1997 (Protesto de títulos e outros documentos de dívida).

VII – apresentação de pedido de recuperação judicial no prazo da contestação, observados os requisitos do art. 51 desta Lei;

- Correspondência: art. 4º, V, Dec.-lei 7.661/1945.

VIII – cessação das atividades empresariais mais de 2 (dois) anos antes do pedido de falência, comprovada por documento hábil do Registro Público de Empresas, o qual não prevalecerá contra prova de exercício posterior ao ato registrado.

- Correspondência: art. 4º, VII, Dec.-lei 7.661/1945.

§ 1º Não será decretada a falência de sociedade anônima após liquidado e partilhado seu ativo nem do espólio após 1 (um) ano da morte do devedor.

- Correspondência: art. 4º, § 2º, Dec.-lei 7.661/1945.

§ 2º As defesas previstas nos incisos I a VI do *caput* deste artigo não obstam a decretação de falência se, ao final, restarem obrigações não atingidas pelas defesas em montante que supere o limite previsto naquele dispositivo.

- Correspondência: art. 4º, § 1º, Dec.-lei 7.661/1945.
- V. art. 94, I.

Art. 97. Podem requerer a falência do devedor:

- Correspondência: arts. 8º, *caput*, e 9º, *caput*, Dec.-lei 7.661/1945.
- V. art. 1.103, VII, CC/2002.
- V. art. 753, CPC.
- V. art. 21, *b*, Lei 6.024/1976 (Intervenção e liquidação extrajudicial das instituições financeiras).

I – o próprio devedor, na forma do disposto nos arts. 105 a 107 desta Lei;

- Correspondência: art. 8º, *caput*, Dec.-lei 7.661/1945.
- V. art. 753, II, CPC.

II – o cônjuge sobrevivente, qualquer herdeiro do devedor ou o inventariante;

- Correspondência: art. 9º, I, Dec.-lei 7.661/1945.
- V. art. 753, III, CPC.

III – o cotista ou o acionista do devedor na forma da lei ou do ato constitutivo da sociedade;

- Correspondência: art. 9º, II, Dec.-lei 7.661/1945.

IV – qualquer credor.

- Correspondência: art. 9º, III, Dec.-lei 7.661/1945.

§ 1º O credor empresário apresentará certidão do Registro Público de Empresas que comprove a regularidade de suas atividades.

- Correspondência: art. 9º, III, *a*, Dec.-lei 7.661/1945.
- V. art. 967, CC/2002.

§ 2º O credor que não tiver domicílio no Brasil deverá prestar caução relativa às custas e ao pagamento da indenização de que trata o art. 101 desta Lei.

- Correspondência: art. 9º, III, *c*, Dec.-lei 7.661/1945.
- V. art. 835, CPC.

Art. 98. Citado, o devedor poderá apresentar contestação no prazo de 10 (dez) dias.

- Correspondência: art. 11, §§ 2º e 3º, Dec.-lei 7.661/1945.

Lei 11.101/2005

RECUPERAÇÃO DE EMPRESAS

Parágrafo único. Nos pedidos baseados nos incisos I e II do *caput* do art. 94 desta Lei, o devedor poderá, no prazo da contestação, depositar o valor correspondente ao total do crédito, acrescido de correção monetária, juros e honorários advocatícios, hipótese em que a falência não será decretada e, caso julgado procedente o pedido de falência, o juiz ordenará o levantamento do valor pelo autor.

- Correspondência: art. 11, § 2°, Dec.-lei 7.661/1945.

Art. 99. A sentença que decretar a falência do devedor, dentre outras determinações:

- Correspondência: art. 14, parágrafo único, Dec.-lei 7.661/1945.
- V. art. 1.044, CC/2002.
- V. arts. 458 e 761, CPC.
- V. art. 215, Lei 6.015/1973 (Registros públicos).

I – conterá a síntese do pedido, a identificação do falido e os nomes dos que forem a esse tempo seus administradores;

- Correspondência: art. 14, parágrafo único, I, Dec.-lei 7.661/1945.

II – fixará o termo legal da falência, sem poder retrotraí-lo por mais de 90 (noventa) dias contados do pedido de falência, do pedido de recuperação judicial ou do primeiro protesto por falta de pagamento, excluindo-se, para esta finalidade, os protestos que tenham sido cancelados;

- Correspondência: art. 14, parágrafo único, III, Dec.-lei 7.661/1945.
- V. art. 129.
- V. art. 15, § 2°, Lei 6.024/1976 (Intervenção e liquidação extrajudicial das instituições financeiras).

III – ordenará ao falido que apresente, no prazo máximo de 5 (cinco) dias, relação nominal dos credores, indicando endereço, importância, natureza e classificação dos respectivos créditos, se esta já não se encontrar nos autos, sob pena de desobediência;

- Sem correspondência no Dec.-lei 7.661/1945.
- V. art. 330, CP.

IV – explicitará o prazo para as habilitações de crédito, observado o disposto no § 1° do art. 7° desta Lei;

- Correspondência: art. 14, parágrafo único, V, Dec.-lei 7.661/1945.

V – ordenará a suspensão de todas as ações ou execuções contra o falido, ressalvadas as hipóteses previstas nos §§ 1° e 2° do art. 6° desta Lei;

- Correspondência: art. 24, *caput*, Dec.-lei 7.661/1945.

VI – proibirá a prática de qualquer ato de disposição ou oneração de bens do falido, submetendo-os preliminarmente à autorização judicial e do Comitê, se houver, ressalvados os bens cuja venda faça parte das atividades normais do devedor se autorizada a continuação provisória nos termos do inciso XI do *caput* deste artigo;

- Correspondência: art. 40, Dec.-lei 7.661/1945.
- V. art. 752, CPC.

VII – determinará as diligências necessárias para salvaguardar os interesses das partes envolvidas, podendo ordenar a prisão preventiva do falido ou de seus administradores quando requerida com fundamento em provas da prática de crime definido nesta Lei;

- Correspondência: arts. 14, parágrafo único, VI, e 193, Dec.-lei 7.661/1945.
- V. art. 312 e 313, CPP.

VIII – ordenará ao Registro Público de Empresas que proceda à anotação da falência no registro do devedor, para que conste a expressão "Falido", a data da decretação da falência e a inabilitação de que trata o art. 102 desta Lei;

- Correspondência: art. 15, § 3°, Dec.-lei 7.661/1945.

IX – nomeará o administrador judicial, que desempenhará suas funções na forma do inciso III do *caput* do art. 22 desta Lei sem prejuízo do disposto na alínea *a* do inciso II do *caput* do art. 35 desta Lei;

- Correspondência: art. 14, parágrafo único, IV, Dec.-lei 7.661/1945.
- V. art. 761, I, CPC.

X – determinará a expedição de ofícios aos órgãos e repartições públicas e outras entidades para que informem a existência de bens e direitos do falido;

- Sem correspondência no Dec.-lei 7.661/1945.

XI – pronunciar-se-á a respeito da continuação provisória das atividades do falido com o administrador judicial ou da lacração dos

Lei 11.101/2005

RECUPERAÇÃO DE EMPRESAS

estabelecimentos, observado o disposto no art. 109 desta Lei;

- Correspondência: art. 74, *caput*, Dec.-lei 7.661/1945.
- V. art. 150.

XII – determinará, quando entender conveniente, a convocação da assembleia geral de credores para a constituição de Comitê de Credores, podendo ainda autorizar a manutenção do Comitê eventualmente em funcionamento na recuperação judicial quando da decretação da falência;

- Sem correspondência no Dec.-lei 7.661/1945.

XIII – ordenará a intimação do Ministério Público e a comunicação por carta às Fazendas Públicas Federal e de todos os Estados e Municípios em que o devedor tiver estabelecimento, para que tomem conhecimento da falência.

- Sem correspondência no Dec.-lei 7.661/1945.

Parágrafo único. O juiz ordenará a publicação de edital contendo a íntegra da decisão que decreta a falência e a relação de credores.

- Correspondência: art. 16, *caput*, Dec.-lei 7.661/1945.

Art. 100. Da decisão que decreta a falência cabe agravo, e da sentença que julga a improcedência do pedido cabe apelação.

- Correspondência: arts. 17, *caput* e 19, *caput*, Dec.-lei 7.661/1945.
- V. arts. 513 a 529, CPC.

Art. 101. Quem por dolo requerer a falência de outrem será condenado, na sentença que julgar improcedente o pedido, a indenizar o devedor, apurando-se as perdas e danos em liquidação de sentença.

- Correspondência: art. 20, *caput*, Dec.-lei 7.661/1945.
- V. arts. 145 a 150, e 927, CC/2002.

§ 1º Havendo mais de um autor do pedido de falência, serão solidariamente responsáveis aqueles que se conduziram na forma prevista no *caput* deste artigo.

- Correspondência: art. 20, *caput*, Dec.-lei 7.661/1945.
- V. art. 5º, X, CF.

§ 2º Por ação própria, o terceiro prejudicado também pode reclamar indenização dos responsáveis.

- Correspondência: art. 20, parágrafo único, Dec.-lei 7.661/1945.

Seção V
Da inabilitação empresarial, dos direitos e deveres do falido

- Rubrica da Seção sem correspondência no Dec.-lei 7.661/1945.

Art. 102. O falido fica inabilitado para exercer qualquer atividade empresarial a partir da decretação da falência e até a sentença que extingue suas obrigações, respeitado o disposto no § 1º do art. 181 desta Lei.

- Correspondência: art. 40, § 1º, Dec.-lei 7.661/1945.
- V. arts. 176 e 181, I.
- V. arts. 972 e 973, CC/2002.

Parágrafo único. Findo o período de inabilitação, o falido poderá requerer ao juiz da falência que proceda à respectiva anotação em seu registro.

- Correspondência: art. 138, Dec.-lei 7.661/1945.
- V. art. 782, CPC.

Art. 103. Desde a decretação da falência ou do sequestro, o devedor perde o direito de administrar os seus bens ou deles dispor.

- Correspondência: art. 40, *caput*, Dec.-lei 7.661/1945.
- V. art. 752, CPC.
- V. art. 1º, § 3º, Dec.-lei 585/1969 (Depósito e guarda de aeronaves nas apreensões judiciais e administrativas).

Parágrafo único. O falido poderá, contudo, fiscalizar a administração da falência, requerer as providências necessárias para a conservação de seus direitos ou dos bens arrecadados e intervir nos processos em que a massa falida seja parte ou interessada, requerendo o que for de direito e interpondo os recursos cabíveis.

- Correspondência: art. 36, *caput*, Dec.-lei 7.661/1945.

Art. 104. A decretação da falência impõe ao falido os seguintes deveres:

- Correspondência: art. 34, *caput*, Dec.-lei 7.661/1945.

I – assinar nos autos, desde que intimado da decisão, termo de comparecimento, com a indicação do nome, nacionalidade, estado civil, endereço completo do domicílio, de-

Lei 11.101/2005

RECUPERAÇÃO DE EMPRESAS

vendo ainda declarar, para constar do dito termo:

- Correspondência: art. 34, I, Dec.-lei 7.661/1945.

a) as causas determinantes da sua falência, quando requerida pelos credores;

- Correspondência: art. 34, I, *a*, Dec.-lei 7.661/1945.

b) tratando-se de sociedade, os nomes e endereços de todos os sócios, acionistas controladores, diretores ou administradores, apresentando o contrato ou estatuto social e a prova do respectivo registro, bem como suas alterações;

- Correspondência: art. 34, I, *c*, Dec.-lei 7.661/1945.
- V. art. 967, CC/2002.

c) o nome do contador encarregado da escrituração dos livros obrigatórios;

- Correspondência: art. 34, I, *d*, Dec.-lei 7.661/1945.

d) os mandatos que porventura tenha outorgado, indicando seu objeto, nome e endereço do mandatário;

- Correspondência: art. 34, I, *e*, Dec.-lei 7.661/1945.

e) seus bens imóveis e os móveis que não se encontram no estabelecimento;

- Correspondência: art. 34, I, *f*, Dec.-lei 7.661/1945.

f) se faz parte de outras sociedades, exibindo respectivo contrato;

- Correspondência: art. 34, I, *g*, Dec.-lei 7.661/1945.

g) suas contas bancárias, aplicações, títulos em cobrança e processos em andamento em que for autor ou réu;

- Sem correspondência no Dec.-lei 7.661/1945.

II – depositar em cartório, no ato de assinatura do termo de comparecimento, os seus livros obrigatórios, a fim de serem entregues ao administrador judicial, depois de encerrados por termos assinados pelo juiz;

- Correspondência: art. 34, II, Dec.-lei 7.661/1945.
- V. art. 1.191, CC/2002.

III – não se ausentar do lugar onde se processa a falência sem motivo justo e comunicação expressa ao juiz, e sem deixar procurador bastante, sob as penas cominadas na lei;

- Correspondência: art. 34, III, Dec.-lei 7.661/1945.

IV – comparecer a todos os atos da falência, podendo ser representado por procurador, quando não for indispensável sua presença;

- Correspondência: art. 34, IV, Dec.-lei 7.661/1945.

V – entregar, sem demora, todos os bens, livros, papéis e documentos ao administrador judicial, indicando-lhe, para serem arrecadados, os bens que porventura tenha em poder de terceiros;

- Correspondência: art. 34, V, Dec.-lei 7.661/1945.

VI – prestar as informações reclamadas pelo juiz, administrador judicial, credor ou Ministério Público sobre circunstâncias e fatos que interessem à falência;

- Correspondência: art. 34, VI, Dec.-lei 7.661/1945.

VII – auxiliar o administrador judicial com zelo e presteza;

- Correspondência: art. 34, VII, Dec.-lei 7.661/1945.

VIII – examinar as habilitações de crédito apresentadas;

- Correspondência: art. 34, VIII, Dec.-lei 7.661/1945.

IX – assistir ao levantamento, à verificação do balanço e ao exame dos livros;

- Correspondência: art. 34, IX, Dec.-lei 7.661/1945.

X – manifestar-se sempre que for determinado pelo juiz;

- Sem correspondência no Dec.-lei 7.661/1945.

XI – apresentar, no prazo fixado pelo juiz, a relação de seus credores;

- Sem correspondência no Dec.-lei 7.661/1945.

XII – examinar e dar parecer sobre as contas do administrador judicial.

- Correspondência: art. 34, X, Dec.-lei 7.661/1945.
- V. arts. 967 e 1.191, CC/2002.

Parágrafo único. Faltando ao cumprimento de quaisquer dos deveres que esta Lei lhe impõe, após intimado pelo juiz a fazê-lo, responderá o falido por crime de desobediência.

- Correspondência: art. 35, *caput*, Dec.-lei 7.661/1945.
- V. art. 330, CP.

Lei 11.101/2005

RECUPERAÇÃO DE EMPRESAS

Seção VI
Da falência requerida pelo próprio devedor

• Rubrica da Seção sem correspondência no Dec.-lei 7.661/1945.

Art. 105. O devedor em crise econômico-financeira que julgue não atender aos requisitos para pleitear sua recuperação judicial deverá requerer ao juízo sua falência, expondo as razões da impossibilidade de prosseguimento da atividade empresarial, acompanhadas dos seguintes documentos:

• Correspondência: art. 8º, *caput*, Dec.-lei 7.661/1945.
• V. art. 97, I.
• V. art. 760, CPC.

I – demonstrações contábeis referentes aos três últimos exercícios sociais e as levantadas especialmente para instruir o pedido, confeccionadas com estrita observância da legislação societária aplicável e compostas obrigatoriamente de:

• Sem correspondência no Dec.-lei 7.661/1945.

a) balanço patrimonial;
b) demonstração de resultados acumulados;
c) demonstração do resultado desde o último exercício social;
d) relatório do fluxo de caixa;

II – relação nominal dos credores, indicando endereço, importância, natureza e classificação dos respectivos créditos;

• Correspondência: art. 8º, II, Dec.-lei 7.661/1945.

III – relação dos bens e direitos que compõem o ativo, com a respectiva estimativa de valor e documentos comprobatórios de propriedade;

• Correspondência: art. 8º, I, Dec.-lei 7.661/1945.

IV – prova da condição de empresário, contrato social ou estatuto em vigor ou, se não houver, a indicação de todos os sócios, seus endereços e a relação de seus bens pessoais;

• Correspondência: art. 8º, III, Dec.-lei 7.661/1945.

V – os livros obrigatórios e documentos contábeis que lhe forem exigidos por lei;

• Correspondência: art. 8º, § 3º, Dec.-lei 7.661/1945.
• V. arts. 1.179 a 1.195, CC/2002.

VI – relação de seus administradores nos últimos 5 (cinco) anos, com os respectivos endereços, suas funções e participação societária.

• Sem correspondência no Dec.-lei 7.661/1945.

Art. 106. Não estando o pedido regularmente instruído, o juiz determinará que seja emendado.

• Sem correspondência no Dec.-lei 7.661/1945.
• V. art. 284, CPC.

Art. 107. A sentença que decretar a falência do devedor observará a forma do art. 99 desta Lei.

• Sem correspondência no Dec.-lei 7.661/1945.

Parágrafo único. Decretada a falência, aplicam-se integralmente os dispositivos relativos à falência requerida pelas pessoas referidas nos incisos II a IV do *caput* do art. 97 desta Lei.

Seção VII
Da arrecadação e da custódia dos bens

Art. 108. Ato contínuo à assinatura do termo de compromisso, o administrador judicial efetuará a arrecadação dos bens e documentos e a avaliação dos bens, separadamente ou em bloco, no local em que se encontrem, requerendo ao juiz, para esses fins, as medidas necessárias.

• Correspondência: art. 70, *caput*, Dec.-lei 7.661/1945.

§ 1º Os bens arrecadados ficarão sob a guarda do administrador judicial ou de pessoa por ele escolhida, sob responsabilidade daquele, podendo o falido ou qualquer de seus representantes ser nomeado depositário dos bens.

• Correspondência: art. 72, Dec.-lei 7.661/1945.
• V. arts. 652 e 1.173, CC/2002.
• V. arts. 766, I, e 901 a 906, CPC.

§ 2º O falido poderá acompanhar a arrecadação e a avaliação.

• Sem correspondência no Dec.-lei 7.661/1945.
• V. art. 103, parágrafo único.

§ 3º O produto dos bens penhorados ou por outra forma apreendidos entrará para a massa, cumprindo ao juiz deprecar, a requerimento do administrador judicial, às autori-

Lei 11.101/2005

RECUPERAÇÃO DE EMPRESAS

dades competentes, determinando sua entrega.

- Correspondência: art. 70, § 4º, Dec.-lei 7.661/1945.

§ 4º Não serão arrecadados os bens absolutamente impenhoráveis.

- Correspondência: art. 41, *caput*, Dec.-lei 7.661/1945.
- V. arts. 1.711, 1.715 e 1.911, CC/2002.
- V. art. 185-A, CTN.
- V. Lei 4.673/1965 (Impenhorabilidade sobre os bens penhorados em execução fiscal).
- V. art. 69, Dec.-lei 167/1967 (Títulos de crédito rural).
- V. art. 57, Dec.-lei 413/1969 (Títulos de crédito industrial).
- V. art. 5º, parágrafo único, Dec.-lei 911/1969 (Alienação fiduciária).
- V. art. 10, Lei 6.830/1980 (Cobrança judicial da dívida ativa da Fazenda Pública).
- V. arts. 1º e 5º, Lei 8.009/1990 (Bem de família).

§ 5º Ainda que haja avaliação em bloco, o bem objeto de garantia real será também avaliado separadamente, para os fins do § 1º do art. 83 desta Lei.

- Sem correspondência no Dec.-lei 7.661/1945.

Art. 109. O estabelecimento será lacrado sempre que houver risco para a execução da etapa de arrecadação ou para a preservação dos bens da massa falida ou dos interesses dos credores.

- Sem correspondência no Dec.-lei 7.661/1945.
- V. art. 99, XI.
- V. art. 1.142, CC/2002.

Art. 110. O auto de arrecadação, composto pelo inventário e pelo respectivo laudo de avaliação dos bens, será assinado pelo administrador judicial, pelo falido ou seus representantes e por outras pessoas que auxiliarem ou presenciarem o ato.

- Correspondência: art. 70, § 3º, Dec.-lei 7.661/1945.

§ 1º Não sendo possível a avaliação dos bens no ato da arrecadação, o administrador judicial requererá ao juiz a concessão de prazo para apresentação do laudo de avaliação, que não poderá exceder 30 (trinta) dias, contados da apresentação do auto de arrecadação.

- Sem correspondência no Dec.-lei 7.661/1945.

§ 2º Serão referidos no inventário:

- Correspondência: art. 70, § 6º, Dec.-lei 7.661/1945.

I – os livros obrigatórios e os auxiliares ou facultativos do devedor, designando-se o estado em que se acham, número e denominação de cada um, páginas escrituradas, data do início da escrituração e do último lançamento, e se os livros obrigatórios estão revestidos das formalidades legais;

- V. arts. 1.179 a 1.195, CC/2002.

II – dinheiro, papéis, títulos de crédito, documentos e outros bens da massa falida;

III – os bens da massa falida em poder de terceiro, a título de guarda, depósito, penhor ou retenção;

IV – os bens indicados como propriedade de terceiros ou reclamados por estes, mencionando-se essa circunstância.

- V. arts. 85 e 93.
- V. arts. 1.179 a 1.195, CC/2002.

§ 3º Quando possível, os bens referidos no § 2º deste artigo serão individualizados.

- Correspondência: art. 70, § 7º, 1ª parte, Dec.-lei 7.661/1945.

§ 4º Em relação aos bens imóveis, o administrador judicial, no prazo de 15 (quinze) dias após a sua arrecadação, exibirá as certidões de registro, extraídas posteriormente à decretação da falência, com todas as indicações que nele constarem.

- Correspondência: art. 70, § 7º, 2ª parte, Dec.-lei 7.661/1945.

Art. 111. O juiz poderá autorizar os credores, de forma individual ou coletiva, em razão dos custos e no interesse da massa falida, a adquirir ou adjudicar, de imediato, os bens arrecadados, pelo valor da avaliação, atendida a regra de classificação e preferência entre eles, ouvido o Comitê.

- Sem correspondência no Dec.-lei 7.661/1945.
- V. art. 133, §§ 1º a 3º, CTN.

Art. 112. Os bens arrecadados poderão ser removidos, desde que haja necessidade de sua melhor guarda e conservação, hipótese em que permanecerão em depósito sob responsabilidade do administrador judicial, mediante compromisso.

- Sem correspondência no Dec.-lei 7.661/1945.
- V. art. 22, III, *l*.

Art. 113. Os bens perecíveis, deterioráveis, sujeitos à considerável desvalorização ou que sejam de conservação arriscada ou

Lei 11.101/2005

RECUPERAÇÃO DE EMPRESAS

dispendiosa, poderão ser vendidos antecipadamente, após a arrecadação e a avaliação, mediante autorização judicial, ouvidos o Comitê e o falido no prazo de 48 (quarenta e oito) horas.

* Correspondência: art. 73, *caput* e § 1º, Dec.-lei 7.661/1945.
* V. art. 22, III, *j*.

Art. 114. O administrador judicial poderá alugar ou celebrar outro contrato referente aos bens da massa falida, com o objetivo de produzir renda para a massa falida, mediante autorização do Comitê.

* Sem correspondência no Dec.-lei 7.661/1945.

§ 1º O contrato disposto no *caput* deste artigo não gera direito de preferência na compra e não pode importar disposição total ou parcial dos bens.

§ 2º O bem objeto da contratação poderá ser alienado a qualquer tempo, independentemente do prazo contratado, rescindindo-se, sem direito a multa, o contrato realizado, salvo se houver anuência do adquirente.

Seção VIII
Dos efeitos da decretação da falência sobre as obrigações do devedor

Art. 115. A decretação da falência sujeita todos os credores, que somente poderão exercer os seus direitos sobre os bens do falido e do sócio ilimitadamente responsável na forma que esta Lei prescrever.

* Correspondência: art. 23, *caput*, Dec.-lei 7.661/1945.
* V. art. 76.
* V. art. 762, CPC.

Art. 116. A decretação da falência suspende:

* Sem correspondência no Dec.-lei 7.661/1945.

I – o exercício do direito de retenção sobre os bens sujeitos à arrecadação, os quais deverão ser entregues ao administrador judicial;

II – o exercício do direito de retirada ou de recebimento do valor de suas quotas ou ações, por parte dos sócios da sociedade falida.

* V. art. 83, § 2º.
* V. art. 751, II, CPC.

Art. 117. Os contratos bilaterais não se resolvem pela falência e podem ser cumpridos pelo administrador judicial se o cumprimento reduzir ou evitar o aumento do passivo da massa falida ou for necessário à manutenção e preservação de seus ativos, mediante autorização do Comitê.

* Correspondência: art. 43, *caput*, Dec.-lei 7.661/1945.
* V. art. 994, § 3º, CC/2002.
* V. art. 12, § 2º, 2ª parte, Dec.-lei 58/1937 (Loteamento e venda de terrenos para pagamento em prestações).
* V. art. 12, § 2º, 2ª parte, Dec. 3.079/1938 (Regulamenta o Dec.-lei 58/1937).
* V. art. 30, Lei 6.766/1979 (Parcelamento do solo urbano).

§ 1º O contratante pode interpelar o administrador judicial, no prazo de até 90 (noventa) dias, contado da assinatura do termo de sua nomeação, para que, dentro de 10 (dez) dias, declare se cumpre ou não o contrato.

* Correspondência: art. 43, parágrafo único, 1ª parte, Dec.-lei 7.661/1945.

§ 2º A declaração negativa ou o silêncio do administrador judicial confere ao contraente o direito à indenização, cujo valor, apurado em processo ordinário, constituirá crédito quirografário.

* Correspondência: art. 43, parágrafo único, 2ª parte, Dec.-lei 7.661/1945.

Art. 118. O administrador judicial, mediante autorização do Comitê, poderá dar cumprimento a contrato unilateral se esse fato reduzir ou evitar o aumento do passivo da massa falida ou for necessário à manutenção e preservação de seus ativos, realizando o pagamento da prestação pela qual está obrigada.

* Sem correspondência no Dec.-lei 7.661/1945.

Art. 119. Nas relações contratuais a seguir mencionadas prevalecerão as seguintes regras:

* Correspondência: art. 44, *caput*, Dec.-lei 7.661/1945.

I – o vendedor não pode obstar a entrega das coisas expedidas ao devedor e ainda em trânsito, se o comprador, antes do requerimento da falência, as tiver revendido, sem fraude, à vista das faturas e conhecimentos

Lei 11.101/2005

RECUPERAÇÃO DE EMPRESAS

de transporte, entregues ou remetidos pelo vendedor;

• Correspondência: art. 44, I, Dec.-lei 7.661/1945.

II – se o devedor vendeu coisas compostas e o administrador judicial resolver não continuar a execução do contrato, poderá o comprador pôr à disposição da massa falida as coisas já recebidas, pedindo perdas e danos;

• Correspondência: art. 44, II, Dec.-lei 7.661/1945.

III – não tendo o devedor entregue coisa móvel ou prestado serviço que vendera ou contratara a prestações, e resolvendo o administrador judicial não executar o contrato, o crédito relativo ao valor pago será habilitado na classe própria;

• Correspondência: art. 44, III, Dec.-lei 7.661/1945.

IV – o administrador judicial, ouvido o Comitê, restituirá a coisa móvel comprada pelo devedor com reserva de domínio do vendedor se resolver não continuar a execução do contrato, exigindo a devolução, nos termos do contrato, dos valores pagos;

• Correspondência: art. 44, IV, Dec.-lei 7.661/1945.
• V. arts. 521 a 528, CC/2002.
• V. arts. 1.070 e 1.071, CPC.

V – tratando-se de coisas vendidas a termo, que tenham cotação em bolsa ou mercado, e não se executando o contrato pela efetiva entrega daquelas e pagamento do preço, prestar-se-á a diferença entre a cotação do dia do contrato e a da época da liquidação em bolsa ou mercado;

• Correspondência: art. 44, V, Dec.-lei 7.661/1945.

VI – na promessa de compra e venda de imóveis, aplicar-se-á a legislação respectiva;

• Correspondência: art. 44, VI, Dec.-lei 7.661/1945.
• V. arts. 1.417 e 1.418, CC/2002.
• V. art. 12, § 2º, Dec.-lei 58/1937 (Loteamento e venda de imóveis em prestações).
• V. art. 12, § 2º, Dec. 3.079/1938 (Regulamenta o Dec.-lei 58/1937).
• V. art. 30, Lei 6.766/1979 (Parcelamento do solo urbano).

VII – a falência do locador não resolve o contrato de locação e, na falência do locatário, o administrador judicial pode, a qualquer tempo, denunciar o contrato;

• Correspondência: art. 44, VII, Dec.-lei 7.661/1945.

VIII – caso haja acordo para compensação e liquidação de obrigações no âmbito do sistema financeiro nacional, nos termos da legislação vigente, a parte não falida poderá considerar o contrato vencido antecipadamente, hipótese em que será liquidado na forma estabelecida em regulamento, admitindo-se a compensação de eventual crédito que venha a ser apurado em favor do falido com créditos detidos pelo contratante;

• Sem correspondência no Dec.-lei 7.661/1945.

IX – os patrimônios de afetação, constituídos para cumprimento de destinação específica, obedecerão ao disposto na legislação respectiva, permanecendo seus bens, direitos e obrigações separados dos do falido até o advento do respectivo termo ou até o cumprimento de sua finalidade, ocasião em que o administrador judicial arrecadará o saldo a favor da massa falida ou inscreverá na classe própria o crédito que contra ela remanescer.

• Sem correspondência no Dec.-lei 7.661/1945.
• V. art. 31-F, *caput*, Lei 4.591/1964 (Condomínio em edificações).
• V. Lei 10.931/2004 (Patrimônio de afetação).

Art. 120. O mandato conferido pelo devedor, antes da falência, para a realização de negócios, cessará seus efeitos com a decretação da falência, cabendo ao mandatário prestar contas de sua gestão.

• Correspondência: art. 49, *caput*, Dec.-lei 7.661/1945.

§ 1º O mandato conferido para representação judicial do devedor continua em vigor até que seja expressamente revogado pelo administrador judicial.

• Sem correspondência no Dec.-lei 7.661/1945.

§ 2º Para o falido, cessa o mandato ou comissão que houver recebido antes da falência, salvo os que versem sobre matéria estranha à atividade empresarial.

• Correspondência: art. 49, parágrafo único, Dec.-lei 7.661/1945.
• V. art. 682, III, CC/2002.

Art. 121. As contas-correntes com o devedor consideram-se encerradas no mo-

mento de decretação da falência, verificando-se o respectivo saldo.

- Correspondência: art. 45, Dec.-lei 7.661/1945.
- V. art. 37, Lei 7.357/1985 (Cheque).

Art. 122. Compensam-se, com preferência sobre todos os demais credores, as dívidas do devedor vencidas até o dia da decretação da falência, provenha o vencimento da sentença de falência ou não, obedecidos os requisitos da legislação civil.

- Correspondência: art. 46, Dec.-lei 7.661/1945.
- V. art. 77.

Parágrafo único. Não se compensam:
I – os créditos transferidos após a decretação da falência, salvo em caso de sucessão por fusão, incorporação, cisão ou morte; ou
II – os créditos, ainda que vencidos anteriormente, transferidos quando já conhecido o estado de crise econômico-financeira do devedor ou cuja transferência se operou com fraude ou dolo.

Art. 123. Se o falido fizer parte de alguma sociedade como sócio comanditário ou cotista, para a massa falida entrarão somente os haveres que na sociedade ele possuir e forem apurados na forma estabelecida no contrato ou estatuto social.

- Correspondência: art. 48, *caput*, 1ª parte, Dec.-lei 7.661/1945.

§ 1º Se o contrato ou o estatuto social nada disciplinar a respeito, a apuração far-se-á judicialmente, salvo se, por lei, pelo contrato ou estatuto, a sociedade tiver de liquidar-se, caso em que os haveres do falido, somente após o pagamento de todo o passivo da sociedade, entrarão para a massa falida.

- Correspondência: art. 48, *caput*, 2ª parte, Dec.-lei 7.661/1945.

§ 2º Nos casos de condomínio indivisível de que participe o falido, o bem será vendido e deduzir-se-á do valor arrecadado o que for devido aos demais condôminos, facultada a estes a compra da quota-parte do falido nos termos da melhor proposta obtida.

- Correspondência: art. 48, parágrafo único, Dec.-lei 7.661/1945.
- V. art. 1.044, CC/2002.

Art. 124. Contra a massa falida não são exigíveis juros vencidos após a decretação da falência, previstos em lei ou em contrato, se o ativo apurado não bastar para o pagamento dos credores subordinados.

- Correspondência: art. 26, Dec.-lei 7.661/1945.
- V. art. 83, VIII.

Parágrafo único. Excetuam-se desta disposição os juros das debêntures e dos créditos com garantia real, mas por eles responde, exclusivamente, o produto dos bens que constituem a garantia.

- V. art. 83, VI, *b*.
- V. art. 407, CC/2002.

Art. 125. Na falência do espólio, ficará suspenso o processo de inventário, cabendo ao administrador judicial a realização de atos pendentes em relação aos direitos e obrigações da massa falida.

- Correspondência: art. 39, parágrafo único, Dec.-lei 7.661/1945.

Art. 126. Nas relações patrimoniais não reguladas expressamente nesta Lei, o juiz decidirá o caso atendendo à unidade, à universalidade do concurso e à igualdade de tratamento dos credores, observado o disposto no art. 75 desta Lei.

- Sem correspondência no Dec.-lei 7.661/1945.

Art. 127. O credor de coobrigados solidários cujas falências sejam decretadas tem o direito de concorrer, em cada uma delas, pela totalidade do seu crédito, até recebê-lo por inteiro, quando então comunicará ao juízo.

- Correspondência: art. 27, *caput*, Dec.-lei 7.661/1945.

§ 1º O disposto no *caput* deste artigo não se aplica ao falido cujas obrigações tenham sido extintas por sentença, na forma do art. 159 desta Lei.

- Sem correspondência no Dec.-lei 7.661/1945.

§ 2º Se o credor ficar integralmente pago por uma ou por diversas massas coobrigadas, as que pagaram terão direito regressivo contra as demais, em proporção à parte que pagaram e àquela que cada uma tinha a seu cargo.

- Correspondência: art. 28, *caput*, Dec.-lei 7.661/1945.

§ 3º Se a soma dos valores pagos ao credor em todas as massas coobrigadas exceder o total do crédito, o valor será devolvido às

Lei 11.101/2005

RECUPERAÇÃO DE EMPRESAS

massas na proporção estabelecida no § 2º deste artigo.

• Correspondência: art. 28, parágrafo único, 1ª parte, Dec.-lei 7.661/1945.

§ 4º Se os coobrigados eram garantes uns dos outros, o excesso de que trata o § 3º deste artigo pertencerá, conforme a ordem das obrigações, às massas dos coobrigados que tiverem o direito de ser garantidas.

• Correspondência: art. 28, parágrafo único, 2ª parte, Dec.-lei 7.661/1945.

Art. 128. Os coobrigados solventes e os garantes do devedor ou dos sócios ilimitadamente responsáveis podem habilitar o crédito correspondente às quantias pagas ou devidas, se o credor não se habilitar no prazo legal.

• Correspondência: art. 29, Dec.-lei 7.661/1945.

Seção IX
Da ineficácia e da revogação de atos praticados antes da falência

Art. 129. São ineficazes em relação à massa falida, tenha ou não o contratante conhecimento do estado de crise econômico-financeira do devedor, seja ou não intenção deste fraudar credores:

• Correspondência: art. 52, *caput*, Dec.-lei 7.661/1945.
• V. art. 35, Lei 6.024/1974 (Intervenção e liquidação extrajudicial das instituições financeiras).

I – o pagamento de dívidas não vencidas realizado pelo devedor dentro do termo legal, por qualquer meio extintivo do direito de crédito, ainda que pelo desconto do próprio título;

• Correspondência: art. 52, I, Dec.-lei 7.661/1945.
• V. art. 99, II, e 131.

II – o pagamento de dívidas vencidas e exigíveis realizado dentro do termo legal, por qualquer forma que não seja a prevista pelo contrato;

• Correspondência: art. 52, II, Dec.-lei 7.661/1945.
• V. art. 131.

III – a constituição de direito real de garantia, inclusive a retenção, dentro do termo legal, tratando-se de dívida contraída anteriormente; se os bens dados em hipoteca forem objeto de outras posteriores, a massa falida receberá a parte que devia caber ao credor da hipoteca revogada;

• Correspondência: art. 52, III, Dec.-lei 7.661/1945.
• V. art. 131.
• V. arts. 1.419 a 1.510, CC/2002.

IV – a prática de atos a título gratuito, desde 2 (dois) anos antes da decretação da falência;

• Correspondência: art. 52, IV, Dec.-lei 7.661/1945.

V – a renúncia à herança ou a legado, até 2 (dois) anos antes da decretação da falência;

• Correspondência: art. 52, V, Dec.-lei 7.661/1945.
• V. arts. 1.804, 1.806 e 1.813, CC/2002.

VI – a venda ou transferência de estabelecimento feita sem o consentimento expresso ou o pagamento de todos os credores, a esse tempo existentes, não tendo restado ao devedor bens suficientes para solver o seu passivo, salvo se, no prazo de 30 (trinta) dias, não houver oposição dos credores, após serem devidamente notificados, judicialmente ou pelo oficial do registro de títulos e documentos;

• Correspondência: art. 52, VIII, Dec.-lei 7.661/1945.
• V. art. 131.
• V. art. 1.145, CC/2002.

VII – os registros de direitos reais e de transferência de propriedade entre vivos, por título oneroso ou gratuito, ou a averbação relativa a imóveis realizados após a decretação da falência, salvo se tiver havido prenotação anterior.

• Correspondência: art. 52, VII, Dec.-lei 7.661/1945.
• V. art. 1.225, CC/2002.
• V. art. 215, Lei 6.015/1973 (Registros Públicos).

Parágrafo único. A ineficácia poderá ser declarada de ofício pelo juiz, alegada em defesa ou pleiteada mediante ação própria ou incidentalmente no curso do processo.

• Correspondência: art. 57, Dec.-lei 7.661/1945.
• V. art. 325, CPC.

Art. 130. São revogáveis os atos praticados com a intenção de prejudicar credores, provando-se o conluio fraudulento entre o devedor e o terceiro que com ele contratar e o efetivo prejuízo sofrido pela massa falida.

• Correspondência: art. 53, Dec.-lei 7.661/1945.
• V. art. 132.
• V. arts. 158 a 165, CC/2002.
• V. art. 332, CPC.

Lei 11.101/2005

RECUPERAÇÃO DE EMPRESAS

- V. art. 35, *caput*, Lei 6.024/1974 (Intervenção e liquidação extrajudicial das instituições financeiras).

Art. 131. Nenhum dos atos referidos nos incisos I a III e VI do art. 129 desta Lei que tenham sido previstos e realizados na forma definida no plano de recuperação judicial será declarado ineficaz ou revogado.

- Sem correspondência no Dec.-lei 7.661/1945.
- V. art. 74.

Art. 132. A ação revocatória, de que trata o art. 130 desta Lei, deverá ser proposta pelo administrador judicial, por qualquer credor ou pelo Ministério Público no prazo de 3 (três) anos contado da decretação da falência.

- Correspondência: arts. 55, *caput*, e 56, § 1º, Dec.-lei 7.661/1945.
- V. art. 35, Lei 6.024/1974 (Intervenção e liquidação extrajudicial das instituições financeiras).

Art. 133. A ação revocatória pode ser promovida:

I – contra todos os que figuraram no ato ou que por efeito dele foram pagos, garantidos ou beneficiados;

- Correspondência: art. 55, parágrafo único, I, Dec.-lei 7.661/1945.

II – contra os terceiros adquirentes, se tiveram conhecimento, ao se criar o direito, da intenção do devedor de prejudicar os credores;

- Correspondência: art. 55, parágrafo único, III, *a*, Dec.-lei 7.661/1945.

III – contra os herdeiros ou legatários das pessoas indicadas nos incisos I e II do *caput* deste artigo.

- Correspondência: art. 55, parágrafo único, II e IV, Dec.-lei 7.661/1945.
- V. art. 35, Lei 6.024/1974 (Intervenção e liquidação extrajudicial das instituições financeiras).

Art. 134. A ação revocatória correrá perante o juízo da falência e obedecerá ao procedimento ordinário previsto na Lei 5.869, de 11 de janeiro de 1973 – Código de Processo Civil.

- Correspondência: art. 56, *caput*, Dec.-lei 7.661/1945.
- V. arts. 108 e 282 a 475, CPC.
- V. art. 35, Lei 6.024/1974 (Intervenção e liquidação extrajudicial das instituições financeiras).

Art. 135. A sentença que julgar procedente a ação revocatória determinará o retorno dos bens à massa falida em espécie, com todos os acessórios, ou o valor de mercado, acrescidos das perdas e danos.

- Correspondência: art. 54, *caput*, Dec.-lei 7.661/1945.

Parágrafo único. Da sentença cabe apelação.

- Correspondência: art. 56, § 2º, Dec.-lei 7.661/1945.
- V. arts. 513 a 521, CPC.

Art. 136. Reconhecida a ineficácia ou julgada procedente a ação revocatória, as partes retornarão ao estado anterior, e o contratante de boa-fé terá direito à restituição dos bens ou valores entregues ao devedor.

- Correspondência: art. 54, §§ 1º e 2º, Dec.-lei 7.661/1945.

§ 1º Na hipótese de securitização de créditos do devedor, não será declarada a ineficácia ou revogado o ato de cessão em prejuízo dos direitos dos portadores de valores mobiliários emitidos pelo securitizador.

- Sem correspondência no Dec.-lei 7.661/1945.

§ 2º É garantido ao terceiro de boa-fé, a qualquer tempo, propor ação por perdas e danos contra o devedor ou seus garantes.

- Correspondência: art. 54, § 3º, Dec.-lei 7.661/1945.
- V. arts. 927 e 944, CC/2002.
- V. art. 35, Lei 6.024/1974 (Intervenção e liquidação extrajudicial das instituições financeiras).

Art. 137. O juiz poderá, a requerimento do autor da ação revocatória, ordenar, como medida preventiva, na forma da lei processual civil, o sequestro dos bens retirados do patrimônio do devedor que estejam em poder de terceiros.

- Correspondência: art. 56, § 3º, Dec.-lei 7.661/1945.
- V. arts. 822 a 825, CPC.

Art. 138. O ato pode ser declarado ineficaz ou revogado, ainda que praticado com base em decisão judicial, observado o disposto no art. 131 desta Lei.

- Correspondência: art. 58, Dec.-lei 7.661/1945.

Parágrafo único. Revogado o ato ou declarada sua ineficácia, ficará rescindida a sentença que o motivou.

- V. arts. 138 a 184 e 850, CC/2002.
- V. arts. 463, 467 e 469, CPC.

Lei 11.101/2005

RECUPERAÇÃO DE EMPRESAS

Seção X
Da realização do ativo

• V. art. 133, CTN.

Art. 139. Logo após a arrecadação dos bens, com a juntada do respectivo auto ao processo de falência, será iniciada a realização do ativo.

• Correspondência: art. 114, *caput*, Dec.-lei 7.661/1945.

Art. 140. A alienação dos bens será realizada de uma das seguintes formas, observada a seguinte ordem de preferência:

• Correspondência: art. 116, *caput*, Dec.-lei 7.661/1945.

I – alienação da empresa, com a venda de seus estabelecimentos em bloco;

II – alienação da empresa, com a venda de suas filiais ou unidades produtivas isoladamente;

III – alienação em bloco dos bens que integram cada um dos estabelecimentos do devedor;

IV – alienação dos bens individualmente considerados.

§ 1º Se convier à realização do ativo, ou em razão de oportunidade, podem ser adotadas mais de uma forma de alienação.

§ 2º A realização do ativo terá início independentemente da formação do quadro geral de credores.

§ 3º A alienação da empresa terá por objeto o conjunto de determinados bens necessários à operação rentável da unidade de produção, que poderá compreender a transferência de contratos específicos.

• V. art. 117.

§ 4º Nas transmissões de bens alienados na forma deste artigo que dependam de registro público, a este servirá como título aquisitivo suficiente o mandado judicial respectivo.

Art. 141. Na alienação conjunta ou separada de ativos, inclusive da empresa ou de suas filiais, promovida sob qualquer das modalidades de que trata este artigo:

• Sem correspondência no Dec.-lei 7.661/1945.

I – todos os credores, observada a ordem de preferência definida no art. 83 desta Lei, sub-rogam-se no produto da realização do ativo;

II – o objeto da alienação estará livre de qualquer ônus e não haverá sucessão do arrematante nas obrigações do devedor, inclusive as de natureza tributária, as derivadas da legislação do trabalho e as decorrentes de acidentes de trabalho.

• V. § 2º deste artigo.
• V. arts. 1.483 e 1.501, CC/2002.

§ 1º O disposto no inciso II do *caput* deste artigo não se aplica quando o arrematante for:

• V. art. 131, CTN.

I – sócio da sociedade falida, ou sociedade controlada pelo falido;

II – parente, em linha reta ou colateral até o quarto grau, consanguíneo ou afim, do falido ou de sócio da sociedade falida; ou

III – identificado como agente do falido com o objetivo de fraudar a sucessão.

§ 2º Empregados do devedor contratados pelo arrematante serão admitidos mediante novos contratos de trabalho e o arrematante não responde por obrigações decorrentes do contrato anterior.

• V. arts. 448 e 449, CLT.

Art. 142. O juiz, ouvido o administrador judicial e atendendo à orientação do Comitê, se houver, ordenará que se proceda à alienação do ativo em uma das seguintes modalidades:

I – leilão, por lances orais;

II – propostas fechadas;

III – pregão.

• Correspondência: arts. 117, *caput*, 118, *caput*, 119, *caput*, e 120, *caput*, Dec.-lei 7.661/1945.
• V. arts. 12, § 2º, e 21, Dec.-lei 58/1937 (Loteamento e venda de imóveis em prestações).
• V. arts. 12, § 2º, e 21, Decreto 3.079/1938 (Regulamenta o Dec.-lei 58/1937).
• V. art. 77, Lei 5.764/1971 (Política nacional de cooperativismo).

§ 1º A realização da alienação em quaisquer das modalidades de que trata este artigo será antecedida por publicação de anúncio em jornal de ampla circulação, com 15 (quinze) dias de antecedência, em se tratando de bens móveis, e com 30 (trinta) dias na alienação da empresa ou de bens imóveis, facultada a divulgação por outros meios que contribuam para o amplo conhecimento da venda.

Lei 11.101/2005

RECUPERAÇÃO DE EMPRESAS

* Correspondência: arts. 117, *caput*, e 118, *caput*, Dec.-lei 7.661/1945.

§ 2º A alienação dar-se-á pelo maior valor oferecido, ainda que seja inferior ao valor de avaliação.

* Correspondência: arts. 117, *caput*, 119, *caput*, e 120, *caput*, Dec.-lei 7.661/1945.

§ 3º No leilão por lances orais, aplicam-se, no que couber, as regras da Lei 5.869, de 11 de janeiro de 1973 – Código de Processo Civil.

* Correspondência: arts. 117, *caput*, 119, *caput*, e 120, *caput*, Dec.-lei 7.661/1945.

§ 4º A alienação por propostas fechadas ocorrerá mediante a entrega, em cartório e sob recibo, de envelopes lacrados, a serem abertos pelo juiz, no dia, hora e local designados no edital, lavrando o escrivão o auto respectivo, assinado pelos presentes, e juntando as propostas aos autos da falência.

* Correspondência: art. 118, Dec.-lei 7.661/1945.

§ 5º A venda por pregão constitui modalidade híbrida das anteriores, comportando duas fases:

* Sem correspondência no Dec.-lei 7.661/1945.

I – recebimento de propostas, na forma do § 3º deste artigo;

* A referência correta é ao § 4º.

II – leilão por lances orais, de que participarão somente aqueles que apresentarem propostas não inferiores a 90% (noventa por cento) da maior proposta ofertada, na forma do § 2º deste artigo.

§ 6º A venda por pregão respeitará as seguintes regras:

* Sem correspondência no Dec.-lei 7.661/1945.

I – recebidas e abertas as propostas na forma do § 5º deste artigo, o juiz ordenará a notificação dos ofertantes, cujas propostas atendam ao requisito de seu inciso II, para comparecer ao leilão;

II – o valor de abertura do leilão será o da proposta recebida do maior ofertante presente, considerando-se esse valor como lance, ao qual ele fica obrigado;

III – caso não compareça ao leilão o ofertante da maior proposta e não seja dado lance igual ou superior ao valor por ele ofertado, fica obrigado a prestar a diferença verificada, constituindo a respectiva certidão do juízo título executivo para a cobrança dos valores pelo administrador judicial.

§ 7º Em qualquer modalidade de alienação, o Ministério Público será intimado pessoalmente, sob pena de nulidade.

* Correspondência: art. 117, *caput*, Dec.-lei 7.661/1945.
* V. art. 83, CPC.

Art. 143. Em qualquer das modalidades de alienação referidas no art. 142 desta Lei, poderão ser apresentadas impugnações por quaisquer credores, pelo devedor ou pelo Ministério Público, no prazo de 48 (quarenta e oito) horas da arrematação, hipótese em que os autos serão conclusos ao juiz, que, no prazo de 5 (cinco) dias, decidirá sobre as impugnações e, julgando-as improcedentes, ordenará a entrega dos bens ao arrematante, respeitadas as condições estabelecidas no edital.

* Correspondência: art. 118, § 3º, Dec.-lei 7.661/1945.

Art. 144. Havendo motivos justificados, o juiz poderá autorizar, mediante requerimento fundamentado do administrador judicial ou do Comitê, modalidades de alienação judicial diversas das previstas no art. 142 desta Lei.

* Sem correspondência no Dec.-lei 7.661/1945.

Art. 145. O juiz homologará qualquer outra modalidade de realização do ativo, desde que aprovada pela assembleia geral de credores, inclusive com a constituição de sociedade de credores ou dos empregados do próprio devedor, com a participação, se necessária, dos atuais sócios ou de terceiros.

* Correspondência: art. 123, Dec.-lei 7.661/1945.
* V. art. 46.

§ 1º Aplica-se à sociedade mencionada neste artigo o disposto no art. 141 desta Lei.

§ 2º No caso de constituição de sociedade formada por empregados do próprio devedor, estes poderão utilizar créditos derivados da legislação do trabalho para a aquisição ou arrendamento da empresa.

§ 3º Não sendo aprovada pela assembleia geral a proposta alternativa para a realização do ativo, caberá ao juiz decidir a forma que será adotada, levando em conta a manifestação do administrador judicial e do Comitê.

Lei 11.101/2005

RECUPERAÇÃO DE EMPRESAS

Art. 146. Em qualquer modalidade de realização do ativo adotada, fica a massa falida dispensada da apresentação de certidões negativas.

• Sem correspondência no Dec.-lei 7.661/1945.

Art. 147. As quantias recebidas a qualquer título serão imediatamente depositadas em conta remunerada de instituição financeira, atendidos os requisitos da lei ou das normas de organização judiciária.

• Correspondência: art. 209, Dec.-lei 7.661/1945.

Art. 148. O administrador judicial fará constar do relatório de que trata a alínea *p* do inciso III do art. 22 os valores eventualmente recebidos no mês vencido, explicitando a forma de distribuição dos recursos entre os credores, observado o disposto no art. 149 desta Lei.

• Correspondência: art. 63, XXI, Dec.-lei 7.661/1945.

Seção XI
Do pagamento aos credores

Art. 149. Realizadas as restituições, pagos os créditos extraconcursais, na forma do art. 84 desta Lei, e consolidado o quadro geral de credores, as importâncias recebidas com a realização do ativo serão destinadas ao pagamento dos credores, atendendo à classificação prevista no art. 83 desta Lei, respeitados os demais dispositivos desta Lei e as decisões judiciais que determinam reserva de importâncias.

• Correspondência: arts. 125, *caput*, e 127, §§ 1º e 2º, Dec.-lei 7.661/1945.

§ 1º Havendo reserva de importâncias, os valores a ela relativos ficarão depositados até o julgamento definitivo do crédito e, no caso de não ser este finalmente reconhecido, no todo ou em parte, os recursos depositados serão objeto de rateio suplementar entre os credores remanescentes.

• Correspondência: arts. 125, *caput*, e 127, §§ 1º e 2º, Dec.-lei 7.661/1945.
• V. art. 6º, § 3º.

§ 2º Os credores que não procederem, no prazo fixado pelo juiz, ao levantamento dos valores que lhes couberam em rateio serão intimados a fazê-lo no prazo de 60 (sessenta) dias, após o qual os recursos serão objeto de rateio suplementar entre os credores remanescentes.

• Correspondência: art. 127, § 3º, Dec.-lei 7.661/1945.

Art. 150. As despesas cujo pagamento antecipado seja indispensável à administração da falência, inclusive na hipótese de continuação provisória das atividades previstas no inciso XI do *caput* do art. 99 desta Lei, serão pagas pelo administrador judicial com os recursos disponíveis em caixa.

• Correspondência: art. 124, § 1º, Dec.-lei 7.661/1945.
• V. art. 188, CTN.

Art. 151. Os créditos trabalhistas de natureza estritamente salarial vencidos nos 3 (três) meses anteriores à decretação da falência, até o limite de cinco salários mínimos por trabalhador, serão pagos tão logo haja disponibilidade em caixa.

• Correspondência: art. 102, *caput*, Dec.-lei 7.661/1945.
• V. art. 83, I.
• V. art. 449, CLT.

Art. 152. Os credores restituirão em dobro as quantias recebidas, acrescidas dos juros legais, se ficar evidenciado dolo ou má-fé na constituição do crédito ou da garantia.

• Correspondência: art. 27, § 2º, Dec.-lei 7.661/1945.
• V. arts. 927 e 944, CC/2002.

Art. 153. Pagos todos os credores, o saldo, se houver, será entregue ao falido.

• Correspondência: art. 129, Dec.-lei 7.661/1945.

Seção XII
Do encerramento
da falência e da extinção
das obrigações do falido

Art. 154. Concluída a realização de todo o ativo, e distribuído o produto entre os credores, o administrador judicial apresentará suas contas ao juiz no prazo de 30 (trinta) dias.

• Correspondência: art. 69, *caput*, Dec.-lei 7.661/1945.
• V. arts. 22, III, *r*, e 31, § 2º.

§ 1º As contas, acompanhadas dos documentos comprobatórios, serão prestadas

Lei 11.101/2005

RECUPERAÇÃO DE EMPRESAS

em autos apartados que, ao final, serão apensados aos autos da falência.

* Correspondência: art. 69, § 1º, Dec.-lei 7.661/1945.

§ 2º O juiz ordenará a publicação de aviso de que as contas foram entregues e se encontram à disposição dos interessados, que poderão impugná-las no prazo de 10 (dez) dias.

* Correspondência: art. 69, § 2º, Dec.-lei 7.661/1945.

§ 3º Decorrido o prazo do aviso e realizadas as diligências necessárias à apuração dos fatos, o juiz intimará o Ministério Público para manifestar-se no prazo de 5 (cinco) dias, findo o qual o administrador judicial será ouvido se houver impugnação ou parecer contrário do Ministério Público.

* Correspondência: art. 69, § 3º, Dec.-lei 7.661/1945.

§ 4º Cumpridas as providências previstas nos §§ 2º e 3º deste artigo, o juiz julgará as contas por sentença.

* Sem correspondência no Dec.-lei 7.661/1945.

§ 5º A sentença que rejeitar as contas do administrador judicial fixará suas responsabilidades, poderá determinar a indisponibilidade ou o sequestro de bens e servirá como título executivo para indenização da massa.

* Correspondência: art. 69, § 6º, Dec.-lei 7.661/1945.
* V. arts. 822 a 825, CPC.

§ 6º Da sentença cabe apelação.

* Correspondência: art. 69, § 4º, Dec.-lei 7.661/1945.
* V. arts. 513 a 521, CPC.

Art. 155. Julgadas as contas do administrador judicial, ele apresentará o relatório final da falência no prazo de 10 (dez) dias, indicando o valor do ativo e o do produto de sua realização, o valor do passivo e o dos pagamentos feitos aos credores, e especificará justificadamente as responsabilidades com que continuará o falido.

* Correspondência: art. 131, *caput*, Dec.-lei 7.661/1945.

Art. 156. Apresentado o relatório final, o juiz encerrará a falência por sentença.

* Correspondência: art. 132, *caput*, Dec.-lei 7.661/1945.

Parágrafo único. A sentença de encerramento será publicada por edital e dela caberá apelação.

* Correspondência: art. 132, § 2º, Dec.-lei 7.661/1945.
* V. arts. 513 a 521, CPC.
* V. art. 191, CTN.

Art. 157. O prazo prescricional relativo às obrigações do falido recomeça a correr a partir do dia em que transitar em julgado a sentença do encerramento da falência.

* Correspondência: art. 134, Dec.-lei 7.661/1945.
* V. arts. 197 e 199, CC/2002.
* V. art. 777, CPC.

Art. 158. Extingue as obrigações do falido:

* Correspondência: art. 135, Dec.-lei 7.661/1945.

I – o pagamento de todos os créditos;

II – o pagamento, depois de realizado todo o ativo, de mais de 50% (cinquenta por cento) dos créditos quirografários, sendo facultado ao falido o depósito da quantia necessária para atingir essa porcentagem se para tanto não bastou a integral liquidação do ativo;

* V. art. 304, CC/2002.

III – o decurso do prazo de 5 (cinco) anos, contado do encerramento da falência, se o falido não tiver sido condenado por prática de crime previsto nesta Lei;

* V. art. 778, CPC.

IV – o decurso do prazo de 10 (dez) anos, contado do encerramento da falência, se o falido tiver sido condenado por prática de crime previsto nesta Lei.

Art. 159. Configurada qualquer das hipóteses do art. 158 desta Lei, o falido poderá requerer ao juízo da falência que suas obrigações sejam declaradas extintas por sentença.

* Correspondência: art. 136, Dec.-lei 7.661/1945.
* V. art. 191, CTN.

§ 1º O requerimento será autuado em apartado com os respectivos documentos e publicado por edital no órgão oficial e em jornal de grande circulação.

* Correspondência: art. 137, *caput*, Dec.-lei 7.661/1945.

Lei 11.101/2005

RECUPERAÇÃO DE EMPRESAS

§ 2º No prazo de 30 (trinta) dias contado da publicação do edital, qualquer credor pode opor-se ao pedido do falido.
* Correspondência: art. 137, § 1º, Dec.-lei 7.661/1945.

§ 3º Findo o prazo, o juiz, em 5 (cinco) dias, proferirá sentença e, se o requerimento for anterior ao encerramento da falência, declarará extintas as obrigações na sentença de encerramento.
* Correspondência: art. 137, §§ 2º e 3º, Dec.-lei 7.661/1945.

§ 4º A sentença que declarar extintas as obrigações será comunicada a todas as pessoas e entidades informadas da decretação da falência.
* Correspondência: art. 137, § 6º, Dec.-lei 7.661/1945.

§ 5º Da sentença cabe apelação.
* Correspondência: art. 137, § 4º, Dec.-lei 7.661/1945.
* V. arts. 513 a 521, CPC.

§ 6º Após o trânsito em julgado, os autos serão apensados aos da falência.
* Correspondência: art. 137, § 5º, Dec.-lei 7.661/1945.

Art. 160. Verificada a prescrição ou extintas as obrigações nos termos desta Lei, o sócio de responsabilidade ilimitada também poderá requerer que seja declarada por sentença a extinção de suas obrigações na falência.
* Correspondência: art. 136, Dec.-lei 7.661/1945.
* V. art. 191, CTN.

Capítulo VI
DA RECUPERAÇÃO EXTRAJUDICIAL
* Rubrica do Capítulo sem correspondência no Dec.-lei 7.661/1945.

Art. 161. O devedor que preencher os requisitos do art. 48 desta Lei poderá propor e negociar com credores plano de recuperação extrajudicial.
* Sem correspondência no Dec.-lei 7.661/1945.

§ 1º Não se aplica o disposto neste Capítulo a titulares de créditos de natureza tributária, derivados da legislação do trabalho ou decorrentes de acidente de trabalho, assim como àqueles previstos nos arts. 49, § 3º, e 86, inciso II do *caput*, desta Lei.
* V. art. 187, CTN.

§ 2º O plano não poderá contemplar o pagamento antecipado de dívidas nem tratamento desfavorável aos credores que a ele não estejam sujeitos.

§ 3º O devedor não poderá requerer a homologação de plano extrajudicial, se estiver pendente pedido de recuperação judicial ou se houver obtido recuperação judicial ou homologação de outro plano de recuperação extrajudicial há menos de 2 (dois) anos.

§ 4º O pedido de homologação do plano de recuperação extrajudicial não acarretará suspensão de direitos, ações ou execuções, nem a impossibilidade do pedido de decretação de falência pelos credores não sujeitos ao plano de recuperação extrajudicial.

§ 5º Após a distribuição do pedido de homologação, os credores não poderão desistir da adesão ao plano, salvo com a anuência expressa dos demais signatários.

§ 6º A sentença de homologação do plano de recuperação extrajudicial constituirá título executivo judicial, nos termos do art. 584, inciso III do *caput*, da Lei 5.869, de 11 de janeiro de 1973 – Código de Processo Civil.
* O art. 584 do CPC foi revogado pela Lei 11.232/2005.

Art. 162. O devedor poderá requerer a homologação em juízo do plano de recuperação extrajudicial, juntando sua justificativa e o documento que contenha seus termos e condições, com as assinaturas dos credores que a ele aderiram.
* Sem correspondência no Dec.-lei 7.661/1945.
* V. art. 104, CC/2002.

Art. 163. O devedor poderá, também, requerer a homologação de plano de recuperação extrajudicial que obriga a todos os credores por ele abrangidos, desde que assinado por credores que representem mais de 3/5 (três quintos) de todos os créditos de cada espécie por ele abrangidos.
* Sem correspondência no Dec.-lei 7.661/1945.

§ 1º O plano poderá abranger a totalidade de uma ou mais espécies de créditos previstos no art. 83, incisos II, IV, V, VI e VIII do *caput*, desta Lei, ou grupo de credores de mesma natureza e sujeito a semelhantes condições de pagamento, e, uma vez homologado, obriga a todos os credores das espécies por ele abrangidas, exclusivamente em rela-

Lei 11.101/2005

RECUPERAÇÃO DE EMPRESAS

ção aos créditos constituídos até a data do pedido de homologação.

§ 2º Não serão considerados para fins de apuração do percentual previsto no *caput* deste artigo os créditos não incluídos no plano de recuperação extrajudicial, os quais não poderão ter seu valor ou condições originais de pagamento alteradas.

§ 3º Para fins exclusivos de apuração do percentual previsto no *caput* deste artigo:
I – o crédito em moeda estrangeira será convertido para moeda nacional pelo câmbio da véspera da data de assinatura do plano; e
II – não serão computados os créditos detidos pelas pessoas relacionadas no art. 43 deste artigo.

• A remissão correta é ao art. 43 "desta Lei".

§ 4º Na alienação de bem objeto de garantia real, a supressão da garantia ou sua substituição somente serão admitidas mediante a aprovação expressa do credor titular da respectiva garantia.

• V. art. 50, § 1º.

§ 5º Nos créditos em moeda estrangeira, a variação cambial só poderá ser afastada se o credor titular do respectivo crédito aprovar expressamente previsão diversa no plano de recuperação extrajudicial.

• V. art. 50, § 2º.

§ 6º Para a homologação do plano de que trata este artigo, além dos documentos previstos no *caput* do art. 162 desta Lei, o devedor deverá juntar:
I – exposição da situação patrimonial do devedor;
II – as demonstrações contábeis relativas ao último exercício social e as levantadas especialmente para instruir o pedido, na forma do inciso II do *caput* do art. 51 desta Lei; e
III – os documentos que comprovem os poderes dos subscritores para novar ou transigir, relação nominal completa dos credores, com a indicação do endereço de cada um, a natureza, a classificação e o valor atualizado do crédito, discriminando sua origem, o regime dos respectivos vencimentos e a indicação dos registros contábeis de cada transação pendente.

Art. 164. Recebido o pedido de homologação do plano de recuperação extrajudicial previsto nos arts. 162 e 163 desta Lei, o juiz ordenará a publicação de edital no órgão oficial e em jornal de grande circulação nacional ou das localidades da sede e das filiais do devedor, convocando todos os credores do devedor para apresentação de suas impugnações ao plano de recuperação extrajudicial, observado o § 3º deste artigo.

• Sem correspondência no Dec.-lei 7.661/1945.

§ 1º No prazo do edital, deverá o devedor comprovar o envio de carta a todos os credores sujeitos ao plano, domiciliados ou sediados no país, informando a distribuição do pedido, as condições do plano e prazo para impugnação.

§ 2º Os credores terão prazo de 30 (trinta) dias, contado da publicação do edital, para impugnarem o plano, juntando a prova de seu crédito.

§ 3º Para opor-se, em sua manifestação, à homologação do plano, os credores somente poderão alegar:
I – não preenchimento do percentual mínimo previsto no *caput* do art. 163 desta Lei;
II – prática de qualquer dos atos previstos no inciso III do art. 94 ou do art. 130 desta Lei, ou descumprimento de requisito previsto nesta Lei;
III – descumprimento de qualquer outra exigência legal.

§ 4º Sendo apresentada impugnação, será aberto prazo de 5 (cinco) dias para que o devedor sobre ela se manifeste.

§ 5º Decorrido o prazo do § 4º deste artigo, os autos serão conclusos imediatamente ao juiz para apreciação de eventuais impugnações e decidirá, no prazo de 5 (cinco) dias, acerca do plano de recuperação extrajudicial, homologando-o por sentença se entender que não implica prática de atos previstos no art. 130 desta Lei e que não há outras irregularidades que recomendem sua rejeição.

§ 6º Havendo prova de simulação de créditos ou vício de representação dos credores que subscreverem o plano, a sua homologação será indeferida.

§ 7º Da sentença cabe apelação sem efeito suspensivo.

• V. arts. 513 a 521, CPC.

§ 8º Na hipótese de não homologação do plano o devedor poderá, cumpridas as for-

Lei 11.101/2005

RECUPERAÇÃO DE EMPRESAS

malidades, apresentar novo pedido de homologação de plano de recuperação extrajudicial.

Art. 165. O plano de recuperação extrajudicial produz efeitos após sua homologação judicial.

• Sem correspondência no Dec.-lei 7.661/1945.

§ 1º É lícito, contudo, que o plano estabeleça a produção de efeitos anteriores à homologação, desde que exclusivamente em relação à modificação do valor ou da forma de pagamento dos credores signatários.

§ 2º Na hipótese do § 1º deste artigo, caso o plano seja posteriormente rejeitado pelo juiz, devolve-se aos credores signatários o direito de exigir seus créditos nas condições originais, deduzidos os valores efetivamente pagos.

Art. 166. Se o plano de recuperação extrajudicial homologado envolver alienação judicial de filiais ou de unidades produtivas isoladas do devedor, o juiz ordenará a sua realização, observado, no que couber, o disposto no art. 142 desta Lei.

• Sem correspondência no Dec.-lei 7.661/1945.
• V. art. 133, CTN.

Art. 167. O disposto neste Capítulo não implica impossibilidade de realização de outras modalidades de acordo privado entre o devedor e seus credores.

• Sem correspondência no Dec.-lei 7.661/1945.

[...]

Capítulo VIII
DISPOSIÇÕES FINAIS E TRANSITÓRIAS

Art. 189. Aplica-se a Lei 5.869, de 11 de janeiro de 1973 – Código de Processo Civil, no que couber, aos procedimentos previstos nesta Lei.

• Correspondência: art. 207, Dec.-lei 7.661/1945.

Art. 190. Todas as vezes que esta Lei se referir a devedor ou falido, compreender-se-á que a disposição também se aplica aos sócios ilimitadamente responsáveis.

• Sem correspondência no Dec.-lei 7.661/1945.
• V. art. 81, *caput*.
• V. arts. 1.039 e 1.045, CC/2002.
• V. art. 281, Lei 6.404/1976 (Sociedades por ações).

Art. 191. Ressalvadas as disposições específicas desta Lei, as publicações ordenadas serão feitas preferencialmente na imprensa oficial e, se o devedor ou a massa falida comportar, em jornal ou revista de circulação regional ou nacional, bem como em quaisquer outros periódicos que circulem em todo o país.

• Correspondência: art. 205, *caput*, Dec.-lei 7.661/1945.

Parágrafo único. As publicações ordenadas nesta Lei conterão a epígrafe "recuperação judicial de", "recuperação extrajudicial de" ou "falência de".

• V. art. 69.

Art. 192. Esta Lei não se aplica aos processos de falência ou de concordata ajuizados anteriormente ao início de sua vigência, que serão concluídos nos termos do Decreto-lei 7.661, de 21 de junho de 1945.

• Correspondência: art. 216, Dec.-lei 7.661/1945.

§ 1º Fica vedada a concessão de concordata suspensiva nos processos de falência em curso, podendo ser promovida a alienação dos bens da massa falida assim que concluída sua arrecadação, independentemente da formação do quadro geral de credores e da conclusão do inquérito judicial.

• Sem correspondência no Dec.-lei 7.661/1945.

§ 2º A existência de pedido de concordata anterior à vigência desta Lei não obsta o pedido de recuperação judicial pelo devedor que não houver descumprido obrigação no âmbito da concordata, vedado, contudo, o pedido baseado no plano especial de recuperação judicial para microempresas e empresas de pequeno porte a que se refere a Seção V do Capítulo III desta Lei.

• Sem correspondência no Dec.-lei 7.661/1945.

§ 3º No caso do § 2º deste artigo, se deferido o processamento da recuperação judicial, o processo de concordata será extinto e os créditos submetidos à concordata serão inscritos por seu valor original na recuperação judicial, deduzidas as parcelas pagas pelo concordatário.

• Sem correspondência no Dec.-lei 7.661/1945.
• V. arts. 51 e 52.

§ 4º Esta Lei aplica-se às falências decretadas em sua vigência resultantes de convola-

Lei 11.101/2005

RECUPERAÇÃO DE EMPRESAS

ção de concordatas ou de pedidos de falência anteriores, às quais se aplica, até a decretação, o Decreto-lei 7.661, de 21 de junho de 1945, observado, na decisão que decretar a falência, o disposto no art. 99 desta Lei.

* Sem correspondência no Dec.-lei 7.661/1945.

§ 5º O juiz poderá autorizar a locação ou arrendamento de bens imóveis ou móveis a fim de evitar a sua deterioração, cujos resultados reverterão em favor da massa.

* § 5º acrescentado pela Lei 11.127/2005.

Art. 193. O disposto nesta Lei não afeta as obrigações assumidas no âmbito das câmaras ou prestadoras de serviços de compensação e de liquidação financeira, que serão ultimadas e liquidadas pela câmara ou prestador de serviços, na forma de seus regulamentos.

* Sem correspondência no Dec.-lei 7.661/1945.
* V. art. 7º, Lei 10.214/2001 (Câmaras e prestadores de serviços de compensação e de liquidação).

Art. 194. O produto da realização das garantias prestadas pelo participante das câmaras ou prestadores de serviços de compensação e de liquidação financeira submetidos aos regimes de que trata esta Lei, assim como os títulos, valores mobiliários e quaisquer outros de seus ativos objetos de compensação ou liquidação serão destinados à liquidação das obrigações assumidas no âmbito das câmaras ou prestadoras de serviços.

* Sem correspondência no Dec.-lei 7.661/1945.

Art. 195. A decretação da falência das concessionárias de serviços públicos implica extinção da concessão, na forma da lei.

* Sem correspondência no Dec.-lei 7.661/1945.
* V. art. 35, VI, Lei 8.987/1995 (Concessão e permissão de prestação de serviços públicos).

Art. 196. Os Registros Públicos de Empresas manterão banco de dados público e gratuito, disponível na rede mundial de computadores, contendo a relação de todos os devedores falidos ou em recuperação judicial.

* Sem correspondência no Dec.-lei 7.661/1945.
* V. arts. 69, parágrafo único, e 99, VIII.
* V. arts. 1º, I, e 29, Lei 8.934/1994 (Registro Público de Empresas Mercantis).

Parágrafo único. Os Registros Públicos de Empresas deverão promover a integração de seus bancos de dados em âmbito nacional.

Art. 197. Enquanto não forem aprovadas as respectivas leis específicas, esta Lei aplica-se subsidiariamente, no que couber, aos regimes previstos no Decreto-lei 73, de 21 de novembro de 1966, na Lei 6.024, de 13 de março de 1974, no Decreto-lei 2.321, de 25 de fevereiro de 1987, e na Lei 9.514, de 20 de novembro de 1997.

* Sem correspondência no Dec.-lei 7.661/1945.

Art. 198. Os devedores proibidos de requerer concordata nos termos da legislação específica em vigor na data da publicação desta Lei ficam proibidos de requerer recuperação judicial ou extrajudicial nos termos desta Lei.

* Sem correspondência no Dec.-lei 7.661/1945.
* V. art. 199.

Art. 199. Não se aplica o disposto no art. 198 desta Lei às sociedades a que se refere o art. 187 da Lei 7.565, de 19 de dezembro de 1986.

* Sem correspondência no Dec.-lei 7.661/1945.
* V. Dec.-lei 496/1969 (Empresas de transporte aéreo em liquidação, falência ou concordata).
* V. Dec.-lei 669/1969 (Exclui do benefício da concordata as empresas que exploram serviços aéreos ou infraestrutura aeronáutica).

§ 1º Na recuperação judicial e na falência das sociedades de que trata o *caput* deste artigo, em nenhuma hipótese ficará suspenso o exercício de direitos derivados de contratos de locação, arrendamento mercantil ou de qualquer outra modalidade de arrendamento de aeronaves ou de suas partes.

* § 1º acrescentado pela Lei 11.196/2005.
* V. art. 123, Lei 11.196/2005 ("MP do Bem").

§ 2º Os créditos decorrentes dos contratos mencionados no § 1º deste artigo não se submeterão aos efeitos da recuperação judicial ou extrajudicial, prevalecendo os direitos de propriedade sobre a coisa e as condições contratuais, não se lhes aplicando a ressalva contida na parte final do § 3º do art. 49 desta Lei.

* § 2º acrescentado pela Lei 11.196/2005.
* V. art. 123, Lei 11.196/2005 ("MP do Bem").

Lei 11.101/2005

RECUPERAÇÃO DE EMPRESAS

§ 3º Na hipótese de falência das sociedades de que trata o *caput* deste artigo, prevalecerão os direitos de propriedade sobre a coisa relativos a contratos de locação, de arrendamento mercantil ou de qualquer outra modalidade de arrendamento de aeronaves ou de suas partes.

• § 3º acrescentado pela Lei 11.196/2005.
• V. art. 123, Lei 11.196/2005 ("MP do Bem").

Art. 200. Ressalvado o disposto no art. 192 desta Lei, ficam revogados o Decreto-lei 7.661, de 21 de junho de 1945, e os arts. 503 a 512 do Decreto-lei 3.689, de 3 de outubro de 1941 – Código de Processo Penal.

• Correspondência: art. 217, Dec.-lei 7.661/1945.

Art. 201. Esta Lei entra em vigor 120 (cento e vinte) dias após sua publicação.

• Correspondência: art. 214, Dec.-lei 7.661/1945.

Brasília, 9 de fevereiro de 2005; 184º da Independência e 117º da República.

Luiz Inácio Lula da Silva

(*DOU* 09.02.2005, edição extra)

REFORMAS DA CONSOLIDAÇÃO DAS LEIS DO TRABALHO

LEI 12.440, DE 7 DE JULHO DE 2011

Acrescenta Título VII-A à Consolidação das Leis do Trabalho (CLT), aprovada pelo Decreto-lei 5.452, de 1º de maio de 1943, para instituir a Certidão Negativa de Débitos Trabalhistas, e altera a Lei 8.666, de 21 de junho de 1993.

A Presidenta da República:

Faço saber que o Congresso Nacional decreta e eu sanciono a seguinte Lei:

Art. 1º A Consolidação das Leis do Trabalho (CLT), aprovada pelo Decreto-lei 5.452, de 1º de maio de 1943, passa a vigorar acrescida do seguinte Título VII-A:

"TÍTULO VII-A

"DA PROVA DE INEXISTÊNCIA DE DÉBITOS TRABALHISTAS

"Art. 642-A. É instituída a Certidão Negativa de Débitos Trabalhistas (CNDT), expedida gratuita e eletronicamente, para comprovar a inexistência de débitos inadimplidos perante a Justiça do Trabalho.

"§ 1º O interessado não obterá a certidão quando em seu nome constar:

"I – o inadimplemento de obrigações estabelecidas em sentença condenatória transitada em julgado proferida pela Justiça do Trabalho ou em acordos judiciais trabalhistas, inclusive no concernente aos recolhimentos previdenciários, a honorários, a custas, a emolumentos ou a recolhimentos determinados em lei; ou

"II – o inadimplemento de obrigações decorrentes de execução de acordos firmados perante o Ministério Público do Trabalho ou Comissão de Conciliação Prévia.

"§ 2º Verificada a existência de débitos garantidos por penhora suficiente ou com exigibilidade suspensa, será expedida Certidão Positiva de Débitos Trabalhistas em nome do interessado com os mesmos efeitos da CNDT.

"§ 3º A CNDT certificará a empresa em relação a todos os seus estabelecimentos, agências e filiais.

"§ 4º O prazo de validade da CNDT é de 180 (cento e oitenta) dias, contado da data de sua emissão."

Art. 2º O inciso IV do art. 27 da Lei 8.666, de 21 de junho de 1993, passa a vigorar com a seguinte redação:

"Art. 27. [...]

"[...]

"IV – regularidade fiscal e trabalhista;

"[...]"

Art. 3º O art. 29 da Lei 8.666, de 21 de junho de 1993, passa a vigorar com a seguinte redação:

"Art. 29. A documentação relativa à regularidade fiscal e trabalhista, conforme o caso, consistirá em:

"[...]

"V – prova de inexistência de débitos inadimplidos perante a Justiça do Trabalho, mediante a apresentação de certidão negativa, nos termos do Título VII-A da Consolidação das Leis do Trabalho, aprovada pelo Decreto-lei 5.452, de 1º de maio de 1943."

Art. 4º Esta Lei entra em vigor 180 (cento e oitenta) dias após a data de sua publicação.

Brasília, 7 de julho de 2011; 190º da Independência e 123º da República.

Dilma Rousseff

(*DOU* 08.07.2011)

Lei 12.551/2011

REFORMAS DA CLT

LEI 12.551, DE 15 DE DEZEMBRO DE 2011

Altera o art. 6º da Consolidação das Leis do Trabalho (CLT), aprovada pelo Decreto-lei 5.452, de 1º de maio de 1943, para equiparar os efeitos jurídicos da subordinação exercida por meios telemáticos e informatizados à exercida por meios pessoais e diretos.

A Presidenta da República:
Faço saber que o Congresso Nacional decreta e eu sanciono a seguinte Lei:

Art. 1º O art. 6º da Consolidação das Leis do Trabalho (CLT), aprovada pelo Decreto-lei 5.452, de 1º de maio de 1943, passa a vigorar com a seguinte redação:
"Art. 6º Não se distingue entre o trabalho realizado no estabelecimento do empregador, o executado no domicílio do empregado e o realizado a distância, desde que estejam caracterizados os pressupostos da relação de emprego.
"Parágrafo único. Os meios telemáticos e informatizados de comando, controle e supervisão se equiparam, para fins de subordinação jurídica, aos meios pessoais e diretos de comando, controle e supervisão do trabalho alheio."

Art. 2º Esta Lei entra em vigor na data de sua publicação.

Brasília, 15 de dezembro de 2011; 190º da Independência e 123º da República.
Dilma Rousseff

(DOU 16.12.2011)

LEI 12.740, DE 8 DE DEZEMBRO DE 2012

Altera o art. 193 da Consolidação das Leis do Trabalho – CLT, aprovada pelo Decreto-lei 5.452, de 1º de maio de 1943, a fim de redefinir os critérios para caracterização das atividades ou operações perigosas, e revoga a Lei 7.369, de 20 de setembro de 1985.

A Presidenta da República:
Faço saber que o Congresso Nacional decreta e eu sanciono a seguinte Lei:

Art. 1º O art. 193 da Consolidação das Leis do Trabalho – CLT, aprovada pelo Decreto-lei 5.452, de 1º de maio de 1943, passa a vigorar com as seguintes alterações:
"Art. 193. São consideradas atividades ou operações perigosas, na forma da regulamentação aprovada pelo Ministério do Trabalho e Emprego, aquelas que, por sua natureza ou métodos de trabalho, impliquem risco acentuado em virtude de exposição permanente do trabalhador a:
"I – inflamáveis, explosivos ou energia elétrica;
"II – roubos ou outras espécies de violência física nas atividades profissionais de segurança pessoal ou patrimonial.
"[...]
"§ 3º Serão descontados ou compensados do adicional outros da mesma natureza eventualmente já concedidos ao vigilante por meio de acordo coletivo."

Art. 2º Esta Lei entra em vigor na data de sua publicação.

Art. 3º Fica revogada a Lei 7.369, de 20 de setembro de 1985.

Brasília, 8 de dezembro de 2012; 191º da Independência e 124º da República.
Dilma Rousseff

(DOU 10.12.2012)

LEI 12.761, DE 27 DE DEZEMBRO DE 2012

Institui o Programa de Cultura do Trabalhador; cria o vale-cultura; altera as Leis 8.212, de 24 de julho de 1991, e 7.713, de 22 de dezembro de 1988, e a Consolidação das Leis do Trabalho – CLT, aprovada pelo Decreto-lei 5.452, de 1º de maio de 1943; e dá outras providências.

A Presidenta da República:
Faço saber que o Congresso Nacional decreta e eu sanciono a seguinte Lei:

Art. 1º Fica instituído, sob a gestão do Ministério da Cultura, o Programa de Cultura do Trabalhador, destinado a fornecer aos trabalhadores meios para o exercício dos direitos culturais e acesso às fontes da cultura.

Art. 2º O Programa de Cultura do Trabalhador tem os seguintes objetivos:
I – possibilitar o acesso e a fruição dos produtos e serviços culturais;

Lei 12.761/2012

REFORMAS DA CLT

II – estimular a visitação a estabelecimentos culturais e artísticos; e
III – incentivar o acesso a eventos e espetáculos culturais e artísticos.
§ 1º Para os fins deste Programa, são definidos os serviços e produtos culturais da seguinte forma:
I – serviços culturais: atividades de cunho artístico e cultural fornecidas por pessoas jurídicas, cujas características se enquadrem nas áreas culturais previstas no § 2º; e
II – produtos culturais: materiais de cunho artístico, cultural e informativo, produzidos em qualquer formato ou mídia por pessoas físicas ou jurídicas, cujas características se enquadrem nas áreas culturais previstas no § 2º.
§ 2º Consideram-se áreas culturais para fins do disposto nos incisos I e II do § 1º:
I – artes visuais;
II – artes cênicas;
III – audiovisual;
IV – literatura, humanidades e informação;
V – música; e
VI – patrimônio cultural.
§ 3º O Poder Executivo poderá ampliar as áreas culturais previstas no § 2º.

Art. 3º Fica criado o vale-cultura, de caráter pessoal e intransferível, válido em todo o território nacional, para acesso e fruição de produtos e serviços culturais, no âmbito do Programa de Cultura do Trabalhador.

Art. 4º O vale-cultura será confeccionado e comercializado por empresas operadoras e disponibilizado aos usuários pelas empresas beneficiárias para ser utilizado nas empresas recebedoras.

Art. 5º Para os efeitos desta Lei, entende-se por:
I – empresa operadora: pessoa jurídica cadastrada no Ministério da Cultura, possuidora do Certificado de Inscrição no Programa de Cultura do Trabalhador e autorizada a produzir e comercializar o vale-cultura;
II – empresa beneficiária: pessoa jurídica optante pelo Programa de Cultura do Trabalhador e autorizada a distribuir o vale-cultura a seus trabalhadores com vínculo empregatício;

• Inciso II com redação determinada pela MP 620/2013.

III – usuário: trabalhador com vínculo empregatício com a empresa beneficiária;
IV – empresa recebedora: pessoa jurídica habilitada pela empresa operadora para receber o vale-cultura como forma de pagamento de serviço ou produto cultural.

Art. 6º O vale-cultura será fornecido aos usuários pelas empresas beneficiárias e disponibilizado preferencialmente por meio magnético, com o seu valor expresso em moeda corrente, na forma do regulamento.
Parágrafo único. Somente será admitido o fornecimento do vale-cultura impresso quando comprovadamente inviável a adoção do meio magnético.

Art. 7º O vale-cultura deverá ser fornecido ao trabalhador que perceba até 5 (cinco) salários mínimos mensais.
Parágrafo único. Os trabalhadores com renda superior a 5 (cinco) salários mínimos poderão receber o vale-cultura, desde que garantido o atendimento à totalidade dos empregados com a remuneração prevista no *caput*, na forma que dispuser o regulamento.

Art. 8º O valor mensal do vale-cultura, por usuário, será de R$ 50,00 (cinquenta reais).
§ 1º O trabalhador de que trata o *caput* do art. 7º poderá ter descontado de sua remuneração o percentual máximo de 10% (dez por cento) do valor do vale-cultura, na forma definida em regulamento.
§ 2º Os trabalhadores que percebem mais de 5 (cinco) salários mínimos poderão ter descontados de sua remuneração, em percentuais entre 20% (vinte por cento) e 90% (noventa por cento) do valor do vale-cultura, de acordo com a respectiva faixa salarial, obedecido o disposto no parágrafo único do art. 7º e na forma que dispuser o regulamento.
§ 3º É vedada, em qualquer hipótese, a reversão do valor do vale-cultura em pecúnia.
§ 4º O trabalhador de que trata o art. 7º poderá optar pelo não recebimento do vale-cultura, mediante procedimento a ser definido em regulamento.

Art. 9º Os prazos de validade e condições de utilização do vale-cultura serão definidos em regulamento.

Lei 12.761/2012

Art. 10. Até o exercício de 2017, ano-calendário de 2016, o valor despendido a título de aquisição do vale-cultura poderá ser deduzido do imposto sobre a renda devido pela pessoa jurídica beneficiária tributada com base no lucro real.

§ 1º A dedução de que trata o *caput* fica limitada a 1% (um por cento) do imposto sobre a renda devido, observado o disposto no § 4º do art. 3º da Lei 9.249, de 26 de dezembro de 1995.

§ 2º A pessoa jurídica inscrita no Programa de Cultura do Trabalhador como beneficiária, de que trata o inciso II do art. 5º, poderá deduzir o valor despendido a título de aquisição do vale-cultura como despesa operacional para fins de apuração do imposto sobre a renda, desde que tributada com base no lucro real.

§ 3º A pessoa jurídica deverá adicionar o valor deduzido como despesa operacional, de que trata o § 2º, para fins de apuração da base de cálculo da Contribuição Social sobre o Lucro Líquido – CSLL.

§ 4º As deduções de que tratam os §§ 1º e 2º somente se aplicam em relação ao valor do vale-cultura distribuído ao usuário.

§ 5º Para implementação do Programa, o valor absoluto das deduções do imposto sobre a renda devido de que trata o § 1º deverá ser fixado anualmente na lei de diretrizes orçamentárias, com base em percentual do imposto sobre a renda devido pelas pessoas jurídicas tributadas com base no lucro real.

- § 5º com eficácia suspensa por força da MP 618/2013.

Art. 11. A parcela do valor do vale-cultura cujo ônus seja da empresa beneficiária:

I – não tem natureza salarial nem se incorpora à remuneração para quaisquer efeitos;

II – não constitui base de incidência de contribuição previdenciária ou do Fundo de Garantia do Tempo de Serviço – FGTS; e

III – não se configura como rendimento tributável do trabalhador.

Art. 12. A execução inadequada do Programa de Cultura do Trabalhador ou qualquer ação que acarrete desvio de suas finalidades pela empresa operadora ou pela empresa beneficiária acarretará cumulativamente:

I – cancelamento do Certificado de Inscrição no Programa de Cultura do Trabalhador;

II – pagamento do valor que deixou de ser recolhido relativo ao imposto sobre a renda, à contribuição previdenciária e ao depósito para o FGTS;

III – aplicação de multa correspondente a 2 (duas) vezes o valor da vantagem recebida indevidamente no caso de dolo, fraude ou simulação;

IV – perda ou suspensão de participação em linhas de financiamento em estabelecimentos oficiais de crédito pelo período de 2 (dois) anos;

V – proibição de contratar com a administração pública pelo período de até 2 (dois) anos; e

VI – suspensão ou proibição de usufruir de benefícios fiscais pelo período de até 2 (dois) anos.

Art. 13. O § 9º do art. 28 da Lei 8.212, de 24 de julho de 1991, passa a vigorar acrescido da seguinte alínea *y*:

"Art. 28. [...]
"[...]
"§ 9º [...]
"[...]
"*y*) o valor correspondente ao vale-cultura.
"[...]"

Art. 14. O § 2º do art. 458 da Consolidação das Leis do Trabalho – CLT, aprovada pelo Decreto-lei 5.452, de 1º de maio de 1943, passa a vigorar acrescido do seguinte inciso VIII:

"Art. 458. [...]
"[...]
"§ 2º [...]
"[...]
"VIII – o valor correspondente ao vale-cultura.
"[...]"

Art. 15. O art. 6º da Lei 7.713, de 22 de dezembro de 1988, passa a vigorar acrescido do seguinte inciso XXIII:

"Art. 6º [...]
"[...]
"XXIII – o valor recebido a título de vale-cultura.
"[...]"

Lei 12.812/2013

Reformas da CLT

Art. 16. O Poder Executivo regulamentará esta Lei no prazo de 60 (sessenta) dias, contados da data de sua publicação.

Art. 17. Esta Lei entra em vigor na data de sua publicação.

Brasília, 27 de dezembro de 2012; 191º da Independência e 124º da República.

Dilma Rousseff

(*DOU* 27.12.2012, edição extra)

LEI 12.812,
DE 16 DE MAIO DE 2013

Acrescenta o art. 391-A à Consolidação das Leis do Trabalho – CLT, aprovada pelo Decreto-lei 5.452, de 1º de maio de 1943, para dispor sobre a estabilidade provisória da gestante, prevista na alínea b do inciso II do art. 10 do Ato das Disposições Constitucionais Transitórias.

A Presidenta da República:
Faço saber que o Congresso Nacional decreta e eu sanciono a seguinte Lei:

Art. 1º A Consolidação das Leis do Trabalho – CLT, aprovada pelo Decreto-lei 5.452, de 1º de maio de 1943, passa a vigorar acrescida do seguinte art. 391-A:

"Art. 391-A. A confirmação do estado de gravidez advindo no curso do contrato de trabalho, ainda que durante o prazo do aviso prévio trabalhado ou indenizado, garante à empregada gestante a estabilidade provisória prevista na alínea *b* do inciso II do art. 10 do Ato das Disposições Constitucionais Transitórias."

Art. 2º Esta Lei entra em vigor na data de sua publicação.

Brasília, 16 de maio de 2013; 192º da Independência e 125º da República.

Dilma Rousseff

• Assinatura retificada no *DOU* de 20.05.2013.

(*DOU* 17.05.2013; ret. 20.05.2013)

Lei 12.812/2013

REFORMAS DA CLT

Art. 16. O Poder Executivo regulamentará esta Lei no prazo de 60 (sessenta) dias, contados da data de sua publicação.

Art. 17. Esta Lei entra em vigor na data de sua publicação.

Brasília, 27 de dezembro de 2012; 191º da Independência e 124º da República.

Dilma Rousseff

(DOU 27.12.2012, edição extra)

LEI 12.812,
DE 16 DE MAIO DE 2013

Acrescenta o art. 391-A à Consolidação das Leis do Trabalho – CLT, aprovada pelo Decreto-lei 5.452, de 1º de maio de 1943, para dispor sobre a estabilidade provisória da gestante prevista na alínea b do inciso II do art. 10 do Ato das Disposições Constitucionais Transitórias.

A Presidenta da República

Faço saber que o Congresso Nacional decreta e eu sanciono a seguinte Lei:

Art. 1º A Consolidação das Leis do Trabalho – CLT, aprovada pelo Decreto-lei 5.452, de 1º de maio de 1943, passa a vigorar acrescida do seguinte art. 391-A:

"Art. 391-A. A confirmação do estado de gravidez advindo no curso do contrato de trabalho, ainda que durante o prazo do aviso prévio trabalhado ou indenizado, garante à empregada gestante a estabilidade provisória prevista na alínea b do inciso II do art. 10 do Ato das Disposições Constitucionais Transitórias."

Art. 2º Esta Lei entra em vigor na data de sua publicação.

Brasília, 16 de maio de 2013; 192º da Independência e 125º da República.

Dilma Rousseff

* Assinatura replicada no DOU de 20.05.2013

(DOU 17.05.2013; ret. 20.05.2013)

Regime de Emprego Público do Pessoal da Administração Pública

LEI 9.962, DE 22 DE FEVEREIRO DE 2000

Disciplina o regime de emprego público do pessoal da Administração federal direta, autárquica e fundacional, e dá outras providências.

O Presidente da República:
Faço saber que o Congresso Nacional decreta e eu sanciono a seguinte Lei:

Art. 1º O pessoal admitido para emprego público na Administração federal direta, autárquica e fundacional terá sua relação de trabalho regida pela Consolidação das Leis do Trabalho, aprovada pelo Decreto-lei 5.452, de 1º de maio de 1943, e legislação trabalhista correlata, naquilo que a lei não dispuser em contrário.

§ 1º Leis específicas disporão sobre a criação dos empregos de que trata esta Lei no âmbito da Administração direta, autárquica e fundacional do Poder Executivo, bem como sobre a transformação dos atuais cargos em empregos.

§ 2º É vedado:
I – submeter ao regime de que trata esta Lei:
a) *(Vetado).*
b) cargos públicos de provimento em comissão;
II – alcançar, nas leis a que se refere o § 1º, servidores regidos pela Lei 8.112, de 11 de dezembro de 1990, às datas das respectivas publicações.

§ 3º Estende-se o disposto no § 2º à criação de empregos ou à transformação de cargos em empregos não abrangidas pelo § 1º.

§ 4º *(Vetado).*

Art. 2º A contratação de pessoal para emprego público deverá ser precedida de concurso público de provas ou de provas e títulos, conforme a natureza e a complexidade do emprego.

Art. 3º O contrato de trabalho por prazo indeterminado somente será rescindido por ato unilateral da Administração pública nas seguintes hipóteses:
I – prática de falta grave, dentre as enumeradas no art. 482 da Consolidação das Leis do Trabalho – CLT;
II – acumulação ilegal de cargos, empregos ou funções públicas;
III – necessidade de redução de quadro de pessoal, por excesso de despesa, nos termos da lei complementar a que se refere o art. 169 da Constituição Federal;
IV – insuficiência de desempenho, apurada em procedimento no qual se assegurem pelo menos um recurso hierárquico dotado de efeito suspensivo, que será apreciado em 30 (trinta) dias, e o prévio conhecimento dos padrões mínimos exigidos para continuidade da relação de emprego, obrigatoriamente estabelecidos de acordo com as peculiaridades das atividades exercidas.

Parágrafo único. Excluem-se da obrigatoriedade dos procedimentos previstos no *caput* as contratações de pessoal decorrentes da autonomia de gestão de que trata o § 8º do art. 37 da Constituição Federal.

Art. 4º Aplica-se às leis a que se refere o § 1º do art. 1º desta Lei o disposto no art. 246 da Constituição Federal.

Art. 5º Esta Lei entra em vigor na data de sua publicação.

Brasília, 22 de fevereiro de 2000; 179º da Independência e 112º da República.
Fernando Henrique Cardoso

(DOU 23.02.2000)

REGISTRO DE EMPREGADOS

PORTARIA 3.626, DE 13 DE NOVEMBRO DE 1991, DO MINISTÉRIO DO TRABALHO E PREVIDÊNCIA SOCIAL – MTPS

Dispõe sobre o registro de empregados, as anotações na Carteira de Trabalho e Previdência Social e o registro de horário de trabalho.

O Ministro de Estado do Trabalho e da Previdência Social, usando das atribuições que lhe confere o art. 913 da Consolidação das Leis do Trabalho;
Considerando o disposto nos arts. 29, 41 e 74 da mesma Consolidação das Leis do Trabalho, com as alterações da Lei 7.855, de 24 de outubro de 1989; resolve:

Capítulo I
DO REGISTRO DE EMPREGADOS

Arts. 1º e 2º *(Revogados pela Portaria MTE 41/2007.)*

Art. 3º O empregador poderá utilizar controle único e centralizado dos documentos sujeitos à inspeção do trabalho, à exceção do registro de empregados, do registro de horário de trabalho e do Livro de Inspeção do Trabalho, que deverão permanecer em cada estabelecimento.
§ 1º A exibição dos documentos passíveis de centralização deverá ser feita no prazo de 2 (dois) a 8 (oito) dias, segundo determinação do agente da inspeção do trabalho.
§ 2º *(Revogado pela Portaria MTE 41/2007.)*
§ 3º *(Revogado pela Portaria MTE 41/2007.)*

Capítulo II
DO REGISTRO INFORMATIZADO DE EMPREGADOS

Arts. 4º a 10. *(Revogados pela Portaria MTb 1.121/1995.)*

Capítulo III
DAS ANOTAÇÕES NA CARTEIRA DE TRABALHO E PREVIDÊNCIA SOCIAL

Arts. 11 a 12-A. *(Revogados pela Portaria MTE 41/2007.)*

Capítulo IV
DO REGISTRO DE HORÁRIO DE TRABALHO

Art. 13. A empresa que adotar registros manuais, mecânicos ou eletrônicos individualizados de controle de horário de trabalho, contendo a hora de entrada e de saída, bem como a pré-assinalação do período de repouso ou alimentação, fica dispensada do uso de quadro de horário (art. 74 da CLT).
Parágrafo único. Quando a jornada de trabalho for executada integralmente fora do estabelecimento do empregador, o horário de trabalho constará também de ficha, papeleta ou registro de ponto, que ficará em poder do empregado.
Art. 14. Permanece como modelo único de quadro de horário de trabalho o aprovado pela Portaria 576, de 6 de janeiro de 1941.

Capítulo V
DISPOSIÇÕES FINAIS

Art. 15. Esta Portaria entra em vigor na data de sua publicação, revogadas as Portarias 5, de 21 de janeiro de 1944; 161, de 11 de outubro de 1946; 3, de 7 de janeiro de 1952; 43, de 19 de abril de 1956; 308, de 1º de outubro de 1962; GB-195, de 10 de maio de 1968; 96, de 26 de março de 1969; 3.378, de 14 de dezembro de 1971; 3.560, de 10 de outubro de 1979; 3.088, de 28 de abril de 1980; 3.162, de 8 de setembro de 1982; 3.163, de 8 de setembro de 1982; 3.081, de 11 de abril de 1984; 3.082, de 11 de abril de 1984; 3.022, de 7 de janeiro de

Port. MTE 41/2007

REGISTRO DE EMPREGADOS

1985; 3.035, de 26 de fevereiro de 1985; 3.044, de 8 de março de 1985; 3.288, de 23 de setembro de 1987, e demais disposições em contrário.
Antonio Magri

(*DOU* 14.11.1991)

PORTARIA 41, DE 28 DE MARÇO DE 2007, DO MINISTÉRIO DO TRABALHO E EMPREGO – MTE

Disciplina o registro e a anotação de Carteira de Trabalho e Previdência Social de empregados.

O Ministro de Estado do Trabalho e Emprego, no uso da competência que lhe confere o art. 87, parágrafo único, incisos I e II da Constituição, resolve:

Art. 1º Proibir ao empregador que, na contratação ou na manutenção do emprego do trabalhador, faça a exigência de quaisquer documentos discriminatórios ou obstativos para a contratação, especialmente certidão negativa de reclamatória trabalhista, teste, exame, perícia, laudo, atestado ou declaração relativos à esterilização ou a estado de gravidez.

Art. 2º O registro de empregados de que trata o art. 41 da CLT conterá as seguintes informações:
I – nome do empregado, data de nascimento, filiação, nacionalidade e naturalidade;
II – número e série da Carteira de Trabalho e Previdência Social – CTPS;
III – número de identificação do cadastro no Programa de Integração Social – PIS ou no Programa de Formação do Patrimônio do Serviço Público – Pasep;
IV – data de admissão;
V – cargo e função;
VI – remuneração;
VII – jornada de trabalho;
VIII – férias; e
IX – acidente do trabalho e doenças profissionais, quando houver.
Parágrafo único. O registro de empregado deverá estar atualizado e obedecer à numeração sequencial por estabelecimento.

Art. 3º O empregador poderá adotar controle único e centralizado do registro de empregados, desde que os empregados portem cartão de identificação contendo seu nome completo, número de inscrição no PIS/Pasep, horário de trabalho e cargo ou função.
§ 1º O registro de empregados de prestadores de serviços poderá permanecer na sede da contratada caso atendida a exigência contida no *caput* deste artigo.
§ 2º A exibição dos documentos passíveis de centralização deverá ser feita no prazo de 2 (dois) a 8 (oito) dias, a critério do Auditor Fiscal do Trabalho.

Art. 4º O empregador poderá efetuar o registro de empregados em sistema informatizado que garanta a segurança, inviolabilidade, manutenção e conservação das informações e que:
I – mantenha registro individual em relação a cada empregado;
II – mantenha registro original, individualizado por empregado, acrescentando-lhe as retificações ou averbações, quando for o caso; e
III – assegure, a qualquer tempo, o acesso da fiscalização trabalhista às informações, por meio de tela, impressão de relatório e meio magnético.
§ 1º O sistema deverá conter rotinas autoexplicativas, para facilitar o acesso e o conhecimento dos dados registrados.
§ 2º As informações e relatórios deverão conter data e hora do lançamento, atestada a sua veracidade por meio de rubrica e identificação do empregador ou de seu representante legal nos documentos impressos.
§ 3º O sistema deverá possibilitar à fiscalização o acesso às informações e dados dos últimos 12 (doze) meses.
§ 4º As informações anteriores a 12 (doze) meses poderão ser apresentadas no prazo de 2 (dois) a 8 (oito) dias via terminal de vídeo ou relatório ou por meio magnético, a critério do Auditor Fiscal do Trabalho.

Art. 5º O empregador anotará na CTPS do empregado, no prazo de 48 (quarenta e oito) horas contadas da admissão, os seguintes dados:
I – data de admissão;

Port. MTE 41/2007

REGISTRO DE EMPREGADOS

II – remuneração; e

III – condições especiais do contrato de trabalho, caso existentes.

§ 1º As demais anotações deverão ser realizadas nas oportunidades mencionadas no art. 29 da CLT.

§ 2º As anotações poderão ser feitas mediante o uso de carimbo ou etiqueta gomada, bem como de qualquer meio mecânico ou eletrônico de impressão, desde que autorizado pelo empregador ou seu representante legal.

Art. 6º O empregador poderá adotar ficha de anotações, exceto quanto às datas de admissão e de extinção do contrato de trabalho, que deverão ser anotadas na própria CTPS.

Parágrafo único. O empregado poderá, a qualquer tempo, solicitar a atualização e o fornecimento, impressos, de dados constantes na ficha de anotações.

Art. 7º As anotações deverão ser feitas sem abreviaturas, ressalvando-se, ao final de cada assentamento, as emendas, entrelinhas, rasuras ou qualquer circunstância que possa gerar dúvida.

Art. 8º É vedado ao empregador efetuar anotações que possam causar dano à imagem do trabalhador, especialmente referentes a sexo ou sexualidade, origem, raça, cor, estado civil, situação familiar, idade, condição de autor em reclamações trabalhistas, saúde e desempenho profissional ou comportamento.

Art. 9º Esta portaria entra em vigor na data de sua publicação.

Art. 10. Revogam-se as Portarias 3.024, de 22 de janeiro de 1992; 402, de 18 de abril de 1995; 1.121, de 8 de novembro de 1995; 739, de 29 de agosto de 1997; 628, de 10 de agosto de 2000; 376, de 18 de setembro de 2002 e os arts. 1º e 2º, §§ 2º e 3º do art. 3º; e arts. 11, 12 e 12-A da Portaria 3.626, de novembro de 1991.

Luiz Marinho

(*DOU* 30.03.2007)

RELAÇÃO ANUAL DE INFORMAÇÕES SOCIAIS – RAIS

DECRETO 76.900, DE 23 DE DEZEMBRO DE 1975

Institui a Relação Anual de Informações Sociais – Rais, e dá outras providências.

O Presidente da República, usando das atribuições que lhe confere o art. 81, itens III e V, da Constituição, decreta:

Art. 1º Fica instituída a Relação Anual de Informações Sociais – Rais, a ser preenchida pelas empresas, contendo elementos destinados a suprir as necessidades de controle, estatística e informações das entidades governamentais da área social.

Parágrafo único. A Rais deverá conter as informações periodicamente solicitadas pelas instituições vinculadas aos Ministérios da Fazenda, Trabalho, Interior e Previdência e Assistência Social, especialmente no tocante:

a) ao cumprimento da legislação relativa ao Programa de Integração Social (PIS), e ao Programa de Formação do Patrimônio do Servidor Público (Pasep), sob a supervisão da Caixa Econômica Federal;

b) às exigências da legislação de nacionalização do trabalho;

c) ao fornecimento de subsídios para controle dos registros relativos ao Fundo de Garantia do Tempo de Serviço (FGTS);

d) ao estabelecimento de um sistema de controle central da arrecadação e da concessão de benefícios por parte do Instituto Nacional de Previdência Social (INPS);

e) à coleta de dados indispensáveis aos estudos técnicos, de natureza estatística e atuarial, dos serviços especializados dos Ministérios citados.

Art. 2º A Rais identificará: a empresa, pelo número de inscrição no Cadastro Geral de Contribuintes (CGC) do Ministério da Fazenda; e o empregado, pelo número de inscrição no Programa de Integração Social (PIS).

Parágrafo único. O INPS promoverá diretamente o cadastramento dos empregadores não sujeitos à inscrição no CGC, bem como dos trabalhadores autônomos, utilizando para estes a mesma sistemática de numeração usada no cadastro do PIS/Pasep.

Art. 3º As contribuições destinadas ao INPS e ao PIS, bem como os depósitos relativos ao FGTS, serão recolhidos mediante instrumento único, respeitadas as peculiaridades de cada sistema.

§ 1º O instrumento único será constituído pelas guias de recolhimento dos sistemas que o integram, podendo ser recolhidas separada ou conjuntamente, até o último dia previsto na legislação específica.

§ 2º Os valores recebidos pelo banco arrecadador serão registrados separadamente, observadas as instruções baixadas pelas entidades em favor das quais forem eles creditados.

Art. 4º A Rais substituirá a Relação Anual de Salários (RAS), já em utilização pela Caixa Econômica Federal e pelo INPS, para o cumprimento do previsto nas alíneas *a* e *d*, do parágrafo único, do art. 1º.

§ 1º O processamento da Rais será executado pelo Serviço Federal de Processamento de Dados (Serpro), mediante convênios com os órgãos usuários, até a fase de geração do cadastro final, cabendo a estes a responsabilidade do processamento subsequente para suas finalidades específicas.

§ 2º Definidas as informações adicionais necessárias ao atendimento das alíneas *b*, *c* e *e* do parágrafo único do art. 1º, caberão à Caixa Econômica Federal e à Empresa de Processamento de Dados da Previdência Social (Dataprev), ouvido o Serpro, determinar as alterações do sistema, de modo a preservar sua operacionalidade.

Dec. 76.900/1975

Art. 5º Será criada uma Comissão Interministerial, encarregada de elaborar codificação para o preenchimento dos claros da Rais, em conformidade com as normas estabelecidas pela Fundação Instituto Brasileiro de Geografia e Estatística (IBGE).

Art. 6º Até dezembro de 1976 os Ministérios da área social deverão:

a) promover estudos no sentido de adaptar seus serviços à sistemática estabelecida neste decreto, propondo as medidas que se tornarem necessárias à maior rapidez e eficiência no controle das operações a seu cargo; e

b) baixar, após a implantação do sistema, os atos necessários à dispensa do fornecimento, por parte das empresas, dos elementos atualmente exigidos por força de atos normativos ou outros expedidos pelos órgãos interessados, valendo a apresentação da Rais para cumprimento das obrigações previstas no inciso III do art. 80 da Lei 3.807, de 26 de agosto de 1960, com a redação dada pelo Dec.-lei 66, de 21 de novembro de 1966.

Parágrafo único. O disposto neste artigo não se aplica às informações que devam ser prestadas pelas empresas, necessárias à individualização dos depósitos mensais para o FGTS.

Art. 7º A Rais será obrigatória, para as empresas, a partir do exercício de 1977, e sempre relativa ao ano-base anterior.

Art. 8º Este decreto entrará em vigor na data de sua publicação, revogadas as disposições em contrário.

Brasília, 23 de dezembro de 1975; 154º da Independência e 87º da República.
Ernesto Geisel

(*DOU* 24.12.1975)

REPOUSO SEMANAL REMUNERADO

**LEI 605,
DE 5 DE JANEIRO DE 1949**

Dispõe sobre o repouso semanal remunerado e o pagamento de salário, nos dias feriados civis e religiosos.

- Lei regulamentada pelo Dec. 27.048/1949.

O Presidente da República:
Faço saber que o Congresso Nacional decreta e eu sanciono a seguinte Lei:

- V. art. 7º, XV, CF.
- V. Súmulas 201, 461 e 462, STF.
- V. Súmulas 27, 110, 146, 172, 351 e 354, TST.

Art. 1º Todo empregado tem direito ao repouso semanal remunerado, de 24 (vinte e quatro) horas consecutivas, preferentemente aos domingos e, nos limites das exigências técnicas das empresas, nos feriados civis e religiosos, de acordo com a tradição local.

Art. 2º Entre os empregados a que se refere esta Lei, incluem-se os trabalhadores rurais, salvo os que operem em qualquer regime de parceria, meação, ou forma semelhante de participação na produção.

Art. 3º O regime desta lei será extensivo àqueles que, sob forma autônoma, trabalhem agrupados, por intermédio de Sindicato, Caixa Portuária, ou entidade congênere. A remuneração do repouso obrigatório, nesse caso, consistirá no acréscimo de um 1/6 (um sexto) calculado sobre os salários efetivamente percebidos pelo trabalhador e paga juntamente com os mesmos.

Art. 4º É devido o repouso semanal remunerado, nos termos desta lei, aos trabalhadores das autarquias e de empresas industriais, ou sob administração da União, dos Estados e dos Municípios ou incorporadas nos seus patrimônios, que não estejam subordinados ao regime do funcionalismo público.

Art. 5º Esta Lei não se aplica às seguintes pessoas:

a) (Revogada pela Lei 11.324/2006.)
b) aos funcionários públicos da União, dos Estados e dos Municípios e aos respectivos extranumerários em serviço nas próprias repartições;
c) aos servidores de autarquias paraestatais, desde que sujeitos a regime próprio de proteção ao trabalho que lhes assegure situação análoga à dos funcionários públicos.

Parágrafo único. São exigências técnicas, para os efeitos desta Lei, as que, pelas condições peculiares às atividades da empresa, ou em razão do interesse público, tornem indispensável a continuidade do serviço.

Art. 6º Não será devida a remuneração quando, sem motivo justificado, o empregado não tiver trabalhado durante toda a semana anterior, cumprindo integralmente o seu horário de trabalho.

§ 1º São motivos justificados:
a) os previstos no art. 473 e seu parágrafo único da Consolidação das Leis do Trabalho;
b) a ausência do empregado, devidamente justificada, a critério da administração do estabelecimento;
c) a paralisação do serviço nos dias em que, por conveniência do empregador, não tenha havido trabalho;
d) a ausência do empregado, até 3 (três) dias consecutivos, em virtude do seu casamento;
e) a falta do serviço com fundamento na lei sobre acidente do trabalho;
f) a doença do empregado, devidamente comprovada.

§ 2º A doença será comprovada mediante atestado de médico da instituição de previdência social a que estiver filiado o empregado, e, na falta deste e sucessivamente, de médico do Serviço Social do Comércio ou da Indústria; de médico da empresa ou por ela designado; de médico a serviço de repartição federal, estadual ou municipal, incumbida de assuntos de higiene ou de saúde pú-

Lei 605/1949

REPOUSO SEMANAL

blica; ou não existindo estes, na localidade em que trabalhar, de médico de sua escolha.

- § 2º com redação determinada pela Lei 2.761/1956.

§ 3º Nas empresas em que vigorar regime de trabalho reduzido, a frequência exigida corresponderá ao número de dias em que o empregado tiver de trabalhar.

Art. 7º A remuneração do repouso semanal corresponderá:

a) para os que trabalham por dia, semana, quinzena ou mês, à de um dia de serviço, computadas as horas extraordinárias habitualmente prestadas;

- Alínea a com redação determinada pela Lei 7.415/1985.

b) para os que trabalham por hora, à de sua jornada normal de trabalho, computadas as horas extraordinárias habitualmente prestadas;

- Alínea b com redação determinada pela Lei 7.415/1985.

c) para os que trabalham por tarefa ou peça, o equivalente ao salário correspondente às tarefas ou peças feitas durante a semana, no horário normal de trabalho, dividido pelos dias de serviço efetivamente prestados ao empregador;

d) para o empregado em domicílio, o equivalente ao quociente da divisão por seis da importância total da sua produção na semana.

§ 1º Os empregados cujos salários não sofram descontos por motivo de feriados civis ou religiosos são considerados já remunerados nesses mesmos dias de repouso, conquanto tenham direito à remuneração dominical.

§ 2º Consideram-se já remunerados os dias de repouso semanal do empregado mensalista ou quinzenalista cujo cálculo de salário mensal ou quinzenal, ou cujos descontos por faltas sejam efetuados na base do número de dias do mês ou de trinta e quinze diárias, respectivamente.

- V. Súmulas 225 e 351, TST.

Art. 8º Excetuados os casos em que a execução do serviço for imposta pelas exigências técnicas das empresas, é vedado o trabalho em dias feriados, civis e religiosos, garantida, entretanto, aos empregados a remuneração respectiva, observados os dispositivos dos arts. 6º e 7º desta Lei.

Art. 9º Nas atividades em que não for possível, em virtude das exigências técnicas das empresas, a suspensão do trabalho, nos dias feriados civis e religiosos, a remuneração será paga em dobro, salvo se o empregador determinar outro dia de folga.

Art. 10. Na verificação das exigências técnicas a que se referem os artigos anteriores, ter-se-ão em vista os de ordem econômica, permanentes ou ocasionais, bem como as peculiaridades locais.

Parágrafo único. O Poder Executivo, em decreto especial ou no regulamento que expedir para fiel execução desta Lei, definirá as mesmas exigências e especificará, tanto quanto possível, as empresas a elas sujeitas, ficando desde já incluídas entre elas as de serviços públicos e de transportes.

Art. 11. *(Revogado pela Lei 9.093/1995.)*

Art. 12. As infrações ao disposto nesta Lei serão punidas, com multa de R$ 40,25 (quarenta reais e vinte e cinco centavos) a R$ 4.025,33 (quatro mil e vinte e cinco reais e trinta e três centavos), segundo a natureza da infração, sua extensão e a intenção de quem a praticou, aplicada em dobro no caso de reincidência e oposição à fiscalização ou desacato à autoridade.

- Artigo com redação determinada pela Lei 12.544/2011.

Art. 13. Serão originariamente competentes, para a imposição das multas de que trata a presente Lei, os delegados regionais do Ministério do Trabalho e, nos Estados, onde houver delegação de atribuições, a autoridade delegada.

Art. 14. A fiscalização da execução da presente Lei, o processo de autuação dos seus infratores, os recursos e a cobrança das multas reger-se-ão pelo disposto no Título VII da Consolidação das Leis do Trabalho.

Art. 15. A presente Lei entrará em vigor na data da sua publicação.

Dec. 27.048/1949

REPOUSO SEMANAL

Art. 16. Revogam-se as disposições em contrário.

Rio de Janeiro, 5 de janeiro de 1949; 128º da Independência e 61º da República.
Eurico G. Dutra

(*DOU* 14.01.1949)

DECRETO 27.048,
DE 12 DE AGOSTO DE 1949

Aprova o regulamento da Lei 605, de 5 de janeiro de 1949, que dispõe sobre o repouso semanal remunerado e o pagamento de salários nos dias feriados, civis e religiosos.

O Presidente da República, usando da atribuição que lhe confere o art. 87, I, da Constituição, e nos termos do art. 10, parágrafo único, da Lei 605, de 5 de janeiro de 1949, decreta:

Art. 1º Fica aprovado o regulamento que a este acompanha, assinado pelo Ministro de Estado dos Negócios do Trabalho e Previdência Social, pelo qual reger-se-á a execução da Lei 605, de 5 de janeiro de 1949.

Art. 2º Revogam-se as disposições em contrário.

Rio de Janeiro, 12 de agosto de 1949; 128º da Independência e 61º da República.
Eurico G. Dutra

(*DOU* 16.08.1949)

REGULAMENTO

Art. 1º Todo empregado tem direito a repouso remunerado, num dia de cada semana, preferentemente aos domingos, nos feriados civis e nos religiosos, de acordo com a tradição local, salvo as exceções previstas neste regulamento.

Art. 2º As disposições do presente regulamento são extensivas:
a) aos trabalhadores rurais, salvo os que trabalhem em regime de parceria agrícola, meação ou forma semelhante de participação na produção;
b) aos trabalhadores que, sob forma autônoma, trabalhem agrupados, por intermédio de sindicato, caixa portuária ou entidade congênere, tais como estivadores, consertadores, conferentes e assemelhados;
c) aos trabalhadores das entidades autárquicas, dos serviços industriais da União, dos Estados, dos Municípios e dos Territórios, e das empresas por estes administradas ou incorporadas, desde que não estejam sujeitos ao regime dos funcionários ou extranumerários ou não tenham regime próprio de proteção ao trabalho, que lhes assegure situação análoga à daqueles servidores públicos.

Art. 3º O presente regulamento não se aplica:
a) aos empregados domésticos, assim considerados os que prestam serviço de natureza não econômica à pessoa ou à família, no âmbito residencial destas;
b) aos funcionários da União, dos Estados, dos Municípios e dos Territórios, bem como aos respectivos extranumerários, em serviço nas próprias repartições.

Art. 4º O repouso semanal remunerado será de 24 (vinte e quatro) horas consecutivas.

Art. 5º São feriados civis, e como tais obrigam ao repouso remunerado em todo o território nacional, aqueles que a lei determinar.

Parágrafo único. Será também obrigatório o repouso remunerado nos dias feriados locais, até o máximo de quatro, incluída a Sexta-feira da Paixão, desde que declarados como tais por lei municipal, cabendo à autoridade regional competente em matéria de trabalho expedir os atos necessários à observância do repouso remunerado nesses dias.

• Feriados: ver quadro demonstrativo da Legislação Complementar.

Art. 6º Excetuados os casos em que a execução dos serviços for imposta pelas exigências técnicas das empresas, é vedado o trabalho nos dias de repouso a que se refere o art. 1º, garantida, entretanto, a remuneração respectiva.

§ 1º Constituem exigências técnicas, para os efeitos deste regulamento, aquelas que, em razão do interesse público, ou pelas condições peculiares às atividades da empresa ou ao local onde as mesmas se exercitarem, tornem indispensável a continuidade do tra-

Dec. 27.048/1949

REPOUSO SEMANAL

balho, em todos ou alguns dos respectivos serviços.

§ 2º Nos serviços que exijam trabalho em domingo, com exceção dos elencos teatrais e congêneres, será estabelecida escala de revezamento, previamente organizada e constante de quadro sujeito a fiscalização.

§ 3º Nos serviços em que for permitido o trabalho nos feriados civis e religiosos, a remuneração dos empregados que trabalharem nesses dias será paga em dobro, salvo se a empresa determinar outro dia de folga.

Art. 7º É concedida, em caráter permanente e de acordo com o disposto no § 1º, do art. 6º, permissão para o trabalho nos dias de repouso a que se refere o art. 1º, nas atividades constantes da relação anexa ao presente regulamento.

§ 1º Os pedidos de permissão para quaisquer outras atividades, que se enquadrem no § 1º do art. 6º, serão apresentados às autoridades regionais referidas no art. 15, que os encaminharão ao Ministro do Trabalho, devidamente informados.

§ 2º A permissão dar-se-á por decreto do Poder Executivo.

Art. 8º Fora dos casos previstos no artigo anterior, admitir-se-á excepcionalmente o trabalho em dia de repouso:
a) quando ocorrer motivo de força maior, cumprindo à empresa justificar a ocorrência perante a autoridade regional a que se refere o art. 15, no prazo de 10 (dez) dias;
b) quando, para atender à realização ou conclusão de serviços inadiáveis ou cuja inexecução possa acarretar prejuízo manifesto, a empresa obtiver da autoridade regional referida no art. 15, autorização prévia, com discriminação do período autorizado, o qual, de cada vez, não excederá de 60 (sessenta) dias, cabendo neste caso a remuneração em dobro, na forma e com a ressalva constante do art. 6º, § 3º.

Art. 9º Nos dias de repouso, em que for permitido o trabalho, é vedada às empresas a execução de serviços que se não enquadrem nos motivos determinantes da permissão.

Art. 10. A remuneração dos dias de repouso obrigatório, tanto o do repouso semanal como aqueles correspondentes aos feriados, integrará o salário para todos os efeitos legais e com ele deverá ser paga.

§ 1º A remuneração do dia de repouso corresponderá, qualquer que seja a forma de pagamento do salário:
a) para os contratados por semana, dia ou hora, à de um dia normal de trabalho, não computadas as horas extraordinárias;
b) para os contratados por tarefa ou peça, ao equivalente ao salário correspondente às tarefas ou peças executadas durante a semana, no horário normal de trabalho, dividido pelos dias de serviço efetivamente prestados ao empregador;
c) para os trabalhadores rurais, que trabalham por tarefa predeterminada, ao quociente da divisão do salário convencionado pelo número de dias fixado para a respectiva execução.

§ 2º A remuneração prevista na alínea *a* será devida aos empregados contratados por mês ou quinzena, cujo cálculo de salário mensal ou quinzenal, ou cujos descontos por faltas ao serviço, sejam efetuados em base inferior a 30 (trinta) ou 15 (quinze) dias, respectivamente.

Art. 11. Perderá a remuneração do dia de repouso o trabalhador que, sem motivo justificado ou em virtude de punição disciplinar, não tiver trabalhado durante toda a semana, cumprindo integralmente o seu horário de trabalho.

§ 1º Nas empresas em que vigorar regime de trabalho reduzido, a frequência exigida corresponderá ao número de dias em que houver trabalho.

§ 2º Não prejudicarão a frequência exigida as ausências decorrentes de férias.

§ 3º Não serão acumuladas a remuneração do repouso semanal e a do feriado civil ou religioso, que recaírem no mesmo dia.

§ 4º Para os efeitos do pagamento da remuneração, entende-se como semana o período de segunda-feira a domingo, anterior à semana em que recair o dia de repouso definido no art. 1º.

Art. 12. Constituem motivos justificados:
a) os previstos no art. 473, e seu parágrafo, da Consolidação das Leis do Trabalho;
b) a ausência do empregado, justificada, a critério da administração do estabeleci-

Dec. 27.048/1949

REPOUSO SEMANAL

mento, mediante documento por esta fornecido;

c) a paralisação do serviço nos dias em que, por conveniência do empregador, não tenha havido trabalho;

d) a falta ao serviço, com fundamento na Lei de Acidentes do Trabalho;

e) a ausência do empregado, até três dias consecutivos, em virtude de seu casamento;

f) a doença do empregado, devidamente comprovada até 15 (quinze) dias, caso em que a remuneração corresponderá a 2/3 (dois terços) da fixada no art. 10.

§ 1º A doença será comprovada mediante atestado passado por médico da empresa ou por ela designado e pago.

§ 2º Não dispondo a empresa de médico, o atestado poderá ser passado por médico do Instituto Nacional de Previdência Social (INPS), por médico do Serviço Social da Indústria ou do Serviço Social do Comércio, por médico de repartição federal, estadual ou municipal, incumbida de assunto de higiene ou saúde, ou, inexistindo na localidade médicos nas condições acima especificadas, por médico do sindicato a que pertença o empregado ou por profissional da escolha deste.

§ 3º As entradas no serviço, verificadas com atraso, em decorrência de acidentes de transportes, quando devidamente comprovadas mediante atestado da empresa concessionária, não acarretarão, para o trabalhador, a aplicação do disposto no art. 11.

Art. 13. Para os efeitos da legislação do trabalho e das contribuições e benefícios da previdência social, passará a ser calculado na base de 30 (trinta) dias ou 240 (duzentas e quarenta) horas o mês que, anteriormente, o era na base de 25 (vinte e cinco) dias ou 200 (duzentas) horas.

Art. 14. As infrações ao disposto na Lei 605, de 5 de janeiro de 1949, ou neste regulamento, serão punidas, segundo o caráter e a gravidade, com a multa de Cr$ 100,00 a Cr$ 5.000,00 (cem a cinco mil cruzeiros).

* Multas: ver Notas de Atualização e Portaria MTb 290/1997.

Art. 15. São originariamente competentes para a imposição das multas de que trata este regulamento, os delegados regionais do Trabalho e, nos Estados onde houver delegação de atribuições, a autoridade delegada.

Art. 16. A fiscalização da execução do presente regulamento, bem como o processo de autuação de seus infratores, os recursos e a cobrança das multas, reger-se-ão pelo disposto no Título VII da Consolidação das Leis do Trabalho.

Art. 17. O presente regulamento entrará em vigor na data de sua publicação.

Rio de Janeiro, 12 de agosto de 1949.

Honório Monteiro

ANEXO
Relação a que se refere o art. 7º

I – Indústria

1) Laticínios (excluídos os serviços de escritório).

2) Frio industrial, fabricação e distribuição de gelo (excluídos os serviços de escritório).

3) Purificação e distribuição de água (usinas e filtros) (excluídos os serviços de escritório).

4) Produção e distribuição de energia elétrica (excluídos os serviços de escritório).

5) Produção e distribuição de gás (excluídos os serviços de escritório).

6) Serviços de esgotos (excluídos os serviços de escritório).

7) Confecção de coroas de flores naturais.

8) Pastelaria, confeitaria e panificação em geral.

9) Indústria do malte (excluídos os serviços de escritório).

10) Indústria do cobre eletrolítico, de ferro (metalúrgica) e do vidro (excluídos os serviços de escritório).

11) Turmas de emergência nas empresas industriais, instaladoras e conservadoras de elevadores e cabos aéreos.

12) Trabalhos em curtumes (excluídos os serviços de escritório).

13) Alimentação de animais destinados à realização de pesquisas para preparo de soro e outros produtos farmacêuticos.

Dec. 27.048/1949

REPOUSO SEMANAL

14) Siderurgia, fundição, forjaria, usinagem (fornos acesos permanente) (exclusive pessoal de escritório).
- Item 14 com redação determinada pelo Dec. 60.591/1967.

15) Lubrificação e reparos do aparelhamento industrial (turma de emergência) (excluídos os serviços de escritório).

16) Indústria moageira (excluídos os serviços de escritório).

17) Usinas de açúcar e de álcool (com exceção de oficinas mecânicas, almoxarifados e escritórios).

18) Indústria do papel de imprensa (excluídos os serviços de escritório).

19) Indústria de vidro (excluídos os serviços de escritório).

20) Indústria de produção de zarcão (excluídos os serviços de escritório).
- Item 20 acrescentado pelo Dec. 27.655/1949.

21) Indústria de cerâmica em geral (excluídos os serviços de escritório).
- Item 21 acrescentado pelo Dec. 28.066/1950.

22) Indústria de extração de carvão (excluídos os serviços de escritório).
- Item 22 acrescentado pelo Dec. 27.656/1949.

23) Indústria do cimento (excluídos os serviços de escritório).
- Item 23 acrescentado pelo Dec. 29.553/1951.

24) Indústria de acumuladores elétricos, unicamente nos setores referentes a carga e descarga de baterias, moinho e cabina elétrica, excluídos todos os demais serviços.
- Item 24 acrescentado pelo Dec. 56.533/1965.

25) Indústria do chá (excluídos os serviços de escritório).
- Item 25 acrescentado pelo Dec. 61.423/1967.

26) Indústria petroquímica.
- Item 26 acrescentado pelo Dec. 94.709/1987.

27) Indústria de extração de óleos vegetais comestíveis (excluídos os serviços de escritório).
- Item 27 acrescentado pelo Dec. 97.052/1988.

28) Indústria têxtil (excluídos os serviços de escritório).
- Item 28 acrescentado pelo Decreto de 14.08.1991.

II – Comércio

1) Varejistas de peixe.
2) Varejistas de carnes frescas e caça.
3) Venda de pão e biscoitos.
4) Varejistas de frutas e verduras.
5) Varejistas de aves e ovos.
6) Varejistas de produtos farmacêuticos (farmácias, inclusive manipulação de receituário).
7) Flores e coroas.
8) Barbearias (quando funcionando em recinto fechado ou fazendo parte do complexo do estabelecimento ou atividade, mediante acordo expresso com os empregados).
9) Entrepostos de combustíveis, lubrificantes e acessórios para automóveis (postos de gasolina).
10) Locadores de bicicletas e similares.
11) Hotéis e similares (restaurantes, pensões, bares, cafés, confeitarias, leiterias, sorveterias e bombonerias).
12) Hospitais, clínicas, casas de saúde e ambulatórios.
13) Casas de diversões (inclusive estabelecimentos esportivos em que o ingresso seja pago).
14) Limpeza e alimentação de animais em estabelecimentos de avicultura.
15) Feiras-livres e mercados, inclusive os transportes inerentes aos mesmos.
16) Porteiros e cabineiros de edifícios residenciais.
17) Serviço de propaganda dominical.
18) Comércio de artigos regionais nas estâncias hidrominerais.
- Item 18 acrescentado pelo Dec. 88.341/1983.

19) Comércio em portos, aeroportos, estradas, estações rodoviárias e ferroviárias.
- Item 19 acrescentado pelo Dec. 94.591/1987.

20) Comércio em hotéis.
- Item 20 acrescentado pelo Dec. 94.591/1987.

21) Agências de turismo, locadoras de veículos e embarcações.
- Item 21 acrescentado pelo Dec. 94.591/1987.

22) Comércio em postos de combustíveis.
- Item 22 acrescentado pelo Dec. 94.591/1987.

23) Comércio em feiras e exposições.
- Item 23 acrescentado pelo Dec. 94.591/1987.

III – Transportes

1) Serviços portuários.
2) Navegação (inclusive escritórios unicamente para atender a serviço de navios).

Dec. 27.048/1949

REPOUSO SEMANAL

3) Trânsito marítimo de passageiros (exceto serviços de escritório).

4) Serviço propriamente de transportes (excluídos os transportes de carga urbanos e os escritórios e oficinas, salvo as de emergência).

5) Serviço de transportes aéreos (excluídos os departamentos não ligados diretamente ao tráfego aéreo).

6) Transporte interestadual (rodoviário), inclusive limpeza e lubrificação dos veículos.

7) Transporte de passageiros por elevadores e cabos aéreos.

IV – Comunicações e publicidade

1) Empresas de comunicações telegráficas, radiotelegráficas e telefônicas (excluídos os serviços de escritório e oficina, salvo as de emergência).

2) Empresas de radiodifusão, televisão, de jornais e revistas (excluídos os escritórios).

• Item 2 com redação determinada pelo Dec. 94.591/1987.

3) Distribuidores e vendedores de jornais e revistas (bancas e ambulantes).

4) Anúncios em bondes e outros veículos (turma de emergência).

V – Educação e cultura

1) Estabelecimentos de ensino (internatos, excluídos os serviços de escritório e magistério).

2) Empresas teatrais (excluídos os serviços de escritório).

3) Bibliotecas (excluídos os serviços de escritório).

4) Museus (excluídos os serviços de escritório).

5) Empresas exibidoras cinematográficas (excluídos os serviços de escritório).

6) Empresas de orquestras.

7) Cultura física (excluídos os serviços de escritório).

8) Instituições de culto religioso.

VI – Serviços funerários

1) Estabelecimentos e entidades que executem serviços funerários.

VII – Agricultura e pecuária

1) Limpeza e alimentação de animais em propriedades agropecuárias.

2) Execução de serviços especificados nos itens anteriores desta relação.

3) Colheita, beneficiamento, lavagem e transporte de hortaliças, legumes e frutas.

• Item 3 acrescentado pelo Dec. 7.421/2010.

REPRESENTANTES COMERCIAIS AUTÔNOMOS

LEI 4.886,
DE 9 DE DEZEMBRO DE 1965

Regula as atividades dos representantes comerciais autônomos.

- V. art. 710 e ss., CC/2002.

O Presidente da República:
Faço saber que o Congresso Nacional decreta e eu sanciono a seguinte Lei:

Art. 1º Exerce a representação comercial autônoma a pessoa jurídica ou a pessoa física, sem relação de emprego, que desempenha, em caráter não eventual por conta de uma ou mais pessoas, a mediação para a realização de negócios mercantis, agenciando propostas ou pedidos, para transmiti-los aos representados, praticando ou não atos relacionados com a execução dos negócios.

Parágrafo único. Quando a representação comercial incluir poderes atinentes ao mandato mercantil, serão aplicáveis, quanto ao exercício deste, os preceitos próprios da legislação comercial.

Art. 2º É obrigatório o registro dos que exerçam a representação comercial autônoma nos Conselhos Regionais criados pelo art. 6º desta Lei.

Parágrafo único. As pessoas que, na data da publicação da presente Lei, estiverem no exercício da atividade, deverão registrar-se nos Conselhos Regionais, no prazo de 90 (noventa) dias a contar da data em que estes forem instalados.

Art. 3º O candidato a registro, como representante comercial, deverá apresentar:
a) prova de identidade;
b) prova de quitação com o serviço militar, quando a ele obrigado;
c) prova de estar em dia com as exigências da legislação eleitoral;
d) folha corrida de antecedentes, expedida pelos cartórios criminais das comarcas em que o registrado houver sido domiciliado nos últimos 10 (dez) anos;
e) quitação com o Imposto Sindical.

§ 1º O estrangeiro é desobrigado da apresentação dos documentos constantes das alíneas *b* e *c* deste artigo.

§ 2º Nos casos de transferência ou de exercício simultâneo da profissão, em mais de uma região, serão feitas as devidas anotações na carteira profissional do interessado, pelos respectivos Conselhos Regionais.

§ 3º As pessoas jurídicas deverão fazer prova de sua existência legal.

Art. 4º Não pode ser representante comercial:
a) o que não pode ser comerciante;
b) o falido não reabilitado;

- V. art. 176, Lei 11.101/2005 (Lei de Recuperação de Empresas e Falência); sem correspondência no Dec.-lei 7.661/1945 (Lei de Falências).

c) o que tenha sido condenado por infração penal de natureza infamante, tais como falsidade, estelionato, apropriação indébita, contrabando, roubo, furto, lenocínio ou crimes também punidos com a perda de cargo público;
d) o que estiver com seu registro comercial cancelado como penalidade.

Art. 5º Somente será devida remuneração, como mediador de negócios comerciais, a representante comercial devidamente registrado.

Art. 6º São criados o Conselho Federal e os Conselhos Regionais dos Representantes Comerciais, aos quais incumbirá a fiscalização do exercício da profissão, na forma desta Lei.

Parágrafo único. É vedado, aos Conselhos Federal e Regionais dos Representantes Comerciais, desenvolverem quaisquer atividades não compreendidas em suas finalidades previstas nesta Lei, inclusive as de caráter político e partidárias.

Lei 4.886/1965

REPRESENTANTES COMERCIAIS

Art. 7º O Conselho Federal instalar-se-á dentro de 90 (noventa) dias, a contar da vigência da presente Lei, no Estado da Guanabara, onde funcionará provisoriamente, transferindo-se para a Capital da República, quando estiver em condições de fazê-lo a juízo da maioria dos Conselhos Regionais.

- A Lei Complementar 20/1974 ordenou a fusão dos Estados do Rio de Janeiro e da Guanabara, constituindo-se o atual Estado do Rio de Janeiro.

§ 1º O Conselho Federal será presidido por um dos seus membros, na forma que dispuser o Regimento Interno do Conselho, cabendo-lhe, além do próprio voto, o de qualidade, no caso de empate.

§ 2º A renda do Conselho Federal será constituída de 20% (vinte por cento) da renda bruta dos Conselhos Regionais.

Art. 8º O Conselho Federal será composto de representantes comerciais de cada Estado, eleitos pelos Conselhos Regionais, dentre seus membros, cabendo a cada Conselho Regional a escolha de dois delegados.

Art. 9º Compete ao Conselho Federal determinar o número dos Conselhos Regionais, o qual não poderá ser superior a um por Estado, Território Federal e Distrito Federal e estabelecer-lhes as bases territoriais.

Art. 10. Compete, privativamente, ao Conselho Federal:

I – elaborar o seu regimento interno;

- Primitiva alínea *a* renumerada pela Lei 12.246/2010.

II – dirimir as dúvidas suscitadas pelos Conselhos Regionais;

- Primitiva alínea *b* renumerada pela Lei 12.246/2010.

III – aprovar os regimentos internos dos Conselhos Regionais;

- Primitiva alínea *c* renumerada pela Lei 12.246/2010.

IV – julgar quaisquer recursos relativos às decisões dos Conselhos Regionais;

- Primitiva alínea *d* renumerada pela Lei 12.246/2010.

V – baixar instruções para a fiel observância da presente Lei;

- Primitiva alínea *e* renumerada pela Lei 12.246/2010.

VI – elaborar o Código de Ética Profissional;

- Primitiva alínea *f* renumerada pela Lei 12.246/2010.

VII – resolver os casos omissos.

- Primitiva alínea *g* renumerada pela Lei 12.246/2010.

VIII – fixar, mediante resolução, os valores das anuidades e emolumentos devidos pelos representantes comerciais, pessoas físicas e jurídicas, aos Conselhos Regionais dos Representantes Comerciais nos quais estejam registrados, observadas as peculiaridades regionais e demais situações inerentes à capacidade contributiva da categoria profissional nos respectivos Estados e necessidades de cada entidade, e respeitados os seguintes limites máximos:

- Inciso VIII acrescentado pela Lei 12.246/2010.

a) anuidade para pessoas físicas – até R$ 300,00 (trezentos reais);

b) (Vetada.)

c) anuidade para pessoas jurídicas, de acordo com as seguintes classes de capital social:

1. de R$ 1,00 (um real) a R$ 10.000,00 (dez mil reais) – até R$ 350,00 (trezentos e cinquenta reais);

2. de R$ 10.000,01 (dez mil reais e um centavo) a R$ 50.000,00 (cinquenta mil reais) – até R$ 420,00 (quatrocentos e vinte reais);

3. de R$ 50.000,01 (cinquenta mil reais e um centavo) a R$ 100.000,00 (cem mil reais) – até R$ 504,00 (quinhentos e quatro reais);

4. de R$ 100.000,01 (cem mil reais e um centavo) a R$ 300.000,00 (trezentos mil reais) – até R$ 604,00 (seiscentos e quatro reais);

5. de R$ 300.000,01 (trezentos mil reais e um centavo) a R$ 500.000,00 (quinhentos mil reais) – até R$ 920,00 (novecentos e vinte reais);

6. acima de R$ 500.000,00 (quinhentos mil reais) – até R$ 1.370,00 (mil, trezentos e setenta reais);

d) (Vetada.)

e) (Vetada.)

§ 1º *(Suprimido pela Lei 8.420/1992.)*

- Anterior parágrafo único renumerado pela Lei 12.246/2010.

Lei 4.886/1965

REPRESENTANTES COMERCIAIS

§ 2º Os valores correspondentes aos limites máximos estabelecidos neste artigo serão corrigidos anualmente pelo índice oficial de preços ao consumidor.
- § 2º acrescentado pela Lei 12.246/2010.

§ 3º O pagamento da anuidade será efetuado pelo representante comercial, pessoa física ou jurídica, até o dia 31 de março de cada ano, com desconto de 10% (dez por cento), ou em até 3 (três) parcelas, sem descontos, vencendo-se a primeira em 30 de abril, a segunda em 31 de agosto e a terceira em 31 de dezembro de cada ano.
- § 3º acrescentado pela Lei 12.246/2010.

§ 4º Ao pagamento antecipado será concedido desconto de 20% (vinte por cento) até 31 de janeiro e 15% (quinze por cento) até 28 de fevereiro de cada ano.
- § 4º acrescentado pela Lei 12.246/2010.

§ 5º As anuidades que forem pagas após o vencimento serão acrescidas de 2% (dois por cento) de multa, 1% (um por cento) de juros de mora por mês de atraso e atualização monetária pelo índice oficial de preços ao consumidor.
- § 5º acrescentado pela Lei 12.246/2010.

§ 6º A filial ou representação de pessoa jurídica instalada em jurisdição de outro Conselho Regional que não o da sua sede pagará anuidade em valor que não exceda a 50% (cinquenta por cento) do que for pago pela matriz.
- § 6º acrescentado pela Lei 12.246/2010.

§ 7º *(Vetado.)*
- § 7º acrescentado pela Lei 12.246/2010.

§ 8º *(Vetado.)*
- § 8º acrescentado pela Lei 12.246/2010.

§ 9º O representante comercial pessoa física, como responsável técnico de pessoa jurídica devidamente registrada no Conselho Regional dos Representantes Comerciais, pagará anuidade em valor correspondente a 50% (cinquenta por cento) da anuidade devida pelos demais profissionais autônomos registrados no mesmo Conselho.
- § 9º acrescentado pela Lei 12.246/2010.

Art. 11. Dentro de 60 (sessenta) dias, contados da vigência da presente Lei, serão instalados os Conselhos Regionais correspondentes aos Estados onde existirem órgãos sindicais de representação da classe dos representantes comerciais, atualmente reconhecidos pelo Ministério do Trabalho e Previdência Social.
- V. art. 26.

Art. 12. Os Conselhos Regionais terão a seguinte composição:
- V. art. 26.

a) 2/3 (dois terços) de seus membros serão constituídos pelo presidente do mais antigo sindicato da classe do respectivo Estado e por diretores de sindicatos da classe, do mesmo Estado, eleitos estes em assembleia geral;

b) 1/3 (um terço) formado de representantes comerciais no exercício efetivo da profissão, eleitos em assembleia geral realizada no sindicato da classe.

§ 1º A secretaria do sindicato incumbido da realização das eleições organizará cédula única, por ordem alfabética dos candidatos, destinada à votação.

§ 2º Se os órgãos sindicais de representação da classe não tomarem as providências previstas quanto à instalação dos Conselhos Regionais, o Conselho Federal determinará, imediatamente, a sua constituição, mediante eleições em assembleia geral, com a participação dos representantes comerciais no exercício efetivo da profissão no respectivo Estado.

§ 3º Havendo, num mesmo Estado, mais de um sindicato de representantes comerciais, as eleições a que se refere este artigo se processarão na sede do sindicato da classe situado na Capital e, na sua falta, na sede do mais antigo.

§ 4º O Conselho Regional será presidido por um dos seus membros, na forma que dispuser o seu Regimento Interno, cabendo-lhe, além do próprio voto, o de qualidade, no caso de empate.

§ 5º Os Conselhos Regionais terão no máximo 30 (trinta) membros e, no mínimo, o número que for fixado pelo Conselho Federal.

Art. 13. Os mandatos dos membros do Conselho Federal e dos Conselhos Regionais serão de 3 (três) anos.

§ 1º Todos os mandatos serão exercidos gratuitamente.

Lei 4.886/1965

REPRESENTANTES COMERCIAIS

§ 2º A aceitação do cargo de presidente, secretário ou tesoureiro importará na obrigação de residir na localidade em que estiver sediado o respectivo Conselho.

Art. 14. O Conselho Federal e os Conselhos Regionais serão administrados por uma diretoria que não poderá exceder a 1/3 (um terço) dos seus integrantes.

Art. 15. Os presidentes dos Conselhos Federal e Regionais completarão o prazo do seu mandato, caso sejam substituídos na presidência do sindicato.

Art. 16. Constituem renda dos Conselhos Regionais as contribuições e multas devidas pelos representantes comerciais, pessoas físicas ou jurídicas, neles registrados.

Art. 17. Compete aos Conselhos Regionais:
a) elaborar o seu regimento interno, submetendo-o à apreciação do Conselho Federal;
b) decidir sobre os pedidos de registros de representantes comerciais, pessoas físicas ou jurídicas, na conformidade desta Lei;
c) manter o cadastro profissional;
d) expedir as carteiras profissionais e anotá-las, quando necessário;
e) impor as sanções disciplinares previstas nesta Lei, mediante a feitura de processo adequado, de acordo com o disposto no art. 18;
f) arrecadar, cobrar e executar as anuidades e emolumentos devidos pelos representantes comerciais, pessoas físicas e jurídicas, registrados, servindo como título executivo extrajudicial a certidão relativa aos seus créditos.

• Alínea f com redação determinada pela Lei 12.246/2010.

Parágrafo único. *(Suprimido pela Lei 8.420/1992.)*

Art. 18. Compete aos Conselhos Regionais aplicar, ao representante comercial faltoso, as seguintes penas disciplinares:
a) advertência, sempre sem publicidade;
b) multa até a importância equivalente ao maior salário mínimo vigente no País;
c) suspensão do exercício profissional, até 1 (um) ano;
d) cancelamento do registro, com apreensão da carteira profissional.

§ 1º No caso de reincidência ou de falta manifestamente grave, o representante comercial poderá ser suspenso do exercício de sua atividade ou ter cancelado o seu registro.

§ 2º As penas disciplinares serão aplicadas após processo regular, sem prejuízo, quando couber, da responsabilidade civil ou criminal.

§ 3º O acusado deverá ser citado, inicialmente, dando-se-lhe ciência do inteiro teor da denúncia ou queixa, sendo-lhe assegurado, sempre, o amplo direito de defesa, por si ou por procurador regularmente constituído.

§ 4º O processo disciplinar será presidido por um dos membros do Conselho Regional, ao qual incumbirá coligir as provas necessárias.

§ 5º Encerradas as provas de iniciativa da autoridade processante, ao acusado será dado requerer e produzir as suas próprias provas, após o que lhe será assegurado o direito de apresentar, por escrito, defesa final e o de sustentar, oralmente, suas razões, na sessão do julgamento.

§ 6º Da decisão dos Conselhos Regionais caberá recurso voluntário, com efeito suspensivo, para o Conselho Federal.

Art. 19. Constituem faltas no exercício da profissão de representante comercial:
a) prejudicar, por dolo ou culpa, os interesses confiados aos seus cuidados;
b) auxiliar ou facilitar, por qualquer meio, o exercício da profissão aos que estiverem proibidos, impedidos ou não habilitados a exercê-la;
c) promover ou facilitar negócios ilícitos, bem como quaisquer transações que prejudiquem interesse da Fazenda Pública;
d) violar o sigilo profissional;
e) negar ao representado as competentes prestações de contas, recibos de quantias ou documentos que lhe tiverem sido entregues, para qualquer fim;
f) recusar a apresentação da carteira profissional, quando solicitada por quem de direito.

Art. 20. Observados os princípios desta Lei, o Conselho Federal dos Representantes Comerciais expedirá instruções relativas à aplicação das penalidades em geral e, em

Lei 4.886/1965

REPRESENTANTES COMERCIAIS

particular, aos casos em que couber imposições da pena de multa.

Art. 21. As repartições federais, estaduais e municipais, ao receberem tributos relativos à atividade do representante comercial, pessoa física ou jurídica, exigirão prova de seu registro no Conselho Regional da respectiva região.

Art. 22. Da propaganda deverá constar, obrigatoriamente, o número da carteira profissional.

Parágrafo único. As pessoas jurídicas farão constar, também, da propaganda, além do número da carteira do representante comercial responsável, o seu próprio número de registro no Conselho Regional.

Art. 23. O exercício financeiro dos Conselhos Federal e Regionais coincidirá com o ano civil.

Art. 24. As diretorias dos Conselhos Regionais prestarão contas da sua gestão ao próprio Conselho, até o dia 15 de fevereiro de cada ano.

* Artigo com redação determinada pela Lei 8.420/1992.

Art. 25. Os Conselhos Regionais prestarão contas até o último dia do mês de fevereiro de cada ano ao Conselho Federal.

* Artigo com redação determinada pela Lei 8.420/1992.

Parágrafo único. A diretoria do Conselho Federal prestará contas ao respectivo plenário até o último dia do mês de março de cada ano.

Art. 26. Os sindicatos incumbidos do processamento das eleições, a que se refere o art. 12, deverão tomar, dentro do prazo de 30 (trinta) dias, a contar da publicação desta Lei, as providências necessárias à instalação dos Conselhos Regionais dentro do prazo previsto no art. 11.

Art. 27. Do contrato de representação comercial, além dos elementos comuns e outros, a juízo dos interessados, constarão, obrigatoriamente:

* *Caput* com redação determinada pela Lei 8.420/1992.

a) condições e requisitos gerais da representação;

b) indicação genérica ou específica dos produtos ou artigos objeto da representação;
c) prazo certo ou indeterminado da representação;
d) indicação da zona ou zonas em que será exercida a representação;

* Alínea *d* com redação determinada pela Lei 8.420/1992.

e) garantia ou não, parcial ou total, ou por certo prazo, da exclusividade de zona ou setor de zona;
f) retribuição e época do pagamento, pelo exercício da representação, dependente da efetiva realização dos negócios, e recebimento, ou não, pelo representado, dos valores respectivos;
g) os casos em que se justifique a restrição de zona concedida com exclusividade;
h) obrigações e responsabilidades das partes contratantes;
i) exercício exclusivo ou não da representação a favor do representado;
j) indenização devida ao representante, pela rescisão do contrato fora dos casos previstos no art. 35, cujo montante não poderá ser inferior a 1/12 (um doze avos) do total da retribuição auferida durante o tempo em que exerceu a representação.

* Alínea *j* com redação determinada pela Lei 8.420/1992.
* V. art. 46.

§ 1º Na hipótese de contrato a prazo certo, a indenização corresponderá à importância equivalente à média mensal da retribuição auferida até a data da rescisão, multiplicada pela metade dos meses resultantes do prazo contratual.

* § 1º com redação determinada pela Lei 8.420/1992.

§ 2º O contrato com prazo determinado, uma vez prorrogado o prazo inicial, tácita ou expressamente, torna-se a prazo indeterminado.

* § 2º com redação determinada pela Lei 8.420/1992.

§ 3º Considera-se por prazo indeterminado todo contrato que suceder, dentro de 6 (seis) meses, a outro contrato, com ou sem determinação de prazo.

* § 3º com redação determinada pela Lei 8.420/1992.

Lei 4.886/1965

REPRESENTANTES COMERCIAIS

Art. 28. O representante comercial fica obrigado a fornecer ao representado, segundo as disposições do contrato ou, sendo este omisso, quando lhe for solicitado, informações detalhadas sobre o andamento dos negócios a seu cargo, devendo dedicar-se à representação, de modo a expandir os negócios do representado e promover os seus produtos.

Art. 29. Salvo autorização expressa, não poderá o representante conceder abatimentos, descontos ou dilações, nem agir em desacordo com as instruções do representado.

Art. 30. Para que o representante possa exercer a representação em juízo, em nome do representado, requer-se mandato expresso. Incumbir-lhe-á, porém, tomar conhecimento das reclamações atinentes aos negócios, transmitindo-as ao representado e sugerindo as providências acauteladoras do interesse deste.

• V. art. 26.

Parágrafo único. O representante, quanto aos atos que praticar, responde segundo as normas do contrato e, sendo este omisso, na conformidade do direito comum.

Art. 31. Prevendo o contrato de representação a exclusividade de zona ou zonas, ou quando este for omisso, fará jus o representante à comissão pelos negócios aí realizados, ainda que diretamente pelo representado ou por intermédio de terceiros.

• Artigo com redação determinada pela Lei 8.420/1992.

Parágrafo único. A exclusividade de representação não se presume na ausência de ajustes expressos.

Art. 32. O representante comercial adquire o direito às comissões quando do pagamento dos pedidos ou propostas.

• Artigo com redação determinada pela Lei 8.420/1992.

§ 1º O pagamento das comissões deverá ser efetuado até o dia 15 do mês subsequente ao da liquidação da fatura, acompanhada das respectivas cópias das notas fiscais.

§ 2º As comissões pagas fora do prazo previsto no parágrafo anterior deverão ser corrigidas monetariamente.

§ 3º É facultado ao representante comercial emitir títulos de créditos para cobrança de comissões.

§ 4º As comissões deverão ser calculadas pelo valor total das mercadorias.

§ 5º Em caso de rescisão injusta do contrato por parte do representando, a eventual retribuição pendente, gerada por pedidos em carteira ou em fase de execução e recebimento, terá vencimento na data da rescisão.

• V. art. 46.

§ 6º *(Vetado.)*

§ 7º São vedadas na representação comercial alterações que impliquem, direta ou indiretamente, a diminuição da média dos resultados auferidos pelo representante nos últimos 6 (seis) meses de vigência.

Art. 33. Não sendo previstos, no contrato de representação, os prazos para recusa das propostas ou pedidos, que hajam sido entregues pelo representante, acompanhados dos requisitos exigíveis, ficará o representado obrigado a creditar-lhe a respectiva comissão, se não manifestar a recusa, por escrito, nos prazos de 15 (quinze), 30 (trinta), 60 (sessenta) ou 120 (cento e vinte) dias, conforme se trate de comprador domiciliado, respectivamente, na mesma praça, em outra do mesmo Estado, em outro Estado ou no estrangeiro.

• V. art. 42, § 4º.

§ 1º Nenhuma retribuição será devida ao representante comercial, se a falta de pagamento resultar de insolvência do comprador, bem como se o negócio vier a ser por ele desfeito ou for sustada a entrega de mercadorias devido à situação comercial do comprador, capaz de comprometer ou tornar duvidosa a liquidação.

§ 2º Salvo ajuste em contrário, as comissões devidas serão pagas mensalmente, expedindo o representado a conta respectiva, conforme cópias das faturas remetidas aos compradores, no respectivo período.

§ 3º Os valores das comissões para efeito tanto do pré-aviso como da indenização, prevista nesta Lei, deverão ser corrigidos monetariamente.

• § 3º com redação determinada pela Lei 8.420/1992.

Lei 4.886/1965

REPRESENTANTES COMERCIAIS

Art. 34. A denúncia, por qualquer das partes, sem causa justificada, do contrato de representação, ajustado por tempo indeterminado e que haja vigorado por mais de 6 (seis) meses, obriga o denunciante, salvo outra garantia prevista no contrato, à concessão de pré-aviso, com antecedência mínima de 30 (trinta) dias, ou ao pagamento de importância igual a 1/3 (um terço) das comissões auferidas pelo representante, nos 3 (três) meses anteriores.

* V. art. 46.

Art. 35. Constituem motivos justos para rescisão do contrato de representação comercial, pelo representado:

* V. arts. 27, *j*, 37 e 40, parágrafo único.

a) a desídia do representante no cumprimento das obrigações decorrentes do contrato;
b) a prática de atos que importem em descrédito comercial do representado;
c) a falta de cumprimento de quaisquer obrigações inerentes ao contrato de representação comercial;
d) a condenação definitiva por crime considerado infamante;
e) força maior.

Art. 36. Constituem motivos justos para rescisão do contrato de representação comercial, pelo representante:
a) redução de esfera de atividade do representante em desacordo com as cláusulas do contrato;
b) a quebra, direta ou indireta, da exclusividade, se prevista no contrato;
c) a fixação abusiva de preços em relação à zona do representante, com o exclusivo escopo de impossibilitar-lhe ação regular;
d) o não pagamento de sua retribuição na época devida;
e) força maior.

Art. 37. Somente ocorrendo motivo justo para a rescisão do contrato, poderá o representado reter comissões devidas ao representante, com o fim de ressarcir-se de danos por este causados e, bem assim, nas hipóteses previstas no art. 35, a título de compensação.

Art. 38. Não serão prejudicados os direitos dos representantes comerciais quando, a título de cooperação, desempenhem, temporariamente, a pedido do representado, encargos ou atribuições diversos dos previstos no contrato de representação.

Art. 39. Para julgamento das controvérsias que surgirem entre representante e representado é competente a Justiça Comum e o Foro do domicílio do representante, aplicando-se o procedimento sumaríssimo previsto no art. 275 do Código de Processo Civil, ressalvada a competência do Juizado de Pequenas Causas.

* Artigo com redação determinada pela Lei 8.420/1992.
* V. Lei 9.099/1995 (Juizados Especiais Cíveis e Criminais).

Art. 40. Dentro de 180 (cento e oitenta) dias da publicação da presente Lei, serão formalizadas, entre representado e representantes, em documento escrito, as condições das representações comerciais vigentes.

Parágrafo único. A indenização devida pela rescisão dos contratos de representação comercial vigentes na data desta Lei, fora dos casos previstos no art. 35, e quando as partes não tenham usado da faculdade prevista neste artigo, será calculada, sobre a retribuição percebida, pelo representante, nos últimos 5 (cinco) anos anteriores à vigência desta Lei.

Art. 41. Ressalvada expressa vedação contratual, o representante comercial poderá exercer sua atividade para mais de uma empresa e empregá-la em outros misteres ou ramos de negócios.

* Artigo acrescentado pela Lei 8.420/1992.

Art. 42. Observadas as disposições constantes do artigo anterior, é facultado ao representante contratar com outros representantes comerciais a execução dos serviços relacionados com a representação.

* Artigo acrescentado pela Lei 8.420/1992.

§ 1º Na hipótese deste artigo, o pagamento das comissões a representante comercial contratado dependerá da liquidação da conta de comissão devida pelo representando ao representante contratante.

§ 2º Ao representante contratado, no caso de rescisão de representação será devida pelo representante contratante a participa-

Lei 4.886/1965

REPRESENTANTES COMERCIAIS

ção no que houver recebido da representada a título de indenização e aviso-prévio, proporcionalmente às retribuições auferidas pelo representante contratado na vigência do contrato.

§ 3º Se o contrato referido no *caput* deste artigo for rescindido sem motivo justo pelo representante contratante, o representante contratado fará jus ao aviso-prévio e indenização na forma da lei.

§ 4º Os prazos de que trata o art. 33 desta Lei são aumentados em 10 (dez) dias quando se tratar de contrato realizado entre representantes comerciais.

Art. 43. É vedada no contrato de representação comercial a inclusão de cláusulas *del credere*.

* Artigo acrescentado pela Lei 8.420/1992.

Art. 44. No caso de falência do representado as importâncias por ele devidas ao representante comercial, relacionadas com a representação, inclusive comissões vencidas e vincendas, indenização e aviso-prévio, serão considerados créditos da mesma natureza dos créditos trabalhistas.

* Artigo acrescentado pela Lei 8.420/1992.
* V. art. 6º, § 2º, Lei 11.101/2005 (Lei de Recuperação de Empresas e Falência); sem correspondência no Dec.-lei 7.661/1945 (Lei de Falências).

Parágrafo único. Prescreve em 5 (cinco) anos a ação do representante comercial para pleitear a retribuição que lhe é devida e os demais direitos que lhe são garantidos por esta Lei.

Art. 45. Não constitui motivo justo para rescisão do contrato de representação comercial o impedimento temporário do representante comercial que estiver em gozo do benefício de auxílio-doença concedido pela Previdência Social.

* Artigo acrescentado pela Lei 8.420/1992.

Art. 46. Os valores a que se referem a alínea *j* do art. 27, o § 5º do art. 32 e o art. 34 desta Lei serão corrigidos monetariamente com base na variação dos BTNs ou por outro indexador que venha a substituí-los e legislação ulterior aplicável à matéria.

* Artigo acrescentado pela Lei 8.420/1992.

Art. 47. Compete ao Conselho Federal dos Representantes Comerciais fiscalizar a execução da presente Lei.

* Artigo acrescentado pela Lei 8.420/1992.

Parágrafo único. Em caso de inobservância das prescrições legais, caberá intervenção do Conselho Federal nos Conselhos Regionais, por decisão da Diretoria do primeiro, *ad referendum* da reunião plenária, assegurado, em qualquer caso, o direito de defesa. A intervenção cessará quando do cumprimento da Lei.

Art. 48. Esta Lei entra em vigor na data de sua publicação.

* Artigo renumerado em razão dos acréscimos determinados pela Lei 8.420/1992.

Art. 49. Revogam-se as disposições em contrário.

* Artigo renumerado em razão dos acréscimos determinados pela Lei 8.420/1992.

Brasília, 9 de dezembro de 1965; 144º da Independência e 77º da República.
H. Castello Branco

(*DOU* 10.12.1965)

RESCISÃO CONTRATUAL

INSTRUÇÃO NORMATIVA 15, DE 14 DE JULHO DE 2010, DA SECRETARIA DE RELAÇÕES DO TRABALHO – SRT/MTE

Estabelece procedimentos para assistência e homologação na rescisão de contrato de trabalho.

A Secretária de Relações do Trabalho do Ministério do Trabalho e Emprego, no uso da atribuição que lhe confere o art. 5º, inciso IX, do Regimento Interno da Secretaria de Relações do Trabalho, aprovado pela Portaria Ministerial 483, de 15 de setembro de 2004, e tendo em vista o disposto nas Portarias 1.620 e 1.621, de 14 de julho de 2010, resolve:

Capítulo I
Seção I
Disposições preliminares

Art. 1º A assistência na rescisão de contrato de trabalho, prevista no § 1º do art. 477 da Consolidação das Leis do Trabalho – CLT, aprovada pelo Decreto-lei 5.452, de 1º de maio de 1943, obedecerá ao disposto nesta Instrução Normativa.

Art. 2º Na assistência à rescisão do contrato de trabalho, o Sistema Homolognet, instituído pela Portaria 1.620, de 14 de julho de 2010, será utilizado gradualmente, conforme sua implantação nas Superintendências Regionais do Trabalho e Emprego, Gerências Regionais do Trabalho e Emprego e Agências Regionais.

§ 1º Nas rescisões contratuais em que não for adotado o Homolognet, será utilizado o Termo de Rescisão de Contrato de Trabalho – TRCT previsto no Anexo I da Portaria 1.621, de 14 de julho de 2010.

§ 2º Quando for adotado o Homolognet, serão utilizados os seguintes documentos:

I – Termo de Rescisão de Contrato de Trabalho, previsto no Anexo II da Portaria 1.621, de 2010;
II – Termo de Homologação sem ressalvas, previsto no Anexo III da Portaria 1.621, de 2010;
III – Termo de Homologação com ressalvas, previsto no Anexo IV da Portaria 1.621, de 2010;
IV – Termo de Comparecimento de uma das partes;
V – Termo de Comparecimento de ambas as partes, sem homologação da rescisão em face de discordância quanto aos valores constantes no TRCT; e
VI – Termo de Compromisso de Retificação do TRCT.

Art. 3º O empregador, ao utilizar o Homolognet, deverá acessar o Sistema por meio do portal do MTE na internet: www.mte.gov.br, cadastrar-se previamente e:

I – incluir os dados relativos ao contrato de trabalho e demais dados solicitados pelo Sistema;
II – informar-se com o órgão local do MTE, para verificar a necessidade de agendamento da homologação; e
III – dirigir-se ao órgão local do MTE, munido dos documentos previstos no art. 22 desta Instrução Normativa.

Seção II
Disposições gerais

Art. 4º A assistência na rescisão de contrato de trabalho tem por objetivo orientar e esclarecer empregado e empregador acerca do cumprimento da lei, bem como zelar pelo efetivo pagamento das parcelas rescisórias, e é devida:

I – nos contratos de trabalho firmados há mais de um ano;
II – quando o cômputo do aviso-prévio indenizado resultar em mais de um ano de serviço; e

IN SRT/MTE 15/2010

RESCISÃO CONTRATUAL

III – na hipótese de aposentadoria em que ocorra rescisão de contrato de trabalho que se enquadre nos incs. I e II deste artigo.

Parágrafo único. Conta-se o prazo de 1 (um) ano e 1 (um) dia de trabalho pelo calendário comum, incluindo-se o dia em que se iniciou a prestação do trabalho.

Art. 5º Não é devida a assistência na rescisão de contrato de trabalho em que são partes a União, os estados, os municípios, suas autarquias e fundações de direito público, e empregador doméstico, ainda que optante do Fundo de Garantia do Tempo de Serviço – FGTS.

Capítulo II

Seção I
Da competência

Art. 6º São competentes para prestar a assistência na rescisão do contrato de trabalho:

I – o sindicato profissional da categoria do local onde o empregado laborou ou a federação que represente categoria inorganizada;

II – o servidor público em exercício no órgão local do MTE, capacitado e cadastrado como assistente no Homolognet; e

III – na ausência dos órgãos citados nos incs. I e II deste artigo na localidade, o representante do Ministério Público ou o Defensor Público e, na falta ou impedimentos destes, o Juiz de Paz.

Art. 7º Em função da proximidade territorial, poderão ser prestadas assistências em circunscrição diversa do local da prestação dos serviços ou da celebração do contrato de trabalho, desde que autorizadas por ato conjunto dos respectivos Superintendentes Regionais do Trabalho e Emprego.

Seção II
Dos procedimentos

Art. 8º Diante das partes, cabe ao assistente:

I – inquirir o empregado e confirmar a veracidade dos dados contidos no TRCT; e

II – verificar a existência de dados não lançados no TRCT, observados os prazos previstos no inc. XXIX do art. 7º da Constituição Federal.

Parágrafo único. O assistente deverá esclarecer às partes que:

I – a homologação de rescisão por justa causa não implica a concordância do empregado com os motivos ensejadores da dispensa; e

II – a quitação do empregado refere-se somente ao exato valor de cada verba especificada no TRCT.

Art. 9º São itens de verificação obrigatória pelo assistente:

I – a regularidade da representação das partes;

II – a existência de causas impeditivas à rescisão;

III – a observância dos prazos legais ou, em hipóteses mais favoráveis, dos prazos previstos em convenção ou acordo coletivo de trabalho ou sentença normativa;

IV – a regularidade dos documentos apresentados;

V – a correção das informações prestadas pelo empregador;

VI – o efetivo pagamento das verbas devidas;

VII – o efetivo recolhimento dos valores a título de FGTS e de Contribuição Social, prevista no art. 1º, da Lei Complementar 110, de 29 de junho de 2001, devidos na vigência do contrato de trabalho;

VIII – o efetivo pagamento, na rescisão sem justa causa, da indenização do FGTS, na alíquota de 40% (quarenta por cento), e da Contribuição Social, na alíquota de 10% (dez por cento), incidentes sobre o montante de todos os depósitos de FGTS devidos na vigência do contrato de trabalho, atualizados monetariamente e acrescidos dos respectivos juros remuneratórios, não se deduzindo, para o cálculo, saques ocorridos; e

IX – indícios de qualquer tipo de fraude, especialmente a rescisão contratual que vise somente ao saque de FGTS e à habilitação ao Seguro-Desemprego.

IN SRT/MTE 15/2010

Rescisão Contratual

Art. 10. No caso de incorreção ou omissão de parcela devida, o assistente deve solucionar a falta ou a controvérsia, por meio de orientação e esclarecimento às partes.

§ 1º Quando a incorreção relacionar-se a dados do contrato de trabalho ou do empregado, tais como tipo do contrato de trabalho, categoria profissional, causa de afastamento, data de admissão e afastamento, percentual de pensão alimentícia a ser retida na rescisão, data do aviso-prévio, dentre outros, o TRCT deverá ser retificado pelo empregador, devendo o assistente lavrar o Termo de Compromisso de Retificação do TRCT.

§ 2º Havendo incorreções não sanadas, o assistente deve comunicar o fato ao setor de fiscalização do trabalho do órgão para as devidas providências.

§ 3º Desde que haja concordância do empregado, a incorreção de parcelas ou valores lançados no TRCT não impede a homologação da rescisão, devendo o assistente consignar as devidas ressalvas no Homolognet.

Art. 11. Na correção dos dados ou na hipótese do § 3º do art. 10 desta Instrução Normativa, será impresso o Termo de Homologação gerado pelo Homolognet, que deverá ser assinado pelas partes ou seus prepostos e pelo assistente.

Parágrafo único. Devem constar das ressalvas:

I – parcelas e complementos não pagos e não constantes do TRCT;
II – matéria não solucionada, nos termos desta Instrução Normativa;
III – a expressa concordância do empregado em formalizar a homologação e
IV – quaisquer fatos relevantes para assegurar direitos e prevenir responsabilidades do assistente.

Seção III
Dos impedimentos

Art. 12. São circunstâncias impeditivas da homologação:

I – nas rescisões de contrato de trabalho por iniciativa do empregador, quando houver estabilidade do empregado decorrente de:

a) gravidez da empregada, desde a sua confirmação até 5 (cinco) meses após o parto;
b) candidatura para o cargo de direção de Comissões Internas de Prevenção de Acidentes – Cipa, desde o registro da candidatura e, se eleito, ainda que suplente, até 1 (um) ano após o final do mandato;
c) candidatura do empregado sindicalizado a cargo de direção ou representação sindical, desde o registro da candidatura e, se eleito, ainda que suplente, até um 1 (ano) após o final do mandato;
d) garantia de emprego dos representantes dos empregados, titulares ou suplentes, em Comissão de Conciliação Prévia – CCP, instituída no âmbito da empresa, até 1 (um) ano após o final do mandato;
e) demais garantias de emprego decorrentes de lei, convenção ou acordo coletivo de trabalho ou sentença normativa;

II – suspensão contratual, exceto na hipótese prevista no § 5º do art. 476-A da CLT;
III – irregularidade da representação das partes;
IV – insuficiência de documentos ou incorreção não sanável;
V – falta de comprovação do pagamento das verbas devidas;
VI – atestado de saúde ocupacional – ASO com declaração de inaptidão; e
VII – a constatação de fraude, nos termos do inciso IX do art. 9º desta Instrução Normativa.

Seção IV
Das partes

Art. 13. É obrigatória a presença de empregado e empregador para que seja prestada a assistência à rescisão contratual.

§ 1º Tratando-se de empregado com idade inferior a dezoito anos, será obrigatória a presença e a assinatura de seu representante legal no Termo de Homologação, exceto para os emancipados nos termos da lei civil.

§ 2º O empregador poderá ser representado por procurador legalmente habilitado ou preposto designado por carta de preposição em que conste referência à rescisão a ser homologada e os poderes para assinatura dos documentos na presença do assistente.

IN SRT/MTE 15/2010

RESCISÃO CONTRATUAL

§ 3º O empregado poderá ser representado, excepcionalmente, por procurador legalmente constituído em procuração com poderes expressos para receber e dar quitação e com firma reconhecida em cartório.

Art. 14. No caso de morte do empregado, a assistência na rescisão contratual será prestada aos beneficiários habilitados perante o órgão previdenciário, reconhecidos judicialmente ou previstos em escritura pública lavrada nos termos do art. 982 do Código de Processo Civil, desde que dela constem os dados necessários à identificação do beneficiário e à comprovação do direito, conforme o art. 21 da Resolução 35, de 24 de abril de 2007, do Conselho Nacional de Justiça, e o art. 2º do Decreto 85.845, de 26 de março de 1981.

Seção V
Do aviso-prévio

Art. 15. O direito ao aviso-prévio é irrenunciável pelo empregado, salvo se houver comprovação de que ele obteve novo emprego.

Art. 16. O período referente ao aviso-prévio, inclusive quando indenizado, integra o tempo de serviço para todos os efeitos legais.

Art. 17. Quando o aviso-prévio for indenizado, a data da saída a ser anotada na Carteira de Trabalho e Previdência Social – CTPS deve ser:

I – na página relativa ao Contrato de Trabalho, a do último dia da data projetada para o aviso-prévio indenizado; e

II – na página relativa às Anotações Gerais, a data do último dia efetivamente trabalhado.

Parágrafo único. No TRCT, a data de afastamento a ser consignada será a do último dia efetivamente trabalhado.

Art. 18. Caso o empregador não permita que o empregado permaneça em atividade no local de trabalho durante o aviso-prévio, na rescisão deverão ser obedecidas as mesmas regras do aviso-prévio indenizado.

Art. 19. É inválida a comunicação do aviso-prévio na fluência de garantia de emprego e de férias.

Subseção I
Da contagem
dos prazos do aviso-prévio

Art. 20. O prazo de 30 (trinta) dias correspondente ao aviso-prévio conta-se a partir do dia seguinte ao da comunicação, que deverá ser formalizada por escrito.

Parágrafo único. No aviso-prévio indenizado, quando o prazo previsto no art. 477, § 6º, alínea *b* da CLT recair em dia não útil, o pagamento poderá ser feito no próximo dia útil.

Art. 21. Quando o aviso-prévio for cumprido parcialmente, o prazo para pagamento das verbas rescisórias ao empregado será de 10 (dez) dias contados a partir da dispensa de cumprimento do aviso-prévio, salvo se o termo final do aviso ocorrer primeiramente.

Seção VI
Dos documentos

Art. 22. Para a assistência, é obrigatória a apresentação dos seguintes documentos:

I – Termo de Rescisão de Contrato de Trabalho – TRCT, em quatro vias;

II – Carteira de Trabalho e Previdência Social – CTPS, com as anotações atualizadas;

III – Livro ou Ficha de Registro de Empregados;

IV – notificação de demissão, comprovante de aviso-prévio ou pedido de demissão;

V – extrato para fins rescisórios da conta vinculada do empregado no FGTS, devidamente atualizado, e guias de recolhimento das competências indicadas como não localizadas na conta vinculada;

VI – guia de recolhimento rescisório do FGTS e da Contribuição Social, nas hipóteses do art. 18 da Lei 8.036, de 11 de maio de 1990, e do art. 1º da Lei Complementar 110, de 29 de junho de 2001;

VII – Comunicação da Dispensa – CD e Requerimento do Seguro Desemprego, nas rescisões sem justa causa;

VIII – Atestado de Saúde Ocupacional Demissional, ou Periódico, durante o prazo de validade, atendidas as formalidades especificadas na Norma Regulamentadora – NR 7,

IN SRT/MTE 15/2010

RESCISÃO CONTRATUAL

aprovada pela Portaria 3.214, de 8 de junho de 1978, e alterações posteriores;

IX – documento que comprove a legitimidade do representante da empresa;

X – carta de preposto e instrumentos de mandato que, nos casos previstos nos §§ 2º e 3º do art. 13 e no art. 14 desta Instrução Normativa, serão arquivados no órgão local do MTE que efetuou a assistência juntamente com cópia do Termo de Homologação;

XI – prova bancária de quitação quando o pagamento for efetuado antes da assistência;

XII – o número de registro ou cópia do instrumento coletivo de trabalho aplicável; e

XIII – outros documentos necessários para dirimir dúvidas referentes à rescisão ou ao contrato de trabalho.

Seção VII
Do pagamento

Art. 23. O pagamento das verbas rescisórias constantes do TRCT será efetuado em dinheiro ou em cheque administrativo, no ato da assistência.

§ 1º O pagamento poderá ser feito, dentro dos prazos estabelecidos no § 6º do art. 477 da CLT, por meio de ordem bancária de pagamento, ordem bancária de crédito, transferência eletrônica ou depósito bancário em conta-corrente ou poupança do empregado, facultada a utilização da conta não movimentável – conta salário, prevista na Resolução 3.402, de 6 de setembro de 2006, do Banco Central do Brasil.

§ 2º Para fins do disposto no § 1º deste artigo:

I – o estabelecimento bancário deverá se situar na mesma cidade do local de trabalho; e

II – o empregador deve comprovar que nos prazos legais ou previstos em convenção ou acordo coletivo de trabalho o empregado foi informado e teve acesso aos valores devidos.

§ 3º O pagamento das verbas rescisórias será efetuado somente em dinheiro na assistência à rescisão contratual de empregado não alfabetizado, ou na realizada pelos Grupos Especiais de Fiscalização Móvel, instituídos pela Portaria MTE 265, de 6 de junho de 2002.

Capítulo III

Seção I
Disposições finais e transitórias

Art. 24. Não comparecendo uma das partes, ou na falta de homologação da rescisão em face de discordância quanto aos valores, o assistente emitirá os Termos de Comparecimento gerados pelo Homolognet.

Art. 25. Havendo homologação do TRCT, os Termos de Homologação serão assinados pelas partes e pelo assistente e, juntamente com as vias do TRCT, terão a seguinte destinação:

I – três vias para o empregado;

II – uma via para o empregador.

Art. 26. A assistência prestada nas homologações de rescisões de contrato sem utilização do Homolognet obedecerá, no que couber, ao disposto nesta Instrução Normativa, devendo ser observado:

I – o servidor público em exercício no órgão local do MTE, mediante ato próprio do Superintendente Regional do Trabalho e Emprego, ficará autorizado a prestar assistência na rescisão do contrato de trabalho;

II – em caso de incorreção de parcelas ou valores lançados no TRCT, o assistente deverá consignar as devidas ressalvas no verso;

III – é obrigatória a apresentação do demonstrativo de parcelas variáveis consideradas para fins de cálculo dos valores devidos na rescisão contratual e de cópia do instrumento coletivo aplicável;

IV – o assistente deverá conferir manualmente os valores das verbas rescisórias.

Art. 27. Esta Instrução Normativa entra em vigor na data de sua publicação.

Art. 28. Fica revogada a Instrução Normativa 3, de 21 de junho de 2002.

Zilmara David de Alencar

(*DOU* 15.07.2010)

SALÁRIO-EDUCAÇÃO

DECRETO-LEI 1.422,
DE 23 DE OUTUBRO DE 1975

Dispõe sobre o salário-educação.

• V. Súmula 732, STF.

O Presidente da República, no uso das atribuições que lhe confere o art. 55, inciso II, da Constituição, decreta:

Art. 1º O salário-educação, previsto no art. 178 da Constituição, será calculado com base em alíquota incidente sobre a folha do salário de contribuição, como definido no art. 76 da Lei 3.807, de 26 de agosto de 1960, com as modificações introduzidas pelo Decreto-lei 66, de 21 de novembro de 1966, e pela Lei 5.890, de 8 de junho de 1973, não se aplicando ao salário-educação o disposto no art. 14, *in fine*, dessa Lei, relativo à limitação da base de cálculo da contribuição.

• V. art. 212, § 5º, CF.

§ 1º O salário-educação será estipulado pelo sistema de compensação do custo atuarial, cabendo a todas empresas recolher, para este fim, em relação aos seus titulares, sócios e diretores e aos empregados independentemente da idade, do estado civil e do número de filhos, a contribuição que for fixada em correspondência com o valor da quota respectiva.

§ 2º A alíquota prevista neste artigo será fixada por ato do Poder Executivo, que poderá alterá-la mediante demonstração, pelo Ministério da Educação e Cultura, da efetiva variação do custo real unitário do ensino de 1º Grau.

§ 3º A contribuição da empresa obedecerá aos mesmos prazos de recolhimento e estará sujeita às mesmas sanções administrativas, penais e demais normas relativas às contribuições destinadas à Previdência Social.

§ 4º O salário-educação não tem caráter remuneratório na relação de emprego e não se vincula, para nenhum efeito, ao salário ou à remuneração percebida pelos empregados das empresas compreendidas por este Decreto-lei.

§ 5º Entende-se por empresa, para os fins deste Decreto-lei, o empregador como tal definido no art. 2º da Consolidação das Leis do Trabalho e no art. 4º da Lei 3.807, de 26 de agosto de 1960, com a redação dada pelo art. 1º da Lei 5.890, de 8 de junho de 1973, bem como as empresas e demais entidades públicas ou privadas, vinculadas à Previdência Social, ressalvadas as exceções previstas na legislação específica e excluídos os órgãos da Administração Direta.

Art. 2º O montante da arrecadação do salário-educação, em cada Estado e Território e no Distrito Federal, depois de feita a dedução prevista no § 3º, deste artigo, será creditado pelo Banco do Brasil S/A em duas contas distintas:

a) 2/3 (dois terços) em favor dos programas de ensino de 1º Grau, regular e supletivo, no respectivo Estado, Território ou Distrito Federal;

b) 1/3 (um terço) em favor do Fundo Nacional de Desenvolvimento da Educação.

§ 1º Os recursos de que trata a alínea a deste artigo serão empregados nos Estados e no Distrito Federal, de acordo com planos de aplicação aprovados pelos respectivos Conselhos de Educação, e nos Territórios de conformidade com o Plano Setorial de Educação e Cultura.

§ 2º O terço destinado ao Fundo Nacional de Desenvolvimento da Educação será aplicado:

a) em programas de iniciativa própria do Ministério da Educação e Cultura, de pesquisa, planejamento, currículos, material escolar, formação e aperfeiçoamento de pessoal docente e outros programas especiais relacionados com o ensino de 1º Grau;

b) na concessão de auxílios, na forma do disposto nos artigos 42 e 54, e seus parágrafos, da Lei 5692, de 11 de agosto de 1971,

Dec. 87.043/1982

SALÁRIO-EDUCAÇÃO

sempre respeitando critérios que levem em conta o grau de desenvolvimento econômico e social relativo, tal como especificados em Regulamento e, especialmente, os *deficits* de escolarização da população na faixa etária entre os 7 (sete) e os 14 (quatorze) anos, em cada Estado e Território e no Distrito Federal, de modo a contemplar os mais necessitados.

§ 3º O INPS reterá, do montante recolhido, a título de taxa de administração, a importância equivalente a 1% (um por cento), depositando o restante no Banco do Brasil, para os fins previstos neste artigo.

Art. 3º Ficam isentas do recolhimento do salário-educação:

I – as empresas que, obedecidas as normas que forem estabelecidas em Regulamento, mantenham diretamente e às suas expensas, instituições de ensino de 1º Grau ou programas de bolsas para seus empregados e os filhos destes;

II – as instituições públicas de ensino de qualquer grau, e as particulares, devidamente registradas e reconhecidas pela Administração Estadual de ensino;

III – as organizações hospitalares e de assistência social, desde que comprovem enquadrar-se nos benefícios da Lei 3.577, de 4 de julho de 1959;

IV – as organizações de fins culturais que, para este fim, vierem a ser definidas no Regulamento.

Art. 4º O Ministério da Educação e Cultura fiscalizará a aplicação de todos os recursos provenientes do salário-educação, na forma do Regulamento e das instruções que para esse fim, forem baixadas pelo Fundo Nacional de Desenvolvimento da Educação.

Art. 5º O Poder Executivo baixará decreto aprovando Regulamento deste Decreto-lei, no prazo de 60 (sessenta) dias a contar de sua publicação.

Art. 6º Este Decreto-lei entrará em vigor a 1º de janeiro de 1976, revogadas a Lei 4.440, de 27 de outubro de 1964, e demais disposições em contrário.

Brasília, 23 de outubro de 1975; 154º da Independência e 87º da República.
Ernesto Geisel

(*DOU* 24.10.1975)

DECRETO 87.043,
DE 22 DE MARÇO DE 1982

Regulamenta o Decreto-lei 1.422, de 23 de outubro de 1975, que dispõe sobre o cumprimento do art. 178 da Constituição por empresas e empregadores de toda natureza, mediante a manutenção do ensino de 1º grau gratuito ou recolhimento da contribuição do salário-educação.

• V. Súmula 732, STF.

O Presidente da República, usando das atribuições que lhe confere o artigo 81, item III, da Constituição decreta:

Art. 1º As empresas comerciais, industriais e agrícolas são obrigadas a manter o ensino de 1º Grau gratuito para seus empregados e para os filhos destes, entre os 7 (sete) e 14 (quatorze) anos, ou a concorrer para esse fim, mediante a contribuição do salário-educação.

Art. 2º O salário-educação, previsto no art. 178 da Constituição, instituído pela Lei 4.440, de 27 de outubro de 1964, e reestruturado pelo Decreto-lei 1.422, de 23 de outubro de 1975, é uma contribuição patronal devida pelas empresas comerciais, industriais e agrícolas e destinada ao financiamento do ensino de 1º Grau aos empregados de qualquer idade, e dos filhos destes, na faixa etária dos 7 (sete) aos 14 (quatorze) anos, suplementando os recursos públicos destinados à manutenção e ao desenvolvimento desse grau de ensino.

• V. art. 212, § 5º, CF.

Parágrafo único. Consideram-se empresas, para os efeitos desta regulamentação, em relação à Previdência Social, Urbana e Rural, respectivamente:

I – o empregador, como tal definido no art. 2º da Consolidação das Leis do Trabalho e no art. 4º da Lei 3.807, de 26 de agosto de 1960, com redação dada pelo art. 1º da Lei 5.890, de 8 de junho de 1973;

II – a empresa, o empregador e o produtor rurais, como tal definidos no Estatuto da Terra, item VI, do art. 4º, da Lei 4.504, de 30 de novembro de 1964, no § 1º, do art. 1º, da Lei 6.260, de 6 de novembro de 1975 e no item *b*, do § 1º, do art. 3º, da Lei Com-

Dec. 87.043/1982

SALÁRIO-EDUCAÇÃO

plementar 11, de 25 de maio de 1971, dos quais se origine o produto rural mencionado no § 1º, do art. 15, da Lei Complementar 11, de 25 de maio de 1971;

III – todas as demais empresas e entidades públicas, sociedades de economia mista e empresas privadas, vinculadas à Previdência Social.

Art. 3º O salário-educação é estipulado com base no custo de ensino de 1º Grau, cabendo a todas as empresas vinculadas à Previdência Social, Urbana e Rural, respectivamente, recolher:

I – 2,5% (dois e meio por cento) sobre a folha de salário de contribuição, definido na legislação previdenciária, e sobre a soma dos salários-base dos titulares, sócios e diretores, constantes dos carnês de contribuintes individuais;

II – 0,8% (oito décimos por cento) sobre o valor comercial dos produtos rurais definidos no § 1º, do art. 15, da Lei Complementar 11, de 25 de maio de 1971.

§ 1º A incidência do salário-educação sobre os valores dos salários-base de titulares, sócios e diretores somente ocorrerá quando houver contribuições para o Instituto de Administração Financeira da Previdência e Assistência Social, em virtude de pagamentos pelas empresas a empregados ou autônomos.

§ 2º O cálculo da contribuição mencionada no item I deste artigo incidirá sobre os valores da folha de salário de contribuição somados aos dos salários-base lançados nos carnês de contribuintes individuais, até o limite máximo de exigência das contribuições previdenciárias.

§ 3º A contribuição de 0,8% (oito décimos por cento) mencionada no item II deste artigo será adicional à fixada no item I, do art. 15, da Lei Complementar 11, de 25 de maio de 1971, e deverá ser recolhida na mesma guia, nas mesmas condições e sob as mesmas sanções.

§ 4º As alíquotas da contribuição a que se refere este artigo poderão ser alteradas, mediante demonstração pelo Fundo Nacional de Desenvolvimento da Educação, da variação do custo efetivo do ensino de 1º Grau.

§ 5º Integram a receita do salário-educação as multas, a correção monetária e os juros de mora a que estão sujeitos os contribuintes em atraso com o pagamento da contribuição.

Art. 4º *(Revogado pelo Dec. 994/1993.)*
Art. 5º *(Revogado pelo Dec. 994/1993.)*
Art. 6º Os recursos transferidos às Secretarias de Educação dos Estados, Distrito Federal e Territórios serão por elas aplicados na educação de 1º Grau, quer regular, quer supletivo, de acordo com planos aprovados pelos respectivos Conselhos de Educação, obedecidas as diretrizes do Plano Setorial de Educação, Cultura e Desportos.

Art. 7º Os recursos destinados ao Fundo Nacional de Desenvolvimento da Educação serão aplicados:

a) em programas de iniciativa própria do Ministério da Educação e Cultura, de pesquisa, planejamento, currículos, material escolar, treinamento e aperfeiçoamento de pessoal docente e técnico, em exercício no ensino de 1º Grau e outros programas especiais, que assegurem aos alunos condições de eficiência escolar e formação integral neste grau de ensino;

b) na concessão de auxílios, na forma do disposto nos artigos 43 e 54 e seus parágrafos, da Lei 5.692, de 11 de agosto de 1971, levando em conta, especialmente, os déficits de escolarização da população na faixa etária de 7 (sete) aos 14 (quatorze) anos e a necessidade de suprir a escolarização regular de adolescentes e adultos.

§ 1º Para os fins expressos nas alíneas *a* e *b* deste artigo, o Fundo Nacional de Desenvolvimento da Educação manterá levantamentos estatísticos e estudos técnicos atualizados que caracterizem os esforços quantitativos e qualitativos dos sistemas de ensino das Unidades da Federação, de modo a propiciar-lhes os meios adicionais de que necessitem.

§ 2º Em combinação com os critérios estabelecidos nos artigos 43 e 54, e seus parágrafos, da Lei 5.692, de 11 de agosto de 1971, o Fundo Nacional de Desenvolvimento da Educação levará em conta outros indicadores que permitam o mais racional ajustamento dos programas e projetos aos obje-

Dec. 87.043/1982

SALÁRIO-EDUCAÇÃO

tivos do salário-educação, envolvendo necessariamente:
a) o grau de desenvolvimento econômico e social relativo das Unidades da Federação;
b) os aspectos permanentes da realidade nacional, regional e local;
c) os aspectos transitórios ou circunstanciais dessa realidade;
d) os aspectos específicos relacionados com a natureza do próprio programa ou projeto.
§ 3º A programação dos recursos citados neste artigo desenvolver-se-á sob a forma de projetos e atividades constantes do Orçamento Próprio do Fundo Nacional de Desenvolvimento da Educação.

Art. 8º Estão, respectivamente, excluídas ou isentas do recolhimento da contribuição do salário-educação:
I – a União, os Estados, o Distrito Federal, os Territórios e os Municípios, bem como suas respectivas autarquias;
II – as instituições oficiais de ensino de qualquer grau;
III – as instituições particulares de ensino de qualquer grau, devidamente autorizadas ou reconhecidas, mediante apresentação dos atos de registro nos órgãos próprios dos sistemas de ensino;
IV – as organizações hospitalares e de assistência social, desde que portadoras do Certificado de Fins Filantrópicos expedido pelo órgão competente na forma do disposto no Decreto-lei 1.572, de 1º de setembro de 1977;
V – as organizações de fins culturais que, através de portaria do Ministro da Educação e Cultura, venham a ser reconhecidas como de significação relevante para o desenvolvimento cultural do País.

Art. 9º As empresas poderão deixar de recolher a contribuição do salário-educação ao Instituto de Administração Financeira da Previdência e Assistência Social, se optarem pelo cumprimento da obrigação constitucional, sob a forma de manutenção do ensino de 1º Grau, quer regular, quer supletivo, através de:
a) escola própria gratuita para os seus empregados ou filhos destes, ou, pelo sistema de compensação, para quaisquer adultos ou crianças;
b) programa de bolsas, mediante recolhimento ao Fundo Nacional de Desenvolvimento da Educação do valor mensal devido, para a finalidade de aquisição de vagas da rede de ensino particular destinadas a seus empregados e aos filhos destes ou, pelo sistema de compensação, para quaisquer adultos ou crianças;
c) indenização das despesas de autopreparação de seus empregados, mediante apresentação do certificado de conclusão do ensino de 1º Grau, via de exames supletivos, fixada nos limites estabelecidos neste Decreto;
d) indenização para os filhos menores de seus empregados, mediante comprovante de frequência em estabelecimentos pagos, fixada nos limites da alínea anterior;
e) esquema misto, usando combinações das alternativas anteriores.

1 – As operações concernentes à receita e despesa com o recolhimento do salário-educação e com a manutenção direta ou indireta de ensino, previstas no art. 3º e neste artigo, deverão ser lançadas sob o título "Salário-Educação", na escrituração da empresa e da escola, e estão sujeitas à fiscalização, nos termos deste Decreto e demais normas aplicáveis.

2 – Não poderão participar da forma de opção prevista na alínea b entidades de ensino mantidas por instituições criadas pelo Poder Público.

Art. 10. São condições para a opção a que se refere o artigo anterior:
I – responsabilidade integral pela empresa, das despesas com a manutenção do ensino, direta ou indiretamente;
II – equivalência dessas despesas ao total da contribuição correspondente ao salário-educação respectivo;
III – oferta de vagas, prefixadas, em número equivalente ao quociente da divisão da importância correspondente a 2,5% (dois e meio por cento) da folha mensal do salário de contribuição pelo preço da vaga de ensino de 1º Grau a ser fixado, anualmente, pelo Fundo Nacional de Desenvolvimento da Educação.

Lei 9.766/1998

SALÁRIO-EDUCAÇÃO

§ 1º O preço fixado passa a ser, para os beneficiários do sistema, o valor da anuidade, não sendo o aluno obrigado a nenhuma complementação para tal, cabendo ainda à empresa, à escola e à família zelar, solidariamente, por sua frequência e aproveitamento.

§ 2º As variações para menos, decorrentes da matrícula efetiva ou de alterações nas folhas do salário de contribuição serão compensadas, mediante o recolhimento da diferença à conta do Fundo Nacional de Desenvolvimento da Educação, no Banco do Brasil S/A., para distribuição na forma do art. 5º deste Decreto.

Art. 11. A cobertura financeira necessária ao cumprimento do disposto no art. 9º será efetuada:

I – no caso da alínea *a*, mensalmente, pela empresa, à sua escola;

II – no caso da alínea *b*, trimestralmente e diretamente à escola, pelo Fundo Nacional de Desenvolvimento da Educação;

III – no caso das alíneas *c* e *d*, semestralmente e diretamente aos beneficiários ou responsáveis pelos mesmos, pela empresa.

§ 1º As empresas optantes deverão efetuar, mensalmente, ao Fundo Nacional de Desenvolvimento da Educação, o recolhimento da diferença referida no § 2º do art. 10, entre o valor gerado e o valor aplicado nas formas de opção previstas nas alíneas *a*, *c*, *d* e *e* do art. 9º, para distribuição na forma do art. 5º deste Decreto.

§ 2º *(Revogado pelo Dec. 994/1993.)*

Art. 12. A autorização para a forma alternativa de cumprimento da obrigação patronal, referida no art. 9º deste Decreto, será o documento mediante o qual a empresa faz a opção prevista no art. 178 da Constituição, devidamente protocolado no Ministério da Educação e Cultura, tudo de conformidade com as instruções que, para tal fim, forem baixadas, pelo Fundo Nacional de Desenvolvimento da Educação.

§ 1º O documento a que se refere este artigo comprovará, perante os órgãos fiscalizadores, o cumprimento formal da obrigação fixada no art. 1º deste Decreto.

§ 2º Compete ao Fundo Nacional de Desenvolvimento da Educação comunicar ao Instituto de Administração Financeira da Previdência e Assistência Social quais as empresas optantes pelo cumprimento da obrigação constitucional sob a forma de manutenção direta ou indireta de ensino.

Art. 13. Cabe ao Instituto de Administração Financeira da Previdência e Assistência Social a arrecadação bem como a fiscalização do salário-educação e da manutenção direta ou indireta de ensino pelas empresas, obedecidos os mesmos prazos e mesmas sanções administrativas e penais, e as demais normas das contribuições destinadas ao custeio da Previdência Social.

Parágrafo único. A fiscalização a ser exercida pelo Fundo Nacional de Desenvolvimento da Educação, sem prejuízo das atribuições dos Tribunais de Contas da União, dos Estados e Distrito Federal, das Secretarias de Educação das Unidades da Federação e do Instituto de Administração Financeira da Previdência e Assistência Social, este na forma do *caput* deste artigo, incidirá sobre todas as fases de arrecadação, transferência e manutenção direta ou indireta de ensino, conforme disposto neste Decreto.

Art. 14. Fica suspensa, até ulterior deliberação, a cobrança da contribuição do salário-educação sobre a soma dos salários-base dos titulares, sócios e diretores e sobre o valor comercial dos produtos rurais, prevista nos itens I, *in fine*, e II, do art. 3º, deste Decreto.

Art. 15. Este Decreto entra em vigor na data de sua publicação, revogados o Decreto 76.923, de 26 de dezembro de 1975, e demais disposições em contrário.

Brasília, 22 de março de 1982; 161º da Independência e 94º da República.

João Figueiredo

(*DOU* 23.03.1982)

LEI 9.766, DE 18 DE DEZEMBRO DE 1998

Altera a legislação que rege o Salário-Educação, e dá outras providências.

O Presidente da República:

Faço saber que o Congresso Nacional decreta e eu sanciono a seguinte Lei:

Lei 9.766/1998

SALÁRIO-EDUCAÇÃO

Art. 1º A contribuição social do Salário-Educação, a que se refere o art. 15 da Lei 9.424, de 24 de dezembro de 1996, obedecerá aos mesmos prazos e condições, e sujeitar-se-á às mesmas sanções administrativas ou penais e outras normas relativas às contribuições sociais e demais importâncias devidas à Seguridade Social, ressalvada a competência do Fundo Nacional de Desenvolvimento da Educação (FNDE), sobre a matéria.

• V. Súmula 732, STF.

§ 1º Estão isentas do recolhimento da contribuição social do Salário-Educação:
I – a União, os Estados, o Distrito Federal e os Municípios, bem como suas respectivas autarquias e fundações;
II – as instituições públicas de ensino de qualquer grau;
III – as escolas comunitárias, confessionais ou filantrópicas devidamente registradas e reconhecidas pelo competente órgão de educação, que atendam ao disposto no inciso II do art. 55 da Lei 8.212, de 24 de julho de 1991;
IV – as organizações de fins culturais que, para este fim, vierem a ser definidas em regulamento;
V – as organizações hospitalares e de assistência social, desde que atendam, cumulativamente, aos requisitos estabelecidos nos incisos I a V do art. 55 da Lei 8.212, de 1991.
§ 2º Integram a receita do Salário-Educação os acréscimos legais a que estão sujeitos os contribuintes em atraso.
§ 3º Entende-se por empresa, para fins de incidência da contribuição social do Salário-Educação, qualquer firma individual ou sociedade que assume o risco de atividade econômica, urbana ou rural, com fins lucrativos ou não, bem como as empresas e demais entidades públicas ou privadas, vinculadas à Seguridade Social.

Art. 2º A Quota Estadual e Municipal do Salário-Educação, de que trata o § 1º e seu inciso II do art. 15 da Lei 9.424, de 24 de dezembro de 1996, será integralmente redistribuída entre o Estado e seus Municípios de forma proporcional ao número de alunos matriculados no ensino fundamental nas respectivas redes de ensino, conforme apurado pelo censo educacional realizado pelo Ministério da Educação.

• Artigo com redação determinada pela Lei 10.832/2003 (*DOU* 30.12.2003), em vigor no 1º (primeiro) dia do exercício financeiro seguinte ao de sua publicação.

Art. 3º O Salário-Educação não tem caráter remuneratório na relação de emprego e não se vincula, para nenhum efeito, ao salário ou à remuneração percebida pelos empregados das empresas contribuintes.

Art. 4º A contribuição do Salário-Educação será recolhida ao Instituto Nacional do Seguro Social (INSS) ou ao FNDE.
Parágrafo único. O INSS reterá, do montante por ele arrecadado, a importância equivalente a 1% (um por cento), a título de taxa de administração, creditando o restante no Banco do Brasil S.A., em favor do FNDE, para os fins previstos no art. 15, § 1º, da Lei 9.424, de 1996.

Art. 5º A fiscalização da arrecadação do Salário-Educação será realizada pelo INSS, ressalvada a competência do FNDE sobre a matéria.
Parágrafo único. Para efeito da fiscalização prevista neste artigo, seja por parte do INSS, seja por parte do FNDE, não se aplicam as disposições legais excludentes ou limitativas do direito de examinar livros, arquivos, documentos, papéis e efeitos comerciais ou fiscais, dos comerciantes, empresários, industriais ou produtores, ou da obrigação destes de exibi-los.

Art. 6º As disponibilidades financeiras dos recursos gerenciados pelo FNDE, inclusive os arrecadados à conta do Salário-Educação, poderão ser aplicadas por intermédio de instituição financeira pública federal, na forma que vier a ser estabelecida pelo seu Conselho Deliberativo.

Art. 7º O Ministério da Educação e do Desporto fiscalizará, por intermédio do FNDE, a aplicação dos recursos provenientes do Salário-Educação, na forma do regulamento e das instruções que para este fim forem baixadas por aquela autarquia, vedada sua destinação ao pagamento de pessoal.

Art. 8º Os recursos do Salário-Educação podem ser aplicados na educação especial,

Lei 9.766/1998

Salário-Educação

desde que vinculada ao ensino fundamental público.

Art. 9º O Poder Executivo regulamentará esta Lei no prazo de 60 (sessenta) dias da data de sua publicação.

Art. 10. Ficam convalidados os atos praticados com base na Medida Provisória 1.607-24, de 19 de novembro de 1998.

Art. 11. Esta Lei entra em vigor na data de sua publicação.

Art. 12. Revoga-se a Lei 8.150, de 28 de dezembro de 1990.

Brasília, 18 de dezembro de 1998; 177º da Independência e 110º da República.

Fernando Henrique Cardoso

(*DOU* 19.12.1998)

SALÁRIOS

LEI 4.266, DE 3 DE OUTUBRO DE 1963

Institui o salário-família do trabalhador e dá outras providências.

• Lei regulamentada pelo Dec. 53.153/1963.

O Presidente da República:
Faço saber que o Congresso Nacional decreta e eu sanciono a seguinte Lei:

Art. 1º O salário-família, instituído por esta Lei, será devido, pelas empresas vinculadas à Previdência Social, a todo empregado, como tal definido na Consolidação das Leis do Trabalho, qualquer que seja o valor e a forma de sua remuneração, e na proporção do respectivo número de filhos.

• V. art. 7º, XII, CF.

Art. 2º O salário-família será pago sob a forma de uma quota percentual, calculada sobre o valor do salário mínimo local, arredondado este para o múltiplo de mil seguinte, por filho menor de qualquer condição, até 14 anos de idade.

Art. 3º O custeio do salário-família será feito mediante o sistema de compensação, cabendo a cada empresa, qualquer que seja o número e o estado civil de seus empregados, recolher, para esse fim, ao Instituto ou Institutos de Aposentadoria e Pensões a que estiver vinculada, a contribuição que for fixada em correspondência com o valor da quota percentual referida no art. 2º.

§ 1º A contribuição de que trata esse artigo corresponderá a uma percentagem incidente sobre o salário mínimo local multiplicado pelo número total de empregados da empresa, observados os mesmos prazos de recolhimento, sanções administrativas e penais e demais condições estabelecidas com relação às contribuições destinadas ao custeio da Previdência Social.

§ 2º As contribuições recolhidas pelas empresas, nos termos deste artigo, constituirão, em cada Instituto, um "Fundo de Compensação do Salário-Família" em regime de repartição anual, cuja destinação será exclusivamente a de custeio do pagamento das quotas, não podendo a parcela relativa às respectivas despesas de administração exceder de 0,5% (meio por cento) do total do mesmo Fundo.

• V. art. 19, Lei 5.890/1973 (Extingue o "Fundo de Compensação do Salário-Família").

Art. 4º O pagamento das quotas do salário-família será feito pelas próprias empresas, mensalmente, aos seus empregados, juntamente com o do respectivo salário, nos termos do art. 2º.

§ 1º Quando os pagamentos forem semanais ou por outros períodos, as quotas serão pagas juntamente com o último relativo ao mês.

§ 2º Para efeito de pagamento das quotas, exigirão as empresas, dos empregados, as certidões de nascimento dos filhos, que a isto os habilitam.

§ 3º As certidões expedidas para os fins do § 2º deste artigo são isentas de selo, taxas ou emolumentos de qualquer espécie, assim como o reconhecimento de firmas a elas referente, quando necessário.

§ 4º Dos pagamentos de quotas feitos, guardarão as empresas os respectivos comprovantes, bem como as certidões, para o efeito da fiscalização dos Institutos, no tocante ao reembolso a que se refere o art. 5º.

Art. 5º As empresas serão reembolsadas, mensalmente, dos pagamentos das quotas feitos aos seus empregados, na forma desta lei, mediante desconto do valor respectivo no total das contribuições recolhidas ao Instituto ou Institutos de Aposentadoria e Pensões a que forem vinculadas.

Art. 6º A fixação do salário mínimo, de que trata o Capítulo II do Título II da Consolidação das Leis do Trabalho, terá por base unicamente as necessidades normais do trabalhador sem filhos, considerando-se atendido, com o pagamento do salário-família

Dec.-lei 368/1968

SALÁRIOS

instituído por esta lei, o preceituado no art. 157, I, da Constituição Federal.

• Refere-se à CF/1946.

Art. 7º Ficam fixados, pelo período de 3 (três) anos, os seguintes valores relativos à presente Lei:
I – de 5% (cinco por cento) para cada quota percentual a que se refere o art. 2º;
II – de 6% (seis por cento) para a contribuição de que trata o art. 3º.

§ 1º Se, findo o período previsto neste artigo, não forem revistos os valores nele fixados, continuarão a vigorar até que isto se venha a efetuar.

§ 2º A qualquer alteração no valor de um das percentagens deverá corresponder proporcionalmente o da outra, de modo a que seja assegurado o perfeito equilíbrio do custeio do sistema, no regime de repartição anual.

Art. 8º Os empregados abrangidos pela presente Lei ficam excluídos do campo de aplicação do Decreto-lei 3.200, de 19 de abril de 1941, no tocante ao abono às famílias numerosas.

Art. 9º As quotas do salário-família não se incorporarão, para nenhum efeito, ao salário ou remuneração devidos aos empregados.

Art. 10. Esta Lei entrará em vigor a partir do primeiro dia do mês que se seguir ao decurso de 30 (trinta) dias, contados da data de sua publicação.

Parágrafo único. Dentro do prazo referido neste artigo, o Poder Executivo expedirá o Regulamento desta Lei.

Art. 11. Revogam-se as disposições em contrário.

Brasília, 3 de outubro de 1963; 142º da Independência e 75º da República.
João Goulart

(*DOU* 08.10.1963)

DECRETO-LEI 368,
DE 19 DE DEZEMBRO DE 1968

Dispõe sobre efeitos de débitos salariais e dá outras providências.

O Presidente da República, usando da atribuição que lhe confere o § 1º do art. 2º do Ato Institucional n. 5, de 13 de dezembro de 1968, decreta:

Art. 1º A empresa em débito salarial com seus empregados não poderá:
I – pagar honorário, gratificação, pro labore ou qualquer outro tipo de retribuição ou retirada a seus diretores, sócios, gerentes ou titulares da firma individual;
II – distribuir quaisquer lucros, bonificações, dividendos ou interesses a seus sócios, titulares, acionistas, ou membros de órgãos dirigentes, fiscais ou consultivos;
III – ser dissolvida.

Parágrafo único. Considera-se em débito salarial a empresa que não paga, no prazo e nas condições da lei ou do contrato, o salário devido a seus empregados.

Art. 2º A empresa em mora contumaz relativamente a salários não poderá, além do disposto no art. 1º, ser favorecida com qualquer benefício de natureza fiscal, tributária, ou financeira, por parte de órgãos da União, dos Estados ou dos Municípios, ou de que estes participem.

§ 1º Considera-se mora contumaz o atraso ou sonegação de salários devidos aos empregados, por período igual ou superior a três meses, sem motivo grave e relevante, excluídas as causas pertinentes ao risco do empreendimento.

§ 2º Não se incluem na proibição do artigo as operações de crédito destinadas à liquidação dos débitos salariais existentes, o que deverá ser expressamente referido em documento firmado pelo responsável legal da empresa, como justificação do crédito.

Art. 3º A mora contumaz e a infração ao art. 1º serão apuradas mediante denúncia de empregado da empresa ou entidade sindical da respectiva categoria profissional, pela Delegacia Regional do Trabalho, em processo sumário, assegurada ampla defesa ao interessado.

§ 1º Encerrado o processo, o Delegado Regional do Trabalho submeterá ao Ministro do Trabalho e Previdência Social parecer conclusivo para decisão.

§ 2º A decisão que concluir pela mora contumaz será comunicada às autoridades fazendárias locais pelo Delegado Regional do

SALÁRIOS

Trabalho, sem prejuízo da comunicação que deverá ser feita ao Ministro da Fazenda.

Art. 4º Os diretores, sócios, gerentes, membros de órgãos fiscais ou consultivos, titulares de firma individual ou quaisquer outros dirigentes de empresa responsável por infração do disposto no art. 1º, incisos I e II, estarão sujeitos à pena de detenção de 1 (um) mês a 1 (um) ano.

Parágrafo único. Apurada a infração prevista neste artigo, o Delegado Regional do Trabalho representará, sob pena de responsabilidade, ao Ministério Público, para a instauração da competente ação penal.

Art. 5º No caso do inciso III do art. 1º, a empresa requererá a expedição de Certidão Negativa de Débito Salarial, a ser passada pela Delegacia Regional do Trabalho mediante prova bastante do cumprimento, pela empresa, das obrigações salariais respectivas.

Art. 6º Considera-se salário devido, para os efeitos deste Decreto-lei, a retribuição de responsabilidade direta da empresa, inclusive comissões, percentagens, gratificações, diárias para viagens e abonos, quando a sua liquidez e certeza não sofram contestação nem estejam pendentes de decisão judicial.

Art. 7º As infrações descritas no art. 1º, incisos I e II, e seu parágrafo único, sujeitam a empresa infratora a multa variável de 10% (dez por cento) a 50% (cinquenta por cento) do débito salarial, a ser aplicada pelo Delegado Regional do Trabalho, mediante o processo previsto nos artigos 626 e seguintes da Consolidação das Leis do Trabalho, sem prejuízo da responsabilidade criminal das pessoas implicadas.

Art. 8º O Ministério do Trabalho e Previdência Social expedirá as instruções necessárias à execução deste Decreto-lei.

Art. 9º Este Decreto-lei entrará em vigor na data de sua publicação, revogadas as disposições em contrário.

Brasília, 19 de dezembro de 1968; 147º da Independência e 80º da República.

A. Costa e Silva

(*DOU* 20.12.1968)

Dec.-lei 691/1969

DECRETO-LEI 691, DE 18 DE JULHO DE 1969

Dispõe sobre a não aplicação, aos contratos de técnicos estrangeiros, com estipulação de pagamento de salários em moeda estrangeira, de diversas disposições da legislação trabalhista, e dá outras providências.

O Presidente da República, no uso da atribuição que lhe confere o § 1º do art. 2º do Ato Institucional n. 5, de 13 de dezembro de 1968, decreta:

Art. 1º Os contratos de técnicos estrangeiros domiciliados ou residentes no exterior, para execução, no Brasil, de serviços especializados, em caráter provisório, com estipulação de salários em moeda estrangeira, serão, obrigatoriamente, celebrados por prazo determinado e prorrogáveis sempre a termo certo, ficando excluídos da aplicação do dispostos nos artigos 451, 452, 453, no Capítulo VII do Título IV da Consolidação das Leis do Trabalho e na Lei 5.107, de 13 de dezembro de 1966, com as alterações do Decreto-lei 20, de 14 de setembro de 1966, e legislação subsequente.

Parágrafo único. A rescisão dos contratos de que trata este artigo reger-se-á pelas normas estabelecidas nos artigos 479, 480, e seu § 1º, e 481 da Consolidação das Leis do Trabalho.

Art. 2º Aos técnicos estrangeiros contratados nos termos deste Decreto-lei serão assegurados, além das vantagens previstas no contrato, apenas as garantias relativas a salário mínimo, repouso semanal remunerado, férias anuais, duração, higiene e segurança do trabalho, seguro contra acidente do trabalho e previdência social deferidas ao trabalhador que perceba salário exclusivamente em moeda nacional.

Parágrafo único. É vedada a estipulação contratual de participação nos lucros da empresa.

Art. 3º A taxa de conversão da moeda estrangeira será, para todos os efeitos, a da data do vencimento da obrigação.

Art. 4º A competência para dirimir as controvérsias oriundas das relações estabe-

Lei 6.858/1980

SALÁRIOS

lecidas sob o regime deste Decreto-lei será da Justiça do Trabalho.

Art. 5º O presente Decreto-lei entrará em vigor na data de sua publicação, aplicando-se às relações em curso.

Art. 6º Revogam-se as disposições em contrário.

Brasília, 18 de julho de 1969; 148º da Independência e 81º da República.

A. Costa e Silva

(DOU 21.07.1969)

LEI 6.858, DE 24 DE NOVEMBRO DE 1980

Dispõe sobre o pagamento, aos dependentes ou sucessores, de valores não recebidos em vida pelos respectivos titulares.

O Presidente da República:

Faço saber que o Congresso Nacional promulga e eu sanciono a seguinte Lei:

Art. 1º Os valores devidos pelos empregadores aos empregados e os montantes das contas individuais do Fundo de Garantia do Tempo de Serviço e do Fundo de Participação PIS/Pasep, não recebidos em vida pelos respectivos titulares, serão pagos, em quotas iguais, aos dependentes habilitados perante a Previdência Social ou na forma da legislação específica dos servidores civis e militares, e, na sua falta, aos sucessores previstos na lei civil, indicados em alvará judicial, independentemente de inventário ou arrolamento.

- V. arts. 1.603 e 1.770, CC/1916; e arts. 1.796 e 1.829, CC/2002.
- V. arts. 982 e 1.031, CPC.
- V. art. 2º, *caput*, Dec. 85.845/1981 (Pagamento aos dependentes ou sucessores de valores não recebidos pelos titulares).
- V. art. 16, Lei 8.213/1991 (Planos de Benefícios da Previdência Social).

§ 1º As quotas atribuídas a menores ficarão depositadas em caderneta de poupança, rendendo juros e correção monetária, e só serão disponíveis após o menor completar 18 (dezoito) anos, salvo autorização do juiz para aquisição de imóvel destinado à residência do menor e de sua família ou para dispêndio necessário à subsistência e educação do menor.

- V. art. 6º, Dec. 85.845/1981 (Pagamento aos dependentes ou sucessores de valores não recebidos pelos titulares).

§ 2º Inexistindo dependentes ou sucessores, os valores de que trata este artigo reverterão em favor, respectivamente, do Fundo de Previdência e Assistência Social, do Fundo de Garantia do Tempo de Serviço ou do Fundo de Participação PIS/Pasep, conforme se tratar de quantias devidas pelo empregador ou de contas de FGTS e do Fundo PIS/Pasep.

- V. art. 7º, Dec. 85.845/1981 (Pagamento aos dependentes ou sucessores de valores não recebidos pelos titulares).

Art. 2º O disposto nesta Lei se aplica às restituições relativas ao Imposto de Renda e outros tributos, recolhidos por pessoa física, e, não existindo outros bens sujeitos a inventário, aos saldos bancários e de contas de cadernetas de poupança e fundos de investimento de valor até 500 (quinhentas) Obrigações do Tesouro Nacional.

- V. arts. 1º, parágrafo único, V, e 4º, Dec. 85.845/1981 (Pagamento aos dependentes ou sucessores de valores não recebidos pelos titulares).
- V. Lei 7.730/1989 (Extinção da OTN).

Parágrafo único. Na hipótese de inexistirem dependentes ou sucessores do titular, os valores referidos neste artigo reverterão em favor do Fundo de Previdência e Assistência Social.

- V. art. 7º, Dec. 85.845/1981 (Pagamento aos dependentes ou sucessores de valores não recebidos pelos titulares).

Art. 3º Esta Lei entrará em vigor na data de sua publicação.

Art. 4º Revogam-se as disposições em contrário.

Brasília, em 24 de novembro de 1980; 159º da Independência e 92º da República.

João Figueiredo

(DOU 25.11.1980)

SALÁRIOS

DECRETO 85.845,
DE 26 DE MARÇO DE 1981

Regulamenta a Lei 6.858, de 24 de novembro de 1980, que dispõe sobre o pagamento, aos dependentes ou sucessores, de valores não recebidos em vida pelos respectivos titulares.

O Presidente da República, usando da atribuição que lhe confere o art. 81, III, da Constituição, e tendo em vista o disposto na Lei 6.858, de 24 de novembro de 1980, e no Decreto 83.740, de 18 de julho de 1979, que instituiu o Programa Nacional de Desburocratização, decreta:

Art. 1º Os valores discriminados no parágrafo único deste artigo, não recebidos em vida pelos respectivos titulares, serão pagos, em quotas iguais, aos seus dependentes habilitados na forma do art. 2º.

Parágrafo único. O disposto neste Decreto aplica-se aos seguintes valores:

I – quantias devidas a qualquer título pelos empregadores a seus empregados, em decorrência de relação de emprego;

II – quaisquer valores devidos, em razão de cargo ou emprego, pela União, Estado, Distrito Federal, Territórios, Municípios e suas autarquias, aos respectivos servidores;

III – saldos das contas individuais do Fundo de Garantia do Tempo de Serviço e do Fundo de Participação PIS/Pasep;

IV – restituições relativas ao Imposto sobre a Renda e demais tributos recolhidos por pessoas físicas;

V – saldos de contas bancárias, saldos de cadernetas de poupança e saldos de contas de Fundos de Investimento, desde que não ultrapassem o valor de 500 (quinhentas) Obrigações do Tesouro Nacional e não existam, na sucessão, outros bens sujeitos a inventário.

- V. art. 2º, *caput*, Lei 6.858/1980 (Pagamento aos dependentes ou sucessores de valores não recebidos em vida).
- V. Lei 7.730/1989 (Extinção da OTN).

Art. 2º A condição de dependente habilitado será declarada em documento fornecido pela instituição de previdência ou, se for o caso, pelo órgão encarregado, na forma da legislação própria, do processamento do benefício por morte.

- V. art. 1º, *caput*, Lei 6.858/1980 (Pagamento aos dependentes ou sucessores de valores não recebidos em vida).

Parágrafo único. Da declaração constará, obrigatoriamente, o nome completo, a filiação, a data de nascimento de cada um dos interessados e o respectivo grau de parentesco ou relação de dependência com o falecido.

Art. 3º À vista da apresentação da declaração de que trata o art. 2º, o pagamento das quantias devidas será feito aos dependentes do falecido pelo empregador, repartição, entidade, órgão ou unidade civil ou militar, estabelecimento bancário, fundo de participação ou, em geral, por pessoa física ou jurídica, a quem caiba efetuar o pagamento.

Art. 4º A inexistência de outros bens sujeitos a inventário, para os fins do item V, parágrafo único, do art. 1º, será comprovada por meio de declaração, conforme modelo anexo, firmada pelos interessados perante a instituição onde esteja depositada a quantia a receber.

- V. art. 2º, *caput*, Lei 6.858/1980 (Pagamento aos dependentes ou sucessores de valores não recebidos em vida).

§ 1º As declarações feitas nos termos deste artigo ter-se-ão por verdadeiras até prova em contrário.

§ 2º A falsa declaração sujeitará o declarante às sanções previstas no Código Penal e demais cominações legais aplicáveis.

§ 3º Verificada, a qualquer tempo, a existência de fraude ou falsidade na declaração, será dado conhecimento do fato à autoridade competente, dentro de 5 (cinco) dias, para instauração de processo criminal.

Art. 5º Na falta de dependentes, farão jus ao recebimento das quotas de que trata o art. 1º deste Decreto os sucessores do titular, previstos na lei civil, indicados em alvará judicial, expedido a requerimento do interessado, independentemente de inventário ou arrolamento.

- V. arts. 1.603 e 1.770, CC/1916; e arts. 1.796 e 1.829, CC/2002.
- V. arts. 982 e 1.031, CPC.

Dec. 85.845/1981

SALÁRIOS

Art. 6º As quotas a que se refere o art. 1º, atribuídas a menores, ficarão depositadas em caderneta de poupança, rendendo juros e correção monetária, e só serão disponíveis após o menor completar 18 (dezoito) anos, salvo autorização do juiz para aquisição de imóvel destinado à residência do menor e de sua família ou para dispêndio necessário à subsistência e educação do menor.

- V. art. 1º, § 1º, Lei 6.858/1980 (Pagamento aos dependentes ou sucessores de valores não recebidos em vida).

Art. 7º Inexistindo dependentes ou sucessores, os valores de que trata o parágrafo do art. 1º reverterão em favor, respectivamente, do Fundo de Previdência e Assistência Social, do Fundo de Garantia do Tempo de Serviço ou do Fundo de Participação PIS/Pasep, conforme se tratar de quantias devidas pelo empregador ou de contas de FGTS e do Fundo PIS/Pasep.

- V. arts. 1º, § 2º, e 2º, § 2º, Lei 6.858/1980 (Pagamento aos dependentes ou sucessores de valores não recebidos em vida).

Art. 8º Caberá ao Banco Central do Brasil, ao Banco Nacional da Habitação, à Caixa Econômica Federal, ao Banco do Brasil S.A. e aos demais órgãos e entidades da Administração Federal, Estadual e Municipal, nas respectivas áreas de competência, orientar e fiscalizar o cumprimento deste Decreto pelas pessoas físicas e jurídicas responsáveis pelo pagamento dos valores de que trata o art. 1º.

- V. Dec.-lei 2.291/1986 (Extinção do BNH).

Art. 9º Ao Ministro Extraordinário para a Desburocratização caberá acompanhar e coordenar a execução do disposto neste Decreto, assim como dirimir as dúvidas suscitadas na sua aplicação.

Art. 10. Este Decreto entrará em vigor na data de sua publicação.

Art. 11. Revogam-se as disposições em contrário.

Brasília, em 26 de março de 1981; 160º da Independência e 93º da República.
João Figueiredo

(*DOU* 27.03.1981)

Port. MTb 3.296/1986

SALÁRIOS

MODELO ANEXO AO DECRETO 85.845, DE 26 DE MARÇO DE 1981

*DECLARAÇÃO DE INEXISTÊNCIA DE BENS
A INVENTARIAR*

Nos termos do art. 3º do Dec. 85.845, de 26 de março de 1981,,
... , .. ,
 (nome completo) (nacionalidade)
...................................... , , residente na
 (estado civil) (profissão)
.. , portador
 (endereço completo, cidade, Estado)
da ...,
 (documento oficial de identificação e órgão expedidor)
declara que .. , já falecido,
 (nome completo do falecido)
não deixou outros bens a serem inventariados, além do saldo (da conta bancária, da Caderneta de Poupança ou conta de Fundo de Investimento, conforme o caso) no
.. , no valor de Cr$
 (nome da instituição depositária)
(..).
 (por extenso)

A presente declaração é feita sob as penas da lei, ciente, portanto, o declarante de que, em caso de falsidade, ficará sujeito às sanções previstas no Código Penal e às demais cominações legais aplicáveis.

(local e data)

(assinatura)

A declaração acima foi assinada em minha presença.

(local e data)

(assinatura)

Observação:

A validade da declaração independe de formulário especial, sendo lícita, inclusive, a declaração manuscrita pelo interessado.

PORTARIA 3.296, DE 3 DE SETEMBRO DE 1986, DO MINISTÉRIO DO TRABALHO – MTb

Autoriza as empresas e empregadores a adotar o sistema de Reembolso-Creche, em substituição à exigência contida no § 1º do artigo 389, da CLT.

O Ministro de Estado do Trabalho, no uso das atribuições que lhe confere o artigo 913 da Consolidação das Leis do Trabalho – CLT, aprovada pelo Decreto-lei 5.452, de 1º de maio de 1943, e

Considerando o disposto no artigo 444 da CLT, que permite às partes estipularem condições de trabalho que não contrariem as normas de proteção;

IN SRT 1/1989

SALÁRIOS

Considerando as negociações coletivas, que têm preconizado a concessão de benefício Reembolso-Creche, objetivando assegurar o direito contido no artigo 389, § 1º, da CLT, a toda empregada mãe, independentemente da idade e do número de mulheres empregadas no estabelecimento;

Considerando as inúmeras consultas das empresas abrangidas pelos acordos e convenções coletivas sobre a validade da estipulação do benefício, em relação à fiscalização trabalhista, no tocante ao cumprimento do artigo 389, § 1º, da CLT;

Considerando as autorizações deste Ministério para a implantação do sistema, visando à apreciação de seu funcionamento e os resultados satisfatórios decorrentes da extensão do direito além da obrigação legal, resolve:

Art. 1º Ficam as empresas e empregadores autorizados a adotar o sistema de reembolso creche, em substituição à exigência contida no § 1º, do artigo 389, da CLT, desde que obedeçam às seguintes exigências:

I – O reembolso creche deverá cobrir, integralmente, as despesas efetuadas com o pagamento da creche de livre escolha da empregada mãe, ou outra modalidade de prestação de serviços desta natureza, pelo menos até os seis meses de idade da criança, nas condições, prazos e valores estipulados em acordo ou convenção coletiva, sem prejuízo do cumprimento dos demais preceitos de prestação à maternidade.

- Inciso I com redação determinada pela Portaria MTb 670/1997.

II – O benefício deverá ser concedido a toda empregada mãe, independente do número de mulheres do estabelecimento, e sem prejuízo do cumprimento dos demais preceitos de proteção à maternidade.

III – As empresas e empregadores deverão dar ciência às empregadas da existência do sistema e dos procedimentos necessários para a utilização do benefício, com a afixação de avisos em locais visíveis e de fácil acesso para os empregados.

IV – O reembolso creche deverá ser efetuado até o terceiro dia útil da entrega do comprovante das despesas efetuadas, pela empregada mãe, com a mensalidade da creche.

Art. 2º A implantação do sistema de reembolso creche dependerá de prévia estipulação em acordo ou convenção coletiva.

Parágrafo único. A exigência não se aplica aos órgãos públicos e às instituições paraestatais referidas no *caput* do artigo 566, da CLT.

Art. 3º As empresas e empregadores deverão comunicar à Delegacia Regional do Trabalho a adoção do sistema de reembolso creche, remetendo-lhe cópia do documento explicativo do seu funcionamento.

Art. 4º Esta Portaria entrará em vigor na data de sua publicação.

Almir Pazzianotto Pinto

(*DOU* 05.09.1986)

INSTRUÇÃO NORMATIVA 1, DE 7 DE NOVEMBRO DE 1989, DA SECRETARIA DAS RELAÇÕES DE TRABALHO – SRT

Dispõe sobre o prazo para o pagamento do salário.

O Secretário de Relações do Trabalho, no uso das suas atribuições legais e,

Considerando que o pagamento mensal dos salários deve ser efetuado, o mais tardar, até o quinto dia útil do mês subsequente ao vencido, nos termos do § 1º do artigo 459 da Consolidação das Leis do Trabalho, com a redação dada pela Lei 7.855, de 24 de outubro de 1989;

Considerando que o pagamento dos salários deve ser efetuado em dia útil e no local de trabalho, dentro do horário de serviço ou imediatamente após o encerramento deste, conforme o artigo 465 da CLT;

Considerando o disposto na Portaria Ministerial 3.281, de 7 de dezembro de 1984 (*DOU* de 12.12.1984) e,

Considerando que o sábado é dia útil, resolve:

1. Para efeito de orientação quanto ao prazo para o pagamento dos salários as Dele-

Lei 8.073/1990

SALÁRIOS

gacias Regionais do Trabalho deverão observar o seguinte:

I – na contagem dos dias será incluído o sábado, excluindo-se o domingo e o feriado, inclusive o municipal;

II – quando o empregador utilizar o sistema bancário para o pagamento dos salários, os valores deverão estar à disposição do empregado, o mais tardar, até o quinto dia útil;

a) horário que permita o desconto imediato do cheque;

b) transporte, caso o acesso ao estabelecimento de crédito exija a utilização do mesmo.

III – o pagamento estipulado por quinzena ou semana, deve ser efetuado, até o quinto dia após o vencimento;

IV – constatada a inobservância das disposições contidas nesta Instrução caberá ao Fiscal do Trabalho a lavratura de auto de infração conforme Ementa 0363, que passa a ter a seguinte redação, mantida a Ementa 0364:

"EMENTA 0363 – Não efetuar o pagamento mensal dos salários até o quinto dia útil subsequente ao vencido (§ 1° do artigo 459 da CLT)."

2. Esta Instrução Normativa entra em vigor na data de sua publicação.

Orlando da Silva Vila Nova

(DOU 13.11.1989)

LEI 8.073,
DE 30 DE JULHO DE 1990

Estabelece a Política Nacional de Salários e dá outras providências.

O Presidente da República:

Faço saber que o Congresso Nacional decreta e eu sanciono a seguinte Lei:

Art. 1° *(Vetado.)*

Art. 2° *(Vetado.)*

Art. 3° As entidades sindicais poderão atuar como substitutos processuais dos integrantes da categoria.

Parágrafo único. *(Vetado.)*

Art. 4° Esta lei entra em vigor na data de sua publicação.

Art. 5° Revogam-se as disposições em contrário.

Brasília, 30 de julho de 1990; 169° da Independência e 102° da República.

Fernando Collor

(DOU 31.07.1990)

LEI 8.542,
DE 23 DE DEZEMBRO DE 1992

Dispõe sobre a política nacional de salários e dá outras providências.

O Vice-Presidente da República no exercício do cargo de Presidente da República:

Faço saber que o Congresso Nacional decreta e eu sanciono a seguinte Lei:

Art. 1° A política nacional de salários, respeitado o princípio da irredutibilidade, tem por fundamento a livre negociação coletiva e reger-se-á pelas normas estabelecidas nesta Lei.

§ 1° *(Revogado pela Lei 10.192/2001.)*

§ 2° *(Revogado pela Lei 10.192/2001.)*

Arts. 2° a 5° *(Revogados pela Lei 8.880/1994.)*

Art. 6° Salário Mínimo é a contraprestação mínima devida e paga diretamente pelo empregador a todo trabalhador, por jornada normal de trabalho, capaz de satisfazer, em qualquer região do País, às suas necessidades vitais básicas e às de sua família com moradia, alimentação, educação, saúde, lazer, vestuário, higiene, transporte e previdência social.

§ 1° O salário mínimo diário corresponderá a 1/30 (um trinta avos) do salário mínimo mensal, e o salário mínimo horário a 1,220 (um duzentos e vinte avos) do salário mínimo.

§ 2° Para os trabalhadores que tenham por disposição legal a jornada máxima diária de trabalho inferior a 8 (oito) horas, o salário mínimo será igual ao definido no parágrafo anterior multiplicado por 8 (oito) e dividido pelo máximo legal.

Lei 8.880/1994

SALÁRIOS

Art. 7º *(Revogado pela Lei 8.880/1994.)*

Art. 8º O art. 40 da Lei 8.177, de 1º de março de 1991, passa a vigorar com a seguinte redação:

"Art. 40. O depósito recursal de que trata o art. 899 da Consolidação das Leis do Trabalho fica limitado a Cr$ 20.000.000,00 (vinte milhões de cruzeiros), nos casos de interposição de recurso ordinário, e de Cr$ 40.000.000,00 (quarenta milhões de cruzeiros), em se tratando de recurso de revista, embargos infringentes e recursos extraordinários, sendo devido a cada novo recurso interposto no decorrer do processo.

"§ 1º Em se tratando de condenação imposta em ação rescisória, o depósito recursal terá, como limite máximo, qualquer que seja o recurso, o valor de Cr$ 40.000.000,00 (quarenta milhões de cruzeiros).

"§ 2º A exigência de depósito aplica-se, igualmente, aos embargos, à execução e a qualquer recurso subsequente do devedor.

"§ 3º O valor do recurso ordinário, quando interposto em dissídio coletivo, será equivalente ao quádruplo do previsto no *caput* deste artigo.

"§ 4º Os valores previstos neste artigo serão reajustados bimestralmente pela variação acumulada do INPC do IBGE dos 2 (dois) meses imediatamente anteriores."

Art. 9º *(Revogado pela Lei 8.880/1994.)*

Art. 10. *(Revogado pela Lei 8.700/1993.)*

Art. 11. Esta Lei entra em vigor na data de sua publicação.

Art. 12. Revogam-se as disposições em contrário, especialmente a Lei 8.419, de 7 de maio de 1992, e o inciso II do art. 41 da Lei 8.213, de 24 de julho de 1991, mantidos os efeitos financeiros quanto ao reajuste dos benefícios em janeiro.

• O art. 41 da Lei 8.213/1991 foi revogado pela Lei 11.430/2006.

Brasília, 23 de dezembro de 1992; 171º da Independência e 104º da República.

Itamar Franco

(DOU 24.12.1992)

LEI 8.880, DE 27 DE MAIO DE 1994

Dispõe sobre o Programa de Estabilização Econômica e o Sistema Monetário Nacional, institui a Unidade Real de Valor – URV e dá outras providências.

O Presidente da República:
Faço saber que o Congresso Nacional decreta e eu sanciono a seguinte Lei:

Art. 1º Fica instituída a Unidade Real de Valor – URV, dotada de curso legal para servir exclusivamente como padrão de valor monetário, de acordo com o disposto nesta Lei.

§ 1º A URV, juntamente com o Cruzeiro Real, integra o Sistema Monetário Nacional, continuando o Cruzeiro Real a ser utilizado como meio de pagamento dotado de poder liberatório, de conformidade com o disposto no artigo 3º.

§ 2º A URV, no dia 1º de março de 1994, corresponde a CR$ 647,50 (seiscentos e quarenta e sete cruzeiros reais e cinquenta centavos).

Art. 2º A URV será dotada de poder liberatório, a partir de sua emissão pelo Banco Central do Brasil, quando passará a denominar-se Real.

§ 1º As importâncias em dinheiro, expressas em Real, serão grafadas precedidas do símbolo R$.

§ 2º A centésima parte do Real, denominada centavo, será escrita sob a forma decimal, precedida de vírgula que segue a unidade.

Art. 3º Por ocasião da primeira emissão do Real tratada no *caput* do artigo 2º, o Cruzeiro Real não mais integrará o Sistema Monetário Nacional, deixando de ter curso legal e poder liberatório.

§ 1º A primeira emissão do Real ocorrerá no dia 1º de julho de 1994.

§ 2º As regras e condições de emissão do Real serão estabelecidas em lei.

§ 3º A partir da primeira emissão do Real, as atuais cédulas e moedas representativas do Cruzeiro Real continuarão em circulação como meios de pagamento, até que sejam substituídas pela nova moeda no meio cir-

Lei 8.880/1994

SALÁRIOS

culante, observada a paridade entre o Cruzeiro Real e o Real fixada pelo Banco Central do Brasil naquela data.

§ 4º O Banco Central do Brasil disciplinará a forma, prazo e condições da substituição prevista no parágrafo anterior.

Art. 4º O Banco Central do Brasil, até a emissão do Real, fixará a paridade diária entre o Cruzeiro Real e a URV, tomando por base a perda do poder aquisitivo do Cruzeiro Real.

§ 1º O Banco Central do Brasil poderá contratar, independentemente de processo licitatório, institutos de pesquisa de preços, de reconhecida reputação, para auxiliá-lo em cálculos pertinentes ao disposto no *caput* deste artigo.

§ 2º A perda de poder aquisitivo do Cruzeiro Real, em relação à URV, poderá ser usada como índice de correção monetária.

§ 3º O Poder Executivo publicará a metodologia adotada para o cálculo da paridade diária entre o Cruzeiro Real e a URV.

Art. 5º O valor da URV, em cruzeiros reais, será utilizado pelo Banco Central do Brasil como parâmetro básico para negociação com moeda estrangeira.

Parágrafo único. O Conselho Monetário Nacional disciplinará o disposto neste artigo.

Art. 6º É nula de pleno direito a contratação de reajuste vinculado à variação cambial, exceto quando expressamente autorizado por lei federal e nos contratos de arrendamento mercantil celebrados entre pessoas residentes e domiciliadas no País, com base em captação de recursos provenientes do exterior.

Art. 7º Os valores das obrigações pecuniárias de qualquer natureza, a partir de 1º de março de 1994, inclusive, e desde que haja prévio acordo entre as partes, poderão ser convertidos em URV, ressalvado o disposto no artigo 16.

Parágrafo único. As obrigações que não forem convertidas na forma do *caput* deste artigo, a partir da data da emissão do Real prevista no artigo 3º, serão obrigatoriamente, convertidas em Real, de acordo com critérios estabelecidos em lei, preservado o equilíbrio econômico e financeiro e observada a data de aniversário de cada obrigação.

Art. 8º Até a emissão do Real, será obrigatória a expressão de valores em Cruzeiro Real, facultada a concomitante expressão em URV, ressalvado o disposto no artigo 38:

I – nos preços públicos e tarifas dos serviços públicos;

II – nas etiquetas e tabelas de preços;

III – em qualquer outra referência a preços nas atividades econômicas em geral, exceto em contratos, nos termos dos artigos 7º e 10;

IV – nas notas e recibos de compra e venda e prestação de serviços;

V – nas notas fiscais, faturas e duplicatas.

§ 1º Os cheques, notas promissórias, letras de câmbio e demais títulos de crédito e ordens de pagamento continuarão a ser expressos exclusivamente em cruzeiros reais, até a emissão do Real, ressalvado o disposto no artigo 16 desta Lei.

§ 2º O Ministro de Estado da Fazenda poderá dispensar a obrigatoriedade prevista no *caput* deste artigo.

Art. 9º Até a emissão do Real, é facultado o uso da URV nos orçamentos públicos.

Art. 10. Os valores das obrigações pecuniárias de qualquer natureza contraídas a partir de 15 de março de 1994, inclusive, para serem cumpridas ou liquidadas com prazo superior a trinta dias, serão, obrigatoriamente, expressos em URV, observado o disposto nos artigos 8º, 16, 19 e 22.

Art. 11. *(Revogado pela Lei 9.069/1995.)*

Art. 12. É nula de pleno direito e não surtirá nenhum efeito a estipulação de cláusula de revisão ou de reajuste de preços, nos contratos a que se refere o artigo anterior, que contrarie o disposto nesta Lei.

Art. 13. O disposto nos artigos 11 e 12 aplica-se igualmente à execução e aos efeitos dos contratos celebrados antes de 28 de fevereiro de 1994 e que venham a ser convertidos em URV.

Art. 14. Os contratos decorrentes de licitações ou de atos formais de suas dispensas ou inexigibilidades, promovidos pelos órgãos e entidades a que se refere o artigo 15, instaurados após 15 de março de 1994, te-

Lei 8.880/1994

SALÁRIOS

rão seus valores expressos em URV, observando-se as disposições constantes da Lei 8.666, de 21 de junho de 1993, e o disposto nos arts. 11 e 12 desta Lei.

Parágrafo único. Nos processos de contratação cujos atos convocatórios já tenham sido publicados ou expedidos e os contratos ainda não tenham sido firmados, o vencedor poderá optar por fazê-lo de conformidade com os referidos atos, desde que se comprometa, por escrito, a promover, em seguida, as alterações previstas no artigo 15 desta Lei, podendo a Administração rescindi-lo, sem direito a indenização, caso esse termo aditivo não seja assinado.

Art. 15. Os contratos para aquisição ou produção de bens para entrega futura, execução de obras, prestação de serviços, locação, uso e arrendamento, vigentes em 1º de abril de 1994, em que forem contratantes órgãos e entidades da Administração Pública direta e indireta da União, dos Estados, do Distrito Federal e dos Municípios, seus fundos especiais, autarquias, inclusive as especiais, fundações públicas, empresas públicas, sociedades de economia mista e demais entidades por ela controladas direta ou indiretamente, serão repactuados e terão seus valores convertidos em URV, nos termos estabelecidos neste artigo, observado o disposto nos artigos 11, 12 e 16.

§ 1º Os contratos com reajustamento prefixado ou sem cláusula de reajuste terão seus preços mantidos em cruzeiros reais.

§ 2º Nos contratos que contenham cláusula de reajuste de preços por índices pós-fixados gerais, setoriais, regionais ou específicos, em que a periodicidade do reajuste seja igual à periodicidade do pagamento, serão feitas as seguintes alterações:

I – cláusula convertendo para a URV de 1º de abril de 1994, os valores contratuais expressos em Cruzeiros Reais, reajustado *pro rata* até o dia 31 de março de 1994, segundo os critérios estabelecidos no contrato, aplicando-se aos valores referentes à mão de obra, quando discriminados, o disposto nos artigos 18 e 19 desta Lei;

II – cláusula estabelecendo que, a partir da conversão dos valores do contrato para URV, a variação de preços para efeito do reajuste será medida pelos índices previstos no contrato, calculados a partir de preços expressos em URV e em Real, considerando-se como índices iniciais aqueles ajustados para o dia 31 de março de 1994, nos termos do inciso I.

§ 3º Nos contratos que contenham cláusula de reajuste de preços por índices pós-fixados, gerais, setoriais, regionais ou específicos, em que a periodicidade do reajuste seja diferente da periodicidade de pagamento, serão feitas as seguintes alterações:

I – cláusula convertendo para URV, a vigorar a partir de 1º de abril de 1994, os valores das parcelas expressos em cruzeiros reais, pelo seu valor médio, calculado com base nos preços unitários, nos termos das alíneas seguintes, aplicando-se aos valores referentes à mão de obra, quando discriminados, o disposto nos artigos 18 e 19 desta Lei:

a) dividindo-se os preços unitários, em cruzeiros reais, vigentes em cada um dos meses imediatamente anteriores, correspondentes ao perído de reajuste, pelos valores em cruzeiros reais da URV dos dias dos respectivos pagamentos ou, quando estes não tenham ocorrido, dos dias das respectivas exigibilidades;

b) calculando-se a média aritmética dos valores em URV obtidos de acordo com a alínea a;

c) multiplicando-se os preços unitários médios, em URV, assim obtidos, pelos respectivos quantitativos, para obter o valor da parcela;

II – cláusula estabelecendo que, a partir da conversão dos valores do contrato para URV, a variação de preços para efeito do reajuste será medida pelos índices previstos no contrato, calculados a partir de preços expressos em URV e em Real;

III – cláusula estabelecendo que, se o contrato estiver em vigor por um número de meses inferior ao da periodicidade do reajuste, o mesmo será mantido em cruzeiros reais até completar o primeiro período do reajuste, sendo então convertido em URV segundo o disposto neste artigo, devendo, caso o período do reajuste não se complete até a data da primeira emissão do Real, ser o contrato convertido em Reais nos termos do

SALÁRIOS

parágrafo único do artigo 7º e do artigo 38 desta Lei.

§ 4º Nos contratos que contiverem cláusula de atualização financeira ou monetária, seja por atraso ou por prazo concedido para pagamento, será suspensa por um ano a aplicação desta cláusula, quando da conversão para URV, mantendo-se a cláusula penal ou de juro de mora real, caso a mesma conste do contrato original, observado o disposto no § 1º do artigo 11.

§ 5º Na conversão para URV dos contratos que não contiverem cláusula de atualização monetária entre a data final do período de adimplemento da obrigação e a data da exigibilidade do pagamento, adicionalmente ao previsto no § 2º deste artigo, será expurgada a expectativa de inflação considerada explícita ou implicitamente no contrato relativamente a este prazo, devendo, quando o contrato não mencionar explicitamente a expectativa inflacionária, ser adotada para o expurgo a variação do Índice Geral de Preços – Disponibilidade Interna – IGP/DI, da Fundação Getúlio Vargas – FGV, no mês de apresentação da proposta ou do orçamento a que esta se referir, aplicado *pro rata* relativamente ao prazo previsto para o pagamento.

§ 6º Nos casos em que houver cláusula de atualização monetária decorrente de atraso de pagamento, corrigido também o período decorrido entre a data do adimplemento da obrigação e a da exigibilidade do pagamento, aplica-se a este período o expurgo referido no parágrafo anterior, segundo os critérios nele estabelecidos.

§ 7º É facultado ao contratado a não repactuação prevista neste artigo, podendo, nesta hipótese, a Administração Pública rescindir ou modificar unilateralmente o contrato nos termos dos artigos 58, inciso I e § 2º, 78, inciso XII, e 79, inciso I e § 2º, da Lei 8.666, de 21 de junho de 1993.

§ 8º As alterações contratuais decorrentes da aplicação desta Lei serão formalizadas por intermédio de termo aditivo ao contrato original, retroagindo seus efeitos financeiros a 1º de abril de 1994, inclusive às parcelas não quitadas até aquela data relativas a março de 1994 e meses anteriores se, neste último caso, os contratos originais previrem cláusula de atualização monetária.

Art. 16. Continuam expressos em cruzeiros reais, até a emissão do Real, e regidos pela legislação específica:

I – as operações ativas e passivas realizadas no mercado financeiro, por instituições financeiras e entidades autorizadas a funcionar pelo Banco Central do Brasil;

II – os depósitos de poupança;

III – as operações do Sistema Financeiro da Habitação e do Saneamento (SFH e SFS);

IV – as operações de crédito rural, destinadas a custeio, comercialização e investimento, qualquer que seja a sua fonte;

V – as operações de arrendamento mercantil;

VI – as operações praticadas pelo sistema de seguros, previdência privada e capitalização;

VII – as operações dos fundos, públicos e privados, qualquer que seja sua origem ou sua destinação;

VIII – os títulos e valores mobiliários e quotas de fundos mútuos;

IX – as operações nos mercados de liquidação futura;

X – os consórcios; e

XI – as operações de que trata a Lei 8.727, de 5 de novembro de 1993.

§ 1º Observadas as diretrizes estabelecidas pelo Presidente da República, o Ministro de Estado da Fazenda, o Conselho Monetário Nacional, o Conselho de Gestão da Previdência Complementar e o Conselho Nacional de Seguros Privados, dentro de suas respectivas competências, poderão regular o disposto neste artigo, inclusive em relação à utilização da URV antes da emissão do Real, nos casos que especificarem, exceto no que diz respeito às operações de que trata o inciso XI.

§ 2º Nas operações referidas no inciso IV, a atualização monetária aplicada àqueles contratos será equivalente à dos preços mínimos em vigor para os produtos agrícolas.

• V. art. 9º, Lei 10.735/2003 (Operações de crédito destinadas à população de baixa renda e a microempreendedores).

Art. 17. A partir da primeira emissão do Real, o Instituto Brasileiro de Geografia e Es-

Lei 8.880/1994

SALÁRIOS

tatística – IBGE calculará e divulgará, até o último dia útil de cada mês, o Índice de Preços ao Consumidor, série r – IPC-r, que refletirá a variação mensal do custo de vida em Real para uma população objeto composta por famílias com rendas até oito salários mínimos.

§ 1º O Ministério da Fazenda e a Secretaria de Planejamento, Orçamento e Coordenação da Presidência da República regulamentarão o disposto neste artigo, observado que a abrangência geográfica do IPC-r não seja menor que a dos índices atualmente calculados pelo IBGE, e que o período de coleta seja compatível com a divulgação no prazo estabelecido no caput.

§ 2º Interrompida a apuração ou divulgação do IPC-r, caberá ao Ministro de Estado da Fazenda fixá-lo com base nos indicadores disponíveis, observada precedência em relação àqueles apurados por instituições oficiais de pesquisa.

- § 2º acrescentado pela Lei 9.069/1995.

§ 3º No caso do parágrafo anterior, o Ministro da Fazenda divulgará a metodologia adotada para a determinação do IPC-r.

- § 3º acrescentado pela Lei 9.069/1995.

§ 4º O IBGE calculará e divulgará o Índice de Reajuste do salário mínimo – IRSM, para os meses de março, abril, maio e junho de 1994, exclusivamente para os efeitos do disposto nos §§ 3º, 4º e 5º do artigo 27.

- Primitivo § 2º renumerado pela Lei 9.069/1995.

§ 5º A partir de 1º de julho de 1994, o IBGE deixará de calcular e divulgar o IRSM.

- Primitivo § 3º renumerado pela Lei 9.069/1995.

Art. 18. O salário mínimo é convertido em URV em 1º de março de 1994:

I – dividindo-se o valor nominal, vigente nos meses de novembro e dezembro de 1993 e janeiro e fevereiro de 1994, pelo valor em cruzeiros reais do equivalente em URV do último dia desses meses, respectivamente, de acordo com o Anexo I desta Lei; e

II – extraindo-se a média aritmética dos valores resultantes do inciso anterior.

Parágrafo único. Da aplicação do disposto neste artigo não poderá resultar pagamento de salário inferior ao efetivamente pago ou devido, relativamente ao mês de fevereiro de 1994, em cruzeiros reais, de acordo com o artigo 7º, inciso VI, da Constituição.

Art. 19. Os salários dos trabalhadores em geral serão convertidos em URV no dia 1º de março de 1994, observado o seguinte:

I – dividindo-se o valor nominal, vigente nos meses de novembro e dezembro de 1993 e janeiro e fevereiro de 1994, pelo valor em cruzeiros reais do equivalente em URV na data do efetivo pagamento, de acordo com o Anexo I desta Lei; e

II – extraindo-se a média aritmética dos valores resultantes do inciso anterior.

§ 1º Sem prejuízo do direito do trabalhador à respectiva percepção, não serão computados para fins do disposto nos incisos I e II do caput deste artigo:

a) o décimo terceiro salário ou gratificação equivalente;
b) as parcelas de natureza não habitual;
c) o abono de férias;
d) as parcelas percentuais incidentes sobre o salário;
e) as parcelas remuneratórias decorrentes de comissão, cuja base de cálculo não esteja convertida em URV;

§ 2º As parcelas percentuais referidas na alínea d do parágrafo anterior serão aplicadas após a conversão do salário em URV.

§ 3º As parcelas referidas na alínea e do § 1º serão apuradas de acordo com as normas aplicáveis e convertidas, mensalmente, em URV pelo valor desta na data do pagamento.

§ 4º Para os trabalhadores que receberam antecipação de parte do salário, à exceção de férias e décimo terceiro salário, cada parcela será computada na data do seu efetivo pagamento.

§ 5º Para os trabalhadores contratados há menos de quatro meses da data da conversão, a média de que trata este artigo será feita de modo a ser observado o salário atribuído ao cargo ou emprego ocupado pelo trabalhador na empresa, inclusive nos meses anteriores à contratação.

§ 6º Na impossibilidade da aplicação do disposto no § 5º, a média de que trata este artigo levará em conta apenas os salários referentes aos meses a partir da contratação.

Lei 8.880/1994

SALÁRIOS

§ 7º Nas empresas onde houver plano de cargos e salários, as regras de conversão constantes deste artigo, no que couber, serão aplicadas ao salário do cargo.

§ 8º Da aplicação do disposto deste artigo não poderá resultar pagamento de salário inferior ao efetivamente pago ou devido, relativamente ao mês de fevereiro de 1994, em cruzeiros reais, de acordo com o artigo 7º, inciso VI, da Constituição.

§ 9º Convertido o salário em URV, na forma deste artigo, e observado o disposto nos artigos 26 e 27 desta Lei, a periodicidade de correção ou reajuste passa a ser anual.

§ 10. O Poder Executivo reduzirá a periodicidade prevista no parágrafo anterior quando houver redução dos prazos de suspensão de que trata o artigo 11 desta Lei.

Art. 20. Os benefícios mantidos pela Previdência Social são convertidos em URV em 1º de março de 1994, observado o seguinte:

I – dividindo-se o valor nominal, vigente nos meses de novembro e dezembro de 1993 e janeiro e fevereiro de 1994, pelo valor em cruzeiros reais do equivalente em URV do último dia desses meses, respectivamente, de acordo com o Anexo I desta Lei; e

II – extraindo-se a média aritmética dos valores resultantes do inciso anterior.

§ 1º Os valores expressos em cruzeiros nas Leis 8.212 e 8.213, ambas de 24 de julho de 1991, com os reajustes posteriores, são convertidos em URV, em 1º de março de 1994, nos termos dos incisos I e II do *caput* deste artigo.

§ 2º Os benefícios de que trata o *caput* deste artigo, com data de início posterior a 30 de novembro de 1993 são convertidos em URV em 1º de março de 1994, mantendo-se constante a relação verificada entre o seu valor no mês de competência de fevereiro de 1994 e o teto do salário de contribuição, de que trata o artigo 20 da Lei 8.212, de 1991, no mesmo mês.

§ 3º Da aplicação do disposto neste artigo não poderá resultar pagamento de benefício inferior ao efetivamente pago, em cruzeiros reais, na competência de fevereiro de 1994.

§ 4º As contribuições para a Seguridade Social, de que tratam os artigos 20, 21, 22 e 24 da Lei 8.212, de 1991, serão calculadas em URV e convertidas em Unidade Fiscal de Referência – Ufir, nos termos do artigo 53 da Lei 8.383, de 30 de dezembro de 1991, ou em cruzeiros reais na data do recolhimento, caso este ocorra antes do primeiro dia útil do mês subsequente ao de competência.

• V. art. 29, § 3º, Lei 10.522/2002, que extinguiu a Ufir.

§ 5º Os valores das parcelas referentes a benefícios pagos com atraso pela Previdência Social, por sua responsabilidade, serão corrigidos monetariamente pelos índices previstos no artigo 41, § 7º, da Lei 8.213, de 1991, com as alterações da Lei 8.542, de 23 de dezembro de 1992, até o mês de fevereiro de 1994, e convertidas em URV, pelo valor em cruzeiros reais do equivalente em URV no dia 28 de fevereiro de 1994.

• O art. 41 da Lei 8.213/1991 foi revogado pela Lei 11.430/2006.

§ 6º A partir da primeira emissão do Real, os valores mencionados no parágrafo anterior serão corrigidos monetariamente pela variação acumulada do IPC-r entre o mês da competência a que se refiram e o mês imediatamente anterior à competência em que for incluído o pagamento.

Art. 21. Nos benefícios concedidos com base na Lei 8.213, de 1991, com data de início a partir de 1º de março de 1994, o salário de benefício será calculado nos termos do artigo 29 da referida Lei, tomando-se os salários de contribuição expressos em URV.

§ 1º Para os fins do disposto neste artigo, os salários de contribuição referentes às competências anteriores a março de 1994 serão corrigidos, monetariamente, até o mês de fevereiro de 1994, pelos índices previstos no artigo 31 da Lei 8.213, de 1991, com as alterações da Lei 8.542, de 1992, e convertidos em URV, pelo valor em cruzeiros reais do equivalente em URV no dia 28 de fevereiro de 1994.

§ 2º A partir da primeira emissão do Real, os salários de contribuição computados no cálculo do salário de benefício, inclusive os convertidos nos termos do § 1º, serão corrigidos monetariamente mês a mês pela variação integral do IPC-r.

Lei 8.880/1994

SALÁRIOS

§ 3º Na hipótese da média apurada nos termos deste artigo resultar superior ao limite máximo do salário de contribuição vigente no mês de início do benefício, a diferença percentual entre esta média e o referido limite será incorporada ao valor do benefício juntamente com o primeiro reajuste do mesmo após a concessão, observado que nenhum benefício assim reajustado poderá superar o limite máximo do salário de contribuição vigente na competência em que ocorrer o reajuste.

Art. 22. Os valores das tabelas de vencimentos, soldos e salários e das tabelas de funções de confiança e gratificadas dos servidores públicos civis e militares, são convertidos em URV em 1º de março de 1994, considerando o que determinam os artigos 37, XII, e 39, § 1º, da Constituição, observado o seguinte:

I – dividindo-se o valor nominal, vigente nos meses de novembro e dezembro de 1993 e janeiro e fevereiro de 1994, pelo valor em cruzeiros reais do equivalente em URV do último dia desses meses, respectivamente, de acordo com o Anexo I desta Lei, independentemente da data do pagamento;

II – extraindo-se a média aritmética dos valores resultantes do inciso anterior.

§ 1º O abono especial a que se refere a Medida Provisória nº 433, de 26 de fevereiro de 1994, será pago em cruzeiros reais e integrará, em fevereiro de 1994, o cálculo da média de que trata este artigo.

§ 2º Da aplicação do disposto neste artigo não poderá resultar pagamento de vencimento, soldos ou salários inferiores aos efetivamente pagos ou devidos, relativamente ao mês de fevereiro de 1994, em cruzeiros reais, em obediência ao disposto nos artigos 37, inciso XV, e 95, inciso III, da Constituição.

§ 3º O disposto nos incisos I e II aplica-se ao salário-família e às vantagens pessoais nominalmente identificadas, de valor certo e determinado, percebidas pelos servidores e que não são calculadas com base no vencimento, soldo ou salário.

§ 4º As vantagens remuneratórias que tenham por base estímulo à produtividade e ao desempenho, pagas conforme critérios específicos de apuração e cálculo estabelecidos em legislação específica, terão seus valores em cruzeiros reais convertidos em URV a cada mês com base no valor em URV do dia do pagamento.

§ 5º O disposto neste artigo aplica-se também aos servidores de todas as autarquias e fundações, qualquer que seja o regime jurídico de seu pessoal.

§ 6º Os servidores cuja remuneração não é fixada em tabela terão seus salários convertidos em URV nos termos dos incisos I e II do *caput* deste artigo.

§ 7º Observados, estritamente, os critérios fixados neste artigo, as tabelas de vencimentos e soldos dos servidores públicos civis e militares expressas em URV serão publicadas:

a) pelos Ministros de Estados Chefes da Secretaria da Administração Federal e do Estado Maior das Forças Armadas, cada qual em conjunto com o Ministro de Estado da Fazenda, para os servidores do Poder Executivo;

b) pelos dirigentes máximos dos respectivos órgãos, para os servidores dos Poderes Legislativo e Judiciário e do Ministério Público da União.

Art. 23. O disposto no artigo 22 aplica-se aos proventos da inatividade e às pensões decorrentes do falecimento de servidor público civil e militar.

Art. 24. Nas deduções de antecipação de férias ou de parcela do décimo terceiro salário ou da gratificação natalina, será considerado o valor da antecipação, em URV ou equivalente em URV, na data do efetivo pagamento, ressalvado que o saldo a receber do décimo terceiro salário ou da gratificação natalina não poderá ser inferior à metade em URV.

Art. 25. Serão, obrigatoriamente, expressos em URV os demonstrativos de pagamento de salários em geral, vencimentos, soldos, proventos, pensões decorrentes do falecimento de servidor público civil e militar e benefícios previdenciários, efetuando-se a conversão para cruzeiros reais na data do crédito ou da disponibilidade dos recursos em favor dos credores daquelas obrigações.

Lei 8.880/1994

SALÁRIOS

§ 1º Quando, em razão de dificuldades operacionais, não for possível realizar o pagamento em cruzeiros reais pelo valor da URV na data do crédito dos recursos, será adotado o seguinte procedimento:
I – a conversão para cruzeiros reais será feita pelo valor da URV do dia da emissão da ordem de pagamento, o qual não poderá ultrapassar os três dias úteis anteriores à data do crédito;
II – a diferença entre o valor, em cruzeiros reais, recebido na forma do inciso anterior e o valor, em cruzeiros reais, a ser pago nos termos deste artigo, será convertida em URV pelo valor desta na data do crédito ou da disponibilidade dos recursos, sendo paga na folha salarial subsequente.
§ 2º Os valores dos demonstrativos referidos neste artigo, relativamente ao mês de competência de fevereiro de 1994, serão expressos em cruzeiros reais.

Art. 26. Após a conversão dos salários para URV de conformidade com os artigos 19 e 27 desta Lei, continuam asseguradas a livre negociação e a negociação coletiva dos salários, observado o disposto nos §§ 1º e 2º do artigo 1º da Lei 8.542, de 1992.

Art. 27. É assegurado aos trabalhadores, observado o disposto no artigo 26, no mês da respectiva data base, a revisão do salário resultante da aplicação do artigo 19, observado o seguinte:
I – calculando-se o valor dos salários referentes a cada um dos doze meses imediatamente anteriores à data base, em URV ou equivalente em URV, de acordo com a data da disponibilidade do crédito ou de efetivo pagamento; e
II – extraindo-se a média aritmética dos valores resultantes do inciso anterior.
§ 1º Na aplicação do disposto neste artigo, será observado o disposto nos §§ 1º e 2º do artigo 19.
§ 2º Na hipótese de o valor decorrente da aplicação do disposto neste artigo resultar inferior ao salário vigente no mês anterior à data base, será mantido o maior dos dois valores.
§ 3º Sem prejuízo do disposto neste artigo é assegurada aos trabalhadores, no mês da primeira data base de cada categoria, após 1º de julho de 1994, inclusive, reposição das perdas decorrentes da conversão dos salários para URV, apuradas da seguinte forma:
I – calculando-se os valores hipotéticos dos salários em cruzeiros reais nos meses de março, abril, maio e junho de 1994, decorrentes da aplicação dos reajustes e antecipações previstos na Lei 8.700, de 27 de agosto de 1993; e
II – convertendo-se os valores hipotéticos dos salários, calculados nos termos do inciso anterior, em URV, consideradas as datas habitualmente previstas para o efetivo pagamento, desconsiderando-se eventuais alterações de data de pagamento introduzidas a partir de março de 1994.
§ 4º O índice da reposição salarial de que trata o parágrafo anterior corresponderá à diferença percentual, se positiva, entre a soma dos quatro valores hipotéticos dos salários apurados na forma dos incisos I e II do parágrafo anterior e a soma dos salários efetivamente pagos em URV referentes aos meses correspondentes.
§ 5º Para os trabalhadores amparados por contratos, acordos ou convenções coletivas de trabalho e sentenças normativas que prevejam reajustes superiores aos assegurados pela Lei 8.700, de 1993, os valores hipotéticos dos salários de que tratam os incisos I e II do § 3º serão apurados de acordo com as cláusulas dos instrumentos coletivos referidos neste parágrafo.

Art. 28. Os valores das tabelas de vencimentos, soldos e salários e das tabelas de funções de confiança e gratificadas dos servidores públicos civis e militares da União serão revistos em 1º de janeiro de 1995, observado o seguinte:
I – calculando-se o valor dos vencimentos, soldos e salários referentes a cada um dos doze meses de 1994, em URV ou equivalentes em URV, dividindo-se os valores expressos em cruzeiros reais pelo equivalente em URV do último dia desses meses, respectivamente; e
II – extraindo-se a média aritmética dos valores resultantes do inciso anterior.
§ 1º Na aplicação do preceituado neste artigo, será observado o disposto nos §§ 2º a 7º do artigo 22 e no artigo 23 desta Lei.

Lei 8.880/1994

SALÁRIOS

§ 2º Na hipótese de o valor decorrente da aplicação do disposto neste artigo resultar inferior ao vencimento, soldo ou salário vigente no mês de dezembro de 1994, será mantido o maior dos dois valores.

§ 3º Fica o Poder Executivo autorizado a antecipar a data da revisão prevista no *caput* deste artigo, quando houver redução dos prazos de suspensão de que trata o artigo 11 desta Lei.

Art. 29. *(Revogado pela Lei 9.711/1998.)*

Art. 30. Nas contratações efetuadas a partir de 28 de fevereiro de 1994, o salário será obrigatoriamente expresso em URV.

Art. 31. Na hipótese de ocorrência de demissões sem justa causa, durante a vigência da URV prevista nesta Lei, as verbas rescisórias serão acrescidas de uma indenização adicional equivalente a 50% (cinquenta por cento) da última remuneração recebida.

Art. 32. Até a primeira emissão do Real, de que trata o *caput* do artigo 2º, os valores das contribuições do Fundo de Garantia do Tempo de Serviço – FGTS, referidos no artigo 15 da Lei 8.036, de 11 de maio de 1990, a partir da competência março de 1994, serão apurados em URV no dia do pagamento do salário e convertido em cruzeiros reais com base na URV do dia cinco do mês seguinte ao da competência.

Parágrafo único. As contribuições que não forem recolhidas na data prevista no artigo 15 da Lei 8.036, de 1990, serão convertidas em cruzeiros reais com base na URV do dia sete do mês subsequente ao da competência e o valor resultante será acrescido de atualização monetária *pro rata die*, calculada até o dia do efetivo recolhimento pelos critérios constantes da legislação pertinente e com base no mesmo índice de atualização monetária aplicável aos depósitos de poupança, sem prejuízo das demais cominações legais.

Art. 33. Para efeito de determinação da base de cálculo sujeita à incidência do imposto de renda, calculado com base na tabela progressiva mensal, o rendimento tributável deverá ser expresso em Ufir.

• V. art. 29, § 3º, Lei 10.522/2002, que extinguiu a Ufir.

§ 1º Para os efeitos deste artigo deverão ser observadas as seguintes regras:
I – rendimentos expressos em URV serão convertidos para cruzeiros reais com base no valor da URV no primeiro dia do mês do recebimento e expressos em Ufir com base no valor desta no mesmo mês;
II – rendimentos expressos em cruzeiros reais serão:
a) convertidos em URV com base no valor desta no dia do recebimento;
b) o valor apurado na forma da alínea anterior será convertido para cruzeiros reais com base no valor da URV no primeiro dia do mês do recebimento e expressos em Ufir com base em seu valor no mesmo mês.

§ 2º O disposto neste artigo aplica-se também às deduções admitidas na legislação do imposto de renda.

Art. 34. A Ufir continuará a ser utilizada na forma prevista na Lei 8.383, de 30 de dezembro de 1991, e legislação posterior.

• V. art. 29, § 3º, Lei 10.522/2002, que extinguiu a Ufir.

Art. 35. Os preços públicos e as tarifas de serviços públicos poderão ser convertidos em URV, por média calculada a partir dos últimos quatro meses anteriores à conversão e segundo critérios estabelecidos pelo Ministro de Estado da Fazenda.

§ 1º Os preços públicos e as tarifas dos serviços públicos, que não forem convertidos em URV, serão convertidos em Real, na data da primeira emissão deste, observada a média e os critérios fixados no *caput* deste artigo.

§ 2º Enquanto não emitido o Real, na forma prevista nesta Lei, os preços públicos e tarifas de serviços públicos serão revistos e reajustados conforme critérios fixados pelo Ministro de Estado da Fazenda.

Art. 36. O Poder Executivo, por intermédio do Ministério da Fazenda, poderá exigir que, em um prazo máximo de 5 (cinco) dias úteis, sejam justificadas as distorções apuradas quanto a aumentos abusivos de preços em setores de alta concentração econômica, de preços públicos e de tarifas de serviços públicos.

§ 1º Até a primeira emissão do Real, será considerado como abusivo, para os fins pre-

SALÁRIOS

vistos no *caput* deste artigo, o aumento injustificado que resultar em preço equivalente em URV superior a média dos meses de setembro, outubro, novembro e dezembro de 1993.

§ 2º A justificação a que se refere o *caput* deste artigo far-se-á perante a Secretaria de Acompanhamento Econômico do Ministério da Fazenda, que dará conhecimento total dos fatos e medidas adotadas à Secretaria de Direito Econômico do Ministério da Justiça.

• § 2º com redação determinada pela Lei 9.069/1995.

Art. 37. A Taxa Referencial – TR, de que tratam o artigo 1º da Lei 8.177, de 1º de março de 1991, e o artigo 1º da Lei 8.660, de 28 de maio de 1993, poderá ser calculada a partir da remuneração média de depósitos interfinanceiros, quando os depósitos a prazo fixo captados pelos bancos comerciais, bancos de investimentos, caixas econômicas e bancos múltiplos com carteira comercial ou de investimento deixarem de ser representativos no mercado, a critério do Banco Central do Brasil.

Parágrafo único. Ocorrendo a hipótese prevista no *caput* deste artigo, a nova metodologia de cálculo da TR será fixada e divulgada pelo Conselho Monetário Nacional, não se aplicando o disposto na parte final do artigo 1º da Lei 8.660, de 1993.

Art. 38. O cálculo dos índices de correção monetária no mês em que se verificar a emissão do Real de que trata o artigo 3º desta Lei, bem como no mês subsequente, tomará por base preços em Real, o equivalente em URV dos preços em cruzeiros reais, e os preços nominados ou convertidos em URV dos meses imediatamente anteriores, segundo critérios estabelecidos em Lei.

Parágrafo único. Observado o disposto no parágrafo único do artigo 7º, é nula de pleno direito e não surtirá nenhum efeito a aplicação de índice, para fins de correção monetária, calculada de forma diferente da estabelecida no *caput* deste artigo.

Art. 39. O artigo 2º da Lei 8.249, de 24 de outubro de 1991, fica acrescido do seguinte parágrafo:

"§ 3º As NTN poderão ser expressas em Unidade Real de Valor – URV."

Art. 40. Os valores da Contribuição Sindical, de que trata o Capítulo III, do Título V da Consolidação das Leis do Trabalho – CLT, serão calculados em URV e convertidos em cruzeiros reais na data do recolhimento ao estabelecimento bancário integrante do Sistema de Arrecadação de Tributos Federais.

Art. 41. *(Vetado.)*

Art. 42. O § 1º do artigo 1º da Lei Delegada 12, de 7 de agosto de 1992, passa a vigorar com a seguinte redação:

"Art. 1º [...]

"§ 1º Excluem-se do disposto neste artigo as praças prestadoras de serviço militar inicial."

• § 1º da Lei Delegada 12/1992 revogado pela Lei 9.367/1996.

Art. 43. Observado o disposto nos §§ 3º e 4º do artigo 17, no § 5º do artigo 20, no § 1º do artigo 21 e nos §§ 3º, 4º e 5º do artigo 27 desta Lei, ficam revogados o artigo 31 e o § 7º do artigo 41 da Lei 8.213, de 24 de julho de 1991, os artigos 2º, 3º, 4º, 5º, 7º e 9º da Lei 8.542, de 23 de dezembro de 1992, a Lei 8.700, de 27 de agosto de 1993, os artigos 1º e 2º da Lei 8.676, de 13 de julho de 1993, e demais disposições em contrário.

• O art. 41 da Lei 8.213/1991 foi revogado pela Lei 11.430/2006.

Art. 44. Esta Lei entra em vigor na data de sua publicação.

• Deixamos de publicar o Anexo a esta Lei.

Brasília, 27 de maio de 1994; 173º da Independência e 106º da República.
Itamar Franco

(*DOU* 28.05.1994; ret. 1º.06.1994)

LEI COMPLEMENTAR 103, DE 14 DE JULHO DE 2000

Autoriza os Estados e o Distrito Federal a instituir o piso salarial a que se refere o inciso V do art. 7º da Constituição Federal, por aplicação do disposto no parágrafo único do seu art. 22.

O Presidente da República:

Lei 10.192/2001

SALÁRIOS

Faço saber que o Congresso Nacional decreta e eu sanciono a seguinte Lei Complementar:

Art. 1º Os Estados e o Distrito Federal ficam autorizados a instituir, mediante lei de iniciativa do Poder Executivo, o piso salarial de que trata o inciso V do art. 7º da Constituição Federal para os empregados que não tenham piso salarial definido em lei federal, convenção ou acordo coletivo de trabalho.

§ 1º A autorização de que trata este artigo não poderá ser exercida:

I – no segundo semestre do ano em que se verificar eleição para os cargos de Governador dos Estados e do Distrito Federal e de Deputados Estaduais e Distritais;

II – em relação à remuneração de servidores públicos municipais.

§ 2º O piso salarial a que se refere o *caput* poderá ser estendido aos empregados domésticos.

Art. 2º Esta Lei Complementar entra em vigor na data de sua publicação.

Brasília, 14 de julho de 2000; 179º da Independência e 112º da República.

Fernando Henrique Cardoso

(*DOU* 17.07.2000)

LEI 10.192, DE 14 DE FEVEREIRO DE 2001

Dispõe sobre medidas complementares ao Plano Real e dá outras providências.

Faço saber que o Presidente da República adotou a Medida Provisória 2.074-73, de 2001, que o Congresso Nacional aprovou, e eu, Antonio Carlos Magalhães, Presidente, para os efeitos do disposto no parágrafo único do art. 62 da Constituição Federal, promulgo a seguinte Lei:

Art. 1º As estipulações de pagamento de obrigações pecuniárias exequíveis no território nacional deverão ser feitas em Real, pelo seu valor nominal.

Parágrafo único. São vedadas, sob pena de nulidade, quaisquer estipulações de:

I – pagamento expressas em, ou vinculadas a ouro ou moeda estrangeira, ressalvado o disposto nos arts. 2º e 3º do Decreto-lei 857, de 11 de setembro de 1969, e na parte final do art. 6º da Lei 8.880, de 27 de maio de 1994;

II – reajuste ou correção monetária expressas em, ou vinculadas a unidade monetária de conta de qualquer natureza;

III – correção monetária ou de reajuste por índices de preço gerais, setoriais ou que reflitam a variação dos custos de produção ou dos insumos utilizados, ressalvado o disposto no artigo seguinte.

Art. 2º É admitida estipulação de correção monetária ou de reajuste por índices de preços gerais, setoriais ou que reflitam a variação dos custos de produção ou dos insumos utilizados nos contratos de prazo de duração igual ou superior a 1 (um) ano.

§ 1º É nula de pleno direito qualquer estipulação de reajuste ou correção monetária de periodicidade inferior a 1 (um) ano.

• V. art. 1º, MP 2.227/2001 (Estabelece exceção ao art. 2º da Lei 10.192/2001).

§ 2º Em caso de revisão contratual, o termo inicial do período de correção monetária ou reajuste, ou de nova revisão, será a data em que a anterior revisão tiver ocorrido.

§ 3º Ressalvado o disposto no § 7º do art. 28 da Lei 9.069, de 29 de junho de 1995, e no parágrafo seguinte, são nulos de pleno direito quaisquer expedientes que, na apuração do índice de reajuste, produzam efeitos financeiros equivalentes aos de reajuste de periodicidade inferior à anual.

• V. art. 1º, MP 2.227/2001 (Estabelece exceção ao art. 2º da Lei 10.192/2001).

§ 4º Nos contratos de prazo de duração igual ou superior a 3 (três) anos, cujo objeto seja a produção de bens para entrega futura ou a aquisição de bens ou direitos a eles relativos, as partes poderão pactuar a atualização das obrigações, a cada período de um ano, contado a partir da contratação, e no seu vencimento final, considerada a periodicidade de pagamento das prestações, e abatidos os pagamentos, atualizados da mesma forma, efetuados no período.

Lei 10.192/2001

SALÁRIOS

§ 5º O disposto no parágrafo anterior aplica-se aos contratos celebrados a partir de 28 de outubro de 1995 até 11 de outubro de 1997.

- O art. 1º do Dec. 3.627/2000 dispõe: "Art. 1º O prazo previsto no § 5º do art. 2º da MP 1.950-68, de 21 de setembro de 2000 [atual Lei 10.192/2001], fica prorrogado para 11 de outubro de 2001".

§ 6º O prazo a que alude o parágrafo anterior poderá ser prorrogado mediante ato do Poder Executivo.

Art. 3º Os contratos em que seja parte órgão ou entidade da Administração Pública direta ou indireta da União, dos Estados, do Distrito Federal e dos Municípios, serão reajustados ou corrigidos monetariamente de acordo com as disposições desta Lei, e, no que com ela não conflitarem, da Lei 8.666, de 21 de junho de 1993.

§ 1º A periodicidade anual nos contratos de que trata o *caput* deste artigo será contada a partir da data limite para apresentação da proposta ou do orçamento a que essa se referir.

§ 2º O Poder Executivo regulamentará o disposto neste artigo.

Art. 4º Os contratos celebrados no âmbito dos mercados referidos no § 5º do art. 27 da Lei 9.069, de 1995, inclusive as condições de remuneração da poupança financeira, bem assim no da previdência privada fechada, permanecem regidos por legislação própria.

Art. 5º Fica instituída Taxa Básica Financeira – TBF, para ser utilizada exclusivamente como base de remuneração de operações realizadas no mercado financeiro, de prazo de duração igual ou superior a 60 (sessenta) dias.

Parágrafo único. O Conselho Monetário Nacional expedirá as instruções necessárias ao cumprimento do disposto neste artigo, podendo, inclusive, ampliar o prazo mínimo previsto no *caput*.

Art. 6º A Unidade Fiscal de Referência – Ufir, criada pela Lei 8.383, de 30 de dezembro de 1991, será reajustada:

- O art. 29, § 3º, da Lei 10.522/2002 dispõe: "Observado o disposto neste artigo, bem assim a atualização efetuada para o ano de 2000, nos termos do art. 75 da Lei 9.430, de 27 de dezembro de 1996, fica extinta a Unidade de Referência Fiscal – Ufir, instituída pelo art. 1º da Lei 8.383, de 30 de dezembro de 1991".

I – semestralmente, durante o ano-calendário de 1996;

II – anualmente, a partir de 1º de janeiro de 1997.

Parágrafo único. A reconversão, para Real, dos valores expressos em Ufir, extinta em 27 de outubro de 2000, será efetuada com base no valor dessa Unidade fixado para o exercício de 2000.

Art. 7º Observado o disposto no artigo anterior, ficam extintas, a partir de 1º de julho de 1995, as unidades monetárias de conta criadas ou reguladas pelo Poder Público, exceto as unidades monetárias de conta fiscais estaduais, municipais e do Distrito Federal, que serão extintas a partir de 1º de janeiro de 1996.

§ 1º Em 1º de julho de 1995 e em 1º de janeiro de 1996, os valores expressos, respectivamente, nas unidades monetárias de conta extintas na forma do *caput* deste artigo serão convertidos em Real, com observância do disposto no art. 44 da Lei 9.069, de 1995, no que couber.

§ 2º Os Estados, o Distrito Federal e os Municípios poderão utilizar a Ufir nas mesmas condições e periodicidade adotadas pela União, em substituição às respectivas unidades monetárias de conta fiscais extintas.

Art. 8º A partir de 1º de julho de 1995, a Fundação Instituto Brasileiro de Geografia e Estatística – IBGE deixará de calcular e divulgar o IPC-r.

§ 1º Nas obrigações e contratos em que haja estipulação de reajuste pelo IPC-r, este será substituído, a partir de 1º de julho de 1995, pelo índice previsto contratualmente para este fim.

§ 2º Na hipótese de não existir previsão de índice de preços substituto, e caso não haja acordo entre as partes, deverá ser utilizada média de índices de preços de abrangência nacional, na forma de regulamentação a ser baixada pelo Poder Executivo.

Lei 10.192/2001

SALÁRIOS

Art. 9º É assegurado aos trabalhadores, na primeira data base da respectiva categoria após julho de 1995, o pagamento de reajuste relativo à variação acumulada do IPC-r entre a última data base, anterior a julho de 1995, e junho de 1995, inclusive.

Art. 10. Os salários e as demais condições referentes ao trabalho continuam a ser fixados e revistos, na respectiva data base anual, por intermédio da livre negociação coletiva.

Art. 11. Frustrada a negociação entre as partes, promovida diretamente ou através de mediador, poderá ser ajuizada a ação de dissídio coletivo.

§ 1º O mediador será designado de comum acordo pelas partes ou, a pedido destas, pelo Ministério do Trabalho e Emprego, na forma da regulamentação de que trata o § 5º deste artigo.

§ 2º A parte que se considerar sem as condições adequadas para, em situação de equilíbrio, participar da negociação direta, poderá, desde logo, solicitar ao Ministério do Trabalho e Emprego a designação de mediador, que convocará a outra parte.

§ 3º O mediador designado terá prazo de até 30 (trinta) dias para a conclusão do processo de negociação, salvo acordo expresso com as partes interessadas.

§ 4º Não alcançado o entendimento entre as partes, ou recusando-se qualquer delas à mediação, lavrar-se-á ata contendo as causas motivadoras do conflito e as reivindicações de natureza econômica, documento que instruirá a representação para o ajuizamento do dissídio coletivo.

§ 5º O Poder Executivo regulamentará o disposto neste artigo.

Art. 12. No ajuizamento do dissídio coletivo, as partes deverão apresentar, fundamentadamente, suas propostas finais, que serão objeto de conciliação ou deliberação do Tribunal, na sentença normativa.

§ 1º A decisão que puser fim ao dissídio será fundamentada, sob pena de nulidade, deverá traduzir, em seu conjunto, a justa composição do conflito de interesse das partes, e guardar adequação com o interesse da coletividade.

§ 2º A sentença normativa deverá ser publicada no prazo de 15 (quinze) dias da decisão do Tribunal.

Art. 13. No acordo ou convenção e no dissídio, coletivos, é vedada a estipulação ou fixação de cláusula de reajuste ou correção salarial automática vinculada a índice de preços.

§ 1º Nas revisões salariais na data base anual, serão deduzidas as antecipações concedidas no período anterior à revisão.

§ 2º Qualquer concessão de aumento salarial a título de produtividade deverá estar amparada em indicadores objetivos.

Art. 14. O recurso interposto de decisão normativa da Justiça do Trabalho terá efeito suspensivo, na medida e extensão conferidas em despacho do Presidente do Tribunal Superior do Trabalho.

Art. 15. Permanecem em vigor as disposições legais relativas a correção monetária de débitos trabalhistas, de débitos resultantes de decisão judicial, de débitos relativos a ressarcimento em virtude de inadimplemento de obrigações contratuais e do passivo de empresas e instituições sob os regimes de concordata, falência, intervenção e liquidação extrajudicial.

• V. Lei 11.101/2005 (Lei de Recuperação de Empresas e Falência).

Art. 16. Ficam convalidados os atos praticados com base na Medida Provisória 2.074-72, de 27 de dezembro de 2000.

Art. 17. Esta Lei entra em vigor na data de sua publicação.

Art. 18. Revogam-se os §§ 1º e 2º do art. 947 do Código Civil, os §§ 1º e 2º do art. 1º da Lei 8.542, de 23 de dezembro de 1992, e o art. 14 da Lei 8.177, de 1º de março de 1991.

• Refere-se ao CC/1916.

Congresso Nacional, em 14 de fevereiro de 2001; 180º da Independência e 113º da República.

Senador Antonio Carlos Magalhães

Presidente

(*DOU* 16.02.2001)

SALÁRIOS

DECRETO 4.840,
DE 17 DE SETEMBRO DE 2003

Regulamenta a Medida Provisória 130, de 17 de setembro de 2003, que dispõe sobre a autorização para desconto de prestações em folha de pagamento, e dá outras providências.

* A MP 130/2003 foi convertida na Lei 10.820, de 17.12.2003 (*DOU* 18.12.2003), que se encontra inserida adiante neste tema.

O Presidente da República, no uso da atribuição que lhe confere o art. 84, inciso IV, da Constituição, e tendo em vista o disposto na Medida Provisória 130, de 17 de setembro de 2003, decreta:

Art. 1º Regem-se por este Decreto os procedimentos para autorização de desconto em folha de pagamento dos valores referentes ao pagamento das prestações de empréstimos, financiamentos e operações de arrendamento mercantil concedidos por instituições financeiras e sociedades de arrendamento mercantil a empregados regidos pela Consolidação das Leis do Trabalho, aprovada pelo Decreto-lei 5.452, de 1º de maio de 1943.

Art. 2º Para os fins deste Decreto, considera-se:

I – empregador, a pessoa jurídica assim definida pela legislação trabalhista;

II – empregado, aquele assim definido pela legislação trabalhista;

III – instituição consignatária, a instituição mencionada no art. 1º autorizada a conceder empréstimo ou financiamento ou realizar operação de arrendamento mercantil;

IV – mutuário, empregado que firma com instituição consignatária contrato de empréstimo, financiamento ou arrendamento mercantil regulado por este Decreto; e

V – verbas rescisórias, as importâncias devidas em dinheiro pelo empregador ao empregado em razão de rescisão do seu contrato de trabalho.

§ 1º Para os fins deste Decreto, considera-se remuneração básica a soma das parcelas pagas ou creditadas mensalmente em dinheiro ao empregado, excluídas:

I – diárias;

II – ajuda de custo;

III – adicional pela prestação de serviço extraordinário;

IV – gratificação natalina;

V – auxílio-natalidade;

VI – auxílio-funeral;

VII – adicional de férias;

VIII – auxílio-alimentação, mesmo se pago em dinheiro;

IX – auxílio-transporte, mesmo se pago em dinheiro; e

X – parcelas referentes a antecipação de remuneração de competência futura ou pagamento em caráter retroativo.

§ 2º Para os fins deste Decreto, considera-se remuneração disponível a parcela remanescente da remuneração básica após a dedução das consignações compulsórias, assim entendidas as efetuadas a título de:

I – contribuição para a Previdência Social oficial;

II – pensão alimentícia judicial;

III – imposto sobre rendimentos do trabalho;

IV – decisão judicial ou administrativa;

V – mensalidade e contribuição em favor de entidades sindicais;

VI – outros descontos compulsórios instituídos por lei ou decorrentes de contrato de trabalho.

§ 3º Para os fins deste Decreto, são consideradas consignações voluntárias as autorizadas pelo empregado e não relacionadas no § 2º.

Art. 3º No momento da contratação da operação, a autorização para a efetivação dos descontos permitidos neste Decreto observará, para cada mutuário, os seguintes limites:

I – a soma dos descontos referidos no art. 1º deste Decreto não poderá exceder a 30% (trinta por cento) da remuneração disponível definida no § 2º do art. 2º; e

II – o total das consignações voluntárias, incluindo as referidas no art. 1º, não poderá exceder a 40% (quarenta por cento) da remuneração disponível definida no § 2º do art. 2º.

Art. 4º A concessão de empréstimo, financiamento ou arrendamento será feita a critério da instituição consignatária, sendo os valores e demais condições objeto de livre

Dec. 4.840/2003

negociação entre ela e o mutuário, observadas as demais disposições deste Decreto.

§ 1º Poderá o empregador, com a anuência da entidade sindical representativa da maioria dos empregados, firmar, com uma ou mais instituições consignatárias, acordo que defina condições gerais e demais critérios a serem observados nos empréstimos, financiamentos ou arrendamentos que venham a ser realizados com seus empregados.

§ 2º Poderão as entidades e centrais sindicais firmar, com uma ou mais instituições consignatárias, acordo que defina condições gerais e demais critérios a serem observados nos empréstimos, financiamentos ou arrendamentos que venham a ser realizados com seus representados.

§ 3º Uma vez observados pelo empregado todos os requisitos e condições definidos no acordo firmado segundo o disposto no § 1º ou no § 2º, não poderá a instituição concedente negar-se a celebrar o empréstimo, financiamento ou arrendamento mercantil.

§ 4º Para a realização das operações referidas neste Decreto, é assegurado ao empregado o direito de optar por instituição consignatária que tenha firmado acordo com o empregador, com sua entidade sindical, ou qualquer outra instituição consignatária de sua livre escolha, ficando o empregador obrigado a proceder aos descontos e repasses por ele contratados e autorizados.

§ 5º Os acordos mencionados nos §§ 1º e 2º poderão definir critérios mínimos, parâmetros e condições financeiras diferenciados por situação cadastral e demais características individuais do empregado.

§ 6º Dos acordos referidos no § 2º poderá constar, ainda, a diferenciação por empresa de critérios mínimos, parâmetros e condições financeiras.

§ 7º Os contratos de empréstimo, financiamento ou arrendamento celebrados ao amparo deste Decreto preverão obrigatoriamente prestações fixas ao longo de todo o período de amortização.

§ 7º-A. Nas hipóteses de concessão, ao amparo deste Decreto, de empréstimo ou financiamento imobiliário no âmbito do Sistema Financeiro da Habitação ou de outros sistemas ou programas destinados à aquisição de imóveis residenciais, as prestações e seus reajustamentos obedecerão às disposições contratuais celebradas entre as partes, sendo permitida a estipulação de prestações variáveis.

• § 7º-A acrescentado pelo Dec. 5.892/2006.

§ 8º Os acordos referidos nos §§ 1º e 2º deste artigo poderão delegar à instituição consignatária a responsabilidade de receber, processar e encaminhar ao empregador as autorizações referidas no inciso III do § 3º do art. 5º.

Art. 5º Para os fins deste Decreto, são obrigações do empregador:

I – prestar ao empregado e à instituição consignatária, mediante solicitação formal do primeiro, as informações necessárias para a contratação da operação de crédito ou arrendamento mercantil, inclusive:

a) a data habitual de pagamento mensal do salário;

b) o total já consignado em operações preexistentes;

c) as demais informações necessárias para o cálculo da margem disponível para consignação;

II – tornar disponíveis aos empregados, bem assim às respectivas entidades sindicais, as informações referentes aos custos referidos no art. 10;

III – efetuar os descontos autorizados pelo empregado em folha de pagamento e repassar o valor à instituição consignatária na forma e prazo previstos em regulamento.

§ 1º É vedado ao empregador impor ao mutuário e à instituição consignatária qualquer condição que não esteja prevista neste Decreto para a efetivação do contrato e a implementação dos descontos autorizados.

§ 2º Os descontos autorizados na forma deste Decreto terão preferência sobre outros descontos da mesma natureza que venham a ser autorizados posteriormente.

§ 3º A liberação do crédito ao mutuário somente ocorrerá após:

I – a confirmação do empregador, por escrito ou por meio eletrônico certificado, quanto à possibilidade da realização dos descontos, em função dos limites referidos no art. 3º;

II – a assinatura, por escrito ou por meio eletrônico certificado, do contrato entre o mutuário e a instituição consignatária; e

III – a outorga ao empregador, por parte do mutuário, de autorização, em caráter irrevogável e irretratável, para a consignação das prestações contratadas em folha de pagamento.

§ 4º A autorização referida no inciso III do § 3º será outorgada por escrito ou por meio eletrônico certificado, podendo a instituição consignatária processar o documento e mantê-lo sob sua guarda, na condição de fiel depositária, transmitindo as informações ao empregador por meio seguro.

§ 5º Exceto quando diversamente previsto em contrato com a anuência do empregador, a efetivação do desconto em folha de pagamento do mutuário deverá ser iniciada pelo empregador no mínimo 30 (trinta) dias e no máximo 60 (sessenta) dias após o recebimento da autorização referida no inciso III do § 3º.

§ 6º A autorização referida no inciso III do § 3º é nula de pleno direito na hipótese da não liberação do crédito ou do bem arrendado ao mutuário no prazo máximo de 5 (cinco) dias úteis contados da data da outorga.

§ 7º A repactuação do contrato de empréstimo, financiamento ou operação de arrendamento mercantil que implique alteração do número ou do valor das prestações consignadas em folha observará o procedimento referido no § 3º.

Art. 6º O empregador é o responsável pela retenção dos valores devidos e pelo repasse às instituições consignatárias, o qual deverá ser realizado até o quinto dia útil após a data de pagamento, ao mutuário, de sua remuneração mensal.

Art. 7º O empregador, salvo disposição contratual em sentido contrário, não será corresponsável pelo pagamento dos empréstimos, financiamentos ou arrendamentos concedidos aos mutuários, mas responderá sempre, como devedor principal e solidário, perante a instituição consignatária, por valores a ela devidos, em razão de contratações por ele confirmadas na forma deste Decreto, que deixarem, por sua falha ou culpa, de serem retidos ou repassados.

Art. 8º Caberá à instituição consignatária informar ao mutuário, por escrito ou meio eletrônico por ele indicado no ato da celebração do contrato, toda vez que o empregador deixar de repassar o valor exato do desconto mensal.

Art. 9º Na hipótese de comprovação de que o pagamento mensal do empréstimo, financiamento ou arrendamento foi descontado do mutuário e não foi repassado pelo empregador à instituição consignatária, fica ela proibida de incluir o nome do mutuário em qualquer cadastro de inadimplentes.

Art. 10. É facultado ao empregador descontar na folha de pagamento do mutuário os custos operacionais decorrentes da realização da operação objeto deste Decreto.

§ 1º Consideram-se custos operacionais do empregador:

I – tarifa bancária cobrada pela instituição financeira referente à transferência dos recursos da conta-corrente do empregador para a conta-corrente da instituição consignatária;

II – despesa com alteração das rotinas de processamento da folha de pagamento para realização da operação.

§ 2º As tarifas bancárias mencionadas no inciso I do § 1º deste artigo deverão ser iguais ou inferiores às praticadas pela instituição financeira mantenedora da conta-corrente do empregador em transações da mesma natureza.

§ 3º Cabe ao empregador, mediante comunicado interno ou mediante solicitação de empregado ou de entidade sindical, dar publicidade aos seus empregados dos custos operacionais mencionados no § 1º deste artigo previamente à realização da operação de empréstimo ou financiamento, os quais serão mantidos inalterados durante todo o período de duração da operação.

§ 4º Poderá ser prevista nos acordos referidos nos §§ 1º e 2º do art. 4º, ou em acordo específico entre o empregador e a instituição consignatária, a absorção total ou parcial dos custos referidos no § 1º pela institui-

ção consignatária, hipótese na qual não caberá o desconto na folha do mutuário.

§ 5º No caso dos acordos celebrados nos termos do § 2º do art. 4º, os custos de que trata o inciso II do § 1º deste artigo deverão ser negociados entre o empregador e a entidade sindical, vedada a cobrança de custos superiores aos previstos nos acordos celebrados pelo mesmo empregador nos termos do § 1º do art. 4º.

Art. 11. Cabe ao empregador informar no demonstrativo de rendimentos do empregado, de forma discriminada, o valor do desconto mensal decorrente de cada operação de empréstimo ou financiamento, bem como os custos operacionais definidos no art. 10 deste Decreto.

Art. 12. Até o integral pagamento do empréstimo ou financiamento, as autorizações dos descontos somente poderão ser canceladas mediante prévia aquiescência da instituição consignatária e do empregado.

Art. 13. Em caso de rescisão do contrato de trabalho do empregado antes do término da amortização do empréstimo, ressalvada disposição contratual em contrário, serão mantidos os prazos e encargos originalmente previstos, cabendo ao mutuário efetuar o pagamento mensal das prestações diretamente à instituição consignatária.

Art. 14. Na hipótese de entrada em gozo de benefício previdenciário temporário pelo mutuário, com suspensão do pagamento de sua remuneração por parte do empregador, cessa a obrigação deste efetuar a retenção e o repasse das prestações à instituição consignatária.

Parágrafo único. O contrato de empréstimo, financiamento ou operação de arrendamento mercantil celebrado nos termos deste Decreto conterá, obrigatoriamente, cláusula que regulamente as relações entre o mutuário e a instituição consignatária na situação prevista no *caput*.

Art. 15. O desconto da prestação para pagamento do empréstimo, financiamento ou arrendamento concedido com base neste Decreto será feito diretamente em folha de pagamento e o valor correspondente creditado a favor da instituição consignatária, independentemente de crédito e débito na conta-corrente dos mutuários.

Art. 16. Os contratos de empréstimo, financiamento ou arrendamento de que trata este Decreto poderão prever a incidência de desconto de até 30% (trinta por cento) das verbas rescisórias referidas no inciso V do art. 2º para a amortização total ou parcial do saldo devedor líquido para quitação na data de rescisão do contrato de trabalho do empregado.

§ 1º Para os fins do *caput*, considera-se saldo devedor líquido para quitação o valor presente das prestações vincendas na data da amortização, descontado à taxa de juros contratualmente fixada referente ao período não utilizado em função da quitação antecipada.

§ 2º Na hipótese referida no *caput*, deverá a instituição consignatária informar ao mutuário e ao empregador, por escrito ou meio eletrônico certificado, o valor do saldo devedor líquido para quitação.

§ 3º Quando o saldo devedor líquido para quitação exceder o valor comprometido das verbas rescisórias, caberá ao mutuário efetuar o pagamento do restante diretamente à instituição consignatária, assegurada a manutenção das condições de número de prestações vincendas e taxa de juros originais, exceto se houver previsão contratual em contrário.

§ 4º Havendo previsão de vinculação de verbas rescisórias em mais de um contrato, será observada a ordem cronológica das autorizações referidas no inciso III do § 3º do art. 5º.

Art. 17. É facultada a contratação pelo mutuário de seguro em favor da instituição consignatária, junto a ela própria ou a outra instituição de sua escolha, para cobertura do risco de inadimplência nas operações de que trata este Decreto em caso de morte, desemprego involuntário ou redução de rendimentos.

Art. 18. Este Decreto entra em vigor na data de sua publicação.

Brasília, 17 de setembro de 2003; 182º da Independência e 115º da República.
Luiz Inácio Lula da Silva

(*DOU* 18.09.2003; ret. 22.09.2003)

Lei 10.820/2003

SALÁRIOS

LEI 10.820, DE 17 DE DEZEMBRO DE 2003

Dispõe sobre a autorização para desconto de prestações em folha de pagamento, e dá outras providências.

O Presidente da República:
Faço saber que o Congresso Nacional decreta e eu sanciono a seguinte Lei:

Art. 1º Os empregados regidos pela Consolidação das Leis do Trabalho – CLT, aprovada pelo Decreto-lei 5.452, de 1º de maio de 1943, poderão autorizar, de forma irrevogável e irretratável, o desconto em folha de pagamento dos valores referentes ao pagamento de empréstimos, financiamentos e operações de arrendamento mercantil concedidos por instituições financeiras e sociedades de arrendamento mercantil, quando previsto nos respectivos contratos.

§ 1º O desconto mencionado neste artigo também poderá incidir sobre verbas rescisórias devidas pelo empregador, se assim previsto no respectivo contrato de empréstimo, financiamento ou arrendamento mercantil, até o limite de 30% (trinta por cento).

§ 2º O regulamento disporá sobre os limites de valor do empréstimo, da prestação consignável para os fins do *caput* e do comprometimento das verbas rescisórias para os fins do § 1º deste artigo.

Art. 2º Para os fins desta Lei, considera-se:
I – empregador, a pessoa jurídica assim definida pela legislação trabalhista;
II – empregado, aquele assim definido pela legislação trabalhista;
III – instituição consignatária, a instituição autorizada a conceder empréstimo ou financiamento ou realizar operação de arrendamento mercantil mencionada no *caput* do art. 1º;
IV – mutuário, empregado que firma com instituição consignatária contrato de empréstimo, financiamento ou arrendamento mercantil regulado por esta Lei; e
V – verbas rescisórias, as importâncias devidas em dinheiro pelo empregador ao empregado em razão de rescisão do seu contrato de trabalho.

§ 1º Para os fins desta Lei, são consideradas consignações voluntárias as autorizadas pelo empregado.

§ 2º No momento da contratação da operação, a autorização para a efetivação dos descontos permitidos nesta Lei observará, para cada mutuário, os seguintes limites:
I – a soma dos descontos referidos no art. 1º desta Lei não poderá exceder a 30% (trinta por cento) da remuneração disponível, conforme definida em regulamento; e
II – o total das consignações voluntárias, incluindo as referidas no art. 1º, não poderá exceder a 40% (quarenta por cento) da remuneração disponível, conforme definida em regulamento.

Art. 3º Para os fins desta Lei, são obrigações do empregador:
I – prestar ao empregado e à instituição consignatária, mediante solicitação formal do primeiro, as informações necessárias para a contratação da operação de crédito ou arrendamento mercantil;
II – tornar disponíveis aos empregados, bem como às respectivas entidades sindicais, as informações referentes aos custos referidos no § 2º deste artigo; e
III – efetuar os descontos autorizados pelo empregado em folha de pagamento e repassar o valor à instituição consignatária na forma e no prazo previstos em regulamento.

§ 1º É vedado ao empregador impor ao mutuário e à instituição consignatária escolhida pelo empregado qualquer condição que não esteja prevista nesta Lei ou em seu regulamento para a efetivação do contrato e a implementação dos descontos autorizados.

§ 2º Observado o disposto em regulamento e nos casos nele admitidos, é facultado ao empregador descontar na folha de pagamento do mutuário os custos operacionais decorrentes da realização da operação objeto desta Lei.

§ 3º Cabe ao empregador informar, no demonstrativo de rendimentos do empregado, de forma discriminada, o valor do desconto mensal decorrente de cada operação de empréstimo, financiamento ou arrendamento, bem como os custos operacionais referidos no § 2º deste artigo.

Lei 10.820/2003

SALÁRIOS

§ 4º Os descontos autorizados na forma desta Lei e seu regulamento terão preferência sobre outros descontos da mesma natureza que venham a ser autorizados posteriormente.

Art. 4º A concessão de empréstimo, financiamento ou arrendamento mercantil será feita a critério da instituição consignatária, sendo os valores e demais condições objeto de livre negociação entre ela e o mutuário, observadas as demais disposições desta Lei e seu regulamento.

§ 1º Poderá o empregador, com a anuência da entidade sindical representativa da maioria dos empregados, sem ônus para estes, firmar, com instituições consignatárias, acordo que defina condições gerais e demais critérios a serem observados nos empréstimos, financiamentos ou arrendamentos que venham a ser realizados com seus empregados.

§ 2º Poderão as entidades e centrais sindicais, sem ônus para os empregados, firmar, com instituições consignatárias, acordo que defina condições gerais e demais critérios a serem observados nos empréstimos, financiamentos ou arrendamentos que venham a ser realizados com seus representantes.

§ 3º Uma vez observados pelo empregado todos os requisitos e condições definidos no acordo firmado segundo o disposto no § 1º ou no § 2º deste artigo, não poderá a instituição consignatária negar-se a celebrar o empréstimo, financiamento ou arrendamento mercantil.

§ 4º Para a realização das operações referidas nesta Lei, é assegurado ao empregado o direito de optar por instituição consignatária que tenha firmado acordo com o empregador, com sua entidade sindical, ou qualquer outra instituição consignatária de sua livre escolha, ficando o empregador obrigado a proceder aos descontos e repasses por ele contratados e autorizados.

§ 5º No caso dos acordos celebrados nos termos do § 2º deste artigo, os custos de que trata o § 2º do art. 3º deverão ser negociados entre o empregador e a entidade sindical, sendo vedada a fixação de custos superiores aos previstos pelo mesmo empregador nos acordos referidos no § 1º deste artigo.

§ 6º Poderá ser prevista nos acordos referidos nos §§ 1º e 2º deste artigo, ou em acordo específico entre a instituição consignatária e o empregador, a absorção dos custos referidos no § 2º do art. 3º pela instituição consignatária.

§ 7º É vedada aos empregadores, entidades e centrais sindicais a cobrança de qualquer taxa ou exigência de contrapartida pela celebração ou pela anuência nos acordos referidos nos §§ 1º e 2º, bem como a inclusão neles de cláusulas que impliquem pagamento em seu favor, a qualquer título, pela realização das operações de que trata esta Lei, ressalvado o disposto no § 2º do art. 3º.

Art. 5º O empregador será o responsável pelas informações prestadas, pela retenção dos valores devidos e pelo repasse às instituições consignatárias, o qual deverá ser realizado até o quinto dia útil após a data de pagamento, ao mutuário, de sua remuneração mensal.

§ 1º O empregador, salvo disposição contratual em sentido contrário, não será corresponsável pelo pagamento dos empréstimos, financiamentos e arrendamentos concedidos aos mutuários, mas responderá sempre, como devedor principal e solidário, perante a instituição consignatária, por valores a ela devidos, em razão de contratações por ele confirmadas na forma desta Lei e seu regulamento, que deixarem, por sua falha ou culpa, de serem retidos ou repassados.

§ 2º Na hipótese de comprovação de que o pagamento mensal do empréstimo, financiamento ou arrendamento foi descontado do mutuário e não foi repassado pelo empregador à instituição consignatária, fica ela proibida de incluir o nome do mutuário em qualquer cadastro de inadimplentes.

§ 3º Caracterizada a situação do § 2º deste artigo, o empregador e os seus representantes legais ficarão sujeitos à ação de depósito, na forma prevista no Capítulo II do Título I do Livro IV do Código de Processo Civil.

§ 4º No caso de falência do empregador, antes do repasse das importâncias desconta-

Lei 10.820/2003

SALÁRIOS

das dos mutuários, fica assegurado à instituição consignatária o direito de pedir, na forma prevista em lei, a restituição das importâncias retidas.

• V. art. 76, *caput*, e § 1º, Dec.-lei 7.661/1945 (Lei de Falências); e art. 85, *caput*, Lei 11.101/2005 (Lei de Recuperação de Empresas e Falência).

Art. 6º Os titulares de benefícios de aposentadoria e pensão do Regime Geral de Previdência Social poderão autorizar o Instituto Nacional do Seguro Social – INSS a proceder aos descontos referidos no art. 1º desta Lei, bem como autorizar, de forma irrevogável e irretratável, que a instituição financeira na qual recebam seus benefícios retenha, para fins de amortização, valores referentes ao pagamento mensal de empréstimos, financiamentos e operações de arrendamento mercantil por ela concedidos, quando previstos em contrato, nas condições estabelecidas em regulamento, observadas as normas editadas pelo INSS.

• *Caput* com redação determinada pela Lei 10.953/2004.

§ 1º Para os fins do *caput*, fica o INSS autorizado a dispor, em ato próprio, sobre:

I – as formalidades para habilitação das instituições e sociedades referidas no art. 1º;

II – os benefícios elegíveis, em função de sua natureza e forma de pagamento;

III – as rotinas a serem observadas para a prestação aos titulares de benefícios em manutenção e às instituições consignatárias das informações necessárias à consecução do disposto nesta Lei;

IV – os prazos para o início dos descontos autorizados e para o repasse das prestações às instituições consignatárias;

V – o valor dos encargos a serem cobrados para ressarcimento dos custos operacionais a ele acarretados pelas operações; e

VI – as demais normas que se fizerem necessárias.

§ 2º Em qualquer circunstância, a responsabilidade do INSS em relação às operações referidas no *caput* deste artigo restringe-se à:

• § 2º com redação determinada pela Lei 10.953/2004.

I – retenção dos valores autorizados pelo beneficiário e repasse à instituição consignatária nas operações de desconto, não cabendo à autarquia responsabilidade solidária pelos débitos contratados pelo segurado; e

II – manutenção dos pagamentos do titular do benefício na mesma instituição financeira enquanto houver saldo devedor nas operações em que for autorizada a retenção, não cabendo à autarquia responsabilidade solidária pelos débitos contratados pelo segurado.

§ 3º É vedado ao titular de benefício que realizar qualquer das operações referidas nesta Lei solicitar a alteração da instituição financeira pagadora, enquanto houver saldo devedor em amortização.

• § 3º com redação determinada pela Lei 10.953/2004.

§ 4º É facultada a transferência da consignação do empréstimo, financiamento ou arrendamento firmado pelo empregado na vigência do seu contrato de trabalho quando de sua aposentadoria, observadas as condições estabelecidas nesta Lei.

§ 5º Os descontos e as retenções mencionados no *caput* deste artigo não poderão ultrapassar o limite de 30% (trinta por cento) do valor dos benefícios.

• § 5º acrescentado pela Lei 10.953/2004.

§ 6º A instituição financeira que proceder à retenção de valor superior ao limite estabelecido no § 5º deste artigo perderá todas as garantias que lhe são conferidas por esta Lei.

• § 6º acrescentado pela Lei 10.953/2004.

Art. 7º O art. 115 da Lei 8.213, de 24 de julho de 1991, passa a vigorar com as seguintes alterações:

• Alterações processadas no texto da referida Lei.

Art. 8º O Poder Executivo regulamentará o disposto nesta Lei.

Art. 9º Esta Lei entra em vigor na data de sua publicação.

Brasília, 17 de dezembro de 2003; 182º da Independência e 115º da República.

Luiz Inácio Lula da Silva

(*DOU* 18.12.2003)

Lei 12.382/2011

SALÁRIOS

LEI 12.382, DE 25 DE FEVEREIRO DE 2011

Dispõe sobre o valor do salário mínimo em 2011 e a sua política de valorização de longo prazo; disciplina a representação fiscal para fins penais nos casos em que houve parcelamento do crédito tributário; altera a Lei 9.430, de 27 de dezembro de 1996; e revoga a Lei 12.255, de 15 de junho de 2010.

A Presidenta da República:

Faço saber que o Congresso Nacional decreta e eu sanciono a seguinte Lei:

Art. 1º O salário mínimo passa a corresponder ao valor de R$ 545,00 (quinhentos e quarenta e cinco reais).

Parágrafo único. Em virtude do disposto no *caput*, o valor diário do salário mínimo corresponderá a R$ 18,17 (dezoito reais e dezessete centavos) e o valor horário, a R$ 2,48 (dois reais e quarenta e oito centavos).

Art. 2º Ficam estabelecidas as diretrizes para a política de valorização do salário mínimo a vigorar entre 2012 e 2015, inclusive, a serem aplicadas em 1º de janeiro do respectivo ano.

§ 1º Os reajustes para a preservação do poder aquisitivo do salário mínimo corresponderão à variação do Índice Nacional de Preços ao Consumidor – INPC, calculado e divulgado pela Fundação Instituto Brasileiro de Geografia e Estatística – IBGE, acumulada nos 12 (doze) meses anteriores ao mês do reajuste.

§ 2º Na hipótese de não divulgação do INPC referente a um ou mais meses compreendidos no período do cálculo até o último dia útil imediatamente anterior à vigência do reajuste, o Poder Executivo estimará os índices dos meses não disponíveis.

§ 3º Verificada a hipótese de que trata o § 2º, os índices estimados permanecerão válidos para os fins desta Lei, sem qualquer revisão, sendo os eventuais resíduos compensados no reajuste subsequente, sem retroatividade.

§ 4º A título de aumento real, serão aplicados os seguintes percentuais:

I – em 2012, será aplicado o percentual equivalente à taxa de crescimento real do Produto Interno Bruto – PIB, apurada pelo IBGE, para o ano de 2010;

II – em 2013, será aplicado o percentual equivalente à taxa de crescimento real do PIB, apurada pelo IBGE, para o ano de 2011;

III – em 2014, será aplicado o percentual equivalente à taxa de crescimento real do PIB, apurada pelo IBGE, para o ano de 2012; e

IV – em 2015, será aplicado o percentual equivalente à taxa de crescimento real do PIB, apurada pelo IBGE, para o ano de 2013.

§ 5º Para fins do disposto no § 4º, será utilizada a taxa de crescimento real do PIB para o ano de referência, divulgada pelo IBGE até o último dia útil do ano imediatamente anterior ao de aplicação do respectivo aumento real.

Art. 3º Os reajustes e aumentos fixados na forma do art. 2º serão estabelecidos pelo Poder Executivo, por meio de decreto, nos termos desta Lei.

Parágrafo único. O decreto do Poder Executivo a que se refere o *caput* divulgará a cada ano os valores mensal, diário e horário do salário mínimo decorrentes do disposto neste artigo, correspondendo o valor diário a 1/30 (um trinta avos) e o valor horário a 1/220 (um duzentos e vinte avos) do valor mensal.

Art. 4º Até 31 de dezembro de 2015, o Poder Executivo encaminhará ao Congresso Nacional projeto de lei dispondo sobre a política de valorização do salário mínimo para o período compreendido entre 2016 e 2019, inclusive.

Art. 5º O Poder Executivo constituirá grupo interministerial, sob a coordenação do Ministério do Trabalho e Emprego, encarregado de definir e implementar sistemática de monitoramento e avaliação da política de valorização do salário mínimo.

Parágrafo único. O grupo a que se refere o *caput* identificará a cesta básica dos produtos adquiridos pelo salário mínimo e suas projeções futuras decorrentes do aumento de seu poder de compra, nos termos definidos em decreto.

SALÁRIOS

Art. 6º O art. 83 da Lei 9.430, de 27 de dezembro de 1996, passa a vigorar acrescido dos seguintes §§ 1º a 5º, renumerando-se o atual parágrafo único para § 6º:

"Art. 83. [...]

"§ 1º Na hipótese de concessão de parcelamento do crédito tributário, a representação fiscal para fins penais somente será encaminhada ao Ministério Público após a exclusão da pessoa física ou jurídica do parcelamento.

"§ 2º É suspensa a pretensão punitiva do Estado referente aos crimes previstos no *caput*, durante o período em que a pessoa física ou a pessoa jurídica relacionada com o agente dos aludidos crimes estiver incluída no parcelamento, desde que o pedido de parcelamento tenha sido formalizado antes do recebimento da denúncia criminal.

"§ 3º A prescrição criminal não corre durante o período de suspensão da pretensão punitiva.

"§ 4º Extingue-se a punibilidade dos crimes referidos no *caput* quando a pessoa física ou a pessoa jurídica relacionada com o agente efetuar o pagamento integral dos débitos oriundos de tributos, inclusive acessórios, que tiverem sido objeto de concessão de parcelamento.

"§ 5º O disposto nos §§ 1º a 4º não se aplica nas hipóteses de vedação legal de parcelamento.

"§ 6º As disposições contidas no *caput* do art. 34 da Lei 9.249, de 26 de dezembro de 1995, aplicam-se aos processos administrativos e aos inquéritos e processos em curso, desde que não recebida a denúncia pelo juiz."

Art. 7º Esta Lei entra em vigor no primeiro dia do mês subsequente à data de sua publicação.

Art. 8º Fica revogada a Lei 12.255, de 15 de junho de 2010.

Brasília, 25 de fevereiro de 2011; 190º da Independência e 123º da República.
Dilma Rousseff

(*DOU* 28.02.2011)

DECRETO 7.655, DE 23 DE DEZEMBRO DE 2011

Regulamenta a Lei 12.382, de 25 de fevereiro de 2011, que dispõe sobre o valor do salário mínimo e a sua política de valorização de longo prazo.

A Presidenta da República, no uso da atribuição que lhe confere o art. 84, inciso IV, da Constituição, e tendo em vista o disposto no art. 3º da Lei 12.382, de 25 de fevereiro de 2011, decreta:

Art. 1º A partir de 1º de janeiro de 2012, o salário mínimo será de R$ 622,00 (seiscentos e vinte e dois reais).

Parágrafo único. Em virtude do disposto no *caput*, o valor diário do salário mínimo corresponderá a R$ 20,73 (vinte reais e setenta e três centavos) e o valor horário, a R$ 2,83 (dois reais e oitenta e três centavos).

Art. 2º Este Decreto entra em vigor no dia 1º de janeiro de 2012.

Brasília, 23 de dezembro de 2011; 190º da Independência e 123º da República.
Dilma Rousseff

(*DOU* 26.12.2011)

DECRETO 7.872, DE 26 DE DEZEMBRO DE 2012

Regulamenta a Lei 12.382, de 25 de fevereiro de 2011, que dispõe sobre o valor do salário mínimo e a sua política de valorização de longo prazo.

A Presidenta da República, no uso das atribuições que lhe conferem o art. 84, *caput*, incisos IV e VI, alínea *a*, da Constituição, e tendo em vista o disposto no art. 3º da Lei 12.382, de 25 de fevereiro de 2011, decreta:

Art. 1º. A partir de 1º de janeiro de 2013, o salário mínimo será de R$ 678,00 (seiscentos e setenta e oito reais).

Parágrafo único. Em virtude do disposto no *caput*, o valor diário do salário mínimo corresponderá a R$ 22,60 (vinte e dois reais

Dec. 7.872/2012

SALÁRIOS

e sessenta centavos) e o valor horário, a R$ 3,08 (três reais e oito centavos).

Art. 2º Este Decreto entra em vigor em 1º de janeiro de 2013.

Brasília, 26 de dezembro de 2012; 191º da Independência e 124º da República.
Dilma Rousseff

• Assinatura retificada no *DOU* 28.12.2012.
(*DOU* 26.12.2012, edição extra; ret. 28.12.2012)

SERVIÇOS NO EXTERIOR

LEI 7.064, DE 6 DE DEZEMBRO DE 1982

Dispõe sobre a situação dos trabalhadores contratados ou transferidos para prestar serviços no exterior.

O Presidente da República:
Faço saber que o Congresso Nacional decreta e eu sanciono a seguinte Lei:

Capítulo I
INTRODUÇÃO

• V. Súmula 207, TST.

Art. 1° Esta Lei regula a situação de trabalhadores contratados no Brasil ou transferidos por seus empregadores para prestar serviço no exterior.

* *Caput* com redação determinada pela Lei 11.962/2009.

Parágrafo único. Fica excluído do regime desta Lei o empregado designado para prestar serviços de natureza transitória, por período não superior a 90 (noventa) dias, desde que:
a) tenha ciência expressa dessa transitoriedade;
b) receba, além da passagem de ida e volta, diárias durante o período de trabalho no exterior, as quais, seja qual for o respectivo valor, não terão natureza salarial.

Capítulo II
DA TRANSFERÊNCIA

Art. 2° Para os efeitos desta Lei, considera-se transferido:
I – o empregado removido para o exterior, cujo contrato estava sendo executado no território brasileiro;
II – o empregado cedido a empresa sediada no estrangeiro, para trabalhar no exterior, desde que mantido o vínculo trabalhista com o empregador brasileiro;
III – o empregado contratado por empresa sediada no Brasil para trabalhar a seu serviço no exterior.

Art. 3° A empresa responsável pelo contrato de trabalho do empregado transferido assegurar-lhe-á, independentemente da observância da legislação do local da execução dos serviços:
I – os direitos previstos nesta Lei;
II – a aplicação da legislação brasileira de proteção ao trabalho, naquilo que não for incompatível com o disposto nesta Lei, quando mais favorável do que a legislação territorial, no conjunto de normas e em relação a cada matéria.
Parágrafo único. Respeitadas as disposições especiais desta Lei, aplicar-se-á a legislação brasileira sobre Previdência Social, Fundo de Garantia do Tempo de Serviço (FGTS) e Programa de Integração Social (PIS/Pasep).

Art. 4° Mediante ajuste escrito, empregador e empregado fixarão os valores do salário-base e do adicional de transferência.
§ 1° O salário-base ajustado na forma deste artigo fica sujeito aos reajustes e aumentos compulsórios previstos na legislação brasileira.
§ 2° O valor do salário-base não poderá ser inferior ao mínimo estabelecido para a categoria profissional do empregado.
§ 3° Os reajustes e aumentos compulsórios previstos no § 1° incidirão exclusivamente sobre os valores ajustados em moeda nacional.

Art. 5° O salário-base do contrato será obrigatoriamente estipulado em moeda nacional, mas a remuneração devida durante a transferência do empregado, computado o adicional de que trata o artigo anterior, poderá, no todo ou em parte, ser paga no exterior, em moeda estrangeira.
§ 1° Por opção escrita do empregado, a parcela da remuneração a ser paga em moeda nacional poderá ser depositada em conta bancária.
§ 2° É assegurada ao empregado, enquanto estiver prestando serviços no exterior, a conversão e remessa dos correspondentes

Lei 7.064/1982

SERVIÇOS NO EXTERIOR

valores para o local de trabalho, observado o disposto em regulamento.

* V. Dec. 89.339/1984 (Regulamenta dispositivos da Lei 7.064/1982).

Art. 6º Após 2 (dois) anos de permanência no exterior, será facultado ao empregado gozar anualmente férias no Brasil, correndo por conta da empresa empregadora, ou para a qual tenha sido cedido o custeio da viagem.

§ 1º O custeio de que trata este artigo se estende ao cônjuge e aos demais dependentes do empregado com ele residentes.

§ 2º O disposto neste artigo não se aplicará ao caso de retorno definitivo do empregado antes da época do gozo das férias.

Art. 7º O retorno do empregado ao Brasil poderá ser determinado pela empresa quando:

I – não se tornar mais necessário ou conveniente o serviço do empregado no exterior;

II – der o empregado justa causa para a rescisão do contrato.

Parágrafo único. Fica assegurado ao empregado seu retorno ao Brasil, ao término do prazo da transferência ou, antes deste, na ocorrência das seguintes hipóteses:

a) após 3 (três) anos de trabalho contínuo;

b) para atender a necessidade grave de natureza familiar, devidamente comprovada;

c) por motivo de saúde, conforme recomendação constante de laudo médico;

d) quando der o empregador justa causa para a rescisão do contrato;

e) na hipótese prevista no inciso I deste artigo.

Art. 8º Cabe à empresa o custeio do retorno do empregado.

Parágrafo único. Quando o retorno se verificar, por iniciativa do empregado, ou quando der justa causa para rescisão do contrato, ficará ele obrigado ao reembolso das respectivas despesas, ressalvados os casos previstos no parágrafo único do artigo anterior.

Art. 9º O período de duração da transferência será computado no tempo de serviço do empregado para todos os efeitos da legislação brasileira, ainda que a lei local de prestação do serviço considere essa prestação como resultante de um contrato autônomo e determine a liquidação dos direitos oriundos da respectiva cessação.

* V. Dec. 89.339/1984 (Regulamenta dispositivos da Lei 7.064/1982).

§ 1º Na hipótese de liquidação de direitos prevista neste artigo, a empresa empregadora fica autorizada a deduzir esse pagamento dos depósitos do FGTS em nome do empregado, existentes na conta vinculada de que trata o art. 2º da Lei 5.107, de 13 de setembro de 1966.

§ 2º Se o saldo da conta a que se refere o parágrafo anterior não comportar a dedução ali mencionada, a diferença poderá ser novamente deduzida do saldo dessa conta quando da cessação, no Brasil, do respectivo contrato de trabalho.

§ 3º As deduções acima mencionadas, relativamente ao pagamento em moeda estrangeira, serão calculadas mediante conversão em cruzeiros ao câmbio do dia em que se operar o pagamento.

§ 4º O levantamento pelo empregador, decorrente da dedução acima prevista, dependerá de homologação judicial.

Art. 10. O adicional de transferência, as prestações *in natura*, bem como quaisquer outras vantagens a que fizer jus o empregado em função de sua permanência no exterior, não serão devidas após seu retorno ao Brasil.

Art. 11. Durante a prestação de serviços no exterior não serão devidas, em relação aos empregados transferidos, as contribuições referentes a: Salário-Educação, Serviço Social da Indústria, Serviço Social do Comércio, Serviço Nacional de Aprendizagem Comercial, Serviço Nacional de Aprendizagem Industrial e Instituto Nacional de Colonização e de Reforma Agrária.

Capítulo III
DA CONTRATAÇÃO POR EMPRESA ESTRANGEIRA

Art. 12. A contratação de trabalhador, por empresa estrangeira, para trabalhar no exterior está condicionada a prévia autorização do Ministério do Trabalho.

* V. Dec. 89.339/1984 (Regulamenta dispositivos da Lei 7.064/1982).

Serviços no Exterior

Art. 13. A autorização a que se refere o art. 12 somente poderá ser dada a empresa de cujo capital participe, em pelo menos 5% (cinco por cento) pessoa jurídica domiciliada no Brasil.

Art. 14. Sem prejuízo da aplicação das leis do país da prestação dos serviços, no que respeita a direitos, vantagens e garantias trabalhistas e previdenciárias, a empresa estrangeira assegurará ao trabalhador os direitos a ele conferidos neste Capítulo.

Art. 15. Correrão obrigatoriamente por conta da empresa estrangeira as despesas de viagem de ida e volta do trabalhador ao exterior, inclusive a dos dependentes com ele residentes.

Art. 16. A permanência do trabalhador no exterior não poderá ser ajustada por período superior a 3 (três) anos, salvo quando for assegurado a ele e a seus dependentes o direito de gozar férias anuais no Brasil, com despesas de viagem pagas pela empresa estrangeira.

Art. 17. A empresa estrangeira assegurará o retorno definitivo do trabalhador ao Brasil quando:
I – houver terminado o prazo de duração do contrato, ou for o mesmo rescindido;
II – por motivo de saúde do trabalhador, devidamente comprovado por laudo médico oficial que o recomende.

Art. 18. A empresa estrangeira manterá no Brasil procurador bastante, com poderes especiais de representação, inclusive o de receber citação.

Art. 19. A pessoa jurídica domiciliada no Brasil a que alude o art. 13 será solidariamente responsável com a empresa estrangeira por todas as obrigações decorrentes da contratação do trabalhador.

Art. 20. O aliciamento de trabalhador domiciliado no Brasil, para trabalhar no exterior, fora do regime desta Lei, configurará o crime previsto no art. 206 do Código Penal Brasileiro.

Capítulo IV
DISPOSIÇÕES COMUNS E FINAIS

Art. 21. As empresas de que trata esta lei farão, obrigatoriamente, seguro de vida e acidentes pessoais a favor do trabalhador, cobrindo o período a partir do embarque para o exterior até o retorno ao Brasil.
Parágrafo único. O valor do seguro não poderá ser inferior a doze vezes o valor da remuneração mensal do trabalhador.

Art. 22. As empresas a que se refere esta Lei garantirão ao empregado, no local de trabalho no exterior ou próximo a ele, serviços gratuitos e adequados de assistência médica e social.

Art. 23. Serão regulamentadas no prazo de 90 (noventa) dias as disposições dos arts. 5º, § 2º, 9º, §§ 1º a 4º, e 12.

Art. 24. Esta Lei entra em vigor na data de sua publicação, revogadas as disposições em contrário.

Brasília, 6 de dezembro de 1982; 161º da Independência e 94º da República.
João Figueiredo

(*DOU* 07.12.1982; ret. 13.12.1982)

DECRETO 89.339, DE 31 DE JANEIRO DE 1984

Regulamenta o disposto nos arts. 5º, § 2º, 9º, §§ 1º a 4º, e 12 da Lei 7.064, de 6 de dezembro de 1982, que dispõe sobre a situação de trabalhadores contratados ou transferidos para prestar serviços no exterior.

O Presidente da República, usando da atribuição que lhe confere o art. 81, inciso III, da Constituição e tendo em vista o disposto no art. 23 da Lei 7.064, de 6 de dezembro de 1982, decreta:

Art. 1º O empregado contratado no Brasil ou transferido por empresa prestadora de serviços de engenharia, inclusive consultoria, projetos, obras, montagens, gerenciamento e congêneres, para prestar serviços no exterior, enquanto estiver prestando serviços no estrangeiro, poderá converter e remeter para o local de trabalho, no todo ou em parte, os valores correspondentes à remuneração paga em moeda nacional.

Art. 2º As remessas referidas no art. 1º serão feitas através de instituição bancária autorizada a operar em câmbio, mediante requerimento escrito do empregado ou seu

Dec. 89.339/1984

SERVIÇOS NO EXTERIOR

procurador, instruído com declaração da empresa empregadora indicando o valor da remuneração paga ao empregado, o local da prestação de serviços no exterior e os números da Carteira de Trabalho e de inscrição do empregado no cadastro de contribuintes.

Parágrafo único. As remessas a que se refere o artigo estarão sujeitas à fiscalização do Banco Central do Brasil.

Art. 3º Os valores pagos pela empresa empregadora prestadora dos serviços a que se refere o art. 1º, na liquidação de direitos determinados pela lei do local da prestação de serviços no exterior, poderão ser deduzidos dos depósitos do Fundo de Garantia do Tempo de Serviço – FGTS – em nome do empregado, existentes na conta vinculada de que trata o art. 2º da Lei 5.107, de 13 de setembro de 1965.

§ 1º O levantamento, pela empresa empregadora, dos valores correspondentes à liquidação de direitos, efetuada de conformidade com a lei do local da prestação de serviços no exterior, efetivar-se-á à vista do alvará expedido em decorrência da homologação judicial.

§ 2º A homologação dos valores a serem deduzidos dar-se-á mediante a apresentação, pela empresa empregadora, de cópia autêntica da documentação comprobatória da liquidação dos direitos do empregado no exterior, traduzida oficialmente.

§ 3º Requerida a homologação, o juiz determinará ao Banco depositário da conta vinculada que informe, no prazo de 3 (três) dias úteis, o valor existente na conta vinculada do empregado, na data do pedido de homologação.

Art. 4º A homologação deverá consignar a importância, em moeda estrangeira, a ser deduzida e o alvará autorizará o levantamento do seu valor correspondente em cruzeiros, junto ao Banco depositário, que efetuará a conversão ao câmbio do dia em que efetivar o pagamento, utilizando o dólar dos Estados Unidos da América como moeda de conversão, nos casos em que a liquidação de direitos do empregado tenha sido efetuada em moeda com a qual o cruzeiro não tenha paridade direta.

Parágrafo único. A empresa empregadora deverá apresentar o alvará a que se refere o artigo no prazo de 2 (dois) dias úteis da sua expedição, sob pena de correrem à sua conta as variações cambiais posteriores à data do alvará.

Art. 5º Caso o saldo existente na conta vinculada do FGTS, em nome do empregado, não seja suficiente para a dedução integral dos valores correspondentes aos direitos liquidados pela empresa no exterior, a diferença poderá ser levantada mediante nova dedução dessa conta, quando da cessação, no Brasil, do contrato de trabalho, mediante a expedição de novo alvará e independentemente de nova homologação.

Art. 6º A contratação de trabalhador por empresa estrangeira, para trabalhar no exterior, está condicionada à autorização do Ministério do Trabalho, nos termos de regulamento baixado pelo Ministro do Trabalho e observado o disposto no art. 7º deste Decreto.

Art. 7º A empresa requerente da autorização a que se refere o art. 6º deverá comprovar:

I – sua existência jurídica, segundo as leis do país no qual é sediada;

II – a participação de pessoa jurídica domiciliada no Brasil, em pelo menos 5% (cinco por cento) do seu capital social;

III – a existência de procurador legalmente constituído no Brasil com poderes especiais de representação, inclusive o de receber citação;

IV – a solidariedade da pessoa jurídica a que se refere o inciso II deste artigo no cumprimento das obrigações da empresa estrangeira decorrentes da contratação do empregado.

Art. 8º Este Decreto entra em vigor na data de sua publicação, revogadas as disposições em contrário.

Brasília, aos 31 do mês de janeiro de 1984; 163º da Independência e 96º da República.

João Figueiredo

(*DOU* 1º.02.1984)

SINDICATOS

LEI 11.648, DE 31 DE MARÇO DE 2008

Dispõe sobre o reconhecimento formal das centrais sindicais para os fins que especifica, altera a Consolidação das Leis do Trabalho – CLT, aprovada pelo Decreto-lei 5.452, de 1º de maio de 1943, e dá outras providências.

O Presidente da República:
Faço saber que o Congresso Nacional decreta e eu sanciono a seguinte Lei:

Art. 1º A central sindical, entidade de representação geral dos trabalhadores, constituída em âmbito nacional, terá as seguintes atribuições e prerrogativas:
I – coordenar a representação dos trabalhadores por meio das organizações sindicais a ela filiadas; e
II – participar de negociações em fóruns, colegiados de órgãos públicos e demais espaços de diálogo social que possuam composição tripartite, nos quais estejam em discussão assuntos de interesse geral dos trabalhadores.

Parágrafo único. Considera-se central sindical, para os efeitos do disposto nesta Lei, a entidade associativa de direito privado composta por organizações sindicais de trabalhadores.

Art. 2º Para o exercício das atribuições e prerrogativas a que se refere o inciso II do *caput* do art. 1º desta Lei, a central sindical deverá cumprir os seguintes requisitos:
I – filiação de, no mínimo, 100 sindicatos distribuídos nas cinco regiões do País;
II – filiação em pelo menos três regiões do País de, no mínimo, 20 sindicatos em cada uma;
III – filiação de sindicatos em, no mínimo, cinco setores de atividade econômica; e
IV – filiação de sindicatos que representem, no mínimo, 7% (sete por cento) do total de empregados sindicalizados em âmbito nacional.

Parágrafo único. O índice previsto no inciso IV do *caput* deste artigo será de 5% (cinco por cento) do total de empregados sindicalizados em âmbito nacional no período de 24 (vinte e quatro) meses a contar da publicação desta Lei.

Art. 3º A indicação pela central sindical de representantes nos fóruns tripartites, conselhos e colegiados de órgãos públicos a que se refere o inciso II do *caput* do art. 1º desta Lei será em número proporcional ao índice de representatividade previsto no inciso IV do *caput* do art. 2º desta Lei, salvo acordo entre centrais sindicais.

§ 1º O critério de proporcionalidade, bem como a possibilidade de acordo entre as centrais, previsto no *caput* deste artigo não poderá prejudicar a participação de outras centrais sindicais que atenderem aos requisitos estabelecidos no art. 2º desta Lei.

§ 2º A aplicação do disposto no *caput* deste artigo deverá preservar a paridade de representação de trabalhadores e empregadores em qualquer organismo mediante o qual sejam levadas a cabo as consultas.

Art. 4º A aferição dos requisitos de representatividade de que trata o art. 2º desta Lei será realizada pelo Ministério do Trabalho e Emprego.

§ 1º O Ministro de Estado do Trabalho e Emprego, mediante consulta às centrais sindicais, poderá baixar instruções para disciplinar os procedimentos necessários à aferição dos requisitos de representatividade, bem como para alterá-los com base na análise dos índices de sindicalização dos sindicatos filiados às centrais sindicais.

§ 2º Ato do Ministro de Estado do Trabalho e Emprego divulgará, anualmente, relação das centrais sindicais que atendem aos requisitos de que trata o art. 2º desta Lei, indicando seus índices de representatividade.

Art. 5º Os arts. 589, 590, 591 e 593 da Consolidação das Leis do Trabalho – CLT, aprovada pelo Decreto-lei 5.452, de 1º de

Port. MTE 186/2008

SINDICATOS

maio de 1943, passam a vigorar com a seguinte redação:

• Alterações processadas no texto do referido Decreto-lei.

Art. 6º *(Vetado.)*

Art. 7º Os arts. 578 a 610 da Consolidação das Leis do Trabalho – CLT, aprovada pelo Decreto-lei 5.452, de 1º de maio de 1943, vigorarão até que a lei venha a disciplinar a contribuição negocial, vinculada ao exercício efetivo da negociação coletiva e à aprovação em assembleia geral da categoria.

Art. 8º Esta Lei entra em vigor na data de sua publicação.

Brasília, 31 de março de 2008; 187º da Independência e 120º da República.

Luiz Inácio Lula da Silva

(*DOU* 31.03.2008, edição extra)

PORTARIA 186,
DE 10 DE ABRIL DE 2008, DO MINISTÉRIO DO TRABALHO E EMPREGO – MTE

O Ministro do Trabalho e Emprego, no uso das suas atribuições legais e tendo em vista o disposto no art. 87, parágrafo único, inciso II, da Constituição, no Título V da Consolidação das Leis do Trabalho, aprovada pelo Decreto-lei 5.452, de 1º de maio de 1943, e na Súmula 677, do Supremo Tribunal Federal, resolve:

Art. 1º Os pedidos de registro sindical no Ministério do Trabalho e Emprego – MTE observarão os procedimentos administrativos previstos nesta Portaria.

Capítulo I
DOS PEDIDOS DE REGISTRO SINDICAL E DE ALTERAÇÃO ESTATUTÁRIA

Seção I
Da solicitação e análise dos pedidos

Art. 2º Para a solicitação de registro, a entidade sindical deverá acessar o Sistema do Cadastro Nacional de Entidades Sindicais – CNES, disponível no endereço eletrônico www.mte.gov.br, e seguir as instruções ali constantes para a emissão do formulário de pedido de registro.

§ 1º Após a transmissão dos dados e confirmação do envio eletrônico do pedido, o interessado deverá protocolizar, para formação de processo administrativo, unicamente na Superintendência Regional do Trabalho e Emprego – SRTE da unidade da Federação onde se localiza a sede da entidade sindical, sendo vedada a remessa via postal, os seguintes documentos:

I – requerimento original gerado pelo Sistema, assinado pelo representante legal da entidade;

II – edital de convocação dos membros da categoria para a assembleia geral de fundação ou ratificação de fundação da entidade, do qual conste a indicação nominal de todos os municípios, estados e categorias pretendidas, publicado, simultaneamente, no *Diário Oficial da União* e em jornal de grande circulação diária na base territorial, com antecedência mínima de 10 (dez) dias da realização da assembleia para as entidades com base municipal, intermunicipal ou estadual e de 30 (trinta) dias para as entidades com base interestadual ou nacional;

III – ata da assembleia geral de fundação da entidade e eleição, apuração e posse da diretoria, com a indicação do nome completo e número do Cadastro Pessoas Físicas – CPF dos representantes legais da entidade requerente, acompanhada de lista contendo o nome completo e assinatura dos presentes;

IV – estatuto social, aprovado em assembleia geral e registrado em cartório, que deverá conter os elementos identificadores da representação pretendida, em especial a categoria ou categorias representadas e a base territorial;

V – comprovante original de pagamento da Guia de Recolhimento da União – GRU, relativo ao custo das publicações no *Diário Oficial da União*, conforme indicado em portaria ministerial, devendo-se utilizar as seguintes referências: UG 380918, Gestão 00001 e Código de recolhimento 68888-6, referência 38091800001-3947;

Port. MTE 186/2008

SINDICATOS

VI – certidão de inscrição do solicitante no Cadastro Nacional de Pessoa jurídica – CNPJ, com natureza jurídica específica; e

VII – comprovante de endereço em nome da entidade.

§ 2º O processo será encaminhado preliminarmente à Seção de Relações do Trabalho da SRTE, para efetuar a conferência dos documentos que acompanham o pedido de registro sindical e encaminhá-lo, por meio de despacho, à Coordenação-Geral de Registro Sindical da Secretaria de Relações do Trabalho – CGRS para fins de análise.

Art. 3º A entidade sindical que pretenda registrar alteração estatutária referente a categoria e/ou base territorial, deverá estar com cadastro ativo no CNES e protocolizar na SRTE do local onde se encontre sua sede, os seguintes documentos, além dos previstos nos incisos V, VI e VII do § 1º do art. 2º desta Portaria, vedada a remessa via postal ou o protocolo na sede do Ministério do Trabalho e Emprego:

* *Caput* com redação determinada pela Portaria MTE 2.451/2011.

I – requerimento original gerado pelo Sistema, assinado pelo representante legal da entidade.

* Inciso I com redação determinada pela Portaria MTE 2.451/2011.

II – edital de convocação dos membros das categorias representada e pretendida para a assembleia geral de alteração estatutária da entidade, do qual conste a indicação nominal de todos os municípios, estados e categorias pretendidas, publicado, simultaneamente, no *Diário Oficial da União* e em jornal de grande circulação diária na base territorial, com antecedência mínima de 10 (dez) dias da realização da assembleia para as entidades com base municipal, intermunicipal ou estadual e de 30 (trinta) dias para as entidades com base interestadual ou nacional;

III – ata da assembleia geral de alteração estatutária da entidade e eleição, apuração e posse da diretoria, com a indicação do nome completo e número do Cadastro Pessoas Físicas – CPF dos representantes legais da entidade requerente, acompanhada de lista contendo o nome completo e assinatura dos presentes; e

IV – estatuto social, aprovado em assembleia geral e registrado em cartório, do qual deverá constar a base e categoria ao final representada.

§ 1º As fusões ou incorporações de entidades sindicais são consideradas alterações estatutárias.

* Anterior parágrafo único renumerado pela Portaria MTE 2.451/2011.

§ 2º A solicitação de registro de alteração estatutária deverá ser preenchida no Sistema do Cadastro Nacional de Entidades Sindicais – CNES, disponível no endereço eletrônico www.mte.gov.br.

* § 2º acrescentado pela Portaria MTE 2.451/2011.

§ 3º Não será permitida a tramitação de mais de uma solicitação de registro de alteração estatutária simultaneamente.

§ 3º acrescentado pela Portaria MTE 2.451/2011.

Art. 4º Os pedidos de registro sindical ou de alteração estatutária serão analisados na CGRS, que verificará se os representados constituem categoria, nos termos da Lei, bem como a existência, no CNES, de outras entidades sindicais representantes da mesma categoria, na mesma base territorial da entidade requerente.

Art. 5º O pedido será arquivado pelo Secretário de Relações do Trabalho, com base em análise fundamentada da CGRS nos seguintes casos:

I – não caracterização de categoria econômica ou profissional para fins de organização sindical, nos termos da legislação pertinente;

II – insuficiência ou irregularidade dos documentos apresentados, na forma dos arts. 2º, 3º e 22;

III – coincidência total de categoria e base territorial do sindicato postulante com sindicato registrado no CNES;

IV – quando a base territorial requerida englobar o local da sede de sindicato, registrado no CNES, representante de idêntica categoria; e

Port. MTE 186/2008

SINDICATOS

V – quando o pedido for protocolado em desconformidade com o § 1º do art. 2º.

§ 1º Nos pedidos de registro e de alteração estatutária de federações e confederações, será motivo de arquivamento, ainda, a falta de preenchimento dos requisitos previstos no Capítulo IV desta Portaria.

§ 2º A análise de que trata o inciso I deste artigo deverá identificar todos os elementos exigidos por Lei para a caracterização de categoria econômica, profissional ou específica.

Seção II
Da publicação do pedido

Art. 6º Após a verificação, pela CGRS, da regularidade dos documentos apresentados e a análise de que tratam os arts. 4º e 5º, o pedido de registro sindical ou de alteração estatutária será publicado no *Diário Oficial da União*, para fins de publicidade e abertura de prazo para impugnações.

Art. 7º Quando for constatada a existência de dois ou mais pedidos de registro ou alteração estatutária com coincidência total ou parcial de base territorial e categoria, proceder-se-á da seguinte forma:

I – caso ambos tenham protocolizados com a documentação completa, deve-se publicar pela ordem de data do protocolo do pedido; e

II – nos pedidos de registro ou de alteração estatutária, anteriores a esta Portaria, que tenham sido protocolizados com a documentação incompleta, deverá ser publicado primeiramente aquele que, em primeiro lugar, protocolizar a documentação completa.

Parágrafo único. Nos casos descritos neste artigo, se as partes interessadas estiverem discutindo o conflito de representação na via judicial, os processos ficarão suspensos, nos termos do art. 16.

Art. 8º Serão publicadas no *Diário Oficial da União* e devidamente certificadas no processo as decisões de arquivamento, das quais poderá o interessado apresentar recurso administrativo, na forma do Capítulo XV da Lei 9.784, de 29 de janeiro de 1999.

Capítulo II
DAS IMPUGNAÇÕES

Seção I
Da publicação e dos requisitos para impugnações

Art. 9º Publicado o pedido de registro sindical ou de alteração estatutária, a entidade sindical de mesmo grau, registrada no CNES, que entenda coincidentes sua representação e a do requerente, poderá apresentar impugnação, no prazo de 30 (trinta) dias, contado da data da publicação de que trata art. 6º, diretamente no protocolo do Ministério do Trabalho e Emprego, sendo vedada impugnação por qualquer outro meio, devendo instruí-la com os seguintes documentos, além dos previstos nos incisos V, VI e VII do § 1º do art. 2º desta Portaria:

I – requerimento, que deverá indicar claramente o objeto do conflito e configurar a coincidência de base territorial e de categoria;

II – documento comprobatório do registro sindical expedido pelo MTE, com identificação da base territorial e da categoria representada, ressalvada ao interessado a utilização da faculdade prevista no art. 37 da Lei 9.784, de 1999;

III – estatuto social atualizado, aprovado em assembleia geral da categoria;

IV – ata de apuração de votos do último processo eleitoral;

V – ata de posse da atual diretoria; e

VI – formulário de atualização sindical extraído do endereço eletrônico www.mte.gov.br, devidamente preenchido e assinado.

§ 1º A entidade sindical impugnante que estiver com suas informações atualizadas no CNES fica dispensada da apresentação dos documentos previstos nos incisos III a VI do *caput* deste artigo.

§ 2º Não serão aceitas impugnações coletivas, apresentadas por meio do mesmo documento por um impugnante a mais de um pedido ou por vários impugnantes ao mesmo pedido.

Seção II
Da análise dos pedidos de impugnação

Art. 10. As impugnações serão submetidas ao procedimento previsto na Seção III deste Capítulo, exceto nos seguintes casos, em que serão arquivadas pelo Secretário de Relações do Trabalho, após análise da CGRS:

I – inobservância do prazo previsto no *caput* do art. 9º;

II – ausência de registro sindical do impugnante, exceto se seu pedido de registro ou de alteração estatutária já houver sido publicado no *Diário Oficial da União*, mesmo que se encontre sobrestado, conforme § 5º do art. 13;

III – apresentação por diretoria de sindicato com mandato vencido;

IV – inexistência de comprovante de pagamento da taxa de publicação;

V – não coincidência de base territorial e categoria entre impugnante e impugnado;

VI – impugnação apresentada por entidade de grau diverso da entidade impugnada, salvo por mandato;

VII – na hipótese de desmembramento, que ocorre quando a base territorial do impugnado é menor que a do impugnante, desde que não englobe o município da sede do sindicato impugnante e não haja coincidência de categoria específica;

VIII – na ocorrência de dissociação de categorias ecléticas, similares ou conexas, para a formação de entidade com representação de categoria mais específica;

IX – ausência ou irregularidade de qualquer dos documentos previstos no art. 9º; e

X – perda do objeto da impugnação, ocasionada pela retificação do pedido da entidade impugnada.

§ 1º A decisão de arquivamento será fundamentada e publicada no *Diário Oficial da União*, dela cabendo recurso administrativo, na forma do Capítulo XV da Lei 9.784, de 1999.

§ 2º O pedido de desistência de impugnação somente será admitido por meio de documentos originais, protocolizados neste Ministério, devidamente assinados pelo representante legal da entidade com mandato válido, vedada a sua apresentação por fax ou e-mail, devendo sua legalidade ser analisada pela CGRS antes da decisão do Secretário de Relações do Trabalho.

Seção III
Da autocomposição

Art. 11. A CGRS deverá informar ao Secretário de Relações do Trabalho as impugnações não arquivadas, na forma do art. 10, para notificação das partes com vistas à autocomposição.

Art. 12. Serão objeto do procedimento previsto nesta Seção:

I – os pedidos de registro impugnados, cujas impugnações não tenham sido arquivadas nos termos do art. 10; e

II – os casos previstos no inciso II do art. 7º.

Art. 13. Serão notificados, na forma do §3º do art. 26 da Lei 9.784, de 1999, os representantes legais das entidades impugnantes e impugnadas, para comparecimento a reunião destinada à autocomposição, que será realizada no âmbito da SRT ou da Superintendência Regional do Trabalho e Emprego da sede da entidade impugnada, com antecedência mínima de 15 (quinze) dias da data da reunião.

§ 1º O Secretário de Relações do Trabalho ou o servidor por ele designado iniciará o procedimento previsto no *caput* deste artigo, convidando as partes para se pronunciarem sobre as bases de uma possível conciliação.

§ 2º Será lavrada ata circunstanciada da reunião, assinada por todos os presentes com poder de decisão, da qual conste o resultado da tentativa de acordo.

§ 3º As ausências serão consignadas pelo servidor responsável pelo procedimento e atestadas pelos demais presentes à reunião.

§ 4º O acordo entre as partes fundamentará a concessão do registro ou da alteração estatutária pleiteada, que será concedido após a apresentação de cópia do estatuto social das entidades, registrado em cartório, com as modificações decorrentes do acordo, cujos termos serão anotados no registro

Port. MTE 186/2008

SINDICATOS

de todas as entidades envolvidas no CNES, na forma do Capítulo V.

§ 5º Não havendo acordo entre as partes, o pedido ficará sobrestado até que a Secretaria de Relações do Trabalho seja notificada do inteiro teor de acordo judicial ou extrajudicial ou decisão judicial que decida a controvérsia.

§ 6º Considerar-se-á dirimido o conflito quando a entidade impugnada retirar, de seu estatuto, o objeto da controvérsia claramente definido, conforme disposto no inciso I do art. 9º.

§ 7º O pedido de registro será arquivado se a entidade impugnada, devidamente notificada, não comparecer à reunião prevista neste artigo.

§ 8º Será arquivada a impugnação e concedido o registro sindical ou de alteração estatutária se a única entidade impugnante, devidamente notificada, não comparecer à reunião prevista neste artigo.

§ 9º Havendo mais de uma impugnação, serão arquivadas as impugnações das entidades que não comparecerem à reunião, mantendo-se o procedimento em relação às demais entidades impugnantes presentes.

§ 10. As reuniões de que trata este artigo serão públicas, devendo a pauta respectiva ser publicada em local visível, acessível aos interessados, com antecedência mínima de 5 (cinco) dias da data da sua realização.

Capítulo III
DO REGISTRO

Seção I
Da concessão

Art. 14. O registro sindical ou de alteração estatutária será concedido com fundamento em análise técnica da SRT, nas seguintes situações:

I – decorrido o prazo previsto no art. 9º sem que tenham sido apresentadas impugnações ao pedido;

II – arquivamento das impugnações, nos termos do art. 10;

III – acordo entre as partes; e

IV – determinação judicial dirigida ao Ministério do Trabalho e Emprego.

Art. 15. A concessão de registro sindical ou de alteração estatutária será publicada no *Diário Oficial da União*, cujos dados serão incluídos no CNES, os quais deverão ser permanentemente atualizados, na forma das instruções expedidas pela Secretaria de Relações do Trabalho.

Parágrafo único. A SRT expedirá, após a publicação da concessão do registro ou da alteração estatutária, certidão com os dados constantes do CNES.

Seção II
Da suspensão dos pedidos

Art. 16. Os processos de registro ou de alteração estatutária ficarão suspensos, neles não se praticando quaisquer atos, nos seguintes casos:

I – por determinação judicial;

II – na hipótese prevista no parágrafo único do art. 7º;

III – durante o procedimento disposto na Seção III do Capítulo II;

IV – no período compreendido entre o acordo previsto no § 4º do art. 13 e a entrega, na SRT, dos respectivos estatutos sociais com as alterações decorrentes do acordo firmado entre as partes;

V – quando as entidades que tiveram seus registros anotados, na forma do Capítulo V, deixarem de enviar, no prazo previsto no § 2º do art. 25, novo estatuto social, registrado em cartório, com a representação sindical devidamente atualizada; e

VI – na redução, pela federação ou confederação, do número mínimo legal de entidades filiadas, conforme previsto no § 3º do art. 20; e

VII – se o interessado deixar de promover os atos que lhe competem, no prazo de trinta dias, após regularmente notificado para sanear eventuais irregularidades.

Seção III
Do cancelamento

Art. 17. O registro sindical ou a alteração estatutária somente será cancelado nos seguintes casos:

I – por ordem judicial que determine ao Ministério do Trabalho e Emprego o cancela-

mento do registro, fundada na declaração de ilegitimidade da entidade para representar a categoria ou de nulidade dos seus atos constitutivos;

II – administrativamente, se constatado vício de legalidade no processo de concessão, assegurados ao interessado o contraditório e a ampla defesa, bem como observado o prazo decadencial previsto no art. 53 da Lei 9.784, de 1999;

III – a pedido da própria entidade, nos termos do art. 18; e

IV – na ocorrência de fusão ou incorporação entre duas ou mais entidades, devidamente comprovadas com a apresentação do registro em cartório e após a publicação do registro da nova entidade.

Art. 18. Quando a forma de dissolução da entidade sindical não estiver prevista em seu estatuto social, o pedido de cancelamento do registro no CNES deverá ser instruído com os seguintes documentos:

I – edital de convocação de assembleia específica da categoria para fins de deliberação acerca do cancelamento do registro sindical, publicado na forma do inciso II do §1º do art. 2º desta Portaria; e

II – ata de assembleia da categoria da qual conste como pauta a dissolução da entidade e a autorização do cancelamento do registro sindical.

Art. 19. O cancelamento do registro de entidade sindical deverá ser publicado no *Diário Oficial da União* e será anotado, juntamente com o motivo, no CNES, cabendo o custeio da publicação ao interessado, se for a pedido, em conformidade com o custo da publicação previsto em portaria específica deste Ministério.

Capítulo IV
DAS ENTIDADES DE GRAU SUPERIOR
Seção I
Da formação e do registro

Art. 20. Para pleitear registro no CNES, as federações e confederações deverão organizar-se na forma dos arts. 534 e 535 da Consolidação das Leis do Trabalho, aprovada pelo Decreto-lei 5.452, de 1º de maio de 1943 e das leis específicas.

§ 1º Para o registro sindical ou de alteração estatutária, a federação deverá comprovar ter sido constituída por, no mínimo, 5 (cinco) sindicatos registrados no CNES.

§ 2º A confederação deverá comprovar, para fins de registro sindical ou de alteração estatutária, ser formada pelo número mínimo de três federações registradas no CNES.

§ 3º O requisito do número mínimo de filiados para a constituição de entidades de grau superior previsto na CLT deverá ser mantido pela entidade respectiva.

§ 4º A inobservância do § 3º deste artigo importará na suspensão do registro da entidade sindical de grau superior até que seja suprida a exigência legal, garantida à entidade atingida pela restrição manifestação prévia, no prazo de 10 (dez) dias, contado da intimação realizada para essa finalidade.

Art. 21. A filiação de uma entidade de grau inferior a mais de uma entidade de grau superior não poderá ser considerada para fins de composição do número mínimo previsto em lei para a criação ou manutenção de uma federação ou confederação.

Parágrafo único. As entidades de grau superior coordenam o somatório das entidades a elas filiadas, devendo, sempre que possível, sua denominação corresponder fielmente a sua representatividade.

Art. 22. Os pedidos de registro sindical e de alterações estatutárias de federações e confederações serão instruídos com os seguintes documentos, além dos previstos nos incisos V, VI e VII do § 1º do art. 2º desta Portaria:

I – requerimento original gerado pelo Sistema, assinado pelo representante legal da entidade.

• Inciso I com redação determinada pela Portaria MTE 2.451/2011.

II – estatutos das entidades que pretendam criar a federação ou confederação, registrado em cartório, contendo autorização para criação de entidade de grau superior, ou editais de convocação de assembleia geral específica para autorização de entidade de grau superior, publicado no *Diário Oficial da*

Port. MTE 186/2008

SINDICATOS

União com antecedência mínima de 30 (trinta) dias da data da assembleia;

III – edital de convocação dos conselhos de representantes das entidades fundadoras da entidade de grau superior, para assembleia geral de ratificação da fundação da entidade, publicado no *Diário Oficial da União* com antecedência mínima de 30 (trinta) dias da data da assembleia, do qual conste a ratificação da fundação, a filiação das entidades e a aprovação do estatuto;

IV – ata da assembleia geral de ratificação de fundação da entidade constando a eleição, apuração e posse da diretoria, com a indicação do nome completo e número do Cadastro Pessoas Físicas – CPF dos representantes legais da entidade requerente, acompanhada de lista contendo o nome completo e assinatura dos presentes;

V – estatuto social, aprovado em assembleia geral e registrado em cartório;

VI – comprovante de registro sindical no CNES das entidades fundadoras da entidade de grau superior; e

VII – nas alterações estatutárias de entidade superior, o objeto da alteração deverá constar do edital e da ata da assembleia geral.

Seção II
Das impugnações

Art. 23. Os pedidos de registro ou de alteração estatutária de federações e confederações poderão ser objeto de impugnação por entidades do mesmo grau cujas entidades filiadas constem da formação da nova entidade.

§ 1º A análise das impugnações, na forma da Seção II do Capítulo II, verificará se a criação da nova entidade ou a alteração estatutária viola o princípio da unicidade sindical e, ainda, se reduz o número mínimo de entidades filiadas necessário à manutenção de entidade registrada no CNES.

§ 2º Configurar-se-á conflito de representação sindical entre entidades de grau superior quando houver a coincidência entre a base territorial dos sindicatos ou federações fundadoras da nova entidade com os filiados da entidade preexistente.

Art. 24. Na verificação do conflito de representação, será realizado o procedimento previsto na Seção III do Capítulo II.

Parágrafo único. Na ocorrência de redução de número mínimo de filiados da entidade de grau superior, o processo de registro sindical ficará suspenso, até que conste do CNES nova filiação de entidade de grau inferior, que componha o número mínimo previsto na CLT.

Capítulo V
DA ANOTAÇÃO NO CNES

Art. 25. Quando a publicação de concessão de registro sindical ou de alteração estatutária no *Diário Oficial da União* implicar exclusão de categoria ou base territorial de entidade sindical registrada no CNES, a modificação será anotada no registro da entidade preexistente, para que conste, de forma atualizada, a sua representação.

§ 1º A entidade sindical cuja categoria ou base territorial for atingida pela restrição poderá apresentar manifestação escrita, no prazo de 10 (dez) dias, contado da publicação de que trata o *caput* deste artigo, exceto se atuar como impugnante no processo de registro sindical ou de alteração estatutária.

§ 2º A anotação no CNES será publicada no *Diário Oficial da União*, devendo a entidade que tiver seu cadastro anotado juntar, em trinta dias, novo estatuto social do qual conste sua representação devidamente atualizada, sob pena de suspensão do processo de registro sindical, nos termos do inciso V do art. 16.

Art. 26. Para a fiel correspondência entre o trâmite dos processos de registro sindical e de alteração estatutária e os dados do CNES, neste serão anotados todos os atos praticados no curso dos processos.

Parágrafo único. Será procedida a anotação no CNES, após 30 (trinta) dias da apresentação do estatuto retificado, no registro da entidade que celebrou acordo com base no procedimento previsto na Seção III do Capítulo II, permanecendo suspenso o registro da entidade que não cumpriu o disposto no inciso IV do art. 16.

Port. MTE 194/2008

SINDICATOS

Capítulo VI
DISPOSIÇÕES FINAIS

Art. 27. Os documentos previstos no § 1° do art. 2° serão conferidos pelas Seções de Relações do Trabalho das Superintendências Regionais do Trabalho no prazo máximo de 30 (trinta) dias da data de recebimento do processo.

Parágrafo único. Os documentos relacionados nesta Portaria serão apresentados em originais ou cópias, desde que apresentadas juntamente com os originais para conferência e visto do servidor.

Art. 28. Os processos administrativos de registro sindical e de alteração estatutária deverão ser concluídos no prazo máximo de 180 (cento e oitenta) dias, ressalvada a hipótese de atraso devido a providências a cargo do interessado, devidamente justificadas nos autos.

Art. 29. As entidades sindicais deverão manter seu cadastro no CNES atualizado no que se refere a dados cadastrais, diretoria e filiação a entidades de grau superior, conforme instruções constantes do endereço eletrônico www.mte.gov.br.

Art. 30. A contagem dos prazos previstos nesta Portaria será feita na forma prevista no Capítulo XVI da Lei 9.784, de 1999.

Art. 31. A SRT deverá providenciar a publicação, no *Diário Oficial da União*, dos atos relativos aos pedidos de registro sindical e de alteração estatutária, tais como arquivamento, admissibilidade de impugnação, suspensão, cancelamento, concessão e anotação no CNES.

Art. 32. Caberá aos interessados promover as diligências necessárias junto ao Poder Judiciário, a fim de que o Ministério do Trabalho e Emprego seja notificado para cumprimento de decisão judicial.

Art. 33. Esta Portaria entra em vigor na data de sua publicação e se aplica a todos os processos em curso neste Ministério.

Art. 34. Revoga-se a Portaria 343, de 4 de maio de 2000.

Carlos Lupi
Ministro do Trabalho e Emprego

(DOU 14.04.2008)

PORTARIA 194, DE 17 DE ABRIL DE 2008, DO MINISTÉRIO DO TRABALHO E EMPREGO – MTE

Aprova instruções para a aferição dos requisitos de representatividade das centrais sindicais, exigidos pela Lei 11.648, de 31 de março de 2008, e dá outras providências.

O Ministro de Estado do Trabalho e Emprego, no uso das atribuições que lhe confere o art. 87, parágrafo único, inciso II, da Constituição e tendo em vista o disposto no § 1° do art. 4° da Lei 11.648, de 31 de março de 2008, resolve:

Art. 1° Para fins de verificação da representatividade, as centrais sindicais deverão se cadastrar no Sistema Integrado de Relações do Trabalho – SIRT, devendo seu cadastro ser atualizado constantemente, de acordo com instruções expedidas pela Secretaria de Relações do Trabalho – SRT.

Parágrafo único. Para o cadastramento e atualização do cadastro no SIRT, a central sindical deverá protocolizar, na sede do Ministério do Trabalho e Emprego (MTE), os seguintes documentos:

I – atos constitutivos, registrados em cartório;

II – comprovante de posse da diretoria e duração do mandato;

III – indicação dos dirigentes com nome, cargo e número do Cadastro Pessoa Física – CPF;

IV – informação do representante legal junto ao Ministério do Trabalho e Emprego;

V – indicação do tipo de diretoria, se singular ou colegiada;

IV – Certidão do Cadastro Nacional da Pessoa Jurídica – CNPJ, do Ministério da Fazenda; e

VII – Comprovante de endereço em nome da entidade.

Art. 2° As entidades que pretendam a aquisição das atribuições e prerrogativas de centrais sindicais deverão atender aos requisitos constantes do art. 2° da Lei 11.648, de 2008.

Art. 3° A verificação da observância dos requisitos previstos nos incisos I e II do art. 2°

Port. MTE 194/2008

SINDICATOS

da Lei 11.648, de 2008, utilizará como parâmetros as declarações de filiação de sindicatos a centrais sindicais informadas no Cadastro Nacional de Entidades Sindicais – CNES.

Art. 4º Para análise do cumprimento do previsto no inciso III do art. 2º da Lei 11.648, de 2008, serão utilizados como parâmetros de pesquisa os dados do CNES e da Classificação Nacional de Atividades Econômicas – CNAE apurados pelo Departamento Intersindical de Estatística e Estudos Socioeconômicos – Dieese.

Parágrafo único. Na impossibilidade de apuração dos dados de que trata o *caput*, serão utilizados como parâmetros de pesquisa os dados do CNES e da CNAE informados na Relação Anual de Informações Sociais – Rais correspondente.

Art. 5º A aferição do índice previsto no inciso IV do art. 2º da Lei 11.648, de 2008, será realizada anualmente pelo MTE, utilizando-se das informações da Rais do ano-base correspondente a 2 (dois) anos anteriores, outros dados de órgãos oficiais e do CNES do dia 31 de dezembro do ano anterior ao do ano-base de referência.

§ 1º Excepcionalmente, para o ano-base de referência 2008, serão utilizados os dados constantes do CNES, atualizados com as declarações de filiação de sindicatos com cadastro ativo, transmitidas para a base de dados do sistema do MTE até a data de publicação desta Portaria.

§ 2º Nos casos em que não houver obrigatoriedade legal de declaração de empregados na Rais, a filiação ao sindicato poderá ser comprovada por meio da apresentação do estatuto e da ata da última eleição da entidade sindical, devidamente registrada em cartório até a data prevista para a aferição.

§ 3º *(Revogado pela Portaria MTE 34/2010.)*
§ 4º *(Revogado pela Portaria MTE 34/2010.)*

Art. 6º O índice de representatividade (IR) será calculado utilizando-se a seguinte fórmula:

IR = TFS / TSN * 100, onde:
IR = índice de representatividade;
TFS = total de trabalhadores filiados aos sindicatos integrantes da estrutura organizativa da central sindical, comprovado nos termos do art. 5º;
TSN = total de trabalhadores sindicalizados em âmbito nacional, comprovado nos termos do art. 5º.

Art. 7º As centrais sindicais que, no ano-base de referência, atingirem os requisitos legais serão consideradas para efeito de cálculo da taxa de proporcionalidade (TP).

Parágrafo único. A indicação de representantes para participação nos fóruns tripartites, conselhos e colegiados de órgãos públicos a que se refere o inciso II do *caput* do art. 1º da Lei 11.648, de 2008, será feita observando-se o disposto no art. 3º desta mesma Lei e seus parágrafos, bem como a TP, obtida utilizando-se a seguinte fórmula:

TP = TFS / TSC * 100, onde:
TP= Taxa de Proporcionalidade
TFS = total de trabalhadores filiados aos sindicatos integrantes da estrutura organizativa da Central Sindical, comprovado nos termos do art. 5º;
TSC = total de trabalhadores filiados aos sindicatos integrantes da estrutura organizativa das centrais sindicais que atenderem aos requisitos do art. 2º da Lei 11.648, de 2008, comprovado nos termos do art. 5º.

Art. 8º O MTE divulgará anualmente, no mês de fevereiro do correspondente ano, a relação das centrais sindicais que atenderem aos requisitos de que trata o art. 2º da Lei 11.648, de 2008, indicando seus índices de representatividade.

Parágrafo único. Às centrais sindicais que atenderem aos requisitos legais, será fornecido Certificado de Representatividade (CR) contendo a TP, calculada nos termos do artigo anterior, e a partir de então, deverão publicar seus balanços contábeis no *Diário Oficial da União* e no sítio eletrônico do MTE.

Art. 9º Até que a Caixa Econômica Federal – CAIXA automatize os procedimentos de apuração e transferência da contribuição sindical relativa às centrais sindicais, o MTE apurará e enviará as informações sobre o montante devido às entidades que cumpriram os requisitos, para que a Caixa proceda ao repasse dos percentuais previstos nos artigos 589 e 590 da CLT.

Port. MTE 194/2008

SINDICATOS

Parágrafo único. A comunicação à Caixa sobre o montante a ser repassado mensalmente a cada central sindical será feita por ofício expedido pela Coordenação-Geral de Recursos do Fundo de Amparo ao Trabalhador do MTE.

Art. 10. A Caixa encaminhará ao MTE, até o dia 10 de cada mês, arquivo contendo informações referentes às Guias de Recolhimento da Contribuição Sindical Urbana recolhidas no mês anterior.

Parágrafo único. Concomitantemente ao encaminhamento do arquivo referido no *caput*, a Caixa encaminhará em meio magnético relação atualizada das entidades sindicais titulares das contas referidas no art. 588 da CLT, do qual constará o CNPJ, Razão Social, Código Sindical e valor recolhido no exercício.

Art. 11. Esta Portaria entra em vigor na data de sua publicação.

Carlos Lupi
Ministro do Trabalho e Emprego

(*DOU* 22.04.2008)

Port. MTE 194/2008

SINDICATOS

Parágrafo único. A comunicação à Caixa sobre o montante a ser repassado mensalmente a cada central sindical será feita por ofício expedido pela Coordenação-Geral de Recursos do Fundo de Amparo ao Trabalhador do MTE.

Art. 10. A Caixa encaminhará ao MTE, até o dia 10 de cada mês, arquivo contendo informações referentes às Guias de Recolhimento de Contribuição Sindical Urbana recolhidas no mês anterior.

Parágrafo único. Concomitantemente ao encaminhamento do arquivo referido no caput, a Caixa encaminhará em meio magnético relação atualizada das entidades sindicais titulares das contas referidas no art. 588 da CLT, do qual constará o CNPJ, Razão Social, Código sindical e o valor recolhido no exercício.

Art. 11. Esta Portaria entra em vigor na data de sua publicação.

Carlos Lupi

Ministro de Estado do Trabalho e Emprego

(DOU 22.04.2008)

SOCIEDADES COOPERATIVAS

LEI 5.764,
DE 16 DE DEZEMBRO DE 1971

Define a Política Nacional de Cooperativismo, institui o regime jurídico das sociedades cooperativas, e dá outras providências.

O Presidente da República:
Faço saber que o Congresso Nacional decreta e eu sanciono a seguinte Lei:

Capítulo I
DA POLÍTICA NACIONAL DE COOPERATIVISMO

- V. arts. 1.093 a 1.096, CC/2002.
- V. Lei 6.015/1973 (Lei de Registros Públicos).
- V. LC 130/2009 (Sistema Nacional de Crédito Cooperativo).

Art. 1º Compreende-se como Política Nacional de Cooperativismo a atividade decorrente das iniciativas ligadas ao sistema cooperativo originárias de setor público ou privado, isoladas ou coordenadas entre si, desde que reconhecido seu interesse público.

Art. 2º As atribuições do Governo Federal na coordenação e no estímulo às atividades de cooperativismo no território nacional serão exercidas na forma desta Lei e das normas que surgirem em sua decorrência.

Parágrafo único. A ação do Poder Público se exercerá, principalmente, mediante prestação de assistência técnica e de incentivos financeiros e creditórios especiais, necessários à criação, desenvolvimento e integração das entidades cooperativas.

Capítulo II
DAS SOCIEDADES COOPERATIVAS

- V. art. 5º, VIII, CF.

Art. 3º Celebram contrato de sociedade cooperativa as pessoas que reciprocamente se obrigam a contribuir com bens ou serviços para o exercício de uma atividade econômica, de proveito comum, sem objetivo de lucro.

- V. art. 1.363, CC/1916; e art. 981, CC/2002.

Art. 4º As cooperativas são sociedades de pessoas, com forma e natureza jurídica próprias, de natureza civil, não sujeitas a falência, constituídas para prestar serviços aos associados, distinguindo-se das demais sociedades pelas seguintes características:

- V. art. 1.094, CC/2002.
- V. art. 3º, IV, Dec.-lei 7.661/1945 (Lei de Falências); sem correspondência na Lei 11.101/2005 (Lei de Recuperação de Empresas e Falência).
- V. art. 2º, II, Lei 11.101/2005 (Lei de Recuperação de Empresas e Falência); sem correspondência no Dec.-lei 7.661/1945 (Lei de Falências).

I – adesão voluntária, com número ilimitado de associados, salvo impossibilidade técnica de prestação de serviços;

II – variabilidade do capital social representado por quotas-partes;

III – limitação do número de quotas-partes do capital para cada associado, facultado, porém, o estabelecimento de critérios de proporcionalidade, se assim for mais adequado para o cumprimento dos objetivos sociais;

IV – incessibilidade das quotas-partes do capital a terceiros, estranhos à sociedade;

V – singularidade de voto, podendo as cooperativas centrais, federações e confederações de cooperativas, com exceção das que exerçam atividade de crédito, optar pelo critério da proporcionalidade;

VI – *quorum* para o funcionamento e deliberação da assembleia geral baseado no número de associados e não no capital;

VII – retorno das sobras líquidas do exercício, proporcionalmente às operações realizadas pelos associados, salvo deliberação em contrário da assembleia geral;

VIII – indivisibilidade dos Fundos de Reserva e de Assistência Técnica Educacional e Social;

IX – neutralidade política e indiscriminação religiosa, racial e social;

X – prestação de assistência aos associados, e, quando previsto nos estatutos, aos empregados da cooperativa;

Lei 5.764/1971

SOCIEDADES COOPERATIVAS

XI – área de admissão de associados limitada às possibilidades de reunião, controle, operações e prestação de serviços.

Capítulo III
DO OBJETIVO E CLASSIFICAÇÃO DAS SOCIEDADES COOPERATIVAS

Art. 5º As sociedades cooperativas poderão adotar por objeto qualquer gênero de serviço, operação ou atividade, assegurando-se-lhes o direito exclusivo e exigindo-se-lhes a obrigação do uso da expressão "cooperativa" em sua denominação.

• V. art. 1.159, CC/2002.

Parágrafo único. É vedado às cooperativas o uso da expressão "banco".

Art. 6º As sociedades cooperativas são consideradas:

I – singulares, as constituídas pelo número mínimo de vinte pessoas físicas, sendo excepcionalmente permitida a admissão de pessoas jurídicas que tenham por objeto as mesmas ou correlatas atividades econômicas das pessoas físicas ou, ainda, aquelas sem fins lucrativos;

II – cooperativas centrais ou federações de cooperativas, as constituídas de, no mínimo, três singulares, podendo, excepcionalmente, admitir associados individuais;

III – confederações de cooperativas, as constituídas, pelo menos, de três federações de cooperativas ou cooperativas centrais, da mesma ou de diferentes modalidades.

§ 1º Os associados individuais das cooperativas centrais e federações de cooperativas serão inscritos no Livro de Matrícula da sociedade e classificados em grupos visando à transformação, no futuro, em cooperativas singulares que a elas se filiarão.

§ 2º A exceção estabelecida no item II, *in fine*, do *caput* deste artigo não se aplica às centrais e federações que exerçam atividades de crédito.

Art. 7º As cooperativas singulares se caracterizam pela prestação direta de serviços aos associados.

Art. 8º As cooperativas centrais e federações de cooperativas objetivam organizar, em comum e em maior escala, os serviços econômicos e assistenciais de interesse das filiadas, integrando e orientando suas atividades, bem como facilitando a utilização recíproca dos serviços.

Parágrafo único. Para a prestação de serviços de interesse comum, é permitida a constituição de cooperativas centrais, às quais se associem outras cooperativas de objetivo e finalidades diversas.

Art. 9º As confederações de cooperativas têm por objetivo orientar e coordenar as atividades das filiadas, nos casos em que o vulto dos empreendimentos transcender o âmbito de capacidade ou conveniência de atuação das centrais e federações.

Art. 10. As cooperativas se classificam também de acordo com o objeto ou pela natureza das atividades desenvolvidas por elas ou por seus associados.

§ 1º Além das modalidades de cooperativas já consagradas, caberá ao respectivo órgão controlador apreciar e caracterizar outras que se apresentem.

§ 2º Serão consideradas mistas as cooperativas que apresentarem mais de um objeto de atividades.

§ 3º *(Revogado pela LC 130/2009.)*

Art. 11. As sociedades cooperativas serão de responsabilidade limitada, quando a responsabilidade do associado pelos compromissos da sociedade se limitar ao valor do capital por ele subscrito.

• V. art. 1.095, CC/2002.

Art. 12. As sociedades cooperativas serão de responsabilidade ilimitada, quando a responsabilidade do associado pelos compromissos da sociedade for pessoal, solidária e não tiver limite.

• V. art. 1.095, CC/2002.

Art. 13. A responsabilidade do associado para com terceiros, como membro da sociedade, somente poderá ser invocada depois de judicialmente exigida da cooperativa.

Capítulo IV
DA CONSTITUIÇÃO DAS SOCIEDADES COOPERATIVAS

Art. 14. A sociedade cooperativa constitui-se por deliberação da assembleia geral

Lei 5.764/1971

dos fundadores, constantes da respectiva ata ou por instrumento público.

Art. 15. O ato constitutivo, sob pena de nulidade, deverá declarar:
I – a denominação da entidade, sede e objeto de funcionamento;
II – o nome, nacionalidade, idade, estado civil, profissão e residência dos associados, fundadores que o assinaram, bem como o valor e número da quota-parte de cada um;
III – aprovação do estatuto da sociedade;
IV – o nome, nacionalidade, estado civil, profissão e residência dos associados eleitos para os órgãos de administração, fiscalização e outros.

Art. 16. O ato constitutivo da sociedade e os estatutos, quando não transcritos naquele, serão assinados pelos fundadores.

Seção I
Da autorização de funcionamento

Art. 17. A cooperativa constituída na forma da legislação vigente apresentará ao respectivo órgão executivo federal de controle, no Distrito Federal, Estados ou Territórios, ou ao órgão local para isso credenciado, dentro de 30 (trinta) dias da data da constituição, para fins de autorização, requerimento acompanhado de quatro vias do ato constitutivo, estatuto e lista nominativa, além de outros documentos considerados necessários.

Art. 18. Verificada, no prazo máximo de 60 (sessenta) dias, a contar da data de entrada em seu protocolo, pelo respectivo órgão executivo federal de controle ou órgão local para isso credenciado, a existência de condições de funcionamento da cooperativa em constituição, bem como a regularidade da documentação apresentada, o órgão controlador devolverá, devidamente autenticadas, duas vias à cooperativa, acompanhadas de documentos dirigidos à Junta Comercial do Estado, onde a entidade estiver sediada, comunicando a aprovação do ato constitutivo da requerente.

§ 1º Dentro desse prazo, o órgão controlador, quando julgar conveniente, no interesse do fortalecimento do sistema, poderá ouvir o Conselho Nacional de Cooperativismo, caso em que não se verificará a aprovação automática prevista no parágrafo seguinte.

§ 2º A falta de manifestação do órgão controlador no prazo a que se refere este artigo implicará a aprovação do ato constitutivo e o seu subsequente arquivamento na Junta Comercial respectiva.

§ 3º Se qualquer das condições citadas neste artigo não for atendida satisfatoriamente, o órgão ao qual compete conceder a autorização dará ciência ao requerente, indicando as exigências a serem cumpridas no prazo de 60 (sessenta) dias, findos os quais, se não atendidas, o pedido será automaticamente arquivado.

§ 4º À parte é facultado interpor da decisão proferida pelo órgão controlador, nos Estados, Distrito Federal ou Territórios, recurso para a respectiva administração central, dentro do prazo de 30 (trinta) dias contado da data do recebimento da comunicação e, em segunda e última instância, ao Conselho Nacional de Cooperativismo, também no prazo de 30 (trinta) dias, exceção feita às cooperativas de crédito, às seções de crédito das cooperativas agrícolas mistas, e às cooperativas habitacionais, hipótese em que o recurso será apreciado pelo Conselho Monetário Nacional, no tocante às duas primeiras, e pelo Banco Nacional da Habitação em relação às últimas.

§ 5º Cumpridas as exigências, deverá o despacho do deferimento ou indeferimento da autorização ser exarado dentro de 60 (sessenta) dias, findos os quais, na ausência de decisão, o requerimento será considerado deferido. Quando a autorização depender de dois ou mais órgãos do Poder Público, cada um deles terá o prazo de 60 (sessenta) dias para se manifestar.

§ 6º Arquivados os documentos na Junta Comercial e feita a respectiva publicação, a cooperativa adquire personalidade jurídica, tornando-se apta a funcionar.

• V. art. 18, CC/1916.

§ 7º A autorização caducará, independentemente de qualquer despacho, se a cooperativa não entrar em atividade dentro do prazo de 90 (noventa) dias contados da data

Lei 5.764/1971

em que forem arquivados os documentos na Junta Comercial.

§ 8º Cancelada a autorização, o órgão de controle expedirá comunicação à respectiva Junta Comercial, que dará baixa nos documentos arquivados.

§ 9º A autorização para funcionamento das cooperativas de habitação, das de crédito e das seções de crédito das cooperativas agrícolas mistas subordina-se, ainda, à política dos respectivos órgãos normativos.

§ 10. *(Revogado pela LC 130/2009.)*

Art. 19. A cooperativa escolar não estará sujeita ao arquivamento dos documentos de constituição, bastando remetê-los ao Instituto Nacional de Colonização e Reforma Agrária, ou respectivo órgão local de controle, devidamente autenticados pelo diretor do estabelecimento de ensino, ou a maior autoridade escolar do município, quando a cooperativa congregar associações de mais de um estabelecimento de ensino.

Art. 20. A reforma de estatutos obedecerá, no que couber, ao disposto nos artigos anteriores, observadas as prescrições dos órgãos normativos.

Seção II
Do estatuto social

Art. 21. O estatuto da cooperativa, além de atender ao disposto no art. 4º, deverá indicar:

I – a denominação, sede, prazo de duração, área de ação, objeto da sociedade, fixação do exercício social e da data do levantamento do balanço geral;

II – os direitos e deveres dos associados, natureza de suas responsabilidades e as condições de admissão, demissão, eliminação e exclusão e as normas para sua representação nas assembleias gerais;

III – o capital mínimo, o valor da quota-parte, o mínimo de quotas-partes a ser subscrito pelo associado, o modo de integralização das quotas-partes, bem como as condições de sua retirada nos casos de demissão, eliminação ou de exclusão do associado;

IV – a forma de devolução das sobras registradas aos associados, ou do rateio das perdas apuradas por insuficiência de contribuição para cobertura das despesas da sociedade;

V – o modo de administração e fiscalização, estabelecendo os respectivos órgãos, com definição de suas atribuições, poderes e funcionamento, a representação ativa e passiva da sociedade em juízo ou fora dele, o prazo do mandato, bem como o processo de substituição dos administradores e conselheiros fiscais;

VI – as formalidades de convocação das assembleias gerais e a maioria requerida para a sua instalação e validade de suas deliberações, vedado o direito de voto aos que nelas tiverem interesse particular sem privá-los da participação nos debates;

VII – os casos de dissolução voluntária da sociedade;

VIII – o modo e o processo de alienação ou oneração de bens imóveis da sociedade;

IX – o modo de reformar o estatuto;

X – o número mínimo de associados.

Capítulo V
DOS LIVROS

Art. 22. A sociedade cooperativa deverá possuir os seguintes livros:

I – de Matrícula;

II – de Atas das Assembleias Gerais;

III – de Atas dos Órgãos de Administração;

IV – de Atas do Conselho Fiscal;

V – de Presença dos Associados nas Assembleias Gerais;

VI – outros, fiscais e contábeis, obrigatórios.

Parágrafo único. É facultada a adoção de Livros de folhas soltas ou fichas.

Art. 23. No Livro de Matrícula, os associados serão inscritos por ordem cronológica de admissão, dele constando:

I – o nome, idade, estado civil, nacionalidade, profissão e residência do associado;

II – a data de sua admissão e, quando for o caso, de sua demissão a pedido, eliminação ou exclusão;

III – a conta-corrente das respectivas quotas-partes do capital social.

Lei 5.764/1971

SOCIEDADES COOPERATIVAS

Capítulo VI
DO CAPITAL SOCIAL

Art. 24. O capital social será subdividido em quotas-partes, cujo valor unitário não poderá ser superior ao maior salário mínimo vigente no País.

- V. Lei 6.205/1975 (Descaracterização do salário mínimo como fator de correção monetária).

§ 1º Nenhum associado poderá subscrever mais de um terço do total das quotas-partes, salvo nas sociedades em que a subscrição deva ser diretamente proporcional ao movimento financeiro do cooperado ou ao quantitativo dos produtos a serem comercializados, beneficiados ou transformados, ou ainda, em relação à área cultivada ou ao número de plantas e animais em exploração.

§ 2º Não estão sujeitas ao limite estabelecido no parágrafo anterior as pessoas jurídicas de direito público que participem de cooperativas de eletrificação, irrigação e telecomunicações.

§ 3º É vedado às cooperativas distribuírem qualquer espécie de benefício às quotas-partes do capital ou estabelecer outras vantagens ou privilégios, financeiros ou não, em favor de quaisquer associados ou terceiros, excetuando-se os juros até o máximo de 12% (doze por cento) ao ano que incidirão sobre a parte integralizada.

Art. 25. Para a formação do capital social poder-se-á estipular que o pagamento das quotas-partes seja realizado mediante prestações periódicas, independentemente de chamada, por meio de contribuições ou outra forma estabelecida a critério dos respectivos órgãos executivos federais.

Art. 26. A transferência de quotas-partes será averbada no Livro de Matrícula, mediante termo que conterá as assinaturas do cedente, do cessionário e do diretor que o estatuto designar.

Art. 27. A integralização das quotas-partes e o aumento do capital social poderão ser feitos com bens avaliados previamente e após homologação em assembleia geral ou mediante retenção de determinada porcentagem do valor do movimento financeiro de cada associado.

§ 1º O disposto neste artigo não se aplica às cooperativas de crédito, às agrícolas mistas com seção de crédito e às habitacionais.

§ 2º Nas sociedades cooperativas em que a subscrição de capital for diretamente proporcional ao movimento ou à expressão econômica de cada associado, o estatuto deverá prever sua revisão periódica para ajustamento às condições vigentes.

Capítulo VII
DOS FUNDOS

Art. 28. As cooperativas são obrigadas a constituir:

I – Fundo de Reserva destinado a reparar perdas e atender ao desenvolvimento de suas atividades, constituído com 10% (dez por cento), pelo menos, das sobras líquidas do exercício;

II – Fundo de Assistência Técnica, Educacional e Social, destinado a prestação de assistência aos associados, seus familiares e, quando previsto nos estatutos, aos empregados da cooperativa, constituído de 5% (cinco por cento), pelo menos, das sobras líquidas apuradas no exercício.

§ 1º Além dos previstos neste artigo, a assembleia geral poderá criar outros fundos, inclusive rotativos, com recursos destinados a fins específicos fixando o modo de formação, aplicação e liquidação.

§ 2º Os serviços a serem atendidos pelo Fundo de Assistência Técnica, Educacional e Social poderão ser executados mediante convênio com entidades públicas e privadas.

Capítulo VIII
DOS ASSOCIADOS

Art. 29. O ingresso nas cooperativas é livre a todos que desejarem utilizar os serviços prestados pela sociedade, desde que adiram aos propósitos sociais e preencham as condições estabelecidas no estatuto, ressalvado o disposto no art. 4º, I, desta Lei.

§ 1º A admissão dos associados poderá ser restrita, a critério do órgão normativo respectivo, às pessoas que exerçam determinada atividade ou profissão, ou estejam vinculadas a determinada entidade.

Lei 5.764/1971

SOCIEDADES COOPERATIVAS

§ 2º Poderão ingressar nas cooperativas de pesca e nas constituídas por produtores rurais ou extrativistas as pessoas jurídicas que pratiquem as mesmas atividades econômicas das pessoas físicas associadas.

§ 3º Nas cooperativas de eletrificação, irrigação e telecomunicações, poderão ingressar as pessoas jurídicas que se localizem na respectiva área de operações.

§ 4º Não poderão ingressar no quadro das cooperativas os agentes de comércio e empresários que operem no mesmo campo econômico da sociedade.

Art. 30. À exceção das cooperativas de crédito e das agrícolas mistas com seção de crédito, a admissão de associados, que se efetive mediante aprovação de seu pedido de ingresso pelo órgão de administração, complementa-se com a subscrição das quotas-partes de capital social e a sua assinatura no Livro de Matrícula.

Art. 31. O associado que aceitar e estabelecer relação empregatícia com a cooperativa perde o direito de votar e ser votado, até que sejam aprovadas as contas do exercício em que ele deixou o emprego.

Art. 32. A demissão do associado será unicamente a seu pedido.

Art. 33. A eliminação do associado é aplicada em virtude de infração legal ou estatutária, ou por fato especial previsto no estatuto, mediante termo firmado por quem de direito no Livro de Matrícula, com os motivos que a determinaram.

Art. 34. A diretoria da cooperativa tem o prazo de 30 (trinta) dias para comunicar ao interessado a sua eliminação.

Parágrafo único. Da eliminação cabe recurso, com efeito suspensivo, à primeira assembleia geral.

Art. 35. A exclusão do associado será feita:
I – por dissolução da pessoa jurídica;
II – por morte da pessoa física;
III – por incapacidade civil não suprida;
IV – por deixar de atender aos requisitos estatutários de ingresso ou permanência na cooperativa.

Art. 36. A responsabilidade do associado perante terceiros, por compromissos da sociedade, perdura para os demitidos, eliminados ou excluídos até quando aprovadas as contas do exercício em que se deu o desligamento.

Parágrafo único. As obrigações dos associados falecidos, contraídas com a sociedade, e as oriundas de sua responsabilidade como associado em face de terceiros, passam aos herdeiros, prescrevendo, porém, após 1 (um) ano contado do dia da abertura da sucessão, ressalvados os aspectos peculiares das cooperativas de eletrificação rural e habitacionais.

Art. 37. A cooperativa assegurará a igualdade de direitos dos associados, sendo-lhe defeso:
I – remunerar a quem agencie novos associados;
II – cobrar prêmios ou ágio pela entrada de novos associados ainda a título de compensação das reservas;
III – estabelecer restrições de qualquer espécie ao livre exercício dos direitos sociais.

Capítulo IX
DOS ÓRGÃOS SOCIAIS

Seção I
Das assembleias gerais

Art. 38. A assembleia geral dos associados é o órgão supremo da sociedade, dentro dos limites legais e estatutários, tendo poderes para decidir os negócios relativos ao objeto da sociedade e tomar as resoluções convenientes ao desenvolvimento e defesa desta, e suas deliberações vinculam a todos, ainda que ausentes ou discordantes.

§ 1º As assembleias gerais serão convocadas com antecedência mínima de 10 (dez) dias, em primeira convocação, mediante editais afixados em locais apropriados das dependências comumente mais frequentadas pelos associados, publicação em jornal e comunicação aos associados por intermédio de circulares. Não havendo no horário estabelecido *quorum* de instalação, as assembleias poderão ser realizadas em segunda ou terceira convocações desde que assim permitam os estatutos e conste do respectivo edital, quando então será observado o

Lei 5.764/1971

SOCIEDADES COOPERATIVAS

intervalo mínimo de 1 (uma) hora entre a realização por uma ou outra convocação.

§ 2º A convocação será feita pelo presidente, ou por qualquer dos órgãos de administração, pelo Conselho Fiscal, ou, após solicitação não atendida, por um quinto dos associados em pleno gozo dos seus direitos.

§ 3º As deliberações nas assembleias gerais serão tomadas por maioria de votos dos associados presentes com direito de votar.

Art. 39. É da competência das assembleias gerais, ordinárias ou extraordinárias, a destituição dos membros dos órgãos de administração ou fiscalização.

Parágrafo único. Ocorrendo destituição que possa afetar a regularidade da administração ou fiscalização da entidade, poderá a assembleia designar administradores e conselheiros provisórios, até a posse dos novos, cuja eleição se efetuará no prazo máximo de 30 (trinta) dias.

Art. 40. Nas assembleias gerais o *quorum* de instalação será o seguinte:

I – dois terços do número de associados, em primeira convocação;

II – metade mais um dos associados em segunda convocação;

III – mínimo de dez associados na terceira convocação ressalvado o caso de cooperativas centrais e federações e confederações de cooperativas, que se instalarão com qualquer número.

Art. 41. Nas assembleias gerais das cooperativas centrais, federações e confederações de cooperativas, a representação será feita por delegados indicados na forma dos seus estatutos e credenciados pela diretoria das respectivas filiadas.

Parágrafo único. Os grupos de associados individuais das cooperativas centrais e federações de cooperativas serão representados por um delegado, escolhido entre seus membros e credenciado pela respectiva administração.

Art. 42. Nas cooperativas singulares, cada associado presente não terá direito a mais de um voto, qualquer que seja o número de suas quotas-partes.

* Artigo com redação determinada pela Lei 6.981/1982.

§ 1º Não será permitida a representação por meio de mandatário.

§ 2º Quando o número de associados, nas cooperativas singulares, exceder a três mil, pode o estatuto estabelecer que os mesmos sejam representados, nas assembleias gerais, por delegados que tenham a qualidade de associados no gozo de seus direitos sociais e não exerçam cargos eletivos na sociedade.

§ 3º O estatuto determinará o número de delegados, a época e forma de sua escolha por grupos seccionais de associados de igual número e o tempo de duração da delegação.

§ 4º Admitir-se-á, também, a delegação definida no parágrafo anterior nas cooperativas singulares cujo número de associados seja inferior a três mil, desde que haja filiados residindo a mais de 50 km (cinquenta quilômetros) da sede.

§ 5º Os associados, integrantes de grupos seccionais, que não sejam delegados, poderão comparecer às assembleias gerais, privados, contudo, de voz e voto.

§ 6º As assembleias gerais compostas por delegados decidem sobre todas as matérias que, nos termos da lei ou dos estatutos, constituem objeto de decisão da assembleia geral dos associados.

Art. 43. Prescreve em 4 (quatro) anos a ação para anular as deliberações da assembleia geral viciadas de erro, dolo, fraude ou simulação, ou tomadas com violação da lei ou do estatuto, contado o prazo da data em que a assembleia foi realizada.

* V. arts. 86 a 97 e 102 a 113, CC/1916; e arts. 138 a 150, 158 a 165 e 167, CC/2002.

Seção II
Das assembleias gerais ordinárias

Art. 44. A assembleia geral ordinária, que se realizará anualmente nos três primeiros meses após o término do exercício social, deliberará sobre os seguintes assuntos que deverão constar da ordem do dia:

I – prestação de contas dos órgãos de administração acompanhada de parecer do Conselho Fiscal, compreendendo:

a) relatório da gestão;

Lei 5.764/1971

SOCIEDADES COOPERATIVAS

b) balanço;
c) demonstrativo das sobras apuradas ou das perdas decorrentes da insuficiência das contribuições para cobertura das despesas da sociedade e o parecer do Conselho Fiscal;
II – destinação das sobras apuradas ou rateio das perdas decorrentes da insuficiência das contribuições para cobertura das despesas da sociedade, deduzindo-se, no primeiro caso, as parcelas para os fundos obrigatórios;
III – eleição dos componentes dos órgãos de administração, do Conselho Fiscal e de outros, quando for o caso;
IV – quando previsto, a fixação do valor dos honorários, gratificações e cédula de presença dos membros do Conselho de Administração ou da diretoria e do Conselho Fiscal;
V – quaisquer assuntos de interesse social, excluídos os enumerados no art. 46.
§ 1º Os membros dos órgãos de administração e fiscalização não poderão participar da votação das matérias referidas nos itens I e IV deste artigo.
§ 2º À exceção das cooperativas de crédito e das agrícolas mistas com seção de crédito, a aprovação do relatório, balanço e contas dos órgãos de administração, desonera seus componentes de responsabilidade, ressalvados os casos de erro, dolo, fraude ou simulação, bem como a infração da lei ou do estatuto.

• V. arts. 86 a 97 e 102 a 113, CC/1916; e arts. 138 a 150, 158 a 165 e 167, CC/2002.

Seção III
Das assembleias gerais extraordinárias

Art. 45. A assembleia geral extraordinária realizar-se-á sempre que necessário e poderá deliberar sobre qualquer assunto de interesse da sociedade, desde que mencionado no edital de convocação.

Art. 46. É da competência exclusiva da assembleia geral extraordinária deliberar sobre os seguintes assuntos:
I – reforma do estatuto;
II – fusão, incorporação ou desmembramento;
III – mudança do objeto da sociedade;
IV – dissolução voluntária da sociedade e nomeação de liquidantes;
V – contas do liquidante.
Parágrafo único. São necessários os votos de dois terços dos associados presentes, para tornar válidas as deliberações de que trata este artigo.

Seção IV
Dos órgãos de administração

Art. 47. A sociedade será administrada por uma diretoria ou Conselho de Administração, composto exclusivamente de associados eleitos pela assembleia geral, com mandato nunca superior a 4 (quatro) anos, sendo obrigatória a renovação de, no mínimo, um terço do Conselho de Administração.
§ 1º O estatuto poderá criar outros órgãos necessários à administração.
§ 2º A posse dos administradores e conselheiros fiscais das cooperativas mistas com seção de crédito e habitacionais fica sujeita à prévia homologação dos respectivos órgãos normativos.

Art. 48. Os órgãos de administração podem contratar gerentes técnicos ou comerciais, que não pertençam ao quadro de associados, fixando-lhes as atribuições e salários.

Art. 49. Ressalvada a legislação específica que rege as cooperativas de crédito, as seções de crédito das cooperativas agrícolas mistas e as de habitação, os administradores eleitos ou contratados não serão pessoalmente responsáveis pelas obrigações que contraírem em nome da sociedade, mas responderão solidariamente pelos prejuízos resultantes de seus atos, se procederem com culpa ou dolo.

• V. art. 36, caput e parágrafo único.

Parágrafo único. A sociedade responderá pelos atos a que se refere a última parte deste artigo se os houver ratificado ou deles logrado proveito.

Art. 50. Os participantes de ato ou operação social em que se oculte a natureza da sociedade podem ser declarados pessoalmente responsáveis pelas obrigações em

Lei 5.764/1971

SOCIEDADES COOPERATIVAS

nome dela contraídas, sem prejuízo das sanções penais cabíveis.

Art. 51. São inelegíveis, além das pessoas impedidas por lei, os condenados a pena que vede, ainda que temporariamente, o acesso a cargos públicos; ou por crime falimentar, de prevaricação, peita ou suborno, concussão, peculato, ou contra a economia popular, a fé pública ou a propriedade.

Parágrafo único. Não podem compor uma mesma diretoria ou Conselho de Administração, os parentes entre si até segundo grau, em linha reta ou colateral.

• V. art. 56, § 1º.

Art. 52. O diretor ou associado que, em qualquer operação, tenha interesse oposto ao da sociedade, não pode participar das deliberações referentes a essa operação, cumprindo-lhe acusar o seu impedimento.

Art. 53. Os componentes da Administração e do Conselho Fiscal, bem como os liquidantes, equiparam-se aos administradores das sociedades anônimas para efeito de responsabilidade criminal.

Art. 54. Sem prejuízo da ação que couber ao associado, a sociedade, por seus diretores, ou representada pelo associado escolhido em assembleia geral, terá direito de ação contra os administradores, para promover sua responsabilidade.

Art. 55. Os empregados de empresas que sejam eleitos diretores de sociedades cooperativas pelos mesmos criadas gozarão das garantias asseguradas aos dirigentes sindicais pelo art. 543 da Consolidação das Leis do Trabalho (Dec.-lei 5.452, de 1º de maio de 1943).

Seção V
Do Conselho Fiscal

Art. 56. A administração da sociedade será fiscalizada, assídua e minuciosamente, por um Conselho Fiscal, constituído de três membros efetivos e três suplentes, todos associados eleitos anualmente pela assembleia geral, sendo permitida apenas a reeleição de um terço dos seus componentes.

§ 1º Não podem fazer parte do Conselho Fiscal, além dos inelegíveis enumerados no art. 51, os parentes dos diretores até o segundo grau, em linha reta ou colateral, bem como os parentes entre si até esse grau.

• V. art. 51, parágrafo único.

§ 2º O associado não pode exercer cumulativamente cargos nos órgãos de administração e de fiscalização.

• V. art. 93, IV.

Capítulo X
FUSÃO, INCORPORAÇÃO E DESMEMBRAMENTO

Art. 57. Pela fusão, duas ou mais cooperativas formam nova sociedade.

§ 1º Deliberada a fusão, cada cooperativa interessada indicará nomes para comporem comissão mista que procederá aos estudos necessários à constituição da nova sociedade, tais como o levantamento patrimonial, balanço geral, plano de distribuição de quotas-partes, destino dos fundos de reserva e outros e o projeto de estatuto.

§ 2º Aprovado o relatório da comissão mista e constituída a nova sociedade em assembleia geral conjunta, os respectivos documentos serão arquivados, para aquisição de personalidade jurídica, na Junta Comercial competente, e duas vias dos mesmos, com a publicação do arquivamento, serão encaminhadas ao órgão executivo de controle ou ao órgão local credenciado.

• V. art. 18, CC/1916; e arts. 45 e 985, CC/2002.

§ 3º Exclui-se do disposto no parágrafo anterior a fusão que envolver cooperativas que exerçam atividades de crédito. Nesse caso, aprovado o relatório da comissão mista e constituída a nova sociedade em assembleia geral conjunta, a autorização para funcionar e o registro dependerão de prévia anuência do Banco Central do Brasil.

Art. 58. A fusão determina a extinção das sociedades que se unem para formar a nova sociedade que lhe sucederá nos direitos e obrigações.

Art. 59. Pela incorporação, uma sociedade cooperativa absorve o patrimônio, recebe os associados, assume as obrigações e se investe nos direitos de outra ou outras cooperativas.

Parágrafo único. Na hipótese prevista neste artigo, serão obedecidas as mesmas

Lei 5.764/1971

SOCIEDADES COOPERATIVAS

formalidades estabelecidas para a fusão, limitadas as avaliações ao patrimônio da ou das sociedades incorporandas.

Art. 60. As sociedades cooperativas poderão desmembrar-se em tantas quantas forem necessárias para atender aos interesses dos seus associados, podendo uma das novas entidades ser constituída como cooperativa central ou federação de cooperativas, cujas autorizações de funcionamento e os arquivamentos serão requeridos conforme o disposto nos arts. 17 e segs.

Art. 61. Deliberado o desmembramento, a assembleia designará uma comissão para estudar as providências necessárias à efetivação da medida.

§ 1º O relatório apresentado pela comissão, acompanhado dos projetos de estatutos das novas cooperativas, será apreciado em nova assembleia especialmente convocada para esse fim.

§ 2º O plano de desmembramento preverá o rateio, entre as novas cooperativas, do ativo e passivo da sociedade desmembrada.

§ 3º No rateio previsto no parágrafo anterior, atribuir-se-á a cada nova cooperativa parte do capital social da sociedade desmembrada em quota correspondente à participação dos associados que passam a integrá-la.

§ 4º Quando uma das cooperativas for constituída como cooperativa central ou federação de cooperativas, prever-se-á o montante das quotas-partes que as associadas terão no capital social.

Art. 62. Constituídas as sociedades e observado o disposto nos arts. 17 e seguintes, proceder-se-á às transferências contábeis e patrimoniais necessárias à concretização das medidas adotadas.

Capítulo XI
DA DISSOLUÇÃO E LIQUIDAÇÃO

• V. arts. 1.399 a 1.408, CC/1916; e arts. 1.033 a 1.038, CC/2002.

Art. 63. As sociedades cooperativas se dissolvem de pleno direito:

I – quando assim deliberar a assembleia geral, desde que os associados, totalizando o número mínimo exigido por esta Lei, não se disponham a assegurar a sua continuidade;

II – pelo decurso do prazo de duração;

III – pela consecução dos objetivos predeterminados;

IV – devido à alteração de sua forma jurídica;

V – pela redução do número mínimo de associados ou do capital social mínimo se, até a assembleia geral subsequente, realizada em prazo não inferior a 6 (seis) meses, eles não forem restabelecidos;

VI – pelo cancelamento da autorização para funcionar;

VII – pela paralisação de suas atividades por mais de 120 (cento e vinte) dias.

• V. art. 93, III.

Parágrafo único. A dissolução da sociedade importará no cancelamento da autorização para funcionar e do registro.

Art. 64. Quando a dissolução da sociedade não for promovida voluntariamente, nas hipóteses previstas no artigo anterior, a medida poderá ser tomada judicialmente a pedido de qualquer associado ou por iniciativa do órgão executivo federal.

Art. 65. Quando a dissolução for deliberada pela assembleia geral, esta nomeará um liquidante ou mais, e um Conselho Fiscal de três membros para proceder à sua liquidação.

§ 1º O processo de liquidação só poderá ser iniciado após a audiência do respectivo órgão executivo federal.

§ 2º A assembleia geral, nos limites de suas atribuições, poderá, em qualquer época, destituir os liquidantes e os membros do Conselho Fiscal, designando os seus substitutos.

Art. 66. Em todos os atos e operações, os liquidantes deverão usar a denominação da cooperativa, seguida da expressão: "Em liquidação".

Art. 67. Os liquidantes terão todos os poderes normais de administração podendo praticar atos e operações necessários à realização do ativo e pagamento do passivo.

Art. 68. São obrigações dos liquidantes:

Lei 5.764/1971

Sociedades Cooperativas

I – providenciar o arquivamento, na Junta Comercial, da Ata da Assembleia Geral em que foi deliberada a liquidação;

II – comunicar à administração central do respectivo órgão executivo federal e ao Banco Nacional de Crédito Cooperativo S/A a sua nomeação, fornecendo cópia da Ata da Assembleia Geral que decidiu a matéria;

III – arrecadar os bens, livros e documentos da sociedade, onde quer que estejam;

IV – convocar os credores e devedores e promover o levantamento dos créditos e débitos da sociedade;

V – proceder nos 15 (quinze) dias seguintes ao de sua investidura e com a assistência, sempre que possível, dos administradores, ao levantamento do inventário e balanço geral do ativo e passivo;

VI – realizar o ativo social para saldar o passivo e reembolsar os associados de suas quotas-partes, destinando o remanescente, inclusive o dos fundos indivisíveis, ao Banco Nacional de Crédito Cooperativo S/A;

VII – exigir dos associados a integralização das respectivas quotas-partes do capital social não realizadas, quando o ativo não bastar para solução do passivo;

VIII – fornecer aos credores a relação dos associados, se a sociedade for de responsabilidade ilimitada e se os recursos apurados forem insuficientes para o pagamento das dívidas;

IX – convocar a assembleia geral, cada 6 (seis) meses ou sempre que necessário, para apresentar relatório e balanço do estado da liquidação e prestar contas dos atos praticados durante o período anterior;

X – apresentar à assembleia geral, finda a liquidação, o respectivo relatório e as contas finais;

XI – averbar, no órgão competente, a Ata da Assembleia Geral que considerar encerrada a liquidação.

Art. 69. As obrigações e as responsabilidades dos liquidantes regem-se pelos preceitos peculiares aos dos administradores da sociedade liquidanda.

Art. 70. Sem autorização da assembleia não poderá o liquidante gravar de ônus os móveis e imóveis, contrair empréstimos, salvo quando indispensáveis para o pagamento de obrigações inadiáveis, nem prosseguir, embora para facilitar a liquidação, na atividade social.

Art. 71. Respeitados os direitos dos credores preferenciais, pagará o liquidante as dívidas sociais proporcionalmente e sem distinção entre vencidas ou não.

Art. 72. A assembleia geral poderá resolver, antes de ultimada a liquidação, mas depois de pagos os credores, que o liquidante faça rateios por antecipação da partilha, à medida em que se apurem os haveres sociais.

Art. 73. Solucionado o passivo, reembolsados os cooperados até o valor de suas quotas-partes e encaminhado o remanescente conforme o estatuído, convocará o liquidante assembleia geral para prestação final de contas.

Art. 74. Aprovadas as contas, encerra-se a liquidação e a sociedade se extingue, devendo a ata da assembleia ser arquivada na Junta Comercial e publicada.

Parágrafo único. O associado discordante terá o prazo de 30 (trinta) dias, a contar da publicação da ata, para promover a ação que couber.

Art. 75. A liquidação extrajudicial das cooperativas poderá ser promovida por iniciativa do respectivo órgão executivo federal, que designará o liquidante, e será processada de acordo com a legislação específica e demais disposições regulamentares, desde que a sociedade deixe de oferecer condições operacionais, principalmente por constatada insolvência.

§ 1º A liquidação extrajudicial, tanto quanto possível, deverá ser precedida de intervenção na sociedade.

§ 2º Ao interventor, além dos poderes expressamente concedidos no ato de intervenção, são atribuídas funções, prerrogativas e obrigações dos órgãos de administração.

Art. 76. A publicação no *Diário Oficial*, da Ata da Assembleia Geral da sociedade, que deliberou sua liquidação, ou da decisão do órgão executivo federal quando a medida for de sua iniciativa, implicará a sustação de qualquer ação judicial contra a coopera-

Lei 5.764/1971

SOCIEDADES COOPERATIVAS

tiva, pelo prazo de 1 (um) ano, sem prejuízo, entretanto, da fluência dos juros legais ou pactuados e seus acessórios.

Parágrafo único. Decorrido o prazo previsto neste artigo, sem que, por motivo relevante, esteja encerrada a liquidação, poderá ser o mesmo prorrogado, no máximo por mais 1 (um) ano, mediante decisão do órgão citado no artigo, publicada, com os mesmos efeitos, no *Diário Oficial*.

Art. 77. Na realização do ativo da sociedade, o liquidante deverá:

I – mandar avaliar, por avaliadores judiciais ou de instituições financeiras públicas, os bens de sociedade;

II – proceder à venda dos bens necessários ao pagamento do passivo da sociedade, observadas, no que couber, as normas constantes dos arts. 117 e 118 do Dec.-lei 7.661, de 21 de junho de 1945.

* V. arts. 117 e 118, Dec.-lei 7.661/1945 (Lei de Falências); e art. 142, Lei 11.101/2005 (Lei de Recuperação de Empresas e Falência).

Art. 78. A liquidação das cooperativas de crédito e da seção de crédito das cooperativas agrícolas mistas reger-se-á pelas normas próprias legais e regulamentares.

Capítulo XII
DO SISTEMA OPERACIONAL DAS COOPERATIVAS

Seção I
Do ato cooperativo

Art. 79. Denominam-se atos cooperativos os praticados entre as cooperativas e seus associados, entre estes e aquelas e pelas cooperativas entre si quando associadas, para a consecução dos objetivos sociais.

Parágrafo único. O ato cooperativo não implica operação de mercado, nem contrato de compra e venda de produto ou mercadoria.

Seção II
Das distribuições de despesas

Art. 80. As despesas da sociedade serão cobertas pelos associados mediante rateio na proporção direta da fruição de serviços.

Parágrafo único. A cooperativa poderá, para melhor atender à equanimidade de cobertura das despesas da sociedade, estabelecer:

I – rateio, em partes iguais, das despesas gerais da sociedade entre todos os associados, quer tenham ou não, no ano, usufruído dos serviços por ela prestados, conforme definidas no estatuto;

II – rateio, em razão diretamente proporcional, entre os associados que tenham usufruído dos serviços durante o ano, das sobras líquidas ou dos prejuízos verificados no balanço do exercício, excluídas as despesas gerais já atendidas na forma do item anterior.

Art. 81. A cooperativa que tiver adotado o critério de separar as despesas da sociedade e estabelecido o seu rateio na forma indicada no parágrafo único do artigo anterior deverá levantar separadamente as despesas gerais.

Seção III
Das operações da cooperativa

Art. 82. A cooperativa que se dedicar a vendas em comum poderá registrar-se como armazém geral, podendo também desenvolver as atividades previstas na Lei 9.973, de 29 de maio de 2000, e nessa condição expedir Conhecimento de Depósito, *Warrant*, Certificado de Depósito Agropecuário – CDA e *Warrant* Agropecuário – WA para os produtos de seus associados conservados em seus armazéns, próprios ou arrendados, sem prejuízo da emissão de outros títulos decorrentes de suas atividades normais, aplicando-se, no que couber, a legislação específica.

* *Caput* com redação determinada pela Lei 11.076/2004.

§ 1º Para efeito deste artigo, os armazéns da cooperativa se equiparam aos "armazéns gerais", com as prerrogativas e obrigações destes, ficando os componentes do Conselho de Administração ou Diretoria Executiva, emitente do título, responsáveis, pessoal e solidariamente, pela boa guarda e conservação dos produtos vinculados, res-

pondendo criminal e civilmente pelas declarações constantes do título, como também por qualquer ação ou omissão que acarrete o desvio, deterioração ou perda dos produtos.

§ 2º Observado o disposto no § 1º, as cooperativas poderão operar unidades de armazenagem, embalagem e frigorificação, bem como armazéns gerais alfandegários, nos termos do disposto no Capítulo IV da Lei 5.025, de 10 de junho de 1966.

• V. Lei 5.025/1966 (Cria o Conselho Nacional do Comércio Exterior e dispõe sobre intercâmbio comercial).

Art. 83. A entrega da produção do associado à sua cooperativa significa a outorga a esta de plenos poderes para a sua livre disposição, inclusive para gravá-la e dá-la em garantia de operações de crédito realizadas pela sociedade, salvo se, tendo em vista os usos e costumes relativos à comercialização de determinados produtos, sendo de interesse do produtor, os estatutos dispuserem de outro modo.

Art. 84. *(Revogado pela LC 130/2009.)*

Art. 85. As cooperativas agropecuárias e de pesca poderão adquirir produtos de não associados, agricultores, pecuaristas ou pescadores, para completar lotes destinados ao cumprimento de contratos ou suprir capacidade ociosa de instalações industriais das cooperativas que as possuem.

Art. 86. As cooperativas poderão fornecer bens e serviços a não associados, desde que tal faculdade atenda aos objetivos sociais e esteja de conformidade com a presente Lei.

Parágrafo único. *(Revogado pela LC 130/2009.)*

Art. 87. Os resultados das operações das cooperativas com não associados, mencionados nos arts. 85 e 86, serão levados à conta do "Fundo de Assistência Técnica, Educacional e Social" e serão contabilizados em separado, de molde a permitir cálculo para incidência de tributos.

Art. 88. Poderão as cooperativas participar de sociedades não cooperativas para melhor atendimento dos próprios objetivos e de outros de caráter acessório ou complementar.

• Artigo com redação determinada pela MP 2.168-40/2001.

Seção IV
Dos prejuízos

Art. 89. Os prejuízos verificados no decorrer do exercício serão cobertos com recursos provenientes do Fundo de Reserva e, se insuficiente este, mediante rateio, entre os associados, na razão direta dos serviços usufruídos, ressalvada a opção prevista no parágrafo único do art. 80.

Seção V
Do sistema trabalhista

Art. 90. Qualquer que seja o tipo de cooperativa, não existe vínculo empregatício entre ela e seus associados.

Art. 91. As cooperativas igualam-se às demais empresas em relação aos seus empregados para os fins da legislação trabalhista e previdenciária.

Capítulo XIII
DA FISCALIZAÇÃO E CONTROLE

Art. 92. A fiscalização e o controle das sociedades cooperativas, nos termos desta Lei e dispositivos legais específicos, serão exercidos, de acordo com o objeto de funcionamento, da seguinte forma:

I – as de crédito e as seções de crédito das agrícolas mistas pelo Banco Central do Brasil;

II – as de habitação pelo Banco Nacional da Habitação;

III – as demais pelo Instituto Nacional de Colonização e Reforma Agrária.

§ 1º Mediante autorização do Conselho Nacional de Cooperativismo, os órgãos controladores federais poderão solicitar, quando julgarem necessário, a colaboração de outros órgãos administrativos, na execução das atribuições previstas neste artigo.

§ 2º As sociedades cooperativas permitirão quaisquer verificações determinadas pelos respectivos órgãos de controle, prestando os esclarecimentos que lhes forem solicita-

dos, além de serem obrigadas a remeter-lhes anualmente a relação dos associados admitidos, demitidos, eliminados e excluídos no período, cópias de atas, de balanços e dos relatórios do exercício social e parecer do Conselho Fiscal.

Art. 93. O Poder Público por intermédio da administração central dos órgãos executivos federais competentes, por iniciativa própria ou solicitação da assembleia geral ou do Conselho Fiscal, intervirá nas cooperativas quando ocorrer um dos seguintes casos:

I – violação contumaz das disposições legais;

II – ameaça de insolvência em virtude de má administração da sociedade;

III – paralisação das atividades sociais por mais de 120 (cento e vinte) dias consecutivos;

• V. art. 63, VII.

IV – inobservância do art. 56, § 2º.

Parágrafo único. Aplica-se, no que couber, às cooperativas habitacionais, o disposto neste artigo.

Art. 94. Observar-se-á, no processo de intervenção, a disposição constante do § 2º do art. 75.

Capítulo XIV
DO CONSELHO NACIONAL DE COOPERATIVISMO

Art. 95. A orientação geral da política cooperativista nacional caberá ao Conselho Nacional de Cooperativismo – CNC, que passará a funcionar junto ao Instituto Nacional de Colonização e Reforma Agrária – Incra, com plena autonomia administrativa e financeira, na forma do art. 172 do Dec.-lei 200, de 25 de fevereiro de 1967, sob a presidência do Ministro da Agricultura e composto de oito membros indicados pelos seguintes representados:

• V. Dec.-lei 200/1967 (Organização da administração federal – estabelece diretrizes para reforma administrativa).

I – Ministério do Planejamento e Coordenação-Geral;

II – Ministério da Fazenda, por intermédio do Banco Central do Brasil;

III – Ministério do Interior, por intermédio do Banco Nacional da Habitação;

IV – Ministério da Agricultura, por intermédio do Instituto Nacional de Colonização e Reforma Agrária – Incra, e do Banco Nacional de Crédito Cooperativo S/A;

V – Organização das Cooperativas Brasileiras.

Parágrafo único. A entidade referida no inciso V deste artigo contará com três elementos para fazer-se representar no Conselho.

Art. 96. O Conselho, que deverá reunir-se ordinariamente uma vez por mês, será presidido pelo Ministro da Agricultura, a quem caberá o voto de qualidade, sendo suas resoluções votadas por maioria simples, com a presença, no mínimo, de três representantes dos órgãos oficiais mencionados nos itens I a IV do artigo anterior.

Parágrafo único. Nos seus impedimentos eventuais, o substituto do presidente será o presidente do Instituto Nacional de Colonização e Reforma Agrária.

Art. 97. Ao Conselho Nacional de Cooperativismo compete:

I – editar atos normativos para a atividade cooperativista nacional;

II – baixar normas regulamentadoras, complementares e interpretativas, da legislação cooperativista;

III – organizar e manter atualizado o cadastro geral das cooperativas nacionais;

IV – decidir, em última instância, os recursos originários de decisões do respectivo órgão executivo federal;

V – apreciar os anteprojetos que objetivam a revisão da legislação cooperativista;

VI – estabelecer condições para o exercício de quaisquer cargos eletivos de administração ou fiscalização de cooperativas;

VII – definir as condições de funcionamento do empreendimento cooperativo, a que se refere o art. 18;

VIII – votar o seu próprio regimento;

IX – autorizar, onde houver condições, a criação de Conselhos Regionais de Cooperativismo, definindo-lhes as atribuições;

X – decidir sobre a aplicação do Fundo Nacional de Cooperativismo, nos termos do art. 102 desta Lei;

Lei 5.764/1971

SOCIEDADES COOPERATIVAS

XI – estabelecer em ato normativo ou de caso a caso, conforme julgar necessário, o limite a ser observado nas operações com não associados a que se referem os arts. 85 e 86.

Parágrafo único. As atribuições do Conselho Nacional de Cooperativismo não se estendem às cooperativas de habitação, às de crédito e às seções de crédito das cooperativas agrícolas mistas, no que forem regidas por legislação própria.

Art. 98. O Conselho Nacional de Cooperativismo – CNC contará com uma secretaria-executiva que se incumbirá de seus encargos administrativos, podendo seu secretário-executivo requisitar funcionários de qualquer órgão da Administração Pública.

§ 1º O secretário-executivo do Conselho Nacional de Cooperativismo será o diretor do Departamento de Desenvolvimento Rural do Instituto Nacional de Colonização e Reforma Agrária – Incra, devendo o Departamento referido incumbir-se dos encargos administrativos do Conselho Nacional de Cooperativismo.

§ 2º Para os impedimentos eventuais do secretário-executivo, este indicará à apreciação do Conselho seu substituto.

Art. 99. Compete ao presidente do Conselho Nacional de Cooperativismo:

I – presidir às reuniões;

II – convocar as reuniões extraordinárias;

III – proferir o voto de qualidade.

Art. 100. Compete à Secretaria-Executiva do Conselho Nacional de Cooperativismo:

I – dar execução às resoluções do Conselho;

II – comunicar as decisões do Conselho ao respectivo órgão executivo federal;

III – manter relações com os órgãos executivos federais, bem assim com quaisquer outros órgãos públicos ou privados, nacionais ou estrangeiros, que possam influir no aperfeiçoamento do cooperativismo;

IV – transmitir aos órgãos executivos federais e entidade superior do movimento cooperativista nacional todas as informações relacionadas com a doutrina e prática cooperativistas de seu interesse;

V – organizar e manter atualizado o cadastro geral das cooperativas nacionais e expedir as respectivas certidões;

VI – apresentar ao Conselho, em tempo hábil, a proposta orçamentária do órgão, bem como o relatório anual de suas atividades;

VII – providenciar todos os meios que assegurem o regular funcionamento do Conselho;

VIII – executar quaisquer outras atividades necessárias ao pleno exercício das atribuições do Conselho.

Art. 101. O Ministério da Agricultura incluirá, em sua proposta orçamentária anual, os recursos financeiros solicitados pelo Conselho Nacional de Cooperativismo – CNC, para custear seu funcionamento.

Parágrafo único. As contas do Conselho Nacional de Cooperativismo – CNC, serão prestadas por intermédio do Ministério da Agricultura, observada a legislação específica que regula a matéria.

Art. 102. Fica mantido, junto ao Banco Nacional de Crédito Cooperativo S/A, o "Fundo Nacional de Cooperativismo", criado pelo Dec.-lei 59, de 21 de novembro de 1966, destinado a prover recursos de apoio ao movimento cooperativista nacional.

- O Dec.-lei 59/1966 foi revogado pela Lei 5.764/1971.
- V. art. 117.

§ 1º O Fundo de que trata este artigo será suprido por:

I – dotação incluída no orçamento do Ministério da Agricultura para o fim específico de incentivos às atividades cooperativas;

II – juros e amortizações dos financiamentos realizados com seus recursos;

III – doações, legados e outras rendas eventuais;

IV – dotações consignadas pelo Fundo Federal Agropecuário e pelo Instituto Nacional de Colonização e Reforma Agrária – Incra.

§ 2º Os recursos do Fundo, deduzido o necessário ao custeio de sua administração, serão aplicados pelo Banco Nacional de Crédito Cooperativo S/A, obrigatoriamente, em financiamento de atividades que interessem de maneira relevante ao abastecimento das populações, a critério do Conselho Nacional de Cooperativismo.

Lei 5.764/1971

SOCIEDADES COOPERATIVAS

§ 3º O Conselho Nacional de Cooperativismo poderá, por conta do Fundo, autorizar a concessão de estímulos ou auxílios para execução de atividades que, pela sua relevância socioeconômicas, concorram para o desenvolvimento do sistema cooperativista nacional.

Capítulo XV
DOS ÓRGÃOS GOVERNAMENTAIS

Art. 103. As cooperativas permanecerão subordinadas, na parte normativa, ao Conselho Nacional de Cooperativismo, com exceção das de crédito, das seções de crédito das agrícolas mistas e das de habitação, cujas normas continuarão a ser baixadas pelo Conselho Monetário Nacional, relativamente às duas primeiras, e Banco Nacional da Habitação, com relação à última, observado o disposto no art. 92 desta Lei.

Parágrafo único. Os órgãos executivos federais, visando à execução descentralizada de seus serviços, poderão delegar sua competência, total ou parcialmente, a órgãos e entidades da administração estadual e municipal, bem como, excepcionalmente, a outros órgãos e entidades da administração federal.

Art. 104. Os órgãos executivos federais comunicarão todas as alterações havidas nas cooperativas sob a sua jurisdição ao Conselho Nacional de Cooperativismo, para fins de atualização do cadastro geral das cooperativas nacionais.

Capítulo XVI
DA REPRESENTAÇÃO DO SISTEMA COOPERATIVISTA

Art. 105. A representação do sistema cooperativista nacional cabe à Organização das Cooperativas Brasileiras – OCB, sociedade civil, com sede na Capital Federal, órgão técnico-consultivo do Governo, estruturada nos termos desta Lei, sem finalidade lucrativa, competindo-lhe precipuamente:

a) manter a neutralidade política e indiscriminação racial, religiosa e social;

b) integrar todos os ramos das atividades cooperativistas;

c) manter registro de todas as sociedades cooperativas que, para todos os efeitos, integram a Organização das Cooperativas Brasileiras – OCB;

d) manter serviços de assistência geral ao sistema cooperativista, seja quanto à estrutura social, seja quanto aos métodos operacionais e orientação jurídica, mediante pareceres e recomendações, sujeitas, quando for o caso, à aprovação do Conselho Nacional de Cooperativismo – CNC;

e) denunciar ao Conselho Nacional de Cooperativismo práticas nocivas ao desenvolvimento cooperativista;

f) opinar nos processos que lhe sejam encaminhados pelo Conselho Nacional de Cooperativismo;

g) dispor de setores consultivos especializados, de acordo com os ramos de cooperativismo;

h) fixar a política da organização com base nas proposições emanadas de seus órgãos técnicos;

i) exercer outras atividades inerentes à sua condição de órgão de representação e defesa do sistema cooperativista;

j) manter relações de integração com as entidades congêneres do exterior e suas cooperativas.

§ 1º A Organização das Cooperativas Brasileiras – OCB será constituída de entidades, uma para cada Estado, Território e Distrito Federal, criadas com as mesmas características da organização nacional.

§ 2º As assembleias gerais do órgão central serão formadas pelos representantes credenciados das filiadas, um por entidade, admitindo-se proporcionalidade de voto.

§ 3º A proporcionalidade de voto, estabelecida no parágrafo anterior, ficará a critério da OCB, baseando-se no número de associados – pessoas físicas e as exceções previstas nesta Lei – que compõem o quadro das cooperativas filiadas.

Sociedades Cooperativas

§ 4º A composição da diretoria da Organização das Cooperativas Brasileiras – OCB será estabelecida em seus estatutos sociais.

§ 5º Para o exercício de cargos de diretoria e Conselho Fiscal, as eleições se processarão por escrutínio secreto, permitida a reeleição para mais um mandato consecutivo.

Art. 106. A atual Organização das Cooperativas Brasileiras e as suas filiadas ficam investidas das atribuições e prerrogativas conferidas nesta Lei, devendo, no prazo de 1 (um) ano, promover a adaptação de seus estatutos, e a transferência da sede nacional.

Art. 107. As cooperativas são obrigadas, para seu funcionamento, a registrar-se na Organização das Cooperativas Brasileiras ou na entidade estadual, se houver, mediante apresentação dos estatutos sociais e suas alterações posteriores.

Parágrafo único. Por ocasião do registro, a cooperativa pagará 10% (dez por cento) do maior salário mínimo vigente, se a soma do respectivo capital integralizado e fundos não exceder de 250 (duzentos e cinquenta) salários mínimos e 50% (cinquenta por cento) se aquele montante for superior.

- V. Lei 6.205/1975 (Descaracterização do salário mínimo como fator de correção monetária).

Art. 108. Fica instituída, além do pagamento previsto no parágrafo único do artigo anterior, a Contribuição Cooperativista, que será recolhida anualmente pela cooperativa após o encerramento de seu exercício social, a favor da Organização das Cooperativas Brasileiras de que trata o art. 105 desta Lei.

§ 1º A Contribuição Cooperativista constituir-se-á de importância correspondente a 0,2% (dois décimos por cento) do valor do capital integralizado e fundos da sociedade cooperativa, no exercício social do ano anterior, sendo o respectivo montante distribuído, por metade, a suas filiadas, quando constituídas.

§ 2º No caso das cooperativas centrais ou federações, a Contribuição de que trata o parágrafo anterior será calculada sobre os fundos e reservas existentes.

§ 3º A Organização das Cooperativas Brasileiras poderá estabelecer um teto à Contribuição Cooperativista, com base em estudos elaborados pelo seu corpo técnico.

Capítulo XVII
DOS ESTÍMULOS CREDITÍCIOS

Art. 109. Caberá ao Banco Nacional de Crédito Cooperativo S/A estimular e apoiar as cooperativas, mediante concessão de financiamentos necessários ao seu desenvolvimento.

§ 1º Poderá o Banco Nacional de Crédito Cooperativo S/A receber depósitos das cooperativas de crédito e das seções de crédito das cooperativas agrícolas mistas.

§ 2º Poderá o Banco Nacional de Crédito Cooperativo S/A operar com pessoas físicas ou jurídicas, estranhas ao quadro social cooperativo, desde que haja benefício para as cooperativas e estas figurem na operação bancária.

§ 3º O Banco Nacional de Crédito Cooperativo S/A manterá linhas de crédito específicas para as cooperativas de acordo com o objeto e a natureza de suas atividades, a juros módicos e prazos adequados inclusive com sistema de garantias ajustado às peculiaridades das cooperativas a que se destinam.

§ 4º O Banco Nacional de Crédito Cooperativo S/A manterá linha especial de crédito para financiamento de quotas-partes de capital.

Art. 110. Fica extinta a contribuição de que trata o art. 13 do Dec.-lei 60, de 21 de novembro de 1966, com a redação dada pelo Dec.-lei 668, de 3 de julho de 1969.

Capítulo XVIII
DAS DISPOSIÇÕES GERAIS E TRANSITÓRIAS

Art. 111. Serão considerados como renda tributável os resultados positivos obtidos pelas cooperativas nas operações de que tratam os arts. 85, 86 e 88 desta Lei.

Lei 12.690/2012

SOCIEDADES COOPERATIVAS

Art. 112. O Balanço Geral e o Relatório do exercício social que as cooperativas deverão encaminhar anualmente aos órgãos de controle serão acompanhados, a juízo destes, de parecer emitido por um serviço independente de auditoria credenciado pela Organização das Cooperativas Brasileiras.

Parágrafo único. Em casos especiais, tendo em vista a sede da Cooperativa, o volume de suas operações e outras circunstâncias dignas de consideração, a exigência da apresentação do parecer pode ser dispensada.

Art. 113. Atendidas as deduções determinadas pela legislação específica, às sociedades cooperativas ficará assegurada primeira prioridade para o recebimento de seus créditos de pessoas jurídicas que efetuem descontos na folha de pagamento de seus empregados, associados de cooperativas.

Art. 114. Fica estabelecido o prazo de 36 (trinta e seis) meses para que as cooperativas atualmente registradas nos órgãos competentes reformulem os seus estatutos, no que for cabível, adaptando-os ao disposto na presente Lei.

Art. 115. As Cooperativas dos Estados, Territórios ou do Distrito Federal, enquanto não constituírem seus órgãos de representação, serão convocadas às assembleias da OCB, como vogais, com 60 (sessenta) dias de antecedência, mediante editais publicados três vezes em jornal de grande circulação local.

Art. 116. A presente Lei não altera o disposto nos sistemas próprios instituídos para as cooperativas de habitação e cooperativas de crédito, aplicando-se ainda, no que couber, o regime instituído para essas últimas às seções de crédito das agrícolas mistas.

Art. 117. Esta Lei entrará em vigor na data de sua publicação, revogadas as disposições em contrário e especificamente o Dec.-lei 59, de 21 de novembro de 1966, bem como o Dec. 60.597, de 19 de abril de 1967.

Brasília, 16 de dezembro de 1971; 150º da Independência e 83º da República.

Emílio G. Médici

(*DOU* 16.12.1971)

LEI 12.690, DE 19 DE JULHO DE 2012

Dispõe sobre a organização e o funcionamento das Cooperativas de Trabalho; institui o Programa Nacional de Fomento às Cooperativas de Trabalho – Pronacoop; e revoga o parágrafo único do art. 442 da Consolidação das Leis do Trabalho – CLT, aprovada pelo Decreto-lei 5.452, de 1º de maio de 1943.

A Presidenta da República:

Faço saber que o Congresso Nacional decreta e eu sanciono a seguinte Lei:

Capítulo I
DAS COOPERATIVAS DE TRABALHO

Art. 1º A Cooperativa de Trabalho é regulada por esta Lei e, no que com ela não colidir, pelas Leis 5.764, de 16 de dezembro de 1971, e 10.406, de 10 de janeiro de 2002 – Código Civil.

Parágrafo único. Estão excluídas do âmbito desta Lei:

I – as cooperativas de assistência à saúde na forma da legislação de saúde suplementar;

II – as cooperativas que atuam no setor de transporte regulamentado pelo poder público e que detenham, por si ou por seus sócios, a qualquer título, os meios de trabalho;

III – as cooperativas de profissionais liberais cujos sócios exerçam as atividades em seus próprios estabelecimentos; e

IV – as cooperativas de médicos cujos honorários sejam pagos por procedimento.

Art. 2º Considera-se Cooperativa de Trabalho a sociedade constituída por trabalhadores para o exercício de suas atividades laborativas ou profissionais com proveito comum, autonomia e autogestão para obterem melhor qualificação, renda, situação socioeconômica e condições gerais de trabalho.

§ 1º A autonomia de que trata o *caput* deste artigo deve ser exercida de forma coletiva e coordenada, mediante a fixação, em Assembleia Geral, das regras de funcionamento da cooperativa e da forma de execução dos trabalhos, nos termos desta Lei.

Lei 12.690/2012

SOCIEDADES COOPERATIVAS

§ 2º Considera-se autogestão o processo democrático no qual a Assembleia Geral define as diretrizes para o funcionamento e as operações da cooperativa, e os sócios decidem sobre a forma de execução dos trabalhos, nos termos da lei.

Art. 3º A Cooperativa de Trabalho rege-se pelos seguintes princípios e valores:
I – adesão voluntária e livre;
II – gestão democrática;
III – participação econômica dos membros;
IV – autonomia e independência;
V – educação, formação e informação;
VI – intercooperação;
VII – interesse pela comunidade;
VIII – preservação dos direitos sociais, do valor social do trabalho e da livre iniciativa;
IX – não precarização do trabalho;
X – respeito às decisões de asssembleia, observado o disposto nesta Lei;
XI – participação na gestão em todos os níveis de decisão de acordo com o previsto em lei e no Estatuto Social.

Art. 4º A Cooperativa de Trabalho pode ser:
I – de produção, quando constituída por sócios que contribuem com trabalho para a produção em comum de bens e a cooperativa detém, a qualquer título, os meios de produção; e
II – de serviço, quando constituída por sócios para a prestação de serviços especializados a terceiros, sem a presença dos pressupostos da relação de emprego.
Parágrafo único. *(Vetado.)*

Art. 5º A Cooperativa de Trabalho não pode ser utilizada para intermediação de mão de obra subordinada.
Parágrafo único. *(Vetado.)*

Art. 6º A Cooperativa de Trabalho poderá ser constituída com número mínimo de 7 (sete) sócios.

Art. 7º A Cooperativa de Trabalho deve garantir aos sócios os seguintes direitos, além de outros que a Assembleia Geral venha a instituir:
I – retiradas não inferiores ao piso da categoria profissional e, na ausência deste, não inferiores ao salário mínimo, calculadas de forma proporcional às horas trabalhadas ou às atividades desenvolvidas;
II – duração do trabalho normal não superior a 8 (oito) horas diárias e 44 (quarenta e quatro) horas semanais, exceto quando a atividade, por sua natureza, demandar a prestação de trabalho por meio de plantões ou escalas, facultada a compensação de horários;
III – repouso semanal remunerado, preferencialmente aos domingos;
IV – repouso anual remunerado;
V – retirada para o trabalho noturno superior à do diurno;
VI – adicional sobre a retirada para as atividades insalubres ou perigosas;
VII – seguro de acidente de trabalho.
§ 1º Não se aplica o disposto nos incisos III e IV do *caput* deste artigo nos casos em que as operações entre o sócio e a cooperativa sejam eventuais, salvo decisão assemblear em contrário.
§ 2º A Cooperativa de Trabalho buscará meios, inclusive mediante provisionamento de recursos, com base em critérios que devem ser aprovados em Assembleia Geral, para assegurar os direitos previstos nos incisos I, III, IV, V, VI e VII do *caput* deste artigo e outros que a Assembleia Geral venha a instituir.
§ 3º A Cooperativa de Trabalho, além dos fundos obrigatórios previstos em lei, poderá criar, em Assembleia Geral, outros fundos, inclusive rotativos, com recursos destinados a fins específicos, fixando o modo de formação, custeio, aplicação e liquidação.
§ 4º *(Vetado.)*
§ 5º A Cooperativa de Trabalho constituída nos termos do inciso I do *caput* do art. 4º desta Lei poderá, em Assembleia Geral Extraordinária, estabelecer carência na fruição dos direitos previstos nos incisos I e VII do *caput* deste artigo.
§ 6º As atividades identificadas com o objeto social da Cooperativa de Trabalho prevista no inciso II do *caput* do art. 4º desta Lei, quando prestadas fora do estabelecimento da cooperativa, deverão ser submetidas a uma coordenação com mandato nunca superior a 1 (um) ano ou ao prazo estipulado para a realização dessas atividades, eleita em reunião específica pelos sócios que se disponham a realizá-las, em que serão ex-

Lei 12.690/2012

SOCIEDADES COOPERATIVAS

postos os requisitos para sua consecução, os valores contratados e a retribuição pecuniária de cada sócio partícipe.

Art. 8º As Cooperativas de Trabalho devem observar as normas de saúde e segurança do trabalho previstas na legislação em vigor e em atos normativos expedidos pelas autoridades competentes.

Art. 9º O contratante da Cooperativa de Trabalho prevista no inciso II do *caput* do art. 4º desta Lei responde solidariamente pelo cumprimento das normas de saúde e segurança do trabalho quando os serviços forem prestados no seu estabelecimento ou em local por ele determinado.

Capítulo II
DO FUNCIONAMENTO DAS COOPERATIVAS DE TRABALHO

Art. 10. A Cooperativa de Trabalho poderá adotar por objeto social qualquer gênero de serviço, operação ou atividade, desde que previsto no seu Estatuto Social.

§ 1º É obrigatório o uso da expressão "Cooperativa de Trabalho" na denominação social da cooperativa.

§ 2º A Cooperativa de Trabalho não poderá ser impedida de participar de procedimentos de licitação pública que tenham por escopo os mesmos serviços, operações e atividades previstas em seu objeto social.

§ 3º A admissão de sócios na cooperativa estará limitada consoante às possibilidades de reunião, abrangência das operações, controle e prestação de serviços e congruente com o objeto estatuído.

§ 4º Para o cumprimento dos seus objetivos sociais, o sócio poderá exercer qualquer atividade da cooperativa, conforme deliberado em Assembleia Geral.

Art. 11. Além da realização da Assembleia Geral Ordinária e Extraordinária para deliberar nos termos dos e sobre os assuntos previstos na Lei 5.764, de 16 de dezembro de 1971, e no Estatuto Social, a Cooperativa de Trabalho deverá realizar anualmente, no mínimo, mais uma Assembleia Geral Especial para deliberar, entre outros assuntos especificados no edital de convocação, sobre gestão da cooperativa, disciplina, direitos e deveres dos sócios, planejamento e resultado econômico dos projetos e contratos firmados e organização do trabalho.

§ 1º O destino das sobras líquidas ou o rateio dos prejuízos será decidido em Assembleia Geral Ordinária.

§ 2º As Cooperativas de Trabalho deverão estabelecer, em Estatuto Social ou Regimento Interno, incentivos à participação efetiva dos sócios na Assembleia Geral e eventuais sanções em caso de ausências injustificadas.

§ 3º O *quorum* mínimo de instalação das Assembleias Gerais será de:

I – 2/3 (dois terços) do número de sócios, em primeira convocação;

II – metade mais 1 (um) dos sócios, em segunda convocação;

III – 50 (cinquenta) sócios ou, no mínimo, 20% (vinte por cento) do total de sócios, prevalecendo o menor número, em terceira convocação, exigida a presença de, no mínimo, 4 (quatro) sócios para as cooperativas que possuam até 19 (dezenove) sócios matriculados.

§ 4º As decisões das assembleias serão consideradas válidas quando contarem com a aprovação da maioria absoluta dos sócios presentes.

§ 5º Comprovada fraude ou vício nas decisões das assembleias, serão elas nulas de pleno direito, aplicando-se, conforme o caso, a legislação civil e penal.

§ 6º A Assembleia Geral Especial de que trata este artigo deverá ser realizada no segundo semestre do ano.

Art. 12. A notificação dos sócios para participação das assembleias será pessoal e ocorrerá com antecedência mínima de 10 (dez) dias de sua realização.

§ 1º Na impossibilidade de notificação pessoal, a notificação dar-se-á por via postal, respeitada a antecedência prevista no *caput* deste artigo.

§ 2º Na impossibilidade de realização das notificações pessoal e postal, os sócios serão notificados mediante edital afixado na sede e em outros locais previstos nos estatutos e publicado em jornal de grande circulação na região da sede da cooperativa ou na região onde ela exerça suas atividades, res-

Lei 12.690/2012

peitada a antecedência prevista no *caput* deste artigo.

Art. 13. É vedado à Cooperativa de Trabalho distribuir verbas de qualquer natureza entre os sócios, exceto a retirada devida em razão do exercício de sua atividade como sócio ou retribuição por conta de reembolso de despesas comprovadamente realizadas em proveito da Cooperativa.

Art. 14. A Cooperativa de Trabalho deverá deliberar, anualmente, na Assembleia Geral Ordinária, sobre a adoção ou não de diferentes faixas de retirada dos sócios.

Parágrafo único. No caso de fixação de faixas de retirada, a diferença entre as de maior e as de menor valor deverá ser fixada na Assembleia.

Art. 15. O Conselho de Administração será composto por, no mínimo, 3 (três) sócios, eleitos pela Assembleia Geral, para um prazo de gestão não superior a 4 (quatro) anos, sendo obrigatória a renovação de, no mínimo, 1/3 (um terço) do colegiado, ressalvada a hipótese do art. 16 desta Lei.

Art. 16. A Cooperativa de Trabalho constituída por até 19 (dezenove) sócios poderá estabelecer, em Estatuto Social, composição para o Conselho de Administração e para o Conselho Fiscal distinta da prevista nesta Lei e no art. 56 da Lei 5.764, de 16 de dezembro de 1971, assegurados, no mínimo, 3 (três) conselheiros fiscais.

Capítulo III
DA FISCALIZAÇÃO E DAS PENALIDADES

Art. 17. Cabe ao Ministério do Trabalho e Emprego, no âmbito de sua competência, a fiscalização do cumprimento do disposto nesta Lei.

§ 1º A Cooperativa de Trabalho que intermediar mão de obra subordinada e os contratantes de seus serviços estarão sujeitos à multa de R$ 500,00 (quinhentos reais) por trabalhador prejudicado, dobrada na reincidência, a ser revertida em favor do Fundo de Amparo ao Trabalhador – FAT.

§ 2º Presumir-se-á intermediação de mão de obra subordinada a relação contratual estabelecida entre a empresa contratante e as Cooperativas de Trabalho que não cumprirem o disposto no § 6º do art. 7º desta Lei.

§ 3º As penalidades serão aplicadas pela autoridade competente do Ministério do Trabalho e Emprego, de acordo com o estabelecido no Título VII da Consolidação das Leis do Trabalho – CLT, aprovada pelo Decreto-lei 5.452, de 1º de maio de 1943.

Art. 18. A constituição ou utilização de Cooperativa de Trabalho para fraudar deliberadamente a legislação trabalhista, previdenciária e o disposto nesta Lei acarretará aos responsáveis as sanções penais, cíveis e administrativas cabíveis, sem prejuízo da ação judicial visando à dissolução da Cooperativa.

§ 1º *(Vetado.)*

§ 2º Fica inelegível para qualquer cargo em Cooperativa de Trabalho, pelo período de até 5 (cinco) anos, contado a partir da sentença transitada em julgado, o sócio, dirigente ou o administrador condenado pela prática das fraudes elencadas no *caput* deste artigo.

Capítulo IV
DO PROGRAMA NACIONAL DE FOMENTO ÀS COOPERATIVAS DE TRABALHO – PRONACOOP

Art. 19. É instituído, no âmbito do Ministério do Trabalho e Emprego, o Programa Nacional de Fomento às Cooperativas de Trabalho – Pronacoop, com a finalidade de promover o desenvolvimento e a melhoria do desempenho econômico e social da Cooperativa de Trabalho.

Parágrafo único. O Pronacoop tem como finalidade apoiar:

I – a produção de diagnóstico e plano de desenvolvimento institucional para as Cooperativas de Trabalho dele participantes;

II – a realização de acompanhamento técnico visando ao fortalecimento financeiro, de gestão, de organização do processo produtivo ou de trabalho, bem como à qualificação dos recursos humanos;

III – a viabilização de linhas de crédito;

IV – o acesso a mercados e à comercialização da produção;

Lei 12.690/2012

SOCIEDADES COOPERATIVAS

V – o fortalecimento institucional, a educação cooperativista e a constituição de cooperativas centrais, federações e confederações de cooperativas;

VI – outras ações que venham a ser definidas por seu Comitê Gestor no cumprimento da finalidade estabelecida no *caput* deste artigo.

Art. 20. É criado o Comitê Gestor do Pronacoop, com as seguintes atribuições:

I – acompanhar a implementação das ações previstas nesta Lei;

II – estabelecer as diretrizes e metas para o Pronacoop;

III – definir as normas operacionais para o Pronacoop;

IV – propor o orçamento anual do Pronacoop;

V – *(Vetado.)*

VI – *(Vetado.)*

§ 1º O Comitê Gestor terá composição paritária entre o governo e entidades representativas do cooperativismo de trabalho.

§ 2º O número de membros, a organização e o funcionamento do Comitê Gestor serão estabelecidos em regulamento.

Art. 21. O Ministério do Trabalho e Emprego poderá celebrar convênios, acordos, ajustes e outros instrumentos que objetivem a cooperação técnico-científica com órgãos do setor público e entidades privadas sem fins lucrativos, no âmbito do Pronacoop.

Art. 22. As despesas decorrentes da implementação do Pronacoop correrão à conta das dotações orçamentárias consignadas anualmente ao Ministério do Trabalho e Emprego.

Art. 23. Os recursos destinados às linhas de crédito do Pronacoop serão provenientes:

I – do Fundo de Amparo ao Trabalhador – FAT;

II – de recursos orçamentários da União; e

III – de outros recursos que venham a ser alocados pelo poder público.

Parágrafo único. O Conselho Deliberativo do Fundo de Amparo ao Trabalhador – Codefat definirá as diretrizes para a aplicação, no âmbito do Pronacoop, dos recursos oriundos do Fundo de Amparo ao Trabalhador – FAT.

Art. 24. As instituições financeiras autorizadas a operar com os recursos do Pronacoop poderão realizar operações de crédito destinadas a empreendimentos inscritos no Programa sem a exigência de garantias reais, que poderão ser substituídas por garantias alternativas, observadas as condições estabelecidas em regulamento.

Parágrafo único. *(Vetado.)*

Art. 25. *(Vetado.)*

Capítulo V
DISPOSIÇÕES FINAIS

Art. 26. É instituída a Relação Anual de Informações das Cooperativas de Trabalho – RAICT, a ser preenchida pelas Cooperativas de Trabalho, anualmente, com informações relativas ao anobase anterior.

Parágrafo único. O Poder Executivo regulamentará o modelo de formulário da RAICT, os critérios para entrega das informações e as responsabilidades institucionais sobre a coleta, processamento, acesso e divulgação das informações.

Art. 27. A Cooperativa de Trabalho constituída antes da vigência desta Lei terá prazo de 12 (doze) meses, contado de sua publicação, para adequar seus estatutos às disposições nela previstas.

Art. 28. A Cooperativa de Trabalho prevista no inciso II do *caput* do art. 4º desta Lei constituída antes da vigência desta Lei terá prazo de 12 (doze) meses, contado de sua publicação, para assegurar aos sócios as garantias previstas nos incisos I, IV, V, VI e VII do *caput* do art. 7º desta Lei, conforme deliberado em Assembleia Geral.

Art. 29. Esta Lei entra em vigor na data de sua publicação.

Art. 30. *(Vetado.)*

Brasília, 19 de julho de 2012; 191º da Independência e 124º da República.
Dilma Rousseff

(*DOU* 20.07.2012)

TRABALHO FORÇADO

PORTARIA 1.153,
DE 13 DE OUTUBRO DE 2003, DO MINISTÉRIO DO TRABALHO E EMPREGO – MTE

Estabelece procedimentos a serem cumpridos pelos Auditores Fiscais do Trabalho nas ações fiscais para identificação e libertação de trabalhadores submetidos a regime de trabalho forçado e condição análoga à de escravo visando à concessão do benefício do seguro-desemprego.

O Ministro de Estado do Trabalho e Emprego, no uso das atribuições que lhe confere o inciso I do parágrafo único do art. 87 da Constituição Federal, tendo em vista o disposto na Lei 10.608, de 20 de dezembro de 2002, e na Resolução 306, de 6 de novembro de 2002, do Conselho Deliberativo do Fundo de Amparo ao Trabalhador – Codefat, resolve:

Art. 1º A Secretaria de Inspeção do Trabalho – SIT, por intermédio do Grupo Especial de Fiscalização Móvel – GEFM e as Delegacias Regionais do Trabalho – DRT priorizarão em seus planejamentos a realização de ações fiscais para a identificação e libertação de trabalhadores submetidos ao regime de trabalho forçado e a condição análoga à de escravo.

Art. 2º Os Auditores Fiscais do Trabalho, ao identificarem trabalhadores submetidos ao trabalho forçado ou condição análoga à de escravo, providenciarão a sua imediata libertação, que consistirá na retirada dos trabalhadores do local de trabalho, com expedição de documentos e encaminhamento aos seus locais de origem para inclusão nas ações de qualificação profissional e recolocação no mercado de trabalho.

Art. 3º Nos termos da legislação vigente, o trabalhador libertado terá direito à percepção de três parcelas de seguro-desemprego, devendo para tanto haver comprovação de ter sido resgatado do trabalho forçado ou da condição análoga à de escravo por ação fiscal efetuada por Auditores Fiscais do Trabalho.

Art. 4º Para a comprovação da condição de que trata o artigo 3º, desta Portaria, o Auditor Fiscal, além dos procedimentos típicos da fiscalização, deverá elaborar Relatório Circunstanciado de Ação Fiscal – RAF, modelo em anexo, que conterá, entre outras, as seguintes informações:

I – identificação da propriedade rural e seu proprietário, número de empregados alcançados pela ação fiscal, número de trabalhadores registrados na ação fiscal, número de trabalhadores resgatados do regime de trabalho forçado ou da condição análoga à de escravo, valor bruto das rescisões, valor líquido recebido pelos trabalhadores, número de autos lavrados com cópias e Termos de Apreensão de Documentos, com cópias e eventuais prisões efetuadas;

II – no RAF será descrita de forma detalhada a ausência de Carteira de Trabalho e Previdência Social – CTPS, anotada, a forma de recrutamento de trabalhadores, o não pagamento de salários, o regime de servidão por dívidas, a existência de segurança armada e/ou notícias de pressões e violências por parte do empregador ou preposto, o isolamento da propriedade rural em relação a vilas, os pontos de acesso a transporte público, o não fornecimento de água potável, o não fornecimento de alojamentos adequados e as condições gerais de saúde e segurança.

Parágrafo único. O relatório de que trata este artigo servirá como comprovante da condição de trabalhador resgatado, nos termos do inciso I do art. 3º da Resolução 306/2002 do Codefat.

Art. 5º O Auditor Fiscal do Trabalho deverá fornecer ao trabalhador resgatado uma via do Requerimento do Seguro-Desemprego do Trabalhador Resgatado – RSDTR, devidamente preenchido, observando:

Port. MTE 1.153/2003

TRABALHO FORÇADO

I – uma via do RSDTR será encaminhada à Coordenação-Geral do Seguro-Desemprego e Abono Salarial – CGDAS para processamento e, quando couber, inscrição do trabalhador no Programa de Integração Social – PIS;

II – quando for reconhecido o vínculo empregatício, os dados para preenchimento do RSDTR serão fornecidos pelo empregador;

III – quando não houver o reconhecimento do vínculo empregatício e não ocorrer a assinatura da CTPS pelo empregador, o Auditor Fiscal do Trabalho preencherá o RSDTR com os dados disponíveis do trabalhador, contendo obrigatoriamente, aqueles referentes ao nome da mãe, data do nascimento e endereço do trabalhador resgatado;

IV – o Auditor Fiscal do Trabalho providenciará a expedição da CTPS do trabalhador caso ele não a possua.

Art. 6º Nos casos em que não houver o reconhecimento de vínculo empregatício, tal ocorrência deve ser detalhada no RAF com o relato dos fatos atinentes à questão.

Parágrafo único. Não havendo o reconhecimento do vínculo por parte do empregador, mas sendo possível a sua identificação, tal fato deverá estar claramente mencionado no RAF, inclusive com a identificação do empregador e cópia dos respectivos autos de infração lavrados contra o mesmo e procedimentos penais iniciados para apuração de sua responsabilidade.

Art. 7º Os RAF serão elaborados até o limite de 5 (cinco) dias úteis após o término da ação fiscal e serão encaminhados à Chefia da Fiscalização quando a ação fiscal se desenvolver por iniciativa das Delegacias Regionais do Trabalho para imediata remessa à Secretaria de Inspeção do Trabalho.

Parágrafo único. Os RAF produzidos pelo Grupo Especial de Fiscalização Móvel, serão elaborados no prazo previsto no *caput* e encaminhados pelo Coordenador à Secretaria de Inspeção do Trabalho.

Art. 8º Esta Portaria entra em vigor na data de sua publicação.

Jaques Wagner

(*DOU* 14.10.2003)

ANEXO

ERRADICAÇÃO DO TRABALHO ESCRAVO
RELATÓRIO DE FISCALIZAÇÃO
FAZENDA LAR DO SEU JOSÉ
(Volume I) (**)
Sobradinho/DF
Período 04 a 13.02.2003
(*) Substituir por Delegacia Regional do Trabalho de............................., quando a ação fiscal for realizada por iniciativa da DRT.
(**) Quando existirem mais de um volume.
RESUMO DA FISCALIZAÇÃO DO GRUPO MÓVEL
Coordenação:
Procurador do Trabalho:
Auditores Fiscais: (nomes)
Agentes da Polícia Federal: (nomes)
Da Denúncia
(Identificar a fonte denunciante)
Nome da Fazenda:
Proprietário:
CPF:
CEI:
CNPJ:
Endereço da Fazenda:
Empregados Alcançados:
Registrados durante a ação fiscal:
Libertados:
Valor bruto da rescisão:
Valor líquido do recebido:
Nº Autos de Infração lavrados:
Termo de apreensão de documentos:
Prisões efetuadas:
CARACTERIZAÇÃO DO TRABALHO ESCRAVO
1. Havia segurança armada?
2. Impediram o deslocamento do trabalhador?
3. Sistema de barracão – servidão por dívida?
4. Violência por parte do "gato" ou proprietário?
Obs.: Os itens acima devem ser abordados de forma a descrever toda a situação encontrada, em detalhes, pois constituirá elemento decisivo para instauração da Ação Penal.
DO VÍNCULO EMPREGATÍCIO
Descrever os fatos que levaram o estabelecimento ao vínculo empregatício (lembra-

Lei 10.803/2003

TRABALHO FORÇADO

mos que o vínculo é sempre entre trabalhador e o proprietário da terra ou arrendatário, quando este último não se caracterizar como falso arrendatário).

DOCUMENTOS E FOTOS

Juntar cópias de todos os documentos que reforcem a convicção de tenha ocorrido lícito penal ou administrativo.

Mantivemos "lícito" conforme publicação oficial.

Juntar fotos que evidenciem cada situação irregular encontrada: alojamentos; local de banho; cozinha; condições de saúde e segurança; transporte e outros.

Obs.: O relatório (contendo um ou mais volumes) deverá ser encadernado em modelo tipo espiral utilizando folhas de papel tamanho A4 (21cm X 29,7cm) e digitado com fonte Arial.

LEI 10.803,
DE 11 DE DEZEMBRO DE 2003

Altera o art. 149 do Decreto-lei 2.848, de 7 de dezembro de 1940 – Código Penal, para estabelecer penas ao crime nele tipificado e indicar as hipóteses em que se configura condição análoga à de escravo.

O Presidente da República:

Faço saber que o Congresso Nacional decreta e eu sanciono a seguinte Lei:

Art. 1º O art. 149 do Decreto-lei 2.848, de 7 de dezembro de 1940, passa a vigorar com a seguinte redação:

"Art. 149. Reduzir alguém a condição análoga à de escravo, quer submetendo-o a trabalhos forçados ou a jornada exaustiva, quer sujeitando-o a condições degradantes de trabalho, quer restringindo, por qualquer meio, sua locomoção em razão de dívida contraída com o empregador ou preposto:

"Pena – reclusão, de 2 (dois) a 8 (oito) anos, e multa, além da pena correspondente à violência.

"§ 1º Nas mesmas penas incorre quem:

"I – cerceia o uso de qualquer meio de transporte por parte do trabalhador, com o fim de retê-lo no local de trabalho;

"II – mantém vigilância ostensiva no local de trabalho ou se apodera de documentos ou objetos pessoais do trabalhador, com o fim de retê-lo no local de trabalho.

"§ 2º A pena é aumentada de metade, se o crime é cometido:

"I – contra criança ou adolescente;

"II – por motivo de preconceito de raça, cor, etnia, religião ou origem."

Art. 2º Esta Lei entra em vigor na data de sua publicação.

Brasília, 11 de dezembro de 2003; 182º da Independência e 115º da República.

Luiz Inácio Lula da Silva

(*DOU* 12.12.2003)

INSTRUÇÃO NORMATIVA 91,
DE 5 DE OUTUBRO DE 2011, DA SECRETARIA DE INSPEÇÃO DO TRABALHO – SIT/MTE

Dispõe sobre a fiscalização para a erradicação do trabalho em condição análoga à de escravo e dá outras providências.

A Secretaria de Inspeção do Trabalho, no exercício da competência prevista no inciso XIII do art. 14 do Anexo I do Decreto 5.063, de 3 de maio de 2004, resolve:

Editar a presente Instrução Normativa sobre procedimentos que deverão ser adotados em relação à fiscalização para a erradicação do trabalho em condição análoga à de escravo.

Art. 1º O trabalho realizado em condição análoga à de escravo, sob todas as formas, constitui atentado aos direitos humanos fundamentais e fere a dignidade humana, sendo dever do Auditor Fiscal do Trabalho colaborar para a sua erradicação.

Do âmbito de aplicação da presente Instrução Normativa

Art. 2º Serão observados pelos Auditores-Fiscais do Trabalho, na fiscalização para a erradicação do trabalho em condição análoga à de escravo, em qualquer atividade econômica urbana, rural ou marítima, e para qualquer trabalhador, nacional ou estran-

geiro, os procedimentos previstos na presente Instrução Normativa.

Art. 3º Para os fins previstos na presente Instrução Normativa, considera-se trabalho realizado em condição análoga à de escravo a que resulte das seguintes situações, quer em conjunto, quer isoladamente:

I – a submissão de trabalhador a trabalhos forçados;

II – a submissão de trabalhador a jornada exaustiva;

III – a sujeição de trabalhador a condições degradantes de trabalho;

IV – a restrição da locomoção do trabalhador, seja em razão de dívida contraída, seja por meio do cerceamento do uso de qualquer meio de transporte por parte do trabalhador, ou por qualquer outro meio com o fim de retê-lo no local de trabalho;

V – a vigilância ostensiva no local de trabalho por parte do empregador ou seu preposto, com o fim de retê-lo no local de trabalho;

VI – a posse de documentos ou objetos pessoais do trabalhador, por parte do empregador ou seu preposto, com o fim de retê-lo no local de trabalho.

§ 1º As expressões referidas nos incisos de I a VI deverão ser compreendidas na forma a seguir:

a) "trabalhos forçados" – todas as formas de trabalho ou de serviço exigidas de uma pessoa sob a ameaça de sanção e para o qual não se tenha oferecido espontaneamente, assim como aquele exigido como medida de coerção, de educação política, de punição por ter ou expressar opiniões políticas ou pontos de vista ideologicamente opostos ao sistema político, social e econômico vigente, como método de mobilização e de utilização da mão de obra para fins de desenvolvimento econômico, como meio para disciplinar a mão de obra, como punição por participação em greves ou como medida de discriminação racial, social, nacional ou religiosa;

b) "jornada exaustiva" – toda jornada de trabalho de natureza física ou mental que, por sua extensão ou intensidade, cause esgotamento das capacidades corpóreas e produtivas da pessoa do trabalhador, ainda que transitória e temporalmente, acarretando, em consequência, riscos a sua segurança e/ou a sua saúde;

c) "condições degradantes de trabalho" – todas as formas de desrespeito à dignidade humana pelo descumprimento aos direitos fundamentais da pessoa do trabalhador, notadamente em matéria de segurança e saúde, e que, em virtude do trabalho, venha a ser tratada pelo empregador, por preposto ou mesmo por terceiros, como coisa e não como pessoa;

• Alínea c retificada no DOU 13.10.2011.

d) "restrição da locomoção do trabalhador" – todo tipo de limitação imposta ao trabalhador a seu direito fundamental de ir e vir ou de dispor de sua força de trabalho, inclusive o de encerrar a prestação do trabalho, em razão de dívida, por meios diretos ou indiretos, por meio de coerção física ou moral, fraude ou outro meio ilícito de submissão;

• Alínea d retificada no DOU 13.10.2011.

e) "cerceamento do uso de qualquer meio de transporte com o objetivo de reter o trabalhador" – toda forma de limitação do uso de transporte, particular ou público, utilizado pelo trabalhador para se locomover do trabalho para outros locais situados fora dos domínios patronais, incluindo sua residência, e vice-versa;

f) "vigilância ostensiva no local de trabalho" – todo tipo ou medida de controle empresarial exercida sobre a pessoa do trabalhador, com o objetivo de retê-lo no local de trabalho;

g) "posse de documentos ou objetos pessoais do trabalhador" – toda forma de apoderamento ilícito de documentos ou objetos pessoais do trabalhador, com o objetivo de retê-lo no local de trabalho;

§ 2º Ao identificar qualquer infração que possa caracterizar uma ou mais das hipóteses previstas nos incisos I a VI do caput, o Auditor Fiscal do Trabalho deverá lavrar os respectivos autos de infração, indicando de forma explícita no corpo de cada auto que aquela infração, vista em conjunto com as demais, caracteriza trabalho realizado em condição análoga à de escravo.

§ 3º O Auditor Fiscal do Trabalho deverá enumerar também, no corpo de cada auto de infração lavrado, a quantidade de Re-

TRABALHO FORÇADO

querimentos do Seguro-Desemprego do Trabalhador Resgatado emitidos.

Art. 4º A constatação administrativa de trabalho em condição análoga à de escravo realizada pelo Auditor Fiscal do Trabalho, bem como os atos administrativos dela decorrentes, independem do reconhecimento no âmbito criminal.

Art. 5º O Auditor Fiscal do Trabalho, ao concluir pela existência de trabalho em condição análoga à de escravo, tomará todas as medidas indicadas nos artigos 13 e 14, da presente Instrução Normativa.

Art. 6º O disposto nesta Instrução Normativa é aplicável aos casos nos quais o Auditor Fiscal do Trabalho identifique tráfico de pessoas para fins de exploração de trabalho em condição análoga à de escravo, uma vez presente qualquer das hipóteses previstas nos incisos I a VI do art. 3º, desta Instrução Normativa.

§ 1º Considera-se tráfico de pessoas para fins de exploração de trabalho em condição análoga à de escravo, conforme definido no Protocolo Adicional à Convenção das Nações Unidas contra o Crime Organizado Transnacional Relativo à Prevenção, Repressão e Punição do Tráfico de Pessoas, em especial Mulheres e Crianças, promulgado por meio do Decreto 5.017, de 12 de março de 2004, "o recrutamento, o transporte, a transferência, o alojamento ou o acolhimento de pessoas, recorrendo à ameaça ou ao uso da força ou a outras formas de coação, ao rapto, à fraude, ao engano, ao abuso de autoridade ou à situação de vulnerabilidade ou à entrega ou aceitação de pagamentos ou benefícios para obter o consentimento de uma pessoa que tenha autoridade sobre outra para fins de exploração que incluirá, no mínimo, a exploração do trabalho ou serviços forçados, escravatura ou práticas similares à escravatura ou a servidão".

§ 2º Os casos de tráfico de trabalhadores estrangeiros em situação migratória irregular para fins de exploração de trabalho em condição análoga à de escravo que venham a ser identificados pelos Auditores Fiscais do Trabalho deverão ser encaminhados para concessão do visto permanente ou permanência no Brasil, de acordo com o que determina a Resolução Normativa 93, de 21 de dezembro de 2010, do Conselho Nacional de Imigração – CNIg, além de todos os demais procedimentos previstos nos artigos 13 e 14, desta Instrução Normativa.

§ 3º O encaminhamento referido na alínea anterior será efetuado mediante ofício da chefia superior, nos termos do art. 18, II, da Portaria 546, de 11 de março de 2010, com a indicação dos trabalhadores estrangeiros irregulares, endereçado ao Ministério da Justiça e devidamente instruído com parecer técnico de um dos seguintes órgãos, de acordo com sua competência:

I – Secretaria Nacional de Justiça do Ministério da Justiça;

II – Núcleos de Enfrentamento ao Tráfico de Pessoas;

III – Postos Avançados de serviços de recepção a brasileiros(as) deportados(as) e não admitidos(as) nos principais pontos de entrada e saída do País;

IV – Secretaria de Direitos Humanos da Presidência da República; e

V – Serviços que prestem atendimento a vítimas de violência e de tráfico de pessoas.

Das ações fiscais para a erradicação do trabalho em condição análoga à de escravo

Art. 7º As ações fiscais para erradicação do trabalho em condição análoga à de escravo serão coordenadas pela Secretaria de Inspeção do Trabalho, que poderá realizá-las diretamente, por intermédio das equipes do grupo especial de fiscalização móvel, ou por intermédio de grupos/equipes de fiscalização organizados no âmbito das Superintendências Regionais do Trabalho e Emprego – SRTE por meio da chefia superior, nos termos do art. 18, II, da Portaria 546, de 11 de março de 2010.

Art. 8º Sempre que a SRTE, por meio da chefia superior, nos termos do art. 18, II, da Portaria 546, de 11 de março de 2010, receber denúncia que relate a existência de trabalhadores reduzidos à condição análoga à de escravo e decidir pela realização de ação fiscal local para a apuração dos fatos, deve-

IN SIT/MTE 91/2011

TRABALHO FORÇADO

rá antes de iniciar a inspeção comunicar à Secretaria de Inspeção do Trabalho.

Art. 9º A Secretaria de Inspeção do Trabalho e as SRTE, por meio da chefia superior, nos termos do art. 18, II, da Portaria 546, de 11 de março de 2010, realizarão diagnósticos das atividades econômicas com incidência de trabalho em condições análogas à de escravo, que servirão de base para a elaboração do planejamento e desenvolvimento das ações fiscais.

Parágrafo único. Serão realizadas anualmente reuniões para análise crítica da execução e monitoramento das ações planejadas durante o ano.

Art. 10. A SRTE, por meio da chefia superior, nos termos do art. 18, II, da Portaria 546, de 11 de março de 2010, deverá buscar a articulação e a integração com os órgãos e/ou entidades que compõem as Comissões Estaduais de Erradicação do Trabalho Escravo – Coetraes, e os Comitês Estaduais de Enfrentamento ao Tráfico de Pessoas, no âmbito de cada estado da federação e o Distrito Federal.

Parágrafo único. A articulação prevista no *caput* do presente artigo visará à elaboração de diagnósticos e à eleição de prioridades que irão compor o planejamento a que se refere o artigo 9º desta instrução e, em particular, à viabilização de outras medidas que estejam fora do âmbito administrativo de responsabilidade do Auditor Fiscal do Trabalho.

Art. 11. A eleição de prioridades que irão compor o planejamento previsto no artigo 9º desta instrução deverá conter a indicação de setores de atividade econômica a serem fiscalizados e a programação dos recursos humanos e materiais necessários à execução das fiscalizações, além da identificação de ações a serem desenvolvidas em conjunto com os parceiros referidos no artigo anterior.

Art. 12. As ações fiscais deverão contar com a participação de representantes da Polícia Federal, ou Polícia Rodoviária Federal, ou Polícia Militar, ou Polícia Civil, ou outra autoridade policial.

§ 1º A chefia superior, nos termos do art. 18, II, da Portaria 546, de 11 de março de 2010, deverá oficiar, visando à participação de membros de um dos órgãos mencionados no *caput*, bem como enviar à Advocacia-Geral da União (AGU), ao Ministério Público Federal (MPF), ao Ministério Público do Trabalho (MPT) e à Defensoria Pública da União (DPU) comunicação prévia sobre a operação, para que essas instituições avaliem a conveniência de integrá-la.

§ 2º Caso o coordenador da operação entenda prescindível o auxílio da força policial poderá ser dispensada a participação das autoridades mencionadas no *caput* deste artigo, desde que haja a anuência da chefia superior.

Art. 13. A constatação de trabalho em condição análoga à de escravo ensejará a adoção dos procedimentos previstos no artigo 2º-C, §§ 1º e 2º, da Lei 7.998, de 11 de janeiro de 1990, devendo o Auditor Fiscal do Trabalho resgatar o trabalhador que estiver submetido a essa condição e emitir o Requerimento do Seguro-Desemprego do Trabalhador Resgatado.

Art. 14. O Auditor Fiscal do Trabalho, ao concluir pela constatação de trabalho em condição análoga à de escravo, determinará que o empregador ou preposto tome as seguintes providências:

I – a imediata paralisação das atividades dos empregados encontrados em condição análoga à de escravo;

II – a regularização dos contratos de trabalho;

III – o pagamento dos créditos trabalhistas por meio dos competentes Termos de Rescisões de Contrato de Trabalho;

IV – o recolhimento do FGTS e da Contribuição Social;

• Inciso IV retificado no *DOU* 13.10.2011.

V – o cumprimento das obrigações acessórias ao contrato de trabalho, bem como tome as providências para o retorno dos trabalhadores aos locais de origem ou para rede hoteleira, abrigo público ou similar, quando for o caso.

IN SIT/MTE 91/2011

Trabalho Forçado

§ 1º Os autos de infração lavrados em decorrência desta ação descreverão minuciosamente os fatos e serão conclusivos a respeito da existência de trabalho em condição análoga à de escravo, de acordo com o previsto nos §§ 2º e 3º, do art. 3º, desta Instrução Normativa.

§ 2º Em caso de não recolhimento do FGTS e Contribuição Social, deverão ser lavradas as competentes Notificações para Recolhimento (NFGC e NRFC).

§ 3º Em caso de descumprimento das determinações contidas nos incisos I, II, III ou V, o Auditor Fiscal do Trabalho relatará o fato imediatamente à Chefia da Fiscalização para que informe a Advocacia-Geral da União (AGU), o Ministério Público do Trabalho (MPT) ou a Defensoria Pública da União (DPU), a fim de que tomem as medidas judiciais cabíveis.

§ 4º Caso seja constatada situação de grave e iminente risco à segurança e/ou à saúde do trabalhador, serão tomadas as medidas previstas em lei.

Art. 15. Pela sua natureza e gravidade, conforme o art. 1º desta Instrução Normativa, nos casos em que for constatado trabalho em condição análoga à de escravo, a lavratura de autos de infração sobrepõe-se a quaisquer critérios de auditoria fiscal utilizados em outras ações.

Art. 16. Os autos de infração e Notificações Fiscais para Recolhimento de FGTS e Contribuição Social decorrentes das ações fiscais em que se constate a existência de trabalho em condição análoga à de escravo serão autuados e identificados por meio de capas diferenciadas e terão prioridade de tramitação.

Art. 17. Caberá ao Auditor Fiscal do Trabalho, devidamente credenciado junto à Secretaria de Políticas Públicas e Emprego, o preenchimento da Comunicação de Dispensa do Trabalhador Resgatado – CDTR, entregando a via própria ao interessado e outra à chefia imediata a ser encaminhada à Secretaria de Inspeção do Trabalho.

§ 1º Cópia do Requerimento do Seguro-Desemprego do Trabalhador Resgatado deve ser mantida anexa ao relatório encaminhado à Secretaria de Inspeção do Trabalho.

Art. 18. No prazo de 5 (cinco) dias úteis após o encerramento da ação fiscal, o coordenador de grupo e/ou equipe deverá elaborar o competente relatório de fiscalização e entregá-lo à Chefia da Fiscalização imediata, que deverá verificar a adequação de todos os dados e informações nele inseridos, para posterior encaminhamento à SIT, no prazo máximo de 5 (cinco) dias úteis a contar da data de seu recebimento.

Dos critérios técnicos para a inclusão do infrator no cadastro de empregadores que tenham mantido trabalhadores em condições análogas à de escravo

Art. 19. Os critérios para a inclusão de infrator no Cadastro de Empregadores que tenham Mantido Trabalhadores em Condições Análogas à de Escravo são de natureza técnico-administrativa e vinculados ao cumprimento dos requisitos contidos na Portaria Interministerial 2, de 12 de maio de 2011.

Art. 20. A inclusão do nome do infrator no Cadastro ocorrerá após decisão administrativa final relativa ao auto de infração lavrado em decorrência de ação fiscal em que tenha havido a identificação de trabalhadores submetidos à condição análoga à de escravo.

Art. 21. A Fiscalização do Trabalho monitorará pelo período de 2 (dois) anos após a inclusão do nome do infrator no Cadastro para verificação da regularidade das condições de trabalho, devendo, após esse período, caso não haja reincidência, proceder sua exclusão do Cadastro.

§ 1º A exclusão do nome do infrator do Cadastro ficará condicionada ao pagamento das multas resultantes da ação fiscal, bem como, da comprovação da quitação de eventuais débitos trabalhistas e previdenciários, sem prejuízo do decurso de prazo a que se refere o *caput* do presente artigo.

Art. 22. A presente Instrução Normativa entra em vigor na data de sua publicação.

Vera Lucia Ribeiro de Albuquerque

(DOU 06.10.2011; ret. 13.10.2011)

TRABALHO NA INDÚSTRIA PETROQUÍMICA

LEI 5.811, DE 11 DE OUTUBRO DE 1972

Dispõe sobre o regime de trabalho dos empregados nas atividades de exploração, perfuração, produção e refinação de petróleo, industrialização do xisto, indústria petroquímica e transporte de petróleo e seus derivados por meio de dutos.

• V. Súmula 391, TST.

O Presidente da República:
Faço saber que o Congresso Nacional decreta e eu sanciono a seguinte Lei:

Art. 1º O regime de trabalho regulado nesta Lei é aplicável aos empregados que prestam serviços em atividades de exploração, perfuração, produção e refinação de petróleo, bem como na industrialização do xisto, na indústria petroquímica e no transporte de petróleo e seus derivados por meio de dutos.

Art. 2º Sempre que for imprescindível a continuidade operacional, o empregado será mantido em seu posto de trabalho em regime de revezamento.

§ 1º O regime de revezamento em turno de 8 (oito) horas será adotado nas atividades previstas no art. 1º, ficando a utilização do turno de 12 (doze) horas restrita às seguintes situações especiais:
a) atividades de exploração, perfuração, produção e transferência de petróleo no mar;
b) atividades de exploração, perfuração e produção de petróleo em áreas terrestres distantes ou de difícil acesso.

§ 2º Para garantir a normalidade das operações ou para atender a imperativos de segurança industrial, poderá ser exigida, mediante o pagamento previsto no item II do art. 3º, a disponibilidade do empregado no local de trabalho ou nas suas proximidades, durante o intervalo destinado a repouso e alimentação.

Art. 3º Durante o período em que o empregado permanecer no regime de revezamento em turno de 8 (oito) horas, ser-lhe-ão assegurados os seguintes direitos:
I – pagamento do adicional de trabalho noturno na forma do art. 73 da Consolidação das Leis do Trabalho;
II – pagamento em dobro da hora de repouso e alimentação suprimida nos termos do § 2º do art. 2º;
III – alimentação gratuita, no posto de trabalho, durante o turno em que estiver em serviço;
IV – transporte gratuito para o local de trabalho;
V – direito a um repouso de 24 (vinte e quatro) horas consecutivas para cada 3 (três) turnos trabalhados.

Parágrafo único. Para os empregados que já venham percebendo habitualmente da empresa pagamento à conta de horas de repouso e alimentação ou de trabalho noturno, os respectivos valores serão compensados nos direitos a que se referem os itens I e II deste artigo.

Art. 4º Ao empregado que trabalhe no regime de revezamento em turno de 12 (doze) horas, ficam assegurados, além dos já previstos nos itens I, II, III e IV do art. 3º, os seguintes direitos:
I – alojamento coletivo gratuito e adequado ao seu descanso e higiene;
II – repouso de 24 (vinte e quatro) horas consecutivas para cada turno trabalhado.

Art. 5º Sempre que for imprescindível à continuidade operacional durante as 24 (vinte e quatro) horas do dia, o empregado com responsabilidade de supervisão das operações previstas no art. 1º, ou engajado em trabalhos de geologia de poço, ou, ainda, em trabalhos de apoio operacional às

Lei 5.811/1972

TRABALHO NA INDÚSTRIA

atividades enumeradas nas alíneas *a* e *b* do § 1º do art. 2º, poderá ser mantido no regime de sobreaviso.

§ 1º Entende-se por regime de sobreaviso aquele em que o empregado permanece à disposição do empregador por um período de 24 (vinte e quatro) horas para prestar assistência aos trabalhos normais ou atender a necessidades ocasionais de operação.

§ 2º Em cada jornada de sobreaviso, o trabalho efetivo não excederá de 12 (doze) horas.

Art. 6º Durante o período em que permanecer no regime de sobreaviso, serão assegurados ao empregado, além dos já previstos nos itens III e IV do art. 3º e I do art. 4º, os seguintes direitos:

I – repouso de 24 (vinte e quatro) horas consecutivas para cada período de 24 (vinte e quatro) horas em que permanecer de sobreaviso;

II – remuneração adicional correspondente a, no mínimo 20% (vinte por cento) do respectivo salário básico, para compensar a eventualidade de trabalho noturno ou a variação de horário para repouso e alimentação.

Parágrafo único. Considera-se salário básico a importância fixa mensal correspondente à retribuição do trabalho prestado pelo empregado na jornada normal de trabalho, antes do acréscimo de vantagens, incentivos ou benefícios, a qualquer título.

Art. 7º A concessão de repouso na forma dos itens V do art. 3º, II do art. 4º e I do art. 6º quita a obrigação patronal relativa ao repouso semanal remunerado de que trata a Lei 605, de 5 de janeiro de 1949.

Art. 8º O empregado não poderá permanecer em serviço, no regime de revezamento previsto para as situações especiais de que tratam as alíneas *a* e *b* do § 1º do art. 2º, nem no regime estabelecido no art. 5º, por período superior a 15 (quinze) dias consecutivos.

Art. 9º Sempre que, por iniciativa do empregador, for alterado o regime de trabalho do empregado, com a redução ou supressão das vantagens inerentes aos regimes instituídos nesta Lei, ser-lhe-á assegurado o direito à percepção de uma indenização.

Parágrafo único. A indenização de que trata o presente artigo corresponderá a um só pagamento, igual à média das vantagens previstas nesta Lei, percebidas nos últimos doze meses anteriores à mudança, para cada ano ou fração igual ou superior a 6 (seis) meses de permanência no regime de revezamento ou de sobreaviso.

Art. 10. A variação de horário, em escalas de revezamento diurno, noturno ou misto, será estabelecida pelo empregador com obediência aos preceitos desta Lei.

• V. Súmula 391, TST.

Parágrafo único. Não constituirá alteração ilícita a exclusão do empregado do regime de revezamento, cabendo-lhe exclusivamente, nesta hipótese, o pagamento previsto no art. 9º.

Art. 11. Os atuais regimes de trabalho, nas atividades previstas no art. 1º, bem como as vantagens a eles inerentes, serão ajustados às condições estabelecidas nesta Lei, de forma que não ocorra redução de remuneração.

Parágrafo único. A aplicação do disposto neste artigo ao empregado que cumpra jornada inferior a 8 (oito) horas dependerá de acordo individual ou coletivo, assegurados, em tal caso, exclusivamente, os direitos constantes desta Lei.

Art. 12. As disposições desta Lei se aplicam a situações análogas, definidas em regulamento.

Art. 13. Esta Lei entrará em vigor na data de sua publicação, revogadas as disposições em contrário.

Brasília, 11 de outubro de 1972; 151º da Independência e 84º da República.
Emílio G. Médici

(*DOU* 16.10.1972)

TRABALHO RURAL

LEI 5.889, DE 8 DE JUNHO DE 1973

Estatui normas reguladoras do trabalho rural e dá outras providências.

• Lei regulamentada pelo Dec. 73.626/1974.

O Presidente da República:
Faço saber que o Congresso Nacional decreta e eu sanciono a seguinte Lei:

Art. 1º As relações de trabalho rural serão reguladas por esta Lei e, no que com ela não colidirem, pelas normas da Consolidação das Leis do Trabalho, aprovada pelo Decreto-lei 5.452, de 1º de maio de 1943.

Parágrafo único. Observadas as peculiaridades do trabalho rural, a ele também se aplicam as Leis 605, de 5 de janeiro de 1949; 4.090, de 13 de julho de 1962; 4.725, de 13 de julho de 1965, com as alterações da Lei 4.903, de 16 de dezembro de 1965; e os Decretos-leis 15, de 29 de julho de 1966; 17, de 22 de agosto de 1966, e 368, de 19 de dezembro de 1968.

• V. art. 7º, XXIX, CF.

Art. 2º Empregado rural é toda pessoa física que, em propriedade rural ou prédio rústico, presta serviços de natureza não eventual a empregador rural, sob a dependência deste e mediante salário.

Art. 3º Considera-se empregador rural, para os efeitos desta Lei, a pessoa física ou jurídica, proprietário ou não, que explore atividade agroeconômica, em caráter permanente ou temporário, diretamente ou através de prepostos e com auxílio de empregados.

§ 1º Inclui-se na atividade econômica referida no *caput* deste artigo a exploração industrial em estabelecimento agrário não compreendido na Consolidação das Leis do Trabalho.

§ 2º Sempre que uma ou mais empresas, embora tendo cada uma delas personalidade jurídica própria, estiverem sob direção, controle ou administração de outra, ou ainda quando, mesmo guardando cada uma sua autonomia, integrem grupo econômico ou financeiro rural, serão responsáveis solidariamente nas obrigações decorrentes da relação de emprego.

Art. 4º Equipara-se ao empregador rural, a pessoa física ou jurídica que, habitualmente, em caráter profissional e por conta de terceiros, execute serviços de natureza agrária, mediante utilização do trabalho de outrem.

Art. 5º Em qualquer trabalho contínuo, de duração superior a 6 (seis) horas, será obrigatória a concessão de um intervalo para repouso ou alimentação, observados os usos e costumes da região, não se computando este intervalo na duração do trabalho. Entre duas jornadas de trabalho haverá um período mínimo de 11 (onze) horas consecutivas para descanso.

Art. 6º Nos serviços, caracteristicamente intermitentes, não serão computados, como de efetivo exercício, os intervalos entre uma e outra parte da execução da tarefa diária, desde que tal hipótese seja expressamente ressalvada na Carteira de Trabalho e Previdência Social.

Art. 7º Para os efeitos desta Lei, considera-se trabalho noturno o executado entre as 21 (vinte e uma) horas de um dia e as 5 (cinco) horas do dia seguinte, na lavoura, e entre as 20 (vinte) horas de um dia e as 4 (quatro) horas do dia seguinte, na atividade pecuária.

Parágrafo único. Todo trabalho noturno será acrescido de 25% (vinte e cinco por cento) sobre a remuneração normal.

Art. 8º Ao menor de 18 (dezoito) anos é vedado o trabalho noturno.

Art. 9º Salvo as hipóteses de autorização legal ou decisão judiciária, só poderão ser descontadas do empregado rural as seguintes parcelas, calculadas sobre o salário mínimo:

Lei 5.889/1973

TRABALHO RURAL

a) até o limite de 20% (vinte por cento) pela ocupação da morada;
b) até 25% (vinte e cinco por cento) pelo fornecimento de alimentação sadia e farta, atendidos os preços vigentes na região;
c) adiantamentos em dinheiro.

§ 1º As deduções acima especificadas deverão ser previamente autorizadas, sem o que serão nulas de pleno direito.

§ 2º Sempre que mais de um empregado residir na mesma morada, o desconto, previsto na letra a deste artigo, será dividido proporcionalmente ao número de empregados, vedada, em qualquer hipótese, a moradia coletiva de famílias.

§ 3º Rescindido ou findo o contrato de trabalho, o empregado será obrigado a desocupar a casa dentro de 30 (trinta) dias.

§ 4º O Regulamento desta Lei especificará os tipos de morada para fins de dedução.

§ 5º A cessão pelo empregador, de moradia e de sua infraestrutura básica, assim como, bens destinados à produção para sua subsistência e de sua família, não integram o salário do trabalhador rural, desde que caracterizados como tais, em contrato escrito celebrado entre as partes, com testemunhas e notificação obrigatória ao respectivo sindicato de trabalhadores rurais.

• § 5º acrescentado pela Lei 9.300/1996.

Art. 10. A prescrição dos direitos assegurados por esta lei aos trabalhadores rurais só ocorrerá após 2 (dois) anos de cessação do contrato de trabalho.

• V. art. 7º, XXIX, CF, que determinou que o direito de ação para os trabalhadores urbanos e *rurais*, no que se refere aos créditos resultantes das relações de trabalho, terá prazo prescricional de 5 (cinco) anos, até o limite de 2 (dois) anos, após a extinção do contrato de trabalho.

Parágrafo único. Contra o menor de 18 (dezoito) anos não corre qualquer prescrição.

• V. art. 7º, XXIX, CF.
• V. Súmula 294, TST.

Art. 11. Ao empregado rural maior de 16 (dezesseis) anos é assegurado salário mínimo igual ao do empregado adulto.

Parágrafo único. Ao empregado menor de 16 (dezesseis) anos é assegurado salário mínimo fixado em valor correspondente à metade do salário mínimo estabelecido para o adulto.

• V. art. 7º, XXXIII, CF.

Art. 12. Nas regiões em que se adota a plantação subsidiária ou intercalar (cultura secundária), a cargo do empregado rural, quando autorizada ou permitida, será objeto de contrato em separado.

Parágrafo único. Embora devendo integrar o resultado anual a que tiver direito o empregado rural, a plantação subsidiária ou intercalar não poderá compor a parte correspondente ao salário mínimo na remuneração geral do empregado, durante o ano agrícola.

Art. 13. Nos locais de trabalho rural serão observadas as normas de segurança e higiene estabelecidas em portaria do Ministro do Trabalho e Previdência Social.

Art. 14. Expirado normalmente o contrato, a empresa pagará ao safrista, a título de indenização do tempo de serviço, importância correspondente a 1/12 (um doze avos) do salário mensal, por mês de serviço ou fração superior a 14 (quatorze) dias.

Parágrafo único. Considera-se contrato de safra o que tenha sua duração dependente de variações estacionais da atividade agrária.

Art. 14-A. O produtor rural pessoa física poderá realizar contratação de trabalhador rural por pequeno prazo para o exercício de atividades de natureza temporária.

• Artigo acrescentado pela Lei 11.718/2008.
• V. arts. 2º e 3º, Lei 11.718/2008, que dispõem sobre a previdência do trabalhador rural.

§ 1º A contratação de trabalhador rural por pequeno prazo que, dentro do período de 1 (um) ano, superar 2 (dois) meses fica convertida em contrato de trabalho por prazo indeterminado, observando-se os termos da legislação aplicável.

§ 2º A filiação e a inscrição do trabalhador de que trata este artigo na Previdência Social decorrem, automaticamente, da sua inclusão pelo empregador na Guia de Recolhimento do Fundo de Garantia do Tempo de Serviço e Informações à Previdência Social –

Lei 5.889/1973

TRABALHO RURAL

GFIP, cabendo à Previdência Social instituir mecanismo que permita a sua identificação.

§ 3º O contrato de trabalho por pequeno prazo deverá ser formalizado mediante a inclusão do trabalhador na GFIP, na forma do disposto no § 2º deste artigo, e:

I – mediante a anotação na Carteira de Trabalho e Previdência Social e em Livro ou Ficha de Registro de Empregados; ou

II – mediante contrato escrito, em duas vias, uma para cada parte, onde conste, no mínimo:

a) expressa autorização em acordo coletivo ou convenção coletiva;

b) identificação do produtor rural e do imóvel rural onde o trabalho será realizado e indicação da respectiva matrícula;

c) identificação do trabalhador, com indicação do respectivo Número de Inscrição do Trabalhador – NIT.

§ 4º A contratação de trabalhador rural por pequeno prazo só poderá ser realizada por produtor rural pessoa física, proprietário ou não, que explore diretamente atividade agroeconômica.

§ 5º A contribuição do segurado trabalhador rural contratado para prestar serviço na forma deste artigo é de 8% (oito por cento) sobre o respectivo salário de contribuição definido no inciso I do *caput* do art. 28 da Lei 8.212, de 24 de julho de 1991.

§ 6º A não inclusão do trabalhador na GFIP pressupõe a inexistência de contratação na forma deste artigo, sem prejuízo de comprovação, por qualquer meio admitido em direito, da existência de relação jurídica diversa.

§ 7º Compete ao empregador fazer o recolhimento das contribuições previdenciárias nos termos da legislação vigente, cabendo à Previdência Social e à Receita Federal do Brasil instituir mecanismos que facilitem o acesso do trabalhador e da entidade sindical que o representa às informações sobre as contribuições recolhidas.

§ 8º São assegurados ao trabalhador rural contratado por pequeno prazo, além de remuneração equivalente à do trabalhador rural permanente, os demais direitos de natureza trabalhista.

§ 9º Todas as parcelas devidas ao trabalhador de que trata este artigo serão calculadas dia a dia e pagas diretamente a ele mediante recibo.

§ 10. O Fundo de Garantia do Tempo de Serviço – FGTS deverá ser recolhido e poderá ser levantado nos termos da Lei 8.036, de 11 de maio de 1990.

Art. 15. Durante o prazo do aviso-prévio, se a rescisão tiver sido promovida pelo empregador, o empregado rural terá direito a um dia por semana, sem prejuízo do salário integral, para procurar outro trabalho.

• V. art. 7º, XXI, CF.

Art. 16. Toda propriedade rural, que mantenha a seu serviço ou trabalhando em seus limites mais de 50 (cinquenta) famílias de trabalhadores de qualquer natureza, é obrigada a possuir e conservar em funcionamento escola primária, inteiramente gratuita, para os filhos destes, com tantas classes quantos sejam os grupos de 40 (quarenta) crianças em idade escolar.

Parágrafo único. A matrícula da população em idade escolar será obrigatória, sem qualquer outra exigência, além da certidão de nascimento, para cuja obtenção o empregador proporcionará todas as facilidades aos responsáveis pelas crianças.

Art. 17. As normas da presente Lei são aplicáveis, no que couber, aos trabalhadores rurais não compreendidos na definição do art. 2º, que prestem serviços a empregador rural.

Art. 18. As infrações aos dispositivos desta Lei serão punidas com multa de R$ 380,00 (trezentos e oitenta reais) por empregado em situação irregular.

• Artigo com redação determinada pela MP 2.164-41/2001.

§ 1º As infrações aos dispositivos da Consolidação das Leis do Trabalho – CLT e legislação esparsa, cometidas contra o trabalhador rural, serão punidas com as multas nelas previstas.

§ 2º As penalidades serão aplicadas pela autoridade competente do Ministério do Trabalho e Emprego, de acordo com o disposto no Título VII da CLT.

Dec. 73.626/1974

TRABALHO RURAL

§ 3º A fiscalização do Ministério do Trabalho e Emprego exigirá dos empregadores rurais ou produtores equiparados a comprovação do recolhimento da Contribuição Sindical Rural das categorias econômica e profissional.

Art. 19. O enquadramento e a contribuição sindical rurais continuam regidos pela legislação ora em vigor; o seguro social e o seguro contra acidente do trabalho rurais serão regulados por lei especial.

Art. 20. Lei especial disporá sobre a aplicação ao trabalhador rural, no que couber, do regime do Fundo de Garantia do Tempo de Serviço.

Art. 21. Esta Lei entra em vigor na data de sua publicação, revogadas as disposições em contrário, em especial a Lei 4.214, de 2 de março de 1963, e o Dec.-lei 761, de 14 de agosto de 1969.

Brasília, 8 de junho de 1973; 152º da Independência e 85º da República.

Emílio G. Médici

(*DOU* 11.06.1973)

DECRETO 73.626, DE 12 DE FEVEREIRO DE 1974

Aprova o Regulamento da Lei 5.889, de 8 de junho de 1973.

O Presidente da República, no uso da atribuição que lhe confere o art. 81, item III, da Constituição, e tendo em vista a Lei 5.889, de 8 de junho de 1973, decreta:

Art. 1º É aprovado o anexo Regulamento, assinado pelo Ministro do Trabalho e Previdência Social, disciplinando a aplicação de normas concernentes às relações individuais e coletivas de trabalho rural, estatuídas pela Lei 5.889, de 8 de junho de 1973.

Art. 2º O presente Decreto entrará em vigor na data de sua publicação, revogadas as disposições em contrário.

Brasília, 12 de fevereiro de 1974; 153º da Independência e 86º da República.

Emílio G. Médici

(*DOU* 13.02.1974)

REGULAMENTO DAS RELAÇÕES INDIVIDUAIS E COLETIVAS DE TRABALHO RURAL

Art. 1º Este Regulamento disciplina a aplicação das normas concernentes às relações individuais e coletivas de trabalho rural estatuídas pela Lei 5.889, de 8 de junho de 1973.

Art. 2º Considera-se empregador rural, para os efeitos deste Regulamento, a pessoa física ou jurídica, proprietária ou não, que explore atividade agroeconômica, em caráter permanente ou temporário, diretamente ou através de prepostos e com auxílio de empregados.

§ 1º Equipara-se ao empregador rural a pessoa física ou jurídica que, habitualmente, em caráter profissional, e por conta de terceiros, execute serviços de natureza agrária, mediante utilização do trabalho de outrem.

§ 2º Sempre que uma ou mais empresas, embora tendo cada uma delas personalidade jurídica própria, estiverem sob direção, controle ou administração de outra, ou ainda quando, mesmo guardando cada uma sua autonomia, integrem grupo econômico ou financeiro rural, serão responsáveis solidariamente nas obrigações decorrentes da relação de emprego.

§ 3º Inclui-se na atividade econômica referida no *caput* deste artigo a exploração industrial em estabelecimento agrário.

§ 4º Consideram-se como exploração industrial em estabelecimento agrário, para os fins do parágrafo anterior, as atividades que compreendem o primeiro tratamento dos produtos agrários *in natura* sem transformá-los em sua natureza, tais como:

I – o beneficiamento, a primeira modificação e o preparo dos produtos agropecuários e hortigranjeiros e das matérias-primas de origem animal ou vegetal para posterior venda ou industrialização;

II – o aproveitamento dos subprodutos oriundos das operações de preparo e modificação dos produtos *in natura*, referidos no item anterior.

Dec. 73.626/1974

Trabalho Rural

§ 5º Para os fins previstos no § 3º, não será considerada indústria rural aquela que, operando a primeira transformação do produto agrário, altere a sua natureza, retirando-lhe a condição de matéria-prima.

Art. 3º Empregado rural é toda pessoa física que, em propriedade rural ou prédio rústico, presta serviços de natureza não eventual a empregador rural, sob a dependência deste e mediante salário.

Art. 4º Nas relações de trabalho rural aplicam-se os arts. 4º a 6º; 8º a 10; 13 a 19; 21; 25 a 29; 31 a 34; 36 a 44; 48 a 50; 62, *b*; 67 a 70; 74; 76; 78 e 79; 83; 84; 86; 116 a 118; 124; 126; 129 a 133; 134, *a, c, d, e e f*; 135 a 142; parágrafo único do art.143; 144; 147; 359; 366; 372; 377; 379; 387 a 396; 399; 402; 403; 405, *caput* e § 5º; 407 a 410; 414 a 427; 437; 439; 441 a 457; 458, *caput* e § 2º; 459 a 479; 480, *caput* e § 1º; 481 a 487; 489 a 504; 511 a 535; 537 a 552; 553, *caput, b, c, d* e e, e parágrafos 1º e 2º; 554 a 562; 564 a 566; 570, *caput*; 601 a 603; 605 a 629; 630, *caput*, e parágrafos 1º, 2º, 3º, 4º, 5º, 7º e 8º; 631 a 685; 687 a 690; 693; 694; 696; 697; 699 a 702; 707 a 721; 722, *caput, b* e c e parágrafos 1º, 2º e 3º; 723 a 725; 727 a 733; 735 a 754; 763 a 914, da Consolidação das Leis do Trabalho, aprovada pelo Decreto-lei 5.452, de 1º de maio de 1943, com suas alterações.

Parágrafo único. Aplicam-se, igualmente, nas relações de trabalho rural:

I – os arts. 1º; 2º, *caput, a*; 4º; 5º (este com as limitações do Decreto-lei 86, de 27 de dezembro de 1966); 6º; 7º; 8º; 9º; 10; 11; 12; 13; 14; 15; 16 do Regulamento da Lei 605, de 5 de janeiro de 1949, aprovado pelo Decreto 27.048, de 12 de agosto de 1949;

II – os arts. 1º; 2º; 3º; 4º; 5º; 6º; 7º, do Regulamento da Lei 4.090, de 13 de junho de 1962, com as alterações da Lei 4.749, de 12 de agosto de 1965, aprovado pelo Decreto 57.155, de 3 de novembro de 1965;

III – os arts. 1º; 2º; 3º; 6º; 11; 12, da Lei 4.725, de 13 de julho de 1965, com as alterações da Lei 4.903, de 16 de dezembro de 1965;

IV – os arts. 1º; 2º; 3º; 5º; 7º; 8º; 9º; 10, do Decreto-lei 15, de 29 de julho de 1966, com a redação do Decreto-lei 17, de 22 de agosto de 1966.

Art. 5º Os contratos de trabalho, individuais ou coletivos, estipularão, conforme os usos, praxes e costumes de cada região, o início e o término normal da jornada de trabalho, que não poderá exceder de 8 (oito) horas por dia.

§ 1º Será obrigatória, em qualquer trabalho contínuo de duração superior a 6 (seis) horas, a concessão de um intervalo mínimo de 1 (uma) hora para repouso ou alimentação, observados os usos e costumes da região.

§ 2º Os intervalos para repouso ou alimentação não serão computados na duração do trabalho.

Art. 6º Entre duas jornadas de trabalho haverá um período mínimo de 11 (onze) horas consecutivas para descanso.

Art. 7º A duração normal do trabalho poderá ser acrescida de horas suplementares, em número não excedente de 2 (duas), mediante acordo escrito entre o empregador e o empregado ou mediante contrato coletivo de trabalho, observado o disposto no artigo anterior.

§ 1º Do acordo ou do contrato coletivo de trabalho deverá constar, obrigatoriamente, a importância da remuneração da hora suplementar que será, pelo menos, 20% (vinte por cento) superior à da hora normal.

§ 2º Poderá ser dispensado o acréscimo de salário se, por força de acordo ou contrato coletivo, o excesso de horas em um dia for compensado pela correspondente redução em outro dia, de maneira que não exceda o horário normal da semana.

Art. 8º A duração da jornada de trabalho poderá exceder do limite legal ou convencionado para terminar serviços que, pela sua natureza, não possam ser adiados, ou para fazer face a motivo de força maior.

§ 1º O excesso, nos casos deste artigo, poderá ser exigido independentemente de acordo ou contrato coletivo e deverá ser comunicado, dentro de 10 (dez) dias, à Delegacia Regional do Trabalho, ou, antes desse prazo, justificado aos agentes fiscais, sem prejuízo daquela comunicação.

§ 2º Nos casos de excesso de horário por motivo de força maior, a remuneração da

Dec. 73.626/1974

TRABALHO RURAL

hora excedente não será inferior à da hora normal. Nos demais casos de excesso previsto neste artigo, a remuneração será, pelo menos, 25% (vinte e cinco por cento) superior à da hora normal, e o trabalho não poderá exceder de 12 (doze) horas.

Art. 9º A duração da jornada de trabalho poderá igualmente exceder do limite legal ou convencionado, até o máximo de 2 (duas) horas, durante o número de dias necessários, para compensar interrupções do trabalho decorrentes de causas acidentais ou de força maior, desde que a jornada diária não exceda de 10 (dez) horas.

Parágrafo único. A prorrogação a que se refere este artigo não poderá exceder de 45 (quarenta e cinco) dias por ano, condicionada à prévia autorização da autoridade competente.

Art. 10. Nos serviços intermitentes não serão computados, como de efetivo exercício, os intervalos entre uma e outra parte da execução da tarefa diária, devendo essa característica ser expressamente ressalvada na Carteira de Trabalho e Previdência Social.

Parágrafo único. Considera-se serviço intermitente aquele que, por sua natureza, seja normalmente executado em duas ou mais etapas diárias distintas, desde que haja interrupção do trabalho de, no mínimo, 5 (cinco) horas, entre uma e outra parte da execução da tarefa.

Art. 11. Todo trabalho noturno acarretará acréscimo de 25% (vinte e cinco por cento) sobre a remuneração normal da hora diurna.

Parágrafo único. Considera-se trabalho noturno, para os efeitos deste artigo, o executado entre as 21 (vinte e uma) horas de um dia e as 5 (cinco) horas do dia seguinte, na lavoura, e entre as 20 (vinte) horas de um dia e as 4 (quatro) horas do dia seguinte, na atividade pecuária.

Art. 12. Ao menor de 18 (dezoito) anos é vedado o trabalho noturno.

Art. 13. Ao menor de 12 (doze) anos é proibido qualquer trabalho.

Art. 14. As normas referentes à jornada de trabalho, trabalho noturno, trabalho do menor e outras compatíveis com a modalidade das respectivas atividades aplicam-se aos avulsos e outros trabalhadores rurais que, sem vínculo de emprego, prestam serviços a empregadores rurais.

Art. 15. Ao empregado maior de 16 (dezesseis) anos é assegurado o salário mínimo regional de adulto.

Parágrafo único. Ao empregado menor de 16 (dezesseis) anos é assegurado salário mínimo igual à metade do salário mínimo regional de adulto.

Art. 16. Além das hipóteses de determinação legal ou decisão judicial, somente poderão ser efetuados no salário do empregado os seguintes descontos:

I – até o limite de 20% (vinte por cento) do salário mínimo regional, pela ocupação da morada;

II – até o limite de 25% (vinte e cinco por cento) do salário mínimo regional, pelo fornecimento de alimentação;

III – valor de adiantamentos em dinheiro.

§ 1º As deduções especificadas nos itens I, II e III deverão ser previamente autorizadas pelo empregado, sem o que serão nulas de pleno direito.

§ 2º Para os fins a que se refere o item I deste artigo, considera-se morada a habitação fornecida pelo empregador, a qual, atendendo às condições peculiares de cada região, satisfaça os requisitos de salubridade e higiene estabelecidos em normas expedidas pelas Delegacias Regionais do Trabalho.

Art. 17. Sempre que mais de um empregado residir na mesma morada, o valor correspondente ao percentual do desconto previsto no item I, do art.15, será dividido igualmente pelo número total de ocupantes.

Parágrafo único. É vedada, em qualquer hipótese, a moradia coletiva de famílias.

Art. 18. Rescindido ou findo o contrato de trabalho, o empregado será obrigado a desocupar a morada fornecida pelo empregador dentro de 30 (trinta) dias.

Art. 19. Considera-se safreiro ou safrista o trabalhador que se obriga à prestação de serviços mediante contrato de safra.

Dec. 73.626/1974

TRABALHO RURAL

Parágrafo único. Contrato de safra é aquele que tenha sua duração dependente de variações estacionais das atividades agrárias, assim entendidas as tarefas normalmente executadas no período compreendido entre o preparo do solo para o cultivo e a colheita.

Art. 20. Expirado normalmente o contrato de safra, o empregador pagará ao safreiro, a título de indenização do tempo de serviço, a importância correspondente a 1/12 (um doze avos) do salário mensal, por mês de serviço ou fração superior a 14 (quatorze) dias.

Art. 21. Não havendo prazo estipulado, a parte que, sem justo motivo, quiser rescindir o contrato de trabalho, deverá avisar à outra da sua resolução com a antecedência mínima de:

I – 8 (oito) dias, se o pagamento for efetuado por semana ou tempo inferior;

• V. art. 7º, XXI, CF.

II – 30 (trinta) dias, se o pagamento for efetuado por quinzena ou mês, ou se o empregado contar mais de 12 (doze) meses de serviço na empresa.

Art. 22. Durante o prazo do aviso-prévio, se a rescisão tiver sido promovida pelo empregador, o empregado rural terá direito a 1 (um) dia por semana, sem prejuízo do salário integral, para procurar outro emprego.

Art. 23. A aposentadoria por idade concedida ao empregado rural, na forma da Lei Complementar 11, de 25 de maio de 1971, e sua regulamentação, não acarretará rescisão do respectivo contrato de trabalho, nem constituirá justa causa para a dispensa.

Parágrafo único. Constitui justa causa, para rescisão do contrato de trabalho, além das apuradas em inquérito administrativo processado pelo Ministério do Trabalho, a incapacidade total e permanente, resultante de idade avançada, enfermidade ou lesão orgânica, comprovada mediante perícia médica a cargo da Delegacia Regional do Trabalho.

Art. 24. Aplicam-se ao empregado e empregador rural as normas referentes ao enquadramento e contribuição sindical constantes do Decreto-lei 1.166, de 15 de abril de 1971.

Art. 25. A plantação subsidiária ou intercalar (cultura secundária), a cargo do empregado, quando de interesse também do empregador, será objeto de contrato em separado.

§ 1º Se houver necessidade de utilização de safreiros nos casos previstos neste artigo, os encargos decorrentes serão sempre de responsabilidade do empregador.

§ 2º O resultado anual a que tiver direito o empregado rural, quer em dinheiro, quer em produto *in natura*, não poderá ser computado como parte correspondente ao salário mínimo na remuneração geral do empregado durante o ano agrícola.

Art. 26. O empregador rural que tiver a seu serviço, nos limites de sua propriedade, mais de cinquenta trabalhadores de qualquer natureza, com família, é obrigado a possuir e conservar em funcionamento escola primária, inteiramente gratuita, para os menores dependentes, com tantas classes quantos sejam os grupos de quarenta crianças em idade escolar.

Art. 27. A prescrição dos direitos assegurados aos trabalhadores rurais só ocorrerá após 2 (dois) anos da rescisão ou término do contrato de trabalho.

Parágrafo único. Contra o menor de 18 (dezoito) anos não corre qualquer prescrição.

Art. 28. O Ministro do Trabalho estabelecerá, através de Portaria, as normas de segurança e higiene do trabalho a serem observadas nos locais de trabalho rural.

Art. 29. As infrações aos dispositivos deste Regulamento e aos da Consolidação das Leis do Trabalho, salvo as do Título IV, Capítulos I, III, IV, VIII e IX, serão punidas com multa de 1/10 (um décimo) do salário mínimo regional a dez salários mínimos regionais, segundo a natureza da infração e sua gravidade, aplicada em dobro nos casos de reincidência, oposição à fiscalização ou desacato à autoridade, sem prejuízo de outras sanções cabíveis.

§ 1º A falta de registro de empregados ou o seu registro em livros ou fichas não rubricadas e legalizadas, na forma do art. 42, da

Lei 11.718/2008

TRABALHO RURAL

Consolidação das Leis do Trabalho, sujeitará a empresa infratora à multa de um salário mínimo regional por empregado em situação irregular.

§ 2º Tratando-se de infrator primário, a penalidade, prevista neste artigo, não excederá de quatro salários mínimos regionais.

§ 3º As penalidades serão aplicadas pela autoridade competente do Ministério do Trabalho, de acordo com o disposto no Título VII, da Consolidação das Leis do Trabalho.

Art. 30. Aquele que recusar o exercício da função de vogal de Junta de Conciliação e Julgamento ou de juiz representante classista de Tribunal Regional, sem motivo justificado, incorrerá nas penas de multa previstas no artigo anterior, além da suspensão do direito de representação profissional por 2 (dois) a 5 (cinco) anos.

- A EC n. 24/1999 substituiu as Juntas de Conciliação e Julgamento por Varas do Trabalho (juiz singular) e extinguiu a representação classista na Justiça do Trabalho.

LEI 11.718, DE 20 DE JUNHO DE 2008

Acrescenta artigo à Lei 5.889, de 8 de junho de 1973, criando o contrato de trabalhador rural por pequeno prazo; estabelece normas transitórias sobre a aposentadoria do trabalhador rural; prorroga o prazo de contratação de financiamentos rurais de que trata o § 6º do art. 1º da Lei 11.524, de 24 de setembro de 2007; e altera as Leis 8.171, de 17 de janeiro de 1991, 7.102, de 20 de junho de 1993, 9.017, de 30 de março de 1995, e 8.212 e 8.213, ambas de 24 de julho de 1991.

O Presidente da República:

Faço saber que o Congresso Nacional decreta e eu sanciono a seguinte Lei:

Art. 1º A Lei 5.889, de 8 de junho de 1973, passa a vigorar acrescida do seguinte art. 14-A:

- Acréscimo processado no texto da referida Lei.

Art. 2º Para o trabalhador rural empregado, o prazo previsto no art. 143 da Lei 8.213, de 24 de julho de 1991, fica prorrogado até o dia 31 de dezembro de 2010.

Parágrafo único. Aplica-se o disposto no *caput* deste artigo ao trabalhador rural enquadrado na categoria de segurado contribuinte individual que presta serviços de natureza rural, em caráter eventual, a uma ou mais empresas, sem relação de emprego.

Art. 3º Na concessão de aposentadoria por idade do empregado rural, em valor equivalente ao salário mínimo, serão contados para efeito de carência:

I – até 31 de dezembro de 2010, a atividade comprovada na forma do art. 143 da Lei 8.213, de 24 de julho de 1991;

II – de janeiro de 2011 a dezembro de 2015, cada mês comprovado de emprego, multiplicado por 3 (três), limitado a 12 (doze) meses, dentro do respectivo ano civil; e

III – de janeiro de 2016 a dezembro de 2020, cada mês comprovado de emprego, multiplicado por 2 (dois), limitado a 12 (doze) meses dentro do respectivo ano civil.

Parágrafo único. Aplica-se o disposto no *caput* deste artigo e respectivo inciso I ao trabalhador rural enquadrado na categoria de segurado contribuinte individual que comprovar a prestação de serviço de natureza rural, em caráter eventual, a uma ou mais empresas, sem relação de emprego.

[...]

Art. 6º Fica autorizada a reclassificação das operações contratadas ao abrigo da Linha Especial de Crédito FAT Integrar, de que trata a Lei 11.011, de 20 de dezembro de 2004, para o Fundo Constitucional de Financiamento do Centro-Oeste – FCO, observadas as seguintes condições:

I – a reclassificação será realizada mediante a celebração de termo aditivo ao instrumento de crédito;

II – a partir da data da reclassificação, as operações ficarão sujeitas às normas do FCO; e

III – as operações reclassificadas deverão manter as mesmas condições de prazo e de classificação de porte dos mutuários originalmente pactuadas.

[...]

Lei 11.718/2008

TRABALHO RURAL

Art. 9º A Lei 8.212, de 24 de julho de 1991, passa a vigorar com as seguintes alterações:

- Artigos 12, 25, 30 e 49 alterados no texto da referida Lei.

Art. 10. A Lei 8.213, de 24 de julho de 1991, passa a vigorar com as seguintes alterações:

- Artigos 11, 17, 29, 38-A, 48 e 106 alterados no texto da referida Lei.

Art. 11. Na aquisição de produtos agropecuários no âmbito do Programa de Aquisição de Alimentos – PAA, instituído pelo art. 19 da Lei 10.696, de 2 de julho de 2003, os preços de referência serão assegurados aos agricultores familiares, associações e cooperativas livres dos valores referentes às incidências do Imposto sobre Operações Relativas à Circulação de Mercadorias e sobre Prestações de Serviços de Transporte Interestadual e Intermunicipal e de Comunicação – ICMS e da contribuição do produtor rural pessoa física ou jurídica ao Instituto Nacional do Seguro Social – INSS, cujo recolhimento, quando houver, será efetuado pela instituição executora do Programa, à conta do PAA.

- Artigo com redação determinada pela Lei 11.775/2008.

Art. 12. Ficam revogados:

I – o § 3º do art. 12 e o § 4º do art. 25 da Lei 8.212, de 24 de julho de 1991; e

II – o § 3º do art. 17 da Lei 8.213, de 24 de julho de 1991.

Art. 13. Esta Lei entra em vigor na data de sua publicação.

Brasília, 20 de junho de 2008; 187º da Independência e 120º da República.

Luiz Inácio Lula da Silva

(*DOU* 23.06.2008)

Lei 11.718/2008

TRABALHO RURAL

Art. 9º A Lei 8.212, de 24 de julho de 1991, passa a vigorar com as seguintes alterações:

• A nova § 12, 25, 30 e 48 estão citados no texto da referida Lei.

Art. 10. A Lei 8.213, de 24 de julho de 1991, passa a vigorar com as seguintes alterações:

• Artigos 11, 17, 29, 30-A, 48 e 106 alterados no texto da referida Lei.

Art. 11. Na aquisição de produtos agropecuários no âmbito do Programa de Aquisição de Alimentos – PAA, instituído pelo art. 19 da Lei 10.696, de 2 de julho de 2003, os preços de referência serão assegurados aos agricultores familiares, associações e cooperativas, livres dos valores referentes às incidências do imposto sobre Operações Relativas à Circulação de Mercadorias e sobre Prestações de Serviços de Transporte Interestadual e Intermunicipal e de Comunicação – ICMS, e da contribuição do produtor rural pessoa física ou jurídica ao Instituto Nacional do Seguro Social – INSS, cujo recolhimento, quando houver, será efetuado pela instituição executora do Programa, à conta do PAA.

• Vide, com redação determinada pela Lei 11.718, 2008.

Art. 12. Ficam revogados:

I – o § 3º do art. 12 e o § 4º do art. 25 da Lei 8.212, de 24 de julho de 1991; e

II – o § 5º do art. 17 da Lei 8.213, de 24 de julho de 1991.

Art. 13. Esta Lei entra em vigor na data de sua publicação.

Brasília, 20 de junho de 2008; 187º da Independência e 120º da República.

Luiz Inácio Lula da Silva

(DOU 23.06.2008)

TRABALHO TEMPORÁRIO E TERCEIRIZAÇÃO

LEI 6.019, DE 3 DE JANEIRO DE 1974

Dispõe sobre o trabalho temporário nas empresas urbanas e dá outras providências.

- Lei regulamentada pelo Dec. 73.841/1974.

O Presidente da República:
Faço saber que o Congresso Nacional decreta e eu sanciono a seguinte Lei:

Art. 1º É instituído o regime de trabalho temporário, nas condições estabelecidas na presente Lei.

- V. Súmula 331, TST.

Art. 2º Trabalho temporário é aquele prestado por pessoa física a uma empresa, para atender à necessidade transitória de substituição de seu pessoal regular e permanente ou a acréscimo extraordinário de serviços.

Art. 3º É reconhecida a atividade da empresa de trabalho temporário, que passa a integrar o plano básico do enquadramento sindical a que se refere o art. 577, da Consolidação das Leis do Trabalho.

Art. 4º Compreende-se como empresa de trabalho temporário a pessoa física ou jurídica urbana, cuja atividade consiste em colocar à disposição de outras empresas, temporariamente, trabalhadores, devidamente qualificados, por elas remunerados e assistidos.

Art. 5º O funcionamento da empresa de trabalho temporário dependerá de registro no Departamento Nacional de Mão de Obra do Ministério do Trabalho.

- V. Instrução Normativa SRT/MTE 14/2009 (Registro de empresas de trabalho temporário).

Art. 6º O pedido de registro para funcionar deverá ser instruído com os seguintes documentos:
a) prova de constituição da firma e de nacionalidade brasileira de seus sócios, com o competente registro na Junta Comercial da localidade em que tenha sede;
b) prova de possuir capital social de no mínimo quinhentas vezes o valor do maior salário mínimo vigente no País;
c) prova de entrega da relação de trabalhadores a que se refere o art. 360, da Consolidação das Leis do Trabalho, bem como apresentação do Certificado de Regularidade de Situação, fornecido pelo Instituto Nacional de Previdência Social;
d) prova do recolhimento da Contribuição Sindical;
e) prova da propriedade do imóvel sede ou recibo referente ao último mês, relativo ao contrato de locação;
f) prova de inscrição no Cadastro Geral de Contribuintes do Ministério da Fazenda.

Parágrafo único. No caso de mudança de sede ou de abertura de filiais, agências ou escritórios, é dispensada a apresentação dos documentos de que trata este artigo, exigindo-se, no entanto, o encaminhamento prévio ao Departamento Nacional de Mão de Obra de comunicação por escrito, com justificativa e endereço da nova sede ou das unidades operacionais da empresa.

Art. 7º A empresa de trabalho temporário que estiver funcionando na data da vigência desta Lei terá o prazo de 90 (noventa) dias para o atendimento das exigências contidas no artigo anterior.

Parágrafo único. A empresa infratora do presente artigo poderá ter o seu funcionamento suspenso, por ato do Diretor-Geral do Departamento Nacional de Mão de Obra, cabendo recurso ao Ministro de Estado, no prazo de 10 (dez) dias, a contar da publicação do ato no *Diário Oficial da União*.

Lei 6.019/1974

TRABALHO TEMPORÁRIO

Art. 8º A empresa de trabalho temporário é obrigada a fornecer ao Departamento Nacional de Mão de Obra, quando solicitada, os elementos de informação julgados necessários ao estudo do mercado de trabalho.

Art. 9º O contrato entre a empresa de trabalho temporário e a empresa tomadora de serviço ou cliente deverá ser obrigatoriamente escrito e dele deverá constar expressamente o motivo justificador da demanda de trabalho temporário, assim como as modalidades de remuneração da prestação de serviço.

Art. 10. O contrato entre a empresa de trabalho temporário e a empresa tomadora ou cliente, com relação a um mesmo empregado, não poderá exceder de 3 (três) meses, salvo autorização conferida pelo órgão local do Ministério do Trabalho e Previdência Social, segundo instruções a serem baixadas pelo Departamento Nacional de Mão de Obra.

Art. 11. O contrato de trabalho celebrado entre empresa de trabalho temporário e cada um dos assalariados colocados à disposição de uma empresa tomadora ou cliente será, obrigatoriamente, escrito e dele deverão constar, expressamente, os direitos conferidos aos trabalhadores por esta Lei.

Parágrafo único. Será nula de pleno direito qualquer cláusula de reserva, proibindo a contratação do trabalhador pela empresa tomadora ou cliente ao fim do prazo em que tenha sido colocado à sua disposição pela empresa de trabalho temporário.

Art. 12. Ficam assegurados ao trabalhador temporário os seguintes direitos:

a) remuneração equivalente à percebida pelos empregados de mesma categoria da empresa tomadora ou cliente calculados à base horária, garantida, em qualquer hipótese, a percepção do salário mínimo regional;

b) jornada de 8 (oito) horas, remuneradas as horas extraordinárias não excedentes de 2 (duas), com acréscimo de 20% (vinte por cento);

c) férias proporcionais, nos termos do art. 26 da Lei 5.107, de 13 de setembro de 1966;

• A Lei 5.107/1966 foi revogada pela Lei 7.839/1989.

d) repouso semanal remunerado;

e) adicional por trabalho noturno;

f) indenização por dispensa sem justa causa ou término normal do contrato, correspondente a 1/12 (um doze avos) do pagamento recebido;

g) seguro contra acidente do trabalho;

h) proteção previdenciária nos termos do disposto na Lei Orgânica da Previdência Social, com as alterações introduzidas pela Lei 5.890, de 8 de junho de 1973 (art. 5º, item III, letra c, do Decreto 72.771, de 6 de setembro de 1973).

§ 1º Registrar-se-á na Carteira de Trabalho e Previdência Social do trabalhador sua condição de temporário.

§ 2º A empresa tomadora ou cliente é obrigada a comunicar à empresa de trabalho temporário a ocorrência de todo acidente cuja vítima seja um assalariado posto à sua disposição, considerando-se local de trabalho, para efeito da legislação específica, tanto aquele onde se efetua a prestação do trabalho quanto a sede da empresa de trabalho temporário.

Art. 13. Constituem justa causa para rescisão do contrato do trabalhador temporário os atos e circunstâncias mencionados nos arts. 482 e 483, da Consolidação das Leis do Trabalho, ocorrentes entre o trabalhador e a empresa de trabalho temporário ou entre aquele e a empresa cliente onde estiver prestando serviço.

Art. 14. As empresas de trabalho temporário são obrigadas a fornecer às empresas tomadoras ou clientes, a seu pedido, comprovante da regularidade de sua situação com o Instituto Nacional de Previdência Social.

Art. 15. A fiscalização do trabalho poderá exigir da empresa tomadora ou cliente a apresentação do contrato firmado com a empresa de trabalho temporário, e, desta última, o contrato firmado com o trabalhador, bem como a comprovação do respectivo recolhimento das contribuições previdenciárias.

Dec. 73.841/1974

TRABALHO TEMPORÁRIO

Art. 16. No caso de falência da empresa de trabalho temporário, a empresa tomadora ou cliente é solidariamente responsável pelo recolhimento das contribuições previdenciárias, no tocante ao tempo em que o trabalhador esteve sob suas ordens, assim como em referência ao mesmo período, pela remuneração e indenização previstas nesta Lei.

- V. Lei 11.101/2005 (Lei de Recuperação de Empresas e Falência).

Art. 17. É defeso às empresas de prestação de serviço temporário a contratação de estrangeiros com visto provisório de permanência no País.

Art. 18. É vedado à empresa de trabalho temporário cobrar do trabalhador qualquer importância, mesmo a título de mediação, podendo apenas efetuar os descontos previstos em Lei.

Parágrafo único. A infração deste artigo importa no cancelamento do registro para funcionamento da empresa de trabalho temporário, sem prejuízo das sanções administrativas e penais cabíveis.

Art. 19. Competirá à Justiça do Trabalho dirimir os litígios entre as empresas de serviço temporário e seus trabalhadores.

Art. 20. Esta Lei entrará em vigor 60 (sessenta) dias após sua publicação, revogadas as disposições em contrário.

Brasília, 3 de janeiro de 1974; 153º da Independência e 86º da República.

Emílio G. Médici

(DOU 04.01.1974)

DECRETO 73.841, DE 13 DE MARÇO DE 1974

Regulamenta a Lei 6.019, de 3 de janeiro de 1974, que dispõe sobre o trabalho temporário.

O Presidente da República, no uso da atribuição que lhe confere o art. 81, item III, da Constituição, e tendo em vista a Lei 6.019, de 3 de janeiro de 1974, decreta:

Capítulo I
DO TRABALHO TEMPORÁRIO

Art. 1º Trabalho temporário é aquele prestado por pessoa física a uma empresa, para atender necessidade transitória de substituição de pessoal regular e permanente ou acréscimo extraordinário de serviços.

Capítulo II
DA EMPRESA DE TRABALHO TEMPORÁRIO

Art. 2º A empresa de trabalho temporário tem por finalidade colocar pessoal especializado, por tempo determinado, à disposição de outras empresas que dele necessite.

Art. 3º A empresa de trabalho temporário, pessoa física ou jurídica, será necessariamente urbana.

Art. 4º O funcionamento da empresa de trabalho temporário está condicionado a prévio registro no Departamento Nacional de Mão de Obra do Ministério do Trabalho e Previdência Social.

- V. Instrução Normativa SRT/MTE 14/2009 (Registro de empresas de trabalho temporário).

§ 1º O pedido de registro deve ser acompanhado dos seguintes documentos:

I – prova de existência da firma individual ou da constituição da pessoa jurídica, com o competente registro na Junta Comercial da localidade em que tenham sede;

II – prova de nacionalidade brasileira do titular ou dos sócios;

III – prova de possuir capital social integralizado de, no mínimo, quinhentas vezes o valor do maior salário mínimo vigente no País, à época do pedido do registro;

IV – prova de propriedade do imóvel sede ou recibo referente ao último mês de aluguel;

V – prova de entrega da relação de trabalhadores a que se refere o art. 360 da Consolidação das Leis do Trabalho;

VI – prova de recolhimento da contribuição sindical;

VII – prova de inscrição no Cadastro Geral de Contribuintes do Ministério da Fazenda;

Dec. 73.841/1974

TRABALHO TEMPORÁRIO

VIII – Certificado de Regularidade de Situação, fornecido pelo Instituto Nacional de Previdência Social.

§ 2º O pedido de registro a que se refere o parágrafo anterior é dirigido ao Diretor-Geral do Departamento Nacional de Mão de Obra e protocolado na Delegacia Regional do Trabalho no Estado em que se situe a sede da empresa.

Art. 5º No caso de mudança de sede ou de abertura de filiais, agências ou escritórios, é dispensada a apresentação dos documentos de que trata o § 1º do artigo anterior, exigindo-se, no entanto, o encaminhamento prévio ao Departamento Nacional de Mão de Obra de comunicação por escrito com justificativa e endereço da nova sede ou das unidades operacionais da empresa.

Art. 6º No caso de alteração na constituição de empresa já registrada, seu funcionamento dependerá de prévia comunicação ao Departamento Nacional de Mão de Obra e apresentação dos documentos mencionados no item II do § 1º do art. 4º.

Art. 7º A empresa do trabalho temporário é obrigada a fornecer ao Departamento Nacional de Mão de Obra, quando solicitada, os elementos de informação julgados necessários ao estudo do mercado de trabalho.

Art. 8º Cabe à empresa de trabalho temporário remunerar e assistir os trabalhadores temporários relativamente aos seus direitos, consignados nos arts. 17 a 20 deste Decreto.

Art. 9º A empresa de trabalho temporário fica obrigada a registrar na Carteira de Trabalho e Previdência Social do trabalhador sua condição de temporário.

Art. 10. A empresa de trabalho temporário é obrigada a apresentar à empresa tomadora de serviço ou cliente, a seu pedido, Certificado de Regularidade de Situação, fornecido pelo Instituto Nacional da Previdência Social.

Art. 11. A empresa de trabalho temporário é obrigada a apresentar ao agente da fiscalização, quando solicitada, o contrato firmado com o trabalhador temporário, os comprovantes de recolhimento das contribuições previdenciárias, bem como os demais elementos probatórios do cumprimento das obrigações estabelecidas neste Decreto.

Art. 12. É vedado à empresa de trabalho temporário:

I – contratar estrangeiro portador de visto provisório de permanência no País;

II – ter ou utilizar em seus serviços trabalhador temporário, salvo o disposto no art. 16 ou quando contratado com outra empresa de trabalho temporário.

Art. 13. Excetuados os descontos previstos em lei, é defeso à empresa de trabalho temporário exigir do trabalhador pagamento de qualquer importância, mesmo a título de mediação, sob pena de cancelamento do registro para funcionamento, sem prejuízo de outras sanções cabíveis.

Capítulo III
DA EMPRESA TOMADORA DE SERVIÇO OU CLIENTE

Art. 14. Considera-se empresa tomadora de serviço ou cliente, para os efeitos deste Decreto, a pessoa física ou jurídica que, em virtude de necessidade transitória de substituição de seu pessoal regular e permanente ou de acréscimo extraordinário de tarefas, contrate locação de mão de obra com empresa de trabalho temporário.

Art. 15. A empresa tomadora de serviço ou cliente é obrigada a apresentar ao agente da fiscalização, quando solicitada, o contrato firmado com a empresa de trabalho temporário.

Capítulo IV
DO TRABALHADOR TEMPORÁRIO

Art. 16. Considera-se trabalhador temporário aquele contratado por empresa de trabalho temporário, para prestação de serviço destinado a atender a necessidade transitória de substituição de pessoal regular e permanente ou a acréscimo extraordinário de tarefas de outra empresa.

Dec. 73.841/1974

TRABALHO TEMPORÁRIO

Art. 17. Ao trabalhador temporário são assegurados os seguintes direitos:
I – remuneração equivalente à percebida pelos empregados da mesma categoria da empresa tomadora ou cliente, calculada à base horária, garantido, em qualquer hipótese, o salário mínimo regional;
II – pagamento de férias proporcionais, em caso de dispensa sem justa causa ou término normal do contrato temporário de trabalho, calculado na base de 1/12 (um doze avos) do último salário percebido, por mês trabalhado, considerando-se como mês completo a fração igual ou superior a 15 (quinze) dias;
III – indenização do tempo de serviço em caso de dispensa sem justa causa, rescisão do contrato por justa causa do trabalhador ou término normal do contrato de trabalho temporário, calculada na base de 1/12 (um doze avos) do último salário percebido, por mês de serviço, considerando-se como mês completo a fração igual ou superior a 15 (quinze) dias;
IV – benefícios e serviços da Previdência Social, nos termos da Lei 3.807, de 26 de agosto de 1960, com as alterações introduzidas pela Lei 5.890, de 8 de junho de 1973, como segurado autônomo;
V – seguro de acidentes do trabalho, nos termos da Lei 5.316, de 14 de setembro de 1967.

* A Lei 5.316/1967 foi revogada pela Lei 6.367/1976.

Art. 18. A duração normal do trabalho, para os trabalhadores temporários, é de, no máximo, 8 (oito) horas diárias, salvo disposições legais específicas concernentes a peculiaridades profissionais.
Parágrafo único. A duração normal do trabalho pode ser acrescida de horas suplementares, em número não excedente de 2 (duas), mediante acordo escrito entre a empresa de trabalho temporário e o trabalhador temporário, sendo a remuneração dessas horas acrescida de, pelo menos, 20% (vinte por cento) em relação ao salário normal.
Art. 19. O trabalho noturno terá remuneração superior a 20% (vinte por cento), pelo menos, em relação ao diurno.

Parágrafo único. Para os efeitos deste artigo, considera-se trabalho noturno o executado entre as 22 (vinte e duas) horas de um dia e as 5 (cinco) horas do dia seguinte.
Art. 20. É assegurado ao trabalhador temporário descanso semanal remunerado nos termos do disposto na Lei 605, de 5 de janeiro de 1949.

Capítulo V
DO CONTRATO
DE TRABALHO TEMPORÁRIO

Art. 21. A empresa de trabalho temporário é obrigada a celebrar contrato individual escrito de trabalho temporário com o trabalhador, no qual constem expressamente os direitos ao mesmo conferidos, decorrentes da sua condição de temporário.
Art. 22. É nula de pleno direito qualquer cláusula proibitiva da contratação do trabalhador pela empresa tomadora de serviço ou cliente.
Art. 23. Constituem justa causa para rescisão do contrato de trabalho temporário pela empresa:
I – ato de improbidade;
II – incontinência de conduta ou mau procedimento;
III – negociação habitual por conta própria ou alheia, sem permissão da empresa de trabalho temporário ou da empresa tomadora de serviço ou cliente e quando constituir ato de concorrência a qualquer delas, ou prejudicial ao serviço;
IV – condenação criminal do trabalhador, passada em julgado, caso não tenha havido suspensão da execução da pena;
V – desídia no desempenho das respectivas funções;
VI – embriaguez habitual ou em serviço;
VII – violação de segredo da empresa de serviço temporário ou da empresa tomadora de serviço ou cliente;
VIII – ato de indisciplina ou insubordinação;
IX – abandono do trabalho;
X – ato lesivo da honra ou da boa fama praticado no serviço contra qualquer pessoa ou ofensas físicas nas mesmas condições, salvo em caso de legítima defesa própria ou de outrem;

Dec. 73.841/1974

TRABALHO TEMPORÁRIO

XI – ato lesivo da honra e boa fama ou ofensas físicas praticadas contra superiores hierárquicos, salvo em caso de legítima defesa própria ou de outrem;
XII – prática constante de jogo de azar;
XIII – atos atentatórios à segurança nacional, devidamente comprovados em inquérito administrativo.

Art. 24. O trabalhador pode considerar rescindido o contrato de trabalho temporário quando:
I – forem exigidos serviços superiores às suas forças, defesos por lei, contrários aos bons costumes ou alheios ao contrato;
II – for tratado pelos seus superiores hierárquicos com rigor excessivo;
III – correr perigo manifesto de mal considerável;
IV – não cumprir a empresa de trabalho temporário as obrigações do contrato;
V – praticar, a empresa de trabalho temporário ou a empresa tomadora de serviço ou cliente, ou seus prepostos, contra ele ou pessoa de sua família, ato lesivo da honra e boa fama;
VI – for ofendido fisicamente por superiores hierárquicos da empresa de trabalho temporário ou da empresa tomadora de serviço ou cliente, ou seus prepostos, salvo em caso de legítima defesa própria ou de outrem;
VII – for reduzido seu trabalho, sendo este por peça ou tarefa, de forma a reduzir sensivelmente a importância dos salários;
VIII – falecer o titular de empresa de trabalho temporário constituída em firma individual.
§ 1º O trabalhador temporário poderá suspender a prestação de serviços ou rescindir o contrato, quando tiver de desempenhar obrigações legais, incompatíveis com a continuação do serviço.
§ 2º Nas hipóteses dos itens IV e VII, deste artigo, poderá o trabalhador pleitear a rescisão do seu contrato de trabalho, permanecendo ou não no serviço até final decisão do processo.

Art. 25. Serão consideradas razões determinantes de rescisão, por justa causa, do contrato de trabalho temporário, os atos e circunstâncias mencionados nos arts. 23 e 24, ocorridos entre o trabalhador e a empresa de trabalho temporário e entre aquele e a empresa tomadora ou cliente, onde estiver prestando serviço.

Capítulo VI
DO CONTRATO DE PRESTAÇÃO DE SERVIÇO TEMPORÁRIO

Art. 26. Para a prestação de serviço temporário é obrigatória a celebração de contrato escrito entre a empresa de trabalho temporário e a empresa tomadora de serviço ou cliente, dele devendo constar expressamente:
I – o motivo justificador da demanda de trabalho temporário;
II – a modalidade de remuneração da prestação de serviço, onde estejam claramente discriminadas as parcelas relativas a salários e encargos sociais.

Art. 27. O contrato entre a empresa de trabalho temporário e a empresa tomadora ou cliente, com relação a um mesmo empregado, não poderá exceder de 3 (três) meses, salvo autorização conferida pelo órgão local do Ministério do Trabalho e Previdência Social, segundo instruções a serem baixadas pelo Departamento Nacional de Mão de Obra.

Art. 28. As alterações que se fizerem necessárias, durante a vigência do contrato de prestação de serviços, relativas à redução ou ao aumento do número de trabalhadores colocados à disposição da empresa tomadora de serviço ou cliente, deverão ser objeto de termo aditivo ao contrato, observado o disposto nos arts. 26 e 27.

Capítulo VII
DISPOSIÇÕES GERAIS

Art. 29. Compete à Justiça do Trabalho dirimir os litígios entre as empresas de serviço temporário e seus trabalhadores.

Art. 30. No caso de falência da empresa de trabalho temporário, a empresa tomadora de serviço ou cliente é solidariamente responsável pelo recolhimento das contribuições previdenciárias no tocante ao tempo em que o trabalhador esteve sob suas or-

Dec. 73.841/1974

TRABALHO TEMPORÁRIO

dens, assim como em referência ao mesmo período, pela remuneração e indenização previstas neste Decreto.

* V. Lei 11.101/2005 (Lei de Recuperação de Empresas e Falência).

Art. 31. A contribuição previdenciária é devida na seguinte proporcionalidade:
I – do trabalhador temporário, no valor de 8% (oito por cento) do salário efetivamente percebido, observado o disposto no art. 224 do Regulamento aprovado pelo Dec. 72.771, de 6 de setembro de 1973;
II – da empresa de trabalho temporário, em quantia igual à devida pelo trabalhador.

Art. 32. É devida pela empresa de trabalho temporário a taxa relativa ao custeio das prestações por acidente do trabalho.

Art. 33. O recolhimento das contribuições previdenciárias, inclusive as do trabalhador temporário, bem como da taxa de contribuição do seguro de acidentes do trabalho, cabe à empresa de trabalho temporário, independentemente do acordo a que se refere o art. 237 do Regulamento aprovado pelo Dec. 72.771, de 6 de setembro de 1973, de conformidade com instruções expedidas pelo INPS.

Art. 34. Aplicam-se às empresas de trabalho temporário, no que se refere às suas relações com o trabalhador, e perante o INPS, as disposições da Lei 3.807, de 26 de agosto de 1960, com as alterações introduzidas pela Lei 5.890, de 8 de junho de 1973.

Art. 35. A empresa de trabalho temporário é obrigada a elaborar folha de pagamento especial para os trabalhadores temporários.

Art. 36. Para os fins da Lei 5.316, de 14 de setembro de 1967, considera-se local de trabalho, para os trabalhadores temporários, tanto aquele onde se efetua a prestação do serviço quanto a sede da empresa de trabalho temporário.

§ 1º A empresa tomadora de serviço ou cliente é obrigada a comunicar à empresa de trabalho temporário a ocorrência de acidente do trabalho cuja vítima seja trabalhador posto à sua disposição.

§ 2º O encaminhamento do acidentado ao Instituto Nacional de Previdência Social poderá ser feito diretamente pela empresa tomadora de serviço, ou cliente, de conformidade com normas expedidas por aquele Instituto.

* A Lei 5.316/1967 foi revogada pela Lei 6.367/1976.

Art. 37. Ao término normal do contrato de trabalho, ou por ocasião de sua rescisão, a empresa de trabalho temporário deve fornecer ao trabalhador temporário atestado, de acordo com modelo instituído pelo INPS.
Parágrafo único. O atestado a que se refere este artigo valerá, para todos os efeitos, como prova de tempo de serviço e salário de contribuição, podendo, em caso de dúvida, ser exigida pelo INPS a apresentação pela empresa de trabalho temporário dos documentos que serviram de base para emissão do atestado.

Art. 38. O disposto neste Decreto não se aplica aos trabalhadores avulsos.

Capítulo VIII
DISPOSIÇÕES TRANSITÓRIAS

Art. 39. A empresa de trabalho temporário, em funcionamento em 5 de março de 1974, data da vigência da Lei 6.019, de 3 de janeiro de 1974, fica obrigada a atender aos requisitos constantes do art. 4º deste Decreto até o dia 3 de junho de 1974, sob pena de suspensão de seu funcionamento, por ato do Diretor-Geral do Departamento Nacional de Mão de Obra.
Parágrafo único. Do ato do Diretor-Geral do Departamento Nacional de Mão de Obra que determinar a suspensão do funcionamento da empresa de trabalho temporário, nos termos deste artigo, cabe recurso ao Ministro do Trabalho e Previdência Social, no prazo de 10 (dez) dias, a contar da data da publicação do ato no *Diário Oficial*.

Art. 40. Mediante proposta da Comissão de Enquadramento Sindical do Departamento Nacional do Trabalho, o Ministro do Trabalho e Previdência Social incluirá as empresas de trabalho temporário e os trabalhadores temporários em categorias existentes ou criará categorias específicas no Quadro de Atividades e Profissões a que se refere o art. 577 da Consolidação das Leis do Trabalho.

IN MTb 3/1997

TRABALHO TEMPORÁRIO

Art. 41. O presente Decreto entrará em vigor na data de sua publicação, revogadas as disposições em contrário.

Brasília, 13 de março de 1974; 153º da Independência e 86º da República.

Emílio G. Médici

(*DOU* 13.03.1974)

INSTRUÇÃO NORMATIVA 3, DE 29 DE AGOSTO DE 1997, DO MINISTÉRIO DO TRABALHO – MTb

Dispõe sobre a fiscalização do trabalho nas empresas de prestação de serviços a terceiros e empresas de trabalho temporário.

O Ministro de Estado do Trabalho, no uso das atribuições legais que lhe confere o inciso IV do art. 87 da Constituição Federal, e Considerando a necessidade de uniformizar o procedimento da Fiscalização do Trabalho, frente às inovações introduzidas pelo Enunciado 331, do Tribunal Superior do Trabalho, que alterou o Enunciado 256, resolve:

- A Resolução TST 129/2005 alterou a denominação dos verbetes da jurisprudência predominante do Tribunal Superior do Trabalho de "Enunciado" para "Súmula" (*DJU* 20.04.2005).

Art. 1º Baixar as seguintes instruções a serem observadas pela Fiscalização do Trabalho.

I – Da empresa de prestação de serviços a terceiros

Art. 2º Para os efeitos desta Instrução Normativa, considera-se empresa de prestação de serviços a terceiros a pessoa jurídica de direito privado, de natureza comercial, legalmente constituída, que se destina a realizar determinado e específico serviço a outra empresa fora do âmbito das atividades fim e normais para que se constituiu esta última.

§ 1º As relações entre a empresa de prestação de serviços a terceiros e a empresa contratante são regidas pela lei civil.

§ 2º As relações de trabalho entre a empresa de prestação de serviços a terceiros e seus empregados são disciplinadas pela Consolidação das Leis do Trabalho – CLT.

§ 3º Em se tratando de empresa de vigilância e de transporte de valores, as relações de trabalho estão reguladas pela Lei 7.102/83 e, subsidiariamente, pela CLT.

§ 4º Dependendo da natureza dos serviços contratados, a prestação dos mesmos poderá se desenvolver nas instalações físicas da empresa contratante ou em outro local por ela determinado.

§ 5º A empresa de prestação de serviços a terceiros contrata, remunera e dirige o trabalho realizado por seus empregados.

§ 6º Os empregados da empresa de prestação de serviços a terceiros não estão subordinados ao poder diretivo, técnico e disciplinar da empresa contratante.

Art. 3º Para os efeitos desta Instrução Normativa, considera-se contratante a pessoa física ou jurídica de direito público ou privado que celebrar contrato com empresas de prestação de serviços a terceiros com a finalidade de contratar serviços.

§ 1º A contratante e a empresa prestadora de serviços a terceiros devem desenvolver atividades diferentes e ter finalidades distintas.

§ 2º A contratante não pode manter trabalhador em atividade diversa daquela para a qual o mesmo fora contratado pela empresa de prestação de serviços a terceiros.

§ 3º Em se tratando de empresas do mesmo grupo econômico, onde a prestação de serviços se dê junto a uma delas, o vínculo empregatício se estabelece entre a contratante e o trabalhador colocado a sua disposição, nos termos do art. 2º da CLT.

§ 4º O contrato de prestação de serviços a terceiros pode abranger o fornecimento de serviços, materiais e equipamentos.

Art. 4º O contrato celebrado entre a empresa prestadora de serviços a terceiros e pessoa jurídica de direito público é tipicamente administrativo, com efeitos civis, na conformidade do § 7º, art. 10, do Decreto-lei 200/67 e da Lei 8.666/93.

Parágrafo único. Não gera vínculo de emprego com os Órgãos da Administração Pública Direta, Indireta ou Fundacional a contratação irregular de trabalhador me-

IN MTb 3/1997

Trabalho Temporário

diante empresa interposta, de acordo com o Enunciado 331 do Tribunal Superior do Trabalho.

- A Resolução TST 129/2005 alterou a denominação dos verbetes da jurisprudência predominante do Tribunal Superior do Trabalho de "Enunciado" para "Súmula" (*DJU* 20.04.2005).

Art. 5º Cabe à Fiscalização do Trabalho, quando da inspeção na empresa de prestação de serviços a terceiros ou na contratante, observar as disposições contidas nesta Instrução Normativa, especialmente no que se refere a:

a) registro de empregado – deve permanecer no local da prestação de serviços, para exame do contrato de trabalho e identificação do cargo para o qual o trabalhador foi contratado, salvo quando o empregado tiver cartão de identificação, tipo crachá, contendo nome completo, função, data de admissão e número do PIS/Pasep, hipótese em que a Fiscalização fará a verificação do registro na sede da empresa prestadora de serviços, caso esta sede se localize no município onde está sendo realizada a ação fiscal;

b) horário de trabalho – o controle de jornada de trabalho deve ser feito no local da prestação de serviços. Tratando-se de trabalhador externo (papeleta), este controle deve permanecer na sede da empresa prestadora de serviços a terceiros;

c) atividade do trabalhador – o agente da inspeção do trabalho deve observar as tarefas executadas pelo trabalhador da empresa prestadora de serviços, a fim de constatar se estas não estão ligadas às atividades fim e essenciais da contratante;

d) o contrato social – o agente da inspeção do trabalho deve examinar os contratos sociais da contratante e da empresa prestadora de serviços, com a finalidade de constatar se as mesmas se propõem a explorar as mesmas atividades fim;

e) contrato de prestação de serviços – o agente da inspeção do trabalho deve verificar se há compatibilidade entre o objeto do contrato de prestação de serviços e as tarefas desenvolvidas pelos empregados da prestadora, com o objetivo de constatar se ocorre desvio de função do trabalhador.

Parágrafo único. Presentes os requisitos configuradores da relação de emprego entre a contratante e os empregados da empresa de prestação de serviços a terceiros ou desvio de função destes, lavrar-se-á, em desfavor da contratante, o competente auto de infração, pela caracterização do vínculo empregatício.

II – Da empresa de trabalho temporário

Art. 6º Compreende-se como empresa de trabalho temporário a pessoa física ou jurídica urbana, cuja atividade consiste em colocar à disposição de outras empresas, temporariamente, trabalhadores devidamente qualificados, por estas remunerados e assistidos.

Art. 7º Considera-se trabalho temporário aquele prestado por pessoa física a uma empresa tomadora ou cliente, para atender a necessidade transitória de substituição de seu pessoal regular e permanente ou a acréscimo extraordinário de serviços.

Art. 8º Considera-se empresa tomadora ou cliente a pessoa física ou jurídica urbana de direito público ou privado que celebrar contrato com empresa de trabalho temporário, objetivando atender a necessidade transitória de substituição de seu pessoal, regular e permanente ou a demanda extraordinária de serviços.

§ 1º A empresa de trabalho temporário tem seu funcionamento condicionado ao registro no Ministério do Trabalho.

§ 2º As relações entre a empresa de trabalho temporário e seus assalariados são regidas pela Lei 6.019, de 3 de janeiro de 1974.

Art. 9º Para os efeitos dos arts. 2º e 4º da Lei 6.019/74, considera-se respectivamente:

I – acréscimo extraordinário de serviço, não só aquela demanda oriunda de fatores imprevisíveis, como também os denominados picos de venda ou picos de produção;

II – trabalhador devidamente qualificado, o portador de aptidão genérica inerente a qualquer trabalhador, e não somente o técnico ou especializado.

Art. 10. As relações entre a empresa de trabalho temporário e a empresa tomadora ou cliente são regidas pela lei civil.

IN SRT/MTE 14/2009

TRABALHO TEMPORÁRIO

§ 1º A empresa de trabalho temporário transfere durante a vigência do contrato de trabalho o poder diretivo sobre os seus assalariados à empresa tomadora ou cliente.

§ 2º O trabalhador temporário pode atuar tanto na atividade meio quanto na atividade fim da empresa tomadora ou cliente.

Art. 11. A empresa tomadora ou cliente exerce, durante a vigência do contrato firmado com a empresa de trabalho temporário, o poder disciplinar, técnico e diretivo sobre o assalariado colocado a sua disposição.

Art. 12. Incumbe à Fiscalização do Trabalho, quando da inspeção na empresa tomadora ou cliente, observar as disposições contidas nesta Instrução Normativa, especialmente quanto à:

a) verificação de cláusula constante do contrato celebrado com a empresa de trabalho temporário, relativamente ao motivo justificador da demanda do trabalho temporário, bem como às modalidades de remuneração dessa contratação;

b) verificação no sentido de constatar se o contrato firmado entre a empresa contratante ou cliente e a empresa de trabalho temporário guarda consonância com o prazo de 3 (três) meses em que é permitido o trabalhador temporário ficar à disposição da contratante ou cliente, salvo comunicação ao Órgão local do Ministério do Trabalho, nos termos da Portaria 1, de 02.07.1997, da Secretaria de Relações do Trabalho, em que se permite a prorrogação automática do contrato, desde que o período total do mesmo não exceda 6 (seis) meses; e

c) verificação, sempre que possível, de dados referentes ao trabalhador temporário, no sentido de constatar se o mesmo não está trabalhando, além do prazo previsto na alínea anterior, em âmbito da contratante, mediante sucessivas contratações, por empresas de trabalho temporário diversas, com o intuito de afastar a relação de emprego.

Art. 13. Cabe à Fiscalização do Trabalho exigir da empresa de trabalho temporário e da empresa tomadora ou cliente a perfeita observância da Lei 6.019/74, aplicando-se em caso de descumprimento a multa prevista no art. 3º da Lei 7.855/89, sem prejuízo do disposto no parágrafo único do art. 18, da referida Lei, quando for o caso.

Art. 14. Esta Instrução Normativa entrará em vigor na data de sua publicação, revogada a Instrução Normativa 7, de 21 de fevereiro de 1990.

Paulo Paiva

(DOU 1º.09.1997)

INSTRUÇÃO NORMATIVA 14, DE 17 DE NOVEMBRO DE 2009, DA SECRETARIA DE RELAÇÕES DO TRABALHO – SRT/MTE

Dispõe sobre o registro de empresas de trabalho temporário.

O Secretário de Relações do Trabalho do Ministério do Trabalho e Emprego, no uso da atribuição que lhe confere o inciso VIII do art. 17 do Anexo I ao Decreto 5.063, de 3 de maio de 2004, resolve:

Art. 1º Os procedimentos para o registro de empresa de trabalho temporário, previsto no art. 5º da Lei 6.019, de 3 de janeiro de 1974, e no art. 4º do Decreto 73.841, de 13 de março de 1974, e de alterações contratuais, mudança de sede ou abertura de filiais, agências ou escritórios, obedecerão ao disposto nesta Instrução Normativa.

Art. 2º A partir de 1º de dezembro de 2009, as solicitações de registro de empresa de trabalho temporário e de alterações contratuais, mudança de sede ou abertura de filiais, agências ou escritórios deverão ser feitas por meio do Sistema de Registro de Empresas de Trabalho Temporário – Sirett.

Art. 3º Para solicitar registro de empresa de trabalho temporário, a empresa deverá acessar o Sirett no endereço eletrônico do Ministério do Trabalho e Emprego – MTE na rede mundial de computadores – internet: www.mte.gov.br, preencher os dados e transmiti-los na forma requerida pelo Sistema.

Parágrafo único. Após a conclusão do preenchimento e a transmissão dos dados, a empresa deverá protocolizar a solicitação de registro gerada pelo Sirett na unidade re-

IN SRT/MTE 14/2009

TRABALHO TEMPORÁRIO

gional do MTE da localidade onde se situa sua sede, juntamente com cópia dos seguintes documentos:

I – requerimento de empresário ou do contrato social e suas alterações, ou versão consolidada, devidamente registrados na Junta Comercial, do qual conste o nome empresarial e o nome de fantasia, se houver;

II – comprovação de integralização do capital social previsto na alínea *b* do art. 6º da Lei 6.019, de 1974;

III – prova de entrega da Relação Anual de Informações Sociais – Rais, positiva ou negativa;

IV – certidão negativa de débito previdenciário – CND;

V – prova de recolhimento da contribuição sindical patronal;

VI – prova de propriedade do imóvel sede ou contrato de locação firmado em nome da empresa de trabalho temporário, com autorização de sublocação, se for o caso, e eventuais aditamentos e comprovantes de prorrogação da locação, acompanhado do recibo de aluguel do mês imediatamente anterior à data do pedido;

VII – inscrição no Cadastro Nacional da Pessoa Jurídica – CNPJ, em que conste como atividade principal a locação de mão de obra temporária; e

VIII – identificação dos sócios, por meio dos seguintes documentos, dentre outros que se fizerem necessários:

a) para os sócios pessoas físicas, identificação pessoal que contenha o número da carteira de identidade e o número do Cadastro de Pessoa Física – CPF; e

b) para os sócios pessoas jurídicas, contrato social ou requerimento de empresário e inscrição no CNPJ.

Art. 4º A Seção ou Setor de Relações do Trabalho da unidade regional do MTE onde for protocolizada a solicitação verificará a instrução do processo com os documentos elencados no parágrafo único do art. 3º e o encaminhará à Divisão de Registro de Empresa de Trabalho Temporário da Coordenação-Geral de Relações do Trabalho da Secretaria de Relações do Trabalho.

Art. 5º Cabe à Divisão de Registro de Empresa de Trabalho Temporário analisar os documentos apresentados e verificar o cumprimento dos requisitos legais para o deferimento do pedido.

§ 1º Havendo falta ou irregularidade nos documentos previstos no parágrafo único do art. 3º, a Divisão de Registro de Empresa de Trabalho Temporário notificará a empresa para saneamento do processo no prazo máximo de 10 (dez) dias.

§ 2º As irregularidades não sanadas ensejarão o indeferimento do pedido e o arquivamento do processo.

§ 3º O pedido de reconsideração, acompanhado de documentos que o fundamentem, deverá ser encaminhado diretamente à Divisão de Registro de Empresa de Trabalho Temporário.

Art. 6º Na observância da regularidade dos documentos, a proposta de deferimento será submetida ao Secretário de Relações do Trabalho.

Parágrafo único. Deferido o pedido, o processo será encaminhado à unidade regional do MTE onde foi protocolizada a solicitação, para entrega do certificado de registro à empresa de trabalho temporário, mediante recibo.

Art. 7º Havendo alteração contratual, mudança de sede ou abertura de filiais, agências ou escritórios, a empresa de trabalho temporário deverá seguir os procedimentos previstos no art. 2º e *caput* do art. 3º.

§ 1º A solicitação de alteração de dados gerada pelo Sirett deverá ser protocolizada na unidade regional do MTE da localidade onde se situa sua sede ou filial, juntamente com cópia dos seguintes documentos:

I – requerimento de empresário ou contrato social e respectivas alterações ou versão consolidada devidamente registrados na Junta Comercial, do qual conste a mudança de sede ou abertura de filiais, agências ou escritórios;

II – inscrição no CNPJ, em que conste como atividade principal a locação de mão de obra temporária e o novo nome empresarial, endereço da sede ou da filial, agência ou escritório;

III – certificado de registro de empresa de trabalho temporário; e

Port. MTE 550/2010

TRABALHO TEMPORÁRIO

IV – prova de propriedade do imóvel, conforme previsto no inciso VI do parágrafo único do art. 3º.

§ 2º Serão aplicados aos pedidos de que trata o *caput* os procedimentos previstos nos arts. 4º a 6º.

§ 3º O novo certificado deverá ser entregue à empresa de trabalho temporário pela Seção ou Setor de Relações do Trabalho da unidade regional do MTE onde foi efetuado o protocolo do pedido, mediante recibo e a devolução do certificado original para anexação aos autos.

Art. 8º No caso de extravio, perda, roubo ou inutilização do certificado original, a empresa poderá solicitar a emissão de segunda via por meio de requerimento dirigido à Divisão de Registro de Empresa de Trabalho Temporário, acompanhado de boletim de ocorrência policial, se for o caso.

Art. 9º O cancelamento do registro de empresa de trabalho temporário deverá ser solicitado na forma do art. 2º e *caput* do art. 3º, devendo acompanhar a solicitação de cancelamento os seguintes documentos:

I – cópia do requerimento de empresário ou do contrato social e suas alterações ou versão consolidada, devidamente registrados na Junta Comercial, do qual conste o nome empresarial e o nome de fantasia, se houver; e

II – original do certificado de registro de empresa de trabalho temporário.

Art. 10. O registro de empresa de trabalho temporário será cancelado de ofício, quando for comprovada cobrança de qualquer importância ao trabalhador, conforme parágrafo único do art. 18 da Lei 6.019, de 1974, observado o direito à ampla defesa.

Art. 11. As cópias deverão ser autenticadas ou apresentadas juntamente com os documentos originais para comparação pelo servidor da unidade regional do MTE que as receber, que nelas deverá consignar seu nome e matrícula.

Art. 12. Os processos serão arquivados na unidade regional do MTE em que foram protocolizados, devendo a Seção ou Setor de Relações do Trabalho anexar aos autos o certificado original previsto no § 3º do art. 7º.

Art. 13. A empresa de trabalho temporário fica autorizada a exercer suas atividades nas localidades onde possuir filiais, agências ou escritórios registrados no MTE.

Parágrafo único. As atividades poderão ser exercidas nas localidades onde não houver filial, agência ou escritório, desde que a empresa de trabalho temporário informe, no SIRETT, os dados de contrato firmado com a empresa tomadora ou cliente.

Art. 14. As fases dos procedimentos processuais ficarão disponíveis na página eletrônica do MTE na internet para acompanhamento pela empresa.

Art. 15. Esta Instrução Normativa entra em vigor na data de sua publicação.

Art. 16. Fica revogada a Instrução Normativa 7, de 22 de novembro de 2007, publicada no *Diário Oficial da União* de 22 de novembro de 2007.

Luiz Antonio de Medeiros

(*DOU* 18.11.2009)

PORTARIA 550, DE 12 DE MARÇO DE 2010, DO MINISTÉRIO DO TRABALHO E EMPREGO – MTE

- V. Instrução Normativa SRT/MTE 14/2009 (Registro de empresas de trabalho temporário).

O Ministro de Estado do Trabalho e Emprego, no uso das atribuições que lhe confere o art. 87, parágrafo único, inciso II, da Constituição Federal, e tendo em vista o disposto nos arts. 8º e 10 da Lei 6.019, de 3 de janeiro de 1974, e no art. 27 do Decreto 73.841, de 13 de março de 1974, resolve:

Art. 1º Estabelecer instruções para a prorrogação do contrato de trabalho temporário, para a celebração deste por período superior a 3 (três) meses e para o fornecimento de dados relacionados ao estudo do mercado de trabalho.

Art. 2º O contrato entre a empresa de trabalho temporário e a empresa tomadora ou cliente, em relação a um mesmo empregado, deve ser necessariamente por escrito e conter expressamente o prazo de duração, que não pode exceder de 3 (três) meses.

Port. MTE 550/2010

TRABALHO TEMPORÁRIO

Parágrafo único. Mediante autorização prévia do órgão regional do Ministério do Trabalho e Emprego – MTE, o prazo de vigência do contrato poderá ser ampliado para até 6 (seis) meses, quando:

I – houver prorrogação do contrato de trabalho temporário, limitada a uma única vez;

II – ocorrerem circunstâncias que justifiquem a celebração do contrato de trabalho temporário por período superior a 3 (três) meses.

Art. 3º A empresa de trabalho temporário deverá solicitar a autorização prevista no parágrafo único do art. 2º desta Portaria à Seção ou Setor de Relações do Trabalho – Seret da Superintendência Regional do Trabalho e Emprego do estado da Federação onde for prestado o serviço.

Art. 4º A solicitação deverá ser feita por intermédio da página eletrônica do MTE, no endereço www.mte.gov.br, por meio do Sistema de Registro de Empresa de Trabalho Temporário – Sirett.

§ 1º A solicitação para a prorrogação de contrato de trabalho temporário deve ser feita até o penúltimo dia anterior ao termo final do contrato.

§ 2 º Nos contratos previstos no inciso II do art. 2º, a solicitação deve ser feita até 2 (dois) dias antes de seu início.

Art. 5º A empresa de trabalho temporário deverá acessar o Sirett, preencher os dados requeridos pelo Sistema e transmitir a solicitação via eletrônica.

Parágrafo único. A transmissão ensejará o envio automático de mensagem ao correio eletrônico – *e-mail* da chefia da Seret ou de servidor por ela formalmente designado, do estado indicado pela empresa de trabalho temporário para a autorização.

• Parágrafo único com redação determinada pela Portaria MTE 1.100/2010.

Art. 6º A concessão de autorização constar á de certificado gerado pelo Sirett, que será enviado para o *e-mail* da empresa de trabalho temporário constante de seu registro no Ministério do Trabalho e Emprego.

Parágrafo único. Cabe à Superintendência Regional do Trabalho e Emprego, se julgar necessário, empreender ação fiscal para verificação da veracidade dos dados informados pela empresa de trabalho temporário.

Art. 7º A partir de 1º de maio de 2010 as empresas de trabalho temporário deverão informar mensalmente ao MTE, por meio do Sirett, os contratos de trabalho temporários celebrados e prorrogados no mês anterior, com os dados identificadores da tomadora, do empregado e o motivo da contratação, para fins de estudo do mercado de trabalho temporário, conforme previsto no art. 8º da Lei 6.019, de 1974.

§ 1º As empresas de trabalho temporário ficam dispensadas de informar, na forma do *caput* deste artigo, os contratos já incluídos no Sirett em face de autorizações para contratação por período superior a 3 (três) meses e para prorrogação do contrato inicial.

§ 2º A falta de envio das informações previstas no *caput* deste artigo consiste em infração ao art. 8º da Lei 6.019, de 1974, e implicará aplicação de multa, conforme dispõe o art. 3º, inciso III, da Lei 7.855, de 24 de outubro de 1989.

Art. 8º Fica revogada a Portaria 574, de 22 de novembro de 2007.

Art. 9º Esta Portaria entra em vigor na data de sua publicação.

Carlos Roberto Lupi

(*DOU* 15.03.2010)

Trabalho Voluntário

LEI 9.608, DE 18 DE FEVEREIRO DE 1998

Dispõe sobre o serviço voluntário e dá outras providências.

O Presidente da República:
Faço saber que o Congresso Nacional decreta e eu sanciono a seguinte Lei:

Art. 1º Considera-se serviço voluntário, para os fins desta Lei, a atividade não remunerada, prestada por pessoa física a entidade pública de qualquer natureza, ou a instituição privada de fins não lucrativos, que tenha objetivos cívicos, culturais, educacionais, científicos, recreativos ou de assistência social, inclusive mutualidade.

Parágrafo único. O serviço voluntário não gera vínculo empregatício, nem obrigação de natureza trabalhista, previdenciária ou afim.

Art. 2º O serviço voluntário será exercido mediante a celebração de termo de adesão entre a entidade, pública ou privada, e o prestador do serviço voluntário, dele devendo constar o objeto e as condições de seu exercício.

Art. 3º O prestador do serviço voluntário poderá ser ressarcido pelas despesas que comprovadamente realizar no desempenho das atividades voluntárias.

Parágrafo único. As despesas a serem ressarcidas deverão estar expressamente autorizadas pela entidade a que for prestado o serviço voluntário.

Art. 3º-A. *(Revogado, a partir de 1º.01.2008, pela Lei 11.692/2008 – DOU 11.06.2008.)*

Art. 4º Esta Lei entra em vigor na data de sua publicação.

Art. 5º Revogam-se as disposições em contrário.

Brasília, 18 de fevereiro de 1998; 177º da Independência e 110º da República.
Fernando Henrique Cardoso

(*DOU* 19.02.1998)

Trabalho Voluntário

LEI 9.608,
DE 18 DE FEVEREIRO DE 1998

Dispõe sobre o serviço voluntário e dá outras providências.

O Presidente da República,

Faço saber que o Congresso Nacional decreta e eu sanciono a seguinte Lei:

Art. 1º Considera-se serviço voluntário, para os fins desta Lei, a atividade não remunerada, prestada por pessoa física a entidade de publica de qualquer natureza, ou a instituição privada de fins não lucrativos, que tenha objetivos cívicos, culturais, educacionais, científicos, recreativos, ou de assistência social, inclusive mutualidade.

Parágrafo único. O serviço voluntário não gera vínculo empregatício, nem obrigação de natureza trabalhista, previdenciária ou afim.

Art. 2º O serviço voluntário será exercido mediante a celebração de termo de adesão entre a entidade, pública ou privada, e o prestador do serviço voluntário, dele devendo constar o objeto e as condições de seu exercício.

Art. 3º O prestador do serviço voluntário poderá ser ressarcido pelas despesas que comprovadamente realizar no desempenho das atividades voluntárias.

Parágrafo único. As despesas a serem ressarcidas deverão estar expressamente autorizadas pela entidade a que for prestado o serviço voluntário.

Art. 3º-A. (Revogado) a partir de 1º.01.2008, pela Lei 11.692/2008 – DOU 11.06.2008.)

Art. 4º Esta Lei entra em vigor na data de sua publicação.

Art. 5º Revogam-se as disposições em contrário.

Brasília, 18 de fevereiro de 1998, 177º da Independência e 110º da República.

Fernando Henrique Cardoso

(DOU 19.02.1998)

VALE-TRANSPORTE

LEI 7.418, DE 16 DE DEZEMBRO DE 1985

Institui o vale-transporte e dá outras providências.

- Lei regulamentada pelo Dec. 95.247/1987.

O Presidente da República:
Faço saber que o Congresso Nacional decreta e eu sanciono a seguinte Lei:

Art. 1° Fica instituído o Vale-Transporte *(vetado)* que o empregador, pessoa física ou jurídica, antecipará ao empregado para utilização efetiva em despesas de deslocamento residência-trabalho e vice-versa, através do sistema de transporte coletivo público, urbano ou intermunicipal e/ou interestadual com características semelhantes aos urbanos, geridos diretamente ou mediante concessão ou permissão de linhas regulares e com tarifas fixadas pela autoridade competente, excluídos os serviços seletivos e os especiais.

- *Caput* com redação determinada pela Lei 7.619/1987.

§ 1° Equiparam-se ao trabalhador referido no *caput* deste artigo, para os benefícios desta Lei, os servidores públicos da Administração Federal direta ou indireta.

- § 1° com eficácia suspensa por força da MP 2.165-36/2001.

§ 2° *(Revogado pela Lei 7.619/1987.)*

Art. 2° O Vale-Transporte, concedido nas condições e limites definidos nesta Lei, no que se refere à contribuição do empregador:

- Primitivo art. 3° renumerado pela Lei 7.619/1987.

a) não tem natureza salarial, nem se incorpora à remuneração para quaisquer efeitos;
b) não constitui base de incidência de contribuição previdenciária ou de Fundo de Garantia do Tempo de Serviço;
c) não se configura como rendimento tributável do trabalhador.

Art. 3° Sem prejuízo da dedução como despesa operacional, a pessoa jurídica poderá deduzir, do Imposto de Renda devido, valor equivalente à aplicação da alíquota cabível do imposto de renda sobre o valor das despesas comprovadamente realizadas, no período base, na concessão do Vale-Transporte, na forma em que dispuser o regulamento desta Lei.

- Artigo com eficácia suspensa por força da MP 2.189-49/2001. V. nova redação ao art. 82, II, *f*, da Lei 9.532/1997.
- Primitivo art. 4° renumerado pela Lei 7.619/1987.

Parágrafo único. A dedução a que se refere este artigo, em conjunto com as de que tratam as Leis 6.297, de 15 de dezembro de 1975, e 6.321, de 14 de abril de 1976, não poderá reduzir o imposto devido em mais de 10% (dez por cento), observado o que dispõe o § 3° do art. 1° do Decreto-lei 1.704, de 23 de outubro de 1979, podendo o eventual excesso ser aproveitado por dois exercícios subsequentes.

Art. 4° A concessão do benefício ora instituído implica a aquisição pelo empregador dos Vales-Transporte necessários aos deslocamentos do trabalhador no percurso residência-trabalho e vice-versa, no serviço de transporte que melhor se adeque.

- Primitivo art. 5° renumerado pela Lei 7.619/1987.
- V. art. 10, parágrafo único, MP 2.189-49/2001 (Restabelece os efeitos deste artigo, permitindo a dedução dos correspondentes gastos como despesa operacional).

Parágrafo único. O empregador participará dos gastos de deslocamento do trabalhador com a ajuda de custo equivalente à parcela que exceder a 6% (seis por cento) de seu salário básico.

Art. 5° A empresa operadora do sistema de transporte coletivo público fica obrigada a emitir e a comercializar o Vale-Transporte, ao preço da tarifa vigente, colocando-o à disposição dos empregadores em geral e assumindo os custos dessa obrigação, sem repassá-los para a tarifa desses serviços.

- Primitivo *caput* do art. 6° renumerado pela Lei 7.619/1987.

Dec. 95.247/1987

VALE-TRANSPORTE

§ 1º Nas regiões metropolitanas, aglomerações urbanas e microrregiões, será instalado, pelo menos, um posto de vendas para cada grupo de 100.000 (cem mil) habitantes na localidade, que comercializará todos os tipos de Vale-Transporte.

- § 1º com redação determinada pela Lei 7.855/1989.

§ 2º Fica facultado à empresa operadora delegar a emissão e a comercialização do Vale-Transporte, bem como consorciar-se em central de vendas, para efeito de cumprimento do disposto nesta Lei.

- Primitivo § 2º renumerado pela Lei 7.619/1987.

§ 3º Para fins de cálculo do valor do Vale-Transporte, será adotada a tarifa integral do deslocamento do trabalhador, sem descontos, mesmo que previstos na legislação local.

- Primitivo § 3º renumerado pela Lei 7.619/1987.

Art. 6º O poder concedente fixará as sanções a serem aplicadas à empresa operadora que comercializar o vale diretamente ou através de delegação, no caso de falta ou insuficiência de estoque de Vales-Transporte necessários ao atendimento da demanda e ao funcionamento do sistema.

- Primitivo art. 7º renumerado pela Lei 7.619/1987.

Art. 7º Ficam resguardados os direitos adquiridos do trabalhador, se superiores aos instituídos nesta Lei, vedada a cumulação de vantagens.

- Primitivo art. 8º renumerado pela Lei 7.619/1987.

Art. 8º Asseguram-se os benefícios desta Lei ao empregador que proporcionar, por meios próprios ou contratados, em veículos adequados ao transporte coletivo, o deslocamento integral de seus trabalhadores.

- Primitivo art. 9º renumerado pela Lei 7.619/1987.

Art. 9º Os Vales-Transporte anteriores perdem sua validade decorridos 30 (trinta) dias da data de reajuste tarifário.

- Primitivo art. 10 renumerado pela Lei 7.619/1987.

Art. 10. O Poder Executivo regulamentará a presente Lei no prazo de 45 (quarenta e cinco) dias.

- Primitivo art. 11 renumerado pela Lei 7.619/1987.

Art. 11. Esta Lei entra em vigor na data de sua publicação.

- Primitivo art. 12 renumerado pela Lei 7.619/1987.

Art. 12. Revogam-se as disposições em contrário.

- Primitivo art. 13 renumerado pela Lei 7.619/1987.

Brasília, 16 de dezembro de 1985; 164º da Independência e 97º da República.
José Sarney

(*DOU* 17.12.1985)

DECRETO 95.247,
DE 17 DE NOVEMBRO DE 1987

Regulamenta a Lei 7.418, de 16 de dezembro de 1985, que institui o vale-transporte, com a alteração da Lei 7.619, de 30 de setembro de 1987.

O Presidente da República, no uso da atribuição que lhe confere o art. 81, item III, da Constituição, e tendo em vista o disposto na Lei 7.418, de 16 de dezembro de 1985, alterada pela Lei 7.019, de 30 de setembro de 1987, decreta:

Capítulo I
DOS BENEFICIÁRIOS E DO BENEFÍCIO
DO VALE-TRANSPORTE

Art. 1º São beneficiários do Vale-Transporte, nos termos da Lei 7.418, de 16 de dezembro de 1985, os trabalhadores em geral, tais como:

- *Caput* com redação determinada pelo Dec. 2.880/1998.

I – os empregados, assim definidos no art. 3º da Consolidação das Leis do Trabalho;

II – os empregados domésticos, assim definidos na Lei 5.859, de 11 de dezembro de 1972;

III – os trabalhadores de empresas de trabalho temporário, de que trata a Lei 6.019, de 3 de janeiro de 1974;

IV – os empregados a domicílio, para os deslocamentos indispensáveis à prestação do trabalho, percepção de salários e os necessários ao desenvolvimento das relações com o empregador;

Dec. 95.247/1987

VALE-TRANSPORTE

V – os empregados do subempreiteiro, em relação a este e ao empreiteiro principal, nos termos do art. 455 da Consolidação das Leis do Trabalho;

VI – os atletas profissionais de que trata a Lei 6.354, de 2 de setembro de 1976;

- A Lei 6.354/1976 foi revogada pela Lei 12.395/2011.

VII – *(Revogado pelo Dec. 2.880/1998.)*

Parágrafo único. Para efeito deste Decreto, adotar-se-á a denominação beneficiário para identificar qualquer uma das categorias mencionadas nos diversos incisos deste artigo.

Art. 2º O Vale-Transporte constitui benefício que o empregador antecipará ao trabalhador para utilização efetiva em despesas de deslocamento residência-trabalho e vice-versa.

Parágrafo único. Entende-se como deslocamento a soma dos segmentos componentes da viagem do beneficiário, por um ou mais meios de transporte, entre sua residência e o local de trabalho.

Art. 3º O Vale-Transporte é utilizável em todas as formas de transporte coletivo público urbano ou, ainda, intermunicipal e interestadual com características semelhantes ao urbano, operado diretamente pelo poder público ou mediante delegação, em linhas regulares e com tarifas fixadas pela autoridade competente.

Parágrafo único. Excluem-se do disposto neste artigo os serviços seletivos e os especiais.

Art. 4º Está exonerado da obrigatoriedade do Vale-Transporte o empregador que proporcionar, por meios próprios ou contratados, em veículos adequados ao transporte coletivo, o deslocamento, residência-trabalho e vice-versa, de seus trabalhadores.

Parágrafo único. Caso o empregador forneça ao beneficiário transporte próprio ou fretado que não cubra integralmente os deslocamentos deste, o Vale-Transporte deverá ser aplicado para os segmentos da viagem não abrangidos pelo referido transporte.

Art. 5º É vedado ao empregador substituir o Vale-Transporte por antecipação em dinheiro ou qualquer outra forma de pagamento, ressalvado o disposto no parágrafo único deste artigo.

Parágrafo único. No caso de falta ou insuficiência de estoque de Vale-Transporte, necessário ao atendimento da demanda e ao funcionamento do sistema, o beneficiário será ressarcido pelo empregador, na folha de pagamento imediata, da parcela correspondente, quando tiver efetuado, por conta própria, a despesa para seu deslocamento.

Art. 6º O Vale-Transporte, no que se refere à contribuição do empregador:

I – não tem natureza salarial, nem se incorpora à remuneração do beneficiário para quaisquer efeitos;

II – não constitui base de incidência de contribuição previdenciária ou do Fundo de Garantia do Tempo de Serviço;

III – não é considerado para efeito de pagamento da Gratificação de Natal (Lei 4.090, de 13 de julho de 1962, e art. 7º do Dec.-lei 2.310, de 22 de dezembro de 1986);

IV – não configura rendimento tributável do beneficiário.

Capítulo II
DO EXERCÍCIO DO DIREITO DO VALE-TRANSPORTE

Art. 7º Para o exercício do direito de receber o Vale-Transporte o empregado informará ao empregador, por escrito:

I – seu endereço residencial;

II – os serviços e meios de transporte mais adequados ao seu deslocamento residência-trabalho e vice-versa.

§ 1º A informação de que trata este artigo será atualizada anualmente ou sempre que ocorrer alteração das circunstâncias mencionadas nos itens I e II, sob pena de suspensão do benefício até o cumprimento dessa exigência.

§ 2º O beneficiário firmará compromisso de utilizar o Vale-Transporte exclusivamente para seu efetivo deslocamento residência-trabalho e vice-versa.

§ 3º A declaração falsa ou o uso indevido do Vale-Transporte constituem falta grave.

Dec. 95.247/1987

VALE-TRANSPORTE

Art. 8º É vedada a acumulação do benefício com outras vantagens relativas ao transporte do beneficiário, ressalvado o disposto no parágrafo único do art. 4º deste Decreto.

Art. 9º O Vale-Transporte será custeado:
I – pelo beneficiário, na parcela equivalente a 6% (seis por cento) de seu salário básico ou vencimento, excluídos quaisquer adicionais ou vantagens;
II – pelo empregador, no que exceder à parcela referida no item anterior.
Parágrafo único. A concessão do Vale-Transporte autorizará o empregador a descontar mensalmente, do beneficiário que exercer o respectivo direito, o valor da parcela de que trata o item I deste artigo.

Art. 10. O valor da parcela a ser suportada pelo beneficiário será descontado proporcionalmente à quantidade de Vale-Transporte concedida para o período a que se refere o salário ou vencimento e por ocasião de seu pagamento, salvo estipulação em contrário, em convenção ou acordo coletivo de trabalho, que favoreça o beneficiário.

Art. 11. No caso em que a despesa com o deslocamento do beneficiário for inferior a 6% (seis por cento) do salário básico ou vencimento, o empregado poderá optar pelo recebimento antecipado do Vale-Transporte, cujo valor será integralmente descontado por ocasião do pagamento do respectivo salário ou vencimento.

Art. 12. A base de cálculo para determinação da parcela a cargo do beneficiário será:
I – o salário básico ou vencimento mencionado no item I do art. 9º deste Decreto; e
II – o montante percebido no período, para os trabalhadores remunerados por tarefa ou serviço feito ou quando se tratar de remuneração constituída exclusivamente de comissões, percentagens, gratificações, gorjetas ou equivalentes.

Capítulo III
DA OPERACIONALIZAÇÃO DO VALE-TRANSPORTE

Art. 13. O poder concedente ou órgão de gerência com jurisdição sobre os serviços de transporte coletivo urbano, respeitada a lei federal, expedirá normas complementares para operacionalização do sistema do Vale-Transporte, acompanhando seu funcionamento e efetuando o respectivo controle.

Art. 14. A empresa operadora do sistema de transporte coletivo público fica obrigada a emitir e comercializar o Vale-Transporte ao preço da tarifa vigente, colocando-o à disposição dos empregadores em geral e assumindo os custos dessa obrigação, sem repassá-los para a tarifa dos serviços.
§ 1º A emissão e a comercialização do Vale-Transporte poderão também ser efetuadas pelo órgão de gerência ou pelo poder concedente, quando este tiver a competência legal para emissão de passes.
§ 2º Na hipótese do parágrafo precedente, é vedada a emissão e comercialização de Vale-Transporte simultaneamente pelo poder concedente e pelo órgão de gerência.
§ 3º A delegação ou transferência da atribuição de emitir e comercializar o Vale-Transporte não elide a proibição de repassar os custos respectivos para a tarifa dos serviços.

Art. 15. Havendo delegação da emissão e comercialização de Vale-Transporte, ou constituição de consórcio, as empresas operadoras submeterão os respectivos instrumentos ao poder concedente ou órgão de gerência para homologação dos procedimentos instituídos.

Art. 16. Nas hipóteses do artigo anterior, as empresas operadoras permanecerão solidariamente responsáveis com a pessoa jurídica delegada ou pelos atos do consórcio, em razão de eventuais faltas ou falhas no serviço.

Art. 17. O responsável pela emissão e comercialização do Vale-Transporte deverá manter estoques compatíveis com os níveis de demanda.

Art. 18. A comercialização do Vale-Transporte dar-se-á em centrais ou postos de venda estrategicamente distribuídos na cidade onde serão utilizados.
Parágrafo único. Nos casos em que o sistema local de transporte público for operado por diversas empresas ou por meios di-

VALE-TRANSPORTE

ferentes, com ou sem integração, os postos de vendas referidos neste artigo deverão comercializar todos os tipos de Vale-Transporte.

Art. 19. A concessão do benefício obriga o empregador a adquirir Vale-Transporte em quantidade e tipo de serviço que melhor se adequar ao deslocamento do beneficiário.

Parágrafo único. A aquisição será feita antecipadamente e à vista, proibidos quaisquer descontos e limitada à quantidade estritamente necessária ao atendimento dos beneficiários.

Art. 20. Para cálculo do valor do Vale-Transporte, será adotada a tarifa integral, relativa ao deslocamento do beneficiário, por um ou mais meios de transporte, mesmo que a legislação local preveja descontos.

Parágrafo único. Para fins do disposto neste artigo, não são consideradas descontos as reduções tarifárias decorrentes de integração de serviços.

Art. 21. A venda do Vale-Transporte será comprovada mediante recibo sequencialmente numerado, emitido pela vendedora em duas vias, uma das quais ficará com a compradora, contendo:
I – o período a que se referem;
II – a quantidade de Vale-Transporte vendida e de beneficiários a quem se destina;
III – o nome, endereço e número de inscrição da compradora no Cadastro Geral de Contribuintes no Ministério da Fazenda – CGCMF.

Art. 22. O Vale-Transporte poderá ser emitido conforme as peculiaridades e as conveniências locais, para utilização por:
I – linhas;
II – empresa;
III – sistema;
IV – outros níveis recomendados pela experiência local.

Art. 23. O responsável pela emissão e comercialização do Vale-Transporte poderá adotar a forma que melhor lhe convier à segurança e facilidade de distribuição.

Parágrafo único. O Vale-Transporte poderá ser emitido na forma de bilhetes simples ou múltiplos, talões, cartelas, fichas ou quaisquer processos similares.

Art. 24. Quando o Vale-Transporte for emitido para utilização num sistema determinado de transporte ou para valer entre duas ou mais operadoras, será de aceitação compulsória, nos termos de acordo a ser previamente firmado.

§ 1º O responsável pela emissão e comercialização do Vale-Transporte pagará às empresas operadoras os respectivos créditos no prazo de 24 (vinte e quatro) horas, facultado às partes pactuar prazo maior.

§ 2º O responsável pela emissão e comercialização do Vale-Transporte deverá apresentar, mensalmente, demonstrativos financeiros dessa atividade, ao órgão de gerência que observará o disposto no art. 28.

Art. 25. As empresas operadoras são obrigadas a manter permanentemente um sistema de registro e controle do número do Vale-Transporte emitido, comercializado e utilizado, ainda que a atividade seja exercida por delegação ou por intermédio de consórcio.

Art. 26. No caso de alteração na tarifa de serviços, o Vale-Transporte poderá:
I – ser utilizado pelo beneficiário, dentro do prazo a ser fixado pelo poder concedente; e
II – ser trocado, sem ônus, pelo empregador, no prazo de 30 (trinta) dias, contados da data em que a tarifa sofrer alteração.

Capítulo IV
DOS PODERES CONCEDENTES E ÓRGÃOS DE GERÊNCIA

Art. 27. O poder concedente ou órgão de gerência, na área de sua jurisdição, definirá:
I – o transporte intermunicipal ou interestadual com características semelhantes ao urbano;
II – os serviços seletivos e os especiais.

Art. 28. O poder concedente ou órgão de gerência fornecerá, mensalmente, ao órgão federal competente, informações estatísticas que permitam avaliação nacional, em caráter permanente, da utilização do Vale-Transporte.

Art. 29. As operadoras informarão, mensalmente, nos termos exigidos pelas normas

locais, o volume de Vale-Transporte emitido, comercializado e utilizado, a fim de permitir a avaliação local do sistema, além de outros dados que venham a ser julgados convenientes a esse objetivo.

Art. 30. Nos atos de concessão, permissão ou autorização serão previstas sanções às empresas operadoras que emitirem ou comercializarem o Vale-Transporte diretamente, por meio de delegação ou consórcio, em quantidade insuficiente ao atendimento da demanda.

Parágrafo único. As sanções serão estabelecidas em valor proporcional às quantidades solicitadas e não fornecidas, agravando-se em caso de reincidência.

Capítulo V
DOS INCENTIVOS FISCAIS

Art. 31. O valor efetivamente pago e comprovado pelo empregador, pessoa jurídica, na aquisição de Vale-Transporte, poderá ser deduzido como despesa operacional, na determinação do lucro real, no período base de competência da despesa.

Art. 32. Sem prejuízo da dedução prevista no artigo anterior, a pessoa jurídica empregadora poderá deduzir do Imposto de Renda devido valor equivalente à aplicação da alíquota cabível do Imposto de Renda sobre o montante das despesas comprovadamente realizadas, no período base, na concessão do Vale-Transporte.

Parágrafo único. A dedução a que se refere este artigo, em conjunto com as de que tratam as Leis 6.297, de 15 de dezembro de 1975, e 6.321, de 14 de abril de 1976, não poderá reduzir o imposto devido em mais de 10% (dez por cento), observado o que dispõe o § 3º do art. 1º do Dec.-lei 1.704, de 23 de outubro de 1979, podendo o eventual excesso ser aproveitado nos dois exercícios subsequentes.

Art. 33. Ficam assegurados os benefícios de que trata este Decreto ao empregador que, por meios próprios ou contratados com terceiros, proporcionar aos seus trabalhadores o deslocamento residência-trabalho e vice-versa, em veículos adequados ao transporte coletivo, inclusive em caso de complementação do Vale-Transporte.

Parágrafo único. O disposto neste artigo não se aplica nas contratações de transporte diretamente com empregados, servidores, diretores, administradores e pessoas ligadas ao empregador.

Art. 34. A pessoa jurídica empregadora deverá registrar em contas específicas que possibilitem determinar, com clareza e exatidão em sua contabilidade, as despesas efetivamente realizadas na aquisição do Vale-Transporte ou, na hipótese do artigo anterior, os dispêndios e encargos com o transporte do beneficiário, tais como aquisição de combustível, manutenção, reparos e depreciação dos veículos próprios, destinados exclusivamente ao transporte dos empregados, bem assim os gastos com as empresas contratadas para esse fim.

Parágrafo único. A parcela de custo, equivalente a 6% (seis por cento) do salário básico do empregado, que venha a ser recuperada pelo empregador, deverá ser deduzida do montante das despesas efetuadas no período base, mediante lançamento a crédito das contas que registrem o montante dos custos relativos ao benefício concedido.

Capítulo VI
DISPOSIÇÕES FINAIS

Art. 35. Os atos de concessão, permissão e autorização vigentes serão revistos para cumprimento do disposto no art. 30 deste Regulamento.

Art. 36. Este Decreto entra em vigor na data de sua publicação.

Art. 37. Revogam-se as disposições em contrário e em especial o Decreto 92.180, de 19 de dezembro de 1985.

Brasília, 17 de novembro de 1987; 166º da Independência e 99º da República.
José Sarney

(*DOU* 18.11.1987)

VENDEDORES

LEI 3.207, DE 18 DE JULHO DE 1957

Regulamenta as atividades dos empregados vendedores, viajantes ou pracistas.

O Presidente da República:
Faço saber que o Congresso Nacional decreta e eu sanciono a seguinte Lei:

Art. 1º As atividades dos empregados vendedores, viajantes ou pracistas, serão reguladas pelos preceitos desta Lei, sem prejuízo das normas estabelecidas na Consolidação das Leis do Trabalho – Decreto-lei 5.452, de 1º de maio de 1943 – no que lhes for aplicável.

Art. 2º O empregado vendedor terá direito à comissão avençada sobre as vendas que realizar. No caso de lhe ter sido reservada, expressamente, com exclusividade, uma zona de trabalho, terá esse direito sobre as vendas ali realizadas diretamente pela empresa ou por um preposto desta.

§ 1º A zona de trabalho do empregado vendedor poderá ser ampliada ou restringida de acordo com a necessidade da empresa, respeitados os dispositivos desta Lei quanto à irredutibilidade da remuneração.

§ 2º Sempre que, por conveniência da empresa empregadora, for o empregado viajante transferido da zona de trabalho, com redução de vantagens, ser-lhe-á assegurado, como mínimo de remuneração, um salário correspondente à média dos doze últimos meses anteriores à transferência.

Art. 3º A transação será considerada aceita se o empregador não a recusar por escrito, dentro de 10 (dez) dias, contados da data da proposta. Tratando-se de transação a ser concluída com comerciante ou empresa estabelecida noutro Estado ou no estrangeiro, o prazo para aceitação ou recusa da proposta de venda será de 90 (noventa) dias, podendo, ainda, ser prorrogado, por tempo determinado, mediante comunicação escrita feita ao empregado.

Art. 4º O pagamento de comissões e percentagens deverá ser feito mensalmente, expedindo a empresa, no fim de cada mês, a conta respectiva com as cópias das faturas correspondentes aos negócios concluídos.

Parágrafo único. Ressalva-se às partes interessadas fixar outra época para o pagamento de comissões e percentagens, o que, no entanto, não poderá exceder a um trimestre, contado da aceitação do negócio, sendo sempre obrigatória a expedição, pela empresa, da conta referida neste artigo.

Art. 5º Nas transações em que a empresa se obrigar por prestações sucessivas, o pagamento das comissões e percentagens será exigível de acordo com a ordem de recebimento das mesmas.

Art. 6º A cessação das relações de trabalho, ou a inexecução voluntária do negócio pelo empregador, não prejudicará percepção das comissões e percentagens devidas.

Art. 7º Verificada a insolvência do comprador, cabe ao empregador o direito de estornar a comissão que houver pago.

Art. 8º Quando for prestado serviço de inspeção e fiscalização pelo empregado vendedor, ficará a empresa vendedora obrigada ao pagamento adicional de 1/10 (um décimo) da remuneração atribuída ao mesmo.

Art. 9º O empregado vendedor viajante não poderá permanecer em viagem por tempo superior a 6 (seis) meses consecutivos. Em seguida a cada viagem haverá um intervalo para descanso, calculado na base de 3 (três) dias por mês da viagem realizada, não podendo, porém, ultrapassar o limite de 15 (quinze) dias.

Lei 3.207/1957

VENDEDORES

Art. 10. Caracterizada a relação de emprego, aplicam-se os preceitos desta Lei a quantos exercerem funções iguais, semelhantes ou equivalentes aos empregados viajantes, embora sob outras designações.

Art. 11. Esta Lei entrará em vigor na data de sua publicação, revogadas as disposições em contrário.

Rio de Janeiro, 18 de julho de 1957; 136º da Independência e 69º da República.

Juscelino Kubitschek

(*DOU* 22.07.1957)

LEGISLAÇÃO PROCESSUAL TRABALHISTA

LEI 1.060, DE 5 DE FEVEREIRO DE 1950

Estabelece normas para a concessão de assistência judiciária aos necessitados.

O Presidente da República:
Faço saber que o Congresso Nacional decreta e eu sanciono a seguinte Lei:

Art. 1º Os poderes públicos federal e estadual, independentemente da colaboração que possam receber dos municípios e da Ordem dos Advogados do Brasil – OAB, concederão assistência judiciária aos necessitados, nos termos desta Lei *(vetado)*.

- Artigo com redação determinada pela Lei 7.510/1986.
- V. art. 5º, LXXIV, CF.
- V. art. 19, CPC.
- V. arts. 1º, §§ 2º a 4º, e 2º, § 3º, Lei 5.478/1968 (Ação de alimentos).
- V. arts. 22, § 1º, e 34, XII, Lei 8.906/1994 (Estatuto da Advocacia e da OAB).
- V. arts. 62 e 63, RISTF.
- V. arts. 114 a 116, RISTJ.

Art. 2º Gozarão dos benefícios desta Lei os nacionais ou estrangeiros residentes no País que necessitarem recorrer à justiça penal, civil, militar ou do trabalho.

- V. art. 85, Lei 6.815/1980 (Estatuto do Estrangeiro).

Parágrafo único. Considera-se necessitado, para os fins legais, todo aquele cuja situação econômica não lhe permita pagar as custas do processo e os honorários de advogado, sem prejuízo do sustento próprio ou da família.

Art. 3º A assistência judiciária compreende as seguintes isenções:
I – das taxas judiciárias e dos selos;

- V. arts. 19 e 268, CPC.

II – dos emolumentos e custas devidos aos juízes, órgãos do Ministério Público e serventuários da justiça;

III – das despesas com as publicações indispensáveis no jornal encarregado da divulgação dos atos oficiais;

IV – das indenizações devidas às testemunhas que, quando empregados, receberão do empregador salário integral, como se em serviço estivessem, ressalvado o direito regressivo contra o poder público federal, no Distrito Federal e nos Territórios, ou contra o poder público estadual, nos Estados;

- V. art. 419, CPC.

V – dos honorários de advogado e peritos;

- V. art. 129, parágrafo único, Lei 8.213/1991 (Planos de Benefícios da Previdência Social).
- V. art. 62, II, *d*, Lei 8.245/1991 (Locação de imóveis urbanos).

VI – das despesas com a realização do exame de código genético – DNA que for requisitado pela autoridade judiciária nas ações de investigação de paternidade ou maternidade;

- Inciso VI acrescentado pela Lei 10.317/2001.

VII – dos depósitos previstos em lei para interposição de recurso, ajuizamento de ação e demais atos processuais inerentes ao exercício da ampla defesa e do contraditório.

- Inciso VII acrescentado pela LC 132/2009.

Parágrafo único. A publicação de edital em jornal encarregado da divulgação de atos oficiais, na forma do inciso III, dispensa a publicação em outro jornal.

- Parágrafo único acrescentado pela Lei 7.288/1984.
- V. art. 687, § 1º, CPC.

Art. 4º A parte gozará dos benefícios da assistência judiciária, mediante simples afirmação, na própria petição inicial, de que não está em condições de pagar as custas do processo e os honorários de advogado, sem prejuízo próprio ou de sua família.

- *Caput* com redação determinada pela Lei 7.510/1986.
- V. arts. 1º e 2º, Lei 7.115/1983 (Prova documental).

§ 1º Presume-se pobre, até prova em contrário, quem afirmar essa condição nos termos desta Lei, sob pena de pagamento até o décuplo das custas judiciais.

Lei 1.060/1950

LEGISLAÇÃO PROCESSUAL

- § 1º com redação determinada pela Lei 7.510/1986.

§ 2º A impugnação do direito à assistência judiciária não suspende o curso do processo e será feita em autos apartados.

- § 2º com redação determinada pela Lei 7.510/1986.

§ 3º A apresentação da carteira de trabalho e previdência social, devidamente legalizada, onde o juiz verificará a necessidade da parte, substituirá os atestados exigidos nos §§ 1º e 2º deste artigo.

- § 3º acrescentado pela Lei 6.654/1979.
- Mantivemos o § 3º, pois a Lei 7.510/1986, ao dar nova redação ao artigo, não excluiu este parágrafo, apesar de incompatível com o novo texto.

Art. 5º O juiz, se não tiver fundadas razões para indeferir o pedido, deverá julgá-lo de plano, motivando ou não o deferimento dentro do prazo de 72 (setenta e duas) horas.

§ 1º Deferido o pedido, o juiz determinará que o serviço de assistência judiciária, organizado e mantido pelo Estado, onde houver, indique, no prazo de 2 (dois) dias úteis, o advogado que patrocinará a causa do necessitado.

§ 2º Se no Estado não houver serviço de assistência judiciária, por ele mantido, caberá a indicação à Ordem dos Advogados, por suas seções estaduais, ou subseções municipais.

§ 3º Nos municípios em que não existem Subseções da Ordem dos Advogados do Brasil, o próprio juiz fará a nomeação do advogado que patrocinará a causa do necessitado.

§ 4º Será preferido para a defesa da causa o advogado que o interessado indicar e que declare aceitar o encargo.

§ 5º Nos Estados onde a Assistência Judiciária seja organizada e por eles mantida, o Defensor Público, ou quem exerça cargo equivalente, será intimado pessoalmente de todos os atos do processo, em ambas as Instâncias, contando-se-lhes em dobro todos os prazos.

- § 5º acrescentado pela Lei 7.871/1989.
- V. art. 128, I, LC 80/1994 (Defensoria Pública da União).

Art. 6º O pedido, quando formulado no curso da ação, não a suspenderá, podendo o juiz, em face das provas, conceder ou denegar de plano o benefício da assistência. A petição, neste caso, será autuada em separado, apensando-se os respectivos autos aos da causa principal, depois de resolvido o incidente.

- V. art. 7º, parágrafo único.

Art. 7º A parte contrária poderá, em qualquer fase da lide, requerer a revogação dos benefícios de assistência, desde que prove a inexistência ou o desaparecimento dos requisitos essenciais à sua concessão.

Parágrafo único. Tal requerimento não suspenderá o curso da ação e se processará pela forma estabelecida no final do art. 6º desta Lei.

Art. 8º Ocorrendo as circunstâncias mencionadas no artigo anterior, poderá o juiz, *ex officio*, decretar a revogação dos benefícios, ouvida a parte interessada dentro de 48 (quarenta e oito) horas improrrogáveis.

Art. 9º Os benefícios da assistência judiciária compreendem todos os atos do processo até decisão final do litígio, em todas as instâncias.

Art. 10. São individuais e concedidos em cada caso ocorrente os benefícios de assistência judiciária que se não transmitem ao cessionário de direito e se extinguem pela morte do beneficiário, podendo, entretanto, ser concedidos aos herdeiros que continuarem a demanda, e que necessitarem de tais favores na forma estabelecida nesta Lei.

Art. 11. Os honorários de advogados e peritos, as custas do processo, as taxas e selos judiciários serão pagos pelo vencido, quando o beneficiário de assistência for vencedor na causa.

- V. Súmula 450, STF.

§ 1º Os honorários do advogado serão arbitrados pelo juiz até o máximo de 15% (quinze por cento) sobre o líquido apurado na execução da sentença.

- V. art. 20, § 3º, CPC.

§ 2º A parte vencida poderá acionar a vencedora para reaver as despesas do processo, inclusive honorários do advogado, desde que prove ter a última perdido a condição legal de necessitada.

Lei 1.060/1950

LEGISLAÇÃO PROCESSUAL

Art. 12. A parte beneficiada pela isenção do pagamento das custas ficará obrigada a pagá-las, desde que possa fazê-lo sem prejuízo do sustento próprio ou da família. Se, dentro de 5 (cinco) anos, a contar da sentença final, o assistido não puder satisfazer tal pagamento, a obrigação ficará prescrita.

* V. art. 5º, LXXIV, CF.

Art. 13. Se o assistido puder atender, em parte, às despesas do processo, o juiz mandará pagar as custas, que serão rateadas entre os que tiverem direito ao seu recebimento.

Art. 14. Os profissionais liberais designados para o desempenho do encargo de defensor ou de perito, conforme o caso, salvo justo motivo previsto em lei ou, na sua omissão, a critério da autoridade judiciária competente, são obrigados ao respectivo cumprimento, sob pena de multa de mil cruzeiros a dez mil cruzeiros, sujeita ao reajustamento estabelecido na Lei 6.205, de 29 de abril de 1975, sem prejuízo da sanção disciplinar cabível.

* Artigo com redação determinada pela Lei 6.465/1977.
* V. art. 36, I, Lei 8.906/1994 (Estatuto da Advocacia e da OAB).

§ 1º Na falta de indicação pela assistência ou pela própria parte, o juiz solicitará a do órgão de classe respectivo.

§ 2º A multa prevista neste artigo reverterá em benefício do profissional que assumir o encargo na causa.

Art. 15. São motivos para a recusa do mandato pelo advogado designado ou nomeado:

1º) estar impedido de exercer a advocacia;

2º) ser procurador constituído pela parte contrária ou ter com ela relações profissionais de interesse atual;

3º) ter necessidade de se ausentar da sede do juízo para atender a outro mandato anteriormente outorgado ou para defender interesses próprios inadiáveis;

4º) já haver manifestado, por escrito, sua opinião contrária ao direito que o necessitado pretende pleitear;

5º) haver dado à parte contrária parecer escrito sobre a contenda.

Parágrafo único. A recusa será solicitada ao juiz que, de plano, a concederá, temporária ou definitivamente, ou a denegará.

Art. 16. Se o advogado, ao comparecer em juízo, não exibir o instrumento de mandato outorgado pelo assistido, o juiz determinará que se exarem na ata da audiência os termos da referida outorga.

Parágrafo único. O instrumento de mandato não será exigido, quando a parte for representada em juízo por advogado integrante de entidade de direito público incumbido, na forma da lei, de prestação de assistência judiciária gratuita, ressalvados:

* Parágrafo único acrescentado pela Lei 6.248/1975.

a) os atos previstos no art. 38 do Código de Processo Civil;

b) o requerimento de abertura de inquérito por crime de ação privada, a proposição de ação penal privada ou o oferecimento de representação por crime de ação pública condicionada.

Art. 17. Caberá apelação das decisões proferidas em consequência da aplicação desta Lei; a apelação será recebida somente no efeito devolutivo, quando a sentença conceder o pedido.

* Artigo com redação determinada pela Lei 6.014/1973.

Art. 18. Os acadêmicos de direito, a partir da 4ª série, poderão ser indicados pela assistência judiciária, ou nomeados pelo juiz para auxiliar o patrocínio das causas dos necessitados, ficando sujeitos às mesmas obrigações impostas por esta Lei aos advogados.

* V. art. 3º, § 2º, Lei 8.906/1994 (Estatuto da Advocacia e da OAB).

Art. 19. Esta Lei entrará em vigor 30 (trinta) dias depois de sua publicação no *Diário Oficial da União*, revogadas as disposições em contrário.

Rio de Janeiro, 5 de fevereiro de 1950; 129º da Independência e 62º da República.

Eurico G. Dutra

(*DOU* 13.02.1950)

Lei 4.725/1965

LEGISLAÇÃO PROCESSUAL

LEI 4.725, DE 13 DE JULHO DE 1965

Estabelece normas para o processo dos dissídios coletivos, e dá outras providências.

• V. Súmulas 246 e 350, TST.

O Presidente da República:
Faço saber que o Congresso Nacional decreta e eu sanciono a seguinte Lei:

Art. 1º A Justiça do Trabalho, no processo dos dissídios coletivos, entre categorias profissionais e econômicas, observará as normas previstas na Consolidação das Leis do Trabalho (arts. 856 a 874), com as alterações subsequentes e as constantes desta Lei.

Art. 2º A sentença tomará por base o índice resultante da reconstituição do salário real médio da categoria nos últimos 24 (vinte e quatro) meses anteriores ao término da vigência do último acordo ou sentença normativa, adaptando as taxas encontradas às situações configuradas pela ocorrência conjunta ou separadamente dos seguintes fatores:

• Artigo com redação determinada pela Lei 4.903/1965.

a) repercussão dos reajustamentos salariais na comunidade e na economia nacional;
b) adequação do reajuste às necessidades mínimas de sobrevivência do assalariado e de sua família;
c) *(Vetado.)*
d) perda do poder aquisitivo médio real ocorrido entre a data da entrada da representação e a da sentença;
e) necessidade de considerar a correção de distorções salariais para assegurar adequada hierarquia salarial na categoria profissional dissidente e, subsidiariamente, no conjunto das categorias profissionais, como medida de equidade social.

§ 1º A partir de 1º de julho de 1966 se acrescentará ao índice referido neste artigo o percentual que traduza o aumento da produtividade nacional no ano anterior, segundo os dados do Conselho Nacional de Economia, observando o seu ajustamento ao aumento da produtividade da empresa ou empresas componentes da respectiva categoria econômica.

§ 2º *(Vetado.)*

§ 3º As normas e condições estabelecidas por sentença terão vigência a partir da data da publicação de suas conclusões no órgão oficial da Justiça do Trabalho.

Art. 3º A Justiça do Trabalho e o Ministério Público do Trabalho poderão solicitar a colaboração dos seguintes órgãos:
1 – Conselho Nacional de Economia;
2 – Fundação Getúlio Vargas;
3 – Ministério do Trabalho e Previdência Social, por seus departamentos competentes, especialmente:
a) Serviço de Estatística e Previdência do Trabalho;
b) Conselho Nacional de Política Salarial;
c) Departamento Nacional de Emprego e Salário.

Art. 4º Sendo partes, nos dissídios coletivos, empresas que dependam, para atendimento dos novos encargos salariais resultantes da sentença, da decisão de órgãos do Poder Executivo competentes para a fixação das tarifas e taxas, o juiz solicitará àqueles órgãos os cálculos de incidência de majoração salarial nos valores de taxas, como elemento elucidativo da sentença a ser proferida.

Parágrafo único. O órgão competente, para efetuar o cálculo de que trata este artigo, terá o prazo de 15 (quinze) dias para atender à solicitação do juiz.

Art. 5º Na apreciação de dissídios coletivos suscitados pelos empregados da Marinha Mercante, dos portos e da Rede Ferroviária Federal S.A., os Tribunais do Trabalho observarão as seguintes normas:
a) serão excluídos aqueles que não estão sujeitos aos preceitos da Consolidação das Leis do Trabalho (Lei 3.115, de 1957, art.16; Lei 3.780, de 1960; Lei 4.564, de 1964) e tenham a sua remuneração fixada por lei;
b) *(Vetado.)*
c) não será concedido aumento salarial, se a empresa se encontrar em regime deficitário *(vetado).*

Art. 6º Os recursos das decisões proferidas nos dissídios coletivos terão efeito meramente devolutivo.

Dec.-lei 779/1969

Legislação Processual

§ 1º O Presidente do Tribunal Superior do Trabalho poderá dar efeito suspensivo ao recurso, a requerimento do recorrente em petição fundamentada. Do despacho caberá agravo para o Pleno, no prazo de 5 (cinco) dias, de conformidade com o disposto no Regimento Interno do Tribunal.

- § 1º com redação determinada pela Lei 4.903/1965.

§ 2º O Tribunal *ad quem* deverá julgar o recurso no prazo de 60 (sessenta) dias, improrrogavelmente.

§ 3º O provimento do recurso não importará restituição dos salários ou vantagens pagos, em execução do julgado.

Art. 7º *(Revogado pela Lei 5.451/1968.)*

Art. 8º O Conselho Nacional de Política Salarial, que funcionará sob a presidência do Ministro do Trabalho e Previdência Social, como órgão de assessoria do Poder Executivo na formulação e execução de sua política salarial, e cuja composição e atribuições constarão de decreto do Presidente da República, poderá, para execução dos serviços de sua Secretaria-Executiva, requisitar servidores públicos, nos termos da legislação em vigor, bem como admitir pessoal temporário, sujeito às normas da Consolidação das Leis do Trabalho.

Parágrafo único. A remuneração do pessoal admitido nos termos deste artigo, bem como as gratificações a serem pagas ao pessoal requisitado, constarão de tabela anualmente aprovada pelo Ministro do Trabalho e Previdência Social, dentro do limite dos recursos atribuídos ao Conselho Nacional de Política Salarial.

Art. 9º Para atender às despesas com o funcionamento da Secretaria-Executiva Conselho Nacional de Política Salarial Poder Executivo autorizado a rios fixatério do Trabalho e Previd Trabalho, dito especial de C de dissídios colemilhões de ficamente, nas mesmas

Art. elecidas para os integrantes s profissionais litigantes ou interessadas, aos empregados das próprias entidades suscitantes e suscitadas, observadas as peculiaridades que lhes sejam inerentes, ficando, desde logo, autorizado o reajustamento das respectivas verbas orçamentárias.

Art. 11. A assistência aos trabalhadores prevista no art. 500 da Consolidação das Leis do Trabalho, aprovada pelo Decreto-lei 5.452, de 1º de maio de 1943, e na Lei 4.066, de 28 de maio de 1962, será gratuita, vedada aos órgãos e autoridades a quem for solicitada a cobrança de qualquer importância para o atendimento de custas, taxas, emolumentos, remuneração ou a qualquer título.

Art. 12. Nenhum reajustamento de salário será homologado ou determinado pela Justiça do Trabalho antes de decorrido 1 (um) ano do último acordo ou dissídio coletivo, não sendo possível a inclusão da cláusula de antecipação do aumento salarial durante o prazo de vigência da sentença normativa.

Parágrafo único. *(Revogado pelo Dec.-lei 424/1969.)*

Art. 13. Esta Lei entrará em vigor na data de sua publicação, revogadas as disposições em contrário.

Brasília, 13 de julho de 1965; 144º da Independência e 77º da República.

H. Castello Branco

(DOU 13.07.1965)

779, DECRETO AGOSTO DE 1969

Dispõe sobre a aplicação de normas prosuais trabalhistas à União Federal, aos Estados, Municípios, Distrito Federal, e autarquias ou fundações de direito público que não explorem atividades econômicas.

O Presidente da República, usando das atribuições que lhe confere o § 1º do art. 2º do Ato Institucional 5, de 13 de dezembro de 1968, decreta:

Art. 1º Nos processos perante a Justiça do Trabalho constituem privilégio da União,

Lei 5.584/1970

LEGISLAÇÃO PROCESSUAL

dos Estados, do Distrito Federal, dos Municípios e das autarquias ou fundações de direito público federais, estaduais ou municipais que não explorem atividade econômica:

I – a presunção relativa de validade dos recibos de quitação ou pedidos de demissão de seus empregados, ainda que não homologados nem submetidos à assistência mencionada nos §§ 1º, 2º e 3º do art. 477 da Consolidação das Leis do Trabalho;

II – o quádruplo do prazo fixado no art. 841, *in fine*, da Consolidação das Leis do Trabalho;

III – o prazo em dobro para recurso;

IV – a dispensa de depósito para interposição de recurso;

V – o recurso ordinário *ex officio* das decisões que lhe sejam total ou parcialmente contrárias;

VI – o pagamento de custas a final, salvo quanto à União Federal, que não as pagará.

Art. 2º O disposto no artigo anterior aplica-se aos processos em curso, mas não acarretará a restituição de depósitos ou custas pagas para efeito de recurso até decisão passada em julgado.

Art. 3º Este Decreto-lei entra em vigor na data de sua publicação, revogadas as disposições em contrário.

Brasília, 21 de agosto de 1969; 148º da Independência e 81º da República.

A. Costa e Silva

(25.08.1969)

LEI 5.584, DE 26 DE JUNHO DE 1970

Dispõe sobre normas de direito processual do trabalho, altera dispositivo da Consolidação das Leis do Trabalho, disciplina a concessão e prestação de assistência judiciária na Justiça do Trabalho e dá outras providências.

• V. Súmula 633, STF.

O Presidente da República:

Faço saber que o Congresso Nacional decreta e eu sanciono a seguinte Lei:

Art. 1º Nos processos perante a Justiça do Trabalho, observar-se-ão os princípios estabelecidos nesta Lei.

Art. 2º Nos dissídios individuais, proposta a conciliação, e não havendo acordo, o presidente da Junta ou o Juiz, antes de passar à instrução da causa, fixar-lhe-á o valor para a determinação da alçada, se este for indeterminado no pedido.

• A EC n. 24/1999 substituiu as Juntas de Conciliação e Julgamento por Varas do Trabalho (juiz singular) e extinguiu a representação classista na Justiça do Trabalho.

§ 1º Em audiência, ao aduzir razões finais, poderá qualquer das partes impugnar o valor fixado e, se o juiz o mantiver, pedir revisão da decisão, no prazo de 48 (quarenta e oito) horas, ao presidente do Tribunal Regional.

§ 2º O pedido de revisão, que não terá efeito suspensivo, deverá ser instruído com a petição inicial e a Ata da Audiência, em cópia autenticada pela Secretaria da Junta, e será julgado em 48 (quarenta e oito) horas, a partir do seu recebimento pelo presidente do Tribunal Regional.

§ 3º Quando o valor fixado para a causa, na forma deste artigo, não exceder de duas vezes o salário mínimo vigente na sede do Juízo, será dispensável o resumo dos depoimentos, devendo constar da Ata a conclusão da Junta quanto à matéria de fato.

§ 4º Salvo se versarem sobre matéria constitucional, nenhum recurso caberá das sentenças proferidas nos dissídios da alçada a que se refere o parágrafo anterior, considerado, para esse fim, o valor do salário mínimo à data do ajuizamento da ação.

• § 4º com redação determinada pela Lei 7.402/1985.
• Súmula 356, TST.

Para os exames periciais serão realizados a único designado pelo juiz, terá que assinado para entrega do laudo. sentranhado de mitir-se-á a cada parte, cujo laudo
• V. Súmula 341, TST mo prazo

LEGISLAÇÃO PROCESSUAL

Art. 4º Nos dissídios de alçada exclusiva das Juntas e naqueles em que os empregados ou empregadores reclamarem pessoalmente, o processo poderá ser impulsionado de ofício pelo juiz.

• A EC n. 24/1999 substituiu as Juntas de Conciliação e Julgamento por Varas do Trabalho (juiz singular) e extinguiu a representação classista na Justiça do Trabalho.

Art. 5º Para exarar parecer, terá o órgão do Ministério Público da União, junto à Justiça do Trabalho, o prazo de 8 (oito) dias, contados da data em que lhe for distribuído o processo.

Art. 6º Será de 8 (oito) dias o prazo para interpor e contra-arrazoar qualquer recurso (CLT, art. 893).

Art. 7º A comprovação do depósito da condenação (CLT, art. 899, §§ 1º a 5º) terá que ser feita dentro do prazo para a interposição do recurso, sob pena de ser este considerado deserto.

Art. 8º Das decisões proferidas nos dissídios coletivos poderá a União interpor recurso, o qual será sempre recebido no efeito suspensivo quanto à parte que exceder o índice fixado pela política salarial do Governo.

Art. 9º No Tribunal Superior do Trabalho, quando o pedido do recorrente contrariar súmula de jurisprudência uniforme deste Tribunal já compendiada, poderá o relator negar prosseguimento ao recurso, indicando a correspondente súmula.

• Artigo com redação determinada pela Lei 7.033/1982.

Parágrafo único. A parte prejudicada poderá interpor agravo, desde que à espécie não se aplique o prejulgado ou a súmula citada pelo Relator.

Art. 10. O art. 477 da Consolidação das Leis do Trabalho, alterado pela Lei 5.562, de 12 de dezembro de 1968, e pelo Dec.-lei 766/69, passa a vigorar com a seguinte redação:

• Alteração processada no texto do referido artigo.

Art. 11. O art. 500 da Consolidação das Leis do Trabalho, revogado pela Lei 5.562, de 12 de dezembro de 1968, passa a vigorar com a seguinte redação:

• Alteração processada no texto do referido artigo.

Art. 12. O art. 888 da Consolidação das Leis do Trabalho passa a vigorar com a seguinte redação:

• Alteração processada no texto do referido artigo.

Art. 13. Em qualquer hipótese, a remição só será deferível ao executado se este oferecer preço igual ao valor da condenação.

DA ASSISTÊNCIA JUDICIÁRIA

Art. 14. Na Justiça do Trabalho, a assistência judiciária a que se refere a Lei 1.060, de 5 de fevereiro de 1950, será prestada pelo Sindicato da categoria profissional a que pertencer o trabalhador.

§ 1º A assistência é devida, a todo aquele que perceber salário igual ou inferior ao dobro do mínimo legal, ficando assegurado igual benefício ao trabalhador de maior salário, uma vez provado que sua situação econômica não lhe permite demandar, sem prejuízo do sustento próprio ou da família.

§ 2º A situação econômica do trabalhador será comprovada em atestado fornecido pela autoridade local do Ministério do Trabalho e Previdência Social, mediante diligência sumária, que não poderá exceder de 48 (quarenta e oito) horas.

§ 3º Não havendo no local a autoridade referida no parágrafo anterior, o atestado deverá ser expedido pelo Delegado de Polícia da circunscrição onde resida o empregado.

Art. 15. Para auxiliar no patrocínio das causas, observados os arts. 50 e 72 da Lei 4.215, de 27 de abril de 1963, poderão ser designados, pelas Diretorias dos Sindicatos, Acadêmicos de Direito, a partir da 4ª série, comprovadamente matriculados em estabelecimento de ensino oficial ou sob fiscalização do Governo Federal.

Art. 16. Os honorários do advogado pagos pelo vencido reverterão em favor do Sindicato assistente.

• V. Súmulas 219 e 329, TST.

Art. 17. Quando, nas respectivas comarcas, não houver Juntas de Conciliação e Julgamento ou não existir Sindicato da categoria profissional do trabalhador, é atribuído aos Promotores Públicos ou Defensores Públicos o encargo de prestar a assistência judiciária prevista nesta Lei.

Lei 6.830/1980

LEGISLAÇÃO PROCESSUAL

- A EC n. 24/1999 substituiu as Juntas de Conciliação e Julgamento por Varas do Trabalho (juiz singular) e extinguiu a representação classista na Justiça do Trabalho.

Parágrafo único. Na hipótese prevista neste artigo, a importância proveniente da condenação nas despesas processuais será recolhida ao Tesouro do respectivo Estado.

Art. 18. A assistência judiciária, nos termos da presente lei, será prestada ao trabalhador ainda que não seja associado do respectivo Sindicato.

- V. Súmula 329, TST.

Art. 19. Os diretores do Sindicato que, sem comprovado motivo de ordem financeira, deixarem de dar cumprimento às disposições desta Lei, ficarão sujeitos à penalidade prevista no art. 553, alínea a, da Consolidação das Leis do Trabalho.

Art. 20. Esta Lei entra em vigor na data de sua publicação, revogadas as disposições em contrário.

Brasília, 26 de junho de 1970; 149º da Independência e 82º da República.
Emílio G. Médici

(DOU 29.06.1970)

LEI 6.830, DE 22 DE SETEMBRO DE 1980

Dispõe sobre a cobrança judicial da Dívida Ativa da Fazenda Pública e dá outras providências.

- V. Súmula 435, STJ.

O Presidente da República:
Faço saber que o Congresso Nacional decreta e eu sanciono a seguinte Lei:

Art. 1º A execução judicial para cobrança da Dívida Ativa da União, dos Estados, do Distrito Federal, dos Municípios e respectivas autarquias será regida por esta Lei e, subsidiariamente, pelo Código de Processo Civil.

- V. arts. 188, 578 e 579, CPC.
- V. art. 201, CTN.
- V. Súmulas 34 e 137, TFR.

Art. 2º Constitui Dívida Ativa da Fazenda Pública aquela definida como tributária ou não tributária na Lei 4.320, de 17 de março de 1964, com as alterações posteriores, que estatui normas gerais de direito financeiro para elaboração e controle dos orçamentos e balanços da União, dos Estados, dos Municípios e do Distrito Federal.

- V. art. 142, CTN.

§ 1º Qualquer valor, cuja cobrança seja atribuída por lei às entidades de que trata o art. 1º, será considerado Dívida Ativa da Fazenda Pública.

§ 2º A Dívida Ativa da Fazenda Pública, compreendendo a tributária e a não tributária, abrange atualização monetária, juros e multa de mora e demais encargos previstos em lei ou contrato.

- V. art. 6º, § 4º.
- V. art. 161, § 1º, CTN.
- V. Súmula 565, STF.
- V. Súmula 209, TFR.

§ 3º A inscrição, que se constitui no ato de controle administrativo da legalidade, será feita pelo órgão competente para apurar a liquidez e certeza do crédito e suspenderá a prescrição, para todos os efeitos de direito, por 180 (cento e oitenta) dias ou até a distribuição da execução fiscal, se esta ocorrer antes de findo aquele prazo.

- V. arts. 8º, § 2º, e 40, *caput*.
- V. art. 174, parágrafo único, CTN.
- V. arts. 168 a 171, CC/1916; e arts.197 a 201, CC/2002.
- V. art. 1º, parágrafo único, Lei 8.005/1990 (Créditos do Ibama).

§ 4º A Dívida Ativa da União será apurada e inscrita na Procuradoria da Fazenda Nacional.

- V. art. 1º, Lei 8.022/1990 (Administração das receitas federais).

§ 5º O Termo de Inscrição de Dívida Ativa deverá conter:

- V. art. 202, CTN.

I – o nome do devedor, dos corresponsáveis e, sempre que conhecido, o domicílio ou residência de um e de outros;

II – o valor originário da dívida, bem como o termo inicial e a forma de calcular os juros de mora e demais encargos previstos em lei ou contrato;

III – a origem, a natureza e o fundamento legal ou contratual da dívida;

IV – a indicação, se for o caso, de estar a dívida sujeita à atualização monetária, bem

Lei 6.830/1980

LEGISLAÇÃO PROCESSUAL

como o respectivo fundamento legal e o termo inicial para o cálculo;

V – a data e o número da inscrição, no Registro de Dívida Ativa; e

VI – o número do processo administrativo ou do auto de infração, se neles estiver apurado o valor da dívida.

§ 6º A Certidão de Dívida Ativa conterá os mesmos elementos do Termo de Inscrição e será autenticada pela autoridade competente.

§ 7º O Termo de Inscrição e a Certidão de Dívida Ativa poderão ser preparados e numerados por processo manual, mecânico ou eletrônico.

§ 8º Até a decisão de primeira instância, a Certidão de Dívida Ativa poderá ser emendada ou substituída, assegurada ao executado a devolução do prazo para embargos.

- V. art. 264, CPC.
- V. Súmula 392, STJ.

§ 9º O prazo para a cobrança das contribuições previdenciárias continua a ser o estabelecido no art. 144 da Lei 3.807, de 26 de agosto de 1960.

Art. 3º A Dívida Ativa regularmente inscrita goza da presunção de certeza e liquidez.

- V. art. 204, parágrafo único, CTN.
- V. Súmula 279, STJ.

Parágrafo único. A presunção a que se refere este artigo é relativa e pode ser ilidida por prova inequívoca, a cargo do executado ou de terceiro, a quem aproveite.

- V. art. 130, CPC.

Art. 4º A execução fiscal poderá ser promovida contra:

- V. art. 568, CPC.
- V. arts. 134 e 135, CTN.

I – o devedor;
II – o fiador;
III – o espólio;
IV – a massa;
V – o responsável, nos termos da lei, por dívidas, tributárias ou não, de pessoas físicas ou pessoas jurídicas de direito privado; e

- V. Súmula 112, TFR.

VI – os sucessores a qualquer título.

§ 1º Ressalvado o disposto no art. 31, o síndico, o comissário, o liquidante, o inventariante e o administrador, nos casos de falência, concordata, liquidação, inventário, insolvência ou concurso de credores, se, antes de garantidos os créditos da Fazenda Pública, alienarem ou derem em garantia quaisquer dos bens administrados, respondem, solidariamente, pelo valor desses bens.

- V. Lei 11.101/2005 (Lei de Recuperação de Empresas e Falência).

§ 2º À Dívida Ativa da Fazenda Pública, de qualquer natureza, aplicam-se as normas relativas à responsabilidade prevista na legislação tributária, civil e comercial.

§ 3º Os responsáveis, inclusive as pessoas indicadas no § 1º deste artigo, poderão nomear bens livres e desembaraçados do devedor, tantos quantos bastem para pagar a dívida. Os bens dos responsáveis ficarão, porém, sujeitos à execução, se os do devedor forem insuficientes à satisfação da dívida.

- V. art. 595, *caput*, CPC.
- V. Súmula 44, TFR.

§ 4º Aplica-se à Dívida Ativa da Fazenda Pública de natureza não tributária o disposto nos arts. 186 e 188 a 192 do Código Tributário Nacional.

Art. 5º A competência para processar e julgar a execução da Dívida Ativa da Fazenda Pública exclui a de qualquer outro juízo, inclusive o da falência, da concordata, da liquidação, da insolvência ou do inventário.

- V. art. 29.
- V. art. 109, § 3º, CF.
- V. arts. 578, 1.212 e 1.213, CPC.
- V. Lei 11.101/2005 (Lei de Recuperação de Empresas e Falência).
- V. Súmula 66, STJ.
- V. Súmulas 40, 189 e 244, TFR.

Art. 6º A petição inicial indicará apenas:

- V. art. 282, CPC.

I – o juiz a quem é dirigida;
II – o pedido; e
III – o requerimento para a citação.

- V. art. 53, Lei 8.212/1991 (Organização da Seguridade Social e Plano de Custeio).

§ 1º A petição inicial será instruída com a Certidão da Dívida Ativa, que dela fará parte integrante, como se estivesse transcrita.

§ 2º A petição inicial e a Certidão de Dívida Ativa poderão constituir um único docu-

Lei 6.830/1980

mento, preparado inclusive por processo eletrônico.

§ 3º A produção de provas pela Fazenda Pública independe de requerimento na petição inicial.

§ 4º O valor da causa será o da dívida constante da certidão, com os encargos legais.

Art. 7º O despacho do juiz que deferir a inicial importa em ordem para:

I – citação, pelas sucessivas modalidades previstas no art. 8º;

II – penhora, se não for paga a dívida, nem garantida a execução, por meio de depósito ou fiança;

III – arresto, se o executado não tiver domicílio ou dele se ocultar;

IV – registro da penhora ou do arresto, independentemente do pagamento de custas ou outras despesas, observado o disposto no art. 14; e

V – avaliação dos bens penhorados ou arrestados.

Art. 8º O executado será citado para, no prazo de 5 (cinco) dias, pagar a dívida com os juros e multa de mora e encargos indicados na Certidão de Dívida Ativa, ou garantir a execução, observadas as seguintes normas:

- V. art. 653, *caput*, CPC.
- V. Súmula 414, STJ.
- V. Súmula 78, TFR.

I – a citação será feita pelo correio, com aviso de recepção, se a Fazenda Pública não a requerer por outra forma;

- V. art. 223, CPC.

II – a citação pelo correio considera-se feita na data da entrega da carta no endereço do executado; ou, se a data for omitida, no aviso de recepção, 10 (dez) dias após a entrega da carta à agência postal;

- V. art. 12, § 3º.

III – se o aviso de recepção não retornar no prazo de 15 (quinze) dias da entrega da carta à agência postal, a citação será feita por oficial de justiça ou por edital;

IV – o edital de citação será afixado na sede do juízo, publicado uma só vez no órgão oficial, gratuitamente, como expediente judiciário, com o prazo de 30 (trinta) dias, e conterá, apenas, a indicação da exequente, o nome do devedor e dos corresponsáveis, a quantia devida, a natureza da dívida, a data e o número da inscrição no Registro da Dívida Ativa, o prazo e o endereço da sede do juízo.

- V. Súmula 210, TFR.

§ 1º O executado ausente do País será citado por edital, com prazo de 60 (sessenta) dias.

§ 2º O despacho do juiz, que ordenar a citação, interrompe a prescrição.

- V. art. 174, parágrafo único, I, CTN.

Art. 9º Em garantia da execução, pelo valor da dívida, juros e multa de mora e encargos indicados na Certidão da Dívida Ativa, o executado poderá:

I – efetuar depósito em dinheiro, à ordem do juízo em estabelecimento oficial de crédito, que assegure atualização monetária;

- V. art. 21.

II – oferecer fiança bancária;

III – nomear bens à penhora, observada a ordem do art. 11; ou

IV – indicará penhora bens oferecidos por terceiros e aceitos pela Fazenda Pública.

§ 1º O executado só poderá indicar e o terceiro oferecer bem imóvel à penhora com o consentimento expresso do respectivo cônjuge.

§ 2º Juntar-se-á aos autos a prova do depósito, da fiança bancária ou da penhora dos bens do executado ou de terceiros.

§ 3º A garantia da execução, por meio de depósito em dinheiro ou fiança bancária, produz os mesmos efeitos da penhora.

§ 4º Somente o depósito em dinheiro, na forma do art. 32, faz cessar a responsabilidade pela atualização monetária e juros de mora.

§ 5º A fiança bancária prevista no inciso II obedecerá às condições preestabelecidas pelo Conselho Monetário Nacional.

§ 6º O executado poderá pagar parcela da dívida, que julgar incontroversa, e garantir a execução do saldo devedor.

Art. 10. Não ocorrendo o pagamento, nem a garantia da execução de que trata o art. 9º, a penhora poderá recair em qualquer bem do executado, exceto os que a lei declare absolutamente impenhoráveis.

- V. arts. 41, *caput*, e 70, § 4º, Dec.-lei 7.661/1945 (Lei de Falências); e art. 108, §§ 3º e 4º, Lei

Lei 6.830/1980

11.101/2005 (Lei de Recuperação de Empresas e Falência).

Art. 11. A penhora ou arresto de bens obedecerá à seguinte ordem:
- V. art. 15, II.
- V. arts. 655 e 813, CPC.
- V. Súmula 406, STJ.

I – dinheiro;
- V. Súmula 417, STJ.

II – título da dívida pública, bem como título de crédito, que tenham cotação em Bolsa;
III – pedras e metais preciosos;
IV – imóveis;
V – navios e aeronaves;
VI – veículos;
VII – móveis ou semoventes; e
VIII – direitos e ações.

§ 1º Excepcionalmente, a penhora poderá recair sobre estabelecimento comercial, industrial ou agrícola, bem como em plantações ou edifícios em construção.
- V. Súmula 451, STJ.

§ 2º A penhora efetuada em dinheiro será convertida no depósito de que trata o inciso I do art. 9º.

§ 3º O juiz ordenará a remoção do bem penhorado para depósito judicial, particular ou da Fazenda Pública exequente, sempre que esta o requerer, em qualquer fase do processo.

Art. 12. Na execução fiscal, far-se-á a intimação da penhora ao executado, mediante publicação, no órgão oficial, do ato de juntada do termo ou do auto de penhora.
- V. Súmula 190, TFR.

§ 1º Nas comarcas do interior dos Estados, a intimação poderá ser feita pela remessa de cópia do termo ou do auto de penhora, pelo correio, na forma estabelecida no art. 8º, I e II, para a citação.

§ 2º Se a penhora recair sobre imóvel, far-se-á a intimação ao cônjuge, observadas as normas previstas para a citação.

§ 3º Far-se-á a intimação da penhora pessoalmente ao executado se, na citação feita pelo correio, o aviso de recepção não contiver a assinatura do próprio executado, ou de seu representante legal.

Art. 13. O termo ou auto de penhora conterá, também, a avaliação dos bens penhorados, efetuada por quem o lavrar.

§ 1º Impugnada a avaliação, pelo executado, ou pela Fazenda Pública, antes de publicado o edital de leilão, o juiz, ouvida a outra parte, nomeará avaliador oficial para proceder a nova avaliação dos bens penhorados.

§ 2º Se não houver, na comarca, avaliador oficial ou este não puder apresentar o laudo de avaliação no prazo de 15 (quinze) dias, será nomeada pessoa ou entidade habilitada, a critério do juiz.
- V. Súmula 99, TFR.

§ 3º Apresentado o laudo, o juiz decidirá de plano sobre a avaliação.

Art. 14. O oficial de justiça entregará contrafé e cópia do termo ou do auto de penhora ou arresto, com a ordem de registro de que trata o art 7º, IV:

I – no ofício próprio, se o bem for imóvel ou a ele equiparado;
- V. art. 167, I-5, Lei 6.015/1973 (Lei de Registros Públicos).

II – na repartição competente para emissão de certificado de registro, se for veículo;
III – na Junta Comercial, na Bolsa de Valores, e na sociedade comercial, se forem ações, debênture, parte beneficiária, cota ou qualquer outro título, crédito ou direito societário nominativo.

Art. 15. Em qualquer fase do processo, será deferida pelo juiz:
- V. Súmula 406, STJ.

I – ao executado, a substituição da penhora por depósito em dinheiro ou fiança bancária; e
II – à Fazenda Pública, a substituição dos bens penhorados por outros, independentemente da ordem enumerada no art. 11, bem como o reforço da penhora insuficiente.
- V. art. 685, II, CPC.

Art. 16. O executado oferecerá embargos, no prazo de 30 (trinta) dias, contados:
I – do depósito;
II – da juntada da prova da fiança bancária;
III – da intimação da penhora.

§ 1º Não são admissíveis embargos do executado antes de garantida a execução.

§ 2º No prazo dos embargos, o executado deverá alegar toda matéria útil à defesa, requerer provas e juntar aos autos os docu-

Lei 6.830/1980

mentos e rol de testemunhas, até três, ou, a critério do juiz, até o dobro desse limite.

§ 3º Não será admitida reconvenção, nem compensação, e as exceções, salvo as de suspeição, incompetência e impedimento, serão arguidas como matéria preliminar e serão processadas e julgadas com os embargos.

Art. 17. Recebidos os embargos, o juiz mandará intimar a Fazenda, para impugná-los no prazo de 30 (trinta) dias, designando, em seguida, audiência de instrução e julgamento.

Parágrafo único. Não se realizará audiência, se os embargos versarem sobre matéria de direito ou, sendo de direito e de fato, a prova for exclusivamente documental, caso em que o juiz proferirá a sentença no prazo de 30 (trinta) dias.

Art. 18. Caso não sejam oferecidos os embargos, a Fazenda Pública manifestar-se-á sobre a garantia da execução.

Art. 19. Não sendo embargada a execução ou sendo rejeitados os embargos, no caso de garantia prestada por terceiro, será este intimado, sob pena de contra ele prosseguir a execução nos próprios autos, para, no prazo de 15 (quinze) dias:

I – remir o bem, se a garantia for real; ou

II – pagar o valor da dívida, juros e multa de mora e demais encargos, indicados na Certidão de Dívida Ativa, pelos quais se obrigou, se a garantia for fidejussória.

Art. 20. Na execução por carta, os embargos do executado serão oferecidos no juízo deprecado, que os remeterá ao juízo deprecante, para instrução e julgamento.

Parágrafo único. Quando os embargos tiverem por objeto vícios ou irregularidades de atos do próprio juízo deprecado, caber-lhe-á unicamente o julgamento dessa matéria.

• V. Súmula 46, STJ.

Art. 21. Na hipótese de alienação antecipada dos bens penhorados, o produto será depositado em garantia da execução, nos termos previstos no art. 9º, I.

• V. art. 1.113, CPC.

Art. 22. A arrematação será precedida de edital, afixado no local do costume, na sede do juízo, e publicado, em resumo, uma só vez, gratuitamente, como expediente judiciário, no órgão oficial.

• V. art. 1º.

§ 1º O prazo entre as datas de publicação do edital e do leilão não poderá ser superior a 30 (trinta), nem inferior a 10 (dez) dias.

§ 2º O representante judicial da Fazenda Pública será intimado, pessoalmente, da realização do leilão, com a antecedência prevista no parágrafo anterior.

Art. 23. A alienação de quaisquer bens penhorados será feita em leilão público, no lugar designado pelo juiz.

• V. Súmula 121, STJ.

§ 1º A Fazenda Pública e o executado poderão requerer que os bens sejam leiloados englobadamente ou em lotes que indicarem.

• V. arts. 691 e 692, CPC.

§ 2º Cabe ao arrematante o pagamento da comissão do leiloeiro e demais despesas indicadas no edital.

• V. art. 705, IV, CPC.

Art. 24. A Fazenda Pública poderá adjudicar os bens penhorados:

• V. Súmula 224, TFR.

I – antes do leilão, pelo preço da avaliação, se a execução não for embargada ou se rejeitados os embargos;

II – findo o leilão:

a) se não houver licitante, pelo preço da avaliação;

b) havendo licitantes, com preferência, em igualdade de condições com a melhor oferta, no prazo de 30 (trinta) dias.

Parágrafo único. Se o preço da avaliação ou o valor da melhor oferta for superior ao dos créditos da Fazenda Pública, a adjudicação somente será deferida pelo juiz se a diferença for depositada, pela exequente, à ordem do juízo, no prazo de 30 (trinta) dias.

Art. 25. Na execução fiscal, qualquer intimação ao representante judicial da Fazenda Pública será feita pessoalmente.

• V. Súmulas 117 e 240, TFR.

Parágrafo único. A intimação de que trata este artigo poderá ser feita mediante vista dos autos, com imediata remessa ao representante judicial da Fazenda Pública, pelo cartório ou secretaria.

Lei 6.830/1980

LEGISLAÇÃO PROCESSUAL

Art. 26. Se, antes da decisão de primeira instância, a inscrição de Dívida Ativa for, a qualquer título, cancelada, a execução fiscal será extinta, sem qualquer ônus para as partes.

Art. 27. As publicações de atos processuais poderão ser feitas resumidamente ou reunir num só texto os de diferentes processos.

- V. art. 236, CPC.

Parágrafo único. As publicações farão sempre referência ao número do processo no respectivo juízo e ao número da correspondente inscrição de Dívida Ativa, bem como ao nome das partes e de seus advogados, suficientes para a sua identificação.

Art. 28. O juiz, a requerimento das partes, poderá, por conveniência da unidade da garantia da execução, ordenar a reunião de processos contra o mesmo devedor.

- V. art. 105, CPC.

Parágrafo único. Na hipótese deste artigo, os processos serão redistribuídos ao juízo da primeira distribuição.

Art. 29. A cobrança judicial da Dívida Ativa da Fazenda Pública não é sujeita a concurso de credores ou habilitação em falência, concordata, liquidação, inventário ou arrolamento.

- V. art. 5º.
- V. art. 7º, §§ 2º e 3º, Dec.-lei 7.661/1945 (Lei de Falências); e art. 76, *caput*, Lei 11.101/2005 (Lei de Recuperação de Empresas e Falência).
- V. Súmula 244, TFR.

Parágrafo único. O concurso de preferência somente se verifica entre pessoas jurídicas de direito público, na seguinte ordem:
I – União e suas autarquias;
II – Estados, Distrito Federal e Territórios e suas autarquias, conjuntamente e *pro rata*;
III – Municípios e suas autarquias, conjuntamente e *pro rata*.

Art. 30. Sem prejuízo dos privilégios especiais sobre determinados bens, que sejam previstos em lei, responde pelo pagamento da Dívida Ativa da Fazenda Pública a totalidade dos bens e das rendas, de qualquer origem ou natureza, do sujeito passivo, seu espólio ou sua massa, inclusive os gravados por ônus real ou cláusula de inalienabilidade ou impenhorabilidade, seja qual for a data da constituição do ônus ou da cláusula, excetuados unicamente os bens e rendas que a lei declara absolutamente impenhoráveis.

- V. art. 4º.

Art. 31. Nos processos de falência, concordata, liquidação, inventário, arrolamento ou concurso de credores, nenhuma alienação será judicialmente autorizada sem a prova de quitação da Dívida Ativa ou a concordância da Fazenda Pública.

- V. Lei 11.101/2005 (Lei de Recuperação de Empresas e Falência).

Art. 32. Os depósitos judiciais em dinheiro serão obrigatoriamente feitos:

- V. art. 9º, § 4º.
- V. Súmula 112, STJ.
- V. Súmula 209, TFR.

I – na Caixa Econômica Federal, de acordo com o Dec-lei 1.737, de 20 de dezembro de 1979, quando relacionados com a execução fiscal proposta pela União ou suas autarquias;
II – na Caixa Econômica ou no banco oficial da unidade federativa ou, à sua falta, na Caixa Econômica Federal, quando relacionados com execução fiscal proposta pelo Estado, Distrito Federal, Municípios e suas autarquias.

§ 1º Os depósitos de que trata este artigo estão sujeitos à atualização monetária, segundo os índices estabelecidos para os débitos tributários federais.

§ 2º Após o trânsito em julgado da decisão, o depósito, monetariamente atualizado, será devolvido ao depositante ou entregue à Fazenda Pública, mediante ordem do juízo competente.

Art. 33. O juízo, de ofício, comunicará à repartição competente da Fazenda Pública, para fins de averbação no Registro da Dívida Ativa, a decisão final, transitada em julgado, que der por improcedente a execução, total ou parcialmente.

Art. 34. Das sentenças de primeira instância proferidas em execuções de valor igual ou inferior a cinquenta Obrigações do Tesouro Nacional – OTN, só se admitirão embargos infringentes e de declaração.

- V. Súmula 277, STF.
- V. Súmulas 48 e 259, TFR.

Lei 6.830/1980

§ 1º Para os efeitos deste artigo, considerar-se-á o valor da dívida monetariamente atualizado e acrescido de multa e juros de mora e demais encargos legais, na data da distribuição.

§ 2º Os embargos infringentes, instruídos, ou não, com documentos novos, serão deduzidos, no prazo de 10 (dez) dias perante o mesmo juízo, em petição fundamentada.

§ 3º Ouvido o embargado, no prazo de 10 (dez) dias, serão os autos conclusos ao juiz, que, dentro de 20 (vinte) dias, os rejeitará ou reformará a sentença.

Art. 35. Nos processos regulados por esta Lei, poderá ser dispensada a audiência de revisor, no julgamento das apelações.

Art. 36. Compete à Fazenda Pública baixar normas sobre o recolhimento da Dívida Ativa respectiva, em juízo ou fora dele, e aprovar, inclusive, os modelos de documentos de arrecadação.

Art. 37. O auxiliar de justiça que, por ação ou omissão, culposa ou dolosa, prejudicar a execução, será responsabilizado, civil, penal e administrativamente.

Parágrafo único. O oficial de justiça deverá efetuar, em 10 (dez) dias, as diligências que lhe forem ordenadas, salvo motivo de força maior devidamente justificado perante o juízo.

Art. 38. A discussão judicial da Dívida Ativa da Fazenda Pública só é admissível em execução, na forma desta Lei, salvo as hipóteses de mandado de segurança, ação de repetição do indébito ou ação anulatória do ato declarativo da dívida, esta precedida do depósito preparatório do valor do débito, monetariamente corrigido e acrescido dos juros e multa de mora e demais encargos.

- V. Súmula 112, STJ.

Parágrafo único. A propositura, pelo contribuinte, da ação prevista neste artigo importa em renúncia ao poder de recorrer na esfera administrativa e desistência do recurso acaso interposto.

Art. 39. A Fazenda Pública não está sujeita ao pagamento de custas e emolumentos. A prática dos atos judiciais de seu interesse independerá de preparo ou de prévio depósito.

- V. Súmulas 99 e 154, TFR.

Parágrafo único. Se vencida, a Fazenda Pública ressarcirá o valor das despesas feitas pela parte contrária.

- V. art. 20, CPC.

Art. 40. O juiz suspenderá o curso da execução, enquanto não for localizado o devedor ou encontrados bens sobre os quais possa recair a penhora, e, nesses casos, não correrá o prazo de prescrição.

- V. art. 791, III, CPC.
- V. art. 174, parágrafo único, CTN.
- V. Súmula 314, STJ.
- V. Súmula 210, TFR.

§ 1º Suspenso o curso da execução, será aberta vista dos autos ao representante judicial da Fazenda Pública.

§ 2º Decorrido o prazo máximo de 1 (um) ano, sem que seja localizado o devedor ou encontrados bens penhoráveis, o juiz ordenará o arquivamento dos autos.

§ 3º Encontrados que sejam, a qualquer tempo, o devedor ou os bens, serão desarquivados os autos para prosseguimento da execução.

§ 4º Se da decisão que ordenar o arquivamento tiver decorrido o prazo prescricional, o juiz, depois de ouvida a Fazenda Pública, poderá, de ofício, reconhecer a prescrição intercorrente e decretá-la de imediato.

- § 4º acrescentado pela Lei 11.051/2004.

§ 5º A manifestação prévia da Fazenda Pública prevista no § 4º deste artigo será dispensada no caso de cobranças judiciais cujo valor seja inferior ao mínimo fixado por ato do Ministro de Estado da Fazenda.

- § 5º acrescentado pela Lei 11.960/2009.

Art. 41. O processo administrativo correspondente à inscrição de Dívida Ativa, à execução fiscal ou à ação proposta contra a Fazenda Pública será mantido na repartição competente, dele se extraindo as cópias autenticadas ou certidões, que forem requeridas pelas partes ou requisitadas pelo juiz ou pelo Ministério Público.

Parágrafo único. Mediante requisição do juiz à repartição competente, com dia e hora previamente marcados, poderá o processo administrativo ser exibido, na sede do juízo, pelo funcionário para esse fim designado, lavrando o serventuário termo da ocor-

Lei 6.899/1981

rência, com indicação, se for o caso, das peças a serem trasladadas.

Art. 42. Revogadas as disposições em contrário, esta Lei entrará em vigor 90 (noventa) dias após a data de sua publicação.

Brasília, em 22 de setembro de 1980; 159º da Independência e 92º da República.

João Figueiredo

(*DOU* 24.09.1980)

LEI 6.899,
DE 8 DE ABRIL DE 1981

Determina a aplicação da correção monetária nos débitos oriundos de decisão judicial e dá outras providências.

- V. Dec. 86.649/1981 (Regulamenta a Lei 6.899/1981).

O Presidente da República:

Faço saber que o Congresso Nacional decreta e eu sanciono a seguinte Lei:

Art. 1º A correção monetária incide sobre qualquer débito resultante de decisão judicial, inclusive sobre custas e honorários advocatícios.

- V. Súmula 29, STJ.

§ 1º Nas execuções de títulos de dívida líquida e certa, a correção será calculada a contar do respectivo vencimento.

- V. Súmula 14, STJ.

§ 2º Nos demais casos, o cálculo far-se-á a partir do ajuizamento da ação.

- V. Súmula 14, STJ.

Art. 2º O Poder Executivo, no prazo de 60 (sessenta) dias, regulamentará a forma pela qual será efetuado o cálculo da correção monetária.

Art. 3º O disposto nesta Lei aplica-se a todas as causas pendentes de julgamento.

Art. 4º Esta Lei entrará em vigor na data de sua publicação.

Art. 5º Revogam-se as disposições em contrário.

Brasília, em 8 de abril de 1981; 160º da Independência e 93º da República.

João Figueiredo

(*DOU* 09.04.1981)

DECRETO 86.649,
DE 25 DE NOVEMBRO DE 1981

Regulamenta a Lei 6.899, de 8 de abril de 1981, que determina a aplicação de correção monetária nos débitos oriundos de decisão judicial.

O Presidente da República, no uso da atribuição que lhe confere o art. 81, III, da Constituição, e tendo em vista o disposto no art. 2º da Lei 6.899, de 8 de abril de 1981, combinado com o art. 2º da Lei 6.423, de 17 de junho de 1977, decreta:

Art. 1º Quando se tratar de dívida líquida e certa, a correção monetária a que se refere o art. 1º da Lei 6.899, de 8 de abril de 1981, será calculada multiplicando-se o valor do débito pelo coeficiente obtido mediante a divisão do valor nominal reajustado de uma Obrigação do Tesouro Nacional (OTN) no mês em que se efetivar o pagamento (dividendo) pelo valor da OTN no mês do vencimento do título (divisor), com abandono dos algarismos a partir da quinta casa decimal, inclusive.

- V. art. 1.533, CC/1916, sem correspondência no CC/2002.
- V. art. 1º, *caput*, Lei 6.423/1977 (Base para correção monetária).
- V. art. 3º, *caput*, Lei 6.830/1980 (Cobrança da Dívida Ativa da Fazenda Pública).
- V. Lei 7.730/1989 (Extinção da OTN).

Parágrafo único. Nos demais casos, o divisor será o valor da OTN no mês do ajuizamento da ação.

Art. 2º A correção monetária das custas a serem reembolsadas à parte vencedora será calculada a partir do mês do respectivo pagamento.

- V. art. 20, § 2º, CPC.
- V. art. 1º, Lei 6.899/1981 (Correção monetária nos débitos oriundos de decisão judicial).

Art. 3º Nas causas pendentes de julgamento à data da entrada em vigor da Lei 6.899/81 e nas ações de execução de títulos de dívida líquida e certa vencidos antes do advento da mesma lei, mas ajuizadas a partir do início de sua vigência, o cálculo a que se refere o art. 1º se fará a partir de 9 de abril de 1981.

- V. art. 1º, Lei 5.670/1971 (Cálculo da correção monetária).

Lei 7.115/1983

LEGISLAÇÃO PROCESSUAL

Art. 4º Nos débitos para com a Fazenda Pública objeto de cobrança executiva ou decorrentes de decisão judicial, a correção monetária continuará a ser calculada em obediência à legislação especial pertinente.

- V. art. 34, § 1º, Lei 6.830/1980 (Cobrança da Dívida Ativa da Fazenda Pública).

Art. 5º Este Decreto entra em vigor na data de sua publicação.

Brasília, 25 de novembro de 1981; 160º da Independência e 93º da República.

João Figueiredo

(*DOU* 26.11.1981)

LEI 7.115, DE 29 DE AGOSTO DE 1983

Dispõe sobre prova documental nos casos que indica, e dá outras providências.

O Presidente da República:
Faço saber que o Congresso Nacional decreta e eu sanciono a seguinte Lei:

Art. 1º A declaração destinada a fazer prova de vida, residência, pobreza, dependência econômica, homonímia ou bons antecedentes, quando firmada pelo próprio interessado ou por procurador bastante, e sob as penas da lei, presume-se verdadeira.

- V. art. 4º, §§ 1º e 3º, Lei 1.060/1950 (Assistência Judiciária).

Parágrafo único. O disposto neste artigo não se aplica para fins de prova em processo penal.

Art. 2º Se comprovadamente falsa a declaração, sujeitar-se-á o declarante às sanções civis, administrativas e criminais previstas na legislação aplicável.

- V. art. 299, CP.
- V. art. 211, CPP.

Art. 3º A declaração mencionará expressamente a responsabilidade do declarante.

Art. 4º Esta Lei entra em vigor na data de sua publicação.

Art. 5º Revogam-se as disposições em contrário.

Brasília, 29 de agosto de 1983; 162º da Independência e 95º da República.

João Figueiredo

(*DOU* 30.08.1983)

LEI 7.347, DE 24 DE JULHO DE 1985

Disciplina a ação civil pública de responsabilidade por danos causados ao meio ambiente, ao consumidor, a bens e direitos de valor artístico, estético, histórico, turístico e paisagístico (vetado) *e dá outras providências.*

O Presidente da República:
Faço saber que o Congresso Nacional decreta e eu sanciono a seguinte Lei:

- V. art. 129, III, CF.
- V. art. 201, V, Lei 8.069/1990 (Estatuto da Criança e do Adolescente).
- V. art. 54, XIV, Lei 8.906/1990 (Estatuto da Advocacia e da OAB).
- V. art. 105, V, *b* (Regulamento Geral do Estatuto da Advocacia e da OAB, *DJU* 16.11.1994).

Art. 1º Regem-se pelas disposições desta Lei, sem prejuízo da ação popular, as ações de responsabilidade por danos morais e patrimoniais causados:

- *Caput* com redação determinada pela Lei 12.529/2011 (*DOU* 01.12.2011; ret. 02.12.2011), em vigor após decorridos 180 (cento e oitenta) dias de sua publicação.
- V. arts. 200, VIII, e 225, CF.
- V. Lei 7.853/1989 (Apoio às pessoas portadoras de deficiência).
- V. Lei 7.913/1989 (Ação civil pública por danos causados aos investidores no mercado de valores).
- V. art. 81, Lei 8.078/1990 (Código de Defesa do Consumidor).
- V. Súmula 329, STJ.

I – ao meio ambiente;

II – ao consumidor;

III – aos bens e direitos de valor artístico, estético, histórico, turístico e paisagístico;

- O art. 53 da Lei 10.257/2001 acrescentou um inciso III a este artigo: "III – à ordem urbanística". Contudo, a MP 2.180-35/2001 revogou tal dispositivo.
- V. nota ao inciso VI deste artigo.

IV – a qualquer outro interesse difuso ou coletivo;

- Inciso IV acrescentado pela Lei 8.078/1990.

V – por infração da ordem econômica;

- Inciso V com redação determinada pela Lei 12.529/2011 (*DOU* 01.12.2011; ret. 02.12.2011), em vigor após decorridos 180 (cento e oitenta) dias de sua publicação.
- Inciso VI acrescentado pela MP 2.180-35/2001. O texto do referido inciso já havia sido acrescen-

Lei 7.347/1985

tado pelo art. 53 da Lei 10.257/2001, que foi revogado pela MP 2.180-35/2001.
- V. nota ao inciso III deste artigo.

Parágrafo único. Não será cabível ação civil pública para veicular pretensões que envolvam tributos, contribuições previdenciárias, o Fundo de Garantia do Tempo de Serviço – FGTS ou outros fundos de natureza institucional cujos beneficiários podem ser individualmente determinados.
- Parágrafo único acrescentado pela MP 2.180-35/2001.

Art. 2º As ações previstas nesta Lei serão propostas no foro do local onde ocorrer o dano, cujo juízo terá competência funcional para processar e julgar a causa.
- V. art. 109, § 3º, CF.
- V. art. 100, V, a, CPC.
- V. art. 93, I, e 117, Lei 8.078/1990 (Código de Defesa do Consumidor).

Parágrafo único. A propositura da ação prevenirá a jurisdição do juízo para todas as ações posteriormente intentadas que possuam a mesma causa de pedir ou o mesmo objeto.
- Parágrafo único acrescentado pela MP 2.180-35/2001.

Art. 3º A ação civil poderá ter por objeto a condenação em dinheiro ou o cumprimento de obrigação de fazer ou não fazer.
- V. art. 461, CPC.
- V. art. 84, caput, Lei 8.078/1990 (Código de Defesa do Consumidor).

Art. 4º Poderá ser ajuizada ação cautelar para os fins desta Lei, objetivando, inclusive, evitar o dano ao meio ambiente, ao consumidor, à ordem urbanística ou aos bens e direitos de valor artístico, estético, histórico, turístico e paisagístico (vetado).
- Artigo com redação determinada pela Lei 10.257/2001 (DOU 11.07.2001), em vigor após decorridos 90 (noventa) dias de sua publicação.
- V. art. 12.
- V. arts. 1º, §§ 1º e 2º, 2º e 4º, § 1º, Lei 8.437/1992 (Concessão de medidas cautelares contra atos do Poder Público).

Art. 5º Têm legitimidade para propor a ação principal e a ação cautelar:
- Caput com redação determinada pela Lei 11.448/2007.
- V. arts. 1º, § 2º, 2º e 4º, § 1º, Lei 8.437/1992 (Concessão de medidas cautelares contra atos do Poder Público).

I – o Ministério Público;
- Inciso I com redação determinada pela Lei 11.448/2007.
- V. art. 129, III e § 1º, CF.

II – a Defensoria Pública;
- Inciso II com redação determinada pela Lei 11.448/2007.

III – a União, os Estados, o Distrito Federal e os Municípios;
- Inciso III acrescentado pela Lei 11.448/2007.

IV – a autarquia, empresa pública, fundação ou sociedade de economia mista;
- Inciso IV acrescentado pela Lei 11.448/2007.

V – a associação que, concomitantemente:
- Inciso V acrescentado pela Lei 11.448/2007.

a) esteja constituída há pelo menos 1 (um) ano nos termos da lei civil;
b) inclua, entre suas finalidades institucionais, a proteção ao meio ambiente, ao consumidor, à ordem econômica, à livre concorrência ou ao patrimônio artístico, estético, histórico, turístico e paisagístico.

§ 1º O Ministério Público, se não intervier no processo como parte, atuará obrigatoriamente como fiscal da lei.
- V. arts. 82 a 84, CPC.

§ 2º Fica facultado ao Poder Público e a outras associações legitimadas nos termos deste artigo habilitar-se como litisconsortes de qualquer das partes.
- V. arts. 46 a 49, CPC.

§ 3º Em caso de desistência infundada ou abandono da ação por associação legitimada, o Ministério Público ou outro legitimado assumirá a titularidade ativa.
- § 3º com redação determinada pela Lei 8.078/1990.
- V. art. 267, VIII e § 4º, CPC.

§ 4º O requisito da pré-constituição poderá ser dispensado pelo juiz, quando haja manifesto interesse social evidenciado pela dimensão ou característica do dano, ou pela relevância do bem jurídico a ser protegido.
- § 4º acrescentado pela Lei 8.078/1990.

§ 5º Admitir-se-á o litisconsórcio facultativo entre os Ministérios Públicos da União, do Distrito Federal e dos Estados na defesa dos interesses e direitos de que cuida esta Lei.
- § 5º acrescentado pela Lei 8.078/1990.

Lei 7.347/1985

LEGISLAÇÃO PROCESSUAL

- V. art. 46, CPC.

§ 6º Os órgãos públicos legitimados poderão tomar dos interessados compromisso de ajustamento de sua conduta às exigências legais, mediante cominações, que terá eficácia de título executivo extrajudicial.

- § 6º acrescentado pela Lei 8.078/1990.

Art. 6º Qualquer pessoa poderá e o servidor público deverá provocar a iniciativa do Ministério Público, ministrando-lhe informações sobre fatos que constituam objeto da ação civil e indicando-lhe os elementos de convicção.

- V. art. 129, VI, CF.
- V. art. 26, I e IV, Lei 8.625/1993 (Lei Orgânica do Ministério Público).
- V. arts. 3º, XIII, e 6º, Dec. 2.181/1997 (Sistema Nacional de Defesa do Consumidor).

Art. 7º Se, no exercício de suas funções, os juízes e tribunais tiverem conhecimento de fatos que possam ensejar a propositura da ação civil, remeterão peças ao Ministério Público para as providências cabíveis.

Art. 8º Para instruir a inicial, o interessado poderá requerer às autoridades competentes as certidões e informações que julgar necessárias, a serem fornecidas no prazo de 15 (quinze) dias.

- V. art. 399, CPC.
- V. art. 198, § 1º, CTN.

§ 1º O Ministério Público poderá instaurar, sob sua presidência, inquérito civil, ou requisitar, de qualquer organismo público ou particular, certidões, informações, exames ou perícias, no prazo que assinalar, o qual não poderá ser inferior a 10 (dez) dias úteis.

- V. Res. CS MPF 87/2006 (Regulamenta, no âmbito do Ministério Público Federal, a instauração e tramitação do Inquérito Civil).

§ 2º Somente nos casos em que a lei impuser sigilo, poderá ser negada certidão ou informação, hipótese em que a ação poderá ser proposta desacompanhada daqueles documentos, cabendo ao juiz requisitá-los.

- V. art. 363, CPC.

Art. 9º Se o órgão do Ministério Público, esgotadas todas as diligências, se convencer da inexistência de fundamento para a propositura da ação civil, promoverá o arquivamento dos autos do inquérito civil ou das peças informativas, fazendo-o fundamentadamente.

- V. art. 223, Lei 8.069/1990 (Estatuto da Criança e do Adolescente).

§ 1º Os autos do inquérito civil ou das peças de informação arquivadas serão remetidos, sob pena de se incorrer em falta grave, no prazo de 3 (três) dias, ao Conselho Superior do Ministério Público.

- V. art. 5º, III, Lei 8.625/1993 (Lei Orgânica do Ministério Público).

§ 2º Até que, em sessão do Conselho Superior do Ministério Público, seja homologada ou rejeitada a promoção de arquivamento, poderão as associações legitimadas apresentar razões escritas ou documentos, que serão juntados aos autos do inquérito ou anexados às peças de informação.

- V. art. 82, Lei 8.078/1990 (Código de Defesa do Consumidor).

§ 3º A promoção de arquivamento será submetida a exame e deliberação do Conselho Superior do Ministério Público, conforme dispuser o seu regimento.

§ 4º Deixando o Conselho Superior de homologar a promoção de arquivamento, designará, desde logo, outro órgão do Ministério Público para o ajuizamento da ação.

Art. 10. Constitui crime, punido com pena de reclusão de 1 (um) a 3 (três) anos, mais multa de dez a mil Obrigações do Tesouro Nacional – OTN, a recusa, o retardamento ou a omissão de dados técnicos indispensáveis à propositura da ação civil, quando requisitados pelo Ministério Público.

- V. art. 319, CP.
- V. Lei 7.730/1989 (Extinção da OTN).

Art. 11. Na ação que tenha por objeto o cumprimento de obrigação de fazer ou não fazer, o juiz determinará o cumprimento da prestação da atividade devida ou a cessação da atividade nociva, sob pena de execução específica, ou de cominação de multa diária, se esta for suficiente ou compatível, independentemente de requerimento do autor.

- V. art. 461, *caput* e § 4º, CPC.
- V. art. 84, Lei 8.078/1990 (Código de Defesa do Consumidor).
- V. art. 2º, I, Dec. 1.306/1994 (Fundo de Defesa dos Direitos Difusos).

Lei 7.347/1985

LEGISLAÇÃO PROCESSUAL

Art. 12. Poderá o juiz conceder mandado liminar, com ou sem justificação prévia, em decisão sujeita a agravo.

- V. art. 93, IX, CF.
- V. arts. 496, II, 522 a 529, 557 e 558, CPC.

§ 1º A requerimento de pessoa jurídica de direito público interessada, e para evitar grave lesão à ordem, à saúde, à segurança e à economia pública, poderá o Presidente do Tribunal a que competir o conhecimento do respectivo recurso suspender a execução da liminar, em decisão fundamentada, da qual caberá agravo para uma das turmas julgadoras, no prazo de 5 (cinco) dias a partir da publicação do ato.

§ 2º A multa cominada liminarmente só será exigível do réu após o trânsito em julgado da decisão favorável ao autor, mas será devida desde o dia em que se houver configurado o descumprimento.

Art. 13. Havendo condenação em dinheiro, a indenização pelo dano causado reverterá a um fundo gerido por um Conselho Federal ou por Conselhos Estaduais de que participarão necessariamente o Ministério Público e representantes da comunidade, sendo seus recursos destinados à reconstituição dos bens lesados.

- V. art. 20.
- V. art. 2º, § 2º, Lei 7.913/1989 (Ação civil pública por danos causados no mercado de valores mobiliários).
- V. art. 103, § 3º, Lei 8.078/1990 (Código de Defesa do Consumidor).
- V. art. 2º, I, Dec. 1.306/1994 (Fundo de Defesa dos Direitos Difusos).

§ 1º Enquanto o fundo não for regulamentado, o dinheiro ficará depositado em estabelecimento oficial de crédito, em conta com correção monetária.

- Primitivo parágrafo único renumerado pela Lei 12.288/2010 (*DOU* 21.07.2010), em vigor 90 (noventa) dias após a data de sua publicação.

§ 2º Havendo acordo ou condenação com fundamento em dano causado por ato de discriminação étnica nos termos do disposto no art. 1º desta Lei, a prestação em dinheiro reverterá diretamente ao fundo de que trata o *caput* e será utilizada para ações de promoção da igualdade étnica, conforme definição do Conselho Nacional de Promoção da Igualdade Racial, na hipótese de extensão nacional, ou dos Conselhos de Promoção de Igualdade Racial estaduais ou locais, nas hipóteses de danos com extensão regional ou local, respectivamente.

- § 2º acrescentado pela Lei 12.288/2010 (*DOU* 21.07.2010), em vigor 90 (noventa) dias após a data de sua publicação.

Art. 14. O juiz poderá conferir efeito suspensivo aos recursos, para evitar dano irreparável à parte.

Art. 15. Decorridos 60 (sessenta) dias do trânsito em julgado da sentença condenatória, sem que a associação autora lhe promova a execução, deverá fazê-lo o Ministério Público, facultada igual iniciativa aos demais legitimados.

- Artigo com redação determinada pela Lei 8.078/1990.

Art. 16. A sentença civil fará coisa julgada *erga omnes*, nos limites da competência territorial do órgão prolator, exceto se o pedido for julgado improcedente por insuficiência de provas, hipótese em que qualquer legitimado poderá intentar outra ação com idêntico fundamento, valendo-se de nova prova.

- Artigo com redação determinada pela Lei 9.494/1997.
- V. arts. 467, 469, 472, 474 e 475, CPC.
- V. art. 6º, § 3º, Dec.-lei 4.657/1942 (Lei de Introdução às normas do Direito Brasileiro).
- V. art. 103, § 3º, Lei 8.078/1990 (Código de Defesa do Consumidor).

Art. 17. Em caso de litigância de má-fé, a associação autora e os diretores responsáveis pela propositura da ação serão solidariamente condenados em honorários advocatícios e ao décuplo das custas, sem prejuízo da responsabilidade por perdas e danos.

- Artigo com redação determinada pela Lei 8.078/1990, que transformou o parágrafo único em *caput*.
- A redação dada ao art. 17 pela Lei 8.078/1990 foi retificada no *DOU* de 10.01.2007.
- V. arts. 16 a 18, CPC.
- V. art. 87, parágrafo único, Lei 8.078/1990 (Código de Defesa do Consumidor), que possui a mesma redação.

Art. 18. Nas ações de que trata esta Lei, não haverá adiantamento de custas, emolumentos, honorários periciais e quaisquer outras despesas, nem condenação da associação autora, salvo comprovada má-fé, em

Lei 7.627/1987

honorários de advogado, custas e despesas processuais.
- Artigo com redação determinada pela Lei 8.078/1990.
- V. art. 4°, IV, Lei 9.289/1996 (Custas na Justiça Federal).

Art. 19. Aplica-se à ação civil pública, prevista nesta Lei, o Código de Processo Civil, aprovado pela Lei 5.869, de 11 de janeiro de 1973, naquilo em que não contrarie suas disposições.

Art. 20. O fundo de que trata o art. 13 desta Lei será regulamentado pelo Poder Executivo no prazo de 90 (noventa) dias.
- V. Dec. 1.306/1994 (Fundo de Defesa dos Direitos Difusos).

Art. 21. Aplicam-se à defesa dos direitos e interesses difusos, coletivos e individuais, no que for cabível, os dispositivos do Título III da Lei que instituiu o Código de Defesa do Consumidor.
- Artigo acrescentado pela Lei 8.078/1990.
- V. art. 90, Lei 8.078/1990 (Código de Defesa do Consumidor).

Art. 22. Esta Lei entra em vigor na data de sua publicação.
- Artigo renumerado pela Lei 8.078/1990.

Art. 23. Revogam-se as disposições em contrário.
- Artigo renumerado pela Lei 8.078/1990.

Brasília, 24 de julho de 1985; 164° da Independência e 97° da República.
José Sarney

(DOU 25.07.1985)

LEI 7.627, DE 10 DE NOVEMBRO DE 1987

Dispõe sobre a eliminação de autos findos nos órgãos da Justiça do Trabalho, e dá outras providências.

O Presidente da República:
Faço saber que o Congresso Nacional decreta e eu sanciono a seguinte Lei:

Art. 1° Fica facilitado aos Tribunais do Trabalho determinar a eliminação, por incineração, destruição mecânica ou por outro meio adequado, de autos findos há mais de 5 (cinco) anos, contado o prazo da data do arquivamento do processo.

Art. 2° A eliminação de autos findos, nos termos do disposto no artigo anterior, será decidida pelo Tribunal Pleno, mediante proposta circunstanciada do seu Presidente.
Parágrafo único. Os feitos arquivados nas Juntas de Conciliação e Julgamento poderão ser eliminados, atendidas as mesmas condições, mediante proposta do respectivo Titular, aprovada pelo Pleno do Tribunal a que estiver o órgão subordinado.
- A EC 24/1999 substituiu as Juntas de Conciliação e Julgamento por Varas do Trabalho (juiz singular) e extinguiu a representação classista na Justiça do Trabalho.

Art. 3° Deliberada a eliminação, o Presidente do Tribunal, para conhecimento dos interessados, fará publicar a decisão em órgão oficial de imprensa, por duas vezes, com prazo de 60 (sessenta) dias.
§ 1° É lícito às partes interessadas requerer, às suas expensas, o desentranhamento dos documentos que juntaram aos autos, certidões ou cópias de peças do processo ou a microfilmagem total ou parcial do mesmo.
§ 2° Se, a juízo da autoridade competente, houver, nos autos, documentos de valor histórico, serão eles recolhidos em arquivo próprio, no Tribunal respectivo.

Art. 4° Esta Lei entra em vigor na data de sua publicação.

Art. 5° Revogam-se as disposições em contrário.

Brasília, 10 de novembro de 1987; 166° da Independência e 99° da República.
José Sarney

(DOU 11.11.1987)

LEI 7.701, DE 21 DE DEZEMBRO DE 1988

Dispõe sobre a especialização de turmas dos Tribunais do Trabalho em processos coletivos e dá outras providências.

O Presidente da República:
Faço saber que o Congresso Nacional decreta e eu sanciono a seguinte Lei:

Art. 1° O Tribunal Superior do Trabalho, nos processos de sua competência, será dividido em Turmas e seções especializadas para a conciliação e julgamento de dissídios

coletivos de natureza econômica ou jurídica e de dissídios individuais, respeitada a paridade da representação classista.

- A EC n. 24/1999 substituiu as Juntas de Conciliação e Julgamento por Varas do Trabalho (juiz singular) e extinguiu a representação classista na Justiça do Trabalho.

Parágrafo único. O Regimento Interno do Tribunal disporá sobre a constituição e o funcionamento de cada uma das seções especializadas do Tribunal Superior do Trabalho, bem como sobre o número, composição e funcionamento das respectivas Turmas do Tribunal. Caberá ao Presidente do Tribunal Superior do Trabalho presidir os atos de julgamento das seções especializadas, delas participando o Vice-Presidente e o Corregedor-Geral, este quando não estiver ausente em função corregedora.

Art. 2º Compete à seção especializada em dissídios coletivos, ou seção normativa:

I – originariamente:

a) conciliar e julgar os dissídios coletivos que excedam a jurisdição dos Tribunais Regionais do Trabalho e estender ou rever suas próprias sentenças normativas, nos casos previstos em lei;

b) homologar as conciliações celebradas nos dissídios coletivos de que trata a alínea anterior;

c) julgar as ações rescisórias propostas contra suas sentenças normativas;

d) julgar os mandados de segurança contra os atos praticados pelo Presidente do Tribunal ou por qualquer dos Ministros integrantes da seção especializada em processo de dissídio coletivo; e

e) julgar os conflitos de competência entre Tribunais Regionais do Trabalho em processos de dissídio coletivo;

II – em última instância julgar:

a) os recursos ordinários interpostos contra as decisões proferidas pelos Tribunais Regionais do Trabalho em dissídios coletivos de natureza econômica ou jurídica;

b) os recursos ordinários interpostos contra as decisões proferidas pelos Tribunais Regionais do Trabalho em ações rescisórias e mandados de segurança pertinentes a dissídios coletivos;

c) os embargos infringentes interpostos contra decisão não unânime proferida em processo de dissídio coletivo de sua competência originária, salvo se a decisão atacada estiver em consonância com precedente jurisprudencial do Tribunal Superior do Trabalho ou da Súmula de sua jurisprudência predominante;

d) os embargos de declaração opostos aos seus acórdãos e os agravos regimentais pertinentes aos dissídios coletivos;

e) as suspeições arguidas contra o Presidente e demais Ministros que integram a seção, nos feitos pendentes de sua decisão; e

f) os agravos de instrumento interpostos contra despacho denegatório de recurso ordinário nos processos de sua competência.

Art. 3º Compete à Seção de Dissídios Individuais julgar:

I – originariamente:

a) as ações rescisórias propostas contra decisões das Turmas do Tribunal Superior do Trabalho e suas próprias, inclusive as anteriores à especialização em seções; e

b) os mandados de segurança de sua competência originária, na forma da lei;

II – em única instância:

a) os agravos regimentais interpostos em dissídios individuais; e

b) os conflitos de competência entre Tribunais Regionais e aqueles que envolvem Juízes de Direito investidos da jurisdição trabalhista e Juntas de Conciliação e Julgamento em processos de dissídio individual;

- A EC n. 24/1999 substituiu as Juntas de Conciliação e Julgamento por Varas do Trabalho (juiz singular) e extinguiu a representação classista na Justiça do Trabalho.

III – em última instância:

a) os recursos ordinários interpostos contra decisões dos Tribunais Regionais em processos de dissídio individual de sua competência originária;

b) os embargos das decisões das Turmas que divergirem entre si, ou das decisões proferidas pela Seção de Dissídios Individuais;

- Alínea *b* com redação determinada pela Lei 11.496/2007 (*DOU* 25.06.2007), em vigor 90 (noventa) dias após a data de sua publicação.

c) os agravos regimentais de despachos denegatórios dos Presidentes das Turmas, em

Lei 7.701/1988

LEGISLAÇÃO PROCESSUAL

matéria de embargos, na forma estabelecida no Regimento Interno;

d) os embargos de declaração opostos aos seus acórdãos;

e) as suspeições arguidas contra o Presidente e demais Ministros que integram a seção, nos feitos pendentes de julgamento; e

f) os agravos de instrumento interpostos contra despacho denegatório de recurso ordinário em processo de sua competência.

Art. 4° É da competência do Tribunal Pleno do Tribunal Superior do Trabalho:

a) a declaração de inconstitucionalidade ou não de lei ou de ato normativo do Poder Público;

b) aprovar os enunciados da Súmula da jurisprudência predominantemente em dissídios individuais;

c) julgar os incidentes de uniformização da jurisprudência em dissídios individuais;

d) aprovar os precedentes da jurisprudência predominante em dissídios coletivos;

e) aprovar as tabelas de custas e emolumentos, nos termos da lei; e

f) elaborar o Regimento Interno do Tribunal e exercer as atribuições administrativas previstas em lei ou na Constituição Federal.

Art. 5° As Turmas do Tribunal Superior do Trabalho terão, cada uma, a seguinte competência:

a) julgar os recursos de revista interpostos de decisões dos Tribunais Regionais do Trabalho, nos casos previstos em lei;

b) julgar, em última instância, os agravos de instrumento dos despachos de Presidente de Tribunal Regional que denegarem seguimento a recurso de revista, explicitando em que efeito a revista deve ser processada, caso providos;

c) julgar, em última instância, os agravos regimentais; e

d) julgar os embargos de declaração opostos aos seus acórdãos.

Art. 6° Os Tribunais Regionais do Trabalho que funcionarem divididos em Grupos de Turmas promoverão a especialização de um deles com a competência exclusiva para a conciliação e julgamento de dissídios coletivos, na forma prevista no *caput* do art. 1° desta Lei.

Parágrafo único. O Regimento Interno disporá sobre a constituição e funcionamento do Grupo Normativo, bem como dos demais Grupos de Turmas do Tribunal Regional do Trabalho.

Art. 7° Das decisões proferidas pelo Grupo Normativo dos Tribunais Regionais do Trabalho, caberá recurso ordinário para o Tribunal Superior do Trabalho.

§ 1° O Juiz relator ou o redator designado disporá de 10 (dez) dias para redigir o acórdão.

§ 2° Não publicado o acórdão nos 20 (vinte) dias subsequentes ao julgamento, poderá qualquer dos litigantes ou o Ministério Público do Trabalho interpor recurso ordinário, fundado, apenas, na certidão de julgamento, inclusive com pedido de efeito suspensivo, pagas as custas, se for o caso. Publicado o acórdão, reabrir-se-á o prazo para o aditamento do recurso interposto.

§ 3° Interposto o recurso na forma do parágrafo anterior, deverão os recorrentes comunicar o fato à Corregedoria-Geral, para as providências legais cabíveis.

§ 4° Publicado o acórdão, quando as partes serão consideradas intimadas, seguir-se-á o procedimento recursal como previsto em lei, com a intimação pessoal do Ministério Público, por qualquer dos seus procuradores.

§ 5° Formalizado o acordo pelas partes e homologado pelo Tribunal, não caberá qualquer recurso, salvo por parte do Ministério Público.

§ 6° A sentença normativa poderá ser objeto de ação de cumprimento a partir do vigésimo dia subsequente ao do julgamento, fundada no acórdão ou na certidão de julgamento, salvo se concedido efeito suspensivo pelo Presidente do Tribunal Superior do Trabalho.

Art. 8° O disposto no art. 7° e respectivos parágrafos desta Lei aplica-se aos demais Tribunais Regionais do Trabalho não divididos em Grupos de Turmas.

Art. 9° O efeito suspensivo deferido pelo Presidente do Tribunal Superior do Trabalho terá eficácia pelo prazo improrrogável de 120 (cento e vinte) dias contados da publi-

cação, salvo se o recurso ordinário for julgado antes do término do prazo.

Art. 10. Nos dissídios coletivos de natureza econômica ou jurídica de competência originária ou recursal da seção normativa do Tribunal Superior do Trabalho, a sentença poderá ser objeto de ação de cumprimento com a publicação da certidão de julgamento.

Art. 11. Nos processos de dissídio coletivo, o Ministério Público emitirá parecer escrito, ou protestará pelo pronunciamento oral, na audiência ou sessão de julgamento.

Art. 12. O art. 896 da Consolidação das Leis do Trabalho – CLT, aprovada pelo Decreto-lei 5.452, de 1º de maio de 1943, passa a ter a seguinte redação:

- Alteração processada no texto do referido artigo.

Art. 13. O depósito recursal de que trata o art. 899 e seus parágrafos da Consolidação das Leis do Trabalho fica limitado, no recurso ordinário, a vinte vezes o valor de referência e, no de revista, a quarenta vezes o referido valor de referência. Será considerado valor de referência aquele vigente à data da interposição do recurso, devendo ser complementado o valor total de quarenta valores, no caso de revista.

- Artigo sem aplicação em face do disposto no art. 40 da Lei 8.177/1991.

Art. 14. O Regimento Interno dos Tribunais Regionais do Trabalho deverá dispor sobre a Súmula da respectiva jurisprudência predominante e sobre o incidente de uniformização, inclusive os pertinentes às leis estaduais e normas coletivas.

Art. 15. Esta Lei entra em vigor na data de sua publicação.

Art. 16. Revogam-se as disposições em contrário da Consolidação das Leis do Trabalho e da legislação especial.

Brasília, 21 de dezembro de 1988; 167º da Independência e 100º da República.

José Sarney

(*DOU* 22.12.1988)

Lei 8.009/1990

LEI 8.009, DE 29 DE MARÇO DE 1990

Dispõe sobre a impenhorabilidade do bem de família.

Faço saber que o Presidente da República adotou a Medida Provisória 143, de 1990, que o Congresso Nacional aprovou, e eu Nelson Carneiro, Presidente do Senado Federal, para os efeitos do disposto no parágrafo único do art. 62 da Constituição Federal, promulgo a seguinte Lei:

- V. arts. 1.711 a 1.722, CC/2002.

Art. 1º O imóvel residencial próprio do casal, ou da entidade familiar, é impenhorável e não responderá por qualquer tipo de dívida civil, comercial, fiscal, previdenciária ou de outra natureza, contraída pelos cônjuges ou pelos pais ou filhos que sejam seus proprietários e nele residam, salvo nas hipóteses previstas nesta Lei.

- V. arts. 70 a 73, CC/1916; e arts. 1.711, *caput*, e 1.715, *caput*, CC/2002.
- V. art. 648, CPC.
- V. arts. 19 a 23, Dec.-lei 3.200/1941 (Organização e proteção da família).
- V. art. 41, *caput*, Dec.-lei 7.661/1945 (Lei de Falências); e art. 108, § 4º, Lei 11.101/2005 (Lei de Recuperação de Empresas e Falência).
- V. arts. 260 a 265, Lei 6.015/1973 (Lei de Registros Públicos).
- V. Súmula 449, STJ.

Parágrafo único. A impenhorabilidade compreende o imóvel sobre o qual se assentam a construção, as plantações, as benfeitorias de qualquer natureza e todos os equipamentos, inclusive os de uso profissional, ou móveis que guarneçam a casa, desde que quitados.

- V. art. 1.712, CC/2002.
- V. art. 649, II e V, CPC.

Art. 2º Excluem-se da impenhorabilidade os veículos de transporte, obras de arte e adornos suntuosos.

Parágrafo único. No caso de imóvel locado, a impenhorabilidade aplica-se aos bens móveis quitados que guarneçam a residência e que sejam de propriedade do locatário, observado o disposto neste artigo.

Art. 3º A impenhorabilidade é oponível em qualquer processo de execução civil, fis-

cal, previdenciária, trabalhista ou de outra natureza, salvo se movido:

• V. art. 1.715, *caput*, CC/2002.

I – em razão dos créditos de trabalhadores da própria residência e das respectivas contribuições previdenciárias;
II – pelo titular do crédito decorrente do financiamento destinado à construção ou à aquisição do imóvel, no limite dos créditos e acréscimos constituídos em função do respectivo contrato;
III – pelo credor de pensão alimentícia;
IV – para cobrança de impostos, predial ou territorial, taxas e contribuições devidas em função do imóvel familiar;
V – para execução de hipoteca sobre o imóvel oferecido como garantia real pelo casal ou pela entidade familiar;
VI – por ter sido adquirido com produto de crime ou para execução de sentença penal condenatória a ressarcimento, indenização ou perdimento de bens;
VII – por obrigação decorrente de fiança concedida em contrato de locação.

• Inciso VII acrescentado pela Lei 8.245/1991.

Art. 4º Não se beneficiará do disposto nesta Lei aquele que, sabendo-se insolvente, adquire de má-fé imóvel mais valioso para transferir a residência familiar, desfazendo-se ou não da moradia antiga.

§ 1º Neste caso poderá o juiz, na respectiva ação do credor, transferir a impenhorabilidade para a moradia familiar anterior, ou anular-lhe a venda, liberando a mais valiosa para execução ou concurso, conforme a hipótese.

§ 2º Quando a residência familiar constituir-se em imóvel rural, a impenhorabilidade restringir-se-á à sede de moradia, com os respectivos bens móveis, e, nos casos do art. 5º, inciso XXVI, da Constituição, à área limitada como pequena propriedade rural.

Art. 5º Para os efeitos de impenhorabilidade, de que trata esta Lei, considera-se residência um único imóvel utilizado pelo casal ou pela entidade familiar para moradia permanente.

Parágrafo único. Na hipótese de o casal, ou entidade familiar, ser possuidor de vários imóveis utilizados como residência, a impenhorabilidade recairá sobre o de menor valor, salvo se outro tiver sido registrado, para esse fim, no Registro de Imóveis e na forma do art. 70 do Código Civil.

• Refere-se ao CC/1916.
• V. arts. 1.711, *caput*, 1.715, *caput*, 1.716 e 1.722, CC/2002.
• V. art. 41, Dec.-lei 7.661/1945 (Lei de Falências); e art. 108, § 4º, Lei 11.101/2005 (Lei de Recuperação de Empresas e Falência).
• V. art. 167, I-1, Lei 6.015/1973 (Lei de Registros Públicos).

Art. 6º São canceladas as execuções suspensas pela Medida Provisória 143, de 8 de março de 1990, que deu origem a esta Lei.

Art. 7º Esta Lei entra em vigor na data de sua publicação.

Art. 8º Revogam-se as disposições em contrário.

Senado Federal, em 29 de março de 1990; 169º da Independência e 102º da República.
Nelson Carneiro

(*DOU* 30.03.1990)

LEI 8.078,
DE 11 DE SETEMBRO DE 1990

Dispõe sobre a proteção do consumidor e dá outras providências.

• V. Dec. 6.523/2008 (Regulamenta a Lei 8.078/1990, para fixar normas gerais sobre o Serviço de Atendimento ao Consumidor – SAC).
• V. Lei 12.291/2010 (Obrigatoriedade da manutenção de exemplar do CDC nos estabelecimentos comerciais e de prestação de serviços).

O Presidente da República:
Faço saber que o Congresso Nacional decreta e eu sanciono a seguinte Lei:

TÍTULO I
DOS DIREITOS DO CONSUMIDOR

Capítulo I
DISPOSIÇÕES GERAIS

Art. 1º O presente Código estabelece normas de proteção e defesa do consumidor, de ordem pública e interesse social, nos termos dos arts. 5º, inciso XXXII, 170, inciso V, da Constituição Federal e art. 48 de suas Disposições Transitórias.

Lei 8.078/1990

LEGISLAÇÃO PROCESSUAL

Art. 2º Consumidor é toda pessoa física ou jurídica que adquire ou utiliza produto ou serviço como destinatário final.
* V. arts. 17 e 29.

Parágrafo único. Equipara-se a consumidor a coletividade de pessoas, ainda que indetermináveis, que haja intervindo nas relações de consumo.

Art. 3º Fornecedor é toda pessoa física ou jurídica, pública ou privada, nacional ou estrangeira, bem como os entes despersonalizados, que desenvolvem atividades de produção, montagem, criação, construção, transformação, importação, exportação, distribuição ou comercialização de produtos ou prestação de serviços.
* V. art. 28.

§ 1º Produto é qualquer bem, móvel ou imóvel, material ou imaterial.

§ 2º Serviço é qualquer atividade fornecida no mercado de consumo, mediante remuneração, inclusive as de natureza bancária, financeira, de crédito e securitária, salvo as decorrentes das relações de caráter trabalhista.
* V. Súmulas 297 e 321, STJ.

[...]

Capítulo IV
DA QUALIDADE DE PRODUTOS E SERVIÇOS, DA PREVENÇÃO E DA REPARAÇÃO DOS DANOS

[...]

Seção V
Da desconsideração da personalidade jurídica

Art. 28. O juiz poderá desconsiderar a personalidade jurídica da sociedade quando, em detrimento do consumidor, houver abuso de direito, excesso de poder, infração da lei, fato ou ato ilícito ou violação dos estatutos ou contrato social. A desconsideração também será efetivada quando houver falência, estado de insolvência, encerramento ou inatividade da pessoa jurídica provocados por má administração.
* V. arts. 50 e 1.642, I e II, CC/2002.
* V. arts. 134, VII, e 135, CTN.

§ 1º (Vetado.)

§ 2º As sociedades integrantes dos grupos societários e as sociedades controladas, são subsidiariamente responsáveis pelas obrigações decorrentes deste Código.

§ 3º As sociedades consorciadas são solidariamente responsáveis pelas obrigações decorrentes deste Código.

§ 4º As sociedades coligadas só responderão por culpa.

§ 5º Também poderá ser desconsiderada a pessoa jurídica sempre que sua personalidade for, de alguma forma, obstáculo ao ressarcimento de prejuízos causados aos consumidores.

[...]

TÍTULO III
DA DEFESA DO CONSUMIDOR EM JUÍZO

Capítulo I
DISPOSIÇÕES GERAIS

Art. 81. A defesa dos interesses e direitos dos consumidores e das vítimas poderá ser exercida em juízo individualmente, ou a título coletivo.
* V. art. 129, III, CF.
* V. Lei 7.347/1985 (Ação civil pública).
* V. Dec. 2.181/1997 (Sistema Nacional de Defesa do Consumidor).

Parágrafo único. A defesa coletiva será exercida quando se tratar de:
* V. arts. 82, 91, 93 e 98, § 2º.

I – interesses ou direitos difusos, assim entendidos, para efeitos deste Código, os transindividuais, de natureza indivisível, de que sejam titulares pessoas indeterminadas e ligadas por circunstâncias de fato;
* V. arts. 103, I e § 1º, e 104.

II – interesses ou direitos coletivos, assim entendidos, para efeitos deste Código, os transindividuais de natureza indivisível, de que seja titular grupo, categoria ou classe de pessoas ligadas entre si ou com a parte contrária por uma relação jurídica base;
* V. arts. 103, II e § 1º, e 104.

III – interesses ou direitos individuais homogêneos, assim entendidos os decorrentes de origem comum.
* V. arts. 93 a 100 e 103, III e § 2º.

Lei 8.078/1990

LEGISLAÇÃO PROCESSUAL

Art. 82. Para os fins do art. 81, parágrafo único, são legitimados concorrentemente:

- *Caput* com redação determinada pela Lei 9.008/1995.
- V. arts. 83, 90, 91, 97, 98 e 100.
- V. art. 6º, CPC.
- V. art. 5º, Lei 7.347/1985 (Ação civil pública).
- V. art. 56, § 3º, Dec. 2.181/1997 (Sistema Nacional de Defesa do Consumidor).

I – o Ministério Público;

- V. arts. 127 e 129, III, CF.

II – a União, os Estados, os Municípios e o Distrito Federal;

III – as entidades e órgãos da administração pública, direta ou indireta, ainda que sem personalidade jurídica, especificamente destinados à defesa dos interesses e direitos protegidos por este Código;

- V. art. 80.

IV – as associações legalmente constituídas há pelo menos 1 (um) ano e que incluam entre seus fins institucionais a defesa dos interesses e direitos protegidos por este Código, dispensada a autorização assemblear.

- V. art. 80.
- V. arts. 5º, XXI e LXX, e 8º, III, CF.
- V. arts. 18 a 23, CC/1916; e arts. 45 a 61, CC/2002.
- V. art. 114, I, Lei 6.015/1973 (Lei de Registros Públicos).
- V. art. 3º, Lei 8.073/1990 (Política nacional de salários).
- V. art. 8º, II, Dec. 2.181/1997 (Sistema Nacional de Defesa do Consumidor).

§ 1º O requisito da pré-constituição pode ser dispensado pelo juiz, nas ações previstas no art. 91 e segs., quando haja manifesto interesse social evidenciado pela dimensão ou característica do dano, ou pela relevância do bem jurídico a ser protegido.

§ 2º e 3º *(Vetados.)*

Art. 83. Para a defesa dos direitos e interesses protegidos por este Código são admissíveis todas as espécies de ações capazes de propiciar sua adequada e efetiva tutela.

Parágrafo único. *(Vetado.)*

Art. 84. Na ação que tenha por objeto o cumprimento da obrigação de fazer ou não fazer, o juiz concederá a tutela específica da obrigação ou determinará providências que assegurem o resultado prático equivalente ao do adimplemento.

- V. arts. 30, 35, I, e 48.

§ 1º A conversão da obrigação em perdas e danos somente será admissível se por elas optar o autor ou se impossível a tutela específica ou a obtenção do resultado prático correspondente.

§ 2º A indenização por perdas e danos se fará sem prejuízo da multa (art. 287, do Código de Processo Civil).

§ 3º Sendo relevante o fundamento da demanda e havendo justificado receio de ineficácia do provimento final, é lícito ao juiz conceder a tutela liminarmente ou após justificação prévia, citado o réu.

§ 4º O juiz poderá, na hipótese do § 3º ou na sentença, impor multa diária ao réu, independentemente de pedido do autor, se for suficiente ou compatível com a obrigação, fixando prazo razoável para o cumprimento do preceito.

§ 5º Para a tutela específica ou para a obtenção do resultado prático equivalente, poderá o juiz determinar as medidas necessárias, tais como busca e apreensão, remoção de coisas e pessoas, desfazimento de obra, impedimento de atividade nociva, além de requisição de força policial.

Arts. 85 e 86. *(Vetados.)*

Art. 87. Nas ações coletivas de que trata este Código não haverá adiantamento de custas, emolumentos, honorários periciais e quaisquer outras despesas, nem condenação da associação autora, salvo comprovada má-fé, em honorários de advogados, custas e despesas processuais.

- V. art. 18, Lei 7.347/1985 (Ação civil pública).
- V. art. 4º, IV, Lei 9.289/1996 (Custas na Justiça Federal).

Parágrafo único. Em caso de litigância de má-fé, a associação autora e os diretores responsáveis pela propositura da ação serão solidariamente condenados em honorários advocatícios e ao décuplo das custas, sem prejuízo da responsabilidade por perdas e danos.

- V. art. 896, CC/1916; e arts. 264 e 265, CC/2002.
- V. arts. 16 a 18, CPC.

Art. 88. Na hipótese do art. 13, parágrafo único, deste Código, a ação de regresso poderá ser ajuizada em processo autôno-

Lei 8.078/1990

mo, facultada a possibilidade de prosseguir-se nos mesmos autos, vedada a denunciação da lide.

- V. art. 913, CC/1916; e art. 283, CC/2002.
- V. arts. 70 a 76, CPC.

Art. 89. *(Vetado.)*

Art. 90. Aplicam-se às ações previstas neste Título as normas do Código de Processo Civil e da Lei 7.347, de 24 de julho de 1985, inclusive no que respeita ao inquérito civil, naquilo que não contrariar suas disposições.

- V. art. 26, § 2º, III.
- V. arts. 8º, § 1º, e 9º, Lei 7.347/1985 (Ação civil pública).

Capítulo II
DAS AÇÕES COLETIVAS PARA A DEFESA DE INTERESSES INDIVIDUAIS HOMOGÊNEOS

Art. 91. Os legitimados de que trata o art. 82 poderão propor, em nome próprio e no interesse das vítimas ou seus sucessores, ação civil coletiva de responsabilidade pelos danos individualmente sofridos, de acordo com o disposto nos artigos seguintes.

- Artigo com redação determinada pela Lei 9.008/1995.
- V. art. 82, § 1º.

Art. 92. O Ministério Público, se não ajuizar a ação, atuará sempre como fiscal da lei.

- V. arts. 51, § 4º, e 82, I.
- V. arts. 127 e 129, IX, CF.

Parágrafo único. *(Vetado.)*

Art. 93. Ressalvada a competência da Justiça Federal, é competente para a causa a justiça local:

I – no foro do lugar onde ocorreu ou deva ocorrer o dano, quando de âmbito local;

- V. art. 100, V, *a*, CPC.

II – no foro da Capital do Estado ou no do Distrito Federal, para os danos de âmbito nacional ou regional, aplicando-se as regras do Código de Processo Civil aos casos de competência concorrente.

- V. arts. 94, § 4º, e 99, CPC.

Art. 94. Proposta a ação, será publicado edital no órgão oficial, a fim de que os interessados possam intervir no processo como litisconsortes, sem prejuízo de ampla divulgação pelos meios de comunicação social por parte dos órgãos de defesa do consumidor.

- V. arts. 46 a 49 e 232, IV, CPC.

Art. 95. Em caso de procedência do pedido, a condenação será genérica, fixando a responsabilidade do réu pelos danos causados.

Art. 96. *(Vetado.)*

Art. 97. A liquidação e a execução de sentença poderão ser promovidas pela vítima e seus sucessores, assim como pelos legitimados de que trata o art. 82.

- V. art. 103, § 3º.

Parágrafo único. *(Vetado.)*

Art. 98. A execução poderá ser coletiva, sendo promovida pelos legitimados de que trata o art. 82, abrangendo as vítimas cujas indenizações já tiverem sido fixadas em sentença de liquidação, sem prejuízo do ajuizamento de outras execuções.

- *Caput* com redação determinada pela Lei 9.008/1995.
- V. art. 103, § 3º.

§ 1º A execução coletiva far-se-á com base em certidão das sentenças de liquidação, da qual deverá constar a ocorrência ou não do trânsito em julgado.

§ 2º É competente para a execução o juízo:

I – da liquidação da sentença ou da ação condenatória, no caso de execução individual;

II – da ação condenatória, quando coletiva a execução.

Art. 99. Em caso de concurso de créditos decorrentes de condenação prevista na Lei 7.347, de 24 de julho de 1985, e de indenizações pelos prejuízos individuais resultantes do mesmo evento danoso, estas terão preferência no pagamento.

- V. art. 103, § 3º.

Parágrafo único. Para efeito do disposto neste artigo, a destinação da importância recolhida ao Fundo criado pela Lei 7.347, de 24 de julho de 1985, ficará sustada enquanto pendentes de decisão de segundo grau as ações de indenização pelos danos individuais, salvo na hipótese de o patrimô-

nio do devedor ser manifestamente suficiente para responder pela integralidade das dívidas.

- V. art. 57.
- V. art. 13, Lei 7.347/1985 (Ação civil pública).
- V. Dec. 1.306/1994 (Fundo de Defesa de Direitos Difusos).

Art. 100. Decorrido o prazo de 1 (um) ano sem habilitação de interessados em número compatível com a gravidade do dano, poderão os legitimados do art. 82 promover a liquidação e execução da indenização devida.

- V. art. 57.
- V. art. 13, Lei 7.347/1985 (Ação civil pública).
- V. Dec. 1.306/1994 (Fundo de Defesa de Direitos Difusos).

Parágrafo único. O produto da indenização devida reverterá para o Fundo criado pela Lei 7.347, de 24 de julho de 1985.

- V. art. 13, Lei 7.347/1985 (Ação civil pública).
- V. Dec. 1.306/1994 (Regulamenta o Fundo de Defesa de Direitos Difusos).

Capítulo III
DAS AÇÕES DE RESPONSABILIDADE DO FORNECEDOR DE PRODUTOS E SERVIÇOS

Art. 101. Na ação de responsabilidade civil do fornecedor de produtos e serviços, sem prejuízo do disposto nos Capítulos I e II deste Título, serão observadas as seguintes normas:

- V. arts. 81 a 100.

I – a ação pode ser proposta no domicílio do autor;

- V. arts. 31 a 42, CC/1916; e arts. 70 a 78, CC/2002.
- V. art. 100, V, *a*, CPC.

II – o réu que houver contratado seguro de responsabilidade poderá chamar ao processo o segurador, vedada a integração do contraditório pelo Instituto de Resseguros do Brasil. Nesta hipótese, a sentença que julgar procedente o pedido condenará o réu nos termos do art. 80 do Código de Processo Civil. Se o réu houver sido declarado falido, o síndico será intimado a informar a existência de seguro de responsabilidade facultando-se, em caso afirmativo, o ajuizamento de ação de indenização diretamente contra o segurador, vedada a denunciação da lide ao Instituto de Resseguros do Brasil e dispensado o litisconsórcio obrigatório com este.

Art. 102. Os legitimados a agir na forma deste Código poderão propor ação visando compelir o Poder Público competente a proibir, em todo o território nacional, a produção, divulgação, distribuição ou venda, ou a determinar alteração na composição, estrutura, fórmula ou acondicionamento de produto, cujo uso ou consumo regular se revele nocivo ou perigoso à saúde pública e à incolumidade pessoal.

- V. art. 82.

§ 1º *(Vetado.)*
§ 2º *(Vetado.)*

Capítulo IV
DA COISA JULGADA

Art. 103. Nas ações coletivas de que trata este Código, a sentença fará coisa julgada:

- V. arts. 467 e 472, CPC.

I – *erga omnes*, exceto se o pedido for julgado improcedente por insuficiência de provas, hipótese em que qualquer legitimado poderá intentar outra ação, com idêntico fundamento, valendo-se de nova prova, na hipótese do inciso I do parágrafo único do art. 81;

II – *ultra partes*, mas limitadamente ao grupo, categoria ou classe, salvo improcedência por insuficiência de provas, nos termos do inciso anterior, quando se tratar da hipótese prevista no inciso II do parágrafo único do art. 81;

III – *erga omnes*, apenas no caso de procedência do pedido, para beneficiar todas as vítimas e seus sucessores, na hipótese do inciso III do parágrafo único do art. 81.

§ 1º Os efeitos da coisa julgada previstos nos incisos I e II não prejudicarão interesses e direitos individuais dos integrantes da coletividade, do grupo, categoria ou classe.

§ 2º Na hipótese prevista no inciso III, em caso de improcedência do pedido, os inte-

Legislação Processual

ressados que não tiverem intervindo no processo como litisconsortes poderão propor ação de indenização a título individual.

§ 3º Os efeitos da coisa julgada de que cuida o art. 16, combinado com o art. 13 da Lei 7.347, de 24 de julho de 1985, não prejudicarão as ações de indenização por danos pessoalmente sofridos, propostas individualmente ou na forma prevista neste Código, mas, se procedente o pedido, beneficiarão as vítimas e seus sucessores, que poderão proceder à liquidação e à execução, nos termos dos arts. 96 a 99.

§ 4º Aplica-se o disposto no parágrafo anterior à sentença penal condenatória.

Art. 104. As ações coletivas, previstas nos incisos I e II do parágrafo único do art. 81, não induzem litispendência para as ações individuais, mas os efeitos da coisa julgada *ergaomnes* ou *ultra partes* a que aludem os incisos II e III do artigo anterior não beneficiarão os autores das ações individuais, se não for requerida sua suspensão no prazo de 30 (trinta) dias, a contar da ciência nos autos do ajuizamento da ação coletiva.

* A remissão correta seria aos incisos II e III do parágrafo único do art. 81.
* V. art. 301, §§ 1º e 3º, CPC.

[...]

TÍTULO VI
DISPOSIÇÕES FINAIS

[...]

Art. 118. Este Código entrará em vigor dentro de 180 (cento e oitenta) dias a contar de sua publicação.

Art. 119. Revogam-se as disposições em contrário.

Brasília, em 11 de setembro de 1990; 169º da Independência e 102º da República.

Fernando Collor

(*DOU* 12.09.1990; ret. 10.01.2007)

Lei 8.432/1992

LEI 8.432,
DE 11 DE JUNHO DE 1992

Dispõe sobre a criação de Juntas de Conciliação e Julgamento nas Regiões da Justiça do Trabalho, define jurisdições e dá outras providências.

* V. Emenda Constitucional n. 24/1999.

O Presidente da República:

Faço saber que o Congresso Nacional decreta e eu sanciono a seguinte Lei:

Art. 1º São criadas, na 1ª Região da Justiça do Trabalho, as seguintes Juntas de Conciliação e Julgamento, e cargos pertinentes, assim distribuídas:

I – na Cidade do Rio de Janeiro, 22 Juntas de Conciliação e Julgamento (52ª a 73ª), 22 cargos de Juiz do Trabalho Presidente de Junta, 22 cargos de Juiz do Trabalho Substituto, 44 cargos de Juiz Classista de Junta, observada a representação paritária, e 22 cargos em comissão de Diretor de Secretaria de Junta DAS-101.5;

II – na Cidade de Cabo Frio, uma Junta de Conciliação e Julgamento (1ª), um cargo de Juiz do Trabalho Presidente de Junta, um cargo de juiz do Trabalho Substituto dois cargos de Juiz Classista de Junta, observada a representação paritária, e um cargo em comissão de Diretor de Secretaria de Junta DAS-101.5;

III – na Cidade de Campos dos Goytacazes, uma Junta de Conciliação e Julgamento (2ª), um cargo de Juiz do Trabalho Presidente de Junta, um cargo de Juiz do Trabalho Substituto, dois cargos de Juiz Classista de Junta, observada a representação paritária, um cargo em comissão de Diretor de Secretaria de Junta DAS-101.5 e um cargo em comissão de Diretor de Serviço de Distribuição DAS-101.4;

IV – na Cidade de Cordeiro, uma Junta de Conciliação e Julgamento (1ª), um cargo de Juiz do Trabalho Presidente de Junta, um cargo de Juiz do Trabalho Substituto, dois cargos de Juiz Classista de Junta, observada a representação paritária, e um cargo em comissão de Diretor de Secretaria de Junta DAS-101.5;

V – na Cidade de Duque de Caxias, três Juntas de Conciliação e Julgamento (4ª a 6ª),

Lei 8.432/1992

LEGISLAÇÃO PROCESSUAL

três cargos de Juiz do Trabalho Presidente de Junta, três cargos de Juiz do Trabalho Substituto, seis cargos de Juiz Classista de Junta, observada a representação paritária, e três cargos em comissão de Diretor de Secretaria de Junta DAS-101.5;

VI – na Cidade de Niterói, uma Junta de Conciliação e Julgamento (4ª), um cargo de Juiz do Trabalho Presidente de Junta, um cargo de Juiz do Trabalho Substituto, dois cargos de Juiz Classista de Junta, observada a representação paritária, e um cargo em comissão de Diretor de Secretaria de Junta DAS-101.5;

VII – na Cidade de Nova Iguaçu, duas Juntas de Conciliação e Julgamento (4ª e 5ª), dois cargos de Juiz do Trabalho Presidente de Junta, dois cargos de Juiz do Trabalho Substituto, quatro cargos de Juiz Classista de Junta, observada a representação paritária, e dois cargos em comissão de Diretor de Secretaria de Junta DAS-101.5;

VIII – na Cidade de São Gonçalo, uma Junta de Conciliação e Julgamento (3ª), um cargo de Juiz do Trabalho Presidente de Junta, um cargo de Juiz do Trabalho Substituto, dois cargos de Juiz Classista de Junta, observada a representação paritária, e um cargo em comissão de Diretor de Secretaria de Junta DAS-101.5;

IX – na Cidade de São João do Meriti, uma Junta de Conciliação e Julgamento (2ª), um cargo de Juiz do Trabalho Presidente de Junta, um cargo de Juiz do Trabalho Substituto, dois cargos de Juiz Classista de Junta, observada a representação paritária, um cargo em comissão de Diretor de Secretaria de Junta DAS-101.5 e um cargo em comissão de Diretor de Serviço de Distribuição DAS-101.4;

X – na Cidade de Resende, uma Junta de Conciliação e Julgamento (1ª), um cargo de Juiz do Trabalho Presidente de Junta, um cargo de Juiz do Trabalho Substituto, dois cargos de Juiz Classista de Junta, observada a representação paritária, e um cargo em comissão de Diretor de Secretaria de Junta DAS-101.5.

Art. 2º São criadas, na 2ª Região da Justiça do Trabalho, as seguintes Juntas de Conciliação e Julgamento, e cargos pertinentes, assim distribuídas:

I – na Cidade de Caieiras, uma Junta de Conciliação e Julgamento (1ª), um cargo de Juiz do Trabalho Presidente de Junta, um cargo de Juiz do Trabalho Substituto, dois cargos de Juiz Classista de Junta, observada a representação paritária, e um cargo em comissão de Diretor de Secretaria de Junta DAS-101.5;

II – na Cidade de Cajamar, uma Junta de Conciliação e Julgamento (1ª), um cargo de Juiz do Trabalho Presidente de Junta, um cargo de Juiz do Trabalho Substituto, dois cargos de Juiz Classista de Junta, observada a representação paritária, e um cargo em comissão de Diretor de Secretaria de Junta DAS-101.5;

III – na Cidade de Cubatão, uma Junta de Conciliação e Julgamento (5ª), um cargo de Juiz do Trabalho Presidente de Junta, um cargo de Juiz do Trabalho Substituto, dois cargos de Juiz Classista de Junta, observada a representação paritária, e um cargo em comissão de Diretor de Secretaria de Junta DAS-101.5;

IV – na Cidade de Embu, uma Junta de Conciliação e Julgamento, (1ª), um cargo de Juiz do Trabalho Presidente de Junta, um cargo de Juiz do Trabalho Substituto, dois cargos de Juiz Classista de Junta, observada a representação paritária, e um cargo em comissão de Diretor de Secretaria de Junta DAS-101.5;

V – na Cidade de Ferraz de Vasconcelos, uma Junta de Conciliação e Julgamento (1ª), um cargo de Juiz do Trabalho Presidente de Junta, um cargo de Juiz do Trabalho Substituto, dois cargos de Juiz Classista de Junta, observada a representação paritária, e um cargo em comissão de Diretor de Secretaria de Junta DAS-101.5;

VI – na Cidade de Itapecerica da Serra, uma Junta de Conciliação e Julgamento (2ª), um cargo de Juiz do Trabalho Presidente de Junta, um cargo de Juiz do Trabalho Substituto, dois cargos de Juiz Classista de Junta, observada a representação paritária, um cargo em comissão de Diretor de Secretaria de Junta DAS-101.5 e um cargo em comissão

Lei 8.432/1992

de Diretor de Serviço de Distribuição DAS-101.4;

VII – na Cidade de Jandira, uma Junta de Conciliação e Julgamento (1ª), um cargo de Juiz do Trabalho Presidente de Junta, um cargo de Juiz do Trabalho Substituto, dois cargos de Juiz Classista de Junta, observada a representação paritária, e um cargo em comissão de Diretor de Secretaria de Junta DAS-101.5;

VIII – na Cidade de Osasco, uma Junta de Conciliação e Julgamento (3ª), um cargo de Juiz do Trabalho Presidente de Junta, um cargo de Juiz do Trabalho Substituto, dois cargos de Juiz Classista de Junta, observada a representação paritária, e um cargo em comissão de Diretor de Secretaria de Junta DAS-101.5;

IX – na Cidade Praia Grande, duas Juntas de Conciliação e Julgamento (1ª e 2ª), dois cargos de Juiz do Trabalho Presidente de Junta, dois cargos de Juiz do Trabalho Substituto, quatro cargos de Juiz Classista de Junta, observada a representação paritária, dois cargos em comissão de Diretor de Secretaria de Junta DAS-101.5 e um cargo em comissão de Diretor de Serviço de Distribuição DAS-101.4;

X – na Cidade de Ribeirão Pires, uma Junta de Conciliação e Julgamento (1ª), um cargo de Juiz do Trabalho Presidente de Junta, um cargo de Juiz do Trabalho Substituto, dois cargos de Juiz Classista de Junta, observada a representação paritária, e um cargo em comissão de Diretor de Secretaria de Junta DAS-101.5;

XI – na Cidade de Santana do Parnaíba, uma Junta de Conciliação e Julgamento (1ª), um cargo de Juiz do Trabalho Presidente de Junta, um cargo de Juiz do Trabalho Substituto, dois cargos de Juiz Classista de Junta, observada a representação paritária, e um cargo em comissão de Diretor de Secretaria de Junta DAS-101.5;

XII – na Cidade de São Vicente, duas Juntas de Conciliação e Julgamento (1ª e 2ª), dois cargos de Juiz do Trabalho Presidente de Junta, dois cargos de Juiz do Trabalho Substituto, quatro cargos de Juiz Classista de Junta, observada a representação paritária, dois cargos em comissão de Diretor de Secretaria de Junta DAS-101.5 e um cargo em comissão de Diretor de Serviço de Distribuição DAS-101.4;

XIII – na Cidade de Suzano, uma Junta de Conciliação e Julgamento (2ª), um cargo de Juiz do Trabalho Presidente de Junta, um cargo de Juiz do Trabalho Substituto, dois cargos de Juiz Classista de Junta, observada a representação paritária, um cargo em comissão de Diretor de Secretaria de Junta DAS-101.5 e um cargo em comissão de Diretor de Serviço de Distribuição DAS-101.4;

XIV – na Cidade de Taboão da Serra, uma Junta de Conciliação e Julgamento (1ª), um cargo de Juiz do Trabalho Presidente de Junta, um cargo de Juiz do Trabalho Substituto, dois cargos de Juiz Classista de Junta, observada a representação paritária, e um cargo em comissão de Diretor de Secretaria de Junta DAS-101.5.

Art. 3º São criadas, na 3ª Região da Justiça do Trabalho, as seguintes Juntas de Conciliação e Julgamento, e cargos pertinentes, assim distribuídas:

I – na Cidade de Belo Horizonte, 10 (dez) Juntas de Conciliação e Julgamento (26ª a 35ª), dez cargos de Juiz do Trabalho Presidente de Junta, dez cargos de Juiz do Trabalho Substituto, 20 cargos de Juiz Classista de Junta, observada a representação paritária, e dez cargos em comissão de Diretor de Secretaria de Junta DAS-101.5;

II – na Cidade de Alfenas, uma Junta de Conciliação e Julgamento (1ª), um cargo de Juiz do Trabalho Presidente de Junta, um cargo de Juiz do Trabalho Substituto, dois cargos de Juiz Classista de Junta, observada a representação paritária, e um cargo em comissão de Diretor de Secretaria de Junta DAS-101.5;

III – na Cidade de Betim, uma Junta de Conciliação e Julgamento (4ª), um cargo de Juiz do Trabalho Presidente da Junta, dois cargos de Juiz Classista de Junta, observada a representação paritária, e um cargo em comissão de Diretor de Secretaria de Junta DAS-101.5;

IV – na Cidade de Congonhas, uma Junta de Conciliação e Julgamento (2ª), um cargo de Juiz do Trabalho Presidente de Junta, um cargo de Juiz do Trabalho Substituto, dois

Lei 8.432/1992

LEGISLAÇÃO PROCESSUAL

cargos de Juiz Classista de Junta, observada a representação paritária, um cargo em comissão de Diretor de Secretaria de Junta DAS-101.5 e um cargo em comissão de Diretor de Serviço de Distribuição DAS-101.4;

V – na Cidade de Coronel Fabriciano, duas Juntas de Conciliação e Julgamento (3ª e 4ª), dois cargos de Juiz do Trabalho Presidente de Junta, dois cargos de Juiz do Trabalho Substituto, quatro cargos de Juiz Classista de Junta, observada a representação paritária, e dois cargos em comissão de Diretor de Secretaria de Junta DAS-101.5;

VI – na Cidade de Divinópolis, uma Junta de Conciliação e Julgamento (2ª), um cargo de Juiz do Trabalho Presidente de Junta, um cargo de Juiz do Trabalho Substituto, dois cargos de Juiz Classista de Junta, observada a representação paritária, um cargo em comissão de Diretor de Secretaria de Junta DAS-101.5 e um cargo em comissão de Diretor de Serviço de Distribuição DAS-101.4;

VII – na Cidade de Governador Valadares, uma Junta de Conciliação e Julgamento (2ª), um cargo de Juiz do Trabalho Presidente de Junta, um cargo de Juiz do Trabalho Substituto, dois cargos de Juiz Classista de Junta, observada a representação paritária, um cargo em comissão de Diretor de Secretaria de Junta DAS-101.5 e um cargo em comissão de Diretor de Serviço de Distribuição DAS-101.4;

VIII – na Cidade de Guanhães, uma Junta de Conciliação (1ª), um cargo de Juiz do Trabalho Presidente de Junta, um cargo de Juiz do Trabalho Substituto, dois cargos de Juiz Classista de Junta, observada a representação paritária, e um cargo em comissão de Diretor de Secretaria de Junta DAS-101.5;

IX – *(Vetado.)*

X – *(Vetado.)*

XI – na Cidade de João Monlevade, uma Junta de Conciliação e Julgamento (2ª), um cargo de Juiz do Trabalho Presidente de Junta, um cargo de Juiz do Trabalho Substituto, dois cargos de Juiz Classista de Junta, observada a representação paritária, um cargo em comissão de Diretor de Secretaria de Junta DAS-101.5 e um cargo em comissão de Diretor de Serviço de Distribuição DAS-101.4;

XII – *(Vetado.)*

XIII – na Cidade de Montes Claros, uma Junta de Conciliação e Julgamento (2ª), um cargo de Juiz do Trabalho Presidente de Junta, um cargo de Juiz do Trabalho Substituto, dois cargos de Juiz Classista de Junta, observada a representação paritária, um cargo em comissão de Diretor de Secretaria de Junta DAS-101.5 e um cargo em comissão de Diretor de Serviço de Distribuição DAS-101.4;

XIV – na Cidade de Nova Lima, uma Junta de Conciliação e Julgamento (1ª), um cargo de Juiz do Trabalho Presidente de Junta, um cargo de Juiz do Trabalho Substituto, dois cargos de Juiz Classista de Junta, observada a representação paritária, e um cargo em comissão de Diretor de Secretaria de Junta DAS-101.5;

XV – na Cidade de Passos, uma Junta de Conciliação e Julgamento (2ª), um cargo de Juiz do Trabalho Presidente de Junta, um cargo de Juiz do Trabalho Substituto, dois cargos de Juiz Classista de Junta, observada a representação paritária, um cargo em comissão de Diretor de Secretaria de Junta DAS-101.5 e um cargo em comissão de Diretor de Serviço de Distribuição DAS-101.4;

XVI – na Cidade de Pedro Leopoldo, uma Junta de Conciliação e Julgamento (1ª), um cargo de Juiz do Trabalho Presidente de Junta, um cargo de Juiz do Trabalho Substituto, dois cargos de Juiz Classista de Junta, observada a representação paritária, e um cargo em comissão de Diretor de Secretaria de Junta DAS-101.5;

XVII – na Cidade de Ribeirão das Neves, uma Junta de Conciliação e Julgamento (1ª), um cargo de Juiz do Trabalho Presidente de Junta, um cargo de Juiz do Trabalho Substituto, dois cargos de Juiz Classista de Junta, observada a representação paritária, e um cargo em comissão de Diretor de Secretaria de Junta DAS-101.5;

XVIII – na Cidade de Sabará, uma Junta de Conciliação e Julgamento (1ª), um cargo de Juiz do Trabalho Presidente de Junta, um cargo de Juiz do Trabalho Substituto, dois cargos de Juiz Classista de Junta, observada a representação paritária, e um cargo em

Lei 8.432/1992

LEGISLAÇÃO PROCESSUAL

comissão de Diretor de Secretaria de Junta DAS-101.5;
XIX – na Cidade de Santa Luzia, uma Junta de Conciliação e Julgamento (1ª), um cargo de Juiz do Trabalho Presidente de Junta, um cargo de Juiz do Trabalho Substituto, dois cargos de Juiz Classista de Junta, observada a representação paritária, e um cargo em comissão de Diretor de Secretaria de Junta DAS-101.5;
XX – (Vetado.)
XXI – na Cidade de Uberlândia, duas Juntas de Conciliação e Julgamento (3ª e 4ª), dois cargos de Juiz do Trabalho Presidente de Junta, dois cargos de Juiz do Trabalho Substituto, quatro cargos de Juiz Classista de Junta, observada a representação paritária, e dois cargos em comissão de Diretor de Secretaria de Junta DAS-101.5;
XXII – na Cidade de Unaí, uma Junta de Conciliação e Julgamento (1ª), um cargo de Juiz do Trabalho Presidente de Junta, um cargo de Juiz do Trabalho Substituto, dois cargos de Juiz Classista de Junta, observada a representação paritária, e um cargo em comissão de Diretor de Secretaria de Junta DAS-101.5;

Art. 4º São criadas, na 4ª Região da Justiça do Trabalho, as seguintes Juntas de Conciliação e Julgamento, e cargos pertinentes, assim distribuídas:
I – na Cidade de Porto Alegre, dez Juntas de Conciliação e Julgamento (21ª a 30ª), dez cargos de Juiz do Trabalho Presidente de Junta, dez cargos de Juiz do Trabalho Substituto, 20 cargos de Juiz Classista de Junta, observada a representação paritária, e dez cargos em comissão de Diretor de Secretaria de Junta DAS-101.5;
II – na Cidade de Arroio Grande, uma Junta de Conciliação e Julgamento (1ª), um cargo de Juiz do Trabalho Presidente de Junta, um cargo de Juiz do Trabalho Substituto, dois cargos de Juiz Classista de Junta, observada a representação paritária, e um cargo em comissão de Diretor de Secretaria de Junta DAS-101.5;
III – na Cidade de Bento Gonçalves, uma Junta de Conciliação e Julgamento (2ª), um cargo de Juiz do Trabalho Presidente de Junta, um cargo de Juiz do Trabalho Substituto, dois cargos de Juiz Classista de Junta, observada a representação paritária, um cargo em comissão de Diretor de Secretaria de Junta DAS-101.5 e um cargo em comissão de Diretor de Serviço de Distribuição DAS-101.4;
IV – na Cidade de Caxias do Sul, uma Junta de Conciliação e Julgamento (3ª), um cargo de Juiz do Trabalho Presidente de Junta, um cargo de Juiz do Trabalho Substituto, dois cargos de Juiz Classista de Junta, observada a representação paritária, e um cargo em comissão de Diretor de Secretaria de Junta DAS-101.5;
V – (Vetado.)
VI – na Cidade de Estância Velha, uma Junta de Conciliação e Julgamento (1ª), um cargo de Juiz do Trabalho Presidente de Junta, um cargo de Juiz do Trabalho Substituto, dois cargos de Juiz Classista de Junta, observada a representação paritária, e um cargo em comissão de Diretor de Secretaria de Junta DAS-101.5;
VII – na Cidade de Farroupilha, uma Junta de Conciliação e Julgamento (1ª), um cargo de Juiz do Trabalho Presidente de Junta, um cargo de Juiz do Trabalho Substituto, dois cargos de Juiz Classista de Junta, observada a representação paritária, e um cargo em comissão de Diretor de Secretaria de Junta DAS-101.5;
VIII – na Cidade de Gramado, uma Junta de Conciliação e Julgamento (1ª), um cargo de Juiz do Trabalho Presidente de Junta, um cargo de Juiz do Trabalho Substituto, dois cargos de Juiz Classista de Junta, observada a representação paritária, e um cargo em comissão de Diretor de Secretaria de Junta DAS-101.5;
IX – (Vetado.)
X – na Cidade de Novo Hamburgo, duas Juntas de Conciliação e Julgamento (4ª e 5ª), dois cargos de Juiz do Trabalho Presidente de Junta, dois cargos de Juiz do Trabalho Substituto, quatro cargos de Juiz Classista de Junta, observada a representação paritária, e dois cargos em comissão de Diretor de Secretaria de Junta DAS-101.5;
XI – na Cidade de Palmeira das Missões, uma Junta de Conciliação e Julgamento (1ª), um cargo de Juiz do Trabalho Presi-

Lei 8.432/1992

dente de Junta, um cargo de Juiz do Trabalho Substituto, dois cargos de Juiz Classista de Junta, observada a representação paritária, e um cargo em comissão de Diretor de Secretaria de Junta DAS-101.5;

XII – na Cidade de Passo Fundo, uma Junta de Conciliação e Julgamento (2ª), um cargo de Juiz do Trabalho Presidente de Junta, um cargo de Juiz do Trabalho Substituto, dois cargos de Juiz Classista de Junta, observada a representação paritária, um cargo em comissão de Diretor de Secretaria de Junta DAS-101.5 e um cargo em comissão de Diretor de Serviço de Distribuição DAS-101.4;

XIII – na Cidade de Pelotas, uma Junta de Conciliação e Julgamento (3ª), um cargo de Juiz do Trabalho Presidente de Junta, um cargo de Juiz do Trabalho Substituto, dois cargos de Juiz Classista de Junta, observada a representação paritária, e um cargo em comissão de Diretor de Secretaria de Junta DAS-101.5;

XIV – na Cidade de Santa Cruz do Sul, uma Junta de Conciliação e Julgamento (2ª), um cargo de Juiz do Trabalho Presidente de Junta, um cargo de Juiz do Trabalho Substituto, dois cargos de Juiz Classista de Junta, observada a representação paritária, um cargo em comissão de Diretor de Secretaria de Junta DAS-101.5 e um cargo em comissão de Diretor de Serviço de Distribuição DAS-101.4;

XV – na Cidade de Santa Maria, uma Junta de Conciliação e Julgamento (2ª), um cargo de Juiz do Trabalho Presidente de Junta, um cargo de Juiz do Trabalho Substituto, dois cargos de Juiz Classista de Junta, observada a representação paritária, um cargo em comissão de Diretor de Secretaria de Junta DAS-101.5 e um cargo em comissão de Diretor de Serviço de Distribuição DAS-101.4;

XVI – na Cidade de São Leopoldo, uma Junta de Conciliação e Julgamento (3ª), um cargo de Juiz do Trabalho Presidente de Junta, um cargo de Juiz do Trabalho Substituto, dois cargos de Juiz Classista de Junta, observada a representação paritária, e um cargo em comissão de Diretor de Secretaria de Junta DAS-101.5;

XVII – na Cidade de Sapiranga, uma Junta de Conciliação e Julgamento (3ª), um cargo de Juiz do Trabalho Presidente de Junta, um cargo de Juiz do Trabalho Substituto, dois cargos de Juiz Classista de Junta, observada a representação paritária, e um cargo em comissão de Diretor de Secretaria de Junta DAS-101.5;

XVIII – na Cidade de Sapucaia do Sul, uma Junta de Conciliação e Julgamento (1ª), um cargo de Juiz do Trabalho Presidente de Junta, um cargo de Juiz do Trabalho Substituto, dois cargos de Juiz Classista de Junta, observada a representação paritária, e um cargo em comissão de Diretor de Secretaria de Junta DAS-101.5;

XIX – na Cidade de Taquara, uma Junta de Conciliação e Julgamento (2ª), um cargo de Juiz do Trabalho Presidente de Junta, um cargo de Juiz do Trabalho Substituto, dois cargos de Juiz Classista de Junta, observada a representação paritária, um cargo em comissão de Diretor de Secretaria de Junta DAS-101.5 e um cargo em comissão de Diretor de Serviço de Distribuição DAS-101.4;

XX – na Cidade de Três Passos, uma Junta de Conciliação e Julgamento (1ª), um cargo de Juiz do Trabalho Presidente de Junta, um cargo de Juiz do Trabalho Substituto, dois cargos de Juiz Classista de Junta, observada a representação paritária, e um cargo em comissão de Diretor de Secretaria de Junta DAS-101.5.

Art. 5º São criadas, na 5ª Região da Justiça do Trabalho, as seguintes Juntas de Conciliação e Julgamento, e cargos pertinentes, assim distribuídas:

a) no Estado da Bahia:

I – na Cidade de Salvador, dez Juntas de Conciliação e Julgamento (16ª a 25ª), dez cargos de Juiz do Trabalho Presidente de Junta, dez cargos de Juiz do Trabalho Substituto, 20 cargos de Juiz Classista de Junta, observada a representação paritária, e dez cargos em comissão de Diretor de Secretaria de Junta DAS-101.5;

II – na Cidade de Alagoinhas, uma Junta de Conciliação e Julgamento (2ª), um cargo de Juiz do Trabalho Presidente de Junta, um cargo de Juiz do Trabalho Substituto, dois cargos de Juiz Classista de Junta, observada a representação paritária, um cargo em comissão de Diretor de Secretaria de Junta

Lei 8.432/1992

DAS-101.5 e um cargo em comissão de Diretor de Serviço de Distribuição DAS-101.4;

III – na Cidade de Barreiras, uma Junta de Conciliação e Julgamento (1ª), um cargo de Juiz do Trabalho Presidente de Junta, um cargo de Juiz do Trabalho Substituto, dois cargos de Juiz Classista de Junta, observada a representação paritária, e um cargo em comissão de Diretor de Secretaria de Junta DAS-101.5;

IV – na Cidade de Bom Jesus da Lapa, uma Junta de Conciliação e Julgamento (1ª), um cargo de Juiz do Trabalho Presidente de Junta, um cargo de Juiz do Trabalho Substituto, dois cargos de Juiz Classista de Junta, observada a representação paritária, e um cargo em comissão de Diretor de Secretaria de Junta DAS-101.5;

V – na Cidade de Brumado, uma Junta de Conciliação e Julgamento (1ª), um cargo de Juiz do Trabalho Presidente de Junta, um cargo de Juiz do Trabalho Substituto, dois cargos de Juiz Classista de Junta, observada a representação paritária, e um cargo em comissão de Diretor de Secretaria de Junta DAS-101.5;

VI – na Cidade de Camacã, uma Junta de Conciliação e Julgamento (1ª), um cargo de Juiz do Trabalho Presidente de Junta, um cargo de Juiz do Trabalho Substituto, dois cargos de Juiz Classista de Junta, observada a representação paritária, e um cargo em comissão de Diretor de Secretaria de Junta DAS-101.5;

VII – na Cidade de Camaçari, uma Junta de Conciliação e Julgamento (4ª), um cargo de Juiz do Trabalho Presidente de Junta, um cargo de Juiz do Trabalho Substituto, dois cargos de Juiz Classista de Junta, observada a representação paritária, e um cargo em comissão de Diretor de Secretaria de Junta DAS-101.5;

VIII – na Cidade de Candeias, uma Junta de Conciliação e Julgamento (1ª), um cargo de Juiz do Trabalho Presidente de Junta, um cargo de Juiz do Trabalho Substituto, dois cargos de Juiz Classista de Junta, observada a representação paritária, e um cargo em comissão de Diretor de Secretaria de Junta DAS-101.5;

IX – na Cidade de Euclides da Cunha, uma Junta de Conciliação e Julgamento (1ª), um cargo de Juiz do Trabalho Presidente de Junta, um cargo de Juiz do Trabalho Substituto, dois cargos de Juiz Classista de Junta, observada a representação paritária, e um cargo em comissão de Diretor de Secretaria de Junta DAS-101.5;

X – na Cidade de Feira de Santana, uma Junta de Conciliação e Julgamento (3ª), um cargo de Juiz do Trabalho Presidente de Junta, um cargo de Juiz do Trabalho Substituto, dois cargos de Juiz Classista de Junta, observada a representação paritária, e um cargo em comissão de Diretor de Secretaria de Junta DAS-101.5;

XI – na Cidade de Ilhéus, uma Junta de Conciliação e Julgamento (2ª), um cargo de Juiz do Trabalho Presidente de Junta, um cargo de Juiz do Trabalho Substituto, dois cargos de Juiz Classista de Junta, observada a representação paritária, um cargo em comissão de Diretor de Secretaria de Junta DAS-101.5 e um cargo em comissão de Diretor de Serviço de Distribuição DAS-101.4;

XII – na Cidade de Itabuna, uma Junta de Conciliação e Julgamento (3ª), um cargo de Juiz do Trabalho Presidente de Junta, um cargo de Juiz do Trabalho Substituto, dois cargos de Juiz Classista de Junta, observada a representação paritária, e um cargo em comissão de Diretor de Secretaria de Junta DAS-101.5;

XIII – na Cidade de Itapetinga, uma Junta de Conciliação e Julgamento (1ª), um cargo de Juiz do Trabalho Presidente de Junta, um cargo de Juiz do Trabalho Substituto, dois cargos de Juiz Classista de Junta, observada a representação paritária, e um cargo em comissão de Diretor de Secretaria de Junta DAS-101.5;

XIV – na Cidade de Juazeiro, uma Junta de Conciliação e Julgamento (2ª), um cargo de Juiz do Trabalho Presidente de Junta, um cargo de Juiz do Trabalho Substituto, dois cargos de Juiz Classista de Junta, observada a representação paritária, um cargo em comissão de Diretor de Secretaria de Junta DAS-101.5 e um cargo em comissão de Diretor de Serviço de Distribuição DAS-101.4;

Lei 8.432/1992

LEGISLAÇÃO PROCESSUAL

XV – na Cidade de Santo Antônio de Jesus, uma Junta de Conciliação e Julgamento (1ª), um cargo de Juiz do Trabalho Presidente de Junta, um cargo de Juiz do Trabalho Substituto, dois cargos de Juiz Classista de Junta, observada a representação paritária, e um cargo em comissão de Diretor de Secretaria de Junta DAS-101.5;

XVI – na Cidade de Teixeira de Freitas, uma Junta de Conciliação e Julgamento (1ª), um cargo de Juiz do Trabalho Presidente de Junta, um cargo de Juiz do Trabalho Substituto, dois cargos de Juiz Classista de Junta, observada a representação paritária, e um cargo em comissão de Diretor de Secretaria de Junta DAS-101.5;

XVII – na Cidade de Ubaíra, uma Junta de Conciliação e Julgamento (1ª), um cargo de Juiz do Trabalho Presidente de Junta, um cargo de Juiz do Trabalho Substituto, dois cargos de Juiz Classista de Junta, observada a representação paritária, e um cargo em comissão de Diretor de Secretaria de Junta DAS-101.5;

XVIII – *(Vetado.)*

b) no Estado de Sergipe:

I – na Cidade de Aracaju, uma Junta de Conciliação e Julgamento (4ª), um cargo de Juiz do Trabalho Presidente de Junta, um cargo de Juiz do Trabalho Substituto, dois cargos de Juiz Classista de Junta, observada a representação paritária, e um cargo em comissão de Diretor de Secretaria de Junta DAS-101.5;

II – na Cidade de Nossa Senhora da Glória, uma Junta de Conciliação e Julgamento (1ª), um cargo de Juiz do Trabalho Presidente de Junta, um cargo de Juiz do Trabalho Substituto, dois cargos de Juiz Classista de Junta, observada a representação paritária, e um cargo em comissão de Diretor de Secretaria de Junta DAS-101.5.

Art. 6º São criadas, na 6ª Região da Justiça do Trabalho, as seguintes Juntas de Conciliação e Julgamento, e cargos pertinentes, assim distribuídas:

a) no Estado de Pernambuco:

I – na Cidade de Recife, seis Juntas de Conciliação e Julgamento (15ª a 20ª), seis cargos de Juiz do Trabalho Presidente de Junta, seis cargos de Juiz do Trabalho Substituto, 12 cargos de Juiz Classista de Junta, observada a representação paritária, e seis cargos em comissão de Diretor de Secretarias de Junta DAS-101.5;

II – *(Vetado.)*

III – na Cidade de Araripina, uma Junta de Conciliação e Julgamento (1ª), um cargo de Juiz do Trabalho Presidente de Junta, um cargo de Juiz do Trabalho Substituto, dois cargos de Juiz Classista de Junta, observada a representação paritária, e um cargo em comissão de Diretor de Secretaria de Junta DAS-101.5;

IV – *(Vetado.)*

V – *(Vetado.)*

VI – na Cidade de Carpina, uma Junta de Conciliação e Julgamento (1ª), um cargo de Juiz do Trabalho Presidente de Junta, um cargo de Juiz do Trabalho Substituto, dois cargos de Juiz Classista de Junta, observada a representação paritária, e um cargo em comissão de Diretor de Secretaria de Junta DAS-101.5;

VII – na Cidade de Floresta, uma Junta de Conciliação e Julgamento (1ª), um cargo de Juiz do Trabalho Presidente de Junta, um cargo de Juiz do Trabalho Substituto, dois cargos de Juiz Classista de Junta, observada a representação paritária, e um cargo em comissão de Diretor de Secretaria de Junta DAS-101.5;

VIII – na Cidade de Igarassu, uma Junta de Conciliação e Julgamento (1ª), um cargo de Juiz do Trabalho Presidente de Junta, um cargo de Juiz do Trabalho Substituto, dois cargos de Juiz Classista de Junta, observada a representação paritária, e um cargo em comissão de Diretor de Secretaria de Junta DAS-101.5;

IX – na Cidade de Ipojuca, uma Junta de Conciliação e Julgamento (1ª), um cargo de Juiz do Trabalho Presidente de Junta, um cargo de Juiz do Trabalho Substituto, dois cargos de Juiz Classista de Junta, observada a representação paritária, e um cargo em comissão de Diretor de Secretaria de Junta DAS-101.5;

X – na Cidade de Jaboatão, uma Junta de Conciliação e Julgamento (1ª), um cargo de Juiz do Trabalho Presidente de Junta, um cargo de Juiz do Trabalho Substituto, dois

Lei 8.432/1992

LEGISLAÇÃO PROCESSUAL

cargos de Juiz Classista de Junta, observada a representação paritária, e um cargo em comissão de Diretor de Secretaria de Junta DAS-101.5;

XI – na Cidade de Olinda, duas Juntas de Conciliação e Julgamento (1ª e 2ª), dois cargos de Juiz do Trabalho Presidente de Junta, dois cargos de Juiz do Trabalho Substituto, quatro cargos de Juiz Classista de Junta, observada a representação paritária, dois cargos em comissão de Diretor de Secretaria de Junta DAS-101.5 e um cargo em comissão de Diretor de Serviço de Distribuição DAS-101.4;

XII – na Cidade de Ribeirão, uma Junta de Conciliação e Julgamento (1ª), um cargo de Juiz do Trabalho Presidente de Junta, um cargo de Juiz do Trabalho Substituto, dois cargos de Juiz Classista de Junta, observada a representação paritária, e um cargo em comissão de Diretor de Secretaria de Junta DAS-101.5;

XIII – na Cidade de São Lourenço da Mata, uma Junta de Conciliação e Julgamento (1ª), um cargo de Juiz do Trabalho Presidente de Junta, um cargo de Juiz do Trabalho Substituto, dois cargos de Juiz Classista de Junta, observada a representação paritária, e um cargo em comissão de Diretor de Secretaria de Junta DAS-101.5;

XIV – na Cidade de Sertânia, uma Junta de Conciliação e Julgamento (1ª), um cargo de Juiz do Trabalho Presidente de Junta, um cargo de Juiz do Trabalho Substituto, dois cargos de Juiz Classista de Junta, observada a representação paritária, e um cargo em comissão de Diretor de Secretaria de Junta DAS-101.5;

XV – na Cidade de Surubim, uma Junta de Conciliação e Julgamento (1ª), um cargo de Juiz do Trabalho Presidente de Junta, um cargo de Juiz do Trabalho Substituto, dois cargos de Juiz Classista de Junta, observada a representação paritária, e um cargo em comissão de Diretor de Secretaria de Junta DAS-101.5;

XVI – na Cidade de Timbaúba, uma Junta de Conciliação e Julgamento (1ª), um cargo de Juiz do Trabalho Presidente de Junta, um cargo de Juiz do Trabalho Substituto, dois cargos de Juiz Classista de Junta, observada a representação paritária, e um cargo em comissão de Diretor de Secretaria de Junta DAS-101.5;

b) no Estado de Alagoas:

I – na Cidade de Maceió, três Juntas de Conciliação e Julgamento (4ª a 6ª), três cargos de Juiz do Trabalho Presidente de Junta, três cargos de Juiz do Trabalho Substituto, seis cargos de Juiz Classista de Junta, observada a representação paritária, e três cargos em comissão de Diretor de Secretaria de Junta DAS-101.5;

II – na Cidade de Atalaia, uma Junta de Conciliação de Julgamento (1ª), um cargo de Juiz do Trabalho Presidente de Junta, um cargo de Juiz do Trabalho Substituto, dois cargos de Juiz Classista de Junta, observada a representação paritária, e um cargo em comissão de Diretor de Secretaria de Junta DAS-101.5;

III – *(Vetado.)*

IV – na Cidade de Porto Calvo, uma Junta de Conciliação de Julgamento (1ª), um cargo de Juiz do Trabalho Presidente de Junta, um cargo de Juiz do Trabalho Substituto, dois cargos de Juiz Classista de Junta, observada a representação paritária, e um cargo em comissão de Diretor de Secretaria de Junta DAS-101.5;

V – na Cidade de Santana do Ipanema, uma Junta de Conciliação de Julgamento (1ª), um cargo de Juiz do Trabalho Presidente de Junta, um cargo de Juiz do Trabalho Substituto, dois cargos de Juiz Classista de Junta, observada a representação paritária, e um cargo em comissão de Diretor de Secretaria de Junta DAS-101.5;

VI – na Cidade de São Luiz do Quitunde, uma Junta de Conciliação de Julgamento (1ª), um cargo de Juiz do Trabalho Presidente de Junta, um cargo de Juiz do Trabalho Substituto, dois cargos de Juiz Classista de Junta, observada a representação paritária, e um cargo em comissão de Diretor de Secretaria de Junta DAS-101.5.

Art. 7º São criadas na 7ª Região da Justiça do Trabalho, as seguintes Juntas de Conciliação e Julgamento, e cargos pertinentes, assim distribuídas:

I – na Cidade de Fortaleza, quatro Juntas de Conciliação de Julgamento (9ª a 12ª), qua-

Lei 8.432/1992

LEGISLAÇÃO PROCESSUAL

tro cargos de Juiz do Trabalho Presidente de Junta, quatro cargos de Juiz do Trabalho Substituto, oito cargos de Juiz Classista de Junta, observada a representação paritária, e quatro cargos em comissão de Diretor de Secretaria de Junta DAS-101.5;

II – na Cidade de Baturité, uma Junta de Conciliação de Julgamento (1ª), um cargo de Juiz do Trabalho Presidente de Junta, um cargo de Juiz do Trabalho Substituto, dois cargos de Juiz Classista de Junta, observada a representação paritária, e um cargo em comissão de Diretor de Secretaria de Junta DAS-101.5;

III – na Cidade de Crateús, uma Junta de Conciliação de Julgamento (1ª), um cargo de Juiz do Trabalho Presidente de Junta, um cargo de Juiz do Trabalho Substituto, dois cargos de Juiz Classista de Junta, observada a representação paritária, e um cargo em comissão de Diretor de Secretaria de Junta DAS-101.5;

IV – na Cidade de Juazeiro do Norte, uma Junta de Conciliação de Julgamento (1ª), um cargo de Juiz do Trabalho Presidente de Junta, um cargo de Juiz do Trabalho Substituto, dois cargos de Juiz Classista de Junta, observada a representação paritária, e um cargo em comissão de Diretor de Secretaria de Junta DAS-101.5;

V – na Cidade de Limoeiro do Norte, uma Junta de Conciliação de Julgamento (1ª), um cargo de Juiz do Trabalho Presidente de Junta, um cargo de Juiz do Trabalho Substituto, dois cargos de Juiz Classista de Junta, observada a representação paritária, e um cargo em comissão de Diretor de Secretaria de Junta DAS-101.5.

Art. 8º São criadas na 8ª Região da Justiça do Trabalho, as seguintes Juntas de Conciliação e Julgamento, e cargos pertinentes, assim distribuídas:

a) no Estado do Pará:

I – na Cidade de Belém, seis Juntas de Conciliação e Julgamento (9ª a 14ª), seis cargos de Juiz do Trabalho Presidente de Junta, seis cargos de Juiz do Trabalho Substituto, 12 cargos de Juiz Classista de Junta, observada a representação paritária, e seis cargos em comissão de Diretor de Secretaria de Junta DAS-101.5;

II – *(Vetado.)*

III – na Cidade de Ananindeua, uma Junta de Conciliação e Julgamento (1ª), um cargo de Juiz do Trabalho Presidente de Junta, um cargo de Juiz do Trabalho Substituto, dois cargos de Juiz Classista de Junta, observada a representação paritária, e um cargo em comissão de Diretor de Secretaria de Junta DAS-101.5;

IV – *(Vetado.)*

V – na Cidade de Conceição do Araguaia, uma Junta de Conciliação e Julgamento (1ª), um cargo de Juiz do Trabalho Presidente de Junta, um cargo de Juiz do Trabalho Substituto, dois cargos de Juiz Classista de Junta, observada a representação paritária, e um cargo em comissão de Diretor de Secretaria de Junta DAS-101.5;

VI – na Cidade de Itaituba, uma Junta de Conciliação e Julgamento (1ª), um cargo de Juiz do Trabalho Presidente de Junta, um cargo de Juiz do Trabalho Substituto, dois cargos de Juiz Classista de Junta, observada a representação paritária, e um cargo em comissão de Diretor de Secretaria de Junta DAS-101.5;

VII – Na Cidade de Marabá, uma Junta de Conciliação e Julgamento (2ª), um cargo de Juiz do Trabalho Presidente de Junta, um cargo de Juiz do Trabalho Substituto, dois cargos de Juiz Classista de Junta, observada a representação paritária, e um cargo em comissão de Diretor de Secretaria de Junta DAS-101.5 e um cargo em comissão de Diretor de Serviço de Distribuição DAS-101.4;

VIII – na Cidade de Paragominas, uma Junta de Conciliação e Julgamento (1ª), um cargo de Juiz do Trabalho Presidente de Junta, um cargo de Juiz do Trabalho Substituto, dois cargos de Juiz Classista de Junta, observada a representação paritária, e um cargo em comissão de Diretor de Secretaria de Junta DAS-101.5;

IX – na Cidade de Parauapebas, uma Junta de Conciliação e Julgamento (1ª), um cargo de Juiz do Trabalho Presidente de Junta, um cargo de Juiz do Trabalho Substituto, dois cargos de Juiz Classista de Junta, observada a representação paritária, e um cargo em comissão de Diretor de Secretaria de Junta DAS-101.5;

Lei 8.432/1992

LEGISLAÇÃO PROCESSUAL

X – na Cidade de Santa Isabel do Pará, uma Junta de Conciliação e Julgamento (1ª), um cargo de Juiz do Trabalho Presidente de Junta, um cargo de Juiz do Trabalho Substituto, dois cargos de Juiz Classista de Junta, observada a representação paritária, e um cargo em comissão de Diretor de Secretaria de Junta DAS-101.5;
b) no Estado do Amapá:
I – na Cidade de Macapá, uma Junta de Conciliação e Julgamento (2ª), um cargo de Juiz do Trabalho Presidente de Junta, um cargo de Juiz do Trabalho Substituto, dois cargos de Juiz Classista de Junta, observada a representação paritária, e um cargo em comissão de Diretor de Secretaria de Junta DAS-101.5 e um cargo em comissão de Diretor de Distribuição DAS-101.4;
II – na Cidade de Calçoene, uma Junta de Conciliação e Julgamento (1ª), um cargo de Juiz do Trabalho Presidente de Junta, um cargo de Juiz do Trabalho Substituto, dois cargos de Juiz Classista de Junta, observada a representação paritária, e um cargo em comissão de Diretor de Secretaria de Junta DAS-101.5;
III – na Cidade de Laranjal do Jari, uma Junta de Conciliação e Julgamento (1ª), um cargo de Juiz do Trabalho Presidente de Junta, um cargo de Juiz do Trabalho Substituto, dois cargos de Juiz Classista de Junta, observada a representação paritária, e um cargo em comissão de Diretor de Secretaria de Junta DAS-101.5.

Art. 9º São criadas, na 9ª Região da Justiça do Trabalho, as seguintes Juntas de Conciliação e Julgamento, e cargos pertinentes, assim distribuídas:
I – na Cidade de Curitiba, seis Juntas de Conciliação e Julgamento (13ª a 18ª), seis cargos de Juiz do Trabalho Presidente de Junta, seis cargos de Juiz do Trabalho Substituto, 12 cargos de Juiz Classista de Junta, observada a representação paritária, e seis cargos em comissão de Diretor de Secretaria de Junta DAS-101.5;
II – na Cidade de Arapongas, uma Junta de Conciliação e Julgamento (1ª), um cargo de Juiz do Trabalho Presidente de Junta, um cargo de Juiz do Trabalho Substituto, dois cargos de Juiz Classista de Junta, observada a representação paritária, e um cargo em comissão de Diretor de Secretaria de Junta DAS-101.5;
III – na Cidade de Araucária, uma Junta de Conciliação e Julgamento (1ª), um cargo de Juiz do Trabalho Presidente de Junta, um cargo de Juiz do Trabalho Substituto, dois cargos de Juiz Classista de Junta, observada a representação paritária, e um cargo em comissão de Diretor de Secretaria de Junta DAS-101.5;
IV – na Cidade de Assis Chateaubriand, uma Junta de Conciliação e Julgamento (1ª), um cargo de Juiz do Trabalho Presidente de Junta, um cargo de Juiz do Trabalho Substituto, dois cargos de Juiz Classista de Junta, observada a representação paritária, e um cargo em comissão de Diretor de Secretaria de Junta DAS-101.5;
V – *(Vetado.)*
VI – na Cidade de Castro, uma Junta de Conciliação e Julgamento (1ª), um cargo de Juiz do Trabalho Presidente de Junta, um cargo de Juiz do Trabalho Substituto, dois cargos de Juiz Classista de Junta, observada a representação paritária, e um cargo em comissão de Diretor de Secretaria de Junta DAS-101.5;
VII – na Cidade de Colombo, uma Junta de Conciliação e Julgamento (1ª), um cargo de Juiz do Trabalho Presidente de Junta, um cargo de Juiz do Trabalho Substituto, dois cargos de Juiz Classista de Junta, observada a representação paritária, e um cargo em comissão de Diretor de Secretaria de Junta DAS-101.5;
VIII – na Cidade de Foz do Iguaçu, uma Junta de Conciliação e Julgamento (2ª), um cargo de Juiz do Trabalho Presidente de Junta, um cargo de Juiz do Trabalho Substituto, dois cargos de Juiz Classista de Junta, observada a representação paritária, e um cargo em comissão de Diretor de Secretaria de Junta DAS-101.5 e um cargo em comissão de Diretor de Distribuição DAS-101.4;
IX – na Cidade de Guarapuava, uma Junta de Conciliação e Julgamento (2ª), um cargo de Juiz do Trabalho Presidente de Junta, um cargo de Juiz do Trabalho Substituto, dois cargos de Juiz Classista de Junta, observada a representação paritária, e um cargo em

Lei 8.432/1992

LEGISLAÇÃO PROCESSUAL

comissão de Diretor de Secretaria de Junta DAS-101.5 e um cargo em comissão de Diretor de Distribuição DAS-101.4;

X – na Cidade de Irati, uma Junta de Conciliação e Julgamento (1ª), um cargo de Juiz do Trabalho Presidente de Junta, um cargo de Juiz do Trabalho Substituto, dois cargos de Juiz Classista de Junta, observada a representação paritária, e um cargo em comissão de Diretor de Secretaria de Junta DAS-101.5;

XI – na Cidade de Jaguariaíva, uma Junta de Conciliação e Julgamento (1ª), um cargo de Juiz do Trabalho Presidente de Junta, um cargo de Juiz do Trabalho Substituto, dois cargos de Juiz Classista de Junta, observada a representação paritária, e um cargo em comissão de Diretor de Secretaria de Junta DAS-101.5;

XII – na Cidade de Laranjeiras do Sul, uma Junta de Conciliação e Julgamento (1ª), um cargo de Juiz do Trabalho Presidente de Junta, um cargo de Juiz do Trabalho Substituto, dois cargos de Juiz Classista de Junta, observada a representação paritária, e um cargo em comissão de Diretor de Secretaria de Junta DAS-101.5;

XIII – na Cidade de Londrina, três Juntas de Conciliação e Julgamento (3ª a 5ª), três cargos de Juiz do Trabalho Presidente de Junta, três cargos de Juiz do Trabalho Substituto, seis cargos de Juiz Classista de Junta, observada a representação paritária, e três cargos em comissão de Diretor de Secretaria de Junta DAS-101.5;

XIV – na Cidade de Marechal Cândido Rondon, uma Junta de Conciliação e Julgamento (1ª), um cargo de Juiz do Trabalho Presidente de Junta, um cargo de Juiz do Trabalho Substituto, dois cargos de Juiz Classista de Junta, observada a representação paritária, e um cargo em comissão de Diretor de Secretaria de Junta DAS-101.5;

XV – na Cidade de Maringá, duas Juntas de Conciliação e Julgamento (3ª e 4ª), dois cargos de Juiz do Trabalho Presidente de Junta, dois cargos de Juiz do Trabalho Substituto, quatro cargos de Juiz Classista de Junta, observada a representação paritária, e dois cargos em comissão de Diretor de Secretaria de Junta DAS-101.5;

XVI – na Cidade de Ponta Grossa, uma Junta de Conciliação e Julgamento (2ª), um cargo de Juiz do Trabalho Presidente de Junta, um cargo de Juiz do Trabalho Substituto, dois cargos de Juiz Classista de Junta, observada a representação paritária, e um cargo em comissão de Diretor de Secretaria de Junta DAS-101.5 e um cargo em comissão de Diretor de Distribuição DAS-101.4;

XVII – na Cidade de Rolândia, uma Junta de Conciliação e Julgamento (1ª), um cargo de Juiz do Trabalho Presidente de Junta, um cargo de Juiz do Trabalho Substituto, dois cargos de Juiz Classista de Junta, observada a representação paritária, e um cargo em comissão de Diretor de Secretaria de Junta DAS-101.5;

XVIII – na Cidade de São José dos Pinhais, uma Junta de Conciliação e Julgamento (1ª), um cargo de Juiz do Trabalho Presidente de Junta, um cargo de Juiz do Trabalho Substituto, dois cargos de Juiz Classista de Junta, observada a representação paritária, e um cargo em comissão de Diretor de Secretaria de Junta DAS-101.5;

XIX – na Cidade de Telêmaco Borba, uma Junta de Conciliação e Julgamento (1ª), um cargo de Juiz do Trabalho Presidente de Junta, um cargo de Juiz do Trabalho Substituto, dois cargos de Juiz Classista de Junta, observada a representação paritária, e um cargo em comissão de Diretor de Secretaria de Junta DAS-101.5;

XX – na Cidade de Venceslau Braz, uma Junta de Conciliação e Julgamento (1ª), um cargo de Juiz do Trabalho Presidente de Junta, um cargo de Juiz do Trabalho Substituto, dois cargos de Juiz Classista de Junta, observada a representação paritária, e um cargo em comissão de Diretor de Secretaria de Junta DAS-101.5;

Art. 10. São criadas, na 10ª Região da Justiça do Trabalho, as seguintes Juntas de Conciliação e Julgamento, e cargos pertinentes, assim distribuídas:

a) no Distrito Federal:

I – na Cidade de Brasília, cinco Juntas de Conciliação e Julgamento (11ª a 15ª), cinco cargos de Juiz do Trabalho Presidente de Junta, cinco cargos de Juiz do Trabalho Substituto, dez cargos de Juiz Classista de

Lei 8.432/1992

Junta, observada a representação paritária, e cinco cargos em comissão de Diretor de Secretaria de Junta DAS-101.5;

II – na Cidade de Taguatinga, cinco Juntas de Conciliação e Julgamento (3ª a 7ª), cinco cargos de Juiz do Trabalho Presidente de Junta, cinco cargos de Juiz do Trabalho Substituto, dez cargos de Juiz Classista de Junta, observada a representação paritária, e cinco cargos em comissão de Diretor de Secretaria de Junta DAS-101.5;

b) no Estado de Mato Grosso:

I – na Cidade de Cuiabá, três Juntas de Conciliação e Julgamento (3ª a 5ª), três cargos de Juiz do Trabalho Presidente de Junta, três cargos de Juiz do Trabalho Substituto, seis cargos de Juiz Classista de Junta, observada a representação paritária, e três cargos em comissão de Diretor de Secretaria de Junta DAS-101.5;

II – na Cidade de Alta Floresta, uma Junta de Conciliação e Julgamento (1ª), um cargo de Juiz do Trabalho Presidente de Junta, um cargo de Juiz do Trabalho Substituto, dois cargos de Juiz Classista de Junta, observada a representação paritária, e um cargo em comissão de Diretor de Secretaria de Junta DAS-101.5;

III – na Cidade de Barra do Garças, uma Junta de Conciliação e Julgamento (1ª), um cargo de Juiz do Trabalho Presidente de Junta, um cargo de Juiz do Trabalho Substituto, dois cargos de Juiz Classista de Junta, observada a representação paritária, e um cargo em comissão de Diretor de Secretaria de Junta DAS-101.5;

IV – na Cidade de Diamantino, uma Junta de Conciliação e Julgamento (1ª), um cargo de Juiz do Trabalho Presidente de Junta, um cargo de Juiz do Trabalho Substituto, dois cargos de Juiz Classista de Junta, observada a representação paritária, e um cargo em comissão de Diretor de Secretaria de Junta DAS-101.5;

V – na Cidade de Sinop, uma Junta de Conciliação e Julgamento (1ª), um cargo de Juiz do Trabalho Presidente de Junta, um cargo de Juiz do Trabalho Substituto, dois cargos de Juiz Classista de Junta, observada a representação paritária, e um cargo em comissão de Diretor de Secretaria de Junta DAS-101.5;

VI – na Cidade de Tangará da Serra, uma Junta de Conciliação e Julgamento (1ª), um cargo de Juiz do Trabalho Presidente de Junta, um cargo de Juiz do Trabalho Substituto, dois cargos de Juiz Classista de Junta, observada a representação paritária, e um cargo em comissão de Diretor de Secretaria de Junta DAS-101.5;

c) no Estado de Mato Grosso do Sul:

I – na Cidade de Campo Grande, duas Juntas de Conciliação e Julgamento (4ª e 5ª), dois cargos de Juiz do Trabalho Presidente de Junta, dois cargos de Juiz do Trabalho Substituto, quatro cargos de Juiz Classista de Junta, observada a representação paritária, e dois cargos em comissão de Diretor de Secretaria de Junta DAS-101.5;

II – (Vetado.)

III – na Cidade de Paranaíba, uma Junta de Conciliação e Julgamento (1ª), um cargo de Juiz do Trabalho Presidente de Junta, um cargo de Juiz do Trabalho Substituto, dois cargos de Juiz Classista de Junta, observada a representação paritária, e um cargo em comissão de Diretor de Secretaria de Junta DAS-101.5;

d) no Estado de Tocantins:

I – na Cidade de Palmas, uma Junta de Conciliação e Julgamento (1ª), um cargo de Juiz do Trabalho Presidente de Junta, um cargo de Juiz do Trabalho Substituto, dois cargos de Juiz Classista de Junta, observada a representação paritária, e um cargo em comissão de Diretor de Secretaria de Junta DAS-101.5.

Art. 11. São criadas, na 11ª Região da Justiça do Trabalho, as seguintes Juntas de Conciliação e Julgamento, e cargos pertinentes, assim distribuídas:

I – na Cidade de Manaus, três Juntas de Conciliação e Julgamento (10ª a 12ª), três cargos de Juiz do Trabalho Presidente de Junta, três cargos de Juiz do Trabalho Substituto, seis cargos de Juiz Classista de Junta, observada a representação paritária, e três cargos em comissão de Diretor de Secretaria de Junta DAS-101.5;

II – na Cidade de Manacapuru, uma Junta de Conciliação e Julgamento (1ª), um cargo

Lei 8.432/1992

LEGISLAÇÃO PROCESSUAL

de Juiz do Trabalho Presidente de Junta, um cargo de Juiz do Trabalho Substituto, dois cargos de Juiz Classista de Junta, observada a representação paritária, e um cargo em comissão de Diretor de Secretaria de Junta DAS-101.5;

III – *(Vetado.)*

IV – na Cidade de Presidente Figueiredo, uma Junta de Conciliação e Julgamento (1ª), um cargo de Juiz do Trabalho Presidente de Junta, um cargo de Juiz do Trabalho Substituto, dois cargos de Juiz Classista de Junta, observada a representação paritária, e um cargo em comissão de Diretor de Secretaria de Junta DAS-101.5;

V – na Cidade de Tefé, uma Junta de Conciliação e Julgamento (1ª), um cargo de Juiz do Trabalho Presidente de Junta, um cargo de Juiz do Trabalho Substituto, dois cargos de Juiz Classista de Junta, observada a representação paritária, e um cargo em comissão de Diretor de Secretaria de Junta DAS-101.5.

Art. 12. São criadas, na 12ª Região da Justiça do Trabalho, as seguintes Juntas de Conciliação e Julgamento, e cargos pertinentes, assim distribuídas:

I – na Cidade de Florianópolis, quatro Juntas de Conciliação e Julgamento (4ª a 7ª), quatro cargos de Juiz do Trabalho Presidente de Junta, quatro cargos de Juiz do Trabalho Substituto, oito cargos de Juiz Classista de Junta, observada a representação paritária, e quatro cargos em comissão de Diretor de Secretaria de Junta DAS-101.5;

II – na Cidade de Balneário de Camboriú, uma Junta de Conciliação e Julgamento (1ª), um cargo de Juiz do Trabalho Presidente de Junta, um cargo de Juiz do Trabalho Substituto, dois cargos de Juiz Classista de Junta, observada a representação paritária, e um cargo em comissão de Diretor de Secretaria de Junta DAS 101.5;

III – na Cidade de Blumenau, uma Junta de Conciliação e Julgamento (3ª), um cargo de Juiz do Trabalho Presidente de Junta, um cargo de Juiz do Trabalho Substituto, dois cargos de Juiz Classista de Junta, observada a representação paritária, e um cargo em comissão de Diretor de Secretaria de Junta DAS-101.5;

IV – na Cidade de Chapecó, uma Junta de Conciliação e Julgamento (2ª), um cargo de Juiz do Trabalho Presidente de Junta, um cargo de Juiz do Trabalho Substituto, dois cargos de Juiz Classista de Junta, observada a representação paritária, e um cargo em comissão de Diretor de Secretaria de Junta DAS-101.5 e um cargo em comissão de Diretor de Serviço de Distribuição DAS-101.4;

V – *(Vetado.)*

VI – na Cidade de Curitibanos, uma Junta de Conciliação e Julgamento (1ª), um cargo de Juiz do Trabalho Presidente de Junta, um cargo de Juiz do Trabalho Substituto, dois cargos de Juiz Classista de Junta, observada a representação paritária, e um cargo em comissão de Diretor de Secretaria de Junta DAS-101.5;

VII – na Cidade de Imbituba, uma Junta de Conciliação e Julgamento (1ª), um cargo de Juiz do Trabalho Presidente de Junta, um cargo de Juiz do Trabalho Substituto, dois cargos de Juiz Classista de Junta, observada a representação paritária, e um cargo em comissão de Diretor de Secretaria de Junta DAS-101.5;

VIII – na Cidade de Indaial, uma Junta de Conciliação e Julgamento (1ª), um cargo de Juiz do Trabalho Presidente de Junta, um cargo de Juiz do Trabalho Substituto, dois cargos de Juiz Classista de Junta, observada a representação paritária, e um cargo em comissão de Diretor de Secretaria de Junta DAS-101.5;

IX – *(Vetado.)*

X – na Cidade de Joinville, uma Junta de Conciliação e Julgamento (4ª), um cargo de Juiz do Trabalho Presidente de Junta, um cargo de Juiz do Trabalho Substituto, dois cargos de Juiz Classista de Junta, observada a representação paritária, e um cargo em comissão de Diretor de Secretaria de Junta DAS-101.5;

XI – na Cidade de Lajes, uma Junta de Conciliação e Julgamento (2ª), um cargo de Juiz do Trabalho Presidente de Junta, um cargo de Juiz do Trabalho Substituto, dois cargos de Juiz Classista de Junta, observada a representação paritária, e um cargo em comissão de Diretor de Secretaria de Junta

DAS-101.5 e um cargo em comissão de Diretor de Serviço de Distribuição DAS-101.4;

XII – na Cidade de Porto União, uma Junta de Conciliação e Julgamento (1ª), um cargo de Juiz do Trabalho Presidente de Junta, um cargo de Juiz do Trabalho Substituto, dois cargos de Juiz Classista de Junta, observada a representação paritária, e um cargo em comissão de Diretor de Secretaria de Junta DAS-101.5;

XIII – na Cidade de São José, duas Juntas de Conciliação e Julgamento (1ª e 2ª), dois cargos de Juiz do Trabalho Presidente de Junta, dois cargos de Juiz do Trabalho Substituto, quatro cargos de Juiz Classista de Junta, observada a representação paritária, e dois cargos em comissão de Diretor de Secretaria de Junta DAS-101.5 e um cargo em comissão de Diretor de Serviço de Distribuição DAS-101.4;

XIV – na Cidade de Tubarão, uma Junta de Conciliação e Julgamento (2ª), um cargo de Juiz do Trabalho Presidente de Junta, um cargo de Juiz do Trabalho Substituto, dois cargos de Juiz Classista de Junta, observada a representação paritária, e um cargo em comissão de Diretor de Secretaria de Junta DAS-101.5 e um cargo em comissão de Diretor de Serviço de Distribuição DAS-101.4.

Art. 13. São criadas, na 13ª Região da Justiça do Trabalho, as seguintes Juntas de Conciliação e Julgamento, e cargos pertinentes, assim distribuídas:

a) no Estado da Paraíba:

I – na Cidade de João Pessoa, duas Juntas de Conciliação e Julgamento (4ª e 5ª), dois cargos de Juiz do Trabalho Presidente de Junta, dois cargos de Juiz do Trabalho Substituto, quatro cargos de Juiz Classista de Junta, observada a representação paritária, e dois cargos em comissão de Diretor de Secretaria de Junta DAS-101.5;

II – na Cidade de Areia, uma Junta de Conciliação e Julgamento (1ª), um cargo de Juiz do Trabalho Presidente de Junta, um cargo de Juiz do Trabalho Substituto, dois cargos de Juiz Classista de Junta, observada a representação paritária, e um cargo em comissão de Diretor de Secretaria de Junta DAS-101.5;

III – *(Vetado).*

IV – na Cidade de Cajazeiras, uma Junta de Conciliação e Julgamento (1ª), um cargo de Juiz do Trabalho Presidente de Junta, um cargo de Juiz do Trabalho Substituto, dois cargos de Juiz Classista de Junta, observada a representação paritária, e um cargo em comissão de Diretor de Secretaria de Junta DAS-101.5;

V – na Cidade de Campina Grande, duas Juntas de Conciliação e Julgamento (2ª e 3ª), dois cargos de Juiz do Trabalho Presidente de Junta, dois cargos de Juiz do Trabalho Substituto, quatro cargos de Juiz Classista de Junta, observada a representação paritária, e dois cargos em comissão de Diretor de Secretaria de Junta DAS-101.5 e um cargo em comissão de Diretor de Serviço de Distribuição DAS-101.4;

VI – na Cidade de Catolé do Rocha, uma Junta de Conciliação e Julgamento (1ª), um cargo de Juiz do Trabalho Presidente de Junta, um cargo de Juiz do Trabalho Substituto, dois cargos de Juiz Classista de Junta, observada a representação paritária, e um cargo em comissão de Diretor de Secretaria de Junta DAS-101.5;

VII – na Cidade de Itabaiana, uma Junta de Conciliação e Julgamento (1ª), um cargo de Juiz do Trabalho Presidente de Junta, um cargo de Juiz do Trabalho Substituto, dois cargos de Juiz Classista de Junta, observada a representação paritária, e um cargo em comissão de Diretor de Secretaria de Junta DAS-101.5;

VIII – na Cidade de Itaporanga, uma Junta de Conciliação e Julgamento (1ª), um cargo de Juiz do Trabalho Presidente de Junta, um cargo de Juiz do Trabalho Substituto, dois cargos de Juiz Classista de Junta, observada a representação paritária, e um cargo em comissão de Diretor de Secretaria de Junta DAS-101.5;

IX – na Cidade de Mamanguape, uma Junta de Conciliação e Julgamento (1ª), um cargo de Juiz do Trabalho Presidente de Junta, um cargo de Juiz do Trabalho Substituto, dois cargos de Juiz Classista de Junta, observada a representação paritária, e um cargo em comissão de Diretor de Secretaria de Junta DAS-101.5;

Lei 8.432/1992

LEGISLAÇÃO PROCESSUAL

X – na Cidade de Monteiro, uma Junta de Conciliação e Julgamento (1ª), um cargo de Juiz do Trabalho Presidente de Junta, um cargo de Juiz do Trabalho Substituto, dois cargos de Juiz Classista de Junta, observada a representação paritária, e um cargo em comissão de Diretor de Secretaria de Junta DAS-101.5;
XI – na Cidade de Picuí, uma Junta de Conciliação e Julgamento (1ª), um cargo de Juiz do Trabalho Presidente de Junta, um cargo de Juiz do Trabalho Substituto, dois cargos de Juiz Classista de Junta, observada a representação paritária, e um cargo em comissão de Diretor de Secretaria de Junta DAS-101.5;
XII – na Cidade de Taperoá, uma Junta de Conciliação e Julgamento (1ª), um cargo de Juiz do Trabalho Presidente de Junta, um cargo de Juiz do Trabalho Substituto, dois cargos de Juiz Classista de Junta, observada a representação paritária, e um cargo em comissão de Diretor de Secretaria de Junta DAS-101.5;
b) no Estado do Rio Grande do Norte:
I – na Cidade de Natal, duas Juntas de Conciliação e Julgamento (4ª e 5ª), dois cargos de Juiz do Trabalho Presidente de Junta, dois cargos de Juiz do Trabalho Substituto, quatro cargos de Juiz Classista de Junta, observada a representação paritária, e dois cargos em comissão de Diretor de Secretaria de Junta DAS-101.5;
II – na Cidade de Açu, uma Junta de Conciliação e Julgamento (1ª), um cargo de Juiz do Trabalho Presidente de Junta, um cargo de Juiz do Trabalho Substituto, dois cargos de Juiz Classista de Junta, observada a representação paritária, e um cargo em comissão de Diretor de Secretaria de Junta DAS-101.5;
III – na Cidade de Caicó, uma Junta de Conciliação e Julgamento (1ª), um cargo de Juiz do Trabalho Presidente de Junta, um cargo de Juiz do Trabalho Substituto, dois cargos de Juiz Classista de Junta, observada a representação paritária, e um cargo em comissão de Diretor de Secretaria de Junta DAS-101.5;
IV – na Cidade de Ceará Mirim, uma Junta de Conciliação e Julgamento (1ª), um cargo de Juiz do Trabalho Presidente de Junta, um cargo de Juiz do Trabalho Substituto, dois cargos de Juiz Classista de Junta, observada a representação paritária, e um cargo em comissão de Diretor de Secretaria de Junta DAS-101.5;
V – na Cidade de Currais Novos, uma Junta de Conciliação e Julgamento (1ª), um cargo de Juiz do Trabalho Presidente de Junta, um cargo de Juiz do Trabalho Substituto, dois cargos de Juiz Classista de Junta, observada a representação paritária, e um cargo em comissão de Diretor de Secretaria de Junta DAS-101.5;
VI – na Cidade de Mossoró, uma Junta de Conciliação e Julgamento (2ª), um cargo de Juiz do Trabalho Presidente de Junta, um cargo de Juiz do Trabalho Substituto, dois cargos de Juiz Classista de Junta, observada a representação paritária, e um cargo em comissão de Diretor de Secretaria de Junta DAS-101.4;
VII – na Cidade de Nova Cruz, uma Junta de Conciliação e Julgamento (1ª), um cargo de Juiz do Trabalho Presidente de Junta, um cargo de Juiz do Trabalho Substituto, dois cargos de Juiz Classista de Junta, observada a representação paritária, e um cargo em comissão de Diretor de Secretaria de Junta DAS-101.5;
VIII – na Cidade de Pau dos Ferros, uma Junta de Conciliação e Julgamento (1ª), um cargo de Juiz do Trabalho Presidente de Junta, um cargo de Juiz do Trabalho Substituto, dois cargos de Juiz Classista de Junta, observada a representação paritária, e um cargo em comissão de Diretor de Secretaria de Junta DAS-101.5.

Art. 14. São criadas, na 14ª Região da Justiça do Trabalho, as seguintes Juntas de Conciliação e Julgamento, e cargos pertinentes, assim distribuídas:
a) no Estado de Rondônia:
I – na Cidade de Porto Velho, duas Juntas de Conciliação e Julgamento (4ª e 5ª), dois cargos de Juiz do Trabalho Presidente de Junta, dois cargos de Juiz do Trabalho Substituto, quatro cargos de Juiz Classista de Junta, observada a representação paritária, e dois cargos em comissão de Diretor de Secretaria de Junta DAS-101.5;

Legislação Processual

II – na Cidade de Colorado do Oeste, uma Junta de Conciliação e Julgamento (1ª), um cargo de Juiz do Trabalho Presidente de Junta, um cargo de Juiz do Trabalho Substituto, dois cargos de Juiz Classista de Junta, observada a representação paritária, e um cargo em comissão de Diretor de Secretaria de Junta DAS-101.5;

III – na Cidade de Costa Marques, uma Junta de Conciliação e Julgamento (1ª), um cargo de Juiz do Trabalho Presidente de Junta, um cargo de Juiz do Trabalho Substituto, dois cargos de Juiz Classista de Junta, observada a representação paritária, e um cargo em comissão de Diretor de Secretaria de Junta DAS-101.5;

IV – na Cidade de Jaru, uma Junta de Conciliação e Julgamento (1ª), um cargo de Juiz do Trabalho Presidente de Junta, um cargo de Juiz do Trabalho Substituto, dois cargos de Juiz Classista de Junta, observada a representação paritária, e um cargo em comissão de Diretor de Secretaria de Junta DAS-101.5;

V – na Cidade de Ouro Preto d'Oeste, uma Junta de Conciliação e Julgamento (1ª), um cargo de Juiz do Trabalho Presidente de Junta, um cargo de Juiz do Trabalho Substituto, dois cargos de Juiz Classista de Junta, observada a representação paritária, e um cargo em comissão de Diretor de Secretaria de Junta DAS-101.5;

VI – na Cidade de Pimenta Bueno, uma Junta de Conciliação e Julgamento (1ª), um cargo de Juiz do Trabalho Presidente de Junta, um cargo de Juiz do Trabalho Substituto, dois cargos de Juiz Classista de Junta, observada a representação paritária, e um cargo em comissão de Diretor de Secretaria de Junta DAS-101.5;

VII – na Cidade de Presidente Médici, uma Junta de Conciliação e Julgamento (1ª), um cargo de Juiz do Trabalho Presidente de Junta, um cargo de Juiz do Trabalho Substituto, dois cargos de Juiz Classista de Junta, observada a representação paritária, e um cargo em comissão de Diretor de Secretaria de Junta DAS-101.5;

VIII – na Cidade de Rolim de Moura, uma Junta de Conciliação e Julgamento (1ª), um cargo de Juiz do Trabalho Presidente de Junta, um cargo de Juiz do Trabalho Substituto, dois cargos de Juiz Classista de Junta, observada a representação paritária, e um cargo em comissão de Diretor de Secretaria de Junta DAS-101.5;

b) no Estado do Acre:

I – na Cidade de Rio Branco, duas Juntas de Conciliação e Julgamento (3ª e 4ª), dois cargos de Juiz do Trabalho Presidente de Junta, dois cargos de Juiz do Trabalho Substituto, quatro cargos de Juiz Classista de Junta, observada a representação paritária, e dois cargos em comissão de Diretor de Secretaria de Junta DAS-101.5;

II – na Cidade de Brasileia, uma Junta de Conciliação e Julgamento (1ª), um cargo de Juiz do Trabalho Presidente de Junta, um cargo de Juiz do Trabalho Substituto, dois cargos de Juiz Classista de Junta, observada a representação paritária, e um cargo em comissão de Diretor de Secretaria de Junta DAS-101.5;

III – na Cidade de Feijó, uma Junta de Conciliação e Julgamento (1ª), um cargo de Juiz do Trabalho Presidente de Junta, um cargo de Juiz do Trabalho Substituto, dois cargos de Juiz Classista de Junta, observada a representação paritária, e um cargo em comissão de Diretor de Secretaria de Junta DAS-101.5;

IV – na Cidade de Sena Madureira, uma Junta de Conciliação e Julgamento (1ª), um cargo de Juiz do Trabalho Presidente de Junta, um cargo de Juiz do Trabalho Substituto, dois cargos de Juiz Classista de Junta, observada a representação paritária, e um cargo em comissão de Diretor de Secretaria de Junta DAS-101.5;

V – na Cidade de Tarauacá, uma Junta de Conciliação e Julgamento (1ª), um cargo de Juiz do Trabalho Presidente de Junta, um cargo de Juiz do Trabalho Substituto, dois cargos de Juiz Classista de Junta, observada a representação paritária, e um cargo em comissão de Diretor de Secretaria de Junta DAS-101.5;

VI – na Cidade de Xapuri, uma Junta de Conciliação e Julgamento (1ª), um cargo de Juiz do Trabalho Presidente de Junta, um cargo de Juiz do Trabalho Substituto, dois cargos de Juiz Classista de Junta, observada

Lei 8.432/1992

LEGISLAÇÃO PROCESSUAL

a representação paritária, e um cargo em comissão de Diretor de Secretaria de Junta DAS-101.5.

Art. 15. São criadas, na 15ª Região da Justiça do Trabalho, as seguintes Juntas de Conciliação e Julgamento, e cargos pertinentes, assim distribuídas:

- V. Lei 8.720/1993 (Cria cargos no Quadro Permanente de Pessoal da Secretaria do Tribunal Regional do Trabalho da Décima Quinta Região).

I – na Cidade de Campinas, quatro Juntas de Conciliação e Julgamento (5ª a 8ª), quatro cargos de Juiz do Trabalho Presidente de Junta, quatro cargos de Juiz do Trabalho Substituto, oito cargos de Juiz Classista de Junta, observada a representação paritária, e quatro cargos em comissão de Diretor de Secretaria de Junta DAS-101.5;

II – na Cidade de Americana, uma Junta de Conciliação e Julgamento (2ª), um cargo de Juiz do Trabalho Presidente de Junta, um cargo de Juiz do Trabalho Substituto, dois cargos de Juiz Classista de Junta, observada a representação paritária, e um cargo em comissão de Diretor de Secretaria de Junta DAS-101.5 e um cargo em comissão de Diretor de Serviço de Distribuição DAS-101.4;

III – na Cidade de Araçatuba, uma Junta de Conciliação e Julgamento (3ª), um cargo de Juiz do Trabalho Presidente de Junta, um cargo de Juiz do Trabalho Substituto, dois cargos de Juiz Classista de Junta, observada a representação paritária, e um cargo em comissão de Diretor de Secretaria de Junta DAS-101.5;

IV – na Cidade de Araraquara, uma Junta de Conciliação e Julgamento (2ª), um cargo de Juiz do Trabalho Presidente de Junta, um cargo de Juiz do Trabalho Substituto, dois cargos de Juiz Classista de Junta, observada a representação paritária, e um cargo em comissão de Diretor de Secretaria de Junta DAS-101.5 e um cargo em comissão de Diretor de Serviço de Distribuição DAS-101.4;

V – na Cidade de Assis, uma Junta de Conciliação e Julgamento (2ª), um cargo de Juiz do Trabalho Presidente de Junta, um cargo de Juiz do Trabalho Substituto, dois cargos de Juiz Classista de Junta, observada a representação paritária, e um cargo em comissão de Diretor de Secretaria de Junta DAS-101.5 e um cargo em comissão de Diretor de Serviço de Distribuição DAS-101.4;

VI – *(Vetado.)*

VII – na Cidade de Batatais, uma Junta de Conciliação e Julgamento (1ª), um cargo de Juiz do Trabalho Presidente de Junta, um cargo de Juiz do Trabalho Substituto, dois cargos de Juiz Classista de Junta, observada a representação paritária, e um cargo em comissão de Diretor de Secretaria de Junta DAS-101.5;

VIII – na Cidade de Bauru, três Juntas de Conciliação e Julgamento (2ª a 4ª), três cargos de Juiz do Trabalho Presidente de Junta, três cargos de Juiz do Trabalho Substituto, seis cargos de Juiz Classista de Junta, observada a representação paritária, e três cargos em comissão de Diretor de Secretaria de Junta DAS-101.5 e um cargo em comissão de Diretor de Serviço de Distribuição DAS-101.4;

IX – na Cidade de Birigui, uma Junta de Conciliação e Julgamento (1ª), um cargo de Juiz do Trabalho Presidente de Junta, um cargo de Juiz do Trabalho Substituto, dois cargos de Juiz Classista de Junta, observada a representação paritária, e um cargo em comissão de Diretor de Secretaria de Junta DAS-101.5;

X – na Cidade de Cajuru, uma Junta de Conciliação e Julgamento (1ª), um cargo de Juiz do Trabalho Presidente de Junta, um cargo de Juiz do Trabalho Substituto, dois cargos de Juiz Classista de Junta, observada a representação paritária, e um cargo em comissão de Diretor de Secretaria de Junta DAS-101.5;

XI – na Cidade de Campo Limpo Paulista, uma Junta de Conciliação e Julgamento (1ª), um cargo de Juiz do Trabalho Presidente de Junta, um cargo de Juiz do Trabalho Substituto, dois cargos de Juiz Classista de Junta, observada a representação paritária, e um cargo em comissão de Diretor de Secretaria de Junta DAS-101.5;

XII – na Cidade de Catanduva, uma Junta de Conciliação e Julgamento (2ª), um cargo de Juiz do Trabalho Presidente de Junta, um cargo de Juiz do Trabalho Substituto, dois cargos de Juiz Classista de Junta, observada a representação paritária, e um cargo em

comissão de Diretor de Secretaria de Junta DAS-101.5 e um cargo em comissão de Diretor de Serviço Distribuição DAS-101.4;

XIII – na Cidade de Franca, uma Junta de Conciliação e Julgamento (2ª), um cargo de Juiz do Trabalho Presidente de Junta, um cargo de Juiz do Trabalho Substituto, dois cargos de Juiz Classista de Junta, observada a representação paritária, e um cargo em comissão de Diretor de Secretaria de Junta DAS-101.5 e um cargo em comissão de Diretor de Serviço de Distribuição DAS-101.4;

XIV – na Cidade de Garça, uma Junta de Conciliação e Julgamento (1ª), um cargo de Juiz do Trabalho Presidente de Junta, um cargo de Juiz do Trabalho Substituto, dois cargos de Juiz Classista de Junta, observada a representação paritária, e um cargo em comissão de Diretor de Secretaria de Junta DAS-101.5;

XV – na Cidade de Indaiatuba, uma Junta de Conciliação e Julgamento (1ª), um cargo de Juiz do Trabalho Presidente de Junta, um cargo de Juiz do Trabalho Substituto, dois cargos de Juiz Classista de Junta, observada a representação paritária, e um cargo em comissão de Diretor de Secretaria de Junta DAS-101.5;

XVI – *(Vetado).*

XVII – na Cidade de Jales, uma Junta de Conciliação e Julgamento (1ª), um cargo de Juiz do Trabalho Presidente de Junta, um cargo de Juiz do Trabalho Substituto, dois cargos de Juiz Classista de Junta, observada a representação paritária, e um cargo em comissão de Diretor de Secretaria de Junta DAS-101.5;

XVIII – na Cidade de José Bonifácio, uma Junta de Conciliação e Julgamento (1ª), um cargo de Juiz do Trabalho Presidente de Junta, um cargo de Juiz do Trabalho Substituto, dois cargos de Juiz Classista de Junta, observada a representação paritária, e um cargo em comissão de Diretor de Secretaria de Junta DAS-101.5;

XIX – na Cidade de Jundiaí, duas Juntas de Conciliação e Julgamento (3ª e 4ª), dois cargos de Juiz do Trabalho Presidente de Junta, dois cargos de Juiz do Trabalho Substituto, quatro cargos de Juiz Classista de Junta, observada a representação paritária, e dois cargos em comissão de Diretor de Secretaria de Junta DAS-101.5;

XX – na Cidade de Lençóis Paulista, uma Junta de Conciliação e Julgamento (1ª), um cargo de Juiz do Trabalho Presidente de Junta, um cargo de Juiz do Trabalho Substituto, dois cargos de Juiz Classista de Junta, observada a representação paritária, e um cargo em comissão de Diretor de Secretaria de Junta DAS-101.5;

XXI – na Cidade de Lorena, uma Junta de Conciliação e Julgamento (1ª), um cargo de Juiz do Trabalho Presidente de Junta, um cargo de Juiz do Trabalho Substituto, dois cargos de Juiz Classista de Junta, observada a representação paritária, e um cargo em comissão de Diretor de Secretaria de Junta DAS-101.5;

XXII – na Cidade de Marília, uma Junta de Conciliação e Julgamento (2ª), um cargo de Juiz do Trabalho Presidente de Junta, um cargo de Juiz do Trabalho Substituto, dois cargos de Juiz Classista de Junta, observada a representação paritária, e um cargo em comissão de Diretor de Secretaria de Junta DAS-101.5 e um cargo em comissão de Diretor de Serviço de Distribuição DAS-101.4;

XXIII – na Cidade de Matão, uma Junta de Conciliação e Julgamento (1ª), um cargo de Juiz do Trabalho Presidente de Junta, um cargo de Juiz do Trabalho Substituto, dois cargos de Juiz Classista de Junta, observada a representação paritária, e um cargo em comissão de Diretor de Secretaria de Junta DAS-101.5;

XXIV – na Cidade de Moji Guaçu, uma Junta de Conciliação e Julgamento (1ª), um cargo de Juiz do Trabalho Presidente de Junta, um cargo de Juiz do Trabalho Substituto, dois cargos de Juiz Classista de Junta, observada a representação paritária, e um cargo em comissão de Diretor de Secretaria de Junta DAS-101.5;

XXV – *(Vetado).*

XXVI – na Cidade de Olímpia, uma Junta de Conciliação e Julgamento (1ª), um cargo de Juiz do Trabalho Presidente de Junta, um cargo de Juiz do Trabalho Substituto, dois cargos de Juiz Classista de Junta, observada a representação paritária, e um cargo em

Lei 8.432/1992

LEGISLAÇÃO PROCESSUAL

comissão de Diretor de Secretaria de Junta DAS-101.5;

XXVII – na Cidade de Paulínia, uma Junta de Conciliação e Julgamento (1ª), um cargo de Juiz do Trabalho Presidente de Junta, um cargo de Juiz do Trabalho Substituto, dois cargos de Juiz Classista de Junta, observada a representação paritária, e um cargo em comissão de Diretor de Secretaria de Junta DAS-101.5;

XXVIII – na Cidade de Piedade, uma Junta de Conciliação e Julgamento (1ª), um cargo de Juiz do Trabalho Presidente de Junta, um cargo de Juiz do Trabalho Substituto, dois cargos de Juiz Classista de Junta, observada a representação paritária, e um cargo em comissão de Diretor de Secretaria de Junta DAS-101.5;

XXIX – na Cidade de Rancharia, uma Junta de Conciliação e Julgamento (1ª), um cargo de Juiz do Trabalho Presidente de Junta, um cargo de Juiz do Trabalho Substituto, dois cargos de Juiz Classista de Junta, observada a representação paritária, e um cargo em comissão de Diretor de Secretaria de Junta DAS-101.5;

XXX – na Cidade de Salto, uma Junta de Conciliação e Julgamento (1ª), um cargo de Juiz do Trabalho Presidente de Junta, um cargo de Juiz do Trabalho Substituto, dois cargos de Juiz Classista de Junta, observada a representação paritária, e um cargo em comissão de Diretor de Secretaria de Junta DAS-101.5;

XXXI – na Cidade de Santa Bárbara d'Oeste, uma Junta de Conciliação e Julgamento (1ª), um cargo de Juiz do Trabalho Presidente de Junta, um cargo de Juiz do Trabalho Substituto, dois cargos de Juiz Classista de Junta, observada a representação paritária, e um cargo em comissão de Diretor de Secretaria de Junta DAS-101.5;

XXXII – na Cidade de São Carlos, uma Junta de Conciliação e Julgamento (2ª), um cargo de Juiz do Trabalho Presidente de Junta, um cargo de Juiz do Trabalho Substituto, dois cargos de Juiz Classista de Junta, observada a representação paritária, e um cargo em comissão de Diretor de Secretaria de Junta DAS-101.5 e um cargo em comissão de Diretor de Serviço de Distribuição DAS-101.4;

XXXIII – na Cidade de São José do Rio Preto, uma Junta de Conciliação e Julgamento (3ª), um cargo de Juiz do Trabalho Presidente de Junta, um cargo de Juiz do Trabalho Substituto, dois cargos de Juiz Classista de Junta, observada a representação paritária, e um cargo em comissão de Diretor de Secretaria de Junta DAS-101.5;

XXXIV – na Cidade São José dos Campos, duas Juntas de Conciliação e Julgamento (3ª e 4ª), dois cargos de Juiz do Trabalho Presidente de Junta, dois cargos de Juiz do Trabalho Substituto, quatro cargos de Juiz Classista de Junta, observada a representação paritária, e dois cargos em comissão de Diretor de Secretaria de Junta DAS-101.5;

XXXV – na Cidade de São Roque, uma Junta de Conciliação e Julgamento (1ª), um cargo de Juiz do Trabalho Presidente de Junta, um cargo de Juiz do Trabalho Substituto, dois cargos de Juiz Classista de Junta, observada a representação paritária, e um cargo em comissão de Diretor de Secretaria de Junta DAS-101.5;

XXXVI – na Cidade de Sorocaba, uma Junta de Conciliação e Julgamento (3ª), um cargo de Juiz do Trabalho Presidente de Junta, um cargo de Juiz do Trabalho Substituto, dois cargos de Juiz Classista de Junta, observada a representação paritária, e um cargo em comissão de Diretor de Secretaria de Junta DAS-101.5;

XXXVII – na Cidade de Tanabi, uma Junta de Conciliação e Julgamento (1ª), um cargo de Juiz do Trabalho Presidente de Junta, um cargo de Juiz do Trabalho Substituto, dois cargos de Juiz Classista de Junta, observada a representação paritária, e um cargo em comissão de Diretor de Secretaria de Junta DAS-101.5;

XXXVIII – na Cidade de Taubaté, uma Junta de Conciliação e Julgamento (2ª), um cargo de Juiz do Trabalho Presidente de Junta, um cargo de Juiz do Trabalho Substituto, dois cargos de Juiz Classista de Junta, observada a representação paritária, e um cargo em comissão de Diretor de Secretaria de Junta DAS-101.5 e um cargo em comissão de Diretor de Serviço de Distribuição DAS-101.4;

XXXIX – na Cidade de Tietê, uma Junta de Conciliação e Julgamento (1ª), um cargo de

Lei 8.432/1992

LEGISLAÇÃO PROCESSUAL

Juiz do Trabalho Presidente de Junta, um cargo de Juiz do Trabalho Substituto, dois cargos de Juiz Classista de Junta, observada a representação paritária, e um cargo em comissão de Diretor de Secretaria de Junta DAS-101.5.

Art. 16. São criadas, na 16ª Região da Justiça do Trabalho, as seguintes Juntas de Conciliação e Julgamento, e cargos pertinentes, assim distribuídas:

a) no Estado do Maranhão:

I – na Cidade de São Luís, duas Juntas de Conciliação e Julgamento (3ª e 4ª), dois cargos de Juiz do Trabalho Presidente de Junta, dois cargos de Juiz do Trabalho Substituto, quatro cargos de Juiz Classista de Junta, observada a representação paritária, e dois cargos em comissão de Diretor de Secretaria de Junta DAS-101.5;

II – na Cidade de Açailândia, uma Junta de Conciliação e Julgamento (1ª), um cargo de Juiz do Trabalho Presidente de Junta, um cargo de Juiz do Trabalho Substituto, dois cargos de Juiz Classista de Junta, observada a representação paritária, e um cargo em comissão de Diretor de Secretaria de Junta DAS-101.5;

III – na Cidade de Santa Inês, uma Junta de Conciliação e Julgamento (1ª), um cargo de Juiz do Trabalho Presidente de Junta, um cargo de Juiz do Trabalho Substituto, dois cargos de Juiz Classista de Junta, observada a representação paritária, e um cargo em comissão de Diretor de Secretaria de Junta DAS-101.5;

b) no Estado do Piauí:

I – na Cidade de Teresina, uma Junta de Conciliação e Julgamento (3ª), um cargo de Juiz do Trabalho Presidente de Junta, um cargo de Juiz do Trabalho Substituto, dois cargos de Juiz Classista de Junta, observada a representação paritária, e um cargo em comissão de Diretor de Secretaria de Junta DAS-101.5;

Art. 17. São criadas, na 17ª Região da Justiça do Trabalho, as seguintes Juntas de Conciliação e Julgamento, e cargos pertinentes, assim distribuídas:

I – na Cidade de Vitória, cinco Juntas de Conciliação e Julgamento (4ª a 8ª), cinco cargos de Juiz do Trabalho Presidente de Junta, cinco cargos de Juiz do Trabalho Substituto, dez cargos de Juiz Classista de Junta, observada a representação paritária, e cinco cargos em comissão de Diretor de Secretaria de Junta DAS-101.5 e um cargo em comissão de Diretor de Serviço de Distribuição DAS-101.4;

II – na Cidade de Afonso Cláudio, uma Junta de Conciliação e Julgamento (1ª), um cargo de Juiz do Trabalho Presidente de Junta, um cargo de Juiz do Trabalho Substituto, dois cargos de Juiz Classista de Junta, observada a representação paritária, e um cargo em comissão de Diretor de Secretaria de Junta DAS-101.5;

III – na Cidade de Alegre, uma Junta de Conciliação e Julgamento (1ª), um cargo de Juiz do Trabalho Presidente de Junta, um cargo de Juiz do Trabalho Substituto, dois cargos de Juiz Classista de Junta, observada a representação paritária, e um cargo em comissão de Diretor de Secretaria de Junta DAS-101.5;

IV – na Cidade de Guarapari, uma Junta de Conciliação e Julgamento (1ª) um cargo de Juiz do Trabalho Presidente de Junta, um cargo de Juiz do Trabalho Substituto, dois cargos de Juiz Classista de Junta, observada a representação paritária, e um cargo em comissão de Diretor de Secretaria de Junta DAS-101.5;

V – na Cidade de Mimoso do Sul, uma Junta de Conciliação e Julgamento (1ª), um cargo de Juiz do Trabalho Presidente de Junta, um cargo de Juiz do Trabalho Substituto, dois cargos de Juiz Classista de Junta, observada a representação paritária, e um cargo em comissão de Diretor de Secretaria de Junta DAS-101.5;

VI – na Cidade de Nova Venécia, uma Junta de Conciliação e Julgamento (1ª), um cargo de Juiz do Trabalho Presidente de Junta, um cargo de Juiz do Trabalho Substituto, dois cargos de Juiz Classista de Junta, observada a representação paritária, e um cargo em comissão de Diretor de Secretaria de Junta DAS-101.5;

VII – na Cidade de São Mateus, uma Junta de Conciliação e Julgamento (1ª), um cargo de Juiz do Trabalho Presidente de Junta, um cargo de Juiz do Trabalho Substituto, dois

Lei 8.432/1992

cargos de Juiz Classista de Junta, observada a representação paritária, e um cargo em comissão de Diretor de Secretaria de Junta DAS-101.5.

Art. 18. São criadas, na 18ª Região da Justiça do Trabalho, as seguintes Juntas de Conciliação e Julgamento, e cargos pertinentes, assim distribuídas:

I – na Cidade de Goiânia, seis Juntas de Conciliação e Julgamento (7ª a 12ª), seis cargos de Juiz do Trabalho Presidente de Junta, seis cargos de Juiz do Trabalho Substituto, 12 cargos de Juiz Classista de Junta, observada a representação paritária, e seis cargos em comissão de Diretor de Secretaria de Junta DAS-101.5;

II – na Cidade de Anápolis, três Juntas de Conciliação e Julgamento (2ª a 4ª), três cargos de Juiz do Trabalho Presidente de Junta, três cargos de Juiz do Trabalho Substituto, seis cargos de Juiz Classista de Junta, observada a representação paritária, e três cargos em comissão de Diretor de Secretaria de Junta DAS-101.5 e um cargo em comissão de Diretor de Serviço de Distribuição DAS-101.4;

III – na Cidade de Aparecida de Goiânia, duas Juntas de Conciliação e Julgamento (1ª e 2ª), dois cargos de Juiz do Trabalho Presidente de Junta, dois cargos de Juiz do Trabalho Substituto, quatro cargos de Juiz Classista de Junta, observada a representação paritária, dois cargos em comissão de Diretor de Secretaria de Junta DAS-101.5 e um cargo em comissão de Diretor de Serviço de Distribuição DAS-101.4;

IV – na Cidade de Ceres, uma Junta de Conciliação e Julgamento (1ª), um cargo de Juiz do Trabalho Presidente de Junta, um cargo de Juiz do Trabalho Substituto, dois cargos de Juiz Classista de Junta, observada a representação paritária, e um cargo em comissão de Diretor de Secretaria de Junta DAS-101.5;

V – na Cidade de Goiás, uma Junta de Conciliação e Julgamento (1ª), um cargo de Juiz do Trabalho Presidente de Junta, um cargo de Juiz do Trabalho Substituto, dois cargos de Juiz Classista de Junta, observada a representação paritária, e um cargo em comissão de Diretor de Secretaria de Junta DAS-101.5;

VI – na Cidade de São Luís de Montes Belos, uma Junta de Conciliação e Julgamento (1ª), um cargo de Juiz do Trabalho Presidente de Junta, um cargo de Juiz do Trabalho Substituto, dois cargos de Juiz Classista de Junta, observada a representação paritária, e um cargo em comissão de Diretor de Secretaria de Junta DAS-101.5;

VII – na Cidade de Iporá, uma Junta de Conciliação e Julgamento (1ª), um cargo de Juiz do Trabalho Presidente de Junta, um cargo de Juiz do Trabalho Substituto, dois cargos de Juiz Classista de Junta, observada a representação paritária, e um cargo em comissão de Diretor de Secretaria de Junta DAS-101.5;

VIII – na Cidade de Mineiros, uma Junta de Conciliação e Julgamento (1ª), um cargo de Juiz do Trabalho Presidente de Junta, um cargo de Juiz do Trabalho Substituto, dois cargos de Juiz Classista de Junta, observada a representação paritária, e um cargo em comissão de Diretor de Secretaria de Junta DAS-101.5;

IX – *(Vetado.)*

Art. 19. Os cargos de Juiz do Trabalho Substituto, criados por esta lei, integram o quadro geral de Juízes do Trabalho Substitutos da respectiva região, não ficando, diretamente, vinculados às Juntas de Conciliação e Julgamento.

Art. 20. Para cada Juiz Classista de Junta haverá um suplente.

Art. 21. Ficam assim definidas as áreas de jurisdição das Juntas de Conciliação e Julgamento, localizadas nas cidades abaixo, pertencentes à 1ª Região, no Estado do Rio de Janeiro:

I – Rio de Janeiro: o respectivo Município;

II – Angra dos Reis: o respectivo Município e os de Parati e Rio Claro;

III – Araruama: o respectivo Município e o de Saquarema;

IV – Barra do Piraí: o respectivo Município e os de Mendes, Miguel Pereira, Pati do Alferes, Paulo de Frontin, Piraí, Valença e Vassouras;

V – Cabo Frio: o respectivo Município e os de Arraial do Cabo e São Pedro da Aldeia;

Lei 8.432/1992

LEGISLAÇÃO PROCESSUAL

VI – Campos dos Goytacazes: o respectivo Município e os de Italva, São Fidélis e São João da Barra;
VII – Cordeiro: o respectivo Município e os de Cantagalo, Santa Maria Madalena, São Sebastião do Alto e Trajano de Morais;
VIII – Duque de Caxias: o respectivo Município;
IX – Itaboraí: o respectivo Município e os de Rio Bonito e Silva Jardim;
X – Itaguaí: o respectivo Município e o de Mangaratiba;
XI – Itaperuna: o respectivo Município e os de Bom Jesus de Itabapoana, Cambuci, Itaocara, Lage do Muriaé, Miracema, Natividade, Porciúncula e Santo Antônio de Pádua;
XII – Macaé: o respectivo Município e os de Casimiro de Abreu e Conceição de Macabu;
XIII – Magé: o respectivo Município;
XIV – Nilópolis: o respectivo Município;
XV – Niterói: o respectivo Município e o de Maricá;
XVI – Nova Friburgo: o respectivo Município e os de Bom Jardim, Cachoeiras de Macacu, Carmo, Duas Barras e Sumidouro;
XVII – Nova Iguaçu: o respectivo Município e o de Paracambi;
XVIII – Petrópolis: o respectivo Município;
XIX – Resende: o respectivo Município e o de Itatiaia;
XX – São Gonçalo: o respectivo Município;
XXI – São João do Meriti: o respectivo Município;
XXII – Teresópolis: o respectivo Município;
XXIII – Três Rios: o respectivo Município e os de Paraíba do Sul, Rio das Flores e Sapucaia;
XXIV – Volta Redonda: o respectivo Município e o de Barra Mansa.

Art. 22. Ficam assim definidas as áreas de jurisdição das Juntas de Conciliação e Julgamento, localizadas nas cidades abaixo, pertencentes à 2ª Região, no Estado de São Paulo, com sede na Cidade de São Paulo:
I – São Paulo: o respectivo Município;
II – Barueri: o respectivo Município;
III – Barra Bonita: o respectivo Município e os de Iguaraçu e Mineiro do Tietê;
IV – Caieiras: o respectivo Município;
V – Cajamar: o respectivo Município;
VI – Carapicuíba: o respectivo Município;
VII – Cotia: o respectivo Município e os de Itapevi, Ibiúna e Vargem Grande Paulista;
VIII – Cubatão: o respectivo Município;
IX – Diadema: o respectivo Município;
X – Embu: o respectivo Município;
XI – Ferraz de Vasconcelos: o respectivo Município;
XII – Franco da Rocha: o respectivo Município e os de Francisco Morato e Mairiporã;
XIII – Guarujá: o respectivo Município e os de Bertioga e Vicente de Carvalho;
XIV – Guarulhos: o respectivo Município e os de Arujá e Santa Isabel;
XV – Itapecerica da Serra: o respectivo Município e os de Embu-Guaçu e Juquitiba;
XVI – Itaquaquecetuba: o respectivo Município;
XVII – Jandira: o respectivo Município;
XVIII – Mauá: o respectivo Município;
XIX – Mogi das Cruzes: o respectivo Município e os de Biritiba-Mirim, Guararema e Salesópolis;
XX – Osasco: o respectivo Município;
XXI – Poá: o respectivo Município;
XXII – Praia Grande: o respectivo Município;
XXIII – Ribeirão Pires: o respectivo Município e o de Rio Grande da Serra;
XXIV – Santana do Parnaíba: o respectivo Município e o de Pirapora do Bom Jesus;
XXV – Santo André: o respectivo Município;
XXVI – Santos: o respectivo Município;
XXVII – São Bernardo do Campo: o respectivo Município;
XXVIII – São Caetano do Sul: o respectivo Município;
XXIX – São Vicente: o respectivo Município;
XXX – Suzano: o respectivo Município;
XXXI – Taboão da Serra: o respectivo Município.

Art. 23. Ficam assim definidas as áreas de Jurisdição das Juntas de Conciliação e Julgamento, localizadas nas cidades abaixo, pertencentes à 3ª Região, no Estado de Minas Gerais:
I – Belo Horizonte: o respectivo Município;
II – Aimorés: o respectivo Município e os de Alvarenga, Conselheiro Pena, Itanhomi, Itueta, Resplendor, Santa Rita do Itueto e Tumiritinga;
III – Alfenas: o respectivo Município e os de Alterosa, Areado, Campo do Meio, Campos

Gerais, Carmo do Rio Claro, Carvalhópolis, Conceição da Aparecida, Cordislândia, Divisa Nova, Fama, Machado, Paraguaçu, Poço Fundo, Serrania e Turvolândia;

IV – Almenara: o respectivo Município e os de Águas Vermelhas, André Fernandes, Bandeira, Comercinho, Coronel Murta, Felisburgo, Fronteira dos Vales, Jacinto, Jequitinhonha, Joaíma, Jordânia, Medina, Pedra Azul, Rio do Prado, Rubelita, Rubim, Salinas, Salto da Divisa, Santa Maria do Salto, Santo Antônio do Jacinto e Taiobeiras;

V – Araguari: o respectivo Município e os de Cascalho Rico e Grupiara;

VI – Araxá: o respectivo Município e os de Campos Altos, Ibiá, Pedrinópolis, Perdizes, Pratinha, Santa Juliana e Tapira;

VII – Barbacena: o respectivo Município e os de Alto Rio Doce, Antônio Carlos, Aracitaba, Barroso, Bias Fortes, Capela Nova, Carandaí, Cipotânea, Desterro do Melo, Ibertioga, Oliveira Fortes, Paiva, Ressaquinha, Santa Bárbara do Tugúrio, Santa Rita do Ibitipoca, Santos Dumont e Senhora dos Remédios;

VIII – Betim: o respectivo Município e os de Bonfim, Brumadinho, Crucilândia, Esmeraldas, Igarapé, Mateus Leme, Piedade das Gerais e Rio Manso;

IX – Bom Despacho: o respectivo Município e os de Abaeté, Araújos, Biquinhas, Cedro do Abaeté, Córrego Dantas, Dores do Indaiá, Estrela do Indaiá, Japaraíba, Lagoa da Prata, Leandro Ferreira, Luz, Maravilhas, Martinho Campos, Moema, Morada Nova de Minas, Nova Serrana, Paineiras, Papagaios, Perdigão, Pitangui, Pompeu, Quartel Geral, Santo Antônio do Monte e Serra da Saudade;

X – Caratinga: o respectivo Município e os de Bom Jesus do Galho, Córrego Novo, Dom Cavati, Engenheiro Caldas, Fernandes Tourinho, Iapu, Inhapim, São João do Oriente, Sobrália e Tarumirim;

XI – Cataguases: o respectivo Município e os de Além Paraíba, Argirita, Astolfo Dutra, Dona Euzébia, Estrela Dalva, Itamarati de Minas, Leopoldina, Miraí, Pirapetinga, Recreio, Santana de Cataguases, Santo Antônio de Aventureiro e Volta Grande;

XII – Caxambu: o respectivo Município e os de Airuoca, Alagoa, Andrelândia, Arantina, Baependi, Bocaina de Minas, Bom Jardim de Minas, Carmo de Minas, Carvalhos, Cruzília, Dom Viçoso, Itamonte, Itanhandu, Jesuânia, Liberdade, Minduri, Olímpio Noronha, Passa Quatro, Passa Vinte, Pouso Alto, Santa Rita de Jacutinga, São Lourenço, São Sebastião do Rio Verde, São Vicente de Minas, Seritinga, Serranos, Soledade de Minas e Virgínia;

XIII – Congonhas: o respectivo Município e os de Belo Vale, Desterro de Entre Rios, Entre Rios de Minas, Jeceaba, Moeda, Ouro Branco e São Brás do Suaçuí;

XIV – Conselheiro Lafaiete: o respectivo Município e os de Caranaíba, Casa Grande, Catas Altas da Noruega, Cristiano Otoni, Itaverava, Lamin, Piranga, Queluzita, Rio Espera, Santana dos Montes e Senhora de Oliveira;

XV – Contagem: o respectivo Município e o de Ibirité;

XVI – Coronel Fabriciano: o respectivo Município e os de Antônio Dias, Jaguaraçu, Marliéria e Timóteo;

XVII – Curvelo: o respectivo Município e os de Augusto de Lima, Buenópolis, Corinto, Felixlândia, Inimutaba, Joaquim Felício, Monjolos, Morro da Garça, Presidente Juscelino, Santo Hipólito e Três Marias;

XVIII – Diamantina: o respectivo Município e os de Alvorada de Minas, Carbonita, Congonhas do Norte, Couto de Magalhães de Minas, Dantas, Felício dos Santos, Felisberto Caldeira, Gouvêa, Itamarandiba, Presidente Kubitschek, Rio Vermelho, Santo Antônio do Itambé, Senador Modestino Gonçalves, Serra Azul de Minas e Serro;

XIX – Divinópolis: o respectivo Município e os de Camacho, Carmo do Cajuru, Cláudio, Itapecerica, Pedra do Indaiá, São Gonçalo do Pará e São Sebastião do Oeste;

XX – Formiga: o respectivo Município e os de Aguanil, Arcos, Bambuí, Campo Belo, Candeias, Capitólio, Cristais, Doresópolis, Guapé, Iguatama, Medeiros, Pains, Pimenta, Piuí, Santana do Jacaré, São Roque de Minas, Tapiraí e Vargem Bonita;

XXI – Governador Valadares: o respectivo Município e os de Alpercata, Central de Minas, Coroaci, Divino das Laranjeiras, Gali-

Lei 8.432/1992

LEGISLAÇÃO PROCESSUAL

leia, Frei Inocêncio, Itabirinha de Mantena, Mantena, Marilac, Mendes Pimentel, Nacip Raydan, Santa Efigênia de Minas, São Geraldo da Piedade, São José da Safira, Sardoá, Vila Matias e Virgolândia;

XXII – Guanhães: o respectivo Município e os de Açucena, Água Boa, Braúnas, Capelinha, Carmésia, Coluna, Conceição do Mato Dentro, Divinolândia de Minas, Dom Joaquim, Dores de Guanhães, Gonzaga, Materlândia, Minas Novas, Morro do Pilar, Paulistas, Peçanha, Sabinópolis, Santa Maria do Suaçuí, São João Evangelista, São José do Jacuri, São Pedro do Suasuí, Senhora do Porto, Turmalina e Virginópolis;

XXIII – Guaxupé: o respectivo Município e os de Arceburgo, Bom Jesus da Penha, Guaranésia, Itamogi, Juruaia, Monte Belo, Monte Salto de Minas, Muzambinho, Nova Resende e São Pedro da União;

XXIV – *(Vetado.)*

XXV – Itabira: o respectivo Município e os de Bom Jesus do Amparo, Ferros, Itambé do Mato Dentro, Passabém, Santa Maria do Itabira, Santo Antônio do Rio Abaixo e São Sebastião do Rio Preto;

XXVI – Itajubá: o respectivo Município e os de Brazópolis, Conceição da Pedra, Conceição dos Ouros, Consolação, Cristina, Delfim Moreira, Gonçalves, Maria da Fé, Marmelópolis, Natércia, Paraisópolis, Pedralva, Piranguçu, Piranguinho, São José do Alegre, Sapucaí-Mirim e Wenceslau Braz;

XXVII – Itaúna: o respectivo Município e os de Conceição do Pará, Florestal, Igaratinga, Itaguara, Itatiaiuçu, Onça do Pitangui, Pará de Minas, Pequi e São José da Varginha;

XXVIII – Ituiutaba: o respectivo Município e os de Cachoeira Dourada, Campina Verde, Canápolis, Capinópolis, Centralina, Comendador Gomes, Gurinhatã, Ipiaçu, Itapagipe, Iturama, Prata, Santa Vitória e São Francisco de Sales;

XXIX – *(Vetado.)*

XXX – Januária: o respectivo Município e os de Itacarambi, Manga, Montalvânia, São Francisco, São João da Ponte e Varzelândia;

XXXI – João Monlevade: o respectivo Município e os de Alvinópolis, Barão de Cocais, Bela Vista de Minas, Dionísio, Nova Era, Rio Piracicaba, Santa Bárbara, São Domingos do Prata, São Gonçalo do Rio Abaixo e São José do Goiabal;

XXXII – Juiz de Fora: o respectivo Município e os de Belmiro Braga, Bicas, Chácara, Chiador, Coronel Pacheco, Descoberto, Ewbank da Câmara, Guarará, Lima Duarte, Mar de Espanha, Maripá de Minas, Matias Barbosa, Olaria, Pedro Teixeira, Pequeri, Piau, Rio Novo, Rio Preto, Rochedo de Minas, Santana do Deserto, Santana do Garambéu, São João Nepomuceno, Senador Cortes e Simão Pereira;

XXXIII – Lavras: o respectivo Município e os de Bom Sucesso, Cana Verde, Carmo da Mata, Carmópolis de Minas, Ibituruna, Ijaci, Ingai, Itumirim, Nepomuceno, Oliveira, Passa Tempo, Perdões, Piracema, Ribeirão Vermelho, Santo Antônio do Amparo, São Francisco de Oliveira e São Tiago;

XXXIV – Manhuaçu: o respectivo Município e os de Caputira, Chalé, Conceição de Ipanema, Ipanema, Lajinha, Matipó, Manhumirim, Mutum, Pocrane, Presidente Soares, Santa Margarida, Santana do Manhuaçu, São José do Mantimento e Simonésia;

XXXV – *(Vetado.)*

XXXVI – Monte Azul: o respectivo Município e os de Espinosa, Riacho dos Machados, Rio Pardo de Minas e São João do Paraíso;

XXXVII – Montes Claros: o respectivo Município e os de Bocaiúva, Botumirim, Brasília de Minas, Capitão Eneias, Claro dos Poções, Coração de Jesus, Cristália, Engenheiro Navarro, Francisco Dumont, Francisco Sá, Grão Mogol, Ibiaí, Itacambira, Juramento, Lagoa dos Patos, Mirabela e Ubaí;

XXXVIII – Muriaé: o respectivo Município e os de Antônio Prado de Minas, Barão do Monte Alto, Caiana, Caparaó, Carangola, Divino, Espera Feliz, Eugenópolis, Faria Lemos, Laranjal, Miradouro, Palma, Patrocínio do Muriaé, Pedra Dourada, São Francisco do Glória, Tombos e Vieiras;

XXXIX – Nova Lima: o respectivo Município e os de Raposos e Rio Acima;

XL – Ouro Preto: o respectivo Município e os de Acaiaca, Diogo de Vasconcelos, Itabirito e Mariana;

XLI – Paracatu: o respectivo Município e os de Guarda-Mor, João Pinheiro e Vazante;

Lei 8.432/1992

LEGISLAÇÃO PROCESSUAL

XLII – Passos: o respectivo Município e os de Alpinópolis, Capetinga, Cássia, Claraval, Delfinópolis, Fortaleza de Minas, Ibiraci, Itaú de Minas, Jacuí, Pratápolis, São João Batista do Glória, São Sebastião do Paraíso e São Tomás de Aquino;

XLIII – Patos de Minas: o respectivo Município e os de Arapuã, Carmo do Paranaíba, Lagamar, Lagoa Formosa, Matutina, Presidente Olegário, Rio Paranaíba, Santa Rosa da Serra, São Gonçalo do Abaeté, São Gotardo e Tiros;

XLIV – Patrocínio: o respectivo Município e os de Abadia dos Dourados, Coromandel, Cruzeiro da Fortaleza, Douradoquara, Estrela do Sul, Guimarânia, Iraí de Minas, Monte Carmelo, Romaria e Serra do Salitre;

XLV – Pedro Leopoldo: o respectivo Município e os de Lagoa Santa e Vespasiano;

XLVI – Pirapora: o respectivo Município e os de Buritizeiro, Jequitaí, Lassance, Santa Fé de Minas, São Romão e Várzea da Palma;

XLVII – Poços de Caldas: o respectivo Município e os de Andradas, Bandeira do Sul, Botelhos, Cabo Verde, Caldas, Campestre, Ibitiúra de Minas, Ipiúna e Santa Rita de Caldas;

XLVIII – Ponte Nova: o respectivo Município e os de Abre Campo, Amparo da Serra, Araponga, Barra Longa, Cajuri, Canaã, Coimbra, Dom Silvério, Guaraciaba, Jequeri, Pedra do Anta, Piedade de Ponta Nova, Porto Firme, Raul Soares, Rio Casca, Rio Doce, Santa Cruz do Escalvado, Santo Antônio do Grama, São Miguel do Anta, São Pedro dos Ferros, Sericita, Teixeiras, Urucânia e Viçosa;

XLIX – Pouso Alegre: o respectivo Município e os de Albertina, Bom Repouso, Borda da Mata, Bueno Brandão, Cachoeira de Minas, Camanducaia, Cambuí, Careaçu, Congonhal, Córrego do Bom Jesus, Espírito Santo do Dourado, Estiva, Extrema, Heliodora, Inconfidentes, Itapeva, Jacutinga, Munhoz, Monte Sião, Ouro Fino, Santa Rita do Sapucaí, São João da Mata, São Sebastião da Bela Vista, Senador José Bento, Silvianópolis e Toledo;

L – Ribeirão das Neves: o respectivo Município;

LI – Sabará: o respectivo Município e o de Caeté;

LII – Santa Luzia: o respectivo Município e os de Jaboticatubas, Nova União e Taquaraçu de Minas;

LIII – São João Del Rei: o respectivo Município e os de Cassiterita, Coronel Xavier Chaves, Dores de Campos, Lagoa Dourada, Madre de Deus de Minas, Nazareno, Piedade do Rio Grande, Prados, Rezende Costa, Ritápolis e Tiradentes;

LIV – Sete Lagoas: o respectivo Município e os de Araçaí, Baldim, Cachoeira da Prata, Caetanópolis, Cordisburgo, Fortuna de Minas, Inhaúma, Jequitibá, Paraopeba, Santana de Pirapama e Santana do Riacho;

LV – Teófilo Otoni: o respectivo Município e os de Águas Formosas, Araçuaí, Ataleia, Berilo, Bertópolis, Campanário, Caraí, Carlos Chagas, Chapada do Norte, Francisco Badaró, Frei Gaspar, Itaipé, Itambacuri, Itaobim Itinga, Ladainha, Machacalis, Malacacheta, Nanuque, Nova Módica, Novo Cruzeiro, Ouro Verde de Minas, Padre Paraíso, Pavão, Pescador, Poté, São José do Divino, São Sebastião do Maranhão, Serra dos Aimorés, Umburatiba e Virgem da Lapa;

LVI – *(Vetado.)*

LVII – Ubá: o respectivo Município e os de Braz do Pires, Divinésia, Dores do Turvo, Ervália, Guarani, Guidoval, Guiricema, Mercês, Paula Cândido, Piraúba, Presidente Bernardes, Rio Pomba, Rodeio, São Geraldo, Senador Firmino, Silveirânia, Tabuleiro, Tocantins e Visconde do Rio Branco;

LVIII – Uberaba: o respectivo Município e os de Águas Compridas, Campo Florido, Conceição das Alagoas, Conquista, Fronteira, Frutal, Pirajuba, Planura, Sacramento e Veríssimo;

LIX – Uberlândia: o respectivo Município e os de Indianópolis, Monte Alegre de Minas, Nova Ponte e Tupaciguara;

LX – Unaí: o respectivo Município e os de Arinos, Bonfinópolis de Minas, Buritis e Formoso;

LXI – Varginha: o respectivo Município e os de Boa Esperança, Coqueiral, Elói Mendes, Ilicínea, Santana da Vargem e Três Pontas.

Art. 24. Ficam assim definidas as áreas de jurisdição das Juntas de Conciliação e Julgamento, localizadas nas cidades abaixo, pertencentes à 4ª Região, no Estado do Rio Grande do Sul:

Lei 8.432/1992

LEGISLAÇÃO PROCESSUAL

I – Porto Alegre: o respectivo Município;
II – Alegrete: o respectivo Município;
III – Alvorada: o respectivo Município;
IV – Arroio Grande: o respectivo Município e os de Herval, Jaguarão e Pedro Osório;
V – Bagé: o respectivo Município e os de Dom Pedrito, Lavras do Sul e Pinheiro Machado;
VI – Bento Gonçalves: o respectivo Município e os de Carlos Barbosa, Cotiporã, Dois Lajeados, Fagundes Varela, Garibaldi, Guabiju, Guaporé, Nova Araçá, Nova Bassano, Nova Prata, Paraí, Protásio Alves, São Jorge, Veranópolis, Vista Alegre do Prata e Vila Flores;
VII – Cachoeirinha: o respectivo Município;
VIII – Cachoeira do Sul: o respectivo Município e os de Agudo, Amaral Ferrador, Caçapava do Sul, Cerro Branco, Dona Francisca, Encruzilhada do Sul, Paraíso do Sul, Restinga Seca e Santana da Boa Vista;
IX – Camaquã: o respectivo Município e os de Cerro Grande do Sul, Cristal, Dom Feliciano, São Lourenço do Sul e Tapes;
X – Canoas: o respectivo Município;
XI – Carazinho: o respectivo Município e os de Alto Alegre, Campos Borges, Colorado, Espumoso, Ibirapuitã, Lagoão, Não me Toque, Nonoai, Salto do Jacuí, Sarandi, Selbach, Soledade, Tapera, Três Palmeiras, Tunas e Victor Graeff;
XII – Caxias do Sul: o respectivo Município e os de Antônio Prado, Flores da Cunha e São Marcos;
XIII – *(Vetado.)*
XIV – Cruz Alta: o respectivo Município e os de Condor, Fortaleza dos Valos, Ibirubá, Panambi, Pejuçara, Quinze de Novembro, Saldanha Marinho, Santa Bárbara do Sul e Tupanciretã;
XV – Erexim: o respectivo Município e os de Aratiba, Aurea, Barão do Cotegipe, Cacique *Doble*, Campinas do Sul, Entre Rios do Sul, Erebango, Erval Grande, Estação, Faxinalzinho, Gaurama, Getúlio Vargas, Ipiranga do Sul, Itatiba do Sul, Jacutinga, Machadinho, Marcelino Ramos, Mariano Moro, Maximiliano de Almeida, Paim Filho, Sananduva, São João da Urtiga, São José do Ouro, São Valentim, Severiano de Almeida, Três Arroios e Viadutos;
XVI – Estância Velha: o respectivo Município e os de Dois Irmãos, Ivoti e Santa Maria do Herval;
XVII – Esteio: o respectivo Município;
XVIII – Farroupilha: o respectivo Município e o de Nova Roma do Sul;
XIX – Frederico Westphalen: o respectivo Município e os de Alpestre, Erval Seco, Iraí, Jaboticaba, Palmitinho, Pinhal, Planalto, Rodeio Bonito, Seberi, Trindade do Sul, Vicente Dutra, Vista Alegre e Taquaruçu do Sul;
XX – Gramado: o respectivo Município e os de Cambará do Sul, Canela, Jaquirana, Nova Petrópolis e São Francisco de Paula;
XXI – Gravataí: o respectivo Município e o de Glorinha;
XXII – Guaíba: o respectivo Município e os de Barra do Ribeiro e Eldorado do Sul;
XXIII – Ijuí: o respectivo Município e os de Ajuricaba, Augusto Pestana e Joia;
XXIV – *(Vetado.)*
XXV – Montenegro: o respectivo Município e os de Barão, *Brochier* do Maratá, Harmonia, Paverama, Poço das Antas, Salvador do Sul e Taquari;
XXVI – Novo Hamburgo: o respectivo Município;
XXVII – Osório: o respectivo Município e os de Arroio do Sal, Capão da Canoa, Cidreira, Imbé, Santo Antônio da Patrulha, Terra de Areia, Torres, Tramandaí e Três Cachoeiras;
XXVIII – Palmeira das Missões: o respectivo Município e os de Chapada, Cerro Grande, Constantina, Liberato Salzano, Ronda Alta, Rondinha e Sarandi;
XXIX – Passo Fundo: o respectivo Município e os de Água Santa, Arvorezinha, Camargo, Casca, Ciríaco, David Canabarro, Ernestina, Marau, Montauri, Nova Alvorada, São Domingos do Sul, Serafina Corrêa, Sertão, Tapejara, Vanini e Vila Maria;
XXX – Pelotas: o respectivo Município e os de Canguçu, Capão do Leão, Morro Redondo e Piratini;
XXXI – Rio Grande: o respectivo Município e os de Santa Vitória do Palmar e São José do Norte;
XXXII – Rosário do Sul: o respectivo Município e o de Cacequi;
XXXIII – Santa Cruz do Sul: o respectivo Município e os de Arroio do Tigre, Boqueirão do

Lei 8.432/1992

Leão; Candelária, Ibarama, Pântano Grande, Rio Pardo, Segredo, Sobradinho, Venâncio Aires e Vera Cruz;

XXXIV – Santa Maria: o respectivo Município e os de Faxinal do Soturno, Formigueiro, Ivorá, Júlio de Castilhos, Mata, Nova Palma, São Pedro do Sul, São Sepé e Silveira Martins;

XXXV – Santa Rosa: o respectivo Município e os de Alecrim, Alegria, Doutor Maurício Cardoso, Giruá, Horizontina, Independência, Porto Lucena, Santo Cristo, Três de Maio, Tucunduva e Tuparendi;

XXXVI – Santana do Livramento: o respectivo Município e o de Quaraí;

XXXVII – Santiago: o respectivo Município e os de Bossoroca, Itacurubi, Jaguari, Nova Esperança do Sul, São Francisco de Assis e São Vicente do Sul;

XXXVIII – Santo Ângelo: o respectivo Município e os de Catuípe, Entre Ijuís, Eugênio de Castro e São Miguel das Missões;

XXXIX – São Borja: o respectivo Município e os de Itaqui e Santo Antônio das Missões;

XL – São Jerônimo: o respectivo Município e os de Arroio dos Ratos, Butiá, Charqueadas e General Câmara;

XLI – São Leopoldo: o respectivo Município e os de Bom Princípio, Capela de Santana, Feliz, Portão, São José do Hortêncio, São Sebastião do Caí, São Vendelino e Tupandi;

XLII – Sapiranga: o respectivo Município e os de Campo Bom e Nova Hartz;

XLIII – Sapucaia do Sul: o respectivo Município;

XLIV – Taquara: o respectivo Município e os de Igrejinha, Parobé, Riozinho, Rolante e Três Coroas;

XLV – Três Passos: o respectivo Município e os de Boa Vista do Buricá, Braga, Campo Novo, Chiapetta, Coronel Bicaco, Crissiumal, Humaitá, Miraguai, Redentora, Santo Augusto, São Martinho, Sede Nova, Tenente Portela e Vista Gaúcha;

XLVI – Triunfo: o respectivo Município;

XLVII – Uruguaiana: o respectivo Município;

XLVIII – Vacaria: o respectivo Município e os de André da Rocha, Barracão, Bom Jesus, Caseiros, Esmeralda, Ibiaçá, Ibiraiaras, Ipê e Lagoa Vermelha;

XLIX – Viamão: o respectivo Município e os de Mostardas, Palmares do Sul e Tavares.

Art. 25. Ficam assim definidas as áreas de jurisdição das Juntas de Conciliação e Julgamento, localizadas nas cidades abaixo, pertencentes à 5ª Região:

a) no Estado da Bahia;

I – Salvador: o respectivo Município e os de Itaparica, Lauro de Freitas e Vera Cruz;

II – Alagoinhas: o respectivo Município e os de Acajutiba, Aporá, Araças, Aramari, Cardeal da Silva, Catu, Entre Rios, Esplanada, Inhambupe, Itanagra, Ouriçangas, Pedrão, Pojuca, Sátiro Dias, Teodoro Sampaio e Terra Nova;

III – Barreiras: o respectivo Município e os de Angical, Baianópolis, Catolândia, Cotegipe, Cristópolis, Riachão das Neves, São Desidério e Wanderley;

IV – Bom Jesus da Lapa: o respectivo Município e os de Boquira, Brejolândia, Canápolis, Ibipitanga, Macaúbas, Piratinga, Riacho de Santana, Santa Maria da Vitória, Santana, São Félix do Coribe, Serra Dourada, Serra do Ramalho, Sítio do Mato e Tabocas do Brejo Velho;

V – Brumado: o respectivo Município e os de Aracatu, Barra da Estiva, Caculé, Condeúba, Cordeiros, Dom Basílio, Guageru, Ibiassucê, Ituaçu, Jussiape, Lagoa Real, Livramento do Brumado, Maetinga, Malhada de Pedras, Piripá, Presidente Jânio Quadros, Rio de Contas, Rio de Antônio e Tanhaçu;

VI – Camaçã: o respectivo Município e os de Arataca, Itaju do Colônia, Itarantim, Jussari, Mascote, Pau Brasil, Potiraquá, São José da Vitória, Santa Luzia e Santa Maria Eterna;

VII – Camaçari: o respectivo Município e os de Dias d'Ávila e Mata de São João;

VIII – Candeias: o respectivo Município e os de Madre de Deus e São Sebastião do Passé;

IX – Conceição do Coité: o respectivo Município e os de Araci, Barrocas, Biritinga, Candeal, Capela do Alto Alegre, Gavião, Ichu, Nova Fátima, Pé de Serra, Retirolândia, Riachão do Jacuípe, Santaluz, São Domingos, Serrinha, Teofilândia e Valente;

X – Cruz das Almas: o respectivo Município e os de Cabeceiras do Paraguassu, Cachoeira, Castro Alves, Conceição de Feira, Governador Mangabeira, Itatim, Maragogipe,

Legislação Processual

Muritiba, Santa Terezinha, São Félix e Sapeaçu;

XI – Euclides da Cunha: o respectivo Município e os de Banzé, Cansanção, Canudos, Cícero Dantas, Fátima, Heliópolis, Monte Santo, Quinjigue, Ribeira do Pombal e Tucano;

XII – Eunápolis: o respectivo Município e os de Belmonte, Guaratinga, Itabela, Itagimirim, Itapebi, Porto Seguro e Santa Cruz de Cabrália;

XIII – Feira de Santana: o respectivo Município e os de Água Fria, Amélia Rodrigues, Anguera, Antônio Cardoso, Conceição do Jacuípe, Coração de Maria, Ipecaetá, Irará, Lamarão, Rafael Jambeiro, Santa Bárbara, Santanópolis, Santo Estevão, São Gonçalo dos Campos, Serra Preta e Tanquinho;

XIV – Guanambi: o respectivo Município e os de Caetité, Candiba, Carinhanha, Feira da Mata, Igaporã, Iuiu, Jacaraci, Licínio de Almeida, Malhada, Mortugaba, Matina, Ouro Branco, Palmas de Monte Alto, Sebastião Laranjeiras e Urandi;

XV – Ilhéus: o respectivo Município e os de Canavieiras, Itacaré, Una e Uruçuca;

XVI – Ipiaú: o respectivo Município e os de Aurelino Leal, Barra do Rocha, Dário Meira, Gandu, Gongogi, Ibirapitanga, Ibirataia, Itagibá, Itamari, Maraú, Nova Ibiá, Ubatã e Ubaitaba;

XVII – Irecê: o respectivo Município e os de América Dourada, Barra do Mendes, Barro Alto, Bonito, Cafarnaum, Canarana, Central, Gentio do Ouro, Ibipeba, Ibititá, Iracoara, João Dourado, Jussara, Lapão, Morro do Chapéu, Mulungu do Morro, Presidente Dutra, São Gabriel, Souto Soares, Uibaí e Xique-Xique;

XVIII – Itaberaba: o respectivo Município e os de Baixa Grande, Boa Vista do Tupim, Iaçu, Ibiquera, Ipirá, Itaetê, Lajedinho, Lençóis, Macajuba, Marcionílio Souza, Milagres, Mucugê, Palmeiras, Pintadas, Rui Barbosa, Seabra, Utinga e Wagner;

XIX – Itabuna: o respectivo Município e os de Almadina, Buerarema, Coaraci, Firmino Alves, Floresta Azul, Governador Lomanto Júnior, Ibicaraí, Ibicuí, Iguaí, Itajuípe, Itapé, Itapitanga, Nova Canaã e Santa Cruz da Vitória;

XX – Itamaraju: o respectivo Município e os de Jucuruçu, Prado e Vereda;

XXI – Itapetinga: o respectivo Município e os de Caatiba, Encruzilhada, Itambé, Itororó, Macarani, Maiquinique e Ribeirão do Largo;

XXII – Jacobina: o respectivo Município e os de Caém, Caldeirão Grande, Capim Grosso, Mairi, Miguel Calmon, Mirangaba, Mundo Novo, Ourolandia, Piritiba, Ponto Novo, Quixabeira, Saúde, São José do Jacuípe, Serrolândia, Tapiramutá, Várzea Nova, Várzea do Poço e Várzea da Roça;

XXIII – Jequié: o respectivo Município e os de Aiquara, Apuarema, Boa Nova, Irajuba, Itaji, Itaquara, Itiruçu, Jaguaquara, Jitaúna, Lafaiete Coutinho, Lage do Tabocal, Manoel Vitorino, Maracás e Nova Itarana;

XXIV – Juazeiro: o respectivo Município e os de Casa Nova, Curaçá, Sento Sé e Sobradinho;

XXV – Paulo Afonso: o respectivo Município e os de Coronel João Sá, Glória, Jeremoabo, Pedro Alexandre, Rodelas e Santa Brígida;

XXVI – Santo Amaro: o respectivo Município e os de São Francisco do Conde, Saubara, Teodoro Sampaio e Terra Nova;

XXVII – Santo Antônio de Jesus: o respectivo Município e os de Amargosa, Aratuípe, Conceição do Almeida, Dom Macêdo Costa, Elísio Medrado, Jaguaripe, Muniz Ferreira, Nazaré, Salinas da Margarida, São Felipe, São Miguel das Matas, Teolândia, Varzedo e Wenceslau Guimarães;

XXVIII – Senhor do Bonfim: o respectivo Município e os de Andorinha, Antônio Gonçalves, Campo Formoso, Filadélfia, Itiúba, Jaguarari, Pinhobaçu, Uauá e Umburanas;

XXIX – Simões Filho: o respectivo Município;

XXX – Teixeira de Freitas: o respectivo Município e os de Alcobaça, Caravelas, Ibirapuã, Itanhém, Lajedão, Medeiros Neto, Mucuri e Nova Viçosa;

XXXI – Ubaíra: o respectivo Município e os de Brejões, Cravolandia, Jiquiriçá, Laje, Mutuípe, Planaltino e Santa Inês;

XXXII – Valença: o respectivo Município e os de Cairu, Camamu, Igrapiúna, Ituberá, Nilo Peçanha, Piraí do Norte, Presidente Tancredo Neves e Taperoá;

XXXIII – *(Vetado.)*

b) *(Revogada pela Lei 9.845/1999.)*

Lei 8.432/1992

Art. 26. Ficam assim definidas as áreas de jurisdição das Juntas de Conciliação e Julgamento, localizadas nas cidades abaixo, pertencentes à 6ª Região:

a) no Estado de Pernambuco:

I – Recife: o respectivo Município (1ª a 14ª) e seus Bairros de Casa Amarela, Apipucos, Casa Forte, Dois Irmãos, Macaxeira, Monteiro, Nova Descoberta, Rosarinho, e Vasco da Gama (15ª), Encruzilhada, Aflitos, Água Fria, Arruda, Beberibe, Bomba do Hemetério, Cajueiro, Campo Grande, Dois Unidos, Espinheiro, Fundão, Hipódromo, Linha do Tiro, Mangabeira e Ponto de Parada (16ª), Madalena, Bonji, Cidade Universitária, Caxangá, Cordeiro, Derby, Engenho do Meio, Guabiraba, Iputinga, Monsenhor Fabrício, Prado, San Martin, Torre, Torrões, Várzea e Zumbi (17ª), Afogados, Areias, Barro, Estância, Jardim São Paulo, Jiquiá, Mangueira, Mustardinha, Sucupira, Tejipió e Totó (18ª), Imbiribeira, Ibura, Ipsep e Jordão (19ª), Boa Viagem (20ª), e o Município de Fernando de Noronha;

II – *(Vetado.)*

III – Araripina: o respectivo Município os de Bodocó, Ipubi, Ouricuri e Trindade;

IV – *(Vetado.)*

V – Barreiros: o respectivo Município e os de Rio Formoso, São José da Coroa Grande e Serinhaém;

VI – Belo Jardim: o respectivo Município e os de Brejo da Madre de Deus, Sanharó, São Bento do Una, São Caetano e Tacaimbó;

VII – *(Vetado.)*

VIII – Cabo: o respectivo Município;

IX – Carpina: o respectivo Município e os de Lagoa de Itaenga e Paudalho;

X – Caruaru: o respectivo Município e os de Agrestina, Altinho, Jataúba, Riacho das Almas, Santa Cruz do Capibaribe e Toritama;

XI – Catende: o respectivo Município e os de Belém de Maria, Cupira, Jurema, Lagoa dos Gatos, Maraial, Panelas, Quipapá e São Benedito do Sul;

XII – Escada: o respectivo Município;

XIII – Floresta: o respectivo Município e os de Belém de São Francisco, Inajá, Itacuruba, Petrolândia e Tacaratu;

XIV – Garanhuns: o respectivo Município e os de Águas Belas, Angelim, Bom Conselho, Brejão, Cachoeirinha, Caetés, Calçado, Canhotinho, Capoeiras, Correntes, Iati, Ibirajuba, Itaíba, Jupi, Lajedo, Lagoa do Ouro, Palmerina, Paranatama, Saloá, São João e Terezinha;

XV – Goiana: o respectivo Município e o de Condado;

XVI – Igarassu: o respectivo Município e os de Itamaracá e Itapissuma;

XVII – Ipojuca: o respectivo Município;

XVIII – Jaboatão: o respectivo Município e o de Moreno;

XIX – Limoeiro: o respectivo Município e os de Bom Jardim, Cumaru, Feira Nova, João Alfredo, Machados, Orobó, Passira e Salgadinho;

XX – Nazaré da Mata: o respectivo Município e os de Aliança, Buenos Aires, Itaquitinga, Tracunhaém e Vicência;

XXI – Olinda: o respectivo Município;

XXII – Palmares: o respectivo Município e os de Água Preta, Gameleira e Joaquim Nabuco;

XXIII – Paulista: o respectivo Município e o de Abreu e Lima;

XXIV – Pesqueira: o respectivo Município e os de Alagoinha, Poção e Venturosa;

XXV – Petrolina: o respectivo Município e os de Afrânio e Santa Maria da Boa Vista;

XXVI – Ribeirão: o respectivo Município e os de Amaraji, Cortês e Primavera;

XXVII – Salgueiro: o respectivo Município e os de Cabrobó, Cedro, Exu, Granito, Mirandiba, Orocó, Parnamirim, São José do Belmonte, Serrita, Sítio dos Moreiras, Terra Nova e Verdejante;

XXVIII – São Lourenço da Mata: o respectivo Município e o de Camaragibe;

XXIX – Serra Talhada: o respectivo Município e os de Betânia, Calumbi, Flores e Triunfo;

XXX – Sertânea: o respectivo Município e os de Custódia e Ibimirim;

XXXI – Surubim: o respectivo Município e os de Frei Miguelinho, Santa Maria do Cambucá, Taquaritinga do Norte e Vertentes;

XXXII – Timbaúba: o respectivo Município e os de Camutanga, Ferreiros, Itambé, Macaparana e São Vicente Férrer;

Lei 8.432/1992

LEGISLAÇÃO PROCESSUAL

XXXIII – Vitória de Santo Antão: o respectivo Município e os de Chã de Alegria, Chã Grande, Glória de Goitá e Pombos;
b) no Estado de Alagoas:
I – Maceió: o respectivo Município e os de Coqueiro Seco, Marechal Deodoro, Rio Largo, Santa Luzia do Norte e Satuba;
II – Arapiraca: o respectivo Município e os de Campo Alegre, Coité do Noia, Feira Grande, Girau do Ponciano, Lagoa da Canoa, Limoeiro de Anadia, Major Isidoro, Mar Vermelho, Minador do Jacinto, Taguarana e Traipu;
III – Atalaia: o respectivo Município e os de Cajueiro, Capela, Pindoba, Pilar e Boca da Mata;
IV – (Vetado.)
V – Penedo: o respectivo Município e os de Campo Grande, Feliz Deserto, Igreja Nova, Junqueiro, Olho d'Água Grande, Piaçabuçu, Porto Real do Colégio, São Brás e São Sebastião;
VI – Porto Calvo: o respectivo Município e os de Jacuípe, Japaratinga, Jundiá, Maragogi, Matriz de Camaragibe, Porto de Pedras e São Miguel dos Milagres;
VII – Santana do Ipanema: o respectivo Município e os de Água Branca, Batalha, Belo Monte, Canapi, Carneiros, Delmiro Gouveia, Dois Riachos, Inhapi, Jacaré dos Homens, Jaramataia, Maravilha, Mata Grande, Monteirópolis, Olivença, Olho d'Água das Flores, Olho d'Água do Casado, Ouro Branco, Palestina, Pão de Açúcar, Piranhas, Poço das Trincheiras e São José da Tapera;
VIII – São Luiz do Quitunde: o respectivo Município e os de Barra de Santo Antônio, Flexeiras e Passos de Camaragibe;
IX – São Miguel dos Campos: o respectivo Município e os de Anadia, Barra de São Miguel, Coruripe e Roteiro;
X – União dos Palmares: o respectivo Município e os de Branquinha, Colônia Leopoldina, Ibateguara, Joaquim Gomes, Messias, Murici, Novo Lino, Santana do Mundaú e São José da Lage.
Parágrafo único. Fica resguardado aos reclamantes o direito de optar pelo ajuizamento de suas reclamações em quaisquer das Juntas de Conciliação e Julgamento (1ª a 14ª) que continuam detendo a jurisdição plena em todo o Município do Recife, submetendo-se, contudo, ao critério normal de distribuição.

Art. 27. Ficam assim definidas as áreas de jurisdição das Juntas de Conciliação e Julgamento, localizadas nas cidades abaixo, pertencentes à 7ª Região, no Estado do Ceará:
I – Fortaleza: o respectivo Município e os de Aquiraz, Beberibe, Cascavel, Caucaia, Chorozinho, Euzébio, Guaiúba, Horizonte, Maracanaú, Maranguape, Pacajus, Pacatuba, Paracuru, Paraipaba, Pentecoste, Pindoretama, São Gonçalo do Amarante, São Luiz do Curu, Trairi e Umirim;
II – Baturité: o respectivo Município e os de Acarapé, Araçoiaba, Aratuba, Barreira, Canindé, Capistrano, Caridade, Guaramiranga, Itapiúna, Itatira, Mulungu, Ocara, Pacoti, Palmácia, Paramoti e Redenção;
III – Crateús: o respectivo Município e os de Boa Viagem, Graça, Hidrolândia, Independência, Ipaporanga, Ipu, Ipueiras, Monsenhor Tabosa, Novo Oriente, Nova Russas, Parambu, Pires Ferreira, Poranga, Santa Quitéria, Tamboril e Tauá;
IV – Crato: o respectivo Município e os de Altaneira, Antonina do Norte, Araripe, Assaré, Campos Sales, Farias Brito, Jardim, Nova Olinda, Potengi e Santana do Cariri;
V – Iguatu: o respectivo Município e os de Acopiara, Arneiroz, Baixio, Cariús, Catarina, Cedro, Icó, Ipaumirim, Jucás, Lavras da Mangabeira, Mombaça, Orós, Piquet Carneiro, Quixeló, Saboeiro, Umari e Várzea Alegre;
VI – Juazeiro do Norte: o respectivo Município e os de Abaiara, Aurora, Barbalha, Barro, Brejo Santo, Caririaçu, Granjeiro, Jati, Mauriti, Milagres, Missão Velha, Penaforte e Porteiras;
VII – Limoeiro do Norte: o respectivo Município e os de Alto Santo, Aracati, Ererê, Iracema, Itaiçaba, Jaguaretama, Jaguaribara, Jaguaribe, Jaguaruana, Morada Nova, Palhano, Pereiro, Potiretama, Quixerê, Russas, São João do Jaguaribe e Tabuleiro do Norte;
VIII – Quixadá: o respectivo Município e os de Banabuiú, Deputado Irapuan Pinheiro, Ibaretama, Ibicuitinga, Madalena, Milha, Pedra Branca, Quixeramobim, Senador Pompeu e Solonópole;

Lei 8.432/1992

LEGISLAÇÃO PROCESSUAL

IX – Sobral: o respectivo Município e os de Acaraú, Alcântara, Amontada, Barroquinha, Bela Cruz, Camocim, Cariré, Carnaubal, Chaval, Coreaú, Croatá, Cruz, Forquilha, Frecheirinha, Granja, Groíras, Guaraciaba do Norte, Ibiapina, Irauçuba, Itapajé, Itapipoca, Itarema, Marco, Martinópole, Massapê, Meruoca, Miraíma, Moraújo, Morrinhos, Mucambo, Pacujá, Reriutaba, Santana do Acaraú, São Benedito, Senador Sá, Tejuçuoca, Tianguá, Tururu, Ubajara, Uruburetama, Uruoca, Varjota e Viçosa do Ceará.

Art. 28. Ficam assim definidas as áreas de jurisdição das Juntas de Conciliação e Julgamento, localizadas nas cidades abaixo, pertencentes à 8ª Região:

a) no Estado do Pará:

I – Belém: o respectivo Município e os de Cachoeira do Arari, Santa Cruz do Arari, Salvaterra e Soure;

II – *(Vetado.)*

III – Almeirim: o respectivo Município, à exceção do distrito de Monte Dourado, e os de Gurupá, Prainha e Porto de Moz;

IV – Altamira: o respectivo Município e os de Brasil-Novo, Medicilândia, Senador José Porfírio, Uruará e Vitória do Xingu;

V – Ananindeua: o respectivo Município e os de Benevides e Santa Bárbara do Pará;

VI – *(Vetado.)*

VII – Breves: o respectivo Município e os de Anajás, Bagre, Curralinho, Melgaço, Oeiras do Pará, Portel e São Sebastião da Boa Vista;

VIII – Capanema: o respectivo Município e os de Augusto Corrêa, Bonito, Bragança, Capitão Poço, Garrafão do Norte, Nova Esperança do Piriá, Nova Timboteua, Ourém, Peixe Boi, Primavera, Salinópolis, Santa Luzia do Pará, Santa Maria do Pará, Santarém Novo, São João de Pirabas, São Miguel do Guamá e Viseu;

IX – Castanhal: o respectivo Município e os de Caruçá, Igarapé-Açu, Inhangapi, Irituia, Magalhães Barata, Maracanã, Marapanim, São Domingos do Capim e São Francisco do Pará;

X – Conceição do Araguaia: o respectivo Município e os de Rio Maria, Redenção, Santa Maria das Barreiras, Santana do Araguaia, São Félix do Xingu, Ourilândia do Norte, Tucumã e Xinguara;

XI – Itaituba: o respectivo Município e os de Aveiro, Jacareacanga, Rurópolis e Trairão;

XII – Marabá: o respectivo Município e os de Bom Jesus do Tocantins, Brejo Grande do Araguaia, Itupiranga, Jacundá, Rondon do Pará, São Geraldo do Araguaia e São João do Araguaia;

XIII – Óbidos: o respectivo Município e os de Alenquer, Faro, Juruti, Oriximiná e Terra Santa;

XIV – Paragominas: o respectivo Município e os de Aurora do Pará, Dom Eliseu, Mãe do Rio, Ipixuma do Pará e Ulianópolis;

XV – Parauapebas: o respectivo Município e o de Curionópolis;

XVI – Santa Isabel do Pará: o respectivo Município e os de Bujaru, Colares, Concórdia do Pará, Santo Antônio do Tauá, São Caetano de Odivelas e Vigia;

XVII – Santarém: o respectivo Município e o de Monte Alegre;

XVIII – Tucuruí: o respectivo Município e os de Baião, Breu Branco, Goianésia do Pará, Mocajuba, Novo Repartimento, Pacajá e Tailândia.

b) no Estado do Amapá:

I – Macapá: o respectivo Município e os de Ferreira Gomes, Mazagão, Santana, e, no Estado do Pará, os de Afuá e Chaves.

II – Calçoene: o respectivo Município e os de Amapá, Oiapoque e Tartarugalzinho;

III – Laranjal do Jari: o respectivo Município e, no Estado do Pará, o distrito de Monte Dourado, do Município de Almeirim.

Art. 29. Ficam assim definidas as áreas de jurisdição das Juntas de Conciliação e Julgamento, localizadas nas cidades abaixo, pertencentes à 9ª Região, no Estado do Paraná:

I – Curitiba: o respectivo Município e os de Adrianópolis, Agudos do Sul, Bocaiúva do Sul, Campina Grande do Sul, Mandirituba, Piraquara, Quatro Barras e Quitandinha;

II – Apucarana: o respectivo Município e os de Bom Sucesso, Califórnia, Cambira, Jandaia do Sul, Kaloré, Marilândia do Sul, Marumbi, Rio Bom e São Pedro do Ivaí;

III – Arapongas: o respectivo Município e os de Astorga, Munhoz de Melo e Sabáudia;

Lei 8.432/1992

LEGISLAÇÃO PROCESSUAL

IV – Araucária: o respectivo Município e os de Balsa Nova, Campo Largo, Contenda e Lapa;

V – Assis Chateaubriand: o respectivo Município e os de Formosa do Oeste, Francisco Alves, Jesuítas e Palotina;

VI – *(Vetado.)*

VII – Campo Mourão: o respectivo Município e os de Araruna, Barbosa Ferraz, Boa Esperança, Campina da Lagoa, Corumbataí do Sul, Engenheiro Beltrão, Fênix, Goio-Erê, Iretama, Janiópolis, Juranda, Luiziana, Mamborê, Moreira Sales, Peabiru, Quinta do Sol, Roncador e Ubiratã;

VIII – Cascavel: o respectivo Município e os de Boa Vista da Aparecida, Braganey, Cafelândia, Campo Bonito, Capitão Leônidas Marques, Catanduvas, Céu Azul, Corbélia, Ibema, Lindoeste, Nova Aurora, Santa Tereza do Oeste e Três Barras do Paraná;

IX – Castro: o respectivo Município e os de Piraí do Sul e Tibagi;

X – Cianorte: o respectivo Município e os de Cidade Gaúcha, Guaporema, Indianópolis, Japurá, Jussara, Rondon, São Tomé, Tapejara, Terra Boa e Tuneiras do Oeste;

XI – Colombo: o respectivo Município e os de Almirante Tamandaré, Rio Branco do Sul e Cerro Azul;

XII – Cornélio Procópio: o respectivo Município e os de Açaí, Congoinhas, Leópolis, Nova América da Colina, Nova Fátima, Rancho Alegre, Santa Cecília do Pavão, Santa Mariana, Santo Antônio do Paraíso, São Jerônimo da Serra, São Sebastião da Amoreira, Sertaneja e Uraí;

XIII – Foz do Iguaçu: o respectivo Município e os de Diamante d'Oeste, Metalândia, Medianeira, Missal, Santa Terezinha de Itaipu e São Miguel do Iguaçu;

XIV – Francisco Beltrão: o respectivo Município e os de Ampére, Barracão, Capanema, Dois Vizinhos, Enéas Marques, Marmeleiro, Nova Prata do Iguaçu, Pérola do Oeste, Planalto, Pranchita, Realeza, Renascença, Salgado Filho, Salto do Lontra, Santa Isabel do Oeste e Santo Antônio do Sudoeste;

XV – Guarapuava: o respectivo Município e os de Pinhão e Turvo;

XVI – Irati: o respectivo Município e os de Imbituva, Inácio Martins, Mallet, Prudentópolis, Rebouças, Rio Azul e Teixeira Soares;

XVII – Ivaiporã: o respectivo Município e os de Borrazópolis, Cândido de Abreu, Faxinal, Godoy Moreira, Grandes Rios, Jardim Alegre, Lunardelli, Manoel Ribas, Nova Tebas, Pitanga, Rosário do Ivaí e São João do Ivaí;

XVIII – Jacarezinho: o respectivo Município e os de Cambará, Carlópolis, Guapirama, Joaquim Távora, Quatiguá, Ribeirão Claro e Santo Antônio da Platina;

XIX – Jaguariaíva: o respectivo Município e os de Arapoti e Sengés;

XX – Laranjeiras do Sul: o respectivo Município e os de Altamira do Paraná, Cantagalo, Guaraniaçu, Quedas do Iguaçu e Palmital;

XXI – Londrina: o respectivo Município e os de Alvorada do Sul, Bela Vista do Paraíso, Cambé, Ibiporã, Jataizinho, Primeiro de Maio e Sertanópolis;

XXII – Marechal Cândido Rondon: o respectivo Município e os de Guaíra, Nova Santa Rosa e Terra Roxa;

XXIII – Maringá: o respectivo Município e os de Atalaia, Colorado, Doutor Camargo, Floraí, Floresta, Flórida, Iguaraçu, Itambé, Ivatuba, Lobato, Mandaguaçu, Mandaguari, Marialva, Ourizona, Paiçandu, Presidente Castelo Branco, Santa Fé, Sarandi e São Jorge do Ivaí;

XXIV – Paranaguá: o respectivo Município e os de Antonina, Guaraqueçaba, Guaratuba, Matinhos e Morretes;

XXV – Paranavaí: o respectivo Município e os de Alto Paraná, Amaporã, Cruzeiro do Sul, Diamante do Norte, Guairaçá, Inajá, Itaúna do Sul, Jardim Olinda, Loandra, Marilena, Mirador, Nova Aliança do Ivaí, Nova Esperança, Nova Londrina, Paraíso do Norte, Paranacity, Paranapoema, Planaltina do Paraná, Porto Rico, Querência do Norte, Santa Cruz de Monte Castelo, Santa Isabel do Ivaí, Santo Antônio do Caiuá, São Carlos do Ivaí, São João do Caiuá, São Pedro do Paraná, Tamboara, Terra Rica e Uniflor;

XXVI – Pato Branco: o respectivo Município e os de Chopinzinho, Clevelândia, Coronel Vivida, Itapejara d'Oeste, Mangueirinha, Mariópolis, Palmas, São João, São Jorge d'Oeste, Sulina, Verê e Vitorino;

Lei 8.432/1992

LEGISLAÇÃO PROCESSUAL

XXVII – Ponta Grossa: o respectivo Município e os de Ipiranga, Ivaí, Palmeira, Porto Amazonas e São João do Triunfo;

XXVIII – Rolândia: o respectivo Município e os de Cafeara, Centenário do Sul, Florestópolis, Guaraci, Itaguajé, Jaguapitã, Lupionópolis, Miraselva, Nossa Senhora das Graças, Porecatu, Santa Inês e Santo Inácio;

XXIX – São José dos Pinhais: o respectivo Município e os de Agudos do Sul, Campo do Tenente, Mandirituba, Pien, Quitandinha, Rio Negro e Tijucas do Sul;

XXX – Telêmaco Borba: o respectivo Município e os de Curiúva, Figueira, Ortigueira, Reserva e Sapopema;

XXXI – Toledo: o respectivo Município e os de Ouro Verde do Oeste, Santa Helena, São José das Palmeiras, Tupãssi e Vera Cruz do Oeste;

XXXII – Umuarama: o respectivo Município e os de Altônia, Alto Piquiri, Cruzeiro do Oeste, Douradina, Icaraíma, Iporã, Maria Helena, Mariluz, Nova Olímpia, Pérola, São Jorge do Patrocínio, Tapira e Xambrê;

XXIII – União da Vitória: o respectivo Município e os de Antônio Olinto, Bituruna, Cruz Machado, General Carneiro, Paula Freitas, Paulo Frontin, Porto Vitória e São Mateus do Sul;

XXXIV – Venceslau Braz: o respectivo Município e os de Conselheiro Mairinck, Ibaiti, Jaboti, Japira, Pinhalão, Salto do Itararé, Santana do Itararé, São José da Boa Vista, Siqueira Campos e Tomasina.

Art. 30. Ficam assim definidas as áreas de jurisdição das Juntas de Conciliação e Julgamento, localizadas nas cidades abaixo, pertencentes à 10ª Região da Justiça do Trabalho:

a) no Distrito Federal:

I – Brasília: toda a área territorial que compõe o Distrito Federal, excetuando-se as localidades constantes do inciso II desta alínea;

II – Taguatinga: a respectiva cidade-satélite e as de Brazlândia e Ceilândia;

b) no Estado de Mato Grosso:

I – Cuiabá: o respectivo Município e os de Acorizal, Aripuanã, Barão de Melgaço, Castanheira, Chapada dos Guimarães, Juína, Jumena, Nova Brasilândia, Nossa Senhora do Livramento, Santo Antônio do Leverger e Várzea Grande;

II – Alta Floresta: o respectivo Município e os de Apiaçás, Guarantã do Norte, Nova Canaã do Norte, Paranaíta, Peixoto de Azevedo e Terra Nova do Norte;

III – Barra do Garças: o respectivo Município e os de Araguaína, Cocadinho, General Carneiro, Nova Xavantina, Novo São Joaquim e Torixoreu;

IV – Cáceres: o respectivo Município e os de Ana Bela, Araputanga, Jauru, Mirassol d'Oeste, Nova Figueirópolis, Pontes e Lacerda, Paconé, Quatro Marias, Rio Branco e Salto do Céu;

V – Colider: o respectivo Município e os de Carmem, Cidade Industrial, Nova Canaã, Novo Mundo, Oscar Americano, Patrimônio, Plara-Açu, Santa Felicidade e Terra Nova;

VI – Diamantino: o respectivo Município e os de Alto Paraguai, Arenápolis, Jangada, Lucas do Rio Verde, Nobres, Nortelândia, Nova Muturu, Rosário Oeste, São José do Rio Claro e Tapurah;

VII – Rondonópolis: o respectivo Município e os de Alto Garças, Dom Aquino, Etiquira, Guiratinga, Jaciara, Juscimeira, Pedra Preta e Poxoréo;

VIII – Sinop: o respectivo Município e os de Cláudia, Itaúba, Novo Horizonte do Norte, Porto dos Gaúchos, Sorriso e Vera;

IX – Tangará da Serra: o respectivo Município e os de Barra do Bugres, Campo Novo do Parecis, Denise e Nova Olímpia.

c) no Estado de Mato Grosso do Sul:

I – Campo Grande: o respectivo Município e os de Bandeirantes, Camapuã, Corguinho, Jaraguari, Ribas do Rio Pardo, Rochedo, São Gabriel do Oeste, Sidrolândia e Terenos;

II – Amambaí: o respectivo Município e os de Coronel Sapucaia, Paranhos, Sete Quedas e Tacuru;

III – Aquidauana: o respectivo Município e os de Anastácio, Bela Vista, Bodoquena, Bonito, Caracol, Guia Lopes da Laguna, Jardim, Miranda, Nioaque e Porto Murtinho;

IV – Corumbá: o respectivo Município e os de Ladário e Porto Esperança;

Lei 8.432/1992

LEGISLAÇÃO PROCESSUAL

V – Coxim: o respectivo Município e os de Pedro Gomes, Rio Negro e Rio Verde de Mato Grosso;
VI – *(Vetado.)*
VII – Mundo Novo: o respectivo Município e os de Eldorado, Iguatemi, Japorã, Naviraí e Itaquiari;
VIII – Nova Andradina: o respectivo Município e os de Amaurilândia, Angélica, Baitaporã, Bataguaçu, Ivinhema e Taguarussu;
IX – Paranaíba: o respectivo Município e os de Aparecida do Taboado, Cassilândia, Chapadão do Sul e Inocência;
X – Ponta Porã: o respectivo Município e os de Antônio João e Aral Moreira;
XI – Três Lagoas: o respectivo Município e os de Água Clara, Brasilândia, Santa Rita do Pardo e Selvíria;
d) no Estado de Tocantins:
I – Palmas: o respectivo Município e os de Aparecida do Rio Negro, Barrolândia, Brejinho do Nazaré, Cristalândia, Fátima, Monte do Carmo, Nova Rosalândia, Pium, Porto Nacional, Santa Tereza do Norte e Tocantínia;
II – Araguaína: o respectivo Município e os de Ananás, Arapoema, Babaçulândia, Colinas do Tocantins, Filadélfia, Itaporã do Tocantins, Presidente Kennedy e Xambioá;
III – Gurupi: o respectivo Município e os de Aliança do Norte, Alvorada, Dueré, Figueirópolis, Formoso do Araguaia e Peixe;
IV – Miracema do Norte: o respectivo Município e os de Araguacema, Dois Irmãos, Guaraí, Miranorte, Novo Acordo, Paraíso do Tocantins e Pedro Afonso.

Art. 31. Ficam assim definidas as áreas de jurisdição das Juntas de Conciliação e Julgamento, localizadas nas cidades abaixo, pertencentes à 11ª Região:
a) no Estado do Amazonas:
I – Manaus: o respectivo Município;
II – Benjamin Constant: o respectivo Município;
III – Coari: o respectivo Município e os de Codajás e Anori;
IV – Eirunepé: o respectivo Município;
V – Humaitá: o respectivo Município e o de Apuí;
VI – Itacoatiara: o respectivo Município e os de Autazes, Itapiranga, Silves e Urucurituba;
VII – Lábrea: o respectivo Município;
VIII – Manacapuru: o respectivo Município e os de Anamã, Anori, Caapiranga, Iranduba e Manaquiri;
IX – *(Vetado.)*
X – Parintins: o respectivo Município e os de Barreirinha, Maués, Nhamundá e Urucará;
XI – Presidente Figueiredo: o respectivo Município;
XII – Tabatinga: o respectivo Município e os de Atalaia do Norte e São Paulo de Olivença;
XIII – Tefé: o respectivo Município e os de Alvarães e Uarini;
b) no Estado de Roraima:
I – Boa Vista: o respectivo Município e o de Caracaraí.

Art. 32. Ficam assim definidas as áreas de jurisdição das Juntas de Conciliação e Julgamento localizadas nas cidades abaixo, pertencentes à 12ª Região, no Estado de Santa Catarina:
I – Florianópolis: o respectivo Município;
II – Araranguá: o respectivo Município e os de Jacinto Machado, Maracajá, Meleiro, Praia Grande, São João do Sul, Santa Rosa do Sul, Sombrio, Timbé do Sul e Turvo;
III – Balneário Camboriú: o respectivo Município e os de Camboriú, Itapema e Porto Belo;
IV – Blumenau: o respectivo Município e os de Gaspar e Pomerode;
V – Brusque: o respectivo Município e os de Botuverá, Canelinha, Guabiruba, Major Gercino, Nova Trento, São João Batista e Tijucas;
VI – Caçador: o respectivo Município e os de Lebon Régis, Rio das Antas e Timbó Grande;
VII – Canoinhas: o respectivo Município e os de Major Vieira e Três Barras;
VIII – Chapecó: o respectivo Município e os de Águas de Chapecó, Caibi, Caxambu do Sul, Coronel Freitas, Modelo, Nova Erexim, Palmitos, Pinhalzinho, São Carlos, Saudades, Serra Alta e União do Oeste;
IX – Concórdia: o respectivo Município e os de Ipira, Ipumirim, Irani, Itá, Jaborá, Lindoia do Sul, Peritiba, Piratuba, Presidente Castelo Branco, Seara e Xavantina;
X – Criciúma: o respectivo Município e os de Forquilhinha, Içara, Lauro Miller, Morro da

Lei 8.432/1992

LEGISLAÇÃO PROCESSUAL

Fumaça, Nova Veneza, Orleans, Siderópolis e Urussanga;
XI – Curitibanos: o respectivo Município e os de Correia Pinto, Ponte Alta, Santa Cecília e São José do Cerrito;
XII – Imbituba: o respectivo Município e os de Imaruí e Laguna;
XIII – Indaial: o respectivo Município e os de Apiuna, Ascurra, Benedito Novo, Doutor Pedrinho, Rio dos Cedros, Rodeio e Timbó;
XIV – Itajaí: o respectivo Município e os de Barra Velha, Ilhota, Luiz Alves, Navegantes, Penha e Piçarras;
XV – Jaraguá do Sul: o respectivo Município e os de Corupá, Guaramirim, Massaranduba e Schroeder;
XVI – Joaçaba: o respectivo Município e os de Abdon Batista, Água Doce, Campos Novos, Capinzal, Catanduvas, Erval Velho, Herval d'Oeste, Ibicaré, Lacerdópolis, Ouro e Treze Tílias;
XVII – Joinville: o respectivo Município e os de Araquari, Garuva, Itapoá e São Francisco do Sul;
XVIII – Lages: o respectivo Município e os de Anita Garibaldi, Bom Jardim da Serra, Bom Retiro, Campo Belo do Sul, Celso Ramos, Otacílio Costa, São Joaquim, Urubici e Urupema;
XIX – Mafra: o respectivo Município e os de Itaiópolis, Monte Castelo e Papanduva;
XX – Porto União: o respectivo Município e os de Irineópolis e Matos Costa;
XXI – Rio do Sul: o respectivo Município e os de Agrolândia, Agronômica, Alfredo Wagner, Atalanta, Aurora, Dona Emma, Ibirama, Imbuia, Ituporanga, José Boiteux Laurentino, Leoberto Leal, Lontras, Petrolândia, Pouso Redondo, Presidente Getúlio, Presidente Nereu, Rio do Campo, Rio do Oeste, Salete, Taió, Trombudo Central, Vidal Ramos, Vitor Meireles e Witmarsum;
XXII – São Bento do Sul: o respectivo Município e os de Campo Alegre e Rio Negrinho;
XXIII – São José: o respectivo Município e os de Águas Mornas, Angelina, Anitápolis, Antônio Carlos, Biguaçu, Garopaba, Governador Celso Ramos, Palhoça, Paulo Lopes, Rancho Queimado, Santo Amaro da Imperatriz e São Bonifácio;

XXIV – São Miguel d'Oeste: o respectivo Município e os de Anchieta, Campo Erê, Cunha Porã, Descanso, Dionísio Cerqueira, Gauraciaba, Guarujá do Sul, Iporã do Oeste, Iraceminha, Itapiranga, Maravilha, Mondaí, Palma Sola, Romelândia, São José do Cedro e Tunápolis;
XXV – Tubarão: o respectivo Município e os de Armazém, Braço do Norte, Grão Pará, Gravatal, Jaguaruna, Pedras Grandes, Rio Fortuna, Santa Rosa de Lima, São Ludgero, São Martinho e Treze de Maio;
XXVI – Videira: o respectivo Município e os de Arroio Trinta, Fraiburgo, Pinheiro Preto, Salto Veloso e Tangará;
XXVII – Xanxerê: o respectivo Município e os de Abelardo Luz, Faxinal dos Guedes, Galvão, Marema, Ponte Serrada, Quilombo, São Domingos, São Lourenço d'Oeste, Vargeão e Xaxim.

Art. 33. Ficam assim definidas as áreas de jurisdição das Juntas de Conciliação e Julgamento, localizadas nas cidades abaixo, pertencentes à 13ª Região:
a) no Estado da Paraíba:
I – João Pessoa: o respectivo Município e os de Alhandra, Caaporã, Cabedelo, Caldas Brandão, Conde, Cruz do Espírito Santo, Gurinhém, Lucena, Pitimbu, Santa Rita, São Miguel do Taipu e Sapé;
II – Areia: o respectivo Município e os de Arara, Alagoinha, Alagoa Grande, Alagoa Nova, Esperança, Mulungu, Pilões e Remígio;
III – *(Vetado).*
IV – Cajazeiras: o respectivo Município e os de Bom Jesus, Bonito de Santa Fé, Cachoeira dos Índios, Monte Horebe, Santa Helena, São José de Piranhas, São José do Rio de Peixe e Triunfo;
V – Campina Grande: o respectivo Município e os de Areal, Aroeiras, Barra de São Miguel, Boqueirão, Cabaceiras, Fagundes, Itatuba, Juarez Távora, Lagoa Seca, Maçaranduba, Montadas, Olivedos, Pocinhos, Puxinanã, Queimadas, São Sebastião da Lagoa da Roça, Serra Redonda, Soledade e Umbuzeiro;
VI – Catolé do Rocha: o respectivo Município e os de Belém do Brejo do Cruz, Bom Su-

Lei 8.432/1992

LEGISLAÇÃO PROCESSUAL

cesso, Brejo Cruz, Brejo dos Santos, Jericó, Riacho dos Cavalos e São Bento;

VII – Gaurabira: o respectivo Município e os de Araçagi, Araruna, Bananeiras, Belém, Borborema, Cacimba de Dentro, Caiçara, Cuitegi, Dona Inês, Duas Estradas, Lagoa de Dentro, Mari, Piloezinhos, Pirpirituba, Serra da Raiz, Serraria, Solânea e Tacima;

VIII – Itabaiana: o respectivo Município e os de Ingá, Juripiranga, Mogeiro, Natuba, Pedras de Fogo, Pilar e Salgado de São Félix;

IX – Itaporanga: o respectivo Município e os de Boa Ventura, Boqueirão dos Cochos, Conceição, Curral Velho, Diamante, Ibiara, Manaíra, Nova Olinda, Pedra Branca, Piancó, Princesa Isabel, Santana de Mangueira, Santa dos Garrotes, São José de Caiana, Serra Grande e Tavares;

X – Manananguape: o respectivo Município e os de Baía da Traição, Itapororoca, Jacaraú, Mataraca e Rio Tinto;

XI – Monteiro: o respectivo Município e os de Camalaú, Congo, Ouro Velho, Prata, São João do Cariri, São João do Tigre, São Sebastião do Umbuzeiro, Serra Branca e Sumé;

XII – Patos: o respectivo Município e os de Água Branca, Cacimba de Areia, Catingueira, Condado, Destero de Malta, Emas, Imaculada, Juru, Mãe d'Água, Malta, Olho D'Água, Passagem, Quixaba, Santa Terezinha, São José do Bonfim, São José do Sabugi, São Mamede, Santa Luzia e Várzea;

XIII – Picuí: o respectivo Município e os de Barra de Santa Rosa, Cubati, Cuité, Frei Martinho, Nova Floresta, Nova Palmeira, Pedra Lavrada e São Vicente do Seridó;

XIV – Souza: o respectivo Município e os de Aguiar, Carrapateira, Coremas, Lagoa, Lastro, Nazarezinho, Paulista, Pombal, Santa Cruz, São José da Lagoa Tapada e Uiraúna;

XV – Taperoá: o respectivo Município e os de Desterro, Gurjão, Juazeirinho, Junco do Seridó, Livramento, Salgadinho, São José dos Cordeiros e Teixeira;

b) no Estado do Rio Grande do Norte:

I – Natal: o respectivo Município e os de Bom Jesus, Extremoz, Ielmo Marinho, Macaíba, Parnamirim, Pedra Preta, Riachuelo, São Gonçalo do Amarante, São Paulo do Potengi e São Pedro;

II – Açu: o respectivo Município e os de Angicos, Augusto Severo, Carnaubais, Ipanguaçu, Janduis, Lajes, Parau, Santana do Matos, São Rafael e Upanema;

III – Caicó: o respectivo Município e os de Cruzeta, Equador, Floranea, Ipueira, Jardim de Piranhas, Jardim do Seridó, Jucurutu, Ouro Branco, Parelhas, Santana do Seridó, São Fernando, São João do Sabugi, São José do Seridó, Serra Negra do Norte e Timbaúba dos Batistas;

IV – Ceará-Mirim: o respectivo Município e os de Bento Fernandes, Jardim dos Angicos, João Câmara, Maxaranguape, Parazinho, Pedra Grande, Poço Branco, Pureza, Taipu e Touros;

V – Currais Novos: o respectivo Município e os de Acari, Barcelona, Caiçara do Rio dos Ventos, Campo Redondo, Carnaúba dos Dantas, Cerro Corá, Coronel Ezequiel, Jasanã, Lagoa de Velhos, Lagoa Nova, Lajes Pintadas, Santa Cruz, São Bento do Trairi, São Tomé, São Vicente, Sítio Novo, Tangará e Rui Barbosa;

VI – Goianinha: o respectivo Município e os de Arês, Baía Formosa, Brejinho, Canguaretama, Espírito Santo, Monte Alegre, Nísia Floresta, Passagem, Pedro Velho, São José do Mipibu, Senador Georgino Avelino, Timbau do Sul, Várzea, Vera Cruz e Vila Flor;

VII – Macau: o respectivo Município e os de Afonso Bezerra, Alto do Rodrigues, Galinhos, Guamaré, Jandaira, Pedro Avelino, Pendências e São Bento do Norte;

VIII – Mossoró: o respectivo Município e os de Apodi, Areia Branca, Baraúna, Caraúbas, Felipe Guerra, Governador Dix-Sept Rosado, Grossos, Itaú, Olho d'Água dos Borges, Serra do Mel, Severiano Melo e Umarazal;

IX – Nova Cruz: o respectivo Município e os de Japi, Jaunário Cicco, Lagoa D'Anta, Lagoa de Pedras, Lagoa Salgada, Montanhas, Monte das Gameleiras, Passa e Fica, Presidente Juscelino, Santo Antonio, São José de Campestre, Senador Elói de Sousa, Serra de São Bento e Serrinha;

X – Pau dos Ferros: o respectivo Município e os de Água Nova, Alexandria, Almino Afonso, Antonio Martins, Coronel João Pessoa, Doutor Severiano, Encanto, Francisco Dantas, Frutoso Gomes, João Dias, José da Pe-

Lei 8.432/1992

LEGISLAÇÃO PROCESSUAL

nha, Lucrécia, Luís Gomes, Marcelino Vieira, Martins, Messias Targino, Paraná, Pilões, Portalegre, Rafael Fernandes, Rafael Godeiro, Riacho da Cruz, Riacho de Santana, Rodolfo Fernandes, São Francisco do Oeste, São Miguel, Taboleiro Grande, Tenente Ananias, Viçosa e Patu.

Art. 34. Ficam assim definidas as áreas de jurisdição das Juntas de Conciliação e Julgamento, localizadas nas cidades abaixo, pertencentes à 14ª Região:

a) no Estado de Rondônia:
I – Porto Velho: o respectivo Município;
II – Ariquemes: o respectivo Município;
III – Cacoal: o respectivo Município;
IV – Colorado d'Oeste: o respectivo Município e o de Cerejeiras;
V – Costa Marques: o respectivo Município;
VI – Guajará-Mirim: o respectivo Município;
VII – Jaru: o respectivo Município;
VIII – Ji-Paraná: o respectivo Município;
IX – Ouro Preto d'Oeste: o respectivo Município;
X – Pimenta Bueno: o respectivo Município e o de Espigão D'Oeste;
XI – Presidente Médici: o respectivo Município e o de Alvorada do Oeste;
XII – Rolim de Moura: o respectivo Município e os de Alta Floresta d'Oeste, Nova Brasilândia D'Oeste e Santa Luzia D'Oeste;
XIII – Vilhena: o respectivo Município;

b) no Estado do Acre:
I – Rio Branco: o respectivo Município e os de Plácido de Castro e Senador Guiomar;
II – Brasileia: o respectivo Município e o de Assis Brasil;
III – Cruzeiro do Sul: o respectivo Município e o de Mâncio Lima;
IV – Feijó: o respectivo Município;
V – Sena Madureira: o respectivo Município e o de Manoel Urbano;
VI – Tarauacá: o respectivo Município;
VII – Xapuri: o respectivo Município.

Art. 35. Ficam assim definidas as áreas de jurisdição das Juntas de Conciliação e Julgamento, localizadas nas cidades abaixo, pertencentes à 15ª Região, no Estado de São Paulo, com sede na Cidade de Campinas:
I – Campinas: o respectivo Município e o de Valinhos;
II – Adamantina: o respectivo Município e os de Flora Rica, Flórida Paulista, Inúbia Paulista, Lucélia, Mariápolis, Osvaldo Cruz, Pacaembu, Sagres e Salmourão;
III – Americana: o respectivo Município e os de Cosmópolis e Nova Odessa;
IV – Amparo: o respectivo Município e os de Águas de Lindóia, Jaguariúna, Lindóia, Monte Alegre do Sul, Morungaba, Pedreira, Serra Negra e Socorro;
V – Andradina: o respectivo Município e os de Castilho, Guaraçaí, Itapura, Lavínia, Mirandópolis, Muritinga do Sul, Nova Independência, Pereira Barreto e Sud Menucci;
VI – Araçatuba: o respectivo Município e os de Bento de Abreu, Guararapes, Rubiácea e Valparaíso;
VII – Araraquara: o respectivo Município e os de Américo Brasiliense, Boa Esperança do Sul, Rincão, Santa Lúcia e Motuca;
VIII – Araras: o respectivo Município e os de Leme e Santa Cruz da Conceição;
IX – Assis: o respectivo Município e os de Cândido Mota, Cruzália, Echaporã, Florínia, Maracaí, Palmital, Paraguaçu Paulista, Platina e Tarumã;
X – Avaré: o respectivo Município e os de Águas de Santa Bárbara, Arandu, Cerqueira César, Iaras, Itaí, Manduri, Óleo e Paranapanema;
XI – Barretos: o respectivo Município e os de Colina, Colômbia, Guaíra e Jaborandi;
XII – Batatais: o respectivo Município e os de Altinópolis, Brodósqui, Jardinópolis, Nuporanga, Orlândia, Sales Oliveira e Santo Antonio da Alegria;
XIII – Bauru: o respectivo Município e os de Agudos, Arealva, Avaí, Cabrália Paulista, Duartina, Iacanga, Lucianópolis, Piratininga e Ubirajara;
XIV – Bebedouro: o respectivo Município e os de Embaúba, Ibitiúva, Monte Azul Paulista, Pirangi, Pitangueiras, Terra Roxa e Viradouro;
XV – Birigui: o respectivo Município e os de Alto Alegre, Bilac, Braúna, Buritama, Clementina, Coroados, Gabriel Monteiro, Glicério, Luisiânia, Penápolis, Piacatu, Santópolis do Aguapeí e Turiúba;

Lei 8.432/1992

LEGISLAÇÃO PROCESSUAL

XVI – Botucatu: o respectivo Município e os de Anhembi, Bofete, Itatinga, Pardinho e São Manoel;

XVII – Bragança Paulista: o respectivo Município e os de Atibaia, Bom Jesus dos Perdões, Joanópolis, Nazaré Paulista, Pedra Bela, Pinhalzinho e Piracaia;

XVIII – Cajuru: o respectivo Município e os de Cássia dos Coqueiros, Santa Rosa do Viterbo, e Serra Azul;

XIX – Campo Limpo Paulista: o respectivo Município e o de Várzea Paulista;

XX – Capivari: o respectivo Município e os de Elias Fausto, Mombuca, Monte Mor, Rafard e Rio das Pedras;

XXI – Caraguatatuba: o respectivo Município e os de Ilha Bela, São Sebastião e Ubatuba;

XXII – Catanduva: o respectivo Município e os de Ariranha, Catiguá, Ibirá, Palmares Paulista, Paraíso, Pindorama, Santa Adélia e Tabapuã;

XXIII – Cruzeiro: o respectivo Município e os de Areias, Bananal, Lavrinhas, Queluz, São José do Barreiro e Silveiras;

XXIV – Dracena: o respectivo Município e os de Irapuru, Junqueirópolis, Monte Castelo, Nova Guataporanga, Ouro Verde, Panorama, Pauliceia, Santa Mercedes, São João do Pau d'Alho e Tupi Paulista;

XXV – Fernandópolis: o respectivo Município e os de Dolcinópolis, Estrela D'Oeste, General Salgado, Guarani D'Oeste, Indiaporã, Macedônia, Meridiano, Mira Estrela, Pedranópolis, Populina, São João das Duas Pontes e Turmalina;

XXVI – Franca: o respectivo Município e os de Cristais Paulista, Itirapuã, Patrocínio Paulista, Pedregulho, Restinga, Ribeirão Corrente, Rifaina e São José da Bela Vista;

XXVII – Garça: o respectivo Município e os de Álvaro de Carvalho, Alvinlândia, Gália, Júlio Mesquita e Lupércio;

XXVIII – Guaratinguetá: o respectivo Município e os de Aparecida, Cunha, Lagoinha e Roseira;

XXIX – Indaiatuba: o respectivo Município;

XXX – Itapetininga: o respectivo Município e os de Angatuba, Guareí, São Miguel Arcanjo, Sarapuí e Tatuí;

XXXI – Itapeva: o respectivo Município e os de Apiaí, Barão de Antonina, Buri, Capão Bonito, Coronel Macedo, Guapiara, Iporanga, Itaberá, Itaporanga, Itararé, Ribeira, Ribeirão Branco, Riversul, Taguaí e Taquarituba;

XXXII – Itápolis: o respectivo Município e os de Borborema, Ibitinga, Itaju e Tabatinga;

XXXIII – (Vetado.)

XXXIV – Itu: o respectivo Município e o de Cabreúva;

XXXV – Ituverava: o respectivo Município e os de Aramina, Buritizal, Guará, Igarapava, Ipuã, Jeriquara, Miguelópolis, Morro Agudo e São Joaquim da Barra;

XXXVI – Jaboticabal: o respectivo Município e os de Cândido Rodrigues, Fernando Prestes, Guariba, Monte Alto, Pradópolis, Taiaçu, Taiúva, Taquaritinga e Vista Alegre do Alto;

XXXVII – Jacareí: o respectivo Município e os de Igaratá e Santa Branca;

XXXVIII – Jales: o respectivo Município e os de Aparecida d'Oeste, Auriflama, Dirce Reis, Guzolândia, Marinópolis, Palmeira d'Oeste, Paranapuã, Rubineia, Santa Albertina, Santa Clara d'Oeste, Santa Fé do Sul, Santa Rita d'Oeste, Santana da Ponte Pensa, São Francisco, Três Fronteiras e Urânia;

XXXIX – Jaú: o respectivo Município e os de Bariri, Barra Bonita, Bocaina, Boraceia, Brotas, Dois Córregos, Igaraçu do Tietê, Itapuí, Mineiros do Tietê, Perdeneiras e Torrinha;

XL – José Bonifácio: o respectivo Município e os de Adolfo, Mendonça, Nipoã, Nova Aliança, Planalto e União Paulista;

XLI – Jundiaí: o respectivo Município e os de Itupeva e Louveira;

XLII – Lençóis Paulista: o respectivo Município e os de Areiópolis, Borebi e Macatuba;

XLIII – Limeira: o respectivo Município e os de Cordeirópolis e Iracemápolis;

XLIV – Lins: o respectivo Município e os de Avanhadava, Balbinos, Barbosa, Cafelândia, Getulina, Guaiçara, Guarantã, Pirajuí, Pongaí, Presidente Alves, Promissão, Reginópolis, Sabino e Uru;

XLV – Lorena: o respectivo Município e os de Cachoeira Paulista e Piquete;

Lei 8.432/1992

XLVI – Marília: o respectivo Município e os de Guaimbé, Lutécia, Ocauçu, Oriente, Oscar Bressane, Pompeia e Vera Cruz;
XLVII – Matão: o respectivo Município e os de Dobrada, Nova Europa e Santa Ernestina;
XLVIII – Moji Guaçu: o respectivo Município e o de Conchal;
XLIX – Moji Mirim: o respectivo Município e os de Artur Nogueira, Itapira e Santo Antonio de Posse;
L – (Vetado.)
LI – Olímpia: o respectivo Município e os de Altair, Cajobi, Guaraci e Severínea;
LII – Ourinhos: o respectivo Município e os de Bernardino de Campos, Campos Novos Paulista, Chavantes, Espírito Santo do Turvo, Fartura, Ibirarema, Ipauçu, Piraju, Ribeirão do Sul, Salto Grande, Santa Cruz do Rio Pardo, São Pedro do Turvo, Sarutaiá, Tejupá e Timburi;
LIII – Paulínia: o respectivo Município e o de Sumaré;
LIV – Piedade: o respectivo Município e os de Pilar do Sul, Salto de Pirapora e Tapiraí;
LV – Pindamonhangaba: o respectivo Município e os de Campos do Jordão, Santo Antonio do Pinhal e São Bento do Sapucaí;
LVI – Piracicaba: o respectivo Município e os de Águas de São Pedro, Charqueada, Santa Maria da Serra e São Pedro;
LVII – Porto Ferreira: o respectivo Município e os de Descalvado, Luís Antonio, Pirassununga, Santa Cruz das Palmeiras, Santa Rita do Passa Quadro e Tambaú;
LVIII – Presidente Prudente: o respectivo Município e os de Alfredo Marcondes, Alvares Machado, Anhumas, Caiabu, Estrela do Norte, Indiana, Martinópolis, Narandiba, Pirapozinho, Presidente Bernardes, Regente Feijó, Sandovalina, Santo Expedito, Taciba e Tarabaí;
LIX – Presidente Venceslau: o respectivo Município e os de Caiuá, Euclides da Cunha Paulista, Marabá Paulista, Mirante do Paranapanema, Piquerobi, Presidente Epitácio, Rosana, Santo Anastácio e Teodoro Sampaio;
LX – Rancharia: o respectivo Município e os de Borá, Iepê, João Ramalho e Quatá;
LXI – Registro: o respectivo Município e os de Barra do Turvo, Cananeia, Eldorado, Iguape, Jacupiranga, Juquiá, Pariquera-Açu e Sete Barras;
LXII – Ribeirão Preto: o respectivo Município e os de Cravinhos, Guatapará, São Simão e Serrana;
LXIII – Rio Claro: o respectivo Município e os de Analândia, Corumbataí, Ipeúna, Itirapina e Santa Gertrudes;
LXIV – Salto: o respectivo Município;
LXV – Santa Bárbara d'Oeste: o respectivo Município;
LXVI – São Carlos: o respectivo Município e os de Dourado, Ibaté e Ribeirão Bonito;
LXVII – São João da Boa Vista: o respectivo Município e os de Aguaí, Águas da Prata, Espírito Santo do Pinhal, Santo Antônio do Jardim e Vargem Grande do Sul;
LXVIII – São José do Rio Pardo: o respectivo Município e os de Caconde, Casa Branca, Divinolândia, Itobi, Mococa, São Sebastião da Grama e Tapiratiba;
LXIX – São José do Rio Preto: o respectivo Município e os de Bady Bassitt, Cedral, Guapiaçu, Icém, Jaci, Mirassol, Neves Paulista, Nova Granada, Onda Verde, Orindiúva, Palestina, Paulo de Faria, Potirendaba e Uchôa;
LXX – São José dos Campos: o respectivo Município e os de Caçapava, Jambeiro, Monteiro Lobato e Paraibuna;
LXXI – São Roque: o respectivo Município e o de Mairinque;
LXXII – Sertãozinho: o respectivo Município e os de Barrinha, Dumont e Pontal;
LXXIII – Sorocaba: o respectivo Município e os de Araçoiaba da Serra, Capela do Alto, Iperó e Votorantim;
LXXIV – Tanabi: o respectivo Município e os de Bálsamo, Nirassolândia, Monte Aprazível e Poloni;
LXXV – Taubaté: o respectivo Município e os de Natividade da Serra, Redenção da Serra, São Luís do Paratinga e Tremembé;
LXXVI – Tietê: o respectivo Município e os de Boituva, Cesário Lange, Cerquilhas, Conchas, Laranjal Paulista, Pereiras, Porangaba e Porto Feliz;

Lei 8.432/1992

LEGISLAÇÃO PROCESSUAL

LXXVII – Tupã: o respectivo Município e os de Bastos, Herculândia, Iraci, Parapuã, Queirós, Quintana e Rinópolis;

LXXVIII – Votuporanga: o respectivo Município e os de Álvares Florence, Américo de Campos, Cardoso, Cosmorama, Floreal, Gastão Vidigal, Macaubal, Magda, Monções, Nhandeara, Nova Luzitânia, Pontes Gestal, Riolândia, Sebastianópolis do Sul e Valentim Gentil.

Art. 36. Ficam assim definidas as áreas de jurisdição das Juntas de Conciliação e Julgamento, localizadas nas cidades abaixo, pertencentes à 16ª Região:

a) no Estado do Maranhão:

I – São Luís: o respectivo Município e os de Rosário, Santa Rita, São José de Ribamar e Paço do Lumiar;

II – Açailândia: o respectivo Município;

III – Bacabal: o respectivo Município e os de Coroatá, Igarapé Grande, Lago da Pedra, Lago do Junco, Lago Verde, Lima Campos, Olho.d'Água das Cunhãs, Paulo Ramos, Pedreiras, Poção de Pedras, São Luiz Gonzaga do Maranhão, São Mateus do Maranhão e Vitorino Freire;

IV – Balsas: o respectivo Município e os de Fortaleza dos Nogueiras, Coreto, Riachão, Sambaíba, São Félix de Balsas, São Raimundo das Mangabeiras e Tasso Fragoso;

V – Barra do Corda: o respectivo Município e os de Dom Pedro, Gonçalves Dias, Grajaú, Joselândia, Mirador, Piratinópolis, Presidente Dutra, São Domingos do Maranhão e Tuntum;

VI – Caxias: o respectivo Município e os de Afonso Cunha, Aldeias Altas, Codó, Coelho Neto e Duque de Bacelar;

VII – Chapadinha: o respectivo Município e os de Anapurus, Brejo, Buriti de Inácio Vaz, Itapecuru, Magalhães de Almeida, Mata Roma, Nina Rodrigues, Santa Quitéria do Maranhão, São Bento do Rio Preto, São Bernardo, Urbano Santos e Vargem Grande;

VIII – Imperatriz: o respectivo Município e os de Amarante do Maranhão, Estreito, João Lisboa, Montes Altos, Porto Franco e Sítio Novo;

IX – Pinheiros: o respectivo Município e os de Bequimão, Santa Helena, São João Batista, São Vicente Férrer e Peri-Mirim;

X – Santa Inês: o respectivo Município e os de Arari Bom Jardim, Monção, Penalva, Pindaré-Mirim, Santa Luzia, Viana e Vitória do Mearim;

b) no Estado do Piauí:

I – Teresina: o respectivo Município e os de Altos, Campo Maior, Demerval Lobão, José de Freitas, Monsenhor Gil e União; e, no Estado do Maranhão, o de Timom;

II – Parnaíba: o respectivo Município e os de Buriti dos Lopes e Luiz Correia;

III – São Raimundo Nonato: o respectivo Município e os de Anísio de Abreu, Canto do Buriti Caracol, Curral Novo, Dirceu Arcoverde, São João do Piauí e Várzea Grande.

Art. 37. Ficam assim definidas as áreas de jurisdição das Juntas de Conciliação e Julgamento, localizadas nas cidades abaixo, pertencentes à 17ª Região, no Estado do Espírito Santo:

I – Vitória: o respectivo Município e os de Cariacica, Serra, Viana e Vila Velha;

II – Afonso Cláudio: o respectivo Município e os de Conceição do Castelo, Domingos Martins, Itarana, Laranja da Terra, Santa Leopoldina, Santa Maria de Jetibá e Venda Nova do Imigrante;

III – Alegre: o respectivo Município e os de Divino de São Lourenço, Dores do Rio Preto, Guaçuí, Ibatiba, Ibitirama, Irupi, Iúna, Jerônimo Monteiro, Muniz Freire e São José do Calçado;

IV – Aracruz: o respectivo Município e os de Fundão, Ibiraçu, João Neiva e Santa Teresa;

V – Cachoeiro do Itapemirim: o respectivo Município e os de Atílio Vivacqua, Castelo, Itapemirim, Rio Novo do Sul e Vargem Alta;

VI – Colatina: o respectivo Município e os de Alto Rio Novo, Baixo Guandu, Itaguaçu, Marilândia, Pancas e São Domingos do Norte;

VII – Guarapari: o respectivo Município e os de Alfredo Chaves, Anchieta, Iconha e Piúma;

VIII – Linhares: o respectivo Município e o de Rio Bananal;

Lei 8.432/1992

LEGISLAÇÃO PROCESSUAL

IX – Mimoso do Sul: o respectivo Município e os de Apiacá, Bom Jesus do Norte, Muqui e Presidente Kennedy;

X – Nova Venécia: o respectivo Município e os de Água Doce do Norte, Águia Branca, Barra de São Francisco, Ecoporanga, Mantenópolis, Mucurici, São Gabriel da Palha e Vila Pavão;

XI – São Mateus: o respectivo Município e os de Boa Esperança, Conceição da Barra, Jaguaré, Montanha, Pedro Canário e Pinheiros.

Art. 38. Ficam assim definidas as áreas de jurisdição das Juntas de Conciliação e Julgamento, localizadas nas cidades abaixo, pertencentes à 18ª Região, no Estado de Goiás:

I – Goiânia: o respectivo Município e os de Adelândia, Americano do Brasil, Anicuns, Araçu, Aragoiânia, Avelinópolis, Bela Vista de Goiás, Bonfinópolis, Brazabrantes, Campestre, Caturaí, Cezarina, Edeia, Edealina, Goianira, Guapó Indiara, Inhumas, Jandaia, Nerópolis, Nova Veneza, Palmeiras de Goiás, Paraúna, Santa Bárbara de Goiás, Santa Tereza, São Miguel do Passa Quatro, Santo Antônio, Trindade e Varjão;

II – Anápolis: o respectivo Município e os de Abadiânia, Alexânia, Corumbá de Goiás, Demolândia, Goianápolis, Interlândia, Leopoldo de Bulhões, Ouro Verde, Petrolina de Goiás, Pirenópolis, Santa Rosa de Goiás e São Francisco;

III – Aparecida de Goiânia: o respectivo Município e os de Cromínia; Hidrolândia, Mairipotaba, Nova Fátima, Piracanjuba e Professor Jamil;

IV – Caldas Novas: o respectivo Município e os de Água Limpa, Corumbaíba, Marzagão, Morrinhos, Pontalina e Rio Quente;

V – Catalão: o respectivo Município e os de Anhanguera, Campo Alegre de Goiás, Cumari, Davinópolis, Goiandira, Nova Aurora, Ouvidor e Três Ranchos;

VI – Ceres: o respectivo Município e os de Barro Alto, Carmo do Rio Verde, Goianésia, Itapaci, Jaraguá, Morro Agudo de Goiás, Nova América, Nova Glória, Rialma, Rianópolis, Rubiataba, Santa Izabel e Uruana;

VII – Formosa: o respectivo Município e os de Alto Paraíso Cabeceiras, Flores de Goiás, Planaltina, Santa Rosa, São Gabriel de Goiás e São João d'Aliança;

VIII – Goiás: o respectivo Município e os de Araguapaz, Aruanã, Córrego do Ouro, Faina, Heitoraí, Itaberaí, Itaguari, Itaguaru, Itapirapuã, Itapuranga, Itauçu, Jussara, Mossâmedes, Novo Brasil, Novo Goiás, Sanclerlândia, Taquaral de Goiás e Uruíta;

IX – Iporá: o respectivo Município e os de Amorinópolis, Aragarças, Arenópolis, Bom Jardim de Goiás, Caiapônia, Diorama, Fazenda Nova, Israelândia, Jaupaci, Palestina e Piranhas;

X – Itumbiara: o respectivo Município e os de Almerindonópolis, Aloândia, Bom Jesus de Goiás, Buriti Alegre, Cachoeira Dourada, Goiatuba, Anacelândia, Joviânia, Panamá e Vicentinópolis;

XI – Jataí: o respectivo Município e os de Aparecida do Rio Doce, Aporé, Cachoeira Alta, Caçu, Estância, Itajá, Itarumã, Iturumin, Naveslândia, Paranaiguara e São Simão;

XII – Luziânia: o respectivo Município e os de Cristalina, Santo Antônio do Descoberto, Silvânia e Vianópolis;

XIII – Mineiros: o respectivo Município e os de Chapadão do Céu, Perolândia, Portelândia e Santa Rita do Araguaia;

XIV – *(Vetado.)*

XV – Rio Verde: o respectivo Município e os de Acreúna, Castelândia, Maurilândia, Montevidiu, Quirinópolis, Santa Helena de Goiás, Santo Antônio da Barra, Serranópolis e Turvilândia;

XVI – São Luís de Montes Belos: o respectivo Município e os de Aurilândia, Cachoeira de Goiás, Choupana, Firminópolis, Ivolândia, Moiporá, Nazário, Palminópolis e Turvânia;

XVII – Uruaçu: o respectivo Município e os de Campinaçu, Campinorte, Crixás, Estrela do Norte, Formoso, Hidrolina, Mara Rosa, Minaçu, Mutunópolis, Niquelândia, Novo Planalto, Pilar de Goiás, Porangatu, Santa Teresa e Santa Terezinha.

Art. 38-A. São assim definidas as áreas de jurisdição das Juntas de Conciliação e Julgamento das seguintes localidades, pertencentes à 20º Região, no Estado de Sergipe:

• Artigo acrescentado pela Lei 9.845/1999.

Lei 8.432/1992

LEGISLAÇÃO PROCESSUAL

I – Aracaju: o respectivo Município e os de Barra dos Coqueiros, Itaporanga D'Ajuda, Nossa Senhora do Socorro e São Cristóvão;

II – Estância: o respectivo Município e os de Arauá, Cristinápolis, Indiaroba, Itabaianinha, Santa Luzia do Itanhy, Tomar do Geru e Umbaúba;

III – Itabaiana: o respectivo Município e os de Areia Branca, Campo de Brito, Carira, Frei Paulo, Macambira, Malhador, Moita Bonita, Pedra Mole, Pinhão, Ribeirópolis e São Domingos;

IV – Lagarto: o respectivo Município e os de Boquim, Pedrinhas, Poço Verde, Riachão do Dantas, Salgado, Simão Dias e Tobias Barreto;

V – Maruim: o respectivo Município e os de Capela, Carmópolis, Divina Pastora, General Maynard, Japaratuba, Laranjeiras, Pirambu, Riachuelo, Rosário do Catete, Santa Rosa de Lima, Santo Amaro das Brotas e Siriri;

VI – Nossa Senhora da Glória: o respectivo Município e os de Canindé de São Francisco, Cumbe, Feira Nova, Gararu, Graccho Cardoso, Monte Alegre de Sergipe, Nossa Senhora Aparecida, Nossa Senhora das Dores, Poço Redondo, Porto da Folha e São Miguel do Aleixo;

VII – Propriá: o respectivo Município e os de Amparo do São Francisco, Aquidabã, Brejo Grande, Canhoba, Cedro de São João, Ilha das Flores, Itabi, Japoatã, Malhada dos Bois, Muribeca, Neópolis, Nossa Senhora de Lourdes, Pacatuba, São Francisco, Santana do São Francisco e Telha.

Art. 39. A Junta de Conciliação e Julgamento de Itanhaém, com jurisdição no respectivo município e nos de Itariri, Maracatu, Moganga, Pedro de Toledo e Peruíbe, passa a integrar a 2ª Região da Justiça do Trabalho.

Art. 40. As Juntas de Conciliação e Julgamento criadas por esta lei serão instaladas e os respectivos cargos providos, gradativamente, à medida que ocorrer a disponibilidade de recursos financeiros.

Art. 41. A competência territorial das Juntas de Conciliação e Julgamento atualmente existentes somente será alterada na data de instalação dos órgãos jurisdicionais criados por esta Lei.

Parágrafo único. A mesma regra de alteração de competência aplicar-se-á aos Juízes de Direito investidos na jurisdição trabalhista na forma dos arts. 668 e 669 da Consolidação das Leis do Trabalho (CLT), aprovada pelo Decreto-lei 5.452, de 1º de maio de 1943.

Art. 42. No caso de emancipação de distrito, fica mantida a jurisdição da mesma Junta de Conciliação e Julgamento sobre a área territorial do novo município.

Art. 43. Ficam criados nos Quadros das Secretarias dos Tribunais Regionais do Trabalho, para exercício nas Juntas de Conciliação e Julgamento constantes desta lei, além dos cargos em comissão, os do Grupo Atividades de Apoio Judiciário e do Grupo Outras Atividades de Nível Médio de que tratam os Anexos I a XVIII desta Lei.

Art. 44. Aos cargos e aos empregos dos Quadros e Tabelas de Pessoal da Justiça do Trabalho, inclusive as especiais decorrentes do Decreto 77.242, de 1976, preenchidos antes da promulgação da Constituição Federal de 5 de outubro de 1988, aplica-se o disposto no art. 243 e seus parágrafos, da Lei 8.112, de 1990.

§ 1º *(Vetado.)*

§ 2º No provimento dos cargos de Técnico Judiciário e Auxiliar Judiciário, poderão ser nomeados candidatos aprovados em concurso público para o cargo equivalente de Técnico em Atividades Judiciárias ou Auxiliar em Atividades Judiciárias, desde que ainda válido à data da nomeação.

§ 3º Não poderão ser nomeados ou designados para os cargos em comissão, criados nesta lei, parentes consanguíneos ou afins até o terceiro grau, de Juízes em atividade ou aposentados há menos de 5 (cinco) anos, tanto do primeiro como do segundo grau de jurisdição.

Art. 45. Na hipótese de criação de Tribunal Regional do Trabalho, antes de instaladas, na área desmembrada, as Juntas de Conciliação e Julgamento previstas nesta lei, os cargos de Juiz Presidente de Junta, de Juiz do Trabalho Substituto, de Juízes Classistas de Junta, bem como os cargos em co-

IN TST 3/1993

LEGISLAÇÃO PROCESSUAL

missão, os do Grupo Atividades de Apoio Judiciário e os do Grupo Outras Atividades de Nível Médio, passarão a integrar a nova Região, observada a seguinte lotação por Junta:
I – dois cargos de Técnico Judiciário;
II – dois cargos de Oficial de Justiça Avaliador;
III – cinco cargos de Auxiliar Judiciário;
IV – dois cargos de Atendente Judiciário; e
V – dois cargos de Agente de Segurança Judiciária.

Art. 46. O preenchimento dos cargos de provimento efetivo previstos nesta lei far-se-á de acordo com as normas legais e regulamentares, observadas as disposições do art. 37, I e II, da Constituição Federal.

Art. 47. As despesas decorrentes da execução da presente lei ocorrerão à conta dos recursos consignados ao Tribunal Superior do Trabalho e, quando liberados, serão destinados, de forma equitativa e proporcional, aos Tribunais Regionais, tomando-se por base o número de Juntas de Conciliação e Julgamento criadas em cada Região por esta Lei.

Parágrafo único. Os Tribunais Regionais do Trabalho, quando da liberação dos recursos, deverão instalar as Juntas comprovadamente prioritárias.

Art. 48. Ficam criados na Justiça do Trabalho os cargos de Juiz do Trabalho Substituto a seguir especificados, observada a vinculação ao respectivo Tribunal Regional do Trabalho:
I – Na Primeira Região (1ª), 24 cargos.
II – Na Segunda Região (2ª), 47 cargos;
III – Na Terceira Região (3ª), 35 cargos;
IV – Na Quarta Região (4ª), 26 cargos;
V – Na Quinta Região (5ª), 17 cargos;
VI – Na Sexta Região (6ª), 16 cargos;
VII – Na Sétima Região (7ª), um cargo;
VIII – Na Oitava Região (8ª), quatro cargos;
IX – Na Nona Região (9ª), 12 cargos;
X – Na Décima Região (10ª), nove cargos;
XI – Na Décima Primeira Região (11ª), cinco cargos;
XII – Na Décima Segunda Região (12ª), sete cargos;
XIII – Na Décima Terceira Região (13ª), um cargo;
XIV – Na Décima Quarta Região (14ª), três cargos;
XV – Na Décima Quinta Região (15ª), 27 cargos;
XVI – Na Décima Sexta Região (16ª), quatro cargos;
XVII – Na Décima Sétima Região (17ª), nove cargos; e
XVIII – Na Décima Oitava Região (18ª), nove cargos.

Art. 49. Os arts. 656, 879, 882 e 897 da Consolidação das Leis do Trabalho (CLT) (Decreto-lei 5.452, de 1º de maio de 1943) passam a vigorar com a seguinte redação:

* Alterações processadas no texto dos referidos artigos.

Art. 50. Esta Lei entra em vigor na data de sua publicação.

Art. 51. Revogam-se as disposições em contrário.

* Deixamos de publicar os anexos a esta Lei.

Rio de Janeiro, 11 de junho de 1992; 171º da Independência e 104º da República.
Fernando Collor

(*DOU* 12.06.1992)

INSTRUÇÃO NORMATIVA 3, DE 5 DE MARÇO DE 1993, DO TRIBUNAL SUPERIOR DO TRABALHO – TST

Interpreta o art. 8º da Lei 8.542, de 23.12.1992 (DOU de 24.12.1992), que trata do depósito para recurso nas ações na Justiça do Trabalho e a Lei 12.275, de 29 de junho de 2010, que altera a redação do inciso I do § 5º do art. 897 e acresce o § 7º ao art. 899, ambos da Consolidação das Leis do Trabalho – CLT, aprovada pelo Decreto- Lei 5.452, de 1º de maio de 1943.

* As alterações decorrentes da Res. TST 180/2012 (*DEJT* 07.03.2012) já se encontram consolidadas na republicação desta Instrução Normativa, em atenção ao disposto no item II da referida Resolução.

I – Os depósitos de que trata o art. 40, e seus parágrafos, da Lei 8.177/1991, com a redação dada pelo art. 8º da Lei 8.542/1992, e o depósito de que tratam o § 5º, I, do art. 897 e o § 7º do art. 899, ambos da

IN TST 3/1993

Legislação Processual

CLT, com a redação dada pela Lei 12.275, de 29.06.2010, não têm natureza jurídica de taxa de recurso, mas de garantia do juízo recursal, que pressupõe decisão condenatória ou executória de obrigação de pagamento em pecúnia, com valor líquido ou arbitrado.

II – No processo de conhecimento dos dissídios individuais o valor do depósito é limitado a R$ 5.889,50 (cinco mil, oitocentos e oitenta e nove reais e cinquenta centavos), ou novo valor corrigido, para o recurso ordinário, e a R$ 11.779,02 (onze mil, setecentos e setenta e nove reais e dois centavos), ou novo valor corrigido, para cada um dos recursos subsequentes, isto é, de revista, de embargos (ditos impropriamente infringentes) e extraordinário, para o Supremo Tribunal Federal, observando-se o seguinte:

a) para o recurso de agravo de instrumento, o valor do "depósito recursal corresponderá a 50% (cinquenta por cento) do valor do depósito do recurso ao qual se pretende destrancar";

b) depositado o valor total da condenação, nenhum depósito será exigido nos recursos das decisões posteriores, salvo se o valor da condenação vier a ser ampliado;

c) se o valor constante do primeiro depósito, efetuado no limite legal, é inferior ao da condenação, será devida complementação de depósito em recurso posterior, observado o valor nominal remanescente da condenação e/ou os limites legais para cada novo recurso;

d) havendo acréscimo ou redução da condenação em grau recursal, o juízo prolator da decisão arbitrará novo valor à condenação, quer para a exigibilidade de depósito ou complementação do já depositado, para o caso de recurso subsequente, quer para liberação do valor excedente decorrente da redução da condenação;

e) nos dissídios individuais singulares o depósito será efetivado pelo recorrente, mediante a utilização das guias correspondentes, na conta do empregado no FGTS – Fundo de Garantia do Tempo de Serviço, em conformidade com os §§ 4º e 5º do art. 899 da CLT, ou fora dela, desde que feito na sede do juízo e permaneça à disposição deste, mediante guia de depósito judicial extraída pela Secretaria Judiciária;

f) nas reclamatórias plúrimas e nas em que houver substituição processual, será arbitrado o valor total da condenação, para o atendimento da exigência legal do depósito recursal, em conformidade com as alíneas anteriores, mediante guia de depósito judicial extraída pela Secretaria Judiciária do órgão em que se encontra o processo;

g) a expedição de Mandado de Citação Penhora e Avaliação em fase definitiva ou provisória de execução deverá levar em conta a dedução dos valores já depositados nos autos, em especial o depósito recursal;

- Letra g com redação determinada pela Res. TST 180/2012.

h) com o trânsito em julgado da decisão que absolveu o demandado da condenação, ser-lhe-á autorizado o levantamento do valor depositado e seus acréscimos.

III – Julgada procedente ação rescisória e imposta condenação em pecúnia, será exigido um único depósito recursal, até o limite máximo de R$ 11.779,02 (onze mil, setecentos e setenta e nove reais e dois centavos), ou novo valor corrigido, dispensado novo depósito para os recursos subsequentes, salvo o depósito do agravo de instrumento, previsto na Lei 12.275/2010, observando-se o seguinte:

a) o depósito será efetivado pela parte recorrente vencida, mediante guia de depósito judicial expedida pela Secretaria Judiciária, à disposição do juízo da causa;

b) com o trânsito em julgado da decisão, se condenatória, o valor depositado e seus acréscimos serão considerados na execução; se absolutória, será liberado o levantamento do valor do depositado e seus acréscimos.

IV – A exigência de depósito no processo de execução observará o seguinte:

a) a inserção da vírgula entre as expressões "...aos embargos" e "à execução..." é atribuída a erro de redação, devendo ser considerada a locução "embargos à execução";

b) dada a natureza jurídica dos embargos à execução, não será exigido depósito para a sua oposição quando estiver suficientemente garantida a execução por depósito recursal já existente nos autos, efetivado no processo de conhecimento, que permaneceu vinculado à execução, e/ou pela nomeação ou apreensão judicial de bens do devedor, observada a ordem preferencial estabelecida em lei;

c) garantida integralmente a execução nos embargos, só haverá exigência de depósito em qualquer recurso subsequente do devedor se tiver havido elevação do valor do débito, hipótese em que o depósito recursal corresponderá ao valor do acréscimo, sem qualquer limite;

d) o depósito previsto no item anterior será efetivado pelo executado recorrente, mediante guia de depósito judicial expedida pela Secretaria Judiciária, à disposição do juízo da execução;

e) com o trânsito em julgado da decisão que liquidar a sentença condenatória, serão liberados em favor do exequente os valores disponíveis, no limite da quantia exequenda, prosseguindo, se for o caso, a execução por crédito remanescente, e autorizando-se o levantamento, pelo executado, dos valores que acaso sobejarem.

V – Nos termos da redação do § 3º do art. 40, não é exigido depósito para recurso ordinário interposto em dissídio coletivo, eis que a regra aludida atribui apenas valor ao recurso, com efeitos limitados, portanto, ao cálculo das custas processuais.

VI – Os valores alusivos aos limites de depósito recursal serão reajustados anualmente pela variação acumulada do INPC do IBGE dos doze meses imediatamente anteriores, e serão calculados e publicados no Diário Eletrônico da Justiça do Trabalho por ato do Presidente do Tribunal Superior do Trabalho, tornando-se obrigatória a sua observância a partir do quinto dia seguinte ao da publicação.

VII – Toda decisão condenatória ilíquida deverá conter o arbitramento do valor da condenação. O acréscimo de condenação em grau recursal, quando ilíquido, deverá ser arbitrado também para fins de depósito.

VIII – O depósito judicial, realizado na conta do empregado no FGTS ou em estabelecimento bancário oficial, mediante guia à disposição do juízo, será da responsabilidade da parte quanto à exatidão dos valores depositados e deverá ser comprovado, nos autos, pelo recorrente, no prazo do recurso a que se refere, independentemente da sua antecipada interposição, observado o limite do valor vigente na data da efetivação do depósito, bem como o contido no item VI, salvo no que se refere à comprovação do depósito recursal em agravo de instrumento, que observará o disposto no art. 899, § 7º, da CLT, com a redação da Lei 12.275/2010.

IX – É exigido depósito recursal para o recurso adesivo, observados os mesmos critérios e procedimentos do recurso principal previsto nesta Instrução Normativa.

X – Não é exigido depósito recursal, em qualquer fase do processo ou grau de jurisdição, dos entes de direito público externo e das pessoas de direito público contempladas no Decreto-Lei 779, de 21.08.1969, bem assim da massa falida, da herança jacente e da parte que, comprovando insuficiência de recursos, receber assistência judiciária integral e gratuita do Estado (art. 5º, LXXIV, CF).

XI – Não se exigirá a efetivação de depósito em qualquer fase ou grau recursal do processo, fora das hipóteses previstas nesta Instrução Normativa.

XII – Havendo acordo para extinção do processo, as partes disporão sobre o valor depositado. Na ausência de expressa estipulação dos interessados, o valor disponível será liberado em favor da parte depositante.

Sessão do Tribunal Pleno de 5 de março de 1993.

Ministro Orlando Teixeira da Costa
Presidente do Tribunal

(*DJU* 10.03.1993; rep. *DJE* 12.08.2010, 16.08.2010, 07.10.2010 e 07.03.2012)

Dec. 908/1993

LEGISLAÇÃO PROCESSUAL

DECRETO 908,
DE 31 DE AGOSTO DE 1993

Fixa diretrizes para as negociações coletivas de trabalho de que participam as entidades estatais que menciona e dá outras providências.

O Presidente da República, no uso das atribuições que lhe confere o art. 84, incisos II e VI, da Constituição, decreta:

Art. 1º As empresas públicas, sociedades de economia mista, suas subsidiárias e controladas, e demais empresas sob controle direto ou indireto da União deverão esgotar todas as possibilidades no sentido de viabilizar a celebração de acordos coletivos de trabalho satisfatórios às partes, observadas as diretrizes fixadas neste Decreto.

Art. 2º Os procedimentos relativos às negociações coletivas de trabalho serão estabelecidos de comum acordo entre as partes envolvidas, regulando, principalmente:

I – formas, prazos, objeto, níveis e sujeitos das negociações;

II – formas alternativas de composição e solução dos conflitos individuais e coletivos, inclusive, através de mediação, conciliação ou arbitragem;

III – direitos e deveres das partes;

IV – regras no tocante ao fornecimento de informações inerentes ao objeto das negociações, bem como da situação econômico-financeira da empresa.

Parágrafo único. Todas as cláusulas do acordo coletivo vigente deverão ser objeto de negociação a cada nova data base.

Art. 3º No processo de negociação coletiva, as empresas deverão obedecer às seguintes disposições:

I – na data base, os reajustes das tabelas salariais, dos benefícios e das demais vantagens, serão limitados à variação do índice legal aplicável ao reajuste salarial a partir da última data base, deduzidos os percentuais de antecipação concedidos a qualquer título no período, levando-se em consideração critérios de averiguação comprovada em relação à capacidade econômico-financeira, desempenho operacional da empresa e, quando couber, à disponibilidade de recursos dos Orçamentos Fiscal e da Seguridade Social;

II – os aumentos reais de salário, as concessões de benefícios e vantagens, bem como as antecipações e reajustes salariais, acima dos limites mínimos estabelecidos em lei ou no inciso anterior, estarão condicionados à melhoria do desempenho da empresa e à autorização expressa do Comitê de Coordenação das Empresas Estatais (CCE), que considerará, dentre outros critérios, os seguintes:

a) nível de endividamento, inclusive passivo trabalhista;

b) capacidade de geração de receitas próprias para cobertura dos dispêndios correntes e para o financiamento dos investimentos, quando cabível;

c) disponibilidade orçamentária ou necessidade de aportes de recursos adicionais do Tesouro Nacional;

d) aumento de produtividade;

e) distribuição de dividendos, quando for o caso;

f) avaliação do nível de atendimento das necessidades do seu público alvo, bem como do grau de satisfação de seus clientes, usuários e consumidores dos bens e serviços ofertados;

g) compatibilização da remuneração global dos empregados com os níveis vigentes no mercado de trabalho, de acordo com avaliação promovida pelos agentes, permanentemente, conforme disposição de acordo coletivo de trabalho;

h) reflexos sobre o nível de preços, tarifas e taxas públicas.

§ 1º As propostas com vistas à celebração de acordos coletivos de trabalho, cujas cláusulas resultem em aumentos salariais ou na concessão de benefícios e vantagens acima dos limites mínimos fixados em lei, conforme o inciso II deste artigo, serão encaminhadas para aprovação prévia do CCE, por intermédio do Ministério a que a empresa se vincula.

§ 2º As propostas encaminhadas pelo Ministério supervisor, nos termos do disposto no parágrafo anterior, serão acompanhadas de manifestação daquele órgão sobre o pleito,

Lei 8.984/1995

LEGISLAÇÃO PROCESSUAL

considerando as diretrizes fixadas neste Decreto e as disposições dele decorrentes.

§ 3º As propostas que contemplarem a composição de eventuais passivos trabalhistas serão encaminhadas ao CCE, na forma dos parágrafos anteriores, após a manifestação da Advocacia-Geral da União.

§ 4º As negociações coletivas de trabalho, em que sejam partes as entidades de que trata o art. 1º, serão relatadas e informadas, quanto à sua evolução e estágio de desenvolvimento, ao CCE ou, por sua delegação, a órgão técnico de acompanhamento das negociações.

Art. 4º Toda negociação coletiva de trabalho concluída pelas entidades mencionadas no art. 1º será formalizada mediante termo de Acordo Coletivo de Trabalho ou Aditivo, o qual será depositado no Ministério do Trabalho e publicado no *Diário Oficial da União*, no prazo de até 20 (vinte) dias da data de sua assinatura.

Parágrafo único. O instrumento de que trata este artigo vigorará por prazo não superior a 12 (doze) meses.

Art. 5º As entidades a que se refere o art. 1º publicarão no *Diário Oficial da União*, juntamente com os instrumentos mencionados no artigo anterior ou até o décimo dia subsequente ao mês de reajuste das tabelas salariais, demonstrativo dos níveis de remuneração globais, discriminando a maior e menor remuneração e a remuneração média, ponderada pelo número de empregados por categoria, conforme respectivos Planos de Cargos e Salários.

Art. 6º Compete ao CCE baixar as instruções necessárias ao cumprimento das diretrizes estabelecidas neste Decreto, bem como publicar, no *Diário Oficial da União*, a relação das empresas de que trata o art. 1º.

Art. 7º Os dirigentes das empresas mencionadas no art. 1º serão responsáveis pela adoção das medidas necessárias ao cumprimento das disposições contidas neste Decreto e das instruções dele decorrentes.

Parágrafo único. Os Conselhos de Administração e Fiscal das respectivas empresas, no âmbito de suas competências, zelarão pelo fiel cumprimento do disposto neste Decreto.

Art. 8º As Secretarias de Controle Interno dos Ministérios supervisores realizarão a qualquer tempo auditorias especiais, mediante solicitação do CCE, com vistas à verificação do cumprimento pelas empresas estatais das disposições contidas neste Decreto, inclusive daquelas dele decorrentes, e à apuração das responsabilidades.

Art. 9º Este decreto entra em vigor na data de sua publicação.

Art. 10. Revogam-se as disposições em contrário.

Brasília, 31 de agosto de 1993; 172º da Independência e 105º da República.

Itamar Franco

(*DOU* 01.09.1993)

LEI 8.984, DE 7 DE FEVEREIRO DE 1995

Estende a competência da Justiça do Trabalho (art. 114 da Constituição Federal).

• V. EC n. 45/2004 (Reforma do Judiciário).

O Presidente da República:

Faço saber que o Congresso Nacional decreta e eu sanciono a seguinte Lei:

Art. 1º Compete à Justiça do Trabalho conciliar e julgar os dissídios que tenham origem no cumprimento de convenções coletivas de trabalho ou acordos coletivos de trabalho, mesmo quando ocorram entre sindicatos ou entre sindicato de trabalhadores e empregador.

Art. 2º Esta Lei entra em vigor na data de sua publicação.

Art. 3º Revogam-se as disposições em contrário.

Brasília, 7 de fevereiro de 1995; 174º da Independência e 107º da República.

Fernando Henrique Cardoso

(*DOU* 08.02.1995)

IN TST 9/1996

LEGISLAÇÃO PROCESSUAL

INSTRUÇÃO NORMATIVA 9, DE 19 DE DEZEMBRO DE 1996, DO TRIBUNAL SUPERIOR DO TRABALHO – TST

Uniformiza procedimentos para o arbitramento das custas processuais.

• Aprovada pela Res. TST 64/1996.

Das decisões proferidas pelos Órgãos Judicantes do Tribunal Superior do Trabalho e dos Tribunais Regionais do Trabalho, bem assim das decisões monocráticas dos Presidentes e dos Relatores deverá constar, quando couber, o valor atribuído à causa, à condenação ou ao acréscimo da condenação, e o consequente valor das custas, com efeito de intimação do litigante sucumbente indicado, para fins de recolhimento no prazo legal, quando exigível, das custas processuais no importe fixado.

Sala de Sessões, 19 de dezembro de 1996.

Luzia de Andrade Costa Freitas

Diretora-Geral de Coordenação Judiciária

(DJU 17.01.1997)

INSTRUÇÃO NORMATIVA 15, DE 8 DE OUTUBRO DE 1998, DO TRIBUNAL SUPERIOR DO TRABALHO – TST

Aprova normas relativas ao depósito recursal na Justiça do Trabalho.

• Editada pela Res. TST 88/1998.

O Órgão Especial do Tribunal Superior do Trabalho, no uso das suas atribuições legais e regimentais,

Considerando o cancelamento dos Enunciados 216 e 165;

Considerando a nova regulamentação do depósito recursal constante da Circular 149/1998, da Caixa Econômica Federal, publicada no *Diário Oficial da União* de 04.09.1998;

Considerando a necessidade de uniformização de entendimentos quanto à regularidade do depósito recursal na Justiça do Trabalho; resolve

Que a validade do depósito recursal na Justiça do Trabalho condiciona-se à observância das exigências contidas no item 5 e seus subitens, da Circular 149/1998, da Caixa Econômica Federal, a seguir transcrita:

5. DO DEPÓSITO RECURSAL

5.1 Depósito, referente a causas trabalhistas, previsto no artigo 899 da Consolidação das Leis do Trabalho – CLT, efetuado como condição necessária à interposição de recurso contra decisão proferida pela Justiça do Trabalho.

5.2 Deve ser efetivado em conta vinculada do FGTS, aberta para este fim específico, mediante GRE, avulsa e apresentada em três vias, com a seguinte destinação:

– 1ª Via – Caixa/Banco;

– 2ª Via – Empregador;

– 3ª Via – Processo/JCJ.

5.3 Cada GRE abrigará o depósito recursal relativo a apenas um processo, identificado no campo 17, e poderá ser autenticada em qualquer agência bancária, no ato da efetivação do depósito.

5.4 São informações indispensáveis à qualificação dos recolhimentos referentes ao depósito recursal.

5.4.1 Do Depositante (Empregador)

– Razão Social/Nome do Empregador (campo 03);

– CGC/CNPJ/CEI (campo 04);

– Endereço (campos 05 a 09).

5.4.1.1 Na inexistência por impossibilidade de cadastramento do empregador junto ao CGC/CNPJ/CEI, admite-se, excepcionalmente, a indicação do CPF do empregador.

5.4.1.2 No caso de empregado doméstico deverá ser indicado o número do CPF do empregador.

5.4.2 Do Trabalhador

– Nome (campo 21);

– Número PIS/PASEP (campo 23).

5.4.2.1 No caso de Sindicato, Federação ou Confederação atuando como substituto processual, deverá ser informado, no campo 21, o nome/razão social do mesmo.

5.4.2.2 Tratando-se de ação conjunta, deverá ser indicado, no campo 21, o nome de

um dos reclamantes, seguido da expressão "e outros".

5.4.2.3 Na hipótese da inexistência, por impossibilidade de cadastramento do trabalhador junto ao cadastro do PIS/PASEP e para aqueles cujas relações trabalhistas tenham encerrado anteriormente a 01/01/1972, admite-se, excepcionalmente, a indicação do número do Processo/Juízo.

5.4.3 Do Processo

– Informações complementares (campo 17): deverá ser preenchido com o número do processo, bem como do Juízo correspondente (na forma: n. do processo, Seção, Vara, etc.).

5.4.4 Do Depósito

– Competência (campo 18) – deverá ser preenchido no formato MM/AA correspondente ao mês/ano em que o recolhimento está sendo efetuado;

– Código de recolhimento (campo 19): deverá ser preenchido sempre com o código 418;

– Valor (campo 27): deverá ser preenchido com o valor determinado pelo Juízo.

5.5 A movimentação da conta aberta para abrigar depósito recursal dar-se-á, exclusivamente, através de Alvará Judicial, em qualquer Agência da Caixa ou, não estando esta presente na localidade, em qualquer banco integrante da rede arrecadadora e pagadora do FGTS.

5.5.1 O Alvará deverá ser dirigido à Caixa Econômica Federal (mantenedora legal das contas vinculadas do FGTS), devendo nele constar:

– identificação do processo;

– identificação do depositante;

– nome(s) do(s) beneficiário(s) e forma de rateio (percentual/valor), quando for o caso.

Sala de Sessões, 8 de outubro de 1998.

Luzia de Andrade Costa Freitas

Diretora-Geral de Coordenação Judiciária

(DJU 15.10.1998)

Lei 9.756/1998

LEGISLAÇÃO PROCESSUAL

LEI 9.756, DE 17 DE DEZEMBRO DE 1998

Dispõe sobre o processamento de recursos no âmbito dos tribunais.

O Presidente da República:

Faço saber que o Congresso Nacional decreta e eu sanciono a seguinte Lei:

Art. 1º A Lei 5.869, de 11 de janeiro de 1973 – Código de Processo Civil, passa a vigorar com as seguintes alterações:

* Alterações processadas no texto do referido Código.

Art. 2º Os arts. 896 e 897 do Decreto-lei 5.452, de 1º de maio de 1943 – Consolidação das Leis do Trabalho, passam a vigorar com a seguinte redação:

* Alterações processadas no texto dos referidos artigos.

Art. 3º A Lei 8.038, de 28 de maio de 1990, passa a vigorar acrescida dos seguintes artigos:

"Art. 41-A. A decisão de Turma, no Superior Tribunal de Justiça, será tomada pelo voto da maioria absoluta de seus membros.

"Parágrafo único. Em *habeas corpus* originário ou recursal, havendo empate, prevalecerá a decisão mais favorável ao paciente."

"Art. 41-B. As despesas do porte de remessa e retorno dos autos serão recolhidas mediante documento de arrecadação, de conformidade com instruções e tabela expedidas pelo Supremo Tribunal Federal e pelo Superior Tribunal de Justiça.

"Parágrafo único. A secretaria do tribunal local zelará pelo recolhimento das despesas postais."

Art. 4º Esta Lei entra em vigor na data de sua publicação.

Brasília, 17 de dezembro de 1998; 177º da Independência e 110º da República.

Fernando Henrique Cardoso

(DOU 18.12.1998; ret. 05.01.1999)

Lei 9.800/1999

LEGISLAÇÃO PROCESSUAL

LEI 9.800, DE 26 DE MAIO DE 1999

Permite às partes a utilização de sistema de transmissão de dados para a prática de atos processuais.

O Presidente da República:

Faço saber que o Congresso Nacional decreta e eu sanciono a seguinte Lei:

Art. 1° É permitida às partes a utilização de sistema de transmissão de dados e imagens tipo fac-símile ou outro similar, para a prática de atos processuais que dependam de petição escrita.

Art. 2° A utilização de sistema de transmissão de dados e imagens não prejudica o cumprimento dos prazos, devendo os originais ser entregues em juízo, necessariamente, até 5 (cinco) dias da data de seu término.

Parágrafo único. Nos atos não sujeitos a prazo, os originais deverão ser entregues, necessariamente, até 5 (cinco) dias da data da recepção do material.

Art. 3° Os juízes poderão praticar atos de sua competência à vista de transmissões efetuadas na forma desta Lei, sem prejuízo do disposto no artigo anterior.

Art. 4° Quem fizer uso de sistema de transmissão torna-se responsável pela qualidade e fidelidade do material transmitido, e por sua entrega ao órgão judiciário.

Parágrafo único. Sem prejuízo de outras sanções, o usuário do sistema será considerado litigante de má-fé se não houver perfeita concordância entre o original remetido pelo fac-símile e o original entregue em juízo.

Art. 5° O disposto nesta Lei não obriga a que os órgãos judiciários disponham de equipamentos para recepção.

Art. 6° Esta Lei entra em vigor 30 (trinta) dias após a data de sua publicação.

Brasília, 26 de maio de 1999; 178° da Independência e 111° da República.

Fernando Henrique Cardoso

(*DOU* 27.05.1999)

INSTRUÇÃO NORMATIVA 16, DE 26 DE AGOSTO DE 1999, DO TRIBUNAL SUPERIOR DO TRABALHO – TST

Uniformiza a interpretação da Lei 9.756, de 17 de dezembro de 1998, com relação a agravo de instrumento.

• Texto republicado de acordo com a Resolução TST 930/2003.

I – O agravo de instrumento se rege, na Justiça do Trabalho, pelo art. 897, alínea *b*, §§ 2°, 4°, 5°, 6° e 7°, da Consolidação das Leis do Trabalho, pelos demais dispositivos do direito processual do trabalho e, no que omissos, pelo direito processual comum, desde que compatível com as normas e princípios daquele, na forma desta Instrução.

a) Não se aplicam aos agravos de instrumento opostos antes de 18 de dezembro de 1998, data da publicação da Lei 9.756, as disposições desse diploma legal, salvo aquelas relativas ao cancelamento da possibilidade de concessão de efeito suspensivo à revista.

II – Limitado o seu cabimento, no processo do trabalho, aos despachos que denegarem a interposição de recurso (art. 897, alínea *b*, da CLT), o agravo de instrumento será dirigido à autoridade judiciária prolatora do despacho agravado, no prazo de 8 (oito) dias de sua intimação, e processado em autos apartados.

§ 1° *(Revogado.)*

§ 2° *(Revogado.)*

III – O agravo não será conhecido se o instrumento não contiver as peças necessárias para o julgamento do recurso denegado, incluindo a cópia do respectivo arrazoado e da comprovação de satisfação de todos os pressupostos extrínsecos do recurso principal.

IV – O agravo de instrumento, protocolizado e autuado, será concluso ao juiz prolator do despacho agravado, para reforma ou confirmação da decisão impugnada, observada a competência estabelecida nos arts. 659, inciso VI, e 682, inciso IX, da CLT.

IN TST 17/1999

LEGISLAÇÃO PROCESSUAL

V – Será certificada nos autos principais a interposição do agravo de instrumento e a decisão que determina o seu processamento ou a decisão que reconsidera o despacho agravado.

VI – Mantida a decisão agravada, será intimado o agravado a apresentar contrarrazões relativas ao agravo e, simultaneamente, ao recurso principal, juntando as peças que entender necessárias para o julgamento de ambos, encaminhando-se, após, os autos do agravo ao Juízo competente.

VII – Provido o agravo, o órgão julgador deliberará quanto ao julgamento do recurso destrancado, observando-se, daí em diante, o procedimento relativo a tal recurso, com designação de relator e de revisor, se for o caso.

VIII – Da certidão de julgamento do agravo provido constará o resultado da deliberação relativa à apreciação do recurso destrancado.

IX – As peças trasladadas conterão informações que identifiquem o processo do qual foram extraídas, autenticadas uma a uma, no anverso ou verso. Tais peças poderão ser declaradas autênticas pelo próprio advogado, sob sua responsabilidade pessoal. Não será válida a cópia de despacho ou decisão que não contenha a assinatura do juiz prolator, nem as certidões subscritas por serventuário sem as informações acima exigidas.

X – Cumpre às partes providenciar a correta formação do instrumento, não comportando a omissão em conversão em diligência para suprir a ausência de peças, ainda que essenciais.

XI – O agravo de instrumento não requer preparo.

XII – A tramitação e o julgamento de agravo de instrumento no Juízo competente obedecerão à disciplina legal e ao constante dos respectivos Regimentos Internos.

XIII – O agravo de instrumento de despacho denegatório de recurso extraordinário obedecerá à disciplina especial, na forma de Resolução da Suprema Corte.

XIV – Fica revogada a Instrução Normativa 6.

Sala das Sessões, 15 de maio de 2003.
Valério Augusto Freitas do Carmo
Diretor-Geral de Coordenação Judiciária
(*DJU* 03.09.1999; rep. 03.11.2000, 04.12.2002, 11.12.2002 e 22.05.2003)

INSTRUÇÃO NORMATIVA 17, DE 1999, DO TRIBUNAL SUPERIOR DO TRABALHO – TST

Uniformiza a interpretação da Lei 9.756, de 17 de dezembro de 1998, com relação ao recurso de revista.

- As alterações decorrentes da Res. TST 184/2012 (*DJE*-TST 24.09.2012) já se encontram consolidadas na republicação desta Instrução Normativa, em atenção ao disposto no art. 2º da referida Resolução.

I – Aplica-se ao processo do trabalho o disposto no parágrafo único do art. 120 do Código de Processo Civil, segundo a redação dada pela Lei 9.756/98, relativo ao conflito de competência, nos seguintes termos:
Havendo jurisprudência dominante no Tribunal sobre a questão suscitada, o relator poderá decidir, de plano, o conflito de competência, cabendo agravo, no prazo de 8 (oito) dias, contado da intimação às partes, para o órgão recursal competente.

II – Aplica-se ao processo do trabalho o parágrafo único acrescido ao art. 481 do Código de Processo Civil, conforme redação dada pela Lei 9.756/98, no que tange à declaração de inconstitucionalidade, nos seguintes termos:
Os órgãos fracionários dos Tribunais não submeterão ao plenário, ou ao órgão especial, a arguição de inconstitucionalidade, quando já houver pronunciamento destes, ou do plenário do Supremo Tribunal Federal, sobre a questão.

III – Aplica-se ao Processo do Trabalho o artigo 557, *caput* e §§ 1º-A, 1º e 2º do Código de Processo Civil, segundo a redação dada pela Lei 9.756/98, adequando-se o prazo do agravo ao prazo de 8 (oito) dias.

IV – Os beneficiários da justiça gratuita estão dispensados do recolhimento antecipado da multa prevista no § 2º do art. 557 do CPC.

IN TST 18/1999

LEGISLAÇÃO PROCESSUAL

V – As demais disposições oriundas de alteração do processo civil, resultantes da Lei 9.756/98, consideram-se inaplicáveis ao processo do trabalho, especialmente o disposto no art. 511, *caput*, e seu § 2º.

Sala de Sessões, 17 de dezembro de 1999.

Luzia de Andrade Costa Freitas

Diretora-Geral de Coordenação Judiciária

(DJU 12.1.2000; rep. DJU 9.6.2005; rep. DJE-TST 24.9.2012)

INSTRUÇÃO NORMATIVA 18, DE 17 DE DEZEMBRO DE 1999, DO TRIBUNAL SUPERIOR DO TRABALHO – TST

• Editada pela Res. TST 92/1999.

Considera-se válida para comprovação do depósito recursal na Justiça do Trabalho a guia respectiva em que conste pelo menos o nome do Recorrente e do Recorrido; o número do processo; a designação do juízo por onde tramitou o feito e a explicitação do valor depositado, desde que autenticada pelo Banco recebedor.

Revogam-se as disposições em contrário.

Sala de Sessões, 17 de dezembro de 1999.

Luzia de Andrade Costa Freitas

Diretora-Geral de Coordenação Judiciária

(DJU 12.01.2000)

INSTRUÇÃO NORMATIVA 19, DE 27 DE ABRIL DE 2000, DO TRIBUNAL SUPERIOR DO TRABALHO – TST

Aprova normas relativas à inserção de tema na Orientação Jurisprudencial do Tribunal Superior do Trabalho.

• Editada pela Res. TST 94/2000.

O precedente jurisprudencial deve ser inserido pela Comissão de Jurisprudência na Orientação Jurisprudencial desta Corte quando:

1 – as cinco Turmas decidirem no mesmo sentido quanto à matéria; ou

2 – houver três acórdãos da Seção Especializada em Dissídios Individuais e, pelo menos, três acórdãos de três Turmas no mesmo sentido; ou

3 – houver, pelo menos, duas decisões unânimes de cada uma das duas Subseções da Seção Especializada em Dissídios Individuais sobre a mesma matéria; ou

4 – o Tribunal Pleno, mediante provocação da Comissão Permanente de Jurisprudência, decidir conflito entre cinco decisões reiteradas da Subseção I Especializada em Dissídios Individuais sobre determinada tese, contrárias a decisões reiteradas de três Turmas.

5 – os verbetes relativos a precedentes da Subseção II Especializada em Dissídios Individuais, após aprovados pela referida Subseção, serão caminhados à Comissão Permanente de Jurisprudência para publicação na Orientação da Jurisprudência da Corte. Se a Comissão entender conveniente, submeterá a proposta da Subseção II Especializada em Dissídios Individuais ao Egrégio Tribunal Pleno.

6 – Por moção subscrita por oito Ministros e dirigida à Comissão Permanente de Jurisprudência, será submetida ao Egrégio Tribunal Pleno a proposta de retirada de tema inserto no repositório da Orientação Jurisprudencial do Tribunal Superior do Trabalho.

Sala de Sessões, 27 de abril de 2000.

Luzia de Andrade Costa Freitas

Diretora-Geral de Coordenação Judiciária

(DJU 09.05.2000)

PROVIMENTO 1, DE 14 DE NOVEMBRO DE 2001, DA CORREGEDORIA-GERAL DA JUSTIÇA DO TRABALHO – CGJT

Uniformiza as rotinas de processamento de agravo de instrumento nos autos principais.

Considerando a determinação de se processar o agravo de instrumento nos autos principais, nas hipóteses elencadas na Instrução

IN TST 27/2005

LEGISLAÇÃO PROCESSUAL

Normativa 16 desta Corte, aprovada pela Resolução 102/2000;

Considerando a diversidade de procedimentos adotados pelos Tribunais Regionais do Trabalho quanto ao processamento do agravo de instrumento nos autos principais;

Considerando as dificuldades do Tribunal Superior do Trabalho na identificação, registro, classificação e autuação desses agravos de instrumento, acarretando prejuízos à celeridade processual; resolve:

Art. 1º Nas hipóteses elencadas no item II, parágrafo único, letras *a*, *b* e *c*, da Instrução Normativa 16 do TST, a petição de agravo de instrumento deverá ser juntada aos autos principais, remetendo-se o processo para o Tribunal Superior do Trabalho após decorrido o prazo para manifestação do agravado.

Art. 2º O agravo de instrumento processado nos autos principais dispensa a autuação no Tribunal Regional do Trabalho de origem, mantendo-se os registros já existentes referentes à classe e à numeração do processo principal.

Art. 3º Os Tribunais Regionais do Trabalho deverão lançar na capa dos autos carimbo contendo os seguintes dizeres: "Agravo de Instrumento".

Art. 4º Processado o agravo de instrumento nos autos principais, não serão formados autos apartados.

Art. 5º Os Tribunais Regionais do Trabalho deverão disciplinar os procedimentos quanto ao processamento do agravo de instrumento no âmbito de sua jurisdição.

Art. 6º Este Provimento entrará em vigor na data de sua publicação.

Vantuil Abdala

Ministro Corregedor-Geral da Justiça do Trabalho

(DJU 14.11.2001)

INSTRUÇÃO NORMATIVA 27, DE 16 DE FEVEREIRO DE 2005, DO TRIBUNAL SUPERIOR DO TRABALHO – TST

Dispõe sobre normas procedimentais aplicáveis ao processo do trabalho em decorrência da ampliação da competência da Justiça do Trabalho pela Emenda Constitucional n. 45/2004.

• Editada pela Res. TST 126/2005.

Art. 1º As ações ajuizadas na Justiça do Trabalho tramitarão pelo rito ordinário ou sumaríssimo, conforme previsto na Consolidação das Leis do Trabalho, excepcionando-se, apenas, as que, por disciplina legal expressa, estejam sujeitas a rito especial, tais como o Mandado de Segurança, *Habeas Corpus*, *Habeas Data*, Ação Rescisória, Ação Cautelar e Ação de Consignação em Pagamento.

Art. 2º A sistemática recursal a ser observada é a prevista na Consolidação das Leis do Trabalho, inclusive no tocante à nomenclatura, à alçada, aos prazos e às competências.

Parágrafo único. O depósito recursal a que se refere o art. 899 da CLT é sempre exigível como requisito extrínseco do recurso, quando houver condenação em pecúnia.

Art. 3º Aplicam-se quanto às custas as disposições da Consolidação das Leis do Trabalho.

§ 1º As custas serão pagas pelo vencido, após o trânsito em julgado da decisão.

§ 2º Na hipótese de interposição de recurso, as custas deverão ser pagas e comprovado seu recolhimento no prazo recursal (artigos 789, 789-A, 790 e 790-A da CLT).

§ 3º Salvo nas lides decorrentes da relação de emprego, é aplicável o princípio da sucumbência recíproca, relativamente às custas.

Art. 4º Aos emolumentos aplicam-se as regras previstas na Consolidação das Leis do Trabalho, conforme previsão dos artigos 789-B e 790 da CLT.

Legislação Processual

Parágrafo único. Os entes públicos mencionados no art. 790-A da CLT são isentos do pagamento de emolumentos.

* Parágrafo único acrescentado pela Res. TST 133/2005.

Art. 5º Exceto nas lides decorrentes da relação de emprego, os honorários advocatícios são devidos pela mera sucumbência.

Art. 6º Os honorários periciais serão suportados pela parte sucumbente na pretensão objeto da perícia, salvo se beneficiária da justiça gratuita.

Parágrafo único. Faculta-se ao juiz, em relação à perícia, exigir depósito prévio dos honorários, ressalvadas as lides decorrentes da relação de emprego.

Art. 7º Esta Resolução entrará em vigor na data da sua publicação.

Sala de Sessões, 16 de fevereiro de 2005.
Valério Augusto Freitas do Carmo
Diretor-Geral de Coordenação Judiciária
(DJU 22.02.2005; rep. 05.07.2005)

RESOLUÇÃO 4,
DE 30 DE NOVEMBRO DE 2006, DO SUPERIOR TRIBUNAL DE JUSTIÇA – STJ

Dispõe sobre o não conhecimento do agravo de instrumento manifestamente inadmissível.

O Presidente do Superior Tribunal de Justiça, no uso da atribuição que lhe é conferida pelo art. 21, XX do Regimento Interno, e considerando o decidido na Sessão Plenária de 29 de novembro de 2006, resolve:

Art. 1º Antes da distribuição poderá o Presidente do Tribunal não conhecer do agravo de instrumento, manifestamente inadmissível, interposto de decisão que não admitir o recurso especial.

Art. 2º Da decisão do presidente caberá, no prazo de 5 (cinco) dias, agravo regimental a relator designado em distribuição.

Art. 3º Esta resolução entra em vigor na data de sua publicação.
Ministro Barros Monteiro
(DJU 04.12.2006)

LEI 11.417,
DE 19 DE DEZEMBRO DE 2006

Regulamenta o art. 103-A da Constituição Federal e altera a Lei 9.784, de 29 de janeiro de 1999, disciplinando a edição, a revisão e o cancelamento de enunciado de súmula vinculante pelo Supremo Tribunal Federal, e dá outras providências.

O Presidente da República:
Faço saber que o Congresso Nacional decreta e eu sanciono a seguinte Lei:

Art. 1º Esta Lei disciplina a edição, a revisão e o cancelamento de enunciado de súmula vinculante pelo Supremo Tribunal Federal e dá outras providências.

Art. 2º O Supremo Tribunal Federal poderá, de ofício ou por provocação, após reiteradas decisões sobre matéria constitucional, editar enunciado de súmula que, a partir de sua publicação na imprensa oficial, terá efeito vinculante em relação aos demais órgãos do Poder Judiciário e à administração pública direta e indireta, nas esferas federal, estadual e municipal, bem como proceder à sua revisão ou cancelamento, na forma prevista nesta Lei.

§ 1º O enunciado da súmula terá por objeto a validade, a interpretação e a eficácia de normas determinadas, acerca das quais haja, entre órgãos judiciários ou entre esses e a administração pública, controvérsia atual que acarrete grave insegurança jurídica e relevante multiplicação de processos sobre idêntica questão.

§ 2º O Procurador-Geral da República, nas propostas que não houver formulado, manifestar-se-á previamente à edição, revisão ou cancelamento de enunciado de súmula vinculante.

§ 3º A edição, a revisão e o cancelamento de enunciado de súmula com efeito vinculante dependerão de decisão tomada por 2/3 (dois terços) dos membros do Supremo Tribunal Federal, em sessão plenária.

§ 4º No prazo de 10 (dez) dias após a sessão em que editar, rever ou cancelar enunciado de súmula com efeito vinculante, o Supremo Tribunal Federal fará publicar, em seção especial do *Diário da Justiça* e do *Diário Oficial da União*, o enunciado respectivo.

Lei 11.417/2006

LEGISLAÇÃO PROCESSUAL

Art. 3º São legitimados a propor a edição, a revisão ou o cancelamento de enunciado de súmula vinculante:
I – o Presidente da República;
II – a Mesa do Senado Federal;
III – a Mesa da Câmara dos Deputados;
IV – o Procurador-Geral da República;
V – o Conselho Federal da Ordem dos Advogados do Brasil;
VI – o Defensor Público Geral da União;
VII – partido político com representação no Congresso Nacional;
VIII – confederação sindical ou entidade de classe de âmbito nacional;
IX – a Mesa de Assembleia Legislativa ou da Câmara Legislativa do Distrito Federal;
X – o Governador de Estado ou do Distrito Federal;
XI – os Tribunais Superiores, os Tribunais de Justiça de Estados ou do Distrito Federal e Territórios, os Tribunais Regionais Federais, os Tribunais Regionais do Trabalho, os Tribunais Regionais Eleitorais e os Tribunais Militares.
§ 1º O Município poderá propor, incidentalmente ao curso de processo em que seja parte, a edição, a revisão ou o cancelamento de enunciado de súmula vinculante, o que não autoriza a suspensão do processo.
§ 2º No procedimento de edição, revisão ou cancelamento de enunciado da súmula vinculante, o relator poderá admitir, por decisão irrecorrível, a manifestação de terceiros na questão, nos termos do Regimento Interno do Supremo Tribunal Federal.

Art. 4º A súmula com efeito vinculante tem eficácia imediata, mas o Supremo Tribunal Federal, por decisão de 2/3 (dois terços) dos seus membros, poderá restringir os efeitos vinculantes ou decidir que só tenha eficácia a partir de outro momento, tendo em vista razões de segurança jurídica ou de excepcional interesse público.

Art. 5º Revogada ou modificada a lei em que se fundou a edição de enunciado de súmula vinculante, o Supremo Tribunal Federal, de ofício ou por provocação, procederá à sua revisão ou cancelamento, conforme o caso.

Art. 6º A proposta de edição, revisão ou cancelamento de enunciado de súmula vinculante não autoriza a suspensão dos processos em que se discuta a mesma questão.

Art. 7º Da decisão judicial ou do ato administrativo que contrariar enunciado de súmula vinculante, negar-lhe vigência ou aplicá-lo indevidamente caberá reclamação ao Supremo Tribunal Federal, sem prejuízo dos recursos ou outros meios admissíveis de impugnação.
§ 1º Contra omissão ou ato da administração pública, o uso da reclamação só será admitido após esgotamento das vias administrativas.
§ 2º Ao julgar procedente a reclamação, o Supremo Tribunal Federal anulará o ato administrativo ou cassará a decisão judicial impugnada, determinando que outra seja proferida com ou sem aplicação da súmula, conforme o caso.

Art. 8º O art. 56 da Lei 9.784, de 29 de janeiro de 1999, passa a vigorar acrescido do seguinte § 3º:
"Art. 56. [...]"
"[...]"
"§ 3º Se o recorrente alegar que a decisão administrativa contraria enunciado da súmula vinculante, caberá à autoridade prolatora da decisão impugnada, se não a reconsiderar, explicitar, antes de encaminhar o recurso à autoridade superior, as razões da aplicabilidade ou inaplicabilidade da súmula, conforme o caso."

Art. 9º A Lei 9.784, de 29 de janeiro de 1999, passa a vigorar acrescida dos seguintes arts. 64-A e 64-B:
"Art. 64-A. Se o recorrente alegar violação de enunciado da súmula vinculante, o órgão competente para decidir o recurso explicitará as razões da aplicabilidade ou inaplicabilidade da súmula, conforme o caso."
"Art. 64-B. Acolhida pelo Supremo Tribunal Federal a reclamação fundada em violação de enunciado da súmula vinculante, dar-se-á ciência à autoridade prolatora e ao órgão competente para o julgamento do recurso, que deverão adequar as futuras decisões administrativas em casos semelhantes, sob pena de responsabilização pessoal nas esferas cível, administrativa e penal."

Lei 11.418/2006

LEGISLAÇÃO PROCESSUAL

Art. 10. O procedimento de edição, revisão ou cancelamento de enunciado de súmula com efeito vinculante obedecerá, subsidiariamente, ao disposto no Regimento Interno do Supremo Tribunal Federal.

Art. 11. Esta Lei entra em vigor 3 (três) meses após a sua publicação.

Brasília, 19 de dezembro de 2006; 185º da Independência e 118º da República.

Luiz Inácio Lula da Silva

(*DOU* 20.12.2006)

LEI 11.418, DE 19 DE DEZEMBRO DE 2006

Acrescenta à Lei 5.869, de 11 de janeiro de 1973 – Código de Processo Civil, dispositivos que regulamentam o § 3º do art. 102 da Constituição Federal.

O Presidente da República:
Faço saber que o Congresso Nacional decreta e eu sanciono a seguinte Lei:

Art. 1º Esta Lei acrescenta os arts. 543-A e 543-B à Lei 5.869, de 11 de janeiro de 1973 – Código de Processo Civil, a fim de regulamentar o § 3º do art. 102 da Constituição Federal.

Art. 2º A Lei 5.869, de 11 de janeiro de 1973 – Código de Processo Civil, passa a vigorar acrescida dos seguintes arts. 543-A e 543-B:

- Alterações processadas no texto do referido Código.

Art. 3º Caberá ao Supremo Tribunal Federal, em seu Regimento Interno, estabelecer as normas necessárias à execução desta Lei.

- V. arts. 321 a 329, RISTF.

Art. 4º Aplica-se esta Lei aos recursos interpostos a partir do primeiro dia de sua vigência.

Art. 5º Esta Lei entra em vigor 60 (sessenta) dias após a data de sua publicação.

Brasília, 19 de dezembro de 2006; 185º da Independência e 118º da República.

Luiz Inácio Lula da Silva

(*DOU* 20.12.2006)

LEI 11.419, DE 19 DE DEZEMBRO DE 2006

Dispõe sobre a informatização do processo judicial; altera a Lei 5.869, de 11 de janeiro de 1973 – Código de Processo Civil; e dá outras providências.

- V. Instrução Normativa TST 30/2007 (Regulamenta, no âmbito da Justiça do Trabalho, a Lei 11.419/2006, que dispõe sobre a informatização do processo judicial).
- V. Res. STF 427/2010 (Regulamenta o processo eletrônico no âmbito do Supremo Tribunal Federal).
- V. Res. STJ 14/2013 (Regulamenta o processo judicial eletrônico no STJ).

O Presidente da República:
Faço saber que o Congresso Nacional decreta e eu sanciono a seguinte Lei:

Capítulo I
DA INFORMATIZAÇÃO DO PROCESSO JUDICIAL

Art. 1º O uso de meio eletrônico na tramitação de processos judiciais, comunicação de atos e transmissão de peças processuais será admitido nos termos desta Lei.

§ 1º Aplica-se o disposto nesta Lei, indistintamente, aos processos civil, penal e trabalhista, bem como aos juizados especiais, em qualquer grau de jurisdição.

§ 2º Para o disposto nesta Lei, considera-se:

I – meio eletrônico qualquer forma de armazenamento ou tráfego de documentos e arquivos digitais;

II – transmissão eletrônica toda forma de comunicação a distância com a utilização de redes de comunicação, preferencialmente a rede mundial de computadores;

III – assinatura eletrônica as seguintes formas de identificação inequívoca do signatário:

a) assinatura digital baseada em certificado digital emitido por Autoridade Certificadora credenciada, na forma de lei específica;

b) mediante cadastro de usuário no Poder Judiciário, conforme disciplinado pelos órgãos respectivos.

Art. 2º O envio de petições, de recursos e a prática de atos processuais em geral por meio eletrônico serão admitidos mediante

Lei 11.419/2006

uso de assinatura eletrônica, na forma do art. 1º desta Lei, sendo obrigatório o credenciamento prévio no Poder Judiciário, conforme disciplinado pelos órgãos respectivos.

§ 1º O credenciamento no Poder Judiciário será realizado mediante procedimento no qual esteja assegurada a adequada identificação presencial do interessado.

§ 2º Ao credenciado será atribuído registro e meio de acesso ao sistema, de modo a preservar o sigilo, a identificação e a autenticidade de suas comunicações.

§ 3º Os órgãos do Poder Judiciário poderão criar um cadastro único para o credenciamento previsto neste artigo.

Art. 3º Consideram-se realizados os atos processuais por meio eletrônico no dia e hora do seu envio ao sistema do Poder Judiciário, do que deverá ser fornecido protocolo eletrônico.

Parágrafo único. Quando a petição eletrônica for enviada para atender prazo processual, serão consideradas tempestivas as transmitidas até as 24 (vinte e quatro) horas do seu último dia.

Capítulo II
DA COMUNICAÇÃO ELETRÔNICA DOS ATOS PROCESSUAIS

Art. 4º Os tribunais poderão criar *Diário da Justiça* eletrônico, disponibilizado em sítio da rede mundial de computadores, para publicação de atos judiciais e administrativos próprios e dos órgãos a eles subordinados, bem como comunicações em geral.

- V. Res. STF 341/2007 (Institui o Diário da Justiça Eletrônico do Supremo Tribunal Federal).
- V. Res. STJ 8/2007 (Institui o Diário da Justiça Eletrônico do Superior Tribunal de Justiça – DJ on-line).
- V. Ato Conjunto TST/CSJT 15/2008 (Institui o *Diário da Justiça do Trabalho Eletrônico* e estabelece normas para envio, publicação e divulgação de matérias dos Órgãos da Justiça do Trabalho).

§ 1º O sítio e o conteúdo das publicações de que trata este artigo deverão ser assinados digitalmente com base em certificado emitido por Autoridade Certificadora credenciada na forma da lei específica.

§ 2º A publicação eletrônica na forma deste artigo substitui qualquer outro meio e publicação oficial, para quaisquer efeitos legais, à exceção dos casos que, por lei, exigem intimação ou vista pessoal.

§ 3º Considera-se como data da publicação o primeiro dia útil seguinte ao da disponibilização da informação no *Diário da Justiça* eletrônico.

§ 4º Os prazos processuais terão início no primeiro dia útil que seguir ao considerado como data da publicação.

§ 5º A criação do *Diário da Justiça* eletrônico deverá ser acompanhada de ampla divulgação, e o ato administrativo correspondente será publicado durante 30 (trinta) dias no diário oficial em uso.

Art. 5º As intimações serão feitas por meio eletrônico em portal próprio aos que se cadastrarem na forma do art. 2º desta Lei, dispensando-se a publicação no órgão oficial, inclusive eletrônico.

§ 1º Considerar-se-á realizada a intimação no dia em que o intimando efetivar a consulta eletrônica ao teor da intimação, certificando-se nos autos a sua realização.

§ 2º Na hipótese do § 1º deste artigo, nos casos em que a consulta se dê em dia não útil, a intimação será considerada como realizada no primeiro dia útil seguinte.

§ 3º A consulta referida nos §§ 1º e 2º deste artigo deverá ser feita em até 10 (dez) dias corridos contados da data do envio da intimação, sob pena de considerar-se a intimação automaticamente realizada na data do término desse prazo.

§ 4º Em caráter informativo, poderá ser efetivada remessa de correspondência eletrônica, comunicando o envio da intimação e a abertura automática do prazo processual nos termos do § 3º deste artigo, aos que manifestarem interesse por esse serviço.

§ 5º Nos casos urgentes em que a intimação feita na forma deste artigo possa causar prejuízo a quaisquer das partes ou nos casos em que for evidenciada qualquer tentativa de burla ao sistema, o ato processual deverá ser realizado por outro meio que atinja a sua finalidade, conforme determinado pelo juiz.

§ 6º As intimações feitas na forma deste artigo, inclusive da Fazenda Pública, serão

Lei 11.419/2006

consideradas pessoais para todos os efeitos legais.

Art. 6º Observadas as formas e as cautelas do art. 5º desta Lei, as citações, inclusive da Fazenda Pública, exceutadas as dos Direitos Processuais Criminal e Infracional, poderão ser feitas por meio eletrônico, desde que a íntegra dos autos seja acessível ao citando.

Art. 7º As cartas precatórias, rogatórias, de ordem e, de um modo geral, todas as comunicações oficiais que transitem entre órgãos do Poder Judiciário, bem como entre os deste e os dos demais Poderes, serão feitas preferentemente por meio eletrônico.

Capítulo III
DO PROCESSO ELETRÔNICO

Art. 8º Os órgãos do Poder Judiciário poderão desenvolver sistemas eletrônicos de processamento de ações judiciais por meio de autos total ou parcialmente digitais, utilizando, preferencialmente, a rede mundial de computadores e acesso por meio de redes internas e externas.

Parágrafo único. Todos os atos processuais do processo eletrônico serão assinados eletronicamente na forma estabelecida nesta Lei.

Art. 9º No processo eletrônico, todas as citações, intimações e notificações, inclusive da Fazenda Pública, serão feitas por meio eletrônico, na forma desta Lei.

§ 1º As citações, intimações, notificações e remessas que viabilizem o acesso à íntegra do processo correspondente serão consideradas vista pessoal do interessado para todos os efeitos legais.

§ 2º Quando, por motivo técnico, for inviável o uso do meio eletrônico para a realização de citação, intimação ou notificação, esses atos processuais poderão ser praticados segundo as regras ordinárias, digitalizando-se o documento físico, que deverá ser posteriormente destruído.

Art. 10. A distribuição da petição inicial e a juntada da contestação, dos recursos e das petições em geral, todos em formato digital, nos autos de processo eletrônico, podem ser feitas diretamente pelos advogados públicos e privados, sem necessidade da intervenção do cartório ou secretaria judicial, situação em que a autuação deverá se dar de forma automática, fornecendo-se recibo eletrônico de protocolo.

§ 1º Quando o ato processual tiver que ser praticado em determinado prazo, por meio de petição eletrônica, serão considerados tempestivos os efetivados até as 24 (vinte e quatro) horas do último dia.

§ 2º No caso do § 1º deste artigo, se o Sistema do Poder Judiciário se tornar indisponível por motivo técnico, o prazo fica automaticamente prorrogado para o primeiro dia útil seguinte à resolução do problema.

§ 3º Os órgãos do Poder Judiciário deverão manter equipamentos de digitalização e de acesso à rede mundial de computadores à disposição dos interessados para distribuição de peças processuais.

Art. 11. Os documentos produzidos eletronicamente e juntados aos processos eletrônicos com garantia da origem e de seu signatário, na forma estabelecida nesta Lei, serão considerados originais para todos os efeitos legais.

§ 1º Os extratos digitais e os documentos digitalizados e juntados aos autos pelos órgãos da Justiça e seus auxiliares, pelo Ministério Público e seus auxiliares, pelas procuradorias, pelas autoridades policiais, pelas repartições públicas em geral e por advogados públicos e privados têm a mesma força probante dos originais, ressalvada a alegação motivada e fundamentada de adulteração antes ou durante o processo de digitalização.

§ 2º A arguição de falsidade do documento original será processada eletronicamente na forma da lei processual em vigor.

§ 3º Os originais dos documentos digitalizados, mencionados no § 2º deste artigo, deverão ser preservados pelo seu detentor até o trânsito em julgado da sentença ou, quando admitida, até o final do prazo para interposição de ação rescisória.

§ 4º *(Vetado.)*

§ 5º Os documentos cuja digitalização seja tecnicamente inviável devido ao grande volume ou por motivo de ilegibilidade deverão ser apresentados ao cartório ou secretaria no prazo de 10 (dez) dias contados do envio

Lei 11.419/2006

LEGISLAÇÃO PROCESSUAL

de petição eletrônica comunicando o fato, os quais serão devolvidos à parte após o trânsito em julgado.

§ 6º Os documentos digitalizados juntados em processo eletrônico somente estarão disponíveis para acesso por meio da rede externa para suas respectivas partes processuais e para o Ministério Público, respeitado o disposto em lei para as situações de sigilo e de segredo de justiça.

Art. 12. A conservação dos autos do processo poderá ser efetuada total ou parcialmente por meio eletrônico.

§ 1º Os autos dos processos eletrônicos deverão ser protegidos por meio de sistemas de segurança de acesso e armazenados em meio que garanta a preservação e integridade dos dados, sendo dispensada a formação de autos suplementares.

§ 2º Os autos de processos eletrônicos que tiverem de ser remetidos a outro juízo ou instância superior que não disponham de sistema compatível deverão ser impressos em papel, autuados na forma dos arts. 166 a 168 da Lei 5.869, de 11 de janeiro de 1973 – Código de Processo Civil, ainda que de natureza criminal ou trabalhista, ou pertinentes a juizado especial.

§ 3º No caso do § 2º deste artigo, o escrivão ou o chefe de secretaria certificará os autores ou a origem dos documentos produzidos nos autos, acrescentando, ressalvada a hipótese de existir segredo de justiça, a forma pela qual o banco de dados poderá ser acessado para aferir a autenticidade das peças e das respectivas assinaturas digitais.

§ 4º Feita a autuação na forma estabelecida no § 2º deste artigo, o processo seguirá a tramitação legalmente estabelecida para os processos físicos.

§ 5º A digitalização de autos em mídia não digital, em tramitação ou já arquivados, será precedida de publicação de editais de intimações ou da intimação pessoal das partes e de seus procuradores, para que, no prazo preclusivo de 30 (trinta) dias, se manifestem sobre o desejo de manterem pessoalmente a guarda de algum dos documentos originais.

Art. 13. O magistrado poderá determinar que sejam realizados por meio eletrônico a exibição e o envio de dados e de documentos necessários à instrução do processo.

§ 1º Consideram-se cadastros públicos, para os efeitos deste artigo, dentre outros existentes ou que venham a ser criados, ainda que mantidos por concessionárias de serviço público ou empresas privadas, os que contenham informações indispensáveis ao exercício da função judicante.

§ 2º O acesso de que trata este artigo dar-se-á por qualquer meio tecnológico disponível, preferentemente o de menor custo, considerada sua eficiência.

§ 3º *(Vetado).*

Capítulo IV
DISPOSIÇÕES GERAIS E FINAIS

Art. 14. Os sistemas a serem desenvolvidos pelos órgãos do Poder Judiciário deverão usar, preferencialmente, programas com código aberto, acessíveis ininterruptamente por meio da rede mundial de computadores, priorizando-se a sua padronização.

Parágrafo único. Os sistemas devem buscar identificar os casos de ocorrência de prevenção, litispendência e coisa julgada.

Art. 15. Salvo impossibilidade que comprometa o acesso à justiça, a parte deverá informar, ao distribuir a petição inicial de qualquer ação judicial, o número no cadastro de pessoas físicas ou jurídicas, conforme o caso, perante a Secretaria da Receita Federal.

Parágrafo único. Da mesma forma, as peças de acusação criminais deverão ser instruídas pelos membros do Ministério Público ou pelas autoridades policiais com os números de registros dos acusados no Instituto Nacional de Identificação do Ministério da Justiça, se houver.

Art. 16. Os livros cartorários e demais repositórios dos órgãos do Poder Judiciário poderão ser gerados e armazenados em meio totalmente eletrônico.

Art. 17. *(Vetado).*

Art. 18. Os órgãos do Poder Judiciário regulamentarão esta Lei, no que couber, no âmbito de suas respectivas competências.

Art. 19. Ficam convalidados os atos processuais praticados por meio eletrônico até

IN TST 30/2007

LEGISLAÇÃO PROCESSUAL

a data de publicação desta Lei, desde que tenham atingido sua finalidade e não tenha havido prejuízo para as partes.

Art. 20. A Lei 5.869, de 11 de janeiro de 1973 – Código de Processo Civil, passa a vigorar com as seguintes alterações:

- Alterações do art. 38, parágrafo único; art. 154, § 2º; art. 164, parágrafo único; art. 169, §§ 1º a 3º; art. 202, § 3º; art. 221, IV; art. 237, parágrafo único; art. 365, V, VI e §§ 1º e 2º; art. 399, §§ 1º e 2º; art. 417, §§ 1º e 2º; art. 457, § 4º e art. 556, parágrafo único processadas no texto do referido Código.

Art. 21. *(Vetado.)*

Art. 22. Esta Lei entra em vigor 90 (noventa) dias depois de sua publicação.

Brasília, 19 de dezembro de 2006; 185º da Independência e 118º da República.
Luiz Inácio Lula da Silva

(DOU 20.12.2006)

INSTRUÇÃO NORMATIVA 30, DE 13 DE SETEMBRO DE 2007, DO TRIBUNAL SUPERIOR DO TRABALHO – TST

Regulamenta, no âmbito da Justiça do Trabalho, a Lei 11.419, de 19 de dezembro de 2006, que dispõe sobre a informatização do processo judicial.

- Editada pela Res. TST 140/2007 (*DJU* 18.09.2007).
- V. Ato TST 182/2008 (Providências necessárias à implementação, no Tribunal Superior do Trabalho, do Sistema e-Recurso).

Capítulo I
INFORMATIZAÇÃO DO PROCESSO JUDICIAL NO ÂMBITO DA JUSTIÇA DO TRABALHO

Art. 1º O uso de meio eletrônico na tramitação de processos judiciais, comunicação de atos e transmissão de peças processuais, na Justiça do Trabalho, será disciplinado pela presente instrução normativa.

Art. 2º Os Tribunais Regionais do Trabalho disponibilizarão em suas dependências e nas Varas do Trabalho, para os usuários dos serviços de peticionamento eletrônico que necessitarem, equipamentos de acesso à rede mundial de computadores e de digitalização do processo, para a distribuição de peças processuais.

Parágrafo único. Os Tribunais Regionais do Trabalho terão o prazo de 1 (um) ano da publicação da presente instrução normativa para atenderem ao disposto no presente artigo.

Capítulo II
ASSINATURA ELETRÔNICA

Art. 3º No âmbito da Justiça do Trabalho, o envio de petições, de recursos e a prática de atos processuais em geral por meio eletrônico serão admitidos mediante uso de assinatura eletrônica.

Art. 4º A assinatura eletrônica, no âmbito da Justiça do Trabalho, será admitida sob as seguintes modalidades:

I – assinatura digital, baseada em certificado digital emitido pelo ICP – Brasil, com uso de cartão e senha;

II – assinatura cadastrada, obtida perante o Tribunal Superior do Trabalho ou Tribunais Regionais do Trabalho, com fornecimento de login e senha.

§ 1º Para o uso de qualquer das duas modalidades de assinatura eletrônica, o usuário deverá se credenciar previamente perante o Tribunal Superior do Trabalho ou o Tribunal Regional do Trabalho com jurisdição sobre a cidade em que tenha domicílio, mediante o preenchimento de formulário eletrônico, disponibilizado no Portal da Justiça do Trabalho (Portal – JT).

§ 2º No caso de assinatura digital, em que a identificação presencial já se realizou perante a Autoridade Certificadora, o credenciamento se dará pela simples identificação do usuário por meio de seu certificado digital e remessa do formulário devidamente preenchido.

§ 3º No caso da assinatura cadastrada, o interessado deverá comparecer, pessoalmente, perante o órgão do Tribunal no qual deseje cadastrar sua assinatura eletrônica, munido do formulário devidamente preenchido, obtendo senhas e informações para a

IN TST 30/2007

LEGISLAÇÃO PROCESSUAL

operacionalização de sua assinatura eletrônica.

§ 4º Ao credenciado será atribuído registro e meio de acesso ao sistema, de modo a preservar o sigilo (mediante criptografia de senha), a identificação e a autenticidade de suas comunicações.

§ 5º Alterações de dados cadastrais poderão ser feitas pelos usuários, a qualquer momento, na seção respectiva do Portal – JT.

§ 6º O credenciamento implica a aceitação das normas estabelecidas nesta Instrução Normativa e a responsabilidade do credenciado pelo uso indevido da assinatura eletrônica.

Capítulo III
SISTEMA DE PETICIONAMENTO ELETRÔNICO

Art. 5º A prática de atos processuais por meio eletrônico pelas partes, advogados e peritos será feita, na Justiça do Trabalho, através do Sistema Integrado de Protocolização e Fluxo de Documentos Eletrônicos (e-DOC).

§ 1º O e-DOC é um serviço de uso facultativo, disponibilizado no Portal – JT, na internet.

§ 2º É vedado o uso do e-DOC para o envio de petições destinadas ao Supremo Tribunal Federal.

§ 3º O sistema do e-DOC deverá buscar identificar, dentro do possível, os casos de ocorrência de prevenção, litispendência e coisa julgada.

§ 4º A parte desassistida de advogado que desejar utilizar o sistema do e-DOC deverá se cadastrar, antes, nos termos desta Instrução Normativa.

Art. 6º As petições, acompanhadas ou não de anexos, apenas serão aceitas em formato PDF (*Portable Document Format*), no tamanho máximo, por operação, de 2 Megabytes.

Parágrafo único. Não se admitirá o fracionamento de petição, tampouco dos documentos que a acompanham, para fins de transmissão.

Art. 7º O envio da petição por intermédio do e-DOC dispensa a apresentação posterior dos originais ou de fotocópias autenticadas, inclusive aqueles destinados à comprovação de pressupostos de admissibilidade do recurso.

Art. 8º O acesso ao *e-DOC* depende da utilização, pelo usuário, da sua assinatura eletrônica.

Parágrafo único. Salvo impossibilidade que comprometa o acesso à justiça, a parte deverá informar, ao distribuir a petição inicial de qualquer ação judicial em meio eletrônico, o número no cadastro de pessoas físicas ou jurídicas, conforme o caso, perante a Secretaria da Receita Federal.

Art. 9º O Sistema Integrado de Protocolização e Fluxo de Documentos Eletrônicos (e-DOC), no momento do recebimento da petição, expedirá recibo ao remetente, que servirá como comprovante de entrega da petição e dos documentos que a acompanharam.

§ 1º Constarão do recibo as seguintes informações:

I – o número de protocolo da petição gerado pelo Sistema;

II – o número do processo e o nome das partes, se houver, o assunto da petição e o órgão destinatário da petição, informados pelo remetente;

III – a data e o horário do recebimento da petição no Tribunal, fornecidos pelo Observatório Nacional;

IV – as identificações do remetente da petição e do usuário que assinou eletronicamente o documento.

§ 2º A qualquer momento o usuário poderá consultar no *e-DOC* as petições e documentos enviados e os respectivos recibos.

Art. 10. Incumbe aos Tribunais, por intermédio das respectivas unidades administrativas responsáveis pela recepção das petições transmitidas pelo *e-DOC*:

I – imprimir as petições e seus documentos, caso existentes, anexando-lhes o comprovante de recepção gerado pelo Sistema, enquanto não generalizada a virtualização do processo, que dispensará os autos físicos;

II – verificar, diariamente, no sistema informatizado, a existência de petições eletrônicas pendentes de processamento.

IN TST 30/2007

LEGISLAÇÃO PROCESSUAL

Art. 11. São de exclusiva responsabilidade dos usuários:
I – o sigilo da assinatura digital, não sendo oponível, em qualquer hipótese, alegação de seu uso indevido;
II – a equivalência entre os dados informados para o envio (número do processo e unidade judiciária) e os constantes da petição remetida;
III – as condições das linhas de comunicação e acesso ao seu provedor da internet;
IV – a edição da petição e anexos em conformidade com as restrições impostas pelo serviço, no que se refere à formatação e tamanho do arquivo enviado;
V – o acompanhamento da divulgação dos períodos em que o serviço não estiver disponível em decorrência de manutenção no sítio do Tribunal.
§ 1º A não obtenção, pelo usuário, de acesso ao Sistema, além de eventuais defeitos de transmissão ou recepção de dados, não serve de escusa para o descumprimento dos prazos legais.
§ 2º Deverão os Tribunais informar, nos respectivos sítios, os períodos em que, eventualmente, o sistema esteve indisponível.

Art. 12. Consideram-se realizados os atos processuais por meio eletrônico no dia e hora do seu recebimento pelo sistema do *e-DOC*.
§ 1º Quando a petição eletrônica for enviada para atender prazo processual, serão consideradas tempestivas as transmitidas até as 24 (vinte e quatro) horas do seu último dia.
§ 2º Incumbe ao usuário observar o horário estabelecido como base para recebimento, como sendo o do Observatório Nacional, devendo atender para as diferenças de fuso horário existente no país.
§ 3º Não serão considerados, para efeito de tempestividade, o horário da conexão do usuário à internet, o horário do acesso ao sítio do Tribunal, tampouco os horários consignados nos equipamentos do remetente e da unidade destinatária, mas o de recebimento no órgão da Justiça do Trabalho.

Art. 13. O uso inadequado do *e-DOC* que venha a causar prejuízo às partes ou à atividade jurisdicional importa bloqueio do cadastramento do usuário, a ser determinado pela autoridade judiciária competente.

Capítulo IV
COMUNICAÇÃO E INFORMAÇÃO DOS ATOS PROCESSUAIS NO PORTAL DA JUSTIÇA DO TRABALHO

Art. 14. O Portal da Justiça do Trabalho (Portal – JT) é o sítio corporativo da instituição, abrangendo todos os Tribunais trabalhistas do país, gerenciado pelo Conselho Superior da Justiça do Trabalho e operado pelo Tribunal Superior do Trabalho e pelos Tribunais Regionais do Trabalho, incluindo, entre outras funcionalidades:
I – o *Diário da Justiça do Trabalho Eletrônico* (*DJT*), para publicação de atos judiciais e administrativos dos Tribunais e Varas do Trabalho;
II – Sistemas de Pesquisa de Jurisprudência, de Legislação Trabalhista e Atos Normativos da Justiça do Trabalho, de acompanhamento processual, de acervo bibliográfico, com Banco de Dados Geral integrado pelos julgados e atos administrativos de todos os Tribunais trabalhistas do país;
III – Informações gerais sobre os Tribunais e Varas do Trabalho, incluindo memória da Justiça do Trabalho, dados estatísticos, magistrados, concursos e licitações, entre outros;
IV – Informações sobre o Conselho Superior da Justiça do Trabalho (CSJT), incluindo seu Regimento Interno, suas resoluções e decisões, além de seus integrantes e estrutura do órgão;
V – Informações sobre a Escola Nacional de Formação e Aperfeiçoamento de Magistrados do Trabalho (Enamat), incluindo quadro diretivo, de professores, de alunos e de cursos, bem como disponibilizando ambiente para o ensino à distância;
VI – Sistemas de Assinatura Eletrônica, Peticionamento Eletrônico (*e-DOC*) e de Carta Eletrônica (CE);
VII – Informações sobre a Corregedoria-Geral da Justiça do Trabalho.

IN TST 30/2007

LEGISLAÇÃO PROCESSUAL

Parágrafo único. O conteúdo das publicações de que trata este artigo deverá ser assinado digitalmente, na forma desta Instrução Normativa.

Art. 15. A publicação eletrônica no *DJT* substitui qualquer outro meio e publicação oficial, para quaisquer efeitos legais, à exceção dos casos que, por lei, exigem intimação ou vista pessoal.

§ 1º Os atos processuais praticados pelos magistrados trabalhistas a serem publicados no *DJT* serão assinados digitalmente no momento de sua prolação.

§ 2º Considera-se como data da publicação o primeiro dia útil seguinte ao da disponibilização da informação no *DJT*.

§ 3º Os prazos processuais terão início no primeiro dia útil que seguir ao considerado como data da publicação.

Art. 16. As intimações serão feitas por meio eletrônico no Portal – JT aos que se credenciarem na forma desta Instrução Normativa, dispensando-se a publicação no órgão oficial, inclusive eletrônico.

§ 1º Considerar-se-á realizada a intimação no dia em que o intimando efetivar a consulta eletrônica ao teor da intimação, certificando-se nos autos a sua realização.

§ 2º Na hipótese do § 1º deste artigo, nos casos em que a consulta se dê em dia não útil, a intimação será considerada como realizada no primeiro dia útil seguinte.

§ 3º A consulta referida nos §§ 1º e 2º deste artigo deverá ser feita em até 10 (dez) dias corridos contados da data do envio da intimação, sob pena de considerar-se a intimação automaticamente realizada na data do término desse prazo.

§ 4º A intimação de que trata este artigo somente será realizada nos processos em que todas as partes estejam credenciadas na forma desta Instrução Normativa, de modo a uniformizar a contagem dos prazos processuais.

§ 5º Nos casos urgentes em que a intimação feita na forma deste artigo possa causar prejuízo a quaisquer das partes ou nos casos em que for evidenciada qualquer tentativa de burla ao sistema, o ato processual deverá ser realizado por outro meio que atinja a sua finalidade, conforme determinado pelo juiz.

§ 6º As intimações feitas na forma deste artigo, inclusive da Fazenda Pública, serão consideradas pessoais para todos os efeitos legais.

§ 7º Observadas as formas e as cautelas deste artigo, as citações, inclusive da Fazenda Pública, poderão ser feitas por meio eletrônico, desde que a íntegra dos autos seja acessível ao citando.

Art. 17. As cartas precatórias, rogatórias e de ordem, no âmbito da Justiça do Trabalho, serão transmitidas exclusivamente de forma eletrônica, através do Sistema de Carta Eletrônica (CE) já referido, com dispensa da remessa física de documentos.

§ 1º A utilização do Sistema de Carta Eletrônica fora do âmbito da Justiça do Trabalho dependerá da aceitação pelos demais órgãos do Poder Judiciário.

§ 2º Eventuais falhas na transmissão eletrônica dos dados não desobriga os magistrados e serventuários do cumprimento dos prazos legais, cabendo, nesses casos, a utilização de outros meios previstos em lei para a remessa das cartas.

Art. 18. As petições e demais documentos referentes às cartas precatórias, rogatórias e de ordem, não apresentados pelas partes em meio eletrônico, serão digitalizados e inseridos no Sistema de Carta Eletrônica.

Art. 19. Os documentos em meio físico, em poder do Juízo deprecado, deverão ser adequadamente organizados e arquivados, obedecidos os critérios estabelecidos na Lei 8.159, de 8 de janeiro de 1991, e no Decreto 4.073, de 3 de janeiro de 2002.

Parágrafo único. Poderá o Juízo deprecante, em casos excepcionais, solicitar o documento físico em poder do Juízo deprecado.

Art. 20. Serão certificados nos autos principais todos os fatos relevantes relativos ao andamento da carta, obtidos junto ao sistema Carta Eletrônica (CE), com impressão e juntada apenas dos documentos essenciais à instrução do feito, nos casos de autos em papel.

Art. 21. Os Tribunais Regionais do Trabalho ficarão obrigados a comunicar à Presidência do Conselho Superior da Justiça do

Legislação Processual

Trabalho qualquer alteração na competência territorial de suas Varas do Trabalho.

Capítulo V
PROCESSO ELETRÔNICO

Art. 22. Na Justiça do Trabalho, os atos processuais do processo eletrônico serão assinados eletronicamente na forma estabelecida nesta Instrução Normativa.

Art. 23. No processo eletrônico, todas as citações, intimações e notificações, inclusive da Fazenda Pública, serão feitas por meio eletrônico.

§ 1º As citações, intimações, notificações e remessas que viabilizem o acesso à íntegra do processo correspondente serão consideradas vista pessoal do interessado para todos os efeitos legais.

§ 2º Quando, por motivo técnico, for inviável o uso do meio eletrônico para a realização de citação, intimação ou notificação, esses atos processuais poderão ser praticados segundo as regras ordinárias, digitalizando-se o documento físico, que deverá ser posteriormente destruído.

Art. 24. A distribuição da petição inicial e a juntada da contestação, dos recursos e das petições em geral, todos em formato digital, nos autos de processo eletrônico, podem ser feitas diretamente pelos advogados públicos e privados, sem necessidade da intervenção do cartório ou secretaria judicial, situação em que a autuação deverá se dar de forma automática, fornecendo-se o recibo eletrônico de protocolo.

§ 1º Quando o ato processual tiver que ser praticado em determinado prazo, por meio de petição eletrônica, serão considerados tempestivos os efetivados até as 24 (vinte e quatro) horas do último dia.

§ 2º No caso do § 1º deste artigo, se o serviço respectivo do Portal – JT se tornar indisponível por motivo técnico que impeça a prática do ato no termo final do prazo, este fica automaticamente prorrogado para o primeiro dia útil seguinte à resolução do problema.

Art. 25. Os documentos produzidos eletronicamente e juntados aos processos eletrônicos com garantia da origem e de seu signatário, na forma estabelecida nesta Instrução Normativa, serão considerados originais para todos os efeitos legais.

§ 1º Os extratos digitais e os documentos digitalizados e juntados aos autos pelos órgãos da Justiça do Trabalho e seus auxiliares, pelo Ministério Público e seus auxiliares, pelas procuradorias, pelas autoridades policiais, pelas repartições públicas em geral e por advogados públicos e privados têm a mesma força probante dos originais, ressalvada a alegação motivada e fundamentada de adulteração antes ou durante o processo de digitalização.

§ 2º A arguição de falsidade do documento original será processada eletronicamente na forma da lei processual em vigor.

§ 3º Os originais dos documentos digitalizados, mencionados no § 1º deste artigo, deverão ser preservados pelo seu detentor até o trânsito em julgado da sentença ou, quando admitida, até o final do prazo para interposição de ação rescisória.

§ 4º Os documentos cuja digitalização seja tecnicamente inviável devido ao grande volume ou por motivo de ilegibilidade deverão ser apresentados ao cartório ou secretaria no prazo de 10 (dez) dias contados do envio de petição eletrônica comunicando o fato, os quais serão devolvidos à parte após o trânsito em julgado.

§ 5º Os documentos digitalizados juntados em processo eletrônico somente estarão disponíveis para acesso por meio da rede externa para suas respectivas partes processuais e para o Ministério Público, respeitado o disposto em lei para as situações de sigilo e de segredo de justiça.

Art. 26. A conservação dos autos do processo poderá ser efetuada total ou parcialmente por meio eletrônico.

§ 1º Os autos dos processos eletrônicos serão protegidos por meio de sistemas de segurança de acesso e armazenados de forma a preservar a integridade dos dados, sendo dispensada a formação de autos suplementares.

§ 2º Os autos de processos eletrônicos que tiverem de ser remetidos a outro juízo ou instância superior que não disponham de sistema compatível deverão ser impressos

em papel e autuados na forma dos arts. 166 a 168 do CPC.

§ 3º No caso do § 2º deste artigo, o escrivão ou o chefe de secretaria certificará os autores ou a origem dos documentos produzidos nos autos, acrescentando, ressalvada a hipótese de existir segredo de justiça, a forma pela qual o banco de dados poderá ser acessado para aferir a autenticidade das peças e das respectivas assinaturas digitais.

§ 4º Feita a autuação na forma estabelecida no § 2º deste artigo, o processo seguirá a tramitação legalmente estabelecida para os processos físicos.

§ 5º A digitalização de autos em mídia não digital, em tramitação ou já arquivados, será precedida de publicação de editais de intimações ou da intimação pessoal das partes e de seus procuradores, para que, no prazo preclusivo de 30 (trinta) dias, se manifestem sobre o desejo de manterem pessoalmente a guarda de algum dos documentos originais.

Art. 27. O magistrado poderá determinar que sejam realizados por meio eletrônico a exibição e o envio de dados e de documentos necessários à instrução do processo.

§ 1º Consideram-se cadastros públicos, para os efeitos deste artigo, dentre outros existentes ou que venham a ser criados, ainda que mantidos por concessionárias de serviço público ou empresas privadas, os que contenham informações indispensáveis ao exercício da função judicante.

§ 2º O acesso de que trata este artigo dar-se-á por qualquer meio tecnológico disponível, preferentemente o de menor custo, considerada sua eficiência.

Capítulo VI
DISPOSIÇÕES GERAIS, FINAIS E TRANSITÓRIAS

Art. 28. Os credenciamentos de assinatura eletrônica já feitos pelos Tribunais Regionais do Trabalho antes da publicação desta Instrução Normativa e que estejam em desacordo com as regras nela estabelecidas terão validade por 180 (cento e oitenta) dias da última publicação desta Resolução, devendo os interessados promover o credenciamento adequado até essa data.

Art. 29. Os casos omissos desta Instrução Normativa serão resolvidos pelos Presidentes dos Tribunais, no âmbito de suas esferas de competência.

Art. 30. Para efeito do disposto no § 5º do art. 4º da Lei 11.419, de 19 de dezembro de 2006, a presente Instrução Normativa será publicada durante 30 (trinta) dias no *Diário Oficial* em uso, dando-lhe ampla divulgação.

Art. 31. A presente Instrução Normativa entra em vigor 90 (noventa) dias após a sua última publicação, revogada a Instrução Normativa 28 desta Corte.

Sala de sessões, 13 de setembro de 2007.

Ana Lúcia Rego Queiroz
Secretário do Tribunal Pleno

(*DJU* 18.09.2007)

INSTRUÇÃO NORMATIVA 31, DE 27 DE SETEMBRO DE 2007, DO TRIBUNAL SUPERIOR DO TRABALHO – TST

Regulamenta a forma de realização do depósito prévio em ação rescisória de que trata o art. 836 da CLT, com redação dada pela Lei 11.495, de 22 de junho de 2007.

• Editada pela Res. TST 141/2007 (*DJU* 09.10.2007).

Art. 1º O depósito prévio em ação rescisória de que trata o art. 836 da CLT, com redação dada pela Lei 11.495, de 22 de junho de 2007, deverá ser realizado na forma preconizada na Instrução Normativa 21 desta Corte, observando-se as seguintes peculiaridades quanto ao preenchimento da guia de acolhimento de depósito judicial:

I – nos campos relativos à identificação do processo deverão ser informados os dados do processo em que foi proferida a decisão rescindenda;

LEGISLAÇÃO PROCESSUAL

IN TST 32/2007

II – o campo "Tipo de Depósito" deverá ser preenchido com o número 1 (primeiro depósito), ainda que outros depósitos judiciais tenham sido efetuados no processo originário;

III – o campo "Motivo do Depósito" deverá ser preenchido com o número 4 (Outros).

Art. 2º O valor da causa da ação rescisória que visa desconstituir decisão da fase de conhecimento corresponderá:

I – no caso de improcedência, ao valor dado à causa do processo originário ou aquele que for fixado pelo Juiz;

II – no caso de procedência, total ou parcial, ao respectivo valor arbitrado à condenação.

Art. 3º O valor da causa da ação rescisória que visa desconstituir decisão da fase de execução corresponderá ao valor apurado em liquidação de sentença.

Art. 4º O valor da causa da ação rescisória, quer objetive desconstituir decisão da fase de conhecimento ou decisão da fase de execução, será reajustado pela variação cumulada do INPC do IBGE até a data do seu ajuizamento.

Art. 5º O valor depositado será revertido em favor do réu, a título de multa, caso o pedido deduzido na ação rescisória seja julgado, por unanimidade de votos, improcedente ou inadmissível.

• Artigo com redação determinada pela Res. TST 154/2009.

Art. 6º O depósito prévio não será exigido da massa falida e quando o autor perceber salário igual ou inferior ao dobro do mínimo legal, ou declarar, sob as penas da lei, que não está em condições de pagar as custas do processo sem prejuízo do sustento próprio ou de sua família.

Art. 7º Esta Instrução Normativa entra em vigor na data de sua publicação.

Sala de Sessões, 27 de setembro de 2007.
Ana Lucia Rego Queiroz
Secretária do Tribunal Pleno

(*DJU* 09.10.2007)

INSTRUÇÃO NORMATIVA 32, DE 19 DE DEZEMBRO DE 2007, DO TRIBUNAL SUPERIOR DO TRABALHO – TST

Uniformiza procedimentos para a expedição de Precatórios e Requisições de Pequeno Valor no âmbito da Justiça do Trabalho e dá outras providências.

• Aprovada pela Res. TST 145/2007 (*DOU* 10.01.2008 e *DJU* 14.01.2008).

Art. 1º Os pagamentos devidos pelas Fazendas Públicas Federal, Estadual, Distrital ou Municipal, em virtude de sentença judicial transitada em julgado, serão realizados exclusivamente na ordem de apresentação dos precatórios e à conta dos créditos respectivos, na forma da lei.

Parágrafo único. Não estão sujeitos à expedição de precatórios os pagamentos de obrigações definidas em lei como de pequeno valor.

Art. 2º É obrigatória a inclusão, no orçamento das entidades de Direito Público, de verba necessária ao pagamento de seus débitos oriundos de sentenças transitadas em julgado, constantes de precatórios judiciários, apresentados até 1º de julho, fazendo-se o pagamento até o final do exercício seguinte, quando terão seus valores atualizados monetariamente.

Art. 3º Reputa-se de pequeno valor o crédito cuja importância atualizada, por beneficiário, seja igual ou inferior a:

I – 60 (sessenta) salários mínimos, se a devedora for a Fazenda Pública Federal;

II – 40 (quarenta) salários mínimos, ou o valor estipulado pela legislação local, se as devedoras forem as Fazendas Públicas Estadual e Distrital; e

III – 30 (trinta) salários mínimos, ou o valor estipulado pela legislação local, se a devedora for a Fazenda Pública Municipal.

Art. 4º Ao credor de importância superior à estabelecida na definição de pequeno valor, fica facultado renunciar ao crédito do valor excedente e optar pelo pagamento do saldo dispensando-se o precatório.

1131

IN TST 32/2007

LEGISLAÇÃO PROCESSUAL

§ 1º Não é permitido o fracionamento do valor da execução relativamente ao mesmo beneficiário, de modo que se faça o pagamento, em parte, por intermédio de requisição de pequeno valor e, em parte, mediante expedição de precatório.

§ 2º Na hipótese de crédito de valor aproximado ao de pequeno valor legalmente previsto, o Presidente do Tribunal ou o Juízo Auxiliar de Conciliação de Precatórios consultará o credor quanto ao interesse em renunciar parcialmente ao crédito de modo a afastar a necessidade de expedição do precatório.

Art. 5º As requisições de pagamento que decorram de precatório ou as de pequeno valor, quando a devedora for a União, serão expedidas pelo Juiz da execução e dirigidas ao presidente do Tribunal, a quem compete:
a) examinar a regularidade formal da requisição;
b) corrigir, de ofício ou a requerimento das partes, inexatidões materiais ou retificar erros de cálculos, vinculados à utilização de critério em descompasso com a lei ou com o título executivo judicial, desde que o critério não haja sido objeto de debate quer na fase de conhecimento, quer na fase de execução;
c) expedir o ofício requisitório; e
d) zelar pela obediência à ordem de preferência de pagamento dos créditos, na hipótese de precatórios.

Art. 6º Nos casos de créditos de pequeno valor de responsabilidade das Fazendas Públicas Estadual, Distrital ou Municipal, as requisições serão encaminhadas pelo Juiz da execução ao próprio devedor.

Art. 7º Na hipótese de reclamação plúrima será considerado o valor devido a cada litisconsorte, expedindo-se, simultaneamente, se for o caso:
a) requisições de pequeno valor em favor dos exequentes cujos créditos não ultrapassam os limites definidos no art. 3º desta Instrução; e
b) requisições mediante precatório para os demais credores.

Parágrafo único. Os honorários advocatícios e periciais serão considerados parcela autônoma, não se somando ao crédito dos exequentes para fins de classificação do requisitório de pequeno valor.

Art. 8º É vedado requisitar pagamento em execução provisória.

Art. 9º O Juiz da execução informará na requisição os seguintes dados constantes do processo:
I – número do processo;
II – nomes das partes e de seus procuradores;
III – nomes dos beneficiários e respectivos números no CPF ou no CNPJ, inclusive quando se tratar de advogados, peritos e outros;
IV – natureza do crédito (comum ou alimentar) e espécie da requisição (RPV ou precatório);
VI – valor individualizado por beneficiário e valor total da requisição;

• Consta inciso VI conforme publicação oficial.

VII – data base considerada para efeito de atualização monetária dos valores; e
VIII – data do trânsito em julgado da sentença ou acórdão.

Parágrafo único. Ausentes quaisquer dos dados especificados, o Tribunal restituirá a requisição à origem, para regularização.

Art. 10. Os precatórios e as requisições de pequeno valor serão processados nos próprios autos do processo que os originaram.

Art. 11. O pagamento das requisições obedecerá estritamente à ordem cronológica de apresentação nos Tribunais.

Art. 12. Os valores destinados aos pagamentos decorrentes de precatórios e de requisições de pequeno valor serão depositados em instituição bancária oficial, abrindo-se conta remunerada e individualizada para cada beneficiário.

Art. 13. Incumbirá ao Juiz da execução comunicar ao Presidente do Tribunal ou ao Juízo Auxiliar de Conciliação de Precatórios, no prazo de 5 (cinco) dias, a efetivação do pagamento ao credor.

Art. 14. O Presidente do Tribunal, exclusivamente na hipótese de preterição do direito de precedência do credor, fica autorizado a proceder ao sequestro de verba do deve-

dor, desde que requerido pelo exequente e depois de ouvido o Ministério Público.

Art. 15. As requisições de pequeno valor – RPV encaminhadas ao devedor deverão ser pagas no prazo de 60 (sessenta) dias.

Parágrafo único. Na hipótese de não cumprimento da requisição judicial, o Juiz determinará o sequestro do numerário suficiente ao cumprimento da decisão.

Art. 16. Os Tribunais Regionais do Trabalho instituirão Juízo Auxiliar de Conciliação de Precatórios, com o objetivo de incluir em pauta, observada a ordem cronológica de apresentação, os precatórios e as requisições de pequeno valor (RPV) já consignadas em precatório, para tentativa de acordo.

Parágrafo único. Caberá ao Juízo Auxiliar de Conciliação de Precatórios, sem prejuízo de outras atribuições, o controle da listagem da ordem preferencial dos credores, a realização de cálculos, o acompanhamento de contas bancárias e a celebração de convênios entre os entes públicos devedores e o Tribunal Regional do Trabalho, para repasse mensal de verbas necessárias ao pagamento dos precatórios.

Art. 17. Será designado pelo Presidente do Tribunal um Juiz do Trabalho substituto para atuar no Juízo Auxiliar de Conciliação de Precatórios.

§ 1º O Juízo Auxiliar de Conciliação de Precatórios determinará a inclusão em pauta de todos os precatórios, observada a ordem cronológica, para tentativa de conciliação.

§ 2º As partes e seus procuradores serão convocados para audiência de conciliação, que poderá ser realizada apenas com a presença dos procuradores, desde que possuam poderes para transigir, receber e dar quitação.

§ 3º O Ministério Público do Trabalho será comunicado do dia, local e horário da realização da audiência de conciliação.

Art. 18. As partes poderão, a qualquer tempo, solicitar a reinclusão do precatório em pauta, para nova tentativa de conciliação.

Art. 19. Os precatórios conciliados serão quitados, na ordem cronológica, observando-se o repasse realizado pelo ente público devedor.

Art. 20. Os precatórios que não foram objeto de conciliação serão pagos na ordem cronológica de apresentação.

Art. 21. Frustrada a tentativa de conciliação referente a precatório cujo prazo para pagamento já venceu os autos serão encaminhados à Presidência do Tribunal, para deliberar sobre eventual pedido de intervenção.

Art. 22. O Presidente do Tribunal deverá fundamentar a decisão relativa ao encaminhamento do pedido de intervenção, justificando a necessidade da adoção da medida excepcional.

Art. 23. O pedido de intervenção deverá ser instruído, obrigatoriamente, com as seguintes peças:

a) petição do credor, dirigida ao Presidente do Tribunal Regional do Trabalho, requerendo o encaminhamento do pedido de intervenção ao Supremo Tribunal Federal ou ao Tribunal de Justiça, conforme o caso;

b) impugnação do ente público ao pedido, se houver;

c) manifestação do Ministério Público do Trabalho da Região;

d) decisão fundamentada do Presidente do Tribunal Regional do Trabalho relativa à admissibilidade do encaminhamento do pedido de intervenção; e

e) ofício requisitório que permita a verificação da data de expedição do precatório e o ano de sua inclusão no orçamento.

Parágrafo único. O pedido de intervenção em Estado-membro será encaminhado ao Supremo Tribunal Federal por intermédio da Corregedoria-Geral da Justiça do Trabalho, enquanto o pedido de intervenção em município será enviado diretamente pelo Presidente do Tribunal Regional do Trabalho ao Tribunal de Justiça do respectivo Estado.

Art. 24. Fica revogada a Resolução 67, de 10 de abril de 1997, que aprovou a Instrução Normativa 11.

Art. 25. Esta Resolução entra em vigor na data de sua publicação.

Brasília, 19 de dezembro de 2007.
Rider Nogueira de Brito
Ministro do Presidente do Tribunal
(*DOU* 10.01.2008 e *DJU* 14.01.2008)

RESOLUÇÃO 8,
DE 7 DE AGOSTO DE 2008, DO SUPERIOR TRIBUNAL DE JUSTIÇA – STJ

Estabelece os procedimentos relativos ao processamento e julgamento de recursos especiais repetitivos.

O Presidente do Superior Tribunal de Justiça, no uso da atribuição que lhe é conferida pelo art. 21, XX, do Regimento Interno, *ad referendum* do Conselho de Administração, e

Considerando a necessidade de regulamentar os procedimentos para admissibilidade e julgamento dos recursos especiais repetitivos, previstos na Lei 11.672, de 8 de maio de 2008, resolve:

Art. 1º Havendo multiplicidade de recursos especiais com fundamento em idêntica questão de direito, caberá ao presidente ou ao vice-presidente do tribunal recorrido (CPC, art. 541) admitir um ou mais recursos representativos da controvérsia, os quais serão encaminhados ao Superior Tribunal de Justiça, ficando os demais suspensos até o pronunciamento definitivo do Tribunal.

§ 1º Serão selecionados pelo menos um processo de cada Relator e, dentre esses, os que contiverem maior diversidade de fundamentos no acórdão e de argumentos no recurso especial.

§ 2º O agrupamento de recursos repetitivos levará em consideração apenas a questão central discutida, sempre que o exame desta possa tornar prejudicada a análise de outras questões arguidas no mesmo recurso.

§ 3º A suspensão será certificada nos autos.

§ 4º No Superior Tribunal de Justiça, os recursos especiais de que trata este artigo serão distribuídos por dependência e submetidos a julgamento nos termos do art. 543-C do CPC e desta Resolução.

Art. 2º Recebendo recurso especial admitido com base no artigo 1º, *caput*, desta Resolução, o Relator submeterá o seu julgamento à Seção ou à Corte Especial, desde que, nesta última hipótese, exista questão de competência de mais de uma Seção.

§ 1º A critério do Relator, poderão ser submetidos ao julgamento da Seção ou da Corte Especial, na forma deste artigo, recursos especiais já distribuídos que forem representativos de questão jurídica objeto de recursos repetitivos.

§ 2º A decisão do Relator será comunicada aos demais Ministros e ao Presidente dos Tribunais de Justiça e dos Tribunais Regionais Federais, conforme o caso, para suspender os recursos que versem sobre a mesma controvérsia.

Art. 3º Antes do julgamento do recurso, o Relator:

I – poderá solicitar informações aos tribunais estaduais ou federais a respeito da controvérsia e autorizar, ante a relevância da matéria, a manifestação escrita de pessoas, órgãos ou entidades com interesse na controvérsia, a serem prestadas no prazo de 15 (quinze) dias;

II – dará vista dos autos ao Ministério Público por 15 (quinze) dias;

Art. 4º Na Seção ou na Corte Especial, o recurso especial será julgado com preferência sobre os demais, ressalvados os que envolvam réu preso e os pedidos de *habeas corpus*.

Parágrafo único. A Coordenadoria do órgão julgador extrairá cópias do acórdão recorrido, do recurso especial, das contrarrazões, da decisão de admissibilidade, do parecer do Ministério Público e de outras peças indicadas pelo Relator, encaminhando-as aos integrantes do órgão julgador pelo menos 5 (cinco) dias antes do julgamento.

Art. 5º Publicado o acórdão do julgamento do recurso especial pela Seção ou pela Corte Especial, os demais recursos especiais fundados em idêntica controvérsia:

I – se já distribuídos, serão julgados pelo relator, nos termos do art. 557 do Código de Processo Civil;

II – se ainda não distribuídos, serão julgados pela Presidência, nos termos da Resolução 3, de 17 de abril de 2008.

III – se sobrestados na origem, terão seguimento na forma prevista nos parágrafos sétimo e oitavo do artigo 543-C do Código de Processo Civil.

Ato TST/CSJT 15/2008

LEGISLAÇÃO PROCESSUAL

Art. 6° A coordenadoria do órgão julgador expedirá ofício aos tribunais de origem com cópia do acórdão relativo ao recurso especial julgado na forma desta Resolução.

Art. 7° O procedimento estabelecido nesta Resolução aplica-se, no que couber, aos agravos de instrumento interpostos contra decisão que não admitir recurso especial.

Art. 8° Esta Resolução entra em vigor em 8 de agosto de 2008 e será publicada no *Diário de Justiça eletrônico*, ficando revogada a Resolução 7, de 14 de julho de 2008.
Brasília, 7 de agosto de 2008.
Ministro Cesar Asfor Rocha

(*DJE* 08.08.2008)

ATO CONJUNTO 15, DE 5 DE JUNHO DE 2008, DO TRIBUNAL SUPERIOR DO TRABALHO E DO CONSELHO SUPERIOR DA JUSTIÇA DO TRABALHO – TST/CSJT

Institui o Diário Eletrônico da Justiça do Trabalho e estabelece normas para envio, publicação e disponibilização de matérias dos Órgãos da Justiça do Trabalho.

- As alterações decorrentes do Ato Conjunto TST/CSJT 13/2010 (*DJE* 31.08.2010), em atenção ao disposto no art. 5°, já se encontram consolidadas na republicação deste Ato Conjunto.

O Presidente do Tribunal Superior do Trabalho e do Conselho Superior da Justiça do Trabalho, no uso de suas atribuições legais e regimentais,
Considerando que compete ao Tribunal Superior do Trabalho e ao Conselho Superior da Justiça do Trabalho expedir normas relacionadas aos sistemas de informática, no âmbito de suas competências;
Considerando o disposto no art. 4° da Lei 11.419, de 19 de dezembro de 2006;
Considerando que, à exceção das decisões previstas no art. 834 da CLT, os demais atos, despachos e decisões proferidas pela Justiça do Trabalho são publicados no *Diário da Justiça*;
Considerando a conveniência e o interesse dos Órgãos da Justiça do Trabalho em contar com meio próprio de disponibilização das decisões, atos e intimações, resolve:

Art. 1° Este Ato institui o *Diário Eletrônico da Justiça do Trabalho*, de âmbito nacional, e estabelece as normas para sua elaboração, disponibilização e publicação.

Seção I
Finalidade do
Diário Eletrônico
da Justiça do Trabalho
e endereço de acesso

Art. 2° O *Diário Eletrônico da Justiça do Trabalho* é o instrumento de comunicação oficial para disponibilização e publicação dos atos dos Órgãos da Justiça do Trabalho, do Conselho Superior da Justiça do Trabalho e da Escola Nacional de Formação e Aperfeiçoamento de Magistrados do Trabalho, e estará acessível na rede mundial de computadores, no Portal da Justiça do Trabalho, pelo endereço eletrônico www.jt.jus.br, possibilitando a qualquer interessado o acesso gratuito, independentemente de cadastro prévio.

Seção II
Do início da publicação
de matérias no *Diário Eletrônico*
da Justiça do Trabalho

Art. 3° A publicação de matérias no *Diário Eletrônico da Justiça do Trabalho* terá início em 9 de junho de 2008, com a disponibilização do expediente do Tribunal Superior do Trabalho, do Conselho Superior da Justiça do Trabalho, da Escola Nacional de Formação e Aperfeiçoamento de Magistrados do Trabalho e de Tribunais Regionais do Trabalho.

Parágrafo único. A publicação dos expedientes dos Tribunais Regionais do Trabalho será feita gradualmente, na forma do cronograma a ser fixado pela Presidência do Conselho Superior da Justiça do Trabalho.

Art. 4° Os Órgãos da Justiça do Trabalho que iniciarem a publicação no *Diário Eletrônico da Justiça do Trabalho* manterão, simultaneamente, as versões atuais de publicação por no mínimo 30 (trinta) dias.

Ato TST/CSJT 15/2008

LEGISLAÇÃO PROCESSUAL

• V. art. 25.

Art. 5º A publicação eletrônica na forma deste artigo substitui qualquer outro meio e publicação oficial, para quaisquer efeitos legais, à exceção dos casos que, por lei, exigirem intimação ou vista pessoal.

Art. 6º Considera-se como data da publicação o primeiro dia útil seguinte ao da disponibilização do *Diário Eletrônico* no Portal da Justiça do Trabalho.

Parágrafo único. Os prazos processuais terão início no primeiro dia útil que seguir ao considerado como data da publicação.

Seção III
Da periodicidade, da disponibilização e dos feriados

Art. 7º O *Diário Eletrônico da Justiça do Trabalho* será disponibilizado diariamente, de segunda a sexta-feira, a partir das dezenove horas, exceto nos feriados nacionais.

§ 1º Na hipótese de problemas técnicos que impossibilitem a disponibilização das matérias até as vinte e três horas, a disponibilização não será efetivada e o fato será comunicado aos gestores do sistema, pelo gestor nacional, para que providenciem o reagendamento das matérias.

§ 2º Caso o *Diário Eletrônico* do dia corrente se torne indisponível para consulta no Portal da Justiça do Trabalho, entre 19h e 23h59, por período superior a 4 (quatro) horas, considerar-se-á como data de disponibilização o primeiro dia útil subsequente.

§ 3º Na hipótese do parágrafo anterior, e sendo necessário, o presidente do Órgão publicador baixará ato de invalidação e determinará nova data para disponibilização das matérias.

Art. 8º Na hipótese de feriados serão observadas as seguintes regras:

I – no caso de cadastramento de feriado de âmbito nacional:

a) as matérias já agendadas para data coincidente serão automaticamente reagendadas para o primeiro dia útil subsequente, cabendo ao gestor do Órgão publicador intervir para alterá-las ou excluí-las;

b) serão enviadas mensagens eletrônicas aos gestores, gerentes e publicadores dos Órgãos e unidades atingidas;

II – na hipótese de cadastramento de feriado regional, a disponibilização de matérias já agendadas para a mesma data será mantida, cabendo ao gestor do Órgão atingido intervir para alterá-la ou excluí-la;

III – o agendamento de matérias para disponibilização em dia cadastrado como feriado nacional será rejeitado;

IV – o agendamento de matérias para disponibilização nos feriados regionais será prerrogativa do Órgão publicador.

Seção IV
Da permanência das edições no Portal da Justiça do Trabalho

Art. 9º Serão mantidas no Portal para acesso público, consulta e *download*, as quinhentas últimas edições do *Diário Eletrônico da Justiça do Trabalho*.

§ 1º O acesso e a consulta às edições anteriores às previstas no caput somente serão possíveis mediante solicitação ao Órgão publicador.

§ 2º O Tribunal Superior do Trabalho e os Tribunais Regionais do Trabalho definirão os procedimentos para guarda e conservação dos diários, bem como para atendimento das solicitações de que trata o parágrafo anterior.

Seção V
Da assinatura digital, da segurança e da numeração sequencial

Art. 10. As edições do *Diário Eletrônico da Justiça do Trabalho* serão assinadas digitalmente, atendendo aos requisitos de autenticidade, integridade, validade jurídica e interoperabilidade da Infraestrutura de Chaves Públicas Brasileiras – ICP/Brasil.

Art. 11. O *Diário Eletrônico da Justiça do Trabalho* será identificado por numeração sequencial para cada edição, pela data da publicação e pela numeração da página.

Ato TST/CSJT 15/2008

Seção VI
Do Comitê Gestor, dos gestores nacionais e regionais, dos gerentes e dos publicadores

Art. 11-A. O *Diário Eletrônico da Justiça do Trabalho* será administrado por um Comitê Gestor, com as seguintes atribuições:
I – realizar estudos, pesquisas e levantamentos de informações com a finalidade de promover a adoção de novas tecnologias, adequadas ao sistema e às necessidades dos Órgãos da Justiça do Trabalho, do Conselho Superior da Justiça do Trabalho e da Escola Nacional de Formação e Aperfeiçoamento de Magistrados do Trabalho;
II – analisar as demandas e as necessidades de atualização e alteração do sistema;
III – colaborar com a equipe técnica para a definição das premissas e estratégias utilizadas para o desenvolvimento, homologação, implantação e integridade de operação do sistema;
IV – elaborar propostas de projetos para a especificação, aquisição, implantação e suporte ao sistema;
V – indicar membros para a composição das equipes de projeto, incluindo os gerentes do projeto e as equipes de requisitos, submetendo-os à aprovação da Coordenação Executiva, que será exercida pela Assessoria de Tecnologia da Informação e Comunicação do Conselho Superior da Justiça do Trabalho;
VI – apoiar o desenvolvimento de projetos relacionados ao *Diário Eletrônico da Justiça do Trabalho*, atendendo às solicitações encaminhadas pelos respectivos gerentes de projetos;
VII – divulgar os resultados de suas atividades pelos meios ou mecanismos designados pela Coordenação Executiva.

Art. 12. O gestor nacional do *Diário Eletrônico da Justiça do Trabalho* terá as seguintes atribuições:
I – registrar e manter atualizado o calendário dos feriados nacionais;
II – incluir, alterar e excluir gestores designados pelo Tribunal Superior do Trabalho, pelo Conselho Superior da Justiça do Trabalho, pela Escola Nacional de Formação e Aperfeiçoamento de Magistrados do Trabalho e pelos Tribunais Regionais do Trabalho;
III – incluir, alterar ou excluir tipos de matérias utilizados no sistema; e
IV – registrar, em livro eletrônico de acesso público, as indisponibilidades do *DEJT* e outras ocorrências de caráter relevante.
Parágrafo único. O Presidente do Conselho Superior da Justiça do Trabalho e do Tribunal Superior do Trabalho designará o gestor nacional e o respectivo substituto.

Art. 13. Ao gestor regional, além das atribuições conferidas aos gerentes, compete:
I – cadastrar as unidades publicadoras do respectivo regional;
II – incluir, alterar e excluir os gerentes das unidades publicadoras e os gestores regionais substitutos;
III – incluir, alterar e excluir do calendário os dias de feriados regionais.

Art. 14. Cada unidade publicadora designará os seus gerentes e publicadores responsáveis pelo envio das matérias para disponibilização no *Diário Eletrônico da Justiça do Trabalho*.

Art. 15. Aos gerentes, além das prerrogativas conferidas aos publicadores, compete:
I – excluir matérias enviadas por sua unidade ou alterar a data de disponibilização previamente agendada;
II – incluir e excluir os gerentes substitutos e os publicadores no âmbito de sua unidade.

Art. 16. Publicador é o servidor credenciado pelo gerente de sua unidade e habilitado para enviar matérias.

Seção VII
Do horário para envio e para exclusão de matérias

Art. 17. O horário limite para o envio de matérias será 14 horas do dia da disponibilização.
Parágrafo único. A alteração da data de disponibilização e a exclusão de matérias enviadas somente serão possíveis até uma hora após o horário limite estabelecido para envio.

Ato TST 310/2009

LEGISLAÇÃO PROCESSUAL

Art. 18. *(Revogado pelo Ato Conjunto TST/CSJT 13/2010.)*

Seção VIII
Do conteúdo, das formas de envio de matérias e da confirmação da disponibilização

Art. 19. O conteúdo ou a duplicidade das matérias disponibilizadas no *Diário Eletrônico da Justiça do Trabalho* é de responsabilidade exclusiva da unidade que o produziu, não havendo nenhuma crítica ou editoração da matéria enviada.

Art. 20. As matérias enviadas para publicação deverão obedecer aos padrões de formatação estabelecidos pela Secretaria de Tecnologia da Informação do Tribunal Superior do Trabalho.

Parágrafo único. Nos casos em que se exija publicação de matérias com formatação fora dos padrões estabelecidos, essas deverão ser enviadas como anexos por meio de funcionalidade existente no sistema do *Diário Eletrônico da Justiça do Trabalho.*

Art. 21. Após a disponibilização no *Diário Eletrônico da Justiça do Trabalho,* não poderão ocorrer modificações ou supressões nos documentos. Eventuais retificações deverão constar de nova publicação.

Art. 22. *(Revogado pelo Ato Conjunto TST/CSJT 13/2010.)*

Seção IX
Disposições finais e transitórias

Art. 23. Compete à Secretaria de Tecnologia da Informação do Tribunal Superior do Trabalho:

I – a manutenção e o funcionamento da infraestrutura e dos sistemas e programas informatizados relativamente ao *Diário Eletrônico da Justiça do Trabalho;*

II – o suporte técnico e o atendimento dos usuários do Tribunal Superior do Trabalho, do Conselho Superior da Justiça do Trabalho e da Escola Nacional de Formação e Aperfeiçoamento de Magistrados do Trabalho;

III – a guarda e conservação das cópias de segurança do *Diário Eletrônico da Justiça do Trabalho;*

IV – o atendimento de segundo nível demandado pelas Secretarias de Informática e dos Gestores Regionais.

Art. 24. Serão de guarda permanente, para fins de arquivamento, as publicações no *Diário Eletrônico da Justiça do Trabalho.*

Art. 25. No período referido no artigo 4º deste Ato deverá constar informação da data do início da publicação exclusiva no *Diário Eletrônico da Justiça do Trabalho.*

Parágrafo único. Enquanto durar a publicação simultânea no *Diário Eletrônico da Justiça do Trabalho* e no *Diário da Justiça* ou versão utilizada pelo Órgão publicador, os prazos serão aferidos pelo sistema antigo de publicação.

Art. 26. Os horários mencionados neste Ato corresponderão ao horário oficial de Brasília, independentemente do fuso horário local.

Art. 27. Os casos omissos serão resolvidos pela Presidência do Tribunal Superior do Trabalho e do Conselho Superior da Justiça do Trabalho.

Art. 28. Este Ato entra em vigor na data de sua publicação, revogadas as disposições em contrário.

Ministro Rider Nogueira de Brito
*Ministro Presidente
do Tribunal Superior do Trabalho
e do Conselho Superior da Justiça do Trabalho*

(DJU 09.06.2008; rep. 24.09.2008
e rep. DJE 31.08.2010)

ATO 310,
DE 19 DE MAIO DE 2009, DO TRIBUNAL SUPERIOR DO TRABALHO – TST

Autoriza o Presidente do Tribunal a decidir, monocraticamente, os agravos de instrumento em recurso de revista e os recursos de revista pendentes de distribuição, nas hipóteses que especifica.

O Presidente do Tribunal Superior do Trabalho, no uso de suas atribuições legais e re-

Lei 12.016/2009

LEGISLAÇÃO PROCESSUAL

gimentais, *ad referendum* do Órgão Especial,

• Ato referendado pela Res. Administrativa TST 1.340/2009 (*DJE* 08.06.2009).

Considerando o disposto no art. 5º, inciso LXXVIII, da Constituição da República, que assegura às partes o direito à razoável duração do processo e os meios que garantam a celeridade de sua tramitação, resolveu:

Art. 1º Fica o Presidente do Tribunal autorizado a decidir, monocraticamente, os agravos de instrumento em recurso de revista e os recursos de revista pendentes de distribuição que não preencham os pressupostos extrínsecos de admissibilidade.

Art. 2º Compete, ainda, ao Presidente, antes da distribuição:

I – negar provimento a agravo de instrumento manifestamente incabível;

II – negar provimento ao agravo de instrumento na hipótese de o recurso de revista não atender os pressupostos extrínsecos de admissibilidade;

III – negar provimento ao agravo de instrumento para manter o despacho que denegou seguimento ao recurso de revista, por estar a decisão do Tribunal Regional em conformidade com súmula ou orientação jurisprudencial de direito material, da Corte.

Art. 3º Os embargos de declaração serão julgados pelo Presidente.

Parágrafo único. Postulando o embargante efeito modificativo, os embargos de declaração serão convertidos em agravo, em face dos princípios da fungibilidade e celeridade processual, e distribuídos no âmbito das Turmas do Tribunal.

Art. 4º Havendo interposição de agravo contra a decisão da Presidência, o processo será distribuído no âmbito das Turmas do Tribunal.

Art. 5º Este Ato entra em vigor na data de sua publicação, ficando revogadas as Resoluções Administrativas 1.171/2006, 1.185/2006 e 1.242/2007.

Brasília, 19 de maio de 2009.
Ministro Milton de Moura França
Presidente do Tribunal Superior do Trabalho
(*DJE* 20.05.2009)

LEI 12.016, DE 7 DE AGOSTO DE 2009

Disciplina o mandado de segurança individual e coletivo e dá outras providências.

O Presidente da República:
Faço saber que o Congresso Nacional decreta e eu sanciono a seguinte Lei:

Art. 1º Conceder-se-á mandado de segurança para proteger direito líquido e certo, não amparado por *habeas corpus* ou *habeas data*, sempre que, ilegalmente ou com abuso de poder, qualquer pessoa física ou jurídica sofrer violação ou houver justo receio de sofrê-la por parte de autoridade, seja de que categoria for e sejam quais forem as funções que exerça.

•• V. art. 5º, LXIX e LXX, CF.
•• V. Súmulas 271 e 625, STF.
•• V. Súmula 460, STJ.

§ 1º Equiparam-se às autoridades, para os efeitos desta Lei, os representantes ou órgãos de partidos políticos e os administradores de entidades autárquicas, bem como os dirigentes de pessoas jurídicas ou as pessoas naturais no exercício de atribuições do poder público, somente no que disser respeito a essas atribuições.

•• V. Súmula 510, STF.

§ 2º Não cabe mandado de segurança contra os atos de gestão comercial praticados pelos administradores de empresas públicas, de sociedade de economia mista e de concessionárias de serviço público.

•• V. Súmula 333, STJ.

§ 3º Quando o direito ameaçado ou violado couber a várias pessoas, qualquer delas poderá requerer o mandado de segurança.

Art. 2º Considerar-se-á federal a autoridade coatora se as consequências de ordem patrimonial do ato contra o qual se requer o mandado houverem de ser suportadas pela União ou entidade por ela controlada.

•• V. arts. 109, VIII, e 114, IV, CF.
•• V. Súmula 511, STF.

Art. 3º O titular de direito líquido e certo decorrente de direito, em condições idênticas, de terceiro poderá impetrar mandado de segurança a favor do direito originário, se o seu titular não o fizer, no prazo de 30

1139

Lei 12.016/2009

LEGISLAÇÃO PROCESSUAL

(trinta) dias, quando notificado judicialmente.

Parágrafo único. O exercício do direito previsto no *caput* deste artigo submete-se ao prazo fixado no art. 23 desta Lei, contado da notificação.

Art. 4º Em caso de urgência, é permitido, observados os requisitos legais, impetrar mandado de segurança por telegrama, radiograma, fax ou outro meio eletrônico de autenticidade comprovada.

§ 1º Poderá o juiz, em caso de urgência, notificar a autoridade por telegrama, radiograma ou outro meio que assegure a autenticidade do documento e a imediata ciência pela autoridade.

§ 2º O texto original da petição deverá ser apresentado nos 5 (cinco) dias úteis seguintes.

§ 3º Para os fins deste artigo, em se tratando de documento eletrônico, serão observadas as regras da Infraestrutura de Chaves Públicas Brasileira – ICP-Brasil.

Art. 5º Não se concederá mandado de segurança quando se tratar:

•• V. Súmulas 101, 266, 268 e 269, STF.
•• V. Súmulas 213 e 460, STJ.
•• V. Súmulas 33 e 418, TST.

I – de ato do qual caiba recurso administrativo com efeito suspensivo, independentemente de caução;

II – de decisão judicial da qual caiba recurso com efeito suspensivo;

•• V. Súmula 267, STF.
•• V. Súmula 202, STJ.

III – de decisão judicial transitada em julgado.

Parágrafo único. *(Vetado.)*

Art. 6º A petição inicial, que deverá preencher os requisitos estabelecidos pela lei processual, será apresentada em 2 (duas) vias com os documentos que instruírem a primeira reproduzidos na segunda e indicará, além da autoridade coatora, a pessoa jurídica que esta integra, à qual se acha vinculada ou da qual exerce atribuições.

•• V. Súmula 425, TST.

§ 1º No caso em que o documento necessário à prova do alegado se ache em repartição ou estabelecimento público ou em poder de autoridade que se recuse a fornecê-lo por certidão ou de terceiro, o juiz ordenará, preliminarmente, por ofício, a exibição desse documento em original ou em cópia autêntica e marcará, para o cumprimento da ordem, o prazo de 10 (dez) dias. O escrivão extrairá cópias do documento para juntá-las à segunda via da petição.

§ 2º Se a autoridade que tiver procedido dessa maneira for a própria coatora, a ordem far-se-á no próprio instrumento da notificação.

§ 3º Considera-se autoridade coatora aquela que tenha praticado o ato impugnado ou da qual emane a ordem para a sua prática.

§ 4º *(Vetado.)*

§ 5º Denega-se o mandado de segurança nos casos previstos pelo art. 267 da Lei 5.869, de 11 de janeiro de 1973 – Código de Processo Civil.

§ 6º O pedido de mandado de segurança poderá ser renovado dentro do prazo decadencial, se a decisão denegatória não lhe houver apreciado o mérito.

Art. 7º Ao despachar a inicial, o juiz ordenará:

I – que se notifique o coator do conteúdo da petição inicial, enviando-lhe a segunda via apresentada com as cópias dos documentos, a fim de que, no prazo de 10 (dez) dias, preste as informações;

II – que se dê ciência do feito ao órgão de representação judicial da pessoa jurídica interessada, enviando-lhe cópia da inicial sem documentos, para que, querendo, ingresse no feito;

III – que se suspenda o ato que deu motivo ao pedido, quando houver fundamento relevante e do ato impugnado puder resultar a ineficácia da medida, caso seja finalmente deferida, sendo facultado exigir do impetrante caução, fiança ou depósito, com o objetivo de assegurar o ressarcimento à pessoa jurídica.

§ 1º Da decisão do juiz de primeiro grau que conceder ou denegar a liminar caberá agravo de instrumento, observado o disposto na Lei 5.869, de 11 de janeiro de 1973 – Código de Processo Civil.

•• V. art. 522, CPC.

Lei 12.016/2009

LEGISLAÇÃO PROCESSUAL

§ 2º Não será concedida medida liminar que tenha por objeto a compensação de créditos tributários, a entrega de mercadorias e bens provenientes do exterior, a reclassificação ou equiparação de servidores públicos e a concessão de aumento ou a extensão de vantagens ou pagamento de qualquer natureza.

§ 3º Os efeitos da medida liminar, salvo se revogada ou cassada, persistirão até a prolação da sentença.

•• V. Súmula 304, STF.

§ 4º Deferida a medida liminar, o processo terá prioridade para julgamento.

§ 5º As vedações relacionadas com a concessão de liminares previstas neste artigo se estendem à tutela antecipada a que se referem os arts. 273 e 461 da Lei 5.869, de 11 janeiro de 1973 – Código de Processo Civil.

Art. 8º Será decretada a perempção ou caducidade da medida liminar ex officio ou a requerimento do Ministério Público quando, concedida a medida, o impetrante criar obstáculo ao normal andamento do processo ou deixar de promover, por mais de 3 (três) dias úteis, os atos e as diligências que lhe cumprirem.

Art. 9º As autoridades administrativas, no prazo de 48 (quarenta e oito) horas da notificação da medida liminar, remeterão ao Ministério ou órgão a que se acham subordinadas e ao Advogado-Geral da União ou a quem tiver a representação judicial da União, do Estado, do Município ou da entidade apontada como coatora cópia autenticada do mandado notificatório, assim como indicações e elementos outros necessários às providências a serem tomadas para a eventual suspensão da medida e defesa do ato apontado como ilegal ou abusivo de poder.

Art. 10. A inicial será desde logo indeferida, por decisão motivada, quando não for o caso de mandado de segurança ou lhe faltar algum dos requisitos legais ou quando decorrido o prazo legal para a impetração.

•• V. art. 267, I, CPC.

§ 1º Do indeferimento da inicial pelo juiz de primeiro grau caberá apelação e, quando a competência para o julgamento do mandado de segurança couber originariamente a um dos tribunais, do ato do relator caberá agravo para o órgão competente do tribunal que integre.

§ 2º O ingresso de litisconsorte ativo não será admitido após o despacho da petição inicial.

Art. 11. Feitas as notificações, o serventuário em cujo cartório corra o feito juntará aos autos cópia autêntica dos ofícios endereçados ao coator e ao órgão de representação judicial da pessoa jurídica interessada, bem como a prova da entrega a estes ou da sua recusa em aceitá-los ou dar recibo e, no caso do art. 4º desta Lei, a comprovação da remessa.

Art. 12. Findo o prazo a que se refere o inciso I do caput do art. 7º desta Lei, o juiz ouvirá o representante do Ministério Público, que opinará, dentro do prazo improrrogável de 10 (dez) dias.

Parágrafo único. Com ou sem o parecer do Ministério Público, os autos serão conclusos ao juiz, para a decisão, a qual deverá ser necessariamente proferida em 30 (trinta) dias.

Art. 13. Concedido o mandado, o juiz transmitirá em ofício, por intermédio do oficial do juízo, ou pelo correio, mediante correspondência com aviso de recebimento, o inteiro teor da sentença à autoridade coatora e à pessoa jurídica interessada.

Parágrafo único. Em caso de urgência, poderá o juiz observar o disposto no art. 4º desta Lei.

Art. 14. Da sentença, denegando ou concedendo o mandado, cabe apelação.

•• V. Súmula 201, TST.

§ 1º Concedida a segurança, a sentença estará sujeita obrigatoriamente ao duplo grau de jurisdição.

§ 2º Estende-se à autoridade coatora o direito de recorrer.

§ 3º A sentença que conceder o mandado de segurança pode ser executada provisoriamente, salvo nos casos em que for vedada a concessão da medida liminar.

§ 4º O pagamento de vencimentos e vantagens pecuniárias assegurados em sentença concessiva de mandado de segurança a servidor público da administração direta ou au-

Lei 12.016/2009

LEGISLAÇÃO PROCESSUAL

tárquica federal, estadual e municipal somente será efetuado relativamente às prestações que se vencerem a contar da data do ajuizamento da inicial.

Art. 15. Quando, a requerimento de pessoa jurídica de direito público interessada ou do Ministério Público e para evitar grave lesão à ordem, à saúde, à segurança e à economia públicas, o presidente do tribunal ao qual couber o conhecimento do respectivo recurso suspender, em decisão fundamentada, a execução da liminar e da sentença, dessa decisão caberá agravo, sem efeito suspensivo, no prazo de 5 (cinco) dias, que será levado a julgamento na sessão seguinte à sua interposição.

§ 1º Indeferido o pedido de suspensão ou provido o agravo a que se refere o *caput* deste artigo, caberá novo pedido de suspensão ao presidente do tribunal competente para conhecer de eventual recurso especial ou extraordinário.

§ 2º É cabível também o pedido de suspensão a que se refere o § 1º deste artigo, quando negado provimento a agravo de instrumento interposto contra a liminar a que se refere este artigo.

§ 3º A interposição de agravo de instrumento contra liminar concedida nas ações movidas contra o poder público e seus agentes não prejudica nem condiciona o julgamento do pedido de suspensão a que se refere este artigo.

§ 4º O presidente do tribunal poderá conferir ao pedido efeito suspensivo liminar se constatar, em juízo prévio, a plausibilidade do direito invocado e a urgência na concessão da medida.

§ 5º As liminares cujo objeto seja idêntico poderão ser suspensas em uma única decisão, podendo o presidente do tribunal estender os efeitos da suspensão a liminares supervenientes, mediante simples aditamento do pedido original.

•• V. Súmula 626, STF.

Art. 16. Nos casos de competência originária dos tribunais, caberá ao relator a instrução do processo, sendo assegurada a defesa oral na sessão do julgamento.

Parágrafo único. Da decisão do relator que conceder ou denegar a medida liminar caberá agravo ao órgão competente do tribunal que integre.

Art. 17. Nas decisões proferidas em mandado de segurança e nos respectivos recursos, quando não publicado, no prazo de 30 (trinta) dias, contado da data do julgamento, o acórdão será substituído pelas respectivas notas taquigráficas, independentemente de revisão.

Art. 18. Das decisões em mandado de segurança proferidas em única instância pelos tribunais cabe recurso especial e extraordinário, nos casos legalmente previstos, e recurso ordinário, quando a ordem for denegada.

Art. 19. A sentença ou o acórdão que denegar mandado de segurança, sem decidir o mérito, não impedirá que o requerente, por ação própria, pleiteie os seus direitos e os respectivos efeitos patrimoniais.

Art. 20. Os processos de mandado de segurança e os respectivos recursos terão prioridade sobre todos os atos judiciais, salvo *habeas corpus*.

§ 1º Na instância superior, deverão ser levados a julgamento na primeira sessão que se seguir à data em que forem conclusos ao relator.

§ 2º O prazo para a conclusão dos autos não poderá exceder de 5 (cinco) dias.

Art. 21. O mandado de segurança coletivo pode ser impetrado por partido político com representação no Congresso Nacional, na defesa de seus interesses legítimos relativos a seus integrantes ou à finalidade partidária, ou por organização sindical, entidade de classe ou associação legalmente constituída e em funcionamento há, pelo menos, 1 (um) ano, em defesa de direitos líquidos e certos da totalidade, ou de parte, dos seus membros ou associados, na forma dos seus estatutos e desde que pertinentes às suas finalidades, dispensada, para tanto, autorização especial.

•• V. Súmulas 629 e 630, STF.

Parágrafo único. Os direitos protegidos pelo mandado de segurança coletivo podem ser:

I – coletivos, assim entendidos, para efeito desta Lei, os transindividuais, de natureza

Ato TST 342/2010

LEGISLAÇÃO PROCESSUAL

indivisível, de que seja titular grupo ou categoria de pessoas ligadas entre si ou com a parte contrária por uma relação jurídica básica;

II – individuais homogêneos, assim entendidos, para efeito desta Lei, os decorrentes de origem comum e da atividade ou situação específica da totalidade ou de parte dos associados ou membros do impetrante.

Art. 22. No mandado de segurança coletivo, a sentença fará coisa julgada limitadamente aos membros do grupo ou categoria substituídos pelo impetrante.

§ 1º O mandado de segurança coletivo não induz litispendência para as ações individuais, mas os efeitos da coisa julgada não beneficiarão o impetrante a título individual se não requerer a desistência de seu mandado de segurança no prazo de 30 (trinta) dias a contar da ciência comprovada da impetração da segurança coletiva.

§ 2º No mandado de segurança coletivo, a liminar só poderá ser concedida após a audiência do representante judicial da pessoa jurídica de direito público, que deverá se pronunciar no prazo de 72 (setenta e duas) horas.

Art. 23. O direito de requerer mandado de segurança extinguir-se-á decorridos 120 (cento e vinte) dias, contados da ciência, pelo interessado, do ato impugnado.

•• V. Súmulas 429 e 632, STF.

Art. 24. Aplicam-se ao mandado de segurança os arts. 46 a 49 da Lei 5.869, de 11 de janeiro de 1973 – Código de Processo Civil.

Art. 25. não cabem, no processo de mandado de segurança, a interposição de embargos infringentes e a condenação ao pagamento dos honorários advocatícios, sem prejuízo da aplicação de sanções no caso de litigância de má-fé.

•• V. Súmulas 512 e 597, STF.
•• V. Súmulas 105 e 169, STJ.

Art. 26. Constitui crime de desobediência, nos termos do art. 330 do Decreto-lei 2.848, de 7 de dezembro de 1940, o não cumprimento das decisões proferidas em mandado de segurança, sem prejuízo das sanções administrativas e da aplicação da Lei 1.079, de 10 de abril de 1950, quando cabíveis.

•• V. art. 14, parágrafo único, CPC.

Art. 27. Os regimentos dos tribunais e, no que couber, as leis de organização judiciária deverão ser adaptados às disposições desta Lei no prazo de 180 (cento e oitenta) dias, contado da sua publicação.

Art. 28. Esta Lei entra em vigor na data de sua publicação.

Art. 29. Revogam-se as Leis 1.533, de 31 de dezembro de 1951, 4.166, de 4 de dezembro de 1962, 4.348, de 26 de junho de 1964, 5.021, de 9 de junho de 1966; o art. 3º da Lei 6.014, de 27 de dezembro de 1973, o art. 1º da Lei 6.071, de 3 de julho de 1974, o art. 12 da Lei 6.978, de 19 de janeiro de 1982, e o art. 2º da Lei 9.259, de 9 de janeiro de 1996.

Brasília, 7 de agosto de 2009; 188º da Independência e 121º da República.

Luiz Inácio Lula da Silva

(*DOU* 10.08.2009)

ATO 342,
DE 27 DE JULHO DE 2010,
DO TRIBUNAL SUPERIOR DO TRABALHO – TST

Regulamenta o processo judicial eletrônico no âmbito do Tribunal Superior do Trabalho.

- As alterações decorrentes do Ato TST 415/2010 (*DJE* 01.09.2010) já se encontram consolidadas na republicação deste Ato.
- As alterações decorrentes do Ato TST 559/2010 (*DJE* 30.11.2010) já se encontram consolidadas na republicação deste Ato, em atenção ao disposto no art. 3º do referido Ato.
- V. Instrução Normativa TST 30/2007 (Regulamenta, no âmbito da Justiça do Trabalho, a Lei 11.419/2006).

O Presidente do Tribunal Superior do Trabalho, no uso de suas atribuições legais e regimentais,

Considerando a Instrução Normativa 30, que regulamenta, no âmbito da Justiça do

Ato TST 342/2010

LEGISLAÇÃO PROCESSUAL

Trabalho, a Lei 11.419, de 19 de dezembro de 2006; e
Considerando o Ato Conjunto TST/CSJT 10, de 28 de junho de 2010, que regulamenta a transmissão de peças processuais, por meio eletrônico, entre os Tribunais Regionais do Trabalho e o Tribunal Superior do Trabalho e dá outras providências, resolve:

Da tramitação do processo eletrônico no TST

Art. 1º Os processos judiciais que ingressarem no Tribunal Superior do Trabalho, a partir de 2 de agosto de 2010, tramitarão em meio eletrônico.

Art. 2º O processo judicial eletrônico, para os fins deste Ato, será formado pelos arquivos enviados pelos Tribunais Regionais do Trabalho, na forma prevista no Ato Conjunto TST/CSJT 10/2010, petições e documentos apresentados pelas partes, atos processuais praticados nesta Corte e pareceres emitidos pelo Ministério Público do Trabalho.

Art. 3º Os atos processuais praticados pelos Ministros e servidores do TST serão assinados eletronicamente, nos termos da Lei 11.419/2006.

Art. 4º As peças processuais apresentadas pelas partes continuarão a ser protocoladas pelos meios hoje disponíveis, até o desenvolvimento de ferramentas eletrônicas específicas.

Art. 5º As petições apresentadas em meio físico, vinculadas a processos eletrônicos, serão digitalizadas pela Coordenadoria de Cadastramento Processual e mantidas em guarda provisória por 1 (um) ano, podendo ser retiradas pelas partes após o sexto mês.

§ 1º Transcorrido o prazo de 1 (um) ano de sua apresentação, as petições serão eliminadas.

§ 2º As peças em meio físico apresentadas pelas partes da tribuna das salas de sessões, vinculadas a processos eletrônicos, serão encaminhadas à Coordenadoria de Cadastramento Processual para os procedimentos descritos no *caput* e no § 1º.

Art. 6º A remessa do processo eletrônico ao TRT de origem para diligências ou baixa definitiva obedecerá ao disposto no Ato Conjunto TST/CSJT 10/2010, de 28 de junho de 2010.

Da visualização dos processos por usuários externos

Art. 7º A visualização dos processos eletrônicos é um serviço disponível no sítio do TST a advogados e procuradores, mediante cadastro, e, não possui efeito de intimação.

Art. 8º São considerados usuários externos os advogados, procuradores e demais representantes judiciais dos entes públicos.

Parágrafo único. As procuradorias poderão indicar servidores para acessar o sistema de visualização de processos eletrônicos.

Art. 9º Os procuradores do Ministério Público do Trabalho deverão anexar, por meio eletrônico, o seu parecer.

Parágrafo único. Os pareceres anexados aos processos serão assinados eletronicamente, na forma da Lei 11.419/2006.

Art. 10. As secretarias dos órgãos judicantes e a Coordenadoria de Recursos manterão, em suas dependências, terminais de computadores disponíveis para visualização do processo eletrônico, sendo facultada a gravação da íntegra do processo em dispositivo eletrônico.

Parágrafo único. A visualização dos processos eletrônicos que tramitam em segredo de justiça estará disponível apenas às partes e aos seus procuradores constituídos no feito.

Do cadastro de advogados

Art. 11. O cadastro de advogado regularmente inscrito na OAB será realizado com o preenchimento de formulário disponível no sistema de visualização de peças, no sítio do TST (www.tst.jus.br).

§ 1º A validação é realizada mediante o comparecimento do usuário à Secretaria Judiciária do TST, munido do original dos documentos indicados no formulário, vedada a possibilidade da validação por despachante ou procurador.

Ato TST 342/2010

LEGISLAÇÃO PROCESSUAL

§ 2º O usuário que preencher o cadastro utilizando o certificado digital (ICP-Brasil) fica dispensado da validação presencial.

§ 3º Validado o cadastro, o advogado será credenciado e receberá, no endereço eletrônico indicado no formulário, o *login* e a senha para acesso ao sistema.

Do cadastro de procuradores e servidores autorizados

Art. 12. As procuradorias deverão encaminhar previamente à Secretaria Judiciária, por meio do endereço eletrônico pe_cadastro@tst.jus.br, a relação de procuradores e de servidores autorizados a realizar o cadastro com os dados constantes da tabela contida no Anexo deste Ato.

Art. 13. O cadastro de procuradores e de servidores autorizados será realizado com a inserção do respectivo CPF em campo específico do sistema de visualização de peças disponível no sítio do TST.

Parágrafo único. Após a validação do cadastro pela Secretaria Judiciária, o procurador ou o servidor autorizado será credenciado e, receberá, no endereço eletrônico corporativo indicado, o *login* e a senha para visualização dos processos.

Disposições finais e transitórias

Art. 14. Os esclarecimentos sobre o conteúdo ilegível de peças digitalizadas ou a sua ausência no arquivo eletrônico, desde que comprometam a análise do processo, deverão ser solicitados, via Malote Digital, pelas Secretarias dos Órgãos Judicantes, Secretaria da Corregedoria-Geral da Justiça do Trabalho, Secretaria Judiciária ou Coordenadoria de Recursos, por determinação dos Ministros, ao Tribunal que mantém a guarda dos processos físicos.

Art. 15. As intimações pessoais, exigidas por força de lei, serão realizadas pelo meio hoje disponível até o desenvolvimento de ferramenta própria para intimação eletrônica.

Parágrafo único. As peças a que se refere o *caput* serão digitalizadas e anexadas ao processo eletrônico pela unidade responsável pela expedição do ofício.

Art. 16. As alterações no cadastro de advogados, procuradores e servidores das procuradorias deverão ser comunicadas à Secretaria Judiciária do TST por meio do endereço eletrônico pe_cadastro@tst.jus.br.

Art. 17. Os feitos pendentes na data do início de vigência deste Ato continuarão a tramitar em autos físicos, permitida a sua conversão para meio eletrônico, mediante a digitalização dos autos.

§ 1º Realizada a conversão, o processo passa a tramitar exclusivamente em meio eletrônico.

§ 2º A conversão deverá ser certificada nos autos eletrônicos e nos físicos.

§ 3º Os processos físicos em tramitação no TST que forem incluídos no fluxo eletrônico serão devolvidos ao TRT de origem e aqueles relativos à competência originária desta Corte serão arquivados.

§ 4º O processo físico que tramite conjuntamente com o processo eletrônico deverá ser digitalizado e incluído no fluxo eletrônico pelas Secretarias dos Órgãos Judicantes, Secretaria da Corregedoria-Geral da Justiça do Trabalho ou Coordenadoria de Recursos, mediante despacho dos Ministros.

Art. 18. Os casos não previstos neste Ato deverão ser submetidos, formalmente, à apreciação da Presidência do Tribunal.

Art. 19. Este Ato entra em vigor em 2 de agosto de 2010 e revoga o Ato 677/TST SEJUD GP, de 4 de novembro de 2009.

Publique-se.

Brasília, 27 de julho de 2010.

Ministro Milton de Moura França

Presidente do Tribunal Superior do Trabalho

(*DJE* 29.07.2010; rep. 01.09.2010 e 30.11.2010)

Res. TST 1.418/2010

LEGISLAÇÃO PROCESSUAL

ANEXO

DADOS DE PROCURADORES e SERVIDORES (art. 12)				
CPF	NOME	SEXO	E-MAIL (corporativo)	TELEFONE
000.000.000-00	Nome do Procurador	M/F@órgão.gov.br	(xx) xxxx-xxxx
000.000.000-00	Nome do Servidor	M/F@órgão.gov.br	(xx) xxxx-xxxx

RESOLUÇÃO ADMINISTRATIVA 1.418, DE 30 DE AGOSTO DE 2010, DO TRIBUNAL SUPERIOR DO TRABALHO – TST

Regulamenta o processamento do Agravo de Instrumento interposto de despacho que negar seguimento a recurso de competência do Tribunal Superior do Trabalho.

O Egrégio Órgão Especial do Tribunal Superior do Trabalho, em sessão extraordinária hoje realizada, sob a Presidência do Ex.mo Sr. Ministro Milton de Moura França, Presidente do Tribunal, presentes os Ex.mos Srs. Ministros João Oreste Dalazen, Vice-Presidente, Antônio José de Barros Levenhagen, Ives Gandra Martins Filho, Brito Pereira, Maria Cristina Irigoyen Peduzzi, Renato de Lacerda Paiva, Emmanoel Pereira, Lelio Bentes Corrêa, Aloysio Corrêa da Veiga, Horácio de Senna Pires, Rosa Maria Weber Candiota da Rosa e Luiz Philippe Vieira de Mello Filho e o Ex.mo Sr. Vice-Procurador-Geral do Trabalho, Dr. Jeferson Luiz Pereira Coelho,

Considerando o Ato Sejud/GP 342/2010, que implantou e regulamentou o processo eletrônico no âmbito do Tribunal Superior do Trabalho, por força da Lei 11.419, de 19 de dezembro de 2006;

Considerando que, em razão dessa nova realidade normativa, já não há mais razão para o trâmite de processos físicos nesta Corte;

Considerando que a existência do processo judicial eletrônico deve substituir o processo físico e que a coexistência de ambos resulta em duplicidade antieconômica;

Considerando a digitalização de processos, pelos Tribunais Regionais, para a remessa ao Tribunal Superior do Trabalho, conforme previsto no Ato Conjunto TST/CSJT 10/2010;

Considerando que a remessa eletrônica de processos dos Tribunais Regionais para o Tribunal Superior do Trabalho não impede o prosseguimento dos procedimentos concernentes à execução na origem, resolveu:

Art. 1º O agravo de instrumento interposto de despacho que negar seguimento a recurso para o Tribunal Superior do Trabalho deve ser processado nos autos do recurso denegado.

Art. 2º Após a juntada da petição de agravo de instrumento, o processo será concluso ao juiz prolator do despacho agravado, para sua reforma ou confirmação.

§ 1º Mantido o despacho e não havendo outro recurso admitido, o agravo de instrumento será autuado no TRT.

§ 2º Havendo agravo de instrumento e também recurso admitido, o processo será remetido ao TST com a classe processual anterior à interposição dos recursos, cabendo ao TST proceder à devida autuação do processo.

Art. 3º Nos processos em que haja agravo de instrumento e também recurso admitido, se provido o agravo, publicar-se-á certidão para efeito de intimação das partes, dela constando que o julgamento de ambos os recursos dar-se-á na primeira sessão ordinária subsequente à data da publicação, determinando-se ainda a reautuação do processo e a alteração dos registros.

§ 1º Julgados os recursos, será lavrado um único acórdão, que consignará também os

fundamentos do provimento do agravo de instrumento, fluindo a partir da data da publicação do acórdão o prazo para interposição de recursos.

§ 2º Se não for conhecido ou provido o agravo de instrumento, será de imediato julgado o recurso, com lavratura de um único acórdão, que consignará os fundamentos de ambas as decisões.

Art. 4º Interposto apenas agravo de instrumento, se lhe for dado provimento, observar-se-á o procedimento descrito no art. 3º, § 1º.

Art. 5º Esta Resolução Administrativa entra em vigor na data da sua publicação.
Brasília, 30 de agosto de 2010.
Ministro Milton de Moura França
Presidente do Tribunal Superior do Trabalho
(DJE 31.08.2010)

PROVIMENTO 1,
DE 3 DE MAIO DE 2012, DO TRIBUNAL SUPERIOR DO TRABALHO – TST

Dispõe sobre os procedimentos a serem adotados pelos MM. Juízos do Trabalho relativamente a credores trabalhistas de Empresa Falida ou em Recuperação Judicial e dá outras providências.

O Corregedor-Geral da Justiça do Trabalho, no uso da atribuição regimental que lhe é conferida pelo artigo 6º, inciso V, do Regimento Interno da Corregedoria-Geral da Justiça do Trabalho,
Considerando ser da competência das Varas do Trabalho ultimar a liquidação da sentença condenatória ilíquida, nos termos do artigo 6º, § 1º da Lei 11.101/2005;
Considerando que após a liquidação do crédito trabalhista impõe-se a sua habilitação perante o Administrador Judicial da Empresa Falida ou em Recuperação Judicial, a teor do artigo 7º da Legislação Extravagante, cabendo para tanto ao Juízo do Trabalho expedir a competente Certidão de Habilitação de Crédito;
Considerando que todos os bens e créditos da Empresa Falida, inclusive aqueles objeto de constrição judicial e os produtos obtidos em leilão realizado no âmbito do Judiciário do Trabalho, sujeitam-se à força atrativa do Juízo Falimentar, com a consequente suspensão da execução trabalhista, na conformidade do artigo 108, § 3º, da Lei 11.101/2005;
Considerando que, aprovado e homologado o Plano de Recuperação Judicial, é do Juízo de Falências e Recuperações Judiciais a competência para a prática de quaisquer atos de execução referentes a reclamações trabalhistas movidas contra a Empresa Recuperanda, de acordo com a jurisprudência consolidada no STJ e no STF;
Considerando que a elaboração da Relação de Credores e subsequente Quadro Geral de Credores é atribuição do Administrador Judicial e não do Cartório do Juízo de Falência, segundo disposto nos artigos 7º a 20 da Legislação Extravagante,
Resolve

Art. 1º No caso de execução de crédito trabalhista em que se tenha dado a decretação da falência do executado ou este se encontre em recuperação judicial, caberá aos MM. Juízos das Varas do Trabalho orientar os respectivos credores para que providenciem a habilitação dos seus créditos perante o Administrador Judicial da Empresa Falida ou em Recuperação Judicial, expedindo para tanto Certidão de Habilitação de Crédito.

Parágrafo único. Expedida a Certidão de Habilitação de Crédito, os MM. Juízos das Varas do Trabalho deverão se abster de encaminhar diretamente aos MM. Juízos de Falências e Recuperações Judiciais os autos das execuções trabalhistas e/ou Certidões de Créditos Trabalhistas, com vistas à habilitação, inclusão ou exclusão de credores da Relação de Credores e do Quadro Geral de Credores, pois tal atribuição não é do Cartório Falimentar, mas do Administrador Judicial.

Art. 2º Os MM. Juízos das Varas do Trabalho manterão em seus arquivos os autos das execuções que tenham sido suspensas em decorrência da decretação da recuperação judicial ou da falência, a fim de que, com o encerramento da quebra, seja retomado o seu prosseguimento, desde que os créditos

Prov. TST 1/2012

LEGISLAÇÃO PROCESSUAL

não tenham sido totalmente satisfeitos, em relação aos quais não corre a prescrição enquanto durar o processo falimentar, nos termos do artigo 6º Lei 11.101/2005.

Art. 3º É assegurado aos MM. Juízes das Varas do Trabalho, ainda que as ações trabalhistas se achem pendentes de julgamento, formular pedidos de reserva de valor diretamente aos MM. Juízos de Falência, os quais serão atendidos na medida das forças da Massa Falida, na conformidade do disposto no artigo 6º, § 3º, da Lei 11.101/2005.

Art. 4º Este Provimento entrará em vigor na data da sua publicação.
Publique-se no *DEJT*.
Dê-se ciência aos Presidentes e Corregedores dos Tribunais Regionais do Trabalho, mediante ofício, do inteiro teor deste Provimento, solicitando de Suas Excelências que o divulguem junto às Varas do Trabalho das respectivas jurisdições.
Brasília, 3 de maio de 2012.
Antonio José de Barros Levenhagen
Ministro Corregedor-Geral da Justiça do Trabalho
(DJE-TST 04.05.2012)

PLANO DE CUSTEIO, PLANOS DE BENEFÍCIOS, REGULAMENTO DA PREVIDÊNCIA SOCIAL E LEGISLAÇÃO PREVIDENCIÁRIA

I. PLANO DE CUSTEIO

LEI 8.212, DE 24 DE JULHO DE 1991

Dispõe sobre a organização da Seguridade Social, institui Plano de Custeio, e dá outras providências.

O Presidente da República:
Faço saber que o Congresso Nacional decreta e eu sanciono a seguinte Lei:

LEI ORGÂNICA DA SEGURIDADE SOCIAL

TÍTULO I
CONCEITUAÇÃO E PRINCÍPIOS CONSTITUCIONAIS

• V. Dec. 3.048/1999 (Regulamento da Previdência Social).

Art. 1º A Seguridade Social compreende um conjunto integrado de ações de iniciativa dos poderes públicos e da sociedade, destinado a assegurar o direito relativo à saúde, à previdência e à assistência social.

• V. arts. 194 e 195, CF.

Parágrafo único. A Seguridade Social obedecerá aos seguintes princípios e diretrizes:
a) universalidade da cobertura e do atendimento;
b) uniformidade e equivalência dos benefícios e serviços às populações urbanas e rurais;
c) seletividade e distributividade na prestação dos benefícios e serviços;
d) irredutibilidade do valor dos benefícios;
e) equidade na forma de participação no custeio;
f) diversidade da base de financiamento;
g) caráter democrático e descentralizado da gestão administrativa com a participação da comunidade, em especial de trabalhadores, empresários e aposentados.

TÍTULO II
DA SAÚDE

Art. 2º A Saúde é direito de todos e dever do Estado, garantido mediante políticas sociais e econômicas que visem à redução do risco de doença e de outros agravos e ao acesso universal e igualitário às ações e serviços para sua promoção, proteção e recuperação.

Parágrafo único. As atividades de saúde são de relevância pública e sua organização obedecerá aos seguintes princípios e diretrizes:
a) acesso universal e igualitário;
b) provimento das ações e serviços através de rede regionalizada e hierarquizada, integrados em sistema único;
c) descentralização, com direção única em cada esfera de governo;
d) atendimento integral, com prioridade para as atividades preventivas;
e) participação da comunidade na gestão, fiscalização e acompanhamento das ações e serviços de saúde;
f) participação da iniciativa privada na assistência à saúde, obedecidos os preceitos constitucionais.

Lei 8.212/1991

PLANO DE CUSTEIO

TÍTULO III
DA PREVIDÊNCIA SOCIAL

Art. 3º A Previdência Social tem por fim assegurar aos seus beneficiários meios indispensáveis de manutenção, por motivo de incapacidade, idade avançada, tempo de serviço, desemprego involuntário, encargos de família e reclusão ou morte daqueles de quem dependiam economicamente.

Parágrafo único. A organização da Previdência Social obedecerá aos seguintes princípios e diretrizes:
a) universalidade de participação nos planos previdenciários, mediante contribuição;
b) valor da renda mensal dos benefícios, substitutos do salário de contribuição ou do rendimento do trabalho do segurado, não inferior ao do salário mínimo;
c) cálculo dos benefícios considerando-se os salários de contribuição, corrigidos monetariamente;
d) preservação do valor real dos benefícios;
e) previdência complementar facultativa, custeada por contribuição adicional.

TÍTULO IV
DA ASSISTÊNCIA SOCIAL

Art. 4º A Assistência Social é a política social que provê o atendimento das necessidades básicas, traduzidas em proteção à família, à maternidade, à infância, à adolescência, à velhice e à pessoa portadora de deficiência, independentemente de contribuição à Seguridade Social.

Parágrafo único. A organização da Assistência Social obedecerá às seguintes diretrizes:
a) descentralização político-administrativa;
b) participação da população na formulação e controle das ações em todos os níveis.

TÍTULO V
DA ORGANIZAÇÃO
DA SEGURIDADE SOCIAL

Art. 5º As ações nas áreas de Saúde, Previdência Social e Assistência Social, conforme o disposto no Capítulo II do Título VIII da Constituição Federal, serão organizadas em Sistema Nacional de Seguridade Social, na forma desta Lei.

Art. 6º Fica instituído o Conselho Nacional da Seguridade Social, órgão superior de deliberação colegiada, com a participação da União, dos Estados, do Distrito Federal, dos Municípios e de representantes da sociedade civil.

• Artigo com eficácia suspensa por força da MP 2.216-37/2001.

§ 1º O Conselho Nacional da Seguridade Social terá dezessete membros e respectivos suplentes, sendo:

• *Caput* do § 1º com redação determinada pela Lei 8.619/1993.

a) quatro representantes do Governo Federal, dentre os quais, um da área de saúde, um da área de previdência social e um da área de assistência social;
b) um representante dos governos estaduais e um das prefeituras municipais;
c) oito representantes da sociedade civil, sendo quatro trabalhadores, dos quais pelo menos dois aposentados, e quatro empresários;

• Alínea *c* com redação determinada pela Lei 8.619/1993.

d) três representantes membros dos conselhos setoriais, sendo um de cada área da seguridade social, conforme disposto no Regimento do Conselho Nacional da Seguridade Social.

• Alínea *d* com redação determinada pela Lei 9.711/1998.

§ 2º Os membros do Conselho Nacional da Seguridade Social serão nomeados pelo Presidente da República.

§ 3º O Conselho Nacional da Seguridade Social será presidido por um dos seus integrantes, eleito entre seus membros, que terá mandato de 1 (um) ano, vedada a reeleição, e disporá de uma Secretaria-Executiva, que se articulará com os conselhos setoriais de cada área.

§ 4º Os representantes dos trabalhadores, dos empresários e respectivos suplentes serão indicados pelas centrais sindicais e confederações nacionais e terão mandato de 2 (dois) anos, podendo ser reconduzidos uma única vez.

§ 5º As áreas de Saúde, Previdência Social e Assistência Social organizar-se-ão em conselhos setoriais, com representantes da

Lei 8.212/1991

PLANO DE CUSTEIO

União, dos Estados, do Distrito Federal, dos Municípios e da sociedade civil.

§ 6º O Conselho Nacional da Seguridade Social reunir-se-á ordinariamente a cada bimestre, por convocação de seu presidente, ou, extraordinariamente, mediante convocação de seu presidente ou de um terço de seus membros, observado, em ambos os casos, o prazo de até 7 (sete) dias para realização da reunião.

§ 7º As reuniões do Conselho Nacional da Seguridade Social serão iniciadas com a presença da maioria absoluta de seus membros, sendo exigida para deliberação a maioria simples dos votos.

§ 8º Perderá o lugar no Conselho Nacional da Seguridade Social o membro que não comparecer a três reuniões consecutivas ou a cinco intercaladas, no ano, salvo se a ausência ocorrer por motivo de força maior, justificado por escrito ao Conselho, na forma estabelecida pelo seu regimento.

§ 9º A vaga resultante da situação prevista no parágrafo anterior será preenchida através de indicação da entidade representada, no prazo de 30 (trinta) dias.

§ 10. *(Revogado pela Lei 9.032/1995.)*

§ 11. As ausências ao trabalho dos representantes dos trabalhadores em atividade, decorrentes de sua participação no Conselho, serão abonadas, computando-se como jornada efetivamente trabalhada para todos os fins e efeitos legais.

Art. 7º Compete ao Conselho Nacional da Seguridade Social:

- Artigo com eficácia suspensa por força da MP 2.216-37/2001.

I – estabelecer as diretrizes gerais e as políticas de integração entre as áreas, observado o disposto no inciso VII do art. 194 da Constituição Federal;

II – acompanhar e avaliar a gestão econômica, financeira e social dos recursos e o desempenho dos programas realizados, exigindo prestação de contas;

III – apreciar e aprovar os termos dos convênios firmados entre a seguridade social e a rede bancária para a prestação dos serviços;

IV – aprovar e submeter ao Presidente da República os programas anuais e plurianuais da Seguridade Social;

V – aprovar e submeter ao Órgão Central do Sistema de Planejamento Federal e de Orçamentos a proposta orçamentária anual da Seguridade Social;

VI – estudar, debater e aprovar proposta de recomposição periódica dos valores dos benefícios e dos salários de contribuição, a fim de garantir, de forma permanente, a preservação de seus valores reais;

VII – zelar pelo fiel cumprimento do disposto nesta Lei e na legislação que rege a Seguridade Social, assim como pelo cumprimento de suas deliberações;

VIII – divulgar através do *Diário Oficial da União*, todas as suas deliberações;

IX – elaborar o seu regimento interno.

Art. 8º As propostas orçamentárias anuais ou plurianuais da Seguridade Social serão elaboradas por Comissão integrada por três representantes, sendo um da área da saúde, um da área da previdência social e um da área de assistência social.

Art. 9º As áreas de Saúde, Previdência Social e Assistência Social são objeto de leis específicas, que regulamentarão sua organização e funcionamento.

TÍTULO VI
DO FINANCIAMENTO DA SEGURIDADE SOCIAL
INTRODUÇÃO

Art. 10. A Seguridade Social será financiada por toda sociedade, de forma direta e indireta, nos termos do art. 195 da Constituição Federal e desta Lei, mediante recursos provenientes da União, dos Estados, do Distrito Federal, dos Municípios e de contribuições sociais.

Art. 11. No âmbito federal, o orçamento da Seguridade Social é composto das seguintes receitas:

I – receitas da União;
II – receitas das contribuições sociais;
III – receitas de outras fontes.

Parágrafo único. Constituem contribuições sociais:

Lei 8.212/1991

PLANO DE CUSTEIO

a) as das empresas, incidentes sobre a remuneração paga ou creditada aos segurados a seu serviço;

- V. art. 96, Lei 11.196/2005 ("MP do Bem").
- V. Dec. 5.612/2005 (Regulamenta o parcelamento dos débitos dos municípios, relativos às contribuições sociais de que trata esta alínea).
- V. arts. 2º e 32 a 39, Lei 11.457/2007 (Super-Receita).
- V. Dec. 6.166/2007 (Regulamenta o parcelamento dos débitos dos Estados e do Distrito Federal relativos às contribuições sociais).
- V. Dec. 6.804/2009 (Regulamenta o parcelamento de débitos dos municípios e de suas autarquias e fundações, junto à SRFB e à PGFN, relativos às contribuições sociais de que trata esta alínea).
- V. Súmula 458, STJ.

b) as dos empregadores domésticos;

- V. art. 2º, Lei 11.457/2007 (Super-Receita).

c) as dos trabalhadores, incidentes sobre o seu salário de contribuição;

- V. art. 96, Lei 11.196/2005 ("MP do Bem").
- V. Dec. 5.612/2005 (Regulamenta o parcelamento dos débitos dos municípios, relativos às contribuições sociais de que trata esta alínea).
- V. arts. 2º e 32 a 39, Lei 11.457/2007 (Super-Receita).
- V. Dec. 6.166/2007 (Regulamenta o parcelamento dos débitos dos Estados e do Distrito Federal relativos às contribuições sociais).
- V. Dec. 6.804/2009 (Regulamenta o parcelamento de débitos dos municípios e de suas autarquias e fundações, junto à SRFB e à PGFN, relativos às contribuições sociais de que trata esta alínea).

d) as das empresas, incidentes sobre faturamento e lucro;

e) as incidentes sobre a receita de concursos de prognósticos.

Capítulo I
DOS CONTRIBUINTES

Seção I
Dos segurados

Art. 12. São segurados obrigatórios da Previdência Social as seguintes pessoas físicas:

I – como empregado:

a) aquele que presta serviço de natureza urbana ou rural à empresa, em caráter não eventual, sob sua subordinação e mediante remuneração, inclusive como diretor empregado;

b) aquele que, contratado por empresa de trabalho temporário, definida em legislação específica, presta serviço para atender a necessidade transitória de substituição de pessoal regular e permanente ou a acréscimo extraordinário de serviços de outras empresas;

c) o brasileiro ou estrangeiro domiciliado e contratado no Brasil para trabalhar como empregado em sucursal ou agência de empresa nacional no exterior;

d) aquele que presta serviço no Brasil a missão diplomática ou a repartição consular de carreira estrangeira e a órgãos a ela subordinados, ou a membros dessas missões e repartições, excluídos o não brasileiro sem residência permanente no Brasil e o brasileiro amparado pela legislação previdenciária do país da respectiva missão diplomática ou repartição consular;

e) o brasileiro civil que trabalha para a União, no exterior, em organismos oficiais brasileiros ou internacionais dos quais o Brasil seja membro efetivo, ainda que lá domiciliado e contratado, salvo se segurado na forma da legislação vigente do país do domicílio;

f) o brasileiro ou estrangeiro domiciliado e contratado no Brasil para trabalhar como empregado em empresa domiciliada no exterior, cuja maioria do capital votante pertença a empresa brasileira de capital nacional;

g) o servidor público ocupante de cargo em comissão, sem vínculo efetivo com a União, Autarquias, inclusive em regime especial, e Fundações Públicas Federais;

- Alínea g acrescentada pela Lei 8.647/1993.

h) o exercente de mandato eletivo federal, estadual ou municipal, desde que não vinculado a regime próprio de previdência social;

- A Res. SF 26/2005 (DOU 22.06.2005) suspendeu a execução desta alínea.
- Alínea h acrescentada pela Lei 9.506/1997.
- V. Portaria MPS 133/2006 (Determina que a Secretaria da Receita Previdenciária não promoverá a constituição de créditos com fundamento nesta alínea).

i) o empregado de organismo oficial internacional ou estrangeiro em funcionamento

Plano de Custeio

no Brasil, salvo quando coberto por regime próprio de previdência social;

- Alínea *i* acrescentada pela Lei 9.876/1999.

j) o exercente de mandato eletivo federal, estadual ou municipal, desde que não vinculado a regime próprio de previdência social;

- Alínea *j* acrescentada pela Lei 10.887/2004.

II – como empregado doméstico: aquele que presta serviço de natureza contínua a pessoa ou família, no âmbito residencial desta, em atividades sem fins lucrativos;
III – *(Revogado pela Lei 9.876/1999.)*
IV – *(Revogado pela Lei 9.876/1999.)*
V – como contribuinte individual:

- *Caput* do inciso V com redação determinada pela Lei 9.876/1999.

a) a pessoa física, proprietária ou não, que explora atividade agropecuária, a qualquer título, em caráter permanente ou temporário, em área superior a 4 (quatro) módulos fiscais; ou, quando em área igual ou inferior a 4 (quatro) módulos fiscais ou atividade pesqueira, com auxílio de empregados ou por intermédio de prepostos; ou ainda nas hipóteses dos §§ 10 e 11 deste artigo;

- Alínea *a* com redação determinada pela Lei 11.718/2008.

b) a pessoa física, proprietária ou não, que explora atividade de extração mineral-garimpo, em caráter permanente ou temporário, diretamente ou por intermédio de prepostos, com ou sem o auxílio de empregados, utilizados a qualquer título, ainda que de forma não contínua;

- Alínea *b* com redação determinada pela Lei 9.876/1999.

c) o ministro de confissão religiosa e o membro de instituto de vida consagrada, de congregação ou de ordem religiosa;

- Alínea *c* com redação determinada pela Lei 10.403/2002.

d) (Revogada pela Lei 9.876/1999.)
e) o brasileiro civil que trabalha no exterior para organismo oficial internacional do qual o Brasil é membro efetivo, ainda que lá domiciliado e contratado, salvo quando coberto por regime próprio de previdência social;

- Alínea *e* com redação determinada pela Lei 9.876/1999.

f) o titular de firma individual urbana ou rural, o diretor não empregado e o membro de conselho de administração de sociedade anônima, o sócio solidário, o sócio de indústria, o sócio-gerente e o sócio-cotista que recebam remuneração decorrente de seu trabalho em empresa urbana ou rural, e o associado eleito para cargo de direção em cooperativa, associação ou entidade de qualquer natureza ou finalidade, bem como o síndico ou administrador eleito para exercer atividade de direção condominial, desde que recebam remuneração;

- Alínea *f* acrescentada pela Lei 9.876/1999.

g) quem presta serviço de natureza urbana ou rural, em caráter eventual, a uma ou mais empresas, sem relação de emprego;

- Alínea *g* acrescentada pela Lei 9.876/1999.

h) a pessoa física que exerce, por conta própria, atividade econômica de natureza urbana, com fins lucrativos ou não;

- Alínea *h* acrescentada pela Lei 9.876/1999.

VI – como trabalhador avulso: quem presta, a diversas empresas, sem vínculo empregatício, serviços de natureza urbana ou rural definidos no regulamento;
VII – como segurado especial: a pessoa física residente no imóvel rural ou em aglomerado urbano ou rural próximo a ele que, individualmente ou em regime de economia familiar, ainda que com o auxílio eventual de terceiros a título de mútua colaboração, na condição de:

- Inciso VII com redação determinada pela Lei 11.718/2008.

a) produtor, seja proprietário, usufrutuário, possuidor, assentado, parceiro ou meeiro outorgados, comodatário ou arrendatário rurais, que explore atividade:
1. agropecuária em área de até 4 (quatro) módulos fiscais; ou
2. de seringueiro ou extrativista vegetal que exerça suas atividades nos termos do inciso XII do *caput* do art. 2º da Lei 9.985, de 18 de julho de 2000, e faça dessas atividades o principal meio de vida;
b) pescador artesanal ou a este assemelhado, que faça da pesca profissão habitual ou principal meio de vida; e
c) cônjuge ou companheiro, bem como filho maior de 16 (dezesseis) anos de idade ou

Lei 8.212/1991

PLANO DE CUSTEIO

a este equiparado, do segurado de que tratam as alíneas *a* e *b* deste inciso, que, comprovadamente, trabalhem com o grupo familiar respectivo.

§ 1º Entende-se como regime de economia familiar a atividade em que o trabalho dos membros da família é indispensável à própria subsistência e ao desenvolvimento socioeconômico do núcleo familiar e é exercido em condições de mútua dependência e colaboração, sem a utilização de empregados permanentes.

- § 1º com redação determinada pela Lei 11.718/2008.

§ 2º Todo aquele que exercer, concomitantemente, mais de uma atividade remunerada sujeita ao Regime Geral de Previdência Social é obrigatoriamente filiado em relação a cada uma delas.

§ 3º *(Revogado pela Lei 11.718/2008.)*
I – *(Revogado pela Lei 11.718/2008.)*
II – *(Revogado pela Lei 11.718/2008.)*

§ 4º O aposentado pelo Regime Geral de Previdência Social – RGPS que estiver exercendo ou que voltar a exercer atividade abrangida por este Regime é segurado obrigatório em relação a essa atividade, ficando sujeito às contribuições de que trata esta Lei, para fins de custeio da Seguridade Social.

- § 4º acrescentado pela Lei 9.032/1995.

§ 5º O dirigente sindical mantém, durante o exercício do mandato eletivo, o mesmo enquadramento no Regime Geral de Previdência Social – RGPS de antes da investidura.

- § 5º acrescentado pela Lei 9.528/1997.

§ 6º Aplica-se o disposto na alínea *g* do inciso I do *caput* ao ocupante de cargo de Ministro de Estado, de Secretário Estadual, Distrital ou Municipal, sem vínculo efetivo com a União, Estados, Distrito Federal e Municípios, suas autarquias, ainda que em regime especial, e fundações.

- § 6º acrescentado pela Lei 9.876/1999.

§ 7º Para serem considerados segurados especiais, o cônjuge ou companheiro e os filhos maiores de 16 (dezesseis) anos ou os a estes equiparados deverão ter participação ativa nas atividades rurais do grupo familiar.

- § 7º acrescentado pela Lei 11.718/2008.

§ 8º O grupo familiar poderá utilizar-se de empregados contratados por prazo determinado ou trabalhador de que trata a alínea *g* do inciso V do *caput*, à razão de no máximo cento e vinte pessoas/dia no ano civil, em períodos corridos ou intercalados ou, ainda, por tempo equivalente em horas de trabalho, não sendo computado nesse prazo o período de afastamento em decorrência da percepção de auxílio-doença.

- § 8º com redação determinada pela MP 619/2013.

§ 9º Não descaracteriza a condição de segurado especial:

- *Caput* do § 9º acrescentado pela Lei 11.718/2008.

I – a outorga, por meio de contrato escrito de parceria, meação ou comodato, de até 50% (cinquenta por cento) de imóvel rural cuja área total não seja superior a 4 (quatro) módulos fiscais, desde que outorgante e outorgado continuem a exercer a respectiva atividade, individualmente ou em regime de economia familiar;

- Inciso I acrescentado pela Lei 11.718/2008.

II – a exploração da atividade turística da propriedade rural, inclusive com hospedagem, por não mais de 120 (cento e vinte) dias ao ano;

- Inciso II acrescentado pela Lei 11.718/2008.

III – a participação em plano de previdência complementar instituído por entidade classista a que seja associado, em razão da condição de trabalhador rural ou de produtor rural em regime de economia familiar;

- Inciso III acrescentado pela Lei 11.718/2008.

IV – ser beneficiário ou fazer parte de grupo familiar que tem algum componente que seja beneficiário de programa assistencial oficial de governo;

- Inciso IV acrescentado pela Lei 11.718/2008.

V – a utilização pelo próprio grupo familiar, na exploração da atividade, de processo de beneficiamento ou industrialização artesanal, na forma do § 11 do art. 25 desta Lei; e

- Inciso V acrescentado pela Lei 11.718/2008.

VI – a associação em cooperativa agropecuária; e

- Inciso VI com redação determinada pela MP 619/2013.

Lei 8.212/1991

PLANO DE CUSTEIO

VII – a incidência do Imposto Sobre Produtos Industrializados – IPI sobre o produto das atividades desenvolvidas nos termos do § 14.

- Inciso VII acrescentado pela MP 619/2013 (*DOU* 07.06.2013; ret. 10.06.2013), em vigor na data de sua publicação, produzindo efeitos no primeiro dia do sétimo mês após sua publicação (v. art. 16, I, da referida MP).

§ 10. Não é segurado especial o membro de grupo familiar que possuir outra fonte de rendimento, exceto se decorrente de:

- *Caput* do § 10 acrescentado pela Lei 11.718/2008.

I – benefício de pensão por morte, auxílio-acidente ou auxílio-reclusão, cujo valor não supere o do menor benefício de prestação continuada da Previdência Social;

- Inciso I acrescentado pela Lei 11.718/2008.

II – benefício previdenciário pela participação em plano de previdência complementar instituído nos termos do inciso IV do § 9º deste artigo;

- Inciso II acrescentado pela Lei 11.718/2008.

III – exercício de atividade remunerada em período não superior a 120 (cento e vinte) dias, corridos ou intercalados, no ano civil, observado o disposto no § 13;

- Inciso III com redação determinada pela MP 619/2013.

IV – exercício de mandato eletivo de dirigente sindical de organização da categoria de trabalhadores rurais;

- Inciso IV acrescentado pela Lei 11.718/2008.

V – exercício de mandato de vereador do município onde desenvolve a atividade rural, ou de dirigente de cooperativa rural constituída exclusivamente por segurados especiais, observado o disposto no § 13 deste artigo;

- Inciso V acrescentado pela Lei 11.718/2008.

VI – parceria ou meação outorgada na forma e condições estabelecidas no inciso I do § 9º deste artigo;

- Inciso VI acrescentado pela Lei 11.718/2008.

VII – atividade artesanal desenvolvida com matéria-prima produzida pelo respectivo grupo familiar, podendo ser utilizada matéria-prima de outra origem, desde que a renda mensal obtida na atividade não exceda ao menor benefício de prestação continuada da Previdência Social; e

- Inciso VII acrescentado pela Lei 11.718/2008.

VIII – atividade artística, desde que em valor mensal inferior ao menor benefício de prestação continuada da Previdência Social.

- Inciso VIII acrescentado pela Lei 11.718/2008.

§ 11. O segurado especial fica excluído dessa categoria:

- *Caput* do § 11 acrescentado pela Lei 11.718/2008.

I – a contar do primeiro dia do mês em que:

- *Caput* do inciso I acrescentado pela Lei 11.718/2008.

a) deixar de satisfazer as condições estabelecidas no inciso VII do *caput* deste artigo, sem prejuízo do disposto no art. 15 da Lei 8.213, de 24 de julho de 1991, ou exceder qualquer dos limites estabelecidos no inciso I do § 9º deste artigo;

- Alínea *a* acrescentada pela Lei 11.718/2008.

b) se enquadrar em qualquer outra categoria de segurado obrigatório do Regime Geral de Previdência Social, ressalvado o disposto nos incisos III, V, VII e VIII do § 10 e no § 14, sem prejuízo do disposto no art. 15 da Lei 8.213, de 24 de julho de 1991;

- Alínea *b* com redação determinada pela MP 619/2013.

c) se tornar segurado obrigatório de outro regime previdenciário; e

- Alínea *c* com redação determinada pela MP 619/2013.

d) participar de sociedade empresária, de sociedade simples, como empresário individual ou como titular de empresa individual de responsabilidade limitada em desacordo com as limitações impostas pelo § 14 deste artigo.

- Alínea *d* acrescentada pela MP 619/2013 (*DOU* 07.06.2013; ret. 10.06.2013), em vigor na data de sua publicação, produzindo efeitos no primeiro dia do sétimo mês após sua publicação (v. art. 16, I, da referida MP).

II – a contar do primeiro dia do mês subsequente ao da ocorrência, quando o grupo familiar a que pertence exceder o limite de:

- Inciso II acrescentado pela Lei 11.718/2008.

a) utilização de trabalhadores nos termos do § 8º deste artigo;

Lei 8.212/1991

PLANO DE CUSTEIO

b) dias em atividade remunerada estabelecidos no inciso III do § 10 deste artigo; e
c) dias de hospedagem a que se refere o inciso II do § 9º deste artigo.

§ 12. Aplica-se o disposto na alínea *a* do inciso V do *caput* deste artigo ao cônjuge ou companheiro do produtor que participe da atividade rural por este explorada.

• § 12 acrescentado pela Lei 11.718/2008.

§ 13. O disposto nos incisos III e V do § 10 e no § 14 não dispensa o recolhimento da contribuição devida em relação ao exercício das atividades de que tratam os referidos dispositivos.

• § 13 com redação determinada pela MP 619/2013.

§ 14. A participação do segurado especial em sociedade empresária, em sociedade simples, como empresário individual ou como titular de empresa individual de responsabilidade limitada de objeto ou âmbito agrícola, agroindustrial ou agroturístico, considerada microempresa nos termos da Lei Complementar 123, de 14 de dezembro de 2006, não o exclui de tal categoria previdenciária, desde que, mantido o exercício da sua atividade rural na forma do inciso VII do *caput* e do § 1º, a pessoa jurídica componha-se apenas de segurados de igual natureza e sedie-se no mesmo Município ou em Município limítrofe àquele em que eles desenvolvam suas atividades.

• § 14 acrescentado pela MP 619/2013 (*DOU* 07.06.2013; ret. 10.06.2013), em vigor na data de sua publicação, produzindo efeitos no primeiro dia do sétimo mês após sua publicação (v. art. 16, I, da referida MP).

Art. 13. O servidor civil ocupante de cargo efetivo ou o militar da União, dos Estados, do Distrito Federal ou dos Municípios, bem como o das respectivas autarquias e fundações, são excluídos do Regime Geral de Previdência Social consubstanciado nesta Lei, desde que amparados por regime próprio de previdência social.

• Artigo com redação determinada pela Lei 9.876/1999.

§ 1º Caso o servidor ou o militar venham a exercer, concomitantemente, uma ou mais atividades abrangidas pelo Regime Geral de Previdência Social, tornar-se-ão segurados obrigatórios em relação a essas atividades.

§ 2º Caso o servidor ou o militar, amparados por regime próprio de previdência social, sejam requisitados para outro órgão ou entidade cujo regime previdenciário não permita a filiação nessa condição, permanecerão vinculados ao regime de origem, obedecidas as regras que cada ente estabeleça acerca de sua contribuição.

Art. 14. É segurado facultativo o maior de 14 (quatorze) anos de idade que se filiar ao Regime Geral de Previdência Social, mediante contribuição, na forma do art. 21, desde que não incluído nas disposições do art. 12.

Seção II
Da empresa
e do empregador doméstico

Art. 15. Considera-se:

I – empresa – a firma individual ou sociedade que assume o risco de atividade econômica urbana ou rural, com fins lucrativos ou não, bem como os órgãos e entidades da administração pública direta, indireta e fundacional;

II – empregador doméstico – a pessoa ou família que admite a seu serviço, sem finalidade lucrativa, empregado doméstico.

Parágrafo único. Equipara-se a empresa, para os efeitos desta Lei, o contribuinte individual em relação a segurado que lhe presta serviço, bem como a cooperativa, a associação ou entidade de qualquer natureza ou finalidade, a missão diplomática e a repartição consular de carreira estrangeiras.

• Parágrafo único com redação determinada pela Lei 9.876/1999.

Capítulo II
DA CONTRIBUIÇÃO
DA UNIÃO

Art. 16. A contribuição da União é constituída de recursos adicionais do Orçamento Fiscal, fixados obrigatoriamente na lei orçamentária anual.

Lei 8.212/1991

PLANO DE CUSTEIO

Parágrafo único. A União é responsável pela cobertura de eventuais insuficiências financeiras da Seguridade Social, quando decorrentes do pagamento de benefícios de prestação continuada da Previdência Social, na forma da Lei Orçamentária Anual.

Art. 17. Para pagamento dos encargos previdenciários da União, poderão contribuir os recursos da Seguridade Social referidos na alínea *d* do parágrafo único do art. 11 desta Lei, na forma da Lei Orçamentária anual, assegurada a destinação de recursos para as ações desta Lei de Saúde e Assistência Social.

* *Caput* com redação determinada pela Lei 9.711/1998.

I – *(Revogado pela Lei 9.711/1998.)*
II – *(Revogado pela Lei 9.711/1998.)*
III – *(Revogado pela Lei 9.711/1998.)*
IV – *(Revogado pela Lei 9.711/1998.)*

Art. 18. Os recursos da Seguridade Social referidos nas alíneas *a*, *b*, *c* e *d* do parágrafo único do art. 11 desta Lei poderão contribuir, a partir do exercício de 1992, para o financiamento das despesas com pessoal e administração geral apenas do Instituto Nacional do Seguro Social – INSS, do Instituto Nacional de Assistência Médica da Previdência Social – Inamps, da Fundação Legião Brasileira de Assistência – LBA e da Fundação Centro Brasileiro para Infância e Adolescência.

Art. 19. O Tesouro Nacional repassará mensalmente recursos referentes às contribuições mencionadas nas alíneas *d* e *e* do parágrafo único do art. 11 desta Lei, destinados à execução do Orçamento da Seguridade Social.

* Artigo com redação determinada pela Lei 9.711/1998.

Capítulo III
DA CONTRIBUIÇÃO DO SEGURADO
Seção I
Da contribuição dos segurados empregado, empregado doméstico e trabalhador avulso

Art. 20. A contribuição do empregado, inclusive o doméstico, e a do trabalhador avulso é calculada mediante a aplicação da correspondente alíquota sobre o seu salário de contribuição mensal, de forma não cumulativa, observado o disposto no art. 28, de acordo com a seguinte tabela:

* *Caput* com redação determinada pela Lei 9.032/1995.

Salário de contribuição	Alíquota em %
Até R$ 249,80	8,00
de R$ 249,81 até R$ 416,33	9,00
de R$ 416,34 até R$ 832,66	11,00

* Valores e alíquotas determinados pela Lei 9.129/1995.
* Valores sujeitos a atualização mediante Portaria do Ministério da Previdência Social – MPS.

§ 1º Os valores do salário de contribuição serão reajustados, a partir da data de entrada em vigor desta Lei, na mesma época e com os mesmos índices que os do reajustamento dos benefícios de prestação continuada da Previdência Social.

* Primitivo parágrafo único renumerado pela Lei 8.620/1993.

§ 2º O disposto neste artigo aplica-se também aos segurados empregados e trabalhadores avulsos que prestem serviços a microempresas.

* § 2º acrescentado pela Lei 8.620/1993.

Seção II
Da contribuição dos segurados contribuinte individual e facultativo

* Rubrica da Seção II com redação determinada pela Lei 9.876/1999.

Art. 21. A alíquota de contribuição dos segurados contribuinte individual e facultativo será de 20% (vinte por cento) sobre o respectivo salário de contribuição.

* *Caput* com redação determinada pela Lei 9.876/1999.

I – *(Revogado pela Lei 9.711/1998.)*
II – *(Revogado pela Lei 9.711/1998.)*

§ 1º Os valores do salário de contribuição serão reajustados, a partir da data de entrada em vigor desta Lei, na mesma época e com os mesmos índices que os do reajustamento

Lei 8.212/1991

PLANO DE CUSTEIO

dos benefícios de prestação continuada da Previdência Social.

* Anterior parágrafo único renumerado pela LC 123/2006 e com redação determinada pela Lei 9.711/1998.

§ 2º No caso de opção pela exclusão do direito ao benefício de aposentadoria por tempo de contribuição, a alíquota de contribuição incidente sobre o limite mínimo mensal do salário de contribuição será de:

* Caput do § 2º com redação determinada pela Lei 12.470/2011.

I – 11% (onze por cento), no caso do segurado contribuinte individual, ressalvado o disposto no inciso II, que trabalhe por conta própria, sem relação de trabalho com empresa ou equiparado e do segurado facultativo, observado o disposto na alínea b do inciso II deste parágrafo;

* Inciso I acrescentado pela Lei 12.470/2011.

II – 5% (cinco por cento):

* Caput do inciso II acrescentado pela Lei 12.470/2011.

a) no caso do microempreendedor individual, de que trata o art. 18-A da Lei Complementar 123, de 14 de dezembro de 2006; e

* Alínea a acrescentada pela Lei 12.470/2011 (DOU 01.09.2011), em vigor na data de sua publicação, produzindo efeitos a partir de 1º.05.2011 (v. art. 5º, I, da referida Lei).

b) do segurado facultativo sem renda própria que se dedique exclusivamente ao trabalho doméstico no âmbito de sua residência, desde que pertencente a família de baixa renda.

* Alínea b acrescentada pela Lei 12.470/2011.

§ 3º O segurado que tenha contribuído na forma do § 2º deste artigo e pretenda contar o tempo de contribuição correspondente para fins de obtenção da aposentadoria por tempo de contribuição ou da contagem recíproca do tempo de contribuição a que se refere o art. 94 da Lei 8.213, de 24 de julho de 1991, deverá complementar a contribuição mensal mediante recolhimento, sobre o valor correspondente ao limite mínimo mensal do salário de contribuição em vigor na competência a ser complementada, da diferença entre o percentual pago e o de 20% (vinte por cento), acrescido dos juros moratórios de que trata o § 3º do art. 5º da Lei 9.430, de 27 de dezembro de 1996.

* § 3º com redação determinada pela Lei 12.470/2011 (DOU 01.09.2011), em vigor na data de sua publicação, produzindo efeitos a partir de 1º.05.2011 (v. art. 5º, I, da referida Lei).

§ 4º Considera-se de baixa renda, para os fins do disposto na alínea b do inciso II do § 2º deste artigo, a família inscrita no Cadastro Único para Programas Sociais do Governo Federal – CadÚnico cuja renda mensal seja de até dois salários mínimos.

* § 4º com redação determinada pela Lei 12.470/2011.

§ 5º A contribuição complementar a que se refere o § 3º deste artigo será exigida a qualquer tempo, sob pena de indeferimento do benefício.

* § 5º acrescentado pela Lei 12.507/2011.

Capítulo IV
DA CONTRIBUIÇÃO DA EMPRESA

Art. 22. A contribuição a cargo da empresa, destinada à Seguridade Social, além do disposto no art. 23, é de:

* V. arts. 29 e 30, Lei 12.101/2009 (Certificação das entidades beneficentes de assistência social e regula os procedimentos de isenção de contribuições para a seguridade social).

I – 20% (vinte por cento) sobre o total das remunerações pagas, devidas ou creditadas a qualquer título, durante o mês, aos segurados empregados e trabalhadores avulsos que lhe prestem serviços, destinadas a retribuir o trabalho, qualquer que seja a sua forma, inclusive as gorjetas, os ganhos habituais sob a forma de utilidades e os adiantamentos decorrentes de reajuste salarial, quer pelos serviços efetivamente prestados, quer pelo tempo à disposição do empregador ou tomador de serviços, nos termos da lei ou do contrato ou, ainda, de convenção ou acordo coletivo de trabalho ou sentença normativa;

* Inciso I com redação determinada pela Lei 9.876/1999.
* V. art. 14, Lei 11.774/2008, que reduz as alíquotas nas hipóteses que especifica.

II – para o financiamento do benefício previsto nos arts. 57 e 58 da Lei 8.213, de 24 de julho de 1991, e daqueles concedidos

Lei 8.212/1991

PLANO DE CUSTEIO

em razão do grau de incidência de incapacidade laborativa decorrente dos riscos ambientais do trabalho, sobre o total das remunerações pagas ou creditadas, no decorrer do mês, aos segurados empregados e trabalhadores avulsos:

- Inciso II com redação determinada pela Lei 9.732/1998.
- V. Súmula 351, STJ.

a) 1% (um por cento) para as empresas em cuja atividade preponderante o risco de acidentes do trabalho seja considerado leve;

b) 2% (dois por cento) para as empresas em cuja atividade preponderante esse risco seja considerado médio;

c) 3% (três por cento) para as empresas em cuja atividade preponderante esse risco seja considerado grave;

III – 20% (vinte por cento) sobre o total das remunerações pagas ou creditadas a qualquer título, no decorrer do mês, aos segurados contribuintes individuais que lhe prestem serviços;

- Inciso III acrescentado pela Lei 9.876/1999.
- V. art. 14, Lei 11.774/2008, que reduz as alíquotas nas hipóteses que especifica.

IV – 15% (quinze por cento) sobre o valor bruto da nota fiscal ou fatura de prestação de serviços, relativamente a serviços que lhe são prestados por cooperados por intermédio de cooperativas de trabalho.

- Inciso IV acrescentado pela Lei 9.876/1999.

§ 1º No caso de bancos comerciais, bancos de investimentos, bancos de desenvolvimento, caixas econômicas, sociedades de crédito, financiamento e investimento, sociedades de crédito imobiliário, sociedades corretoras, distribuidoras de títulos e valores mobiliários, empresas de arrendamento mercantil, cooperativas de crédito, empresas de seguros privados e de capitalização, agentes autônomos de seguros privados e de crédito e entidades de previdência privada abertas e fechadas, além das contribuições referidas neste artigo e no artigo 23, é devida a contribuição adicional de dois vírgula cinco por cento sobre a base de cálculo definida nos incisos I e III deste artigo.

- § 1º com redação determinada pela Lei 9.876/1999.

- O art. 1º da MP 2.158-35/2001 dispõe: "A alíquota da contribuição para os Programas de Integração Social e de Formação do Patrimônio do Servidor Público – PIS/Pasep, devida pelas pessoas jurídicas a que se refere o § 1º do art. 22 da Lei 8.212, de 24 de julho de 1991, fica reduzida para 0,65% (sessenta e cinco centésimos por cento) em relação aos fatos geradores ocorridos a partir de 1º de fevereiro 1999".

- O art. 7º da MP 2.158-35/2001 dispõe: "A alíquota da CSLL, devida pelas pessoas jurídicas referidas no art. 1º, fica reduzida para 8% (oito por cento), em relação aos fatos geradores ocorridos a partir de 1º de janeiro de 1999, sem prejuízo da aplicação do disposto no art. 6º".

§ 2º Não integram a remuneração as parcelas de que trata o § 9º do art. 28.

§ 3º O Ministério do Trabalho e da Previdência Social poderá alterar, com base nas estatísticas de acidentes do trabalho, apuradas em inspeção, o enquadramento de empresas para efeito da contribuição a que se refere o inciso II deste artigo, a fim de estimular investimentos em prevenção de acidentes.

§ 4º O Poder Executivo estabelecerá, na forma da lei, ouvido o Conselho Nacional da Seguridade Social, mecanismos de estímulo às empresas que se utilizem de empregados portadores de deficiências física, sensorial e/ou mental com desvio do padrão médio.

§ 5º *(Revogado pela Lei 10.256/2001.)*

§ 6º A contribuição empresarial da associação desportiva que mantém equipe de futebol profissional destinada à Seguridade Social, em substituição à prevista nos incisos I e II deste artigo, corresponde a cinco por cento da receita bruta, decorrente dos espetáculos desportivos de que participem em todo território nacional em qualquer modalidade desportiva, inclusive jogos internacionais, e de qualquer forma de patrocínio, licenciamento de uso de marcas e símbolos, publicidade, propaganda e de transmissão de espetáculos desportivos.

- § 6º acrescentado pela Lei 9.528/1997.

§ 7º Caberá à entidade promotora do espetáculo a responsabilidade de efetuar o desconto de 5% (cinco por cento) da receita bruta decorrente dos espetáculos desportivos e o respectivo recolhimento ao Instituto Nacional do Seguro Social, no prazo

Lei 8.212/1991

PLANO DE CUSTEIO

de até 2 (dois) dias úteis após a realização do evento.

• § 7º acrescentado pela Lei 9.528/1997.

§ 8º Caberá à associação desportiva que mantém equipe de futebol profissional informar à entidade promotora do espetáculo desportivo todas as receitas auferidas no evento, discriminando-as detalhadamente.

• § 8º acrescentado pela Lei 9.528/1997.

§ 9º No caso de a associação desportiva que mantém equipe de futebol profissional receber recursos de empresa ou entidade, a título de patrocínio, licenciamento de uso de marcas e símbolos, publicidade, propaganda e transmissão de espetáculos, esta última ficará com a responsabilidade de reter e recolher o percentual de cinco por cento da receita bruta decorrente do evento, inadmitida qualquer dedução, no prazo estabelecido na alínea b, inciso I, do art. 30 desta Lei.

• § 9º acrescentado pela Lei 9.528/1997.

§ 10. Não se aplica o disposto nos §§ 6º ao 9º às demais associações desportivas, que devem contribuir na forma dos incisos I e II deste artigo e do art. 23 desta Lei.

• § 10 acrescentado pela Lei 9.528/1997.

§ 11. O disposto nos §§ 6º ao 9º deste artigo aplica-se à associação desportiva que mantenha equipe de futebol profissional e atividade econômica organizada para a produção e circulação de bens e serviços e que se organize regularmente, segundo um dos tipos regulados nos arts. 1.039 a 1.092 da Lei 10.406, de 10 de janeiro de 2002 – Código Civil.

• § 11 com redação determinada pela Lei 11.345/2006.

§ 11-A. O disposto no § 11 deste artigo aplica-se apenas às atividades diretamente relacionadas com a manutenção e administração de equipe profissional de futebol, não se estendendo às outras atividades econômicas exercidas pelas referidas sociedades empresariais beneficiárias.

• § 11-A acrescentado pela Lei 11.505/2007.

§ 12. *(Vetado.)*

• § 12 acrescentado pela Lei 10.170/2000.

§ 13. Não se considera como remuneração direta ou indireta, para os efeitos desta Lei, os valores despendidos pelas entidades religiosas e instituições de ensino vocacional com ministro de confissão religiosa, membros de instituto de vida consagrada, de congregação ou de ordem religiosa em face de seu mister religioso ou para sua subsistência desde que fornecidos em condições que independam da natureza e da quantidade do trabalho executado.

• § 13 acrescentado pela Lei 10.170/2000.

Art. 22-A. A contribuição devida pela agroindústria, definida, para os efeitos desta Lei, como sendo o produtor rural pessoa jurídica cuja atividade econômica seja a industrialização de produção própria ou de produção própria e adquirida de terceiros, incidente sobre o valor da receita bruta proveniente da comercialização da produção, em substituição às previstas nos incisos I e II do art. 22 desta Lei, é de:

• *Caput* acrescentado pela Lei 10.256/2001.
• O art. 5º da Lei 10.256/2001 (*DOU* 10.07.2001), com redação determinada pela Lei 10.993/2004 (*DOU* 15.12.2004), dispõe: "Art. 5º Esta Lei entra em vigor na data de sua publicação produzindo efeitos, quanto ao disposto no art. 22-A da Lei 8.212, de 24 de julho de 1991, com a redação dada por esta Lei, a partir do dia primeiro do mês seguinte ao nonagésimo dia daquela publicação, sendo mantida, até essa data, a obrigatoriedade dos recolhimentos praticados na forma da legislação anterior".

I – 2,5% (dois inteiros e cinco décimos por cento) destinados à Seguridade Social;

• Inciso I acrescentado pela Lei 10.256/2001.

II – 0,1% (um décimo por cento) para o financiamento do benefício previsto nos arts. 57 e 58 da Lei 8.213, de 24 de julho de 1991, e daqueles concedidos em razão do grau de incidência de incapacidade para o trabalho decorrente dos riscos ambientais da atividade.

• Inciso II acrescentado pela Lei 10.256/2001.

§ 1º *(Vetado.)*

• § 1º acrescentado pela Lei 10.256/2001.

§ 2º O disposto neste artigo não se aplica às operações relativas à prestação de serviços a terceiros, cujas contribuições previdenciárias continuam sendo devidas na forma do art. 22 desta Lei.

• § 2º acrescentado pela Lei 10.256/2001.

Lei 8.212/1991

PLANO DE CUSTEIO

§ 3º Na hipótese do § 2º, a receita bruta correspondente aos serviços prestados a terceiros será excluída da base de cálculo da contribuição de que trata o *caput*.

• § 3º acrescentado pela Lei 10.256/2001.

§ 4º O disposto neste artigo não se aplica às sociedades cooperativas e às agroindústrias de piscicultura, carcinicultura, suinocultura e avicultura.

• § 4º acrescentado pela Lei 10.256/2001.

§ 5º O disposto no inciso I do art. 3º da Lei 8.315, de 23 de dezembro de 1991, não se aplica ao empregador de que trata este artigo, que contribuirá com o adicional de 0,25% (vinte e cinco centésimos por cento) da receita bruta proveniente da comercialização da produção, destinado ao Serviço Nacional de Aprendizagem Rural (Senar).

• § 5º acrescentado pela Lei 10.256/2001.

§ 6º Não se aplica o regime substitutivo de que trata este artigo à pessoa jurídica que, relativamente à atividade rural, se dedique apenas ao florestamento e reflorestamento como fonte de matéria-prima para industrialização própria mediante a utilização de processo industrial que modifique a natureza química da madeira ou a transforme em pasta celulósica.

• § 6º acrescentado pela Lei 10.684/2003 (*DOU* 31.05.2003, Edição Extra), em vigor na data de sua publicação, produzindo efeitos a partir do mês subsequente ao do termo final do prazo nonagesimal, a que refere o § 6º do art. 195 da Constituição Federal.

§ 7º Aplica-se o disposto no § 6º ainda que a pessoa jurídica comercialize resíduos vegetais ou sobras ou partes da produção, desde que a receita bruta decorrente dessa comercialização represente menos de 1% (um por cento) de sua receita bruta proveniente da comercialização da produção.

• § 7º acrescentado pela Lei 10.684/2003 (*DOU* 31.05.2003, edição extra), em vigor na data de sua publicação, produzindo efeitos, a partir do mês subsequente ao do termo final do prazo nonagesimal, a que refere o § 6º do art. 195 da Constituição Federal.

Art. 22-B. As contribuições de que tratam os incisos I e II do art. 22 desta Lei são substituídas, em relação à remuneração paga, devida ou creditada ao trabalhador rural contratado pelo consórcio simplificado de produtores rurais de que trata o art. 25A, pela contribuição dos respectivos produtores rurais, calculada na forma do art. 25 desta Lei.

• Artigo acrescentado pela Lei 10.256/2001.

Art. 23. As contribuições a cargo da empresa provenientes do faturamento e do lucro, destinadas à Seguridade Social, além do disposto no art. 22, são calculadas mediante a aplicação das seguintes alíquotas:

• V. arts. 29 e 30, Lei 12.101/2009 (Certificação das entidades beneficentes de assistência social e regula os procedimentos de isenção de contribuições para a seguridade social).

I – 2% (dois por cento) sobre sua receita bruta, estabelecida segundo o disposto no § 1º do art. 1º do Decreto-lei 1.940, de 25 de maio de 1982, com a redação dada pelo art. 22, do Decreto-lei 2.397, de 21 de dezembro de 1987, e alterações posteriores;

II – 10% (dez por cento) sobre o lucro líquido do período base, antes da provisão para o Imposto de Renda, ajustado na forma do art. 2º da Lei 8.034, de 12 de abril de 1990.

• V. art. 19, parágrafo único, Lei 9.249/1995 (Altera a contribuição sobre o lucro líquido).

§ 1º No caso das instituições citadas no § 1º do art. 22 desta Lei, a alíquota da contribuição prevista no inciso II é de 15% (quinze por cento).

§ 2º O disposto neste artigo não se aplica às pessoas de que trata o art. 25.

Capítulo V
DA CONTRIBUIÇÃO DO EMPREGADOR DOMÉSTICO

Art. 24. A contribuição do empregador doméstico é de 12% (doze por cento) do salário de contribuição do empregado doméstico a seu serviço.

Parágrafo único. Presentes os elementos da relação de emprego doméstico, o empregador doméstico não poderá contratar microempreendedor individual de que trata o art. 18-A da Lei Complementar 123, de 14 de dezembro de 2006, sob pena de ficar sujeito a todas as obrigações dela decorrentes, inclusive trabalhistas, tributárias e previdenciárias.

• Parágrafo único acrescentado pela Lei 12.470/2011.

Lei 8.212/1991

PLANO DE CUSTEIO

Capítulo VI
DA CONTRIBUIÇÃO DO PRODUTOR RURAL E DO PESCADOR

• Rubrica do Capítulo VI com redação determinada pela Lei 8.398/1992.

Art. 25. A contribuição do empregador rural pessoa física, em substituição à contribuição de que tratam os incisos I e II do art. 22, e a do segurado especial, referidos, respectivamente, na alínea *a* do inciso V e no inciso VII do art. 12 desta Lei, destinada à Seguridade Social, é de:

• *Caput* com redação determinada pela Lei 10.256/2001.

I – 2% (dois por cento) da receita bruta proveniente da comercialização da sua produção;

• Inciso I com redação determinada pela Lei 9.528/1997.

II – 0,1% (um décimo por cento) da receita bruta proveniente da comercialização da sua produção para financiamento das prestações por acidente do trabalho.

• Inciso II com redação determinada pela Lei 9.528/1997.

§ 1º O segurado especial de que trata este artigo, além da contribuição obrigatória referida no *caput*, poderá contribuir, facultativamente, na forma do art. 21 desta Lei.

• § 1º com redação determinada pela Lei 8.540/1992.

§ 2º A pessoa física de que trata a alínea *a* do inciso V do art. 12 contribui, também, obrigatoriamente, na forma do art. 21 desta Lei.

• § 2º com redação determinada pela Lei 8.540/1992.

§ 3º Integram a produção, para os efeitos deste artigo, os produtos de origem animal ou vegetal, em estado natural ou submetidos a processos de beneficiamento ou industrialização rudimentar, assim compreendidos, entre outros, os processos de lavagem, limpeza, descaroçamento, pilagem, descascamento, lenhamento, pasteurização, resfriamento, secagem, fermentação, embalagem, cristalização, fundição, carvoejamento, cozimento, destilação, moagem, torrefação, bem como os subprodutos e os resíduos obtidos através desses processos.

• § 3º acrescentado pela Lei 8.540/1992.

§ 4º *(Revogado pela Lei 11.718/2008.)*
§ 5º *(Vetado.)*

• § 5º acrescentado pela Lei 8.540/1992.

§ 6º *(Revogado pela Lei 10.256/2001.)*
§ 7º *(Revogado pela Lei 10.256/2001.)*
§ 8º *(Revogado pela Lei 10.256/2001.)*
§ 9º *(Vetado).*

• § 9º acrescentado pela Lei 10.256/2001.

§ 10. Integra a receita bruta de que trata este artigo, além dos valores decorrentes da comercialização da produção relativa aos produtos a que se refere o § 3º deste artigo, a receita proveniente:

• § 10 acrescentado pela Lei 11.718/2008.

I – da comercialização da produção obtida em razão de contrato de parceria ou meação de parte do imóvel rural;

II – da comercialização de artigos de artesanato de que trata o inciso VII do § 10 do art. 12 desta Lei;

III – de serviços prestados, de equipamentos utilizados e de produtos comercializados no imóvel rural, desde que em atividades turística e de entretenimento desenvolvidas no próprio imóvel, inclusive hospedagem, alimentação, recepção, recreação e atividades pedagógicas, bem como taxa de visitação e serviços especiais;

IV – do valor de mercado da produção rural dada em pagamento ou que tiver sido trocada por outra, qualquer que seja o motivo ou finalidade; e

V – de atividade artística de que trata o inciso VIII do § 10 do art. 12 desta Lei.

§ 11. Considera-se processo de beneficiamento ou industrialização artesanal aquele realizado diretamente pelo próprio produtor rural pessoa física, desde que não esteja sujeito à incidência do Imposto Sobre Produtos Industrializados – IPI.

• § 11 acrescentado pela Lei 11.718/2008.

§ 12. *(Vetado.)*

• § 12 acrescentado pela Lei 11.933/2009 (*DOU* 29.04.2009), em vigor na data de sua publicação, produzindo efeitos a partir de 1º.10.2008 (v. art. 11, I, da referida Lei).

Art. 25-A. Equipara-se ao empregador rural pessoa física o consórcio simplificado

Lei 8.212/1991

PLANO DE CUSTEIO

de produtores rurais, formado pela união de produtores rurais pessoas físicas, que outorgar a um deles poderes para contratar, gerir e demitir trabalhadores para prestação de serviços, exclusivamente, aos seus integrantes, mediante documento registrado em cartório de títulos e documentos.

• Artigo acrescentado pela Lei 10.256/2001.

§ 1º O documento de que trata o *caput* deverá conter a identificação de cada produtor, seu endereço pessoal e o de sua propriedade rural, bem como o respectivo registro no Instituto Nacional de Colonização e Reforma Agrária – Incra ou informações relativas a parceria, arrendamento ou equivalente e a matrícula no Instituto Nacional do Seguro Social – INSS de cada um dos produtores rurais.

§ 2º O consórcio deverá ser matriculado no INSS em nome do empregador a quem hajam sido outorgados os poderes, na forma do regulamento.

§ 3º Os produtores rurais integrantes do consórcio de que trata o *caput* serão responsáveis solidários em relação às obrigações previdenciárias.

§ 4º *(Vetado.)*

Capítulo VII
DA CONTRIBUIÇÃO SOBRE A RECEITA DE CONCURSOS DE PROGNÓSTICOS

Art. 26. Constitui receita da Seguridade Social a renda líquida dos concursos de prognósticos, excetuando-se os valores destinados ao Programa de Crédito Educativo.

• Artigo com redação determinada pela Lei 8.436/1992.

§ 1º Consideram-se concursos de prognósticos todos e quaisquer concursos de sorteios de números, loterias, apostas, inclusive as realizadas em reuniões hípicas, nos âmbitos federal, estadual, do Distrito Federal e municipal.

§ 2º Para efeito do disposto neste artigo, entende-se por renda líquida o total da arrecadação, deduzidos os valores destinados ao pagamento de prêmios, de impostos e de despesas com a administração, conforme fixado em lei, que inclusive estipulará o valor dos direitos a serem pagos às entidades desportivas pelo uso de suas denominações e símbolos.

§ 3º Durante a vigência dos contratos assinados até a publicação desta Lei com o Fundo de Assistência Social – FAS é assegurado o repasse à Caixa Econômica Federal – CEF dos valores necessários ao cumprimento dos mesmos.

Capítulo VIII
DAS OUTRAS RECEITAS

Art. 27. Constituem outras receitas da Seguridade Social:

I – as multas, a atualização monetária e os juros moratórios;

II – a remuneração recebida por serviços de arrecadação, fiscalização e cobrança prestados a terceiros;

III – as receitas provenientes de prestação de outros serviços e de fornecimento ou arrendamento de bens;

IV – as demais receitas patrimoniais, industriais e financeiras;

V – as doações, legados, subvenções e outras receitas eventuais;

VI – 50% (cinquenta por cento) dos valores obtidos e aplicados na forma do parágrafo único do art. 243 da Constituição Federal;

VII – 40% (quarenta por cento) do resultado dos leilões dos bens apreendidos pelo Departamento da Receita Federal;

VIII – outras receitas previstas em legislação específica.

Parágrafo único. As companhias seguradoras que mantêm o seguro obrigatório de danos pessoais causados por veículos automotores de vias terrestres, de que trata a Lei 6.194/74, deverão repassar à Seguridade Social 50% (cinquenta por cento) do valor total do prêmio recolhido e destinado ao Sistema Único de Saúde – SUS, para custeio da assistência médico-hospitalar dos segurados vitimados em acidentes de trânsito.

Capítulo IX
DO SALÁRIO DE CONTRIBUIÇÃO

• V. Súmula 310, STJ.

Lei 8.212/1991

PLANO DE CUSTEIO

Art. 28. Entende-se por salário de contribuição:

I – para o empregado e trabalhador avulso: a remuneração auferida em uma ou mais empresas, assim entendida a totalidade dos rendimentos pagos, devidos ou creditados a qualquer título, durante o mês, destinados a retribuir o trabalho, qualquer que seja a sua forma, inclusive as gorjetas, os ganhos habituais sob a forma de utilidades e os adiantamentos decorrentes de reajuste salarial, quer pelos serviços efetivamente prestados, quer pelo tempo à disposição do empregador ou tomador de serviços nos termos da lei ou do contrato ou, ainda, de convenção ou acordo coletivo de trabalho ou sentença normativa;

* Inciso I com redação determinada pela Lei 9.528/1997.

II – para o empregado doméstico: a remuneração registrada na Carteira de Trabalho e Previdência Social, observadas as normas a serem estabelecidas em regulamento para comprovação do vínculo empregatício e do valor da remuneração;

III – para o contribuinte individual: a remuneração auferida em uma ou mais empresas ou pelo exercício de sua atividade por conta própria, durante o mês, observado o limite máximo a que se refere o § 5º;

* Inciso III com redação determinada pela Lei 9.876/1999.

IV – para o segurado facultativo: o valor por ele declarado, observado o limite máximo a que se refere o § 5º.

* Inciso IV acrescentado pela Lei 9.876/1999.

§ 1º Quando a admissão, a dispensa, o afastamento ou a falta do empregado ocorrer no curso do mês, o salário de contribuição será proporcional ao número de dias de trabalho efetivo, na forma estabelecida em regulamento.

§ 2º O salário-maternidade é considerado salário de contribuição.

§ 3º O limite mínimo do salário de contribuição corresponde ao piso salarial, legal ou normativo, da categoria ou, inexistindo este, ao salário mínimo, tomado no seu valor mensal, diário ou horário, conforme o ajustado e o tempo de trabalho efetivo durante o mês.

* § 3º com redação determinada pela Lei 9.528/1997.

§ 4º O limite mínimo do salário de contribuição do menor aprendiz corresponde à sua remuneração mínima definida em lei.

§ 5º O limite máximo do salário de contribuição é de Cr$ 170.000,00 (cento e setenta mil cruzeiros), reajustado a partir da data da entrada em vigor desta Lei, na mesma época e com os mesmos índices que os do reajustamento dos benefícios de prestação continuada da Previdência Social.

* Valor original sujeito a atualização mediante Portaria do Ministério da Previdência Social – MPS.

§ 6º No prazo de 180 (cento e oitenta) dias, a contar da data de publicação desta Lei, o Poder Executivo encaminhará ao Congresso Nacional projeto de lei estabelecendo a previdência complementar, pública e privada, em especial para os que possam contribuir acima do limite máximo estipulado no parágrafo anterior deste artigo.

§ 7º O décimo terceiro salário (gratificação natalina) integra o salário de contribuição, exceto para o cálculo de benefício, na forma estabelecida em regulamento.

* § 7º com redação determinada pela Lei 8.870/1994.

§ 8º Integram o salário de contribuição pelo seu valor total:

* *Caput* do § 8º com redação determinada pela Lei 9.528/1997.

a) o total das diárias pagas, quando excedente a 50% (cinquenta por cento) da remuneração mensal;

* Alínea *a* acrescentada pela Lei 9.528/1997.

b) (Vetada.)

* Alínea *b* acrescentada pela Lei 9.528/1997.

c) (Revogada pela Lei 9.711/1998.)

§ 9º Não integram o salário de contribuição para os fins desta Lei, exclusivamente:

* *Caput* do § 9º com redação determinada pela Lei 9.528/1997.

a) os benefícios da previdência social, nos termos e limites legais, salvo o salário-maternidade;

* Alínea *a* com redação determinada pela Lei 9.528/1997.

Lei 8.212/1991

PLANO DE CUSTEIO

b) as ajudas de custo e o adicional mensal recebidos pelo aeronauta nos termos da Lei 5.929, de 30 de outubro de 1973;

c) a parcela *in natura* recebida de acordo com os programas de alimentação aprovados pelo Ministério do Trabalho e da Previdência Social, nos termos da Lei 6.321, de 14 de abril de 1976;

d) as importâncias recebidas a título de férias indenizadas e respectivo adicional constitucional, inclusive o valor correspondente à dobra da remuneração de férias de que trata o art. 137 da Consolidação das Leis do Trabalho – CLT;

- Alínea *d* com redação determinada pela Lei 9.528/1997.

e) as importâncias:

- Caput da alínea *e* com redação determinada pela Lei 9.528/1997.

1. previstas no inciso I do art. 10 do Ato das Disposições Constitucionais Transitórias;

- Item 1 acrescentado pela Lei 9.528/1997.

2. relativas à indenização por tempo de serviço, anterior a 5 de outubro de 1988, do empregado não optante pelo Fundo de Garantia do Tempo de Serviço – FGTS;

- Item 2 acrescentado pela Lei 9.528/1997.

3. recebidas a título da indenização de que trata o art. 479 da CLT;

- Item 3 acrescentado pela Lei 9.528/1997.

4. recebidas a título da indenização de que trata o art. 14 da Lei 5.889, de 8 de junho de 1973;

- Item 4 acrescentado pela Lei 9.528/1997.

5. recebidas a título de incentivo à demissão;

- Item 5 acrescentado pela Lei 9.528/1997.

6. recebidas a título de abono de férias na forma dos arts. 143 e 144 da CLT;

- Item 6 acrescentado pela Lei 9.711/1998.

7. recebidas a título de ganhos eventuais e os abonos expressamente desvinculados do salário;

- Item 7 acrescentado pela Lei 9.711/1998.

8. recebidas a título de licença-prêmio indenizada;

- Item 8 acrescentado pela Lei 9.711/1998.

9. recebidas a título da indenização de que trata o art. 9º da Lei 7.238, de 29 de outubro de 1984;

- Item 9 acrescentado pela Lei 9.711/1998.

f) a parcela recebida a título de vale-transporte, na forma da legislação própria;

g) a ajuda de custo, em parcela única, recebida exclusivamente em decorrência de mudança de local de trabalho do empregado, na forma do art. 470 da CLT;

- Alínea *g* com redação determinada pela Lei 9.528/1997.

h) as diárias para viagens, desde que não excedam a 50% (cinquenta por cento) da remuneração mensal;

i) a importância recebida a título de bolsa de complementação educacional de estagiário, quando paga nos termos da Lei 6.494, de 7 de dezembro de 1977;

j) a participação nos lucros ou resultados da empresa, quando paga ou creditada de acordo com lei específica;

l) o abono do Programa de Integração Social – PIS e do Programa de Assistência ao Servidor Público – Pasep;

- Alínea *l* acrescentada pela Lei 9.528/1997.

m) os valores correspondentes a transporte, alimentação e habitação fornecidos pela empresa ao empregado contratado para trabalhar em localidade distante da de sua residência, em canteiro de obras ou local que, por força da atividade, exija deslocamento e estada, observadas as normas de proteção estabelecidas pelo Ministério do Trabalho;

- Alínea *m* acrescentada pela Lei 9.528/1997.

n) a importância paga ao empregado a título de complementação ao valor do auxílio-doença, desde que este direito seja extensivo à totalidade dos empregados da empresa;

- Alínea *n* acrescentada pela Lei 9.528/1997.

o) as parcelas destinadas à assistência ao trabalhador da agroindústria canavieira, de que trata o art. 36 da Lei 4.870, de 1º de dezembro de 1965;

- Alínea *o* acrescentada pela Lei 9.528/1997.

p) o valor das contribuições efetivamente pago pela pessoa jurídica relativo a programa de previdência complementar, aberto ou fechado, desde que disponível à totalidade de seus empregados e dirigentes, obser-

Lei 8.212/1991

PLANO DE CUSTEIO

vados, no que couber, os arts. 9º e 468 da CLT;

- Alínea p acrescentada pela Lei 9.528/1997.

q) o valor relativo à assistência prestada por serviço médico ou odontológico, próprio da empresa ou por ela conveniado, inclusive o reembolso de despesas com medicamentos, óculos, aparelhos ortopédicos, despesas médico-hospitalares e outras similares, desde que a cobertura abranja a totalidade dos empregados e dirigentes da empresa;

- Alínea q acrescentada pela Lei 9.528/1997.

r) o valor correspondente a vestuários, equipamentos e outros acessórios fornecidos ao empregado e utilizados no local do trabalho para prestação dos respectivos serviços;

- Alínea r acrescentada pela Lei 9.528/1997.

s) o ressarcimento de despesas pelo uso de veículo do empregado e o reembolso creche pago em conformidade com a legislação trabalhista, observado o limite máximo de seis anos de idade, quando devidamente comprovadas as despesas realizadas;

- Alínea s acrescentada pela Lei 9.528/1997.

t) o valor relativo a plano educacional, ou bolsa de estudo, que vise à educação básica de empregados e seus dependentes e, desde que vinculada às atividades desenvolvidas pela empresa, à educação profissional e tecnológica de empregados, nos termos da Lei 9.394, de 20 de dezembro de 1996, e:

- Alínea t com redação determinada pela Lei 12.513/2011.

1. não seja utilizado em substituição de parcela salarial; e

2. o valor mensal do plano educacional ou bolsa de estudo, considerado individualmente, não ultrapasse 5% (cinco por cento) da remuneração do segurado a que se destina ou o valor correspondente a uma vez e meia o valor do limite mínimo mensal do salário de contribuição, o que for maior;

u) a importância recebida a título de bolsa de aprendizagem garantida ao adolescente até quatorze anos de idade, de acordo com o disposto no art. 64 da Lei 8.069, de 13 de julho de 1990;

- Alínea u acrescentada pela Lei 9.528/1997.

v) os valores recebidos em decorrência da cessão de direitos autorais;

- Alínea v acrescentada pela Lei 9.528/1997.

x) o valor da multa prevista no § 8º do art. 477 da CLT;

- Alínea x acrescentada pela Lei 9.528/1997.

y) o valor correspondente ao vale-cultura.

- Alínea y acrescentada pela Lei 12.761/2012.

§ 10. Considera-se salário de contribuição, para o segurado empregado e trabalhador avulso, na condição prevista no § 5º do art. 12, a remuneração efetivamente auferida na entidade sindical ou empresa de origem.

- § 10 acrescentado pela Lei 9.528/1997.

Art. 29. (Revogado pela Lei 9.876/1999.)

Capítulo X
DA ARRECADAÇÃO E RECOLHIMENTO DAS CONTRIBUIÇÕES

Art. 30. A arrecadação e o recolhimento das contribuições ou de outras importâncias devidas à Seguridade Social obedecem às seguintes normas:

- Caput com redação determinada pela Lei 8.620/1993.

I – a empresa é obrigada a:

a) arrecadar as contribuições dos segurados empregados e trabalhadores avulsos a seu serviço, descontando-as da respectiva remuneração;

b) recolher os valores arrecadados na forma da alínea a deste inciso, a contribuição a que se refere o inciso IV do art. 22 desta Lei, assim como as contribuições a seu cargo incidentes sobre as remunerações pagas, devidas ou creditadas, a qualquer título, aos segurados empregados, trabalhadores avulsos e contribuintes individuais a seu serviço até o dia 20 (vinte) do mês subsequente ao da competência;

- Alínea b com redação determinada pela Lei 11.933/2009 (DOU 29.04.2009), em vigor na data de sua publicação, produzindo efeitos a partir de 1º.10.2008 (v. art. 11, I, da referida Lei).
- V. art. 64, Lei 11.941/2009 (Altera a legislação tributária federal).

c) recolher as contribuições de que tratam os incisos I e II do art. 23, na forma e prazos

Lei 8.212/1991

PLANO DE CUSTEIO

definidos pela legislação tributária federal vigente;

II – os segurados, contribuinte individual e facultativo estão obrigados a recolher sua contribuição por iniciativa própria, até o dia quinze do mês seguinte ao da competência;

- Inciso II com redação determinada pela Lei 9.876/1999.

III – a empresa adquirente, consumidora ou consignatária ou a cooperativa são obrigadas a recolher a contribuição de que trata o art. 25 até o dia 20 (vinte) do mês subsequente ao da operação de venda ou consignação da produção, independentemente de essas operações terem sido realizadas diretamente com o produtor ou com intermediário pessoa física, na forma estabelecida em regulamento;

- Inciso III com redação determinada pela Lei 11.933/2009 (*DOU* 29.04.2009), em vigor na data de sua publicação, produzindo efeitos a partir de 1º.10.2008 (v. art. 11, I, da referida Lei).
- V. art. 64, Lei 11.941/2009 (Altera a legislação tributária federal).

IV – a empresa adquirente, consumidora ou consignatária ou a cooperativa ficam sub-rogadas nas obrigações da pessoa física de que trata a alínea *a* do inciso V do art. 12 e do segurado especial pelo cumprimento das obrigações do art. 25 desta Lei, independentemente de as operações de venda ou consignação terem sido realizadas diretamente com o produtor ou com intermediário pessoa física, exceto no caso do inciso X deste artigo, na forma estabelecida em regulamento;

- Inciso IV com redação determinada pela Lei 9.528/1997.

V – o empregador doméstico está obrigado a arrecadar a contribuição do segurado empregado a seu serviço e a recolhê-la, assim como a parcela a seu cargo, no prazo referido no inciso II deste artigo;

- Inciso V com redação determinada pela Lei 8.444/1992.

VI – o proprietário, o incorporador definido na Lei 4.591, de 16 de dezembro de 1964, o dono da obra ou condômino da unidade imobiliária, qualquer que seja a forma de contratação da construção, reforma ou acréscimo, são solidários com o construtor, e estes com a subempreiteira, pelo cumprimento das obrigações para com a Seguridade Social, ressalvado o seu direito regressivo contra o executor ou contratante da obra e admitida a retenção de importância a este devida para garantia do cumprimento dessas obrigações, não se aplicando, em qualquer hipótese, o benefício de ordem;

- Inciso VI com redação determinada pela Lei 9.528/1997.

VII – exclui-se da responsabilidade solidária perante a Seguridade Social o adquirente de prédio ou unidade imobiliária que realizar a operação com empresa de comercialização ou incorporador de imóveis, ficando estes solidariamente responsáveis com o construtor;

VIII – nenhuma contribuição à Seguridade Social é devida se a construção residencial unifamiliar, destinada ao uso próprio, de tipo econômico, for executada sem mão de obra assalariada, observadas as exigências do regulamento;

IX – as empresas que integram grupo econômico de qualquer natureza respondem entre si, solidariamente, pelas obrigações decorrentes desta Lei;

X – a pessoa física de que trata a alínea *a* do inciso V do art. 12 e o segurado especial são obrigados a recolher a contribuição de que trata o art. 25 desta Lei no prazo estabelecido no inciso III deste artigo, caso comercializem a sua produção:

- Inciso X com redação determinada pela Lei 9.528/1997.

a) no exterior;
b) diretamente, no varejo, ao consumidor pessoa física;
c) à pessoa física de que trata a alínea *a* do inciso V do art. 12;
d) ao segurado especial;

XI – aplica-se o disposto nos incisos III e IV deste artigo à pessoa física não produtor rural que adquire produção para venda no varejo a consumidor pessoa física.

- Inciso XI acrescentado pela Lei 9.528/1997.

XII – sem prejuízo do disposto no inciso X do *caput* deste artigo, o produtor rural pessoa física e o segurado especial são obrigados a

Lei 8.212/1991

PLANO DE CUSTEIO

recolher, diretamente, a contribuição incidente sobre a receita bruta proveniente:

- Inciso XII acrescentado pela Lei 11.718/2008.

a) da comercialização de artigos de artesanato elaborados com matéria-prima produzida pelo respectivo grupo familiar;

b) de comercialização de artesanato ou do exercício de atividade artística, observado o disposto nos incisos VII e VIII do § 10 do art. 12 desta Lei; e

c) de serviços prestados, de equipamentos utilizados e de produtos comercializados no imóvel rural, desde que em atividades turística e de entretenimento desenvolvidas no próprio imóvel, inclusive hospedagem, alimentação, recepção, recreação e atividades pedagógicas, bem como taxa de visitação e serviços especiais;

XIII – o segurado especial é obrigado a arrecadar a contribuição de trabalhadores a seu serviço e a recolhê-la no prazo referido na alínea b do inciso I do caput deste artigo.

- Inciso XIII acrescentado pela Lei 11.718/2008.

§ 1º (Revogado pela Lei 9.032/1995.)

§ 2º Se não houver expediente bancário nas datas indicadas:

- § 2º com redação determinada pela Lei 11.933/2009 (DOU 29.04.2009), em vigor na data de sua publicação, produzindo efeitos a partir de 1º.10.2008 (v. art. 11, I, da referida Lei).
- V. art. 64, Lei 11.941/2009 (Altera a legislação tributária federal).

I – nos incisos II e V do caput deste artigo, o recolhimento deverá ser efetuado até o dia útil imediatamente posterior; e

II – na alínea b do inciso I e nos incisos III, X e XIII do caput deste artigo, até o dia útil imediatamente anterior.

§ 3º Aplica-se à entidade sindical e à empresa de origem o disposto nas alíneas a e b do inciso I, relativamente à remuneração do segurado referido no § 5º do art. 12.

- § 3º acrescentado pela Lei 9.528/1997.

§ 4º Na hipótese de o contribuinte individual prestar serviço a uma ou mais empresas, poderá deduzir, da sua contribuição mensal, 45% (quarenta e cinco por cento) da contribuição da empresa, efetivamente recolhida ou declarada, incidente sobre a remuneração que esta lhe tenha pago ou creditado, limitada a dedução a 9% (nove por cento) do respectivo salário de contribuição.

- § 4º acrescentado pela Lei 9.876/1999.

§ 5º Aplica-se o disposto no § 4º ao cooperado que prestar serviço a empresa por intermédio de cooperativa de trabalho.

- § 5º acrescentado pela Lei 9.876/1999.

§ 6º O empregador doméstico poderá recolher a contribuição do segurado empregado a seu serviço e a parcela a seu cargo relativas à competência novembro até o dia 20 de dezembro, juntamente com a contribuição referente ao 13º (décimo terceiro) salário, utilizando-se de um único documento de arrecadação.

- § 6º acrescentado pela Lei 11.324/2006 (DOU 20.07.2006), em vigor na data de sua publicação, produzindo efeitos em relação às contribuições patronais pagas a partir do mês de janeiro de 2006.

§ 7º A empresa ou cooperativa adquirente, consumidora ou consignatária da produção fica obrigada a fornecer ao segurado especial cópia do documento fiscal de entrada da mercadoria, para fins de comprovação da operação e da respectiva contribuição previdenciária.

- § 7º acrescentado pela Lei 11.718/2008.

§ 8º Quando o grupo familiar a que o segurado especial estiver vinculado não tiver obtido, no ano, por qualquer motivo, receita proveniente de comercialização de produção deverá comunicar a ocorrência à Previdência Social, na forma do regulamento.

- § 8º acrescentado pela Lei 11.718/2008.

§ 9º Quando o segurado especial tiver comercializado sua produção do ano anterior exclusivamente com empresa adquirente, consignatária ou cooperativa, tal fato deverá ser comunicado à Previdência Social pelo respectivo grupo familiar.

- § 9º acrescentado pela Lei 11.718/2008.

Art. 31. A empresa contratante de serviços executados mediante cessão de mão de obra, inclusive em regime de trabalho temporário, deverá reter 11% (onze por cento) do valor bruto da nota fiscal ou fatura de prestação de serviços e recolher, em nome da empresa cedente da mão de obra, a importância retida até o dia 20 (vinte) do mês subsequente ao da emissão da respectiva

Lei 8.212/1991

PLANO DE CUSTEIO

nota fiscal ou fatura, ou até o dia útil imediatamente anterior se não houver expediente bancário naquele dia, observado o disposto no § 5º do art. 33 desta Lei.

- Caput com redação determinada pela Lei 11.933/2009 (DOU 29.04.2009), em vigor na data de sua publicação, produzindo efeitos a partir de 1º.10.2008 (v. art. 11, I, da referida Lei).
- V. art. 64, Lei 11.941/2009 (Altera a legislação tributária federal).

§ 1º O valor retido de que trata o *caput* deste artigo, que deverá ser destacado na nota fiscal ou fatura de prestação de serviços, poderá ser compensado por qualquer estabelecimento da empresa cedente da mão de obra, por ocasião do recolhimento das contribuições destinadas à Seguridade Social devidas sobre a folha de pagamento dos seus segurados.

- § 1º com redação determinada pela Lei 11.941/2009.

§ 2º Na impossibilidade de haver compensação integral na forma do parágrafo anterior, o saldo remanescente será objeto de restituição.

- § 2º com redação determinada pela Lei 9.711/1998.

§ 3º Para os fins desta Lei, entende-se como cessão de mão de obra a colocação à disposição do contratante, em suas dependências ou nas de terceiros, de segurados que realizem serviços contínuos, relacionados ou não com a atividade fim da empresa, quaisquer que sejam a natureza e a forma de contratação.

- § 3º com redação determinada pela Lei 9.711/1998.

§ 4º Enquadram-se na situação prevista no parágrafo anterior, além de outros estabelecidos em regulamento, os seguintes serviços:

- § 4º com redação determinada pela Lei 9.711/1998.

I – limpeza, conservação e zeladoria;
II – vigilância e segurança;
III – empreitada de mão de obra;
IV – contratação de trabalho temporário na forma da Lei 6.019, de 3 de janeiro de 1974.

§ 5º O cedente da mão de obra deverá elaborar folhas de pagamento distintas para cada contratante.

- § 5º com redação determinada pela Lei 9.711/1998.

§ 6º Em se tratando de retenção e recolhimento realizados na forma do *caput* deste artigo, em nome de consórcio, de que tratam os arts. 278 e 279 da Lei 6.404, de 15 de dezembro de 1976, aplica-se o disposto em todo este artigo, observada a participação de cada uma das empresas consorciadas, na forma do respectivo ato constitutivo.

- § 6º acrescentado pela Lei 11.941/2009.

Art. 32. A empresa é também obrigada a:

I – preparar folhas de pagamento das remunerações pagas ou creditadas a todos os segurados a seu serviço, de acordo com os padrões e normas estabelecidos pelo órgão competente da Seguridade Social;

II – lançar mensalmente em títulos próprios de sua contabilidade, de forma discriminada, os fatos geradores de todas as contribuições, o montante das quantias descontadas, as contribuições da empresa e os totais recolhidos;

III – prestar à Secretaria da Receita Federal do Brasil todas as informações cadastrais, financeiras e contábeis de seu interesse, na forma por ela estabelecida, bem como os esclarecimentos necessários à fiscalização;

- Inciso III com redação determinada pela Lei 11.941/2009.

IV – declarar à Secretaria da Receita Federal do Brasil e ao Conselho Curador do Fundo de Garantia do Tempo de Serviço – FGTS, na forma, prazo e condições estabelecidos por esses órgãos, dados relacionados a fatos geradores, base de cálculo e valores devidos da contribuição previdenciária e outras informações de interesse do INSS ou do Conselho Curador do FGTS;

- Inciso IV com redação determinada pela Lei 11.941/2009.

V – *(Vetado.)*

- Inciso V acrescentado pela Lei 10.403/2002.

VI – comunicar, mensalmente, aos empregados, por intermédio de documento a ser definido em regulamento, os valores recolhidos sobre o total de sua remuneração ao INSS.

- Inciso VI acrescentado pela Lei 12.692/2012.

Lei 8.212/1991

PLANO DE CUSTEIO

§ 1º *(Revogado pela Lei 11.941/2009.)*

§ 2º A declaração de que trata o inciso IV do *caput* deste artigo constitui instrumento hábil e suficiente para a exigência do crédito tributário, e suas informações comporão a base de dados para fins de cálculo e concessão dos benefícios previdenciários.

- § 2º com redação determinada pela Lei 11.941/2009.

§§ 3º a 8º *(Revogados pela Lei 11.941/2009.)*

§ 9º A empresa deverá apresentar o documento a que se refere o inciso IV do *caput* deste artigo ainda que não ocorram fatos geradores de contribuição previdenciária, aplicando-se, quando couber, a penalidade prevista no art. 32-A desta Lei.

- § 9º com redação determinada pela Lei 11.941/2009.

§ 10. O descumprimento do disposto no inciso IV do *caput* deste artigo impede a expedição da certidão de prova de regularidade fiscal perante a Fazenda Nacional.

- § 10 com redação determinada pela Lei 11.941/2009.

§ 11. Em relação aos créditos tributários, os documentos comprobatórios do cumprimento das obrigações de que trata este artigo devem ficar arquivados na empresa até que ocorra a prescrição relativa aos créditos decorrentes das operações a que se refiram.

- § 11 com redação determinada pela Lei 11.941/2009.

§ 12. *(Vetado).*

- § 12 acrescentado pela Lei 12.692/2012.

Art. 32-A. O contribuinte que deixar de apresentar a declaração de que trata o inciso IV do *caput* do art. 32 desta Lei no prazo fixado ou que a apresentar com incorreções ou omissões será intimado a apresentá-la ou a prestar esclarecimentos e sujeitar-se-á às seguintes multas:

- Artigo acrescentado pela Lei 11.941/2009.

I – de R$ 20,00 (vinte reais) para cada grupo de 10 (dez) informações incorretas ou omitidas; e

II – de 2% (dois por cento) ao mês-calendário ou fração, incidentes sobre o montante das contribuições informadas, ainda que integralmente pagas, no caso de falta de entrega da declaração ou entrega após o prazo, limitada a 20% (vinte por cento), observado o disposto no § 3º deste artigo.

§ 1º Para efeito de aplicação da multa prevista no inciso II do *caput* deste artigo, será considerado como termo inicial o dia seguinte ao término do prazo fixado para entrega da declaração e como termo final a data da efetiva entrega ou, no caso de não apresentação, a data da lavratura do auto de infração ou da notificação de lançamento.

§ 2º Observado o disposto no § 3º deste artigo, as multas serão reduzidas:

I – à metade, quando a declaração for apresentada após o prazo, mas antes de qualquer procedimento de ofício; ou

II – a 75% (setenta e cinco por cento), se houver apresentação da declaração no prazo fixado em intimação.

§ 3º A multa mínima a ser aplicada será de:

I – R$ 200,00 (duzentos reais), tratando-se de omissão de declaração sem ocorrência de fatos geradores de contribuição previdenciária; e

II – R$ 500,00 (quinhentos reais), nos demais casos.

Art. 32-B. Os órgãos da administração direta, as autarquias, as fundações e as empresas públicas da União, dos Estados, do Distrito Federal e dos Municípios, cujas Normas Gerais de Direito Financeiro para elaboração e controle dos orçamentos estão definidas pela Lei 4.320, de 17 de março de 1964, e pela Lei Complementar 101, de 4 de maio de 2000, ficam obrigados, na forma estabelecida pela Secretaria da Receita Federal do Brasil do Ministério da Fazenda, a apresentar:

- Artigo acrescentado pela Lei 12.810/2013.

I – a contabilidade entregue ao Tribunal de Controle Externo; e

II – a folha de pagamento.

Parágrafo único. As informações de que trata o *caput* deverão ser apresentadas até o dia 30 de abril do ano seguinte ao encerramento do exercício.

Art. 33. À Secretaria da Receita Federal do Brasil compete planejar, executar, acompanhar e avaliar as atividades relativas à tributação, à fiscalização, à arrecadação, à co-

Lei 8.212/1991

PLANO DE CUSTEIO

brança e ao recolhimento das contribuições sociais previstas no parágrafo único do art. 11 desta Lei, das contribuições incidentes a título de substituição e das devidas a outras entidades e fundos.

* Caput com redação determinada pela Lei 11.941/2009.

§ 1º É prerrogativa da Secretaria da Receita Federal do Brasil, por intermédio dos Auditores Fiscais da Receita Federal do Brasil, o exame da contabilidade das empresas, ficando obrigados a prestar todos os esclarecimentos e informações solicitados o segurado e os terceiros responsáveis pelo recolhimento das contribuições previdenciárias e das contribuições devidas a outras entidades e fundos.

* § 1º com redação determinada pela Lei 11.941/2009.

§ 2º A empresa, o segurado da Previdência Social, o serventuário da Justiça, o síndico ou seu representante, o comissário e o liquidante de empresa em liquidação judicial ou extrajudicial são obrigados a exibir todos os documentos e livros relacionados com as contribuições previstas nesta Lei.

* § 2º com redação determinada pela Lei 11.941/2009.

§ 3º Ocorrendo recusa ou sonegação de qualquer documento ou informação, ou sua apresentação deficiente, a Secretaria da Receita Federal do Brasil pode, sem prejuízo da penalidade cabível, lançar de ofício a importância devida.

* § 3º com redação determinada pela Lei 11.941/2009.

§ 4º Na falta de prova regular e formalizada pelo sujeito passivo, o montante dos salários pagos pela execução de obra de construção civil pode ser obtido mediante cálculo da mão de obra empregada, proporcional à área construída, de acordo com critérios estabelecidos pela Secretaria da Receita Federal do Brasil, cabendo ao proprietário, dono da obra, condômino da unidade imobiliária ou empresa corresponsável o ônus da prova em contrário.

* § 4º com redação determinada pela Lei 11.941/2009.

§ 5º O desconto de contribuição e de consignação legalmente autorizadas sempre se presume feito oportuna e regularmente pela empresa a isso obrigada, não lhe sendo lícito alegar omissão para se eximir do recolhimento, ficando diretamente responsável pela importância que deixou de receber ou arrecadou em desacordo com o disposto nesta Lei.

§ 6º Se, no exame da escrituração contábil e de qualquer outro documento da empresa, a fiscalização constatar que a contabilidade não registra o movimento real de remuneração dos segurados a seu serviço, do faturamento e do lucro, serão apuradas, por aferição indireta, as contribuições efetivamente devidas, cabendo à empresa o ônus da prova em contrário.

§ 7º O crédito da seguridade social é constituído por meio de notificação de lançamento, de auto de infração e de confissão de valores devidos e não recolhidos pelo contribuinte.

* § 7º com redação determinada pela Lei 11.941/2009.

§ 8º Aplicam-se às contribuições sociais mencionadas neste artigo as presunções legais de omissão de receita previstas nos §§ 2º e 3º do art. 12 do Decreto-lei 1.598, de 26 de dezembro de 1977, e nos arts. 40, 41 e 42 da Lei 9.430, de 27 de dezembro de 1996.

* § 8º acrescentado pela Lei 11.941/2009.

Art. 34. *(Revogado pela Lei 11.941/2009.)*

Art. 35. Os débitos com a União decorrentes das contribuições sociais previstas nas alíneas *a*, *b* e *c* do parágrafo único do art. 11 desta Lei, das contribuições instituídas a título de substituição e das contribuições devidas a terceiros, assim entendidas outras entidades e fundos, não pagos nos prazos previstos em legislação, serão acrescidos de multa de mora e juros de mora, nos termos do art. 61 da Lei 9.430, de 27 de dezembro de 1996.

* Caput com redação determinada pela Lei 11.941/2009.
* V. art. 57, Lei 11.941/2009 (Altera a legislação tributária federal).
* V. Portaria Conjunta PGFN/RFB 14/2009 (Aplicação do disposto nos arts. 35 e 35-A da Lei 8.212/1991).

I – *(Revogado pela Lei 11.941/2009.)*

Lei 8.212/1991

PLANO DE CUSTEIO

a) *(Revogada pela Lei 11.941/2009.)*
b) *(Revogada pela Lei 11.941/2009.)*
c) *(Revogada pela Lei 11.941/2009.)*
II – *(Revogado pela Lei 11.941/2009.)*
a) *(Revogada pela Lei 11.941/2009.)*
b) *(Revogada pela Lei 11.941/2009.)*
c) *(Revogada pela Lei 11.941/2009.)*
d) *(Revogada pela Lei 11.941/2009.)*
III – *(Revogado pela Lei 11.941/2009.)*
a) *(Revogada pela Lei 11.941/2009.)*
b) *(Revogada pela Lei 11.941/2009.)*
c) *(Revogada pela Lei 11.941/2009.)*
d) *(Revogada pela Lei 11.941/2009.)*
§§ 1º a 4º *(Revogados pela Lei 11.941/2009.)*

Art. 35-A. Nos casos de lançamento de ofício relativos às contribuições referidas no art. 35 desta Lei, aplica-se o disposto no art. 44 da Lei 9.430, de 27 de dezembro de 1996.

- Artigo acrescentado pela Lei 11.941/2009.
- V. art. 57, Lei 11.941/2009 (Altera a legislação tributária federal).
- V. Portaria Conjunta PGFN/RFB 14/2009 (Aplicação do disposto nos arts. 35 e 35-A da Lei 8.212/1991).

Art. 36. *(Revogado pela Lei 8.218/1991.)*

Art. 37. Constatado o não recolhimento total ou parcial das contribuições tratadas nesta Lei, não declaradas na forma do art. 32 desta Lei, a falta de pagamento de benefício reembolsado ou o descumprimento de obrigação acessória, será lavrado auto de infração ou notificação de lançamento.

- *Caput* com redação determinada pela Lei 11.941/2009.

§ 1º *(Revogado pela Lei 11.941/2009.)*
§ 2º *(Revogado pela Lei 11.941/2009.)*

Art. 38. *(Revogado pela Lei 11.941/2009.)*

Art. 39. O débito original e seus acréscimos legais, bem como outras multas previstas em lei, constituem dívida ativa da União, promovendo-se a inscrição em livro próprio daquela resultante das contribuições de que tratam as alíneas *a*, *b* e *c* do parágrafo único do art. 11 desta Lei.

- *Caput* com redação determinada pela Lei 11.457/2007 (*DOU* 19.03.2007), em vigor no primeiro dia útil do segundo mês subsequente à data de sua publicação (v. art. 51, II, da referida Lei).

§ 1º *(Revogado, a partir de 02.05.2007, pela Lei 11.501/2007 – DOU 12.07.2007.)*

§ 2º É facultado aos órgãos competentes, antes de ajuizar a cobrança da dívida ativa de que trata o *caput* deste artigo, promover o protesto de título dado em garantia, que será recebido *pro solvendo*.

- § 2º com redação determinada pela Lei 11.457/2007 (*DOU* 19.03.2007), em vigor no primeiro dia útil do segundo mês subsequente à data de sua publicação (v. art. 51, II, da referida Lei).

§ 3º Serão inscritas como dívida ativa da União as contribuições que não tenham sido recolhidas ou parceladas resultantes das informações prestadas no documento a que se refere o inciso IV do art. 32 desta Lei.

- § 3º com redação determinada pela Lei 11.457/2007 (*DOU* 19.03.2007), em vigor no primeiro dia útil do segundo mês subsequente à data de sua publicação (v. art. 51, II, da referida Lei).

Art. 40. *(Vetado.)*

Art. 41. *(Revogado pela Lei 11.941/2009.)*

Art. 42. Os administradores de autarquias e fundações públicas, criadas e mantidas pelo Poder Público, de empresas públicas e de sociedades de economia mista sujeitas ao controle da União, dos Estados, do Distrito Federal ou dos Municípios, que se encontrarem em mora, por mais de 30 (trinta) dias, no recolhimento das contribuições previstas nesta Lei, tornam-se solidariamente responsáveis pelo respectivo pagamento, ficando ainda sujeitos às proibições do art. 1º e às sanções dos arts. 4º e 7º do Decreto-lei 368, de 19 de dezembro de 1968.

Art. 43. Nas ações trabalhistas de que resultar o pagamento de direitos sujeitos à incidência de contribuição previdenciária, o juiz, sob pena de responsabilidade, determinará o imediato recolhimento das importâncias devidas à Seguridade Social.

- *Caput* com redação determinada pela Lei 8.620/1993.

§ 1º Nas sentenças judiciais ou nos acordos homologados em que não figurarem, discriminadamente, as parcelas legais relativas às contribuições sociais, estas incidirão sobre o valor total apurado em liquidação de sentença ou sobre o valor do acordo homologado.

Lei 8.212/1991

PLANO DE CUSTEIO

• § 1º acrescentado pela Lei 11.941/2009.

§ 2º Considera-se ocorrido o fato gerador das contribuições sociais na data da prestação do serviço.

• § 2º acrescentado pela Lei 11.941/2009.

§ 3º As contribuições sociais serão apuradas mês a mês, com referência ao período da prestação de serviços, mediante a aplicação de alíquotas, limites máximos do salário de contribuição e acréscimos legais moratórios vigentes relativamente a cada uma das competências abrangidas, devendo o recolhimento ser efetuado no mesmo prazo em que devam ser pagos os créditos encontrados em liquidação de sentença ou em acordo homologado, sendo que nesse último caso o recolhimento será feito em tantas parcelas quantas as previstas no acordo, nas mesmas datas em que sejam exigíveis e proporcionalmente a cada uma delas.

• § 3º acrescentado pela Lei 11.941/2009.

§ 4º No caso de reconhecimento judicial da prestação de serviços em condições que permitam a aposentadoria especial após 15 (quinze), 20 (vinte) ou 25 (vinte e cinco) anos de contribuição, serão devidos os acréscimos de contribuição de que trata o § 6º do art. 57 da Lei 8.213, de 24 de julho de 1991.

• § 4º acrescentado pela Lei 11.941/2009.

§ 5º Na hipótese de acordo celebrado após ter sido proferida decisão de mérito, a contribuição será calculada com base no valor do acordo.

• § 5º acrescentado pela Lei 11.941/2009.

§ 6º Aplica-se o disposto neste artigo aos valores devidos ou pagos nas Comissões de Conciliação Prévia de que trata a Lei 9.958, de 12 de janeiro de 2000.

• § 6º acrescentado pela Lei 11.941/2009.

Art. 44. *(Revogado, a partir de 02.05.2007, pela Lei 11.501/2007 – DOU 12.07.2007.)*

Art. 45. *(Revogado pela LC 128/2008.)*

Art. 45-A. O contribuinte individual que pretenda contar como tempo de contribuição, para fins de obtenção de benefício no Regime Geral de Previdência Social ou de contagem recíproca do tempo de contribuição, período de atividade remunerada alcançada pela decadência deverá indenizar o INSS.

• Artigo acrescentado pela LC 128/2008.

§ 1º O valor da indenização a que se refere o *caput* deste artigo e o § 1º do art. 55 da Lei 8.213, de 24 de julho de 1991, corresponderá a 20% (vinte por cento):

I – da média aritmética simples dos maiores salários de contribuição, reajustados, correspondentes a 80% (oitenta por cento) de todo o período contributivo decorrido desde a competência julho de 1994; ou

II – da remuneração sobre a qual incidem as contribuições para o regime próprio de previdência social a que estiver filiado o interessado, no caso de indenização para fins da contagem recíproca de que tratam os arts. 94 a 99 da Lei 8.213, de 24 de julho de 1991, observados o limite máximo previsto no art. 28 e o disposto em regulamento.

§ 2º Sobre os valores apurados na forma do § 1º deste artigo incidirão juros moratórios de 0,5% (cinco décimos por cento) ao mês, capitalizados anualmente, limitados ao percentual máximo de 50% (cinquenta por cento), e multa de 10% (dez por cento).

§ 3º O disposto no § 1º deste artigo não se aplica aos casos de contribuições em atraso não alcançadas pela decadência do direito de a Previdência constituir o respectivo crédito, obedecendo-se, em relação a elas, as disposições aplicadas às empresas em geral.

Art. 46. *(Revogado pela LC 128/2008.)*

Capítulo XI
DA PROVA DE INEXISTÊNCIA DE DÉBITO

Art. 47. É exigida Certidão Negativa de Débito – CND, fornecida pelo órgão competente, nos seguintes casos:

• *Caput* com redação determinada pela Lei 9.032/1995.
• V. Dec. 6.106/2007 (Prova de regularidade fiscal perante a Fazenda Nacional).

I – da empresa:

a) na contratação com o Poder Público e no recebimento de benefícios ou incentivo fiscal ou creditício concedido por ele;

b) na alienação ou oneração, a qualquer título, de bem imóvel ou direito a ele relativo;

Lei 8.212/1991

PLANO DE CUSTEIO

c) na alienação ou oneração, a qualquer título, de bem móvel de valor superior a Cr$ 2.500.000,00 (dois milhões e quinhentos mil cruzeiros) incorporado ao ativo permanente da empresa;

• Valor sujeito a atualização mediante Portaria do Ministério da Previdência Social – MPS.

d) no registro ou arquivamento, no órgão próprio, de ato relativo a baixa ou redução de capital de firma individual, redução de capital social, cisão total ou parcial, transformação ou extinção de entidade ou sociedade comercial ou civil e transferência de controle de cotas de sociedades de responsabilidade limitada;

• Alínea d com redação determinada pela Lei 9.528/1997.

II – do proprietário, pessoa física ou jurídica, de obra de construção civil, quando de sua averbação no registro de imóveis, salvo no caso do inciso VIII do art. 30.

§ 1º A prova de inexistência de débito deve ser exigida da empresa em relação a todas as suas dependências, estabelecimentos e obras de construção civil, independentemente do local onde se encontrem, ressalvado aos órgãos competentes o direito de cobrança de qualquer débito apurado posteriormente.

§ 2º A prova de inexistência de débito, quando exigível ao incorporador, independe da apresentada no registro de imóveis por ocasião da inscrição do memorial de incorporação.

§ 3º Fica dispensada a transcrição, em instrumento público ou particular, do inteiro teor do documento comprobatório de inexistência de débito, bastando a referência ao seu número de série e data da emissão, bem como a guarda do documento comprobatório à disposição dos órgãos competentes.

§ 4º O documento comprobatório de inexistência de débito poderá ser apresentado por cópia autenticada, dispensada a indicação de sua finalidade, exceto no caso do inciso II deste artigo.

§ 5º O prazo de validade da Certidão Negativa de Débito – CND é de 60 (sessenta) dias, contados da sua emissão, podendo ser ampliado por regulamento para até 180 (cento e oitenta) dias.

• § 5º com redação determinada pela Lei 9.711/1998.

§ 6º Independe de prova de inexistência de débito:

a) a lavratura ou assinatura de instrumento, ato ou contrato que constitua retificação, ratificação ou efetivação de outro anterior para o qual já foi feita a prova;

b) a constituição de garantia para concessão de crédito rural, em qualquer de suas modalidades, por instituição de crédito pública ou privada, desde que o contribuinte referido no art. 25, não seja responsável direto pelo recolhimento de contribuições sobre a sua produção para a Seguridade Social;

c) a averbação prevista no inciso II deste artigo, relativa a imóvel cuja construção tenha sido concluída antes de 22 de novembro de 1966;

d) o recebimento pelos Municípios de transferência de recursos destinados a ações de assistência social, educação, saúde e em caso de calamidade pública.

• Alínea d acrescentada pela Lei 11.960/2009.

e) a averbação da construção civil localizada em área objeto de regularização fundiária de interesse social, na forma da Lei 11.977, de 7 de julho de 2009.

• Alínea e acrescentada pela Lei 12.424/2011.

§ 7º O condômino adquirente de unidades imobiliárias de obra de construção civil não incorporada na forma da Lei 4.591, de 16 de dezembro de 1964, poderá obter documento comprobatório de inexistência de débito, desde que comprove o pagamento das contribuições relativas à sua unidade, conforme dispuser o regulamento.

§ 8º *(Revogado pela Lei 11.941/2009.)*

Art. 48. A prática de ato com inobservância do disposto no artigo anterior, ou o seu registro, acarretará a responsabilidade solidária dos contratantes e do oficial que lavrar ou registrar o instrumento, sendo o ato nulo para todos os efeitos.

§ 1º Os órgãos competentes podem intervir em instrumento que depender de prova de inexistência de débito, a fim de autori-

Lei 8.212/1991

PLANO DE CUSTEIO

zar sua lavratura, desde que o débito seja pago no ato ou o seu pagamento fique assegurado mediante confissão de dívida fiscal com o oferecimento de garantias reais suficientes, na forma estabelecida em regulamento.

§ 2º Em se tratando de alienação de bens do ativo de empresa em regime de liquidação extrajudicial, visando à obtenção de recursos necessários ao pagamento dos credores, independentemente do pagamento ou da confissão de dívida fiscal, o Instituto Nacional do Seguro Social – INSS poderá autorizar a lavratura do respectivo instrumento, desde que o valor do crédito previdenciário conste, regularmente, do quadro geral de credores, observada a ordem de preferência legal.

- § 2º acrescentado pela Lei 9.639/1998.

§ 3º O servidor, o serventuário da Justiça, o titular de serventia extrajudicial e a autoridade ou órgão que infringirem o disposto no artigo anterior incorrerão em multa aplicada na forma estabelecida no art. 92, sem prejuízo da responsabilidade administrativa e penal cabível.

- Primitivo § 2º renumerado e alterado pela Lei 9.639/1998.

TÍTULO VII
DAS DISPOSIÇÕES GERAIS

Art. 49. A matrícula da empresa será efetuada nos termos e condições estabelecidos pela Secretaria da Receita Federal do Brasil.

- *Caput* com redação determinada pela Lei 11.941/2009.

I – *(Revogado pela Lei 11.941/2009.)*
II – *(Revogado pela Lei 11.941/2009.)*

§ 1º No caso de obra de construção civil, a matrícula deverá ser efetuada mediante comunicação obrigatória do responsável por sua execução, no prazo de 30 (trinta) dias, contado do início de suas atividades, quando obterá número cadastral básico, de caráter permanente.

- *Caput* do § 1º com redação determinada pela Lei 11.941/2009.

a) *(Revogada pela Lei 11.941/2009.)*
b) *(Revogada pela Lei 11.941/2009.)*
§ 2º *(Revogado pela Lei 11.941/2009.)*

§ 3º O não cumprimento do disposto no § 1º deste artigo sujeita o responsável a multa na forma estabelecida no art. 92 desta Lei.

- § 3º com redação determinada pela Lei 11.941/2009.

§ 4º O Departamento Nacional de Registro do Comércio – DNRC, por intermédio das Juntas Comerciais bem como os Cartórios de Registro Civil de Pessoas Jurídicas prestarão, obrigatoriamente, à Secretaria da Receita Federal do Brasil todas as informações referentes aos atos constitutivos e alterações posteriores relativos a empresas e entidades neles registradas.

- § 4º com redação determinada pela Lei 11.941/2009.

§ 5º A matrícula atribuída pela Secretaria da Receita Federal do Brasil ao produtor rural pessoa física ou segurado especial é o documento de inscrição do contribuinte, em substituição à inscrição no Cadastro Nacional de Pessoa Jurídica – CNPJ, a ser apresentado em suas relações com o Poder Público, inclusive para licenciamento sanitário de produtos de origem animal ou vegetal submetidos a processos de beneficiamento ou industrialização artesanal, com as instituições financeiras, para fins de contratação de operações de crédito, e com os adquirentes de sua produção ou fornecedores de sementes, insumos, ferramentas e demais implementos agrícolas.

- § 5º acrescentado pela Lei 11.718/2008.

§ 6º O disposto no § 5º deste artigo não se aplica ao licenciamento sanitário de produtos sujeitos à incidência de Imposto sobre Produtos Industrializados ou ao contribuinte cuja inscrição no Cadastro Nacional de Pessoa Jurídica – CNPJ seja obrigatória.

- § 6º acrescentado pela Lei 11.718/2008.

Art. 50. Para fins de fiscalização do INSS, o Município, por intermédio do órgão competente, fornecerá relação de alvarás para construção civil e documentos de "habite-se" concedidos.

- Artigo com redação determinada pela Lei 9.476/1997.

Art. 51. O crédito relativo a contribuições, cotas e respectivos adicionais ou acréscimos de qualquer natureza arrecadados pelos órgãos competentes, bem como a

Lei 8.212/1991

PLANO DE CUSTEIO

atualização monetária e os juros de mora, estão sujeitos, nos processos de falência, concordata ou concurso de credores, às disposições atinentes aos créditos da União, aos quais são equiparados.

* V. Lei 11.101/2005 (Lei de Recuperação de Empresas e Falência).

Parágrafo único. O Instituto Nacional do Seguro Social – INSS reivindicará os valores descontados pela empresa de seus empregados e ainda não recolhidos.

Art. 52. Às empresas, enquanto estiverem em débito não garantido com a União, aplica-se o disposto no art. 32 da Lei 4.357, de 16 de julho de 1964.

* *Caput* com redação determinada pela Lei 11.941/2009.

I – *(Revogado pela Lei 11.941/2009.)*
II – *(Revogado pela Lei 11.941/2009.)*

Parágrafo único. *(Revogado pela Lei 11.941/2009.)*

Art. 53. Na execução judicial da dívida ativa da União, suas autarquias e fundações públicas, será facultado ao exequente indicar bens à penhora, a qual será efetivada concomitantemente com a citação inicial do devedor.

§ 1º Os bens penhorados nos termos deste artigo ficam desde logo indisponíveis.

§ 2º Efetuado o pagamento integral da dívida executada, com seus acréscimos legais, no prazo de 2 (dois) dias úteis contados da citação, independentemente da juntada aos autos do respectivo mandado, poderá ser liberada a penhora, desde que não haja outra execução pendente.

§ 3º O disposto neste artigo aplica-se também às execuções já processadas.

§ 4º Não sendo opostos embargos, no caso legal, ou sendo eles julgados improcedentes, os autos serão conclusos ao juiz do feito, para determinar o prosseguimento da execução.

Art. 54. Os órgãos competentes estabelecerão critério para a dispensa de constituição ou exigência de crédito de valor inferior ao custo dessa medida.

Art. 55. *(Revogado pela Lei 12.101/2009.)*

Art. 56. A inexistência de débitos em relação às contribuições devidas ao Instituto Nacional do Seguro Social – INSS, a partir da publicação desta Lei, é condição necessária para que os Estados, o Distrito Federal e os Municípios possam receber as transferências dos recursos do Fundo de Participação dos Estados e do Distrito Federal – FPE e do Fundo de Participação dos Municípios – FPM, celebrar acordos, contratos, convênios ou ajustes, bem como receber empréstimos, financiamentos, avais e subvenções em geral de órgãos ou entidades da administração direta e indireta da União.

§ 1º (*Primitivo parágrafo único revogado pela MP 2.187-13/2001 e renumerado pela Lei 12.810/2013*).

§ 2º Os recursos do FPE e do FPM não transferidos em decorrência da aplicação do *caput* deste artigo poderão ser utilizados para quitação, total ou parcial, dos débitos relativos às contribuições de que tratam as alíneas *a* e *c* do parágrafo único do art. 11 desta Lei, a pedido do representante legal do Estado, Distrito Federal ou Município.

* § 2º acrescentado pela Lei 12.810/2013.

Art. 57. Os Estados, o Distrito Federal e os Municípios serão, igualmente, obrigados a apresentar, a partir de 1º de junho de 1992, para os fins do disposto no artigo anterior, comprovação de pagamento da parcela mensal referente aos débitos com o Instituto Nacional do Seguro Social – INSS, existentes até 1º de setembro de 1991, renegociados nos termos desta Lei.

Art. 58. Os débitos dos Estados, do Distrito Federal e dos Municípios para com o Instituto Nacional do Seguro Social – INSS, existentes até 1º de setembro de 1991, poderão ser liquidados em até 240 (duzentos e quarenta) parcelas mensais.

§ 1º Para apuração dos débitos será considerado o valor original atualizado pelo índice oficial utilizado pela Seguridade Social para correção de seus créditos.

* Primitivo parágrafo único renumerado pela Lei 8.444/1992.

§ 2º As contribuições descontadas até 30 de junho de 1992 dos segurados que tenham prestado serviços aos Estados, ao Distrito Federal e aos Municípios poderão ser objeto de acordo para parcelamento em até 12 (doze) meses, não se lhes apli-

cando o disposto no § 1º do artigo 38 desta Lei.

- § 2º acrescentado pela Lei 8.444/1992.

Art. 59. O Instituto Nacional do Seguro Social – INSS implantará, no prazo de 90 (noventa) dias a contar da data da publicação desta Lei, sistema próprio e informatizado de cadastro dos pagamentos e débitos dos Governos Estaduais, do Distrito Federal e das Prefeituras Municipais, que viabilize o permanente acompanhamento e fiscalização do disposto nos arts. 56, 57 e 58 e permita a divulgação periódica dos devedores da Previdência Social.

Art. 60. O pagamento dos benefícios da Seguridade Social será realizado por intermédio da rede bancária ou por outras formas definidas pelo Ministério da Previdência Social.

- *Caput* com redação determinada pela Lei 11.941/2009.

Parágrafo único. Os recursos da Seguridade Social serão centralizados em banco estatal federal que tenha abrangência em todo o País.

- Parágrafo único com eficácia suspensa por força da MP 2.170-36/2001.

Art. 61. As receitas provenientes da cobrança de débitos dos Estados e Municípios e da alienação, arrendamento ou locação de bens móveis ou imóveis pertencentes ao patrimônio do Instituto Nacional do Seguro Social – INSS, deverão constituir reserva técnica, de longo prazo, que garantirá o seguro social estabelecido no Plano de Benefícios da Previdência Social.

Parágrafo único. É vedada a utilização dos recursos de que trata este artigo, para cobrir despesas de custeio em geral, inclusive as decorrentes de criação, majoração ou extensão dos benefícios ou serviços da Previdência Social, admitindo-se sua utilização, excepcionalmente, em despesas de capital, na forma da lei de orçamento.

Art. 62. A contribuição estabelecida na Lei 5.161, de 21 de outubro de 1966, em favor da Fundação Jorge Duprat Figueiredo de Segurança e Medicina do Trabalho – Fundacentro, será de 2% (dois por cento) da receita proveniente da contribuição a cargo da empresa, a título de financiamento da complementação das prestações por acidente do trabalho, estabelecida no inciso II do art. 22.

Parágrafo único. Os recursos referidos neste artigo poderão contribuir para o financiamento das despesas com pessoal e administração geral da Fundação Jorge Duprat Figueiredo de Segurança e Medicina do Trabalho – Fundacentro.

- Parágrafo único acrescentado pela Lei 9.639/1998.

TÍTULO VIII
DAS DISPOSIÇÕES FINAIS E TRANSITÓRIAS

Capítulo I
DA MODERNIZAÇÃO DA PREVIDÊNCIA SOCIAL

Art. 63. Fica instituído o Conselho Gestor do Cadastro Nacional do Trabalhador – CNT, criado na forma dos Decretos 97.936, de 10 de julho de 1989 e 99.378, de 11 de julho de 1990.

- Artigo com eficácia suspensa por força da MP 2.216-37/2001.

Parágrafo único. O Conselho Gestor do Cadastro Nacional do Trabalhador é vinculado ao Ministério do Trabalho e da Previdência Social, que assegurará condições para o seu funcionamento.

Art. 64. Ao Conselho Gestor do Cadastro Nacional do Trabalhador incumbe supervisionar e fiscalizar os trabalhos de implantação do Cadastro Nacional do Trabalhador, bem como sugerir as medidas legais e administrativas que permitam, no prazo máximo de 4 (quatro) anos a contar da data de publicação desta Lei, a existência na Administração Pública Federal de cadastro completo dos trabalhadores e das empresas.

- Artigo com eficácia suspensa por força da MP 2.216-37/2001.

Art. 65. O Conselho Gestor do Cadastro Nacional do Trabalhador terá doze membros titulares e igual número de suplentes, nomeados pelo Ministro do Trabalho e da

Lei 8.212/1991

PLANO DE CUSTEIO

Previdência Social para mandato de 4 (quatro) anos, sendo:

* Artigo com eficácia suspensa por força da MP 2.216-37/2001.

I – seis representantes do Governo Federal;
II – três representantes indicados pelas centrais sindicais ou confederações nacionais de trabalhadores;
III – três representantes das Confederações Nacionais de Empresários.
§ 1º A presidência do Conselho Gestor será exercida por um de seus membros, eleito para mandato de 1 (um) ano, vedada a recondução.
§ 2º O Conselho Gestor tomará posse no prazo de 30 (trinta) dias a contar da data de publicação desta Lei.
§ 3º No prazo de até 60 (sessenta) dias após sua posse, o Conselho Gestor aprovará seu regimento interno e o cronograma de implantação do Cadastro Nacional do Trabalhador – CNT, observado o prazo limite estipulado no art. 64.

Art. 66. Os órgãos públicos federais, da administração direta, indireta ou fundacional envolvidos na implantação do Cadastro Nacional do Trabalhador – CNT se obrigam, nas respectivas áreas, a tomar as providências necessárias para o cumprimento dos prazos previstos nesta Lei, bem como do cronograma a ser aprovado pelo Conselho Gestor.

* Artigo com eficácia suspensa por força da MP 2.216-37/2001.

Art. 67. Até que seja implantado o Cadastro Nacional do Trabalhador – CNT, as instituições e órgãos federais, estaduais, do Distrito Federal e municipais, detentores de cadastros de empresas e de contribuintes em geral, deverão colocar à disposição do Instituto Nacional do Seguro Social – INSS, mediante a realização de convênios, todos os dados necessários à permanente atualização dos cadastros da Previdência Social.

Art. 68. O Titular do Cartório de Registro Civil de Pessoas Naturais fica obrigado a comunicar, ao INSS, até o dia 10 de cada mês, o registro dos óbitos ocorridos no mês imediatamente anterior, devendo da relação constar a filiação, a data e o local de nascimento da pessoa falecida.

* *Caput* com redação determinada pela Lei 8.870/1994.

§ 1º No caso de não haver sido registrado nenhum óbito, deverá o Titular do Cartório de Registro Civil de Pessoas Naturais comunicar este fato ao INSS no prazo estipulado no *caput* deste artigo.

* § 1º acrescentado pela Lei 8.870/1994.

§ 2º A falta de comunicação na época própria, bem como o envio de informações inexatas, sujeitará o Titular de Cartório de Registro Civil de Pessoas Naturais à penalidade prevista no art. 92 desta Lei.

* § 2º com redação determinada pela Lei 9.476/1997.

§ 3º A comunicação deverá ser feita por meio de formulários para cadastramento de óbito, conforme modelo aprovado pelo Ministério da Previdência e Assistência Social.

* § 3º acrescentado pela MP 2.187-13/2001.

§ 4º No formulário para cadastramento de óbito deverá constar, além dos dados referentes à identificação do Cartório de Registro Civil de Pessoas Naturais, pelo menos uma das seguintes informações relativas à pessoa falecida:

* § 4º acrescentado pela MP 2.187-13/2001.

a) número de inscrição do PIS/Pasep;
b) número de inscrição no Instituto Nacional do Seguro Social – INSS, se contribuinte individual, ou número de benefício previdenciário – NB, se a pessoa falecida for titular de qualquer benefício pago pelo INSS;
c) número do CPF;
d) número de registro da Carteira de Identidade e respectivo órgão emissor;
e) número do título de eleitor;
f) número do registro de nascimento ou casamento, com informação do livro, da folha e do termo;
g) número e série da Carteira de Trabalho.

Art. 69. O Ministério da Previdência e Assistência Social e o Instituto Nacional do Seguro Social – INSS manterão programa permanente de revisão da concessão e da manutenção dos benefícios da Previdência Social, a fim de apurar irregularidades e falhas existentes.

* *Caput* com redação determinada pela Lei 9.528/1997.

Lei 8.212/1991

PLANO DE CUSTEIO

§ 1º Havendo indício de irregularidade na concessão ou na manutenção de benefício, a Previdência Social notificará o beneficiário para apresentar defesa, provas ou documentos de que dispuser, no prazo de 30 (trinta) dias.

- § 1º com redação determinada pela Lei 9.528/1997.

§ 2º A notificação a que se refere o parágrafo anterior far-se-á por via postal com aviso de recebimento e, não comparecendo o beneficiário nem apresentando defesa, será suspenso o benefício, com notificação ao beneficiário por edital resumido publicado uma vez em jornal de circulação na localidade.

- § 2º com redação determinada pela Lei 9.528/1997.

§ 3º Decorrido o prazo concedido pela notificação postal ou pelo edital, sem que tenha havido resposta, ou caso seja considerada pela Previdência Social como insuficiente ou improcedente a defesa apresentada, o benefício será cancelado, dando-se conhecimento da decisão ao beneficiário.

- § 3º com redação determinada pela Lei 9.528/1997.

§ 4º Para efeito do disposto no *caput* deste artigo, o Ministério da Previdência Social e o Instituto Nacional do Seguro Social – INSS procederão, no mínimo a cada 5 (cinco) anos, ao recenseamento previdenciário, abrangendo todos os aposentados e pensionistas do regime geral de previdência social.

- § 4º acrescentado pela Lei 10.887/2004.

Art. 70. Os beneficiários da Previdência Social, aposentados por invalidez, ficam obrigados, sob pena de sustação do pagamento do benefício, a submeterem-se a exames médico-periciais, estabelecidos na forma do regulamento, que definirá sua periodicidade e os mecanismos de fiscalização e auditoria.

Art. 71. O Instituto Nacional do Seguro Social – INSS deverá rever os benefícios, inclusive os concedidos por acidente do trabalho, ainda que concedidos judicialmente, para avaliar a persistência, atenuação ou agravamento da incapacidade para o trabalho alegada como causa para a sua concessão.

Parágrafo único. Será cabível a concessão de liminar nas ações rescisórias e revisional, para suspender a execução do julgado rescindendo ou revisando, em caso de fraude ou erro material comprovado.

- Parágrafo único acrescentado pela Lei 9.032/1995.

Art. 72. O Instituto Nacional do Seguro Social – INSS promoverá, no prazo de 180 (cento e oitenta) dias a contar da publicação desta Lei, a revisão das indenizações associadas a benefícios por acidentes do trabalho, cujos valores excedam a Cr$ 1.700.000,00 (um milhão e setecentos mil cruzeiros).

Art. 73. O setor encarregado pela área de benefícios no âmbito do Instituto Nacional do Seguro Social – INSS deverá estabelecer indicadores qualitativos e quantitativos para acompanhamento e avaliação das concessões de benefícios realizadas pelos órgãos locais de atendimento.

Art. 74. Os postos de benefícios deverão adotar como prática o cruzamento das informações declaradas pelos segurados com os dados de cadastros de empresas e de contribuintes em geral quando da concessão de benefícios.

Art. 75. *(Revogado pela Lei 9.711/1998.)*

Art. 76. O Instituto Nacional do Seguro Social – INSS deverá proceder ao recadastramento de todos aqueles que, por intermédio de procuração, recebem benefícios da Previdência Social.

Parágrafo único. O documento de procuração deverá, a cada semestre, ser revalidado pelos órgãos de atendimento locais.

Art. 77. Fica autorizada a criação de Conselhos Municipais de Previdência Social, órgãos de acompanhamento e fiscalização das ações na área previdenciária, com a participação de representantes da comunidade.

- Artigo com eficácia suspensa por força da MP 2.216-37/2001.

Parágrafo único. As competências e o prazo para a instalação dos Conselhos refe-

Lei 8.212/1991

PLANO DE CUSTEIO

ridos no *caput* deste artigo serão objeto do regulamento desta Lei.

Art. 78. O Instituto Nacional do Seguro Social – INSS, na forma da legislação específica, fica autorizado a contratar auditorias externas, periodicamente, para analisar e emitir parecer sobre demonstrativos econômico-financeiros e contábeis, arrecadação, cobrança e fiscalização das contribuições, bem como pagamento dos benefícios, submetendo os resultados obtidos à apreciação do Conselho Nacional da Seguridade Social.

Art. 79. *(Revogado pela Lei 9.711/1998.)*

Art. 80. Fica o Instituto Nacional do Seguro Social – INSS obrigado a:

I – enviar às empresas e aos seus segurados, quando solicitado, extrato relativo ao recolhimento das suas contribuições;

• Inciso I com redação determinada pela Lei 12.692/2012.

II – *(Revogado pela Lei 11.941/2009.)*

III – emitir e enviar aos beneficiários o Aviso de Concessão de Benefício, além da memória de cálculo do valor dos benefícios concedidos;

IV – reeditar versão atualizada, nos termos do Plano de Benefícios, da Carta dos Direitos dos Segurados;

V – divulgar, com a devida antecedência, através dos meios de comunicação, alterações porventura realizadas na forma de contribuição das empresas e segurados em geral;

VI – descentralizar, progressivamente, o processamento eletrônico das informações, mediante extensão dos programas de informatização de postos de atendimento e de Regiões Fiscais;

VII – disponibilizará ao público, inclusive por meio de rede pública de transmissão de dados, informações atualizadas sobre as receitas e despesas do regime geral de previdência social, bem como os critérios e parâmetros adotados para garantir o equilíbrio financeiro e atuarial do regime.

• Inciso VII acrescentado pela Lei 10.887/2004.

Art. 81. *(Revogado pela Lei 11.941/2009.)*

Art. 82. A Auditoria e a Procuradoria do Instituto Nacional do Seguro Social – INSS deverão, a cada trimestre, elaborar relação das auditorias realizadas e dos trabalhos executados, bem como dos resultados obtidos, enviando-a a apreciação do Conselho Nacional da Seguridade Social.

Art. 83. O Instituto Nacional do Seguro Social – INSS deverá implantar um programa de qualificação e treinamento sistemático de pessoal, bem como promover a reciclagem e redistribuição de funcionários conforme as demandas dos órgãos regionais e locais, visando a melhoria da qualidade do atendimento e o controle e a eficiência dos sistemas de arrecadação e fiscalização de contribuições, bem como de pagamento de benefícios.

Art. 84. O Conselho Nacional da Seguridade Social, no prazo máximo de 60 (sessenta) dias a partir de sua instalação, criará comissão especial para acompanhar o cumprimento, pelo Ministério do Trabalho e da Previdência Social, das providências previstas nesta Lei, bem como de outras destinadas à modernização da Previdência Social.

• Artigo com eficácia suspensa por força da MP 2.216-37/2001.

Capítulo II
DAS DEMAIS DISPOSIÇÕES

Art. 85. O Conselho Nacional da Seguridade Social será instalado no prazo de 30 (trinta) dias após a promulgação desta Lei.

Art. 85-A. Os tratados, convenções e outros acordos internacionais de que Estado estrangeiro ou organismo internacional e o Brasil sejam partes, e que versem sobre matéria previdenciária, serão interpretados como lei especial.

• Artigo acrescentado pela Lei 9.876/1999.

Art. 86. Enquanto não for aprovada a Lei de Assistência Social, o representante do conselho setorial respectivo será indicado pelo Conselho Nacional da Seguridade Social.

• Artigo com eficácia suspensa por força da MP 2.216-37/2001.

Art. 87. Os orçamentos das pessoas jurídicas de direito público e das entidades da administração pública indireta devem consignar as dotações necessárias ao pagamento das contribuições da Seguridade Social,

Lei 8.212/1991

PLANO DE CUSTEIO

de modo a assegurar a sua regular liquidação dentro do exercício.

Art. 88. Os prazos de prescrição de que goza a União aplicam-se à Seguridade Social, ressalvado o disposto no art. 46.

Art. 89. As contribuições sociais previstas nas alíneas a, b e c do parágrafo único do art. 11 desta Lei, as contribuições instituídas a título de substituição e as contribuições devidas a terceiros somente poderão ser restituídas ou compensadas nas hipóteses de pagamento ou recolhimento indevido ou maior que o devido, nos termos e condições estabelecidos pela Secretaria da Receita Federal do Brasil.

* Caput com redação determinada pela Lei 11.941/2009.

§§ 1º a 3º (Revogados pela Lei 11.941/2009.)

§ 4º O valor a ser restituído ou compensado será acrescido de juros obtidos pela aplicação da taxa referencial do Sistema Especial de Liquidação e de Custódia – Selic para títulos federais, acumulada mensalmente, a partir do mês subsequente ao do pagamento indevido ou a maior que o devido até o mês anterior ao da compensação ou restituição e de 1% (um por cento) relativamente ao mês em que estiver sendo efetuada.

* § 4º com redação determinada pela Lei 11.941/2009.

§§ 5º a 7º (Revogados pela Lei 11.941/2009.)

§ 8º Verificada a existência de débito em nome do sujeito passivo, o valor da restituição será utilizado para extingui-lo, total ou parcialmente, mediante compensação.

* § 8º acrescentado pela Lei 11.196/2005 (DOU 22.11.2005), em vigor na data de sua publicação, produzindo efeitos a partir da data da publicação do ato conjunto a que se refere o § 3º do art. 7º do Decreto-lei 2.287/1986 (v. art. 132, VI, da referida Lei).

§ 9º Os valores compensados indevidamente serão exigidos com os acréscimos moratórios de que trata o art. 35 desta Lei.

* § 9º acrescentado pela Lei 11.941/2009.

§ 10. Na hipótese de compensação indevida, quando se comprove falsidade da declaração apresentada pelo sujeito passivo, o contribuinte estará sujeito à multa isolada aplicada no percentual previsto no inciso I do caput do art. 44 da Lei 9.430, de 27 de dezembro de 1996, aplicado em dobro, e terá como base de cálculo o valor total do débito indevidamente compensado.

* § 10 acrescentado pela Lei 11.941/2009.

§ 11. Aplica-se aos processos de restituição das contribuições de que trata este artigo e de reembolso de salário-família e salário-maternidade o rito previsto no Decreto 70.235, de 6 de março de 1972.

* § 11 acrescentado pela Lei 11.941/2009.

Art. 90. O Conselho Nacional da Seguridade Social, dentro de 180 (cento e oitenta) dias da sua instalação, adotará as providências necessárias ao levantamento das dívidas da União para com a Seguridade Social.

Art. 91. Mediante requisição da Seguridade Social, a empresa é obrigada a descontar, da remuneração paga aos segurados a seu serviço, a importância proveniente de dívida ou responsabilidade por eles contraída junto à Seguridade Social, relativa a benefícios pagos indevidamente.

Art. 92. A infração de qualquer dispositivo desta Lei para a qual não haja penalidade expressamente cominada sujeita o responsável, conforme a gravidade da infração, a multa variável de Cr$ 100.000,00 (cem mil cruzeiros) a Cr$ 10.000.000,00 (dez milhões de cruzeiros), conforme dispuser o regulamento.

* Valores originais sujeitos a atualização mediante Portaria do Ministério da Previdência Social – MPS.

Art. 93. (Caput revogado pela Lei 9.639/1998.)

Parágrafo único. (Revogado pela Lei 11.941/2009.)

Art. 94. (Revogado, a partir de 02.05.2007, pela Lei 11.501/2007 – DOU 12.07.2007.)

Art. 95. (Caput e alíneas revogados pela Lei 9.983/2000.)

§ 1º (Revogado pela Lei 9.983/2000.)

§ 2º A empresa que transgredir as normas desta Lei, além das outras sanções previstas, sujeitar-se-á, nas condições em que dispuser o regulamento:

Lei 8.212/1991

PLANO DE CUSTEIO

a) à suspensão de empréstimos e financiamentos, por instituições financeiras oficiais;
b) à revisão de incentivos fiscais de tratamento tributário especial;
c) à inabilitação para licitar e contratar com qualquer órgão ou entidade da administração pública direta ou indireta federal, estadual, do Distrito Federal ou municipal;
d) à interdição para o exercício do comércio, se for sociedade mercantil ou comerciante individual;
e) à desqualificação para impetrar concordata;
f) à cassação de autorização para funcionar no país, quando for o caso.
§§ 3º a 5º *(Revogados pela Lei 9.983/2000.)*

Art. 96. O Poder Executivo enviará ao Congresso Nacional, anualmente, acompanhando a Proposta Orçamentária da Seguridade Social, projeções atuariais relativas à Seguridade Social, abrangendo um horizonte temporal de, no mínimo, 20 (vinte) anos, considerando hipóteses alternativas quanto às variáveis demográficas, econômicas e institucionais relevantes.

Art. 97. Fica o Instituto Nacional do Seguro Social – INSS autorizado a proceder a alienação ou permuta, por ato da autoridade competente, de bens imóveis de sua propriedade considerados desnecessários ou não vinculados às suas atividades operacionais.

* Artigo com redação determinada pela Lei 9.528/1997.

§ 1º Na alienação a que se refere este artigo será observado o disposto no art. 18 e nos incisos I, II e III do art. 19, da Lei 8.666, de 21 de junho de 1993, alterada pelas Leis 8.883, de 8 de junho de 1994, e 9.032, de 28 de abril de 1995.
§ 2º *(Vetado.)*

Art. 98. Nas execuções fiscais da dívida ativa do INSS, o leilão judicial dos bens penhorados realizar-se-á por leiloeiro oficial, indicado pelo credor, que procederá à hasta pública:

* Artigo restabelecido e com redação determinada pela Lei 9.528/1997.

I – no primeiro leilão, pelo valor do maior lance, que não poderá ser inferior ao da avaliação;
II – no segundo leilão, por qualquer valor, excetuado o vil.
§ 1º Poderá o juiz, a requerimento do credor, autorizar seja parcelado o pagamento do valor da arrematação, na forma prevista para os parcelamentos administrativos de débitos previdenciários.
§ 2º Todas as condições do parcelamento deverão constar do edital de leilão.
§ 3º O débito do executado será quitado na proporção do valor de arrematação.
§ 4º O arrematante deverá depositar, no ato, o valor da primeira parcela.
§ 5º Realizado o depósito, será expedida carta de arrematação, contendo as seguintes disposições:
a) valor da arrematação, valor e número de parcelas mensais em que será pago;
b) constituição de hipoteca do bem adquirido, ou de penhor, em favor do credor, servindo a carta de título hábil para registro da garantia;
c) indicação do arrematante como fiel depositário do bem móvel, quando constituído penhor;
d) especificação dos critérios de reajustamento do saldo e das parcelas, que será sempre o mesmo vigente para os parcelamentos de débitos previdenciários.
§ 6º Se o arrematante não pagar, no vencimento, qualquer das parcelas mensais, o saldo devedor remanescente vencerá antecipadamente, que será acrescido em cinquenta por cento de seu valor a título de multa, e, imediatamente inscrito em dívida ativa e executado.
§ 7º Se no primeiro ou no segundo leilões a que se refere o *caput* não houver licitante, o INSS poderá adjudicar o bem por cinquenta por cento do valor da avaliação.
§ 8º Se o bem adjudicado não puder ser utilizado pelo INSS, e for de difícil venda, poderá ser negociado ou doado a outro órgão ou entidade pública que demonstre interesse na sua utilização.
§ 9º Não havendo interesse na adjudicação, poderá o juiz do feito, de ofício ou a

Lei 8.213/1991

PLANOS DE BENEFÍCIOS

requerimento do credor, determinar sucessivas repetições da hasta pública.

§ 10. O leiloeiro oficial, a pedido do credor, poderá ficar como fiel depositário dos bens penhorados e realizar a respectiva remoção.

§ 11. O disposto neste artigo aplica-se às execuções fiscais da Dívida Ativa da União.

- § 11 acrescentado pela Lei 10.522/2002.

Art. 99. O Instituto Nacional do Seguro Social – INSS poderá contratar leiloeiros oficiais para promover a venda administrativa dos bens, adjudicados judicialmente ou que receber em dação de pagamento.

- Artigo restabelecido e com redação determinada pela Lei 9.528/1997.

Parágrafo único. O INSS, no prazo de sessenta dias, providenciará alienação do bem por intermédio do leiloeiro oficial.

Art. 100. *(Revogado pela Lei 9.528/1997.)*

Art. 101. Os valores e os limites do salário de contribuição, citados nos arts. 20, 21, 28, § 5º e 29, serão reajustados, a partir de abril de 1991 até a data da entrada em vigor desta Lei, nas mesmas épocas e com os mesmos índices utilizados para o reajustamento do limite mínimo do salário de contribuição neste período.

- Artigo com eficácia suspensa por força da MP 2.187-13/2001.

Art. 102. Os valores expressos em moeda corrente nesta Lei serão reajustados nas mesmas épocas e com os mesmos índices utilizados para o reajustamento dos benefícios de prestação continuada da Previdência Social.

- *Caput* com redação determinada pela MP 2.187-13/2001.

§ 1º O disposto neste artigo não se aplica às penalidades previstas no art. 32-A desta Lei.

- § 1º acrescentado pela Lei 11.941/2009.

§ 2º O reajuste dos valores dos salários de contribuição em decorrência da alteração do salário mínimo será descontado por ocasião da aplicação dos índices a que se refere o *caput* deste artigo.

- § 2º acrescentado pela Lei 11.941/2009.

Art. 103. O Poder Executivo regulamentará esta Lei no prazo de 60 (sessenta) dias a partir da data de sua publicação.

Art. 104. Esta Lei entrará em vigor na data de sua publicação.

Art. 105. Revogam-se as disposições em contrário.

Brasília, em 24 de julho de 1991; 170º da Independência e 103º da República.
Fernando Collor

(*DOU* 25.07.1991; rep. 11.04.1996 e 14.08.1998)

II. PLANOS DE BENEFÍCIOS

LEI 8.213, DE 24 DE JULHO DE 1991

Dispõe sobre os Planos de Benefícios da Previdência Social e dá outras providências.

- Publicação consolidada da Lei 8.213/1991 determinada pelo artigo 12 da Lei 9.528/1997.

O Presidente da República:
Faço saber que o Congresso Nacional decreta e eu sanciono a seguinte Lei:

TÍTULO I
DA FINALIDADE E DOS PRINCÍPIOS BÁSICOS DA PREVIDÊNCIA SOCIAL

- V. Dec. 3.048/1999 (Regulamento da Previdência Social).

Art. 1º A Previdência Social, mediante contribuição, tem por fim assegurar aos seus beneficiários meios indispensáveis de manutenção, por motivo de incapacidade, desemprego involuntário, idade avançada, tempo de serviço, encargos familiares e prisão ou morte daqueles de quem dependiam economicamente.

- V. art. 201, CF.

Art. 2º A Previdência Social rege-se pelos seguintes princípios e objetivos:

- V. art. 194, CF.

I – universalidade de participação nos planos previdenciários;

II – uniformidade e equivalência dos benefícios e serviços às populações urbanas e rurais;

Lei 8.213/1991

PLANOS DE BENEFÍCIOS

III – seletividade e distributividade na prestação dos benefícios;
IV – cálculo dos benefícios considerando-se os salários de contribuição corrigidos monetariamente;
V – irredutibilidade do valor dos benefícios de forma a preservar-lhes o poder aquisitivo;
VI – valor da renda mensal dos benefícios substitutos do salário de contribuição ou do rendimento do trabalho do segurado não inferior ao do salário mínimo;
VII – previdência complementar facultativa, custeada por contribuição adicional;
VIII – caráter democrático e descentralizado da gestão administrativa, com a participação do governo e da comunidade, em especial de trabalhadores em atividade, empregadores e aposentados.
Parágrafo único. A participação referida no inciso VIII deste artigo será efetivada a nível federal, estadual e municipal.

Art. 3º Fica instituído o Conselho Nacional de Previdência Social – CNPS, órgão superior de deliberação colegiada, que terá como membros:
I – seis representantes do Governo Federal;
- Inciso I com redação determinada pela Lei 8.619/1993.

II – nove representantes da sociedade civil, sendo:
- Inciso II com redação determinada pela Lei 8.619/1993.

a) três representantes dos aposentados e pensionistas;
b) três representantes dos trabalhadores em atividade;
c) três representantes dos empregadores.
§ 1º Os membros do CNPS e seus respectivos suplentes serão nomeados pelo Presidente da República, tendo os representantes titulares da sociedade civil mandato de 2 (dois) anos, podendo ser reconduzidos, de imediato, uma única vez.
§ 2º Os representantes dos trabalhadores em atividade, dos aposentados, dos empregadores e seus respectivos suplentes serão indicados pelas centrais sindicais e confederações nacionais.
§ 3º O CNPS reunir-se-á, ordinariamente, uma vez por mês, por convocação de seu Presidente, não podendo ser adiada a reunião por mais de 15 (quinze) dias se houver requerimento nesse sentido da maioria dos conselheiros.
§ 4º Poderá ser convocada reunião extraordinária por seu Presidente ou a requerimento de um terço de seus membros, conforme dispuser o regimento interno do CNPS.
§ 5º *(Revogado pela Lei 9.528/1997.)*
§ 6º As ausências ao trabalho dos representantes dos trabalhadores em atividade, decorrentes das atividades do Conselho, serão abonadas, computando-se como jornada efetivamente trabalhada para todos os fins e efeitos legais.
§ 7º Aos membros do CNPS, enquanto representantes dos trabalhadores em atividade, titulares e suplentes, é assegurada a estabilidade no emprego, da nomeação até um ano após o término do mandato de representação, somente podendo ser demitidos por motivo de falta grave, regularmente comprovada através de processo judicial.
§ 8º Competirá ao Ministério do Trabalho e da Previdência Social proporcionar ao CNPS os meios necessários ao exercício de suas competências, para o que contará com uma Secretaria-Executiva do Conselho Nacional de Previdência Social.
§ 9º O CNPS deverá se instalar no prazo de 30 (trinta) dias a contar da publicação desta Lei.

Art. 4º Compete ao Conselho Nacional de Previdência Social – CNPS:
I – estabelecer diretrizes gerais e apreciar as decisões de políticas aplicáveis à Previdência Social;
II – participar, acompanhar e avaliar sistematicamente a gestão previdenciária;
III – apreciar e aprovar os planos e programas da Previdência Social;
IV – apreciar e aprovar as propostas orçamentárias da Previdência Social, antes de sua consolidação na proposta orçamentária da Seguridade Social;
V – acompanhar e apreciar, através de relatórios gerenciais por ele definidos, a execução dos planos, programas e orçamentos no âmbito da Previdência Social;

Lei 8.213/1991

PLANOS DE BENEFÍCIOS

VI – acompanhar a aplicação da legislação pertinente à Previdência Social;
VII – apreciar a prestação de contas anual a ser remetida ao Tribunal de Contas da União, podendo, se for necessário, contratar auditoria externa;
VIII – estabelecer os valores mínimos em litígio, acima dos quais será exigida a anuência prévia do Procurador-Geral ou do Presidente do INSS para formalização de desistência ou transigência judiciais, conforme o disposto no artigo 132;
IX – elaborar e aprovar seu regimento interno.
Parágrafo único. As decisões proferidas pelo CNPS deverão ser publicadas no *Diário Oficial da União*.

Art. 5º Compete aos órgãos governamentais:
I – prestar toda e qualquer informação necessária ao adequado cumprimento das competências do CNPS, fornecendo inclusive estudos técnicos;
II – encaminhar ao CNPS, com antecedência mínima de 2 (dois) meses do seu envio ao Congresso Nacional, a proposta orçamentária da Previdência Social, devidamente detalhada.

Art. 6º Haverá, no âmbito da Previdência Social, uma Ouvidoria-Geral, cujas atribuições serão definidas em regulamento.

* Artigo com redação determinada Lei 9.711/1998.

Art. 7º Ficam instituídos os Conselhos Estaduais e os Conselhos Municipais de Previdência Social – respectivamente CEPS e CMPS –, órgãos de deliberação colegiada, subordinados ao Conselho Nacional de Previdência Social, observando para a sua organização e instalação, no que couber, os critérios estabelecidos nesta Lei para o CNPS, adaptando-os para a esfera estadual ou municipal.

* Artigo com eficácia suspensa por força da MP 2.216-37/2001.

§ 1º Os membros dos CEPS serão nomeados pelo Presidente do CNPS e o dos CMPS, pelos presidentes dos CEPS.
§ 2º Os representantes dos trabalhadores em atividade e seus respectivos suplentes serão indicados, no caso dos CEPS, pelas federações ou centrais sindicais, e, no caso dos CMPS, pelos sindicatos ou, na ausência destes, pelas federações ou ainda, em último caso, pelas centrais sindicais ou confederações nacionais.
§ 3º Os representantes dos aposentados e seus respectivos suplentes serão indicados, no caso dos CEPS, pelas federações ou confederações, e, no caso dos CMPS, pelas associações ou, na ausência destes, pelas federações.
§ 4º Os representantes dos empregadores e seus respectivos suplentes serão indicados, no caso dos CEPS, pelas federações, e, no caso dos CMPS, pelos sindicatos, associações ou, na ausência destes, pelas federações.

Art. 8º Compete aos CEPS e ao CMPS, nos âmbitos estadual e municipal, respectivamente:

* Artigo com eficácia suspensa por força da MP 2.216-37/2001.

I – cumprir e fazer cumprir as deliberações do CNPS;
II – acompanhar e avaliar sistematicamente a gestão previdenciária;
III – propor ao CNPS planos e programas para a Previdência Social;
IV – acompanhar, apreciar e dar conhecimento ao CNPS, através de relatórios gerenciais por este definidos, a execução dos planos, programas e orçamentos;
V – acompanhar a aplicação da legislação pertinente à Previdência Social;
VI – elaborar seus regimentos internos.

TÍTULO II
DO PLANO DE BENEFÍCIOS DA PREVIDÊNCIA SOCIAL

Capítulo Único

DOS REGIMES DE PREVIDÊNCIA SOCIAL

Art. 9º A Previdência Social compreende:
I – o Regime Geral de Previdência Social;
II – o Regime Facultativo Complementar de Previdência Social.
§ 1º O Regime Geral de Previdência Social – RGPS garante a cobertura de todas as situações expressas no art. 1º desta Lei, exceto as

Lei 8.213/1991

PLANOS DE BENEFÍCIOS

de desemprego involuntário, objeto de lei específica, e de aposentadoria por tempo de contribuição para o trabalhador de que trata o § 2º do art. 21 da Lei 8.212, de 24 de julho de 1991.

- § 1º com redação determinada pela LC 123/2006.

§ 2º O Regime Facultativo Complementar de Previdência Social será objeto de lei específica.

TÍTULO III
DO REGIME GERAL DE PREVIDÊNCIA SOCIAL

Capítulo I
DOS BENEFICIÁRIOS

Art. 10. Os beneficiários do Regime Geral de Previdência Social classificam-se como segurados e dependentes, nos termos das Seções I e II deste Capítulo.

Seção I
Dos segurados

Art. 11. São segurados obrigatórios da Previdência Social as seguintes pessoas físicas:

I – como empregado:

a) aquele que presta serviço de natureza urbana ou rural à empresa, em caráter não eventual, sob sua subordinação e mediante remuneração, inclusive como diretor empregado;

b) aquele que, contratado por empresa de trabalho temporário, definida em legislação específica, presta serviço para atender a necessidade transitória de substituição de pessoal regular e permanente ou a acréscimo extraordinário de serviços de outras empresas;

c) o brasileiro ou o estrangeiro domiciliado e contratado no Brasil para trabalhar como empregado em sucursal ou agência de empresa nacional no exterior;

d) aquele que presta serviço no Brasil a missão diplomática ou a repartição consular de carreira estrangeira e a órgãos a elas subordinados, ou a membros dessas missões e repartições, excluídos o não brasileiro sem residência permanente no Brasil e o brasileiro amparado pela legislação previdenciária do país da respectiva missão diplomática ou repartição consular;

e) o brasileiro civil que trabalha para a União, no exterior, em organismos oficiais brasileiros ou internacionais dos quais o Brasil seja membro efetivo, ainda que lá domiciliado e contratado, salvo se segurado na forma da legislação vigente do país do domicílio;

f) o brasileiro ou estrangeiro domiciliado e contratado no Brasil para trabalhar como empregado em empresa domiciliada no exterior, cuja maioria do capital votante pertença a empresa brasileira de capital nacional;

g) o servidor público ocupante de cargo em comissão, sem vínculo efetivo com a União, Autarquias, inclusive em regime especial, e Fundações Públicas Federais.

- Alínea *g* acrescentada pela Lei 8.647/1993.

h) o exercente de mandato eletivo federal, estadual ou municipal, desde que não vinculado a regime próprio de previdência social;

- Alínea *h* acrescentada pela Lei 9.506/1997.

i) o empregado de organismo oficial internacional ou estrangeiro em funcionamento no Brasil, salvo quando coberto por regime próprio de previdência social;

- Alínea *i* acrescentada pela Lei 9.876/1999.

j) o exercente de mandato eletivo federal, estadual ou municipal, desde que não vinculado a regime próprio de previdência social;

- Alínea *j* acrescentada pela Lei 10.887/2004.
- A Lei 10.887/2004, ao determinar o acréscimo da alínea *j* a este dispositivo, reproduziu o mesmo texto da alínea *h*.

II – como empregado doméstico: aquele que presta serviço de natureza contínua a pessoa ou família, no âmbito residencial desta, em atividades sem fins lucrativos;

III – *(Revogado pela Lei 9.876/1999.)*

IV – *(Revogado pela Lei 9.876/1999.)*

V – como contribuinte individual:

- *Caput* do inciso V com redação determinada pela Lei 9.876/1999.

a) a pessoa física, proprietária ou não, que explora atividade agropecuária, a qualquer título, em caráter permanente ou temporá-

Planos de Benefícios

rio, em área superior a 4 (quatro) módulos fiscais; ou, quando em área igual ou inferior a 4 (quatro) módulos fiscais ou atividade pesqueira, com auxílio de empregados ou por intermédio de prepostos; ou ainda nas hipóteses dos §§ 9º e 10 deste artigo;

- Alínea *a* com redação determinada pela Lei 11.718/2008.

b) a pessoa física, proprietária ou não, que explora atividade de extração mineral – garimpo, em caráter permanente ou temporário, diretamente ou por intermédio de prepostos, com ou sem o auxílio de empregados, utilizados a qualquer título, ainda que de forma não contínua;

- Alínea *b* com redação determinada pela Lei 9.876/1999.

c) o ministro de confissão religiosa e o membro de instituto de vida consagrada, de congregação ou de ordem religiosa;

- Alínea *c* com redação determinada pela Lei 10.403/2002.

d) (Revogada pela Lei 9.876/1999.)

e) o brasileiro civil que trabalha no exterior para organismo oficial internacional do qual o Brasil é membro efetivo, ainda que lá domiciliado e contratado, salvo quando coberto por regime próprio de previdência social;

- Alínea *e* com redação determinada pela Lei 9.876/1999.

f) o titular de firma individual urbana ou rural, o diretor não empregado e o membro de conselho de administração de sociedade anônima, o sócio solidário, o sócio de indústria, o sócio-gerente e o sócio-cotista que recebam remuneração decorrente de seu trabalho em empresa urbana ou rural, e o associado eleito para cargo de direção em cooperativa, associação ou entidade de qualquer natureza ou finalidade, bem como o síndico ou administrador eleito para exercer atividade de direção condominial, desde que recebam remuneração;

- Alínea *f* acrescentada pela Lei 9.876/1999.

g) quem presta serviço de natureza urbana ou rural, em caráter eventual, a uma ou mais empresas, sem relação de emprego;

- Alínea *g* acrescentada pela Lei 9.876/1999.

h) a pessoa física que exerce, por conta própria, atividade econômica de natureza urbana, com fins lucrativos ou não;

- Alínea *h* acrescentada pela Lei 9.876/1999.

VI – como trabalhador avulso: quem presta, a diversas empresas, sem vínculo empregatício, serviço de natureza urbana ou rural definidos no Regulamento;

VII – como segurado especial: a pessoa física residente no imóvel rural ou em aglomerado urbano ou rural próximo a ele que, individualmente ou em regime de economia familiar, ainda que com o auxílio eventual de terceiros, na condição de:

- Inciso VII com redação determinada pela Lei 11.718/2008.

a) produtor, seja proprietário, usufrutuário, possuidor, assentado, parceiro ou meeiro outorgados, comodatário ou arrendatário rurais, que explore atividade:

1. agropecuária em área de até 4 (quatro) módulos fiscais;

2. de seringueiro ou extrativista vegetal que exerça suas atividades nos termos do inciso XII do *caput* do art. 2º da Lei 9.985, de 18 de julho de 2000, e faça dessas atividades o principal meio de vida;

b) pescador artesanal ou a este assemelhado que faça da pesca profissão habitual ou principal meio de vida; e

c) cônjuge ou companheiro, bem como filho maior de 16 (dezesseis) anos de idade ou a este equiparado, do segurado de que tratam as alíneas *a* e *b* deste inciso, que, comprovadamente, trabalhem com o grupo familiar respectivo.

- V. art. 7º, XXXIII, CF.

§ 1º Entende-se como regime de economia familiar a atividade em que o trabalho dos membros da família é indispensável à própria subsistência e ao desenvolvimento socioeconômico do núcleo familiar e é exercido em condições de mútua dependência e colaboração, sem a utilização de empregados permanentes.

- § 1º com redação determinada pela Lei 11.718/2008.

§ 2º Todo aquele que exercer, concomitantemente, mais de uma atividade remunerada sujeita ao Regime Geral de Previdência Social é obrigatoriamente filiado em relação a cada uma delas.

§ 3º O aposentado pelo Regime Geral de Previdência Social – RGPS que estiver exer-

Lei 8.213/1991

PLANOS DE BENEFÍCIOS

cendo ou que voltar a exercer atividade abrangida por este Regime é segurado obrigatório em relação a essa atividade, ficando sujeito às contribuições de que trata a Lei 8.212, de 24 de julho de 1991, 8.212/91, para fins de custeio da Seguridade Social.

- § 3º acrescentado pela Lei 9.032/1995.

§ 4º O dirigente sindical mantém, durante o exercício do mandato eletivo, o mesmo enquadramento no Regime Geral de Previdência Social – RGPS de antes da investidura.

- § 4º acrescentado pela Lei 9.528/1997.

§ 5º Aplica-se o disposto na alínea *g* do inciso I do *caput* ao ocupante de cargo de Ministro de Estado, de Secretário Estadual, Distrital ou Municipal, sem vínculo efetivo com a União, Estados, Distrito Federal e Municípios, suas autarquias, ainda que em regime especial, e fundações.

- § 5º acrescentado pela Lei 9.876/1999.

§ 6º Para serem considerados segurados especiais, o cônjuge ou companheiro e os filhos maiores de 16 (dezesseis) anos ou os a estes equiparados deverão ter participação ativa nas atividades rurais do grupo familiar.

- § 6º acrescentado pela Lei 11.718/2008.

§ 7º O grupo familiar poderá utilizar-se de empregados contratados por prazo determinado ou de trabalhador de que trata a alínea *g* do inciso V do *caput*, à razão de no máximo cento e vinte pessoas por dia no ano civil, em períodos corridos ou intercalados ou, ainda, por tempo equivalente em horas de trabalho, não sendo computado nesse prazo o período de afastamento em decorrência da percepção de auxílio-doença.

- § 7º com redação determinada pela MP 619/2013.

§ 8º Não descaracteriza a condição de segurado especial:

- *Caput* do § 8º acrescentado pela Lei 11.718/2008.

I – a outorga, por meio de contrato escrito de parceria, meação ou comodato, de até 50% (cinquenta por cento) de imóvel rural cuja área total não seja superior a quatro módulos fiscais, desde que outorgante e outorgado continuem a exercer a respectiva atividade, individualmente ou em regime de economia familiar;

- Inciso I acrescentado pela Lei 11.718/2008.

II – a exploração da atividade turística da propriedade rural, inclusive com hospedagem, por não mais de 120 (cento e vinte) dias ao ano;

- Inciso II acrescentado pela Lei 11.718/2008.

III – a participação em plano de previdência complementar instituído por entidade classista a que seja associado em razão da condição de trabalhador rural ou de produtor rural em regime de economia familiar; e

- Inciso III acrescentado pela Lei 11.718/2008.

IV – ser beneficiário ou fazer parte de grupo familiar que tem algum componente que seja beneficiário de programa assistencial oficial de governo;

- Inciso IV acrescentado pela Lei 11.718/2008.

V – a utilização pelo próprio grupo familiar, na exploração da atividade, de processo de beneficiamento ou industrialização artesanal, na forma do § 11 do art. 25 da Lei 8.212, de 24 de julho de 1991; e

- Inciso V acrescentado pela Lei 11.718/2008.

VI – a associação em cooperativa agropecuária; e

- Inciso VI com redação determinada pela MP 619/2013.

VII – a incidência do Imposto Sobre Produtos Industrializados – IPI sobre o produto das atividades desenvolvidas nos termos do § 12.

- Inciso VII acrescentado pela MP 619/2013 (*DOU* 07.06.2013; ret. 10.06.2013), em vigor na data de sua publicação, produzindo efeitos no primeiro dia do sétimo mês após sua publicação (v. art. 16, II, da referida MP).

§ 9º Não é segurado especial o membro de grupo familiar que possuir outra fonte de rendimento, exceto se decorrente de:

- *Caput* do § 9º acrescentado pela Lei 11.718/2008.

I – benefício de pensão por morte, auxílio-acidente ou auxílio-reclusão, cujo valor não supere o do menor benefício de prestação continuada da Previdência Social;

- Inciso I acrescentado pela Lei 11.718/2008.

II – benefício previdenciário pela participação em plano de previdência complementar

Lei 8.213/1991

PLANOS DE BENEFÍCIOS

instituído nos termos do inciso IV do § 8° deste artigo;

• Inciso II acrescentado pela Lei 11.718/2008.

III – exercício de atividade remunerada em período não superior a 120 (cento e vinte) dias, corridos ou intercalados, no ano civil, observado o disposto no § 13 do art. 12 da Lei 8.212, de 24 de julho de 1991;

• Inciso III com redação determinada pela MP 619/2013.

IV – exercício de mandato eletivo de dirigente sindical de organização da categoria de trabalhadores rurais;

• Inciso IV acrescentado pela Lei 11.718/2008.

V – exercício de mandato de vereador do Município em que desenvolve a atividade rural ou de dirigente de cooperativa rural constituída, exclusivamente, por segurados especiais, observado o disposto no § 13 do art. 12 da Lei 8.212, de 24 de julho de 1991;

• Inciso V acrescentado pela Lei 11.718/2008.

VI – parceria ou meação outorgada na forma e condições estabelecidas no inciso I do § 8° deste artigo;

• Inciso VI acrescentado pela Lei 11.718/2008.

VII – atividade artesanal desenvolvida com matéria-prima produzida pelo respectivo grupo familiar, podendo ser utilizada matéria-prima de outra origem, desde que a renda mensal obtida na atividade não exceda ao menor benefício de prestação continuada da Previdência Social; e

• Inciso VII acrescentado pela Lei 11.718/2008.

VIII – atividade artística, desde que em valor mensal inferior ao menor benefício de prestação continuada da Previdência Social.

• Inciso VIII acrescentado pela Lei 11.718/2008.

§ 10. O segurado especial fica excluído dessa categoria:

• Caput do § 10 acrescentado pela Lei 11.718/2008.

I – a contar do primeiro dia do mês em que:

• Caput do inciso I acrescentado pela Lei 11.718/2008.

a) deixar de satisfazer as condições estabelecidas no inciso VII do caput deste artigo, sem prejuízo do disposto no art. 15 desta Lei, ou exceder qualquer dos limites estabelecidos no inciso I do § 8° deste artigo;

• Alínea a acrescentada pela Lei 11.718/2008.

b) se enquadrar em qualquer outra categoria de segurado obrigatório do Regime Geral de Previdência Social, ressalvado o disposto nos incisos III, V, VII e VIII do § 9° e no § 12, sem prejuízo do disposto no art. 15;

• Alínea b com redação determinada pela MP 619/2013.

c) se tornar segurado obrigatório de outro regime previdenciário; e

• Alínea c com redação determinada pela MP 619/2013.

d) participar de sociedade empresária, de sociedade simples, como empresário individual ou como titular de empresa individual de responsabilidade limitada em descordo com as limitações impostas pelo § 12.

• Alínea d acrescentada pela MP 619/2013 (DOU 07.06.2013; ret. 10.06.2013), em vigor na data de sua publicação, produzindo efeitos no primeiro dia do sétimo mês após sua publicação (v. art. 16, II, da referida MP).
• Conforme publicação oficial.

II – a contar do primeiro dia do mês subsequente ao da ocorrência, quando o grupo familiar a que pertence exceder o limite de:

• Inciso II acrescentado pela Lei 11.718/2008.

a) utilização de terceiros na exploração da atividade a que se refere o § 7° deste artigo;
b) dias em atividade remunerada estabelecidos no inciso III do § 9° deste artigo; e
c) dias de hospedagem a que se refere o inciso II do § 8° deste artigo.

§ 11. Aplica-se o disposto na alínea a do inciso V do caput deste artigo ao cônjuge ou companheiro do produtor que participe da atividade rural por este explorada.

• § 11 acrescentado pela Lei 11.718/2008.

§ 12. A participação do segurado especial em sociedade empresária, em sociedade simples, como empresário individual ou como titular de empresa individual de responsabilidade limitada de objeto ou âmbito agrícola, agroindustrial ou agroturístico, considerada microempresa nos termos da Lei Complementar 123, de 14 de dezembro de 2006, não o exclui de tal categoria previdenciária, desde que, mantido o exercício da sua atividade rural na forma do inciso VII do caput e do § 1°, a pessoa jurídica componha-se apenas de segurados de igual natureza e sedie-se no mesmo Município ou em

Lei 8.213/1991

PLANOS DE BENEFÍCIOS

Município limítrofe àquele em que eles desenvolvam suas atividades.

- § 12 acrescentado pela MP 619/2013 (*DOU* 07.06.2013; ret. 10.06.2013), em vigor na data de sua publicação, produzindo efeitos no primeiro dia do sétimo mês após sua publicação (v. art. 16, II, da referida MP).

Art. 12. O servidor civil ocupante de cargo efetivo ou o militar da União, dos Estados, do Distrito Federal ou dos Municípios, bem como o das respectivas autarquias e fundações, são excluídos do Regime Geral de Previdência Social consubstanciado nesta Lei, desde que amparados por regime próprio de previdência social.

- Artigo com redação determinada pela Lei 9.876/1999.

§ 1º Caso o servidor ou o militar venham a exercer, concomitantemente, uma ou mais atividades abrangidas pelo Regime Geral de Previdência Social, tornar-se-ão segurados obrigatórios em relação a essas atividades.

§ 2º Caso o servidor ou o militar, amparados por regime próprio de previdência social, sejam requisitados para outro órgão ou entidade cujo regime previdenciário não permita a filiação, nessa condição, permanecerão vinculados ao regime de origem, obedecidas as regras que cada ente estabeleça acerca de sua contribuição.

Art. 13. É segurado facultativo o maior de 14 (quatorze) anos que se filiar ao Regime Geral de Previdência Social, mediante contribuição, desde que não incluído nas disposições do artigo 11.

Art. 14. Consideram-se:

I – empresa – a firma individual ou sociedade que assume o risco de atividade econômica urbana ou rural, com fins lucrativos ou não, bem como os órgãos e entidades da administração pública direta, indireta ou fundacional;

II – empregador doméstico – a pessoa ou família que admite a seu serviço, sem finalidade lucrativa, empregado doméstico.

Parágrafo único. Equipara-se a empresa, para os efeitos desta Lei, o contribuinte individual em relação a segurado que lhe presta serviço, bem como a cooperativa, a associação ou entidade de qualquer natureza ou finalidade, a missão diplomática e a repartição consular de carreira estrangeiras.

- Parágrafo único com redação determinada pela Lei 9.876/1999.

Art. 15. Mantém a qualidade de segurado, independentemente de contribuições:

- V. Súmula 416, STJ.

I – sem limite de prazo, quem está em gozo de benefício;

II – até 12 (doze) meses após a cessação das contribuições, o segurado que deixar de exercer atividade remunerada abrangida pela Previdência Social ou estiver suspenso ou licenciado sem remuneração;

III – até 12 (doze) meses após cessar a segregação, o segurado acometido de doença de segregação compulsória;

IV – até 12 (doze) meses após o livramento, o segurado retido ou recluso;

V – até 3 (três) meses após o licenciamento, o segurado incorporado às Forças Armadas para prestar serviço militar;

VI – até 6 (seis) meses após a cessação das contribuições, o segurado facultativo.

§ 1º O prazo do inciso II será prorrogado para até 24 (vinte e quatro) meses se o segurado já tiver pago mais de 120 (cento e vinte) contribuições mensais sem interrupção que acarrete a perda da qualidade de segurado.

§ 2º Os prazos do inciso II ou do § 1º serão acrescidos de 12 (doze) meses para o segurado desempregado, desde que comprovada essa situação pelo registro no órgão próprio do Ministério do Trabalho e da Previdência Social.

§ 3º Durante os prazos deste artigo, o segurado conserva todos os seus direitos perante a Previdência Social.

§ 4º A perda da qualidade de segurado ocorrerá no dia seguinte ao do término do prazo fixado no Plano de Custeio da Seguridade Social para recolhimento da contribuição referente ao mês imediatamente posterior ao do final dos prazos fixados neste artigo e seus parágrafos.

Lei 8.213/1991

PLANOS DE BENEFÍCIOS

Seção II
Dos dependentes

Art. 16. São beneficiários do Regime Geral de Previdência Social, na condição de dependentes do segurado:
I – o cônjuge, a companheira, o companheiro e o filho não emancipado, de qualquer condição, menor de 21 (vinte e um) anos ou inválido ou que tenha deficiência intelectual ou mental que o torne absoluta ou relativamente incapaz, assim declarado judicialmente;

- Inciso I com redação determinada pela Lei 12.470/2011.

II – os pais;
III – o irmão não emancipado, de qualquer condição, menor de 21 (vinte e um) anos ou inválido ou que tenha deficiência intelectual ou mental que o torne absoluta ou relativamente incapaz, assim declarado judicialmente;

- Inciso III com redação determinada pela Lei 12.470/2011.

IV – *(Revogado pela Lei 9.032/1995.)*
§ 1º A existência de dependente de qualquer das classes deste artigo exclui do direito às prestações os das classes seguintes.
§ 2º O enteado e o menor tutelado equiparam-se a filho mediante declaração do segurado e desde que comprovada a dependência econômica na forma estabelecida no Regulamento.

- § 2º com redação determinada pela Lei 9.528/1997.

§ 3º Considera-se companheira ou companheiro a pessoa que, sem ser casada, mantém união estável com o segurado ou com a segurada, de acordo com o § 3º do artigo 226 da Constituição Federal.
§ 4º A dependência econômica das pessoas indicadas no inciso I é presumida e a das demais deve ser comprovada.

Seção III
Das inscrições

Art. 17. O Regulamento disciplinará a forma de inscrição do segurado e dos dependentes.
§ 1º Incumbe ao dependente promover a sua inscrição quando do requerimento do benefício a que estiver habilitado.

- § 1º com redação determinada pela Lei 10.403/2002.

§ 2º O cancelamento da inscrição do cônjuge se processa em face de separação judicial ou divórcio sem direito a alimentos, certidão de anulação de casamento, certidão de óbito ou sentença judicial, transitada em julgado.
§ 3º *(Revogado pela Lei 11.718/2008.)*
§ 4º A inscrição do segurado especial será feita de forma a vinculá-lo ao seu respectivo grupo familiar e conterá, além das informações pessoais, a identificação da propriedade em que desenvolve a atividade e a que título, se nela reside ou o Município onde reside e, quando for o caso, a identificação e inscrição da pessoa responsável pelo grupo familiar.

- § 4º com redação determinada pela MP 619/2013.

§ 5º O segurado especial integrante de grupo familiar que não seja proprietário ou dono do imóvel rural em que desenvolve sua atividade deverá informar, no ato da inscrição, conforme o caso, o nome do parceiro ou meeiro outorgante, arrendador, comodante ou assemelhado.

- § 5º acrescentado pela Lei 11.718/2008.

§ 6º Simultaneamente com a inscrição do segurado especial, será atribuído ao grupo familiar número de Cadastro Específico do INSS – CEI, para fins de recolhimento das contribuições previdenciárias.

- § 6º com eficácia suspensa por força da MP 619/2013 (*DOU* 07.06.2013; ret. 10.06.2013), em vigor na data de sua publicação, produzindo efeitos no primeiro dia do sétimo mês após sua publicação (v. art. 16, III, da referida MP).
- § 6º acrescentado pela Lei 11.718/2008.

Capítulo II
DAS PRESTAÇÕES EM GERAL

Seção I
Das espécies de prestações

Art. 18. O Regime Geral de Previdência Social compreende as seguintes prestações, devidas inclusive em razão de eventos decorrentes de acidente do trabalho, expressas em benefícios e serviços:
I – quanto ao segurado:
a) aposentadoria por invalidez;

Lei 8.213/1991

PLANOS DE BENEFÍCIOS

b) aposentadoria por idade;
c) aposentadoria por tempo de contribuição;

• Alínea c com redação determinada pela LC 123/2006.

d) aposentadoria especial;
e) auxílio-doença;
f) salário-família;
g) salário-maternidade;
h) auxílio-acidente;
i) (Revogada pela Lei 8.870/1994.)
II – quanto ao dependente:
a) pensão por morte;
b) auxílio-reclusão;
III – quanto ao segurado e dependente:
a) (Revogada pela Lei 9.032/1995.)
b) serviço social;
c) reabilitação profissional.

§ 1º Somente poderão beneficiar-se do auxílio-acidente os segurados incluídos nos incisos I, VI e VII do artigo 11 desta Lei.

• § 1º com redação determinada pela Lei 9.032/1995.

§ 2º O aposentado pelo Regime Geral de Previdência Social – RGPS que permanecer em atividade sujeita a este Regime, ou a ele retornar, não fará jus a prestação alguma da Previdência Social em decorrência do exercício dessa atividade, exceto ao salário-família e à reabilitação profissional, quando empregado.

• § 2º com redação determinada pela Lei 9.528/1997.

§ 3º O segurado contribuinte individual, que trabalhe por conta própria, sem relação de trabalho com empresa ou equiparado, e o segurado facultativo que contribuam na forma do § 2º do art. 21 da Lei 8.212, de 24 de julho de 1991, não farão jus à aposentadoria por tempo de contribuição.

• § 3º acrescentado pela LC 123/2006.

Art. 19. Acidente do trabalho é o que ocorre pelo exercício do trabalho a serviço da empresa ou pelo exercício do trabalho dos segurados referidos no inciso VII do artigo 11 desta Lei, provocando lesão corporal ou perturbação funcional que cause a morte ou a perda ou redução, permanente ou temporária, da capacidade para o trabalho.

§ 1º A empresa é responsável pela adoção e uso das medidas coletivas e individuais de proteção e segurança da saúde do trabalhador.

§ 2º Constitui contravenção penal, punível com multa, deixar a empresa de cumprir as normas de segurança e higiene do trabalho.

§ 3º É dever da empresa prestar informações pormenorizadas sobre os riscos da operação a executar e do produto a manipular.

§ 4º O Ministério do Trabalho e da Previdência Social fiscalizará e os sindicatos e entidades representativas de classe acompanharão o fiel cumprimento do disposto nos parágrafos anteriores, conforme dispuser o Regulamento.

Art. 20. Consideram-se acidente do trabalho, nos termos do artigo anterior, as seguintes entidades mórbidas:

I – doença profissional, assim entendida a produzida ou desencadeada pelo exercício do trabalho peculiar a determinada atividade e constante da respectiva relação elaborada pelo Ministério do Trabalho e da Previdência Social;

II – doença do trabalho, assim entendida a adquirida ou desencadeada em função de condições especiais em que o trabalho é realizado e com ele se relacione diretamente, constante da relação mencionada no inciso I.

§ 1º Não são consideradas como doença do trabalho:
a) a doença degenerativa;
b) a inerente a grupo etário;
c) a que não produza incapacidade laborativa;
d) a doença endêmica adquirida por segurado habitante de região em que ela se desenvolva, salvo comprovação de que é resultante de exposição ou contato direto determinado pela natureza do trabalho.

§ 2º Em caso excepcional, constatando-se que a doença não incluída na relação prevista nos incisos I e II deste artigo resultou das condições especiais em que o trabalho é executado e com ele se relaciona diretamente, a Previdência Social deve considerá-la acidente do trabalho.

Art. 21. Equiparam-se também ao acidente do trabalho, para efeitos desta Lei:

Lei 8.213/1991

PLANOS DE BENEFÍCIOS

I – o acidente ligado ao trabalho que, embora não tenha sido a causa única, haja contribuído diretamente para a morte do segurado, para redução ou perda da sua capacidade para o trabalho, ou produzido lesão que exija atenção médica para a sua recuperação;

II – o acidente sofrido pelo segurado no local e no horário do trabalho, em consequência de:

a) ato de agressão, sabotagem ou terrorismo praticado por terceiro ou companheiro de trabalho;

b) ofensa física intencional, inclusive de terceiro, por motivo de disputa relacionada ao trabalho;

c) ato de imprudência, de negligência ou de imperícia de terceiro ou de companheiro de trabalho;

d) ato de pessoa privada do uso da razão;

e) desabamento, inundação, incêndio e outros casos fortuitos ou decorrentes de força maior;

III – a doença proveniente de contaminação acidental do empregado no exercício de sua atividade;

IV – o acidente sofrido pelo segurado, ainda que fora do local e horário de trabalho:

a) na execução de ordem ou na realização de serviço sob a autoridade da empresa;

b) na prestação espontânea de qualquer serviço à empresa para lhe evitar prejuízo ou proporcionar proveito;

c) em viagem a serviço da empresa, inclusive para estudo quando financiada por esta dentro de seus planos para melhor capacitação da mão de obra, independentemente do meio de locomoção utilizado, inclusive veículo de propriedade do segurado;

d) no percurso da residência para o local de trabalho ou deste para aquela, qualquer que seja o meio de locomoção, inclusive veículo de propriedade do segurado.

§ 1º Nos períodos destinados à refeição ou descanso, ou por ocasião da satisfação de outras necessidades fisiológicas, no local do trabalho ou durante este, o empregado é considerado no exercício do trabalho.

§ 2º Não é considerada agravação ou complicação de acidente de trabalho a lesão que, resultante de acidente de outra origem, se associe ou se superponha às consequências do anterior.

Art. 21-A. A perícia médica do INSS considerará caracterizada a natureza acidentária da incapacidade quando constatar ocorrência de nexo técnico epidemiológico entre o trabalho e o agravo, decorrente da relação entre a atividade da empresa e a entidade mórbida motivadora da incapacidade elencada na Classificação Internacional de Doenças – CID, em conformidade com o que dispuser o regulamento.

• Artigo acrescentado pela Lei 11.430/2006.

§ 1º A perícia médica do INSS deixará de aplicar o disposto neste artigo quando demonstrada a inexistência do nexo de que trata o *caput* deste artigo.

§ 2º A empresa poderá requerer a não aplicação do nexo técnico epidemiológico, de cuja decisão caberá recurso com efeito suspensivo, da empresa ou do segurado, ao Conselho de Recursos da Previdência Social.

Art. 22. A empresa deverá comunicar o acidente do trabalho à Previdência Social até o primeiro dia útil seguinte ao da ocorrência e, em caso de morte, de imediato, à autoridade competente, sob pena de multa variável entre o limite mínimo e o limite máximo do salário de contribuição, sucessivamente aumentada nas reincidências, aplicada e cobrada pela Previdência Social.

§ 1º Da comunicação a que se refere este artigo receberão cópia fiel o acidentado ou seus dependentes, bem como o sindicato a que corresponda a sua categoria.

§ 2º Na falta de comunicação por parte da empresa, podem formalizá-la o próprio acidentado, seus dependentes, a entidade sindical competente, o médico que o assistiu ou qualquer autoridade pública, não prevalecendo nestes casos o prazo previsto neste artigo.

§ 3º A comunicação a que se refere o § 2º não exime a empresa de responsabilidade pela falta do cumprimento do disposto neste artigo.

§ 4º Os sindicatos e entidades representativas de classe poderão acompanhar a cobrança, pela Previdência Social, das multas previstas neste artigo.

Lei 8.213/1991

PLANOS DE BENEFÍCIOS

§ 5º A multa de que trata este artigo não se aplica na hipótese do *caput* do art. 21-A.

• § 5º acrescentado pela Lei 11.430/2006.

Art. 23. Considera-se como dia do acidente, no caso de doença profissional ou do trabalho, a data do início da incapacidade laborativa para o exercício da atividade habitual, ou o dia da segregação compulsória, ou o dia em que for realizado o diagnóstico, valendo para este efeito o que ocorrer primeiro.

Seção II
Dos períodos de carência

Art. 24. Período de carência é o número mínimo de contribuições mensais indispensáveis para que o beneficiário faça jus ao benefício, consideradas a partir do transcurso do primeiro dia dos meses de suas competências.

Parágrafo único. Havendo perda da qualidade de segurado, as contribuições anteriores a essa data só serão computadas para efeito de carência depois que o segurado contar, a partir da nova filiação à Previdência Social, com, no mínimo, 1/3 (um terço) do número de contribuições exigidas para o cumprimento da carência definida para o benefício a ser requerido.

Art. 25. A concessão das prestações pecuniárias do Regime Geral de Previdência Social depende dos seguintes períodos de carência, ressalvado o disposto no artigo 26:

I – auxílio-doença e aposentadoria por invalidez: 12 (doze) contribuições mensais;

II – aposentadoria por idade, aposentadoria por tempo de serviço e aposentadoria especial: 180 (cento e oitenta) contribuições mensais.

• Inciso II com redação determinada pela Lei 8.870/1994.

III – salário-maternidade para as seguradas de que tratam os incisos V e VII do artigo 11 e o artigo 13: 10 (dez) contribuições mensais, respeitado o disposto no parágrafo único do artigo 39 desta Lei.

• Inciso III acrescentado pela Lei 9.876/1999.

Parágrafo único. Em caso de parto antecipado, o período de carência a que se refere o inciso III será reduzido em número de contribuições equivalente ao número de meses em que o parto foi antecipado.

• Parágrafo único acrescentado pela Lei 9.876/1999.

Art. 26. Independe de carência a concessão das seguintes prestações:

I – pensão por morte, auxílio-reclusão, salário-família e auxílio-acidente;

• Inciso I com redação determinada pela Lei 9.876/1999.
• V. Súmula 416, STJ.

II – auxílio-doença e aposentadoria por invalidez nos casos de acidente de qualquer natureza ou causa e de doença profissional ou do trabalho, bem como os casos de segurado que, após filiar-se ao Regime Geral de Previdência Social, for acometido de alguma das doenças e afecções especificadas em lista elaborada pelos Ministérios da Saúde e do Trabalho e da Previdência Social a cada três anos, de acordo com os critérios de estigma, deformação, mutilação, deficiência, ou outro fator que lhe confira especificidade e gravidade que mereçam tratamento particularizado;

III – os benefícios concedidos na forma do inciso I do artigo 39, aos segurados especiais referidos no inciso VII do artigo 11 desta Lei;

IV – serviço social;

V – reabilitação profissional;

VI – salário-maternidade para as seguradas empregada, trabalhadora avulsa e empregada doméstica.

• Inciso VI acrescentado pela Lei 9.876/1999.

Art. 27. Para cômputo do período de carência, serão consideradas as contribuições:

I – referentes ao período a partir da data da filiação ao Regime Geral de Previdência Social, no caso dos segurados empregados e trabalhadores avulsos referidos nos incisos I e VI do artigo 11;

II – realizadas a contar da data do efetivo pagamento da primeira contribuição sem atraso, não sendo consideradas para este fim as contribuições recolhidas com atraso referentes a competências anteriores, no caso dos segurados empregado doméstico, contribuinte individual, especial e facultati-

Lei 8.213/1991

PLANOS DE BENEFÍCIOS

vo, referidos, respectivamente, nos incisos II, V e VII do artigo 11 e no artigo 13.
- Inciso II com redação determinada pela Lei 9.876/1999.

Seção III
Do cálculo do valor dos benefícios

Subseção I
Do salário de benefício

Art. 28. O valor do benefício de prestação continuada, inclusive o regido por norma especial e o decorrente de acidente do trabalho, exceto o salário-família e o salário-maternidade, será calculado com base no salário de benefício.
- *Caput* com redação determinada pela Lei 9.032/1995.
- O salário de benefício está sujeito a atualização por Portaria do Ministério da Previdência Social – MPS.

§§ 1º a 4º *(Revogados pela Lei 9.032/1995.)*

Art. 29. O salário de benefício consiste:
- *Caput* com redação determinada pela Lei 9.876/1999.

I – para os benefícios de que tratam as alíneas *b* e *c* do inciso I do artigo 18, na média aritmética simples dos maiores salários de contribuição correspondentes a 80% (oitenta por cento) de todo o período contributivo, multiplicada pelo fator previdenciário;
- Inciso I com redação determinada pela Lei 9.876/1999.

II – para os benefícios de que tratam as alíneas *a*, *d*, *e* e *h* do inciso I do artigo 18, na média aritmética simples dos maiores salários de contribuição correspondentes a 80% (oitenta por cento) de todo o período contributivo.
- Inciso II com redação determinada pela Lei 9.876/1999.

§ 1º *(Revogado pela Lei 9.876/1999.)*

§ 2º O valor do salário de benefício não será inferior ao de um salário mínimo, nem superior ao do limite máximo do salário de contribuição na data de início do benefício.

§ 3º Serão considerados para cálculo do salário de benefício os ganhos habituais do segurado empregado, a qualquer título, sob forma de moeda corrente ou de utilidades, sobre os quais tenha incidido contribuições previdenciárias, exceto o décimo terceiro salário (gratificação natalina).
- § 3º com redação determinada pela Lei 8.870/1994.

§ 4º Não será considerado, para o cálculo do salário de benefício, o aumento dos salários de contribuição que exceder o limite legal, inclusive o voluntariamente concedido nos 36 (trinta e seis) meses imediatamente anteriores ao início do benefício, salvo se homologado pela Justiça do Trabalho, resultante de promoção regulada por normas gerais da empresa, admitida pela legislação do trabalho, de sentença normativa ou de reajustamento salarial obtido pela categoria respectiva.

§ 5º Se, no período básico de cálculo, o segurado tiver recebido benefícios por incapacidade, sua duração será contada, considerando-se como salário de contribuição, no período, o salário de benefício que serviu de base para o cálculo da renda mensal, reajustado nas mesmas épocas e bases dos benefícios em geral, não podendo ser inferior ao valor de um salário mínimo.

§ 6º O salário de benefício do segurado especial consiste no valor equivalente ao salário mínimo, ressalvado o disposto no inciso II do art. 39 e nos §§ 3º e 4º do art. 48 desta Lei.
- *Caput* do § 6º com redação determinada pela Lei 11.718/2008.

I – *(Revogado pela Lei 11.718/2008.)*
II – *(Revogado pela Lei 11.718/2008.)*

§ 7º O fator previdenciário será calculado considerando-se a idade, a expectativa de sobrevida e o tempo de contribuição do segurado ao se aposentar, segundo a fórmula constante do Anexo desta Lei.
- § 7º acrescentado pela Lei 9.876/1999.
- Referência "Anexo desta Lei", conforme publicação oficial. O correto é "Anexo da Lei 9.876/1999".

§ 8º Para efeito do disposto no § 7º, a expectativa de sobrevida do segurado na idade da aposentadoria será obtida a partir da tábua completa de mortalidade construída pela Fundação Instituto Brasileiro de Geografia e Estatística – IBGE, considerando-se

Lei 8.213/1991

PLANOS DE BENEFÍCIOS

a média nacional única para ambos os sexos.

- § 8º acrescentado pela Lei 9.876/1999.
- V. Dec. 3.266/1999 (Atribui competência e fixa periodicidade para a publicação da tábua completa de mortalidade de que trata o § 8º do art. 29 da Lei 8.213/1991).

§ 9º Para efeito da aplicação do fator previdenciário, ao tempo de contribuição do segurado serão adicionados:

- § 9º acrescentado pela Lei 9.876/1999.

I – 5 (cinco) anos, quando se tratar de mulher;

II – 5 (cinco) anos, quando se tratar de professor que comprove exclusivamente tempo de efetivo exercício das funções de magistério na educação infantil e no ensino fundamental e médio;

III – 10 (dez) anos, quando se tratar de professora que comprove exclusivamente tempo de efetivo exercício das funções de magistério na educação infantil e no ensino fundamental e médio.

Art. 29-A. O INSS utilizará as informações constantes no Cadastro Nacional de Informações Sociais – CNIS sobre os vínculos e as remunerações dos segurados, para fins de cálculo do salário de benefício, comprovação de filiação ao Regime Geral de Previdência Social, tempo de contribuição e relação de emprego.

- *Caput* com redação determinada pela LC 128/2008.

§ 1º O INSS terá até 180 (cento e oitenta) dias, contados a partir da solicitação do pedido, para fornecer ao segurado as informações previstas no *caput* deste artigo.

- § 1º acrescentado pela Lei 10.403/2002.

§ 2º O segurado poderá solicitar, a qualquer momento, a inclusão, exclusão ou retificação de informações constantes do CNIS, com a apresentação de documentos comprobatórios dos dados divergentes, conforme critérios definidos pelo INSS.

- § 2º com redação determinada pela LC 128/2008.

§ 3º A aceitação de informações relativas a vínculos e remunerações inseridas extemporaneamente no CNIS, inclusive retificações de informações anteriormente inseridas, fica condicionada à comprovação dos dados ou das divergências apontadas, conforme critérios definidos em regulamento.

- § 3º acrescentado pela LC 128/2008.

§ 4º Considera-se extemporânea a inserção de dados decorrentes de documento inicial ou de retificação de dados anteriormente informados, quando o documento ou a retificação, ou a informação retificadora, forem apresentados após os prazos estabelecidos em regulamento.

- § 4º acrescentado pela LC 128/2008.

§ 5º Havendo dúvida sobre a regularidade do vínculo incluído no CNIS e inexistência de informações sobre remunerações e contribuições, o INSS exigirá a apresentação dos documentos que serviram de base à anotação, sob pena de exclusão do período.

- § 5º acrescentado pela LC 128/2008.

Art. 29-B. Os salários de contribuição considerados no cálculo do valor do benefício serão corrigidos mês a mês de acordo com a variação integral do Índice Nacional de Preços ao Consumidor – INPC, calculado pela Fundação Instituto Brasileiro de Geografia e Estatística – IBGE.

- Artigo acrescentado pela Lei 10.887/2004.

Art. 30. (Revogado pela Lei 9.032/1995.)

Art. 31. O valor mensal do auxílio-acidente integra o salário de contribuição, para fins de cálculo do salário de benefício de qualquer aposentadoria, observado, no que couber, o disposto no artigo 29 e no artigo 86, § 5º.

- Artigo restabelecido, com nova redação, pela Lei 9.528/1997.

Art. 32. O salário de benefício do segurado que contribuir em razão de atividades concomitantes será calculado com base na soma dos salários de contribuição das atividades exercidas na data do requerimento ou do óbito, ou no período básico de cálculo, observado o disposto no artigo 29 e as normas seguintes:

I – quando o segurado satisfizer, em relação a cada atividade, as condições do benefício requerido, o salário de benefício será calculado com base na soma dos respectivos salários de contribuição;

Lei 8.213/1991

PLANOS DE BENEFÍCIOS

II – quando não se verificar a hipótese do inciso anterior, o salário de benefício corresponde à soma das seguintes parcelas:
a) o salário de benefício calculado com base nos salários de contribuição das atividades em relação às quais são atendidas as condições do benefício requerido;
b) um percentual da média do salário de contribuição de cada uma das demais atividades, equivalente à relação entre o número de meses completo de contribuição e os do período de carência do benefício requerido;
III – quando se tratar de benefício por tempo de serviço, o percentual da alínea *b* do inciso II será o resultante da relação entre os anos completos de atividade e o número de anos de serviço considerado para a concessão do benefício.

§ 1º O disposto neste artigo não se aplica ao segurado que, em obediência ao limite máximo do salário de contribuição, contribuiu apenas por uma das atividades concomitantes.

§ 2º Não se aplica o disposto neste artigo ao segurado que tenha sofrido redução do salário de contribuição das atividades concomitantes em respeito ao limite máximo desse salário.

Subseção II
Da renda mensal do benefício

Art. 33. A renda mensal do benefício de prestação continuada que substituir o salário de contribuição ou o rendimento do trabalho do segurado não terá valor inferior ao do salário mínimo, nem superior ao do limite máximo do salário de contribuição, ressalvado o disposto no artigo 45 desta Lei.

• O salário de contribuição está sujeito a atualização por Portaria do Ministério da Previdência Social – MPS.

Art. 34. No cálculo do valor da renda mensal do benefício, inclusive o decorrente de acidente do trabalho, serão computados:

• *Caput* com redação determinada pela Lei 9.032/1995.

I – para o segurado empregado e trabalhador avulso, os salários de contribuição referentes aos meses de contribuições devidas, ainda que não recolhidas pela empresa, sem prejuízo da respectiva cobrança e da aplicação das penalidades cabíveis;

• Inciso I acrescentado pela Lei 9.032/1995.

II – para o segurado empregado, o trabalhador avulso e o segurado especial, o valor mensal do auxílio-acidente, considerado como salário de contribuição para fins de concessão de qualquer aposentadoria, nos termos do artigo 31;

• Inciso II com redação determinada pela Lei 9.528/1997.

III – para os demais segurados, os salários de contribuição referentes aos meses de contribuições efetivamente recolhidas.

• Inciso III acrescentado pela Lei 9.528/1997.

Art. 35. Ao segurado empregado e ao trabalhador avulso que tenham cumprido todas as condições para a concessão do benefício pleiteado mas não possam comprovar o valor dos seus salários de contribuição no período básico de cálculo, será concedido o benefício de valor mínimo, devendo esta renda ser recalculada, quando da apresentação de prova dos salários de contribuição.

Art. 36. Para o segurado empregado doméstico que, tendo satisfeito as condições exigidas para a concessão do benefício requerido, não comprovar o efetivo recolhimento das contribuições devidas, será concedido o benefício de valor mínimo, devendo sua renda ser recalculada quando da apresentação da prova do recolhimento das contribuições.

Art. 37. A renda mensal inicial, recalculada de acordo com o disposto nos artigos 35 e 36, deve ser reajustada como a dos benefícios correspondentes com igual data de início e substituirá, a partir da data do requerimento de revisão do valor do benefício, a renda mensal que prevalecia até então.

Art. 38. Sem prejuízo do disposto nos artigos 35 e 36, cabe à Previdência Social manter cadastro dos segurados com todos os informes necessários para o cálculo da renda mensal dos benefícios.

Art. 38-A. O Ministério da Previdência Social desenvolverá programa de cadastra-

Lei 8.213/1991

PLANOS DE BENEFÍCIOS

mento dos segurados especiais, observado o disposto nos §§ 4º e 5º do art. 17 desta Lei, podendo para tanto firmar convênio com órgãos federais, estaduais ou do Distrito Federal e dos Municípios, bem como com entidades de classe, em especial as respectivas confederações ou federações.

* Artigo acrescentado pela Lei 11.718/2008.

§ 1º O programa de que trata o *caput* deste artigo deverá prever a manutenção e a atualização anual do cadastro, e as informações nele contidas não dispensam a apresentação dos documentos previstos no art. 106 desta Lei.

§ 2º Da aplicação do disposto neste artigo não poderá resultar nenhum ônus para os segurados, sejam eles filiados ou não às entidades conveniadas.

Art. 39. Para os segurados especiais, referidos no inciso VII do artigo 11 desta Lei, fica garantida a concessão:

I – de aposentadoria por idade ou por invalidez, de auxílio-doença, de auxílio-reclusão ou de pensão, no valor de 1 (um) salário mínimo, desde que comprove o exercício de atividade rural, ainda que de forma descontínua, no período, imediatamente anterior ao requerimento do benefício, igual ao número de meses correspondentes à carência do benefício requerido; ou

II – dos benefícios especificados nesta Lei, observados os critérios e a forma de cálculo estabelecidos, desde que contribuam facultativamente para a Previdência Social, na forma estipulada no Plano de Custeio da Seguridade Social.

Parágrafo único. Para a segurada especial fica garantida a concessão do salário-maternidade no valor de um salário mínimo, desde que comprove o exercício de atividade rural, ainda que de forma descontínua, nos doze meses imediatamente anteriores ao do início do benefício.

* Parágrafo único acrescentado pela Lei 8.861/1994.

Art. 40. É devido abono anual ao segurado e ao dependente da Previdência Social que, durante o ano, recebeu auxílio-doença, auxílio-acidente ou aposentadoria, pensão por morte ou auxílio-reclusão.

Parágrafo único. O abono anual será calculado, no que couber, da mesma forma que a Gratificação de Natal dos trabalhadores, tendo por base o valor da renda mensal do benefício do mês de dezembro de cada ano.

Seção IV
Do reajustamento do valor dos benefícios

Art. 41. (*Revogado pela Lei 11.430/2006.*)

Art. 41-A. O valor dos benefícios em manutenção será reajustado, anualmente, na mesma data do reajuste do salário mínimo, *pro rata*, de acordo com suas respectivas datas de início ou do último reajustamento, com base no Índice Nacional de Preços ao Consumidor – INPC, apurado pela Fundação Instituto Brasileiro de Geografia e Estatística – IBGE.

* *Caput* acrescentado pela Lei 11.430/2006.
* V. art. 4º, Lei 11.430/2006, que considera o dia 1º.04.2006 como data do último reajuste dos benefícios referidos no *caput* do art. 3º da referida Lei.
* V. art. 3º, parágrafo único, Lei 12.254/2010 (Reajuste dos benefícios mantidos pela Previdência Social em 2010 e 2011).

§ 1º Nenhum benefício reajustado poderá exceder o limite máximo do salário de benefício na data do reajustamento, respeitados os direitos adquiridos.

* §1º acrescentado pela Lei 11.430/2006.

§ 2º Os benefícios com renda mensal superior a um salário mínimo serão pagos do primeiro ao quinto dia útil do mês subsequente ao de sua competência, observada a distribuição proporcional do número de beneficiários por dia de pagamento.

* § 2º com redação determinada pela Lei 11.665/2008.

§ 3º Os benefícios com renda mensal no valor de até um salário mínimo serão pagos no período compreendido entre o quinto dia útil que anteceder o final do mês de sua competência e o quinto dia útil do mês subsequente, observada a distribuição proporcional dos beneficiários por dia de pagamento.

Lei 8.213/1991

PLANOS DE BENEFÍCIOS

- § 3º com redação determinada pela Lei 11.665/2008.

§ 4º Para os efeitos dos §§ 2º e 3º deste artigo, considera-se dia útil aquele de expediente bancário com horário normal de atendimento.

- § 4º com redação determinada pela Lei 11.665/2008.

§ 5º O primeiro pagamento do benefício será efetuado até 45 (quarenta e cinco) dias após a data da apresentação, pelo segurado, da documentação necessária a sua concessão.

- § 5º acrescentado pela Lei 11.665/2008.

§ 6º Para os benefícios que tenham sido majorados devido à elevação do salário mínimo, o referido aumento deverá ser compensado no momento da aplicação do disposto no *caput* deste artigo, de acordo com normas a serem baixadas pelo Ministério da Previdência Social.

- § 6º acrescentado pela Lei 11.665/2008.

Seção V
Dos benefícios
Subseção I
Da aposentadoria por invalidez

Art. 42. A aposentadoria por invalidez, uma vez cumprida, quando for o caso, a carência exigida, será devida ao segurado que, estando ou não em gozo de auxílio-doença, for considerado incapaz e insusceptível de reabilitação para o exercício de atividade que lhe garanta a subsistência, e ser-lhe-á paga enquanto permanecer nesta condição.

§ 1º A concessão de aposentadoria por invalidez dependerá da verificação da condição de incapacidade mediante exame médico-pericial a cargo da Previdência Social, podendo o segurado, às suas expensas, fazer-se acompanhar de médico de sua confiança.

§ 2º A doença ou lesão de que o segurado já era portador ao filiar-se ao Regime Geral de Previdência Social não lhe conferirá direito à aposentadoria por invalidez, salvo quando a incapacidade sobrevier por motivo de progressão ou agravamento dessa doença ou lesão.

Art. 43. A aposentadoria por invalidez será devida a partir do dia imediato ao da cessação do auxílio-doença, ressalvado o disposto nos §§ 1º, 2º e 3º deste artigo.

§ 1º Concluindo a perícia médica inicial pela existência de incapacidade total e definitiva para o trabalho, a aposentadoria por invalidez será devida:

- *Caput* do § 1º com redação determinada pela Lei 9.032/1995.

a) ao segurado empregado, a contar do décimo sexto dia do afastamento da atividade ou a partir da entrada do requerimento, se entre o afastamento e a entrada do requerimento decorrerem mais de 30 (trinta) dias;

- Alínea *a* com redação determinada pela Lei 9.876/1999.

b) ao segurado empregado doméstico, trabalhador avulso, contribuinte individual, especial e facultativo, a contar da data do início da incapacidade ou da data da entrada do requerimento, se entre essas datas decorrerem mais de 30 (trinta) dias.

- Alínea *b* com redação determinada pela Lei 9.876/1999.

§ 2º Durante os primeiros quinze dias de afastamento da atividade por motivo de invalidez, caberá à empresa pagar ao segurado empregado o salário.

- § 2º com redação determinada pela Lei 9.876/1999.

§ 3º *(Revogado pela Lei 9.032/1995.)*

Art. 44. A aposentadoria por invalidez, inclusive a decorrente de acidente do trabalho, consistirá numa renda mensal correspondente a 100% (cem por cento) do salário de benefício, observado o disposto na Seção III, especialmente no artigo 33 desta Lei.

- *Caput* com redação determinada pela Lei 9.032/1995.

§ 1º *(Revogado pela Lei 9.528/1997.)*

§ 2º Quando o acidentado do trabalho estiver em gozo de auxílio-doença, o valor da aposentadoria por invalidez será igual ao do auxílio-doença se este, por força de reajustamento, for superior ao previsto neste artigo.

Art. 45. O valor da aposentadoria por invalidez do segurado que necessitar da assis-

Lei 8.213/1991

PLANOS DE BENEFÍCIOS

tência permanente de outra pessoa será acrescido de 25% (vinte e cinco por cento).
Parágrafo único. O acréscimo de que trata este artigo:
a) será devido ainda que o valor da aposentadoria atinja o limite máximo legal;
b) será recalculado quando o benefício que lhe deu origem for reajustado;
c) cessará com a morte do aposentado, não sendo incorporável ao valor da pensão.

Art. 46. O aposentado por invalidez que retornar voluntariamente à atividade terá sua aposentadoria automaticamente cancelada, a partir da data do retorno.

Art. 47. Verificada a recuperação da capacidade de trabalho do aposentado por invalidez, será observado o seguinte procedimento:
I – quando a recuperação ocorrer dentro de 5 (cinco) anos, contados da data do início da aposentadoria por invalidez ou do auxílio-doença que a antecedeu sem interrupção, o benefício cessará:
a) de imediato, para o segurado empregado que tiver direito a retornar à função que desempenhava na empresa quando se aposentou, na forma da legislação trabalhista, valendo como documento, para tal fim, o certificado de capacidade fornecido pela Previdência Social; ou
b) após tantos meses quantos forem os anos de duração do auxílio-doença ou da aposentadoria por invalidez, para os demais segurados;
II – quando a recuperação for parcial, ou ocorrer após o período do inciso I, ou ainda quando o segurado for declarado apto para o exercício de trabalho diverso do qual habitualmente exercia, a aposentadoria será mantida, sem prejuízo da volta à atividade:
a) no seu valor integral, durante 6 (seis) meses contados da data em que for verificada a recuperação da capacidade;
b) com redução de 50% (cinquenta por cento), no período seguinte de 6 (seis) meses;
c) com redução de 75% (setenta e cinco por cento), também por igual período de 6 (seis) meses, ao término do qual cessará definitivamente.

Subseção II
Da aposentadoria por idade

Art. 48. A aposentadoria por idade será devida ao segurado que, cumprida a carência exigida nesta Lei, completar 65 (sessenta e cinco) anos de idade, se homem, e 60 (sessenta), se mulher.

• *Caput* com redação determinada pela Lei 9.032/1995.

§ 1º Os limites fixados no *caput* são reduzidos para 60 (sessenta) e 55 (cinquenta e cinco) anos no caso de trabalhadores rurais, respectivamente homens e mulheres, referidos na alínea *a* do inciso I, na alínea *g* do inciso V e nos incisos VI e VII do artigo 11.

• § 1º com redação determinada pela Lei 9.876/1999.

§ 2º Para os efeitos do disposto no § 1º deste artigo, o trabalhador rural deve comprovar o efetivo exercício de atividade rural, ainda que de forma descontínua, no período imediatamente anterior ao requerimento do benefício, por tempo igual ao número de meses de contribuição correspondente à carência do benefício pretendido, computado o período a que se referem os incisos III a VIII do § 9º do art. 11 desta Lei.

• § 2º com redação dada pela Lei 11.718/2008.

§ 3º Os trabalhadores rurais de que trata o § 1º deste artigo que não atendam ao disposto no § 2º deste artigo, mas que satisfaçam essa condição, se forem considerados períodos de contribuição sob outras categorias do segurado, farão jus ao benefício ao completarem 65 (sessenta e cinco) anos de idade, se homem, e 60 (sessenta) anos, se mulher.

• § 3º acrescentado pela Lei 11.718/2008.

§ 4º Para efeito do § 3º deste artigo, o cálculo da renda mensal do benefício será apurado de acordo com o disposto no inciso II do *caput* do art. 29 desta Lei, considerando-se como salário de contribuição mensal do período como segurado especial o limite mínimo de salário de contribuição da Previdência Social.

• § 4º acrescentado pela Lei 11.718/2008.

Lei 8.213/1991

PLANOS DE BENEFÍCIOS

Art. 49. A aposentadoria por idade será devida:

I – ao segurado empregado, inclusive o doméstico, a partir:

a) da data do desligamento do emprego, quando requerida até essa data ou até 90 (noventa) dias depois dela; ou

b) da data do requerimento, quando não houver desligamento do emprego ou quando for requerida após o prazo previsto na alínea *a*;

II – para os demais segurados, da data da entrada do requerimento.

Art. 50. A aposentadoria por idade, observado o disposto na Seção III deste Capítulo, especialmente no artigo 33, consistirá numa renda mensal de 70% (setenta por cento) do salário de benefício, mais 1% (um por cento) deste, por grupo de 12 (doze) contribuições, não podendo ultrapassar 100% (cem por cento) do salário de benefício.

Art. 51. A aposentadoria por idade pode ser requerida pela empresa, desde que o segurado empregado tenha cumprido o período de carência e completado 70 (setenta) anos de idade, se do sexo masculino, ou 65 (sessenta e cinco) anos, se do sexo feminino, sendo compulsória, caso em que será garantida ao empregado a indenização prevista na legislação trabalhista, considerada como data da rescisão do contrato de trabalho a imediatamente anterior à do início da aposentadoria.

Subseção III
Da aposentadoria
por tempo de serviço

Art. 52. A aposentadoria por tempo de serviço será devida, cumprida a carência exigida nesta Lei, ao segurado que completar 25 (vinte e cinco) anos de serviço, se do sexo feminino, ou 30 (trinta) anos, se do masculino.

• V. art. 201, § 7º, CF.

Art. 53. A aposentadoria por tempo de serviço, observado o disposto na Seção III deste Capítulo, especialmente no artigo 33, consistirá numa renda mensal de:

I – para a mulher: 70% (setenta por cento) do salário de benefício aos 25 (vinte e cinco) anos de serviço, mais 6% (seis por cento) deste, para cada novo ano completo de atividade, até o máximo de 100% (cem por cento) do salário de benefício aos 30 (trinta) anos de serviço;

II – para o homem: 70% (setenta por cento) do salário de benefício aos 30 (trinta) anos de serviço, mais 6% (seis por cento) deste, para cada novo ano completo de atividade, até o máximo de 100% (cem por cento) do salário de benefício aos 35 (trinta e cinco) anos de serviço.

Art. 54. A data do início da aposentadoria por tempo de serviço será fixada da mesma forma que a da aposentadoria por idade, conforme o disposto no artigo 49.

Art. 55. O tempo de serviço será comprovado na forma estabelecida no Regulamento, compreendendo, além do correspondente às atividades de qualquer das categorias de segurados de que trata o artigo 11 desta Lei, mesmo que anterior à perda da qualidade de segurado:

I – o tempo de serviço militar, inclusive o voluntário, e o previsto no § 1º do artigo 143 da Constituição Federal, ainda que anterior à filiação ao Regime Geral de Previdência Social, desde que não tenha sido contado para inatividade remunerada nas Forças Armadas ou aposentadoria no serviço público;

II – o tempo intercalado em que esteve em gozo de auxílio-doença ou aposentadoria por invalidez;

III – o tempo de contribuição efetuada como segurado facultativo;

• Inciso III com redação determinada pela Lei 9.032/1995.

IV – o tempo de serviço referente ao exercício de mandato eletivo federal, estadual ou municipal, desde que não tenha sido contado para efeito de aposentadoria por outro regime de previdência social;

• Inciso IV com redação determinada pela Lei 9.506/1997.

V – o tempo de contribuição efetuado por segurado depois de ter deixado de exercer atividade remunerada que o enquadrava no artigo 11 desta Lei;

1201

Lei 8.213/1991

PLANOS DE BENEFÍCIOS

VI – o tempo de contribuição efetuado com base nos artigos 8º e 9º da Lei 8.162, de 8 de janeiro de 1991, pelo segurado definido no artigo 11, inciso I, alínea g, desta Lei, sendo tais contribuições computadas para efeito de carência.

* Inciso VI acrescentado pela Lei 8.647/1993.

§ 1º A averbação de tempo de serviço durante o qual o exercício da atividade não determinava filiação obrigatória ao anterior Regime de Previdência Social Urbana só será admitida mediante o recolhimento das contribuições correspondentes, conforme dispuser o Regulamento, observado o disposto no § 2º.

§ 2º O tempo de serviço do segurado trabalhador rural, anterior à data de início de vigência desta Lei, será computado independentemente do recolhimento das contribuições a ele correspondentes, exceto para efeito de carência, conforme dispuser o Regulamento.

§ 3º A comprovação do tempo de serviço para os efeitos desta Lei, inclusive mediante justificação administrativa ou judicial, conforme o disposto no artigo 108, só produzirá efeito quando baseada em início de prova material, não sendo admitida prova exclusivamente testemunhal, salvo na ocorrência de motivo de força maior ou caso fortuito, conforme disposto no Regulamento.

§ 4º Não será computado como tempo de contribuição, para efeito de concessão do benefício de que trata esta subseção, o período em que o segurado contribuinte individual ou facultativo tiver contribuído na forma do § 2º do art. 21 da Lei 8.212, de 24 de julho de 1991, salvo se tiver complementado as contribuições na forma do § 3º do mesmo artigo.

* § 4º acrescentado pela LC 123/2006.

Art. 56. O professor, após 30 (trinta) anos, e a professora, após 25 (vinte e cinco) anos de efetivo exercício em funções de magistério poderão aposentar-se por tempo de serviço, com renda mensal correspondente a 100% (cem por cento) do salário de benefício, observado o disposto na Seção III deste Capítulo.

Subseção IV
Da aposentadoria especial

Art. 57. A aposentadoria especial será devida, uma vez cumprida a carência exigida nesta Lei, ao segurado que tiver trabalhado sujeito a condições especiais que prejudiquem a saúde ou a integridade física, durante 15 (quinze), 20 (vinte) ou 25 (vinte e cinco) anos, conforme dispuser a lei.

* *Caput* com redação determinada pela Lei 9.032/1995.

§ 1º A aposentadoria especial, observado o disposto no artigo 33 desta Lei, consistirá numa renda mensal equivalente a 100% (cem por cento) do salário de benefício.

* § 1º com redação determinada pela Lei 9.032/1995.

§ 2º A data de início do benefício será fixada da mesma forma que a da aposentadoria por idade, conforme o disposto no artigo 49.

§ 3º A concessão da aposentadoria especial dependerá de comprovação pelo segurado, perante o Instituto Nacional do Seguro Social – INSS, do tempo de trabalho permanente, não ocasional nem intermitente, em condições especiais que prejudiquem a saúde ou a integridade física, durante o período mínimo fixado.

* § 3º com redação determinada pela Lei 9.032/1995.

§ 4º O segurado deverá comprovar, além do tempo de trabalho, exposição aos agentes nocivos químicos, físicos, biológicos ou associação de agentes prejudiciais à saúde ou à integridade física, pelo período equivalente ao exigido para a concessão do benefício.

* § 4º com redação determinada pela Lei 9.032/1995.

§ 5º O tempo de trabalho exercido sob condições especiais que sejam ou venham a ser consideradas prejudiciais à saúde ou à integridade física será somado, após a respectiva conversão ao tempo de trabalho exercido em atividade comum, segundo critérios estabelecidos pelo Ministério da Previdência e Assistência Social, para efeito de concessão de qualquer benefício.

* § 5º acrescentado pela Lei 9.032/1995.

Lei 8.213/1991

PLANOS DE BENEFÍCIOS

§ 6º O benefício previsto neste artigo será financiado com os recursos provenientes da contribuição de que trata o inciso II do artigo 22 da Lei 8.212, de 24 de julho de 1991, cujas alíquotas serão acrescidas de 12 (doze), 9 (nove) ou 6% (seis pontos percentuais), conforme a atividade exercida pelo segurado a serviço da empresa permita a concessão da aposentadoria especial após 15 (quinze), 20 (vinte) ou 25 (vinte e cinco) anos de contribuição, respectivamente.

- § 6º com redação determinada pela Lei 9.732/1998.
- O art. 6º da Lei 9.732/1998 determina a progressão das alíquotas exigidas nesse dispositivo.

§ 7º O acréscimo de que trata o parágrafo anterior incide exclusivamente sobre a remuneração do segurado sujeito às condições especiais referidas no *caput*.

- § 7º acrescentado pela Lei 9.732/1998.

§ 8º Aplica-se o disposto no artigo 46 ao segurado aposentado nos termos deste artigo que continuar no exercício de atividade ou operação que o sujeite aos agentes nocivos constantes da relação referida no artigo 58 desta Lei.

- § 8º acrescentado pela Lei 9.732/1998.

Art. 58. A relação dos agentes nocivos químicos, físicos e biológicos ou associação de agentes prejudiciais à saúde ou à integridade física, considerados para fins de concessão da aposentadoria especial de que trata o artigo anterior, será definida pelo Poder Executivo.

- *Caput* com redação determinada pela Lei 9.528/1997.

§ 1º A comprovação da efetiva exposição do segurado aos agentes nocivos será feita mediante formulário, na forma estabelecida pelo Instituto Nacional do Seguro Social – INSS, emitido pela empresa ou seu preposto, com base em laudo técnico de condições ambientais do trabalho expedido por médico do trabalho ou engenheiro de segurança do trabalho nos termos da legislação trabalhista.

- § 1º com redação determinada pela Lei 9.732/1998.

§ 2º Do laudo técnico referido no parágrafo anterior deverão constar informação sobre a existência de tecnologia de proteção coletiva ou individual que diminua a intensidade do agente agressivo a limites de tolerância e recomendação sobre a sua adoção pelo estabelecimento respectivo.

- § 2º com redação determinada pela Lei 9.732/1998.

§ 3º A empresa que não mantiver laudo técnico atualizado com referência aos agentes nocivos existentes no ambiente de trabalho de seus trabalhadores ou que emitir documento de comprovação de efetiva exposição em desacordo com o respectivo laudo estará sujeita à penalidade prevista no artigo 133 desta Lei.

- § 3º acrescentado pela Lei 9.528/1997.

§ 4º A empresa deverá elaborar e manter atualizado perfil profissiográfico, abrangendo as atividades desenvolvidas pelo trabalhador e fornecer a este, quando da rescisão do contrato de trabalho, cópia autêntica desse documento.

- § 4º acrescentado pela Lei 9.528/1997.

Subseção V
Do auxílio-doença

Art. 59. O auxílio-doença será devido ao segurado que, havendo cumprido, quando for o caso, o período de carência exigido nesta Lei, ficar incapacitado para o seu trabalho ou para a sua atividade habitual por mais de 15 (quinze) dias consecutivos.

- V. Súmula 371, TST.

Parágrafo único. Não será devido auxílio-doença ao segurado que se filiar ao Regime Geral de Previdência Social já portador da doença ou da lesão invocada como causa para o benefício, salvo quando a incapacidade sobrevier por motivo de progressão ou agravamento dessa doença ou lesão.

Art. 60. O auxílio-doença será devido ao segurado empregado a contar do décimo sexto dia do afastamento da atividade, e, no caso dos demais segurados, a contar da data do início da incapacidade e enquanto ele permanecer incapaz.

- *Caput* com redação determinada Lei 9.876/1999.

Lei 8.213/1991

PLANOS DE BENEFÍCIOS

§ 1º Quando requerido por segurado afastado da atividade por mais de 30 (trinta) dias, o auxílio-doença será devido a contar da data da entrada do requerimento.

§ 2º *(Revogado pela Lei 9.032/1995.)*

§ 3º Durante os primeiros 15 (quinze) dias consecutivos ao do afastamento da atividade por motivo de doença, incumbirá à empresa pagar ao segurado empregado o seu salário integral.

- § 3º com redação determinada pela Lei 9.876/1999.

§ 4º A empresa que dispuser de serviço médico, próprio ou em convênio, terá a seu cargo o exame médico e o abono das faltas correspondentes ao período referido no § 3º, somente devendo encaminhar o segurado à perícia médica da Previdência Social quando a incapacidade ultrapassar 15 (quinze) dias.

Art. 61. O auxílio-doença, inclusive o decorrente de acidente do trabalho, consistirá numa renda mensal correspondente a 91% (noventa e um por cento) do salário de benefício, observado o disposto na Seção III, especialmente no artigo 33 desta Lei.

- Artigo com redação determinada pela Lei 9.032/1995.

Art. 62. O segurado em gozo de auxílio-doença, insusceptível de recuperação para sua atividade habitual, deverá submeter-se a processo de reabilitação profissional para o exercício de outra atividade. Não cessará o benefício até que seja dado como habilitado para o desempenho de nova atividade que lhe garanta a subsistência ou, quando considerado não recuperável, for aposentado por invalidez.

Art. 63. O segurado empregado em gozo de auxílio-doença será considerado pela empresa como licenciado.

Parágrafo único. A empresa que garantir ao segurado licença remunerada ficará obrigada a pagar-lhe durante o período de auxílio-doença a eventual diferença entre o valor deste e a importância garantida pela licença.

Art. 64. *(Revogado pela Lei 9.032/1995.)*

Subseção VI
Do salário-família

Art. 65. O salário-família será devido, mensalmente, ao segurado empregado, exceto ao doméstico, e ao segurado trabalhador avulso, na proporção do respectivo número de filhos ou equiparados nos termos do § 2º do artigo 16 desta Lei, observado o disposto no artigo 66.

Parágrafo único. O aposentado por invalidez ou por idade e os demais aposentados com 65 (sessenta e cinco) anos ou mais de idade, se do sexo masculino, ou 60 (sessenta) anos ou mais, se do feminino, terão direito ao salário-família, pago juntamente com a aposentadoria.

Art. 66. O valor da cota do salário-família por filho ou equiparado de qualquer condição, até 14 (quatorze) anos de idade ou inválido de qualquer idade é de:

- O salário-família está sujeito a atualização por Portaria do Ministério da Previdência Social – MPS.

I – Cr$ 1.360,00 (um mil trezentos e sessenta cruzeiros), para o segurado com remuneração mensal não superior a Cr$ 51.000,00 (cinquenta e um mil cruzeiros);

II – Cr$ 170,00 (cento e setenta cruzeiros), para o segurado com remuneração mensal superior a Cr$ 51.000,00 (cinquenta e um mil cruzeiros).

Art. 67. O pagamento do salário-família é condicionado à apresentação da certidão de nascimento do filho ou da documentação relativa ao equiparado ou ao inválido, e à apresentação anual de atestado de vacinação obrigatória e de comprovação de frequência à escola do filho ou equiparado, nos termos do regulamento.

- Artigo com redação determinada pela Lei 9.876/1999.

Art. 68. As cotas do salário-família serão pagas pela empresa, mensalmente, junto com o salário, efetivando-se a compensação quando do recolhimento das contribuições, conforme dispuser o Regulamento.

§ 1º A empresa conservará durante 10 (dez) anos os comprovantes dos pagamentos e as cópias das certidões corresponden-

Lei 8.213/1991

PLANOS DE BENEFÍCIOS

tes, para exame pela fiscalização da Previdência Social.

§ 2º Quando o pagamento do salário não for mensal, o salário-família será pago juntamente com o último pagamento relativo ao mês.

Art. 69. O salário-família devido ao trabalhador avulso poderá ser recebido pelo sindicato de classe respectivo, que se incumbirá de elaborar as folhas correspondentes e de distribuí-lo.

Art. 70. A cota do salário-família não será incorporada, para qualquer efeito, ao salário ou ao benefício.

Subseção VII
Do salário-maternidade

Art. 71. O salário-maternidade é devido à segurada da Previdência Social, durante 120 (cento e vinte) dias, com início no período entre 28 (vinte e oito) dias antes do parto e a data de ocorrência deste, observadas as situações e condições previstas na legislação no que concerne à proteção à maternidade.

- *Caput* com redação determinada pela Lei 10.710/2003 (*DOU* 06.08.2003), em vigor na data de sua publicação, produzindo efeitos em relação aos benefícios requeridos a partir do primeiro dia do mês seguinte ao de sua publicação.

Parágrafo único. *(Revogado pela Lei 9.528/1997.)*

Art. 71-A. À segurada da Previdência Social que adotar ou obtiver guarda judicial para fins de adoção de criança é devido salário-maternidade pelo período de 120 (cento e vinte) dias.

- *Caput* com redação determinada pela MP 619/2013.

Parágrafo único. O salário-maternidade de que trata este artigo será pago diretamente pela Previdência Social.

- Parágrafo único acrescentado pela Lei 10.710/2003 (*DOU* 06.08.2003), em vigor na data de sua publicação, produzindo efeitos em relação aos benefícios requeridos a partir do primeiro dia do mês seguinte ao de sua publicação.

Art. 72. O salário-maternidade para a segurada empregada ou trabalhadora avulsa consistirá numa renda mensal igual a sua remuneração integral.

- *Caput* com redação determinada pela Lei 9.876/1999.

§ 1º Cabe à empresa pagar o salário-maternidade devido à respectiva empregada gestante, efetivando-se a compensação, observado o disposto no art. 248 da Constituição Federal, quando do recolhimento das contribuições incidentes sobre a folha de salários e demais rendimentos pagos ou creditados, a qualquer título, à pessoa física que lhe preste serviço.

- § 1º acrescentado pela Lei 10.710/2003 (*DOU* 06.08.2003), em vigor na data de sua publicação, produzindo efeitos em relação aos benefícios requeridos a partir do primeiro dia do mês seguinte ao de sua publicação.

§ 2º A empresa deverá conservar durante 10 (dez) anos os comprovantes dos pagamentos e os atestados correspondentes para exame pela fiscalização da Previdência Social.

- § 2º acrescentado pela Lei 10.710/2003 (*DOU* 06.08.2003), em vigor na data de sua publicação, produzindo efeitos em relação aos benefícios requeridos a partir do primeiro dia do mês seguinte ao de sua publicação.

§ 3º O salário-maternidade devido à trabalhadora avulsa e à empregada do microempreendedor individual de que trata o art. 18-A da Lei Complementar 123, de 14 de dezembro de 2006, será pago diretamente pela Previdência Social.

- § 3º com redação determinada pela Lei 12.470/2011.

Art. 73. Assegurado o valor de um salário mínimo, o salário-maternidade para as demais seguradas, pago diretamente pela Previdência Social, consistirá:

- *Caput* com redação determinada pela Lei 10.710/2003 (*DOU* 06.08.2003), em vigor na data de sua publicação, produzindo efeitos em relação aos benefícios requeridos a partir do primeiro dia do mês seguinte ao de sua publicação.

I – em um valor correspondente ao do seu último salário de contribuição, para a segurada empregada doméstica;

- Inciso I com redação determinada pela Lei 9.876/1999.

Lei 8.213/1991

PLANOS DE BENEFÍCIOS

II – em 1/12 (um doze avos) do valor sobre o qual incidiu sua última contribuição anual, para a segurada especial;

* Inciso II com redação determinada pela Lei 9.876/1999.

III – em 1/12 (um doze avos) da soma dos 12 (doze) últimos salários de contribuição, apurados em um período não superior a 15 (quinze) meses, para as demais seguradas.

* Inciso III com redação determinada pela Lei 9.876/1999.

Subseção VIII
Da pensão por morte

* V. Súmulas 340 e 416, STJ.

Art. 74. A pensão por morte será devida ao conjunto dos dependentes do segurado que falecer, aposentado ou não, a contar da data:

* Artigo com redação determinada pela Lei 9.528/1997.

I – do óbito, quando requerida até trinta dias depois deste;
II – do requerimento, quando requerida após o prazo previsto no inciso anterior;
III – da decisão judicial, no caso de morte presumida.

Art. 75. O valor mensal da pensão por morte será de cem por cento do valor da aposentadoria que o segurado recebia ou daquela a que teria direito se estivesse aposentado por invalidez na data de seu falecimento, observado o disposto no artigo 33 desta Lei.

* Artigo com redação determinada pela Lei 9.528/1997.

Art. 76. A concessão da pensão por morte não será protelada pela falta de habilitação de outro possível dependente, e qualquer inscrição ou habilitação posterior que importe em exclusão ou inclusão de dependente só produzirá efeito a contar da data da inscrição ou habilitação.

§ 1º O cônjuge ausente não exclui do direito à pensão por morte o companheiro ou a companheira, que somente fará jus ao benefício a partir da data de sua habilitação e mediante prova de dependência econômica.

§ 2º O cônjuge divorciado ou separado judicialmente ou de fato que recebia pensão de alimentos concorrerá em igualdade de condições com os dependentes referidos no inciso I do artigo 16 desta Lei.

Art. 77. A pensão por morte, havendo mais de um pensionista, será rateada entre todos em partes iguais.

* Caput com redação determinada pela Lei 9.032/1995.

§ 1º Reverterá em favor dos demais a parte daquele cujo direito à pensão cessar.

* § 1º com redação determinada pela Lei 9.032/1995.

§ 2º A parte individual da pensão extingue-se:

* Caput do § 2º com redação determinada pela Lei 9.032/1995.

I – pela morte do pensionista;

* Inciso I acrescentado pela Lei 9.032/1995.

II – para o filho, a pessoa a ele equiparada ou o irmão, de ambos os sexos, pela emancipação ou ao completar 21 (vinte e um) anos de idade, salvo se for inválido ou com deficiência intelectual ou mental que o torne absoluta ou relativamente incapaz, assim declarado judicialmente;

* Inciso II com redação determinada pela Lei 12.470/2011.

III – para o pensionista inválido pela cessação da invalidez e para o pensionista com deficiência intelectual ou mental, pelo levantamento da interdição.

* Inciso III com redação determinada pela Lei 12.470/2011.

§ 3º Com a extinção da parte do último pensionista a pensão extinguir-se-á.

* § 3º acrescentado pela Lei 9.032/1995.

§ 4º A parte individual da pensão do dependente com deficiência intelectual ou mental que o torne absoluta ou relativamente incapaz, assim declarado judicialmente, que exerça atividade remunerada, será reduzida em 30% (trinta por cento), devendo ser integralmente restabelecida em face da extinção da relação de trabalho ou da atividade empreendedora.

* § 4º acrescentado pela Lei 12.470/2011.

Art. 78. Por morte presumida do segurado, declarada pela autoridade judicial competente, depois de 6 (seis) meses de ausência, será concedida pensão provisória, na forma desta Subseção.

Lei 8.213/1991

PLANOS DE BENEFÍCIOS

§ 1º Mediante prova do desaparecimento do segurado em consequência de acidente, desastre ou catástrofe, seus dependentes farão jus à pensão provisória independentemente da declaração e do prazo deste artigo.

§ 2º Verificado o reaparecimento do segurado, o pagamento da pensão cessará imediatamente, desobrigados os dependentes da reposição dos valores recebidos, salvo má-fé.

Art. 79. Não se aplica o disposto no artigo 103 desta Lei ao pensionista menor, incapaz ou ausente, na forma da lei.

Subseção IX
Do auxílio-reclusão

Art. 80. O auxílio-reclusão será devido, nas mesmas condições da pensão por morte aos dependentes do segurado recolhido à prisão, que não receber remuneração da empresa nem estiver em gozo de auxílio-doença, de aposentadoria ou de abono de permanência em serviço.

- O auxílio-reclusão está sujeito a atualização por Portaria do Ministério da Previdência Social – MPS.

Parágrafo único. O requerimento do auxílio-reclusão deverá ser instruído com certidão do efetivo recolhimento à prisão, sendo obrigatória, para a manutenção do benefício, a apresentação de declaração de permanência na condição de presidiário.

Subseção X
Dos pecúlios

Art. 81. *(Revogado pela Lei 9.129/1995.)*
Art. 82. *(Revogado pela Lei 9.032/1995.)*
Art. 83. *(Revogado pela Lei 9.032/1995.)*
Art. 84. *(Revogado pela Lei 8.870/1994.)*
Art. 85. *(Revogado pela Lei 9.032/1995.)*

Subseção XI
Do auxílio-acidente

Art. 86. O auxílio-acidente será concedido, como indenização, ao segurado quando, após a consolidação das lesões decorrentes de acidente de qualquer natureza, resultarem sequelas que impliquem redução da capacidade para o trabalho que habitualmente exerce.

- Artigo com redação determinada pela Lei 9.528/1997.

§ 1º O auxílio-acidente mensal corresponderá a cinquenta por cento do salário de benefício e será devido, observado o disposto no § 5º, até a véspera do início de qualquer aposentadoria ou até a data do óbito do segurado.

§ 2º O auxílio-acidente será devido a partir do dia seguinte ao da cessação do auxílio-doença, independentemente de qualquer remuneração ou rendimento auferido pelo acidentado, vedada sua acumulação com qualquer aposentadoria.

§ 3º O recebimento de salário ou concessão de outro benefício, exceto de aposentadoria, observado o disposto no § 5º, não prejudicará a continuidade do recebimento do auxílio-acidente.

§ 4º A perda da audição, em qualquer grau, somente proporcionará a concessão do auxílio-acidente, quando, além do reconhecimento de causalidade entre o trabalho e a doença, resultar, comprovadamente, na redução ou perda da capacidade para o trabalho que habitualmente exerce.

§ 5º *(Vetado.)*

Subseção XII
Do abono de permanência em serviço

Art. 87. *(Revogado pela Lei 8.870/1994.)*

Seção VI
Dos serviços

Subseção I
Do Serviço Social

Art. 88. Compete ao Serviço Social esclarecer junto aos beneficiários seus direitos sociais e os meios de exercê-los e estabelecer conjuntamente com eles o processo de solução dos problemas que emergirem da sua relação com a Previdência Social, tanto no âmbito interno da instituição como na dinâmica da sociedade.

§ 1º Será dada prioridade aos segurados em benefícios por incapacidade temporária e atenção especial aos aposentados e pensionistas.

Lei 8.213/1991

PLANOS DE BENEFÍCIOS

§ 2º Para assegurar o efetivo atendimento dos usuários serão utilizadas intervenção técnica, assistência de natureza jurídica, ajuda material, recursos sociais, intercâmbio com empresas e pesquisa social, inclusive mediante celebração de convênios, acordos ou contratos.

§ 3º O Serviço Social terá como diretriz a participação do beneficiário na implementação e no fortalecimento da política previdenciária, em articulação com as associações e entidades de classe.

§ 4º O Serviço Social, considerando a universalização da Previdência Social, prestará assessoramento técnico aos Estados e Municípios na elaboração e implantação de suas propostas de trabalho.

Subseção II
Da habilitação e da reabilitação profissional

Art. 89. A habilitação e a reabilitação profissional e social deverão proporcionar ao beneficiário incapacitado parcial ou totalmente para o trabalho, e às pessoas portadoras de deficiência, os meios para a (re)educação e de (re)adaptação profissional e social indicados para participar do mercado de trabalho e do contexto em que vive.

Parágrafo único. A reabilitação profissional compreende:

a) o fornecimento de aparelho de prótese, órtese e instrumentos de auxílio para locomoção quando a perda ou redução da capacidade funcional puder ser atenuada por seu uso e dos equipamentos necessários à habilitação e reabilitação social e profissional;

b) a reparação ou a substituição dos aparelhos mencionados no inciso anterior, desgastados pelo uso normal ou por ocorrência estranha à vontade do beneficiário;

c) o transporte do acidentado do trabalho, quando necessário.

Art. 90. A prestação de que trata o artigo anterior é devida em caráter obrigatório aos segurados, inclusive aposentados e, na medida das possibilidades do órgão da Previdência Social, aos seus dependentes.

Art. 91. Será concedido, no caso de habilitação e reabilitação profissional, auxílio para tratamento ou exame fora do domicílio do beneficiário, conforme dispuser o Regulamento.

Art. 92. Concluído o processo de habilitação ou reabilitação social e profissional, a Previdência Social emitirá certificado individual, indicando as atividades que poderão ser exercidas pelo beneficiário, nada impedindo que este exerça outra atividade para a qual se capacitar.

Art. 93. A empresa com 100 (cem) ou mais empregados está obrigada a preencher de 2% (dois por cento) a 5% (cinco por cento) dos seus cargos com beneficiários reabilitados ou pessoas portadoras de deficiência, habilitadas, na seguinte proporção:

- V. Portaria MTE 1.199/2003 (Normas para imposição de multa administrativa variável prevista no art. 133 da Lei 8.213/1991 e pela infração ao art. 93 da mesma Lei).

I – até 200 empregados 2%
II – de 201 a 500 3%
III – de 501 a 1.000 4%
IV – de 1.001 em diante 5%

§ 1º A dispensa de trabalhador reabilitado ou de deficiente habilitado ao final de contrato por prazo determinado de mais de 90 (noventa) dias, e a imotivada, no contrato por prazo indeterminado, só poderá ocorrer após a contratação de substituto de condição semelhante.

§ 2º O Ministério do Trabalho e da Previdência Social deverá gerar estatísticas sobre o total de empregados e as vagas preenchidas por reabilitados e deficientes habilitados, fornecendo-as, quando solicitadas, aos sindicatos ou entidades representativas dos empregados.

Seção VII
Da contagem recíproca de tempo de serviço

Art. 94. Para efeito dos benefícios previstos no Regime Geral de Previdência Social ou no serviço público é assegurada a contagem recíproca do tempo de contribuição na atividade privada, rural e urbana, e do tempo de contribuição ou de serviço na admi-

Lei 8.213/1991

PLANOS DE BENEFÍCIOS

nistração pública, hipótese em que os diferentes sistemas de previdência social se compensarão financeiramente.

* Caput com redação determinada pela Lei 9.711/1998.

§ 1º A compensação financeira será feita ao sistema a que o interessado estiver vinculado ao requerer o benefício pelos demais sistemas, em relação aos respectivos tempos de contribuição ou de serviço, conforme dispuser o Regulamento.

* Primitivo parágrafo único renumerado pela LC 123/2006.

§ 2º Não será computado como tempo de contribuição, para efeito dos benefícios previstos em regimes próprios de previdência social, o período em que o segurado contribuinte individual ou facultativo tiver contribuído na forma do § 2º do art. 21 da Lei 8.212, de 24 de julho de 1991, salvo se complementadas as contribuições na forma do § 3º do mesmo artigo.

* § 2º acrescentado pela LC 123/2006.

Art. 95. Observada a carência de 36 (trinta e seis) contribuições mensais, o segurado poderá contar, para fins de obtenção dos benefícios do Regime Geral de Previdência Social, o tempo de serviço prestado à administração pública federal direta, autárquica e fundacional.

* Artigo com eficácia suspensa por força da MP 2.187-13/2001.

Parágrafo único. Poderá ser contado o tempo de serviço prestado à administração pública direta, autárquica e fundacional dos Estados, do Distrito Federal e dos Municípios, desde que estes assegurem aos seus servidores a contagem de tempo do serviço em atividade vinculada ao Regime Geral de Previdência Social.

Art. 96. O tempo de contribuição ou de serviço de que trata esta Seção será contado de acordo com a legislação pertinente, observadas as normas seguintes:

I – não será admitida a contagem em dobro ou em outras condições especiais;
II – é vedada a contagem de tempo de serviço público com o de atividade privada, quando concomitantes;
III – não será contado por um sistema o tempo de serviço utilizado para concessão de aposentadoria pelo outro;
IV – o tempo de serviço anterior ou posterior à obrigatoriedade de filiação à Previdência Social só será contado mediante indenização da contribuição correspondente ao período respectivo, com acréscimo de juros moratórios de 0,5% (meio por cento) ao mês, capitalizados anualmente, e multa de 10% (dez por cento).

* Inciso IV com redação determinada pela MP 2.187-13/2001.

V – *(Revogado pela Lei 9.528/1997.)*

Art. 97. A aposentadoria por tempo de serviço, com contagem de tempo na forma desta Seção, será concedida ao segurado do sexo feminino a partir de 25 (vinte e cinco) anos completos de serviço, e, ao segurado do sexo masculino, a partir de 30 (trinta) anos completos de serviço, ressalvadas as hipóteses de redução previstas em lei.

Art. 98. Quando a soma dos tempos de serviço ultrapassar 30 (trinta) anos, se do sexo feminino, e 35 (trinta e cinco) anos, se do sexo masculino, o excesso não será considerado para qualquer efeito.

Art. 99. O benefício resultante de contagem de tempo de serviço na forma desta Seção será concedido e pago pelo sistema a que o interessado estiver vinculado ao requerê-lo, e calculado na forma da respectiva legislação.

Seção VIII
Das disposições diversas relativas às prestações

Art. 100. *(Vetado.)*

Art. 101. O segurado em gozo de auxílio-doença, aposentadoria por invalidez e o pensionista inválido estão obrigados, sob pena de suspensão do benefício, a submeter-se a exame médico a cargo da Previdência Social, processo de reabilitação profissional por ela prescrito e custeado, e tratamento dispensado gratuitamente, exceto o cirúrgico e a transfusão de sangue, que são facultativos.

* Artigo com redação determinada pela Lei 9.032/1995.

Lei 8.213/1991

PLANOS DE BENEFÍCIOS

Art. 102. A perda da qualidade de segurado importa em caducidade dos direitos inerentes a essa qualidade.

* Artigo com redação determinada pela Lei 9.528/1997.

§ 1º A perda da qualidade de segurado não prejudica o direito à aposentadoria para cuja concessão tenham sido preenchidos todos os requisitos, segundo a legislação em vigor à época em que estes requisitos foram atendidos.

§ 2º Não será concedida pensão por morte aos dependentes do segurado que falecer após a perda desta qualidade, nos termos do artigo 15 desta Lei, salvo se preenchidos os requisitos para obtenção da aposentadoria na forma do parágrafo anterior.

* V. Súmula 416, STJ.

Art. 103. É de 10 (dez) anos o prazo de decadência de todo e qualquer direito ou ação do segurado ou beneficiário para a revisão do ato de concessão de benefício, a contar do dia primeiro do mês seguinte ao do recebimento da primeira prestação ou, quando for o caso, do dia em que tomar conhecimento da decisão indeferitória definitiva no âmbito administrativo.

* *Caput* com redação determinada pela Lei 10.839/2004.

Parágrafo único. Prescreve em 5 (cinco) anos, a contar da data em que deveriam ter sido pagas, toda e qualquer ação para haver prestações vencidas ou quaisquer restituições ou diferenças devidas pela Previdência Social, salvo o direito dos menores, incapazes e ausentes, na forma do Código Civil.

* Parágrafo único acrescentado pela Lei 9.528/1997.
* V. Súmula 427, STJ.

Art. 103-A. O direito da Previdência Social de anular os atos administrativos de que decorram efeitos favoráveis para os seus beneficiários decai em 10 (dez) anos, contados da data em que foram praticados, salvo comprovada má-fé.

* Artigo acrescentado pela Lei 10.839/2004.

§ 1º No caso de efeitos patrimoniais contínuos, o prazo decadencial contar-se-á da percepção do primeiro pagamento.

§ 2º Considera-se exercício do direito de anular qualquer medida de autoridade administrativa que importe impugnação à validade do ato.

Art. 104. As ações referentes à prestação por acidente do trabalho prescrevem em 5 (cinco) anos, observado o disposto no artigo 103 desta Lei, contados da data:

I – do acidente, quando dele resultar a morte ou a incapacidade temporária, verificada esta em perícia médica a cargo da Previdência Social; ou

II – em que for reconhecida pela Previdência Social, a incapacidade permanente ou o agravamento das sequelas do acidente.

Art. 105. A apresentação de documentação incompleta não constitui motivo para recusa do requerimento de benefício.

Art. 106. A comprovação do exercício de atividade rural será feita, alternativamente, por meio de:

* Artigo com redação determinada pela Lei 11.718/2008.

I – contrato individual de trabalho ou Carteira de Trabalho e Previdência Social;

II – contrato de arrendamento, parceria ou comodato rural;

III – declaração fundamentada de sindicato que represente o trabalhador rural ou, quando for o caso, de sindicato ou colônia de pescadores, desde que homologada pelo Instituto Nacional do Seguro Social – INSS;

IV – comprovante de cadastro do Instituto Nacional de Colonização e Reforma Agrária – Incra, no caso de produtores em regime de economia familiar;

V – bloco de notas do produtor rural;

VI – notas fiscais de entrada de mercadorias, de que trata o § 7º do art. 30 da Lei 8.212, de 24 de julho de 1991, emitidas pela empresa adquirente da produção, com indicação do nome do segurado como vendedor;

VII – documentos fiscais relativos a entrega de produção rural à cooperativa agrícola, entreposto de pescado ou outros, com indicação do segurado como vendedor ou consignante;

VIII – comprovantes de recolhimento de contribuição à Previdência Social decorrentes da comercialização da produção;

Planos de Benefícios

IX – cópia da declaração de imposto de renda, com indicação de renda proveniente da comercialização de produção rural; ou
X – licença de ocupação ou permissão outorgada pelo Incra.

Art. 107. O tempo de serviço de que trata o artigo 55 desta Lei será considerado para cálculo do valor da renda mensal de qualquer benefício.

Art. 108. Mediante justificação processada perante a Previdência Social, observado o disposto no § 3º do artigo 55 e na forma estabelecida no Regulamento, poderá ser suprida a falta de documento ou provado o ato do interesse de beneficiário ou empresa, salvo no que se refere a registro público.

Art. 109. O benefício será pago diretamente ao beneficiário, salvo em caso de ausência, moléstia contagiosa ou impossibilidade de locomoção, quando será pago a procurador, cujo mandato não terá prazo superior a 12 (doze) meses, podendo ser renovado.

* *Caput* com redação determinada pela Lei 8.870/1994.

Parágrafo único. A impressão digital do beneficiário incapaz de assinar, aposta na presença de servidor da Previdência Social, vale como assinatura para quitação de pagamento de benefício.

Art. 110. O benefício devido ao segurado ou dependente civilmente incapaz será feito ao cônjuge, pai, mãe, tutor ou curador, admitindo-se, na sua falta e por período não superior a 6 (seis) meses, o pagamento a herdeiro necessário, mediante termo de compromisso firmado no ato do recebimento.

Parágrafo único. Para efeito de curatela, no caso de interdição do beneficiário, a autoridade judiciária pode louvar-se no laudo médico-pericial da Previdência Social.

Art. 111. O segurado menor poderá, conforme dispuser o Regulamento, firmar recibo de benefício, independentemente da presença dos pais ou do tutor.

Art. 112. O valor não recebido em vida pelo segurado só será pago aos seus dependentes habilitados à pensão por morte ou, na falta deles, aos seus sucessores na forma da lei civil, independentemente de inventário ou arrolamento.

Art. 113. O benefício poderá ser pago mediante depósito em conta-corrente ou por autorização de pagamento, conforme se dispuser em regulamento.

Parágrafo único. *(Revogado pela Lei 9.876/1999.)*

Art. 114. Salvo quanto a valor devido à Previdência Social e a desconto autorizado por esta Lei, ou derivado da obrigação de prestar alimentos reconhecida em sentença judicial, o benefício não pode ser objeto de penhora, arresto ou sequestro, sendo nula de pleno direito a sua venda ou cessão, ou a constituição de qualquer ônus sobre ele, bem como a outorga de poderes irrevogáveis ou em causa própria para o seu recebimento.

Art. 115. Podem ser descontados dos benefícios:
I – contribuições devidas pelo segurado à Previdência Social;
II – pagamento de benefícios além do devido;
III – Imposto de Renda retido na fonte;
IV – pensão de alimentos decretada em sentença judicial;
V – mensalidades de associações e demais entidades de aposentados legalmente reconhecidas, desde que autorizadas por seus filiados;
VI – pagamento de empréstimos, financiamentos e operações de arrendamento mercantil concedidos por instituições financeiras e sociedades de arrendamento mercantil, públicas e privadas, quando expressamente autorizado pelo beneficiário, até o limite de 30% (trinta por cento) do valor do benefício.

* Inciso VI acrescentado pela Lei 10.820/2003.

§ 1º Na hipótese do inciso II, o desconto será feito em parcelas, conforme dispuser o regulamento, salvo má-fé.

* Primitivo parágrafo único renumerado pela Lei 10.820/2003.

§ 2º Na hipótese dos incisos II e VI, haverá prevalência do desconto do inciso II.

* § 2º acrescentado pela Lei 10.820/2003.

Lei 8.213/1991

PLANOS DE BENEFÍCIOS

Art. 116. Será fornecido ao beneficiário demonstrativo minucioso das importâncias pagas, discriminando-se o valor da mensalidade, as diferenças eventualmente pagas com o período a que se referem e os descontos efetuados.

Art. 117. A empresa, o sindicato ou a entidade de aposentados devidamente legalizada poderá, mediante convênio com a Previdência Social, encarregar-se, relativamente a seu empregado ou associado e respectivos dependentes, de:

I – processar requerimento de benefício, preparando-o e instruindo-o de maneira a ser despachado pela Previdência Social;

II – submeter o requerente a exame médico, inclusive complementar, encaminhando à Previdência Social o respectivo laudo, para efeito de homologação e posterior concessão de benefício que depender de avaliação de incapacidade;

III – pagar benefício.

Parágrafo único. O convênio poderá dispor sobre o reembolso das despesas da empresa, do sindicato ou da entidade de aposentados devidamente legalizada, correspondente aos serviços previstos nos incisos II e III, ajustado por valor global conforme o número de empregados ou de associados, mediante dedução do valor das contribuições previdenciárias a serem recolhidas pela empresa.

Art. 118. O segurado que sofreu acidente do trabalho tem garantida, pelo prazo mínimo de doze meses, a manutenção do seu contrato de trabalho na empresa, após a cessação do auxílio-doença acidentário, independentemente de percepção de auxílio-acidente.

• V. Súmula 378, TST.

Parágrafo único. *(Revogado pela Lei 9.032/1995.)*

Art. 119. Por intermédio dos estabelecimentos de ensino, sindicatos, associações de classe, Fundação Jorge Duprat Figueiredo de Segurança e Medicina do Trabalho – Fundacentro, órgãos públicos e outros meios, serão promovidas regularmente instrução e formação com vistas a incrementar costumes e atitudes prevencionistas em matéria de acidente, especialmente do trabalho.

Art. 120. Nos casos de negligência quanto às normas padrão de segurança e higiene do trabalho indicadas para a proteção individual e coletiva, a Previdência Social proporá ação regressiva contra os responsáveis.

Art. 121. O pagamento, pela Previdência Social, das prestações por acidente do trabalho não exclui a responsabilidade civil da empresa ou de outrem.

Art. 122. Se mais vantajoso, fica assegurado o direito à aposentadoria, nas condições legalmente previstas na data do cumprimento de todos os requisitos necessários à obtenção do benefício, ao segurado que, tendo completado 35 (trinta e cinco) anos de serviço, se homem, ou 30 (trinta) anos, se mulher, optou por permanecer em atividade.

• Artigo restabelecido e com redação determinada pela Lei 9.528/1997.

Art. 123. *(Revogado pela Lei 9.032/1995.)*

Art. 124. Salvo no caso de direito adquirido, não é permitido o recebimento conjunto dos seguintes benefícios da Previdência Social:

I – aposentadoria e auxílio-doença;

II – mais de uma aposentadoria;

• Inciso II com redação determinada pela Lei 9.032/1995.

III – aposentadoria e abono de permanência em serviço;

IV – salário-maternidade e auxílio-doença;

• Inciso IV acrescentado pela Lei 9.032/1995.

V – mais de um auxílio-acidente;

• Inciso V acrescentado pela Lei 9.032/1995.

VI – mais de uma pensão deixada por cônjuge ou companheiro, ressalvado o direito de opção pela mais vantajosa.

• Inciso VI acrescentado pela Lei 9.032/1995.

Parágrafo único. É vedado o recebimento conjunto do seguro-desemprego com qualquer benefício de prestação continuada da Previdência Social, exceto pensão por morte ou auxílio-acidente.

• Parágrafo único acrescentado pela Lei 9.032/1995.

Lei 8.213/1991

PLANOS DE BENEFÍCIOS

TÍTULO IV
DAS DISPOSIÇÕES FINAIS E TRANSITÓRIAS

Art. 125. Nenhum benefício ou serviço da Previdência Social poderá ser criado, majorado ou estendido, sem a correspondente fonte de custeio total.

Art. 125-A. Compete ao Instituto Nacional do Seguro Social – INSS realizar, por meio dos seus próprios agentes, quando designados, todos os atos e procedimentos necessários à verificação do atendimento das obrigações não tributárias impostas pela legislação previdenciária e à imposição da multa por seu eventual descumprimento.

- Artigo acrescentado pela Lei 11.941/2009.

§ 1º A empresa disponibilizará a servidor designado por dirigente do INSS os documentos necessários à comprovação de vínculo empregatício, de prestação de serviços e de remuneração relativos a trabalhador previamente identificado.

§ 2º Aplica-se ao disposto neste artigo, no que couber, o art. 126 desta Lei.

§ 3º O disposto neste artigo não abrange as competências atribuídas em caráter privativo aos ocupantes do cargo de Auditor Fiscal da Receita Federal do Brasil previstas no inciso I do *caput* do art. 6º da Lei 10.593, de 6 de dezembro de 2002.

Art. 126. Das decisões do Instituto Nacional do Seguro Social – INSS nos processos de interesse dos beneficiários e dos contribuintes da Seguridade Social caberá recurso para o Conselho de Recursos da Previdência Social, conforme dispuser o Regulamento.

- *Caput* com redação determinada pela Lei 9.528/1997.

§§ 1º e 2º *(Revogados pela Lei 11.727/2008, a partir da data da publicação da MP 413/2008 – DOU 03.01.2008, edição extra.)*

§ 3º A propositura, pelo beneficiário ou contribuinte, de ação que tenha por objeto idêntico pedido sobre o qual versa o processo administrativo importa renúncia ao direito de recorrer na esfera administrativa e desistência do recurso interposto.

- § 3º acrescentado pela Lei 9.711/1998.

Art. 127. *(Revogado pela Lei 9.711/1998.)*

Art. 128. As demandas judiciais que tiverem por objeto o reajuste ou a concessão de benefícios regulados nesta Lei cujos valores de execução não forem superiores a R$ 5.180,25 (cinco mil, cento e oitenta reais e vinte e cinco centavos) por autor poderão, por opção de cada um dos exequentes, ser quitadas no prazo de até 60 (sessenta) dias após a intimação do trânsito em julgado da decisão, sem necessidade da expedição de precatório.

- Artigo com redação determinada pela Lei 10.099/2000.
- O art. 2º da Lei 10.099/2000 dispõe: "O disposto no art. 128 da Lei 8.213, de 1991, aplica-se aos benefícios de prestação continuada de que trata a Lei 8.742, de 7 de dezembro de 1993".
- Valor original sujeito a atualização mediante Portaria do Ministério da Previdência Social – MPS.

§ 1º É vedado o fracionamento, repartição ou quebra do valor da execução, de modo que o pagamento se faça, em parte, na forma estabelecida no *caput* e, em parte, mediante expedição do precatório.

§ 2º É vedada a expedição de precatório complementar ou suplementar do valor pago na forma do *caput*.

§ 3º Se o valor da execução ultrapassar o estabelecido no *caput*, o pagamento far-se-á sempre por meio de precatório.

§ 4º É facultada à parte exequente a renúncia ao crédito, no que exceder ao valor estabelecido no *caput*, para que possa optar pelo pagamento do saldo sem o precatório, na forma ali prevista.

§ 5º A opção exercida pela parte para receber os seus créditos na forma prevista no *caput* implica a renúncia do restante dos créditos porventura existentes e que sejam oriundos do mesmo processo.

§ 6º O pagamento sem precatório, na forma prevista neste artigo, implica quitação total do pedido constante da petição inicial e determina a extinção do processo.

§ 7º O disposto neste artigo não obsta a interposição de embargos à execução por parte do INSS.

Art. 129. Os litígios e medidas cautelares relativos a acidentes do trabalho serão apreciados:

Lei 8.213/1991

PLANOS DE BENEFÍCIOS

I – na esfera administrativa, pelos órgãos da Previdência Social, segundo as regras e prazos aplicáveis às demais prestações, com prioridade para conclusão; e

II – na via judicial, pela Justiça dos Estados e do Distrito Federal, segundo o rito sumaríssimo, inclusive durante as férias forenses, mediante petição instruída pela prova de efetiva notificação do evento à Previdência Social, através de Comunicação de Acidente do Trabalho – CAT.

* A Lei 9.245/1995 substitui a expressão "sumaríssimo" por "sumário".

Parágrafo único. O procedimento judicial de que trata o inciso II deste artigo é isento do pagamento de quaisquer custas e de verbas relativas à sucumbência.

Art. 130. Na execução contra o Instituto Nacional do Seguro Social – INSS, o prazo a que se refere o artigo 730 do Código de Processo Civil é de 30 (trinta) dias.

* Caput com redação determinada pela Lei 9.528/1997.

Parágrafo único. *(Revogado pela Lei 9.528/1997.)*

Art. 131. O Ministro da Previdência e Assistência Social poderá autorizar o INSS a formalizar a desistência ou abster-se de propor ações e recursos em processos judiciais sempre que a ação versar matéria sobre a qual haja declaração de inconstitucionalidade, proferida pelo Supremo Tribunal Federal – STF, súmula ou jurisprudência consolidada do STF ou dos tribunais superiores.

* Artigo com redação determinada pela Lei 9.528/1997.

Parágrafo único. O Ministro da Previdência e Assistência Social disciplinará as hipóteses em que a administração previdenciária federal, relativamente aos créditos previdenciários baseados em dispositivo declarado inconstitucional por decisão definitiva do Supremo Tribunal Federal, possa:

a) abster-se de constituí-los;

b) retificar o seu valor ou declará-los extintos, de ofício, quando houverem sido constituídos anteriormente, ainda que inscritos em dívida ativa;

c) formular desistência de ações de execução fiscal já ajuizadas, bem como deixar de interpor recursos de decisões judiciais.

Art. 132. A formalização de desistência ou transigência judiciais, por parte de procurador da Previdência Social, será sempre precedida da anuência, por escrito, do Procurador-Geral do Instituto Nacional do Seguro Social – INSS ou do presidente desse órgão, quando os valores em litígio ultrapassarem os limites definidos pelo Conselho Nacional de Previdência Social – CNPS.

§ 1º Os valores, a partir dos quais se exigirá a anuência do Procurador-Geral ou do presidente do INSS, serão definidos periodicamente pelo CNPS, através de resolução própria.

§ 2º Até que o CNPS defina os valores mencionados nesse artigo, deverão ser submetidos à anuência prévia do Procurador-Geral ou do presidente do INSS a formalização de desistência ou transigência judiciais, quando os valores, referentes a cada segurado considerado separadamente, superarem, respectivamente, dez ou trinta vezes o teto do salário de benefício.

Art. 133. A infração a qualquer dispositivo desta Lei, para a qual não haja penalidade expressamente cominada, sujeita o responsável, conforme a gravidade da infração, à multa variável de Cr$ 100.000,00 (cem mil cruzeiros) a Cr$ 10.000.000,00 (dez milhões de cruzeiros).

* Valores originais sujeitos a atualização mediante Portaria do Ministério da Previdência Social – MPS.

Parágrafo único. *(Revogado pela Lei 11.941/2009.)*

Art. 134. Os valores expressos em moeda corrente nesta Lei serão reajustados nas mesmas épocas e com os mesmos índices utilizados para o reajustamento dos valores dos benefícios.

* Artigo com redação determinada pela MP 2.187-13/2001.

Art. 135. Os salários de contribuição utilizados no cálculo do valor de benefício serão considerados respeitando-se os limites mínimo e máximo vigentes nos meses a que se referirem.

Lei 8.213/1991

Planos de Benefícios

Art. 136. Ficam eliminados o menor e o maior valor teto para cálculo do salário de benefício.

Art. 137. Fica extinto o Programa de Previdência Social aos Estudantes, instituído pela Lei 7.004, de 24 de junho de 1982, mantendo-se o pagamento dos benefícios de prestação continuada com data de início até a entrada em vigor desta Lei.

Art. 138. Ficam extintos os regimes de Previdência Social instituídos pela Lei Complementar 11, de 25 de maio de 1971, e pela Lei 6.260, de 6 de novembro de 1975, sendo mantidos, com valor não inferior ao do salário mínimo, os benefícios concedidos até a vigência desta Lei.

Parágrafo único. Para os que vinham contribuindo regularmente para os regimes a que se refere este artigo, será contado o tempo de contribuição para fins do Regime Geral de Previdência Social, conforme disposto no Regulamento.

Arts. 139 a 141. *(Revogados pela Lei 9.528/1997.)*

Art. 142. Para o segurado inscrito na Previdência Social Urbana até 24 de julho de 1991, bem como para o trabalhador e o empregador rural cobertos pela Previdência Social Rural, a carência das aposentadorias por idade, por tempo de serviço e especial obedecerá à seguinte tabela, levando-se em conta o ano em que o segurado implementou todas as condições necessárias à obtenção do benefício:

- Artigo com redação determinada pela Lei 9.032/1995.

Ano de implementação das condições	Meses de contribuição exigidos
1991	60 meses
1992	60 meses
1993	66 meses
1994	72 meses
1995	78 meses
1996	90 meses
1997	96 meses
1998	102 meses
1999	108 meses
2000	114 meses
2001	120 meses
2002	126 meses
2003	132 meses
2004	138 meses
2005	144 meses
2006	150 meses
2007	156 meses
2008	162 meses
2009	168 meses
2010	174 meses
2011	180 meses

Art. 143. O trabalhador rural ora enquadrado como segurado obrigatório no Regime Geral de Previdência Social, na forma da alínea *a* do inciso I, ou do inciso IV ou VII do artigo 11 desta Lei, pode requerer aposentadoria por idade, no valor de um salário mínimo, durante 15 (quinze) anos, contados a partir da data de vigência desta Lei, desde que comprove o exercício de atividade rural, ainda que descontínua, no período imediatamente anterior ao requerimento do benefício, em número de meses idêntico à carência do referido benefício.

- Artigo com redação determinada pela Lei 9.063/1995.
- V. art. 2º, Lei 11.718/2008, que prorroga até o dia 31.12.2010, para o trabalhador rural empregado, o prazo previsto neste artigo.

Art. 144. Até 1º de junho de 1992, todos os benefícios de prestação continuada concedidos pela Previdência Social, entre 5 de outubro de 1988 e 5 de abril de 1991, devem ter sua renda mensal inicial recalculada e reajustada, de acordo com as regras estabelecidas nesta Lei.

- Artigo com eficácia suspensa por força da MP 2.187-13/2001.

Parágrafo único. A renda mensal recalculada de acordo com o disposto no *caput* deste artigo, substituirá para todos os efeitos a que prevalecia até então, não sendo devido, entretanto, o pagamento de quaisquer diferenças decorrentes da aplicação deste artigo referentes às competências de outubro de 1988 a maio de 1992.

Dec. 3.048/1999

Regulamento – Previdência

Art. 145. Os efeitos desta Lei retroagirão a 5 de abril de 1991, devendo os benefícios de prestação continuada concedidos pela Previdência Social a partir de então, terem, no prazo máximo de 30 (trinta) dias, suas rendas mensais iniciais recalculadas e atualizadas de acordo com as regras estabelecidas nesta Lei.

- Artigo com eficácia suspensa por força da MP 2.187-13/2001.

Parágrafo único. As rendas mensais resultantes da aplicação do disposto neste artigo substituirão, para todos os efeitos as que prevaleciam até então, devendo as diferenças de valor apuradas serem pagas, a partir do dia seguinte ao término do prazo estipulado no *caput* deste artigo, em até 24 (vinte e quatro) parcelas mensais consecutivas reajustadas nas mesmas épocas e na mesma proporção em que forem reajustados os benefícios de prestação continuada da Previdência Social.

Art. 146. As rendas mensais de benefícios pagos pela Previdência Social incorporarão, a partir de 1º de setembro de 1991, o abono definido na alínea *b* do § 6º do artigo 9º da Lei 8.178, de 1º de março de 1991, e terão, a partir dessa data, seus valores alterados de acordo com o disposto nesta Lei.

- Artigo com eficácia suspensa por força da MP 2.187-13/2001.

Art. 147. Serão respeitadas as bases de cálculo para a fixação dos valores referentes às aposentadorias especiais, deferidas até a data da publicação desta Lei.

- Artigo com eficácia suspensa por força da MP 2.187-13/2001.

Art. 148. *(Revogado pela Lei 9.528/ 1997.)*

Art. 149. As prestações, e o seu financiamento, referentes aos benefícios de ex-combatente e de ferroviário servidor público ou autárquico federal ou em regime especial que não optou pelo regime da Consolidação das Leis do Trabalho, na forma da Lei 6.184, de 11 de dezembro de 1974, bem como seus dependentes, serão objeto de legislação específica.

Art. 150. *(Revogado pela Lei 10.559/ 2002.)*

Art. 151. Até que seja elaborada a lista de doenças mencionadas no inciso II do artigo 26, independe de carência a concessão de auxílio-doença e aposentadoria por invalidez ao segurado que, após filiar-se ao Regime Geral de Previdência Social, for acometido das seguintes doenças: tuberculose ativa; hanseníase; alienação mental; neoplasia maligna; cegueira; paralisia irreversível e incapacitante; cardiopatia grave; doença de Parkinson; espondiloartrose anquilosante; nefropatia grave; estado avançado da doença de Paget (osteíte deformante); síndrome da deficiência imunológica adquirida – Aids; e contaminação por radiação, com base em conclusão da medicina especializada.

Art. 152. *(Revogado pela Lei 9.528/ 1997.)*

Art. 153. O Regime Facultativo Complementar de Previdência Social será objeto de lei especial, a ser submetida à apreciação do Congresso Nacional dentro do prazo de 180 (cento e oitenta) dias.

Art. 154. O Poder Executivo regulamentará esta Lei no prazo de 60 (sessenta) dias a partir da data da sua publicação.

Art. 155. Esta Lei entra em vigor na data de sua publicação.

Art. 156. Revogam-se as disposições em contrário.

Brasília, em 24 de julho de 1991; 170º da Independência e 103º da República.

Fernando Collor

(*DOU* 25.07.1991; rep. 11.04.1996 e 14.08.1998)

III. REGULAMENTO DA PREVIDÊNCIA SOCIAL

DECRETO 3.048, DE 6 DE MAIO DE 1999

Aprova o Regulamento da Previdência Social, e dá outras providências.

O Presidente da República, no uso da atribuição que lhe confere o art. 84, inciso IV, da Constituição Federal, e de acordo com a Emenda Constitucional n. 20, de 1998, as

Dec. 3.048/1999

REGULAMENTO – PREVIDÊNCIA

Leis Complementares 70, de 30 de dezembro de 1991, e 84, de 18 de janeiro de 1996, e as Leis 8.138, de 28 de dezembro de 1990, 8.212, de 24 de julho de 1991, 8.213, de 24 de julho de 1991, 8.218, de 29 de agosto de 1991, 8.383, de 30 de dezembro de 1991, 8.398, de 7 de janeiro de 1992, 8.436, de 25 de junho de 1992, 8.444, de 20 de julho de 1992, 8.540, de 22 de dezembro de 1992, 8.542, de 23 de dezembro de 1992, 8.619, de 5 de janeiro de 1993, 8.620, de 5 de janeiro de 1993, 8.630, de 25 de fevereiro de 1993, 8.647, de 13 de abril de 1993, 8.742, de 7 de dezembro de 1993, 8.745, de 9 de dezembro de 1993, 8.861, de 25 de março de 1994, 8.864, de 28 de março de 1994, 8.870, de 15 de abril de 1994, 8.880, de 27 de maio de 1994, 8.935, de 18 de novembro de 1994, 8.981, de 20 de janeiro de 1995, 9.032, de 28 de abril de 1995, 9.063, de 14 de junho de 1995, 9.065, de 20 de junho de 1995, 9.069, de 29 de junho de 1995, 9.129, de 20 de novembro de 1995, 9.249, de 26 de dezembro de 1995, 9.250, de 26 de dezembro de 1995, 9.317, de 5 de dezembro de 1996, 9.429, de 26 de dezembro de 1996, 9.476, de 23 de julho de 1997, 9.506, de 30 de outubro de 1997, 9.528, de 10 de dezembro de 1997, 9.601, de 21 de janeiro de 1998, 9.615, de 24 de março de 1998, 9.639, de 25 de maio de 1998, 9.649, de 27 de maio de 1998, 9.676, de 30 de junho de 1998, 9.703, de 17 de novembro de 1998, 9.711, de 21 de novembro de 1998, 9.717, de 27 de novembro de 1998, 9.718, de 27 de novembro de 1998, 9.719, de 27 de novembro de 1998, 9.720, de 30 de novembro de 1998, e 9.732, de 11 de dezembro de 1998, decreta:

Art. 1º O Regulamento da Previdência Social passa a vigorar na forma do texto apenso ao presente Decreto, com seus anexos.

Art. 2º Este Decreto entra em vigor na data de sua publicação.

Art. 3º Ficam revogados os Decretos 33.335, de 20 de julho de 1953, 36.911, de 15 de fevereiro de 1955, 65.106, de 5 de setembro de 1969, 69.382, de 19 de outubro de 1971, 72.771, de 6 de setembro de 1973, 73.617, de 12 de fevereiro de 1974, 73.833, de 13 de março de 1974, 74.661, de 7 de outubro de 1974, 75.478, de 14 de março de 1975, 75.706, de 8 de maio de 1975, 75.884, de 19 de junho de 1975, 76.326, de 23 de setembro de 1975, 77.210, de 20 de fevereiro de 1976, 79.037, de 24 de dezembro de 1976, 79.575, de 26 de abril de 1977, 79.789, de 7 de junho de 1977, 83.080, de 24 de janeiro de 1979, 83.081, de 24 de janeiro de 1979, 85.745, de 23 de fevereiro de 1981, 85.850, de 30 de março 1981, 86.512, de 29 de outubro de 1981, 87.374, de 8 de julho de 1982, 87.430, de 28 de julho de 1982, 88.353, de 6 de junho de 1983, 88.367, de 7 de junho de 1983, 88.443, de 29 de junho de 1983, 89.167, de 9 de dezembro de 1983, 89.312, de 23 de janeiro de 1984, 90.038, de 9 de agosto de 1984, 90.195, de 12 de setembro de 1984, 90.817, de 17 de janeiro de 1985, 91.406, de 5 de julho de 1985, 92.588, de 25 de abril de 1986, 92.700, de 21 de maio de 1986, 92.702, de 21 de maio de 1986, 92.769, de 10 de junho de 1986, 92.770, de 10 de junho de 1986, 92.976, de 22 de julho de 1986, 94.512, de 24 de junho de 1987, 96.543, de 22 de agosto de 1988, 96.595, de 25 de agosto de 1988, 98.376, de 7 de novembro de 1989, 99.301, de 15 de junho de 1990, 99.351, de 27 de junho 1990, 1.197, de 14 de julho de 1994, 1.514, de 5 de junho de 1995, 1.826, de 29 de fevereiro de 1996, 1.843, de 25 de março de 1996, 2.172, de 5 de março de 1997, 2.173, de 5 de março de 1997, 2.342, de 9 de outubro de 1997, 2.664, de 10 de julho de 1998, 2.782, de 14 de setembro de 1998, 2.803, de 20 de outubro de 1998, 2.924, de 5 de janeiro de 1999, e 3.039, de 28 de abril de 1999.

Brasília, 6 de maio de 1999; 178º da Independência e 111º da República.

Fernando Henrique Cardoso

(*DOU* 07.05.1999)

Dec. 3.048/1999

REGULAMENTO – PREVIDÊNCIA

REGULAMENTO DA PREVIDÊNCIA SOCIAL

LIVRO I
DA FINALIDADE E DOS PRINCÍPIOS BÁSICOS

TÍTULO I
DA SEGURIDADE SOCIAL

Art. 1º A seguridade social compreende um conjunto integrado de ações de iniciativa dos poderes públicos e da sociedade, destinado a assegurar o direito relativo à saúde, à previdência e à assistência social.

Parágrafo único. A seguridade social obedecerá aos seguintes princípios e diretrizes:
I – universalidade da cobertura e do atendimento;
II – uniformidade e equivalência dos benefícios e serviços às populações urbanas e rurais;
III – seletividade e distributividade na prestação dos benefícios e serviços;
IV – irredutibilidade do valor dos benefícios, de forma a preservar-lhe o poder aquisitivo;
V – equidade na forma de participação no custeio;
VI – diversidade da base de financiamento; e
VII – caráter democrático e descentralizado da administração, mediante gestão quadripartite, com participação dos trabalhadores, dos empregadores, dos aposentados e do governo nos órgãos colegiados.

TÍTULO II
DA SAÚDE

Art. 2º A saúde é direito de todos e dever do Estado, garantido mediante políticas sociais e econômicas que visem à redução do risco de doença e de outros agravos e ao acesso universal e igualitário às ações e serviços para sua promoção, proteção e recuperação.

Parágrafo único. As atividades de saúde são de relevância pública, e sua organização obedecerá aos seguintes princípios e diretrizes:
I – acesso universal e igualitário;
II – provimento das ações e serviços mediante rede regionalizada e hierarquizada, integrados em sistema único;
III – descentralização, com direção única em cada esfera de governo;
IV – atendimento integral, com prioridade para as atividades preventivas;
V – participação da comunidade na gestão, fiscalização e acompanhamento das ações e serviços de saúde; e
VI – participação da iniciativa privada na assistência à saúde, em obediência aos preceitos constitucionais.

TÍTULO III
DA ASSISTÊNCIA SOCIAL

Art. 3º A assistência social é a política social que provê o atendimento das necessidades básicas, traduzidas em proteção à família, à maternidade, à infância, à adolescência, à velhice e à pessoa portadora de deficiência, independentemente de contribuição à seguridade social.

Parágrafo único. A organização da assistência social obedecerá às seguintes diretrizes:
I – descentralização político-administrativa; e
II – participação da população na formulação e controle das ações em todos os níveis.

TÍTULO IV
DA PREVIDÊNCIA SOCIAL

Art. 4º A previdência social rege-se pelos seguintes princípios e objetivos:
I – universalidade de participação nos planos previdenciários;
II – uniformidade e equivalência dos benefícios e serviços às populações urbanas e rurais;
III – seletividade e distributividade na prestação dos benefícios;
IV – cálculo dos benefícios considerando-se os salários de contribuição corrigidos monetariamente;
V – irredutibilidade do valor dos benefícios, de forma a preservar-lhe o poder aquisitivo;
VI – valor da renda mensal dos benefícios substitutos do salário de contribuição ou do

rendimento do trabalho do segurado não inferior ao do salário mínimo; e

VII – caráter democrático e descentralizado da administração, mediante gestão quadripartite, com participação dos trabalhadores, dos empregadores, dos aposentados e do governo nos órgãos colegiados.

Art. 5º A previdência social será organizada sob a forma de regime geral, de caráter contributivo e de filiação obrigatória, observados critérios que preservem o equilíbrio financeiro e atuarial, e atenderá a:

I – cobertura de eventos de doença, invalidez, morte e idade avançada;

II – proteção à maternidade, especialmente à gestante;

III – proteção ao trabalhador em situação de desemprego involuntário;

IV – salário-família e auxílio-reclusão para os dependentes dos segurados de baixa renda; e

V – pensão por morte do segurado, homem ou mulher, ao cônjuge ou companheiro e dependentes.

• V. Súmula 416, STJ.

LIVRO II
DOS BENEFÍCIOS DA PREVIDÊNCIA SOCIAL

TÍTULO I
DOS REGIMES DA PREVIDÊNCIA SOCIAL

Art. 6º A previdência social compreende:
I – o Regime Geral de Previdência Social; e
II – os regimes próprios de previdência social dos servidores públicos e dos militares.

Parágrafo único. O Regime Geral de Previdência Social garante a cobertura de todas as situações expressas no art. 5º, exceto a de desemprego involuntário, observado o disposto no art. 199-A quanto ao direito à aposentadoria por tempo de contribuição.

• Parágrafo único com redação determinada pelo Dec. 6.042/2007.

Art. 7º A administração do Regime Geral de Previdência Social é atribuída ao Ministério da Previdência e Assistência Social, sendo exercida pelos órgãos e entidades a ele vinculados.

TÍTULO II
DO REGIME GERAL DE PREVIDÊNCIA SOCIAL

Capítulo I
DOS BENEFICIÁRIOS

Art. 8º São beneficiários do Regime Geral de Previdência Social as pessoas físicas classificadas como segurados e dependentes, nos termos das Seções I e II deste Capítulo.

Seção I
Dos segurados

Art. 9º São segurados obrigatórios da previdência social as seguintes pessoas físicas:

I – como empregado:

a) aquele que presta serviço de natureza urbana ou rural a empresa, em caráter não eventual, sob sua subordinação e mediante remuneração, inclusive como diretor empregado;

b) aquele que, contratado por empresa de trabalho temporário, por prazo não superior a 3 (três) meses, prorrogável, presta serviço para atender a necessidade transitória de substituição de pessoal regular e permanente ou a acréscimo extraordinário de serviço de outras empresas, na forma da legislação própria;

c) o brasileiro ou o estrangeiro domiciliado e contratado no Brasil para trabalhar como empregado no exterior, em sucursal ou agência de empresa constituída sob as leis brasileiras e que tenha sede e administração no País;

d) o brasileiro ou o estrangeiro domiciliado e contratado no Brasil para trabalhar como empregado em empresa domiciliada no exterior com maioria do capital votante pertencente a empresa constituída sob as leis brasileiras, que tenha sede e administração no País e cujo controle efetivo esteja em caráter permanente sob a titularidade direta ou indireta de pessoas físicas domiciliadas e residen-

tes no País ou de entidade de direito público interno;

e) aquele que presta serviço no Brasil a missão diplomática ou a repartição consular de carreira estrangeira e a órgãos a elas subordinados, ou a membros dessas missões e repartições, excluídos o não brasileiro sem residência permanente no Brasil e o brasileiro amparado pela legislação previdenciária do país da respectiva missão diplomática ou repartição consular;

f) o brasileiro civil que trabalha para a União no exterior, em organismos oficiais internacionais dos quais o Brasil seja membro efetivo, ainda que lá domiciliado e contratado, salvo se amparado por regime próprio de previdência social;

g) o brasileiro civil que presta serviços à União no exterior, em repartições governamentais brasileiras, lá domiciliado e contratado, inclusive o auxiliar local de que tratam os arts. 56 e 57 da Lei 11.440, de 29 de dezembro de 2006, este desde que, em razão de proibição legal, não possa filiar-se ao sistema previdenciário local;

- Alínea *g* com redação determinada pelo Dec. 6.722/2008.

h) o bolsista e o estagiário que prestam serviços a empresa, em desacordo com a Lei 11.788, de 25 de setembro de 2008;

- Alínea *h* com redação determinada pelo Dec. 6.722/2008.

i) o servidor da União, Estado, Distrito Federal ou Município, incluídas suas autarquias e fundações, ocupante, exclusivamente, de cargo em comissão declarado em lei de livre nomeação e exoneração;

j) o servidor do Estado, Distrito Federal ou Município, bem como o das respectivas autarquias e fundações, ocupante de cargo efetivo, desde que, nessa qualidade, não esteja amparado por regime próprio de previdência social;

l) o servidor contratado pela União, Estado, Distrito Federal ou Município, bem como pelas respectivas autarquias e fundações, por tempo determinado, para atender a necessidade temporária de excepcional interesse público, nos termos do inciso IX do art. 37 da Constituição Federal;

m) o servidor da União, Estado, Distrito Federal ou Município, incluídas suas autarquias e fundações, ocupante de emprego público;

n) (Revogada pelo Dec. 3.265/1999.)

o) o escrevente e o auxiliar contratados por titular de serviços notariais e de registro a partir de 21 de novembro de 1994, bem como aquele que optou pelo Regime Geral de Previdência Social, em conformidade com a Lei 8.935, de 18 de novembro de 1994; e

p) o exercente de mandato eletivo federal, estadual ou municipal, desde que não vinculado a regime próprio de previdência social;

- Alínea *p* com redação determinada pelo Dec. 5.545/2005.

q) o empregado de organismo oficial internacional ou estrangeiro em funcionamento no Brasil, salvo quando coberto por regime próprio de previdência social;

- Alínea *q* acrescentada pelo Dec. 3.265/1999.

r) o trabalhador rural contratado por produtor rural pessoa física, na forma do art. 14-A da Lei 5.889, de 8 de junho de 1973, para o exercício de atividades de natureza temporária por prazo não superior a 2 (dois) meses dentro do período de 1 (um) ano;

- Alínea *r* acrescentada pelo Dec. 6.722/2008.

II – como empregado doméstico – aquele que presta serviço de natureza contínua, mediante remuneração, a pessoa ou família, no âmbito residencial desta, em atividade sem fins lucrativos;

III – (Revogado pelo Dec. 3.265/1999.)
IV – (Revogado pelo Dec. 3.265/1999.)
V – como contribuinte individual:

- *Caput* do inciso V com redação determinada pelo Dec. 3.265/1999.

a) a pessoa física, proprietária ou não, que explora atividade agropecuária, a qualquer título, em caráter permanente ou temporário, em área, contínua ou descontínua, superior a quatro módulos fiscais; ou, quando em área igual ou inferior a quatro módulos fiscais ou atividade pesqueira ou extrativista, com auxílio de empregados ou por intermédio de prepostos; ou ainda nas hipóteses dos §§ 8º e 23 deste artigo;

- Alínea *a* com redação determinada pelo Dec. 6.722/2008.

Dec. 3.048/1999

REGULAMENTO – PREVIDÊNCIA

b) a pessoa física, proprietária ou não, que explora atividade de extração mineral – garimpo –, em caráter permanente ou temporário, diretamente ou por intermédio de prepostos, com ou sem o auxílio de empregados, utilizados a qualquer título, ainda que de forma não contínua;

- Alínea *b* com redação determinada pelo Dec. 3.265/1999.

c) o ministro de confissão religiosa e o membro de instituto de vida consagrada, de congregação ou de ordem religiosa;

- Alínea *c* com redação determinada pelo Dec. 4.079/2002.

d) o brasileiro civil que trabalha no exterior para organismo oficial internacional do qual o Brasil é membro efetivo, ainda que lá domiciliado e contratado, salvo quando coberto por regime próprio de previdência social;

- Alínea *d* com redação determinada pelo Dec. 3.265/1999.

e) o titular de firma individual urbana ou rural;

- Alínea *e* com redação determinada pelo Dec. 3.265/1999.

f) o diretor não empregado e o membro de conselho de administração na sociedade anônima;

- Alínea *f* com redação determinada pelo Dec. 3.265/1999.

g) todos os sócios, nas sociedades em nome coletivo e de capital e indústria;

- Alínea *g* com redação determinada pelo Dec. 3.265/1999.

h) o sócio-gerente e o sócio-cotista que recebam remuneração decorrente de seu trabalho e o administrador não empregado na sociedade por cotas de responsabilidade limitada, urbana ou rural;

- Alínea *h* com redação determinada pelo Dec. 4.729/2003.

i) o associado eleito para cargo de direção em cooperativa, associação ou entidade de qualquer natureza ou finalidade, bem como o síndico ou administrador eleito para exercer atividade de direção condominial, desde que recebam remuneração;

- Alínea *i* com redação determinada pelo Dec. 3.265/1999.

j) quem presta serviço de natureza urbana ou rural, em caráter eventual, a uma ou mais empresas, sem relação de emprego;

- Alínea *j* com redação determinada pelo Dec. 3.265/1999.

l) a pessoa física que exerce, por conta própria, atividade econômica de natureza urbana, com fins lucrativos ou não;

- Alínea *l* com redação determinada pelo Dec. 3.265/1999.

m) o aposentado de qualquer regime previdenciário nomeado magistrado classista temporário da Justiça do Trabalho, na forma dos incisos II do § 1º do art. 111 ou III do art. 115 ou do parágrafo único do art. 116 da Constituição Federal, ou nomeado magistrado da Justiça Eleitoral, na forma dos incisos II do art. 119 ou III do § 1º do art. 120 da Constituição Federal;

- Alínea *m* com redação determinada pelo Dec. 3.265/1999.
- A EC n. 24/1999 substituiu as Juntas de Conciliação e Julgamento por Varas do Trabalho (juiz singular) e extinguiu a representação classista na Justiça do Trabalho.

n) o cooperado de cooperativa de produção que, nesta condição, presta serviço à sociedade cooperativa mediante remuneração ajustada ao trabalho executado; e

- Alínea *n* acrescentada pelo Dec. 4.032/2001.

o) (Revogada pelo Dec. 7.054/2009.)

p) o Micro Empreendedor Individual – MEI de que tratam os arts. 18-A e 18-C da Lei Complementar 123, de 14 de dezembro de 2006, que opte pelo recolhimento dos impostos e contribuições abrangidos pelo Simples Nacional em valores fixos mensais;

- Alínea *p* acrescentada pelo Dec. 6.722/2008.

VI – como trabalhador avulso – aquele que, sindicalizado ou não, presta serviço de natureza urbana ou rural, a diversas empresas, sem vínculo empregatício, com a intermediação obrigatória do órgão gestor de mão de obra, nos termos da Lei 8.630, de 25 de fevereiro de 1993, ou do sindicato da categoria, assim considerados:

a) o trabalhador que exerce atividade portuária de capatazia, estiva, conferência e conserto de carga, vigilância de embarcação e bloco;

Dec. 3.048/1999

Regulamento – Previdência

b) o trabalhador de estiva de mercadorias de qualquer natureza, inclusive carvão e minério;
c) o trabalhador em alvarenga (embarcação para carga e descarga de navios);
d) o amarrador de embarcação;
e) o ensacador de café, cacau, sal e similares;
f) o trabalhador na indústria de extração de sal;
g) o carregador de bagagem em porto;
h) o prático de barra em porto;
i) o guindasteiro; e
j) o classificador, o movimentador e o empacotador de mercadorias em portos; e
VII – como segurado especial: a pessoa física residente no imóvel rural ou em aglomerado urbano ou rural próximo que, individualmente ou em regime de economia familiar, ainda que com o auxílio eventual de terceiros, na condição de:

- Inciso VII com redação determinada pelo Dec. 6.722/2008.

a) produtor, seja ele proprietário, usufrutuário, possuidor, assentado, parceiro ou meeiro outorgados, comodatário ou arrendatário rurais, que explore atividade:
1. agropecuária em área contínua ou não de até quatro módulos fiscais; ou
2. de seringueiro ou extrativista vegetal na coleta e extração, de modo sustentável, de recursos naturais renováveis, e faça dessas atividades o principal meio de vida;
b) pescador artesanal ou a este assemelhado, que faça da pesca profissão habitual ou principal meio de vida; e
c) cônjuge ou companheiro, bem como filho maior de 16 (dezesseis) anos de idade ou a este equiparado, do segurado de que tratam as alíneas a e b deste inciso, que, comprovadamente, tenham participação ativa nas atividades rurais do grupo familiar.

§ 1º O aposentado pelo Regime Geral de Previdência Social que voltar a exercer atividade abrangida por este regime é segurado obrigatório em relação a essa atividade, ficando sujeito às contribuições de que trata este Regulamento.

§ 2º Considera-se diretor empregado aquele que, participando ou não do risco econômico do empreendimento, seja contratado ou promovido para cargo de direção das sociedades anônimas, mantendo as características inerentes à relação de emprego.

§ 3º Considera-se diretor não empregado aquele que, participando ou não do risco econômico do empreendimento, seja eleito, por assembleia geral dos acionistas, para cargo de direção das sociedades anônimas, não mantendo as características inerentes à relação de emprego.

§ 4º Entende-se por serviço prestado em caráter não eventual aquele relacionado direta ou indiretamente com as atividades normais da empresa.

§ 5º Entende-se como regime de economia familiar a atividade em que o trabalho dos membros da família é indispensável à própria subsistência e ao desenvolvimento socioeconômico do núcleo familiar e é exercido em condições de mútua dependência e colaboração, sem a utilização de empregados permanentes.

- § 5º com redação determinada pelo Dec. 6.722/2008.

§ 6º Entende-se como auxílio eventual de terceiros o que é exercido ocasionalmente, em condições de mútua colaboração, não existindo subordinação nem remuneração.

§ 7º Para efeito do disposto na alínea a do inciso VI do caput, entende-se por:
I – capatazia – a atividade de movimentação de mercadorias nas instalações de uso público, compreendendo o recebimento, conferência, transporte interno, abertura de volumes para conferência aduaneira, manipulação, arrumação e entrega, bem como o carregamento e descarga de embarcações, quando efetuados por aparelhamento portuário;
II – estiva – a atividade de movimentação de mercadorias nos conveses ou nos porões das embarcações principais ou auxiliares, incluindo transbordo, arrumação, peação e despeação, bem como o carregamento e a descarga das mesmas, quando realizados com equipamentos de bordo;
III – conferência de carga – a contagem de volumes, anotação de suas características, procedência ou destino, verificação do estado das mercadorias, assistência à pesagem, conferência do manifesto e demais serviços

correlatos, nas operações de carregamento e descarga de embarcações;

IV – conserto de carga – o reparo e a restauração das embalagens de mercadoria, nas operações de carregamento e descarga de embarcações, reembalagem, marcação, remarcação, carimbagem, etiquetagem, abertura de volumes para vistoria e posterior recomposição;

V – vigilância de embarcações – a atividade de fiscalização da entrada e saída de pessoas a bordo das embarcações atracadas ou fundeadas ao largo, bem como da movimentação de mercadorias nos portalós, rampas, porões, conveses, plataformas e em outros locais da embarcação; e

VI – bloco – a atividade de limpeza e conservação de embarcações mercantes e de seus tanques, incluindo batimento de ferrugem, pintura, reparo de pequena monta e serviços correlatos.

§ 8º Não é segurado especial o membro de grupo familiar que possuir outra fonte de rendimento, exceto se decorrente de:

- § 8º com redação determinada pelo Dec. 6.722/2008.

I – benefício de pensão por morte, auxílio-acidente ou auxílio-reclusão, cujo valor não supere o do menor benefício de prestação continuada da previdência social;

II – benefício previdenciário pela participação em plano de previdência complementar instituído nos termos do inciso III do § 18 deste artigo;

III – exercício de atividade remunerada em período de entressafra ou do defeso, não superior a 120 (cento e vinte) dias, corridos ou intercalados, no ano civil, observado o disposto no § 22 deste artigo;

IV – exercício de mandato eletivo de dirigente sindical de organização da categoria de trabalhadores rurais;

V – exercício de mandato de vereador do município onde desenvolve a atividade rural, ou de dirigente de cooperativa rural constituída exclusivamente por segurados especiais, observado o disposto no § 22 deste artigo;

VI – parceria ou meação outorgada na forma e condições estabelecidas no inciso I do § 18 deste artigo;

VII – atividade artesanal desenvolvida com matéria-prima produzida pelo respectivo grupo familiar, podendo ser utilizada matéria-prima de outra origem, desde que, nesse caso, a renda mensal obtida na atividade não exceda ao menor benefício de prestação continuada da previdência social; e

VIII – atividade artística, desde que em valor mensal inferior ao menor benefício de prestação continuada da previdência social.

§ 9º Para os fins previstos nas alíneas *a* e *b* do inciso V do *caput*, entende-se que a pessoa física, proprietária ou não, explora atividade através de prepostos quando, na condição de parceiro outorgante, desenvolve atividade agropecuária, pesqueira ou de extração de minerais por intermédio de parceiros ou meeiros.

§ 10. O dirigente sindical mantém, durante o exercício do mandato, o mesmo enquadramento no Regime Geral de Previdência Social de antes da investidura no cargo.

§ 11. O magistrado da Justiça Eleitoral, nomeado na forma do inciso II do art. 119 ou III do § 1º do art. 120 da Constituição Federal, mantém o mesmo enquadramento no Regime Geral de Previdência Social de antes da investidura no cargo.

- § 11 com redação determinada pelo Dec. 4.729/2003.

§ 12. O exercício de atividade remunerada sujeita a filiação obrigatória ao Regime Geral de Previdência Social.

§ 13. Aquele que exerce, concomitantemente, mais de uma atividade remunerada sujeita ao Regime Geral de Previdência Social – RGPS é obrigatoriamente filiado em relação a cada uma dessas atividades, observada, para os segurados inscritos até 29 de novembro de 1999 e sujeitos a salário-base, a tabela de transitoriedade de que trata o § 2º do art. 278-A e, para os segurados inscritos a partir daquela data, o disposto no inciso III do *caput* do art. 214.

- § 13 com redação determinada pelo Dec. 3.452/2000.

§ 14. Considera-se pescador artesanal aquele que, individualmente ou em regime de economia familiar, faz da pesca sua profissão habitual ou meio principal de vida, desde que:

- § 14 com redação determinada pelo Dec. 3.668/2000.

I – não utilize embarcação;

II – utilize embarcação de até seis toneladas de arqueação bruta, ainda que com auxílio de parceiro;

III – na condição, exclusivamente, de parceiro outorgado, utilize embarcação de até dez toneladas de arqueação bruta.

§ 15. Enquadram-se nas situações previstas nas alíneas *j* e *l* do inciso V do *caput*, entre outros:

- *Caput* do § 15 com redação determinada pelo Dec. 3.265/1999.

I – o condutor autônomo de veículo rodoviário, assim considerado aquele que exerce atividade profissional sem vínculo empregatício, quando proprietário, coproprietário ou promitente comprador de um só veículo;

II – aquele que exerce atividade de auxiliar de condutor autônomo de veículo rodoviário, em automóvel cedido em regime de colaboração, nos termos da Lei 6.094, de 30 de agosto de 1974;

III – aquele que, pessoalmente, por conta própria e a seu risco, exerce pequena atividade comercial em via pública ou de porta em porta, como comerciante ambulante, nos termos da Lei 6.586, de 6 de novembro de 1978;

IV – o trabalhador associado a cooperativa que, nessa qualidade, presta serviços a terceiros;

V – o membro de conselho fiscal de sociedade por ações;

VI – aquele que presta serviço de natureza não contínua, por conta própria, a pessoa ou família, no âmbito residencial desta, sem fins lucrativos;

VII – o notário ou tabelião e o oficial de registros ou registrador, titular de cartório, que detêm a delegação do exercício da atividade notarial e de registro, não remunerados pelos cofres públicos, admitidos a partir de 21 de novembro de 1994;

VIII – aquele que, na condição de pequeno feirante, compra para revenda produtos hortifrutigranjeiros ou assemelhados;

IX – a pessoa física que edifica obra de construção civil;

X – o médico residente de que trata a Lei 6.932, de 7 de julho de 1981;

- Inciso X com redação determinada pelo Dec. 4.729/2003.

XI – o pescador que trabalha em regime de parceria, meação ou arrendamento, em embarcação com mais de seis toneladas de arqueação bruta, ressalvado o disposto no inciso III do § 14;

- Inciso XI com redação determinada pelo Dec. 4.032/2001.

XII – o incorporador de que trata o art. 29 da Lei 4.591, de 16 de dezembro de 1964;

XIII – o bolsista da Fundação Habitacional do Exército contratado em conformidade com a Lei 6.855, de 18 de novembro de 1980; e

- Inciso XIII acrescentado pelo Dec. 3.265/1999.

XIV – o árbitro e seus auxiliares que atuam em conformidade com a Lei 9.615, de 24 de março de 1998;

- Inciso XIV acrescentado pelo Dec. 3.265/1999.

XV – o membro de conselho tutelar de que trata o art. 132 da Lei 8.069, de 13 de julho de 1990, quando remunerado;

- Inciso XV acrescentado pelo Dec. 4.032/2001.

XVI – o interventor, o liquidante, o administrador especial e o diretor fiscal de instituição financeira de que trata o § 6º do art. 201.

- Inciso XVI acrescentado pelo Dec. 4.032/2001.

§ 16. Aplica-se o disposto na alínea *i* do inciso I do *caput* ao ocupante de cargo de Ministro de Estado, de Secretário Estadual, Distrital ou Municipal, sem vínculo efetivo com a União, Estados, Distrito Federal e Municípios, suas autarquias, ainda que em regime especial, e fundações.

- § 16 acrescentado pelo Dec. 3.265/1999.

§ 17. Para os fins do § 14, entende-se por tonelagem de arqueação bruta a expressão da capacidade total da embarcação constante da respectiva certificação fornecida pelo órgão competente.

- § 17 com redação determinada pelo Dec. 3.668/2000.

§ 18. Não descaracteriza a condição de segurado especial:

- § 18 com redação determinada pelo Dec. 6.722/2008.

Dec. 3.048/1999

REGULAMENTO – PREVIDÊNCIA

I – a outorga, por meio de contrato escrito de parceria, meação ou comodato, de até 50% (cinquenta por cento) de imóvel rural cuja área total, contínua ou descontínua, não seja superior a quatro módulos fiscais, desde que outorgante e outorgado continuem a exercer a respectiva atividade, individualmente ou em regime de economia familiar;

II – a exploração da atividade turística da propriedade rural, inclusive com hospedagem, por não mais de 120 (cento e vinte) dias ao ano;

III – a participação em plano de previdência complementar instituído por entidade classista a que seja associado, em razão da condição de trabalhador rural ou de produtor rural em regime de economia familiar;

IV – a participação como beneficiário ou integrante de grupo familiar que tem algum componente que seja beneficiário de programa assistencial oficial de governo;

V – a utilização pelo próprio grupo familiar de processo de beneficiamento ou industrialização artesanal, na exploração da atividade, de acordo com o disposto no § 25; e

VI – a associação a cooperativa agropecuária.

§ 19. Os segurados de que trata o art. 199-A terão identificação específica nos registros da Previdência Social.

* § 19 acrescentado pelo Dec. 6.042/2007.

§ 20. Para os fins deste artigo, considera-se que o segurado especial reside em aglomerado urbano ou rural próximo ao imóvel rural onde desenvolve a atividade quando resida no mesmo município de situação do imóvel onde desenvolve a atividade rural, ou em município contíguo ao em que desenvolve a atividade rural.

* § 20 acrescentado pelo Dec. 6.722/2008.

§ 21. O grupo familiar poderá utilizar-se de empregado, inclusive daquele referido na alínea *r* do inciso I do *caput* deste artigo, ou de trabalhador de que trata a alínea *j* do inciso V, em épocas de safra, à razão de no máximo 120 (cento e vinte) pessoas/dia dentro do ano civil, em períodos corridos ou intercalados ou, ainda, por tempo equivalente em horas de trabalho, à razão de 8 (oito) horas/dia e 44 (quarenta e quatro) horas/semana.

* § 21 acrescentado pelo Dec. 6.722/2008.

§ 22. O disposto nos incisos III e V do § 8º deste artigo não dispensa o recolhimento da contribuição devida em relação ao exercício das atividades de que tratam os referidos incisos.

* § 22 acrescentado pelo Dec. 6.722/2008.

§ 23. O segurado especial fica excluído dessa categoria:

I – a contar do primeiro dia do mês em que:
a) deixar de satisfazer as condições estabelecidas no inciso VII do *caput* deste artigo, sem prejuízo do disposto no art. 13, ou exceder qualquer dos limites estabelecidos no inciso I do § 18 deste artigo;
b) se enquadrar em qualquer outra categoria de segurado obrigatório do Regime Geral de Previdência Social, ressalvado o disposto nos incisos III, V, VII e VIII do § 8º deste artigo, sem prejuízo do disposto no art. 13; e
c) se tornar segurado obrigatório de outro regime previdenciário;

II – a contar do primeiro dia do mês subsequente ao da ocorrência, quando o grupo familiar a que pertence exceder o limite de:
a) utilização de trabalhadores nos termos do § 21 deste artigo;
b) dias em atividade remunerada estabelecidos no inciso III do § 8º deste artigo; e
c) dias de hospedagem a que se refere o inciso II do § 18 deste artigo.

§ 24. Aplica-se o disposto na alínea *a* do inciso V do *caput* deste artigo ao cônjuge ou companheiro do produtor que participe da atividade rural por este explorada.

* § 24 acrescentado pelo Dec. 6.722/2008.

§ 25. Considera-se processo de beneficiamento ou industrialização artesanal aquele realizado diretamente pelo próprio produtor rural pessoa física, observado o disposto no § 5º do art. 200, desde que não esteja sujeito à incidência do Imposto Sobre Produtos Industrializados – IPI.

* § 25 acrescentado pelo Dec. 6.722/2008.

§ 26. É considerado MEI o empresário individual a que se refere o art. 966 da Lei

Dec. 3.048/1999

REGULAMENTO – PREVIDÊNCIA

10.406, de 10 de janeiro de 2002 – Código Civil, que tenha auferido receita bruta, no ano-calendário anterior, de até R$ 36.000,00 (trinta e seis mil reais), optante pelo Simples Nacional e que não esteja impedido de optar pela sistemática de recolhimento mencionada na alínea *p* do inciso V do *caput*.

- § 26 acrescentado pelo Dec. 6.722/2008.

Art. 10. O servidor civil ocupante de cargo efetivo ou o militar da União, Estado, Distrito Federal ou Município, bem como o das respectivas autarquias e fundações, são excluídos do Regime Geral de Previdência Social consubstanciado neste Regulamento, desde que amparados por regime próprio de previdência social.

- *Caput* com redação determinada pelo Dec. 3.265/1999.

§ 1º Caso o servidor ou o militar, amparados por regime próprio de previdência social, sejam requisitados para outro órgão ou entidade cujo regime previdenciário não permita a filiação nessa condição, permanecerão vinculados ao regime de origem, obedecidas às regras que cada ente estabeleça acerca de sua contribuição.

- § 1º com redação determinada pelo Dec. 3.265/1999.

§ 2º Caso o servidor ou o militar venham a exercer, concomitantemente, uma ou mais atividades abrangidas pelo Regime Geral de Previdência Social, tornar-se-ão segurados obrigatórios em relação a essas atividades.

- § 2º com redação determinada pelo Dec. 3.265/1999.

§ 3º Entende-se por regime próprio de previdência social o que assegura pelo menos as aposentadorias e pensão por morte previstas no art. 40 da Constituição Federal.

- § 3º com redação determinada pelo Dec. 3.452/2000.

Art. 11. É segurado facultativo o maior de 16 (dezesseis) anos de idade que se filiar ao Regime Geral de Previdência Social, mediante contribuição, na forma do art. 199, desde que não esteja exercendo atividade remunerada que o enquadre como segurado obrigatório da previdência social.

§ 1º Podem filiar-se facultativamente, entre outros:

I – a dona de casa;
II – o síndico de condomínio, quando não remunerado;
III – o estudante;
IV – o brasileiro que acompanha cônjuge que presta serviço no exterior;
V – aquele que deixou de ser segurado obrigatório da previdência social;
VI – o membro de conselho tutelar de que trata o art. 132 da Lei 8.069, de 13 de julho de 1990, quando não esteja vinculado a qualquer regime de previdência social;
VII – o bolsista e o estagiário que prestam serviços a empresa de acordo com a Lei 6.494, de 1977;
VIII – o bolsista que se dedique em tempo integral a pesquisa, curso de especialização, pós-graduação, mestrado ou doutorado, no Brasil ou no exterior, desde que não esteja vinculado a qualquer regime de previdência social;
IX – o presidiário que não exerce atividade remunerada nem esteja vinculado a qualquer regime de previdência social;

- Inciso IX com redação determinada pelo Dec. 7.054/2009.

X – o brasileiro residente ou domiciliado no exterior, salvo se filiado a regime previdenciário de país com o qual o Brasil mantenha acordo internacional; e

- Inciso X com redação determinada pelo Dec. 7.054/2009.

XI – o segurado recolhido à prisão sob regime fechado ou semiaberto, que, nesta condição, preste serviço, dentro ou fora da unidade penal, a uma ou mais empresas, com ou sem intermediação da organização carcerária ou entidade afim, ou que exerce atividade artesanal por conta própria.

- Inciso XI acrescentado pelo Dec. 7.054/2009.

§ 2º É vedada a filiação ao Regime Geral de Previdência Social, na qualidade de segurado facultativo, de pessoa participante de regime próprio de previdência social, salvo na hipótese de afastamento sem vencimento e desde que não permitida, nesta condição, contribuição ao respectivo regime próprio.

§ 3º A filiação na qualidade de segurado facultativo representa ato volitivo, gerando efeito somente a partir da inscrição e do primeiro recolhimento, não podendo retroagir

e não permitindo o pagamento de contribuições relativas a competências anteriores à data da inscrição, ressalvado o § 3º do art. 28.

§ 4º Após a inscrição, o segurado facultativo somente poderá recolher contribuições em atraso quando não tiver ocorrido perda da qualidade de segurado, conforme o disposto no inciso VI do art. 13.

Art. 12. Consideram-se:

I – empresa – a firma individual ou a sociedade que assume o risco de atividade econômica urbana ou rural, com fins lucrativos ou não, bem como os órgãos e as entidades da administração pública direta, indireta e fundacional; e

II – empregador doméstico – aquele que admite a seu serviço, mediante remuneração, sem finalidade lucrativa, empregado doméstico.

Parágrafo único. Equiparam-se a empresa, para os efeitos deste Regulamento:

- *Caput* do parágrafo único com redação determinada pelo Dec. 3.265/1999.

I – o contribuinte individual, em relação a segurado que lhe presta serviço;

- Inciso I com redação determinada pelo Dec. 3.265/1999.

II – a cooperativa, a associação ou a entidade de qualquer natureza ou finalidade, inclusive a missão diplomática e a repartição consular de carreiras estrangeiras;

III – o operador portuário e o órgão gestor de mão de obra de que trata a Lei 8.630, de 1993; e

IV – o proprietário ou dono de obra de construção civil, quando pessoa física, em relação a segurado que lhe presta serviço.

Subseção Única
Da manutenção e da perda da qualidade de segurado

Art. 13. Mantém a qualidade de segurado, independentemente de contribuições:

I – sem limite de prazo, quem está em gozo de benefício;

II – até 12 (doze) meses após a cessação de benefício por incapacidade ou após a cessação das contribuições, o segurado que deixar de exercer atividade remunerada abrangida pela previdência social ou estiver suspenso ou licenciado sem remuneração;

III – até 12 (doze) meses após cessar a segregação, o segurado acometido de doença de segregação compulsória;

IV – até 12 (doze) meses após o livramento, o segurado detido ou recluso;

V – até 3 (três) meses após o licenciamento, o segurado incorporado às Forças Armadas para prestar serviço militar; e

VI – até 6 (seis) meses após a cessação das contribuições, o segurado facultativo.

§ 1º O prazo do inciso II será prorrogado para até 24 (vinte e quatro) meses, se o segurado já tiver pago mais de 120 (cento e vinte) contribuições mensais sem interrupção que acarrete a perda da qualidade de segurado.

§ 2º O prazo do inciso II ou do § 1º será acrescido de 12 (doze) meses para o segurado desempregado, desde que comprovada essa situação por registro no órgão próprio do Ministério do Trabalho e Emprego.

§ 3º Durante os prazos deste artigo, o segurado conserva todos os seus direitos perante a previdência social.

§ 4º Aplica-se o disposto no inciso II do *caput* e no § 1º ao segurado que se desvincular de regime próprio de previdência social.

- § 4º acrescentado pelo Dec. 3.265/1999.

§ 5º A perda da qualidade de segurado não será considerada para a concessão das aposentadorias por tempo de contribuição e especial.

- § 5º acrescentado pelo Dec. 4.729/2003.

§ 6º Aplica-se o disposto no § 5º à aposentadoria por idade, desde que o segurado conte com, no mínimo, o número de contribuições mensais exigido para efeito de carência na data do requerimento do benefício.

- § 6º acrescentado pelo Dec. 4.729/2003.

Art. 14. O reconhecimento da perda da qualidade de segurado no termo final dos prazos fixados no art. 13 ocorrerá no dia seguinte ao do vencimento da contribuição do contribuinte individual relativa ao mês

Dec. 3.048/1999

REGULAMENTO – PREVIDÊNCIA

imediatamente posterior ao término daqueles prazos.

- Artigo com redação determinada pelo Dec. 4.032/2001.

Art. 15. *(Revogado pelo Dec. 4.032/2001.)*

Seção II
Dos dependentes

Art. 16. São beneficiários do Regime Geral de Previdência Social, na condição de dependentes do segurado:

I – o cônjuge, a companheira, o companheiro e o filho não emancipado de qualquer condição, menor de 21 (vinte e um) anos ou inválido;

II – os pais; ou

III – o irmão não emancipado, de qualquer condição, menor de 21 (vinte e um) anos ou inválido.

§ 1º Os dependentes de uma mesma classe concorrem em igualdade de condições.

§ 2º A existência de dependente de qualquer das classes deste artigo exclui do direito às prestações os das classes seguintes.

§ 3º Equiparam-se aos filhos, nas condições do inciso I, mediante declaração escrita do segurado, comprovada a dependência econômica na forma estabelecida no § 3º do art. 22, o enteado e o menor que esteja sob sua tutela e desde que não possua bens suficientes para o próprio sustento e educação.

- § 3º com redação determinada pelo Dec. 4.032/2001.

§ 4º O menor sob tutela somente poderá ser equiparado aos filhos do segurado mediante apresentação de termo de tutela.

§ 5º Considera-se companheira ou companheiro a pessoa que mantenha união estável com o segurado ou segurada.

§ 6º Considera-se união estável aquela configurada na convivência pública, contínua e duradoura entre o homem e a mulher, estabelecida com intenção de constituição de família, observado o § 1º do art. 1.723 do Código Civil, instituído pela Lei 10.406, de 10 de janeiro de 2002.

- § 6º com redação determinada pelo Dec. 6.384/2008.

§ 7º A dependência econômica das pessoas de que trata o inciso I é presumida e a das demais deve ser comprovada.

Art. 17. A perda da qualidade de dependente ocorre:

I – para o cônjuge, pela separação judicial ou divórcio, enquanto não lhe for assegurada a prestação de alimentos, pela anulação do casamento, pelo óbito ou por sentença judicial transitada em julgado;

II – para a companheira ou companheiro, pela cessação da união estável com o segurado ou segurada, enquanto não lhe for garantida a prestação de alimentos;

III – para o filho e o irmão, de qualquer condição, ao completarem vinte e um anos de idade, salvo se inválidos, desde que a invalidez tenha ocorrido antes:

- Inciso III com redação determinada pelo Dec. 6.939/2009.

a) de completarem vinte e um anos de idade;
b) do casamento;
c) do início do exercício de emprego público efetivo;
d) da constituição de estabelecimento civil ou comercial ou da existência de relação de emprego, desde que, em função deles, o menor com dezesseis anos completos tenha economia própria; ou
e) da concessão de emancipação, pelos pais, ou de um deles na falta do outro, mediante instrumento público, independentemente de homologação judicial, ou por sentença do juiz, ouvido o tutor, se o menor tiver dezesseis anos completos; e

IV – para os dependentes em geral:
a) pela cessação da invalidez; ou
b) pelo falecimento.

Seção III
Das inscrições

Subseção I
Do segurado

Art. 18. Considera-se inscrição de segurado para os efeitos da previdência social o ato pelo qual o segurado é cadastrado no Regime Geral de Previdência Social, mediante comprovação dos dados pessoais e de outros elementos necessários e úteis a

sua caracterização, observado o disposto no art. 330 e seu parágrafo único, na seguinte forma:

- *Caput* com redação determinada pelo Dec. 3.265/1999.

I – o empregado e trabalhador avulso – pelo preenchimento dos documentos que os habilitem ao exercício da atividade, formalizado pelo contrato de trabalho, no caso de empregado, observado o disposto no § 2º do art. 20, e pelo cadastramento e registro no sindicato ou órgão gestor de mão de obra, no caso de trabalhador avulso;

- Inciso I com redação determinada pelo Dec. 6.722/2008.

II – empregado doméstico – pela apresentação de documento que comprove a existência de contrato de trabalho;

III – contribuinte individual – pela apresentação de documento que caracterize a sua condição ou o exercício de atividade profissional, liberal ou não;

- Inciso III com redação determinada pelo Dec. 3.265/1999.

IV – segurado especial – pela apresentação de documento que comprove o exercício de atividade rural; e

- Inciso IV com redação determinada pelo Dec. 3.265/1999.

V – facultativo – pela apresentação de documento de identidade e declaração expressa de que não exerce atividade que o enquadre na categoria de segurado obrigatório.

- Inciso V com redação determinada pelo Dec. 3.265/1999.

§ 1º A inscrição do segurado de que trata o inciso I será efetuada diretamente na empresa, sindicato ou órgão gestor de mão de obra e a dos demais no Instituto Nacional do Seguro Social.

- § 1º com redação determinada pelo Dec. 3.265/1999.

§ 2º A inscrição do segurado em qualquer categoria mencionada neste artigo exige a idade mínima de 16 (dezesseis) anos.

§ 3º Todo aquele que exercer, concomitantemente, mais de uma atividade remunerada sujeita ao Regime Geral de Previdência Social será obrigatoriamente inscrito em relação a cada uma delas.

§ 4º *(Revogado pelo Dec. 6.722/2008.)*

§ 5º Presentes os pressupostos da filiação, admite-se a inscrição *post mortem* do segurado especial.

- § 5º com redação determinada pelo Dec. 3.265/1999.

§ 6º A comprovação dos dados pessoais e de outros elementos necessários e úteis à caracterização do segurado poderá ser exigida quando da concessão do benefício.

- § 6º acrescentado pelo Dec. 3.265/1999.

§ 7º A inscrição do segurado especial será feita de forma a vinculá-lo ao seu respectivo grupo familiar e conterá, além das informações pessoais, a identificação da forma do exercício da atividade, se individual ou em regime de economia familiar; da condição no grupo familiar, se titular ou componente; do tipo de ocupação do titular de acordo com tabela do Código Brasileiro de Ocupações; da forma de ocupação do titular vinculando-o à propriedade ou embarcação em que trabalha, da propriedade em que desenvolve a atividade, se nela reside ou o município onde reside e, quando for o caso, a identificação e inscrição da pessoa responsável pelo grupo familiar.

- § 7º acrescentado pelo Dec. 6.722/2008.

§ 8º O segurado especial integrante de grupo familiar que não seja proprietário do imóvel rural ou da embarcação em que desenvolve sua atividade deve informar, no ato da inscrição, conforme o caso, o nome e o CPF do parceiro ou meeiro outorgante, arrendador, comodante ou assemelhado.

- § 8º acrescentado pelo Dec. 6.722/2008.

Art. 19. Os dados constantes do Cadastro Nacional de Informações Sociais – CNIS relativos a vínculos, remunerações e contribuições valem como prova de filiação à previdência social, tempo de contribuição e salários de contribuição.

- *Caput* com redação determinada pelo Dec. 6.722/2008.

§ 1º O segurado poderá solicitar, a qualquer momento, a inclusão, exclusão ou retificação das informações constantes do CNIS, com a apresentação de documentos comprobatórios dos dados divergentes, conforme critérios definidos pelo INSS, indepen-

Dec. 3.048/1999

REGULAMENTO – PREVIDÊNCIA

dentemente de requerimento de benefício, exceto na hipótese do art. 142.

- § 1º com redação determinada pelo Dec. 6.722/2008.

§ 2º Informações inseridas extemporaneamente no CNIS, independentemente de serem inéditas ou retificadoras de dados anteriormente informados, somente serão aceitas se corroboradas por documentos que comprovem a sua regularidade.

- § 2º com redação determinada pelo Dec. 6.722/2008.

§ 3º Respeitadas as definições vigentes sobre a procedência e origem das informações, considera-se extemporânea a inserção de dados:

- *Caput* do § 3º com redação determinada pelo Dec. 6.722/2008.
- V. art. 3º, Dec. 6.722/2008, que determina que o INSS e a Dataprev implantarão, até o mês de junho de 2010, o disposto neste parágrafo.

I – relativos à data de início de vínculo, sempre que decorrentes de documento apresentado após o transcurso de até 120 (cento e vinte) dias do prazo estabelecido pela legislação, cabendo ao INSS dispor sobre a redução desse prazo;

- Inciso I com redação determinada pelo Dec. 7.223/2010.

II – relativos a remunerações, sempre que decorrentes de documento apresentado:

- Inciso II acrescentado pelo Dec. 6.722/2008.

a) após o último dia do quinto mês subsequente ao mês da data de prestação de serviço pelo segurado, quando se tratar de dados informados por meio da Guia de Recolhimento do Fundo de Garantia do Tempo de Serviço e Informações à Previdência Social – GFIP; e

b) após o último dia do exercício seguinte ao a que se referem as informações, quando se tratar de dados informados por meio da Relação Anual de Informações Sociais – Rais;

III – relativos a contribuições, sempre que o recolhimento tiver sido feito sem observância do estabelecido em lei.

- Inciso III acrescentado pelo Dec. 6.722/2008.

§ 4º A extemporaneidade de que trata o inciso I do § 3º será relevada após 1 (um) ano da data do documento que tiver gerado a informação, desde que, cumulativamente:

- *Caput* do § 4º acrescentado pelo Dec. 6.722/2008.
- V. art. 3º, Dec. 6.722/2008, que determina que o INSS e a Dataprev implantarão, até o mês de junho de 2010, o disposto neste parágrafo.

I – o atraso na apresentação do documento não tenha excedido o prazo de que trata a alínea *a* do inciso II do § 3º;

- Inciso I acrescentado pelo Dec. 6.722/2008.

II – *(Revogado pelo Dec. 7.223/2010.)*

III – o segurado não tenha se valido da alteração para obter benefício cuja carência mínima seja de até 12 (doze) contribuições mensais.

- Inciso III acrescentado pelo Dec. 6.722/2008.

§ 5º Não constando do CNIS informações sobre contribuições ou remunerações, ou havendo dúvida sobre a regularidade do vínculo, motivada por divergências ou insuficiências de dados relativos ao empregador, ao segurado, à natureza do vínculo, ou a procedência da informação, esse período respectivo somente será confirmado mediante a apresentação pelo segurado da documentação comprobatória solicitada pelo INSS.

- § 5º acrescentado pelo Dec. 6.722/2008.

§ 6º O INSS poderá definir critérios para apuração das informações constantes da GFIP que ainda não tiver sido processada, bem como para aceitação de informações relativas a situações cuja regularidade depende de atendimento de critério estabelecido em lei.

- § 6º acrescentado pelo Dec. 6.722/2008.

§ 7º Para os fins de que trata os §§ 2º a 6º, o INSS e a Dataprev adotarão as providências necessárias para que as informações constantes do CNIS sujeitas à comprovação sejam identificadas e destacadas dos demais registros.

- § 7º acrescentado pelo Dec. 6.722/2008.

Art. 19-A. Para fins de benefícios de que trata este Regulamento, os períodos de vínculos que corresponderem a serviços prestados na condição de servidor estatutário somente serão considerados mediante apresentação de Certidão de Tempo de Contribuição fornecida pelo órgão público

competente, salvo se o órgão de vinculação do servidor não tiver instituído regime próprio de previdência social.

* Artigo acrescentado pelo Dec. 6.722/2008.

Art. 19-B. A comprovação de vínculos e remunerações de que trata o art. 62 poderá ser utilizada para suprir omissão do empregador, para corroborar informação inserida ou retificada extemporaneamente ou para subsidiar a avaliação dos dados do CNIS.

* Artigo acrescentado pelo Dec. 6.722/2008.

Art. 20. Filiação é o vínculo que se estabelece entre pessoas que contribuem para a previdência social e esta, do qual decorrem direitos e obrigações.

§ 1º A filiação à previdência social decorre automaticamente do exercício de atividade remunerada para os segurados obrigatórios, observado o disposto no § 2º, e da inscrição formalizada com o pagamento da primeira contribuição para o segurado facultativo.

* § 1º acrescentado pelo Dec. 6.722/2008.

§ 2º A filiação do trabalhador rural contratado por produtor rural pessoa física por prazo de até 2 (dois) meses dentro do período de 1 (um) ano, para o exercício de atividades de natureza temporária, decorre automaticamente de sua inclusão na GFIP, mediante identificação específica.

* § 2º acrescentado pelo Dec. 6.722/2008.

Art. 21. Para fins do disposto nesta Seção, a anotação de dado pessoal deve ser feita na Carteira Profissional e/ou na Carteira de Trabalho e Previdência Social à vista do documento comprobatório do fato.

Subseção II
Do dependente

Art. 22. A inscrição do dependente do segurado será promovida quando do requerimento do benefício a que tiver direito, mediante a apresentação dos seguintes documentos:

* *Caput* com redação determinada pelo Dec. 4.079/2002.

I – para os dependentes preferenciais:

a) cônjuge e filhos – certidões de casamento e de nascimento;

b) companheira ou companheiro – documento de identidade e certidão de casamento com averbação da separação judicial ou divórcio, quando um dos companheiros ou ambos já tiverem sido casados, ou de óbito, se for o caso; e

c) equiparado a filho – certidão judicial de tutela e, em se tratando de enteado, certidão de casamento do segurado e de nascimento do dependente, observado o disposto no § 3º do art. 16;

II – pais – certidão de nascimento do segurado e documentos de identidade dos mesmos; e

III – irmão – certidão de nascimento.

§ 1º *(Revogado pelo Dec. 4.079/2002.)*

§ 2º *(Revogado pelo Dec. 4.079/2002.)*

§ 3º Para comprovação do vínculo e da dependência econômica, conforme o caso, devem ser apresentados no mínimo três dos seguintes documentos:

* *Caput* do § 3º com redação determinada pelo Dec. 3.668/2000.

I – certidão de nascimento de filho havido em comum;

II – certidão de casamento religioso;

III – declaração do imposto de renda do segurado, em que conste o interessado como seu dependente;

IV – disposições testamentárias;

V – *(Revogado pelo Dec. 5.699/2006.)*

VI – declaração especial feita perante tabelião;

VII – prova de mesmo domicílio;

VIII – prova de encargos domésticos evidentes e existência de sociedade ou comunhão nos atos da vida civil;

IX – procuração ou fiança reciprocamente outorgada;

X – conta bancária conjunta;

XI – registro em associação de qualquer natureza, onde conste o interessado como dependente do segurado;

XII – anotação constante de ficha ou livro de registro de empregados;

XIII – apólice de seguro da qual conste o segurado como instituidor do seguro e a pessoa interessada como sua beneficiária;

Dec. 3.048/1999

REGULAMENTO – PREVIDÊNCIA

XIV – ficha de tratamento em instituição de assistência médica, da qual conste o segurado como responsável;
XV – escritura de compra e venda de imóvel pelo segurado em nome de dependente;
XVI – declaração de não emancipação do dependente menor de 21 (vinte e um) anos; ou
XVII – quaisquer outros que possam levar à convicção do fato a comprovar.
§ 4º O fato superveniente que importe em exclusão ou inclusão de dependente deve ser comunicado ao Instituto Nacional do Seguro Social, com as provas cabíveis.
§ 5º *(Revogado pelo Dec. 4.079/2002.)*
§ 6º Somente será exigida a certidão judicial de adoção quando esta for anterior a 14 de outubro de 1990, data da vigência da Lei 8.069, de 1990.
§ 7º *(Revogado pelo Dec. 3.668/2000.)*
§ 8º *(Revogado pelo Dec. 3.668/2000.)*
§ 9º No caso do dependente inválido, para fins de inscrição e concessão de benefício, a invalidez será comprovada mediante exame médico-pericial a cargo do Instituto Nacional do Seguro Social.
§ 10. No ato de inscrição, o dependente menor de 21 (vinte e um) anos deverá apresentar declaração de não emancipação.

- § 10 com redação determinada pelo Dec. 4.079/2002.

§ 11. *(Revogado pelo Dec. 4.079/2002.)*
§ 12. Os dependentes excluídos de tal condição em razão de lei têm suas inscrições tornadas nulas de pleno direito.

- § 12 com redação determinada pelo Dec. 4.032/2001.

§ 13. No caso de equiparado a filho, a inscrição será feita mediante a comprovação da equiparação por documento escrito do segurado falecido manifestando essa intenção, da dependência econômica e da declaração de que não tenha sido emancipado.

- § 13 acrescentado pelo Dec. 4.079/2002.

Art. 23. *(Revogado pelo Dec. 4.079/2002.)*

Art. 24. Os pais ou irmãos deverão, para fins de concessão de benefícios, comprovar a inexistência de dependentes preferenciais, mediante declaração firmada perante o Instituto Nacional do Seguro Social.

Capítulo II
DAS PRESTAÇÕES EM GERAL

Seção I
Das espécies de prestação

Art. 25. O Regime Geral de Previdência Social compreende as seguintes prestações, expressas em benefícios e serviços:
I – quanto ao segurado:
a) aposentadoria por invalidez;
b) aposentadoria por idade;
c) aposentadoria por tempo de contribuição;
d) aposentadoria especial;
e) auxílio-doença;
f) salário-família;
g) salário-maternidade; e
h) auxílio-acidente;
II – quanto ao dependente:
a) pensão por morte; e
b) auxílio-reclusão; e
III – quanto ao segurado e dependente: reabilitação profissional.

Seção II
Da carência

Art. 26. Período de carência é o tempo correspondente ao número mínimo de contribuições mensais indispensáveis para que o beneficiário faça jus ao benefício, consideradas a partir do transcurso do primeiro dia dos meses de suas competências.
§ 1º Para o segurado especial, considera-se período de carência o tempo mínimo de efetivo exercício de atividade rural, ainda que de forma descontínua, igual ao número de meses necessários à concessão do benefício requerido.
§ 2º Será considerado, para efeito de carência, o tempo de contribuição para o Plano de Seguridade Social do Servidor Público anterior à Lei 8.647, de 13 de abril de 1993, efetuado pelo servidor público ocupante de cargo em comissão sem vínculo efetivo com a União, autarquias, ainda que em regime especial, e fundações públicas federais.
§ 3º Não é computado para efeito de carência o tempo de atividade do trabalhador rural anterior à competência novembro de 1991.

Dec. 3.048/1999

REGULAMENTO – PREVIDÊNCIA

§ 4º Para efeito de carência, considera-se presumido o recolhimento das contribuições do segurado empregado, do trabalhador avulso e, relativamente ao contribuinte individual, a partir da competência abril de 2003, as contribuições dele descontadas pela empresa na forma do art. 216.

- § 4º com redação determinada pelo Dec. 4.729/2003.

§ 5º Observado o disposto no § 4º do art. 13, as contribuições vertidas para regime próprio de previdência social serão consideradas para todos os efeitos, inclusive para os de carência.

- § 5º acrescentado pelo Dec. 3.265/1999.

Art. 27. *(Revogado pelo Dec. 5.399/2005.)*

Art. 27-A. Havendo perda da qualidade de segurado, as contribuições anteriores a essa perda somente serão computadas para efeito de carência depois que o segurado contar, a partir da nova filiação ao Regime Geral de Previdência Social, com, no mínimo, 1/3 (um terço) do número de contribuições exigidas para o cumprimento da carência definida no art. 29.

- Artigo acrescentado pelo Dec. 5.545/2005.

Parágrafo único. Aplica-se o disposto no *caput* ao segurado oriundo de regime próprio de previdência social que se filiar ao Regime Geral de Previdência Social após os prazos a que se refere o inciso II do *caput* e o § 1º do art. 13.

Art. 28. O período de carência é contado:

I – para o segurado empregado e trabalhador avulso, da data de filiação ao Regime Geral de Previdência Social; e

II – para o segurado empregado doméstico, contribuinte individual, observado o disposto no § 4º do art. 26, e facultativo, inclusive o segurado especial que contribui na forma do § 2º do art. 200, da data do efetivo recolhimento da primeira contribuição sem atraso, não sendo consideradas para esse fim as contribuições recolhidas com atraso referentes a competências anteriores, observado, quanto ao segurado facultativo, o disposto nos §§ 3º e 4º do art. 11.

- Inciso II com redação determinada pelo Dec. 6.042/2007.

§ 1º Para o segurado especial que não contribui na forma do § 2º do art. 200, o período de carência de que trata o § 1º do art. 26 é contado a partir do efetivo exercício da atividade rural, mediante comprovação, na forma do disposto no art. 62.

- § 1º com redação determinada pelo Dec. 6.042/2007.

§ 2º O período a que se refere o inciso XVIII do art. 60 será computado para fins de carência.

§ 3º Para os segurados a que se refere o inciso II, optantes pelo recolhimento trimestral na forma prevista nos §§ 15 e 16 do art. 216, o período de carência é contado a partir do mês de inscrição do segurado, desde que efetuado o recolhimento da primeira contribuição no prazo estipulado no referido § 15.

Art. 29. A concessão das prestações pecuniárias do Regime Geral de Previdência Social, ressalvado o disposto no art. 30, depende dos seguintes períodos de carência:

I – doze contribuições mensais, nos casos de auxílio-doença e aposentadoria por invalidez; e

II – cento e oitenta contribuições mensais, nos casos de aposentadoria por idade, tempo de contribuição e especial;

III – dez contribuições mensais, no caso de salário-maternidade, para as seguradas contribuinte individual, especial e facultativa, respeitado o disposto no § 2º do art. 93 e no inciso II do art. 101.

- Inciso III com redação determinada pelo Dec. 3.452/2000.

Parágrafo único. Em caso de parto antecipado, o período de carência a que se refere o inciso III será reduzido em número de contribuições equivalente ao número de meses em que o parto foi antecipado.

- Parágrafo único com redação determinada pelo Dec. 3.265/1999.

Art. 30. Independe de carência a concessão das seguintes prestações:

I – pensão por morte, auxílio-reclusão, salário-família e auxílio-acidente de qualquer natureza;

Dec. 3.048/1999

REGULAMENTO – PREVIDÊNCIA

II – salário-maternidade, para as seguradas empregada, empregada doméstica e trabalhadora avulsa;

- Inciso II com redação determinada pelo Dec. 3.265/1999.

III – auxílio-doença e aposentadoria por invalidez nos casos de acidente de qualquer natureza ou causa, bem como nos casos de segurado que, após filiar-se ao Regime Geral de Previdência Social, for acometido de alguma das doenças ou afecções especificadas em lista elaborada pelos Ministérios da Saúde e da Previdência e Assistência Social a cada 3 (três) anos, de acordo com os critérios de estigma, deformação, mutilação, deficiência ou outro fator que lhe confira especificidade e gravidade que mereçam tratamento particularizado;

IV – aposentadoria por idade ou por invalidez, auxílio-doença, auxílio-reclusão ou pensão por morte aos segurados especiais, desde que comprovem o exercício de atividade rural no período imediatamente anterior ao requerimento do benefício, ainda que de forma descontínua, igual ao número de meses correspondente à carência do benefício requerido; e

V – reabilitação profissional.

Parágrafo único. Entende-se como acidente de qualquer natureza ou causa aquele de origem traumática e por exposição a agentes exógenos (físicos, químicos e biológicos), que acarrete lesão corporal ou perturbação funcional que cause a morte, a perda, ou a redução permanente ou temporária da capacidade laborativa.

Seção III
Do salário de benefício

Art. 31. Salário de benefício é o valor básico utilizado para cálculo da renda mensal dos benefícios de prestação continuada, inclusive os regidos por normas especiais, exceto o salário-família, a pensão por morte, o salário-maternidade e os demais benefícios de legislação especial.

- O salário de benefício está sujeito a atualização por Portaria do Ministério da Previdência Social – MPS.

Parágrafo único. O INSS terá até 180 (cento e oitenta) dias, contados da data do pedido, para fornecer ao segurado as informações constantes do CNIS sobre contribuições e remunerações utilizadas no cálculo do salário de benefício.

- Parágrafo único acrescentado pelo Dec. 4.079/2002.

Art. 32. O salário de benefício consiste:

- *Caput* com redação determinada pelo Dec. 3.265/1999.

I – para as aposentadorias por idade e por tempo de contribuição, na média aritmética simples dos maiores salários de contribuição correspondentes a 80% (oitenta por cento) de todo o período contributivo, multiplicada pelo fator previdenciário;

- Inciso I com redação determinada pelo Dec. 3.265/1999.

II – para as aposentadorias por invalidez e especial, auxílio-doença e auxílio-acidente na média aritmética simples dos maiores salários de contribuição correspondentes a 80% (oitenta por cento) de todo o período contributivo;

- Inciso II com redação determinada pelo Dec. 5.545/2005.

III – *(Revogado pelo Dec. 5.545/2005.)*

§ 1º *(Revogado pelo Dec. 3.265/1999.)*

§ 2º *(Revogado pelo Dec. 5.399/2005.)*

§ 3º O valor do salário de benefício não será inferior ao de um salário mínimo, nem superior ao limite máximo do salário de contribuição na data de início do benefício.

§ 4º Serão considerados para cálculo do salário de benefício os ganhos habituais do segurado empregado, a qualquer título, sob forma de moeda corrente ou de utilidades, sobre os quais tenha incidido contribuição previdenciária.

§ 5º Não será considerado, no cálculo do salário de benefício, o aumento dos salários de contribuição que exceder o limite legal, inclusive o voluntariamente concedido nos 36 (trinta e seis) meses imediatamente anteriores ao início do benefício, salvo se homologado pela Justiça do Trabalho, resultante de promoção regulada por normas gerais da empresa, admitida pela legislação do trabalho, de sentença normativa ou de reajusta-

mento salarial obtido pela categoria respectiva.

§ 6º Se, no período básico de cálculo, o segurado tiver recebido benefício por incapacidade, considerar-se-á como salário de contribuição, no período, o salário de benefício que serviu de base para o cálculo da renda mensal, reajustado nas mesmas épocas e nas mesmas bases dos benefícios em geral, não podendo ser inferior ao salário mínimo nem superior ao limite máximo do salário de contribuição.

§ 7º Exceto para o salário-família e o auxílio-acidente, será pago o valor mínimo de benefício para as prestações referidas no art. 30, quando não houver salário de contribuição no período básico de cálculo.

§ 8º Para fins de apuração do salário de benefício de qualquer aposentadoria precedida de auxílio-acidente, o valor mensal deste será somado ao salário de contribuição antes da aplicação da correção a que se refere o art. 33, não podendo o total apurado ser superior ao limite máximo do salário de contribuição.

§ 9º No caso dos §§ 3º e 4º do art. 56, o valor inicial do benefício será calculado considerando-se como período básico de cálculo os meses de contribuição imediatamente anteriores ao mês em que o segurado completou o tempo de contribuição, trinta anos para a mulher e trinta e cinco anos para o homem, observado o disposto no § 2º do art. 35 e a legislação de regência.

- § 9º com redação determinada pelo Dec. 3.265/1999.

§ 10. Para os segurados contribuinte individual e facultativo optantes pelo recolhimento trimestral na forma prevista no § 15 do art. 216, que tenham solicitado qualquer benefício previdenciário, o salário de benefício consistirá na média aritmética simples de todos os salários de contribuição integrantes da contribuição trimestral, desde que efetivamente recolhidos.

- § 10 com redação determinada pelo Dec. 3.265/1999.

§ 11. O fator previdenciário será calculado considerando-se a idade, a expectativa de sobrevida e o tempo de contribuição do segurado ao se aposentar, mediante a fórmula:

$$f = \frac{Tc \times a}{Es} \times \left[1 + \frac{(Id + Tc \times a)}{100}\right]$$

onde:
f = fator previdenciário;
Es = expectativa de sobrevida no momento da aposentadoria;
Tc = tempo de contribuição até o momento da aposentadoria;
Id = idade no momento da aposentadoria; e
a = alíquota de contribuição correspondente a 0,31.

- § 11 acrescentado pelo Dec. 3.265/1999.

§ 12. Para efeito do disposto no parágrafo anterior, a expectativa de sobrevida do segurado na idade da aposentadoria será obtida a partir da tábua completa de mortalidade construída pela Fundação Instituto Brasileiro de Geografia e Estatística, para toda a população brasileira, considerando-se a média nacional única para ambos os sexos.

- § 12 acrescentado pelo Dec. 3.265/1999.

§ 13. Publicada a tábua de mortalidade, os benefícios previdenciários requeridos a partir dessa data considerarão a nova expectativa de sobrevida.

- § 13 acrescentado pelo Dec. 3.265/1999.

§ 14. Para efeito da aplicação do fator previdenciário ao tempo de contribuição do segurado serão adicionados:

- § 14 acrescentado pelo Dec. 3.265/1999.

I – 5 (cinco) anos, quando se tratar de mulher; ou

II – 5 (cinco) ou 10 (dez) anos, quando se tratar, respectivamente, de professor ou professora, que comprovem exclusivamente tempo de efetivo exercício das funções de magistério na educação infantil e no ensino fundamental e médio.

§ 15. No cálculo do salário de benefício serão considerados os salário de contribuição vertidos para regime próprio de previdência social de segurado oriundo desse regime, após a sua filiação ao Regime Geral de Pre-

vidência Social, de acordo com o disposto no art. 214.

• § 15 acrescentado pelo Dec. 3.265/1999.

§ 16. Na hipótese do § 23 do art. 216, enquanto as contribuições não forem complementadas, o salário de contribuição será computado, para efeito de benefício, proporcionalmente à contribuição efetivamente recolhida.

• § 16 acrescentado pelo Dec. 3.265/1999.

§ 17. No caso do parágrafo anterior, não serão considerados como tempo de contribuição, para o fim de concessão de benefício previdenciário, enquanto as contribuições não forem complementadas, o período correspondente às competências em que se verificar recolhimento de contribuição sobre salário de contribuição menor que um salário mínimo.

• § 17 acrescentado pelo Dec. 3.265/1999.

§ 18. O salário de benefício, para fins de cálculo da prestação teórica dos benefícios por totalização, no âmbito dos acordos internacionais, do segurado com contribuição para a previdência social brasileira, será apurado:

• § 18 acrescentado pelo Dec. 4.729/2003.

I – quando houver contribuído, no Brasil, em número igual ou superior a 60% (sessenta por cento) do número de meses decorridos desde a competência julho de 1994, mediante a aplicação do disposto no art. 188-A e seus §§ 1º e 2º;

II – quando houver contribuído, no Brasil, em número inferior ao indicado no inciso I, com base no valor da média aritmética simples de todos os salários de contribuição correspondentes a todo o período contributivo contado desde julho de 1994, multiplicado pelo fator previdenciário, observados o § 2º do art. 188-A, o § 19 e, quando for o caso, o § 14, ambos deste artigo; e

III – sem contribuição, no Brasil, a partir da competência julho de 1994, com base na média aritmética simples de todo o período contributivo, multiplicado pelo fator previdenciário, observados o disposto no § 2º do art. 188-A e, quando for o caso, no § 14 deste artigo.

§ 19. Para a hipótese de que trata o § 18, o tempo de contribuição a ser considerado na aplicação da fórmula do fator previdenciário é o somatório do tempo de contribuição para a previdência social brasileira e o tempo de contribuição para a previdência social do país acordante.

• § 19 acrescentado pelo Dec. 4.729/2003.

§ 20. *(Revogado pelo Dec. 6.939/2009.)*

§ 21. O salário de benefício do segurado especial consiste no valor equivalente ao salário mínimo, ressalvado o disposto no inciso II do § 2º do art. 39 deste Regulamento.

• § 21 acrescentado pelo Dec. 6.722/2008.

§ 22. Considera-se período contributivo:

• § 22 acrescentado pelo Dec. 6.939/2009.

I – para o empregado, empregado doméstico e trabalhador avulso: o conjunto de meses em que houve ou deveria ter havido contribuição em razão do exercício de atividade remunerada sujeita a filiação obrigatória ao regime de que trata este Regulamento; ou

II – para os demais segurados, inclusive o facultativo: o conjunto de meses de efetiva contribuição ao regime de que trata este Regulamento.

Art. 33. Todos os salários de contribuição utilizados no cálculo do salário de benefício serão corrigidos, mês a mês, de acordo com a variação integral do Índice Nacional de Preço ao Consumidor – INPC, referente ao período decorrido a partir da primeira competência do salário de contribuição que compõe o período básico de cálculo até o mês anterior ao do início do benefício, de modo a preservar o seu valor real.

• Artigo com redação determinada pelo Dec. 5.545/2005.

Art. 34. O salário de benefício do segurado que contribui em razão de atividades concomitantes será calculado com base na soma dos salários de contribuição das atividades exercidas até a data do requerimento ou do óbito ou no período básico de cálculo, observado o disposto no art. 32 e nas normas seguintes:

I – quando o segurado satisfizer, em relação a cada atividade, as condições para obtenção do benefício requerido, o salário de benefício será calculado com base na soma dos respectivos salários de contribuição;

Dec. 3.048/1999

REGULAMENTO – PREVIDÊNCIA

II – quando não se verificar a hipótese do inciso anterior, o salário de benefício corresponderá à soma das seguintes parcelas:
a) o salário de benefício calculado com base nos salários de contribuição das atividades em relação às quais são atendidas as condições do benefício requerido; e
b) um percentual da média do salário de contribuição de cada uma das demais atividades, equivalente à relação entre o número de meses completos de contribuição e os do período da carência do benefício requerido; e
III – quando se tratar de benefício por tempo de contribuição, o percentual de que trata a alínea b do inciso anterior será o resultante da relação entre os anos completos de atividade e o número de anos de contribuição considerado para a concessão do benefício.
§ 1º O disposto neste artigo não se aplica ao segurado que, em obediência ao limite máximo do salário de contribuição, contribuiu apenas por uma das atividades concomitantes.
§ 2º Quando o exercício de uma das atividades concomitantes se desdobrar por atividades sucessivas, o tempo a ser considerado para os efeitos deste artigo será a soma dos períodos de contribuição correspondentes.
§ 3º Se o segurado se afastar de uma das atividades antes da data do requerimento ou do óbito, porém em data abrangida pelo período básico de cálculo do salário de benefício, o respectivo salário de contribuição será computado, observadas, conforme o caso, as normas deste artigo.
§ 4º O percentual a que se referem a *alínea b* do inciso II e o inciso III do *caput* não pode ser superior a 100% (cem por cento) do limite máximo do salário de contribuição.
§ 5º No caso do § 3º do art. 73, o salário de benefício da aposentadoria por invalidez deve corresponder à soma das parcelas seguintes:
I – o valor do salário de benefício do auxílio-doença a ser transformado em aposentadoria por invalidez, reajustado na forma do § 6º do art. 32; e
II – o valor correspondente ao percentual da média dos salários de contribuição de cada uma das demais atividades não consideradas no cálculo do auxílio-doença a ser transformado, percentual este equivalente à relação entre os meses completos de contribuição, até o máximo de 12 (doze), e os estipulados como período de carência para a aposentadoria por invalidez.
§ 6º Não se aplica o disposto neste artigo ao segurado que tenha sofrido redução dos salários de contribuição das atividades concomitantes em respeito ao limite desse salário.

Seção IV
Da renda mensal do benefício

Art. 35. A renda mensal do benefício de prestação continuada que substituir o salário de contribuição ou o rendimento do trabalho do segurado não terá valor inferior ao do salário mínimo nem superior ao limite máximo do salário de contribuição, exceto no caso previsto no art. 45.
§ 1º A renda mensal dos benefícios por totalização, concedidos com base em acordos internacionais de previdência social, pode ter valor inferior ao do salário mínimo.
§ 2º A renda mensal inicial, apurada na forma do § 9º do art. 32, será reajustada pelos índices de reajustamento aplicados aos benefícios, até a data da entrada do requerimento, não sendo devido qualquer pagamento relativamente a período anterior a esta data.
§ 3º Na hipótese de a média apurada na forma do art. 32 resultar superior ao limite máximo do salário de contribuição vigente no mês de início do benefício, a diferença percentual entre esta média e o referido limite será incorporada ao valor do benefício juntamente com o primeiro reajuste do mesmo após a concessão, observado que nenhum benefício assim reajustado poderá superar o limite máximo do salário de contribuição vigente na competência em que ocorrer o reajuste.

Art. 36. No cálculo do valor da renda mensal do benefício serão computados:
I – para o segurado empregado e o trabalhador avulso, os salários de contribuição referentes aos meses de contribuições devidas, ainda que não recolhidas pela empresa,

Dec. 3.048/1999

REGULAMENTO – PREVIDÊNCIA

sem prejuízo da respectiva cobrança e da aplicação das penalidades cabíveis; e

II – para o segurado empregado, o trabalhador avulso e o segurado especial, o valor do auxílio-acidente, considerado como salário de contribuição para fins de concessão de qualquer aposentadoria, nos termos do § 8º do art. 32.

§ 1º Para os demais segurados somente serão computados os salários de contribuição referentes aos meses de contribuição efetivamente recolhida.

§ 2º No caso de segurado empregado ou de trabalhador avulso que tenham cumprido todas as condições para a concessão do benefício pleiteado, mas não possam comprovar o valor dos seus salários de contribuição no período básico de cálculo, considerar-se-á para o cálculo do benefício, no período sem comprovação do valor do salário de contribuição, o valor do salário mínimo, devendo esta renda ser recalculada quando da apresentação de prova dos salários de contribuição.

- § 2º com redação determinada pelo Dec. 3.265/1999.

§ 3º Para o segurado empregado doméstico que, mesmo tendo satisfeito as condições exigidas para a concessão do benefício requerido, não possa comprovar o efetivo recolhimento das contribuições devidas, será concedido o benefício de valor mínimo, devendo sua renda ser recalculada quando da apresentação da prova do recolhimento das contribuições.

§ 4º Nos casos dos §§ 2º e 3º, após a concessão do benefício, o órgão concessor deverá notificar o setor de arrecadação do Instituto Nacional do Seguro Social, para adoção das providências previstas nos arts. 238 a 246.

§ 5º Sem prejuízo do disposto nos §§ 2º e 3º, cabe à previdência social manter cadastro dos segurados com todos os informes necessários para o cálculo da renda mensal.

§ 6º Para o segurado especial que não contribui facultativamente, o disposto no inciso II será aplicado somando-se ao valor da aposentadoria a renda mensal do auxílio-acidente vigente na data de início da referida aposentadoria, não sendo, neste caso, aplicada a limitação contida no inciso I do § 2º do art. 39 e do art. 183.

§ 7º A renda mensal inicial da aposentadoria por invalidez concedida por transformação de auxílio-doença será de 100% (cem por cento) do salário de benefício que serviu de base para o cálculo da renda mensal inicial do auxílio-doença, reajustado pelos mesmos índices de correção dos benefícios em geral.

Art. 37. A renda mensal inicial, recalculada de acordo com o disposto nos §§ 2º e 3º do art. 36, deve ser reajustada como a dos benefícios correspondentes com igual data de início e substituirá, a partir da data do requerimento de revisão do valor do benefício, a renda mensal que prevalecia até então.

Parágrafo único. Para fins da substituição de que trata o *caput*, o requerimento de revisão deve ser aceito pelo Instituto Nacional do Seguro Social a partir da concessão do benefício em valor provisório e processado quando da apresentação de prova dos salários de contribuição ou de recolhimento das contribuições.

Art. 38. Para o cálculo da renda mensal do benefício referido no inciso III do *caput* do art. 39, deverá ser considerado o tempo de contribuição de que trata o art. 60.

Art. 39. A renda mensal do benefício de prestação continuada será calculada aplicando-se sobre o salário de benefício os seguintes percentuais:

I – auxílio-doença – 91% (noventa e um por cento) do salário de benefício;

II – aposentadoria por invalidez – 100% (cem por cento) do salário de benefício;

III – aposentadoria por idade – 70% (setenta por cento) do salário de benefício, mais 1% (um por cento) deste por grupo de doze contribuições mensais, até o máximo de 30% (trinta por cento);

IV – aposentadoria por tempo de contribuição:

a) para a mulher – 100% (cem por cento) do salário de benefício aos 30 (trinta) anos de contribuição;

b) para o homem – 100% (cem por cento) do salário de benefício aos 35 (trinta e cinco) anos de contribuição; e

c) 100% (cem por cento) do salário de benefício, para o professor aos 30 (trinta) anos, e para a professora aos 25 (vinte e cinco) anos de contribuição e de efetivo exercício em função de magistério na educação infantil, no ensino fundamental ou no ensino médio;

V – aposentadoria especial – 100% (cem por cento) do salário de benefício; e

VI – auxílio-acidente – 50% (cinquenta por cento) do salário de benefício.

§ 1º Para efeito do percentual de acréscimo de que trata o inciso III do *caput*, assim considerado o relativo a cada grupo de doze contribuições mensais, presumir-se-á efetivado o recolhimento correspondente, quando se tratar de segurado empregado ou trabalhador avulso.

§ 2º Para os segurados especiais é garantida a concessão, alternativamente:

I – de aposentadoria por idade ou por invalidez, de auxílio-doença, de auxílio-reclusão ou de pensão por morte, no valor de um salário mínimo, observado o disposto no inciso III do art. 30; ou

II – dos benefícios especificados neste Regulamento, observados os critérios e a forma de cálculo estabelecidos, desde que contribuam, facultativamente, de acordo com o disposto no § 2º do art. 200.

§ 3º O valor mensal da pensão por morte ou do auxílio-reclusão será de 100% (cem por cento) do valor da aposentadoria que o segurado recebia ou daquela a que teria direito se estivesse aposentado por invalidez na data de seu falecimento, observado o disposto no § 8º do art. 32.

§ 4º Se na data do óbito o segurado estiver recebendo aposentadoria e auxílio-acidente, o valor mensal da pensão por morte será calculado conforme o disposto no parágrafo anterior, não incorporando o valor do auxílio-acidente.

§ 5º Após a cessação do auxílio-doença decorrente de acidente de qualquer natureza ou causa, tendo o segurado retornado ou não ao trabalho, se houver agravamento ou sequela que resulte na reabertura do benefício, a renda mensal será igual a 91% (noventa e um por cento) do salário de benefício do auxílio-doença cessado, corrigido até o mês anterior ao da reabertura do benefício, pelos mesmos índices de correção dos benefícios em geral.

Seção V
Do reajustamento do valor do benefício

Art. 40. É assegurado o reajustamento dos benefícios para preservar-lhes, em caráter permanente, o valor real da data de sua concessão.

§ 1º Os valores dos benefícios em manutenção serão reajustados, anualmente, na mesma data do reajuste do salário mínimo, *pro rata*, de acordo com suas respectivas datas de início ou do último reajustamento, com base no Índice Nacional de Preços ao Consumidor – INPC, apurado pela Fundação Instituto Brasileiro de Geografia e Estatística – IBGE.

• § 1º com redação determinada pelo Dec. 6.042/2007.

§ 2º Os benefícios com renda mensal superior a 1 (um) salário mínimo serão pagos do primeiro ao quinto dia útil do mês subsequente ao de sua competência, observada a distribuição proporcional do número de beneficiários por dia de pagamento.

• § 2º com redação determinada pelo Dec. 6.722/2008.

§ 3º *(Revogado pelo Dec. 6.042/2007.)*

§ 4º Os benefícios com renda mensal no valor de até 1 (um) salário mínimo serão pagos no período compreendido entre o quinto dia útil que anteceder o final do mês de sua competência e o quinto dia útil do mês subsequente, observada a distribuição proporcional dos beneficiários por dia de pagamento.

• § 4º com redação determinada pelo Dec. 6.722/2008.

§ 5º Para os efeitos dos §§ 2º e 4º, considera-se dia útil aquele de expediente bancário com horário normal de atendimento.

• § 5º acrescentado pelo Dec. 6.722/2008.

§ 6º Para os benefícios que tenham sido majorados devido à elevação do salário mínimo, o referido aumento deverá ser compensado no momento da aplicação do disposto no § 1º, de acordo com normas a se-

Dec. 3.048/1999

rem baixadas pelo Ministério da Previdência Social.

- § 6º acrescentado pelo Dec. 6.722/2008.

Art. 41. O valor mensal do abono de permanência em serviço, do auxílio suplementar e do auxílio-acidente será reajustado na forma do disposto no art. 40 e não varia de acordo com o salário de contribuição do segurado.

Art. 42. Nenhum benefício reajustado poderá exceder o limite máximo do salário de benefício na data do reajustamento, respeitados os direitos adquiridos, nem inferior ao valor de 1 (um) salário mínimo.

- *Caput* com redação determinada pelo Dec. 6.722/2008.

Parágrafo único. O auxílio-acidente, o abono de permanência em serviço, o auxílio suplementar, o salário-família e a parcela a cargo do Regime Geral de Previdência Social dos benefícios por totalização, concedidos com base em acordos internacionais de previdência social, poderão ter valor inferior ao do salário mínimo.

Seção VI
Dos benefícios

Subseção I
Da aposentadoria por invalidez

Art. 43. A aposentadoria por invalidez, uma vez cumprida a carência exigida, quando for o caso, será devida ao segurado que, estando ou não em gozo de auxílio-doença, for considerado incapaz para o trabalho e insuscetível de reabilitação para o exercício de atividade que lhe garanta a subsistência, e ser-lhe-á paga enquanto permanecer nessa condição.

§ 1º A concessão de aposentadoria por invalidez dependerá da verificação da condição de incapacidade, mediante exame médico-pericial a cargo da previdência social, podendo o segurado, às suas expensas, fazer-se acompanhar de médico de sua confiança.

§ 2º A doença ou lesão de que o segurado já era portador ao filiar-se ao Regime Geral de Previdência Social não lhe conferirá direito à aposentadoria por invalidez, salvo quando a incapacidade sobrevier por motivo de progressão ou agravamento dessa doença ou lesão.

Art. 44. A aposentadoria por invalidez consiste numa renda mensal calculada na forma do inciso II do *caput* do art. 39 e será devida a contar do dia imediato ao da cessação do auxílio-doença, ressalvado o disposto no § 1º.

§ 1º Concluindo a perícia médica inicial pela existência de incapacidade total e definitiva para o trabalho, a aposentadoria por invalidez será devida:

I – ao segurado empregado a contar do décimo sexto dia do afastamento da atividade ou a partir da data da entrada do requerimento, se entre o afastamento e a entrada do requerimento decorrerem mais de 30 (trinta) dias; e

- Inciso I com redação determinada pelo Dec. 3.265/1999.

II – ao segurado empregado doméstico, contribuinte individual, trabalhador avulso, especial ou facultativo, a contar da data do início da incapacidade ou da data da entrada do requerimento, se entre essas datas decorrerem mais de 30 (trinta) dias.

- Inciso II com redação determinada pelo Dec. 3.265/1999.

§ 2º Durante os primeiros 15 (quinze) dias de afastamento consecutivos da atividade por motivo de invalidez, caberá à empresa pagar ao segurado empregado o salário.

- § 2º com redação determinada pelo Dec. 3.265/1999.

§ 3º A concessão de aposentadoria por invalidez, inclusive mediante transformação de auxílio-doença concedido na forma do art. 73, está condicionada ao afastamento de todas as atividades.

Art. 45. O valor da aposentadoria por invalidez do segurado que necessitar da assistência permanente de outra pessoa será acrescido de 25% (vinte e cinco por cento), observada a relação constante do Anexo I, e:

I – devido ainda que o valor da aposentadoria atinja o limite máximo legal; e

II – recalculado quando o benefício que lhe deu origem for reajustado.

Dec. 3.048/1999

Regulamento – Previdência

Parágrafo único. O acréscimo de que trata o *caput* cessará com a morte do aposentado, não sendo incorporado ao valor da pensão por morte.

Art. 46. O segurado aposentado por invalidez está obrigado, a qualquer tempo, sem prejuízo do disposto no parágrafo único e independentemente de sua idade e sob pena de suspensão do benefício, a submeter-se a exame médico a cargo da previdência social, processo de reabilitação profissional por ela prescrito e custeado e tratamento dispensado gratuitamente, exceto o cirúrgico e a transfusão de sangue, que são facultativos.

Parágrafo único. Observado o disposto no *caput*, o aposentado por invalidez fica obrigado, sob pena de sustação do pagamento do benefício, a submeter-se a exames médico-periciais, a realizarem-se bienalmente.

Art. 47. O aposentado por invalidez que se julgar apto a retornar à atividade deverá solicitar a realização de nova avaliação médico-pericial.

Parágrafo único. Se a perícia médica do Instituto Nacional do Seguro Social concluir pela recuperação da capacidade laborativa, a aposentadoria será cancelada, observado o disposto no art. 49.

Art. 48. O aposentado por invalidez que retornar voluntariamente à atividade terá sua aposentadoria automaticamente cessada, a partir da data do retorno.

Art. 49. Verificada a recuperação da capacidade de trabalho do aposentado por invalidez, excetuando-se a situação prevista no art. 48, serão observadas as normas seguintes:

I – quando a recuperação for total e ocorrer dentro de 5 (cinco) anos contados da data do início da aposentadoria por invalidez ou do auxílio-doença que a antecedeu sem interrupção, o benefício cessará:

a) de imediato, para o segurado empregado que tiver direito a retornar à função que desempenhava na empresa ao se aposentar, na forma da legislação trabalhista, valendo como documento, para tal fim, o certificado de capacidade fornecido pela previdência social; ou

b) após tantos meses quantos forem os anos de duração do auxílio-doença e da aposentadoria por invalidez, para os demais segurados; e

II – quando a recuperação for parcial ou ocorrer após o período previsto no inciso I, ou ainda quando o segurado for declarado apto para o exercício de trabalho diverso do qual habitualmente exerça, a aposentadoria será mantida, sem prejuízo da volta à atividade:

a) pelo seu valor integral, durante 6 (seis) meses contados da data em que for verificada a recuperação da capacidade;

b) com redução de 50% (cinquenta por cento), no período seguinte de 6 (seis) meses; e

c) com redução de 75% (setenta e cinco por cento), também por igual período de 6 (seis) meses, ao término do qual cessará definitivamente.

Art. 50. O segurado que retornar à atividade poderá requerer, a qualquer tempo, novo benefício, tendo este processamento normal.

Parágrafo único. Se o segurado requerer qualquer benefício durante o período citado no artigo anterior, a aposentadoria por invalidez somente será cessada, para a concessão do novo benefício, após o cumprimento do período de que tratam as alíneas *b* do inciso I e *a* do inciso II do art. 49.

Subseção II
Da aposentadoria por idade

Art. 51. A aposentadoria por idade, uma vez cumprida a carência exigida, será devida ao segurado que completar sessenta e cinco anos de idade, se homem, ou sessenta, se mulher, reduzidos esses limites para sessenta e cinquenta e cinco anos de idade para os trabalhadores rurais, respectivamente homens e mulheres, referidos na alínea *a* do inciso I, na alínea *j* do inciso V e nos incisos VI e VII do *caput* do art. 9º, bem como para os segurados garimpeiros que trabalhem, comprovadamente, em regime de economia familiar, conforme definido no § 5º do art. 9º.

• *Caput* com redação determinada pelo Dec. 3.265/1999.

Dec. 3.048/1999

REGULAMENTO – PREVIDÊNCIA

§ 1º Para os efeitos do disposto no *caput*, o trabalhador rural deve comprovar o efetivo exercício de atividade rural, ainda que de forma descontínua, no período imediatamente anterior ao requerimento do benefício ou, conforme o caso, ao mês em que cumpriu o requisito etário, por tempo igual ao número de meses de contribuição correspondente à carência do benefício pretendido, computado o período a que se referem os incisos III a VIII do § 8º do art. 9º.

• § 1º acrescentado pelo Dec. 6.722/2008.

§ 2º Os trabalhadores rurais de que trata o *caput* que não atendam ao disposto no § 1º, mas que satisfaçam essa condição, se forem considerados períodos de contribuição sob outras categorias do segurado, farão jus ao benefício ao completarem 65 (sessenta e cinco) anos de idade, se homem, e 60 (sessenta) anos, se mulher.

• § 2º acrescentado pelo Dec. 6.722/2008.

§ 3º Para efeito do § 2º, o cálculo da renda mensal do benefício será apurado na forma do disposto no inciso II do *caput* do art. 32, considerando-se como salário de contribuição mensal do período como segurado especial o limite mínimo do salário de contribuição da previdência social.

• § 3º acrescentado pelo Dec. 6.722/2008.

§ 4º Aplica-se o disposto nos §§ 2º e 3º ainda que na oportunidade do requerimento da aposentadoria o segurado não se enquadre como trabalhador rural.

• § 4º acrescentado pelo Dec. 6.722/2008.

Art. 52. A aposentadoria por idade será devida:

I – ao segurado empregado, inclusive o doméstico:

a) a partir da data do desligamento do emprego, quando requerida até 90 (noventa) dias depois dela; ou

b) a partir da data do requerimento, quando não houver desligamento do emprego ou quando for requerida após o prazo da alínea a; e

II – para os demais segurados, a partir da data da entrada do requerimento.

Art. 53. A aposentadoria por idade consiste numa renda mensal calculada na forma do inciso III do *caput* do art. 39.

Art. 54. A aposentadoria por idade pode ser requerida pela empresa, desde que o segurado tenha cumprido a carência, quando este completar 70 (setenta) anos de idade, se do sexo masculino, ou 65 (sessenta e cinco), se do sexo feminino, sendo compulsória, caso em que será garantida ao empregado a indenização prevista na legislação trabalhista, considerada como data da rescisão do contrato de trabalho a imediatamente anterior à do início da aposentadoria.

Art. 55. *(Revogado pelo Dec. 6.722/2008.)*

Subseção III
Da aposentadoria
por tempo de contribuição

Art. 56. A aposentadoria por tempo de contribuição será devida ao segurado após 35 (trinta e cinco) anos de contribuição, se homem, ou 30 (trinta) anos, se mulher, observado o disposto no art. 199-A.

• *Caput* com redação determinada pelo Dec. 6.042/2007.

§ 1º A aposentadoria por tempo de contribuição do professor que comprove, exclusivamente, tempo de efetivo exercício em função de magistério na educação infantil, no ensino fundamental ou no ensino médio, será devida ao professor aos 30 (trinta) anos de contribuição e à professora aos 25 (vinte e cinco) anos de contribuição.

• § 1º com redação determinada pelo Dec. 6.722/2008.

§ 2º Para os fins do disposto no § 1º, considera-se função de magistério a exercida por professor, quando exercida em estabelecimento de educação básica em seus diversos níveis e modalidades, incluídas, além do exercício da docência, as funções de direção de unidade escolar e as de coordenação e assessoramento pedagógico.

• § 2º com redação determinada pelo Dec. 6.722/2008.

§ 3º Se mais vantajoso, fica assegurado o direito à aposentadoria, nas condições legalmente previstas na data do cumprimento de todos os requisitos previstos no *caput*, ao segurado que optou por permanecer em atividade.

Dec. 3.048/1999

REGULAMENTO – PREVIDÊNCIA

§ 4º Para efeito do disposto no parágrafo anterior, o valor inicial da aposentadoria, apurado conforme o § 9º do art. 32, será comparado com o valor da aposentadoria calculada na forma da regra geral deste Regulamento, mantendo-se o mais vantajoso, considerando-se como data de início do benefício a data da entrada do requerimento.

§ 5º O segurado oriundo de regime próprio de previdência social que se filiar ao Regime Geral de Previdência Social a partir de 16 de dezembro de 1998 fará jus à aposentadoria por tempo de contribuição nos termos desta Subseção, não se lhe aplicando o disposto no art. 188.

* § 5º com redação determinada pelo Dec. 3.265/1999.

Art. 57. A aposentadoria por tempo de contribuição consiste numa renda mensal calculada na forma do inciso IV do *caput* do art. 39.

Art. 58. A data do início da aposentadoria por tempo de contribuição será fixada conforme o disposto nos incisos I e II do art. 52.

Art. 59. Considera-se tempo de contribuição o tempo, contado de data a data, desde o início até a data do requerimento ou do desligamento de atividade abrangida pela previdência social, descontados os períodos legalmente estabelecidos como de suspensão de contrato de trabalho, de interrupção de exercício e de desligamento da atividade.

§ 1º Cabe ao contribuinte individual comprovar a interrupção ou o encerramento da atividade pela qual vinha contribuindo, sob pena de ser considerado em débito no período sem contribuição.

* § 1º acrescentado pelo Dec. 4.729/2003.

§ 2º A comprovação da interrupção ou encerramento da atividade do contribuinte individual será feita, no caso dos segurados enquadrados nas alíneas *j* e *l* do inciso V do art. 9º, mediante declaração, ainda que extemporânea, e, para os demais, com base em distrato social, alteração contratual ou documento equivalente emitido por junta comercial, secretaria federal, estadual, distrital ou municipal ou por outros órgãos oficiais, ou outra forma admitida pelo INSS.

* § 2º acrescentado pelo Dec. 4.729/2003.

Art. 60. Até que lei específica discipline a matéria, são contados como tempo de contribuição, entre outros:

I – o período de exercício de atividade remunerada abrangida pela previdência social urbana e rural, ainda que anterior à sua instituição, respeitado o disposto no inciso XVII;

II – o período de contribuição efetuada por segurado depois de ter deixado de exercer atividade remunerada que o enquadrava como segurado obrigatório da previdência social;

III – o período em que o segurado esteve recebendo auxílio-doença ou aposentadoria por invalidez, entre períodos de atividade;

IV – o tempo de serviço militar, salvo se já contado para inatividade remunerada nas Forças Armadas ou auxiliares, ou para aposentadoria no serviço público federal, estadual, do Distrito Federal ou municipal, ainda que anterior à filiação ao Regime Geral de Previdência Social, nas seguintes condições:

a) obrigatório ou voluntário; e

b) alternativo, assim considerado o atribuído pelas Forças Armadas àqueles que, após alistamento, alegarem imperativo de consciência, entendendo-se como tal o decorrente de crença religiosa e de convicção filosófica ou política, para se eximirem de atividades de caráter militar;

V – o período em que a segurada esteve recebendo salário-maternidade;

VI – o período de contribuição efetuada como segurado facultativo;

VII – o período de afastamento da atividade do segurado anistiado que, em virtude de motivação exclusivamente política, foi atingido por atos de exceção, institucional ou complementar, ou abrangido pelo Decreto Legislativo 18, de 15 de dezembro de 1961, pelo Decreto-lei 864, de 12 de setembro de 1969, ou que, em virtude de pressões ostensivas ou expedientes oficiais sigilosos, tenha sido demitido ou compelido ao afastamento de atividade remunerada no período de 18 de setembro de 1946 a 5 de outubro de 1988;

1243

Dec. 3.048/1999

REGULAMENTO – PREVIDÊNCIA

VIII – o tempo de serviço público federal, estadual, do Distrito Federal ou municipal, inclusive o prestado a autarquia ou a sociedade de economia mista ou fundação instituída pelo Poder Público, regularmente certificado na forma da Lei 3.841, de 15 de dezembro de 1960, desde que a respectiva certidão tenha sido requerida na entidade para a qual o serviço foi prestado até 30 de setembro de 1975, véspera do início da vigência da Lei 6.226, de 14 de junho de 1975;

IX – o período em que o segurado esteve recebendo benefício por incapacidade por acidente do trabalho, intercalado ou não;

X – o tempo de serviço do segurado trabalhador rural anterior à competência novembro de 1991;

XI – o tempo de exercício de mandato classista junto a órgão de deliberação coletiva em que, nessa qualidade, tenha havido contribuição para a previdência social;

XII – o tempo de serviço público prestado à administração federal direta e autarquias federais, bem como às estaduais, do Distrito Federal e municipais, quando aplicada a legislação que autorizou a contagem recíproca de tempo de contribuição;

XIII – o período de licença remunerada, desde que tenha havido desconto de contribuições;

XIV – o período em que o segurado tenha sido colocado pela empresa em disponibilidade remunerada, desde que tenha havido desconto de contribuições;

XV – o tempo de serviço prestado à Justiça dos Estados, às serventias extrajudiciais e às escrivanias judiciais, desde que não tenha havido remuneração pelos cofres públicos e que a atividade não estivesse à época vinculada a regime próprio de previdência social;

XVI – o tempo de atividade patronal ou autônoma, exercida anteriormente à vigência da Lei 3.807, de 26 de agosto de 1960, desde que indenizado conforme o disposto no art. 122;

XVII – o período de atividade na condição de empregador rural, desde que comprovado o recolhimento de contribuições na forma da Lei 6.260, de 6 de novembro de 1975, com indenização do período anterior, conforme o disposto no art. 122;

XVIII – o período de atividade dos auxiliares locais de nacionalidade brasileira no exterior, amparados pela Lei 8.745, de 1993, anteriormente a 1º de janeiro de 1994, desde que sua situação previdenciária esteja regularizada junto ao Instituto Nacional do Seguro Social;

XIX – o tempo de exercício de mandato eletivo federal, estadual, distrital ou municipal, desde que tenha havido contribuição em época própria e não tenha sido contado para efeito de aposentadoria por outro regime de previdência social;

XX – o tempo de trabalho em que o segurado esteve exposto a agentes nocivos químicos, físicos, biológicos ou associação de agentes prejudiciais à saúde ou à integridade física, observado o disposto nos arts. 64 a 70; e

XXI – o tempo de contribuição efetuado pelo servidor público de que tratam as alíneas *i*, *j* e *l* do inciso I do *caput* do art. 9º e o § 2º do art. 26, com base nos arts. 8º e 9º da Lei 8.162, de 8 de janeiro de 1991, e no art. 2º da Lei 8.688, de 21 de julho de 1993;

XXII – o tempo exercido na condição de aluno-aprendiz referente ao período de aprendizado profissional realizado em escola técnica, desde que comprovada a remuneração, mesmo que indireta, à conta do orçamento público e o vínculo empregatício.

• Inciso XXII acrescentado pelo Dec. 6.722/2008.

§ 1º Não será computado como tempo de contribuição o já considerado para concessão de qualquer aposentadoria prevista neste Regulamento ou por outro regime de previdência social.

§ 2º *(Revogado pelo Dec. 3.265/1999.)*

§ 3º O tempo de contribuição de que trata este artigo será considerado para cálculo do valor da renda mensal de qualquer benefício.

§ 4º O segurado especial que contribui na forma do § 2º do art. 200 somente fará jus à aposentadoria por idade, tempo de contribuição e especial após o cumprimento da carência exigida para estes benefícios, não sendo considerado como período de carên-

cia o tempo de atividade rural não contributivo.

§ 5º Não se aplica o disposto no inciso VII ao segurado demitido ou exonerado em razão de processos administrativos ou de aplicação de política de pessoal do governo, da empresa ou da entidade a que estavam vinculados, assim como ao segurado ex-dirigente ou ex-representante sindical que não comprove prévia existência do vínculo empregatício mantido com a empresa ou sindicato e o consequente afastamento da atividade remunerada em razão dos atos mencionados no referido inciso.

§ 6º Caberá a cada interessado alcançado pelas disposições do inciso VII comprovar a condição de segurado obrigatório da previdência social, mediante apresentação dos documentos contemporâneos dos fatos ensejadores da demissão ou afastamento da atividade remunerada, assim como apresentar o ato declaratório da anistia, expedido pela autoridade competente, e a consequente comprovação da sua publicação oficial.

§ 7º Para o cômputo do período a que se refere o inciso VII, o Instituto Nacional do Seguro Social deverá observar se no ato declaratório da anistia consta o fundamento legal no qual se fundou e o nome do órgão, da empresa ou da entidade a que estava vinculado o segurado à época dos atos que ensejaram a demissão ou o afastamento da atividade remunerada.

§ 8º É indispensável para o cômputo do período a que se refere o inciso VII a prova da relação de causa entre a demissão ou afastamento da atividade remunerada e a motivação referida no citado inciso.

Art. 61. Observado o disposto no art. 19, são contados como tempo de contribuição, para efeito do disposto nos §§ 1º e 2º do art. 56:

* Caput com redação determinada pelo Dec. 4.079/2002.

I – o de serviço público federal, estadual, do Distrito Federal ou municipal;

II – o de recebimento de benefício por incapacidade, entre períodos de atividade; e

III – o de benefício por incapacidade decorrente de acidente do trabalho, intercalado ou não.

§ 1º A comprovação da condição de professor far-se-á mediante a apresentação:

I – do respectivo diploma registrado nos órgãos competentes federais e estaduais, ou de qualquer outro documento que comprove a habilitação para o exercício do magistério, na forma de lei específica; e

II – dos registros em Carteira Profissional e/ou Carteira de Trabalho e Previdência Social complementados, quando for o caso, por declaração do estabelecimento de ensino onde foi exercida a atividade, sempre que necessária essa informação, para efeito e caracterização do efetivo exercício da função de magistério, nos termos do § 2º do art. 56.

§ 2º É vedada a conversão de tempo de serviço de magistério, exercido em qualquer época, em tempo de serviço comum.

Art. 62. A prova de tempo de serviço, considerado tempo de contribuição na forma do art. 60, observado o disposto no art. 19 e, no que couber, as peculiaridades do segurado de que tratam as alíneas *j* e *l* do inciso V do *caput* do art. 9º e do art. 11, é feita mediante documentos que comprovem o exercício de atividade nos períodos a serem contados, devendo esses documentos ser contemporâneos dos fatos a comprovar e mencionar as datas de início e término e, quando se tratar de trabalhador avulso, a duração do trabalho e a condição em que foi prestado.

* Caput com redação determinada pelo Dec. 4.079/2002.

§ 1º As anotações em Carteira Profissional e/ou Carteira de Trabalho e Previdência Social relativas a férias, alterações de salários e outras que demonstrem a sequência do exercício da atividade podem suprir possível falha de registro de admissão ou dispensa.

* § 1º acrescentado pelo Dec. 4.729/2003.

§ 2º Subsidiariamente ao disposto no art. 19, servem para a prova do tempo de contribuição que trata o *caput*:

* Caput do § 2º com redação determinada pelo Dec. 6.722/2008.

I – para os trabalhadores em geral, os documentos seguintes:

- Inciso I com redação determinada pelo Dec. 6.722/2008.

a) o contrato individual de trabalho, a Carteira Profissional, a Carteira de Trabalho e Previdência Social, a carteira de férias, a carteira sanitária, a caderneta de matrícula e a caderneta de contribuições dos extintos institutos de aposentadoria e pensões, a caderneta de inscrição pessoal visada pela Capitania dos Portos, pela Superintendência do Desenvolvimento da Pesca, pelo Departamento Nacional de Obras Contra as Secas e declarações da Secretaria da Receita Federal do Brasil;

b) certidão de inscrição em órgão de fiscalização profissional, acompanhada do documento que prove o exercício da atividade;

c) contrato social e respectivo distrato, quando for o caso, ata de assembleia geral e registro de empresário; ou

d) certificado de sindicato ou órgão gestor de mão de obra que agrupa trabalhadores avulsos;

II – de exercício de atividade rural, alternativamente:

- Inciso II com redação determinada pelo Dec. 6.722/2008.

a) contrato individual de trabalho ou Carteira de Trabalho e Previdência Social;

b) contrato de arrendamento, parceria ou comodato rural;

c) declaração fundamentada de sindicato que represente o trabalhador rural ou, quando for o caso, de sindicato ou colônia de pescadores, desde que homologada pelo INSS;

d) comprovante de cadastro do Instituto Nacional de Colonização e Reforma Agrária – Incra;

e) bloco de notas do produtor rural;

f) notas fiscais de entrada de mercadorias, de que trata o § 24 do art. 225, emitidas pela empresa adquirente da produção, com indicação do nome do segurado como vendedor;

g) documentos fiscais relativos a entrega de produção rural à cooperativa agrícola, entreposto de pescado ou outros, com indicação do segurado como vendedor ou consignante;

h) comprovantes de recolhimento de contribuição à Previdência Social decorrentes da comercialização da produção;

i) cópia da declaração de imposto de renda, com indicação de renda proveniente da comercialização de produção rural;

j) licença de ocupação ou permissão outorgada pelo Incra; ou

l) certidão fornecida pela Fundação Nacional do Índio – Funai, certificando a condição do índio como trabalhador rural, desde que homologada pelo INSS.

III – *(Revogado pelo Dec. 6.722/2008.)*
IV – *(Revogado pelo Dec. 6.722/2008.)*
V – *(Revogado pelo Dec. 6.722/2008.)*
VI – *(Revogado pelo Dec. 6.722/2008.)*
VII – *(Revogado pelo Dec. 6.722/2008.)*
VIII – *(Revogado pelo Dec. 6.722/2008.)*

§ 3º Na falta de documento contemporâneo podem ser aceitos declaração do empregador ou seu preposto, atestado de empresa ainda existente, certificado ou certidão de entidade oficial dos quais constem os dados previstos no *caput* deste artigo, desde que extraídos de registros efetivamente existentes e acessíveis à fiscalização do Instituto Nacional do Seguro Social.

- § 3º acrescentado pelo Dec. 4.729/2003.

§ 4º Se o documento apresentado pelo segurado não atender ao estabelecido neste artigo, a prova exigida pode ser complementada por outros documentos que levem à convicção do fato a comprovar, inclusive mediante justificação administrativa, na forma do Capítulo VI deste Título.

- § 4º acrescentado pelo Dec. 4.729/2003.

§ 5º A comprovação realizada mediante justificação administrativa ou judicial só produz efeito perante a previdência social quando baseada em início de prova material.

- § 5º acrescentado pelo Dec. 4.729/2003.

§ 6º A prova material somente terá validade para a pessoa referida no documento, não sendo permitida sua utilização por outras pessoas.

- § 6º acrescentado pelo Dec. 4.729/2003.

Dec. 3.048/1999

REGULAMENTO – PREVIDÊNCIA

§ 7º A empresa colocará à disposição de servidor designado por dirigente do Instituto Nacional do Seguro Social as informações ou registros de que dispuser, relativamente a segurado a seu serviço e previamente identificado, para fins de instrução ou revisão de processo de reconhecimento de direitos e outorga de benefícios do Regime Geral de Previdência Social.

* § 7º acrescentado pelo Dec. 6.496/2008.

§ 8º A declaração mencionada na alínea c do inciso II do § 2º, além da identificação da entidade e do emitente da declaração, com indicação do respectivo mandato:

* § 8º acrescentado pelo Dec. 6.722/2008.

I – deverá ser fornecida em duas vias, em papel timbrado da entidade, com numeração sequencial controlada e ininterrupta;
II – deverá conter a identificação, a qualificação pessoal do beneficiário e a categoria de produtor a que pertença;
III – deverá consignar os documentos e informações que serviram de base para a sua emissão, bem como, se for o caso, a origem dos dados extraídos de registros existentes na própria entidade declarante ou em outro órgão, entidade ou empresa, desde que idôneos e acessíveis à previdência social;
IV – não poderá conter informação referente a período anterior ao início da atividade da entidade declarante, salvo se baseada em documento que constitua prova material do exercício da atividade; e
V – deverá consignar dados relativos ao período e forma de exercício da atividade rural na forma estabelecida pelo INSS.

§ 9º Sempre que a categoria de produtor informada na declaração de que trata a alínea c do inciso II do § 2º for de parceiro, meeiro, arrendatário, comodatário, ou outra modalidade de outorgado, o documento deverá identificar e qualificar o outorgante.

* § 9º acrescentado pelo Dec. 6.722/2008.

§ 10. A segunda via da declaração prevista na alínea c do inciso II do § 2º deverá ser mantida na própria entidade, com numeração sequencial em ordem crescente, à disposição do INSS e demais órgãos de fiscalização e controle.

* § 10 acrescentado pelo Dec. 6.722/2008.

§ 11. Na hipótese de inexistência de sindicato que represente o trabalhador rural, a declaração mencionada na alínea c do inciso II do § 2º poderá ser suprida pela apresentação de duas declarações firmadas por autoridades administrativas ou judiciárias locais, desde que exerçam cargos ou funções de juízes federais ou estaduais ou do Distrito Federal, promotores de justiça, delegados de polícia, comandantes de unidades militares do Exército, Marinha, Aeronáutica ou de forças auxiliares, titulares de representação local do Ministério do Trabalho e Emprego e de diretores titulares de estabelecimentos públicos de ensino fundamental e médio.

* § 11 acrescentado pelo Dec. 6.722/2008.

§ 12. As autoridades mencionadas no § 11 somente poderão fornecer declaração relativa a período anterior à data do início das suas funções na localidade se puderem fundamentá-la com documentos contemporâneos do fato declarado, que evidenciem plena convicção de sua veracidade.

* § 12 acrescentado pelo Dec. 6.722/2008.

§ 13. A declaração de que trata o § 11, sujeita à homologação pelo INSS, e a certidão a que se refere a alínea l do inciso II do § 2º deverão obedecer, no que couber, ao disposto no § 8º.

* § 13 acrescentado pelo Dec. 6.722/2008.

§ 14. A homologação a que se refere a alínea l do inciso II do § 2º se restringe às informações relativas à atividade rural, em especial o atendimento dos incisos II, III e V do § 8º.

* § 14 acrescentado pelo Dec. 6.939/2009.

Art. 63. Não será admitida prova exclusivamente testemunhal para efeito de comprovação de tempo de serviço ou de contribuição, salvo na ocorrência de motivo de força maior ou caso fortuito, observado o disposto no § 2º do art. 143.

Subseção IV
Da aposentadoria especial

Art. 64. A aposentadoria especial, uma vez cumprida a carência exigida, será devida ao segurado empregado, trabalhador avulso e contribuinte individual, este somente quando cooperado filiado a cooperativa de

trabalho ou de produção, que tenha trabalhado durante 15 (quinze), 20 (vinte) ou 25 (vinte e cinco) anos, conforme o caso, sujeito a condições especiais que prejudiquem a saúde ou a integridade física.

• *Caput* com redação determinada pelo Dec. 4.729/2003.

§ 1º A concessão da aposentadoria especial dependerá de comprovação pelo segurado, perante o Instituto Nacional do Seguro Social, do tempo de trabalho permanente, não ocasional nem intermitente, exercido em condições especiais que prejudiquem a saúde ou a integridade física, durante o período mínimo fixado no *caput*.

§ 2º O segurado deverá comprovar a efetiva exposição aos agentes nocivos químicos, físicos, biológicos ou associação de agentes prejudiciais à saúde ou à integridade física, pelo período equivalente ao exigido para a concessão do benefício.

• § 2º com redação determinada pelo Dec. 4.079/2002.

Art. 65. Considera-se trabalho permanente, para efeito desta Subseção, aquele que é exercido de forma não ocasional nem intermitente, no qual a exposição do empregado, do trabalhador avulso ou do cooperado ao agente nocivo seja indissociável da produção do bem ou da prestação do serviço.

• Artigo com redação determinada pelo Dec. 4.882/2003.

Parágrafo único. Aplica-se o disposto no *caput* aos períodos de descanso determinados pela legislação trabalhista, inclusive férias, aos de afastamento decorrentes de gozo de benefícios de auxílio-doença ou aposentadoria por invalidez acidentários, bem como aos de percepção de salário-maternidade, desde que, à data do afastamento, o segurado estivesse exercendo atividade considerada especial.

Art. 66. Para o segurado que houver exercido sucessivamente duas ou mais atividades sujeitas a condições especiais prejudiciais à saúde ou à integridade física, sem completar em qualquer delas o prazo mínimo exigido para a aposentadoria especial, os respectivos períodos serão somados após conversão, conforme tabela abaixo, considerada a atividade preponderante:

Tempo a converter	Multiplicadores		
	Para 15	Para 20	Para 25
de 15 anos	–	1,33	1,67
de 20 anos	0,75	–	1,25
de 25 anos	0,60	0,80	–

Art. 67. A aposentadoria especial consiste numa renda mensal calculada na forma do inciso V do *caput* do art. 39.

Art. 68. A relação dos agentes nocivos químicos, físicos, biológicos ou associação de agentes prejudiciais à saúde ou à integridade física, considerados para fins de concessão de aposentadoria especial, consta do Anexo IV.

§ 1º As dúvidas sobre o enquadramento dos agentes de que trata o *caput*, para efeito do disposto nesta Subseção, serão resolvidas pelo Ministério do Trabalho e Emprego e pelo Ministério da Previdência e Assistência Social.

§ 2º A comprovação da efetiva exposição do segurado aos agentes nocivos será feita mediante formulário denominado perfil profissiográfico previdenciário, na forma estabelecida pelo Instituto Nacional do Seguro Social, emitido pela empresa ou seu preposto, com base em laudo técnico de condições ambientais do trabalho expedido por médico do trabalho ou engenheiro de segurança do trabalho.

• § 2º com redação determinada pelo Dec. 4.032/2001.

§ 3º Do laudo técnico referido no § 2º deverá constar informação sobre a existência de tecnologia de proteção coletiva, de medidas de caráter administrativo ou de organização do trabalho, ou de tecnologia de proteção individual, que elimine, minimize ou controle a exposição a agentes nocivos aos limites de tolerância, respeitado o estabelecido na legislação trabalhista.

• § 3º com redação determinada pelo Dec. 4.882/2003.

§ 4º A empresa que não mantiver laudo técnico atualizado com referência aos agentes nocivos existentes no ambiente de trabalho de seus trabalhadores ou que emitir documento de comprovação de efetiva exposi-

ção em desacordo com o respectivo laudo estará sujeita à multa prevista no art. 283.

§ 5º O INSS definirá os procedimentos para fins de concessão do benefício de que trata esta Subseção, podendo, se necessário, inspecionar o local de trabalho do segurado para confirmar as informações contidas nos referidos documentos.

* § 5º com redação determinada pelo Dec. 4.882/2003.

§ 6º A empresa deverá elaborar e manter atualizado perfil profissiográfico previdenciário, abrangendo as atividades desenvolvidas pelo trabalhador e fornecer a este, quando da rescisão do contrato de trabalho ou do desligamento do cooperado, cópia autêntica deste documento, sob pena da multa prevista no art. 283.

* § 6º com redação determinada pelo Dec. 4.729/2003.

§ 7º O laudo técnico de que tratam os §§ 2º e 3º deverá ser elaborado com observância das normas editadas pelo Ministério do Trabalho e Emprego e dos atos normativos expedidos pelo INSS.

* § 7º com redação determinada pelo Dec. 4.882/2003.

§ 8º Considera-se perfil profissiográfico previdenciário, para os efeitos do § 6º, o documento histórico-laboral do trabalhador, segundo modelo instituído pelo Instituto Nacional do Seguro Social, que, entre outras informações, deve conter registros ambientais, resultados de monitoração biológica e dados administrativos.

* § 8º acrescentado pelo Dec. 4.032/2001.

§ 9º A cooperativa de trabalho atenderá ao disposto nos §§ 2º e 6º com base nos laudos técnicos de condições ambientais de trabalho emitido pela empresa contratante, por seu intermédio, de cooperados para a prestação de serviços que os sujeitem a condições ambientais de trabalho que prejudiquem a saúde ou a integridade física, quando o serviço for prestado em estabelecimento da contratante.

* § 9º acrescentado pelo Dec. 4.729/2003.

§ 10. Aplica-se o disposto no § 9º à empresa contratada para prestar serviços mediante cessão ou empreitada de mão de obra.

* § 10 acrescentado pelo Dec. 4.729/2003.

§ 11. As avaliações ambientais deverão considerar a classificação dos agentes nocivos e os limites de tolerância estabelecidos pela legislação trabalhista, bem como a metodologia e os procedimentos de avaliação estabelecidos pela Fundação Jorge Duprat Figueiredo de Segurança e Medicina do Trabalho – Fundacentro.

* § 11 acrescentado pelo Dec. 4.882/2003.

Art. 69. A data de início da aposentadoria especial será fixada conforme o disposto nos incisos I e II do art. 52.

Parágrafo único. Aplica-se o disposto no art. 48 ao segurado que retornar ao exercício de atividade ou operações que o sujeitem aos agentes nocivos constantes do Anexo IV, ou nele permanecer, na mesma ou em outra empresa, qualquer que seja a forma de prestação do serviço, ou categoria de segurado, a partir da data do retorno à atividade.

* Parágrafo único com redação determinada pelo Dec. 4.729/2003.

Art. 70. A conversão de tempo de atividade sob condições especiais em tempo de atividade comum dar-se-á de acordo com a seguinte tabela:

* Artigo com redação determinada pelo Dec. 4.827/2003.

Tempo a converter	Multiplicadores	
	Mulher (para 30)	Homem (para 35)
de 15 anos	2,00	2,33
de 20 anos	1,50	1,75
de 25 anos	1,20	1,40

§ 1º A caracterização e a comprovação do tempo de atividade sob condições especiais obedecerá ao disposto na legislação em vigor na época da prestação do serviço.

§ 2º As regras de conversão de tempo de atividade sob condições especiais em tempo de atividade comum constantes deste artigo aplicam-se ao trabalho prestado em qualquer período.

Subseção V
Do auxílio-doença

Art. 71. O auxílio-doença será devido ao segurado que, após cumprida, quando for o

caso, a carência exigida, ficar incapacitado para o seu trabalho ou para a sua atividade habitual por mais de 15 (quinze) dias consecutivos.

• V. Súmula 371, TST.

§ 1º Não será devido auxílio-doença ao segurado que se filiar ao Regime Geral de Previdência Social já portador de doença ou lesão invocada como causa para a concessão do benefício, salvo quando a incapacidade sobrevier por motivo de progressão ou agravamento dessa doença ou lesão.

§ 2º Será devido auxílio-doença, independentemente de carência, aos segurados obrigatório e facultativo, quando sofrerem acidente de qualquer natureza.

Art. 72. O auxílio-doença consiste numa renda mensal calculada na forma do inciso I do *caput* do art. 39 e será devido:

I – a contar do décimo sexto dia do afastamento da atividade para o segurado empregado, exceto o doméstico;

• Inciso I com redação determinada pelo Dec. 3.265/1999.

II – a contar da data do início da incapacidade, para os demais segurados; ou

III – a contar da data de entrada do requerimento, quando requerido após o trigésimo dia do afastamento da atividade, para todos os segurados.

§ 1º Quando o acidentado não se afastar do trabalho no dia do acidente, os 15 (quinze) dias de responsabilidade da empresa pela sua remuneração integral são contados a partir da data do afastamento.

§ 2º *(Revogado pelo Dec. 3.668/2000.)*

§ 3º O auxílio-doença será devido durante o curso de reclamação trabalhista relacionada com a rescisão do contrato de trabalho, ou após a decisão final, desde que implementadas as condições mínimas para a concessão do benefício, observado o disposto nos §§ 2º e 3º do art. 36.

Art. 73. O auxílio-doença do segurado que exercer mais de uma atividade abrangida pela previdência social será devido mesmo no caso de incapacidade apenas para o exercício de uma delas, devendo a perícia médica ser conhecedora de todas as atividades que o mesmo estiver exercendo.

§ 1º Na hipótese deste artigo, o auxílio-doença será concedido em relação à atividade para a qual o segurado estiver incapacitado, considerando-se para efeito de carência somente as contribuições relativas a essa atividade.

§ 2º Se nas várias atividades o segurado exercer a mesma profissão, será exigido de imediato o afastamento de todas.

§ 3º Constatada, durante o recebimento do auxílio-doença concedido nos termos deste artigo, a incapacidade do segurado para cada uma das demais atividades, o valor do benefício deverá ser revisto com base nos respectivos salários de contribuição, observado o disposto nos incisos I a III do art. 72.

§ 4º Ocorrendo a hipótese do § 1º, o valor do auxílio-doença poderá ser inferior ao salário mínimo desde que somado às demais remunerações recebidas resultar valor superior a este.

• § 4º acrescentado pelo Dec. 4.729/2003.

Art. 74. Quando o segurado que exercer mais de uma atividade se incapacitar definitivamente para uma delas, deverá o auxílio-doença ser mantido indefinidamente, não cabendo sua transformação em aposentadoria por invalidez, enquanto essa incapacidade não se estender às demais atividades.

Parágrafo único. Na situação prevista no *caput*, o segurado somente poderá transferir-se das demais atividades que exerce após o conhecimento da reavaliação médico-pericial.

Art. 75. Durante os primeiros 15 (quinze) dias consecutivos de afastamento da atividade por motivo de doença, incumbe à empresa pagar ao segurado empregado o seu salário.

• *Caput* com redação determinada pelo Dec. 3.265/1999.

§ 1º Cabe à empresa que dispuser de serviço médico próprio ou em convênio o exame médico e o abono das faltas correspondentes aos primeiros 15 (quinze) dias de afastamento.

§ 2º Quando a incapacidade ultrapassar 15 (quinze) dias consecutivos, o segurado será encaminhado à perícia médica do Instituto Nacional do Seguro Social.

Dec. 3.048/1999

REGULAMENTO – PREVIDÊNCIA

§ 3º Se concedido novo benefício decorrente da mesma doença dentro de 60 (sessenta) dias contados da cessação do benefício anterior, a empresa fica desobrigada do pagamento relativo aos 15 (quinze) primeiros dias de afastamento, prorrogando-se o benefício anterior e descontando-se os dias trabalhados, se for o caso.

§ 4º Se o segurado empregado, por motivo de doença, afastar-se do trabalho durante 15 (quinze) dias, retornando à atividade no décimo sexto dia, e se dela voltar a se afastar dentro de 60 (sessenta) dias desse retorno, em decorrência da mesma doença, fará jus ao auxílio-doença a partir da data do novo afastamento.

* § 4º com redação determinada pelo Dec. 5.545/2005.

§ 5º Na hipótese do § 4º, se o retorno à atividade tiver ocorrido antes de 15 (quinze) dias do afastamento, o segurado fará jus ao auxílio-doença a partir do dia seguinte ao que completar aquele período.

* § 5º acrescentado pelo Dec. 4.729/2003.

Art. 76. A previdência social deve processar de ofício o benefício, quando tiver ciência da incapacidade do segurado sem que este tenha requerido auxílio-doença.

Art. 76-A. É facultado à empresa protocolar requerimento de auxílio-doença ou documento dele originário de seu empregado ou de contribuinte individual a ela vinculado ou a seu serviço, na forma estabelecida pelo INSS.

* Artigo acrescentado pelo Dec. 5.699/2006.

Parágrafo único. A empresa que adotar o procedimento previsto no *caput* terá acesso às decisões administrativas a ele relativas.

Art. 77. O segurado em gozo de auxílio-doença está obrigado, independentemente de sua idade e sob pena de suspensão do benefício, a submeter-se a exame médico a cargo da previdência social, processo de reabilitação profissional por ela prescrito e custeado e tratamento dispensado gratuitamente, exceto o cirúrgico e a transfusão de sangue, que são facultativos.

Art. 78. O auxílio-doença cessa pela recuperação da capacidade para o trabalho, pela transformação em aposentadoria por invalidez ou auxílio-acidente de qualquer natureza, neste caso se resultar sequela que implique redução da capacidade para o trabalho que habitualmente exerce.

§ 1º O INSS poderá estabelecer, mediante avaliação médico-pericial, o prazo que entender suficiente para a recuperação da capacidade para o trabalho do segurado, dispensada nessa hipótese a realização de nova perícia.

* § 1º acrescentado pelo Dec. 5.844/2006.

§ 2º Caso o prazo concedido para a recuperação se revele insuficiente, o segurado poderá solicitar a realização de nova perícia médica, na forma estabelecida pelo Ministério da Previdência Social.

* § 2º acrescentado pelo Dec. 5.844/2006.

§ 3º O documento de concessão do auxílio-doença conterá as informações necessárias para o requerimento da nova avaliação médico-pericial.

* § 3º acrescentado pelo Dec. 5.844/2006.

Art. 79. O segurado em gozo de auxílio-doença, insuscetível de recuperação para sua atividade habitual, deverá submeter-se a processo de reabilitação profissional para exercício de outra atividade, não cessando o benefício até que seja dado como habilitado para o desempenho de nova atividade que lhe garanta a subsistência ou, quando considerado não recuperável, seja aposentado por invalidez.

Art. 80. O segurado empregado em gozo de auxílio-doença é considerado pela empresa como licenciado.

Parágrafo único. A empresa que garantir ao segurado licença remunerada ficará obrigada a pagar-lhe durante o período de auxílio-doença a eventual diferença entre o valor deste e a importância garantida pela licença.

Subseção VI
Do salário-família

Art. 81. O salário-família será devido, mensalmente, ao segurado empregado, exceto o doméstico, e ao trabalhador avulso que tenham salário de contribuição inferior ou igual a R$ 360,00 (trezentos e sessenta reais), na proporção do respectivo número

de filhos ou equiparados, nos termos do art. 16, observado o disposto no art. 83.

* Valor original sujeito a atualização mediante Portaria do Ministério da Previdência Social – MPS.

Art. 82. O salário-família será pago mensalmente:

I – ao empregado, pela empresa, com o respectivo salário, e ao trabalhador avulso, pelo sindicato ou órgão gestor de mão de obra, mediante convênio;

II – ao empregado e trabalhador avulso aposentados por invalidez ou em gozo de auxílio-doença, pelo Instituto Nacional do Seguro Social, juntamente com o benefício;

III – ao trabalhador rural aposentado por idade aos 60 (sessenta) anos, se do sexo masculino, ou 55 (cinquenta e cinco) anos, se do sexo feminino, pelo Instituto Nacional do Seguro Social, juntamente com a aposentadoria; e

IV – aos demais empregados e trabalhadores avulsos aposentados aos 65 (sessenta e cinco) anos de idade, se do sexo masculino, ou 60 (sessenta) anos, se do sexo feminino, pelo Instituto Nacional do Seguro Social, juntamente com a aposentadoria.

§ 1º No caso do inciso I, quando o salário do empregado não for mensal, o salário-família será pago juntamente com o último pagamento relativo ao mês.

§ 2º O salário-família do trabalhador avulso independe do número de dias trabalhados no mês, devendo o seu pagamento corresponder ao valor integral da cota.

§ 3º Quando o pai e a mãe são segurados empregados ou trabalhadores avulsos, ambos têm direito ao salário-família.

§ 4º As cotas do salário-família, pagas pela empresa, deverão ser deduzidas quando do recolhimento das contribuições sobre a folha de salário.

Art. 83. A partir de 1º de maio de 2004, o valor da cota do salário-família por filho ou equiparado de qualquer condição, até quatorze anos de idade ou inválido, é de:

* Artigo com redação determinada pelo Dec. 5.545/2005.
* Valor sujeito a atualização mediante Portaria do Ministério da Previdência Social – MPS.

I – R$ 20,00 (vinte reais), para o segurado com remuneração mensal não superior a R$ 390,00 (trezentos e noventa reais); e

II – R$ 14,09 (quatorze reais e nove centavos), para o segurado com remuneração mensal superior a R$ 390,00 (trezentos e noventa reais) e igual ou inferior a R$ 586,19 (quinhentos e oitenta e seis reais e dezenove centavos).

Art. 84. O pagamento do salário-família será devido a partir da data da apresentação da certidão de nascimento do filho ou da documentação relativa ao equiparado, estando condicionado à apresentação anual de atestado de vacinação obrigatória, até 6 (seis) anos de idade, e de comprovação semestral de frequência à escola do filho ou equiparado, a partir dos 7 (sete) anos de idade.

* Artigo com redação determinada pelo Dec. 3.265/1999.

§ 1º A empresa deverá conservar, durante dez anos, os comprovantes dos pagamentos e as cópias das certidões correspondentes, para exame pela fiscalização do Instituto Nacional do Seguro Social, conforme o disposto no § 7º do art. 225.

§ 2º Se o segurado não apresentar o atestado de vacinação obrigatória e a comprovação de frequência escolar do filho ou equiparado, nas datas definidas pelo Instituto Nacional do Seguro Social, o benefício do salário-família será suspenso, até que a documentação seja apresentada.

§ 3º Não é devido salário-família no período entre a suspensão do benefício motivada pela falta de comprovação da frequência escolar e o seu reativamento, salvo se provada a frequência escolar regular no período.

§ 4º A comprovação de frequência escolar será feita mediante apresentação de documento emitido pela escola, na forma de legislação própria, em nome do aluno, onde conste o registro de frequência regular ou de atestado do estabelecimento de ensino, comprovando a regularidade da matrícula e frequência escolar do aluno.

Art. 85. A invalidez do filho ou equiparado maior de 14 (quatorze) anos de idade deve ser verificada em exame médico-pericial a cargo da previdência social.

REGULAMENTO – PREVIDÊNCIA

Art. 86. O salário-família correspondente ao mês de afastamento do trabalho será pago integralmente pela empresa, pelo sindicato ou órgão gestor de mão de obra, conforme o caso, e o do mês da cessação de benefício pelo Instituto Nacional do Seguro Social.

Art. 87. Tendo havido divórcio, separação judicial ou de fato dos pais, ou em caso de abandono legalmente caracterizado ou perda do pátrio poder, o salário-família passará a ser pago diretamente àquele a cujo cargo ficar o sustento do menor, ou a outra pessoa, se houver determinação judicial nesse sentido.

* V. arts. 1.630 a 1.638, CC/2002 (Do Poder Familiar).

Art. 88. O direito ao salário-família cessa automaticamente:

I – por morte do filho ou equiparado, a contar do mês seguinte ao do óbito;

II – quando o filho ou equiparado completar 14 (quatorze) anos de idade, salvo se inválido, a contar do mês seguinte ao da data do aniversário;

III – pela recuperação da capacidade do filho ou equiparado inválido, a contar do mês seguinte ao da cessação da incapacidade; ou

IV – pelo desemprego do segurado.

Art. 89. Para efeito de concessão e manutenção do salário-família, o segurado deve firmar termo de responsabilidade, no qual se comprometa a comunicar à empresa ou ao Instituto Nacional do Seguro Social qualquer fato ou circunstância que determine a perda do direito ao benefício, ficando sujeito, em caso do não cumprimento, às sanções penais e trabalhistas.

Art. 90. A falta de comunicação oportuna de fato que implique cessação do salário-família, bem como a prática, pelo empregado, de fraude de qualquer natureza para o seu recebimento, autoriza a empresa, o Instituto Nacional do Seguro Social, o sindicato ou órgão gestor de mão de obra, conforme o caso, a descontar dos pagamentos de cotas devidas com relação a outros filhos ou, na falta delas, do próprio salário do empregado ou da renda mensal do seu benefício, o valor das cotas indevidamente recebidas, sem prejuízo das sanções penais cabíveis, observado o disposto no § 2º do art. 154.

Art. 91. O empregado deve dar quitação à empresa, sindicato ou órgão gestor de mão de obra de cada recebimento mensal do salário-família, na própria folha de pagamento ou por outra forma admitida, de modo que a quitação fique plena e claramente caracterizada.

Art. 92. As cotas do salário-família não serão incorporadas, para qualquer efeito, ao salário ou ao benefício.

Subseção VII
Do salário-maternidade

Art. 93. O salário-maternidade é devido à segurada da previdência social, durante 120 (cento e vinte) dias, com início 28 (vinte e oito) dias antes e término 91 (noventa e um) dias depois do parto, podendo ser prorrogado na forma prevista no § 3º.

* *Caput* com redação determinada pelo Dec. 4.862/2003.

§ 1º Para a segurada empregada, inclusive a doméstica, observar-se-á, no que couber, as situações e condições previstas na legislação trabalhista relativas à proteção à maternidade.

§ 2º Será devido o salário-maternidade à segurada especial, desde que comprove o exercício de atividade rural nos últimos 10 (dez) meses imediatamente anteriores à data do parto ou do requerimento do benefício, quando requerido antes do parto, mesmo que de forma descontínua, aplicando-se, quando for o caso, o disposto no parágrafo único do art. 29.

* § 2º com redação determinada pelo Dec. 5.545/2005.

§ 3º Em casos excepcionais, os períodos de repouso anterior e posterior ao parto podem ser aumentados de mais 2 (duas) semanas, mediante atestado médico específico.

* § 3º com redação determinada pelo Dec. 3.668/2000.

§ 4º Em caso de parto antecipado ou não, a segurada tem direito aos 120 (cento e vinte) dias previstos neste artigo.

§ 5º Em caso de aborto não criminoso, comprovado mediante atestado médico, a

segurada terá direito ao salário-maternidade correspondente a duas semanas.

• § 5º com redação determinada pelo Dec. 3.668/2000.

§ 6º *(Revogado pelo Dec. 4.032/2001.)*

Art. 93-A. O salário-maternidade é devido à segurada da Previdência Social que adotar ou obtiver guarda judicial para fins de adoção de criança com idade:

• *Caput* acrescentado pelo Dec. 4.729/2003.

I – até um 1 (ano) completo, por 120 (cento e vinte) dias;

II – a partir de 1 (um) ano até 4 (quatro) anos completos, por 60 (sessenta) dias; ou

III – a partir de 4 (quatro) anos até completar 8 (oito) anos, por 30 (trinta) dias.

§ 1º O salário-maternidade é devido à segurada independentemente de a mãe biológica ter recebido o mesmo benefício quando do nascimento da criança.

• § 1º acrescentado pelo Dec. 4.729/2003.

§ 2º O salário-maternidade não é devido quando o termo de guarda não contiver a observação de que é para fins de adoção ou só contiver o nome do cônjuge ou companheiro.

• § 2º acrescentado pelo Dec. 4.729/2003.

§ 3º Para a concessão do salário-maternidade é indispensável que conste da nova certidão de nascimento da criança, ou do termo de guarda, o nome da segurada adotante ou guardiã, bem como, deste último, tratar-se de guarda para fins de adoção.

• § 3º acrescentado pelo Dec. 4.729/2003.

§ 4º Quando houver adoção ou guarda judicial para adoção de mais de uma criança, é devido um único salário-maternidade relativo à criança de menor idade, observado o disposto no art. 98.

• § 4º acrescentado pelo Dec. 4.729/2003.

§ 5º A renda mensal do salário-maternidade é calculada na forma do disposto nos arts. 94, 100 ou 101, de acordo com a forma de contribuição da segurada à Previdência Social.

• § 5º acrescentado pelo Dec. 4.729/2003.

§ 6º O salário-maternidade de que trata este artigo é pago diretamente pela previdência social.

• § 6º acrescentado pelo Dec. 4.862/2003.

Art. 94. O salário-maternidade para a segurada empregada consiste numa renda mensal igual à sua remuneração integral e será pago pela empresa, efetivando-se a compensação, observado o disposto no art. 248 da Constituição, quando do recolhimento das contribuições incidentes sobre a folha de salários e demais rendimentos pagos ou creditados, a qualquer título, à pessoa física que lhe preste serviço, devendo aplicar-se à renda mensal do benefício o disposto no art. 198.

• *Caput* com redação determinada pelo Dec. 4.862/2003.

§ 1º *(Revogado pelo Dec. 3.265/1999.)*

§ 2º *(Revogado pelo Dec. 3.265/1999.)*

§ 3º A empregada deve dar quitação à empresa dos recolhimentos mensais do salário-maternidade na própria folha de pagamento ou por outra forma admitida, de modo que a quitação fique plena e claramente caracterizada.

• § 3º acrescentado pelo Dec. 4.862/2003.

§ 4º A empresa deve conservar, durante 10 (dez) anos, os comprovantes dos pagamentos e os atestados ou certidões correspondentes para exame pela fiscalização do INSS, conforme o disposto no § 7º do art. 225.

• § 4º acrescentado pelo Dec. 4.862/2003.

Art. 95. Compete à interessada instruir o requerimento do salário-maternidade com os atestados médicos necessários.

• Artigo com redação determinada pelo Dec. 3.668/2000.

Parágrafo único. Quando o benefício for requerido após o parto, o documento comprobatório é a Certidão de Nascimento, podendo, no caso de dúvida, a segurada ser submetida à avaliação pericial junto ao Instituto Nacional do Seguro Social.

Art. 96. O início do afastamento do trabalho da segurada empregada será determinado com base em atestado médico ou certidão de nascimento do filho.

• *Caput* com redação determinada pelo Dec. 4.862/2003.

§ 1º *(Revogado pelo Dec. 4.729/2003.)*

§ 2º *(Revogado pelo Dec. 4.729/2003.)*

Dec. 3.048/1999

REGULAMENTO – PREVIDÊNCIA

Art. 97. O salário-maternidade da segurada empregada será devido pela previdência social enquanto existir relação de emprego, observadas as regras quanto ao pagamento desse benefício pela empresa.

* Artigo com redação determinada pelo Dec. 6.122/2007.

Parágrafo único. Durante o período de graça a que se refere o art. 13, a segurada desempregada fará jus ao recebimento do salário-maternidade nos casos de demissão antes da gravidez, ou, durante a gestação, nas hipóteses de dispensa por justa causa ou a pedido, situações em que o benefício será pago diretamente pela previdência social.

Art. 98. No caso de empregos concomitantes, a segurada fará jus ao salário-maternidade relativo a cada emprego.

Art. 99. Nos meses de início e término do salário-maternidade da segurada empregada, o salário-maternidade será proporcional aos dias de afastamento do trabalho.

Art. 100. O salário-maternidade da segurada trabalhadora avulsa, pago diretamente pela previdência social, consiste numa renda mensal igual à sua remuneração integral equivalente a um mês de trabalho, devendo aplicar-se à renda mensal do benefício o disposto no art. 198.

* Artigo com redação determinada pelo Dec. 4.862/2003.

Art. 101. O salário-maternidade, observado o disposto nos arts. 35, 198, 199 ou 199-A, pago diretamente pela previdência social, consistirá:

* Caput com redação determinada pelo Dec. 6.722/2008.

I – em valor correspondente ao do seu último salário de contribuição, para a segurada empregada doméstica;

* Inciso I acrescentado pelo Dec. 3.265/1999.

II – em um salário mínimo, para a segurada especial;

* Inciso II acrescentado pelo Dec. 3.265/1999.

III – em 1/12 (um doze avos) da soma dos doze últimos salários de contribuição, apurados em período não superior a 15 (quinze) meses, para as seguradas contribuinte individual, facultativa e para as que mantenham a qualidade de segurada na forma do art. 13.

* Inciso III com redação determinada pelo Dec. 6.122/2007.

§ 1º *(Revogado pelo Dec. 3.265/1999.)*
§ 2º *(Revogado pelo Dec. 3.265/1999.)*
§ 3º O documento comprobatório para requerimento do salário-maternidade da segurada que mantenha esta qualidade é a certidão de nascimento do filho, exceto nos casos de aborto espontâneo, quando deverá ser apresentado atestado médico, e no de adoção ou guarda para fins de adoção, casos em que serão observadas as regras do art. 93-A, devendo o evento gerador do benefício ocorrer, em qualquer hipótese, dentro do período previsto no art. 13.

* § 3º acrescentado pelo Dec. 6.122/2007.

Art. 102. O salário-maternidade não pode ser acumulado com benefício por incapacidade.

Parágrafo único. Quando ocorrer incapacidade em concomitância com o período de pagamento do salário-maternidade, o benefício por incapacidade, conforme o caso, deverá ser suspenso enquanto perdurar o referido pagamento, ou terá sua data de início adiada para o primeiro dia seguinte ao término do período de 120 (cento e vinte) dias.

Art. 103. A segurada aposentada que retornar à atividade fará jus ao pagamento do salário-maternidade, de acordo com o disposto no art. 93.

Subseção VIII
Do auxílio-acidente

Art. 104. O auxílio-acidente será concedido, como indenização, ao segurado empregado, exceto o doméstico, ao trabalhador avulso e ao segurado especial quando, após a consolidação das lesões decorrentes de acidente de qualquer natureza, resultar sequela definitiva, conforme as situações discriminadas no anexo III, que implique:

* Caput com redação determinada pelo Dec. 4.729/2003.

I – redução da capacidade para o trabalho que habitualmente exerciam;

* Inciso I com redação determinada pelo Dec. 4.729/2003.

II – redução da capacidade para o trabalho que habitualmente exerciam e exija maior esforço para o desempenho da mesma atividade que exerciam à época do acidente; ou
III – impossibilidade de desempenho da atividade que exerciam à época do acidente, porém permita o desempenho de outra, após processo de reabilitação profissional, nos casos indicados pela perícia médica do Instituto Nacional do Seguro Social.

§ 1º O auxílio-acidente mensal corresponderá a 50% (cinquenta por cento) do salário de benefício que deu origem ao auxílio-doença do segurado, corrigido até o mês anterior ao do início do auxílio-acidente e será devido até a véspera de início de qualquer aposentadoria ou até a data do óbito do segurado.

§ 2º O auxílio-acidente será devido a contar do dia seguinte ao da cessação do auxílio-doença, independentemente de qualquer remuneração ou rendimento auferido pelo acidentado, vedada sua acumulação com qualquer aposentadoria.

§ 3º O recebimento de salário ou concessão de outro benefício, exceto de aposentadoria, não prejudicará a continuidade do recebimento do auxílio-acidente.

§ 4º Não dará ensejo ao benefício a que se refere este artigo o caso:
I – que apresente danos funcionais ou redução da capacidade funcional sem repercussão na capacidade laborativa; e
II – de mudança de função, mediante readaptação profissional promovida pela empresa, como medida preventiva, em decorrência de inadequação do local de trabalho.

§ 5º A perda da audição, em qualquer grau, somente proporcionará a concessão do auxílio-acidente quando, além do reconhecimento do nexo entre o trabalho e o agravo, resultar, comprovadamente, na redução ou perda da capacidade para o trabalho que o segurado habitualmente exercia.

- § 5º com redação determinada pelo Dec. 6.939/2009.

§ 6º No caso de reabertura de auxílio-doença por acidente de qualquer natureza que tenha dado origem a auxílio-acidente, este será suspenso até a cessação do auxílio-doença reaberto, quando será reativado.

§ 7º Cabe a concessão de auxílio-acidente oriundo de acidente de qualquer natureza ocorrido durante o período de manutenção da qualidade de segurado, desde que atendidas às condições inerentes à espécie.

- § 7º com redação determinada pelo Dec. 6.722/2008.

§ 8º Para fins do disposto no caput considerar-se-á a atividade exercida na data do acidente.

- § 8º acrescentado pelo Dec. 4.729/2003.

Subseção IX
Da pensão por morte

- V. Súmula 416, STJ.

Art. 105. A pensão por morte será devida ao conjunto dos dependentes do segurado que falecer, aposentado ou não, a contar da data:
I – do óbito, quando requerido até 30 (trinta) dias depois deste;

- Inciso I com redação determinada pelo Dec. 5.545/2005.

II – do requerimento, quando requerida após o prazo previsto no inciso I; ou
III – da decisão judicial, no caso de morte presumida.

§ 1º No caso do disposto no inciso II, a data de início do benefício será a data do óbito, aplicados os devidos reajustamentos até a data de início do pagamento, não sendo devida qualquer importância relativa ao período anterior à data de entrada do requerimento.

- § 1º com redação determinada pelo Dec. 5.545/2005.

§ 2º *(Revogado pelo Dec. 5.545/2005.)*

Art. 106. A pensão por morte consiste numa renda mensal calculada na forma do § 3º do art. 39.

Parágrafo único. O valor da pensão por morte devida aos dependentes do segurado recluso que, nessa condição, exerça atividade remunerada será obtido mediante a realização de cálculo com base no novo tempo de contribuição e salários de contribuição correspondentes, neles incluídas as contribuições recolhidas enquanto recluso, facultada a opção pela pensão com valor corres-

pondente ao do auxílio-reclusão, na forma do disposto no § 3º do art. 39.

• Parágrafo único acrescentado pelo Dec. 4.729/2003.

Art. 107. A concessão da pensão por morte não será protelada pela falta de habilitação de outro possível dependente, e qualquer habilitação posterior que importe em exclusão ou inclusão de dependente somente produzirá efeito a contar da data da habilitação.

Art. 108. A pensão por morte somente será devida ao filho e ao irmão cuja invalidez tenha ocorrido antes da emancipação ou de completar a idade de vinte e um anos, desde que reconhecida ou comprovada, pela perícia médica do INSS, a continuidade da invalidez até a data do óbito do segurado.

• *Caput* com redação determinada pelo Dec. 6.939/2009.

Parágrafo único. *(Revogado pelo Dec. 6.722/2008.)*

Art. 109. O pensionista inválido está obrigado, independentemente de sua idade e sob pena de suspensão do benefício, a submeter-se a exame médico a cargo da previdência social, processo de reabilitação profissional por ela prescrito e custeado e tratamento dispensado gratuitamente, exceto o cirúrgico e a transfusão de sangue, que são facultativos.

Art. 110. O cônjuge ausente somente fará jus ao benefício a partir da data de sua habilitação e mediante prova de dependência econômica, não excluindo do direito a companheira ou o companheiro.

Art. 111. O cônjuge divorciado ou separado judicialmente ou de fato, que recebia pensão de alimentos, receberá a pensão em igualdade de condições com os demais dependentes referidos no inciso I do art. 16.

Art. 112. A pensão poderá ser concedida, em caráter provisório, por morte presumida:

I – mediante sentença declaratória de ausência, expedida por autoridade judiciária, a contar da data de sua emissão; ou

II – em caso de desaparecimento do segurado por motivo de catástrofe, acidente ou desastre, a contar da data da ocorrência, mediante prova hábil.

Parágrafo único. Verificado o reaparecimento do segurado, o pagamento da pensão cessa imediatamente, ficando os dependentes desobrigados da reposição dos valores recebidos, salvo má-fé.

Art. 113. A pensão por morte, havendo mais de um pensionista, será rateada entre todos, em partes iguais.

Parágrafo único. Reverterá em favor dos demais dependentes a parte daquele cujo direito à pensão cessar.

Art. 114. O pagamento da cota individual da pensão por morte cessa:

I – pela morte do pensionista;

II – para o pensionista menor de idade, ao completar vinte e um anos, salvo se for inválido, ou pela emancipação, ainda que inválido, exceto, neste caso, se a emancipação for decorrente de colação de grau científico em curso de ensino superior; ou

• Inciso II com redação determinada pelo Dec. 3.265/1999.

III – para o pensionista inválido, pela cessação da invalidez, verificada em exame médico-pericial a cargo da previdência social;

IV – pela adoção, para o filho adotado que receba pensão por morte dos pais biológicos.

• Inciso IV acrescentado pelo Dec. 5.545/2005.

§ 1º Com a extinção da cota do último pensionista, a pensão por morte será encerrada.

• Primitivo parágrafo único renumerado pelo Dec. 5.545/2005.

§ 2º Não se aplica o disposto no inciso IV do *caput* quando o cônjuge ou companheiro adota o filho do outro.

• § 2º acrescentado pelo Dec. 5.545/2005.

Art. 115. O dependente menor de idade que se invalidar antes de completar 21 (vinte e um) anos deverá ser submetido a exame médico-pericial, não se extinguindo a respectiva cota se confirmada a invalidez.

Subseção X
Do auxílio-reclusão

Art. 116. O auxílio-reclusão será devido, nas mesmas condições da pensão por morte, aos dependentes do segurado recolhido

Dec. 3.048/1999

REGULAMENTO – PREVIDÊNCIA

à prisão que não receber remuneração da empresa nem estiver em gozo de auxílio-doença, aposentadoria ou abono de permanência em serviço, desde que o seu último salário de contribuição seja inferior ou igual a R$ 360,00 (trezentos e sessenta reais).

- O auxílio-reclusão está sujeito a atualização por Portaria do Ministério da Previdência Social – MPS.

§ 1º É devido auxílio-reclusão aos dependentes do segurado quando não houver salário de contribuição na data do seu efetivo recolhimento à prisão, desde que mantida a qualidade de segurado.

§ 2º O pedido de auxílio-reclusão deve ser instruído com certidão do efetivo recolhimento do segurado à prisão, firmada pela autoridade competente.

§ 3º Aplicam-se ao auxílio-reclusão as normas referentes à pensão por morte, sendo necessária, no caso de qualificação de dependentes após a reclusão ou detenção do segurado, a preexistência da dependência econômica.

§ 4º A data de início do benefício será fixada na data do efetivo recolhimento do segurado à prisão, se requerido até 30 (trinta) dias depois desta, ou na data do requerimento, se posterior, observado, no que couber, o disposto no inciso I do art. 105.

- § 4º com redação determinada pelo Dec. 4.729/2003.

§ 5º O auxílio-reclusão é devido, apenas, durante o período em que o segurado estiver recolhido à prisão sob regime fechado ou semiaberto.

- § 5º acrescentado pelo Dec. 4.729/2003.

§ 6º O exercício de atividade remunerada pelo segurado recluso em cumprimento de pena em regime fechado ou semiaberto que contribuir na condição de segurado de que trata a alínea o do inciso V do art. 9º ou do inciso IX do § 1º do art. 11 não acarreta perda do direito ao recebimento do auxílio-reclusão pelos seus dependentes.

- § 6º acrescentado pelo Dec. 4.729/2003.

Art. 117. O auxílio-reclusão será mantido enquanto o segurado permanecer detento ou recluso.

§ 1º O beneficiário deverá apresentar trimestralmente atestado de que o segurado continua detido ou recluso, firmado pela autoridade competente.

§ 2º No caso de fuga, o benefício será suspenso e, se houver recaptura do segurado, será restabelecido a contar da data em que esta ocorrer, desde que esteja ainda mantida a qualidade de segurado.

§ 3º Se houver exercício de atividade dentro do período de fuga, o mesmo será considerado para a verificação da perda ou não da qualidade de segurado.

Art. 118. Falecendo o segurado detido ou recluso, o auxílio-reclusão que estiver sendo pago será automaticamente convertido em pensão por morte.

Parágrafo único. Não havendo concessão de auxílio-reclusão, em razão de salário de contribuição superior a R$ 360,00 (trezentos e sessenta reais), será devida pensão por morte aos dependentes se o óbito do segurado tiver ocorrido dentro do prazo previsto no inciso IV do art. 13.

- Valor sujeito a atualização mediante Portaria do Ministério da Previdência Social – MPS.

Art. 119. É vedada a concessão do auxílio-reclusão após a soltura do segurado.

Subseção XI
Do abono anual

Art. 120. Será devido abono anual ao segurado e ao dependente que, durante o ano, recebeu auxílio-doença, auxílio-acidente, aposentadoria, salário-maternidade pensão por morte ou auxílio-reclusão.

- Artigo com redação determinada pelo Dec. 4.032/2001.

§ 1º O abono anual será calculado, no que couber, da mesma forma que a gratificação natalina dos trabalhadores, tendo por base o valor da renda mensal do benefício do mês de dezembro de cada ano.

§ 2º O valor do abano anual correspondente ao período de duração do salário-maternidade será pago, em cada exercício, juntamente com a última parcela do benefício nele devida.

Dec. 3.048/1999

Capítulo III
DO RECONHECIMENTO DA FILIAÇÃO
Seção Única
Do reconhecimento do tempo de filiação

Art. 121. Reconhecimento de filiação é o direito do segurado de ter reconhecido, em qualquer época, o tempo de exercício de atividade anteriormene abrangida pela previdência social.

Subseção I
Da indenização

Art. 122. O reconhecimento de filiação no período em que o exercício de atividade remunerada não exigia filiação obrigatória à previdência social somente será feito mediante indenização das contribuições relativas ao respectivo período, conforme o disposto nos §§ 7° a 14 do art. 216 e § 8° do art. 239.

§ 1° O valor a ser indenizado poderá ser objeto de parcelamento mediante solicitação do segurado, de acordo com o disposto no art. 244, observado o § 1° do art. 128.

§ 2° Para fins de concessão de benefício constante das alíneas *a* a *e* e *h* do inciso I do art. 25, não se admite o parcelamento de débito.

Art. 123. Para fins de concessão dos benefícios deste Regulamento, o tempo de serviço prestado pelo trabalhador rural anteriormente à competência novembro de 1991 será reconhecido, desde que devidamente comprovado.

Parágrafo único. Para fins de contagem recíproca, o tempo de serviço a que se refere o *caput* somente será reconhecido mediante a indenização de que trata o § 13 do art. 216, observado o disposto no § 8° do 239.

Subseção II
Da retroação da data do início das contribuições

Art. 124. Caso o segurado contribuinte individual manifeste interesse em recolher contribuições relativas a período anterior à sua inscrição, a retroação da data do início das contribuições será autorizada, desde que comprovado o exercício de atividade remunerada no respectivo período, observado o disposto nos §§ 7° a 14 do art. 216 e no § 8° do art. 239.

• *Caput* com redação determinada pelo Dec. 3.265/1999.

Parágrafo único. O valor do débito poderá ser objeto de parcelamento mediante solicitação do segurado junto ao setor de arrecadação e fiscalização do Instituto Nacional do Seguro Social, observado o disposto no § 2° do art. 122, no § 1° do art. 128 e no art. 244.

Capítulo IV
DA CONTAGEM RECÍPROCA DE TEMPO DE CONTRIBUIÇÃO

Art. 125. Para efeito de contagem recíproca, hipótese em que os diferentes sistemas de previdência social compensar-se-ão financeiramente, é assegurado:

I – o cômputo do tempo de contribuição na administração pública, para fins de concessão de benefícios previstos no Regime Geral de Previdência Social, inclusive de aposentadoria em decorrência de tratado, convenção ou acordo internacional; e

• Inciso I com redação determinada pelo Dec. 6.042/2007.

II – para fins de emissão de certidão de tempo de contribuição, pelo INSS, para utilização no serviço público, o cômputo do tempo de contribuição na atividade privada, rural e urbana, observado o disposto no § 4° deste artigo e no parágrafo único do art. 123, § 13 do art. 216 e § 8° do art. 239.

• Inciso II com redação determinada pelo Dec. 6.042/2007.

§ 1° Para os fins deste artigo, é vedada a conversão de tempo de serviço exercido em atividade sujeita a condições especiais, nos termos dos arts. 66 e 70, em tempo de contribuição comum, bem como a contagem de qualquer tempo de serviço fictício.

• § 1° acrescentado pelo Dec. 4.729/2003.

§ 2° Admite-se a aplicação da contagem recíproca de tempo de contribuição no âmbi-

1259

to dos tratados, convenções ou acordos internacionais de previdência social.

• § 2º com redação determinada pelo Dec. 6.042/2007.

§ 3º É permitida a emissão de certidão de tempo de contribuição para períodos de contribuição posteriores à data da aposentadoria no Regime Geral de Previdência Social.

• § 3º acrescentado pelo Dec. 4.729/2003.

§ 4º Para efeito de contagem recíproca, o período em que o segurado contribuinte individual e o facultativo tiverem contribuído na forma do art. 199-A só será computado se forem complementadas as contribuições na forma do § 1º do citado artigo.

• § 4º acrescentado pelo Dec. 6.042/2007.

Art. 126. O segurado terá o direito de computar, para fins de concessão dos benefícios do Regime Geral de Previdência Social, o tempo de contribuição na administração pública federal direta, autárquica e fundacional.

• Caput com redação determinada pelo Dec. 3.112/1999.

Parágrafo único. Poderá ser contado o tempo de contribuição na administração pública direta, autárquica e fundacional dos Estados, do Distrito Federal e dos Municípios, desde que estes assegurem aos seus servidores, mediante legislação própria, a contagem de tempo de contribuição em atividade vinculada ao Regime Geral de Previdência Social.

Art. 127. O tempo de contribuição de que trata este Capítulo será contado de acordo com a legislação pertinente, observadas as seguintes normas:

I – não será admitida a contagem em dobro ou em outras condições especiais;

II – é vedada a contagem de tempo de contribuição no serviço público com o de contribuição na atividade privada, quando concomitantes;

III – não será contado por um regime o tempo de contribuição utilizado para concessão de aposentadoria por outro regime;

IV – o tempo de contribuição anterior ou posterior à obrigatoriedade de filiação à previdência social somente será contado mediante observância, quanto ao período respectivo, do disposto nos arts. 122 e 124; e

V – o tempo de contribuição do segurado trabalhador rural anterior à competência novembro de 1991 será computado, desde que observado o disposto no parágrafo único do art. 123, no § 13 do art. 216 e no § 8º do art. 239.

Art. 128. A certidão de tempo de contribuição anterior ou posterior à filiação obrigatória à previdência social somente será expedida mediante a observância do disposto nos arts. 122 e 124.

§ 1º A certidão de tempo de contribuição, para fins de averbação do tempo em outros regimes de previdência, somente será expedida pelo Instituto Nacional do Seguro Social após a comprovação da quitação de todos os valores devidos, inclusive de eventuais parcelamentos de débito.

§ 2º *(Revogado pelo Dec. 3.265/1999.)*

§ 3º Observado o disposto no § 6º do art. 62, a certidão de tempo de contribuição referente a período de atividade rural anterior à competência novembro de 1991 somente será emitida mediante comprovação do recolhimento das contribuições correspondentes ou indenização nos termos dos §§ 13 e 14 do art. 216, observado o disposto no § 8º do art. 239.

Art. 129. O segurado em gozo de auxílio-acidente, auxílio suplementar ou abono de permanência em serviço terá o benefício encerrado na data da emissão da certidão de tempo de contribuição.

• Artigo com redação determinada pelo Dec. 4.729/2003.

Art. 130. O tempo de contribuição para regime próprio de previdência social ou para Regime Geral de Previdência Social deve ser provado com certidão fornecida:

• Caput com redação determinada pelo Dec. 6.722/2008.

I – pela unidade gestora do regime próprio de previdência social ou pelo setor competente da administração federal, estadual, do Distrito Federal e municipal, suas autarquias e fundações, desde que devidamente homologada pela unidade gestora do regime próprio, relativamente ao tempo de contri-

Dec. 3.048/1999

REGULAMENTO – PREVIDÊNCIA

buição para o respectivo regime próprio de previdência social; ou

- Inciso I com redação determinada pelo Dec. 6.722/2008.

II – pelo setor competente do Instituto Nacional do Seguro Social, relativamente ao tempo de contribuição para o Regime Geral de Previdência Social.

- Inciso II com redação determinada pelo Dec. 3.668/2000.

§ 1º O setor competente do Instituto Nacional do Seguro Social deverá promover o levantamento do tempo de filiação ao Regime Geral de Previdência Social à vista dos assentamentos internos ou das anotações na Carteira do Trabalho ou na Carteira de Trabalho e Previdência Social, ou de outros meios de prova admitidos em direito.

- § 1º com redação determinada pelo Dec. 3.668/2000.

§ 2º O setor competente do órgão federal, estadual, do Distrito Federal ou municipal deverá promover o levantamento do tempo de contribuição para o respectivo regime próprio de previdência social à vista dos assentamentos funcionais.

§ 3º Após as providências de que tratam os §§ 1º e 2º, e observado, quando for o caso, o disposto no § 9º, os setores competentes deverão emitir certidão de tempo de contribuição, sem rasuras, constando, obrigatoriamente:

- Caput do § 3º com redação determinada pelo Dec. 3.668/2000.

I – órgão expedidor;

II – nome do servidor, seu número de matrícula, RG, CPF, sexo, data de nascimento, filiação, número do PIS ou Pasep, e, quando for o caso, cargo efetivo, lotação, data de admissão e data de exoneração ou demissão;

- Inciso II com redação determinada pelo Dec. 6.722/2008.

III – período de contribuição, de data a data, compreendido na certidão;

IV – fonte de informação;

V – discriminação da frequência durante o período abrangido pela certidão, indicadas as várias alterações, tais como faltas, licenças, suspensões e outras ocorrências;

VI – soma do tempo líquido;

VII – declaração expressa do servidor responsável pela certidão, indicando o tempo líquido de efetiva contribuição em dias, ou anos, meses e dias;

VIII – assinatura do responsável pela certidão e do dirigente do órgão expedidor e, no caso de ser emitida por outro órgão da administração do ente federativo, homologação da unidade gestora do regime próprio de previdência social;

- Inciso VIII com redação determinada pelo Dec. 6.722/2008.

IX – indicação da lei que assegure, aos servidores do Estado, do Distrito Federal ou do Município, aposentadorias por invalidez, idade, tempo de contribuição e compulsória, e pensão por morte, com aproveitamento de tempo de contribuição prestado em atividade vinculada ao Regime Geral de Previdência Social.

§ 4º A certidão de tempo de contribuição deverá ser expedida em duas vias, das quais a primeira será fornecida ao interessado, mediante recibo passado na segunda via, implicando sua concordância quanto ao tempo certificado.

§ 5º *(Revogado pelo Dec. 6.722/2008.)*

§ 6º *(Revogado pelo Dec. 6.722/2008.)*

§ 7º Quando solicitado pelo segurado que exerce cargos constitucionalmente acumuláveis, é permitida a emissão de certidão única com destinação do tempo de contribuição para, no máximo, dois órgãos distintos.

§ 8º Na situação do parágrafo anterior, a certidão de tempo de contribuição deverá ser expedida em três vias, das quais a primeira e a segunda serão fornecidas ao interessado, mediante recibo passado na terceira via, implicando sua concordância quanto ao tempo certificado.

§ 9º A certidão só poderá ser fornecida para os períodos de efetiva contribuição para o Regime Geral de Previdência Social, devendo ser excluídos aqueles para os quais não tenha havido contribuição, salvo se recolhida na forma dos §§ 7º a 14 do art. 216.

- § 9º acrescentado pelo Dec. 3.668/2000.

1261

§ 10. Poderá ser emitida, por solicitação do segurado, certidão de tempo de contribuição para período fracionado.
- § 10 acrescentado pelo Dec. 3.668/2000.

§ 11. Na hipótese do parágrafo anterior, a certidão conterá informação de todo o tempo de contribuição ao Regime Geral de Previdência Social e a indicação dos períodos a serem aproveitados no regime próprio de previdência social.
- § 11 acrescentado pelo Dec. 3.668/2000.

§ 12. É vedada a contagem de tempo de contribuição de atividade privada com a do serviço público ou de mais de uma atividade no serviço público, quando concomitantes, ressalvados os casos de acumulação de cargos ou empregos públicos admitidos pela Constituição.
- § 12 com redação determinada pelo Dec. 6.722/2008.

§ 13. Em hipótese alguma será expedida certidão de tempo de contribuição para período que já tiver sido utilizado para a concessão de aposentadoria, em qualquer regime de previdência social.
- § 13 acrescentado pelo Dec. 3.668/2000.

§ 14. A certidão de que trata o § 3º deverá vir acompanhada de relação dos valores das remunerações, por competência, que serão utilizados para fins de cálculo dos proventos da aposentadoria.
- § 14 acrescentado pelo Dec. 6.722/2008.

§ 15. O tempo de serviço considerado para efeito de aposentadoria e cumprido até 15 de dezembro de 1998 será contado como tempo de contribuição.
- § 15 acrescentado pelo Dec. 6.722/2008.

§ 16. Caberá revisão da certidão de tempo de contribuição, inclusive de ofício, quando constatado erro material, vedada à destinação da certidão a órgão diverso daquele a que se destinava originariamente.
- § 16 acrescentado pelo Dec. 6.722/2008.

Art. 131. Concedido o benefício, caberá:
I – ao Instituto Nacional do Seguro Social comunicar o fato ao órgão público emitente da certidão, para as anotações nos registros funcionais e/ou na segunda via da certidão de tempo de contribuição; e

II – ao órgão público comunicar o fato ao Instituto Nacional do Seguro Social, para efetuar os registros cabíveis.

Art. 132. O tempo de contribuição na administração pública federal, estadual, do Distrito Federal ou municipal de que trata este Capítulo será considerado para efeito do percentual de acréscimo previsto no inciso III do art. 39.

Art. 133. O tempo de contribuição certificado na forma deste Capítulo produz, no Instituto Nacional do Seguro Social e nos órgãos ou autarquias federais, estaduais, do Distrito Federal ou municipais, todos os efeitos previstos na respectiva legislação pertinente.

Art. 134. As aposentadorias e demais benefícios resultantes da contagem de tempo de contribuição na forma deste Capítulo serão concedidos e pagos pelo regime a que o interessado pertencer ao requerê-los e o seu valor será calculado na forma da legislação pertinente.

Art. 135. *(Revogado pelo Dec. 5.545/2005.)*

Capítulo V
DA HABILITAÇÃO E DA REABILITAÇÃO PROFISSIONAL

Art. 136. A assistência (re)educativa e de (re)adaptação profissional, instituída sob a denominação genérica de habilitação e reabilitação profissional, visa proporcionar aos beneficiários, incapacitados parcial ou totalmente para o trabalho, em caráter obrigatório, independentemente de carência, e às pessoas portadoras de deficiência, os meios indicados para proporcionar o reingresso no mercado de trabalho e no contexto em que vivem.

§ 1º Cabe ao Instituto Nacional do Seguro Social promover a prestação de que trata este artigo aos segurados, inclusive aposentados, e, de acordo com as possibilidades administrativas, técnicas, financeiras e as condições locais do órgão, aos seus dependentes, preferencialmente mediante a contratação de serviços especializados.

Dec. 3.048/1999

§ 2º As pessoas portadoras de deficiência serão atendidas mediante celebração de convênio de cooperação técnico-financeira.

Art. 137. O processo de habilitação e de reabilitação profissional do beneficiário será desenvolvido por meio das funções básicas de:

I – avaliação do potencial laborativo;

- Inciso I com redação determinada pelo Dec. 3.668/2000.

II – orientação e acompanhamento da programação profissional;

III – articulação com a comunidade, inclusive mediante a celebração de convênio para reabilitação física restrita a segurados que cumpriram os pressupostos de elegibilidade ao programa de reabilitação profissional, com vistas ao reingresso no mercado de trabalho; e

- Inciso III com redação determinada pelo Dec. 4.729/2003.

IV – acompanhamento e pesquisa da fixação no mercado de trabalho.

§ 1º A execução das funções de que trata o *caput* dar-se-á, preferencialmente, mediante o trabalho de equipe multiprofissional especializada em medicina, serviço social, psicologia, sociologia, fisioterapia, terapia ocupacional e outras afins ao processo, sempre que possível na localidade do domicílio do beneficiário, ressalvadas as situações excepcionais em que este terá direito à reabilitação profissional fora dela.

§ 2º Quando indispensáveis ao desenvolvimento do processo de reabilitação profissional, o Instituto Nacional do Seguro Social fornecerá aos segurados, inclusive aposentados, em caráter obrigatório, prótese e órtese, seu reparo ou substituição, instrumentos de auxílio para locomoção, bem como equipamentos necessários à habilitação e à reabilitação profissional, transporte urbano e alimentação e, na medida das possibilidades do Instituto, aos seus dependentes.

§ 3º No caso das pessoas portadoras de deficiência, a concessão dos recursos materiais referidos no parágrafo anterior ficará condicionada à celebração de convênio de cooperação técnico-financeira.

§ 4º O Instituto Nacional do Seguro Social não reembolsará as despesas realizadas com a aquisição de órtese ou prótese e outros recursos materiais não prescritos ou não autorizados por suas unidades de reabilitação profissional.

Art. 138. Cabe à unidade de reabilitação profissional comunicar à perícia médica a ocorrência de que trata o § 2º do art. 337.

Art. 139. A programação profissional será desenvolvida mediante cursos e/ou treinamentos, na comunidade, por meio de contratos, acordos e convênios com instituições e empresas públicas ou privadas, na forma do art. 317.

§ 1º O treinamento do reabilitando, quando realizado em empresa, não estabelece qualquer vínculo empregatício ou funcional entre o reabilitando e a empresa, bem como entre estes e o Instituto Nacional do Seguro Social.

§ 2º Compete ao reabilitando, além de acatar e cumprir as normas estabelecidas nos contratos, acordos ou convênios, pautar-se no regulamento daquelas organizações.

Art. 140. Concluído o processo de reabilitação profissional, o Instituto Nacional do Seguro Social emitirá certificado individual indicando a função para a qual o reabilitando foi capacitado profissionalmente, sem prejuízo do exercício de outra para a qual se julgue capacitado.

§ 1º Não constitui obrigação da previdência social a manutenção do segurado no mesmo emprego ou a sua colocação em outro para o qual foi reabilitado, cessando o processo de reabilitação profissional com a emissão do certificado a que se refere o *caput*.

§ 2º Cabe à previdência social a articulação com a comunidade, com vistas ao levantamento da oferta do mercado de trabalho, ao direcionamento da programação profissional e à possibilidade de reingresso do reabilitando no mercado formal.

§ 3º O acompanhamento e a pesquisa de que trata o inciso IV do art. 137 é obrigatório e tem como finalidade a comprovação da efetividade do processo de reabilitação profissional.

Art. 141. A empresa com cem ou mais empregados está obrigada a preencher de 2% (dois por cento) a 5% (cinco por cento)

de seus cargos com beneficiários reabilitados ou pessoas portadoras de deficiência, habilitadas, na seguinte proporção:

I – até duzentos empregados, 2% (dois por cento);

II – de duzentos e um a quinhentos empregados, 3% (três por cento);

III – de quinhentos e um a mil empregados, 4% (quatro por cento); ou

IV – mais de mil empregados, 5% (cinco por cento).

§ 1º A dispensa de empregado na condição estabelecida neste artigo, quando se tratar de contrato por tempo superior a 90 (noventa) dias e a imotivada, no contrato por prazo indeterminado, somente poderá ocorrer após a contratação de substituto em condições semelhantes.

§ 2º *(Revogado pelo Dec. 3.298/1999.)*

Capítulo VI
DA JUSTIFICAÇÃO ADMINISTRATIVA

Art. 142. A justificação administrativa constitui recurso utilizado para suprir a falta ou insuficiência de documento ou produzir prova de fato ou circunstância de interesse dos beneficiários, perante a previdência social.

§ 1º Não será admitida a justificação administrativa quando o fato a comprovar exigir registro público de casamento, de idade ou de óbito, ou de qualquer ato jurídico para o qual a lei prescreva forma especial.

§ 2º O processo de justificação administrativa é parte de processo antecedente, vedada sua tramitação na condição de processo autônomo.

Art. 143. A justificação administrativa ou judicial, no caso de prova exigida pelo art. 62, dependência econômica, identidade e de relação de parentesco, somente produzirá efeito quando baseada em início de prova material, não sendo admitida prova exclusivamente testemunhal.

§ 1º No caso de prova exigida pelo art. 62 é dispensado o início de prova material quando houver ocorrência de motivo de força maior ou caso fortuito.

§ 2º Caracteriza motivo de força maior ou caso fortuito a verificação de ocorrência notória, tais como incêndio, inundação ou desmoronamento, que tenha atingido a empresa na qual o segurado alegue ter trabalhado, devendo ser comprovada mediante registro da ocorrência policial feito em época própria ou apresentação de documentos contemporâneos dos fatos, e verificada a correlação entre a atividade da empresa e a profissão do segurado.

§ 3º Se a empresa não estiver mais em atividade, deverá o interessado juntar prova oficial de sua existência no período que pretende comprovar.

§ 4º No caso dos segurados empregado doméstico e contribuinte individual, após a homologação do processo, este deverá ser encaminhado ao setor competente de arrecadação para levantamento e cobrança do crédito.

* § 4º com redação determinada pelo Dec. 3.265/1999.

Art. 144. A homologação da justificação judicial processada com base em prova exclusivamente testemunhal dispensa a justificação administrativa, se complementada com início razoável de prova material.

Art. 145. Para o processamento de justificação administrativa, o interessado deverá apresentar requerimento expondo, clara e minuciosamente, os pontos que pretende justificar, indicando testemunhas idôneas, em número não inferior a três nem superior a seis, cujos depoimentos possam levar à convicção da veracidade do que se pretende comprovar.

Parágrafo único. As testemunhas, no dia e hora marcados, serão inquiridas a respeito dos pontos que forem objeto da justificação, indo o processo concluso, a seguir, à autoridade que houver designado o processante, a quem competirá homologar ou não a justificação realizada.

Art. 146. Não podem ser testemunhas:

I – os loucos de todo o gênero;

II – os cegos e surdos, quando a ciência do fato, que se quer provar, dependa dos sentidos, que lhes faltam;

III – os menores de 16 (dezesseis) anos; e

IV – o ascendente, descendente ou colateral, até o terceiro grau, por consanguinidade ou afinidade.

Art. 147. Não caberá recurso da decisão da autoridade competente do Instituto Nacional do Seguro Social que considerar eficaz ou ineficaz a justificação administrativa.

Art. 148. A justificação administrativa será avaliada globalmente quanto à forma e ao mérito, valendo perante o Instituto Nacional do Seguro Social para os fins especificamente visados, caso considerada eficaz.

Art. 149. A justificação administrativa será processada sem ônus para o interessado e nos termos das instruções do Instituto Nacional do Seguro Social.

Art. 150. Aos autores de declarações falsas, prestadas em justificações processadas perante a previdência social, serão aplicadas as penas previstas no art. 299 do Código Penal.

Art. 151. Somente será admitido o processamento de justificação administrativa na hipótese de ficar evidenciada a inexistência de outro meio capaz de configurar a verdade do fato alegado, e o início de prova material apresentado levar à convicção do que se pretende comprovar.

Capítulo VII
DAS DISPOSIÇÕES DIVERSAS RELATIVAS ÀS PRESTAÇÕES DO REGIME GERAL DE PREVIDÊNCIA SOCIAL

Art. 152. Nenhum benefício ou serviço da previdência social poderá ser criado, majorado ou estendido, sem a correspondente fonte de custeio total.

Art. 153. O benefício concedido a segurado ou dependente não pode ser objeto de penhora, arresto ou sequestro, sendo nula de pleno direito a sua venda ou cessão, ou a constituição de qualquer ônus sobre ele, bem como a outorga de poderes irrevogáveis ou em causa própria para seu recebimento, ressalvado o disposto no art. 154.

Art. 154. O Instituto Nacional do Seguro Social pode descontar da renda mensal do benefício:

I – contribuições devidas pelo segurado à previdência social;
II – pagamentos de benefícios além do devido, observado o disposto nos §§ 2º ao 5º;
III – imposto de renda na fonte;
IV – alimentos decorrentes de sentença judicial; e
V – mensalidades de associações e demais entidades de aposentados legalmente reconhecidas, desde que autorizadas por seus filiados, observado o disposto no § 1º;
VI – pagamento de empréstimos, financiamentos e operações de arrendamento mercantil concedidos por instituições financeiras e sociedades de arrendamento mercantil, públicas ou privadas, quando expressamente autorizado pelo beneficiário, até o limite de 30% (trinta por cento) do valor do benefício.

• Inciso VI acrescentado pelo Dec. 4.862/2003.

§ 1º O desconto a que se refere o inciso V do *caput* ficará na dependência da conveniência administrativa do setor de benefícios do Instituto Nacional do Seguro Social.

§ 2º A restituição de importância recebida indevidamente por beneficiário da previdência social, nos casos comprovados de dolo, fraude ou má-fé, deverá ser atualizada nos moldes do art. 175, e feita de uma só vez ou mediante acordo de parcelamento na forma do art. 244, independentemente de outras penalidades legais.

• § 2º com redação determinada pelo Dec. 5.699/2006.

§ 3º Caso o débito seja originário de erro da previdência social, o segurado, usufruindo de benefício regularmente concedido, poderá devolver o valor de forma parcelada, atualizado nos moldes do art. 175, devendo cada parcela corresponder, no máximo, a 30% (trinta por cento) do valor do benefício em manutenção, e ser descontado em número de meses necessários à liquidação do débito.

§ 4º Se o débito for originário de erro da previdência social e o segurado não usufruir de benefício, o valor deverá ser devolvido, com a correção de que trata o parágrafo anterior, da seguinte forma:

I – no caso de empregado, com a observância do disposto no art. 365; e

II – no caso dos demais beneficiários, será observado:

a) se superior a cinco vezes o valor do benefício suspenso ou cessado, no prazo de 60 (sessenta) dias, contados da notificação para fazê-lo, sob pena de inscrição em Dívida Ativa; e

b) se inferior a cinco vezes o valor do benefício suspenso ou cessado, no prazo de 30 (trinta) dias, contados da notificação para fazê-lo, sob pena de inscrição em Dívida Ativa.

§ 5º No caso de revisão de benefícios em que resultar valor superior ao que vinha sendo pago, em razão de erro da previdência social, o valor resultante da diferença verificada entre o pago e o devido será objeto de atualização nos mesmos moldes do art. 175.

§ 6º O INSS disciplinará, em ato próprio, o desconto de valores de benefícios com fundamento no inciso VI do *caput*, observadas as seguintes condições:

• *Caput* do § 6º acrescentado pelo Dec. 4.862/2003.

I – a habilitação das instituições consignatárias deverá ser definida de maneira objetiva e transparente;

• Inciso I acrescentado pelo Dec. 4.862/2003.

II – o desconto somente poderá incidir sobre os benefícios de aposentadoria, qualquer que seja sua espécie, ou de pensão por morte, recebidos pelos seus respectivos titulares;

• Inciso II acrescentado pelo Dec. 4.862/2003.

III – a prestação de informações aos titulares de benefícios em manutenção e às instituições consignatárias necessária à realização do desconto deve constar de rotinas próprias;

• Inciso III acrescentado pelo Dec. 4.862/2003.

IV – os prazos para o início dos descontos autorizados e para o repasse das prestações às instituições consignatárias devem ser definidos de forma justa e eficiente;

• Inciso IV acrescentado pelo Dec. 4.862/2003.

V – o valor dos encargos a serem cobrados pelo INSS deverá corresponder, apenas, ao ressarcimento dos custos operacionais, que serão absorvidos integralmente pelas instituições consignatárias;

• Inciso V acrescentado pelo Dec. 4.862/2003.

VI – o próprio titular do benefício deverá firmar autorização expressa para o desconto;

• Inciso VI acrescentado pelo Dec. 4.862/2003.

VII – o valor do desconto não poderá exceder a 30% (trinta por cento) do valor disponível do benefício, assim entendido o valor do benefício após a dedução das consignações de que tratam os incisos I a V do *caput*, correspondente a última competência paga, excluída a que contenha o décimo terceiro salário, estabelecido no momento da contratação;

• Inciso VII acrescentado pelo Dec. 4.862/2003.

VIII – o empréstimo poderá ser concedido por qualquer instituição consignatária, independentemente de ser ou não responsável pelo pagamento de benefício;

• Inciso VIII com redação determinada pelo Dec. 5.180/2004.

IX – os beneficiários somente poderão realizar as operações previstas no inciso VI do *caput* se receberem o benefício no Brasil;

• Inciso IX com redação determinada pelo Dec. 5.180/2004.

X – a retenção recairá somente sobre as parcelas mensais fixas integrais, vedada a administração de eventual saldo devedor;

• Inciso X acrescentado pelo Dec. 4.862/2003.

XI – o titular de benefício poderá autorizar mais de um desconto em favor da mesma instituição consignatária, respeitados o limite consignável e a prevalência de retenção em favor dos contratos mais antigos;

• Inciso XI acrescentado pelo Dec. 4.862/2003.

XII – a eventual modificação no valor do benefício ou das consignações de que tratam os incisos I a V do *caput* que resulte margem consignável inferior ao valor da parcela pactuada, poderá ensejar a reprogramação da retenção, alterando-se o valor e o prazo do desconto, desde que solicitado pela instituição consignatária e sem acréscimo de custos operacionais; e

• Inciso XII acrescentado pelo Dec. 4.862/2003.

XIII – outras que se fizerem necessárias.

• Inciso XIII acrescentado pelo Dec. 4.862/2003.

§ 7º Na hipótese de coexistência de descontos relacionados nos incisos II e VI do *caput*, prevalecerá o desconto do inciso II.

• § 7º acrescentado pelo Dec. 4.862/2003.

§ 8º É facultado ao titular do benefício solicitar a substituição da instituição financeira pagadora do benefício por outra, para pagamento de benefício mediante crédito em conta-corrente, exceto se já tiver realizado operação com a instituição pagadora na forma do § 9º e enquanto houver saldo devedor em amortização.

• § 8º com redação determinada pelo Dec. 5.699/2006.

§ 9º O titular de benefício de aposentadoria, qualquer que seja a sua espécie, ou de pensão por morte do regime deste Regulamento, poderá autorizar, de forma irrevogável e irretratável, que a instituição financeira na qual receba seu benefício retenha valores referentes ao pagamento mensal de empréstimos, financiamentos e operações de arrendamento mercantil por ela concedidos, para fins de amortização.

• § 9º com redação determinada pelo Dec. 5.699/2006.

§ 10. O INSS não responde, em nenhuma hipótese, pelos débitos contratados pelos segurados, restringindo-se sua responsabilidade:

• 10 acrescentado pelo Dec. 5.699/2006.

I – à retenção dos valores autorizados pelo beneficiário e seu repasse à instituição consignatária, em relação às operações contratadas na forma do inciso VI do *caput*; e

II – à manutenção dos pagamentos na mesma instituição financeira enquanto houver saldo devedor, desde que seja por ela comunicado, na forma estabelecida pelo INSS, e enquanto não houver retenção superior ao limite de 30% (trinta por cento) do valor do benefício, em relação às operações contratadas na forma do § 9º.

Art. 154-A. O INSS poderá arredondar, para a unidade de real imediatamente superior, os valores em centavos dos benefícios de prestação continuada pagos mensalmente a seus beneficiários.

• Artigo acrescentado pelo Dec. 4.032/2001.

Parágrafo único. Os valores recebidos a maior pelo beneficiário serão descontados no pagamento do abono anual ou do último valor do pagamento do benefício, na hipótese de sua cessação.

Art. 155. Será fornecido ao beneficiário demonstrativo minucioso das importâncias pagas, discriminando-se o valor da mensalidade, as diferenças eventualmente pagas, com o período a que se referem, e os descontos efetuados.

Art. 156. O benefício será pago diretamente ao beneficiário, salvo em caso de ausência, moléstia contagiosa ou impossibilidade de locomoção, quando será pago a procurador, cujo mandato não terá prazo superior a 12 (doze) meses, podendo ser renovado ou revalidado pelos setores de benefícios do Instituto Nacional do Seguro Social.

Parágrafo único. O procurador do beneficiário deverá firmar, perante o Instituto Nacional do Seguro Social, termo de responsabilidade mediante o qual se comprometa a comunicar ao Instituto qualquer evento que possa anular a procuração, principalmente o óbito do outorgante, sob pena de incorrer nas sanções criminais cabíveis.

Art. 157. O Instituto Nacional do Seguro Social apenas poderá negar-se a aceitar procuração quando se manifestar indício de inidoneidade do documento ou do mandatário, sem prejuízo, no entanto, das providências que se fizerem necessárias.

Art. 158. Na constituição de procuradores, observar-se-á subsidiariamente o disposto no Código Civil.

Art. 159. Somente será aceita a constituição de procurador com mais de uma procuração, ou procurações coletivas, nos casos de representantes credenciados de leprosários, sanatórios, asilos e outros estabelecimentos congêneres, nos casos de parentes de primeiro grau, ou, em outros casos, a critério do Instituto Nacional do Seguro Social.

Art. 160. Não poderão ser procuradores:
I – os servidores públicos civis ativos e os militares ativos, salvo se parentes até o segundo grau; e

II – os incapazes para os atos da vida civil, ressalvado o disposto no art. 666 do Código Civil.

* Inciso II com redação determinada pelo Dec. 4.729/2003.

Parágrafo único. Podem outorgar procuração as pessoas maiores ou emancipadas, no gozo dos direitos civis.

Art. 161. O serviço social constitui atividade auxiliar do seguro social e visa prestar ao beneficiário orientação e apoio no que concerne à solução dos problemas pessoais e familiares e à melhoria da sua inter-relação com a previdência social, para a solução de questões referentes a benefícios, bem como, quando necessário, à obtenção de outros recursos sociais da comunidade.

§ 1º Será dada prioridade de atendimento a segurados em benefício por incapacidade temporária e atenção especial a aposentados e pensionistas.

* § 1º acrescentado pelo Dec. 6.722/2008.

§ 2º Para assegurar o efetivo atendimento aos beneficiários, poderão ser utilizados mecanismos de intervenção técnica, ajuda material, recursos sociais, intercâmbio com empresas, inclusive mediante celebração de convênios, acordos ou contratos, ou pesquisa social.

* § 2º acrescentado pelo Dec. 6.722/2008.

§ 3º O serviço social terá como diretriz a participação do beneficiário na implementação e fortalecimento da política previdenciária, em articulação com associações e entidades de classes.

* § 3º acrescentado pelo Dec. 6.722/2008.

§ 4º O serviço social prestará assessoramento técnico aos estados, Distrito Federal e municípios na elaboração de suas respectivas propostas de trabalho relacionadas com a previdência social.

* § 4º acrescentado pelo Dec. 6.722/2008.

§ 5º O Ministro de Estado da Previdência Social editará atos complementares para a aplicação do disposto neste artigo.

* § 5º acrescentado pelo Dec. 6.722/2008.

Art. 162. O benefício devido ao segurado ou dependente civilmente incapaz será pago ao cônjuge, pai, mãe, tutor ou curador, admitindo-se, na sua falta e por período não superior a 6 (seis) meses, o pagamento a herdeiro necessário, mediante termo de compromisso firmado no ato do recebimento.

Parágrafo único. O período a que se refere o caput poderá ser prorrogado por iguais períodos, desde que comprovado o andamento regular do processo legal de tutela ou curatela.

* Parágrafo único acrescentado pelo Dec. 6.214/2007.

§ 1º *(Revogado pelo Dec. 5.699/2006.)*
§ 2º *(Revogado pelo Dec. 5.699/2006.)*

Art. 163. O segurado e o dependente, após 16 (dezesseis) anos de idade, poderão firmar recibo de benefício, independentemente da presença dos pais ou do tutor.

* Artigo com redação determinada pelo Dec. 4.079/2002.

Art. 164. A impressão digital do beneficiário incapaz de assinar, aposta na presença de servidor da previdência social ou representante desta, vale como assinatura para quitação de pagamento de benefício.

Art. 165. O valor não recebido em vida pelo segurado somente será pago aos seus dependentes habilitados à pensão por morte ou, na falta deles, aos seus sucessores na forma da lei civil, independentemente de inventário ou arrolamento.

Art. 166. Os benefícios poderão ser pagos mediante depósito em conta-corrente bancária em nome do beneficiário.

* Caput com redação determinada pelo Dec. 4.729/2003.

§ 1º *(Revogado pelo Dec. 3.265/1999.)*
§ 2º *(Revogado pelo Dec. 4.729/2003.)*

§ 3º Na hipótese da falta de movimentação relativo a saque em conta-corrente cujos depósitos sejam decorrentes exclusivamente de pagamento de benefícios, por prazo superior a 60 (sessenta) dias, os valores dos benefícios remanescentes serão estornados e creditados à Conta Única do Tesouro Nacional, com a identificação de sua origem.

* § 3º acrescentado pelo Dec. 4.729/2003.

Art. 167. Salvo no caso de direito adquirido, não é permitido o recebimento conjunto dos seguintes benefícios da previdência social, inclusive quando decorrentes de acidente do trabalho:

Dec. 3.048/1999

REGULAMENTO – PREVIDÊNCIA

I – aposentadoria com auxílio-doença;

II – mais de uma aposentadoria;

III – aposentadoria com abono de permanência em serviço;

IV – salário-maternidade com auxílio-doença;

V – mais de um auxílio-acidente;

VI – mais de uma pensão deixada por cônjuge;

VII – mais de uma pensão deixada por companheiro ou companheira;

VIII – mais de uma pensão deixada por cônjuge e companheiro ou companheira; e

IX – auxílio-acidente com qualquer aposentadoria.

§ 1º No caso dos incisos VI, VII e VIII é facultado ao dependente optar pela pensão mais vantajosa.

§ 2º É vedado o recebimento conjunto do seguro-desemprego com qualquer benefício de prestação continuada da previdência social, exceto pensão por morte, auxílio-reclusão, auxílio-acidente, auxílio suplementar ou abono de permanência em serviço.

§ 3º É permitida a acumulação dos benefícios previstos neste Regulamento com o benefício de que trata a Lei 7.070, de 20 de dezembro de 1982, que não poderá ser reduzido em razão de eventual aquisição de capacidade laborativa ou de redução de incapacidade para o trabalho ocorrida após a sua concessão.

§ 4º O segurado recluso, ainda que contribua na forma do § 6º do art. 116, não faz jus aos benefícios de auxílio-doença e de aposentadoria durante a percepção, pelos dependentes, do auxílio-reclusão, permitida a opção, desde que manifestada, também, pelos dependentes, pelo benefício mais vantajoso.

* § 4º acrescentado pelo Dec. 4.729/2003.

Art. 168. Salvo nos casos de aposentadoria por invalidez ou especial, observado quanto a esta o disposto no parágrafo único do art. 69, o retorno do aposentado à atividade não prejudica o recebimento de sua aposentadoria, que será mantida no seu valor integral.

* Artigo com redação determinada pelo Dec. 4.729/2003.

Art. 169. Os pagamentos dos benefícios de prestação continuada não poderão ser antecipados.

§ 1º Excepcionalmente, nos casos de estado de calamidade pública decorrente de desastres naturais, reconhecidos por ato do Governo Federal, o INSS poderá, nos termos de ato do Ministro de Estado da Previdência Social, antecipar aos beneficiários domiciliados nos respectivos municípios:

* § 1º acrescentado pelo Dec. 7.223/2010.

I – o cronograma de pagamento dos benefícios de prestação continuada previdenciária e assistencial, enquanto perdurar o estado de calamidade; e

II – o valor correspondente a uma renda mensal do benefício devido, excetuados os temporários, mediante opção dos beneficiários.

§ 2º O valor antecipado de que trata o inciso II do § 1º será ressarcido de forma parcelada, mediante desconto da renda do benefício, para esse fim equiparado ao crédito de que trata o inciso II do *caput* do art. 154, nos termos do ato a que se refere o § 1º.

* § 2º acrescentado pelo Dec. 7.223/2010.

Art. 170. Compete privativamente aos servidores de que trata o art. 2º da Lei 10.876, de 2 de junho de 2004, a realização de exames médico-periciais para concessão e manutenção de benefícios e outras atividades médico-periciais inerentes ao regime de que trata este Regulamento, sem prejuízo do disposto no mencionado artigo.

* Artigo com redação determinada pelo Dec. 6.939/2009.

Parágrafo único. Os servidores de que trata o *caput* poderão solicitar ao médico assistente do beneficiário que forneça informações sobre antecedentes médicos a este relativas, na forma a ser disciplinada pelo INSS, para fins do disposto nos § 2º do art. 43 e § 1º do art. 71 ou para subsidiar emissão de laudo médico pericial conclusivo.

Art. 171. Quando o segurado ou dependente deslocar-se por determinação do Instituto Nacional do Seguro Social para submeter-se a exame médico-pericial ou a processo de reabilitação profissional em localidade diversa da de sua residência, deverá a

instituição custear o seu transporte e pagar-lhe diária no valor de R$ 24,57 (vinte e quatro reais e cinquenta e sete centavos), ou promover sua hospedagem mediante contratação de serviços de hotéis, pensões ou similares.

* Valor sujeito a atualização mediante Portaria do Ministério da Previdência Social – MPS.

§ 1º Caso o beneficiário, a critério do Instituto Nacional do Seguro Social, necessite de acompanhante, a viagem deste poderá ser autorizada, aplicando-se o disposto neste artigo.

§ 2º Quando o beneficiário ficar hospedado em hoteis, pensões ou similares contratados ou conveniados pelo Instituto Nacional do Seguro Social, não caberá pagamento de diária.

Art. 172. Fica o Instituto Nacional do Seguro Social obrigado a emitir e a enviar aos beneficiários aviso de concessão de benefício, além da memória de cálculo do valor dos benefícios concedidos.

Art. 173. O segurado em gozo de aposentadoria por tempo de contribuição, especial ou por idade, que voltar a exercer atividade abrangida pelo Regime Geral de Previdência Social, somente terá direito ao salário-família e à reabilitação profissional, quando empregado ou trabalhador avulso, observado o disposto no art. 168 e, nos casos de aposentadoria especial, a proibição de que trata o parágrafo único do art. 69.

Art. 174. O primeiro pagamento do benefício será efetuado até 45 (quarenta e cinco) dias após a data da apresentação, pelo segurado, da documentação necessária à sua concessão.

* Caput com redação determinada pelo Dec. 6.722/2008.

Parágrafo único. O prazo fixado no caput fica prejudicado nos casos de justificação administrativa ou outras providências a cargo do segurado, que demandem a sua dilatação, iniciando-se essa contagem a partir da data da conclusão das mesmas.

Art. 175. O pagamento de parcelas relativas a benefícios efetuado com atraso, independentemente de ocorrência de mora e de quem lhe deu causa, deve ser corrigido monetariamente desde o momento em que restou devido, pelo mesmo índice utilizado para os reajustamentos dos benefícios do RGPS, apurado no período compreendido entre o mês que deveria ter sido pago e o mês do efetivo pagamento.

* Artigo com redação determinada pelo Dec. 6.722/2008.

Art. 176. A apresentação de documentação incompleta não constitui motivo para recusa do requerimento de benefício.

* Artigo com redação determinada pelo Dec. 3.668/2000.

Art. 177. (Revogado pelo Dec. 3.668/2000.)

Art. 178. O pagamento mensal de benefícios de valor superior a vinte vezes o limite máximo de salário de contribuição deverá ser autorizado expressamente pelo Gerente Executivo do Instituto Nacional do Seguro Social, observada a análise da Divisão ou Serviço de Benefícios.

* Artigo com redação determinada pelo Dec. 5.545/2005.
* Valor sujeito a atualização mediante Portaria do Ministério da Previdência Social – MPS.

Parágrafo único. Os benefícios de valor inferior ao limite estipulado no caput, quando do reconhecimento do direito da concessão, revisão e manutenção de benefícios, serão supervisionados pelas Agências da Previdência Social e Divisões ou Serviços de Benefícios, sob critérios preestabelecidos pela Direção Central.

Art. 179. O Ministério da Previdência e Assistência Social e o Instituto Nacional do Seguro Social manterão programa permanente de revisão da concessão e da manutenção dos benefícios da previdência social, a fim de apurar irregularidades e falhas existentes.

§ 1º Havendo indício de irregularidade na concessão ou na manutenção do benefício ou, ainda, ocorrendo a hipótese prevista no § 4º, a previdência social notificará o beneficiário para apresentar defesa, provas ou documentos de que dispuser, no prazo de 10 (dez) dias.

* § 1º com redação determinada pelo Dec. 5.699/2006.

§ 2º A notificação a que se refere o § 1º far-se-á por via postal com aviso de recebimen-

to e, não comparecendo o beneficiário nem apresentando defesa, será suspenso o benefício, com notificação ao beneficiário.

• § 2º com redação determinada pelo Dec. 4.729/2003.

§ 3º Decorrido o prazo concedido pela notificação postal, sem que tenha havido resposta, ou caso seja considerada pela previdência social como insuficiente ou improcedente a defesa apresentada, o benefício será cancelado, dando-se conhecimento da decisão ao beneficiário.

• § 3º com redação determinada pelo Dec. 4.729/2003.

§ 4º O recenseamento previdenciário relativo ao pagamento dos benefícios do Regime Geral de Previdência Social de que tratam o § 4º do art. 69 e o caput do art. 60 da Lei 8.212, de 1991, deverá ser realizado pelo menos uma vez a cada 4 (quatro) anos.

• § 4º acrescentado pelo Dec. 5.545/2005.

§ 5º A coleta e transmissão de dados cadastrais de titulares de benefícios, com o objetivo de cumprir o disposto no § 4º, serão realizados por meio da rede bancária contratada para os fins do art. 60 da Lei 8.212, de 1991.

• § 5º acrescentado pelo Dec. 5.545/2005.

§ 6º Na impossibilidade de notificação do beneficiário ou na falta de atendimento à convocação por edital, o pagamento será suspenso até o comparecimento do beneficiário e regularização dos dados cadastrais ou será adotado procedimento previsto no § 1º.

• § 6º acrescentado pelo Dec. 5.699/2006.

Art. 180. Ressalvado o disposto nos §§ 5º e 6º do art. 13, a perda da qualidade de segurado importa em caducidade dos direitos inerentes a essa qualidade.

• Caput com redação determinada pelo Dec. 4.729/2003.

§ 1º A perda da qualidade de segurado não prejudica o direito à aposentadoria para cuja concessão tenham sido preenchidos todos os requisitos, segundo a legislação em vigor à época em que estes requisitos foram atendidos.

§ 2º Não será concedida pensão por morte aos dependentes do segurado que falecer após a perda desta qualidade, nos termos dos arts. 13 a 15, salvo se preenchidos os requisitos para obtenção de aposentadoria na forma do parágrafo anterior, observado o disposto no art. 105.

§ 3º No cálculo da aposentadoria de que trata o § 1º, será observado o disposto no § 9º do art. 32 e no art. 52.

Art. 181. Todo e qualquer benefício concedido pelo Instituto Nacional do Seguro Social, ainda que à conta do Tesouro Nacional, submete-se ao limite a que se refere o § 5º do art. 214.

Parágrafo único. Aos beneficiários de que trata o art. 150 da Lei 8.213, de 1991, aplicam-se as disposições previstas neste Regulamento, vedada a adoção de critérios diferenciados para a concessão de benefícios.

Art. 181-A. Fica garantido ao segurado com direito à aposentadoria por idade a opção pela não aplicação do fator previdenciário, devendo o Instituto Nacional do Seguro Social, quando da concessão do benefício, proceder ao cálculo da renda mensal inicial com e sem o fator previdenciário.

• Artigo acrescentado pelo Dec. 3.265/1999.

Art. 181-B. As aposentadorias por idade, tempo de contribuição e especial concedidas pela previdência social, na forma deste Regulamento, são irreversíveis e irrenunciáveis.

• Caput acrescentado pelo Dec. 3.265/1999.

Parágrafo único. O segurado pode desistir do seu pedido de aposentadoria desde que manifeste esta intenção e requeira o arquivamento definitivo do pedido antes da ocorrência do primeiro de um dos seguintes atos:

• Parágrafo único com redação determinada pelo Dec. 6.208/2007.

I – recebimento do primeiro pagamento do benefício; ou

II – saque do respectivo Fundo de Garantia do Tempo de Serviço ou do Programa de Integração Social.

Art. 181-C. Na hipótese de o inventariante não tomar a iniciativa do pagamento das contribuições devidas pelo segurado falecido o Instituto Nacional do Seguro Social deverá requerer, no inventário ou arrola-

Dec. 3.048/1999

REGULAMENTO – PREVIDÊNCIA

mento de bens por ele deixado, o pagamento da dívida.

* Artigo acrescentado pelo Dec. 4.729/2003.

Parágrafo único. Na hipótese de ter sido feita a partilha da herança sem a liquidação das contribuições devidas pelo segurado falecido, respondem os herdeiros, cada qual em proporção da parte que na herança lhe coube, aplicando-se, em relação aos herdeiros dependentes, o disposto no art. 154, inciso I, combinado com o § 3º do mesmo artigo.

Capítulo VIII
DAS DISPOSIÇÕES TRANSITÓRIAS RELATIVAS ÀS PRESTAÇÕES DO REGIME GERAL DE PREVIDÊNCIA SOCIAL

Art. 182. A carência das aposentadorias por idade, tempo de contribuição e especial para os segurados inscritos na previdência social urbana até 24 de julho de 1991, bem como para os trabalhadores e empregadores rurais amparados pela previdência social rural, obedecerá à seguinte tabela, levando-se em conta o ano em que o segurado implementou todas as condições necessárias à obtenção do benefício:

Ano de Implementação das Condições	Meses de Contribuição Exigidos
1998	102 meses
1999	108 meses
2000	114 meses
2001	120 meses
2002	126 meses
2003	132 meses
2004	138 meses
2005	144 meses
2006	150 meses
2007	156 meses
2008	162 meses
2009	168 meses
2010	174 meses
2011	180 meses

Art. 183. O trabalhador rural enquadrado como segurado obrigatório do RGPS, na forma da alínea *a* do inciso I ou da alínea *j* do inciso V do *caput* do art. 9º, pode requerer a aposentadoria por idade, no valor de um salário mínimo, até 31 de dezembro de 2010, desde que comprove o exercício de atividade rural, ainda que de forma descontínua, no período imediatamente anterior ao requerimento do benefício ou, conforme o caso, ao mês em que cumpriu o requisito etário, em número de meses idêntico à carência do referido benefício.

* Artigo com redação determinada pelo Dec. 6.722/2008.

Art. 183-A. Na concessão de aposentadoria por idade do empregado rural, em valor equivalente ao salário mínimo, serão contados para efeito de carência:

* Artigo acrescentado pelo Dec. 6.722/2008.

I – até 31 de dezembro de 2010, o período de atividade comprovado na forma do inciso II, letra *a*, do § 2º do art. 62, observado o disposto no art. 183;

II – de janeiro de 2011 a dezembro de 2015, cada mês comprovado de emprego, multiplicado por três, limitado a 12 (doze) meses dentro do respectivo ano civil; e

III – de janeiro de 2016 a dezembro de 2020, cada mês comprovado de emprego, multiplicado por dois, limitado a 12 (doze) meses dentro do respectivo ano civil.

Parágrafo único. Aplica-se o disposto no *caput* e respectivo inciso I ao trabalhador rural enquadrado na categoria de segurado contribuinte individual que comprovar a prestação de serviço de natureza rural, em caráter eventual, a uma ou mais empresas, sem relação de emprego.

Art. 184. O segurado que recebe aposentadoria por idade, tempo de contribuição ou especial do Regime Geral de Previdência Social que permaneceu ou retornou à atividade e que vinha contribuindo até 14 de abril de 1994, véspera da vigência da Lei 8.870, de 15 de abril de 1994, receberá o pecúlio, em pagamento único, quando do desligamento da atividade que vinha exercendo.

§ 1º O pecúlio de que trata este artigo consistirá em pagamento único de valor corres-

pondente à soma das importâncias relativas às contribuições do segurado, remuneradas de acordo com o índice de remuneração básica dos depósitos de poupança com data de aniversário no dia primeiro.

§ 2º O disposto no parágrafo anterior aplica-se a contar de 25 de julho de 1991, data da vigência da Lei 8.213, de 1991, observada, com relação às contribuições anteriores, a legislação vigente à época do seu recolhimento.

Art. 185. Serão mantidos, de acordo com a respectiva legislação específica, as prestações e o seu financiamento, referentes aos benefícios de ferroviário servidor público ou autárquico federal ou em regime especial que não optou pelo regime da Consolidação das Leis do Trabalho, na forma da Lei 6.184, de 11 de dezembro de 1974, bem como de seus dependentes.

Art. 186. *(Revogado pelo Dec. 4.079/2002.)*

Art. 187. É assegurada a concessão de aposentadoria, a qualquer tempo, nas condições previstas na legislação anterior à Emenda Constitucional n. 20, de 1998, ao segurado do Regime Geral de Previdência Social que, até 16 de dezembro de 1998, tenha cumprido os requisitos para obtê-la.

Parágrafo único. Quando da concessão de aposentadoria nos termos do *caput*, o tempo de serviço será considerado até 16 de dezembro de 1998, e a renda mensal inicial será calculada com base nos 36 (trinta e seis) últimos salários de contribuição anteriores àquela data, reajustada pelos mesmos índices aplicados aos benefícios, até a data da entrada do requerimento, não sendo devido qualquer pagamento relativamente a período anterior a esta data, observado, quando couber, o disposto no § 9º do art. 32 e nos §§ 3º e 4º do art. 56.

Art. 188. O segurado filiado ao Regime Geral de Previdência Social até 16 de dezembro de 1998, cumprida a carência exigida, terá direito a aposentadoria, com valores proporcionais ao tempo de contribuição, quando, cumulativamente:

* *Caput* com redação determinada pelo Dec. 4.729/2003.

I – contar 53 (cinquenta e três) anos ou mais de idade, se homem, e 48 (quarenta e oito) anos ou mais de idade, se mulher; e

II – contar tempo de contribuição igual, no mínimo, à soma de:

a) 30 (trinta) anos, se homem, e 25 (vinte e cinco) anos, se mulher; e

* Alínea *a* com redação determinada pelo Dec. 4.729/2003.

b) um período adicional de contribuição equivalente a, no mínimo, 40% (quarenta por cento) do tempo que, em 16 de dezembro de 1998, faltava para atingir o limite de tempo constante da alínea *a*.

* Alínea *b* com redação determinada pelo Dec. 4.729/2003.

§ 1º *(Revogado pelo Dec. 4.729/2003.)*

§ 2º O valor da renda mensal da aposentadoria proporcional será equivalente a 70% (setenta por cento) do valor da aposentadoria a que se referem as alíneas *a* e *b* do inciso IV do art. 39, acrescido de 5% (cinco por cento) por ano de contribuição que supere a soma a que se refere o inciso II até o limite de 100% (cem por cento).

* § 2º com redação determinada pelo Dec. 4.729/2003.

§ 3º O segurado que, até 16 de dezembro de 1998, tenha cumprido os requisitos para obter a aposentadoria proporcional somente fará jus ao acréscimo de 5% (cinco por cento) a que se refere o § 2º se cumprir o requisito previsto no inciso I, observado o disposto no art. 187 ou a opção por aposentar-se na forma dos arts. 56 a 63.

* § 3º com redação determinada pelo Dec. 4.729/2003.

§ 4º O professor que, até 16 de dezembro de 1998, tenha exercido atividade de magistério, em qualquer nível, e que opte por se aposentar na forma do disposto nas alíneas *a* e *b* do inciso IV do art. 39, terá o tempo de serviço exercido até aquela data contado com o acréscimo de 17% (dezessete por cento), se homem, e de 20% (vinte por cento), se mulher, desde que se aposente, exclusivamente, com tempo de efetivo exercício de atividade de magistério, sem prejuí-

Dec. 3.048/1999

REGULAMENTO – PREVIDÊNCIA

zo do direito à aposentadoria na forma do § 1º do art. 56.

• § 4º com redação determinada pelo Dec. 5.545/2005.

Art. 188-A. Para o segurado filiado à previdência social até 28 de novembro de 1999, inclusive o oriundo de regime próprio de previdência social, que vier a cumprir as condições exigidas para a concessão dos benefícios do Regime Geral de Previdência Social, no cálculo do salário de benefício será considerada a média aritmética simples dos maiores salários de contribuição, correspondentes a, no mínimo, 80% (oitenta por cento) de todo o período contributivo decorrido desde a competência julho de 1994, observado o disposto nos incisos I e II do *caput* e § 14 do art. 32.

• *Caput* acrescentado pelo Dec. 3.265/1999.

§ 1º No caso das aposentadorias por idade, tempo de contribuição e especial, o divisor considerado no cálculo da média a que se refere o *caput* não poderá ser inferior a 60% (sessenta por cento) do período decorrido da competência julho de 1994 até a data de início do benefício, limitado a 100% (cem por cento) de todo o período contributivo.

• § 1º acrescentado pelo Dec. 3.265/1999.

§ 2º Para a obtenção do salário de benefício, o fator previdenciário de que trata o art. 32 será aplicado de forma progressiva, incidindo sobre um sessenta avos da média aritmética de que trata o *caput*, por competência que se seguir a 28 de novembro de 1999, cumulativa e sucessivamente, até completar sessenta sessenta avos da referida média, na competência novembro de 2004.

• § 2º acrescentado pelo Dec. 3.265/1999.

§ 3º *(Revogado pelo Dec. 5.399/2005.)*

§ 4º Nos casos de auxílio-doença e de aposentadoria por invalidez, o salário de benefício consiste na média aritmética simples dos maiores salários de contribuição correspondentes a 80% (oitenta por cento) do período contributivo decorrido desde a competência julho de 1994 até a data do início do benefício.

• § 4º com redação determinada pelo Dec. 6.939/2009.

Art. 188-B. Fica garantido ao segurado que, até o dia 28 de novembro de 1999, tenha cumprido os requisitos para a concessão de benefício, o cálculo do valor inicial segundo as regras até então vigentes, considerando-se como período básico de cálculo os trinta e seis meses imediatamente anteriores àquela data, observado o § 2º do art. 35, e assegurada a opção pelo cálculo na forma do art. 188-A, se mais vantajoso.

• Artigo acrescentado pelo Dec. 3.265/1999.

Art. 188-C. *(Revogado pelo Dec. 4.729/2003.)*

Art. 188-D. *(Revogado pelo Dec. 4.729/2003.)*

Art. 188-E. O cálculo das aposentadorias concedidas mediante a utilização do critério estabelecido nos §§ 5º e 6º do art. 13 obedecerá ao disposto no art. 188-A e, quando inexistirem salários de contribuição a partir de julho de 1994, serão concedidas no valor mínimo do salário de benefício.

• Artigo acrescentado pelo Dec. 4.729/2003.

Art. 188-F. Aplica-se o disposto no § 2º do art. 56 aos pedidos de benefícios requeridos a partir de 11 de maio de 2006, levando-se em consideração todo o período de exercício nas atividades citadas.

• Artigo acrescentado pelo Dec. 6.722/2008.

Art. 189. Os benefícios de legislação especial pagos pela previdência social à conta do Tesouro Nacional e de ex-combatentes, iniciados até 16 de dezembro de 1998, serão reajustados com base nos mesmos índices aplicáveis aos benefícios de prestação continuada da previdência social.

Art. 190. A partir de 14 de outubro de 1996, não serão mais devidos os benefícios de legislação específica do jornalista profissional, do jogador profissional de futebol e do telefonista.

Parágrafo único. A aposentadoria especial do aeronauta nos moldes do Decreto-lei 158, de 10 de fevereiro de 1967, está extinta a partir de 16 de dezembro de 1998, passando a ser devida ao aeronauta os benefícios deste Regulamento.

Art. 191. É vedada a inclusão em regime próprio de previdência social do servidor de que tratam as alíneas *i*, *l* e *m* do inciso I do

Dec. 3.048/1999

REGULAMENTO – PREVIDÊNCIA

caput do art. 9º, sendo automática sua filiação ao Regime Geral de Previdência Social a partir de 16 de dezembro de 1998.

Art. 192. Aos menores de 16 (dezesseis) anos filiados ao Regime Geral de Previdência Social até 16 de dezembro de 1998 são assegurados todos os direitos previdenciários.

Art. 193. O Instituto Nacional do Seguro Social deverá rever:

I – as aposentadorias concedidas no período de 29 de abril de 1995 até a data da publicação deste Regulamento, com conversão de tempo de atividade sob condições especiais em tempo de atividade comum, considerando-se a legislação vigente quando do cumprimento dos requisitos necessários à concessão das referidas aposentadorias; e

II – as aposentadorias por tempo de serviço e especial e as certidões de tempo de serviço com cômputo de tempo de serviço rural concedidas ou emitidas a partir de 24 de julho de 1991 até a data da publicação deste Regulamento.

LIVRO III
DO CUSTEIO DA SEGURIDADE SOCIAL
TÍTULO I
DO FINANCIAMENTO DA SEGURIDADE SOCIAL
Capítulo I
INTRODUÇÃO

Art. 194. A seguridade social é financiada por toda a sociedade, de forma direta e indireta, mediante recursos provenientes dos orçamentos da União, dos Estados, do Distrito Federal, dos Municípios e de contribuições sociais.

Art. 195. No âmbito federal, o orçamento da seguridade social é composto de receitas provenientes:

I – da União;
II – das contribuições sociais; e
III – de outras fontes.

Parágrafo único. Constituem contribuições sociais:

I – as das empresas, incidentes sobre a remuneração paga, devida ou creditada aos segurados e demais pessoas físicas a seu serviço, mesmo sem vínculo empregatício;

II – as dos empregadores domésticos, incidentes sobre o salário de contribuição dos empregados domésticos a seu serviço;

III – as dos trabalhadores, incidentes sobre seu salário de contribuição;

IV – as das associações desportivas que mantêm equipe de futebol profissional, incidentes sobre a receita bruta decorrente dos espetáculos desportivos de que participem em todo território nacional em qualquer modalidade desportiva, inclusive jogos internacionais, e de qualquer forma de patrocínio, licenciamento de uso de marcas e símbolos, publicidade, propaganda e transmissão de espetáculos desportivos;

V – as incidentes sobre a receita bruta proveniente da comercialização da produção rural;

VI – as das empresas, incidentes sobre a receita ou o faturamento e o lucro; e

VII – as incidentes sobre a receita de concursos de prognósticos.

Capítulo II
DA CONTRIBUIÇÃO DA UNIÃO

Art. 196. A contribuição da União é constituída de recursos adicionais do Orçamento Fiscal, fixados obrigatoriamente na Lei Orçamentária anual.

Parágrafo único. A União é responsável pela cobertura de eventuais insuficiências financeiras da seguridade social, quando decorrentes do pagamento de benefícios de prestação continuada da previdência social, na forma da Lei Orçamentária anual.

Art. 197. Para pagamento dos encargos previdenciários da União poderão contribuir os recursos da seguridade social referidos no inciso VI do parágrafo único do art. 195, na forma da Lei Orçamentária anual, assegurada a destinação de recursos para as ações de saúde e assistência social.

1275

Dec. 3.048/1999

REGULAMENTO – PREVIDÊNCIA

Capítulo III
DA CONTRIBUIÇÃO DO SEGURADO

Seção I
Da contribuição do segurado empregado, empregado doméstico e trabalhador avulso

Art. 198. A contribuição do segurado empregado, inclusive o doméstico, e do trabalhador avulso é calculada mediante a aplicação da correspondente alíquota, de forma não cumulativa, sobre o seu salário de contribuição mensal, observado o disposto no art. 214, de acordo com a seguinte tabela:

Salários de contribuição	Alíquotas
até R$ 360,00	8,0 %
de R$ 360,01 até R$ 600,00	9,0 %
de R$ 600,01 até R$ 1.200,00	11,00 %

* Valores originais sujeitos a atualização mediante Portaria do Ministério da Previdência Social – MPS.

Parágrafo único. A contribuição do segurado trabalhador rural a que se refere à alínea *r* do inciso I do art. 9º é de 8% (oito por cento) sobre o respectivo salário de contribuição definido no inciso I do art. 214.

* Parágrafo único acrescentado pelo Dec. 6.722/2008.

Seção II
Da contribuição dos segurados contribuinte individual e facultativo

* Rubrica da Seção II com redação determinada pelo Dec. 3.265/1999.

Art. 199. A alíquota de contribuição dos segurados contribuinte individual e facultativo é de 20 % (vinte por cento) aplicada sobre o respectivo salário de contribuição, observado os limites a que se referem os §§ 3º e 5º do art. 214.

* Artigo com redação determinada pelo Dec. 3.265/1999.

Art. 199-A. A partir da competência em que o segurado fizer a opção pela exclusão do direito ao benefício de aposentadoria por tempo de contribuição, é de 11% (onze por cento), sobre o valor correspondente ao limite mínimo mensal do salário de contribuição, a alíquota de contribuição:

* *Caput* acrescentado pelo Dec. 6.042/2007 (*DOU* 13.02.2007), em vigor na data de sua publicação, produzindo efeitos a partir do primeiro dia do mês de abril de 2007 (v. art. 5º, I, do referido Decreto).

I – do segurado contribuinte individual, que trabalhe por conta própria, sem relação de trabalho com empresa ou equiparado;

* Inciso I acrescentado pelo Dec. 6.042/2007 (*DOU* 13.02.2007), em vigor na data de sua publicação, produzindo efeitos a partir do primeiro dia do mês de abril de 2007 (v. art. 5º, I, do referido Decreto).

II – do segurado facultativo; e

* Inciso II acrescentado pelo Dec. 6.042/2007 (*DOU* 13.02.2007), em vigor na data de sua publicação, produzindo efeitos a partir do primeiro dia do mês de abril de 2007 (v. art. 5º, I, do referido Decreto).

III – do MEI de que trata a alínea *p* do inciso V do art. 9º, cuja contribuição deverá ser recolhida na forma regulamentada pelo Comitê Gestor do Simples Nacional.

* Inciso III com redação determinada pelo Dec. 6.722/2008.

§ 1º O segurado que tenha contribuído na forma do *caput* e pretenda contar o tempo de contribuição correspondente, para fins de obtenção da aposentadoria por tempo de contribuição ou de contagem recíproca do tempo de contribuição, deverá complementar a contribuição mensal mediante o recolhimento de mais 9% (nove por cento), acrescido de juros de que trata o disposto no art. 239.

* § 1º acrescentado pelo Dec. 6.042/2007 (*DOU* 13.02.2007), em vigor na data de sua publicação, produzindo efeitos a partir do primeiro dia do mês de abril de 2007 (v. art. 5º, I, do referido Decreto).

§ 2º A contribuição complementar a que se refere o § 1º será exigida a qualquer tempo, sob pena do indeferimento ou cancelamento do benefício.

* § 2º acrescentado pelo Dec. 6.042/2007 (*DOU* 13.02.2007), em vigor na data de sua publicação, produzindo efeitos a partir do primeiro dia do mês de abril de 2007 (v. art. 5º, I, do referido Decreto).

Dec. 3.048/1999

REGULAMENTO – PREVIDÊNCIA

Seção III
Da contribuição do produtor rural pessoa física e do segurado especial

Art. 200. A contribuição do empregador rural pessoa física, em substituição à contribuição de que tratam o inciso I do art. 201 e o art. 202, e a do segurado especial, incidente sobre a receita bruta da comercialização da produção rural, é de:

* *Caput* com redação determinada pelo Dec. 4.032/2001.

I – 2% (dois por cento) para a seguridade social; e

II – 0,1% (um décimo por cento) para o financiamento dos benefícios concedidos em razão do grau de incidência de incapacidade laborativa decorrente dos riscos ambientais do trabalho.

§ 1º *(Revogado pelo Dec. 4.032/2001.)*

§ 2º O segurado especial referido neste artigo, além da contribuição obrigatória de que tratam os incisos I e II do *caput*, poderá contribuir, facultativamente, na forma do art. 199.

* § 2º com redação determinada pelo Dec. 6.042/2007.

§ 3º O produtor rural pessoa física de que trata a alínea *a* do inciso V do *caput* do art. 9º contribui, também, obrigatoriamente, na forma do art. 199, observando ainda o disposto nas alíneas *a* e *b* do inciso I do art. 216.

§ 4º Integra a receita bruta de que trata este artigo, além dos valores decorrentes da comercialização da produção relativa aos produtos a que se refere o § 5º, a receita proveniente:

* § 4º com redação determinada pelo Dec. 6.722/2008.

I – da comercialização da produção obtida em razão de contrato de parceria ou meação de parte do imóvel rural;

II – da comercialização de artigos de artesanato de que trata o inciso VII do § 8º do art. 9º;

III – de serviços prestados, de equipamentos utilizados e de produtos comercializados no imóvel rural, desde que em atividades turísticas e de entretenimento desenvolvidas no próprio imóvel, inclusive hospedagem, alimentação, recepção, recreação e atividades pedagógicas, bem como taxa de visitação e serviços especiais;

IV – do valor de mercado da produção rural dada em pagamento ou que tiver sido trocada por outra, qualquer que seja o motivo ou finalidade; e

V – de atividade artística de que trata o inciso VIII do § 8º do art. 9º.

§ 5º Integram a produção, para os efeitos dos incisos I e II do *caput*, observado o disposto no § 25 do art. 9º, os produtos de origem animal ou vegetal, em estado natural ou submetidos a processos de beneficiamento ou industrialização rudimentar, assim compreendidos, entre outros, os processos de lavagem, limpeza, descaroçamento, pilagem, descascamento, lenhamento, pasteurização, resfriamento, secagem, socagem, fermentação, embalagem, cristalização, fundição, carvoejamento, cozimento, destilação, moagem e torrefação, bem como os subprodutos e os resíduos obtidos por meio desses processos.

* § 5º com redação determinada pelo Dec. 6.722/2008.

§ 6º *(Revogado pelo Dec. 6.722/2008.)*

§ 7º A contribuição de que trata este artigo será recolhida:

I – pela empresa adquirente, consumidora ou consignatária ou a cooperativa, que ficam sub-rogadas no cumprimento das obrigações do produtor rural pessoa física de que trata a alínea *a* do inciso V do *caput* do art. 9º e do segurado especial, independentemente de as operações de venda ou consignação terem sido realizadas diretamente com estes ou com intermediário pessoa física, exceto nos casos do inciso III;

II – pela pessoa física não produtor rural, que fica sub-rogada no cumprimento das obrigações do produtor rural pessoa física de que trata a alínea *a* do inciso V do *caput* do art. 9º e do segurado especial, quando adquire produção para venda, no varejo, a consumidor pessoa física; ou

III – pela pessoa física de que trata alínea *a* do inciso V do *caput* do art. 9º e pelo segurado especial, caso comercializem sua produção com adquirente domiciliado no exterior, diretamente, no varejo, a consumidor

Dec. 3.048/1999

REGULAMENTO – PREVIDÊNCIA

pessoa física, a outro produtor rural pessoa física ou a outro segurado especial.

§ 8º O produtor rural pessoa física continua obrigado a arrecadar e recolher ao Instituto Nacional do Seguro Social a contribuição do segurado empregado e do trabalhador avulso a seu serviço, descontando-a da respectiva remuneração, nos mesmos prazos e segundo as mesmas normas aplicadas às empresas em geral.

§ 9º Sem prejuízo do disposto no inciso III do § 7º, o produtor rural pessoa física e o segurado especial são obrigados a recolher, diretamente, a contribuição incidente sobre a receita bruta proveniente:

- § 9º acrescentado pelo Dec. 6.722/2008.

I – da comercialização de artigos de artesanato elaborados com matéria-prima produzida pelo respectivo grupo familiar;

II – de comercialização de artesanato ou do exercício de atividade artística, observado o disposto nos incisos VII e VIII do § 8º do art. 9º; e

III – de serviços prestados, de equipamentos utilizados e de produtos comercializados no imóvel rural, desde que em atividades turística e de entretenimento desenvolvidas no próprio imóvel, inclusive hospedagem, alimentação, recepção, recreação e atividades pedagógicas, bem como taxa de visitação e serviços especiais.

§ 10. O segurado especial é obrigado a arrecadar a contribuição de trabalhadores a seu serviço e a recolhê-la no prazo referido na alínea *b* do inciso I do art. 216.

- § 10 acrescentado pelo Dec. 6.722/2008.

Art. 200-A. Equipara-se ao empregador rural pessoa física o consórcio simplificado de produtores rurais, formado pela união de produtores rurais pessoas físicas, que outorgar a um deles poderes para contratar, gerir e demitir trabalhadores rurais, na condição de empregados, para prestação de serviços, exclusivamente, aos seus integrantes, mediante documento registrado em cartório de títulos e documentos.

- Artigo acrescentado pelo Dec. 4.032/2001.

§ 1º O documento de que trata o *caput* deverá conter a identificação de cada produtor, seu endereço pessoal e o de sua propriedade rural, bem como o respectivo registro no Instituto Nacional de Colonização e Reforma Agrária ou informações relativas à parceria, arrendamento ou equivalente e à matrícula no INSS de cada um dos produtores rurais.

§ 2º O consórcio deverá ser matriculado no INSS na forma por este estabelecida, em nome do empregador a quem hajam sido outorgados os mencionados poderes.

Art. 200-B. As contribuições de que tratam o inciso I do art. 201 e o art. 202, bem como a devida ao Serviço Nacional Rural, são substituídas, em relação à remuneração paga, devida ou creditada ao trabalhador rural contratado pelo consórcio simplificado de produtores rurais de que trata o art. 200-A, pela contribuição dos respectivos produtores rurais.

- Artigo acrescentado pelo Dec. 4.032/2001.

Capítulo IV
DAS CONTRIBUIÇÕES DA EMPRESA E DO EMPREGADOR DOMÉSTICO

Seção I
Das contribuições da empresa

Art. 201. A contribuição a cargo da empresa, destinada à seguridade social, é de:

I – 20% (vinte por cento) sobre o total das remunerações pagas, devidas ou creditadas, a qualquer título, no decorrer do mês, aos segurados empregado e trabalhador avulso, além das contribuições previstas nos arts. 202 e 204;

- Inciso I com redação determinada pelo Dec. 3.265/1999.

II – 20% (vinte por cento) sobre o total das remunerações ou retribuições pagas ou creditadas no decorrer do mês ao segurado contribuinte individual;

- Inciso II com redação determinada pelo Dec. 3.265/1999.

III – 15% (quinze por cento) sobre o valor bruto da nota fiscal ou fatura de prestação de serviços, relativamente a serviços que lhes são prestados por cooperados por intermédio de cooperativas de trabalho, ob-

servado, no que couber, as disposições dos §§ 7º e 8º do art. 219;

- Inciso III com redação determinada pelo Dec. 3.265/1999.

IV – 2,5% (dois inteiros e cinco décimos por cento) sobre o total da receita bruta proveniente da comercialização da produção rural, em substituição às contribuições previstas no inciso I do *caput* e no art. 202, quando se tratar de pessoa jurídica que tenha como fim apenas a atividade de produção rural.

- Inciso IV com redação determinada pelo Dec. 4.032/2001.

§ 1º São consideradas remuneração as importâncias auferidas em uma ou mais empresas, assim entendida a totalidade dos rendimentos pagos, devidos ou creditados a qualquer título, durante o mês, destinados a retribuir o trabalho, qualquer que seja a sua forma, inclusive os ganhos habituais sob a forma de utilidades, ressalvado o disposto no § 9º do art. 214 e excetuado o lucro distribuído ao segurado empresário, observados os termos do inciso II do § 5º.

§ 2º Integra a remuneração para os fins do disposto nos incisos II e III do *caput*, a bolsa de estudos paga ou creditada ao médico-residente participante do programa de residência médica de que trata o art. 4º da Lei 6.932, de 7 de julho de 1981, na redação dada pela Lei 10.405, de 9 de janeiro de 2002.

- § 2º com redação determinada pelo Dec. 4.729/2003.

§ 3º Não havendo comprovação dos valores pagos ou creditados aos segurados de que tratam as alíneas *e* a *i* do inciso V do art. 9º, em face de recusa ou sonegação de qualquer documento ou informação, ou sua apresentação deficiente, a contribuição da empresa referente a esses segurados será de 20% (vinte por cento) sobre:

- § 3º com redação determinada pelo Dec. 3.452/2000.

I – o salário de contribuição do segurado nessa condição;

II – a maior remuneração paga a empregados da empresa; ou

III – o salário mínimo, caso não ocorra nenhuma das hipóteses anteriores.

§ 4º A remuneração paga ou creditada a condutor autônomo de veículo rodoviário, ou ao auxiliar de condutor autônomo de veículo rodoviário, em automóvel cedido em regime de colaboração, nos termos da Lei 6.094, de 30 de agosto de 1974, pelo frete, carreto ou transporte de passageiros, realizado por conta própria, corresponde a 20% (vinte por cento) do rendimento bruto.

- § 4º com redação determinada pelo Dec. 4.032/2001.

§ 5º No caso de sociedade civil de prestação de serviços profissionais relativos ao exercício de profissões legalmente regulamentadas, a contribuição da empresa referente aos segurados a que se referem as alíneas *g* a *i* do inciso V do art. 9º, observado o disposto no art. 225 e legislação específica, será de 20% (vinte por cento) sobre:

- *Caput* do § 5º com redação determinada pelo Dec. 3.265/1999.

I – a remuneração paga ou creditada aos sócios em decorrência de seu trabalho, de acordo com a escrituração contábil da empresa; ou

II – os valores totais pagos ou creditados aos sócios, ainda que a título de antecipação de lucro da pessoa jurídica, quando não houver discriminação entre a remuneração decorrente do trabalho e a proveniente do capital social ou tratar-se de adiantamento de resultado ainda não apurado por meio de demonstração de resultado do exercício.

- Inciso II com redação determinada pelo Dec. 4.729/2003.

§ 6º No caso de banco comercial, banco de investimento, banco de desenvolvimento, caixa econômica, sociedade de crédito, financiamento e investimento, sociedade de crédito imobiliário, inclusive associação de poupança e empréstimo, sociedade corretora, distribuidora de títulos e valores mobiliários, inclusive bolsa de mercadorias e de valores, empresa de arrendamento mercantil, cooperativa de crédito, empresa de seguros privados e de capitalização, agente autônomo de seguros privados e de crédito e entidade de previdência privada, aberta e fechada, além das contribuições referidas nos incisos I e II do *caput* e nos arts. 202 e 204, é devida a contribuição adicional de

2,5% (dois vírgula cinco por cento) sobre a base de cálculo definida nos incisos I e II do *caput*.

• § 6º com redação determinada pelo Dec. 3.265/1999.

§ 7º A pessoa jurídica enquadrada na condição de microempresa ou de empresa de pequeno porte, na forma do art. 2º da Lei 9.317, de 5 de dezembro de 1996, que optar pela inscrição no Sistema Integrado de Pagamento de Impostos e Contribuições das Microempresas e Empresas de Pequeno Porte, contribuirá na forma estabelecida no art. 23 da referida Lei, em substituição às contribuições de que tratam os incisos I a IV do *caput* e os arts. 201-A, 202 e 204.

• § 7º com redação determinada pelo Dec. 4.032/2001.

§ 8º A contribuição será sempre calculada na forma do inciso II do *caput* quando a remuneração ou retribuição for paga ou creditada a pessoa física, quando ausentes os requisitos que caracterizem o segurado como empregado, mesmo que não esteja inscrita no Regime Geral de Previdência Social.

• § 8º com redação determinada pelo Dec. 3.265/1999.

§§ 9º a 14. *(Revogados pelo Dec. 3.265/1999.)*

§ 15. Para os efeitos do inciso IV do *caput* e do § 8º do art. 202, considera-se receita bruta o valor recebido ou creditado pela comercialização da produção, assim entendida a operação de venda ou consignação, observadas as disposições do § 5º do art. 200.

§ 16. A partir de 14 de outubro de 1996, as contribuições de que tratam o inciso IV do *caput* e o § 8º do art. 202 são de responsabilidade do produtor rural pessoa jurídica, não sendo admitida a sub-rogação ao adquirente, consignatário ou cooperativa.

§ 17. O produtor rural pessoa jurídica continua obrigado a arrecadar e recolher ao Instituto Nacional do Seguro Social a contribuição do segurado empregado e do trabalhador avulso a seu serviço, descontando-a da respectiva remuneração, nos mesmos prazos e segundo as mesmas normas aplicadas às empresas em geral.

§ 18. *(Revogado pelo Dec. 4.032/2001.)*

§ 19. A cooperativa de trabalho não está sujeita à contribuição de que trata o inciso II do *caput*, em relação às importâncias por ela pagas, distribuídas ou creditadas aos respectivos cooperados, a título de remuneração ou retribuição pelos serviços que, por seu intermédio, tenham prestado a empresas.

• § 19 com redação determinada pelo Dec. 3.452/2000.

§ 20. A contribuição da empresa, relativamente aos serviços que lhe são prestados por cooperados por intermédio de cooperativas de trabalho na atividade de transporte rodoviário de carga ou passageiro, é de 15% (quinze por cento) sobre a parcela correspondente ao valor dos serviços prestados pelos cooperados, que não será inferior a 20% (vinte por cento) do valor da nota fiscal ou fatura.

• § 20 acrescentado pelo Dec. 4.032/2001.

§ 21. O disposto no inciso IV do *caput* não se aplica às operações relativas à prestação de serviços a terceiros, cujas contribuições previdenciárias continuam sendo devidas na forma deste artigo e do art. 202.

• § 21 acrescentado pelo Dec. 4.032/2001.

§ 22. A pessoa jurídica, exceto a agroindústria, que, além da atividade rural, explorar também outra atividade econômica autônoma, quer seja comercial, industrial ou de serviços, no mesmo ou em estabelecimento distinto, independentemente de qual seja a atividade preponderante, contribuirá de acordo com os incisos I, II e III do art. 201 e art. 202.

• § 22 acrescentado pelo Dec. 4.032/2001.

Art. 201-A. A contribuição devida pela agroindústria, definida como sendo o produtor rural pessoa jurídica cuja atividade econômica seja a industrialização de produção própria ou de produção própria e adquirida de terceiros, incidente sobre o valor da receita bruta proveniente da comercialização da produção, em substituição às previstas no inciso I do art. 201 e art. 202, é de:

• *Caput* acrescentado pelo Dec. 4.032/2001.

I – 2,5% (dois inteiros e cinco décimos por cento) destinados à Seguridade Social; e

• Inciso I acrescentado pelo Dec. 4.032/2001.

Dec. 3.048/1999

REGULAMENTO – PREVIDÊNCIA

II – 0,1% (um décimo por cento) para o financiamento do benefício previsto nos arts. 64 a 70, e daqueles concedidos em razão do grau de incidência de incapacidade para o trabalho decorrente dos riscos ambientais da atividade.

• Inciso II acrescentado pelo Dec. 4.032/2001.

§ 1º Para os fins deste artigo, entende-se por receita bruta o valor total da receita proveniente da comercialização da produção própria e da adquirida de terceiros, industrializada ou não.

• § 1º acrescentado pelo Dec. 4.032/2001.

§ 2º O disposto neste artigo não se aplica às operações relativas à prestação de serviços a terceiros, cujas contribuições previdenciárias continuam sendo devidas na forma do art. 201 e 202, obrigando-se a empresa a elaborar folha de salários e registros contábeis distintos.

• § 2º acrescentado pelo Dec. 4.032/2001.

§ 3º Na hipótese do § 2º, a receita bruta correspondente aos serviços prestados a terceiros não integram a base de cálculo da contribuição de que trata o *caput*.

• § 3º acrescentado pelo Dec. 4.032/2001.

§ 4º O disposto neste artigo não se aplica:

• § 4º com redação determinada pelo Dec. 4.862/2003.

I – às sociedades cooperativas e às agroindústrias de piscicultura, carcinicultura, suinocultura e avicultura; e

II – à pessoa jurídica que, relativamente à atividade rural, se dedique apenas ao florestamento e reflorestamento como fonte de matéria-prima para industrialização própria mediante a utilização de processo industrial que modifique a natureza química da madeira ou a transforme em pasta celulósica.

§ 5º Aplica-se o disposto no inciso II do § 4º ainda que a pessoa jurídica comercialize resíduos vegetais ou sobras ou partes da produção, desde que a receita bruta decorrente dessa comercialização represente menos de 1% (um por cento) de sua receita bruta proveniente da comercialização da produção.

• § 5º acrescentado pelo Dec. 4.862/2003.

Art. 201-B. Aplica-se o disposto no artigo anterior, ainda que a agroindústria explore, também, outra atividade econômica autônoma, no mesmo ou em estabelecimento distinto, hipótese em que a contribuição incidirá sobre o valor da receita bruta dela decorrente.

• Artigo acrescentado pelo Dec. 4.032/2001.

Art. 201-C. Quando a cooperativa de produção rural contratar empregados para realizarem, exclusivamente, a colheita da produção de seus cooperados, as contribuições de que tratam o art. 201, I, e o art. 202, relativas à folha de salário destes segurados, serão substituídas pela contribuição devida pelos cooperados, cujas colheitas sejam por eles realizadas, incidentes sobre a receita bruta da comercialização da produção rural, na forma prevista no art. 200, se pessoa física, no inciso IV do *caput* do art. 201 e no § 8º do art. 202, se pessoa jurídica.

• Artigo acrescentado pelo Dec. 4.032/2001.

§ 1º A cooperativa deverá elaborar folha de salários distinta e apurar os encargos decorrentes da contratação de que trata o *caput* separadamente dos relativos aos seus empregados regulares, discriminadamente por cooperado, na forma definida pelo INSS.

§ 2º A cooperativa é diretamente responsável pela arrecadação e recolhimento da contribuição previdenciária dos segurados contratados na forma deste artigo.

§ 3º O disposto neste artigo aplica-se à contribuição devida ao Serviço Nacional Rural.

Art. 201-D. As alíquotas de que tratam os incisos I e II do art. 201, em relação às empresas que prestam serviços de tecnologia da informação – TI e de tecnologia da informação e comunicação – TIC, ficam reduzidas de acordo com a aplicação sucessiva das seguintes operações:

• *Caput* acrescentado pelo Dec. 6.945/2009 (*DOU* 24.08.2009), em vigor na data de sua publicação, produzindo efeitos por 5 (cinco) anos contados a partir do 1º dia do mês seguinte ao de sua publicação (v. art. 4º, do referido Decreto).

I – subtrair do valor da receita bruta total de venda de bens e serviços relativa aos 12 (doze) meses imediatamente anteriores ao trimestre-calendário o valor correspondente aos impostos e às contribuições incidentes sobre venda;

• Inciso I acrescentado pelo Dec. 6.945/2009 (*DOU* 24.08.2009), em vigor na data de sua publi-

1281

Dec. 3.048/1999

REGULAMENTO – PREVIDÊNCIA

cação, produzindo efeitos por 5 (cinco) anos contados a partir do 1º dia do mês seguinte ao de sua publicação (v. art. 4º, do referido Decreto).

II – identificar, no valor da receita bruta total resultante da operação prevista no inciso I, a parte relativa aos serviços mencionados nos §§ 3º e 4º que foram exportados;

- Inciso II acrescentado pelo Dec. 6.945/2009 (*DOU* 24.08.2009), em vigor na data de sua publicação, produzindo efeitos por 5 (cinco) anos contados a partir do 1º dia do mês seguinte ao de sua publicação (v. art. 4º, do referido Decreto).

III – dividir a receita bruta de exportação resultante do inciso II pela receita bruta total resultante do inciso I;

- Inciso III acrescentado pelo Dec. 6.945/2009 (*DOU* 24.08.2009), em vigor na data de sua publicação, produzindo efeitos por 5 (cinco) anos contados a partir do 1º dia do mês seguinte ao de sua publicação (v. art. 4º, do referido Decreto).

IV – multiplicar a razão decorrente do inciso III por 0,1 (um décimo);

- Inciso IV acrescentado pelo Dec. 6.945/2009 (*DOU* 24.08.2009), em vigor na data de sua publicação, produzindo efeitos por 5 (cinco) anos contados a partir do 1º dia do mês seguinte ao de sua publicação (v. art. 4º, do referido Decreto).

V – multiplicar o valor encontrado de acordo com a operação do inciso IV por 100 (cem), para que se chegue ao percentual de redução;

- Inciso V acrescentado pelo Dec. 6.945/2009 (*DOU* 24.08.2009), em vigor na data de sua publicação, produzindo efeitos por 5 (cinco) anos contados a partir do 1º dia do mês seguinte ao de sua publicação (v. art. 4º, do referido Decreto).

VI – subtrair de 20% (vinte por cento) o percentual resultante do inciso V, de forma que se obtenha a nova alíquota percentual a ser aplicada sobre a base de cálculo da contribuição previdenciária.

- Inciso VI acrescentado pelo Dec. 6.945/2009 (*DOU* 24.08.2009), em vigor na data de sua publicação, produzindo efeitos por 5 (cinco) anos contados a partir do 1º dia do mês seguinte ao de sua publicação (v. art. 4º, do referido Decreto).

§ 1º A alíquota apurada na forma do inciso VI do *caput* será aplicada uniformemente nos meses que compõem o trimestre-calendário.

- § 1º acrescentado pelo Dec. 6.945/2009 (*DOU* 24.08.2009), em vigor na data de sua publicação, produzindo efeitos por 5 (cinco) anos contados a partir do 1º dia do mês seguinte ao de sua publicação (v. art. 4º, do referido Decreto).

§ 2º No caso de empresa em início de atividades ou sem receita de exportação até a data de publicação da Lei 11.774, de 17 de setembro de 2008, a apuração de que trata o *caput* poderá ser realizada com base em período inferior a 12 (doze) meses, observado o mínimo de 3 (três) meses anteriores.

- § 2º acrescentado pelo Dec. 6.945/2009 (*DOU* 24.08.2009), em vigor na data de sua publicação, produzindo efeitos por 5 (cinco) anos contados a partir do 1º dia do mês seguinte ao de sua publicação (v. art. 4º, do referido Decreto).

§ 3º Para efeito do *caput*, consideram-se serviços de TI e TIC:

- § 3º acrescentado pelo Dec. 6.945/2009 (*DOU* 24.08.2009), em vigor na data de sua publicação, produzindo efeitos por 5 (cinco) anos contados a partir do 1º dia do mês seguinte ao de sua publicação (v. art. 4º, do referido Decreto).

I – análise e desenvolvimento de sistemas;
II – programação;
III – processamento de dados e congêneres;
IV – elaboração de programas de computadores, inclusive de jogos eletrônicos;
V – licenciamento ou cessão de direito de uso de programas de computação;
VI – assessoria e consultoria em informática;
VII – suporte técnico em informática, inclusive instalação, configuração e manutenção de programas de computação e bancos de dados; e
VIII – planejamento, confecção, manutenção e atualização de páginas eletrônicas.

§ 4º O disposto neste artigo aplica-se também a empresas que prestam serviços de *call center*.

- § 4º acrescentado pelo Dec. 6.945/2009 (*DOU* 24.08.2009), em vigor na data de sua publicação, produzindo efeitos por 5 (cinco) anos contados a partir do 1º dia do mês seguinte ao de sua publicação (v. art. 4º, do referido Decreto).

§ 5º No caso das empresas que prestam serviços referidos nos §§ 3º e 4º, os valores das contribuições devidas a terceiros, denominados outras entidades ou fundos, com exceção do Fundo Nacional de Desenvolvimento da Educação – FNDE, ficam reduzidos no percentual resultante das operações referidas no *caput* e de acordo com a aplicação sucessiva das seguintes operações:

- § 5º acrescentado pelo Dec. 6.945/2009 (*DOU* 24.08.2009), em vigor na data de sua publicação, produzindo efeitos por 5 (cinco) anos contados a

Dec. 3.048/1999

REGULAMENTO – PREVIDÊNCIA

partir do 1º dia do mês seguinte ao de sua publicação (v. art. 4º, do referido Decreto).

I – calcular a contribuição devida no mês a cada entidade ou fundo, levando em consideração as regras aplicadas às empresas em geral;

II – aplicar o percentual de redução, resultante do inciso V do *caput*, sobre o valor resultante do inciso I;

III – subtrair, do valor apurado na forma do inciso I, o valor obtido no inciso II, o que resultará no valor a ser recolhido a cada entidade ou fundo no mês.

§ 6º As reduções de que tratam o *caput* e o § 5º pressupõem o atendimento ao seguinte:

- *Caput* do § 6º acrescentado pelo Dec. 6.945/2009 (DOU 24.08.2009), em vigor na data de sua publicação, produzindo efeitos por 5 (cinco) anos contados a partir do 1º dia do mês seguinte ao de sua publicação (v. art. 4º, do referido Decreto).
- V. art. 2º, Dec. 6.945/2009 (Altera o Regulamento da Previdência Social).

I – até 31 de dezembro de 2009, a empresa deverá implementar o Programa de Prevenção de Riscos Ambientais e de Doenças Ocupacionais previsto em lei, caracterizado pela plena execução do Programa de Prevenção de Riscos Ambientais – PPRA e do Programa de Controle Médico de Saúde Ocupacional – PCMSO, conforme disciplinado nas normas regulamentadoras do Ministério do Trabalho e Emprego, devendo ainda estabelecer metas de melhoria das condições e do ambiente de trabalho que reduzam a ocorrência de benefícios por incapacidade decorrentes de acidentes do trabalho ou doenças ocupacionais em pelo menos 5% (cinco por cento) em relação ao ano anterior;

- Inciso I com redação determinada pelo Dec. 7.331/2010.

II – até 31 de dezembro de 2010, a empresa que comprovar estar executando o programa de prevenção de riscos ambientais e de doenças ocupacionais implantado nos prazo e forma estabelecidos no inciso I, terá presumido o atendimento à exigência fixada no inciso I do § 9º do art. 14 da Lei 11.774, de 2008;

- Inciso II acrescentado pelo Dec. 6.945/2009 (DOU 24.08.2009), em vigor na data de sua publicação, produzindo efeitos por 5 (cinco) anos contados a partir do 1º dia do mês seguinte ao de sua publicação (v. art. 4º, do referido Decreto).

III – a partir de 1º de janeiro de 2011, a empresa deverá comprovar a eficácia do respectivo programa de prevenção de riscos ambientais e de doenças ocupacionais, por meio de relatórios que atestem o atendimento da meta de redução de sinistralidade nele estabelecida;

- Inciso III acrescentado pelo Dec. 6.945/2009 (DOU 24.08.2009), em vigor na data de sua publicação, produzindo efeitos por 5 (cinco) anos contados a partir do 1º dia do mês seguinte ao de sua publicação (v. art. 4º, do referido Decreto).

IV – *(Revogado pelo Dec. 7.331/2010.)*

§ 7º Sem prejuízo do disposto no § 6º, as empresas dos setores de TI e de TIC só farão jus às reduções de que tratam o *caput* e o § 5º se aplicarem montante igual ou superior a 10% (dez por cento) do benefício auferido, alternativa ou cumulativamente em despesas:

- § 7º acrescentado pelo Dec. 6.945/2009 (DOU 24.08.2009), em vigor na data de sua publicação, produzindo efeitos por 5 (cinco) anos contados a partir do 1º dia do mês seguinte ao de sua publicação (v. art. 4º, do referido Decreto).

I – para capacitação de pessoal, relacionada a aspectos técnicos associados aos serviços de TI e TIC, referidos no § 3º, bem como a serviços de *call centers*, aí incluída a capacitação em temas diretamente relacionados com qualidade de produtos, processos ou sistemas, bem como a proficiência em línguas estrangeiras;

II – relacionadas ao desenvolvimento de atividades de avaliação de conformidade, incluindo certificação de produtos, serviços e sistemas, realizadas com entidades ou especialistas do País ou do exterior;

III – realizadas com desenvolvimento tecnológico de produtos, processos e serviços, sendo considerados atividades de pesquisa e desenvolvimento em TI aquelas dispostas nos arts. 24 e 25 do Decreto 5.906, de 26 de setembro de 2006; ou

IV – realizadas no apoio a projetos de desenvolvimento científico ou tecnológico, por instituições de pesquisa e desenvolvimento, conforme definidos nos arts. 27 e 28 do Decreto 5.906, de 2006, devidamente credenciadas pelo Comitê da Área de Tecnologia

Dec. 3.048/1999

REGULAMENTO – PREVIDÊNCIA

da Informação – Cati ou pelo Comitê das Atividades de Pesquisa e Desenvolvimento da Amazônia – CAPDA.

§ 8º O valor do benefício e a especificação das contrapartidas referidos no § 7º deverão ser declarados formalmente pelas empresas beneficiárias, a cada exercício, ao Ministério da Ciência e Tecnologia, na forma a ser definida em ato daquele Ministério.

- § 8º acrescentado pelo Dec. 6.945/2009 (DOU 24.08.2009), em vigor na data de sua publicação, produzindo efeitos por 5 (cinco) anos contados a partir do 1º dia do mês seguinte ao de sua publicação (v. art. 4º, do referido Decreto).

§ 9º Para fins do § 8º, as empresas beneficiadas pela Lei 8.248, de 23 de outubro de 1991, poderão deduzir do montante previsto no § 7º as despesas efetivamente realizadas, no atendimento às exigências da referida Lei, observado o disposto no § 10.

- § 9º acrescentado pelo Dec. 6.945/2009 (DOU 24.08.2009), em vigor na data de sua publicação, produzindo efeitos por 5 (cinco) anos contados a partir do 1º dia do mês seguinte ao de sua publicação (v. art. 4º, do referido Decreto).

§ 10. O disposto no § 9º aplica-se exclusivamente às despesas de mesma natureza das previstas no § 7º.

- § 10 acrescentado pelo Dec. 6.945/2009 (DOU 24.08.2009), em vigor na data de sua publicação, produzindo efeitos por 5 (cinco) anos contados a partir do 1º dia do mês seguinte ao de sua publicação (v. art. 4º, do referido Decreto).

§ 11. A União compensará, mensalmente, o Fundo do Regime Geral de Previdência Social, de que trata o art. 68 da Lei Complementar 101, de 4 de maio de 2000, no valor correspondente à renúncia previdenciária decorrente da desoneração de que trata este artigo, de forma a não afetar a apuração do resultado financeiro do Regime Geral de Previdência Social.

- § 11 acrescentado pelo Dec. 6.945/2009 (DOU 24.08.2009), em vigor na data de sua publicação, produzindo efeitos por 5 (cinco) anos contados a partir do 1º dia do mês seguinte ao de sua publicação (v. art. 4º, do referido Decreto).

§ 12. A renúncia de que trata o § 11 consistirá na diferença entre o valor da contribuição que seria devido, como se não houvesse incentivo, e o valor da contribuição efetivamente recolhido.

- § 12 acrescentado pelo Dec. 6.945/2009 (DOU 24.08.2009), em vigor na data de sua publicação, produzindo efeitos por 5 (cinco) anos contados a partir do 1º dia do mês seguinte ao de sua publicação (v. art. 4º, do referido Decreto).

§ 13. O valor estimado da renúncia será incluído na Lei Orçamentária Anual, sem prejuízo do repasse enquanto não constar na mencionada Lei.

- § 13 acrescentado pelo Dec. 6.945/2009 (DOU 24.08.2009), em vigor na data de sua publicação, produzindo efeitos por 5 (cinco) anos contados a partir do 1º dia do mês seguinte ao de sua publicação (v. art. 4º, do referido Decreto).

§ 14. O não cumprimento das exigências de que tratam os §§ 6º e 7º implica a perda do direito das reduções de que tratam o *caput* e o § 5º, ensejando o recolhimento da diferença de contribuições com os acréscimos legais cabíveis.

- § 14 acrescentado pelo Dec. 6.945/2009 (DOU 24.08.2009), em vigor na data de sua publicação, produzindo efeitos por 5 (cinco) anos contados a partir do 1º dia do mês seguinte ao de sua publicação (v. art. 4º, do referido Decreto).

Art. 202. A contribuição da empresa, destinada ao financiamento da aposentadoria especial, nos termos dos arts. 64 a 70, e dos benefícios concedidos em razão do grau de incidência de incapacidade laborativa decorrente dos riscos ambientais do trabalho corresponde à aplicação dos seguintes percentuais, incidentes sobre o total da remuneração paga, devida ou creditada a qualquer título, no decorrer do mês, ao segurado empregado e trabalhador avulso:

I – 1% (um por cento) para a empresa em cuja atividade preponderante o risco de acidente do trabalho seja considerado leve;

II – 2% (dois por cento) para a empresa em cuja atividade preponderante o risco de acidente do trabalho seja considerado médio; ou

III – 3% (três por cento) para a empresa em cuja atividade preponderante o risco de acidente do trabalho seja considerado grave.

§ 1º As alíquotas constantes do *caput* serão acrescidas de 12 (doze), 9 (nove) ou 6 (seis) pontos percentuais, respectivamente, se a atividade exercida pelo segurado a serviço da empresa ensejar a concessão de aposentadoria especial após 15 (quinze), 20 (vinte) ou 25 (vinte e cinco) anos de contribuição.

Dec. 3.048/1999

Regulamento – Previdência

§ 2º O acréscimo de que trata o parágrafo anterior incide exclusivamente sobre a remuneração do segurado sujeito às condições especiais que prejudiquem a saúde ou a integridade física.

§ 3º Considera-se preponderante a atividade que ocupa, na empresa, o maior número de segurados empregados e trabalhadores avulsos.

§ 4º A atividade econômica preponderante da empresa e os respectivos riscos de acidentes do trabalho compõem a Relação de Atividades Preponderantes e correspondentes Graus de Risco, prevista no Anexo V.

§ 5º É de responsabilidade da empresa realizar o enquadramento na atividade preponderante, cabendo à Secretaria da Receita Previdenciária do Ministério da Previdência Social revê-lo a qualquer tempo.

- § 5º com redação determinada pelo Dec. 6.042/2007.

§ 6º Verificado erro no autoenquadramento, a Secretaria da Receita Previdenciária adotará as medidas necessárias à sua correção, orientará o responsável pela empresa em caso de recolhimento indevido e procederá à notificação dos valores devidos.

- § 6º com redação determinada pelo Dec. 6.042/2007.

§ 7º O disposto neste artigo não se aplica à pessoa física de que trata a alínea a do inciso V do *caput* do art. 9º.

§ 8º Quando se tratar de produtor rural pessoa jurídica que se dedique à produção rural e contribua nos moldes do inciso IV do *caput* do art. 201, a contribuição referida neste artigo corresponde a 0,1% (zero vírgula um por cento) incidente sobre a receita bruta proveniente da comercialização de sua produção.

§ 9º *(Revogado pelo Dec. 3.265/1999.)*

§ 10. Será devida contribuição adicional de 12 (doze), 9 (nove) ou 6 (seis) pontos percentuais, a cargo da cooperativa de produção, incidente sobre a remuneração paga, devida ou creditada ao cooperado filiado, na hipótese de exercício de atividade que autorize a concessão de aposentadoria especial após 15 (quinze), 20 (vinte) ou 25 (vinte e cinco) anos de contribuição, respectivamente.

- § 10 acrescentado pelo Dec. 4.729/2003.

§ 11. Será devida contribuição adicional de 9 (nove), 7 (sete) ou 5 (cinco) pontos percentuais, a cargo da empresa tomadora de serviços de cooperado filiado a cooperativa de trabalho, incidente sobre o valor bruto da nota fiscal ou fatura de prestação de serviços, conforme a atividade exercida pelo cooperado permita a concessão de aposentadoria especial após 15 (quinze), 20 (vinte) ou 25 (vinte e cinco) anos de contribuição, respectivamente.

- § 11 acrescentado pelo Dec. 4.729/2003.

§ 12. Para os fins do § 11, será emitida nota fiscal ou fatura de prestação de serviços específica para a atividade exercida pelo cooperado que permita a concessão de aposentadoria especial.

- § 12 acrescentado pelo Dec. 4.729/2003.

§ 13. A empresa informará mensalmente, por meio da Guia de Recolhimento do Fundo de Garantia do Tempo de Serviço e Informações à Previdência Social – GFIP, a alíquota correspondente ao seu grau de risco, a respectiva atividade preponderante e a atividade do estabelecimento, apuradas de acordo com o disposto nos §§ 3º e 5º.

- § 13 acrescentado pelo Dec. 6.042/2007.

Art. 202-A. As alíquotas constantes nos incisos I a III do art. 202 serão reduzidas em até 50% (cinquenta por cento) ou aumentadas em até 100% (cem por cento), em razão do desempenho da empresa em relação à sua respectiva atividade, aferido pelo Fator Acidentário de Prevenção – FAP.

- *Caput* acrescentado pelo Dec. 6.042/2007 (*DOU* 13.02.2007), em vigor na data de sua publicação, produzindo efeitos a partir do primeiro dia do mês de setembro de 2008 (v. art. 5º, III, do referido Decreto).
- V. art. 4º, Dec. 6.042/2007, que dispõe sobre a aplicação inicial do disposto neste artigo.
- V. art. 3º, Dec. 6.957/2009, que determina a aplicação no ano de 2010 do Fator Acidentário de Prevenção – FAP, na redação dada por este Decreto, no que não exceder a um inteiro, com redução de 25% (vinte e cinco por cento), consistindo dessa forma num multiplicador variável num intervalo contínuo de um inteiro a um inteiro e setenta e cinco centésimos.

§ 1º O FAP consiste num multiplicador variável num intervalo contínuo de cinco décimos (0,5000) a dois inteiros (2,0000), apli-

Dec. 3.048/1999

REGULAMENTO – PREVIDÊNCIA

cado com quatro casas decimais, considerado o critério de arredondamento na quarta casa decimal, a ser aplicado à respectiva alíquota.

* § 1º com redação determinada pelo Dec. 6.957/2009.

§ 2º Para fins da redução ou majoração a que se refere o *caput*, proceder-se-á à discriminação do desempenho da empresa, dentro da respectiva atividade econômica, a partir da criação de um índice composto pelos índices de gravidade, de frequência e de custo que pondera os respectivos percentis com pesos de 50% (cinquenta por cento), de 35% (trinta cinco por cento) e de 15% (quinze por cento), respectivamente.

* § 2º com redação determinada pelo Dec. 6.957/2009.

§ 3º *(Revogado pelo Dec. 6.957/2009.)*

§ 4º Os índices de frequência, gravidade e custo serão calculados segundo metodologia aprovada pelo Conselho Nacional de Previdência Social, levando-se em conta:

* *Caput* do § 4º acrescentado pelo Dec. 6.042/2007 (*DOU* 13.02.2007), em vigor na data de sua publicação, produzindo efeitos a partir do primeiro dia do mês de setembro de 2008 (v. art. 5º, III, do referido Decreto).

I – para o índice de frequência, os registros de acidentes e doenças do trabalho informados ao INSS por meio de Comunicação de Acidente do Trabalho – CAT e de benefícios acidentários estabelecidos por nexos técnicos pela perícia médica do INSS, ainda que sem CAT a eles vinculados;

* Inciso I com redação determinada pelo Dec. 6.957/2009.

II – para o índice de gravidade, todos os casos de auxílio-doença, auxílio-acidente, aposentadoria por invalidez e pensão por morte, todos de natureza acidentária, aos quais são atribuídos pesos diferentes em razão da gravidade da ocorrência, como segue:

* Inciso II com redação determinada pelo Dec. 6.957/2009.

a) pensão por morte: peso de 50% (cinquenta por cento);
b) aposentadoria por invalidez: peso de 30% (trinta por cento); e
c) auxílio-doença e auxílio-acidente: peso de 10% (dez por cento) para cada um; e

III – para o índice de custo, os valores dos benefícios de natureza acidentária pagos ou devidos pela Previdência Social, apurados da seguinte forma:

* Inciso III com redação determinada pelo Dec. 6.957/2009.

a) nos casos de auxílio-doença, com base no tempo de afastamento do trabalhador, em meses e fração de mês; e
b) nos casos de morte ou de invalidez, parcial ou total, mediante projeção da expectativa de sobrevida do segurado, na data de início do benefício, a partir da tábua de mortalidade construída pela Fundação Instituto Brasileiro de Geografia e Estatística – IBGE para toda a população brasileira, considerando-se a média nacional única para ambos os sexos.

§ 5º O Ministério da Previdência Social publicará anualmente, sempre no mesmo mês, no *Diário Oficial da União*, os róis dos percentis de frequência, gravidade e custo por Subclasse da Classificação Nacional de Atividades Econômicas – CNAE e divulgará na rede mundial de computadores o FAP de cada empresa, com as respectivas ordens de frequência, gravidade, custo e demais elementos que possibilitem a esta verificar o respectivo desempenho dentro da sua CNAE-Subclasse.

* § 5º com redação determinada pelo Dec. 6.957/2009.

§ 6º O FAP produzirá efeitos tributários a partir do primeiro dia do quarto mês subsequente ao de sua divulgação.

* § 6º acrescentado pelo Dec. 6.042/2007 (*DOU* 13.02.2007), em vigor na data de sua publicação, produzindo efeitos a partir do primeiro dia do mês de setembro de 2008 (v. art. 5º, III, do referido Decreto).

§ 7º Para o cálculo anual do FAP, serão utilizados os dados de janeiro a dezembro de cada ano, até completar o período de 2 (dois) anos, a partir do qual os dados do ano inicial serão substituídos pelos novos dados anuais incorporados.

* § 7º com redação determinada pelo Dec. 6.957/2009.

§ 8º Para a empresa constituída após janeiro de 2007, o FAP será calculado a partir de 1º

de janeiro do ano seguinte ao que completar 2 (dois) anos de constituição.

* § 8º com redação determinada pelo Dec. 6.957/2009.

§ 9º Excepcionalmente, no primeiro processamento do FAP serão utilizados os dados de abril de 2007 a dezembro de 2008.

* § 9º com redação determinada pelo Dec. 6.957/2009.

§ 10. A metodologia aprovada pelo Conselho Nacional de Previdência Social indicará a sistemática de cálculo e a forma de aplicação de índices e critérios acessórios à composição do índice composto do FAP.

* § 10 acrescentado pelo Dec. 6.957/2009.

Art. 202-B. O FAP atribuído às empresas pelo Ministério da Previdência Social poderá ser contestado perante o Departamento de Políticas de Saúde e Segurança Ocupacional da Secretaria Políticas de Previdência Social do Ministério da Previdência Social, no prazo de 30 (trinta) dias da sua divulgação oficial.

* Artigo acrescentado pelo Dec. 7.126/2010.
* V. art. 3º, Dec. 7.126/2010 (DOU 04.03.2010), que determina que as alterações introduzidas por este Decreto aplicam-se aos processos administrativos em curso na data de sua publicação.

§ 1º A contestação de que trata o caput deverá versar, exclusivamente, sobre razões relativas a divergências quanto aos elementos previdenciários que compõem o cálculo do FAP.

§ 2º Da decisão proferida pelo Departamento de Políticas de Saúde e Segurança Ocupacional, caberá recurso, no prazo de 30 (trinta) dias da intimação da decisão, para a Secretaria de Políticas de Previdência Social, que examinará a matéria em caráter terminativo.

§ 3º O processo administrativo de que trata este artigo tem efeito suspensivo.

Art. 203. A fim de estimular investimentos destinados a diminuir os riscos ambientais no trabalho, o Ministério da Previdência e Assistência Social poderá alterar o enquadramento de empresa que demonstre a melhoria das condições do trabalho, com redução dos agravos à saúde do trabalhador, obtida através de investimentos em prevenção e em sistemas gerenciais de risco.

§ 1º A alteração do enquadramento estará condicionada à inexistência de débitos em relação às contribuições devidas ao Instituto Nacional do Seguro Social e aos demais requisitos estabelecidos pelo Ministério da Previdência e Assistência Social.

§ 2º O Instituto Nacional do Seguro Social, com base principalmente na comunicação prevista no art. 336, implementará sistema de controle e acompanhamento de acidentes do trabalho.

§ 3º Verificado o descumprimento por parte da empresa dos requisitos fixados pelo Ministério da Previdência e Assistência Social, para fins de enquadramento de que trata o artigo anterior, o Instituto Nacional do Seguro Social procederá à notificação dos valores devidos.

Art. 204. As contribuições a cargo da empresa, provenientes do faturamento e do lucro, destinadas à seguridade social, são arrecadadas, normatizadas, fiscalizadas e cobradas pela Secretaria da Receita Federal.

* Caput com redação determinada pelo Dec. 4.729/2003.

§ 1º (Revogado pelo Dec. 4.729/2003.)
§ 2º (Revogado pelo Dec. 4.729/2003.)
§ 3º (Revogado pelo Dec. 4.729/2003.)

Art. 205. A contribuição empresarial da associação desportiva que mantém equipe de futebol profissional, destinada à seguridade social, em substituição às previstas no inciso I do caput do art. 201 e no art. 202, corresponde a 5% (cinco por cento) da receita bruta decorrente dos espetáculos desportivos de que participe em todo território nacional, em qualquer modalidade desportiva, inclusive jogos internacionais, e de qualquer forma de patrocínio, licenciamento de uso de marcas e símbolos, publicidade, propaganda e transmissão de espetáculos desportivos.

§ 1º Cabe à entidade promotora do espetáculo a responsabilidade de efetuar o desconto de 5% (cinco por cento) da receita bruta decorrente dos espetáculos desportivos e o respectivo recolhimento ao Instituto Nacional do Seguro Social, no prazo de até 2 (dois) dias úteis após a realização do evento.

Dec. 3.048/1999

REGULAMENTO – PREVIDÊNCIA

§ 2º Cabe à associação desportiva que mantém equipe de futebol profissional informar à entidade promotora do espetáculo desportivo todas as receitas auferidas no evento, discriminando-as detalhadamente.

§ 3º Cabe à empresa ou entidade que repassar recursos a associação desportiva que mantém equipe de futebol profissional, a título de patrocínio, licenciamento de uso de marcas e símbolos, publicidade, propaganda e transmissão de espetáculos, a responsabilidade de reter e recolher, no prazo estabelecido na alínea *b* do inciso I do art. 216, o percentual de 5% (cinco por cento) da receita bruta, inadmitida qualquer dedução.

§ 4º O Conselho Deliberativo do Instituto Nacional de Desenvolvimento do Desporto informará ao Instituto Nacional do Seguro Social, com a antecedência necessária, a realização de todo espetáculo esportivo de que a associação desportiva referida no *caput* participe no território nacional.

§ 5º O não recolhimento das contribuições a que se referem os §§ 1º e 3º nos prazos estabelecidos no § 1º deste artigo e na alínea *b* do inciso I do art. 216, respectivamente, sujeitará os responsáveis ao pagamento de atualização monetária, quando couber, juros moratórios e multas, na forma do art. 239.

§ 6º O não desconto ou a não retenção das contribuições a que se referem os §§ 1º e 3º sujeitará a entidade promotora do espetáculo, a empresa ou a entidade às penalidades previstas no art. 283.

§ 7º O disposto neste artigo não se aplica às demais entidades desportivas, que continuam a contribuir na forma dos arts. 201, 202 e 204, a partir da competência novembro de 1991.

§ 8º O disposto no *caput* e §§ 1º a 6º aplica-se à associação desportiva que mantém equipe de futebol profissional e que se organize na forma da Lei 9.615, de 24 de março de 1998.

Seção II
Da isenção de contribuições

Arts. 206 a 210. *(Revogados pelo Dec. 7.237/2010.)*

Seção III
Da contribuição do empregador doméstico

Art. 211. A contribuição do empregador doméstico é de 12% (doze por cento) do salário de contribuição do empregado doméstico a seu serviço.

Capítulo V
DA CONTRIBUIÇÃO SOBRE A RECEITA DE CONCURSOS DE PROGNÓSTICOS

Art. 212. Constitui receita da seguridade social a renda líquida dos concursos de prognósticos, excetuando-se os valores destinados ao Programa de Crédito Educativo.

§ 1º Consideram-se concurso de prognósticos todo e qualquer concurso de sorteio de números ou quaisquer outros símbolos, loterias e apostas de qualquer natureza no âmbito federal, estadual, do Distrito Federal ou municipal, promovidos por órgãos do Poder Público ou por sociedades comerciais ou civis.

§ 2º A contribuição de que trata este artigo constitui-se de:

I – renda líquida dos concursos de prognósticos realizados pelos órgãos do Poder Público destinada à seguridade social de sua esfera de governo;

II – 5% (cinco por cento) sobre o movimento global de apostas em prado de corridas; e

III – 5% (cinco por cento) sobre o movimento global de sorteio de números ou de quaisquer modalidades de símbolos.

§ 3º Para o efeito do disposto no parágrafo anterior, entende-se como:

I – renda líquida – o total da arrecadação, deduzidos os valores destinados ao pagamento de prêmios, de impostos e de despesas com administração;

II – movimento global das apostas – total das importâncias relativas às várias modalidades de jogos, inclusive o de acumulada, apregoadas para o público no prado de corrida, subsede ou outra dependência da entidade; e

Dec. 3.048/1999

III – movimento global de sorteio de números – o total da receita bruta, apurada com a venda de cartelas, cartões ou quaisquer outras modalidades, para sorteio realizado em qualquer condição.

Capítulo VI
DAS OUTRAS RECEITAS DA SEGURIDADE SOCIAL

Art. 213. Constituem outras receitas da seguridade social:

I – as multas, a atualização monetária e os juros moratórios;

II – a remuneração recebida pela prestação de serviços de arrecadação, fiscalização e cobrança prestados a terceiros;

III – as receitas provenientes de prestação de outros serviços e de fornecimento ou arrendamento de bens;

IV – as demais receitas patrimoniais, industriais e financeiras;

V – as doações, legados, subvenções e outras receitas eventuais;

VI – 50% (cinquenta por cento) da receita obtida na forma do parágrafo único do art. 243 da Constituição Federal, repassados pelo Instituto Nacional do Seguro Social aos órgãos responsáveis pelas ações de proteção à saúde e a ser aplicada no tratamento e recuperação de viciados em entorpecentes e drogas afins;

• V. Lei 11.343/2006 (Lei Antidrogas).

VII – 40% (quarenta por cento) do resultado dos leilões dos bens apreendidos pela Secretaria da Receita Federal; e

VIII – outras receitas previstas em legislação específica.

Parágrafo único. As companhias seguradoras que mantêm seguro obrigatório de danos pessoais causados por veículos automotores de vias terrestres, de que trata a Lei 6.194, de 19 de dezembro de 1974, deverão repassar à seguridade social 50% (cinquenta por cento) do valor total do prêmio recolhido, destinados ao Sistema Único de Saúde, para custeio da assistência médico-hospitalar dos segurados vitimados em acidentes de trânsito.

• Parágrafo único com redação determinada pelo Dec. 3.265/1999.

Capítulo VII
DO SALÁRIO DE CONTRIBUIÇÃO

• V. Súmula 310, STJ.

Art. 214. Entende-se por salário de contribuição:

I – para o empregado e o trabalhador avulso: a remuneração auferida em uma ou mais empresas, assim entendida a totalidade dos rendimentos pagos, devidos ou creditados a qualquer título, durante o mês, destinados a retribuir o trabalho, qualquer que seja a sua forma, inclusive as gorjetas, os ganhos habituais sob a forma de utilidades e os adiantamentos decorrentes de reajuste salarial, quer pelos serviços efetivamente prestados, quer pelo tempo à disposição do empregador ou tomador de serviços, nos termos da lei ou do contrato ou, ainda, de convenção ou acordo coletivo de trabalho ou sentença normativa;

II – para o empregado doméstico: a remuneração registrada na Carteira Profissional e/ou na Carteira de Trabalho e Previdência Social, observados os limites mínimo e máximo previstos nos §§ 3º e 5º;

III – para o contribuinte individual: a remuneração auferida em uma ou mais empresas ou pelo exercício de sua atividade por conta própria, durante o mês, observados os limites a que se referem os §§ 3º e 5º;

• Inciso III com redação determinada pelo Dec. 3.265/1999.

IV – para o dirigente sindical na qualidade de empregado: a remuneração paga, devida ou creditada pela entidade sindical, pela empresa ou por ambas; e

V – para o dirigente sindical na qualidade de trabalhador avulso: a remuneração paga, devida ou creditada pela entidade sindical;

VI – para o segurado facultativo: o valor por ele declarado, observados os limites a que se referem os §§ 3º e 5º;

• Inciso VI com redação determinada pelo Dec. 3.265/1999.

§ 1º Quando a admissão, a dispensa, o afastamento ou a falta do empregado, inclusive o doméstico, ocorrer no curso do mês, o salário de contribuição será proporcional ao número de dias efetivamente trabalhados,

Dec. 3.048/1999

REGULAMENTO – PREVIDÊNCIA

observadas as normas estabelecidas pelo Instituto Nacional do Seguro Social.

§ 2º O salário-maternidade é considerado salário de contribuição.

§ 3º O limite mínimo do salário de contribuição corresponde:

- § 3º com redação determinada pelo Dec. 3.265/1999.

I – para os segurados contribuinte individual e facultativo, ao salário mínimo; e

II – para os segurados empregado, inclusive o doméstico, e trabalhador avulso, ao piso salarial legal ou normativo da categoria ou, inexistindo este, ao salário mínimo, tomado no seu valor mensal, diário ou horário, conforme o ajustado e o tempo de trabalho efetivo durante o mês.

§ 4º A remuneração adicional de férias de que trata o inciso XVII do art. 7º da Constituição Federal integra o salário de contribuição.

§ 5º O valor do limite máximo do salário de contribuição será publicado mediante portaria do Ministério da Previdência e Assistência Social, sempre que ocorrer alteração do valor dos benefícios.

- O salário de contribuição está sujeito a atualização por Portaria do Ministério da Previdência Social – MPS.

§ 6º A gratificação natalina – décimo terceiro salário – integra o salário de contribuição, exceto para o cálculo do salário de benefício, sendo devida a contribuição quando do pagamento ou crédito da última parcela ou na rescisão do contrato de trabalho.

§ 7º A contribuição de que trata o § 6º incidirá sobre o valor bruto da gratificação, sem compensação dos adiantamentos pagos, mediante aplicação, em separado, da tabela de que trata o art. 198 e observadas as normas estabelecidas pelo Instituto Nacional do Seguro Social.

§ 8º O valor das diárias para viagens, quando do excedente a 50% (cinquenta por cento) da remuneração mensal do empregado, integra o salário de contribuição pelo seu valor total.

§ 9º Não integram o salário de contribuição, exclusivamente:

I – os benefícios da previdência social, nos termos e limites legais, ressalvado o disposto no § 2º;

II – a ajuda de custo e o adicional mensal recebidos pelo aeronauta, nos termos da Lei 5.929, de 30 de outubro de 1973;

III – a parcela *in natura* recebida de acordo com programa de alimentação aprovado pelo Ministério do Trabalho e Emprego, nos termos da Lei 6.321, de 14 de abril de 1976;

IV – as importâncias recebidas a título de férias indenizadas e respectivo adicional constitucional, inclusive o valor correspondente à dobra da remuneração de férias de que trata o art. 137 da Consolidação das Leis do Trabalho;

V – as importâncias recebidas a título de:

a) indenização compensatória de 40% (quarenta por cento) do montante depositado no Fundo de Garantia do Tempo de Serviço, como proteção à relação de emprego contra despedida arbitrária ou sem justa causa, conforme disposto no inciso I do art. 10 do Ato das Disposições Constitucionais Transitórias;

b) indenização por tempo de serviço, anterior a 5 de outubro de 1988, do empregado não optante pelo Fundo de Garantia do Tempo de Serviço;

c) indenização por despedida sem justa causa do empregado nos contratos por prazo determinado, conforme estabelecido no art. 479 da Consolidação das Leis do Trabalho;

d) indenização do tempo de serviço do safrista, quando da expiração normal do contrato, conforme disposto no art. 14 da Lei 5.889, de 8 de junho de 1973;

e) incentivo à demissão;

f) (Revogada pelo Dec. 6.727/2009.)

g) indenização por dispensa sem justa causa no período de 30 (trinta) dias que antecede a correção salarial a que se refere o art. 9º da Lei 7.238, de 29 de outubro de 1984;

h) indenizações previstas nos arts. 496 e 497 da Consolidação das Leis do Trabalho;

i) abono de férias na forma dos arts. 143 e 144 da Consolidação das Leis do Trabalho;

REGULAMENTO – PREVIDÊNCIA

j) ganhos eventuais e abonos expressamente desvinculados do salário por força de lei;

- Alínea *j* com redação determinada pelo Dec. 3.265/1999.

l) licença-prêmio indenizada; e

m) outras indenizações, desde que expressamente previstas em lei;

VI – a parcela recebida a título de vale-transporte, na forma da legislação própria;

VII – a ajuda de custo, em parcela única, recebida exclusivamente em decorrência de mudança de local de trabalho do empregado, na forma do art. 470 da Consolidação das Leis do Trabalho;

VIII – as diárias para viagens, desde que não excedam a 50% (cinquenta por cento) da remuneração mensal do empregado;

IX – a importância recebida a título de bolsa de complementação educacional de estagiário, quando paga nos termos da Lei 6.494, de 1977;

X – a participação do empregado nos lucros ou resultados da empresa, quando paga ou creditada de acordo com lei específica;

XI – o abono do Programa de Integração Social/Programa de Assistência ao Servidor Público;

XII – os valores correspondentes a transporte, alimentação e habitação fornecidos pela empresa ao empregado contratado para trabalhar em localidade distante da de sua residência, em canteiro de obras ou local que, por força da atividade, exija deslocamento e estada, observadas as normas de proteção estabelecidas pelo Ministério do Trabalho e Emprego;

XIII – a importância paga ao empregado a título de complementação ao valor do auxílio-doença desde que este seja extensivo à totalidade dos empregados da empresa;

XIV – as parcelas destinadas à assistência ao trabalhador da agroindústria canavieira de que trata o art. 36 da Lei 4.870, de 1º de dezembro de 1965;

XV – o valor das contribuições efetivamente pago pela pessoa jurídica relativo a programa de previdência complementar privada, aberta ou fechada, desde que disponível à totalidade de seus empregados e dirigentes, observados, no que couber, os arts. 9º e 468 da Consolidação das Leis do Trabalho;

XVI – o valor relativo à assistência prestada por serviço médico ou odontológico, próprio da empresa ou com ela conveniado, inclusive o reembolso de despesas com medicamentos, óculos, aparelhos ortopédicos, despesas médico-hospitalares e outras similares, desde que a cobertura abranja a totalidade dos empregados e dirigentes da empresa;

XVII – o valor correspondente a vestuários, equipamentos e outros acessórios fornecidos ao empregado e utilizados no local do trabalho para prestação dos respectivos serviços;

XVIII – o ressarcimento de despesas pelo uso de veículo do empregado, quando devidamente comprovadas;

- Inciso XVIII com redação determinada pelo Dec. 3.265/1999.

XIX – o valor relativo a plano educacional que vise à educação básica, nos termos do art. 21 da Lei 9.394, de 1996, e a cursos de capacitação e qualificação profissionais vinculados às atividades desenvolvidas pela empresa, desde que não seja utilizado em substituição de parcela salarial e que todos os empregados e dirigentes tenham acesso ao mesmo;

XX – *(Revogado pelo Dec. 3.265/1999.)*

XXI – os valores recebidos em decorrência da cessão de direitos autorais; e

XXII – o valor da multa paga ao empregado em decorrência da mora no pagamento das parcelas constantes do instrumento de rescisão do contrato de trabalho, conforme previsto no § 8º do art. 477 da Consolidação das Leis do Trabalho;

XXIII – o reembolso creche pago em conformidade com a legislação trabalhista, observado o limite máximo de seis anos de idade da criança, quando devidamente comprovadas as despesas;

- Inciso XXIII acrescentado pelo Dec. 3.265/1999.

XXIV – o reembolso babá, limitado ao menor salário de contribuição mensal e condicionado à comprovação do registro na Carteira de Trabalho e Previdência Social da empregada, do pagamento da remuneração e do recolhimento da contribuição previden-

ciária, pago em conformidade com a legislação trabalhista, observado o limite máximo de seis anos de idade da criança; e

• Inciso XXIV acrescentado pelo Dec. 3.265/1999.

XXV – o valor das contribuições efetivamente pago pela pessoa jurídica relativo a prêmio de seguro de vida em grupo, desde que prevista em acordo ou convenção coletiva de trabalho e disponível à totalidade de seus empregados e dirigentes, observados, no que couber, os arts. 9º e 468 da Consolidação das Leis do Trabalho.

• Inciso XXV acrescentado pelo Dec. 3.265/1999.

§ 10. As parcelas referidas no parágrafo anterior, quando pagas ou creditadas em desacordo com a legislação pertinente, integram o salário de contribuição para todos os fins e efeitos, sem prejuízo da aplicação das cominações legais cabíveis.

§ 11. Para a identificação dos ganhos habituais recebidos sob a forma de utilidades, deverão ser observados:

I – os valores reais das utilidades recebidas; ou

II – os valores resultantes da aplicação dos percentuais estabelecidos em lei em função do salário mínimo, aplicados sobre a remuneração paga caso não haja determinação dos valores de que trata o inciso I.

§ 12. O valor pago à empregada gestante, inclusive à doméstica, em função do disposto na alínea *b* do inciso II do art. 10 do Ato das Disposições Constitucionais Transitórias da Constituição Federal, integra o salário de contribuição, excluídos os casos de conversão em indenização previstos nos arts. 496 e 497 da Consolidação das Leis do Trabalho.

§ 13. Para efeito de verificação do limite de que tratam o § 8º e o inciso VIII do § 9º, não será computado, no cálculo da remuneração, o valor das diárias.

§ 14. A incidência da contribuição sobre a remuneração das férias ocorrerá no mês a que elas se referirem, mesmo quando pagas antecipadamente na forma da legislação trabalhista.

§ 15. O valor mensal do auxílio-acidente integra o salário de contribuição, para fins de cálculo do salário de benefício de qualquer aposentadoria, observado, no que couber, o disposto no art. 32.

§ 16. Não se considera remuneração direta ou indireta os valores despendidos pelas entidades religiosas e instituições de ensino vocacional com ministro de confissão religiosa, membros de instituto de vida consagrada, de congregação ou de ordem religiosa em face do seu mister religioso ou para sua subsistência, desde que fornecidos em condições que independem da natureza e da quantidade do trabalho executado.

• § 16 acrescentado pelo Dec. 4.032/2001.

Art. 215. *(Revogado pelo Dec. 3.265/1999.)*

Capítulo VIII
DA ARRECADAÇÃO E RECOLHIMENTO DAS CONTRIBUIÇÕES

Seção I
Das normas gerais de arrecadação

Art. 216. A arrecadação e o recolhimento das contribuições e de outras importâncias devidas à seguridade social, observado o que a respeito dispuserem o Instituto Nacional do Seguro Social e a Secretaria da Receita Federal, obedecem às seguintes normas gerais:

I – a empresa é obrigada a:

a) arrecadar a contribuição do segurado empregado, do trabalhador avulso e do contribuinte individual a seu serviço, descontando-a da respectiva remuneração;

• Alínea *a* com redação determinada pelo Dec. 4.729/2003.

b) recolher o produto arrecadado na forma da alínea *a* e as contribuições a seu cargo incidentes sobre as remunerações pagas, devidas ou creditadas, a qualquer título, inclusive adiantamentos decorrentes de reajuste salarial, acordo ou convenção coletiva, aos segurados empregado, contribuinte individual e trabalhador avulso a seu serviço, e sobre o valor bruto da nota fiscal ou fatura de serviço, relativo a serviços que lhe tenham sido prestados por cooperados, por intermédio de cooperativas de trabalho, até o dia vinte do mês seguinte àquele a que se referirem as remunerações, bem

como as importâncias retidas na forma do art. 219, até o dia vinte do mês seguinte àquele da emissão da nota fiscal ou fatura, antecipando-se o vencimento para o dia útil imediatamente anterior quando não houver expediente bancário no dia vinte;

- Alínea *b* com redação determinada pelo Dec. 6.722/2008.

c) recolher as contribuições de que trata o art. 204, na forma e prazos definidos pela legislação tributária federal;

- Alínea *c* com redação determinada pelo Dec. 4.729/2003.

II – os segurados contribuinte individual, quando exercer atividade econômica por conta própria ou prestar serviço a pessoa física ou a outro contribuinte individual, produtor rural pessoa física, missão diplomática ou repartição consular de carreira estrangeiras, ou quando tratar-se de brasileiro civil que trabalha no exterior para organismo oficial internacional do qual o Brasil seja membro efetivo, ou ainda, na hipótese do § 28, e o facultativo estão obrigados a recolher sua contribuição, por iniciativa própria, até o dia quinze do mês seguinte àquele a que as contribuições se referirem, prorrogando-se o vencimento para o dia útil subsequente quando não houver expediente bancário no dia quinze, facultada a opção prevista no § 15;

- Inciso II com redação determinada pelo Dec. 4.729/2003.

III – a empresa adquirente, consumidora ou consignatária ou a cooperativa são obrigadas a recolher a contribuição de que trata o art. 200 no prazo referido na alínea *b* do inciso I, no mês subsequente ao da operação de venda ou consignação da produção rural, independentemente de estas operações terem sido realizadas diretamente com o produtor ou com o intermediário pessoa física;

IV – o produtor rural pessoa física e o segurado especial são obrigados a recolher a contribuição de que trata o art. 200 no prazo referido na alínea *b* do inciso I, no mês subsequente ao da operação de venda, caso comercializem a sua produção com adquirente domiciliado no exterior, diretamente, no varejo, a consumidor pessoa física, a outro produtor rural pessoa física ou a outro segurado especial;

V – *(Revogado pelo Dec. 3.452/2000.)*

VI – a pessoa física não produtor rural que adquire produção para venda, no varejo, a consumidor pessoa física é obrigada a recolher a contribuição de que trata o art. 200 no prazo referido na alínea *b* do inciso I, no mês subsequente ao da operação de venda;

VII – o produtor rural pessoa jurídica é obrigado a recolher a contribuição de que trata o inciso IV do *caput* do art. 201 e o § 8º do art. 202 no prazo referido na alínea *b* do inciso I, no mês subsequente ao da operação de venda;

- Inciso VII com redação determinada pelo Dec. 3.452/2000.

VIII – o empregador doméstico é obrigado a arrecadar a contribuição do segurado empregado doméstico a seu serviço e recolhê-la, assim como a parcela a seu cargo, no prazo referido no inciso II, cabendo-lhe durante o período da licença-maternidade da empregada doméstica apenas o recolhimento da contribuição a seu cargo, facultada a opção prevista no § 16;

IX – a empresa que remunera empregado licenciado para exercer mandato de dirigente sindical é obrigada a recolher a contribuição deste, bem como as parcelas a seu cargo, na forma deste artigo;

X – a entidade sindical que remunera dirigente que mantém a qualidade de segurado empregado, licenciado da empresa, ou trabalhador avulso é obrigada a recolher a contribuição destes, bem como as parcelas a seu cargo, na forma deste artigo; e

XI – a entidade sindical que remunera dirigente que mantém a qualidade de segurado contribuinte individual é obrigada a recolher a contribuição prevista no inciso II do *caput* do art. 201 na forma deste artigo, observado o disposto no § 26;

- Inciso XI com redação determinada pelo Dec. 4.729/2003.

XII – a empresa que remunera contribuinte individual é obrigada a fornecer a este comprovante do pagamento do serviço prestado consignando, além dos valores da remuneração e do desconto feito, o número da

Dec. 3.048/1999

REGULAMENTO – PREVIDÊNCIA

inscrição do segurado no Instituto Nacional do Seguro Social;

• Inciso XII com redação determinada pelo Dec. 4.729/2003.

XIII – cabe ao empregador, durante o período de licença-maternidade da empregada, recolher apenas a parcela da contribuição a seu cargo.

• Inciso XIII acrescentado pelo Dec. 3.452/2000.

§ 1º O desconto da contribuição do segurado incidente sobre o valor bruto da gratificação natalina – décimo terceiro salário – é devido quando do pagamento ou crédito da última parcela e deverá ser calculado em separado, observado o § 7º do art. 214, e recolhida, juntamente com a contribuição a cargo da empresa, até o dia vinte do mês de dezembro, antecipando-se o vencimento para o dia útil imediatamente anterior se não houver expediente bancário no dia vinte.

• § 1º com redação determinada pelo Dec. 4.729/2003.

§ 1º-A. O empregador doméstico pode recolher a contribuição do segurado empregado a seu serviço e a parcela a seu cargo relativas à competência novembro até o dia 20 de dezembro, juntamente com a contribuição referente à gratificação natalina – décimo terceiro salário – utilizando-se de um único documento de arrecadação.

• § 1º-A acrescentado pelo Dec. 6.722/2008.

§ 2º Se for o caso, a contribuição de que trata o § 1º será atualizada monetariamente a partir da data prevista para o seu recolhimento, utilizando-se o mesmo indexador definido para as demais contribuições arrecadadas pelo Instituto Nacional do Seguro Social.

§ 3º No caso de rescisão de contrato de trabalho, as contribuições devidas serão recolhidas no mesmo prazo referido na alínea *b* do inciso I, do mês subsequente à rescisão, computando-se em separado a parcela referente à gratificação natalina – 13º (décimo terceiro) salário.

§ 4º A pessoa jurídica de direito privado beneficiada pela isenção de que tratam os arts. 206 ou 207 é obrigada a arrecadar a contribuição do segurado empregado e do trabalhador avulso a seu serviço, descontando-a da respectiva remuneração, e recolhê-la no prazo referido na alínea *b* do inciso I.

§ 5º O desconto da contribuição e da consignação legalmente determinado sempre se presumirá feito, oportuna e regularmente, pela empresa, pelo empregador doméstico, pelo adquirente, consignatário e cooperativa a isso obrigados, não lhes sendo lícito alegarem qualquer omissão para se eximirem do recolhimento, ficando os mesmos diretamente responsáveis pelas importâncias que deixarem de descontar ou tiverem descontado em desacordo com este Regulamento.

§ 6º Sobre os valores das contribuições arrecadadas pelo Instituto Nacional do Seguro Social e não recolhidas até a data de seu vencimento serão aplicadas na data do pagamento as disposições dos arts. 238 e 239.

§ 7º Para apuração e constituição dos créditos a que se refere o § 1º do art. 348, a seguridade social utilizará como base de incidência o valor da média aritmética simples dos maiores salários de contribuição correspondentes a 80% (oitenta por cento) de todo o período contributivo decorrido desde a competência julho de 1994, ainda que não recolhidas as contribuições correspondentes, corrigidos mês a mês pelos mesmos índices utilizados para a obtenção do salário de benefício na forma deste Regulamento, observado o limite máximo a que se refere o § 5º do art. 214.

• § 7º com redação determinada pelo Dec. 6.042/2007.

§ 8º *(Revogado pelo Dec. 6.722/2008.)*

§ 9º No caso de o segurado manifestar interesse em indenizar contribuições relativas a período em que o exercício de atividade remunerada não exigia filiação obrigatória à previdência social, aplica-se, desde que a atividade tenha se tornado de filiação obrigatória, o disposto no § 7º.

• § 9º com redação determinada pelo Dec. 6.722/2008.

§ 10. O disposto no § 7º não se aplica aos casos de contribuições em atraso de segurado contribuinte individual não alcançadas pela decadência do direito de a previdência social constituir o respectivo crédito, obede-

cendo-se, em relação a elas, às disposições do *caput* e §§ 2º a 6º do art. 239.

• § 10 com redação determinada pelo Dec. 6.722/2008.

§ 11. Para o segurado recolher contribuições relativas a período anterior à sua inscrição, aplica-se o disposto nos §§ 7º a 10.

§ 12. Somente será feito o reconhecimento da filiação nas situações referidas nos §§ 7º, 9º e 11 após o efetivo recolhimento das contribuições relativas ao período em que for comprovado o exercício da atividade remunerada.

• § 12 com redação determinada pelo Dec. 3.265/1999.

§ 13. No caso de indenização relativa ao exercício de atividade remunerada para fins de contagem recíproca correspondente a período de filiação obrigatória ou não, na forma do inciso IV do art. 127, a base de incidência será a remuneração da data do requerimento sobre a qual incidem as contribuições para o regime próprio de previdência social a que estiver filiado o interessado, observados os limites a que se referem os §§ 3º e 5º do art. 214.

• § 13 com redação determinada pelo Dec. 3.265/1999.

§ 14. Sobre os salários de contribuição apurados na forma dos §§ 7º a 11 e 13 será aplicada a alíquota de 20% (vinte por cento), e o resultado multiplicado pelo número de meses do período a ser indenizado, observado o disposto no § 8º do art. 239.

§ 15. É facultado aos segurados contribuinte individual e facultativo, cujos salários de contribuição sejam iguais ao valor de um salário mínimo, optarem pelo recolhimento trimestral das contribuições previdenciárias, com vencimento no dia quinze do mês seguinte ao de cada trimestre civil, prorrogando-se o vencimento para o dia útil subsequente quando não houver expediente bancário no dia quinze.

• § 15 com redação determinada pelo Dec. 3.265/1999.

§ 16. Aplica-se o disposto no parágrafo anterior ao empregador doméstico relativamente aos empregados a seu serviço, cujos salários de contribuição sejam iguais ao valor de um salário mínimo, ou inferiores nos casos de admissão, dispensa ou fração do salário em razão de gozo de benefício.

• § 16 com redação determinada pelo Dec. 3.265/1999.

§ 17. A inscrição do segurado no segundo ou terceiro mês do trimestre civil não altera a data de vencimento prevista no § 15, no caso de opção pelo recolhimento trimestral.

§ 18. Não é permitida a opção prevista no § 16 relativamente à contribuição correspondente à gratificação natalina – décimo terceiro salário – do empregado doméstico, observado o disposto no § 1º e as demais disposições que regem a matéria.

§ 19. Fica autorizada, nos termos deste Regulamento, a compensação de contribuições devidas ao Instituto Nacional do Seguro Social, pelos hospitais contratados ou conveniados com o Sistema Único de Saúde com parcela dos créditos correspondentes a faturas emitidas para recebimento de internações hospitalares, cujo valor correspondente será retido pelo órgão pagador do Sistema Único de Saúde para amortização de parcela do débito, nos termos da Lei 8.870, de 1994.

§ 20. Na hipótese de o contribuinte individual prestar serviço a outro contribuinte individual equiparado a empresa ou a produtor rural pessoa física ou a missão diplomática e repartição consular de carreira estrangeiras, poderá deduzir, da sua contribuição mensal, 45% (quarenta e cinco por cento) da contribuição patronal do contratante, efetivamente recolhida ou declarada, incidente sobre a remuneração que este lhe tenha pago ou creditado, no respectivo mês, limitada a 9% (nove por cento) do respectivo salário de contribuição.

• § 20 com redação determinada pelo Dec. 4.729/2003.

§ 21. Para efeito de dedução, considera-se contribuição declarada a informação prestada na Guia de Recolhimento do Fundo de Garantia do Tempo de Serviço e Informações à Previdência Social ou declaração fornecida pela empresa ao segurado, onde conste, além de sua identificação completa, inclusive com o número no Cadastro Nacional de Pessoas Jurídicas, o nome e o número da inscrição do contribuinte individual, o va-

lor da retribuição paga e o compromisso de que esse valor será incluído na citada Guia de Recolhimento do Fundo de Garantia do Tempo de Serviço e Informações à Previdência Social e efetuado o recolhimento da correspondente contribuição.

• § 21 acrescentado pelo Dec. 3.265/1999.

§ 22. *(Revogado pelo Dec. 4.729/2003.)*

§ 23. O contribuinte individual que não comprovar a regularidade da dedução de que tratam os §§ 20 e 21 terá glosado o valor indevidamente deduzido, devendo complementar as contribuições com os acréscimos legais devidos.

• § 23 com redação determinada pelo Dec. 4.729/2003.

§ 24. *(Revogado pelo Dec. 6.722/2008.)*

§ 25. Relativamente aos que recebem salário variável, o recolhimento da contribuição decorrente de eventual diferença da gratificação natalina (13º salário) deverá ser efetuado juntamente com a competência dezembro do mesmo ano.

• § 25 acrescentado pelo Dec. 3.265/1999.

§ 26. A alíquota de contribuição a ser descontada pela empresa da remuneração paga, devida ou creditada ao contribuinte individual a seu serviço, observado o limite máximo do salário de contribuição, é de 11% (onze por cento) no caso das empresas em geral e de 20% (vinte por cento) quando se tratar de entidade beneficente de assistência social isenta das contribuições sociais patronais.

• § 26 acrescentado pelo Dec. 4.729/2003.

§ 27. O contribuinte individual contratado por pessoa jurídica obrigada a proceder à arrecadação e ao recolhimento da contribuição por ele devida, cuja remuneração recebida ou creditada no mês, por serviços prestados a ela, for inferior ao limite mínimo do salário de contribuição, é obrigado a complementar sua contribuição mensal, diretamente, mediante a aplicação da alíquota estabelecida no art. 199 sobre o valor resultante da subtração do valor das remunerações recebidas das pessoas jurídicas do valor mínimo do salário de contribuição mensal.

• § 27 acrescentado pelo Dec. 4.729/2003.

§ 28. Cabe ao próprio contribuinte individual que prestar serviços, no mesmo mês, a mais de uma empresa, cuja soma das remunerações superar o limite mensal do salário de contribuição, comprovar às que sucederem à primeira o valor ou valores sobre os quais já tenha incidido o desconto da contribuição, de forma a se observar o limite máximo do salário de contribuição.

• § 28 acrescentado pelo Dec. 4.729/2003.

§ 29. Na hipótese do § 28, o Instituto Nacional do Seguro Social poderá facultar ao contribuinte individual que prestar, regularmente, serviços a uma ou mais empresas, cuja soma das remunerações seja igual ou superior ao limite mensal do salário de contribuição, indicar qual ou quais empresas e sobre qual valor deverá proceder o desconto da contribuição, de forma a respeitar o limite máximo, e dispensar as demais dessa providência, bem como atribuir ao próprio contribuinte individual a responsabilidade de complementar a respectiva contribuição até o limite máximo, na hipótese de, por qualquer razão, deixar de receber remuneração ou receber remuneração inferior às indicadas para o desconto.

• § 29 acrescentado pelo Dec. 4.729/2003.

§ 30. Aplica-se o disposto neste artigo, no que couber e observado o § 31, à cooperativa de trabalho em relação à contribuição devida pelo seu cooperado.

• § 30 acrescentado pelo Dec. 4.729/2003.

§ 31. A cooperativa de trabalho é obrigada a descontar 11% (onze por cento) do valor da quota distribuída ao cooperado por serviços por ele prestados, por seu intermédio, a empresas e 20% (vinte por cento) em relação aos serviços prestados a pessoas físicas e recolher o produto dessa arrecadação no dia vinte do mês seguinte ao da competência a que se referir, antecipando-se o vencimento para o dia útil imediatamente anterior quando não houver expediente bancário no dia vinte.

• § 31 com redação determinada pelo Dec. 6.722/2008.

§ 32. São excluídos da obrigação de arrecadar a contribuição do contribuinte individual que lhe preste serviço o produtor rural

pessoa física, a missão diplomática, a repartição consular e o contribuinte individual.

* § 32 acrescentado pelo Dec. 4.729/2003.

§ 33. Na hipótese prevista no § 32, cabe ao contribuinte individual recolher a própria contribuição, sendo a alíquota, neste caso, de 20% (vinte por cento), observado o disposto nos §§ 20, 21 e 23.

* § 33 com redação determinada pelo Dec. 6.722/2008.

§ 34. O recolhimento da contribuição do produtor rural pessoa física ou produtor rural pessoa jurídica, quando houver, será efetuado pela Companhia Nacional de Abastecimento – Conab, à conta do Programa de Aquisição de Alimentos, instituído pelo art. 19 da Lei 10.696, de 2 de julho de 2003, na aquisição de produtos agropecuários no âmbito do referido Programa.

* § 34 acrescentado pelo Dec. 6.722/2008.

Art. 216-A. Os órgãos da administração pública direta, indireta e fundações públicas da União, bem como as demais entidades integrantes do Sistema Integrado de Administração Financeira do Governo Federal ao contratarem pessoa física para prestação de serviços eventuais, sem vínculo empregatício, inclusive como integrante de grupo tarefa, deverão obter dela a respectiva inscrição no Instituto Nacional do Seguro Social, como contribuinte individual, ou providenciá-la em nome dela, caso não seja inscrita, e proceder ao desconto e recolhimento da respectiva contribuição, na forma do art. 216.

* *Caput* com redação determinada pelo Dec. 4.729/2003.

§ 1º Aplica-se o disposto neste artigo mesmo que o contratado exerça concomitantemente uma ou mais atividades abrangidas pelo Regime Geral de Previdência Social ou por qualquer outro regime de previdência social ou seja aposentado por qualquer regime previdenciário.

* § 1º acrescentado pelo Dec. 4.032/2001.

§ 2º O contratado que já estiver contribuindo para o Regime Geral de Previdência Social na condição de empregado ou trabalhador avulso sobre o limite máximo do salário de contribuição deverá comprovar esse fato e, se a sua contribuição nessa condição for inferior ao limite máximo, a contribuição como contribuinte individual deverá ser complementar, respeitando, no conjunto, aquele limite, procedendo-se, no caso, de conformidade com o disposto no § 28 do art. 216.

* § 2º com redação determinada pelo Dec. 4.729/2003.

§ 3º *(Revogado pelo Dec. 4.729/2003.)*

§ 4º Aplica-se o disposto neste artigo às contratações feitas por organismos internacionais, em programas de cooperação e operações de mútua conveniência entre estes e o governo brasileiro.

* § 4º acrescentado pelo Dec. 4.032/2001.

Art. 217. Na requisição de mão de obra de trabalhador avulso efetuada em conformidade com as Leis 8.630, de 1993, e 9.719, de 27 de novembro de 1998, o responsável pelas obrigações previstas neste Regulamento, em relação aos segurados que lhe prestem serviços, é o operador portuário, o tomador de mão de obra, inclusive o titular de instalação portuária de uso privativo, observadas as normas fixadas pelo Instituto Nacional do Seguro Social.

§ 1º O operador portuário ou titular de instalação de uso privativo repassará ao órgão gestor de mão de obra, até 24 (vinte e quatro) horas após a realização dos serviços:

* § 1º com redação determinada pelo Dec. 4.032/2001.

I – o valor da remuneração devida aos trabalhadores portuários avulsos, inclusive a referente às férias e à gratificação natalina; e

II – o valor da contribuição patronal previdenciária correspondente e o valor daquela devida a terceiros conforme o art. 274.

§ 2º O órgão gestor de mão de obra é responsável:

* § 2º com redação determinada pelo Dec. 4.032/2001.

I – pelo pagamento da remuneração ao trabalhador portuário avulso;

II – pela elaboração da folha de pagamento;

III – pelo preenchimento e entrega da Guia de Recolhimento do Fundo de Garantia do Tempo de Serviço e Informações à Previdência Social; e

IV – pelo recolhimento das contribuições de que tratam o art. 198, o inciso I do *caput* do art. 201 e os arts. 202 e 274, incidentes sobre a remuneração paga, devida ou creditada aos trabalhadores portuários avulsos, inclusive sobre férias e gratificação natalina, no prazo previsto na alínea *b* do inciso I do art. 216.

§ 3º *(Revogado pelo Dec. 4.032/2001.)*

§ 4º O prazo previsto no § 1º pode ser alterado mediante convenção coletiva firmada entre entidades sindicais representativas dos trabalhadores e operadores portuários, observado o prazo legal para recolhimento dos encargos previdenciários.

• § 4º com redação determinada pelo Dec. 4.032/2001.

§ 5º A contribuição do trabalhador avulso, relativamente à gratificação natalina, será calculada com base na alíquota correspondente ao seu salário de contribuição mensal.

• § 5º com redação determinada pelo Dec. 4.032/2001.

§ 6º O salário-família devido ao trabalhador portuário avulso será pago pelo órgão gestor de mão de obra, mediante convênio, que se incumbirá de demonstrá-lo na folha de pagamento correspondente.

Art. 218. A empresa tomadora ou requisitante dos serviços de trabalhador avulso, cuja contratação de pessoal não for abrangida pelas Leis 8.630, de 1993, e 9.719, de 1998, é responsável pelo cumprimento de todas as obrigações previstas neste Regulamento, bem como pelo preenchimento e entrega da Guia de Recolhimento do Fundo de Garantia do Tempo de Serviço e Informações à Previdência Social em relação aos segurados que lhe prestem serviços, observadas as normas fixadas pelo Instituto Nacional do Seguro Social.

§ 1º O salário-família devido ao trabalhador avulso mencionado no *caput* será pago pelo sindicato de classe respectivo, mediante convênio, que se incumbirá de elaborar as folhas correspondentes.

§ 2º O tomador de serviços é responsável pelo recolhimento das contribuições de que tratam o art. 198, o inciso I do *caput* do art. 201 e os arts. 202 e 274, incidentes sobre a remuneração paga, devida ou creditada ao trabalhador avulso, inclusive sobre férias e gratificação natalina, no prazo previsto na alínea *b* do inciso I do art. 216.

• § 2º com redação determinada pelo Dec. 4.032/2001.

Seção II
Da retenção e da responsabilidade solidária

Art. 219. A empresa contratante de serviços executados mediante cessão ou empreitada de mão de obra, inclusive em regime de trabalho temporário, deverá reter 11% (onze por cento) do valor bruto da nota fiscal, fatura ou recibo de prestação de serviços e recolher a importância retida em nome da empresa contratada, observado o disposto no § 5º do art. 216.

• *Caput* com redação determinada pelo Dec. 4.729/2003.

§ 1º Exclusivamente para os fins deste Regulamento, entende-se como cessão de mão de obra a colocação à disposição do contratante, em suas dependências ou nas de terceiros, de segurados que realizem serviços contínuos, relacionados ou não com a atividade fim da empresa, independentemente da natureza e da forma de contratação, inclusive por meio de trabalho temporário na forma da Lei 6.019, de 3 de janeiro de 1974, entre outros.

§ 2º Enquadram-se na situação prevista no *caput* os seguintes serviços realizados mediante cessão de mão de obra:
I – limpeza, conservação e zeladoria;
II – vigilância e segurança;
III – construção civil;
IV – serviços rurais;
V – digitação e preparação de dados para processamento;
VI – acabamento, embalagem e acondicionamento de produtos;
VII – cobrança;
VIII – coleta e reciclagem de lixo e resíduos;
IX – copa e hotelaria;
X – corte e ligação de serviços públicos;
XI – distribuição;
XII – treinamento e ensino;
XIII – entrega de contas e documentos;
XIV – ligação e leitura de medidores;

XV – manutenção de instalações, de máquinas e de equipamentos;
XVI – montagem;
XVII – operação de máquinas, equipamentos e veículos;
XVIII – operação de pedágio e de terminais de transporte;
XIX – operação de transporte de passageiros, inclusive nos casos de concessão ou subconcessão;

* Inciso XIX com redação determinada pelo Dec. 4.729/2003.

XX – portaria, recepção e ascensorista;
XXI – recepção, triagem e movimentação de materiais;
XXII – promoção de vendas e eventos;
XXIII – secretaria e expediente;
XXIV – saúde; e
XXV – telefonia, inclusive *telemarketing*.

§ 3º Os serviços relacionados nos incisos I a V também estão sujeitos à retenção de que trata o *caput* quando contratados mediante empreitada de mão de obra.

§ 4º O valor retido de que trata este artigo deverá ser destacado na nota fiscal, fatura ou recibo de prestação de serviços, sendo compensado pelo respectivo estabelecimento da empresa contratada quando do recolhimento das contribuições destinadas à seguridade social devidas sobre a folha de pagamento dos segurados.

§ 5º O contratado deverá elaborar folha de pagamento e Guia de Recolhimento do Fundo de Garantia do Tempo de Serviço e Informações à Previdência Social distintas para cada estabelecimento ou obra de construção civil da empresa contratante do serviço.

§ 6º A empresa contratante do serviço deverá manter em boa guarda, em ordem cronológica e por contratada, as correspondentes notas fiscais, faturas ou recibos de prestação de serviços, Guias da Previdência Social e Guias de Recolhimento do Fundo de Garantia do Tempo de Serviço e Informações à Previdência Social com comprovante de entrega.

§ 7º Na contratação de serviços em que a contratada se obriga a fornecer material ou dispor de equipamentos, fica facultada ao contratado a discriminação, na nota fiscal, fatura ou recibo, do valor correspondente ao material ou equipamentos, que será excluído da retenção, desde que contratualmente previsto e devidamente comprovado.

§ 8º Cabe ao Instituto Nacional do Seguro Social normatizar a forma de apuração e o limite mínimo do valor do serviço contido no total da nota fiscal, fatura ou recibo, quando, na hipótese do parágrafo anterior, não houver previsão contratual dos valores correspondentes a material ou a equipamentos.

§ 9º Na impossibilidade de haver compensação integral na própria competência, o saldo remanescente poderá ser compensado nas competências subsequentes, inclusive na relativa à gratificação natalina, ou ser objeto de restituição, não sujeitas ao disposto no § 3º do art. 247.

* § 9º com redação determinada pelo Dec. 4.729/2003.

§ 10. Para fins de recolhimento e de compensação da importância retida, será considerada como competência aquela a que corresponder à data da emissão da nota fiscal, fatura ou recibo.

§ 11. As importâncias retidas não podem ser compensadas com contribuições arrecadadas pelo Instituto Nacional do Seguro Social para outras entidades.

§ 12. O percentual previsto no *caput* será acrescido de 4 (quatro), 3 (três) ou 2 (dois) pontos percentuais, relativamente aos serviços prestados pelos segurados empregado, cuja atividade permita a concessão de aposentadoria especial, após 15 (quinze), 20 (vinte) ou 25 (vinte e cinco) anos de contribuição, respectivamente.

* § 12 acrescentado pelo Dec. 4.729/2003.

Art. 220. O proprietário, o incorporador definido na Lei 4.591, de 1964, o dono da obra ou condômino da unidade imobiliária cuja contratação da construção, reforma ou acréscimo não envolva cessão de mão de obra, são solidários com o construtor, e este e aqueles com a subempreiteira, pelo cumprimento das obrigações para com a seguridade social, ressalvado o seu direito regressivo contra o executor ou contratante da obra e admitida a retenção de importância a

este devida para garantia do cumprimento dessas obrigações, não se aplicando, em qualquer hipótese, o benefício de ordem.

§ 1º Não se considera cessão de mão de obra, para os fins deste artigo, a contratação de construção civil em que a empresa construtora assuma a responsabilidade direta e total pela obra ou repasse o contrato integralmente.

§ 2º O executor da obra deverá elaborar, distintamente para cada estabelecimento ou obra de construção civil da empresa contratante, folha de pagamento, Guia de Recolhimento do Fundo de Garantia do Tempo de Serviço e Informações à Previdência Social e Guia da Previdência Social, cujas cópias deverão ser exigidas pela empresa contratante quando da quitação da nota fiscal ou fatura, juntamente com o comprovante de entrega daquela Guia.

§ 3º A responsabilidade solidária de que trata o caput será elidida:

I – pela comprovação, na forma do parágrafo anterior, do recolhimento das contribuições incidentes sobre a remuneração dos segurados, incluída em nota fiscal ou fatura correspondente aos serviços executados, quando corroborada por escrituração contábil; e

II – pela comprovação do recolhimento das contribuições incidentes sobre a remuneração dos segurados, aferidas indiretamente nos termos, forma e percentuais previstos pelo Instituto Nacional do Seguro Social;

III – pela comprovação do recolhimento da retenção permitida no caput deste artigo, efetivada nos termos do art. 219.

• Inciso III acrescentado pelo Dec. 4.032/2001.

§ 4º Considera-se construtor, para os efeitos deste Regulamento, a pessoa física ou jurídica que executa obra sob sua responsabilidade, no todo ou em parte.

Art. 221. Exclui-se da responsabilidade solidária perante a seguridade social o adquirente de prédio ou unidade imobiliária que realize a operação com empresa de comercialização ou com incorporador de imóveis definido na Lei 4.591, de 1964, ficando estes solidariamente responsáveis com o construtor, na forma prevista no art. 220.

Art. 222. As empresas que integram grupo econômico de qualquer natureza, bem como os produtores rurais integrantes do consórcio simplificado de que trata o art. 200-A, respondem entre si, solidariamente, pelas obrigações decorrentes do disposto neste Regulamento.

• Artigo com redação determinada pelo Dec. 4.032/2001.

Art. 223. O operador portuário e o órgão gestor de mão de obra são solidariamente responsáveis pelo pagamento das contribuições previdenciárias e demais obrigações, inclusive acessórias, devidas à seguridade social, arrecadadas pelo Instituto Nacional do Seguro Social, relativamente à requisição de mão de obra de trabalhador avulso, vedada a invocação do benefício de ordem.

Art. 224. Os administradores de autarquias e fundações públicas, criadas ou mantidas pelo Poder Público, de empresas públicas e de sociedades de economia mista sujeitas ao controle da União, dos Estados, do Distrito Federal ou dos Municípios, que se encontrarem em mora por mais de 30 (trinta) dias, no recolhimento das contribuições previstas neste Regulamento, tornam-se solidariamente responsáveis pelo respectivo pagamento, ficando ainda sujeitos às proibições do art. 1º e às sanções dos arts. 4º e 7º do Decreto-lei 368, de 19 de dezembro de 1968.

Art. 224-A. O disposto nesta Seção não se aplica à contratação de serviços por intermédio de cooperativa de trabalho.

• Artigo acrescentado pelo Dec. 3.265/1999.

Seção III
Das obrigações acessórias

Art. 225. A empresa é também obrigada a:

I – preparar folha de pagamento da remuneração paga, devida ou creditada a todos os segurados a seu serviço, devendo manter, em cada estabelecimento, uma via da respectiva folha e recibos de pagamentos;

II – lançar mensalmente em títulos próprios de sua contabilidade, de forma discriminada, os fatos geradores de todas as contribuições, o montante das quantias desconta-

Dec. 3.048/1999

REGULAMENTO – PREVIDÊNCIA

das, as contribuições da empresa e os totais recolhidos;

III – prestar ao Instituto Nacional do Seguro Social e à Secretaria da Receita Federal todas as informações cadastrais, financeiras e contábeis de interesse dos mesmos, na forma por eles estabelecida, bem como os esclarecimentos necessários à fiscalização;

IV – informar mensalmente ao Instituto Nacional do Seguro Social, por intermédio da Guia de Recolhimento do Fundo de Garantia do Tempo de Serviço e Informações à Previdência Social, na forma por ele estabelecida, dados cadastrais, todos os fatos geradores de contribuição previdenciária e outras informações de interesse daquele Instituto;

V – encaminhar ao sindicato representativo da categoria profissional mais numerosa entre seus empregados, até o dia 10 (dez) de cada mês, cópia da Guia da Previdência Social relativamente à competência anterior; e

VI – afixar cópia da Guia da Previdência Social, relativamente à competência anterior, durante o período de 1 (um) mês, no quadro de horário de que trata o art. 74 da Consolidação das Leis do Trabalho;

VII – informar, anualmente, à Secretaria da Receita Federal do Brasil, na forma por ela estabelecida, o nome, o número de inscrição na previdência social e o endereço completo dos segurados de que trata o inciso III do § 15 do art. 9º, por ela utilizados no período, a qualquer título, para distribuição ou comercialização de seus produtos, sejam eles de fabricação própria ou de terceiros, sempre que se tratar de empresa que realize vendas diretas.

• Inciso VII acrescentado pelo Dec. 6.722/2008.

§ 1º As informações prestadas na Guia de Recolhimento do Fundo de Garantia do Tempo de Serviço e Informações à Previdência Social servirão como base de cálculo das contribuições arrecadadas pelo Instituto Nacional do Seguro Social, comporão a base de dados para fins de cálculo e concessão dos benefícios previdenciários, bem como constituir-se-ão em termo de confissão de dívida, na hipótese do não recolhimento.

§ 2º A entrega da Guia de Recolhimento do Fundo de Garantia do Tempo de Serviço e Informações à Previdência Social deverá ser efetuada na rede bancária, conforme estabelecido pelo Ministério da Previdência e Assistência Social, até o dia sete do mês seguinte àquele a que se referirem as informações.

• § 2º com redação determinada pelo Dec. 3.265/1999.

§ 3º A Guia de Recolhimento do Fundo de Garantia do Tempo de Serviço e Informações à Previdência Social é exigida relativamente a fatos geradores ocorridos a partir de janeiro de 1999.

§ 4º O preenchimento, as informações prestadas e a entrega da Guia de Recolhimento do Fundo de Garantia do Tempo de Serviço e Informações à Previdência Social são de inteira responsabilidade da empresa.

§ 5º A empresa deverá manter à disposição da fiscalização, durante 10 (dez) anos, os documentos comprobatórios do cumprimento das obrigações referidas neste artigo, observados o disposto no § 22 e as normas estabelecidas pelos órgãos competentes.

• § 5º com redação determinada pelo Dec. 4.729/2003.

§ 6º O Instituto Nacional do Seguro Social e a Caixa Econômica Federal estabelecerão normas para disciplinar a entrega da Guia de Recolhimento do Fundo de Garantia do Tempo de Serviço e Informações à Previdência Social, nos casos de rescisão contratual.

§ 7º A comprovação dos pagamentos de benefícios reembolsados à empresa também deve ser mantida à disposição da fiscalização durante 10 (dez) anos.

§ 8º O disposto neste artigo aplica-se, no que couber, aos demais contribuintes e ao adquirente, consignatário ou cooperativa, sub-rogados na forma deste Regulamento.

§ 9º A folha de pagamento de que trata o inciso I do *caput*, elaborada mensalmente, de forma coletiva por estabelecimento da empresa, por obra de construção civil e por tomador de serviços, com a correspondente totalização, deverá:

I – discriminar o nome dos segurados, indicando cargo, função ou serviço prestado;

II – agrupar os segurados por categoria, assim entendido: segurado empregado, trabalhador avulso, contribuinte individual;

* Inciso II com redação determinada pelo Dec. 3.265/1999.

III – destacar o nome das seguradas em gozo de salário-maternidade;
IV – destacar as parcelas integrantes e não integrantes da remuneração e os descontos legais; e
V – indicar o número de quotas de salário-família atribuídas a cada segurado empregado ou trabalhador avulso.

§ 10. No que se refere ao trabalhador portuário avulso, o órgão gestor de mão de obra elaborará a folha de pagamento por navio, mantendo-a disponível para uso da fiscalização do Instituto Nacional do Seguro Social, indicando o operador portuário e os trabalhadores que participaram da operação, detalhando, com relação aos últimos:
I – os correspondentes números de registro ou cadastro no órgão gestor de mão de obra;
II – o cargo, função ou serviço prestado;
III – os turnos em que trabalharam; e
IV – as remunerações pagas, devidas ou creditadas a cada um dos trabalhadores e a correspondente totalização.

§ 11. No que se refere ao parágrafo anterior, o órgão gestor de mão de obra consolidará as folhas de pagamento relativas às operações concluídas no mês anterior por operador portuário e por trabalhador portuário avulso, indicando, com relação a estes, os respectivos números de registro ou cadastro, as datas dos turnos trabalhados, as importâncias pagas e os valores das contribuições previdenciárias retidas.

§ 12. Para efeito de observância do limite máximo da contribuição do segurado trabalhador avulso, de que trata o art. 198, o órgão gestor de mão de obra manterá resumo mensal e acumulado, por trabalhador portuário avulso, dos valores totais das férias, do décimo terceiro salário e das contribuições previdenciárias retidas.

§ 13. Os lançamentos de que trata o inciso II do *caput*, devidamente escriturados nos livros Diário e Razão, serão exigidos pela fiscalização após 90 (noventa) dias contados da ocorrência dos fatos geradores das contribuições, devendo, obrigatoriamente:
I – atender ao princípio contábil do regime de competência; e
II – registrar, em contas individualizadas, todos os fatos geradores de contribuições previdenciárias de forma a identificar, clara e precisamente, as rubricas integrantes e não integrantes do salário de contribuição, bem como as contribuições descontadas do segurado, as da empresa e os totais recolhidos, por estabelecimento da empresa, por obra de construção civil e por tomador de serviços.

§ 14. A empresa deverá manter à disposição da fiscalização os códigos ou abreviaturas que identifiquem as respectivas rubricas utilizadas na elaboração da folha de pagamento, bem como os utilizados na escrituração contábil.

§ 15. A exigência prevista no inciso II do *caput* não desobriga a empresa do cumprimento das demais normas legais e regulamentares referentes à escrituração contábil.

§ 16. São desobrigadas de apresentação de escrituração contábil:

* § 16 com redação determinada pelo Dec. 3.265/1999.

I – o pequeno comerciante, nas condições estabelecidas pelo Decreto-lei 486, de 3 de março de 1969, e seu Regulamento;
II – a pessoa jurídica tributada com base no lucro presumido, de acordo com a legislação tributária federal, desde que mantenha a escrituração do Livro Caixa e Livro de Registro de Inventário; e
III – a pessoa jurídica que optar pela inscrição no Sistema Integrado de Pagamento de Impostos e Contribuições das Microempresas e Empresas de Pequeno Porte, desde que mantenha escrituração do Livro Caixa e Livro de Registro de Inventário.

§ 17. A empresa, agência ou sucursal estabelecida no exterior deverá apresentar os documentos comprobatórios do cumprimento das obrigações referidas neste artigo à sua congênere no Brasil, observada a solidariedade de que trata o art. 222.

§ 18. Para o cumprimento do disposto no inciso V do *caput* serão observadas as seguintes situações:

Dec. 3.048/1999

Regulamento – Previdência

I – caso a empresa possua mais de um estabelecimento localizado em base geográfica diversa, a cópia da Guia da Previdência Social será encaminhada ao sindicato representativo da categoria profissional mais numerosa entre os empregados de cada estabelecimento;

II – a empresa que recolher suas contribuições em mais de uma Guia da Previdência Social encaminhará cópia de todas as guias;

III – a remessa poderá ser efetuada por qualquer meio que garanta a reprodução integral do documento, cabendo à empresa manter, em seus arquivos, prova do recebimento pelo sindicato; e

IV – cabe à empresa a comprovação, perante a fiscalização do Instituto Nacional do Seguro Social, do cumprimento de sua obrigação frente ao sindicato.

§ 19. O órgão gestor de mão de obra deverá, quando exigido pela fiscalização do Instituto Nacional do Seguro Social, exibir as listas de escalação diária dos trabalhadores portuários avulsos, por operador portuário e por navio.

§ 20. Caberá exclusivamente ao órgão gestor de mão de obra a responsabilidade pela exatidão dos dados lançados nas listas diárias referidas no parágrafo anterior.

§ 21. Fica dispensado do cumprimento do disposto nos incisos V e VI do *caput* o contribuinte individual, em relação a segurado que lhe presta serviço.

* § 21 com redação determinada pelo Dec. 3.265/1999.

§ 22. A empresa que utiliza sistema de processamento eletrônico de dados para o registro de negócios e atividades econômicas, escrituração de livros ou produção de documentos de natureza contábil, fiscal, trabalhista e previdenciária é obrigada a arquivar e conservar, devidamente certificados, os respectivos sistemas e arquivos, em meio digital ou assemelhado, durante 10 (dez) anos, à disposição da fiscalização.

* § 22 acrescentado pelo Dec. 4.729/2003.

§ 23. A cooperativa de trabalho e a pessoa jurídica são obrigadas a efetuar a inscrição no Instituto Nacional do Seguro Social dos seus cooperados e contratados, respectivamente, como contribuintes individuais, se ainda não inscritos.

* § 23 acrescentado pelo Dec. 4.729/2003.

§ 24. A empresa ou cooperativa adquirente, consumidora ou consignatária da produção fica obrigada a fornecer ao segurado especial cópia do documento fiscal de entrada da mercadoria, onde conste, além do registro da operação realizada, o valor da respectiva contribuição previdenciária.

* § 24 acrescentado pelo Dec. 6.722/2008.

Art. 226. O Município, por intermédio do órgão competente, fornecerá ao Instituto Nacional do Seguro Social, para fins de fiscalização, mensalmente, relação de todos os alvarás para construção civil e documentos de *habite-se* concedidos, de acordo com critérios estabelecidos pelo referido Instituto.

§ 1º A relação a que se refere *caput* será encaminhada ao INSS até o dia dez do mês seguinte àquele a que se referirem os documentos.

* § 1º com redação determinada pelo Dec. 4.032/2001.

§ 2º O encaminhamento da relação fora do prazo ou a sua falta e a apresentação com incorreções ou omissões sujeitará o dirigente do órgão municipal à penalidade prevista na alínea *f* do inciso I do art. 283.

Art. 227. As instituições financeiras mencionadas no inciso V do *caput* do art. 257 ficam obrigadas a verificar, por meio da internet, a autenticidade da Certidão Negativa de Débito – CND apresentadas pelas empresas com as quais tenham efetuado operações de crédito com recursos ali referidos, conforme especificação técnica a ser definida pelo Instituto Nacional do Seguro Social.

* Artigo com redação determinada pelo Dec. 4.729/2003.

Art. 228. O titular de cartório de registro civil e de pessoas naturais fica obrigado a comunicar, até o dia 10 (dez) de cada mês, na forma estabelecida pelo Instituto Nacional do Seguro Social, o registro dos óbitos ocorridos no mês imediatamente anterior, devendo da comunicação constar o nome, a

filiação, a data e o local de nascimento da pessoa falecida.

Parágrafo único. No caso de não haver sido registrado nenhum óbito, deverá o titular do cartório comunicar esse fato ao Instituto Nacional do Seguro Social, no prazo estipulado no *caput*.

Seção IV
Da competência para arrecadar, fiscalizar e cobrar

Art. 229. O Instituto Nacional do Seguro Social é o órgão competente para:

I – arrecadar e fiscalizar o recolhimento das contribuições sociais previstas nos incisos I, II, III, IV e V do parágrafo único do art. 195, bem como as contribuições incidentes a título de substituição;

- Inciso I com redação determinada pelo Dec. 4.032/2001.

II – constituir seus créditos por meio dos correspondentes lançamentos e promover a respectiva cobrança;

III – aplicar sanções; e

IV – normatizar procedimentos relativos à arrecadação, fiscalização e cobrança das contribuições referidas no inciso I.

§ 1º Os Auditores Fiscais da Previdência Social terão livre acesso a todas as dependências ou estabelecimentos da empresa, com vistas à verificação física dos segurados em serviço, para confronto com os registros e documentos da empresa, podendo requisitar e apreender livros, notas técnicas e demais documentos necessários ao perfeito desempenho de suas funções, caracterizando-se como embaraço à fiscalização qualquer dificuldade oposta à consecução do objetivo.

- § 1º com redação determinada pelo Dec. 3.265/1999.

§ 2º Se o Auditor Fiscal da Previdência Social constatar que o segurado contratado como contribuinte individual, trabalhador avulso, ou sob qualquer outra denominação, preenche as condições referidas no inciso I do *caput* do art. 9º, deverá desconsiderar o vínculo pactuado e efetuar o enquadramento como segurado empregado.

- § 2º com redação determinada pelo Dec. 3.265/1999.

§ 3º A fiscalização das entidades fechadas de previdência privada, estabelecida na Lei 6.435, de 15 de julho de 1977, será exercida pelos Fiscais de Contribuições Previdenciárias do Instituto Nacional do Seguro Social, devidamente credenciados pelo órgão próprio, sem prejuízo das atribuições e vantagens a que fazem jus, conforme disposto no Decreto 1.317, de 29 de novembro de 1994.

§ 4º A fiscalização dos regimes próprios de previdência social dos servidores públicos e dos militares da União, dos Estados, do Distrito Federal e dos Municípios, nos termos da Lei 9.717, de 27 de novembro de 1998, será exercida pelos Fiscais de Contribuições Previdenciárias do Instituto Nacional do Seguro Social, devidamente credenciados pelo órgão próprio, sem prejuízo das atribuições e vantagens a que fazem jus, conforme orientação expedida pelo Ministério da Previdência e Assistência Social.

§ 5º Aplica-se à fiscalização de que tratam os §§ 3º e 4º o disposto na Lei 8.212, de 1991, neste Regulamento e demais dispositivos da legislação previdenciária, no que couber e não colidir com os preceitos das Leis 6.435, de 1977, e 9.717, de 1998.

Art. 230. A Secretaria da Receita Federal é o órgão competente para:

I – arrecadar e fiscalizar o recolhimento das contribuições sociais previstas nos incisos VI e VII do parágrafo único do art. 195;

II – constituir seus créditos por meio dos correspondentes lançamentos e promover a respectiva cobrança;

III – aplicar sanções; e

IV – normatizar procedimentos relativos à arrecadação, fiscalização e cobrança das contribuições de que trata o inciso I.

Seção V
Do exame da contabilidade

Art. 231. É prerrogativa do Ministério da Previdência e Assistência Social, do Instituto Nacional do Seguro Social e da Secretaria da Receita Federal o exame da contabilidade da empresa, não prevalecendo para esse efeito o disposto nos arts. 17 e 18 do Código Comercial, ficando obrigados a empresa

Dec. 3.048/1999

e o segurado a prestarem todos os esclarecimentos e informações solicitados.

* Os arts. 17 e 18 do Código Comercial encontram-se revogados pela Lei 10.406/2002 – Código Civil.

Art. 232. A empresa, o servidor de órgão público da administração direta e indireta, o segurado da previdência social, o serventuário da Justiça, o síndico ou seu representante legal, o comissário e o liquidante de empresa em liquidação judicial ou extrajudicial são obrigados a exibir todos os documentos e livros relacionados com as contribuições previstas neste Regulamento.

Art. 233. Ocorrendo recusa ou sonegação de qualquer documento ou informação, ou sua apresentação deficiente, o Instituto Nacional do Seguro Social e a Secretaria da Receita Federal podem, sem prejuízo da penalidade cabível nas esferas de sua competência, lançar de ofício importância que reputarem devida, cabendo à empresa, ao empregador doméstico ou ao segurado o ônus da prova em contrário.

Parágrafo único. Considera-se deficiente o documento ou informação apresentada que não preencha as formalidades legais, bem como aquele que contenha informação diversa da realidade, ou, ainda, que omita informação verdadeira.

Art. 234. Na falta de prova regular e formalizada, o montante dos salários pagos pela execução de obra de construção civil pode ser obtido mediante cálculo da mão de obra empregada, proporcional à área construída e ao padrão de execução da obra, de acordo com critérios estabelecidos pelo Instituto Nacional do Seguro Social, cabendo ao proprietário, dono da obra, incorporador, condômino da unidade imobiliária ou empresa corresponsável o ônus da prova em contrário.

Art. 235. Se, no exame da escrituração contábil e de qualquer outro documento da empresa, a fiscalização constatar que a contabilidade não registra o movimento real da remuneração dos segurados a seu serviço, da receita ou do faturamento e do lucro, esta será desconsiderada, sendo apuradas e lançadas de ofício as contribuições devidas, cabendo à empresa o ônus da prova em contrário.

Art. 236. Deverá ser dado tratamento especial ao exame da documentação que envolva operações ou assuntos de caráter sigiloso, ficando o fiscal responsável obrigado à guarda da informação e à sua utilização exclusivamente nos documentos elaborados em decorrência do exercício de suas atividades.

Art. 237. A autoridade policial prestará à fiscalização, mediante solicitação, o auxílio necessário ao regular desempenho dessa atividade.

Seção VI
Das contribuições e outras importâncias não recolhidas até o vencimento

Art. 238. Os créditos de qualquer natureza da seguridade social, constituídos ou não, vencidos até 31 de dezembro de 1991 e não pagos até 2 de janeiro de 1992, serão atualizados monetariamente com base na legislação aplicável e convertidos, nessa data, em quantidade de Unidade Fiscal de Referência diária.

§ 1º Os juros de mora calculados até 2 de janeiro de 1992 serão, também, convertidos em Unidade Fiscal de Referência, na mesma data.

§ 2º Sobre a parcela correspondente à contribuição, convertida em quantidade de Unidade Fiscal de Referência, incidirão juros moratórios à razão de 1% (um por cento), ao mês-calendário ou fração, a partir de fevereiro de 1992, inclusive, além da multa variável pertinente.

§ 3º Os créditos calculados e expressos em quantidade de Unidade Fiscal de Referência conforme o disposto neste artigo serão reconvertidos para moeda corrente, com base no valor da Unidade Fiscal de Referência na data do pagamento.

Art. 239. As contribuições sociais e outras importâncias arrecadadas pelo Instituto Nacional do Seguro Social, incluídas ou não em notificação fiscal de lançamento, pagas com atraso, objeto ou não de parcelamento, ficam sujeitas a:

Dec. 3.048/1999

REGULAMENTO – PREVIDÊNCIA

I – atualização monetária, quando exigida pela legislação de regência;

II – juros de mora, de caráter irrelevável, incidentes sobre o valor atualizado, equivalentes a:

a) 1% (um por cento) no mês do vencimento;

b) taxa referencial do Sistema Especial de Liquidação e de Custódia nos meses intermediários; e

c) 1% (um por cento) no mês do pagamento; e

III – multa variável, de caráter irrelevável, nos seguintes percentuais, para fatos geradores ocorridos a partir de 28 de novembro de 1999:

- Inciso III com redação determinada pelo Dec. 3.265/1999.

a) para pagamento após o vencimento de obrigação não incluída em notificação fiscal de lançamento:

- Alínea *a* com redação determinada pelo Dec. 3.265/1999.

1. 8% (oito por cento), dentro do mês de vencimento da obrigação;

2. 14% (quatorze por cento), no mês seguinte; ou

3. 20% (vinte por cento), a partir do segundo mês seguinte ao do vencimento da obrigação;

b) para pagamento de obrigação incluída em notificação fiscal de lançamento:

- Alínea *b* com redação determinada pelo Dec. 3.265/1999.

1. 24% (vinte e quatro por cento), até 15 (quinze) dias do recebimento da notificação;

2. 30% (trinta por cento), após o décimo quinto dia do recebimento da notificação;

3. 40% (quarenta por cento), após apresentação de recurso desde que antecedido de defesa, sendo ambos tempestivos, até 15 (quinze) dias da ciência da decisão do Conselho de Recursos da Previdência Social; ou

4. 50% (cinquenta por cento), após o décimo quinto dia da ciência da decisão do Conselho de Recursos da Previdência Social, enquanto não inscrita em Dívida Ativa; e

c) para pagamento do crédito inscrito em Dívida Ativa:

- Alínea *c* com redação determinada pelo Dec. 3.265/1999.

1. 60% (sessenta por cento), quando não tenha sido objeto de parcelamento;

2. 70% (setenta por cento), se houve parcelamento;

3. 80% (oitenta por cento), após o ajuizamento da execução fiscal, mesmo que o devedor ainda não tenha sido citado, se o crédito não foi objeto de parcelamento; ou

4. 100% (cem por cento), após o ajuizamento da execução fiscal, mesmo que o devedor ainda não tenha sido citado, se o crédito foi objeto de parcelamento.

§ 1º *(Revogado pelo Dec. 6.224/2007.)*

§ 2º Nas hipóteses de parcelamento ou de reparcelamento, incidirá um acréscimo de 20% (vinte por cento) sobre a multa de mora a que se refere o inciso III.

§ 3º Se houver pagamento antecipado à vista, no todo ou em parte, do saldo devedor, o acréscimo previsto no parágrafo anterior não incidirá sobre a multa correspondente à parte do pagamento que se efetuar.

§ 4º O valor do pagamento parcial, antecipado, do saldo devedor de parcelamento ou do reparcelamento somente poderá ser utilizado para quitação de parcelas na ordem inversa do vencimento, sem prejuízo da que for devida no mês de competência em curso e sobre a qual incidirá sempre o acréscimo a que se refere o § 2º.

§ 5º É facultada a realização de depósito à disposição da seguridade social, sujeito ao mesmo percentual do item 1 da alínea *b* do inciso III, desde que dentro do prazo legal para apresentação de defesa.

§ 6º À correção monetária e aos acréscimos legais de que trata este artigo aplicar-se-á a legislação vigente em cada competência a que se referirem.

§ 7º Às contribuições de que trata o art. 204, devidas e não recolhidas até as datas dos respectivos vencimentos, aplicam-se multas e juros moratórios na forma da legislação pertinente.

§ 8º Sobre as contribuições devidas e apuradas com base no § 1º do art. 348 incidirão juros moratórios de 0,5% (cinco décimos

por cento) ao mês, capitalizados anualmente, limitados ao percentual máximo de 50% (cinquenta por cento), e multa de 10% (dez por cento).

- § 8º com redação determinada pelo Dec. 6.042/2007.

§ 9º Não se aplicam as multas impostas e calculadas como percentual do crédito por motivo de recolhimento fora do prazo das contribuições, nem quaisquer outras penas pecuniárias, às massas falidas de que trata o art. 192 da Lei 11.101, de 9 de fevereiro de 2005, e às missões diplomáticas estrangeiras no Brasil e aos membros dessas missões quando assegurada a isenção em tratado, convenção ou outro acordo internacional de que o Estado estrangeiro ou organismo internacional e

o Brasil sejam partes.

- § 9º com redação determinada pelo Dec. 6.042/2007.

§ 10. O disposto no § 8º não se aplica aos casos de contribuições em atraso a partir da competência abril de 1995, obedecendo-se, a partir de então, às disposições aplicadas às empresas em geral.

- § 10 acrescentado pelo Dec. 3.265/1999.

§ 11. Na hipótese de as contribuições terem sido declaradas no documento a que se refere o inciso IV do art. 225, ou quando se tratar de empregador doméstico ou de empresa ou segurado dispensados de apresentar o citado documento, a multa de mora a que se refere o *caput* e seus incisos será reduzida em 50% (cinquenta por cento).

- § 11 acrescentado pelo Dec. 3.265/1999.

Art. 240. Os créditos de qualquer natureza da seguridade social, constituídos ou não, que forem objeto de parcelamento serão consolidados na data da concessão e expressos em moeda corrente.

§ 1º Os valores referentes a competências anteriores a 1º de janeiro de 1995 e expressos em Unidade Fiscal de Referência serão reconvertidos para moeda corrente, com base no valor da Unidade Fiscal de Referência na data do pagamento.

§ 2º O valor do crédito consolidado será dividido pela quantidade de parcelas mensais concedidas na forma da legislação pertinente.

§ 3º O valor de cada parcela mensal, por ocasião do pagamento, será acrescido de juros na forma da legislação pertinente.

§ 4º A parcela mensal com valores relativos a competências anteriores a janeiro de 1995 será determinada de acordo com as disposições do § 1º, acrescida de juros conforme a legislação pertinente.

Art. 241. No caso de parcelamento concedido administrativamente até o dia 31 de dezembro de 1991, cujo saldo devedor foi expresso em quantidade de Unidade Fiscal de Referência diária a partir de 1º de janeiro de 1992, mediante a divisão do débito, atualizado monetariamente, pelo valor da Unidade Fiscal de Referência diária no dia 1º de janeiro de 1992, terá o valor do débito ou da parcela expresso em Unidade Fiscal de Referência reconvertido para moeda corrente, multiplicando-se a quantidade de Unidade Fiscal de Referência pelo valor desta na data do pagamento.

Art. 242. Os valores das contribuições incluídos em notificação fiscal de lançamento e os acréscimos legais, observada a legislação de regência, serão expressos em moeda corrente.

§ 1º Os valores das contribuições incluídos na Guia de Recolhimento do Fundo de Garantia do Tempo de Serviço e Informações à Previdência Social, não recolhidos ou não parcelados, serão inscritos na Dívida Ativa do Instituto Nacional do Seguro Social, dispensando-se o processo administrativo de natureza contenciosa.

§ 2º Os juros e a multa serão calculados com base no valor da contribuição.

Art. 243. Constatada a falta de recolhimento de qualquer contribuição ou outra importância devida nos termos deste Regulamento, a fiscalização lavrará, de imediato, notificação fiscal de lançamento com discriminação clara e precisa dos fatos geradores, das contribuições devidas e dos períodos a que se referem, de acordo com as normas estabelecidas pelos órgãos competentes.

§ 1º Aplica-se o disposto neste artigo em caso de falta de pagamento de benefício reembolsado ou em caso de pagamento desse benefício sem observância das normas

Dec. 3.048/1999

pertinentes estabelecidas pelo Instituto Nacional do Seguro Social.

§ 2º Recebida a notificação, o empregador doméstico, a empresa ou o segurado terão o prazo de 30 (trinta) dias para efetuar o pagamento ou apresentar impugnação.

• § 2º com redação determinada pelo Dec. 6.103/2007.

§ 3º Decorrido esse prazo, será automaticamente declarada a revelia, considerado, de plano, procedente o lançamento, permanecendo o processo no órgão jurisdicionante, pelo prazo de 30 (trinta) dias, para cobrança amigável.

§ 4º Após o prazo referido no parágrafo anterior, o crédito será inscrito em Dívida Ativa.

§ 5º Apresentada a defesa, o processo formado a partir da notificação fiscal de lançamento será submetido à autoridade competente, que decidirá sobre a procedência ou não do lançamento, cabendo recurso na forma da Subseção II da Seção II do Capítulo Único do Título I do Livro V.

§ 6º Ao lançamento considerado procedente aplicar-se-á o disposto no § 1º do art. 245, salvo se houver recurso tempestivo na forma da Subseção II da Seção II do Capítulo Único do Título I do Livro V.

§ 7º A liquidação de crédito incluído em notificação deve ser feita em moeda corrente, mediante documento próprio emitido exclusivamente pelo Instituto Nacional do Seguro Social.

Art. 244. As contribuições e demais importâncias devidas à seguridade social e não recolhidas até seu vencimento, incluídas ou não em notificação fiscal de lançamento, após verificadas e confessadas, poderão ser objeto de acordo, para pagamento parcelado em moeda corrente, em até 60 (sessenta) meses sucessivos, observado o número de até quatro parcelas mensais para cada competência a serem incluídas no parcelamento.

§ 1º Não poderão ser objeto de parcelamento as contribuições descontadas dos segurados empregado, inclusive o doméstico, trabalhador avulso e contribuinte individual, as decorrentes da sub-rogação de que tratam os incisos I e II do § 7º do art. 200 e as importâncias retidas na forma do art. 219.

• § 1º com redação determinada pelo Dec. 4.729/2003.

§ 2º A empresa ou segurado que tenha sido condenado criminalmente por sentença transitada em julgado, por obter vantagem ilícita em prejuízo da seguridade social ou de suas entidades, não poderá obter parcelamento de seus débitos, nos 5 (cinco) anos seguintes ao trânsito em julgado da sentença.

§ 3º *(Revogado pelo Dec. 6.722/2008.)*

§ 4º O disposto neste artigo aplica-se às contribuições arrecadadas pelo Instituto Nacional do Seguro Social para outras entidades e fundos, na forma prevista no art. 274, bem como às relativas às cotas de previdência devidas na forma da legislação anterior à Lei 8.212, de 1991.

§ 5º Sobre o valor de cada prestação mensal decorrente de parcelamento serão acrescidos, por ocasião do pagamento, juros equivalentes à taxa referencial do Sistema Especial de Liquidação e Custódia, a que se refere o art. 13 da Lei 9.065, de 20 de junho de 1995, para títulos federais, acumulada mensalmente, calculados a partir do primeiro dia do mês da concessão do parcelamento até o mês anterior ao do pagamento e de 1% (um por cento) relativamente ao mês do pagamento.

§ 6º O deferimento do parcelamento pelo Instituto Nacional do Seguro Social fica condicionado ao pagamento da primeira parcela.

§ 7º Na hipótese do parágrafo anterior, não sendo paga a primeira parcela, proceder-se-á à inscrição da dívida confessada, salvo se já tiver sido inscrita, na Dívida Ativa do Instituto Nacional do Seguro Social e à sua cobrança judicial.

§ 8º O acordo de parcelamento será imediatamente rescindido, aplicando-se o disposto no § 1º do art. 245, salvo se a dívida já tiver sido inscrita, procedendo-se à sua cobrança judicial, caso ocorra uma das seguintes situações:

I – falta de pagamento de qualquer parcela nos termos acordados;

Dec. 3.048/1999

REGULAMENTO – PREVIDÊNCIA

II – perecimento, deterioração ou depreciação da garantia oferecida para obtenção da Certidão Negativa de Débito, se o devedor, avisado, não a substituir ou reforçar, conforme o caso, no prazo de 30 (trinta) dias contados do recebimento do aviso; ou

III – descumprimento de qualquer outra cláusula do acordo de parcelamento.

§ 9º Será admitido o reparcelamento por uma única vez.

§ 10. As dívidas inscritas, ajuizadas ou não, poderão ser objeto de parcelamento, no qual se incluirão, no caso das ajuizadas, honorários advocatícios, desde que previamente quitadas as custas judiciais.

§ 11. A amortização da dívida parcelada deve ser contínua e uniforme em relação ao número total das parcelas.

§ 12. O acordo celebrado com o Estado, o Distrito Federal ou o Município conterá cláusula em que estes autorizem a retenção do Fundo de Participação dos Estados ou do Fundo de Participação dos Municípios e o repasse ao Instituto Nacional do Seguro Social do valor correspondente a cada prestação mensal, por ocasião do vencimento desta.

§ 13. O acordo celebrado com o Estado, o Distrito Federal ou o Município conterá, ainda, cláusula em que estes autorizem, quando houver o atraso superior a 60 (sessenta) dias no cumprimento das obrigações previdenciárias correntes, a retenção do Fundo de Participação dos Estados ou do Fundo de Participação dos Municípios e o repasse ao Instituto Nacional do Seguro Social do valor correspondente à mora, por ocasião da primeira transferência que ocorrer após a comunicação da autarquia previdenciária ao Ministério da Fazenda.

§ 14. Não é permitido o parcelamento de dívidas de empresa com falência decretada.

Art. 245. O crédito da seguridade social é constituído por meio de notificação fiscal de lançamento, auto de infração, confissão ou documento declaratório de valores devidos apresentado pelo contribuinte ou outro instrumento previsto em legislação própria.

§ 1º As contribuições, a atualização monetária, os juros de mora, as multas, bem como outras importâncias devidas e não recolhidas até o seu vencimento devem ser lançados em livro próprio destinado à inscrição em Dívida Ativa do Instituto Nacional do Seguro Social e da Fazenda Nacional, após a constituição do respectivo crédito.

§ 2º A certidão textual do livro de que trata este artigo serve de título para que o órgão competente, por intermédio de seu procurador ou representante legal, promova em juízo a cobrança da Dívida Ativa, segundo o mesmo processo e com as mesmas prerrogativas e privilégios da Fazenda Nacional, nos termos da Lei 6.830, de 22 de setembro de 1980.

§ 3º Os órgãos competentes podem, antes de ajuizar a cobrança da Dívida Ativa, promover o protesto de título dado em garantia de sua liquidação, ficando, entretanto, ressalvado que o título será sempre recebido *pro solvendo*.

§ 4º Considera-se Dívida Ativa o crédito proveniente de fato jurídico gerador das obrigações legais ou contratuais, desde que inscrito no livro próprio, de conformidade com os dispositivos da Lei 6.830, de 1980.

§ 5º As contribuições arrecadadas pelo Instituto Nacional do Seguro Social poderão, sem prejuízo da respectiva liquidez e certeza, ser inscritas em Dívida Ativa.

Art. 246. O crédito relativo a contribuições, atualização monetária, juros de mora, multas, bem como a outras importâncias, está sujeito, nos processos de falência, concordata ou concurso de credores, às disposições atinentes aos créditos da União, aos quais é equiparado.

• V. art. 102, § 3º, II, Dec.-lei 7.661/1945 (Lei de Falências); e art. 83, V, *c*, Lei 11.101/2005 (Lei de Recuperação de Empresas e Falência).

Parágrafo único. O Instituto Nacional do Seguro Social reivindicará os valores descontados pela empresa do segurado empregado e trabalhador avulso, as decorrentes da sub-rogação de que tratam os incisos I e II do § 7º do art. 200 e as importâncias retidas na forma do art. 219 e não recolhidos, sendo que esses valores não estão sujeitos ao concurso de credores.

Dec. 3.048/1999

REGULAMENTO – PREVIDÊNCIA

Seção VII
Da restituição e da compensação de contribuições e outras importâncias

Art. 247. Somente poderá ser restituída ou compensada contribuição para a seguridade social, arrecadada pelo Instituto Nacional do Seguro Social, na hipótese de pagamento ou recolhimento indevido.

§ 1º Na hipótese de pagamento ou recolhimento indevido, a contribuição será atualizada monetariamente, nos períodos em que a legislação assim determinar, a contar da data do pagamento ou recolhimento até a da efetiva restituição ou compensação, utilizando-se os mesmos critérios aplicáveis à cobrança da própria contribuição em atraso, na forma da legislação de regência.

§ 2º A partir de 1º de janeiro de 1996, a compensação ou restituição é acrescida de juros equivalentes à taxa referencial do Sistema Especial de Liquidação e de Custódia, acumulada mensalmente, calculados a partir da data do pagamento indevido ou a maior até o mês anterior ao da compensação ou restituição e de 1% (um por cento) relativamente ao mês em que estiver sendo efetuada.

§ 3º Somente será admitida a restituição ou a compensação de contribuição a cargo da empresa, recolhida ao Instituto Nacional do Seguro Social, que, por sua natureza, não tenha sido transferida ao preço de bem ou serviço oferecido à sociedade.

Art. 248. A restituição de contribuição ou de outra importância recolhida indevidamente, que comporte, por sua natureza, a transferência de encargo financeiro, somente será feita àquele que provar ter assumido esse encargo ou, no caso de tê-lo transferido a terceiro, estar por este expressamente autorizado a recebê-la.

Art. 249. Somente poderá ser restituído ou compensado, nas contribuições arrecadadas pelo Instituto Nacional do Seguro Social, valor decorrente das parcelas referidas nos incisos I, II, III, IV e V do parágrafo único do art. 195.

Parágrafo único. A restituição de contribuição indevidamente descontada do segurado somente poderá ser feita ao próprio segurado, ou ao seu procurador, salvo se comprovado que o responsável pelo recolhimento já lhe fez a devolução.

Art. 250. O pedido de restituição ou de compensação de contribuição ou de outra importância à seguridade social e recebida pelo Instituto Nacional do Seguro Social será encaminhado ao próprio Instituto.

§ 1º No caso de restituição de contribuições para terceiros, vinculada à restituição de contribuições previdenciárias, será o pedido recebido e decidido pelo Instituto Nacional do Seguro Social, que providenciará a restituição, descontando-a obrigatoriamente do valor do repasse financeiro seguinte ao da restituição, comunicando o fato à respectiva entidade.

§ 2º O pedido de restituição de contribuições que envolver somente importâncias relativas a terceiros será formulado diretamente à entidade respectiva e por esta decidido, cabendo ao Instituto Nacional do Seguro Social prestar as informações e realizar as diligências solicitadas.

Art. 251. A partir de 1º de janeiro de 1992, nos casos de pagamento indevido ou a maior de contribuições, mesmo quando resultante de reforma, anulação, revogação ou rescisão de decisão condenatória, o contribuinte pode efetuar a compensação desse valor no recolhimento de importâncias correspondentes a períodos subsequentes.

§ 1º A compensação, independentemente da data do recolhimento, não pode ser superior a 30% (trinta por cento) do valor a ser recolhido em cada competência, devendo o saldo remanescente em favor do contribuinte ser compensado nas competências subsequentes, aplicando-se as normas previstas nos §§ 1º e 2º do art. 247.

§ 2º A compensação somente poderá ser efetuada com parcelas de contribuição da mesma espécie.

§ 3º É facultado ao contribuinte optar pelo pedido de restituição.

§ 4º Em caso de compensação de valores nas situações a que se referem os arts. 248 e 249, os documentos comprobatórios da responsabilidade assumida pelo encargo fi-

Dec. 3.048/1999

nanceiro, a autorização expressa de terceiro para recebimento em seu nome, a procuração ou o recibo de devolução de contribuição descontada indevidamente de segurado, conforme o caso, devem ser mantidos à disposição da fiscalização, sob pena de glosa dos valores compensados.

§ 5º Os órgãos competentes expedirão as instruções necessárias ao cumprimento do disposto neste artigo.

Art. 252. No caso de recolhimento a maior, originário de evidente erro de cálculo, a restituição será feita por rito sumário estabelecido pelo Instituto Nacional do Seguro Social, reservando-se a este o direito de fiscalizar posteriormente a regularidade das importâncias restituídas.

Art. 253. O direito de pleitear restituição ou de realizar compensação de contribuições ou de outras importâncias extingue-se em 5 (cinco) anos, contados da data:

I – do pagamento ou recolhimento indevido; ou

II – em que se tornar definitiva a decisão administrativa ou passar em julgado a sentença judicial que tenha reformado, anulado ou revogado a decisão condenatória.

Art. 254. Da decisão sobre pedido de restituição de contribuições ou de outras importâncias, cabe recurso na forma da Subseção II da Seção II do Capítulo Único do Título I do Livro V.

Seção VIII
Do reembolso de pagamento

Art. 255. A empresa será reembolsada pelo pagamento do valor bruto do salário-maternidade, observado o disposto no art. 248 da Constituição, incluída a gratificação natalina proporcional ao período da correspondente licença e das cotas do salário-família pago aos segurados a seu serviço, de acordo com este Regulamento, mediante dedução do respectivo valor, no ato do recolhimento das contribuições devidas, na forma estabelecida pelo INSS.

• *Caput* com redação determinada pelo Dec. 4.862/2003.

§ 1º Se da dedução prevista no *caput* resultar saldo favorável, a empresa receberá, no ato da quitação, a importância correspondente.

§ 2º *(Revogado pelo Dec. 3.265/1999.)*

§ 3º O reembolso de pagamento obedecerá aos mesmos critérios aplicáveis à restituição prevista no art. 247.

Capítulo IX
DA MATRÍCULA DA EMPRESA, DO PRODUTOR RURAL PESSOA FÍSICA E DO SEGURADO ESPECIAL

• Rubrica do Capítulo IX com redação determinada pelo Dec. 6.722/2008.

Art. 256. A matrícula da empresa será feita:

I – simultaneamente com a inscrição no Cadastro Nacional da Pessoa Jurídica; ou

II – perante o Instituto Nacional do Seguro Social, no prazo de 30 (trinta) dias contados do início de suas atividades, quando não sujeita a inscrição no Cadastro Nacional da Pessoa Jurídica.

§ 1º Independentemente do disposto neste artigo, o Instituto Nacional do Seguro Social procederá à matrícula:

I – de ofício, quando ocorrer omissão; e

II – de obra de construção civil, mediante comunicação obrigatória do responsável por sua execução, no prazo do inciso II do *caput*.

§ 2º A unidade matriculada na forma do inciso II do *caput* e do § 1º receberá certificado de matrícula com número cadastral básico, de caráter permanente.

§ 3º O não cumprimento do disposto no inciso II do *caput* e no inciso II do § 1º sujeita o responsável à multa prevista no art. 283.

§ 4º O Departamento Nacional de Registro do Comércio, por intermédio das juntas comerciais, bem como os cartórios de registro civil de pessoas jurídicas, prestarão obrigatoriamente ao Instituto Nacional do Seguro Social todas as informações referentes aos atos constitutivos e alterações posteriores relativos a empresas neles registradas, sem ônus para o Instituto.

§ 5º São válidos perante o Instituto Nacional do Seguro Social os atos de constituição, alteração e extinção de empresa registrados nas juntas comerciais.

§ 6º O Ministério da Previdência e Assistência Social estabelecerá as condições em que o Departamento Nacional de Registro do Comércio, por intermédio das juntas comerciais, e os cartórios de registro civil de pessoas jurídicas cumprirão o disposto no § 4º.

Art. 256-A. A matrícula atribuída pela Secretaria da Receita Federal do Brasil ao produtor rural pessoa física ou segurado especial é o documento de inscrição do contribuinte, em substituição à inscrição no Cadastro Nacional de Pessoa Jurídica – CNPJ, a ser apresentado em suas relações:

* Artigo acrescentado pelo Dec. 6.722/2008.

I – com o Poder Público, inclusive para licenciamento sanitário de produtos de origem animal ou vegetal submetidos a processos de beneficiamento ou industrialização artesanal;

II – com as instituições financeiras, para fins de contratação de operações de crédito; e

III – com os adquirentes de sua produção ou fornecedores de sementes, insumos, ferramentas e demais implementos agrícolas.

§ 1º Para fins de recolhimento das contribuições previdenciárias, a matrícula de que trata o *caput* será atribuída ao grupo familiar no ato de sua inscrição.

§ 2º O disposto no *caput* não se aplica ao licenciamento sanitário de produtos sujeitos à incidência do IPI ou ao contribuinte cuja inscrição no CNPJ seja obrigatória.

Capítulo X
DA PROVA DE INEXISTÊNCIA DE DÉBITO

Art. 257. Deverá ser exigido documento comprobatório de inexistência de débito relativo às contribuições a que se referem os incisos I, III, IV, V, VI e VII do parágrafo único do art. 195, destinadas à manutenção da seguridade social, fornecida pelo órgão competente, nos seguintes casos:

* V. art. 1º, parágrafo único, Dec. 6.106/2007 (Prova de regularidade fiscal perante a Fazenda Nacional).
* V. Portaria Conjunta PGFN/RFB 3/2007 (Prova de regularidade fiscal perante a Fazenda Nacional).

I – da empresa:

a) na licitação, na contratação com o poder público e no recebimento de benefícios ou incentivo fiscal ou creditício concedidos por ele;

b) na alienação ou oneração, a qualquer título, de bem imóvel ou direito a ele relativo;

c) na alienação ou oneração, a qualquer título, de bem móvel de valor superior a R$ 15.904,18 (quinze mil novecentos e quatro reais e dezoito centavos) incorporado ao ativo permanente da empresa; e

* Valor original sujeito a atualização mediante Portaria do Ministério da Previdência Social – MPS.

d) no registro ou arquivamento, no órgão próprio, de ato relativo a baixa ou redução de capital de firma individual, redução de capital social, cisão total ou parcial, transformação ou extinção de entidade ou sociedade comercial ou civil e transferência de controle de cotas de sociedades de responsabilidade limitada, suprida a exigência pela informação de inexistência de débito a ser prestada pelos órgãos competentes de que trata o § 10;

II – do proprietário, pessoa física ou jurídica, de obra de construção civil, quando de sua averbação no Registro de Imóveis, salvo no caso do art. 278;

III – do incorporador, na ocasião da inscrição de memorial de incorporação no Registro de Imóveis;

IV – do produtor rural pessoa física e do segurado especial referidos, respectivamente, na alínea a do inciso V e no inciso VII do *caput* do art. 9º, quando da constituição de garantia para concessão de crédito rural e qualquer de suas modalidades, por instituição de créditos pública ou privada, desde que comercializem a sua produção com o adquirente domiciliado no exterior ou diretamente no varejo a consumidor pessoa física, a outro produtor rural pessoa física ou a outro segurado especial;

V – na contratação de operações de crédito com instituições financeiras, assim entendidas as pessoas jurídicas públicas ou privadas que tenham como atividade principal ou acessória a intermediação ou aplicação de recursos financeiros próprios ou de terceiros, em moeda nacional ou estrangeira, autorizadas pelo Banco Central do Brasil ou

por decreto do Poder Executivo a funcionar no Território Nacional, que envolvam:

a) recursos públicos, inclusive os provenientes de fundos constitucionais e de incentivo ao desenvolvimento regional (Fundo Constitucional de Financiamento do Norte, Fundo Constitucional de Financiamento do Nordeste, Fundo Constitucional de Financiamento do Centro Oeste, Fundo de Desenvolvimento da Amazônia e Fundo de Desenvolvimento do Nordeste);

b) recursos do Fundo de Garantia do Tempo de Serviço, do Fundo de Amparo ao Trabalhador e do Fundo Nacional de Desenvolvimento da Educação; ou

c) recursos captados através de Caderneta de Poupança; e

VI – na liberação de eventuais parcelas previstas nos contratos a que se refere o inciso anterior.

§ 1º O documento comprobatório de inexistência de débito poderá ser exigido do construtor que, na condição de responsável solidário com o proprietário, tenha executado a obra de construção definida na forma do § 13, sob sua responsabilidade, observadas as normas específicas estabelecidas pelos órgãos competentes.

§ 2º No caso previsto no parágrafo anterior, não será exigido documento comprobatório de inexistência de débito do proprietário.

§ 3º O documento comprobatório de inexistência de débito deve ser exigido da empresa, para os casos previstos nos incisos I e III do *caput*, em relação a todas as suas dependências, estabelecimentos e obras de construção civil executadas sob sua responsabilidade, independentemente do local onde se encontrem, ressalvado aos órgãos competentes o direito de cobrança de qualquer débito apurado posteriormente.

§ 4º O documento comprobatório de inexistência de débito, quando exigível do incorporador, independe daquele apresentado no Registro de Imóveis por ocasião da inscrição do memorial de incorporação.

§ 5º Fica dispensada a transcrição, em instrumento público ou particular, do inteiro teor do documento comprobatório de inexistência de débito, bastando a referência ao seu número de série e a sua data de emissão e a guarda do documento à disposição dos órgãos competentes, na forma por eles estabelecida.

§ 6º É dispensada a indicação da finalidade no documento comprobatório de inexistência de débito, exceto:

• *Caput* do § 6º com redação determinada pelo Dec. 3.265/1999.

I – no caso do inciso II do *caput*;

II – na situação prevista no § 2º do art. 258; e

III – no registro ou arquivamento, no órgão próprio, de ato relativo a baixa ou redução de capital de firma individual, redução de capital social, cisão total ou parcial, transformação ou extinção de entidade ou sociedade comercial ou civil e transferência de controle de cotas de sociedades de responsabilidade limitada.

• Inciso III com redação determinada pelo Dec. 3.668/2000.

§ 7º O documento comprobatório de inexistência de débito quanto às contribuições sociais previstas nas alíneas a, b e c do parágrafo único do art. 11 da Lei 8.212, de 24 de julho de 1991, às contribuições instituídas a título de substituição e às contribuições devidas, por lei, a terceiros, inclusive às inscritas em dívida ativa do INSS, é a Certidão Negativa de Débito, cujo prazo de validade é de até 180 (cento e oitenta) dias, contado da data de sua emissão.

• § 7º com redação determinada pelo Dec. 5.586/2005.

§ 8º Independe da apresentação de documento comprobatório de inexistência de débito:

I – a lavratura ou assinatura de instrumento, ato ou contrato que constitua retificação, ratificação ou efetivação de outro anterior para o qual já foi feita a prova;

II – a constituição de garantia para concessão de crédito rural, em qualquer de suas modalidades, por instituição de crédito pública ou privada ao produtor rural pessoa física e ao segurado especial referidos, respectivamente, na alínea a do inciso V e no inciso VII do *caput* do art. 9º, desde que estes não comercializem a sua produção com o adquirente domiciliado no exterior nem diretamente no varejo a consumidor pessoa

física, a outro produtor rural pessoa física ou a outro segurado especial; e

III – a averbação prevista no inciso II do *caput*, relativa a imóvel cuja construção tenha sido concluída antes de 22 de novembro de 1966;

IV – a transação imobiliária referida na alínea *b* do inciso I do *caput*, que envolva empresa que explore exclusivamente atividade de compra e venda de imóveis, locação, desmembramento ou loteamento de terrenos, incorporação imobiliária ou construção de imóveis destinados à venda, desde que o imóvel objeto da transação esteja contabilmente lançado no ativo circulante e não conste, nem tenha constado, do ativo permanente da empresa.

• Inciso IV com redação determinada pelo Dec. 3.265/1999.

§ 9º O condômino adquirente de unidade imobiliária de obra de construção civil não incorporada na forma da Lei 4.591, de 1964, poderá obter documento comprobatório de inexistência de débito, desde que comprove o pagamento das contribuições relativas à sua unidade, observadas as instruções dos órgãos competentes.

§ 10. O documento comprobatório de inexistência de débito será fornecido pelos órgãos locais competentes da Secretaria da Receita Federal do Brasil quanto às contribuições de que tratam os incisos I e III a VII do parágrafo único do art. 195.

• § 10 com redação determinada pelo Dec. 6.106/2007.

§ 11. Não é exigível de pessoa física o documento comprobatório de inexistência de débito relativo às contribuições de que trata o art. 204.

§ 12. O disposto no § 11 não se aplica à pessoa física equiparada à jurídica na forma da legislação tributária federal.

§ 13. Entende-se como obra de construção civil a construção, demolição, reforma ou ampliação de edificação ou outra benfeitoria agregada ao solo ou ao subsolo.

§ 14. Não é exigível da microempresa e empresa de pequeno porte o documento comprobatório de inexistência de débito, quando do arquivamento de seus atos constitutivos nas juntas comerciais, inclusive de suas alterações, salvo no caso de extinção de firma individual ou sociedade.

§ 15. A prova de inexistência de débito perante a previdência social será fornecida por certidão emitida por meio de sistema eletrônico, ficando a sua aceitação condicionada à verificação de sua autenticidade pela Internet, em endereço específico, ou junto à previdência social.

• § 15 acrescentado pelo Dec. 3.265/1999.

§ 16. Fica dispensada a guarda do documento comprobatório de inexistência de débito, prevista no § 5º, cuja autenticidade tenha sido comprovada pela Internet.

• § 16 acrescentado pelo Dec. 3.265/1999.

Art. 258. Não será expedido documento comprobatório de inexistência de débito, salvo nos seguintes casos:

I – todas as contribuições devidas, os valores decorrentes de atualização monetária, juros moratórios e multas tenham sido recolhidos;

II – o débito esteja pendente de decisão em contencioso administrativo;

III – o débito seja pago;

IV – o débito esteja garantido por depósito integral e atualizado em moeda corrente;

V – o pagamento do débito fique assegurado mediante oferecimento de garantia suficiente, na forma do art. 260, em caso de parcelamento com confissão de dívida fiscal, observado o disposto no art. 244; ou

VI – tenha sido efetivada penhora suficiente garantidora do débito em curso de cobrança judicial.

§ 1º O disposto no inciso II não se aplica a débito relativo a importância não contestada, ainda que incluída no mesmo processo de cobrança pendente de decisão administrativa.

§ 2º Na licitação, na contratação com o poder público e no recebimento de benefícios ou incentivo fiscal ou creditício por ele concedido, em que não haja oneração de bem do patrimônio da empresa, não será exigida a garantia, prevista no inciso V, de dívida incluída em parcelamento.

• § 2º com redação determinada pelo Dec. 3.265/1999.

§ 3º Independentemente das disposições deste artigo, o descumprimento do dispos-

to no inciso IV do *caput* do art. 225 é condição impeditiva para expedição do documento comprobatório de inexistência de débito.

Art. 259. O órgão competente pode intervir em instrumento que depender de documento comprobatório de inexistência de débito, a fim de autorizar sua lavratura, desde que ocorra uma das hipóteses previstas nos incisos III, V e VI do art. 258.

§ 1º Em se tratando de alienação de bens do ativo de empresa em regime de liquidação extrajudicial, visando à obtenção de recursos necessários ao pagamento dos credores, independentemente do disposto nos incisos III e V do art. 258, o INSS poderá autorizar a lavratura do respectivo instrumento, desde que o valor do crédito previdenciário conste, regularmente, do quadro geral de credores, observada a ordem de preferência legal.

• § 1º acrescentado pelo Dec. 4.032/2001.

§ 2º Em se tratando de alienação de bem, cujo valor obtido com a transação seja igual ou superior ao valor do débito, o INSS poderá autorizar a lavratura do respectivo instrumento, independentemente do disposto nos incisos III e V do art. 258, desde que fique assegurado, no próprio instrumento lavrado, que o valor total obtido com a transação, ou o que for necessário, com preferência a qualquer outra destinação seja utilizado para a amortização total do débito.

• § 2º acrescentado pelo Dec. 4.032/2001.

Art. 260. Serão aceitas as seguintes modalidades de garantia:

I – depósito integral e atualizado do débito em moeda corrente;
II – hipoteca de bens imóveis com ou sem seus acessórios;
III – fiança bancária;
IV – vinculação de parcelas do preço de bens ou serviços a serem negociados a prazo pela empresa;
V – alienação fiduciária de bens móveis; ou
VI – penhora.

Parágrafo único. A garantia deve ter valor mínimo de 120% (cento e vinte por cento) do total da dívida, observado, em qualquer caso, o valor de mercado dos bens indicados, em conformidade com os critérios estabelecidos pelo Instituto Nacional do Seguro Social.

Art. 261. A autorização do órgão competente para outorga de instrumento em que se estipule o pagamento do débito da empresa no ato, ou apenas parte no ato e o restante em parcelas ou prestações do saldo do preço do bem a ser negociado pela empresa, com vinculação ao cumprimento das obrigações assumidas na confissão de dívida fiscal desta perante a seguridade social, na forma do inciso IV do art. 260, será dada mediante interveniência no instrumento.

Parágrafo único. A autorização para lavratura de instrumento de interesse da empresa em que a garantia oferecida pelo devedor não tem relação com o bem transacionado será dada mediante alvará.

Art. 262. O documento comprobatório de inexistência de débito, a minuta padrão do instrumento de confissão de dívida fiscal e o alvará de que trata o parágrafo único do art. 261 obedecerão aos modelos instituídos pelos órgãos competentes.

Parágrafo único. Nos casos previstos no art. 206 do Código Tributário Nacional, será expedida Certidão Positiva de Débito com Efeitos de Negativa – CPD-EN e, nos demais casos, Certidão Negativa de Débito – CND.

• Parágrafo único com redação determinada pelo Dec. 3.265/1999.

Art. 263. A prática de ato com inobservância do disposto no art. 257 ou o seu registro acarretará a responsabilidade solidária dos contratantes e do oficial que lavrar ou registrar o instrumento, sendo nulo o ato para todos os efeitos.

Parágrafo único. O servidor, o serventuário da Justiça, o titular de serventia extrajudicial e a autoridade ou órgão que infringirem o disposto no art. 257 incorrerão em multa aplicada na forma do Título II do Livro IV, sem prejuízo das responsabilidades administrativa e penal cabíveis.

Art. 264. A inexistência de débito em relação às contribuições devidas ao Instituto Nacional do Seguro Social é condição necessária para que os Estados, o Distrito Federal e os Municípios possam receber as transferências dos recursos do Fundo de Participação dos Estados e do Distrito Fede-

Dec. 3.048/1999

ral e do Fundo de Participação dos Municípios, celebrar acordo, contrato, convênio ou ajuste, bem como receber empréstimo, financiamento, aval ou subvenção em geral de órgão ou entidade da administração direta e indireta da União.

Parágrafo único. Para recebimento do Fundo de Participação dos Estados e do Distrito Federal e do Fundo de Participação dos Municípios e para a consecução dos demais instrumentos citados no *caput*, os Estados, o Distrito Federal e os Municípios deverão apresentar aos órgãos ou entidades responsáveis pela liberação dos fundos, celebração de acordos, contratos, convênios ou ajustes, concessão de empréstimos, financiamentos, avais ou subvenções em geral os comprovantes de recolhimento das suas contribuições ao Instituto Nacional do Seguro Social referentes aos três meses imediatamente anteriores ao mês previsto para a efetivação daqueles procedimentos.

Art. 265. Os Estados, o Distrito Federal e os Municípios serão, igualmente, obrigados a apresentar, para os fins do disposto no art. 264, comprovação de pagamento da parcela mensal referente aos débitos com o Instituto Nacional do Seguro Social objeto do parcelamento.

TÍTULO II
DAS DISPOSIÇÕES DIVERSAS RELATIVAS AO CUSTEIO DA SEGURIDADE SOCIAL

Art. 266. Os sindicatos poderão apresentar denúncia contra a empresa, junto ao Instituto Nacional do Seguro Social, nas seguintes hipóteses:
I – falta de envio da Guia da Previdência Social para o sindicato, na forma do inciso V do *caput* do art. 225;
II – não afixação da Guia da Previdência Social no quadro de horário, na forma do inciso VI do *caput* do art. 225;
III – divergência entre os valores informados pela empresa e pelo Instituto Nacional do Seguro Social sobre as contribuições recolhidas na mesma competência; ou
IV – existência de evidentes indícios de recolhimento a menor das contribuições devidas, constatados pela comparação com dados disponíveis sobre quantidade de empregados e de rescisões de contrato de trabalho homologadas pelo sindicato.
§ 1º As denúncias formuladas pelos sindicatos deverão identificar com precisão a empresa infratora e serão encaminhadas por seu representante legal, especificando nome, número no Cadastro Nacional da Pessoa Jurídica e endereço da empresa denunciada, o item infringido e outros elementos indispensáveis à análise dos fatos.
§ 2º A constatação da improcedência da denúncia apresentada pelo sindicato implicará a cessação do seu direito ao acesso às informações fornecidas pelas empresas e pelo Instituto Nacional do Seguro Social, pelo prazo de:
I – 1 (um) ano, quando fundamentada nos incisos I, II e III do *caput*; e
II – 4 (quatro) meses, quando fundamentada no inciso IV do *caput*.
§ 3º Os prazos mencionados no parágrafo anterior serão duplicados a cada reincidência, considerando-se esta a ocorrência de nova denúncia improcedente, dentro do período de 5 (cinco) anos contados da data da denúncia não confirmada.

Art. 267. *(Revogado pelo Dec. 4.032/2001.)*

Art. 268. O titular da firma individual e os sócios das empresas por cotas de responsabilidade limitada respondem solidariamente, com seus bens pessoais, pelos débitos junto à seguridade social.

Parágrafo único. Os acionistas controladores, os administradores, os gerentes e os diretores respondem solidariamente e subsidiariamente, com seus bens pessoais, quanto ao inadimplemento das obrigações para com a seguridade social, por dolo ou culpa.

Art. 269. Os orçamentos das entidades da administração pública direta e indireta devem consignar as dotações ao pagamento das contribuições devidas à seguridade social, de modo a assegurar a sua regular liquidação dentro do exercício.

Parágrafo único. O pagamento das contribuições devidas ao Instituto Nacional do Seguro Social terá prioridade absoluta nos

cronogramas financeiros de desembolso dos órgãos da administração pública direta, das entidades de administração indireta e suas subsidiárias e das demais entidades sob controle acionário direto ou indireto da União, dos Estados, do Distrito Federal e dos Municípios, bem como de suas autarquias, e fundações instituídas ou mantidas pelo Poder Público.

Art. 270. A existência de débitos junto ao Instituto Nacional do Seguro Social, não renegociados ou renegociados e não saldados, nas condições estabelecidas em lei, importará na indisponibilidade dos recursos existentes, ou que venham a ingressar nas contas dos órgãos ou entidades devedoras de que trata o artigo anterior, abertas em quaisquer instituições financeiras, até o valor equivalente ao débito apurado na data de expedição de solicitação do Instituto Nacional do Seguro Social ao Banco Central do Brasil, incluindo o principal, corrigido monetariamente nos períodos em que a legislação assim dispuser, as multas e os juros.

Parágrafo único. Os Ministros da Fazenda e da Previdência e Assistência Social expedirão as instruções para aplicação do disposto neste artigo.

Art. 271. As contribuições referentes ao período de que trata o § 2º do art. 26, vertidas desde o início do vínculo do servidor com a administração pública ao Plano de Seguridade Social do Servidor Público, nos termos dos arts. 8º e 9º da Lei 8.162, de 1991, serão atualizadas monetariamente e repassadas de imediato ao Instituto Nacional do Seguro Social.

Art. 272. As alíquotas a que se referem o inciso II do art. 200 e os incisos I, II, III e § 8º do art. 202 são reduzidas em 50% (cinquenta por cento) de seu valor, a partir de 22 de janeiro de 1998, por 60 (sessenta) meses, nos contratos de trabalho por prazo determinado, nos termos da Lei 9.601, de 21 de janeiro de 1998.

- Artigo com redação determinada pelo Dec. 4.032/2001.

Art. 273. A empresa é obrigada a preparar folha de pagamento dos trabalhadores contratados com base na Lei 9.601/98, na forma do art. 225, agrupando-os separadamente.

Art. 274. O Instituto Nacional do Seguro Social poderá arrecadar e fiscalizar, mediante remuneração de 3,5% (três inteiros e cinco décimos por cento) sobre o montante arrecadado, contribuição por lei devida a terceiros, desde que provenha de empresa, segurado, aposentado ou pensionista a ele vinculado, aplicando-se a essa contribuição, no que couber, o disposto neste Regulamento.

§ 1º O disposto neste artigo aplica-se às contribuições que tenham a mesma base utilizada para o cálculo das contribuições incidentes sobre a remuneração paga, devida ou creditada a segurados, bem como sobre as contribuições incidentes sobre outras bases a título de substituição.

- § 1º com redação determinada pelo Dec. 4.032/2001.

§ 2º As contribuições previstas neste artigo ficam sujeitas aos mesmos prazos, condições, sanções e privilégios das contribuições da seguridade social, inclusive no que se refere à cobrança judicial.

Art. 275. O Instituto Nacional do Seguro Social divulgará, trimestralmente, lista atualizada dos devedores com débitos inscritos na Dívida Ativa relativos às contribuições previstas nos incisos I, II, III, IV e V do parágrafo único do art. 195, acompanhada de relatório circunstanciado das medidas administrativas e judiciais adotadas para a cobrança e execução da dívida.

§ 1º O relatório a que se refere o *caput* será encaminhado aos órgãos da administração federal direta e indireta, às entidades controladas direta ou indiretamente pela União, aos registros públicos, cartórios de registro de títulos e documentos, cartórios de registro de imóveis e ao sistema financeiro oficial, para os fins do § 3º do art. 195 da Constituição Federal e da Lei 7.711, de 22 de dezembro de 1988.

§ 2º O Ministério da Previdência e Assistência Social fica autorizado a firmar convênio com os governos estaduais, do Distrito Federal e municipais para extensão, àquelas esferas de governo, das hipóteses previstas no art. 1º da Lei 7.711, de 1988.

Art. 276. Nas ações trabalhistas de que resulter o pagamento de direitos sujeitos à incidência de contribuição previdenciária, o recolhimento das importâncias devidas à seguridade social será feito no dia 2 (dois) do mês seguinte ao da liquidação da sentença.

§ 1º No caso do pagamento parcelado, as contribuições devidas à seguridade social serão recolhidas na mesma data e proporcionalmente ao valor de cada parcela.

§ 2º Nos acordos homologados em que não figurarem, discriminadamente, as parcelas legais de incidência da contribuição previdenciária, esta incidirá sobre o valor total do acordo homologado.

§ 3º Não se considera como discriminação de parcelas legais de incidência de contribuição previdenciária a fixação de percentual de verbas remuneratórias e indenizatórias constantes dos acordos homologados, aplicando-se, nesta hipótese, o disposto no parágrafo anterior.

§ 4º A contribuição do empregado no caso de ações trabalhistas será calculada, mês a mês, aplicando-se as alíquotas previstas no art. 198, observado o limite máximo do salário de contribuição.

• V. Súmula 368, TST.

§ 5º Na sentença ou acordo homologado, cujo valor da contribuição previdenciária devida for inferior ao limite mínimo permitido para recolhimento na Guia da Previdência Social, é autorizado o recolhimento dos valores devidos cumulativamente com as contribuições normais de mesma competência.

• § 5º acrescentado pelo Dec. 4.032/2001.

§ 6º O recolhimento das contribuições do empregado reclamante deverá ser feito na mesma inscrição em que são recolhidas as contribuições devidas pela empresa.

• § 6º acrescentado pelo Dec. 4.032/2001.

§ 7º Se da decisão resultar reconhecimento de vínculo empregatício, deverão ser exigidas as contribuições, tanto do empregador como do reclamante, para todo o período reconhecido, ainda que o pagamento das remunerações a ele correspondentes não tenham sido reclamadas na ação, tomando-se por base de incidência, na ordem, o valor da remuneração paga, quando conhecida, da remuneração paga a outro empregado de categoria ou função equivalente ou semelhante, do salário normativo da categoria ou do salário mínimo mensal, permitida a compensação das contribuições patronais eventualmente recolhidas.

• § 7º acrescentado pelo Dec. 4.032/2001.

§ 8º Havendo reconhecimento de vínculo empregatício para empregado doméstico, tanto as contribuições do segurado empregado como as do empregador deverão ser recolhidas na inscrição do trabalhador.

• § 8º acrescentado pelo Dec. 4.032/2001.

§ 9º É exigido o recolhimento da contribuição previdenciária de que trata o inciso II do art. 201, incidente sobre o valor resultante da decisão que reconhecer a ocorrência de prestação de serviço à empresa, mas não o vínculo empregatício, sobre o valor total da condenação ou do acordo homologado, independentemente da natureza da parcela e forma de pagamento.

• § 9º acrescentado pelo Dec. 4.032/2001.

Art. 277. A autoridade judiciária deverá velar pelo fiel cumprimento do disposto no artigo anterior, executando, de ofício, quando for o caso, as contribuições devidas, fazendo expedir notificação ao Instituto Nacional do Seguro Social, para dar-lhe ciência dos termos da sentença, do acordo celebrado ou da execução.

Parágrafo único. O Instituto Nacional do Seguro Social fornecerá, quando solicitados, as orientações e dados necessários ao cumprimento do que dispõe este artigo.

Art. 278. Nenhuma contribuição é devida à seguridade social se a construção residencial for unifamiliar, com área total não superior a 70 (setenta) metros quadrados, destinada a uso próprio, do tipo econômico e tiver sido executada sem a utilização de mão de obra assalariada.

Parágrafo único. Comprovado o descumprimento de qualquer das disposições do *caput*, tornam-se devidas as contribui-

ções previstas neste Regulamento, sem prejuízo das cominações legais cabíveis.

TÍTULO III
DAS DISPOSIÇÕES TRANSITÓRIAS RELATIVAS AO CUSTEIO DA SEGURIDADE SOCIAL

• Título III acrescentado pelo Dec. 3.265/1999.

Art. 278-A. *(Revogado pelo Dec. 4.729/2003.)*

LIVRO IV
DAS PENALIDADES EM GERAL

TÍTULO I
DAS RESTRIÇÕES

Art. 279. A empresa que transgredir as normas deste Regulamento, além de outras sanções previstas, sujeitar-se-á às seguintes restrições:

I – suspensão de empréstimos e financiamentos, por instituições financeiras oficiais;

II – revisão de incentivo fiscal de tratamento tributário especial;

III – inabilitação para licitar e contratar com qualquer órgão ou entidade da administração pública direta ou indireta federal, estadual, do Distrito Federal ou municipal;

IV – interdição para o exercício do comércio, se for sociedade mercantil ou comerciante individual;

V – desqualificação para impetrar concordata; e

VI – cassação de autorização para funcionar no País, quando for o caso.

Art. 280. A empresa em débito para com a seguridade social não pode:

I – distribuir bonificação ou dividendo a acionista; e

II – dar ou atribuir cota ou participação nos lucros a sócio-cotista, diretor ou outro membro de órgão dirigente, fiscal ou consultivo, ainda que a título de adiantamento.

TÍTULO II
DAS INFRAÇÕES E DAS PENALIDADES

Capítulo I
DOS CRIMES

Art. 281. *(Revogado pelo Dec. 4.032/2001.)*

Capítulo II
DA APREENSÃO DE DOCUMENTOS

Art. 282. A seguridade social, por meio de seus órgãos competentes, promoverá a apreensão de comprovantes de arrecadação e de pagamento de benefícios, bem como de quaisquer documentos pertinentes, inclusive contábeis, mediante lavratura do competente termo, com a finalidade de apurar administrativamente a ocorrência dos crimes previstos em lei.

Parágrafo único. O Instituto Nacional do Seguro Social e a Secretaria da Receita Federal estabelecerão normas específicas para:

I – apreensão de comprovantes e demais documentos;

II – apuração administrativa da ocorrência de crimes;

III – devolução de comprovantes e demais documentos;

IV – instrução do processo administrativo de apuração;

V – encaminhamento do resultado da apuração referida no inciso IV à autoridade competente; e

VI – acompanhamento de processo judicial.

Capítulo III
DAS INFRAÇÕES

Art. 283. Por infração a qualquer dispositivo das Leis 8.212 e 8.213, ambas de 1991, e 10.666, de 8 de maio de 2003, para a qual não haja penalidade expressamente cominada neste Regulamento, fica o responsável sujeito a multa variável de R$ 636,17 (seiscentos e trinta e seis reais e dezessete centavos) a R$ 63.617,35 (sessenta e três mil, seiscentos e dezessete reais e trinta e cinco centavos), conforme a gravidade da infração, aplicando-se-lhe o disposto nos

Dec. 3.048/1999

REGULAMENTO – PREVIDÊNCIA

arts. 290 a 292, e de acordo com os seguintes valores:

- *Caput* com redação determinada pelo Dec. 4.862/2003.
- Valores sujeitos a atualização mediante Portaria do Ministério da Previdência Social – MPS.

I – a partir de R$ 636,17 (seiscentos e trinta e seis reais e dezessete centavos) nas seguintes infrações:

a) deixar a empresa de preparar folha de pagamento das remunerações pagas, devidas ou creditadas a todos os segurados a seu serviço, de acordo com este Regulamento e com os demais padrões e normas estabelecidos pelo Instituto Nacional do Seguro Social;

b) deixar a empresa de se matricular no Instituto Nacional do Seguro Social, dentro de 30 (trinta) dias contados da data do início de suas atividades, quando não sujeita a inscrição no Cadastro Nacional da Pessoa Jurídica;

c) deixar a empresa de descontar da remuneração paga aos segurados a seu serviço importância proveniente de dívida ou responsabilidade por eles contraída junto à seguridade social, relativa a benefícios pagos indevidamente;

d) deixar a empresa de matricular no Instituto Nacional do Seguro Social obra de construção civil de sua propriedade ou executada sob sua responsabilidade no prazo de 30 (trinta) dias do início das respectivas atividades;

e) deixar o Titular de Cartório de Registro Civil de Pessoas Naturais de comunicar ao Instituto Nacional do Seguro Social, até o dia 10 (dez) de cada mês, a ocorrência ou a não ocorrência de óbitos, no mês imediatamente anterior, bem como enviar informações inexatas, conforme o disposto no art. 228;

f) deixar o dirigente dos órgãos municipais competentes de prestar ao Instituto Nacional do Seguro Social as informações concernentes aos alvarás, *habite-se* ou documento equivalente, relativos a construção civil, na forma do art. 226; e

g) deixar a empresa de efetuar os descontos das contribuições devidas pelos segurados a seu serviço;

- Alínea *g* com redação determinada pelo Dec. 4.862/2003.

h) deixar a empresa de elaborar e manter atualizado perfil profissiográfico abrangendo as atividades desenvolvidas pelo trabalhador e de fornecer a este, quando da rescisão do contrato de trabalho, cópia autêntica deste documento; e

- Alínea *h* acrescentada pelo Dec. 4.862/2003.

II – a partir de R$ 6.361,73 (seis mil, trezentos e sessenta e um reais e setenta e três centavos) nas seguintes infrações:

a) deixar a empresa de lançar mensalmente, em títulos próprios de sua contabilidade, de forma discriminada, os fatos geradores de todas as contribuições, o montante das quantias descontadas, as contribuições da empresa e os totais recolhidos;

b) deixar a empresa de apresentar ao Instituto Nacional do Seguro Social e à Secretaria da Receita Federal os documentos que contenham as informações cadastrais, financeiras e contábeis de interesse dos mesmos, na forma por eles estabelecida, ou os esclarecimentos necessários à fiscalização;

c) deixar o servidor, o serventuário da Justiça ou o titular de serventia extrajudicial de exigir documento comprobatório de inexistência de débito, quando da contratação com o poder público ou no recebimento de benefício ou de incentivo fiscal ou creditício;

d) deixar o servidor, o serventuário da Justiça ou o titular de serventia extrajudicial de exigir o documento comprobatório de inexistência de débito, quando da alienação ou oneração, a qualquer título, de bem imóvel ou direito a ele relativo;

e) deixar o servidor, o serventuário da Justiça ou o titular de serventia extrajudicial de exigir a apresentação do documento comprobatório de inexistência de débito na alienação ou oneração, a qualquer título, de bem móvel incorporado ao ativo permanente da empresa, de valor superior a R$ 15.904,18 (quinze mil, novecentos e quatro reais e dezoito centavos);

f) deixar o servidor, o serventuário da Justiça ou o titular de serventia extrajudicial de exigir documento comprobatório de inexistência de débito no registro ou arquivamento, no órgão próprio, de ato relativo a baixa

Dec. 3.048/1999

REGULAMENTO – PREVIDÊNCIA

ou redução de capital de firma individual, redução de capital social, cisão total ou parcial, transformação ou extinção de entidade ou sociedade comercial ou civil e transferência de controle de cotas de sociedades de responsabilidade limitada;

g) deixar o servidor, o serventuário da Justiça ou o titular de serventia extrajudicial de exigir documento comprobatório de inexistência de débito do proprietário, pessoa física ou jurídica, de obra de construção civil, quando da averbação de obra no Registro de Imóveis;

h) deixar o servidor, o serventuário da Justiça ou o titular de serventia extrajudicial de exigir documento comprobatório de inexistência de débito do incorporador, quando da averbação de obra no Registro de Imóveis, independentemente do documento apresentado por ocasião da inscrição do memorial de incorporação;

i) deixar o dirigente da entidade da administração pública direta ou indireta de consignar as dotações necessárias ao pagamento das contribuições devidas à seguridade social, de modo a assegurar a sua regular liquidação dentro do exercício;

j) deixar a empresa, o servidor de órgão público da administração direta e indireta, o segurado da previdência social, o serventuário da Justiça ou o titular de serventia extrajudicial, o síndico ou seu representante, o comissário ou o liquidante de empresa em liquidação judicial ou extrajudicial, de exibir os documentos e livros relacionados com as contribuições previstas neste Regulamento ou apresentá-los sem atender às formalidades legais exigidas ou contendo informação diversa da realidade ou, ainda, com omissão de informação verdadeira;

l) deixar a entidade promotora do espetáculo desportivo de efetuar o desconto da contribuição prevista no § 1º do art. 205;

m) deixar a empresa ou entidade de reter e recolher a contribuição prevista no § 3º do art. 205;

n) deixar a empresa de manter laudo técnico atualizado com referência aos agentes nocivos existentes no ambiente de trabalho de seus trabalhadores ou emitir documento de comprovação de efetiva exposição em desacordo com o respectivo laudo; e

• Alínea n com redação determinada pelo Dec. 6.722/2008.

o) (Revogada pelo Dec. 4.882/2003.)

§ 1º Considera-se dirigente, para os fins do disposto neste Capítulo, aquele que tem a competência funcional para decidir a prática ou não do ato que constitua infração à legislação da seguridade social.

§ 2º A falta de inscrição do segurado sujeita o responsável à multa de R$ 1.254,89 (mil, duzentos e cinquenta e quatro reais e oitenta e nove centavos), por segurado não inscrito.

• § 2º com redação determinada pelo Dec. 6.722/2008.

§ 3º As demais infrações a dispositivos da legislação, para as quais não haja penalidade expressamente cominada, sujeitam o infrator à multa de R$ 636,17 (seiscentos e trinta e seis reais e dezessete centavos).

Art. 284. A infração ao disposto no inciso IV do caput do art. 225 sujeitará o responsável às seguintes penalidades administrativas:

I – valor equivalente a um multiplicador sobre o valor mínimo previsto no caput do art. 283, em função do número de segurados, pela não apresentação da Guia de Recolhimento do Fundo de Garantia do Tempo de Serviço e Informações à Previdência Social, independentemente do recolhimento da contribuição, conforme quadro abaixo:

0 a 5 segurados	1/2 valor mínimo
6 a 15 segurados	1 x o valor mínimo
16 a 50 segurados	2 x o valor mínimo
51 a 100 segurados	5 x o valor mínimo
101 a 500 segurados	10 x o valor mínimo
501 a 1000 segurados	20 x o valor mínimo
1001 a 5000 segurados	35 x o valor mínimo
Acima de 5000 segurados	50 x o valor mínimo

II – 100% (cem por cento) do valor devido relativo à contribuição não declarada, limitada aos valores previstos no inciso I, pela apresentação da Guia de Recolhimento do Fundo de Garantia do Tempo de Serviço e Informações à Previdência Social com dados não correspondentes aos fatos geradores, seja em relação às bases de cálculo, seja em relação às informações que alterem o valor

das contribuições, ou do valor que seria devido se não houvesse isenção ou substituição, quando se tratar de infração cometida por pessoa jurídica de direito privado beneficente de assistência social em gozo de isenção das contribuições previdenciárias ou por empresa cujas contribuições incidentes sobre os respectivos fatos geradores tenham sido substituídas por outras; e

- Inciso II com redação determinada pelo Dec. 4.729/2003.

III – 5% (cinco por cento) do valor mínimo previsto no *caput* do art. 283, por campo com informações inexatas, incompletas ou omissas, limitada aos valores previstos no inciso I, pela apresentação da Guia de Recolhimento do Fundo de Garantia do Tempo de Serviço e Informações à Previdência Social com erro de preenchimento nos dados não relacionados aos fatos geradores.

§ 1º A multa de que trata o inciso I, a partir do mês seguinte àquele em que o documento deveria ter sido entregue, sofrerá acréscimo de 5% (cinco por cento) por mês-calendário ou fração.

§ 2º O valor mínimo a que se refere o inciso I será o vigente na data da lavratura do auto de infração.

Art. 285. A infração ao disposto no art. 280 sujeita o responsável à multa de 50% (cinquenta por cento) das quantias que tiverem sido pagas ou creditadas, a partir da data do evento.

Art. 286. A infração ao disposto no art. 336 sujeita o responsável à multa variável entre os limites mínimo e máximo do salário de contribuição, por acidente que tenha deixado de comunicar nesse prazo.

§ 1º Em caso de morte, a comunicação a que se refere este artigo deverá ser efetuada de imediato à autoridade competente.

§ 2º A multa será elevada em duas vezes o seu valor a cada reincidência.

§ 3º A multa será aplicada no seu grau mínimo na ocorrência da primeira comunicação feita fora do prazo estabelecido neste artigo, ou não comunicada, observado o disposto nos arts. 290 a 292.

Art. 287. Pelo descumprimento das obrigações contidas nos incisos V e VI do *caput* do art. 225, e verificado o disposto no inciso III do *caput* do art. 266, será aplicada multa de R$ 99,74 (noventa e nove reais e setenta e quatro centavos) a R$ 9.974,34 (nove mil, novecentos e setenta e quatro reais e trinta e quatro centavos), para cada competência em que tenha havido a irregularidade.

- *Caput* com redação determinada pelo Dec. 4.032/2001.
- Valor sujeito a atualização mediante Portaria do Ministério da Previdência Social – MPS.

Parágrafo único. O descumprimento das disposições constantes do art. 227 e dos incisos V e VI do *caput* do art. 257, sujeitará a instituição financeira à multa de:

I – R$ 22.165,20 (vinte e dois mil, cento e sessenta e cinco reais e vinte centavos), no caso do art. 227;

- Inciso I com redação determinada pelo Dec. 4.032/2001.
- Valor sujeito a atualização mediante Portaria do Ministério da Previdência Social – MPS.

II – R$ 110.826,01 (cento e dez mil, oitocentos e vinte e seis reais e um centavo), no caso dos incisos V e VI do *caput* do art. 257.

- Inciso II com redação determinada pelo Dec. 4.032/2001.
- Valor sujeito a atualização mediante Portaria do Ministério da Previdência Social – MPS.

Art. 288. O descumprimento do disposto nos §§ 19 e 20 do art. 225 sujeitará o infrator à multa de:

I – R$ 173,00 (cento e setenta e três reais) a R$ 1.730,00 (um mil, setecentos e trinta reais), no caso do § 19; e

II – R$ 345,00 (trezentos e quarenta e cinco reais) a R$ 3.450,00 (três mil, quatrocentos e cinquenta reais), no caso do § 20.

Art. 289. O dirigente de órgão ou entidade da administração federal, estadual, do Distrito Federal ou municipal responde pessoalmente pela multa aplicada por infração a dispositivos deste Regulamento, sendo obrigatório o respectivo desconto em folha de pagamento, mediante requisição dos órgãos competentes e a partir do primeiro pagamento que se seguir à requisição.

Parágrafo único. Ao disposto neste artigo não se aplica a multa de que trata o inciso III do art. 239.

Dec. 3.048/1999

Capítulo IV
DAS CIRCUNSTÂNCIAS AGRAVANTES DA PENALIDADE

Art. 290. Constituem circunstâncias agravantes da infração, das quais dependerá a gradação da multa, ter o infrator:
I – tentado subornar servidor dos órgãos competentes;
II – agido com dolo, fraude ou má-fé;
III – desacatado, no ato da ação fiscal, o agente da fiscalização;
IV – obstado a ação da fiscalização; ou
V – incorrido em reincidência.
Parágrafo único. Caracteriza reincidência a prática de nova infração a dispositivo da legislação por uma mesma pessoa ou por seu sucessor, dentro de 5 (cinco) anos da data em que se tornar irrecorrível administrativamente a decisão condenatória, da data do pagamento ou da data em que se configurou a revelia, referentes à autuação anterior.

* Parágrafo único com redação determinada pelo Dec. 6.032/2007.

Capítulo V
DAS CIRCUNSTÂNCIAS ATENUANTES DA PENALIDADE

Art. 291. *(Revogado pelo Dec. 6.727/2009.)*

Capítulo VI
DA GRADAÇÃO DAS MULTAS

Art. 292. As multas serão aplicadas da seguinte forma:
I – na ausência de agravantes, serão aplicadas nos valores mínimos estabelecidos nos incisos I e II e no § 3º do art. 283 e nos arts. 286 e 288, conforme o caso;
II – as agravantes dos incisos I e II do art. 290 elevam a multa em três vezes;
III – as agravantes dos incisos III e IV do art. 290 elevam a multa em duas vezes;
IV – a agravante do inciso V do art. 290 eleva a multa em três vezes a cada reincidência no mesmo tipo de infração, e em duas vezes em caso de reincidência em infrações diferentes, observados os valores máximos estabelecidos no *caput* dos arts. 283 e 286, conforme o caso; e
V – *(Revogado pelo Dec. 6.727/2009.)*
Parágrafo único. Na aplicação da multa a que se refere o art. 288, aplicar-se-á apenas as agravantes referidas nos incisos III a V do art. 290, as quais elevam a multa em duas vezes.

Art. 293. Constatada a ocorrência de infração a dispositivo deste Regulamento, será lavrado auto de infração com discriminação clara e precisa da infração e das circunstâncias em que foi praticada, contendo o dispositivo legal infringido, a penalidade aplicada e os critérios de gradação, e indicando local, dia e hora de sua lavratura, observadas as normas fixadas pelos órgãos competentes.

* *Caput* com redação determinada pelo Dec. 6.103/2007.

§ 1º Recebido o auto de infração, o autuado terá o prazo de 30 (trinta) dias, a contar da ciência, para efetuar o pagamento da multa de ofício com redução de 50% (cinquenta por cento) ou impugnar a autuação.

* § 1º com redação determinada pelo Dec. 6.103/2007.

§ 2º Impugnada a autuação, o autuado, após a ciência da decisão de primeira instância, poderá efetuar o pagamento da multa de ofício com redução de 25% (vinte e cinco por cento), até a data limite para interposição de recurso.

* § 2º com redação determinada pelo Dec. 6.103/2007.

§ 3º O recolhimento do valor da multa, com redução, implica renúncia ao direito de impugnar ou de recorrer.

* § 3º com redação determinada pelo Dec. 4.032/2001.

§ 4º Apresentada impugnação, o processo será submetido à autoridade competente, que decidirá sobre a autuação, cabendo recurso na forma da Subseção II da Seção II do Capítulo Único do Título I do Livro V deste Regulamento.

* § 4º com redação determinada pelo Dec. 6.032/2007.

§ 5º *(Revogado pelo Dec. 6.032/2007.)*
§ 6º *(Revogado pelo Dec. 6.032/2007.)*

Dec. 3.048/1999

REGULAMENTO – PREVIDÊNCIA

LIVRO V
DA ORGANIZAÇÃO DA SEGURIDADE SOCIAL

TÍTULO I
DO SISTEMA NACIONAL DE SEGURIDADE SOCIAL

Art. 294. As ações nas áreas de saúde, previdência social e assistência social, conforme o disposto no Capítulo II do Título VIII da Constituição Federal, serão organizadas em Sistema Nacional de Seguridade Social.
Parágrafo único. As áreas de que trata este artigo organizar-se-ão em conselhos setoriais, com representantes da União, dos Estados, do Distrito Federal, dos Municípios e da sociedade civil.

Capítulo Único
DOS ÓRGÃOS COLEGIADOS

Seção I
Do Conselho Nacional de Previdência Social

Art. 295. O Conselho Nacional de Previdência Social, órgão superior de deliberação colegiada, terá como membros:
I – seis representantes do Governo Federal; e
II – nove representantes da sociedade civil, sendo:
a) três representantes dos aposentados e pensionistas;
b) três representantes dos trabalhadores em atividade; e
c) três representantes dos empregadores.
§ 1º Os membros do Conselho Nacional de Previdência Social e seus respectivos suplentes serão nomeados pelo Presidente da República, tendo os representantes titulares da sociedade civil mandato de 2 (dois) anos, podendo ser reconduzidos, de imediato, uma única vez.
§ 2º Os representantes dos trabalhadores em atividade, dos aposentados, dos empregadores e seus respectivos suplentes serão indicados pelas centrais sindicais e confederações nacionais.
§ 3º O Conselho Nacional de Previdência Social reunir-se-á, ordinariamente, uma vez por mês, por convocação de seu Presidente, não podendo ser adiada a reunião por mais de 15 (quinze) dias se houver requerimento nesse sentido da maioria dos conselheiros.
§ 4º Poderá ser convocada reunião extraordinária por seu Presidente ou a requerimento de 1/3 (um terço) de seus membros, conforme dispuser o regimento interno do Conselho Nacional de Previdência Social.

Art. 296. Compete ao Conselho Nacional de Previdência Social:
I – estabelecer diretrizes gerais e apreciar as decisões de políticas aplicáveis à previdência social;
II – participar, acompanhar e avaliar, sistematicamente, a gestão previdenciária;
III – apreciar e aprovar os planos e programas da previdência social;
IV – apreciar e aprovar as propostas orçamentárias da previdência social, antes de sua consolidação na proposta orçamentária da seguridade social;
V – acompanhar e apreciar, mediante relatórios gerenciais por ele definidos, a execução dos planos, programas e orçamentos no âmbito da previdência social;
VI – acompanhar a aplicação da legislação pertinente à previdência social;
VII – apreciar a prestação de contas anual a ser remetida ao Tribunal de Contas da União, podendo, se for necessário, contratar auditoria externa;
VIII – estabelecer os valores mínimos em litígio, acima dos quais será exigida a anuência prévia do Procurador-Geral ou do Presidente do Instituto Nacional do Seguro Social para formalização de desistência ou transigência judiciais, conforme o disposto no art. 353;
IX – elaborar e aprovar seu regimento interno;
X – aprovar os critérios de arrecadação e de pagamento dos benefícios por intermédio da rede bancária ou por outras formas; e
XI – acompanhar e avaliar os trabalhos de implantação e manutenção do Cadastro Nacional de Informações Sociais.

Art. 296-A. Ficam instituídos, como unidades descentralizadas do Conselho Nacio-

nal de Previdência Social – CNPS, Conselhos de Previdência Social – CPS, que funcionarão junto às Gerências Executivas do INSS.

* Caput com redação determinada pelo Dec. 5.699/2006.

§ 1º Os CPS serão compostos por dez conselheiros e respectivos suplentes, designados pelo titular da Gerência Executiva na qual for instalado, assim distribuídos:

* Caput do § 1º com redação determinada pelo Dec. 5.699/2006.

I – quatro representantes do Governo Federal; e

* Inciso I acrescentado pelo Dec. 4.874/2003.

II – seis representantes da sociedade, sendo:

* Inciso II acrescentado pelo Dec. 4.874/2003.

a) dois dos empregadores;
b) dois dos empregados; e
c) dois dos aposentados e pensionistas.

§ 2º O Governo Federal será representado:

* Caput do § 2º acrescentado pelo Dec. 4.874/2003.

I – nas cidades onde houver mais de uma Gerência Executiva:

* Caput do inciso I com redação determinada pelo Dec. 5.699/2006.

a) pelo Gerente Executivo da Gerência Executiva a que se refere o § 1º; e

* Alínea a com redação determinada pelo Dec. 6.722/2008.

b) outros Gerentes Executivos; ou

* Alínea b com redação determinada pelo Dec. 6.722/2008.

c) servidores da Divisão ou do Serviço Benefícios ou de Atendimento ou da Procuradoria Federal Especializada junto ao INSS de Gerência Executiva sediadas na cidade, ou de representante da Secretaria da Receita Federal do Brasil, ou de representante da Dataprev;

* Alínea c com redação determinada pelo Dec. 6.722/2008.

d) (Revogada pelo Dec. 6.722/2008.)

II – nas cidades onde houver apenas uma Gerência Executiva:

* Caput do inciso II com redação determinada pelo Dec. 5.699/2006.

a) pelo Gerente Executivo;

* Alínea a com redação determinada pelo Dec. 5.699/2006.

b) servidores da Divisão ou do Serviço de Benefícios ou de Atendimento ou da Procuradoria Federal Especializada junto ao INSS da Gerência Executiva, ou de representante da Secretaria da Receita Federal do Brasil, ou de representante da Dataprev.

* Alínea b com redação determinada pelo Dec. 6.722/2008.

c) (Revogada pelo Dec. 6.722/2008.)
d) (Revogada pelo Dec. 6.722/2008.)
III – (Revogado pelo Dec. 5.699/2006.)

§ 3º As reuniões serão mensais ou bimensais, a critério do respectivo CPS, e abertas ao público, cabendo a sua organização e funcionamento ao titular da Gerência Executiva na qual for instalado o colegiado.

* § 3º com redação determinada pelo Dec. 5.699/2006.

§ 4º Os representantes dos trabalhadores, dos aposentados e dos empregadores serão indicados pelas respectivas entidades sindicais ou associações representativas.

* § 4º com redação determinada pelo Dec. 6.722/2008.

§ 5º Os CPS terão caráter consultivo e de assessoramento, competindo ao CNPS disciplinar os procedimentos para o seu funcionamento, suas competências, os critérios de seleção dos representantes da sociedade e o prazo de duração dos respectivos mandatos, além de estipular por resolução o regimento dos CPS.

* § 5º acrescentado pelo Dec. 4.874/2003.

§ 6º As funções dos conselheiros dos CPS não serão remuneradas e seu exercício será considerado serviço público relevante.

* § 6º acrescentado pelo Dec. 4.874/2003.

§ 7º A Previdência Social não se responsabilizará por eventuais despesas com deslocamento ou estada dos conselheiros representantes da sociedade.

* § 7º acrescentado pelo Dec. 4.874/2003.

§ 8º Nas cidades onde houver mais de uma Gerência Executiva, o Conselho será instalado naquela indicada pelo Gerente Regional do INSS cujas atribuições abranjam a referida cidade.

* § 8º com redação determinada pelo Dec. 6.722/2008.

Dec. 3.048/1999

REGULAMENTO – PREVIDÊNCIA

§ 9º Cabe ao Gerente Executivo a designação dos conselheiros.
- § 9º acrescentado pelo Dec. 6.722/2008.

§ 10. É facultado ao Gerente Regional do INSS participar das reuniões do CPS localizados em região de suas atribuições e presidi-las.
- § 10 acrescentado pelo Dec. 6.722/2008.

Art. 297. Compete aos órgãos governamentais:

I – prestar toda e qualquer informação necessária ao adequado cumprimento das competências do Conselho Nacional de Previdência Social, fornecendo inclusive estudos técnicos; e

II – encaminhar ao Conselho Nacional de Previdência Social, com antecedência mínima de 2 (dois) meses do seu envio ao Congresso Nacional, a proposta orçamentária da previdência social, devidamente detalhada.

Art. 298. As resoluções tomadas pelo Conselho Nacional de Previdência Social deverão ser publicadas no *Diário Oficial da União*.

Art. 299. As reuniões do Conselho Nacional de Previdência Social serão iniciadas com a presença da maioria absoluta de seus membros, sendo exigida para deliberação a maioria simples de votos.

Art. 300. As ausências ao trabalho dos representantes dos trabalhadores em atividade, decorrentes das atividades do Conselho Nacional de Previdência Social, serão abonadas, computando-se como jornada efetivamente trabalhada para todos os fins e efeitos legais.

Art. 301. Aos membros do Conselho Nacional de Previdência Social, enquanto representantes dos trabalhadores em atividade, titulares e suplentes, é assegurada a estabilidade no emprego, da nomeação até 1 (um) ano após o término do mandato de representação, somente podendo ser demitidos por motivo de falta grave, regularmente comprovada mediante processo judicial.

Art. 302. Compete ao Ministério da Previdência e Assistência Social proporcionar ao Conselho Nacional de Previdência Social os meios necessários ao exercício de suas competências, para o que contará com uma Secretaria-Executiva do Conselho Nacional de Previdência Social.

Seção II
Do Conselho de Recursos da Previdência Social

Subseção I
Da composição

Art. 303. O Conselho de Recursos da Previdência Social – CRPS, colegiado integrante da estrutura do Ministério da Previdência Social, é órgão de controle jurisdicional das decisões do INSS, nos processos referentes a benefícios a cargo desta Autarquia.
- *Caput* com redação determinada pelo Dec. 6.722/2008.

§ 1º O Conselho de Recursos da Previdência Social compreende os seguintes órgãos:

I – 29 (vinte e nove) Juntas de Recursos, com a competência para julgar, em primeira instância, os recursos interpostos contra as decisões prolatadas pelos órgãos regionais do INSS, em matéria de interesse de seus beneficiários;
- Inciso I com redação determinada pelo Dec. 7.126/2010.
- V. art. 3º, Dec. 7.126/2010 (*DOU* 04.03.2010), que determina que as alterações introduzidas por este Decreto aplicam-se aos processos administrativos em curso na data de sua publicação.

II – 4 (quatro) Câmaras de Julgamento, com sede em Brasília, com a competência para julgar, em segunda instância, os recursos interpostos contra as decisões proferidas pelas Juntas de Recursos que infringirem lei, regulamento, enunciado ou ato normativo ministerial;
- Inciso II com redação determinada pelo Dec. 6.722/2008.

III – *(Revogado pelo Dec. 3.668/2000.)*

IV – Conselho Pleno, com a competência para uniformizar a jurisprudência previdenciária mediante enunciados, podendo ter outras competências definidas no Regimento Interno do Conselho de Recursos da Previdência Social.
- Inciso IV com redação determinada pelo Dec. 6.857/2009.

Dec. 3.048/1999

REGULAMENTO – PREVIDÊNCIA

§ 2º O CRPS é presidido por representante do Governo, com notório conhecimento da legislação previdenciária, nomeado pelo Ministro de Estado da Previdência Social, cabendo-lhe dirigir os serviços administrativos do órgão.

* § 2º com redação determinada pelo Dec. 6.722/2008.

§ 3º *(Revogado pelo Dec. 3.668/2000.)*

§ 4º As Juntas e as Câmaras, presididas por representante do Governo, são compostas por quatro membros, denominados conselheiros, nomeados pelo Ministro de Estado da Previdência e Assistência Social, sendo dois representantes do Governo, um das empresas e um dos trabalhadores.

§ 5º O mandato dos membros do Conselho de Recursos da Previdência Social é de 2 (dois) anos, permitida a recondução, atendidas às seguintes condições:

* *Caput* do § 5º com redação determinada pelo Dec. 5.699/2006.

I – os representantes do Governo são escolhidos entre servidores federais, preferencialmente do Ministério da Previdência Social ou do INSS, com curso superior em nível de graduação concluído e notório conhecimento da legislação previdenciária, que prestarão serviços exclusivos ao Conselho de Recursos da Previdência Social, sem prejuízo dos direitos e vantagens do respectivo cargo de origem;

* Inciso I com redação determinada pelo Dec. 5.699/2006.

II – os representantes classistas, que deverão ter escolaridade de nível superior, exceto representantes dos trabalhadores rurais, que deverão ter nível médio, são escolhidos dentre os indicados, em lista tríplice, pelas entidades de classe ou sindicais das respectivas jurisdições, e manterão a condição de segurados do Regime Geral de Previdência Social; e

* Inciso II com redação determinada pelo Dec. 4.729/2003.

III – o afastamento do representante dos trabalhadores da empresa empregadora não constitui motivo para alteração ou rescisão contratual.

§ 6º A gratificação dos membros de Câmara de Julgamento e Junta de Recursos será definida pelo Ministro de Estado da Previdência e Assistência Social.

* § 6º com redação determinada pelo Dec. 3.668/2000.

§ 7º Os servidores do Instituto Nacional do Seguro Social, mediante ato do Ministro de Estado da Previdência Social, poderão ser cedidos para terem exercício no Conselho de Recursos da Previdência Social, sem prejuízo dos direitos e das vantagens do respectivo cargo de origem, inclusive os previstos no art. 61 da Lei 8.112, de 11 de dezembro de 1990.

* § 7º com redação determinada pelo Dec. 4.729/2003.

§ 8º *(Revogado pelo Dec. 3.452/2000.)*

§ 9º O conselheiro afastado por qualquer das razões elencadas no Regimento Interno do Conselho de Recursos da Previdência Social, exceto quando decorrente de renúncia voluntária, não poderá ser novamente designado para o exercício desta função antes do transcurso de 5 (cinco) anos, contados do efetivo afastamento.

* § 9º com redação determinada pelo Dec. 5.699/2006.

§ 10. O limite máximo de composições por Câmara de Julgamento ou Junta de Recursos, do Conselho de Recursos da Previdência Social, será definido em ato do Ministro de Estado da Previdência Social, por proposta fundamentada do presidente do referido Conselho, em função da quantidade de processos em tramitação em cada órgão julgador.

* § 10 com redação determinada pelo Dec. 6.496/2008.

§ 11. *(Revogado pelo Dec. 6.857/2009.)*

Art. 304. Compete ao Ministro de Estado da Previdência Social aprovar o Regimento Interno do CRPS.

* Artigo com redação determinada pelo Dec. 6.722/2008.

Subseção II
Dos recursos

Art. 305. Das decisões do INSS nos processos de interesse dos beneficiários caberá recurso para o CRPS, conforme o disposto

Dec. 3.048/1999

REGULAMENTO – PREVIDÊNCIA

neste Regulamento e no regimento interno do CRPS.

- *Caput* com redação determinada pelo Dec. 7.126/2010.
- V. art. 3º, Dec. 7.126/2010 (*DOU* 04.03.2010), que determina que as alterações introduzidas por este Decreto aplicam-se aos processos administrativos em curso na data de sua publicação.

§ 1º É de 30 (trinta) dias o prazo para interposição de recursos e para o oferecimento de contrarrazões, contados da ciência da decisão e da interposição do recurso, respectivamente.

- § 1º com redação determinada pelo Dec. 4.729/2003.

§ 2º *(Revogado pelo Dec. 3.265/1999.)*

§ 3º O Instituto Nacional do Seguro Social e a Secretaria da Receita Previdenciária podem reformar suas decisões, deixando, no caso de reforma favorável ao interessado, de encaminhar o recurso à instância competente.

- § 3º com redação determinada pelo Dec. 6.032/2007.

§ 4º Se o reconhecimento do direito do interessado ocorrer na fase de instrução do recurso por ele interposto contra decisão de Junta de Recursos, ainda que de alçada, ou de Câmara de Julgamento, o processo, acompanhado das razões do novo entendimento, será encaminhado:

I – à Junta de Recursos, no caso de decisão dela emanada, para fins de reexame da questão; ou

II – à Câmara de Julgamento, se por ela proferida a decisão, para revisão do acórdão, na forma que dispuser o seu Regimento Interno.

§ 5º *(Revogado pelo Dec. 6.722/2008.)*

Art. 306. *(Revogado pelo Dec. 6.722/2008.)*

Art. 307. A propositura pelo beneficiário de ação judicial que tenha por objeto idêntico pedido sobre o qual versa o processo administrativo importa renúncia ao direito de recorrer na esfera administrativa e desistência do recurso interposto.

- Artigo com redação determinada pelo Dec. 6.722/2008.

Art. 308. Os recursos tempestivos contra decisões das Juntas de Recursos do Conselho de Recursos da Previdência Social têm efeito suspensivo e devolutivo.

- *Caput* com redação determinada pelo Dec. 5.699/2006.

§ 1º Para fins do disposto neste artigo, não se considera recurso o pedido de revisão de acórdão endereçado às Juntas de Recursos e Câmaras de Julgamento.

- § 1º acrescentado pelo Dec. 5.699/2006.

§ 2º É vedado ao INSS escusar-se de cumprir as diligências solicitadas pelo CRPS, bem como deixar de dar cumprimento às decisões definitivas daquele colegiado, reduzir ou ampliar o seu alcance ou executá-las de modo que contrarie ou prejudique seu evidente sentido.

- § 2º com redação determinada pelo Dec. 6.722/2008.

Art. 309. Havendo controvérsia na aplicação de lei ou de ato normativo, entre órgãos do Ministério da Previdência e Assistência Social ou entidades vinculadas, ou ocorrência de questão previdenciária ou de assistência social de relevante interesse público ou social, poderá o órgão interessado, por intermédio de seu dirigente, solicitar ao Ministro de Estado da Previdência e Assistência Social solução para a controvérsia ou questão.

- *Caput* com redação determinada pelo Dec. 3.452/2000.

§ 1º A controvérsia na aplicação de lei ou ato normativo será relatada *in abstracto* e encaminhada com manifestações fundamentadas dos órgãos interessados, podendo ser instruída com cópias dos documentos que demonstrem sua ocorrência.

- § 1º acrescentado pelo Dec. 4.729/2003.

§ 2º A Procuradoria-Geral Federal Especializada/INSS deverá pronunciar-se em todos os casos previstos neste artigo.

- § 2º acrescentado pelo Dec. 4.729/2003.

Art. 310. *(Revogado pelo Dec. 6.722/2008.)*

TÍTULO II
DOS CONVÊNIOS, CONTRATOS, CREDENCIAMENTOS E ACORDOS

Art. 311. A empresa, o sindicato ou entidade de aposentados devidamente legaliza-

da poderá, mediante convênio, encarregar-se, relativamente a seu empregado ou associado e respectivos dependentes, de processar requerimento de benefício, preparando-o e instruindo-o de maneira a ser despachado pela previdência social.

- *Caput* com redação determinada pelo Dec. 6.722/2008.

Parágrafo único. Somente poderá optar pelo encargo de pagamento, as conveniențes que fazem a complementação de benefícios, observada a conveniência administrativa do INSS.

- Parágrafo único com redação determinada pelo Dec. 6.939/2009.

Art. 312. A concessão e manutenção de prestação devida a beneficiário residente no exterior devem ser efetuadas nos termos do acordo entre o Brasil e o país de residência do beneficiário ou, na sua falta, nos termos de instruções expedidas pelo Ministério da Previdência e Assistência Social.

Art. 313. Os convênios, credenciamentos e acordos da linha do seguro social deverão ser feitos pelos setores de acordos e convênios do Instituto Nacional do Seguro Social.

Parágrafo único. O Instituto Nacional do Seguro Social poderá ainda colaborar para a complementação das instalações e equipamentos de entidades de habilitação e reabilitação profissional, com as quais mantenha convênio, ou fornecer outros recursos materiais para a melhoria do padrão de atendimento aos beneficiários.

Art. 314. A prestação de serviços da entidade que mantém convênio, contrato, credenciamento ou acordo com o Instituto Nacional do Seguro Social não cria qualquer vínculo empregatício entre este e o prestador de serviço.

Art. 315. Os órgãos da administração pública direta, autárquica e fundacional dos Estados, do Distrito Federal e dos Municípios poderão, mediante convênio com a previdência social, encarregar-se, relativamente aos seus funcionários, de formalizar processo de pedido de certidão de tempo de contribuição para fins de contagem recíproca, preparando-o e instruindo-o de forma a ser despachado pelo Instituto Nacional do Seguro Social.

Art. 316. O Instituto Nacional do Seguro Social, de acordo com as possibilidades administrativas e técnicas das unidades executivas de reabilitação profissional, poderá estabelecer convênios e/ou acordos de cooperação técnico-financeira, para viabilizar o atendimento às pessoas portadoras de deficiência.

Art. 317. Nos casos de impossibilidade de instalação de órgão ou setor próprio competente do Instituto Nacional do Seguro Social, assim como de efetiva incapacidade física ou técnica de implementação das atividades e atendimento adequado à clientela da previdência social, as unidades executivas de reabilitação profissional poderão solicitar a celebração de convênios, contratos ou acordos com entidades públicas ou privadas de comprovada idoneidade financeira e técnica, ou seu credenciamento, para prestação de serviço, por delegação ou simples cooperação técnica, sob coordenação e supervisão dos órgãos competentes do Instituto Nacional do Seguro Social.

TÍTULO III
DA DIVULGAÇÃO DOS ATOS E DECISÕES DA PREVIDÊNCIA SOCIAL

Art. 318. A divulgação dos atos e decisões dos órgãos e autoridades da previdência social, sobre benefícios, tem como objetivo:

I – dar inequívoco conhecimento deles aos interessados, inclusive para efeito de recurso;

II – possibilitar seu conhecimento público; e

III – produzir efeitos legais quanto aos direitos e obrigações deles derivados.

Art. 319. O conhecimento da decisão do Instituto Nacional do Seguro Social deve ser dado ao beneficiário por intermédio do órgão local, mediante assinatura do mesmo no próprio processo.

Dec. 3.048/1999

REGULAMENTO – PREVIDÊNCIA

Parágrafo único. Quando a parte se recusar a assinar ou quando a ciência pessoal é impraticável, a decisão, com informações precisas sobre o seu fundamento, deve ser comunicada por correspondência sob registro, com Aviso de Recebimento.

Art. 320. O conhecimento das decisões e demais atos dos órgãos do Ministério da Previdência e Assistência Social deve ser dado mediante publicação no *Diário Oficial da União*, boletim de serviço ou outro órgão de divulgação oficialmente reconhecido, ou na forma do art. 319.

Art. 321. Devem ser publicados em boletim de serviço, em síntese, o contrato, o convênio, o credenciamento e o acordo celebrados, e a sentença judicial que implique pagamento de benefícios.

Art. 322. O órgão do Instituto Nacional do Seguro Social, especialmente o pagador, só pode cumprir ato ou decisão de publicação obrigatória em boletim de serviço depois de atendida essa formalidade.

Parágrafo único. O administrador que determina e o servidor que realiza pagamento sem observar o disposto neste artigo são civilmente responsáveis por ele, ficando sujeitos também às penalidades administrativas cabíveis.

Art. 323. Os atos de que trata este Título serão publicados também no *Diário Oficial da União*, quando houver obrigação legal nesse sentido.

Art. 324. Os atos normativos ministeriais obrigam a todos os órgãos e entidades integrantes do Ministério da Previdência e Assistência Social, inclusive da administração indireta a ele vinculados.

Art. 325. Os atos e decisões normativas sobre benefícios dos órgãos e entidades da previdência social devem ser publicados na íntegra em boletim de serviço da entidade interessada, só tendo validade depois dessa publicação.

Parágrafo único. Os pareceres somente serão publicados quando aprovados pelas autoridades competentes e por determinação destas.

TÍTULO IV
DAS DISPOSIÇÕES DIVERSAS RELATIVAS À ORGANIZAÇÃO DA SEGURIDADE SOCIAL

Art. 326. O Instituto Nacional do Seguro Social, na forma da legislação específica, fica autorizado a contratar auditoria externa, periodicamente, para analisar e emitir parecer sobre demonstrativos econômico-financeiros e contábeis, arrecadação, cobrança e fiscalização de contribuições, bem como pagamento de benefícios, submetendo os resultados obtidos à apreciação do Conselho Nacional de Previdência Social.

Art. 327. A Auditoria e a Procuradoria do Instituto Nacional do Seguro Social deverão, a cada trimestre, elaborar relação das auditorias realizadas e dos trabalhos executados, bem como dos resultados obtidos, enviando-a à apreciação do Conselho Nacional de Previdência Social.

Art. 328. O Instituto Nacional do Seguro Social deverá implantar programa de qualificação e treinamento sistemático de pessoal, bem como promover reciclagem e redistribuição de funcionários conforme demandas dos órgãos regionais e locais, visando à melhoria da qualidade do atendimento, ao controle e à eficiência dos sistemas de arrecadação e fiscalização de contribuições, bem como de pagamento de benefícios.

Art. 329. O Cadastro Nacional de Informações Sociais é destinado a registrar informações de interesse da Administração Pública Federal e dos beneficiários da previdência social.

Parágrafo único. As contribuições aportadas pelos segurados e empresas terão o registro contábil individualizado, conforme dispuser o Ministério da Previdência e Assistência Social.

Art. 329-A. O Ministério da Previdência Social desenvolverá e manterá programa de cadastramento dos segurados especiais, observado o disposto nos §§ 7º e 8º do art. 18, podendo para tanto firmar convênio com órgãos federais, estaduais ou do Distrito Federal e dos municípios, bem como com

entidades de classe, em especial as respectivas confederações ou federações.

* Artigo acrescentado pelo Dec. 6.722/2008.

§ 1º O Ministério da Previdência Social disciplinará a forma de manutenção e de atualização do cadastro, observada a periodicidade anual a contar do ano seguinte ao do efetivo cadastramento dos segurados especiais.

§ 2º As informações contidas no cadastro de que trata o *caput* não dispensam a apresentação dos documentos previstos no inciso II, letra *a*, do § 2º do art. 62, exceto as que forem obtidas e acolhidas pela previdência social diretamente de banco de dados disponibilizados por órgãos do poder público.

§ 3º Da aplicação do disposto neste artigo não poderá resultar nenhum ônus para os segurados, sejam eles filiados ou não às entidades conveniadas.

Art. 329-B. As informações obtidas e acolhidas pelo INSS diretamente de bancos de dados disponibilizados por órgãos do poder público serão utilizadas para validar ou invalidar informação para o cadastramento do segurado especial, bem como, quando for o caso, para deixar de reconhecer no segurado essa condição.

* Artigo acrescentado pelo Dec. 6.722/2008.

Art. 330. Com a implantação do Cadastro Nacional de Informações Sociais, todos os segurados serão identificados pelo Número de Identificação do Trabalhador, que será único, pessoal e intransferível, independentemente de alterações de categoria profissional e formalizado pelo Documento de Cadastramento do Trabalhador.

Parágrafo único. Ao segurado já cadastrado no Programa de Integração Social/Programa de Assistência ao Servidor Público não caberá novo cadastramento.

Art. 331. O Instituto Nacional do Seguro Social fica autorizado a efetuar permuta de informações, em caráter geral ou específico, com qualquer órgão ou entidade da administração direta ou indireta da União, Estados, Distrito Federal ou Municípios, com a prestação, quando for o caso, de assistência mútua na fiscalização dos respectivos tributos.

§ 1º A permuta de informações sobre a situação econômica ou financeira dos sujeitos passivos ou de terceiros e sobre a natureza e o estado dos seus negócios ou atividades somente poderá ser efetivada com a Secretaria da Receita Federal ou com a Fazenda Pública dos Estados, do Distrito Federal ou dos Municípios.

§ 2º Até que seja totalmente implantado o Cadastro Nacional de Informações Sociais, as instituições e órgãos federais, estaduais, do Distrito Federal e municipais, detentores de cadastros de empresas e de contribuintes em geral, deverão colocar à disposição do Instituto Nacional do Seguro Social, mediante convênio, todos os dados necessários à permanente atualização dos seus cadastros.

§ 3º O convênio de que trata o parágrafo anterior estabelecerá, entre outras condições, a forma e a periodicidade de acesso ao cadastro e às alterações posteriores.

Art. 332. O setor de benefícios do Instituto Nacional do Seguro Social deverá estabelecer indicadores qualitativos e quantitativos para acompanhamento e avaliação das concessões de benefícios realizadas pelos órgãos locais de atendimento.

Art. 333. Os postos de benefícios deverão adotar como prática o cruzamento das informações declaradas pelos segurados com os dados das empresas e de contribuintes em geral quando da concessão de benefícios.

Art. 334. Haverá, no âmbito da previdência social, uma Ouvidoria-Geral, cujas atribuições serão definidas em regulamento específico.

Art. 335. Deverão ser enviadas ao Congresso Nacional, anualmente, acompanhando a proposta orçamentária da seguridade social, projeções atuariais relativas à seguridade social, abrangendo um horizonte temporal de, no mínimo, 20 (vinte) anos, considerando hipóteses alternativas quanto às variações demográficas, econômicas e institucionais relevantes.

Dec. 3.048/1999

REGULAMENTO – PREVIDÊNCIA

LIVRO VI
DAS DISPOSIÇÕES GERAIS

Art. 336. Para fins estatísticos e epidemiológicos, a empresa deverá comunicar à previdência social o acidente de que tratam os arts. 19, 20, 21 e 23 da Lei 8.213, de 1991, ocorrido com o segurado empregado, exceto o doméstico, e o trabalhador avulso, até o primeiro dia útil seguinte ao da ocorrência e, em caso de morte, de imediato, à autoridade competente, sob pena da multa aplicada e cobrada na forma do art. 286.

• *Caput* com redação determinada pelo Dec. 4.032/2001.

§ 1º Da comunicação a que se refere este artigo receberão cópia fiel o acidentado ou seus dependentes, bem como o sindicato a que corresponda a sua categoria.

§ 2º Na falta do cumprimento do disposto no *caput*, caberá ao setor de benefícios do Instituto Nacional do Seguro Social comunicar a ocorrência ao setor de fiscalização, para a aplicação e cobrança da multa devida.

§ 3º Na falta de comunicação por parte da empresa, ou quando se tratar de segurado especial, podem formalizá-la o próprio acidentado, seus dependentes, a entidade sindical competente, o médico que o assistiu ou qualquer autoridade pública, não prevalecendo nestes casos o prazo previsto neste artigo.

• § 3º com redação determinada pelo Dec. 4.032/2001.

§ 4º A comunicação a que se refere o § 3º não exime a empresa de responsabilidade pela falta do cumprimento do disposto neste artigo.

§ 5º *(Revogado pelo Dec. 3.265/1999.)*

§ 6º Os sindicatos e entidades representativas de classe poderão acompanhar a cobrança, pela previdência social, das multas previstas neste artigo.

Art. 337. O acidente do trabalho será caracterizado tecnicamente pela perícia médica do INSS, mediante a identificação do nexo entre o trabalho e o agravo.

• *Caput* com redação determinada pelo Dec. 6.042/2007 (*DOU* 13.02.2007), em vigor na data de sua publicação, produzindo efeitos a partir do primeiro dia do mês de abril de 2007 (v. art. 5º, I, do referido Decreto).

• V. art. 3º, Dec. 6.042/2007, que dispõe que o Ministro de Estado da Previdência Social promoverá o acompanhamento e a avaliação das alterações deste artigo.

§ 1º O setor de benefícios do Instituto Nacional do Seguro Social reconhecerá o direito do segurado à habilitação do benefício acidentário.

§ 2º Será considerado agravamento do acidente aquele sofrido pelo acidentado quanto estiver sob a responsabilidade da reabilitação profissional.

§ 3º Considera-se estabelecido o nexo entre o trabalho e o agravo quando se verificar nexo técnico epidemiológico entre a atividade da empresa e a entidade mórbida motivadora da incapacidade, elencada na Classificação Internacional de Doenças – CID em conformidade com o disposto na Lista C do Anexo II deste Regulamento.

• § 3º com redação determinada pelo Dec. 6.957/2009.

§ 4º Para os fins deste artigo, considera-se agravo a lesão, doença, transtorno de saúde, distúrbio, disfunção ou síndrome de evolução aguda, subaguda ou crônica, de natureza clínica ou subclínica, inclusive morte, independentemente do tempo de latência.

• § 4º acrescentado pelo Dec. 6.042/2007 (*DOU* 13.02.2007), em vigor na data de sua publicação, produzindo efeitos a partir do primeiro dia do mês de abril de 2007 (v. art. 5º, I, do referido Decreto).

§ 5º Reconhecidos pela perícia médica do INSS a incapacidade para o trabalho e o nexo entre o trabalho e o agravo, na forma do § 3º, serão devidas as prestações acidentárias a que o beneficiário tenha direito.

• § 5º acrescentado pelo Dec. 6.042/2007 (*DOU* 13.02.2007), em vigor na data de sua publicação, produzindo efeitos a partir do primeiro dia do mês de abril de 2007 (v. art. 5º, I, do referido Decreto).

§ 6º A perícia médica do INSS deixará de aplicar o disposto no § 3º quando demonstrada a inexistência de nexo entre o trabalho e o agravo, sem prejuízo do disposto nos §§ 7º e 12.

• § 6º com redação determinada pelo Dec. 6.939/2009.

§ 7º A empresa poderá requerer ao INSS a não aplicação do nexo técnico epidemioló-

gico ao caso concreto mediante a demonstração de inexistência de correspondente nexo entre o trabalho e o agravo.

- § 7º com redação determinada pelo Dec. 6.939/2009.

§ 8º O requerimento de que trata o § 7º poderá ser apresentado no prazo de 15 (quinze) dias da data para a entrega, na forma do inciso IV do art. 225, da GFIP que registre a movimentação do trabalhador, sob pena de não conhecimento da alegação em instância administrativa.

- § 8º acrescentado pelo Dec. 6.042/2007 (*DOU* 13.02.2007), em vigor na data de sua publicação, produzindo efeitos a partir do primeiro dia do mês de abril de 2007 (v. art. 5º, I, do referido Decreto).

§ 9º Caracterizada a impossibilidade de atendimento ao disposto no § 8º, motivada pelo não conhecimento tempestivo do diagnóstico do agravo, o requerimento de que trata o § 7º poderá ser apresentado no prazo de 15 (quinze) dias da data em que a empresa tomar ciência da decisão da perícia médica do INSS referida no § 5º.

- § 9º acrescentado pelo Dec. 6.042/2007 (*DOU* 13.02.2007), em vigor na data de sua publicação, produzindo efeitos a partir do primeiro dia do mês de abril de 2007 (v. art. 5º, I, do referido Decreto).

§ 10. Juntamente com o requerimento de que tratam os §§ 8º e 9º, a empresa formulará as alegações que entender necessárias e apresentará as provas que possuir demonstrando a inexistência de nexo entre o trabalho e o agravo.

- § 10 com redação determinada pelo Dec. 6.939/2009.

§ 11. A documentação probatória poderá trazer, entre outros meios de prova, evidências técnicas circunstanciadas e tempestivas à exposição do segurado, podendo ser produzidas no âmbito de programas de gestão de risco, a cargo da empresa, que possuam responsável técnico legalmente habilitado.

- § 11 acrescentado pelo Dec. 6.042/2007 (*DOU* 13.02.2007), em vigor na data de sua publicação, produzindo efeitos a partir do primeiro dia do mês de abril de 2007 (v. art. 5º, I, do referido Decreto).

§ 12. O INSS informará ao segurado sobre a contestação da empresa para que este, querendo, possa impugná-la, obedecendo, quanto à produção de provas, ao disposto no § 10, sempre que a instrução do pedido evidenciar a possibilidade de reconhecimento de inexistência do nexo entre o trabalho e o agravo.

- § 12 com redação determinada pelo Dec. 6.939/2009.

§ 13. Da decisão do requerimento de que trata o § 7º cabe recurso, com efeito suspensivo, por parte da empresa ou, conforme o caso, do segurado ao Conselho de Recursos da Previdência Social, nos termos dos arts. 305 a 310.

- § 13 acrescentado pelo Dec. 6.042/2007 (*DOU* 13.02.2007), em vigor na data de sua publicação, produzindo efeitos a partir do primeiro dia do mês de abril de 2007 (v. art. 5º, I, do referido Decreto).

Art. 338. A empresa é responsável pela adoção e uso de medidas coletivas e individuais de proteção à segurança e saúde do trabalhador sujeito aos riscos ocupacionais por ela gerados.

- *Caput* com redação determinada pelo Dec. 4.032/2001.

§ 1º É dever da empresa prestar informações pormenorizadas sobre os riscos da operação a executar e do produto a manipular.

- § 1º com redação determinada pelo Dec. 4.032/2001.

§ 2º Os médicos peritos da previdência social terão acesso aos ambientes de trabalho e a outros locais onde se encontrem os documentos referentes ao controle médico de saúde ocupacional, e aqueles que digam respeito ao programa de prevenção de riscos ocupacionais, para verificar a eficácia das medidas adotadas pela empresa para a prevenção e controle das doenças ocupacionais.

- § 2º com redação determinada pelo Dec. 4.032/2001.

§ 3º O INSS auditará a regularidade e a conformidade das demonstrações ambientais, incluindo-se as de monitoramento biológico, e dos controles internos da empresa relativos ao gerenciamento dos riscos ocupacionais, de modo a assegurar a veracidade das informações prestadas pela empresa e constantes do CNIS, bem como o cumprimento das obrigações relativas ao acidente de trabalho.

- § 3º acrescentado pelo Dec. 4.882/2003.

Dec. 3.048/1999

REGULAMENTO – PREVIDÊNCIA

§ 4º Os médicos peritos da previdência social deverão, sempre que constatarem o descumprimento do disposto neste artigo, comunicar formalmente aos demais órgãos interessados na providência, inclusive para aplicação e cobrança da multa devida.

• § 4º acrescentado pelo Dec. 5.545/2005.

Art. 339. O Ministério do Trabalho e Emprego fiscalizará e os sindicatos e entidades representativas de classe acompanharão o fiel cumprimento do disposto nos arts. 338 e 343.

Art. 340. Por intermédio dos estabelecimentos de ensino, sindicatos, associações de classe, Fundação Jorge Duprat Figueiredo de Segurança e Medicina do Trabalho, órgãos públicos e outros meios, serão promovidas regularmente instrução e formação com vistas a incrementar costumes e atitudes prevencionistas em matéria de acidentes, especialmente daquele referido no art. 336.

Art. 341. Nos casos de negligência quanto às normas de segurança e saúde do trabalho indicadas para a proteção individual e coletiva, a previdência social proporá ação regressiva contra os responsáveis.

Parágrafo único. O Ministério do Trabalho e Emprego, com base em informações fornecidas trimestralmente, a partir de 1º de março de 2011, pelo Ministério da Previdência Social relativas aos dados de acidentes e doenças do trabalho constantes das comunicações de acidente de trabalho registradas no período, encaminhará à Previdência Social os respectivos relatórios de análise de acidentes do trabalho com indícios de negligência quanto às normas de segurança e saúde do trabalho que possam contribuir para a proposição de ações judiciais regressivas.

• Parágrafo único acrescentado pelo Dec. 7.331/2010.

Art. 342. O pagamento pela previdência social das prestações decorrentes do acidente a que se refere o art. 336 não exclui a responsabilidade civil da empresa ou de terceiros.

Art. 343. Constitui contravenção penal, punível com multa, deixar a empresa de cumprir as normas de segurança e saúde do trabalho.

Art. 344. Os litígios e medidas cautelares relativos aos acidentes de que trata o art. 336 serão apreciados:

I – na esfera administrativa, pelos órgãos da previdência social, segundo as regras e prazos aplicáveis às demais prestações, com prioridade para conclusão; e

II – na via judicial, pela Justiça dos Estados e do Distrito Federal, segundo o rito sumaríssimo, inclusive durante as férias forenses, mediante petição instruída pela prova de efetiva notificação do evento à previdência social, através da Comunicação de Acidente do Trabalho.

Parágrafo único. O procedimento judicial de que trata o inciso II é isento do pagamento de quaisquer custas e de verbas relativas à sucumbência.

Art. 345. As ações referentes às prestações decorrentes do acidente de que trata o art. 336 prescrevem em 5 (cinco) anos, observado o disposto no art. 347, contados da data:

I – do acidente, quando dele resultar a morte ou a incapacidade temporária, verificada esta em perícia médica a cargo da previdência social; ou

II – em que for reconhecida pela previdência social a incapacidade permanente ou o agravamento das sequelas do acidente.

Art. 346. O segurado que sofreu o acidente a que se refere o art. 336 tem garantida, pelo prazo mínimo de 12 (doze) meses, a manutenção do seu contrato de trabalho na empresa, após a cessação do auxílio-doença acidentário, independentemente da percepção de auxílio-acidente.

Art. 347. É de 10 (dez) anos o prazo de decadência de todo e qualquer direito ou ação do segurado ou beneficiário para a revisão do ato de concessão de benefício, a contar do dia primeiro do mês seguinte ao do recebimento da primeira prestação ou, quando for o caso, do dia em que tomar conhecimento da decisão indeferitória definitiva no âmbito administrativo.

• *Caput* com redação determinada pelo Dec. 5.545/2005.

Dec. 3.048/1999

Regulamento – Previdência

§ 1º Prescreve em 5 (cinco) anos, a contar da data em que deveriam ter sido pagas, toda e qualquer ação para haver prestações vencidas ou quaisquer restituições ou diferenças devidas pela previdência social, salvo o direito dos menores, incapazes e ausentes, na forma do Código Civil.

• Primitivo parágrafo único renumerado pelo Dec. 4.729/2003.

§ 2º Não é considerado pedido de revisão de decisão indeferitória definitiva, mas de novo pedido de benefício, o que vier acompanhado de outros documentos além dos já existentes no processo.

• § 2º acrescentado pelo Dec. 4.729/2003.

§ 3º Não terá sequência eventual pedido de revisão de decisão indeferitória definitiva de benefício confirmada pela última instância do Conselho de Recursos da Previdência Social, aplicando-se, no caso de apresentação de outros documentos, além dos já existentes no processo, o disposto no § 2º.

• § 3º acrescentado pelo Dec. 4.729/2003.

§ 4º No caso de revisão de benefício em manutenção com apresentação de novos elementos extemporaneamente ao ato concessório, os efeitos financeiros devem ser fixados na data do pedido de revisão.

• § 4º acrescentado pelo Dec. 6.722/2008.

Art. 347-A. O direito da Previdência Social de anular os atos administrativos de que decorram efeitos favoráveis para os seus beneficiários decai em 10 (dez) anos, contados da data em que foram praticados, salvo comprovada má-fé.

• Artigo acrescentado pelo Dec. 5.545/2005.

§ 1º No caso de efeitos patrimoniais contínuos, o prazo decadencial contar-se-á da percepção do primeiro pagamento.

§ 2º Considera-se exercício do direito de anular qualquer medida de autoridade administrativa que importe impugnação à validade do ato.

Art. 348. O direito da seguridade social de apurar e constituir seus créditos extingue-se após 10 (dez) anos, contados:

I – do primeiro dia do exercício seguinte àquele em que o crédito poderia ter sido constituído; ou

II – da data em que se tornar definitiva a decisão que houver anulado, por vício formal, a constituição de crédito anteriormente efetuado.

§ 1º Para comprovar o exercício de atividade remunerada, com vistas à concessão de benefícios, será exigido do contribuinte individual, a qualquer tempo, o recolhimento das correspondentes contribuições, observado o disposto nos §§ 7º a 14 do art. 216.

• § 1º com redação determinada pelo Dec. 3.265/1999.

§ 2º Na hipótese de ocorrência de dolo, fraude ou simulação, a seguridade social pode, a qualquer tempo, apurar e constituir seus créditos.

§ 3º O direito de pleitear judicialmente a desconstituição de exigência fiscal fixada pelo Instituto Nacional do Seguro Social no julgamento de litígio em processo administrativo fiscal extingue-se com o decurso do prazo de 180 (cento e oitenta) dias, contado da intimação da referida decisão.

Art. 349. O direito da seguridade social de cobrar seus créditos, constituídos na forma do artigo anterior, prescreve em 10 (dez) anos.

Art. 350. Será de responsabilidade da Procuradoria-Geral do Instituto Nacional do Seguro Social manter entendimentos com o Ministério Público, objetivando a agilização das causas judiciais necessárias à concessão e manutenção de benefícios.

Art. 351. O pagamento de benefícios decorrente de sentença judicial far-se-á com a observância da prioridade garantida aos créditos alimentícios.

Art. 352. O Ministro da Previdência e Assistência Social poderá autorizar o Instituto Nacional do Seguro Social a formalizar a desistência ou abster-se de propor ações e recursos em processos judiciais sempre que a ação versar matéria sobre a qual haja declaração de inconstitucionalidade proferida pelo Supremo Tribunal Federal, súmula ou jurisprudência consolidada do Supremo Tribunal Federal ou dos tribunais superiores.

Parágrafo único. O Ministro da Previdência e Assistência Social disciplinará os procedimentos a serem adotados nas hipóteses em que a previdência social, relativa-

mente aos créditos apurados com base em dispositivo declarado inconstitucional por decisão definitiva do Supremo Tribunal Federal, possa:
I – abster-se de constituí-los;
II – retificar o seu valor ou declará-los extintos, de ofício, quando houverem sido constituídos anteriormente, ainda que inscritos em Dívida Ativa; e
III – formular desistência de ações de execução fiscal já ajuizadas, bem como deixar de interpor recursos de decisões judiciais.

Art. 353. A formalização de desistência ou transigência judiciais, por parte de procurador da previdência social, será sempre precedida da anuência, por escrito, do Procurador-Geral do Instituto Nacional do Seguro Social ou do Presidente deste órgão, quando os valores em litígio ultrapassarem os limites definidos pelo Conselho Nacional de Previdência Social.

Parágrafo único. Os valores, a partir dos quais se exigirá a anuência do Procurador-Geral ou do Presidente do Instituto Nacional do Seguro Social, serão definidos periodicamente pelo Conselho Nacional de Previdência Social, mediante resolução própria.

Art. 354. O Instituto Nacional do Seguro Social, nas causas em que seja interessado na condição de autor, réu, assistente ou oponente, gozará das mesmas prerrogativas e privilégios assegurados à Fazenda Pública, inclusive quanto à inalienabilidade e impenhorabilidade de seus bens.

§ 1º O Instituto Nacional do Seguro Social é isento do pagamento de custas, traslados, preparos, certidões, registros, averbações e quaisquer outros emolumentos, nas causas em que seja interessado na condição de autor, réu, assistente ou oponente, inclusive nas ações de natureza trabalhista, acidentária e de benefício.

§ 2º O Instituto Nacional do Seguro Social antecipará os honorários periciais nas ações de acidentes do trabalho.

Art. 355. O Instituto Nacional do Seguro Social poderá requisitar a qualquer órgão ou entidade da administração direta ou indireta da União, dos Estados, do Distrito Federal e dos Municípios, bem como das demais entidades sob seu controle, elementos de fato e de direito relativos às alegações e ao pedido do autor de ação proposta contra a previdência social, bem assim promover diligências para localização de devedores e apuração de bens penhoráveis, que serão atendidas prioritariamente e sob regime de urgência.

Art. 356. Nos casos de indenização na forma do art. 122 e da retroação da data do início das contribuições, conforme o disposto no art. 124, após a homologação do processo pelo setor de benefícios do Instituto Nacional do Seguro Social, este deverá ser encaminhado ao setor de arrecadação e fiscalização, para levantamento e cobrança do débito.

Art. 357. Fica o Instituto Nacional do Seguro Social autorizado a designar servidores para a realização de pesquisas externas necessárias à concessão, manutenção e revisão de benefícios, bem como ao desempenho das atividades de serviço social, perícias médicas, habilitação e reabilitação profissional e arrecadação, junto a beneficiários, empresas, órgãos públicos, entidades representativas de classe, cartórios e demais entidades e profissionais credenciados.

Parágrafo único. Para efeito do disposto no *caput*, os servidores designados receberão, a título de indenização, o valor correspondente a 1/11 (um onze avos) do valor mínimo do salário de contribuição do contribuinte individual, por deslocamento com pesquisa concluída.

• Parágrafo único com redação determinada pelo Dec. 3.265/1999.

Art. 358. Na execução judicial da Dívida Ativa da União, suas autarquias e fundações públicas, será facultado ao exequente indicar bens à penhora, a qual será efetivada concomitantemente com a citação inicial do devedor.

§ 1º Os bens penhorados nos termos deste artigo ficam desde logo indisponíveis.

§ 2º Efetuado o pagamento integral da dívida executada, com seus acréscimos legais, no prazo de 2 (dois) dias úteis contados da citação, independentemente da juntada aos autos do respectivo mandado, poderá ser liberada a penhora, desde que não haja outra execução pendente.

Dec. 3.048/1999

REGULAMENTO – PREVIDÊNCIA

§ 3º O disposto neste artigo aplica-se também às execuções já processadas.

§ 4º Não sendo opostos embargos, no prazo legal, ou sendo eles julgados improcedentes, os autos serão conclusos ao juiz do feito, para determinar o prosseguimento da execução.

Art. 359. O Instituto Nacional do Seguro Social poderá contratar leiloeiros oficiais para promover a venda administrativa dos bens, adjudicados judicialmente ou que receber em dação de pagamento.

Parágrafo único. O Instituto Nacional do Seguro Social, no prazo de 60 (sessenta) dias, providenciará alienação do bem por intermédio do leiloeiro oficial.

Art. 360. Nas execuções fiscais da Dívida Ativa do Instituto Nacional do Seguro Social, o leilão judicial dos bens penhorados realizar-se-á por leiloeiro oficial, indicado pelo credor, que procederá à hasta pública:

I – no primeiro leilão, pelo valor do maior lance, que não poderá ser inferior ao da avaliação; ou

II – no segundo leilão, por qualquer valor, excetuado o vil.

§ 1º Poderá o juiz, a requerimento do credor, autorizar seja parcelado o pagamento do valor da arrematação, na forma prevista para os parcelamentos administrativos de débitos previdenciários.

§ 2º Todas as condições do parcelamento deverão constar do edital de leilão.

§ 3º O débito do executado será quitado na proporção do valor de arrematação.

§ 4º O arrematante deverá depositar, no ato, o valor da primeira parcela.

§ 5º Realizado o depósito, será expedida carta de arrematação, contendo as seguintes disposições:

I – valor da arrematação, valor e número de parcelas mensais em que será pago;

II – constituição de hipoteca do bem adquirido, ou de penhor, em favor do credor, servindo a carta de título hábil para registro da garantia;

III – indicação do arrematante como fiel depositário do bem móvel, quando constituído penhor; e

IV – especificação dos critérios de reajustamento do saldo e das parcelas, que será sempre o mesmo vigente para os parcelamentos de créditos previdenciários.

§ 6º Se o arrematante não pagar no vencimento qualquer das parcelas mensais, o saldo devedor remanescente vencerá antecipadamente e será acrescido em 50% (cinquenta por cento) de seu valor a título de multa, devendo, de imediato, ser inscrito em Dívida Ativa e executado.

§ 7º Se no primeiro ou no segundo leilões a que se refere o *caput* não houver licitante, o Instituto Nacional do Seguro Social poderá adjudicar o bem por 50% (cinquenta por cento) do valor da avaliação.

§ 8º Se o bem adjudicado não puder ser utilizado pelo Instituto Nacional do Seguro Social e for de difícil venda, poderá ser negociado ou doado a outro órgão ou entidade pública que demonstre interesse na sua utilização.

§ 9º Não havendo interesse na adjudicação, poderá o juiz do feito, de ofício ou a requerimento do credor, determinar sucessivas repetições da hasta pública.

§ 10. O leiloeiro oficial, a pedido do credor, poderá ficar como fiel depositário dos bens penhorados e realizar a respectiva remoção.

Art. 361. O Instituto Nacional do Seguro Social poderá concordar com valores divergentes, para pagamento da dívida objeto de execução fiscal, quando a diferença entre os cálculos de atualização da dívida por ele elaborados ou levados a efeito pela contadoria do Juízo e os cálculos apresentados pelo executado for igual ou inferior a 5% (cinco por cento).

§ 1º O disposto neste artigo aplica-se somente a dívidas cuja petição inicial da execução tenha sido protocolada em Juízo até 31 de março de 1997.

§ 2º A extinção de processos de execução, em decorrência da aplicação do disposto neste artigo, não implicará condenação em honorários, custas e quaisquer outros ônus de sucumbência contra o exequente, oferecidos ou não embargos à execução, e acarretará a desistência de eventual recurso que tenha por razão a divergência de valores de atualização nos limites do percentual referido.

Art. 362. O Instituto Nacional do Seguro Social e a Secretaria da Receita Federal estabelecerão critérios para a dispensa de constituição ou exigência de crédito de valor inferior ao custo dessas medidas.

Art. 363. A arrecadação das receitas prevista nos incisos I, II, III, IV e V do parágrafo único do art. 195, bem como as contribuições incidentes a título de substituição, e o pagamento dos benefícios da seguridade social serão realizados pela rede bancária ou por outras formas, nos termos e condições aprovados pelo Conselho Nacional de Previdência Social.

• Artigo com redação determinada pelo Dec. 4.032/2001.

Art. 364. As receitas provenientes da cobrança de débitos dos Estados, do Distrito Federal e dos Municípios e da alienação, arrendamento ou locação de bens móveis ou imóveis pertencentes ao patrimônio do Instituto Nacional do Seguro Social deverão constituir reserva técnica, de longo prazo, que garantirá o seguro social instituído no Plano de Benefícios da Previdência Social.

Parágrafo único. É vedada a utilização dos recursos de que trata este artigo para cobrir despesas de custeio em geral, inclusive as decorrentes de criação, majoração ou extensão dos benefícios ou serviços da previdência social, admitindo-se sua utilização, excepcionalmente, em despesas de capital, conforme definido na lei orçamentária.

Art. 365. Mediante requisição do Instituto Nacional do Seguro Social, a empresa é obrigada a descontar, da remuneração paga aos segurados a seu serviço, a importância proveniente de dívida ou responsabilidade por eles contraída junto à seguridade social, relativa a benefícios pagos indevidamente, observado o disposto no art. 154.

Art. 366. O Presidente de Turma de Julgamento da Delegacia da Receita Federal do Brasil recorrerá de ofício sempre que a decisão:

• *Caput* com redação determinada pelo Dec. 6.224/2007.

I – declarar indevida contribuição ou outra importância apurada pela fiscalização; e
II – relevar ou atenuar multa aplicada por infração a dispositivos deste Regulamento.

§ 1º *(Revogado pelo Dec. 6.224/2007.)*
§ 2º O recurso de que trata o *caput* será interposto ao Segundo Conselho de Contribuintes do Ministério da Fazenda.

• § 2º com redação determinada pelo Dec. 6.224/2007.

§ 3º O Ministro de Estado da Fazenda poderá estabelecer limite abaixo do qual será dispensada a interposição do recurso de ofício previsto neste artigo.

• § 3º acrescentado pelo Dec. 6.224/2007.

Art. 367. O Instituto Nacional do Seguro Social e a Empresa de Processamento de Dados da Previdência Social confrontarão a relação dos óbitos com os cadastros da previdência social, determinando o cancelamento dos pagamentos, a partir da data do falecimento dos beneficiários identificados na comunicação a que se refere o art. 228.

Art. 368. Fica o Instituto Nacional do Seguro Social obrigado a:
I – enviar às empresas e aos contribuintes individuais, quando por eles solicitado, extrato de recolhimento das suas contribuições;
II – emitir automaticamente e enviar às empresas avisos de cobrança de débitos;
III – emitir e enviar aos beneficiários carta de concessão de benefícios, além da memória de cálculo do valor dos benefícios concedidos;
IV – reeditar versão atualizada da Carta dos Direitos dos Segurados;
V – divulgar, com a devida antecedência, pelos meios de comunicação, alterações das contribuições das empresas e dos segurados em geral;
VI – descentralizar, progressivamente, o processamento eletrônico das informações, mediante extensão dos programas de informatização aos Postos de Atendimento e às Gerências Regionais de Arrecadação e Fiscalização; e
VII – garantir a integração dos sistemas de processamento eletrônico de informações e sua compatibilidade com o Cadastro Nacional de Informações Sociais;
VIII – tornar disponível ao público, inclusive por meio de rede pública de transmissão de dados, informações atualizadas sobre as despesas do Regime Geral de Previdência

Dec. 3.048/1999

Regulamento – Previdência

Social, bem como os critérios e parâmetros adotados para garantir o seu equilíbrio financeiro e atuarial.

• Inciso VIII acrescentado pelo Dec. 5.545/2005.

Art. 369. Os depósitos judiciais e extrajudiciais referentes a contribuições sociais e outras importâncias arrecadadas pelo Instituto Nacional do Seguro Social serão efetuados na Caixa Econômica Federal mediante guia de recolhimento específica para essa finalidade, conforme modelo a ser aprovado pelo Instituto Nacional do Seguro Social e confeccionado e distribuído pela Caixa Econômica Federal.

§ 1º Quando houver mais de um interessado na ação, o depósito será efetuado, à ordem e disposição do Juízo, em nome de cada contribuinte, individualizadamente.

§ 2º A guia de recolhimento conterá, além de outros elementos fixados em ato normativo da autoridade competente, os dados necessários à identificação do órgão judicial em que tramita a ação.

§ 3º No caso de recebimento de depósito judicial, a Caixa Econômica Federal remeterá uma via da guia de recolhimento ao órgão judicial em que tramita a ação.

§ 4º A Caixa Econômica Federal tornará disponível para o Instituto Nacional do Seguro Social, por meio magnético, os dados referentes aos depósitos.

Art. 370. O valor dos depósitos recebidos será creditado pela Caixa Econômica Federal à Subconta da Previdência Social da Conta Única do Tesouro Nacional junto ao Banco Central do Brasil, no mesmo prazo fixado para recolhimento das contribuições arrecadadas pelo Instituto Nacional do Seguro Social.

Art. 371. Mediante ordem da autoridade judicial ou, no caso de depósito extrajudicial, da autoridade administrativa competente, o valor do depósito, após o encerramento da lide ou do processo litigioso, será:

I – devolvido ao depositante pela Caixa Econômica Federal, no prazo máximo de 24 (vinte e quatro) horas, quando a sentença ou decisão lhe for favorável ou na proporção em que o for, acrescido de juros equivalentes à taxa referencial do Sistema Especial de Liquidação e de Custódia, para títulos federais, acumulada mensalmente, calculados a partir do mês subsequente ao da efetivação do depósito até o mês anterior ao de seu levantamento, e de juros de 1% (um por cento) relativamente ao mês em que estiver sendo efetivada a devolução; ou

II – transformado em pagamento definitivo, proporcionalmente à exigência do correspondente crédito, quando se tratar de sentença ou decisão favorável ao Instituto Nacional do Seguro Social.

§ 1º O documento contendo os dados relativos aos depósitos devolvidos ou transformados em pagamento definitivo, a ser confeccionado e preenchido pela Caixa Econômica Federal, deverá ser aprovado pelo Instituto Nacional do Seguro Social.

§ 2º O valor dos depósitos devolvidos pela Caixa Econômica Federal será debitado à Subconta da Previdência Social da Conta Única do Tesouro Nacional junto ao Banco Central do Brasil, a título de restituição, no mesmo dia em que ocorrer a devolução.

§ 3º O Banco Central do Brasil creditará, na conta de reserva bancária da Caixa Econômica Federal, no mesmo dia, os valores devolvidos.

§ 4º Os valores das devoluções, inclusive dos juros acrescidos, serão contabilizados como estorno da respectiva espécie de receita em que tiver sido contabilizado o depósito.

§ 5º No caso de transformação do depósito em pagamento definitivo, a Caixa Econômica Federal efetuará a baixa em seus controles e comunicará a ocorrência ao Instituto Nacional do Seguro Social.

§ 6º A Caixa Econômica Federal manterá controle dos valores depositados, devolvidos e transformados em pagamento definitivo, por contribuinte e por processo, devendo, relativamente aos valores depositados e respectivos acréscimos de juros, tornar disponível o acesso aos registros, emitir extratos mensais e remetê-los ao Instituto Nacional do Seguro Social.

§ 7º Os extratos referidos neste artigo conterão dados que permitam identificar o depositante, o processo administrativo ou judicial, a movimentação dos depósitos du-

Dec. 3.048/1999

REGULAMENTO – PREVIDÊNCIA

rante o mês, além de outros elementos considerados indispensáveis.

Art. 372. Pelo recebimento dos depósitos e pela prestação dos demais serviços previstos nos arts. 369 a 371, a Caixa Econômica Federal será remunerada pela tarifa fixada pelo Ministro de Estado da Fazenda, na forma do disposto no Decreto 2.850, de 27 de novembro de 1998.

Art. 373. Os valores expressos em moeda corrente referidos neste Regulamento, exceto aqueles referidos no art. 288, são reajustados nas mesmas épocas e com os mesmos índices utilizados para o reajustamento dos benefícios de prestação continuada da previdência social.

Art. 374. Serão aceitos os números de inscrição no Cadastro Geral de Contribuintes, até que seja concluída, pela Secretaria da Receita Federal, a implantação do Cadastro Nacional da Pessoa Jurídica.

Art. 375. Ficam anistiados, por força do art. 3º da Lei 9.476, de 23 de julho de 1997, os agentes políticos e os dirigentes de órgãos públicos estaduais, do Distrito Federal ou municipais, a quem foram impostas penalidades pecuniárias pessoais até 24 de julho de 1997, em decorrência do disposto no art. 289.

Art. 376. A multa de que trata a alínea e do inciso I do art. 283 retroagirá a 16 de abril de 1994, na que for mais favorável.

Art. 377. Os recursos a que se refere o Decreto 2.536, de 6 de abril de 1998, não têm efeito suspensivo.

Art. 378. *(Revogado pelo Dec. 4.729/2003.)*

Art. 379. A pessoa jurídica de direito privado já beneficiária da isenção ou que já a tenha requerido e que atenda ao disposto nos arts. 206 ou 207 está dispensada do requerimento previsto no art. 208, devendo, até 30 de maio de 1999:

I – comunicar ao Instituto Nacional do Seguro Social que está enquadrada nos arts. 206 ou 207; e

II – apresentar ao Instituto Nacional do Seguro Social o plano de ação de atividades a serem desenvolvidas durante o ano em curso.

Parágrafo único. O Conselho Nacional de Assistência Social, mediante resolução que observe a natureza dos serviços assistenciais, poderá, por proposição da Secretaria de Estado de Assistência Social, considerar atendido o requisito de gratuidade, à vista de doações ou contribuições voluntárias feitas por terceiros, pelos responsáveis ou pelos próprios beneficiários dos serviços, desde que garantido o livre acesso a esses serviços, independentemente dessas doações e contribuições, não se lhes aplicando o disposto nos §§ 2º e 3º do art. 206.

Art. 380. Fica cancelada, a partir de 1º de abril de 1999, toda e qualquer isenção de contribuição para a seguridade social concedida, em caráter geral ou especial, em desacordo com os arts. 206 ou 207.

Art. 381. As normas deste Regulamento de natureza procedimental aplicam-se imediatamente a todos os processos pendentes no Ministério da Previdência e Assistência Social e no Instituto Nacional do Seguro Social.

Art. 382. Os tratados, convenções e outros acordos internacionais de que Estados estrangeiro ou organismo internacional e o Brasil sejam partes, e que versem sobre matéria previdenciária, serão interpretados como lei especial.

* Artigo acrescentado pelo Dec. 3.265/1999.

REGULAMENTO DA PREVIDÊNCIA SOCIAL

ANEXO I
Relação das situações em que o aposentado por invalidez terá direito à majoração de vinte e cinco por cento prevista no art. 45 deste Regulamento

1 – Cegueira total.
2 – Perda de nove dedos das mãos ou superior a esta.
3 – Paralisia dos dois membros superiores ou inferiores.
4 – Perda dos membros inferiores, acima dos pés, quando a prótese for impossível.
5 – Perda de uma das mãos e de dois pés, ainda que a prótese seja possível.

6 – Perda de um membro superior e outro inferior, quando a prótese for impossível.
7 – Alteração das faculdades mentais com grave perturbação da vida orgânica e social.
8 – Doença que exija permanência contínua no leito.
9 – Incapacidade permanente para as atividades da vida diária.

- Deixamos de publicar os demais Anexos a este Regulamento.

IV. LEGISLAÇÃO PREVIDENCIÁRIA

LEI 7.998, DE 11 DE JANEIRO DE 1990

Regula o Programa do Seguro-Desemprego, o Abono Salarial, institui o Fundo de Amparo ao Trabalhador (FAT), e dá outras providências.

- V. Súmula 389, TST.

O Presidente da República:
Faço saber que o Congresso Nacional decreta e eu sanciono a seguinte Lei:

Art. 1º Esta Lei regula o Programa do Seguro-Desemprego e o abono de que tratam o inciso II do art. 7º, o inciso IV do art. 201 e o art. 239, da Constituição Federal, bem como institui o Fundo de Amparo ao Trabalhador (FAT).

DO PROGRAMA DE SEGURO-DESEMPREGO

Art. 2º O Programa de Seguro-Desemprego tem por finalidade:
I – prover assistência financeira temporária ao trabalhador desempregado em virtude de dispensa sem justa causa, inclusive a indireta, e ao trabalhador comprovadamente resgatado de regime de trabalho forçado ou da condição análoga à de escravo;

- Inciso I com redação determinada pela Lei 10.608/2002.

II – auxiliar os trabalhadores na busca ou preservação do emprego, promovendo, para tanto, ações integradas de orientação, recolocação e qualificação profissional.

- Inciso II com redação determinada pela MP 2.164-41/2001.

Art. 2º-A. Para efeito do disposto no inciso II do art. 2º, fica instituída a bolsa de qualificação profissional, a ser custeada pelo Fundo de Amparo ao Trabalhador – FAT, à qual fará jus o trabalhador que estiver com o contrato de trabalho suspenso em virtude de participação em curso ou programa de qualificação profissional oferecido pelo empregador, em conformidade com o disposto em convenção ou acordo coletivo celebrado para este fim.

- Artigo acrescentado pela MP 2.164-41/2001.

Art. 2º-B. Em caráter excepcional e pelo prazo de 6 (seis) meses, os trabalhadores que estejam em situação de desemprego involuntário pelo período compreendido entre 12 (doze) e 18 (dezoito) meses, ininterruptos, e que já tenham sido beneficiados com o recebimento do Seguro-Desemprego, farão jus a três parcelas do benefício, correspondente cada uma a R$ 100,00 (cem reais).

- Artigo acrescentado pela MP 2.164-41/2001.

§ 1º O período de 12 (doze) a 18 (dezoito) meses de que trata o *caput* será contado a partir do recebimento da primeira parcela do Seguro-Desemprego.
§ 2º O benefício poderá estar integrado a ações de qualificação profissional e articulado com ações de emprego a serem executadas nas localidades de domicílio do beneficiado.
§ 3º Caberá ao Conselho Deliberativo do Fundo de Amparo ao Trabalhador – Codefat o estabelecimento, mediante resolução, das demais condições indispensáveis ao recebimento do benefício de que trata este artigo, inclusive quanto à idade e domicílio do empregador ao qual o trabalhador estava vinculado, bem como os respectivos limites de comprometimento dos recursos do FAT.

Art. 2º-C. O trabalhador que vier a ser identificado como submetido a regime de trabalho forçado ou reduzido a condição análoga à de escravo, em decorrência de ação de fiscalização do Ministério do Traba-

Lei 7.998/1990

LEGISLAÇÃO PREVIDENCIÁRIA

lho e Emprego, será dessa situação resgatado e terá direito à percepção de três parcelas de seguro-desemprego no valor de um salário mínimo cada, conforme o disposto no § 2º deste artigo.

* Artigo acrescentado pela Lei 10.608/2002.

§ 1º O trabalhador resgatado nos termos do *caput* deste artigo será encaminhado, pelo Ministério do Trabalho e Emprego, para qualificação profissional e recolocação no mercado de trabalho, por meio do Sistema Nacional de Emprego – Sine, na forma estabelecida pelo Conselho Deliberativo do Fundo de Amparo ao Trabalhador – Codefat.

§ 2º Caberá ao Codefat, por proposta do Ministro de Estado do Trabalho e Emprego, estabelecer os procedimentos necessários ao recebimento do benefício previsto no *caput* deste artigo, observados os respectivos limites de comprometimento dos recursos do FAT, ficando vedado ao mesmo trabalhador o recebimento do benefício, em circunstâncias similares, nos 12 (doze) meses seguintes à percepção da última parcela.

Art. 3º Terá direito à percepção do seguro-desemprego o trabalhador dispensado sem justa causa que comprove:

I – ter recebido salários de pessoa jurídica ou pessoa física a ela equiparada, relativos a cada um dos 6 (seis) meses imediatamente anteriores à data da dispensa;

II – ter sido empregado de pessoa jurídica ou pessoa física a ela equiparada ou ter exercido atividade legalmente reconhecida como autônoma, durante pelo menos 15 (quinze) meses nos últimos 24 (vinte e quatro) meses;

III – não estar em gozo de qualquer benefício previdenciário de prestação continuada, previsto no Regulamento dos Benefícios da Previdência Social, excetuado o auxílio-acidente e o auxílio suplementar previstos na Lei 6.367, de 19 de outubro de 1976, bem como o abono de permanência em serviço previsto na Lei 5.890, de 8 de junho de 1973;

IV – não estar em gozo do auxílio-desemprego; e

V – não possuir renda própria de qualquer natureza suficiente à sua manutenção e de sua família.

§ 1º A União poderá condicionar o recebimento da assistência financeira do Programa de Seguro-Desemprego à comprovação da matrícula e da frequência do trabalhador segurado em curso de formação inicial e continuada ou qualificação profissional, com carga horária mínima de 160 (cento e sessenta) horas.

* § 1º acrescentado pela Lei 12.513/2011.

§ 2º O Poder Executivo regulamentará os critérios e requisitos para a concessão da assistência financeira do Programa de Seguro-Desemprego nos casos previstos no § 1º, considerando a disponibilidade de bolsas-formação no âmbito do Pronatec ou de vagas gratuitas na rede de educação profissional e tecnológica para o cumprimento da condicionalidade pelos respectivos beneficiários.

* § 2º acrescentado pela Lei 12.513/2011.

§ 3º A oferta de bolsa para formação dos trabalhadores de que trata este artigo considerará, entre outros critérios, a capacidade de oferta, a reincidência no recebimento do benefício, o nível de escolaridade e a faixa etária do trabalhador.

* § 3º acrescentado pela Lei 12.513/2011.

Art. 3º-A. A periodicidade, os valores, o cálculo do número de parcelas e os demais procedimentos operacionais de pagamento da bolsa de qualificação profissional, nos termos do art. 2º-A desta Lei, bem como os pré-requisitos para habilitação serão os mesmos adotados em relação ao benefício do Seguro-Desemprego, exceto quanto à dispensa sem justa causa.

* Artigo acrescentado pela MP 2.164-41/2001.

Art. 4º O benefício do seguro-desemprego será concedido ao trabalhador desempregado, por um período máximo de 4 (quatro) meses, de forma contínua ou alternada, a cada período aquisitivo de 16 (dezesseis) meses, contados da data de dispensa que deu origem à primeira habilitação.

* V. art. 2º da Lei 8.900/1994 (Benefício do Seguro-Desemprego).

Lei 7.998/1990

LEGISLAÇÃO PREVIDENCIÁRIA

Parágrafo único. O benefício do seguro-desemprego poderá ser retomado a cada novo período aquisitivo, satisfeitas as condições arroladas no art. 3º desta Lei, à exceção do seu inciso II.

Art. 5º O valor do benefício será fixado em Bônus do Tesouro Nacional (BTN), devendo ser calculado segundo três faixas salariais, observados os seguintes critérios:

I – até 300 (trezentos) BTN, multiplicar-se-á o salário médio dos últimos 3 (três) meses pelo fator 0,8 (oito décimos);

II – de 300 (trezentos) a 500 (quinhentos) BTN aplicar-se-á, até o limite do inciso anterior, a regra nele contida e, no que exceder, o fator 0,5 (cinco décimos);

III – acima de 500 (quinhentos) BTN, o valor do benefício será igual a 340 (trezentos e quarenta) BTN.

§ 1º Para fins de apuração do benefício, será considerada a média dos salários dos últimos 3 (três) meses anteriores à dispensa, devidamente convertidos em BTN pelo valor vigente nos respectivos meses trabalhados.

§ 2º O valor do benefício não poderá ser inferior ao valor do salário mínimo.

§ 3º No pagamento dos benefícios, considerar-se-á:

I – o valor do BTN ou do salário mínimo do mês imediatamente anterior, para benefícios colocados à disposição do beneficiário até o dia 10 (dez) do mês;

II – o valor do BTN ou do salário mínimo do próprio mês, para benefícios colocados à disposição do beneficiário após o dia 10 (dez) do mês.

Art. 6º O seguro-desemprego é direito pessoal e intransferível do trabalhador, podendo ser requerido a partir do sétimo dia subsequente à rescisão do contrato de trabalho.

Art. 7º O pagamento do benefício do seguro-desemprego será suspenso nas seguintes situações:

I – admissão do trabalhador em novo emprego;

II – início de percepção de benefício de prestação continuada da Previdência Social, exceto o auxílio-acidente, o auxílio suplementar e o abono de permanência em serviço;

III – início de percepção de auxílio-desemprego.

Art. 7º-A. O pagamento da bolsa de qualificação profissional será suspenso se ocorrer a rescisão do contrato de trabalho.

• Artigo acrescentado pela MP 2.164-41/2001.

Art. 8º O benefício do seguro-desemprego será cancelado:

• Artigo com redação determinada pela Lei 12.513/2011.

I – pela recusa por parte do trabalhador desempregado de outro emprego condizente com sua qualificação registrada ou declarada e com sua remuneração anterior;

II – por comprovação de falsidade na prestação das informações necessárias à habilitação;

III – por comprovação de fraude visando à percepção indevida do benefício do seguro-desemprego; ou

IV – por morte do segurado.

§ 1º Nos casos previstos nos incisos I a III deste artigo, será suspenso por um período de 2 (dois) anos, ressalvado o prazo de carência, o direito do trabalhador à percepção do seguro-desemprego, dobrando-se este período em caso de reincidência.

§ 2º O benefício poderá ser cancelado na hipótese de o beneficiário deixar de cumprir a condicionalidade de que trata o § 1º do art. 3º desta Lei, na forma do regulamento.

Art. 8º-A. O benefício da bolsa de qualificação profissional será cancelado nas seguintes situações:

• Artigo acrescentado pela MP 2.164-41/2001.

I – fim da suspensão contratual e retorno ao trabalho;

II – por comprovação de falsidade na prestação das informações necessárias à habilitação;

III – por comprovação de fraude visando à percepção indevida da bolsa de qualificação profissional;

IV – por morte do beneficiário.

Art. 8º-B. Na hipótese prevista no § 5º do art. 476-A da Consolidação das Leis do Trabalho – CLT, as parcelas da bolsa de qualificação profissional que o empregado tiver

Lei 7.998/1990

recebido serão descontadas das parcelas do benefício do Seguro-Desemprego a que fizer jus, sendo-lhe garantido, no mínimo, o recebimento de uma parcela do Seguro-Desemprego.

• Artigo acrescentado pela MP 2.164-41/2001.

Art. 8º-C. Para efeito de habilitação ao Seguro-Desemprego, desconsiderar-se-á o período de suspensão contratual de que trata o art. 476-A da CLT, para o cálculo dos períodos de que tratam os incisos I e II do art. 3º desta Lei.

• Artigo acrescentado pela MP 2.164-41/2001.

DO ABONO SALARIAL

Art. 9º É assegurado o recebimento de abono salarial no valor de um salário mínimo vigente na data do respectivo pagamento, aos empregados que:

I – tenham percebido, de empregadores que contribuem para o Programa de Integração Social (PIS) ou para o Programa de Formação do Patrimônio do Servidor Público (Pasep), até dois salários mínimos médios de remuneração mensal no período trabalhado e que tenham exercido atividade remunerada pelo menos durante 30 (trinta) dias no ano-base;

II – estejam cadastrados há pelo menos 5 (cinco) anos no Fundo de Participação PIS-Pasep ou no Cadastro Nacional do Trabalhador.

Parágrafo único. No caso de beneficiários integrantes do Fundo de Participação PIS-Pasep, serão computados no valor do abono salarial os rendimentos proporcionados pelas respectivas contas individuais.

DO FUNDO DE AMPARO AO TRABALHADOR

Art. 10. É instituído o Fundo de Amparo ao Trabalhador (FAT), vinculado ao Ministério do Trabalho e Emprego, destinado ao custeio do Programa de Seguro-Desemprego, ao pagamento do abono salarial e ao financiamento de programas de educação profissional e tecnológica e de desenvolvimento econômico.

• *Caput* com redação determinada pela Lei 12.513/2011.

Parágrafo único. O FAT é um fundo contábil, de natureza financeira, subordinando-se, no que couber, à legislação vigente.

Art. 11. Constituem recursos do FAT:

I – o produto da arrecadação das contribuições devidas ao PIS e ao Pasep;

II – o produto dos encargos devidos pelos contribuintes, em decorrência da inobservância de suas obrigações;

III – a correção monetária e os juros devidos pelo agente aplicador dos recursos do fundo, bem como pelos agentes pagadores, incidentes sobre o saldo dos repasses recebidos;

IV – o produto da arrecadação da contribuição adicional pelo índice de rotatividade, de que trata o § 4º do art. 239 da Constituição Federal;

V – outros recursos que lhe sejam destinados.

Arts. 12 a 14. (Vetados.)

Art. 15. Compete aos Bancos Oficiais Federais o pagamento das despesas relativas ao Programa do Seguro-Desemprego e ao abono salarial conforme normas a serem definidas pelos gestores do FAT.

Parágrafo único. Sobre o saldo de recursos não desembolsados, os agentes pagadores remunerarão o FAT, no mínimo com correção monetária.

Art. 16. *(Revogado pela Lei 8.019/1990.)*

Art. 17. *(Revogado pela Lei 8.019/1990.)*

GESTÃO

Art. 18. É instituído o Conselho Deliberativo do Fundo de Amparo ao Trabalhador – Codefat, composto por representação de trabalhadores, empregadores e órgãos e entidades governamentais, na forma estabelecida pelo Poder Executivo.

• *Caput* com redação determinada pela MP 2.216-37/2001.

• O art. 48-A da Lei 9.649/1998, alterado pela MP 2.216-37/2001, determinou nova redação ao *caput* do art. 18 da Lei 7.998/1990. Contudo, o art. 59 da Lei 10.683/2003 dispõe: "Revogam-se as disposições em contrário, especialmente as da Lei 9.649/1998, com as alterações introduzidas pela MP 2.216-37/2001 (...)".

§ 1º O mandato de cada Conselheiro é de 3 (três) anos.
- § 1º com eficácia suspensa pela MP 2.216-37/2001.

§ 2º Na primeira investidura, observar-se-á o seguinte:
- § 2º com eficácia suspensa pela MP 2.216-37/2001.

I – 1/3 (um terço) dos representantes referidos nos incisos I e II, do *caput*, deste artigo, será designado com mandato de 1 (um) ano; 1/3 (um terço), com mandato de 2 (dois) anos e 1/3 (um terço), com mandato de 3 (três) anos;

II – o representante do Ministério do Trabalho será designado com mandato de 3 (três) anos; o representante do Ministério da Previdência e Assistência Social, com mandato de 2 (dois) anos; o representante do BNDES, com mandato de 1 (um) ano.

§ 3º Os representantes dos trabalhadores serão indicados pelas centrais sindicais e confederações de trabalhadores; e os representantes dos empregadores, pelas respectivas confederações.

§ 4º Compete ao Ministro do Trabalho a nomeação dos membros do Codefat.

§ 5º A Presidência do Conselho Deliberativo, anualmente renovada, será rotativa entre os seus membros.
- § 5º com eficácia suspensa pela MP 2.216-37/2001.

§ 6º Pela atividade exercida no Codefat seus membros não serão remunerados.

Art. 19. Compete ao Codefat gerir o FAT e deliberar sobre as seguintes matérias:

I – *(Vetado.)*

II – aprovar e acompanhar a execução do Plano de Trabalho Anual do Programa do Seguro-Desemprego e do abono salarial e os respectivos orçamentos;

III – deliberar sobre a prestação de conta e os relatórios de execução orçamentária e financeira do FAT;

IV – elaborar a proposta orçamentária do FAT, bem como suas alterações;

V – propor o aperfeiçoamento da legislação relativa ao seguro-desemprego e ao abono salarial e regulamentar os dispositivos desta Lei no âmbito de sua competência;

VI – decidir sobre sua própria organização, elaborando seu regimento interno;

VII – analisar relatórios do agente aplicador quanto à forma, prazo e natureza dos investimentos realizados;

VIII – fiscalizar a administração do fundo, podendo solicitar informações sobre contratos celebrados ou em vias de celebração e quaisquer outros atos;

IX – definir indexadores sucedâneos no caso de extinção ou alteração daqueles referidos nesta Lei;

X – baixar instruções necessárias à devolução de parcelas do benefício do seguro-desemprego, indevidamente recebidas;

XI – propor alteração das alíquotas referentes às contribuições a que alude o art. 239 da Constituição Federal, com vistas a assegurar a viabilidade econômico-financeira do FAT;

XII – *(Vetado.)*

XIII – *(Vetado.)*

XIV – fixar prazos para processamento e envio ao trabalhador da requisição do benefício do seguro-desemprego, em função das possibilidades técnicas existentes, estabelecendo-se como objetivo o prazo de 30 (trinta) dias;

XV – *(Vetado.)*

XIV – *(Vetado.)*

XVII – deliberar sobre outros assuntos de interesses do FAT.

Art. 19-A. O Codefat poderá priorizar projetos das entidades integrantes do Sistema Nacional de Atendimento Socioeducativo (Sinase) desde que:
- Artigo acrescentado pela Lei 12.594/2012 (*DOU* 19.01.2012; ret. 20.01.2012), em vigor após decorridos 90 (noventa) dias de sua publicação oficial.

I – o ente federado de vinculação da entidade que solicita o recurso possua o respectivo Plano de Atendimento Socioeducativo aprovado;

II – as entidades governamentais e não governamentais integrantes do Sinase que solicitem recursos tenham se submetido à ava-

Lei 8.870/1994

LEGISLAÇÃO PREVIDENCIÁRIA

liação nacional do atendimento socioeducativo.

Art. 20. A Secretaria-Executiva do Conselho Deliberativo será exercida pelo Ministério do Trabalho, e a ela caberão as tarefas técnico-administrativas relativas ao seguro-desemprego e abono salarial.

Art. 21. As despesas com a implantação, administração e operação do Programa do Seguro-Desemprego e do abono salarial, exceto as de pessoal, correrão por conta do FAT.

Art. 22. Os recursos do FAT integrarão o orçamento da seguridade social na forma da legislação pertinente.

DA FISCALIZAÇÃO E PENALIDADES

Art. 23. Compete ao Ministério do Trabalho a fiscalização do cumprimento do Programa de Seguro-Desemprego e do abono salarial.

Art. 24. Os trabalhadores e empregadores prestarão as informações necessárias, bem como atenderão às exigências para a concessão do seguro-desemprego e o pagamento do abono salarial, nos termos e prazos fixados pelo Ministério do Trabalho.

Art. 25. O empregador que infringir os dispositivos desta Lei estará sujeito a multas de 400 (quatrocentos) a 40.000 (quarenta mil) BTN, segundo a natureza da infração, sua extensão e intenção do infrator, a serem aplicadas em dobro, no caso de reincidência, oposição à fiscalização ou desacato à autoridade.

- V. Portaria MTE 14/2006 (Aprova normas para imposição da multa administrativa variável prevista no art. 25 da Lei 7.998/1990, pelo descumprimento da obrigação de declaração da Rais).
- V. Portaria MTE 193/2006 (Fixa parâmetros para a gradação da multa administrativa variável prevista no art. 25 da Lei 7.998/1990, pelo não cumprimento das obrigações relativas ao programa do seguro-desemprego).

§ 1º Serão competentes para impor as penalidades as Delegacias Regionais do Trabalho, nos termos do Título VII da Consolidação das Leis do Trabalho (CLT).

§ 2º Além das penalidades administrativas já referidas, os responsáveis por meios fraudulentos na habilitação ou na percepção do seguro-desemprego serão punidos civil e criminalmente, nos termos desta Lei.

DAS DISPOSIÇÕES FINAIS E TRANSITÓRIAS

Art. 26. (Vetado.)

Art. 27. A primeira investidura do Codefat dar-se-á no prazo de 30 (trinta) dias da publicação desta Lei.

Art. 28. No prazo de 30 (trinta) dias as contribuições ao PIS e ao Pasep, arrecadadas a partir de 5 de outubro de 1988 e não utilizadas nas finalidades previstas no art. 239 da Constituição Federal, serão recolhidas como receita do FAT.

- Artigo com redação determinada pela Lei 8.019/1990.

Art. 29. (Revogado pela Lei 8.019/1990.)

Art. 30. O Poder Executivo regulamentará esta Lei no prazo de 90 (noventa) dias e apresentará projeto lei regulamentando a contribuição adicional pelo índice de rotatividade, de que trata o § 4º do art. 239 da Constituição Federal, no prazo de 180 (cento e oitenta) dias.

Art. 31. Esta Lei entra em vigor na data de sua publicação.

Art. 32. Revogam-se as disposições em contrário.

Brasília, 11 de janeiro de 1990; 169º da Independência e 102º da República.

José Sarney

(DOU 12.01.1990)

LEI 8.870, DE 15 DE ABRIL DE 1994

Altera dispositivos das Leis 8.212 e 8.213, de 24 de julho de 1991, e dá outras providências.

O Presidente da República:
Faço saber que o Congresso Nacional decreta e eu sanciono a seguinte Lei:

Art. 1º Os arts. 12, 25 – com a redação dada pelas Leis 8.540, de 22 de dezembro de 1992 e 8.861, de 25 de março de 1994 –, e os arts. 28, 68 e 93 todos da Lei 8.212, de

Lei 8.870/1994

LEGISLAÇÃO PREVIDENCIÁRIA

24 de julho de 1991, passam a vigorar com as seguintes alterações:

• Alterações processadas no texto da referida Lei.

Art. 2º Os arts. 25, 29, 82, 106 com a redação da Lei 8.861, de 25 de março de 1994, 109 e 113, todos da Lei 8.213, de 24 de julho de 1991, passam a vigorar com as seguintes alterações:

• Alterações processadas no texto da referida Lei.

Art. 3º As empresas ficam obrigadas a fornecer ao sindicato representativo da categoria profissional mais numerosa entre seus empregados cópia da Guia de Recolhimento das contribuições devidas à seguridade social arrecadadas pelo INSS.

§ 1º Para os fins desta Lei, considera-se empresa a firma individual ou sociedade que assume o risco de atividade econômica urbana ou rural, com fins lucrativos ou não, os órgãos e entidades da Administração Pública direta, indireta e fundacional, a cooperativa, a associação ou entidade de qualquer natureza ou finalidade, a missão diplomática e a repartição consular de carreira estrangeira.

§ 2º Na hipótese de a empresa possuir mais de uma unidade, os sindicatos de que trata o *caput* deste artigo terão acesso apenas às guias referentes às unidades situadas em sua base territorial.

Art. 4º Ficam as empresas obrigadas, igualmente, a afixar cópia da Guia de Recolhimento no quadro de horário, de que trata o art. 74 do Decreto-lei 5.452, de 1º de maio de 1943.

Art. 5º O INSS informará aos sindicatos os valores efetivamente recolhidos pelas empresas localizadas na base territorial destes.

Art. 6º É facultada aos sindicatos a apresentação de denúncia contra a empresa junto ao INSS, nas seguintes hipóteses:

I – descumprimento do disposto nos arts. 3º e 4º;

II – divergência entre os valores informados pela empresa e pelo INSS sobre as contribuições recolhidas na mesma competência; ou

III – existência de evidentes indícios de recolhimento a menor das contribuições devidas.

Parágrafo único. Recebida a denúncia nos termos deste artigo, o INSS incluirá a empresa denunciada no seu Plano de Fiscalização.

Art. 7º Comprovada pela fiscalização a ocorrência das situações previstas nos incisos I e II do artigo anterior, será aplicada à empresa multa no valor de 99.000 Unidades Fiscais de Referência – Ufir ou outra unidade de referência oficial que venha a substituí-la, para cada competência em que tenha havido a irregularidade.

Art. 8º A constatação da improcedência da denúncia apresentada nos termos do art. 6º desta Lei implicará a suspensão do direito do sindicato ao fornecimento das informações mencionadas nos arts. 3º e 5º pelo prazo de:

I – 1 (um) ano, quando fundamentada nos incisos I e II;

II – 4 (quatro) meses, quando fundamentada no inciso III.

Parágrafo único. Os prazos fixados nos incisos I e II deste artigo serão duplicados a cada reincidência por parte do sindicato.

Art. 9º O Poder Executivo, no prazo de 90 (noventa) dias, disciplinará:

I – os procedimentos a serem seguidos pelos sindicatos no requerimento das informações referidas nos arts. 3º e 5º, a periodicidade e os prazos de fornecimento das informações;

II – a forma de comprovação do recebimento das guias de que trata o art. 3º por parte do sindicato;

III – a forma de aplicação da multa instituída no art. 7º;

IV – a forma de divulgação da relação de entidades punidas conforme o art. 8º.

Art. 10. Sem prejuízo do disposto no art. 47 da Lei 8.212, de 1991, é obrigatória a apresentação de Certidão Negativa de Débito – CND pelas pessoas jurídicas e a elas equiparadas, na contratação de operações de crédito junto a instituições financeiras, que envolvam:

I – recursos públicos, inclusive provenientes de fundos constitucionais e de incentivo ao desenvolvimento regional (FNO, FNE, FCO, Finam e Finor);

Lei 8.870/1994

LEGISLAÇÃO PREVIDENCIÁRIA

II – recursos do Fundo de Garantia do Tempo de Serviço – FGTS, do Fundo de Amparo do Trabalhador – FAT e do Fundo Nacional de Desenvolvimento da Educação – FNDE; e

III – recursos captados através de Caderneta de Poupança.

§ 1º A exigência instituída no *caput* aplica-se, igualmente, à liberação de eventuais parcelas previstas no contrato.

§ 2º Consideram-se instituições financeiras, para os efeitos desta Lei, as pessoas jurídicas públicas ou privadas que tenham como atividade principal ou acessória a intermediação ou aplicação de recursos financeiros próprios ou de terceiros, em moeda nacional ou estrangeira, autorizadas pelo Banco Central do Brasil ou por Decreto do Poder Executivo a funcionar no Território Nacional.

Art. 11. A CND é o documento comprobatório de inexistência de débito para com o INSS e será por este concedido às empresas.

Art. 12. As instituições financeiras obrigam-se a fornecer, mensalmente, ao INSS, relação das empresas contratadas conforme especificação técnica da autarquia.

Art. 13. O descumprimento do disposto nos arts. 10 e 12 desta Lei sujeitará os infratores à multa de:

I – 100.000 Ufir por operação contratada, no caso do art. 10;

II – 20.000 Ufir no caso do art. 12.

Art. 14. Fica autorizada, nos termos desta Lei, a compensação de contribuições devidas pelos hospitais contratados ou conveniados com o Sistema Único de Saúde (SUS) ao INSS, com parcela dos créditos correspondentes a faturas emitidas para recebimento de internações hospitalares, cujo valor correspondente será retido pelo órgão pagador do SUS para amortização de parcela do débito, na forma estabelecida em regulamento.

Art. 15. Até 30 de junho de 1994, os débitos dos hospitais contratados ou conveniados com o Sistema Único de Saúde (SUS), relativos a contribuições devidas ao INSS, referentes a competências anteriores a 1º de agosto de 1993, ajuizados ou não, inclusive os não notificados, poderão ser objeto de acordo para pagamento parcelado na forma do disposto nos parágrafos deste artigo.

§ 1º Para habilitar-se ao acordo, os hospitais devem garantir que sejam colocados à disposição do SUS percentuais de sua capacidade total instalada em internações hospitalares.

§ 2º A garantia a que se refere o parágrafo anterior será comprovada anualmente pelos Conselhos Municipais ou Estaduais de Saúde, conforme disposto em regulamento.

§ 3º Os débitos de que trata este artigo poderão ser amortizados da seguinte forma:

a) mediante dedução mensal, pelo órgão pagador, de 5% (cinco por cento) das faturas relativas a internações hospitalares para repasse ao INSS, visando à amortização da dívida do respectivo emitente para com a Previdência Social, no caso de hospitais que comprovem estejam colocando à disposição do SUS no mínimo 60% (sessenta por cento) de sua capacidade total instalada para internações hospitalares;

b) mediante dedução mensal de 12,5% (doze e meio por cento) das faturas relativas a internações hospitalares para repasse ao INSS, visando à amortização da dívida do respectivo emitente para com a Previdência Social, no caso dos hospitais que comprovem estejam colocando à disposição do SUS no mínimo entre 30% (trinta por cento) e 60% (sessenta por cento) de sua capacidade total instalada para internações hospitalares.

§ 4º Para a efetivação da dedução referida no parágrafo anterior, os acordos conterão:

a) cláusula em que os hospitais e Santas Casas autorizem o órgão pagador do SUS a assim proceder por ocasião dos pagamentos respectivos;

b) cláusula determinando sua rescisão, na hipótese de inadimplência das contribuições vincendas, ou em caso de denúncia, com o imediato prosseguimento da cobrança de todo o saldo devedor.

§ 5º O valor da dedução prevista no § 3º será convertido em Ufir por ocasião do efetivo repasse ao INSS e deduzido do montante total da dívida levantada.

§ 6º O repasse ao INSS previsto nas alíneas *a* e *b* do § 3º deste artigo será feito pelo órgão pagador do SUS, obrigatoriamente até o

Lei 8.870/1994

terceiro dia útil subsequente ao pagamento das respectivas faturas.

§ 7º No ato da celebração do acordo de parcelamento previsto no *caput* deste artigo, as importâncias devidas a título de multa, quando referentes a competências anteriores a 1º de agosto de 1993, serão reduzidas em 50% (cinquenta por cento), para efeito de aplicação da compensação autorizada nesta Lei.

§ 8º A redução de que trata o parágrafo anterior não será cumulativa com a concedida nos termos do § 3º do art. 11 da Lei 8.620, de 5 de janeiro de 1993.

Art. 16. Excepcionalmente, na celebração dos acordos previstos no artigo anterior, será permitido parcelar as contribuições descontadas dos segurados empregados e trabalhadores avulsos e não recolhidas ao INSS, de acordo com as seguintes regras:

I – em até 24 (vinte e quatro) meses, no caso de acordo celebrado no mês de abril de 1994, referente a competências posteriores a 1º de julho de 1991 e anteriores a 1º de agosto de 1993;

II – em até 16 (dezesseis) meses, no caso de acordo celebrado no mês de maio de 1994, referente a competências posteriores a 1º de julho de 1991 e anteriores a 1º de agosto de 1993;

III – em até 8 (oito) meses, no caso de acordo celebrado no mês de junho de 1994, referente a competências posteriores a 1º de julho de 1991 e anteriores a 1º de agosto de 1993.

Art. 17. Aplica-se aos parcelamentos previstos nos arts. 15 e 16 desta Lei o disposto nos §§ 3º e 5º do art. 38 da Lei 8.212, de 24 de julho de 1991.

Parágrafo único. Da aplicação do disposto no art. 18 desta Lei, não poderá resultar parcela inferior a 120 Unidade Fiscal de Referência (Ufir), ou outra unidade de referência oficial que venha a substituí-la.

Art. 18. Nas ações que tenham por objeto o pagamento de benefícios previdenciários, os valores expressos em moeda corrente constantes da condenação serão convertidos, à data do cálculo, em quantidade de Unidade Fiscal de Referência – Ufir, ou outra unidade de referência oficial que venha a substituí-la, manifestando-se as partes em 5 (cinco) dias.

Art. 19. As ações judiciais, inclusive cautelares, que tenham por objeto a discussão de débito para com o INSS serão, obrigatoriamente, precedidas do depósito preparatório do valor do mesmo, monetariamente corrigido até a data de efetivação, acrescido dos juros, multa de mora e demais encargos.

- O STF, na ADIn 1.074-3 (*DOU* e *DJU* 10.04.2007), declarou a inconstitucionalidade do *caput* do art. 19 da Lei 8.870/1994.
- V. Súmula vinculante 28, STF.

Parágrafo único. A propositura das ações previstas neste artigo importa em renúncia ao direito de recorrer na esfera administrativa e desistência do recurso interposto.

Art. 20. Fica prorrogado até a data da publicação desta lei o prazo previsto no art. 99 da Lei 8.212, de 24 de julho de 1991.

Art. 21. As cooperativas que celebraram convênios com base no Programa de Assistência do Trabalhador Rural, extinto pelo art. 138 da Lei 8.213, de 24 de julho de 1991, deverão apresentar, no prazo de 60 (sessenta) dias, perante o INSS a prestação de contas dos atos praticados até 31 de outubro de 1993, para a liquidação de suas obrigações.

Parágrafo único. O descumprimento do prazo acima referido implica a imediata execução de débitos verificados.

Art. 22. Fica autorizado o INSS a contratar 50 colaboradores, pelo prazo improrrogável de 12 (doze) meses, mediante contrato de locação de serviços, para promoverem diligências de localização dos devedores com débitos inscritos em dívida ativa e levantar bens a serem oferecidos ao respectivo juízo para garantir o cumprimento do disposto no art. 7º da Lei 6.830, de 22 de setembro de 1980.

Art. 23. Os depósitos recursais instituídos por esta lei serão efetuados à ordem do INSS ou do juízo, quando for o caso, em estabelecimentos oficiais de crédito, assegurada atualização monetária, conforme o disposto no inciso I do art. 9º da Lei 6.830, de 22 de setembro de 1980.

Lei 8.870/1994

LEGISLAÇÃO PREVIDENCIÁRIA

Art. 24. O aposentado por idade ou por tempo de serviço pelo Regime Geral da Previdência Social que estiver exercendo ou que voltar a exercer atividade abrangida pelo mesmo, fica isento da contribuição a que se refere o art. 20 da Lei 8.212, de 24 de julho de 1991.

Parágrafo único. O segurado de que trata o *caput* deste artigo que vinha contribuindo até a data da vigência desta lei receberá, em pagamento único, o valor correspondente à soma das importâncias relativas às suas contribuições, remuneradas de acordo com o Índice de Remuneração Básica dos Depósitos de Poupança com data de aniversário do primeiro dia, quando do afastamento da atividade que atualmente exerce.

Art. 25. A contribuição devida à seguridade social pelo empregador, pessoa jurídica, que se dedique à produção rural, em substituição à prevista nos incisos I e II do art. 22 da Lei 8.212, de 24 de julho de 1991, passa a ser a seguinte:

* *Caput* com redação determinada pela Lei 10.256/2001.

I – 2,5% (dois e meio por cento) da receita bruta proveniente da comercialização de sua produção;

II – 0,1% (um décimo por cento) da receita bruta proveniente da comercialização de sua produção, para o financiamento da complementação das prestações por acidente de trabalho.

§ 1º O disposto no inciso I do art. 3º da Lei 8.315, de 23 de dezembro de 1991, não se aplica ao empregador de que trata este artigo, que contribuirá com o adicional de 0,25% (vinte e cinco centésimos por cento) da receita bruta proveniente da venda de mercadorias de produção própria, destinado ao Serviço Nacional de Aprendizagem Rural (Senar).

* § 1º com redação determinada pela Lei 10.256/2001.

§ 2º *(Revogado pela Lei 10.256/2001.)*

§ 3º Para os efeitos deste artigo, será observado o disposto no § 3º do art. 25 da Lei 8.212, de 24 de julho de 1991, com a redação dada pela Lei 8.540, de 22 de dezembro de 1992.

* § 3º com redação determinada pela Lei 9.528/1997.

§ 4º *(Revogado pela Lei 9.528/1997.)*

§ 5º O disposto neste artigo não se aplica às operações relativas à prestação de serviços a terceiros, cujas contribuições previdenciárias continuam sendo devidas na forma do art. 22 da Lei 8.212, de 24 de julho de 1991.

* § 5º acrescentado pela Lei 10.256/2001.

Art. 25-A. As contribuições de que tratam os incisos I e II do art. 22 da Lei 8.212, de 24 de julho de 1991, serão devidas pelos cooperados, na forma do art. 25 desta Lei, se pessoa jurídica, e do art. 25 da Lei 8.212, de 24 de julho de 1991, se pessoa física, quando a cooperativa de produção rural contratar pessoal, exclusivamente, para colheita de produção de seus cooperados.

* Artigo acrescentado pela Lei 10.256/2001.

§ 1º Os encargos decorrentes da contratação de que trata o *caput* serão apurados separadamente dos relativos aos empregados regulares da cooperativa, discriminadamente por cooperados, na forma do regulamento.

§ 2º A cooperativa de que trata o *caput* é diretamente responsável pelo recolhimento da contribuição previdenciária de que trata o art. 20 da Lei 8.212, de 24 de julho de 1991.

§ 3º Não se aplica o disposto no § 9º do art. 25 da Lei 8.212, de 24 de julho de 1991, à contratação realizada na forma deste artigo.

Art. 26. Os benefícios concedidos nos termos da Lei 8.213, de 24 de julho de 1991, com data de início entre 5 de abril de 1991 e 31 de dezembro de 1993, cuja renda mensal inicial tenha sido calculada sobre salário de benefício inferior à média dos 36 últimos salários de contribuição, em decorrência do disposto no § 2º do art. 29 da referida lei, serão revistos a partir da competência abril de 1994, mediante a aplicação do percentual correspondente à diferença entre a média mencionada neste artigo e o salário de benefício considerado para a concessão.

Lei 8.900/1994

LEGISLAÇÃO PREVIDENCIÁRIA

Parágrafo único. Os benefícios revistos nos termos do *caput* deste artigo não poderão resultar superiores ao teto do salário de contribuição vigente na competência de abril de 1994.

Art. 27. O Poder Executivo regulamentará esta lei no prazo de 90 (noventa) dias a partir da data de sua publicação.

Art. 28. Esta Lei entra em vigor na data de sua publicação.

Art. 29. Revogam-se as disposições em contrário, especialmente o § 4º do art. 12, com a redação dada pela Lei 8.861, de 25 de março de 1994, e o § 9º do art. 29, ambos da Lei 8.212, de 24 de julho de 1991; a alínea *i*, do inciso I do art. 18; o inciso II do art. 81; o art. 84; o art. 87 e parágrafo único, todos da Lei 8.213, de 24 de julho de 1991.

Brasília, 15 de abril de 1994; 173º da Independência e 106º da República.

Itamar Franco

(*DOU* 16.04.1994, edição extra; ret. 12.05.1994)

LEI 8.900, DE 30 DE JUNHO DE 1994

Dispõe sobre o benefício do seguro-desemprego, altera dispositivo da Lei 7.998, de 11 de janeiro de 1990, e dá outras providências.

O Presidente da República:

Faço saber que o Congresso Nacional decreta e eu sanciono a seguinte Lei:

Art. 1º O art. 2º da Lei 7.998, de 11 de janeiro de 1990, passa a vigorar com a seguinte redação:

* Alteração processada no texto da referida Lei.

Art. 2º O benefício do seguro-desemprego será concedido ao trabalhador desempregado por um período máximo variável de três a cinco meses, de forma contínua ou alternada, a cada período aquisitivo, cuja duração será definida pelo Codefat.

§ 1º O benefício poderá ser retomado a cada novo período aquisitivo, observado o disposto no artigo anterior.

§ 2º A determinação do período máximo mencionado no *caput* deste artigo observará a seguinte relação entre o número de parcelas mensais do benefício do seguro-desemprego e o tempo de serviço do trabalhador nos 36 meses que antecederam a data de dispensa que deu origem ao requerimento do seguro-desemprego:

I – três parcelas, se o trabalhador comprovar vínculo empregatício com pessoa jurídica ou pessoa física a ela equiparada, de no mínimo seis meses e no máximo 11 meses, no período de referência;

II – quatro parcelas, se o trabalhador comprovar vínculo empregatício com pessoa jurídica ou pessoa física a ela equiparada, de no mínimo 12 meses e no máximo 23 meses, no período de referência;

III – cinco parcelas, se o trabalhador comprovar vínculo empregatício com pessoa jurídica ou pessoa física a ela equiparada, de no mínimo 24 meses, no período de referência.

§ 3º A fração igual ou superior a 15 dias de trabalho será havida como mês integral, para os efeitos do parágrafo anterior.

§ 4º O período máximo de que trata o *caput* poderá ser excepcionalmente prolongado em até dois meses, para grupos específicos de segurados, a critério do Codefat, desde que o gasto adicional representado por este prolongamento não ultrapasse, em cada semestre, 10% (dez por cento) do montante da Reserva Mínima de Liquidez, de que trata o § 2º do art. 9º da Lei 8.019, de 11 de abril de 1990, com a redação dada pelo art. 1º da Lei 8.352, de 28 de dezembro de 1991.

§ 5º Na determinação do prolongamento do período máximo de percepção do benefício do seguro-desemprego, o Codefat observará, dentre outras variáveis, a evolução geográfica e setorial das taxas de desemprego no País e o tempo médio de desemprego de grupos específicos de trabalhadores.

Art. 3º Esta Lei entra em vigor na data de sua publicação.

Brasília, 30 de junho de 1994; 173º da Independência e 106º da República.

Itamar Franco

(*DOU* 1º.07.1994)

Lei 9.477/1997

LEGISLAÇÃO PREVIDENCIÁRIA

LEI 9.477, DE 24 DE JULHO DE 1997

Institui o Fundo de Aposentadoria Programada Individual – Fapi e o Plano de Incentivo à Aposentadoria Programada Individual, e dá outras providências.

O Presidente da República:
Faço saber que o Congresso Nacional decreta e eu sanciono a seguinte Lei:

- V. art. 11, Lei 9.532/1997 (Altera a legislação tributária federal).

Art. 1º É autorizada a instituição de Fundos de Aposentadoria Programada Individual – Fapi, com recursos do trabalhador ou de empregador detentor de Plano de Incentivo à Aposentadoria Programada Individual, destinado a seus empregados e administradores.

§ 1º Os Fundos de Aposentadoria Programada Individual – Fapi, constituídos sob a forma de condomínio aberto, terão seus recursos aplicados de acordo com o que vier a ser determinado pelo Conselho Monetário Nacional.

§ 2º O trabalhador pode adquirir quotas dos Fundos de Aposentadoria Programada Individual – Fapi, e o empregador pode, ao estabelecer Plano de Incentivo à Aposentadoria Programada Individual, adquirir quotas em nome de seus empregados e administradores, observado o disposto nesta Lei.

§ 3º Considera-se trabalhador, para os efeitos desta Lei, a pessoa que, residente ou domiciliada no País, aufira rendimento do trabalho, com ou sem vínculo empregatício.

§ 4º Entende-se por empregador o empresário ou a pessoa jurídica de natureza empresarial que, assumindo os riscos da atividade econômica, admite e remunera trabalhadores, inclusive seus administradores.

Art. 2º As aquisições de quotas do Fundo a que se refere o artigo anterior serão realizadas em moeda corrente nacional.

Art. 3º Os Fundos a que se refere o art. 1º podem ser instituídos e administrados por instituições financeiras ou por sociedades seguradoras autorizadas a funcionar pela Superintendência de Seguros Privados – Susep.

§ 1º Compete ao Conselho Monetário Nacional aprovar o regulamento que disciplina a constituição dos Fundos de Aposentadoria Programada Individual – Fapi.

§ 2º O regulamento deverá dispor, pelo menos, sobre:
I – constituição e suas características;
II – administração;
III – taxa de administração;
IV – composição e diversificação da carteira, objetivando a prudência e a diversificação de riscos;
V – patrimônio líquido;
VI – emissão, colocação e resgate de quotas;
VII – regras para os planos de contribuição, obedecido o intervalo máximo de um ano entre as aquisições de quotas por parte dos participantes;
VIII – portabilidade, objetivando garantir a possibilidade de transferência de patrimônio individual (quota-parte) de um fundo para outro, decorrido período de no mínimo seis meses;
IX – custódia e liquidação dos títulos e valores mobiliários dos Fundos;
X – assembleia geral;
XI – demonstrações financeiras;
XII – prestação de informações ao Banco Central do Brasil, à Comissão de Valores Mobiliários e à Superintendência de Seguros Privados;
XIII – publicidade e remessa de documentos;
XIV – aplicação de penalidades;
XV – normas gerais.

§ 3º Para os efeitos do inciso IV do parágrafo anterior, pode o Conselho Monetário Nacional limitar a participação, na Carteira de Aplicação dos Fundos de Aposentadoria Programada Individual – Fapi, de títulos e obrigações de responsabilidade do instituidor do Plano de Incentivo e de seu administrador, controladas, coligadas e interligadas.

Art. 4º Compete ao Banco Central do Brasil e à Superintendência de Seguros Privados, no âmbito das respectivas atribuições:

Lei 9.477/1997

LEGISLAÇÃO PREVIDENCIÁRIA

I – autorizar a constituição dos Fundos de Aposentadoria Programada Individual – Fapi e a transferência de sua administração;
II – exercer a fiscalização dos administradores dos Fundos e aplicar as penalidades previstas.
Parágrafo único. O disposto neste artigo não exclui a competência da Comissão de Valores Mobiliários com relação aos valores mobiliários integrantes da carteira dos Fundos de que trata o art. 1º desta Lei.
Art. 5º O administrador do Fundo, observadas as limitações legais, deve praticar os atos necessários à administração da carteira do Fundo e exercer todos os direitos inerentes aos ativos que a integram, podendo contratar os serviços de terceiros, legalmente habilitados.
§ 1º As instituições contratadas para a execução dos serviços de que trata este artigo respondem solidariamente com o administrador do Fundo pelos prejuízos que causarem ao Fundo.
§ 2º As ordens de compra e venda de quotas, títulos e valores mobiliários são sempre expedidas com identificação precisa do Fundo.
Art. 6º Os ativos dos Fundos de Aposentadoria Programada Individual – Fapi são impenhoráveis e sobre eles não incidem encaixes obrigatórios ou depósitos compulsórios.
Art. 7º O empregador que instituir Plano de Incentivo à Aposentadoria Programada Individual, na forma estabelecida pelo Conselho Monetário Nacional, pode deduzir como despesas operacionais o valor das quotas do Fundo de Aposentadoria Programada Individual – Fapi adquiridas, observado o disposto no art. 10 desta Lei, desde que o Plano atinja, no mínimo, 50% (cinquenta por cento) dos seus empregados.
Art. 8º Os recursos utilizados pelo empregador para aquisição de quotas em nome de seus empregados ou administradores, dentro do Plano de Incentivo à Aposentadoria Programada Individual, de que trata esta Lei, não são considerados integrantes da remuneração dos beneficiários para efeitos da legislação do trabalho e da previdência e não integram a base de cálculo para as contribuições para o Fundo de Garantia do Tempo de Serviço, de Assistência Social e Sindical.
Parágrafo único. O participante de Plano de Incentivo à Aposentadoria Programada Individual que perder o vínculo com a empresa continua com direito às quotas do Fundo adquiridas em seu nome, com recursos do empregador, podendo movimentá-las somente após o prazo de capitalização, observados os casos especiais a que se refere o inciso I do art. 9º e regulamentação pertinentes.
Art. 9º O resgate parcial ou total do Fundo de Aposentadoria Programada Individual – Fapi pode realizar-se:
I – com isenção do Imposto sobre Operações de Crédito, Câmbio e Seguro ou relativas a Títulos e Valores Mobiliários após o prazo de 10 (dez) anos, contado a partir da contribuição inicial para a formação do patrimônio e nos casos de invalidez permanente, de aposentadoria, ou de morte do participante, hipótese esta em que o resgate se dará na forma da legislação civil;
II – com incidência do Imposto sobre Operações de Crédito, Câmbio e Seguro, ou relativas a Títulos e Valores Mobiliários, calculado à alíquota de 25% (vinte e cinco por cento) sobre o valor resgatado antes do prazo de 10 (dez) anos, contado a partir da contribuição inicial.
§ 1º Não se aplica o disposto no inciso II nos casos de invalidez permanente, de aposentadoria ou de morte do participante, hipótese esta em que o resgate dar-se-á na forma da legislação civil.
§ 2º Transcorrido o prazo de capitalização a que se refere o inciso I, o participante tem direito a resgatar parcial ou totalmente as quotas, podendo adquirir renda junto a sociedades seguradoras ou a entidades de previdência privada, na forma da lei.
Art. 10. *(Revogado pela Lei 9.532/1997.)*
Art. 11. Os bens e direitos integrantes do patrimônio do Fundo de Aposentadoria Programada Individual não se comunicam

Lei 9.876/1999

LEGISLAÇÃO PREVIDENCIÁRIA

com o patrimônio da instituição administradora, assim como, em caso de falência ou liquidação extrajudicial da instituição administradora, o patrimônio do Fapi não integra a massa falida ou liquidante da instituição.

Art. 12. Os resgates na carteira dos Fundos para mudança das aplicações (art. 3º, § 2º, inciso VIII) entre Fundos instituídos por esta Lei ou para a aquisição de renda junto às instituições privadas de previdência e seguradoras que operam com esse produto, estão isentos do Imposto sobre Operações de Crédito, Câmbio e Seguro, ou relativas a Títulos e Valores Mobiliários e do Imposto de Renda.

Parágrafo único. É vedada a utilização da dedução de que trata o art. 10, nas hipóteses referidas neste artigo.

Art. 13. As infrações do disposto nesta Lei sujeitam as instituições administradoras dos Fundos às penalidades previstas no art. 44 da Lei 4.595, de 31 de dezembro de 1964, e no art. 108 do Decreto-lei 73, de 21 de novembro de 1966, sem prejuízo de outras estabelecidas na legislação vigente.

Art. 14. Esta Lei entra em vigor na data de sua publicação.

Brasília, 24 de julho de 1997; 176º da Independência e 109º da República.
Fernando Henrique Cardoso

(*DOU* 25.07.1997)

LEI 9.876, DE 26 DE NOVEMBRO DE 1999

Dispõe sobre a contribuição previdenciária do contribuinte individual, o cálculo do benefício, altera dispositivos das Leis 8.212 e 8.213, ambas de 24 de julho de 1991, e dá outras providências.

O Presidente da República:
Faço saber que o Congresso Nacional decreta e eu sanciono a seguinte Lei:

- V. art. 9º, Lei 10.666/2003 (Concessão da aposentadoria especial ao cooperado de cooperativa de trabalho ou de produção).

Art. 1º A Lei 8.212, de 24 de julho de 1991, passa a vigorar com as seguintes alterações:

- Alterações processadas no texto da referida Lei.

Art. 2º A Lei 8.213, de 24 de julho de 1991, passa a vigorar com as seguintes alterações:

- Alterações processadas no texto da referida Lei.

Art. 3º Para o segurado filiado à Previdência Social até o dia anterior à data de publicação desta Lei, que vier a cumprir as condições exigidas para a concessão dos benefícios do Regime Geral de Previdência Social, no cálculo do salário de benefício será considerada a média aritmética simples dos maiores salários de contribuição, correspondentes a, no mínimo, 80% (oitenta por cento) de todo o período contributivo decorrido desde a competência julho de 1994, observado o disposto nos incisos I e II do *caput* do art. 29 da Lei 8.213, de 1991, com a redação dada por esta Lei.

§ 1º Quando se tratar de segurado especial, no cálculo do salário de benefício serão considerados 1/13 (um treze avos) da média aritmética simples dos maiores valores sobre os quais incidiu a sua contribuição anual, correspondentes a, no mínimo, 80% (oitenta por cento) de todo o período contributivo decorrido desde a competência julho de 1994, observado o disposto nos incisos I e II do § 6º do art. 29 da Lei 8.213, de 1991, com a redação dada por esta Lei.

§ 2º No caso das aposentadorias de que tratam as alíneas *b*, *c* e *d* do inciso I do art. 18, o divisor considerado no cálculo da média a que se refere o *caput* e o § 1º não poderá ser inferior a 60% (sessenta por cento) do período decorrido da competência julho de 1994 até a data de início do benefício, limitado a 100% (cem por cento) de todo o período contributivo.

Art. 4º Considera-se salário de contribuição, para os segurados contribuinte individual e facultativo filiados ao Regime Geral de Previdência Social até o dia anterior à data de publicação desta Lei, o salário-base, determinado conforme o art. 29 da Lei 8.212, de 1991, com a redação vigente naquela data.

§ 1º O número mínimo de meses de permanência em cada classe da escala de salários-base de que trata o art. 29 da Lei 8.212, de 1991, com a redação anterior à data de pu-

blicação desta Lei, será reduzido, gradativamente, em 12 (doze) meses a cada ano, até a extinção da referida escala.

§ 2º Havendo a extinção de uma determinada classe em face do disposto no § 1º, a classe subsequente será considerada como classe inicial, cujo salário-base variará entre o valor correspondente ao da classe extinta e o da nova classe inicial.

§ 3º Após a extinção da escala de salários-base de que trata o § 1º, entender-se-á por salário de contribuição, para os segurados contribuinte individual e facultativo, o disposto nos incisos III e IV do art. 28 da Lei 8.212, de 1991, com a redação dada por esta Lei.

Art. 5º Para a obtenção do salário de benefício, o fator previdenciário de que trata o art. 29 da Lei 8.213, de 1991, com a redação desta Lei, será aplicado de forma progressiva, incidindo sobre 1/60 (um sessenta avos) da média aritmética de que trata o art. 3º desta Lei, por mês que se seguir a sua publicação, cumulativa e sucessivamente, até completar 60/60 (sessenta sessenta avos) da referida média.

• Artigo retificado no *DOU* de 06.12.1999.

Art. 6º É garantido ao segurado que até o dia anterior à data de publicação desta Lei tenha cumprido os requisitos para a concessão de benefício o cálculo segundo as regras até então vigentes.

Art. 7º É garantido ao segurado com direito a aposentadoria por idade a opção pela não aplicação do fator previdenciário a que se refere o art. 29 da Lei 8.213, de 1991, com a redação dada por esta Lei.

Art. 8º Esta Lei entra em vigor na data de sua publicação, produzindo efeitos, quanto à majoração de contribuição e ao disposto no § 4º do art. 30 da Lei 8.212, de 1991, com a redação dada por esta Lei, a partir do dia primeiro do mês seguinte ao nonagésimo dia daquela publicação, sendo mantida, até essa data, a obrigatoriedade dos recolhimentos praticados na forma da legislação anterior.

Art. 9º Revogam-se a Lei Complementar 84, de 18 de janeiro de 1996, os incisos III e IV do art. 12 e o art. 29 da Lei 8.212, de 24 de julho de 1991, os incisos III e IV do art. 11, o § 1º do art. 29 e o parágrafo único do art. 113 da Lei 8.213, de 24 de julho de 1991.

Brasília, 26 de novembro de 1999; 178º da Independência e 111º da República.

Fernando Henrique Cardoso

(*DOU* 29.11.1999; ret. 06.12.1999)

Cálculo do fator previdenciário

$$f = \frac{Tc \times a}{Es} \times \left[1 + \frac{(Id + Tc \times a)}{100}\right]$$

Onde:
f = fator previdenciário;
Es = expectativa de sobrevida no momento da aposentadoria;
Tc = tempo de contribuição até o momento da aposentadoria;
Id = idade no momento da aposentadoria;
a = alíquota de contribuição correspondente a 0,31.

LEI COMPLEMENTAR 108, DE 29 DE MAIO DE 2001

Dispõe sobre a relação entre a União, os Estados, o Distrito Federal e os Municípios, suas autarquias, fundações, sociedades de economia mista e outras entidades públicas e suas respectivas entidades fechadas de previdência complementar, e dá outras providências.

O Presidente da República:

Faço saber que o Congresso Nacional decreta e eu sanciono a seguinte Lei Complementar:

Capítulo I
INTRODUÇÃO

Art. 1º A relação entre a União, os Estados, o Distrito Federal e os Municípios, inclusive suas autarquias, fundações, sociedades de economia mista e empresas controladas direta ou indiretamente, enquanto patrocinadores de entidades fechadas de previdência complementar, e suas respectivas entidades fechadas, a que se referem os §§ 3º, 4º, 5º e 6º do art. 202 da Constituição

Federal, será disciplinada pelo disposto nesta Lei Complementar.

Art. 2º As regras e os princípios gerais estabelecidos na Lei Complementar que regula o *caput* do art. 202 da Constituição Federal aplicam-se às entidades reguladas por esta Lei Complementar, ressalvadas as disposições específicas.

Capítulo II
DOS PLANOS DE BENEFÍCIOS

Seção I
Disposições especiais

Art. 3º Observado o disposto no artigo anterior, os planos de benefícios das entidades de que trata esta Lei Complementar atenderão às seguintes regras:

I – carência mínima de 60 contribuições mensais a plano de benefícios e cessação do vínculo com o patrocinador, para se tornar elegível a um benefício de prestação que seja programada e continuada; e

II – concessão de benefício pelo regime de previdência ao qual o participante esteja filiado por intermédio de seu patrocinador, quando se tratar de plano na modalidade benefício definido, instituído depois da publicação desta Lei Complementar.

Parágrafo único. Os reajustes dos benefícios em manutenção serão efetuados de acordo com critérios estabelecidos nos regulamentos dos planos de benefícios, vedado o repasse de ganhos de produtividade, abono e vantagens de qualquer natureza para tais benefícios.

Art. 4º Nas sociedades de economia mista e empresas controladas direta ou indiretamente pela União, pelos Estados, pelo Distrito Federal e pelos Municípios, a proposta de instituição de plano de benefícios ou adesão a plano de benefícios em execução será submetida ao órgão fiscalizador, acompanhada de manifestação favorável do órgão responsável pela supervisão, pela coordenação e pelo controle do patrocinador.

Parágrafo único. As alterações no plano de benefícios que implique elevação da contribuição de patrocinadores serão objeto de prévia manifestação do órgão responsável pela supervisão, pela coordenação e pelo controle referido no *caput*.

Art. 5º É vedado à União, aos Estados, ao Distrito Federal e aos Municípios, suas autarquias, fundações, empresas públicas, sociedades de economia mista e outras entidades públicas o aporte de recursos a entidades de previdência privada de caráter complementar, salvo na condição de patrocinador.

Seção II
Do custeio

Art. 6º O custeio dos planos de benefícios será responsabilidade do patrocinador e dos participantes, inclusive assistidos.

§ 1º A contribuição normal do patrocinador para plano de benefícios, em hipótese alguma, excederá a do participante, observado o disposto no art. 5º da Emenda Constitucional 20, de 15 de dezembro de 1998, e as regras específicas emanadas do órgão regulador e fiscalizador.

§ 2º Além das contribuições normais, os planos poderão prever o aporte de recursos pelos participantes, a título de contribuição facultativa, sem contrapartida do patrocinador.

§ 3º É vedado ao patrocinador assumir encargos adicionais para o financiamento dos planos de benefícios, além daqueles previstos nos respectivos planos de custeio.

Art. 7º A despesa administrativa da entidade de previdência complementar será custeada pelo patrocinador e pelos participantes e assistidos, atendendo a limites e critérios estabelecidos pelo órgão regulador e fiscalizador.

Parágrafo único. É facultada aos patrocinadores a cessão de pessoal às entidades de previdência complementar que patrocinam, desde que ressarcidos os custos correspondentes.

Capítulo III
DAS ENTIDADES DE PREVIDÊNCIA COMPLEMENTAR PATROCINADAS PELO PODER PÚBLICO E SUAS EMPRESAS

Seção I
Da estrutura organizacional

Art. 8º A administração e execução dos planos de benefícios compete às entidades fechadas de previdência complementar mencionadas no art. 1º desta Lei Complementar.

Parágrafo único. As entidades de que trata o *caput* organizar-se-ão sob a forma de fundação ou sociedade civil, sem fins lucrativos.

Art. 9º A estrutura organizacional das entidades de previdência complementar a que se refere esta Lei Complementar é constituída de conselho deliberativo, conselho fiscal e diretoria executiva.

Seção II
Do conselho deliberativo e do conselho fiscal

Art. 10. O conselho deliberativo, órgão máximo da estrutura organizacional, é responsável pela definição da política geral de administração da entidade e de seus planos de benefícios.

Art. 11. A composição do conselho deliberativo, integrado por no máximo seis membros, será paritária entre representantes dos participantes e assistidos e dos patrocinadores, cabendo a estes a indicação do conselheiro presidente, que terá, além do seu, o voto de qualidade.

§ 1º A escolha dos representantes dos participantes e assistidos dar-se-á por meio de eleição direta entre seus pares.

§ 2º Caso o estatuto da entidade fechada, respeitado o número máximo de conselheiros de que trata o *caput* e a participação paritária entre representantes dos participantes e assistidos e dos patrocinadores, preveja outra composição, que tenha sido aprovada na forma prevista no seu estatuto, esta poderá ser aplicada, mediante autorização do órgão regulador e fiscalizador.

Art. 12. O mandato dos membros do conselho deliberativo será de quatro anos, com garantia de estabilidade, permitida uma recondução.

§ 1º O membro do conselho deliberativo somente perderá o mandato em virtude de renúncia, de condenação judicial transitada em julgado ou processo administrativo disciplinar.

§ 2º A instauração de processo administrativo disciplinar, para apuração de irregularidades no âmbito de atuação do conselho deliberativo da entidade fechada, poderá determinar o afastamento do conselheiro até sua conclusão.

§ 3º O afastamento de que trata o parágrafo anterior não implica prorrogação ou permanência no cargo além da data inicialmente prevista para o término do mandato.

§ 4º O estatuto da entidade deverá regulamentar os procedimentos de que tratam os parágrafos anteriores deste artigo.

Art. 13. Ao conselho deliberativo compete a definição das seguintes matérias:

I – política geral de administração da entidade e de seus planos de benefícios;

II – alteração de estatuto e regulamentos dos planos de benefícios, bem como a implantação e a extinção deles e a retirada de patrocinador;

III – gestão de investimentos e plano de aplicação de recursos;

IV – autorizar investimentos que envolvam valores iguais ou superiores a 5% (cinco por cento) dos recursos garantidores;

V – contratação de auditor independente atuário e avaliador de gestão, observadas as disposições regulamentares aplicáveis;

VI – nomeação e exoneração dos membros da diretoria executiva; e

VII – exame, em grau de recurso, das decisões da diretoria executiva.

Parágrafo único. A definição das matérias previstas no inciso II deverá ser aprovada pelo patrocinador.

Art. 14. O conselho fiscal é órgão de controle interno da entidade.

Art. 15. A composição do conselho fiscal, integrado por no máximo quatro mem-

bros, será paritária entre representantes de patrocinadores e de participantes e assistidos, cabendo a estes a indicação do conselheiro presidente, que terá, além do seu, o voto de qualidade.

Parágrafo único. Caso o estatuto da entidade fechada, respeitado o número máximo de conselheiros de que trata o *caput* e a participação paritária entre representantes dos participantes e assistidos e dos patrocinadores, preveja outra composição, que tenha sido aprovada na forma prevista no seu estatuto, esta poderá ser aplicada, mediante autorização do órgão regulador e fiscalizador.

Art. 16. O mandato dos membros do conselho fiscal será de quatro anos, vedada a recondução.

Art. 17. A renovação dos mandatos dos conselheiros deverá obedecer ao critério de proporcionalidade, de forma que se processe parcialmente a cada dois anos.

§ 1º Na primeira investidura dos conselhos, após a publicação desta Lei Complementar, os seus membros terão mandato com prazo diferenciado.

§ 2º O conselho deliberativo deverá renovar três de seus membros a cada dois anos e o conselho fiscal dois membros com a mesma periodicidade, observada a regra de transição estabelecida no parágrafo anterior.

Art. 18. Aplicam-se aos membros dos conselhos deliberativo e fiscal os mesmos requisitos previstos nos incisos I a III do art. 20 desta Lei Complementar.

Seção III
Da diretoria executiva

Art. 19. A diretoria executiva é o órgão responsável pela administração da entidade, em conformidade com a política de administração traçada pelo conselho deliberativo.

§ 1º A diretoria executiva será composta, no máximo, por seis membros, definidos em função do patrimônio da entidade e do seu número de participantes, inclusive assistidos.

§ 2º O estatuto da entidade fechada, respeitado o número máximo de diretores de que trata o parágrafo anterior, deverá prever a forma de composição e o mandato da diretoria executiva, aprovado na forma prevista no seu estatuto, observadas as demais disposições desta Lei Complementar.

Art. 20. Os membros da diretoria executiva deverão atender aos seguintes requisitos mínimos:

I – comprovada experiência no exercício de atividade na área financeira, administrativa, contábil, jurídica, de fiscalização, atuarial ou de auditoria;

II – não ter sofrido condenação criminal transitada em julgado;

III – não ter sofrido penalidade administrativa por infração da legislação da seguridade social, inclusive da previdência complementar ou como servidor público; e

IV – ter formação de nível superior.

Art. 21. Aos membros da diretoria executiva é vedado:

I – exercer simultaneamente atividade no patrocinador;

II – integrar concomitantemente o conselho deliberativo ou fiscal da entidade e, mesmo depois do término do seu mandato na diretoria executiva, enquanto não tiver suas contas aprovadas; e

III – ao longo do exercício do mandato prestar serviços a instituições integrantes do sistema financeiro.

Art. 22. A entidade de previdência complementar informará ao órgão regulador e fiscalizador o responsável pelas aplicações dos recursos da entidade, escolhido entre os membros da diretoria executiva.

Parágrafo único. Os demais membros da diretoria executiva responderão solidariamente com o dirigente indicado na forma do *caput* pelos danos e prejuízos causados à entidade para os quais tenham concorrido.

Art. 23. Nos 12 meses seguintes ao término do exercício do cargo, o ex-diretor estará impedido de prestar, direta ou indiretamente, independentemente da forma ou natureza do contrato, qualquer tipo de serviço às empresas do sistema financeiro que impliquem a utilização das informações a que teve acesso em decorrência do cargo exercido, sob pena de responsabilidade civil e penal.

LC 108/2001

§ 1º Durante o impedimento, ao ex-diretor que não tiver sido destituído ou que pedir afastamento será assegurada a possibilidade de prestar serviço à entidade, mediante remuneração equivalente à do cargo de direção que exerceu ou em qualquer outro órgão da Administração Pública.

§ 2º Incorre na prática de advocacia administrativa, sujeitando-se às penas da lei, o ex-diretor que violar o impedimento previsto neste artigo, exceto se retornar ao exercício de cargo ou emprego que ocupava junto ao patrocinador, anteriormente à indicação para a respectiva diretoria executiva, ou se for nomeado para exercício em qualquer órgão da Administração Pública.

Capítulo IV
DA FISCALIZAÇÃO

Art. 24. A fiscalização e controle dos planos de benefícios e das entidades fechadas de previdência complementar de que trata esta Lei Complementar competem ao órgão regulador e fiscalizador das entidades fechadas de previdência complementar.

Art. 25. As ações exercidas pelo órgão referido no artigo anterior não eximem os patrocinadores da responsabilidade pela supervisão e fiscalização sistemática das atividades das suas respectivas entidades de previdência complementar.

Parágrafo único. Os resultados da fiscalização e do controle exercidos pelos patrocinadores serão encaminhados ao órgão mencionado no artigo anterior.

Capítulo V
DISPOSIÇÕES GERAIS

Art. 26. As entidades fechadas de previdência complementar patrocinadas por empresas privadas permissionárias ou concessionárias de prestação de serviços públicos subordinam-se, no que couber, às disposições desta Lei Complementar, na forma estabelecida pelo órgão regulador e fiscalizador.

Art. 27. As entidades de previdência complementar patrocinadas por entidades públicas, inclusive empresas públicas e sociedades de economia mista, deverão rever, no prazo de 2 (dois) anos, a contar de 16 de dezembro de 1998, seus planos de benefícios e serviços, de modo a ajustá-los atuarialmente a seus ativos, sob pena de intervenção, sendo seus dirigentes e seus respectivos patrocinadores responsáveis civil e criminalmente pelo descumprimento do disposto neste artigo.

Art. 28. A infração de qualquer disposição desta Lei Complementar ou de seu regulamento, para a qual não haja penalidade expressamente cominada, sujeita a pessoa física ou jurídica responsável, conforme o caso e a gravidade da infração, às penalidades administrativas previstas na Lei Complementar que disciplina o *caput* do art. 202 da Constituição Federal.

Art. 29. As entidades de previdência privada patrocinadas por empresas controladas, direta ou indiretamente, pela União, Estados, Distrito Federal e Municípios, que possuam planos de benefícios definidos com responsabilidade da patrocinadora, não poderão exercer o controle ou participar de acordo de acionistas que tenha por objeto formação de grupo de controle de sociedade anônima, sem prévia e expressa autorização da patrocinadora e do seu respectivo ente controlador.

Parágrafo único. O disposto no *caput* não se aplica às participações acionárias detidas na data de publicação desta Lei Complementar.

Art. 30. As entidades de previdência complementar terão o prazo de 1 (um) ano para adaptar sua organização estatutária ao disposto nesta Lei Complementar, contados a partir da data de sua publicação.

Art. 31. Esta Lei Complementar entra em vigor na data de sua publicação.

Art. 32. Revoga-se a Lei 8.020, de 12 de abril de 1990.

Brasília, 29 de maio de 2001; 180º da Independência e 113º da República.

Fernando Henrique Cardoso

(*DOU* 30.05.2001)

LC 109/2001

LEGISLAÇÃO PREVIDENCIÁRIA

LEI COMPLEMENTAR 109, DE 29 DE MAIO DE 2001

Dispõe sobre o Regime de Previdência Complementar e dá outras providências.

• V. arts. 76 a 90, Lei 11.196/2005 ("MP do Bem").

O Presidente da República:
Faço saber que o Congresso Nacional decreta e eu sanciono a seguinte Lei Complementar:

Capítulo I
INTRODUÇÃO

Art. 1º O regime de previdência privada, de caráter complementar e organizado de forma autônoma em relação ao regime geral de previdência social, é facultativo, baseado na constituição de reservas que garantam o benefício, nos termos do *caput* do art. 202 da Constituição Federal, observado o disposto nesta Lei Complementar.

Art. 2º O regime de previdência complementar é operado por entidades de previdência complementar que têm por objetivo principal instituir e executar planos de benefícios de caráter previdenciário, na forma desta Lei Complementar.

Art. 3º A ação do Estado será exercida com o objetivo de:
I – formular a política de previdência complementar;
II – disciplinar, coordenar e supervisionar as atividades reguladas por esta Lei Complementar, compatibilizando-as com as políticas previdenciária e de desenvolvimento social e econômico-financeiro;
III – determinar padrões mínimos de segurança econômico-financeira e atuarial, com fins específicos de preservar a liquidez, a solvência e o equilíbrio dos planos de benefícios, isoladamente, e de cada entidade de previdência complementar, no conjunto de suas atividades;
IV – assegurar aos participantes e assistidos o pleno acesso às informações relativas à gestão de seus respectivos planos de benefícios;
V – fiscalizar as entidades de previdência complementar, suas operações e aplicar penalidades; e
VI – proteger os interesses dos participantes e assistidos dos planos de benefícios.

Art. 4º As entidades de previdência complementar são classificadas em fechadas e abertas, conforme definido nesta Lei Complementar.

Art. 5º A normatização, coordenação, supervisão, fiscalização e controle das atividades das entidades de previdência complementar serão realizados por órgão ou órgãos regulador e fiscalizador, conforme disposto em lei, observado o disposto no inciso VI do art. 84 da Constituição Federal.

Capítulo II
DOS PLANOS DE BENEFÍCIOS

Seção I
Disposições comuns

Art. 6º As entidades de previdência complementar somente poderão instituir e operar planos de benefícios para os quais tenham autorização específica, segundo as normas aprovadas pelo órgão regulador e fiscalizador, conforme disposto nesta Lei Complementar.

Art. 7º Os planos de benefícios atenderão a padrões mínimos fixados pelo órgão regulador e fiscalizador, com o objetivo de assegurar transparência, solvência, liquidez e equilíbrio econômico-financeiro e atuarial.

Parágrafo único. O órgão regulador e fiscalizador normatizará planos de benefícios nas modalidades de benefício definido, contribuição definida e contribuição variável, bem como outras formas de planos de benefícios que reflitam a evolução técnica e possibilitem flexibilidade ao regime de previdência complementar.

Art. 8º Para efeito desta Lei Complementar, considera-se:
I – participante, a pessoa física que aderir aos planos de benefícios; e
II – assistido, o participante ou seu beneficiário em gozo de benefício de prestação continuada.

Art. 9º As entidades de previdência complementar constituirão reservas técnicas, provisões e fundos, de conformidade com

os critérios e normas fixados pelo órgão regulador e fiscalizador.

§ 1º A aplicação dos recursos correspondentes às reservas, às provisões e aos fundos de que trata o *caput* será feita conforme diretrizes estabelecidas pelo Conselho Monetário Nacional.

§ 2º É vedado o estabelecimento de aplicações compulsórias ou limites mínimos de aplicação.

Art. 10. Deverão constar dos regulamentos dos planos de benefícios, das propostas de inscrição e dos certificados de participantes condições mínimas a serem fixadas pelo órgão regulador e fiscalizador.

§ 1º A todo pretendente será disponibilizado e a todo participante entregue, quando de sua inscrição no plano de benefícios:

I – certificado onde estarão indicados os requisitos que regulam a admissão e a manutenção da qualidade de participante, bem como os requisitos de elegibilidade e forma de cálculo dos benefícios;

II – cópia do regulamento atualizado do plano de benefícios e material explicativo que descreva, em linguagem simples e precisa, as características do plano;

III – cópia do contrato, no caso de plano coletivo de que trata o inciso II do art. 26 desta Lei Complementar; e

IV – outros documentos que vierem a ser especificados pelo órgão regulador e fiscalizador.

§ 2º Na divulgação dos planos de benefícios, não poderão ser incluídas informações diferentes das que figurem nos documentos referidos neste artigo.

Art. 11. Para assegurar compromissos assumidos junto aos participantes e assistidos de planos de benefícios, as entidades de previdência complementar poderão contratar operações de resseguro, por iniciativa própria ou por determinação do órgão regulador e fiscalizador, observados o regulamento do respectivo plano e demais disposições legais e regulamentares.

Parágrafo único. Fica facultada às entidades fechadas a garantia referida no *caput* por meio de fundo de solvência, a ser instituído na forma da lei.

Seção II
Dos planos de benefícios de entidades fechadas

Art. 12. Os planos de benefícios de entidades fechadas poderão ser instituídos por patrocinadores e instituidores, observado o disposto no art. 31 desta Lei Complementar.

Art. 13. A formalização da condição de patrocinador ou instituidor de um plano de benefício dar-se-á mediante convênio de adesão a ser celebrado entre o patrocinador ou instituidor e a entidade fechada, em relação a cada plano de benefícios por esta administrado e executado, mediante prévia autorização do órgão regulador e fiscalizador, conforme regulamentação do Poder Executivo.

§ 1º Admitir-se-á solidariedade entre patrocinadores ou entre instituidores, com relação aos respectivos planos, desde que expressamente prevista no convênio de adesão.

§ 2º O órgão regulador e fiscalizador, dentre outros requisitos, estabelecerá o número mínimo de participantes admitido para cada modalidade de plano de benefício.

Art. 14. Os planos de benefícios deverão prever os seguintes institutos, observadas as normas estabelecidas pelo órgão regulador e fiscalizador:

I – benefício proporcional diferido, em razão da cessação do vínculo empregatício com o patrocinador ou associativo com o instituidor antes da aquisição do direito ao benefício pleno, a ser concedido quando cumpridos os requisitos de elegibilidade;

II – portabilidade do direito acumulado pelo participante para outro plano;

III – resgate da totalidade das contribuições vertidas ao plano pelo participante, descontadas as parcelas do custeio administrativo, na forma regulamentada; e

IV – faculdade de o participante manter o valor de sua contribuição e a do patrocinador, no caso de perda parcial ou total da remuneração recebida, para assegurar a percepção dos benefícios nos níveis correspondentes àquela remuneração ou em outros definidos em normas regulamentares.

§ 1º Não será admitida a portabilidade na inexistência de cessação do vínculo empregatício do participante com o patrocinador.
§ 2º O órgão regulador e fiscalizador estabelecerá período de carência para o instituto de que trata o inciso II deste artigo.
§ 3º Na regulamentação do instituto previsto no inciso II do *caput* deste artigo, o órgão regulador e fiscalizador observará, entre outros requisitos específicos, os seguintes:
I – se o plano de benefícios foi instituído antes ou depois da publicação desta Lei Complementar;
II – a modalidade do plano de benefícios.
§ 4º O instituto de que trata o inciso II deste artigo, quando efetuado para entidade aberta, somente será admitido quando a integralidade dos recursos financeiros correspondentes ao direito acumulado do participante for utilizada para a contratação de renda mensal vitalícia ou por prazo determinado, cujo prazo mínimo não poderá ser inferior ao período em que a respectiva reserva foi constituída, limitado ao mínimo de 15 (quinze) anos, observadas as normas estabelecidas pelo órgão regulador e fiscalizador.

Art. 15. Para efeito do disposto no inciso II do *caput* do artigo anterior, fica estabelecido que:
I – a portabilidade não caracteriza resgate; e
II – é vedado que os recursos financeiros correspondentes transitem pelos participantes dos planos de benefícios, sob qualquer forma.
Parágrafo único. O direito acumulado corresponde às reservas constituídas pelo participante ou à reserva matemática, o que lhe for mais favorável.

Art. 16. Os planos de benefícios devem ser, obrigatoriamente, oferecidos a todos os empregados dos patrocinadores ou associados dos instituidores.
§ 1º Para os efeitos desta Lei Complementar, são equiparáveis aos empregados e associados a que se refere o *caput* os gerentes, diretores, conselheiros ocupantes de cargo eletivo e outros dirigentes de patrocinadores e instituidores.
§ 2º É facultativa a adesão aos planos a que se refere o *caput* deste artigo.

§ 3º O disposto no *caput* deste artigo não se aplica aos planos em extinção, assim considerados aqueles aos quais o acesso de novos participantes esteja vedado.

Art. 17. As alterações processadas nos regulamentos dos planos aplicam-se a todos os participantes das entidades fechadas, a partir de sua aprovação pelo órgão regulador e fiscalizador, observado o direito acumulado de cada participante.
Parágrafo único. Ao participante que tenha cumprido os requisitos para obtenção dos benefícios previstos no plano é assegurada a aplicação das disposições regulamentares vigentes na data em que se tornou elegível a um benefício de aposentadoria.

Art. 18. O plano de custeio, com periodicidade mínima anual, estabelecerá o nível de contribuição necessário à constituição das reservas garantidoras de benefícios, fundos, provisões e à cobertura das demais despesas, em conformidade com os critérios fixados pelo órgão regulador e fiscalizador.
§ 1º O regime financeiro de capitalização é obrigatório para os benefícios de pagamento em prestações que sejam programadas e continuadas.
§ 2º Observados critérios que preservem o equilíbrio financeiro e atuarial, o cálculo das reservas técnicas atenderá às peculiaridades de cada plano de benefícios e deverá estar expresso em nota técnica atuarial, de apresentação obrigatória, incluindo as hipóteses utilizadas, que deverão guardar relação com as características da massa e da atividade desenvolvida pelo patrocinador ou instituidor.
§ 3º As reservas técnicas, provisões e fundos de cada plano de benefícios e os exigíveis a qualquer título deverão atender permanentemente à cobertura integral dos compromissos assumidos pelo plano de benefícios, ressalvadas excepcionalidades definidas pelo órgão regulador e fiscalizador.

Art. 19. As contribuições destinadas à constituição de reservas terão como finalidade prover o pagamento de benefícios de caráter previdenciário, observadas as espe-

cificidades previstas nesta Lei Complementar.
Parágrafo único. As contribuições referidas no *caput* classificam-se em:
I – normais, aquelas destinadas ao custeio dos benefícios previstos no respectivo plano; e
II – extraordinárias, aquelas destinadas ao custeio de déficits, serviço passado e outras finalidades não incluídas na contribuição normal.
Art. 20. O resultado superavitário dos planos de benefícios das entidades fechadas, ao final do exercício, satisfeitas as exigências regulamentares relativas aos mencionados planos, será destinado à constituição de reserva de contingência, para garantia de benefícios, até o limite de 25% (vinte e cinco por cento) do valor das reservas matemáticas.
§ 1º Constituída a reserva de contingência, com os valores excedentes será constituída reserva especial para revisão do plano de benefícios.
§ 2º A não utilização da reserva especial por três exercícios consecutivos determinará a revisão obrigatória do plano de benefícios da entidade.
§ 3º Se a revisão do plano de benefícios implicar redução de contribuições, deverá ser levada em consideração a proporção existente entre as contribuições dos patrocinadores e dos participantes, inclusive dos assistidos.
Art. 21. O resultado deficitário nos planos ou nas entidades fechadas será equacionado por patrocinadores, participantes e assistidos, na proporção existente entre as suas contribuições, sem prejuízo de ação regressiva contra dirigentes ou terceiros que deram causa a dano ou prejuízo à entidade de previdência complementar.
§ 1º O equacionamento referido no *caput* poderá ser feito, dentre outras formas, por meio do aumento do valor das contribuições, instituição de contribuição adicional ou redução do valor dos benefícios a conceder, observadas as normas estabelecidas pelo órgão regulador e fiscalizador.
§ 2º A redução dos valores dos benefícios não se aplica aos assistidos, sendo cabível, nesse caso, a instituição de contribuição adicional para cobertura do acréscimo ocorrido em razão da revisão do plano.
§ 3º Na hipótese de retorno à entidade dos recursos equivalentes ao déficit previsto no *caput* deste artigo, em consequência de apuração de responsabilidade mediante ação judicial ou administrativa, os respectivos valores deverão ser aplicados necessariamente na redução proporcional das contribuições devidas ao plano ou em melhoria dos benefícios.
Art. 22. Ao final de cada exercício, coincidente com o ano civil, as entidades fechadas deverão levantar as demonstrações contábeis e as avaliações atuariais de cada plano de benefícios, por pessoa jurídica ou profissional legalmente habilitado, devendo os resultados ser encaminhados ao órgão regulador e fiscalizador e divulgados aos participantes e aos assistidos.
Art. 23. As entidades fechadas deverão manter atualizada sua contabilidade, de acordo com as instruções do órgão regulador e fiscalizador, consolidando a posição dos planos de benefícios que administram e executam, bem como submetendo suas contas a auditores independentes.
Parágrafo único. Ao final de cada exercício serão elaboradas as demonstrações contábeis e atuariais consolidadas, sem prejuízo dos controles por plano de benefícios.
Art. 24. A divulgação aos participantes, inclusive aos assistidos, das informações pertinentes aos planos de benefícios dar-se-á ao menos uma vez ao ano, na forma, nos prazos e pelos meios estabelecidos pelo órgão regulador e fiscalizador.
Parágrafo único. As informações requeridas formalmente pelo participante ou assistido, para defesa de direitos e esclarecimento de situações de interesse pessoal específico deverão ser atendidas pela entidade no prazo estabelecido pelo órgão regulador e fiscalizador.
Art. 25. O órgão regulador e fiscalizador poderá autorizar a extinção de plano de benefícios ou a retirada de patrocínio, ficando os patrocinadores e instituidores obrigados ao cumprimento da totalidade dos compromissos assumidos com a entidade relativa-

LC 109/2001

Legislação Previdenciária

mente aos direitos dos participantes, assistidos e obrigações legais, até a data da retirada ou extinção do plano.

Parágrafo único. Para atendimento do disposto no *caput* deste artigo, a situação de solvência econômico-financeira e atuarial da entidade deverá ser atestada por profissional devidamente habilitado, cujos relatórios serão encaminhados ao órgão regulador e fiscalizador.

Seção III
Dos planos de benefícios de entidades abertas

Art. 26. Os planos de benefícios instituídos por entidades abertas poderão ser:
I – individuais, quando acessíveis a quaisquer pessoas físicas; ou
II – coletivos, quando tenham por objetivo garantir benefícios previdenciários a pessoas físicas vinculadas, direta ou indiretamente, a uma pessoa jurídica contratante.
§ 1º O plano coletivo poderá ser contratado por uma ou várias pessoas jurídicas.
§ 2º O vínculo indireto de que trata o inciso II deste artigo refere-se aos casos em que uma entidade representativa de pessoas jurídicas contrate plano previdenciário coletivo para grupos de pessoas físicas vinculadas a suas filiadas.
§ 3º Os grupos de pessoas de que trata o parágrafo anterior poderão ser constituídos por uma ou mais categorias específicas de empregados de um mesmo empregador, podendo abranger empresas coligadas, controladas ou subsidiárias, e por membros de associações legalmente constituídas, de caráter profissional ou classista, e seus cônjuges ou companheiros e dependentes econômicos.
§ 4º Para efeito do disposto no parágrafo anterior, são equiparáveis aos empregados e associados os diretores, conselheiros ocupantes de cargos eletivos e outros dirigentes ou gerentes da pessoa jurídica contratante.
§ 5º A implantação de um plano coletivo será celebrada mediante contrato, na forma, nos critérios, nas condições e nos requisitos mínimos a serem estabelecidos pelo órgão regulador.

§ 6º É vedada à entidade aberta a contratação de plano coletivo com pessoa jurídica cujo objetivo principal seja estipular, em nome de terceiros, planos de benefícios coletivos.

Art. 27. Observados os conceitos, a forma, as condições e os critérios fixados pelo órgão regulador, é assegurado aos participantes o direito à portabilidade, inclusive para plano de benefício de entidade fechada, e ao resgate de recursos das reservas técnicas, provisões e fundos, total ou parcialmente.
§ 1º A portabilidade não caracteriza resgate.
§ 2º É vedado, no caso de portabilidade:
I – que os recursos financeiros transitem pelos participantes, sob qualquer forma; e
II – a transferência de recursos entre participantes.

Art. 28. Os ativos garantidores das reservas técnicas, das provisões e dos fundos serão vinculados à ordem do órgão fiscalizador, na forma a ser regulamentada, e poderão ter sua livre movimentação suspensa pelo referido órgão, a partir da qual não poderão ser alienados ou prometidos alienar sem sua prévia e expressa autorização, sendo nulas, de pleno direito, quaisquer operações realizadas com violação daquela suspensão.
§ 1º Sendo imóvel, o vínculo será averbado à margem do respectivo registro no Cartório de Registro Geral de Imóveis competente, mediante comunicação do órgão fiscalizador.
§ 2º Os ativos garantidores a que se refere o *caput*, bem como os direitos deles decorrentes, não poderão ser gravados, sob qualquer forma, sem prévia e expressa autorização do órgão fiscalizador, sendo nulos os gravames constituídos com infringência do disposto neste parágrafo.

Art. 29. Compete ao órgão regulador, entre outras atribuições que lhe forem conferidas por lei:
I – fixar padrões adequados de segurança atuarial e econômico-financeira, para preservação da liquidez e solvência dos planos de benefícios, isoladamente, e de cada enti-

dade aberta, no conjunto de suas atividades;
II – estabelecer as condições em que o órgão fiscalizador pode determinar a suspensão da comercialização ou a transferência, entre entidades abertas, de planos de benefícios; e
III – fixar condições que assegurem transparência, acesso a informações e fornecimento de dados relativos aos planos de benefícios, inclusive quanto à gestão dos respectivos recursos.

Art. 30. É facultativa a utilização de corretores na venda dos planos de benefícios das entidades abertas.
Parágrafo único. Aos corretores de planos de benefícios aplicam-se a legislação e a regulamentação da profissão de corretor de seguros.

Capítulo III
DAS ENTIDADES FECHADAS DE PREVIDÊNCIA COMPLEMENTAR

Art. 31. As entidades fechadas são aquelas acessíveis, na forma regulamentada pelo órgão regulador e fiscalizador, exclusivamente:
I – aos empregados de uma empresa ou grupo de empresas e aos servidores da União, dos Estados, do Distrito Federal e dos Municípios, entes denominados patrocinadores; e
II – aos associados ou membros de pessoas jurídicas de caráter profissional, classista ou setorial, denominadas instituidores.
§ 1º As entidades fechadas organizar-se-ão sob a forma de fundação ou sociedade civil, sem fins lucrativos.
§ 2º As entidades fechadas constituídas por instituidores referidos no inciso II do *caput* deste artigo deverão, cumulativamente:
I – terceirizar a gestão dos recursos garantidores das reservas técnicas e provisões mediante a contratação de instituição especializada autorizada a funcionar pelo Banco Central do Brasil ou outro órgão competente;
II – ofertar exclusivamente planos de benefícios na modalidade contribuição definida, na forma do parágrafo único do art. 7º desta Lei Complementar.
§ 3º Os responsáveis pela gestão dos recursos de que trata o inciso I do parágrafo anterior deverão manter segregados e totalmente isolados o seu patrimônio dos patrimônios do instituidor e da entidade fechada.
§ 4º Na regulamentação de que trata o *caput*, o órgão regulador e fiscalizador estabelecerá o tempo mínimo de existência do instituidor e o seu número mínimo de associados.

Art. 32. As entidades fechadas têm como objeto a administração e execução de planos de benefícios de natureza previdenciária.
Parágrafo único. É vedada às entidades fechadas a prestação de quaisquer serviços que não estejam no âmbito de seu objeto, observado o disposto no art. 76.

Art. 33. Dependerão de prévia e expressa autorização do órgão regulador e fiscalizador:
I – a constituição e o funcionamento da entidade fechada, bem como a aplicação dos respectivos estatutos, dos regulamentos dos planos de benefícios e suas alterações;
II – as operações de fusão, cisão, incorporação ou qualquer outra forma de reorganização societária, relativas às entidades fechadas;
III – as retiradas de patrocinadores; e
IV – as transferências de patrocínio, de grupo de participantes, de planos e de reservas entre entidades fechadas.
§ 1º Excetuado o disposto no inciso III deste artigo, é vedada a transferência para terceiros de participantes, de assistidos e de reservas constituídas para garantia de benefícios de risco atuarial programado, de acordo com normas estabelecidas pelo órgão regulador e fiscalizador.
§ 2º Para os assistidos de planos de benefícios na modalidade contribuição definida que mantiveram esta característica durante a fase de percepção de renda programada, o órgão regulador e fiscalizador poderá, em caráter excepcional, autorizar a transferência dos recursos garantidores dos benefícios para entidade de previdência complementar ou companhia seguradora autorizada a

operar planos de previdência complementar, com o objetivo específico de contratar plano de renda vitalícia, observadas as normas aplicáveis.

Art. 34. As entidades fechadas podem ser qualificadas da seguinte forma, além de outras que possam ser definidas pelo órgão regulador e fiscalizador:

I – de acordo com os planos que administram:

a) de plano comum, quando administrarem plano ou conjunto de planos acessíveis ao universo de participantes; e

b) com multiplano, quando administrarem plano ou conjunto de planos de benefícios para diversos grupos de participantes, com independência patrimonial;

II – de acordo com seus patrocinadores ou instituidores:

a) singulares, quando estiverem vinculadas a apenas um patrocinador ou instituidor; e

b) multipatrocinadas, quando congregarem mais de um patrocinador ou instituidor.

Art. 35. As entidades fechadas deverão manter estrutura mínima composta por conselho deliberativo, conselho fiscal e diretoria executiva.

§ 1º O estatuto deverá prever representação dos participantes e assistidos nos conselhos deliberativo e fiscal, assegurado a eles no mínimo 1/3 (um terço) das vagas.

§ 2º Na composição dos conselhos deliberativo e fiscal das entidades qualificadas como multipatrocinadas, deverá ser considerado o número de participantes vinculados a cada patrocinador ou instituidor, bem como o montante dos respectivos patrimônios.

§ 3º Os membros do conselho deliberativo ou do conselho fiscal deverão atender aos seguintes requisitos mínimos:

I – comprovada experiência no exercício de atividades nas áreas financeira, administrativa, contábil, jurídica, de fiscalização ou de auditoria;

II – não ter sofrido condenação criminal transitada em julgado; e

III – não ter sofrido penalidade administrativa por infração da legislação da seguridade social ou como servidor público.

§ 4º Os membros da diretoria executiva deverão ter formação de nível superior e atender aos requisitos do parágrafo anterior.

§ 5º Será informado ao órgão regulador e fiscalizador o responsável pelas aplicações dos recursos da entidade, escolhido entre os membros da diretoria executiva.

§ 6º Os demais membros da diretoria executiva responderão solidariamente com o dirigente indicado na forma do parágrafo anterior pelos danos e prejuízos causados à entidade para os quais tenham concorrido.

§ 7º Sem prejuízo do disposto no § 1º do art. 31 desta Lei Complementar, os membros da diretoria executiva e dos conselhos deliberativo e fiscal poderão ser remunerados pelas entidades fechadas, de acordo com a legislação aplicável.

§ 8º Em caráter excepcional, poderão ser ocupados até 30% (trinta por cento) dos cargos da diretoria executiva por membros sem formação de nível superior, sendo assegurada a possibilidade de participação neste órgão de pelo menos um membro, quando da aplicação do referido percentual resultar número inferior à unidade.

Capítulo IV
DAS ENTIDADES ABERTAS DE PREVIDÊNCIA COMPLEMENTAR

Art. 36. As entidades abertas são constituídas unicamente sob a forma de sociedades anônimas e têm por objetivo instituir e operar planos de benefícios de caráter previdenciário concedidos em forma de renda continuada ou pagamento único, acessíveis a quaisquer pessoas físicas.

Parágrafo único. As sociedades seguradoras autorizadas a operar exclusivamente no ramo vida poderão ser autorizadas a operar os planos de benefícios a que se refere o *caput*, a elas se aplicando as disposições desta Lei Complementar.

Art. 37. Compete ao órgão regulador, entre outras atribuições que lhe forem conferidas por lei, estabelecer:

I – os critérios para a investidura e posse em cargos e funções de órgãos estatutários de entidades abertas, observado que o pretendente não poderá ter sofrido condenação

criminal transitada em julgado, penalidade administrativa por infração da legislação da seguridade social ou como servidor público;

II – as normas gerais de contabilidade, auditoria, atuária e estatística a serem observadas pelas entidades abertas, inclusive quanto à padronização dos planos de contas, balanços gerais, balancetes e outras demonstrações financeiras, critérios sobre sua periodicidade, sobre a publicação desses documentos e sua remessa ao órgão fiscalizador;

III – os índices de solvência e liquidez, bem como as relações patrimoniais a serem atendidas pelas entidades abertas, observado que seu patrimônio líquido não poderá ser inferior ao respectivo passivo não operacional; e

IV – as condições que assegurem acesso a informações e fornecimento de dados relativos a quaisquer aspectos das atividades das entidades abertas.

Art. 38. Dependerão de prévia e expressa aprovação do órgão fiscalizador:

I – a constituição e o funcionamento das entidades abertas, bem como as disposições de seus estatutos e as respectivas alterações;

II – a comercialização dos planos de benefícios;

III – os atos relativos à eleição e consequente posse de administradores e membros de conselhos estatutários; e

IV – as operações relativas à transferência do controle acionário, fusão, cisão, incorporação ou qualquer outra forma de reorganização societária.

Parágrafo único. O órgão regulador disciplinará o tratamento administrativo a ser emprestado ao exame dos assuntos constantes deste artigo.

Art. 39. As entidades abertas deverão comunicar ao órgão fiscalizador, no prazo e na forma estabelecidos:

I – os atos relativos às alterações estatutárias e à eleição de administradores e membros de conselhos estatutários; e

II – o responsável pela aplicação dos recursos das reservas técnicas, provisões e fundos, escolhido dentre os membros da diretoria executiva.

Parágrafo único. Os demais membros da diretoria executiva responderão solidariamente com o dirigente indicado na forma do inciso II deste artigo pelos danos e prejuízos causados à entidade para os quais tenham concorrido.

Art. 40. As entidades abertas deverão levantar no último dia útil de cada mês e semestre, respectivamente, balancetes mensais e balanços gerais, com observância das regras e dos critérios estabelecidos pelo órgão regulador.

Parágrafo único. As sociedades seguradoras autorizadas a operar planos de benefícios deverão apresentar nas demonstrações financeiras, de forma discriminada, as atividades previdenciárias e as de seguros, de acordo com critérios fixados pelo órgão regulador.

Capítulo V
DA FISCALIZAÇÃO

Art. 41. No desempenho das atividades de fiscalização das entidades de previdência complementar, os servidores do órgão regulador e fiscalizador terão livre acesso às respectivas entidades, delas podendo requisitar e apreender livros, notas técnicas e quaisquer documentos, caracterizando-se embaraço à fiscalização, sujeito às penalidades previstas em lei, qualquer dificuldade oposta à consecução desse objetivo.

§ 1º O órgão regulador e fiscalizador das entidades fechadas poderá solicitar dos patrocinadores e instituidores informações relativas aos aspectos específicos que digam respeito aos compromissos assumidos frente aos respectivos planos de benefícios.

§ 2º A fiscalização a cargo do Estado não exime os patrocinadores e os instituidores da responsabilidade pela supervisão sistemática das atividades das suas respectivas entidades fechadas.

§ 3º As pessoas físicas ou jurídicas submetidas ao regime desta Lei Complementar ficam obrigadas a prestar quaisquer informações ou esclarecimentos solicitados pelo órgão regulador e fiscalizador.

§ 4º O disposto neste artigo aplica-se, sem prejuízo da competência das autoridades

fiscais, relativamente ao pleno exercício das atividades de fiscalização tributária.

Art. 42. O órgão regulador e fiscalizador poderá, em relação às entidades fechadas, nomear administrador especial, a expensas da entidade, com poderes próprios de intervenção e de liquidação extrajudicial, com o objetivo de sanear plano de benefícios específico, caso seja constatada na sua administração e execução alguma das hipóteses previstas nos arts. 44 e 48 desta Lei Complementar.

Parágrafo único. O ato de nomeação de que trata o *caput* estabelecerá as condições, os limites e as atribuições do administrador especial.

Art. 43. O órgão fiscalizador poderá, em relação às entidades abertas, desde que se verifique uma das condições previstas no art. 44 desta Lei Complementar, nomear, por prazo determinado, prorrogável a seu critério, e a expensas da respectiva entidade, um diretor fiscal.

§ 1º O diretor fiscal, sem poderes de gestão, terá suas atribuições estabelecidas pelo órgão regulador, cabendo ao órgão fiscalizador fixar sua remuneração.

§ 2º Se reconhecer a inviabilidade de recuperação da entidade aberta ou a ausência de qualquer condição para o seu funcionamento, o diretor fiscal proporá ao órgão fiscalizador a decretação da intervenção ou da liquidação extrajudicial.

§ 3º O diretor fiscal não está sujeito à indisponibilidade de bens, nem aos demais efeitos decorrentes da decretação da intervenção ou da liquidação extrajudicial da entidade aberta.

Capítulo VI
DA INTERVENÇÃO E DA LIQUIDAÇÃO EXTRAJUDICIAL

Seção I
Da intervenção

Art. 44. Para resguardar os direitos dos participantes e assistidos poderá ser decretada a intervenção na entidade de previdência complementar, desde que se verifique, isolada ou cumulativamente:

I – irregularidade ou insuficiência na constituição das reservas técnicas, provisões e fundos, ou na sua cobertura por ativos garantidores;

II – aplicação dos recursos das reservas técnicas, provisões e fundos de forma inadequada ou em desacordo com as normas expedidas pelos órgãos competentes;

III – descumprimento de disposições estatutárias ou de obrigações previstas nos regulamentos dos planos de benefícios, convênios de adesão ou contratos dos planos coletivos de que trata o inciso II do art. 26 desta Lei Complementar;

IV – situação econômico-financeira insuficiente à preservação da liquidez e solvência de cada um dos planos de benefícios e da entidade no conjunto de suas atividades;

V – situação atuarial desequilibrada;

VI – outras anormalidades definidas em regulamento.

Art. 45. A intervenção será decretada pelo prazo necessário ao exame da situação da entidade e encaminhamento de plano destinado à sua recuperação.

Parágrafo único. Dependerão de prévia e expressa autorização do órgão competente os atos do interventor que impliquem oneração ou disposição do patrimônio.

Art. 46. A intervenção cessará quando aprovado o plano de recuperação da entidade pelo órgão competente ou se decretada a sua liquidação extrajudicial.

Seção II
Da liquidação extrajudicial

Art. 47. As entidades fechadas não poderão solicitar concordata e não estão sujeitas a falência, mas somente a liquidação extrajudicial.

Art. 48. A liquidação extrajudicial será decretada quando reconhecida a inviabilidade de recuperação da entidade de previdência complementar ou pela ausência de condição para seu funcionamento.

Parágrafo único. Para os efeitos desta Lei Complementar, entende-se por ausência de condição para funcionamento de entidade de previdência complementar:

I – *(Vetado).*

LC 109/2001

Legislação Previdenciária

II – *(Vetado.)*
III – o não atendimento às condições mínimas estabelecidas pelo órgão regulador e fiscalizador.

Art. 49. A decretação da liquidação extrajudicial produzirá, de imediato, os seguintes efeitos:
I – suspensão das ações e execuções iniciadas sobre direitos e interesses relativos ao acervo da entidade liquidanda;
II – vencimento antecipado das obrigações da liquidanda;
III – não incidência de penalidades contratuais contra a entidade por obrigações vencidas em decorrência da decretação da liquidação extrajudicial;
IV – não fluência de juros contra a liquidanda enquanto não integralmente pago o passivo;
V – interrupção da prescrição em relação às obrigações da entidade em liquidação;
VI – suspensão de multa e juros em relação às dívidas da entidade;
VII – inexigibilidade de penas pecuniárias por infrações de natureza administrativa;
VIII – interrupção do pagamento à liquidanda das contribuições dos participantes e dos patrocinadores, relativas aos planos de benefícios.
§ 1º As faculdades previstas nos incisos deste artigo aplicam-se, no caso das entidades abertas de previdência complementar, exclusivamente, em relação às suas atividades de natureza previdenciária.
§ 2º O disposto neste artigo não se aplica às ações e aos débitos de natureza tributária.

Art. 50. O liquidante organizará o quadro geral de credores, realizará o ativo e liquidará o passivo.
§ 1º Os participantes, inclusive os assistidos, dos planos de benefícios ficam dispensados de se habilitarem a seus respectivos créditos, estejam estes sendo recebidos ou não.
§ 2º Os participantes, inclusive os assistidos, dos planos de benefícios terão privilégio especial sobre os ativos garantidores das reservas técnicas e, caso estes não sejam suficientes para a cobertura dos direitos respectivos, privilégio geral sobre as demais partes não vinculadas ao ativo.
§ 3º Os participantes que já estiverem recebendo benefícios, ou que já tiverem adquirido este direito antes de decretada a liquidação extrajudicial, terão preferência sobre os demais participantes.
§ 4º Os créditos referidos nos parágrafos anteriores deste artigo não têm preferência sobre os créditos de natureza trabalhista ou tributária.

Art. 51. Serão obrigatoriamente levantados, na data da decretação da liquidação extrajudicial de entidade de previdência complementar, o balanço geral de liquidação e as demonstrações contábeis e atuariais necessárias à determinação do valor das reservas individuais.

Art. 52. A liquidação extrajudicial poderá, a qualquer tempo, ser levantada, desde que constatados fatos supervenientes que viabilizem a recuperação da entidade de previdência complementar.

Art. 53. A liquidação extrajudicial das entidades fechadas encerrar-se-á com a aprovação, pelo órgão regulador e fiscalizador, das contas finais do liquidante e com a baixa nos devidos registros.
Parágrafo único. Comprovada pelo liquidante a inexistência de ativos para satisfazer a possíveis créditos reclamados contra a entidade, deverá tal situação ser comunicada ao juízo competente e efetivados os devidos registros, para o encerramento do processo de liquidação.

Seção III
Disposições especiais

Art. 54. O interventor terá amplos poderes de administração e representação e o liquidante plenos poderes de administração, representação e liquidação.

Art. 55. Compete ao órgão fiscalizador decretar, aprovar e rever os atos de que tratam os arts. 45, 46 e 48 desta Lei Complementar, bem como nomear, por intermédio do seu dirigente máximo, o interventor ou o liquidante.

Art. 56. A intervenção e a liquidação extrajudicial determinam a perda do mandato dos administradores e membros dos conse-

lhos estatutários das entidades, sejam titulares ou suplentes.

Art. 57. Os créditos das entidades de previdência complementar, em caso de liquidação ou falência de patrocinadores, terão privilégio especial sobre a massa, respeitado o privilégio dos créditos trabalhistas e tributários.

Parágrafo único. Os administradores dos respectivos patrocinadores serão responsabilizados pelos danos ou prejuízos causados às entidades de previdência complementar, especialmente pela falta de aporte das contribuições a que estavam obrigados, observado o disposto no parágrafo único do art. 63 desta Lei Complementar.

Art. 58. No caso de liquidação extrajudicial de entidade fechada motivada pela falta de aporte de contribuições de patrocinadores ou pelo não recolhimento de contribuições de participantes, os administradores daqueles também serão responsabilizados pelos danos ou prejuízos causados.

Art. 59. Os administradores, controladores e membros de conselhos estatutários das entidades de previdência complementar sob intervenção ou em liquidação extrajudicial ficarão com todos os seus bens indisponíveis, não podendo, por qualquer forma, direta ou indireta, aliená-los ou onerá-los, até a apuração e liquidação final de suas responsabilidades.

§ 1º A indisponibilidade prevista neste artigo decorre do ato que decretar a intervenção ou liquidação extrajudicial e atinge todos aqueles que tenham estado no exercício das funções nos 12 meses anteriores.

§ 2º A indisponibilidade poderá ser estendida aos bens de pessoas que, nos últimos 12 meses, os tenham adquirido, a qualquer título, das pessoas referidas no *caput* e no parágrafo anterior, desde que haja seguros elementos de convicção de que se trata de simulada transferência com o fim de evitar os efeitos desta Lei Complementar.

§ 3º Não se incluem nas disposições deste artigo os bens considerados inalienáveis ou impenhoráveis pela legislação em vigor.

§ 4º Não são também atingidos pela indisponibilidade os bens objeto de contrato de alienação, de promessas de compra e venda e de cessão de direitos, desde que os respectivos instrumentos tenham sido levados ao competente registro público até 12 meses antes da data de decretação da intervenção ou liquidação extrajudicial.

§ 5º Não se aplica a indisponibilidade de bens das pessoas referidas no *caput* deste artigo no caso de liquidação extrajudicial de entidades fechadas que deixarem de ter condições para funcionar por motivos totalmente desvinculados do exercício das suas atribuições, situação esta que poderá ser revista a qualquer momento, pelo órgão regulador e fiscalizador, desde que constatada a existência de irregularidades ou indícios de crimes por elas praticados.

Art. 60. O interventor ou o liquidante comunicará a indisponibilidade de bens aos órgãos competentes para os devidos registros e publicará edital para conhecimento de terceiros.

Parágrafo único. A autoridade que receber a comunicação ficará, relativamente a esses bens, impedida de:

I – fazer transcrições, inscrições ou averbações de documentos públicos ou particulares;

II – arquivar atos ou contratos que importem em transferência de cotas sociais, ações ou partes beneficiárias;

III – realizar ou registrar operações e títulos de qualquer natureza; e

IV – processar a transferência de propriedade de veículos automotores, aeronaves e embarcações.

Art. 61. A apuração de responsabilidades específicas referida no *caput* do art. 59 desta Lei Complementar será feita mediante inquérito a ser instaurado pelo órgão regulador e fiscalizador, sem prejuízo do disposto nos arts. 63 a 65 desta Lei Complementar.

§ 1º Se o inquérito concluir pela inexistência de prejuízo, será arquivado no órgão fiscalizador.

§ 2º Concluindo o inquérito pela existência de prejuízo, será ele, com o respectivo relatório, remetido pelo órgão regulador e fiscalizador ao Ministério Público, observados os seguintes procedimentos:

I – o interventor ou o liquidante, de ofício ou a requerimento de qualquer interessado que não tenha sido indiciado no inquérito, após aprovação do respectivo relatório pelo órgão fiscalizador, determinará o levantamento da indisponibilidade de que trata o art. 59 desta Lei Complementar;

II – será mantida a indisponibilidade com relação às pessoas indiciadas no inquérito, após aprovação do respectivo relatório pelo órgão fiscalizador.

Art. 62. Aplicam-se à intervenção e à liquidação das entidades de previdência complementar, no que couber, os dispositivos da legislação sobre a intervenção e liquidação extrajudicial das instituições financeiras, cabendo ao órgão regulador e fiscalizador as funções atribuídas ao Banco Central do Brasil.

Capítulo VII
DO REGIME DISCIPLINAR

Art. 63. Os administradores de entidade, os procuradores com poderes de gestão, os membros de conselhos estatutários, o interventor e o liquidante responderão civilmente pelos danos ou prejuízos que causarem, por ação ou omissão, às entidades de previdência complementar.

Parágrafo único. São também responsáveis, na forma do *caput*, os administradores dos patrocinadores ou instituidores, os atuários, os auditores independentes, os avaliadores de gestão e outros profissionais que prestem serviços técnicos à entidade, diretamente ou por intermédio de pessoa jurídica contratada.

Art. 64. O órgão fiscalizador competente, o Banco Central do Brasil, a Comissão de Valores Mobiliários ou a Secretaria da Receita Federal, constatando a existência de práticas irregulares ou indícios de crimes em entidades de previdência complementar, noticiará ao Ministério Público, enviando-lhe os documentos comprobatórios.

Parágrafo único. O sigilo de operações não poderá ser invocado como óbice à troca de informações entre os órgãos mencionados no *caput*, nem ao fornecimento de informações requisitadas pelo Ministério Público.

Art. 65. A infração de qualquer disposição desta Lei Complementar ou de seu regulamento, para a qual não haja penalidade expressamente cominada, sujeita a pessoa física ou jurídica responsável, conforme o caso e a gravidade da infração, às seguintes penalidades administrativas, observado o disposto em regulamento:

I – advertência;

II – suspensão do exercício de atividades em entidades de previdência complementar pelo prazo de até 180 (cento e oitenta) dias;

III – inabilitação, pelo prazo de 2 (dois) a 10 (dez) anos, para o exercício de cargo ou função em entidades de previdência complementar, sociedades seguradoras, instituições financeiras e no serviço público; e

IV – multa de R$ 2.000,00 (dois mil reais) a R$ 1.000.000,00 (um milhão de reais), devendo esses valores, a partir da publicação desta Lei Complementar, ser reajustados de forma a preservar, em caráter permanente, seus valores reais.

§ 1º A penalidade prevista no inciso IV será imputada ao agente responsável, respondendo solidariamente a entidade de previdência complementar, assegurado o direito de regresso, e poderá ser aplicada cumulativamente com as constantes dos incisos I, II ou III deste artigo.

§ 2º Das decisões do órgão fiscalizador caberá recurso, no prazo de 15 (quinze) dias, com efeito suspensivo, ao órgão competente.

§ 3º O recurso a que se refere o parágrafo anterior, na hipótese do inciso IV deste artigo, somente será conhecido se for comprovado pelo requerente o pagamento antecipado, em favor do órgão fiscalizador, de 30% (trinta por cento) do valor da multa aplicada.

§ 4º Em caso de reincidência, a multa será aplicada em dobro.

Art. 66. As infrações serão apuradas mediante processo administrativo, na forma do regulamento, aplicando-se, no que couber,

LC 109/2001

o disposto na Lei 9.784, de 29 de janeiro de 1999.

* V. Dec. 4.942/2003 (Regulamenta o processo administrativo para apuração de responsabilidade por infração à legislação, no âmbito do regime da previdência complementar).

Art. 67. O exercício de atividade de previdência complementar por qualquer pessoa, física ou jurídica, sem a autorização devida do órgão competente, inclusive a comercialização de planos de benefícios, bem como a captação ou a administração de recursos de terceiros com o objetivo de, direta ou indiretamente, adquirir ou conceder benefícios previdenciários sob qualquer forma, submete o responsável à penalidade de inabilitação pelo prazo de 2 (dois) a 10 (dez) anos para o exercício de cargo ou função em entidade de previdência complementar, sociedades seguradoras, instituições financeiras e no serviço público, além de multa aplicável de acordo com o disposto no inciso IV do art. 65 desta Lei Complementar, bem como noticiar ao Ministério Público.

Capítulo VIII
DISPOSIÇÕES GERAIS

Art. 68. As contribuições do empregador, os benefícios e as condições contratuais previstos nos estatutos, regulamentos e planos de benefícios das entidades de previdência complementar não integram o contrato de trabalho dos participantes, assim como, à exceção dos benefícios concedidos, não integram a remuneração dos participantes.

§ 1º Os benefícios serão considerados direito adquirido do participante quando implementadas todas as condições estabelecidas para elegibilidade consignadas no regulamento do respectivo plano.

§ 2º A concessão de benefício pela previdência complementar não depende da concessão de benefício pelo regime geral de previdência social.

Art. 69. As contribuições vertidas para as entidades de previdência complementar, destinadas ao custeio dos planos de benefícios de natureza previdenciária, são dedutíveis para fins de incidência de imposto sobre a renda, nos limites e nas condições fixadas em lei.

§ 1º Sobre as contribuições de que trata o *caput* não incidem tributação e contribuições de qualquer natureza.

§ 2º Sobre a portabilidade de recursos de reservas técnicas, fundos e provisões entre planos de benefícios de entidades de previdência complementar, titulados pelo mesmo participante, não incidem tributação e contribuições de qualquer natureza.

Art. 70. *(Vetado.)*

Art. 71. É vedado às entidades de previdência complementar realizar quaisquer operações comerciais e financeiras:

I – com seus administradores, membros dos conselhos estatutários e respectivos cônjuges ou companheiros, e com seus parentes até o segundo grau;

II – com empresa de que participem as pessoas a que se refere o inciso anterior, exceto no caso de participação de até 5% (cinco por cento) como acionista de empresa de capital aberto; e

III – tendo como contraparte, mesmo que indiretamente, pessoas físicas e jurídicas a elas ligadas, na forma definida pelo órgão regulador.

Parágrafo único. A vedação deste artigo não se aplica ao patrocinador, aos participantes e aos assistidos, que, nessa condição, realizarem operações com a entidade de previdência complementar.

Art. 72. Compete privativamente ao órgão regulador e fiscalizador das entidades fechadas zelar pelas sociedades civis e fundações, como definido no art. 31 desta Lei Complementar, não se aplicando a estas o disposto nos arts. 26 e 30 do Código Civil e 1.200 a 1.204 do Código de Processo Civil e demais disposições em contrário.

* Refere-se ao CC/1916.
* V. arts. 66 e 69, CC/2002.

Art. 73. As entidades abertas serão reguladas também, no que couber, pela legislação aplicável às sociedades seguradoras.

Art. 74. Até que seja publicada a lei de que trata o art. 5º desta Lei Complementar, as funções do órgão regulador e do órgão fiscalizador serão exercidas pelo Ministério da Previdência e Assistência Social, por in-

termédio, respectivamente, do Conselho de Gestão da Previdência Complementar (CGPC) e da Secretaria de Previdência Complementar (SPC), relativamente às entidades fechadas, e pelo Ministério da Fazenda, por intermédio do Conselho Nacional de Seguros Privados (CNSP) e da Superintendência de Seguros Privados (Susep), em relação, respectivamente, à regulação e fiscalização das entidades abertas.

Art. 75. Sem prejuízo do benefício, prescreve em cinco anos o direito às prestações não pagas nem reclamadas na época própria, resguardados os direitos dos menores dependentes, dos incapazes ou dos ausentes, na forma do Código Civil.

• V. Súmula 427, STJ.

Art. 76. As entidades fechadas que, na data da publicação desta Lei Complementar, prestarem a seus participantes e assistidos serviços assistenciais à saúde poderão continuar a fazê-lo, desde que seja estabelecido um custeio específico para os planos assistenciais e que a sua contabilização e o seu patrimônio sejam mantidos em separado em relação ao plano previdenciário.

§ 1º Os programas assistenciais de natureza financeira deverão ser extintos a partir da data de publicação desta Lei Complementar, permanecendo em vigência, até o seu termo, apenas os compromissos já firmados.

§ 2º Consideram-se programas assistenciais de natureza financeira, para os efeitos desta Lei Complementar, aqueles em que o rendimento situa-se abaixo da taxa mínima atuarial do respectivo plano de benefícios.

Art. 77. As entidades abertas sem fins lucrativos e as sociedades seguradoras autorizadas a funcionar em conformidade com a Lei 6.435, de 15 de julho de 1977, terão o prazo de 2 (dois) anos para se adaptar ao disposto nesta Lei Complementar.

§ 1º No caso das entidades abertas sem fins lucrativos já autorizadas a funcionar, é permitida a manutenção de sua organização jurídica como sociedade civil, sendo-lhes vedado participar, direta ou indiretamente, de pessoas jurídicas, exceto quando tiverem participação acionária:

I – minoritária, em sociedades anônimas de capital aberto, na forma regulamentada pelo Conselho Monetário Nacional, para aplicação de recursos de reservas técnicas, fundos e provisões;

II – em sociedade seguradora e/ou de capitalização.

§ 2º É vedado à sociedade seguradora e/ou de capitalização referida no inciso II do parágrafo anterior participar majoritariamente de pessoas jurídicas, ressalvadas as empresas de suporte ao seu funcionamento e as sociedades anônimas de capital aberto, nas condições previstas no inciso I do parágrafo anterior.

§ 3º A entidade aberta sem fins lucrativos e a sociedade seguradora e/ou de capitalização por ela controlada devem adaptar-se às condições estabelecidas nos §§ 1º e 2º, no mesmo prazo previsto no *caput* deste artigo.

§ 4º As reservas técnicas de planos já operados por entidades abertas de previdência privada sem fins lucrativos, anteriormente à data de publicação da Lei 6.435, de 15 de julho de 1977, poderão permanecer garantidas por ativos de propriedade da entidade, existentes à época, dentro de programa gradual de ajuste às normas estabelecidas pelo órgão regulador sobre a matéria, a ser submetido pela entidade ao órgão fiscalizador no prazo máximo de 12 (doze) meses a contar da data de publicação desta Lei Complementar.

§ 5º O prazo máximo para o término para o programa gradual de ajuste a que se refere o parágrafo anterior não poderá superar 120 (cento e vinte) meses, contados da data de aprovação do respectivo programa pelo órgão fiscalizador.

§ 6º As entidades abertas sem fins lucrativos que, na data de publicação desta Lei Complementar, já vinham mantendo programas de assistência filantrópica, prévia e expressamente autorizados, poderão, para efeito de cobrança, adicionar às contribuições de seus planos de benefícios valor destinado àqueles programas, observadas as normas estabelecidas pelo órgão regulador.

§ 7º A aplicabilidade do disposto no parágrafo anterior fica sujeita, sob pena de can-

Lei 10.421/2002

LEGISLAÇÃO PREVIDENCIÁRIA

celamento da autorização previamente concedida, à prestação anual de contas dos programas filantrópicos e à aprovação pelo órgão competente.

§ 8º O descumprimento de qualquer das obrigações contidas neste artigo sujeita os administradores das entidades abertas sem fins lucrativos e das sociedades seguradora e/ou de capitalização por elas controladas ao Regime Disciplinar previsto nesta Lei Complementar, sem prejuízo da responsabilidade civil por danos ou prejuízos causados, por ação ou omissão, à entidade.

Art. 78. Esta Lei Complementar entra em vigor na data de sua publicação.

Art. 79. Revogam-se as Leis 6.435, de 15 de julho de 1977, e 6.462, de 9 de novembro de 1977.

Brasília, 29 de maio de 2001; 180º da Independência e 113º da República.

Fernando Henrique Cardoso

(*DOU* 30.05.2001)

LEI 10.421,
DE 15 DE ABRIL DE 2002

Estende à mãe adotiva o direito à licença-maternidade e ao salário-maternidade, alterando a Consolidação das Leis do Trabalho, aprovada pelo Decreto-lei 5.452, de 1º de maio de 1943, e a Lei 8.213, de 24 de julho de 1991.

O Presidente da República:

Faço saber que o Congresso Nacional decreta e eu sanciono a seguinte Lei:

Art. 1º O art. 392 da Consolidação das Leis do Trabalho, aprovada pelo Decreto-lei 5.452, de 1º de maio de 1943, passa a vigorar com a seguinte redação:

* Alteração processada no texto do referido Decreto-lei.

Art. 2º A Consolidação das Leis do Trabalho, aprovada pelo Decreto-lei 5.452, de 1º de maio de 1943, passa a vigorar acrescida do seguinte dispositivo:

* Alteração processada no texto do referido Decreto-lei.

Art. 3º A Lei 8.213, de 24 de julho de 1991, passa a vigorar acrescida do seguinte dispositivo:

* Alteração processada no texto da referida Lei.

Art. 4º No caso das seguradas da previdência social adotantes, a alíquota para o custeio das despesas decorrentes desta Lei será a mesma que custeia as seguradas gestantes, disposta no inciso I do art. 22 da Lei 8.212, de 24 de julho de 1991.

Art. 5º As obrigações decorrentes desta Lei não se aplicam a fatos anteriores à sua publicação.

Art. 6º Esta Lei entra em vigor na data de sua publicação.

Brasília, 15 de abril de 2002; 181º da Independência e 114º da República.

Fernando Henrique Cardoso

(*DOU* 16.04.2002; ret. 17.04.2002)

LEI 10.666,
DE 8 DE MAIO DE 2003

Dispõe sobre a concessão da aposentadoria especial ao cooperado de cooperativa de trabalho ou de produção e dá outras providências.

O Presidente da República:

Faço saber que o Congresso Nacional decreta e eu sanciono a seguinte Lei:

Art. 1º As disposições legais sobre aposentadoria especial do segurado filiado ao Regime Geral de Previdência Social aplicam-se, também, ao cooperado filiado à cooperativa de trabalho e de produção que trabalha sujeito a condições especiais que prejudiquem a sua saúde ou a sua integridade física.

§ 1º Será devida contribuição adicional de nove, sete ou cinco pontos percentuais, a cargo da empresa tomadora de serviços de cooperado filiado a cooperativa de trabalho, incidente sobre o valor bruto da nota fiscal ou fatura de prestação de serviços, conforme a atividade exercida pelo cooperado permita a concessão de aposentadoria especial após 15 (quinze), 20 (vinte) ou 25 (vinte e cinco) anos de contribuição, respectivamente.

§ 2º Será devida contribuição adicional de doze, nove ou seis pontos percentuais, a cargo da cooperativa de produção, inciden-

Lei 10.666/2003

LEGISLAÇÃO PREVIDENCIÁRIA

te sobre a remuneração paga, devida ou creditada ao cooperado filiado, na hipótese de exercício de atividade que autorize a concessão de aposentadoria especial após 15 (quinze), 20 (vinte) ou 25 (vinte e cinco) anos de contribuição, respectivamente.

§ 3º Considera-se cooperativa de produção aquela em que seus associados contribuem com serviços laborativos ou profissionais para a produção em comum de bens, quando a cooperativa detenha por qualquer forma os meios de produção.

Art. 2º O exercício de atividade remunerada do segurado recluso em cumprimento de pena em regime fechado ou semiaberto que contribuir na condição de contribuinte individual ou facultativo não acarreta a perda do direito ao recebimento do auxílio-reclusão para seus dependentes.

§ 1º O segurado recluso não terá direito aos benefícios de auxílio-doença e de aposentadoria durante a percepção, pelos dependentes, do auxílio-reclusão, ainda que, nessa condição, contribua como contribuinte individual ou facultativo, permitida a opção, desde que manifestada, também, pelos dependentes, ao benefício mais vantajoso.

§ 2º Em caso de morte do segurado recluso que contribuir na forma do § 1º, o valor da pensão por morte devida a seus dependentes será obtido mediante a realização de cálculo, com base nos novos tempos de contribuição e salários de contribuição correspondentes, neles incluídas as contribuições recolhidas enquanto recluso, facultada a opção pelo valor do auxílio-reclusão.

Art. 3º A perda da qualidade de segurado não será considerada para a concessão das aposentadorias por tempo de contribuição e especial.

• V. Súmula 416, STJ.

§ 1º Na hipótese de aposentadoria por idade, a perda da qualidade de segurado não será considerada para a concessão desse benefício, desde que o segurado conte com, no mínimo, o tempo de contribuição correspondente ao exigido para efeito de carência na data do requerimento do benefício.

§ 2º A concessão do benefício de aposentadoria por idade, nos termos do § 1º, obser-

vará, para os fins de cálculo do valor do benefício, o disposto no art. 3º, *caput* e § 2º, da Lei 9.876, de 26 de novembro de 1999, ou, não havendo salários de contribuição recolhidos no período a partir da competência julho de 1994, o disposto no art. 35 da Lei 8.213, de 24 de julho de 1991.

Art. 4º Fica a empresa obrigada a arrecadar a contribuição do segurado contribuinte individual a seu serviço, descontando-a da respectiva remuneração, e a recolher o valor arrecadado juntamente com a contribuição a seu cargo até o dia 20 (vinte) do mês seguinte ao da competência, ou até o dia útil imediatamente anterior se não houver expediente bancário naquele dia.

• *Caput* com redação determinada pela Lei 11.933/2009 (*DOU* 29.04.2009), em vigor na data de sua publicação, produzindo efeitos a partir de 1º.10.2008 (v. art. 11, I, da referida Lei).

• V. art. 64, Lei 11.941/2009 (Altera a legislação tributária federal).

§ 1º As cooperativas de trabalho arrecadarão a contribuição social dos seus associados como contribuinte individual e recolherão o valor arrecadado até o dia 20 (vinte) do mês subsequente ao de competência a que se referir, ou até o dia útil imediatamente anterior se não houver expediente bancário naquele dia.

• § 1º com redação determinada pela Lei 11.933/2009 (*DOU* 29.04.2009), em vigor na data de sua publicação, produzindo efeitos a partir de 1º.10.2008 (v. art. 11, I, da referida Lei).

• V. art. 64, Lei 11.941/2009 (Altera a legislação tributária federal).

§ 2º A cooperativa de trabalho e a pessoa jurídica são obrigadas a efetuar a inscrição no Instituto Nacional do Seguro Social – INSS dos seus cooperados e contratados, respectivamente, como contribuintes individuais, se ainda não inscritos.

§ 3º O disposto neste artigo não se aplica ao contribuinte individual, quando contratado por outro contribuinte individual equiparado a empresa ou por produtor rural pessoa física ou por missão diplomática e repartição consular de carreira estrangeiras, e nem ao brasileiro civil que trabalha no exterior para organismo oficial internacional do qual o Brasil é membro efetivo.

Lei 10.666/2003

Art. 5º O contribuinte individual a que se refere o art. 4º é obrigado a complementar, diretamente, a contribuição até o valor mínimo mensal do salário de contribuição, quando as remunerações recebidas no mês, por serviços prestados a pessoas jurídicas, forem inferiores a este.

Art. 6º O percentual de retenção do valor bruto da nota fiscal ou fatura de prestação de serviços relativa a serviços prestados mediante cessão de mão de obra, inclusive em regime de trabalho temporário, a cargo da empresa contratante, é acrescido de quatro, três ou dois pontos percentuais, relativamente aos serviços prestados pelo segurado empregado cuja atividade permita a concessão de aposentadoria especial após 15 (quinze), 20 (vinte) ou 25 (vinte e cinco) anos de contribuição, respectivamente.

Art. 7º Não poderão ser objeto de parcelamento as contribuições descontadas dos empregados, inclusive dos domésticos, dos trabalhadores avulsos, dos contribuintes individuais, as decorrentes da sub-rogação e as demais importâncias descontadas na forma da legislação previdenciária.

Art. 8º A empresa que utiliza sistema de processamento eletrônico de dados para o registro de negócios e atividades econômicas, escrituração de livros ou produção de documentos de natureza contábil, fiscal, trabalhista e previdenciária é obrigada a arquivar e conservar, devidamente certificados, os respectivos sistemas e arquivos, em meio digital ou assemelhado, durante dez anos, à disposição da fiscalização.

Art. 9º Fica extinta a escala transitória de salário-base, utilizada para fins de enquadramento e fixação do salário de contribuição dos contribuintes individual e facultativo filiados ao Regime Geral de Previdência Social, estabelecida pela Lei 9.876, de 26 de novembro de 1999.

Art. 10. A alíquota de contribuição de 1% (um por cento), 2% (dois por cento) ou 3% (três por cento), destinada ao financiamento do benefício de aposentadoria especial ou daqueles concedidos em razão do grau de incidência de incapacidade laborativa decorrente dos riscos ambientais do trabalho, poderá ser reduzida, em até 50% (cinquenta por cento), ou aumentada, em até 100% (cem por cento), conforme dispuser o regulamento, em razão do desempenho da empresa em relação à respectiva atividade econômica, apurado em conformidade com os resultados obtidos a partir dos índices de frequência, gravidade e custo, calculados segundo metodologia aprovada pelo Conselho Nacional de Previdência Social.

Art. 11. O Ministério da Previdência Social e o INSS manterão programa permanente de revisão da concessão e da manutenção dos benefícios da Previdência Social, a fim de apurar irregularidades e falhas existentes.

§ 1º Havendo indício de irregularidade na concessão ou na manutenção de benefício, a Previdência Social notificará o beneficiário para apresentar defesa, provas ou documentos de que dispuser, no prazo de 10 (dez) dias.

§ 2º A notificação a que se refere o § 1º far-se-á por via postal com aviso de recebimento e, não comparecendo o beneficiário nem apresentando defesa, será suspenso o benefício, com notificação ao beneficiário.

§ 3º Decorrido o prazo concedido pela notificação postal, sem que tenha havido resposta, ou caso seja considerada pela Previdência Social como insuficiente ou improcedente a defesa apresentada, o benefício será cancelado, dando-se conhecimento da decisão ao beneficiário.

Art. 12. Para fins de compensação financeira entre o regime geral de previdência social e os regimes próprios de previdência social da União, dos Estados, do Distrito Federal e dos Municípios, os regimes instituidores apresentarão aos regimes de origem, até o mês de maio de 2013, os dados relativos aos benefícios em manutenção em 5 de maio de 1999 concedidos a partir de 5 de outubro de 1988.

* Artigo com redação determinada pela Lei 12.348/2010.

Art. 13. Aplicam-se ao disposto nesta Lei, no que couber, as disposições legais pertinentes ao Regime Geral de Previdência Social.

Lei 10.887/2004

LEGISLAÇÃO PREVIDENCIÁRIA

Art. 14. O Poder Executivo regulamentará o art. 10 desta Lei no prazo de 360 (trezentos e sessenta) dias.

Art. 15. Esta Lei entra em vigor na data de sua publicação, produzindo efeitos, quanto aos §§ 1º e 2º do art. 1º e aos arts. 4º a 6º e 9º, a partir de 1º de abril de 2003.

Brasília, 8 de maio de 2003; 182º da Independência e 115º da República.

Luiz Inácio Lula da Silva

(DOU 09.05.2003)

LEI 10.887, DE 18 DE JUNHO DE 2004

Dispõe sobre a aplicação de disposições da Emenda Constitucional n. 41, de 19 de dezembro de 2003, altera dispositivos das Leis 9.717, de 27 de novembro de 1998, 8.213, de 24 de julho de 1991, 9.532, de 10 de dezembro de 1997, e dá outras providências.

O Presidente da República:

Faço saber que o Congresso Nacional decreta e eu sanciono a seguinte Lei:

Art. 1º No cálculo dos proventos de aposentadoria dos servidores titulares de cargo efetivo de qualquer dos Poderes da União, dos Estados, do Distrito Federal e dos Municípios, incluídas suas autarquias e fundações, previsto no § 3º do art. 40 da Constituição Federal e no art. 2º da Emenda Constitucional n. 41, de 19 de dezembro de 2003, será considerada a média aritmética simples das maiores remunerações, utilizadas como base para as contribuições do servidor aos regimes de previdência a que esteve vinculado, correspondentes a 80% (oitenta por cento) de todo o período contributivo desde a competência julho de 1994 ou desde a do início da contribuição, se posterior àquela competência.

• V. art. 15.

§ 1º As remunerações consideradas no cálculo do valor inicial dos proventos terão os seus valores atualizados mês a mês de acordo com a variação integral do índice fixado para a atualização dos salários de contribuição considerados no cálculo dos benefícios do regime geral de previdência social.

§ 2º A base de cálculo dos proventos será a remuneração do servidor no cargo efetivo nas competências a partir de julho de 1994 em que não tenha havido contribuição para regime próprio.

§ 3º Os valores das remunerações a serem utilizadas no cálculo de que trata este artigo serão comprovados mediante documento fornecido pelos órgãos e entidades gestoras dos regimes de previdência aos quais o servidor esteve vinculado ou por outro documento público, na forma do regulamento.

§ 4º Para os fins deste artigo, as remunerações consideradas no cálculo da aposentadoria, atualizadas na forma do § 1º deste artigo, não poderão ser:

I – inferiores ao valor do salário mínimo;

II – superiores ao limite máximo do salário de contribuição, quanto aos meses em que o servidor esteve vinculado ao regime geral de previdência social.

§ 5º Os proventos, calculados de acordo com o *caput* deste artigo, por ocasião de sua concessão, não poderão ser inferiores ao valor do salário mínimo nem exceder a remuneração do respectivo servidor no cargo efetivo em que se deu a aposentadoria.

Art. 2º Aos dependentes dos servidores titulares de cargo efetivo e dos aposentados de qualquer dos Poderes da União, dos Estados, do Distrito Federal e dos Municípios, incluídas suas autarquias e fundações, falecidos a partir da data de publicação desta Lei, será concedido o benefício de pensão por morte, que será igual:

• V. art. 15.

I – à totalidade dos proventos percebidos pelo aposentado na data anterior à do óbito, até o limite máximo estabelecido para os benefícios do regime geral de previdência social, acrescida de 70% (setenta por cento) da parcela excedente a este limite; ou

II – à totalidade da remuneração do servidor no cargo efetivo na data anterior à do óbito, até o limite máximo estabelecido para os benefícios do regime geral de previdência social, acrescida de 70% (setenta por cento) da parcela excedente a este limite, se o falecimento ocorrer quando o servidor ainda estiver em atividade.

Lei 10.887/2004

LEGISLAÇÃO PREVIDENCIÁRIA

Parágrafo único. Aplica-se ao valor das pensões o limite previsto no art. 40, § 2º, da Constituição Federal.

Art. 3º Para os fins do disposto no inciso XI do art. 37 da Constituição Federal, a União, os Estados, o Distrito Federal e os Municípios instituirão sistema integrado de dados relativos às remunerações, proventos e pensões pagos aos respectivos servidores e militares, ativos e inativos, e pensionistas, na forma do regulamento.

Art. 4º A contribuição social do servidor público ativo de qualquer dos Poderes da União, incluídas suas autarquias e fundações, para a manutenção do respectivo regime próprio de previdência social, será de 11% (onze por cento), incidentes sobre:

* *Caput* com redação determinada pela Lei 12.618/2012.
* V. art. 16.

I – a totalidade da base de contribuição, em se tratando de servidor que tiver ingressado no serviço público até a data da publicação do ato de instituição do regime de previdência complementar para os servidores públicos federais titulares de cargo efetivo e não tiver optado por aderir a ele;

II – a parcela da base de contribuição que não exceder ao limite máximo estabelecido para os benefícios do regime geral de previdência social, em se tratando de servidor:

a) que tiver ingressado no serviço público até a data a que se refere o inciso I e tenha optado por aderir ao regime de previdência complementar ali referido; ou

b) que tiver ingressado no serviço público a partir da data a que se refere o inciso I, independentemente de adesão ao regime de previdência complementar ali referido.

§ 1º Entende-se como base de contribuição o vencimento do cargo efetivo, acrescido das vantagens pecuniárias permanentes estabelecidas em lei, os adicionais de caráter individual ou quaisquer outras vantagens, excluídas:

I – as diárias para viagens;
II – a ajuda de custo em razão de mudança de sede;
III – a indenização de transporte;
IV – o salário-família;
V – o auxílio-alimentação;
VI – o auxílio-creche;
VII – as parcelas remuneratórias pagas em decorrência de local de trabalho;
VIII – a parcela percebida em decorrência do exercício de cargo em comissão ou de função comissionada ou gratificada;

* Inciso VIII com redação determinada pela Lei 12.688/2012.

IX – o abono de permanência de que tratam o § 19 do art. 40 da Constituição Federal, o § 5º do art. 2º e o § 1º do art. 3º da Emenda Constitucional n. 41, de 19 de dezembro de 2003;

* Inciso IX com redação determinada pela Lei 12.688/2012.

X – o adicional de férias;
* Inciso X acrescentado pela Lei 12.688/2012.

XI – o adicional noturno;
* Inciso XI acrescentado pela Lei 12.688/2012.

XII – o adicional por serviço extraordinário;
* Inciso XII acrescentado pela Lei 12.688/2012.

XIII – a parcela paga a título de assistência à saúde suplementar;
* Inciso XIII acrescentado pela Lei 12.688/2012.

XIV – a parcela paga a título de assistência pré-escolar;
* Inciso XIV acrescentado pela Lei 12.688/2012.

XV – a parcela paga a servidor público indicado para integrar conselho ou órgão deliberativo, na condição de representante do governo, de órgão ou de entidade da administração pública do qual é servidor;
* Inciso XV acrescentado pela Lei 12.688/2012.

XVI – o auxílio-moradia;
* Inciso XVI acrescentado pela Lei 12.688/2012.

XVII – a Gratificação por Encargo de Curso ou Concurso, de que trata o art. 76-A da Lei 8.112, de 11 de dezembro de 1990;
* Inciso XVII acrescentado pela Lei 12.688/2012.

XVIII – a Gratificação Temporária das Unidades dos Sistemas Estruturadores da Administração Pública Federal (GSISTE), instituída pela Lei 11.356, de 19 de outubro de 2006;
* Inciso XVIII acrescentado pela Lei 12.688/2012.

XIX – a Gratificação de Raio X.
* Inciso XIX acrescentado pela Lei 12.688/2012.

§ 2º O servidor ocupante de cargo efetivo poderá optar pela inclusão, na base de cálculo da contribuição, de parcelas remuneratórias percebidas em decorrência de local de trabalho e do exercício de cargo em comissão ou de função comissionada ou gratificada, de Gratificação de Raio X e daquelas recebidas a título de adicional noturno ou de

Lei 10.887/2004

adicional por serviço extraordinário, para efeito de cálculo do benefício a ser concedido com fundamento no art.40 da Constituição Federal e no art. 2º da Emenda Constitucional 41, de 19 de dezembro de 2003, respeitada, em qualquer hipótese, a limitação estabelecida no § 2º do art. 40 da Constituição Federal.

* § 2º com redação determinada pela Lei 12.688/2012.

Art. 5º Os aposentados e os pensionistas de qualquer dos Poderes da União, incluídas suas autarquias e fundações, contribuirão com 11% (onze por cento), incidentes sobre o valor da parcela dos proventos de aposentadorias e pensões concedidas de acordo com os critérios estabelecidos no art. 40 da Constituição Federal e nos arts. 2º e 6º da Emenda Constitucional n. 41, de 19 de dezembro de 2003, que supere o limite máximo estabelecido para os benefícios do regime geral de previdência social.

* V. art. 16.

Art. 6º Os aposentados e os pensionistas de qualquer dos Poderes da União, incluídas suas autarquias e fundações, em gozo desses benefícios na data de publicação da Emenda Constitucional n. 41, de 19 de dezembro de 2003, contribuirão com 11% (onze por cento), incidentes sobre a parcela dos proventos de aposentadorias e pensões que supere 60% (sessenta por cento) do limite máximo estabelecido para os benefícios do regime geral de previdência social.

* V. art. 16.

Parágrafo único. A contribuição de que trata o *caput* deste artigo incidirá sobre os proventos de aposentadorias e pensões concedidas aos servidores e seus dependentes que tenham cumprido todos os requisitos para obtenção desses benefícios com base nos critérios da legislação vigente até 31 de dezembro de 2003.

Art. 7º O servidor ocupante de cargo efetivo que tenha completado as exigências para aposentadoria voluntária estabelecidas na alínea *a* do inciso III do § 1º do art. 40 da Constituição Federal, no § 5º do art. 2º ou no § 1º do art. 3º da Emenda Constitucional n. 41, de 19 de dezembro de 2003, e que opte por permanecer em atividade fará jus a abono de permanência equivalente ao valor da sua contribuição previdenciária até completar as exigências para aposentadoria compulsória contidas no inciso II do § 1º do art. 40 da Constituição Federal.

Art. 8º A contribuição da União, de suas autarquias e fundações para o custeio do regime de previdência, de que trata o art. 40 da Constituição Federal, será o dobro da contribuição do servidor ativo, devendo o produto de sua arrecadação ser contabilizado em conta específica.

Parágrafo único. A União é responsável pela cobertura de eventuais insuficiências financeiras do regime decorrentes do pagamento de benefícios previdenciários.

Art. 8º-A. A responsabilidade pela retenção e recolhimento das contribuições de que tratam os arts. 4º a 6º e 8º será do dirigente e do ordenador de despesa do órgão ou entidade que efetuar o pagamento da remuneração ou do benefício.

* *Caput* acrescentado pela Lei 12.350/2010.

§ 1º O recolhimento das contribuições de que trata este artigo deve ser efetuado:

* § 1º acrescentado pela Lei 12.350/2010.

I – até o dia 15, no caso de pagamentos de remunerações ou benefícios efetuados no primeiro decêndio do mês;

II – até o dia 25, no caso de pagamentos de remunerações ou benefícios efetuados no segundo decêndio do mês; ou

III – até o dia 5 do mês posterior, no caso de pagamentos de remunerações ou benefícios efetuados no último decêndio do mês.

§ 2º O não recolhimento das contribuições nos prazos previstos no § 1º:

* § 2º acrescentado pela Lei 12.350/2010.

I – enseja a aplicação dos acréscimos de mora previstos para os tributos federais; e

II – sujeita o responsável às sanções penais e administrativas cabíveis.

§ 3º A não retenção das contribuições pelo órgão pagador sujeita o responsável às sanções penais e administrativas, cabendo a esse órgão apurar os valores não retidos e proceder ao desconto na folha de pagamento do servidor ativo, do aposentado e do pensionista, em rubrica e classificação contábil específicas, podendo essas contribuições ser parceladas na forma do art. 46 da Lei

Lei 10.887/2004

LEGISLAÇÃO PREVIDENCIÁRIA

8.112, de 11 de dezembro de 1990, observado o disposto no art. 56 da Lei 9.784, de 29 de janeiro de 1999.

- § 3º acrescentado pela Lei 12.688/2012.

§ 4º Caso o órgão público não observe o disposto no § 3º, a Secretaria da Receita Federal do Brasil formalizará representações aos órgãos de controle e constituirá o crédito tributário relativo à parcela devida pelo servidor ativo, aposentado ou pensionista.

- § 4º acrescentado pela Lei 12.688/2012.

Art. 9º A unidade gestora do regime próprio de previdência dos servidores, prevista no art. 40, § 20, da Constituição Federal:

I – contará com colegiado, com participação paritária de representantes e de servidores dos Poderes da União, cabendo-lhes acompanhar e fiscalizar sua administração, na forma do regulamento;

II – procederá, no mínimo a cada cinco anos, a recenseamento previdenciário, abrangendo todos os aposentados e pensionistas do respectivo regime;

III – disponibilizará ao público, inclusive por meio de rede pública de transmissão de dados, informações atualizadas sobre as receitas e despesas do respectivo regime, bem como os critérios e parâmetros adotados para garantir o seu equilíbrio financeiro e atuarial.

[...]

Art. 11. A Lei 8.212, de 24 de julho de 1991, passa a vigorar com as seguintes alterações:

- Alterações processadas no texto da referida Lei.

Art. 12. A Lei 8.213, de 24 de julho de 1991, passa a vigorar com as seguintes alterações:

- Alterações processadas no texto da referida Lei.

[...]

Art. 14. O art. 12 da Lei 10.666, de 8 de maio de 2003, passa a vigorar com a seguinte redação:

- Alteração processada no texto da referida Lei.

Art. 15. Os proventos de aposentadoria e as pensões de que tratam os arts. 1º e 2º desta Lei serão reajustados, a partir de janeiro de 2008, na mesma data e índice em que se der o reajuste dos benefícios do regime geral de previdência social, ressalvados os beneficiados pela garantia de paridade de revisão de proventos de aposentadoria e pensões de acordo com a legislação vigente.

- Artigo com redação determinada pela Lei 11.784/2008.
- O STF, na Med. Caut. em ADIn 4.582 (*DOU* e *DJE* 07.10.2011), deferiu a cautelar.

Art. 16. As contribuições a que se referem os arts. 4º, 5º e 6º desta Lei serão exigíveis a partir de 20 de maio de 2004.

§ 1º Decorrido o prazo estabelecido no *caput* deste artigo, os servidores abrangidos pela isenção de contribuição referida no § 1º do art. 3º e no § 5º do art. 8º da Emenda Constitucional n. 20, de 15 de dezembro de 1998, passarão a recolher contribuição previdenciária correspondente, fazendo jus ao abono a que se refere o art. 7º desta Lei.

§ 2º A contribuição de que trata o art. 1º da Lei 9.783, de 28 de janeiro de 1999, fica mantida até o início do recolhimento da contribuição a que se refere o *caput* deste artigo, para os servidores ativos.

Art. 16-A. A contribuição do Plano de Seguridade do Servidor Público (PSS), decorrente de valores pagos em cumprimento de decisão judicial, ainda que derivada de homologação de acordo, será retida na fonte, no momento do pagamento ao beneficiário ou seu representante legal, pela instituição financeira responsável pelo pagamento, por intermédio da quitação da guia de recolhimento remetida pelo setor de precatórios do Tribunal respectivo, no caso de pagamento de precatório ou requisição de pequeno valor, ou pela fonte pagadora, no caso de implantação de rubrica específica em folha, mediante a aplicação da alíquota de 11% (onze por cento) sobre o valor pago.

- *Caput* com redação determinada pela Lei 12.350/2010.

Parágrafo único. O recolhimento da contribuição deverá ser efetuado nos mesmos prazos previstos no § 1º do art. 8º-A, de acordo com a data do pagamento.

- Parágrafo único com redação determinada pela Lei 12.688/2012.

Art. 17. Esta Lei entra em vigor na data de sua publicação.

Lei 10.999/2004

LEGISLAÇÃO PREVIDENCIÁRIA

Art. 18. Ficam revogados os §§ 3º, 4º, 5º, 6º e 7º do art. 2º, o art. 2º-A e o art. 4º da Lei 9.717, de 27 de novembro de 1998, o art. 8º da Medida Provisória 2.187-13, de 24 de agosto de 2001, na parte em que dá nova redação ao inciso X do art. 1º, ao art. 2º e ao art. 2º-A da Lei 9.717, de 27 de novembro de 1998, e a Lei 9.783, de 28 de janeiro de 1999.

Brasília, 18 de junho de 2004; 183º da Independência e 116º da República.

Luiz Inácio Lula da Silva

(DOU 21.06.2004)

LEI 10.999, DE 15 DE DEZEMBRO DE 2004

Autoriza a revisão dos benefícios previdenciários concedidos com data de início posterior a fevereiro de 1994 e o pagamento dos valores atrasados nas condições que especifica.

O Presidente da República:
Faço saber que o Congresso Nacional decreta e eu sanciono a seguinte Lei:

Art. 1º Fica autorizada, nos termos desta Lei, a revisão dos benefícios previdenciários concedidos com data de início posterior a fevereiro de 1994, recalculando-se o salário de benefício original, mediante a inclusão, no fator de correção dos salários de contribuição anteriores a março de 1994, do percentual de 39,67% (trinta e nove inteiros e sessenta e sete centésimos por cento), referente ao Índice de Reajuste do salário mínimo – IRSM do mês de fevereiro de 1994.

Art. 2º Terão direito à revisão os segurados ou seus dependentes, beneficiários do Regime Geral de Previdência Social – RGPS, que se enquadrem no disposto no art. 1º desta Lei e venham a firmar, até 31 de outubro de 2005, o Termo de Acordo, na forma do Anexo I desta Lei, ou, caso tenham ajuizado ação até 26 de julho de 2004 cujo objeto seja a revisão referida no art. 1º desta Lei, o Termo de Transação Judicial, na forma do Anexo II desta Lei.

§ 1º Não serão objeto da revisão prevista no *caput* deste artigo os benefícios do Regime Geral de Previdência Social que:

I – não tenham utilizado salários de contribuição anteriores a março de 1994 no cálculo do salário de benefício; ou

II – tenham sido decorrentes de outros benefícios cujas datas de início sejam anteriores a fevereiro de 1994, inclusive.

§ 2º Aos benefícios revistos nos termos do *caput* deste artigo aplicam-se o § 2º do art. 29 da Lei 8.213, de 24 de julho de 1991, o art. 26 da Lei 8.870, de 15 de abril de 1994, e o § 3º do art. 21 da Lei 8.880, de 27 de maio de 1994.

§ 3º Os benefícios referidos neste artigo deverão ser revistos nos termos do art. 1º desta Lei, observando-se as regras de cálculo do salário de benefício, da renda mensal inicial e de reajustes previstas na legislação previdenciária em vigor em cada período.

Art. 3º Fica a Procuradoria Federal Especializada junto ao INSS autorizada a propor transação, a ser homologada judicialmente, nos processos em tramitação nos Juizados Especiais Federais ou na Justiça Comum, Federal ou Estadual, em qualquer instância, relativos à matéria delimitada nos arts. 1º e 2º desta Lei.

§ 1º A transação deverá versar, exclusivamente, sobre a revisão futura do benefício e sobre as parcelas vencidas, inclusive as natalinas, nos últimos cinco anos anteriores a agosto de 2004, observado o disposto no art. 6º, inciso I e § 1º, desta Lei.

§ 2º O montante das parcelas referidas no § 1º deste artigo terá como limite máximo de pagamento o valor de fixação da competência dos Juizados Especiais Federais, no caso das ações de sua competência, devendo constar expressamente do Termo de Transação Judicial a renúncia irretratável aos valores eventualmente excedentes.

§ 3º O disposto no § 2º deste artigo não se aplica às transações efetivadas nas ações judiciais que tramitam na Justiça Comum, Federal ou Estadual.

§ 4º A proposta de transação judicial a ser homologada pelo juiz da causa não poderá incluir honorários advocatícios e juros de mora.

Art. 4º O pagamento mensal dos benefícios com o valor revisto nos termos do art. 1º desta Lei será feito pelo INSS, a partir da

Lei 10.999/2004

LEGISLAÇÃO PREVIDENCIÁRIA

competência de agosto de 2004, para o segurado ou dependente que tenha firmado o Termo de Acordo referido no art. 2º desta Lei, observado como prazo máximo de implementação da revisão o segundo pagamento subsequente à data de entrega do mencionado Termo de Acordo ao INSS e a seguinte programação:

I – no mês de setembro de 2004, os benefícios com número final 1 e 6;

II – no mês de outubro de 2004, os benefícios com número final 2, 5 e 7;

III – no mês de novembro de 2004, os benefícios com número final 3, 8 e 0;

IV – no mês de dezembro de 2004, os benefícios com número final 4 e 9.

§ 1º A diferença apurada a partir da competência de agosto de 2004 até a data da implementação da revisão será paga em parcelas mensais e sucessivas, atualizadas monetariamente, mês a mês, com base na variação do INPC-IBGE, em número equivalente ao de meses decorridos entre o mês de agosto de 2004 e a data da implementação da revisão.

§ 2º Caso o beneficiário exerça o direito de opção em data posterior à fixada para implementação da revisão nos prazos referidos no *caput* deste artigo, o primeiro pagamento mensal dos benefícios com o valor revisto nos termos do art. 1º desta Lei será feito até o segundo pagamento subsequente à data de entrega do Termo de Acordo ao INSS, observado o disposto no § 1º deste artigo.

Art. 5º O primeiro pagamento mensal dos benefícios com o valor revisto nos termos do art. 1º desta Lei, para os segurados ou dependentes que tenham firmado o Termo de Transação Judicial, será feito pelo INSS até o segundo pagamento subsequente à data da intimação da homologação judicial.

Parágrafo único. A diferença apurada a partir da competência de agosto de 2004 até a data de implementação da revisão, observado o disposto no *caput* deste artigo, será paga em parcelas mensais e sucessivas, corrigidas monetariamente, mês a mês, com base na variação do INPC-IBGE, em número equivalente ao de meses decorridos entre agosto de 2004 e a data de implementação da revisão.

Art. 6º O pagamento dos valores referentes aos últimos cinco anos vencidos, anteriores a agosto de 2004, incluindo as parcelas natalinas, será feito aos segurados ou dependentes que, até 31 de outubro de 2005, firmarem o Termo de Acordo ou o Termo de Transação Judicial a que se refere o art. 2º desta Lei, mediante a aplicação dos seguintes critérios:

I – para o segurado ou dependente que tenha ajuizado ação até 26 de julho de 2004, observado o disposto nos §§ 2º e 3º do art. 3º desta Lei, conforme o caso, o montante apurado será pago em parcelas mensais, na seguinte forma:

a) até R$ 2.000,00 (dois mil reais):

1. com idade igual ou superior a 70 (setenta) anos, em 12 parcelas;

2. com idade igual ou superior a 65 (sessenta e cinco) anos e inferior a 70 (setenta) anos, em 24 parcelas;

3. com idade igual ou superior a 60 (sessenta) anos e inferior a 65 (sessenta e cinco) anos, em 36 parcelas; e

4. com idade inferior a 60 (sessenta) anos, em 48 parcelas;

b) entre R$ 2.000,01 (dois mil reais e um centavo) e R$ 5.000,00 (cinco mil reais):

1. com idade igual ou superior a 70 (setenta) anos, em 24 parcelas;

2. com idade igual ou superior a 65 (sessenta e cinco) anos e inferior a 70 (setenta) anos, em 36 parcelas;

3. com idade igual ou superior a 60 (sessenta) anos e inferior a 65 (sessenta e cinco) anos, em 48 parcelas; e

4. com idade inferior a 60 (sessenta) anos, em 60 parcelas;

c) entre R$ 5.000,01 (cinco mil reais e um centavo) e R$ 7.200,00 (sete mil e duzentos reais):

1. com idade igual ou superior a 70 (setenta) anos, em 24 parcelas;

2. com idade igual ou superior a 65 (sessenta e cinco) anos e inferior a 70 (setenta) anos, em 48 parcelas;

3. com idade igual ou superior a 60 (sessenta) anos e inferior a 65 (sessenta e cinco) anos, em 60 parcelas; e

Lei 10.999/2004

LEGISLAÇÃO PREVIDENCIÁRIA

4. com idade inferior a 60 (sessenta) anos, em 72 parcelas;

d) a partir de R$ 7.200,01 (sete mil e duzentos reais e um centavo):

1. com idade igual ou superior a 70 (setenta) anos, em 36 parcelas;

2. com idade igual ou superior a 65 (sessenta e cinco) anos e inferior a 70 (setenta) anos, em 60 parcelas;

3. com idade inferior a 65 (sessenta e cinco) anos, em 72 parcelas;

II – para o segurado ou dependente que não tenha ajuizado ação até 26 de julho de 2004, o montante apurado será pago em parcelas mensais, na seguinte forma:

a) até R$ 2.000,00 (dois mil reais):

1. com idade igual ou superior a 70 (setenta) anos, em 24 parcelas;

2. com idade igual ou superior a 65 (sessenta e cinco) anos e inferior a 70 (setenta) anos, em 36 parcelas;

3. com idade igual ou superior a 60 (sessenta) anos e inferior a 65 (sessenta e cinco) anos, em 48 parcelas; e

4. com idade inferior a 60 (sessenta) anos, em 60 parcelas;

b) entre R$ 2.000,01 (dois mil reais e um centavo) e R$ 5.000,00 (cinco mil reais):

1. com idade igual ou superior a 70 (setenta) anos, em 36 parcelas;

2. com idade igual ou superior a 65 (sessenta e cinco) anos e inferior a 70 (setenta) anos, em 48 parcelas;

3. com idade igual ou superior a 60 (sessenta) anos e inferior a 65 (sessenta e cinco) anos, em 60 parcelas; e

4. com idade inferior a 60 (sessenta) anos, em 72 parcelas;

c) entre R$ 5.000,01 (cinco mil reais e um centavo) e R$ 7.200,00 (sete mil e duzentos reais):

1. com idade igual ou superior a 70 (setenta) anos, em 36 parcelas;

2. com idade igual ou superior a 65 (sessenta e cinco) anos e inferior a 70 (setenta) anos, em 60 parcelas;

3. com idade igual ou superior a 60 (sessenta) anos e inferior a 65 (sessenta e cinco) anos, em 72 parcelas; e

4. com idade inferior a 60 (sessenta) anos, em 84 parcelas;

d) a partir de R$ 7.200,01 (sete mil e duzentos reais e um centavo):

1. com idade igual ou superior a 70 (setenta) anos, em 36 parcelas;

2. com idade igual ou superior a 65 (sessenta e cinco) anos e inferior a 70 (setenta) anos, em 72 parcelas;

3. com idade igual ou superior a 60 (sessenta) anos e inferior a 65 (sessenta e cinco) anos, em 84 parcelas; e

4. com idade inferior a 60 (sessenta) anos, em 96 parcelas.

§ 1º Os montantes a que se referem os incisos I e II do *caput* deste artigo serão apurados e atualizados monetariamente entre cada mês de competência e o mês de julho de 2004, inclusive, de acordo com os índices utilizados para a atualização das parcelas pagas em atraso pela Previdência Social.

§ 2º O valor de cada parcela mensal a que se referem os incisos I e II do *caput* deste artigo será apurado, observados os seguintes critérios:

I – as parcelas relativas à primeira metade do período total de parcelamento corresponderão a 1/3 (um terço) do montante total apurado, dividido pelo número de meses referente à metade do número total de parcelas; e

II – as parcelas relativas à segunda metade do período total de parcelamento corresponderão a 2/3 (dois terços) do montante total apurado, dividido pelo número de meses referente à metade do número total de parcelas.

§ 3º Definidos os montantes a que se refere o § 1º deste artigo, sobre cada parcela apurada nos termos deste artigo incidirá atualização monetária pela variação acumulada do INPC-IBGE entre o mês de agosto de 2004, inclusive, e o mês imediatamente anterior ao do efetivo pagamento, utilizando-se como estimativa para o último mês da série a média geométrica dos quatro meses imediatamente anteriores.

§ 4º Os valores a que se refere o *caput* deste artigo começarão a ser pagos em janeiro de 2005 ou até o segundo pagamento do benefício do segurado ou do dependente subsequente:

Lei 10.999/2004

LEGISLAÇÃO PREVIDENCIÁRIA

I – ao protocolo do Termo de Acordo no INSS, na hipótese do inciso II do *caput* deste artigo, quando este ocorrer a partir de dezembro de 2004;

II – à intimação da homologação judicial do Termo de Transação Judicial, na hipótese do inciso I do *caput* deste artigo, quando esta ocorrer a partir de dezembro de 2004.

§ 5º A idade do segurado ou dependente a ser considerada para fins de aplicação do disposto nos incisos I e II do *caput* deste artigo será aquela apurada em 26 de julho de 2004.

§ 6º Observada a disponibilidade orçamentária, fica o Poder Executivo autorizado a antecipar o pagamento previsto no *caput* deste artigo:

I – das parcelas devidas a partir do exercício de 2006, assegurada a preferência, em qualquer caso, aos mais idosos, conforme a escala de idades constante dos incisos I e II do *caput* deste artigo;

II – aos dependentes ou sucessores de benefícios cessados que não tenham gerado novos benefícios; e

III – aos beneficiários de parcelas cujos valores sejam economicamente incompatíveis com os custos operacionais de seu pagamento mensal.

§ 7º Na ocorrência de óbito do segurado ou do dependente de benefício com direito à revisão durante o período de pagamento das parcelas a que se refere o *caput* deste artigo, todos os seus dependentes ou sucessores previstos na lei civil, indicados em alvará judicial, expedido a requerimento dos interessados, independentemente de inventário ou arrolamento, deverão se habilitar no INSS para receber os valores proporcionais a sua cota-parte.

§ 8º O pagamento dos atrasados será feito em parcela única nas seguintes condições:

I – na hipótese de o titular ou qualquer de seus dependentes ser acometido de neoplasia maligna, nos termos do inciso XI do art. 20 da Lei 8.036, de 11 de maio de 1990;

II – quando o titular ou qualquer de seus dependentes for portador do vírus HIV;

III – quando o titular ou qualquer de seus dependentes for acometido de doença terminal; e

IV – em qualquer hipótese, quando o valor do saldo decorrente da revisão do benefício for de até R$ 260,00 (duzentos e sessenta reais).

§ 9º Ressalvado o direito de opção, para o segurado ou dependente que conte, em 26 de julho de 2004, com 80 (oitenta) ou mais anos de idade, o pagamento dos atrasados será feito em até 12 parcelas mensais, sendo a primeira de valor equivalente a 50% (cinquenta por cento) do total devido.

§ 10. O valor da parcela mínima a ser paga aos segurados ou aos seus dependentes será de, no mínimo, R$ 30,00 (trinta reais).

Art. 7º A assinatura do Termo de Acordo ou de Transação Judicial importará:

I – a expressa concordância do segurado ou do dependente com a forma, prazos, montantes e limites de valores definidos nesta Lei;

II – a desistência de processo judicial em curso, em qualquer instância, e sua consequente extinção, assim como de seus eventuais recursos, nos termos do art. 269, inciso V da Lei 5.869, de 11 de janeiro de 1973 – Código de Processo Civil, quando o segurado ou seu dependente tiver ajuizado ação depois de 26 de julho de 2004;

III – a expressa concordância do segurado ou do dependente com o Termo de Transação Judicial e a consequente extinção da ação judicial, nos termos do art. 269, inciso III, da Lei 5.869, de 11 de janeiro de 1973 – Código de Processo Civil, quando o segurado ou o dependente tiver ajuizado ação até 26 de julho de 2004;

IV – a renúncia ao direito de pleitear na via administrativa ou judicial quaisquer valores ou vantagens decorrentes da mesma revisão prevista nesta Lei, salvo em caso de comprovado erro material;

V – a renúncia aos honorários advocatícios e aos juros de mora quando devidos, bem como aos valores excedentes referidos no § 2º do art. 3º desta Lei.

§ 1º O segurado ou o dependente que tenha ajuizado ação depois de 26 de julho de 2004 deverá requerer ao juiz da causa a desistência da referida ação, renunciando ao direito sobre o qual se funda a ação, nos termos do art. 269, inciso V, da Lei 5.869, de

Lei 10.999/2004

11 de janeiro de 1973 – Código de Processo Civil, juntando cópia da petição protocolada ao Termo de Acordo a que se refere o art. 2º desta Lei.

§ 2º Na ocorrência de óbito do segurado ou do dependente de benefício com direito à revisão, o Termo de Acordo ou de Transação Judicial será firmado por todos os seus dependentes ou sucessores previstos na lei civil, indicados em alvará judicial, expedido a requerimento dos interessados, independente-mente de inventário ou arrolamento.

Art. 8º Ocorrendo pagamento concomitante ou em duplicidade de valores referentes à revisão prevista nesta Lei, fica o INSS autorizado a reaver administrativamente, por meio de desconto direto em benefício mantido pelo Regime Geral de Previdência Social – RGPS, os valores pagos indevidamente.

Art. 9º Os arts. 191 e 202 da Lei 10.406, de 10 de janeiro de 2002, não se aplicam à matéria de que trata esta Lei, não importando esta em renúncia ou interrupção da prescrição referente às parcelas que antecedem os últimos cinco anos anteriores a agosto de 2004, quando derivadas da revisão autorizada no art. 1º desta Lei.

Art. 10. As despesas decorrentes do disposto nesta Lei serão consignadas na lei orçamentária anual, no âmbito do Ministério da Previdência Social.

Art. 11. Fica prorrogado até 31 de julho de 2005 o prazo de que trata o art. 89 da Lei 10.833, de 29 de dezembro de 2003.

Art. 12. O INSS adotará as providências necessárias ao cumprimento do disposto nesta Lei, podendo para tanto firmar convênio ou contrato com a Empresa Brasileira de Correios e Telégrafos, a Caixa Econômica Federal e o Banco do Brasil S.A., para fins de entrega e recebimento dos Termos de Acordo e de entrega aos segurados dos Termos de Transação Judicial referidos no art. 2º desta Lei.

§ 1º O INSS poderá, ainda, firmar convênios ou contratos com entidades associativas ou sindicatos de aposentados e pensionistas para colaborarem com a sua rede de Gerências e Agências de Benefícios na entrega dos Termos de Acordo e dos Termos de Transação Judicial referidos no *caput* deste artigo, bem como no esclarecimento aos beneficiários sobre as condições dos mencionados Termos, assegurada a retribuição às citadas entidades e sindicatos pelos serviços prestados.

§ 2º Da aplicação do disposto neste artigo não poderá resultar nenhum ônus para os segurados e dependentes, sejam eles filiados ou não às entidades referidas no § 1º deste artigo.

§ 3º Os Termos de Transação Judicial referidos neste artigo serão juntados aos autos judiciais mediante requerimento do representante judicial da Procuradoria Federal Especializada junto ao INSS, ou do segurado ou de seus dependentes, ou das entidades mencionadas no § 1º deste artigo.

Art. 13. Aplicam-se aos Termos de Acordo e de Transação Judicial firmados até a data de publicação desta Lei as condições mais benéficas para os segurados e dependentes nela previstas.

Art. 14. Esta Lei entra em vigor na data de sua publicação.

Art. 15. Fica revogado o art. 43 da Lei 10.865, de 30 de abril de 2004.

Brasília, 15 de dezembro de 2004; 183º da Independência e 116º da República.
Luiz Inácio Lula da Silva

(*DOU* 16.12.2004)

ANEXO I
TERMO DE ACORDO

(SEGURADO OU DEPENDENTE SEM AJUIZAMENTO DE AÇÃO SOBRE O IRSM DE FEVEREIRO DE 1994 – 39,67% (TRINTA E NOVE INTEIROS E SESSENTA E SETE CENTÉSIMOS POR CENTO) OU QUE TENHA AJUIZADO AÇÃO DEPOIS DE 26 DE JULHO DE 2004)

_____ (nome – assinale sua condição: segurado ou dependentes ou herdeiros), _____ (nacionalidade), _____ (estado civil), documento de identidade n. _____, data de nascimento: _____, nome da mãe: _____, CIC/CPF n. _____, NIT/PIS n. _____, residente e domiciliado _____ (rua ou avenida ou quadra, n., complemento, bairro, cidade, Estado e CEP: preencher com dados atuais)

Lei 10.999/2004

LEGISLAÇÃO PREVIDENCIÁRIA

email: _____, telefone _____, e o Instituto Nacional do Seguro Social – INSS, por seu representante legal, com fulcro no art. 840 do Código Civil e no art. 2º desta Lei, firmam o presente acordo extrajudicial para revisão, por parte do INSS, do benefício n. _____, agência da Previdência Social _____, cujo endereço localiza-se à _____, e pagamento ao segurado ou dependente das parcelas vencidas, inclusive as natalinas, nos últimos cinco anos anteriores a agosto de 2004, nos seguintes termos:

I – conforme determinado nesta Lei, deverá ser efetivada a revisão dos benefícios previdenciários concedidos, com data de início posterior a fevereiro de 1994, recalculando-se o salário de benefício original, mediante a inclusão, no fator de correção dos salários de contribuição anteriores a março de 1994, do percentual de 39,67% (trinta e nove inteiros e sessenta e sete centésimos por cento), referente ao Índice de Reajuste do salário mínimo – IRSM do mês de fevereiro de 1994;

II – terão direito à revisão dos benefícios previdenciários os segurados ou seus dependentes beneficiários do Regime Geral de Previdência Social que firmem, até 31 de outubro de 2005, o presente Termo de Acordo;

III – não serão objeto de revisão, nos termos desta Lei, os benefícios do Regime Geral de Previdência Social que no cálculo do salário de benefício não tenham utilizado salários de contribuição anteriores a março de 1994, ou tenham sido decorrentes de outros benefícios cujas datas de início sejam anteriores a fevereiro de 1994, inclusive;

IV – aos benefícios revistos nos termos desta Lei aplicam-se o § 2º do art. 29 da Lei 8.213, de 24 de julho de 1991, o art. 26 da Lei 8.870, de 15 de abril de 1994, e o § 3º do art. 21 da Lei no 8.880, de 27 de maio de 1994, bem como deverão ser revistos nos termos do art. 1º desta Lei, em referência, observando-se as regras de cálculo do salário de benefício, da renda mensal inicial e de reajustes, previstas na legislação previdenciária em vigor em cada período;

V – o acordo deverá versar, exclusivamente, sobre a revisão futura do benefício previdenciário e sobre as parcelas vencidas, inclusive as natalinas, nos últimos cinco anos anteriores a agosto de 2004, observado o parcelamento previsto no art. 6º, inciso II, desta Lei;

VI – o primeiro pagamento mensal dos benefícios com o valor revisto nos termos do item I deste Anexo, para os segurados ou dependentes que tenham firmado o Termo de Acordo, será feito pelo INSS até o segundo pagamento do benefício subsequente à data de entrega do mencionado Termo de Acordo no INSS e conforme a programação constante do art. 4º desta Lei;

VII – o montante referente às parcelas vencidas, inclusive as natalinas, nos últimos cinco anos anteriores a agosto de 2004, será pago em parcelas mensais, conforme os critérios adotados no art. 6º, inciso II, desta Lei, ao segurado ou dependente que não tenha ajuizado ação judicial ou que a tenha ajuizado depois de 26 de julho de 2004;

VIII – o montante relativo às parcelas vencidas, inclusive as natalinas, nos últimos cinco anos anteriores a agosto de 2004, será apurado e atualizado monetariamente entre cada mês de competência e o mês de julho de 2004, inclusive, de acordo com os índices utilizados para a atualização das parcelas pagas em atraso pela Previdência Social;

IX – definido o montante a que se refere o item VIII deste Anexo, sobre cada parcela apurada nos termos do art. 6º desta Lei incidirá atualização monetária pela variação acumulada do INPC-IBGE entre o mês de agosto de 2004, inclusive, e o mês imediatamente anterior ao do efetivo pagamento, utilizando-se como estimativa para o último mês da série a média geométrica dos quatro meses imediatamente anteriores;

X – a idade do segurado ou dependente a ser considerada para fins de aplicação do disposto no inciso II do art. 6º desta Lei será aquela apurada em 26 de julho de 2004;

XI – verificado nos registros do INSS que o segurado ou dependente faz jus à revisão prevista nesta Lei, com base nas normas legais ora explicitadas, as partes acordaram

Lei 10.999/2004

entre si, transigindo conforme as cláusulas abaixo:

Cláusula 1ª – O primeiro pagamento mensal dos benefícios com o valor revisto nos termos do item I deste Anexo será feito pelo INSS, retroativo à competência de agosto de 2004, até o segundo pagamento subsequente à data de entrega do Termo de Acordo no INSS e conforme a programação prevista no art. 4º desta Lei.

Cláusula 2ª – Caso o segurado ou dependente entregue o Termo de Acordo em data posterior à fixada para implementação da revisão nos prazos referidos no art. 4º desta Lei, o primeiro pagamento mensal dos benefícios com o valor revisto nos termos do item I deste Anexo será feito até o segundo pagamento do benefício subsequente à data de entrega do Termo de Acordo ao INSS.

Cláusula 3ª – Em qualquer situação, a diferença apurada a partir da competência de agosto de 2004 até a data de implementação da revisão será paga em parcelas mensais e sucessivas, corrigidas monetariamente, mês a mês, com base na variação do INPC-IBGE, em número equivalente ao de meses decorridos entre agosto de 2004 e a data de implementação da revisão.

Cláusula 4ª – O pagamento do montante relativo às parcelas vencidas, inclusive as natalinas, nos últimos cinco anos anteriores a agosto de 2004, será realizado em parcelas mensais, na forma prevista no art. 6º, inciso II, desta Lei, conforme o montante a receber e a faixa de idade em que se enquadrar o segurado ou dependente.

Cláusula 5ª – O montante a que se refere a cláusula 4ª será apurado e atualizado monetariamente entre cada mês de competência e o mês de julho de 2004, inclusive, de acordo com os índices utilizados para a atualização das parcelas pagas em atraso pela Previdência Social.

Cláusula 6ª – As parcelas mensais a que se refere a cláusula 4ª, relativas à primeira metade do período total de parcelamento, corresponderão a 1/3 (um terço) do montante total apurado na forma das cláusulas 4ª e 5ª, dividido pelo número de meses referente à metade do número total de parcelas.

Cláusula 7ª – As parcelas mensais a que se refere a cláusula 4ª, relativas à segunda metade do período total de parcelamento, corresponderão a 2/3 (dois terços) do montante total apurado na forma das cláusulas 4ª e 5ª, dividido pelo número de meses referente à metade do número total de parcelas.

Cláusula 8ª – Definido o montante a que se refere a cláusula 5ª, sobre cada parcela apurada nos termos das cláusulas 4ª, 6ª e 7ª incidirá atualização monetária pela variação acumulada do INPC-IBGE entre o mês de agosto de 2004, inclusive, e o mês imediatamente anterior ao do efetivo pagamento, utilizando-se como estimativa para o último mês da série a média geométrica dos quatro meses imediatamente anteriores.

Cláusula 9ª – O pagamento referido na cláusula 4ª terá início no mês de janeiro de 2005 ou, ocorrendo a entrega no INSS deste Termo de Acordo a partir de dezembro de 2004, seu início se dará até o segundo pagamento do benefício subsequente ao protocolo do Termo no INSS.

Cláusula 10ª – O segurado ou dependente declara, sob as penas da lei, que não se encontra em litígio judicial contra o INSS, bem como se compromete a não ingressar em juízo tendo como objetivo a revisão e o passivo relativos aos 39,67% (trinta e nove inteiros e sessenta e sete centésimos por cento), referentes ao IRSM de fevereiro de 1994.

Cláusula 11ª – O segurado ou dependente também compromete-se a não pleitear na via administrativa quaisquer valores ou vantagens decorrentes da mesma revisão ajustada neste Termo de Acordo, salvo em caso de comprovado erro material.

Cláusula 12ª – O segurado ou dependente obriga-se a preencher todos os dados de qualificação acima exigidos, sujeitando-se à suspensão imediata dos efeitos deste Termo de Acordo e às sanções civis e penais previstas em lei, na hipótese de preenchê-los em desacordo com a verdade.

Cláusula 13ª – O segurado ou dependente declara que concorda e que se dá por satisfeito com a forma, prazos, montantes e limites de valores previstos neste Termo de Acordo e nesta Lei.

1387

Lei 10.999/2004

LEGISLAÇÃO PREVIDENCIÁRIA

Por estarem de pleno acordo, as partes assinam o presente Termo de Acordo, para que surta seus efeitos jurídicos.
Nestes termos, pedem deferimento.
Localidade, (data).

SEGURADO/DEPENDENTE

REPRESENTANTE LEGAL DO INSS

ANEXO II
TERMO DE TRANSAÇÃO JUDICIAL

(PARA QUEM TEM AÇÃO CONTRA O INSS, AJUIZADA ATÉ 26 DE JULHO DE 2004, TENDO POR OBJETO OS 39,67% (TRINTA E NOVE INTEIROS E SESSENTA E SETE CENTÉSIMOS POR CENTO) RELATIVOS AO IRSM DE FEVEREIRO DE 1994)

Exmo. Sr. Dr. Juiz (endereçamento ao juiz) _____ (nome do autor da ação – assinale sua condição: segurado ou dependentes ou herdeiros), _____ (nacionalidade), _____ (estado civil), documento de identidade n. _____, data de nascimento: _____, nome da mãe: _____, CIC/CPF n. _____, NIT/PIS n. _____, residente e domiciliado _____ (rua ou avenida ou quadra, n., complemento, bairro, cidade, Estado e CEP: preencher com dados atuais) e-mail: _____, telefone: _____, benefício n. _____, agência da Previdência Social _____, cujo endereço localiza-se à _____, e o Instituto Nacional do Seguro Social – INSS, por seu representante judicial, vêm, nos autos do Processo n. _____, em trâmite nesse ínclito juízo, com fulcro no art. 269, inciso III, do Código de Processo Civil, e nos arts. 2º e 3º desta Lei, requerer a homologação da transação ora proposta, nos termos que se seguem:

I – conforme determinado nesta Lei, deverá ser efetivada a revisão dos benefícios previdenciários concedidos, com data de início posterior a fevereiro de 1994, recalculando-se o salário de benefício original, mediante a inclusão, no fator de correção dos salários de contribuição anteriores a março de 1994, do percentual de 39,67% (trinta e nove inteiros e sessenta e sete centésimos por cento), referente ao Índice de Reajuste do salário mínimo – IRSM do mês de fevereiro de 1994;

II – terão direito à revisão dos benefícios previdenciários os segurados ou seus dependentes beneficiários do Regime Geral de Previdência Social que firmem, até 31 de outubro de 2005, o presente Termo de Transação Judicial;

III – não serão objeto de revisão, nos termos desta Lei, os benefícios do Regime Geral de Previdência Social que no cálculo do salário de benefício não tenham utilizado salários de contribuição anteriores a março de 1994, ou tenham sido decorrentes de outros benefícios cujas datas de início sejam anteriores a fevereiro de 1994, inclusive;

IV – aos benefícios revistos nos termos desta Lei aplicam-se o § 2º do art. 29 da Lei 8.213, de 24 de julho de 1991, o art. 26 da Lei 8.870, de 15 de abril de 1994, e o § 3º do art. 21 da Lei no 8.880, de 27 de maio de 1994, bem como deverão ser revistos nos termos do art. 1º desta Lei, observando-se as regras de cálculo do salário de benefício, da renda mensal inicial e de reajustes, previstas na legislação previdenciária em vigor em cada período;

V – a transação judicial deverá versar, exclusivamente, sobre a revisão futura do benefício previdenciário e sobre as parcelas vencidas, inclusive as natalinas, nos últimos cinco anos anteriores a agosto de 2004, observado o parcelamento previsto no art. 6º, inciso I, desta Lei, e não poderá incluir honorários advocatícios e juros de mora;

VI – o primeiro pagamento mensal dos benefícios com o valor revisto nos termos do item I deste Anexo, para os segurados ou dependentes que tenham firmado o Termo de Transação Judicial, será feito pelo INSS até o segundo pagamento subsequente à data da intimação de sua homologação judicial;

VII – o montante referente às parcelas vencidas, inclusive as natalinas, nos últimos cinco anos anteriores a agosto de 2004, será pago em parcelas mensais aos segurados ou de-

Lei 10.999/2004

LEGISLAÇÃO PREVIDENCIÁRIA

pendentes que tenham ajuizado ações até 26 de julho de 2004 conforme os critérios adotados no art. 6º, inciso I, desta Lei;

VIII – o montante relativo às parcelas vencidas, inclusive as natalinas, nos últimos cinco anos anteriores a agosto de 2004, será apurado e atualizado monetariamente entre cada mês de competência e o mês de julho de 2004, inclusive, de acordo com os índices utilizados para a atualização das parcelas pagas em atraso pela Previdência Social;

IX – definido o montante a que se refere o item VIII deste Anexo, sobre cada parcela apurada nos termos do art. 6º desta Lei incidirá atualização monetária pela variação acumulada do INPC-IBGE entre o mês de agosto de 2004, inclusive, e o mês imediatamente anterior ao do efetivo pagamento, utilizando-se como estimativa para o último mês da série a média geométrica dos quatro meses imediatamente anteriores;

X – a idade do segurado ou dependente a ser considerada para fins de aplicação do disposto nos incisos I e II do art. 6º desta Lei será aquela apurada em 26 de julho de 2004;

XI – verificado nos registros do INSS e nos autos do processo que o autor faz jus à aplicação do índice expresso nesta Lei, com base nas normas legais ora explicitadas, as partes acordaram entre si, transigindo conforme as cláusulas abaixo:

Cláusula 1ª – O primeiro pagamento mensal dos benefícios com o valor revisto nos termos do item I deste Anexo será feito pelo INSS, retroativo à competência de agosto de 2004, até o segundo pagamento subsequente à intimação da homologação judicial deste Termo de Transação Judicial.

Cláusula 2ª – Efetivada a intimação a que se refere a cláusula 1ª, a diferença apurada a partir da competência de agosto de 2004 até a data de implementação da revisão será paga em parcelas mensais e sucessivas, corrigidas monetariamente, mês a mês, com base na variação do INPC-IBGE, em número equivalente ao de meses decorridos entre agosto de 2004 e a data de implementação da revisão.

Cláusula 3ª – O pagamento do montante relativo às parcelas vencidas, inclusive as natalinas, nos últimos cinco anos anteriores a agosto de 2004, será realizado em parcelas mensais, na forma prevista no art. 6º, inciso I, desta Lei, conforme o montante a receber e a faixa de idade em que se enquadrar o segurado ou dependente.

Cláusula 4ª – O montante a que se refere a cláusula 3ª será apurado e atualizado monetariamente entre cada mês de competência e o mês de julho de 2004, inclusive, de acordo com os índices utilizados para a atualização das parcelas pagas em atraso pela Previdência Social.

Cláusula 5ª – As parcelas mensais a que se refere a cláusula 3ª, relativas à primeira metade do período total de parcelamento, corresponderão a 1/3 (um terço) do montante total apurado na forma das cláusulas 3ª e 4ª, dividido pelo número de meses referente à metade do número total de parcelas.

Cláusula 6ª – As parcelas mensais a que se refere a cláusula 3ª, relativas à segunda metade do período total de parcelamento, corresponderão a 2/3 (dois terços) do montante total apurado na forma das cláusulas 3ª e 4ª, dividido pelo número de meses referente à metade do número total de parcelas.

Cláusula 7ª – Definido o montante a que se refere a cláusula 4ª, sobre cada parcela apurada nos termos das cláusulas 3ª, 5ª e 6ª incidirá atualização monetária pela variação acumulada do INPC-IBGE entre o mês de agosto de 2004, inclusive, e o mês imediatamente anterior ao do efetivo pagamento, utilizando-se como estimativa para o último mês da série a média geométrica dos quatro meses imediatamente anteriores.

Cláusula 8ª – O pagamento referido na cláusula 3ª terá início no mês de janeiro de 2005 ou, ocorrendo a intimação da homologação deste Termo de Transação Judicial a partir de dezembro de 2004, seu início se dará até o segundo pagamento do benefício subsequente à intimação da homologação judicial.

Cláusula 9ª – O montante a receber na forma das cláusulas 3ª e 4ª terá como limite

máximo o valor de fixação da competência dos Juizados Especiais Federais, para os processos que tramitam nestes Juizados, ressalvando-se os processos que tramitam na Justiça Comum, Federal ou Estadual, que não estão submetidos à limitação de valor.

Cláusula 10ª – O autor segurado ou dependente renuncia, expressamente, aos honorários advocatícios e aos juros de mora, caso sejam devidos, bem como aos valores que extrapolem os limites da competência dos Juizados Especiais Federais, quando seu processo tramitar no âmbito desse Juizado.

Cláusula 11ª – O autor segurado ou dependente também renuncia ao direito de pleitear na via administrativa ou judicial quaisquer valores ou vantagens decorrentes da mesma revisão acordada neste Termo de Transação Judicial, salvo em caso de comprovado erro material.

Cláusula 12ª – O autor segurado ou dependente obriga-se a preencher todos os dados de qualificação acima exigidos, sujeitando-se à suspensão imediata dos efeitos deste Termo de Transação Judicial e às sanções civis e penais previstas em lei, na hipótese de preenchê-los em desacordo com a verdade.

Cláusula 13ª – O autor declara que concorda e que se dá por satisfeito com a forma, prazos, montantes e limites de valores previstos neste Termo de Transação Judicial e nesta Lei.

XII – por fim, requerem a homologação deste Termo de Transação Judicial, nos termos das cláusulas acima, e consequente extinção do processo e eventuais recursos, com julgamento de mérito, nos termos do art. 269, inciso III, do Código de Processo Civil.

Por estarem de pleno acordo, as partes assinam o presente, para que surta seus efeitos jurídicos.

Nestes termos, pedem deferimento.

Localidade, (data).

AUTOR/REPRESENTANTE JURÍDICO

LEGISLAÇÃO PREVIDENCIÁRIA

DECRETO 6.042, DE 12 DE FEVEREIRO DE 2007

Altera o Regulamento da Previdência Social, aprovado pelo Decreto 3.048, de 6 de maio de 1999, disciplina a aplicação, acompanhamento e avaliação do Fator Acidentário de Prevenção – FAP e do Nexo Técnico Epidemiológico, e dá outras providências.

O Presidente da República, no uso das atribuições que lhe confere o art. 84, incisos IV e VI, alínea a, da Constituição, e tendo em vista o disposto na Lei Complementar 123, de 14 de dezembro de 2006, e nas Leis 8.212, de 24 de julho de 1991, 8.213, de 24 de julho de 1991, 9.796, de 5 de maio de 1999, 10.666, de 8 de maio de 2003, e 11.430, de 26 de dezembro de 2006, decreta:

Art. 1º O Regulamento da Previdência Social, aprovado pelo Decreto 3.048, de 6 de maio de 1999, passa a vigorar com as seguintes alterações:

- Alterações processadas no texto do referido Decreto.

Art. 2º Os Anexos II e V do Regulamento da Previdência Social passam a vigorar com as alterações constantes do Anexo a este Decreto.

Art. 3º O Ministro de Estado da Previdência Social promoverá o acompanhamento e a avaliação das alterações do art. 337 do Regulamento da Previdência Social, podendo para esse fim constituir comissão interministerial com a participação dos demais órgãos que têm interface com esta matéria.

Art. 4º A aplicação inicial do disposto no art. 202-A fica condicionada à avaliação do desempenho das empresas até 31 de dezembro de 2006.

§ 1º Para os fins do disposto no *caput*, o Ministério da Previdência Social disponibilizará pela rede mundial de computadores – internet, até 30 de novembro de 2007, o Número de Identificação do Trabalhador – NIT relativo aos benefícios de que trata o inciso I do § 4º do art. 202-A do Regulamento da Previdência Social, referente ao período de 1º de maio de 2004 a 31 de dezembro de

Legislação Previdenciária

2006, a ser considerado, por empresa, para o cálculo do respectivo FAP.

- § 1º com redação determinada pelo Dec. 6.257/2007.

§ 2º A empresa será cientificada da disponibilização dos dados a que se refere o § 1º por meio de ato ministerial publicado no *Diário Oficial da União*.

§ 3º A empresa poderá impugnar junto ao Instituto Nacional do Seguro Social, no prazo de 30 (trinta) dias contados da publicação do ato a que se refere o § 2º, a inclusão de benefício decorrente de indevida vinculação.

- § 3º com redação determinada pelo Dec. 6.257/2007.

Art. 5º Este Decreto produz efeitos a partir do primeiro dia:

I – do mês de abril de 2007, quanto aos arts. 199-A e 337 e à Lista B do Anexo II do Regulamento da Previdência Social;

II – do quarto mês subsequente ao de sua publicação, quanto à nova redação do Anexo V do Regulamento da Previdência Social; e

III – do mês de setembro de 2009 quanto à aplicação do art. 202-A do Regulamento da Previdência Social, observado, ainda, o disposto no § 6º do mencionado artigo.

- Inciso III com redação determinada pelo Dec. 6.577/2008.

Parágrafo único. Até que sejam exigíveis as contribuições nos termos da alteração do Anexo V do Regulamento da Previdência Social e da aplicação do art. 202-A serão mantidas as referidas contribuições na forma disciplinada até o dia anterior ao da publicação deste Decreto.

Art. 6º Este Decreto entra em vigor na data de sua publicação.

Art. 7º Fica revogado o § 3º do art. 40 do Regulamento da Previdência Social, aprovado pelo Decreto 3.048, de 6 de maio de 1999.

- Deixamos de publicar os Anexos a este Decreto.

Brasília, 12 de fevereiro de 2007; 186º da Independência e 119º da República.
Luiz Inácio Lula da Silva

(*DOU* 13.02.2007; ret. 23.02.2007)

Lei 11.457/2007

LEI 11.457, DE 16 DE MARÇO DE 2007

Dispõe sobre a Administração Tributária Federal; altera as Leis 10.593, de 6 de dezembro de 2002, 10.683, de 28 de maio de 2003, 8.212, de 24 de julho de 1991, 10.910, de 15 de julho de 2004, o Decreto-lei 5.452, de 1º de maio de 1943, e o Decreto 70.235, de 6 de março de 1972; revoga dispositivos das Leis 8.212, de 24 de julho de 1991, 10.593, de 6 de dezembro de 2002, 10.910, de 15 de julho de 2004, 11.098, de 13 de janeiro de 2005, e 9.317, de 5 de dezembro de 1996; e dá outras providências.

- V. Dec. 6.106/2007 (Prova de regularidade fiscal perante a Fazenda Nacional).

O Presidente da República:
Faço saber que o Congresso Nacional decreta e eu sanciono a seguinte Lei:

Capítulo I
DA SECRETARIA DA RECEITA FEDERAL DO BRASIL

Art. 1º A Secretaria da Receita Federal passa a denominar-se Secretaria da Receita Federal do Brasil, órgão da administração direta subordinado ao Ministro de Estado da Fazenda.

Art. 2º Além das competências atribuídas pela legislação vigente à Secretaria da Receita Federal, cabe à Secretaria da Receita Federal do Brasil planejar, executar, acompanhar e avaliar as atividades relativas à tributação, fiscalização, arrecadação, cobrança e recolhimento das contribuições sociais previstas nas alíneas *a*, *b* e *c* do parágrafo único do art. 11 da Lei 8.212, de 24 de julho de 1991, e das contribuições instituídas a título de substituição.

- V. art. 1º, Dec. 6.103/2007 (Antecipa para 2 de maio de 2007 a aplicação do Dec. 70.235/1972, relativamente aos prazos processuais e à competência para julgamento em primeira instância, de processos administrativo-fiscais relativos às contribuições de que tratam os arts. 2º e 3º da Lei 11.457/2007).

§ 1º O produto da arrecadação das contribuições especificadas no *caput* deste artigo e acréscimos legais incidentes serão destinados, em caráter exclusivo, ao pagamento de benefícios do Regime Geral de Previdên-

Lei 11.457/2007

LEGISLAÇÃO PREVIDENCIÁRIA

cia Social e creditados diretamente ao Fundo do Regime Geral de Previdência Social, de que trata o art. 68 da Lei Complementar 101, de 4 de maio de 2000.

§ 2º Nos termos do art. 58 da Lei Complementar 101, de 4 de maio de 2000, a Secretaria da Receita Federal do Brasil prestará contas anualmente ao Conselho Nacional de Previdência Social dos resultados da arrecadação das contribuições sociais destinadas ao financiamento do Regime Geral de Previdência Social e das compensações a elas referentes.

§ 3º As obrigações previstas na Lei 8.212, de 24 de julho de 1991, relativas às contribuições sociais de que trata o *caput* deste artigo serão cumpridas perante a Secretaria da Receita Federal do Brasil.

§ 4º Fica extinta a Secretaria da Receita Previdenciária do Ministério da Previdência Social.

Art. 3º As atribuições de que trata o art. 2º desta Lei se estendem às contribuições devidas a terceiros, assim entendidas outras entidades e fundos, na forma da legislação em vigor, aplicando-se em relação a essas contribuições, no que couber, as disposições desta Lei.

- V. art. 1º, Dec. 6.103/2007 (Antecipa para 2 de maio de 2007 a aplicação do Dec. 70.235/1972, relativamente aos prazos processuais e à competência para julgamento em primeira instância, de processos administrativo-fiscais relativos às contribuições de que tratam os arts. 2º e 3º da Lei 11.457/2007).

§ 1º A retribuição pelos serviços referidos no *caput* deste artigo será de 3,5% (três inteiros e cinco décimos por cento) do montante arrecadado, salvo percentual diverso estabelecido em lei específica.

§ 2º O disposto no *caput* deste artigo abrangerá exclusivamente contribuições cuja base de cálculo seja a mesma das que incidem sobre a remuneração paga, devida ou creditada a segurados do Regime Geral de Previdência Social ou instituídas sobre outras bases a título de substituição.

§ 3º As contribuições de que trata o *caput* deste artigo sujeitam-se aos mesmos prazos, condições, sanções e privilégios daquelas referidas no art. 2º desta Lei, inclusive no que diz respeito à cobrança judicial.

§ 4º A remuneração de que trata o § 1º deste artigo será creditada ao Fundo Especial de Desenvolvimento e Aperfeiçoamento das Atividades de Fiscalização – Fundaf, instituído pelo Decreto-lei 1.437, de 17 de dezembro de 1975.

§ 5º Durante a vigência da isenção pelo atendimento cumulativo aos requisitos constantes dos incisos I a V do *caput* do art. 55 da Lei 8.212, de 24 de julho de 1991, deferida pelo Instituto Nacional do Seguro Social – INSS, pela Secretaria da Receita Previdenciária ou pela Secretaria da Receita Federal do Brasil, não são devidas pela entidade beneficente de assistência social as contribuições sociais previstas em lei a outras entidades ou fundos.

§ 6º Equiparam-se a contribuições de terceiros, para fins desta Lei, as destinadas ao Fundo Aeroviário – FA, à Diretoria de Portos e Costas do Comando da Marinha – DPC e ao Instituto Nacional de Colonização e Reforma Agrária – Incra e a do salário-educação.

Art. 4º São transferidos para a Secretaria da Receita Federal do Brasil os processos administrativo-fiscais, inclusive os relativos aos créditos já constituídos ou em fase de constituição, e as guias e declarações apresentadas ao Ministério da Previdência Social ou ao Instituto Nacional do Seguro Social – INSS, referentes às contribuições de que tratam os arts. 2º e 3º desta Lei.

Art. 5º Além das demais competências estabelecidas na legislação que lhe é aplicável, cabe ao INSS:

I – emitir certidão relativa a tempo de contribuição;

II – gerir o Fundo do Regime Geral de Previdência Social;

III – calcular o montante das contribuições referidas no art. 2º desta Lei e emitir o correspondente documento de arrecadação, com vistas no atendimento conclusivo para concessão ou revisão de benefício requerido.

Art. 6º Ato conjunto da Secretaria da Receita Federal do Brasil e do INSS definirá a forma de transferência recíproca de informações relacionadas com as contribuições

sociais a que se referem os arts. 2º e 3º desta Lei.

Parágrafo único. Com relação às informações de que trata o *caput* deste artigo, a Secretaria da Receita Federal do Brasil e o INSS são responsáveis pela preservação do sigilo fiscal previsto no art. 198 da Lei 5.172, de 25 de outubro de 1966.

Art. 7º Fica criado o cargo de Natureza Especial de Secretário da Receita Federal do Brasil, com a remuneração prevista no parágrafo único do art. 39 da Lei 10.683, de 28 de maio de 2003.

Parágrafo único. O Secretário da Receita Federal do Brasil será escolhido entre brasileiros de reputação ilibada e ampla experiência na área tributária, sendo nomeado pelo Presidente da República.

Art. 7º-A. As atribuições e competências anteriormente conferidas ao Secretário da Receita Federal ou ao Secretário da Receita Previdenciária, relativas ao exercício dos respectivos cargos, transferem-se para o Secretário da Receita Federal do Brasil.

• Artigo acrescentado pela Lei 11.490/2007.

Art. 8º Ficam redistribuídos, na forma do § 1º do art. 37 da Lei 8.112, de 11 de dezembro de 1990, dos Quadros de Pessoal do Ministério da Previdência Social e do INSS para a Secretaria da Receita Federal do Brasil os cargos ocupados e vagos da Carreira Auditoria Fiscal da Previdência Social, de que trata o art. 7º da Lei 10.593, de 6 de dezembro de 2002.

[...]

Art. 10. Ficam transformados:

I – em cargos de Auditor Fiscal da Receita Federal do Brasil, de que trata o art. 5º da Lei 10.593, de 6 de dezembro de 2002, com a redação conferida pelo art. 9º desta Lei, os cargos efetivos, ocupados e vagos de Auditor Fiscal da Receita Federal da Carreira Auditoria da Receita Federal prevista na redação original do art. 5º da Lei 10.593, de 6 de dezembro de 2002, e de Auditor Fiscal da Previdência Social da Carreira Auditoria Fiscal da Previdência Social, de que trata o art. 7º da Lei 10.593, de 6 de dezembro de 2002;

II – em cargos de Analista Tributário da Receita Federal do Brasil, de que trata o art. 5º da Lei 10.593, de 6 de dezembro de 2002, com a redação conferida pelo art. 9º desta Lei, os cargos efetivos, ocupados e vagos, de Técnico da Receita Federal da Carreira Auditoria da Receita Federal prevista na redação original do art. 5º da Lei 10.593, de 6 de dezembro de 2002.

§ 1º Aos servidores titulares dos cargos transformados nos termos deste artigo fica assegurado o posicionamento na classe e padrão de vencimento em que estiverem enquadrados, sem prejuízo da remuneração e das demais vantagens a que façam jus na data de início da vigência desta Lei, observando-se, para todos os fins, o tempo no cargo anterior, inclusive o prestado a partir da publicação desta Lei.

§ 2º O disposto neste artigo aplica-se aos servidores aposentados, bem como aos pensionistas.

§ 3º A nomeação dos aprovados em concursos públicos para os cargos transformados na forma do *caput* deste artigo cujo edital tenha sido publicado antes do início da vigência desta Lei far-se-á nos cargos vagos alcançados pela respectiva transformação.

§ 4º Ficam transportados para a folha de pessoal inativo do Ministério da Fazenda os proventos e as pensões decorrentes do exercício dos cargos de Auditor Fiscal da Previdência Social transformados nos termos deste artigo.

§ 5º Os atuais ocupantes dos cargos a que se refere o § 4º deste artigo e os servidores inativos que se aposentaram em seu exercício, bem como os respectivos pensionistas, poderão optar por permanecer filiados ao plano de saúde a que se vinculavam na origem, hipótese em que a contribuição será custeada pelo servidor e pelo Ministério da Fazenda.

§ 6º Ficam extintas a Carreira Auditoria da Receita Federal, mencionada na redação original do art. 5º da Lei 10.593, de 6 de dezembro de 2002, e a Carreira Auditoria Fiscal da Previdência Social, de que trata o art. 7º daquela Lei.

Art. 11. Os Auditores Fiscais da Receita Federal do Brasil cedidos a outros órgãos que não satisfaçam as condições previstas nos incisos I e II do § 8º do art. 4º da Lei

10.910, de 15 de julho de 2004, deverão entrar em exercício na Secretaria da Receita Federal do Brasil no prazo de 180 (cento e oitenta) dias da vigência desta Lei.

§ 1º Excluem-se do disposto no *caput* deste artigo cessões para o exercício dos cargos de Secretário de Estado, do Distrito Federal, de prefeitura de capital ou de dirigente máximo de autarquia no mesmo âmbito.

§ 2º O Poder Executivo poderá fixar o exercício de até 385 (trezentos e oitenta e cinco) Auditores Fiscais da Receita Federal do Brasil no Ministério da Previdência Social ou na Superintendência Nacional de Previdência Complementar – Previc, garantidos os direitos e vantagens inerentes ao cargo, lotação de origem, remuneração e gratificações, ainda que na condição de ocupante de cargo em comissão ou função de confiança.

• § 2º com redação determinada pela Lei 12.154/2009.

§ 3º Os Auditores Fiscais da Receita Federal do Brasil a que se refere o § 2º executarão, em caráter privativo, os procedimentos de fiscalização das atividades e operações das entidades fechadas de previdência complementar, de competência da Previc, assim como das entidades e fundos dos regimes próprios de previdência social.

• § 3º com redação determinada pela Lei 12.154/2009.

§ 4º No exercício da competência prevista no § 3º deste artigo, os Auditores Fiscais da Receita Federal do Brasil poderão, relativamente ao objeto da fiscalização:

I – praticar os atos definidos na legislação específica, inclusive os relacionados com a apreensão e guarda de livros, documentos, materiais, equipamentos e assemelhados;

II – examinar registros contábeis, não se lhes aplicando as restrições previstas nos arts. 1.190 a 1.192 do Código Civil e observado o disposto no art. 1.193 do mesmo diploma legal;

III – lavrar ou propor a lavratura de auto de infração;

• Inciso III acrescentado pela Lei 12.154/2009.

IV – aplicar ou propor a aplicação de penalidade administrativa ao responsável por infração objeto de processo administrativo decorrente de ação fiscal, representação, denúncia ou outras situações previstas em lei.

• Inciso IV acrescentado pela Lei 12.154/2009.

§ 5º Na execução dos procedimentos de fiscalização referidos no § 3º, ao Auditor Fiscal da Receita Federal do Brasil é assegurado o livre acesso às dependências e às informações dos entes objeto da ação fiscal, de acordo com as respectivas áreas de competência, caracterizando-se embaraço à fiscalização, punível nos termos da lei, qualquer dificuldade oposta à consecução desse objetivo.

• § 5º acrescentado pela Lei 12.154/2009.

§ 6º É facultado ao Auditor Fiscal da Receita Federal do Brasil a que se refere o § 2º exercer, em caráter geral e concorrente, outras atividades inerentes às competências do Ministério da Previdência Social e da Previc.

• § 6º acrescentado pela Lei 12.154/2009.

§ 7º Caberá aos Auditores Fiscais da Receita Federal do Brasil em exercício na Previc constituir em nome desta, mediante lançamento, os créditos pelo não recolhimento da Taxa de Fiscalização e Controle da Previdência Complementar – Tafic e promover a sua cobrança administrativa.

• § 7º acrescentado pela Lei 12.154/2009.

Art. 12. Sem prejuízo do disposto no art. 49 desta Lei, são redistribuídos, na forma do disposto no art. 37 da Lei 8.112, de 11 de dezembro de 1990, para a Secretaria da Receita Federal do Brasil, os cargos dos servidores que, na data da publicação desta Lei, se encontravam em efetivo exercício na Secretaria de Receita Previdenciária ou nas unidades técnicas e administrativas a ela vinculadas e sejam titulares de cargos integrantes:

I – do Plano de Classificação de Cargos, instituído pela Lei 5.645, de 10 de dezembro de 1970, ou do Plano Geral de Cargos do Poder Executivo de que trata a Lei 11.357, de 19 de outubro de 2006;

II – das Carreiras:

a) Previdenciária, instituída pela Lei 10.355, de 26 de dezembro de 2001;

b) da Seguridade Social e do Trabalho, instituída pela Lei 10.483, de 3 de julho de 2002;

Lei 11.457/2007

LEGISLAÇÃO PREVIDENCIÁRIA

c) do Seguro Social, instituída pela Lei 10.855, de 1º de abril de 2004;

d) da Previdência, da Saúde e do Trabalho, instituída pela Lei 11.355, de 19 de outubro de 2006.

§§ 1º a 3º *(Vetados.)*

§ 4º Os servidores referidos neste artigo poderão, no prazo de 180 (cento e oitenta) dias contado da data referida no inciso II do *caput* do art. 51 desta Lei, optar por sua permanência no órgão de origem.

- § 4º acrescentado pela Lei 11.501/2007.
- V. Dec. 6.248/2007 (Regulamenta o art. 12, § 4º, da Lei 11.457/2007).

§ 5º Os servidores a que se refere este artigo perceberão seus respectivos vencimentos e vantagens como se em exercício estivessem no órgão de origem, até a vigência da Lei que disporá sobre suas carreiras, cargos, remuneração, lotação e exercício.

- § 5º acrescentado pela Lei 11.501/2007.

§ 6º *(Vetado.)*

- § 6º acrescentado pela Lei 11.501/2007.

§ 7º *(Vetado.)*

- § 7º acrescentado pela Lei 11.501/2007.

§ 8º *(Vetado.)*

- § 8º acrescentado pela Lei 11.501/2007.

Art. 13. Ficam transferidos os cargos em comissão e funções gratificadas da estrutura da extinta Secretaria da Receita Previdenciária do Ministério da Previdência Social para a Secretaria da Receita Federal do Brasil.

Art. 14. Fica o Poder Executivo autorizado a proceder à transformação, sem aumento de despesa, dos cargos em comissão e funções gratificadas existentes na Secretaria da Receita Federal do Brasil.

Parágrafo único. Sem prejuízo das situações existentes na data de publicação desta Lei, os cargos em comissão a que se refere o *caput* deste artigo são privativos de servidores:

I – ocupantes de cargos efetivos da Secretaria da Receita Federal do Brasil ou que tenham obtido aposentadoria nessa condição;

II – alcançados pelo disposto no art. 12 desta Lei.

[...]

Capítulo II
DA PROCURADORIA-GERAL DA FAZENDA NACIONAL

Art. 16. A partir do primeiro dia do segundo mês subsequente ao da publicação desta Lei, o débito original e seus acréscimos legais, além de outras multas previstas em lei, relativos às contribuições de que tratam os arts. 2º e 3º desta Lei, constituem dívida ativa da União.

§ 1º A partir do primeiro dia do décimo terceiro mês subsequente ao da publicação desta Lei, o disposto no *caput* deste artigo se estende à dívida ativa do Instituto Nacional do Seguro Social – INSS e do Fundo Nacional de Desenvolvimento da Educação – FNDE decorrente das contribuições a que se referem os arts. 2º e 3º desta Lei.

§ 2º Aplica-se à arrecadação da dívida ativa decorrente das contribuições de que trata o art. 2º desta Lei o disposto no § 1º daquele artigo.

§ 3º Compete à Procuradoria-Geral Federal representar judicial e extrajudicialmente:

I – o INSS e o FNDE, em processos que tenham por objeto a cobrança de contribuições previdenciárias, inclusive nos que pretendam a contestação do crédito tributário, até a data prevista no § 1º deste artigo;

II – a União, nos processos da Justiça do Trabalho relacionados com a cobrança de contribuições previdenciárias, de imposto de renda retido na fonte e de multas impostas aos empregadores pelos órgãos de fiscalização das relações do trabalho, mediante delegação da Procuradoria-Geral da Fazenda Nacional.

§ 4º A delegação referida no inciso II do § 3º deste artigo será comunicada aos órgãos judiciários e não alcançará a competência prevista no inciso II do art. 12 da Lei Complementar 73, de 10 de fevereiro de 1993.

§ 5º Recebida a comunicação aludida no § 4º deste artigo, serão destinadas à Procuradoria-Geral Federal as citações, intimações e notificações efetuadas em processos abrangidos pelo objeto da delegação.

§ 6º Antes de efetivar a transferência de atribuições decorrente do disposto no § 1º deste artigo, a Procuradoria-Geral Federal con-

Lei 11.457/2007

LEGISLAÇÃO PREVIDENCIÁRIA

cluirá os atos que se encontrarem pendentes.

§ 7º A inscrição na dívida ativa da União das contribuições de que trata o art. 3º desta Lei, na forma do *caput* e do § 1º deste artigo, não altera a destinação final do produto da respectiva arrecadação.

Art. 17. O art. 39 da Lei 8.212, de 24 de julho de 1991, passa a vigorar com a seguinte redação:

• Alterações processadas no texto da referida Lei.

Art. 18. Ficam criados na Carreira de Procurador da Fazenda Nacional 1.200 cargos efetivos de Procurador da Fazenda Nacional.

Parágrafo único. Os cargos referidos no *caput* deste artigo serão providos na medida das necessidades do serviço e das disponibilidades de recursos orçamentários, nos termos do § 1º do art. 169 da Constituição Federal.

Art. 18-A. Compete ao Advogado-Geral da União e ao Ministro de Estado da Fazenda, mediante ato conjunto, distribuir os cargos de Procurador da Fazenda Nacional pelas 3 (três) categorias da Carreira.

• Artigo acrescentado pela Lei 11.518/2007.

Art. 19. Ficam criadas, na Procuradoria-Geral da Fazenda Nacional, 120 Procuradorias Seccionais da Fazenda Nacional, a serem instaladas por ato do Ministro de Estado da Fazenda em cidades sede de Varas da Justiça Federal ou do Trabalho.

Parágrafo único. Para estruturação das Procuradorias Seccionais a que se refere o *caput* deste artigo, ficam criados 60 cargos em comissão do Grupo Direção e Assessoramento Superiores DAS-2 e 60 DAS-1, a serem providos na medida das necessidades do serviço e das disponibilidades de recursos orçamentários, nos termos do § 1º do art. 169 da Constituição Federal.

Art. 20. (Vetado.)

Art. 21. Sem prejuízo do disposto no art. 49 desta Lei e da percepção da remuneração do respectivo cargo, será fixado o exercício na Procuradoria-Geral da Fazenda Nacional, a partir da data fixada no § 1º do art. 16 desta Lei, dos servidores que se encontrarem em efetivo exercício nas unidades vinculadas ao contencioso fiscal e à cobrança da dívida ativa na Coordenação-Geral de Matéria Tributária da Procuradoria-Geral Federal, na Procuradoria Federal Especializada junto ao INSS, nos respectivos órgãos descentralizados ou nas unidades locais, e forem titulares de cargos integrantes:

I – do Plano de Classificação de Cargos instituído pela Lei 5.645, de 10 dezembro de 1970, ou do Plano Geral de Cargos do Poder Executivo de que trata a Lei 11.357, de 19 de outubro de 2006;

• Inciso I com redação determinada pela Lei 11.501/2007.

II – das Carreiras:

a) Previdenciária, instituída pela Lei 10.355, de 26 de dezembro de 2001;

b) da Seguridade Social e do Trabalho, instituída pela Lei 10.483, de 3 de julho de 2002;

c) do Seguro Social, instituída pela Lei 10.855, de 1º de abril de 2004;

d) da Previdência, da Saúde e do Trabalho, instituída pela Lei 11.355, de 19 de outubro de 2006.

Parágrafo único. Fica o Poder Executivo autorizado, de acordo com as necessidades do serviço, a fixar o exercício dos servidores a que se refere o *caput* deste artigo no órgão ou entidade ao qual estiverem vinculados.

Art. 22. As autarquias e fundações públicas federais darão apoio técnico, logístico e financeiro, pelo prazo de 24 (vinte e quatro) meses a partir da publicação desta Lei, para que a Procuradoria-Geral Federal assuma, de forma centralizada, nos termos dos §§ 11 e 12 do art. 10 da Lei 10.480, de 2 de julho de 2002, a execução de sua dívida ativa.

• V. art. 2º, Dec. 6.119/2007 (DOU 28.05.2007), que determina que o Advogado-Geral da União, no prazo de 60 (sessenta) dias, contado da data de publicação do referido Decreto, editará os atos dispondo sobre a competência, a estrutura e o funcionamento da Procuradoria-Geral Federal, no que se refere a este artigo.

Art. 23. Compete à Procuradoria-Geral da Fazenda Nacional a representação judicial na cobrança de créditos de qualquer natureza inscritos em Dívida Ativa da União.

Art. 24. É obrigatório que seja proferida decisão administrativa no prazo máximo de

Lei 11.457/2007

LEGISLAÇÃO PREVIDENCIÁRIA

360 (trezentos e sessenta) dias a contar do protocolo de petições, defesas ou recursos administrativos do contribuinte.
§ 1º *(Vetado.)*
§ 2º *(Vetado.)*

Capítulo III
DO PROCESSO ADMINISTRATIVO FISCAL

Art. 25. Passam a ser regidos pelo Decreto 70.235, de 6 de março de 1972:

- V. art. 1º, Dec. 6.103/2007 (Antecipa para 2 de maio de 2007 a aplicação do Dec. 70.235/1972, relativamente aos prazos processuais e à competência para julgamento em primeira instância, de processos administrativo-fiscais relativos às contribuições de que tratam os arts. 2º e 3º da Lei 11.457/2007).
- V. art. 2º, Dec. 6.104/2007, que determina que os procedimentos fiscais iniciados antes de 02.05.2007, no âmbito da Secretaria da Receita Federal e da Secretaria da Receita Previdenciária, deverão ser concluídos até 31.10.2007.

I – a partir da data fixada no § 1º do art. 16 desta Lei, os procedimentos fiscais e os processos administrativo-fiscais de determinação e exigência de créditos tributários referentes às contribuições de que tratam os arts. 2º e 3º desta Lei;
II – a partir da data fixada no *caput* do art. 16 desta Lei, os processos administrativos de consulta relativos às contribuições sociais mencionadas no art. 2º desta Lei.
§ 1º O Poder Executivo poderá antecipar ou postergar a data a que se refere o inciso I do *caput* deste artigo, relativamente a:
I – procedimentos fiscais, instrumentos de formalização do crédito tributário e prazos processuais;
II – competência para julgamento em primeira instância pelos órgãos de deliberação interna e natureza colegiada.
§ 2º O disposto no inciso I do *caput* deste artigo não se aplica aos processos de restituição, compensação, reembolso, imunidade e isenção das contribuições ali referidas.
§ 3º Aplicam-se, ainda, aos processos a que se refere o inciso II do *caput* deste artigo os arts. 48 e 49 da Lei 9.430, de 27 de dezembro de 1996.

Art. 26. O valor correspondente à compensação de débitos relativos às contribuições de que trata o art. 2º desta Lei será repassado ao Fundo do Regime Geral de Previdência Social no máximo 2 (dois) dias úteis após a data em que ela for promovida de ofício ou em que for deferido o respectivo requerimento.
Parágrafo único. O disposto no art. 74 da Lei 9.430, de 27 de dezembro de 1996, não se aplica às contribuições sociais a que se refere o art. 2º desta Lei.

Art. 27. Observado o disposto no art. 25 desta Lei, os procedimentos fiscais e os processos administrativo-fiscais referentes às contribuições sociais de que tratam os arts. 2º e 3º desta Lei permanecem regidos pela legislação precedente.

Art. 28. Ficam criadas, na Secretaria da Receita Federal do Brasil, cinco Delegacias de Julgamento e 60 Turmas de Julgamento com competência para julgar, em primeira instância, os processos de exigência de tributos e contribuições arrecadados pela Secretaria da Receita Federal do Brasil, a serem instaladas mediante ato do Ministro de Estado da Fazenda.
Parágrafo único. Para estruturação dos órgãos de que trata o *caput* deste artigo, ficam criados cinco cargos em comissão do Grupo Direção e Assessoramento Superiores DAS-3 e 55 DAS-2, a serem providos na medida das necessidades do serviço e das disponibilidades de recursos orçamentários, nos termos do § 1º do art. 169 da Constituição Federal.

Art. 29. Fica transferida do Conselho de Recursos da Previdência Social para o 2º Conselho de Contribuintes do Ministério da Fazenda a competência para julgamento de recursos referentes às contribuições de que tratam os arts. 2º e 3º desta Lei.
§ 1º Para o exercício da competência a que se refere o *caput* deste artigo, serão instaladas no 2º Conselho de Contribuintes, na forma da regulamentação pertinente, Câmaras especializadas, observada a composição prevista na parte final do inciso VII do *caput* do art. 194 da Constituição Federal.
§ 2º Fica autorizado o funcionamento das Câmaras dos Conselhos de Contribuintes nas sedes das Regiões Fiscais da Secretaria da Receita Federal do Brasil.

Lei 11.457/2007

LEGISLAÇÃO PREVIDENCIÁRIA

Art. 30. No prazo de 30 (trinta) dias da publicação do ato de instalação das Câmaras previstas no § 1º do art. 29 desta Lei, os processos administrativo-fiscais referentes às contribuições de que tratam os arts. 2º e 3º desta Lei que se encontrarem no Conselho de Recursos da Previdência Social serão encaminhados para o 2º Conselho de Contribuintes.

Parágrafo único. Fica prorrogada a competência do Conselho de Recursos da Previdência Social durante o prazo a que se refere o *caput* deste artigo.

Art. 31. São transferidos, na data da publicação do ato a que se refere o *caput* do art. 30 desta Lei, dois cargos em comissão do Grupo Direção e Assessoramento Superiores DAS-101.2 e dois DAS-101.1 do Conselho de Recursos da Previdência Social para o 2º Conselho de Contribuintes.

Capítulo IV
DO PARCELAMENTO DOS DÉBITOS PREVIDENCIÁRIOS DOS ESTADOS E DO DISTRITO FEDERAL

* V. Dec. 6.166/2007 (Regulamenta o parcelamento dos débitos dos Estados e do Distrito Federal relativos às contribuições sociais de que tratam as alíneas a e c do parágrafo único do art. 11 da Lei 8.212/1991, instituído pelos arts. 32 a 39 da Lei 11.457/2007).

Art. 32. Os débitos de responsabilidade dos Estados e do Distrito Federal, de suas autarquias e fundações, relativos às contribuições sociais de que tratam as alíneas *a* e *c* do parágrafo único do art. 11 da Lei 8.212, de 24 de julho de 1991, com vencimento até o mês anterior ao da entrada em vigor desta Lei, poderão ser parcelados em até 240 prestações mensais e consecutivas.

§ 1º Os débitos referidos no *caput* deste artigo são aqueles originários de contribuições sociais e obrigações acessórias, constituídos ou não, inscritos ou não em dívida ativa, incluídos os que estiverem em fase de execução fiscal ajuizada, e os que tenham sido objeto de parcelamento anterior não integralmente quitado ou cancelado por falta de pagamento.

§ 2º Os débitos ainda não constituídos deverão ser confessados de forma irretratável e irrevogável.

§ 3º Poderão ser parcelados em até 60 prestações mensais e consecutivas os débitos de que tratam o *caput* e os §§ 1º e 2º deste artigo com vencimento até o mês anterior ao da entrada em vigor desta Lei, relativos a contribuições não recolhidas:

I – descontadas dos segurados empregado, trabalhador avulso e contribuinte individual;

II – retidas na forma do art. 31 da Lei 8.212, de 24 de julho de 1991;

III – decorrentes de sub-rogação.

§ 4º Caso a prestação mensal não seja paga na data do vencimento, serão retidos e repassados à Secretaria da Receita Federal do Brasil recursos do Fundo de Participação dos Estados e do Distrito Federal suficientes para sua quitação, acrescidos de juros equivalentes à taxa referencial do Sistema Especial de Liquidação e de Custódia – SELIC para títulos federais, acumulada mensalmente a partir do primeiro dia do mês subsequente ao da consolidação do débito até o mês anterior ao do pagamento, acrescido de 1% (um por cento) no mês do pagamento da prestação.

Art. 33. Até 90 (noventa) dias após a entrada em vigor desta Lei, a opção pelo parcelamento será formalizada na Secretaria da Receita Federal do Brasil, que se responsabilizará pela cobrança das prestações e controle dos créditos originários dos parcelamentos concedidos.

* V. art. 3º, Lei 11.531/2007, que prorroga até 31.12.2007 o prazo a que se refere este artigo.

Art. 34. A concessão do parcelamento objeto deste Capítulo está condicionada:

I – à apresentação pelo Estado ou Distrito Federal, na data da formalização do pedido, do demonstrativo referente à apuração da Receita Corrente Líquida Estadual, na forma do disposto na Lei Complementar 101, de 4 de maio de 2000, referente ao ano-calendário imediatamente anterior ao da entrada em vigor desta Lei;

II – ao adimplemento das obrigações vencidas a partir do primeiro dia do mês da entrada em vigor desta Lei.

Art. 35. Os débitos serão consolidados por Estado e Distrito Federal na data do pedido do parcelamento, reduzindo-se os valores referentes a juros de mora em 50% (cinquenta por cento).

Art. 36. Os débitos de que trata este Capítulo serão parcelados em prestações mensais equivalentes a, no mínimo, 1,5% (um inteiro e cinco décimos por cento) da média da Receita Corrente Líquida do Estado e do Distrito Federal prevista na Lei Complementar 101, de 4 de maio de 2000.

§ 1º A média de que trata o *caput* deste artigo corresponderá a 1/12 (um doze avos) da Receita Corrente Líquida do ano anterior ao do vencimento da prestação.

§ 2º Para fins deste artigo, os Estados e o Distrito Federal se obrigam a encaminhar à Secretaria da Receita Federal do Brasil o demonstrativo de apuração da Receita Corrente Líquida de que trata o inciso I do art. 53 da Lei Complementar 101, de 4 de maio de 2000, até o último dia útil do mês de fevereiro de cada ano.

§ 3º A falta de apresentação das informações a que se refere o § 2º deste artigo implicará, para fins de apuração e cobrança da prestação mensal, a aplicação da variação do Índice Geral de Preços, Disponibilidade Interna – IGP-DI, acrescida de juros de 0,5% (cinco décimos por cento) ao mês, sobre a última Receita Corrente Líquida publicada nos termos da legislação.

§ 4º Às prestações vencíveis em janeiro, fevereiro e março aplicar-se-á o valor mínimo do ano anterior.

Art. 37. As prestações serão exigíveis no último dia útil de cada mês, a contar do mês subsequente ao da formalização do pedido de parcelamento.

§ 1º No período compreendido entre a formalização do pedido e o mês da consolidação, o ente beneficiário do parcelamento deverá recolher mensalmente prestações correspondentes a 1,5% (um inteiro e cinco décimos por cento) da média da Receita Corrente Líquida do Estado e do Distrito Federal prevista na Lei Complementar 101, de 4 de maio de 2000, sob pena de indeferimento do pleito, que só se confirma com o pagamento da prestação inicial.

§ 2º A partir do mês seguinte à consolidação, o valor da prestação será obtido mediante a divisão do montante do débito parcelado, deduzidos os valores das prestações recolhidas nos termos do § 1º deste artigo, pelo número de prestações restantes, observado o valor mínimo de 1,5% (um inteiro e cinco décimos por cento) da média da Receita Corrente Líquida do Estado e do Distrito Federal prevista na Lei Complementar 101, de 4 de maio de 2000.

Art. 38. O parcelamento será rescindido na hipótese do inadimplemento:

I – de 3 (três) meses consecutivos ou 6 (seis) meses alternados, prevalecendo o que primeiro ocorrer;

II – das obrigações correntes referentes às contribuições sociais de que trata este Capítulo;

III – da parcela da prestação que exceder à retenção dos recursos do Fundo de Participação dos Estados e do Distrito Federal promovida na forma deste Capítulo.

Art. 39. O Poder Executivo disciplinará, em regulamento, os atos necessários à execução do disposto neste Capítulo.

Parágrafo único. Os débitos referidos no *caput* deste artigo serão consolidados no âmbito da Secretaria da Receita Federal do Brasil.

Capítulo V
DISPOSIÇÕES GERAIS

Art. 40. Sem prejuízo do disposto nas Leis 4.516, de 1º de dezembro de 1964, e 5.615, de 13 de outubro de 1970, a Empresa de Tecnologia e Informações da Previdência Social – Dataprev fica autorizada a prestar serviços de tecnologia da informação ao Ministério da Fazenda, necessários ao desempenho das atribuições abrangidas por esta Lei, observado o disposto no inciso VIII do art. 24 da Lei 8.666, de 21 de junho de 1993, nas condições estabelecidas em ato do Poder Executivo.

Art. 41. Fica autorizada a transferência para o patrimônio da União dos imóveis que compõem o Fundo do Regime Geral de Previdência Social identificados pelo Poder Executivo como necessários ao funcionamento

Lei 11.457/2007

LEGISLAÇÃO PREVIDENCIÁRIA

da Secretaria da Receita Federal do Brasil e da Procuradoria-Geral da Fazenda Nacional.

Parágrafo único. No prazo de 3 (três) anos, de acordo com o resultado de avaliação realizada nos termos da legislação aplicável, a União compensará financeiramente o Fundo do Regime Geral de Previdência Social pelos imóveis transferidos na forma do *caput* deste artigo.

Art. 42. A Consolidação das Leis do Trabalho – CLT, aprovada pelo Decreto-lei 5.452, de 1º de maio de 1943, passa a vigorar com a seguinte redação:

• Alterações processadas no texto da CLT.

[...]

Art. 45. As repartições da Secretaria da Receita Federal do Brasil deverão, durante seu horário regular de funcionamento, dar vista dos autos de processo administrativo, permitindo a obtenção de cópias reprográficas, assim como receber requerimentos e petições.

Parágrafo único. A Secretaria da Receita Federal do Brasil adotará medidas para disponibilizar o atendimento a que se refere o *caput* deste artigo por intermédio da rede mundial de computadores e o recebimento de petições e requerimentos digitalizados.

Capítulo VI
DISPOSIÇÕES TRANSITÓRIAS E FINAIS

Art. 46. A Fazenda Nacional poderá celebrar convênios com entidades públicas e privadas para a divulgação de informações previstas nos incisos II e III do § 3º do art. 198 da Lei 5.172, de 25 de outubro de 1966 – Código Tributário Nacional – CTN.

Art. 47. Fica o Poder Executivo autorizado a:

I – transferir, depois de realizado inventário, do INSS, do Ministério da Previdência Social e da Procuradoria-Geral Federal para a Secretaria da Receita Federal do Brasil e para a Procuradoria-Geral da Fazenda Nacional acervos técnicos e patrimoniais, inclusive bens imóveis, obrigações, direitos, contratos, convênios, processos administrativos e demais instrumentos relacionados com as atividades transferidas em decorrência desta Lei;

II – remanejar e transferir para a Secretaria da Receita Federal do Brasil dotações em favor do Ministério da Previdência Social e do INSS aprovadas na Lei Orçamentária em vigor, mantida a classificação funcional-programática, subprojetos, subatividades e grupos de despesas.

§ 1º Até que sejam implementados os ajustes necessários, o Ministério da Previdência Social e o INSS continuarão a executar as despesas de pessoal e de manutenção relativas às atividades transferidas, inclusive as decorrentes do disposto no § 5º do art. 10 desta Lei.

§ 2º Enquanto não ocorrerem as transferências previstas no *caput* deste artigo, o Ministério da Previdência Social, o INSS e a Procuradoria-Geral Federal prestarão à Secretaria da Receita Federal do Brasil e à Procuradoria-Geral da Fazenda Nacional o necessário apoio técnico, financeiro e administrativo.

§ 3º Inclui-se no apoio de que trata o § 2º deste artigo a manutenção dos espaços físicos atualmente ocupados.

Art. 48. Fica mantida, enquanto não modificados pela Secretaria da Receita Federal do Brasil, a vigência dos convênios celebrados e dos atos normativos e administrativos editados:

I – pela Secretaria da Receita Previdenciária;
II – pelo Ministério da Previdência Social e pelo INSS relativos à administração das contribuições a que se referem os arts. 2º e 3º desta Lei;
III – pelo Ministério da Fazenda relativos à administração dos tributos e contribuições de competência da Secretaria da Receita Federal do Brasil;
IV – pela Secretaria da Receita Federal.

Art. 49. *(Vetado.)*

Art. 50. No prazo de 1 (um) ano da data de publicação desta Lei, o Poder Executivo encaminhará ao Congresso Nacional projeto de lei orgânica das Auditorias Federais, dispondo sobre direitos, deveres, garantias e prerrogativas dos servidores integrantes das Carreiras de que trata a Lei 10.593, de 6 de dezembro de 2002.

Art. 51. Esta Lei entra em vigor:

Dec. 6.106/2007

LEGISLAÇÃO PREVIDENCIÁRIA

I – na data de sua publicação, para o disposto nos arts. 40, 41, 47, 48, 49 e 50 desta Lei;
II – no primeiro dia útil do segundo mês subsequente à data de sua publicação, em relação aos demais dispositivos desta Lei.

Art. 52. Ficam revogados:
I – *(Vetado.)*
II – a partir da data da publicação desta Lei, o parágrafo único do art. 5º da Lei 10.593, de 6 dezembro de 2002.

• Deixamos de publicar os Anexos a esta Lei.

Brasília, 16 de março de 2007; 186º da Independência e 119º da República.
Luiz Inácio Lula da Silva

(*DOU* 19.03.2007)

DECRETO 6.106, DE 30 DE ABRIL DE 2007

Dispõe sobre a prova de regularidade fiscal perante a Fazenda Nacional, altera o Decreto 3.048, de 6 de maio de 1999, que aprova o Regulamento da Previdência Social, e dá outras providências.

O Presidente da República, no uso da atribuição que lhe confere o art. 84, inciso IV, da Constituição, e tendo em vista o disposto nos arts. 205 e 206 da Lei 5.172, de 25 de outubro de 1966, no art. 62 do Decreto-lei 147, de 3 de fevereiro de 1967, no § 1º do art. 1º do Decreto-lei 1.715, de 22 de novembro de 1979, no art. 47 da Lei 8.212, de 24 de julho de 1991, e na Lei 11.457, de 16 de março de 2007, decreta:

Art. 1º A prova de regularidade fiscal perante a Fazenda Nacional será efetuada mediante apresentação de:
I – certidão específica, emitida pela Secretaria da Receita Federal do Brasil, quanto às contribuições sociais previstas nas alíneas *a*, *b* e *c* do parágrafo único do art. 11 da Lei 8.212, de 24 de julho de 1991, às contribuições instituídas a título de substituição e às contribuições devidas, por lei, a terceiros, inclusive inscritas em dívida ativa do Instituto Nacional do Seguro Social e da União, por ela administradas;

• Inciso I com redação determinada pelo Dec. 6.420/2008.

II – certidão conjunta, emitida pela Secretaria da Receita Federal do Brasil e Procuradoria-Geral da Fazenda Nacional, quanto aos demais tributos federais e à Dívida Ativa da União, por elas administrados.

Parágrafo único. A comprovação de inexistência de débito de que trata o art. 257 do Decreto 3.048, de 6 de maio de 1999, far-se-á mediante apresentação da certidão a que alude:
I – o inciso I do *caput*, em relação às contribuições de que tratam os incisos I, III, IV e V do parágrafo único do art. 195 do referido Decreto;
II – o inciso II do *caput*, em relação às contribuições de que tratam os incisos VI e VII do parágrafo único do art. 195 do referido Decreto.

Art. 2º As certidões de que trata este Decreto terão prazo de validade de 180 (cento e oitenta) dias, contado da data de sua emissão.

Art. 3º O § 10 do art. 257 do Decreto 3.048, de 1999, passa a vigorar com a seguinte redação:

• Alteração processada no texto do referido Decreto.

Art. 4º As certidões de prova de regularidade fiscal emitidas nos termos do Decreto 5.586, de 19 de novembro de 2005, e deste Decreto, têm eficácia durante o prazo de validade nelas constante.

• Artigo com redação determinada pelo Dec. 6.420/2008.

Art. 5º A Secretaria da Receita Federal do Brasil e a Procuradoria-Geral da Fazenda Nacional, no âmbito de suas competências, expedirão os atos necessários ao cumprimento do disposto neste Decreto.

Art. 6º Este Decreto entra em vigor na data de sua publicação.

Art. 7º Fica revogado o Decreto 5.586, de 19 de novembro de 2005.

Brasília, 30 de abril de 2007; 186º da Independência e 119º da República.
Luiz Inácio Lula da Silva

(*DOU* 02.05.2007, edição extra)

Lei 12.154/2009

LEGISLAÇÃO PREVIDENCIÁRIA

LEI 12.154, DE 23 DE DEZEMBRO DE 2009

Cria a Superintendência Nacional de Previdência Complementar – Previc e dispõe sobre o seu pessoal; inclui a Câmara de Recursos da Previdência Complementar na estrutura básica do Ministério da Previdência Social; altera disposições referentes a auditores fiscais da Receita Federal do Brasil; altera as Leis 11.457, de 16 de março de 2007, e 10.683, de 28 de maio de 2003; e dá outras providências.

O Presidente da República:
Faço saber que o Congresso Nacional decreta e eu sanciono a seguinte Lei:

Capítulo I
DA CRIAÇÃO DA AUTARQUIA

Art. 1º Fica criada a Superintendência Nacional de Previdência Complementar – Previc, autarquia de natureza especial, dotada de autonomia administrativa e financeira e patrimônio próprio, vinculada ao Ministério da Previdência Social, com sede e foro no Distrito Federal e atuação em todo o território nacional.

Parágrafo único. A Previc atuará como entidade de fiscalização e de supervisão das atividades das entidades fechadas de previdência complementar e de execução das políticas para o regime de previdência complementar operado pelas entidades fechadas de previdência complementar, observadas as disposições constitucionais e legais aplicáveis.

Capítulo II
DAS COMPETÊNCIAS

Art. 2º Compete à Previc:
I – proceder à fiscalização das atividades das entidades fechadas de previdência complementar e de suas operações;
II – apurar e julgar infrações e aplicar as penalidades cabíveis;
III – expedir instruções e estabelecer procedimentos para a aplicação das normas relativas à sua área de competência, de acordo com as diretrizes do Conselho Nacional de Previdência Complementar, a que se refere o inciso XVIII do art. 29 da Lei 10.683, de 28 de maio de 2003;
IV – autorizar:
a) a constituição e o funcionamento das entidades fechadas de previdência complementar, bem como a aplicação dos respectivos estatutos e regulamentos de planos de benefícios;
b) as operações de fusão, de cisão, de incorporação ou de qualquer outra forma de reorganização societária, relativas às entidades fechadas de previdência complementar;
c) a celebração de convênios e termos de adesão por patrocinadores e instituidores, bem como as retiradas de patrocinadores e instituidores; e
d) as transferências de patrocínio, grupos de participantes e assistidos, planos de benefícios e reservas entre entidades fechadas de previdência complementar;
V – harmonizar as atividades das entidades fechadas de previdência complementar com as normas e políticas estabelecidas para o segmento;
VI – decretar intervenção e liquidação extrajudicial das entidades fechadas de previdência complementar, bem como nomear interventor ou liquidante, nos termos da lei;
VII – nomear administrador especial de plano de benefícios específico, podendo atribuir-lhe poderes de intervenção e liquidação extrajudicial, na forma da lei;
VIII – promover a mediação e a conciliação entre entidades fechadas de previdência complementar e entre estas e seus participantes, assistidos, patrocinadores ou instituidores, bem como dirimir os litígios que lhe forem submetidos na forma da Lei 9.307, de 23 de setembro de 1996;
IX – enviar relatório anual de suas atividades ao Ministério da Previdência Social e, por seu intermédio, ao Presidente da República e ao Congresso Nacional; e
X – adotar as demais providências necessárias ao cumprimento de seus objetivos.

§ 1º O Banco Central do Brasil, a Comissão de Valores Mobiliários e os órgãos de fiscalização da previdência complementar manterão permanente intercâmbio de informações e disponibilidade de base de dados, de forma a garantir a supervisão contínua das

operações realizadas no âmbito da competência de cada órgão.

§ 2º O sigilo de operações não poderá ser invocado como óbice ao fornecimento de informações, inclusive de forma contínua e sistematizada, pelos entes integrantes do sistema de registro e liquidação financeira de ativos autorizados pelo Banco Central do Brasil ou pela Comissão de Valores Mobiliários, sobre ativos mantidos em conta de depósito em instituição ou entidade autorizada à prestação desse serviço.

§ 3º No exercício de suas competências administrativas, cabe ainda à Previc:

I – deliberar e adotar os procedimentos necessários, nos termos da lei, quanto à:
a) celebração, alteração ou extinção de seus contratos; e
b) nomeação e exoneração de servidores;
II – contratar obras ou serviços, de acordo com a legislação aplicável;
III – adquirir, administrar e alienar seus bens;
IV – submeter ao Ministro de Estado da Previdência Social a sua proposta de orçamento;
V – criar unidades regionais, nos termos do regulamento; e
VI – exercer outras atribuições decorrentes de lei ou de regulamento.

Capítulo III
DA ESTRUTURA BÁSICA

Art. 3º A Previc terá a seguinte estrutura básica:
I – Diretoria;
II – Procuradoria Federal;
III – Coordenações Gerais;
IV – Ouvidoria; e
V – Corregedoria.

Capítulo IV
DA DIRETORIA COLEGIADA

Art. 4º A Previc será administrada por uma Diretoria Colegiada composta por 1 (um) Diretor-Superintendente e 4 (quatro) Diretores, escolhidos dentre pessoas de ilibada reputação e de notória competência, a serem indicados pelo Ministro de Estado da Previdência Social e nomeados pelo Presidente da República.

Art. 5º Ao Diretor-Superintendente e aos Diretores é vedado o exercício de qualquer outra atividade profissional sindical ou de direção político-partidária, salvo a de magistério, desde que em horário compatível, observadas as demais restrições aplicáveis aos servidores públicos federais em geral.

Art. 6º O ex-membro da Diretoria fica impedido, por um período de 4 (quatro) meses, contados da data de sua exoneração, de prestar serviço ou de exercer qualquer atividade no setor sujeito à atuação da Previc.

Parágrafo único. Durante o período de impedimento, é facultado ao ex-membro da Diretoria optar:

I – pelo recebimento da remuneração integral do cargo de Diretor, caso comprove não possuir outra fonte de renda decorrente de atividade remunerada fora das hipóteses previstas no *caput*; ou

II – pela diferença entre a remuneração integral e a renda da outra fonte, às quais se refere o inciso I, caso esta renda seja inferior àquela remuneração.

Art. 7º Sem prejuízo de outras atribuições previstas em regimento interno, compete à Diretoria Colegiada da Previc:

I – apresentar propostas e oferecer informações ao Ministério da Previdência Social para a formulação das políticas e a regulação do regime de previdência complementar operado por entidades fechadas de previdência complementar;

II – aprovar os critérios e as diretrizes do programa anual de fiscalização no âmbito do regime operado por entidades fechadas de previdência complementar;

III – decidir sobre a conclusão dos relatórios finais dos processos administrativos, iniciados por lavratura de auto de infração ou instauração de inquérito, com a finalidade de apurar responsabilidade de pessoa física ou jurídica, e sobre a aplicação das penalidades cabíveis;

IV – apreciar e julgar, em primeiro grau, as impugnações referentes aos lançamentos tributários da Taxa de Fiscalização e Controle da Previdência Complementar – Tafic, a que se refere o art. 12;

Lei 12.154/2009

LEGISLAÇÃO PREVIDENCIÁRIA

V – elaborar e divulgar relatórios periódicos de suas atividades; e
VI – revisar e encaminhar os demonstrativos contábeis e as prestações de contas da Previc aos órgãos competentes.

§ 1º As deliberações da Diretoria Colegiada serão tomadas por maioria simples, presente a maioria de seus membros, cabendo ao Diretor-Superintendente, além do seu voto, o de qualidade.

§ 2º Considerando a gravidade da infração, o valor da multa aplicada ou o montante do crédito cobrado, conforme dispuser o regulamento, a Diretoria Colegiada poderá delegar as competências relativas aos incisos III e IV.

Capítulo V
DAS METAS DE GESTÃO

Art. 8º O Ministério da Previdência Social estabelecerá metas de gestão e de desempenho para a Previc, mediante acordo celebrado entre o Ministro de Estado da Previdência Social e a Diretoria Colegiada da autarquia.

§ 1º As metas de gestão e de desempenho constituir-se-ão no instrumento de acompanhamento da atuação administrativa da Previc e de avaliação de seu desempenho.

§ 2º As metas deverão referenciar-se ao período mínimo de 1 (um) ano, sendo periodicamente avaliadas e, quando necessário, revisadas.

Art. 9º As metas de gestão e de desempenho serão acompanhadas e avaliadas por comissão integrada por representantes indicados pela Casa Civil da Presidência da República, pelo Ministério da Previdência Social e pelo Ministério do Planejamento, Orçamento e Gestão, designados pelo Ministro de Estado da Previdência Social.

Capítulo VI
DOS BENS E DAS RECEITAS

Art. 10. Constituem acervo patrimonial da Previc os bens e direitos de sua propriedade, os que lhe forem conferidos ou os que venha a adquirir ou incorporar.

Art. 11. Constituem receitas da Previc:

I – dotações consignadas no orçamento geral da União, créditos adicionais, transferências e repasses que lhe forem conferidos;
II – recursos provenientes de convênios, acordos e contratos celebrados com entidades, organismos e empresas, públicas ou privadas, nacionais ou internacionais;
III – receitas provenientes do recolhimento da taxa a que se refere o art. 12;
IV – produto da arrecadação de multas resultantes da aplicação de penalidades decorrentes de fiscalização ou de execução judicial;
V – doações, legados, subvenções e outros recursos que lhe forem destinados;
VI – valores apurados na venda ou locação de bens, bem como os decorrentes de publicações, dados e informações técnicas; e
VII – outras rendas eventuais.

Capítulo VII
DA TAXA DE FISCALIZAÇÃO E CONTROLE

Art. 12. Fica instituída a Taxa de Fiscalização e Controle da Previdência Complementar – Tafic, cujo fato gerador é o exercício do poder de polícia legalmente atribuído à Previc para a fiscalização e a supervisão das atividades descritas no art. 2º.

§ 1º São contribuintes da Tafic as entidades fechadas de previdência complementar constituídas na forma da legislação.

§ 2º A Tafic será paga quadrimestralmente, em valores expressos em reais, conforme tabela constante do Anexo V, e seu recolhimento será feito até o dia 10 (dez) dos meses de janeiro, maio e setembro de cada ano.

§ 3º Os valores relativos à Tafic não pagos na forma e prazo determinados sofrerão acréscimos de acordo com a legislação aplicável aos débitos em atraso relativos a tributos e contribuições federais.

§ 4º Em caso de pagamento com atraso da Tafic, incidirá multa de mora de 20% (vinte por cento) sobre o montante devido, que será reduzida a 10% (dez por cento) se o pagamento for efetuado até o último dia útil do mês subsequente ao do vencimento.

§ 5º A Tafic será recolhida ao Tesouro Nacional, em conta vinculada à Previc, por inter-

Lei 12.154/2009

médio de estabelecimento bancário integrante da rede credenciada.

Capítulo VIII
DOS ÓRGÃOS COLEGIADOS

Art. 13. O Conselho de Gestão da Previdência Complementar, órgão da estrutura básica do Ministério da Previdência Social, passa a denominar-se Conselho Nacional de Previdência Complementar, que exercerá a função de órgão regulador do regime de previdência complementar operado pelas entidades fechadas de previdência complementar.

Art. 14. O Conselho Nacional de Previdência Complementar contará com 8 (oito) integrantes, com direito a voto e mandato de 2 (dois) anos, permitida uma recondução, sendo:

I – 5 (cinco) representantes do poder público; e

II – 3 (três) indicados, respectivamente:

a) pelas entidades fechadas de previdência complementar;

b) pelos patrocinadores e instituidores; e

c) pelos participantes e assistidos.

Art. 15. Fica criada, no âmbito do Ministério da Previdência Social, a Câmara de Recursos da Previdência Complementar, instância recursal e de julgamento das decisões de que tratam os incisos III e IV do art. 7º, cujo pronunciamento encerra a instância administrativa, devendo ser tal decisão e votos publicados no Diário Oficial da União, com segredo da identidade dos autuados ou investigados, quando necessário.

§ 1º A Câmara de Recursos da Previdência Complementar será composta por 7 (sete) integrantes, com direito a voto e mandato de 2 (dois) anos, permitida uma recondução, sendo:

I – 4 (quatro) escolhidos entre servidores federais ocupantes de cargo efetivo, em exercício no Ministério da Previdência Social ou entidades a ele vinculadas; e

II – 3 (três) indicados, respectivamente:

a) pelas entidades fechadas de previdência complementar;

b) pelos patrocinadores e instituidores; e

c) pelos participantes e assistidos.

§ 2º Os membros da Câmara de Recursos da Previdência Complementar e respectivos suplentes serão designados pelo Ministro de Estado da Previdência Social.

Art. 16. As regras de organização e funcionamento do Conselho Nacional de Previdência Complementar e da Câmara de Recursos da Previdência Complementar serão definidas em regulamento.

§ 1º O Conselho Nacional será presidido pelo Ministro de Estado da Previdência Social, e a Câmara de Recursos, por um dos servidores referidos no inciso I do § 1º do art. 15, por designação daquela autoridade, cabendo-lhes exercer, além do voto ordinário, também o voto de qualidade.

§ 2º Os membros da Câmara de Recursos deverão ter formação superior completa e experiência comprovada em matéria jurídica, gerencial, financeira, contábil, atuarial, de fiscalização ou de auditoria, que mantenha estreita relação com o segmento de previdência complementar de que trata esta Lei.

Capítulo IX
DO QUADRO DE PESSOAL E DOS SERVIDORES

Art. 17. Fica criado o Plano de Carreiras e Cargos da Previc no seu Quadro de Pessoal, composto por cargos de provimento efetivo regidos pela Lei 8.112, de 11 de dezembro de 1990.

Art. 18. O Plano de Carreiras e Cargos da Previc – PCCPrevic é composto pelas seguintes Carreiras e cargos:

I – Carreira de Especialista em Previdência Complementar, composta do cargo de Especialista em Previdência Complementar, de nível superior, com atribuições de alto nível de complexidade voltadas para as atividades especializadas de análise, avaliação e supervisão para fins de autorização, a que se refere o art. 33 da Lei Complementar 109, de 29 de maio de 2001, de compatibilização, de controle e supervisão do regime de previdência complementar, operado por entidades fechadas de previdência complementar, bem como para a implementação

Lei 12.154/2009

LEGISLAÇÃO PREVIDENCIÁRIA

de políticas e para a realização de estudos e pesquisas respectivos a essas atividades;

II – Carreira de Analista Administrativo, composta do cargo de Analista Administrativo, de nível superior, com atribuições voltadas para o exercício de atividades administrativas e logísticas de nível superior relativas ao exercício das competências constitucionais e legais a cargo da Previc, fazendo uso dos equipamentos e recursos disponíveis para a consecução dessas atividades;

III – Carreira de Técnico Administrativo, composta do cargo de Técnico Administrativo, de nível intermediário, com atribuições voltadas para o exercício de atividades administrativas e logísticas relativas ao exercício das competências constitucionais e legais a cargo da Previc, fazendo uso dos equipamentos e recursos disponíveis para a consecução dessas atividades; e

IV – demais cargos de provimento efetivo de nível superior, intermediário e auxiliar, cujos titulares se encontravam em exercício na Secretaria de Previdência Complementar do Ministério da Previdência Social em 31 de março de 2008.

§ 1º Os cargos efetivos de que trata este artigo estão estruturados em Classes e Padrões, na forma do Anexo I.

§ 2º As atribuições específicas dos cargos de que trata este artigo serão estabelecidas em decreto.

Art. 19. O ingresso nos cargos de provimento efetivo de que tratam os incisos I a III do art. 18 dar-se-á por meio de concurso público de provas ou de provas e títulos, observados os seguintes critérios de escolaridade:

I – para os cargos de nível superior, será exigido diploma de nível superior, em nível de graduação e habilitação específica; e

II – para os cargos de nível intermediário, será exigido certificado de conclusão de ensino médio, ou equivalente, e habilitação específica, quando for o caso, conforme as atribuições do cargo.

§ 1º O concurso público referido no *caput* poderá ser realizado por área de especialização, organizado em uma ou mais fases, incluindo, se for o caso, curso de formação, conforme dispuser o edital de abertura do certame, observada a legislação específica.

§ 2º O concurso público será realizado para provimento efetivo de pessoal no padrão inicial da classe inicial de cada cargo.

§ 3º O edital disporá sobre as características de cada etapa do concurso público, a experiência profissional exigida e os critérios eliminatórios e classificatórios.

Art. 20. O desenvolvimento do servidor nos cargos de provimento efetivo do PCC-Previc ocorrerá mediante progressão funcional e promoção.

§ 1º Para os fins desta Lei, progressão funcional é a passagem do servidor de um padrão para outro imediatamente superior, dentro de uma mesma classe, e promoção, a passagem do servidor do último padrão de uma classe para o padrão inicial da classe imediatamente superior, observando-se os seguintes requisitos:

I – para fins de progressão funcional:

a) cumprimento do interstício mínimo de 18 (dezoito) meses de efetivo exercício em cada padrão; e

b) resultado médio superior a 80% (oitenta por cento) do limite máximo da pontuação em avaliações de desempenho individual, de que trata o art. 27, no interstício considerado para a progressão; e

II – para fins de promoção:

a) cumprimento do interstício mínimo de 18 (dezoito) meses de efetivo exercício no último padrão de cada classe;

b) resultado médio superior a 90% (noventa por cento) do limite máximo da pontuação nas avaliações de desempenho individual, de que trata o art. 27, no interstício considerado para a promoção;

c) participação em eventos de capacitação com carga horária mínima estabelecida em regulamento; e

d) existência de vaga.

§ 2º Os interstícios estipulados nos incisos I e II do § 1º serão:

I – computados em dias, descontados os afastamentos remunerados que não forem legalmente considerados de efetivo exercício; e

Lei 12.154/2009

II – suspensos, nos casos em que o servidor se afastar sem remuneração, e retomados a partir do retorno à atividade.

§ 3º Na contagem do interstício necessário ao desenvolvimento do servidor nos cargos de que trata o inciso IV do art. 18, será aproveitado o tempo computado da data da última progressão ou promoção até a data da regulamentação a que se refere o art. 21.

§ 4º Para os fins do disposto no § 3º, não será considerado como progressão ou promoção o enquadramento decorrente da aplicação desta Lei.

§ 5º O quantitativo máximo de cargos por classe, referidos nos incisos I a III do art. 18, é de:

I – até 30% (trinta por cento) do total de cargos da Carreira na classe A;

II – até 27% (vinte e sete por cento) do total de cada cargo da Carreira na classe B;

III – até 23% (vinte e três por cento) do total de cada cargo da Carreira na classe C; e

IV – até 20% (vinte por cento) do total de cada cargo da Carreira na classe Especial.

§ 6º Para fins do cálculo do total de vagas disponíveis por classe para promoção, o quantitativo de cargos cujos titulares estejam posicionados na classe há mais de 10 (dez) anos será somado às vagas existentes, observado o limite de cada classe conforme estabelecido nos incisos I a IV do § 5º.

§ 7º O titular de cargo integrante das Carreiras de que tratam os incisos I a III do art. 18 que permanecer por mais de 15 (quinze) anos posicionado em uma mesma classe, desde que tenha obtido, durante pelo menos 2/3 (dois terços) do período de permanência na classe, percentual na avaliação de desempenho individual suficiente para progressão com 18 (dezoito) meses de efetivo exercício, será automaticamente promovido à classe subsequente.

§ 8º O disposto no § 7º não se aplica à promoção para a classe Especial.

§ 9º Os limites estabelecidos no § 5º poderão ser redistribuídos por ato do Ministro de Estado da Previdência Social, para os primeiros 10 (dez) anos contados da data de publicação desta Lei, para permitir maior alocação de vagas nas classes iniciais e o ajuste gradual do quadro de distribuição de cargos por classe.

Art. 21. Os critérios de concessão de progressão funcional e promoção de que trata o art. 20 serão regulamentados por decreto.

Art. 22. Até que seja editado o decreto a que se refere o art. 21, as progressões funcionais e as promoções cujas condições tenham sido implementadas serão concedidas observando-se, no que couber, as normas aplicáveis aos servidores do Plano de Classificação de Cargos, instituído pela Lei 5.645, de 10 de dezembro de 1970.

Art. 23. Ficam instituídas a Gratificação de Desempenho de Atividade na Superintendência de Previdência Complementar – GDAPrevic, devida aos servidores ocupantes dos cargos de que tratam os incisos I a III do art. 18, e a Gratificação de Desempenho dos Cargos do PCCPrevic – GDCPrevic, devida aos servidores ocupantes dos cargos de que trata o inciso IV daquele artigo.

Parágrafo único. As gratificações criadas no *caput* somente serão devidas quando o servidor estiver em exercício de atividades inerentes às atribuições do respectivo cargo nas unidades da Previc.

Art. 24. A GDAPrevic e a GDCPrevic serão pagas observando-se os seguintes limites:

I – máximo de 100 (cem) pontos por servidor; e

II – mínimo de 30 (trinta) pontos por servidor.

Art. 25. A pontuação a que se referem as gratificações será assim distribuída:

I – até 80 (oitenta) pontos em decorrência do resultado da avaliação de desempenho institucional; e

II – até 20 (vinte) pontos em decorrência dos resultados da avaliação de desempenho individual.

Parágrafo único. Os valores a serem pagos a título de GDAPrevic e GDCPrevic serão calculados multiplicando-se o somatório dos pontos auferidos nas avaliações de desempenho individual e institucional pelo valor do ponto constante do Anexo II, fixado para cada cargo, nível, classe e padrão.

Lei 12.154/2009

Art. 26. A avaliação de desempenho institucional visa a aferir o desempenho do órgão no alcance dos objetivos organizacionais, podendo considerar projetos e atividades prioritárias e características específicas compatíveis com as suas atividades.

Art. 27. A avaliação de desempenho individual visa a aferir o desempenho do servidor no exercício das atribuições do cargo, com foco na contribuição individual para o alcance dos objetivos organizacionais.

Art. 28. A avaliação individual terá efeito financeiro apenas se o servidor tiver permanecido em exercício de atividades inerentes ao respectivo cargo por, no mínimo, 2/3 (dois terços) de um período completo de avaliação.

§ 1º A média das avaliações de desempenho individual do conjunto de servidores do PCCPrevic não poderá ser superior ao resultado da avaliação de desempenho institucional.

§ 2º O servidor ativo beneficiário da GDAPrevic ou GDCPrevic que obtiver avaliação de desempenho individual igual ou inferior a 10 (dez) pontos não fará jus à parcela referente à avaliação de desempenho institucional do período de avaliação.

§ 3º O servidor ativo beneficiário da GDAPrevic ou GDCPrevic que obtiver na avaliação de desempenho individual pontuação inferior a 50% (cinquenta por cento) do valor máximo desta parcela será imediatamente submetido a processo de capacitação ou de análise da adequação funcional, conforme o caso, sob responsabilidade da Previc.

§ 4º A análise de adequação funcional visa a identificar as causas dos resultados obtidos na avaliação do desempenho e servir de subsídio para a adoção de medidas que possam propiciar a melhoria do desempenho do servidor.

Art. 29. Ato do Poder Executivo disporá sobre os critérios gerais a serem observados para a realização das avaliações de desempenho individual e institucional da GDAPrevic e da GDCPrevic.

Parágrafo único. Os critérios e os procedimentos específicos de avaliação institucional e individual e de concessão da GDAPrevic e da GDCPrevic serão estabelecidos em ato do Ministro de Estado da Previdência Social, observada a legislação pertinente.

Art. 30. As metas de desempenho institucional serão fixadas anualmente em ato da Diretoria Colegiada da Previc.

§ 1º As metas referidas no *caput* devem ser objetivamente mensuráveis e diretamente relacionadas às atividades da Previc, levando-se em conta, no momento de sua fixação, os índices alcançados nos exercícios anteriores, quando houver histórico.

§ 2º As metas de desempenho institucional e os resultados apurados a cada período serão amplamente divulgados pela Previc, inclusive no seu sítio eletrônico.

§ 3º As metas poderão ser revistas na hipótese de superveniência de fatores que tenham influência significativa e direta na sua consecução, desde que a própria entidade não tenha dado causa a tais fatores.

§ 4º O ato a que se refere o art. 29 definirá o percentual mínimo de alcance das metas abaixo do qual as parcelas da GDAPrevic e da GDCPrevic correspondente à avaliação institucional serão iguais a zero, sendo os percentuais de gratificação distribuídos proporcionalmente no intervalo entre esse limite e o índice máximo de alcance das metas.

Art. 31. As avaliações referentes aos desempenhos individual e institucional serão apuradas anualmente e produzirão efeitos financeiros mensais por igual período.

§ 1º O primeiro ciclo de avaliações de desempenho individual e institucional implementado a partir da publicação desta Lei poderá ter sua duração reduzida em função das peculiaridades da Previc, mediante ato da sua Diretoria Colegiada.

§ 2º As referidas avaliações serão processadas no mês subsequente ao término do período avaliativo, e seus efeitos financeiros iniciarão no mês seguinte ao de processamento das avaliações.

Art. 32. Até que sejam regulamentados os critérios e procedimentos de aferição das avaliações de desempenho e processados os resultados do primeiro período de avaliação de desempenho, para fins de atribuição da GDAPrevic e da GDCPrevic, o valor devido de pagamento mensal por servidor ativo será correspondente a 80 (oitenta) pontos,

observados os respectivos cargos, níveis, classes e padrões.

§ 1º O resultado da primeira avaliação de desempenho gerará efeitos financeiros a partir do início do primeiro ciclo de avaliação, devendo ser compensadas eventuais diferenças pagas a maior ou a menor.

§ 2º Em caso de afastamentos e licenças considerados como de efetivo exercício, sem prejuízo da remuneração e com direito à percepção de gratificação de desempenho, o servidor continuará percebendo a GDAPrevic ou GDCPrevic em valor correspondente ao da última pontuação obtida, até que seja processada a sua primeira avaliação após o retorno.

§ 3º O disposto no § 2º não se aplica aos casos de cessão.

§ 4º O disposto neste artigo aplica-se ao ocupante de cargo de Natureza Especial e de cargos em comissão.

Art. 33. Até que seja processada a primeira avaliação de desempenho individual que venha a surtir efeito financeiro, o servidor nomeado para cargo efetivo e aquele que tenha retornado de licença sem vencimento ou cessão sem direito à percepção da GDAPrevic ou da GDCPrevic no decurso do ciclo de avaliação receberá a gratificação no valor correspondente a 80 (oitenta) pontos.

Art. 34. O titular de cargo efetivo do PCCPrevic em efetivo exercício na Previc, quando investido em cargo em comissão de Natureza Especial ou do Grupo Direção e Assessoramento Superiores – DAS, níveis 6, 5, 4 ou equivalentes, fará jus à GDAPrevic ou à GDCPrevic calculada com base no valor máximo da parcela individual, somado ao resultado da avaliação institucional do período.

Parágrafo único. Ocorrendo exoneração do cargo em comissão, com manutenção do cargo efetivo, o servidor que faça jus à GDAPrevic ou à GDCPrevic continuará a perceber a respectiva gratificação de desempenho em valor correspondente ao da última pontuação atribuída, até que seja processada a sua primeira avaliação após a exoneração.

Art. 35. O ocupante de cargo efetivo do PCCPrevic que não se encontre desenvolvendo atividades na Previc somente fará jus à GDAPrevic ou GDCPrevic:

I – quando cedido para a Presidência, Vice-Presidência da República, Ministério da Previdência Social ou requisitado para órgão da Justiça Eleitoral, situação na qual perceberá a respectiva gratificação de desempenho calculada com base nas regras aplicáveis como se estivesse em efetivo exercício na Previc;

II – quando cedido para órgãos ou entidades do Governo Federal distintos dos indicados no inciso I, o servidor investido em cargo em comissão de Natureza Especial, DAS-6, DAS-5, DAS-4 ou equivalentes, perceberá a respectiva gratificação de desempenho calculada com base no resultado da avaliação institucional do período; e

III – quando cedido para outro órgão, em cumprimento ao disposto em legislação específica, na forma do inciso I.

Parágrafo único. A avaliação institucional do servidor referido neste artigo será a da Previc.

Art. 36. A GDAPrevic e a GDCPrevic não poderão ser pagas cumulativamente com quaisquer outras gratificações ou vantagens que tenham como fundamento o desempenho profissional, individual, coletivo ou institucional ou a produção ou superação de metas, independentemente da sua denominação ou base de cálculo.

Art. 37. Para fins de incorporação da GDAPrevic ou da GDCPrevic aos proventos de aposentadoria ou às pensões, serão adotados os seguintes critérios:

I – para as aposentadorias concedidas e pensões instituídas até 19 de fevereiro de 2004, a gratificação será correspondente a 50% (cinquenta por cento) do valor máximo do respectivo nível, classe e padrão; e

II – para as aposentadorias concedidas e pensões instituídas após 19 de fevereiro de 2004:

a) quando ao servidor que deu origem à aposentadoria ou à pensão se aplicar o disposto nos arts. 3º e 6º da Emenda Constitucional n. 41, de 19 de dezembro de 2003, e no art. 3º da Emenda Constitucional n. 47, de 5 de julho de 2005, aplicar-se-á o percentual constante no inciso I; e

Lei 12.154/2009

LEGISLAÇÃO PREVIDENCIÁRIA

b) aos demais aplicar-se-á, para fins de cálculo das aposentadorias e pensões, o disposto na Lei 10.887, de 18 de junho de 2004.

Art. 38. A estrutura remuneratória das Carreiras e cargos integrantes do PCCPrevic compõe-se de:
I – Vencimento Básico;
II – Gratificação de Desempenho de Atividade Previdenciária Complementar – GDAPrevic, nos termos do art. 24; e
III – Gratificação de Desempenho dos Cargos do PCCPrevic – GDCPrevic, nos termos do art. 24.

Art. 39. Os servidores integrantes do PCCPrevic não fazem jus à percepção das seguintes gratificações:
I – Gratificação de Atividade – GAE de que trata a Lei Delegada 13, de 27 de agosto de 1992;
II – Gratificação de Desempenho de Atividade Técnico-Administrativa – GDATA de que trata a Lei 10.404, de 9 de janeiro de 2002; e
III – Vantagem Pecuniária Individual – VPI de que trata a Lei 10.698, de 2 de julho de 2003.

Art. 40. Os padrões de vencimento básico das Carreiras e cargos do PCCPrevic são os constantes do Anexo III.

Art. 41. Ficam, automaticamente, enquadrados no PCCPrevic, nos termos desta Lei, os servidores titulares dos cargos de provimento efetivo de nível superior, intermediário e auxiliar do Plano de Classificação de Cargos, instituído pela Lei 5.645, de 10 de dezembro de 1970, do Plano Geral de Cargos do Poder Executivo, instituído pela Lei 11.357, de 19 de outubro de 2006, e dos Planos correlatos das autarquias e fundações públicas, não integrantes de Carreiras estruturadas, Planos de Carreiras ou Planos Especiais de Cargos, regidos pela Lei 8.112, de 11 de dezembro de 1990, pertencentes ao Quadro de Pessoal do Ministério da Previdência Social, que estavam em exercício na Secretaria da Previdência Complementar daquele Ministério em 31 de março de 2008, mantidas as denominações e as atribuições do cargo, bem como os requisitos de formação profissional e a posição relativa na tabela de correlação, de acordo com o Anexo IV.

§ 1º É vedada a mudança do nível do cargo ocupado pelo servidor em decorrência do disposto nesta Lei.

§ 2º Os cargos de nível superior e intermediário do Quadro de Pessoal do Ministério da Previdência Social à disposição da Secretaria de Previdência Complementar em 31 de dezembro de 2007, quando estiverem vagos, serão transformados em cargos das Carreiras referidas nos incisos I a III do art. 18, respeitado o respectivo nível.

Art. 42. O enquadramento dos cargos no PCCPrevic não representa, para qualquer efeito legal, inclusive para efeito de aposentadoria, descontinuidade em relação aos cargos e às atribuições atuais desenvolvidas pelos servidores ocupantes de cargos efetivos objeto de enquadramento.

Art. 43. É vedada a redistribuição de cargos do PCCPrevic para outros órgãos e entidades da administração pública federal, bem como a redistribuição de outros cargos para o Quadro de Pessoal da Previc.

Art. 44. É de 40 (quarenta) horas semanais a carga horária de trabalho dos integrantes do PCCPrevic, ressalvados os casos amparados por legislação específica.

Art. 45. É vedada a acumulação das vantagens pecuniárias devidas aos ocupantes dos cargos do PCCPrevic com outras vantagens de qualquer natureza a que o servidor faça jus em virtude de outros Planos de Carreiras ou de Classificação de Cargos.

Art. 46. Aplica-se o disposto nesta Lei aos aposentados e pensionistas, mantida a respectiva situação na tabela remuneratória no momento da aposentadoria ou da instituição da pensão, respeitadas as alterações relativas a posicionamento decorrentes de legislação específica.

Art. 47. A aplicação do disposto nesta Lei aos servidores ativos, aos inativos e aos pensionistas não poderá implicar redução de remuneração, proventos e pensões.

§ 1º Na hipótese de redução de remuneração, provento ou pensão decorrente da aplicação desta Lei, a diferença será paga a título de Vantagem Pessoal Nominalmente

Lei 12.154/2009

Identificada – VPNI, a ser absorvida por ocasião do desenvolvimento no cargo, da reorganização ou reestruturação das Carreiras, da reestruturação de tabela remuneratória, concessão de reajustes, adicionais, gratificações ou vantagem de qualquer natureza, conforme o caso.

§ 2º A VPNI estará sujeita exclusivamente à atualização decorrente de revisão geral da remuneração dos servidores públicos federais.

Art. 48. Além dos princípios, deveres e vedações previstos na Lei 8.112, de 11 de dezembro de 1990, aplicam-se aos servidores em exercício na Previc:

I – o dever de manter sigilo quanto às operações da entidade fechada de previdência complementar e às informações pessoais de participantes e assistidos, de que tiverem conhecimento em razão do cargo ou função, sem prejuízo do disposto no art. 64 da Lei Complementar 109, de 29 de maio de 2001, e na legislação correlata; e

II – a vedação de:

a) prestar serviços, ainda que eventuais, a entidade fechada de previdência complementar, exceto em caso de designação específica para exercício de atividade de competência da Previc;

b) firmar ou manter contrato com entidade fechada de previdência complementar, exceto na qualidade de participante ou assistido de plano de benefícios; e

c) exercer suas atribuições em processo administrativo em que seja parte ou interessado, em que haja atuado como representante de qualquer das partes ou no qual seja interessado parente consanguíneo ou afim, em linha reta ou colateral, até o segundo grau, cônjuge ou companheiro, bem como nas demais hipóteses da legislação, inclusive processual.

§ 1º A inobservância do dever previsto no inciso I é considerada falta grave, sujeitando o infrator à pena de demissão ou de cassação de aposentadoria ou disponibilidade, de que tratam os arts. 132 e 134 da Lei 8.112, de 11 de dezembro de 1990.

§ 2º As infrações das vedações estabelecidas no inciso II são punidas com a pena de advertência, suspensão, demissão ou cassação de aposentadoria, de acordo com a gravidade, conforme o disposto nos arts. 129, 130 e seu § 2º, 132 e 134 da Lei 8.112, de 11 de dezembro de 1990.

§ 3º As disposições deste artigo aplicam-se aos Procuradores Federais responsáveis pela representação judicial e extrajudicial da Previc, pelas suas atividades de consultoria e assessoramento jurídicos, bem como pela apuração da liquidez e certeza de seus créditos.

§ 4º O disposto no inciso I não se aplica ao servidor por dar conhecimento a qualquer autoridade hierarquicamente superior de informação concernente à prática de crime, descumprimento de disposição legal ou ato de improbidade.

Art. 49. O Procurador-Geral Federal definirá a distribuição de cargos de Procurador Federal na Procuradoria Federal de que trata o inciso II do art. 3º.

Art. 50. Ficam criados, na Carreira de Procurador Federal de que trata o art. 35 da Medida Provisória 2.229-43, de 6 de setembro de 2001, regidos pelas leis e normas próprias a ela aplicáveis, 40 (quarenta) cargos de Procurador Federal.

Art. 51. Ficam criados no Quadro de Pessoal da Previc:

I – na Carreira de Especialista em Previdência Complementar, 100 (cem) cargos de Especialista em Previdência Complementar;

II – na Carreira de Analista Administrativo, 50 (cinquenta) cargos de Analista Administrativo; e

III – na Carreira de Técnico Administrativo, 50 (cinquenta) cargos de Técnico Administrativo.

Art. 52. Ficam criados, no âmbito do Poder Executivo, destinados à estruturação da Previc, os seguintes cargos em comissão do Grupo Direção e Assessoramento Superiores – DAS: 1 (um) DAS-6, 1 (um) DAS-5, 14 (quatorze) DAS-4, 38 (trinta e oito) DAS-3, 29 (vinte e nove) DAS-2 e 13 (treze) DAS-1.

§ 1º *(Vetado.)*

§ 2º *(Vetado.)*

Lei 12.154/2009

Capítulo X
DISPOSIÇÕES GERAIS

Art. 53. Fica o Poder Executivo autorizado a remanejar, transferir ou utilizar os saldos orçamentários do Ministério da Previdência Social, uma vez atendidas as necessidades de reestruturação deste, para fazer frente às despesas de estruturação e manutenção da Previc, utilizando-se das dotações orçamentárias destinadas às atividades finalísticas e administrativas, observadas as mesmas ações orçamentárias e grupos de despesas previstos na lei orçamentária.

§ 1º Serão transferidos para a Previc os acervos técnico e patrimonial, bem como as obrigações e direitos do Ministério da Previdência Social correspondentes às atividades a ela atribuídas.

§ 2º Os processos administrativos em tramitação no Conselho de Gestão da Previdência Complementar e na Secretaria de Previdência Complementar do Ministério da Previdência Social, respeitadas as competências mantidas no âmbito das unidades do referido Ministério, serão transferidos para a Câmara de Recursos da Previdência Complementar e para a Previc, respectivamente.

Art. 54. Ficam redistribuídos para a Previc os cargos efetivos do Quadro de Pessoal do Ministério da Previdência Social existentes na Secretaria de Previdência Complementar em 31 de março de 2008.

Art. 55. As competências atribuídas à Secretaria de Previdência Complementar do Ministério da Previdência Social, por meio de ato do Conselho de Gestão da Previdência Complementar, do Conselho Monetário Nacional e de decretos, ficam automaticamente transferidas para a Previc, ressalvadas as disposições em contrário desta Lei.

Art. 56. A Advocacia-Geral da União e o Ministério da Previdência Social promoverão, no prazo de 180 (cento e oitenta) dias, a contar da data de publicação desta Lei, levantamento dos processos judiciais em curso envolvendo matéria de competência da Previc, que, decorrido esse prazo, sucederá a União em tais ações.

§ 1º Após o decurso do prazo de que trata o *caput*, a Advocacia-Geral da União peticionará perante o juízo ou tribunal em que tramitarem os processos, informando da sucessão de partes.

§ 2º Durante o prazo previsto no *caput*, a União continuará parte legítima e a Advocacia-Geral da União acompanhará os feitos e praticará os atos processuais necessários.

Art. 57. Incluem-se entre as entidades fechadas de previdência complementar tratadas nesta Lei aquelas de natureza pública referidas no art. 40 da Constituição Federal.

Art. 58. Até que sejam publicados os regulamentos referentes à entidade e aos órgãos colegiados de que tratam os arts. 1º, 14 e 15, a Secretaria de Previdência Complementar e o Conselho de Gestão da Previdência Complementar continuarão desempenhando suas atribuições em conformidade com a legislação vigente na data anterior à da publicação desta Lei.

Art. 59. A implementação dos efeitos financeiros decorrentes do disposto nesta Lei exercícios de 2009 e 2010 fica condicionada à existência de disponibilidade orçamentária e financeira para a realização da despesa em montante igual ou superior à estimativa feita, nos termos do art. 17 da Lei Complementar 101, de 4 de maio de 2000, por ocasião da publicação desta Lei.

§ 1º A demonstração da existência de disponibilidade orçamentária e financeira de que trata o *caput* caberá aos Ministros de Estado do Planejamento, Orçamento e Gestão e da Fazenda, a ser apresentada até 60 (sessenta) dias anteriores ao início dos efeitos financeiros referidos no *caput*.

§ 2º O comportamento da receita corrente líquida e as medidas adotadas para o cumprimento das metas de resultados fiscais no período considerado poderão ensejar a antecipação ou a postergação dos efeitos financeiros referidos no *caput*, em cada exercício financeiro, condicionadas à edição de lei específica.

Lei 12.254/2010

LEGISLAÇÃO PREVIDENCIÁRIA

Capítulo XI
DA ADEQUAÇÃO DE NORMAS CORRELATAS

Art. 60. O art. 11 da Lei 11.457, de 16 de março de 2007, passa vigorar com as seguintes alterações:
"Art. 11. [...]
"[...]
"§ 2º O Poder Executivo poderá fixar o exercício de até 385 (trezentos e oitenta e cinco) Auditores Fiscais da Receita Federal do Brasil no Ministério da Previdência Social ou na Superintendência Nacional de Previdência Complementar – Previc, garantidos os direitos e vantagens inerentes ao cargo, lotação de origem, remuneração e gratificações, ainda que na condição de ocupante de cargo em comissão ou função de confiança.
"§ 3º Os Auditores Fiscais da Receita Federal do Brasil a que se refere o § 2º executarão, em caráter privativo, os procedimentos de fiscalização das atividades e operações das entidades fechadas de previdência complementar, de competência da Previc, assim como das entidades e fundos dos regimes próprios de previdência social.
"§ 4º [...]
"[...]
"III – lavrar ou propor a lavratura de auto de infração;
"IV – aplicar ou propor a aplicação de penalidade administrativa ao responsável por infração objeto de processo administrativo decorrente de ação fiscal, representação, denúncia ou outras situações previstas em lei.
"§ 5º Na execução dos procedimentos de fiscalização referidos no § 3º, ao Auditor Fiscal da Receita Federal do Brasil é assegurado o livre acesso às dependências e às informações dos entes objeto da ação fiscal, de acordo com as respectivas áreas de competência, caracterizando-se embaraço à fiscalização, punível nos termos da lei, qualquer dificuldade oposta à consecução desse objetivo.
"§ 6º É facultado ao Auditor Fiscal da Receita Federal do Brasil a que se refere o § 2º exercer, em caráter geral e concorrente, outras atividades inerentes às competências do Ministério da Previdência Social e da Previc.
"§ 7º Caberá aos Auditores Fiscais da Receita Federal do Brasil em exercício na Previc constituir em nome desta, mediante lançamento, os créditos pelo não recolhimento da Taxa de Fiscalização e Controle da Previdência Complementar – Tafic e promover a sua cobrança administrativa."

Art. 61. O inciso XVIII do art. 29 da Lei 10.683, de 2003, passa a vigorar com a seguinte redação:
"Art. 29. [...]
"[...]
"XVIII – do Ministério da Previdência Social o Conselho Nacional de Previdência Social, o Conselho de Recursos da Previdência Social, o Conselho Nacional de Previdência Complementar, a Câmara de Recursos da Previdência Complementar e até 2 (duas) Secretarias;
"[...]"

• Deixamos de publicar os Anexos a esta Lei.

Art. 62. Esta Lei entra em vigor na data de sua publicação.
Brasília, 23 de dezembro de 2009; 188º da Independência e 121º da República.
Luiz Inácio Lula da Silva
(*DOU* 23.12.2009, edição extra)

LEI 12.254, DE 15 DE JUNHO DE 2010

Dispõe sobre o reajuste dos benefícios mantidos pela Previdência Social em 2010 e 2011 e altera a Lei 8.213, de 24 de julho de 1991.

• V. Portaria Interministerial MPS/MF 333/2010 (Salário mínimo e reajuste dos benefícios pagos pelo Instituto Nacional do Seguro Social – INSS e dos demais valores constantes do Regulamento da Previdência Social – RPS).

O Presidente da República:
Faço saber que o Congresso Nacional decreta e eu sanciono a seguinte Lei:

Art. 1º Os benefícios mantidos pela Previdência Social serão reajustados, a partir de 1º de janeiro de 2010, em 7,72% (sete inteiros e setenta e dois centésimos por cento).

Parágrafo único. Para os benefícios concedidos pela Previdência Social a partir de 1º

de março de 2009, o reajuste de que trata o *caput* dar-se-á de acordo com os percentuais indicados no Anexo desta Lei.

Art. 2º A partir de 1º de janeiro de 2010, o limite máximo do salário de contribuição e do salário de benefício será de R$ 3.467,40 (três mil, quatrocentos e sessenta e sete reais e quarenta centavos).

Art. 3º Em cumprimento ao § 4º do art. 201 da Constituição Federal, no exercício de 2010, aplica-se, para todos os fins, o reajuste concedido por esta Lei.

Parágrafo único. Para os exercícios seguintes, com vistas à preservação do valor real dos benefícios, volta a vigorar o disposto no art. 41-A da Lei 8.213, de 24 de julho de 1991, salvo disposição em contrário.

Art. 4º Para os benefícios majorados devido à elevação do salário mínimo em 2010, o referido aumento deverá ser compensado no momento da aplicação do disposto nesta Lei, de acordo com normas a serem estabelecidas pelo Ministério da Previdência Social.

Art. 5º *(Vetado.)*

Art. 6º Esta Lei entra em vigor na data de sua publicação.

Brasília, 15 de junho de 2010; 189º da Independência e 122º da República.

Luiz Inácio Lula da Silva

(*DOU* 16.06.2010)

ANEXO
FATOR DE REAJUSTE DOS BENEFÍCIOS CONCEDIDOS DE ACORDO COM AS RESPECTIVAS DATAS DE INÍCIO

DATA DE INÍCIO DO BENEFÍCIO	REAJUSTE (%)
Até fevereiro de 2009	7,72%
Em março de 2009	7,39%
Em abril de 2009	7,17%
Em maio de 2009	6,58%
Em junho de 2009	5,95%
Em julho de 2009	5,51%
Em agosto de 2009	5,26%
Em setembro de 2009	5,18%
Em outubro de 2009	5,01%
Em novembro de 2009	4,77%
Em dezembro de 2009	4,38%

LEI 12.470, DE 31 DE AGOSTO DE 2011

Altera os arts. 21 e 24 da Lei 8.212, de 24 de julho de 1991, que dispõe sobre o Plano de Custeio da Previdência Social, para estabelecer alíquota diferenciada de contribuição para o microempreendedor individual e do segurado facultativo sem renda própria que se dedique exclusivamente ao trabalho doméstico no âmbito de sua residência, desde que pertencente a família de baixa renda; altera os arts. 16, 72 e 77 da Lei 8.213, de 24 de julho de 1991, que dispõe sobre o Plano de Benefícios da Previdência Social, para incluir o filho ou o irmão que tenha deficiência intelectual ou mental como dependente e determinar o pagamento do salário-maternidade devido à empregada do microempreendedor individual diretamente pela Previdência Social; altera os arts. 20 e 21 e acrescenta o art. 21-A à Lei 8.742, de 7 de dezembro de 1993 – Lei Orgânica de Assistência Social, para alterar regras do benefício de prestação continuada da pessoa com deficiência; e acrescenta os §§ 4º e 5º ao art. 968 da Lei 10.406, de 10 de janeiro de 2002 – Código Civil, para estabelecer trâmite especial e simplificado para o processo de abertura, re-

Lei 12.470/2011

gistro, alteração e baixa do microempreendedor individual.

A Presidenta da República:
Faço saber que o Congresso Nacional decreta e eu sanciono a seguinte Lei:

Art. 1º Os arts. 21 e 24 da Lei 8.212, de 24 de julho de 1991, passam a vigorar com as seguintes alterações:

- Alterações processadas no texto da referida Lei.

Art. 2º Os arts. 16, 72 e 77 da Lei 8.213, de 24 de julho de 1991, passam a vigorar com as seguintes alterações:

- Alterações processadas no texto da referida Lei.

Art. 3º A Lei 8.742, de 7 de dezembro de 1993, passa a vigorar com as seguintes alterações:

"Art. 20. [...]

"[...]

"§ 2º Para efeito de concessão deste benefício, considera-se pessoa com deficiência aquela que tem impedimentos de longo prazo de natureza física, mental, intelectual ou sensorial, os quais, em interação com diversas barreiras, podem obstruir sua participação plena e efetiva na sociedade em igualdade de condições com as demais pessoas.

"[...]

"§ 6º A concessão do benefício ficará sujeita à avaliação da deficiência e do grau de impedimento de que trata o § 2º, composta por avaliação médica e avaliação social realizadas por médicos peritos e por assistentes sociais do Instituto Nacional de Seguro Social – INSS.

"[...]

"§ 9º A remuneração da pessoa com deficiência na condição de aprendiz não será considerada para fins do cálculo a que se refere o § 3º deste artigo.

"§ 10. Considera-se impedimento de longo prazo, para os fins do § 2º deste artigo, aquele que produza efeitos pelo prazo mínimo de 2 (dois) anos."

"Art. 21. [...]

"[...]

"§ 4º A cessação do benefício de prestação continuada concedido à pessoa com deficiência não impede nova concessão do benefício, desde que atendidos os requisitos definidos em regulamento."

"Art. 21-A. O benefício de prestação continuada será suspenso pelo órgão concedente quando a pessoa com deficiência exercer atividade remunerada, inclusive na condição de microempreendedor individual.

"§ 1º Extinta a relação trabalhista ou a atividade empreendedora de que trata o *caput* deste artigo e, quando for o caso, encerrado o prazo de pagamento do seguro-desemprego e não tendo o beneficiário adquirido direito a qualquer benefício previdenciário, poderá ser requerida a continuidade do pagamento do benefício suspenso, sem necessidade de realização de perícia médica ou reavaliação da deficiência e do grau de incapacidade para esse fim, respeitado o período de revisão previsto no *caput* do art. 21.

"§ 2º A contratação de pessoa com deficiência como aprendiz não acarreta a suspensão do benefício de prestação continuada, limitado a 2 (dois) anos o recebimento concomitante da remuneração e do benefício."

Art. 4º O art. 968 da Lei 10.406, de 10 de janeiro de 2002 – Código Civil, passa a vigorar acrescido dos seguintes §§ 4º e 5º:

"Art. 968. [...]

"[...]

"§ 4º O processo de abertura, registro, alteração e baixa do microempreendedor individual de que trata o art. 18-A da Lei Complementar 123, de 14 de dezembro de 2006, bem como qualquer exigência para o início de seu funcionamento deverão ter trâmite especial e simplificado, preferentemente eletrônico, opcional para o empreendedor, na forma a ser disciplinada pelo Comitê para Gestão da Rede Nacional para a Simplificação do Registro e da Legalização de Empresas e Negócios – CGSIM, de que trata o inciso III do art. 2º da mesma Lei.

"§ 5º Para fins do disposto no § 4º, poderão ser dispensados o uso da firma, com a respectiva assinatura autógrafa, o capital, requerimentos, demais assinaturas, informações relativas à nacionalidade, estado civil e regime de bens, bem como remessa

1415

Lei 12.513/2011

LEGISLAÇÃO PREVIDENCIÁRIA

de documentos, na forma estabelecida pelo CGSIM."

Art. 5º Esta Lei entra em vigor na data de sua publicação, produzindo efeitos:

I – em relação à alínea a do inciso II do § 2º e ao § 3º do art. 21 da Lei 8.212, de 24 de julho de 1991, na forma da redação atribuída pelo art. 1º desta Lei, a partir de 1º de maio de 2011; e

II – em relação aos demais dispositivos, a partir da data de sua publicação.

Brasília, 31 de agosto de 2011; 190º da Independência e 123º da República.

Dilma Rousseff

(*DOU* 01.09.2011)

LEI 12.513, DE 26 DE OUTUBRO DE 2011

Institui o Programa Nacional de Acesso ao Ensino Técnico e Emprego (Pronatec); altera as Leis 7.998, de 11 de janeiro de 1990, que regula o Programa do Seguro-Desemprego, o Abono Salarial e institui o Fundo de Amparo ao Trabalhador (FAT), 8.212, de 24 de julho de 1991, que dispõe sobre a organização da Seguridade Social e institui Plano de Custeio, 10.260, de 12 de julho de 2001, que dispõe sobre o Fundo de Financiamento ao Estudante do Ensino Superior, e 11.129, de 30 de junho de 2005, que institui o Programa Nacional de Inclusão de Jovens (ProJovem); e dá outras providências.

A Presidenta da República:

Faço saber que o Congresso Nacional decreta e eu sanciono a seguinte Lei:

Art. 1º É instituído o Programa Nacional de Acesso ao Ensino Técnico e Emprego (Pronatec), a ser executado pela União, com a finalidade de ampliar a oferta de educação profissional e tecnológica, por meio de programas, projetos e ações de assistência técnica e financeira.

Parágrafo único. São objetivos do Pronatec:

I – expandir, interiorizar e democratizar a oferta de cursos de educação profissional técnica de nível médio presencial e a distância e de cursos e programas de formação inicial e continuada ou qualificação profissional;

II – fomentar e apoiar a expansão da rede física de atendimento da educação profissional e tecnológica;

III – contribuir para a melhoria da qualidade do ensino médio público, por meio da articulação com a educação profissional;

IV – ampliar as oportunidades educacionais dos trabalhadores, por meio do incremento da formação e qualificação profissional;

V – estimular a difusão de recursos pedagógicos para apoiar a oferta de cursos de educação profissional e tecnológica.

VI – estimular a articulação entre a política de educação profissional e tecnológica e as políticas de geração de trabalho, emprego e renda.

• Inciso VI acrescentado pela Lei 12.816/2013.

Art. 2º O Pronatec atenderá prioritariamente:

I – estudantes do ensino médio da rede pública, inclusive da educação de jovens e adultos;

II – trabalhadores;

III – beneficiários dos programas federais de transferência de renda; e

IV – estudante que tenha cursado o ensino médio completo em escola da rede pública ou em instituições privadas na condição de bolsista integral, nos termos do regulamento.

§ 1º Entre os trabalhadores a que se refere o inciso II, incluem-se os agricultores familiares, silvicultores, aquicultores, extrativistas e pescadores.

§ 2º Será estimulada a participação das pessoas com deficiência nas ações de educação profissional e tecnológica desenvolvidas no âmbito do Pronatec, observadas as condições de acessibilidade e participação plena no ambiente educacional, tais como adequação de equipamentos, de materiais pedagógicos, de currículos e de estrutura física.

§ 3º As ações desenvolvidas no âmbito do Pronatec contemplarão a participação de povos indígenas, comunidades quilombolas e adolescentes e jovens em cumprimento de medidas socioeducativas.

§ 4º Será estimulada a participação de mulheres responsáveis pela unidade familiar beneficiárias de programas federais de

Lei 12.513/2011

transferência de renda, nos cursos oferecidos por intermédio da Bolsa-Formação.

• § 4º acrescentado pela Lei 12.816/2013.

Art. 3º O Pronatec cumprirá suas finalidades e objetivos em regime de colaboração entre a União, os Estados, o Distrito Federal e os Municípios, com a participação voluntária dos serviços nacionais de aprendizagem, de instituições privadas e públicas de ensino superior, de instituições de educação profissional e tecnológica e de fundações públicas de direito privado precipuamente dedicadas à educação profissional e tecnológica, habilitadas nos termos desta Lei.

• *Caput* com redação determinada pela Lei 12.816/2013.

Parágrafo único. Os serviços nacionais sociais poderão participar do Pronatec por meio de ações de apoio à educação profissional e tecnológica.

Art. 4º O Pronatec será desenvolvido por meio das seguintes ações, sem prejuízo de outras:

I – ampliação de vagas e expansão da rede federal de educação profissional e tecnológica;

II – fomento à ampliação de vagas e à expansão das redes estaduais de educação profissional;

III – incentivo à ampliação de vagas e à expansão da rede física de atendimento dos serviços nacionais de aprendizagem;

IV – oferta de bolsa-formação, nas modalidades:
a) Bolsa-Formação Estudante; e
b) Bolsa-Formação Trabalhador;

V – financiamento da educação profissional e tecnológica;

VI – fomento à expansão da oferta de educação profissional técnica de nível médio na modalidade de educação a distância;

VII – apoio técnico voltado à execução das ações desenvolvidas no âmbito do Programa;

VIII – estímulo à expansão de oferta de vagas para as pessoas com deficiência, inclusive com a articulação dos Institutos Públicos Federais, Estaduais e Municipais de Educação; e

IX – articulação com o Sistema Nacional de Emprego.

X – articulação com o Programa Nacional de Inclusão de Jovens – Projovem, nos termos da Lei 11.692, de 10 de junho de 2008.

• Inciso X acrescentado pela Lei 12.816/2013.

§ 1º A Bolsa-Formação Estudante será destinada aos beneficiários previstos no art. 2º para cursos de educação profissional técnica de nível médio, nas formas concomitante, integrada ou subsequente, nos termos definidos em ato do Ministro de Estado da Educação.

• § 1º com redação determinada pela Lei 12.816/2013.

§ 2º A Bolsa-Formação Trabalhador será destinada ao trabalhador e aos beneficiários dos programas federais de transferência de renda, para cursos de formação inicial e continuada ou qualificação profissional.

§ 3º O Poder Executivo definirá os requisitos e critérios de priorização para concessão das bolsas-formação, considerando-se capacidade de oferta, identificação da demanda, nível de escolaridade, faixa etária, existência de deficiência, entre outros, observados os objetivos do programa.

§ 4º O financiamento previsto no inciso V poderá ser contratado pelo estudante, em caráter individual, ou por empresa, para custeio da formação de trabalhadores nos termos da Lei 10.260, de 12 de julho de 2001, nas instituições habilitadas na forma do art. 10 desta Lei.

Art. 5º Para os fins desta Lei, são consideradas modalidades de educação profissional e tecnológica os cursos:

I – de formação inicial e continuada ou qualificação profissional; e

II – de educação profissional técnica de nível médio.

§ 1º Os cursos referidos no inciso I serão relacionados pelo Ministério da Educação, devendo contar com carga horária mínima de 160 (cento e sessenta) horas.

§ 2º Os cursos referidos no inciso II submetem-se às diretrizes curriculares nacionais definidas pelo Conselho Nacional de Educação, bem como às demais condições estabelecidas na legislação aplicável, devendo constar do Catálogo Nacional de Cursos

Lei 12.513/2011

LEGISLAÇÃO PREVIDENCIÁRIA

Técnicos, organizado pelo Ministério da Educação.

§ 3º *(Vetado.)*

- § 3º acrescentado pela Lei 12.816/2013.

Art. 6º Para cumprir os objetivos do Pronatec, a União é autorizada a transferir recursos financeiros às instituições de educação profissional e tecnológica das redes públicas estaduais e municipais ou dos serviços nacionais de aprendizagem correspondentes aos valores das bolsas-formação de que trata o inciso IV do art. 4º desta Lei.

§ 1º As transferências de recursos de que trata o *caput* dispensam a realização de convênio, acordo, contrato, ajuste ou instrumento congênere, observada a obrigatoriedade de prestação de contas da aplicação dos recursos.

§ 2º Do total dos recursos financeiros de que trata o *caput* deste artigo, um mínimo de 30% (trinta por cento) deverá ser destinado para as Regiões Norte e Nordeste com a finalidade de ampliar a oferta de educação profissional e tecnológica.

§ 3º O montante dos recursos a ser repassado para as bolsas-formação de que trata o *caput* corresponderá ao número de vagas pactuadas por cada instituição de ensino ofertante, que serão posteriormente confirmadas como matrículas em sistema eletrônico de informações da educação profissional mantido pelo Ministério da Educação, observada a obrigatoriedade de devolução de recursos em caso de vagas não ocupadas.

- § 3º com redação determinada pela Lei 12.816/2013.

§ 4º Os valores das bolsas-formação concedidas na forma prevista no *caput* correspondem ao custo total do curso por estudante, incluídos as mensalidades, encargos educacionais e o eventual custeio de transporte e alimentação ao beneficiário, vedada cobrança direta aos estudantes de taxas de matrícula, custeio de material didático ou qualquer outro valor pela prestação do serviço.

- § 4º com redação determinada pela Lei 12.816/2013.

§ 5º O Poder Executivo disporá sobre o valor de cada bolsa-formação, considerando-se, entre outros, os eixos tecnológicos, a modalidade do curso, a carga horária e a complexidade da infraestrutura necessária para a oferta dos cursos.

§ 6º O Poder Executivo disporá sobre normas relativas ao atendimento ao aluno, às transferências e à prestação de contas dos recursos repassados no âmbito do Pronatec.

§ 7º Qualquer pessoa, física ou jurídica, poderá denunciar ao Ministério da Educação, ao Tribunal de Contas da União e aos órgãos de controle interno do Poder Executivo irregularidades identificadas na aplicação dos recursos destinados à execução do Pronatec.

Art. 6º-A. A execução do Pronatec poderá ser realizada por meio da concessão das bolsas-formação de que trata a alínea a do inciso IV do *caput* do art. 4º aos estudantes matriculados em instituições privadas de ensino superior e de educação profissional técnica de nível médio, nas formas e modalidades definidas em ato do Ministro de Estado da Educação.

- Artigo acrescentado pela Lei 12.816/2013.

§ 1º Para fins do disposto no *caput*, as instituições privadas de ensino superior e de educação profissional técnica de nível médio deverão:

I – aderir ao Pronatec com assinatura de termo de adesão por suas mantenedoras;

II – habilitar-se perante o Ministério da Educação;

III – atender aos índices de qualidade acadêmica e a outros requisitos estabelecidos em ato do Ministro de Estado da Educação; e

IV – garantir aos beneficiários de Bolsa-Formação acesso a sua infraestrutura educativa, recreativa, esportiva e cultural.

§ 2º A habilitação de que trata o inciso II do § 1º deste artigo, no caso da instituição privada de ensino superior, estará condicionada ao atendimento dos seguintes requisitos:

I – atuação em curso de graduação em áreas de conhecimento correlatas à do curso técnico a ser ofertado ou aos eixos tecnológicos previstos no catálogo de que trata o § 2º do art. 5º;

II – excelência na oferta educativa comprovada por meio de índices satisfatórios de

Lei 12.513/2011

LEGISLAÇÃO PREVIDENCIÁRIA

qualidade, nos termos estabelecidos em ato do Ministro de Estado da Educação;

III – promoção de condições de acessibilidade e de práticas educacionais inclusivas.

§ 3º A habilitação de que trata o inciso II do § 1º deste artigo, no caso da instituição privada de educação profissional técnica de nível médio, estará condicionada ao resultado da sua avaliação, de acordo com critérios e procedimentos fixados em ato do Ministro de Estado da Educação, observada a regulação pelos órgãos competentes do respectivo sistema de ensino.

§ 4º Para a habilitação de que trata o inciso II do § 1º deste artigo, o Ministério da Educação definirá eixos e cursos prioritários, especialmente nas áreas relacionadas aos processos de inovação tecnológica e à elevação de produtividade e competitividade da economia do País.

Art. 6º-B. O valor da bolsa-formação concedida na forma do art. 6º-A será definido pelo Poder Executivo e seu pagamento será realizado, por matrícula efetivada, diretamente às mantenedoras das instituições privadas de ensino superior e de educação profissional técnica de nível médio, mediante autorização do estudante e comprovação de sua matrícula e frequência em sistema eletrônico de informações da educação profissional mantido pelo Ministério da Educação.

• Artigo acrescentado pela Lei 12.816/2013.

§ 1º O Ministério da Educação avaliará a eficiência, eficácia e efetividade da aplicação de recursos voltados à concessão das bolsas-formação na forma prevista no *caput* do art. 6º-A.

§ 2º As mantenedoras das instituições privadas de ensino superior e das instituições privadas de educação profissional técnica de nível médio disponibilizarão ao Ministério da Educação as informações sobre os beneficiários da bolsa-formação concedidas para fins da avaliação de que trata o § 1º, nos termos da legislação vigente, observado o direito à intimidade e vida privada do cidadão.

Art. 6º-C. A denúncia do termo de adesão de que trata o inciso I do § 1º do art. 6º-A não implicará ônus para o poder público nem prejuízo para o estudante beneficiário da Bolsa-Formação Estudante, que gozará do benefício concedido até a conclusão do curso.

• Artigo acrescentado pela Lei 12.816/2013.

Parágrafo único. O descumprimento das obrigações assumidas no termo de adesão ao Pronatec sujeita as instituições privadas de ensino superior e de educação profissional técnica de nível médio às seguintes penalidades:

I – impossibilidade de nova adesão por até 3 (três) anos e, no caso de reincidência, impossibilidade permanente de adesão, sem prejuízo para os estudantes já beneficiados; e

II – ressarcimento à União do valor corrigido das Bolsas-Formação Estudante concedidas indevidamente, retroativamente à data da infração, sem prejuízo do previsto no inciso I.

Art. 6º-D. As normas gerais de execução do Pronatec por meio da concessão das bolsas-formação de que trata a alínea *a* do inciso IV do *caput* do art. 4º aos estudantes matriculados em instituições privadas de ensino superior e de educação profissional técnica de nível médio serão disciplinadas em ato do Ministro de Estado da Educação, que deverá prever:

• Artigo acrescentado pela Lei 12.816/2013.

I – normas relativas ao atendimento ao aluno;

II – obrigações dos estudantes e das instituições;

III – regras para seleção de estudantes, inclusive mediante a fixação de critérios de renda, e de adesão das instituições mantenedoras;

IV – forma e condições para a concessão das bolsas, comprovação da oferta pelas instituições e participação dos estudantes nos cursos;

V – normas de transferência de curso ou instituição, suspensão temporária ou permanente da matrícula do estudante;

VI – exigências de qualidade acadêmica das instituições de ensino, aferidas por sistema de avaliação nacional e indicadores específicos da educação profissional, observado o disposto no inciso III do § 1º do art. 6º-A;

1419

Lei 12.513/2011

LEGISLAÇÃO PREVIDENCIÁRIA

VII – mecanismo de monitoramento e acompanhamento das bolsas concedidas pelas instituições, do atendimento dos beneficiários em relação ao seu desempenho acadêmico e outros requisitos; e

VIII – normas de transparência, publicidade e divulgação relativas à concessão das Bolsas-Formação Estudante.

Art. 7º O Ministério da Educação, diretamente ou por meio de suas entidades vinculadas, disponibilizará recursos às instituições de educação profissional e tecnológica da rede pública federal para permitir o atendimento aos alunos matriculados em cada instituição no âmbito do Pronatec.

Parágrafo único. Aplica-se ao *caput* o disposto nos §§ 1º a 7º do art. 6º, no que couber.

Art. 8º O Pronatec poderá ainda ser executado com a participação de entidades privadas sem fins lucrativos, devidamente habilitadas, mediante a celebração de convênio ou contrato, observada a obrigatoriedade de prestação de contas da aplicação dos recursos nos termos da legislação vigente.

Parágrafo único. O Poder Executivo definirá critérios mínimos de qualidade para que as entidades privadas a que se refere o *caput* possam receber recursos financeiros do Pronatec.

Art. 9º São as instituições de educação profissional e tecnológica das redes públicas autorizadas a conceder bolsas aos profissionais envolvidos nas atividades do Pronatec.

§ 1º Os servidores das redes públicas de educação profissional, científica e tecnológica poderão perceber bolsas pela participação nas atividades do Pronatec, desde que não haja prejuízo à sua carga horária regular e ao atendimento do plano de metas de cada instituição pactuado com seu mantenedor, se for o caso.

§ 2º Os valores e os critérios para concessão e manutenção das bolsas serão fixados pelo Poder Executivo.

§ 3º As atividades exercidas pelos profissionais no âmbito do Pronatec não caracterizam vínculo empregatício e os valores recebidos a título de bolsa não se incorporam, para qualquer efeito, ao vencimento, salário, remuneração ou proventos recebidos.

§ 4º O Ministério da Educação poderá conceder bolsas de intercâmbio a profissionais vinculados a empresas de setores considerados estratégicos pelo governo brasileiro, que colaborem em pesquisas desenvolvidas no âmbito de instituições públicas de educação profissional e tecnológica, na forma do regulamento.

Art. 10. As unidades de ensino privadas, inclusive as dos serviços nacionais de aprendizagem, ofertantes de cursos de formação inicial e continuada ou qualificação profissional e de cursos de educação profissional técnica de nível médio que desejarem aderir ao Fundo de Financiamento ao Estudante do Ensino Superior (Fies), de que trata a Lei 10.260, de 12 de julho de 2001, deverão cadastrar-se em sistema eletrônico de informações da educação profissional e tecnológica mantido pelo Ministério da Educação e solicitar sua habilitação.

Parágrafo único. A habilitação da unidade de ensino dar-se-á de acordo com critérios fixados pelo Ministério da Educação e não dispensa a necessária regulação pelos órgãos competentes dos respectivos sistemas de ensino.

Art. 11. O Fundo de Financiamento de que trata a Lei 10.260, de 12 de julho de 2001, passa a se denominar Fundo de Financiamento Estudantil (Fies).

Art. 12. Os arts. 1º e 6º da Lei 10.260, de 12 de julho de 2001, passam a vigorar com a seguinte redação:

"Art. 1º É instituído, nos termos desta Lei, o Fundo de Financiamento Estudantil (Fies), de natureza contábil, destinado à concessão de financiamento a estudantes regularmente matriculados em cursos superiores não gratuitos e com avaliação positiva nos processos conduzidos pelo Ministério da Educação, de acordo com regulamentação própria.

"§ 1º O financiamento de que trata o *caput* poderá beneficiar estudantes matriculados em cursos da educação profissional e tecnológica, bem como em programas de mestrado e doutorado com avaliação positiva, desde que haja disponibilidade de recursos.

"[...]

"§ 7º A avaliação das unidades de ensino de educação profissional e tecnológica para fins de adesão ao Fies dar-se-á de acordo com critérios de qualidade e requisitos fixados pelo Ministério da Educação."

"Art. 6º [...]

"§ 1º Recebida a ação de execução e antes de receber os embargos, o juiz designará audiência preliminar de conciliação, a realizar-se no prazo de 15 (quinze) dias, para a qual serão as partes intimadas a comparecer, podendo fazer-se representar por procurador ou preposto, com poderes para transigir.

"§ 2º Obtida a conciliação, será reduzida a termo e homologada por sentença.

"§ 3º Não efetuada a conciliação, terá prosseguimento o processo de execução."

Art. 13. A Lei 10.260, de 12 de julho de 2001, passa a vigorar acrescida dos seguintes arts. 5º-B, 6º-C, 6º-D e 6º-E:

"Art. 5º-B. O financiamento da educação profissional e tecnológica poderá ser contratado pelo estudante, em caráter individual, ou por empresa, para custeio da formação profissional e tecnológica de trabalhadores.

"§ 1º Na modalidade denominada Fies-Empresa, a empresa figurará como tomadora do financiamento, responsabilizando-se integralmente pelos pagamentos perante o Fies, inclusive os juros incidentes, até o limite do valor contratado.

"§ 2º No Fies-Empresa, poderão ser pagos com recursos do Fies exclusivamente cursos de formação inicial e continuada e de educação profissional técnica de nível médio.

"§ 3º A empresa tomadora do financiamento poderá ser garantida por fundo de garantia de operações, nos termos do inciso I do *caput* do art. 7º da Lei 12.087, de 11 de novembro de 2009.

"§ 4º Regulamento disporá sobre os requisitos, condições e demais normas para contratação do financiamento de que trata este artigo."

"Art. 6º-C. No prazo para embargos, reconhecendo o crédito do exequente e comprovando o depósito de 10% (dez por cento) do valor em execução, inclusive custas e honorários de advogado, poderá o executado requerer que lhe seja admitido pagar o restante em até 12 (doze) parcelas mensais.

"§ 1º O valor de cada prestação mensal, por ocasião do pagamento, será acrescido de juros equivalentes à taxa referencial do Sistema Especial de Liquidação e de Custódia (Selic) para títulos federais acumulada mensalmente, calculados a partir do mês subsequente ao da consolidação até o mês anterior ao do pagamento, e de 1% (um por cento) relativamente ao mês em que o pagamento estiver sendo efetuado.

"§ 2º Sendo a proposta deferida pelo juiz, o exequente levantará a quantia depositada e serão suspensos os atos executivos; caso indeferida, seguir-se-ão os atos executivos, mantido o depósito.

"§ 3º O inadimplemento de qualquer das prestações implicará, de pleno direito, o vencimento das subsequentes e o prosseguimento do processo, com o imediato início dos atos executivos, imposta ao executado multa de 10% (dez por cento) sobre o valor das prestações não pagas e vedada a oposição de embargos."

"Art. 6º-D. Nos casos de falecimento ou invalidez permanente do estudante tomador do financiamento, devidamente comprovados, na forma da legislação pertinente, o saldo devedor será absorvido conjuntamente pelo Fies e pela instituição de ensino."

"Art. 6º-E. O percentual do saldo devedor de que tratam o *caput* do art. 6º e o art. 6º-D, a ser absorvido pela instituição de ensino, será equivalente ao percentual do risco de financiamento assumido na forma do inciso VI do *caput* do art. 5º, cabendo ao Fies a absorção do valor restante."

Art. 14. Os arts. 3º, 8º e 10 da Lei 7.998, de 11 de janeiro de 1990, passam a vigorar com seguinte redação:

"Art. 3º [...]

"§ 1º A União poderá condicionar o recebimento da assistência financeira do Programa de Seguro-Desemprego à comprovação da matrícula e da frequência do trabalhador segurado em curso de formação inicial e continuada ou qualificação profissional,

Lei 12.513/2011

LEGISLAÇÃO PREVIDENCIÁRIA

com carga horária mínima de 160 (cento e sessenta) horas.

"§ 2º O Poder Executivo regulamentará os critérios e requisitos para a concessão da assistência financeira do Programa de Seguro-Desemprego nos casos previstos no § 1º, considerando a disponibilidade de bolsas-formação no âmbito do Pronatec ou de vagas gratuitas na rede de educação profissional e tecnológica para o cumprimento da condicionalidade pelos respectivos beneficiários.

"§ 3º A oferta de bolsa para formação dos trabalhadores de que trata este artigo considerará, entre outros critérios, a capacidade de oferta, a reincidência no recebimento do benefício, o nível de escolaridade e a faixa etária do trabalhador."

"Art. 8º O benefício do seguro-desemprego será cancelado:

"I – pela recusa por parte do trabalhador desempregado de outro emprego condizente com sua qualificação registrada ou declarada e com sua remuneração anterior;

"II – por comprovação de falsidade na prestação das informações necessárias à habilitação;

"III – por comprovação de fraude visando à percepção indevida do benefício do seguro-desemprego; ou

"IV – por morte do segurado.

"§ 1º Nos casos previstos nos incisos I a III deste artigo, será suspenso por um período de 2 (dois) anos, ressalvado o prazo de carência, o direito do trabalhador à percepção do seguro-desemprego, dobrando-se este período em caso de reincidência.

"§ 2º O benefício poderá ser cancelado na hipótese de o beneficiário deixar de cumprir a condicionalidade de que trata o § 1º do art. 3º desta Lei, na forma do regulamento."

"Art. 10. É instituído o Fundo de Amparo ao Trabalhador (FAT), vinculado ao Ministério do Trabalho e Emprego, destinado ao custeio do Programa de Seguro-Desemprego, ao pagamento do abono salarial e ao financiamento de programas de educação profissional e tecnológica e de desenvolvimento econômico.

"[...]"

Art. 15. O art. 28 da Lei 8.212, de 24 de julho de 1991, passa a vigorar com as seguintes alterações:

"Art. 28. [...]"

"§ 9º [...]"

"t) o valor relativo a plano educacional, ou bolsa de estudo, que vise à educação básica de empregados e seus dependentes e, desde que vinculada às atividades desenvolvidas pela empresa, à educação profissional e tecnológica de empregados, nos termos da Lei 9.394, de 20 de dezembro de 1996, e

"1. não seja utilizado em substituição de parcela salarial; e

"2. o valor mensal do plano educacional ou bolsa de estudo, considerado individualmente, não ultrapasse 5% (cinco por cento) da remuneração do segurado a que se destina ou o valor correspondente a uma vez e meia o valor do limite mínimo mensal do salário de contribuição, o que for maior;

"[...]"

Art. 16. Os arts. 15 e 16 da Lei 11.129, de 30 de junho de 2005, passam a vigorar com a seguinte redação:

"Art. 15. É instituído o Programa de Bolsas para a Educação pelo Trabalho, destinado aos estudantes de educação superior, prioritariamente com idade inferior a 29 (vinte e nove) anos, e aos trabalhadores da área da saúde, visando à vivência, ao estágio da área da saúde, à educação profissional técnica de nível médio, ao aperfeiçoamento e à especialização em área profissional, como estratégias para o provimento e a fixação de profissionais em programas, projetos, ações e atividades e em regiões prioritárias para o Sistema Único de Saúde.

"[...]"

"Art. 16. [...]"

"V – Orientador de Serviço; e

"VI – Trabalhador-Estudante.

"[...]"

"§ 4º As bolsas relativas à modalidade referida no inciso VI terão seus valores fixados pelo Ministério da Saúde, respeitados os níveis de escolaridade mínima requerida."

Art. 17. É criado o Conselho Deliberativo de Formação e Qualificação Profissional, com a atribuição de promover a articulação

e avaliação dos programas voltados à formação e qualificação profissional no âmbito da administração pública federal, cuja composição, competências e funcionamento serão estabelecidos em ato do Poder Executivo.

Art. 18. Compete ao Ministério da Educação a habilitação de instituições para o desenvolvimento de atividades de educação profissional realizadas com recursos federais, nos termos do regulamento.

* Artigo com redação determinada pela Lei 12.816/2013.

Art. 19. As despesas com a execução das ações do Pronatec correrão à conta de dotação orçamentária consignada anualmente aos respectivos órgãos e entidades, observados os limites de movimentação, empenho e pagamento da programação orçamentária e financeira anual.

Art. 20. Os serviços nacionais de aprendizagem integram o sistema federal de ensino na condição de mantenedores, podendo criar instituições de educação profissional técnica de nível médio, de formação inicial e continuada e de educação superior, observada a competência de regulação, supervisão e avaliação da União, nos termos dos incisos VIII e IX do art. 9º da Lei 9.394, de 20 de dezembro de 1996, e do inciso VI do art. 6º-D desta Lei.

* Artigo com redação determinada pela Lei 12.816/2013.

§ 1º As instituições de educação profissional técnica de nível médio e de formação inicial e continuada dos serviços nacionais de aprendizagem terão autonomia para criação de cursos e programas de educação profissional e tecnológica, com autorização do órgão colegiado superior do respectivo departamento regional da entidade.

§ 2º A criação de instituições de educação superior pelos serviços nacionais de aprendizagem será condicionada à aprovação do Ministério da Educação, por meio de processo de credenciamento.

§ 3º As instituições de educação superior dos serviços nacionais de aprendizagem terão autonomia para:

I – criação de cursos superiores de tecnologia, na modalidade presencial;

II – alteração do número de vagas ofertadas nos cursos superiores de tecnologia;

III – criação de unidades vinculadas, nos termos de ato do Ministro de Estado da Educação;

IV – registro de diplomas.

§ 4º O exercício das prerrogativas previstas no § 3º dependerá de autorização do órgão colegiado superior do respectivo departamento regional da entidade.

Art. 20-A. Os serviços nacionais sociais terão autonomia para criar unidades de ensino para a oferta de educação profissional técnica de nível médio e educação de jovens e adultos integrada à educação profissional, desde que em articulação direta com os serviços nacionais de aprendizagem, observada a competência de supervisão e avaliação dos Estados.

* Artigo acrescentado pela Lei 12.816/2013.

Art. 20-B. As instituições privadas de ensino superior habilitadas nos termos do § 2º do art. 6º-A ficam autorizadas a criar e ofertar cursos técnicos de nível médio, nas formas e modalidades definidas no regulamento, resguardadas as competências de supervisão e avaliação da União, previstas no inciso IX do *caput* do art. 9º da Lei 9.394, de 20 de dezembro de 1996.

* Artigo acrescentado pela Lei 12.816/2013.

§ 1º A supervisão e a avaliação dos cursos serão realizadas em regime de colaboração com os órgãos competentes dos Estados e do Distrito Federal, nos termos estabelecidos em ato do Ministro de Estado da Educação.

§ 2º A criação de novos cursos deverá ser comunicada pelas instituições de ensino superior aos órgãos competentes dos Estados, que poderão, a qualquer tempo, pronunciar-se sobre eventual descumprimento de requisitos necessários para a oferta dos cursos.

Art. 21. Esta Lei entra em vigor na data de sua publicação.

Brasília, 26 de outubro de 2011; 190º da Independência e 123º da República.

Dilma Rousseff

(*DOU* 27.10.2011)

Port. MS 68/2012

LEGISLAÇÃO PREVIDENCIÁRIA

PORTARIA 68, DE 11 DE JANEIRO DE 2012, DO MINISTÉRIO DA SAÚDE – MS

Institui benefício financeiro para apoio às gestantes nos deslocamentos para as consultas de pré-natal e para o local em que será realizado o parto.

O Ministro de Estado da Saúde, no uso da atribuição que lhe confere o inciso II do parágrafo único do art. 87 da Constituição, e

Considerando a Medida Provisória 557, de 26 de dezembro de 2011, especialmente os artigos 10, 11 e 12, que autorizam e estabelecem requisitos mínimos para a concessão, pela União, de benefício financeiro de até R$ 50,00 (cinquenta reais) para gestantes cadastradas no Sistema Nacional de Cadastro, Vigilância e Acompanhamento da Gestante e Puérpera para Prevenção da Mortalidade Materna;

Considerando a Portaria 1.459/GM/MS, de 24 de junho de 2011, que institui a Rede Cegonha no âmbito do Sistema Único de Saúde (SUS), especialmente na alínea *i* do inciso I do art. 7º;

Considerando o inciso X do art. 5º da Constituição Federal, que assegura, como garantia fundamental, a inviolabilidade à intimidade, à vida privada, à honra e à imagem das pessoas;

Considerando a Lei 8.159, de 8 de janeiro de 1991, que dispõe sobre a política nacional de arquivos públicos e privados, especialmente o § 1º do art. 23, que considera originariamente sigilosos os documentos quando necessário ao resguardo da inviolabilidade da intimidade, da vida privada, da honra e da imagem das pessoas;

Considerando a Lei 12.527, de 18 de novembro de 2011, que regula o acesso a informações previsto no inciso XXXIII do art. 5º, no inciso II do § 3º do art. 37 e no § 2º do art. 216 da Constituição Federal, cujo art. 31 prevê que o tratamento das informações pessoais deve ser feito de forma transparente e com respeito à intimidade, vida privada,

honra e imagem das pessoas, bem como às liberdades e garantias individuais;

Considerando o Decreto 4.553, de 27 de dezembro de 2002, que dispõe sobre a proteção de dados, informações, documentos e materiais sigilosos de interesse da segurança da sociedade e do Estado, considerando sigilosos dados ou informações cujo conhecimento irrestrito ou divulgação possa acarretar qualquer risco à inviolabilidade da intimidade, da vida privada, da honra e da imagem das pessoas; e

Considerando a Portaria 1.820/GM/MS, de 13 de agosto de 2009, que dispõe sobre os direitos e deveres dos usuários da saúde, cujo art. 4º, parágrafo único, III, e, resguarda a confidencialidade de toda e qualquer informação pessoal, resolve:

Art. 1º Fica instituído benefício financeiro de até R$ 50,00 (cinquenta reais) no âmbito da Rede Cegonha, instituída pela Portaria 1.459/GM/MS, de 24 de junho de 2011, para apoio às gestantes nos deslocamentos para as consultas de pré-natal e para o local em que será realizado o parto.

Parágrafo único. Farão jus ao benefício as gestantes cadastradas no Sistema Nacional de Cadastro, Vigilância e Acompanhamento da Gestante e Puérpera para prevenção da Mortalidade Materna, nos termos desta Portaria e da regulamentação aplicável ao referido sistema.

Art. 2º A concessão do benefício de que trata esta Portaria dependerá de requerimento da gestante, mediante o preenchimento de formulário-padrão a ser instituído pelo Ministério da Saúde.

Parágrafo único. O formulário-padrão estará disponível para a gestante em qualquer unidade de saúde capacitada ao atendimento de gestantes para pré-natal nos Municípios que fazem parte da Rede Cegonha, instituída pela Portaria 1.459/GM/MS, de 2011.

Art. 3º O benefício de que trata esta Portaria será pago em até 2 (duas) parcelas, da seguinte forma:

I – a gestante que requerer o benefício e iniciar o pré-natal até a 16a (décima sexta) se-

Port. MS 68/2012

mana de gestação, com a realização de pelo menos uma consulta, receberá o incentivo da seguinte forma:

a) R$ 25,00 (vinte e cinco reais) no mês seguinte à formulação do requerimento, para apoio no deslocamento para realização do pré-natal;

b) R$ 25,00 (vinte e cinco reais) na 30ª (trigésima) semana de gestação, para apoio no deslocamento para a realização do parto; e

II – a gestante que iniciar o pré-natal após a 16ª (décima sexta) semana de gestação, com a realização de pelo menos uma consulta, receberá apenas uma parcela de R$ 25,00 (vinte e cinco reais) no mês subsequente ao da formulação do requerimento.

Parágrafo único. O benefício de que trata esta Portaria será pago uma única vez em cada gestação, conforme requisitos estabelecidos no *caput*.

Art. 4º Os requerimentos formulados pelas gestantes serão consolidados mensalmente pelos Municípios e repassados ao Ministério da Saúde até o 5º (quinto) dia útil do mês seguinte, por intermédio da transferência de informações pelo sistema informatizado de cadastramento e acompanhamento das gestantes.

§ 1º Os Municípios interessados na instituição do benefício de que trata esta Portaria deverão aderir ao programa Rede Cegonha, instituído pela Portaria 1.459/GM/MS, de 2011, e implantar o Sistema Nacional de Cadastro, Vigilância e Acompanhamento da Gestante e Puérpera para Prevenção da Mortalidade Materna em todas as unidades de saúde que realizam pré-natal, observado o regulamento do Ministério da Saúde sobre o tema.

§ 2º O Ministério da Saúde divulgará em seu sítio eletrônico, www.saude.gov.br, as orientações necessárias para a transferência de informações prevista no *caput*.

Art. 5º O benefício de que trata esta Portaria será pago diretamente às beneficiárias ou a seus responsáveis legais pela Caixa Econômica Federal, por meio de cartão magnético, crédito em conta bancária ou qualquer outro meio que venha a ser disponibilizado.

§ 1º O Ministério da Saúde encaminhará a relação das gestantes beneficiadas à Caixa Econômica Federal até o 10º (décimo) dia útil de cada mês, com todos os dados necessários à efetivação do pagamento.

§ 2º Recebida a relação prevista no § 1º, a Caixa Econômica Federal efetuará o pagamento às beneficiárias no prazo estabelecido no instrumento firmado com o Ministério da Saúde.

§ 3º No caso de beneficiárias que também estejam integradas ao Bolsa Família, o pagamento do benefício de que trata esta Portaria ocorrerá de forma integrada àquele programa.

§ 4º O benefício de que trata esta Portaria poderá ser pago após o período de gestação em situações excepcionais decorrentes de problemas nos sistemas de informação ou de problemas relativos ao endereço das beneficiárias, desde que tenham sido regularmente observados os artigos 2º e 3º.

Art. 6º O Ministério da Saúde publicará relação anual contendo os benefícios concedidos naquele período.

§ 1º A relação de que trata o *caput* será discriminada por Município, com informação do número de cada benefício pago e da respectiva ordem de pagamento.

§ 2º Não serão divulgados dados pessoais das gestantes beneficiadas.

§ 3º O benefício concedido somente será incluído na listagem de que trata o *caput* após o desfecho da gravidez.

Art. 7º Os recursos financeiros para o pagamento do benefício de que trata esta Portaria são oriundos do orçamento do Ministério da Saúde, devendo onerar o Programa de Trabalho 10.302.2015.8585 – Atenção à Saúde da População para Procedimentos de Média e Alta Complexidade.

Art. 8º Esta Portaria entra em vigor após 60 (sessenta) dias da data de sua publicação.

Alexandre Rocha Santos Padilha

(*DOU* 12.01.2012; ret. 13.01.2012)

DECRETO 7.721, DE 16 DE ABRIL DE 2012

Dispõe sobre o condicionamento do recebimento da assistência financeira do Programa de Seguro-Desemprego à comprovação de matrícula e frequência em curso de formação inicial e continuada ou de qualificação profissional, com carga horária mínima de cento e sessenta horas.

A Presidenta da República, no uso da atribuição que lhe confere o art. 84, *caput*, inciso IV, da Constituição, e tendo em vista o disposto no § 1º do art. 3º e no § 2º do art. 8º da Lei 7.998, de 11 de janeiro de 1990, e na Lei 12.513, de 26 de outubro de 2011, decreta:

Art. 1º O recebimento de assistência financeira pelo trabalhador segurado que solicitar o benefício do Programa de Seguro-Desemprego a partir da terceira vez dentro de um período de 10 (dez) anos poderá ser condicionado à comprovação de matrícula e frequência em curso de formação inicial e continuada ou de qualificação profissional, habilitado pelo Ministério da Educação, nos termos do art. 18 da Lei 12.513, de 26 de outubro de 2011, com carga horária mínima de 160 (cento e sessenta) horas.

Parágrafo único. O curso previsto no *caput* será ofertado por meio da Bolsa-Formação Trabalhador concedida no âmbito do Programa Nacional de Acesso ao Ensino Técnico e Emprego – Pronatec, instituído pela Lei 12.513, de 2011, ou de vagas gratuitas na rede de educação profissional e tecnológica.

Art. 2º Compete ao Ministério da Educação:

I – ofertar vagas em cursos de formação inicial e continuada ou de qualificação profissional no âmbito do Pronatec aos trabalhadores beneficiários do seguro-desemprego, considerando as vagas gratuitas disponíveis na rede de educação profissional e tecnológica; e

II – encaminhar periodicamente ao Ministério do Trabalho e Emprego informações acerca das matrículas e frequência de que trata o *caput* do art. 1º.

Art. 3º Compete ao Ministério do Trabalho e Emprego:

I – orientar e encaminhar os trabalhadores beneficiários do seguro-desemprego aos cursos de formação inicial e continuada ou de qualificação profissional ofertados nos termos deste Decreto;

II – fixar os requisitos para a definição do perfil do trabalhador, conforme estabelecido no inciso I do *caput* do art. 5º;

III – encaminhar ao Ministério da Educação informações sobre as características dos trabalhadores beneficiários do seguro-desemprego para subsidiar as atividades de formação e qualificação profissional desenvolvidas para atendimento desse público; e

IV – estabelecer os demais procedimentos necessários ao cumprimento da condicionalidade para o recebimento do benefício do seguro-desemprego previsto no *caput* do art. 1º.

Art. 4º A disponibilização de cursos de formação inicial e continuada ou de qualificação profissional pelas instituições ofertantes no âmbito do Pronatec deverá ter como referência as informações do Ministério do Trabalho e Emprego e do Sistema Nacional de Emprego – Sine relativas ao perfil dos trabalhadores segurados de que trata o *caput* do art. 1º e às características locais do mercado de trabalho.

Art. 5º Não será exigida do trabalhador a condicionalidade de que trata o *caput* do art. 1º nas seguintes hipóteses:

I – inexistência de oferta de curso compatível com o perfil do trabalhador no município ou região metropolitana de domicílio do trabalhador, ou, ainda, em município limítrofe; e

II – apresentação pelo trabalhador de comprovante de matrícula e frequência mensal em outro curso de formação inicial e continuada ou de qualificação profissional com carga horária igual ou superior a 160 (cento e sessenta) horas.

Parágrafo único. A condicionalidade de que trata o *caput* do art. 1º ainda poderá ser exigida caso o encerramento do curso de que trata o inciso II do *caput* ocorra enquan-

LC 142/2013

Legislação Previdenciária

to o trabalhador estiver recebendo as parcelas do benefício seguro-desemprego.

Art. 6º O benefício do seguro-desemprego do trabalhador sujeito à condicionalidade de que trata o *caput* do art. 1º poderá ser cancelado nas seguintes situações:

I – recusa pelo trabalhador da pré-matrícula no curso de formação inicial e continuada ou de qualificação profissional ofertado;

II – não realização pelo trabalhador da matrícula efetiva na instituição de ensino, no prazo estabelecido; e

III – evasão do curso de formação inicial e continuada ou de qualificação profissional em que estiver matriculado.

§ 1º A pré-matrícula ou sua recusa exigirá assinatura de termo de ciência.

§ 2º A pré-matrícula ou sua recusa será realizada nas unidades do Ministério do Trabalho e Emprego ou integrantes do Sine.

§ 3º No caso de o trabalhador recusar-se a assinar o documento de que trata o § 1º, será lavrado termo assinado por duas testemunhas.

Art. 7º Atendidos prioritariamente os trabalhadores de que trata o art. 1º, havendo disponibilidade de Bolsas-Formação Trabalhador no âmbito do Pronatec ou de vagas gratuitas na rede de educação profissional e tecnológica, estas poderão ser ofertadas aos demais beneficiários do seguro-desemprego, respeitados os níveis de escolaridade requeridos e os demais critérios de priorização estabelecidos no âmbito do Pronatec.

Art. 8º Ato conjunto dos Ministros de Estado da Educação e do Trabalho e Emprego disciplinará:

I – as características dos cursos de formação inicial e continuada ou de qualificação profissional ofertados no âmbito deste Decreto; e

II – as demais condições, requisitos e normas necessárias para aplicação da condicionalidade prevista no *caput* do art. 1º.

Art. 9º A oferta de Bolsa-Formação Trabalhador no âmbito do Pronatec nos termos previstos neste Decreto fica condicionada à existência de dotação orçamentária.

Art. 10. Este Decreto entra em vigor na data de sua publicação.

Brasília, 16 de abril de 2012; 191º da Independência e 124º da República.
Dilma Rousseff

(DOU 17.04.2012)

LEI COMPLEMENTAR 142,
DE 8 DE MAIO DE 2013

Regulamenta o § 1º do art. 201 da Constituição Federal, no tocante à aposentadoria da pessoa com deficiência segurada do Regime Geral de Previdência Social – RGPS.

A Presidenta da República:

Faço saber que o Congresso Nacional decreta e eu sanciono a seguinte Lei Complementar:

Art. 1º Esta Lei Complementar regulamenta a concessão de aposentadoria da pessoa com deficiência segurada do Regime Geral de Previdência Social – RGPS de que trata o § 1º do art. 201 da Constituição Federal.

Art. 2º Para o reconhecimento do direito à aposentadoria de que trata esta Lei Complementar, considera-se pessoa com deficiência aquela que tem impedimentos de longo prazo de natureza física, mental, intelectual ou sensorial, os quais, em interação com diversas barreiras, podem obstruir sua participação plena e efetiva na sociedade em igualdade de condições com as demais pessoas.

Art. 3º É assegurada a concessão de aposentadoria pelo RGPS ao segurado com deficiência, observadas as seguintes condições:

I – aos 25 (vinte e cinco) anos de tempo de contribuição, se homem, e 20 (vinte) anos, se mulher, no caso de segurado com deficiência grave;

II – aos 29 (vinte e nove) anos de tempo de contribuição, se homem, e 24 (vinte e quatro) anos, se mulher, no caso de segurado com deficiência moderada;

III – aos 33 (trinta e três) anos de tempo de contribuição, se homem, e 28 (vinte e oito) anos, se mulher, no caso de segurado com deficiência leve; ou

IV – aos 60 (sessenta) anos de idade, se homem, e 55 (cinquenta e cinco) anos de idade, se mulher, independentemente do grau de deficiência, desde que cumprido tempo mínimo de contribuição de 15 (quinze) anos e comprovada a existência de deficiência durante igual período.

Parágrafo único. Regulamento do Poder Executivo definirá as deficiências grave, moderada e leve para os fins desta Lei Complementar.

Art. 4º A avaliação da deficiência será médica e funcional, nos termos do Regulamento.

Art. 5º O grau de deficiência será atestado por perícia própria do Instituto Nacional do Seguro Social – INSS, por meio de instrumentos desenvolvidos para esse fim.

Art. 6º A contagem de tempo de contribuição na condição de segurado com deficiência será objeto de comprovação, exclusivamente, na forma desta Lei Complementar.

§ 1º A existência de deficiência anterior à data da vigência desta Lei Complementar deverá ser certificada, inclusive quanto ao seu grau, por ocasião da primeira avaliação, sendo obrigatória a fixação da data provável de início da deficiência.

§ 2º A comprovação de tempo de contribuição na condição de segurado com deficiência em período anterior à entrada em vigor desta Lei Complementar não será admitida por meio de prova exclusivamente testemunhal.

Art. 7º Se o segurado, após a filiação ao RGPS, tornar-se pessoa com deficiência, ou tiver seu grau de deficiência alterado, os parâmetros mencionados no art. 3º serão proporcionalmente ajustados, considerando-se o número de anos em que o segurado exerceu atividade laboral sem deficiência e com deficiência, observado o grau de deficiência correspondente, nos termos do regulamento a que se refere o parágrafo único do art. 3º desta Lei Complementar.

Art. 8º A renda mensal da aposentadoria devida ao segurado com deficiência será calculada aplicando-se sobre o salário de benefício, apurado em conformidade com o disposto no art. 29 da Lei 8.213, de 24 de julho de 1991, os seguintes percentuais:

I – 100% (cem por cento), no caso da aposentadoria de que tratam os incisos I, II e III do art. 3º; ou

II – 70% (setenta por cento) mais 1% (um por cento) do salário de benefício por grupo de 12 (doze) contribuições mensais até o máximo de 30% (trinta por cento), no caso de aposentadoria por idade.

Art. 9º Aplicam-se à pessoa com deficiência de que trata esta Lei Complementar:

I – o fator previdenciário nas aposentadorias, se resultar em renda mensal de valor mais elevado;

II – a contagem recíproca do tempo de contribuição na condição de segurado com deficiência relativo à filiação ao RGPS, ao regime próprio de previdência do servidor público ou a regime de previdência militar, devendo os regimes compensar-se financeiramente;

III – as regras de pagamento e de recolhimento das contribuições previdenciárias contidas na Lei 8.212, de 24 de julho de 1991;

IV – as demais normas relativas aos benefícios do RGPS;

V – a percepção de qualquer outra espécie de aposentadoria estabelecida na Lei 8.213, de 24 de julho de 1991, que lhe seja mais vantajosa do que as opções apresentadas nesta Lei Complementar.

Art. 10. A redução do tempo de contribuição prevista nesta Lei Complementar não poderá ser acumulada, no tocante ao mesmo período contributivo, com a redução assegurada aos casos de atividades exercidas sob condições especiais que prejudiquem a saúde ou a integridade física.

Art. 11. Esta Lei Complementar entra em vigor após decorridos 6 (seis) meses de sua publicação oficial.

Brasília, 8 de maio de 2013; 192º da Independência e 125º da República.

Dilma Rousseff

(*DOU* 09.05.2013)

REGIMENTO INTERNO DO TST E SÚMULAS SELECIONADAS

Regimento Interno do Tribunal Superior do Trabalho – TST

Súmulas selecionadas
Supremo Tribunal Federal – STF
 I. Súmulas vinculantes
 II. Súmulas

Superior Tribunal de Justiça – STJ

Tribunal Federal de Recursos – TFR

Tribunal Superior do Trabalho – TST

Orientações Jurisprudenciais do Tribunal Pleno, da SDI-I, SDI-I Transitória, SDI-II e SDC do Tribunal Superior do Trabalho – TST

Precedentes Normativos do Tribunal Superior do Trabalho – TST

Regimento Interno do Tribunal Superior do Trabalho

REGIMENTO INTERNO DO TRIBUNAL SUPERIOR DO TRABALHO – TST
- Aprovado pela Res. Administrativa TST 1.295/2008.
- V. Ato TST 90/2013 (Determina a correção de erro material existente na Resolução Administrativa 1.295/2008).

LIVRO I
DO TRIBUNAL

TÍTULO I
DO TRIBUNAL, DA SUA COMPOSIÇÃO, DOS SEUS MINISTROS

Capítulo I
DO TRIBUNAL

Art. 1º O Tribunal Superior do Trabalho, órgão de cúpula da Justiça do Trabalho, com sede na Capital da República, tem jurisdição em todo o território nacional.

Art. 2º A bandeira do Tribunal, instituída pela Portaria 291, de 16 de outubro de 1981, publicada no *DJ* de 3 de novembro de 1981, simboliza a Justiça do Trabalho como órgão do Poder Judiciário, sua jurisdição e a importância social do exercício jurisdicional.

Capítulo II
DA COMPOSIÇÃO E DA INVESTIDURA

Art. 3º O Tribunal compõe-se de vinte e sete Ministros, escolhidos dentre brasileiros com mais de 35 (trinta e cinco) anos e menos de 65 (sessenta e cinco), nomeados pelo Presidente da República após aprovação pelo Senado Federal.

Art. 4º Para preenchimento de vaga de Ministro, destinada aos Juízes da carreira da Magistratura do Trabalho, o Presidente do Tribunal convocará o Pleno para, pelo voto secreto e em escrutínios sucessivos, escolher, dentre os Juízes da carreira, integrantes dos Tribunais Regionais do Trabalho, os nomes para a formação da lista tríplice a ser encaminhada ao Presidente da República.

§ 1º Na hipótese de haver mais de uma vaga a ser preenchida, a lista conterá o número de Magistrados igual ao das vagas mais dois.

§ 2º Na votação para escolha dos nomes dos Juízes que integrarão a lista, serão observados os seguintes critérios:

I – os nomes serão escolhidos em voto secreto e em escrutínios sucessivos, para o primeiro, o segundo, o terceiro, e, eventualmente, o quarto nome integrante da lista, e, assim, sucessivamente, sendo escolhido em cada escrutínio aquele que obtiver votos da maioria absoluta;

II – a maioria absoluta necessária para a escolha do nome é metade mais um do número de Ministros que compõem a Corte no momento da votação;

III – não alcançada, no primeiro escrutínio, a maioria absoluta, proceder-se-á a nova votação, na qual concorrerão os dois Juízes mais votados;

a) na hipótese de empate, será realizada nova votação. Persistindo o empate, adotar-se-ão como critérios de desempate, sucessivamente, o tempo de investidura dos Juízes no Tribunal Regional e o tempo de investidura na Magistratura do Trabalho;

b) se houver empate entre dois Juízes que tenham obtido, individualmente, número de votos inferior ao alcançado por outro Juiz, far-se-á, primeiramente, a votação para o desempate, e, a seguir, para a escolha do nome que integrará a lista; e

IV – escolhido um nome, fica excluído dos escrutínios subsequentes Juiz da mesma Região.

Art. 5º O Presidente do Tribunal, ocorrendo vaga destinada a membro do Ministério Público do Trabalho e a advogado militante, dará imediata ciência à Procuradoria-Geral do Trabalho e ao Conselho Federal da Ordem dos Advogados do Brasil, respectivamente, para formação e encaminhamento de lista sêxtupla ao Tribunal, que escolherá, dentre os nomes que a compõem, os que integrarão a lista tríplice a ser encaminhada ao Presidente da República.

Art. 6º O Tribunal Pleno, para o preenchimento das vagas aludidas no artigo anterior, pelo voto secreto da maioria absoluta de seus membros, escolherá, em escrutínios secretos e sucessivos, os nomes que integrarão a lista tríplice a ser encaminhada ao Presidente da República.

§ 1º Na hipótese de haver mais de uma vaga a ser preenchida por membro do Ministério Público ou por advogado, será formada uma lista tríplice para cada uma das listas sêxtuplas encaminhadas.

§ 2º Se para as vagas o Tribunal receber lista única dos indicados a mais de uma vaga, formará uma só lista com o número de candidatos igual ao das vagas mais dois.

§ 3º Aplica-se, no que couber, à votação para escolha dos integrantes da lista tríplice, o estabelecido nos incisos do § 2º do art. 4º.

Capítulo III
DOS MINISTROS

Seção I
Da posse e das prerrogativas

Art. 7º No ato da posse, o Ministro obrigar-se-á, por compromisso formal em sessão solene do Tribunal Pleno, ou perante o Presidente, a bem cumprir os deveres do cargo, de conformidade com a Constituição e as Leis da República, sendo lavrado pelo Secretário-Geral Judiciário o respectivo termo de compromisso e posse, que será assinado pelo Ministro Presidente e pelo empossado.

• *Caput* com redação determinada pela E.R. TST 4/2012.

Parágrafo único. Somente será dado posse ao Ministro que haja comprovado:
I – ser brasileiro;
II – contar mais de 35 (trinta e cinco) e menos de sessenta e 5 (cinco) anos de idade; e
III – satisfazer aos demais requisitos legais.

Art. 8º No período correspondente às férias coletivas ou ao recesso judiciário, o Presidente do Tribunal poderá dar posse ao Ministro nomeado, devendo o ato ser ratificado pelo Pleno.

Art. 9º A antiguidade dos Ministros, para efeitos legais e regimentais, é regulada:
I – pela posse;
II – pela nomeação;
III – pelo tempo de investidura na Magistratura da Justiça do Trabalho;
IV – pelo tempo de serviço público federal; e
V – pela idade, quando houver empate pelos demais critérios.

Art. 10. Os Ministros do Tribunal receberão o tratamento de Excelência e usarão nas sessões as vestes correspondentes ao modelo aprovado.

Parágrafo único. Após a concessão da aposentadoria, os Ministros conservarão o título e as honras correspondentes ao cargo, salvo no exercício de atividade profissional.

Seção II
Das férias, das licenças, das substituições e das convocações

Art. 11. Os Ministros gozarão férias nos meses de janeiro e julho, na forma da lei.

Parágrafo único. Os Ministros informarão na Presidência seu endereço, para eventual convocação durante as férias e feriados.

Art. 12. O Presidente, o Vice-Presidente e o Corregedor-Geral da Justiça do Trabalho, se a necessidade do serviço judiciário lhes exigir a contínua presença no Tribunal, poderão acumular férias para fruição oportuna, facultado o fracionamento dos períodos.

Parágrafo único. A acumulação de férias somente ocorrerá mediante prévia autorização do Órgão Especial e deverá ser registrada nos assentamentos funcionais do Ministro, para que lhe seja reconhecido o direito de posterior fruição.

Art. 13. A licença é requerida pelo Ministro com a indicação do prazo e do dia do início.

§ 1º Salvo contraindicação médica, o Ministro licenciado poderá proferir decisões em processos de que, antes da licença, haja pedido vista, ou que tenham recebido o seu visto como Relator ou Revisor.

§ 2º O Ministro licenciado pode reassumir o cargo, entendendo-se que desistiu do restante do prazo, mediante prévia comunicação formal ao Presidente do Tribunal.

§ 3º Se a licença for para tratamento da própria saúde, o Ministro somente poderá reassumir o cargo, antes do término do prazo, se não houver contraindicação médica.

Art. 14. A critério do Órgão Especial, poderá ser concedido afastamento ao Ministro, sem prejuízo de seus direitos, vencimentos e vantagens para:

I – frequência a cursos ou seminários de aperfeiçoamento e estudos, pelo prazo máximo de 2 (dois) anos; e

II – realização de missão ou serviços relevantes à administração da justiça.

Art. 15. Nas ausências ou impedimentos eventuais ou temporários, a substituição no Tribunal far-se-á da seguinte maneira:

I – o Presidente do Tribunal, pelo Vice-Presidente, seguindo-se, na ausência de ambos, o Corregedor-Geral da Justiça do Trabalho e os Ministros, em ordem decrescente de antiguidade;

II – o Vice-Presidente, pelo Presidente, ou, na ausência desse, pelo Corregedor-Geral da Justiça do Trabalho, e, em sequência, pelos Ministros, em ordem decrescente de antiguidade;

III – o Corregedor-Geral da Justiça do Trabalho, pelo Vice-Presidente, ou, na ausência desse, pelo Presidente, e, em sequência, pelos Ministros, em ordem decrescente de antiguidade;

IV – o Presidente da Turma, pelo Ministro mais antigo presente na sessão;

V – o Presidente da Comissão, pelo mais antigo dentre os seus membros; e

VI – qualquer dos membros das Comissões, pelo respectivo suplente.

Art. 16. O Relator é substituído nas hipóteses e formas previstas na Seção I do Capítulo II do Título I do Livro II.

Art. 17. Nas ausências temporárias, por período superior a 30 (trinta) dias, e, nos afastamentos definitivos, os Ministros serão substituídos por Desembargador do Trabalho, escolhidos pelo Órgão Especial, mediante escrutínio secreto e pelo voto da maioria absoluta dos seus membros.

- Artigo com redação determinada pela E.R. TST 4/2012.

Parágrafo único. O Desembargador do Trabalho convocado atuará exclusivamente em Turma da Corte.

Art. 18. O Presidente do Tribunal poderá, em caso de urgência, e quando inviável a imediata reunião do Órgão Especial, *ad referendum* deste, convocar Desembargador do Trabalho, para a substituição de Ministro afastado.

- Artigo com redação determinada pela E.R. TST 4/2012.

Art. 19. Na sessão do Órgão Especial que decidir a convocação, os Ministros deverão ter cópias das nominatas dos Desembargadores que compõem os Tribunais Regionais do Trabalho, para orientarem-se na escolha.

- Artigo com redação determinada pela E.R. TST 4/2012.

Seção III
Da convocação extraordinária

Art. 20. Durante o período de férias, o Presidente do Tribunal, ou o seu substituto, poderá convocar, com antecedência de quarenta e oito horas, sessão extraordinária para julgamento de ações de dissídio coletivo, mandado de segurança e ação declaratória alusiva a greve e que requeiram apreciação urgente.

Seção IV
Da aposentadoria

Art. 21. O processo administrativo de aposentadoria compulsória de Ministro da

Corte deverá ser iniciado 30 (trinta) dias antes que esse complete os 60 (setenta) anos, para que a publicação possa se dar na data da jubilação.

Art. 22. Na aposentadoria por invalidez, o processo respectivo terá início:

I – a requerimento do Ministro;

II – por ato de ofício do Presidente do Tribunal; e

III – em cumprimento a deliberação do Tribunal.

Parágrafo único. Em se tratando de incapacidade mental, o Presidente do Tribunal nomeará curador ao paciente, sem prejuízo da defesa que esse queira apresentar, pessoalmente ou por procurador constituído.

Art. 23. O paciente, na hipótese do parágrafo único do artigo anterior, deverá ser afastado imediatamente do exercício do cargo, até decisão final, devendo ficar concluído o processo no prazo de 60 (sessenta) dias, justificadas as faltas do Ministro no referido período.

Art. 24. A recusa do paciente a submeter-se à perícia médica permitirá o julgamento baseado em quaisquer outras provas.

Art. 25. O Ministro que, por 2 (dois) anos consecutivos, afastar-se, ao todo, por 6 (seis) meses ou mais, para tratamento de saúde, ao requerer nova licença para igual fim, dentro de 2 (dois) anos, deverá submeter-se a exame por junta médica para verificação de invalidez, na Coordenadoria de Saúde do Tribunal.

Art. 26. A junta médica competente para o exame a que se referem os arts. 24 e 25 será indicada pelo Órgão Especial e formada por três médicos, dos quais dois, no mínimo, integrem o Quadro de Pessoal do Tribunal.

• Caput com redação determinada pela E.R. TST 4/2012.

Parágrafo único. Na hipótese de não contar o Tribunal, na ocasião, com dois dos seus médicos em exercício, o Presidente, *ad referendum* do Órgão Especial, providenciará a indicação de médicos de outros órgãos públicos para integrar a junta.

Art. 27. Concluindo o Órgão Especial pela incapacidade do Magistrado, o Presidente do Tribunal comunicará imediatamente a decisão ao Poder Executivo, para os devidos fins.

Seção V
Da disponibilidade e da aposentadoria por interesse público

Art. 28. O Tribunal Pleno poderá determinar, por motivo de interesse público, em escrutínio secreto e pelo voto da maioria absoluta dos seus membros, a disponibilidade ou a aposentadoria de Ministro do Tribunal, assegurada a ampla defesa.

Parágrafo único. Aplicam-se ao processo de disponibilidade ou aposentadoria, no que couber, as normas e os procedimentos previstos na Lei Complementar 35/1979, relativos à perda do cargo, e, subsidiariamente, desde que não haja conflito com o Estatuto da Magistratura, as normas e princípios relativos ao processo administrativo disciplinar das Leis 8.112/1990 e 9.784/1999.

• Parágrafo único com redação determinada pela E.R. TST 4/2012.

TÍTULO II
DA DIREÇÃO

Capítulo I
DOS CARGOS DE DIREÇÃO, DA ELEIÇÃO, DA POSSE E DA VACÂNCIA

Art. 29. A Presidência, a Vice-Presidência e a Corregedoria-Geral da Justiça do Trabalho são cargos de direção do Tribunal, preenchidos mediante eleição, em que concorrem os Ministros mais antigos da Corte, em número correspondente ao dos cargos de direção, proibida a reeleição.

Art. 30. O Presidente, o Vice-Presidente e o Corregedor-Geral da Justiça do Trabalho serão eleitos por 2 (dois) anos, mediante escrutínio secreto e pelo voto da maioria absoluta, em sessão extraordinária do Tribunal Pleno, a realizar-se nos 60 (sessenta) dias antecedentes ao término dos mandatos an-

teriores, e tomarão posse em sessão solene, na data marcada pelo Tribunal Pleno.

§ 1º Se a vacância do cargo de Presidente ocorrer antes do término do respectivo mandato, a eleição será para todos os cargos e realizada nos 30 (trinta) dias seguintes (ao da vacância), e os eleitos tomarão posse em sessão solene na data marcada pelo Tribunal Pleno. Nessa hipótese, caberá ao Vice-Presidente a regência provisória do Tribunal e a convocação da sessão extraordinária a que se referem o *caput* e este parágrafo.

§ 2º Os remanescentes mandatos dos demais exercentes de cargos de direção extinguir-se-ão na data da posse dos novos eleitos.

Art. 31. Na impossibilidade da posse de qualquer dos eleitos na data estabelecida, por fato superveniente à eleição, observar-se-á o seguinte:

I – se a impossibilidade for de caráter temporário, dar-se-á posse, na data marcada, aos demais eleitos, e, ao remanescente, em data oportuna; e

II – se a impossibilidade for de natureza definitiva e do eleito Presidente, proceder-se-á à nova eleição para todos os cargos de direção; se do Vice-Presidente, a eleição será para esse cargo e para o de Corregedor-Geral da Justiça do Trabalho; se do eleito para a Corregedoria, a eleição será somente para Corregedor-Geral.

Art. 32. O Ministro impossibilitado de comparecer à sessão de eleição poderá enviar carta ao Presidente do Tribunal, na qual anexará o seu voto em invólucro à parte, fechado e rubricado, para que, no momento próprio, seja depositado na urna juntamente com o dos Ministros presentes.

Parágrafo único. A eleição do Presidente precede à do Vice-Presidente, e, a desse, à do Corregedor-Geral da Justiça do Trabalho.

Art. 33. O Ministro que houver exercido quaisquer cargos de direção por 4 (quatro) anos, ou o de Presidente, não mais figurará entre os elegíveis, até que se esgotem todos os nomes na ordem de antiguidade, observado o disposto nos arts. 94 e 102, *caput* e parágrafo único, da Lei Orgânica da Magistratura Nacional (Lei Complementar 35/1979).

Capítulo II
DA PRESIDÊNCIA E DA VICE-PRESIDÊNCIA

Seção I
Das disposições gerais

Art. 34. O Presidente do Tribunal exercerá o cargo com a colaboração do Vice-Presidente, que desempenhará as atribuições a ele delegadas e aquelas previstas nos casos de substituição em razão de férias, ausências e impedimentos eventuais.

Seção II
Das atribuições do presidente

Art. 35. Compete ao Presidente:

I – representar o Tribunal perante os Poderes Públicos e demais autoridades, incumbindo-lhe, no exercício da representação, observar fielmente as diretrizes estabelecidas pelo Órgão Especial;

II – corresponder-se, em nome do Tribunal, com quaisquer autoridades, observada a hierarquia de funções;

III – encaminhar ao Presidente da República as listas para preenchimento de vaga de Ministro do Tribunal;

IV – enviar ao Congresso Nacional, após aprovação pelo Órgão Especial, projetos de lei de interesse da Justiça do Trabalho em matéria de sua competência constitucional;

V – submeter ao Tribunal de Contas da União, na forma da lei, a tomada de contas do Tribunal Superior do Trabalho;

VI – solicitar aos Órgãos fazendários a liberação do numerário correspondente às dotações orçamentárias;

VII – editar, no início das atividades judiciárias de cada ano, o ato de composição do Tribunal e dos órgãos judicantes, cabendo-lhe, ainda, dar-lhe publicidade, quando renovada a direção da Corte, ou alterada sua composição;

VIII – apresentar ao Órgão Especial, anualmente, na segunda quinzena do mês seguinte ao término de cada ano de seu mandato, a resenha dos trabalhos realizados no

ano anterior e, até 30 de junho, o Relatório Geral da Justiça do Trabalho;

IX – dar publicidade, mensalmente, no órgão oficial, dos dados estatísticos relativos às atividades jurisdicionais do Tribunal e dos Ministros;

- V. Ato TST 90/2009 (Padroniza o relatório dos dados estatísticos relativos às atividades jurisdicionais do Tribunal).

X – zelar pelas prerrogativas e pela imagem pública do Tribunal e dos Ministros e pelo bom funcionamento da Corte e dos órgãos da Justiça do Trabalho, expedindo atos, portarias, ordens e instruções, adotando as providências necessárias ao seu cumprimento;

- V. Ato TST 327/2008 (Normas para as atividades da Ouvidoria do TST, determinando sua estrutura, competência e funcionamento).

XI – praticar, *ad referendum* do Tribunal Pleno ou do Órgão Especial, os atos reputados urgentes;

XII – editar os atos indispensáveis à disciplina dos serviços e à polícia do Tribunal, determinando as providências atinentes ao resguardo da disciplina, da ordem e da integridade universal da Corte, na sede ou nas dependências, requisitando, quando necessário, o auxílio de outras autoridades;

XIII – manter a ordem nas sessões, podendo mandar retirar os que a perturbarem e os que faltarem com o devido respeito, e mandar prender os desobedientes, fazendo lavrar o respectivo auto;

XIV – instaurar inquérito quando caracterizado infração de lei penal na sede ou nas dependências do Tribunal;

XV – comunicar ao órgão competente do Ministério Público a ocorrência de desobediência a ordem emanada do Tribunal ou de seus Ministros, encaminhando os elementos de que dispuser para a propositura de ação penal;

XVI – impor penas disciplinares aos servidores, quando essas excederem a alçada do Diretor-Geral da Secretaria do Tribunal Superior do Trabalho;

XVII – dar posse aos Ministros do Tribunal;

XVIII – dar posse ao Diretor-Geral da Secretaria do Tribunal Superior do Trabalho, ao Secretário-Geral Judiciário e ao Secretário-Geral da Presidência e designar seus respectivos substitutos;

- Inciso XVIII com redação determinada pela E.R. TST 4/2012.

XIX – nomear os servidores para os cargos em comissão e designar os servidores para o exercício de funções comissionadas nos Gabinetes de Ministro;

XX – conceder licença e férias ao Diretor-Geral da Secretaria do Tribunal Superior do Trabalho, ao Secretário-Geral da Presidência, ao Secretário-Geral Judiciário e aos servidores de seu Gabinete;

- Inciso XX com redação determinada pela E.R. TST 4/2012.

XXI – expedir atos concernentes às relações jurídico-funcionais dos Ministros e servidores e decidir seus requerimentos sobre assuntos de natureza administrativa;

XXII – movimentar os recursos orçamentários e financeiros à disposição do Tribunal, autorizar despesas e expedir ordens de pagamento, observadas as normas legais específicas;

XXIII – autorizar e homologar as licitações e ratificar as contratações por dispensa ou inexigibilidade de licitação de valor superior ao limite estipulado para o convite;

XXIV – conceder diárias e ajuda de custo, observados os critérios estabelecidos pelo Órgão Especial;

XXV – determinar a distribuição dos processos, segundo as regras regimentais e resoluções administrativas, aos Ministros do Tribunal, e dirimir as controvérsias referentes à distribuição;

XXVI – despachar as desistências dos recursos e das ações, quando se referirem a processo pendente de distribuição na Corte, bem como os demais incidentes processuais suscitados;

XXVII – designar as sessões ordinárias e extraordinárias do Tribunal Pleno, do Órgão Especial e das Seções Especializadas, podendo convocar, durante as férias coletivas, com antecedência de quarenta e oito horas, sessões extraordinárias para julgamento de ações de dissídio coletivo, mandado de segurança e ação declaratória alusiva a greve

ou a situação de relevante interesse público que requeiram apreciação urgente;
XXVIII – dirigir os trabalhos do Tribunal e presidir as sessões do Tribunal Pleno, do Órgão Especial e das Seções Especializadas;
XXIX – decidir os efeitos suspensivos, os pedidos de suspensão de segurança e de suspensão de decisão proferida em ação cautelar inominada e em tutela antecipada, assim como despachar os documentos e os expedientes que lhe sejam submetidos, inclusive as cartas previstas em lei;
XXX – decidir, durante as férias e feriados, os pedidos de liminar em mandado de segurança, em ação cautelar e sobre outras medidas que reclamem urgência;
XXXI – delegar ao Vice-Presidente, ao Corregedor-Geral da Justiça do Trabalho ou a Ministros da Corte atribuições as quais esteja impossibilitado de cumprir ou que a conveniência administrativa recomende a delegação;
XXXII - delegar ao Secretário-Geral da Presidência, ao Diretor-Geral da Secretaria e ao Secretário-Geral Judiciário, respeitado o disposto no inciso anterior, atribuições para a prática de atos judiciários e administrativos, quando a conveniência administrativa recomendar;

* Inciso XXXII com redação determinada pela E.R. TST 4/2012.

XXXIII – praticar os demais atos de gestão necessários ao funcionamento dos serviços, encaminhando ao Órgão Especial as questões de caráter relevante;
XXXIV – nomear, promover, demitir, exonerar e conceder aposentadoria a servidores do Tribunal, bem como pensão aos beneficiários de Ministro ou servidor; e
XXXV – decidir sobre cessão de servidores do Tribunal, observado o disposto em ato normativo do Órgão Especial, bem como sobre requisições de servidores de outros órgãos.
XXXVI – excepcionalmente, convocar audiência pública, de ofício ou a requerimento de cada uma das Seções Especializadas ou de suas Subseções, pela maioria de seus integrantes, para ouvir o depoimento de pessoas com experiência e autoridade em determinada matéria, sempre que entender necessário o esclarecimento de questões ou circunstâncias de fato, subjacentes a dissídio de grande repercussão social ou econômica, pendente de julgamento no âmbito do Tribunal.

* Inciso XXXVI acrescentado pelo Ato Regimental TST 1/2011.

XXXVII – decidir, de forma irrecorrível, sobre a manifestação de terceiros, subscrita por procurador habilitado, em audiências públicas.

* Inciso XXXVII acrescentado pelo Ato Regimental TST 1/2011.

Seção III
Da Vice-Presidência

Art. 36. Compete ao Vice-Presidente:
I – substituir o Presidente e o Corregedor-Geral da Justiça do Trabalho nas férias, ausências e impedimentos;
II – cumprir as delegações do Presidente;
III – *(Revogado pelo Ato Regimental TST 1/2011.)*
IV – designar e presidir audiências de conciliação e instrução de dissídio coletivo de competência originária do Tribunal;
V – exercer o juízo de admissibilidade dos recursos extraordinários;
VI – examinar os incidentes surgidos após a interposição de recurso extraordinário; e
VII – apreciar ação cautelar incidental a recurso extraordinário.

Art. 37. O Vice-Presidente participa das sessões dos órgãos judicantes do Tribunal, exceto de Turma, não concorrendo à distribuição de processos.

Capítulo III
DA CORREGEDORIA-GERAL DA JUSTIÇA DO TRABALHO
Seção I
Das disposições gerais

Art. 38. O Corregedor-Geral da Justiça do Trabalho não concorre à distribuição de processos, participando, quando não estiver ausente em função corregedora, das sessões dos órgãos judicantes da Corte, exceto de Turmas, com direito a voto.

Seção II
Das atribuições do Corregedor-Geral da Justiça do Trabalho

Art. 39. A competência do Corregedor-Geral da Justiça do Trabalho será definida no Regimento Interno da Corregedoria-Geral da Justiça do Trabalho.

Art. 40. Das decisões proferidas pelo Corregedor-Geral da Justiça do Trabalho caberá agravo regimental para o Órgão Especial, incumbindo-lhe determinar sua inclusão em pauta.

Art. 41. O Corregedor-Geral da Justiça do Trabalho apresentará ao Órgão Especial, na última sessão do mês seguinte ao do término de cada ano de sua gestão, relatório circunstanciado das atividades da Corregedoria-Geral durante o ano findo.

Capítulo IV
DA POLÍCIA DO TRIBUNAL

Art. 42. O Presidente, no exercício das atribuições referentes à Polícia do Tribunal, determinará as providências atinentes ao resguardo da disciplina, da ordem e da integridade universal da Corte, na sede ou nas dependências.

Parágrafo único. No desempenho dessa atribuição, o Presidente poderá implantar sistema informatizado de controle de acesso às dependências do Tribunal, e requisitar, quando necessário, o auxílio de outras autoridades.

Art. 43. Ocorrendo infração de lei penal na sede, ou nas dependências do Tribunal, o Presidente instaurará inquérito, podendo delegar essa atribuição a Ministro da Corte.

Parágrafo único. Nos demais casos, o Presidente poderá proceder na forma desse artigo, ou requisitar a instauração de inquérito à autoridade competente.

Art. 44. A polícia das sessões e das audiências compete ao seu Presidente.

Capítulo V
DA REPRESENTAÇÃO POR DESOBEDIÊNCIA OU DESACATO

Art. 45. Na hipótese de desobediência a ordem emanada do Tribunal ou de seus Ministros, no exercício da função, ou desacato ao Tribunal ou a seus Ministros, o Presidente comunicará o fato ao órgão competente do Ministério Público, provendo-o dos elementos de que dispuser para a propositura da ação penal.

Capítulo VI
DA ORDEM DO MÉRITO JUDICIÁRIO DO TRABALHO

Art. 46. A Ordem do Mérito Judiciário do Trabalho, administrada por seu respectivo Conselho, é regida por regulamento próprio, aprovado pelo Órgão Especial, no qual é definida a sua organização, administração e composição.

Capítulo VII
DAS COMISSÕES

Seção I
Das disposições gerais

Art. 47. As comissões permanentes colaboram no desempenho dos encargos do Tribunal e são compostas por Ministros eleitos pelo Órgão Especial na primeira sessão subsequente à posse dos membros da direção.

- *Caput* com redação determinada pela E. R. TST 1/2011.

§ 1º Não integram comissões permanentes os Ministros exercentes dos cargos de direção do Tribunal, o Diretor e o Vice-Diretor da Escola Nacional de Formação e Aperfeiçoamento de Magistrados do Trabalho – Enamat.

- § 1º com redação determinada pela E. R. TST 1/2011.

§ 2º A Presidência das comissões permanentes caberá ao Ministro mais antigo que as compuser.

§ 3º Observado o disposto no § 1º deste artigo, cada Ministro poderá ser eleito membro titular da mesma comissão permanen-

te para um único período, admitida sua reeleição para o mandato imediatamente seguinte.

* § 3º acrescentado pelo Ato Regimental TST 1/2011.

Art. 48. Para atender a finalidades específicas, poderão ser instituídas pelo Órgão Especial comissões temporárias, que serão extintas quando cumprido o fim a que se destinavam.

Art. 49. São comissões permanentes:

I – Comissão de Regimento Interno;

II – Comissão de Jurisprudência e de Precedentes Normativos;

III – Comissão de Documentação.

Art. 50. As comissões, permanentes ou temporárias, poderão:

I – sugerir ao Presidente do Tribunal normas de serviço relativas à matéria de sua competência; e

II – manter entendimento com outras autoridades ou instituições, relativamente a assuntos de sua competência, mediante delegação do Presidente do Tribunal.

Seção II
Da Comissão de Regimento

Art. 51. A Comissão de Regimento é formada por três Ministros titulares e um suplente, designados pelo Órgão Especial, recaindo a escolha, preferencialmente, sobre os membros mais antigos da Corte, excluídos os exercentes de cargo de direção e aqueles mencionados no § 1º do art. 47.

Art. 52. À Comissão de Regimento Interno cabe:

I – zelar pela atualização do Regimento, propondo emendas ao texto em vigor, e emitir parecer sobre as emendas de iniciativa dos membros da Corte; e

II – opinar em processo administrativo que envolva matéria regimental, por solicitação do Presidente do Tribunal, do Tribunal Pleno ou do Órgão Especial.

Seção III
Da Comissão de Jurisprudência e de Precedentes Normativos

Art. 53. A Comissão de Jurisprudência e de Precedentes Normativos constitui-se de três Ministros titulares e um suplente, designados pelo Órgão Especial, excluídos os titulares que integram outras comissões permanentes, os membros da direção e aqueles mencionados no § 1º do art. 47.

Art. 54. À Comissão de Jurisprudência e de Precedentes Normativos cabe:

I – zelar pela expansão, atualização e publicação da Jurisprudência do Tribunal;

II – supervisionar o serviço de sistematização da jurisprudência do Tribunal, determinando medidas atinentes à seleção e ao registro dos temas para fim de pesquisa, bem como administrar a base de dados informatizada de jurisprudência, sugerindo ao Presidente as medidas necessárias ao seu aperfeiçoamento;

III – propor edição, revisão ou cancelamento de Súmulas, de Precedentes Normativos e de Orientações Jurisprudenciais;

IV – inserir as Orientações Jurisprudenciais das Seções do Tribunal que retratem a jurisprudência pacificada da Corte, indicando os precedentes que a espelham; e

V – manter a seleção dos repertórios idôneos de divulgação dos julgados da Justiça do Trabalho.

Art. 55. A Comissão de Jurisprudência e de Precedentes Normativos realizará reunião quinzenal ordinária, e extraordinária, quando necessário, para deliberar sobre propostas de edição, revisão ou revogação de Súmulas, de Precedentes ou de Orientações Jurisprudenciais, e dar parecer nos Incidentes de Uniformização.

Seção IV
Da Comissão de Documentação

Art. 56. A Comissão de Documentação é constituída de três Ministros titulares e um suplente, designados pelo Órgão Especial, excluídos os titulares das demais comissões,

os membros da direção do Tribunal e aqueles mencionados no § 1º do art. 47.

Art. 57. À Comissão de Documentação cabe:

I – publicar a Revista do Tribunal, destinada à divulgação de trabalhos doutrinários e jurisprudenciais e ao registro de atos públicos de interesse da Justiça do Trabalho;

II – supervisionar a administração da biblioteca do Tribunal, sugerindo ao Presidente as medidas necessárias ao seu aperfeiçoamento, bem como opinar sobre a aquisição de livros;

III – propor a política de gestão documental do Tribunal, opinando sobre a manutenção do acervo, modernização e automatização da Coordenadoria de Gestão Documental e Memória.

- Inciso III com redação determinada pela E.R. TST 4/2012.

IV – propor alterações na Tabela de Temporalidade e no Plano de Classificação;

V – manifestar-se, anualmente, sobre o Termo de Eliminação dos processos judiciais, encaminhado pela Coordenadoria de Gestão Documental e Memória, determinando a sua publicação na Imprensa Oficial, caso aprovado;

- Inciso V com redação determinada pela E.R. TST 4/2012.

VI – acompanhar os procedimentos de eliminação dos documentos constantes do Termo aludido no inciso V deste artigo;

VII – manter, na biblioteca, serviço de documentação para recolher elementos que sirvam de subsídio à história do Tribunal e da Justiça do Trabalho, com pastas individuais, contendo dados biográficos e bibliográficos dos Ministros;

VIII – orientar a biblioteca na divulgação, para os Ministros e seus Gabinetes, do acervo bibliográfico, e na atualização legislativa e jurisprudencial de interesse da Justiça do Trabalho;

IX – efetivar o registro e o controle dos repositórios autorizados à publicação da jurisprudência da Corte, previstos no parágrafo único do art. 174;

X – supervisionar a documentação contida na internet e providenciar a renovação dos conteúdos do sítio do Tribunal; e

XI – selecionar os acórdãos a serem encaminhados para publicação nas revistas do Tribunal e demais periódicos autorizados.

TÍTULO III
DA ORGANIZAÇÃO E DA COMPETÊNCIA

Capítulo I
DA ORGANIZAÇÃO

Art. 58. O Tribunal funciona em sua plenitude ou dividido em Órgão Especial, Seções e Subseções Especializadas e Turmas.

Art. 59. São órgãos do Tribunal Superior do Trabalho:

I – Tribunal Pleno;
II – Órgão Especial;
III – Seção Especializada em Dissídios Coletivos;
IV – Seção Especializada em Dissídios Individuais, dividida em duas subseções; e
V – Turmas;

Parágrafo único. São órgãos que funcionam junto ao Tribunal Superior do Trabalho:

I – Escola Nacional de Formação e Aperfeiçoamento de Magistrados do Trabalho – Enamat; e
II – Conselho Superior da Justiça do Trabalho – CSJT.

Art. 60. Para a composição dos órgãos judicantes do Tribunal, respeitados os critérios de antiguidade e os estabelecidos neste capítulo, os Ministros poderão escolher a Seção Especializada e a Turma que desejarem integrar, podendo exercer o direito de permuta, salvo os Presidentes de Turma, que, para fazê-lo, deverão previamente renunciar à Presidência do Colegiado.

Parágrafo único. Cada Ministro comporá apenas uma Seção Especializada.

Art. 61. O Ministro empossado integrará os Órgãos do Tribunal onde se deu a vaga ou ocupará aquela resultante da transferência de Ministro, autorizada pelo art. 60.

Art. 62. O Tribunal Pleno é constituído pelos Ministros da Corte.

§ 1º Para o funcionamento do Tribunal Pleno é exigida a presença de, no mínimo, quatorze Ministros, sendo necessário maioria absoluta quando a deliberação tratar de:

TST

REGIMENTO INTERNO

I – escolha dos nomes que integrarão a lista destinada ao preenchimento de vaga de Ministro do Tribunal, observado o disposto no art. 4º, §2º, II;
II – aprovação de Emenda Regimental;
III – eleição dos Ministros para os cargos de direção do Tribunal;
IV – aprovação, revisão ou cancelamento de Súmula ou de Precedente Normativo; e
V – declaração de inconstitucionalidade de lei ou de ato normativo do poder público.
§ 2º Será tomada por dois terços dos votos dos Ministros do Órgão Especial a deliberação preliminar referente à existência de relevante interesse público que fundamenta a proposta de edição de Súmula, dispensadas as exigências regimentais, nos termos previstos neste Regimento.

Art. 63. Integram o Órgão Especial o Presidente e o Vice-Presidente do Tribunal, o Corregedor-Geral da Justiça do Trabalho, os sete Ministros mais antigos, incluindo os membros da direção, e sete Ministros eleitos pelo Tribunal Pleno. Os Ministros integrantes do Órgão Especial comporão também outras Seções do Tribunal.

Parágrafo único. O *quorum* para funcionamento do Órgão Especial é de oito Ministros, sendo necessário maioria absoluta quando a deliberação tratar de disponibilidade ou aposentadoria de Magistrado.

Art. 64. Integram a Seção Especializada em Dissídios Coletivos o Presidente e o Vice-Presidente do Tribunal, o Corregedor-Geral da Justiça do Trabalho e mais seis Ministros.

Parágrafo único. O *quorum* para o funcionamento da Seção Especializada em Dissídios Coletivos é de cinco Ministros.

Art. 65. A Seção Especializada em Dissídios Individuais é composta de vinte e um Ministros, sendo: o Presidente e o Vice-Presidente do Tribunal, o Corregedor-Geral da Justiça do Trabalho e mais dezoito Ministros, e funciona em composição plena ou dividida em duas subseções para julgamento dos processos de sua competência.

§ 1º O *quorum* exigido para o funcionamento da Seção de Dissídios Individuais plena é de onze Ministros, mas as deliberações só poderão ocorrer pelo voto da maioria absoluta dos integrantes da Seção.

§ 2º Integram a Subseção I Especializada em Dissídios Individuais quatorze Ministros: o Presidente e o Vice-Presidente do Tribunal, o Corregedor-Geral da Justiça do Trabalho e mais onze Ministros, preferencialmente os Presidentes de Turma, sendo exigida a presença de, no mínimo, oito Ministros para o seu funcionamento.

§ 3º Haverá pelo menos um e no máximo dois integrantes de cada Turma na composição da Subseção I Especializada em Dissídios Individuais.

§ 4º Integram a Subseção II da Seção Especializada em Dissídios Individuais o Presidente e o Vice-Presidente do Tribunal, o Corregedor-Geral da Justiça do Trabalho e mais sete Ministros, sendo exigida a presença de, no mínimo, seis Ministros para o seu funcionamento.

Art. 66. As Turmas são constituídas, cada uma, por três Ministros, sendo presididas de acordo com os critérios estabelecidos pelos artigos 79 e 80 deste Regimento.

• *Caput* com redação determinada pela E. R. TST 1/2011.

Parágrafo único. Para os julgamentos nas Turmas é necessária a presença de três Magistrados.

Capítulo II
DA COMPETÊNCIA

Seção I
Das disposições gerais

Art. 67. Compete ao Tribunal Superior do Trabalho processar, conciliar e julgar, na forma da lei, em grau originário ou recursal ordinário ou extraordinário, as demandas individuais e os dissídios coletivos que excedam a jurisdição dos Tribunais Regionais, os conflitos de direito sindical, assim como outras controvérsias decorrentes de relação de trabalho, e os litígios relativos ao cumprimento de suas próprias decisões, de laudos arbitrais e de convenções e acordos coletivos.

Seção II
Da competência do Tribunal Pleno

Art. 68. Compete ao Tribunal Pleno:

I – eleger, por escrutínio secreto, o Presidente e o Vice-Presidente do Tribunal Superior do Trabalho, o Corregedor-Geral da Justiça do Trabalho, os sete Ministros para integrar o Órgão Especial, o Diretor, o Vice-Diretor e os membros do Conselho Consultivo da Escola Nacional de Formação e Aperfeiçoamento de Magistrados do Trabalho – Enamat, os Ministros membros do Conselho Superior da Justiça do Trabalho – CSJT e respectivos suplentes e os membros do Conselho Nacional de Justiça;

II – dar posse aos membros eleitos para os cargos de direção do Tribunal Superior do Trabalho, aos Ministros nomeados para o Tribunal, aos membros da direção e do Conselho Consultivo da Escola Nacional de Formação e Aperfeiçoamento de Magistrados do Trabalho – Enamat;

III – escolher os integrantes das listas para preenchimento das vagas de Ministro do Tribunal;

IV – deliberar sobre prorrogação do prazo para a posse no cargo de Ministro do Tribunal Superior do Trabalho e o início do exercício;

V – determinar a disponibilidade ou a aposentadoria de Ministro do Tribunal;

VI – opinar sobre propostas de alterações da legislação trabalhista, inclusive processual, quando entender que deve manifestar-se oficialmente;

VII – aprovar, modificar ou revogar, em caráter de urgência e com preferência na pauta, Súmula da Jurisprudência predominante em Dissídios Individuais e os Precedentes Normativos da Seção Especializada em Dissídios Coletivos;

VIII – julgar os Incidentes de Uniformização de Jurisprudência;

IX – decidir sobre a declaração de inconstitucionalidade de lei ou ato normativo do Poder Público, quando aprovada a arguição pelas Seções Especializadas ou Turmas;

X – aprovar e emendar o Regimento Interno do Tribunal Superior do Trabalho.

XI – Aprovar o cancelamento e a revisão de orientação jurisprudencial.

• Inciso XI acrescentado pelo Ato Regimental TST 4/2012.

Seção III
Da competência do Órgão Especial

Art. 69. Compete ao Órgão Especial:

I – em matéria judiciária:

a) *(Revogada pelo Ato Regimental TST 2/2011.)*

b) julgar mandado de segurança impetrado contra atos do Presidente ou de qualquer Ministro do Tribunal, ressalvada a competência das Seções Especializadas;

c) julgar os recursos interpostos contra decisões dos Tribunais Regionais do Trabalho em mandado de segurança de interesse de Juízes e servidores da Justiça do Trabalho;

d) julgar os recursos interpostos contra decisão em matéria de concurso para a Magistratura do Trabalho;

e) julgar os recursos ordinários em agravos regimentais interpostos contra decisões proferidas em reclamações correicionais ou em pedidos de providências que envolvam impugnações de cálculos de precatórios;

f) julgar os recursos ordinários interpostos contra decisões proferidas em mandado de segurança impetrado contra ato do Presidente de Tribunal Regional em sede de precatório;

• Alínea f com redação determinada pela E.R. TST 4/2012.

g) julgar os agravos regimentais interpostos contra decisões proferidas pelo Corregedor-Geral da Justiça do Trabalho;

g.1) julgar os agravos internos interpostos contra decisões que denegam seguimento a recurso extraordinário por ausência de repercussão geral da questão constitucional debatida; e

• Alínea g.1 acrescentada pelo Ato Regimental TST 4/2012.

h) deliberar sobre as demais matérias jurisdicionais não incluídas na competência dos outros Órgãos do Tribunal.

II – em matéria administrativa:

a) proceder à abertura e ao encerramento do semestre judiciário;

b) eleger os membros do Conselho da Ordem do Mérito Judiciário do Trabalho e os

Regimento Interno

das Comissões previstas neste Regimento, com observância, neste último caso, do disposto nos §§ 1º e 3º de seu artigo 47.

- Alínea *b* com redação determinada pela E. R. TST 1/2011.

c) aprovar e emendar o Regulamento Geral da Secretaria do Tribunal Superior do Trabalho, o Regimento da Corregedoria-Geral da Justiça do Trabalho, o Regulamento da Ordem do Mérito Judiciário do Trabalho, os Estatutos da Escola Nacional de Formação e Aperfeiçoamento de Magistrados do Trabalho – Enamat e o Regimento Interno do Conselho Superior da Justiça do Trabalho – CSJT;

d) propor ao Poder Legislativo, após a deliberação do Conselho Superior da Justiça do Trabalho, a criação, extinção ou modificação de Tribunais Regionais do Trabalho e Varas do Trabalho, assim como a alteração de jurisdição e de sede destes;

- V. Ato Conjunto CSJT/TST 17/2008 (Tramitação, no Conselho Superior da Justiça do Trabalho e no Tribunal Superior do Trabalho, dos processos que tratam de criação de cargos e funções ou de alteração da estrutura administrativa dos Órgãos da Justiça do Trabalho de 1º e 2º graus).

e) propor ao Poder Legislativo a criação, extinção e transformação de cargos e funções públicas e a fixação dos respectivos vencimentos ou gratificações;

- V. Ato Conjunto CSJT/TST 17/2008 (Tramitação, no Conselho Superior da Justiça do Trabalho e no Tribunal Superior do Trabalho, dos processos que tratam de criação de cargos e funções ou de alteração da estrutura administrativa dos Órgãos da Justiça do Trabalho de 1º e 2º graus).

f) escolher, mediante escrutínio secreto e pelo voto da maioria absoluta dos seus membros, Juízes de Tribunal Regional do Trabalho para substituir temporariamente Ministro do Tribunal Superior do Trabalho;

g) aprovar a lista dos admitidos na Ordem do Mérito Judiciário do Trabalho;

h) aprovar a lotação das funções comissionadas do Quadro de Pessoal do Tribunal;

i) conceder licença, férias e outros afastamentos aos membros do Tribunal;

j) fixar e rever as diárias e as ajudas de custo do Presidente, dos Ministros e servidores do Tribunal;

l) designar as comissões temporárias para exame e elaboração de estudo sobre matéria relevante, respeitada a competência das comissões permanentes;

m) aprovar as instruções de concurso para provimento dos cargos de Juiz do Trabalho Substituto;

n) aprovar as instruções dos concursos para provimento dos cargos do Quadro de Pessoal do Tribunal e homologar seu resultado final;

o) nomear, promover e demitir servidores do Quadro de Pessoal do Tribunal;

p) julgar os recursos de decisões ou atos do Presidente do Tribunal em matéria administrativa;

q) julgar os recursos interpostos contra decisões dos Tribunais Regionais do Trabalho em processo administrativo disciplinar envolvendo magistrado, estritamente para controle da legalidade; e

r) examinar as matérias encaminhadas pelo Conselho Superior da Justiça do Trabalho.

s) aprovar a proposta orçamentária da Justiça do Trabalho;

- Alínea *s* acrescentada pelo Ato Regimental TST 4/2012.

t) julgar os recursos ordinários interpostos contra agravos regimentais em que tenha sido apreciada decisão de Presidente de Tribunal Regional em precatório.

- Alínea *t* acrescentada pelo Ato Regimental TST 4/2012.

Seção IV
Da competência da Seção Especializada em Dissídios Coletivos (SDC)

Art. 70. À Seção Especializada em Dissídios Coletivos (SDC) compete:

- *Caput* com redação determinada pela E. R. TST 1/2011.

I – originariamente:
a) julgar os dissídios coletivos de natureza econômica e jurídica, de sua competência, ou rever suas próprias sentenças normativas, nos casos previstos em lei;
b) homologar as conciliações firmadas nos dissídios coletivos;

c) julgar as ações anulatórias de acordos e convenções coletivas;
d) julgar as ações rescisórias propostas contra suas sentenças normativas;
e) julgar os agravos regimentais contra despachos ou decisões não definitivas, proferidos pelo Presidente do Tribunal, ou por qualquer dos Ministros integrantes da Seção Especializada em Dissídios Coletivos;
f) julgar os conflitos de competência entre Tribunais Regionais do Trabalho em processos de dissídio coletivo;
g) processar e julgar as medidas cautelares incidentais nos processos de dissídio coletivo; e
h) processar e julgar as ações em matéria de greve, quando o conflito exceder a jurisdição de Tribunal Regional do Trabalho.
II – em última instância, julgar:
a) os recursos ordinários interpostos contra as decisões proferidas pelos Tribunais Regionais do Trabalho em dissídios coletivos de natureza econômica ou jurídica;
b) os recursos ordinários interpostos contra decisões proferidas pelos Tribunais Regionais do Trabalho em ações rescisórias e mandados de segurança pertinentes a dissídios coletivos e em ações anulatórias de acordos e convenções coletivas.

- Alínea *b* com redação determinada pela E. R. TST 1/2011.

c) os embargos infringentes interpostos contra decisão não unânime proferida em processo de dissídio coletivo de sua competência originária, salvo se a decisão embargada estiver em consonância com precedente normativo do Tribunal Superior do Trabalho, ou com Súmula de sua jurisprudência predominante; e
d) os agravos de instrumento interpostos contra despacho denegatório de recurso ordinário nos processos de sua competência.

Seção V
Da competência da Seção Especializada em Dissídios Individuais

Art. 71. À Seção Especializada em Dissídios Individuais, em composição plena ou dividida em duas Subseções, compete:

I – em composição plena, julgar, em caráter de urgência e com preferência na pauta, os processos nos quais tenha sido estabelecida, na votação, divergência entre as Subseções I e II da Seção Especializada em Dissídios Individuais, quanto à aplicação de dispositivo de lei federal ou da Constituição da República.
II – à Subseção I:
a) julgar os embargos interpostos contra decisões divergentes das Turmas, ou destas que divirjam de decisão da Seção de Dissídios Individuais, de Orientação Jurisprudencial ou de Súmula; e
b) julgar os agravos e os agravos regimentais interpostos contra despacho exarado em processos de sua competência.
III – à Subseção II:
a) originariamente:
1. julgar as ações rescisórias propostas contra suas decisões, as da Subseção I e as das Turmas do Tribunal;
2. julgar os mandados de segurança contra os atos praticados pelo Presidente do Tribunal, ou por qualquer dos Ministros integrantes da Seção Especializada em Dissídios Individuais, nos processos de sua competência;
3. julgar as ações cautelares; e
4. julgar os *habeas corpus*.
b) em única instância:
1. julgar os agravos e os agravos regimentais interpostos contra despacho exarado em processos de sua competência; e
2. julgar os conflitos de competência entre Tribunais Regionais e os que envolvam Juízes de Direito investidos da jurisdição trabalhista e Varas do Trabalho em processos de dissídios individuais.
c) em última instância:
1. julgar os recursos ordinários interpostos contra decisões dos Tribunais Regionais em processos de dissídio individual de sua competência originária; e
2. julgar os agravos de instrumento interpostos contra despacho denegatório de recurso ordinário em processos de sua competência.

REGIMENTO INTERNO

Seção VI
Da competência das Turmas

Art. 72. Compete a cada uma das Turmas julgar:

I – os recursos de revista interpostos contra decisão dos Tribunais Regionais do Trabalho, nos casos previstos em lei;

II – os agravos de instrumento dos despachos de Presidente de Tribunal Regional que denegarem seguimento a recurso de revista;

III – os agravos e os agravos regimentais interpostos contra despacho exarado em processos de sua competência; e

IV – os recursos ordinários em ação cautelar, quando a competência para julgamento do recurso do processo principal for atribuída à Turma.

Seção VII
Da Escola Nacional de Formação e Aperfeiçoamento de Magistrados do Trabalho – Enamat

Art. 73. A Escola Nacional de Formação e Aperfeiçoamento de Magistrados do Trabalho – Enamat é órgão que funciona junto ao Tribunal Superior do Trabalho, com autonomia administrativa, cabendo-lhe, dentre outras funções, regulamentar os cursos oficiais para o ingresso e promoção na carreira, na forma dos seus estatutos.

Art. 74. O Diretor, o Vice-Diretor e os membros do Conselho Consultivo da Escola Nacional de Formação e Aperfeiçoamento de Magistrados do Trabalho – Enamat serão eleitos pelo Tribunal Pleno, em escrutínio secreto, para mandato de 2 (dois) anos, permitida uma recondução.

Parágrafo único. Os membros eleitos para os cargos de direção da Escola e os do Conselho Consultivo tomarão posse perante o Tribunal Pleno.

Seção VIII
Do Conselho Superior da Justiça do Trabalho

Art. 75. O Conselho Superior da Justiça do Trabalho é órgão que funciona junto ao Tribunal Superior do Trabalho, com autonomia administrativa, cabendo-lhe exercer a supervisão administrativa, orçamentária, financeira e patrimonial da Justiça do Trabalho, de primeiro e segundo graus, como órgão central do sistema;

Seção IX
Das disposições gerais

Art. 76. Ao Órgão Especial, às Seções Especializadas e às Turmas cabe, ainda, nos processos de sua competência:

I – julgar:

a) os embargos de declaração interpostos contra suas decisões;

b) as ações cautelares incidentais e preparatórias e as demais arguições;

c) os incidentes que lhes forem submetidos; e

d) a restauração de autos perdidos, em se tratando de processo de sua competência.

II – homologar as desistências dos recursos, decidir sobre pedido de desistência de ação quanto aos processos incluídos em pauta para julgamento, e homologar os acordos em processos de competência originária do Tribunal; e

III – representar à autoridade competente, quando, em autos ou documentos de que conhecer, houver indício de crime de ação pública.

Art. 77. A proclamação do resultado da votação será suspensa:

I – pelas Seções Especializadas e pelas Turmas, para remessa do processo ao Tribunal Pleno, quando se verificar que a maioria respectiva se inclina pelo acolhimento da arguição de inconstitucionalidade de norma em matéria que ainda não tenha sido decidida pelo Tribunal Pleno ou pelo Supremo Tribunal Federal;

II – pelas Seções Especializadas, quando convier o pronunciamento do Tribunal Pleno, em razão da relevância da questão jurídica, do interesse público ou da necessidade de prevenir divergência de julgados.

Capítulo III
DA PRESIDÊNCIA DAS SESSÕES

Seção I
Da Presidência do Tribunal Pleno, do Órgão Especial e das Seções Especializadas

Art. 78. O Ministro Presidente do Tribunal presidirá o Tribunal Pleno, o Órgão Especial e as Seções Especializadas, podendo ser substituído, sucessivamente, pelo Vice-Presidente, pelo Corregedor-Geral da Justiça do Trabalho, ou pelo Ministro mais antigo presente à sessão.

Seção II
Da Presidência das Turmas

Art. 79. O Presidente da Turma será o mais antigo dentre os Ministros que a compõem, por um período de 2 (dois) anos, vedada a recondução, até que todos os seus integrantes hajam exercido a Presidência, observada a ordem decrescente de antiguidade.

• Artigo com redação determinada pela E. R. TST 1/2011.

Parágrafo único. É facultado aos demais Ministros recusarem a Presidência, desde que o façam antes da proclamação de sua escolha.

Art. 80. Na hipótese de vacância do cargo de Presidente de Turma, assumirá o Ministro mais antigo do respectivo Colegiado.

Parágrafo único. Nas ausências eventuais ou afastamentos temporários, o Presidente da Turma será substituído pelo Ministro mais antigo do Colegiado.

§ 2º A escolha do Presidente da Turma, observado o critério estabelecido no artigo 79 deste Regimento, dar-se-á na primeira sessão ordinária da Turma que se suceder à posse da nova direção do tribunal, ressalvada a situação prevista no parágrafo seguinte.

• § 2º acrescentado pelo Ato Regimental TST 1/2011.
• Consta § 2º conforme publicação oficial.

§ 3º Se a Presidência da Turma vagar por outro motivo, a escolha do Presidente dar-se-á na sessão ordinária imediatamente posterior à ocorrência da vaga, hipótese em que ele exercerá, por inteiro, o mandato de 2 (dois) anos a contar da data de sua investidura.

• § 3º acrescentado pelo Ato Regimental TST 1/2011.

§ 4º Considera-se empossado o sucessor, em qualquer das situações a que se referem os §§ 2º e 3º deste artigo, na mesma data de sua escolha para a Presidência da Turma.

• § 4º acrescentado pelo Ato Regimental TST 1/2011.

Seção III
Das atribuições do Presidente de Turma

Art. 81. Compete ao Presidente de Turma:

I – indicar o Coordenador da Turma para nomeação pelo Presidente do Tribunal;

II – convocar sessões ordinárias e extraordinárias;

III – dirigir os trabalhos e presidir as sessões da Turma, propor e submeter as questões, apurar os votos e proclamar as decisões;

IV – manter a ordem nas sessões, podendo mandar retirar os que as perturbarem e os que faltarem com o devido respeito e prender os desobedientes, fazendo lavrar o respectivo auto;

V – despachar os expedientes da Turma que excederem à competência dos Relatores, inclusive os pedidos manifestados após a publicação dos acórdãos;

VI – supervisionar os serviços da Coordenadoria;

VII – encaminhar ao Presidente do Tribunal, no final de cada mês, relatório circunstanciado das atividades da Turma; e

VIII – convocar, mediante prévio entendimento, Ministro de outra Turma para compor o *quorum*.

IX – exercer o juízo de admissibilidade dos embargos à Subseção I da Seção Especializada em Dissídios Individuais.

• Inciso IX acrescentado pelo Ato Regimental TST 4/2012.

Parágrafo único. Em face da atribuição contida no inciso IX do presente artigo, o

Presidente de Turma receberá 10% (dez por cento) a menos de processos distribuídos, respeitada a proporção quanto às classes processuais de competência da Turma.

* Parágrafo único acrescentado pelo Ato Regimental TST 4/2012.

TÍTULO IV
DO MINISTÉRIO PÚBLICO DO TRABALHO

Art. 82. O Ministério Público do Trabalho atuará nas sessões do Tribunal representado pelo Procurador-Geral ou, mediante sua delegação, por Subprocuradores-Gerais e por Procuradores Regionais, na forma da lei.

Art. 83. À Procuradoria-Geral do Trabalho serão remetidos processos para parecer, nas seguintes hipóteses:

I – obrigatoriamente, quando for parte pessoa jurídica de direito público, Estado estrangeiro ou organismo internacional;

II – facultativamente, por iniciativa do Relator, quando a matéria, por sua relevância, recomendar a prévia manifestação do Ministério Público;

III – por iniciativa do Ministério Público, quando entender existente interesse público que justifique a sua intervenção; e

IV – por determinação legal, os mandados de segurança em grau originário ou recursal, as ações civis públicas em que o Ministério Público não for autor, os dissídios coletivos originários, caso não exarado parecer na instrução, e os processos em que forem parte índio, comunidades e organizações indígenas.

§ 1º À Procuradoria-Geral do Trabalho serão encaminhados de imediato, após autuação e distribuição, os processos nos quais figuram como parte pessoa jurídica de direito público, Estado estrangeiro ou organismo internacional, e os recursos ordinários em mandado de segurança.

§ 2º Não serão remetidos à Procuradoria-Geral do Trabalho:

I – processos oriundos de ações originárias nos quais for autora; e

II – processos de remessa facultativa que exijam urgência no julgamento ou que versem sobre tema pacificado na jurisprudência.

Art. 84. O Ministério Público, observadas as regras legais especiais e a tramitação preferencial de demandas, emitirá parecer no prazo legal, restituindo imediatamente os autos ao Tribunal.

Art. 85. O Ministério Público, após publicado o acórdão e vencido o prazo para as partes, será intimado pessoalmente, com a entrega dos autos, nas causas em que tenha intervindo ou emitido parecer.

Parágrafo único. A data da entrega dos autos na Procuradoria-Geral do Trabalho será certificada nos autos para efeitos legais, inclusive a contagem dos prazos processuais a que está sujeito o Ministério Público.

LIVRO II
DOS PROCESSOS E DA JURISPRUDÊNCIA

TÍTULO I
DOS PROCESSOS

Capítulo I
DO REGISTRO E DA CLASSIFICAÇÃO

Art. 86. As petições e os processos recebidos serão registrados no dia de seu ingresso no Tribunal. Após a conferência das folhas, os processos serão classificados e autuados, de acordo com a tabela aprovada pelo Conselho Nacional de Justiça.

Art. 87. A classificação das ações de competência originária será feita nos exatos termos do requerido pela parte, desde que prevista a classe processual na tabela unificada da Justiça do Trabalho, elaborada pela Corregedoria-Geral e aprovada pelo Conselho Nacional de Justiça.

* Artigo com redação determinada pela E.R. TST 4/2012.

Art. 88. Na hipótese de ajuizamento de ação ou de interposição de recurso não previsto na tabela processual unificada, o processo será classificado e autuado na classe processual 'Petição - Pet'.

* Artigo com redação determinada pela E.R. TST 4/2012.

TST

REGIMENTO INTERNO

Capítulo II
DA DISTRIBUIÇÃO

Seção I
Das disposições gerais

Art. 89. Os processos de competência do Tribunal serão distribuídos por classe, observada a competência e composição dos órgãos judicantes, assim como a ordem cronológica do seu ingresso na Corte, concorrendo ao sorteio todos os Ministros, exceuados os membros da direção.

Parágrafo único. Não haverá distribuição de processos aos Ministros nos 60 (sessenta) dias que antecederem a jubilação compulsória, nem a partir da data da apresentação do pedido de aposentadoria ao Órgão Especial.

Art. 90. No período correspondente às férias dos Ministros, não haverá distribuição de processos, exceto os de dissídio coletivo, mandado de segurança, ações cautelares e *habeas corpus*.

Art. 91. Todos os processos recebidos no Tribunal, independentemente da classe a que pertencerem, serão distribuídos logo após os registros e as formalidades necessárias à sua identificação.

Parágrafo único. Será fornecido a cada Ministro, por ocasião da distribuição, documento escrito ou transmissão computadorizada, contendo todos os dados da distribuição que lhe coube.

Art. 92. As redistribuições autorizadas expressamente neste Regimento serão feitas no âmbito da Secretaria do Colegiado em que tramita o processo, pelo respectivo Presidente, observada a compensação e publicidade, devendo ser fornecidos a cada Ministro integrante do Colegiado, mediante documento escrito ou transmissão computadorizada, todos os dados do repasse de feitos.

• Artigo com redação determinada pela E.R. TST 4/2012.

Art. 92-A. O Ministro recém-empossado receberá os processos vinculados à cadeira que ocupará, inclusive os agravos, agravos regimentais e embargos de declaração.

• Artigo acrescentado pelo Ato Regimental TST 4/2012.

§ 1º Haverá compensação, na Turma, na hipótese em que o montante de processos recebidos na cadeira seja inferior, na data da posse do novo Ministro, à média de processos dos cinco Ministros com maior acervo, considerada a competência das Turmas do Tribunal.

§ 2º Na composição do saldo total de processos que caberá ao Ministro recém-empossado, observar-se-á, sempre que possível, a proporção de 2/5 de recurso de revista e 3/5 de agravo de instrumento.

§ 3º Existindo processos, na cadeira, nas classes processuais "agravo de instrumento" ou "recurso de revista", cujo montante seja superior à proporção mencionada no § 2º, a totalidade da compensação recairá sobre a classe processual que não atingiu a aludida proporcionalidade.

§ 4º A compensação de processos será progressiva, cabendo ao Presidente do Tribunal definir o acréscimo percentual à distribuição normal diária do Ministro recém-empossado.

Art. 93. Os processos distribuídos aos Ministros permanecerão a eles vinculados, ainda que ocorram afastamentos temporários, ressalvada a hipótese de mandados de segurança originários, processos de dissídio coletivo, ações cautelares e *habeas corpus* que, a juízo da parte, reclamem solução inadiável. Nesse caso, ausente o Relator por mais de 3 (três) dias, poderá ocorrer a redistribuição, observada a posterior compensação.

§ 1º Os processos de competência das Turmas, na hipótese de o Relator afastar-se temporariamente do Tribunal por período superior a 30 (trinta) dias ou definitivamente, serão atribuídos ao Desembargador convocado para substituí-lo. Cessada a convocação, o Relator ou o novo Ministro Titular da cadeira receberá os processos, não solucionados, atribuídos ou distribuídos ao Desembargador convocado.

• § 1º com redação determinada pela E.R. TST 4/2012.

§ 2º Os processos de competência das Seções Especializadas serão redistribuídos no âmbito dos respectivos Órgãos fracionários, desde que não haja remoção de Ministro

TST

REGIMENTO INTERNO

para a cadeira vaga. O Ministro que vier a ocupar a cadeira vaga receberá, em igual número, mediante compensação, o montante de processos redistribuídos por ocasião da vacância da cadeira.

* § 2º com redação determinada pela E.R. TST 4/2012.

§ 3º Os processos de competência do Órgão Especial, em caso de afastamento definitivo do Relator, serão atribuídos ao Ministro que o suceder no Órgão. Na hipótese de afastamento temporário, o Relator permanecerá vinculado a tais processos, observada, porém, a regra do art. 93, *caput*, do RITST.

* § 3º acrescentado pelo Ato Regimental TST 3/2012.

Art. 94. *(Revogado pelo Ato Regimental TST 3/2012.)*

Art. 94-B. O relator que se afastar definitivamente da Turma ou da Seção Especializada, por motivo de remoção, receberá no órgão para o qual se removeu os processos vinculados ao antecessor em que este ainda não apôs o visto.

* Artigo acrescentado pelo Ato Regimental TST 4/2012.

Parágrafo único. Na hipótese de remoção de Turma, o ministro que se removeu receberá no novo órgão, em compensação, a diferença entre o acervo processual deixado na Turma de origem, ao se remover, e o que recebeu na nova cadeira, observadas as classes processuais.

Art. 95. *(Revogado pelo Ato Regimental TST 4/2012.)*

Art. 96. Se o afastamento do Relator for definitivo, em decorrência de haver assumido cargo de direção do Tribunal, seus processos serão atribuídos, conforme o caso, ao Juiz convocado, ou ao Titular da cadeira, que, em lugar do afastado, vier a integrar a Turma, inclusive em relação aos agravos e aos embargos de declaração.

* *Caput* com redação determinada pela E. R. TST 3/2012.

Parágrafo único. Os processos de competência das Seções Especializadas serão atribuídos ao Titular da cadeira que, em lugar do afastado, vier a integrar a Seção Especializada, inclusive em relação aos agravos e aos embargos de declaração.

* Parágrafo único acrescentado pelo Ato Regimental TST 3/2012.

Art. 97. O Ministro afastado definitivamente de qualquer Órgão julgador retornará ao Colegiado para relatar os processos em que, até a data do seu afastamento, após o visto.

* Artigo com redação determinada pela E. R. TST 3/2012.

Seção II
Das disposições especiais

Art. 98. O Colegiado que conhecer do processo terá jurisdição preventa para o julgamento dos recursos posteriores interpostos no mesmo processo, observada a competência.

Parágrafo único. O processo que tramita na fase de execução será distribuído ao Ministro a quem coube a relatoria na fase de conhecimento, ou a quem o tenha substituído ou sucedido, devendo os processos tramitar conjuntamente, sempre que possível.

Art. 99. O processo já apreciado pelo Órgão Especial ou por uma das Seções Especializadas, retornando a novo exame, será distribuído ao mesmo Colegiado e ao mesmo Relator ou Redator do acórdão. Na ausência definitiva do Relator ou do Redator do acórdão anterior, o processo será distribuído ao novo titular que vier a integrar o órgão prevento.

* *Caput* com redação determinada pela E. R. TST 3/2012.

Parágrafo único. O processo já apreciado por uma das Turmas será distribuído ao mesmo Colegiado e ao mesmo Relator ou Redator do acórdão. Na ausência definitiva do Relator ou do Redator do acórdão anterior, o processo será distribuído ao Juiz convocado para a vaga ou ao novo titular que vier a integrar o órgão prevento.

* Parágrafo único acrescentado pelo Ato Regimental TST 3/2012.

Art. 100. Aplica-se a regra do artigo anterior à hipótese de processo no qual haja recurso submetido à apreciação do Tribunal em razão de provimento de agravo de instrumento.

Art. 101. O agravo de instrumento que tramitar, ou que deveria tramitar, anexado ao processo principal, será distribuído no mesmo Colegiado e ao mesmo Relator.

Art. 102. A ação cautelar será distribuída ao Relator do processo principal, salvo se a medida for requerida em procedimento preparatório, hipótese em que será sorteado Relator dentre os integrantes do Colegiado competente para o julgamento da matéria, o qual fica prevento para a ação principal.

Parágrafo único. Observar-se-á a mesma regra na hipótese de recurso ordinário em ação cautelar.

Art. 103. À distribuição dos embargos infringentes não concorrerá o Ministro que já tenha atuado no processo como Relator e/ou redigido o acórdão embargado.

Art. 104. Os embargos interpostos contra decisão de Turma serão distribuídos entre os Ministros não integrantes do Colegiado prolator da decisão embargada.

Art. 105. Da distribuição da ação rescisória originária será excluído o Ministro que tenha relatado o processo e/ou redigido o acórdão rescindendo.

Parágrafo único. Será designado revisor da ação rescisória o Ministro seguinte ao relator, na ordem decrescente de antiguidade.

Capítulo III
DO RELATOR E DO REVISOR

Art. 106. Compete ao Relator:
I – submeter pedido de liminar ao órgão competente, antes de despachá-lo, desde que repute de alta relevância a matéria nele tratada. Caracterizada a urgência do despacho, concederá ou denegará a liminar, que será submetida ao referendo do Colegiado na primeira sessão que se seguir;
II – promover as diligências necessárias à perfeita instrução dos processos, fixando prazo para o seu cumprimento;
III – solicitar audiência do Ministério Público do Trabalho nas hipóteses previstas em lei, ou quando entender necessário;
IV – processar os incidentes de falsidade, suspeição e de impedimento, arguidos pelos litigantes;
V – despachar os pedidos de desistência de ação ou de recurso, suscitados em processo que lhe tenha sido distribuído, salvo quando incluídos em pauta ou quando formulados após a publicação do acórdão;
VI – lavrar os acórdãos referentes às decisões proferidas nos processos em que seu voto tenha prevalecido;
VII – requisitar autos originais, quando necessário;
VIII – delegar atribuições a autoridades judiciárias de instância inferior, nos casos previstos em lei ou neste Regimento;
IX – decidir sobre os pedidos constantes das petições vinculadas a processos de sua competência que não excedam as atribuições do Presidente do Tribunal, do órgão julgador, e/ou da respectiva Presidência;
X – decidir por despacho, ou negar seguimento a recurso, na forma da lei;
XI – indeferir liminarmente ações originárias, na forma da lei;
XII – submeter ao órgão julgador, conforme a competência, questão de ordem para o bom andamento dos processos; e
XIII – encaminhar os autos de ação rescisória ao Ministro-Revisor.

Art. 107. Compete ao Revisor:
I – sugerir ao Relator medidas ordenatórias do processo em que tenham sido omitidas;
II – confirmar, completar ou retificar o relatório; e
III – encaminhar os autos à Secretaria ou à Coordenadoria para inclusão em pauta.

Capítulo IV
DAS PAUTAS

Art. 108. A pauta de julgamento de cada Colegiado será organizada por seu Secretário, conforme o caso, e aprovada pelo respectivo Presidente.

• *Caput* com redação determinada pela E.R. TST 4/2012.

§ 1º Nenhum processo poderá ser incluído em pauta sem que dele conste o visto do Relator e do Revisor, se houver.
§ 2º Não haverá julgamento de processo sem prévia inclusão em pauta, salvo os recursos de revista convertidos em razão de provimento de agravo de instrumento, embargos de declaração, pedidos de homolo-

REGIMENTO INTERNO

gação de acordo formulados em processo de dissídio coletivo originário, ou em grau recursal, e os incidentes de suspeição, que serão apresentados em Mesa pelo Relator.

§ 3º Os processos que versem sobre matéria idêntica ou semelhante poderão ser ordenados em pauta específica para julgamento conjunto.

Art. 109. Os processos serão incluídos em pauta, considerada a data de sua remessa à Secretaria, ressalvadas as seguintes preferências:

* *Caput* com redação determinada pela E.R. TST 4/2012.

I – futuro afastamento temporário ou definitivo do Relator, bem como posse em cargo de direção;
II – solicitação do Ministro-Relator ou das partes, se devidamente justificada;
III – quando a natureza do processo exigir tramitação urgente, especificamente os dissídios coletivos, mandados de segurança, ações cautelares, conflitos de competência e declaração de inconstitucionalidade de lei ou de ato do Poder Público.

* Inciso III com redação determinada pela E. R. TST 2/2011.

IV – na ocorrência de transferência do Relator para outro Colegiado; e
V – nos processos submetidos ao rito sumaríssimo e naqueles que tenham como parte pessoa com mais de 60 (sessenta) anos de idade.

Art. 110. Para a ordenação dos processos na pauta, observar-se-á a numeração correspondente a cada classe, preferindo no lançamento o elenco do inciso III do art. 109 deste Regimento e, ainda, aqueles em que é permitida a sustentação oral.

Art. 111. A pauta de julgamento será publicada no órgão oficial até a antevéspera da sessão.

§ 1º Havendo expressa concordância das partes, poderá ser dispensada a inclusão do processo em pauta.

§ 2º Os processos que não tiverem sido julgados na sessão permanecerão em pauta, independentemente de nova publicação, conservada a mesma ordem, com preferência sobre os demais, ressalvadas as hipóteses previstas no art. 109.

Art. 112. As matérias administrativas sujeitas à deliberação do Órgão Especial constarão de pauta previamente divulgada aos Ministros, sendo-lhe vedado deliberar sobre matéria dela não integrante, exceto quanto àquelas reputadas urgentes ou inadiáveis.

Parágrafo único. Para deliberar sobre matérias não constantes da pauta, é necessária a autorização de pelo menos dois terços dos Ministros, em votação preliminar.

Art. 113. Os processos que não tiverem sido julgados até à última sessão de cada semestre serão retirados de pauta.

Capítulo V
DAS SESSÕES

Seção I
Do funcionamento dos órgãos

Art. 114. As sessões do Tribunal Pleno, do Órgão Especial, das Seções Especializadas e das Turmas realizar-se-ão, ordinária e extraordinariamente, por convocação do Presidente do Tribunal ou das Turmas, com a presença de todos os Ministros, ressalvadas as hipóteses excepcionais de férias, licenças ou afastamentos, previamente comunicados à Presidência do respectivo Colegiado e à Secretaria, para os procedimentos cabíveis.

* *Caput* com redação determinada pela E.R. TST 4/2012.

Parágrafo único. Os Ministros comparecerão na hora designada para o início da sessão e não se ausentarão antes do seu término, salvo quando autorizados.

Art. 115. As sessões do Pleno e dos demais órgãos colegiados do Tribunal são públicas, salvo o disposto nos arts. 148 e 149.

Art. 116. Nas sessões do Tribunal Pleno, do Órgão Especial e das Seções Especializadas, o Presidente terá assento ao centro da Mesa, o Vice-Presidente ocupará a primeira cadeira do Plenário, à direita do Presidente, o Ministro mais antigo, a da esquerda, e o Corregedor-Geral da Justiça do Trabalho, a segunda da direita, seguindo-se assim, sucessivamente, observada a ordem de antiguidade.

Art. 117. Nas sessões das Turmas, o Presidente terá assento ao centro da Mesa e os demais integrantes do Colegiado ocuparão os lugares na bancada pela ordem de antiguidade.

Art. 118. O Desembargador do Trabalho convocado, nas sessões das Turmas, terá assento no lugar seguinte ao do ministro mais moderno.

* Artigo com redação determinada pela E.R. TST 4/2012.

Art. 119. O representante do Ministério Público do Trabalho participará das sessões, tendo assento à Mesa ao lado direito do Presidente.

Art. 120. Para a complementação do *quorum*, serão observadas as seguintes regras:
I – do Órgão Especial, será convocado o Ministro mais antigo, que não o integre;
II – das Seções Especializadas e das Turmas, será convocado Ministro do Tribunal.
Parágrafo único. Se não houver número para o funcionamento do Órgão, aguardar-se-á por 30 (trinta) minutos a formação do *quorum*. Decorrido esse prazo e persistindo as ausências, será encerrada a sessão, com registro em ata.

Seção II
Das disposições gerais

Art. 121. Nas sessões dos órgãos judicantes do Tribunal, os trabalhos obedecerão à seguinte ordem:
I – verificação do número de Ministros presentes;
II – exame de propostas; e
III – julgamento dos processos.

Art. 122. Os processos serão submetidos a julgamento na seguinte ordem:
I – os *habeas corpus*;
II – aqueles em que houver pedido de preferência formulado por advogado até 30 (trinta) minutos antes da hora prevista para o início da sessão, condicionando-se a ordem de julgamento do processo à presença, na sala de sessões, do advogado que solicitou a preferência;

* Inciso II com redação determinada pela E.R. TST 4/2012.

III – os mandados de segurança e as medidas cautelares;
IV – os remanescentes de sessões anteriores;
V – os suspensos em sessão anterior em razão de vista regimental; e
VI – os demais processos constantes da pauta do dia.

Art. 123. As decisões serão tomadas pela maioria de votos, salvo as hipóteses previstas nos incisos dos §§ 1º e 2º do art. 62 e no parágrafo único do art. 64.

Art. 124. Na ocorrência de empate nas sessões do Órgão Especial e das Seções Especializadas, prevalecerá o voto proferido pelo Presidente do Tribunal ou pelo Ministro que o estiver substituindo.

Art. 125. Proclamada a decisão, não poderá ser feita apreciação ou crítica sobre a conclusão adotada.

Art. 126. A votação será iniciada com o voto do Relator. Não havendo divergência, o Presidente proclamará o resultado. Se houver divergência, os votos serão colhidos, a partir do voto do Relator, em ordem decrescente de antiguidade. Esgotada essa ordem, prosseguirá a tomada de votos, a partir do mais antigo.
§ 1º O Presidente ou o Ministro que o estiver substituindo votará por último, salvo se for o Relator do processo.
§ 2º Nenhum Ministro poderá se eximir de votar, salvo nas hipóteses de impedimento e de suspeição ou de não ter assistido ao relatório ou participado dos debates.

Art. 127. Ao Relator poderão ser solicitados esclarecimentos, sendo facultado aos advogados, mediante autorização, apresentar questão de fato relativa à controvérsia.

Art. 128. O Ministro usará o tempo que se fizer necessário para proferir seu voto, podendo retomar a palavra para retificá-lo antes da proclamação, prestar esclarecimentos ou se for nominalmente referido, sendo vedadas as interrupções e pronunciamentos sem prévia autorização do Presidente.

Art. 129. O julgamento, uma vez iniciado, será ultimado na mesma sessão, salvo se houver pedido de vista regimental, motivo

TST

REGIMENTO INTERNO

relevante ou conversão do julgamento em diligência, quando necessária à decisão da causa.

§ 1º Na hipótese de conversão do julgamento em diligência, o processo será retirado da pauta, devendo, após ultimada, ser reincluído, com preferência.

§ 2º Nenhum processo poderá ficar suspenso por tempo indeterminado, salvo:

I – quando pender de decisão incidente de uniformização jurisprudencial, relativo à matéria discutida no processo, com vista à aprovação, modificação ou revogação de Súmula;

II – quando penderem de decisão os incidentes a que se referem as alíneas *a* e *b* do inciso I do art. 69 e os feitos mencionados no art. 299; e

III – enquanto não decidida arguição sobre declaração de inconstitucionalidade de lei ou de ato normativo do Poder público.

Art. 130. O representante do Ministério Público do Trabalho poderá usar da palavra, em sequência ao relatório, quando solicitado por algum dos Ministros ou quando entender necessária a intervenção, em cada caso, mediante autorização do Presidente.

Art. 131. Na oportunidade em que lhe caiba votar, o Ministro poderá pedir vista regimental dos autos ou vista em Mesa. Sendo em Mesa, o julgamento dar-se-á na mesma sessão, tão logo o Ministro que a requereu se declare habilitado a votar; em sendo regimental, ficará adiado o julgamento, salvo anterior habilitação do Ministro que a requereu, para a primeira sessão subsequente ao término do prazo de 10 (dez) dias, podendo os demais Ministros adiantar seus votos.

§ 1º O adiamento do julgamento em razão de vista regimental será registrado em certidão, bem como a data do seu prosseguimento e os votos proferidos.

§ 2º Na data prevista, o processo será apregoado independentemente de devolução dos autos pelo autor do pedido de vista, hipótese em que este providenciará no sentido de mandar trazê-los à sessão.

§ 3º Apregoado o julgamento do processo na data aprazada, não estando o Ministro que pediu vista habilitado a votar, o processo será adiado para a próxima sessão, sendo os autos previamente encaminhados à Secretaria respectiva, exceto quando houver solicitação fundamentada do Ministro e com autorização do órgão julgador.

* § 3º com redação determinada pela E.R. TST 4/2012.

§ 4º Na hipótese de mais de um pedido de vista, será concedido aos Ministros, sucessivamente, o prazo de 10 (dez) dias.

§ 5º Prosseguindo o julgamento, a votação iniciará com o voto do Ministro que requereu a vista regimental.

§ 6º Os pedidos de vista regimental formulados por Ministros que se afastaram definitivamente do Tribunal serão desconsiderados, e o julgamento prosseguirá com a repetição do voto do Relator.

§ 7º O julgamento dos processos com vista regimental poderá prosseguir sem vinculação à Presidência e na ausência do Relator, se este já houver votado sobre toda a matéria.

§ 8º Na ocorrência de afastamento definitivo do Relator, sem que tenha sido concluído o julgamento, este continuará da fase em que se encontrar, considerados os votos já proferidos e sob a competência do Ministro que primeiro requereu a vista.

§ 9º Não participará do julgamento já iniciado ou em prosseguimento o Ministro que não tenha assistido ao relatório ou aos debates, salvo quando se declarar esclarecido.

* § 9º com redação determinada pela E. R. TST 1/2011.

§ 10. Ao reiniciar-se o julgamento, serão computados os votos já proferidos pelos Ministros, ainda que não compareçam ou que não mais componham o órgão.

* § 10 com redação determinada pela E. R. TST 1/2011.

§ 11. *(Revogado pelo Ato Regimental TST 1/2011.)*

§ 12. *(Revogado pelo Ato Regimental TST 1/2011.)*

§ 13. Se, para efeito de quorum, for imprescindível o voto de Ministro nas condições do § 9º, serão renovados o relatório e a susten-

1453

tação oral, computando-se os votos anteriormente proferidos.

• § 13 acrescentado pelo Ato Regimental TST 4/2012.

Art. 132. No julgamento dos recursos, o mérito será examinado após ultrapassada a fase de conhecimento.

Parágrafo único. Na hipótese de mais de um recurso com preliminares distintas, a apreciação far-se-á sucessivamente na ordem de preferência ditada pela prejudicialidade, considerado cada recurso isoladamente, esgotando-se com o exame do mérito.

Art. 133. O exame das preliminares prefere ao do mérito, observando-se nos julgamentos os seguintes critérios:

I – rejeitada a preliminar, ou se a decisão liminar for compatível com a apreciação do mérito, seguir-se-á o julgamento da matéria principal, pronunciando-se todos os Ministros, inclusive os vencidos na preliminar; e

II – o acolhimento da preliminar, se incompatível com o exame da matéria principal, impedirá o conhecimento do mérito.

III – vencido o Relator quanto aos pressupostos extrínsecos de admissibilidade do recurso, preliminar ou prejudicial de mérito e havendo necessidade de prosseguir no julgamento das questões subsequentes, os autos lhe serão conclusos para elaboração do voto correspondente, a ser proferido em sessão subsequente.

• Inciso III acrescentado pelo Ato Regimental TST 1/2011.

Art. 134. Para apuração da votação, havendo várias conclusões parcialmente divergentes, os votos deverão ser somados no que coincidirem. Permanecendo a divergência, sem possibilidade de nenhuma soma, serão as questões submetidas à apreciação, duas a duas, eliminando-se, sucessivamente, as que tiverem menor votação e prevalecendo a que reunir, por último, a maioria de votos.

Art. 135. Findo o julgamento, o Presidente proclamará a decisão e, se vencido o Relator em alguma questão de mérito, designará redator do acórdão o Ministro prolator do primeiro voto vencedor.

• Artigo com redação determinada pela E. R. TST 1/2011.

Art. 136. As decisões proclamadas serão consignadas em certidão, que será juntada aos autos, na qual constará:

I – a identificação, o número do processo e o nome das partes e dos advogados que sustentaram oralmente;

II – o nome do Ministro que presidiu a sessão de julgamento;

III – o nome do representante do Ministério Público do Trabalho presente na sessão;

IV – o nome do Relator e dos Ministros que participaram do julgamento;

V – a suspensão do julgamento em razão de pedido de vista regimental, com registro dos votos já proferidos e designação da data para o seu prosseguimento;

VI – a conclusão do julgamento com a indicação dos votos vencidos, se houver;

VII – a designação do Ministro-Redator do acórdão na hipótese de não prevalecer, em alguma questão de mérito, o voto do Relator originário.

• Inciso VII com redação determinada pela E. R. TST 1/2011.

VIII – os impedimentos e suspeições dos Ministros para o julgamento; e

IX – a data da sessão.

Art. 137. No horário regimental, concluídos os julgamentos, o Presidente encerrará a sessão, devendo ser lavrada a respectiva ata.

Parágrafo único. Na hipótese de remanescer sem julgamento número significativo de processos, a critério do órgão julgador, deverá o seu Presidente designar outro dia para o prosseguimento da sessão, considerando-se intimados os interessados, mediante o anúncio da deliberação.

Art. 138. Na ata, serão consignados, resumidamente, os assuntos tratados na sessão, devendo, ainda, constar:

I – dia, mês, ano e hora da abertura da sessão;

II – nome do Ministro que presidiu a sessão;

III – nomes dos Ministros presentes;

IV – nome do representante do Ministério Público do Trabalho;

Regimento Interno

V – sumária notícia dos expedientes, das propostas e deliberações; e

VI – a identificação dos processos julgados, com o resultado da decisão e os votos vencidos, nomes das partes e do advogado, se tiver havido sustentação oral.

Art. 139. A ata será assinada pelo Presidente do Colegiado e arquivada na Secretaria.

* Artigo com redação determinada pela E.R. TST 4/2012.

Seção III
Da participação dos advogados

Art. 140. Nas sessões de julgamento do Tribunal, os advogados, no momento em que houverem de intervir, terão acesso à tribuna.

Parágrafo único. Na sustentação oral, ou para dirigir-se ao Colegiado, vestirão beca, que lhes será posta à disposição.

Art. 141. Os pedidos de preferência, formulados pelos advogados para os julgamentos de processos, encerrar-se-ão 30 (trinta) minutos antes do início da sessão e serão concedidos com observância da ordem de registro.

* Caput com redação determinada pela E.R. TST 4/2012.

Parágrafo único. O pregão do processo, na preferência, vincula-se à presença, na sala de sessões, do advogado que a requereu.

* Parágrafo único acrescentado pelo Ato Regimental TST 4/2012.

Art. 142. O requerimento de preferência formulado por um mesmo advogado, em relação a mais de três processos, poderá ser deferido de forma alternada, considerados os pedidos formulados pelos demais advogados.

Art. 143. Os pedidos de adiamento de julgamento, se dirigidos à Presidência no início da sessão, somente serão admitidos se devidamente justificados, com a concordância do Relator e da parte contrária, se presente.

Art. 144. O advogado sem mandato nos autos, ou que não o apresentar no ato, não poderá proferir sustentação oral, salvo motivo relevante que justifique o deferimento da juntada posterior.

Art. 145. Ressalvado o disposto no art. 131, § 13, a sustentação oral será feita de uma só vez, ainda que arguida matéria preliminar ou prejudicial, e observará as seguintes disposições:

* Caput com redação determinada pela E.R. TST 4/2012.

§ 1º Ao proferir seu voto, o Relator fará um resumo da matéria em discussão e antecipará sua conclusão, hipótese em que poderá ocorrer a desistência da sustentação, ante a antecipação do resultado. Havendo, porém, qualquer voto divergente daquele anunciado pelo Relator, o Presidente voltará a facultar a palavra ao advogado desistente. Não desistindo os advogados da sustentação, o Presidente concederá a palavra a cada um dos representantes das partes, por 10 (dez) minutos, sucessivamente.

§ 2º Usará da palavra, em primeiro lugar, o advogado do recorrente; se ambas as partes o forem, o do reclamante.

§ 3º Aos litisconsortes representados por mais de um advogado, o tempo lhes será proporcionalmente distribuído, podendo haver prorrogação até o máximo de 20 (vinte) minutos, ante a relevância da matéria.

§ 4º Quando for parte o Ministério Público, seu representante poderá proferir sustentação oral após as demais partes, sendo-lhe concedido prazo igual ao destas.

§ 5º Não haverá sustentação oral em:

* § 5º com redação determinada pela E. R. TST 2/2011.

I – embargos de declaração;

II – conflito de competência;

III – agravo de instrumento;

IV – agravo ou agravo regimental interposto contra despacho proferido em agravo de instrumento ou contra decisão concessiva ou denegatória de liminar em ação cautelar;

* Inciso IV com redação determinada pela E.R. TST 4/2012.

V – agravo em recurso extraordinário;

VI – agravo regimental contra decisão do Presidente de Turma que denegar segui-

mento a embargos à Subseção I da Seção Especializada em Dissídios Individuais;

- Inciso VI acrescentado pelo Ato Regimental TST 4/2012.

VII – arguição de suspeição ou de impedimento;

- Inciso VII acrescentado pelo Ato Regimental TST 4/2012.

VIII – ação cautelar.

- Inciso VIII acrescentado pelo Ato Regimental TST 4/2012.

§ 6º O Presidente do órgão julgador cassará a palavra do advogado que, em sustentação oral, conduzir-se de maneira desrespeitosa ou, por qualquer motivo, inadequada.

Seção IV
Das disposições especiais

Art. 146. A Subseção I Especializada em Dissídios Individuais julgará desde logo a matéria objeto da revista não conhecida pela Turma, caso conclua, no julgamento dos embargos interpostos, que aquele recurso estava corretamente fundamentado em contrariedade a Súmula da Jurisprudência da Corte, ou a Orientação Jurisprudencial.

Seção V
Das deliberações em Conselho

Art. 147. As sessões do Tribunal, por sugestão do Presidente ou de Ministro da Corte, desde que aprovadas pela maioria, poderão ser transformadas em Conselho para debate da matéria em apreciação.

Parágrafo único. A sessão também será transformada em Conselho para julgamento de processos sobre os quais a lei exigir sigilo.

Art. 148. Permanecerão em sessão o representante do Ministério Público do Trabalho, o Secretário, as partes interessadas e os respectivos Procuradores.

- Artigo com redação determinada pela E.R. TST 4/2012.

Art. 149. A proclamação da matéria deliberada em Conselho será pública, salvo se o conteúdo recomendar o contrário.

Seção VI
Das sessões solenes

Art. 150. O Tribunal Pleno reunir-se-á em sessão solene para:
I – dar posse ao Presidente, Vice-Presidente e Corregedor-Geral da Justiça do Trabalho;
II – dar posse aos Ministros do Tribunal; e
III – celebrar acontecimento de alta relevância.

Art. 151. O cerimonial das sessões solenes será regulado por ato do Presidente do Tribunal.

Seção VII
Das decisões e da sua publicação

Art. 152. Os acórdãos serão assinados pelo Relator do processo ou pelo julgador designado para lavrá-lo.

Parágrafo único. Na ausência dos julgadores mencionados no *caput* deste artigo, assinará o Presidente do órgão.

Art. 153. Os acórdãos da Seção Especializada em Dissídios Coletivos serão publicados na íntegra, no órgão oficial; os dos demais Colegiados terão publicadas apenas a ementa e a parte dispositiva.

Parágrafo único. A republicação de acórdão somente será feita quando autorizada pelo Presidente do Tribunal ou pelo Presidente do Colegiado, prolator da decisão.

Art. 154. Publicado o acórdão, a Secretaria providenciará sua juntada aos autos e, vencido o prazo de recurso para as partes, os encaminhará à Procuradoria-Geral do Trabalho, quando for parte o Ministério Público, pessoa jurídica de direito público, Estado estrangeiro ou organismo internacional.

- Artigo com redação determinada pela E.R. TST 4/2012.

Art. 155. São requisitos do acórdão:
I – a ementa, que, resumidamente, consignará a tese jurídica prevalecente no julgamento;
II – o relatório, contendo os nomes das partes, o resumo do pedido e da defesa e o registro das principais ocorrências do processo;

III – os fundamentos em que se baseia a decisão; e
IV – o dispositivo.

TÍTULO II
DA JURISPRUDÊNCIA

Capítulo I
DA UNIFORMIZAÇÃO DA JURISPRUDÊNCIA

Art. 156. O incidente de uniformização reger-se-á pelos preceitos dos arts. 476 a 479 do Código de Processo Civil.

§ 1º O incidente será suscitado quando a Seção Especializada constatar que a decisão se inclina contrariamente a reiteradas decisões dos órgãos fracionários sobre interpretação de regra jurídica, não necessariamente sobre matéria de mérito.

§ 2º O incidente somente poderá ser suscitado por Ministro ao proferir seu voto perante a Seção Especializada, pela parte, ou pelo Ministério Público do Trabalho, pressupondo, nos dois últimos casos, divergência jurisprudencial já configurada.

§ 3º A petição da parte e do Ministério Público, devidamente fundamentada, poderá ser apresentada até o momento da sustentação oral, competindo à Seção Especializada apreciar preliminarmente o requerimento.

§ 4º Verificando a Seção Especializada que a maioria conclui contrariamente a decisões reiteradas de órgãos fracionários sobre tema relevante de natureza material ou processual, deixará de proclamar o resultado e suscitará o incidente de uniformização de jurisprudência ao Tribunal Pleno. A decisão constará de simples certidão.

§ 5º A determinação de remessa ao Tribunal Pleno é irrecorrível, assegurada às partes a faculdade de sustentação oral por ocasião do julgamento.

§ 6º Será Relator no Tribunal Pleno, o Ministro originariamente sorteado para relatar o feito em que se verifica o incidente de uniformização; se vencido, o Ministro que primeiro proferiu o voto prevalecente. Caso o Relator originário não componha o Tribunal Pleno, o feito será distribuído a um dos membros deste Colegiado.

§ 7º Os autos serão remetidos à Comissão de Jurisprudência para emissão de parecer e apresentação da proposta relativa ao conteúdo e redação da Súmula ou do Precedente Normativo a ser submetido ao Tribunal Pleno, e, após, serão conclusos ao Relator para exame e inclusão em pauta.

§ 8º As cópias da certidão referente ao incidente de uniformização e do parecer da Comissão de Jurisprudência serão remetidas aos Ministros da Corte, tão logo incluído em pauta o processo.

§ 9º Como matéria preliminar, o Tribunal Pleno decidirá sobre a configuração da contrariedade, passando, caso admitida, a deliberar sobre as teses em conflito.

§ 10. A decisão do Tribunal Pleno sobre o tema é irrecorrível, cabendo à Seção Especializada, na qual foi suscitado o incidente, quando do prosseguimento do julgamento, aplicar a interpretação fixada.

§ 11. A decisão do Tribunal Pleno sobre o incidente de uniformização de jurisprudência constará de certidão, juntando-se o voto prevalecente aos autos. As cópias da certidão e do voto deverão ser juntadas ao projeto de proposta formulado pela Comissão de Jurisprudência e Precedentes Normativos para redação final da Súmula ou do Precedente Normativo que daí decorrerá.

Art. 157. Observar-se-á, no que couber, o disposto no art. 156 quanto ao procedimento de revisão da jurisprudência uniformizada do Tribunal, objeto de Súmula, de Orientação Jurisprudencial e de Precedente Normativo.

Art. 158. A revisão ou cancelamento da jurisprudência uniformizada do Tribunal, objeto de Súmula, de Orientação Jurisprudencial e de Precedente Normativo, será suscitada pela Seção Especializada, ao constatar que a decisão se inclina contrariamente a Súmula, a Orientação Jurisprudencial ou a Precedente Normativo, ou por proposta firmada por pelo menos dez Ministros da Corte, ou por projeto formulado pela Comissão de Jurisprudência e Precedentes Normativos.

§ 1º Verificando a Seção Especializada que a maioria se inclina contrariamente a Súmula, a Orientação Jurisprudencial ou a Preceden-

te Normativo, deixará de proclamar o resultado e encaminhará o feito à Comissão de Jurisprudência e Precedentes Normativos para, em 30 (trinta) dias, apresentar parecer sobre a sua revisão ou cancelamento, após o que os autos irão ao Relator para preparação do voto e inclusão do feito em pauta do Tribunal Pleno.

§ 2º A determinação de remessa à Comissão de Jurisprudência e Precedentes Normativos e ao Tribunal Pleno é irrecorrível, assegurada às partes a faculdade de sustentação oral por ocasião do julgamento.

§ 3º Será relator no Tribunal Pleno o Ministro originariamente sorteado para relatar o feito em que se processa a revisão ou o cancelamento da Súmula, da Orientação Jurisprudencial ou do Precedente Normativo; se vencido, o Ministro que primeiro proferiu o voto prevalecente. Caso o relator originário não componha o Tribunal Pleno, o feito será distribuído a um dos membros deste Colegiado.

§ 4º As cópias da certidão referente à revisão ou cancelamento da Súmula, da Orientação Jurisprudencial ou do Precedente Normativo, e do parecer da Comissão de Jurisprudência e Precedentes Normativos serão remetidas aos Ministros da Corte, tão logo incluído em pauta o processo.

Capítulo II
DAS SÚMULAS

Art. 159. Nos processos que tratem de matéria objeto de incidente de uniformização de jurisprudência, haverá o sobrestamento do feito até decisão do incidente.

Art. 160. Para efeito do disposto nos arts. 894, II, e 896, *a* e *b*, e §§ 3º, 4º, 5º e 6º, da Consolidação das Leis do Trabalho, será consubstanciada em Súmula a jurisprudência predominante do Tribunal Superior do Trabalho.

Art. 161. Quando se tratar de exame de constitucionalidade de lei ou de ato normativo do Poder Público, a edição de Súmula independe da observância dos dispositivos regimentais que regem a matéria, salvo quanto à exigência relativa à tomada de decisão por maioria absoluta.

Art. 162. Da proposta de edição de Súmula formulada pela Comissão de Jurisprudência e Precedentes Normativos resultará um projeto, devidamente instruído, que será encaminhado ao Presidente do Tribunal para ser submetido à apreciação do Tribunal Pleno.

Art. 163. A proposta de edição de Súmula, firmada por pelo menos dez Ministros da Corte, ou de iniciativa de qualquer Ministro do Tribunal, no exercício da atividade jurisdicional, deverá ser encaminhada à Comissão de Jurisprudência e Precedentes Normativos.

§ 1º A proposta firmada por pelo menos dez Ministros da Corte será encaminhada ao Presidente do Tribunal, que a enviará à Comissão de Jurisprudência e Precedentes Normativos para, no prazo de 30 (trinta) dias, emitir parecer fundamentado e conclusivo, que será submetido à apreciação do Tribunal Pleno.

§ 2º A proposta de iniciativa de Ministro, se acolhida pela maioria absoluta dos membros efetivos da Seção Especializada que apreciou o recurso respectivo, será examinada pela Comissão que, no prazo de 30 (trinta) dias, emitirá parecer dirigido ao Presidente do Tribunal para ser submetido à apreciação do Tribunal Pleno.

Art. 164. O parecer da Comissão de Jurisprudência e Precedentes Normativos deverá conter opinião fundamentada acerca da proposta de edição da Súmula. Na hipótese de acolhimento da proposta, deverá sugerir o texto a ser editado, instruído com as cópias dos precedentes e da legislação pertinente.

Art. 165. O projeto de edição de Súmula deverá atender a um dos seguintes pressupostos:

I – três acórdãos da Subseção Especializada em Dissídios Individuais, reveladores de unanimidade sobre a tese, desde que presentes aos julgamentos pelo menos 2/3 (dois terços) dos membros efetivos do órgão;

II – cinco acórdãos da Subseção Especializada em Dissídios Individuais, prolatados por maioria simples, desde que presentes aos

julgamentos pelo menos 2/3 (dois terços) dos membros efetivos do órgão;

III – quinze acórdãos de cinco Turmas do Tribunal, sendo três de cada, prolatados por unanimidade; ou

IV – dois acórdãos de cada uma das Turmas do Tribunal, prolatados por maioria simples.

§ 1º Os acórdãos catalogados para fim de edição de Súmula deverão ser de relatores diversos, proferidos em sessões distintas.

§ 2º Na hipótese de matéria revestida de relevante interesse público e já decidida por Colegiado do Tribunal, poderá qualquer dos órgãos judicantes, a Comissão de Jurisprudência e Precedentes Normativos, a Procuradoria-Geral do Trabalho, o Conselho Federal da Ordem dos Advogados do Brasil ou Confederação Sindical, de âmbito nacional, suscitar ou requerer ao Presidente do Tribunal apreciação, pelo Tribunal Pleno, de proposta de edição de Súmula. Nesse caso, serão dispensados os pressupostos dos incisos I a IV deste artigo, e deliberada, preliminarmente, por dois terços dos votos, a existência de relevante interesse público.

Art. 166. A edição, revisão ou cancelamento de Súmula serão objeto de apreciação pelo Tribunal Pleno, considerando-se aprovado o projeto quando a ele anuir a maioria absoluta de seus membros.

Capítulo III
DOS PRECEDENTES NORMATIVOS E DAS ORIENTAÇÕES JURISPRUDENCIAIS

Art. 167. Da proposta de edição de Precedentes Normativos do Tribunal e de Orientações Jurisprudenciais formulada pela Comissão de Jurisprudência e Precedentes Normativos resultará um projeto, que será devidamente instruído com a sugestão do texto, a exposição dos motivos que justificaram a sua edição, a relação dos acórdãos que originaram os precedentes e a indicação da legislação pertinente à hipótese.

§ 1º O projeto será encaminhado aos Ministros para, no prazo de 15 (quinze) dias, apresentarem sugestões e/ou objeções pertinentes.

§ 2º Vencido o prazo do parágrafo anterior, a Comissão, após exame das sugestões e/ou objeções, deliberará conclusivamente sobre o projeto.

Art. 168. A proposta de Precedente Normativo do Tribunal deverá atender a um dos um dos seguintes pressupostos:

I – três acórdãos da Seção Especializada em Dissídios Coletivos, reveladores da unanimidade sobre a tese, desde que presentes aos julgamentos pelo menos 2/3 (dois terços) dos membros efetivos do Órgão; ou

II – cinco acórdãos da Seção Especializada em Dissídios Coletivos, prolatados por maioria simples, desde que presentes aos julgamentos pelo menos 2/3 (dois terços) dos membros efetivos do Órgão.

Art. 169. Poderão ser estabelecidos precedentes para o Órgão Especial, que expressarão a jurisprudência prevalecente.

Art. 170. A proposta de orientação jurisprudencial do Órgão Especial deverá atender a um dos seguintes pressupostos:

I – três acórdãos do Tribunal Pleno ou do Órgão Especial, reveladores da unanimidade sobre a tese, desde que presentes aos julgamentos pelo menos 2/3 (dois terços) de seus membros; ou

II – cinco acórdãos do Tribunal Pleno ou do Órgão Especial, prolatados por maioria simples, desde que presentes aos julgamentos pelo menos 2/3 (dois terços) de seus membros.

Art. 171. A proposta de instituição de nova orientação jurisprudencial da Seção Especializada em Dissídios Individuais deverá atender a um dos seguintes pressupostos:

I – dez acórdãos da Subseção respectiva reveladores da unanimidade sobre a tese; ou

* Inciso I com redação determinada pela E. R. TST 1/2011.

II – vinte acórdãos da Subseção respectiva prolatados por maioria de 2/3 (dois terços) de seus integrantes.

* Inciso II com redação determinada pela E. R. TST 1/2011.

Art. 172. Aprovada a proposta, passará a denominar-se Precedente Normativo ou Orientação Jurisprudencial, conforme o caso, com numeração própria.

Art. 173. Os Precedentes Normativos e as Orientações Jurisprudenciais expressarão a jurisprudência prevalecente das respectivas Subseções, quer para os efeitos do que contém a Súmula 333 do TST quer para o que dispõe o art. 557, *caput*, e § 1º-A do Código de Processo Civil.

Parágrafo único. Os acórdãos catalogados para fim de adoção de Precedentes Normativos e de Orientação Jurisprudencial deverão ser de relatores diversos correspondentes a, pelo menos, 2/3 (dois terços) dos integrantes do respectivo órgão fracionário do Tribunal e ter sido proferidos em sessões distintas, realizadas no período mínimo de 18 (dezoito) meses.

- Parágrafo único com redação determinada pela E.R. TST 1/2011.

Capítulo IV
DA DIVULGAÇÃO DA JURISPRUDÊNCIA DO TRIBUNAL

Art. 174. A jurisprudência do Tribunal será divulgada pelas seguintes publicações:
I – *Diário Eletrônico da Justiça do Trabalho* ou *Diário da Justiça da União*;
II – Revista do Tribunal Superior do Trabalho;
III – periódicos autorizados, mediante registro; e
IV – sítio do Tribunal Superior do Trabalho na internet.

Parágrafo único. São repositórios autorizados para indicação de julgados perante o Tribunal os repertórios, revistas e periódicos registrados de conformidade com o ato normativo editado pela Presidência, além do sítio do Tribunal Superior do Trabalho na internet.

Art. 175. As Súmulas, os Precedentes Normativos e as Orientações Jurisprudenciais, datados e numerados, serão publicados por três vezes consecutivas no *Diário da Justiça da União* ou no *Diário Eletrônico da Justiça do Trabalho*, com a indicação dos respectivos precedentes, observado o mesmo procedimento na revisão e no cancelamento.

Parágrafo único. As Súmulas, os Precedentes Normativos e as Orientações Jurisprudenciais canceladas ou alteradas manterão a respectiva numeração, com a nota correspondente, tomando novos números as que forem editadas.

TÍTULO III
DOS ATOS PROCESSUAIS

Capítulo I
DOS ATOS E FORMALIDADES

Seção I
Das disposições gerais

Art. 176. Os atos processuais serão autenticados, conforme o caso, mediante a assinatura ou rubrica do Presidente, dos Ministros ou dos servidores para tal fim qualificados.

Parágrafo único. É exigida a assinatura usual nos acórdãos, na correspondência oficial e nas certidões, ressalvada a hipótese de chancela mecânica e dos procedimentos permitidos pela Lei 11.419/2006.

Seção II
Das notificações e dos editais

Art. 177. A critério do Presidente do Tribunal, dos Presidentes das Turmas ou do Relator, conforme o caso, a notificação de ordens ou decisões será feita:
I – por publicação no *Diário Eletrônico da Justiça do Trabalho* ou no *Diário da Justiça da União*;
II – por servidor credenciado; e
III – por via postal ou por qualquer modo eficaz de telecomunicação, com as cautelas necessárias à autenticação da mensagem e do recebimento.

Parágrafo único. Poder-se-á admitir a resposta pela forma indicada no inciso III deste artigo.

Art. 178. Da publicação do expediente de cada processo constará, além do nome das partes, o de seu advogado.

Art. 179. É suficiente a indicação do nome de um dos advogados, quando a parte houver constituído mais de um, ou o constituído substabelecer a outro com reserva de poderes.

TST

REGIMENTO INTERNO

Art. 180. A retificação de publicação no *Diário Eletrônico da Justiça do Trabalho* ou no *Diário da Justiça da União*, com efeito de intimação, decorrente de incorreções ou omissões, será providenciada pela Secretaria do órgão responsável pela publicação, mediante despacho do Presidente do Tribunal ou do Presidente de Turma, ou por deliberação do órgão julgador, conforme o caso.

• Artigo com redação determinada pela E.R. TST 4/2012.

Art. 181. Os editais destinados à divulgação de ato poderão conter apenas o essencial à defesa ou à resposta, observadas as normas previstas na lei processual.

Art. 182. Nas férias dos Ministros, não se interromperá a publicação de acórdãos, decisões e despachos no órgão oficial.

Capítulo II
DOS PRAZOS

Art. 183. A contagem dos prazos no Tribunal será feita segundo as normas estabelecidas nas leis processuais, aplicáveis ao processo do trabalho, ainda que se trate de procedimento administrativo.

§ 1º O recesso forense e as férias coletivas dos Ministros suspendem os prazos recursais.

§ 2º Nos casos deste artigo, os prazos começam ou continuam a fluir no dia de reabertura do expediente forense.

Art. 184. Os prazos para os Ministros, salvo acúmulo de serviço, são os seguintes:

I – 15 (quinze) dias para atos administrativos e despachos em geral;
II – 30 (trinta) dias para o visto do Relator;
III – 15 (quinze) dias para o visto do Revisor;
IV – 15 (quinze) dias para lavratura de acórdão, exceto o referente às decisões normativas, em que o prazo é de 10 (dez) dias;
V – 15 (quinze) dias para justificativa de voto; e
VI – 10 (dez) dias para vista regimental de processo.

Parágrafo único. Por deliberação do Órgão Especial, os prazos fixados neste artigo poderão ser suspensos, caracterizada situação excepcional que justifique a medida.

Capítulo III
DOS DADOS ESTATÍSTICOS

Art. 185. Os dados estatísticos relativos às atividades jurisdicionais dos órgãos do Tribunal e dos Ministros serão publicados, mensalmente, no órgão oficial.

Art. 186. Da publicação da estatística deverá constar o nome dos julgadores, o número de feitos que lhes foram distribuídos ou conclusos no mês, os despachos proferidos, os processos julgados, os acórdãos lavrados, os pedidos de vista, bem como os processos pendentes de exame e de inclusão em pauta, e os processos com vista à Procuradoria-Geral do Trabalho.

Capítulo IV
DAS AUDIÊNCIAS

Art. 187. As audiências para instrução de processo da competência originária do Tribunal serão públicas e realizadas nos dias e horários marcados pelo Presidente, pelo Vice-Presidente ou pelo Ministro por eles designado, ou pelo Relator, presentes o Secretário-Geral Judiciário, no caso de processo de competência originária da Seção Especializada em Dissídios Coletivos, ou os Secretários das Subseções Especializadas em Dissídios Individuais, conforme o caso.

• *Caput* com redação determinada pela E.R. TST 4/2012.

Parágrafo único. O Ministro que presidir a audiência deliberará sobre o que lhe for requerido.

Art. 188. Ninguém se retirará da sala de audiência a que haja comparecido para dela participar sem permissão do Ministro que a presidir.

Art. 189. Será lavrada ata da audiência de instrução e conciliação.

Art. 189-A. A audiência pública prevista no artigo 35, incisos XXXVI e XXXVII, deste Regimento será presidida pelo Presidente do Tribunal, observado, se for o caso, o disposto no inciso XXXI do mesmo dispositivo, e atenderá ao seguinte procedimento:

• Artigo acrescentado pelo Ato Regimental TST 1/2011.

I – o despacho que a convocar será amplamente divulgado e fixará prazo para a indicação das pessoas a serem ouvidas;

II – havendo defensores e opositores relativamente à matéria objeto da audiência, será garantida a participação das diversas correntes de opinião;

III – caberá ao Presidente do Tribunal selecionar as pessoas que serão ouvidas e divulgar a lista dos habilitados, sem prejuízo das que entender devam ser indicadas, determinando a ordem dos trabalhos e fixando o tempo que cada um disporá para se manifestar;

IV – o depoente deverá limitar-se ao tema ou questão em debate;

V – a audiência pública poderá ser transmitida pela TV Justiça, pela Rádio Justiça e pela rede mundial de computadores;

VI – os trabalhos da audiência pública serão registrados e juntados aos autos do processo, quando for o caso, ou arquivados no âmbito da Presidência do Tribunal;

VII – os casos omissos serão resolvidos pelo Presidente do Tribunal ou, se for o caso, pelo Ministro que presidir a audiência.

TÍTULO IV
DOS PROCESSOS EM ESPÉCIE

Capítulo I
DOS PROCESSOS SOBRE COMPETÊNCIA

Seção I
Do habeas corpus

Art. 190. Impetrado o *habeas corpus*, o Relator requisitará informações do apontado coator, no prazo que fixar, podendo, ainda:

* O art. 1º da Resolução 4/2012 (*DOU* 16.02.2012), do Senado Federal, suspendeu a execução dos arts. 190 a 193 do Regimento Interno do TST, declarados inconstitucionais por decisão definitiva do STF.

I – nomear advogado para acompanhar e defender oralmente o pedido, se o impetrante não for bacharel em Direito;

II – ordenar diligências necessárias à instrução do pedido;

III – se convier ouvir o paciente, determinar sua apresentação à sessão de julgamento; e

IV – no *habeas corpus* preventivo, expedir salvo-conduto em favor do paciente, até decisão do feito, se houver grave risco de consumar-se a violência.

Art. 191. Instruído o processo e ouvido o Ministério Público, o Relator o submeterá a julgamento na primeira sessão da Subseção II Especializada em Dissídios Individuais, independentemente de pauta.

* O art. 1º da Resolução 4/2012 (*DOU* 16.02.2012), do Senado Federal, suspendeu a execução dos arts. 190 a 193 do Regimento Interno do TST, declarados inconstitucionais por decisão definitiva do STF.

Parágrafo único. Opondo-se o paciente, não se conhecerá do pedido.

Art. 192. A decisão concessiva de *habeas corpus* será imediatamente comunicada às autoridades a quem couber cumpri-la, sem prejuízo da remessa de cópia do acórdão.

* O art. 1º da Resolução 4/2012 (*DOU* 16.02.2012), do Senado Federal, suspendeu a execução dos arts. 190 a 193 do Regimento Interno do TST, declarados inconstitucionais por decisão definitiva do STF.

Parágrafo único. A comunicação, mediante ofício ou qualquer outro meio idôneo, bem como o salvo-conduto, em caso de ameaça de violência ou coação, serão firmados pelo Relator.

Art. 193. O carcereiro ou o diretor da prisão, o escrivão, o oficial de justiça ou a autoridade judiciária, policial ou militar, que embaraçar ou procrastinar o encaminhamento do pedido de *habeas corpus*, ou as informações sobre a causa da violência, coação ou ameaça, serão multados na forma da legislação processual vigente, sem prejuízo de outras sanções penais ou administrativas.

* O art. 1º da Resolução 4/2012 (*DOU* 16.02.2012), do Senado Federal, suspendeu a execução dos arts. 190 a 193 do Regimento Interno do TST, declarados inconstitucionais por decisão definitiva do STF.

Art. 194. Havendo desobediência ou retardamento abusivo no cumprimento da ordem de *habeas corpus*, de parte do detentor ou do carcereiro, o Presidente do Tribunal expedirá mandado contra o desobe-

REGIMENTO INTERNO

diente e oficiará ao Ministério Público, para que promova a ação penal.

Parágrafo único. Na hipótese deste artigo, o Presidente do Tribunal adotará as providências necessárias ao cumprimento da decisão, com emprego dos meios legais cabíveis.

Art. 195. Quando o pedido for incabível, ou for manifesta a incompetência do Tribunal para dele conhecer originariamente, ou for reiteração de outro com os mesmos fundamentos, o Relator o indeferirá liminarmente.

Seção II
Da reclamação

Art. 196. (*Revogado pelo Ato Regimental TST 2/2011.*)

Art. 197. (*Revogado pelo Ato Regimental TST 2/2011.*)

Art. 198. (*Revogado pelo Ato Regimental TST 2/2011.*)

Art. 199. (*Revogado pelo Ato Regimental TST 2/2011.*)

Art. 200. (*Revogado pelo Ato Regimental TST 2/2011.*)

Seção III
Dos conflitos de competência e de atribuições

Art. 201. O conflito de jurisdição ou competência poderá ocorrer entre autoridades judiciárias, e o de atribuições, entre autoridades judiciárias e administrativas.

Art. 202. Dar-se-á conflito quando:
I – ambas as autoridades se julgarem competentes;
II – ambas se considerarem incompetentes; e
III – houver controvérsia entre as autoridades sobre a reunião ou separação de processos.

Art. 203. O conflito poderá ser suscitado pela parte interessada ou seus representantes legais, pelo Ministério Público do Trabalho ou pelos Juízes e Tribunais Regionais do Trabalho.

Art. 204. O processo de conflito será autuado e distribuído, observada a competência dos órgãos judicantes do Tribunal.

Art. 205. O Relator, de ofício ou a requerimento de qualquer das partes, poderá determinar, quando positivo o conflito, o sobrestamento do processo, e, na hipótese de conflito negativo, designar um dos órgãos para, em caráter provisório, decidir as medidas urgentes.

Art. 206. O Relator, sempre que necessário, determinará que as autoridades em conflito sejam ouvidas no prazo de 10 (dez) dias.

Art. 207. Proferida, a decisão será comunicada, imediatamente, às autoridades em conflito, devendo prosseguir o feito no Juízo ou Tribunal competente.

Art. 208. Da decisão de conflito não caberá recurso, não podendo a matéria ser renovada na discussão da causa principal.

Capítulo II
DAS AÇÕES ORIGINÁRIAS

Seção I
Do mandado de segurança

Art. 209. Cabe mandado de segurança contra ato do Presidente ou de qualquer dos membros da Corte, observadas para o julgamento as regras referentes à competência dos órgãos judicantes do Tribunal.

Art. 210. O mandado de segurança, de competência originária do Tribunal, terá seu processo iniciado por petição, em duplicata, que preencherá os requisitos legais, inclusive a necessidade de autenticação dos documentos que instruem a ação mandamental, sendo facultada ao advogado a declaração de autenticidade dos referidos documentos, sob sua responsabilidade pessoal, na forma do artigo 830 da CLT, devendo conter, ainda, a indicação precisa da autoridade a quem se atribua o ato impugnado.

* *Caput* com redação determinada pela E. R. TST 3/2012.

§ 1º A segunda via da inicial deverá conter as cópias dos documentos que acompanham a primeira via, autenticadas ou decla-

radas autênticas, na forma do *caput* deste artigo.

> • § 1º com redação determinada pela E. R. TST 3/2012.

§ 2º Afirmado pelo requerente que o documento necessário à prova de suas alegações se encontra em órgão ou estabelecimento público ou em poder de autoridade que lhe recuse certidão, ele solicitará ao Relator que seja requisitada, por ofício, a exibição do documento, em original ou cópia autenticada, no prazo de 5 (cinco) dias úteis. Se a autoridade indicada pelo requerente for a coatora, far-se-á requisição no próprio instrumento da intimação.

Art. 211. Distribuído o feito na forma regimental, o Relator mandará ouvir a autoridade dita coatora, mediante ofício acompanhado da segunda via da petição, instruída com as cópias dos documentos, a fim de que preste informações, no prazo legal.

§ 1º A petição inicial poderá de plano ser indeferida pelo Relator, quando não for a hipótese de mandado de segurança, ou quando não atendidos os requisitos do artigo anterior, devendo os autos ser remetidos ao Juízo competente, se manifesta a incompetência do Tribunal, dispensadas as informações da autoridade dita coatora.

§ 2º O Relator poderá ordenar a suspensão liminar do ato que deu motivo ao pedido, quando for relevante o fundamento e do ato impugnado puder resultar a ineficácia da medida, caso seja deferida.

Art. 212. Transcorrido o prazo legal para as informações, o Relator determinará a remessa dos autos à Procuradoria-Geral do Trabalho.

Seção II
Da ação rescisória

Art. 213. Caberá ação rescisória dos acórdãos prolatados pelo Tribunal, no prazo e nas hipóteses previstas na legislação processual aplicável, observadas, para o julgamento, as regras alusivas à competência dos Órgãos judicantes da Corte.

Parágrafo único. A ação rescisória está sujeita ao depósito prévio equivalente a 20% (vinte por cento) do valor da causa, salvo prova de miserabilidade jurídica do autor.

Art. 214. A ação rescisória terá início por petição, acompanhada de tantas cópias quantos forem os réus e preenchidos os requisitos da legislação processual compatíveis com o processo do trabalho.

Parágrafo único. Registrada e autuada, a ação rescisória será distribuída, mediante sorteio, a um Relator, dentre os Ministros integrantes da Subseção II Especializada em Dissídios Individuais, e designado Revisor o Ministro que a ele se seguir na ordem decrescente de antiguidade no órgão.

Art. 215. A petição inicial será indeferida pelo Relator, se não preenchidas as exigências legais e não suprida a irregularidade.

Art. 216. Compete ao Relator, se a petição preencher os requisitos legais:

I – ordenar as citações e intimações requeridas;

II – receber ou rejeitar, *in limine*, a petição inicial e as exceções opostas e designar audiência especial para produção de provas, se requeridas ou se lhe parecerem necessárias;

III – submeter a julgamento em Mesa as questões incidentes e as exceções opostas, quando regularmente processadas; e

IV – dar vista ao Ministério Público do Trabalho, sempre que couber, depois das alegações finais das partes.

Art. 217. Feita a citação, o réu, no prazo assinalado pelo Relator, que não poderá ser inferior a 15 (quinze) dias nem superior a 30 (trinta), apresentará a contestação.

Art. 218. Ultimada a fase probatória, permanecerão os autos na Secretaria, para apresentação de razões finais, tendo as partes, sucessivamente, o prazo de 10 (dez) dias.

Parágrafo único. Findo esse prazo e tendo sido oficiado, quando cabível, ao Ministério Público do Trabalho, serão os autos conclusos, respectivamente, ao Relator e ao Revisor.

Seção III
Dos dissídios coletivos

Art. 219. Frustrada, total ou parcialmente, a autocomposição dos interesses coletivos em negociação promovida diretamente pelos interessados ou mediante intermedia-

ção administrativa do órgão competente do Ministério do Trabalho, poderá ser ajuizada a ação de dissídio coletivo.

§ 1º Na impossibilidade real de encerramento da negociação coletiva em curso antes do termo final a que se refere o art. 616, § 3º, da CLT, a entidade interessada poderá formular protesto judicial em petição escrita, dirigida ao Presidente do Tribunal, a fim de preservar a data base da categoria.

§ 2º Deferida a medida prevista no item anterior, a representação coletiva será ajuizada no prazo máximo de 30 (trinta) dias, contados da intimação, sob pena de perda da eficácia do protesto.

Art. 220. Os dissídios coletivos podem ser:

I – de natureza econômica, para a instituição de normas e condições de trabalho;

II – de natureza jurídica, para interpretação de cláusulas de sentenças normativas, de instrumentos de negociação coletiva, acordos e convenções coletivas, de disposições legais particulares de categoria profissional ou econômica e de atos normativos;

III – originários, quando inexistentes ou em vigor normas e condições especiais de trabalho, decretadas em sentença normativa;

IV – de revisão, quando destinados a reavaliar normas e condições coletivas de trabalho preexistentes, que se hajam tornado injustas ou ineficazes pela modificação das circunstâncias que as ditaram; e

V – de declaração sobre a paralisação do trabalho decorrente de greve.

Art. 221. Para julgamento, o processo será incluído em pauta preferencial, se for caso de urgência, sobretudo na ocorrência ou iminência de paralisação do trabalho.

Parágrafo único. Na hipótese de greve em serviços ou atividades essenciais, poderá o Presidente do Tribunal, justificando a urgência, dispensar a inclusão do processo em pauta, convocar sessão para julgamento do dissídio coletivo, notificando as partes, por meio de seus patronos, e cientificando o Ministério Público, tudo com antecedência de, pelo menos, 12 (doze) horas.

Art. 222. Requerida a homologação de acordo em processo de dissídio coletivo, antes ou depois do julgamento, da apresentação de recursos ou da publicação do acórdão, adotar-se-á o seguinte procedimento:

I – o pedido de homologação de acordo será apreciado pelo Relator originário ou pelo Redator designado para lavrar o acórdão do julgamento já realizado, se for o caso;

II – o processo será redistribuído a um dos membros do Colegiado, se ausente, por qualquer motivo, o Relator; e

III – o pedido de homologação de acordo será apreciado, independentemente de publicação de pauta, cabendo ao Relator apresentar os autos em Mesa, na primeira sessão ordinária subsequente à formulação do pedido, ou em sessão extraordinária designada para esse fim, sendo de igual modo dispensada a prévia inclusão em pauta, quando o pedido ingressar antes do julgamento do recurso ordinário.

Art. 223. O acordo judicial homologado no processo de dissídio coletivo, abrangendo a totalidade ou parte das pretensões, tem força de decisão irrecorrível para as partes.

Capítulo III
DOS RECURSOS

Seção I
Do recurso ordinário

Art. 224. Cabe recurso ordinário para o Tribunal das decisões definitivas proferidas pelos Tribunais Regionais do Trabalho em processos de sua competência originária, no prazo legal, contado da publicação do acórdão ou de sua conclusão no órgão oficial.

Art. 225. É cabível recurso ordinário em:
I – ação anulatória;
II – ação cautelar;
III – ação declaratória;
IV – agravo regimental;
V – ação rescisória;
VI – dissídio coletivo;
VII – *habeas corpus*;
VIII – *habeas data*; e
IX – mandado de segurança.

Seção II
Do recurso de revista

Art. 226. O recurso de revista, interposto na forma da lei, é apresentado no Tribunal Regional do Trabalho e tem seu cabimento examinado em despacho fundamentado pelo Presidente do Tribunal de origem, ou pelo Juiz designado para esse fim, conforme o Regimento Interno do Tribunal Regional do Trabalho.

Parágrafo único. São fontes oficiais de publicação dos julgados o *Diário Eletrônico da Justiça do Trabalho*, o *Diário da Justiça da União e dos Estados*, a Revista do Tribunal Superior do Trabalho, as revistas publicadas pelos Tribunais Regionais do Trabalho, os sítios do Tribunal Superior do Trabalho e dos Tribunais Regionais do Trabalho na internet e os repositórios autorizados a publicar a jurisprudência trabalhista.

Seção III
Do agravo de instrumento

Art. 227. O agravo de instrumento interposto contra despacho denegatório do processamento de recurso de competência desta Corte será autuado e distribuído, observada a competência dos órgãos do Tribunal, aplicando-se quanto à tramitação e julgamento as disposições inscritas nesta Seção.

Art. 228. Em se tratando de agravo de instrumento que tramita conjuntamente com recurso de revista, se provido o agravo, publicar-se-á a certidão para efeito de intimação das partes, dela constando que o julgamento de ambos os recursos de revista dar-se-á na primeira sessão ordinária subsequente à data da publicação.

§ 1º Os autos do agravo de instrumento serão apensados aos do processo principal, com a alteração dos registros relativamente às partes, permanecendo a numeração constante dos autos principais.

§ 2º Julgado o recurso de revista, será lavrado um único acórdão, que consignará também os fundamentos do provimento do agravo de instrumento, fluindo a partir da data de publicação do acórdão o prazo para interposição de embargos de declaração e/ou embargos à Seção de Dissídios Individuais.

Art. 229. Interposto apenas agravo de instrumento, se lhe for dado provimento, observar-se-á o procedimento do art. 228, *caput*, e § 2º.

§ 1º O processo, nessa hipótese, será reautuado como recurso de revista, mantida a numeração dada ao agravo de instrumento.

§ 2º Não sendo conhecido ou provido o agravo de instrumento, será lavrado o respectivo acórdão.

Art. 230. Na hipótese do art. 228, se não for conhecido ou provido o agravo de instrumento, será de imediato julgado o recurso de revista, com lavratura de acórdãos distintos.

Capítulo IV
DOS RECURSOS DAS DECISÕES PROFERIDAS NO TRIBUNAL

Seção I
Dos embargos

Art. 231. Cabem embargos, por divergência jurisprudencial, das decisões das Turmas do Tribunal, no prazo de 8 (oito) dias, contados de sua publicação, na forma da lei.

Parágrafo único. *(Revogado pelo Ato Regimental TST 4/2012.)*

Seção II
Dos embargos infringentes

Art. 232. Cabem embargos infringentes das decisões não unânimes proferidas pela Seção Especializada em Dissídios Coletivos, no prazo de 8 (oito) dias, contados da publicação do acórdão no órgão oficial, nos processos de Dissídios Coletivos de competência originária do Tribunal.

Parágrafo único. Os embargos infringentes serão restritos à cláusula em que há divergência, e, se esta for parcial, ao objeto da divergência.

Art. 233. Registrado o protocolo na petição a ser encaminhada à Secretaria do órgão julgador competente, esta juntará o recurso aos autos respectivos e abrirá vista à parte contrária, para impugnação, no prazo

legal. Transcorrido o prazo, o processo será remetido à unidade competente, para ser imediatamente distribuído.

Art. 234. Não atendidas as exigências legais relativas ao cabimento dos embargos infringentes, o Relator denegará seguimento ao recurso, facultada à parte a interposição de agravo regimental.

Seção III
Do agravo regimental

Art. 235. Cabe agravo regimental, no prazo de 8 (oito) dias, para o Órgão Especial, Seções Especializadas e Turmas, observada a competência dos respectivos órgãos, nas seguintes hipóteses:

I – do despacho do Presidente do Tribunal que denegar seguimento aos embargos infringentes;

II – do despacho do Presidente do Tribunal que suspender execução de liminares ou de decisão concessiva de mandado de segurança;

III – do despacho do Presidente do Tribunal que conceder ou negar suspensão da execução de liminar, antecipação de tutela ou da sentença em cautelar;

IV – do despacho do Presidente do Tribunal concessivo de liminar em mandado de segurança ou em ação cautelar;

V – do despacho do Presidente do Tribunal proferido em pedido de efeito suspensivo;

VI – das decisões e despachos proferidos pelo Corregedor-Geral da Justiça do Trabalho;

VII – do despacho do Relator que negar prosseguimento a recurso, ressalvada a hipótese do art. 239;

VIII – do despacho do Relator que indeferir inicial de ação de competência originária do Tribunal; e

IX – do despacho ou da decisão do Presidente do Tribunal, de Presidente de Turma ou do Relator que causar prejuízo ao direito da parte, ressalvados aqueles contra os quais haja recursos próprios previstos na legislação ou neste Regimento;

- Inciso IX com redação determinada pela ER TST 4/2012.

X – da decisão do Presidente de Turma que denegar seguimento a embargos à Subseção I da Seção Especializada em Dissídios Individuais.

- Inciso X acrescentado pelo Ato Regimental TST 4/2012.

Art. 236. O agravo regimental será concluso ao prolator do despacho, que poderá reconsiderá-lo ou determinar sua inclusão em pauta visando apreciação do Colegiado competente para o julgamento da ação ou do recurso em que exarado o despacho, salvo o previsto no art. 235, inciso X, que será diretamente distribuído entre os demais integrantes da Subseção I da Seção Especializada em Dissídios Individuais.

- *Caput* com redação determinada pela E.R. TST 4/2012.

§ 1º Os agravos regimentais contra ato ou decisão do Presidente do Tribunal, do Vice-Presidente e do Corregedor-Geral da Justiça do Trabalho, desde que interpostos no período do respectivo mandato, serão por eles relatados. Os agravos regimentais interpostos após o término da investidura no cargo do prolator do despacho serão conclusos ao Ministro sucessor.

§ 2º Os agravos regimentais interpostos contra despacho do Relator, na hipótese de seu afastamento temporário ou definitivo, serão conclusos, em relação aos processos de Turmas, ao Juiz convocado ou ao Ministro nomeado para a vaga, conforme o caso, e, nos processos das Seções Especializadas, ao Ministro que ocupar a vaga, ou redistribuídos na forma dos §§ 1º e 2º do art. 93.

- § 2º com redação determinada pela E. R. TST 3/2012.

§ 3º Os agravos regimentais interpostos contra despacho do Presidente do Tribunal, proferido durante o período de recesso e férias, serão julgados pelo Relator do processo principal, salvo nos casos de competência específica da Presidência da Corte.

§ 4º O acórdão do agravo regimental será lavrado pelo Relator, ainda que vencido.

Seção IV
Do pedido de concessão de efeito suspensivo

Art. 237. O recurso interposto de decisão normativa da Justiça do Trabalho terá efeito suspensivo, na medida e extensão conferidas em despacho do Presidente do Tribunal Superior do Trabalho.

Art. 238. O pedido de concessão de efeito suspensivo de recurso em matéria normativa deverá ser instruído com as seguintes peças: decisão normativa recorrida; petição de recurso ordinário, prova de sua tempestividade e respectivo despacho de admissibilidade; guia de recolhimento de custas, se houver; procuração conferindo poderes ao subscritor da medida; e outras que o requerente reputar úteis para o exame da solicitação.

Seção V
Do agravo

Art. 239. Caberá agravo ao órgão colegiado competente para o julgamento do respectivo recurso, no prazo de 8 (oito) dias, a contar da publicação no órgão oficial:
I – da decisão do Relator, tomada com base no § 5º do art. 896 da CLT;
II – da decisão do Relator, dando ou negando provimento ou negando seguimento a recurso, nos termos do art. 557 e § 1º-A do CPC.

Art. 240. Para o julgamento do processo, observar-se-á o disposto neste Regimento.

Seção VI
Dos embargos de declaração

Art. 241. Contra as decisões proferidas pelo Tribunal, e contra os despachos do Relator, provendo ou negando provimento, ou denegando seguimento a recurso, poderão ser interpostos embargos de declaração, no prazo de 5 (cinco) dias, contados da sua publicação.

Parágrafo único. Em se tratando de embargos de declaração interpostos contra decisão monocrática, caberá ao Relator apreciá-los por despacho, ou recebê-los como agravo, se entender pertinente, conforme o caso.

Art. 242. Registrado o protocolo na petição e após sua juntada, os autos serão conclusos ao Relator da decisão embargada, ressalvadas as situações previstas nos arts. 92 a 96 deste Regimento.

Parágrafo único. Não sendo possível a aplicação de nenhuma das regras previstas nos arts. 92 a 96, adotar-se-á critério de competência para a distribuição dos embargos de declaração ao Juiz convocado, na hipótese dos processos das Turmas, ou ao Ministro que tenha ocupado a vaga do antigo Relator, nas Turmas e nas Subseções, e, como último critério, distribuir-se-á o processo entre os integrantes do órgão.

* Parágrafo único com redação determinada pela E. R. TST 3/ 2012.

Art. 243. Nos embargos de declaração, a concessão de efeito modificativo sujeitar-se-á à prévia concessão de vista à parte contrária.

TÍTULO V
DAS OUTRAS ESPÉCIES DE PROCESSOS

Capítulo I
DA DECLARAÇÃO DE INCONSTITUCIONALIDADE DE LEI OU DE ATO NORMATIVO DO PODER PÚBLICO

Art. 244. A arguição de inconstitucionalidade de lei ou de ato do Poder Público poderá ser suscitada pelo Relator, por qualquer Ministro ou a requerimento do Ministério Público, no curso do julgamento do processo nos órgãos judicantes da Corte, após concluído o relatório.

Art. 245. Suscitada a inconstitucionalidade e ouvido o Ministério Público do Trabalho, será submetida à apreciação do Colegiado em que tramita o feito.
§ 1º Rejeitada a arguição, prosseguirá o julgamento.
§ 2º Acolhida a arguição suscitada perante o Tribunal Pleno, a matéria será submetida de imediato à apreciação.

Regimento Interno

§ 3º Acolhida a arguição suscitada nos demais órgãos judicantes da Corte, os autos serão remetidos ao Tribunal Pleno.

Art. 246. A decisão que declara imprescindível o pronunciamento do Tribunal Pleno sobre a inconstitucionalidade de lei, de disposição nela contida ou de ato normativo do Poder Público não é recorrível.

Art. 247. Os procedimentos relativos à remessa do processo ao Tribunal Pleno, à distribuição e ao julgamento da arguição de inconstitucionalidade são regulados pelas normas estabelecidas neste Regimento.

Art. 248. A decisão declaratória de inconstitucionalidade de lei ou de ato do Poder Público, observadas as exigências regimentais, motivará a edição de Súmula.

Art. 249. Na hipótese prevista no artigo anterior, ocorrendo nova alegação de inconstitucionalidade da mesma lei ou do mesmo ato do Poder Público, não poderão os órgãos judicantes da Corte considerá-la para efeito de encaminhamento do processo ao Tribunal Pleno, salvo se demonstrado que o Supremo Tribunal Federal tenha julgado contrariamente ao decidido pelo Tribunal.

Capítulo II
DOS PROCESSOS INCIDENTES

Seção I
Da suspensão de segurança

Art. 250. O Presidente do Tribunal, na forma da lei, a requerimento do Ministério Público do Trabalho ou da pessoa jurídica de direito público interessada, e para evitar grave lesão à ordem, à segurança e à economia públicas, pode suspender, por despacho fundamentado, a execução de liminar ou de decisão concessiva de mandado de segurança, proferida em última instância pelos Tribunais Regionais do Trabalho.

§ 1º O Presidente, se necessário, poderá ouvir o impetrante, em 5 (cinco) dias.

§ 2º A suspensão de segurança, nos casos de ações movidas contra o Poder Público, vigorará enquanto pender o recurso, ficando sem efeito se a decisão concessiva for mantida pelo Tribunal ou se transitar em julgado.

Seção II
Da suspensão de liminar e de antecipação de tutela

Art. 251. O Presidente, nos termos da lei, a requerimento do Ministério Público do Trabalho ou da pessoa jurídica de direito público interessada, em caso de manifesto interesse público ou de flagrante ilegitimidade, e para evitar grave lesão à ordem, à saúde, à segurança e à economia públicas, poderá, por despacho fundamentado, suspender a execução de liminar ou de antecipação de tutela concedida nas ações movidas contra o Poder Público ou seus agentes.

§ 1º Aplica-se o disposto neste artigo à sentença proferida em processo de ação cautelar inominada.

§ 2º O Presidente, se necessário, poderá ouvir o autor da ação e o Ministério Público do Trabalho, em 5 (cinco) dias.

§ 3º A suspensão de liminar e de antecipação da tutela vigorará até a decisão da cautelar, e a da sentença, enquanto pender de decisão o recurso, ficando sem efeito se a decisão concessiva da medida for mantida pelo órgão julgador, ou se transitar em julgado.

Seção III
Das medidas cautelares

Art. 252. O procedimento cautelar pode ser instaurado antes ou no curso do processo principal e deste é sempre dependente.

Art. 253. O pedido cautelar será apresentado ao Presidente do Tribunal e distribuído ao Relator do processo principal, salvo se a medida for requerida em procedimento preparatório, caso em que será sorteado, dentre os integrantes do Colegiado competente, o Relator do feito, o qual ficará prevento para a ação principal.

Art. 254. A tramitação do processo no Tribunal observará as disposições da lei processual civil, no que aplicáveis.

Seção IV
Da habilitação incidente

Art. 255. A habilitação incidente, ocorrendo o falecimento de uma das partes, será processada na forma da lei processual.

Art. 256. A citação far-se-á na pessoa do Procurador constituído nos autos, mediante publicação no órgão oficial, ou à parte, pessoalmente, se não estiver representada no processo.

Art. 257. Quando incertos os sucessores, a citação far-se-á por edital.

Art. 258. O Relator, se contestado o pedido, facultará às partes sumária produção de provas, em 5 (cinco) dias, e decidirá, em seguida, a habilitação.

Art. 259. A habilitação requerida em processo incluído em pauta para julgamento será decidida pelo Colegiado.

Seção V
Dos impedimentos e das suspeições

Art. 260. Os Ministros declarar-se-ão impedidos ou suspeitos nos casos previstos em lei.

Art. 261. A suspeição ou o impedimento do Relator ou Revisor serão declarados por despacho nos autos. Se feita na sessão de julgamento, a arguição será verbal, devendo constar da ata e da certidão.

Parágrafo único. Na suspeição ou no impedimento do Relator, o processo será redistribuído pelo Presidente do órgão julgador entre os demais Ministros que o compõem, observada oportuna compensação.

Art. 262. A arguição de suspeição ou impedimento deverá ser suscitada até o início do julgamento, em petição assinada pela parte ou por procurador com poderes especiais, e dirigida ao Relator do processo, indicando os fatos que a motivaram, e acompanhada de prova documental e rol de testemunhas, se houver.

• *Caput* com redação determinada pela E.R. TST 4/2012.

Parágrafo único. A arguição será sempre individual, não ficando os demais Ministros impedidos de apreciá-la, ainda que também recusados.

• Parágrafo único acrescentado pelo Ato Regimental TST 4/2012.

Art. 263. O Relator, reconhecendo a suspeição ou o impedimento, determinará a juntada da petição aos autos, e, por despacho, submeterá o processo à Presidência do Colegiado, para sua redistribuição, na forma regimental.

• *Caput* com redação determinada pela E.R. TST 4/2012.

§ 1º O Ministro, não aceitando a suspeição ou o impedimento, continuará vinculado ao processo, ficando sua apreciação suspensa até a solução do incidente, que será autuado em separado, com designação de Relator.

• Primitivo parágrafo único renumerado pela E.R. TST 4/2012.

§ 2º No curso do julgamento do incidente, havendo necessidade de deliberação sobre medida urgente relativa ao processo principal, o Presidente do órgão julgador a encaminhará à apreciação do Ministro imediato em antiguidade dentre os seus integrantes não recusados.

• § 2º acrescentado pelo Ato Regimental TST 4/2012.

§ 3º Excepcionalmente, no caso de arguição de impedimento ou suspeição de todos os integrantes do órgão julgador, o exame da medida urgente caberá ao Presidente do Tribunal.

• § 3º acrescentado pelo Ato Regimental TST 4/2012.

Art. 264. Conclusos os autos, o Relator mandará ouvir o Ministro recusado, no prazo de 5 (cinco) dias.

Parágrafo único. Vencido o prazo, com ou sem resposta, o Relator ordenará o processo, colhendo as provas requeridas.

Art. 265. Reconhecida a suspeição ou o impedimento do Relator, declarar-se-ão nulos os atos praticados pelo Ministro suspeito ou impedido, e o processo será redistribuído, na forma regimental.

• Artigo com redação determinada pela E.R. TST 4/2012.

TST

REGIMENTO INTERNO

Capítulo III
DOS RECURSOS PARA O SUPREMO TRIBUNAL FEDERAL

Seção I
Do recurso extraordinário

Art. 266. Cabe recurso extraordinário das decisões do Tribunal proferidas em única ou última instância, nos termos da Constituição da República.

§ 1º O recurso será interposto em petição fundamentada, no prazo de 15 (quinze) dias da publicação do acórdão ou de suas conclusões no órgão oficial.

§ 2º A petição do recurso extraordinário será juntada aos autos após transcorrido o prazo legal sem a interposição de recurso de competência do Tribunal Superior do Trabalho, abrindo-se, de imediato, vista dos autos à parte contrária para apresentação das contrarrazões no prazo de 15 (quinze) dias.

Art. 267. Findo o prazo das contrarrazões, os autos serão conclusos ao Vice-Presidente do Tribunal para exame da admissibilidade do recurso.

Art. 268. Os processos julgados pelo Tribunal Superior do Trabalho só serão restituídos à instância originária quando findo o prazo de interposição do recurso extraordinário para o Supremo Tribunal Federal.

Seção II
Do agravo de instrumento

Art. 269. Cabe agravo de instrumento contra despacho denegatório do recurso extraordinário, no prazo de 10 (dez) dias, contados de sua publicação no órgão oficial.

Art. 270. Formado o instrumento, abrir-se-á vista ao agravado, por igual prazo, para apresentação de contraminuta, podendo, conforme o caso, requerer o traslado de outras peças além das exigidas pelo Regimento Interno do Supremo Tribunal Federal, que serão extraídas e juntadas aos autos no prazo de 3 (três) dias.

Art. 271. O agravante e o agravado poderão, com documentos novos, instruir, respectivamente, a minuta e a contraminuta.

Parágrafo único. Apresentado documento novo pelo agravado, será aberta vista ao agravante, no prazo de 5 (cinco) dias.

Art. 272. Os autos devidamente preparados serão conclusos ao Vice-Presidente do Tribunal, que reformará ou manterá o despacho agravado, podendo, se o mantiver, ordenar a extração e a juntada, em igual prazo, de outras peças dos autos principais.

Capítulo IV
DA RESTAURAÇÃO DE AUTOS

Art. 273. A restauração de autos far-se-á de ofício ou a pedido de qualquer das partes ou do Ministério Público do Trabalho.

Art. 274. O pedido de restauração de autos será apresentado ao Presidente do Tribunal e distribuído ao Relator do processo desaparecido ou ao seu substituto.

Parágrafo único. Aplicam-se à restauração de autos, no Tribunal, as normas do Código de Processo Civil.

Art. 275. O Relator determinará as diligências necessárias, solicitando, se preciso for, informações e cópias autenticadas a outros Juízos e Tribunais.

Art. 276. O julgamento de restauração caberá ao Colegiado no qual tramitava o processo desaparecido.

Art. 277. Julgada a restauração, será lavrado acórdão e, após publicado no órgão oficial, o processo seguirá os trâmites normais. Reencontrado o original, nele prosseguirá o feito, apensando-se-lhe os autos reconstituídos.

Capítulo V
DA EXECUÇÃO

Seção I
Das disposições gerais

Art. 278. A execução competirá ao Presidente:

I – quanto às suas decisões e ordens; e

II – quanto às decisões dos órgãos do Tribunal, quando excederem à competência do Corregedor-Geral da Justiça do Trabalho ou dos Presidentes de Turma, ou se referirem à matéria administrativa.

Art. 279. Os atos de execução poderão ser requisitados, determinados, notificados ou delegados a quem os deva praticar.

Art. 280. A execução atenderá, no que couber, à legislação processual.

Seção II
Da execução contra a Fazenda Pública

* V. Instrução Normativa TST 32/2007 (Uniformiza procedimentos para a expedição de Precatórios e Requisições de Pequeno Valor no âmbito da Justiça do Trabalho).

Art. 281. Na execução por quantia certa, fundada em decisão proferida contra a Fazenda Pública, adotar-se-á, no que couber, o procedimento fixado em Instrução Normativa do Tribunal.

Art. 282. Nas execuções processadas pelas Varas do Trabalho ou por Juízo de Direito investido de jurisdição trabalhista, o precatório será encaminhado ao Presidente do Tribunal Regional do Trabalho da jurisdição, que o dirigirá, mediante ofício, à autoridade competente ou entidade requisitada.

Art. 283. No âmbito do Tribunal, o procedimento alusivo ao precatório constará de ato expedido pelo Presidente.

LIVRO III
DOS SERVIÇOS ADMINISTRATIVOS E DAS DISPOSIÇÕES FINAIS

TÍTULO I
DOS SERVIÇOS ADMINISTRATIVOS

Capítulo I
DA SECRETARIA DO TRIBUNAL

Art. 284. A Secretaria do Tribunal é dirigida pelo Diretor-Geral, bacharel em Direito, nomeado em comissão pelo Presidente, incumbindo-lhe a direção dos serviços administrativos do Tribunal.

* *Caput* com redação determinada pela E.R. TST 4/2012.

Parágrafo único. Incumbe ao Secretário-Geral Judiciário, bacharel em Direito, nomeado em comissão pelo Presidente, a direção dos serviços judiciários do Tribunal.

* Parágrafo único acrescentado pelo Ato Regimental TST 4/2012.

Art. 285. A organização da Secretaria do Tribunal, seu funcionamento e as atribuições do Diretor-Geral, do Secretário-Geral Judiciário, dos Secretários e dos Coordenadores, bem como das Unidades Administrativas, constarão do Regulamento Geral.

* Artigo com redação determinada pela E.R. TST 4/2012.

Art. 286. Não poderá ser nomeado para cargo em comissão ou designado para função gratificada, cônjuge, companheiro ou parente, até o terceiro grau, inclusive, de qualquer dos Ministros do Tribunal, em atividade, salvo se servidor ocupante de cargo de provimento efetivo das carreiras judiciárias, caso em que a vedação é restrita à nomeação ou designação para servir junto ao Ministro determinante da incompatibilidade.

Art. 287. Ressalvada a existência de regulação legal especial, aplica-se no Tribunal o Regime Jurídico dos Servidores Públicos Civis da União.

Art. 288. O horário de expediente no Tribunal Superior do Trabalho será estabelecido por Resolução Administrativa, aprovada pelo Órgão Especial, por iniciativa do seu Presidente.

Art. 289. Os servidores do Tribunal cumprirão 35 (trinta e cinco) horas de trabalho semanal, com controle de frequência e horário, de conformidade com as escalas estabelecidas, observado o intervalo entre os turnos de trabalho.

§ 1º Os servidores ocupantes de cargo em comissão e submetidos ao regime de integral dedicação ao serviço estão excepcionados da regra desse artigo, podendo ser convocados sempre que houver interesse da Administração.

§ 2º Os agentes de segurança dos Ministros permanecem à disposição, estando sujeitos a controle de frequência.

Art. 290. Durante as férias dos Ministros e no período de recesso, ficam suspensas as atividades judicantes do Tribunal, prosse-

REGIMENTO INTERNO

guindo, no entanto, os serviços administrativos e judiciários nas Secretarias e nos Gabinetes, devendo a escala de férias dos servidores ser organizada de modo a atender ao respectivo funcionamento.

Parágrafo único. Os servidores devem gozar férias no mesmo período dos Ministros, sempre que possível.

Capítulo II
DO GABINETE DO PRESIDENTE

Art. 291. O Gabinete do Presidente será chefiado pelo Secretário-Geral da Presidência, bacharel em Direito, nomeado em comissão, para o exercício das funções de direção e assessoramento jurídico.

Parágrafo único. As atribuições do Secretário-Geral, dos Secretários, do Chefe de Gabinete, dos Assessores e das assessorias diretamente subordinadas ao Gabinete da Presidência constam do Regulamento Geral.

Capítulo III
DO GABINETE DOS MINISTROS

Art. 292. Compõem os Gabinetes dos Ministros:

I – um Chefe de Gabinete, bacharel em direito;

II – assessores, bacharéis em Direito, nomeados em comissão, nos termos da lei e deste Regimento; e

III – auxiliares da confiança do Ministro, que poderão exercer função comissionada, observada a lotação numérica, fixada em Resolução Administrativa aprovada pelo Órgão Especial.

Parágrafo único. As atribuições do Chefe de Gabinete e dos assessores dos Ministros constam do Regulamento Geral.

Art. 293. O horário do pessoal do Gabinete, observadas a duração legal e as peculiaridades do serviço, será determinado pelo Ministro, bem como a fruição das férias, atendida a exigência do controle de frequência e horário, comum a todos os servidores da Corte.

TÍTULO II
DAS DISPOSIÇÕES FINAIS

Capítulo I
DAS EMENDAS AO REGIMENTO

Art. 294. Os atos de competência do Tribunal Pleno, de natureza regimental, obedecem à seguinte nomenclatura:

I – Emenda Regimental, que introduz modificações no texto; e

II – Ato Regimental, que suprime e/ou acrescenta dispositivo.

Art. 295. Os atos mencionados no artigo anterior serão numerados em séries próprias, seguida e ininterruptamente.

Capítulo II
DAS RESOLUÇÕES DO TRIBUNAL

Art. 296. Os atos de competência do Tribunal, normativos ou individuais, obedecem à seguinte nomenclatura:

I – Resolução Administrativa; e

II – Resolução.

Art. 297. Na classe de Resolução Administrativa, enquadram-se as regulamentações sobre pessoal (Magistrados e servidores), organização e administração dos órgãos da Justiça do Trabalho, funcionamento e atribuições das unidades do Tribunal e de seus servidores, e, na classe de Resolução, as deliberações referentes à aprovação de Instrução Normativa, Súmulas e Precedentes Normativos.

Art. 298. As Resoluções Administrativas e as Resoluções serão numeradas em séries próprias, de acordo com a matéria disciplinada, seguida e ininterruptamente, independentemente do ano de sua edição.

Capítulo III
DAS DISPOSIÇÕES FINAIS E TRANSITÓRIAS

Art. 299. Compete ao Órgão Especial apreciar os feitos que ficaram com julgamento suspenso na extinta Seção Administrativa, nos termos deste Regimento;

Art. 300. Quando o agravo de instrumento tramitar nos autos principais em que haja recurso de revista da outra parte,

o processo será autuado como agravo de instrumento em recurso de revista e recurso de revista – AIRR e RR e receberá um único número.

Art. 301. Quando o agravo de instrumento for processado nos autos principais, nos quais se encontra sobrestado julgamento de recurso de revista da outra parte, na autuação do processo será considerado o número originário do recurso de revista sobrestado e observada a classe de agravo de instrumento em recurso de revista e recurso de revista (AIRR e RR).

Parágrafo único. O processo será distribuído ao Relator do recurso de revista sobrestado. Se o Relator não se encontrar em exercício no órgão prevento, haverá a redistribuição no âmbito do Colegiado a um dos seus integrantes.

Art. 302. Em quaisquer situações previstas nos arts. 300 e 301, se não for conhecido ou provido o agravo de instrumento, será de imediato julgado o recurso de revista, com lavratura de um único acórdão.

Art. 303. A Subseção I Especializada em Dissídios Individuais julgará desde logo a matéria objeto do recurso de revista não conhecido pela Turma, caso conclua, no julgamento do recurso de embargos interposto em data anterior à vigência da Lei 11.496/2007, que aquele recurso estava corretamente fundamentado em violação de dispositivo de lei federal ou da Constituição da República.

Art. 304. Fazem parte integrante deste Regimento, no que lhes for aplicável, as normas de lei complementar alusiva à Magistratura Nacional, as estabelecidas pela Consolidação das Leis do Trabalho e legislação complementar e, subsidiariamente, as do Direito Processual Civil, salvo se incompatíveis com o Direito Processual do Trabalho.

Art. 305. O Regulamento Geral da Secretaria do Tribunal constitui parte integrante deste Regimento, bem como as Resoluções, Instruções Normativas, Resoluções Administrativas e Emendas Regimentais.

Art. 306. Revoga-se o Regimento Interno publicado em 27 de novembro de 2002, aprovado pela Resolução Administrativa 908/2002, e todas as demais disposições regimentais.

Art. 306-A. A escolha do Presidente de cada Turma, de acordo com os critérios estabelecidos nos artigos 66 e 79 deste Regimento, na redação que lhe foi dada pela Emenda Regimental 1/2011, de 24 de maio de 2011, dar-se-á na Sessão imediatamente subsequente à posse da nova direção do Tribunal ou, se for o caso, nos termos do § 3º do artigo 80 do Regimento, considerando-se empossado o sucessor, em qualquer dos casos, segundo o estabelecido no § 4º do mesmo dispositivo regimental.

• Artigo acrescentado pelo Ato Regimental TST 1/2011.

Art. 307. Este Regimento entrará em vigor na data de sua publicação.

Brasília, 24 de abril de 2008.
Rider de Brito
Ministro Presidente do Tribunal Superior do Trabalho

(*DJU* 09.05.2008)

SÚMULAS, ORIENTAÇÕES JURISPRUDENCIAIS E PRECEDENTES NORMATIVOS SELECIONADOS

SÚMULAS SELECIONADAS DO STF
I. Súmulas Vinculantes

1. Ofende a garantia constitucional do ato jurídico perfeito a decisão que, sem ponderar as circunstâncias do caso concreto, desconsidera a validez e a eficácia de acordo constante de termo de adesão instituído pela Lei Complementar 110/2001.

2. É inconstitucional a lei ou ato normativo estadual ou distrital que disponha sobre sistemas de consórcios e sorteios, inclusive bingos e loterias.

3. Nos processos perante o Tribunal de Contas da União asseguram-se o contraditório e a ampla defesa quando da decisão puder resultar anulação ou revogação de ato administrativo que beneficie o interessado, excetuada a apreciação da legalidade do ato de concessão inicial de aposentadoria, reforma e pensão.

4. Salvo nos casos previstos na Constituição, o salário mínimo não pode ser usado como indexador de base de cálculo de vantagem de servidor público ou de empregado, nem ser substituído por decisão judicial.

5. A falta de defesa técnica por advogado no processo administrativo disciplinar não ofende a Constituição.

6. Não viola a Constituição o estabelecimento de remuneração inferior ao salário mínimo para as praças prestadoras de serviço militar inicial.

7. A norma do § 3º do artigo 192 da Constituição, revogada pela Emenda Constitucional n. 40/2003, que limitava a taxa de juros reais a 12% ao ano, tinha sua aplicação condicionada à edição de lei complementar.

8. São inconstitucionais o parágrafo único do artigo 5º do Decreto-lei 1.569/1977 e os artigos 45 e 46 da Lei 8.212/1991, que tratam de prescrição e decadência de crédito tributário.

9. O disposto no artigo 127 da Lei 7.210/1984 (Lei de Execução Penal) foi recebido pela ordem constitucional vigente, e não se lhe aplica o limite temporal previsto no *caput* do artigo 58.

10. Viola a cláusula de reserva de plenário (CF, artigo 97) a decisão de órgão fracionário de Tribunal que, embora não declare expressamente a inconstitucionalidade de lei ou ato normativo do poder público, afasta sua incidência, no todo ou em parte.

11. Só é lícito o uso de algemas em casos de resistência e de fundado receio de fuga ou de perigo à integridade física própria ou alheia, por parte do preso ou de terceiros, justificada a excepcionalidade por escrito, sob pena de responsabilidade disciplinar, civil e penal do agente ou da autoridade e de nulidade da prisão ou do ato processual a que se refere, sem prejuízo da responsabilidade civil do Estado.

12. A cobrança de taxa de matrícula nas universidades públicas viola o disposto no art. 206, IV, da Constituição Federal.

13. A nomeação de cônjuge, companheiro ou parente em linha reta, colateral ou por afinidade, até o terceiro grau, inclusive, da autoridade nomeante ou de servidor da

STF

SÚMULAS SELECIONADAS

mesma pessoa jurídica investido em cargo de direção, chefia ou assessoramento, para o exercício de cargo em comissão ou de confiança ou, ainda, de função gratificada na administração pública direta e indireta em qualquer dos Poderes da União, dos Estados, do Distrito Federal e dos Municípios, compreendido o ajuste mediante designações recíprocas, viola a Constituição Federal.

14. É direito do defensor, no interesse do representado, ter acesso amplo aos elementos de prova que, já documentados em procedimento investigatório realizado por órgão com competência de polícia judiciária, digam respeito ao exercício do direito de defesa.

15. O cálculo de gratificações e outras vantagens do servidor público não incide sobre o abono utilizado para se atingir o salário mínimo.

16. Os artigos 7º, IV, e 39, § 3º (redação da EC 19/1998), da Constituição, referem-se ao total da remuneração percebida pelo servidor público.

17. Durante o período previsto no § 1º do artigo 100 da Constituição, não incidem juros de mora sobre os precatórios que nele sejam pagos.

• V. art. 100, § 5º, CF.

18. A dissolução da sociedade ou do vínculo conjugal, no curso do mandato, não afasta a inelegibilidade prevista no § 7º do artigo 14 da Constituição Federal.

19. A taxa cobrada exclusivamente em razão dos serviços públicos de coleta, remoção e tratamento ou destinação de lixo ou resíduos provenientes de imóveis, não viola o artigo 145, II, da Constituição Federal.

20. A Gratificação de Desempenho de Atividade Técnico-Administrativa – GDATA, instituída pela Lei 10.404/2002, deve ser deferida aos inativos nos valores correspondentes a 37,5 (trinta e sete vírgula cinco) pontos no período de fevereiro a maio de 2002 e, nos termos do artigo 5º, parágrafo único, da Lei 10.404/2002, no período de junho de 2002 até a conclusão dos efeitos do último ciclo de avaliação a que se refere o artigo 1º da Medida Provisória 198/2004, a partir da qual passa a ser de 60 (sessenta) pontos.

21. É inconstitucional a exigência de depósito ou arrolamento prévios de dinheiro ou bens para admissibilidade de recurso administrativo.

22. A Justiça do Trabalho é competente para processar e julgar as ações de indenização por danos morais e patrimoniais decorrentes de acidente de trabalho propostas por empregado contra empregador, inclusive aquelas que ainda não possuíam sentença de mérito em primeiro grau quando da promulgação da Emenda Constitucional n. 45/2004.

23. A Justiça do Trabalho é competente para processar e julgar ação possessória ajuizada em decorrência do exercício do direito de greve pelos trabalhadores da iniciativa privada.

24. Não se tipifica crime material contra a ordem tributária, previsto no art. 1º, incisos I a IV, da Lei 8.137/1990, antes do lançamento definitivo do tributo.

25. É ilícita a prisão civil de depositário infiel, qualquer que seja a modalidade do depósito.

26. Para efeito de progressão de regime no cumprimento de pena por crime hediondo, ou equiparado, o juízo da execução observará a inconstitucionalidade do art. 2º da Lei 8.072, de 25 de julho de 1990, sem prejuízo de avaliar se o condenado preenche, ou não, os requisitos objetivos e subjetivos do benefício, podendo determinar, para tal fim, de modo fundamentado, a realização de exame criminológico.

• V. Súmula 439, STJ.

27. Compete à Justiça estadual julgar causas entre consumidor e concessionária de serviço público de telefonia, quando a Anatel não seja litisconsorte passiva necessária, assistente, nem opoente.

STF

SÚMULAS SELECIONADAS

28. É inconstitucional a exigência de depósito prévio como requisito de admissibilidade de ação judicial na qual se pretenda discutir a exigibilidade de crédito tributário.

29. É constitucional a adoção, no cálculo do valor de taxa, de um ou mais elementos da base de cálculo própria de determinado imposto, desde que não haja integral identidade entre uma base e outra.

31. É inconstitucional a incidência do Imposto sobre Serviços de Qualquer Natureza – ISS sobre operações de locação de bens móveis.

32. O ICMS não incide sobre alienação de salvados de sinistro pelas seguradoras.

II. Súmulas

35. Em caso de acidente do trabalho ou de transporte, a concubina tem direito de ser indenizada pela morte do amásio, se entre eles não havia impedimento para o matrimônio.

49. A cláusula de inalienabilidade inclui a incomunicabilidade dos bens.

101. O mandado de segurança não substitui a ação popular.

115. Sobre os honorários do advogado contratado pelo inventariante, com a homologação do juiz, não incide o Imposto de Transmissão *causa mortis*.

137. A taxa de fiscalização da exportação incide sobre a bonificação cambial concedida ao exportador.

150. Prescreve a execução no mesmo prazo de prescrição da ação.

163. Salvo contra a Fazenda Pública, sendo a obrigação ilíquida, contam-se os juros moratórios desde a citação inicial para a ação.

185. Em processo de reajustamento pecuário, não responde a União pelos honorários do advogado do credor ou do devedor.

188. O segurador tem ação regressiva contra o causador do dano, pelo que efetivamente pagou, até ao limite previsto no contrato de seguro.

192. Não se inclui no crédito habilitado em falência a multa fiscal com efeito de pena administrativa.

• V. Súmula 565, STF.

194. É competente o Ministro do Trabalho para a especificação das atividades insalubres.

195. Contrato de trabalho para obra certa, ou de prazo determinado, transforma-se em contrato de prazo indeterminado quando prorrogado por mais de 4 (quatro) anos.

196. Ainda que exerça atividade rural, o empregado de empresa industrial ou comercial é classificado de acordo com a categoria do empregador.

197. O empregado com representação sindical só pode ser despedido mediante inquérito em que se apure falta grave.

198. As ausências motivadas por acidente do trabalho não são descontáveis do período aquisitivo das férias.

199. O salário das férias do empregado horista corresponde à média do período aquisitivo, não podendo ser inferior ao mínimo.

200. Não é inconstitucional a Lei 1.530, de 26.12.1951, que manda incluir na indenização por despedida injusta parcela correspondente a férias proporcionais.

201. O vendedor pracista, remunerado mediante comissão, não tem direito ao repouso semanal remunerado.

202. Na equiparação de salário, em caso de trabalho igual, toma-se em conta o tempo de serviço na função, e não no emprego.

203. Não está sujeita à vacância de 60 (sessenta) dias a vigência de novos níveis de salário mínimo.

204. Tem direito o trabalhador substituto, ou de reserva, ao salário mínimo no dia em que fica à disposição do empregador sem ser aproveitado na função específica; se aproveitado, recebe o salário contratual.

• V. Súmula 159, TST.

205. Tem direito a salário integral o menor não sujeito à aprendizagem metódica.

STF

SÚMULAS SELECIONADAS

207. As gratificações habituais, inclusive a de Natal, consideram-se tacitamente convencionadas, integrando o salário.

209. O salário-produção, como outras modalidades de salário-prêmio, é devido desde que verificada a condição a que estiver subordinado e não pode ser suprimido, unilateralmente, pelo empregador, quando pago com habitualidade.

212. Tem direito ao adicional de serviço perigoso o empregado de posto de revenda de combustível líquido.

213. É devido o adicional de serviço noturno, ainda que sujeito o empregado ao regime de revezamento.

214. A duração legal da hora de serviço noturno (52 (cinquenta e dois) minutos e 30 (trinta) segundos) constitui vantagem suplementar que não dispensa o salário adicional.

215. Conta-se a favor do empregado readmitido o tempo de serviço anterior, salvo se houver sido despedido por falta grave ou tiver recebido a indenização legal.

216. Para decretação da absolvição de instância pela paralisação do processo por mais de trinta dias, é necessário que o autor, previamente intimado, não promova o andamento da causa.

217. Tem direito de retornar ao emprego, ou ser indenizado em caso de recusa do empregador, o aposentado que recupera a capacidade de trabalho dentro de 5 (cinco) anos a contar da aposentadoria, que se torna definitiva após esse prazo.

218. É competente o Juízo da Fazenda Nacional da Capital do Estado, e não o da situação da coisa, para a desapropriação promovida por empresa de energia elétrica, se a União Federal intervém como assistente.

219. Para a indenização devida a empregado que tinha direito a ser readmitido, e não foi, levam-se em conta as vantagens advindas à sua categoria no período do afastamento.

220. A indenização devida a empregado estável, que não é readmitido, ao cessar sua aposentadoria, deve ser paga em dobro.

221. A transferência de estabelecimento, ou a sua extinção parcial, por motivo que não seja de força maior, não justifica a transferência de empregado estável.

222. O princípio da identidade física do juiz não é aplicável às Juntas de Conciliação e Julgamento da Justiça do Trabalho.

* A EC n. 24/1999 substituiu as Juntas de Conciliação e Julgamento por Varas do Trabalho (juiz singular) e extinguiu a representação classista na Justiça do Trabalho.
* V. Súmula 217, TFR.

223. Concedida isenção de custas ao empregado, por elas não responde o sindicato que o representa em juízo.

224. Os juros de mora, nas reclamações trabalhistas, são contados desde a notificação inicial.

225. Não é absoluto o valor probatório das anotações da Carteira Profissional.

227. A concordata do empregador não impede a execução de crédito nem a reclamação de empregado na Justiça do Trabalho.

229. A indenização acidentária não exclui a do direito comum, em caso de dolo ou culpa grave do empregador.

230. A prescrição da ação de acidente do trabalho conta-se do exame pericial que comprovar a enfermidade ou verificar a natureza da incapacidade.

231. O revel, em processo civil, pode produzir provas, desde que compareça em tempo oportuno.

232. Em caso de acidente do trabalho, são devidas diárias até doze meses, as quais não se confundem com a indenização acidentária, nem com o auxílio-enfermidade.

233. Salvo em caso de divergência qualificada (Lei 623, de 1949), não cabe recurso de embargos contra decisão que nega provimento a agravo ou não conhece de recurso extraordinário, ainda que por maioria de votos.

STF

SÚMULAS SELECIONADAS

234. São devidos honorários de advogado em ação de acidente do trabalho julgada procedente.

235. É competente para a ação de acidente do trabalho a Justiça Cível Comum, inclusive em segunda instância, ainda que seja parte autarquia seguradora.

- V. Súmula 501, STF.
- V. Súmula 15, STJ.

236. Em ação de acidente do trabalho, a autarquia seguradora não tem isenção de custas.

238. Em caso de acidente do trabalho, a multa pelo retardamento da liquidação é exigível do segurador sub-rogado, ainda que autarquia.

240. O depósito para recorrer, em ação de acidente do trabalho, é exigível do segurador sub-rogado, ainda que autarquia.

247. O relator não admitirá os embargos da Lei 623, de 19.02.1949, nem deles conhecerá o Supremo Tribunal Federal, quando houver jurisprudência firme do Plenário no mesmo sentido da decisão embargada.

248. É competente, originariamente, o Supremo Tribunal Federal, para mandado de segurança contra ato do Tribunal de Contas da União.

- V. art. 102, I, *d*, CF.

249. É competente o Supremo Tribunal Federal para a ação rescisória quando, embora não tendo conhecido do recurso extraordinário, ou havendo negado provimento ao agravo, tiver apreciado a questão federal controvertida.

- V. Súmula 515, STF.

251. Responde a Rede Ferroviária Federal S.A. perante o foro comum e não perante o juízo especial da Fazenda Nacional, a menos que a União intervenha na causa.

- V. Súmulas 508, 517 e 556, STF.
- V. Súmula 42, STJ.

252. Na ação rescisória, não estão impedidos juízes que participaram do julgamento rescindendo.

253. Nos embargos da Lei 623, de 19.02.1949, no Supremo Tribunal Federal, a divergência somente será acolhida, se tiver sido indicada na petição de recurso extraordinário.

254. Incluem-se os juros moratórios na liquidação, embora omisso o pedido inicial ou a condenação.

256. É dispensável pedido expresso para condenação do réu em honorários, com fundamento nos arts. 63 ou 64 do Código de Processo Civil.

- Refere-se ao CPC/1939.
- V. art. 20, CPC.

257. São cabíveis honorários de advogado na ação regressiva do segurador contra o causador do dano.

258. É admissível reconvenção em ação declaratória.

259. Para produzir efeito em juízo não é necessária a inscrição, no Registro Público, de documentos de procedência estrangeira, autenticados por via consular.

260. O exame de livros comerciais, em ação judicial, fica limitado às transações entre os litigantes.

262. Não cabe medida possessória liminar para liberação alfandegária de automóvel.

264. Verifica-se a prescrição intercorrente pela paralisação da ação rescisória por mais de cinco anos.

265. Na apuração de haveres, não prevalece o balanço não aprovado pelo sócio falecido, excluído ou que se retirou.

266. Não cabe mandado de segurança contra lei em tese.

267. Não cabe mandado de segurança contra ato judicial passível de recurso ou correição.

268. Não cabe mandado de segurança contra decisão judicial com trânsito em julgado.

269. O mandado de segurança não é substitutivo de ação de cobrança.

- V. Súmula 271, STF.

270. Não cabe mandado de segurança para impugnar enquadramento da Lei 3.780, de 12 de julho de 1960, que envolva exa-

STF

SÚMULAS SELECIONADAS

me de prova ou de situação funcional complexa.

271. Concessão de mandado de segurança não produz efeitos patrimoniais em relação a período pretérito, os quais devem ser reclamados administrativamente ou pela via judicial própria.

• V. Súmula 269, STF.

272. Não se admite como ordinário recurso extraordinário de decisão denegatória de mandado de segurança.

273. Nos embargos da Lei 623, de 19 de fevereiro de 1949, a divergência sobre questão prejudicial ou preliminar, suscitada após a interposição do recurso extraordinário, ou do agravo, somente será acolhida se o acórdão padrão for anterior à decisão embargada.

277. São cabíveis embargos, em favor da Fazenda Pública, em ação executiva fiscal, não sendo unânime a decisão.

279. Para simples reexame de prova não cabe recurso extraordinário.

• V. Súmula 7, STJ.

280. Por ofensa a direito local não cabe recurso extraordinário.

281. É inadmissível o recurso extraordinário, quando couber, na Justiça de origem, recurso ordinário da decisão impugnada.

282. É inadmissível o recurso extraordinário, quando não ventilada, na decisão recorrida, a questão federal suscitada.

• V. Súmula 356, STF.
• V. Súmula 320, STJ.

283. É inadmissível o recurso extraordinário, quando a decisão recorrida assenta em mais de um fundamento suficiente e o recurso não abrange todos eles.

284. É inadmissível o recurso extraordinário, quando a deficiência na sua fundamentação não permitir a exata compreensão da controvérsia.

285. Não sendo razoável a arguição de inconstitucionalidade, não se conhece do recurso extraordinário fundado na letra c do art. 101, III, da Constituição Federal.

• Refere-se à CF/1946.

286. Não se conhece do recurso extraordinário fundado em divergência jurisprudencial, quando a orientação do plenário do Supremo Tribunal Federal já se firmou no mesmo sentido da decisão recorrida.

• V. Súmula 83, STJ.

287. Nega-se provimento ao agravo, quando a deficiência na sua fundamentação, ou na do recurso extraordinário, não permitir a exata compreensão da controvérsia.

288. Nega-se provimento a agravo para subida de recurso extraordinário, quando faltar no traslado o despacho agravado, a decisão recorrida, a petição de recurso extraordinário ou qualquer peça essencial à compreensão da controvérsia.

289. O provimento do agravo por uma das Turmas do Supremo Tribunal Federal ainda que sem ressalva, não prejudica a questão do cabimento do recurso extraordinário.

• V. Súmula 300, STF.

290. Nos embargos da Lei 623, de 19.02.1949, a prova de divergência far-se-á por certidão, ou mediante indicação do *Diário da Justiça* ou de repertório de jurisprudência autorizado, que a tenha publicado, com a transcrição do trecho que configure a divergência, mencionadas as circunstâncias que identifiquem ou assemelhem casos confrontados.

291. No recurso extraordinário pela letra *d* do art. 101, III, da Constituição, a prova do dissídio jurisprudencial far-se-á por certidão, ou mediante indicação do *Diário da Justiça* ou de repertório de jurisprudência autorizado, com a transcrição do trecho que configure a divergência, mencionadas as circunstâncias que identifiquem ou assemelhem os casos confrontados.

• Refere-se à CF/1946.

292. Interposto o recurso extraordinário por mais de um dos fundamentos indicados no art. 101, III, da Constituição, a admissão apenas por um deles não prejudica o seu conhecimento por qualquer dos outros.

• Refere-se à CF/1946.

STF

SÚMULAS SELECIONADAS

293. São inadmissíveis embargos infringentes contra decisão em matéria constitucional submetida ao plenário dos Tribunais.

• V. Súmulas 296 e 455, STF.

294. São inadmissíveis embargos infringentes contra decisão do Supremo Tribunal Federal em mandado de segurança.

• V. Súmula 597, STF.

295. São inadmissíveis embargos infringentes contra decisão unânime do Supremo Tribunal Federal em ação rescisória.

296. São inadmissíveis embargos infringentes sobre matéria não ventilada, pela Turma, no julgamento do recurso extraordinário.

• V. Súmula 293, STF.

300. São incabíveis os embargos da Lei 623, de 19.02.1949, contra provimento de agravo para subida de recurso extraordinário.

• V. Súmula 289, STF.

304. Decisão denegatória de mandado de segurança, não fazendo coisa julgada contra o impetrante, não impede o uso da ação própria.

307. É devido o adicional de serviço insalubre, calculado à base do salário mínimo da região, ainda que a remuneração contratual seja superior ao salário mínimo acrescido da taxa de insalubridade.

310. Quando a intimação tiver lugar na sexta-feira, ou a publicação com efeito de intimação for feita nesse dia, o prazo judicial terá início na segunda-feira imediata, salvo se não houver expediente, caso em que começará no primeiro dia útil que se seguir.

311. No típico acidente do trabalho, a existência de ação judicial não exclui a multa pelo retardamento da liquidação.

312. Músico integrante de orquestra da empresa, com atuação permanente e vínculo de subordinação, está sujeito à legislação geral do trabalho e não à especial dos artistas.

313. Provada a identidade entre o trabalho diurno e o noturno, é devido o adicional, quanto a este, sem a limitação do art. 73, § 3º, da CLT, independentemente da natureza da atividade do empregador.

314. Na composição do dano por acidente do trabalho, ou de transporte, não é contrário à lei tomar para base da indenização o salário do tempo da perícia ou da sentença.

315. Indispensável o traslado das razões da revista para julgamento, pelo Tribunal Superior do Trabalho, do agravo para sua admissão.

316. A simples adesão à greve não constitui falta grave.

317. São improcedentes os embargos declaratórios, quando não pedida a declaração do julgado anterior, em que se verificou a omissão.

320. A apelação despachada pelo juiz no prazo legal não fica prejudicada pela demora da juntada, por culpa do cartório.

• V. Súmulas 425 e 428, STF.

322. Não terá seguimento pedido ou recurso dirigido ao Supremo Tribunal Federal, quando manifestamente incabível, ou apresentando fora do prazo, ou quando for evidente a incompetência do Tribunal.

327. O direito trabalhista admite a prescrição intercorrente.

• V. Súmula 114, TST.

330. O Supremo Tribunal Federal não é competente para conhecer de mandado de segurança contra atos dos Tribunais de Justiça dos Estados.

• V. Súmula 41, STJ.

335. É válida a cláusula de eleição do foro para os processos oriundos do contrato.

337. A controvérsia entre o empregador e o segurador não suspende o pagamento devido ao empregado por acidente do trabalho.

338. Não cabe ação rescisória no âmbito da Justiça do Trabalho.

STF

SÚMULAS SELECIONADAS

341. É presumida a culpa do patrão ou comitente pelo ato culposo do empregado ou preposto.

343. Não cabe ação rescisória por ofensa a literal dispositivo de lei, quando a decisão rescindenda se tiver baseado em texto legal de interpretação controvertida nos tribunais.

349. A prescrição atinge somente as prestações de mais de 2 (dois) anos, reclamadas com fundamento em decisão normativa da Justiça do Trabalho, ou em convenção coletiva de trabalho, quando não estiver em causa a própria validade de tais atos.

353. São incabíveis os embargos da Lei 623, de 19.02.1949, com fundamento em divergência entre decisões da mesma Turma do Supremo Tribunal Federal.

354. Em caso de embargos infringentes parciais, é definitiva a parte da decisão embargada em que não houve divergência na votação.

355. Em caso de embargos infringentes parciais, é tardio o recurso extraordinário interposto após o julgamento dos embargos, quanto à parte da decisão embargada que não fora por eles abrangida.

356. O ponto omisso da decisão, sobre o qual não foram opostos embargos declaratórios, não pode ser objeto de recurso extraordinário, por faltar o requisito do prequestionamento.

- V. Súmula 282, STF.
- V. Súmula 320, STJ.

360. Não há prazo de decadência para a representação de inconstitucionalidade prevista no art. 8º, parágrafo único, da Constituição Federal.

363. A pessoa jurídica de direito privado pode ser demandada no domicílio da agência, ou estabelecimento, em que se praticou o ato.

365. Pessoa jurídica não tem legitimidade para propor ação popular.

368. Não há embargos infringentes no processo de reclamação.

383. A prescrição em favor da Fazenda Pública recomeça a correr, por dois anos e meio, a partir do ato interruptivo, mas não fica reduzida aquém de cinco anos, embora o titular do direito a interrompa durante a primeira metade do prazo.

386. Pela execução de obra musical por artistas remunerados é devido direito autoral, não exigível quando a orquestra for de amadores.

389. Salvo limite legal, a fixação de honorários de advogado, em complemento da condenação, depende das circunstâncias da causa, não dando lugar a recurso extraordinário.

390. A exibição judicial de livros comerciais pode ser requerida como medida preventiva.

391. O confinante certo deve ser citado, pessoalmente, para a ação de usucapião.

- V. Súmula 263, STF.

392. O prazo para recorrer de acórdão concessivo de segurança conta-se da publicação oficial de suas conclusões, e não da anterior ciência à autoridade para cumprimento da decisão.

399. Não cabe recurso extraordinário, por violação de lei federal, quando a ofensa alegada for a regimento de tribunal.

400. Decisão que deu razoável interpretação à lei, ainda que não seja a melhor, não autoriza recurso extraordinário pela letra a do art. 101, III, da Constituição Federal.

- Refere-se à CF/1946.

401. Não se conhece do recurso de revista, nem dos embargos de divergência do processo trabalhista, quando houver jurisprudência firme do TST no mesmo sentido da decisão impugnada, salvo se houver colisão com a jurisprudência do STF.

402. Vigia noturno tem direito a salário adicional.

- V. Súmula 140, TST.

403. É de decadência o prazo de 30 (trinta) dias para instauração do inquérito judicial,

STF

Súmulas selecionadas

a contar da suspensão, por falta grave, de empregado estável.

405. Denegado o mandado de segurança pela sentença, ou no julgamento do agravo, dela interposto, fica sem efeito a liminar concedida, retroagindo os efeitos da decisão contrária.

424. Transita em julgado o despacho saneador de que não houve recurso, excluídas as questões deixadas, explícita ou implicitamente, para a sentença.

425. O agravo despachado no prazo legal não fica prejudicado pela demora da juntada, por culpa do cartório; nem o agravo entregue em cartório no prazo legal, embora despachado tardiamente.

• V. Súmulas 320 e 428, STF.

426. A falta do termo específico não prejudica o agravo no auto do processo, quando oportuna a interposição por petição ou no termo da audiência.

428. Não fica prejudicada a apelação entregue em cartório no prazo legal, embora despachada tardiamente.

• V. Súmulas 320 e 425, STF.

429. A existência de recurso administrativo com efeito suspensivo não impede o uso do mandado de segurança contra omissão da autoridade.

430. Pedido de reconsideração na via administrativa não interrompe o prazo para o mandado de segurança.

432. Não cabe recurso extraordinário com fundamento no art. 101, III, *d*, da Constituição Federal, quando a divergência alegada for entre decisões da Justiça do Trabalho.

• V. Súmula 505, STF.

433. É competente o TRT para julgar mandado de segurança contra ato de seu presidente em execução de sentença trabalhista.

434. A controvérsia entre seguradores indicados pelo empregador na ação de acidente do trabalho não suspende o pagamento devido ao acidentado.

443. A prescrição das prestações anteriores ao período previsto em lei não ocorre, quando não tiver sido negado, antes daquele prazo, o próprio direito reclamado, ou a situação jurídica de que ele resulta.

450. São devidos honorários de advogado sempre que vencedor o beneficiário de justiça gratuita.

454. Simples interpretação de cláusulas contratuais não dá lugar a recurso extraordinário.

• V. Súmula 5, STJ.

455. Da decisão que se seguir ao julgamento de constitucionalidade pelo Tribunal Pleno, são inadmissíveis embargos infringentes quanto à matéria constitucional.

• V. Súmula 293, STF.

456. O Supremo Tribunal Federal, conhecendo do recurso extraordinário, julgará a causa, aplicando o direito à espécie.

457. O Tribunal Superior do Trabalho, conhecendo da revista, julgará a causa, aplicando o direito à espécie.

458. O processo da execução trabalhista não exclui a remição pelo executado.

459. No cálculo da indenização por despedida injusta, incluem-se os adicionais, ou gratificações, que, pela habitualidade, se tenham incorporado ao salário.

460. Para efeito do adicional de insalubridade, a perícia judicial em reclamação trabalhista não dispensa o enquadramento da atividade entre as insalubres, que é ato da competência do Ministro do Trabalho e Previdência Social.

461. É duplo, e não triplo, o pagamento de salário nos dias destinados a descanso.

• V. Súmula 146, TST.

462. No cálculo da indenização por despedida injusta inclui-se, quando devido, o repouso semanal remunerado.

463. Para efeito de indenização e estabilidade, conta-se o tempo em que o empregado esteve afastado, em serviço militar obrigatório, mesmo anteriormente à Lei 4.072, de 1º.06.1962.

STF

SÚMULAS SELECIONADAS

464. No cálculo da indenização por acidente do trabalho inclui-se, quando devido, o repouso semanal remunerado.

472. A condenação do autor em honorários de advogado, com fundamento no art. 64 do CPC, depende de reconvenção.
- Refere-se ao CPC/1939.
- V. art. 20, CPC.

474. Não há direito líquido e certo, amparado pelo mandado de segurança, quando se escuda em lei cujos efeitos foram anulados por outra, declarada constitucional pelo Supremo Tribunal Federal.

478. O provimento em cargo de juízes substitutos do Trabalho, deve ser feito independentemente de lista tríplice, na ordem de classificação dos candidatos.

500. Não cabe a ação cominatória para compelir-se o réu a cumprir obrigação de dar.

501. Compete à Justiça ordinária estadual o processo e o julgamento, em ambas as instâncias, das causas de acidente do trabalho, ainda que promovidas contra a União, suas autarquias, empresas públicas ou sociedades de economia mista.
- V. Súmula 235, STF.

502. Na aplicação do art. 839 do Código de Processo Civil, com a redação da Lei 4.290, de 05.12.1963, a relação valor da causa e salário mínimo vigente na Capital do Estado, ou do Território, para o efeito de alçada, deve ser considerada na data do ajuizamento do pedido.
- Refere-se ao CPC/1939.

505. Salvo quando contrariarem a Constituição, não cabe recurso para o Supremo Tribunal Federal de quaisquer decisões da Justiça do Trabalho, inclusive dos presidentes de seus tribunais.
- V. Súmula 432, STF.

508. Compete à Justiça Estadual, em ambas as instâncias, processar e julgar as causas em que for parte o Banco do Brasil S/A.
- V. Súmulas 251, 517 e 556, STF.
- V. Súmula 42, STJ.

510. Praticado o ato por autoridade, no exercício de competência delegada, contra ela cabe o mandado de segurança ou a medida judicial.

511. Compete à Justiça Federal, em ambas as instâncias, processar e julgar as causas entre autarquias federais e entidades públicas locais, inclusive mandados de segurança, ressalvada a ação fiscal, nos termos da Constituição Federal de 1967, art. 119, § 3º.

512. Não cabe condenação em honorários de advogado na ação de mandado de segurança.
- V. Súmula 105, STJ.

513. A decisão que enseja a interposição de recurso ordinário ou extraordinário não é a do Plenário, que resolve o incidente de inconstitucionalidade, mas a do órgão (Câmaras, Grupos ou Turmas) que completa o julgamento do feito.

514. Admite-se ação rescisória contra sentença transitada em julgado, ainda que contra ela não se tenham esgotado todos os recursos.

515. A competência para a ação rescisória não é do Supremo Tribunal Federal, quando a questão federal, apreciada no recurso extraordinário ou no agravo de instrumento, seja diversa da que foi suscitada no pedido rescisório.
- V. Súmula 249, STF.

518. A intervenção da União, em feito já julgado pela segunda instância e pendente de embargos, não desloca o processo para o Tribunal Federal de Recursos.

519. Aplica-se aos executivos fiscais o princípio da sucumbência a que se refere o art. 64 do Código de Processo Civil.
- Refere-se ao CPC/1939.

527. Após a vigência do Ato Institucional 6, que deu nova redação ao art. 114, III, da Constituição Federal de 1967, não cabe recurso extraordinário das decisões do juiz singular.

SÚMULAS SELECIONADAS

528. Se a decisão contiver partes autônomas, a admissão parcial, pelo Presidente do Tribunal *a quo*, de recurso extraordinário que, sobre qualquer delas se manifestar, não limitará a apreciação de todas pelo Supremo Tribunal Federal, independentemente de interposição de agravo de instrumento.

529. Subsiste a responsabilidade do empregador pela indenização decorrente de acidente do trabalho, quando o segurador, por haver entrado em liquidação, ou por outro motivo, não se encontrar em condições financeiras, de efetuar, na forma da lei, o pagamento que o seguro obrigatório visava garantir.

531. É inconstitucional o Decreto 51.668, de 17 de janeiro de 1963, que estabeleceu salário profissional para trabalhadores de transportes marítimos, fluviais e lacustres.

556. É competente a Justiça Comum para julgar as causas em que é parte sociedade de economia mista.

- V. Súmulas 251, 508 e 517, STF.
- V. Súmula 42, STJ.

557. É competente a Justiça Federal para julgar as causas em que são partes a Cobal e a Cibrazem.

565. A multa fiscal moratória constitui pena administrativa, não se incluindo no crédito habilitado em falência.

- V. Súmula 192, STF.

593. Incide o percentual do Fundo de Garantia do Tempo de Serviço (FGTS) sobre a parcela da remuneração correspondente a horas extraordinárias de trabalho.

597. Não cabem embargos infringentes de acórdão que, em mandado de segurança, decidiu, por maioria de votos, a apelação.

- V. Súmula 294, STF.

598. Nos embargos de divergência não servem como padrão de discordância os mesmos paradigmas invocados para demonstrá-la, mas repelidos como não dissidentes no julgamento do recurso extraordinário.

600. Cabe ação executiva contra o emitente e seus avalistas, ainda que não apresentado o cheque ao sacado no prazo legal, desde que não prescrita a ação cambiária.

616. É permitida a cumulação da multa contratual com os honorários de advogado, após o advento do Código de Processo Civil vigente.

617. A base de cálculo dos honorários de advogado em desapropriação é a diferença entre a oferta e a indenização, corrigidas ambas monetariamente.

622. Não cabe agravo regimental contra decisão do relator que concede ou indefere liminar em mandado de segurança.

623. Não gera por si só a competência originária do Supremo Tribunal Federal para conhecer do mandado de segurança com base no art. 102, I, *n*, da Constituição, dirigir-se o pedido contra deliberação administrativa do tribunal de origem, da qual haja participado a maioria ou a totalidade de seus membros.

624. Não compete ao Supremo Tribunal Federal conhecer originariamente de mandado de segurança contra atos de outros tribunais.

625. Controvérsia sobre matéria de direito não impede concessão de mandado de segurança.

626. A suspensão da liminar em mandado de segurança, salvo determinação em contrário da decisão que a deferir, vigorará até o trânsito em julgado da decisão definitiva de concessão da segurança ou, havendo recurso, até a sua manutenção pelo Supremo Tribunal Federal, desde que o objeto da liminar deferida coincida, total ou parcialmente, com o da impetração.

627. No mandado de segurança contra a nomeação de magistrado da competência do Presidente da República, este é considerado autoridade coatora, ainda que o fundamento da impetração seja nulidade ocorrida em fase anterior do procedimento.

STF

SÚMULAS SELECIONADAS

629. A impetração de mandado de segurança coletivo por entidade de classe em favor dos associados independe da autorização destes.

630. A entidade de classe tem legitimação para o mandado de segurança ainda quando a pretensão veiculada interesse apenas a uma parte da respectiva categoria.

631. Extingue-se o processo de mandado de segurança se o impetrante não promove, no prazo assinado, a citação do litisconsorte passivo necessário.

632. É constitucional lei que fixa o prazo de decadência para a impetração de mandado de segurança.

633. É incabível a condenação em verba honorária nos recursos extraordinários interpostos em processo trabalhista, exceto nas hipóteses previstas na Lei 5.584/1970.

634. Não compete ao Supremo Tribunal Federal conceder medida cautelar para dar efeito suspensivo a recurso extraordinário que ainda não foi objeto de juízo de admissibilidade na origem.

635. Cabe ao Presidente do Tribunal de origem decidir o pedido de medida cautelar em recurso extraordinário ainda pendente do seu juízo de admissibilidade.

636. Não cabe recurso extraordinário por contrariedade ao princípio constitucional da legalidade, quando a sua verificação pressuponha rever a interpretação dada a normas infraconstitucionais pela decisão recorrida.

637. Não cabe recurso extraordinário contra acórdão de Tribunal de Justiça que defere pedido de intervenção estadual em Município.

638. A controvérsia sobre a incidência, ou não, de correção monetária em operações de crédito rural é de natureza infraconstitucional, não viabilizando recurso extraordinário.

639. Aplica-se a Súmula 288 quando não constarem do traslado do agravo de instrumento as cópias das peças necessárias à verificação da tempestividade do recurso extraordinário não admitido pela decisão agravada.

640. É cabível recurso extraordinário contra decisão proferida por juiz de primeiro grau nas causas de alçada, ou por turma recursal de juizado especial cível e criminal.

641. Não se conta em dobro o prazo para recorrer, quando só um dos litisconsortes haja sucumbido.

643. O Ministério Público tem legitimidade para promover ação civil pública cujo fundamento seja a ilegalidade de reajuste de mensalidades escolares.

644. Ao titular do cargo de procurador de autarquia não se exige a apresentação de instrumento de mandato para representá-la em juízo.

• Súmula alterada (*DJU* 09.12.2003).

655. A exceção prevista no art. 100, *caput*, da Constituição, em favor dos créditos de natureza alimentícia, não dispensa a expedição de precatório, limitando-se a isentá-los da observância da ordem cronológica dos precatórios decorrentes de condenações de outra natureza.

• V. art. 100, § 1°, CF.

666. A contribuição confederativa de que trata o art. 8°, IV, da Constituição, só é exigível dos filiados ao sindicato respectivo.

671. Os servidores públicos e os trabalhadores em geral têm direito, no que concerne à URP de abril/maio de 1988, apenas ao valor correspondente a 7/30 (sete trinta avos) de 16,19% (dezesseis inteiros e dezenove centésimos por cento) sobre os vencimentos e salários pertinentes aos meses de abril e maio de 1988, não cumulativamente, devidamente corrigido até o efetivo pagamento.

675. Os intervalos fixados para descanso e alimentação durante a jornada de 6 (seis) horas não descaracterizam o sistema de turnos ininterruptos de revezamento para o efeito do art. 7°, XIV, da Constituição.

STJ

SÚMULAS SELECIONADAS

676. A garantia da estabilidade provisória prevista no art. 10, II, *a*, do ADCT, também se aplica ao suplente do cargo de direção de Comissões Internas de Prevenção de Acidentes (Cipa).

677. Até que lei venha a dispor a respeito, incumbe ao Ministério do Trabalho proceder ao registro das entidades sindicais e zelar pela observância do princípio da unicidade.

678. São inconstitucionais os incisos I e III do art. 7º da Lei 8.162/1991, que afastam, para efeito de anuênio e de licença-prêmio, a contagem do tempo de serviço regido pela Consolidação das Leis do Trabalho dos servidores que passaram a submeter-se ao Regime Jurídico Único.

679. A fixação de vencimentos dos servidores públicos não pode ser objeto de convenção coletiva.

680. O direito ao auxílio-alimentação não se estende aos servidores inativos.

687. A revisão de que trata o art. 58 do ADCT não se aplica aos benefícios previdenciários concedidos após a promulgação da Constituição de 1988.

688. É legítima a incidência da contribuição previdenciária sobre o 13º salário.

689. O segurado pode ajuizar ação contra a instituição previdenciária perante o juízo federal do seu domicílio ou nas varas federais da Capital do Estado-membro.

726. Para efeito de aposentadoria especial de professores, não se computa o tempo de serviço prestado fora da sala de aula.

727. Não pode o magistrado deixar de encaminhar ao Supremo Tribunal Federal o agravo de instrumento interposto da decisão que não admite recurso extraordinário, ainda que referente a causa instaurada no âmbito dos juizados especiais.

728. É de três dias o prazo para a interposição de recurso extraordinário contra decisão do Tribunal Superior Eleitoral, contado, quando for o caso, a partir da publicação do acórdão, na própria sessão de julgamento, nos termos do art. 12 da Lei 6.055/1974, que não foi revogado pela Lei 8.950/1994.

729. A decisão na ADC-4 não se aplica à antecipação de tutela em causa de natureza previdenciária.

732. É constitucional a cobrança da contribuição do salário-educação, seja sob a Carta de 1969, seja sob a Constituição Federal de 1988, e no regime da Lei 9.424/1996.

733. Não cabe recurso extraordinário contra decisão proferida no processamento de precatórios.

734. Não cabe reclamação quando já houver transitado em julgado o ato judicial que se alega tenha desrespeitado decisão do Supremo Tribunal Federal.

735. Não cabe recurso extraordinário contra acórdão que defere medida liminar.

736. Compete à Justiça do Trabalho julgar as ações que tenham como causa de pedir o descumprimento de normas trabalhistas relativas à segurança, higiene e saúde dos trabalhadores.

SÚMULAS SELECIONADAS DO STJ

1. O foro do domicílio ou da residência do alimentando é o competente para a ação de investigação de paternidade, quando cumulada com a de alimentos.

2. Não cabe o *habeas data* (CF, art. 5º, LXXII, letra a) se não houve recusa de informações por parte da autoridade administrativa.

3. Compete ao Tribunal Regional Federal dirimir conflito de competência verificado, na respectiva Região, entre Juiz Federal e Juiz Estadual investido de jurisdição federal.

4. Compete à Justiça Estadual julgar causa decorrente do processo eleitoral sindical.

5. A simples interpretação de cláusula contratual não enseja recurso especial.

- V. Súmula 181, STJ.
- V. Súmula 454, STF.

STJ

SÚMULAS SELECIONADAS

7. A pretensão de simples reexame de prova não enseja recurso especial.
- V. Súmula 279, STF.

8. Aplica-se a correção monetária aos créditos habilitados em concordata preventiva, salvo durante o período compreendido entre as datas de vigência da Lei 7.274, de 10.12.84, e do Decreto-lei 2.283, de 27.02.86.
- O Dec.-lei 2.283/1986 foi revogado pelo Dec.-lei 2.284/1986.

9. A exigência da prisão provisória, para apelar, não ofende a garantia constitucional da presunção de inocência.

10. Instalada a Junta de Conciliação e Julgamento, cessa a competência do juiz de direito em matéria trabalhista, inclusive para a execução das sentenças por ele proferidas.
- A EC n. 24/1999 substituiu as Juntas de Conciliação e Julgamento por Varas do Trabalho (juiz singular) e extinguiu a representação classista na Justiça do Trabalho.

13. A divergência entre julgados do mesmo Tribunal não enseja recurso especial.

14. Arbitrados os honorários advocatícios em percentual sobre o valor da causa, a correção monetária incide a partir do respectivo ajuizamento.

15. Compete à Justiça Estadual processar e julgar os litígios decorrentes de acidente do trabalho.
- V. art. 109, I, CF.
- V. Súmula 235, STF.

19. A fixação do horário bancário, para atendimento ao público, é da competência da União.

22. Não há conflito de competência entre o Tribunal de Justiça e Tribunal de Alçada do mesmo Estado-membro.
- V. art. 4º, EC n. 45/2004 (Reforma do Judiciário), que extinguiu os Tribunais de Alçada.

23. O Banco Central do Brasil é parte legítima nas ações fundadas na Resolução 1.154/86.

25. Nas ações da Lei de Falências o prazo para a interposição de recurso conta-se da intimação da parte.

27. Pode a execução fundar-se em mais de um título extrajudicial relativos ao mesmo negócio.

29. No pagamento em juízo para elidir falência, são devidos correção monetária, juros e honorários de advogado.

32. Compete à Justiça Federal processar justificações judiciais destinadas a instruir pedidos perante entidades que nela têm exclusividade de foro, ressalvada a aplicação do art. 15, II da Lei 5.010/66.

33. A incompetência relativa não pode ser declarada de ofício.
- V. art. 112, parágrafo único, CPC.

37. São cumuláveis as indenizações por dano material e dano moral oriundos do mesmo fato.

41. O Superior Tribunal de Justiça não tem competência para processar e julgar, originariamente, mandado de segurança contra ato de outros tribunais ou dos respectivos órgãos.
- V. Súmula 330, STF.

42. Compete à Justiça Comum Estadual processar e julgar as causas cíveis em que é parte sociedade de economia mista e os crimes praticados em seu detrimento.
- V. Súmulas 251, 508, 517 e 556, STF.

45. No reexame necessário, é defeso, ao tribunal, agravar a condenação imposta à Fazenda Pública.

46. Na execução por carta, os embargos do devedor serão decididos no juízo deprecante, salvo se versarem unicamente vícios ou defeitos da penhora, avaliação ou alienação dos bens.
- V. Súmula 32, TFR.

55. Tribunal Regional Federal não é competente para julgar recurso de decisão proferida por juiz estadual não investido de jurisdição federal.

59. Não há conflito de competência se já existe sentença com trânsito em julgado, proferida por um dos juízos conflitantes.

62. Compete à Justiça Estadual processar e julgar o crime de falsa anotação na Carteira

STJ

SÚMULAS SELECIONADAS

de Trabalho e Previdência Social, atribuído à empresa privada.

66. Compete à Justiça Federal processar e julgar execução fiscal promovida por Conselho de Fiscalização Profissional.

77. A Caixa Econômica Federal é parte ilegítima para figurar no polo passivo das ações relativas às contribuições para o fundo PIS/Pasep.

82. Compete à Justiça Federal, excluídas as reclamações trabalhistas, processar e julgar os feitos relativos a movimentação no FGTS.

83. Não se conhece do recurso especial pela divergência, quando a orientação do Tribunal se firmou no mesmo sentido da decisão recorrida.

• V. Súmula 286, STF.

84. É admissível a oposição de embargos de terceiro fundados em alegação de posse advinda do compromisso de compra e venda de imóvel, ainda que desprovido do registro.

• V. Súmula 621, STF.

85. Nas relações jurídicas de trato sucessivo em que a Fazenda Pública figure como devedora, quando não tiver sido negado o próprio direito reclamado, a prescrição atinge apenas as prestações vencidas antes do quinquênio anterior à propositura da ação.

86. Cabe recurso especial contra acórdão proferido no julgamento de agravo de instrumento.

88. São admissíveis embargos infringentes em processo falimentar.

89. A ação acidentária prescinde do exaurimento da via administrativa.

92. A terceiro de boa-fé não é oponível a alienação fiduciária não anotada no Certificado de Registro do veículo automotor.

97. Compete à Justiça do Trabalho processar e julgar reclamação de servidor público relativamente a vantagens trabalhistas anteriores à instituição do regime jurídico único.

98. Embargos de declaração manifestados com notório propósito de prequestionamento não têm caráter protelatório.

99. O Ministério Público tem legitimidade para recorrer no processo em que oficiou como fiscal da lei, ainda que não haja recurso da parte.

105. Na ação de mandado de segurança não se admite condenação em honorários advocatícios.

• V. Súmula 512, STF.

106. Proposta a ação no prazo fixado para o seu exercício, a demora na citação, por motivos inerentes ao mecanismo da Justiça, não justifica o acolhimento da arguição de prescrição ou decadência.

110. A isenção do pagamento de honorários advocatícios, nas ações acidentárias, é restrita ao segurado.

111. Os honorários advocatícios, nas ações previdenciárias, não incidem sobre as prestações vencidas após a sentença.

• Súmula alterada (DJU 04.10.2006).

115. Na instância especial é inexistente recurso interposto por advogado sem procuração nos autos.

116. A Fazenda Pública e o Ministério Público têm prazo em dobro para interpor agravo regimental no Superior Tribunal de Justiça.

117. A inobservância do prazo de 48 (quarenta e oito) horas, entre a publicação de pauta e o julgamento sem a presença das partes, acarreta nulidade.

118. O agravo de instrumento é o recurso cabível da decisão que homologa a atualização do cálculo da liquidação.

121. Na execução fiscal o devedor deverá ser intimado, pessoalmente, do dia e hora da realização do leilão.

123. A decisão que admite, ou não, o recurso especial deve ser fundamentada, com o exame dos seus pressupostos gerais e constitucionais.

126. É inadmissível recurso especial, quando o acórdão recorrido assenta em funda-

STJ

SÚMULAS SELECIONADAS

mentos constitucional e infraconstitucional, qualquer deles suficiente, por si só, para mantê-lo, e a parte vencida não manifesta recurso extraordinário.

128. Na execução fiscal haverá segundo leilão, se no primeiro não houve lanço superior à avaliação.

134. Embora intimado da penhora em imóvel do casal, o cônjuge do executado pode opor embargos de terceiro para defesa de sua meação.

137. Compete à Justiça Comum Estadual processar e julgar ação de servidor público municipal, pleiteando direitos relativos ao vínculo estatutário.

144. Os créditos de natureza alimentícia gozam de preferência, desvinculados os precatórios da ordem cronológica dos créditos de natureza diversa.

147. Compete à Justiça Federal processar e julgar os crimes praticados contra funcionário público federal, quando relacionados com o exercício da função.

149. A prova exclusivamente testemunhal não basta à comprovação da atividade rurícola, para efeito da obtenção de benefício previdenciário.

150. Compete à Justiça Federal decidir sobre a existência de interesse jurídico que justifique a presença, no processo, da União, suas autarquias ou empresas públicas.

154. Os optantes pelo FGTS, nos termos da Lei 5.958, de 1973, têm direito a taxa progressiva dos juros, na forma do art. 4º da Lei 5.107, de 1966.

158. Não se presta a justificar embargos de divergência o dissídio com acórdão de Turma ou Seção que não mais tenha competência para a matéria neles versada.

161. É da competência da Justiça Estadual autorizar o levantamento dos valores relativos ao PIS/Pasep e FGTS, em decorrência do falecimento do titular da conta.

165. Compete à Justiça Federal processar e julgar crime de falso testemunho cometido no processo trabalhista.

168. Não cabem embargos de divergência, quando a jurisprudência do Tribunal se firmou no mesmo sentido do acórdão embargado.

169. São inadmissíveis embargos infringentes no processo de mandado de segurança.

170. Compete ao juízo onde primeiro for intentada a ação envolvendo acumulação de pedidos, trabalhista e estatutário, decidi-la nos limites da sua jurisdição, sem prejuízo do ajuizamento de nova causa, com o pedido remanescente, no juízo próprio.

173. Compete à Justiça Federal processar e julgar o pedido de reintegração em cargo público federal, ainda que o servidor tenha sido dispensado antes da instituição do Regime Jurídico Único.

175. Descabe o depósito prévio nas ações rescisórias propostas pelo INSS.

176. É nula a cláusula contratual que sujeita o devedor à taxa de juros divulgada pela Anbid/Cetip.

177. O STJ é incompetente para processar e julgar, originariamente, mandado de segurança contra ato de órgão colegiado presidido por Ministro de Estado.

180. Na lide trabalhista, compete ao Tribunal Regional do Trabalho dirimir conflito de competência verificado, na respectiva região, entre Juiz Estadual e Junta de Conciliação e Julgamento.

- A EC n. 24/1999 substituiu as Juntas de Conciliação e Julgamento por Varas do Trabalho (juiz singular) e extinguiu a representação classista na Justiça do Trabalho.

182. É inviável o agravo do art. 545 do CPC que deixa de atacar especificamente os fundamentos da decisão agravada.

187. É deserto o recurso interposto para o STJ, quando o recorrente não recolhe, na origem, a importância das despesas de remessa e retorno dos autos.

189. É desnecessária a intervenção do Ministério Público nas execuções fiscais.

STJ

SÚMULAS SELECIONADAS

195. Em embargos de terceiro não se anula ato jurídico, por fraude contra credores.

196. Ao executado que, citado por edital ou por hora certa, permanecer revel, será nomeado curador especial, com legitimidade para apresentação de embargos.

201. Os honorários advocatícios não podem ser fixados em salários mínimos.

202. A impetração de segurança por terceiro, contra ato judicial, não se condiciona à interposição de recurso.

203. Não cabe recurso especial contra decisão proferida por órgão de segundo grau dos Juizados Especiais.

* Súmula alterada (DJU 03.06.2002).

205. A Lei 8.009/90 aplica-se à penhora realizada antes de sua vigência.

206. A existência de vara privativa, instituída por lei estadual, não altera a competência territorial resultante das leis de processo.

207. É inadmissível recurso especial quando cabíveis embargos infringentes contra o acórdão proferido no tribunal de origem.

210. A ação de cobrança das contribuições para o FGTS prescreve em 30 (trinta) anos.

* V. Súmula 362, TST.

211. Inadmissível recurso especial quanto à questão que, a despeito da oposição de embargos declaratórios, não foi apreciada pelo tribunal a quo.

213. O mandado de segurança constitui ação adequada para a declaração do direito à compensação tributária.

215. A indenização recebida pela adesão a programa de incentivo à demissão voluntária não está sujeita à incidência do imposto de renda.

216. A tempestividade de recurso interposto no Superior Tribunal de Justiça é aferida pelo registro no protocolo da Secretaria e não pela data da entrega na agência do correio.

219. Os créditos decorrentes de serviços prestados à massa falida, inclusive a remuneração do síndico, gozam dos privilégios próprios dos trabalhistas.

222. Compete à Justiça Comum processar e julgar as ações relativas à contribuição sindical prevista no art. 578 da CLT.

224. Excluído do feito o ente federal, cuja presença levara o Juiz Estadual a declinar da competência, deve o Juiz Federal restituir os autos e não suscitar conflito.

225. Compete ao Tribunal Regional do Trabalho apreciar recurso contra sentença proferida por órgão de primeiro grau da Justiça Trabalhista, ainda que para declarar-lhe a nulidade em virtude de incompetência.

226. O Ministério Público tem legitimidade para recorrer na ação de acidente do trabalho, ainda que o segurado esteja assistido por advogado.

232. A Fazenda Pública, quando parte no processo, fica sujeita à exigência do depósito prévio dos honorários do perito.

235. A conexão não determina a reunião dos processos, se um deles já foi julgado.

236. Não compete ao Superior Tribunal de Justiça dirimir conflitos de competência entre juízos trabalhistas vinculados a Tribunais Regionais do Trabalho diversos.

240. A extinção do processo, por abandono da causa pelo autor, depende de requerimento do réu.

242. Cabe ação declaratória para reconhecimento de tempo de serviço para fins previdenciários.

249. A Caixa Econômica Federal tem legitimidade passiva para integrar processo em que se discute correção monetária do FGTS.

252. Os saldos das contas do FGTS, pela legislação infraconstitucional, são corrigidos em 42,72% (IPC) quanto às perdas de janeiro de 1989 e 44,80% (IPC) quanto às de abril de 1990, acolhidos pelo STJ os índices de 18,02% (LBC) quanto às perdas de junho de 1987, de 5,38% (BTN) para maio de 1990 e 7,00% (TR) para fevereiro de

STJ

SÚMULAS SELECIONADAS

1991, de acordo com o entendimento do STF (RE 226.855-7-RS).

253. O art. 557 do CPC, que autoriza o relator a decidir o recurso, alcança o reexame necessário.

254. A decisão do Juízo Federal que exclui da relação processual ente federal não pode ser reexaminada no Juízo Estadual.

255. Cabem embargos infringentes contra acórdão, proferido por maioria, em agravo retido, quando se tratar de matéria de mérito.

270. O protesto pela preferência de crédito, apresentado por ente federal em execução que tramita na Justiça Estadual, não desloca a competência para a Justiça Federal.

272. O trabalhador rural, na condição de segurado especial, sujeito à contribuição obrigatória sobre a produção rural comercializada, somente faz jus à aposentadoria por tempo de serviço, se recolher contribuições facultativas.

278. O termo inicial do prazo prescricional, na ação de indenização, é a data em que o segurado teve ciência inequívoca da incapacidade laboral.

279. É cabível execução por título extrajudicial contra a Fazenda Pública.

282. Cabe a citação por edital em ação monitória.

289. A restituição das parcelas pagas a plano de previdência privada deve ser objeto de correção plena, por índice que recomponha a efetiva desvalorização da moeda.

290. Nos planos de previdência privada, não cabe ao beneficiário a devolução da contribuição efetuada pelo patrocinador.

291. A ação de cobrança de parcelas de complementação de aposentadoria pela previdência privada prescreve em 5 (cinco) anos.

• V. Súmula 427, STJ.

292. A reconvenção é cabível na ação monitória, após a conversão do procedimento em ordinário.

297. O Código de Defesa do Consumidor é aplicável às instituições financeiras.

300. O instrumento de confissão de dívida, ainda que originário de contrato de abertura de crédito, constitui título executivo extrajudicial.

301. Em ação investigatória, a recusa do suposto pai a submeter-se ao exame de DNA induz presunção *juris tantum* de paternidade.

303. Em embargos de terceiro, quem deu causa à constrição indevida deve arcar com os honorários advocatícios.

306. Os honorários advocatícios devem ser compensados quando houver sucumbência recíproca, assegurado o direito autônomo do advogado à execução do saldo sem excluir a legitimidade da própria parte.

310. O auxílio-creche não integra o salário de contribuição.

314. Em execução fiscal, não localizados bens penhoráveis, suspende-se o processo por um ano, findo o qual se inicia o prazo da prescrição quinquenal intercorrente.

315. Não cabem embargos de divergência no âmbito do agravo de instrumento que não admite recurso especial.

316. Cabem embargos de divergência contra acórdão que, em agravo regimental, decide recurso especial.

317. É definitiva a execução de título extrajudicial, ainda que pendente apelação contra sentença que julgue improcedentes os embargos.

318. Formulado pedido certo e determinado, somente o autor tem interesse recursal em arguir o vício da sentença ilíquida.

319. O encargo de depositário de bens penhorados pode ser expressamente recusado.

320. A questão federal somente ventilada no voto vencido não atende ao requisito do prequestionamento.

• V. Súmulas 282 e 356, STF.

STJ

SÚMULAS SELECIONADAS

321. O Código de Defesa do Consumidor é aplicável à relação jurídica entre a entidade de previdência privada e seus participantes.

325. A remessa oficial devolve ao Tribunal o reexame de todas as parcelas da condenação suportadas pela Fazenda Pública, inclusive dos honorários de advogado.

328. Na execução contra instituição financeira, é penhorável o numerário disponível, excluídas as reservas bancárias mantidas no Banco Central.

329. O Ministério Público tem legitimidade para propor ação civil pública em defesa do patrimônio público.

331. A apelação interposta contra sentença que julga embargos à arrematação tem efeito meramente devolutivo.

336. A mulher que renunciou aos alimentos na separação judicial tem direito à pensão previdenciária por morte do ex-marido, comprovada a necessidade econômica superveniente.

340. A lei aplicável à concessão de pensão previdenciária por morte é aquela vigente na data do óbito do segurado.

344. A liquidação por forma diversa da estabelecida na sentença não ofende a coisa julgada.

345. São devidos honorários advocatícios pela Fazenda Pública nas execuções individuais de sentença proferida em ações coletivas, ainda que não embargadas.

349. Compete à Justiça Federal ou aos juízes com competência delegada o julgamento das execuções fiscais de contribuições devidas pelo empregador ao FGTS.

351. A alíquota de contribuição para o Seguro de Acidente do Trabalho (SAT) é aferida pelo grau de risco desenvolvido em cada empresa, individualizada pelo seu CNPJ, ou pelo grau de risco da atividade preponderante quando houver apenas um registro.

352. A obtenção ou a renovação do Certificado de Entidade Beneficente de Assistência Social (Cebas) não exime a entidade do cumprimento dos requisitos legais supervenientes.

353. As disposições do Código Tributário Nacional não se aplicam às contribuições para o FGTS.

367. A competência estabelecida pela EC n. 45/2004 não alcança os processos já sentenciados.

373. É ilegítima a exigência de depósito prévio para admissibilidade de recurso administrativo.

377. O portador de visão monocular tem direito de concorrer, em concurso público, às vagas reservadas aos deficientes.

386. São isentas de imposto de renda as indenizações de férias proporcionais e o respectivo adicional.

396. A Confederação Nacional da Agricultura tem legitimidade ativa para a cobrança da contribuição sindical rural.

398. A prescrição da ação para pleitear os juros progressivos sobre os saldos de conta vinculada do FGTS não atinge o fundo de direito, limitando-se às parcelas vencidas.

401. O prazo decadencial da ação rescisória só se inicia quando não for cabível qualquer recurso do último pronunciamento judicial.

413. O farmacêutico pode acumular a responsabilidade técnica por uma farmácia e uma drogaria ou por duas drogarias.

416. É devida a pensão por morte aos dependentes do segurado que, apesar de ter perdido essa qualidade, preencheu os requisitos legais para a obtenção de aposentadoria até a data do seu óbito.

417. Na execução civil, a penhora de dinheiro na ordem de nomeação de bens não tem caráter absoluto.

418. É inadmissível o recurso especial interposto antes da publicação do acórdão dos embargos de declaração, sem posterior ratificação.

419. Descabe a prisão civil do depositário judicial infiel.

STJ

SÚMULAS SELECIONADAS

420. Incabível, em embargos de divergência, discutir o valor de indenização por danos morais.

421. Os honorários advocatícios não são devidos à Defensoria Pública quando ela atua contra a pessoa jurídica de direito público à qual pertença.

425. A retenção da contribuição para a seguridade social pelo tomador do serviço não se aplica às empresas optantes pelo Simples.

427. A ação de cobrança de diferenças de valores de complementação de aposentadoria prescreve em 5 (cinco) anos contados da data do pagamento.

429. A citação postal, quando autorizada por lei, exige o aviso de recebimento.

445. As diferenças de correção monetária resultantes de expurgos inflacionários sobre os saldos de FGTS têm como termo inicial a data em que deveriam ter sido creditadas.

449. A vaga de garagem que possui matrícula própria no registro de imóveis não constitui bem de família para efeito de penhora.

453. Os honorários sucumbenciais, quando omitidos em decisão transitada em julgado, não podem ser cobrados em execução ou em ação própria.

456. É incabível a correção monetária dos salários de contribuição considerados no cálculo do salário de benefício de auxílio-doença, aposentadoria por invalidez, pensão ou auxílio-reclusão concedidos antes da vigência da CF/1988.

458. A contribuição previdenciária incide sobre a comissão paga ao corretor de seguros.

459. A Taxa Referencial (TR) é o índice aplicável, a título de correção monetária, aos débitos com o FGTS recolhidos pelo empregador mas não repassados ao fundo.

462. Nas ações em que representa o FGTS, a CEF, quando sucumbente, não está isenta de reembolsar as custas antecipadas pela parte vencedora.

463. Incide imposto de renda sobre os valores percebidos a título de indenização por horas extraordinárias trabalhadas, ainda que decorrentes de acordo coletivo.

466. O titular da conta vinculada ao FGTS tem o direito de sacar o saldo respectivo quando declarado nulo seu contrato de trabalho por ausência de prévia aprovação em concurso público.

481. Faz jus ao benefício da justiça gratuita a pessoa jurídica com ou sem fins lucrativos que demonstrar sua impossibilidade de arcar com os encargos processuais.

482. A falta de ajuizamento da ação principal no prazo do art. 806 do CPC acarreta a perda da eficácia da liminar deferida e a extinção do processo cautelar.

483. O INSS não está obrigado a efetuar depósito prévio do preparo por gozar das prerrogativas e privilégios da Fazenda Pública.

484. Admite-se que o preparo seja efetuado no primeiro dia útil subsequente, quando a interposição do recurso ocorrer após o encerramento do expediente bancário.

486. É impenhorável o único imóvel residencial do devedor que esteja locado a terceiros, desde que a renda obtida com a locação seja revertida para a subsistência ou a moradia da sua família.

487. O parágrafo único do art. 741 do CPC não se aplica às sentenças transitadas em julgado em data anterior à da sua vigência.

489. Reconhecida a continência, devem ser reunidas na Justiça Federal as ações civis públicas propostas nesta e na Justiça estadual.

490. A dispensa de reexame necessário, quando o valor da condenação ou do direito controvertido for inferior a sessenta salários mínimos, não se aplica a sentenças ilíquidas.

TFR

SÚMULAS SELECIONADAS

499. As empresas prestadoras de serviços estão sujeitas às contribuições ao Sesc e Senac, salvo se integradas noutro serviço social.

SÚMULAS SELECIONADAS DO TFR

15. Compete à Justiça Federal julgar mandado de segurança contra ato que diga respeito ao ensino superior, praticado por dirigente de estabelecimento particular.

16. Compete à Justiça Estadual julgar mandado de segurança contra ato referente ao ensino de 1º e 2º graus e exames supletivos (Lei 5.692/71), salvo se praticado por autoridade federal.

17. A competência para homologar opção de servidor da União, autarquias e empresas públicas federais, pelo FGTS, é do juiz federal.

18. O processo e julgamento das reclamações trabalhistas de que trata o art. 110 da Constituição competem ao Juiz Federal da Seção Judiciária onde o empregado prestar serviços (CLT, art. 651), embora o empregador tenha sede e foro noutra unidade da federação.

21. Após a Emenda Constitucional n. 7, de 1977, a competência para o processo e julgamento das ações de indenização, por danos ocorridos em mercadorias, no transporte aéreo, é da Justiça Comum Estadual, ainda quando se discuta a aplicação da Convenção de Varsóvia relativamente ao limite da responsabilidade do transportador.

32. Na execução por carta (CPC, art. 747 c/c art. 658), os embargos do devedor serão decididos no Juízo deprecante, salvo se versarem unicamente vícios ou defeitos da penhora, avaliação ou alienação dos bens.

33. O Juízo deprecado, na execução por carta, é o competente para julgar os embargos de terceiro, salvo se o bem apreendido foi indicado pelo Juízo deprecante.

34. O duplo grau de jurisdição (CPC, art. 475, II) é aplicável quando se trata de sentença proferida contra a União, o Estado e o Município, só incidindo, em relação às autarquias, quando estas forem sucumbentes na execução da dívida ativa (CPC, art. 475, III).

* V. art. 10, Lei 9.469/1997 (Aplicação para as autarquias e fundações públicas do disposto nos arts. 188 e 475, *caput* e II, CPC).

40. A execução fiscal da Fazenda Pública Federal será proposta perante o Juiz de Direito da Comarca do domicílio do devedor, desde que não seja ela sede de Vara da Justiça Federal.

* V. Súmula 349, STJ.

44. Ajuizada a execução fiscal anteriormente à falência, com penhora realizada antes desta, não ficam os bens penhorados sujeitos à arrecadação no juízo falimentar; proposta a execução fiscal contra a massa falida, a penhora far-se-á no rosto dos autos do processo da quebra, citando-se o síndico.

48. Não cabem embargos infringentes a acórdão proferido em agravo de petição, em execução fiscal, após a vigência do Código de Processo Civil de 1973.

49. Compete à Justiça Estadual processar e julgar as causas em que são partes instituições financeiras em regime de liquidação extrajudicial, salvo se a União, suas entidades autárquicas e empresas públicas forem interessadas na condição de autoras, rés, assistentes ou opoentes.

51. Compete à Justiça Estadual decidir pedido de brasileira naturalizada para adicionar patronímico de companheiro brasileiro nato.

58. Não é absoluta a competência definida no art. 96, do Código de Processo Civil, relativamente à abertura de inventário, ainda que existente interesse de menor, podendo a ação ser ajuizada em foro diverso do domicílio do inventariado.

60. Compete à Justiça Federal decidir da admissibilidade de mandado de segurança impetrado contra atos de dirigentes de pessoas jurídicas privadas, ao argumento de estarem agindo por delegação do poder público federal.

TFR

SÚMULAS SELECIONADAS

61. Para configurar a competência da Justiça Federal, é necessário que a União, entidade autárquica ou empresa pública federal, ao intervir como assistente, demonstre legítimo interesse jurídico no deslinde da demanda, não bastando a simples alegação de interesse na causa.

66. Compete à Justiça do Trabalho processar e julgar os litígios decorrentes das relações de trabalho entre os Municípios de Território Federal e seus empregados.

67. Compete à Justiça Federal processar e julgar os litígios decorrentes das relações de trabalho entre os Territórios Federais e seus empregados.

69. Incumbe ao expropriante pagar o salário do assistente técnico do expropriado.

72. Compete à Justiça do Trabalho processar e julgar os litígios decorrentes das relações de trabalho entre as fundações instituídas por lei federal e seus empregados.

77. Cabem embargos infringentes a acórdão não unânime proferido em remessa ex officio (Código de Processo Civil, art. 475).

78. Proposta a ação no prazo fixado para o seu exercício, a demora na citação, por motivos inerentes ao mecanismo da Justiça, não justifica o acolhimento da arguição de prescrição ou decadência.

82. Compete à Justiça do Trabalho processar e julgar as reclamações pertinentes ao cadastramento no Plano de Integração Social (PIS) ou indenização compensatória pela falta deste, desde que não envolvam relações de trabalho dos servidores da União, suas autarquias e empresas públicas.

83. Compete à Justiça Federal processar e julgar reclamação trabalhista movida contra representação diplomática de país estrangeiro, inclusive para decidir sobre a preliminar de imunidade de jurisdição.

87. Compete à Justiça Comum Estadual o processo e julgamento da ação de cobrança de contribuições sindicais.

88. Compete à Justiça do Trabalho o processo e julgamento de reclamação ajuizada contra a Rede Ferroviária S.A., por servidor cedido pela União.

89. Compete à Junta de Conciliação e Julgamento, sediada em Comarca do interior, cumprir carta precatória expedida por Juiz Federal, em matéria trabalhista.

- A EC n. 24/1999 substituiu as Juntas de Conciliação e Julgamento por Varas do Trabalho (juiz singular) e extinguiu a representação classista na Justiça do Trabalho.

90. Ao servidor estatutário que optou pelo regime celetista, na forma da Lei 6.184, de 1974, é assegurado o direito à gratificação adicional por tempo de serviço correspondente aos períodos anteriores à opção.

94. Provadas as despesas com assistência médico-hospitalar prestada a segurado, vítima de acidente de trânsito, tem o INPS direito à sub-rogação perante a seguradora responsável pelo seguro obrigatório.

99. A Fazenda Pública, nas execuções fiscais, não está sujeita a prévio depósito para custear despesas do avaliador.

103. Compete ao Tribunal Federal de Recursos processar e julgar, originariamente, mandado de segurança impetrado contra ato de órgão colegiado presidido por ministro de Estado.

105. Aos prazos em curso no período compreendido entre 20 de dezembro e 6 de janeiro, na Justiça Federal, aplica-se a regra do art. 179 do Código de Processo Civil.

111. Os embargos do devedor devem ser previamente preparados no prazo de 30 (trinta) dias, contado da intimação do despacho que determinar o seu pagamento.

112. Em execução fiscal, a responsabilidade pessoal do sócio-gerente de sociedade por quotas, decorrente de violação da lei ou excesso de mandato, não atinge a meação de sua mulher.

114. Compete à Justiça Comum Estadual processar e julgar as causas entre os sindicatos e seus associados.

115. Compete à Justiça Federal processar e julgar os crimes contra a organização do trabalho, quando tenham por objeto a or-

TFR

SÚMULAS SELECIONADAS

ganização geral do trabalho ou direitos dos trabalhadores considerados coletivamente.

117. A regra do art. 236, § 2º, do Código de Processo Civil, não incide quando o procurador da República funciona como advogado da União, ressalvada a disposição inscrita no art. 25 da Lei 6.830/80.

119. A partir da vigência do Código de Processo Civil de 1973, é cabível acumulação da multa contratual com honorários advocatícios na execução hipotecária, regida pela Lei 5.741/71.

121. Não cabe mandado de segurança contra ato ou decisão, de natureza jurisdicional, emanado de relator ou presidente de turma.

122. A companheira, atendidos os requisitos legais, faz jus à pensão do segurado falecido, quer em concorrência com os filhos do casal, quer em sucessão a estes, não constituindo obstáculo a ocorrência do óbito antes da vigência do Dec.-lei 66, de 1966.

129. É exigível das autarquias o depósito previsto no art. 488, II, do Código de Processo Civil, para efeito de processamento da ação rescisória.

145. Extingue-se o processo de mandado de segurança, se o autor não promover, no prazo assinado, a citação do litisconsorte necessário.

150. Compete à Justiça do Trabalho processar e julgar os litígios entre a administração direta ou indireta do Distrito Federal e os seus servidores, regidos pela legislação trabalhista.

154. A Fazenda Pública, nas execuções fiscais, não está sujeita a prévio depósito para custear as despesas do oficial de justiça.

156. Sindicatos representativos de atividades econômicas ou profissionais idênticas, ou categoria econômica específica, podem organizar-se em federações.

158. Compete à Justiça do Trabalho processar e julgar reclamação contra empresa privada contratada para a prestação de serviços à administração pública.

163. Nas relações jurídicas de trato sucessivo, em que a Fazenda Pública figure como devedora, somente prescrevem as prestações vencidas antes do quinquênio anterior à propositura da ação.

169. Na comarca em que não foi criada Junta de Conciliação e Julgamento, é competente o Juiz de Direito para processar e julgar litígios de natureza trabalhista.

* A EC n. 24/1999 substituiu as Juntas de Conciliação e Julgamento por Varas do Trabalho (juiz singular) e extinguiu a representação classista na Justiça do Trabalho.

178. Resolvido o contrato de trabalho com a transferência do servidor do regime da CLT para o estatutário, em decorrência de lei, assiste-lhe o direito de movimentar a conta vinculada do FGTS.

181. Cabe ao empregador, e não ao BNH ou IAPAS, o encargo de individualizar as contas vinculadas dos empregados, referentes ao FGTS.

183. Compete ao Juiz Federal do Distrito Federal processar e julgar mandado de segurança contra ato do Presidente do BNH.

184. Em execução movida contra sociedade por quotas, o sócio-gerente, citado em nome próprio, não tem legitimidade para opor embargos de terceiro, visando livrar da constrição judicial seus bens particulares.

187. O adicional de insalubridade incide sobre o salário mínimo regional.

188. Na liquidação por cálculo do contador, a apelação da sentença homologatória ressente-se do pressuposto de admissibilidade, quando o apelante não tenha oferecido oportuna impugnação.

189. Proposta a execução fiscal, a posterior mudança de domicílio do executado não desloca a competência já fixada.

190. A intimação pessoal da penhora ao executado torna dispensável a publicação de que trata o art. 12 da Lei das Execuções Fiscais.

TFR

SÚMULAS SELECIONADAS

195. O mandado de segurança não é meio processual idôneo para dirimir litígios trabalhistas.

196. Cabem embargos, e não agravo de petição, da sentença de liquidação no processo de execução trabalhista.

200. Compete à Justiça Federal processar e julgar o crime de falsificação ou de uso de documento falso perante a Justiça do Trabalho.

205. O reajuste semestral de salário não se aplica ao servidor público regido pela Consolidação das Leis do Trabalho.

209. Nas execuções fiscais da Fazenda Nacional, é legítima a cobrança cumulativa de juros de mora e multa moratória.

210. Na execução fiscal, não sendo encontrado o devedor, nem bens arrestáveis, é cabível a citação editalícia.

212. A partir da vigência do Decreto-lei 1.820, de 1980, o servidor público celetista não tem direito à percepção de salário mínimo profissional.

214. A prestação de serviços de caráter continuado, em atividades de natureza permanente, com subordinação, observância de horário e normas de repartição, mesmo em Grupo Tarefa, configura relação empregatícia.

216. Compete à Justiça Federal processar e julgar mandado de segurança impetrado contra ato de autoridade previdenciária, ainda que localizada em comarca do interior.

217. No âmbito da Justiça Federal, aplica-se aos feitos trabalhistas o princípio da identidade física do Juiz.

- V. Súmula 222, STF.
- V. Súmula 136, TST.

222. A prorrogação da jornada diária de trabalho não constitui alteração unilateral do contrato, desde que mantido o limite do horário semanal avençado.

223. O empregado, durante o desvio funcional, tem direito à diferença salarial, ainda que o empregador possua quadro de pessoal organizado em carreira.

224. O fato de não serem adjudicados bens que, levados a leilão, deixaram de ser arrematados, não acarreta a extinção do processo de execução.

226. Na prorrogação da jornada de trabalho da mulher bancária, até 8 (oito) horas diárias, não excedentes de 40 (quarenta) horas semanais (CLT, art. 225), com observância do disposto no art. 59 e seu § 1º da CLT, é inaplicável a regra do art. 374 desse diploma legal.

234. Não cabe medida cautelar em ação rescisória para obstar os efeitos da coisa julgada.

235. A falta de peças de traslado obrigatório será suprida com a conversão do agravo de instrumento em diligência.

240. A intimação do representante judicial da Fazenda Pública, nos embargos à execução fiscal, será feita pessoalmente.

242. O bem alienado fiduciariamente não pode ser objeto de penhora nas execuções ajuizadas contra o devedor fiduciário.

244. A intervenção da União, suas autarquias e empresas públicas em concurso de credores ou de preferência não desloca a competência para a Justiça Federal.

252. O § 3º do art. 125 da Constituição Federal institui hipótese de competência relativa, pelo que não elide a competência concorrente da Justiça Federal.

255. Compete à Justiça Federal processar e julgar causa cujo objeto diga respeito a eleições sindicais.

256. A falta de impugnação dos embargos do devedor não produz, em relação à Fazenda Pública, os efeitos de revelia.

257. Não rendem juros os depósitos judiciais na Caixa Econômica Federal a que se referem o Dec.-lei 759/69, art. 16, e o Dec.-lei 1.737/79, art. 3º.

259. Não cabe agravo de instrumento em causa sujeita à alçada de que trata a Lei

TST

SÚMULAS SELECIONADAS

6.825, de 1980, salvo se versar sobre valor da causa ou admissibilidade de recurso.

261. No litisconsórcio ativo voluntário, determina-se o valor da causa, para efeito de alçada recursal, dividindo-se o valor global pelo número de litisconsortes.

262. Não se vincula ao processo o juiz que não colheu prova em audiência.

263. A produção antecipada de provas, por si só, não previne a competência para a ação principal.

SÚMULAS SELECIONADAS DO TST
SÚMULAS* **

- A Resolução TST 129/2005 alterou a denominação dos verbetes da jurisprudência predominante do Tribunal Superior do Trabalho de "Enunciado" para "Súmula" (*DJU* 20.04.2005).
- ** Redação conforme Anexo à Resolução TST 121/2003 (*DJU* 19.11.2003; rep. 25.11.2003).

1. Prazo judicial

Quando a intimação tiver lugar na sexta-feira, ou a publicação com efeito de intimação for feita nesse dia, o prazo judicial será contado da segunda-feira imediata, inclusive, salvo se não houver expediente, caso em que fluirá no dia útil que se seguir.

6. Equiparação salarial. Art. 461 da CLT. (redação do item VI alterada na sessão do Tribunal Pleno realizada em 14.09.2012)

I – Para os fins previstos no § 2º do art. 461 da CLT, só é válido o quadro de pessoal organizado em carreira quando homologado pelo Ministério do Trabalho, excluindo-se, apenas, dessa exigência o quadro de carreira das entidades de direito público da administração direta, autárquica e fundacional aprovado por ato administrativo da autoridade competente. (ex-Súmula 06 – alterada pela Res. 104/2000, *DJ* 20.12.2000).

II – Para efeito de equiparação de salários em caso de trabalho igual, conta-se o tempo de serviço na função e não no emprego. (ex-Súmula 135 – RA 102/1982, *DJ* 11.10.1982 e *DJ* 15.10.1982)

III – A equiparação salarial só é possível se o empregado e o paradigma exercerem a mesma função, desempenhando as mesmas tarefas, não importando se os cargos têm, ou não, a mesma denominação. (ex-OJ da SBDI-1 328 – *DJ* 09.12.2003)

IV – É desnecessário que, ao tempo da reclamação sobre equiparação salarial, reclamante e paradigma estejam a serviço do estabelecimento, desde que o pedido se relacione com situação pretérita. (ex-Súmula 22 – RA 57/1970, *DO*-GB 27.11.1970)

V – A cessão de empregados não exclui a equiparação salarial, embora exercida a função em órgão governamental estranho à cedente, se esta responde pelos salários do paradigma e do reclamante. (ex-Súmula 111 – RA 102/1980, *DJ* 25.09.1980)

VI – Presentes os pressupostos do art. 461 da CLT, é irrelevante a circunstância de que o desnível salarial tenha origem em decisão judicial que beneficiou o paradigma, exceto se decorrente de vantagem pessoal, de tese jurídica superada pela jurisprudência de Corte Superior ou, na hipótese de equiparação salarial em cadeia, suscitada em defesa, se o empregador produzir prova do alegado fato modificativo, impeditivo ou extintivo do direito à equiparação salarial em relação ao paradigma remoto.

VII – Desde que atendidos os requisitos do art. 461 da CLT, é possível a equiparação salarial de trabalho intelectual, que pode ser avaliado por sua perfeição técnica, cuja aferição terá critérios objetivos. (ex-OJ da SBDI-1 298 – *DJ* 11.08.2003)

VIII – É do empregador o ônus da prova do fato impeditivo, modificativo ou extintivo da equiparação salarial. (ex-Súmula 68 – RA 9/1977, *DJ* 11.02.1977)

IX – Na ação de equiparação salarial, a prescrição é parcial e só alcança as diferenças salariais vencidas no período de 5 (cinco) anos que precedeu o ajuizamento. (ex-Súmula 274 – alterada pela Res. 121/2003, *DJ* 21.11.2003)

TST

SÚMULAS SELECIONADAS

X – O conceito de "mesma localidade" de que trata o art. 461 da CLT refere-se, em princípio, ao mesmo município, ou a municípios distintos que, comprovadamente, pertençam à mesma região metropolitana. (ex-OJ da SBDI-1 252 – inserida em 13.03.2002)

- Súmula com redação determinada pela Res. TST 185/2012 (*DEJT* 25.09.2012).

7. Férias

A indenização pelo não deferimento das férias no tempo oportuno será calculada com base na remuneração devida ao empregado na época da reclamação ou, se for o caso, na da extinção do contrato.

8. Juntada de documento

A juntada de documentos na fase recursal só se justifica quando provado o justo impedimento para sua oportuna apresentação ou se referir a fato posterior à sentença.

9. Ausência do reclamante

A ausência do reclamante, quando adiada a instrução após contestada a ação em audiência, não importa arquivamento do processo.

10. Professor. Dispensa sem justa causa. Término do ano letivo ou no curso de férias escolares. Aviso prévio (redação alterada em sessão do Tribunal Pleno realizada em 14.09.2012)

O direito aos salários do período de férias escolares assegurado aos professores (art. 322, *caput* e § 3º, da CLT) não exclui o direito ao aviso prévio, na hipótese de dispensa sem justa causa ao término do ano letivo ou no curso das férias escolares.

- Súmula com redação determinada pela Res. TST 185/2012 (*DEJT* 25.09.2012).

12. Carteira profissional

As anotações apostas pelo empregador na carteira profissional do empregado não geram presunção *juris et de jure*, mas apenas *juris tantum*.

13. Mora

O só pagamento dos salários atrasados em audiência não elide a mora capaz de determinar a rescisão do contrato de trabalho.

14. Culpa recíproca

Reconhecida a culpa recíproca na rescisão do contrato de trabalho (art. 484 da CLT), o empregado tem direito a 50% (cinquenta por cento) do valor do aviso-prévio, do décimo terceiro salário e das férias proporcionais.

- Súmula com redação determinada pela Res. TST 121/2003.

15. Atestado médico

A justificação da ausência do empregado motivada por doença, para a percepção do salário-enfermidade e da remuneração do repouso semanal, deve observar a ordem preferencial dos atestados médicos estabelecida em lei.

16. Notificação

Presume-se recebida a notificação 48 (quarenta e oito) horas depois de sua postagem. O seu não recebimento ou a entrega após o decurso desse prazo constitui ônus de prova do destinatário.

- Súmula com redação determinada pela Res. TST 121/2003.

18. Compensação

A compensação, na Justiça do Trabalho, está restrita a dívidas de natureza trabalhista.

19. Quadro de carreira

A Justiça do Trabalho é competente para apreciar reclamação de empregado que tenha por objeto direito fundado em quadro de carreira.

23. Recurso

Não se conhece de recurso de revista ou de embargos, se a decisão recorrida resolver determinado item do pedido por diversos fundamentos, e a jurisprudência transcrita não abranger a todos.

24. Serviço extraordinário

Insere-se no cálculo da indenização por antiguidade o salário relativo a serviço ex-

TST

SÚMULAS SELECIONADAS

traordinário, desde que habitualmente prestado.

25. Custas
A parte vencedora na primeira instância, se vencida na segunda, está obrigada, independentemente de intimação, a pagar as custas fixadas na sentença originária, das quais ficara isenta a parte então vencida.

27. Comissionista
É devida a remuneração do repouso semanal e dos dias feriados ao empregado comissionista, ainda que pracista.

28. Indenização
No caso de se converter a reintegração em indenização dobrada, o direito aos salários é assegurado até a data da primeira decisão que determinou essa conversão.

- Súmula com redação determinada pela Res. TST 121/2003.

29. Transferência
Empregado transferido, por ato unilateral do empregador, para local mais distante de sua residência, tem direito a suplemento salarial correspondente ao acréscimo da despesa de transporte.

30. Intimação da sentença
Quando não juntada a ata ao processo em 48 (quarenta e oito) horas, contadas da audiência de julgamento (art. 851, § 2º, da CLT), o prazo para recurso será contado da data em que a parte receber a intimação da sentença.

32. Abandono de emprego
Presume-se o abandono de emprego se o trabalhador não retornar ao serviço no prazo de 30 (trinta) dias após a cessação do benefício previdenciário nem justificar o motivo de não o fazer.

- Súmula com redação determinada pela Res. TST 121/2003.

33. Mandado de segurança. Decisão judicial transitada em julgado
Não cabe mandado de segurança de decisão judicial transitada em julgado.

36. Custas
Nas ações plúrimas as custas incidem sobre o respectivo valor global.

39. Periculosidade
Os empregados que operam em bomba de gasolina têm direito ao adicional de periculosidade (Lei 2.573, de 15.08.1955).

43. Transferência
Presume-se abusiva a transferência de que trata o § 1º do art. 469 da CLT, sem comprovação da necessidade do serviço.

44. Aviso-prévio
A cessação da atividade da empresa, com o pagamento da indenização, simples ou em dobro, não exclui, por si só, o direito do empregado ao aviso-prévio.

45. Serviço suplementar
A remuneração do serviço suplementar, habitualmente prestado, integra o cálculo da gratificação natalina prevista na Lei 4.090, de 13.07.1962.

46. Acidente de trabalho
As faltas ou ausências decorrentes de acidente do trabalho não são consideradas para os efeitos de duração de férias e cálculo da gratificação natalina.

47. Insalubridade
O trabalho executado em condições insalubres, em caráter intermitente, não afasta, só por essa circunstância, o direito à percepção do respectivo adicional.

48. Compensação
A compensação só poderá ser arguida com a contestação.

50. Gratificação natalina
A gratificação natalina, instituída pela Lei 4.090, de 13.07.1962, é devida pela empresa cessionária ao servidor público cedido enquanto durar a cessão.

51. Norma regulamentar. Vantagens e opção pelo novo regulamento. Art. 468 da CLT. (Incorporada a Orientação Jurisprudencial 163 da SDI-1)

I – As cláusulas regulamentares, que revoguem ou alterem vantagens deferidas

anteriormente, só atingirão os trabalhadores admitidos após a revogação ou alteração do regulamento. (ex-Súmula 51 – RA 41/1973, *DJ* 14.06.1973)

II – Havendo a coexistência de dois regulamentos da empresa, a opção do empregado por um deles tem efeito jurídico de renúncia às regras do sistema do outro. (ex-OJ 163 – Inserida em 26.03.1999)

- Súmula com redação determinada pela Res. TST 129/2005 (*DJU* 20.04.2005).

52. Tempo de serviço
O adicional de tempo de serviço (quinquênio) é devido, nas condições estabelecidas no art. 19 da Lei 4.345, de 26.06.1964, aos contratados sob regime da CLT, pela empresa a que se refere a mencionada lei, inclusive para fim de complementação de aposentadoria.

53. Custas
O prazo para pagamento das custas, no caso de recurso, é contado da intimação do cálculo.

54. Optante
Rescindindo por acordo seu contrato de trabalho, o empregado estável optante tem direito ao mínimo de 60% (sessenta por cento) do total da indenização em dobro, calculada sobre o maior salário percebido no emprego. Se houver recebido menos do que esse total, qualquer tenha sido a forma de transação, assegura-se-lhe a complementação até aquele limite.

55. Financeiras
As empresas de crédito, financiamento ou investimento, também denominadas financeiras, equiparam-se aos estabelecimentos bancários para os efeitos do art. 224 da CLT.

58. Pessoal de obras
Ao empregado admitido como pessoal de obras, em caráter permanente e não amparado pelo regime estatutário, aplica-se a legislação trabalhista.

60. Adicional noturno. Integração no salário e prorrogação em horário diurno. (Incorporada a Orientação Jurisprudencial 6 da SDI-1)

I – O adicional noturno, pago com habitualidade, integra o salário do empregado para todos os efeitos. (ex-Súmula 60 – RA 105/1974, *DJ* 24.10.1974)

II – Cumprida integralmente a jornada no período noturno e prorrogada esta, devido é também o adicional quanto às horas prorrogadas. Exegese do art. 73, § 5º, da CLT. (ex-OJ 6 – Inserida em 25.11.1996)

- Súmula com redação determinada pela Res. TST 129/2005 (*DJU* 20.04.2005).

61. Ferroviário
Aos ferroviários que trabalham em estação do interior, assim classificada por autoridade competente, não são devidas horas extras (art. 243, CLT).

62. Abandono de emprego
O prazo de decadência do direito do empregador de ajuizar inquérito em face do empregado que incorre em abandono de emprego é contado a partir do momento em que o empregado pretendeu seu retorno ao serviço.

63. Fundo de garantia
A contribuição para o Fundo de Garantia do Tempo de Serviço incide sobre a remuneração mensal devida ao empregado, inclusive horas extras e adicionais eventuais.

65. Vigia
O direito à hora reduzida de 52 (cinquenta e dois) minutos e 30 (trinta) segundos aplica-se ao vigia noturno.

67. Gratificação. Ferroviário
Chefe de trem, regido pelo estatuto dos ferroviários (Decreto 35.530, de 19.09.1959), não tem direito à gratificação prevista no respectivo art. 110.

69. Rescisão do contrato
A partir da Lei 10.272, de 05.09.2001, havendo rescisão do contrato de trabalho e sendo revel e confesso quanto à matéria de fato, deve ser o empregador condenado ao

SÚMULAS SELECIONADAS

pagamento das verbas rescisórias, não quitadas na primeira audiência, com acréscimo de 50% (cinquenta por cento).

• Súmula com redação determinada pela Res. TST 121/2003.

70. Adicional de periculosidade

O adicional de periculosidade não incide sobre os triênios pagos pela Petrobras.

71. Alçada

A alçada é fixada pelo valor dado à causa na data de seu ajuizamento, desde que não impugnado, sendo inalterável no curso do processo.

72. Aposentadoria

O prêmio aposentadoria instituído por norma regulamentar da empresa não está condicionado ao disposto no § 2º do art. 14 da Lei 8.036, de 11.05.1990.

• Súmula com redação determinada pela Res. TST 121/2003.

73. Despedida. Justa causa

A ocorrência de justa causa, salvo a de abandono de emprego, no decurso do prazo do aviso-prévio dado pelo empregador, retira do empregado qualquer direito às verbas rescisórias de natureza indenizatória.

• Súmula com redação determinada pela Res. TST 121/2003.

74. Confissão. (nova redação do item I e inserido o item III à redação em decorrência do julgamento do processo TST-IUJEEDRR 801385-77.2001.5.02.0017)

I – Aplica-se a confissão à parte que, expressamente intimada com aquela cominação, não comparecer à audiência em prosseguimento, na qual deveria depor. (ex-Súmula 74 – RA 69/1978, *DJ* 26.09.1978)

II – a prova pré-constituída nos autos pode ser levada em conta para confronto com a confissão ficta (art. 400, I, CPC), não implicando cerceamento de defesa o indeferimento de provas posteriores. (ex-OJ 184 da SBDI-1 – inserida em 08.11.2000)

III – a vedação à produção de prova posterior pela parte confessa somente a ela se aplica, não afetando o exercício, pelo magistrado, do poder/dever de conduzir o processo.

• Súmula com redação determinada pela Res. TST 174/2011 (*DEJT* 27.05.2011).

77. Punição

Nula é a punição de empregado se não precedida de inquérito ou sindicância internos a que se obrigou a empresa, por norma regulamentar.

80. Insalubridade

A eliminação da insalubridade mediante fornecimento de aparelhos protetores aprovados pelo órgão competente do Poder Executivo exclui a percepção do respectivo adicional.

81. Férias

Os dias de férias gozados após o período legal de concessão, deverão ser remunerados em dobro.

82. Assistência

A intervenção assistencial, simples ou adesiva, só é admissível se demonstrado o interesse jurídico e não o meramente econômico.

• Súmula com redação determinada pela Res. TST 121/2003.

83. Ação rescisória. Matéria controvertida. (Incorporada a Orientação Jurisprudencial 77 da SDI-II)

I – Não procede pedido formulado na ação rescisória por violação literal de lei se a decisão rescindenda estiver baseada em texto legal infraconstitucional de interpretação controvertida nos Tribunais. (ex-Súmula 83 – Res. 121/2003, *DJ* 21.11.2003).

II – O marco divisor quanto a ser, ou não, controvertida, nos Tribunais, a interpretação dos dispositivos legais citados na ação rescisória é a data da inclusão, na Orientação Jurisprudencial do TST, da

TST

SÚMULAS SELECIONADAS

matéria discutida. (ex-OJ 77 – inserida em 13.03.2002).

- Súmula com redação determinada pela Res. TST 137/2005 (*DJU* 22.08.2005).

84. Adicional regional

O adicional regional, instituído pela Petrobras, não contraria o art. 7º, XXXII, da CF/1988.

- Súmula com redação determinada pela Res. TST 121/2003.

85. Compensação de jornada. (inserido o item V)

I – A compensação de jornada de trabalho deve ser ajustada por acordo individual escrito, acordo coletivo ou convenção coletiva. (ex-Súmula 85 – primeira parte – alterada pela Res. 121/2003, *DJ* 21.11.2003)

II – O acordo individual para compensação de horas é válido, salvo se houver norma coletiva em sentido contrário. (ex-OJ 182 da SBDI-1 – inserida em 08.11.2000)

III – O mero não atendimento das exigências legais para a compensação de jornada, inclusive quando encetada mediante acordo tácito, não implica a repetição do pagamento das horas excedentes à jornada normal diária, se não dilatada a jornada máxima semanal, sendo devido apenas o respectivo adicional. (ex-Súmula 85 – segunda parte – alterada pela Res. 121/2003, *DJ* 21.11.2003)

IV – A prestação de horas extras habituais descaracteriza o acordo de compensação de jornada. Nesta hipótese, as horas que ultrapassarem a jornada semanal normal deverão ser pagas como horas extraordinárias e, quanto àquelas destinadas à compensação, deverá ser pago a mais apenas o adicional por trabalho extraordinário. (ex-OJ 220 da SBDI-1 – inserida em 20.06.2001)

V – As disposições contidas nesta súmula não se aplicam ao regime compensatório na modalidade "banco de horas", que somente pode ser instituído por negociação coletiva.

- Súmula com redação determinada pela Res. TST 174/2011 (*DEJT* 27.05.2011).

86. Deserção. Massa falida. Empresa em liquidação extrajudicial. (Incorporada a Orientação Jurisprudencial 31 da SDI-1)

Não ocorre deserção de recurso da massa falida por falta de pagamento de custas ou de depósito do valor da condenação. Esse privilégio, todavia, não se aplica à empresa em liquidação extrajudicial. (Primeira parte – ex-Súmula 86 – RA 69/1978, *DJ* 26.09.1978; segunda parte – ex-OJ 31 – Inserida em 14.03.1994)

- Súmula com redação determinada pela Res. TST 129/2005 (*DJU* 20.04.2005).

87. Previdência privada

Se o empregado, ou seu beneficiário, já recebeu da instituição previdenciária privada, criada pela empresa, vantagem equivalente, é cabível a dedução do seu valor do benefício a que faz jus por norma regulamentar anterior.

89. Falta ao serviço

Se as faltas já são justificadas pela lei, consideram-se como ausências legais e não serão descontadas para o cálculo do período de férias.

90. Horas *in itinere*. Tempo de serviço. (Incorporadas as Súmulas 324 e 325 e as Orientações Jurisprudenciais 50 e 236 da SDI-1)

I – O tempo despendido pelo empregado, em condução fornecida pelo empregador, até o local de trabalho de difícil acesso, ou não servido por transporte público regular, e para o seu retorno é computável na jornada de trabalho. (ex-Súmula 90 – RA 80/1978, *DJ* 10.11.1978)

II – A incompatibilidade entre os horários de início e término da jornada do empregado e os do transporte público regular é circunstância que também gera o direito às horas *in itinere*. (ex-OJ 50 – Inserida em 01.02.1995)

III – A mera insuficiência de transporte público não enseja o pagamento de horas *in*

TST

SÚMULAS SELECIONADAS

itinere. (ex-Súmula 324 – RA 16/1993, *DJ* 21.12.1993)

IV – Se houver transporte público regular em parte do trajeto percorrido em condução da empresa, as horas *in itinere* remuneradas limitam-se ao trecho não alcançado pelo transporte público. (ex-Súmula 325 – RA 17/1993, *DJ* 21.12.1993)

V – Considerando que as horas *in itinere* são computáveis na jornada de trabalho, o tempo que extrapola a jornada legal é considerado como extraordinário e sobre ele deve incidir o adicional respectivo. (ex-OJ 236 – Inserida em 20.06.2001)

- Súmula com redação determinada pela Res. TST 129/2005 (*DJU* 20.04.2005).

91. Salário complessivo
Nula é a cláusula contratual que fixa determinada importância ou percentagem para atender englobadamente vários direitos legais ou contratuais do trabalhador.

92. Aposentadoria
O direito à complementação de aposentadoria, criado pela empresa, com requisitos próprios, não se altera pela instituição de benefício previdenciário por órgão oficial.

93. Bancário
Integra a remuneração do bancário a vantagem pecuniária por ele auferida na colocação ou na venda de papéis ou valores mobiliários de empresas pertencentes ao mesmo grupo econômico, se exercida essa atividade no horário e no local de trabalho e com o consentimento, tácito ou expresso, do banco empregador.

96. Marítimo
A permanência do tripulante a bordo do navio, no período de repouso, além da jornada, não importa em presunção de que esteja à disposição do empregador ou em regime de prorrogação de horário, circunstâncias que devem resultar provadas, dada a natureza do serviço.

97. Aposentadoria. Complementação
Instituída complementação de aposentadoria por ato da empresa, expressamente dependente de regulamentação, as condições desta devem ser observadas como parte integrante da norma.

- Súmula com redação determinada pela RA 96/1980.

98. FGTS. Indenização. Equivalência. Compatibilidade. (Incorporada a Orientação Jurisprudencial 299 da SDI-1)

I – A equivalência entre os regimes do Fundo de Garantia do Tempo de Serviço e da estabilidade prevista na CLT é meramente jurídica e não econômica, sendo indevidos valores a título de reposição de diferenças. (ex-Súmula 98 – RA 57/1980, *DJ* 06.06.1980)

II – A estabilidade contratual ou a derivada de regulamento de empresa são compatíveis com o regime do FGTS. Diversamente ocorre com a estabilidade legal (decenal, art. 492 da CLT), que é renunciada com a opção pelo FGTS. (ex-OJ 299 – *DJ* 11.08.2003)

- Súmula com redação determinada pela Res. TST 129/2005 (*DJU* 20.04.2005).

99. Ação rescisória. Deserção. Prazo. (Incorporada a Orientação Jurisprudencial 117 da SDI-II)

Havendo recurso ordinário em sede de rescisória, o depósito recursal só é exigível quando for julgado procedente o pedido e imposta condenação em pecúnia, devendo este ser efetuado no prazo recursal, no limite e nos termos da legislação vigente, sob pena de deserção. (ex-Súmula 99 – RA 62/1980, *DJ* 11.06.1980 e alterada pela Res. 110/2002, *DJ* 11.04.2002 e ex-OJ 117 – *DJ* 11.08.2003)

- Súmula com redação determinada pela Res. TST 137/2005 (*DJU* 22.08.2005).

100. Ação rescisória. Decadência. (Incorporadas as Orientações Jurisprudenciais 13, 16, 79, 102, 104, 122 e 145 da SDI-II)

I – O prazo de decadência, na ação rescisória, conta-se do dia imediatamente subsequente ao trânsito em julgado da última decisão proferida na causa, seja de mérito

ou não. (ex-Súmula 100 – Res. 109/2001, DJ 18.04.2001).

II – Havendo recurso parcial no processo principal, o trânsito em julgado dá-se em momentos e em tribunais diferentes, contando-se o prazo decadencial para a ação rescisória do trânsito em julgado de cada decisão, salvo se o recurso tratar de preliminar ou prejudicial que possa tornar insubsistente a decisão recorrida, hipótese em que flui a decadência a partir do trânsito em julgado da decisão que julgar o recurso parcial. (ex-Súmula 100 – Res. 109/2001, DJ 18.04.2001).

III – Salvo se houver dúvida razoável, a interposição de recurso intempestivo ou a interposição de recurso incabível não protrai o termo inicial do prazo decadencial. (ex-Súmula 100 – Res. 109/2001, DJ 18.04.2001).

IV – O juízo rescindente não está adstrito à certidão de trânsito em julgado juntada com a ação rescisória, podendo formar sua convicção através de outros elementos dos autos quanto à antecipação ou postergação do *dies a quo* do prazo decadencial. (ex-OJ 102 – DJ 29.04.2003).

V – O acordo homologado judicialmente tem força de decisão irrecorrível, na forma do art. 831 da CLT. Assim sendo, o termo conciliatório transita em julgado na data da sua homologação judicial. (ex-OJ 104 – DJ 29.04.2003).

VI – Na hipótese de colusão das partes, o prazo decadencial da ação rescisória somente começa a fluir para o Ministério Público, que não interveio no processo principal, a partir do momento em que tem ciência da fraude. (ex-OJ 122 – DJ 11.08.2003).

VII – Não ofende o princípio do duplo grau de jurisdição a decisão do TST que, após afastar a decadência em sede de recurso ordinário, aprecia desde logo a lide, se a causa versar questão exclusivamente de direito e estiver em condições de imediato julgamento. (ex-OJ 79 – inserida em 13.03.2002).

VIII – A exceção de incompetência, ainda que oposta no prazo recursal, sem ter sido aviado o recurso próprio, não tem o condão de afastar a consumação da coisa julgada e, assim, postergar o termo inicial do prazo decadencial para a ação rescisória. (ex-OJ 16 – inserida em 20.09.2000).

IX – Prorroga-se até o primeiro dia útil, imediatamente subsequente, o prazo decadencial para ajuizamento de ação rescisória quando expira em férias forenses, feriados, finais de semana ou em dia em que não houver expediente forense. Aplicação do art. 775 da CLT. (ex-OJ 13 – inserida em 20.09.2000).

X – Conta-se o prazo decadencial da ação rescisória, após o decurso do prazo legal previsto para a interposição do recurso extraordinário, apenas quando esgotadas todas as vias recursais ordinárias. (ex-OJ 145 – DJ 10.11.2004).

• Súmula com redação determinada pela Res. TST 137/2005 (DJU 22.08.2005).

101. Diárias de viagem. Salário. (Incorporada a Orientação Jurisprudencial 292 da SDI-1)

Integram o salário, pelo seu valor total e para efeitos indenizatórios, as diárias de viagem que excedam a 50% (cinquenta por cento) do salário do empregado, enquanto perdurarem as viagens. (Primeira parte – ex-Súmula 101 – RA 65/1980, DJ 18.06.1980; segunda parte – ex-OJ 292 – Inserida em 11.08.2003)

• Súmula com redação determinada pela Res. TST 129/2005 (DJU 20.04.2005).

102. Bancário. Cargo de confiança. (mantida)

I – A configuração, ou não, do exercício da função de confiança a que se refere o art. 224, § 2º, da CLT, dependente da prova das reais atribuições do empregado, é insuscetível de exame mediante recurso de revista ou de embargos. (ex-Súmula 204 – alterada pela Res. 121/2003, DJ 21.11.2003)

TST

SÚMULAS SELECIONADAS

II – O bancário que exerce a função a que se refere o § 2° do art. 224 da CLT e recebe gratificação não inferior a 1/3 (um terço) de seu salário já tem remuneradas as 2 (duas) horas extraordinárias excedentes de seis. (ex-Súmula 166 – RA 102/1982, *DJ* 11.10.1982 e *DJ* 15.10.1982)

III – Ao bancário exercente de cargo de confiança previsto no artigo 224, § 2°, da CLT são devidas as 7ª e 8ª horas, como extras, no período em que se verificar o pagamento a menor da gratificação de 1/3 (um terço). (ex-OJ 288 da SBDI-1 – *DJ* 11.08.2003)

IV – O bancário sujeito à regra do art. 224, § 2°, da CLT cumpre jornada de trabalho de 8 (oito) horas, sendo extraordinárias as trabalhadas além da oitava. (ex-Súmula 232 – RA 14/1985, *DJ* 19.09.1985)

V – O advogado empregado de banco, pelo simples exercício da advocacia, não exerce cargo de confiança, não se enquadrando, portanto, na hipótese do § 2° do art. 224 da CLT. (ex-OJ 222 da SBDI-1 – inserida em 20.06.2001)

VI – O caixa bancário, ainda que caixa executivo, não exerce cargo de confiança. Se perceber gratificação igual ou superior a 1/3 (um terço) do salário do posto efetivo, essa remunera apenas a maior responsabilidade do cargo e não as 2 (duas) horas extraordinárias além da sexta. (ex-Súmula 102 – RA 66/1980, *DJ* 18.06.1980 e republicada *DJ* 14.07.1980)

VII – O bancário exercente de função de confiança, que percebe a gratificação não inferior ao terço legal, ainda que norma coletiva contemple percentual superior, não tem direito às sétima e oitava horas como extras, mas tão somente às diferenças de gratificação de função, se postuladas. (ex-OJ 15 da SBDI-1 – inserida em 14.03.1994)

* Súmula mantida pela Res. TST 174/2011 (*DEJT* 27.05.2011).

109. Gratificação de função

O bancário não enquadrado no § 2° do art. 224 da CLT, que receba gratificação de função, não pode ter o salário relativo a horas extraordinárias compensado com o valor daquela vantagem.

* Súmula com redação determinada pela RA 97/1980.

110. Jornada de trabalho. Intervalo

No regime de revezamento, as horas trabalhadas em seguida ao repouso semanal de 24 (vinte e quatro) horas, com prejuízo do intervalo mínimo de 11 (onze) horas consecutivas para descanso entre jornadas, devem ser remuneradas como extraordinárias, inclusive com o respectivo adicional.

112. Trabalho noturno. Petróleo

O trabalho noturno dos empregados nas atividades de exploração, perfuração, produção e refinação do petróleo, industrialização do xisto, indústria petroquímica e transporte de petróleo e seus derivados, por meio de dutos, é regulado pela Lei 5.811, de 11.10.1972, não se lhe aplicando a hora reduzida de 52 (cinquenta e dois) minutos e 30 (trinta) segundos prevista no art. 73, § 2°, da CLT.

113. Bancário. Sábado. Dia útil

O sábado do bancário é dia útil não trabalhado, não dia de repouso remunerado. Não cabe a repercussão do pagamento de horas extras habituais em sua remuneração.

114. Prescrição intercorrente

É inaplicável na Justiça do Trabalho a prescrição intercorrente.

* V. Súmula 327, STF.

115. Horas extras. Gratificações semestrais

O valor das horas extras habituais integra a remuneração do trabalhador para o cálculo das gratificações semestrais.

* Súmula com redação determinada pela Res. TST 121/2003.

1507

117. Bancário. Categoria diferenciada

Não se beneficiam do regime legal relativo aos bancários os empregados de estabelecimento de crédito pertencentes a categorias profissionais diferenciadas.

118. Jornada de trabalho. Horas extras

Os intervalos concedidos pelo empregador, na jornada de trabalho, não previstos em lei, representam tempo à disposição da empresa, remunerados como serviço extraordinário, se acrescidos ao final da jornada.

119. Jornada de trabalho

Os empregados de empresas distribuidoras e corretoras de títulos e valores mobiliários não têm direito à jornada especial dos bancários.

122. Revelia. Atestado médico. (Incorporada a Orientação Jurisprudencial 74 da SDI-1)

A reclamada, ausente à audiência em que deveria apresentar defesa, é revel, ainda que presente seu advogado munido de procuração, podendo ser ilidida a revelia mediante a apresentação de atestado médico, que deverá declarar, expressamente, a impossibilidade de locomoção do empregador ou do seu preposto no dia da audiência. (Primeira parte – ex-OJ 74 – Inserida em 25.11.1996; segunda parte – ex-Súmula 122, redação dada pela Res. 121/2003, *DJ* 21.11.2003)

• Súmula com redação determinada pela Res. TST 129/2005 (*DJU* 20.04.2005).

124. Bancário. Salário-hora. Divisor (redação alterada na sessão do Tribunal Pleno realizada em 14.09.2012)

I – O divisor aplicável para o cálculo das horas extras do bancário, se houver ajuste individual expresso ou coletivo no sentido de considerar o sábado como dia de descanso remunerado, será:

a) 150, para os empregados submetidos à jornada de 6 (seis) horas, prevista no *caput* do art. 224 da CLT;

b) 200, para os empregados submetidos à jornada de 8 (oito) horas, nos termos do § 2º do art. 224 da CLT.

II – Nas demais hipóteses, aplicar-se-á o divisor:

a) 180, para os empregados submetidos à jornada de 6 (seis) horas prevista no *caput* do art. 224 da CLT;

b) 220, para os empregados submetidos à jornada de 8 (oito) horas, nos termos do § 2º do art. 224 da CLT.

• Súmula com redação determinada pela Res. TST 185/2012 (*DEJT* 25.09.2012).

125. Contrato de trabalho. Art. 479 da CLT

O art. 479 da CLT aplica-se ao trabalhador optante pelo FGTS admitido mediante contrato por prazo determinado, nos termos do art. 30, § 3º, do Decreto 59.820, de 20.12.1966.

126. Recurso. Cabimento

Incabível o recurso de revista ou de embargos (arts. 896 e 894, *b*, da CLT) para reexame de fatos e provas.

127. Quadro de carreira

Quadro de pessoal organizado em carreira, aprovado pelo órgão competente, excluída a hipótese de equiparação salarial, não obsta reclamação fundada em preterição, enquadramento ou reclassificação.

128. Depósito recursal. (Incorporadas as Orientações Jurisprudenciais 139, 189 e 190 da SDI-1)

I – É ônus da parte recorrente efetuar o depósito legal, integralmente, em relação a cada novo recurso interposto, sob pena de deserção. Atingido o valor da condenação, nenhum depósito mais é exigido para qualquer recurso. (ex-Súmula 128, redação dada pela Res. 121/2003, *DJ* 21.11.03, que incorporou a OJ 139 – Inserida em 27.11.98)

II – Garantido o juízo, na fase executória, a exigência de depósito para recorrer de qualquer decisão viola os incisos II e LV do art. 5º da CF/1988. Havendo, porém, ele-

SÚMULAS SELECIONADAS

vação do valor do débito, exige-se a complementação da garantia do juízo. (ex-OJ 189 – Inserida em 08.11.2000)

III – Havendo condenação solidária de duas ou mais empresas, o depósito recursal efetuado por uma delas aproveita as demais, quando a empresa que efetuou o depósito não pleiteia sua exclusão da lide. (ex-OJ 190 – Inserida em 08.11.2000)

• Súmula com redação determinada pela Res. TST 129/2005 (DJU 20.04.2005).

129. Contrato de trabalho. Grupo econômico

A prestação de serviços a mais de uma empresa do mesmo grupo econômico, durante a mesma jornada de trabalho, não caracteriza a coexistência de mais de um contrato de trabalho, salvo ajuste em contrário.

132. Adicional de periculosidade. Integração. (Incorporadas as Orientações Jurisprudenciais 174 e 267 da SDI-1)

I – O adicional de periculosidade, pago em caráter permanente, integra o cálculo de indenização e de horas extras. (ex-prejulgado 3). (ex-Súmula 132 – RA 102/1982, *DJ* 11.10.1982/ *DJ* 15.10.1982 e ex-OJ 267 – Inserida em 27.09.2002)

II – Durante as horas de sobreaviso, o empregado não se encontra em condições de risco, razão pela qual é incabível a integração do adicional de periculosidade sobre as mencionadas horas. (ex-OJ 174 – Inserida em 08.11.2000)

• Súmula com redação determinada pela Res. TST 129/2005 (DJU 20.04.2005).

138. Readmissão

Em caso de readmissão, conta-se a favor do empregado o período de serviço anterior, encerrado com a saída espontânea. (Ex-prejulgado 9.)

139. Adicional de insalubridade. (Incorporada a Orientação Jurisprudencial 102 da SDI-1)

Enquanto percebido, o adicional de insalubridade integra a remuneração para todos os efeitos legais. (ex-OJ 102 – Inserida em 01.10.1997)

• Súmula com redação determinada pela Res. TST 129/2005 (DJU 20.04.2005).

140. Vigia

É assegurado ao vigia, sujeito ao trabalho noturno, o direito ao respectivo adicional. (Ex-prejulgado 12)

143. Salário profissional

O salário profissional dos médicos e dentistas guarda proporcionalidade com as horas efetivamente trabalhadas, respeitado o mínimo de 50 (cinquenta) horas mensais. (Ex-prejulgado 15.)

146. Trabalho em domingos e feriados, não compensado

O trabalho prestado em domingos e feriados, não compensado, deve ser pago em dobro, sem prejuízo da remuneração relativa ao repouso semanal.

• Súmula com redação determinada pela Res. TST 121/2003.

148. Gratificação natalina

É computável a gratificação de Natal para efeito do cálculo da indenização. (Ex-prejulgado 20.)

149. Tarefeiro. Férias

A remuneração das férias do tarefeiro deve ser calculada com base na média da produção do período aquisitivo, aplicando-se-lhe a tarifa da data da concessão. (Ex-prejulgado 22.)

152. Gratificação. Ajuste tácito

O fato de constar do recibo de pagamento de gratificação o caráter de liberalidade não basta, por si só, para excluir a existência de ajuste tácito. (Ex-prejulgado 25.)

153. Prescrição

Não se conhece de prescrição não arguida na instância ordinária. (Ex-prejulgado 27.)

155. Ausência ao serviço

As horas em que o empregado falta ao serviço para comparecimento necessário, como parte, à Justiça do Trabalho não serão descontadas de seus salários. (Ex-prejulgado 30.)

TST

SÚMULAS SELECIONADAS

156. Prescrição. Prazo

Da extinção do último contrato começa a fluir o prazo prescricional do direito de ação em que se objetiva a soma de períodos descontínuos de trabalho. (Ex-prejulgado 31.)

157. Gratificação

A gratificação instituída pela Lei 4.090, de 13.07.1962 é devida na resilição contratual de iniciativa do empregado. (Ex-prejulgado 32.)

158. Ação rescisória

Da decisão de Tribunal Regional do Trabalho, em ação rescisória, é cabível recurso ordinário para o Tribunal Superior do Trabalho, em face da organização judiciária trabalhista. (Ex-prejulgado 35.)

159. Substituição de caráter não eventual e vacância do cargo. (Incorporada a Orientação Jurisprudencial 112 da SDI-1)

I – Enquanto perdurar a substituição que não tenha caráter meramente eventual, inclusive nas férias, o empregado substituto fará jus ao salário contratual do substituído. (ex-Súmula 159 – Res. 121/2003, DJ 21.11.2003)

II – Vago o cargo em definitivo, o empregado que passa a ocupá-lo não tem direito a salário igual ao do antecessor. (ex-OJ 112 – Inserida em 01.10.1997)

* Súmula com redação determinada pela Res. TST 129/2005 (DJU 20.04.2005).

160. Aposentadoria por invalidez

Cancelada a aposentadoria por invalidez, mesmo após 5 (cinco) anos, o trabalhador terá direito de retornar ao emprego, facultado, porém, ao empregador, indenizá-lo na forma da lei. (Ex-prejulgado 37.)

161. Depósito. Condenação a pagamento em pecúnia

Se não há condenação a pagamento em pecúnia, descabe o depósito de que tratam os §§ 1º e 2º do art. 899 da CLT. (Ex-prejulgado 39.)

163. Aviso-prévio. Contrato de experiência

Cabe aviso-prévio nas rescisões antecipadas dos contratos de experiência, na forma do art. 481 da CLT. (Ex-prejulgado 42.)

164. Procuração. Juntada

O não cumprimento das determinações dos §§ 1º e 2º do art. 5º da Lei 8.906, de 04.07.1994 e do art. 37, parágrafo único, do Código de Processo Civil importa o não conhecimento de recurso, por inexistente, exceto na hipótese de mandato tácito.

* Súmula com redação determinada pela Res. TST 121/2003.

170. Sociedade de economia mista. Custas

Os privilégios e isenções no foro da Justiça do Trabalho não abrangem as sociedades de economia mista, ainda que gozassem desses benefícios anteriormente ao Decreto-lei 779, de 21.08.1969. (Ex-prejulgado 50.)

171. Férias Proporcionais. Contrato de Trabalho. Extinção

Salvo na hipótese de dispensa do empregado por justa causa, a extinção do contrato de trabalho sujeita o empregador ao pagamento da remuneração das férias proporcionais, ainda que incompleto o período aquisitivo de 12 (doze) meses (art. 147 da CLT). Ex-prejulgado 51.

* Súmula republicada no DJU 05.05.2004.
* Súmula com redação determinada pela Res. TST 121/2003.

172. Repouso remunerado. Horas extras. Cálculo

Computam-se no cálculo do repouso remunerado as horas extras habitualmente prestadas. (Ex-prejulgado 52.)

173. Salário. Empresa. Cessação de atividades

Extinto, automaticamente, o vínculo empregatício com a cessação das atividades da empresa, os salários só são devidos até a data da extinção. (Ex-prejulgado 53.)

TST

SÚMULAS SELECIONADAS

178. Telefonista. Art. 227, e parágrafos, da CLT. Aplicabilidade

É aplicável à telefonista de mesa de empresa que não explora o serviço de telefonia o disposto no art. 227, e seus parágrafos, da CLT. (Ex-prejulgado 59.)

182. Aviso-prévio. Indenização compensatória. Lei 6.708, de 30.10.1979

O tempo do aviso-prévio, mesmo indenizado, conta-se para efeito da indenização adicional prevista no art. 9º da Lei 6.708, de 30.10.1979.

- Súmula com redação determinada pela Res. 5/1983.

184. Embargos declaratórios. Omissão em recurso de revista. Preclusão

Ocorre preclusão se não forem opostos embargos declaratórios para suprir omissão apontada em recurso de revista ou de embargos.

186. Licença-prêmio. Conversão em pecúnia. Regulamento da empresa

A licença-prêmio, na vigência do contrato de trabalho, não pode ser convertida em pecúnia, salvo se expressamente admitida a conversão no regulamento da empresa.

- Súmula com redação determinada pela Res. TST 121/2003.

187. Correção monetária. Incidência

A correção monetária não incide sobre o débito do trabalhador reclamante.

188. Contrato de trabalho. Experiência. Prorrogação

O contrato de experiência pode ser prorrogado, respeitado o limite máximo de 90 (noventa) dias.

189. Greve. Competência da Justiça do Trabalho. Abusividade

A Justiça do Trabalho é competente para declarar a abusividade, ou não, da greve.

- Súmula com redação determinada pela Res. TST 121/2003.
- V. art. 114, II e § 3º, CF.

190. Poder normativo do TST. Condições de trabalho. Inconstitucionalidade. Decisões contrárias ao STF

Ao julgar ou homologar ação coletiva ou acordo nela havido, o Tribunal Superior do Trabalho exerce o poder normativo constitucional, não podendo criar ou homologar condições de trabalho que o Supremo Tribunal Federal julgue iterativamente inconstitucionais.

191. Adicional. Periculosidade. Incidência

O adicional de periculosidade incide apenas sobre o salário básico e não sobre este acrescido de outros adicionais. Em relação aos eletricitários, o cálculo do adicional de periculosidade deverá ser efetuado sobre a totalidade das parcelas de natureza salarial.

- Súmula com redação determinada pela Res. TST 121/2003.

192. Ação rescisória. Competência e possibilidade jurídica do pedido. (Incorporadas as Orientações Jurisprudenciais 48, 105 e 133 da SDI-II)

I – Se não houver o conhecimento de recurso de revista ou de embargos, a competência para julgar ação que vise a rescindir a decisão de mérito é do Tribunal Regional do Trabalho, ressalvado o disposto no item II. (ex-Súmula 192 – Res. 121/2003, *DJ* 21.11.2003)

II – Acórdão rescindendo do Tribunal Superior do Trabalho que não conhece de recurso de embargos ou de revista, analisando arguição de violação de dispositivo de lei material ou decidindo em consonância com súmula de direito material ou com iterativa, notória e atual jurisprudência de direito material da Seção de Dissídios Individuais (Súmula 333), examina o mérito da causa, cabendo ação rescisória da competência do Tribunal Superior do Trabalho. (ex-Súmula 192 – Res. 121/2003, *DJ* 21.11.2003)

III – Em face do disposto no art. 512 do CPC, é juridicamente impossível o pedido explíci-

1511

to de desconstituição de sentença quando substituída por acórdão de Tribunal Regional ou superveniente sentença homologatória de acordo que puser fim ao litígio.

• Item III com redação determinada pela Res. TST 153/2008 (DJE 20.11.2008).

IV – É manifesta a impossibilidade jurídica do pedido de rescisão de julgado proferido em agravo de instrumento que, limitando-se a aferir o eventual desacerto do juízo negativo de admissibilidade do recurso de revista, não substitui o acórdão regional, na forma do art. 512 do CPC. (ex-OJ 105 – DJ 29.04.2003)

V – A decisão proferida pela SDI, em sede de agravo regimental, calcada na Súmula 333, substitui acórdão de Turma do TST, porque emite juízo de mérito, comportando, em tese, o corte rescisório. (ex-OJ 133 – DJ 04.05.2004)

• Súmula com redação determinada pela Res. TST 137/2005 (DJU 22.08.2005).

197. Prazo

O prazo para recurso da parte que, intimada, não comparecer à audiência em prosseguimento para a prolação da sentença conta-se de sua publicação.

199. Bancário. Pré-contratação de horas extras. (Incorporadas as Orientações Jurisprudenciais 48 e 63 da SDI-1)

I – A contratação do serviço suplementar, quando da admissão do trabalhador bancário, é nula. Os valores assim ajustados apenas remuneram a jornada normal, sendo devidas as horas extras com o adicional de, no mínimo, 50% (cinquenta por cento), as quais não configuram pré-contratação, se pactuadas após a admissão do bancário. (ex-Súmula 199, Res. 41/1995, DJ 17.02.1995 e ex-OJ 48 – Inserida em 25.11.1996)

II – Em se tratando de horas extras pré-contratadas, opera-se a prescrição total se a ação não for ajuizada no prazo de cinco anos, a partir da data em que foram suprimidas. (ex-OJ 63 – Inserida em 14.03.1994)

• Súmula com redação determinada pela Res. TST 129/2005 (DJU 20.04.2005).

200. Juros de mora. Incidência

Os juros de mora incidem sobre a importância da condenação já corrigida monetariamente.

201. Recurso ordinário em mandado de segurança. (Revisão do Enunciado 154.)

Da decisão de Tribunal Regional do Trabalho em mandado de segurança cabe recurso ordinário, no prazo de 8 (oito) dias, para o Tribunal Superior do Trabalho, e igual dilação para o recorrido e interessados apresentarem razões de contrariedade.

202. Gratificação por tempo de serviço. Compensação

Existindo, ao mesmo tempo, gratificação por tempo de serviço outorgada pelo empregador e outra da mesma natureza prevista em acordo coletivo, convenção coletiva ou sentença normativa, o empregado tem direito a receber, exclusivamente, a que lhe seja mais benéfica.

203. Gratificação por tempo de serviço. Natureza salarial

A gratificação por tempo de serviço integra o salário para todos os efeitos legais.

206. FGTS. Incidência sobre parcelas prescritas

A prescrição da pretensão relativa às parcelas remuneratórias alcança o respectivo recolhimento da contribuição para o FGTS.

• Súmula com redação determinada pela Res. TST 121/2003.

211. Juros da mora e correção monetária. Independência do pedido inicial e do título executivo judicial

Os juros de mora e a correção monetária incluem-se na liquidação, ainda que omisso o pedido inicial ou a condenação.

212. Despedimento. Ônus da prova

O ônus de provar o término do contrato de trabalho, quando negados a prestação de serviço e o despedimento, é do empregador, pois o princípio da continuidade da relação de emprego constitui presunção favorável ao empregado.

TST

SÚMULAS SELECIONADAS

214. Decisão interlocutória. Irrecorribilidade

Na Justiça do Trabalho, nos termos do art. 893, § 1º, da CLT, as decisões interlocutórias não ensejam recurso imediato, salvo nas hipóteses de decisão:

a) de Tribunal Regional do Trabalho contrária à Súmula ou Orientação Jurisprudencial do Tribunal Superior do Trabalho;

b) suscetível de impugnação mediante recurso para o mesmo Tribunal;

c) que acolhe exceção de incompetência territorial, com a remessa dos autos para Tribunal Regional distinto daquele a que se vincula o juízo excepcionado, consoante o disposto no art. 799, § 2º, da CLT.

- Súmula com redação determinada pela Res. TST 127/2005.

217. Depósito recursal. Credenciamento bancário. Prova dispensável

O credenciamento dos bancos para o fim de recebimento do depósito recursal é fato notório, independendo da prova.

218. Recurso de revista. Acórdão proferido em agravo de instrumento

É incabível recurso de revista interposto de acórdão regional prolatado em agravo de instrumento.

219. Honorários advocatícios. Hipótese de cabimento. (nova redação do item II e inserido o item III à redação)

I – Na Justiça do Trabalho, a condenação ao pagamento de honorários advocatícios, nunca superiores a 15% (quinze por cento), não decorre pura e simplesmente da sucumbência, devendo a parte estar assistida por sindicato da categoria profissional e comprovar a percepção de salário inferior ao dobro do salário mínimo ou encontrar-se em situação econômica que não lhe permita demandar sem prejuízo do próprio sustento ou da respectiva família. (ex-Súmula 219 – Res. 14/1985, *DJ* 26.09.1985)

II – É cabível a condenação ao pagamento de honorários advocatícios em ação rescisória no processo trabalhista.

III – São devidos os honorários advocatícios nas causas em que o ente sindical figure como substituto processual e nas lides que não derivem da relação de emprego.

- Súmula com redação determinada pela Res. TST 174/2011 (*DEJT* 27.05.2011).

221. Recurso de revista. Violação de lei. Indicação de preceito (cancelado o item II e conferida nova redação na sessão do Tribunal Pleno realizada em 14.09.2012)

A admissibilidade do recurso de revista por violação tem como pressuposto a indicação expressa do dispositivo de lei ou da Constituição tido como violado.

- Súmula com redação determinada pela Res. TST 185/2012 (*DEJT* 25.09.2012).

225. Repouso semanal. Cálculo. Gratificações por tempo de serviço e produtividade

As gratificações por tempo de serviço e produtividade, pagas mensalmente, não repercutem no cálculo do repouso semanal remunerado.

226. Bancário. Gratificação por tempo de serviço. Integração no cálculo das horas extras

A gratificação por tempo de serviço integra o cálculo das horas extras.

228. Adicional de insalubridade. Base de cálculo (redação alterada na sessão do Tribunal Pleno em 26.06.2008) – Res. 148/2008, *DJ* 04 e 07.07.2008 – Republicada *DJ* 08, 09 e 10.07.2008.

Súmula cuja eficácia está suspensa por decisão liminar do Supremo Tribunal Federal. A partir de 9 de maio de 2008, data da publicação da Súmula Vinculante 4 do Supremo Tribunal Federal, o adicional de insalubridade será calculado sobre o salário básico, salvo critério mais vantajoso fixado em instrumento coletivo.

- Súmula com redação determinada pela Res. TST 185/2012 (*DEJT* 25.09.2012).

229. Sobreaviso. Eletricitários

Por aplicação analógica do art. 244, § 2º, da CLT, as horas de sobreaviso dos eletrici-

tários são remuneradas à base de 1/3 sobre a totalidade das parcelas de natureza salarial.

- Súmula com redação determinada pela Res. TST 121/2003.

230. Aviso-prévio. Substituição pelo pagamento das horas reduzidas da jornada de trabalho

É ilegal substituir o período que se reduz da jornada de trabalho, no aviso-prévio, pelo pagamento das horas correspondentes.

239. Bancário. Empregado de empresa de processamento de dados. (Incorporadas as Orientações Jurisprudenciais 64 e 126 da SDI-1)

É bancário o empregado de empresa de processamento de dados que presta serviço a banco integrante do mesmo grupo econômico, exceto quando a empresa de processamento de dados presta serviços a banco e a empresas não bancárias do mesmo grupo econômico ou a terceiros. (Primeira parte – ex-Súmula 239 – Res. 12/1985, *DJ* 09.12.1985; segunda parte – ex-OJs 64 – inserida em 13.09.1994 e 126 – Inserida em 20.04.1998)

- Súmula com redação determinada pela Res. TST 129/2005 (*DJU* 20.04.2005).

240. Bancário. Gratificação de função e adicional por tempo de serviço

O adicional por tempo de serviço integra o cálculo da gratificação prevista no art. 224, § 2º, da CLT.

241. Salário-utilidade. Alimentação

O vale para refeição, fornecido por força do contrato de trabalho, tem caráter salarial, integrando a remuneração do empregado, para todos os efeitos legais.

242. Indenização adicional. Valor

A indenização adicional, prevista no art. 9º da Lei 6.708, de 30.10.1979 e no art. 9º da Lei 7.238, de 28.10.1984, corresponde ao salário mensal, no valor devido na data da comunicação do despedimento, integrado pelos adicionais legais ou convencionados, ligados à unidade de tempo mês, não sendo computável a gratificação natalina.

243. Opção pelo regime trabalhista. Supressão das vantagens estatutárias

Exceto na hipótese de previsão contratual ou legal expressa, a opção do funcionário público pelo regime trabalhista implica a renúncia dos direitos inerentes ao sistema estatutário.

244. Gestante. Estabilidade provisória (redação do item III alterada na sessão do Tribunal Pleno realizada em 14.09.2012)

I – O desconhecimento do estado gravídico pelo empregador não afasta o direito ao pagamento da indenização decorrente da estabilidade (art. 10, II, *b* do ADCT).

II – A garantia de emprego à gestante só autoriza a reintegração se esta se der durante o período de estabilidade. Do contrário, a garantia restringe-se aos salários e demais direitos correspondentes ao período de estabilidade.

III – A empregada gestante tem direito à estabilidade provisória prevista no art. 10, inciso II, alínea *b*, do Ato das Disposições Constitucionais Transitórias, mesmo na hipótese de admissão mediante contrato por tempo determinado.

- Súmula com redação determinada pela Res. TST 185/2012 (*DEJT* 25.09.2012).

245. Depósito recursal. Prazo

O depósito recursal deve ser feito e comprovado no prazo alusivo ao recurso. A interposição antecipada deste não prejudica a dilação legal.

246. Ação de cumprimento. Trânsito em julgado da sentença normativa

É dispensável o trânsito em julgado da sentença normativa para propositura da ação de cumprimento.

247. Quebra de caixa. Natureza jurídica

A parcela paga aos bancários sob a denominação "quebra de caixa" possui natureza salarial, integrando o salário do presta-

TST

SÚMULAS SELECIONADAS

dor de serviços, para todos os efeitos legais.

248. Adicional de insalubridade. Direito adquirido

A reclassificação ou descaracterização da insalubridade, por ato da autoridade competente, repercute na satisfação do respectivo adicional, sem ofensa a direito adquirido ou ao princípio da irredutibilidade salarial.

253. Gratificação semestral. Repercussões

A gratificação semestral não repercute no cálculo das horas extras, das férias e do aviso-prévio, ainda que indenizados. Repercute, contudo, pelo seu duodécimo na indenização por antiguidade e na gratificação natalina.

- Súmula com redação determinada pela Res. TST 121/2003.

254. Salário-família. Termo inicial da obrigação

O termo inicial do direito ao salário-família coincide com a prova da filiação. Se feita em juízo, corresponde à data de ajuizamento do pedido, salvo se comprovado que anteriormente o empregador se recusara a receber a respectiva certidão.

257. Vigilante

O vigilante, contratado diretamente por banco ou por intermédio de empresas especializadas, não é bancário.

258. Salário-utilidade. Percentuais

Os percentuais fixados em lei relativos ao salário *in natura* apenas se referem às hipóteses em que o empregado percebe salário mínimo, apurando-se, nas demais, o real valor da utilidade.

- Súmula com redação determinada pela Res. TST 121/2003.

259. Termo de conciliação. Ação rescisória

Só por ação rescisória é impugnável o termo de conciliação previsto no parágrafo único do art. 831 da CLT.

261. Férias proporcionais. Pedido de demissão. Contrato vigente há menos de 1 (um) ano

O empregado que se demite antes de completar 12 (doze) meses de serviço tem direito a férias proporcionais.

- Súmula com redação determinada pela Res. TST 121/2003.

262. Prazo judicial. Notificação ou intimação em sábado. Recesso forense. (Incorporada a Orientação Jurisprudencial 209 da SDI-1)

I – Intimada ou notificada a parte no sábado, o início do prazo se dará no primeiro dia útil imediato e a contagem, no subsequente. (ex-Súmula 262 – Res. 10/1986, *DJ* 31.10.1986)

II – O recesso forense e as férias coletivas dos Ministros do Tribunal Superior do Trabalho (art. 177, § 1º, do RITST) suspendem os prazos recursais. (ex-OJ 209 – Inserida em 08.11.2000)

- Súmula com redação determinada pela Res. TST 129/2005 (*DJU* 20.04.2005).

263. Petição inicial. Indeferimento. Instrução obrigatória deficiente

Salvo nas hipóteses do art. 295 do CPC, o indeferimento da petição inicial, por encontrar-se desacompanhada de documento indispensável à propositura da ação ou não preencher outro requisito legal, somente é cabível se, após intimada para suprir a irregularidade em 10 (dez) dias, a parte não o fizer.

- Súmula com redação determinada pela Res. TST 121/2003.

264. Hora suplementar. Cálculo

A remuneração do serviço suplementar é composta do valor da hora normal, integrado por parcelas de natureza salarial e acrescido do adicional previsto em lei, contrato, acordo, convenção coletiva ou sentença normativa.

TST

SÚMULAS SELECIONADAS

265. Adicional noturno. Alteração de turno de trabalho. Possibilidade de supressão

A transferência para o período diurno de trabalho implica na perda do direito ao adicional noturno.

266. Recurso de revista. Admissibilidade. Execução de sentença. (Revisão do Enunciado 210)

A admissibilidade do recurso de revista interposto de acórdão proferido em agravo de petição, na liquidação de sentença ou em processo incidente na execução, inclusive os embargos de terceiro, depende de demonstração inequívoca de violência direta à Constituição Federal.

268. Prescrição. Interrupção. Ação trabalhista arquivada

A ação trabalhista, ainda que arquivada, interrompe a prescrição somente em relação aos pedidos idênticos.

- Súmula com redação determinada pela Res. TST 121/2003.

269. Diretor eleito. Cômputo do período como tempo de serviço

O empregado eleito para ocupar cargo de diretor tem o respectivo contrato de trabalho suspenso, não se computando o tempo de serviço deste período, salvo se permanecer a subordinação jurídica inerente à relação de emprego.

275. Prescrição. Desvio de função e reenquadramento. (Incorporada a Orientação Jurisprudencial 144 da SDI-1)

I – Na ação que objetive corrigir desvio funcional, a prescrição só alcança as diferenças salariais vencidas no período de 5 (cinco) anos que precedeu o ajuizamento. (ex-Súmula 275 – Res. 121/2003, DJ 21.11.2003)

II – Em se tratando de pedido de reenquadramento, a prescrição é total, contada da data do enquadramento do empregado. (ex-OJ 144 – Inserida em 27.11.1998)

- Súmula com redação determinada pela Res. TST 129/2005 (DJU 20.04.2005).

276. Aviso-prévio. Renúncia pelo empregado

O direito ao aviso-prévio é irrenunciável pelo empregado. O pedido de dispensa de cumprimento não exime o empregador de pagar o valor respectivo, salvo comprovação de haver o prestador dos serviços obtido novo emprego.

277. Convenção coletiva de trabalho ou acordo coletivo de trabalho. Eficácia. Ultratividade (redação alterada na sessão do Tribunal Pleno realizada em 14.09.2012)

As cláusulas normativas dos acordos coletivos ou convenções coletivas integram os contratos individuais de trabalho e somente poderão ser modificadas ou suprimidas mediante negociação coletiva de trabalho.

- Súmula com redação determinada pela Res. TST 185/2012 (DEJT 25.09.2012).

278. Embargos de declaração. Omissão no julgado

A natureza da omissão suprida pelo julgamento de embargos declaratórios pode ocasionar efeito modificativo no julgado.

279. Recurso contra sentença normativa. Efeito suspensivo. Cassação

A cassação de efeito suspensivo concedido a recurso interposto contra sentença normativa retroage à data do despacho que o deferiu.

282. Abono de faltas. Serviço médico da empresa

Ao serviço médico da empresa ou ao mantido por esta última mediante convênio compete abonar os primeiros 15 (quinze) dias de ausência ao trabalho.

283. Recurso adesivo. Pertinência no processo do trabalho. Correlação de matérias. (Revisão do Enunciado 196)

O recurso adesivo é compatível com o processo do trabalho e cabe, no prazo de 8 (oito) dias, nas hipóteses de interposição de recurso ordinário, de agravo de petição, de revista e de embargos, sendo desnecessário que a matéria nele veiculada esteja rela-

SÚMULAS SELECIONADAS

cionada com a do recurso interposto pela parte contrária.

285. Recurso de revista. Admissibilidade parcial pelo Juiz Presidente do Tribunal Regional do Trabalho. Efeito

O fato de o juízo primeiro de admissibilidade do recurso de revista entendê-lo cabível apenas quanto à parte das matérias veiculadas não impede a apreciação integral pela Turma do Tribunal Superior do Trabalho, sendo imprópria a interposição de agravo de instrumento.

286. Sindicato. Substituição processual. Convenção e acordos coletivos

A legitimidade do sindicato para propor ação de cumprimento estende-se também à observância de acordo ou de convenção coletivos.

- Súmula com redação determinada pela Res. 98/2000.

287. Jornada de trabalho. Gerente bancário

A jornada de trabalho do empregado de banco gerente de agência é regida pelo art. 224, § 2º, da CLT. Quanto ao gerente-geral de agência bancária, presume-se o exercício de encargo de gestão, aplicando-se-lhe o art. 62 da CLT.

- Súmula com redação determinada pela Res. TST 121/2003.

288. Complementação dos proventos da aposentadoria

A complementação dos proventos da aposentadoria é regida pelas normas em vigor na data da admissão do empregado, observando-se as alterações posteriores desde que mais favoráveis ao beneficiário do direito.

289. Insalubridade. Adicional. Fornecimento do aparelho de proteção. Efeito

O simples fornecimento do aparelho de proteção pelo empregador não o exime do pagamento do adicional de insalubridade. Cabe-lhe tomar as medidas que conduzam à diminuição ou eliminação da nocividade, entre as quais as relativas ao uso efetivo do equipamento pelo empregado.

291. Horas extras. Habitualidade. Supressão. Indenização. (nova redação em decorrência do julgamento do processo TST-IUJERR 10700-45.2007.5.22.0101)

A supressão total ou parcial, pelo empregador, de serviço suplementar prestado com habitualidade, durante pelo menos 1 (um) ano, assegura ao empregado o direito à indenização correspondente ao valor de 1 (um) mês das horas suprimidas, total ou parcialmente, para cada ano ou fração igual ou superior a 6 (seis) meses de prestação de serviço acima da jornada normal. O cálculo observará a média das horas suplementares nos últimos 12 (doze) meses anteriores à mudança, multiplicada pelo valor da hora extra do dia da supressão.

- Súmula com redação determinada pela Res. TST 174/2011 (*DEJT* 27.05.2011).

293. Adicional de insalubridade. Causa de pedir. Agente nocivo diverso do apontado na inicial

A verificação mediante perícia de prestação de serviços em condições nocivas, considerado agente insalubre diverso do apontado na inicial, não prejudica o pedido de adicional de insalubridade.

294. Prescrição. Alteração contratual. Trabalhador urbano. (Cancela os Enunciados 168 e 198)

Tratando-se de ação que envolva pedido de prestações sucessivas decorrente de alteração do pactuado, a prescrição é total, exceto quando o direito à parcela esteja também assegurado por preceito de lei.

296. Recurso. Divergência jurisprudencial. Especificidade. (Incorporada a Orientação Jurisprudencial 37 da SDI-1)

I – A divergência jurisprudencial ensejadora da admissibilidade, do prosseguimento e do conhecimento do recurso há de ser específica, revelando a existência de teses diversas na interpretação de um mesmo dis-

positivo legal, embora idênticos os fatos que as ensejaram. (ex-Súmula 296 – Res. 6/1989, *DJ* 14.04.1989)

II – Não ofende o art. 896 da CLT decisão de Turma que, examinando premissas concretas de especificidade da divergência colacionada no apelo revisional, conclui pelo conhecimento ou desconhecimento do recurso. (ex-OJ 37 – Inserida em 01.02.1995)

• Súmula com redação determinada pela Res. TST 129/2005 (*DJU* 20.04.2005).

297. Prequestionamento. Oportunidade. Configuração

1. Diz-se prequestionada a matéria ou questão quando na decisão impugnada haja sido adotada, explicitamente, tese a respeito.

2. Incumbe à parte interessada, desde que a matéria haja sido invocada no recurso principal, opor embargos declaratórios objetivando o pronunciamento sobre o tema, sob pena de preclusão.

3. Considera-se prequestionada a questão jurídica invocada no recurso principal sobre a qual se omite o Tribunal de pronunciar tese, não obstante opostos embargos de declaração.

• Súmula com redação determinada pela Res. TST 121/2003.

298. Ação rescisória. Violação a disposição de lei. pronunciamento explícito. (Redação alterada pelo Tribunal Pleno na sessão realizada em 6.2.2012)

I – A conclusão acerca da ocorrência de violação literal a disposição de lei pressupõe pronunciamento explícito, na sentença rescindenda, sobre a matéria veiculada.

II – O pronunciamento explícito exigido em ação rescisória diz respeito à matéria e ao enfoque específico da tese debatida na ação, e não, necessariamente, ao dispositivo legal tido por violado. Basta que o conteúdo da norma reputada violada haja sido abordado na decisão rescindenda para que se considere preenchido o pressuposto.

III – Para efeito de ação rescisória, considera-se pronunciada explicitamente a matéria tratada na sentença quando, examinando remessa de ofício, o Tribunal simplesmente a confirma.

IV – A sentença meramente homologatória, que silencia sobre os motivos de convencimento do juiz, não se mostra rescindível, por ausência de pronunciamento explícito.

V – Não é absoluta a exigência de pronunciamento explícito na ação rescisória, ainda que esta tenha por fundamento violação de dispositivo de lei. Assim, prescindível o pronunciamento explícito quando o vício nasce no próprio julgamento, como se dá com a sentença "extra, citra e ultra petita".

• Súmula com redação determinada pela Res. TST 177/2012 (*DJE* 13.02.2012).

299. Ação rescisória. Decisão rescindenda. Trânsito em julgado. Comprovação. Efeitos. (Incorporadas as Orientações Jurisprudenciais 96 e 106 da SDI-II)

I – É indispensável ao processamento da ação rescisória a prova do trânsito em julgado da decisão rescindenda. (ex-Súmula 299 – RA 74/1980, *DJ* 21.07.1980)

II – Verificando o relator que a parte interessada não juntou à inicial o documento comprobatório, abrirá prazo de 10 (dez) dias para que o faça, sob pena de indeferimento. (ex-Súmula 299 – RA 74/1980, *DJ* 21.07.1980)

III – A comprovação do trânsito em julgado da decisão rescindenda é pressuposto processual indispensável ao tempo do ajuizamento da ação rescisória. Eventual trânsito em julgado posterior ao ajuizamento da ação rescisória não reabilita a ação proposta, na medida em que o ordenamento jurídico não contempla a ação rescisória preventiva. (ex-OJ 106 – *DJ* 29.04.2003)

SÚMULAS SELECIONADAS

IV – O pretenso vício de intimação, posterior à decisão que se pretende rescindir, se efetivamente ocorrido, não permite a formação da coisa julgada material. Assim, a ação rescisória deve ser julgada extinta, sem julgamento do mérito, por carência de ação, por inexistir decisão transitada em julgado a ser rescindida. (ex-OJ 96 – inserida em 27.09.2002)

• Súmula com redação determinada pela Res. TST 137/2005 (*DJU* 22.08.2005).

300. Competência da Justiça do Trabalho. Cadastramento no PIS

Compete à Justiça do Trabalho processar e julgar ações ajuizadas por empregados em face de empregadores relativas ao cadastramento no Programa de Integração Social (PIS).

301. Auxiliar de laboratório. Ausência de diploma. Efeitos

O fato de o empregado não possuir diploma de profissionalização de auxiliar de laboratório não afasta a observância das normas da Lei 3.999, de 15.12.1961, uma vez comprovada a prestação de serviços na atividade.

303. Fazenda Pública. Duplo grau de jurisdição. (Incorporadas as Orientações Jurisprudenciais 9, 71, 72 e 73 da SDI-1)

I – Em dissídio individual, está sujeita ao duplo grau de jurisdição, mesmo na vigência da CF/1988, decisão contrária à Fazenda Pública, salvo:

a) quando a condenação não ultrapassar o valor correspondente a 60 (sessenta) salários mínimos; (ex-OJ 09 – incorporada pela Res. 121/2003, *DJ* 21.11.2003)

b) quando a decisão estiver em consonância com decisão plenária do Supremo Tribunal Federal ou com súmula ou orientação jurisprudencial do Tribunal Superior do Trabalho. (ex-Súmula 303 – Res. 121/2003, *DJ* 21.11.2003)

II – Em ação rescisória, a decisão proferida pelo juízo de primeiro grau está sujeita ao duplo grau de jurisdição obrigatório quando desfavorável ao ente público, exceto nas hipóteses das alíneas *a* e *b* do inciso anterior. (ex-OJ 71 – Inserida em 03.06.1996)

III – Em mandado de segurança, somente cabe remessa *ex officio* se, na relação processual, figurar pessoa jurídica de direito público como parte prejudicada pela concessão da ordem. Tal situação não ocorre na hipótese de figurar no feito como impetrante e terceiro interessado pessoa de direito privado, ressalvada a hipótese de matéria administrativa. (ex-OJs 72 – Inserida em 25.11.1996 e 73 – Inserida em 03.06.1996)

• Súmula com redação determinada pela Res. TST 129/2005 (*DJU* 20.04.2005).

304. Correção monetária. Empresas em liquidação. Art. 46 do ADCT/CF. (Revisão do Enunciado 284)

Os débitos trabalhistas das entidades submetidas aos regimes de intervenção ou liquidação extrajudicial estão sujeitos a correção monetária desde o respectivo vencimento até seu efetivo pagamento, sem interrupção ou suspensão, não incidindo, entretanto, sobre tais débitos, juros de mora.

305. Fundo de Garantia do Tempo de Serviço. Incidência sobre o aviso-prévio

O pagamento relativo ao período de aviso-prévio, trabalhado ou não, está sujeito a contribuição para o FGTS.

307. Juros. Irretroatividade do Decreto-lei 2.322, de 26.02.1987

A fórmula de cálculo de juros prevista no Decreto-lei 2.322, de 26.02.1987 somente é aplicável a partir de 27.02.1987. Quanto ao período anterior, deve-se observar a legislação então vigente.

308. Prescrição quinquenal (Incorporada a Orientação Jurisprudencial 204 da SDI-1)

I – Respeitado o biênio subsequente à cessação contratual, a prescrição da ação trabalhista concerne às pretensões imediatamente anteriores a cinco anos, contados da data do ajuizamento da reclamação e, não,

TST

SÚMULAS SELECIONADAS

às anteriores ao quinquênio da data da extinção do contrato. (ex-OJ 204 – Inserida em 08.11.2000)

II – A norma constitucional que ampliou o prazo de prescrição da ação trabalhista para 5 (cinco) anos é de aplicação imediata e não atinge pretensões já alcançadas pela prescrição bienal quando da promulgação da CF/1988. (ex-Súmula 308 – Res. 6/1992, *DJ* 05.11.1992)

- Súmula com redação determinada pela Res. TST 129/2005 (*DJU* 20.04.2005).

309. Vigia portuário. Terminal privativo. Não obrigatoriedade de requisição

Tratando-se de terminais privativos destinados à navegação de cabotagem ou de longo curso, não é obrigatória a requisição de vigia portuário indicado por sindicato.

311. Benefício previdenciário a dependente de ex-empregado. Correção monetária. Legislação aplicável

O cálculo da correção monetária incidente sobre débitos relativos a benefícios previdenciários devidos a dependentes de ex-empregado pelo empregador, ou entidade de previdência privada a ele vinculada, será o previsto na Lei 6.899, de 08.04.1981.

312. Constitucionalidade. Alínea *b* do art. 896 da CLT

É constitucional a alínea *b* do art. 896 da CLT, com a redação dada pela Lei 7.701, de 21.12.1988.

313. Complementação de aposentadoria. Proporcionalidade. Banespa

A complementação de aposentadoria, prevista no art. 106, e seus parágrafos, do regulamento de pessoal editado em 1965, só é integral para os empregados que tenham 30 (trinta) ou mais anos de serviços prestados exclusivamente ao banco.

314. Indenização adicional. Verbas rescisórias. Salário corrigido

Se ocorrer a rescisão contratual no período de 30 (trinta) dias que antecede à data base, observado o Enunciado 182 do TST, o pagamento das verbas rescisórias com o salário já corrigido não afasta o direito à indenização adicional prevista nas Leis 6.708, de 30.10.1979 e 7.238, de 28.10.1984.

315. IPC de março/1990. Lei 8.030, de 12.04.1990 (Plano Collor). Inexistência de direito adquirido

A partir da vigência da Medida Provisória 154, 15.03.1990, convertida na Lei 8.030, de 12.04.1990, não se aplica o IPC de março de 1990, de 84,32% (oitenta e quatro inteiros e trinta e dois centésimos por cento), para a correção dos salários, porque o direito ainda não se havia incorporado ao patrimônio jurídico dos trabalhadores, inexistindo ofensa ao inciso XXXVI do art. 5º da CF/1988.

318. Diárias. Base de cálculo para sua integração no salário

Tratando-se de empregado mensalista, a integração das diárias no salário deve ser feita tomando-se por base o salário mensal por ele percebido, e não o valor do dia de salário, somente sendo devida a referida integração quando o valor das diárias, no mês, for superior à metade do salário mensal.

319. Reajustes salariais ("gatilhos"). Aplicação aos servidores públicos contratados sob a égide da legislação trabalhista

Aplicam-se aos servidores públicos, contratados sob o regime da CLT, os reajustes decorrentes da correção automática dos salários pelo mecanismo denominado "gatilho", de que tratam os Decretos-leis 2.284, de 10.03.1986 e 2.302, de 21.11.1986.

320. Horas *in itinere*. Obrigatoriedade de cômputo na jornada de trabalho

O fato de o empregador cobrar, parcialmente ou não, importância pelo transporte fornecido, para local de difícil acesso, ou não servido por transporte regular, não afasta o direito à percepção do pagamento das horas *in itinere*.

SÚMULAS SELECIONADAS

322. Diferenças salariais. Planos econômicos. Limite

Os reajustes salariais decorrentes dos chamados "gatilhos" e URPs, previstos legalmente como antecipação, são devidos tão somente até a data base de cada categoria.

326. Complementação de aposentadoria. Prescrição total

A pretensão à complementação de aposentadoria jamais recebida prescreve em 2 (dois) anos contados da cessação do contrato de trabalho.

- Súmula com redação determinada pela Res. TST 174/2011 (DEJT 27.05.2011).

327. Complementação de aposentadoria. Diferenças. Prescrição parcial.

A pretensão a diferenças de complementação de aposentadoria sujeita-se à prescrição parcial e quinquenal, salvo se o pretenso direito decorrer de verbas não recebidas no curso da relação de emprego e já alcançadas pela prescrição, à época da propositura da ação.

- Súmula com redação determinada pela Res. TST 174/2011 (DEJT 27.05.2011).

328. Férias. Terço constitucional

O pagamento das férias, integrais ou proporcionais, gozadas ou não, na vigência da CF/1988, sujeita-se ao acréscimo do terço previsto no respectivo art. 7º, XVII.

329. Honorários advocatícios. Art. 133 da CF/1988

Mesmo após a promulgação da CF/1988, permanece válido o entendimento consubstanciado no Enunciado 219 do Tribunal Superior do Trabalho.

330. Quitação. Validade. (Revisão do Enunciado 41)

A quitação passada pelo empregado, com assistência de entidade sindical de sua categoria, ao empregador, com observância dos requisitos exigidos nos parágrafos do art. 477 da CLT, tem eficácia liberatória em relação às parcelas expressamente consignadas no recibo, salvo se oposta ressalva expressa e especificada ao valor dado à parcela ou parcelas impugnadas.

I – A quitação não abrange parcelas não consignadas no recibo de quitação e, consequentemente, seus reflexos em outras parcelas, ainda que essas constem desse recibo.

II – Quanto a direitos que deveriam ter sido satisfeitos durante a vigência do contrato de trabalho, a quitação é válida em relação ao período expressamente consignado no recibo de quitação.

- Súmula com redação determinada pela Res. 108/2001.

331. Contrato de prestação de serviços. Legalidade. (nova redação do item IV e inseridos os itens V e VI à redação)

I – A contratação de trabalhadores por empresa interposta é ilegal, formando-se o vínculo diretamente com o tomador dos serviços, salvo no caso de trabalho temporário (Lei 6.019, de 03.01.1974).

II – A contratação irregular de trabalhador, mediante empresa interposta, não gera vínculo de emprego com os órgãos da Administração Pública direta, indireta ou fundacional (art. 37, II, da CF/1988).

III – Não forma vínculo de emprego com o tomador a contratação de serviços de vigilância (Lei 7.102, de 20.06.1983) e de conservação e limpeza, bem como a de serviços especializados ligados à atividade-meio do tomador, desde que inexistente a pessoalidade e a subordinação direta.

IV – O inadimplemento das obrigações trabalhistas, por parte do empregador, implica a responsabilidade subsidiária do tomador dos serviços quanto àquelas obrigações, desde que haja participado da relação processual e conste também do título executivo judicial.

V – Os entes integrantes da Administração Pública direta e indireta respondem subsidiariamente, nas mesmas condições do item IV, caso evidenciada a sua conduta culposa no cumprimento das obrigações da Lei 8.666, de 21.06.1993, especialmen-

te na fiscalização do cumprimento das obrigações contratuais e legais da prestadora de serviço como empregadora. A aludida responsabilidade não decorre de mero inadimplemento das obrigações trabalhistas assumidas pela empresa regularmente contratada.

VI – A responsabilidade subsidiária do tomador de serviços abrange todas as verbas decorrentes da condenação referentes ao período da prestação laboral.

• Súmula com redação determinada pela Res. TST 174/2011 (DEJT 27.05.2011).

332. Complementação de aposentadoria. Petrobras. Manual de pessoal. Norma programática

As normas relativas à complementação de aposentadoria, inseridas no Manual de Pessoal da Petrobras, têm caráter meramente programático, delas não resultando direito à referida complementação.

333. Recurso de revista. Conhecimento

Não ensejam recurso de revista decisões superadas por iterativa, notória e atual jurisprudência do Tribunal Superior do Trabalho.

• Súmula com redação determinada pela Res. TST 155/2009.

336. Constitucionalidade. § 2º do art. 9º, do Decreto-lei 1.971, de 30.11.1982

É constitucional o § 2º do art. 9º, do Decreto-lei 1.971, de 30.11.1982, com a redação dada pelo Decreto-lei 2.100, de 28.12.1983.

337. Comprovação de divergência jurisprudencial. Recursos de revista e de embargos (redação do item IV alterada na sessão do Tribunal Pleno realizada em 14.09.2012)

I – Para comprovação da divergência justificadora do recurso, é necessário que o recorrente:

a) Junte certidão ou cópia autenticada do acórdão paradigma ou cite a fonte oficial ou o repositório autorizado em que foi publicado; e

b) Transcreva, nas razões recursais, as ementas e/ou trechos dos acórdãos trazidos à configuração do dissídio, demonstrando o conflito de teses que justifique o conhecimento do recurso, ainda que os acórdãos já se encontrem nos autos ou venham a ser juntados com o recurso.

II – A concessão de registro de publicação como repositório autorizado de jurisprudência do TST torna válidas todas as suas edições anteriores.

III – A mera indicação da data de publicação, em fonte oficial, de aresto paradigma é inválida para comprovação de divergência jurisprudencial, nos termos do item I, *a*, desta súmula, quando a parte pretende demonstrar o conflito de teses mediante a transcrição de trechos que integram a fundamentação do acórdão divergente, uma vez que só se publicam o dispositivo e a ementa dos acórdãos.

IV – É válida para a comprovação da divergência jurisprudencial justificadora do recurso a indicação de aresto extraído de repositório oficial na internet, desde que o recorrente:

a) transcreva o trecho divergente;

b) aponte o sítio de onde foi extraído; e

c) decline o número do processo, o órgão prolator do acórdão e a data da respectiva publicação no *Diário Eletrônico da Justiça do Trabalho*.

• Súmula com redação determinada pela Res. TST 185/2012 (DEJT 25.09.2012).

338. Jornada de trabalho. Registro. Ônus da prova. (Incorporadas as Orientações Jurisprudenciais 234 e 306 da SDI-1)

I – É ônus do empregador que conta com mais de 10 (dez) empregados o registro da jornada de trabalho na forma do art. 74, § 2º, da CLT. A não apresentação injustificada dos controles de frequência gera presunção relativa de veracidade da jornada de trabalho, a qual pode ser elidida por prova em contrário. (ex-Súmula 338 – Res. 121, *DJ* 21.11.2003)

SÚMULAS SELECIONADAS

II – A presunção de veracidade da jornada de trabalho, ainda que prevista em instrumento normativo, pode ser elidida por prova em contrário. (ex-OJ 234 – Inserida em 20.06.2001)

III – Os cartões de ponto que demonstram horários de entrada e saída uniformes são inválidos como meio de prova, invertendo-se o ônus da prova, relativo às horas extras, que passa a ser do empregador, prevalecendo a jornada da inicial se dele não se desincumbir. (ex-OJ 306 – *DJ* 11.08.2003)

* Súmula com redação determinada pela Res. TST 129/2005 (*DJU* 20.04.2005).

339. Cipa. Suplente. Garantia de emprego. CF/1988. (Incorporadas as Orientações Jurisprudenciais 25 e 329 da SDI-1)

I – O suplente da Cipa goza da garantia de emprego prevista no art. 10, II, *a*, do ADCT a partir da promulgação da Constituição Federal de 1988. (ex-Súmula 339 – Res. 39/1994, *DJ* 20.12.1994 e ex-OJ 25 – Inserida em 29.03.1996)

II – A estabilidade provisória do cipeiro não constitui vantagem pessoal, mas garantia para as atividades dos membros da Cipa, que somente tem razão de ser quando em atividade a empresa. Extinto o estabelecimento, não se verifica a despedida arbitrária, sendo impossível a reintegração e indevida a indenização do período estabilitário. (ex-OJ 329 – *DJ* 09.12.2003)

* Súmula com redação determinada pela Res. TST 129/2005 (*DJU* 20.04.2005).

340. Comissionista. Horas extras

O empregado, sujeito a controle de horário, remunerado à base de comissões, tem direito ao adicional de, no mínimo, 50% (cinquenta por cento) pelo trabalho em horas extras, calculado sobre o valor hora das comissões recebidas no mês, considerando-se como divisor o número de horas efetivamente trabalhadas. (Revisão do Enunciado 56)

* Súmula com redação determinada pela Res. TST 121/2003.

341. Honorários do assistente técnico

A indicação do perito assistente é faculdade da parte, a qual deve responder pelos respectivos honorários, ainda que vencedora no objeto da perícia.

342. Descontos salariais. Art. 462, CLT

Descontos salariais efetuados pelo empregador, com a autorização prévia e por escrito do empregado, para ser integrado em planos de assistência odontológica, médico-hospitalar, de seguro, de previdência privada, ou de entidade cooperativa, cultural ou recreativa associativa dos seus trabalhadores, em seu benefício e dos seus dependentes, não afrontam o disposto no art. 462 da CLT, salvo se ficar demonstrada a existência de coação ou de outro defeito que vicie o ato jurídico.

344. Salário-família. Trabalhador rural. (Revisão do Enunciado 227)

O salário-família é devido aos trabalhadores rurais, somente após a vigência da Lei 8.213, de 24.07.1991.

345. Bandepe. Regulamento Interno de Pessoal não confere estabilidade aos empregados

O Regulamento Interno de Pessoal (RIP) do Banco do Estado de Pernambuco – Bandepe, na parte que trata do seu regime disciplinar, não confere estabilidade em favor aos seus empregados.

346. Digitador. Intervalos intrajornada. Aplicação analógica do art. 72, CLT

Os digitadores, por aplicação analógica do art. 72 da CLT, equiparam-se aos trabalhadores nos serviços de mecanografia (datilografia, escrituração ou cálculo), razão pela qual têm direito a intervalos de descanso de 10 (dez) minutos a cada 90 (noventa) de trabalho consecutivo.

347. Horas extras habituais. Apuração. Média física

O cálculo do valor das horas extras habituais, para efeito de reflexos em verbas trabalhistas, observará o número das horas efetivamente prestadas e a ele aplica-se o

valor do salário-hora da época do pagamento daquelas verbas.

348. Aviso-prévio. Concessão na fluência da garantia de emprego. Invalidade

É inválida a concessão do aviso-prévio na fluência da garantia de emprego, ante a incompatibilidade dos dois institutos.

350. Prescrição. Termo inicial. Ação de cumprimento. Sentença normativa

O prazo de prescrição com relação à ação de cumprimento de decisão normativa flui apenas da data de seu trânsito em julgado.

351. Professor. Repouso semanal remunerado. Art. 7º, § 2º, da Lei 605, de 05.01.1949 e art. 320 da CLT

O professor que recebe salário mensal à base de hora aula tem direito ao acréscimo de 1/6 (um sexto) a título de repouso semanal remunerado, considerando-se para esse fim o mês de quatro semanas e meia.

353. Embargos. Agravo. Cabimento. (nova redação da letra *f* em decorrência do julgamento do processo TSTI-UJ-28000-95.2007.5.02.0062)

Não cabem embargos para a Seção de Dissídios Individuais de decisão de Turma proferida em agravo, salvo:

a) da decisão que não conhece de agravo de instrumento ou de agravo pela ausência de pressupostos extrínsecos;

b) da decisão que nega provimento a agravo contra decisão monocrática do Relator, em que se proclamou a ausência de pressupostos extrínsecos de agravo de instrumento;

c) para revisão dos pressupostos extrínsecos de admissibilidade do recurso de revista, cuja ausência haja sido declarada originariamente pela Turma no julgamento do agravo;

d) para impugnar o conhecimento de agravo de instrumento;

e) para impugnar a imposição de multas previstas no art. 538, parágrafo único, do CPC, ou no art. 557, § 2º, do CPC;

f) contra decisão de Turma proferida em agravo em recurso de revista, nos termos do art. 894, II, da CLT.

• Súmula com redação determinada pela Res. TST 189/2013 (*DEJT* 13.03.2013).

354. Gorjetas. Natureza jurídica. Repercussões. (Revisão do Enunciado 290)

As gorjetas, cobradas pelo empregador na nota de serviço ou oferecidas espontaneamente pelos clientes, integram a remuneração do empregado, não servindo de base de cálculo para as parcelas de aviso-prévio, adicional noturno, horas extras e repouso semanal remunerado.

355. Conab. Estabilidade. Aviso Direh 2, de 12.12.1984

O Aviso Direh 2, de 12.12.1984, que concedia estabilidade aos empregados da Conab, não tem eficácia, porque não aprovado pelo Ministério ao qual a empresa se subordina.

356. Alçada recursal. Vinculação ao salário mínimo

O art. 2º, § 4º, da Lei 5.584, de 26.06.1970 foi recepcionado pela CF/1988, sendo lícita a fixação do valor da alçada com base no salário mínimo.

357. Testemunha. Ação contra a mesma reclamada. Suspeição

Não torna suspeita a testemunha o simples fato de estar litigando ou de ter litigado contra o mesmo empregador.

358. Radiologista. Salário profissional. Lei 7.394, de 29.10.1985

O salário profissional dos técnicos em radiologia é igual a 2 (dois) salários mínimos e não a 4 (quatro).

360. Turnos ininterruptos de revezamento. Intervalos intrajornada e semanal

A interrupção do trabalho destinada a repouso e alimentação, dentro de cada turno, ou o intervalo para repouso semanal, não descaracteriza o turno de revezamento com jornada de 6 (seis) horas previsto no art. 7º, XIV, da CF/1988.

TST

SÚMULAS SELECIONADAS

361. Adicional de periculosidade. Eletricitários. Exposição intermitente

O trabalho exercido em condições perigosas, embora de forma intermitente, dá direito ao empregado a receber o adicional de periculosidade de forma integral, porque a Lei 7.369, de 20.09.1985 não estabeleceu nenhuma proporcionalidade em relação ao seu pagamento.

362. FGTS. Prescrição

É trintenária a prescrição do direito de reclamar contra o não recolhimento da contribuição para o FGTS, observado o prazo de 2 (dois) anos após o término do contrato de trabalho.

• Súmula com redação determinada pela Res. TST 121/2003.

363. Contrato nulo. Efeitos

A contratação de servidor público, após a CF/1988, sem prévia aprovação em concurso público, encontra óbice no respectivo art. 37, II e § 2º, somente lhe conferindo direito ao pagamento da contraprestação pactuada, em relação ao número de horas trabalhadas, respeitado o valor da hora do salário mínimo, e dos valores referentes aos depósitos do FGTS.

• Súmula com redação determinada pela Res. TST 121/2003.

364. Adicional de periculosidade. Exposição eventual, permanente e intermitente. (cancelado o item II e dada nova redação ao item I)

Tem direito ao adicional de periculosidade o empregado exposto permanentemente ou que, de forma intermitente, sujeita-se a condições de risco. Indevido, apenas, quando o contato dá-se de forma eventual, assim considerado o fortuito, ou o que, sendo habitual, dá-se por tempo extremamente reduzido. (ex-OJs da SBDI-1 05 – inserida em 14.03.1994 – e 280 – *DJ* 11.08.2003)

• Súmula com redação determinada pela Res. TST 174/2011 (*DEJT* 27.05.2011).

365. Alçada. Ação rescisória e mandado de segurança. (Conversão das Orientações Jurisprudenciais 8 e 10 da SDI-1)

Não se aplica a alçada em ação rescisória e em mandado de segurança. (ex-OJs 8 e 10, ambas inseridas em 01.02.1995)

• Súmula acrescentada pela Res. TST 129/2005 (*DJU* 20.04.2005).

366. Cartão de ponto. Registro. Horas extras. Minutos que antecedem e sucedem a jornada de trabalho. (Conversão das Orientações Jurisprudenciais 23 e 326 da SDI-1)

Não serão descontadas nem computadas como jornada extraordinária as variações de horário do registro de ponto não excedentes de cinco minutos, observado o limite máximo de dez minutos diários. Se ultrapassado esse limite, será considerada como extra a totalidade do tempo que exceder a jornada normal. (ex-OJs 23 – Inserida em 03.06.1996 e 326 – *DJ* 09.12.2003)

• Súmula acrescentada pela Res. TST 129/2005 (*DJU* 20.04.2005).

367. Utilidades *in natura*. Habitação. Energia elétrica. Veículo. Cigarro. Não integração ao salário. (Conversão das Orientações Jurisprudenciais 24, 131 e 246 da SDI-1)

I – A habitação, a energia elétrica e veículo fornecidos pelo empregador ao empregado, quando indispensáveis para a realização do trabalho, não têm natureza salarial, ainda que, no caso de veículo, seja ele utilizado pelo empregado também em atividades particulares. (ex-OJs 131 – Inserida em 20.04.1998 e ratificada pelo Tribunal Pleno em 07.12.2000 e 246 – Inserida em 20.06.2001)

II – O cigarro não se considera salário-utilidade em face de sua nocividade à saúde. (ex-OJ 24 – Inserida em 29.03.1996)

• Súmula acrescentada pela Res. TST 129/2005 (*DJU* 20.04.2005).

368. Descontos previdenciários e fiscais. Competência. Responsabilidade pelo pagamento. Forma de cálculo. (Redação do item II alterada na sessão do Tribunal Pleno realizada em 16.04.2012)

I – A Justiça do Trabalho é competente para determinar o recolhimento das contribuições fiscais. A competência da Justiça do Trabalho, quanto à execução das contribuições previdenciárias, limita-se às sentenças condenatórias em pecúnia que proferir e aos valores, objeto de acordo homologado, que integrem o salário de contribuição. (ex-OJ 141 da SBDI-1 – inserida em 27.11.1998)

II – É do empregador a responsabilidade pelo recolhimento das contribuições previdenciárias e fiscais, resultante de crédito do empregado oriundo de condenação judicial, devendo ser calculadas, em relação à incidência dos descontos fiscais, mês a mês, nos termos do art. 12-A da Lei 7.713, de 22.12.1988, com a redação dada pela Lei 12.350/2010.

III – Em se tratando de descontos previdenciários, o critério de apuração encontra-se disciplinado no art. 276, § 4º, do Decreto 3.048/1999 que regulamentou a Lei 8.212/1991 e determina que a contribuição do empregado, no caso de ações trabalhistas, seja calculada mês a mês, aplicando-se as alíquotas previstas no art. 198, observado o limite máximo do salário de contribuição. (ex-OJs 32 e 228 da SBDI-1 – inseridas, respectivamente, em 14.03.1994 e 20.06.2001)

• Súmula com redação determinada pela Res. TST 181/2012.

369. Dirigente sindical. Estabilidade provisória (redação do item I alterada na sessão do Tribunal Pleno realizada em 14.09.2012)

I – É assegurada a estabilidade provisória ao empregado dirigente sindical, ainda que a comunicação do registro da candidatura ou da eleição e da posse seja realizada fora do prazo previsto no art. 543, § 5º, da CLT, desde que a ciência ao empregador, por qualquer meio, ocorra na vigência do contrato de trabalho.

II – O art. 522 da CLT foi recepcionado pela Constituição Federal de 1988. Fica limitada, assim, a estabilidade a que alude o art. 543, § 3º, da CLT a sete dirigentes sindicais e igual número de suplentes.

III – O empregado de categoria diferenciada eleito dirigente sindical só goza de estabilidade se exercer na empresa atividade pertinente à categoria profissional do sindicato para o qual foi eleito dirigente.

IV – Havendo extinção da atividade empresarial no âmbito da base territorial do sindicato, não há razão para subsistir a estabilidade.

V – O registro da candidatura do empregado a cargo de dirigente sindical durante o período de aviso prévio, ainda que indenizado, não lhe assegura a estabilidade, visto que inaplicável a regra do § 3º do art. 543 da Consolidação das Leis do Trabalho.

• Súmula com redação determinada pela Res. TST 185/2012 (*DEJT* 25.09.2012).

370. Médico e engenheiro. Jornada de trabalho. Leis 3.999/1961 e 4.950/1966. (Conversão das Orientações Jurisprudenciais 39 e 53 da SDI-1)

Tendo em vista que as Leis 3.999/1961 e 4.950/1966 não estipulam a jornada reduzida, mas apenas estabelecem o salário mínimo da categoria para uma jornada de quatro horas para os médicos e de seis horas para os engenheiros, não há que se falar em horas extras, salvo as excedentes à oitava, desde que seja respeitado o salário mínimo/horário das categorias. (ex-OJs 39 e 53 – Inseridas respectivamente em 07.11.1994 e 29.04.1994)

SÚMULAS SELECIONADAS

• Súmula acrescentada pela Res. TST 129/2005 (*DJU* 20.04.2005).

371. Aviso-prévio indenizado. Efeitos. Superveniência de auxílio-doença no curso deste. (Conversão das Orientações Jurisprudenciais 40 e 135 da SDI-1)

A projeção do contrato de trabalho para o futuro, pela concessão do aviso-prévio indenizado, tem efeitos limitados às vantagens econômicas obtidas no período de pré-aviso, ou seja, salários, reflexos e verbas rescisórias. No caso de concessão de auxílio-doença no curso do aviso-prévio, todavia, só se concretizam os efeitos da dispensa depois de expirado o benefício previdenciário. (ex-OJs 40 e 135 – Inseridas respectivamente em 28.11.1995 e 27.11.1998)

• Súmula acrescentada pela Res. TST 129/2005 (*DJU* 20.04.2005).

372. Gratificação de função. Supressão ou redução. Limites. (Conversão das Orientações Jurisprudenciais 45 e 303 da SDI-1)

I – Percebida a gratificação de função por dez ou mais anos pelo empregado, se o empregador, sem justo motivo, revertê-lo a seu cargo efetivo, não poderá retirar-lhe a gratificação tendo em vista o princípio da estabilidade financeira. (ex-OJ 45 – Inserida em 25.11.1996)

II – Mantido o empregado no exercício da função comissionada, não pode o empregador reduzir o valor da gratificação. (ex-OJ 303 – *DJ* 11.08.2003)

• Súmula acrescentada pela Res. TST 129/2005 (*DJU* 20.04.2005).

373. Gratificação semestral. Congelamento. Prescrição parcial. (Conversão da Orientação Jurisprudencial 46 da SDI-1)

Tratando-se de pedido de diferença de gratificação semestral que teve seu valor congelado, a prescrição aplicável é a parcial. (ex-OJ 46 – Inserida em 29.03.1996)

• Súmula acrescentada pela Res. TST 129/2005 (*DJU* 20.04.2005).

374. Norma coletiva. Categoria diferenciada. Abrangência. (Conversão da Orientação Jurisprudencial 55 da SDI-1)

Empregado integrante de categoria profissional diferenciada não tem o direito de haver de seu empregador vantagens previstas em instrumento coletivo no qual a empresa não foi representada por órgão de classe de sua categoria. (ex-OJ 55 – Inserida em 25.11.1996)

• Súmula acrescentada pela Res. TST 129/2005 (*DJU* 20.04.2005).

375. Reajustes salariais previstos em norma coletiva. Prevalência da legislação de política salarial. (Conversão da Orientação Jurisprudencial 69 da SDI-1 e da Orientação Jurisprudencial 40 da SDI-2)

Os reajustes salariais previstos em norma coletiva de trabalho não prevalecem frente à legislação superveniente de política salarial. (ex-OJs 69 da SDI-1 – Inserida em 14.03.1994 e 40 da SDI-2 – Inserida em 20.09.2000)

• Súmula acrescentada pela Res. TST 129/2005 (*DJU* 20.04.2005).

376. Horas extras. Limitação. Art. 59 da CLT. Reflexos. (Conversão das Orientações Jurisprudenciais 89 e 117 da SDI-1)

I – A limitação legal da jornada suplementar a duas horas diárias não exime o empregador de pagar todas as horas trabalhadas. (ex-OJ 117 – Inserida em 20.11.1997)

II – O valor das horas extras habitualmente prestadas integra o cálculo dos haveres trabalhistas, independentemente da limitação prevista no *caput* do art. 59 da CLT. (ex-OJ 89 – Inserida em 28.04.1997)

• Súmula acrescentada pela Res. TST 129/2005 (*DJU* 20.04.2005).

TST

SÚMULAS SELECIONADAS

377. Preposto. Exigência da condição de empregado
Exceto quanto à reclamação de empregado doméstico, ou contra micro ou pequeno empresário, o preposto deve ser necessariamente empregado do reclamado. Inteligência do art. 843, § 1º, da CLT e do art. 54 da Lei Complementar 123, de 14 de dezembro de 2006. (ex-OJ 99 – Inserida em 30.05.1997)

• Súmula com redação determinada pela Res. TST 146/2008 (*DJU* 28.04.2008).

378. Estabilidade provisória. Acidente de trabalho. Art. 118 da Lei 8.213/1991 (inserido o item III)
I – É constitucional o artigo 118 da Lei 8.213/1991 que assegura o direito à estabilidade provisória por período de 12 (doze) meses após a cessação do auxílio-doença ao empregado acidentado. (ex-OJ 105 da SBDI-1 – inserida em 01.10.1997)

II – São pressupostos para a concessão da estabilidade o afastamento superior a 15 (quinze) dias e a consequente percepção do auxílio-doença acidentário, salvo se constatada, após a despedida, doença profissional que guarde relação de causalidade com a execução do contrato de emprego. (primeira parte – ex-OJ 230 da SBDI-1 – inserida em 20.06.2001)

III – O empregado submetido a contrato de trabalho por tempo determinado goza da garantia provisória de emprego, decorrente de acidente de trabalho, prevista no art. 118 da Lei 8.213/1991.

• Súmula com redação determinada pela Res. TST 185/2012 (*DEJT* 25.09.2012).

379. Dirigente sindical. Despedida. Falta grave. Inquérito judicial. Necessidade. (Conversão da Orientação Jurisprudencial 114 da SDI-1)
O dirigente sindical somente poderá ser dispensado por falta grave mediante a apuração em inquérito judicial, inteligência dos arts. 494 e 543, § 3º, da CLT. (ex-OJ 114 – Inserida em 20.11.1997)

• Súmula acrescentada pela Res. TST 129/2005 (*DJU* 20.04.2005).

380. Aviso-prévio. Início da contagem. Art. 132 do Código Civil de 2002. (Conversão da Orientação Jurisprudencial 122 da SDI-1)
Aplica-se a regra prevista no *caput* do art. 132 do Código Civil de 2002 à contagem do prazo do aviso-prévio, excluindo-se o dia do começo e incluindo o do vencimento. (ex-OJ 122 – Inserida em 20.04.1998)

• Súmula acrescentada pela Res. TST 129/2005 (*DJU* 20.04.2005).

381. Correção monetária. Salário. Art. 459 da CLT. (Conversão da Orientação Jurisprudencial 124 da SDI-1)
O pagamento dos salários até o 5º dia útil do mês subsequente ao vencido não está sujeito à correção monetária. Se essa data limite for ultrapassada, incidirá o índice da correção monetária do mês subsequente ao da prestação dos serviços, a partir do dia 1º. (ex-OJ 124 – Inserida em 20.04.1998)

• Súmula acrescentada pela Res. TST 129/2005 (*DJU* 20.04.2005).

382. Mudança de regime celetista para estatutário. Extinção do contrato. Prescrição bienal. (Conversão da Orientação Jurisprudencial 128 da SDI-1)
A transferência do regime jurídico de celetista para estatutário implica extinção do contrato de trabalho, fluindo o prazo da prescrição bienal a partir da mudança de regime. (ex-OJ 128 – Inserida em 20.04.1998)

• Súmula acrescentada pela Res. TST 129/2005 (*DJU* 20.04.2005).

383. Mandato. Arts. 13 e 37 do CPC. Fase recursal. Inaplicabilidade. (Conversão das Orientações Jurisprudenciais 149 e 311 da SDI-1)
I – É inadmissível, em instância recursal, o oferecimento tardio de procuração, nos termos do art. 37 do CPC, ainda que mediante protesto por posterior juntada, já que a interposição de recurso não pode ser reputada ato urgente. (ex-OJ 311 – *DJ* 11.08.2003)

SÚMULAS SELECIONADAS

II – Inadmissível na fase recursal a regularização da representação processual, na forma do art. 13 do CPC, cuja aplicação se restringe ao Juízo de 1º grau. (ex-OJ 149 – Inserida em 27.11.1998)

* Súmula acrescentada pela Res. TST 129/2005 (*DJU* 20.04.2005).

384. Multa convencional. Cobrança. (Conversão das Orientações Jurisprudenciais 150 e 239 da SDI-1)

I – O descumprimento de qualquer cláusula constante de instrumentos normativos diversos não submete o empregado a ajuizar várias ações, pleiteando em cada uma o pagamento da multa referente ao descumprimento de obrigações previstas nas cláusulas respectivas. (ex-OJ 150 – Inserida em 27.11.1998)

II – É aplicável multa prevista em instrumento normativo (sentença normativa, convenção ou acordo coletivo) em caso de descumprimento de obrigação prevista em lei, mesmo que a norma coletiva seja mera repetição de texto legal. (ex-OJ 239 – Inserida em 20.06.2001)

* Súmula acrescentada pela Res. TST 129/2005 (*DJU* 20.04.2005).

385. Feriado local. Ausência de expediente forense. Prazo recursal. Prorrogação. Comprovação. Necessidade. Ato administrativo do juízo *a quo* (redação alterada na sessão do Tribunal Pleno realizada em 14.09.2012)

I – Incumbe à parte o ônus de provar, quando da interposição do recurso, a existência de feriado local que autorize a prorrogação do prazo recursal.

II – Na hipótese de feriado forense, incumbirá à autoridade que proferir a decisão de admissibilidade certificar o expediente nos autos.

III – Na hipótese do inciso II, admite-se a reconsideração da análise da tempestividade do recurso, mediante prova documental superveniente, em Agravo Regimental, Agravo de Instrumento ou Embargos de Declaração.

* Súmula com redação determinada pela Res. TST 185/2012 (*DEJT* 25.09.2012).

386. Policial militar. Reconhecimento de vínculo empregatício com empresa privada. (Conversão da Orientação Jurisprudencial 167 da SDI-1)

Preenchidos os requisitos do art. 3º da CLT, é legítimo o reconhecimento de relação de emprego entre policial militar e empresa privada, independentemente do eventual cabimento de penalidade disciplinar prevista no Estatuto do Policial Militar. (ex-OJ 167 – Inserida em 26.03.1999)

* Súmula acrescentada pela Res. TST 129/2005 (*DJU* 20.04.2005).

387. Recurso. Fac-símile. Lei 9.800/1999. (inserido o item IV à redação)

I – A Lei 9.800, de 26.05.1999, é aplicável somente a recursos interpostos após o início de sua vigência. (ex-OJ 194 da SBDI-1 – inserida em 08.11.2000)

II – A contagem do quinquídio para apresentação dos originais de recurso interposto por intermédio de fac-símile começa a fluir do dia subsequente ao término do prazo recursal, nos termos do art. 2º da Lei 9.800, de 26.05.1999, e não do dia seguinte à interposição do recurso, se esta se deu antes do termo final do prazo. (ex-OJ 337 da SBDI-1 – primeira parte – *DJ* 04.05.2004)

III – Não se tratando da juntada dos originais de ato que dependa de notificação, pois a parte, ao interpor o recurso, já tem ciência de seu ônus processual, não se aplica a regra do art. 184 do CPC quanto ao *dies a quo*, podendo coincidir com sábado, domingo ou feriado. (ex-OJ 337 da SBDI-1 – *in fine* – *DJ* 04.05.2004)

IV – A autorização para utilização do facsímile, constante do art. 1° da Lei 9.800, de 26.05.1999, somente alcança as hipóteses em que o documento é dirigido diretamente ao órgão jurisdicional, não se aplicando à transmissão ocorrida entre particulares.

- Súmula com redação determinada pela Res. TST 174/2011 (*DEJT* 27.05.2011).

388. Massa falida. Arts. 467 e 477 da CLT. Inaplicabilidade (Conversão das Orientações Jurisprudenciais 201 e 314 da SDI-1)

A Massa Falida não se sujeita à penalidade do art. 467 e nem à multa do § 8° do art. 477, ambos da CLT. (ex-OJs 201 – *DJ* 11.08.2003 e 314 – *DJ* 08.11.2000)

- Súmula acrescentada pela Res. TST 129/2005 (*DJU* 20.04.2005).

389. Seguro-desemprego. Competência da Justiça do Trabalho. Direito à indenização por não liberação de guias. (Conversão das Orientações Jurisprudenciais 210 e 211 da SDI-1)

I – Inscreve-se na competência material da Justiça do Trabalho a lide entre empregado e empregador tendo por objeto indenização pelo não fornecimento das guias do seguro-desemprego. (ex-OJ 210 – Inserida em 08.11.2000)

II – O não fornecimento pelo empregador da guia necessária para o recebimento do seguro-desemprego dá origem ao direito à indenização. (ex-OJ 211 – Inserida em 08.11.2000)

- Súmula acrescentada pela Res. TST 129/2005 (*DJU* 20.04.2005).

390. Estabilidade. Art. 41 da CF/1988. Celetista. Administração direta, autárquica ou fundacional. Aplicabilidade. Empregado de empresa pública e sociedade de economia mista. Inaplicável. (Conversão das Orientações Jurisprudenciais 229 e 265 da SDI-1 e da Orientação Jurisprudencial 22 da SDI-2)

I – O servidor público celetista da administração direta, autárquica ou fundacional é beneficiário da estabilidade prevista no art. 41 da CF/1988. (ex-OJ 265 da SDI-1 – Inserida em 27.09.2002 e ex-OJ 22 da SDI-2 – Inserida em 20.09.2000)

II – Ao empregado de empresa pública ou de sociedade de economia mista, ainda que admitido mediante aprovação em concurso público, não é garantida a estabilidade prevista no art. 41 da CF/1988. (ex-OJ 229 – Inserida em 20.06.2001)

- Súmula acrescentada pela Res. TST 129/2005 (*DJU* 20.04.2005).

391. Petroleiros. Lei 5.811/1972. Turno ininterrupto de revezamento. Horas extras e alteração da jornada para horário fixo. (Conversão das Orientações Jurisprudenciais 240 e 333 da SDI-1)

I – A Lei 5.811/72 foi recepcionada pela CF/88 no que se refere à duração da jornada de trabalho em regime de revezamento dos petroleiros. (ex-OJ 240 – Inserida em 20.06.2001)

II – A previsão contida no art. 10 da Lei 5.811/1972, possibilitando a mudança do regime de revezamento para horário fixo, constitui alteração lícita, não violando os arts. 468 da CLT e 7°, VI, da CF/1988. (ex-OJ 333 – *DJ* 09.12.2003)

- Súmula acrescentada pela Res. TST 129/2005 (*DJU* 20.04.2005).

392. Dano moral. Competência da Justiça do Trabalho. (Conversão da Orientação Jurisprudencial 327 da SDI-1)

Nos termos do art. 114 da CF/1988, a Justiça do Trabalho é competente para dirimir controvérsias referentes à indenização por dano moral, quando decorrente da relação de trabalho. (ex-OJ 327 – *DJ* 09.12.2003)

- Súmula acrescentada pela Res. TST 129/2005 (*DJU* 20.04.2005).

TST

SÚMULAS SELECIONADAS

393. Recurso ordinário. Efeito devolutivo em profundidade. Art. 515, § 1º, do CPC. (redação alterada pelo Tribunal Pleno na sessão realizada em 16.11.2010)

O efeito devolutivo em profundidade do recurso ordinário, que se extrai do § 1º do art. 515 do CPC, transfere ao Tribunal a apreciação dos fundamentos da inicial ou da defesa, não examinados pela sentença, ainda que não renovados em contrarrazões. Não se aplica, todavia, ao caso de pedido não apreciado na sentença, salvo a hipótese contida no § 3º do art. 515 do CPC.

- Súmula com redação determinada pela Res. TST 169/2010 (DJE 19.11.2010).

394. Art. 462 do CPC. Fato superveniente. (Conversão da Orientação Jurisprudencial 81 da SDI-1)

O art. 462 do CPC, que admite a invocação de fato constitutivo, modificativo ou extintivo do direito, superveniente à propositura da ação, é aplicável de ofício aos processos em curso em qualquer instância trabalhista. (ex-OJ 81 – Inserida em 28.04.1997)

- Súmula acrescentada pela Res. TST 129/2005 (DJU 20.04.2005).

395. Mandato e substabelecimento. Condições de validade. (Conversão das Orientações Jurisprudenciais 108, 312, 313 e 330 da SDI-1)

I – Válido é o instrumento de mandato com prazo determinado que contém cláusula estabelecendo a prevalência dos poderes para atuar até o final da demanda. (ex-OJ 312 – DJ 11.08.2003)

II – Diante da existência de previsão, no mandato, fixando termo para sua juntada, o instrumento de mandato só tem validade se anexado ao processo dentro do aludido prazo. (ex-OJ 313 – DJ 11.08.2003)

III – São válidos os atos praticados pelo substabelecido, ainda que não haja, no mandato, poderes expressos para substabelecer (art. 667, e parágrafos, do Código Civil de 2002). (ex-OJ 108 – Inserida em 01.10.1997)

IV – Configura-se a irregularidade de representação se o substabelecimento é anterior à outorga passada ao substabelecente. (ex-OJ 330 – DJ 09.12.2003)

- Súmula acrescentada pela Res. TST 129/2005 (DJU 20.04.2005).

396. Estabilidade provisória. Pedido de reintegração. Concessão do salário relativo ao período de estabilidade já exaurido. Inexistência de julgamento *extra petita*. (Conversão das Orientações Jurisprudenciais 106 e 116 da SDI-1)

I – Exaurido o período de estabilidade, são devidos ao empregado apenas os salários do período compreendido entre a data da despedida e o final do período de estabilidade, não lhe sendo assegurada a reintegração no emprego. (ex-OJ 116 – Inserida em 20.11.1997)

II – Não há nulidade por julgamento *extra petita* da decisão que deferir salário quando o pedido for de reintegração, dados os termos do art. 496 da CLT (ex-OJ 106 – Inserida em 01.10.1997)

- Súmula acrescentada pela Res. TST 129/2005 (DJU 20.04.2005).

397. Ação rescisória. Art. 485, IV, do CPC. Ação de cumprimento. Ofensa à coisa julgada emanada de sentença normativa modificada em grau de recurso. Inviabilidade. Cabimento de mandado de segurança. (Conversão da Orientação Jurisprudencial 116 da SDI-II)

Não procede ação rescisória calcada em ofensa à coisa julgada perpetrada por decisão proferida em ação de cumprimento, em face de a sentença normativa, na qual se louvava, ter sido modificada em grau de recurso, porque em dissídio coletivo somente se consubstancia coisa julgada formal. Assim, os meios processuais aptos a atacarem a execução da cláusula reformada são a exceção de pré-executividade e o mandado de segurança, no caso de des-

cumprimento do art. 572 do CPC. (ex-OJ 116 – DJ 11.08.2003)

- Súmula acrescentada pela Res. TST 137/2005 (DJU 22.08.2005).

398. Ação rescisória. Ausência de defesa. Inaplicáveis os efeitos da revelia. (Conversão da Orientação Jurisprudencial 126 da SDI-II)

Na ação rescisória, o que se ataca na ação é a sentença, ato oficial do Estado, acobertado pelo manto da coisa julgada. Assim sendo, e considerando que a coisa julgada envolve questão de ordem pública, a revelia não produz confissão na ação rescisória. (ex-OJ 126 – DJ 09.12.2003)

- Súmula acrescentada pela Res. TST 137/2005 (DJU 22.08.2005).

399. Ação rescisória. Cabimento. Sentença de mérito. Decisão homologatória de adjudicação, de arrematação e de cálculos. (Conversão das Orientações Jurisprudenciais 44, 45 e 85, primeira parte, da SDI-II)

I – É incabível ação rescisória para impugnar decisão homologatória de adjudicação ou arrematação. (ex-OJs 44 e 45 – ambas inseridas em 20.09.2000)

II – A decisão homologatória de cálculos apenas comporta rescisão quando enfrentar as questões envolvidas na elaboração da conta de liquidação, quer solvendo a controvérsia das partes quer explicitando, de ofício, os motivos pelos quais acolheu os cálculos oferecidos por uma das partes ou pelo setor de cálculos, e não contestados pela outra. (ex-OJ 85, primeira parte – inserida em 13.03.2002 e alterada em 26.11.2002)

- Súmula acrescentada pela Res. TST 137/2005 (DJU 22.08.2005).

400. Ação rescisória de ação rescisória. Violação de lei. Indicação dos mesmos dispositivos legais apontados na rescisória primitiva. (Conversão da Orientação Jurisprudencial 95 da SDI-II)

Em se tratando de rescisória de rescisória, o vício apontado deve nascer na decisão rescindenda, não se admitindo a rediscussão do acerto do julgamento da rescisória anterior. Assim, não se admite rescisória calcada no inciso V do art. 485 do CPC para discussão, por má aplicação dos mesmos dispositivos de lei, tidos por violados na rescisória anterior, bem como para arguição de questões inerentes à ação rescisória primitiva. (ex-OJ 95 – inserida em 27.09.2002 e alterada DJ 16.04.2004)

- Súmula acrescentada pela Res. TST 137/2005 (DJU 22.08.2005).

401. Ação rescisória. Descontos legais. Fase de execução. Sentença exequenda omissa. Inexistência de ofensa à coisa julgada. (Conversão da Orientação Jurisprudencial 81 da SDI-II)

Os descontos previdenciários e fiscais devem ser efetuados pelo juízo executório, ainda que a sentença exequenda tenha sido omissa sobre a questão, dado o caráter de ordem pública ostentado pela norma que os disciplina. A ofensa à coisa julgada somente poderá ser caracterizada na hipótese de o título exequendo, expressamente, afastar a dedução dos valores a título de imposto de renda e de contribuição previdenciária. (ex-OJ 81 – inserida em 13.03.2002)

- Súmula acrescentada pela Res. TST 137/2005 (DJU 22.08.2005).

402. Ação rescisória. Documento novo. Dissídio coletivo. Sentença normativa. (Conversão da Orientação Jurisprudencial 20 da SDI-II)

Documento novo é o cronologicamente velho, já existente ao tempo da decisão rescindenda, mas ignorado pelo interessado ou de impossível utilização, à época, no processo. Não é documento novo apto a viabilizar a desconstituição de julgado:

a) sentença normativa proferida ou transitada em julgado posteriormente à sentença rescindenda;

b) sentença normativa preexistente à sentença rescindenda, mas não exibida no processo principal, em virtude de negligência da parte, quando podia e deveria louvar-se

TST

Súmulas Selecionadas

de documento já existente e não ignorado quando emitida a decisão rescindenda. (ex-OJ 20 – inserida em 20.09.2000)

• Súmula acrescentada pela Res. TST 137/2005 (*DJU* 22.08.2005).

403. Ação rescisória. Dolo da parte vencedora em detrimento da vencida. Art. 485, III, do CPC. (Conversão das Orientações Jurisprudenciais 111 e 125 da SDI-II)

I – Não caracteriza dolo processual, previsto no art. 485, III, do CPC, o simples fato de a parte vencedora haver silenciado a respeito de fatos contrários a ela, porque o procedimento, por si só, não constitui ardil do qual resulte cerceamento de defesa e, em consequência, desvie o juiz de uma sentença não condizente com a verdade. (ex-OJ 125 – *DJ* 09.12.2003)

II – Se a decisão rescindenda é homologatória de acordo, não há parte vencedora ou vencida, razão pela qual não é possível a sua desconstituição calcada no inciso III do art. 485 do CPC (dolo da parte vencedora em detrimento da vencida), pois constitui fundamento de rescindibilidade que supõe solução jurisdicional para a lide. (ex-OJ 111 – *DJ* 29.04.2003)

• Súmula acrescentada pela Res. TST 137/2005 (*DJU* 22.08.2005).

404. Ação rescisória. Fundamento para invalidar confissão. Confissão ficta. Inadequação do enquadramento no art. 485, VIII, do CPC. (Conversão da Orientação Jurisprudencial 108 da SDI-II)

O art. 485, VIII, do CPC, ao tratar do fundamento para invalidar a confissão como hipótese de rescindibilidade da decisão judicial, refere-se à confissão real, fruto de erro, dolo ou coação, e não à confissão ficta resultante de revelia. (ex-OJ 108 – *DJ* 29.04.2003)

• Súmula acrescentada pela Res. TST 137/2005 (*DJU* 22.08.2005).

405. Ação rescisória. Liminar. Antecipação de tutela. (Conversão das Orientações Jurisprudenciais 1, 3 e 121 da SDI-II)

I – Em face do que dispõe a MP 1.984-22/2000 e reedições e o artigo 273, § 7º, do CPC, é cabível o pedido liminar formulado na petição inicial de ação rescisória ou na fase recursal, visando a suspender a execução da decisão rescindenda.

II – O pedido de antecipação de tutela, formulado nas mesmas condições, será recebido como medida acautelatória em ação rescisória, por não se admitir tutela antecipada em sede de ação rescisória. (ex-OJs 1 – Inserida em 20.09.2000, 3 – inserida em 20.09.2000 e 121 – *DJ* 11.08.2003)

• Súmula acrescentada pela Res. TST 137/2005 (*DJU* 22.08.2005).

406. Ação rescisória. Litisconsórcio. Necessário no polo passivo e facultativo no ativo. Inexistente quanto aos substituídos pelo sindicato. (Conversão das Orientações Jurisprudenciais 82 e 110 da SDI-II)

I – O litisconsórcio, na ação rescisória, é necessário em relação ao polo passivo da demanda, porque supõe uma comunidade de direitos ou de obrigações que não admite solução díspar para os litisconsortes, em face da indivisibilidade do objeto. Já em relação ao polo ativo, o litisconsórcio é facultativo, uma vez que a aglutinação de autores se faz por conveniência e não, pela necessidade decorrente da natureza do litígio, pois não se pode condicionar o exercício do direito individual de um dos litigantes no processo originário à anuência dos demais para retomar a lide. (ex-OJ 82 – inserida em 13.03.2002)

II – O Sindicato, substituto processual e autor da reclamação trabalhista, em cujos autos fora proferida a decisão rescindenda, possui legitimidade para figurar como réu na ação rescisória, sendo descabida a exigência de citação de todos os empregados

substituídos, porquanto inexistente litisconsórcio passivo necessário. (ex-OJ 110 – *DJ* 29.04.2003)

• Súmula acrescentada pela Res. TST 137/2005 (*DJU* 22.08.2005).

407. Ação rescisória. Ministério Público. Legitimidade *ad causam* prevista no art. 487, III, *a* e *b*, do CPC. As hipóteses são meramente exemplificativas. (Conversão da Orientação Jurisprudencial 83 da SDI-II)

A legitimidade *ad causam* do Ministério Público para propor ação rescisória, ainda que não tenha sido parte no processo que deu origem à decisão rescindenda, não está limitada às alíneas *a* e *b* do inciso III do art. 487 do CPC, uma vez que traduzem hipóteses meramente exemplificativas. (ex-OJ 83 – inserida em 13.03.2002)

• Súmula acrescentada pela Res. TST 137/2005 (*DJU* 22.08.2005).

408. Ação rescisória. Petição inicial. Causa de pedir. Ausência de capitulação ou capitulação errônea no art. 485 do CPC. Princípio *iura novit curia*. (Conversão das Orientações Jurisprudenciais 32 e 33 da SDI-II)

Não padece de inépcia a petição inicial de ação rescisória apenas porque omite a subsunção do fundamento de rescindibilidade no art. 485 do CPC ou a capitula erroneamente em um de seus incisos. Contanto que não se afaste dos fatos e fundamentos invocados como causa de pedir, ao Tribunal é lícito emprestar-lhes a adequada qualificação jurídica (*iura novit curia*). No entanto, fundando-se a ação rescisória no art. 485, inc. V, do CPC, é indispensável expressa indicação, na petição inicial da ação rescisória, do dispositivo legal violado, por se tratar de causa de pedir da rescisória, não se aplicando, no caso, o princípio *iura novit curia*. (ex-OJs 32 e 33 – ambas inseridas em 20.09.2000)

• Súmula acrescentada pela Res. TST 137/2005 (*DJU* 22.08.2005).

409. Ação rescisória. Prazo prescricional. Total ou parcial. Violação do art. 7º, XXIX, da CF/1988. Matéria infraconstitucional. (Conversão da Orientação Jurisprudencial 119 da SDI-II)

Não procede ação rescisória calcada em violação do art. 7º, XXIX, da CF/1988 quando a questão envolve discussão sobre a espécie de prazo prescricional aplicável aos créditos trabalhistas, se total ou parcial, porque a matéria tem índole infraconstitucional, construída, na Justiça do Trabalho, no plano jurisprudencial. (ex-OJ 119 – *DJ* 11.08.2003)

• Súmula acrescentada pela Res. TST 137/2005 (*DJU* 22.08.2005).

410. Ação rescisória. Reexame de fatos e provas. Inviabilidade. (Conversão da Orientação Jurisprudencial 109 da SDI-II)

A ação rescisória calcada em violação de lei não admite reexame de fatos e provas do processo que originou a decisão rescindenda. (ex-OJ 109 – *DJ* 29.04.2003)

• Súmula acrescentada pela Res. TST 137/2005 (*DJU* 22.08.2005).

411. Ação rescisória. Sentença de mérito. Decisão de Tribunal Regional do Trabalho em agravo regimental confirmando decisão monocrática do relator que, aplicando a Súmula 83 do TST, indeferiu a petição inicial da ação rescisória. Cabimento. (Conversão da Orientação Jurisprudencial 43 da SDI-II)

Se a decisão recorrida, em agravo regimental, aprecia a matéria na fundamentação, sob o enfoque das Súmulas 83 do TST e 343 do STF, constitui sentença de mérito, ainda que haja resultado no indeferimento da petição inicial e na extinção do processo sem julgamento do mérito. Sujeita-se, assim, à reforma pelo TST, a decisão do Tribunal que, invocando controvérsia na interpretação da lei, indefere a petição inicial de ação rescisória. (ex-OJ 43 – inserida em 20.09.2000)

TST

SÚMULAS SELECIONADAS

* Súmula acrescentada pela Res. TST 137/2005 (*DJU* 22.08.2005).

412. Ação rescisória. Sentença de mérito. Questão processual. (Conversão da Orientação Jurisprudencial 46 da SDI-II)

Pode uma questão processual ser objeto de rescisão desde que consista em pressuposto de validade de uma sentença de mérito. (ex-OJ 46 – inserida em 20.09.2000)

* Súmula acrescentada pela Res. TST 137/2005 (*DJU* 22.08.2005).

413. Ação rescisória. Sentença de mérito. Violação do art. 896, a, da CLT. (Conversão da Orientação Jurisprudencial 47 da SDI-II)

É incabível ação rescisória, por violação do art. 896, a, da CLT, contra decisão que não conhece de recurso de revista, com base em divergência jurisprudencial, pois não se cuida de sentença de mérito (art. 485 do CPC). (ex-OJ 47 – inserida em 20.09.2000)

* Súmula acrescentada pela Res. TST 137/2005 (*DJU* 22.08.2005).

414. Mandado de segurança. Antecipação de tutela (ou liminar) concedida antes ou na sentença. (Conversão das Orientações Jurisprudenciais 50, 51, 58, 86 e 139 da SDI-II)

I – A antecipação da tutela concedida na sentença não comporta impugnação pela via do mandado de segurança, por ser impugnável mediante recurso ordinário. A ação cautelar é o meio próprio para se obter efeito suspensivo a recurso. (ex-OJ 51 – inserida em 20.09.2000)

II – No caso da tutela antecipada (ou liminar) ser concedida antes da sentença, cabe a impetração do mandado de segurança, em face da inexistência de recurso próprio. (ex-OJs 50 e 58 – ambas inseridas em 20.09.2000)

III – A superveniência da sentença, nos autos originários, faz perder o objeto do mandado de segurança que impugnava a concessão da tutela antecipada (ou liminar).

(ex-OJs 86 – inserida em 13.03.2002 e 139 – *DJ* 04.05.2004)

* Súmula acrescentada pela Res. TST 137/2005 (*DJU* 22.08.2005).

415. Mandado de segurança. Art. 284 do CPC. Aplicabilidade. (Conversão da Orientação Jurisprudencial 52 da SDI-II)

Exigindo o mandado de segurança prova documental pré-constituída, inaplicável se torna o art. 284 do CPC quando verificada, na petição inicial do *mandamus*, a ausência de documento indispensável ou de sua autenticação. (ex-OJ 52 – inserida em 20.09.2000)

* Súmula acrescentada pela Res. TST 137/2005 (*DJU* 22.08.2005).

416. Mandado de segurança. Execução. Lei 8.432/1992. Art. 897, § 1º, da CLT. Cabimento. (Conversão da Orientação Jurisprudencial 55 da SDI-II)

Devendo o agravo de petição delimitar justificadamente a matéria e os valores objeto de discordância, não fere direito líquido e certo o prosseguimento da execução quanto aos tópicos e valores não especificados no agravo. (ex-OJ 55 – inserida em 20.09.2000)

* Súmula acrescentada pela Res. TST 137/2005 (*DJU* 22.08.2005).

417. Mandado de segurança. Penhora em dinheiro. (Conversão das Orientações Jurisprudenciais 60, 61 e 62 da SDI-II)

I – Não fere direito líquido e certo do impetrante o ato judicial que determina penhora em dinheiro do executado, em execução definitiva, para garantir crédito exequendo, uma vez que obedece à gradação prevista no art. 655 do CPC. (ex-OJ 60 – inserida em 20.09.2000)

II – Havendo discordância do credor, em execução definitiva, não tem o executado direito líquido e certo a que os valores penhorados em dinheiro fiquem depositados no próprio banco, ainda que atenda aos requisitos do art. 666, I, do CPC. (ex-OJ 61 – inserida em 20.09.2000)

1535

TST

SÚMULAS SELECIONADAS

III – Em se tratando de execução provisória, fere direito líquido e certo do impetrante a determinação de penhora em dinheiro, quando nomeados outros bens à penhora, pois o executado tem direito a que a execução se processe da forma que lhe seja menos gravosa, nos termos do art. 620 do CPC. (ex-OJ 62 – inserida em 20.09.2000)

* Súmula acrescentada pela Res. TST 137/2005 (*DJU* 22.08.2005).

418. Mandado de segurança visando à concessão de liminar ou homologação de acordo. (Conversão das Orientações Jurisprudenciais 120 e 141 da SDI-II)

A concessão de liminar ou a homologação de acordo constituem faculdade do juiz, inexistindo direito líquido e certo tutelável pela via do mandado de segurança. (ex-OJs 120 – *DJ* 11.08.2003 e 141 – *DJ* 04.05.2004)

* Súmula acrescentada pela Res. TST 137/2005 (*DJU* 22.08.2005).

419. Competência. Execução por carta. Embargos de terceiro. Juízo deprecante. (Conversão da Orientação Jurisprudencial 114 da SDI-II)

Na execução por carta precatória, os embargos de terceiro serão oferecidos no juízo deprecante ou no juízo deprecado, mas a competência para julgá-los é do juízo deprecante, salvo se versarem, unicamente, sobre vícios ou irregularidades da penhora, avaliação ou alienação dos bens, praticados pelo juízo deprecado, em que a competência será deste último. (ex-OJ 114 – *DJ* 11.08.2003)

* Súmula acrescentada pela Res. TST 137/2005 (*DJU* 22.08.2005).

420. Competência funcional. Conflito negativo. TRT e vara do trabalho de idêntica região. Não configuração. (Conversão da Orientação Jurisprudencial 115 da SDI-II)

Não se configura conflito de competência entre Tribunal Regional do Trabalho e Vara do Trabalho a ele vinculada. (ex-OJ 115 – *DJ* 11.08.2003)

* Súmula acrescentada pela Res. TST 137/2005 (*DJU* 22.08.2005).

421. Embargos declaratórios contra decisão monocrática do relator calcada no art. 557 do CPC. Cabimento. (Conversão da Orientação Jurisprudencial 74 da SDI-II)

I – Tendo a decisão monocrática de provimento ou denegação de recurso, prevista no art. 557 do CPC, conteúdo decisório definitivo e conclusivo da lide, comporta ser esclarecida pela via dos embargos de declaração, em decisão aclaratória, também monocrática, quando se pretende tão somente suprir omissão e não, modificação do julgado.

II – Postulando o embargante efeito modificativo, os embargos declaratórios deverão ser submetidos ao pronunciamento do Colegiado, convertidos em agravo, em face dos princípios da fungibilidade e celeridade processual. (ex-OJ 74 – inserida em 08.11.2000)

* Súmula acrescentada pela Res. TST 137/2005 (*DJU* 22.08.2005).

422. Recurso. Apelo que não ataca os fundamentos da decisão recorrida. Não conhecimento. Art. 514, II, do CPC. (Conversão da Orientação Jurisprudencial 90 da SDI-II)

Não se conhece de recurso para o TST, pela ausência do requisito de admissibilidade inscrito no art. 514, II, do CPC, quando as razões do recorrente não impugnam os fundamentos da decisão recorrida, nos termos em que fora proposta. (ex-OJ 90 – inserida em 27.05.2002)

* Súmula acrescentada pela Res. TST 137/2005 (*DJU* 22.08.2005).

423. Turno ininterrupto de revezamento. Fixação de jornada de trabalho mediante negociação coletiva.

TST

SÚMULAS SELECIONADAS

Validade. (Conversão da Orientação Jurisprudencial 169 da SBDI-1)

Estabelecida jornada superior a 6 (seis) horas e limitada a 8 (oito) horas por meio de regular negociação coletiva, os empregados submetidos a turnos ininterruptos de revezamento não têm direito ao pagamento da 7ª e 8ª horas como extras.

- Súmula acrescentada pela Res. TST 139/2006 (DJU 10.10.2006).

424. Recurso Administrativo. Pressuposto de admissibilidade. Depósito prévio da multa administrativa. Não recepção pela Constituição Federal do § 1º do art. 636 da CLT.

O § 1º do art. 636 da CLT, que estabelece a exigência de prova do depósito prévio do valor da multa cominada em razão de autuação administrativa como pressuposto de admissibilidade de recurso administrativo, não foi recepcionado pela Constituição Federal de 1988, ante a sua incompatibilidade com o inciso LV do art. 5º.

- Súmula acrescentada pela Res. TST 160/2009 (DJE 20.11.2009).

425. *Jus postulandi* na Justiça do Trabalho. Alcance.

O *jus postulandi* das partes, estabelecido no art. 791 da CLT, limita-se às Varas do Trabalho e aos Tribunais Regionais do Trabalho, não alcançando a ação rescisória, a ação cautelar, o mandado de segurança e os recursos de competência do Tribunal Superior do Trabalho.

- Súmula acrescentada pela Res. TST 165/2010 (DJE 30.04.2010).

426. Depósito recursal. Utilização da Guia GFIP. Obrigatoriedade.

Nos dissídios individuais o depósito recursal será efetivado mediante a utilização da Guia de Recolhimento do FGTS e Informações à Previdência Social – GFIP, nos termos dos §§ 4º e 5º do art. 899 da CLT, admitido o depósito judicial, realizado na sede do juízo e à disposição deste, na hipótese de relação de trabalho não submetida ao regime do FGTS.

- Súmula acrescentada pela Res. TST 174/2011 (DEJT 27.05.2011).

427. Intimação. Pluralidade de advogados. Publicação em nome de advogado diverso daquele expressamente indicado. Nulidade.

Havendo pedido expresso de que as intimações e publicações sejam realizadas exclusivamente em nome de determinado advogado, a comunicação em nome de outro profissional constituído nos autos é nula, salvo se constatada a inexistência de prejuízo.

- Súmula acrescentada pela Res. TST 174/2011 (DEJT 27.05.2011).

428. Sobreaviso. Aplicação analógica do art. 244, § 2º da CLT (redação alterada na sessão do Tribunal Pleno realizada em 14.09.2012)

I – O uso de instrumentos telemáticos ou informatizados fornecidos pela empresa ao empregado, por si só, não caracteriza o regime de sobreaviso.

II – Considera-se em sobreaviso o empregado que, à distância e submetido a controle patronal por instrumentos telemáticos ou informatizados, permanecer em regime de plantão ou equivalente, aguardando a qualquer momento o chamado para o serviço durante o período de descanso.

- Súmula com redação determinada pela Res. TST 185/2012 (DEJT 25.09.2012).

429. Tempo à disposição do empregador. Art. 4º da CLT. Período de deslocamento entre a portaria e o local de trabalho.

Considera-se à disposição do empregador, na forma do art. 4º da CLT, o tempo necessário ao deslocamento do trabalhador entre a portaria da empresa e o local de trabalho, desde que supere o limite de 10 (dez) minutos diários.

- Súmula acrescentada pela Res. TST 174/2011 (DEJT 27.05.2011).

TST

SÚMULAS SELECIONADAS

430. Administração pública indireta. Contratação. Ausência de concurso público. Nulidade. Ulterior privatização. Convalidação. Insubsistência do vício.

Convalidam-se os efeitos do contrato de trabalho que, considerado nulo por ausência de concurso público, quando celebrado originalmente com ente da Administração Pública Indireta, continua a existir após a sua privatização.

- Súmula acrescentada pela Res. TST 177/2012 (DEJT 13.02.2012).

431. Salário-hora. Empregado sujeito ao regime geral de trabalho (art. 58, *caput*, da CLT). 40 (quarenta) horas semanais. Cálculo. Aplicação do divisor 200 (redação alterada na sessão do Tribunal Pleno realizada em 14.09.2012)

Para os empregados a que alude o art. 58, *caput*, da CLT, quando sujeitos a 40 (quarenta) horas semanais de trabalho, aplica-se o divisor 200 (duzentos) para o cálculo do valor do salário-hora.

- Súmula com redação determinada pela Res. TST 185/2012 (DEJT 25.09.2012).

432. Contribuição Sindical Rural. Ação de cobrança. Penalidade por atraso no recolhimento. Inaplicabilidade do art. 600 da CLT. Iincidência do art. 2º da Lei 8.022/1990.

O recolhimento a destempo da contribuição sindical rural não acarreta a aplicação da multa progressiva prevista no art. 600 da CLT, em decorrência da sua revogação tácita pela Lei 8.022, de 12 de abril de 1990.

- Súmula acrescentada pela Res. TST 177/2012 (DEJT 13.02.2012).

433. Embargos. Admissibilidade. Processo em fase de execução. Acórdão de turma publicado na vigência da Lei 11.496, de 26.06.2007. Divergência de interpretação de dispositivo constitucional.

A admissibilidade do recurso de embargos contra acórdão de Turma em recurso de revista em fase de execução, publicado na vigência da Lei 11.496, de 26.06.2007, condiciona-se à demonstração de divergência jurisprudencial entre Turmas ou destas e a Seção Especializada em Dissídios Individuais do Tribunal Superior do Trabalho em relação à interpretação de dispositivo constitucional.

- Súmula acrescentada pela Res. TST 177/2012 (DEJT 13.02.2012).

434. Recurso. Interposição antes da publicação do acórdão impugnado. Extemporaneidade. (Conversão da Orientação Jurisprudencial 357 da SBDI-1) e inserção do item II à redação)

I – É extemporâneo recurso interposto antes de publicado o acórdão impugnado. (ex-OJ 357 da SBDI-1 – inserida em 14.03.2008)

II – A interrupção do prazo recursal em razão da interposição de embargos de declaração pela parte adversa não acarreta qualquer prejuízo àquele que apresentou seu recurso tempestivamente.

- Súmula acrescentada pela Res. TST 177/2012 (DEJT 13.02.2012).

435. Art. 557 do CPC. Aplicação subsidiária ao processo do trabalho (conversão da Orientação Jurisprudencial 73 da SBDI-2 com nova redação)

Aplica-se subsidiariamente ao processo do trabalho o art. 557 do Código de Processo Civil.

- Súmula acrescentada pela Res. TST 185/2012 (DEJT 25.09.2012).

436. Representação processual. Procurador da união, estados, municípios e distrito federal, suas autarquias e fundações públicas. Juntada de instrumento de mandato (conversão da Orientação Jurisprudencial 52 da SBDI-I e inserção do item II à redação)

I – A União, Estados, Municípios e Distrito Federal, suas autarquias e fundações públicas, quando representadas em juízo, ativa e passivamente, por seus procuradores, estão dispensadas da juntada de instrumento

SÚMULAS SELECIONADAS

de mandato e de comprovação do ato de nomeação.

II – Para os efeitos do item anterior, é essencial que o signatário ao menos declare-se exercente do cargo de procurador, não bastando a indicação do número de inscrição na Ordem dos Advogados do Brasil.

- Súmula acrescentada pela Res. TST 185/2012 (DEJT 25.09.2012).

437. Intervalo intrajornada para repouso e alimentação. Aplicação do art. 71 da CLT (conversão das Orientações Jurisprudenciais 307, 342, 354, 380 e 381 da SBDI-1)

I – Após a edição da Lei 8.923/1994, a não concessão ou a concessão parcial do intervalo intrajornada mínimo, para repouso e alimentação, a empregados urbanos e rurais, implica o pagamento total do período correspondente, e não apenas daquele suprimido, com acréscimo de, no mínimo, 50% (cinquenta por cento) sobre o valor da remuneração da hora normal de trabalho (art. 71 da CLT), sem prejuízo do cômputo da efetiva jornada de labor para efeito de remuneração.

II – É inválida cláusula de acordo ou convenção coletiva de trabalho contemplando a supressão ou redução do intervalo intrajornada porque este constitui medida de higiene, saúde e segurança do trabalho, garantido por norma de ordem pública (art. 71 da CLT e art. 7º, XXII, da CF/1988), infenso à negociação coletiva.

III – Possui natureza salarial a parcela prevista no art. 71, § 4º, da CLT, com redação introduzida pela Lei 8.923, de 27 de julho de 1994, quando não concedido ou reduzido pelo empregador o intervalo mínimo intrajornada para repouso e alimentação, repercutindo, assim, no cálculo de outras parcelas salariais.

IV – Ultrapassada habitualmente a jornada de 6 (seis) horas de trabalho, é devido o gozo do intervalo intrajornada mínimo de 1 (uma) hora, obrigando o empregador a remunerar o período para descanso e alimentação não usufruído como extra, acrescido do respectivo adicional, na forma prevista no art. 71, *caput* e § 4º da CLT.

- Súmula acrescentada pela Res. TST 185/2012 (DEJT 25.09.2012).

438. Intervalo para recuperação térmica do empregado. Ambiente artificialmente frio. Horas extras. Art. 253 da CLT. Aplicação analógica.

O empregado submetido a trabalho contínuo em ambiente artificialmente frio, nos termos do parágrafo único do art. 253 da CLT, ainda que não labore em câmara frigorífica, tem direito ao intervalo intrajornada previsto no *caput* do art. 253 da CLT.

- Súmula acrescentada pela Res. TST 185/2012 (DEJT 25.09.2012).

439. Danos morais. Juros de mora e atualização monetária. Termo inicial.

Nas condenações por dano moral, a atualização monetária é devida a partir da data da decisão de arbitramento ou de alteração do valor.

Os juros incidem desde o ajuizamento da ação, nos termos do art. 883 da CLT.

- Súmula acrescentada pela Res. TST 185/2012 (DEJT 25.09.2012).

440. Auxílio-doença acidentário. Aposentadoria por invalidez. Suspensão do contrato de trabalho. Reconhecimento do direito à manutenção de plano de saúde ou de assistência médica.

Assegura-se o direito à manutenção de plano de saúde ou de assistência médica oferecido pela empresa ao empregado, não obstante suspenso o contrato de trabalho em virtude de auxílio-doença acidentário ou de aposentadoria por invalidez.

- Súmula acrescentada pela Res. TST 185/2012 (DEJT 25.09.2012).

441. Aviso prévio. Proporcionalidade.

O direito ao aviso prévio proporcional ao tempo de serviço somente é assegurado nas rescisões de contrato de trabalho ocor-

OJ do Tribunal Pleno – TST

OJ SELECIONADAS

ridas a partir da publicação da Lei 12.506, em 13 de outubro de 2011.

- Súmula acrescentada pela Res. TST 185/2012 (DEJT 25.09.2012).

442. Procedimento sumaríssimo. Recurso de revista fundamentado em contrariedade a orientação jurisprudencial. Inadmissibilidade. Art. 896, § 6º, da CLT, acrescentado pela Lei 9.957, de 12.01.2000 (conversão da Orientação Jurisprudencial 352 da SBDI-1)

Nas causas sujeitas ao procedimento sumaríssimo, a admissibilidade de recurso de revista está limitada à demonstração de violação direta a dispositivo da Constituição Federal ou contrariedade a Súmula do Tribunal Superior do Trabalho, não se admitindo o recurso por contrariedade a Orientação Jurisprudencial deste Tribunal (Livro II, Título II, Capítulo III, do RITST), ante a ausência de previsão no art. 896, § 6º, da CLT.

- Súmula acrescentada pela Res. TST 185/2012 (DEJT 25.09.2012).

443. Dispensa discriminatória. Presunção. Empregado portador de doença grave. Estigma ou preconceito. Direito à reintegração.

Presume-se discriminatória a despedida de empregado portador do vírus HIV ou de outra doença grave que suscite estigma ou preconceito. Inválido o ato, o empregado tem direito à reintegração no emprego.

- Súmula acrescentada pela Res. TST 185/2012 (DEJT 25.09.2012).

444. Jornada de trabalho. Norma coletiva. Lei. Escala de 12 por 36. Validade.

É válida, em caráter excepcional, a jornada de 12 (doze) horas de trabalho por 36 (trinta e seis) de descanso, prevista em lei ou ajustada exclusivamente mediante acordo coletivo de trabalho ou convenção coletiva de trabalho, assegurada a remuneração em dobro dos feriados trabalhados. O empregado não tem direito ao pagamento de adicional referente ao labor prestado na décima primeira e décima segunda horas.

- Súmula acrescentada pela Res. TST 185/2012 (DEJT 25.09.2012).

445. Inadimplemento de verbas trabalhistas. Frutos. Posse de má-fé. Art. 1.216 do Código Civil. Inaplicabilidade ao direito do trabalho.

A indenização por frutos percebidos pela posse de má-fé, prevista no art. 1.216 do Código Civil, por tratar-se de regra afeta a direitos reais, mostra-se incompatível com o Direito do Trabalho, não sendo devida no caso de inadimplemento de verbas trabalhistas.

- Súmula acrescentada pela Res. TST 189/2013 (DEJT 13.03.2013).

ORIENTAÇÕES JURISPRUDENCIAIS SELECIONADAS DO TRIBUNAL PLENO – TST

1. Precatório. Crédito trabalhista. Pequeno valor. Emenda Constitucional n. 37/2002.

Há dispensa da expedição de precatório, na forma do art. 100, § 3º, da CF/1988, quando a execução contra a Fazenda Pública não exceder os valores definidos, provisoriamente, pela Emenda Constitucional 37/2002, como obrigações de pequeno valor, inexistindo ilegalidade, sob esse prisma, na determinação de sequestro da quantia devida pelo ente público.

2. Precatório. Revisão de cálculos. Limites da competência do presidente do TRT.

O pedido de revisão dos cálculos, em fase de precatório, previsto no art. 1º-E da Lei 9.494/1997, apenas poderá ser acolhido desde que: *a)* o requerente aponte e especifique claramente quais são as incorreções existentes nos cálculos, discriminando o montante que seria correto, pois do contrário a incorreção torna-se abstrata; *b)* o defeito nos cálculos esteja ligado à incorreção material ou à utilização de critério em descompasso com a lei ou com o título exe-

OJ do Tribunal Pleno – TST

OJ SELECIONADAS

cutivo judicial; e *c)* o critério legal aplicável ao débito não tenha sido objeto de debate nem na fase de conhecimento, nem na fase de execução.

3. Precatório. Sequestro. Emenda Constitucional n. 30/2000. Preterição. ADIn 1662-8. art. 100, § 2º, da CF/1988.

O sequestro de verbas públicas para satisfação de precatórios trabalhistas só é admitido na hipótese de preterição do direito de precedência do credor, a ela não se equiparando as situações de não inclusão da despesa no orçamento ou de não pagamento do precatório até o final do exercício, quando incluído no orçamento.

• V. art. 100, § 6º, CF.

4. Mandado de segurança. Decisão de TRT. Incompetência originária do Tribunal Superior do Trabalho.

Ao Tribunal Superior do Trabalho não compete apreciar, originariamente, mandado de segurança impetrado em face de decisão de TRT.

5. Recurso ordinário. Cabimento. (conversão da Orientação Jurisprudencial 70 da SDI-1)

Não cabe recurso ordinário contra decisão em agravo regimental interposto em reclamação correicional ou em pedido de providência (ex-OJ 70 – Inserida em 13.09.1994).

• Acrescentada pela Res. TST 129/2005 (*DJU* 20.04.2005).

6. Precatório. Execução. Limitação da condenação imposta pelo título judicial exequendo à data do advento da Lei 8.112, de 11.12.1990.

Em sede de precatório, não configura ofensa à coisa julgada a limitação dos efeitos pecuniários da sentença condenatória ao período anterior ao advento da Lei 8.112, de 11.12.1990, em que o exequente submetia-se à legislação trabalhista, salvo disposição expressa em contrário na decisão exequenda.

7. Juros de Mora. Condenação da Fazenda Pública.

I – nas condenações impostas à Fazenda Pública, incidem juros de mora segundo os seguintes critérios:

a) 1% (um por cento) ao mês, até agosto de 2001, nos termos do § 1º do art. 39 da Lei 8.177, de 1.03.1991;

b) 0,5% (meio por cento) ao mês, de setembro de 2001 a junho de 2009, conforme determina o art. 1º-F da Lei 9.494, de 10.09.1997, introduzido pela Medida Provisória 2.180-35, de 24.08.2001.

II – a partir de 30 de junho de 2009, atualizam-se os débitos trabalhistas da Fazenda Pública, mediante a incidência dos índices oficiais de remuneração básica e juros aplicados à caderneta de poupança, por força do art. 5º da Lei 11.960, de 29.06.2009.

III – a adequação do montante da condenação deve observar essa limitação legal, ainda que em sede de precatório.

• Alterada pela Res. TST 175/2011 (*DEJT* 27.05.2011).

8. Precatório. Matéria administrativa. Remessa necessária. Não cabimento.

Em sede de precatório, por se tratar de decisão de natureza administrativa, não se aplica o disposto no art. 1º, V, do Decreto-lei 779, de 21.08.1969, em que se determina a remessa necessária em caso de decisão judicial desfavorável a ente público.

9. Precatório. Pequeno valor. Individualização do crédito apurado. Reclamação trabalhista plúrima. Execução direta contra a Fazenda Pública. Possibilidade.

Tratando-se de reclamações trabalhistas plúrimas, a aferição do que vem a ser obrigação de pequeno valor, para efeito de dispensa de formação de precatório e aplicação do disposto no § 3º do art. 100 da CF/88, deve ser realizada considerando-se os créditos de cada reclamante.

OJ da SDI-I – TST

OJ SELECIONADAS

10. Precatório. Processamento e pagamento. Natureza administrativa. Mandado de segurança. Cabimento.

É cabível mandado de segurança contra atos praticados pela Presidência dos Tribunais Regionais em precatório em razão de sua natureza administrativa, não se aplicando o disposto no inciso II do art. 5º da Lei 1.533, de 31.12.1951.

11. Recurso em matéria administrativa. Prazo. Órgão colegiado. Oito dias. Art. 6º da Lei 5.584, de 26.06.1970.

Se não houver norma específica quanto ao prazo para interposição de recurso em matéria administrativa de decisão emanada de órgão Colegiado do Tribunal Regional do Trabalho, aplica-se, por analogia, a regra geral dos prazos adotados na Justiça do Trabalho, ou seja, oito dias, conforme estabelecido no art. 6º da Lei 5.584, de 26.06.1970.

O prazo de 10 (dez) dias a que alude o art. 59 da Lei 9.784, de 29.01.1999, aplica-se somente à interposição de recursos de decisões prolatadas monocraticamente.

12. Precatório. Procedimento de natureza administrativa. Incompetência funcional do presidente do TRT para declarar a inexigibilidade do título exequendo.

O Presidente do TRT, em sede de precatório, não tem competência funcional para declarar a inexigibilidade do título judicial exequendo, com fundamento no art. 884, § 5º, da CLT, ante a natureza meramente administrativa do procedimento.

13. Precatório. Quebra da ordem de precedência. Não demonstração da posição do exequente na ordem cronológica. Sequestro indevido.

É indevido o sequestro de verbas públicas quando o exequente/requerente não se encontra em primeiro lugar na lista de ordem cronológica para pagamento de precatórios ou quando não demonstrada essa condição.

ORIENTAÇÕES JURISPRUDENCIAIS SELECIONADAS DA SDI (SUBSEÇÃO I) – TST

4. Adicional de insalubridade. Lixo urbano. Inserida em 25.11.96 (nova redação em decorrência da incorporação da Orientação Jurisprudencial 170 da SDI-1)

I – Não basta a constatação da insalubridade por meio de laudo pericial para que o empregado tenha direito ao respectivo adicional, sendo necessária a classificação da atividade insalubre na relação oficial elaborada pelo Ministério do Trabalho.

II – A limpeza em residências e escritórios e a respectiva coleta de lixo não podem ser consideradas atividades insalubres, ainda que constatadas por laudo pericial, porque não se encontram dentre as classificadas como lixo urbano na Portaria do Ministério do Trabalho. (ex-OJ 170 da SDI-1 – inserida em 8.11.00)

• Alterada pela Res. TST 129/2005 (*DJU* 20.04.2005).

7. Advogado. Atuação fora da seção da OAB onde o advogado está inscrito. Ausência de comunicação (Lei 4.215/1963, § 2º, art. 56). Infração disciplinar. Não importa nulidade. (Inserida em 29.03.96)

A despeito da norma então prevista no artigo 56, § 2º, da Lei 4.215/1963, a falta de comunicação do advogado à OAB para o exercício profissional em seção diversa daquela na qual tem inscrição não importa nulidade dos atos praticados, constituindo apenas infração disciplinar, que cabe àquela instituição analisar.

• Alterada pela Res. TST 129/2005 (*DJU* 20.04.2005).

12. Anistia. Emenda Constitucional n. 26/85. Efeitos financeiros da promulgação. (Inserida em 03.06.96)

Os efeitos financeiros decorrentes da anistia concedida pela Emenda Constitucional n. 26/85 contam-se desde a data da sua promulgação.

OJ da SDI-I – TST

OJ SELECIONADAS

• Alterada pela Res. TST 129/2005 (DJU 20.04.2005).

13. APPA. Decreto-lei 779, de 21.08.1969. Depósito recursal e custas. Não isenção.

A Administração dos Portos de Paranaguá e Antonina – APPA, vinculada à Administração Pública indireta, não é isenta do recolhimento do depósito recursal e do pagamento das custas processuais por não ser beneficiária dos privilégios previstos no Decreto-lei 779, de 21.08.1969, ante o fato de explorar atividade econômica com fins lucrativos, o que descaracteriza sua natureza jurídica, igualando-a às empresas privadas.

• Republicada no DJE de 16.11.2010.

14. Aviso-prévio cumprido em casa. Verbas rescisórias. Prazo para pagamento. (Art. 477, § 6º, b, da CLT). (Inserida em 25.11.96)

Em caso de aviso-prévio cumprido em casa, o prazo para pagamento das verbas rescisórias é até o décimo dia da notificação de despedida.

• Alterada pela Res. TST 129/2005 (DJU 20.04.2005).

16. Banco do Brasil. ACP. Adicional de caráter pessoal. Indevido. (Inserida em 13.02.95)

A isonomia de vencimentos entre servidores do Banco Central do Brasil e do Banco do Brasil, decorrente de sentença normativa, alcançou apenas os vencimentos e vantagens de caráter permanente. Dado o caráter personalíssimo do Adicional de Caráter Pessoal – ACP e não integrando a remuneração dos funcionários do Banco do Brasil, não foi ele contemplado na decisão normativa para efeitos de equiparação à tabela de vencimentos do Banco Central do Brasil.

• Alterada pela Res. TST 129/2005 (DJU 20.04.2005).

17. Banco do Brasil. AP e ADI.

Os adicionais AP, ADI ou AFR, somados ou considerados isoladamente, sendo equivalentes a 1/3 do salário do cargo efetivo (art. 224, § 2º, da CLT), excluem o empregado ocupante de cargo de confiança do Banco do Brasil da jornada de 6 (seis) horas.

18. Complementação de aposentadoria. Banco do Brasil. (redação do item I alterada em decorrência do julgamento dos processos TST-IUJ E-ED-RR-301900-52.2005.5.09.0661 e ERR 119900-56.1999.5.04.0751)

I – O valor das horas extras integra a remuneração do empregado para o cálculo da complementação de aposentadoria, desde que sobre ele incida a contribuição à Caixa de Previdência dos Funcionários do Banco do Brasil – Previ, observado o respectivo regulamento no tocante à integração.

II – Os adicionais AP e ADI não integram o cálculo para a apuração do teto da complementação de aposentadoria; (ex-OJ 21 da SDI-1 – inserida em 13.02.1995)

III – No cálculo da complementação de aposentadoria deve-se observar a média trienal; (ex-OJs 19 e 289 ambas da SDI-1 – inseridas respectivamente em 05.06.1995 e 11.08.2003)

IV – A complementação de aposentadoria proporcional aos anos de serviço prestados exclusivamente ao Banco do Brasil somente se verifica a partir da Circular Funci 436/63; (ex-OJ 20 da SDI-1 – inserida em 13.02.1995)

V – O Telex Direc do Banco do Brasil 5003/1987 não assegura a complementação de aposentadoria integral, porque não aprovado pelo órgão competente ao qual a instituição se subordina. (ex-OJ 136 da SDI-1 – inserida em 27.11.1998)

• Alterada pela Res. TST 175/2011 (DEJT 27.05.2011).

26. Competência da Justiça do Trabalho. Complementação de pensão requerida por viúva de ex-empregado. (Inserida em 01.02.95)

A Justiça do Trabalho é competente para apreciar pedido de complementação de

OJ da SDI-I – TST

OJ SELECIONADAS

pensão postulada por viúva de ex-empregado, por se tratar de pedido que deriva do contrato de trabalho.

- Alterada pela Res. TST 129/2005 (DJU 20.04.2005).

27. Conab. Estabilidade concedida por norma interna. Não assegurada. Aviso Direh 2/84. (Convertido no Enunciado 355 – Res. 72/97, DJU 03.07.1997).

28. Correção monetária sobre as diferenças salariais. Universidades federais. Devida. Lei 7.596/1987. (Inserida em 14.03.94)

Incide correção monetária sobre as diferenças salariais dos servidores das universidades federais, decorrentes da aplicação retroativa dos efeitos financeiros assegurados pela Lei 7.596/87, pois a correção monetária tem como escopo único minimizar a desvalorização da moeda em decorrência da corrosão inflacionária.

- Alterada pela Res. TST 129/2005 (DJU 20.04.2005).

30. Custas. Momento da comprovação. O prazo para comprovação. (Convertido no Enunciado 352 – Res. 69/1997 – DJ 30.05.1997).

33. Deserção. Custas. Carimbo do banco. Validade.

O carimbo do banco recebedor na guia de comprovação do recolhimento das custas supre a ausência de autenticação mecânica.

36. Instrumento normativo. Cópia não autenticada. Documento comum às partes. Validade. (Inserida em 25.11.96)

O instrumento normativo em cópia não autenticada possui valor probante, desde que não haja impugnação ao seu conteúdo, eis que se trata de documento comum às partes.

- Alterada pela Res. TST 129/2005 (DJU 20.04.2005).

38. Empregado que exerce atividade rural. Empresa de reflorestamento. Prescrição própria do rurícola. (Lei 5.889, de 08.06.1973, art. 10, e Decreto 73.626, de 12.02.1974, art. 2º, § 4º).

O empregado que trabalha em empresa de reflorestamento, cuja atividade está diretamente ligada ao manuseio da terra e de matéria-prima, é rurícola e não industriário, nos termos do Decreto 73.626, de 12.02.1974, art. 2º, § 4º, pouco importando que o fruto de seu trabalho seja destinado à indústria. Assim, aplica-se a prescrição própria dos rurícolas aos direitos desses empregados.

- Republicada no DJE de 16.11.2010.

41. Estabilidade. Instrumento normativo. Vigência. Eficácia.

Preenchidos todos os pressupostos para a aquisição de estabilidade decorrente de acidente ou doença profissional, ainda durante a vigência do instrumento normativo, goza o empregado de estabilidade mesmo após o término da vigência deste.

42. FGTS. Multa de 40%. Inserida em 25.11.96 (nova redação em decorrência da incorporação das Orientações Jurisprudenciais 107 e 254 da SDI-1)

I – É devida a multa do FGTS sobre os saques corrigidos monetariamente ocorridos na vigência do contrato de trabalho. Art. 18, § 1º, da Lei 8.036/1990 e art. 9º, § 1º, do Decreto 99.684/1990. (ex-OJ 107 da SDI-1 – inserida em 01.10.97)

II – O cálculo da multa de 40% (quarenta por cento) do FGTS deverá ser feito com base no saldo da conta vinculada na data do efetivo pagamento das verbas rescisórias, desconsiderada a projeção do aviso-prévio indenizado, por ausência de previsão legal. (ex-OJ 254 da SDI-1 – inserida em 13.03.02)

- Alterada pela Res. TST 129/2005 (DJU 20.04.2005).

OJ da SDI-I – TST

OJ SELECIONADAS

43. Conversão de salários de cruzeiros para cruzados. Decreto-lei 2.284/1986. (Inserida em 07.11.94)

A conversão de salários de cruzeiros para cruzados, nos termos do Decreto-lei 2.284/1986, não afronta direito adquirido dos empregados.

- Alterada pela Res. TST 129/2005 (*DJU* 20.04.2005).

44. Gestante. Salário-maternidade.

É devido o salário-maternidade, de 120 dias, desde a promulgação da CF/1988, ficando a cargo do empregador o pagamento do período acrescido pela Carta.

47. Hora extra. Adicional de insalubridade. Base de cálculo.

A base de cálculo da hora extra é o resultado da soma do salário contratual mais o adicional de insalubridade.

- Alterada pela Res. TST 148/2008 (*DJU* 04.07.2008; rep. 08.07.2008).

51. Legislação eleitoral. Empresas públicas e sociedades de economia mista.

Aos empregados das empresas públicas e das sociedades de economia mista regidos pela CLT aplicam-se as vedações dispostas no art. 15 da Lei 7.773, de 08.06.1989.

- Republicada no *DJE* de 16.11.2010.

54. Multa. Cláusula penal. Valor superior ao principal. (Inserida em 30.05.94)

O valor da multa estipulada em cláusula penal, ainda que diária, não poderá ser superior à obrigação principal corrigida, em virtude da aplicação do artigo 412 do Código Civil de 2002 (art. 920 do Código Civil de 1916).

- Alterada pela Res. TST 129/2005 (*DJU* 20.04.2005).

56. Nossa Caixa Nosso Banco (Caixa Econômica do Estado de São Paulo). Regulamento. Gratificação especial e/ou anuênios.

Direito reconhecido apenas àqueles empregados que tinham 25 anos de efetivo exercício prestados exclusivamente à caixa.

57. PCCS. Devido o reajuste do adiantamento. Lei 7.686/1988, art. 1º. (Inserida em 14.03.94)

É devido o reajuste da parcela denominada "adiantamento do PCCS", conforme a redação do art. 1º da Lei 7.686/1988.

- Alterada pela Res. TST 129/2005 (*DJU* 20.04.2005).

58. Plano Bresser. IPC jun/1987. Inexistência de direito adquirido. (Inserida em 10.03.95)

Inexiste direito adquirido ao IPC de junho de 1987 (Plano Bresser), em face da edição do Decreto-lei 2.335/1987.

- Alterada pela Res. TST 129/2005 (*DJU* 20.04.2005).

59. Plano Verão. URP de fevereiro de 1989. Inexistência de direito adquirido. (Inserida em 13.02.95)

Inexiste direito adquirido à URP de fevereiro de 1989 (Plano Verão), em face da edição da Lei 7.730/1989.

- Alterada pela Res. TST 129/2005 (*DJU* 20.04.2005).

60. Portuários. Hora noturna. Horas extras. (Lei 4.860/1965, arts. 4º e 7º, § 5º). Inserida em 28.11.95 (nova redação em decorrência da incorporação da Orientação Jurisprudencial 61 da SDI-1)

I – A hora noturna no regime de trabalho no porto, compreendida entre dezenove horas e sete horas do dia seguinte, é de sessenta minutos.

II – Para o cálculo das horas extras prestadas pelos trabalhadores portuários, observar-se-á somente o salário básico percebido, excluídos os adicionais de risco e produtividade. (ex-OJ 61 da SDI-1 – inserida em 14.03.94)

- Alterada pela Res. TST 129/2005 (*DJU* 20.04.2005).

OJ da SDI-I – TST

OJ SELECIONADAS

62. Prequestionamento. Pressuposto de admissibilidade em apelo de natureza extraordinária. Necessidade, ainda que se trate de incompetência absoluta.

É necessário o prequestionamento como pressuposto de admissibilidade em recurso de natureza extraordinária, ainda que se trate de incompetência absoluta.

- Republicada no *DJE* de 16.11.2010 e 23.11.2010.

65. Professor adjunto. Ingresso no cargo de professor titular. Exigência de concurso público não afastada pela Constituição Federal de 1988 (CF/1988, arts. 37, II, e 206, V). (Inserida em 30.05.94)

O acesso de professor adjunto ao cargo de professor titular só pode ser efetivado por meio de concurso público, conforme dispõem os arts. 37, inciso II, e 206, inciso V, da CF/88.

- Alterada pela Res. TST 129/2005 (*DJU* 20.04.2005).

66. Professor. Repouso semanal remunerado. Lei 605/1949, art. 7º, § 2º.

No salário do professor percebido com base no valor da hora/aula não está inserido o repouso semanal remunerado. (Convertido no Enunciado 351 – Res. 68/1997 – *DJ* 30.05.97.)

67. Radiologista. Salário profissional.

O salário profissional dos técnicos em radiologia é igual a dois salários mínimos e não a quatro (Lei 7.394/1985). (Convertido no Enunciado 358 – Res. 77/1997, *DJ* 19.12.1997.)

75. Substabelecimento sem o reconhecimento de firma do substabelecente. Inválido (anterior à Lei 8.952/1994). (Inserida em 01.02.95)

Não produz efeitos jurídicos recurso subscrito por advogado com poderes conferidos em substabelecimento em que não consta o reconhecimento de firma do outorgante. Entendimento aplicável antes do advento da Lei 8.952/1994.

- Alterada pela Res. TST 129/2005 (*DJU* 20.04.2005).

76. Substituição dos avanços trienais por quinquênios. Alteração do contrato de trabalho. Prescrição total. CEEE. (Inserida em 14.03.94)

A alteração contratual consubstanciada na substituição dos avanços trienais por quinquênios decorre de ato único do empregador, momento em que começa a fluir o prazo fatal de prescrição.

- Alterada pela Res. TST 129/2005 (*DJU* 20.04.2005).

79. URPs de abril e maio de 1988. Decreto-lei 2.425/1988.

Existência de direito apenas ao reajuste de 7/30 (sete trinta avos) de 16,19% (dezesseis inteiros e dezenove décimos por cento), a ser calculado sobre o salário de março e incidente sobre o salário dos meses de abril e maio, não cumulativamente, corrigidos desde a época própria até a data do efetivo pagamento.

- Alterada em decorrência do julgamento do Proc. 573062/1999, certidão de julgamento (*DJU* 14.06.2005).

82. Aviso-prévio. Baixa na CTPS.

A data de saída a ser anotada na CTPS deve corresponder à do término do prazo do aviso-prévio, ainda que indenizado.

83. Aviso-prévio. Prescrição.

Começa a fluir no final da data do término do aviso-prévio. Art. 487, § 1º, CLT.

87. Entidade Pública. Exploração de Atividade Eminentemente Econômica. Execução. Art. 883 da CLT.

É direta a execução contra a APPA e Minascaixa (§ 1º do art. 173, da CF/88).

- Alterado pelo TST em 06.04.2004 (*DJU* 16.04.2004).

91. Anistia. Art. 8º, § 1º, ADCT. Efeitos financeiros. ECT.

- ROAR 105.608/1994, SDI – Plena.

Em 19.05.1997, a SDI-Plena decidiu, pelo voto prevalente do Exmo. Sr. Presidente, que os efeitos financeiros da readmissão do empregado anistiado serão contados a partir do momento em que este manifestou o

OJ da SDI-I – TST

OJ SELECIONADAS

desejo de retornar ao trabalho e, na ausência de prova, da data do ajuizamento da ação.

92. Desmembramento de municípios. Responsabilidade trabalhista.

Em caso de criação de novo município, por desmembramento, cada uma das novas entidades responsabiliza-se pelos direitos trabalhistas do empregado no período em que figurarem como real empregador.

95. Embargos para SDI. Divergência entre a mesma turma. Inservível.

* ERR 125320/1994, SDI-Plena.

Em 19.05.1997, a SDI-Plena, por maioria, decidiu que acórdãos oriundos da mesma turma, embora divergentes, não fundamentam divergência jurisprudencial de que trata a alínea *b* do art. 894 da Consolidação das Leis do Trabalho para embargos à Sessão Especializada em Dissídios Individuais, Subseção I.

97. Horas extras. Adicional noturno. Base de cálculo.

O adicional noturno integra a base de cálculo das horas extras prestadas no período noturno.

100. Salário. Reajuste. Entes públicos. (Inserida em 30.05.97)

Os reajustes salariais previstos em legislação federal devem ser observados pelos Estados membros, suas Autarquias e Fundações Públicas nas relações contratuais trabalhistas que mantiverem com seus empregados.

* Alterada pela Res. TST 129/2005 (*DJU* 20.04.2005).

103. Adicional de insalubridade. Repouso semanal e feriados. (Inserida em 01.10.97)

O adicional de insalubridade já remunera os dias de repouso semanal e feriados.

* Alterada pela Res. TST 129/2005 (*DJU* 20.04.2005).

104. Custas. Condenação acrescida. Inexistência de deserção quando as custas não são expressamente calculadas e não há intimação da parte para o preparo do recurso, devendo, então, ser as custas pagas ao final (redação alterada na sessão do Tribunal Pleno realizada em 17.11.2008)

Não caracteriza deserção a hipótese em que, acrescido o valor da condenação, não houve fixação ou cálculo do valor devido a título de custas e tampouco intimação da parte para o preparo do recurso, devendo, pois, as custas ser pagas ao final.

* Alterada pela Res. TST 150/2008 (*DJE* 20.11.2008).

110. Representação irregular. Procuração apenas nos autos de agravo de instrumento.

A existência de instrumento de mandato apenas nos autos de agravo de instrumento, ainda que em apenso, não legitima a atuação de advogado nos processos de que se originou o agravo.

* Republicada no *DJE* de 16.11.2010.

111. Recurso de revista. Divergência jurisprudencial. Aresto oriundo do mesmo Tribunal Regional. Lei 9.756/1998. Inservível ao conhecimento.

Não é servível ao conhecimento de recurso de revista aresto oriundo de mesmo Tribunal Regional do Trabalho, salvo se o recurso houver sido interposto anteriormente à vigência da Lei 9.756/1998.

* Alterada pela Res. TST 129/2005 (*DJU* 20.04.2005).

113. Adicional de transferência. Cargo de confiança ou previsão contratual de transferência. Devido. Desde que a transferência seja provisória.

O fato de o empregado exercer cargo de confiança ou a existência de previsão de transferência no contrato de trabalho não exclui o direito ao adicional. O pressuposto legal apto a legitimar a percepção do mencionado adicional é a transferência provisória.

OJ da SDI-I – TST

OJ SELECIONADAS

115. Recurso de revista. Nulidade por negativa de prestação jurisdicional. (Alterada em decorrência do inciso II do art. 894 da CLT, incluído pela Lei 11.496/2007)

O conhecimento do recurso de revista, quanto à preliminar de nulidade por negativa de prestação jurisdicional, supõe indicação de violação do art. 832 da CLT, do art. 458 do CPC ou do art. 93, IX, da CF/1988.

- Alterada pela Res. TST 182/2012 (DJE 19.04.2012).

118. Prequestionamento.

Havendo tese explícita sobre a matéria, na decisão recorrida, desnecessário contenha nela referência expressa do dispositivo legal para ter-se como prequestionado este. Inteligência do Enunciado 297.

119. Prequestionamento inexigível. Violação nascida na própria decisão recorrida. Súmula 297 do TST. Inaplicável.

É inexigível o prequestionamento quando a violação indicada houver nascido na própria decisão recorrida. Inaplicável a Súmula 297 do TST.

- Republicada no DJE de 16.11.2010.

120. Recurso. Assinatura da petição ou das razões recursais. Validade.

O recurso sem assinatura será tido por inexistente. Será considerado válido o apelo assinado, ao menos, na petição de apresentação ou nas razões recursais.

- Alterada pela Res. TST 129/2005 (DJU 20.04.2005).

121. Substituição processual. Diferença do adicional de insalubridade. Legitimidade. (Inserida em 20.11.97)

O sindicato tem legitimidade para atuar na qualidade de substituto processual para pleitear diferença de adicional de insalubridade.

- Alterada pela Res. TST 129/2005 (DJU 20.04.2005).

123. Bancários. Ajuda alimentação.

A ajuda alimentação prevista em norma coletiva em decorrência de prestação de horas extras tem natureza indenizatória e, por isso, não integra o salário do empregado bancário.

125. Desvio de função. Quadro de carreira.

O simples desvio funcional do empregado não gera direito a novo enquadramento, mas apenas às diferenças salariais respectivas, mesmo que o desvio de função haja iniciado antes da vigência da CF/1988.

- Alterada pelo TST em 13.03.2002.

127. Hora noturna reduzida. Subsistência após a CF/1988.

O art. 73, § 1º, da CLT, que prevê a redução da hora noturna, não foi revogado pelo inciso IX do art. 7º da CF/1988.

129. Prescrição. Complementação da pensão e auxílio-funeral.

A prescrição extintiva para pleitear judicialmente o pagamento da complementação de pensão e do auxílio-funeral é de 2 anos, contados a partir do óbito do empregado.

130. Prescrição. Ministério Público. Arguição. *Custos legis*. Ilegitimidade. (Inserida em 20.04.98)

Ao exarar o parecer na remessa de ofício, na qualidade de *custos legis*, o Ministério Público não tem legitimidade para arguir a prescrição em favor de entidade de direito público, em matéria de direito patrimonial (arts. 194 do CC de 2002 e 219, § 5º, do CPC).

- Alterada pela Res. TST 129/2005 (DJU 20.04.2005).
- O art. 194 do CC/2002 foi revogado pela Lei 11.280/2006.

132. Agravo regimental. Peças essenciais nos autos principais.

Inexistindo lei que exija a tramitação do agravo em autos apartados, tampouco previsão no Regimento Interno do Regional, não pode o agravante ver-se penalizado por não haver colacionado cópia de peças dos autos principais, quando o agravo deveria fazer parte dele.

OJ da SDI-I – TST

OJ SELECIONADAS

133. Ajuda alimentação. PAT. Lei 6.321/1976. Não integração ao salário.

A ajuda alimentação fornecida por empresa participante do programa de alimentação ao trabalhador, instituído pela Lei 6.321/1976, não tem caráter salarial. Portanto, não integra o salário para nenhum efeito legal.

134. Autenticação. Pessoa jurídica de direito público. Dispensada. Medida Provisória 1.360, de 12.03.1996.

São válidos os documentos apresentados, por pessoa jurídica de direito público, em fotocópia não autenticada, posteriormente à edição da Medida Provisória 1.360/1996 e suas reedições.

• A MP 1.360/1996 foi convertida na Lei 10.522/2002.

138. Competência residual. Regime jurídico único. Limitação da execução. Inserida em 27.11.98 (nova redação em decorrência da incorporação da Orientação Jurisprudencial 249 da SDI-1)

Compete à Justiça do Trabalho julgar pedidos de direitos e vantagens previstos na legislação trabalhista referente a período anterior à Lei 8.112/1990, mesmo que a ação tenha sido ajuizada após a edição da referida lei. A superveniência de regime estatutário em substituição ao celetista, mesmo após a sentença, limita a execução ao período celetista. (1ª parte – ex-OJ 138 da SDI-1 – inserida em 27.11.98; 2ª parte – ex-OJ 249 – inserida em 13.03.02)

• Alterada pela Res. TST 129/2005 (*DJU* 20.04.2005).

140. Depósito recursal e custas. Diferença ínfima. Deserção. Ocorrência. (Inserida em 27.11.98)

Ocorre deserção do recurso pelo recolhimento insuficiente das custas e do depósito recursal, ainda que a diferença em relação ao *quantum* devido seja ínfima, referente a centavos.

• Alterada pela Res. TST 129/2005 (*DJU* 20.04.2005).

142. Embargos de declaração. Efeito modificativo. Vista à parte contrária. (Inserido o item II à redação)

I – É passível de nulidade decisão que acolhe embargos de declaração com efeito modificativo sem que seja concedida oportunidade de manifestação prévia à parte contrária.

II – Em decorrência do efeito devolutivo amplo conferido ao recurso ordinário, o item I não se aplica às hipóteses em que não se concede vista à parte contrária para se manifestar sobre os embargos de declaração opostos contra sentença.

• Alterada pela Res. TST 178/2012.

143. Empresa em liquidação extrajudicial. Execução. Créditos trabalhistas. Lei 6.024/1974.

É direta a execução por crédito trabalhista contra empresa em liquidação extrajudicial.

147. Lei estadual, norma coletiva ou norma regulamentar. Conhecimento indevido do recurso de revista por divergência jurisprudencial. (Alínea *b* do art. 896 da CLT.) Inserida em 27.11.98 (nova redação em decorrência da incorporação da Orientação Jurisprudencial 309 da SDI-1)

I – É inadmissível o recurso de revista fundado tão somente em divergência jurisprudencial, se a parte não comprovar que a lei estadual, a norma coletiva ou o regulamento da empresa extrapolam o âmbito do TRT prolator da decisão recorrida. (ex-OJ 309 da SDI-1 – inserida em 11.08.03)

II – É imprescindível a arguição de afronta ao art. 896 da CLT para o conhecimento de embargos interpostos em face de acórdão de Turma que conhece indevidamente de recurso de revista, por divergência jurisprudencial, quanto a tema regulado por lei estadual, norma coletiva ou norma regulamentar de âmbito restrito ao TRT prolator da decisão.

• Alterada pela Res. TST 129/2005 (*DJU* 20.04.2005).

OJ da SDI-I – TST

OJ SELECIONADAS

148. Lei 8.880/1994, art. 31. Constitucionalidade. (Inserida em 27.11.98)

É constitucional o art. 31 da Lei 8.880/1994 que prevê a indenização por demissão sem justa causa.

- Alterada pela Res. TST 129/2005 (*DJU* 20.04.2005).

151. Prequestionamento. Decisão regional que adota a sentença. Ausência de prequestionamento.

Decisão regional que simplesmente adota os fundamentos da decisão de primeiro grau não preenche a exigência do prequestionamento, tal como previsto no Enunciado 297.

152. Revelia. Pessoa jurídica de direito público. Aplicável. (Art. 844 da CLT). (Inserida em 27.11.98)

Pessoa jurídica de direito público sujeita-se à revelia prevista no artigo 844 da CLT.

- Alterada pela Res. TST 129/2005 (*DJU* 20.04.2005).

158. Custas. Comprovação de recolhimento. Darf eletrônico. Validade.

O denominado "Darf Eletrônico" é válido para comprovar o recolhimento de custas por entidades da Administração Pública Federal, emitido conforme a IN SRF 162, de 04.11.1988.

159. Data de pagamento. Salários. Alteração.

Diante da inexistência de previsão expressa em contrato ou em instrumento normativo, a alteração de data de pagamento pelo empregador não viola o art. 468, desde que observado o parágrafo único do art. 459, ambos da CLT.

160. Descontos salariais. Autorização no ato da admissão. Validade.

É inválida a presunção de vício de consentimento resultante do fato de ter o empregado anuído expressamente com descontos salariais na oportunidade da admissão. É de se exigir demonstração concreta do vício de vontade.

162. Multa. Art. 477 da CLT. Contagem do prazo. Aplicável o art. 132 do Código Civil de 2002. (Inserida em 26.03.99)

A contagem do prazo para quitação das verbas decorrentes da rescisão contratual prevista no artigo 477 da CLT exclui necessariamente o dia da notificação da demissão e inclui o dia do vencimento, em obediência ao disposto no artigo 132 do Código Civil de 2002 (artigo 125 do Código Civil de 1916).

- Alterada pela Res. TST 129/2005 (*DJU* 20.04.2005).

164. Oficial de Justiça *ad hoc*. Inexistência de vínculo empregatício. (Inserida em 26.03.99)

Não se caracteriza o vínculo empregatício na nomeação para o exercício das funções de oficial de justiça *ad hoc*, ainda que feita de forma reiterada, pois exaure-se a cada cumprimento de mandado.

- Alterada pela Res. TST 129/2005 (*DJU* 20.04.2005).

165. Perícia. Engenheiro ou médico. Adicional de insalubridade e periculosidade. Válido. Art. 195 da CLT.

O art. 195 da CLT não faz qualquer distinção entre o médico e o engenheiro para efeito de caracterização e classificação da insalubridade e periculosidade, bastando para a elaboração do laudo seja o profissional devidamente qualificado.

171. Adicional de insalubridade. Óleos minerais. Sentido do termo "manipulação".

Para efeito de concessão de adicional de insalubridade não há distinção entre fabricação e manuseio de óleos minerais – Portaria 3.214 do Ministério do Trabalho, NR 15, Anexo XIII.

172. Adicional de insalubridade ou periculosidade. Condenação. Inserção em folha de pagamento.

Condenada ao pagamento do adicional de insalubridade ou periculosidade, a empresa deverá inserir, mês a mês e enquanto o trabalho for executado sob essas condições, o

OJ da SDI-I – TST

OJ SELECIONADAS

valor correspondente em folha de pagamento.

173. Adicional de insalubridade. Atividade a céu aberto. Exposição ao sol e ao calor. (redação alterada na sessão do Tribunal Pleno realizada em 14.09.2012)

I – Ausente previsão legal, indevido o adicional de insalubridade ao trabalhador em atividade a céu aberto, por sujeição à radiação solar (art. 195 da CLT e Anexo 7 da NR 15 da Portaria 3214/1978 do MTE).

II – Tem direito ao adicional de insalubridade o trabalhador que exerce atividade exposto ao calor acima dos limites de tolerância, inclusive em ambiente externo com carga solar, nas condições previstas no Anexo 3 da NR 15 da Portaria 3.214/1978 do MTE.

• Alterada pela Res. TST 186/2012 (*DEJT* 25.09.2012).

175. Comissões. Alteração ou supressão. Prescrição total. Inserida em 08.11.2000 (nova redação em decorrência da incorporação da Orientação Jurisprudencial 248 da SBDI-1)

A supressão das comissões, ou a alteração quanto à forma ou ao percentual, em prejuízo do empregado, é suscetível de operar a prescrição total da ação, nos termos da Súmula 294 do TST, em virtude de cuidar-se de parcela não assegurada por preceito de lei.

• Alterada pelo TST em 10.11.2005 (*DJU* 22.11.2005).

178. Bancário. Intervalo de 15 minutos. Não computável na jornada de trabalho. (Inserida em 08.11.00)

Não se computa, na jornada do bancário sujeito a seis horas diárias de trabalho, o intervalo de quinze minutos para lanche ou descanso.

• Alterada pela Res. TST 129/2005 (*DJU* 20.04.2005).

181. Comissões. Correção monetária. Cálculo.

O valor das comissões deve ser corrigido monetariamente para em seguida obter-se a média para efeito de cálculo de férias, 13º salário e verbas rescisórias.

185. Contrato de trabalho com a Associação de Pais e Mestres – APM. Inexistência de responsabilidade solidária ou subsidiária do Estado. (Inserida em 08.11.00)

O Estado-Membro não é responsável subsidiária ou solidariamente com a Associação de Pais e Mestres pelos encargos trabalhistas dos empregados contratados por esta última, que deverão ser suportados integral e exclusivamente pelo real empregador.

• Alterada pela Res. TST 129/2005 (*DJU* 20.04.2005).

186. Custas. Inversão do ônus da sucumbência. Deserção.

No caso de inversão do ônus da sucumbência em segundo grau, sem acréscimo ou atualização do valor das custas e se estas já foram devidamente recolhidas, descabe um novo pagamento pela parte vencida, ao recorrer. Deverá ao final, se sucumbente, ressarcir a quantia.

188. Decisão normativa que defere direitos. Falta de interesse de agir para ação individual.

Falta interesse de agir para a ação individual, singular ou plúrima, quando o direito já foi reconhecido através de decisão normativa, cabendo, no caso, ação de cumprimento.

191. Contrato de empreitada. Dono da obra de construção civil. Responsabilidade.

Diante da inexistência de previsão legal específica, o contrato de empreitada de construção civil entre o dono da obra e o empreiteiro não enseja responsabilidade solidária ou subsidiária nas obrigações trabalhistas contraídas pelo empreiteiro, salvo

OJ da SDI-I – TST

OJ SELECIONADAS

sendo o dono da obra uma empresa construtora ou incorporadora.

- Alterada pela Res. TST 175/2011 (*DEJT* 27.05.2011).

192. Embargos declaratórios. Prazo em dobro. Pessoa jurídica de direito público. Decreto-lei 779/69.

É em dobro o prazo para a interposição de embargos declaratórios por pessoa jurídica de direito público.

195. Férias indenizadas. FGTS. Não incidência. (Inserida em 08.11.00)

Não incide a contribuição para o FGTS sobre as férias indenizadas.

- Alterada pela Res. TST 129/2005 (*DJU* 20.04.2005).

198. Honorários periciais. Atualização monetária.

Diferentemente da correção aplicada aos débitos trabalhistas, que têm caráter alimentar, a atualização monetária dos honorários periciais é fixada pelo art. 1º da Lei 6.899/81, aplicável a débitos resultantes de decisões judiciais.

199. Jogo do bicho. Contrato de trabalho. Nulidade. Objeto ilícito.

É nulo o contrato de trabalho celebrado para o desempenho de atividade inerente à prática do jogo do bicho, ante a ilicitude de seu objeto, o que subtrai o requisito de validade para a formação do ato jurídico.

- Republicada no DJE de 16.11.2010.

200. Mandato tácito. Substabelecimento inválido. (Inserida em 08.11.00)

É inválido o substabelecimento de advogado investido de mandato tácito.

- Alterada pela Res. TST 129/2005 (*DJU* 20.04.2005).

206. Professor. Horas extras. Adicional de 50% (cinquenta por cento).

Excedida a jornada máxima (art. 318 da CLT), as horas excedentes devem ser remuneradas com o adicional de, no mínimo, 50% (cinquenta por cento) (art. 7º, XVI, CF/1988).

207. Programa de incentivo à demissão voluntária. Indenização. Imposto de renda. Não incidência. (Inserida em 08.11.00)

A indenização paga em virtude de adesão a programa de incentivo à demissão voluntária não está sujeita à incidência do imposto de renda.

- Alterada pela Res. TST 129/2005 (*DJU* 20.04.2005).

208. Radiologista. Gratificação de raios X. Redução. Lei 7.923/1989.

A alteração da gratificação por trabalho com raios X, de quarenta para dez por cento, na forma da Lei 7.923/1989, não causou prejuízo ao trabalhador porque passou a incidir sobre o salário incorporado com todas as demais vantagens.

213. Telex. Operadores. Art. 227 da CLT. Inaplicável.

O operador de telex de empresa, cuja atividade econômica não se identifica com qualquer uma das previstas no art. 227 da CLT, não se beneficia de jornada reduzida.

216. Vale-transporte. Servidor público celetista. Lei 7.418/1985. Devido. (Inserida em 08.11.00)

Aos servidores públicos celetistas é devido o vale-transporte, instituído pela Lei 7.418/1985, de 16 de dezembro de 1985.

- Alterada pela Res. TST 129/2005 (*DJU* 20.04.2005).

217. Agravo de instrumento. Traslado. Lei 9.756/1998. Guias de custas e de depósito recursal.

Para a formação do Agravo de instrumento, não é necessária a juntada de comprovantes de recolhimento de custas e de depósito recursal relativamente ao recurso ordinário, desde que não seja objeto de controvérsia no recurso de revista a validade daqueles recolhimentos.

219. Recurso de revista ou de embargos fundamentado em Orientação Jurisprudencial do TST.

É válida, para efeito de conhecimento do recurso de revista ou de embargos, a invo-

OJ da SDI-I – TST

OJ SELECIONADAS

cação de orientação jurisprudencial do tribunal superior do trabalho, desde que, das razões recursais, conste o seu número ou conteúdo.

224. Complementação de aposentadoria. Reajuste. Lei 9.069, de 29.06.1995.

I – A partir da vigência da Medida Provisória 542, de 30.06.1994, convalidada pela Lei 9.069, de 29.06.1995, o critério de reajuste da complementação de aposentadoria passou a ser anual e não semestral, aplicando-se o princípio *rebus sic stantibus* diante da nova ordem econômica.

II – A alteração da periodicidade do reajuste da complementação de aposentadoria – de semestral para anual –, não afeta o direito ao resíduo inflacionário apurado nos meses de abril, maio e junho de 1994, que deverá incidir sobre a correção realizada no mês de julho de 1995.

- Alterada pelo TST em 14.09.2010 (*DJE* 16.09.2010).

225. Contrato de concessão de serviço público. Responsabilidade trabalhista. (Inserida em 20.06.01 e alterada pelo Tribunal Pleno, em 18.04.02 – MA 10.999/02)

Celebrado contrato de concessão de serviço público em que uma empresa (primeira concessionária) outorga a outra (segunda concessionária), no todo ou em parte, mediante arrendamento ou qualquer outra forma contratual, a título transitório, bens de sua propriedade:

I – em caso de rescisão do contrato de trabalho após a entrada em vigor da concessão, a segunda concessionária, na condição de sucessora, responde pelos direitos decorrentes do contrato de trabalho, sem prejuízo da responsabilidade subsidiária da primeira concessionária pelos débitos trabalhistas contraídos até a concessão;

II – no tocante ao contrato de trabalho extinto antes da vigência da concessão, a responsabilidade pelos direitos dos trabalhadores será exclusivamente da antecessora.

- Alterada pela Res. TST 129/2005 (*DJU* 20.04.2005).

226. Crédito trabalhista. Cédula de crédito rural. Cédula de crédito industrial. Penhorabilidade. (Inserida em 20.06.01)

Diferentemente da cédula de crédito industrial garantida por alienação fiduciária, na cédula rural pignoratícia ou hipotecária o bem permanece sob o domínio do devedor (executado), não constituindo óbice à penhora na esfera trabalhista. (Decreto-lei 167/1967, art. 69; CLT, arts. 10 e 30 e Lei 6.830/1980.)

- Alterada pela Res. TST 129/2005 (*DJU* 20.04.2005).

232. FGTS. Incidência. Empregado transferido para o exterior. Remuneração.

O FGTS incide sobre todas as parcelas de natureza salarial pagas ao empregado em virtude de prestação de serviços no exterior.

233. Horas extras. Comprovação de parte do período alegado. (Inserida em 20.06.01)

A decisão que defere horas extras com base em prova oral ou documental não ficará limitada ao tempo por ela abrangido, desde que o julgador fique convencido de que o procedimento questionado superou aquele período.

- Alterada pela Res. TST 129/2005 (*DJU* 20.04.2005).

235. Horas extras. Salário por produção. (Redação alterada na sessão do Tribunal Pleno realizada em 16.04.2012)

O empregado que recebe salário por produção e trabalha em sobrejornada tem direito à percepção apenas do adicional de horas extras, exceto no caso do empregado cortador de cana, a quem é devido o paga-

OJ da SDI-I – TST

OJ SELECIONADAS

mento das horas extras e do adicional respectivo.

- Alterada pela Res. TST 182/2012 (DJE 19.04.2012).

237. Ministério Público do Trabalho. Ilegitimidade para recorrer.

O Ministério Público não tem legitimidade para recorrer na defesa de interesse patrimonial privado, inclusive de empresas públicas e sociedades de economia mista.

238. Multa. Art. 477 da CLT. Pessoa jurídica de direito público. Aplicável. (Inserida em 20.06.01)

Submete-se à multa do artigo 477 da CLT a pessoa jurídica de direito público que não observa o prazo para pagamento das verbas rescisórias, pois nivela-se a qualquer particular, em direitos e obrigações, despojando-se do *jus imperii* ao celebrar um contrato de emprego.

- Alterada pela Res. TST 129/2005 (DJU 20.04.2005).

242. Prescrição total. Horas extras. Adicional. Incorporação.

Embora haja previsão legal para o direito à hora extra, inexiste previsão para a incorporação ao salário do respectivo adicional, razão pela qual deve incidir a prescrição total.

243. Prescrição total. Planos econômicos.

Aplicável a prescrição total sobre o direito de reclamar diferenças salariais resultantes de planos econômicos.

244. Professor. Redução da carga horária. Possibilidade.

A redução da carga horária do professor, em virtude da diminuição do número de alunos, não constitui alteração contratual, uma vez que não implica redução do valor da hora aula.

245. Revelia. Atraso. Audiência.

Inexiste previsão legal tolerando atraso no horário de comparecimento da parte na audiência.

247. Servidor público. Celetista concursado. Despedida imotivada. Empresa pública ou sociedade de economia mista. Possibilidade.

A despedida de empregados de empresa pública e de sociedade de economia mista, mesmo admitidos por concurso público, independe de ato motivado para sua validade.

A validade do ato de despedida do empregado da Empresa Brasileira de Correios e Telégrafos (ECT) está condicionada à motivação, por gozar a empresa do mesmo tratamento destinado à Fazenda Pública em relação à imunidade tributária e à execução por precatório, além das prerrogativas de foro, prazos e custas processuais.

- Alterada pela Res. TST 143/2007 (DJU 13.11.2007)

251. Descontos. Frentista. Cheques sem fundos.

É lícito o desconto salarial referente à devolução de cheques sem fundos, quando o frentista não observar as recomendações previstas em instrumento coletivo.

253. Estabilidade provisória. Cooperativa. Lei 5.764/1971. Conselho fiscal. Suplente. Não assegurada.

O art. 55 da Lei 5.764/1971 assegura a garantia de emprego apenas aos empregados eleitos diretores de Cooperativas, não abrangendo os membros suplentes.

255. Mandato. Contrato social. Desnecessária a juntada.

O art. 12, VI, do CPC não determina a exibição dos estatutos da empresa em juízo como condição de validade do instrumento de mandato outorgado ao seu procurador, salvo se houver impugnação da parte contrária.

256. Prequestionamento. Configuração. Tese explícita. Enunciado 297.

Para fins do requisito do prequestionamento de que trata o Enunciado 297, há necessidade de que haja, no acórdão, de maneira clara, elementos que levem à conclusão

OJ da SDI-I – TST

OJ SELECIONADAS

de que o Regional adotou uma tese contrária à lei ou a enunciado.

257. Recurso de revista. Fundamentação. Violação de lei. Vocábulo violação. Desnecessidade. (Alterada em decorrência do inciso II do art. 894 da CLT, incluído pela Lei 11.496/2007)

A invocação expressa no recurso de revista dos preceitos legais ou constitucionais tidos como violados não significa exigir da parte a utilização das expressões "contrariar", "ferir", "violar", etc.

• Alterada pela Res. TST 182/2012 (*DJE* 19.04.2012).

259. Adicional noturno. Base de cálculo. Adicional de periculosidade. Integração.

O adicional de periculosidade deve compor a base de cálculo do adicional noturno, já que também neste horário o trabalhador permanece sob as condições de risco.

260. Agravo de instrumento. Recurso de revista. Procedimento sumaríssimo. Lei 9.957/2000. Processos em curso.

I – É inaplicável o rito sumaríssimo aos processos iniciados antes da vigência da Lei 9.957/2000.

II – No caso de o despacho denegatório de recurso de revista invocar, em processo iniciado antes da Lei 9.957/2000, o § 6º do art. 896 da CLT (rito sumaríssimo), como óbice ao trânsito do apelo calcado em divergência jurisprudencial ou violação de dispositivo infraconstitucional, o Tribunal superará o obstáculo, apreciando o recurso sob esses fundamentos.

261. Bancos. Sucessão trabalhista.

As obrigações trabalhistas, inclusive as contraídas à época em que os empregados trabalhavam para o banco sucedido, são de responsabilidade do sucessor, uma vez que a este foram transferidos os ativos, as agências, os direitos e deveres contratuais, caracterizando típica sucessão trabalhista.

262. Coisa julgada. Planos econômicos. Limitação à data base na fase de execução.

Não ofende a coisa julgada a limitação à data base da categoria, na fase executória, da condenação ao pagamento de diferenças salariais decorrentes de planos econômicos, quando a decisão exequenda silenciar sobre a limitação, uma vez que a limitação decorre de norma cogente. Apenas quando a sentença exequenda houver expressamente afastado a limitação à data base é que poderá ocorrer ofensa à coisa julgada.

264. Depósito recursal. PIS/Pasep. Ausência de indicação na guia de depósito recursal. Validade.

Não é essencial para a validade da comprovação do depósito recursal a indicação do número do PIS/Pasep na guia respectiva.

268. Indenização adicional. Leis 6.708/1979 e 7.238/1984. Aviso-prévio. Projeção. Estabilidade provisória.

Somente após o término do período estabilitário é que se inicia a contagem do prazo do aviso-prévio para efeito das indenizações previstas nos artigos 9º da Lei 6.708/1979 e 9º da Lei 7.238/1984.

269. Justiça gratuita. Requerimento de isenção de despesas processuais. Momento oportuno.

O benefício da justiça gratuita pode ser requerido em qualquer tempo ou grau de jurisdição, desde que, na fase recursal, seja o requerimento formulado no prazo alusivo ao recurso.

270. Programa de Incentivo à Demissão Voluntária. Transação extrajudicial. Parcelas oriundas do extinto contrato de trabalho. Efeitos.

A transação extrajudicial que importa rescisão do contrato de trabalho ante a adesão do empregado a plano de demissão voluntária implica quitação exclusivamente das parcelas e valores constantes do recibo.

OJ da SDI-I – TST

OJ SELECIONADAS

271. Rurícola. Prescrição. Contrato de emprego extinto. Emenda Constitucional n. 28/2000. Inaplicabilidade. (Inserida em 27.09.2002)

O prazo prescricional da pretensão do rurícola, cujo contrato de emprego já se extinguira ao sobrevir a Emenda Constitucional n. 28, de 26.05.2000, tenha sido ou não ajuizada a ação trabalhista, prossegue regido pela lei vigente ao tempo da extinção do contrato de emprego.

* Alterada pelo TST em 10.11.2005 (*DJU* 22.11.2005).

272. Salário mínimo. Servidor. Salário-base inferior. Diferenças. Indevidas.

A verificação do respeito ao direito ao salário mínimo não se apura pelo confronto isolado do salário-base com o mínimo legal, mas deste com a soma de todas as parcelas de natureza salarial recebidas pelo empregado diretamente do empregador.

274. Turno ininterrupto de revezamento. Ferroviário. Horas extras. Devidas.

O ferroviário submetido a escalas variadas, com alternância de turnos, faz jus à jornada especial prevista no art. 7º, XIV, da CF/1988.

275. Turno ininterrupto de revezamento. Horista. Horas extras e adicional. Devidos.

Inexistindo instrumento coletivo fixando jornada diversa, o empregado horista submetido a turno ininterrupto de revezamento faz jus ao pagamento das horas extraordinárias laboradas além da sexta, bem como ao respectivo adicional.

276. Ação declaratória. Complementação de aposentadoria.

É incabível ação declaratória visando a declarar direito à complementação de aposentadoria, se ainda não atendidos os requisitos necessários à aquisição do direito, seja por via regulamentar, ou por acordo coletivo.

277. Ação de cumprimento fundada em decisão normativa que sofreu posterior reforma, quando já transitada em julgado a sentença condenatória. Coisa julgada. Não configuração.

A coisa julgada produzida na ação de cumprimento é atípica, pois dependente de condição resolutiva, ou seja, da não modificação da decisão normativa por eventual recurso. Assim, modificada a sentença normativa pelo TST, com a consequente extinção do processo, sem julgamento do mérito, deve-se extinguir a execução em andamento, uma vez que a norma sobre a qual se apoiava o título exequendo deixou de existir no mundo jurídico.

278. Adicional de insalubridade. Perícia. Local de trabalho desativado.

A realização de perícia é obrigatória para a verificação de insalubridade. Quando não for possível sua realização como em caso de fechamento da empresa, poderá o julgador utilizar-se de outros meios de prova.

279. Adicional de periculosidade. Eletricitários. Base de cálculo. Lei 7.369/1985, art. 1º. Interpretação.

O adicional de periculosidade dos eletricitários deverá ser calculado sobre o conjunto de parcelas de natureza salarial.

282. Agravo de instrumento. Juízo de admissibilidade ad quem.

No julgamento de Agravo de Instrumento ao afastar o óbice apontado pelo TRT para o processamento do recurso de revista, pode o juízo *ad quem* prosseguir no exame dos demais pressupostos extrínsecos e intrínsecos do recurso de revista, mesmo que não apreciados pelo TRT.

283. Agravo de instrumento. Peças essenciais. Traslado realizado pelo agravado. Validade.

É válido o traslado de peças essenciais efetuado pelo agravado, pois sua regular for-

OJ da SDI-I – TST

OJ SELECIONADAS

mação incumbe às partes e não somente ao agravante.

284. Agravo de instrumento. Traslado. Ausência de certidão de publicação. Etiqueta adesiva imprestável para aferição da tempestividade.

A etiqueta adesiva na qual consta a expressão "no prazo" não se presta à aferição de tempestividade do recurso, pois sua finalidade é tão somente servir de controle processual interno do TRT e sequer contém a assinatura do funcionário responsável por sua elaboração.

285. Agravo de instrumento. Traslado. Carimbo do protocolo do recurso ilegível. Inservível.

O carimbo do protocolo da petição recursal constitui elemento indispensável para aferição da tempestividade do apelo, razão pela qual deverá estar legível, pois um dado ilegível é o mesmo que a inexistência do dado.

286. Agravo de Instrumento. Traslado. Mandato Tácito. Ata de Audiência. Configuração.

• Alterada pela Res. TST 167/2010 (*DJE* 30.04.2010).

I – A juntada da ata de audiência, em que consignada a presença do advogado, desde que não estivesse atuando com mandato expresso, torna dispensável a procuração deste, porque demonstrada a existência de mandato tácito.

II – Configurada a existência de mandato tácito fica suprida a irregularidade detectada no mandato expresso.

287. Autenticação. Documentos distintos. Despacho denegatório do recurso de revista e certidão de publicação.

Distintos os documentos contidos no verso e anverso, é necessária a autenticação de ambos os lados da cópia.

294. Embargos à SDI contra decisão em recurso de revista não conhecido quanto aos pressupostos intrínsecos. Necessária a indicação expressa de ofensa ao art. 896 da CLT.

Para a admissibilidade e conhecimento de embargos, interpostos contra decisão mediante a qual não foi conhecido o recurso de revista pela análise dos pressupostos intrínsecos, necessário que a parte embargante aponte expressamente a violação ao art. 896 da CLT.

295. Embargos. Revista não conhecida por má aplicação de enunciado ou de orientação jurisprudencial. Exame do mérito pela SDI.

A SDI, ao conhecer dos Embargos por violação do art. 896 por má aplicação de – enunciado ou de orientação jurisprudencial pela Turma –, julgará desde logo o mérito, caso conclua que a revista mereça conhecimento e que a matéria de fundo se encontra pacificada neste Tribunal.

296. Equiparação salarial. Atendente e auxiliar de enfermagem. Impossibilidade.

Sendo regulamentada a profissão de auxiliar de enfermagem, cujo exercício pressupõe habilitação técnica, realizada pelo Conselho Regional de Enfermagem, impossível a equiparação salarial do simples atendente com o auxiliar de enfermagem.

297. Equiparação salarial. Servidor público da administração direta, autárquica e fundacional. Art. 37, XIII, da CF/1988.

O art. 37, inciso XIII, da CF/1988 veda a equiparação de qualquer natureza para o efeito de remuneração do pessoal do serviço público, sendo juridicamente impossível a aplicação da norma infraconstitucional prevista no art. 461 da CLT quando se pleiteia equiparação salarial entre servidores públicos, independentemente de terem sido contratados pela CLT.

OJ da SDI-I – TST

OJ SELECIONADAS

300. Execução trabalhista. Correção monetária. Juros. Lei 8.177/1991, art. 39, e Lei 10.192/2001, art. 15. (*DJ* 11.08.03)

Não viola norma constitucional (art. 5º, II e XXXVI) a determinação de aplicação da TRD como fator de correção monetária dos débitos trabalhistas, cumulada com juros de mora previstos no artigo 39 da Lei 8.177/1991 e convalidado pelo artigo 15 da Lei 10.192/2001.

* Alterada pela Res. TST 129/2005 (*DJU* 20.04.2005).

302. FGTS. Índice de correção. Débitos trabalhistas.

Os créditos referentes ao FGTS, decorrentes de condenação judicial, serão corrigidos pelos mesmos índices aplicáveis aos débitos trabalhistas.

304. Honorários advocatícios. Assistência judiciária. Declaração de pobreza. Comprovação.

Atendidos os requisitos da Lei 5.584/1970 (art. 14, § 2º), para a concessão da assistência judiciária, basta a simples afirmação do declarante ou de seu advogado, na petição inicial, para considerar configurada a sua situação econômica (art. 4º, § 1º, da Lei 7.510/1986, que deu nova redação à Lei 1.060/1950).

305. Honorários advocatícios. Requisitos. Justiça do Trabalho.

Na Justiça do Trabalho, o deferimento de honorários advocatícios sujeita-se à constatação da ocorrência concomitante de dois requisitos: o benefício da justiça gratuita e a assistência por sindicato.

308. Jornada de trabalho. Alteração. Retorno à jornada inicialmente contratada. Servidor público.

O retorno do servidor público (administração direta, autárquica e fundacional) à jornada inicialmente contratada não se insere nas vedações do art. 468 da CLT, sendo a sua jornada definida em lei e no contrato de trabalho firmado entre as partes.

310. Litisconsortes. Procuradores distintos. Prazo em dobro. Art. 191 do CPC. Inaplicável ao processo do trabalho.

A regra contida no art. 191 do CPC é inaplicável ao processo do trabalho, em face da sua incompatibilidade com o princípio da celeridade inerente ao processo trabalhista.

315. Motorista. Empresa. Atividade predominantemente rural. Enquadramento como trabalhador rural.

É considerado trabalhador rural o motorista que trabalha no âmbito de empresa cuja atividade é preponderantemente rural, considerando que, de modo geral, não enfrenta o trânsito das estradas e cidades.

316. Portuários. Adicional de risco. Lei 4.860/1965.

O adicional de risco dos portuários, previsto no art. 14 da Lei 4.860/1965, deve ser proporcional ao tempo efetivo no serviço considerado sob risco e apenas àqueles que prestam serviços na área portuária.

318. Representação irregular. Autarquia.

Os Estados e os Municípios não têm legitimidade para recorrer em nome das autarquias detentoras de personalidade jurídica própria, devendo ser representadas pelos procuradores que fazem parte de seus quadros ou por advogados constituídos.

319. Representação regular. Estagiário. Habilitação posterior.

Válidos são os atos praticados por estagiário se, entre o substabelecimento e a interposição do recurso, sobreveio a habilitação, do então estagiário, para atuar como advogado.

321. Vínculo empregatício com a administração pública. Período anterior à CF/1988. (*DJ* 11.08.03)

Salvo os casos de trabalho temporário e de serviço de vigilância, previstos nas Leis 6.019, de 03.01.1974, e 7.102, de 20.06.1983, é ilegal a contratação de tra-

OJ da SDI-I – TST

OJ SELECIONADAS

balhadores por empresa interposta, formando-se o vínculo empregatício diretamente com o tomador dos serviços, inclusive ente público, em relação ao período anterior à vigência da CF/88.

* Alterada pela Res. TST 129/2005 (*DJU* 20.04.2005).

322. Acordo coletivo de trabalho. Cláusula de termo aditivo prorrogando o acordo para prazo indeterminado. Inválida.

Nos termos do art. 614, § 3º, da CLT, é de 2 (dois) anos o prazo máximo de vigência dos acordos e das convenções coletivas. Assim sendo, é inválida, naquilo que ultrapassa o prazo total de 2 (dois) anos, a cláusula de termo aditivo que prorroga a vigência do instrumento coletivo originário por prazo indeterminado.

323. Acordo de compensação de jornada. "Semana espanhola". Validade.

É válido o sistema de compensação de horário quando a jornada adotada é a denominada "semana espanhola", que alterna a prestação de 48 horas em uma semana e 40 horas em outra, não violando os arts. 59, § 2º, da CLT e 7º, XIII, da CF/1988 o seu ajuste mediante acordo ou convenção coletiva de trabalho.

324. Adicional de periculosidade. Sistema elétrico de potência. Decreto 93.412/1986, art. 2º, § 1º.

É assegurado o adicional de periculosidade apenas aos empregados que trabalham em sistema elétrico de potência em condições de risco, ou que o façam com equipamentos e instalações elétricas similares, que ofereçam risco equivalente, ainda que em unidade consumidora de energia elétrica.

325. Aumento salarial concedido pela empresa. Compensação no ano seguinte em antecipação sem a participação do sindicato profissional. Impossibilidade.

O aumento real, concedido pela empresa a todos os seus empregados, somente pode ser reduzido mediante a participação efetiva do sindicato profissional no ajuste, nos termos do art. 7º, VI, da CF/1988.

331. Justiça gratuita. Declaração de insuficiência econômica. Mandato. Poderes específicos desnecessários.

Desnecessária a outorga de poderes especiais ao patrono da causa para firmar declaração de insuficiência econômica, destinada à concessão dos benefícios da justiça gratuita.

332. Motorista. Horas extras. Atividade externa. Controle de jornada por tacógrafo. Resolução 816/1986 do Contran.

O tacógrafo, por si só, sem a existência de outros elementos, não serve para controlar a jornada de trabalho de empregado que exerce atividade externa.

334. Remessa *ex officio*. Recurso de revista. Inexistência de recurso ordinário voluntário de ente público. Incabível.

Incabível recurso de revista de ente público que não interpôs recurso ordinário voluntário da Decisão de primeira instância, ressalvada a hipótese de ter sido agravada, na segunda instância, a condenação imposta.

335. Contrato nulo. Administração pública. Efeitos. Conhecimento do recurso por violação do art. 37, II e § 2º, da CF/88.

A nulidade da contratação sem concurso público, após a CF/88, bem como a limitação de seus efeitos, somente poderá ser declarada por ofensa ao art. 37, II, se invocado concomitantemente o seu § 2º, todos da CF/88.

336. Embargos interpostos anteriormente à vigência da Lei 11.496/2007. Recurso não conhecido com base em orientação jurisprudencial. Desnecessário o exame das violações

OJ da SDI-I – TST

OJ SELECIONADAS

de Lei e da Constituição Federal alegadas no recurso de revista. (Redação alterada pelo Tribunal Pleno na sessão realizada em 06.02.2012)

Estando a decisão recorrida em conformidade com orientação jurisprudencial, desnecessário o exame das divergências e das violações de lei e da Constituição alegadas em embargos interpostos antes da vigência da Lei 11.496/2007, salvo nas hipóteses em que a orientação jurisprudencial não fizer qualquer citação do dispositivo constitucional.

• Alterada pela Res. TST 178/2012.

338. Ministério Público do Trabalho. Legitimidade para recorrer. Sociedade de economia mista e empresa pública. Contrato nulo.

Há interesse do Ministério Público do Trabalho para recorrer contra decisão que declara a existência de vínculo empregatício com sociedade de economia mista, após a CF/88, sem a prévia aprovação em concurso público.

339. Teto remuneratório. Empresa pública e sociedade de economia mista. Art. 37, XI, da CF/1988 (anterior à Emenda Constitucional n. 19/1998). (*DJ* 04.05.04)

As empresas públicas e as sociedades de economia mista estão submetidas à observância do teto remuneratório previsto no inciso XI do art. 37 da CF/1988, sendo aplicável, inclusive, ao período anterior à alteração introduzida pela Emenda Constitucional n. 19/1998.

• Alterada pela Res. TST 129/2005 (*DJU* 20.04.2005).

341. FGTS. Multa de 40%. Diferenças decorrentes dos expurgos inflacionários. Responsabilidade pelo pagamento.

É de responsabilidade do empregador o pagamento da diferença da multa de 40% (quarenta por cento) sobre os depósitos do FGTS, decorrente da atualização monetária em face dos expurgos inflacionários.

343. Penhora. Sucessão. Art. 100 da CF/88. Execução.

É válida a penhora em bens de pessoa jurídica de direito privado, realizada anteriormente à sucessão pela União ou por Estado-membro, não podendo a execução prosseguir mediante precatório. A decisão que a mantém não viola o art. 100 da CF/88.

344. FGTS. Multa de 40%. Diferenças decorrentes dos expurgos inflacionários. Prescrição. Termo inicial. (mantida)

O termo inicial do prazo prescricional para o empregado pleitear em juízo diferenças da multa do FGTS, decorrentes dos expurgos inflacionários, deu-se com a vigência da Lei Complementar 110, em 30.06.2001, salvo comprovado trânsito em julgado de decisão proferida em ação proposta anteriormente na Justiça Federal, que reconheça o direito à atualização do saldo da conta vinculada.

• Redação mantida pela Res. TST 175/2011 (*DEJT* 27.05.2011).

345. Adicional de periculosidade. Radiação ionizante ou substância radioativa. Devido.

A exposição do empregado à radiação ionizante ou à substância radioativa enseja a percepção do adicional de periculosidade, pois a regulamentação ministerial (Portarias do Ministério do Trabalho 3.393, de 17.12.1987, e 518, de 07.04.2003), ao reputar perigosa a atividade, reveste-se de plena eficácia, porquanto expedida por força de delegação legislativa contida no art. 200, *caput*, e inciso VI, da CLT. No período de 12.12.2002 a 06.04.2003, enquanto vigeu a Portaria 496 do Ministério do Trabalho, o empregado faz jus ao adicional de insalubridade.

OJ da SDI-I – TST

OJ SELECIONADAS

346. Abono previsto em norma coletiva. Natureza indenizatória. Concessão apenas aos empregados em atividade. Extensão aos inativos. Impossibilidade.

A decisão que estende aos inativos a concessão de abono de natureza jurídica indenizatória, previsto em norma coletiva apenas para os empregados em atividade, a ser pago de uma única vez, e confere natureza salarial à parcela, afronta o art. 7º, XXVI, da CF/88.

347. Adicional de periculosidade. Sistema elétrico de potência. Lei 7.369, de 20.09.1985, regulamentada pelo Decreto 93.412, de 14.10.1986. Extensão do direito aos cabistas, instaladores e reparadores de linhas e aparelhos em empresa de telefonia.

É devido o adicional de periculosidade aos empregados cabistas, instaladores e reparadores de linhas e aparelhos de empresas de telefonia, desde que, no exercício de suas funções, fiquem expostos a condições de risco equivalente ao do trabalho exercido em contato com sistema elétrico de potência.

348. Honorários advocatícios. Base de cálculo. Valor líquido. Lei 1.060, de 05.02.1950.

Os honorários advocatícios, arbitrados nos termos do art. 11, § 1º, da Lei 1.060, de 05.02.1950, devem incidir sobre o valor líquido da condenação, apurado na fase de liquidação de sentença, sem a dedução dos descontos fiscais e previdenciários.

349. Mandato. Juntada de nova procuração. Ausência de ressalva. Efeitos.

A juntada de nova procuração aos autos, sem ressalva de poderes conferidos ao antigo patrono, implica revogação tácita do mandato anterior.

350. Ministério Público do Trabalho. Nulidade do contrato de trabalho não suscitada pelo ente público no momento da defesa. Arguição em parecer. Possibilidade. (alterada em decorrência do julgamento do processo TST IUJERR 526538/1999.2)

O Ministério Público do Trabalho pode arguir, em parecer, na primeira vez que tenha de se manifestar no processo, a nulidade do contrato de trabalho em favor de ente público, ainda que a parte não a tenha suscitado, a qual será apreciada, sendo vedada, no entanto, qualquer dilação probatória.

• Alterada pela Res. TST 162/2009 (*DJE* 20.11.2009).

353. Equiparação salarial. Sociedade de economia mista. Art. 37, XIII, da CF/1988. Possibilidade.

À sociedade de economia mista não se aplica a vedação à equiparação prevista no art. 37, XIII, da CF/1988, pois, ao contratar empregados sob o regime da CLT, equipara-se a empregador privado, conforme disposto no art. 173, § 1º, II, da CF/1988.

355. Intervalo interjornadas. Inobservância. Horas extras. Período pago como sobrejornada. Art. 66 da CLT. Aplicação analógica do § 4º do art. 71 da CLT.

O desrespeito ao intervalo mínimo interjornadas previsto no art. 66 da CLT acarreta, por analogia, os mesmos efeitos previstos no § 4º do art. 71 da CLT e na Súmula 110 do TST, devendo-se pagar a integralidade das horas que foram subtraídas do intervalo, acrescidas do respectivo adicional.

356. Programa de incentivo à demissão voluntária (PDV). Créditos trabalhistas reconhecidos em juízo. Compensação. Impossibilidade.

Os créditos tipicamente trabalhistas reconhecidos em juízo não são suscetíveis de compensação com a indenização paga em decorrência de adesão do trabalhador a

OJ da SDI-I – TST

OJ SELECIONADAS

Programa de Incentivo à Demissão Voluntária (PDV).

358. Salário Mínimo e piso salarial proporcional à jornada reduzida. Possibilidade.

Havendo contratação para cumprimento de jornada reduzida, inferior à previsão constitucional de 8 (oito) horas diárias ou 44 (quarenta e quatro) semanais, é lícito o pagamento do piso salarial ou do salário mínimo proporcional ao tempo trabalhado.

359. Substituição processual. Sindicato. Legitimidade. Prescrição. Interrupção.

A ação movida por sindicato, na qualidade de substituto processual, interrompe a prescrição, ainda que tenha sido considerado parte ilegítima *ad causam*.

360. Turno ininterrupto de revezamento. Dois turnos. Horário diurno e noturno. Caracterização.

Faz jus à jornada especial prevista no art. 7º, XIV, da CF/1988 o trabalhador que exerce suas atividades em sistema de alternância de turnos, ainda que em dois turnos de trabalho, que compreendam, no todo ou em parte, o horário diurno e o noturno, pois submetido à alternância de horário prejudicial à saúde, sendo irrelevante que a atividade da empresa se desenvolva de forma ininterrupta.

361. Aposentadoria espontânea. Unicidade do contrato de trabalho. Multa de 40% do FGTS sobre todo o período.

A aposentadoria espontânea não é causa de extinção do contrato de trabalho se o empregado permanece prestando serviços ao empregador após a jubilação. Assim, por ocasião da sua dispensa imotivada, o empregado tem direito à multa de 40% do FGTS sobre a totalidade dos depósitos efetuados no curso do pacto laboral.

362. Contrato nulo. Efeitos. FGTS. Medida Provisória 2.164-41, de 24.08.2001, e art. 19-A da Lei 8.036, de 11.05.1990. Irretroatividade.

Não afronta o princípio da irretroatividade da lei a aplicação do art. 19-A da Lei 8.036, de 11.05.1990, aos contratos declarados nulos celebrados antes da vigência da Medida Provisória 2.164-41, de 24.08.2001.

363. Descontos previdenciários e fiscais. Condenação do empregador em razão do inadimplemento de verbas remuneratórias. Responsabilidade do empregado pelo pagamento. Abrangência.

A responsabilidade pelo recolhimento das contribuições social e fiscal, resultante de condenação judicial referente a verbas remuneratórias, é do empregador e incide sobre o total da condenação. Contudo, a culpa do empregador pelo inadimplemento das verbas remuneratórias não exime a responsabilidade do empregado pelos pagamentos do imposto de renda devido e da contribuição previdenciária que recaia sobre sua quota-parte.

364. Estabilidade. Art. 19 do ADCT. Servidor público de fundação regido pela CLT.

Fundação instituída por lei e que recebe dotação ou subvenção do Poder Público para realizar atividades de interesse do Estado, ainda que tenha personalidade jurídica de direito privado, ostenta natureza de fundação pública. Assim, seus servidores regidos pela CLT são beneficiários da estabilidade excepcional prevista no art. 19 do ADCT.

365. Estabilidade Provisória. Membro de Conselho Fiscal de Sindicato. Inexistência.

Membro de conselho fiscal de sindicato não tem direito à estabilidade prevista nos arts. 543, § 3º, da CLT e 8º, VIII, da CF/1988, porquanto não representa ou atua na defesa de direitos da categoria respecti-

OJ da SDI-I – TST

OJ SELECIONADAS

va, tendo sua competência limitada à fiscalização da gestão financeira do sindicato (art. 522, § 2º, da CLT).

366. Estagiário. Desvirtuamento do contrato de estágio. Reconhecimento do vínculo empregatício com a Administração Pública Direta ou Indireta. Período posterior à Constituição Federal de 1988. Impossibilidade.

Ainda que desvirtuada a finalidade do contrato de estágio celebrado na vigência da Constituição Federal de 1988, é inviável o reconhecimento do vínculo empregatício com ente da Administração Pública direta ou indireta, por força do art. 37, II, da CF/1988, bem como o deferimento de indenização pecuniária, exceto em relação às parcelas previstas na Súmula 363 do TST, se requeridas.

367. Aviso-prévio de 60 (sessenta) dias. Elastecimento por norma coletiva. Projeção. Reflexos nas parcelas trabalhistas.

O prazo de aviso-prévio de 60 (sessenta) dias, concedido por meio de norma coletiva que silencia sobre alcance de seus efeitos jurídicos, computa-se integralmente como tempo de serviço, nos termos do § 1º do art. 487 da CLT, repercutindo nas verbas rescisórias.

368. Descontos previdenciários. Acordo homologado em juízo. Inexistência de vínculo empregatício. Parcelas indenizatórias. Ausência de discriminação. Incidência sobre o valor total.

É devida a incidência das contribuições para a Previdência Social sobre o valor total do acordo homologado em juízo, independentemente do reconhecimento de vínculo de emprego, desde que não haja discriminação das parcelas sujeitas à incidência da contribuição previdenciária, conforme parágrafo único do art. 43 da Lei 8.212, de 24.07.1991, e do art. 195, I, *a*, da CF/1988.

369. Estabilidade provisória. Delegado sindical. Inaplicável.

O delegado sindical não é beneficiário da estabilidade provisória prevista no art. 8º, VIII, da CF/1988, a qual é dirigida, exclusivamente, àqueles que exerçam ou ocupem cargos de direção nos sindicatos, submetidos a processo eletivo.

370. FGTS. Multa de 40% (quarenta por cento). Diferenças dos expurgos inflacionários. Prescrição. Interrupção decorrente de protestos judiciais.

O ajuizamento de protesto judicial dentro do biênio posterior à Lei Complementar 110, de 29.06.2001, interrompe a prescrição, sendo irrelevante o transcurso de mais de 2 (dois) anos da propositura de outra medida acautelatória, com o mesmo objetivo, ocorrida antes da vigência da referida lei, pois ainda não iniciado o prazo prescricional, conforme disposto na Orientação Jurisprudencial 344 da SBDI-1.

371. Irregularidade de representação. Substabelecimento não datado. Inaplicabilidade do art. 654, § 1º, do Código Civil.

Não caracteriza a irregularidade de representação a ausência da data da outorga de poderes, pois, no mandato judicial, ao contrário do mandato civil, não é condição de validade do negócio jurídico. Assim, a data a ser considerada é aquela em que o instrumento for juntado aos autos, conforme preceitua o art. 370, IV, do CPC. Inaplicável o art. 654, § 1º, do Código Civil.

372. Minutos que antecedem e sucedem a jornada de trabalho. Lei 10.243, de 27.06.2001. Norma coletiva. Flexibilização. Impossibilidade.

A partir da vigência da Lei 10.243, de 27.06.2001, que acrescentou o § 1º ao art. 58 da CLT, não mais prevalece cláusula prevista em convenção ou acordo coletivo que elastece o limite de 5 minutos que antecedem e sucedem a jornada de trabalho para fins de apuração das horas extras.

OJ da SDI-I – TST

OJ SELECIONADAS

373. Representação. Pessoa jurídica. Procuração. Invalidade. Identificação do outorgante e de seu representante. (redação alterada na sessão do Tribunal Pleno realizada em 16.11.2010 – IUJ- 85600-06. 2007.5.15.0000)

É inválido o instrumento de mandato firmado em nome de pessoa jurídica que não contenha, pelo menos, o nome da entidade outorgante e do signatário da procuração, pois estes dados constituem elementos que os individualizam.

• Alterada pela Res. TST 170/2010 (*DJE* 19.11.2010).

374. Agravo de instrumento. Representação processual. Regularidade. Procuração ou substabelecimento com cláusula limitativa de poderes ao âmbito do Tribunal Regional do Trabalho.

É regular a representação processual do subscritor do agravo de instrumento ou do recurso de revista que detém mandato com poderes de representação limitados ao âmbito do Tribunal Regional do Trabalho, pois, embora a apreciação desse recurso seja realizada pelo Tribunal Superior do Trabalho, a sua interposição é ato praticado perante o Tribunal Regional do Trabalho, circunstância que legitima a atuação do advogado no feito.

375. Auxílio-doença. Aposentadoria por invalidez. Suspensão do contrato de trabalho. Prescrição. Contagem.

A suspensão do contrato de trabalho, em virtude da percepção do auxílio-doença ou da aposentadoria por invalidez, não impede a fluência da prescrição quinquenal, ressalvada a hipótese de absoluta impossibilidade de acesso ao Judiciário.

376. Contribuição previdenciária. Acordo homologado em juízo após o trânsito em julgado da sentença condenatória. Incidência sobre o valor homologado.

É devida a contribuição previdenciária sobre o valor do acordo celebrado e homologado após o trânsito em julgado de decisão judicial, respeitada a proporcionalidade de valores entre as parcelas de natureza salarial e indenizatória deferidas na decisão condenatória e as parcelas objeto do acordo.

377. Embargos de declaração. Decisão denegatória de recurso de revista exarado por presidente do TRT. Descabimento. Não interrupção do prazo recursal.

Não cabem embargos de declaração interpostos contra decisão de admissibilidade do recurso de revista, não tendo o efeito de interromper qualquer prazo recursal.

378. Embargos. Interposição contra decisão monocrática. Não cabimento.

Não encontra amparo no art. 894 da CLT, quer na redação anterior quer na redação posterior à Lei 11.496, de 22.06.2007, recurso de embargos interposto à decisão monocrática exarada nos moldes dos arts. 557 do CPC e 896, § 5º, da CLT, pois o comando legal restringe seu cabimento à pretensão de reforma de decisão colegiada proferida por Turma do Tribunal Superior do Trabalho.

379. Empregado de cooperativa de crédito. Bancário. Equiparação. Impossibilidade.

Os empregados de cooperativas de crédito não se equiparam a bancário, para efeito de aplicação do art. 224 da CLT, em razão da inexistência de expressa previsão legal, considerando, ainda, as diferenças estruturais e operacionais entre as instituições financeiras e as cooperativas de crédito. Inteligência das Leis 4.594, de 29.12.1964, e 5.764, de 16.12.1971.

382. Juros de mora. Art. 1º-F da Lei 9.494, de 10.09.1997. Inaplicabilidade à Fazenda Pública quando condenada subsidiariamente.

A Fazenda Pública, quando condenada subsidiariamente pelas obrigações trabalhistas devidas pela empregadora principal, não se beneficia da limitação dos juros,

OJ da SDI-I – TST

OJ SELECIONADAS

prevista no art. 1º-F da Lei 9.494, de 10.09.1997.

383. Terceirização. Empregados da empresa prestadora de serviços e da tomadora. Isonomia. Art. 12, *a*, da Lei 6.019, de 03.01.1974. (mantida)

A contratação irregular de trabalhador, mediante empresa interposta, não gera vínculo de emprego com ente da Administração Pública, não afastando, contudo, pelo princípio da isonomia, o direito dos empregados terceirizados às mesmas verbas trabalhistas legais e normativas asseguradas àqueles contratados pelo tomador dos serviços, desde que presente a igualdade de funções. Aplicação analógica do art. 12, *a*, da Lei 6.019, de 03.01.1974.

- Redação mantida pela Res. TST 175/2011 (*DEJT* 27.05.2011).

385. Adicional de periculosidade. Devido. Armazenamento de líquido inflamável no prédio. Construção vertical.

É devido o pagamento do adicional de periculosidade ao empregado que desenvolve suas atividades em edifício (construção vertical), seja em pavimento igual ou distinto daquele onde estão instalados tanques para armazenamento de líquido inflamável, em quantidade acima do limite legal, considerando-se como área de risco toda a área interna da construção vertical.

386. Férias. Gozo na época própria. Pagamento fora do prazo. Dobra devida. Arts. 137 e 145 da CLT.

É devido o pagamento em dobro da remuneração de férias, incluído o terço constitucional, com base no art. 137 da CLT, quando, ainda que gozadas na época própria, o empregador tenha descumprido o prazo previsto no art. 145 do mesmo diploma legal.

387. Honorários periciais. Beneficiário da justiça gratuita. Responsabilidade da União pelo pagamento. Resolução 35/2007 do CSJT. Observância.

A União é responsável pelo pagamento dos honorários de perito quando a parte sucumbente no objeto da perícia for benefiáciária da assistência judiciária gratuita, observado o procedimento disposto nos arts. 1º, 2º e 5º da Resolução 35/2007 do Conselho Superior da Justiça do Trabalho – CSJT.

388. Jornada 12x36. Jornada mista que compreenda a totalidade do período noturno. Adicional noturno. Devido.

O empregado submetido à jornada de 12 horas de trabalho por 36 de descanso, que compreende a totalidade do período noturno, tem direito ao adicional noturno, relativo às horas trabalhadas após as 5 horas da manhã.

389. Multa prevista no art. 557, § 2º, do CPC. Recolhimento. Pressuposto recursal. Pessoa jurídica de direito público. Exigibilidade.

Está a parte obrigada, sob pena de deserção, a recolher a multa aplicada com fundamento no § 2º do art. 557 do CPC, ainda que pessoa jurídica de direito público.

390. Participação nos lucros e resultados. Rescisão contratual anterior à data da distribuição dos lucros. Pagamento proporcional aos meses trabalhados. Princípio da isonomia.

Fere o princípio da isonomia instituir vantagem mediante acordo coletivo ou norma regulamentar que condiciona a percepção da parcela participação nos lucros e resultados ao fato de estar o contrato de trabalho em vigor na data prevista para a distribuição dos lucros. Assim, inclusive na rescisão contratual antecipada, é devido o pagamento da parcela de forma proporcional aos meses trabalhados, pois o ex-emprega-

OJ da SDI-I – TST

OJ SELECIONADAS

do concorreu para os resultados positivos da empresa.

391. Portuários. Submissão prévia de demanda a comissão paritária. Lei 8.630, de 25.02.1993. Inexigibilidade.

A submissão prévia de demanda a comissão paritária, constituída nos termos do art. 23 da Lei 8.630, de 25.02.1993 (Lei dos Portos), não é pressuposto de constituição e desenvolvimento válido e regular do processo, ante a ausência de previsão em lei.

392. Prescrição. Interrupção. Ajuizamento de protesto judicial. Marco inicial.

O protesto judicial é medida aplicável no processo do trabalho, por força do art. 769 da CLT, sendo que o seu ajuizamento, por si só, interrompe o prazo prescricional, em razão da inaplicabilidade do § 2º do art. 219 do CPC, que impõe ao autor da ação o ônus de promover a citação do réu, por ser ele incompatível com o disposto no art. 841 da CLT.

393. Professor. Jornada de trabalho especial. Art. 318 da CLT. Salário mínimo. Proporcionalidade.

A contraprestação mensal devida ao professor, que trabalha no limite máximo da jornada prevista no art. 318 da CLT, é de um salário mínimo integral, não se cogitando do pagamento proporcional em relação a jornada prevista no art. 7º, XIII, da Constituição Federal.

394. Repouso semanal remunerado – RSR. Integração das horas extras. Não repercussão no cálculo das férias, do décimo terceiro salário, do aviso-prévio e dos depósitos do FGTS.

A majoração do valor do repouso semanal remunerado, em razão da integração das horas extras habitualmente prestadas, não repercute no cálculo das férias, da gratificação natalina, do aviso-prévio e do FGTS, sob pena de caracterização de *bis in idem*.

395. Turno ininterrupto de revezamento. Hora noturna reduzida. Incidência.

O trabalho em regime de turnos ininterruptos de revezamento não retira o direito à hora noturna reduzida, não havendo incompatibilidade entre as disposições contidas nos arts. 73, § 1º, da CLT e 7º, XIV, da Constituição Federal.

396. Turnos ininterruptos de revezamento. Alteração da jornada de 8 para 6 horas diárias. Empregado horista. Aplicação do divisor 180.

Para o cálculo do salário-hora do empregado horista, submetido a turnos ininterruptos de revezamento, considerando a alteração da jornada de 8 para 6 horas diárias, aplica-se o divisor 180, em observância ao disposto no art. 7º, VI, da Constituição Federal, que assegura a irredutibilidade salarial.

397. Comissionista misto. Horas extras. Base de cálculo. Aplicação da Súmula 340 do TST.

O empregado que recebe remuneração mista, ou seja, uma parte fixa e outra variável, tem direito a horas extras pelo trabalho em sobrejornada. Em relação à parte fixa, são devidas as horas simples acrescidas do adicional de horas extras. Em relação à parte variável, é devido somente o adicional de horas extras, aplicando-se à hipótese o disposto na Súmula 340 do TST.

398. Contribuição previdenciária. Acordo homologado em juízo sem reconhecimento de vínculo de emprego. Contribuinte individual. Recolhimento da alíquota de 20% (vinte por cento) a cargo do tomador e 11% (onze por cento) a cargo do prestador de serviços.

Nos acordos homologados em juízo em que não haja o reconhecimento de vínculo empregatício, é devido o recolhimento da

OJ da SDI-I – TST

OJ SELECIONADAS

contribuição previdenciária, mediante a alíquota de 20% (vinte por cento) a cargo do tomador de serviços e de 11% (onze por cento) por parte do prestador de serviços, na qualidade de contribuinte individual, sobre o valor total do acordo, respeitado o teto de contribuição. Inteligência do § 4º do art. 30 e do inciso III do art. 22, todos da Lei 8.212, de 24.07.1991.

399. Estabilidade Provisória. Ação trabalhista ajuizada após o término do período de garantia no emprego. Abuso do exercício do direito de ação. Não configuração. Indenização devida.

O ajuizamento de ação trabalhista após decorrido o período de garantia de emprego não configura abuso do exercício do direito de ação, pois este está submetido apenas ao prazo prescricional inscrito no art. 7º, XXIX, da CF/1988, sendo devida a indenização desde a dispensa até a data do término do período estabilitário.

400. Imposto de renda. Base de cálculo. Juros de mora. Não integração. Art. 404 do Código Civil Brasileiro.

Os juros de mora decorrentes do inadimplemento de obrigação de pagamento em dinheiro não integram a base de cálculo do imposto de renda, independentemente da natureza jurídica da obrigação inadimplida, ante o cunho indenizatório conferido pelo art. 404 do Código Civil de 2002 aos juros de mora.

401. Prescrição. Marco inicial. Ação condenatória. Trânsito em julgado da ação declaratória com mesma causa de pedir remota ajuizada antes da extinção do contrato de trabalho.

O marco inicial da contagem do prazo prescricional para o ajuizamento de ação condenatória, quando advém a dispensa do empregado no curso de ação declaratória que possua a mesma causa de pedir remota, é o trânsito em julgado da decisão proferida na ação declaratória e não a data da extinção do contrato de trabalho.

402. Adicional de risco. Portuário. Terminal privativo. Arts. 14 e 19 da Lei 4.860, de 26.11.1965. Indevido. (mantida)

O adicional de risco previsto no artigo 14 da Lei 4.860, de 26.11.1965, aplica-se somente aos portuários que trabalham em portos organizados, não podendo ser conferido aos que operam terminal privativo.

• Redação mantida pela Res. TST 175/2011 (*DEJT* 27.05.2011).

403. Advogado empregado. Contratação anterior a Lei 8.906, de 04.07.1994. Jornada de trabalho mantida com o advento da Lei. Dedicação exclusiva. Caracterização.

O advogado empregado contratado para jornada de 40 (quarenta) horas semanais, antes da edição da Lei 8.906, de 04.07.1994, está sujeito ao regime de dedicação exclusiva disposto no art. 20 da referida lei, pelo que não tem direito à jornada de 20 (vinte) horas semanais ou 4 diárias.

404. Diferenças salariais. Plano de cargos e salários. Descumprimento. Critérios de promoção não observados. Prescrição parcial.

Tratando-se de pedido de pagamento de diferenças salariais decorrentes da inobservância dos critérios de promoção estabelecidos em Plano de Cargos e Salários criado pela empresa, a prescrição aplicável é a parcial, pois a lesão é sucessiva e se renova mês a mês.

405. Embargos. Procedimento sumaríssimo. Conhecimento. Recurso interposto após vigência da Lei 11.496, de 22.06.2007, que conferiu nova redação ao art. 894, II, da CLT.

Em causas sujeitas ao procedimento sumaríssimo, em que pese a limitação imposta no art. 896, § 6º, da CLT à interposição de recurso de revista, admite-se os embargos interpostos na vigência da Lei 11.496, de 22.06.2007, que conferiu nova redação ao art. 894 da CLT, quando demonstrada a di-

OJ da SDI-I – TST

OJ SELECIONADAS

vergência jurisprudencial entre Turmas do TST, fundada em interpretações diversas acerca da aplicação de mesmo dispositivo constitucional ou de matéria sumulada.

406. Adicional de periculosidade. Pagamento espontâneo. Caracterização de fato incontroverso. Desnecessária a perícia de que trata o art. 195 da CLT.

O pagamento de adicional de periculosidade efetuado por mera liberalidade da empresa, ainda que de forma proporcional ao tempo de exposição ao risco ou em percentual inferior ao máximo legalmente previsto, dispensa a realização da prova técnica exigida pelo art. 195 da CLT, pois torna incontroversa a existência do trabalho em condições perigosas.

407. Jornalista. Empresa não jornalística. Jornada de trabalho reduzida. Arts. 302 e 303 da CLT.

O jornalista que exerce funções típicas de sua profissão, independentemente do ramo de atividade do empregador, tem direito à jornada reduzida prevista no artigo 303 da CLT.

408. Juros de mora. Empresa em liquidação extrajudicial. Sucessão trabalhista.

É devida a incidência de juros de mora em relação aos débitos trabalhistas de empresa em liquidação extrajudicial sucedida nos moldes dos arts. 10 e 448 da CLT. O sucessor responde pela obrigação do sucedido, não se beneficiando de qualquer privilégio a este destinado.

409. Multa por litigância de má-fé. Recolhimento. Pressuposto recursal. Inexigibilidade.

O recolhimento do valor da multa imposta por litigância de má-fé, nos termos do art. 18 do CPC, não é pressuposto objetivo para interposição dos recursos de natureza trabalhista. Assim, resta inaplicável o art. 35 do CPC como fonte subsidiária, uma vez que, na Justiça do Trabalho, as custas estão reguladas pelo art. 789 da CLT.

410. Repouso semanal remunerado. Concessão após o sétimo dia consecutivo de trabalho. Art. 7º, XV, da CF. Violação.

Viola o art. 7º, XV, da CF a concessão de repouso semanal remunerado após o sétimo dia consecutivo de trabalho, importando no seu pagamento em dobro.

411. Sucessão trabalhista. Aquisição de empresa pertencente a grupo econômico. Responsabilidade solidária do sucessor por débitos trabalhistas de empresa não adquirida. Inexistência.

O sucessor não responde solidariamente por débitos trabalhistas de empresa não adquirida, integrante do mesmo grupo econômico da empresa sucedida, quando, à época, a empresa devedora direta era solvente ou idônea economicamente, ressalvada a hipótese de má-fé ou fraude na sucessão.

412. Agravo inominado ou agravo regimental. Interposição em face de decisão colegiada. Não cabimento. Erro grosseiro. Inaplicabilidade do princípio da fungibilidade recursal.

É incabível agravo inominado (art. 557, §1º, do CPC) ou agravo regimental (art. 235 do RITST) contra decisão proferida por Órgão colegiado. Tais recursos destinam-se, exclusivamente, a impugnar decisão monocrática nas hipóteses expressamente previstas. Inaplicável, no caso, o princípio da fungibilidade ante a configuração de erro grosseiro.

413. Auxílio-alimentação. Alteração da natureza jurídica. Norma coletiva ou adesão ao PAT.

A pactuação em norma coletiva conferindo caráter indenizatório à verba "auxílio-alimentação" ou a adesão posterior do empregador ao Programa de Alimentação do Trabalhador – PAT – não altera a natureza salarial da parcela, instituída anteriormente, para aqueles empregados que, habitualmente, já percebiam o benefício, a teor das Súmulas 51, I, e 241 do TST.

OJ da SDI-I – TST

OJ SELECIONADAS

414. Competência da Justiça do Trabalho. Execução de ofício. Contribuição social referente ao Seguro de Acidente de Trabalho (SAT). Arts. 114, VIII, e 195, I, a, da Constituição da República.

Compete à Justiça do Trabalho a execução, de ofício, da contribuição referente ao Seguro de Acidente de Trabalho (SAT), que tem natureza de contribuição para a seguridade social (arts. 114, VIII, e 195, I, a, da CF), pois se destina ao financiamento de benefícios relativos à incapacidade do empregado decorrente de infortúnio no trabalho (arts. 11 e 22 da Lei 8.212/1991).

415. Horas extras. Reconhecimento em juízo. Critério de dedução/abatimento dos valores comprovadamente pagos no curso do contrato de trabalho.

A dedução das horas extras comprovadamente pagas daquelas reconhecidas em juízo não pode ser limitada ao mês de apuração, devendo ser integral e aferida pelo total das horas extraordinárias quitadas durante o período imprescrito do contrato de trabalho.

416. Imunidade de jurisdição. Organização ou organismo internacional.

As organizações ou organismos internacionais gozam de imunidade absoluta de jurisdição quando amparados por norma internacional incorporada ao ordenamento jurídico brasileiro, não se lhes aplicando a regra do Direito Consuetudinário relativa à natureza dos atos praticados. Excepcionalmente, prevalecerá a jurisdição brasileira na hipótese de renúncia expressa à cláusula de imunidade jurisdicional.

417. Prescrição. Rurícola. Emenda Constitucional 28, de 26.05.2000. Contrato de trabalho em curso.

Não há prescrição total ou parcial da pretensão do trabalhador rural que reclama direitos relativos a contrato de trabalho que se encontrava em curso à época da promulgação da Emenda Constitucional n. 28, de 26.05.2000, desde que ajuizada a demanda no prazo de cinco anos de sua publicação, observada a prescrição bienal.

418. Equiparação salarial. Plano de cargos e salários. Aprovação por instrumento coletivo. Ausência de alternância de critérios de promoção por antiguidade e merecimento.

Não constitui óbice à equiparação salarial a existência de plano de cargos e salários que, referendado por norma coletiva, prevê critério de promoção apenas por merecimento ou antiguidade, não atendendo, portanto, o requisito de alternância dos critérios, previsto no art. 461, § 2º, da CLT.

419. Enquadramento. Empregado que exerce atividade em empresa agroindustrial. Definição pela atividade preponderante da empresa.

Considera-se rurícola empregado que, a despeito da atividade exercida, presta serviços a empregador agroindustrial (art. 3º, § 1º, da Lei 5.889, de 08.06.1973), visto que, neste caso, é a atividade preponderante da empresa que determina o enquadramento.

420. Turnos ininterruptos de revezamento. Elastecimento da jornada de trabalho. Norma coletiva com eficácia retroativa. Invalidade.

É inválido o instrumento normativo que, regularizando situações pretéritas, estabelece jornada de oito horas para o trabalho em turnos ininterruptos de revezamento.

421. Honorários advocatícios. Ação de indenização por danos morais e materiais decorrentes de acidente de trabalho ou de doença profissional. Ajuizamento perante a Justiça comum antes da promulgação da Emenda Constitucional 45/2004. Posterior remessa dos autos à Justiça do Trabalho. Art. 20 do CPC. Incidência.

A condenação em honorários advocatícios nos autos de ação de indenização por danos morais e materiais decorrentes de acidente de trabalho ou de doença profissional, remetida à Justiça do Trabalho após

OJ da SDI-I – Transitória – TST

OJ SELECIONADAS

ajuizamento na Justiça comum, antes da vigência da Emenda Constitucional n. 45/2004, decorre da mera sucumbência, nos termos do art. 20 do CPC, não se sujeitando aos requisitos da Lei 5.584/1970.

ORIENTAÇÕES JURISPRUDENCIAIS SELECIONADAS DA SDI (SUBSEÇÃO I) – TRANSITÓRIA – TST

1. FGTS. Multa de 40%. Complementação. Indevida. (Inserida em 02.10.1997)

A rescisão contratual operada antes da vigência da Constituição Federal de 1988, com o pagamento da multa sobre os depósitos do FGTS no percentual de 10% (dez por cento), é ato jurídico perfeito, não se admitindo retroatividade. Assim, indevido o deferimento da complementação, a título de diferenças de multa do FGTS, do percentual de 30% (trinta por cento), referente ao período do primeiro contrato rescindido e pago de acordo com a norma vigente à época (Lei 5.107/1966, art. 6º).

- Alterada pela Res. TST 129/2005 (*DJU* 20.04.2005).

2. CSN. Licença remunerada.

É devido o valor das horas extras até então habitualmente prestadas.

3. Súmula 337. Inaplicabilidade. (Inserida em 02.10.1997)

A Súmula 337 do TST é inaplicável a recurso de revista interposto anteriormente à sua vigência.

- Alterada pela Res. TST 129/2005 (*DJU* 20.04.2005).

5. Servita. Bonificação de assiduidade e produtividade paga semanalmente. Repercussão no repouso semanal remunerado. (Inserida em 02.10.1997)

O valor das bonificações de assiduidade e produtividade, pago semanalmente e em caráter permanente pela empresa Servita, visando incentivar o melhor rendimento dos empregados, possui natureza salarial, repercutindo no cálculo do repouso semanal remunerado.

- Alterada pela Res. TST 129/2005 (*DJU* 20.04.2005).

6. Adicional de produtividade. Decisão normativa. Vigência. Limitação.

O adicional de produtividade previsto na decisão normativa, proferida nos autos do Dissídio Coletivo DC-TST 6/1979, tem sua eficácia limitada à vigência do respectivo instrumento normativo.

7. Banrisul. Complementação de aposentadoria. ADI e cheque rancho. Não integração. Inserida em 19.10.2000 (nova redação em decorrência da incorporação da Orientação Jurisprudencial Transitória 8 da SDI-1)

As parcelas ADI e cheque rancho não integram a complementação de aposentadoria dos empregados do Banrisul. (ex-OJ Transitória 8 da SDI-1 – inserida em 19.10.2000)

- Alterada pela Res. TST 129/2005 (*DJU* 20.04.2005).

9. BNCC. Garantia de emprego. Não assegurada.

O Regulamento do BNCC não garante a estabilidade ao empregado nos moldes daquela prevista na CLT, mas apenas a garantia no emprego, ou seja, a garantia contra a despedida imotivada.

10. BNCC. Juros. Súmula 304 do TST. Inaplicável.

A extinção do BNCC não foi decretada pelo Banco Central mas por deliberação de seus acionistas. Portanto, inaplicável a Súmula 304 do TST e, em seus débitos trabalhistas, devem incidir os juros de mora.

11. Complementação de aposentadoria. Ceagesp.

Para o empregado se beneficiar da aposentadoria integral, prevista no § 1º do art. 16 do Regulamento Geral 1/1963, da Ceagesp, o empregado deverá contar com 30 anos ou mais de efetivo serviço à Ceagesp.

OJ da SDI-I – Transitória – TST

OJ SELECIONADAS

12. CSN. Adicional de insalubridade e de periculosidade. Salário complessivo. Prevalência do acordo coletivo. (Inserida em 19.10.2000)

O pagamento do adicional de insalubridade e periculosidade embutido no salário contratual dos empregados da CSN não caracteriza a complessividade salarial, uma vez que essa forma de pagamento decorre de acordo coletivo há muitos anos em vigor.

* Alterada pela Res. TST 129/2005 (*DJU* 20.04.2005).

13. CSN. Licença remunerada. Aviso-prévio. Concomitância. Possibilidade.

Devido às circunstâncias especialíssimas ocorridas na CSN (Próspera), considera-se válida a concessão de aviso-prévio durante o período da licença remunerada.

14. Defensoria pública. Opção pela carreira.

Servidor investido na função de defensor público até a data em que foi instalada a Assembleia Nacional Constituinte tem direito à opção pela carreira, independentemente de realização de concurso público (celetista ou estatutário), bastando que a opção tenha sido feita até a data supra.

15. Energipe. Participação nos lucros. Incorporação anterior à CF/1988. Natureza salarial.

A parcela participação nos lucros, incorporada ao salário do empregado anteriormente à CF/1988, possui natureza salarial e gera reflexos em todas as verbas salariais.

16. Agravo de instrumento interposto na vigência da Lei 9.756/1998 e anteriormente à edição da IN 16/1999 do TST. Traslado de peças. Obrigatoriedade.

Não há como dizer que a exigência de traslado de peças necessárias ao julgamento de ambos os recursos (o agravo e o recurso principal) somente se tornou obrigatória após a edição da IN 16/1999, pois trata-se apenas de meio destinado à interpretação acerca das novas exigências que se tornaram efetivas a partir da vigência da Lei 9.756/1998.

17. Agravo de instrumento interposto na vigência da Lei 9.756/1998. Embargos declaratórios.

Para comprovar a tempestividade do recurso de revista, basta a juntada da certidão de publicação do acórdão dos embargos declaratórios opostos perante o Regional, se conhecidos.

18. Agravo de instrumento interposto na vigência da Lei 9.756/1998. Peça indispensável. Certidão de publicação do acórdão regional. Necessária a juntada, salvo se nos autos houver elementos que atestem a tempestividade da revista.

A certidão de publicação do acórdão regional é peça essencial para a regularidade do traslado do agravo de instrumento, porque imprescindível para aferir a tempestividade do recurso de revista e para viabilizar, quando provido, seu imediato julgamento, salvo se nos autos houver elementos que atestem a tempestividade da revista.

19. Agravo de instrumento. Interposto na vigência da Lei 9.756/1998. Peças dispensáveis à compreensão da controvérsia. Desnecessária a juntada.

Mesmo na vigência da Lei 9.756/1998, a ausência de peças desnecessárias à compreensão da controvérsia, ainda que relacionadas no inciso I do § 5º do art. 897 da CLT, não implica o não conhecimento do agravo.

20. Agravo de instrumento. Ministério Público. Pressupostos extrínsecos.

Para aferição da tempestividade do AI interposto pelo Ministério Público, desnecessário o traslado da certidão de publicação do despacho agravado, bastando a juntada da cópia da intimação pessoal na qual conste a respectiva data de recebimento (LC 75/1993, art. 84, IV).

OJ da SDI-I – Transitória – TST

OJ SELECIONADAS

21. Agravo de instrumento. Traslado. Certidão. Instrução Normativa 6/1996 do TST.

Certidão do Regional afirmando que o AI está formado de acordo com IN 6/1996 do TST não confere autenticidade às peças.

23. Autenticação. Documento único. Cópia. Verso e anverso.

Inexistindo impugnação da parte contrária, bem como o disposto no art. 795 da CLT, é válida a autenticação aposta em uma face da folha que contenha documento que continua no verso, por constituir documento único.

24. Abono. Complementação de aposentadoria. Reajuste. CVRD (Valia).

A Resolução 7/1989 da CVRD, que instituiu o benefício "abono aposentadoria" (art. 6º), determina que o reajuste seja feito na mesma época e com o mesmo índice aplicado pelo INSS ou observada a variação do IGP ou da OTN, aplicando-se o maior deles.

25. Banco Meridional. Complementação de aposentadoria. Reajustes. Extensão.

Os reajustes salariais concedidos sobre quaisquer parcelas aos empregados ativos devem ser estendidos aos inativos, com exclusão apenas das parcelas ressalvadas expressamente no Regulamento do Banco.

26. Banerj. Plano Bresser. Acordo Coletivo de Trabalho de 1991. Não é norma programática.

É de eficácia plena e imediata o *caput* da cláusula 5ª do Acordo Coletivo de Trabalho de 1991/1992 celebrado pelo Banerj contemplando o pagamento de diferenças salariais do Plano Bresser, sendo devido o percentual de 26,06% (vinte e seis vírgula zero seis por cento) nos meses de janeiro a agosto de 1992, inclusive.

27. Banrisul. Gratificação Jubileu. Prescrição.

A Gratificação Jubileu, instituída pela Resolução 1.761/1967, que foi alterada, reduzindo-se o seu valor, pela Resolução 1.885/1970, era devida a todo empregado que completasse 25, 30, 35 e 40 anos de serviço no Banco. Era vantagem a ser paga de uma única vez, na data da aposentadoria, fluindo desta data o prazo prescricional, sendo inaplicável a Súmula 294 do TST, que é restrito aos casos em que se postulam prestações sucessivas.

28. CDHU. Sucessão trabalhista.

Considerando a moldura fática delineada pelo Regional, conduz-se à ilação de que a CDHU foi a sucessora da Conesp, uma vez que ocupou os imóveis e assumiu os contratos anteriores, dando sequência às obras com o mesmo pessoal.

29. CEEE. Equiparação salarial. Quadro de carreira. Reestruturação em 1991. Válido.

O quadro de carreira implantado na CEEE em 1977 foi homologado pelo Ministério do Trabalho. A reestruturação procedida em 1991, mesmo não homologada, é válida.

30. Cisão parcial de empresa. Responsabilidade solidária. Proforte.

É solidária a responsabilidade entre a empresa cindida subsistente e aquelas que absorverem parte do seu patrimônio, quando constatada fraude na cisão parcial.

31. Planos Bresser e Verão. Acordo coletivo autorizando a quitação através da concessão de folgas remuneradas. Conversão em pecúnia após a extinção do contrato de trabalho. Inviabilidade.

Acordo coletivo celebrado entre as partes autorizando a quitação dos valores devidos a título de Planos Bresser e Verão em folgas remuneradas é válido. Incabível a conversão do valor correspondente às folgas remuneradas em pecúnia quando extinto o contrato de trabalho pelo advento de aposentadoria voluntária.

32. Complementação de aposentadoria. Banco do Brasil. Sucumbência. Inversão.

Imposta condenação originária em diferenças de complementação de aposentadoria,

OJ da SDI-I – Transitória – TST

OJ SELECIONADAS

por ocasião do julgamento de recurso de revista, imperativo o exame no acórdão, sob pena de negativa de prestação jurisdicional, de postulação aduzida em contestação e/ou em contrarrazões visando a limitação da condenação à média trienal e ao teto, matéria insuscetível de prequestionamento.

33. Adicional de insalubridade. Base de cálculo, na vigência do Decreto-lei 2.351/1987: piso nacional de salários. (conversão da Orientação Jurisprudencial 3 da SDI-1)

Na vigência do Decreto-lei 2.351/1987, o piso nacional de salários é a base de cálculo para o adicional de insalubridade. (ex-OJ 3 da SDI-1 – inserida em 14.03.1994)

- Acrescentada pela Res. TST 129/2005 (*DJU* 20.04.2005).

34. BRDE. Entidade autárquica de natureza bancária. Lei 4.595/1964, art. 17. Res. Bacen 469/1970, art. 8º. CLT, art. 224, § 2º. CF, art. 173, § 1º. (conversão da Orientação Jurisprudencial 22 da SDI-1)

O Banco Regional de Desenvolvimento do Extremo Sul – BRDE é uma entidade autárquica de natureza bancária, e, como tal, submete-se ao art. 173, § 1º, da Constituição Federal de 1988. Desta forma, sendo a natureza das atividades por ele exercidas similares às de qualquer instituição financeira, seus empregados são bancários, regendo-se pelas normas especiais a eles referentes, inclusive o art. 224 da CLT. (ex-OJ 22 da SDI-1 – inserida em 14.03.1994)

- Acrescentada pela Res. TST 129/2005 (*DJU* 20.04.2005).

35. Reajustes salariais. Bimestrais e quadrimestrais (Lei 8.222/1991). Simultaneidade inviável. (conversão da Orientação Jurisprudencial 68 da SDI-1)

Nova antecipação bimestral, na mesma época do reajuste quadrimestral, constitui verdadeiro *bis in idem*, pois o bimestre anterior, que servia como base de cálculo, já teve o INPC considerado para fim do reajuste quadrimestral. (ex-OJ 68 da SDI-1 – inserida em 28.11.1995)

- Acrescentada pela Res. TST 129/2005 (*DJU* 20.04.2005).

36. Hora *in itinere*. Tempo gasto entre a portaria da empresa e o local do serviço. Devida. Açominas. (mantida)

Configura-se como hora *in itinere* o tempo gasto pelo obreiro para alcançar seu local de trabalho a partir da portaria da Açominas. (ex-OJ 98 da SDI-1 – inserida em 30.05.1997)

- Redação mantida pela Res. TST 175/2011 (*DEJT* 27.05.2011)

37. Minascaixa. Legitimidade passiva *ad causam* enquanto não concluído o procedimento de liquidação extrajudicial. (conversão da Orientação Jurisprudencial 109 da SDI-1)

A Minascaixa tem legitimidade passiva *ad causam* para figurar nas demandas contra ela ajuizadas enquanto não tiver concluído o processo de liquidação extrajudicial ao qual se encontra submetida. (ex-OJ 109 da SDI-1 – inserida em 01.10.1997)

- Acrescentada pela Res. TST 129/2005 (*DJU* 20.04.2005).

38. Banco Meridional. Circular 34046/1989. Dispensa sem justa causa. (conversão da Orientação Jurisprudencial 137 da SDI-1)

A inobservância dos procedimentos disciplinados na Circular 34046/1989 do Banco Meridional, norma de caráter eminentemente procedimental, não é causa para a nulidade da dispensa sem justa causa. (ex-OJ 137 da SDI-1 – inserida em 27.11.1998)

- Acrescentada pela Res. TST 129/2005 (*DJU* 20.04.2005).

39. FGTS. Opção retroativa. Concordância do empregador. Necessidade. (conversão da Orientação Jurisprudencial 146 da SDI-1)

A concordância do empregador é indispensável para que o empregado possa optar retroativamente pelo sistema do Fundo de Garantia por Tempo de Serviço. (ex-OJ 146 da SDI-1 – inserida em 27.11.1998)

- Acrescentada pela Res. TST 129/2005 (*DJU* 20.04.2005).

OJ da SDI-I – Transitória – TST

OJ SELECIONADAS

40. Banrisul. Complementação de aposentadoria. (conversão da Orientação Jurisprudencial 155 da SDI-1)

A Resolução 1600/1964, vigente à época da admissão do empregado, incorporou-se ao contrato de trabalho, pelo que sua alteração não poderá prejudicar o direito adquirido, mesmo em virtude da edição da Lei 6.435/1977. Incidência das Súmulas 51 e 288. (ex-OJ 155 da SDI-1 – inserida em 26.03.99)

- Acrescentada pela Res. TST 129/2005 (DJU 20.04.2005).

41. Complementação de Aposentadoria. Fundação Clemente de Faria. Banco Real. (conversão da Orientação Jurisprudencial 157 da SDI-1)

É válida a cláusula do Estatuto da Fundação Clemente de Faria que condicionou o direito à complementação de aposentadoria à existência de recursos financeiros, e também previa a suspensão, temporária ou definitiva, da referida complementação. (ex-OJ 157 da SDI-1 – inserida em 26.03.1999)

- Acrescentada pela Res. TST 129/2005 (DJU 20.04.2005).

42. Petrobras. Pensão por morte do empregado assegurada no manual de pessoal. Estabilidade decenal. Opção pelo regime do FGTS. (Inserido item II à redação)

I – Tendo o empregado adquirido a estabilidade decenal, antes de optar pelo regime do FGTS, não há como negar-se o direito à pensão, eis que preenchido o requisito exigido pelo Manual de Pessoal. (ex-OJ 166 da SDI-1 – inserida em 26.03.1999)

II – O benefício previsto no manual de pessoal da Petrobras, referente ao pagamento de pensão e auxílio-funeral aos dependentes do empregado que vier a falecer no curso do contrato de trabalho, não se estende à hipótese em que sobrevém o óbito do trabalhador quando já extinto o contrato de trabalho.

- Alterada pela Res. TST 182/2012 (DJE 19.04.2012).

43. Suds. Gratificação. Convênio da União com Estado. Natureza salarial enquanto paga. (conversão da Orientação Jurisprudencial 168 da SDI-1)

A parcela denominada "Complementação Suds" paga aos servidores em virtude de convênio entre o Estado e a União Federal tem natureza salarial, enquanto paga, pelo que repercute nos demais créditos trabalhistas do empregado. (ex-OJ 168 da SDI-1 – inserida em 26.03.1999)

- Acrescentada pela Res. TST 129/2005 (DJU 20.04.2005).

44. Anistia. Lei 6.683/1979. Tempo de afastamento. Não computável para efeito de indenização e adicional por tempo de serviço, licença-prêmio e promoção. (conversão da Orientação Jurisprudencial 176 da SDI-1)

O tempo de afastamento do anistiado pela Lei 6.683/1979 não é computável para efeito do pagamento de indenização por tempo de serviço, licença-prêmio e promoção. (ex-OJ 176 da SDI-1 – inserida em 08.11.2000)

- Acrescentada pela Res. TST 129/2005 (DJU 20.04.2005).

45. Comissionista puro. Abono. Lei 8.178/1991. Não Incorporação. (conversão da Orientação Jurisprudencial 180 da SDI-1)

É indevida a incorporação do abono instituído pela Lei 8.178/1991 aos empregados comissionistas. (ex-OJ 180 da SDI-1 – inserida em 08.11.2000)

- Acrescentada pela Res. TST 129/2005 (DJU 20.04.2005).

46. Complementação de aposentadoria. Banco Itaú. (conversão da Orientação Jurisprudencial 183 da SDI-1)

O empregado do Banco Itaú admitido na vigência da Circular BB-05/1966, que passou para a inatividade posteriormente à vigência da RP-40/1974, está sujeito ao im-

OJ da SDI-I – Transitória – TST

OJ SELECIONADAS

plemento da condição "idade mínima de 55 anos". (ex-OJ 183 da SDI-1 – inserida em 08.11.2000)

* Acrescentada pela Res. TST 129/2005 (*DJU* 20.04.2005).

47. Décimo terceiro salário. Dedução da 1ª parcela. URV. Lei 8.880/1994. (conversão da Orientação Jurisprudencial 187 da SDI-1)

Ainda que o adiantamento do 13º salário tenha ocorrido anteriormente à edição da Lei 8.880/1994, as deduções deverão ser realizadas considerando o valor da antecipação, em URV, na data do efetivo pagamento, não podendo a 2ª parcela ser inferior à metade do 13º salário, em URV. (ex-OJ 187 da SDI-1 – inserida em 08.11.2000)

* Acrescentada pela Res. TST 129/2005 (*DJU* 20.04.2005).

48. Petromisa. Sucessão. Petrobras. Legitimidade. (conversão da Orientação Jurisprudencial 202 da SDI-1)

Em virtude da decisão tomada em assembleia, a Petrobras é a real sucessora da Petromisa, considerando que recebeu todos os bens móveis e imóveis da extinta Petromisa. (ex-OJ 202 da SDI-1 – inserida em 08.11.2000)

* Acrescentada pela Res. TST 129/2005 (*DJU* 20.04.2005).

49. Serpro. Norma regulamentar. Reajustes salariais. Superveniência de sentença normativa. Prevalência. (conversão da Orientação Jurisprudencial 212 da SDI-1)

Durante a vigência do instrumento normativo, é lícita ao empregador a obediência à norma coletiva (DC 8948/1990) que alterou as diferenças interníveis previstas no Regulamento de Recursos Humanos. (ex-OJ 212 da SDI-1 – inserida em 08.11.2000)

* Acrescentada pela Res. TST 129/2005 (*DJU* 20.04.2005).

50. Férias. Abono instituído por instrumento normativo e terço constitucional. Simultaneidade inviável. (conversão da Orientação Jurisprudencial 231 da SDI-1)

O abono de férias decorrente de instrumento normativo e o abono de 1/3 (um terço) previsto no art. 7º, XVII, da CF/1988 têm idêntica natureza jurídica, destinação e finalidade, constituindo-se *bis in idem* seu pagamento simultâneo, sendo legítimo o direito do empregador de obter compensação de valores porventura pagos. (ex-OJ 231 da SDI-1 – inserida em 20.06.2001)

* Acrescentada pela Res. TST 129/2005 (*DJU* 20.04.2005).

51. Complementação de aposentadoria. Caixa Econômica Federal. Auxílio-alimentação. Supressão. Súmulas 51 e 288. (conversão da Orientação Jurisprudencial 250 da SDI-1)

A determinação de supressão do pagamento de auxílio-alimentação aos aposentados e pensionistas da Caixa Econômica Federal, oriunda do Ministério da Fazenda, não atinge aqueles ex-empregados que já percebiam o benefício. (ex-OJ 250 da SDI-1 – inserida em 13.03.2002)

* Acrescentada pela Res. TST 129/2005 (*DJU* 20.04.2005).

52. Agravo de instrumento. Acórdão do TRT não assinado. Interposto anteriormente à Instrução Normativa 16/1999. (conversão da Orientação Jurisprudencial 281 da SDI-1)

Nos agravos de instrumento interpostos anteriormente à edição da Instrução Normativa 16/1999, a ausência de assinatura na cópia não a torna inválida, desde que conste o carimbo aposto pelo servidor certificando que confere com o original. (ex-OJ 281 da SDI-1 – inserida em 11.08.2003)

* Acrescentada pela Res. TST 129/2005 (*DJU* 20.04.2005).

OJ da SDI-I – Transitória – TST

OJ SELECIONADAS

53. Custas. Embargos de terceiro. Interpostos anteriormente à Lei 10.537/2002. Inexigência de recolhimento para a interposição de agravo de petição. (conversão da Orientação Jurisprudencial 291 da SDI-1)

Tratando-se de embargos de terceiro, incidentes em execução, ajuizados anteriormente à Lei 10.537/2002, incabível a exigência do recolhimento de custas para a interposição de agravo de petição por falta de previsão legal. (ex-OJ 291 da SDI-1 – inserida em 11.08.2003)

- Acrescentada pela Res. TST 129/2005 (*DJU* 20.04.2005).

54. Plano econômico (Collor). Execução. Correção monetária. Índice de 84,32%. Lei 7.738/1989. Aplicável. (conversão da Orientação Jurisprudencial 203 da SDI-1)

Aplica-se o índice de 84,32% (oitenta e quatro inteiros e trinta e dois centésimos por cento), relativo ao IPC de março de 1990, para a correção monetária do débito trabalhista, por ocasião da execução, nos termos da Lei 7.738/1989. (ex-OJ 203 da SDI-1 – inserida em 08.11.2000)

- Acrescentada pela Res. TST 129/2005 (*DJU* 20.04.2005).

55. Plano Collor. Servidores celetistas do GDF. Legislação federal. Prevalência. (conversão da Orientação Jurisprudencial 218 da SDI-1 e incorporada a Orientação Jurisprudencial 241 da SDI-1)

Inexiste direito adquirido às diferenças salariais de 84,32% (oitenta e quatro inteiros e trinta e dois centésimos por cento) do IPC de março de 1990 aos servidores celetistas da Administração Direta, Fundações e Autarquias do Distrito Federal. (ex-OJs 218 e 241 da SDI-1 – inseridas respectivamente em 02.04.2001 e 20.06.2001)

- Acrescentada pela Res. TST 129/2005 (*DJU* 20.04.2005).

56. Anistia. Lei 8.878/1994. Efeitos financeiros devidos a partir do efetivo retorno à atividade. (conversão da Orientação Jurisprudencial 221 da SDI-1)

Os efeitos financeiros da anistia concedida pela Lei 8.878/1994 somente serão devidos a partir do efetivo retorno à atividade, vedada a remuneração em caráter retroativo. (ex-OJ 221 da SDI-1 – inserida em 20.06.2001)

- Acrescentada pela Res. TST 129/2005 (*DJU* 20.04.2005).

57. Adicional de insalubridade. Deficiência de iluminamento. Limitação. (conversão da Orientação Jurisprudencial 153 da SDI-1)

Somente após 26.02.1991 foram, efetivamente, retiradas do mundo jurídico as normas ensejadoras do direito ao adicional de insalubridade por iluminamento insuficiente no local da prestação de serviço, como previsto na Portaria 3751/1990 do Ministério do Trabalho. (ex-OJ 153 da SDI-1 – inserida em 26.03.1999)

- Acrescentada pela Res. TST 129/2005 (*DJU* 20.04.2005).

58. URP'S de junho e julho de 1988. Suspensão do pagamento. Data base em maio. Decreto-lei 2.425/1988. Inexistência de violação a direito adquirido. (conversão da Orientação Jurisprudencial 214 da SDI-1)

O Decreto-lei 2.425, de 07.04.1988, não ofendeu o direito adquirido dos empregados com data base em maio, pelo que não fazem jus às URPs de junho e julho de 1988. (ex-OJ 214 da SDI-1 – inserida em 08.11.2000)

- Acrescentada pela Res. TST 129/2005 (*DJU* 20.04.2005).

59. Interbras. Sucessão. Responsabilidade.

A Petrobras não pode ser responsabilizada solidária ou subsidiariamente pelas obrigações trabalhistas da extinta Interbras, da qual a união é a real sucessora, nos termos do art. 20 da Lei 8.029, de 12.04.1990

OJ da SDI-I – Transitória – TST

OJ SELECIONADAS

(atual art. 23 em face da renumeração dada pela Lei 8.154, de 28.12.1990).

60. Adicional por tempo de serviço. Base de cálculo. Salário-base. Art. 129 da Constituição do Estado de São Paulo.

O adicional por tempo de serviço – quinquênio –, previsto no art. 129 da Constituição do Estado de São Paulo, tem como base de cálculo o vencimento básico do servidor público estadual, ante o disposto no art. 11 da Lei Complementar do Estado de São Paulo 712, de 12.04.1993.

- Republicada no *DEJT* de 11.04.2011.

61. Auxílio cesta alimentação previsto em norma coletiva. CEF. Cláusula que estabelece natureza indenizatória à parcela. Extensão aos aposentados e pensionistas. Impossibilidade.

Havendo previsão em cláusula de norma coletiva de trabalho de pagamento mensal de auxílio cesta alimentação somente a empregados em atividade, dando-lhe caráter indenizatório, é indevida a extensão desse benefício aos aposentados e pensionistas. Exegese do art. 7º, XXVI, da Constituição Federal.

62. Petrobras. Complementação de aposentadoria. Avanço de nível. Concessão de parcela por acordo coletivo apenas para os empregados da ativa. Extensão para os inativos. Artigo 41 do Regulamento do Plano de Benefícios da Petros.

Ante a natureza de aumento geral de salários, estende-se à complementação de aposentadoria dos ex-empregados da Petrobras benefício concedido indistintamente a todos os empregados da ativa e estabelecido em norma coletiva, prevendo a concessão de aumento de nível salarial – "avanço de nível" – , a fim de preservar a paridade entre ativos e inativos assegurada no art. 41 do Regulamento do Plano de Benefícios da Fundação Petrobras de Seguridade Social – Petros.

63. Petrobras. Complementação de aposentadoria. Integralidade. Condição. Idade mínima. Lei 6.435, de 15.07.1977.

Os empregados admitidos na vigência do Decreto 81.240, de 20.01.1978, que regulamentou a Lei 6.435, de 15.07.1977, ainda que anteriormente à alteração do Regulamento do Plano de Benefícios da Petros, sujeitam-se à condição "idade mínima de 55 anos" para percepção dos proventos integrais de complementação de aposentadoria.

64. Petrobras. Parcelas gratificação contingente e participação nos resultados deferidas por norma coletiva a empregados da ativa. Natureza jurídica não salarial. Não integração na complementação de aposentadoria.

As parcelas gratificação contingente e participação nos resultados, concedidas por força de acordo coletivo a empregados da Petrobras em atividade, pagas de uma única vez, não integram a complementação de aposentadoria.

65. Representação judicial da União. Assistente jurídico. Apresentação do ato de designação.

A ausência de juntada aos autos de documento que comprove a designação do assistente jurídico como representante judicial da União (art. 69 da Lei Complementar 73, de 10.02.1993) importa irregularidade de representação.

66. SPTrans. Responsabilidade subsidiária. Não configuração. Contrato de concessão de serviço público. Transporte coletivo.

A atividade da São Paulo Transportes S/A – SPTrans de gerenciamento e fiscalização dos serviços prestados pelas concessionárias de transporte público, atividade descentralizada da Administração Pública, não se confunde com a terceirização de mão de obra, não se configurando a responsabilidade subsidiária.

OJ da SDI-I – Transitória – TST

OJ SELECIONADAS

67. Telemar. Privatização. Plano de incentivo à rescisão contratual (Pirc). Previsão de pagamento da indenização com redutor de 30% (trinta por cento). Aplicação limitada ao período da reestruturação.

Não é devida a indenização com redutor de 30% (trinta por cento), prevista no Plano de Incentivo à Rescisão Contratual da Telemar, ao empregado que, embora atenda ao requisito estabelecido de não haver aderido ao Pirc, foi despedido em data muito posterior ao processo de reestruturação da empresa, e cuja dispensa não teve relação com o plano.

68. Banco do Estado de São Paulo S.A. – Banespa. Convenção coletiva. Reajuste salarial. Superveniência de acordo em dissídio coletivo. Prevalência.

O acordo homologado no Dissídio Coletivo TST – DC – 810.905/2001.3, que estabeleceu a garantia de emprego aos empregados em atividade do Banco do Estado de São Paulo S.A. – Banespa e que, portanto, não se aplica aos empregados aposentados, prevalece sobre a fixação do reajuste salarial previsto na convenção coletiva firmada entre a Federação Nacional dos Bancos – Fenaban e os sindicatos dos bancários, ante a consideração do conjunto das cláusulas constantes do acordo e em respeito às disposições dos arts. 5º, XXXVI, e 7º, XXVI, da CF/1988.

69. Banco do Brasil. Complementação de Aposentadoria. Alteração do plano de cargos comissionados. Extensão aos inativos.

As alterações na estrutura do Plano de Cargos Comissionados do Banco do Brasil, introduzidas pelas Cartas-Circulares Direc/Funci 96/0904 e 96/0957, dentre as quais a substituição do Abono de Função e Representação (AFR) pelo Adicional de Função (AF) e pelo Adicional Temporário de Revitalização (ATR), não autorizam o pagamento de diferenças de complementação de aposentadoria aos inativos por só abrangerem os empregados em atividade, bem como em razão de o Plano de Incentivo à Aposentadoria da época do jubilamento não conter previsão de aplicação de eventual alteração na estrutura dos cargos comissionados àqueles que se aposentassem.

70. Caixa Econômica Federal. Bancário. Plano de cargos em comissão. Opção pela jornada de oito horas. Ineficácia. Exercício de funções meramente técnicas. Não caracterização de exercício de função de confiança.

Ausente a fidúcia especial a que alude o art. 224, § 2º, da CLT, é ineficaz a adesão do empregado à jornada de 8 (oito) horas constante do Plano de Cargos em Comissão da Caixa Econômica Federal, o que importa no retorno à jornada de 6 (seis) horas, sendo devidas como extras a sétima e a oitava horas laboradas. A diferença de gratificação de função recebida em face da adesão ineficaz poderá ser compensada com as horas extraordinárias prestadas.

71. Empresa Brasileira de Correios e Telégrafos – ECT. Plano de cargos e salários. Progressão horizontal por antiguidade. Necessidade de deliberação da diretoria para comprovar o efetivo cumprimento dos requisitos do PCCS. Condição puramente potestativa para a concessão da promoção. Invalidade.

A deliberação da diretoria da Empresa Brasileira de Correios e Telégrafos – ECT, prevista no Plano de Carreira, Cargos e Salários como requisito necessário para a concessão de progressão por antiguidade, por se tratar de condição puramente potestativa, não constitui óbice ao deferimento da progressão horizontal por antiguidade aos empregados, quando preenchidas as demais condições dispostas no aludido plano.

72. Petrobras. Domingos e feriados trabalhados. Regime de turnos ininterruptos de revezamento. Pagamento em dobro concedido por

OJ da SDI-I – Transitória – TST

OJ SELECIONADAS

liberalidade do empregador. Incorporação ao contrato de trabalho. Supressão unilateral. Acordo coletivo posterior que valida a supressão. Retroação da norma coletiva. Impossibilidade.

O pagamento em dobro, concedido por liberalidade da empresa, dos domingos e feriados trabalhados de forma habitual pelo empregado da Petrobras submetido ao regime de turnos ininterruptos de revezamento não pode ser suprimido unilateralmente, pois é vantagem incorporada ao contrato de trabalho, nos termos do art. 468 da CLT. Assim, o acordo coletivo, posteriormente firmado, somente opera efeitos a partir da data de sua entrada em vigor, sendo incabível a utilização da norma coletiva para regular situação pretérita.

73. Volkswagen do Brasil Ltda. Participação nos lucros e resultados. Pagamento mensal em decorrência de norma coletiva. Natureza indenizatória.

A despeito da vedação de pagamento em periodicidade inferior a um semestre civil ou mais de duas vezes no ano cível, disposta no art. 3º, § 2º, da Lei 10.101, de 19.12.2000, o parcelamento em prestações mensais da participação nos lucros e resultados de janeiro de 1999 a abril de 2000, fixado no acordo coletivo celebrado entre o Sindicato dos Metalúrgicos do ABC e a Volkswagen do Brasil Ltda., não retira a natureza indenizatória da referida verba (art. 7º, XI, da CF), devendo prevalecer a diretriz constitucional que prestigia a autonomia privada coletiva (art. 7º, XXVI, da CF).

74. Hospital de Clínicas de Porto Alegre. Custas processuais. Recolhimento. Isenção. Art. 15 da Lei 5.604, de 02.09.1970.

A isenção tributária concedida pelo art. 15 da Lei 5.604, de 02.09.1970, ao Hospital de Clínicas de Porto Alegre compreende as custas processuais, por serem estas espécie do gênero tributo.

75. Parcela "sexta parte". Art. 129 da Constituição do Estado de São Paulo. Extensão aos empregados de sociedade de economia mista e empresa pública. Indevida.

A parcela denominada "sexta parte", instituída pelo art. 129 da Constituição do Estado de São Paulo, é devida apenas aos servidores estaduais, celetistas e estatutários da Administração Pública direta, das fundações e das autarquias, conforme disposição contida no art. 124 da Constituição Estadual, não se estendendo aos empregados de sociedade de economia mista e de empresa pública, integrantes da Administração Pública indireta, submetidas ao regime jurídico próprio das empresas privadas, nos termos do art. 173, § 1º, II, da Constituição Federal.

76. Complementação de aposentadoria. Integralidade. Empregado do Estado de São Paulo admitido antes da Lei Estadual 200, de 13.05.1974. Implementação do requisito relativo aos 30 (trinta) anos de serviço efetivo. Incidência da Súmula 288 do TST.

É assegurado o direito à percepção de complementação de aposentadoria integral ao ex-empregado do Estado de São Paulo que, admitido anteriormente ao advento da Lei Estadual 200, de 13.05.1974, implementou 30 (trinta) anos de serviço efetivo, ante a extensão das regras de complementação de aposentadoria previstas na Lei Estadual 1.386, de 19.12.1951. Incidência da Súmula 288 do TST.

77. BNDES. Arts. 224 a 226 da CLT. Aplicável a seus empregados.

Até o advento da Lei 10.556, de 13.11.2002, era aplicável aos empregados

OJ da SDI-II – TST

OJ SELECIONADAS

do BNDES a jornada de trabalho dos bancários prevista nos arts. 224 a 226 da CLT.

- Publicada no DJE de 16.11.2010, em decorrência da conversão da Orientação Jurisprudencial 179 da SDI-I.

ORIENTAÇÕES JURISPRUDENCIAIS SELECIONADAS DA SDI (SUBSEÇÃO II) – TST

2. Ação rescisória. Adicional de insalubridade. Base de cálculo. Salário mínimo. Cabível.

Viola o art. 192 da CLT decisão que acolhe pedido de adicional de insalubridade com base na remuneração do empregado.

- V. art. 4º, Res. TST 148/2008, que mantém essa Orientação Jurisprudencial.

4. Ação rescisória. Banco do Brasil. Adicional de caráter pessoal. ACP.

Procede, por ofensa ao art. 5º, inciso XXXVI, da CF/1988, o pedido de rescisão de julgado que acolheu Adicional de Caráter Pessoal em favor de empregado do Banco do Brasil S.A.

5. Ação rescisória. Banco do Brasil. AP e ADI. Horas extras. Súmula 83 do TST. Aplicável.

Não se acolhe pedido de rescisão de julgado que deferiu a empregado do Banco do Brasil S.A. Horas extras após a sexta, não obstante o pagamento dos adicionais AP e ADI, ou AFR quando a decisão rescindenda for anterior à Orientação Jurisprudencial 17, da Seção de Dissídios Individuais do TST (7 de novembro de 1994). Incidência das Súmulas 83 do TST e 343 do STF.

6. Ação rescisória. Cipeiro suplente. Estabilidade. ADCT da CF/1988, art. 10, II, a. Súmula 83 do TST. (Inserida em 20.09.2000)

Rescinde-se o julgado que nega estabilidade a membro suplente de Cipa, representante de empregado, por ofensa ao art. 10, II, a, do ADCT da CF/1988, ainda que se cuide de decisão anterior à Súmula 339 do TST. Incidência da Súmula 83 do TST.

- Alterada pela Res. TST 137/2005 (DJU 22.08.2005).

7. Ação rescisória. Competência. Criação de Tribunal Regional do Trabalho. Na omissão da lei, é fixada pelo art. 678, inc. I, c, item 2, da CLT. (Inserida em 20.09.2000)

A Lei 7.872/1989 que criou o Tribunal Regional do Trabalho da 17ª Região não fixou a sua competência para apreciar as ações rescisórias de decisões oriundas da 1ª Região, o que decorreu do art. 678, I, c, item 2, da CLT.

- Alterada pela Res. TST 137/2005 (DJU 22.08.2005).

8. Ação rescisória. Complementação de aposentadoria. Banespa. Súmula 83 do TST. (Inserida em 20.09.2000)

Não se rescinde julgado que acolheu pedido de complementação de aposentadoria integral em favor de empregado do Banespa, antes da Súmula 313 do TST, em virtude da notória controvérsia jurisprudencial então reinante. Incidência da Súmula 83 do TST.

- Alterada pela Res. TST 137/2005 (DJU 22.08.2005).

9. Ação rescisória. Conab. Aviso Direh 2/1984. Súmula 83 do TST. Aplicável.

Não se rescinde julgado que reconheceu garantia de emprego com base no Aviso Direh 2/1984 da Conab, antes da Súmula 355 do TST, em virtude da notória controvérsia jurisprudencial então reinante. Incidência da Súmula 83 do TST.

10. Ação rescisória. Contrato nulo. Administração pública. Efeitos. Art. 37, II e § 2º, da CF/1988.

Somente por ofensa ao art. 37, II e § 2º, da CF/1988, procede o pedido de rescisão de julgado para considerar nula a contratação, sem concurso público, de servidor, após a CF/1988.

OJ da SDI-II – TST

OJ SELECIONADAS

11. Ação rescisória. Correção monetária. Lei 7.596/1987. Universidades federais. Implantação tardia do plano de classificação de cargos. Violação de lei. Súmula 83 do TST. Aplicável.

Não se rescinde julgado que acolhe pedido de correção monetária decorrente da implantação tardia do plano de classificação de cargos de universidade federal previsto na Lei 7.596/1987, à época em que era controvertida tal matéria na jurisprudência. Incidência da Súmula 83 do TST.

12. Ação rescisória. Decadência. Consumação antes ou depois da edição da Medida Provisória 1.577/1997. Ampliação do prazo. (Inserida em 20.09.2000)

I – A vigência da Medida Provisória 1.577/1997 e de suas reedições implicou o elastecimento do prazo decadencial para o ajuizamento da ação rescisória a favor dos entes de direito público, autarquias e fundações públicas. Se o biênio decadencial do art. 495 do CPC findou após a entrada em vigor da referida medida provisória e até sua suspensão pelo STF em sede liminar de ação direta de inconstitucionalidade (ADIn 1.753-2), tem-se como aplicável o prazo decadencial elastecido à rescisória. (ex-OJ 17 da SDI-2 – inserida em 20.09.2000)

II – A regra ampliativa do prazo decadencial para a propositura de ação rescisória em favor de pessoa jurídica de direito público não se aplica se, ao tempo em que sobreveio a Medida Provisória 1.577/1997, já se exaurira o biênio do art. 495 do CPC. Preservação do direito adquirido da parte à decadência já consumada sob a égide da lei velha. (ex-OJ 12 da SDI-2 – inserida em 20.09.2000)

- Alterada pela Res. TST 137/2005 (*DJU* 22.08.2005), em decorrência da incorporação da Orientação Jurisprudencial 17 da SDI-II.

18. Ação rescisória. Decadência. União. Lei Complementar 73/1993, art. 67. Lei 8.682/1993, art. 6º.

O art. 67 da Lei Complementar 73/1993 interrompeu todos os prazos, inclusive o de decadência, em favor da União, no período compreendido entre 14 de fevereiro de 1993 e 14 de agosto de 1993.

19. Ação rescisória. Desligamento incentivado. Imposto de renda. Abono pecuniário. Violação de lei. Súmula 83 do TST. Aplicável.

Havendo notória controvérsia jurisprudencial acerca da incidência de imposto de renda sobre parcela paga pelo empregador ("abono pecuniário") a título de "desligamento incentivado", improcede pedido de rescisão do julgado. Incidência da Súmula 83 do TST.

21. Ação rescisória. Duplo grau de jurisdição. Trânsito em julgado. Inobservância. Decreto-lei 779/1969, art. 1º, V. Incabível. (Inserida em 20.09.2000)

É incabível ação rescisória para a desconstituição de sentença não transitada em julgado porque ainda não submetida ao necessário duplo grau de jurisdição, na forma do Decreto-lei 779/1969. Determina-se que se oficie ao Presidente do TRT para que proceda à avocatória do processo principal para o reexame da sentença rescindenda.

- Alterada pela Res. TST 137/2005 (*DJU* 22.08.2005).

23. Ação rescisória. Estabilidade. Período pré-eleitoral. Violação de lei. Súmula 83 do TST. Aplicável.

Não procede pedido de rescisão de sentença de mérito que assegura ou nega estabilidade pré-eleitoral, quando a decisão rescindenda for anterior à Orientação Jurisprudencial 51, da Seção de Dissídios Individuais do TST (25 de novembro de 1996). Incidência da Súmula 83 do TST.

OJ da SDI-II – TST

OJ SELECIONADAS

24. Ação rescisória. Estabilidade provisória. Reintegração em período posterior. Direito limitado aos salários e consectários do período da estabilidade.

Rescinde-se o julgado que reconhece estabilidade provisória e determina a reintegração de empregado, quando já exaurido o respectivo período de estabilidade. Em juízo rescisório, restringe-se a condenação quanto aos salários e consectários até o termo final da estabilidade.

25. Ação rescisória. Expressão "lei" do art. 485, V, do CPC. Não inclusão do ACT, CCT, portaria, regulamento, súmula e orientação jurisprudencial de Tribunal. (Inserida em 20.09.2000)

Não procede pedido de rescisão fundado no art. 485, V, do CPC quando se aponta contrariedade à norma de convenção coletiva de trabalho, acordo coletivo de trabalho, portaria do Poder Executivo, regulamento de empresa e súmula ou orientação jurisprudencial de Tribunal. (ex-OJ 25 da SDI-2, inserida em 20.09.2000 e ex-OJ 118 da SDI-2, DJ 11.08.2003)

- Alterada pela Res. TST 137/2005 (DJU 22.08.2005), em decorrência da incorporação da Orientação Jurisprudencial 118 da SDI-II.

26. Ação rescisória. Gratificação de nível superior. Suframa.

A extensão da gratificação instituída pela Suframa aos servidores celetistas exercentes de atividade de nível superior não ofende as disposições contidas nos arts. 37, XIII, e 39, § 1º, da CF/1988.

30. Ação rescisória. Multa. Art. 920 do Código Civil de 1916 (art. 412 do Código Civil de 2002). (Inserida em 20.09.2000)

Não se acolhe, por violação do art. 920 do Código Civil de 1916 (art. 412 do Código Civil de 2002), pedido de rescisão de julgado que:

a) em processo de conhecimento, impôs condenação ao pagamento de multa, quando a decisão rescindenda for anterior à Orientação Jurisprudencial 54 da Subseção I Especializada em Dissídios Individuais do TST (30.05.94), incidindo o óbice da Súmula 83 do TST; (ex-OJ 30 da SDI-2 – inserida em 20.09.00);

b) em execução, rejeita-se limitação da condenação ao pagamento de multa, por inexistência de violação literal. (ex-OJ 31 da SDI-2 – inserida em 20.09.00)

- Alterada pela Res. TST 137/2005 (DJU 22.08.2005), em decorrência da incorporação da Orientação Jurisprudencial 31 da SDI-II.

34. Ação rescisória. Planos econômicos.

1. O acolhimento de pedido em ação rescisória de plano econômico, fundada no art. 485, inciso V, do CPC, pressupõe, necessariamente, expressa invocação na petição inicial de afronta ao art. 5º, inciso XXXVI, da Constituição Federal de 1988. A indicação de ofensa literal a preceito de lei ordinária atrai a incidência da Súmula 83 do TST e da Súmula 343 do STF. 2. Se a decisão rescindenda é posterior à Súmula 315 do TST (Res. 7, DJ 22.09. 1993), inaplicável a Súmula 83 do TST.

35. Ação rescisória. Planos econômicos. Coisa julgada. Limitação à data base na fase de execução.

Não ofende a coisa julgada a limitação à data base da categoria, na fase executória, da condenação ao pagamento de diferenças salariais decorrentes de planos econômicos, quando a decisão exequenda silenciar sobre a limitação, uma vez que a limitação decorre de norma cogente. Apenas quando a sentença exequenda houver expressamente afastado a limitação à data base é que poderá ocorrer ofensa à coisa julgada.

38. Ação rescisória. Professor adjunto. Ingresso no cargo de professor titular. Exigência de concurso público (Lei 7.596/1987, Decreto 94.664/1987 e art. 206, V, CF/1988.)

A assunção do professor adjunto ao cargo de professor titular de universidade pública, sem prévia aprovação em concurso público, viola o art. 206, inciso V, da Consti-

OJ da SDI-II – TST

OJ SELECIONADAS

tuição Federal. Procedência do pedido de rescisão do julgado.

39. Ação rescisória. Reajustes bimestrais e quadrimestrais. Lei 8.222/1991. Súmula 83 do TST. Aplicável.

Havendo controvérsia jurisprudencial à época, não se rescinde decisão que aprecia a possibilidade de cumulação das antecipações bimestrais e reajustes quadrimestrais de salário previstos na Lei 8.222/1991. Incidência da Súmula 83 do TST.

- Referida Lei foi revogada. V. Lei 8.542/1992 (Política Nacional de Salários).

41. Ação rescisória. Sentença *citra petita*. Cabimento.

Revelando-se a sentença *citra petita*, o vício processual vulnera os arts. 128 e 460 do CPC, tornando-a passível de desconstituição, ainda que não opostos embargos declaratórios.

53. Mandado de segurança. Cooperativa em liquidação extrajudicial. Lei 5.764/1971, art. 76. Inaplicável.

Não suspende a execução. A liquidação extrajudicial de sociedade cooperativa não suspende a execução dos créditos trabalhistas existentes contra ela.

54. Mandado de segurança. Embargos de terceiro. Cumulação. Penhora. Incabível. (Inserida em 20.09.2000)

Ajuizados embargos de terceiro (art. 1.046 do CPC) para pleitear a desconstituição da penhora, é incabível a interposição de mandado de segurança com a mesma finalidade.

- Alterada pela Res. TST 137/2005 (*DJU* 22.08.2005).

56. Mandado de segurança. Execução. Pendência de recurso extraordinário.

Não há direito líquido e certo à execução definitiva na pendência de recurso extraordinário, ou de agravo de instrumento visando a destrancá-lo.

57. Mandado de segurança. INSS. Tempo de serviço. Averbação e/ou reconhecimento.

Conceder-se-á mandado de segurança para impugnar ato que determina ao INSS o reconhecimento e/ou averbação de tempo de serviço.

59. Mandado de segurança. Penhora. Carta de fiança bancária.

A carta de fiança bancária equivale a dinheiro para efeito da gradação dos bens penhoráveis, estabelecida no art. 655 do CPC.

63. Mandado de segurança. Reintegração. Ação cautelar.

Comporta a impetração de mandado de segurança o deferimento de reintegração no emprego em ação cautelar.

64. Mandado de segurança. Reintegração liminarmente concedida.

Não fere direito líquido e certo a concessão de tutela antecipada para reintegração de empregado protegido por estabilidade provisória decorrente de lei ou norma coletiva.

65. Mandado de segurança. Reintegração liminarmente concedida. Dirigente sindical.

Ressalvada a hipótese do art. 494 da CLT, não fere direito líquido e certo a determinação liminar de reintegração no emprego de dirigente sindical, em face da previsão do inciso X do art. 659 da CLT.

66. Mandado de segurança. Sentença homologatória de adjudicação.

Incabível o mandado de segurança contra sentença homologatória de adjudicação, uma vez que existe meio próprio para impugnar o ato judicial, consistente nos embargos à adjudicação (CPC, art. 746).

67. Mandado de segurança. Transferência. Art. 659, IX, da CLT.

Não fere direito líquido e certo a concessão de liminar obstativa de transferência de empregado, em face da previsão do inciso IX do art. 659 da CLT.

OJ da SDI-II – TST

OJ SELECIONADAS

68. Antecipação de tutela. Competência. (Inserida em 20.09.2000)

Nos Tribunais, compete ao relator decidir sobre o pedido de antecipação de tutela, submetendo sua decisão ao Colegiado respectivo, independentemente de pauta, na sessão imediatamente subsequente.

• Alterada pela Res. TST 137/2005 (*DJU* 22.08.2005).

69. Fungibilidade recursal. Indeferimento liminar de ação rescisória ou mandado de segurança. Recurso para o TST. Recebimento como agravo regimental e devolução dos autos ao TRT.

Recurso ordinário interposto contra despacho monocrático indeferitório da petição inicial de ação rescisória ou do mandado de segurança pode, pelo princípio de fungibilidade recursal, ser recebido como agravo regimental. Hipótese de não conhecimento do recurso pelo TST e devolução dos autos ao TRT, para que aprecie o apelo como agravo regimental.

70. Ação rescisória. Manifesto e inescusável equívoco no direcionamento. Inépcia da inicial. Extinção do processo.

O manifesto equívoco da parte em ajuizar ação rescisória no TST para desconstituir julgado proferido pelo TRT, ou vice-versa, implica a extinção do processo sem julgamento do mérito por inépcia da inicial.

• Alterado pelo TST em 26.11.2002.

71. Ação rescisória. Salário profissional. Fixação. Múltiplo de salário mínimo. Art. 7º, IV, da CF/1988.

A estipulação do salário profissional em múltiplos do salário mínimo não afronta o art. 7º, inciso IV, da Constituição Federal de 1988, só incorrendo em vulneração do referido preceito constitucional a fixação de correção automática do salário pelo reajuste do salário mínimo.

• Alterado pelo TST em 16.11.2004 (*DJU* 22.11.2004).

76. Ação rescisória. Ação cautelar para suspender execução. Juntada de documento indispensável. Possibilidade de êxito na rescisão do julgado.

É indispensável a instrução da ação cautelar com as provas documentais necessárias à aferição da plausibilidade de êxito na rescisão do julgado. Assim sendo, devem vir junto com a inicial da cautelar as cópias da petição inicial da ação rescisória principal, da decisão rescindenda, da certidão do trânsito em julgado e informação do andamento atualizado da execução.

78. Ação rescisória. Cumulação sucessiva de pedidos. Rescisão da sentença e do acórdão. Ação única. Art. 289 do CPC.

É admissível o ajuizamento de uma única ação rescisória contendo mais de um pedido, em ordem sucessiva, de rescisão da sentença e do acórdão. Sendo inviável a tutela jurisdicional de um deles, o julgador está obrigado a apreciar os demais, sob pena de negativa de prestação jurisdicional.

80. Ação rescisória. Decadência. *Dies a quo*. Recurso deserto. Enunciado 100 do TST.

O não conhecimento do recurso por deserção não antecipa o *dies a quo* do prazo decadencial para o ajuizamento da ação rescisória, atraindo, na contagem do prazo, a aplicação do Enunciado 100 do TST.

84. Ação rescisória. Petição inicial. Ausência da decisão rescindenda e/ou da certidão de seu trânsito em julgado devidamente autenticadas. Peças essenciais para a constituição válida e regular do feito. Arguição de ofício. Extinção do processo sem julgamento do mérito.

A decisão rescindenda e/ou a certidão do seu trânsito em julgado, devidamente autenticadas, à exceção de cópias reprográficas apresentadas por pessoa jurídica de direito público, a teor do art. 24 da Lei 10.522/2002, são peças essenciais para o

OJ da SDI-II – TST

OJ SELECIONADAS

julgamento da ação rescisória. Em fase recursal, verificada a ausência de qualquer delas, cumpre ao Relator do recurso ordinário arguir, de ofício, a extinção do processo, sem julgamento do mérito, por falta de pressuposto de constituição e desenvolvimento válido do feito.

- Alterado pelo TST em 26.11.2002.

88. Mandado de segurança. Valor da causa. Custas processuais. Cabimento.

Incabível a impetração de mandado de segurança contra ato judicial que, de ofício, arbitrou novo valor à causa, acarretando a majoração das custas processuais, uma vez que cabia à parte, após recolher as custas, calculadas com base no valor dado à causa na inicial, interpor recurso ordinário e, posteriormente, agravo de instrumento no caso de o recurso ser considerado deserto.

89. *Habeas corpus*. Depositário. Termo de depósito não assinado pelo paciente. Necessidade de aceitação do encargo. Impossibilidade de prisão civil.

A investidura no encargo de depositário depende da aceitação do nomeado, que deve assinar termo de compromisso no auto de penhora, sem o que é inadmissível a restrição de seu direito de liberdade.

91. Mandado de segurança. Autenticação de cópias pelas Secretarias dos Tribunais Regionais do Trabalho. Requerimento indeferido. Art. 789, § 9º, da CLT.

Não sendo a parte beneficiária da assistência judiciária gratuita, inexiste direito líquido e certo à autenticação, pelas Secretarias dos Tribunais, de peças extraídas do processo principal, para formação do agravo de instrumento.

92. Mandado de segurança. Existência de recurso próprio.

Não cabe mandado de segurança contra decisão judicial passível de reforma mediante recurso próprio, ainda que com efeito diferido.

93. Mandado de segurança. Possibilidade da penhora sobre parte da renda de estabelecimento comercial.

É admissível a penhora sobre a renda mensal ou faturamento de empresa, limitada a determinado percentual, desde que não comprometa o desenvolvimento regular de suas atividades.

94. Ação rescisória. Colusão. Fraude à lei. Reclamatória simulada extinta.

A decisão ou acordo judicial subjacente à reclamação trabalhista, cuja tramitação deixa nítida a simulação do litígio para fraudar a lei e prejudicar terceiros, enseja ação rescisória, com lastro em colusão. No juízo rescisório, o processo simulado deve ser extinto.

97. Ação rescisória. Violação do art. 5º, II, LIV e LV, da Constituição Federal. Princípios da legalidade, do devido processo legal, do contraditório e da ampla defesa. (Inserida em 27.09.2002 e alterada em 25.04.2003 – *DJ* 09.05.2003)

Os princípios da legalidade, do devido processo legal, do contraditório e da ampla defesa não servem de fundamento para a desconstituição de decisão judicial transitada em julgado, quando se apresentam sob a forma de pedido genérico e desfundamentado, acompanhando dispositivos legais que tratam especificamente da matéria debatida, estes sim, passíveis de fundamentarem a análise do pleito rescisório.

- Alterada pela Res. TST 137/2005 (*DJU* 22.08.2005).

98. Mandado de segurança. Cabível para atacar exigência de depósito prévio de honorários periciais. (Inserida em 27.09.2002)

É ilegal a exigência de depósito prévio para custeio dos honorários periciais, dada a incompatibilidade com o processo do trabalho, sendo cabível o mandado de segurança visando à realização da perícia, independentemente do depósito.

- Alterada pela Res. TST 137/2005 (*DJU* 22.08.2005).

OJ da SDI-II – TST

OJ SELECIONADAS

99. Mandado de segurança. Esgotamento de todas as vias processuais disponíveis. Trânsito em julgado formal. Descabimento.

Esgotadas as vias recursais existentes, não cabe mandado de segurança.

100. Recurso ordinário para o TST. Decisão de TRT proferida em agravo regimental contra liminar em ação cautelar ou em mandado de segurança. Incabível.

Não cabe recurso ordinário para o TST de decisão proferida pelo Tribunal Regional do Trabalho em agravo regimental interposto contra despacho que concede ou não liminar em ação cautelar ou em mandado de segurança, uma vez que o processo ainda pende de decisão definitiva do Tribunal a quo.

101. Ação rescisória. Art. 485, IV, do CPC. Ofensa a coisa julgada. Necessidade de fixação de tese na decisão rescindenda.

Para viabilizar a desconstituição do julgado pela causa de rescindibilidade do inciso IV, do art. 485, do CPC, é necessário que a decisão rescindenda tenha enfrentado as questões ventiladas na ação rescisória, sob pena de inviabilizar o cotejo com o título executivo judicial tido por desrespeitado, e modo a se poder concluir pela ofensa à coisa julgada.

103. Ação rescisória. Contradição entre fundamentação e parte dispositiva do julgado. Cabimento. Erro de fato.

É cabível a rescisória para corrigir contradição entre a parte dispositiva do acórdão rescindendo e a sua fundamentação, por erro de fato na retratação do que foi decidido.

107. Ação rescisória. Decisão rescindenda de mérito. Sentença declaratória de extinção de execução. Satisfação da obrigação.

Embora não haja atividade cognitiva, a decisão que declara extinta a execução, nos termos do art. 794 c/c 795 do CPC, extingue a relação processual e a obrigacional, sendo passível de corte rescisório.

112. Ação rescisória. Violação de lei. Decisão rescindenda por duplo fundamento. Impugnação parcial.

Para que a violação da lei dê causa à rescisão de decisão de mérito alicerçada em duplo fundamento, necessário que o Autor da ação rescisória invoque causas de rescindibilidade que, em tese, possam infirmar a motivação dúplice da decisão rescindenda.

113. Ação cautelar. Efeito suspensivo ao recurso ordinário em mandado de segurança. Incabível. Ausência de interesse. Extinção.

É incabível medida cautelar para imprimir efeito suspensivo a recurso interposto contra decisão proferida em mandado de segurança, pois ambos visam, em última análise, à sustação do ato atacado. Extingue-se, pois, o processo, sem julgamento do mérito, por ausência de interesse de agir, para evitar que decisões judiciais conflitantes e inconciliáveis passem a reger idêntica situação jurídica.

123. Ação rescisória. Interpretação do sentido e alcance do título executivo. Inexistência de ofensa à coisa julgada. (*DJ* 11.08. 2003)

O acolhimento da ação rescisória calcada em ofensa à coisa julgada supõe dissonância patente entre as decisões exequenda e rescindenda, o que não se verifica quando se faz necessária a interpretação do título executivo judicial para se concluir pela lesão à coisa julgada.

* Alterada pela Res. TST 137/2005 (*DJU* 22.08.2005).

124. Ação rescisória. Art. 485, II, do CPC. Arguição de incompetência absoluta. Prequestionamento inexigível.

Na hipótese em que a ação rescisória tem como causa de rescindibilidade o inciso II do art. 485 do CPC, a arguição de incompetência absoluta prescinde de prequestionamento.

OJ da SDI-II – TST

OJ SELECIONADAS

127. Mandado de segurança. Decadência. Contagem. Efetivo ato coator.

Na contagem do prazo decadencial para ajuizamento de mandado de segurança, o efetivo ato coator é o primeiro em que se firmou a tese hostilizada e não aquele que a ratificou.

128. Ação rescisória. Concurso público anulado posteriormente. Aplicação do enunciado 363 do TST.

O certame público posteriormente anulado equivale à contratação realizada sem a observância da exigência contida no art. 37, II, da Constituição Federal de 1988. Assim sendo, aplicam-se à hipótese os efeitos previstos no Enunciado 363 do TST.

129. Ação anulatória. Competência originária.

Em se tratando de ação anulatória, a competência originária se dá no mesmo juízo em que praticado o ato supostamente eivado de vício.

130. Ação civil pública. Competência. Local do dano. Lei 7.347/1985, art. 2º. Código de Defesa do Consumidor, art. 93 (redação alterada na sessão do Tribunal Pleno realizada em 14.09.2012)

I – A competência para a Ação Civil Pública fixa-se pela extensão do dano.

II – Em caso de dano de abrangência regional, que atinja cidades sujeitas à jurisdição de mais de uma Vara do Trabalho, a competência será de qualquer das Varas das localidades atingidas, ainda que vinculadas a Tribunais Regionais do Trabalho distintos.

III – Em caso de dano de abrangência suprarregional ou nacional, há competência concorrente para a Ação Civil Pública das Varas do Trabalho das sedes dos Tribunais Regionais do Trabalho.

IV – Estará prevento o juízo a que a primeira ação houver sido distribuída.

• Alterada pela Res. TST 186/2012 (*DEJT* 25.09.2012).

131. Ação rescisória. Ação cautelar para suspender execução da decisão rescindenda. Pendência de trânsito em julgado da ação rescisória principal. Efeitos.

A ação cautelar não perde o objeto enquanto ainda estiver pendente o trânsito em julgado da ação rescisória principal, devendo o pedido cautelar ser julgado procedente, mantendo-se os efeitos da liminar eventualmente deferida, no caso de procedência do pedido rescisório ou, por outro lado, improcedente, se o pedido da ação rescisória principal tiver sido julgado improcedente.

132. Ação rescisória. Acordo homologado. Alcance. Ofensa à coisa julgada.

Acordo celebrado – homologado judicialmente – em que o empregado dá plena e ampla quitação, sem qualquer ressalva, alcança não só o objeto da inicial, como também todas as demais parcelas referentes ao extinto contrato de trabalho, violando a coisa julgada, a propositura de nova reclamação trabalhista.

134. Ação rescisória. Decisão rescindenda. Preclusão declarada. Formação da coisa julgada formal. Impossibilidade jurídica do pedido.

A decisão que conclui estar preclusa a oportunidade de impugnação da sentença de liquidação, por ensejar tão somente a formação da coisa julgada formal, não é suscetível de rescindibilidade.

135. Ação rescisória. Violação do art. 37, *caput*, da CF/1988. Necessidade de prequestionamento.

A ação rescisória calcada em violação do artigo 37, *caput*, da Constituição Federal, por desrespeito ao princípio da legalidade administrativa exige que ao menos o princípio constitucional tenha sido prequestionado na decisão.

OJ da SDI-II – TST

OJ SELECIONADAS

136. Ação rescisória. Erro de fato. Caracterização.

A caracterização do erro de fato como causa de rescindibilidade de decisão judicial transitada em julgado supõe a afirmação categórica e indiscutida de um fato, na decisão rescindenda, que não corresponde à realidade dos autos. O fato afirmado pelo julgador, que pode ensejar ação rescisória calcada no inciso IX do art. 485 do CPC, é apenas aquele que se coloca como premissa fática indiscutida de um silogismo argumentativo, não aquele que se apresenta ao final desse mesmo silogismo, como conclusão decorrente das premissas que especificaram as provas oferecidas, para se concluir pela existência do fato. Esta última hipótese é afastada pelo § 2º do art. 485 do CPC, ao exigir que não tenha havido controvérsia sobre o fato e pronunciamento judicial esmiuçando as provas.

137. Mandado de segurança. Dirigente sindical. Art. 494 da CLT. Aplicável.

Constitui direito líquido e certo do empregador a suspensão do empregado, ainda que detentor de estabilidade sindical, até a decisão final do inquérito em que se apure a falta grave a ele imputada, na forma do art. 494, *caput* e parágrafo único, da CLT.

140. Mandado de segurança contra liminar, concedida ou denegada em outra segurança. Incabível. (Art. 8º da Lei 1.533/1951).

Não cabe mandado de segurança para impugnar despacho que acolheu ou indeferiu liminar em outro mandado de segurança.

142. Mandado de segurança. Reintegração liminarmente concedida.

Inexiste direito líquido e certo a ser oposto contra ato de Juiz que, antecipando a tutela jurisdicional, determina a reintegração do empregado até a decisão final do processo, quando demonstrada a razoabilidade do direito subjetivo material, como nos casos de anistiado pela da Lei 8.878/1994, aposentado, integrante de comissão de fábrica, dirigente sindical, portador de doença profissional, portador de vírus HIV ou detentor de estabilidade provisória prevista em norma coletiva.

143. *Habeas corpus*. Penhora sobre coisa futura e incerta. Prisão. Depositário infiel (redação alterada na sessão do Tribunal Pleno realizada em 17.11.2008)

Não se caracteriza a condição de depositário infiel quando a penhora recair sobre coisa futura e incerta, circunstância que, por si só, inviabiliza a materialização do depósito no momento da constituição do paciente em depositário, autorizando-se a concessão de *habeas corpus* diante da prisão ou ameaça de prisão que sofra.

• Alterada pela Res. TST 151/2008 (*DJE* 20.11.2008).

144. Mandado de segurança. Proibição de prática de atos futuros. Sentença genérica. Evento futuro. Incabível. (*DJ* 22.06.2004)

O mandado de segurança não se presta à obtenção de uma sentença genérica, aplicável a eventos futuros, cuja ocorrência é incerta.

• Alterada pela Res. TST 137/2005 (*DJU* 22.08.2005).

146. Ação rescisória. Início do prazo para apresentação da contestação. Art. 774 da CLT.

A contestação apresentada em sede de ação rescisória obedece à regra relativa à contagem de prazo constante do art. 774 da CLT, sendo inaplicável o art. 241 do CPC.

148. Custas. Mandado de segurança. Recurso ordinário. Exigência de pagamento. (conversão da Orientação Jurisprudencial 29 da SDI-1).

É responsabilidade da parte, para interpor recurso ordinário em mandado de segurança, a comprovação do recolhimento das custas processuais no prazo recursal, sob

OJ da SDI-II – TST

OJ SELECIONADAS

pena de deserção. (ex-OJ 29 – Inserida em 20.09. 2000)

- Acrescentada pela Res. TST 129/2005 (*DJU* 20.04.2005).

149. Conflito de competência. Incompetência territorial. Hipótese do art. 651, § 3º, da CLT. Impossibilidade de declaração de ofício de incompetência relativa.

Não cabe declaração de ofício de incompetência territorial no caso do uso, pelo trabalhador, da faculdade prevista no art. 651, § 3º, da CLT. Nessa hipótese, resolve-se o conflito pelo reconhecimento da competência do juízo do local onde a ação foi proposta.

150. Ação rescisória. Decisão rescindenda que extingue o processo sem resolução de mérito por acolhimento da exceção de coisa julgada. Conteúdo meramente processual. Impossibilidade jurídica do pedido.

Reputa-se juridicamente impossível o pedido de corte rescisório de decisão que, reconhecendo a configuração de coisa julgada, nos termos do art. 267, V, do CPC, extingue o processo sem resolução de mérito, o que, ante o seu conteúdo meramente processual, a torna insuscetível de produzir a coisa julgada material.

151. Ação rescisória e mandado de segurança. Irregularidade de representação processual verificada na fase recursal. Procuração outorgada com poderes específicos para ajuizamento de reclamação trabalhista. Vício processual insanável.

A procuração outorgada com poderes específicos para ajuizamento de reclamação trabalhista não autoriza a propositura de ação rescisória e mandado de segurança, bem como não se admite sua regularização quando verificado o defeito de representação processual na fase recursal, nos termos da Súmula 383, item II, do TST.

152. Ação rescisória e mandado de segurança. Recurso de revista de acórdão regional que julga ação rescisória ou mandado de segurança. Princípio da fungibilidade. Inaplicabilidade. Erro grosseiro na interposição do recurso.

A interposição de recurso de revista de decisão definitiva de Tribunal Regional do Trabalho em ação rescisória ou em mandado de segurança, com fundamento em violação legal e divergência jurisprudencial e remissão expressa ao art. 896 da CLT, configura erro grosseiro, insuscetível de autorizar o seu recebimento como recurso ordinário, em face do disposto no art. 895, b, da CLT.

153. Mandado de segurança. Execução. Ordem de penhora sobre valores existentes em conta salário. Art. 649, IV, do CPC. Ilegalidade.

Ofende direito líquido e certo decisão que determina o bloqueio de numerário existente em conta salário, para satisfação de crédito trabalhista, ainda que seja limitado a determinado percentual dos valores recebidos ou a valor revertido para fundo de aplicação ou poupança, visto que o art. 649, IV, do CPC contém norma imperativa que não admite interpretação ampliativa, sendo a exceção prevista no art. 649, § 2º, do CPC espécie e não gênero de crédito de natureza alimentícia, não englobando o crédito trabalhista.

154. Ação rescisória. Acordo prévio ao ajuizamento da reclamação. Quitação geral. Lide simulada. Possibilidade de rescisão da sentença homologatória de acordo apenas se verificada a existência de vício de consentimento.

A sentença homologatória de acordo prévio ao ajuizamento de reclamação trabalhista, no qual foi conferida quitação geral do extinto contrato, sujeita-se ao corte rescisório tão somente se verificada a existência de fraude ou vício de consentimento.

OJ da SDC – TST

OJ SELECIONADAS

155. Ação rescisória e mandado de segurança. Valor atribuído à causa na inicial. Majoração de ofício. Inviabilidade.

Atribuído o valor da causa na inicial da ação rescisória ou do mandado de segurança e não havendo impugnação, nos termos do art. 261 do CPC, é defeso ao Juízo majorá-lo de ofício, ante a ausência de amparo legal. Inaplicável, na hipótese, a Orientação Jurisprudencial da SBDI-2 147 e o art. 2º, II, da Instrução Normativa 31 do TST.

156. *Habeas corpus* originário no TST. Substitutivo de recurso ordinário em *habeas corpus*. Cabimento contra decisão definitiva proferida por Tribunal Regional do Trabalho.

É cabível ajuizamento de *habeas corpus* originário no Tribunal Superior do Trabalho, em substituição de recurso ordinário em *habeas corpus*, de decisão definitiva proferida por Tribunal Regional do Trabalho, uma vez que o órgão colegiado passa a ser a autoridade coatora no momento em que examina o mérito do *habeas corpus* impetrado no âmbito da Corte local.

157. Ação rescisória. Decisões proferidas em fases distintas de uma mesma ação. Coisa julgada. não configuração.

A ofensa à coisa julgada de que trata o art. 485, IV, do CPC refere-se apenas a relações processuais distintas. A invocação de desrespeito à coisa julgada formada no processo de conhecimento, na correspondente fase de execução, somente é possível com base na violação do art. 5º, XXXVI, da Constituição da República.

158. Ação rescisória. Declaração de nulidade de decisão homologatória de acordo em razão de colusão (art. 485, III, do CPC). Multa por litigância de má-fé. Impossibilidade.

A declaração de nulidade de decisão homologatória de acordo, em razão da colusão entre as partes (art. 485, III, do CPC), é sanção suficiente em relação ao procedimento adotado, não havendo que ser aplicada a multa por litigância de má-fé.

ORIENTAÇÕES JURISPRUDENCIAIS SELECIONADAS DA SDC – TST

2. Acordo homologado. Extensão a partes não subscreventes. Inviabilidade.

É inviável aplicar condições constantes de acordo homologado nos autos de dissídio coletivo, extensivamente, às partes que não o subscreveram, exceto se observado o procedimento previsto no art. 868 e seguintes, da CLT.

3. Arresto. Apreensão. Depósito. Pretensões insuscetíveis de dedução em sede coletiva.

São incompatíveis com a natureza e finalidade do dissídio coletivo as pretensões de provimento judicial de arresto, apreensão ou depósito.

5. Dissídio coletivo. Pessoa jurídica de direito público. Possibilidade Jurídica. Cláusula de natureza social (redação alterada na sessão do Tribunal Pleno realizada em 14.09.2012)

Em face de pessoa jurídica de direito público que mantenha empregados, cabe dissídio coletivo exclusivamente para apreciação de cláusulas de natureza social. Inteligência da Convenção 151 da Organização Internacional do Trabalho, ratificada pelo Decreto Legislativo 206/2010.

- Alterada pela Res. TST 186/2012 (*DEJT* 25.09.2012).

7. Dissídio coletivo. Natureza jurídica. Interpretação de norma de caráter genérico. Inviabilidade.

Não se presta o dissídio coletivo de natureza jurídica à interpretação de normas de caráter genérico, a teor do disposto no art. 313, II, do RITST.

8. Dissídio coletivo. Pauta reivindicatória não registrada em ata. causa de extinção.

A ata da assembleia de trabalhadores que legitima a atuação da entidade sindical respectiva em favor de seus interesses deve registrar, obrigatoriamente, a pauta reivindicatória, produto da vontade expressa da categoria.

OJ da SDC – TST

OJ SELECIONADAS

9. Enquadramento sindical. Incompetência material da Justiça do Trabalho.
O dissídio coletivo não é meio próprio para o Sindicato vir a obter o reconhecimento de que a categoria que representa é diferenciada, pois esta matéria – enquadramento sindical – envolve a interpretação de norma genérica, notadamente do art. 577 da CLT.

10. Greve abusiva não gera efeitos.
É incompatível com a declaração de abusividade de movimento grevista o estabelecimento de quaisquer vantagens ou garantias a seus partícipes, que assumiram os riscos inerentes à utilização do instrumento de pressão máximo.

11. Greve. Imprescindibilidade de tentativa direta e pacífica da solução do conflito. Etapa negocial prévia.
É abusiva a greve levada a efeito sem que as partes hajam tentado, direta e pacificamente, solucionar o conflito que lhe constitui o objeto.

15. Sindicato. Legitimidade *ad processum*. Imprescindibilidade do registro no Ministério do Trabalho.
A comprovação da legitimidade *ad processum* da entidade sindical se faz por seu registro no órgão competente do Ministério do Trabalho, mesmo após a promulgação da Constituição Federal de 1988.

16. Taxa de homologação de rescisão contratual. Ilegalidade.
É contrária ao espírito da lei (art. 477, § 7º, da CLT) e da função precípua do sindicato a cláusula coletiva que estabelece taxa para homologação de rescisão contratual.

17. Contribuições para entidades sindicais. Inconstitucionalidade de sua extensão a não associados.
As cláusulas coletivas que estabeleçam contribuição em favor de entidade sindical, a qualquer título, obrigando trabalhadores não sindicalizados, são ofensivas ao direito de livre associação e sindicalização, constitucionalmente assegurado, e, portanto, nulas, sendo passíveis de devolução, por via própria, os respectivos valores eventualmente descontados.

18. Descontos autorizados no salário pelo trabalhador. Limitação máxima de 70% do salário-base.
Os descontos efetuados com base em cláusula de acordo firmado entre as partes não podem ser superiores a 70% do salário-base percebido pelo empregado, pois deve-se assegurar um mínimo de salário em espécie ao trabalhador.

19. Dissídio coletivo contra empresa. Legitimação da entidade sindical. Autorização dos trabalhadores diretamente envolvidos no conflito.
A legitimidade da entidade sindical para a instauração da instância contra determinada empresa está condicionada à prévia autorização dos trabalhadores da suscitada diretamente envolvidos no conflito.

• Republicada no *DJE* de 16.11.2010.

20. Empregados sindicalizados. admissão preferencial. Condição violadora do art. 8º, V, da CF/1988.
Viola o art. 8º, V, da CF/1988 cláusula de instrumento normativo que estabelece a preferência, na contratação de mão de obra, do trabalhador sindicalizado sobre os demais.

• Republicada no *DJE* de 16.11.2010.

22. Legitimidade *ad causam* do sindicato. Correspondência entre as atividades exercidas pelos setores profissional e econômico envolvidos no conflito. Necessidade.
É necessária a correspondência entre as atividades exercidas pelos setores profissional e econômico, a fim de legitimar os envolvidos no conflito a ser solucionado pela via do dissídio coletivo.

• Republicada no *DJE* de 16.11.2010.

23. Legitimidade *ad causam*. sindicato representativo de segmento profissional ou patronal. Impossibilidade.
A representação sindical abrange toda a categoria, não comportando separação

fundada na maior ou menor dimensão de cada ramo ou empresa.

25. Salário normativo. Contrato de experiência. limitação. Tempo de serviço. Possibilidade.

Não fere o princípio da isonomia salarial (art. 7º, XXX, da CF/1988) a previsão de salário normativo tendo em vista o fator tempo de serviço.

26. Salário normativo. Menor empregado. art. 7º, XXX, da CF/1988. Violação.

Os empregados menores não podem ser discriminados em cláusula que fixa salário mínimo profissional para a categoria.

27. Custas. Ausência de intimação. Deserção. Caracterização.

A deserção se impõe mesmo não tendo havido intimação, pois incumbe à parte, na defesa do próprio interesse, obter os cálculos necessários para efetivar o preparo.

28. Edital de convocação da AGT. Publicação. Base territorial. Validade.

O edital de convocação para a AGT deve ser publicado em jornal que circule em cada um dos municípios componentes da base territorial.

29. Edital de convocação e ata da assembleia geral. Requisitos essenciais para instauração de dissídio coletivo.

O edital de convocação da categoria e a respectiva ata da AGT constituem peças essenciais à instauração do processo de dissídio coletivo.

30. Estabilidade da gestante. renúncia ou transação de direitos constitucionais. Impossibilidade.

Nos termos do art. 10, II, b, do ADCT, a proteção à maternidade foi erigida à hierarquia constitucional, pois retirou do âmbito do direito potestativo do empregador a possibilidade de despedir arbitrariamente a empregada em estado gravídico. Portanto, a teor do artigo 9º, da CLT, torna-se nula de pleno direito a cláusula que estabelece a possibilidade de renúncia ou transação, pela gestante, das garantias referentes à manutenção do emprego e salário.

• Republicada no *DEJT* de 19.09.2011.

31. Estabilidade do acidentado. Acordo homologado. Prevalência. Impossibilidade. Violação do art. 118, Lei 8.213/1991.

Não é possível a prevalência de acordo sobre legislação vigente, quando ele é menos benéfico do que a própria lei, porquanto o caráter imperativo dessa última restringe o campo de atuação da vontade das partes.

32. Reivindicações da categoria. Fundamentação das cláusulas. Necessidade. Aplicação do PN 37 do TST.

É pressuposto indispensável à constituição válida e regular da ação coletiva a apresentação em forma clausulada e fundamentada das reivindicações da categoria, conforme orientação do item VI, letra e, da IN 4/93.

34. Acordo extrajudicial. Homologação. Justiça do Trabalho. Prescindibilidade.

É desnecessária a homologação, por Tribunal Trabalhista, do acordo extrajudicialmente celebrado, sendo suficiente, para que surta efeitos, sua formalização perante o Ministério do Trabalho (art. 614 da CLT e art. 7º, inciso XXVI, da Constituição Federal).

35. Edital de convocação da AGT. Disposição estatutária específica. Prazo mínimo entre a publicação e a realização da assembleia. Observância obrigatória.

Se os estatutos da entidade sindical contam com norma específica que estabeleça prazo mínimo entre a data de publicação do edital convocatório e a realização da assembleia correspondente, então a validade desta última depende da observância desse interregno.

Precedentes Normativos – TST

PN SELECIONADOS

36. Empregados de empresa de processamento de dados. Reconhecimento como categoria diferenciada. Impossibilidade.
É por lei e não por decisão judicial, que as categorias diferenciadas são reconhecidas como tais. De outra parte, no que tange aos profissionais da informática, o trabalho que desempenham sofre alterações, de acordo com a atividade econômica exercida pelo empregador.

38. Greve. Serviços essenciais. Garantia das necessidades inadiáveis da população usuária. Fator determinante da qualificação jurídica do movimento.
É abusiva a greve que se realiza em setores que a lei define como sendo essenciais à comunidade, se não é assegurado o atendimento básico das necessidades inadiáveis dos usuários do serviço, na forma prevista na Lei 7.783/1989.

PRECEDENTES NORMATIVOS SELECIONADOS – TST

1. Antecipação salarial trimestral. Não se concede antecipação salarial trimestral. Ex-PN 1. (Cancelado no julgamento do Proc. TST-MA 486195/1998, Certidão de Julgamento publicada no *DJU* de 23.09.1998, p. 118.)

2. Abono pecuniário. Não se concede abono pecuniário ao empregado estudante com 1 (um) mês de trabalho. Ex-PN 2. (Cancelado no julgamento do Proc. TST-MA 486195/1998, Certidão de Julgamento publicada no *DJU* de 23.09.1998, p. 118.)

3. Adicional de insalubridade. Não se concede adicional de insalubridade sobre o piso salarial. Ex-PN 3. (Cancelado no julgamento do Proc. TST-MA 455213/1998-9, Certidão de Julgamento publicada no *DJU* de 12.06.1998, p. 190.)

4. Ajuda de custo por quilometragem rodada. Não se concede cláusula tratando da seguinte condição: salvo disposição contratual em contrário, a empresa, quando paga ajuda de custo por quilometragem rodada ao empregado, está obrigada a ressarcimento de danos materiais no veículo por ele utilizado a serviço. Ex-PN 4. (Cancelado no julgamento do Proc. TST-MA 455213/1998-9, Certidão de Julgamento publicada no *DJU* de 12.06.1998, p. 190.)

5. Anotações de comissões. O empregador é obrigado a anotar, na CTPS, o percentual das comissões a que faz jus o empregado. Ex-PN 5.

6. Garantia de salário no período de amamentação. É garantido às mulheres, no período de amamentação, o recebimento do salário, sem prestação de serviços, quando o empregador não cumprir as determinações dos §§ 1º e 2º do art. 389 da CLT. Ex-PN 6.

7. Assistência sindical. Não se concede cláusula que determine a assistência sindical nas rescisões contratuais de empregados com tempo de serviço inferior a 1 (um) ano. Ex-PN 7. (Cancelado no julgamento do Proc. TST-MA 455213/1998-9, Certidão de Julgamento publicada no DJU de 12.06.1998, p. 190.)

8. Atestado de afastamento e salários. O empregador é obrigado a fornecer atestados de afastamento e salários ao empregado demitido. Ex-PN 8.

9. Auxílio-alimentação. Não se concede auxílio-alimentação a empregado. Ex-PN 9. (Cancelado no julgamento do Proc. TST-MA 486195/1998, Certidão de Julgamento publicada no *DJU* de 23.09.1998, p. 118.)

10. Banco do Brasil como parte em DC no TRT. Os Tribunais Regionais do Trabalho são incompetentes para processar e julgar Dissídios Coletivos em que sejam partes o Banco do Brasil S/A e entidades sindicais dos bancários. (Redação dada no julgamento do Proc. TST-MA 486195/1998, Certidão de Julgamento publicada no *DJU* de 23.09.1998, p. 118.)

11. Bonificação a quem se aposenta. Não se concede bonificação de salário a quem se aposenta. Ex-PN 12. (Cancelado

Precedentes Normativos – TST

PN SELECIONADOS

no julgamento do Proc. TST-MA 486195/1998, Certidão de Julgamento publicada no *DJU* de 23.09.1998, p. 118.)

12. Horário de caixa. Não se concede ao caixa o horário de 6 (seis) horas, por analogia com o dos bancários. Ex-PN 13. (Cancelado no julgamento do Proc. TST-MA 455213/1998-9, Certidão de Julgamento publicada no *DJU* de 12.06.1998, p. 190.)

13. Local para sindicalização. Não se concede cláusula prevendo a cessão de local na empresa destinado à sindicalização. Ex-PN 14. (Cancelado no julgamento do Proc. TST-MA 486195/1998, Certidão de Julgamento publicada no *DJU* de 23.09.1998, p. 118.)

14. Desconto no salário. Proíbe-se o desconto no salário do empregado dos valores de cheques não compensados ou sem fundos, salvo se não cumprir as resoluções da empresa. Ex-PN 15.

15. Comissão sobre cobrança. Se não obrigado por contrato a efetuar cobranças, o vendedor receberá comissões por esse serviço, respeitadas as taxas em vigor para os demais cobradores. Ex-PN 16.

16. Comissão para disciplinar quadro de carreira da empresa. Não se concede a criação de comissão para disciplinar quadro de carreira na empresa. Ex-PN 17. (Cancelado no julgamento do Proc. TST-MA 486195/1998, Certidão de Julgamento publicada no DJU de 23.09.1998, p. 118.)

17. Complementação de auxílio-doença. Não se concede complementação de auxílio-doença. Ex-PN 19. (Cancelado no julgamento do Proc. TST-MA 486195/1998, Certidão de Julgamento publicada no *DJU* de 23.09.1998, p. 118.)

18. Contrato de experiência. Não se concede norma que obrigue a remessa de cópia do contrato de experiência ao sindicato. Ex-PN 21. (Cancelado no julgamento do Proc. TST-MA 486195/1998, Certidão de Julgamento publicada no *DJU* de 23.09.1998, p. 118.)

19. Cursos e reuniões obrigatórios. Quando realizados fora do horário normal, os cursos e reuniões obrigatórios terão seu tempo remunerado como trabalho extraordinário. Ex-PN 23. (Cancelado no julgamento do Proc. TST-MA 455213/1998-9, Certidão de Julgamento publicada no *DJU* de 12.06.1998, p. 190.)

20. Empregado rural. Contrato escrito. Sendo celebrado contrato por tarefa, parceria ou meação, por escrito, obriga-se o empregador a fornecer uma via deste ao empregado, devidamente datada e assinada pelas partes. Ex-PN 24.

21. Dedução do auxílio-doença para aquisição de férias. Não se concede cláusula prevendo a dedução do período de auxílio-doença para aquisição de férias. Ex-PN 25. (Cancelado no julgamento do Proc. TST-MA 486195/1998, Certidão de Julgamento publicada no *DJU* de 23.09.1998, p. 118.)

22. Creche. Determina-se a instalação de local destinado à guarda de crianças em idade de amamentação, quando existentes na empresa mais de 30 (trinta) mulheres maiores de 16 (dezesseis) anos, facultado o convênio com creches.

23. Criação de feriado. A Justiça do Trabalho é incompetente para criar feriado remunerado. Ex-PN 26. (Cancelado no julgamento do Proc. TST-MA 486195/1998, Certidão de Julgamento publicada no *DJU* de 23.09.1998, p. 118.)

24. Dispensa do aviso-prévio. O empregado despedido fica dispensado do cumprimento do aviso-prévio quando comprovar a obtenção de novo emprego, desonerando a empresa do pagamento dos dias não trabalhados.

25. Eleições nas Cipas. Não se concede cláusula regulando as eleições para a Cipa. Ex. PN 32. (Cancelado no julgamento do Proc. TST-MA 455213/1998-9, Certidão de Julgamento publicada no *DJU* de 12.06.1998, p. 190.)

Precedentes Normativos – TST

PN SELECIONADOS

26. Estabilidade ao beneficiário do auxílio-doença. Não se concede estabilidade ao beneficiário do auxílio-doença. Ex-PN 32. (Cancelado no julgamento do Proc. TST-MA 486195/1998, Certidão de Julgamento publicada no *DJU* de 23.09.1998, p. 118.)

27. Estabilidade do empregado que retorna de férias. Não se concede estabilidade ao empregado que retorna de férias. Ex-PN 33. (Cancelado no julgamento do Proc. TST-MA 486195/1998, Certidão de Julgamento publicada no *DJU* de 23.09.1998, p. 118.)

28. Férias proporcionais. Não se concedem férias proporcionais a empregado que, contando com menos de 1 (um) ano de serviço, pede demissão. Ex-PN 39. (Cancelado no julgamento do Proc. TST-MA 455213/1998-9, Certidão de Julgamento publicada no *DJU* de 12.06.1998, p. 190.)

29. Greve. Competência dos Tribunais para declará-la abusiva. Compete aos Tribunais do Trabalho decidir sobre o abuso do direito de greve. Ex-PN 41.

30. Empregado acidentado. Garantia no emprego. Asseguram-se ao empregado vítima de acidente de trabalho 180 (cento e oitenta) dias de garantia no emprego contados a partir da alta do órgão previdenciário (aplicável até 24 de julho de 1991, em face do que dispõe o art. 118 da Lei 8.213, de 24 de julho de 1991, publicada no Diário Oficial da União do dia 25 de julho de 1991. Ex-PN 30. (Cancelado no julgamento do Proc. TST-MA 455213/1998-9, Certidão de Julgamento publicada no *DJU* de 12.06.1998, p. 190.)

31. Professor ("Janelas"). Os tempos vagos (janelas) em que o professor ficar à disposição do curso serão remunerados como aula, no limite de 1 (uma) hora diária por unidade. Ex-PN 45.

32. Jornada do estudante. Proíbe-se a prorrogação da jornada de trabalho do empregado estudante, ressalvadas as hipóteses dos arts. 59 e 61 da CLT. Ex-PN 48.

33. Licença-prêmio. Não se concede um mês de licença-prêmio para empregado com 10 (dez) anos de serviço. Ex-PN 50. (Cancelado no julgamento do Proc. TST-MA 455213/1998-9, Certidão de Julgamento publicada no *DJU* de 12.06.1998, p. 190.)

34. Empregado rural. Moradia. Ao empregado que residir no local de trabalho fica assegurada a moradia em condições de habitabilidade, conforme exigências da autoridade local. Ex-PN 51).

35. Mão de obra locada. Fica proibida a contratação de mão de obra locada, ressalvadas as hipóteses previstas nas Leis 6.019/74 e 7.102/83. Ex-PN 52. (Cancelado no julgamento do Proc. TST-MA 455213/1998-9, Certidão de Julgamento publicada no *DJU* de 12.06.1998, p. 190.)

36. 13º Salário. Multa. Não se manda pagar multa por atraso do 13º salário. Ex-PN 53. (Cancelado no julgamento do Proc. TST-MA 455213/1998-9, Certidão de Julgamento publicada no *DJU* de 12.06.1998, p. 190.)

37. Dissídio coletivo. Fundamentação de cláusulas. Necessidade. Nos processos de dissídio coletivo só serão julgadas as cláusulas fundamentadas na representação, em caso de ação originária, ou no recurso. Ex-PN 55.

38. Adicional por tempo de serviço. Não se concede adicional por tempo de serviço (quinquênio, triênio, anuênio etc.). *Ex-PN 56.* (Cancelado no julgamento do Proc. TST-MA 486195/1998, Certidão de Julgamento publicada no *DJU* de 23.09.1998, p. 118.)

39. Readmissões. Preferência. Não se concede cláusula prevendo que, para o preenchimento de vagas, o empregador dará preferência aos empregados que foram dispensados sem justa causa. Ex-PN 57. (Cancelado no julgamento do Proc. TST-MA 486195/1998, Certidão de Julgamento publicada no *DJU* de 23.09.1998, p. 118.)

Precedentes Normativos – TST

PN SELECIONADOS

40. Repouso semanal do comissionista. O repouso semanal do comissionista é calculado nos termos da Lei 605/49. Ex-PN 59. (Cancelado no julgamento do Proc. TST-MA 455213/1998-9, Certidão de Julgamento publicada no *DJU* de 12.06.1998, p. 190.)

41. Relação nominal de empregados. As empresas encaminharão à entidade profissional cópia das Guias de Contribuição Sindical e Assistencial, com a relação nominal dos respectivos salários, no prazo máximo de 30 dias após o desconto. Ex-PN 60.

42. Seguro obrigatório. Institui-se a obrigação do seguro, por acidente ou morte, para empregados que transportem valores ou exerçam as atividades de vigia ou vigilante. Ex-PN 63.

43. Horas extras. Adicional. As horas extraordinárias serão remuneradas com o adicional de 100%. Ex-PN 43. (Cancelado no julgamento do Proc. TST-MA 455213/1998-9, Certidão de Julgamento publicada no *DJU* de 12.06.1998, p. 190.)

44. Transporte. Não se concede condição para o fornecimento de transporte aos empregados que trabalham após as 22 horas. Ex-PN 64. (Cancelado no julgamento do Proc. TST-MA 486195/1998, Certidão de Julgamento publicada no *DJU* de 23.09.1998, p. 118.)

45. Trimestralidade. Não se concede revisão trimestral de reajustamento. Ex-PN 65. (Cancelado no julgamento do Proc. TST-MA 455213/1998-9, Certidão de Julgamento publicada no *DJU* de 12.06.1998, p. 190.)

46. Verbas rescisórias. Impõe-se multa pelo não pagamento das verbas rescisórias até o 10º dia útil subsequente ao afastamento definitivo do empregado, por dia de atraso, no valor equivalente ao salário diário, desde que o retardamento não decorra de culpa do trabalhador (aplicável até a edição da Lei 7.855, de 24.10.1989). Ex-PN 68. (Cancelado no julgamento do Proc. TST-MA 455213/1998-9, Certidão de Julgamento publicada no *DJU* de 12.06.1998, p. 190.)

47. Dispensa do empregado. O empregado despedido será informado, por escrito, dos motivos da dispensa. Ex-PN 69.

48. Empregado rural. Concessão de terra. O empregado rural terá direito ao uso de área para cultivo, em torno da moradia, observado o seguinte balizamento: a) 0,5 hectare para trabalhador solteiro, viúvo ou desquitado; b) 1 hectare para trabalhador viúvo ou desquitado, com filho de idade superior a 15 anos; c) 1,5 hectare para trabalhador casado; d) 2 hectares para trabalhador casado e com filho de idade superior a 15 anos. Quando o empregado rural for despedido sem justa causa, antes de colher sua própria cultura, será indenizado pelo empregador no valor equivalente às despesas que efetuou. Ex-PN 75. (Cancelado pela Res. TST 125/2004 – *DJU* 10.09.2004.)

49. Gestante. Garantia de emprego. Defere-se garantia de emprego à gestante, desde a concepção até 5 meses após o parto. Ex-PN 49. (Cancelado no julgamento do Proc. TST-MA 455213/1998-9, Certidão de Julgamento publicada no *DJU* de 12.06.1998, p. 190.)

50. Empregado rural. Defensivos agrícolas. O empregador rural é obrigado a possuir o receituário agronômico de defensivos agrícolas e a observar as medidas de prevenção nele contidas. Ex-PN 76.

51. Cipas. Suplentes. Garantia de emprego. Concede-se a garantia do art. 165 da CLT aos suplentes das Cipas. Ex-PN 77. (Cancelado no julgamento do Proc. TST-MA 455213/1998-9, Certidão de Julgamento publicada no *DJU* de 12.06.98, p. 190.)

52. Recebimento do PIS. Garante-se ao empregado o recebimento do salário do dia em que tiver de se afastar para recebimento do PIS. Ex-PN 78.

53. Empregado rural. Rescisão do contrato de trabalho do chefe de família. A

Precedentes Normativos – TST

PN SELECIONADOS

rescisão do contrato de trabalho rural, sem justa causa, do chefe da unidade familiar é extensiva à esposa, às filhas solteiras e aos filhos até 20 anos de idade, que exerçam atividades na propriedade, mediante opção destes. Ex-PN 80.

54. Transporte para audiência. Não se concede cláusula prevendo o fornecimento de transporte aos trabalhadores para assistirem à audiência em Junta de Conciliação e Julgamento. Ex-PN 81. (Cancelado no julgamento do Proc. TST-MA 486195/1998, Certidão de Julgamento publicada no *DJU* de 23.09.1998, p. 118.)

- A EC n. 24/1999 substituiu as Juntas de Conciliação e Julgamento por Varas do Trabalho (juiz singular) e extinguiu a representação classista na Justiça do Trabalho.

55. Jornalista. Contrato de trabalho. O empregador é obrigado a mencionar no contrato de trabalho o órgão de imprensa no qual o jornalista vai trabalhar. Ex-PN 82.

56. Constitucionalidade. São constitucionais os Decretos-leis 2.012/1983, 2.024/1983 e 2.045/1983. Ex-PN 86.

57. Empregado rural. Insalubridade. O empregado rural tem direito ao adicional de insalubridade previsto na CLT, desde que as condições desfavoráveis sejam apuradas através de perícia técnica. Ex-PN 89. (Cancelado no julgamento do Proc. TST-MA 455213/1998-9, Certidão de Julgamento publicada no *DJU* de 12.06.1998, p. 190.)

58. Salário. Pagamento ao analfabeto. O pagamento de salário ao empregado analfabeto deverá ser efetuado na presença de duas testemunhas. Ex-PN 91.

59. Empregado rural. Aferição das balanças. O instrumento de peso e medida, utilizado pelos empregadores para aferição das tarefas no regime de produção, deverá ser conferido pelo INPM. Ex-PN 93.

60. Empregado rural. Latão de café. O latão de café terá capacidade de 60 litros e será padronizado de acordo com as normas do INPM. Ex-PN 94.

61. Cobrança de títulos. Salvo disposição contratual, é vedado ao empregador responsabilizar o empregado pelo inadimplemento do cliente, até mesmo quanto a títulos. Ex-PN 95.

62. Empregado rural. Conservação das casas. Os empregadores são responsáveis pelos reparos nas residências que cedam aos empregados rurais, desde que os danos não decorram de culpa destes. Ex-PN 96.

63. Empregado rural. Ficha de controle da produção. Quando da colheita, o café será entregue na lavoura ou no monte, fornecendo-se ao trabalhador uma ficha com o valor da respectiva produção. Ex-PN 97.

64. Empregado rural. Horário e local de condução. Fornecendo o empregador condução para o trabalho, informará ele aos empregados, previamente, os locais e horários do transporte. Ex-PN 98.

65. Empregado rural. Pagamento de salário. O pagamento de salário será efetuado em moeda corrente e no horário de serviço, para isso permitido o seu prolongamento até duas horas após o término da jornada de trabalho. Ex-PN 99.

66. Garrafas "bicadas". Constituem ônus do empregador aceitar a devolução de garrafas "bicadas" e o extravio de engradados, salvo se cumpridas as disposições contratuais pelo empregado. Ex-PN 100.

67. Remuneração por produção. Quando o serviço for contratado por produção, a remuneração não poderá ser inferior à diária correspondente ao salário normativo. Ex-PN 107.

68. Empregado rural. Faltas ao serviço. Compras. Autoriza-se o chefe de família, se empregado rural, a faltar ao serviço um dia por mês ou meio dia por quinzena, para efetuar compras, sem remuneração ou mediante compensação de horário, mas sem prejuízo do repouso remunerado, desde que não tenha falta injustificada durante o mês. Ex-PN 108.

Precedentes Normativos – TST

PN SELECIONADOS

69. Empregado rural. Pagamento de dia não trabalhado. O empregado rural fará jus ao salário do dia, quando comparecer ao local de prestação de serviço ou ponto de embarque, se fornecida condução pelo empregador, e não puder trabalhar em consequência de chuva ou de outro motivo alheio à sua vontade. Ex-PN 109.

70. Licença para estudante. Concede-se licença não remunerada nos dias de prova ao empregado estudante, desde que avisado o patrão com 72 horas de antecedência e mediante comprovação. Ex-PN 70.

71. Empregado rural. Transporte. Condições de segurança. Quando fornecidos pelo empregador, os veículos destinados a transportar trabalhadores rurais deverão satisfazer as condições de segurança e comodidade, sendo proibido o carregamento de ferramentas soltas junto às pessoas conduzidas. Ex-PN 112.

72. Multa. Atraso no pagamento de salário. Estabelece-se multa de 10% sobre o saldo salarial, na hipótese de atraso no pagamento de salário até 20 dias, e de 5% por dia no período subsequente. Ex-PN 115.

73. Multa. Obrigação de fazer. Impõe-se multa, por descumprimento das obrigações de fazer, no valor equivalente a 10% do salário básico, em favor do empregado prejudicado. Ex-PN 73.

74. Desconto assistencial. Subordina-se o desconto assistencial sindical à não oposição do trabalhador, manifestada perante a empresa até 10 dias antes do primeiro pagamento reajustado. (Ex-PN 74) (Cancelado no julgamento do Proc. TST-MA 455193/1998-0, Certidão de Julgamento publicada no *DJU* de 12.06.1998, p. 197.)

75. Contrato de experiência. Readmissão. Readmitido o empregado no prazo de 1 (um) ano, na função que exercia, não será celebrado novo contrato de experiência, desde que cumprido integralmente o anterior. Ex-PN 116. (Cancelado no julgamento do Proc. TST-MA 455213/1998-9, Certidão de Julgamento publicada no *DJU* de 12.06.1998, p. 190.)

76. Aviso-prévio de 60 dias. Concedem-se 60 dias de aviso-prévio a todos os trabalhadores demitidos sem justa causa. Ex-PN *117*. (Cancelado no julgamento do Proc. TST-MA 455213/1998-9, Certidão de Julgamento publicada no *DJU* de 12.06.98, p. 190.)

77. Empregado transferido. Garantia de emprego. Assegura-se ao empregado transferido, na forma do art. 469 da CLT, a garantia de emprego por 1 (um) ano após a data da transferência. Ex-PN 118.

78. Professor. Redução salarial não configurada. Não configura redução salarial ilegal a diminuição de carga horária motivada por inevitável supressão de aulas eventuais ou de turmas. Ex-PN. 119.

79. Trabalhador temporário. descanso semanal. Concede-se ao trabalhador temporário o acréscimo de 1/6 ao seu salário diário, correspondente ao descanso semanal remunerado, por aplicação analógica do art. 3º da Lei 605/49. Ex-PN 120.

80. Serviço militar. Garantia de emprego ao alistando. Garante-se o emprego do alistando, desde a data da incorporação no serviço militar até 30 dias após a baixa. Ex-PN 122.

81. Atestados médicos e odontológicos. Assegura-se eficácia aos atestados médicos e odontológicos fornecidos por profissionais do sindicato dos trabalhadores, para o fim de abono de faltas ao serviço, desde que existente convênio do sindicato com a Previdência social, salvo se o empregador possuir serviço próprio ou conveniado. Ex-PN 124.

82. Dissídio coletivo. Garantia de salários e consectários. Defere-se a garantia de salários e consectários ao empregado despedido sem justa causa, desde a data do julgamento do dissídio coletivo até 90 dias após a publicação do acórdão, limitado o período total a 120 dias. Ex-PN 134.

Precedentes Normativos – TST

PN SELECIONADOS

83. Dirigentes sindicais. Frequência livre. Assegura-se a frequência livre dos dirigentes sindicais para participarem de assembleias e reuniões sindicais devidamente convocadas e comprovadas, sem ônus para o empregador. (Precedente normativo alterado pela Res. 123/2004, DJU 06.07.2004.)

84. Seguro de vida. Assalto. Institui-se a obrigação do seguro de vida, em favor do empregado e seus dependentes previdenciários, para garantir a indenização nos casos de morte ou invalidez permanente, decorrentes de assalto, consumado ou não, desde que o empregado se encontre no exercício das suas funções. Ex-PN 136.

85. Garantia de emprego. Aposentadoria voluntária. Defere-se a garantia de emprego, durante os 12 meses que antecedem a data em que o empregado adquire direito à aposentadoria voluntária, desde que trabalhe na empresa há pelo menos 5 anos. Adquirido o direito, extingue-se a garantia. Ex-PN 137.

86. Representante dos trabalhadores. Estabilidade no emprego. Nas empresas com mais de 200 empregados é assegurada a eleição direta de um representante, com as garantias do art. 543, e seus parágrafos, da CLT. Ex-PN 138.

87. Trabalho em domingos e feriados. Pagamento dos salários. É devida a remuneração em dobro do trabalho em domingos e feriados não compensados, sem prejuízo do pagamento do repouso remunerado, desde que, para este, não seja estabelecido outro dia pelo empregador. Ex-PN 140.

88. Desconto em folha. A empresa poderá descontar da remuneração mensal do empregado as parcelas relativas a empréstimos do convênio MTB/CEF, bem como prestações referentes a financiamento de tratamento odontológico feito pelo sindicato convenente, mensalidades de seguro ou outros, desde que os descontos sejam autorizados pelo empregado e não excedam a 30% da remuneração mensal. Ex-PN 141. (Cancelado no julgamento do Proc. TST-MA 455213/1998-9, Certidão de Julgamento publicada no *DJU* de 12.06.1998, p. 190.)

89. Reembolso de despesas. Defere-se o reembolso das despesas de alimentação e pernoite a motorista e ajudante, quando executarem tarefas a mais de 100 km da empresa. Ex-PN 142.

90. Trabalho noturno. Adicional de 60%. O trabalho noturno será pago com adicional de 60%, a incidir sobre o salário da hora normal. Ex-PN 143. (Cancelado no julgamento do Proc. TST-MA 455213/1998-9, Certidão de Julgamento publicada no *DJU* de 12.06.1998, p. 190.)

91. Acesso de dirigente sindical à empresa. Assegura-se o acesso dos dirigentes sindicais às empresas, nos intervalos destinados à alimentação e descanso, para desempenho de suas funções, vedada a divulgação de matéria política-partidária ou ofensiva. Ex-PN 144.

92. Garantia de repouso remunerado. Ingresso com atraso. Assegura-se o repouso remunerado ao empregado que chegar atrasado, quando permitido seu ingresso pelo empregador, compensado o atraso no final da jornada de trabalho ou da semana. Ex-PN 145.

93. Comprovante de pagamento. O pagamento do salário será feito mediante recibo, fornecendo-se cópia ao empregado, com a identificação da empresa, e do qual constarão a remuneração, com a discriminação das parcelas, a quantia líquida paga, os dias trabalhados ou total da produção, as horas extras e os descontos efetuados, inclusive para a Previdência Social, e o valor correspondente ao FGTS. Ex-PN 153.

94. Empregado rural. Salário-doença. Assegura-se ao trabalhador rural o direito aos salários dos primeiros 15 dias de afastamento em virtude de doença. Possuindo a empresa serviço médico ou mantendo convênio com terceiro, a este caberá o abono de faltas. Ex-PN 154. (Cancelado no jul-

Precedentes Normativos – TST

PN SELECIONADOS

gamento do Proc. TST-MA 455213/1998-9, Certidão de Julgamento publicada no *DJU* de 12.06.1998, p. 190.)

95. Abono de falta para levar filho ao médico. Assegura-se o direito à ausência remunerada de 1 (um) dia por semestre ao empregado, para levar ao médico filho menor ou dependente previdenciário de até 6 (seis) anos de idade, mediante comprovação no prazo de 48 horas. Ex-PN 155.

96. Aviso-prévio. Redução da jornada. No início do período do aviso-prévio, o empregado poderá optar pela redução de 2 horas no começo ou no final da jornada de trabalho. Ex-PN 156. (Cancelado no julgamento do Proc. TST-MA 455213/1998-9, Certidão de Julgamento publicada no *DJU* de 12.06.1998, p. 190.)

97. Proibição de estorno de comissões. Ressalvada a hipótese prevista no art. 7º da Lei 3.207/1957, fica vedado às empresas o desconto ou estorno das comissões do empregado, incidentes sobre mercadorias devolvidas pelo cliente, após a efetivação da venda. Ex-PN 157.

98. Retenção da CTPS. Indenização. Será devida ao empregado a indenização correspondente a 1 (um) dia de salário, por dia de atraso, pela retenção de sua carteira profissional após o prazo de 48 horas. Ex-PN 158.

99. Nova função. Salário. Assegura-se ao empregado, designado ou promovido, o direito de receber integralmente o salário da nova função, observando-se o disposto no art. 460 da CLT. Ex-PN 159. (Cancelado no julgamento do Proc. TST-MA 455213/1998-9, Certidão de Julgamento publicada no *DJU* de 12.06.1998, p. 190.)

100. Férias. Início do período de gozo. O início das férias, coletivas ou individuais, não poderá coincidir com sábado, domingo, feriado ou dia de compensação de repouso semanal. Ex-PN 161.

101. Adicional de transferência. Concede-se adicional de transferência estabelecido pelo § 3º do art. 469 da CLT, no percentual de 50%. Ex-PN 162. (Cancelado no julgamento do Proc. TST-MA 455213/1998-9, Certidão de Julgamento publicada no *DJU* de 12.06.1998, p. 190.)

102. Assistência jurídica aos vigias. A empresa prestará assistência jurídica a seu empregado que, no exercício da função de vigia, praticar ato que o leve a responder a ação penal. Ex-PN 163.

103. Gratificação de caixa. Concede-se ao empregado que exercer permanentemente a função de caixa a gratificação de 10% sobre seu salário, excluídos do cálculo adicionais, acréscimos e vantagens pessoais. Ex-PN 170.

104. Quadro de avisos. Defere-se a afixação, na empresa, de quadro de avisos do sindicato, para comunicados de interesse dos empregados, vedados os de conteúdo político-partidário ou ofensivo. Ex-PN 172.

105. Anotação na carteira profissional. As empresas ficam obrigadas a anotar na carteira de trabalho a função efetivamente exercida pelo empregado, observada a Classificação Brasileira de Ocupações (CBO). Ex-JN 802.

106. Empregado rural. Atividade insalubre. Fornecimento de leite. Os empregadores que se dedicarem à pecuária leiteira fornecerão, diariamente, um litro de leite aos trabalhadores que exerçam atividades insalubres. Ex-JN 803.

107. Empregado rural. Caixa de medicamentos. Nos locais de trabalho no campo serão mantidos pelo empregador medicamentos e materiais de primeiros socorros. Ex-JN 805.

108. Empregado rural. Abrigos no local de trabalho. Os empregadores rurais ficam obrigados a construir abrigos rústicos, nos locais de trabalho, para proteção de seus empregados. Ex-JN 807.

109. Desconto Moradia. Autoriza-se o desconto da moradia fornecida ao empregado somente quando o imóvel tiver o ha-

Precedentes Normativos – TST

PN SELECIONADOS

bite-se concedido pela autoridade competente. Ex-JN 809.

110. Empregado rural. Ferramentas. Fornecimento pelo empregador. Serão fornecidas gratuitamente, pelo empregador, as ferramentas necessárias à execução do trabalho. Ex-JN 812.

111. Relação de empregados. Obriga-se a empresa a remeter ao sindicato profissional, uma vez por ano, a relação dos empregados pertencentes à categoria. Ex-JN 816.

112. Jornalista. Seguro de vida. Institui-se a obrigação do seguro de vida em favor de jornalista designado para prestar serviço em área de risco. Ex-JN 819.

113. Transporte de acidentados, doentes e parturientes. Obriga-se o empregador a transportar o empregado, com urgência, para local apropriado, em caso de acidente, mal súbito ou parto, desde que ocorram no horário de trabalho ou em consequência deste. Ex-JN 821.

114. Contagem do tempo gasto com transporte. Computa-se na jornada laboral o tempo gasto no trajeto do trabalhador, em condução fornecida pelo empregador, da cidade e para o local de trabalho de difícil acesso e não servido por transporte regular e, de volta, até o ponto costumeiro. Ex-JN 823. (Cancelado no julgamento do Proc. TST-MA 455213/1998-9, Certidão de Julgamento publicada no *DJU* de 12.06.1998, p. 190.)

115. Uniformes. Determina-se o fornecimento gratuito de uniformes, desde que exigido seu uso pelo empregador. Ex-JN 824.

116. Férias. Cancelamento ou adiantamento. Comunicado ao empregado o período do gozo de férias individuais ou coletivas, o empregador somente poderá cancelar ou modificar o início previsto se ocorrer necessidade imperiosa e, ainda assim, mediante o ressarcimento, ao empregado, dos prejuízos financeiros por este comprovados.

117. Pagamento do salário com cheque. Se o pagamento do salário for feito em cheque, a empresa dará ao trabalhador o tempo necessário para descontá-lo, no mesmo dia.

118. Quebra de material. Não se permite o desconto salarial por quebra de material, salvo nas hipóteses de dolo ou recusa de apresentação dos objetos danificados, ou ainda, havendo previsão contratual, de culpa comprovada do empregado.

119. Contribuições sindicais. Inobservância de preceitos constitucionais. A Constituição da República, em seus arts. 5º, XX, e 8º, V, assegura o direito de livre associação e sindicalização. É ofensiva a essa modalidade de liberdade cláusula constante de acordo, convenção coletiva ou sentença normativa estabelecendo contribuição em favor de entidade sindical a título de taxa para custeio do sistema confederativo, assistencial, revigoramento ou fortalecimento sindical e outras da mesma espécie, obrigando trabalhadores não sindicalizados. Sendo nulas as estipulações que inobservem tal restrição, tornam-se passíveis de devolução os valores irregularmente descontados. (Redação conforme Proc. TST-MA 455193/1998-0, Sala de sessões 02.06.1998, Certidão de Julgamento publicada no *DJU* de 11.06.1998, p. 197.)

120. Sentença normativa. Duração. Possibilidade e limites. A sentença normativa vigora, desde seu termo inicial até que sentença normativa, convenção coletiva de trabalho ou acordo coletivo de trabalho superveniente produza sua revogação, expressa ou tácita, respeitado, porém, o prazo máximo legal de 4 (quatro) anos de vigência.

* Precedente Normativo acrescentado pela Res. TST 176/2011 (*DEJT* 27.05.2011).

ÍNDICES

Índice Alfabético-remissivo da Constituição da República Federativa do Brasil

Índice Alfabético-remissivo da CLT, da Legislação Trabalhista e Previdenciária, das Súmulas selecionadas, das Orientações Jurisprudenciais e Precedentes Normativos do TST

Índice Alfabético-remissivo do Código de Processo Civil, da Legislação Processual Trabalhista e das Súmulas selecionadas

Índice de Matérias da Legislação Trabalhista

Índice Cronológico da Legislação (geral)

ÍNDICES

Índice Alfabético-remissivo da Constituição da República Federativa do Brasil

Índice Alfabético-remissivo da CLT, da Legislação Trabalhista e Previdenciária, das Súmulas selecionadas, das Orientações Jurisprudenciais e Precedentes Normativos do TST

Índice Alfabético-remissivo do Código de Processo Civil, da Legislação Processual Trabalhista e das Súmulas selecionadas

Índice de Matérias da Legislação Trabalhista

Índice Cronológico da Legislação (Geral)

ÍNDICE ALFABÉTICO-REMISSIVO DA CONSTITUIÇÃO DA REPÚBLICA FEDERATIVA DO BRASIL

ABUSO DE PODER
– econômico; repressão: art. 173, § 4º
– *habeas corpus*; concessão: art. 5º, LXVIII
– mandado de segurança; concessão: art. 5º, LXIX
– no exercício de função, cargo ou emprego público; inelegibilidade: art. 14, § 9º

AÇÃO CIVIL PÚBLICA
– promoção pelo MP: art. 129, III

AÇÃO DECLARATÓRIA DE CONSTITUCIONALIDADE
– de lei ou ato normativo federal; processo e julgamento; STF: art. 102, I, *a*
– decisões definitivas de mérito; eficácia e efeito: art. 102, § 2º
– legitimidade: art. 103, *caput*

AÇÃO DIRETA DE INCONSTITUCIONALIDADE
– Advogado-Geral da União; citação: art. 103, § 3º
– de lei ou ato normativo federal ou estadual; processo e julgamento; STF: art. 102, I, *a*
– decisões definitivas de mérito; eficácia e efeito: art. 102, § 2º
– legitimidade: art. 103, *caput*
– Procurador-Geral da República; ouvida: art. 103, § 1º

AÇÃO PENAL PÚBLICA
– admissão de ação privada: art. 5º, LIX
– promoção pelo MP: art. 129, I

AÇÃO POPULAR
– propositura: art. 5º, LXXIII

AÇÃO RESCISÓRIA
– processo e julgamento; competência: arts. 102, I, *j*; 105, I; 108, I, *b*; ADCT, art. 27, § 10

AÇÃO TRABALHISTA
– prescrição; prazo: art. 7º, XXIX

ACORDOS INTERNACIONAIS
– competência do Congresso Nacional: art. 49, I

ADMINISTRAÇÃO PÚBLICA
– administração fazendária; áreas de ação: arts. 37, XVIII; 144, § 1º
– atos, fiscalização e controle: art. 49, X
– atos ilícitos contra o erário; prescrição: art. 37, § 5º
– cargos, empregos e funções: arts. 37, I, II, IV; 61, § 1º, II, *a*
– cargos em comissão e funções de confiança: art. 37, V e XVII
– cargos ou empregos; acumulação: art. 37, XVI, *c*; ADCT, art. 17, §§ 1º e 2º
– contas; fiscalização; controle externo: art. 71
– contratos; licitação: arts. 22, XXVII; 37, XXI
– créditos orçamentários ou adicionais; despesas excedentes: art. 167, II
– despesas; aumento: art. 63, I
– despesas com pessoal: art. 169; ADCT, art. 38, p.u.
– entidades sob intervenção ou liquidação extrajudicial; créditos; correção monetária: ADCT, art. 46
– federal; competência e funcionamento; competência privativa do Presidente da República: art. 84, VI

ÍNDICE REMISSIVO DA CF

– federal; metas e prioridades: art. 165, § 2º
– federal; Ministro de Estado; competência: art. 87, p.u.
– federal; plano plurianual; diretrizes; objetivos e metas: art. 165, § 1º
– finanças; legislação: art. 163, I
– fiscalização; controle externo e interno: art. 70
– gestão e consulta da documentação governamental: art. 216, § 2º
– gestão financeira e patrimonial; normas: art. 165, § 9º; ADCT, art. 35, § 2º
– improbidade: art. 37, § 4º
– informações privilegiadas: art. 37, § 7º
– inspeções e auditorias; Tribunal de Contas da União: art. 71, IV
– investimento; plano plurianual; inclusão: art. 167, § 1º
– Ministérios e outros órgãos; criação, estruturação e atribuições: arts. 48, X; 61, § 1º, II, e; 84, VI
– moralidade; ação popular: art. 5º, LXXIII
– orçamento fiscal; investimento e seguridade social: arts. 165, § 5º; 167, VIII
– pessoal; admissão sem concurso: art. 71, III
– pessoal; atos; apreciação da legalidade: ADCT, art. 19
– pessoal da administração direta; vencimentos: art. 39, § 1º
– prestação de contas; pessoa física ou entidade pública: art. 70, p.u.
– princípios e disposições gerais: arts. 37; 38
– publicidade dos órgãos: art. 37, § 1º
– reforma administrativa; regime e planos de carreira: art. 39, *caput*; ADCT, art. 24
– serviços públicos; licitação: art. 175, *caput*
– serviços públicos; taxas: art. 145, II
– servidor público; limites remuneratórios: art. 37, § 11
– servidor público; limites remuneratórios facultados aos Estados e ao Distrito Federal: art. 37, § 12
– servidor público; remuneração e subsídio: art. 37, XI
– sistema de controle interno; finalidade: art. 74, II

ADOÇÃO: art. 227, §§ 5º e 6º

ADVOGADO
– indispensabilidade; inviolabilidade: art. 133
– quinto constitucional: arts. 94; 107, I; 111-A, I; 115, I
– terço constitucional: art. 104, p.u., II
– vencimentos e vantagens: art. 135

ADVOGADO-GERAL DA UNIÃO
– ação de inconstitucionalidade; citação: art. 103, § 3º
– carreira: art. 131, § 2º
– crimes de responsabilidade; processo e julgamento: art. 52, II e p.u.
– nomeação: arts. 84, XVI; 131, § 1º
– requisitos: art. 131, § 1º

AGÊNCIAS FINANCEIRAS
– oficiais de fomento; política de aplicação: art. 165, § 2º

ÁGUAS
– bem dos Estados: art. 26, I
– consumo; fiscalização: art. 200, VI
– legislação; competência privativa da União: art. 22, IV

ALISTAMENTO ELEITORAL
– condição de elegibilidade: art. 14, § 3º, III
– inalistáveis: art. 14, § 2º
– obrigatório ou facultativo: art. 14, § 1º, I e II

AMÉRICA LATINA
– integração econômica, política, social e cultural: art. 4º, p.u.

ANALFABETO
– analfabetismo; erradicação: art. 214, I
– inelegibilidade: art. 14, § 4º
– voto facultativo: art. 14, § 1º, II, *a*

ANISTIA
– concessão; atribuição do Congresso Nacional: art. 48, VIII
– concessão; competência da União: art. 21, XVII

ÍNDICE REMISSIVO DA CF

- concessão; efeitos financeiros: ADCT, art. 8º, § 1º
- dirigentes e representantes sindicais: ADCT, art. 8º, § 2º
- fiscal e previdenciária: art. 150, § 6º
- servidores públicos civis: ADCT, art. 8º, § 5º
- STF: ADCT, art. 9º
- trabalhadores do setor privado: ADCT, art. 8º, § 2º

APOSENTADORIA
- aposentados e pensionistas; gratificação natalina: art. 201, § 6º
- concessão; requisitos e critérios diferenciados: art. 201, § 1º
- contagem de tempo; mandato gratuito: ADCT, art. 8º, § 4º
- ex-combatente; proventos integrais: ADCT, art. 53, V
- invalidez permanente; servidor público: art. 40, § 1º, I
- juízes togados; normas: ADCT, art. 21, p.u.
- magistrados: art. 93, VI e VIII
- professores; tempo de serviço: arts. 40, § 5º; 201, § 8º
- proventos; limites: ADCT, art. 17, *caput*
- servidor público: art. 40
- servidor público; requisitos e critérios diferenciados; ressalvas: art. 40, § 4º
- trabalhadores de baixa renda e sem renda própria; serviço doméstico: art. 201, § 12
- trabalhadores urbanos e rurais: arts. 7º, XXIV; 201
- vedação; percepção simultânea de proventos: art. 37, § 10
- voluntária; servidor público; permanência em atividade; abono: art. 40, § 19

ARTES
- *v.* CULTURA e OBRAS

ASILO POLÍTICO
- concessão: art. 4º, X

ASSEMBLEIA LEGISLATIVA
- ação declaratória de constitucionalidade; legitimidade: art. 103, IV
- ação direta de inconstitucionalidade; legitimidade: art. 103, IV
- cargos; provimento: art. 27, § 3º
- competência: art. 27, § 3º
- composição: art. 27, *caput*
- composição; criação de Estado: art. 235, I
- Constituição Estadual; elaboração: ADCT, art. 11, *caput*
- emendas à Constituição Federal: art. 60, III
- Estado; desmembramento, incorporação e subdivisão: art. 48, VI
- intervenção estadual; apreciação: art. 36, §§ 1º a 3º
- polícia: art. 27, § 3º
- processo legislativo; iniciativa popular: art. 27, § 4º
- provimento de cargos: art. 27, § 3º
- Regimento Interno: art. 27, § 3º
- serviços administrativos: art. 27, § 3º

ASSISTÊNCIA JURÍDICA
- gratuita e integral; dever do Estado: art. 5º, LXXIV
- guarda do menor: art. 227, § 3º, VI
- *habeas corpus* e *habeas data*; gratuidade: art. 5º, LXXVII
- legislação concorrente: art. 24, XIII

ASSISTÊNCIA PÚBLICA
- competência comum: art. 23, II
- herdeiros e dependentes de pessoas vítimas de crime doloso: art. 245

ASSISTÊNCIA RELIGIOSA: art. 5º, VII
ASSISTÊNCIA SOCIAL
- adolescência; direitos: art. 227, § 4º
- contribuições sociais; competência para a instituição: art. 149
- infância; direitos: art. 227, § 7º
- instituições sem fins lucrativos; limitações ao poder de tributar: art. 150, VI, c, § 4º
- Município; contribuição: art. 149, §§ 1º a 4º
- objetivos; prestação: art. 203
- recursos, organização, diretrizes: art. 204

1607

ÍNDICE REMISSIVO DA CF

ASSOCIAÇÃO
– atividade garimpeira: arts. 21, XXV; 174, § 3º
– colônias de pescadores: art. 8º, p.u.
– criação: art. 5º, XVIII
– desportiva; autonomia: art. 217, I
– dissolução compulsória ou suspensão das atividades: art. 5º, XIX
– funcionamento; interferência governamental: art. 5º, XVIII
– lei; apoio e estímulo: art. 174, § 2º
– liberdade: art. 5º, XVII e XX
– mandado de segurança coletivo: art. 5º, LXX, b
– representação: art. 5º, XXI
– representação; obras; aproveitamento econômico; fiscalização: art. 5º, XXVIII, b
– sindical; servidor público: art. 37, VI

ATIVIDADES NUCLEARES
– Congresso Nacional; aprovação: art. 21, XXIII, a
– Congresso Nacional; aprovação de iniciativa do Poder Executivo: art. 49, XIV
– exploração; monopólio; União: art. 21, XXIII
– fins pacíficos: art. 21, XXIII, a
– minérios e minerais nucleares; monopólio da União: art. 177, V
– Poder Executivo; iniciativa: art. 49, XIV
– radioisótopos; utilização: art. 21, XXIII, b
– radioisótopos de meia-vida igual ou inferior a duas horas; utilização: art. 21, XXIII, c
– responsabilidade civil: art. 21, XXIII, d
– usina nuclear; localização e definição legal: art. 225, § 6º

ATO JURÍDICO PERFEITO
– proteção: art. 5º, XXXVI

ATO PROCESSUAL
– publicidade; restrição: art. 5º, LX

ATOS INTERNACIONAIS
– *v.* ESTADO ESTRANGEIRO
– celebração; Presidente da República: art. 84, VIII
– competência; Congresso Nacional: art. 49, I

AUTARQUIA
– criação: art. 37, XIX
– criação de subsidiária; autorização legislativa: art. 37, XX
– exploração de atividade econômica; estatuto jurídico: art. 173, § 1º

BANCO CENTRAL DO BRASIL
– compra e venda de títulos do Tesouro Nacional: art. 164, § 2º
– depósito de disponibilidade de caixa da União: art. 164, § 3º
– emissão da moeda; competência da União: art. 164, *caput*
– empréstimos a instituição financeira ou ao Tesouro; vedação: art. 164, § 1º
– presidente e diretores; aprovação e nomeação: arts. 52, III, *d*; 84, XIV

BANIMENTO
– *v.* PENA

BENS
– confisco; tráfico de drogas: art. 243, p.u.
– da União: arts. 20, *caput;* 176, *caput*
– da União; faixa de fronteira: art. 20, § 2º
– Distrito Federal: ADCT, art. 16, § 3º
– do Estado-Membro: art. 26
– domínio da União; disposição; competência do Congresso Nacional: art. 48, V
– estrangeiros situados no Brasil; sucessão: art. 5º, XXXI
– imóveis; imposto sobre transmissão *inter vivos*: art. 156, II, § 2º; ADCT, art. 34, § 6º
– impostos sobre transmissão *causa mortis* e doação: art. 155, I e § 1º; ADCT, art. 34, § 6º
– indisponibilidade; improbidade administrativa: art. 37, § 4º
– ocupações e uso temporário; calamidade pública: art. 136, § 1º, II
– perdimento: art. 5º, XLV e XLVI
– privação: art. 5º, LIV
– requisição; estado de sítio: art. 139, VII

ÍNDICE REMISSIVO DA CF

- tráfego; limitação por meio de tributos: art. 150, V; ADCT, art. 34, § 1º
- valor artístico, cultural e histórico; proteção: art. 23, III e IV

BRASILEIRO
- adoção por estrangeiros: art. 227, § 5º
- cargos, empregos e funções públicos; acesso: art. 37, I, II e IV
- Conselho da República; participação: art. 89, VII
- direito à vida, à liberdade, à segurança e à propriedade: art. 5º, caput
- distinção; vedação: art. 19, III
- empresas jornalísticas e de radiodifusão; propriedade privativa: art. 222, caput
- energia hidráulica; aproveitamento dos potenciais: art. 176, § 1º
- extradição: art. 5º, LI
- nascido no estrangeiro; registro; repartição diplomática ou consular brasileira: ADCT, art. 95
- nato: art. 12, I
- nato; cargos privativos: arts. 12, § 3º; 87; 89, VII
- nato ou naturalizado; empresa jornalística e de radiodifusão sonora; atividades de seleção e direção; responsabilidade editorial: art. 222, § 2º
- naturalizado: art. 12, II
- naturalizado; equiparação a brasileiro nato: art. 12, § 2º
- naturalizado; extradição: art. 5º, LI
- recursos minerais; pesquisa e lavra: art. 176, § 1º

CALAMIDADE
- defesa permanente; planejamento; competência da União: art. 21, XVIII
- despesas extraordinárias; empréstimo compulsório: art. 148, I; ADCT, art. 34, § 1º

CÂMARA DOS DEPUTADOS
- v. CONGRESSO NACIONAL
- cargos, empregos e funções; criação, transformação, extinção e remuneração: art. 51, IV

- comissão; representação proporcional dos partidos: art. 58, § 1º
- comissão parlamentar de inquérito; criação e competência: art. 58, § 3º
- comissão permanente; composição e competência: art. 58, caput
- comissão temporária; composição e competência: art. 58, caput
- comissões; atribuições: art. 58, § 2º
- competência exclusiva: art. 51, IV
- competência privativa: art. 51, caput
- competência privativa; vedação de delegação: art. 68, § 1º
- composição: art. 45
- Congresso Nacional; convocação extraordinária: art. 57, § 6º
- Conselho da República; eleição de seus membros: art. 51, V
- Conselho da República; líderes partidários: art. 89, IV
- crime comum e de responsabilidade do Presidente da República; admissibilidade da acusação: art. 86
- deliberações; quorum: art. 47
- despesa pública; projeto sobre serviços administrativos: art. 63, II
- Distrito Federal; irredutibilidade de sua representação: ADCT, art. 4º, § 2º
- emendas à Constituição: art. 60, I
- emendas do Senado Federal; apreciação: art. 64, § 3º
- estado de sítio; suspensão da imunidade parlamentar: art. 53, § 7º
- Estado-membro; irredutibilidade de sua representação: ADCT, art. 4º, § 2º
- funcionamento: art. 51, § 4º
- iniciativa das leis complementares e ordinárias: art. 61, caput
- iniciativa legislativa popular: art. 61, § 2º
- legislatura; duração: art. 44, p.u.
- Mesa; ações declaratória de constitucionalidade e direta de inconstitucionalidade: art. 103, III
- Mesa; habeas data, mandado de injunção, mandado de segurança: art. 102, I, d

1609

ÍNDICE REMISSIVO DA CF

– Mesa; pedido de informação a Ministro de Estado: art. 50, § 2º
– Mesa; representação proporcional dos partidos: art. 58, § 1º
– Ministro de Estado; convocação, pedidos de informação, comparecimento espontâneo: art. 50
– organização: art. 51, IV
– órgão do Congresso Nacional: art. 44, caput
– polícia: art. 51, IV
– Presidente; cargo privativo de brasileiro nato: art. 12, § 3º, II
– Presidente; exercício da Presidência da República: art. 80
– Presidente; membro do Conselho da República: art. 89, II
– Presidente; membro nato do Conselho de Defesa Nacional: art. 91, II
– projeto de lei; prazo de apreciação da solicitação de urgência: art. 64, §§ 2º e 4º
– Regimento Interno: art. 51, III
– sessão conjunta: art. 57, § 3º
– sistema eleitoral: art. 45, caput

CÂMARA LEGISLATIVA DO DISTRITO FEDERAL
– ações declaratória de constitucionalidade e direta de inconstitucionalidade; legitimidade: art. 103, IV
– composição: art. 32, caput

CÂMARA MUNICIPAL
– aprovação do Plano Diretor da Política de Desenvolvimento e Expansão Urbana: art. 182, § 1º
– competência; subsídios: art. 29, V
– composição: art. 29, IV
– fiscalização das contas do Município; controle externo: art. 31, §§ 1º e 2º
– fiscalização financeira e orçamentária dos Municípios: art. 31, caput
– funções legislativas e fiscalizadoras: art. 29, IX
– lei orgânica; Municípios: art. 29; ADCT, art. 11, p.u.
– política de desenvolvimento urbano; plano diretor; aprovação: art. 182, § 1º

– subsídios; Vereadores: art. 29, VI
– subsídios do Prefeito, Vice-Prefeito e Secretários Municipais; fixação: art. 29, V
– Vereadores; número: art. 29, IV; ADCT, art. 5º, § 4º

CÂMBIO
– administração e fiscalização; competência da União: art. 21, VIII
– disposições; competência do Congresso Nacional: art. 48, XIII
– operações; disposições: art. 163, VI
– política; legislação; competência privativa da União: art. 22, VII

CAPITAL ESTRANGEIRO
– investimentos; reinvestimento; lucros: art. 172
– participação; assistência à saúde; vedação: art. 199, § 3º
– participação; empresa jornalística e de radiodifusão; percentual: art. 222, §§ 1º e 4º

CARGOS PÚBLICOS
– acesso e investidura: art. 37, I, II e IV, § 2º
– acumulação: art. 37, XVI e XVII; ADCT, art. 17, §§ 1º e 2º
– acumulação; remuneração; subsídios: art. 37, XVI
– cargos em comissão e funções de confiança: art. 37, V; ADCT, art. 19, § 2º
– contratação por tempo determinado: art. 37, IX
– criação; transformação e extinção; remuneração: arts. 48, X; 96, II, b
– criação e remuneração; lei; iniciativa: art. 61, § 1º, II, a
– deficiente; reserva: art. 37, VIII
– estabilidade; perda; reintegração; disponibilidade; extinção; avaliação de desempenho: art. 41
– Estado; criação; provimento: art. 235
– nulidade dos atos de nomeação: art. 37, § 2º
– perda; critérios e garantias especiais: art. 247, caput
– perda; insuficiência de desempenho: art. 247, p.u.

1610

ÍNDICE REMISSIVO DA CF

- Poder Judiciário; provimento: art. 96, I, c e e
- provimento e extinção; competência: art. 84, XXV
- remuneração; revisão; fixação; subsídios: art. 37, X e XI

CARTA ROGATÓRIA
- concessão e execução: arts. 105, I, i; 109, X

CARTEL
- vedação: art. 173, § 4º

CASAMENTO
- celebração gratuita: art. 226, § 1º
- dissolução: art. 226, § 6º
- religioso; efeito civil: art. 226, § 2º
- sociedade conjugal; igualdade de direitos entre o homem e a mulher: art. 226, § 5º
- união estável: art. 226, § 3º

CAVERNAS E SÍTIOS ARQUEOLÓGICOS
- v. CULTURA

CENSURA
- atividade intelectual, artística, científica e de comunicação: art. 5º, IX
- censor federal; funções; aproveitamento: ADCT, art. 23
- natureza política e ideológica; vedação: art. 220, § 2º

CIDADANIA
- direitos e deveres individuais e coletivos; gratuidade dos atos aos pobres: art. 5º, XXXIV
- fundamento: art. 1º, II
- legislação: arts. 22, XIII; 68, § 1º, II
- prerrogativas; mandado de injunção: art. 5º, LXXI

CIÊNCIA E TECNOLOGIA
- acesso à ciência; meios; competência: art. 23, V
- autonomia tecnológica; regulamentação nos termos da lei federal: art. 219
- criações; patrimônio cultural brasileiro: art. 216, III
- desenvolvimento científico, pesquisa e capacitação tecnológica; promoção do Estado: art. 218
- empresas; investimentos; incentivo e proteção: art. 218, § 4º
- pesquisa; fomento: art. 218, § 5º
- política agrícola; incentivo à pesquisa e à tecnologia: art. 187, III
- recursos humanos; formação: art. 218, §§ 3º e 4º
- sistema único de saúde; incremento: art. 200, V

COISA JULGADA
- proteção: art. 5º, XXXVI

COMANDANTE DA MARINHA, EXÉRCITO E AERONÁUTICA
- crimes conexos; julgamento pelo Senado Federal: art. 52, I
- crimes de responsabilidade; processo e julgamento pelo STF: art. 102, I, c
- mandado de segurança, habeas corpus e habeas data; julgamento pelo STJ: art. 105, I, b e c
- membros natos do Conselho de Defesa Nacional: art. 91, VIII

COMBUSTÍVEIS
- líquidos e gasosos; impostos; instituição e normas: art. 155, II e §§ 3º e 4º; ADCT, art. 34, §§ 1º, 6º e 7º
- venda e revenda; regulamentação: art. 238

COMÉRCIO
- exterior; fiscalização e controle; fiscalização e controle pelo Ministério da Fazenda: art. 237
- exterior e interestadual; legislação; competência privativa da União: art. 22, VIII
- importação e exportação; petróleo e gás natural; monopólio da União: art. 177, III e § 4º
- importação e exportação; Zona Franca de Manaus: ADCT, art. 40
- minérios e minerais nucleares; monopólio da União: art. 177, V
- órgãos humanos; sangue e derivados; proibição: art. 199, § 4º

ÍNDICE REMISSIVO DA CF

– política agrícola; preços e garantia de comercialização: art. 187, II

COMISSÃO DE ESTUDOS TERRITORIAIS
– criação; composição e finalidade: ADCT, art. 12

COMISSÃO PARLAMENTAR DE INQUÉRITO (CPI)
– criação e competência: art. 58, § 3º
– inspeções e auditorias; Tribunal de Contas da União: art. 58, § 4º

COMPETÊNCIA
– documento histórico; proteção: art. 23, III
– geografia e geologia; organização e manutenção de serviços oficiais: art. 21, XV
– organização e manutenção de serviços de estatística: art. 21, XV
– requisição de documento comercial; autoridade estrangeira; autorização: art. 181
– União; classificação indicativa de diversões públicas: art. 21, XVI

COMPETÊNCIA LEGISLATIVA
– comum; abastecimento alimentar: art. 23, VIII
– concorrente; caça: art. 24, VI
– concorrente; direito econômico: art. 24, I
– concorrente; direito financeiro: art. 24, I
– concorrente; direito penitenciário: art. 24, I
– concorrente; direito tributário: art. 24, I
– concorrente; direito urbanístico: art. 24, I
– direito aeronáutico: art. 22, I
– direito agrário: art. 22, I
– direito civil: art. 22, I
– direito comercial; eleitoral; espacial: art. 22, I
– direito do trabalho: art. 22, I
– direito marítimo: art. 22, I
– direito penal: art. 22, I
– direito processual: art. 22, I
– geologia; sistema nacional; União: art. 22, VIII
– informática; União: art. 22, IV

– juizado de pequenas causas; legislação concorrente: art. 24, X
– radiodifusão; União: art. 22, IV
– sistema de consórcios: art. 22, XX
– sistema de medidas: art. 22, VI
– sistema estatístico nacional: art. 22, XVIII
– sistema monetário: art. 22, VI
– sorteios; União: art. 22, XX

COMUNICAÇÃO SOCIAL
– censura; vedação: art. 220, § 2º
– diversões e espetáculos públicos; regulação: art. 220, § 3º, I
– eletrônica; empresa jornalística e de radiodifusão: art. 222, § 3º
– empresa jornalística e de radiodifusão; alterações de controle societário: art. 222, § 5º
– empresa jornalística e de radiodifusão sonora e de sons e imagens; propriedade: art. 222
– informação jornalística; liberdade: art. 220, § 1º
– informação jornalística; vedação legal a restrições: art. 220, §§ 1º e 2º
– liberdade: art. 220, caput
– manifestação do pensamento, da criação e expressão; sem restrição: art. 220, caput e §§ 1º e 2º
– meio de comunicação social; monopólio e oligopólio; proibição: art. 220, § 5º
– monopólio ou oligopólio; vedação: art. 220, § 5º
– programa comercial; restrições legais; regulamentação: art. 220, § 4º; ADCT, art. 65
– propaganda comercial; restrições legais: art. 220, § 4º; ADCT, art. 65
– publicação impressa; autorização: art. 220, § 6º
– serviços de radiodifusão sonora e de sons e imagens; concessão, permissão e autorização: art. 223

CONCURSO PÚBLICO
– cargo público; acesso e investidura: art. 37, II, III, IV e § 2º

ÍNDICE REMISSIVO DA CF

- cargo público; justiça; provimento: art. 96, I, e
- ingresso; redes públicas; profissionais da educação escolar: art. 206, V
- juiz togado; estabilidade: ADCT, art. 21, *caput*
- serviço notarial e de registro; ingresso: art. 236, § 3º

CONFEDERAÇÃO SINDICAL
- ações declaratória de constitucionalidade e direta de inconstitucionalidade: art. 103, IX

CONGRESSO NACIONAL
- v. PODER LEGISLATIVO
- Comissão mista; atuação: ADCT, art. 26
- Comissão mista; despesas não autorizadas: art. 72
- Comissão mista; terras públicas: ADCT, art. 51
- fundos; ratificação; prazo: ADCT, art. 36
- recesso; prazos; exceção: art. 64, § 4º

CONSELHO DA JUSTIÇA FEDERAL: art. 105, p.u., II

CONSELHO DA REPÚBLICA
- cargo privativo de brasileiro nato: art. 89, VII
- competência: art. 90, *caput*
- convocação e presidência; competência: art. 84, XVIII
- estado de defesa: arts. 90, I; 136, *caput*
- estado de sítio: arts. 90, I; 137, *caput*
- instituições democráticas; estabilidade: art. 90, II
- intervenção federal: art. 90, I
- membro; eleição pela Câmara dos Deputados: art. 51, V
- membros: art. 89
- Ministros de Estado; convocação pelo Presidente da República: art. 90, § 1º
- organização: art. 89, *caput*

CONSELHO DE COMUNICAÇÃO SOCIAL: art. 224

CONSELHO DE CONTAS DO MUNICÍPIO: art. 75, *caput*

CONSELHO DE DEFESA NACIONAL
- competência: art. 91, § 1º
- convocação e presidência; competência: art. 84, XVIII
- estado de sítio: art. 137, *caput*
- membros: art. 91
- organização e funcionamento: art. 91, § 2º
- órgão de consulta do Presidente da República: art. 91, *caput*

CONSELHO FEDERAL DA ORDEM DOS ADVOGADOS DO BRASIL
- ações declaratória de constitucionalidade e direta de inconstitucionalidade; legitimidade: art. 103, VII

CONSELHO NACIONAL DE JUSTIÇA
- ações contra o órgão; competência; STF: art. 102, I, r
- competência: art. 103-B, § 4º
- composição: art. 103-B
- corregedoria; exercício; Ministro do STJ: art. 103-B, § 5º
- membros; aprovação e nomeação: art. 103-B, § 2º
- membros; indicações não efetuadas no prazo legal; escolha pelo STF: art. 103-B, § 3º
- órgão do Poder Judiciário: art. 92, I-A
- ouvidoria de justiça; criação; competência da União: art. 103-B, § 7º
- presidência; Presidente do STF: art. 103-B, § 1º
- sede; Capital Federal: art. 92, § 1º

CONSELHO NACIONAL DO MINISTÉRIO PÚBLICO
- ações contra o órgão; competência; STF: art. 102, I, r
- competência: art. 130-A, § 2º
- composição: art. 130-A
- corregedor nacional; escolha; competência: art. 130-A, § 3º
- ouvidorias; criação; competência da União e dos Estados: art. 130-A, § 5º

CONSELHO SUPERIOR DA JUSTIÇA DO TRABALHO
- competência e funcionamento: art. 111-A, § 2º, II

ÍNDICE REMISSIVO DA CF

CONSÓRCIOS PÚBLICOS: art. 241
CONSTITUCIONALIDADE
– ação declaratória: art. 102, I, *a*
CONSTITUIÇÃO ESTADUAL
– Assembleia Legislativa; elaboração; prazo: ADCT, art. 11
– disposição sobre os Tribunais de Contas Estaduais: art. 75, p.u.
– provimento de cargos; nomeação; criação de Estado: art. 235, X
CONSTITUIÇÃO FEDERAL
– decisão judicial que contraria dispositivo constitucional; julgamento: art. 102, III, *a*
– decretos-leis em tramitação e editados na promulgação: ADCT, art. 25, §§ 1º e 2º
– edição popular do texto: ADCT, art. 64
– emendas: art. 60
– Estados; organização e administração; observação dos princípios: art. 25
– guarda; competência comum da União; Estados, Distrito Federal e Municípios: art. 23, I
– guarda; STF: art. 102
– manutenção, defesa e cumprimento: ADCT, art. 1º
– revisão: ADCT, art. 3º
– revogação de dispositivos legais: ADCT, art. 25, *caput*
CONSUMIDOR
– Código de Defesa; elaboração: ADCT, art. 48
– dano; competência legislativa concorrente: art. 24, VIII
– defesa: arts. 5º, XXXII; 170, V
– mercadorias e serviços; incidência de impostos: art. 150, § 5º
CONTRABANDO
– prevenção e repressão: art. 144, § 1º, II
CONTRIBUIÇÃO
– *v.* TRIBUTOS
– compulsória destinada às entidades de serviço social: art. 240
– custeio do serviço de iluminação pública; cobrança na fatura de consumo de energia elétrica; competência dos Municípios e Distrito Federal: art. 149-A
– de intervenção sobre o domínio econômico: art. 177, § 4º
– de melhoria; competência tributária: art. 145, *caput*, III
– previdência social: art. 201
– previdência social; beneficiário portador de doença incapacitante: art. 40, § 21
– social: arts. 149; 195; ADCT, art. 34, § 1º
– social; alíquotas ou bases de cálculo diferenciadas: art. 195, § 9º
– social; competência da Justiça do Trabalho; execução: art. 114, § 3º
CONTRIBUIÇÃO PROVISÓRIA SOBRE MOVIMENTAÇÃO FINANCEIRA (CPMF)
– alíquota: ADCT, art. 84, § 3º
– não incidência: ADCT, art. 85, *caput* e §§ 2º e 3º
– produto da arrecadação; destinação: ADCT, art. 84, § 2º
– prorrogação da cobrança: ADCT, arts. 75; 84, *caput* e § 1º
– regulamentação pelo Poder Executivo; prazo: ADCT, art. 85, § 1º
CONTRIBUINTE
– definição para o ICMS: art. 155, § 2º, XII, *a*
– impostos; características: art. 145, § 1º
– Municípios; contas; exame e apreciação: art. 31, § 3º
– taxas; utilização de serviços públicos: art. 145, II
– tratamento desigual; proibição: art. 150, II; ADCT, art. 34 § 1º
CONTROLE EXTERNO
– apoio: art. 74, IV
– Congresso Nacional; competência: art. 71
– fiscalização; Município: art. 31
CONTROLE INTERNO
– exercício integrado; Poderes Legislativo, Executivo e Judiciário; finalidade: art. 74
– fiscalização; Município: art. 31

ÍNDICE REMISSIVO DA CF

– irregularidade ou ilegalidade; ciência ou denúncia ao Tribunal de Contas da União: art. 74, §§ 1º e 2º

CONVENÇÕES INTERNACIONAIS
– celebração e referendo: art. 84, VIII
– crimes; processo e julgamento: art. 109, V
– direitos humanos; aprovação pelo Congresso como emenda constitucional: art. 5º, § 3º

CONVÊNIOS DE COOPERAÇÃO: art. 241

COOPERATIVISMO
– apoio e estímulo: art. 174, § 2º
– atividade garimpeira: arts. 21, XXV; 174, §§ 3º e 4º
– cooperativa; criação e funcionamento: art. 5º, XVIII
– política agrícola: art. 187, VI

CORPO DE BOMBEIROS MILITAR
– competência: art. 144, § 5º
– competência legislativa da União: art. 22, XXI
– Distrito Federal; organização e manutenção; assistência financeira: art. 21, XIV
– órgãos: art. 144, V

CORREÇÃO MONETÁRIA
– casos de incidência: ADCT, art. 46
– empresários e produtores rurais; isenção; condições: ADCT, art. 47

CORREIO AÉREO NACIONAL
– manutenção; competência da União: art. 21, X

CORRESPONDÊNCIA
– inviolabilidade; restrições; estado de sítio e de defesa: arts. 136, § 1º, I, *b*; 139, III
– sigilo; inviolabilidade e exceções: art. 5º, XII

CRÉDITOS
– adicionais; projetos de lei; apreciação: art. 166, *caput*
– cooperativas; sistema financeiro nacional: art. 192

– entidade de regime de intervenção ou liquidação extrajudicial; correção monetária: ADCT, art. 46
– especiais; abertura e vigência: art. 167, V e § 2º
– especiais; utilização e transposição: arts. 166, § 8º; 168
– externo e interno; disposição; competência privativa do Senado Federal: art. 52, VII e VIII
– extraordinário; abertura e vigência: art. 167, §§ 2º e 3º
– fiscalização de operações; competência da União: art. 21, VIII
– ilimitados; proibição: art. 167, VII
– instituições oficiais da União; disposições: art. 163, VII
– instrumentos creditícios e fiscais; política agrícola: art. 187, I
– operações; contratação; critérios: arts. 165, § 8º; 167, IV
– operações; despesas de capital excedentes: art. 167, III; ADCT, art. 37
– operações; sistema de controle interno; finalidade: art. 74, III
– política; legislação; competência privativa da União: art. 22, VII
– rural; mini, pequenos e médios produtores rurais; débitos; isenção da correção monetária: ADCT, art. 47
– rural; produtores rurais; classificação: ADCT, art. 47, § 2º
– suplementar; abertura critérios: arts. 165, § 8º; 167, V
– suplementar; utilização e transposição: arts. 166, § 8º; 168

CRENÇA
– liberdade; inviolabilidade; cultos religiosos: art. 5º, VI
– religiosa; convicção filosófica ou política; vedação de privação de direitos; exceção: art. 5º, VIII
– serviço militar obrigatório; serviço alternativo: art. 143, § 1º

ÍNDICE REMISSIVO DA CF

CRIANÇA, ADOLESCENTE E JOVEM
- abuso, violência e exploração sexuais: art. 227, § 4º
- amparo: art. 203, II
- assistência social: arts. 203, I e II; 227, § 7º
- autores de infrações penais; aplicação de medida privativa de liberdade: art. 227, § 3º, V
- autores de infrações penais; garantias: art. 227, § 3º, IV
- dependentes de droga; prevenção e atendimento: art. 227, § 3º, VII
- direito à proteção especial: art. 227, § 3º
- direito à saúde: art. 227, § 1º
- direitos: art. 227, caput
- direitos sociais: art. 6º
- estatuto da juventude: art. 227, § 8º, I
- menor; imputabilidade penal: art. 228
- órfãos e abandonados; estímulo à guarda pelo Poder Público: art. 227, § 3º, VI
- plano nacional de juventude: art. 227, § 8º, II
- proteção: art. 203, I
- proteção; competência legislativa concorrente: art. 24, XV
- restrições: art. 227, caput

CRIME
- a bordo de navio ou aeronave; processo e julgamento: art. 109, IX
- ação pública; admissão de ação privada: art. 5º, LIX
- "colarinho branco"; processo e julgamento: art. 109, VI
- comum; Deputado Federal; processo e julgamento: art. 53, § 3º
- comum; Governadores; processo e julgamento: art. 105, I, a
- comum; membros do Ministério Público da União; processo e julgamento: art. 108, I, a
- comum; Presidente da República: art. 86
- comum; Presidente da República; suspensão de funções: art. 86, § 1º, I
- comum; Senador; processo e julgamento: art. 53, § 4º
- comum e de responsabilidade; desembargadores, membros dos Tribunais de Contas, dos Tribunais Regionais Federais, Eleitorais e do Trabalho, dos Conselhos ou Tribunais de Contas dos Municípios e do Ministério Público da União; processo e julgamento: art. 105, I, a
- contra a ordem constitucional e o Estado Democrático; inafiançável e imprescritível: art. 5º, XLIV
- contra a organização do trabalho e a ordem econômico-financeira: art. 5º, XLIV
- contra o Estado; vigência; estado de defesa: art. 136, § 3º, I
- contra o sistema financeiro e a ordem econômico-financeira; processo e julgamento: art. 109, VI
- doloso contra a vida: art. 5º, XLIII
- ingresso ou permanência irregular de estrangeiro; processo e julgamento: art. 109, X
- militar; prisão: art. 5º, LXI
- militar; processo e julgamento: arts. 124; 125, § 4º
- organizado; inafiançável e imprescritível: art. 5º, XLIV
- político; estrangeiro; extradição: art. 5º, LII
- político; processo e julgamento: art. 109, IV
- político; recurso ordinário: art. 102, II, b
- racismo; inafiançável e imprescritível: art. 5º, XLII
- retenção dolosa de salário: art. 7º, X
- revisão criminal e ação rescisória; processo e julgamento; competência: arts. 102, I, j; 105, I, e; 108, I, b
- usura; taxa de juros: art. 192

CRIMES DE RESPONSABILIDADE
- Advogado-Geral da União: art. 52, II
- comandante da Marinha, do Exército e da Aeronáutica: art. 52, I

ÍNDICE REMISSIVO DA CF

- desembargadores; membros dos Tribunais de Contas, dos Tribunais Regionais Federais, Eleitorais e do Trabalho, dos Conselhos ou Tribunais de Contas dos Municípios; processo e julgamento: art. 105, I, a
- Juízes Federais; processo e julgamento: art. 108, I, a
- membro do Ministério Público da União; processo e julgamento: arts. 105, I, a; 108, I, a
- Ministro de Estado: art. 50, § 2º
- Ministro de Estado; processo e julgamento: art. 52, I
- Ministro do STF; processo e julgamento: art. 52, II
- Presidente da República: art. 85, caput
- Presidente da República; processo e julgamento: arts. 52, I; 86
- Presidente da República; suspensão de funções: art. 86, § 1º, II
- Presidente da República; tipicidade: art. 85, p.u.
- Presidente do Tribunal; retardar ou frustrar liquidação de precatório: art. 100, § 7º
- Procurador-Geral da República; processo e julgamento: art. 52, II

CULTO RELIGIOSO
- interferência governamental: art. 19, I
- liberdade de exercício: art. 5º, VI
- templos, proibição de impostos: art. 150, VI, b e § 4º; ADCT, art. 34, § 1º

CULTURA
- acesso: art. 23, V
- bens e valores culturais; incentivos: art. 216, § 3º
- cavidades naturais e sítios arqueológicos: art. 20, X
- datas comemorativas; fixação: art. 215, § 2º
- direitos culturais; exercício: art. 215, caput
- legislação: art. 24, IX
- manifestação das culturas populares, indígenas e afro-brasileiras: art. 215, § 1º
- patrimônio cultural; ato lesivo; ação popular: art. 5º, LXXIII
- patrimônio cultural; danos e ameaças; punição: art. 216, § 4º
- patrimônio cultural; promoção e proteção pelo Poder Público: art. 216, § 1º
- patrimônio cultural; proteção; competência: art. 23, III e IV
- patrimônio cultural; proteção ou responsabilidade por dano: art. 24, VII, VIII e IX
- patrimônio cultural; quilombos; tombamento: art. 216, § 5º
- patrimônio histórico-cultural; proteção pelo Município: art. 30, IX
- patrimônio nacional; encargos ou compromissos gravosos; competência: art. 49, I
- patrimônio nacional; mercado interno; desenvolvimento cultural e socioeconômico: art. 219
- patrimônio nacional natural: art. 225, § 4º
- patrimônio público; conservação; competência: art. 23, I
- patrimônio público e social; instauração de inquérito: art. 129, III
- Plano Nacional; duração; objetivos: art. 215, § 3º
- Sistema Nacional de Cultura: art. 216-A

CUSTAS E EMOLUMENTOS
- ação popular; isenção: art. 5º, LXXIII
- destinação: art. 98, § 2º
- juízes; recebimento; proibição: art. 95, p.u.
- serviços forenses: art. 24, IV

DANOS
- ao meio ambiente; reparação: art. 225, § 3º
- material, moral ou à imagem; indenização: art. 5º, V e X
- nucleares; responsabilidade civil: art. 21, XXIII, d
- patrimônio cultural; punição: art. 216, § 4º
- reparação: art. 5º, XLV

ÍNDICE REMISSIVO DA CF

– reparação econômica; cidadãos atingidos pelas Portarias Reservadas do Ministério da Aeronáutica: ADCT, art. 8º, § 3º
– responsabilidade; pessoas jurídicas de direito público e privado: art. 37, § 6º

DECISÃO JUDICIAL
– culpa; sentença penal condenatória: art. 5º, LXII

DECORO PARLAMENTAR: art. 55, II, § 1º

DECRETO
– competência do Presidente da República; extinção de funções ou cargos públicos: art. 84, VI, *b*
– competência do Presidente da República; organização e funcionamento da administração federal: art. 84, VI, *a*
– estado de defesa: art. 136, § 1º
– estado de sítio: art. 138, *caput*
– expedição: art. 84, IV

DECRETO LEGISLATIVO
– processo e elaboração: art. 59, VI

DECRETO-LEI
– apreciação; rejeição; prazo: ADCT, art. 25, §§ 1º e 2º

DEFENSORIA PÚBLICA
– competência legislativa concorrente: art. 24, XIII
– definição, atribuição e organização: art. 134
– dotação orçamentária: art. 168
– Estados; autonomia funcional e administrativa: art. 134, § 2º; EC 74/2013
– Estados; organização: arts. 61, § 1º, II, *d*; 134, § 1º
– isonomia salarial: art. 135
– legislação concorrente; competência: art. 24, XIII
– opção pela carreira: art. 135; ADCT, art. 22
– organização administrativa e judiciária; competência: art. 48, IX
– remuneração: art. 135
– Territórios; organização: arts. 21, XIII; 22, XVII; 48, IX; 61, § 1º, II, *d*; 134, § 1º
– União; organização: arts. 48, IX; 61, § 1º, II, *d*; 134, § 1º
– vantagens: art. 135

DEFESA
– aeroespacial, civil, territorial e marítima; legislação; competência: art. 22, XXVIII
– ampla; litigantes e acusados: art. 5º, LV
– civil; competência dos corpos de bombeiros: art. 144, § 5º
– direitos; instrumentos: art. 5º, LXVIII a LXXIII
– direitos; petição e obtenção de certidões: art. 5º, XXXIV
– Ministro de Estado da Defesa; cargo: art. 12, VII
– nacional: art. 21, III
– Pátria; competência das Forças Armadas: art. 142, *caput*

DEFICIENTE
– adaptação dos logradouros e edifícios de uso público: art. 244
– assistência social: art. 203, IV e V
– ensino especializado: art. 208, III
– igualdade de direitos no trabalho: art. 7º, XXXI
– locomoção e acesso; facilidades; normas: arts. 227, § 2º; 244
– prevenção, atendimento especializado e integração: art. 227, § 1º, II
– proteção: art. 23, II
– proteção e integração social: art. 24, XIV
– servidor público: art. 37, VIII

DELEGAÇÃO LEGISLATIVA
– leis delegadas; elaboração pelo Presidente da República; solicitação ao Congresso Nacional; forma: art. 68, *caput* e § 2º
– Poder Executivo; revogação: ADCT, art. 25
– vedação; matérias: art. 68, § 1º

DEPOSITÁRIO INFIEL
– prisão civil; inadimplência: art. 5º, LXVII

DEPUTADO DISTRITAL
– elegibilidade; idade mínima: art. 14, § 3º, VI, *c*
– eleição: art. 32, § 2º
– mandato eletivo; duração: art. 32, § 2º
– número: art. 32, § 3º

ÍNDICE REMISSIVO DA CF

DEPUTADO ESTADUAL
- estado de sítio; difusão de pronunciamento: art. 139, p.u.
- Estado de Tocantins; eleição e mandato: ADCT, art. 13, §§ 3º e 4º
- idade mínima: art. 14, § 3º, VI, c
- legislatura; duração: art. 44, p.u.
- mandato eletivo; regras aplicáveis: art. 27, § 1º
- número: art. 27, caput
- Prefeito; exercício das funções: ADCT, art. 50, § 3º
- remuneração; subsídios: art. 27, §§ 1º e 2º
- servidor público civil: art. 38, I

DEPUTADO FEDERAL
- crimes inafiançáveis: art. 53, § 2º
- decoro parlamentar: art. 55, II e § 1º
- estado de sítio; difusão de pronunciamento: art. 139, p.u.
- estado de sítio; suspensão da imunidade parlamentar: art. 53, § 8º
- exercício de funções executivas: art. 56, I e § 3º
- flagrante de crime inafiançável: art. 53, § 2º
- habeas corpus; paciente: art. 102, I, d
- idade mínima: art. 14, § 3º, VI, c
- impedimentos: art. 54
- imunidades: art. 53
- imunidades; estado de sítio: art. 53, § 8º
- incorporação às Forças Armadas: art. 53, § 7º
- infrações penais comuns; processo e julgamento: art. 102, I, b
- inviolabilidade: art. 53, caput
- legislatura; duração: art. 44, p.u.
- licença: art. 56, II
- mandato; perda: arts. 55; 56
- mandato; perda; condenação criminal: art. 55, VI
- mandato; perda; processo e julgamento: art. 55, §§ 2º e 3º
- Prefeito; exercício da função: ADCT, art. 5º, § 3º
- remuneração: art. 49, VII
- servidor público civil: art. 38, I
- sessão legislativa; ausência: art. 55, III
- sistema eleitoral: art. 45, caput
- subsídios: art. 49, VII
- suplência: art. 56, § 1º
- testemunho: art. 53, § 6º
- Tocantins; eleição e mandato: ADCT, art. 13, §§ 3º e 4º
- vacância: art. 56, § 2º

DESAPROPRIAÇÃO
- competência legislativa; União: art. 22, II
- culturas ilegais de plantas psicotrópicas: art. 243
- imóvel rural; reforma agrária: art. 184
- imóvel urbano; indenização; pagamento em dinheiro: art. 182, § 3º
- imóvel urbano; indenização; pagamento em títulos da dívida pública: art. 182, § 4º, III
- utilidade pública ou interesse social; procedimento: art. 5º, XXIV

DESENVOLVIMENTO CIENTÍFICO E TECNOLÓGICO
- empresas; concessão de incentivos: art. 218, § 4º
- Estado: art. 218, caput
- mercado interno: art. 219
- recursos humanos; condições especiais de trabalho: art. 218, § 3º
- recursos humanos; formação, aperfeiçoamento e remuneração: art. 218, § 4º
- recursos humanos; formação pelo Estado: art. 218, § 3º

DESENVOLVIMENTO NACIONAL E REGIONAL
- desenvolvimento nacional; garantia: art. 3º, II
- desenvolvimento nacional; planejamento; diretrizes e bases: art. 174, § 1º
- desenvolvimento regional: art. 43, caput
- desenvolvimento regional; incentivos fiscais; concessão: art. 151, I
- desenvolvimento regional; irrigação; recursos da União: ADCT, art. 42

- desenvolvimento regional; planos e incentivos: art. 43, §§ 1º e 2º
- desenvolvimento regional; programas e projetos; recursos financeiros: art. 192
- desenvolvimento regional; redução das desigualdades; ação da União: art. 43
- planos; elaboração e execução; competência: art. 21, IX
- planos e programas: arts. 48, IV; 58, § 2º, VI

DESENVOLVIMENTO URBANO
- diretrizes; competência: art. 21, XX

DESPESAS PÚBLICAS
- aumento; projeto de lei; inadmissibilidade: art. 63
- autorização; comissão mista permanente; procedimentos: art. 72
- concessão de empréstimos; pagamento de pessoal: art. 167, X
- criação de cargos; concessão de vantagens: art. 169, § 1º
- extraordinárias; empréstimo compulsório: art. 148, I; ADCT, art. 34, § 1º
- ilegalidade; procedimentos do Tribunal de Contas da União: art. 71, VIII a XI e §§ 1º a 3º
- pessoal: art. 169; ADCT, art. 38
- Poder Legislativo Municipal: art. 29-A
- redução das despesas com pessoal; cargos em comissão; exoneração: art. 169, § 3º
- repasse de verbas; suspensão; entes federais: art. 169, § 2º
- transferência voluntária de recursos; pagamento de despesas com pessoal: art. 167, X

DESPORTO: art. 217
- competições desportivas; ações; julgamento: art. 217, § 1º
- legislação: art. 24, IX
- reprodução da imagem e voz humanas: art. 5º, XXVIII, a

DIPLOMATA
- cargo privativo de brasileiro nato: art. 12, § 3º, V

- chefe de missão diplomática; aprovação prévia; competência: art. 52, IV
- infração penal comum e crime de responsabilidade; processo e julgamento: art. 102, I, c

DIREITO ADQUIRIDO: art. 5º, XXXVI
DIREITO AUTORAL: art. 5º, XVII e XVIII
DIREITO DE RESPOSTA: art. 5º, V
- empregador; participação nos colegiados de órgãos públicos; interesses profissionais e previdenciários: art. 10
- financeiro; competência legislativa concorrente: art. 24, I
- individual; dignidade da pessoa humana: art. 1º, III
- individual; lesão ou ameaça: art. 5º, XXXV
- individual; tráfego; limitação por meio de tributos: art. 150, V; ADCT, art. 34, § 1º
- marítimo; competência legislativa: art. 22, I
- penal; competência legislativa: art. 22, I
- penitenciário; competência legislativa concorrente: art. 24, I
- processual; União; competência legislativa: art. 22, I
- resposta; assegurado: art. 5º, V
- reunião e associação; assegurado: arts. 5º, XVI, XVII, XVIII, XIX, XX e XXI; 136, § 1º, I, a
- suspensão ou interdição: art. 5º, XLVI, e
- trabalhador; participação nos colegiados de órgãos públicos; interesses profissionais e previdenciários: art. 10
- trabalhador; representante dos empregados junto às empresas: art. 11
- trabalho; competência legislativa: art. 22, I
- tributário; competência legislativa concorrente: art. 24, I
- urbanístico; competência legislativa concorrente: art. 24, I

DIREITOS E DEVERES INDIVIDUAIS E COLETIVOS
- ação de grupos armados; crime inafiançável e imprescritível: art. 5º, XLIV

ÍNDICE REMISSIVO DA CF

- ação de inconstitucionalidade: art. 103
- ação penal; pública e privada: art. 5º, LIX
- ação popular: art. 5º, LXXIII
- acesso à informação: art. 5º, XIV
- ameaça; apreciação do Poder Judiciário: art. 5º, XXXV
- anterioridade da lei: art. 5º, XL
- aplicação imediata: art. 5º, § 1º
- assistência judiciária: art. 5º, LXXIV
- assistência religiosa: art. 5º, VII
- ato jurídico perfeito: art. 5º, XXXVI
- atos processuais; publicidade: art. 5º, LX
- banimento: art. 5º, XLVII, d
- bens de estrangeiros; sucessão: art. 5º, XXXI
- cidadania; gratuidade dos atos aos pobres: art. 5º, LXXVI
- coisa julgada: art. 5º, XXXVI
- crimes hediondos: art. 5º, XLIII
- defesa do consumidor: art. 5º, XXXII
- delegação legislativa; vedação: art. 68, § 1º, II
- desapropriação: art. 5º, XXIV
- direito a certidões nas repartições públicas: art. 5º, XXXIV
- direito à honra pessoal: art. 5º, X
- direito à imagem pessoal: art. 5º, X
- direito à impenhorabilidade da pequena propriedade rural: art. 5º, XXVI
- direito à intimidade: art. 5º, X
- direito à liberdade: art. 5º, caput
- direito à prática de culto religioso: art. 5º, VI
- direito à propriedade: art. 5º, caput e XXII
- direito à segurança: art. 5º, caput
- direito à vida: art. 5º, caput
- direito à vida privada: art. 5º, X
- direito adquirido: art. 5º, XXXVI
- direito autoral: art. 5º, XXVII, XXVIII e XXIX
- direito de acesso às informações pessoais e coletivas: art. 5º, XXXIII
- direito de herança: art. 5º, XXX
- direito de petição: art. 5º, XXXIV
- direito de resposta: art. 5º, V
- direito de reunião: art. 5º, XVI
- direito dos presos: art. 5º, XLVIII, XLIX, LXIII e LXIV
- direitos das presidiárias: art. 5º, L
- discriminação atentatória: art. 5º, XLI
- erro judiciário: art. 5º, LXXV
- extradição de brasileiro: art. 5º, LI
- extradição de estrangeiro: art. 5º, LII
- função social da propriedade: art. 5º, XXIII
- garantias: art. 5º
- *habeas corpus*: art. 5º, LXVIII e LXXVII
- *habeas data*: art. 5º, LXXII e LXXVII
- identificação criminal: art. 5º, LVIII
- igualdade entre homens e mulheres: art. 5º, I
- igualdade perante a lei: art. 5º, *caput*
- inviolabilidade; comunicações telefônicas, telegráficas e de dados: arts. 5º, XII; 136, § 1º, I, c
- inviolabilidade do domicílio: art. 5º, XI
- inviolabilidade do sigilo de correspondência: arts. 5º, XII; 136, § 1º, I, b
- irretroatividade da lei penal: art. 5º, XL
- juízo ou tribunal de exceção: art. 5º, XXXVII
- júri: art. 5º, XXXVIII
- lesão; apreciação do Poder Judiciário: art. 5º, XXXV
- liberdade de associação: art. 5º, XVIII, XIX e XX
- liberdade de comunicação: art. 5º, IX
- liberdade de consciência e de crença: art. 5º, VI
- liberdade de expressão artística: art. 5º, IX
- liberdade de expressão científica e intelectual: art. 5º, IX
- liberdade de locomoção: art. 5º, XV
- liberdade de manifestação de convicções filosóficas e crença: art. 5º, VIII
- liberdade de manifestação de pensamento: art. 5º, IV
- liberdade de manifestação e convicções políticas: art. 5º, VIII
- liberdade de reunião: art. 5º, XVI

1621

ÍNDICE REMISSIVO DA CF

- liberdade de trabalho, ofício e profissão: art. 5º, XIII
- liberdade provisória: art. 5º, LXVI
- mandado de injunção: art. 5º, LXXI
- mandado de segurança: art. 5º, LXIX
- mandado de segurança coletivo: art. 5º, LXX
- marcas e patentes: art. 5º, XXIX
- ocupação temporária da propriedade: art. 5º, XXV
- pena; cumprimento em excesso: art. 5º, LXXV
- pena; individualização: art. 5º, XLVI
- pena; multa: art. 5º, XLVI, c
- pena; perda de bens: art. 5º, XLVI, b
- pena; prestação social alternativa: art. 5º, XLVI, d
- pena; privação de liberdade: art. 5º, XLVI, a
- pena; restrição à pessoa do condenado: art. 5º, XLV
- pena; suspensão ou interdição de direitos: art. 5º XLVI, e
- pena de morte: art. 5º, XLVII, a
- penas cruéis: art. 5º, XLVII, e
- presunção de inocência: art. 5º, LVII
- prisão: art. 5º, LXI e LXVI
- prisão; comunicação: art. 5º, LXII
- prisão civil por dívida: art. 5º, LXVII
- prisão ilegal: art. 5º, LXV
- prisão perpétua: art. 5º, XLVII, b
- processo; autoridade competente: art. 5º, LIII
- processo; prova: art. 5º, LVI
- processo administrativo: art. 5º, LV
- processo judicial civil e penal; contraditório: art. 5º, LV
- processo legal; perdimento de bens; privação da liberdade: art. 5º, LIV
- racismo; crime inafiançável: art. 5º, XLII
- reserva legal: art. 5º, II e XXXIX
- sentença; autoridade competente: art. 5º, LIII
- terrorismo: art. 5º, XLIII
- tortura; vedação: art. 5º, III
- trabalhos forçados: art. 5º, XLVII, c
- tráfico de drogas: art. 5º, XLIII e LI
- tratados internacionais: art. 5º, § 2º
- tratamento desumano ou degradante; vedação: art. 5º, III

DIREITOS E GARANTIAS FUNDAMENTAIS: arts. 5º a 17
- aplicação imediata das normas: art. 5º, § 1º
- direitos e deveres individuais e coletivos: art. 5º
- direitos políticos: arts. 14 a 16
- direitos sociais: arts. 6º a 11
- nacionalidade: arts. 12 e 13
- partidos políticos: art. 17

DIREITOS HUMANOS
- causas relativas à matéria; competência: art. 109, V-A
- grave violação: art. 109, § 5º
- prevalência: art. 4º, II
- tratados e convenções internacionais; equivalência à emenda constitucional: art. 5º, § 3º
- Tribunal Internacional: ADCT, art. 7º

DIREITOS POLÍTICOS
- v. INELEGIBILIDADE
- cassação; perda ou suspensão: art. 15
- delegação legislativa; vedação: art. 68, § 1º, II
- restabelecimento: ADCT, art. 9º
- soberania popular; exercício: art. 14, caput
- suspensão; improbidade: art. 37, § 4º

DIREITOS SOCIAIS
- direitos dos trabalhadores: art. 7º
- educação, saúde, alimentação, trabalho, moradia, lazer, segurança, previdência social, proteção à maternidade e à infância, assistência aos desamparados: art. 6º

DISCRIMINAÇÃO: art. 3º, IV
DISTRITO FEDERAL
- Administração Pública; princípios: art. 37, caput
- assistência social; contribuição para o custeio do sistema: art. 149, §§ 1º a 4º

ÍNDICE REMISSIVO DA CF

- autarquias e fundações instituídas e mantidas pelo Poder Público; limitações ao poder de tributar: art. 150, §§ 2º e 3º
- autonomia administrativa, financeira, legislativa e política: arts. 18, *caput*; 32, *caput*
- bens: ADCT, art. 16, § 3º
- Câmara dos Deputados; irredutibilidade de sua representação: ADCT, art. 4º, § 2º
- Câmara Legislativa: art. 32, *caput*, § 3º
- Câmara Legislativa; exercício de competência antes de sua instalação: ADCT, art. 16, § 1º
- causas e conflitos com a União, os Estados e respectivas entidades da administração indireta; processo e julgamento: art. 102, I, *f*
- competência legislativa: art. 32, § 1º
- competência tributária: arts. 145, *caput*; 155, *caput*
- competência tributária; vedação ao limite de tráfego: art. 150, V
- consultoria jurídica: art. 132
- Corpo de Bombeiros Militar; utilização: art. 32, § 4º
- crédito externo e interno: art. 52, VII
- diferença de bens e serviços; limitações ao poder de tributar: art. 152
- disponibilidades de caixa depósito em instituições financeiras oficiais: art. 164, § 3º
- dívida mobiliária; fixação de limites globais pelo Senado Federal: art. 52, IX
- divisão em Municípios; vedação: art. 32, *caput*
- edição de leis para aplicação do Sistema Tributário Federal: ADCT, art. 34, § 3º
- empresa de pequeno porte; tratamento jurídico diferenciado: art. 179
- ensino; aplicação de receita de impostos: art. 212
- ensino; destinação de receita orçamentária: art. 218, § 5º

- Fazenda Pública; precatório: art. 100, *caput*; ADCT, art. 97
- fiscalização financeira, orçamentária, operacional e patrimonial: art. 75, *caput*; ADCT, art. 16, § 2º
- fundo de participação; determinação: ADCT, art. 34, § 2º
- Governador; indicação e aprovação: ADCT, art. 16
- Governador e Vice-Governador; eleição: art. 32, § 2º
- impostos; instituição e normas: art. 155
- impostos; vedada a retenção: art. 160
- impostos da União; arrecadação: arts. 153, § 5º, I; 157; 159, I a II, §§ 1º e 2º; 161; ADCT, art. 34, § 2º
- impostos municipais: art. 147
- incentivos fiscais; reavaliação: ADCT, art. 41
- instituições de assistência social e de educação sem fins lucrativos; limitações ao poder de tributar: art. 150, VI, *c*, § 4º
- intervenção da União: art. 34
- Lei Orgânica: art. 32
- litígio com Estado estrangeiro ou Organismo Internacional; processo e julgamento: art. 102, I, *e*
- mar territorial; direito de participação e compensação financeira por sua exploração: art. 20, § 1º
- microempresa; tratamento jurídico diferenciado: art. 179
- MP; organização e legislação: arts. 22, XVII; 48, IX
- orçamento; recursos para a assistência social: art. 204, *caput*
- partidos políticos; limitações ao poder de tributar: art. 150, VI, *c*, § 4º
- patrimônio, renda ou serviços de entes públicos; limitações ao poder de tributar: art. 150, VI, *a*
- pesquisa científica e tecnológica; destinação de receita orçamentária: art. 218, § 5º
- pessoal; despesa: art. 169; ADCT, art. 38

ÍNDICE REMISSIVO DA CF

- plataforma continental; direito e compensação financeira por sua exploração: art. 20, § 1º
- polícia civil; competência legislativa concorrente da União, Estados e Distrito Federal: art. 24, XVI
- polícia civil e militar; utilização: art. 32, § 4º
- previdência social; contribuição para o custeio do sistema: art. 149, §§ 2º a 4º
- Procurador-Geral; nomeação e destituição: art. 128, §§ 3º e 4º
- quadro de pessoal; compatibilização: ADCT, art. 24
- receita tributária; repartição: arts. 157; 162
- receitas tributárias da União; repartição: arts. 153, § 5º, I; 157; 159, I a II, §§ 1º e 2º; 161; ADCT, art. 34, § 2º
- recursos hídricos; direito de participação financeira na exploração: art. 20, § 1º
- recursos minerais; direito de participação e compensação financeira por sua exploração: art. 20, § 1º
- reforma administrativa: ADCT, art. 24
- repartição das receitas tributárias; vedação à retenção ou restrição: art. 160
- representação judicial: art. 132
- símbolos: art. 13, § 2º
- sindicatos; limitações ao poder de tributar: art. 150, VI, c, § 4º
- sistema de ensino: art. 211, caput
- Sistema Único de Saúde; financiamento: art. 198, § 1º
- templos de qualquer culto; limitações ao poder de tributar: art. 150, VI, b, § 4º
- tributação; limites: art. 150
- turismo; promoção e incentivo: art. 180
- vedações: art. 19
- Vice-Governador; indicação e aprovação: ADCT, art. 16

DÍVIDA PÚBLICA
- agentes públicos; remuneração e proventos; tributação: art. 151, II
- agrária; imóvel rural; indenização: art. 184, caput e § 4º
- consolidada; fixação; competência: art. 52, VI
- disposição; competência: art. 48, II
- Estados, Distrito Federal e Municípios; renda; tributação; limites: art. 151, II
- Estados, Distrito Federal e Municípios; suspensão do pagamento; intervenção: arts. 34, V, a; 35, I
- externa brasileira; Congresso Nacional; Comissão Mista: ADCT, art. 26
- externa e interna: art. 234; ADCT, art. 13, § 6º
- externa e interna; disposição: art. 163, II
- mobiliária federal, do Distrito Federal, estadual e municipal; Senado Federal; fixação de limites globais: art. 52, IX
- títulos; emissão e resgate; disposição: art. 163, IV

DIVÓRCIO: art. 226, § 6º

DOMICÍLIO
- busca e apreensão; estado de sítio: art. 139, V
- casa; asilo inviolável do indivíduo: art. 5º, XI
- eleitoral: art. 14, § 3º, IV; ADCT, art. 5º, § 1º

ECOLOGIA
- v. MEIO AMBIENTE

ECONOMIA POPULAR
- responsabilidade; atos contrários: art. 173, § 5º

EDUCAÇÃO
- v. ENSINO e FUNDEB
- acesso; competência: art. 23, V
- alimentação; programa; educando: art. 212, § 4º
- ambiental: art. 225, § 1º, VI
- analfabetismo; eliminação: art. 214, I
- básica; financiamento; melhoria da qualidade de ensino: ADCT, art. 60, § 1º
- básica; obrigatória e gratuita; programas suplementares: art. 208, I e VII
- básica; profissionais; fixação de prazo para elaboração ou adequação de planos de carreira: art. 206, p.u.

ÍNDICE REMISSIVO DA CF

- básica pública; ensino regular: art. 211, § 5º
- básica pública; fonte adicional de financiamento; salário-educação: art. 212, § 5º
- deficiente; atendimento especializado: art. 208, III
- dever do Estado e da família: arts. 205; 208
- direito: art. 205
- direito social: art. 6º
- diretrizes e bases; legislação: art. 22, XXIV
- escolas comunitárias, confessionais ou filantrópicas: art. 213, I, II; ADCT, art. 61
- escolas públicas: art. 213, *caput*
- ex-combatentes; gratuidade: ADCT, art. 53, IV
- garantia; educação infantil em creche e pré-escola: art. 208, IV
- garantias: art. 208
- infantil e ensino fundamental; programas: art. 30, VI
- instituições oficiais; recursos: art. 242
- instituições sem fins lucrativos; limitações ao poder de tributar: art. 150, VI, c, § 4º
- legislação: art. 24, IX
- objetivos: art. 205
- plano nacional: art. 212, § 3º
- princípios: art. 206
- profissionais da educação escolar pública; piso salarial profissional nacional: art. 206, VIII
- recursos públicos; destinação: arts. 212; 213; ADCT, arts. 60; 61
- salário-educação: art. 212, §§ 5º e 6º
- Serviço Nacional de Aprendizagem Rural; criação: ADCT, art. 62
- sistema de ensino; organização: art. 211, *caput* e § 1º
- trabalhador adolescente e jovem; acesso: art. 227, § 3º, III
- universidade; autonomia: art. 207, *caput*

ELEIÇÃO
- abuso do exercício de função, cargo ou emprego público: art. 14, § 9º
- alistabilidade; condições: art. 14, § 2º
- alistamento eleitoral; obrigatório e facultativo: art. 14, § 1º
- Câmara Territorial; Territórios com mais de cem mil habitantes: art. 33, § 3º
- Deputado Distrital: art. 32, § 2º
- Deputado Federal: art. 45
- elegibilidade; condições: art. 14, §§ 3º a 8º; ADCT, art. 5º, § 5º
- Governador; Vice-Governador, Senadores, Deputados Federais, Deputados Estaduais: ADCT, art. 13, § 3º
- Governador e Vice-Governador do Distrito Federal: art. 32, § 2º
- inalistabilidade: art. 14, §§ 2º e 4º
- normas específicas; 15 de novembro: ADCT, art. 5º
- poder econômico; influência: art. 14, § 9º
- Prefeito e Vice-Prefeito: art. 29, I e II
- Presidente e Vice-Presidente da República; normas: art. 77; ADCT, art. 4º, § 1º
- processo; alteração: art. 16
- Senador: art. 46
- Vereador: art. 29, I

ELEITOR
- alistamento eleitoral: art. 14, § 1º
- inalistáveis: art. 14, § 2º
- militar; elegibilidade: art. 14, § 8º

EMENDAS À CONSTITUIÇÃO
- aprovação: art. 60, § 2º
- direitos e garantias individuais: art. 60, § 4º, IV
- elaboração; possibilidade: arts. 59, I; 60, *caput*
- estado de defesa e de sítio; vedação: art. 60, § 1º
- federação: art. 60, § 4º, I
- intervenção federal; vedação: art. 60, § 1º
- promulgação: art. 60, § 3º
- proposição: art. 60, *caput*
- rejeição: art. 60, § 5º
- separação dos Poderes: art. 60, § 4º, III
- sistema eleitoral: art. 60, § 4º, II

– vedação: art. 60, § 4º
EMIGRAÇÃO
– competência privativa da União: art. 22, XV
EMPREGADO DOMÉSTICO
– v. TRABALHADOR DOMÉSTICO
EMPREGO
– gestante: art. 7º, XVIII; ADCT, art. 10, II, b
– plano de acesso; princípio da ordem econômica: art. 170, VIII
– proteção; lei complementar: art. 7º; ADCT, art. 10
– público; acesso e investidura: art. 37, I, II e IV e § 2º
– público; acumulação: art. 37, XVII; ADCT, art. 17, §§ 1º e 2º
– público; criação e remuneração; iniciativa da lei: art. 61, § 1º, II, a
– sistema nacional; organização; competência: art. 22, XVI
EMPRESA
– brasileira; exploração de recursos minerais e de energia hidráulica; requisitos; prazo: ADCT, art. 44
– brasileira de capital nacional; energia hidráulica; jazidas: art. 176, § 1º
– concessionária e permissionária de serviços públicos: arts. 21, XI e XII; 175
– controle pelo Poder Público; disponibilidade de caixa; depósito em instituições financeiras oficiais: art. 164, § 3º
– estatal; anistia: ADCT, art. 8º, § 5º
– estatal; licitação e contratação; competência: art. 22, XXVII
– estatal; orçamento: art. 165, §§ 5º e 7º; ADCT, art. 35, § 1º
– estatal; serviço de gás canalizado; exploração: art. 25, § 2º
– investimento em pesquisa e tecnologia: art. 218, § 4º
– jornalística; propriedade: art. 222
– lucros e gestão; participação do trabalhador: art. 7º, XI
– micro e pequena; débitos; isenção de correção monetária: ADCT, art. 47

– micro e pequena; definição: ADCT, art. 47
– micro e pequena; tratamento diferenciado: arts. 170, IX; 179
– pequeno porte; favorecimento: art. 170, IX
– PIS/PASEP; contribuições: art. 239
– pública; acumulação de empregos e funções: art. 27, XVII; ADCT, art. 17, §§ 1º e 2º
– pública; apuração de infrações, bens, serviços e interesses: art. 144, § 1º, I
– pública; causas; juízes federais; processo e julgamento: art. 109, I
– pública; criação e autorização: art. 37, XIX
– pública; despesa com pessoal: art. 169, p.u., II; ADCT, art. 38
– pública; exploração de atividade econômica: art. 173
– pública; servidor público ou empregado; anistia: ADCT, art. 8º, § 5º
– pública; subsidiárias; autorização legislativa: art. 37, XX
– radiodifusão sonora e de sons e imagens; propriedade: art. 222
– representação de empregados: art. 11
– sindicato; serviços social e de formação de profissional; contribuições compulsórias: art. 240
– supranacional; fiscalização das contas nacionais; competência: art. 71, V
EMPRÉSTIMO COMPULSÓRIO
– aplicação dos recursos: art. 148, p.u.
ENERGIA
– atividades nucleares; legislação; competência: art. 22, XXVI
– elétrica; exploração, autorização, concessão e permissão: art. 21, XII, b
– elétrica; imposto sobre circulação de mercadorias; responsabilidade pelo pagamento: ADCT, art. 34, § 9º
– elétrica; incidência de tributo: art. 155, § 3º

ÍNDICE REMISSIVO DA CF

- elétrica; participação assegurada dos Estados, Distrito Federal e Municípios: art. 20, § 1º
- hidráulica; autorização, concessão e exploração; brasileiro e empresa brasileira de capital nacional: art. 176, § 1º
- hidráulica; empresas brasileiras exploradoras: ADCT, art. 44
- hidráulica; exploração ou aproveitamento industrial: art. 176, *caput*
- nuclear; iniciativas do Poder Executivo; aprovação; competência: art. 49, XIV
- potenciais energéticos; terras indígenas; exploração; autorização: art. 231, § 3º
- União; competência para legislar: art. 22, IV
- usina nuclear; localização: art. 225, § 6º

ENFITEUSE: ADCT, art. 49

ENSINO
- *v.* EDUCAÇÃO e FUNDEB
- acesso: arts. 206, I; 208, V e § 1º
- aplicação de recursos: art. 212
- atividades universitárias de pesquisa e extensão; apoio financeiro do Poder Público: art. 213, § 2º
- bolsas de estudo: art. 213, § 1º
- comunidades indígenas: art. 210, § 2º
- conteúdo mínimo: art. 210, *caput*
- direitos e deveres: art. 205
- Distrito Federal e Estados; destinação de receitas orçamentárias: art. 218, § 5º
- fomento: art. 218, § 5º
- fundamental: art. 208, §§ 2º e 3º
- fundamental; alimentação e assistência à saúde; financiamento: art. 212, § 4º
- fundamental; programas: art. 30, VI
- fundamental; valor por aluno: ADCT, art. 60, §§ 2º e 3º
- História do Brasil: art. 242, § 1º
- legislação: art. 24, IX
- médio; gratuidade: art. 208, II
- noturno regular: art. 208, VI
- obrigatório; não oferecimento: art. 208, § 2º
- português: art. 210, § 2º
- princípios: art. 206
- privado; condições: art. 209
- público; gratuidade; exclusão: art. 242
- qualidade: arts. 206, V; 214, III
- regular; atendimento prioritário: art. 211, § 5º
- religioso; escolas públicas: art. 210, § 1º
- religioso; matrícula facultativa: art. 210, § 1º
- sistema: art. 211, *caput*

ENTORPECENTES E DROGAS AFINS
- confisco de bens e rendimentos provenientes de tráfico ilícito: art. 243, p.u.
- dependentes; criança, adolescente e jovem: art. 227, § 3º, VII
- plantas psicotrópicas; cultura; expropriação das terras: art. 243
- prevenção e repressão ao tráfico: art. 144, § 1º, II
- tráfico ilícito; crime inafiançável; extradição: art. 5º, XLIII e LI

ERRO JUDICIÁRIO
- indenização: art. 5º, LXXV

ESPAÇO AÉREO E MARÍTIMO
- limites: art. 48, V

ESTADO
- Acre; limites; homologação: ADCT, art. 12, § 5º
- Administração Pública; princípios: art. 37, *caput*
- Advogado-Geral; nomeação e destituição: art. 235, VIII
- agente normativo e regulador da atividade econômica; funções: art. 174, *caput*
- Amapá; transformação: ADCT, art. 14
- anexação: art. 18, § 3º
- áreas; incorporação; subdivisão e desmembramento: art. 18, § 3º
- áreas ecológicas; definição e proteção: art. 225, § 1º, III
- autarquia e fundação instituída e mantida pelo Poder Público; limitações ao poder de tributar: art. 150, §§ 2º e 3º
- autonomia: art. 18, *caput*
- bens: art. 26

1627

ÍNDICE REMISSIVO DA CF

– Câmara dos Deputados; irredutibilidade de sua representação: ADCT, art. 4º, § 2º
– causas e conflitos com a União, o Distrito Federal e respectivas entidades da administração indireta; processo e julgamento: art. 102, I, f
– competência: arts. 25, § 1º; 98
– competência; criação da Justiça de Paz: art. 98, II
– competência; criação de Juizados Especiais: art. 98, I
– competência legislativa supletiva: art. 24, § 2º
– competência supletiva: art. 22, p.u.
– competência tributária: arts. 145; 155
– competência tributária; imposto sobre a prestação de serviços de transporte interestadual e intermunicipal: art. 155, II e § 3º
– competência tributária; imposto sobre a venda de combustíveis líquidos e gasosos: art. 155, II e § 3º
– competência tributária; imposto sobre serviços de telecomunicações: art. 155, II e § 3º
– competência tributária; limitação do tráfego de bens e pessoas; vedação: art. 150, V
– consultoria jurídica: art. 132; ADCT, art. 69
– contribuições previdenciárias; débitos: ADCT, art. 57
– crédito externo e interno; disposições sobre limites globais pelo Senado Federal: art. 52, VII
– criação: arts. 18, § 3º; 234; 235
– desmembramento: arts. 18, § 3º; 48, VI
– diferença entre bens e serviços; limitações ao poder de tributar: art. 152
– disponibilidades de caixa-depósito em instituições financeiras oficiais: art. 164, § 3º
– dívida mobiliária; fixação de limites globais pelo Senado Federal: art. 52, IX

– dívida pública; fixação de limites globais pelo Senado Federal: art. 52, VI
– documentos públicos; vedação de recusa de fé: art. 19, II
– edição de leis para aplicação do Sistema Tributário Nacional: ADCT, art. 34, § 3º
– empresa de pequeno porte; tratamento jurídico diferenciado: art. 179
– ensino; aplicação de receita de impostos: art. 212
– ensino; destinação de receita orçamentária: art. 218, § 5º
– exploração direta de atividade econômica: art. 173
– Fazenda Pública; precatório: art. 100, caput; ADCT, art. 97
– fiscalização financeira, orçamentária, operacional e patrimonial: art. 75, caput
– fundo de participação; determinação: ADCT, art. 34, § 2º
– gás canalizado; serviços públicos locais: art. 25, § 2º
– impostos; arrecadação; distribuição aos Municípios: arts. 158; III e IV e p.u.; 159, § 3º; 160
– impostos; instituição e normas: art. 155
– impostos; vedada a retenção: art. 160
– impostos da União; arrecadação: arts. 153, § 5º; I; 157; 159; I e II, §§ 1º e 2º; 161; ADCT, art. 34, § 2º
– incentivos fiscais; reavaliação: ADCT, art. 41
– incorporação: arts. 18, § 3º; 48, VI
– instituição de aglomerações urbanas; de microrregiões; de Regiões Metropolitanas: art. 25, § 3º
– instituições de assistência social e educação sem fins lucrativos; limitações ao poder de tributar: art. 150, VI, c, e § 4º
– intervenção nos Municípios; exceções: art. 35
– litígio com Estado estrangeiro ou organismo internacional; processo e julgamento: art. 102, I, e

ÍNDICE REMISSIVO DA CF

- mar territorial; direito de participação e compensação financeira por sua exploração: art. 2º, § 1º
- microempresa; tratamento jurídico diferenciado: art. 179
- Municípios; demarcação das terras em litígio: ADCT, art. 12, § 2º
- objetivos fundamentais: arts. 2º; 3º
- orçamento; recursos para a assistência social: art. 204, *caput*
- organização: art. 25, *caput*
- partidos políticos; limitações ao poder de tributar: art. 150, VI, c, e § 4º
- patrimônios, renda ou serviços de entes públicos; limitações ao poder de tributar: art. 150, VI, a
- pesquisa científica e tecnológica; destinação de receita orçamentária: art. 218, § 5º
- pessoal; despesa: art. 169; ADCT, art. 38
- plataforma continental; direito de participação e compensação financeira por sua exploração: art. 20, § 1º
- polícia civil; competência legislativa concorrente da União, Estados e Distrito Federal: art. 24, XVI
- previdência social; contribuição para o custeio do sistema: art. 149, § 1º
- processo legislativo; iniciativa popular: art. 27, § 4º
- Procurador-Geral do Estado; nomeação e destituição: arts. 128, §§ 3º e 4º; 235, VIII
- quadro de pessoal; compatibilização: ADCT, art. 24
- receita tributária; repartição: arts. 157; 162
- recursos hídricos e minerais; exploração: art. 20, § 1º
- reforma administrativa: ADCT, art. 24
- reintegração de Território: art. 18, § 2º
- religião; vedações: art. 19, I
- repartição das receitas tributárias; vedação a retenção ou restrição: art. 160
- representação judicial: art. 132
- Roraima; transformação: ADCT, art. 14
- símbolos: art. 13, § 2º
- sistema de ensino: art. 211, *caput*
- Sistema Único de Saúde; financiamento: art. 198, § 1º
- sociedade de economia mista; autorização legislativa para criação de subsidiária: art. 37, XX
- subdivisão: arts. 18, § 3º; 48, VI
- superveniência da Lei Federal; suspensão da Lei Estadual: art. 24, § 4º
- Tocantins; criação e procedimentos: ADCT, art. 13
- tributação; limites: art. 150
- turismo; promoção e incentivo: art. 180
- vedações: art. 19

ESTADO DE DEFESA
- apreciação; competência: arts. 136, §§ 4º e 6º; 141, p.u.
- aprovação; competência: art. 49, IV
- áreas; especificação: art. 136, § 1º
- calamidade pública; restrições: art. 136, § 1º, II
- cessação: art. 141, *caput*
- cessação; relato pelo Presidente da República ao Congresso: art. 141, p.u.
- comunicação telegráfica e telefônica; restrições: art. 136, § 1º, I, c
- Conselho da República: arts. 90, I; 136, *caput*
- Conselho de Defesa Nacional: arts. 91, § 1º, II; 136, *caput*
- decretação: arts. 21, V; 84, IX; 136, *caput* e § 4º
- decretação ou prorrogação; prazo de envio para o Congresso Nacional: art. 136, § 4º
- decretação ou prorrogação; Presidente da República: arts. 84, IX; 136, *caput* e §§ 2º e 4º
- decreto: art. 136, § 1º
- designação de Comissão: art. 140
- direito de reunião e associação; restrições: art. 136, § 1º, I, a
- duração: art. 136, §§ 1º e 2º
- emendas à Constituição; vedação: art. 60, § 1º

1629

ÍNDICE REMISSIVO DA CF

- estado de sítio: arts. 137, I; 139
- executor: arts. 136, § 3º; 141, *caput*
- finalidade: art. 136, *caput*
- fundamentos: art. 136
- medidas coercitivas: arts. 136, §§ 1º e 3º; 140
- ocupação e uso temporário de bens e serviços públicos e privados; restrições: art. 136, § 1º, II
- prisão: art. 136, § 3º
- prorrogação: art. 136, §§ 2º e 4º
- recesso: art. 136, § 5º
- rejeição: art. 136, § 7º
- responsabilidade de União: art. 136, § 1º, II
- responsabilidade dos executores ou agentes: art. 141, *caput*
- sigilo de correspondência; restrições: art. 136, § 1º, I, *b*
- suspensão: art. 49, IV

ESTADO DE EMERGÊNCIA
- *v.* ESTADO DE DEFESA

ESTADO DE SÍTIO
- agressão estrangeira: art. 137, II
- cessação: art. 141
- comoção grave: arts. 137, I; 139, *caput*
- Congresso Nacional; apreciação: arts. 137, p.u.; 138, § 2º; 141, p.u.
- Congresso Nacional; aprovação: art. 49, IV
- Congresso Nacional; designação de Comissão: art. 140
- Congresso Nacional; funcionamento: art. 138, § 3º
- Congresso Nacional; recesso: art. 138, § 2º
- Congresso Nacional; suspensão: arts. 49, IV; 59
- Conselho da República: arts. 90, I; 137, *caput*
- Conselho de Defesa Nacional: arts. 91, § 1º, II; 137, *caput*
- decretação: arts. 21, V; 84, IX; 137, *caput*; 138, § 2º
- decretação ou prorrogação; Presidente da República: arts. 84, IX; 137, *caput* e p.u.
- decreto: art. 138, *caput*
- duração: art. 138, *caput* e § 1º
- emendas à Constituição; vedação: art. 60, § 1º
- estado de defesa: arts. 137, I; 139
- executor: art. 138, *caput*
- fundamentos: art. 137
- garantias constitucionais; suspensão: art. 138, *caput*
- guerra: art. 137, II
- medidas coercitivas: arts. 139; 140
- parlamentares; difusão de pronunciamentos: art. 139, p.u.
- parlamentares; inviolabilidade: art. 139, p.u.
- parlamentares; suspensão de imunidade: art. 53, § 8º
- prorrogação: art. 137, p.u. e § 1º

ESTADO DEMOCRÁTICO DE DIREITO: art. 1º, *caput*

ESTADO ESTRANGEIRO
- cartas rogatórias; processo e julgamento: art. 105, I, *i*
- causas com a União; processo e julgamento: art. 109, III
- causas com Município ou pessoa residente no País; julgamento: arts. 105, III, *c*; 109, II
- extradição; processo e julgamento: art. 102, I, *g*
- litígio; processo e julgamento: art. 102, I, *e*
- relações; manutenção; competência privativa do Presidente da República: art. 84, VII
- relações e participação de organizações internacionais; competência da União: art. 21, I

ESTATUTO DA JUVENTUDE: art. 227, § 8º, I

ESTRANGEIRO
- adoção de brasileiros: art. 227, § 5º
- bens; sucessão: art. 5º, XXXI

ÍNDICE REMISSIVO DA CF

- emigração, imigração, entrada e expulsão; legislação e competência: art. 22, XV
- extradição; crime político ou de opinião: art. 5º, LII
- filhos de pai brasileiro ou mãe brasileira; registro; repartição diplomática ou consular brasileira: ADCT, art. 95
- inalistável: art. 14, § 2º
- ingresso ou permanência irregular; processo e julgamento: art. 109, X
- nacionalidade e naturalização; processo e julgamento: art. 109, X
- naturalização: arts. 12, II, b; 22, XIII
- pessoa física; aquisição ou arrendamento de propriedade rural: art. 190
- pessoa jurídica; aquisição ou arrendamento de propriedade rural: art. 190
- propriedade rural; autorização para aquisição ou arrendamento: art. 190
- residente no País; direito à vida, à liberdade, à segurança e à propriedade: art. 5º, caput

EXPORTAÇÃO
- imposto; instituição: art. 153, II

EXTRADIÇÃO
- brasileiro: art. 5º, LI
- estrangeiro: art. 5º, LII
- requisitada por Estado estrangeiro; processo e julgamento: art. 102, I, g

FAMÍLIA
- v. CASAMENTO
- assistência social: art. 203, I
- entidade familiar: art. 226, §§ 3º e 4º
- Estado; proteção: art. 226, caput e § 3º
- filhos maiores; amparo: art. 229
- filhos menores; assistência: art. 229
- filiação; direitos: art. 227, § 6º
- planejamento familiar: art. 226, § 7º
- proteção do Estado: art. 226, caput e § 8º
- violência; vedação: art. 226, § 8º

FAUNA
- v. MEIO AMBIENTE

FAZENDA NACIONAL
- débitos; oriundos de sentenças transitadas em julgado; pagamento; condições: ADCT, art. 86
- débitos; pagamento; ordem cronológica: ADCT, art. 86, §§ 1º a 3º
- precatórios judiciais pendentes; pagamento: art. 100; ADCT, arts. 33 e 97

FINANÇAS PÚBLICAS
- gestão: art. 165, § 9º, II; ADCT, art. 35, § 2º
- normas gerais: arts. 163; 164
- vedações: art. 167

FLORA
- v. MEIO AMBIENTE

FORÇAS ARMADAS
- comando superior: arts. 84, XIII; 142, caput
- composição e destinação: art. 142
- Deputado Federal; incorporação: arts. 27; 53, § 7º
- efetivo; fixação e modificação: art. 48
- efetivo; legislação: art. 61, § 1º, I
- emprego: art. 142, § 1º
- funções: art. 142, caput
- habeas corpus; punições disciplinares militares: art. 142, § 2º
- Oficiais; cargo privativo de brasileiro nato: art. 12, § 3º, VI
- organização: art. 142, § 1º
- preparo: art. 142, § 1º
- Presidente da República; nomeação dos Comandantes da Marinha, do Exército e da Aeronáutica: art. 84, XIII
- princípios: art. 142, caput
- Senador; incorporação: art. 53, § 7º

FORÇAS ESTRANGEIRAS
- trânsito e permanência temporária no território nacional: arts. 21, IV; 49, II; 84, XXII

FORO JUDICIAL
- serventias; estatização: ADCT, art. 31

FRONTEIRAS
- nacionais; serviços de transporte; exploração; competência da União: art. 21, XII, d

1631

ÍNDICE REMISSIVO DA CF

- ocupação e utilização: arts. 20, § 2º; 91, § 1º
- pesquisa; lavra e aproveitamento de energia hidráulica: art. 176, § 1º

FUNÇÃO SOCIAL
- imóvel rural; desapropriação: art. 184, § 1º
- política urbana: art. 182
- propriedade; atendimento: art. 5º, XXIII
- propriedade produtiva; normas: art. 185, p.u.
- propriedade urbana; cumprimento: art. 182, § 2º

FUNCIONÁRIO PÚBLICO
- v. SERVIDOR PÚBLICO

FUNDAÇÃO
- contas; atos de admissão de pessoal, inspeções e auditorias: art. 7º, II, III e IV
- criação; autorização: art. 37, XIX
- criação de subsidiária; autorização legislativa: art. 37, XX
- despesa com pessoal: art. 169, § 1º; ADCT, art. 38
- dívida pública interna e externa; disposição: art. 163, II
- impostos sobre patrimônio, renda ou serviço; proibição: art. 150, § 2º
- licitação e contratação; legislação; competência: art. 22, XXVII
- servidor; anistia: ADCT, art. 8º, § 5º
- servidor; estabilidade: ADCT, arts. 18; 19
- subsidiárias: art. 37, XX

FUNDEB: ADCT, art. 60

FUNDO DE COMBATE E ERRADICAÇÃO DA POBREZA
- instituição: ADCT, arts. 79 a 83

FUNDO DE GARANTIA DO TEMPO DE SERVIÇO
- trabalhadores: art. 7º, III

FUNDO DE PARTICIPAÇÃO DOS ESTADOS, DO DISTRITO FEDERAL, DOS TERRITÓRIOS E DOS MUNICÍPIOS: arts. 159, I, *a* e *b*; 161, II, III e p.u.; ADCT, arts. 34, § 2º; 39

FUNDO SOCIAL DE EMERGÊNCIA: ADCT, arts. 72 e 73

GARIMPO
- v. RECURSOS MINERAIS
- autorização e concessão para pesquisa e lavra: art. 174, §§ 3º e 4º
- garimpeiro; promoção econômico-social: art. 174, §§ 3º e 4º
- organização em cooperativas: art. 174, §§ 3º e 4º

GÁS
- natural; importação e exportação; monopólio da União: art. 177, I, III e IV
- natural; transporte por meio de condutos; monopólio da União: art. 177, IV

GESTANTE
- v. MATERNIDADE

GOVERNADOR
- ações declaratória de constitucionalidade e direta de inconstitucionalidade; legitimidade: art. 103, V
- Amapá e Roraima; eleição e posse: ADCT, art. 14, §§ 1º e 3º
- condições de elegibilidade: art. 14, §§ 5º a 8º
- crimes comuns; processo e julgamento: art. 105, I, *a*
- Distrito Federal; eleição: art. 32, § 2º
- Distrito Federal; eleição; mandato e posse: ADCT, art. 13, §§ 3º, 4º e 5º
- Distrito Federal; indicação e aprovação: ADCT, art. 16
- elegibilidade; idade mínima: art. 14, § 3º, VI, *b*
- Estado do Tocantins; eleição; mandato e posse: ADCT, art. 13, §§ 3º, 4º e 5º
- Estados; eleição e posse: art. 28
- *habeas corpus*; processo e julgamento: art. 105, I, *c*
- idade mínima: art. 14, § 3º, VI, *b*
- inelegibilidade de cônjuge: art. 14, § 7º; ADCT, art. 5º, § 5º

ÍNDICE REMISSIVO DA CF

- inelegibilidade de parentes até segundo grau: arts. 14, § 7º; 24; ADCT, art. 5º, § 5º
- mandato eletivo; duração: art. 28
- mandato eletivo; servidor público: arts. 28, § 1º; 38, I, IV e V
- nomeação pelo Presidente da República: art. 84, XIV
- perda de mandato: art. 28, § 1º
- posse: art. 28
- reeleição; vedação: arts. 14, § 5º; 24
- Senado Federal; aprovação: arts. 52, III, c; 84, XIV
- servidor público civil: art. 38, I
- sufrágio universal: art. 28
- Território; nomeação; competência privativa do Presidente da República: art. 84, XIV
- Tocantins; eleições; mandato e posse: ADCT, art. 13, §§ 3º, 4º e 5º
- voto secreto: art. 28

GREVE
- abuso: art. 9º, § 2º
- ações relativas a esse direito; competência: art. 114, II
- atividade essencial; lesão a interesse público; dissídio coletivo; competência: art. 114, § 3º
- garantia: art. 9º, *caput*
- serviços essenciais à comunidade: art. 9º, § 1º
- serviços públicos civis: arts. 9º, *caput*; 37, VII

GUERRA
- autorização; Congresso Nacional: art. 49, II
- declaração; competência: art. 21, II
- declaração; Conselho de Defesa Nacional: art. 91, § 1º
- estado de sítio: art. 137, II
- impostos extraordinários; competência tributária da União: art. 154, II
- pena de morte: art. 5º, XLVII, *a*
- requisições civis e militares; legislação; competência privativa da União: art. 22, III

HABEAS CORPUS
- concessão: art. 5º, LXVIII
- gratuidade: art. 5º, LXXVII
- julgamento em recurso ordinário; competência do STF: art. 102, II, *a*
- mandado de segurança; direito não amparado: art. 5º, LXIX
- processo e julgamento; competência da Justiça do Trabalho: art. 114, IV
- processo e julgamento; competência do STF: art. 102, I, *d* e *i*
- processo e julgamento; competência do STJ: art. 105, I, c
- processo e julgamento; competência dos TRFs e seus juízes: arts. 108, I, *d*; 109, VII
- punição disciplinar militar; não cabimento: art. 142, § 2º

HABEAS DATA
- concessão: art. 5º, LXXII
- gratuidade: art. 5º, LXXVIII
- julgamento em recurso ordinário; competência do STF: art. 102, II, *a*
- mandado de segurança; direito não amparado: art. 5º, LXIX
- processo e julgamento; competência da Justiça do Trabalho: art. 114, IV
- processo e julgamento; competência do STF: art. 102, I, *d*
- processo e julgamento; competência do STJ: art. 105, I, *b*
- processo e julgamento; competência dos TRFs e seus juízes: arts. 108, I, c; 109, VII

HABITAÇÃO
- *v.* DOMICÍLIO
- diretrizes; competência da União: art. 21, XX
- ex-combatente; aquisição: ADCT, art. 53, VI
- programas; competência: art. 23, IX
- trabalhador rural: art. 187, VII

HERANÇA
- bens de estrangeiros situados no Brasil: art. 5º, XXXI
- direito: art. 5º, XXVII e XXX

ÍNDICE REMISSIVO DA CF

HIGIENE E SEGURANÇA DO TRABALHO
– direito do trabalhador: art. 7º, XXII

IDADE
– discriminação; condenação: art. 3º, IV

IDENTIFICAÇÃO CRIMINAL
– hipóteses legais: art. 5º, LVIII

IDOSO
– alistamento eleitoral e voto facultativo: art. 14, § 1º, b
– amparo; programas: art. 230, § 1º
– assistência: arts. 203, I; 229; 230
– assistência social: art. 203, V
– garantia; transporte urbano gratuito: art. 230, § 2º
– proteção: art. 203, I

IGUALDADE
– direitos; trabalhadores: art. 7º, XXX, XXXI, XXXII e XXXIV
– direitos e obrigações; homens e mulheres: art. 5º, I
– regional e social: arts. 3º, III; 43; 170, VII

ILUMINAÇÃO PÚBLICA
– contribuição; Municípios e Distrito Federal; cobrança na fatura de consumo de energia elétrica: art. 149-A

IMIGRAÇÃO
– legislação; competência privativa da União: art. 22, XV

IMÓVEL
– v. PROPRIEDADE

IMPORTAÇÃO
– produtos estrangeiros; imposto: arts. 150, § 1º; 153, I

IMPOSTO DE TRANSMISSÃO CAUSA MORTIS
– alíquotas; fixação: art. 155, § 1º, IV
– competência para sua instituição: art. 155, § 1º
– instituição e normas: art. 155, I, a e § 1º; ADCT, art. 34, § 6º

IMPOSTO DE TRANSMISSÃO INTER VIVOS
– instituição e normas: art. 156, II e § 2º; ADCT, art. 34, § 6º

IMPOSTO SOBRE A RENDA E PROVENTOS DE QUALQUER NATUREZA (IR)
– distribuição pela União: art. 159, I e § 1º
– favorecidos: arts. 157, I; 158, I

IMPOSTO SOBRE CIRCULAÇÃO DE MERCADORIAS E SERVIÇOS (ICMS)
– condições: art. 155, § 2º
– energia elétrica, telecomunicações, derivados de petróleo: art. 155, § 2º, XII, h, e §§ 3º a 5º
– entrada de bem ou mercadorias importados: art. 155, § 2º, IX, a, e XII, i
– instituição: art. 155, II
– instituição e normas: art. 155, I e § 2º; ADCT, art. 34, §§ 6º, 8º e 9º
– operações que destinam mercadorias para o exterior; não incidência: art. 155, § 2º, X, a
– ouro, como ativo financeiro ou instrumento cambial; normas: art. 155, § 2º, X, e
– prestação de serviço de comunicação; radiodifusão sonora e de sons e imagens; recepção livre e gratuita; não incidência: art. 155, § 2º, X, d
– serviços prestados a destinatários no exterior; não incidência: art. 155, § 2º, X, a
– valor adicionado; definição: art. 161, I

IMPOSTO SOBRE COMBUSTÍVEIS LÍQUIDOS E GASOSOS
– incidência; limite: art. 155, § 3º

IMPOSTO SOBRE EXPORTAÇÃO
– alíquotas; alteração: art. 153, § 1º
– instituição e cobrança: arts. 150, § 1º; 153, II

IMPOSTO SOBRE GRANDES FORTUNAS
– instituição: art. 153, caput, e VII

IMPOSTO SOBRE IMPORTAÇÃO
– alíquotas; alteração: art. 153, § 1º
– instituição e cobrança: arts. 150, § 1º; 153, I

IMPOSTO SOBRE MINERAIS
– incidência de imposto; limite: art. 155, § 3º

ÍNDICE REMISSIVO DA CF

IMPOSTO SOBRE OPERAÇÕES DE CRÉDITO, CÂMBIO E SEGURO, OU RELATIVAS A TÍTULOS OU VALORES MOBILIÁRIOS (IOF)

– alíquotas; alteração: art. 153, § 1º
– instituição, cobrança e repartição: arts. 150, § 1º; 153, V e § 5º; ADCT, art. 34, § 1º
– ouro, como ativo financeiro ou instrumento cambial; normas: art. 153, § 5º

IMPOSTO SOBRE PRESTAÇÃO DE SERVIÇOS

– instituição: art. 155, II

IMPOSTO SOBRE PRODUTOS INDUSTRIALIZADOS (IPI)

– alíquotas; alteração: art. 153, § 1º
– distribuição pela União: art. 159, I e II, e §§ 1º a 3º
– instituição e normas: arts. 150, § 1º; 153, *caput*, IV, e § 3º; ADCT, art. 34, §§ 1º e 2º, I
– redução de seu impacto sobre a aquisição de bens de capital: art. 153, § 3º, IV

IMPOSTO SOBRE PROPRIEDADE DE VEÍCULOS AUTOMOTORES (IPVA)

– alíquotas; fixação pelo Senado Federal: art. 155, § 6º, I
– alíquotas diferenciadas: art. 155, § 6º, II
– instituição: art. 155, III

IMPOSTO SOBRE PROPRIEDADE PREDIAL E TERRITORIAL URBANA (IPTU)

– instituição pelo Município: art. 156, I e § 1º
– progressividade: art. 182, § 4º

IMPOSTO SOBRE PROPRIEDADE TERRITORIAL RURAL (ITR)

– fiscalização e cobrança: art. 153, § 4º, III
– não incidência: art. 153, § 4º, II
– progressividade: art. 153, § 4º, I

IMPOSTO SOBRE SERVIÇOS DE QUALQUER NATUREZA (ISS)

– instituição; competência: art. 156, III

IMPOSTOS DA UNIÃO: arts. 153; 154
IMPOSTOS DOS ESTADOS E DISTRITO FEDERAL: art. 155, §§ 1º a 3º
IMPOSTOS DOS MUNICÍPIOS: art. 156
IMPOSTOS ESTADUAIS: art. 155

– Território Federal; competência: art. 147

IMPOSTOS EXTRAORDINÁRIOS

– instituição: art. 154, II

IMUNIDADE PARLAMENTAR: art. 53
IMUNIDADE TRIBUTÁRIA

– ente federativo: art. 150, VI, *a*
– fundações e entidades sindicais: art. 150, VI, *c*
– instituição de assistência social sem fins lucrativos: art. 150, VI, *c*
– instituição de ensino sem fins lucrativos: art. 150, VI, *c*
– livros, jornais e periódicos; papel: art. 150, VI, *d*
– partidos políticos; patrimônio ou renda: art. 150, VI, *c*
– templos de qualquer culto: art. 150, VI, *b*

INCENTIVOS FISCAIS

– convênio entre Estados; reavaliação e reconfirmação: ADCT, art. 41, § 3º
– desenvolvimento socioeconômico regional: art. 151, I
– revogação sem prejuízo dos direitos adquiridos: ADCT, art. 41, §§ 1º e 2º
– setoriais; reavaliação: ADCT, art. 41, *caput*
– Zona Franca de Manaus: ADCT, art. 40

INCENTIVOS REGIONAIS

– atividades prioritárias; juros favorecidos: art. 43, § 2º, II
– tarifas, fretes, seguros; igualdade: art. 43, § 2º, I
– tributos federais; isenções, reduções ou diferimento temporário: art. 43, § 2º, III

INCONSTITUCIONALIDADE

– ação direta; legitimidade: arts. 103; 129, IV
– julgamento; recurso extraordinário: art. 102, III

1635

ÍNDICE REMISSIVO DA CF

– lei; suspensão da execução; competência privativa do Senado Federal: art. 52, X
– lei ou ato normativo; declaração pelos Tribunais: art. 97
– lei ou ato normativo; processo e julgamento: art. 102, I, *a*
– representação; leis ou atos normativos estaduais ou municipais; competência dos Estados: art. 125, § 2º

INDENIZAÇÃO
– acidente de trabalho: art. 7º, XXVIII
– dano material, moral ou à imagem: art. 5º, V e X
– desapropriação rural; pagamento em dinheiro; benfeitorias: art. 184, § 1º
– despedida arbitrária ou sem justa causa: art. 7º, I
– erro judiciário: art. 5º, LXXV
– imóvel urbano; desapropriação, pagamento em dinheiro: art. 182, § 3º
– propriedade particular; uso por autoridade; danos: art. 5º, XXV
– título da dívida agrária; imóvel rural: art. 184, *caput*
– título da dívida pública; imóvel urbano; desapropriação: art. 182, § 4º, III

ÍNDIOS
– bens: art. 231, *caput*
– bens da União; terras ocupadas: art. 20, XI
– capacidade processual: art. 232
– costumes, língua, crenças, organização social e tradições: art. 231
– direito de participação no resultado da lavra: art. 231, § 3º
– direitos; processo e julgamento: art. 109, XI
– direitos originários: art. 231, *caput*
– ensino: art. 210, § 2º
– exploração das riquezas naturais do solo; nulidade e extinção de atos: art. 231, § 6º
– exploração dos recursos hídricos; potenciais energéticos e riquezas minerais; autorização do Congresso Nacional; manifestação das comunidades: art. 231, § 3º
– garimpagem em terra indígena: art. 231, § 7º
– MP; defesa das populações indígenas: art. 129, V
– MP; intervenção em processo: art. 232
– nulidade e extinção de atos de ocupação, domínio e posse de terra; efeitos: art. 231, § 6º
– ocupação, domínio e posse de terra indígena; exceção, nulidade e extinção de atos: art. 231, § 6º
– remoção das terras tradicionalmente ocupadas; vedação; exceções; deliberação do Congresso Nacional: art. 231, § 5º
– terras; demarcação e proteção: art. 231, *caput*
– terras tradicionalmente ocupadas; conceito: art. 231, § 1º
– terras tradicionalmente ocupadas; inalienabilidade, indisponibilidade e imprescritibilidade: art. 231, § 4º
– terras tradicionalmente ocupadas; usufruto das riquezas do solo, fluviais e lacustres: art. 231, § 2º

INDULTO
– concessão; competência privativa do Presidente da República: art. 84, XII

INELEGIBILIDADE
– *v.* ELEIÇÃO

INFÂNCIA
– *v.* CRIANÇA E ADOLESCENTE

INQUÉRITO
– civil e ação civil pública: art. 129, III
– policial; instauração: art. 129, VIII

INSTITUIÇÕES FINANCEIRAS
– agências financeiras oficiais; lei de diretrizes orçamentárias; política de aplicação: art. 165, § 2º
– aumento do percentual de participação das pessoas físicas ou jurídicas residentes no exterior; proibição: ADCT, art. 52, II

ÍNDICE REMISSIVO DA CF

- débito; liquidação; empréstimos; concessão: ADCT, art. 47
- disposição; competência do Congresso Nacional: art. 48, XIII
- domiciliada no exterior; instalação no País; proibição: ADCT, art. 52, I e p.u.
- empréstimos concedidos; liquidação dos débitos: ADCT, art. 47
- fiscalização; disposições: art. 163, V
- oficial; disponibilidade de caixa; agente depositário: art. 164, § 3º
- organização; funcionamento e atribuições: art. 192

INTEGRAÇÃO SOCIAL
- setores desfavorecidos; competência comum: art. 23, X

INTERVENÇÃO
- decisão judicial; recusa de execução: arts. 34, VI; 35, IV; 36, II e § 3º
- do Estado no domínio econômico: arts. 173; 177, § 4º; 198, *caput*

INTERVENÇÃO ESTADUAL
- nos Municípios; causas: art. 35

INTERVENÇÃO FEDERAL
- apreciação do decreto: art. 36, §§ 1º a 3º
- aprovação ou suspensão pelo Congresso Nacional: art. 49, IV
- cessação: art. 36, § 4º
- Conselho da República: art. 90, I
- Conselho de Defesa Nacional: art. 91, § 1º, II
- decretação: arts. 21, V; 36; 84, X
- emendas à Constituição; vedação: art. 60, § 1º
- Estados e Distrito Federal; vedação; exceções: art. 34
- nos Municípios localizados em território federal; causas: art. 35
- suspensão pelo Congresso Nacional: art. 49, IV

INTERVENÇÃO INTERNACIONAL
- vedação: art. 4º, IV

INVIOLABILIDADE
- advogados: art. 133
- Deputados e Senadores: art. 53, *caput*

- direitos à vida, à honra e à imagem: art. 5º, X
- domicílio: art. 5º, XI
- sigilo de correspondência, comunicações telefônicas, telegráficas e de dados: arts. 5º, XII; 136, § 1º, I, *b* e *c*; 139, III
- Vereadores: art. 29, VIII

JAZIDAS
- autorização, concessão e exploração; brasileiro e empresa brasileira de capital nacional: art. 176, § 1º
- autorização, concessão e exploração à data da promulgação da Constituição: ADCT, art. 43
- contribuição sobre o domínio econômico: art. 177, § 4º
- direito à propriedade do produto da lavra pelo concessionário: art. 176, *caput*
- direito de participação do proprietário do solo: art. 176, § 2º
- exploração ou aproveitamento: art. 176, *caput*
- exploração por empresas brasileiras: ADCT, art. 44
- petróleo; monopólio da União: art. 177, I

JUIZ
- ação de interesse dos membros da magistratura; processo e julgamento; competência do STF: art. 102, I, *n*
- aposentadoria: art. 93, VI e VIII
- carreira; provimento de cargo: art. 96, I, *e*
- concurso público; OAB; participação: art. 93, I
- crimes comuns e de responsabilidade; julgamento; competência: art. 96, III
- cursos oficiais de preparação e aperfeiçoamento: art. 93, IV
- do trabalho; constituição; investidura; jurisdição; competência; garantias; condições de exercício: art. 113
- do trabalho; instituição: art. 112
- Estatuto da Magistratura; lei complementar; STF; princípios: art. 93
- federal; processo e julgamento; competência: art. 109, *caput*

1637

ÍNDICE REMISSIVO DA CF

- federal; TRF; composição: art. 107; ADCT, art. 27, §§ 7º e 9º
- federal; TRF; nomeação; remoção ou permuta: art. 107, § 1º
- garantias: art. 95, caput
- inamovibilidade: arts. 93, VIII e VIII-A; 95, II
- ingresso na carreira: art. 93, I
- magistrado; escolha; aprovação prévia; competência privativa do Senado Federal: art. 52, III, a
- magistrado; nomeação; competência privativa do Presidente da República: art. 84, XVI
- órgão da Justiça do Trabalho: art. 111, III
- órgão do Poder Judiciário: art. 92, IV
- proibições: art. 95, p.u.
- promoções: art. 93, II
- remoção: art. 93, VIII e VIII-A
- subsídios: arts. 93, V; 95, III
- substituto; titularidade de varas: ADCT, art. 28
- Territórios Federais; jurisdição e atribuições: art. 110, p.u.
- titular; residência: art. 93, VII
- togado; estabilidade; aposentadoria; quadro em extinção: ADCT, art. 21
- Varas do Trabalho; composição por juiz singular: art. 116
- vitaliciedade: art. 95, I

JUIZADOS ESPECIAIS
- criação: art. 98, I
- federais: art. 98, § 1º

JUÍZO DE EXCEÇÃO: art. 5º, XXXVII

JUNTAS COMERCIAIS
- legislação concorrente: art. 24, III

JÚRI
- instituição; reconhecimento: art. 5º, XXXVIII

JUROS
- desenvolvimento regional; atividades prioritárias; financiamento: art. 43, § 2º, II
- taxa; controle: art. 164, § 2º

JUSTIÇA DE PAZ
- criação e competência: art. 98, II

- juízes de paz; direitos e atribuições: ADCT, art. 30
- juízes de paz; elegibilidade; idade mínima: art. 14, § 3º, VI, c

JUSTIÇA DESPORTIVA
- v. DESPORTO

JUSTIÇA DO TRABALHO
- v. TRIBUNAL REGIONAL DO TRABALHO e TRIBUNAL SUPERIOR DO TRABALHO
- competência; relações de trabalho: art. 114, caput
- competência; greve; atividade essencial; lesão a interesse público; dissídio coletivo: art. 114, § 3º
- Conselho Superior: art. 111-A, § 2º, II
- dissídios coletivos: art. 114, § 2º
- juízes togados de estabilidade limitada no tempo; estabilidade e aposentadoria: ADCT, art. 21
- órgãos: art. 111, caput
- órgãos; constituição, investidura, jurisdição, competência, garantias, exercício: art. 113
- varas; criação: art. 112

JUSTIÇA ELEITORAL
- v. TRIBUNAL REGIONAL ELEITORAL e TRIBUNAL SUPERIOR ELEITORAL
- causas entre organismo internacional e residente ou domiciliado no País; processo e julgamento: art. 109, II
- competência e organização: art. 121, caput
- crimes comuns e de responsabilidade; julgamento: art. 96, III
- juiz da Junta Eleitoral: art. 121, § 1º
- juiz do TRE; crimes comuns e de responsabilidade: art. 105, I, a
- juiz do TRE; eleição, escolha, nomeação: art. 120, § 1º
- juiz do Tribunal Eleitoral; mandato, garantias, inamovibilidade: art. 121, §§ 1º e 2º
- juiz do TSE; eleição, nomeação: art. 119
- juiz substituto do Tribunal Eleitoral: art. 121, § 2º
- Ministro do TSE: art. 102, I, c

ÍNDICE REMISSIVO DA CF

- órgãos: art. 118
- remuneração; subsídios: art. 93, V
- Tribunal Eleitoral; órgão do Poder Judiciário: art. 92, V

JUSTIÇA ESTADUAL
- v. TRIBUNAL DE JUSTIÇA
- causas em que a União for autora; processo e julgamento: art. 109, § 1º
- causas em que for parte instituição de previdência social e segurado; processo e julgamento: art. 109, § 3º
- competência dos tribunais: art. 125, § 1º
- desembargador; crimes comuns e de responsabilidade: art. 105, I, a
- inconstitucionalidade de leis ou atos normativos estaduais ou municipais; representação: art. 125, § 2º
- juiz de direito: art. 92, VII
- juiz de direito; atribuição de jurisdição; varas do trabalho: art. 112
- juiz de direito; crimes comuns e de responsabilidade: art. 96, III
- juizado de pequenas causas: art. 98, I
- juizado de pequenas causas; competência legislativa concorrente: art. 24, X
- juizado especial: art. 98, I
- justiça de paz: art. 98, II
- justiça de paz; situação dos juízes: ADCT, art. 30
- justiça militar estadual; proposta, criação, constituição, competência: art. 125, §§ 3º a 5º
- lei de organização judiciária; iniciativa: art. 125, § 1º
- magistrados; acesso aos tribunais de segundo grau: art. 93, III
- organização: art. 125, caput
- questões agrárias; varas especializadas: art. 126
- Seção Judiciária; constituição: art. 110, caput
- varas; localização: art. 110, caput

JUSTIÇA FEDERAL
- v. TRIBUNAL REGIONAL FEDERAL
- competência: art. 109, caput

- competência; ações propostas até a promulgação da Constituição: ADCT, art. 27, § 10
- juiz federal: art. 106, II
- juiz federal; competência: art. 109, caput
- juiz federal; órgão do Poder Judiciário: art. 92, III
- juiz federal; promoção: ADCT, art. 27, § 9º
- juiz federal; titularidade: ADCT, art. 28
- Juizados Especiais: art. 98, § 1º
- órgãos: art. 106
- Territórios; jurisdição e atribuições dos juízes federais: art. 110, p.u.
- Tribunal Federal; nomeação dos juízes: art. 84, XVI
- TFR; Ministros: ADCT, art. 27
- TRF; competência: art. 108

JUSTIÇA GRATUITA: art. 5º, LXXIV

JUSTIÇA ITINERANTE
- TRF; instalação: art. 107, § 2º
- Tribunal de Justiça; instalação: art. 125, § 7º
- TRT; instalação: art. 115, § 1º

JUSTIÇA MILITAR
- v. SUPERIOR TRIBUNAL MILITAR e TRIBUNAL MILITAR
- competência: art. 124
- juiz militar: art. 122, II
- juiz militar; órgão do Poder Judiciário: art. 92, VI
- justiça militar estadual: art. 125, §§ 3º a 5º
- Ministro do Superior Tribunal Militar; crimes comuns e de responsabilidade: art. 102, I, c
- Ministro do Superior Tribunal Militar; habeas corpus: art. 102, I, d
- Ministros civis do Superior Tribunal Militar: art. 123, p.u.
- órgãos: art. 122
- Superior Tribunal Militar; composição, nomeação: art. 123, caput

JUVENTUDE
- estatuto da: art. 227, § 8º, I
- plano nacional de: art. 227, § 8º, II

ÍNDICE REMISSIVO DA CF

LAZER
– direitos sociais: arts. 6º; 7º, IV
– incentivo pelo Poder Público: art. 217, § 3º

LEI(S)
– elaboração, redação, alteração e consolidação: art. 59, p.u.
– guarda: art. 23, I
– promulgação: arts. 66, § 5º; 84, IV
– promulgação das leis pelo Presidente do Senado Federal: art. 66, § 7º
– publicação: art. 84, IV
– sanção: art. 84, IV

LEI COMPLEMENTAR: art. 59, II
– delegação legislativa; vedação: art. 68, § 1º
– iniciativa: art. 61, caput
– quorum: art. 69

LEI DELEGADA
– processo de elaboração: art. 68
– processo legislativo; elaboração: art. 59, IV

LEI ORDINÁRIA: art. 59, III
– iniciativa: art. 61, caput

LEI ORGÂNICA DO DISTRITO FEDERAL
– aprovação: art. 32, caput

LEI ORGÂNICA DOS MUNICÍPIOS
– aprovação: art. 29, caput
– elaboração e votação: ADCT, art. 11, p.u.

LEI PENAL
– anterioridade: art. 5º, XXXIX
– irretroatividade: art. 5º, XL

LIBERDADE
– ação: art. 5º, II
– acesso à informação: art. 5º, XIV
– associação: art. 5º, XVII e XX
– consciência de crença e de culto religioso: art. 5º, VI
– discriminação aos direitos e liberdades fundamentais; punição: art. 5º, XLI
– expressão da atividade intelectual, artística, científica e de comunicação: arts. 5º, IX; 206, II
– imprensa; radiodifusão e televisão: art. 139, III
– iniciativa: art. 1º, IV
– locomoção; restrições: arts. 5º, XV e LXVIII; 139, I
– manifestação do pensamento: arts. 5º, IV; 206, II
– privação: art. 5º, XLVI, a, e LIV
– provisória; admissão: art. 5º, LXVI
– reunião; suspensão e restrições: arts. 5º, XVI; 136, § 1º, I, a; 139, IV
– sindical; condições: art. 8º
– trabalho, ofício ou profissão; exercício: art. 5º, XIII

LICENÇA
– gestante: arts. 7º, XVIII; 39, § 3º
– paternidade: arts. 7º, XIX; 39, § 3º

LICITAÇÃO: arts. 37, XXI; 175, caput
– obras, serviços, compras e alienações públicas: art. 37, XXI
– princípio da administração pública: art. 173, § 1º, III

LIMITES TERRITORIAIS
– demarcações; linhas divisórias litigiosas; impugnação; Estados e Municípios: ADCT, art. 12, § 2º
– Estado do Acre: ADCT, art. 12, § 5º
– Estado do Tocantins: ADCT, art. 13, § 1º
– ilhas fluviais e lacustres; bens da União: art. 20, IV
– lagos e rios; bens da União: art. 20, III
– território nacional; competência do Congresso Nacional: art. 48, V

LÍNGUA NACIONAL: art. 13, caput

MAGISTRATURA
– v. JUIZ
– aposentadoria: arts. 40; 93, VI e VIII
– aprovação da escolha de Magistrados: art. 52, III, a
– atividade jurisdicional; férias forenses; vedação: art. 93, XII
– disponibilidade: art. 93, VIII
– Estatuto; princípios; lei complementar; STF: art. 93, caput
– garantias: art. 95
– ingresso: art. 93, I
– juiz titular; residência: art. 93, VII

1640

ÍNDICE REMISSIVO DA CF

- juízes; quantidade por unidade jurisdicional: art. 93, XIII
- preparação e aperfeiçoamento: art. 93, IV
- promoção; entrância para entrância: art. 93, II
- promoção; tribunais de segundo grau: art. 93, III
- remoção: art. 93, VIII e VIII-A
- STF; iniciativa sobre o Estatuto: art. 93, *caput*
- Tribunal Pleno; atribuições administrativas e jurisdicionais; órgão especial: art. 93, XI
- Tribunais; acesso: art. 93, III
- vedação: art. 95, p.u.
- vencimentos; subsídios: art. 93, V

MANDADO DE INJUNÇÃO
- autoridade federal; norma regulamentadora; atribuição: art. 105, I, *h*
- concessão: art. 5º, LXXI
- norma regulamentadora de atribuição específica: art. 102, I, *q*
- STJ; processo e julgamento: art. 105, I, *h*
- STF; julgamento em recurso ordinário: art. 102, II, *a*
- STF; processo e julgamento: art. 102, I, *q*
- TRE; recurso de suas decisões: art. 121, § 4º, V

MANDADO DE SEGURANÇA
- ato de autoridade federal: art. 109, VIII
- ato de Ministro de Estado, dos Comandantes da Marinha, Exército e Aeronáutica e do STJ: art. 105, I, *b*
- ato do Presidente da República, das Mesas da Câmara dos Deputados e do Senado Federal, do Tribunal de Contas da União, do Procurador-Geral da República e do STF: art. 102, I, *d*
- ato do TRF ou de juiz federal: art. 108, I, *c*
- ato em matéria trabalhista: art. 114, IV
- coletivo; legitimidade: art. 5º, LXX
- competência; juízes federais: art. 109, VIII

- competência; justiça do trabalho: art. 114, IV
- competência em recurso ordinário; STF: art. 102, II, *a*
- competência em recurso ordinário; STJ: art. 105, II, *b*
- competência originária; STF: art. 102, I, *d*
- competência originária; STJ: art. 105, I, *b*
- competência originária; TRF: art. 108, I, *c*
- concessão: art. 5º, LXIX
- decisão denegatória dos TRE: art. 121, § 4º, V
- decisão denegatória dos TRF ou dos Tribunais dos Estados, Distrito Federal e Territórios: art. 105, II, *b*
- decisão denegatória do TSE: art. 121, § 3º
- decisão denegatória dos Tribunais Superiores: art. 102, II, *a*

MANDATO ELETIVO
- condenação criminal; perda: art. 55, VI
- Deputado Distrital: art. 32, §§ 2º e 3º
- Deputado Estadual; duração e perda: art. 27, § 1º
- Deputado Federal: art. 44, p.u.
- Governador e Vice-Governador; duração: art. 28; ADCT, art. 4º, § 3º
- Governador, Vice-Governador, Senadores, Deputados Federais e Estaduais; Estado do Tocantins: ADCT, art. 13, § 4º
- impugnação: art. 14, §§ 10 e 11
- Justiça Eleitoral: art. 14, §§ 10 e 11
- parlamentar; investidura em outros cargos; compatibilidade: art. 56, I
- parlamentar; perda: art. 55
- parlamentar licenciado: art. 56, II
- parlamentar no exercício da função de Prefeito: ADCT, art. 5º, § 3º
- Prefeito; perda: art. 29, XII
- Prefeito e Vereador quando servidor público: art. 38, II e III
- Prefeito, Vice-Prefeito e Vereador: art. 29, I e II; ADCT, art. 4º, § 4º
- Presidente: art. 82
- Presidente da República; mandato atual: ADCT, art. 4º, *caput*

ÍNDICE REMISSIVO DA CF

- Senador; exercício gratuito: ADCT, art. 8º, § 4º
- servidor público: art. 38
- Vereador; exercício gratuito: ADCT, art. 8º, § 4º

MANIFESTAÇÃO DO PENSAMENTO
- liberdade e vedação do anonimato: art. 5º, IV

MAR TERRITORIAL
- bem da União: art. 20, VI

MARCAS
- indústria; garantia de propriedade: art. 5º, XXIX

MARGINALIZAÇÃO
- combate: art. 23, X
- erradicação: art. 3º, III

MATERIAL BÉLICO
- comércio e produção; autorização e fiscalização; competência da União: art. 21, VI
- legislação; competência privativa da União: art. 22, XXI

MATERNIDADE
- direitos sociais: art. 6º
- licença-gestante: arts. 7º, XVIII; 39, § 3º
- plano de previdência social: art. 201, II
- proteção: art. 203, I

MEDICAMENTO
- produção: art. 200, I

MEDIDAS PROVISÓRIAS
- apreciação; prazo: art. 62, § 6º
- aprovação de projeto de lei de conversão: art. 62, § 12
- Câmara dos Deputados; iniciativa: art. 62, § 8º
- Congresso Nacional; apreciação: arts. 57, §§ 7º e 8º; 62, §§ 7º a 9º
- conversão em lei; eficácia; prazo: art. 62, §§ 3º e 4º
- decretos-leis; edição entre 03.09.1988 e a promulgação da Constituição: ADCT, art. 25, § 2º
- eficácia: art. 62, § 3º
- impostos: art. 62, § 2º
- matérias vedadas: arts. 62, § 1º; 246

- mérito: art. 62, § 5º
- prazos: art. 62, §§ 3º, 4º, 6º, 7º e 11
- Presidente da República; edição: arts. 62, *caput*; 84, XXVI
- reedição: art. 62, § 10

MEIO AMBIENTE
- caça; competência legislativa concorrente: art. 24, VI
- dano; competência legislativa: art. 24, VIII
- defesa: art. 170, VI
- defesa e preservação; dever da coletividade e do Poder Público: art. 225, *caput*
- deveres do Poder Público: art. 225, § 1º
- equilíbrio ecológico; direito de todos: art. 225, *caput*
- fauna; competência legislativa concorrente: art. 24, VI
- fauna; preservação pela União: art. 23, VII
- flora; preservação pela União: art. 23, VII
- floresta; competência legislativa concorrente: art. 24, VI
- floresta; preservação pela União: art. 23, VII
- Floresta Amazônica: art. 225, § 4º
- Mata Atlântica: art. 225, § 4º
- natureza; competência legislativa concorrente: art. 24, VI
- Pantanal Mato-Grossense: art. 225, § 4º
- pesca; competência legislativa concorrente: art. 24, VI
- propaganda comercial nociva; vedação: art. 220, § 3º, II
- proteção: art. 23, VI
- proteção; competência legislativa concorrente: art. 24, VI
- qualidade de vida; melhoria: art. 225, *caput*
- recursos minerais: art. 225, § 2º
- recursos naturais; competência legislativa concorrente: art. 24, VI
- reparação do dano: art. 225, § 3º
- sanções penais e administrativas: art. 225, § 3º
- Serra do Mar: art. 225, § 4º

ÍNDICE REMISSIVO DA CF

- solo; competência legislativa concorrente: art. 24, VI
- terras devolutas: art. 225, § 5º
- usinas nucleares; localização: art. 225, § 6º
- zona costeira: art. 225, § 4º

MENOR
- v. CRIANÇA E ADOLESCENTE

MICROEMPRESA
- definição: ADCT, art. 47, § 1º
- instituição: art. 25, § 3º
- tratamento jurídico diferenciado: art. 179

MILITAR
- aposentadorias; pensões e proventos: arts. 40, §§ 7º e 8º; 42, § 2º
- condenação por Tribunal Militar: art. 142, § 3º, VI
- condições de elegibilidade: art. 14, § 8º
- filiação a partidos políticos: art. 142, § 3º, V
- garantias: arts. 42, § 1º; 142, § 3º, I
- greve; sindicalização; proibição: art. 142, § 3º, IV
- hierarquia; disciplina: art. 42, caput
- integrantes da carreira policial; ex-Território Federal de Rondônia: ADCT, art. 89
- julgado indigno: art. 142, § 3º, III
- patentes: arts. 42, § 1º; 142, § 3º, I
- patentes; perda: art. 142, § 3º, VI
- postos; perda: art. 142, § 3º, VI
- regime jurídico; iniciativa das leis: art. 61, § 1º, II, f
- remuneração; subsídio: arts. 39, § 4º; 144, § 9º
- reserva: art. 142, § 3º, II

MINISTÉRIO DE ESTADO DA DEFESA
- cargo privativo de brasileiro nato: art. 12, § 3º, VII
- composição do Conselho de Defesa Nacional: art. 91, V

MINISTÉRIO PÚBLICO
- ação civil; legitimação: art. 129, § 1º
- ação civil; promoção: art. 129, III
- ação de inconstitucionalidade; promoção: art. 129, IV
- ação penal; promoção: art. 129, I
- acesso à carreira; requisitos: art. 129, § 3º
- atividade policial; controle: art. 129, VII
- autonomia administrativa: art. 127, § 2º
- autonomia funcional: art. 127, § 2º
- comissões parlamentares de inquérito: art. 58, § 3º
- Conselho Nacional: art. 130-A
- crimes comuns e de responsabilidade; processo e julgamento: art. 96, III
- delegação legislativa; vedação: art. 68, § 1º, I
- despesa pública; projeto sobre serviços administrativos: art. 63, II
- dotação orçamentária: art. 168
- efetivo respeito dos direitos constitucionais: art. 129, II
- efetivo respeito dos Poderes Públicos e dos serviços sociais: art. 129, II
- exercício de suas funções: art. 129
- finalidade: art. 127, caput
- funcionamento: art. 127, § 2º
- funções: art. 129, IX
- funções; exercício: art. 129, § 2º
- funções institucionais: art. 129
- inamovibilidade: art. 128, § 5º, I, b
- índio; intervenção no processo: art. 232
- ingresso na carreira: art. 129, § 3º
- inquérito civil; promoção: art. 129, III
- interesses difusos e coletivos; proteção: art. 129, III
- lei complementar: ADCT, art. 29
- membro; opção pelo regime anterior: ADCT, art. 29, § 3º
- organização: art. 127, § 2º
- órgãos: art. 128
- ouvidoria; criação; competência da União e dos Estados: art. 130-A, § 5º
- populações indígenas; defesa: art. 129, V
- princípios institucionais: art. 127, § 1º
- procedimentos administrativos; expedição de notificações: art. 129, VI
- processo; distribuição: art. 129, § 5º
- propostas orçamentárias: art. 127, §§ 3º a 6º

ÍNDICE REMISSIVO DA CF

- provimento de cargos; concurso público: art. 127, § 2º
- representação para intervenção dos Estados nos Municípios: art. 129, IV
- representação para intervenção federal nos Estados: art. 129, IV
- residência: art. 129, § 2º
- serviços auxiliares; provimento por concurso público: art. 127, § 2º
- STJ; composição: art. 104, p.u., II
- Tribunal de Justiça; composição: art. 94
- TRF; composição: arts. 94; 107, I
- vedação à participação em sociedade comercial: art. 128, § 5º, II, c
- vedação à representação judicial e à consultoria jurídica de entidades públicas: art. 129, IX, 2ª parte
- vedação ao exercício da advocacia: arts. 95, p.u., V, e 128, § 5º, II, b
- vedação ao exercício de atividade político-partidária: art. 128, § 5º, II, e
- vedação ao exercício de outra função pública: art. 128, § 5º, II, d
- vedação ao recebimento de honorários, percentagens ou custas processuais: art. 128, § 5º, II, a
- vencimentos; subsídios; irredutibilidade: art. 128, § 5º, I, c
- vitaliciedade: art. 128, § 5º, I, a

MINISTÉRIO PÚBLICO DA UNIÃO
- crimes comuns; processo e julgamento: art. 108, I, a
- crimes comuns e de responsabilidade de membros que oficiem perante Tribunais; processo e julgamento: art. 105, I, a
- crimes de responsabilidade; processo e julgamento: art. 108, I, a
- habeas corpus; processo e julgamento: art. 105, I, c
- organização: arts. 48, IX; 61, § 1º, II, d
- órgão do MP: art. 128, I
- Procurador-Geral da República; aprovação prévia de nomeação pelo Senado Federal: art. 128, § 1º
- Procurador-Geral da República; nomeação pelo Presidente da República: art. 128, § 1º

MINISTÉRIO PÚBLICO DO DISTRITO FEDERAL
- atribuições e Estatuto: art. 128, § 5º
- organização: arts. 48, IX; 61, § 1º, II, d
- organização; legislação: art. 22, XVII
- organização e manutenção: art. 21, XIII
- órgão do Ministério Público da União: art. 128, I, d
- Procurador-Geral; escolha, nomeação, destituição: art. 128, §§ 3º e 4º

MINISTÉRIO PÚBLICO DO TRABALHO
- atribuições e Estatuto: art. 128, § 5º
- membro; estabilidade: ADCT, art. 29, § 4º
- órgão do Ministério Público da União: art. 128, I, b
- TRT; composição: art. 115, p.u., II
- TST; composição: art. 111-A, I

MINISTÉRIO PÚBLICO DOS ESTADOS
- atribuições e Estatuto: art. 128, § 5º
- organização: art. 61, § 1º, II, d
- órgão do MP: art. 128, II
- Procurador-Geral do Estado; escolha, nomeação e destituição: art. 128, §§ 3º e 4º
- Tribunal de Contas dos Estados; atuação: art. 130

MINISTÉRIO PÚBLICO DOS TERRITÓRIOS
- atribuições e Estatuto: art. 128, § 5º
- organização: arts. 48, IX; 61, § 1º, II, d
- organização; legislação: art. 22, XVII
- organização e manutenção: art. 21, XIII
- órgãos do Ministério Público da União: art. 128, I, d
- Procurador-Geral: art. 128, § 3º
- Procurador-Geral; destituição: art. 128, § 4º

MINISTÉRIO PÚBLICO FEDERAL
- atribuições e Estatuto: art. 128, § 5º
- órgão do MP da União: art. 128, I, a
- Procurador da República; opção de carreira: ADCT, art. 29, § 2º

ÍNDICE REMISSIVO DA CF

– Tribunal de Contas da União; atuação: art. 130

MINISTÉRIO PÚBLICO MILITAR
– atribuições e Estatuto: art. 128, § 5º
– Membro; estabilidade: ADCT, art. 29, § 4º

MINISTRO DA JUSTIÇA
– Conselho da República; membro: art. 89, VI

MINISTRO DE ESTADO
– auxílio ao Presidente da República no exercício do Poder Executivo: art. 84, II
– Câmara dos Deputados; comparecimento: art. 50, *caput*, § 1º
– competência: art. 87, p.u.
– Conselho da República; convocação pelo Presidente da República: art. 90, § 1º
– crimes de responsabilidade: art. 87, p.u., II
– crimes de responsabilidade; processo e julgamento: art. 102, I, *c*
– crimes de responsabilidade conexos com os do Presidente e Vice-Presidente da República; julgamento: art. 52, I
– decretos; execução: art. 87, p.u., II
– entidades da administração federal; orientação, coordenação e supervisão: art. 87, p.u., I
– escolha: art. 87, *caput*
– *habeas corpus*; processo e julgamento: art. 102, I, *d*
– *habeas data*; processo e julgamento: art. 105, I, *b*
– infrações penais comuns; processo e julgamento: art. 102, I, *b*
– leis; execução: art. 87, p.u., II
– mandado de injunção; processo e julgamento: art. 105, I, *h*
– mandado de segurança; processo e julgamento: art. 105, I, *b*
– nomeação e exoneração: art. 84, I
– pedidos de informação; Câmara dos Deputados e Senado Federal: art. 50
– Poder Executivo; auxílio ao Presidente da República: art. 76

– Presidente da República; delegação de atribuições: art. 84, p.u.
– Presidente da República; referendo de atos e decretos: art. 87, p.u., I
– Presidente da República; relatório anual: art. 87, p.u., III
– processo; instauração: art. 51, I
– regulamentos; execução: art. 87, p.u., II
– remuneração; subsídios: art. 49, VIII

MINISTRO DO SUPERIOR TRIBUNAL DE JUSTIÇA
– *v.* SUPERIOR TRIBUNAL DE JUSTIÇA

MINISTRO DO SUPERIOR TRIBUNAL MILITAR
– *v.* JUSTIÇA MILITAR

MINISTRO DO SUPREMO TRIBUNAL FEDERAL
– *v.* SUPREMO TRIBUNAL FEDERAL

MINISTRO DO TRIBUNAL SUPERIOR DO TRABALHO
– *v.* TRIBUNAL SUPERIOR DO TRABALHO

MINISTRO DO TRIBUNAL SUPERIOR ELEITORAL
– *v.* JUSTIÇA ELEITORAL

MISSÃO DIPLOMÁTICA PERMANENTE
– chefes; aprovação pelo Senado Federal: art. 52, IV
– chefes; crimes comuns e de responsabilidade: art. 102, I, *c*

MOEDA
– emissão: art. 48, XIV
– emissão; competência da União: art. 164

MONOPÓLIO
– vedação: art. 173, § 4º

MUNICÍPIO
– Administração Pública; princípios: art. 37, *caput*
– assistência social; custeio: art. 149, §§ 1º a 4º
– autarquias e fundações mantidas pelo Poder Público; limitações ao poder de tributar: art. 150, §§ 2º e 3º
– autonomia: art. 18, *caput*
– Câmara Municipal; competência: art. 29, V

ÍNDICE REMISSIVO DA CF

– Câmara Municipal; composição: art. 29, IV
– Câmara Municipal; fiscalização financeira e orçamentária pelo Tribunal de Contas dos Estados ou Municípios: art. 31, § 1º
– Câmara Municipal; fiscalização financeira e orçamentária pelos Municípios: art. 31, *caput*
– Câmara Municipal; funções legislativas e fiscalizadoras: art. 29, IX
– competência: art. 30
– competência tributária: arts. 30, III; 145, *caput*; 156
– competência tributária; imposto sobre propriedade predial e territorial urbana: art. 156, I
– competência tributária; imposto sobre serviços de qualquer natureza; lei complementar; fixação de alíquotas máximas e mínimas: art. 156, § 3º, I; ADCT, art. 88
– competência tributária; imposto sobre serviços de qualquer natureza; lei complementar; isenções, incentivos e benefícios fiscais: art. 156, § 3º, III; ADCT, art. 88
– competência tributária; imposto sobre transmissão *inter vivos*: art. 156, II e § 2º
– competência tributária; vedação ao limite de tráfego: art. 150, V
– Conselho de Contas; vedação de criação: art. 31, § 4º
– contribuições previdenciárias; débitos: ADCT, art. 57
– crédito externo e interno; disposições sobre limites globais pelo Senado Federal: art. 52, VII
– criação: art. 18, § 4º
– criação, fusão, incorporação e desmembramento; convalidação: ADCT, art. 96
– desmembramento: art. 18, § 4º
– diferença de bens; limitações ao poder de tributar: art. 152

– disponibilidade de caixa; depósito em instituições financeiras oficiais: art. 164, § 3º
– distinção entre brasileiros; vedação: art. 19, III
– distrito; criação, organização e supressão: art. 30, IV
– Distrito Federal; vedação de divisão: art. 32, *caput*
– dívida mobiliária; fixação de limites globais pelo Senado Federal: art. 52, IX
– dívida pública; fixação de limites globais pelo Senado Federal: art. 52, VI
– documento público; vedação de recusa de fé: art. 19, II
– educação infantil; programas: art. 30, VI
– empresa de pequeno porte; tratamento jurídico diferenciado: art. 179
– ensino; aplicação de receita de impostos: art. 212
– ensino fundamental; programas: art. 30, VI
– Estado-membro; demarcação das terras em litígio: ADCT, art. 12, § 2º
– Fazenda Pública; precatório; sentença judiciária: art. 100, *caput*; ADCT, art. 97
– fiscalização contábil, financeira e orçamentária: art. 75, *caput*
– fiscalização contábil, financeira e orçamentária; exibição das contas aos contribuintes: art. 31, § 3º
– fiscalização financeira: art. 31, *caput*
– fiscalização orçamentária: art. 31, *caput*
– fusão: art. 18, § 4º
– guardas municipais: art. 144, § 8º
– imposto sobre propriedade predial e territorial urbana; função social da propriedade: art. 156, § 1º
– imposto sobre transmissão *inter vivos*; isenção: art. 156, § 2º, I
– incentivos fiscais; reavaliação: ADCT, art. 41
– incorporação: art. 18, § 4º
– iniciativa das leis; população: art. 29, XI

ÍNDICE REMISSIVO DA CF

- instituições de assistência social sem fins lucrativos; limitações ao poder de tributar: art. 150, VI, c e § 4º
- instituições de educação sem fins lucrativos; limitações ao poder de tributar: art. 150, VI, c e § 4º
- interesse local; legislação: art. 30, I
- legislação federal; suplementação: art. 30, II
- Lei Orgânica: art. 29, *caput*; ADCT, art. 11, p.u.
- livros, jornais e periódicos; limitações ao poder de tributar: art. 150, VI, *d*
- mar territorial; exploração: art. 20, § 1º
- microempresa; tratamento jurídico diferenciado: art. 179
- orçamento; recursos para a assistência social: art. 204, *caput*
- órgãos de Contas; vedação de criação: art. 31, § 4º
- participação das receitas tributárias; vedação à retenção ou restrição: art. 160
- partidos políticos; limitações ao poder de tributar: art. 150, VI, c e § 4º
- patrimônio histórico-cultural; proteção: art. 30, IX
- patrimônio, renda ou serviços de entes públicos; limitações ao poder de tributar: art. 150, VI, *a*
- pessoal; despesa: art. 169; ADCT, art. 38
- planejamento; cooperação das associações representativas de bairro: art. 29, X
- plataforma continental; direito de participação e compensação financeira por sua exploração: art. 20, § 1º
- prestação de contas: art. 30, III
- previdência social; contribuição para o custeio do sistema: art. 149, §§ 1º a 4º
- quadro de pessoal; compatibilização: ADCT, art. 24
- receita tributária; repartição: arts. 158; 162
- recursos hídricos e minerais; participação e exploração: art. 20, § 1º
- reforma administrativa: ADCT, art. 24
- religião; vedações: art. 19, I
- saúde; serviços de atendimento: art. 30, VII
- serviço público de interesse local; organização e prestação: art. 30, V
- símbolos: art. 13, § 2º
- sindicatos; limitações ao poder de tributar: art. 150, VI, c e § 4º
- sistema de ensino: art. 211, *caput* e § 2º
- Sistema Tributário Nacional; aplicação: ADCT, art. 34, § 3º
- Sistema Único de Saúde; financiamento: art. 198, § 1º
- solo urbano; controle, ocupação, parcelamento e planejamento: art. 30, VIII
- suplementação da legislação federal e estadual: art. 30, II
- templos de qualquer culto; limitações ao poder de tributar: art. 150, VI, *b* e § 4º
- transporte coletivo; caráter essencial: art. 30, V
- Tribunais de Contas; vedação de criação: art. 31, § 4º
- tributação; limites: art. 150
- tributos; instituição e arrecadação: art. 30, III
- turismo; promoção e incentivo: art. 180
- vedações: art. 19

NACIONALIDADE
- delegação legislativa; vedação: art. 68, § 1º, II
- foro competente: art. 109, X
- opção: art. 12, I, c
- perda: art. 12, § 4º

NATURALIZAÇÃO
- foro competente: art. 109, X

NATUREZA
- *v.* MEIO AMBIENTE

NAVEGAÇÃO
- cabotagem; embarcações nacionais: art. 178

NOTÁRIOS
- concurso público: art. 236, § 3º
- Poder Judiciário; fiscalização de seus atos: art. 236, § 1º
- responsabilidade civil e criminal: art. 236, § 1º

ÍNDICE REMISSIVO DA CF

OBRAS
– coletivas; participação individual: art. 5º, XXVII
– criadores e intérpretes; aproveitamento econômico; fiscalização: art. 5º, XXVIII
– direitos do autor e herdeiros: art. 5º, XXVII
– meio ambiente; degradação; estudo prévio: art. 225, § 1º, IV
– patrimônio cultural brasileiro: art. 216, IV
– valor histórico, artístico e cultural; proteção: art. 23, III e IV

OBRAS PÚBLICAS
– licitação: art. 37, XXI

OFICIAIS DE REGISTRO
– concurso público: art. 236, § 3º
– Poder Judiciário; fiscalização dos atos: art. 236, § 1º
– responsabilidade civil e criminal: art. 236, § 1º
– vedação: art. 173, § 4º

OPERAÇÕES DE CRÉDITO
– Congresso Nacional: art. 48, II

ORÇAMENTO PÚBLICO
– anual; fundos: art. 165, § 5º, I e III
– Congresso Nacional: art. 48, II
– créditos especiais e extraordinários: art. 167, § 2º
– créditos extraordinários: art. 167, § 3º
– delegação legislativa; vedação: art. 68, § 1º, III
– diretrizes orçamentárias; projeto de lei; Presidente da República; envio: art. 84, XXIII
– fundos; instituição e funcionamento: arts. 165, § 9º; 167, IX; ADCT, art. 35, § 2º
– lei anual: ADCT, art. 35, *caput*
– plano plurianual; adequação: art. 165, § 4º
– plano plurianual; Congresso Nacional: art. 48, II
– plano plurianual; crimes de responsabilidade: art. 167, § 1º
– plano plurianual; delegação legislativa; vedação: art. 68, § 1º, III
– plano plurianual; lei: art. 165, § 1º
– plano plurianual; Presidente da República; envio ao Congresso Nacional: art. 84, XXIII
– plano plurianual; projeto de lei; apreciação de emendas pelo Congresso Nacional: art. 166, § 2º
– plano plurianual; projeto de lei; apreciação pela Comissão Mista Permanente de Senadores e Deputados: art. 166, § 1º
– plano plurianual; projeto de lei; apreciação pelo Congresso Nacional: art. 166, *caput*
– plano plurianual; projeto de lei; apresentação de emendas: art. 166, § 2º
– plano plurianual; projeto de lei; modificação: art. 166, § 5º
– plano plurianual; projeto de lei; processo legislativo: art. 166, § 7º
– plano plurianual; regulamentação: art. 165, § 9º
– Poder Executivo: art. 165, III
– proposta; Presidente da República; envio: art. 84, XXIII
– seguridade social; proposta; elaboração: art. 195, § 2º
– títulos da dívida agrária: art. 184, § 4º
– vedações: art. 167; ADCT, art. 37

ORDEM DOS ADVOGADOS DO BRASIL
– Conselho Federal; ações declaratória de constitucionalidade e direta de inconstitucionalidade; legitimidade: art. 103, VII

ORDEM ECONÔMICA
– direito ao exercício de todas as atividades econômicas: art. 170, p.u.
– documento ou informação de natureza comercial; requisição por autoridade estrangeira: art. 181
– empresa de pequeno porte; tratamento jurídico diferenciado: art. 179
– empresas nacionais de pequeno porte: art. 170, IX
– fundamentos: art. 170, *caput*
– livre concorrência: art. 170, IV

ÍNDICE REMISSIVO DA CF

- microempresa; tratamento jurídico diferenciado: art. 179
- pleno emprego: art. 170, VIII
- princípios: art. 170
- relação da empresa pública com o Estado e a sociedade; regulamentação: art. 173, § 3º
- responsabilidade individual e da pessoa jurídica: art. 173, § 5º

ORDEM SOCIAL
- fundamentos: art. 193
- objetivo: art. 193

ORGANIZAÇÃO DO TRABALHO
- empregador; participação nos colegiados de órgãos públicos; interesses profissionais e previdenciários: art. 10
- trabalhador; participação nos colegiados de órgãos públicos; interesses profissionais e previdenciários: art. 10
- trabalhador; representante dos empregados junto às empresas: art. 11

ORGANIZAÇÃO JUDICIÁRIA
- União; competência legislativa: art. 22, XVII

ÓRGÃOS PÚBLICOS
- atos, programas, obras, serviços e campanhas; caráter educativo: art. 37, § 1º
- disponibilidade de caixa; depósito em instituições financeiras oficiais: art. 164, § 3º
- inspeção e auditoria: art. 71, IV

OURO
- ativo financeiro ou instrumento cambial; impostos; normas: art. 153, § 5º

PARLAMENTARISMO
- plebiscito: ADCT, art. 2º

PARTIDO POLÍTICO
- acesso gratuito ao rádio e à televisão: art. 17, § 3º
- ações declaratória de constitucionalidade e direta de inconstitucionalidade: art. 103, VIII
- autonomia: art. 17, § 1º
- caráter nacional: art. 17, I
- coligações eleitorais: art. 17, § 1º
- criação: art. 17, *caput*; ADCT, art. 6º
- direitos fundamentais da pessoa humana: art. 17, *caput*
- estatuto: art. 17, § 10; ADCT, art. 6º
- extinção; incorporação: art. 17, *caput*
- funcionamento parlamentar: art. 17, IV
- fusão: art. 17, *caput*
- incorporação: art. 17, *caput*
- limitações ao poder de tributar: art. 150, VI, c, § 4º
- manifesto: ADCT, art. 6º
- organização e funcionamento: art. 17, § 1º
- personalidade jurídica: art. 17, § 2º
- pluripartidarismo: art. 17, *caput*
- prestação de contas: art. 17, III
- programa: ADCT, art. 6º
- recursos: art. 17, § 3º
- regime democrático: art. 17, *caput*
- registro: art. 17, § 2º; ADCT, art. 6º
- registro provisório; concessão pelo TSE: ADCT, art. 6º, § 1º
- registro provisório; perda: ADCT, art. 6º, § 2º
- requisitos: art. 17, *caput*
- soberania nacional: art. 17, *caput*
- TSE: ADCT, art. 6º, *caput*
- vedação de subordinação a entidade ou governo também no estrangeiro: art. 17, II
- vedação de utilização de organização paramilitar: art. 17, § 4º

PATRIMÔNIO CULTURAL
- ato lesivo; ação popular: art. 5º, LXXIII

PATRIMÔNIO NACIONAL
- atos gravosos: art. 49, I
- Floresta Amazônica, Mata Atlântica, Serra do Mar, Pantanal Mato-Grossense, Zona Costeira: art. 225, § 4º
- mercado interno; desenvolvimento cultural e socioeconômico: art. 219

PAZ
- celebração: arts. 21, II; 49, II; 84, XX; 91, § 1º
- Conselho de Defesa Nacional: art. 91, § 1º, I

1649

ÍNDICE REMISSIVO DA CF

- defesa: art. 4º, VI

PENA
- comutação; competência: art. 84, XII
- cumprimento; estabelecimento: art. 5º, XLVIII
- individualização; regulamentação: art. 5º, XLVI e XLVII
- morte: art. 5º, XLVII, *a*
- reclusão; prática do racismo: art. 5º, XLII
- suspensão ou interdição de direitos: art. 5º, XLVI, *e*
- tipos: art. 5º, XLVI

PETRÓLEO
- importação e exportação; monopólio da União: art. 177, III
- jazidas; monopólio: art. 177, I
- monopólio; exclusão: ADCT, art. 45
- refinação; monopólio da União: art. 177, II
- transporte marítimo ou por meio de conduto; monopólio da União: art. 177, IV

PLANEJAMENTO FAMILIAR: art. 226, § 7º

PLANO NACIONAL DE DESENVOLVIMENTO: art. 48, IV

PLANO NACIONAL DE DESENVOLVIMENTO ECONÔMICO E SOCIAL: art. 43, § 1º, II

PLANO NACIONAL DE EDUCAÇÃO: arts. 205, *caput*; 212, § 3º
- duração decenal: art. 214
- objetivos: art. 214

PLEBISCITO
- autorização: art. 49, XV
- exercício da soberania: art. 14, I
- revisão constitucional; prazo: ADCT, art. 2º

PLURALISMO POLÍTICO: art. 1º, V

POBREZA
- combate às causas: art. 23, X
- erradicação: art. 3º, III
- Fundo de Combate e Erradicação da Pobreza: ADCT, arts. 79 a 83

PODER EXECUTIVO: arts. 2º e 76 a 91
- alteração de alíquotas; competência tributária: art. 153, § 1º

- atividades nucleares; iniciativa: art. 49, XIV
- atos; fiscalização e controle: art. 49, X
- atos normativos; sustação pelo Congresso Nacional: art. 49, V
- delegação legislativa; revogação: ADCT, art. 25
- fiscalização contábil, financeira e orçamentária da União; exercício; prestação de contas: art. 70
- fiscalização contábil, financeira e orçamentária da União; finalidade: art. 74
- membros; vencimentos: arts. 37, XII; 39, § 1º
- Presidente da República; auxílio dos Ministros de Estado: art. 76
- radiodifusão sonora e de sons e imagens; outorga, concessão, permissão e autorização: art. 223, *caput*

PODER JUDICIÁRIO: arts. 2º e 92 a 126
- ações relativas à disciplina e às competições desportivas: art. 217, § 1º
- autonomia administrativa e financeira: art. 99, *caput*
- delegação legislativa; vedação: art. 68, § 1º
- direito individual; lesão ou ameaça: art. 5º, XXXV
- dotação orçamentária: art. 168
- fiscalização contábil, financeira e orçamentária da União; exercício; prestação de contas: art. 70
- fiscalização contábil, financeira e orçamentária da União; finalidade: art. 74, *caput*
- fiscalização dos atos notariais: art. 236, § 1º
- membros; vencimentos: arts. 37, XII; 39, § 1º
- órgãos: art. 92
- órgãos; dotação orçamentária: art. 169
- órgãos, sessões e julgamentos; publicidade: art. 93, IX
- radiodifusão sonora e de sons e imagens; cancelamento de concessão e de permissão: art. 223, § 4º

ÍNDICE REMISSIVO DA CF

PODER LEGISLATIVO: arts. 2º e 44 a 75
- Administração Pública; criação, estruturação e atribuições de órgãos: art. 48, XI
- Administração Pública; fiscalização e controle dos atos: art. 49, X
- Advocacia-Geral da União; apreciação: ADCT, art. 29, § 1º
- anistia; concessão: art. 48, VIII
- apreciação dos estudos da Comissão de Estudos Territoriais: ADCT, art. 12, § 1º
- atividades nucleares; aprovação de iniciativas do Poder Executivo: art. 49, XIV
- atos, convenções e tratados internacionais; referendo: arts. 49, I; 84, VIII
- atos normativos; sustação: art. 49, V
- atribuições: art. 48
- bens da União; limites: art. 48, V
- Comissão de Estudos Territoriais; apreciação: ADCT, art. 12, § 1º
- comissão mista; dívida externa brasileira: ADCT, art. 26
- comissão permanente e temporária: art. 58, *caput*
- comissão representativa: art. 58, § 4º
- comissões; atribuições: art. 58, § 2º
- comissões; representação proporcional dos partidos: art. 58, § 1º
- competência exclusiva: art. 49, *caput*
- competência exclusiva; vedação de delegação: art. 68, § 1º
- competência legislativa: art. 49, XI
- competência tributária residual da União: art. 154, I
- composição: art. 44, *caput*
- concessão e renovação de emissoras de rádio e televisão; art. 49, XII
- Conselho de Comunicação Social: art. 224
- convocação extraordinária: arts. 57, § 6º; 58, § 4º; 62, *caput*; 136, § 5º
- decreto-lei; promulgação da Constituição: ADCT, art. 25, § 1º
- Defensoria Pública da União e dos Territórios; organização: art. 48, IX
- delegação legislativa; dispositivos legais à época da promulgação da Constituição: ADCT, art. 25
- delegação legislativa; resoluções: art. 68, § 2º
- Deputado Federal; fixação de remuneração; subsídios: art. 49, VII
- diretrizes orçamentárias; apreciação: art. 166, *caput*
- diretrizes orçamentárias; apreciação de emendas ao projeto de lei: art. 166, § 2º
- diretrizes orçamentárias; apreciação pela comissão mista permanente de Senadores e Deputados: art. 166, § 1º
- dívida externa brasileira; exame: ADCT, art. 26
- dívida mobiliária federal: art. 48, XIV
- dívida pública: art. 48, II
- dotação orçamentária: art. 168
- emissão de curso forçado: art. 48, II
- espaço aéreo; limites: art. 48, V
- espaço marítimo: art. 48, V
- estado de defesa; apreciação: arts. 136, §§ 4º e 6º; 141, p.u.
- estado de defesa; aprovação: art. 49, IV
- estado de defesa; Comissão: art. 140
- estado de defesa; convocação extraordinária: art. 136, § 5º
- estado de defesa; prazo para envio da decretação ou prorrogação: art. 136, § 4º
- estado de defesa; rejeição: art. 136, § 7º
- estado de sítio; apreciação: arts. 137, p.u.; 138, § 2º; 141, p.u.
- estado de sítio; aprovação: art. 49, IV
- estado de sítio; Comissão: art. 140
- estado de sítio; convocação extraordinária pelo Presidente do Senado: art. 138, § 2º
- estado de sítio; funcionamento: art. 138, § 3º
- Estado-membro; aprovação de incorporação, subdivisão ou desmembramento de áreas: art. 48, VI

ÍNDICE REMISSIVO DA CF

- estrangeiro; autorização para aquisição ou arrendamento de propriedade rural: art. 190
- exercício pelo Congresso Nacional: art. 44, *caput*
- fiscalização contábil, financeira e orçamentária da União: art. 70, *caput*
- fiscalização contábil, financeira e orçamentária da União; finalidade: art. 74, *caput*
- fiscalização financeira, orçamentária, operacional e patrimonial da União; comissão mista permanente de Senadores e Deputados: art. 72
- fiscalização financeira, orçamentária, operacional e patrimonial da União; prestação de contas: arts. 70; 71, *caput*
- Forças Armadas; fixação e modificação do efetivo: art. 48, III
- funcionamento: art. 57, *caput*
- fundos públicos; ratificação: ADCT, art. 36
- Governo Federal; transferência temporária da sede: art. 48, VII
- intervenção federal; aprovação: art. 49, IV
- Juizado de Pequenas Causas; criação: art. 98, I
- leis delegadas: art. 68
- medidas provisórias; apreciação: arts. 57, §§ 7º e 8º; 62, *caput*
- membros; vencimentos: arts. 37, XII; 39, § 8º
- Mesa: art. 57, § 5º
- Mesa; representação proporcional dos partidos: art. 58, § 1º
- Ministério Público da União; organização: art. 48, IX
- Ministério Público do Distrito Federal; organização: art. 48, IX
- Ministério Público dos Territórios; organização: art. 48, IX
- Ministérios; criação, estruturação e atribuições: art. 48, XI
- Ministro de Estado; fixação de remuneração; subsídios: art. 49, VIII

- mobilização nacional; autorização e referendo: art. 84, XIX
- operações de crédito: art. 48, II
- orçamento anual: art. 48, II
- orçamento anual; acompanhamento e fiscalização pela comissão mista permanente de Senadores e Deputados: art. 166, § 1º, II
- orçamento anual; apreciação: art. 166, *caput*
- orçamento anual; apreciação de emendas ao projeto de lei: art. 166, § 2º
- orçamento anual; apreciação de projeto de lei pela Comissão mista permanente: art. 166, § 1º
- orçamento anual; envio de projeto de lei: art. 166, § 6º
- órgãos; dotação orçamentária: art. 169
- plano nacional de desenvolvimento: art. 48, IV
- plano plurianual: art. 48, II
- plano plurianual; apreciação: art. 166, *caput*
- plano plurianual; apreciação de emendas ao projeto de lei: art. 166, § 2º
- plano plurianual; apreciação de projeto de lei pela Comissão mista permanente de Senadores e Deputados: art. 166, § 1º
- planos e programas nacionais, regionais e setoriais previstos na Constituição; apreciação: art. 165, § 4º
- plebiscito; autorização: art. 49, XV
- Poder Executivo; fiscalização e controle dos atos: arts. 49, X; 59
- Poder Executivo; sustação dos atos normativos: art. 49, V
- programa nacional, regional e setorial de desenvolvimento: art. 48, IV
- propriedade rural; autorização para aquisição ou arrendamento por estrangeiro: art. 190
- radiodifusão sonora e de sons e imagens; apreciação dos atos do Poder Executivo: art. 223, § 1º

Índice Remissivo da CF

- radiodifusão sonora e de sons e imagens; renovação da concessão e da permissão: art. 223, §§ 2º e 3º
- recesso: art. 58, § 4º
- referendo; autorização: art. 49, XV
- Regimento Interno: art. 57, § 3º, II
- remoção de índios das terras tradicionalmente ocupadas; deliberação: art. 231, § 5º
- rendas; arrecadação e distribuição: art. 48, I
- revisão constitucional: ADCT, art. 3º
- sede; transferência temporária: art. 49, VI
- seguridade social; aprovação de planos: ADCT, art. 5º
- Senadores; fixação de remuneração; subsídios: art. 49, VII
- serviços e instalações nucleares; aprovação: art. 21, XXIII, a
- sessão extraordinária; matéria: art. 57, §§ 7º e 8º
- sessão legislativa; interrupção: art. 57, § 2º
- sistema tributário; atribuições: art. 48, I
- telecomunicações: art. 48, XII
- terras indígenas; autorização para exploração de recursos hídricos, potenciais energéticos e riquezas minerais: art. 231, § 3º
- terras indígenas; autorização para exploração de riquezas minerais e aproveitamento de recursos hídricos: art. 49, XVI
- terras públicas; aprovação prévia para alienação ou concessão: arts. 49, XVII; 188, § 1º
- terras públicas; revisão de doações, vendas e concessões: ADCT, art. 51
- Território nacional; limites: art. 48, V
- Territórios; aprovação de incorporação, subdivisão ou desmembramento de áreas: art. 48, VI
- Territórios; prestação de contas: art. 33, § 2º
- Tribunais Superiores; discussão e votação de projeto de lei de sua iniciativa: art. 64, *caput*
- Tribunal de Contas da União; escolha de Ministros: art. 73, § 2º
- Tribunal de Contas da União; escolha dos Membros: art. 49, XIII
- Tribunal de Contas da União; prestação de informações: art. 71, VII
- Vice-Presidente da República; autorização para se ausentar do País: arts. 49, III; 83
- Vice-Presidente da República; fixação de remuneração; subsídios: art. 49, VIII

POLÍCIA CIVIL
- competência: art. 144, § 4º
- competência legislativa da União, Estados e Distrito Federal: art. 24, XVI
- Distrito Federal; organização e manutenção: art. 21, XIV
- órgãos: art. 144, IV

POLÍCIA FEDERAL: art. 144, I
- competência: art. 144, § 1º
- competência legislativa: art. 22, XII
- organização e manutenção: art. 21, XIV

POLÍCIA FERROVIÁRIA FEDERAL: art. 144, § 3º

POLÍCIA MARÍTIMA: arts. 21, XXII; 144, § 1º, III

POLÍCIA MILITAR
- competência: art. 144, § 5º
- competência legislativa da União: art. 22, XXI
- Distrito Federal; organização e manutenção: art. 21, XIV
- integrantes da carreira, ex-Território Federal de Rondônia: ADCT, art. 89
- órgãos: art. 144, V

POLÍCIA RODOVIÁRIA FEDERAL: art. 144, II
- competência: art. 144, § 2º
- competência legislativa da União: art. 22, XXII

POLÍTICA AGRÍCOLA
- assistência técnica e extensão rural: art. 187, IV

ÍNDICE REMISSIVO DA CF

- atividades agroindustriais, agropecuárias, pesqueiras e florestais: art. 187, § 1°
- compatibilização com a reforma agrária: art. 187, § 2°
- irrigação: art. 187, VII
- irrigação; aplicação de recursos; distribuição: ADCT, art. 42
- objetivos e instrumentos: ADCT, art. 50
- ocupação produtiva de imóvel rural: art. 191
- planejamento; atividades incluídas: art. 187, § 1°
- planejamento e execução: art. 187
- produção agropecuária; abastecimento alimentar; competência: art. 23, VIII
- reforma agrária; compatibilização: art. 187, § 2°
- reforma agrária; desapropriação: arts. 184; 185; 186
- reforma agrária; distribuição de imóveis rurais: art. 189
- regulamentação legal: ADCT, art. 50
- terras públicas e devolutas; destinação: art. 188

POLÍTICA DE DESENVOLVIMENTO URBANO
- desapropriações: art. 182, § 3°
- execução, diretrizes, objetivos; Município: art. 182
- exigência de aproveitamento do solo não edificado; penalidades: art. 182, § 4°
- função social da propriedade; exigências do plano diretor: art. 182, § 2°
- plano diretor; aprovação; obrigatoriedade; instrumento básico: art. 182, § 1°

POLUIÇÃO
- v. MEIO AMBIENTE
- combate: art. 23, VI
- controle; competência legislativa concorrente: art. 24, VI

PORTUGUESES
- direitos: art. 12, § 1°

POUPANÇA
- captação e garantia: art. 22, XIX
- União; competência legislativa: art. 22, XIX

PRECATÓRIOS: art. 100; ADCT, art. 97
- alimentos: art. 100, §§ 1° e 2°
- atualização; valores de requisitórios: art. 100, § 12
- cessão: art. 100, §§ 13 e 14
- complementar ou suplementar; vedação: art. 100, § 8°
- expedição; compensação: art. 100, § 9°
- Fazenda Federal, Estadual, Distrital ou Municipal; ordem de pagamento: ADCT, art. 86, §§ 1° a 3°
- Fazenda Federal, Estadual, Distrital ou Municipal; oriundos de sentenças; pagamento; condições: ADCT, art. 86
- liquidação pelo seu valor real; ações iniciais ajuizadas até 31.12.1999: ADCT, art. 78
- pagamento de obrigações de pequeno valor: art. 100, § 3° e ADCT, art. 87
- União; débitos oriundos de precatórios; refinanciamento: art. 100, § 16

PRECONCEITOS
- v. DISCRIMINAÇÃO

PREFEITO
- condições de elegibilidade: art. 14, §§ 5° e 6°
- cônjuge e parentes; elegibilidade: ADCT, art. 5°, § 5°
- Deputado Estadual; exercício da função: ADCT, art. 5°, § 3°
- Deputado Federal; exercício da função: ADCT, art. 5°, § 3°
- elegibilidade; idade mínima: art. 14, § 3°, VI, c
- eleição: art. 29, II e III
- eleição direta: art. 29, I, II e III
- eleição no 2° turno; desistência: art. 29, II e III
- eleito em 15.11.1984; término do mandato: ADCT, art. 4°, § 4°
- idade mínima: art. 14, § 3°, VI, c
- imposto: art. 29, V
- inelegibilidade de cônjuge: art. 14, § 7°
- inelegibilidade de parentes até o segundo grau: art. 14, § 7°
- julgamento: art. 29, X

ÍNDICE REMISSIVO DA CF

– mandato: ADCT, art. 4º, § 4º
– mandato eletivo; duração: art. 29, II e III
– mandato eletivo; servidor público: arts. 28; 38
– perda de mandato: art. 28, § 1º
– posse: art. 29, II e III
– reeleição: art. 14, § 5º
– remuneração; subsídios: art. 29, V
– sufrágio universal: art. 29, II e III
– voto: art. 29, II e III

PRESIDENCIALISMO
– plebiscito; prazo: ADCT, art. 20

PRESIDENTE DA REPÚBLICA
– ação direta de inconstitucionalidade: art. 103, I
– Administração Federal; direção: art. 84, II
– Administração Federal; organização e funcionamento; mediante decreto: art. 84, VI, *a* e *b*
– Advocacia-Geral da União; organização e funcionamento: ADCT, art. 29, § 1º
– Advogado-Geral da União; nomeação: art. 131, § 1º
– afastamento; cessação: art. 86, § 2º
– atos, convenções e tratados internacionais; celebração: art. 84, VIII
– atos estranhos a suas funções; responsabilidade: art. 86, § 4º
– atribuições: art. 84, XXVII
– ausência do País; autorização: art. 49, III
– ausência do País; exercício do cargo: art. 83
– ausência do País; licença do Congresso Nacional: art. 83
– Banco Central do Brasil; nomeação de presidente e diretores: art. 84, XIV
– cargo; perda: art. 83
– cargo; vacância: arts. 78, p.u.; 80; 81
– cargo privativo; brasileiro nato: art. 12, § 3º, I
– cargos públicos federais; preenchimento e extinção: art. 84, XXV
– cessação do estado de defesa; relato das medidas ao Congresso Nacional: art. 141, p.u.

– cessação do estado de sítio; relato ao Congresso Nacional: art. 141, p.u.
– competências: art. 84, *caput*
– condecoração e distinções honoríficas; concessão: art. 84, XXI
– condições de elegibilidade: art. 14, §§ 5º e 6º
– Congresso Nacional; convocação extraordinária: art. 57, § 6º, I e II
– cônjuge e parentes; elegibilidade: ADCT, art. 5º, § 5º
– Conselho da República; composição: art. 89
– Conselho da República e Conselho de Defesa; convocação: art. 84, XVIII
– Conselho de Defesa Nacional; órgão de consulta: art. 91, *caput*
– Conselho Nacional de Justiça; nomeação de seus membros: art. 103-B, § 2º
– Constituição; compromisso de defender e cumprir: ADCT, art. 1º
– crimes de responsabilidade: arts. 52, I; 85
– crimes de responsabilidade; admissibilidade da acusação; julgamento: art. 86
– crimes de responsabilidade; processo e julgamento pelo Presidente do STF: art. 52, p.u.
– crimes de responsabilidade; pena: art. 52, p.u.
– crimes de responsabilidade; suspensão de funções: art. 86, § 1º, II
– crimes de responsabilidade; tipicidade: art. 85, p.u.
– decretos; expedição: art. 84, IV
– defensoria pública; legislação: art. 61, § 1º, II, *d*
– delegação legislativa; resolução do Congresso Nacional: art. 68, § 2º
– despesa pública; projeto de iniciativa exclusiva: art. 63, I
– efetivo das Forças Armadas; legislação: art. 61, § 1º, I
– elegibilidade; idade mínima: art. 14, § 3º, VI, *a*
– eleição: art. 77
– emendas à Constituição: art. 60, II

ÍNDICE REMISSIVO DA CF

- estado de defesa; decretação: arts. 136, *caput*; 84, IX
- estado de defesa; decretação ou prorrogação: art. 136, § 4º
- estado de sítio; decretação: arts. 84, IX; 137, *caput*
- estado de sítio; decretação ou prorrogação: art. 137, p.u.
- estado de sítio; executor: art. 138, *caput*
- Forças Armadas; comando supremo: art. 84, XIII
- Forças Armadas; nomeação dos comandantes da Marinha, do Exército e da Aeronáutica: art. 84, XIII
- forças estrangeiras; trânsito e permanência temporária no território nacional: art. 84, XXII
- Governador de Território; nomeação: art. 84, XIV
- guerra; declaração: art. 84, XIX
- *habeas corpus*; processo e julgamento: art. 102, I, *d*
- idade mínima: art. 14, § 3º, VI, *a*
- impedimento; exercício da Presidência: art. 80
- impedimento; substituição pelo Vice-Presidente da República: art. 79, *caput*
- impedimentos; sucessão: art. 80
- indulto; concessão: art. 84, XII
- inelegibilidade: art. 14, § 7º
- infrações penais comuns; admissibilidade da acusação: art. 86
- infrações penais comuns; julgamento: art. 86
- infrações penais comuns; processo e julgamento: art. 102, I, *b*
- infrações penais comuns; suspensão de funções: art. 86, § 1º, I
- iniciativa das leis; discussão e votação: art. 64, *caput*
- instauração de processo contra; autorização; competência: art. 51, I
- intervenção federal; decretação: art. 84, X
- Juízes dos Tribunais Federais; nomeação: art. 84, XVI
- leis; diretrizes orçamentárias; iniciativa privativa: art. 165
- leis; diretrizes orçamentárias; modificação do projeto: art. 166, § 5º
- leis; iniciativa: art. 84, III
- leis; iniciativa privativa: arts. 61, § 1º, II; 84, III
- leis; sanção, promulgação e expedição: art. 84, IV
- leis complementares e ordinárias; iniciativa: art. 61, *caput*
- mandado de injunção; processo e julgamento de seus atos: art. 102, I, *q*
- mandado de segurança; processo e julgamento de seus atos: art. 102, I, *d*
- mandato eletivo; início e duração: art. 82
- medidas provisórias; adoção: art. 62, *caput*
- medidas provisórias; edição: art. 84, XXVI
- mobilização nacional; decretação: art. 84, XIX
- oficiais-generais das três armas; promoção: art. 84, XIII
- paz; celebração: art. 84, XX
- pena; comutação: art. 84, XII
- plano de governo; envio: art. 84, XI
- plano plurianual; envio: art. 84, XXIII
- plano plurianual; modificação do projeto de lei: art. 166, § 5º
- Poder Executivo; exercício: art. 76
- posse: art. 78, *caput*
- posse; compromisso: arts. 57, § 3º, III, § 6º; 78
- prestação de contas: arts. 51, II; 71, I
- prestação de contas; apreciação pela Comissão mista permanente de Senadores e Deputados: art. 166, § 1º, I
- prestação de contas; julgamento: art. 49, IX
- prestação de contas ao Congresso Nacional: art. 84, XXIV
- prisão: art. 86, § 3º
- processo; instauração: art. 51, I
- projeto de lei: art. 66, § 1º

ÍNDICE REMISSIVO DA CF

- projeto de lei; solicitação de urgência: art. 64, § 1º
- projeto de lei; veto parcial ou total: art. 84, V
- projeto de lei de diretrizes orçamentárias; envio: art. 84, XXIII
- promulgação da lei: art. 66, §§ 5º e 7º
- propostas de orçamento; envio ao Congresso Nacional; art. 84, XXIII
- reeleição: arts. 14, § 5º; 82
- regulamento; expedição: art. 84, IV
- relações internacionais; manutenção: art. 84, VII
- remuneração; subsídios; fixação; competência: art. 49, VIII
- representante diplomático estrangeiro; credenciamento: art. 84, VII
- sanção: arts. 48, *caput*; 66, *caput*
- sanção tácita: art. 66, § 3º
- servidor público; aumento da remuneração: art. 61, § 1º, II, *a*
- servidor público; criação de cargo, emprego ou função: art. 61, § 1º, II, *a*
- servidor público civil: art. 38, I
- servidor público da União; legislação: art. 61, § 1º, II, *c*
- servidor público dos Territórios; legislação: art. 61, § 1º, II, *c*
- Superior Tribunal Militar; aprovação de Ministros: art. 123, *caput*
- Superior Tribunal Militar; escolha dos Ministros Civis: art. 123, p.u.
- STF; nomeação dos Ministros: art. 101, p.u.
- suspensão de funções: art. 86, § 1º
- término do mandato: ADCT, art. 4º, *caput*
- Territórios; organização: art. 61, § 1º, II, *b*
- TRE; nomeação de Juízes: arts. 107, *caput*; 120, III
- TRT; nomeação de Juízes: art. 115, *caput*
- vacância do cargo: art. 78, p.u.
- vacância do cargo; eleições: art. 81
- vacância dos respectivos cargos; exercício da Presidência: art. 80
- veto parcial: art. 66, § 2º
- Vice-Presidente da República; convocação para missões especiais: art. 79, p.u.
- Vice-Presidente da República; eleição e registro conjunto: art. 77, § 1º

PREVIDÊNCIA PRIVADA
- complementar; regime facultativo: art. 202

PREVIDÊNCIA SOCIAL: arts. 201; 202
- anistia: arts. 150, § 6º; 195, § 11
- aposentadoria: art. 201
- benefícios: arts. 201; 248 a 250
- benefícios; reavaliação: ADCT, art. 58
- cobertura: art. 201, I
- competência legislativa concorrente: art. 24, XII
- contribuição: art. 201, *caput*
- contribuição; ganhos habituais do empregado: art. 201, § 11
- direitos sociais: art. 6º
- Distrito Federal; contribuição: art. 149, § 1º
- Estado-membro; débito das contribuições previdenciárias: ADCT, art. 57
- Estados; contribuição: art. 149, §§ 1º a 4º
- gestante: art. 201, II
- maternidade: art. 201, II
- Município; contribuição: art. 149, §§ 1º a 4º
- Município; débitos das contribuições previdenciárias: ADCT, art. 57
- pensão; gratificação natalina: art. 201, § 6º
- pescador artesanal: art. 195, § 8º
- produtor rural: art. 195, § 8º
- recursos: arts. 248 a 250
- segurados; pensão por morte ao cônjuge ou companheiro: art. 201, V
- segurados de baixa renda; manutenção de dependentes: art. 201, IV
- segurados de baixa renda; sistema especial de inclusão previdenciária: art. 201, § 12
- sistema especial de inclusão previdenciária; alíquotas e carência inferiores às vigentes: art. 201, § 13

– trabalhador; proteção ao desemprego involuntário: art. 201, III

PRINCÍPIO DA DIGNIDADE DA PESSOA HUMANA: art. 1º, III
PRINCÍPIO DA IGUALDADE: art. 5º, I
PRINCÍPIO DO CONTRADITÓRIO E AMPLA DEFESA: art. 5º, LV
PRINCÍPIO DO DEVIDO PROCESSO LEGAL: art. 5º, LIII e LIV
PROCESSO
– celeridade na tramitação: art. 5º, LXXVIII
– distribuição: art. 93, XV

PROCESSO ELEITORAL
– lei; vigência: art. 16

PROCESSO LEGISLATIVO
– elaboração: art. 59
– iniciativa do Presidente da República: art. 84, III

PROCURADOR-GERAL DA FAZENDA NACIONAL
– execução da dívida ativa; representação: art. 131, § 3º
– União; representação judicial na área fiscal: ADCT, art. 29, § 5º

PROCURADOR-GERAL DA REPÚBLICA
– ação de inconstitucionalidade: art. 103, § 1º
– ações declaratória de constitucionalidade e direta de inconstitucionalidade; legitimidade: art. 103, VI
– aprovação: art. 52, III, e
– aprovação pelo Senado Federal: art. 84, XIV
– crimes de responsabilidade; julgamento pelo Presidente do STF: art. 52
– destinação: art. 128, § 2º
– direitos humanos; grave violação; deslocamento de competência: art. 109, § 5º
– exoneração de ofício: art. 52, XI
– *habeas corpus* e *habeas data*; processo e julgamento: art. 102, I, *d*
– infrações penais comuns; processo e julgamento: art. 102, I, *b*
– mandado de segurança; processo e julgamento de seus atos: art. 102, I, *d*
– mandato e nomeação; aprovação prévia pelo Senado Federal: art. 128, § 1º
– nomeação e destituição; Presidente da República: arts. 84, XIV; 128, §§ 1º e 2º
– opção de carreira: ADCT, art. 29, § 2º
– Presidente da República; delegação de atribuições: art. 84, p.u.
– recondução: art. 128, § 1º

PROCURADOR-GERAL DO DISTRITO FEDERAL E DOS ESTADOS
– destituição: art. 128, § 4º
– estabilidade; avaliação de desempenho: art. 132, p.u.
– organização em carreira: art. 132, *caput*

PROGRAMA DE FORMAÇÃO DO PATRIMÔNIO DO SERVIDOR PÚBLICO (PASEP)
– abono: art. 239, § 3º
– seguro-desemprego; financiamento: art. 239

PROGRAMA DE INTEGRAÇÃO SOCIAL (PIS)
– abono: art. 239, § 3º
– seguro-desemprego; financiamento: art. 239

PROJETO DE LEI
– disposição: art. 65, *caput*
– emendas: art. 65, p.u.
– rejeição; novo projeto: art. 67
– sanção: arts. 65, *caput*; 66, *caput*
– sanção tácita: art. 66, § 3º
– veto: arts. 66; 84, V
– votação: arts. 65, *caput*; 66, *caput*, §§ 4º e 6º

PROPRIEDADE
– comunidades remanescentes dos quilombos; concessão definitiva: ADCT, art. 68
– função social: art. 170, III
– ocupação temporária: art. 5º, XXV

PROPRIEDADE PRIVADA: art. 170, II
PROPRIEDADE RURAL
– desapropriação para fins de reforma agrária; exclusões: art. 185, I e II

ÍNDICE REMISSIVO DA CF

- desapropriação para fins de reforma agrária; procedimento, rito e processo: art. 184, § 3º
- estrangeiro; aquisição ou arrendamento: art. 190
- função social: arts. 184; 186
- interesse social; declaração: art. 184, § 2º
- penhora; vedação: art. 5º, XX
- usucapião: art. 191

PROPRIEDADE URBANA
- aproveitamento; exigência do Poder Público Municipal: art. 182, § 4º
- concessão de uso: art. 183, § 1º
- desapropriação; pagamento da indenização em títulos da dívida pública: art. 182, § 4º, III
- edificação compulsória: art. 182, § 4º, I
- função social: art. 182, § 2º
- imposto progressivo: art. 182, § 4º, II
- parcelamento compulsório: art. 182, § 4º, I
- título de domínio: art. 183, § 1º
- usucapião: art. 183

RAÇA
- discriminação; condenação: art. 3º, IV

RACISMO
- crime inafiançável e imprescritível: art. 5º, XLII
- repúdio: art. 4º, VIII

RADIODIFUSÃO SONORA E DE SONS E IMAGENS
- concessão; apreciação pelo Congresso Nacional: art. 49, XII
- concessão e permissão; cancelamento; decisão judicial: art. 223, § 4º
- concessão e permissão; prazo: art. 223, § 5º
- Congresso Nacional; apreciação dos atos do Poder Executivo: art. 223, § 1º
- empresa; propriedade: art. 222
- empresa; propriedade; pessoa jurídica: art. 222, *caput*
- outorga, concessão, permissão e autorização; Poder Executivo: art. 223, *caput*
- produção e programação; princípios e finalidades: art. 221

- renovação da concessão e permissão; Congresso Nacional: art. 223, §§ 2º e 3º

RECEITAS TRIBUTÁRIAS
- *v.* TRIBUTOS
- repartição; divulgação: art. 162
- repartição; entrega pela União: art. 159; ADCT, art. 34, § 1º
- repartição; Estado e Distrito Federal: art. 157
- repartição; Município: art. 158
- repartição; regulamentação: art. 161, I

RECURSOS HÍDRICOS
- *v.* ÁGUAS

RECURSOS MINERAIS
- defesa; competência legislativa concorrente: art. 24, VI
- exploração de aproveitamento industrial: art. 176, *caput*
- meio ambiente: art. 225, § 2º

REFERENDO
- autorização: art. 49, XV
- soberania: art. 14, II

REFORMA ADMINISTRATIVA
- disposição: ADCT, art. 24

REFORMA AGRÁRIA
- *v.* DESAPROPRIAÇÃO
- beneficiários: art. 189
- compatibilização com a política agrícola: art. 187, § 2º
- conflitos fundiários; varas especializadas; criação: art. 126
- imóveis desapropriados; isenção tributária: art. 184, § 5º
- imóvel rural; declaração de interesse social; ação; propositura; decreto: art. 184, § 2º
- imóvel rural; indenização; títulos da dívida agrária: art. 184
- imóvel rural; processo: art. 184, § 3º
- imóvel rural pequeno e médio ou produtivo; desapropriação; vedação: art. 185
- orçamento público; títulos da dívida agrária: art. 184, § 4º
- pequenos e médios imóveis rurais; vedação: art. 185, I

- propriedade produtiva; vedação: art. 185, II
- terras públicas: art. 188, § 1º
- terras públicas; alienação e concessão: art. 188, § 2º
- títulos da dívida agrária: art. 184, § 4º

REGIÕES METROPOLITANAS
- instituição: art. 25, § 3º

RELAÇÕES INTERNACIONAIS
- princípios: art. 4º

REPRESENTANTES DIPLOMÁTICOS ESTRANGEIROS
- credenciamento: art. 84, VII

REPÚBLICA
- plebiscito: ADCT, art. 2º

REPÚBLICA FEDERATIVA DO BRASIL: art. 1º, caput
- objetivos fundamentais: art. 3º
- organização político-administrativa: art. 18, caput
- relações internacionais; princípios: art. 4º, caput

REVISÃO CONSTITUCIONAL
- Congresso Nacional: ADCT, art. 3º
- plebiscito; prazo: ADCT, art. 2º
- TSE; normas: ADCT, art. 2º, § 2º

SALÁRIO-EDUCAÇÃO
- cotas estaduais e municipais da arrecadação; distribuição: art. 212, § 6º
- fonte adicional de financiamento; educação básica pública: art. 212, § 5º

SALÁRIO-FAMÍLIA: art. 7º, XII

SANGUE
- comércio; vedação: art. 199, § 4º

SAÚDE PÚBLICA
- v. SISTEMA ÚNICO DE SAÚDE
- alimentos; bebidas e águas; fiscalização: art. 200, VI
- aplicação de impostos e receita municipal: arts. 34, VII; 35, III; ADCT, art. 77
- assistência; liberdade à iniciativa privada: art. 199, caput
- dever do Estado: art. 196
- direito da criança, adolescente e jovem: art. 227, § 1º
- direito de todos: art. 196
- direitos sociais: art. 6º
- instituições privadas; participação no Sistema Único de Saúde: art. 199, § 1º
- instituições privadas com fins lucrativos; vedação de recursos públicos: art. 199, § 2º
- liberdade à iniciativa privada: art. 199, caput
- orçamento: ADCT, art. 55
- órgãos humanos; comércio: art. 199, § 4º
- pessoa física ou jurídica de direito privado; execução: art. 197
- Poder Público; regulamentação, fiscalização, controle e execução: art. 197
- propaganda comercial nociva; vedação: art. 220, § 3º, II
- proteção e defesa; concorrente: art. 24, XII
- regulamentação, fiscalização e controle: art. 197
- sangue; coleta, processamento e transfusão: art. 199, § 4º
- sangue; comércio: art. 199, § 4º
- serviços de atendimento municipais: art. 30, VII
- transplante de órgãos, tecidos e substâncias humanas: art. 199, § 4º
- União; competência: art. 23, II
- vedação da exploração direta ou indireta da assistência por empresas ou capitais estrangeiros: art. 99, § 3º

SEGURANÇA PÚBLICA
- atribuições: art. 144, I a V, §§ 1º ao 5º
- direito social: art. 6º
- finalidade: art. 144, caput
- forças auxiliares e reserva do Exército; Governador de Estado, Distrito Federal e Território: art. 144, § 6º
- guardas municipais: art. 144, § 8º
- organização e funcionamento: art. 144, § 7º
- órgãos; organização e funcionamento: art. 144, § 7º

ÍNDICE REMISSIVO DA CF

SEGURIDADE SOCIAL: arts. 194 a 204
– arrecadação: ADCT, art. 56
– benefícios; fontes de custeio: art. 195, § 5º
– benefícios; irredutibilidade do valor: art. 194, p.u., IV
– benefícios; seletividade e distributividade: art. 194, p.u., III
– benefícios às populações urbanas e rurais; uniformidade e equivalência: art. 194, p.u., II
– Congresso Nacional; aprovação de planos: ADCT, art. 59
– contribuição social; importador de bens ou serviços do exterior: art. 195, IV
– contribuições: art. 195, § 6º
– contribuições; alíquotas diferenciadas em razão da atividade econômica: art. 195, § 9º
– custeio: art. 194, p.u., V
– débito; pessoa jurídica; consequência: art. 195, § 3º
– definição e finalidade: art. 194, *caput*
– financiamento: art. 194, p.u., VI
– financiamento; contribuições sociais: art. 195, I, II e III
– financiamento; outras fontes: art. 195, § 4º
– financiamento; receitas dos Estados, Distrito Federal e Municípios: art. 195, § 1º
– financiamento; recursos provenientes do orçamento da União, dos Estados, do Distrito Federal e dos Municípios: art. 195
– financiamento; ressalva: art. 240
– gestão administrativa e quadripartite; participação: art. 194, p.u., VII
– isenção de contribuição: art. 195, § 7º
– legislação: art. 22, XXIII
– limites; benefícios: art. 248
– objetivos: art. 194, p.u.
– orçamento: art. 195, § 2º
– orçamento; recursos para a assistência social: art. 204, *caput*
– organização: art. 194, p.u.
– organização; regulamentação legal: ADCT, art. 59
– pessoa jurídica em débito; consequência: art. 195, § 3º
– planos de custeio e benefício; regulamentação legal: ADCT, art. 59
– recursos: arts. 249; 250
– serviços; fontes de custeio: art. 195, § 5º
– serviços; seletividade e distributividade: art. 194, p.u., III
– serviços às populações urbanas e rurais; uniformidade e equivalência: art. 194, p.u., II
– transferência de recursos: art. 195, § 10
– universalidade da cobertura e do atendimento: art. 194, p.u., I
– vedação da utilização dos recursos provenientes para despesas distintas; pagamento de benefícios: art. 167, XI
– vedação de concessão de remissão ou anistia: art. 195, § 11

SENADO FEDERAL
– Banco Central do Brasil; aprovação de Presidente e Diretores: arts. 52, III, *d*; 84, XIV
– cargos; criação, transformação, extinção e remuneração: art. 52, XIII
– comissão permanente e temporária: art. 58, *caput*
– comissões; atribuições: art. 58, § 2º
– comissões; representação proporcional dos partidos: art. 58, § 1º
– comissões parlamentares de inquérito: art. 58, § 3º
– competência privativa: art. 52
– competência privativa; vedação de delegação: art. 68, § 1º
– composição: art. 46, *caput*
– Congresso Nacional; convocação extraordinária: art. 57, § 6º, I e II
– Conselho da República; líderes: art. 89, V
– Conselho Nacional de Justiça; aprovação de seus membros: art. 103-B, § 2º
– crédito externo e interno; disposições sobre limites globais: art. 52, VII

ÍNDICE REMISSIVO DA CF

- crédito externo e interno federal; concessão de garantia e fixação de limites e condições: art. 52, VIII
- crimes de responsabilidade; julgamento: art. 86
- deliberações; *quorum*: art. 47
- despesa pública; projeto sobre serviços administrativos: art. 63, II
- dívida mobiliária do Distrito Federal, estadual e municipal; fixação de limites globais: art. 52, IX
- dívida pública; fixação de limites globais: art. 52, VI
- emendas; apreciação pela Câmara dos Deputados: art. 64, § 3º
- emendas à Constituição: art. 60, I
- emprego; criação, transformação, extinção e remuneração: art. 52, XIII
- estado de sítio; convocação extraordinária do Congresso Nacional pelo Presidente: art. 138, § 2º
- estado de sítio; suspensão da imunidade parlamentar: art. 53, § 8º
- Governador de Território; aprovação: arts. 52, III, c; 84, XIV
- impostos; alíquotas; fixação: art. 155, § 1º, IV e § 2º, V
- inconstitucionalidade de lei; suspensão de execução: arts. 52, X; 103, § 3º
- legislatura; duração: art. 44, p.u.
- leis complementares e ordinárias; iniciativa: art. 61, *caput*
- magistrados; aprovação: art. 52, III, *a*
- Mesa; ação declaratória de constitucionalidade: art. 103, II
- Mesa; ação direta de inconstitucionalidade: art. 103, II
- Mesa; *habeas data*: art. 102, I, *d*
- Mesa; mandado de injunção: art. 102, I, *g*
- Mesa; mandado de segurança: art. 102, I, *d*
- Mesa; pedidos de informação a Ministro de Estado: art. 50, § 2º
- Mesa; representação proporcional dos partidos: art. 58, § 1º
- Ministro de Estado; comparecimento: art. 50, § 2º
- Ministro de Estado; convocação: art. 50, *caput*
- Ministro de Estado; informação: art. 50, § 2º
- missão diplomática de caráter permanente; aprovação dos chefes: art. 52, IV
- operações externas de natureza financeira; autorização: art. 52, V
- organização: art. 52, XIII
- órgão do Congresso Nacional: art. 44, *caput*
- Presidente; cargo privativo de brasileiro nato: art. 12, § 3º
- Presidente; exercício da Presidência da República: art. 80
- Presidente; membro do Conselho da República: art. 89, III
- Presidente; membro nato do Conselho de Defesa Nacional: art. 91, III
- Presidente; promulgação das leis: art. 66, § 7º
- projetos de lei; prazo de apreciação de solicitação de urgência: art. 64, §§ 2º e 4º
- Regimento Interno: art. 52, XII
- sessão conjunta: art. 57, § 3º
- sistema eleitoral: art. 46, *caput*

SENADOR
- decoro parlamentar: art. 55, II, § 1º
- estado de sítio; difusão de pronunciamento: art. 139, p.u.
- estado de sítio; suspensão da imunidade parlamentar: art. 53, § 8º
- Estado de Tocantins; eleição: ADCT, art. 13, § 3º
- exercício de funções executivas: art. 56, I, § 3º
- flagrante de crime inafiançável: art. 53, § 2º
- *habeas corpus*; processo e julgamento: art. 102, I, *d*
- idade mínima: art. 14, § 3º, VI, *a*
- impedimentos: art. 54
- impostos: art. 49, VII

ÍNDICE REMISSIVO DA CF

- imunidades: art. 53
- imunidades; estado de sítio: art. 53, § 8º
- incorporação às Forças Armadas: art. 53, § 8º
- infrações penais comuns; processo e julgamento: art. 102, I, *b*
- inviolabilidade: art. 53, *caput*
- legislatura; duração: art. 44, p.u.
- licença: art. 56, II
- mandato eletivo; alternância na renovação: art. 46, § 2º
- mandato eletivo; duração: art. 46, § 1º
- perda de mandato: arts. 55, IV; 56
- remuneração; subsídios: art. 49, VII
- sessão legislativa; ausência: art. 55, III
- sistema eleitoral: art. 46, *caput*
- suplência: arts. 46, § 3º; 56, § 1º
- testemunho: art. 53, § 6º
- vacância: art. 56, § 2º

SENTENÇA
- autoridade competente: art. 5º, LIII
- estrangeira; homologação; processo e julgamento: art. 105, I, *i*
- execução; processo e julgamento: art. 102, I, *m*
- judicial; servidor público civil; perda e reintegração no cargo: art. 41, §§ 1º e 2º
- penal condenatória: art. 5º, LVII

SEPARAÇÃO DOS PODERES
- emendas à Constituição: art. 60, § 4º, III

SERINGUEIROS
- pensão mensal vitalícia: ADCT, art. 54

SERVIÇO MILITAR OBRIGATÓRIO
- condições: art. 143
- direito de eximir-se; imperativo de consciência: art. 143, § 1º
- eclesiásticos: art. 143, § 2º
- isenção: art. 143, § 2º
- mulheres: art. 143, § 2º
- tempo de paz: art. 143, § 1º

SERVIÇO NACIONAL DE APRENDIZAGEM RURAL
- criação: ADCT, art. 62

SERVIÇO POSTAL: art. 21, X

SERVIÇOS DE TELECOMUNICAÇÕES
- exploração, autorização, concessão e permissão: art. 21, XII, *a*
- exploração direta ou concessão: art. 21, XI

SERVIÇOS NOTARIAIS E DE REGISTRO
- concurso público; ingresso: art. 236, § 3º
- emolumentos; fixação: art. 236, § 2º
- notariais; responsabilidade civil e criminal: art. 236, § 1º
- oficializados pelo Poder Público; não aplicação das normas: ADCT, art. 32

SERVIÇOS PÚBLICOS
- de interesse local; exploração direta ou concessão: art. 21, XI
- direitos dos usuários: art. 175, p.u., II
- empresas concessionárias e permissionárias; regime: art. 175, p.u., I
- gestão; entes públicos; convênios de cooperação: art. 241
- licitação: art. 37, XXI
- manutenção: art. 175, p.u., IV
- ordenação legal: art. 175, p.u.
- organização: art. 30, V
- política tarifária: art. 175, p.u., III
- prestação; reclamações: art. 37, § 3º
- prestação, concessão e permissão: art. 175, *caput*
- prestação de serviços: art. 30, V

SERVIDOR PÚBLICO
- acesso: art. 37, I
- acréscimos pecuniários: art. 37, XIV
- acumulação remunerada de cargo, emprego ou função públicos; vedação: art. 37, XVI e XVII
- adicionais percebidos em desacordo com a Constituição; redução: ADCT, art. 17
- administração fazendária; precedência sobre os demais setores administrativos: art. 37, XVIII
- admissão: art. 71, III
- anistia: ADCT, art. 8º, § 5º
- aposentadoria: art. 40
- aposentadoria; atualização de proventos: ADCT, art. 20

ÍNDICE REMISSIVO DA CF

- aposentadoria; cálculo dos proventos: art. 40, § 3º
- aposentadoria; contribuição sobre os proventos; incidência: art. 40, § 18
- aposentadoria; invalidez permanente: art. 40, § 1º, I
- aposentadoria; redução de proventos percebidos em desacordo com a Constituição: ADCT, art. 17
- aposentadoria voluntária; permanência em atividade; abono: art. 40, § 19
- ato ilícito; prescrição: art. 37, § 5º
- atos de improbidade administrativa: art. 37, § 4º
- aumento de remuneração: art. 61, § 1º, II, *a*
- autarquias; vedação de acumulação remunerada: art. 37, XVI e XVII
- avaliação especial de desempenho: art. 41, § 4º
- cargo em comissão: art. 37, II
- cargo em comissão; preenchimento: art. 37, V
- cargo temporário; aposentadoria: art. 40, § 13
- cargos, empregos, funções; criação; competência: arts. 48, X; 61, § 1º, II, *a*
- cargos, empregos, funções; transformação; competência: art. 48, X
- concurso público: art. 37, II
- concurso público; prioridade na contratação: art. 37, IV
- concurso público; validade: art. 37, III
- convocação: art. 37, IV
- décimo terceiro salário: art. 39, § 3º
- deficiente: art. 37, VIII
- desnecessidade de cargo: art. 41, § 3º
- direito à livre associação sindical: arts. 8º; 37, VI
- direito de greve: art. 9º, *caput*
- direitos: art. 39, § 3º
- disponibilidade com remuneração proporcional: art. 41, § 3º
- emprego público; vedação de acumulação remunerada: art. 37, XVI e XVII
- empregos temporários; aposentadoria: art. 40, § 13
- equiparações e vinculações; vedação: art. 37, XIII
- escolas de governo; aperfeiçoamento: art. 39, § 2º
- estabilidade: art. 41, *caput*; ADCT, art. 19
- estabilidade; perda de cargo: art. 41, § 1º
- estabilidade; vedação para admissões sem concurso: ADCT, art. 18
- ex-Território Federal de Rondônia: ADCT, art. 89
- extinção: art. 48, X
- extinção de cargo: art. 41, § 3º
- férias: art. 39, § 3º
- função de confiança; preenchimento: art. 37, V
- função pública; vedação de acumulação remunerada: art. 37, XVI e XVII
- funções equivalentes às de agente comunitário de saúde; descumprimento de requisitos fixados em lei: art. 198, § 6º
- investidura: art. 37, II
- jornada de trabalho: art. 32, § 2º
- mandato eletivo: art. 38
- médico; exercício cumulativo de cargo ou função: art. 37, XVI; ADCT, art. 17, § 1º
- nomeação sem concurso público; efeitos: art. 37, § 2º
- padrão de vencimentos: arts. 37, XII; 39, § 1º
- pensão; contribuição sobre proventos; incidência: art. 40, § 18
- pensão por morte: art. 40, § 7º
- pensionistas; atualização de pensões: ADCT, art. 20
- profissionais de saúde; exercício cumulativo de cargo ou função: ADCT, art. 17, § 2º
- programas de qualidade: art. 39, § 7º
- proventos da inatividade; revisão: art. 40, § 8º
- quadro de pessoal; compatibilização: ADCT, art. 24

ÍNDICE REMISSIVO DA CF

- reajustamento de benefícios; preservação do valor real: art. 40, § 8º
- regime de previdência: art. 40
- regime de previdência complementar: art. 40, § 15
- regime previdenciário; contribuição instituída pelos Estados, Distrito Federal e Municípios: art. 149, § 1º
- regime próprio de previdência social; multiplicidade; vedação: art. 40, § 20
- reintegração: art. 41, § 2º
- remuneração; publicação: art. 39, § 6º
- remuneração; subsídios; limites máximos e mínimos: arts. 37, XI; 39, § 4º
- remuneração; subsídios; revisão: art. 37, X
- remuneração; subsídios; vencimentos; irredutibilidade: arts. 37, XV; 39, § 4º
- remuneração percebida em desacordo com a Constituição; redução: ADCT, art. 17
- repouso semanal remunerado: art. 39, § 3º
- responsabilidade civil: art. 37, § 6º
- riscos do trabalho; redução: art. 39, § 3º
- salário do trabalho noturno: art. 39, § 3º
- salário-família: art. 39, § 3º
- salário fixo: art. 39, § 3º
- salário mínimo: art. 39, § 3º
- seguro-desemprego: art. 239
- serviço extraordinário: art. 39, § 3º
- sociedade de economia mista; vedação de acumulação remunerada: art. 37, XVI e XVII
- vantagens percebidas em desacordo com a Constituição; redução: ADCT, art. 17
- vedação à diferenciação: art. 39, § 3º
- vedação de acumulação remunerada: art. 37, XVI e XVII
- vencimentos percebidos em desacordo com a Constituição; redução: ADCT, art. 17

SESSÃO LEGISLATIVA
- abertura: art. 57, § 1º
- extraordinária; vedado o pagamento de parcela indenizatória: art. 57, § 7º

SESSÕES PREPARATÓRIAS DAS CÂMARAS: art. 57, § 4º

SIGILO
- comunicação telegráfica, telefônica, de dados e correspondência; sigilo; inviolabilidade e restrições: arts. 5º, XII; 136, § 1º, I, *b* e *c*
- correspondência; inviolabilidade: arts. 5º, XII; 136, § 1º, I, *b*
- imprensa; radiodifusão e televisão; liberdade; restrições: art. 139, III
- informações; direitos: art. 5º, XIV e XXVIII
- informações; fonte: art. 5º, XIV
- restrições: art. 139, III

SÍMBOLOS NACIONAIS: art. 13, § 1º

SINDICATO
- aposentado: art. 8º, VII
- categoria econômica: art. 5º, II
- categoria profissional: art. 8º, II
- contribuição sindical: art. 8º, IV
- direção ou representação sindical; garantias: art. 8º, VIII
- direitos e interesses da categoria: art. 5º, III
- filiação: art. 8º, V
- fundação; autorização legal: art. 8º, I
- interferência ou intervenção: art. 5º, I
- limitações ao poder de tributar: art. 150, VI, *c*, e § 4º
- negociação coletiva: art. 8º, VI
- rural; aplicação de princípios do sindicato urbano: art. 8º
- rural; contribuições: ADCT, art. 10, § 2º

SISTEMA DE GOVERNO
- plebiscito: ADCT, art. 2º

SISTEMA FINANCEIRO NACIONAL: art. 192
- instituições financeiras; aumento de participação de capital estrangeiro; vedação: ADCT, art. 52, II
- instituições financeiras; instalação de novas agências; vedação: ADCT, art. 52, I

SISTEMA NACIONAL DE VIAÇÃO: art. 21, XXI

SISTEMA TRIBUTÁRIO NACIONAL
- *v.* TRIBUTOS

– administração tributária; compartilhamento de cadastros e informações: art. 37, XXII
– avaliação periódica: art. 52, XV
– vigência: ADCT, art. 34

SISTEMA ÚNICO DE SAÚDE
– admissão de agentes comunitários de saúde: art. 198, § 4º
– agentes comunitários de saúde; regulamentação; Lei Federal: art. 198, § 5º
– atividades preventivas: art. 198, II
– atribuições: art. 200
– controle e fiscalização de procedimentos, produtos e substâncias: art. 200, I
– direção única em cada nível de governo: art. 198, I
– diretrizes: art. 198
– entidades filantrópicas e sem fins lucrativos: art. 199, § 1º
– financiamento: art. 198, § 1º
– fiscalização e inspeção de alimentos: art. 200, VI
– formação de recursos humanos: art. 200, III
– incremento do desenvolvimento científico e tecnológico: art. 200, V
– orçamento: art. 198, § 1º
– participação da comunidade: art. 198, III
– participação supletiva da iniciativa privada: art. 199, § 1º
– produtos psicoativos, tóxicos e radioativos; participação; fiscalização; controle: art. 200, VII
– proteção ao meio ambiente: art. 200, VIII
– proteção ao trabalho: art. 200, VIII
– saneamento básico: art. 200, IV
– vigilância sanitária, epidemiológica e de saúde do trabalhador: art. 200, II

SOBERANIA: art. 1º, I
– nacional: art. 170, I
– popular; exercício: art. 14, *caput*

SOCIEDADE DE ECONOMIA MISTA
– criação: art. 37, XIX
– criação de subsidiária; autorização legislativa: art. 37, XX

– exploração de atividade econômica; estatuto jurídico: art. 173, § 1º
– privilégios fiscais: art. 173, § 2º

SOLO
– defesa; competência legislativa concorrente: art. 24, VI
– urbano; controle, ocupação, parcelamento e planejamento: art. 30, VIII

SUBSÍDIOS
– Deputado Estadual: art. 27, § 2º
– Governador: art. 28, § 2º
– Ministro de Estado: art. 39, § 4º
– Ministro do STF: art. 48, XV
– Ministros dos Tribunais Superiores: art. 93, V
– Prefeito: art. 29, V
– Secretário de Estado: art. 28, § 2º
– Secretário Municipal: art. 29, V
– Vereadores: art. 29, VI
– Vice-Governador: art. 28, § 2º
– Vice-Prefeito: art. 29, V

SUFRÁGIO UNIVERSAL: art. 14, *caput*

SÚMULA VINCULANTE
– aplicação indevida ou contrariedade à sua aplicação: art. 103-A, § 3º
– edição; provocação; legitimados a propor ação direta de inconstitucionalidade: art. 103-A, § 2º
– edição; STF; requisitos: art. 103-A
– finalidade: art. 103-A, § 1º

SUPERIOR TRIBUNAL DE JUSTIÇA
– ação rescisória de seus julgados; foro competente: art. 105, I, *e*
– carta rogatória; *exequatur*: art. 105, I, *i*
– competência: art. 105
– competência anterior à sua instalação: ADCT, art. 27, § 1º
– competência originária: art. 105, I
– competência privativa: art. 96, I
– competência privativa de propostas ao Legislativo: art. 96, II
– composição: art. 104
– conflito de atribuições; autoridades administrativas de um Estado e autoridades judiciárias do Distrito Federal: art. 105, I, *g*

ÍNDICE REMISSIVO DA CF

- conflito de atribuições; autoridades administrativas do Distrito Federal e autoridades administrativas da União: art. 105, I, *g*
- conflito de atribuições; autoridades administrativas e judiciárias da União; processo e julgamento: art. 105, I, *g*
- conflito de atribuições; autoridades judiciárias de um Estado e autoridades administrativas de outro; processo e julgamento: art. 105, I, *g*
- conflito de atribuições; autoridades judiciárias de um Estado e autoridades administrativas do Distrito Federal; processo e julgamento: art. 105, I, *g*
- conflito de jurisdição entre Tribunais; processo e julgamento: art. 105, I, *d*
- Conselho da Justiça Federal: art. 105, p.u., II
- crimes comuns; conselheiros dos Tribunais de Contas, desembargadores, Governadores, juízes, membros do MP; processo e julgamento: art. 105, I, *a*
- crimes de responsabilidade; juízes, conselheiros dos Tribunais de Contas, desembargadores, membros do MP; processo e julgamento: art. 105, I, *a*
- despesa pública nos projetos sobre serviços administrativos: art. 63, II
- discussão e votação da iniciativa das leis: art. 64, *caput*
- dissídio jurisprudencial; processo e julgamento: art. 105, III, *c*
- elaboração do Regimento Interno: art. 96, I, *a*
- eleição de órgãos diretivos: art. 96, I, *a*
- Escola Nacional de Formação e Aperfeiçoamento de Magistrados: art. 105, p.u., I
- *habeas corpus*; processo e julgamento: art. 105, I, *c*, e II, *a*
- *habeas data*; processo e julgamento: arts. 102, I, *d*; 105, I, *b*
- instalação: ADCT, art. 27, § 1º
- jurisdição: art. 92, p.u.

- lei federal; processo e julgamento de recursos de decisão que contrarie ou negue vigência: art. 105, III, *a*
- lei ou ato de governo local contestado em face de lei federal; processo e julgamento de recurso: art. 105, III, *b*
- leis complementares e ordinárias; iniciativa: art. 61, *caput*
- licença, férias e afastamento: art. 96, I, *f*
- mandado de injunção; processo e julgamento: art. 105, I, *h*
- mandado de segurança; processo e julgamento: arts. 102, I, *d*; 105, I, *b* e II, *b*
- Ministro: art. 119, p.u.; ADCT, art. 27, § 2º
- Ministro; aposentadoria: ADCT, art. 27, § 4º
- Ministro; aprovação de nomeação pelo Senado Federal: arts. 84, XIV; 104, p.u.
- Ministro; crimes de responsabilidade: art. 102, I, *c*
- Ministro; *habeas corpus*: art. 102, I, *d*
- Ministro; indicação: ADCT, art. 27, § 5º
- Ministro; infrações penais comuns: art. 102, I, *c*
- Ministro; infrações penais de responsabilidade: art. 102, I, *c*
- Ministro; nomeação pelo Presidente da República: arts. 84, XIV; 104, p.u.
- Ministro; requisitos: art. 104, p.u.
- Ministro; terço de desembargadores do Tribunal de Justiça: art. 104, p.u.
- Ministro; TFR: ADCT, art. 27, § 2º
- motivação das decisões administrativas: art. 93, X
- organização da secretaria e dos serviços auxiliares: art. 96, I, *b*
- órgão do Poder Judiciário: art. 92, II
- órgãos diretivos; eleição: art. 96, I, *a*
- órgãos jurisdicionais e administrativos: art. 96, I, *a*
- processo e julgamento; causa: art. 105, II, *c*
- propostas orçamentárias: art. 99, §§ 1º e 2º

ÍNDICE REMISSIVO DA CF

- provimento de cargos necessários à administração da Justiça: art. 96, I, e
- reclamação para garantia da autoridade de suas decisões e preservação de sua competência; processo e julgamento: art. 105, I, f
- recurso especial; ato de governo local; contestação em face de lei federal; validade: art. 105, III, b
- recurso especial; lei federal; divergência de interpretação: art. 105, III, c
- recurso especial; tratado ou lei federal; contrariedade ou negativa de vigência: art. 105, III, a
- recurso ordinário; processo e julgamento: art. 105, II
- revisão criminal de seus julgados; processo e julgamento: art. 105, I, e
- sede: art. 92, p.u.
- sentença estrangeira; homologação: art. 105, I, i
- TFR; Ministros: ADCT, art. 27, § 2º
- tratado ou lei federal; processo e julgamento de recurso de decisão que contrarie ou negue vigência: art. 105, III, a

SUPERIOR TRIBUNAL MILITAR: art. 122, I
- competência: art. 124
- competência privativa: art. 96, I
- competência privativa de propostas ao Legislativo: art. 96, II
- composição: art. 123, caput
- despesa pública nos projetos sobre serviços administrativos: art. 63, II
- discussão e votação da iniciativa de leis: art. 64, caput
- funcionamento: art. 24, p.u.
- jurisdição: art. 92, p.u.
- leis complementares e ordinárias; iniciativa: art. 61, caput
- licença, férias e afastamento: art. 96, I, f
- Ministro: art. 123, caput
- Ministro; aprovação pelo Senado Federal: arts. 84, XIV; 123, caput
- motivação das decisões administrativas: art. 93, X

- nomeação de Ministro pelo Presidente da República: art. 84, XIV
- organização: art. 124, p.u.
- organização da secretaria e serviços auxiliares: art. 96, I, b
- órgão diretivo; eleição: art. 96, I, a
- órgãos jurisdicionais e administrativos: art. 96, I, a
- propostas orçamentárias: art. 99
- provimento de cargos necessários à administração da Justiça: art. 96, I, e
- Regimento Interno; elaboração: art. 96, I, a
- sede: art. 92, p.u.

SUPREMO TRIBUNAL FEDERAL
- ação direta de inconstitucionalidade; medida cautelar: art. 102, I, q
- ação originária: art. 102, I
- ação rescisória de seus julgados; processo e julgamento: art. 102, I, j
- ações declaratória de constitucionalidade e direta de inconstitucionalidade; decisão definitiva de mérito; efeito vinculante: art. 102, § 2º
- anistia: ADCT, art. 9º
- arguição de descumprimento de preceito constitucional: art. 102, p.u.
- ato de governo que contrarie a Constituição; julgamento de recurso extraordinário: art. 102, III, c
- causas e conflitos entre a União, os Estados, o Distrito Federal e respectivas entidades da administração indireta; processo e julgamento: art. 102, I, f
- competência: art. 102
- competência; ações contra o Conselho Nacional de Justiça e o Conselho Nacional do MP: art. 102, I, r
- competência originária; execução de sentença: art. 102, I, m
- competência privativa: art. 96
- competência privativa de propostas ao Legislativo: art. 96, II
- composição: art. 101, caput
- conflitos de jurisdição; processo e julgamento: art. 102, I, o

ÍNDICE REMISSIVO DA CF

- Conselho Nacional de Justiça; presidência: art. 103-B, § 1º
- Constituição; julgamento de recurso extraordinário de disposição contrária: art. 102, III, *a*
- crimes comuns; processo e julgamento de Ministros do Tribunal Superior do Trabalho: art. 102, I, *c*
- crimes de responsabilidade; processo e julgamento: art. 102, I, *c*
- crimes de responsabilidade de seus Ministros; julgamento pelo Presidente; pena: art. 52, p.u.
- crimes políticos; julgamento de recurso ordinário: art. 102, II, *b*
- decisões administrativas; motivação: art. 93, X
- despesa pública; projetos sobre serviços administrativos: art. 63, II
- Estatuto da Magistratura; iniciativa: art. 93, *caput*
- extradição requisitada por Estado estrangeiro; processo e julgamento: art. 102, I, *g*
- *habeas corpus*; chefes de missão diplomática de caráter permanente: art. 102, I, *d*
- *habeas corpus*; Deputado Federal: art. 102, I, *d*
- *habeas corpus*; julgamento de recurso ordinário do ato denegado em única instância pelos Tribunais Superiores: art. 102, II, *a*
- *habeas corpus*; Ministros e Presidente da República: art. 102, I, *d*
- *habeas corpus*; processo e julgamento de Tribunal Superior, autoridade ou funcionário sob sua jurisdição: art. 102, I, *i*
- *habeas corpus*; Procurador-Geral da República: art. 102, I, *d*
- *habeas corpus*; Senador: art. 102, I, *d*
- *habeas data*: art. 102, I, *d*
- *habeas data*; julgamento de recurso ordinário do ato denegado em única instância pelos Tribunais Superiores: art. 102, II, *a*
- *habeas data*; processo e julgamento de seus atos: art. 102, I, *d*
- impedimento ou interesse; membros do Tribunal de origem; processo e julgamento: art. 102, I, *n*
- inconstitucionalidade de ato normativo estadual e federal; processo e julgamento: art. 102, I, *a*
- inconstitucionalidade de lei estadual; processo e julgamento: art. 102, I, *a*
- inconstitucionalidade de lei federal; julgamento de recurso extraordinário: art. 102, III, *b*
- inconstitucionalidade de tratado ou lei federal; julgamento de recurso extraordinário: art. 102, III, *b*
- inconstitucionalidade em tese: art. 103, § 3º
- inconstitucionalidade por omissão de medida para tornar efetiva norma constitucional: art. 103, § 2º
- infrações penais comuns; processo e julgamento de chefes de missão diplomática de caráter permanente: art. 102, I, *c*
- infrações penais comuns; processo e julgamento de Deputados Federais: art. 102, I, *b*
- infrações penais comuns; processo e julgamento de Ministro de Estado: art. 102, I, *c*
- infrações penais comuns; processo e julgamento de Ministros do STF, Senadores, Procuradores-Gerais da República: art. 102, I, *b*
- infrações penais comuns; processo e julgamento dos membros dos Tribunais Superiores: art. 102, I, *c*
- infrações penais comuns; processo e julgamento dos Ministros do Superior Tribunal Militar, Ministros dos Tribunais de Contas da União: art. 102, I, *c*
- intervenção; provimento; requisitos: art. 36
- jurisdição: art. 92, § 2º
- lei local; julgamento de recurso extraordinário: art. 102, III, *c*

ÍNDICE REMISSIVO DA CF

- leis; discussão e votação: art. 64, caput
- leis complementares e ordinárias; iniciativa: art. 61, caput
- licença, férias e afastamentos; concessão: art. 96, I, f
- litígio entre Estado estrangeiro ou organismo internacional e a União, o Estado, o Distrito Federal ou o Território; processo e julgamento: art. 102, I, e
- mandado de injunção: art. 102, I, q
- mandado de injunção; julgamento de recurso ordinário do ato denegado em única instância pelos Tribunais Superiores: art. 102, II, a
- mandado de segurança: art. 102, I, d
- mandado de segurança; julgamento de recurso ordinário do ato denegado em única instância pelos Tribunais Superiores: art. 102, II, a
- membros da magistratura; processo e julgamento: art. 102, I, n
- Ministro; cargo privativo de brasileiro nato: art. 12, § 3º, IV
- Ministro; crimes de responsabilidade: art. 52, II
- Ministro; nomeação: art. 101, p.u.
- Ministro; nomeação pelo Presidente da República: art. 84, XIV
- Ministro; requisitos: art. 101, caput
- Ministro; Senado Federal; aprovação: arts. 84, XIV; 101, p.u.
- órgão do Poder Judiciário: art. 92, I
- órgãos diretivos; eleição: art. 96, I, a
- órgãos jurisdicionais e administrativos; funcionamento: art. 96, I, a
- Presidente; compromisso de manter, defender e cumprir a Constituição: ADCT, art. 1º
- Presidente; exercício da Presidência da República: art. 80
- propostas orçamentárias: art. 99, §§ 1º e 2º
- provimento de cargos necessários à administração da Justiça: art. 96, I, e
- reclamações; garantia de autoridade de suas decisões; preservação da sua competência; processo e julgamento: art. 102, I, l
- recurso extraordinário: art. 102, III
- recurso extraordinário; admissibilidade; pressupostos: art. 102, § 3º
- recurso ordinário: art. 102, II
- Regimento Interno; elaboração: art. 96, I, a
- revisão criminal de seus julgados; processo e julgamento: art. 102, I, j
- secretaria e serviços auxiliares; organização: art. 96, I, b
- sede: art. 92, § 1º
- súmula vinculante: art. 103-A
- STJ; exercício da competência: art. 27, § 1º
- STJ; instalação: art. 27, caput
- Tribunal Superior, autoridade ou funcionário cujos atos estejam sob sua jurisdição direta; processo e julgamento: art. 102, I, i

TAXAS: art. 145, II
- v. TRIBUTOS
- base de cálculo: art. 145, § 2º

TELECOMUNICAÇÕES
- concessão: ADCT, art. 66
- disposição; competência do Congresso Nacional: art. 48, XII
- legislação; competência privativa da União: art. 22, IV
- liberdade: art. 139, III
- programas de rádio e televisão; classificação; competência: art. 21, XVI
- rádio e televisão; concessão e renovação: arts. 49, XII; 223, § 5º
- rádio e televisão; produção e programação; princípios: arts. 220, § 3º, II; 221
- serviços; exploração; competência da União: art. 21, XI e XII, a

TELEVISÃO
- v. RADIODIFUSÃO SONORA E DE IMAGENS

TERRAS DEVOLUTAS: art. 20, II
- destinação; compatibilização com a política agrícola e com a reforma agrária: art. 188

ÍNDICE REMISSIVO DA CF

- meio ambiente: art. 225, § 5º

TERRAS INDÍGENAS
- demarcação: ADCT, art. 67
- riquezas minerais; autorização para exploração: art. 49, XVI

TERRAS PÚBLICAS
- alienação; aprovação prévia do Congresso Nacional: arts. 49, XVII; 188, § 1º
- concessão; aprovação prévia do Congresso Nacional: arts. 49, XVII; 188, § 1º
- destinação; compatibilização com a política agrícola e com a reforma agrária: art. 182
- devolutas; bens da União e dos Estados: arts. 20, II; 26, IV
- devolutas; destinação: art. 188
- devolutas; proteção dos ecossistemas naturais: art. 225, § 5º
- doação, venda e concessão; revisão pelo Congresso Nacional: ADCT, art. 51
- ocupação pelos quilombos: ADCT, art. 68
- reforma agrária; concessão: art. 188, §§ 1º e 2º
- reversão ao patrimônio da União, Estados, Distrito Federal ou Municípios: ADCT, art. 51, § 3º
- venda, doação e concessão; revisão pelo Congresso Nacional: ADCT, art. 51

TERRITÓRIO
- Amapá; recursos antes da transformação em Estado: ADCT, art. 14, § 4º
- Amapá; transformação em Estado: ADCT, art. 14
- competência tributária; imposto sobre operações relativas à circulação de mercadorias incidente sobre energia elétrica: ADCT, art. 34, § 9º
- criação: art. 18, §§ 2º e 3º
- defensoria pública: art. 33, § 3º
- desmembramento: art. 48, VI
- divisão em Municípios: art. 33, § 1º
- eleição de Deputados: art. 45, § 2º
- Fernando de Noronha; reincorporação ao Estado de Pernambuco: ADCT, art. 15

- Governador: art. 33, § 3º
- impostos estaduais e municipais: art. 147
- incorporação: art. 48, VI
- litígio com Estado estrangeiro ou organismo internacional; processo e julgamento: art. 102, I, e
- matéria tributária e orçamentária: art. 61, § 1º, II, b
- MP: art. 33, § 3º
- orçamento; recursos para a assistência social: art. 204, caput
- organização administrativa: arts. 33, caput; 61, § 1º, II, b
- organização judiciária: art. 33
- pessoal administrativo: art. 61, § 1º, II, b
- prestação de contas: art. 33, § 2º
- reintegração ao Estado de origem: art. 18, § 2º
- Roraima; recursos antes da transformação em Estado: ADCT, art. 14, § 4º
- Roraima; transformação em Estado: ADCT, art. 14
- serviços públicos: art. 61, § 1º, II, b
- servidor público: art. 61, § 1º, II, c
- símbolos: art. 13, § 2º
- sistema de ensino: art. 211, § 1º
- Sistema Único de Saúde; financiamento: art. 198, § 1º
- subdivisão: art. 48, VI
- transformação em Estado: art. 18, § 2º

TERRITÓRIO NACIONAL
- Comissão de Estudos Territoriais: ADCT, art. 12
- limites: art. 48, VI

TERRORISMO
- direitos e deveres individuais e coletivos: art. 5º, XLIII
- repúdio: art. 4º, VIII

TESOURO NACIONAL
- emissão de títulos; compra e venda pelo Banco Central do Brasil: art. 164, § 2º
- empréstimos do Banco Central do Brasil; vedação: art. 164, § 1º

TÍTULO DE DOMÍNIO
- área urbana; posse: art. 183, caput e § 1º
- imóvel rural: art. 189

ÍNDICE REMISSIVO DA CF

TÍTULOS DA DÍVIDA AGRÁRIA
- emissão: art. 184
- orçamento público: art. 184, § 4º
- resgate: art. 184

TÍTULOS DA DÍVIDA PÚBLICA
- propriedade urbana; desapropriação: art. 182, § 4º, III

TORTURA
- direitos e deveres individuais e coletivos: art. 5º, III

TRABALHADOR DOMÉSTICO
- direitos: art. 7º, p.u.

TRABALHADOR RURAL
- acordos coletivos de trabalho: art. 7º, XXVI
- adicional de remuneração: art. 7º, XXIII
- admissão; proibição de diferença de critério: art. 7º, XXX
- aposentadoria: art. 7º, XXIV
- assistência gratuita aos filhos e dependentes: art. 7º, XXV
- automação; proteção: art. 7º, XXVII
- aviso-prévio: art. 7º, XXI
- condição social: art. 7º, *caput*
- contrato de trabalho; prescrição: art. 7º, XXIX
- convenções coletivas de trabalho: art. 7º, XXVI
- décimo terceiro salário: art. 7º, VIII
- deficiente físico: art. 7º, XXXI
- direitos: art. 7º
- empregador; cumprimento das obrigações trabalhistas: ADCT, art. 1º, § 3º
- férias: art. 7º, XVII
- Fundo de Garantia do Tempo de Serviço: art. 7º, III
- garantia de salário: art. 7º, VII
- irredutibilidade de salário ou vencimento: art. 7º, VI
- jornada de trabalho: art. 7º, XIII
- jornada máxima de trabalho: art. 7º, XIV
- licença-paternidade: art. 7º, XIX; ADCT, art. 10, § 1º
- licença remunerada à gestante: art. 7º, XVIII
- menor; aprendiz: art. 7º, XXXIII

- menor; trabalho insalubre: art. 7º, XXXIII
- menor; trabalho noturno: art. 7º, XXXIII
- menor; trabalho perigoso: art. 7º, XXXIII
- mulher; proteção do mercado de trabalho: art. 7º, XX
- participação nos lucros: art. 7º, XI
- piso salarial: art. 7º, V
- relação de emprego; proteção: art. 7º, I; ADCT, art. 10
- repouso semanal remunerado: art. 7º, XV
- riscos do trabalho; redução: art. 7º, XXII
- salário; proibição de diferença: art. 7º, XXX
- salário; proteção: art. 7º, X
- salário-família: art. 7º, XII
- salário mínimo: art. 7º, IV
- seguro contra acidentes do trabalho: art. 7º, XXVIII
- seguro-desemprego: art. 7º, II
- serviço extraordinário: art. 7º, XVI
- trabalhador com vínculo permanente; igualdade com trabalhador avulso: art. 7º, XXXIV
- trabalho manual, técnico e intelectual; proibição de distinção: art. 7º, XXXII
- trabalho noturno; remuneração: art. 7º, IX

TRABALHADOR URBANO
- acordos coletivos de trabalho: art. 7º, XXVI
- adicional de remuneração: art. 7º, XXIII
- admissão; proibição de diferença de critério: art. 7º, XXX
- aposentadoria: art. 7º, XXIV
- assistência gratuita aos filhos e dependentes: art. 7º, XXV
- associação profissional ou sindical: art. 8º
- automação; proteção: art. 7º, XXVII
- aviso-prévio: art. 7º, XXI
- condição social: art. 7º, *caput*
- contrato de trabalho; prescrição: art. 7º, XXIX
- convenções coletivas de trabalho: art. 7º, XXVI
- décimo terceiro salário: art. 7º, VIII

ÍNDICE REMISSIVO DA CF

- deficiente físico: art. 7º, XXXI
- direitos: art. 7º
- entendimento direto com o empregador: art. 11
- férias: art. 7º, XVII
- Fundo de Garantia do Tempo de Serviço: art. 7º, III
- garantia de salário: art. 7º, VII
- irredutibilidade de salário ou vencimento: art. 7º, VI
- jornada de trabalho: art. 7º, XIII
- jornada máxima de trabalho: art. 7º, XIV
- licença-paternidade: art. 7º, XIX; ADCT, art. 10, § 1º
- licença remunerada à gestante: art. 7º, XVIII
- menor; aprendiz: art. 7º, XXXIII
- menor; trabalho insalubre, noturno, perigoso: art. 7º, XXXIII
- mulher; proteção do mercado de trabalho: art. 7º, XX
- participação nos colegiados de órgãos públicos: art. 10
- participação nos lucros: art. 7º, XI
- piso salarial: art. 7º, V
- relação de emprego; proteção: art. 7º, I; ADCT, art. 10
- remuneração do trabalho noturno: art. 7º, IX
- repouso semanal remunerado: art. 7º, XV
- riscos do trabalho; redução: art. 7º, XXII
- salário; proibição de diferença: art. 7º, XXX
- salário; proteção: art. 7º, X
- salário-família: art. 7º, XII
- salário mínimo: art. 7º, IV
- seguro contra acidentes do trabalho: art. 7º, XXVIII
- seguro-desemprego: art. 7º, II
- serviço extraordinário: art. 7º, XVI
- trabalhador com vínculo permanente; igualdade com trabalhador avulso: art. 7º, XXXIV
- trabalho manual, técnico e intelectual; proibição de distinção: art. 7º, XXXII

TRABALHO
- direitos sociais: art. 6º
- inspeção; organização, manutenção e execução: art. 21, XXIV
- valores sociais: art. 1º, IV

TRABALHOS FORÇADOS
- direitos e deveres individuais e coletivos: art. 5º, XLVII, c

TRÁFICO DE DROGAS
- crime inafiançável: art. 5º, XLIII

TRANSPORTE
- aéreo; ordenação legal: art. 178
- aquaviário e ferroviário; serviços; exploração; competência: art. 21, XI, d
- coletivo; deficiente; acesso adequado: arts. 227, § 2º; 244
- coletivo; serviço público de caráter essencial: art. 30, V
- coletivo urbano; concessão e permissão: art. 30, V
- embarcações estrangeiras: art. 178, p.u.
- interestadual e intermunicipal; impostos; instituição e normas: art. 155, II, § 2º; ADCT, art. 34, §§ 6º e 8º
- internacional; ordenação: art. 178, caput
- legislação; competência privativa da União: art. 22, XI
- marítimo; ordenação legal: art. 178
- petróleo e gás natural; monopólio da União: art. 177, IV
- política nacional; diretrizes; legislação; competência: art. 22, IX
- rodoviário de passageiros; exploração; competência: art. 21, XII, e
- sistema nacional de viação; princípios e diretrizes; competência: art. 21, XXI
- terrestre; ordenação legal: art. 178
- urbano; diretrizes; competência: art. 21, XX
- urbano; gratuidade; idosos: art. 230, § 2º

TRATADOS INTERNACIONAIS
- Congresso Nacional; referendo: art. 49, I
- crimes; processo e julgamento: art. 109, V
- direitos e garantias; inclusão na Constituição Federal: art. 5º, § 2º

- direitos humanos; aprovação pelo Congresso: art. 5º, § 3º
- Presidente da República; celebração: art. 84, VIII

TRIBUNAIS
- competência privativa: art. 96, II
- conflitos de competência: arts. 102, I; 105, I, *d*
- decisões administrativas; motivação: art. 93, X
- declaração de inconstitucionalidade de lei ou ato normativo: art. 97
- órgão especial: art. 93, XI
- segundo grau; acesso: art. 93, III

TRIBUNAIS SUPERIORES
- competência privativa: art. 96, II
- conflitos de competência: arts. 102, I; 105, I, *d*
- *habeas corpus*: art. 102, I, *d* e *i*, e II, *a*
- *habeas data*: art. 102, II, *a*
- jurisdição: art. 92, § 2º
- mandado de injunção: art. 102, I, *q*
- mandado de segurança: art. 102, II, *a*
- membros; crimes de responsabilidade e infrações penais comuns: art. 102, I, *c*
- órgão especial: art. 93, XI
- propostas orçamentárias: art. 99, §§ 1º e 2º
- sede: art. 92, § 1º

TRIBUNAL DE CONTAS DA UNIÃO
- administrador público; prestação de contas: art. 71, II
- auditores: art. 73, § 4º
- competência: arts. 71; 73, *caput*; 96
- composição: art. 73, *caput*
- convênio federal: art. 71, VI
- crimes de responsabilidade de Ministro e de Comandantes da Marinha, do Exército e da Aeronáutica; foro competente: art. 102, I, *c*
- decisões; título executivo: art. 71, § 3º
- fiscalização contábil, financeira e orçamentária: art. 71
- fixação de prazo para doação de providências ao exato cumprimento da lei: art. 71, IX

ÍNDICE REMISSIVO DA CF

- *habeas data*; processo e julgamento: art. 102, I, *d*
- jurisdição: art. 73, *caput*
- mandado de injunção; processo e julgamento: art. 102, I, *q*
- mandado de segurança; processo e julgamento: art. 102, I, *d*
- membros; escolha: art. 49, XII
- MP; atuação: art. 130
- Ministro; aposentadoria: art. 73, § 3º
- Ministro; aprovação: arts. 52, III, *b*; 73, § 2º, I; 84, XV
- Ministro; escolha: art. 73, §§ 2º e 3º
- Ministro; *habeas corpus*: art. 102, I, *d*
- Ministro; impedimentos: art. 73, § 3º
- Ministro; indicação do Presidente da República: arts. 52, III, *b*; 73, § 2º, I
- Ministro; infrações penais comuns: art. 102, I, *d*
- Ministro; nomeação pelo Presidente da República: arts. 73, § 1º, e 84, XV
- Ministro; prerrogativas e garantias: art. 73, § 3º
- Ministro; requisitos: art. 73, § 2º
- Ministro; vencimentos: art. 73, § 3º
- prestação de contas dos Territórios: art. 33, § 2º
- prestação de informações: arts. 71, VII; 77
- relatório de atividades: art. 71, § 4º
- representação: art. 71, XI
- sanção: art. 71, VIII
- sede: art. 73, *caput*
- sustação de contrato: art. 71, §§ 1º e 2º
- sustação de execução de ato impugnado: art. 71, X

TRIBUNAL DE CONTAS DO DISTRITO FEDERAL E DOS ESTADOS
- crimes comuns e responsabilidade; foro competente: art. 105, I, *a*
- organização e fiscalização: art. 75, *caput*

TRIBUNAL DE CONTAS DO MUNICÍPIO
- organização e fiscalização: art. 75, *caput*

TRIBUNAL DE EXCEÇÃO: art. 5º, XXXVII

TRIBUNAL DE JUSTIÇA: art. 92, VII
– *v.* JUSTIÇA ESTADUAL

ÍNDICE REMISSIVO DA CF

- competência: art. 125, § 1º; ADCT, art. 70
- competência privativa de propostas ao Legislativo: art. 96, II
- conflitos fundiários; vara especializada; criação: art. 126
- descentralização: art. 125, § 6º
- designação de juízes de entrância especial para questões agrárias: art. 126, *caput*
- elaboração do Regimento Interno: art. 96, I, *a*
- eleição dos órgãos diretivos: art. 96, I, *a*
- julgamento de juiz estadual: art. 96, III
- julgamento de membro do MP: art. 96, III
- justiça itinerante; instalação: art. 125, § 7º
- lei de criação da Justiça Militar Estadual; iniciativa: art. 125, § 3º
- lei de organização judiciária; iniciativa: art. 125, § 1º
- licença, férias e afastamento: art. 96, I, *f*
- motivação das decisões administrativas: art. 93, X
- organização de secretaria e serviços auxiliares: art. 96, I, *b*
- órgãos jurisdicionais e administrativos: art. 96, I, *a*
- propostas orçamentárias: art. 99, §§ 1º e 2º
- provimento de cargos necessários à administração da Justiça: art. 96, I, *e*
- quinto de advogados: art. 94
- quinto do MP: art. 94

TRIBUNAL INTERNACIONAL DOS DIREITOS HUMANOS: ADCT, art. 7º

TRIBUNAL MILITAR: art. 122, II
- *v.* JUSTIÇA MILITAR
- competência: art. 96, I
- elaboração do Regimento Interno: art. 96, I, *a*
- eleição dos órgãos diretivos: art. 96, I, *a*
- licença, férias e afastamento: art. 96, I, *f*
- motivação das decisões administrativas: art. 93, X
- organização de secretaria e órgãos auxiliares: art. 96, I, *b*
- órgão do Poder Judiciário: art. 92, VI
- órgãos jurisdicionais e administrativos: art. 96, I, *a*
- propostas orçamentárias: art. 99
- provimento de cargos necessários à administração da Justiça: art. 96, I, *e*

TRIBUNAL PENAL INTERNACIONAL
- jurisdição; submissão do Brasil: art. 5º, § 4º

TRIBUNAL REGIONAL DO TRABALHO: art. 111, II
- *v.* JUSTIÇA DO TRABALHO
- competência: art. 113
- competência privativa: art. 96, I
- composição; requisitos: art. 115, *caput*
- constituição: art. 113
- descentralização: art. 115, § 2º
- despesa pública nos projetos sobre serviços administrativos: art. 63, II
- elaboração do Regimento Interno: art. 96, I, *a*
- eleição dos órgãos: art. 96, I, *a*
- garantias e condições de exercício: art. 113
- investidura: art. 113
- juiz; crime comum e de responsabilidade: art. 105, I, *a*
- jurisdição: art. 113
- justiça itinerante; instalação: art. 115, § 1º
- licença, férias e afastamento: art. 96, I, *c*
- magistrados: art. 115, p.u.
- motivação das decisões administrativas: art. 93, X
- organização da secretaria e órgãos auxiliares: art. 96, I, *b*
- órgão do Poder Judiciário: art. 92, IV
- órgãos jurisdicionais e administrativos: art. 96, I, *a*
- proporcionalidade: art. 115, *caput*
- propostas orçamentárias: art. 99, §§ 1º e 2º
- provimento de cargos necessários à administração da Justiça: art. 96, I, *e*

ÍNDICE REMISSIVO DA CF

TRIBUNAL REGIONAL ELEITORAL: arts. 118, II; 120
– v. JUSTIÇA ELEITORAL
– anulação de diplomas: art. 121, § 4º, IV
– competência privativa: art. 96, I
– composição: art. 120, *caput*
– decisões contrárias à lei: art. 121, § 4º, I
– despesa pública nos projetos sobre serviços administrativos: art. 63, II
– dissídio jurisprudencial: art. 121, § 4º, II
– elaboração do Regimento Interno: art. 96, I, *a*
– eleição do Presidente e Vice-Presidente: art. 120, § 2º
– eleição dos órgãos diretivos: art. 96, I, *a*
– expedição de diplomas: art. 121, § 4º, III
– fixação do número de vereadores: ADCT, art. 5º, § 4º
– *habeas corpus*: arts. 121, § 4º, V; 112
– *habeas data*: art. 121, § 4º, V
– inelegibilidade: art. 121, § 4º, III
– licença, férias e afastamento: art. 96, I, *f*
– localização: art. 120, *caput*
– mandado de injunção: arts. 121; 185, § 4º, V
– mandado de segurança: art. 126, § 4º, V
– motivação das decisões administrativas: art. 93, X
– organização da secretaria e órgãos auxiliares: art. 96, I, *b*
– órgãos jurisdicionais e administrativos: arts. 94; 96, I, *a*
– perda de mandato: art. 121, § 4º, IV
– propostas orçamentárias: art. 99, §§ 1º e 2º
– provimento de cargos necessários à administração da Justiça: art. 96, I, *e*
– recursos: art. 121, § 4º
– recursos de decisões contrárias à Constituição: art. 121, § 4º, I

TRIBUNAL REGIONAL FEDERAL: art. 106, I
– v. JUSTIÇA FEDERAL
– competência: art. 108
– competência anterior à sua instalação: ADCT, art. 27, § 7º

– competência originária: art. 108, I
– competência privativa: art. 96, I
– composição: art. 107
– criação: ADCT, art. 27, §§ 6º e 11
– descentralização: art. 107, § 3º
– despesa pública nos projetos sobre serviços administrativos: art. 63, II
– elaboração do Regimento Interno: art. 96, I, *a*
– eleição dos órgãos diretivos: art. 96, I, *a*
– escolha de juiz do TRE: art. 120, II
– instalação: ADCT, art. 27, § 6º
– justiça itinerante; instalação: art. 107, § 2º
– licença, férias e afastamento: art. 96, I, *f*
– motivação das decisões administrativas: art. 93, X
– nomeação de juízes: art. 107, *caput*
– organização da secretaria e órgãos auxiliares: art. 96, I, *b*
– órgão do Poder Judiciário: art. 92, III
– órgãos jurisdicionais e administrativos: art. 96, I, *a*
– permuta de juízes: art. 107, § 1º
– propostas orçamentárias: art. 99
– provimento de cargos necessários à administração da Justiça: art. 96, I, *e*
– quinto de advogados: arts. 94; 107, I
– recursos: art. 108, II
– remoção de juízes: art. 107, § 1º
– sede: ADCT, art. 27, § 6º

TRIBUNAL SUPERIOR DO TRABALHO: art. 111, I
– v. JUSTIÇA DO TRABALHO
– advogado: art. 111-A, I
– aprovação pelo Senado Federal de Ministro: art. 84, XIV
– competência: arts. 111-A; 113
– competência privativa: art. 96, I
– competência privativa de propostas ao Legislativo: art. 96, II
– composição: art. 111-A
– Conselho Superior da Justiça do Trabalho: art. 111-A, § 2º, II
– constituição: art. 113

1676

ÍNDICE REMISSIVO DA CF

- despesa pública nos projetos sobre serviços administrativos: art. 63, II
- discussão e votação da iniciativa de leis: art. 64, *caput*
- elaboração do Regimento Interno: art. 96, I, *a*
- eleição dos órgãos: art. 96, I, *a*
- Escola Nacional de Formação e Aperfeiçoamento de Magistrados do Trabalho: art. 111-A, § 2º
- garantias e condições de exercício: art. 113
- iniciativa das leis complementares e ordinárias: art. 61, *caput*
- investidura: art. 113
- jurisdição: arts. 92, p.u.; 113
- licença, férias e afastamento: art. 96, I, *f*
- membro do MP: art. 111-A, I
- motivação das decisões administrativas: art. 93, X
- nomeação de Ministro pelo Presidente da República: art. 84, XIV
- nomeação, requisitos, aprovação: art. 111-A
- órgão do Poder Judiciário: art. 92, IV
- órgãos jurisdicionais e administrativos: art. 96, I, *a*
- propostas orçamentárias: art. 99, §§ 1º e 2º
- provimento de cargos necessários à administração da Justiça: art. 96, I, *e*
- secretaria e órgãos auxiliares; organização: art. 96, I, *b*
- sede: art. 92, p.u.

TRIBUNAL SUPERIOR ELEITORAL: art. 118, I
- *v.* JUSTIÇA ELEITORAL
- aprovação de Ministro pelo Senado Federal: art. 84, XIV
- competência privativa: art. 96, I
- competência privativa de propostas ao Legislativo: art. 96, II
- composição: art. 119
- Corregedor Eleitoral: art. 119, p.u.
- decisões: art. 121, § 3º
- decisões administrativas; motivação: art. 93, X
- despesa pública nos projetos sobre serviços administrativos: art. 63, II
- discussão e votação de projetos de lei de sua iniciativa: art. 64, *caput*
- elaboração; Regimento Interno: art. 96, I, *a*
- eleição dos órgãos diretivos: art. 96, I, *a*
- *habeas corpus*: art. 121, § 3º
- jurisdição: art. 92, p.u.
- leis complementares e ordinárias; iniciativa: art. 61, *caput*
- licença, férias e afastamento: art. 96, I, *f*
- mandado de segurança: art. 121, § 3º
- nomeação de Ministro pelo Presidente da República: art. 84, XIV
- organização da secretaria e órgãos auxiliares: art. 96, I, *b*
- órgãos jurisdicionais e administrativos: art. 96, I, *a*
- partidos políticos: ADCT, art. 6º, *caput*
- partidos políticos; concessão de registro: ADCT, art. 6º, § 1º
- Presidente: art. 119, p.u.
- propostas orçamentárias: art. 99, §§ 1º e 2º
- provimento de cargos necessários à administração da Justiça: art. 96, I, *e*
- revisão constitucional: ADCT, art. 2º, § 2º
- sede: art. 92, p.u.
- Vice-Presidente: art. 119, p.u.

TRIBUTOS
- *v.* SISTEMA TRIBUTÁRIO NACIONAL
- anistia: art. 150, § 6º
- aplicação de receita de impostos no ensino: art. 212
- aplicação de recursos; condições: ADCT, art. 34, § 10
- arrecadação e distribuição aos Municípios: arts. 158, III, IV e p.u.; 159, § 3º; 161, I
- capacidade econômica do contribuinte: art. 145, § 1º
- características: art. 145, § 1º

ÍNDICE REMISSIVO DA CF

- combustíveis líquidos e gasosos: art. 155, § 3º
- competência; instituição: art. 145, *caput*
- competência tributária da União: arts. 153; 154
- competência tributária dos Estados e do Distrito Federal: art. 155
- competência tributária dos Municípios: art. 156
- confisco: art. 150, IV
- contribuição de intervenção sobre o domínio econômico; destinação aos Municípios: art. 159, § 4º
- contribuição de intervenção sobre o domínio econômico; repartição do produto da arrecadação entre Estados e Distrito Federal: art. 159, III
- contribuições sociais e de intervenção sobre o domínio econômico: art. 149, § 2º, II
- critérios especiais de tributação: art. 146-A
- desvinculação; 20% da arrecadação, até 31 de dezembro de 2015; DRU: ADCT, art. 76
- diferença de bens; vedação: art. 152
- Distrito Federal; competência; cobrança de impostos municipais: art. 147
- empresa de pequeno porte; regime diferenciado: art. 146, III, *d*
- empréstimo compulsório; Centrais Elétricas Brasileiras (Eletrobrás): ADCT, art. 34, § 12
- energia elétrica: art. 155, § 3º
- estaduais e municipais dos Territórios; competência da União: art. 147
- extraordinários; instituições: art. 154, II
- fato gerador: art. 150, III, *a*
- garantias do contribuinte: art. 150
- instituição: art. 145
- lei complementar: art. 146
- limitação ao poder de tributar: art. 150
- limitações: art. 150
- limite de tráfego; vedação: art. 150, V
- lubrificantes: art. 155, § 3º
- mercadorias e serviços; incidência; consumidor; defesa: art. 150, § 5º
- microempresa; regime diferenciado: art. 146, III, *d*
- minerais: art. 155, § 3º
- Municípios; instituição e normas: art. 156; ADCT, art. 34, § 6º
- patrimônio, renda ou serviços; proibição e exceções: art. 150, VI, *a* e *e*, e §§ 2º, 3º e 4º; ADCT, art. 34, § 1º
- princípio da anualidade: art. 150, III, *b*; ADCT, art. 34, § 6º
- princípio da igualdade: art. 150, II
- princípio da legalidade: art. 150, I
- princípio da uniformidade: art. 151, I
- receita tributária; repartição; Municípios: art. 158
- recursos; desenvolvimento regional; condições: ADCT, art. 34, § 10
- reforma agrária; isenção: art. 184, § 5º
- regime único de arrecadação de impostos: art. 146, p.u.
- responsabilidade pelo pagamento: ADCT, art. 34, § 9º

TURISMO
- incentivo: art. 180

UNIÃO: arts. 20 a 24
- Administração Pública; princípios: art. 37, *caput*
- agentes públicos estaduais, do Distrito Federal e dos Municípios em níveis superiores aos agentes federais; limitações ao poder de tributar: art. 151, II
- águas; competência legislativa: art. 22, IV
- anistia; concessão: art. 21, XVII
- anistia fiscal: art. 150, § 6º
- anistia previdenciária: art. 150, § 6º
- aproveitamento energético dos cursos de água; exploração, autorização, concessão e permissão: art. 21, XII, *b*
- assessoramento jurídico: art. 131, *caput*
- atividades nucleares; competência legislativa: art. 22, XXVI
- autarquias e fundações instituídas e mantidas pelo Poder Público; limitações

ÍNDICE REMISSIVO DA CF

- ao poder de tributar: art. 150, §§ 2º e 3º
- autonomia: art. 18, *caput*
- bens: art. 20
- brasileiro; vedação de distinção: art. 19, III
- calamidade pública; defesa permanente: art. 21, XVIII
- câmbio; competência legislativa: art. 22, VII
- câmbio; fiscalização: art. 21, VIII
- capitalização; fiscalização: art. 21, VIII
- causas e conflitos com os Estados, o Distrito Federal e respectivas entidades da administração indireta; processo e julgamento: art. 102, I, f
- causas fundadas em tratado ou contrato com Estado estrangeiro ou organismo internacional; processo e julgamento: art. 109, III
- cidadania; competência legislativa: art. 22, XIII
- classificação das diversões públicas: art. 21, XVI
- classificação dos programas de rádio e televisão: art. 21, XVI
- comércio exterior e interestadual; competência legislativa: arts. 22, VIII; 33
- competência: arts. 21, *caput*; 22, *caput*
- competência; criação de Juizados Especiais no Distrito Federal e nos Territórios: art. 98, I
- competência; criação de Justiça de Paz no Distrito Federal e nos Territórios: art. 98, II
- competência legislativa privativa: art. 22
- competência legislativa supletiva dos Estados: art. 24, § 2º
- competência para emissão da moeda; Banco Central do Brasil: art. 164
- competência tributária: arts. 145; 153
- competência tributária; vedação ao limite de tráfego: art. 150, V
- competência tributária residual: art. 154
- competência tributária residual; cumulatividade: art. 154, I

- consórcios; competência legislativa: art. 22, XX
- consultoria jurídica: art. 131, *caput*
- contrato administrativo; competência legislativa: art. 22, XXVII
- contribuição social: art. 149, §§ 1º a 4º
- corpo de bombeiros militar; competência legislativa: art. 22, XXI
- corpo de bombeiros militar do Distrito Federal; organização e manutenção: art. 21, XIV
- corpo de bombeiros militar dos Territórios; organização e manutenção: art. 21, XIX
- Correio Aéreo Nacional: art. 21, X
- crédito; fiscalização: art. 21, VIII
- crédito externo e interno; concessão de garantia e fixação: art. 52, VII
- crédito externo e interno; fixação de limites pelo Senado Federal: art. 52, VII
- danos nucleares; responsabilidade civil: art. 21, XXIII, d
- débitos oriundos de precatórios; refinanciamento: art. 100, § 16
- Defensoria Pública do Distrito Federal; competência legislativa sobre sua organização: art. 22, XVI
- Defensoria Pública do Território: art. 21, XIII
- Defensoria Pública dos Territórios; competência legislativa sobre sua organização: art. 22, XVII
- defesa aeroespacial; competência legislativa: art. 22, XXVIII
- defesa civil; competência legislativa: art. 22, XXVIII
- defesa marítima; competência legislativa: art. 22, XXVIII
- defesa nacional: art. 21, III
- defesa territorial; competência legislativa: art. 22, XXVIII
- desapropriação; competência legislativa: art. 22, II
- desenvolvimento urbano; habitação, saneamento básico e transportes urbanos: art. 21, XX

ÍNDICE REMISSIVO DA CF

- direito civil, comercial, penal, processual, eleitoral, agrário, marítimo, aeronáutico, espacial e do trabalho; competência legislativa: art. 22, I
- disponibilidades de caixa; depósito no Banco Central do Brasil: art. 164, § 3º
- Distrito Federal; competência legislativa sobre organização administrativa: art. 22, XVII
- dívida pública; fixação de limites globais pelo Senado Federal: art. 52, VI
- dívida pública dos Estados, do Distrito Federal e dos Municípios; limitações ao poder de tributar: art. 151, II
- documento público; vedação de recusa de fé: art. 19, II
- edição de leis para aplicação do sistema tributário nacional: ADCT, art. 34, § 3º
- educação; competência legislativa; diretrizes e bases: art. 22, XXIV
- emigração; competência legislativa: art. 22, XV
- empresa de pequeno porte; tratamento jurídico diferenciado: art. 179
- empréstimo compulsório: art. 148
- energia; competência legislativa: art. 22, IV
- energia elétrica; exploração, autorização, concessão e permissão: art. 21, XII, b
- ensino; aplicação de receita de impostos: art. 212
- estado de defesa; decretação: art. 21, V
- estado de sítio; decretação: art. 21, V
- Estado-membro; demarcação das terras em litígio com os Municípios: ADCT, art. 12, §§ 3º e 4º
- Estado-membro; vedação de encargos em sua criação: art. 234
- estrangeiro; competência legislativa: art. 22, XV
- execução da dívida ativa tributária; representação pela Procuradoria-Geral da Fazenda Nacional: art. 131, § 3º
- Fazenda Pública; precatório; sentença judiciária: art. 100, *caput*; ADCT, art. 97
- fiscalização contábil, financeira e orçamentária: arts. 70 a 74
- forças estrangeiras; permissão de trânsito e permanência: art. 21, IV
- garimpagem: art. 21, XXV
- gás natural; monopólio: art. 177, I
- gás natural; monopólio da importação e exportação: art. 177, III
- gás natural; monopólio do transporte por meio de condutos: art. 177, IV
- guerra; declaração: art. 21, II
- hidrocarbonetos fluidos; monopólio: art. 177, I e III
- imigração; competência legislativa: art. 22, XV
- imposto estadual; Territórios: art. 147
- imposto extraordinário em caso de guerra; competência tributária: art. 154, II
- impostos; estaduais e municipais; competência: art. 147
- impostos; instituição: art. 153
- impostos arrecadados; distribuição: arts. 153, § 5º; 157; 158, I e II; 159
- incentivos fiscais; reavaliação: ADCT, art. 41
- informática; competência legislativa: art. 22, IV
- infraestrutura aeroportuária; exploração, autorização, concessão e permissão: art. 21, XII, c
- infrações penais praticadas em detrimento de seus bens, serviços ou interesses; processo e julgamento: art. 109, IV
- instituições de assistência social sem fins lucrativos; limitações ao poder de tributar: art. 150, VI, § 4º
- instituições de educação sem fins lucrativos; limitações ao poder de tributar: art. 150, VI, § 4º
- intervenção federal; decretação: art. 21, V
- intervenção nos Estados e Distrito Federal: arts. 34; 36

ÍNDICE REMISSIVO DA CF

- isenção de tributos estaduais, do Distrito Federal e municipais; limitações ao poder de tributar: art. 151, III
- jazidas; competência tributária: art. 22, XII
- jazidas de petróleo; monopólio: art. 177, I
- lavra; autorização e concessão para pesquisa por prazo determinado: art. 176, § 3º
- lavra; transferência de pesquisa: art. 176, § 3º
- lei estadual; superveniência de lei federal: art. 24, § 4º
- licitação; competência legislativa art. 22, XXVII
- litígio com Estado estrangeiro ou organismo internacional; processo e julgamento: art. 102, I, e
- livros, jornais, periódicos e o papel destinado à sua impressão; limitações ao poder de tributar: art. 150, VI, d
- massas de água; represadas ou represáveis; aproveitamento econômico e social: art. 43, § 2º, IV
- material bélico; autorização e fiscalização para produção e comércio: art. 21, VI
- metais; títulos e garantias: art. 22, VI
- metalurgia; competência legislativa: art. 22, XII
- microempresa; tratamento jurídico diferenciado: art. 179
- minas; competência legislativa: art. 22, XII
- minérios nucleares e seus derivados; monopólio estatal: art. 21, caput e XXIII
- Ministério Público do Distrito Federal; competência legislativa sobre sua organização: art. 22, XVII
- Ministério Público do Distrito Federal; organização e manutenção: art. 21, XIII
- Ministério Público dos Territórios; competência legislativa sobre sua organização: art. 22, VII
- Ministério Público dos Territórios; organização e manutenção: art. 21, XIII
- mobilização nacional; competência legislativa: art. 22, XXVIII
- moeda; emissão: art. 21, VII
- monopólio: art. 177
- monopólio; vedações: art. 177, § 1º
- monopólio da pesquisa, lavra, enriquecimento, reprocessamento, industrialização e comércio de minérios e minerais nucleares e derivados: art. 177, V
- Município; demarcação das terras em litígio com os Estados-membros: ADCT, art. 12, §§ 3º e 4º
- nacionalidade; competência legislativa: art. 22, XIII
- navegação aérea; competência legislativa art. 22, X
- navegação aeroespacial; competência legislativa: art. 22, X
- navegação aeroespacial; exploração, autorização, concessão e permissão: art. 21, XII, c
- navegação fluvial, lacustre e marítima; competência legislativa: art. 22, X
- orçamento; recursos para a assistência social: art. 204, caput
- organização judiciária; competência legislativa: art. 22, XVII
- organizações internacionais; participação: art. 21, I
- partidos políticos; limitações ao poder de tributar: art. 150, VI, c, e § 4º
- patrimônio, renda ou serviços de entes públicos; limitações ao poder de tributar: art. 150, VI, a
- paz; celebração: art. 21, II
- pessoal; despesa: art. 169; ADCT, art. 38
- petróleo; monopólio da importação e exportação: art. 177, II
- petróleo; monopólio da refinação: art. 177, II
- petróleo; monopólio do transporte marítimo: art. 177, IV
- petróleo; monopólio do transporte por meio do conduto: art. 177, IV
- plano nacional e regional de desenvolvimento econômico e social: art. 21, IX

ÍNDICE REMISSIVO DA CF

- Poder Judiciário; organização e manutenção: arts. 21, XIII; 22, XVII
- Poderes: art. 2º
- política de crédito; competência legislativa: art. 22, VII
- populações indígenas; competência legislativa: art. 22, XIV
- portos; competência legislativa: art. 22, X
- portos fluviais, lacustres e marítimos; exploração, autorização, concessão e permissão: art. 21, XII, f
- poupança; competência legislativa: art. 22, XIV
- previdência privada; fiscalização: art. 21, VIII
- princípio da uniformidade tributária: art. 150, I
- Procuradoria-Geral da Fazenda Nacional; representação judicial na área fiscal: ADCT, art. 29, § 5º
- profissões; competência legislativa: art. 22, XVI
- proteção dos bens dos índios: art. 231, caput
- quadro de pessoal; compatibilização: ADCT, art. 24
- radiodifusão; competência legislativa: art. 22, IV
- receita tributária; repartição: art. 159
- recursos minerais; competência legislativa: art. 22, XII
- registro público; competência legislativa: art. 22, XXV
- relações com Estados estrangeiros: art. 21, I
- religião; vedações: art. 19, I
- repartição das receitas tributárias; vedação à retenção ou restrição: art. 160
- representação judicial e extrajudicial: art. 131, caput
- requisições civis e militares; competência legislativa: art. 22, III
- reservas cambiais; administração: art. 21, VIII

- rios; aproveitamento econômico e social: art. 43, § 2º, IV
- seguridade social; competência legislativa: art. 22, XXIII
- seguros; competência legislativa; fiscalização: art. 22, VII e VIII
- serviço postal: art. 21, X
- serviço postal; competência legislativa: art. 22, V
- serviços de radiodifusão sonora e de sons e imagens; exploração, autorização, concessão e permissão: art. 21, XII, a
- serviços de telecomunicações; exploração, autorização, concessão e permissão: art. 21, XII, a
- serviços de telecomunicações; exploração direta de concessão: art. 21, XI
- serviços de transmissão de dados; exploração direta de concessão: art. 21, XI
- serviços e instalações nucleares; exploração: art. 21, XXIII
- serviços e instalações nucleares; fins pacíficos: art. 21, XXIII, a
- serviços e instalações nucleares; utilização de radioisótopos: art. 21, XXIII, b
- serviços oficiais de estatística, geografia, geologia e cartografia; organização e manutenção: art. 21, XV
- serviços telefônicos e telegráficos; exploração direta ou concessão: art. 21, XI
- servidor público: art. 61, § 1º, II, c
- sindicatos; limitações ao poder de tributar: art. 150, VI, § 4º
- sistema cartográfico e geologia nacional; competência legislativa: art. 22, XVIII
- sistema de ensino: art. 211, caput
- sistema estatístico nacional; competência legislativa: art. 22, XVIII
- sistema nacional de emprego; organização: art. 22, XVI
- sistema nacional de recursos hídricos; instituição e outorga: art. 21, XIX
- sistema nacional de transporte e viação: art. 21, XXI
- sistemas de medidas e monetário; competência legislativa: art. 22, VI

ÍNDICE REMISSIVO DA CF

- sorteios; competência legislativa: art. 22, XX
- telecomunicações; competência legislativa: art. 22, IV
- templos de qualquer culto; limitações ao poder de tributar: art. 150, VI, *b*, e § 4º
- terra indígena; demarcação: art. 231, *caput*
- território: art. 18, § 2º
- trabalho; organização, manutenção e execução da inspeção: art. 21, XXIX
- trânsito e transporte; competência legislativa: art. 22, XI
- transporte aquaviário, ferroviário, rodoviário; exploração, autorização, concessão e permissão: art. 21, XII, *d* e *e*
- tributação; limites: arts. 150; 151
- turismo; promoção e incentivo: art. 180
- valores; competência legislativa: art. 22, VII
- vedações: art. 19

USINA NUCLEAR
- localização; definição legal: art. 225, § 6º

USUCAPIÃO
- *v.* PROPRIEDADE RURAL e PROPRIEDADE URBANA

VARAS JUDICIÁRIAS
- criação: art. 96, I, *d*

VEREADOR
- ato institucional: ADCT, art. 8º, § 4º
- estado de sítio; difusão de pronunciamento: art. 139, p.u.
- idade mínima: art. 14, § 3º, VI, *c*
- impedimentos: art. 29, IX
- imposto: art. 29, V
- incompatibilidades: art. 29, IX
- inviolabilidade: art. 29, VIII
- mandato eletivo; duração: art. 29, I
- remuneração; subsídios: art. 29, VI e VII
- servidor público civil: art. 38, III

VETO
- deliberação; Congresso Nacional: art. 57, § 3º, IV
- projetos de lei; competência privativa do Presidente da República: art. 84, V

VICE-GOVERNADOR
- *v.* GOVERNADOR

VICE-PREFEITO
- *v.* PREFEITO
- parlamentar; nomeação para o exercício da função de Prefeito: ADCT, art. 5º, § 3º

VICE-PRESIDENTE DA REPÚBLICA
- *v.* PRESIDENTE DA REPÚBLICA
- atribuições: art. 79, p.u.
- substituição ou sucessão do Presidente da República: art. 79, *caput*

VOTO
- direto e secreto: art. 14, I a III
- facultativo: art. 14, § 1º, II
- obrigatório: art. 14, § 1º, I
- soberania popular; manifestação: art. 14, I a III

ZONA FRANCA DE MANAUS
- critérios disciplinadores; modificação: ADCT, art. 40, p.u.
- manutenção; prazo: ADCT, art. 40, *caput*

The page appears to be a mirrored/reversed image (text is backwards), making reliable transcription impossible.

ÍNDICE ALFABÉTICO-REMISSIVO DA CLT, DA LEGISLAÇÃO TRABALHISTA E PREVIDENCIÁRIA, DAS SÚMULAS SELECIONADAS, DAS OJ E PN DO TST

ABANDONO DE EMPREGO
– configuração: Súm. 32, TST
– falta grave; indenização: Súm. 73, TST
– inquérito; prazo: Súm. 62, TST
– rescisão contratual; justa causa: art. 482, *i*

ABONO
– anual; PIS/Pasep: Lei 7.859/1989
– ausência ao trabalho: Súm. 282, TST
– complementação de aposentadoria; reajuste; CVRD: OJ 24, SDI (I) Transitória
– férias: arts. 143 a 145
– natureza indenizatória; inativos; impossibilidade: OJ 346, SDI (I)
– salário; integração: art. 457, § 1º

ABONO DE FALTAS
– acidente de trabalho: Súm. 46, TST
– atestado médico: Súm. 15, TST
– comparecimento como parte na Justiça do Trabalho: Súm. 155, TST
– justificadas por lei: Súm. 89, TST
– serviço médico da empresa; convênio: Súm. 282, TST

ABONO PECUNIÁRIO
– conversão do período de férias: art. 143
– desligamento incentivado: OJ 19, SDI (II)
– empregado sob o regime de tempo parcial: art. 143, § 3º
– férias coletivas: art. 143, § 2º
– percentual: art. 143
– prazo de pagamento: art. 145
– prazo para requerimento: art. 143, § 1º
– quitação, pelo empregado: art. 145, p.u.

– remuneração; não integração: art. 144

ABORTO
– atestado médico oficial: art. 395
– falta ao serviço; não consideração: art. 131, II
– repouso remunerado; retorno à função: art. 395

AÇÃO
– anulatória; competência originária: OJ 129, SDI (II)
– cobrança do FGTS; prescrição: Súm. 362, TST; Súm. 210, STJ
– cobrança judicial; multas administrativas: art. 642, *caput*
– contra a mesma reclamada; testemunha; suspeição: Súm. 357, TST
– declaratória; complementação de aposentadoria: OJ 276, SDI (I)
– executiva; cobrança judicial; falta de pagamento de contribuição sindical: art. 606
– prescrição: Súm. 308, TST
– previdenciária; foro: Súm. 689, STF
– regressiva; subempreitada: art. 455

AÇÃO CAUTELAR
– efeito suspensivo; recurso ordinário em mandado de segurança: OJ 113, SDI (II)
– incidental; ação rescisória; pedido formulado na petição inicial: Súm. 405, TST
– mandado de segurança; liminar ou homologação de acordo: Súm. 418, TST
– mandado de segurança; reintegração: OJ 63, SDI (II)

ÍNDICE REMISSIVO DA CLT

- recurso ordinário; cabimento: OJ 100, SDI (II)
- suspensão de execução: OJ 76, SDI (II)
- suspensão de execução; decisão rescindenda: OJ 131, SDI (II)

AÇÃO CIVIL PÚBLICA
- competência: OJ 130, SDI (II)
- liminar; perda de objeto: Súm. 414, III, TST
- mandado de segurança; liminar concedida: Súm. 414, II, TST

AÇÃO DE CUMPRIMENTO
- decisão normativa; coisa julgada: OJ 277, SDI (I)
- falta de interesse de agir; ação individual: OJ 188, SDI (I)
- prescrição: Súm. 350, TST
- representação pelo sindicato: art. 843, § 1º
- sentença normativa modificada em grau de recurso: Súm. 397, TST
- substituição processual: art. 872
- substituição processual; sindicato: Súm. 286, TST
- trânsito em julgado da sentença normativa: Súm. 246, TST

AÇÃO RESCISÓRIA
- cabimento; admissibilidade: art. 836
- competência; hipóteses: Súm. 192, TST
- depósito prévio: art. 836, caput
- depósito recursal: Súm. 99, TST
- impossibilidade jurídica do pedido: OJ 150, SDI (II)
- julgamento: art. 678, I, c, 2
- lide simulada; rescisão da sentença homologatória: OJ 154, SDI (II)
- não cabimento: OJ 157 e 158, SDI (II)
- não cabimento; Justiça do Trabalho: Súm. 338, STF
- prazo de decadência: Súm. 401, STJ; e 100, TST
- preventiva; decisão rescindenda; descabimento: Súm. 299, III, TST
- procedimento: art. 836, p.u.
- pronunciamento explícito: Súm. 298, TST
- prova do trânsito em julgado da decisão rescindenda: Súm. 299, TST
- recurso de revista; erro grosseiro: OJ 152, SDI (II)
- recurso ordinário: Súm. 158, TST
- remessa *ex officio*: Súm. 303, II, TST
- representação processual; irregularidade; vício insanável: OJ 151, SDI (II)
- termo de conciliação; impugnação: Súm. 259, TST
- vício; violação de lei: Súm. 400, TST
- violação literal de lei; texto legal infraconstitucional; interpretação nos tribunais: Súm. 83, TST

ACIDENTE DO TRABALHO
- anotações na CTPS: arts. 30 e 40, III
- ausências motivadas; férias; período aquisitivo: Súm. 198, STF
- auxílio-doença; direito à estabilidade: Súm. 378, TST
- cálculo de gratificação natalina: Súm. 46, TST
- competência: art. 643, § 2º
- contagem do tempo de serviço; indenização e estabilidade: art. 4º, p.u.
- efeito quanto a férias: art. 133, IV
- estabilidade provisória; Lei 8.213/1991, art. 118; constitucionalidade: Súm. 378, I, TST
- faltas; efeitos: Súm. 46, TST
- faltas no serviço: art. 131, III
- indenização: art. 40, III
- indenização; cálculo: Súm. 464, STF
- instrumento normativo; vigência; eficácia: OJ 41, SDI (I)
- medidas preventivas: art. 162 e ss.

ACIDENTE NO SERVIÇO FERROVIÁRIO
- elevação da jornada de trabalho do empregado: art. 240

AÇÕES PLÚRIMAS
- audiência: art. 843
- custas; incidência: Súm. 36, TST

ACORDO(S)
- audiência: arts. 846, §§ 1º e 2º, e 847
- coletivos; depósito, registro e arquivo: IN SRT/MTE 11/2009
- cumprimento do acordo: art. 835
- dissídios coletivos: arts. 863 e 864

ÍNDICE REMISSIVO DA CLT

- dissídios individuais: art. 847, §§ 1º e 2º
- elevação da jornada; trabalho em minas de subsolo: art. 295
- escrito; acréscimo de horas suplementares: art. 59
- execução: art. 876
- homologação; faculdade do juiz; inexistência de direito líquido e certo: Súm. 418, TST
- individual; compensação de jornada: Súm. 85, I e II, TST
- inexigibilidade: art. 61, § 1º
- momento do trânsito em julgado; decadência: Súm. 100, V, TST
- sentença homologatória de acordo; dolo: Súm. 403, II, TST

ACORDO COLETIVO DE TRABALHO: arts. 611 a 625
- ação declaratória; complementação de aposentadoria: OJ 276, SDI (I)
- cláusula de termo aditivo; prorrogação do acordo para prazo indeterminado: OJ 322, SDI (I)
- eficácia; ultratividade: Súm. 277, TST

ACORDO DE COMPENSAÇÃO DE JORNADA: Súm. 85, TST
- duração normal do trabalho; horas suplementares; acordo escrito: art. 59

ACORDO INDIVIDUAL
- compensação de jornada; validade: Súm. 85, II, TST
- tácito: Súm. 85, III, TST

ADIAMENTO DE AUDIÊNCIA
- motivo relevante: art. 844, p.u.

ADIANTAMENTO SALARIAL
- possibilidade de descontos: art. 462

ADICIONAIS EVENTUAIS
- incidência sobre o FGTS e horas extras: Súm. 63, TST

ADICIONAL(IS)
- AP e ADI; cargo de confiança; exclusão: OJ 17, SDI (I)
- comissionista; horas extras: Súm. 340, TST
- de caráter pessoal; Banco do Brasil: OJ 4, SDI (II)
- Banco do Brasil; indevido: OJ 16, SDI (I)
- férias: art. 142, § 6º
- férias; base de cálculo; eficácia suspensa: art. 142, § 5º
- insalubridade; cessação: art. 194
- insalubridade; definição: art. 189
- insalubridade; eliminação ou neutralização: art. 191 e Súm. 80, TST
- insalubridade; fornecimento do aparelho de proteção: Súm. 289, TST
- insalubridade; incidência: Súm. 187, TFR
- insalubridade; integração: Súm. 139, TST
- insalubridade; opção pelo empregado: art. 193, § 2º
- insalubridade; percentuais: art. 192
- noturno: art. 73
- noturno; alteração de turno; supressão: Súm. 265, TST
- noturno, insalubre ou perigoso; base ao cálculo da remuneração das férias: art. 142, § 5º
- noturno; pago com habitualidade; integração: Súm. 60, I, TST
- periculosidade; cessação: art. 194
- periculosidade; empregados que operam bomba de gasolina: Súm. 39, TST
- periculosidade; exposição intermitente; eletricitários: Súm. 361, TST
- periculosidade; integração; caráter permanente: Súm. 132, I, TST
- periculosidade; percentual: art. 193, § 1º
- periculosidade; triênios; Petrobras: Súm. 70, TST
- por tempo de serviço: Súm. 52, TST
- regional; Petrobras: Súm. 84, TST
- trabalho noturno da mulher: art. 381, § 1º
- vigia; noturno: Súm. 140, TST

ADICIONAL DE HORAS EXTRAS
- bancário; gratificação de função: Súm. 102, VII, TST
- bancário; pré-contratação de horas extras: Súm. 199, TST
- comissionista: Súm. 340, TST
- hora suplementar; cálculo: Súm. 264, TST

1687

ÍNDICE REMISSIVO DA CLT

- horas *in itinere*: Súm. 90, V, TST
- incorporação; prescrição total: OJ 242, SDI (I)
- professor; adicional de 50%: OJ 206, SDI (I)
- regime de revezamento; intervalo mínimo de 11 horas consecutivas: Súm. 110, TST
- salário por produção: OJ 235, SDI (I)
- turno ininterrupto de revezamento; horista: OJ 275, SDI (I)

ADICIONAL DE INSALUBRIDADE
- *v.* ATIVIDADES INSALUBRES E PERIGOSAS
- agente nocivo diverso do apontado na inicial: Súm. 293, TST
- base de cálculo: OJ 2, SDI (II)
- base de cálculo; hora extra: OJ 47, SDI (I)
- base de cálculo; piso nacional dos salários: OJ 33, SDI (I) Transitória
- base de cálculo; salário profissional: Súm. 17, TST
- cálculo: Súm. 307, STF
- cessação: art. 194
- condições insalubres; caráter intermitente: Súm. 47, TST
- CSN; adicional de periculosidade e; salário complessivo; não caracterizado: OJ 12, SDI (I) Transitória
- deficiência de iluminamento; limitação: OJ 57, SDI (I) Transitória
- definição: art. 189
- diferenças; substituição processual; sindicato; legitimidade: OJ 121, SDI (I)
- eliminação ou neutralização: art. 191 e Súm. 80, TST
- fornecimento do aparelho de proteção: Súm. 289, TST
- inserção em folha de pagamento: OJ 172, SDI (I)
- integração na remuneração: Súm. 139, TST
- lixo urbano; limpeza em residências e escritórios: OJ 4, II, SDI (I)
- Ministério do Trabalho; caracterização: art. 190
- necessidade de classificação da atividade insalubre: OJ 4, I, SDI (I)

- óleos minerais; manipulação: OJ 171, SDI (I)
- opção pelo empregado: art. 193, § 2º
- percentuais: art. 192
- perícia; engenheiro ou médico: OJ 165, SDI (I)
- perícia; local de trabalho desativado: OJ 278, SDI (I)
- perícia judicial; enquadramento da atividade entre as insalubres: Súm. 460, STF
- reclassificação ou descaracterização da insalubridade; direito adquirido: Súm. 248, TST
- repouso semanal e feriados: OJ 103, SDI (I)

ADICIONAL DE PERICULOSIDADE
- *v.* ATIVIDADES INSALUBRES E PERIGOSAS
- cabista; instaladores e reparadores de empresas de telefonia; extensão do direito: OJ 347, SDI (I)
- cessação: art. 194
- definição: art. 193
- eletricitários; base de cálculo: OJ 279, SDI (I)
- empregados; posto de revenda de combustível líquido: Súm. 212, STF
- empregados que operam bomba de gasolina: Súm. 39, TST
- exposição eventual; adicional indevido: Súm. 364, I, TST
- exposição intermitente; eletricitários: Súm. 361, TST
- exposição permanente ou intermitente; condições de risco: OJ 5, SDI (I)
- horas de sobreaviso; adicional indevido: Súm. 132, II, TST
- incidência: Súm. 191, TST
- incidência; triênio; Petrobras: Súm. 70, TST
- inserção em folha de pagamento: OJ 172, SDI (I)
- integração: Súm. 132, TST
- integração; base de cálculo do adicional noturno: OJ 259, SDI (I)
- integração; cálculo de indenização e de horas extras: Súm. 132, I, TST
- líquido inflamável: OJ 385, SDI (I)

ÍNDICE REMISSIVO DA CLT

- pagamento espontâneo; fato incontroverso; perícia desnecessária: OJ 406, SDI (I)
- percentual: art. 193, § 1º
- perícia; engenheiro ou médico: OJ 165, SDI (I)
- radiação ionizante ou substância radioativa: OJ 345, SDI (I)
- sistema elétrico de potência: OJ 324, SDI (I)

ADICIONAL DE PRODUTIVIDADE
- decisão normativa; vigência; limitação: OJ 6, SDI (I) Transitória
- incidência no cálculo do repouso semanal: Súm. 225, TST
- portuário; horas extras: OJ 60, II, SDI (I)

ADICIONAL DE RISCO
- portuário; horas extras: OJ 60, II, SDI (I)
- portuário; terminal privativo; indevido o: OJ 402, SDI (I)
- portuários; proporcionalidade: OJ 316, SDI (I)

ADICIONAL NOTURNO: art. 73, § 2º
- base de cálculo; integração; adicional de periculosidade: OJ 259, SDI (I)
- definição: art. 73, § 2º
- gorjetas; natureza jurídica; repercussões: Súm. 354, TST
- horas extras prestadas no período noturno; base de cálculo: OJ 97, SDI (I)
- integração: Súm. 60, TST
- jornada mista 12x36; período noturno trabalhado: OJ 388, SDI (I)
- natureza da atividade do empregador: Súm. 313, STF
- prorrogação do trabalho noturno: art. 73, § 5º
- prorrogação em horário diurno; cumprimento integral: Súm. 60, TST
- regime de revezamento: Súm. 213, STF
- transferência para o período diurno: Súm. 265, TST
- vigia: Súm. 140, TST

ADICIONAL POR TEMPO DE SERVIÇO
- bancário; integração; cálculo: Súm. 240, TST
- quinquênio; Constituição do Estado de São Paulo; base de cálculo; salário-base: OJ 60, SDI (I) Transitória
- quinquênio; complementação de aposentadoria: Súm. 52, TST

ADICIONAL REGIONAL
- Petrobras; não contraria à CF/1988: Súm. 84, TST

ADJUDICAÇÃO: art. 888

ADMINISTRAÇÃO
- emprego público; regulamentação do regime de emprego do pessoal da Administração federal direta, autárquica e fundacional: Lei 9.962/2000
- pública; contrato nulo; efeitos: OJ 335, SDI (I)
- pública; vínculo empregatício: OJ 321, SDI (I)
- tributária federal: Lei 11.457/2007 e Dec. 6.106/2007

ADMINISTRAÇÃO DO SINDICATO
- composição: art. 522
- eleição sindical: art. 529 e ss.
- prerrogativas do empregado eleito: art. 543

ADMISSÃO AO TRABALHO
- atestados de gravidez e esterilização; exigência; proibição: Lei 9.029/1995
- CTPS; anotação falsa: art. 49
- CTPS; anotações: arts. 13 e 29
- exame médico; obrigatoriedade: art. 168
- exames médicos; periodicidade: art. 168, § 3º
- ficha ou livro de registro: art. 41
- pessoas portadoras de deficiências: Portaria MPAS 4.677/1998; Res. INSS 630/1998
- recusa das anotações: art. 36

ADOÇÃO
- empregada; licença-maternidade: art. 392-A; Lei 11.770/2008 e Dec. 7.052/2009

ADVOGADO
- atuação fora da seção da OAB onde está inscrito: OJ 7, SDI (I)

- autos do processo; consulta: art. 778
- bancário; cargo de confiança: Súm. 102, V, TST
- dissídios coletivos: art. 791, § 2º
- dissídios individuais: art. 791, § 1º
- honorários advocatícios: Súm. 219 e 329, TST e OJ 421, SDI (I)
- jornada de trabalho; dedicação exclusiva: OJ 403, SDI (I)
- *jus postulandi*: art. 791; Súm. 425, TST
- pluralidade de: Súm. 427, TST
- representação irregular; autarquia: OJ 318, SDI (I)
- representação regular; estagiário: OJ 319, SDI (I)
- revelia; ausência da reclamada: Súm. 122, TST

AFASTAMENTO DO EMPREGADO
- anistiado: OJ 44, SDI (I) Transitória
- gestante: art. 392
- segurança nacional: art. 472, § 3º
- serviço militar: art. 472
- vantagens asseguradas: art. 471

AGRAVO
- cabimento: arts. 897 e 893, IV
- de instrumento: art. 897, *b*
- de petição: art. 897, *a*
- embargos para SDI: Súm. 353, TST
- embargos declaratórios; decisão monocrática do relator: Súm. 421, TST
- inominado (art. 557, § 1º, CPC); contra decisão colegiada; não cabimento: OJ 412, SDI (I)
- prazo: art. 897, § 1º
- regimental (art. 235 do RITST); contra decisão colegiada; não cabimento: OJ 412, SDI (I)

AGRAVO DE INSTRUMENTO
- acórdão do TRT; ausência de assinatura; certificação pelo servidor: OJ 52, SDI (I) Transitória
- autenticação de cópias pelas secretarias dos tribunais regionais: OJ 91, SDI (II)
- cabimento: art. 897, *b*, e § 2º
- certidão de publicação do acórdão; comprovação da tempestividade; recurso de revista: OJ 17 e 18, SDI (I) Transitória
- controvérsia; compreensão; peças dispensáveis: OJ 19, SDI (I) Transitória
- decisão rescindenda; impossibilidade jurídica: OJ 105, SDI (II)
- despacho que nega seguimento a recurso do TST; processamento: Res. Adm. TST 1.418/2010
- juízo de admissibilidade *ad quem*: OJ 282, SDI (I)
- julgamento: art. 897, § 4º
- mandado de segurança; execução definitiva: OJ 56, SDI (II)
- Ministério Público; comprovação da tempestividade; desnecessidade do traslado: OJ 20, SDI (I) Transitória
- peças essenciais; traslado realizado pelo agravado: OJ 283, SDI (I)
- recurso de revista; admissibilidade parcial: Súm. 285, TST
- recurso de revista; inadmissibilidade: Súm. 218, TST
- recurso de revista; rito sumaríssimo: OJ 260, SDI (I)
- representação irregular: OJ 110, SDI (I)
- representação processual; regularidade; cláusula limitativa de poderes no TRT: OJ 374, SDI (I)
- traslado: OJ 217, SDI (I)
- traslado; ausência de certidão de publicação: OJ 284, SDI (I)
- traslado; carimbo do protocolo do recurso ilegível: OJ 285, SDI (I)
- traslado; certidão: OJ 21, SDI (I) Transitória
- traslado; mandato tácito; ata de audiência: OJ 286, SDI (I)
- traslado de peças; obrigatoriedade: OJ 16, SDI (I) Transitória

AGRAVO DE PETIÇÃO
- admissibilidade; recurso de revista: Súm. 266, TST
- cabimento: art. 897, *a*
- execução; tópicos e valores não especificados: Súm. 416, TST
- julgamento: art. 897, § 3º
- recebimento: art. 897, § 1º

ÍNDICE REMISSIVO DA CLT

AGRAVO REGIMENTAL
- aplicação da Súm. 333; juízo de mérito: Súm. 192, V, TST
- fungibilidade recursal: OJ 69, SDI (II)
- peças essenciais nos autos principais: OJ 132, SDI (I)
- recurso ordinário; cabimento: OJ 100, SDI (II)
- sentença de mérito; decisão do TRT: Súm. 411, TST

AJUDA ALIMENTAÇÃO
- bancário; norma coletiva: OJ 123, SDI (I)
- PAT; não integração ao salário: OJ 133, SDI (I)

AJUDAS DE CUSTO
- remuneração; não integração: art. 457, § 2º
- serviço ferroviário; pessoal da equipagem de trens: art. 239, § 2º

ALÇADA
- ação rescisória; não aplicação: Súm. 365, TST
- fixação; salário mínimo: Súm. 356, TST
- inalterabilidade: Súm. 71, TST
- mandado de segurança; não aplicação: Súm. 365, TST

ALIMENTAÇÃO
- auxílio; alteração da natureza jurídica; norma coletiva ou adesão ao PAT: OJ 413, SDI (I)
- auxílio-alimentação; servidores inativos: Súm. 680, STF
- empregados no subsolo: art. 297
- integração: art. 458 e Súm. 241, TST
- intervalo: art. 71
- programa de alimentação do trabalhador: Lei 6.321/1976; e Dec. 5/1991

ALTERAÇÃO DO CONTRATO DE TRABALHO
- cláusulas regulamentares: Súm. 51, I, TST
- comissões; supressão: OJ 175, SDI (I)
- despesas: art. 470
- mútuo consentimento: art. 468
- prescrição; prestações sucessivas: Súm. 294, TST

- professor; redução da carga horária: OJ 244, SDI (I)
- serviço militar; afastamento: art. 472
- servidor público: OJ 308, SDI (I)
- substituição de avanços trienais por quinquênios: OJ 76, SDI (I)
- transferência de empregado: arts. 469 e 470

AMAMENTAÇÃO
- descansos especiais: art. 396
- local apropriado: art. 389, § 1º

ANALFABETO
- CTPS: art. 17, § 2º
- pagamento de salário: art. 464 e PN 58, TST
- rescisão do contrato: art. 477, § 4º

ANALOGIA
- decisão; falta de disposições legais ou contratuais: art. 8º

ANISTIA
- efeitos financeiros: OJ 12, SDI (I) e OJ 56, SDI (I) Transitória
- efeitos financeiros; ECT: OJ 91, SDI (I)
- rescisão do contrato: art. 477, § 4º
- tempo de afastamento: OJ 44, SDI (I) Transitória

ANOTAÇÃO(ÕES): arts. 29 a 34; e Portaria MTPS 3.626/1991
- acidentes do trabalho; carteira do acidentado: art. 30
- alteração do estado civil: art. 32
- CTPS: arts. 29 a 34
- desabonadoras: art. 2º, §§ 4º e 5º
- falsa; crime de falsidade: art. 49, V
- férias coletivas: art. 141, § 3º
- penalidades: arts. 49 a 56
- presunção *juris tantum*: Súm. 12, TST
- recusa em efetuá-las, por parte da empresa: art. 36
- retenção; multa: art. 53
- valor probatório: Súm. 225, STF

ANTECIPAÇÃO DE TUTELA
- *v.* TUTELA

ANUÊNCIA
- transferência de empregado: art. 469

1691

ÍNDICE REMISSIVO DA CLT

ANUÊNIO
– Nossa Caixa-Nosso Banco (Caixa Econômica do Estado de São Paulo); gratificação especial: OJ 56, SDI (I)

APOSENTADO
– por invalidez: art. 475
– retorno ao emprego: Súm. 217, STF

APOSENTADORIA
– cancelamento: art. 475, § 1º
– complementação: Súm. 92, 97, 288 e 313, TST
– complementação de; prescrição: Súm. 326, TST
– especial ao cooperado de cooperativa de trabalho: Lei 10.666/2003
– espontânea; dispensa imotivada; multa de 40% do FGTS: OJ 361, SDI (I)
– espontânea; empresas públicas e sociedades de economia mista: art. 453, § 1º
– Fundo de Aposentadoria Programada Individual – Fapi: Lei 9.477/1997
– pensão por morte; dependentes do segurado; perda dessa qualidade: Súm. 416, STJ
– pessoa com deficiência segurada do RGPS: LC 142/2013
– Petrobras: Súm. 332, TST
– por invalidez; direito à manutenção de plano de saúde ou assistência médica: Súm. 440, TST
– por invalidez; direito de retornar ao emprego: Súm. 160, TST
– por invalidez; suspensão do contrato de trabalho; fluência da prescrição quinquenal: OJ 375, SDI (I)
– prêmio; regulamento da empresa: Súm. 72, TST
– prescrição parcial e quinquenal; diferença de complementação: Súm. 327, TST
– voluntária; garantia de emprego: PN 85, TST

APRENDIZES
– portador de deficiência: art. 428, §§ 5º e 6º
– regulamentação da contratação de: Dec. 5.598/2005

APRENDIZAGEM
– admissão; preferência: art. 430
– contrato de aprendizagem: arts. 428 e 433
– número obrigatório; estabelecimentos industriais: art. 429
– requisitos; admissão: art. 431

ARMÁRIOS
– individuais privativos das mulheres: art. 389, III
– obrigatoriedade; empresas: art. 200, VII

ARMAZÉM
– empresa; vedação de induzir ou coagir empregados na sua utilização: art. 462, § 2º
– gêneros alimentícios; equiparação a serviços públicos: art. 910

ARMAZENAMENTO DE MATERIAIS
– Ministério do Trabalho; exigênciais: art. 182, II

ARQUIVAMENTO
– ausência do reclamante: art. 844
– ausência do reclamante após contestação: Súm. 9, TST
– penalidade: art. 732
– prescrição; interrupção: Súm. 268, TST

ARREMATAÇÃO
– falta de licitante; venda dos bens por leiloeiros: art. 888, § 3º
– percentual; lance: art. 888, § 2º
– prazo para pagamento do preço da arrematação: art. 888, § 4º

ARTISTA
– autorização judicial para o trabalho do menor: arts. 405, § 3º, *a* e *b*, e 406

ASSENTOS
– colocação obrigatória; trabalho sentado: art. 199

ASSINATURA
– a rogo; impossibilidade de assinatura: art. 17, § 2º

ASSISTÊNCIA
– intervenção; interesse jurídico: Súm. 82, TST

ÍNDICE REMISSIVO DA CLT

ASSISTÊNCIA JUDICIÁRIA
- beneficiário da; sucumbente; honorários periciais; responsabilidade da União: OJ 387, SDI (I)
- benefício da justiça gratuita: arts. 790, § 3º, 790-B
- honorários advocatícios; declaração de pobreza: OJ 304, SDI (I)
- honorários advocatícios; requisitos: OJ 305, SDI (I)
- prestação por sindicatos: art. 514, *b*
- requerimento de isenção de despesas processuais: OJ 269, SDI (I)
- vigia; ação penal: PN 102, TST

ASSISTÊNCIA MÉDICA
- direito à manutenção: Súm. 440, TST
- não integra o salário: art. 458, § 2º, VI

ASSISTENTE TÉCNICO
- honorários: Súm. 341, TST

ASSOCIAÇÃO
- recreativa; equiparação com empregador: art. 2º, § 1º
- sindical; definição: art. 533
- sindical; deveres: art. 514
- sindical; prerrogativas: art. 513

ATA
- trâmites de instrução e julgamento: art. 851

ATENDENTE DE ENFERMAGEM
- equiparação salarial; atendente e auxiliar de enfermagem: OJ 296, SDI (I)

ATESTADO(S)
- aborto não criminoso; comprovação por atestado médico oficial: art. 395
- ausência do empregado por doença; salário-enfermidade: Súm. 15, TST
- de afastamento e salários: PN 8, TST
- fornecido por profissionais do sindicato dos trabalhadores: PN 81, TST
- médico; empregada gestante: art. 392, §§ 1º e 2º
- proibição de exigência de atestados de gravidez e esterilização: Lei 9.029/1995
- rescisão de contrato; trabalho prejudicial à gestação: art. 394
- revelia; declaração expressa da impossibilidade de locomoção do empregador: Súm. 122, TST

ATIVIDADES INDUSTRIAIS E COMERCIAIS
- conceito: art. 352, § 1º

ATIVIDADES INSALUBRES E PERIGOSAS
- *v.* ADICIONAL DE INSALUBRIDADE e PERICULOSIDADE
- *Insalubres*:
- caracterização e classificação: art. 195
- conceito: art. 189
- eliminação e neutralização: art. 191
- empregado rural; fornecimento de leite: PN 106, TST
- exame médico: art. 168, § 3º
- perícia: art. 195, §§ 1º a 3º
- prorrogação da jornada; exigência de licença prévia: art. 60
- *Perigosas*:
- adicional de insalubridade; opção pelo empregado: art. 193, § 2º
- conceito: art. 193; Lei 12.740/2012
- explosivos; inflamáveis: art. 193; OJ 385, SDI (I)
- perícia: art. 195

ATO COATOR
- efetivo; prazo decadencial: OJ 127, SDI (II)

ATO DE IMPROBIDADE
- justa causa: art. 482, *a*

ATO DE INDISCIPLINA E INSUBORDINAÇÃO
- empregado; justa causa: art. 482, *h*

ATO LESIVO DA HONRA E DA BOA FAMA
- contra o empregador; contra qualquer pessoa; justa causa: art. 482, *k*
- praticado pelo empregador: art. 483, *e*

ATOS
- associações ou entidades sindicais; dilapidação do patrimônio: art. 552
- atentatórios à segurança nacional: art. 482, p.u.

1693

ÍNDICE REMISSIVO DA CLT

- firmados a rogo; impossibilidade de assinatura pelas partes: art. 772
- publicidade: art. 770

ATUALIZAÇÃO MONETÁRIA
- v. CORREÇÃO MONETÁRIA
- honorários periciais; aplicação; decisões judiciais: OJ 198, SDI (I)

AUDIÊNCIA
- abertura: art. 815
- ausência; pena de confissão: Súm. 74, I, TST
- ausência do juiz: art. 815, p.u.
- ausência do reclamante após a contestação: Súm. 9, TST
- contínua: art. 849
- extraordinárias: art. 813, § 2º
- horário: art. 813
- impossibilidade de locomoção do empregador; elisão da revelia: Súm. 122, TST
- registro: art. 817
- salário; pagamento em audiência: Súm. 13, TST

AUDIÊNCIA DE CONCILIAÇÃO, INSTRUÇÃO E JULGAMENTO: arts. 843 a 852
- abertura da audiência: art. 846
- acordo entre as partes: art. 846, § 1º
- ata: art. 851
- comparecimento das partes: art. 843
- conciliação; dissídios coletivos: art. 860
- inquérito para apuração de falta grave: arts. 853 a 855
- instrução do processo: art. 848
- interrogatório: art. 848
- não comparecimento do reclamado: art. 844
- não comparecimento do reclamante; arquivamento da reclamação: art. 844
- notificação: art. 853
- razões finais: art. 850
- testemunhas: art. 845

AULAS
- número diário de aulas: arts. 318 e 321

AUMENTO SALARIAL
- reajuste: art. 624

AUSÊNCIA
- ao serviço; não consideração: art. 131, IV
- do reclamante, após contestada a ação; não arquivamento: Súm. 9, TST

AUTARQUIA
- paraestatais: art. 7º, *d*
- representação irregular: OJ 318, SDI (I)

AUTENTICAÇÃO
- cópias pelas Secretarias dos TRT; agravo de instrumento: OJ 91, SDI (II)
- deserção; custas: OJ 33, SDI (I)
- documento; pessoa jurídica de direito público: OJ 134, SDI (I)
- documento comum às partes; instrumento normativo: OJ 36, SDI (I)
- documento único; verso e anverso: OJ 23, SDI (I) Transitória
- documentos distintos: OJ 287, SDI (I)

AUTO DE INFRAÇÃO
- apresentação de defesa; prazo: art. 629, § 3º
- falta de anotação na CTPS: art. 29, § 3º
- lavratura: arts. 628 e 629

AUTÔNOMOS
- base para pagamento da contribuição sindical: art. 584
- contribuição sindical; recolhimento: art. 586, § 2º
- representantes comerciais; regulamento das atividades: Lei 4.886/1965

AUTORIDADES POLICIAIS
- agentes de inspeção do trabalho: art. 630, § 8º

AUTOS
- desentranhamento de documentos: art. 780
- formação do processo: art. 777
- retirada dos cartórios ou secretarias: art. 778

AUTUAÇÃO
- processo de multas administrativas: arts. 626 a 634

ÍNDICE REMISSIVO DA CLT

AUXILIAR DE ENFERMAGEM
– equiparação salarial; atendente e auxiliar de enfermagem: OJ 296, SDI (I)

AUXILIAR DE LABORATÓRIO
– ausência de diploma: Súm. 301, TST

AUXÍLIO
– cesta alimentação; norma coletiva de trabalho; CEF; extensão: OJ 61, SDI (I) Transitória
– doença; afastamento do trabalho; prazo superior a quinze dias; estabilidade provisória: Súm. 378, TST
– doença; direito à manutenção de plano de saúde ou assistência médica: Súm. 440, TST
– doença; superveniência no curso de aviso-prévio indenizado: Súm. 371, TST
– doença; suspensão do contrato de trabalho; fluência da prescrição quinquenal: OJ 375, SDI (I)
– enfermidade: art. 476
– funeral; prescrição; marco inicial: OJ 129, SDI (I)

AVISO-PRÉVIO: Lei 12.506/2011
– atos ou faltas que justifiquem a rescisão imediata do contrato; efeitos: arts. 490 e 491
– ausência, indenização ou dispensa de cumprimento; prazo para pagamento das verbas rescisórias: art. 477, § 6º
– baixa na CTPS: OJ 82, SDI (I)
– cabimento; prazos: art. 487, II
– cessação da atividade da empresa: Súm. 44, TST
– concessão de; licença remunerada; CSN; possibilidade: OJ 13, SDI (I) Transitória
– concessão na garantia de emprego; incompatibilidade: Súm. 348, TST
– contagem do prazo; projeção: OJ 268, SDI (I)
– cumprimento em casa: OJ 14, SDI (I)
– de 60 dias; por norma coletiva; repercussão; verbas rescisórias: OJ 367, SDI (I)
– despedida; justa causa: Súm. 73, TST
– dirigente sindical; estabilidade provisória: Súm. 369, V, TST
– dispensa no cumprimento; pagamento dos dias não trabalhados: PN 24, TST
– falta de aviso-prévio por parte do; empregado: art. 487, § 2º
– falta de aviso-prévio por parte do; empregador: art. 487, § 1º
– gratificação semestral: Súm. 253, TST
– horas extras habituais; integração: art. 487, § 5º
– incidência; FGTS: Súm. 305, TST
– indenizado; atualização monetária: OJ 42, SDI (I)
– início da contagem: Súm. 380, TST
– prescrição; marco inicial: OJ 83, SDI (I)
– proporcional ao tempo de serviço: Súm. 441, STJ
– reajustamento salarial coletivo; integração: art. 487, § 6º
– reconsideração; efeitos: art. 489
– redução da jornada de trabalho; pagamento da horas correspondentes: Súm. 230, TST
– renúncia pelo empregado: Súm. 276, TST
– rescisão antecipada do contrato de experiência: Súm. 163, TST
– rescisão contratual; culpa recíproca: Súm. 14, TST
– rescisão promovida pelo empregador; redução do horário de trabalho: art. 488
– salário; tarefa; cálculo do aviso-prévio: art. 487, § 3º
– superveniência de auxílio-doença no curso deste: Súm. 371, TST
– tempo indenizado; contagem: Súm. 182, TST

AVULSOS – TRABALHO PORTUÁRIO
– dissídios; competência: art. 643
– proteção ao trabalho portuário: Lei 9.719/1998
– recolhimento da contribuição sindical: arts. 583 e 586, § 3º

BANCÁRIOS
– adicional por tempo de serviço; integração: Súm. 240, TST
– advogado; cargo de confiança: Súm. 102, V, TST
– ajuda alimentação: OJ 123, SDI (I)

ÍNDICE REMISSIVO DA CLT

- Banco do Brasil; ACP: OJ 16, SDI (I)
- Banco do Brasil; adicionais AP e ADI: OJ 17, SDI (I)
- Banco do Brasil; adicional de caráter pessoal: OJ 4, SDI (II)
- Banco do Brasil; AF e ATR; não extensão aos inativos: OJ 69, SDI (I) Transitória
- Banco do Brasil; AP e ADI ou AFR: OJ 5, SDI (II)
- Banco do Brasil; complementação de aposentadoria: OJ 18, SDI (I)
- BNDES: OJ 77, SDI (I) Transitória
- BRDE; empregados: OJ 34, SDI (I) Transitória
- caixa bancário; não exerce cargo de confiança: Súm. 102, VI, TST
- cálculo do salário-hora; divisor: Súm. 124, TST
- cargo de confiança: Súm. 102, I, TST
- cargos de confiança; jornada de trabalho: art. 224, § 2º
- CEF; cargo de confiança; não caracterização; horas extras devidas: OJ 70, SDI (I) Transitória
- credenciamento; depósito recursal; prova dispensável: Súm. 217, TST
- duração e condições de trabalho: arts. 224 a 226
- empregados de portaria e limpeza; regime especial: art. 226
- empresas de crédito, financiamento ou investimento; equiparação: Súm. 55, TST
- estabilidade: art. 919
- gerente; jornada de trabalho: art. 224, § 2º e Súm. 287, TST
- gratificação de função: Súm. 102, VII, TST
- gratificação por tempo de serviço; integração; horas extras: Súm. 226, TST
- horas extras: Súm. 102, 109 e 113, TST
- horas extras pactuadas após a admissão: Súm. 199, I, TST
- intervalo de 15 minutos; não computável na jornada de trabalho: OJ 178, SDI (I)
- jornada especial; empresas distribuidoras e corretoras de títulos e valores mobiliários: Súm. 119, TST
- jornada semanal de trabalho: art. 224, *caput*
- oficial; penhora em dinheiro; depósito: Súm. 417, TST
- prorrogação de jornada; limites: art. 225
- quebra de caixa: Súm. 247, TST
- regime especial; jornada de trabalho: art. 226
- serviço suplementar: Súm. 199, I, TST
- vigilante: Súm. 257, TST

BANCOS
- equiparação aos serviços públicos: art. 910
- sucessão: obrigações trabalhistas: OJ 261, SDI (I)

BASE DE CÁLCULO
- adicional de insalubridade: OJ 2, SDI (II)
- adicional de periculosidade; adicional noturno: OJ 259, SDI (I)
- adicional de periculosidade; eletricitários: OJ 279, SDI (I)
- adicional de periculosidade; horas extras: Súm. 132, I, TST
- adicional de periculosidade; incidência sobre o salário básico: Súm. 191, TST
- adicional de periculosidade; Petrobras: Súm. 70, TST
- adicional noturno; horas extras prestadas no período noturno: OJ 97, SDI (I)
- bancário; gratificação de função: Súm. 240, TST
- bancário; gratificação por tempo de serviço: Súm. 226, TST
- correção monetária; benefício previdenciário: Súm. 311, TST
- diárias; integração ao salário: Súm. 318, TST
- diárias de viagem; integração ao salário: Súm. 101, TST
- eletricitários; horas de sobreaviso: Súm. 229, TST
- férias; 13º salário e verbas rescisórias: OJ 181, SDI (I)
- férias do tarefeiro: Súm. 149, TST
- férias indenizadas: Súm. 7, TST
- FGTS; incidência: Súm. 63, TST

ÍNDICE REMISSIVO DA CLT

- gorjetas; natureza jurídica: Súm. 354, TST
- gratificação natalina; serviço suplementar: Súm. 45, TST
- gratificações semestrais; incidência das horas extras habituais: Súm. 115 e 253, TST
- hora extra; integração: Súm. 376, II, TST
- hora extra; portuários: OJ 60, II, SDI (I)
- hora extra; salário contratual mais o adicional de insalubridade: OJ 47, SDI (I)
- hora suplementar: Súm. 264, TST
- horas extras habituais; apuração: Súm. 347, TST
- incidência da gratificação natalina: Súm. 148, TST
- incidência do adicional de insalubridade: Súm. 139, TST
- incidência do adicional de periculosidade: Súm. 132, I, TST
- indenização adicional: Súm. 242, TST
- indenização por antiguidade: Súm. 24, TST
- juros: Súm. 307, TST
- repouso remunerado: Súm. 172, TST e OJ 394, SDI (I)
- repouso semanal: Súm. 225, TST

BEBEDOUROS
- instalação obrigatória: art. 389, II

BEBIDAS ALCOÓLICAS
- pagamento com; proibição: art. 458
- venda de bebidas alcoólicas; prejuízo à moralidade do menor: art. 405, § 3º, d

BENS
- arrematação; venda pelo maior lance: art. 888, § 1º
- entidades sindicais; alienação de bens imóveis; necessidade de prévia autorização: art. 549, § 2º
- entidades sindicais; locação ou aquisição; imóveis: art. 549, § 1º
- patrimônio de associações sindicais: art. 548, c
- penhora; falta de pagamento ou garantia pelo executado: art. 883

BERÇÁRIO
- local destinado à guarda dos filhos de operárias; período de amamentação: art. 400

BOLSAS DE ESTUDO
- aplicação da contribuição pelo sindicato: art. 592, II, o

BOMBA DE GASOLINA
- empregados; adicional de periculosidade: Súm. 39, TST

BONS COSTUMES
- rescisão contratual; justa causa: art. 483, a

CABINEIRO: Lei 3.270/1957
- jornada de trabalho; serviços ferroviários: art. 245

CÁLCULO
- custas: art. 789
- indenização; adicional de periculosidade: Súm. 132, I, TST

CALDEIRAS
- inspeções de segurança: art. 188
- normas complementares; Ministério do Trabalho: art. 187, p.u.
- prontuário; especificação: art. 188, § 1º
- registro de segurança: art. 188, § 2º

CAPACIDADE
- aposentadoria por invalidez; recuperação da capacidade de trabalho; retorno à função: art. 475, § 1º
- exames complementares a critério médico: art. 168, § 2º

CARÊNCIA DE AÇÃO
- vício de intimação; extinção da ação sem julgamento do mérito: Súm. 299, IV, TST

CARGO DE CONFIANÇA
- adicional de transferência: OJ 113, SDI (I)
- advogado; bancário: Súm. 102, V, TST
- bancário: Súm. 102, TST
- bancário; jornada de trabalho: art. 224, § 2º
- cômputo do tempo de serviço: art. 499

ÍNDICE REMISSIVO DA CLT

- dispensa sem justa causa; indenização: art. 499, § 2º
- estabilidade: art. 499
- jornada de trabalho; aplicabilidade: art. 62, p.u.
- possibilidade de transferência do empregado: art. 469, § 1º
- reversão do empregado ao cargo efetivo anterior; alteração unilateral: art. 468, p.u.
- tranferência do empregado: art. 469

CARGO EM COMISSÃO
- contagem de tempo de serviço: art. 450

CARTA
- precatória; competência; embargos de terceiro: Súm. 419, TST
- precatória; cumprimento; competência: Súm. 89, TFR
- precatória; cumprimento; oficial de justiça: art. 721, § 2º

CARTA DE FIANÇA BANCÁRIA
- penhora: OJ 59, SDI (II)

CARTA DE SENTENÇA
- execução provisória: arts. 896, § 2º e 899

CARTÃO DE PONTO
- horas extras; minutos que antecedem e sucedem a jornada de trabalho: Súm. 366, TST
- horas extras; ônus da prova: Súm. 338, III, TST
- registro; excesso de jornada: Súm. 366, TST

CARTEIRA DE ESTRANGEIRO
- admissão; requisito: arts. 359 e 366

CARTEIRA DE IDENTIDADE FISCAL
- exercício das atribuições: art. 630

CARTEIRA DE TRABALHO E PREVIDÊNCIA SOCIAL (CTPS)
- abreviaturas: art. 33
- acidentes do trabalho: art. 30
- anotação; função efetivamente exercida: PN 105, TST
- anotação; interrupção de prestação de serviços: art. 133, § 1º
- anotação desabonadora: art. 29, §§ 4º e 5º
- anotação pelo empregador; presunção *juris tantum*: Súm. 12, TST
- anotação pelo sindicato profissional ou representante legal de cooperativa: art. 34
- anotações: art. 29, § 2º
- anotações; recusa da empresa: art. 36
- anotações de comissões: PN 5, TST
- anotações relativas à alteração do estado civil: arts. 20 e 32
- aviso-prévio; baixa na CTPS: OJ 82, SDI (I)
- conteúdo: art. 16
- emissão: art. 14
- extravio ou inutilização; culpa da empresa; multa: art. 52
- falsidade; crime: arts. 49 e 50
- férias; anotação: art. 135, § 1º
- férias coletivas; anotação: art. 141, § 3º
- impressão digital ou assinatura a rogo: art. 17, § 2º
- informatizada: Portaria MTE 210/2008
- obrigatoriedade: art. 13
- obtenção de outra carteira: art. 21, *caput*
- prova do contrato de trabalho: art. 456
- responsável legal do menor; declaração: art. 17, § 1º
- retenção indevida pela empresa: art. 53 e PN 98, TST
- venda de carteira igual ou semelhante ao tipo oficial; multa: art. 51

CARTÓRIO
- escrivães; funcionários: art. 717
- Juízos de Direito; atribuições e obrigações: art. 716

CASAMENTO
- faltas justificadas: art. 473, II
- rescisão de contrato; vedação: art. 391
- restrição ao emprego; vedação: art. 391, p.u.

CATEGORIA(S)
- diferenciada: Súm. 374, TST
- econômica: art. 511, § 1º
- enquadramento sindical: art. 570
- profissional: art. 511, § 2º

ÍNDICE REMISSIVO DA CLT

– profissional diferenciada: art. 511, § 3º

CÉDULA DE CRÉDITO
– rural e industrial; garantia: OJ 226, SDI (I)

CENTRAIS SINDICAIS
– reconhecimento formal: Lei 11.648/2008

CERCEAMENTO DE DEFESA
– prova pré-constituída; não implica: Súm. 74, II, TST
– silêncio da parte vencedora; fatos contrários: Súm. 403, I, TST

CERTIDÃO
de publicação:
– agravo de instrumento; traslado; ausência: OJ 284, SDI (I)
– autenticação; documentos distintos: OJ 287, SDI (I)

de trânsito em julgado:
– fornecimento pela secretaria das Juntas: art. 711, *g*
– presunção relativa de veracidade: Súm. 100, IV, TST
– processos em curso ou arquivados; requerimento pelas partes: art. 781
– registro das audiências: art. 817, p.u.
– segredo de justiça: art. 781, p.u.

CERTIDÃO NEGATIVA DE DÉBITO TRABALHISTA (CNDT): art. 642-A

CESSAÇÃO
da atividade da empresa:
– aviso-prévio: Súm. 44, TST
– fechamento de estabelecimento; direito à indenização: art. 498
– morte do empregador: art. 485

do contrato de trabalho:
– contrato extinto em prazo predeterminado: art. 147
– desligamento sem justa causa após 12 meses de serviço; direitos: art. 146, p.u.
– remuneração das férias; natureza salarial: art. 148

CESSÃO
– empregado; equiparação salarial: Súm. 6, V, TST
– servidor público cedido: Súm. 50, TST

CHAMAMENTO À AUTORIA
– paralisação por ato de autoridade pública; pagamento de indenização; notificação da pessoa de direito público responsável: art. 486, § 1º

CHEFES
– da Secretaria da JCJ; certificado do vencimento dos prazos: art. 776
– da Secretaria da JCJ; competência: art. 712
– da Secretaria da JCJ; direito a gratificação: art. 710
– da Secretaria da JCJ; quitação; lavratura do termo: art. 881
– da Secretaria da JCJ; reclamação verbal; redução a termo: art. 840, § 2º
– de trens; gratificação: Súm. 67, TST

CHEQUES
– desconto no salário; cheques não compensados ou sem fundos: PN 14, TST
– descontos; frentista: OJ 251, SDI (I)
– pagamento no ato da homologação: art. 477, § 4º

CINEMA
– operador cinematográfico; duração do trabalho: art. 234

CIPA (COMISSÃO INTERNA DE PREVENÇÃO DE ACIDENTES)
– atribuições; composição; competência do Ministério do Trabalho: art. 163, p.u.
– cipeiro; extinção do estabelecimento; indenização indevida: Súm. 339, II, TST
– cipeiro suplente; representante de empregado: OJ 6, SDI (II)
– composição: art. 164
– despedida arbitrária; estabilidade provisória: art. 165 e Súm. 676, STF
– mandato dos membros: art. 164, § 3º
– suplente; estabilidade: Súm. 339, I, TST
– suplente; garantia de emprego: Súm. 339, TST

CIRCO
– trabalho do menor; ressalva: art. 406
– vedação do trabalho de menor: art. 405, § 3º, *b*

1699

ÍNDICE REMISSIVO DA CLT

CITAÇÃO
– conteúdo do mandado; execução: art. 880, § 1º
– execução; expedição do mandado: art. 880
– inexistência de litisconsórcio passivo necessário: Súm. 406, II, TST
– por edital: art. 880, § 3º
– por oficial de justiça: art. 880, § 2º

COBRANÇA
– judicial; contribuição sindical: art. 606
– judicial; contribuições e multas devidas ao FGTS: Lei 8.844/1994
– judicial; multas: arts. 641 e 642, *caput*

COISA JULGADA
– ação de cumprimento; decisão normativa: OJ 277, SDI (I)
– ausência de defesa; inaplicável os efeitos da revelia: Súm. 398, TST
– descontos legais; fase de execução; sentença exequenda omissa: Súm. 401, TST
– impossibilidade jurídica do pedido: OJ 134, SDI (II)
– interpretação do sentido e alcance do título executivo: OJ 123, SDI (II)
– necessidade de fixação de tese na decisão rescindenda: OJ 101, SDI (II)
– plano econômico; limitação à data base; fase de execução: OJ 35, SDI (II)
– planos econômicos: OJ 262, SDI (I)
– sentença normativa modificada em grau de recurso: Súm. 397, TST
– trânsito em julgado formal; vias processuais esgotadas: OJ 99, SDI (II)
– vício de intimação; carência de ação; inexistência de decisão transitada em julgado: Súm. 299, IV, TST

COLUSÃO
– das partes; prazo decadencial; ciência da fraude: Súm. 100, VI, TST
– fraude à lei; reclamatória simulada extinta: OJ 94, SDI (II)

COMBUSTÍVEIS
– Ministério do Trabalho; disposições complementares: art. 200, II

COMERCIÁRIO
– profissão; regulamentação: Lei 12.790/2013

COMISSÃO INTERNA DE PREVENÇÃO DE ACIDENTES (CIPA)
– *v.* CIPA
– arbitrariedade; despedida: art. 165
– cipeiro suplente; ação rescisória: OJ 6, SDI (II)
– composição: art. 164
– constituição obrigatória; Ministério do Trabalho: art. 163
– eleição dos representantes dos empregados: art. 164, § 2º
– extinção do estabelecimento; impossível a reintegração; indenização indevida: Súm. 339, II, TST
– mandato; duração: art. 164, § 3º
– reeleição dos membros da Cipa: art. 164, § 3º
– reintegração no emprego: art. 165, p.u.
– suplente; garantia de emprego: Súm. 339, I, TST

COMISSIONISTA
– abono; incorporação indevida: OJ 45, SDI (I) Transitória
– adicional de horas extras: Súm. 340, TST
– cálculo; indenização: art. 478, § 4º
– misto; horas extras; base de cálculo: OJ 397, SDI (I)
– repouso semanal e feriados: Súm. 27, TST
– substituição temporária ou eventual; cargo diverso: art. 450

COMISSÕES
– alteração contratual: OJ 175, SDI (I)
– anotação; CTPS: PN 5, TST
– cálculo da indenização: art. 478, § 4º
– comissionista puro: OJ 180, SDI (I)
– exigibilidade do pagamento: art. 466
– pagamento: art. 459
– proibição de estorno: PN 97, TST
– salário; integração: art. 457, § 1º
– sobre cobrança; vendedor: PN 15, TST
– valor corrigido monetariamente: OJ 181, SDI (I)

ÍNDICE REMISSIVO DA CLT

COMISSÕES DE CONCILIAÇÃO PRÉVIA:
arts. 625-A a 625-H

COMPENSAÇÃO
– aumento salarial concedido pela empresa: OJ 325, SDI (I)
– de jornada: Súm. 85, TST
– de jornada; limite máximo: art. 59, § 2º
– desconto: art. 78, p.u.
– dívidas de natureza trabalhista: Súm. 18, TST
– domingos e feriados: Súm. 146, TST
– gratificação de função; horas extras: Súm. 109, TST
– gratificação por tempo de serviço: Súm. 202, TST
– matéria de defesa: art. 767
– rescisão; compensação no pagamento; limite de desconto: art. 477, § 5º, e Súm. 48, TST

COMPETÊNCIA
– v. JUSTIÇA DO TRABALHO
– ação rescisória; possibilidade jurídica do pedido: Súm. 192, TST
– acidentes do trabalho: Súm. 15, STJ
– cessação da competência do Juiz de Direito: Súm. 10, STJ
– conflito entre Juiz Federal e Juiz Estadual: Súm. 3, STJ
– escrivães: art. 717
– falso testemunho; Justiça Federal: Súm. 165, STJ
– fiscalização das contribuições do FGTS: Lei 8.844/1994
– JCJ: arts. 651 a 653
– JCJ; local da prestação dos serviços: art. 651
– levantamento do PIS/Pasep e FGTS; Justiça Estadual: Súm. 161, STJ
– processo eleitoral sindical: Súm. 4, STJ
– processo relativo à movimentação do FGTS: Súm. 82, STJ
– Procuradoria-Geral da Justiça do Trabalho: art. 746
– Secretaria das Juntas: art. 711
– Secretaria dos Tribunais: art. 719
– Tribunais Regionais: arts. 678 a 680

COMPLEMENTAÇÃO DE APOSENTADORIA
– ação de cobrança; prescrição: Súm. 427, STJ
– ação declaratória: OJ 276, SDI (I)
– Banco do Brasil: OJ 18, SDI (I) e OJ 32, SDI (I) Transitória
– Banco do Brasil; AF e ATR; não extensão aos inativos: OJ 69, SDI (I) Transitória
– Banco Itaú: OJ 46, SDI(I) Transitória
– Banco Itaú; reajuste; princípio *rebus sic stantibus*: OJ 224, SDI (I)
– Banco Meridional; reajustes; extensão: OJ 25, SDI (I) Transitória
– Banco Real; Fundação Clemente de Faria: OJ 41, SDI (I) Transitória
– Banespa: OJ 8, SDI (II)
– Banespa; regulamento de pessoal; proporcionalidade: Súm. 313, TST
– Banrisul: OJ 7 e 40, SDI (I) Transitória
– CEF; auxílio-alimentação; supressão: OJ 51, SDI (I) Transitória
– Ceagesp: OJ 11, SDI (I) Transitória
– CVRD; abono; reajuste: OJ 24, SDI (I) Transitória
– integralidade; admissão anterior à Lei Estadual 200/1974: OJ 76, SDI (I) Transitória
– normas da empresa: Súm. 288, TST
– Petrobras; concessão de benefício aos ativos; extensão a ex-empregados: OJ 62, SDI (I) Transitória
– Petrobras; idade mínima; proventos integrais: OJ 63, SDI (I) Transitória
– Petrobras; manual de pessoal: Súm. 332, TST
– Petrobras; parcelas gratificação e participação nos resultados; não integra a: OJ 64, SDI (I) Transitória
– prescrição parcial e quinquenal; diferenças: Súm. 327, TST
– prescrição total: Súm. 326, TST
– quinquênio: Súm. 52, TST
– regulamento da empresa: Súm. 97, TST
– regulamento da empresa; instituição de benefício previdenciário por órgão oficial: Súm. 92, TST

ÍNDICE REMISSIVO DA CLT

COMUNICAÇÕES
– equiparação aos serviços públicos: art. 910

CONCILIAÇÃO
– ação rescisória: Súm. 259, TST
– decisão irrecorrível: art. 831, p.u.
– dissídios individuais ou coletivos: art. 764
– Juntas; presença indispensável do presidente: art. 649
– renovação da proposta: art. 850

CONCORDATA
– empregador; não impedimento da execução do crédito e da reclamação trabalhista: Súm. 227, STF
– subsistência dos direitos do contrato de trabalho: art. 449

CONCORRÊNCIAS PÚBLICAS
– documentos essenciais: art. 607
– venda de imóvel; sindicato: art. 549, § 6º

CONCURSO
– ausência; contrato nulo: OJ 10, SDI (II)
– concurso público anulado posteriormente: OJ 128, SDI (II)
– Ministério Público do Trabalho; legitimidade para recorrer: OJ 338, SDI (I)
– professor adjunto: OJ 65, SDI (I) e OJ 38, SDI (II)
– público de provas e títulos; juiz substituto: art. 654, § 3º
– servidor público; contrato nulo: Súm. 363, TST

CONDENAÇÃO EM PECÚNIA
– depósito: Súm. 161, TST
– depósito recursal; pedido rescisório procedente: Súm. 99, TST

CONDENAÇÃO SOLIDÁRIA
– depósito recursal: Súm. 128, III, TST

CONDUÇÃO
– coercitiva; testemunhas: art. 825, p.u.
– fornecida pelo empregador; tempo despendido pelo empregado; jornada de trabalho: Súm. 90, I, TST

CONFEDERAÇÕES E FEDERAÇÕES
– v. FEDERAÇÕES
– associações sindicais; grau superior: art. 533
– contribuição sindical; destinação: art. 589, I, *a* e *b*, e II, *a* e *c*
– denominação privativa de entidades sindicais: art. 562
– Nacional da Agricultura; legitimidade ativa; cobrança; contribuição sindical rural: Súm. 396, STJ
– organização: art. 535
– receita; previsão nos orçamentos anuais: art. 549
– representação: art. 920

CONFISSÃO
– ausência de defesa; inaplicável os efeitos da revelia: Súm. 398, TST
– não comparecimento do reclamado: art. 844
– parte intimada; não comparecimento; pena: Súm. 74, I, TST
– revelia; salários incontroversos: Súm. 69, TST
– fundamento para invalidá-la: Súm. 404, TST

CONFLITO DE COMPETÊNCIA
– conflito negativo: Súm. 420, TST
– incompetência territorial; declaração de ofício; impossibilidade: OJ 149, SDI (II)

CONFLITOS DE JURISDIÇÃO: arts. 803 a 811
– ocorrência: arts. 803 e 804
– prova: art. 807
– quem pode suscitar: arts. 746, *m*, e 805
– vedação: art. 806

CONFORTO TÉRMICO
– limites fixados pelo Minstério do Trabalho: art. 178
– ventilação artificial: art. 176, p.u.

CONSOLIDAÇÃO DAS LEIS DO TRABALHO: Dec.-lei 5.452/1943
– alteradoras: Leis 12.440/2011 e 12.551/2011

ÍNDICE REMISSIVO DA CLT

CONSÓRCIO DE EMPRESAS: art. 2º, § 2º

CONSTITUCIONALIDADE
- alínea *b* do art. 896 da CLT: Súm. 312, TST
- decisões contrárias; STF; poder normativo do TST: Súm. 190, TST
- Decs.-leis 2.012/1983, 2.024/1983 e 2.045/1983: PN 56, TST

CONSULTÓRIOS
- empregados; inaplicabilidade: art. 507, *caput*

CONTESTAÇÃO
- v. DEFESA
- exceções: arts. 799 a 802

CONTÍNUOS
- bancos; jornada especial: art. 226

CONTRATO DE CONCESSÃO DE SERVIÇO PÚBLICO
- sucessão; responsabilidade trabalhista: OJ 225, SDI (I)

CONTRATO DE EXPERIÊNCIA
- aviso-prévio; rescisão antecipada: Súm. 163, TST
- prazo determinado: art. 443, § 2º, c
- prorrogação: Súm. 188, TST

CONTRATO DE PRESTAÇÃO DE SERVIÇOS
- legalidade: Súm. 331, TST

CONTRATO DE TRABALHO
- alteração; mútuo consentimento: art. 468
- associação de pais e mestres: OJ 185, SDI (I)
- cessação; efeitos: arts. 146 a 148
- conceito: art. 442
- contrato nulo; administração pública: OJ 335, SDI (I)
- contrato nulo; administração pública indireta; privatização; convalidação: Súm. 430, TST
- direitos subsistentes; falência, concordata ou dissolução da empresa: art. 449
- diretor; contrato suspenso: Súm. 269, TST
- experiência: art. 443, § 2º, c
- experiência; prazo: art. 445, p.u.
- experiência; prorrogação: Súm. 188, TST
- extinção; férias proporcionais: Súm. 171, TST
- forma: art. 443
- jogo do bicho; objeto ilícito: OJ 199, SDI (I)
- jornalista: PN 55, TST
- mudança na estrutura jurídica da empresa: art. 448
- não exigência de comprovação de experiência prévia; tempo superior a seis meses; mesmo tipo de atividade: art. 442-A
- nulidade do; arguição em parecer; possibilidade: OJ 350, SDI (I)
- nulo; ausência de concurso público: OJ 10, SDI (II)
- nulo; efeitos: Súm. 363, TST
- obra certa; prazo determinado: art. 443, § 1º
- prazo determinado; limite: art. 445
- prazo determinado; prorrogação por mais de uma vez: art. 451
- prazo determinado; regulamentação da Lei 9.601/1998: Dec. 2.490/1998
- prazo determinado; requisitos: art. 443, § 2º
- prazo indeterminado: arts. 443, 451 e 452
- prescrição; soma de períodos descontínuos de trabalho: Súm. 156, TST
- programa de demissão voluntária: OJ 270, SDI (I)
- prova: art. 456
- regime celetista para estatutário: Súm. 382, TST
- rescisão; aviso-prévio: art. 487
- rescisão; pagamento de salários atrasados em audiência: Súm. 13 e 445, TST
- subempreitada; responsabilidade: art. 455
- suspensão; participação do empregado em curso: art. 476-A
- suspensão e interrrupção: arts. 471 a 476-A
- tempo parcial: MP 2.164-41/2001
- término; ônus da prova: Súm. 212, TST

1703

ÍNDICE REMISSIVO DA CLT

– verbal; possibilidade: art. 447

CONTRATO DE TRABALHO POR PRAZO DETERMINADO
– estabilidade provisória; acidente de trabalho: Súm. 378, III, TST
– FGTS: Súm. 125, TST
– gestante; estabilidade provisória: Sùm. 244, III, TST
– instituição por convenções e acordos coletivos: Lei 9.601/1998 e Dec. 2.490/1998

CONTRATO DE TRABALHO POR PRAZO INDETERMINADO
– extinção da empresa; empregado estável: art. 497
– forma: art. 443
– rescisão; cálculo: art. 479
– rescisão; indenização: art. 478
– sucessão a outro contrato por prazo determinado: art. 452

CONTRATO ESCRITO
– empregado rural; via do empregado: PN 20, TST

CONTRATO POR PRODUÇÃO
– remuneração; diária; salário normativo: PN 67, TST

CONTRIBUIÇÃO ASSISTENCIAL: art. 545, e PN 119, TST

CONTRIBUIÇÃO CONFEDERATIVA
– exigibilidade: Súm. 666, STF

CONTRIBUIÇÃO PREVIDENCIÁRIA
– acordo homologado em juízo; não reconhecido vínculo empregatício; devido o recolhimento da: OJ 398, SDI (I)
– competência da Justiça do Trabalho: Súm. 368, TST
– 13º salário; incidência: Súm. 688, STF
– descontos legais; fase de execução: Súm. 401, TST
– do contribuinte individual: Lei 9.876/1999
– incidência; comissão do corretor de seguros: Súm. 458, STJ
– responsabilidade do empregador: Súm. 368, II, TST

– valor do acordo celebrado e homologado; incidência: OJ 376, SDI (I)

CONTRIBUIÇÃO SINDICAL
– aplicação e objetivos: art. 592
– avulsos, autônomos e profissionais liberais; recolhimento: art. 583
– cobrança judicial; falta de pagamento: art. 606
– concorrências públicas ou administrativas; exigência de quitação: art. 607
– denominação: art. 578
– desconto na folha de pagamento dos empregados; independente de formalidades: art. 545
– descontos: art. 582
– empregadores; valor da contribuição: art. 580, III
– empregados; valor da contribuição: art. 580, I
– falta de quitação; alvarás de licença pelas repartições federais, estaduais e municipais; não concessão: art. 608
– inobservância de preceitos constitucionais: PN 119, TST
– multa; recolhimento fora do prazo: art. 600
– patrimônio das associações sindicais: art. 548, a
– penalidades: art. 598
– profissionais liberais; opção: art. 585
– prova de quitação pelo empregado: art. 601
– relação nominal de empregados: PN 41, TST
– rural; cobrança; atraso; inaplicável o art. 600 da CLT: Súm. 432, TST
– salário pago em utilidades; percentual correspondente ao desconto: art. 582, § 2º
– valor da contribuição para autônomos e profissionais liberais: art. 580, II

CONVENÇÕES COLETIVAS DE TRABALHO
– arquivo e registro: art. 614
– conceito: art. 611
– conteúdo obrigatório: art. 613

ÍNDICE REMISSIVO DA CLT

– controvérsias de aplicação; Justiça do Trabalho: art. 625
– convocação de assembleia geral; celebração: art. 612
– depósito, registro e arquivo: IN SRT/MTE 11/2009
– duração: art. 614, § 3º
– eficácia; ultratividade: Súm. 277, TST
– multas; estabelecimento de condições contrárias ao ajustado: art. 622
– nulidade das disposições: arts. 619 e 623
– prorrogação, revisão, denúncia ou revogação: art. 615
– substituição processual; sindicato; legitimidade de parte: Súm. 286, TST
– vencimentos dos servidores públicos; fixação: Súm. 679, STF

CONVERSÃO EM PECÚNIA
– licença-prêmio: Súm. 186, TST

COOPERATIVAS
– anotação na CTPS: art. 34
– aplicação da contribuição sindical: art. 592, I, e
– de consumo e de crédito; deveres do sindicato: art. 514, p.u., a
– de crédito; equiparação; impossibilidade: OJ 379, SDI (I)
– de trabalho: Lei 12.690/2012
– estabilidade; suplente: OJ 253, SDI (I)
– inexistência de vínculo empregatício: art. 442, p.u.
– liquidação extrajudicial; execução; não suspensão: OJ 53, SDI (II)
– regime jurídico societário das; Política Nacional do Cooperativismo: Lei 5.764/1971

CORREÇÃO AUTOMÁTICA DOS SALÁRIOS
– diferenças salariais; planos econômicos: Súm. 322, TST
– reajustes salariais (gatilhos): Súm. 319, TST

CORREÇÃO MONETÁRIA
– v. ATUALIZAÇÃO MONETÁRIA
– benefícios previdenciários: Súm. 311, TST
– débito de trabalhador reclamante; não incidência: Súm. 187, TST
– débitos com FGTS; índice de correção; TR: Súm. 459, STJ
– diferenças salariais: OJ 28, SDI (I)
– entidades; liquidação extrajudicial: Súm. 304, TST
– execução trabalhista; juros: OJ 300, SDI (I)
– FGTS: Súm. 445, STJ; OJ 42, I, SDI (I)
– FGTS; aviso-prévio indenizado: OJ 42, II, SDI (I)
– FGTS; índice de correção: OJ 302, SDI (I)
– honorários periciais: OJ 198, SDI (I)
– liquidação; omissão na inicial ou condenação: Súm. 211, TST
– salário: Súm. 381, TST
– salários de contribuição; não cabimento de: Súm. 456, STJ
– universidades federais; plano de classificação de cargos: OJ 11, SDI (II)
– valor das comissões: OJ 181, SDI (I)

CORREGEDOR
– atribuições: art. 709
– Vice-Presidente do Tribunal; substituição: art. 708

CORRETORAS DE TÍTULOS
– jornada de trabalho: Súm. 119, TST

COSTUMES
– falta de disposições legais ou contratuais: art. 8º

CRECHES
– convênios ou manutenção pela empresa: art. 389, § 2º
– crianças em idade de amamentação: PN 22, TST
– reembolso creche: Portaria MTb 3.296/1986

CREDENCIAMENTO BANCÁRIO
– prova dispensável; depósito recursal: Súm. 217, TST

CRIANÇA E ADOLESCENTE
– Estatuto: Lei 8.069/1990

CRIMES: Dec.-lei 2.848/1940
– testemunhas; falsidade: art. 828

1705

CULPA
- da empresa; extravio ou inutilização da CTPS: art. 52
- presumida: Súm. 341, STF
- recíproca; rescisão do contrato: art. 484
- recíproca; verbas indevidas: Súm. 14, TST

CUMULAÇÃO DE AÇÕES
- aplicação de multa; previsão em instrumentos normativos: Súm. 384, II, TST

CUSTAS
- ações plúrimas: Súm. 36, TST
- agravo de instrumento; traslado: OJ 217, SDI (I)
- APPA: OJ 13, SDI (I)
- arbitradas pelo juiz; avaliação dos bens penhorados: art. 887
- condenação ilíquida; valor fixado pelo juízo: art. 789, § 2º
- contagem; competência da Secretaria das Juntas: art. 711, f
- Darf eletrônico: OJ 158, SDI (I)
- deserção: Súm. 128, TST
- deserção; comprovação do recolhimento: OJ 33, SDI (I)
- deserção; diferença ínfima: OJ 140, SDI (I)
- deserção; inexistência; condenação acrescida: OJ 104, SDI (I)
- deserção; inversão do ônus da sucumbência: OJ 186, SDI (I)
- dissídios coletivos; partes vencidas; solidariedade: art. 789, § 4º
- embargos de terceiro; anterior à Lei 10.537/2002; agravo de petição; inexigência de recolhimento: OJ 53, SDI (I) Transitória
- empresa em liquidação extrajudicial: Súm. 86, TST
- exercício da jurisdição trabalhista; processo de conhecimento; incidência: art. 789
- isenção do pagamento: arts. 790, § 3º, e 790-A
- majoração; alteração de ofício do valor da causa: OJ 88, SDI (II)
- massa falida: Súm. 86, TST
- não convencionado o pagamento: art. 789, § 3º
- não pagamento; execução: art. 790, § 2º
- pagamento: art. 789, § 1º
- parte vencida na segunda instância: Súm. 25, TST
- prazo para comprovação: OJ 30, SDI (I)
- processo de execução: art. 789-A
- recurso; prazo para pagamento: Súm. 53, TST
- recurso ordinário: OJ 148, SDI (II)
- sociedade de economia mista: Súm. 170, TST

CUSTAS E EMOLUMENTOS: arts. 789, 789-A, 789-B, 790, 790-A e 790-B
- forma de pagamento; obediência as instruções expedidas pelo TST: art. 790, caput

DANO
- empregado; desconto: art. 462, § 1º
- moral; atualização monetária: Súm. 439, TST
- moral; competência da Justiça do Trabalho: Súm. 392, TST

DATILOGRAFIA
- repouso: art. 72

DECADÊNCIA
- ação rescisória: Súm. 401, STJ; e 100, TST
- afastada; imediato julgamento: Súm. 100, VII, TST
- certidão de trânsito em julgado: Súm. 100, IV, TST
- contagem; efetivo ato coator: OJ 127, SDI (II)
- dies a quo; recurso deserto: OJ 80, SDI (II)
- dies ad quem; prazo; prorrogação: Súm. 100, IX, TST
- exceção de incompetência: Súm. 100, VIII, TST
- homologação de acordo: Súm. 100, V, TST
- instauração de inquérito judicial: Súm. 403, STF
- Ministério Público; dies a quo; prazo; contagem: Súm. 100, VI, TST

ÍNDICE REMISSIVO DA CLT

- pessoa jurídica de direito público: OJ 12, II, SDI (II)
- União; prazo: OJ 18, SDI (II)

DÉCIMO TERCEIRO SALÁRIO
- acidente do trabalho; faltas ou ausências: Súm. 46, TST
- cálculo: OJ 181, SDI (I)
- cálculo; indenização adicional: Súm. 242, TST
- contribuição previdenciária; incidência: Súm. 688, STF
- dedução; URV: OJ 47, SDI (I) Transitória
- empresa cessionária; servidor público: Súm. 50, TST
- gratificação semestral: Súm. 253, TST
- indenização; cálculo: Súm. 148, TST
- instituição: Lei 4.090/1962 e Dec. 57.155/1965
- pagamento: Lei 4.749/1965
- pagamento; trabalhador avulso: Dec. 63.912/1968
- repercussão: Súm. 253, TST
- rescisão contratual; culpa recíproca: Súm. 14, TST
- resilição contratual: Súm. 157, TST
- serviço suplementar: Súm. 45, TST

DECISÃO DE MÉRITO
- ação rescisória; competência: Súm. 192, I e II, TST
- decisão de TRT em agravo regimental: Súm. 411, TST
- decisão em agravo regimental: Súm. 192, V, TST
- decisão homologatória de cálculo: Súm. 399, II, TST
- decisão que não conhece de recurso de revista; divergência jurisprudencial: Súm. 413, TST
- decisão rescindenda de mérito; sentença declaratória; extinção de execução: OJ 107, SDI (II)
- liminar; perda de objeto; mandado de segurança: Súm. 414, III, TST
- questão processual: Súm. 412, TST
- sentença de mérito; competência: Súm. 192, TST

DECISÃO INTERLOCUTÓRIA
- irrecorribilidade: Súm. 214, TST

DECISÃO MONOCRÁTICA
- embargos declaratórios: OJ 74, SDI (II)
- sentença de mérito: OJ 43, SDI (II)

DEFESA: art. 847
- administrativa; prazo: art. 633

DELEGACIA
- Regional do Trabalho; interdição ou embargos: art. 161, § 2º

DELEGADO(S)
- Regionais do Trabalho; competência para impor penalidades: art. 438
- Regionais do Trabalho; decisões: art. 155, III
- sindical; estabilidade provisória; inaplicável: OJ 369, SDI (I)
- Sindicais; atribuição exclusiva: art. 522, § 3º
- Sindicais; designação: art. 523

DEMISSÃO
- cadastro de dispensa de empregados: Lei 4.923/1965
- empregado estável; validade: art. 500
- exame médico obrigatório: art. 168, II
- pedido; assistência do sindicato; Ministério do Trabalho e Emprego: art. 477, § 1º
- pedido; férias proporcionais: Súm. 261, TST

DENTISTAS
- salário; proporcionalidade: Súm. 143, TST

DEPENDENTES
- anotação na CTPS: arts. 16 e 20
- declarações; registro em fichas: art. 32

DEPOIMENTOS
- partes e testemunhas; necessidade de intérprete: art. 819
- partes e testemunhas; surdo-mudo: art. 819, § 1º
- testemunhas; informante: art. 829
- testemunhas; resumo em audiência: art. 828, p.u.

1707

ÍNDICE REMISSIVO DA CLT

– testemunhas; vedação da oitiva do depoimento: art. 824

DEPOSITÁRIO
– *habeas corpus*; termo não assinado pelo paciente: OJ 89, SDI (II)
– infiel; não caracterização; penhora sobre coisa futura e incerta: OJ 143, SDI (II)

DEPÓSITO
– condenação a pagamento em pecúnia: Súm. 161, TST
– credenciamento bancário; depósito recursal: Súm. 217, TST
– da condenação; complementação; deserção: Súm. 128, TST
– prévio; ação rescisória; Justiça do Trabalho: art. 836, *caput*
– prévio; custeio de honorários periciais; incompatibilidade com o processo do trabalho: OJ 98, SDI (II)
– prévio; exigência ilegítima; recurso administrativo: Súm. 373, STJ

DEPÓSITO RECURSAL
– ação rescisória: Súm. 99, TST
– agravo de instrumento; traslado: OJ 217, SDI (I)
– APPA; depósito recursal e custas: OJ 13, SDI (I)
– complementação: Súm. 128, II, TST
– comprovação no prazo: Súm. 245, TST
– condenação; pagamento em pecúnia: Súm. 161, TST
– condenação solidária: Súm. 128, III, TST
– credenciamento bancário; prova: Súm. 217, TST
– custas: Súm. 86, TST
– deserção; diferença ínfima: OJ 140, SDI (I)
– dissídio individual; uso da Guia GFIP: Súm. 426, TST
– empresa em liquidação extrajudicial: Súm. 86, TST
– fase de execução: Súm. 128, II, TST
– pedido rescisório procedente; condenação em pecúnia: Súm. 99, TST
– PIS/Pasep: OJ 264, SDI (I)
– prazo; interposição antecipada do recurso: Súm. 245, TST

– prévio; pedido rescisório procedente; condenação em pecúnia: Súm. 99, TST

DESCANSO SEMANAL
– *v.* REPOUSO SEMANAL REMUNERADO
– assegurado ao empregado; domingo: arts. 67 e 385
– serviço ferroviário; empregados de estações de interior: art. 243

DESCONTO SALARIAL
– autorização prévia; assistência médica: Súm. 342, TST
– cheques não compensados ou sem fundos: PN 14, TST
– desconto lícito; dano causado por empregado: art. 462, § 1º
– desconto moradia; necessidade do "habite-se": PN 109, TST
– falta ao serviço; comparecimento como parte na Justiça do Trabalho: Súm. 155, TST
– falta de aviso-prévio pelo empregado: art. 487, § 2º
– profissionais liberais; prova de quitação da contribuição: art. 585, p.u.
– quebra de material: PN 118, TST
– vedação: art. 462

DESCONTOS
– contribuição previdenciária e fiscal: Súm. 368, II e III, TST
– frentista; cheques sem fundos: OJ 251, SDI (I)
– legais; contribuição previdenciária e fiscal: Súm. 368, II e III, TST
– legais; fase de execução; sentença exequenda omissa: Súm. 401, TST
– legais; sentenças; competência: Súm. 368, I, TST
– previdenciários; acordo homologado em juízo; incidência: OJ 368, SDI (I)
– previdenciários e fiscais; competência da Justiça do Trabalho: Súm. 368, TST
– previdenciários e fiscais; inadimplência do empregador; pagamento pelo empregado: OJ 363, SDI (I)
– salariais; autorização no ato da admissão: OJ 160, SDI (I)

ÍNDICE REMISSIVO DA CLT

DESERÇÃO
– ação rescisória; depósito recursal: Súm. 99, TST
– custas; comprovação do recolhimento; carimbo do banco: OJ 33, SDI (I)
– custas; condenação acrescida; falta de intimação: OJ 104, SDI (I)
– custas; inversão do ônus da sucumbência: OJ 186, SDI (I)
– custas; mandado de segurança; recurso ordinário: OJ 148, SDI (II)
– custas processuais; ações plúrimas: Súm. 36, TST
– custas processuais; sociedade de economia mista: Súm. 170, TST
– Darf eletrônico: OJ 158, SDI (I)
– decadência; *dies a quo*; recurso deserto: OJ 80, SDI (II)
– depósito recursal: Súm. 128, TST
– depósito recursal; credenciamento bancário; prova: Súm. 217, TST
– depósito recursal; custas processuais; massa falida: Súm. 86, TST
– depósito recursal; pedido rescisório procedente; condenação em pecúnia: Súm. 99, TST
– depósito recursal; PIS/Pasep: OJ 264, SDI (I)
– depósito recursal; prazo; interposição antecipada do recurso: Súm. 245, TST
– depósito recursal e custas; diferença ínfima: OJ 140, SDI (I)

DESPEDIDA
– arbitrária; empregados titulares da representação na Cipa: art. 165
– aviso-prévio; concessão na fluência da garantia de emprego: Súm. 348, TST
– aviso-prévio; indenização adicional: Súm. 182, TST
– estável optante; indenização: Súm. 54, TST
– falta grave; decurso do prazo do aviso-prévio: Súm. 73, TST
– férias proporcionais; extinção do contrato: Súm. 171, TST
– gestante; reintegração: Súm. 244, II, TST
– indireta; aviso-prévio: art. 487, § 4º
– inquérito; estabilidade: art. 494
– inquérito; falta grave: Súm. 197, STF
– ônus da prova: Súm. 212, TST
– sem justa causa; férias proporcionais: art. 147
– sem justa causa; indenização adicional; valor: Súm. 242, TST
– sem justa causa; professor; férias escolares: Súm. 10, TST
– trintídio que antecede à data base: Súm. 314, TST

DESPESAS
– transferência do empregado: art. 470 e Súm. 29, TST

DESPORTO
– Lei Geral da Copa: Lei 12.663/2012
– Lei Pelé: Lei 9.615/1998

DESVIO DE FUNÇÃO
– prescrição parcial: Súm. 275, I, TST
– quadro de carreira: OJ 125, SDI (I)

DIÁRIAS
– empregado mensalista; integração: Súm. 318, TST
– integração ao salário: Súm. 101, TST

DIÁRIAS PARA VIAGEM
– integração; porcentagem: art. 457, § 2º, e Súm. 101, TST
– integração; salário: art. 457, § 1º

DIARISTA
– salário; cálculo da indenização: art. 478, § 2º
– salário-hora normal: art. 65

DIGITADORES
– intervalo de descanso: Súm. 346, TST

DIPLOMA DE BENEMERÊNCIA
– empregadores que se distinguem pela organização e manutenção de creches: art. 399

DIREITO(S)
– comum; fonte subsidiária: art. 8º, p.u.

DIREITO ADQUIRIDO
– alteração na estrutura jurídica da empresa: art. 10

ÍNDICE REMISSIVO DA CLT

DIREITO DE GREVE: Lei 7.783/1989

DIREITO DO TRABALHO
– princípios: art. 8º

DIREITO PROCESSUAL COMUM
– fonte subsidiária: art. 769

DIRETORES
– eleitos; suspensão do contrato de trabalho: Súm. 269, TST
– estabilidade: art. 499

DIRIGENTE SINDICAL
– acesso à empresa: PN 91, TST
– competência dos presidentes das Juntas; concessão de medida liminar; reintegração no emprego: art. 659, X
– despedida; falta grave: inquérito judicial: Súm. 379, TST
– estabilidade provisória: Súm. 369, TST
– frequência livre: PN 83, TST
– reintegração liminarmente concedida: OJ 65, SDI (II)
– suspensão do empregado; decisão final do inquérito: OJ 137, SDI (II)

DISPENSA DO EMPREGADO
– informação por escrito: PN 47, TST
– sem justa causa; dissídio coletivo; garantia de salários e consectários: PN 82, TST

DISPENSA SEM JUSTA CAUSA
– Banco Meridional: OJ 38, SDI (I) Transitória
– indenização: OJ 148, SDI (I)
– Programa de Incentivo à Demissão Voluntária: OJ 270, SDI (I)
– servidor público celetista concursado: OJ 247, SDI (I)

DISPOSIÇÕES ESPECIAIS
– duração e condições de trabalho: arts. 224 a 351
– marinha mercante; empresas de navegação: art. 370
– tripulante; férias anuais: arts. 150 a 152

DISPOSIÇÕES FINAIS E TRANSITÓRIAS: arts. 911 a 922

DISPOSIÇÕES GERAIS
– proteção do trabalho do menor: arts. 402 a 410
– salário mínimo: arts. 117 a 120
– segurança e medicina do trabalho: arts. 154 a 159

DISPOSIÇÕES PRELIMINARES
– duração do trabalho: art. 57
– execução: arts. 876 a 879

DISSÍDIOS COLETIVOS
– acordo: art. 863
– audiência: arts. 860 a 862
– audiência prévia de conciliação; pedido de efeito suspensivo a recurso ordinário: IN TST 24/2003
– Banco do Brasil como parte em dissídio coletivo: PN 10, TST
– competência do julgamento: art. 678
– conciliação e julgamento: arts. 860 a 867
– cumprimento das decisões; penalidades: art. 872
– custas; solidariedade: art. 789, § 4º
– documento novo; sentença normativa: Súm. 402, TST
– extensão das decisões: arts. 868 a 871
– fundamentação de cláusulas; necessidade: PN 37, TST
– garantia de salários e consectários; demissão sem justa causa: PN 82, TST
– instauração da instância: art. 856
– instauração da instância; prerrogativas; representação: arts. 857 a 859, *caput*
– legitimação da entidade sindical: OJ 19, SDC
– mediador; credenciamento: Portaria MTb 818/1995
– mediador; negociação coletiva: Portaria MTb 817/1995
– ofensa à coisa julgada: Súm. 397, TST
– revisão: arts. 873 a 875
– vigência; extensão das decisões: art. 871
– vigência da sentença normativa: art. 867, p.u.

ÍNDICE REMISSIVO DA CLT

DISSÍDIOS INDIVIDUAIS: Dec. 1.572/1995
– apresentação da reclamação: art. 839
– audiência: arts. 843 a 852
– depósito recursal; guia GFIP: Súm. 426, TST
– distribuição: art. 838
– forma da reclamação e requisitos: art. 840
– inquérito para apuração de falta grave: arts. 853 a 855
– notificação; registro postal: art. 841, § 1º
– notificação da reclamada; prazo: art. 841
– notificação por edital: art. 841, § 1º
– reclamação apresentada ao cartório do Juízo: art. 837
– reclamatórias plúrimas; representação; audiência: art. 843
– várias reclamações; empregados da mesma empresa: art. 842

DISTRIBUIÇÃO
– das reclamações: arts. 783 a 788
– nas JCJ ou juízes de direito do cível; reclamações: art. 783
– reclamação verbal: art. 786

DISTRIBUIDORES
– competência: art. 714
– designação; Presidente do Tribunal: art. 715
– localidade com mais de uma JCJ: art. 713

DIVERGÊNCIA JURISPRUDENCIAL
– apelo revisional; conhecimento ou desconhecimento do recurso: Súm. 296, II, TST
– comprovação: Súm. 337, I e IV, TST
– conhecimento de recurso por divergência: OJ 147, SDI (I)
– conhecimento indevido do recurso de revista: OJ 147, II, SDI (I)
– especificidade: Súm. 296, I, TST
– invalidade de comprovação: Súm. 337, III, TST
– oriunda da mesma Turma: OJ 95, SDI (I)
– oriunda do mesmo TRT: OJ 111, SDI (I)

DOAÇÃO
– de sangue pelo empregado; falta ao serviço sem prejuízo do salário: art. 473, IV

DOCUMENTO(S)
– cópia; declarado autêntico por advogado: art. 830
– distintos; autenticação: OJ 287, SDI (I)
– entrega; ECT; Ministério do Trabalho: Portaria MTb 3.120/1980
– envio; meio eletrônico (Caged): Portaria MTE 235/2003
– falsidade; CTPS: art. 49
– fase recursal: Súm. 8, TST
– indispensável à propositura da ação: Súm. 263, TST
– juntada: art. 787
– novo; dissídio coletivo; sentença normativa: Súm. 402, TST
– processo findo; desentranhamento: art. 780

DOENÇA PROFISSIONAL
– estabilidade; instrumento normativo: OJ 41, SDI (I)

DOLO
– empregado; desconto lícito: art. 462, § 1º
– sentença homologatória de acordo: Súm. 403, II, TST
– silêncio da parte vencedora; eventual fato contrário: Súm. 403, I, TST

DOMÉSTICOS: art. 7º, a
– v. EMPREGADOS DOMÉSTICOS
– alteração; legislação: Lei 11.324/2006
– FGTS; seguro-desemprego: Lei 10.208/2001
– regulamentação: Lei 5.859/1972; e Dec. 71.885/1973

DOMICÍLIO
– do empregado; não distinção de trabalho em estabelecimento do empregador e o realizado a distância: art. 6º
– mudança: art. 469

DOMINGOS
– descanso semanal: arts. 67 e 385
– jornalista: art. 307

1711

ÍNDICE REMISSIVO DA CLT

- penhora; autorização judicial: art. 770, p.u.
- prazos; vencimento: art. 775, p.u.
- trabalhados e não compensados: Súm. 146, TST
- vedação; professor: art. 319

DUPLO GRAU DE JURISDIÇÃO
- ação rescisória; trânsito em julgado: OJ 21, SDI (II)
- decadência afastada Súm. 100, VII, TST
- decisão contrária à Fazenda Pública: Súm. 303, I, TST

DURAÇÃO DA JORNADA DE TRABALHO
- bancários: arts. 224 a 226
- desconto por atraso; limite máximo de 10 minutos: art. 58, § 1º
- empregados; empresas de telefonia; telegrafia submarina e subfluvial, radiotelegrafia e radiotelefonia: arts. 227 a 231
- empregados; frigoríficos: art. 253; Súm. 438, TST
- empregados que exercem atividades incompatíveis com a fixação de horário: art. 62, I
- ferroviários: arts. 238 e 239
- gerentes: art. 62, II
- hora *in itinere*: art. 58, § 2º
- horário diário; limite: art. 58
- horas extras: art. 59
- insalubre; prorrogação da jornada: art. 60
- jornalistas: art. 303
- operadores cinematográficos: arts. 234 e 235
- professores; período de exames: art. 322, § 1º
- trabalho do menor: arts. 411 a 413
- trabalho em minas de subsolo: art. 293
- trabalho em regime parcial: art. 58-A
- trabalho noturno: art. 73
- tripulante: art. 248

EDIFICAÇÕES
- altura; local de trabalho: art. 171
- coberturas; condições de segurança: art. 174
- escadas; condições de segurança: art. 174
- medidas mínimas dos locais de trabalho: art. 171
- paredes e pisos: arts. 172 e 173
- rampas de acesso; condições de segurança: art. 174
- requisitos técnicos: art. 170

EDITAL
- citação do executado não encontrado: art. 880, § 3º
- execução; arrematação: art. 888
- notificação do reclamado: art. 841, § 1º

EDUCAÇÃO
- não integra o salário: art. 458, § 2º, II

EFEITO(S)
- devolutivo; profundidade: Súm. 393, TST
- devolutivo; recursos: art. 899
- modificativo; embargos declaratórios; decisão monocrática do relator: Súm. 421, TST
- modificativo; embargos declaratórios; omissão no julgado: Súm. 278, TST
- modificativo; embargos de declaração; vista à parte contrária: OJ 142, SDI (I)
- suspensivo; recurso; execução: art. 876
- suspensivo; sentença normativa: Súm. 279, TST
- suspensivo ao recurso ordinário em mandado de segurança: OJ 113, SDI (II)

EFEITOS FINANCEIROS
- anistia: OJ 12 e 91, SDI (I)
- estabilidade provisória: OJ 24, SDI (II) e Súm. 396, TST
- reintegração convertida em indenização dobrada: Súm. 28, TST

ELEIÇÕES SINDICAIS
- cargos administrativos ou de representação econômica; inelegibilidade: art. 530
- cargos de diretoria: arts. 531 e 532
- condições para o exercício do direito de voto: art. 529

ELETRICITÁRIOS
- adicional de periculosidade: OJ 279, SDI (I)

ÍNDICE REMISSIVO DA CLT

- adicional de periculosidade; exposição intermitente: Súm. 361, TST
- sobreaviso: Súm. 229, TST

EMBARCAÇÃO: art. 248 e ss.

EMBARGO DE OBRA
- interdição do estabelecimento; grave risco para o trabalhador: art. 161

EMBARGOS
- admissibildade: art. 893, I
- admissibilidade; contra acórdão de Turma; divergência jurisprudencial: Súm. 433, TST
- execução; prazo: art. 884
- execução trabalhista: Súm. 196, TFR
- não cabimento: Súm. 353, TST
- não cabimento; decisão monocrática: OJ 378, SDI (I)
- não cabimento; reexame de fatos e provas: Súm. 126, TST
- prazo; cabimento: art. 894
- procedimento sumaríssimo; conhecimento: OJ 405, SDI (I)

EMBARGOS À EXECUÇÃO: art. 884

EMBARGOS À PENHORA
- impugnação da sentença de liquidação: art. 884, § 3º

EMBARGOS DE DECLARAÇÃO
- decisão denegatória de recurso de revista do presidente do TRT; não cabimento: OJ 377, SDI (I)
- decisão monocrática do relator: Súm. 421, TST
- efeito modificativo; vista à parte contrária: OJ 142, SDI (I)
- omissão suprida: Súm. 278, TST
- prazo em dobro; pessoa jurídica de direito público: OJ 192, SDI (I)
- preclusão: Súm. 184, TST

EMBARGOS DE TERCEIRO
- agravo de petição; custas inexigíveis; anterior à Lei 10.537/2002: OJ 53, SDI (I) Transitória
- competência; execução por carta; juízo deprecante: Súm. 419, TST

- desconstituição da penhora: OJ 54, SDI (II)
- não cabimento do recurso de revista: art. 896, § 2º
- recurso de revista; violação à CF: Súm. 266, TST

EMBRIAGUEZ
- habitual ou em serviço; justa causa; rescisão do contrato de trabalho: art. 482, *f*

EMOLUMENTOS
- anotação na CTPS; vedação de cobrança: art. 31
- valores: art. 789-B

EMPREGADO(S)
- bancário; estabilidade: art. 919
- conceito: art. 3º
- consultórios ou escritórios de profissionais liberais: art. 507, *caput*
- cooperativa de crédito; equiparação; impossibilidade: OJ 379, SDI (I)
- de empresa de processamento de dados; bancário: Súm. 239, TST
- diarista; salário: art. 65
- domésticos: Lei 5.859/1972; Dec. 71.885/1973
- estável; reintegração: art. 496
- estudante menor de 18 anos; férias: art. 136, § 2º
- menor; mais de um estabelecimento: art. 414
- sindicalizado; preferência: art. 544
- sindicalizados; admissão preferencial; violação do art. 8º, V, da CF/1988: OJ 20, SDC
- terceirizados; art. 12, *a*, Lei 6.019/1974; aplicabilidade: OJ 383, SDI (I)

EMPREGADO RURAL
- *v.* TRABALHADORES RURAIS

EMPREGADO TRANSFERIDO PARA O EXTERIOR
- FGTS; incidência; remuneração: OJ 232, SDI (I)

EMPREGADOR(ES)
- audiência; dissídio coletivo; preposto: art. 861

1713

- audiência; dissídio individual: art. 843, § 1°
- conceito: art. 2°
- equiparação: art. 2°, § 1°
- impossibilidade de comparecimento à audiência; atestado médico: Súm. 122, TST
- morte; direito de indenização dos empregados: art. 485

EMPREGADOS DOMÉSTICOS: Lei 5.859/1972, Dec. 71.885/1973 e Lei 11.324/2006
- v. DOMÉSTICOS
- FGTS; acesso facultativo: Lei 10.208/2001
- FGTS; regulamenta o acesso facultativo: Dec. 3.361/2000

EMPREGO PÚBLICO
- regulamentação do regime de emprego do pessoal da Administração federal direta, autárquica e fundacional: Lei 9.962/2000

EMPREITADA
- anotação na CTPS: art. 34
- competência: art. 652, a, III
- salário mínimo: art. 78

EMPREITEIRO
- contrado de empreitada; responsabilidade: OJ 191, SDI (I)
- principal; ação regressiva: art. 455, p.u.
- principal; direito de reclamação: art. 455

EMPRESA DE PEQUENO PORTE: LC 123/2006

EMPRESA DE PROCESSAMENTO DE DADOS
- bancário; grupo econômico: Súm. 239, TST
- prestação de serviços a bancos e a empresas não bancárias: Súm. 239, TST

EMPRESA PÚBLICA
- Conab; estabilidade concedida por norma interna: Súm. 355, TST
- e sociedade de economia mista; estabilidade: Súm. 390, TST
- e sociedade de economia mista; teto remuneratório: OJ 339, SDI (I)
- legislação eleitoral; empregados regidos pela CLT: OJ 51, SDI (I)
- Ministério Público do Trabalho; ilegitimidade para recorrer: OJ 237 e 338, SDI (I)
- servidor público celetista concursado; despedida imotivada: OJ 247, SDI (I)

EMPRESAS
- alteração na estrutura jurídica: art. 10
- cessação da atividade; direito ao aviso-prévio: Súm. 44, TST
- cessação das atividades: Súm. 173, TST
- de crédito, financiamento ou investimento; equiparação a estabelecimentos bancários: Súm. 55, TST
- de transportes e comunicações; equiparação aos serviços públicos: art. 910
- distribuidoras e corretoras de títulos e valores mobiliários: Súm. 119, TST
- prestadoras de serviços: Súm. 499, STJ
- responsabilidade solidária: art. 2°, § 2°
- sindicalizadas; concorrências: art. 546
- sucessão trabalhista: OJ 408 e 411, SDI (I)

ENGENHEIRO
- jornada de trabalho: Súm. 370, TST
- perícia; engenheiro ou médico: adicional de insalubridade e periculosidade: OJ 165, SDI (I)

ENQUADRAMENTO SINDICAL: arts. 570 a 577
- incompetência material da Justiça do Trabalho: OJ 9, SDC
- plano básico; quadro de atividades e profissões: art. 577

ENSINO
- estabelecimento particular: art. 323
- estabelecimentos de; exercício do magistério: art. 317

ENTIDADE DE DIREITO PRIVADO
- v. PESSOA JURÍDICA DE DIREITO PRIVADO

ENTIDADE DE DIREITO PÚBLICO
- v. PESSOA JURÍDICA DE DIREITO PÚBLICO

ÍNDICE REMISSIVO DA CLT

EQUIDADE
– decisões; falta de disposições legais ou contratuais: art. 8º

EQUIPAMENTO DE PROTEÇÃO
– eliminação ou neutralização da insalubridade: art. 191, II
– fornecimento gratuito pela empresa: art. 166
– não consideração como salário: art. 458, § 2º, I
– recusa injustificada pelo empregado: art. 158, p.u., *b*
– venda ou utilização; necessidade do certificado de aprovação do Ministério do Trabalho: art. 167

EQUIPARAÇÃO
– impossibilidade: OJ 379, SDI (I)
– serviços públicos ou de utilidade pública: art. 910

EQUIPARAÇÃO SALARIAL
– atendente e auxiliar de enfermagem: OJ 296, SDI (I)
– cargo; denominação: Súm. 6, III, TST
– CEEE; quadro de carreira e reestruturação: OJ 29, SDI (I) Transitória
– cessão de empregados; Súm. 6, V, TST
– cômputo do tempo de serviço: Súm. 6, II, TST
– decisão judicial: Súm. 6, VI, TST
– deficiente físico; paradigma: art. 461, § 4º
– mesma localidade: Súm. 6, X, TST
– ônus da prova: Súm. 6, VIII, TST
– plano de cargos e salários; não constitui óbice à: OJ 418, SDI (I)
– prescrição: Súm. 6, IX, TST
– quadro de carreira; homologação pelo Ministério do Trabalho: Súm. 6, I, TST
– quadro de carreira; preterição: Súm. 127, TST
– servidor público da administração direta, autárquica e fundacional: OJ 297, SDI (I)
– sociedade de economia mista: OJ 353, SDI (I)
– tempo da reclamação; situação pretérita: Súm. 6, IV, TST

– trabalho igual; tempo de serviço na função: Súm. 6, II, TST
– trabalho intelectual: Súm. 6, VII, TST

ERRO DE FATO
– caracterização: OJ 136, SDI (II)
– contradição entre fundamentação e parte dispositiva do julgado: OJ 103, SDI (II)

ESCADAS
– condições de segurança; Ministério do Trabalho e Emprego: art. 174

ESCALA DE REVEZAMENTO
– repouso dominical: art. 386
– trabalho aos domingos: art. 67, p.u.

ESCAVAÇÕES
– trabalho; medidas especiais de proteção: art. 200, III

ESCOLAS
– alfabetização e pré-vocacionais; sindicato: art. 514, p.u., *b*
– maternais; Sesc, Sesi e LBA: art. 397
– profissionais da imprensa; formação: art. 315

ESCRIVÃES
– atribuições: arts. 773 e 781
– juízes de direito: art. 717
– presença em audiências: art. 814

ESCRUTÍNIO SECRETO
– Cipa; representantes dos empregados: art. 164, § 2º
– deliberações da assembleia geral; sindicato: art. 524
– entidades sindicais; aprovação do orçamento: art. 550
– entidades sindicais; conta dos administrados: art. 551, § 8º

ESTABELECIMENTOS PARTICULARES DE ENSINO
– remuneração dos professores: art. 323

ESTABILIDADE
– Administração direta, autárquica ou fundacional; celetista: Súm. 390, I, TST
– cargos de confiança: art. 499

ÍNDICE REMISSIVO DA CLT

- cômputo de tempo; serviço militar obrigatório: Súm. 463, STF
- Conab; Aviso Direh: Súm. 355, TST
- contagem do tempo de serviço; acidente do trabalho; serviço militar: art. 4°, p.u.
- contratual e FGTS; compatibilidade: Súm. 98, II, TST
- despedida; inquérito: art. 494
- despedida obstativa: art. 499, § 3°
- dirigente sindical: OJ 137, SDI (II)
- excepcional; servidor público de fundação; regime da CLT: OJ 364, SDI (I)
- extinção da empresa, sem ocorrência de força maior: art. 497
- falta grave: art. 493
- fechamento de estabelecimento, filial ou agência: art. 498
- FGTS; equivalência jurídica: Súm. 98, TST
- inexistência de falta grave; readmissão no serviço; pagamento de salários: art. 495
- instauração de inquérito; prazo para reclamação: art. 853
- membros da Cipa: art. 165 e Súm. 676, STF
- pedido de demissão de estável; assistência do sindicato: art. 500
- reintegração desaconselhável; conversão em indenização: art. 496
- rescisão do contrato de trabalho por acordo: Súm. 54, TST
- servidor público celetista: Súm. 390, TST
- suplente; Cipa: Súm. 339, I, TST
- suspensão do empregado; falta grave; inquérito: art. 494

ESTABILIDADE PROVISÓRIA
- acidente do trabalho: Súm. 378, TST
- acidente ou doença profissional: OJ 41, SDI (I)
- aposentadoria voluntária: PN 85, TST
- aquisição no período do aviso-prévio: Súm. 371, TST
- Cipa; suplente: OJ 6, SDI (II) e Súm. 339, I, TST
- Cipa; suplente; extinção do estabelecimento: Súm. 339, II, TST
- concessão de aviso-prévio: Súm. 348, TST
- cooperativa; suplente: OJ 253, SDI (I)
- direito de ação; indenização devida: OJ 399, SDI (I)
- dirigente sindical: OJ 137, SDI (II) e Súm. 369, TST
- empregado transferido: PN 77, TST
- gestante: art. 391-A; e Lei 12.812/2013
- gestante; contrato por tempo determinado: Súm. 244, III, TST
- gestante; desconhecimento do estado gravídico pelo empregador: Súm. 244, I, TST
- gestante; reintegração: Súm. 244, II, TST
- inexistente para Membro de Conselho Fiscal de Sindicato: OJ 365, SDI (I)
- pedido de reintegração: Súm. 396, TST
- período estabilitário exaurido: Súm. 396, I, TST
- período pré-eleitoral: OJ 23, SDI (II)
- projeção; contagem do prazo do aviso-prévio: OJ 268, SDI (I)
- reintegração em período posterior: OJ 24, SDI (II)
- reintegração liminarmente concedida: OJ 64, 65 e 142, SDI (II)
- representantes dos trabalhadores: PN 86, TST
- serviço militar: PN 80, TST

ESTABILIDADE REGULAMENTAR
- estabilidade contratual e FGTS; compatibilidade: Súm. 98, II, TST
- opção pelo novo regulamento: Súm. 51, II, TST

ESTADIA
- tripulante: art. 150, §§ 1° e 2°

ESTÁGIO DE ESTUDANTES: Lei 11.788/2008
- finalidade contratual desvirtuada; inviabilidade do reconhecimento de vínculo empregatício: OJ 366, SDI (I)
- representação regular; habilitação posterior: OJ 319, SDI (I)

ESTATUTO DA CRIANÇA E DO ADOLESCENTE: Lei 8.069/1990

ESTRANGEIRO
- admissão: arts. 359 e 366

ÍNDICE REMISSIVO DA CLT

- contratos de técnicos estrangeiros: Dec.-lei 691/1969
- CTPS: art. 16, IV
- trabalho no exterior: Lei 7.064/1982

ESTUDANTE
- jornada de trabalho: PN 32, TST
- licença; dias de prova: PN 70, TST

EXAME MÉDICO
- obrigatório: arts. 168 e 200, VI
- orientação às empresas e aos trabalhadores: Portaria MTE 1.246/2010

EXCEÇÕES
- de incompetência; ação rescisória; decadência: Súm. 100, VIII, TST
- de incompetência; julgamento: art. 653, *d*
- suspeição; procedimento: arts. 801 e 802
- suspeição e incompetência; suspensão do feito: art. 799

EXECUÇÃO: art. 876
- ação cautelar; suspensão da execução; decisão rescindenda: OJ 131, SDI (II)
- ação de cumprimento; coisa julgada: OJ 277, SDI (I)
- admissibilidade; recurso de revista: Súm. 266, TST
- coisa julgada; planos econômicos: OJ 262, SDI (I)
- competência: art. 877
- competência; execução por carta precatória: Súm. 419, TST
- concordata do empregador: Súm. 227, STF
- cooperativa em liquidação extrajudicial: OJ 53, SDI (II)
- custas; responsabilidade do executado: art. 789-A
- decisão rescindenda: OJ 30, *b*, SDI (II)
- definitiva: OJ 56, SDI (II)
- definitiva; penhora em dinheiro: Súm. 417, I e II, TST
- desconstituição da penhora: OJ 54, SDI (II)
- descontos legais; sentença omissa; coisa julgada: Súm. 401, TST
- embargos: art. 884
- empresa em liquidação extrajudicial: OJ 143, SDI (I)
- entidade de direito público: OJ 87, SDI (I)
- *ex officio*: art. 878
- fiscal; contribuições devidas pelo empregador ao FGTS; competência: Súm. 349, STJ
- impugnação: art. 884
- interpretação do sentido e alcance do título executivo; coisa julgada: OJ 123, SDI (II)
- julgamento: arts. 885, 886 e 888
- juntada de documento indispensável: OJ 76, SDI (II)
- limitação; período celetista: OJ 138, SDI (I)
- limitação à data base na fase de execução: OJ 35, SDI (II)
- ofensa a coisa julgada; necessidade de fixação de tese na decisão rescindenda: OJ 101, SDI (II)
- oficial de justiça: art. 880, § 2º
- penhora; bem gravado por cédula de crédito rural ou industrial: OJ 226, SDI (I)
- penhora; carta de fiança bancária: OJ 59, SDI (II)
- penhora; renda mensal ou faturamento de estabelecimento comercial: OJ 93, SDI (II)
- penhora; sucessão: OJ 343, SDI (I)
- prestações sucessivas: arts. 890 a 892
- provisória; penhora em dinheiro: Súm. 417, III, TST
- provisória; reintegração: OJ 87, SDI (II)
- quem pode promover: art. 878
- remição: Súm. 458, STF
- sentença declaratória de extinção da execução: OJ 107, SDI (II)
- sentença ilíquida; liquidação: art. 879
- tópicos e valores não especificados no agravo de petição: Súm. 416, TST
- trabalhista; correção monetária: OJ 300, SDI (I)

EXECUÇÃO POR CARTA PRECATÓRIA
- competência; embargos de terceiro; juízo deprecante: Súm. 419, TST

ÍNDICE REMISSIVO DA CLT

EXECUTADO
- garantia da execução; depósito: art. 882
- não localizado; citação por edital: art. 880, § 3º
- não pagamento; penhora dos bens: art. 883
- pagamento: art. 881
- prazo para apresentar embargos: art. 884

EXEQUENTE
- pagamento da importância reclamada: art. 881
- preferência na adjudicação: art. 888, § 1º

EXPLOSIVOS OU INFLAMÁVEIS
- adicional de periculosidade: OJ 385, SDI (I)
- atividades perigosas: art. 193
- medidas especiais de proteção: art. 200, II
- normas expedidas; órgão técnico: art. 200, p.u.

EXPURGOS INFLACIONÁRIOS
- diferenças decorrentes; responsabilidade pelo pagamento: OJ 341, SDI (I)

EXTINÇÃO DA EMPRESA
- adicional de insalubridade; perícia; local de trabalho desativado: OJ 278, SDI (I)
- empregado estável; indenização: art. 497
- força maior: art. 502
- salários devidos: Súm. 173, TST
- transferência de empregado: art. 469, § 2º

EXTINÇÃO DO PROCESSO
- sem julgamento do mérito; ausência de interesse: OJ 113, SDI (II)

FAC-SÍMILE: Súm. 387, TST

FADIGA
- prevenção: arts. 198 e 199

FALECIMENTO
- faltas não descontadas: art. 473, I
- morte do empregador: art. 485

- professores; faltas não descontadas: art. 320, § 3º

FALÊNCIA: Lei 11.101/2005
- direitos oriundos do contrato de trabalho: art. 449

FALSIDADE
- crime: art. 49
- testemunha; aplicação das leis penais: art. 828

FALTA
- abono para levar filho ao médico: PN 95, TST
- acidente do trabalho: Súm. 46, TST
- ao serviço; não consideração: art. 131
- atestado médico: Súm. 15, TST
- atestados médicos e odontológicos: PN 81, TST
- ausências legais: Súm. 89, TST
- comparecimento necessário como parte na Justiça do Trabalho: Súm. 155, TST
- serviço médico da empresa ou mantido por convênio: Súm. 282, TST
- vedação de desconto: art. 130, § 1º

FALTA GRAVE
- abandono de emprego; ajuizamento de inquérito; decadência: Súm. 62, TST
- adesão à greve: Súm. 316, STF
- aviso-prévio; indenização: Súm. 73, TST
- casos de urgência; recusa ao serviço extraordinário: art. 240, p.u.
- cessação do benefício previdenciário: Súm. 32, TST
- dirigente sindical; despedida; inquérito judicial: Súm. 379, TST
- empregado com representação sindical; demissão: Súm. 197, STF
- empregado sindicalizado: art. 543, § 3º
- estabilidade: arts. 493 e 494
- inquérito para apuração: arts. 853 a 855
- prazo de decadência; inquérito judicial: Súm. 403, STF
- tempo de serviço do empregado; contagem: art. 453

FAMÍLIA
- época de concessão de férias: art. 136, § 1º

Índice Remissivo da CLT

FARMÁCIAS
– equiparação a serviços públicos: art. 910

FATO SUPERVENIENTE
– aplicação de ofício; processos em curso; qualquer instância trabalhista: Súm. 394, TST

FAZENDA PÚBLICA
– art. 1º-F da Lei 9.494/1997; inaplicabilidade à: OJ 382, SDI (I)
– cobrança judicial; entidades sindicais: art. 606, § 2º
– duplo grau de jurisdição: Súm. 303, I e II, TST
– juros de mora; condenação da: OJ 7, Pleno

FEDERAÇÕES
– *v.* CONFEDERAÇÕES E FEDERAÇÕES
– associações sindicais: art. 533
– contribuição sindical: arts. 589, I, *b*, e II, *c*, 590 e 591
– interestaduais ou nacionais; autorização do Ministro do Tabalho: art. 534, § 2º
– pedido de reconhecimento; Ministro do Trabalho: art. 537
– representação: art. 920
– sindicatos: Súm. 156, TFR

FERIADOS: Lei 9.093/1995 e Quadro Demonstrativo
– adicional de insalubridade: OJ 103, SDI (I)
– autorização para trabalho; competência: Portaria MTb 3.118/1989
– civis e religiosos: Lei 605/1949
– comissionista; remuneração: Súm. 27, TST
– feriado local; comprovação; prazo recursal; prorrogação: Súm. 385, TST
– não compensado: Súm. 146, TST
– penhora; autorização do juiz ou presidente: art. 770, p.u.
– períodos de descanso: art. 385, p.u.
– serviços de telefonia, telegrafia submarina ou fluvial, radiotelegrafia e radiotelefonia: arts. 227, § 2º, e 229, § 2º
– trabalhados e não compensados: Súm. 146, TST
– vedação; exceção: art. 70
– vencimento de prazos: art. 775, p.u.

FÉRIAS
– abono decorrente da CF e de instrumento normativo; simultaneidade inviável: OJ 50, SDI (I) Transitória
– abono pecuniário: arts. 143 e 144
– abono pecuniário; valores pagos; tratamento tributário: IN RFB 936/2009
– anotação na CTPS: arts. 40, I, e 135, § 1º
– anuais: arts. 129, 130 e 134
– ausências motivadas por acidente do trabalho: Súm. 198, STF
– cálculo; valor das comissões corrigido monetariamente: OJ 181, SDI (I)
– cancelamento ou adiantamento: PN 116, TST
– coletivas: arts. 139 a 141
– cômputo como tempo de serviço: art. 130, § 2º
– concedidas em dois períodos: art. 134, § 1º
– concedidas fora do prazo: art. 137; Súm. 81, TST e OJ 386, SDI (I)
– despedida injusta; férias proporcionais: Súm. 200, STF
– empregado horista: Súm. 199, STF
– época de concessão: art. 136
– época de pagamento: art. 145
– escolares; professores: Súm. 10, TST
– estudante menor de 18 anos: art. 136, § 2º
– faltas justificadas: Súm. 89, TST
– faltas ou ausências decorrentes de acidente do trabalho: Súm. 46, TST
– forma de concessão: art. 134
– gratificação semestral: Súm. 253, TST
– gozadas após o período legal: Súm. 81, TST
– indenização: Súm. 7, TST
– indenizadas; FGTS: OJ 195, SDI (I)
– início do período de gozo: PN 100, TST
– integrais ou proporcionais: Súm. 328, TST
– livros, fichas ou sistema eletrônico; anotação: arts. 41, p.u., e 135, § 2º
– maiores de 50 anos; critério para concessão: art. 134, § 2º
– membros de uma mesma família: art. 136, § 1º

ÍNDICE REMISSIVO DA CLT

– menores de 18 anos: art. 134, § 2°
– natureza salarial: art. 148
– perda do direito: art. 133
– prescrição: art. 149
– prestação de serviços a outro empregador: art. 138
– proporcionais: art. 140
– proporcionais; culpa recíproca: Súm. 14, TST
– proporcionais; indenização; isenção de imposto de renda: Súm. 386, STJ
– proporcionais; pedido de demissão: Súm. 261, TST
– proporcionais; período aquisitivo incompleto: Súm. 171, TST
– reclamação do empregado pedindo a fixação: art. 137, § 1°
– regime de tempo parcial: art. 130-A
– salário substituição: Súm. 159, TST
– tarefeiro: Súm. 149, TST
– terço constitucional: Súm. 328, TST
– tripulante: art. 150

FERROVIÁRIOS: arts. 236 a 247
– chefe de trem: Súm. 67, TST
– cômputo como trabalho efetivo: art. 238
– estação do interior; horas extras: Súm. 61, TST
– falta grave; recusa de serviço extraordinário: art. 240, p.u.
– sobreaviso: art. 244, § 2°
– turno ininterrupto de revezamento: OJ 274, SDI (I)

FICHAS DE REGISTRO
– registro dos empregados; livros, fichas ou sistema eletrônico: art. 41

FISCAIS
– agente de inspeção; falta grave: art. 628, §§ 3° e 4°
– institutos de seguros social e das entidades paraestatais: art. 626, p.u.
– lavratura de auto de infração: art. 629

FISCALIZAÇÃO DO TRABALHO
– imposição de multa administrativa; infração: Portaria MTE 1.199/2003
– inspeção do trabalho: Dec. 4.552/2002

FORÇA MAIOR
– audiência de julgamento; contínua: art. 849
– conceito: art. 501
– extinção da empresa: art. 502
– falsa alegação: art. 504
– necessidade imperiosa: art. 61
– prazos; prorrogação: art. 775
– trabalho do menor; exceção: art. 413, II

FOTÓGRAFO: art. 302

FRAUDE A LEI
– colusão; reclamatória simulada extinta: OJ 94, SDI (II)
– decadência; Ministério Público; contagem do prazo: Súm. 100, VI, TST

FRENTISTA
– descontos; cheques sem fundos: OJ 251, SDI (I)

FRIGORÍFICOS
– período de repouso; cômputo como trabalho efetivo: art. 253; Súm. 438, TST

FUNÇÃO COMISSIONADA
– gratificação; redução: Súm. 372, II, TST

FUNCIONÁRIOS PÚBLICOS
– inaplicabilidade: art. 7°, *caput*, c
– opção pelo regime trabalhista: Súm. 243, TST
– recusa de informações: art. 735

FUNDAMENTOS
– contradição entre fundamentação e parte dispositiva do julgado: OJ 103, SDI (II)
– de rescindibilidade; sentença homologatória de acordo: Súm. 403, II, TST
– fundamento para invalidar confissão: Súm. 404, TST
– recurso; apelo que não ataca os fundamentos da decisão recorrida: Súm. 422, TST
– violação de lei: OJ 112, SDI (II)
– violação do art. 5°, II, LIV e LV, da CF: OJ 97, SDI (II)

ÍNDICE REMISSIVO DA CLT

FUNDO DE GARANTIA DO TEMPO DE SERVIÇO
- ação de cobrança; prescrição: Súm. 210, STJ; Súm. 362, TST
- aviso-prévio: Súm. 305, TST
- CEF; representa o FGTS; sucumbente; reembolso das custas: Súm. 462, STJ
- competência; Justiça Federal: Súm. 82, STJ
- contrato nulo; depósito devido; princípio da irretroatividade: OJ 362, SDI (I)
- contrato nulo; direito de sacar o: Súm. 466, STJ
- contrato por prazo determinado: Súm. 125, TST
- contribuição social: LC 110/2001 e Decs. 3.913/2001 e 3.914/2001
- correção monetária dos saldos das contas: Súm. 252 e 445, STJ
- CTN; não aplicação: Súm. 353, STJ
- devido pelo empregador; execução fiscal; competência: Súm. 349, STJ
- estabilidade; equivalência jurídica: Súm. 98, I, TST
- estabilidade contratual ou derivada: Súm. 98, II, TST
- férias indenizadas; não incidência: OJ 195, SDI (I)
- fiscalização, apuração e cobrança judicial das contribuições e multas: Lei 8.844/1994
- incidência; horas extraordinárias: Súm. 63, TST e Súm. 593, STF
- incidência; parcelas prescritas: Súm. 206, TST
- incidência; remuneração; empregado transferido para o exterior: OJ 232, SDI (I)
- indenização de 40%; aviso-prévio indenizado: OJ 42, II, SDI (I)
- indenização de 40%; diferenças decorrentes dos expurgos inflacionários: OJ 341, SDI (I)
- indenização de 40%; saques: OJ 42, SDI (I)
- índice de correção; débitos trabalhistas: OJ 302, SDI (I)
- índice de correção; TR; débitos com: Súm. 459, STJ
- legitimidade passiva da CEF: Súm. 249, STJ
- normas para organização dos processos de multas administrativas: Portaria MTb 148/1996
- normas regulamentares: Lei 8.036/1990 e Decs. 99.684/1990 e 5.113/2004
- opção retroativa; concordância do empregador: OJ 39, SDI (I) Transitória
- prêmio aposentadoria; transação sobre o tempo de serviço: Súm. 72, TST
- processos de débito salarial: Portaria MTb 1.061/1996
- protesto judicial; causa interruptiva da prescrição: OJ 370, SDI (I)
- rescisão contratual anterior à CF/1988; valor da multa: OJ 1, SDI (I) Transitória
- transferência do servidor para o regime estatutário; movimentação: Súm. 178, TFR

FUNGIBILIDADE RECURSAL
- embargos declaratórios: Súm. 421, TST
- indeferimento de liminar; ação rescisória ou mandado de segurança; despacho monocrático: OJ 69, SDI (II)

GALERIAS
- disposições complementares; Ministério do Trabalho: art. 200, III

GARANTIA DA EXECUÇÃO
- penhora: art. 883

GARANTIA DE EMPREGO
- aposentadoria voluntária: PN 85, TST
- BNCC; despedida imotivada; garantia: OJ 9, SDI (I) Transitória
- concessão de aviso-prévio: Súm. 348, TST
- gestante: Súm. 244, II, TST
- suplente; Cipa: Súm. 339, TST

GARIMPEIRO
- Estatuto do: Lei 11.685/2008

GERENTES
- audiência; substituição do empregador: arts. 843, § 1º, e 861

ÍNDICE REMISSIVO DA CLT

- estabilidade: art. 499
- jornada de trabalho: art. 62, II
- jornada de trabalho; bancário: Súm. 287, TST

GESTANTE
- benefício financeiro; deslocamento; pré-natal e parto: Portaria MS 68/2012
- estabilidade provisória: art. 391-A; Lei 12.812/2013; Súm. 244, TST
- licença-maternidade: art. 392; Lei 11.770/2008 e Dec. 7.052/2009
- parto antecipado: art. 392, § 3º
- salário-maternidade de 120 dias: OJ 44, SDI (I)
- transferência de função: art. 392, § 4º, I

GORJETAS
- anotação na CTPS: art. 29, § 1º
- definição: art. 457, § 3º
- integração: Súm. 354, TST
- remuneração do empregado: art. 457

GRATIFICAÇÃO ESPECIAL
- Nossa Caixa-Nosso Banco (Caixa Econômica do Estado de São Paulo): OJ 56, SDI (I)

GRATIFICAÇÃO NATALINA
- v. DÉCIMO TERCEIRO SALÁRIO

GRATIFICAÇÕES
- adicional por tempo de serviço; integração: Súm. 240, TST
- bancário; caixa; horas extras: Súm. 102, VI, TST
- bancário; cargo de confiança: Súm. 102, III e VII, TST
- bancário; cargo de confiança; jornada de trabalho: Súm. 102, II, TST
- bancários; funções de direção, gerência, ficalização, chefia e equivalente: art. 224, § 2º
- bancários; gratificação de função: Súm. 109, TST
- Banrisul; gratificação Jubileu; prescrição: OJ 27, SDI (I) Transitória
- chefe de trem: Súm. 67, TST
- de caixa; 10%; cálculo: PN 103, TST

- de função: art. 62, p.u.
- de função; bancário; compensação; horas extras: Súm. 109, TST
- de raios X; redução; radiologista: OJ 208, SDI (I)
- integração ao salário: art. 457, § 1º
- juízes classistas e suplentes: arts. 666 e 689
- percebida por 10 ou mais anos; princípio da estabilidade financeira: Súm. 372, I, TST
- por tempo de serviço: Súm. 202, TST
- por tempo de serviço; integração: Súm. 203, TST
- por tempo de serviço; integração; horas extras: Súm. 226, TST
- por tempo de serviço; repouso semanal remunerado: Súm. 225, TST
- recibo de pagamento: Súm. 152, TST
- redução; impossibilidade: Súm. 372, II, TST
- resilição contratual; iniciativa do empregado: Súm. 157, TST
- semestral: Súm. 253, TST
- semestral; congelamento; prescrição parcial: Súm. 373, TST
- semestral; horas extras; integração: Súm. 115, TST
- semestral; repercussão: Súm. 253, TST

GRAVIDEZ
- proibição de exigência de atestados: Lei 9.029/1995
- rescisão do contrato de trabalho: art. 391
- restrições ao emprego: art. 391, p.u.

GREVE
- abuso de direito: PN 29, TST
- adesão: Súm. 316, STF
- atendimento de necessidades inadiáveis: Lei 7.783/1989
- competência para declarar a abusividade ou não: Súm. 189, TST
- exercício do direito: Lei 7.783/1989
- medidas de continuidade de serviços públicos: Dec. 7.777/2012

ÍNDICE REMISSIVO DA CLT

GRUPO ECONÔMICO
- bancário; empregado de empresa de processamento de dados: Súm. 239, TST
- bancário; venda de papéis ou valores mobiliários: Súm. 93, TST
- contrato de trabalho: Súm. 129, TST
- responsabilidade solidária: art. 2º, § 2º

HABEAS CORPUS
- depositário; termo de depósito não assinado pelo paciente: OJ 89, SDI (II)
- penhora sobre coisa futura e incerta; depositário infiel; não caracterização: OJ 143, SDI (II)
- originário no TST; contra decisão definitiva do TRT; cabimento: OJ 156, SDI (II)

HABILITAÇÃO
- auxiliar de laboratório; ausência de diploma: Súm. 301, TST
- equiparação salarial; atendente e auxiliar de enfermagem: OJ 296, SDI (I)
- posterior; representação regular: OJ 319, SDI (I)

HABITAÇÃO
- empregado rural; conservação das casas: PN 62, TST
- empregado rural; moradia: PN 34, TST
- salário: art. 458

HIGIENE NOS LOCAIS DE TRABALHO
- chuveiros; disposições complementares: art. 200, VII
- disposições complementares; Ministério do Trabalho: art. 200, VII

HOMOLOGAÇÃO
- da rescisão contratual: art. 477, § 4º

HOMOLOGAÇÃO JUDICIAL
- faculdade do juiz; inexistência de direito líquido e certo: Súm. 418, TST
- poder normativo do TST; condições de trabalho; inconstitucionalidade: Súm. 190, TST

HONORÁRIOS DE ADVOGADO
- ação rescisória; processo trabalhista; cabimento: Súm. 219, II, TST

- assistência judiciária; declaração de pobreza: OJ 304, SDI (I)
- base de cálculo: OJ 348, SDI (I)
- percentual; hipóteses de cabimento: Súm. 219 e 329, TST
- recurso extraordinário; condenação: Súm. 633, STF
- requisitos; Justiça do Trabalho: OJ 305, SDI (I)
- vencedor o beneficiário de justiça gratuita: Súm. 450, STF

HONORÁRIOS PERICIAIS
- atualização monetária: OJ 198, SDI (I)
- exigência do depósito prévio: OJ 98, SDI (II)
- responsabilidade: art. 790-B; Súm. 341, TST e OJ 387, SDI (I)

HORÁRIO DE REPOUSO
- dilação: Portaria MTPS 417/1966

HORÁRIO DE TRABALHO
- registro; inversão do ônus da prova: Súm. 338, TST

HORÁRIO FIXO
- petroleiros; turno ininterrupto de revezamento: Súm. 391, TST

HORÁRIO NOTURNO
- cômputo da hora noturna: art. 73, § 1º
- duração legal; vantagem suplementar; salário adicional: Súm. 214, STF
- petróleo; aplicação da Lei 5.811/1972: Súm. 112, TST
- portuários; de 60 minutos (entre 19 e 7h do dia seguinte): OJ 60, I, SDI (I)
- redução da hora noturna: OJ 127, SDI (I)
- vigia; hora reduzida: Súm. 65, TST

HORAS EXTRAS
- adicionais AP e ADI: OJ 17, SDI (I)
- adicional de periculosidade; base de cálculo: Súm. 132, I, TST
- adicional noturno: Súm. 60, II, TST
- adicional noturno; base de cálculo: OJ 97, SDI (I)
- aviso-prévio; integração: art. 487, § 5º
- bancário: Súm. 199, TST
- bancário; caixa: Súm. 102, VI, TST

ÍNDICE REMISSIVO DA CLT

- bancário; cálculo; integração da gratificação por tempo de serviço: Súm. 226, TST
- bancário; cargo de confiança: Súm. 102, TST
- bancário; cargo de confiança; pagamento a menor: Súm. 102, III, TST
- bancário; compensação: Súm. 109, TST
- bancário; gratificação: Súm. 102, VII, TST
- bancário; sábado; dia útil: Súm. 113, TST
- Banco do Brasil; AP e ADI ou AFR: OJ 5, SDI (II)
- base de cálculo: Súm. 264, TST
- base de cálculo; adicional de insalubridade e salário contratual: OJ 47, SDI (I)
- cartão de ponto; registro: Súm. 366, TST
- CEF; cargo de confiança; não caracterização; devidas as: OJ 70, SDI (I) Transitória
- comissionista; cálculo: Súm. 340, TST
- cômputo no cálculo do repouso remunerado: Súm. 172, TST
- CSN; prestação habitual: OJ 2, SDI (I) Transitória
- engenheiro e médico; jornada de trabalho: Súm. 370, TST
- ferroviário; estação do interior: Súm. 61, TST
- gorjetas; natureza jurídica: Súm. 354, TST
- gratificação semestral; não repercussão nas: Súm. 253, TST
- habituais; descaracterização do; acordo de compensação: Súm. 85, IV, TST
- habituais; cálculo; disposições: Súm. 347, TST
- habituais; inclusão na indenização por antiguidade: Súm. 24, TST
- habitualidade; cálculo; gratificação natalina: Súm. 45, TST
- habitualidade; gratificação semestral: Súm. 115, TST
- horas *in itinere*; adicional devido: Súm. 90, V, TST
- incidência; FGTS: Súm. 63, TST
- incidência; IR sobre: Súm. 463, STJ
- integração; complementação de aposentadoria; Banco do Brasil: OJ 18, I, SDI (I)
- integração; haveres trabalhistas: Súm. 376, II, TST
- intervalos concedidos pelo empregador: Súm. 118, TST
- limitação legal: Súm. 376, I, TST
- marítimo; permanência do tripulante a bordo do navio: Súm. 96, TST
- médico e engenheiro; jornada de trabalho: Súm. 370, TST
- motorista; controle de jornada por tacógrafo: OJ 332, SDI (I)
- ônus da prova; inversão: Súm. 338, III, TST
- pactuadas após a admissão; pré-contratação: Súm. 199, I, TST
- petroleiros: Súm. 391, I, TST
- portuário; base de cálculo: OJ 60, II, SDI (I)
- pré-contratadas e suprimidas; prescrição total: Súm. 199, II, TST
- prescrição total; adicional; incorporação: OJ 242, SDI (I)
- professor; adicional de 50%: OJ 206, SDI (I)
- prova; cartões de ponto: Súm. 338, II, TST
- prova oral ou documental: OJ 233, SDI (I)
- reconhecimento em juízo: OJ 415, SDI (I)
- regime de revezamento; intervalo mínimo de 11 horas consecutivas; jornada de trabalho: Súm. 110, TST
- salário por produção; devido apenas o adicional: OJ 235, SDI (I)
- supressão; indenização: Súm. 291, TST
- tempo que excede a jornada normal: Súm. 366, TST
- turno ininterrupto de revezamento; ferroviário: OJ 274, SDI (I)
- turno ininterrupto de revezamento; horista: OJ 275, SDI (I)
- variação de horário no registro de ponto: art. 58, § 1º

HORAS *IN ITINERE*
- Açominas; tempo entre a portaria e o local do serviço; devidas: OJ 36, SDI (I) Transitória
- adicional de horas extras: Súm. 90, V, TST

ÍNDICE REMISSIVO DA CLT

- incompatibilidade de horários; início e término da jornada: Súm. 90, II, TST
- insuficiência de transporte público: art. 58, § 2º, e Súm. 90, III, TST
- local de difícil acesso: Súm. 90, I, TST
- obrigatoriedade; cômputo; jornada de trabalho: art. 58, § 2º, e Súm. 320, TST
- remuneração; trecho não servido por transporte público; limite: art. 58, § 2º, e Súm. 90, IV, TST

HORISTA
- cálculo de indenização: art. 478, § 3º
- férias; salário: Súm. 199, STF
- turno ininterrupto de revezamento: OJ 275, SDI (I)

HOSPITAIS
- equiparação a serviços públicos: art. 910

IDENTIDADE FÍSICA DO JUIZ
- aplicação aos feitos trabalhistas do princípio: Súm. 217, TFR

ILEGITIMIDADE
- Ministério Público; arguição de prescrição: OJ 130, SDI (I)
- Ministério Público do Trabalho; defesa de interesse patrimonial privado: OJ 237, SDI (I)

ILUMINAÇÃO
- adequação à natureza da atividade: art. 175
- distribuição uniforme: art. 175, § 1º
- níveis mínimos a serem observados: art. 175, § 2º

IMPEDIMENTO
- assistência: art. 477, § 3º
- atos nulos; aplicação dos preceitos contidos na CLT: art. 9º

IMPOSSIBILIDADE JURÍDICA DO PEDIDO
- decisão rescindenda; preclusão declarada: OJ 134, SDI (II)
- desconstituição de sentença; substituição; acórdão de Tribunal Regional ou superveniente sentença homologatória de acordo: Súm. 192, III, TST

IMPOSTO DE RENDA
- base de cálculo; juros de mora; não integração: OJ 400, SDI (I)
- competência da Justiça do Trabalho: Súm. 368, I, TST
- desligamento incentivado; abono pecuniário: OJ 19, SDI (II)
- desconto; alimentação do trabalhador: Lei 6.321/1976
- descontos legais; fase de execução: Súm. 401, TST
- indenização; Programa de Incentivo à Demissão Voluntária: OJ 207, SDI (I)
- isenção; indenização de férias proporcionais: Súm. 386, STJ
- recolhimento; responsabilidade: Súm. 368, II, TST

IMPRESSÃO DIGITAL
- impossibilidade de assinatura na CTPS: art. 17, § 2º

IMPUGNAÇÃO DE EMBARGOS
- prazo: art. 884

IMUNIDADE
- de jurisdição; organização ou organismo internacional: OJ 416, SDI (I)

INCOMPETÊNCIA ABSOLUTA
- prequestionamento: OJ 62, SDI (I)

INCONTINÊNCIA DE CONDUTA OU MAU PROCEDIMENTO
- de empregado; justa causa para rescisão contratual: art. 482, b

INDENIZAÇÃO
- adicional de insalubridade; integração: Súm. 139, TST
- adicional de periculosidade; integração; cálculo: Súm. 132, I, TST
- acidente do trabalho; inclusão do repouso semanal remunerado: Súm. 464, STF
- adicional; valor: Súm. 242, TST
- cálculo; gratificação natalina: Súm. 148, TST
- cessação da atividade da empresa; direito ao aviso-prévio: Súm. 44, TST

ÍNDICE REMISSIVO DA CLT

- contagem de tempo de serviço; afastamento; serviço militar e acidente do trabalho: art. 4º, p.u.
- de empregado estável; pagamento em dobro: Súm. 220, STF
- despedida injusta; inclusão de adicionais ou gratificações: Súm. 459, STF
- despedida injusta; repouso semanal remunerado: Súm. 462, STF
- devida ao empregado, em caso de rescisão de contrato: arts. 477 e 478
- dos empregados, em caso de cessação da atividade da empresa: art. 485
- equivalência jurídica entre o regime do FGTS e a estabilidade na CLT: Súm. 98, I, TST
- falta grave no decurso do prazo do aviso-prévio: Súm. 73, TST
- férias; não deferimento; base de cálculo: Súm. 7, TST
- férias proporcionais; isenção de imposto de renda: Súm 386, STJ
- gestante; estabilidade provisória: Súm. 244, I, TST
- gestante; garantia de emprego: Súm. 244, II, TST
- horas extras habituais; supressão: Súm. 291, TST
- indevida; CIPA; extinção do estabelecimento: OJ 329, SDI (I)
- indevida; Telemar; Pirc: OJ 67, SDI (I) Transitória
- Lei 8.880/1994, art. 31; constitucionalidade; demissão sem justa causa: OJ 148, SDI (I)
- por antiguidade; gratificação semestral: Súm. 253, TST
- por antiguidade; inclusão de horas extras habituais: Súm. 24, TST
- Programa de Incentivo à Demissão Voluntária: OJ 207, SDI (I)
- reintegração convertida em indenização dobrada: Súm. 28, TST
- retenção da CTPS: PN 98, TST
- seguro-desemprego; guia; fornecimento: Súm. 389, II, TST

INDENIZAÇÃO ADICIONAL
- aviso-prévio; art. 9º da Lei 6.708/1979: Súm. 182, TST
- base de cálculo; art. 9º das Leis 6.708/1979 e 7.238/1984: Súm. 242, TST
- Leis 6.708/1979 e 7.238/1984: OJ 268, SDI (I)
- trintídio que antecede à data base: Súm. 314, TST

INDENIZAÇÃO COMPENSATÓRIA: Súm. 242 e 314, TST
- aviso-prévio; contagem: Súm. 182, TST

INDENIZAÇÃO EM DOBRO
- conversão; reintegração: Súm. 28, TST
- empregado estável; optante; rescisão por acordo: Súm. 54, TST

INDENIZAÇÃO POR TEMPO DE SERVIÇO
- cálculo; horas extras; habitualidade: Súm. 24, TST

ÍNDICE DE CORREÇÃO MONETÁRIA
- execução trabalhista; Lei 8.177/1991, art. 39 e Lei 10.192/2001, art. 15: OJ 300, SDI (I)
- FGTS; débitos trabalhistas: OJ 302, SDI (I)

INÉPCIA DA INICIAL
- ação rescisória; extinção do processo: OJ 70, SDI (II)

INFLAMÁVEIS
- adicional de periculosidade: OJ 385, SDI (I)
- contato permanente; caracterização de atividade ou operações perigosas: art. 193

INQUÉRITO
- ou sindicância; requisito para validade de punição: Súm. 77, TST

INQUÉRITO ADMINISTRATIVO
- suspensão preventiva para responder; ausência do empregado; falta ao serviço não considerada: art. 131, V

INQUÉRITO JUDICIAL
- decadência; abandono de emprego: Súm. 62, TST

ÍNDICE REMISSIVO DA CLT

– dirigente sindical; despedida; falta grave: Súm. 379, TST

INQUÉRITO PARA APURAÇÃO DE FALTA GRAVE: arts. 853 a 855
– empregado garantido com estabilidade: art. 853
– prazo para o empregado apresentar a reclamação: art. 853
– prévio reconhecimento da estabilidade do empregado; efeitos: art. 855
– procedência da acusação; despedida do empregado: art. 494

INSALUBRIDADE
– adicional: art. 192
– adicional; base de cálculo; eficácia suspensa: Súm. 228, TST
– adicional; fornecimento do aparelho de proteção; efeito: Súm. 289, TST
– adicional; incidência sobre o salário mínimo regional: Súm. 187, TFR
– arguição em juízo; perícia: art. 195, § 2º
– caracterização das atividades: arts. 189 a 193
– caracterização e classificação: art. 195
– cessação do adicional: art. 194
– efeitos pecuniários; quando serão devidos: art. 196
– eliminação; fornecimento de aparelhos protetores; exclusão do adicional: Súm. 80, TST
– eliminação ou neutralização: art. 191
– perícia judicial: Súm. 460, STF
– reclassificação ou descaracterização; repercussão: Súm. 248, TST

INSPEÇÃO
– do trabalho: Dec. 4.552/2002
– matéria de segurança e higiene do trabalho: art. 162

INSS
– tempo de serviço; averbação e/ou reconhecimento: OJ 57, SDI (II)

INSTALAÇÕES ELÉTRICAS: arts. 179 a 181
– disposições legais; atribuições do Ministério do Trabalho: art. 179
– métodos de socorro em caso de choques elétricos; conhecimento a respeito pelos empregados do setor elétrico: art. 181

INSTALAÇÕES SANITÁRIAS
– separação de sexos: art. 200, VII

INSTAURAÇÃO DE INSTÂNCIA
– dissídio coletivo: art. 856

INSTITUIÇÕES DE BENEFICÊNCIA
– equiparação ao empregador para os efeitos exclusivos de relação de emprego: art. 2º, § 1º

INSTITUIÇÕES SEM FINS LUCRATIVOS
– equiparação ao empregador para os efeitos exclusivos da relação de emprego: art. 2º, § 1º

INSTRUMENTO NORMATIVO
– coletivo; categoria diferenciada: Súm. 374, TST
– documento comum às partes; validade; cópia não autenticada: OJ 36, SDI (I)
– inexistência; turno ininterrupto de revezamento; horista; horas extras e adicional: OJ 275, SDI (I)
– multa; cumulação de ações: Súm. 384, I, TST
– multa convencional: Súm. 384, II, TST
– vigência; estabilidade; acidente ou doença profissional: OJ 41, SDI (I)

INTERDIÇÃO DE ESTABELECIMENTO
– grave e iminente risco para o trabalhador: art. 161
– levantamento; requisito: art. 161, § 5º
– requerimento; competência: art. 161, § 2º
– salário; recebimento normal: art. 161, § 6º

INTERESSE DE AGIR
– ausente; extinção do processo sem julgamento do mérito: OJ 113, SDI (II)
– intervenção assistencial; interesse jurídico: Súm. 82, TST

INTERPRETAÇÃO DE CLÁUSULAS CONTRATUAIS
– simples interpretação: Súm. 454, STF

ÍNDICE REMISSIVO DA CLT

INTERRUPÇÃO DA PRESTAÇÃO DE SERVIÇOS
– anotação na CTPS: art. 133, § 1º

INTERRUPÇÃO E SUSPENSÃO DO CONTRATO DE TRABALHO: arts. 471 a 476-A

INTERVALO(S) NA JORNADA DE TRABALHO
– interjornadas; inobservância; hora extra: OJ 355, SDI (I)
– intrajornada; digitadores; descanso: Súm. 346, TST
– intrajornada e semanal; turnos ininterruptos de revezamento: Súm. 360, TST
– não previsto em lei; serviço extraordinário: Súm. 118, TST

INTERVALO PARA RECUPERAÇÃO TÉRMICA: Súm. 438, TST

INTERVALO PARA REPOUSO OU ALIMENTAÇÃO
– jornada de 6 horas; não descaracterização do sistema de turnos ininterruptos de revezamento: Súm. 675, STF
– regime de revezamento; intervalo mínimo de 11 horas; horas extras: Súm. 110, TST
– trabalho contínuo cuja duração exceda de 6 horas: art. 71; Súm. 437, TST
– turnos ininterruptos de revezamento: Súm. 360, TST

INTERVENÇÃO ASSISTENCIAL
– simples ou adesiva; requisito de admissibilidade: Súm. 82, TST

INTERVENÇÃO JUDICIAL
– ou liquidação; débitos trabalhistas; correção monetária: Súm. 304, TST

INTIMAÇÃO
– da sentença; não juntada a ata ao processo: Súm. 30, TST
– do cálculo; prazo para pagamento das custas processuais: Súm. 53, TST
– feita na sexta-feira; contagem de prazo judicial: Súm. 310, STF e Súm. 1, TST
– prazo judicial; notificação ou intimação no sábado: Súm. 262, TST

– pretenso vício; inexistência de decisão transitada em julgado a ser rescindida: Súm. 299, IV, TST

INVENÇÕES: Lei 9.279/1996

ISENÇÃO DE CUSTAS AO EMPREGADO
– concessão; efeitos quanto ao sindicato: Súm. 223, STF

ISENÇÃO TRIBUTÁRIA
– custas processuais: OJ 74, SDI (I) Transitória

ISENÇÕES FISCAIS
– do recolhimento da contribuição sindical: art. 609

JOGOS DE AZAR
– jogo do bicho; contrato de trabalho; objeto ilícito: OJ 199, SDI (I)
– prática constante do empregado; justa causa para rescisão contratual: art. 482, I

JORNADA DE TRABALHO: arts. 58 a 65
– advogado empregado; dedicação exclusiva: OJ 403, SDI (I)
– aviso-prévio; redução da jornada: Súm. 230, TST
– bancário; cargo de confiança: Súm. 102, II, TST
– bancário; cargo de confiança; horas extras: Súm. 102, IV, TST
– bancário; intervalo de 15 minutos: OJ 178, SDI (I)
– bancário; sábado: Súm. 113, TST
– cabineiros de elevador: Lei 3.270/1957
– cargo de confiança; Banco do Brasil: OJ 17, SDI (I)
– compensação de: Súm. 85, TST
– cômputo do tempo despendido para chegar ao local de trabalho; difícil acesso ou não servido por transporte público regular: Súm. 90, I, TST
– controle da jornada de trabalho; sistemas alternativos: Portaria MTE 373/2011
– cumprimento integral no período noturno: Súm. 60, II, TST
– desconto por atraso; limite máximo: art. 58, § 1º
– digitador: Súm. 346, TST

1728

ÍNDICE REMISSIVO DA CLT

- distribuidoras e corretoras de títulos de valores mobiliários: Súm. 119, TST
- empregados que trabalhem em regime de turnos ininterruptos de revezamento: Portaria MTE 412/2007
- engenheiro: Súm. 370, TST
- estudante: PN 32, TST
- ferroviário; jornada especial: OJ 274, SDI (I)
- financeiras; equiparação aos estabelecimentos bancários: Súm. 55, TST
- gerente bancário: Súm. 287, TST
- horas extras; ônus da prova: Súm. 338, III, TST
- horas in itinere: art. 58, § 2º, e Súm. 90 e 320, TST
- horista: OJ 275, SDI (I)
- intervalo mínimo de 11 horas consecutivas; descanso entre jornadas: Súm. 110, TST
- intervalos; não previstos em lei: Súm. 118, TST
- jornada de 6 horas; turnos ininterruptos de revezamento: Súm. 360, TST
- jornada de 12 horas; 36 horas de descanso; validade: Súm. 444, TST
- jornada especial; alternância de turnos: OJ 360, SDI (I)
- jornalista; redução da: OJ 407, SDI (I)
- médico: Súm. 370, TST
- minutos que antecedem e sucedem a jornada de trabalho: Súm. 366, TST e OJ 372, SDI (I)
- motorista; controle de jornada por tacógrafo: OJ 332, SDI (I)
- mulher bancária; prorrogação da jornada: Súm. 226, TFR
- operadores de telex: OJ 213, SDI (I)
- petroleiros; possibilidade de mudança para horário fixo: Súm. 391, II, TST
- petroleiros; regime de revezamento: Súm. 391, I, TST
- professor; jornada especial; salário mínimo; proporcional: OJ 393, SDI (I)
- professor; jornada máxima excedida: OJ 206, SDI (I)
- professor; redução da carga horária; alteração contratual: OJ 244, SDI (I)
- prorrogação: Súm. 222, TFR
- redução do intervalo da intrajornada; requisitos: Portaria MTE 1.095/2010
- registro da jornada; presunção de veracidade: Súm. 338, I, TST
- "semana espanhola"; validade: OJ 323, SDI (I)
- servidor público: OJ 308, SDI (I)
- telefonista; mesa de empresa que não explora o serviço de telefonia: Súm. 178, TST
- turno ininterrupto de revezamento; negociação coletiva: Súm. 423, TST
- turnos ininterruptos de revezamento; intervalos intrajornada e semanal: Súm. 360, TST
- turnos ininterruptos de revezamento; norma coletiva retroativa; invalidade: OJ 420, SDI (I)
- turnos ininterruptos de revezamento; jornada de 6 horas; intervalos para descanso e alimentação: Súm. 675, STF
- variações de horário; registro de ponto: Súm. 366, TST

JORNALISTAS PROFISSIONAIS: arts. 302 a 309
- conceito: art. 302, § 1º
- contrato de trabalho: PN 55, TST
- descanso obrigatório; ressalva: art. 307
- duração do trabalho: arts. 303 a 306; OJ 407, SDI (I)
- empresas jornalísticas; conceito: art. 302, § 2º
- intervalo mínimo de repouso: art. 308
- seguro de vida: PN 112, TST

JUIZ DE PAZ
- assistência: art. 477, § 3º

JUÍZES
- cessação da competência: Súm. 10, STJ
- de direito: arts. 668 e 669
- de direito; localidades não compreendidas na jurisdição das JCJ: art. 668
- decisões: art. 8º
- representantes classistas: arts. 684 a 689
- representantes classistas; aplicação do art. 663: art. 688

1729

ÍNDICE REMISSIVO DA CLT

- representantes classistas; designação; competência: art. 684
- representantes classistas; escolha; critérios: art. 685
- representantes classistas; gratificação por sessão: art. 689
- representantes classistas; retenção de processos; desconto na gratificação mensal: art. 689, p.u.

JUÍZES CLASSISTAS: arts. 660 a 667
- assinatura da ata da audiência de instrução e julgamento: art. 851, § 2º
- designação; competência: arts. 660 e 682, II
- nas JCJ; número e suplentes: art. 647, *b* e p.u.
- perda do cargo em razão de faltas a reuniões ou sessões consecutivas: art. 727
- recusa do exercício de tal função; penas: art. 726
- requerimento para interrogatório dos litigantes: art. 848

JUÍZO DE ADMISSIBILIDADE
- *ad quem*: OJ 282, SDI (I)
- recurso de revista: Súm. 285, TST

JUÍZO DEPRECANTE
- audiência: arts. 843 a 852
- competência; execução por carta; embargos de terceiro: Súm. 419, TST

JULGADO
- recurso para o STF: art. 893, § 2º

JULGAMENTO
- audiência: arts. 843 a 852
- *citra petita*; rescisória; CPC, arts. 128 e 460: OJ 41, SDI (II)
- e trâmites finais da execução: arts. 885 a 889-A
- *extra petita*; inexistência: Súm. 396, II, TST

JUNTADA DE DOCUMENTOS
- ação rescisória; prova do trânsito em julgado; decisão rescindenda: Súm. 299, I e II, TST
- ausência da decisão rescindenda e/ou da certidão de seu trânsito em julgado: OJ 84, SDI (II)

- fase recursal: Súm. 8, TST
- indispensável; ação cautelar para suspender execução: OJ 76, SDI (II)
- mandato: Súm. 383 e 395, II, TST
- não juntada a ata ao processo: Súm. 30, TST

JUNTAS DE CONCILIAÇÃO E JULGAMENTO (JCJ): arts. 647 a 667
- *v.* VARA DO TRABALHO
- composição e funcionamento: arts. 647 a 649
- jurisdição e competência: arts. 650 a 653
- presidentes: arts. 656 a 659
- sediada em comarca do interior; competência; carta precatória; juiz federal; matéria trabalhista: Súm. 89, TFR

JURISPRUDÊNCIA
- utilização; caso de falta de disposições legais ou contratuais: art. 8º

JUROS DE MORA
- BNCC; Súmula 304 do TST; inaplicável: OJ 10, SDI (I) Transitória
- correção monetária; intervenção ou liquidação extrajudicial: Súm. 304, TST
- execução trabalhista: OJ 300, SDI (I)
- fazenda pública; art. 1º-F da Lei 9.494/1997; inaplicabilidade: OJ 382, SDI (I)
- incidência sobre a condenação: Súm. 200, TST
- irretroatividade: Súm. 307, TST
- nas reclamações trabalhistas; contagem: Súm. 224, STF
- omissão do pedido inicial ou da condenação: Súm. 211, TST
- sucessão trabalhista; débitos trabalhistas; incidência de: OJ 408, SDI (I)

JUSTA CAUSA
- abandono de emprego: art. 482, *i*
- atos atentatórios contra a segurança nacional: art. 482, p.u.
- condenação criminal: art. 482, *d*
- desídia: art. 482, *e*
- embriaguez habitual ou em serviço: art. 482, *f*
- improbidade: art. 482, *a*

ÍNDICE REMISSIVO DA CLT

- incontinência de conduta ou mau procedimento: art. 482, *b*
- indisciplina e insubordinação: art. 482, *h*
- lesão da honra contra qualquer pessoa em serviço: art. 482, *j*
- negociação habitual: art. 482, *c*
- ofensa física praticada em serviço: art. 482, *k*
- perda do direito à remuneração; período incompleto de férias: art. 146, p.u.
- prática constante de jogos de azar: art. 482, *l*
- violação de segredo da empresa: art. 482, *g*

JUSTIÇA COMUM ESTADUAL
- competência; ação de cobrança de contribuições sindicais: Súm. 87, TFR

JUSTIÇA DO TRABALHO: arts. 643 a 735
- ações; descumprimento de normas trabalhistas: Súm. 736, STF
- competência; cadastramento no PIS: Súm. 300, TST
- competência; litígios entre a administração direta ou indireta e seus servidores: Súm. 150, TFR
- competência; reclamação contra empresa privada; serviços à administração pública: Súm. 158, TFR
- critérios de decisão; falta de disposições legais ou contratuais: art. 8º
- dissídios oriundos das relações entre empregadores e empregados; competência a respeito: art. 643
- execução de ofício; contribuição social; SAT: OJ 414, SDI (I)
- juízes de direito: arts. 668 e 669
- Juntas de Conciliação e Julgamento (JCJ): arts. 647 a 667
- *lockout* e greve: art. 722
- órgãos; coordenação, regime de mútua colaboração: art. 646
- penalidades contra os membros da Justiça do Trabalho: arts. 726 a 728
- penalidades diversas: arts. 729 a 735
- reclamação de servidor público; competência: Súm. 97, STJ
- relação de trabalho entre Municípios de Território e seus empregados: Súm. 66, TFR
- serviço relevante e obrigatório: art. 645
- serviços auxiliares: arts. 710 a 721
- Tribunal Superior do Trabalho: arts. 690 a 709
- TRT: arts. 670 a 689

JUSTIÇA ESTADUAL
- PIS/Pasep e FGTS; levantamento dos valores; falecimento do titular da conta; competência: Súm. 161, STJ

JUSTIÇA FEDERAL
- competência; eleições sindicais: Súm. 255, TFR
- competência; falso testemunho em processo trabalhista: Súm. 165, STJ
- processo e julgamento; movimentação do FGTS; competência: Súm. 82, STJ

JUSTIÇA GRATUITA
- custas: art. 790, § 3º
- declaração de insuficiência econômica: OJ 331, SDI (I)
- requerimento de isenção de despesas processuais: OJ 269, SDI (I)

LAVATÓRIOS
- disposições a respeito; competência: art. 200, VII

LEGIÃO BRASILEIRA DE ASSISTÊNCIA
- manutenção ou subvenção de escolas maternais e jardins de infância: art. 397

LEGISLAÇÃO ELEITORAL
- empresa pública e sociedade de economia mista: OJ 51, SDI (I)

LEGISLAÇÃO ESTADUAL
- norma coletiva ou regulamentar; divergência jurisprudencial: OJ 147, SDI (I)

LEGÍTIMA DEFESA
- contra o empregador: art. 482, *k*
- contra qualquer pessoa: art. 482, *j*

LEGITIMIDADE
- Minascaixa; legitimidade passiva *ad causam*: OJ 37, SDI (I) Transitória
- Ministério Público; legitimidade *ad causam*: Súm. 407, TST

ÍNDICE REMISSIVO DA CLT

– réu sindicato; sindicato; substituto processual: Súm. 406, II, TST
– substituição processual: OJ 121, SDI (I)

LEI DE INTRODUÇÃO ÀS NORMAS DO DIREITO BRASILEIRO: Dec.-lei 4.657/1942 e Lei 12.376/2010

LEI ESPECIAL
– preceitos concernentes ao regime de seguro social: art. 12

LEI GERAL DA COPA: Lei 12.663/2012

LEI PELÉ: Lei 9.615/1998

LICENÇA
– percepção de salários por mais de 30 dias; efeito quanto a férias: art. 133, II
– prêmio; não conversão em pecúnia: Súm. 186, TST

LICENÇA-MATERNIDADE: arts. 392 e 392-A; Lei 11.770/2008; Lei 10.421/2002 e Dec. 7.052/2009
– adoção ou guarda judicial: art. 392-A

LICENÇA-PRÊMIO
– conversão em pecúnia: Súm. 186, TST

LIMITAÇÃO À DATA BASE
– diferenças salariais; planos econômicos: Súm. 322, TST
– planos econômicos; coisa julgada; fase de execução: OJ 262, SDI (I) e 35, SDI (II)

LIQUIDAÇÃO DE SENTENÇA
– admissibilidade do recurso de revista: Súm. 266, TST

LIQUIDAÇÃO DE SENTENÇA EXEQUENDA ILÍQUIDA: art. 879

LIQUIDAÇÃO EXTRAJUDICIAL
– cooperativa; créditos trabalhistas; não suspensão da execução: OJ 53, SDI (II)
– depósito recursal e custas: Súm. 86, TST
– execução; créditos trabalhistas: OJ 143, SDI (I)
– juros; correção monetária: Súm. 304, TST
– ou intervenção: débitos trabalhistas; correção monetária: Súm. 304, TST

LITÍGIOS
– competência; administração direta ou indireta do Distrito Federal e os seus servidores; legislação trabalhista: Súm. 150, TFR
– competência; decorrência das relações de trabalho entre Municípios de Território Federal e seus empregados: Súm. 66, TFR

LITÍGIOS TRABALHISTAS
– mandado de segurança: Súm. 195, TFR

LITISCONSÓRCIO
– necessário no polo passivo e facultativo no ativo: Súm. 406, I, TST
– passivo necessário; inexistência: Súm. 406, II, TST
– procuradores distintos; prazo em dobro: OJ 310, SDI (I)

LIVRO DE INSPEÇÃO DO TRABALHO
– obrigatoriedade: art. 628, § 1º

LIVRO DE REGISTRO DE EMPREGADOS: arts. 41 a 48
– modelo obrigatório: art. 41

LOCAL DE TRABALHO
– não distinção; caracterização da relação de trabalho: art. 6º

***LOCKOUT* E GREVE:** art. 722
– penalidades: art. 722

LUCROS
– participação dos empregados nos lucros das empresas: Leis 10.101/2000 e 12.832/2013

MÁ-FÉ
– de agente de inspeção; comprovação; pena de suspensão: art. 628, § 3º

MAGISTÉRIO: arts. 317 e ss.

MAGISTRATURA DO TRABALHO
– classistas: arts. 660 a 667
– JCJ; presidentes; competência privativa: art. 659
– JCJ; presidentes; deveres: art. 658

MANDADO DE CITAÇÃO
– conteúdo: art. 880, § 1º

ÍNDICE REMISSIVO DA CLT

- do executado; expedição: art. 880

MANDADO DE SEGURANÇA
- ação cautelar; efeito suspensivo: OJ 113, SDI (II)
- alçada: Súm. 365, TST
- antecipação de tutela; sentença superveniente; perda de objeto: Súm. 414, III, TST
- autenticação de cópias; formação do agravo de instrumento: OJ 91, SDI (II)
- cabimento; antecipação de tutela concedida antes da sentença: Súm. 414, II, TST
- cabimento; antecipação de tutela concedida na sentença: Súm. 414, I, TST
- cabimento; decisão judicial transitada em julgado: Súm. 33, TST
- cabimento; esgotamento das vias disponíveis; trânsito em julgado formal: OJ 99, SDI (II)
- cabimento; exigência do depósito prévio dos honorários periciais: OJ 98, SDI (II)
- cabimento; existência de recurso próprio: OJ 92, SDI (II)
- cabimento; liminar concedida; inexistência de recurso próprio: Súm. 414, II, TST
- cabimento; reintegração concedida em ação cautelar: OJ 63, SDI (II)
- coletivo; entidade de classe; autorização dos associados: Súm. 629, STF
- coletivo; entidade de classe; interesse de parte da categoria: Súm. 630, STF
- competência dos Tribunais Regionais: art. 678, I, b, 3
- concessão de liminar ou homologação de acordo: Súm. 418, TST
- contra ato de presidente do TRT; competência: Súm. 433, STF
- contra decisão judicial transitada em julgado: Súm. 33, TST
- contra liminar, concedida ou denegada em outra segurança: OJ 140, SDI (II)
- cooperativa em liquidação extrajudicial: OJ 53, SDI (II)
- custas; recurso ordinário: OJ 148, SDI (II)
- decadência; contagem; efetivo ato coator: OJ 127, SDI (II)
- decisão homologatória de adjudicação: OJ 66, SDI (II)
- decisão regional em agravo regimental; liminar: OJ 100, SDI (II)
- desconstituição da penhora; cumulação; embargos de terceiro: OJ 54, SDI (II)
- dirigente sindical: OJ 137, SDI (II)
- execução; tópicos e valores não especificados no agravo de petição: Súm. 416, TST
- execução definitiva; pendência de recurso extraordinário ou de agravo de instrumento: OJ 56, SDI (II)
- fungibilidade recursal: OJ 69, SDI (II)
- incompetência originária do TST: OJ 4, Pleno
- INSS; tempo de serviço; averbação e/ou reconhecimento: OJ 57, SDI (II)
- liminar; sentença superveniente; perda de objeto: Súm. 414, III, TST
- liminar obstativa da transferência do empregado: OJ 67, SDI (II)
- majoração das custas processuais: OJ 88, SDI (II)
- meio inidôneo para dirimir litígios trabalhistas: Súm. 195, TFR
- penhora; carta de fiança bancária: OJ 59, SDI (II)
- penhora; conta salário; ilegalidade: OJ 153, SDI (II)
- penhora; parte da renda de estabelecimento comercial: OJ 93, SDI (II)
- penhora em dinheiro; discordância do credor: Súm. 417, II, TST
- penhora em dinheiro; execução definitiva: Súm. 417, I, TST
- penhora em dinheiro; execução provisória: Súm. 417, III, TST
- proibição de prática de atos futuros; sentença genérica: OJ 144, SDI (II)
- prova documental pré-constituída: Súm. 415, TST
- recurso de revista; erro grosseiro: OJ 152, SDI (II)
- recurso ordinário e prazo: Súm. 201, TST
- reintegração liminarmente concedida: OJ 64, SDI (II)

ÍNDICE REMISSIVO DA CLT

- reintegração liminarmente concedida; dirigente sindical: OJ 65, SDI (II)
- remessa *ex officio*: Súm. 303, III, TST
- representação processual; irregularidade; vício insanável: OJ 151, SDI (II)

MANDADO DE SEGURANÇA INDIVIDUAL E COLETIVO: Lei 12.016/2009

MANDADO TÁCITO
- agravo de instrumento; traslado; ata de audiência: OJ 286, SDI (I)

MANDATO
- cláusula limitativa de poderes no TRT; representação regular: OJ 374, SDI (I)
- contrato social; juntada: OJ 255, SDI (I)
- de membros eleitos da CIPA; duração: art. 164, § 3º
- expresso; ausência de poderes para substabelecer: Súm. 395, II, TST
- fixação de termo para juntada: Súm. 395, II, TST
- irregularidade de representação; substabelecimento anterior à outorga: Súm. 395, IV, TST
- justiça gratuita; declaração de insuficiência econômica; poderes específicos: OJ 331, SDI (I)
- oferecimento tardio de procuração; inaplicável na fase recursal: Súm. 383, I, TST
- procuração; juntada: Súm. 164, TST
- regularização; representação processual: Súm. 383, II, TST
- representação irregular: OJ 110, SDI (I)
- revogação tácita do; juntada de nova procuração: OJ 349, SDI (I)
- tácito; agravo de instrumento: OJ 286, SDI (I)

MÁQUINAS E EQUIPAMENTOS: arts. 184 a 186
- dispositivos de partida e de parada: art. 184
- normas adicionais sobre proteção e medidas de segurança: art. 186
- reparos, limpeza e ajustes; execução com máquinas paradas; ressalva: art. 185

MARÍTIMOS
- duração do trabalho: art. 248
- férias; anotação: art. 151
- permanência do tripulante a bordo do navio: Súm. 96, TST

MASSA FALIDA
- deserção de recurso; privilégio: Súm. 86, TST
- penalidade; multa: Súm. 388, TST

MATÉRIA ADMINISTRATIVA
- recurso; prazo; órgão colegiado do TRT: OJ 11, Pleno
- remessa *ex officio*; mandado de segurança: Súm. 303, III, TST

MATÉRIA CONSTITUCIONAL
- violação; art. 7º, IV, CF/1988: OJ 71, SDI (II)

MATÉRIA CONTROVERTIDA
- ação rescisória; violação literal de lei: Súm. 83, TST
- Banespa; complementação de aposentadoria: OJ 8, SDI (II)
- Conab; garantia de emprego: OJ 9, SDI (II)
- correção monetária; universidades federais: OJ 11, SDI (II)
- desligamento incentivado; imposto de renda: OJ 19, SDI (II)
- estabilidade provisória; período eleitoral: OJ 23, SDI (II)
- planos econômicos: OJ 34, SDI (II)
- reajustes bimestrais e quadrimestrais: OJ 39, SDI (II)
- texto legal infraconstitucional; interpretação nos Tribunais: Súm. 83, I, TST

MATÉRIA FÁTICA
- *v.* REEXAME DE FATOS E PROVAS

MATÉRIA INFRACONSTITUCIONAL
- prazo prescricional aplicável; total ou parcial: Súm. 409, TST

MATERIAIS NOCIVOS À SAÚDE
- rótulo contendo sua composição: art. 197

ÍNDICE REMISSIVO DA CLT

MATERNIDADE
– ausência de empregada no período respectivo; não consideração de falta: art. 131, II

MECANOGRAFIA: art. 72

MEDIADOR: Portaria MTE 282/2007; e IN SRT 9/2008

MÉDICOS
– jornada de trabalho: Súm. 370, TST
– perícia; profissional devidamente qualificado: OJ 165, SDI (I)
– salário; proporcionalidade; mínimo de horas mensais: Súm. 143, TST

MEDIDA ACAUTELATÓRIA
– antecipação de tutela; ação rescisória: Súm. 405, II, TST

MEDIDA CAUTELAR
– v. AÇÃO CAUTELAR

MEDIDA PROVISÓRIA
– autenticação de documentos; pessoa jurídica de direito público: OJ 134, SDI (I)
– complementação de aposentadoria; reajuste: OJ 224, SDI (I)
– decadência; elastecimento do prazo; entes de direito público: OJ 12, I, SDI (II)
– decadência; pessoa jurídica de direito público: OJ 12, II, SDI (II)
– recebimento como medida acautelatória: Súm. 405, II, TST

MEDIDAS PREVENTIVAS DE MEDICINA DO TRABALHO: arts. 168 e 169
– exame médico do empregado; obrigatoriedade e responsabilidade do empregador: art. 168
– primeiros socorros; material obrigatório: art. 168, § 4º

MEMBROS DE CONGREGAÇÃO RELIGIOSA
– registro no Ministério do Trabalho e Emprego; exercício do magistério; documentos exigidos: art. 317, § 3º

MENOR (CRIANÇA E ADOLESCENTE)
– aprendizagem metódica; salário: Súm. 205, STF

– de 18 anos; férias: art. 134, § 2º
– Estatuto da Criança e do Adolescente: Lei 8.069/1990
– reclamação trabalhista: art. 793

MENSALISTA
– cálculo do salário-hora normal: art. 64

MERECIMENTO
– utilização de tal critério nas promoções: art. 461, § 2º

MICROEMPRESA: LC 123/2006

MINAS DE SUBSOLO: arts. 293 e 301
– equiparação aos servidores públicos: art. 910
– proporcionalidade de brasileiros: art. 352, § 2º

MINISTÉRIO PÚBLICO DO TRABALHO: arts. 736 a 754; LC 75/1993
– decadência; colusão das partes; contagem do prazo: Súm. 100, VI, TST
– disposições gerais: arts. 736, 737 e 739
– ilegitimidade para recorrer: OJ 237, SDI (I)
– legitimidade *ad causam*: Súm. 407, TST
– legitimidade para recorrer; sociedade de economia mista e empresa pública: OJ 338, SDI (I)
– nulidade do contrato de trabalho; arguição em parecer; possibilidade: OJ 350, SDI (I)
– prescrição; arguição; *custos legis*; ilegitimidade: OJ 130, SDI (I)
– Procuradoria da Justiça do Trabalho: art. 740 e ss.

MOEDA CORRENTE DO PAÍS
– salário; pagamento em espécie: art. 463

MORA
– salários atrasados; pagamento em audiência: Súm. 13, TST

MORADIA
– empregado rural: PN 34, TST
– empregado rural; conservação das casas: PN 62, TST

ÍNDICE REMISSIVO DA CLT

MOTORISTA E AJUDANTE
– reembolso de despesas; alimentação e pernoite: PN 89, TST

MOTORISTA PROFISSIONAL: arts. 235-A a 235-H; Leis 12.009/2009 e 12.619/2012

MOVIMENTAÇÃO, ARMAZENAGEM E MANUSEIO DE MATERIAIS: arts. 182 e 183

MUDO
– depoimento por meio de intérprete: art. 819, § 1º

MULHER: arts. 372 a 401-B
– bancária; prorrogação da jornada: Súm. 226, TFR
– empregada em estado gravídico; garantias: OJ 30, SDC e Súm. 244, I, TST
– garantia de salário; período de amamentação: PN 6, TST
– licença-maternidade: art. 392; Lei 11.770/2008 e Dec. 7.052/2009

MULTA
– ação rescisória: OJ 30, SDI (II)
– art. 477 da CLT; contagem do prazo: OJ 162, SDI (I)
– art. 477 da CLT; pessoa jurídica de direito público: OJ 238, SDI (I)
– art. 557, § 2º do CPC; pressuposto recursal; obrigatoriedade do pagamento da: OJ 389, SDI (I)
– arts. 467 e 477; massa falida: Súm. 388, TST
– às infrações referentes à medicina e à segurança do trabalho: art. 201
– atraso no pagamento de salário: PN 72, TST e Súm. 445, TST
– atualização dos valores das multas trabalhistas: Lei 7.855/1989
– cláusula penal: OJ 54, SDI (I)
– em execução; limitação ao pagamento: OJ 30, SDI (II)
– extravio ou inutilização da CTPS: art. 52
– FGTS; atualização monetária: OJ 42, I, SDI (I)
– FGTS; aviso-prévio indenizado: OJ 42, II, SDI (I)
– FGTS; diferenças decorrentes dos expurgos inflacionários: OJ 341 e 344, SDI (I)
– FGTS; saques; vigência do contrato de trabalho: OJ 42, I, SDI (I)
– instrumentos normativos diversos; cumulação de ações: Súm. 384, I, TST
– litigância de má-fé; recolhimento; pressuposto recursal; inexigibilidade; OJ 409, SDI (I)
– não comparecimento da empresa para anotação da CTPS: art. 54
– não concessão de férias na época própria: art. 137, § 3º
– normas para a imposição de multas administrativas: Portaria MTb 290/1997
– obrigação de fazer: PN 73, TST
– previsão em instrumento normativo: Súm. 384, II, TST
– relativa ao capítulo das férias anuais: art. 153
– retenção da CTPS, pela empresa, por prazo superior a 48 horas: art. 53

MÚSICOS
– integrante de orquestra da empresa; subordinação à legislação geral do trabalho: Súm. 312, STF

MÚTUO CONSENTIMENTO
– alteração de contrato individual de trabalho: art. 468

NACIONALIZAÇÃO DO TRABALHO: arts. 352 a 371
– disposições especiais sobre a nacionalização da marinha mercante: arts. 368 a 371
– disposições gerais: arts. 365 a 367
– estrangeiro; carteira de identidade anotada; apresentação obrigatória: art. 359
– penalidades: arts. 363 e 364
– relações anuais de empregados: arts. 359 a 362

NASCIMENTO DE FILHO
– falta ao serviço sem prejuízo do salário: art. 473, III

ÍNDICE REMISSIVO DA CLT

NAVEGAÇÃO
– de cabotagem ou de longo curso; vigia portuário indicado por sindicato: Súm. 309, TST

NEGOCIAÇÃO HABITUAL
– por conta própria ou alheia, pelo empregado; justa causa para rescisão contratual: art. 482, c

NORMA COLETIVA
– bancário; cargo de confiança: Súm. 102, VII, TST
– bancários; ajuda alimentação: OJ 123, SDI (I)
– categoria diferenciada: Súm. 374, TST
– gratificação por tempo de serviço; compensação: Súm. 202, TST
– hora suplementar; cálculo: Súm. 264, TST
– lei estadual ou norma regulamentar: OJ 147, SDI (I)
– reajustes salariais; legislação superveniente: Súm. 375, TST
– reajustes salariais; previsão: Súm. 375, TST
– reintegração liminarmente concedida: OJ 64, SDI (II) e OJ 142, SDI (II)
– turno ininterrupto de revezamento: OJ 275, SDI (I) e Súm. 423, TST

NORMA REGULAMENTAR
– *v.* REGULAMENTO DA EMPRESA
– ação declaratória; complementação de aposentadoria: OJ 276, SDI (I)
– Bandepe; regulamento interno de pessoal; estabilidade: Súm. 345, TST
– benefício de previdência privada criada pela empresa: Súm. 87, TST
– complementação de aposentadoria: Súm. 97, 288 e 313, TST
– complementação de aposentadoria; caráter programático: Súm. 332, TST
– Conab; estabilidade: OJ 27, SDI (I) Súm. 355, TST
– lei estadual, norma coletiva ou regulamento de empresa: OJ 147, I, SDI (I)
– licença-prêmio; conversão em pecúnia: Súm. 186, TST

– Nossa Caixa-Nosso Banco (Caixa Econômica do Estado de São Paulo): OJ 56, SDI (I)
– opção pelo novo regulamento: Súm. 51, II, TST
– prêmio aposentadoria: Súm. 72, TST
– punição; inquérito ou sindicância internos: Súm. 77, TST
– revogação ou alteração de vantagens; efeitos: Súm. 51, I, TST

NOTIFICAÇÃO
– ao reclamado: art. 841
– ao recorrido: art. 900
– decisão judicial: art. 852
– edital: art. 636, §§ 2º e 3º
– prazo judicial; notificação ou intimação em sábado: Súm. 262, TST
– prova; recebimento: Súm. 16, TST

NULIDADE
– concurso público anulado posteriormente: OJ 128, SDI (II)
– finalidade de desvirtuar, impedir ou fraudar a aplicação da CLT: art. 9º
– pluralidade de advogados; intimação de outro profissional: Súm. 427, TST

NULIDADE DE CLÁUSULA CONTRATUAL
– percentagem; salário complessivo: Súm. 91, TST

OFENSA À COISA JULGADA
– *v.* COISA JULGADA

OFICIAIS DE JUSTIÇA
– *ad hoc*; vínculo empregatício; inexistência: OJ 164, SDI (I)
– atribuições: art. 721
– falta ou impedimento: art. 721, § 5º
– oficiais de justiça avaliadores; atribuições: art. 721
– prazo para avaliação: art. 721, § 3º

ÔNUS DA PROVA
– despedimento: Súm. 212, TST
– fato impeditivo, modificativo ou extintivo da equiparação salarial; empregador: Súm. 6, VIII, TST

ÍNDICE REMISSIVO DA CLT

– horas extras; cartão de ponto: Súm. 338, III, TST
– recebimento da notificação; destinatário: Súm. 16, TST
– registro da jornada: Súm. 338, I, TST

OPÇÃO
– coexistência de dois regulamentos da empresa: Súm. 51, II, TST
– pelo regime trabalhista: Súm. 243, TST

OPERADORES
– cinematográficos: arts. 234 e 235
– cinematográficos; duração do trabalho: art. 234
– de radiotelefonia; duração do trabalho: art. 227
– de telefonia; duração do trabalho: art. 227
– de telegrafia submarina ou subfluvial; duração do trabalho: art. 227
– de telex; jornada reduzida; inaplicabilidade: OJ 213, SDI (I)
– portuários; atividades: Lei 12.815/2013

ORGANIZAÇÃO SINDICAL: arts. 511 a 610
– administração do sindicato: art. 528
– associações sindicais de grau superior: arts. 533 a 539
– contribuição sindical: arts. 578 a 610
– direitos dos exercentes de atividades ou profissões e dos sindicalizados: arts. 540 a 547
– eleições sindicais: arts. 530 e 531
– enquadramento sindical: arts. 570 a 574 e 577
– gestão financeira do sindicato e sua fiscalização: arts. 548 a 552
– instituição sindical: art. 511 e ss.

ÓRGÃOS DA JUSTIÇA DO TRABALHO
– quem são; funcionamento: arts. 644 e 646

ÓRGÃOS DE SEGURANÇA E DE MEDICINA DO TRABALHO NAS EMPRESAS: arts. 162 a 165
– Cipa; composição: art. 164

– Cipa; constituição obrigatória: art. 163
– Cipa; designação de seu presidente e de seu vice-presidente: art. 164, § 5º
– Cipa; despedida arbitrária: art. 165
– Cipa; regulamentação: art. 163, p.u.
– obrigatoriedade dos serviços especializados em segurança e medicina do trabalho: art. 162

OJ DA SDI
– Banco do Brasil; AP e ADI ou AFR; horas extras: OJ 5, SDI (II)
– embargos; exame do mérito pela SDI: OJ 295, SDI (I)
– estabilidade; período pré-eleitoral; decisão rescindenda anterior à OJ: OJ 23, SDI (II)
– invocação; validade: OJ 219, SDI (I)
– matéria controvertida; limite temporal; data de inserção em OJ: OJ 77, SDI (II)
– multa; decisão rescindenda anterior à OJ: OJ 30, a, SDI (II)
– revista; exame das violações; desnecessário: OJ 336, SDI (I)

ORIENTAÇÕES NORMATIVAS: Portaria SRT 1/2006

PAGAMENTO
– autorização; desconto de prestações em folha: Lei 10.820/2003; e Dec. 4.840/2003
– importância reclamada; procedimentos: art. 881
– salário; não estipulação por período superior a 1 mês; ressalva: art. 459
– salário; procedimentos: art. 465
– salário; recibo: art. 464

PARALISAÇÃO DO TRABALHO
– motivada por ato de autoridade; pagamento de indenização: art. 486

PARALISAÇÃO DOS SERVIÇOS
– por mais de 30 dias, com percepção do salário; férias: art. 133, III

PARENTES
– trabalho na mesma JCJ; incompatibilidade: art. 648

ÍNDICE REMISSIVO DA CLT

PARTE DISPOSITIVA
- contradição com a fundamentação; erro de fato: OJ 103, SDI (II)

PARTICIPAÇÃO NOS LUCROS: Leis 10.101/2000 e 12.832/2013
- Energipe; natureza salarial; incorporação anterior à CF/1988: OJ 15, SDI (I) Transitória
- rescisão contratual antecipada; pagamento proporcional da: OJ 390, SDI (I)
- Volkswagen; parcelamento em prestação mensal; natureza indenizatória: OJ 73, SDI (I) Transitória

PEÇA ESSENCIAL
- agravo de instrumento; traslado; carimbo do protocolo do recurso ilegível: OJ 285, SDI (I)
- agravo de instrumento; traslado; etiqueta adesiva; aferição da tempestividade: OJ 284, SDI (I)
- agravo de instrumento; traslado; mandato tácito; ata de audiência: OJ 286, SDI (I)
- agravo de instrumento; traslado realizado pelo agravado: OJ 283, SDI (I)

PENALIDADES
- membros da Justiça do Trabalho: arts. 726 a 728

PENHORA
- bens do executado: art. 883
- carta de fiança bancária; equivalência: OJ 59, SDI (II)
- coisa futura e incerta; depositário infiel; não carcaterização: OJ 143, SDI (II)
- conta salário; ilegalidade; mandado de segurança: OJ 153, SDI (II)
- crédito trabalhista; cédulas de créditos rural e industrial: OJ 226, SDI (I)
- desconstituição: OJ 54, SDI (II)
- em dinheiro; depósito bancário: Súm. 417, II, TST
- em dinheiro; execução definitiva: Súm. 417, I, TST
- em dinheiro; execução provisória: Súm. 417, III, TST
- execução por carta precatória; vícios ou irregularidades: OJ 114, SDI (II)

PENHORA SOBRE RENDA
- mensal ou faturamento de estabelecimento comercial: OJ 93, SDI (II)

PERCENTAGENS
- pagamento de; quando será exigido: art. 466
- salário: art. 457, § 1°
- transações realizadas por prestações sucessivas: art. 466, § 1°

PEREMPÇÃO: art. 732

PERÍCIA
- adicional de insalubridade; agente nocivo diverso do apontado na inicial: Súm. 293, TST
- adicional de insalubridade; classificação da atividade insalubre: OJ 4, I, SDI (I)
- adicional de insalubridade; limpeza em residências e escritórios; coleta de lixo: OJ 4, II, SDI (I)
- adicional de insalubridade; local de trabalho desativado: OJ 278, SDI (I)
- adicional de periculosidade; pagamento espontâneo; fato incontroverso; desnecessidade de: OJ 406, SDI (I)
- engenheiro ou médico; profissional devidamente qualificado: OJ 165, SDI (I)
- exigência do depósito prévio dos honorários periciais; ilegalidade: OJ 98, SDI (II)
- honorários do assistente técnico; responsabilidade: Súm. 341, TST

PERICULOSIDADE
- adicional; líquido inflamável: OJ 385, SDI (I)
- adicional; pagamento espontâneo; fato incontroverso; perícia desnecessária: OJ 406, SDI (I)
- adicional; percentual: art. 193, § 1°
- adicional; radiação ionizante ou substância radioativa: OJ 345, SDI (I)
- arguição em juízo; perícia: art. 195, § 2°
- caracterização e classificação: art. 195
- cessação do adicional: art. 194
- efeitos pecuniários; quando serão devidos: art. 196

1739

ÍNDICE REMISSIVO DA CLT

PERÍODO AQUISITIVO DE FÉRIAS
– contagem; retorno ao serviço: art. 133, § 2º

PERÍODO DE AMAMENTAÇÃO
– creche; crianças em idade de amamentação: PN 22, TST
– garantia de salário: PN 6, TST

PERÍODO DE DESCANSO: arts. 66 a 72 e 382 a 386
– descanso semanal da mulher: art. 385
– entre duas jornadas de trabalho; mínimo legal: arts. 66 e 382
– feriados; proibição do trabalho; ressalva: art. 70
– mulher; prorrogação do horário normal: art. 384
– mulher; refeição e repouso; mínimo legal: arts. 382 e 383
– pagamento de salário: Súm. 461, STF
– trabalho dominical; permissão prévia da autoridade competente: art. 68

PERÍODO DE FÉRIAS
– cômputo como tempo de serviço: art. 130, § 2º

PERÍODO DE SERVIÇO EFETIVO
– caracterização: art. 4º; Súm. 429, TST

PERITO
– assistente; honorários; quem responde: Súm. 341, TST

PESSOA FÍSICA
– empregado; conceito: art. 3º

PESSOA JURÍDICA DE DIREITO PRIVADO
– penhora; sucessão; execução: OJ 343, SDI (I)
– remessa *ex officio*; mandado de segurança: Súm. 303, III, TST

PESSOA JURÍDICA DE DIREITO PÚBLICO
– antecipação de tutela; fase recursal: OJ 3, SDI (II)
– Darf eletrônico: OJ 158, SDI (I)
– decadência; ampliação do prazo: OJ 12, SDI (II)

– documentos; autenticação: OJ 134, SDI (I)
– embargos declaratórios; prazo em dobro: OJ 192, SDI (I)
– exploração de atividade eminentemente econômica: OJ 87, SDI (I)
– multa; CLT, art. 477: OJ 238, SDI (I)
– remessa *ex officio*; mandado de segurança: Súm. 303, III, TST
– remessa *ex officio*; recurso de revista: OJ 334, SDI (I)
– revelia: OJ 152, SDI (I)

PESSOAL DE OBRAS
– aplicação da legislação trabalhista: Súm. 58, TST

PETIÇÃO INICIAL
– ação rescisória; prova do trânsito em julgado da decisão rescindenda: Súm. 299, I e II, TST
– adicional de insalubridade; agente nocivo diverso: Súm. 293, TST
– causa de pedir; princípio *iura novit curia*: Súm. 408, TST
– expressa indicação; dispositivo legal; violação: Súm. 408, TST
– indeferimento; falta de documento: Súm. 263, TST
– juros da mora e correção monetária: Súm. 211, TST
– peças essenciais; arguição de ofício; extinção do processo: OJ 84, SDI (II)
– prova documental pré-constituída: Súm. 415, TST

PETROLEIRO
– duração da jornada: Súm. 391, I, TST
– Petrobras; pensão por morte: OJ 42, SDI (I) Transitória
– turno ininterrupto de revezamento; alteração da jornada; horário fixo: Súm. 391, II, TST

PETROQUÍMICOS: Lei 5.811/1972

PIS/PASEP
– ausência de indicação na guia de depósito recursal: OJ 264, SDI (I)
– cadastramento; competência: Súm. 300, TST

ÍNDICE REMISSIVO DA CLT

- CEF; polo passivo; ilegitimidade: Súm. 77, STJ
- recebimento; salário do dia: PN 52, TST
- regulamentação da concessão e pagamento do abono anual: Lei 7.859/1989

PISO SALARIAL
- Estados e Distrito Federal; instituição; autorização: LC 103/2000
- proporcional; jornada reduzida: OJ 358, SDI (I)

PISOS DOS LOCAIS DE TRABALHO
- requisitos: arts. 172 a 174

PLANO DE CLASSIFICAÇÃO DE CARGOS E SALÁRIOS
- ação rescisória; correção monetária: OJ 11, SDI (II)
- diferenças salariais; prescrição parcial: OJ 404, SDI (I)
- ECT; progressão por antiguidade; deliberação da diretoria: OJ 71, SDI (I) Transitória
- reajuste do adiantamento; devido: OJ 57, SDI (I)

PLANO DE CUSTEIO: Lei 8.212/1991
- alteradoras: Leis 12.470/2011 e 12.513/2011

PLANOS DE BENEFÍCIOS: Lei 8.213/1991
- pensão previdenciária por morte; aplicação da lei vigente na data do óbito: Súm. 340, STJ
- renúncia aos alimentos na separação judicial; necessidade superveniente; direito à pensão previdenciária por morte do ex-marido: Súm. 336, STJ

PLANOS ECONÔMICOS
- Banerj; Plano Bresser; acordo coletivo de 1991: OJ 26, SDI (I) Transitória
- coisa julgada; limitação à data base; execução: OJ 262, SDI (I) e OJ 35, SDI (II)
- conversão de salários: OJ 43, SDI (I)
- decisão rescindenda: OJ 34, SDI (II)
- diferenças salariais; limite: Súm. 322, TST
- IPC de março de 1990; Plano Collor: Súm. 315, TST e OJ 55, SDI (I) Transitória
- Plano Bresser; IPC de junho de 1987: OJ 58, SDI (I)
- Plano Collor; IPC de março de 1990; débitos trabalhistas: OJ 54, SDI (I) Transitória
- Plano Real; medidas complementares: Lei 10.192/2001
- Plano Verão; URP de fevereiro de 1989: OJ 59, SDI (I)
- Planos Bresser e Verão; acordo coletivo; quitação em folgas remuneradas: OJ 31, SDI (I) Transitória
- prescrição total: OJ 243, SDI (I)
- reajustes de salários; legislação federal: OJ 100, SDI (I)
- reajustes salariais (gatilhos): Súm. 319, TST
- reajustes salariais; bimestrais e quadrimestrais: OJ 39, SDI (II)
- URPs de abril e maio de 1988; existência de direito ao reajuste: OJ 79, SDI (I)

PODER NORMATIVO
- TST; inconstitucionalidade; decisões contrárias; STF: Súm. 190, TST

POLÍCIA MILITAR
- vínculo empregatício; reconhecimento: Súm. 386, TST

POLÍTICA NACIONAL DE SALÁRIOS: Leis 8.073/1990 e 8.542/1992

PORTADORES DE DEFICIÊNCIA: Lei 7.853/1989; Dec. 3.298/1999; e Súm. 377, STJ
- na nova função; equiparação salarial; impossibilidade: art. 461, § 4º
- preenchimento de cargos: Portaria MPAS 4.677/1998
- reserva de vagas: Res. INSS 630/1998

PORTARIA DO MINISTÉRIO DO TRABALHO
- adicional de insalubridade; limpeza em residências e escritórios; coleta de lixo: OJ 4, II, SDI (I)
- adicional de insalubridade; óleos minerais: OJ 171, SDI (I)

1741

ÍNDICE REMISSIVO DA CLT

PORTOS
- condições gerais de proteção ao trabalho portuário: Lei 9.719/1998
- exploração direta e indireta pela União: Lei 12.815/2013

PORTUÁRIOS:
- adicional de risco: OJ 316, SDI (I)
- adicional de risco; indevido: OJ 402, SDI (I)
- atividades: Lei 12.815/2013
- hora noturna de 60 minutos (entre 19 e 7h do dia seguinte): OJ 60, I, SDI (I)
- horas extras; base de cálculo: OJ 60, II, SDI (I)
- submissão prévia de demanda à comissão paritária; inexigibilidade: OJ 391, SDI (I)
- vigia; terminal privativo; requisição; não obrigatoriedade: Súm. 309, TST

PRACISTA
- remuneração do repouso semanal e de dias feriados: Súm. 27, TST

PRAZO(S)
- abono de faltas; serviço médico; convênio: Súm. 282, TST
- ação de cumprimento de decisão normativa; prescrição: Súm. 350, TST
- ação rescisória; decadência; homologação de acordo: Súm. 100, V, TST
- ação rescisória; deserção; depósito recursal: Súm. 99, TST
- ação rescisória; prova do trânsito em julgado: Súm. 299, I, II, TST
- agravo de instrumento; tempestividade: OJ 284 e 285, SDI (I)
- alegações orais finais das partes em audiência: art. 850
- alteração contratual; prescrição total: Súm. 294, TST
- apresentação; perito; laudo de avaliação: art. 888
- apresentação; recurso de revista: art. 896, § 1º
- atraso do juiz no comparecimento à audiência: art. 815
- audiência de embargos à execução: art. 884
- audiência de julgamento das exceções não suspensivas: art. 802
- avaliação; oficial de justiça: art. 721, § 3º
- aviso-prévio: OJ 83, SDI (I) e Súm. 380, TST
- contagem; aviso-prévio; indenização adicional: OJ 268, SDI (I)
- contagem; prescrição quinquenal: Súm. 308, I, TST
- cumprimento dos atos pelos oficiais: art. 721, § 2º
- custas processuais; marco inicial: Súm. 53, TST
- decadência; ampliação do prazo: OJ 17, SDI (II)
- decadência; contagem; efetivo ato coator: OJ 127, SDI (II)
- decadência; *dies a quo*: OJ 80, SDI (II)
- decadência; *dies ad quem*: Súm. 100, VIII, TST
- decadência; exceção de incompetência: Súm. 100, VIII, TST
- decadência; Ministério Público; *dies a quo*: Súm. 100, VI, TST
- decadência; pessoa jurídica de direito público: OJ 12, II, SDI (II)
- decadencial; abandono de emprego; inquérito: Súm. 62, TST
- decadencial; ação rescisória: Súm. 100, I, II e III, TST
- decadencial; certidão de trânsito em julgado; descompasso com a realidade: Súm. 100, IV, TST
- defesa oral em audiência: art. 846
- depósito recursal; interposição antecipada do recurso: Súm. 245, TST
- designação de audiência de dissídios coletivos: art. 860
- devolução de notificação postal: art. 774, p.u.
- em dobro; pessoa jurídica de direito público: OJ 192, SDI (I)
- empregado; comparecimento ao estabelecimento, após a baixa no serviço militar; cômputo de tempo de serviço: art. 132, parte final
- empregador; concessão de férias coletivas; comunicação: art. 139, §§ 2º e 3º

ÍNDICE REMISSIVO DA CLT

- exequente; impugnação de embargos: art. 884
- fac-símile: Súm. 387, TST
- indeterminado; acordo coletivo de trabalho: OJ 322, SDI (I)
- início; apresentação da contestação: OJ 146, SDI (II)
- interposição de agravo: art. 897, § 1º
- interposição de agravo de instrumento; denegação de recurso de revista: art. 896, § 3º
- interposição de recurso; multa por infração das leis e disposições reguladoras do trabalho: art. 636
- interrupção; decadência; União: OJ 18, SDI (II)
- intimação; contagem: Súm. 1, TST
- investidura de classista de JCJ; contestação: art. 662, § 3º
- juntada da ata de audiência aos autos: art. 851
- justiça gratuita; isenção de despesas processuais; momento oportuno: OJ 269, SDI (I)
- legal; decadência: Súm. 100, X, TST
- litisconsortes; procuradores distintos: OJ 310, SDI (I)
- mandato; fixação de termo para juntada: Súm. 395, TST
- mandato; oferecimento tardio de procuração: Súm. 383, I, TST
- mandato; prevalência dos poderes até o final da demanda; validade: Súm. 395, I, TST
- multa; art. 477 da CLT: OJ 162, SDI (I)
- notificação; recebimento: Súm. 16, TST
- pagamento ou garantia da execução de sentença: art. 880
- postulação de rescisão; empregado estável: art. 853
- prescrição; arguição; instância ordinária: Súm. 153, TST
- prescrição; desvio de função e reenquadramento: Súm. 275, TST
- prescrição da ação: art. 11
- prescrição intercorrente; inaplicabilidade: Súm. 114, TST
- prescrição parcial e quinquenal; complementação de aposentadoria; diferenças: Súm. 327, TST
- prescrição quinquenal; aplicação imediata: Súm. 308, II, TST
- prescrição total; complementação de aposentadoria: Súm. 326, TST
- prescricional; aplicação aos créditos trabalhistas: Súm. 409, TST
- prescricional; FGTS; reclamação: Súm. 362, TST
- prescricional; interrupção; ação trabalhista arquivada: Súm. 268, TST
- prescricional; soma de períodos descontínuos de trabalho: Súm. 156, TST
- propositura de ação rescisória: art. 836
- recesso forense e férias coletivas no Tribunal Superior do Trabalho: Súm. 262, II, TST
- recursal; contagem: Súm. 30, TST
- recursal; prorrogação; feriado local: Súm. 385, TST
- recurso; início: Súm. 197, TST
- recurso; órgão competente em matéria de segurança e medicina do trabalho: art. 161, § 3º
- recurso adesivo; processo do trabalho: Súm. 283, TST
- recurso ordinário em mandado de segurança: Súm. 201, TST
- recursos: arts. 894, 895, 896, §§ 1º e 3º, e 897, § 1º
- redução a termo, pelo autor, da postulação: art. 786, p.u.
- remessa de cópia da petição inicial ao reclamado: art. 841
- sábado; intimação ou notificação: Súm. 262, I, TST
- saneamento de vício: Súm. 263, TST
- suspensão; prazos recursais: Súm. 262, II, TST
- verbas rescisórias; aviso-prévio cumprido em casa; pagamento: OJ 14, SDI (I)
- vista dos autos ao exceto, nos casos de exceção de incompetência: art. 800

PRAZO DE JUNTADA
- mandato; fixação em termo: Súm. 395, II, TST

ÍNDICE REMISSIVO DA CLT

PRAZO DE VIGÊNCIA
- acordo coletivo de trabalho; cláusula: OJ 322, SDI (I)
- mandato; cláusula: Súm. 395, I, TST

PRAZO PRESCRICIONAL DO DIREITO DE AÇÃO: art. 11
- termo inicial: Súm. 156, TST

PRECATÓRIO
- crédito trabalhista; pequeno valor: OJ 1, Pleno
- créditos; natureza alimentícia; ordem cronológica dispensada: Súm. 655, STF
- execução; título judicial; limitação da condenação: OJ 6, Pleno
- mandado de segurança; atos praticados pela Presidência dos Tribunais Regionais em: OJ 10, Pleno
- matéria administrativa; remessa necessária; não cabimento: OJ 8, Pleno
- Presidente do TRT; incompetência funcional; declaração de inexigibilidade do título: OJ 12, Pleno
- quebra da ordem de precedência; sequestro indevido: OJ 13, Pleno
- reclamação plúrima; execução; individualização do crédito de pequeno valor: OJ 9, Pleno
- revisão de cálculos: OJ 2, Pleno
- sequestro de verbas públicas: OJ 3, Pleno

PRECLUSÃO
- ocorrência: Súm. 184, TST

PRÉ-CONTRATAÇÃO
- horas extras; bancário; prescrição: Súm. 199, II, TST
- horas extras pactuadas após a admissão do bancário: Súm. 199, I, TST
- prescrição total; horas extras suprimidas: Súm. 199, II, TST

PREPOSTO
- condição de empregado: Súm. 377, TST
- falta à audiência; revelia e impossibilidade de locomoção: Súm. 122, TST
- presunção de culpa do patrão ou comitente: Súm. 341, STF
- substituição do empregador na audiência de julgamento: art. 843, § 1º

PREQUESTIONAMENTO
- ausência; decisão regional: OJ 151, SDI (I)
- configuração; tese explícita: OJ 256, SDI (I)
- inexigível; arguição de incompetência absoluta: OJ 124, SDI (II)
- inexigível; violação nascida na própria decisão recorrida: OJ 119, SDI (I)
- oportunidade; configuração: Súm. 297, TST
- pressuposto de admissibilidade; apelo de natureza extraordinária: OJ 62, SDI (I)
- tese explícita: OJ 118, SDI (I)
- violação do art. 37, *caput*, da CF/1988; desrespeito ao princípio da legalidade administrativa: OJ 135, SDI (II)

PRESCRIÇÃO
- ação de cobrança; complementação de aposentadoria: Súm. 427, STJ
- ação de cobrança; contribuições para o FGTS: Súm. 210, STJ; e 362, TST
- ação pleiteando juros progressivos; FGTS; não atinge fundo de direito: Súm. 398, STJ
- ação trabalhista; norma constitucional: Súm. 308, TST
- alteração contratual; trabalhador urbano: Súm. 294, TST
- aviso-prévio: OJ 83, SDI (I)
- bienal; mudança de regime celetista para estatutário: Súm. 382, TST
- contra menores de 18 anos; não ocorrência: art. 440
- de ação para reaver diferença de salário mínimo: art. 119
- de prestações de mais de 2 anos: Súm. 349, STF
- desvio de função; diferenças salariais: Súm. 275, I, TST
- do direito de pleitear a reparação de qualquer ato infringente de dispositivo da CLT: art. 11
- do direito de reclamação; concessão de férias; pagamento da remuneração: art. 149
- FGTS; incidência sobre parcelas prescritas: Súm. 206, TST

ÍNDICE REMISSIVO DA CLT

- intercorrente; admissão no direito do trabalho: Súm. 327, STF
- intercorrente; Justiça do Trabalho; inaplicabilidade: Súm. 114, TST
- interrupção; ação trabalhista arquivada: Súm. 268, TST
- marco inicial; ação condenatória: OJ 401, SDI (I)
- marco inicial; complementação da pensão e auxílio-funeral: OJ 129, SDI (I)
- marco inicial; soma de períodos descontínuos de trabalho: Súm. 156, TST
- Ministério Público; arguição; ilegitimidade: OJ 130, SDI (I)
- não arguida na instância ordinária: Súm. 153, TST
- parcial; equiparação salarial: Súm. 6, IX, TST
- parcial; gratificação semestral: Súm. 373, TST
- parcial e quinquenal; complementação de aposentadoria; diferenças: Súm. 327, TST
- prazo; ação de cumprimento de decisão normativa: Súm. 350, TST
- própria do rurícola: OJ 38, SDI (I)
- protesto judicial; causa interruptiva da: OJ 392, SDI (I)
- quinquenal; contagem: Súm. 308, I, TST
- rurícola: OJ 271, SDI (I) e 417, SDI (I)
- total: OJ 63, 76, 175, 242 e 243, SDI (I)
- total; complementação de aposentadoria: Súm. 326, TST
- total; enquadramento do empregado: Súm. 275, II, TST
- total ou parcial; matéria de índole constitucional: Súm. 409, TST

PRESIDENTE DO TRIBUNAL SUPERIOR DO TRABALHO
- atribuições: art. 707
- secretário e auxiliares: art. 707, p.u.

PRESIDENTES DOS TRT
- competência privativa: art. 682
- posse: art. 681, *caput*

PRESTAÇÃO DE SERVIÇOS
- mais de uma empresa; mesmo grupo econômico; mesma jornada de trabalho: Súm. 129, TST

PRESTAÇÕES *IN NATURA*
- inclusão no salário: art. 458
- valores a elas atribuídos: art. 458, § 1º

PREVENÇÃO DA FADIGA: arts. 198 e 199
- colocação obrigatória de assentos que assegurem a postura correta do trabalhador: art. 199
- peso máximo que o empregado deverá transportar: art. 198

PREVIDÊNCIA COMPLEMENTAR: LC 108/2001 e LC 109/2001

PREVIDÊNCIA PRIVADA
- benefício previdenciário; dependente de ex-empregado: Súm. 311, TST
- complementação de aposentadoria; ação de cobrança: Súm. 291, STJ
- dedução do valor instituído por norma regulamentar anterior: Súm. 87, TST
- devolução da contribuição: Súm. 290, STJ
- não integra o salário: art. 458, § 2º, IV
- restituição das parcelas pagas: Súm. 289, STJ

PREVIDÊNCIA SOCIAL: Leis 8.870/1994; 9.876/1999; e 10.887/2004
- administração tributária federal: Lei 11.457/2007; e Dec. 6.106/2007
- aposentadoria especial; cooperativa de trabalho: Lei 10.666/2003
- complementação de aposentadoria. Regulamento da empresa: Súm. 92, TST
- correção monetária: Súm. 311, TST
- Plano de Custeio: Lei 8.212/1991
- Planos de Benefício: Lei 8.213/1991
- previdência privada criada pela empresa: Súm. 87, TST
- reajustes dos benefícios: Lei 12.254/2010
- Regulamento da: Decs. 3.048/1999 e 6.042/2007
- retorno ao serviço; abandono de emprego: Súm. 32, TST

1745

ÍNDICE REMISSIVO DA CLT

– revisão: Súm. 687, STF
– revisão de benefícios concedidos depois de fevereiro de 1994: Lei 10.999/2004
– Superintendência Nacional de Previdência Complementar – Previc: Lei 12.154/2009

PRIMEIROS SOCORROS
– equipamento; obrigatoriedade: art. 168, § 5º

PRINCÍPIO DA IDENTIDADE FÍSICA DO JUIZ
– Justiça Federal; feitos trabalhistas: Súm. 217, TFR

PRINCÍPIO DA LEGALIDADE ADMINISTRATIVA
– violação do art. 37, caput, da CF/1988; necessidade de prequestionamento: OJ 135, SDI (II)

PRINCÍPIO IURA NOVIT CURIA
– petição inicial; causa de pedir; ausência ou capitulação errônea: Súm. 408, TST
– petição inicial; violação de dispositivo legal: Súm. 408, TST

PRINCÍPIOS DA LEGALIDADE, DO CONTRADITÓRIO, DA AMPLA DEFESA E DO DEVIDO PROCESSO LEGAL
– violação do art. 5º, II, LIV e LV, da Constituição Federal: OJ 97, SDI (II)

PRINCÍPIOS GERAIS DO DIREITO
– aplicação pelo juiz: art. 8º

PRISÃO CIVIL
– habeas corpus; penhora sobre coisa futura e incerta; depositário infiel; não caracterização: OJ 143, SDI (II)
– impossibilidade; habeas corpus; termo de depósito não assinado pelo paciente: OJ 89, SDI (II)

PROCEDIMENTO SUMARÍSSIMO: arts. 852-A a 852-I
– agravo de instrumento; recurso de revista: OJ 260, SDI (I)
– recurso de revista; admissibilidade: Súm. 442, TST

PROCESSO DE MULTAS ADMINISTRATIVAS: arts. 626 a 642, caput; Portaria MTb 290/1997
– cobrança judicial; normas a seguir: art. 642, caput
– depósito, inscrição e cobrança: arts. 639 a 642, caput
– fiscalização, autuação e imposição de multas: arts. 626 a 634
– livro "Inspeção do Trabalho"; obrigatoriedade: art. 628, § 1º
– multa; redução, se o infrator renunciar ao recurso: art. 636, § 6º
– prazo para interposição de recursos: art. 636
– proteção ao trabalho; normas; fiscalização do cumprimento; competência: art. 626
– recurso não provido; conversão do depósito: art. 639
– recursos: arts. 635 a 638

PROCESSO DO TRABALHO
– alçada recursal; vinculação ao salário mínimo: Súm. 356, TST
– aplicação subsidiária do art. 557 do CPC: Súm. 435, TST
– depósito prévio; ação rescisória: art. 836, caput
– depósito prévio de honorários periciais: OJ 98, SDI (II)
– eletrônico; no TST: Ato TST 342/2010
– litisconsortes; procuradores distintos: OJ 310, SDI (I)
– prescrição intercorrente; inaplicabilidade: Súm. 114, TST
– recurso adesivo; correlação de matérias: Súm. 283, TST

PROCESSO ELEITORAL SINDICAL
– julgamento; competência: Súm. 4, STJ

PROCESSO JUDICIÁRIO DO TRABALHO: arts. 763 a 910
– atos, termos e prazos processuais: arts. 770 a 782
– audiências: arts. 813 a 817
– conflitos de jurisdição: arts. 803 a 811
– decisão e eficácia respectiva: arts. 831 a 836

ÍNDICE REMISSIVO DA CLT

- disposições preliminares: arts. 763 a 769
- distribuição: arts. 783 a 788
- eletrônico; no TST: Ato TST 342/2010
- partes e procuradores: arts. 791 a 802; Súm. 425, TST
- processo em geral: arts. 770 a 836
- procuração; juntada: Súm. 164, TST
- provas: arts. 818 a 820

PROCURAÇÃO
- agravo de instrumento; mandato tácito: OJ 286, SDI (I)
- apenas no agravo de instrumento; representação irregular: OJ 110, SDI (I)
- cláusula limitativa de poderes no TRT; regularidade: OJ 374, SDI (I)
- juntada: Súm. 164, TST
- justiça gratuita; declaração de insuficiência econômica: OJ 331, SDI (I)
- mandato; contrato social; juntada: OJ 255, SDI (I)
- mandato; prevalência dos poderes; prazo determinado: Súm. 395, I, TST
- mandato; regularização: Súm. 383, II, TST
- mandato expresso; ausência de poderes expressos: Súm. 395, III, TST
- oferecimento tardio; fase recursal: Súm. 383, I, TST
- pessoa jurídica; identificação do outorgante e de seu representante: OJ 373, SDI (I)
- revelia; ausência da reclamada: Súm. 122, TST
- substabelecimento anterior: Súm. 395, IV, TST

PROCURADOR
- litisconsortes; procuradores distintos: OJ 310, SDI (I)
- representação irregular; autarquia: OJ 318, SDI (I)

PROCURADOR-GERAL DA JUSTIÇA DO TRABALHO
- atribuições: art. 748

PROCURADORIA DA JUSTIÇA DO TRABALHO
- atribuições do procurador-geral: art. 748
- atribuições dos procuradores: art. 749
- atribuições dos procuradores regionais: arts. 750 e 751
- competência: art. 746
- competência das Procuradorias Regionais: art. 747
- organização: arts. 740 a 745
- Secretaria da Procuradoria-Geral: arts. 752 a 754

PROCURADORIA-GERAL DA JUSTIÇA DO TRABALHO
- atribuições dos procuradores com exercício na Procuradoria-Geral: art. 749
- Secretaria da; atribuições: art. 753

PROCURADORIAS REGIONAIS
- competência: art. 747

PROFESSOR(ES): arts. 317 a 323
- adjunto: OJ 65, SDI (I)
- adjunto; titular; concurso público: OJ 38, SDI (II)
- aposentadoria especial: Súm. 726, STF
- documentação para registro: art. 317, § 1º
- estabelecimento particular de ensino; remuneração inadequada; funcionamento proibido: art. 323
- estabelecimentos particulares; requisitos para o magistério: art. 317
- estrangeiros; documentação: art. 317, § 2º
- férias escolares; pagamento dos salários: Súm. 10, TST
- horário vago (janelas): PN 31, TST
- horas extras; adicional: OJ 206, SDI (I)
- jornada de trabalho especial; salário mínimo; proporcionalidade: OJ 393, SDI (I)
- limite de aulas diárias: art. 318
- pagamento; pontualidade obrigatória: art. 323, parte final
- pagamento mensal: art. 320, § 1º
- redução da carga horária: OJ 244, SDI (I)
- redução salarial; diminuição de carga horária: PN 78, TST
- registro no Ministério do Trabalho e Emprego: art. 317
- remuneração condigna; fixação de critérios: art. 323, p.u.

- remuneração no período de exames e no de férias: art. 322
- repouso semanal remunerado; acréscimo; disposições: Súm. 351, TST

PROFISSIONAIS LIBERAIS
- contribuição sindical: art. 584
- equiparação ao empregador, para os efeitos exclusivos da relação de emprego: art. 2º, § 1º

PROFISSÕES: Quadro demonstrativo

PROGRAMA DE ALIMENTAÇÃO DO TRABALHADOR: Lei 6.321/1976 e Portaria SIT/DSST 3/2002
- regulamento: Dec. 5/1991
- integração ao salário: OJ 133, SDI (I)

PROGRAMA DE CULTURA DO TRABALHADOR: Lei 12.761/2012

PROGRAMA DE DESLIGAMENTO INCENTIVADO (PROGRAMA DE INCENTIVO À DEMISSÃO VOLUNTÁRIA)
- ação rescisória; imposto de renda; abono pecuniário: OJ 19, SDI (II)
- créditos trabalhistas reconhecidos em juízo; impossibilidade de compensação: OJ 356, SDI (I)
- indenização; imposto de renda: OJ 207, SDI (I) e Súm. 215, STJ
- transação extrajudicial; quitação das parcelas: OJ 270, SDI (I)

PROPORCIONALIDADE
- adicional de periculosidade; eletricitários; exposição intermitente: Súm. 361, TST
- complementação de aposentadoria; norma regulamentar; Banespa: Súm. 313, TST
- portuários; adicional de riscos: OJ 316, SDI (I)
- salário profissional dos médicos e dentistas: Súm. 143, TST

PROPRIEDADE INDUSTRIAL
- direitos e obrigações; empregado ou prestador de serviços: Lei 9.279/1996

PROTEÇÃO AO TRABALHO DA CRIANÇA E DO ADOLESCENTE: arts. 402 a 441
- aprendizagem: arts. 424 a 433
- deveres dos responsáveis legais das crianças e adolescentes e dos empregadores: arts. 424 a 433
- disposições gerais: arts. 402 a 410
- duração do trabalho: arts. 411 a 414
- Estatuto da Criança e do Adolescente: Lei 8.069/1990

PROTEÇÃO DO TRABALHO DA MULHER: arts. 372 a 401-B
- descanso semanal: art. 385
- duração e condições de trabalho: arts. 372 a 377
- intervalo entre duas jornadas de trabalho: art. 382
- métodos e locais de trabalho: arts. 388 a 390
- penalidades: art. 400
- período para refeição e repouso não inferior a 1 hora; ressalva: art. 383
- períodos de descanso: arts. 382 a 386
- proteção à maternidade: arts. 391 a 400
- revezamento no trabalho dominical: art. 386
- salário do período noturno; valor superior ao do período diurno: art. 381
- trabalho noturno: art. 381

PROVAS: arts. 818 a 830
- ação rescisória; trânsito em julgado da decisão rescindenda: Súm. 299, I e II, TST
- adicional de insalubridade; perícia: OJ 278, SDI (I)
- arguição dos peritos compromissados e dos técnicos: art. 827
- da filiação; salário-família: Súm. 254, TST
- depoimento das partes e testemunhas que não falem a língua nacional: art. 819
- depoimento de mudo que não saiba escrever: art. 819, §§ 1º e 2º
- depoimento de surdo-mudo: art. 819, §§ 1º e 2º

ÍNDICE REMISSIVO DA CLT

- depoimento resumido das testemunhas: art. 828, p.u.
- depoimento sigiloso: art. 824
- dispensável; depósito recursal; credenciamento bancário: Súm. 217, TST
- documental pré-constituída: Súm. 415, TST
- documento comum às partes: OJ 36, SDI (I)
- documento; cópia; declarado autêntico por advogado: art. 830
- funcionário civil ou militar; testemunha; requisição: art. 823
- horas extras; ônus; cartões de ponto: Súm. 338, III, TST
- indicação de testemunhas: art. 821
- inquirição: art. 820
- inversão do ônus: Súm. 338, I, TST
- ônus: art. 818
- ônus; despedimento: Súm. 212, TST
- ônus; equiparação salarial: Súm. 6, VIII, TST
- ônus do destinatário; notificação; recebimento: Súm. 16, TST
- oral ou documental: OJ 233, SDI (I)
- posterior; vedação: Súm. 74, III, TST
- reinquirição: art. 820
- silêncio da parte vencedora; eventual fato que lhe seja contrário: Súm. 403, I, TST
- testemunha; qualificação: art. 828
- testemunha parente: art. 829
- testemunhas; comparecimento à audiência independentemente de notificação ou intimação: art. 825
- testemunhas; desconto nas faltas ao serviço: art. 822
- testemunhas; não comparecimento: art. 825

QUADRO DE AVISOS
- sindicato: PN 104, TST

QUADRO DE CARREIRA
- desvio de função: OJ 125, SDI (I)
- homologação pelo Ministério do Trabalho; equiparação salarial: Súm. 6, I, TST
- reclamação; direito fundado em quadro de carreira; competência: Súm. 19, TST
- reclamação fundada em preterição, enquadramento ou reclassificação: Súm. 127, TST

QUADRO DE PESSOAL
- validade: Súm. 6, I, TST

QUEBRA DE CAIXA
- paga a bancários; integração de salário: Súm. 247, TST

QUÍMICOS: arts. 325 a 351

QUITAÇÃO
- acordo homologado; alcance; ofensa à coisa julgada: OJ 132, SDI (II)
- âmbito de validade: art. 477, § 2º
- de contribuição sindical; documento essencial; casos: arts. 607 e 608
- de contribuição sindical; requisito de admissão de qualquer empregado: art. 601
- de remuneração de férias; indicação do início e termo: art. 141, p.u.
- do recebimento de indenização por criança e adolescente; requisito: art. 439
- Programa de Incentivo à Demissão Voluntária: OJ 270, SDI (I)
- validade; assistência de entidade sindical: Súm. 330, TST
- validade restrita às parcelas especificadas: art. 477, § 2º

RADIAÇÕES IONIZANTES
- normas técnicas: art. 200, p.u.
- ou substância radioativa; adicional de periculosidade: OJ 345, SDI (I)

RADIOLOGISTA
- gratificação de raios X: OJ 208, SDI (I)
- salário profissional: Súm. 358, TST

RADIOTELEGRAFISTA: arts. 227 a 231

RAZÕES FINAIS: art. 850

RAZÕES RECURSAIS
- sem assinatura do advogado: OJ 120, SDI (I)

READMISSÃO DE EMPREGADO
- anistia; efeitos financeiros: OJ 91, SDI (I)

- contagem do período de serviço anterior: Súm. 138, TST
- contagem do tempo de serviço anterior; ressalva: Súm. 215, STF
- empregador que deixar de efetuá-la; penalidades: art. 729
- prazo referente ao direito a férias: art. 133, I

REAJUSTE SALARIAL
- aplicação relativa aos servidores públicos; gatilhos: Súm. 319, TST
- Banespa; superveniência de acordo em dissídio coletivo; prevalência: OJ 68, SDI (I) Transitória
- bimestrais e quadrimestrais; incidência da Súmula 83 do TST: OJ 39, SDI (II)
- bimestrais e quadrimestrais; simultaneidade inviável: OJ 35, SDI (I) Transitória
- coisa julgada; planos econômicos; diferenças salariais: OJ 262, SDI (I)
- concedido pela empresa; compensação: OJ 325, SDI (I)
- IPC de março de 1990; Plano Collor: Súm. 315, TST
- PCCS: OJ 57, SDI (I)
- planos econômicos; diferenças; limite: Súm. 322, TST
- planos econômicos; prescrição total; diferenças salariais: OJ 243, SDI (I)
- previsão em legislação federal: OJ 100, SDI (I)
- previsão em norma coletiva: Súm. 375, TST
- Serpro; norma regulamentar: OJ 49, SDI (I) Transitória
- URPs de abril e maio de 1988: OJ 79, SDI (I)

RECESSO FORENSE
- férias coletivas; suspensão dos prazos recursais: Súm. 262, II, TST

RECIBO
- de quitação; conteúdo: art. 477, §§ 1º e 2º
- de quitação referente a férias; indicação do início e do tempo destas; fornecimento de cópia visada ao empregado, em caso de férias coletivas: art. 141, § 2º
- do pagamento de gratificação; ajuste tácito: Súm. 152, TST

RECLAMAÇÃO TRABALHISTA
- acumulação num só processo; quando poderá ocorrer: art. 842
- apresentação; onde e por quem será feita: arts. 837 e 839
- contra empresa privada contratada para prestação de serviços à administração pública; competência: Súm. 158, TFR
- escrita ou verbal; conteúdo: art. 840
- menor de 18 anos: art. 793
- notificação do reclamado: art. 841
- representação dos empregados pelo sindicato: art. 843
- simulação; simulada extinta; colusão; fraude à lei: OJ 94, SDI (II)
- verbal: redução a termo: art. 840, § 2º

RECONHECIMENTO DE FIRMA
- substabelecimento: OJ 75, SDI (I)

RECONSIDERAÇÃO
- aviso-prévio: art. 489

RECURSO(S): arts. 893 a 901
- administrativo; depósito prévio; exigência: Súm. 373, STJ; e 424, TST
- agravo: art. 893, IV
- alçada; vinculação ao salário mínimo: Súm. 356, TST
- contra sentença normativa; efeito suspensivo; cassação: Súm. 279, TST
- custas, pagamento e comprovação do recolhimento: art. 789, § 1º
- de decisão que impuser multa por infração das leis e disposições reguladoras do trabalho: art. 635
- de revista: arts. 893, III e 896
- decisões interlocutórias: Súm. 214, TST
- decisões interlocutórias; apreciação: art. 893, § 1º
- depósito; prazo: Súm. 245, TST
- divergência jurisprudencial, especificidade: Súm. 296, I, TST
- efeito meramente devolutivo; ressalva: art. 899

ÍNDICE REMISSIVO DA CLT

- em matéria de segurança e saúde do trabalho; efeito suspensivo: art. 161, § 3º
- embargos: art. 893, I
- embargos, TST-Pleno; prazo: art. 894
- especificação: art. 893
- extemporâneo; interposição antes da publicação do acórdão: Súm. 434, TST
- extraordinário; condenação em honorários: Súm. 633, STF
- incidentes do processo; resolução pelo próprio Juízo ou Tribunal: art. 893, § 1º
- interposição junto ao STF; situação da execução do julgado: art. 893, § 2º
- interposição mediante simples petição: art. 899
- não juntada da ata ao processo em 48 horas; prazo; contagem: Súm. 30, TST
- ordinário: arts. 893, II e 895
- ordinário; ação rescisória; depósito recursal; exigência: Súm. 99, TST
- ordinário, de decisão do TRT em ação rescisória: Súm. 158, TST
- pressuposto objetivo; recolhimento de multa; inexigibilidade: OJ 409, SDI (I)
- procuração; juntada: Súm. 164, TST

RECURSO ADESIVO
- compatibilidade com o processo do trabalho; hipóteses: Súm. 283, TST

RECURSO DE EMBARGOS
- à SDI; recurso de revista não conhecido: OJ 294, SDI (I)
- admissibilidade; especificidade da divergência: Súm. 296, II, TST
- admissibilidade; exigência; indicação expressa do dispositivo de lei ou da Constituição tido como violado: Súm. 221, I, TST
- admissibilidade; interpretação razoável: Súm. 221, II, TST
- admissibilidade; invocação de OJ do TST: OJ 219, SDI (I)
- admissibilidade; nulidade; negativa de prestação jurisdicional: OJ 115, SDI (I)
- admissibilidade indevida da revista por divergência jurisprudencial: OJ 147, II, SDI (I)

- afronta ao art. 896; conhecimento indevido de recurso de revista; divergência jurisprudencial: OJ 147, II, SDI (I)
- cabimento: Súm. 126, TST
- comprovação da divergência: Súm. 337, I, TST
- conhecimento; determinado item do pedido; diversos fundamentos: Súm. 23, TST
- declaratórios; omissão; preclusão: Súm. 184, TST
- divergência jurisprudencial; especificidade: Súm. 296, I, TST
- fundamentação; violação legal; vocábulo violação: OJ 257, SDI (I)
- não conhecido; baseado em OJ; violações legais e constitucionais: OJ 336, SDI (I)
- para SDI; divergência entre a mesma turma: OJ 95, SDI (I)
- prequestionamento; oportunidade: Súm. 297, TST
- recurso adesivo; pertinência no processo do trabalho: Súm. 283, TST
- revista não conhecida; exame de mérito pela SDI: OJ 295, SDI (I)

RECURSO DE REVISTA
- admissibilidade indevida por divergência jurisprudencial: OJ 147, I, SDI (I)
- admissibilidade parcial; Juiz Presidente do TRT; efeito: Súm. 285, TST
- autenticação; documentos distintos: OJ 287, SDI (I)
- cabimento: art. 896, *caput*
- cabimento; reexame de fatos e provas: Súm. 126, TST
- caso de não cabimento e exceção: art. 896, § 4º
- comprovação de divergência: Súm. 337, I e IV, TST
- comprovação de tempestividade: OJ 17, SDI (I) Transitória
- conhecimento; determinado item do pedido; diversos fundamentos: Súm. 23, TST
- constitucionalidade da alínea *b* do art. 896: Súm. 312, TST

ÍNDICE REMISSIVO DA CLT

- contra acórdão em agravo de petição: admissibilidade: Súm. 266, TST
- declaração de efeito: art. 896, § 2º
- denegação; interposição de agravo de instrumento: art. 896, § 3º
- denegação de seguimento: art. 896, § 5º
- divergência jurisprudencial; aresto oriundo do mesmo TRT: OJ 111, SDI (I)
- divergência jurisprudencial; especificidade: Súm. 296, I, TST
- embargos; revista não conhecida: OJ 295, SDI (I)
- embargos à SDI: OJ 294, SDI (I)
- exame prévio da causa: art. 896-A
- exigência; indicação expressa do dispositivo de lei ou Constituição tido como violado: OJ 94, SDI (I)
- inadmissibilidade; acórdão regional proferido em agravo de instrumento: Súm. 218, TST
- invocação de OJ do TST; validade: OJ 219, SDI (I)
- juízo de admissibilidade *ad quem*: OJ 282, SDI (I)
- lei estadual, norma coletiva ou regulamento da empresa; admissibilidade ou não: OJ 147, I, SDI (I)
- não conhecimento; decisões superadas; jurisprudência do TST: Súm. 333, TST
- prazo de apresentação: art. 896, § 1º
- preclusão; omissão; embargos declaratórios: Súm. 184, TST
- pressuposto de admissão: Súm. 221, TST
- recurso adesivo; pertinência no processo do trabalho: Súm. 283, TST
- recurso não conhecido com base em OJ; exame das violações legais e constitucionais: OJ 336, SDI (I)
- remessa *ex officio*: OJ 334, SDI (I)
- rito sumaríssimo: OJ 260, SDI (I)
- Súmula 337 do TST; inaplicabilidade; recurso anterior à sua vigência: OJ 3, SDI (I) Transitória
- violação legal; vocábulo violação: OJ 257, SDI (I)

RECURSO EXTRAORDINÁRIO
- pendente; execução definitiva: OJ 56, SDI (II)

RECURSO ORDINÁRIO: arts. 893, II e 895
- ação rescisória: Súm. 158, TST
- apelo que não ataca os fundamentos da decisão recorrida: Súm. 422, TST
- custas; mandado de segurança: OJ 148, SDI (II)
- decisão em agravo regimental; liminar em cautelar ou mandado de segurança: OJ 100, SDI (II)
- decisão em agravo regimental; reclamação correicional ou pedido de providência; não cabimento: OJ 5, Pleno
- decadência afastada; imediato julgamento: Súm. 100, VII, TST
- depósito recursal; prazo: Súm. 99, TST
- efeito devolutivo; aplicação: Súm. 393, TST
- efeito suspensivo; decisão em mandado de segurança: OJ 113, SDI (II)
- fungibilidade recursal: OJ 69, SDI (II)
- mandado de segurança: Súm. 201, TST
- recebimento como medida acautelatória; suspensão da execução: Súm. 405, TST
- recurso adesivo; pertinência no processo do trabalho: Súm. 283, TST
- remessa *ex officio*: OJ 334, SDI (I)

RECURSO OU AÇÃO PRÓPRIA
- antecipação de tutela em sentença; existência de ação própria: Súm. 414, I, TST
- existência de recurso próprio; efeito diferido: OJ 92, SDI (II)

REDUÇÃO GERAL DOS SALÁRIOS
- mediante participação efetiva do sindicato profissional: OJ 325, SDI (I)

REEXAME DE FATOS E PROVAS
- ação rescisória; inviabilidade: Súm. 410, TST

REGIME DE REVEZAMENTO
- horas trabalhadas; repouso semanal de 24 horas; prejuízo do intervalo para descanso entre jornadas; remuneração como extraordinárias: Súm. 110, TST
- intervalos intrajornadas e semanal: Súm. 360, TST

ÍNDICE REMISSIVO DA CLT

REGIME JURÍDICO
- competência residual: OJ 138, SDI (I)
- competência residual; regime estatutário; substituição ao celetista: OJ 138, SDI (I)
- equiparação salarial: OJ 297, SDI (I)
- funcionário público; opção pelo regime trabalhista: Súm. 243, TST
- pessoal de obras; não amparo pelo regime estatutário: Súm. 58, TST
- regime celetista para estatutário; extinção do contrato de trabalho: Súm. 382, TST
- servidores públicos celetistas: Súm. 319, TST

REGIME JURÍDICO ÚNICO
- competência; servidor público: Súm. 97, STJ
- competência residual; limitação da execução: OJ 138, SDI (I)
- contagem do tempo de serviço; anuênio e licença-prêmio: Súm. 678, STF

REGIÕES
- divisão do território nacional; jurisdição dos TRT: arts. 670 e 674

REGISTRO DE EMPREGADOS: Portarias MTPS 3.626/1991 e MTE 41/2007
- livros: arts. 41 a 48

REGISTRO SINDICAL
- procedimentos administrativos: Portaria MTE 186/2008

REGULAMENTO(S)
- alteração ou revogação de vantagens: Súm. 51, I, TST
- estabilidade contratual ou derivada: Súm. 98, TST
- instrução dos responsáveis no cumprimento das leis; critério de dupla visita pela fiscalização: art. 627, a

REGULAMENTO DA EMPRESA
- *v.* NORMA REGULAMENTAR
- licença-prêmio; conversão em pecúnia: Súm. 186, TST

REINTEGRAÇÃO
- cipeiro; suplente: Súm. 339, II, TST

- concedida em ação cautelar: OJ 63, SDI (II)
- conversão em indenização dobrada; efeitos: Súm. 28, TST
- de empregado estável; falsa alegação de motivo de força maior: art. 504
- de empregado integrante da Cipa: art. 165, p.u.
- dispensa discriminatória; direito à: Súm. 443, TST
- empregador que deixar de efetuá-la; penalidades: art. 729
- estabilidade provisória; período estabilitário exaurido: Súm. 396, I, TST
- execução provisória; tutela antecipada ou específica: OJ 87, SDI (II)
- gestante; garantia de emprego; período de estabilidade: Súm. 244, II, TST
- liminar concedida; dirigente sindical: OJ 65, SDI (II)
- liminar concedida; estabilidade provisória: OJ 64, SDI (II)
- liminar concedida; estabilidade provisória; norma coletiva: OJ 142, SDI (II)
- pedido; estabilidade provisória: Súm. 396, TST
- período posterior; condenação: OJ 24, SDI (II)

RELAÇÃO ANUAL DE INFORMAÇÕES SOCIAIS – RAIS
- instituição: Dec. 76.900/1975

RELAÇÃO DE EMPREGO
- caracterização independente do local de trabalho: art. 6º
- empregado eleito para ocupar cargo de diretor; cômputo como tempo de serviço: Súm. 269, TST
- instituições equiparadas ao empregador: art. 2º, § 1º
- prestação de serviços de caráter continuado: Súm. 214, TFR

RELAÇÃO NOMINAL DE EMPREGADOS
- contribuição sindical e assistencial: PN 41, TST
- envio ao sindicato; obrigação da empresa: PN 111, TST

ÍNDICE REMISSIVO DA CLT

RELAÇÕES DE TRABALHO
- v. VÍNCULO EMPREGATÍCIO
- competência; Municípios do Território Federal e seus empregados: Súm. 66, TFR

RELAÇÕES INDIVIDUAIS E COLETIVAS DE TRABALHO
- normas previstas na CLT: art. 1º

RELÓGIO DE PONTO
- obrigatoriedade: art. 74, § 2º

REMESSA *EX OFFICIO*
- Fazenda Pública; duplo grau de jurisdição: Súm. 303, III, TST
- impetrante e terceiro interessado pessoas de direito privado: Súm. 303, III, TST
- recurso de revista; inexistência de recurso ordinário voluntário de ente público: OJ 334, SDI (I)

REMIÇÃO
- pelo executado; processo de execução trabalhista: Súm. 458, STF

REMUNERAÇÃO: arts. 457 a 467
- de férias; prescrição do direito de reclamar seu pagamento; contagem: art. 149
- e abono de férias: arts. 142 a 145
- em dobro, dos dias de férias gozadas após o período legal de concessão: Súm. 81, TST
- gorjetas: art. 457
- percepção, durante as férias, da remuneração devida na data da concessão destas: art. 142
- salário; importâncias que não o integram: art. 457, § 2º
- salário; importâncias que o integram: art. 457, § 1º
- salário pago por hora, com jornadas variáveis: art. 142, § 1º
- salário pago por tarefa: art. 142, § 2º
- serviço suplementar: Súm. 264, TST

REPOSITÓRIO AUTORIZADO DE JURISPRUDÊNCIA
- concessão; registro; publicação: Súm. 337, II, TST

REPOUSO DOMINICAL DA MULHER
- escala de revezamento quinzenal: art. 386

REPOUSO SEMANAL REMUNERADO: Lei 605/1949; e Dec. 27.048/1949
- v. DESCANSO SEMANAL
- adicional de insalubridade; remuneração: OJ 103, SDI (I)
- art. 7º, XV, da CF; violação; pagamento em dobro: OJ 410, SDI (I)
- atestado médico; justificação da ausência do empregado: Súm. 15, TST
- bancário; sábado; dia útil: Súm. 113, TST
- cálculo; gratificações de produtividade e por tempo de serviço: Súm. 225, TST
- cálculo; horas extras; habitualidade: Súm. 172, TST e OJ 394
- comissionista: Súm. 27, TST
- direito dos empregados não compreendidos no capítulo referente à duração do trabalho: art. 62, *a*, *b* e c, parte final
- garantia; ingresso com atraso: PN 92, TST
- gorjetas; natureza jurídica; repercussões: Súm. 354, TST
- professor: Súm. 351, TST
- Servita; bônus de assiduidade e produtividade semanal: OJ 5, SDI (I) Transitória
- trabalhador temporário: PN 79, TST
- trabalho em domingos e feriados; pagamento dos salários: PN 87, TST
- turnos ininterruptos de revezamento; intervalos intrajornada e semanal: Súm. 360, TST

REPRESENTAÇÃO
- em dissídio coletivo; conteúdo: arts. 858 e 859, *caput*

REPRESENTAÇÃO PROCESSUAL
- advogado: OJ 7, SDI (I)
- dispensa da juntada de mandato; Procurador da União, Estados, Município e D.F.: Sùm. 436, TST
- irregularidade; ausência da data da outorga dos poderes; não caracterização: OJ 371, SDI (I)

ÍNDICE REMISSIVO DA CLT

- irregularidade de representação; substabelecimento anterior à procuração: Súm. 395, IV, TST
- mandato; cláusula com ressalva de vigência: Súm. 395, I, TST
- mandato; contrato social: OJ 255, SDI (I)
- mandato; juntada de procuração; dispensável: OJ 52, SDI (I)
- mandato; regularização: Súm. 383, II, TST
- mandato; termo fixando prazo para juntada: Súm. 395, II, TST
- mandato expresso: Súm. 395, III, TST
- mandato tácito; presença do advogado: OJ 286, SDI (I)
- mandato tácito; substabelecimento inválido: OJ 200, SDI (I)
- oferecimento tardio da procuração; inadimissível na fase recursal: Súm. 383, I, TST
- procuração; juntada: Súm. 164, TST
- regular; cláusula limitativa de poderes no TRT: OJ 374, SDI (I)
- representação irregular: OJ 151, SDI (II)
- representação irregular; autarquia: OJ 318, SDI (I)
- representação irregular; União: OJ 65, SDI (I) Transitória
- representação regular; estagiário; habilitação posterior: OJ 319, SDI (I)
- substabelecimento; efeitos jurídicos: OJ 75, SDI (I)

REPRESENTANTE LEGAL
- de associação sindical; comunicação de infrações que verificar: art. 631
- de cooperativa; anotação da CTPS: art. 34

REPRESENTANTES COMERCIAIS AUTÔNOMOS: Lei 4.886/1965

RESCISÃO DO CONTRATO DE TRABALHO: arts. 477 a 486
- abandono de emprego; justa causa para rescisão contratual: art. 482, *i*
- assistência e homologação na; procedimentos: IN SRT/MTE 15/2010
- ato de improbidade do empregado; justa causa para rescisão contratual: art. 482, *a*
- ato de indisciplina ou de insubordinação; justa causa para rescisão contratual: art. 482, *h*
- atos atentatórios contra a segurança nacional: art. 482, p.u.
- aviso-prévio; concessão na fluência da garantia de emprego: Súm. 348, TST
- aviso-prévio; indenização compensatória: Súm. 182, TST
- cessação da atividade da empresa; direito ao aviso-prévio: Súm. 44, TST
- cessação das atividades da empresa; salário: Súm. 173, TST
- compensação no pagamento da indenização; limite: art. 477, § 5º
- contrato de experiência; aviso-prévio: Súm. 163, TST
- contrato por tempo determinado; opção; FGTS: Súm. 125, TST
- culpa recíproca; aviso-prévio; férias proporcionais; décimos terceiro salário: Súm. 14, TST
- desídia do empregado; justa causa para rescisão contratual: art. 482, *e*
- dispensa sem justa causa; professor; férias escolares: Súm. 10, TST
- em período que antecede à data base; direito à indenização adicional: Súm. 314, TST
- embriaguez habitual ou em serviço por parte do empregado; justa causa para rescisão contratual: art. 482, *f*
- empregado demitido; atestados de afastamento e salários: PN 8, TST
- empregado estável; acordo; indenização em dobro: Súm. 54, TST
- falta grave; decurso do prazo do aviso-prévio: Súm. 73, TST
- férias indenizadas; base de cálculo; remuneração do empregado: Súm. 7, TST
- férias proporcionais: Súm. 171, TST
- incontinência de conduta ou mau procedimento do empregado; justa causa para rescisão contratual: art. 482, *b*
- indenização: art. 477

- indenização ao empregado; cabimento: art. 477
- indenização aos empregados que trabalhem por tarefa ou serviço feito; cálculo: art. 478, § 5º
- indenização devida pela rescisão de contrato por prazo indeterminado: art. 478
- iniciativa do empregado; gratificação natalina: Súm. 157, TST
- jogos de azar; prática pelo empregado; justa causa: art. 482, *i*
- mora salarial; pagamento dos salários em audiência: Súm. 13 e 445, TST
- ônus da prova; despedimento: Súm. 212, TST
- pagamento de indenização ao empregado; condições: art. 477, § 4º
- pedido de demissão; férias proporcionais: Súm. 261, TST
- pedido de demissão firmado por empregado com mais de 1 ano de serviço; requisito de validade: art. 477, § 1º
- pedido de demissão ou recibo de quitação, firmado por empregado com mais de 1 ano de serviço; requisito para sua validade: art. 477, § 1º
- pelo empregado: art. 483
- pelo empregador; justa causa: art. 482, *i*
- quitação passada pelo empregado; assistência de entidade sindical; validade: Súm. 330, TST
- recibo de quitação; conteúdo: art. 477, § 2º
- recibo de quitação firmado por empregado com mais de 1 ano de serviço; requisito de validade: art. 477, § 1º
- revelia; confissão; verbas rescisórias; acréscimo de 50%: Súm. 69, TST
- verbas rescisórias; pagamento com atraso: art. 467
- violação de segredo de empresa pelo empregado; justa causa: art. 482, *g*

RESÍDUOS INDUSTRIAIS
- tratamento; disposições a respeito; competência: art. 200, VII

RESPONSABILIDADE
- CDHU; sucessão trabalhista: OJ 28, SDI (I) Transitória
- contrato de empreitada: OJ 191, SDI (I)
- contrato de prestação de serviços; legalidade; subsidiária: Súm. 331, IV, TST
- contrato de trabalho; Associação de Pais e Mestres; inexistência de responsabilidade: OJ 185, SDI (I)
- da empresa principal e de cada uma de suas subordinadas, para os efeitos da relação de emprego: art. 2º, § 2º, parte final
- desmembramento de municípios; responsabilidade trabalhista: OJ 92, SDI (I)
- Interbras; sucessão: OJ 59, SDI (I) Transitória
- Petrobras; sucessora da Petromisa: OJ 48, SDI (I) Transitória
- Proforte; cisão parcial; responsabilidade solidária: OJ 30, SDI (I) Transitória
- solidária do sucessor; inexistência: OJ 411, SDI (I)
- subsidiária; SPTRANS; não caracterizada: OJ 66, SDI (I) Transitória
- sucessão trabalhista; contrato de concessão de serviço público: OJ 225, SDI (I)
- técnica; acúmulo; farmacêutico: Súm. 413, STJ

REVELIA
- ação rescisória; ausência de defesa; efeitos: Súm. 398, TST
- atraso à audiência: OJ 245, SDI (I)
- ausência da reclamada; comparecimento de advogado munido de procuração: Súm. 122, TST
- do empregador; matéria de fato; rescisão contratual: Súm. 69, TST
- do empregador ou preposto; impossibilidade de locomoção; atestado médico: Súm. 122, TST
- fundamento para invalidar confissão: OJ 108, SDI (II)
- notificação de decisão judicial; como será feita em caso de revelia: art. 852

REVISTA
- conhecimento pelo Tribunal Superior do Trabalho; julgamento da causa; aplicação à espécie: Súm. 457, STF

ÍNDICE REMISSIVO DA CLT

- não conhecimento; jurisprudência no mesmo sentido da decisão impugnada: Súm. 401, STF
- ou embargos; não conhecimento: Súm. 23, TST

RITO SUMARÍSSIMO
- v. PROCEDIMENTO SUMARÍSSIMO

RURÍCOLA
- v. EMPREGADO RURAL e TRABALHADORES RURAIS
- enquadramento; atividade preponderante da empresa: OJ 419, SDI (I)

SÁBADO
- bancário; dia útil: Súm. 113, TST
- férias; início do período de gozo: PN 100, TST
- intimação ou notificação; contagem do prazo: Súm. 262, I, TST

SALÁRIO(S)
- ajuda alimentação; PAT: OJ 133, SDI (I)
- aviso-prévio; integração do reajustamento salarial coletivo: art. 487, § 6º
- cessação das atividades da empresa: Súm. 173, TST
- complessivo; não caracterização; CSN: OJ 12, SDI (I) Transitória
- complessivo; nulidade de cláusula contratual: Súm. 91, TST
- comprovante de pagamento: PN 93, TST
- correção; inaplicabilidade: Súm. 315, TST
- correção monetária: Súm. 381, TST
- correção monetária; diferenças; universidades federais: OJ 28, SDI (I)
- data de pagamento; alteração: OJ 159, SDI (I)
- débitos salariais; efeitos: Dec.-lei 368/1968
- desconto; cheques não compensados ou sem fundos: PN 14, TST
- desconto; folha de pagamento: Lei 10.820/2003 e Dec. 4.840/2003
- descontos; autorização; ato da admissão; vício de consentimento: OJ 160, SDI (I)
- desnível: Súm. 6, VI, TST
- diárias de viagem; integração: OJ 292, SDI (I)
- dias destinados a descanso; pagamento duplo: Súm. 461, STF
- dissídio coletivo; garantia de salários e consectários; demissão sem justa causa: PN 82, TST
- empregado mensalista; base de cálculo; integração das diárias: Súm. 318, TST
- empregado rural; pagamento: PN 65, TST
- estabilidade provisória; período estabilitário exaurido: Súm. 396, I, TST
- férias; vacância do cargo; substituição de caráter não eventual: Súm. 159, TST
- garantia; período de amamentação: PN 6, TST
- igualdade para todo o trabalho de mesmo valor, sem distinção de sexo: art. 5º
- importância devida em caso de rescisão contratual; controvérsia: art. 467
- importâncias que não o integram: arts. 457, § 2º, e 458, § 2º
- importâncias que o integram: art. 457, § 1º
- interdição de estabelecimento; recebimento normal: art. 161, § 6º
- mora; pagamento em audiência; rescisão do contrato de trabalho: Súm. 13, TST
- multa; atraso no pagamento: PN 72, TST
- pagamento; analfabeto: PN 58, TST
- pagamento; sucessores ou dependentes: Lei 6.858/1980 e Dec. 85.845/1981
- pagamento com cheque: PN 117, TST
- pago por hora, com jornadas variáveis; remuneração de férias; cálculo: art. 142, § 1º
- pago por percentagem, comissão ou viagem; cálculo da remuneração de férias: art. 142, § 3º
- pago por tarefa; cálculo da remuneração de férias: art. 142, § 2º
- parcela paga em utilidades; cômputo de acordo com a anotação na CTPS: art. 142, § 4º
- Plano Real; normas trabalhistas: Lei 10.192/2001
- política nacional de: Leis 8.073/1990 e 8.542/1992

ÍNDICE REMISSIVO DA CLT

- prazo: IN SRT 1/1989
- professor; redução salarial; diminuição de carga horária: PN 78, TST
- profissional; técnicos em radiologia: Súm. 358, TST
- Programa de Estabilização Econômica: Lei 8.880/1994
- reajustes; "gatilho" e URP: Súm. 322, TST
- servidor; salário-base inferior ao salário mínimo legal: OJ 272, SDI (I)
- substituição: Súm. 159, I, TST
- trabalho em domingos e feriados; remuneração em dobro; repouso remunerado: PN 87, TST
- utilidade *in natura*: Súm. 367, TST
- vacância do cargo; salário igual ao do antecessor: Súm. 159, II, TST
- vantagens *in natura*: OJ 131, SDI (I)

SALÁRIO-EDUCAÇÃO: Dec.-lei 1.422/1975; Dec. 87.043/1982; Lei 9.766/1998

SALÁRIO-ENFERMIDADE
- ordem preferencial dos atestados médicos estabelecida em lei: Súm. 15, TST

SALÁRIO-FAMÍLIA: Lei 4.266/1963
- termo inicial da obrigação: Súm. 254, TST
- trabalhador rural: Súm. 344, TST

SALÁRIO-HORA
- bancário; cálculo: Súm. 124, TST
- cálculo; 40 horas semanais; divisor 200: Súm.431, TST
- diarista: art. 65
- mensalista: art. 64

SALÁRIO *IN NATURA*
- cigarro: Súm. 367, II, TST
- percentuais; salário mínimo: Súm. 258, TST
- hipóteses em que não integram o salário: Súm. 367, I, TST
- veículo; indispensável para a realização do trabalho: Súm. 367, I, TST

SALÁRIO-MATERNIDADE
- de 120 dias ; gestante: OJ 44, SDI (I)
- percepção; observação de requisitos: art. 131, II

SALÁRIO MÍNIMO: arts. 76 a 126; Lei 12.382/2011, Dec. 7.655/2011 e Dec. 7.872/2012
- ação rescisória; cabimento: OJ 2, SDI (II)
- alçada recursal; vinculação: Súm. 356, TST
- complementado; direito de reclamação do empregado: art. 118
- conceito: art. 76
- fiscalização, instruções; competência do Ministério do Trabalho: art. 126
- fixação: art. 116
- fórmula: art. 81
- médico e engenheiro; salário mínimo da categoria: Súm. 370, TST
- multa, em caso de infringência de dispositivo concernente ao: art. 120
- nulidade de contrato ou convenção; remuneração inferior ao salário mínimo: art. 117
- pagamento *in natura* de uma ou mais parcelas; determinação do salário em dinheiro: art. 82
- pago em dinheiro; limite mínimo: art. 82, p.u.
- parcela correspondente à alimentação; valor mínimo: art. 81, § 1°
- Plano Real: Lei 10.192/2001
- prescrição da ação para reaver a diferença: art. 119
- proporcional; jornada reduzida: OJ 358, SDI (I)
- servidor; salário-base inferior: OJ 272, SDI (I)
- trabalhador em domicílio: art. 83

SALÁRIO MÍNIMO PROFISSIONAL
- médicos e dentistas: Súm. 143, TST
- radiologista; técnico: Súm. 358, TST
- servidor público celetista: Súm. 212, TFR

SALÁRIO-PRODUÇÃO
- horas extras; devido apenas o adicional: OJ 235, SDI (I)
- requisito para ser devido: Súm. 209, STF

ÍNDICE REMISSIVO DA CLT

SALÁRIO-UTILIDADE
– alimentação: Súm. 241, TST
– cigarro: Súm. 367, II, TST
– percentuais: Súm. 258, TST
– veículo: Súm. 367, I, TST

SAÚDE: art. 154 e ss.
– *v.* SEGURANÇA E SAÚDE DO TRABALHADOR
– descumprimento de normas; competência: Súm. 736, TST

SECRETARIA DAS JUNTAS DE CONCILIAÇÃO E JULGAMENTO
– competência: art. 711
– competência dos diretores: art. 712
– descontos; serventuários; não realização de atos em prazos fixados: art. 712, p.u.

SECRETARIAS DOS TRT
– competência: art. 719
– secretário: gratificação de função: art. 718

SEGURANÇA E SAÚDE DO TRABALHADOR: arts. 154 a 201
– *v.* SAÚDE
– Campanha Nacional de Prevenção de Acidentes do Trabalho; competência: art. 155, II, parte final
– delegação de atribuições; competência: art. 159
– Delegacias Regionais do Trabalho; competência: art. 156
– desobediência: art. 161, § 4º
– empregados; incumbências: art. 158
– empresas; incumbências: art. 157
– inspeção prévia do estabelecimento: art. 160
– interdição de estabelecimento; levantamento: art. 161, § 5º
– interdição de estabelecimento e embargo de obra: art. 161
– normas de aplicação do capítulo respectivo; competência: art. 155
– normas paralelas às da CLT; obrigatoriedade de seu cumprimento: art. 154
– recursos de decisões proferidas por delegados regionais do trabalho; competência para conhecê-los em última instância: art. 155, III
– recusa do empregado quanto à observância das instruções expedidas pelo empregador e ao uso de equipamentos de proteção: art. 158, p.u.

SEGURANÇA NACIONAL
– atos atentatórios contra a segurança nacional; justa causa para dispensa: art. 482, p.u.

SEGURIDADE SOCIAL: art. 12
– retenção da contribuição; empresas optantes do Simples; inaplicabilidade: Súm. 425, STJ

SEGURO DE VIDA
– assalto consumado ou não: PN 84, TST
– jornalista: PN 112, TST
– não integra o salário: art. 458, § 2º, V

SEGURO-DESEMPREGO: Lei 7.998/1990 e Lei 8.900/1994
– competência da Justiça do Trabalho: Súm. 389, I, TST
– condicionamento; comprovação de matrícula e frequência em curso: Dec. 7.721/2012
– guias; não fornecimento; indenização: Súm. 389, II, TST

SEGURO OBRIGATÓRIO
– acidente; aferição do grau de risco: Súm. 351, STJ
– acidente ou morte; transporte de valores; vigia ou vigilante: PN 42, TST

SENTENÇA
– ação de cumprimento; trânsito em julgado: Súm. 246, TST
– execução; cessação de competência do juiz de direito: Súm. 10, STJ
– execução; recurso de revista; admissibilidade: Súm. 266, TST
– execução trabalhista; liquidação: Súm. 196, TFR
– genérica; eventos futuros: OJ 144, SDI (II)
– hora suplementar; previsão: Súm. 264, TST

ÍNDICE REMISSIVO DA CLT

- normativa; cassação de efeito suspensivo; interposição de recurso: Súm. 279, TST
- normativa; contribuições sindicais; preceitos constitucionais: PN 119, TST
- normativa; gratificação por tempo de serviço; previsão: Súm. 202, TST
- prazo; contagem: Súm. 197, TST
- que fixar época de gozo de férias já vencidas; pena pecuniária diária a ser paga pelo empregador: art. 137, § 2º
- reclamação pleiteando a fixação da época de gozo das férias: art. 137, § 1º
- TRT; competência: Súm. 225, STJ

SENTENÇA *CITRA PETITA*
- ação rescisória; cabimento: OJ 41, SDI (II)

SENTENÇA DE LIQUIDAÇÃO
- execução trabalhista; recurso: Súm. 196, TFR

SENTENÇA DE MÉRITO
- *v.* DECISÃO DE MÉRITO

SENTENÇA DECLARATÓRIA
- ação rescisória; decisão rescindenda; extinção de execução: OJ 107, SDI (II)

SENTENÇA E ACÓRDÃO
- cumulação sucessiva de pedidos: OJ 78, SDI (II)

SENTENÇA HOMOLOGATÓRIA DE ACORDO
- decadência; momento do trânsito em julgado: Súm. 100, V, TST
- dolo da parte vencedora em detrimento da vencida: Súm. 403, II, TST

SENTENÇA HOMOLOGATÓRIA DE ADJUDICAÇÃO
- ação rescisória; sentença de mérito: Súm. 399, I, TST
- mandado de segurança: OJ 66, SDI (II)

SENTENÇA HOMOLOGATÓRIA DE ARREMATAÇÃO
- ação rescisória; sentença de mérito: Súm. 399, I, TST

SENTENÇA HOMOLOGATÓRIA DE CÁLCULOS
- ação rescisória; apresentação de cálculos: Súm. 399, II, TST

SENTENÇA NORMATIVA
- ação de cumprimento; propositura: Súm. 246, TST
- ação de cumprimento; trânsito em julgado; coisa julgada: OJ 277, SDI (I) e Súm. 397, TST
- documento novo; dissídio coletivo: Súm. 402, TST
- prescrição; termo inicial; ação de cumprimento: Súm. 350, TST
- recurso; efeito suspensivo; cassação: Súm. 279, TST
- vigência; revogação; prazo legal: PN 120, TST

SEPARAÇÃO DE SEXOS
- nos locais de trabalho; disposições a respeito; competência: art. 200, VII

SUPERSIMPLES: LC 123/2006

SERVIÇO FEITO
- indenização; cálculo: art. 478, § 5º

SERVIÇO MÉDICO
- da empresa; abono de faltas: Súm. 282, TST

SERVIÇO MILITAR
- cômputo do período respectivo na contagem do tempo de serviço: art. 4º, p.u.
- contagem para efeito de indenização e estabilidade: Súm. 463, STF
- garantia de emprego ao alistando: PN 80, TST
- prestação pelo empregado; situação deste perante a empresa: art. 472
- tempo anterior à apresentação; cômputo no período aquisitivo; requisito: art. 132

SERVIÇO VOLUNTÁRIO: Lei 9.608/1998

SERVIÇOS AUXILIARES DA JUSTIÇA DO TRABALHO: arts. 710 a 721
- Cartórios dos Juízos de Direito: arts. 716 e 717
- distribuidores: arts. 713 a 715
- oficiais de justiça: art. 721

ÍNDICE REMISSIVO DA CLT

- Secretarias das Juntas de Conciliação e Julgamento: art. 710
- Secretarias dos TRT: arts. 718 a 720

SERVIÇOS NO EXTERIOR
- contratação e transferência de trabalhadores: Lei 7.064/1982
- regulamentação da Lei 7.064/1982: Dec. 89.339/1984

SERVIDOR PÚBLICO
- celetista; estabilidade: Súm. 390, TST
- celetista; salário mínimo profissional: Súm. 212, TFR
- celetista; vale-transporte: OJ 216, SDI (I)
- celetista concursado; despedida imotivada: OJ 247, SDI (I)
- contratação sem concurso; pagamento das horas trabalhadas: Súm. 363, TST
- contratado; transferência para o regime estatutário: Súm. 178, TFR
- Defensoria Pública; opção pela carreira; prazo: OJ 14, SDI (I) Transitória
- estadual; parcela "sexta parte"; art. 129 da Constituição do Estado de São Paulo: OJ 75, SDI (I) Transitória
- equiparação salarial; servidor da administração direta, autárquica e fundacional: OJ 297, SDI (I)
- estabilidade; administração direta, autárquica ou fundacional: Súm. 390, I, TST
- gratificação de nível superior; Suframa: OJ 26, SDI (II)
- gratificação natalina; empresa cessionária: Súm. 50, TST
- inativo; direito ao auxílio-alimentação: Súm. 680, STF
- jornada de trabalho; alteração: OJ 308, SDI (I)
- processo e julgamento; competência; vantagens trabalhistas; regime jurídico único: Súm. 97, TST
- reajustes de salários; previsão; legislação federal: OJ 100, SDI (I)
- reajustes salariais ("gatilhos"); aplicação: Súm. 319, TST
- regime jurídico único; contagem do tempo de serviço; anuênio e licença-prêmio: Súm. 678, STF
- salário-base inferior; diferenças: OJ 272, SDI (I)
- Suds; gratificação: OJ 168, SDI (I)
- Suds; gratificação; convênio entre a União e Estado; natureza salarial: OJ 43, SDI (I) Transitória
- vencimentos; fixação; convenção coletiva: Súm. 679, STF

SERVIDORES DE AUTARQUIAS PARAESTATAIS
- inaplicabilidade da CLT; ressalva: art. 7º, *caput* e c

SEXOS
- não distinção para trabalho de igual valor: art. 5º
- separação, nas instalações sanitárias: art. 200, VII

SINALIZAÇÃO DE PERIGO
- emprego de cores nos locais de trabalho: art. 200, VIII

SINDICÂNCIA
- nulidade de punição aplicada ao empregado: Súm. 77, TST

SINDICATO(S)
- ação rescisória; substituição processual: Súm. 406, TST
- administração: arts. 522 a 528
- associações sindicais de grau superior: arts. 533 a 539
- atestados médicos e odontológicos; fornecimento; validade: PN 81, TST
- atividades econômicas ou profissionais idênticas; organização em federação: Súm. 156, TFR
- central sindical; trabalhadores; contribuição: arts. 589, II, *b*, e § 2º, e 593
- centrais sindicais; representatividade; requisitos: Portaria MTE 194/2008
- contribuição sindical: empregadores; trabalhadores: art. 589, I, *c*, e II, *d*, e § 1º
- contribuição sindical e assistencial; relação nominal de empregados: PN 41, TST
- contribuições a eles devidas; desconto na folha de pagamento: art. 545
- deveres: art. 514

ÍNDICE REMISSIVO DA CLT

- direitos dos exercentes de atividades ou profissões e dos sindicalizados: arts. 540 a 547
- eleições sindicais: arts. 529 a 532
- empregado sindicalizado; igualdade de condições; preferência: art. 544
- enquadramento sindical: arts. 570 a 577
- gestão financeira: arts. 548 a 552
- legitimidade ad causam: OJ 22, SDC
- multa por cobrança de remuneração; entrega da carteira: art. 56
- patrimônio: art. 548
- participação efetiva; aumento salarial concedido pela empresa: OJ 325, SDI (I)
- penalidades; de acordo com o seu caráter e a sua gravidade: art. 553
- prerrogativas: art. 513
- quadro de avisos: PN 104, TST
- reconhecimento; mais de um sindicato representativo da mesma categoria: art. 516
- registro; Ministério do Trabalho; princípio da unicidade: Súm. 677, STF
- relação de empregados: PN 111, TST
- representação para instauração de instância; requisitos: art. 859, caput
- réu; substituto processual: Súm. 406, TST
- substituição processual; convenção ou acordo coletivos: Súm. 286, TST
- substituição processual; interrupção da prescrição: OJ 359, SDI (I)
- substituição processual; legitimidade: OJ 121, SDI (I)

SISTEMA ELÉTRICO DE POTÊNCIA
- adicional de periculosidade: OJ 324, SDI (I)

SOBREAVISO
- adicional de periculosidade; integração: Súm. 132, II, TST
- eletricitários; remuneração: Súm. 229, TST
- ferroviários: art. 244, § 2º
- marítimos; comprovação: Súm. 96, TST
- uso de instrumentos telemáticos ou informatizados: Súm. 428, TST

SOCIEDADES DE ECONOMIA MISTA
- estabilidade: Súm. 390, II, TST

- legislação eleitoral; aplicação: OJ 51, SDI (I)
- Ministério Público do Trabalho; ilegitimidade para recorrer: OJ 237, SDI (I)
- Ministério Público do Trabalho; legitimidade para recorrer; contrato nulo: OJ 338, SDI (I)
- privilégios e isenções trabalhistas: Súm. 170, TST
- servidor público celetista concursado; despedida imotivada: OJ 247, SDI (I)
- teto remuneratório: OJ 339, SDI (I)

SOCORROS MÉDICOS
- prestação pela empresa: art. 168, § 5º

SUBEMPREITADA
- responsabilidade contratual do subempreiteiro: art. 455

SUBSOLO
- duração normal do trabalho: art. 293
- hora prorrogada; remuneração: art. 296
- trabalho no; alimentação adequada: art. 297

SUBSTABELECIMENTO
- anterior à procuração; irregularidade de representação: Súm. 395, IV, TST
- mandato; poderes expressos; validade dos atos: Súm. 395, III, TST
- mandato tácito; invalidade: OJ 200, SDI (I)
- representação regular; estagiário; habilitação posterior: OJ 319, SDI (I)
- sem o reconhecimento de firma do substabelecente; efeitos: OJ 75, SDI (I)

SUBSTITUIÇÃO DE EMPREGADO
- caráter não eventual: Súm. 159, I, TST

SUBSTITUIÇÃO PROCESSUAL
- réu sindicato; ação rescisória: Súm. 406, TST
- sindicato; convenção e acordos coletivos: Súm. 286, TST
- sindicato; diferença do adicional de insalubridade; legitimidade: OJ 121, SDI (I)

SUCESSÃO
- bancos; responsabilidade do sucessor: OJ 261, SDI (I)

ÍNDICE REMISSIVO DA CLT

- do empregador: arts. 10 e 448
- penhora; bens de pessoa jurídica de direito privado: OJ 343, SDI (I)
- trabalhistas; débitos trabalhistas; juros de mora: OJ 408, SDI (I)
- trabalhista; responsabilidade solidária do sucessor; inexistência: OJ 411, SDI (I)

SUPLEMENTO SALARIAL
- acréscimo da despesa de transporte: Súm. 29, TST

SUPLENTE
- Cipa; estabilidade: OJ 6, SDI (II) e Súm. 339, TST
- Cipa; estabilidade; extinção do estabelecimento: Súm. 339, II, TST
- Cipa; garantia de emprego: Súm. 339, I, TST
- conselho fiscal; cooperativa: OJ 253, SDI (I)

SUPREMO TRIBUNAL FEDERAL
- decisões da Justiça do Trabalho; cabimento: Súm. 505, STF
- jurisprudência; colisão: Súm. 401, STF
- poder normativo do Tribunal Superior do Trabalho: Súm. 190, TST

SUSPEIÇÃO
- exceção de suspeição: arts. 799, 801 e 802
- testemunha; ação contra a mesma reclamada: Súm. 357, TST

SUSPENSÃO
- de empregado acusado de falta grave: art. 494
- para responder a inquérito administrativo; falta não considerada: art. 131, V

SUSPENSÃO E INTERRUPÇÃO DO CONTRATO DE TRABALHO: arts. 471 a 476-A
- *v.* INTERRUPÇÃO e SUSPENSÃO DO CONTRATO DE TRABALHO
- auxílio-doença ou aposentadoria por invalidez; fluência da prescrição quinquenal: OJ 375, SDI (I)
- do empregado por mais de 30 dias consecutivos; rescisão injusta do contrato de trabalho: art. 474

- empregado; aposentadoria por invalidez; suspensão do contrato de trabalho: art. 475
- faltas do empregado sem prejuízo do salário; casos: art. 473
- seguro-doença ou auxílio-enfermidade; caracterização de licença não remunerada: art. 476
- serviço militar; prestação pelo empregado; situação deste: art. 472
- vantagens atribuídas à categoria funcional do empregado, concedidas durante a sua ausência: art. 471

TACÓGRAFO
- controle da jornada de trabalho; motorista; horas extras: OJ 332, SDI (I)

TAREFA
- salário pago por; cálculo da remuneração de férias: art. 142, § 2º

TAREFEIRO
- indenização; cálculo: art. 478, § 5º
- remuneração de férias: Súm. 149, TST

TÉCNICO EM RADIOLOGIA
- salário profissional: Súm. 358, TST e OJ 67, SDI (I)

TELEFONISTA
- de mesa de empresa; aplicação do disposto no art. 227 da CLT: Súm. 178, TST

TELEX
- operadores; jornada: OJ 213, SDI (I)

TEMPESTIVIDADE
- agravo de instrumento; ausência de certidão de publicação: OJ 284, SDI (I)
- agravo de instrumento; carimbo do protocolo: OJ 285, SDI (I)
- fac-símile: Súm. 387, TST
- litisconsortes: OJ 310, SDI (I)

TEMPO DE SERVIÇO
- adicional (quinquênios): Súm. 52, TST
- cômputo do período anterior à readmissão: Súm. 138, TST
- cômputo do período de férias como tempo de serviço: art. 130, § 2º

ÍNDICE REMISSIVO DA CLT

- cômputo dos períodos de serviço militar e de acidente do trabalho: art. 4º, p.u., parte final
- contrato de trabalho suspenso; diretor: Súm. 269, TST
- INSS; averbação e/ou reconhecimento: OJ 57, SDI (II)
- na função; trabalho igual; equiparação salarial: Súm. 6, II, TST
- Nossa Caixa-Nosso Banco (Caixa Econômica do Estado de São Paulo); exclusividade: OJ 56, SDI (I)
- prescrição; soma de períodos descontínuos de trabalho: Súm. 156, TST
- serviço militar obrigatório: Súm. 463, STF

TERCEIRIZAÇÃO
- contrato de prestação de serviços: Súm. 331, TST
- empregados; art. 12, a, Lei 6.019/1974; aplicabilidade: OJ 383, SDI (I)
- fiscalização: IN MTb 3/1997

TERMO DE AJUSTE DE CONDUTA: art. 876

TERMO DE CONCILIAÇÃO: art. 876
- ação rescisória: Súm. 259, TST

TERMO DE DEPÓSITO NÃO ASSINADO
- habeas corpus; depositário; aceitação do encargo; prisão civil: OJ 89, SDI (II)

TERMOS PROCESSUAIS: arts. 770 a 782
- assinaturas a rogo: art. 772
- escritos a tinta, datilografados ou a carimbo: art. 771

TESTEMUNHAS
- ação contra a mesma reclamada; suspeição: Súm. 357, TST
- comparecimento à audiência; notificação ou intimação: art. 825
- desconto por faltas ao serviço; comparecimento para depor; inadmissibilidade: art. 822
- intérprete nomeado pelo juiz: art. 819
- não comparecimento à audiência; efeitos: art. 825, p.u.
- número máximo: art. 821
- pagamento; empregado analfabeto: PN 58, TST
- parente, amigo íntimo ou inimigo; valor de seu depoimento: art. 829
- qualificação anterior à prestação de compromisso: art. 828
- que não falem a língua nacional; nomeação de intérprete: art. 819
- recusa em depor; sem motivo justificado: art. 730, TST
- reinquirição: art. 820

TETO
- remuneratório; empresa pública e sociedade de economia mista: OJ 339, SDI (I)

TÍTULO EXECUTIVO EXTRAJUDICIAL: arts. 876 e 877-A

TÍTULO EXECUTIVO JUDICIAL
- interpretação do sentido e alcance: OJ 123, SDI (II)
- juros da mora e correção monetária: Súm. 211, TST
- ofensa a coisa julgada; necessidade de fixação de tese na decisão rescindenda: OJ 101, SDI (II)

TRABALHADOR AVULSO
- atividades de movimentação de mercadorias: Lei 12.023/2009
- direito à férias: Lei 5.085/1966
- portuário; normas e condições gerais: Lei 9.719/1998

TRABALHADOR SUBSTITUTO OU DE RESERVA
- direito ao salário mínimo: Súm. 204, STF

TRABALHADORES RURAIS: art. 505; Leis 5.889/1973, 11.718/2008 e Dec. 73.626/1974
- v. EMPREGADO RURAL
- abrigo no local de trabalho: PN 108, TST
- aferição das balanças: PN 59, TST
- atividade insalubre; fornecimento de leite: PN 106, TST
- caixa de medicamentos: PN 107, TST
- chefe de família; faltas ao serviço; compras: PN 68, TST
- conceito: art. 7º, b
- conservação das casas: PN 62, TST
- contrato escrito; via do empregado: PN 20, TST

ÍNDICE REMISSIVO DA CLT

– contrato por pequeno prazo: Lei 11.718/2008
– defensivos agrícolas: PN 50, TST
– empresa de reflorestamento; prescrição própria do rurícola: OJ 38, SDI (I)
– ferramentas; fornecimento pelo empregador: PN 110, TST
– ficha de controle da produção: PN 63, TST
– horário e local de condução: PN 64, TST
– latão de café: PN 60, TST
– moradia: PN 34, TST
– motorista: OJ 315, SDI (I)
– pagamento de dia não trabalhado; chuva ou de outro motivo alheio à sua vontade: PN 69, TST
– pagamento de salário: PN 65, TST
– prescrição; processo em curso: OJ 271, SDI (I)
– rescisão do contrato de trabalho do chefe de família: PN 53, TST
– salário-família: Súm. 344, TST
– transporte; condições de segurança: PN 71, TST

TRABALHO DA MULHER
– duração: art. 373
– proteção: art. 373-A

TRABALHO DE IGUAL VALOR
– conceito: art. 461, § 1º

TRABALHO DO MENOR: arts. 402 a 441
– entidades sem fins lucrativos; fiscalização: Res. Conanda 74/2001
– reclamação trabalhista: art. 793
– serviços perigosos ou insalubres: art. 405, I

TRABALHO EXTRAORDINÁRIO
– adicionais; cômputo no salário que servirá de base ao cálculo das férias: art. 142, § 5º

TRABALHO FORÇADO: Portaria MTE 1.153/2003; Lei 10.803/2003 e IN SIT/MTE 91/2011

TRABALHO INSALUBRE
– adicionais; base para cálculo da remuneração das férias: art. 142, § 5º

TRABALHO INTELECTUAL, TÉCNICO E MANUAL
– equiparação salarial: Súm. 6, TST
– não haverá distinções entre estas três espécies de trabalho: art. 3º, p.u.

TRABALHO NA INDÚSTRIA PETROQUÍMICA: Lei 5.811/1972

TRABALHO NOTURNO
– adicionais; cômputo no salário-base do cálculo das férias: art. 142, § 5º
– da mulher; adicional: art. 381, § 1º
– delimitações: art. 73, § 2º
– horários mistos: art. 73, § 4º
– petróleo; aplicação da Lei 5.811/1972: Súm. 112, TST
– remuneração superior à do diurno; ressalva: art. 73
– vigia; adicional noturno: Súm. 140, TST
– vigia; hora reduzida: Súm. 65, TST

TRABALHO PERIGOSO
– adicionais; base para cálculo de remuneração de férias: art. 142, § 5º

TRABALHO PORTUÁRIO
– normas e condições gerais de proteção ao: Lei 9.719/1998

TRABALHO TEMPORÁRIO: Lei 6.019/1974; e Dec. 73.841/1974
– contrato de prestação de serviços; legalidade: Súm. 331, I, TST
– contrato de trabalho; prorrogação: Portaria MTE 550/2010
– descanso semanal; acréscimo de 1/6; PN 79, TST
– fiscalização: IN MTb 3/1997
– registro de empresas: IN SRT/MTE 14/2009

TRABALHO VOLUNTÁRIO: Lei 9.608/1998

TRANSAÇÃO
– homologação de acordo; faculdade do juiz: Súm. 418, TST
– rescisão do contrato de trabalho; acordo: Súm. 54, TST

1765

ÍNDICE REMISSIVO DA CLT

TRANSAÇÃO EXTRAJUDICIAL
– demissão voluntária; quitação das parcelas: OJ 270, SDI (I)

TRANSFERÊNCIA DE EMPREGADO: arts. 469 e 470
– abusiva: Súm. 43, TST
– adicional: art. 469, § 3º
– adicional; cargo de confiança ou previsão contratual: OJ 113, SDI (I)
– ato unilateral do empregador; local mais distante de sua residência; suplemento salarial: Súm. 29, TST
– empregado transferido; garantia de emprego: PN 77, TST
– liminar obstativa: OJ 67, SDI (II)
– para o período diurno de trabalho; supressão do adicional noturno: Súm. 265, TST

TRANSFERÊNCIA DE ESTABELECIMENTO
– transferência de empregado estável: Súm. 221, STF

TRANSFERÊNCIA PARA O EXTERIOR
– FGTS; incidência: OJ 232, SDI (I)

TRANSFERÊNCIA PROVISÓRIA
– adicional; cargo de confiança ou previsão contratual: OJ 113, SDI (I)

TRÂNSITO EM JULGADO
– ação rescisória; decadência; contagem do prazo: Súm. 100, I, TST
– certidão: Súm. 100, IV, TST
– comprovação; descabimento de ação rescisória preventiva: Súm. 299, III, TST
– esgotamento das vias disponíveis; coisa julgada formal: OJ 99, SDI (II)
– homologação de acordo; força de decisão irrecorrível: Súm. 100, V, TST
– inobservância; duplo grau de jurisdição: OJ 21, SDI (II)
– pendência; cautelar para suspender execução; decisão rescindenda: OJ 131, SDI (II)
– pretenso vício de intimação; decisão que se pretende rescindir: Súm. 299, IV, TST

TRANSPORTE
– de acidentados, doentes e parturientes: PN 113, TST
– empregado rural; condições de segurança: PN 71, TST
– equiparação a serviços públicos: art. 910
– fornecido pelo empregador: Súm. 90, I, TST
– horas *in itinere*: Súm. 320, TST
– horas *in itinere*; insuficiência de transporte público: Súm. 90, TST
– não integração no salário: art. 458, § 2º, III
– transferência para local mais distante da residência: Súm. 29, TST

TRANSPORTES MARÍTIMOS, FLUVIAIS E LACUSTRES
– salário profissional; inconstitucionalidade: Súm. 531, STF

TRASLADO
– agravo de instrumento; ausência de certidão de publicação: OJ 284, SDI (I)
– agravo de instrumento; carimbo do protocolo da petição de recurso: OJ 285, SDI (I)
– agravo de instrumento; guias de custas e de depósito recursal: OJ 217, SDI (I)
– agravo de instrumento; mandato tácito; ata de audiência: OJ 286, SDI (I)
– agravo de instrumento; peças essenciais; validade: OJ 283, SDI (I)
– agravo regimental; peças essenciais nos autos principais: OJ 132, SDI (I)
– ausência da decisão rescindenda e/ou da certidão de seu trânsito em julgado devidamente autenticadas: OJ 84, SDI (II)
– autenticação de cópias pelas Secretarias dos TRT; formação do agravo de instrumento: OJ 91, SDI (II)
– das razões da revista; julgamento; agravo: Súm. 315, STF

TRIBUNAIS REGIONAIS DO TRABALHO (TRT): arts. 670 a 689
– autenticação de cópias; formação do agravo de instrumento: OJ 91, SDI (II)
– competência; ação rescisória: OJ 7, SDI (II)
– competência funcional; conflito negativo: Súm. 420, TST

ÍNDICE REMISSIVO DA CLT

- competência, quando divididos em turmas: art. 678
- composição e funcionamento: arts. 670 a 673
- decisões; voto da maioria dos juízes presentes; ressalva: art. 672, § 2°
- determinação da competência: art. 677
- juízes representantes classistas dos TRT: arts. 684 a 689
- jurisdição e competência: arts. 674 a 680
- presidentes: arts. 681 a 683
- recurso de revista; admissibilidade parcial pelo juiz; efeito: Súm. 285, TST
- regiões; número de juízes para os Tribunais de cada uma destas: art. 670
- sentença de mérito: Súm. 411, TST
- território nacional; divisão em regiões para efeito de jurisdição: art. 674

TRIBUNAL REGIONAL FEDERAL
- conflito de competência: Súm. 3, STJ

TRIBUNAL SUPERIOR DO TRABALHO:
arts. 690 a 709
- condições de trabalho; homologação: Súm. 190, TST
- corregedor; atribuições: art. 709
- criação e homologação; condições de trabalho; inconstitucionalidade: Súm. 190, TST
- instância superior: art. 690
- ordem dos processos; regulamentação em regimento interno: art. 909
- presidente; atribuições: art. 707
- RITST
- vice-presidente; atribuições: art. 708

TRIPULANTE(S)
- gozo de férias; remuneração; acréscimo: art. 152
- término das férias; apresentação ao armador: art. 150, § 4°
- transferência para o serviço de outro armador; cômputo; férias: art. 150

TROCA DE UNIFORME, LANCHE E HIGIENE PESSOAL
- minutos que antecedem e sucedem a jornada de trabalho: OJ 326, SDI (I)

TURNO DE REVEZAMENTO
- ininterrupto; ferroviário; horas extras: OJ 274, SDI (I)
- ininterrupto; fixação de jornada de trabalho; negociação coletiva: Súm. 423, TST
- ininterrupto; hora noturna reduzida; incidência: OJ 395, SDI (I)
- ininterrupto; horista; alteração da jornada; irredutibilidade salarial: OJ 396, SDI (I)
- ininterrupto; horista; horas extras e adicional: OJ 275, SDI (I)
- ininterrupto; jornada de 6 horas: Súm. 360, TST
- ininterrupto; norma coletiva retroativa; invalidade: OJ 420, SDI (I)
- ininterrupto; Petrobras; pagamento em dobro; supressão unilateral; impossibilidade: OJ 72, SDI (I) Transitória
- ininterrupto; petroleiros: Súm. 391, TST

TUTELA
- antecipação; ação rescisória: Súm. 405, TST
- antecipação; competência: OJ 68, SDI (II)
- antecipação; concedida antes da sentença; mandado de segurança; cabimento: Súm. 414, II, TST
- antecipação; concedida em sentença; mandado de segurança; não cabimento: Súm. 414, I, TST
- antecipação; natureza previdenciária: Súm. 729, STF
- antecipada, reintegração de empregado; estabilidade provisória: OJ 64, SDI (II)
- antecipada; sentença superveniente; perda de objeto: Súm. 414, III, TST

UNIFORMES
- fornecimento gratuito: PN 115, TST

URP
- de abril e maio de 1988: Súm. 671, STF e OJ 79, SDI (I)
- de junho e julho de 1988; data base em maio: OJ 58, SDI (I) Transitória
- diferenças salariais; planos econômicos; limitação à data base: Súm. 322, TST
- Plano Verão; fevereiro de 1989; inexistência de direito adquirido: OJ 59, SDI (I)

ÍNDICE REMISSIVO DA CLT

USOS E COSTUMES
– falta de disposições legais ou contratuais; utilização como critério de decisão: art. 8º

UTILIDADES
– parcela do salário paga em utilidades; cômputo; anotação na CTPS: art. 142, § 4º

VACÂNCIA
– do cargo em definitivo: Súm. 159, II, TST

VALE-REFEIÇÃO
– caráter salarial: Súm. 241, TST

VALE-TRANSPORTE: Lei 7.418/1985; Dec. 95.247/1987; OJ 216, SDI (I)

VALIDADE
– quitação passada pelo empregado; assistência de entidade sindical: Súm. 330, TST

VALOR DA CAUSA
– alteração; majoração das custas processuais: OJ 88, SDI (II)
– majoração de ofício; inviabilidade: OJ 155, SDI (II)

VANTAGENS
– cláusulas regulamentares; revogação ou alteração: Súm. 51, I, TST

VARA DO TRABALHO
– competência funcional; conflito negativo: Súm. 420, TST

VEÍCULO
– utilização, pelo empregado, em atividades particulares: Súm. 367, I, TST

VENDEDOR PRACISTA
– exclusão do capítulo referente à duração do trabalho: art. 62
– remuneração mediante comissão; repouso semanal não remunerado: Súm. 201, STF

VENDEDORES, VIAJANTES OU PRACISTAS: Lei 3.207/1957
– comissão sobre cobrança: PN 15, TST

VENTILAÇÃO
– artificial: art. 176, p.u.
– natural: art. 176, caput

VERBAS RESCISÓRIAS
– atraso no pagamento: art. 467
– aviso-prévio cumprido em casa; prazo para pagamento: OJ 14, SDI (I)
– cálculo: OJ 181, SDI (I)

VESTIMENTA
– uso obrigatório: art. 177

VESTUÁRIO
– inclusão no salário: art. 458, caput
– ressalva: art. 458, § 2º, I

VIAJANTES
– exclusão do capítulo referente à duração do trabalho: art. 62, a

VICE-PRESIDENTE
– do Tribunal Superior do Trabalho; atribuições: art. 708

VÍCIO DE CONSENTIMENTO
– descontos; autorização no ato da admissão: OJ 160, SDI (I)

VIGIA – VIGILANTE
– adicional noturno: Súm. 140, TST
– assistência jurídica; ação penal: PN 102, TST
– direito à hora reduzida: Súm. 65, TST
– direito a salário adicional: Súm. 402, STF
– equiparação; bancário: Súm. 257, TST
– portuário; terminal privativo; requisição; sindicato: Súm. 309, TST
– seguro obrigatório; acidente ou morte: PN 42, TST

VÍNCULO EMPREGATÍCIO
– v. RELAÇÕES DE TRABALHO
– com a Administração Pública: OJ 321, SDI (I)
– contrato de prestação de serviços; legalidade: Súm. 331, TST
– dano moral; competência da Justiça do Trabalho: Súm. 392, TST
– diretor eleito; suspensão; contrato de trabalho: Súm. 269, TST
– Ministério Público do Trabalho; legitimidade para recorrer: OJ 338, SDI (I)
– oficial de justiça ad hoc: OJ 164, SDI (I)

ÍNDICE REMISSIVO DA CLT

– reconhecimento; policial militar: Súm. 386, TST

VIOLAÇÃO A DISPOSITIVO LEGAL
– causa de pedir; ausência de capitulação ou capitulação errônea no art. 485 do CPC: Súm. 408, TST
– decisão rescindenda por duplo fundamento: OJ 112, SDI (II)
– embargos à SDI: OJ 294, SDI (I)
– expressão "lei" do art. 485, V, do CPC: OJ 25, SDI (II)
– indicação expressa do dispositivo legal violado; CPC, art. 485, V: Súm. 408, TST
– reexame de fatos e provas; inviabilidade: Súm. 410, TST
– violação do art. 5º, II, LIV e LV, da CF; princípios da legalidade, do devido processo legal, do contraditório e da ampla defesa: OJ 97, SDI (II)

VIOLAÇÃO DE SEGREDO DA EMPRESA
– pelo empregado; justa causa para rescisão contratual: art. 482, *g*

VISTAS DOS AUTOS
– em matéria recursal: art. 901

VIÚVA
– competência da Justiça do Trabalho; complementação de pensão: OJ 26, SDI (I)

VOTO
– de desempate, de presidente de JCJ: art. 649
– eleições sindicais; requisitos e obrigatoriedade: art. 529

ÍNDICE ALFABÉTICO-REMISSIVO DO CÓDIGO DE PROCESSO CIVIL, DA LEGISLAÇÃO PROCESSUAL TRABALHISTA E DAS SÚMULAS SELECIONADAS

ABANDONO DA CAUSA
– extinção do processo: arts. 267, III, e § 1º, e 268; Súm. 216, STF e 240, STJ

ABUSO
– do direito de defesa; antecipação da tutela pretendida: art. 273, II

AÇÃO(ÕES)
– acessória; juiz competente: art. 108
– anulatória de confissão: art. 352, II
– anulatória de partilha; prescrição: art. 1.029
– capacidade: arts. 7º a 13
– cominatória: arts. 287, 461 e 461-A; Súm. 500, STF
– conexas e continentes: art. 105
– contra ausente; competência: art. 97
– desistência: arts. 38, 158, p.u., 267, § 4º, 298, p.u., e 317
– imobiliárias; citação necessária e consentimento do cônjuge: art. 10
– iniciativa da parte: art. 2º
– interesse: arts. 3º e 4º
– legitimidade: arts. 3º e 6º
– MP: arts. 81 e 82
– monitória: arts. 1.102-A a 1.102-C; Súm. 282 e 292, STJ
– propositura: art. 263
– propositura e contestação; requisitos: art. 3º
– renovação: art. 268

AÇÃO CAUTELAR
– v. MEDIDAS CAUTELARES e PROCESSO CAUTELAR

AÇÃO CIVIL PÚBLICA: Lei 7.347/1985

AÇÃO COMINATÓRIA: arts. 287, 461 e 461-A; Súm. 500, STF

AÇÃO CONTRA GESTOR DE NEGÓCIOS ALHEIOS
– competência: art. 100, V, b

AÇÃO DE ALIMENTOS: arts. 852 a 854
– competência: art. 100, II; Súm. 1, STJ
– efeito devolutivo da sentença: art. 520, II
– execução da prestação: arts. 732 a 735; Súm. 144, STJ
– valor da causa: art. 259, VI

AÇÃO DE ANULAÇÃO DE CASAMENTO
– alimentos provisionais: art. 852, p.u.
– depoimento pessoal: art. 347, p.u.
– posse provisória de filho: art. 888, III
– sequestro de bens: art. 822, III

AÇÃO DE ANULAÇÃO E SUBSTITUIÇÃO DE TÍTULOS AO PORTADOR: arts. 907 a 913
– competência: art. 100, III
– contestação: art. 910
– destruição parcial do título: art. 912
– interesse e legitimidade: art. 907
– petição inicial: art. 908
– rito ordinário: art. 910, p.u.

AÇÃO DE CONSIGNAÇÃO EM PAGAMENTO: arts. 890 a 899

AÇÃO DE DEMARCAÇÃO
– v. DEMARCAÇÃO

ÍNDICE REMISSIVO DO CPC

AÇÃO DE DEPÓSITO: arts. 901 a 906

AÇÃO DE DIVISÃO: arts. 967 a 981
– competência territorial: art. 95; Súm. 218, STF
– sentença homologatória; efeito devolutivo: art. 520, I
– valor da causa: art. 259, VII

AÇÃO DE DIVÓRCIO
– v. AÇÃO DE ESTADO

AÇÃO DE ESTADO
– competência; julgamento: art. 92, II
– intervenção do Ministério Público: art. 82, II

AÇÃO DE EXECUÇÃO
– competência: arts. 575 a 579
– disposições gerais: arts. 598 a 601
– partes: arts. 566 a 574
– requisitos: arts. 580 a 587; Súm. 300 e 317, STF
– responsabilidade patrimonial: arts. 591 a 597

AÇÃO DE INDENIZAÇÃO: art. 100, V, a

AÇÃO DE INTERDITO PROIBITÓRIO
– disposições aplicáveis: art. 933
– legitimidade: art. 932

AÇÃO DE MANUTENÇÃO DE POSSE: arts. 926 a 931
– citação de ambos os cônjuges: art. 10, § 2º
– cumulação com demarcatória: art. 951

AÇÃO DE NUNCIAÇÃO DE OBRA NOVA: arts. 934 a 940
– férias: art. 173, II
– foro competente: art. 95; Súm. 218, STF

AÇÃO DE PETIÇÃO DE HERANÇA: art. 1.001

AÇÃO DE PRESTAÇÃO DE CONTAS: arts. 914 a 919

AÇÃO DE REINTEGRAÇÃO DE POSSE: arts. 926 a 931
– citação de ambos os cônjuges: art. 10, § 2º
– cumulação com demarcatória: art. 951
– fungibilidade: art. 920

AÇÃO DE REPARAÇÃO DE DANO
– competência: art. 100, V, a

AÇÃO DE SEPARAÇÃO JUDICIAL
– alimentos provisionais: art. 852, I
– competência: art. 100, I
– depoimento pessoal: art. 347
– posse provisória de filho: art. 888, III
– sequestro de bens: art. 822, III

AÇÃO DE USUCAPIÃO: arts. 941 a 945; Súm. 391, STF e 99, STJ

AÇÃO DECLARATÓRIA
– incidental: arts. 5º e 325
– incidental; competência: art. 109
– interesse: art. 4º; Súm. 258, STF
– usucapião: art. 941

AÇÃO DECLARATÓRIA INCIDENTAL
– conceito: art. 5º

AÇÃO DOS CONFINANTES
– ação demarcatória: art. 948

AÇÃO IDÊNTICA
– ocorrência; litispendência: art. 301, §§ 1º a 3º

AÇÃO MONITÓRIA: arts. 1.102-A a 1.102-C; Súm. 282 e 292, STJ

AÇÃO PAULIANA
– v. FRAUDE CONTRA CREDORES

AÇÃO POPULAR: Súm. 101 e 365, STF

AÇÃO REAL
– competência territorial: arts. 94 e 95; Súm. 218, STF

AÇÃO REGRESSIVA
– fiador: art. 595, p.u.
– obrigatoriedade de denunciação da lide: art. 70, III; Súm. 188 e 257, STF
– sócio: art. 596, § 2º

AÇÃO REIVINDICATÓRIA
– de título ao portador: art. 907, I

AÇÃO RESCISÓRIA: arts. 485 a 495; Súm. 249, 252, 264, 295, 343, 514 e 515, STF; 175, STJ; 129 e 234, TFR
– confissão; erro, dolo ou coação: art. 352, II

Índice Remissivo do CPC

- cumprimento da sentença ou acórdão rescindendo: art. 489
- procedência; embargos infringentes: art. 530; Súm. 293, 354, 455 e 518, STF; 88, STJ; 48 e 77, TFR
- revisor: art. 551
- secretaria do tribunal; expedição de cópias aos juízes: art. 553

ACAREAÇÃO
- testemunhas: art. 418, II

ACEITAÇÃO
- sentença/decisão; tácita/expressa; impedimento ao recurso: art. 503

ACIDENTE
- de veículo; competência de foro: art. 100, p.u.
- de veículo; reparação do dano; procedimento sumário: art. 275, II, *d*

AÇÕES POSSESSÓRIAS: Súm. 262, STF
- citação de ambos os cônjuges: art. 10, § 2º
- competência: art. 95; Súm. 218, STF
- contestação; possibilidade de o réu demandar proteção possessória e indenização: art. 922
- cumulação de pedidos: art. 921
- fungibilidade: art. 920
- inidoneidade financeira do autor; caução: art. 925
- interdito proibitório: arts. 932 e 933
- manutenção de posse: arts. 926 a 931
- procedimento especial; prazo para propositura da ação: art. 924
- procedimento ordinário; prazo: art. 924
- propositura: art. 920
- reconhecimento do domínio; impossibilidade: art. 923
- reintegração de posse: arts. 926 a 931

ACÓRDÃO
- conceito: art. 163
- publicação: art. 564
- redação; cabimento: art. 556
- requisitos; art. 165
- registro em arquivo eletrônico/assinatura eletrônica: art. 556, p.u.
- repercussão geral; súmula da decisão; vale como: art. 543-A, § 7º
- sentença/decisão recorrida; substituição: art. 512

ACORDO
- *v.* TRANSAÇÃO

ADIAMENTO
- despesas processuais: art. 29

ADJUDICAÇÃO: arts. 685-A e 685-B
- bens do executado; execução: art. 647, I
- bens penhorados; pagamento ao credor: art. 708, II
- carta de adjudicação: art. 685-B, p.u.
- embargos: art. 746
- sustação: art. 558

ADMINISTRAÇÃO
- bens; perda; declaração de insolvência: art. 752
- bens/rendas penhorados; depositário: art. 678, p.u.

ADMINISTRADOR
- *v.* DEPOSITÁRIO
- atribuições; insolvência: arts. 763 a 767
- auxiliar da justiça: arts. 148 a 150
- imóvel arrendado; recebimento do aluguel: art. 723
- locador ausente; citação: art. 215, § 2º
- nomeação; usufruto de imóvel/empresa: art. 719
- nomeação; usufruto de quinhão de condômino/sócio; direitos: art. 720
- prestação de contas: art. 919
- provisório; espólio; representação do espólio: arts. 985 e 986
- réu ausente; citação; atos por ele praticados: art. 215, § 1º

ADVOGADO(S): Súm. 450, 512 e 616, STF; 201, 303 e 306, STJ
- causa própria: art. 36
- causa própria; deveres: art. 39
- Código de Ética e Disciplina da OAB/1995
- dativo; desnecessidade de impugnação especificada: art. 302, p.u.
- direitos: art. 40
- escritura pública; lavratura pelo tabelião; partes assistidas por: arts. 982, p.u., e 1.124-A, § 2º

ÍNDICE REMISSIVO DO CPC

- expressões injuriosas: art. 15
- falecimento no prazo para recurso; restituição do prazo: art. 507
- falta de habilitação legal: art. 36
- honorários; extinção do processo: art. 267, § 2º
- honorários; pagamento; condições para intentar a mesma ação: art. 268
- intimação da decisão/sentença/acórdão; prazo para recurso: art. 242; Súm. 25, STJ
- intimação pessoal; antecipação da audiência: art. 242, § 2º
- morte ou perda da capacidade processual; suspensão do processo: art. 265
- não ratificação dos atos praticados no processo sem instrumento de mandato; responsabilidade por despesas, perdas e danos: art. 37, p.u.
- postulação em juízo: art. 37; Súm. 115, STJ
- procuração geral para o foro; habilitação; exceções: art. 38
- renúncia ao mandato; efeitos: art. 45
- representação em juízo: art. 36
- restituição dos autos no prazo; excesso; sanção: arts. 195 e 196
- retenção de autos além do prazo; efeitos: art. 196
- revogação do mandato: art. 44
- sustentação de recurso perante tribunal: art. 554
- sustentação oral no tribunal; preferência: art. 565

AERONAVE
- penhora; ordem; efeitos: arts. 655, V, e 679

AFORAMENTO
- resgate; procedimento: art. 900

AGÊNCIA
- foro competente: art. 100, IV, *b*; Súm. 363, STF
- pessoa jurídica estrangeira; citação; gerente: art. 12, § 3º

AGRAVO: arts. 522 a 529; Súm. 288, STF; 182, STJ; 235, TFR

AGRAVO DE INSTRUMENTO
- conhecimento: art. 524
- custas e porte de retorno; comprovante de pagamento: art. 525, § 1º
- de instrumento manifestamente inadmissível; não conhecimento: Res. STJ 4/2006
- decisão interlocutória: art. 522
- decisão de liquidação: art. 475-H
- formas de interposição do: art. 525, § 2º
- inadmissibilidade do: art. 526, p.u.
- instrução da petição do; art. 525
- interposição do; não obsta o andamento do processo: art. 497
- interpretação; uniformização: IN TST 16/1999
- julgamento; precedência: art. 559
- prazo; cópia da petição do: art. 526, *caput*
- processamento: Provimento CGJT 1/2001
- providências do relator; recebido e distribuído o recurso de: art. 527
- requisitos do recurso de: art. 524

AGRAVO NOS PRÓPRIOS AUTOS: art. 544
- não conhecimento do: art. 545

AGRAVO RETIDO
- decisões interlocutórias: art. 522
- interposição oral; decisão interlocutória em audiência: art. 523, § 3º
- possibilidade de reformar a decisão: art. 523, § 2º
- preparo; dispensa: art. 522, p.u.
- procedimento: art. 523

AGRIMENSOR
- ação demarcatória; nomeação: art. 956

ALEGAÇÕES FINAIS
- procedimento ordinário: art. 454
- procedimento sumário: art. 281

ALIENAÇÃO DE BENS DE INCAPAZES
- procedimento de jurisdição voluntária: art. 1.112, III

ÍNDICE REMISSIVO DO CPC

ALIENAÇÃO DE QUINHÃO EM COISA COMUM
– procedimento de jurisdição voluntária: art. 1.112, V

ALIENAÇÃO FIDUCIÁRIA: Súm. 242, TFR

ALIENAÇÃO, LOCAÇÃO, ADMINISTRAÇÃO DE COISA COMUM
– procedimento de jurisdição voluntária: art. 1.112, IV

ALIENAÇÃO POR INICIATIVA PARTICULAR: art. 685-C

ALIENAÇÃO POR MEIO DE REDE MUNDIAL DE COMPUTADORES: art. 689-A

ALIENAÇÕES JUDICIAIS: arts. 1.113 a 1.119
– embargos de terceiro: arts. 1.046 a 1.047, II; Súm. 84, 134 e 303, STJ; 184, TFR

ALIENADO
– v. INCAPAZES

ALIMENTANTE: arts. 732 a 735; Súm. 144, STJ

ALIMENTOS
– exceção à impenhorabilidade: art. 649, § 2º
– exceção à penhorabilidade: art. 650, parte final

ALIMENTOS PROVISIONAIS: arts. 852 a 854
– execução de sentença: art. 733
– processamento nas férias: art. 174, II

ALUGUEL
– imóvel dado em usufruto: arts. 723 e 724
– título executivo extrajudicial: art. 585, V

ANALOGIA
– aplicação no julgamento: art. 126

ANTECIPAÇÃO DA TUTELA: art. 273
– agravo de instrumento; atribuição de efeito suspensivo: art. 527, III
– apelação; efeito devolutivo: art. 520, VII

ANTICRESE
– alienação do bem; eficácia: art. 619
– embargos de terceiro: art. 1.047, II
– intimação do credor na execução: art. 615, II
– título executivo extrajudicial: art. 585, III

ANULAÇÃO DE CASAMENTO
– v. AÇÃO DE ANULAÇÃO DE CASAMENTO

ANULAÇÃO DE TÍTULOS AO PORTADOR
– v. AÇÃO DE ANULAÇÃO E SUBSTITUIÇÃO DE TÍTULOS AO PORTADOR

APELAÇÃO: arts. 296, 496, I, 513 a 521 e 1.110; Súm. 320 e 428, STF; 317, STJ; 188, TFR
– embargos infringentes; cabimento: art. 530; Súm. 293, 354, 455 e 518, STF; 88, STJ; 48 e 77, TFR
– inclusão em pauta: art. 559
– não recebimento do recurso: art. 518, § 1º
– nulidade sanável; realização ou renovação do ato processual: art. 515, § 4º
– reexame dos pressupostos de admissibilidade: art. 518, § 2º
– revisor: art. 551

APELAÇÃO EX OFFICIO
– v. RECURSO OFICIAL

APREENSÃO
– coisa vendida com reserva de domínio: art. 1.071
– de embarcações: art. 1.218, XII
– de título: arts. 885 a 889
– documento e coisa: art. 362, in fine

ARBITRADORES
– demarcação; nomeação: art. 956

ARBITRAMENTO
– dano processual: art. 18, § 2º
– valor da coisa; execução para entrega de coisa certa: art. 627
– valor da responsabilidade; hipoteca legal: art. 1.206

ÍNDICE REMISSIVO DO CPC

ARGUIÇÃO DE FALSIDADE: arts. 390 a 395

ARQUIVAMENTO DOS AUTOS
– extinção do processo: art. 267, § 1°; Súm. 216, STF

ARRECADAÇÃO DE BENS
– competência; foro do domicílio do autor da herança: art. 96; Súm. 58, TFR
– competência; foro do último domicílio do ausente: art. 97
– insolvência: art. 751, II
– processamento nas férias: art. 173, II

ARREMATAÇÃO: arts. 686 a 707; Súm. 121 e 128, STJ
– embargos; fundamentos: art. 746
– tornada sem efeito: art. 694, § 1°

ARRENDAMENTO
– bens dotais de menores, órfãos ou interditos; jurisdição voluntária: art. 1.112, III
– rural; rito sumário: art. 275, II, a

ARRESTO: arts. 813 a 821
– embargos de terceiro: art. 1.046; Súm. 84, 134 e 303, STJ; 184, TFR
– violação; atentado: art. 879, I

ARRIBADAS FORÇADAS: art. 1.218, XVI

ARROLAMENTO (inventário e partilha): arts. 1.031 a 1.038

ARROLAMENTO DE BENS (procedimento cautelar): arts. 855 a 860

ARROMBAMENTO
– busca e apreensão: art. 842, § 1°
– penhora: arts. 660 e 661

ASSINATURA
– busca e apreensão cautelar: art. 843
– depoimento; prova testemunhal: art. 417
– depositário; sequestro; compromisso: art. 825, *caput*
– despacho, decisão, sentença, acórdão: art. 164
– insolvência; administrador; termo: arts. 764 e 765
– partes; termo de conciliação: art. 449
– por meio eletrônico; dos juízes em todos os graus de jurisdição: art. 164, p.u.

– termos do processo: art. 169

ASSISTÊNCIA: arts. 50 a 55
– adquirente/cessionário: art. 42, § 2°
– custas: art. 32
– incapazes: arts. 8° e 9°
– judiciária: Lei 1.060/1950; Súm. 450, STF

ASSISTÊNCIA JUDICIÁRIA
– *v.* JUSTIÇA GRATUITA

ASSISTENTE
– *v.* ASSISTÊNCIA
– atuação, poderes e ônus: art. 52
– gestor de negócio do revel: art. 52, p.u.
– processo posterior; impossibilidade de discussão sobre a justiça da decisão; exceções: art. 55
– técnico; remuneração: 20, § 2°, e 33; Súm. 69, TFR

ATENTADO: arts. 879 a 881

ATO ATENTATÓRIO À DIGNIDADE DA JUSTIÇA
– advertência: art. 599, II
– devedor; caracterização: art. 600
– multa: art. 601
– pena relevada: art. 601, p.u.

ATOS DA PARTE: arts. 158 a 161

ATOS DO ESCRIVÃO: arts. 166 a 171

ATOS DO JUIZ: arts. 162 a 165
– atos executivos: art. 577
– rescisão: art. 486

ATOS PROCESSUAIS
– *v.* FORMA, NULIDADE e PRAZO
– Livro I, Título V
– abreviaturas; proibição: art. 169, § 1°
– assinatura dos intervenientes: art. 169, *caput*
– contradição na transcrição; momento e forma de suscitar: art. 169, § 3°
– datilografia: art. 169
– despesas; pagamento: art. 27; Súm. 154, TFR
– extinção do direito; prazo; justa causa: art. 183
– inúteis ou desnecessários: art. 14, IV
– lugar: art. 176
– ordem judicial: art. 200

ÍNDICE REMISSIVO DO CPC

- partes; constituem, modificam e extinguem direitos processuais: art. 158
- por meio eletrônico; produzidos, armazenados e assinados: art. 154, § 2º
- prática e comunicação oficial por meios eletrônicos: art. 154, p.u.
- produzidos/armazenados digitalmente em arquivo eletrônico; na presença do juiz: art. 169, § 2º
- registro em arquivo eletrônico/inviolável/ assinatura eletrônica: art. 556, p.u.
- sistema de transmissão de dados: Lei 9.800/1999
- tempo: arts. 172 a 175

ATUALIZAÇÃO MONETÁRIA
- débitos oriundos de decisão judicial: Lei 6.899/1981; e Dec. 86.649/1981

AUDIÊNCIA: arts. 444 a 457
- antecipação; intimação: art. 242, § 2º
- conciliação; procedimento sumário: art. 277
- concurso de credores: arts. 712 e 713
- embargos do devedor: art. 740
- leitura da sentença; prazo para recurso: art. 506, I
- morte ou perda da capacidade processual; suspensão do processo: art. 265, § 1º
- preliminar: art. 331
- procedimento sumário; conciliação: art. 277
- procedimento sumário; conciliação não obtida: art. 278, caput
- procedimento sumário; prova oral; perícia: art. 278, § 2º
- processo de insolvência; extinção das obrigações: art. 781
- produção de prova testemunhal: arts. 336 e 410
- publicação da decisão ou sentença: art. 242, § 1º
- vinculação do juiz: art. 132; Súm. 217 e 262, TFR

AUSÊNCIA
- declaração: art. 1.159
- declaração; intervenção do Ministério Público: art. 82, II
- locador; citação: art. 215, § 2º
- réu; citação: art. 215, § 1º

AUSENTE
- v. BENS DE AUSENTES
- bens: arts. 1.159 a 1.169
- curador especial: arts. 9º, p.u., 1.042, I
- declaração de ausência: art. 1.159
- MP; intervenção: arts. 82, II, 999, 1.163, § 2º, e 1.169
- réu; foro da ação: art. 97
- sucessão provisória: arts. 1.163 a 1.166

AUTARQUIAS: Súm. 150, STJ; 49, 61 e 129, TFR
- prazo para recurso: art. 188; Súm. 116, STJ
- recurso; preparo; dispensa: art. 511, § 1º
- sentença adversa; reexame necessário: art. 475, I

AUTO
- de arrematação: arts. 693 e 694
- de busca e apreensão: art. 843
- de demarcação: art. 965
- de divisão: art. 980
- de embargo de obra nova: art. 938
- de inspeção judicial: art. 443
- de interrogatório do interditando: art. 1.181
- de orçamento de partilha: art. 1.025, I
- de resistência à penhora: art. 663
- de restauração de autos: art. 1.065, § 1º

AUTORIDADE ADMINISTRATIVA
- competência; conflito com autoridade judiciária: art. 124

AUTORIDADE JUDICIÁRIA
- v. JUIZ
- competência; conflito com autoridade administrativa: art. 124

AUTOS
- acórdão transitado em julgado; baixa ao juízo de origem: art. 510
- cobrança ao advogado que exceder prazo: art. 196
- consulta; direito das partes e procuradores: art. 155, p.u.
- desaparecimento; restauração; custas: art. 1.069
- devolução fora de prazo; efeitos: art. 195
- eliminação: art. 1.215

1777

ÍNDICE REMISSIVO DO CPC

- findos; Justiça do Trabalho: Lei 7.627/1987
- penhora; averbação no rosto dos autos: art. 674
- responsabilidade pela guarda; escrivão: art. 141, IV
- valor histórico; arquivo público: art. 1.215, § 2º

AUTOS SUPLEMENTARES
- formação: art. 159, § 1º
- numeração e rubrica das folhas; ato do escrivão: art. 167
- permanência em cartório: art. 159, § 2º

AUXILIARES DA JUSTIÇA: arts. 139 a 153

AVALIAÇÃO: arts. 680 a 685
- v. PENHORA e PROVA PERICIAL
- alienação judicial: art. 1.114
- bens; especialização da hipoteca legal: art. 1.206
- bens do espólio: arts. 1.003 e 1.004
- cálculo do imposto; inventário: arts. 1.012 e 1.013; Súm. 115, STF
- incumbe ao oficial de justiça: art. 143, V
- pagamento das dívidas do espólio; adjudicação de bens: art. 1.017, § 4º
- reavaliação; execução: art. 683
- reavaliação; inventário: art. 1.010

AVALIADOR
- v. PERITO

AVARIA A CARGO DO SEGURADOR: art. 1.218, XIII

AVARIAS: art. 1.218, XIV

AVOCAÇÃO DE AUTOS
- pelo tribunal; juiz que excedeu prazo legais: art. 198
- pelo tribunal; reexame necessário: art. 475, § 1º

BAIXA DE AUTOS
- prazo: art. 510

BANCOS
- depósito de dinheiro, pedras, metais preciosos e papéis de crédito: art. 666, I; Súm. 257, TFR

BEM DE FAMÍLIA: art. 1218, VI
- impenhorabilidade: Lei 8.009/1990; Súm. 486, STJ
- vaga de garagem; matrícula própria; não constitui: Súm. 449, STJ

BENFEITORIAS
- execução; indenização: art. 628
- na divisão: art. 973

BENS
- adjudicação: art. 1.017, § 4º
- alienação: arts. 1.112, III, e 1.117, III
- alienação; fraude de execução: art. 592, V
- arrolamento: arts. 855 a 860
- avaliação: arts. 1.004 e 1.114
- avaliação; espólio; inocorrência: art. 1.033
- avaliação da hipoteca legal: art. 1.206
- conferidos na partilha: art. 1.014, p.u.
- consignação em pagamento: art. 898
- de ausentes; arrecadação; nomeação de curador; editais: arts. 1.160 e 1.161
- de ausentes; declaração de ausência: art. 1.159
- de ausentes; herdeiros; caução: art. 1.166
- de ausentes: regresso: arts. 1.167 a 1.169
- de ausentes: separação para pagamento; inventário: arts. 1.017, §§ 2º a 4º, e 1.021
- de ausentes: sucessão provisória: arts. 1.163 a 1.165
- do casal; sequestro: art. 822, III
- dotais; alienação: art. 1.112, III
- execução; devedor; em poder de terceiros: art. 592, III
- fora da comarca; inventário: art. 1.006
- fora da execução: art. 648
- guarda e conservação; depositário ou administrador: art. 148
- hipoteca legal: art. 1.206
- imóveis; divisíveis; alienação parcial: art. 702
- impenhoráveis; relação: arts. 649 e 650
- inalienáveis; frutos e rendimentos; penhora: art. 650
- insolvência; devedor: art. 748

ÍNDICE REMISSIVO DO CPC

– penhora; mais de uma: art. 613
– responsabilidade patrimonial: arts. 591 a 597

BOA-FÉ
– v. MÁ-FÉ
– ato atentatório ao exercício da jurisdição; multa: art. 14, p.u.
– exigência legal: art. 14, I a V

BOLSA DE VALORES
– intimação; conhecimento de seus membros: art. 908, III
– títulos; restituição; indenização: art. 913

BUSCA E APREENSÃO
– auto circunstanciado: art. 843
– coisa depositada: art. 905
– coisa vendida: art. 1.071
– direito autoral ou de artista: art. 842, § 3º
– férias e feriados: art. 173, II
– justificação prévia; segredo de justiça: art. 841
– mandado; arrombamento de portas e móveis: art. 842, § 1º
– mandado; conteúdo: art. 841
– mandado; cumprimento: art. 842
– mandado; execução para entrega de coisa móvel certa: art. 625
– pessoas e coisas: art. 839
– petição inicial: art. 840

CADERNETA DE CAMPO
– na demarcação: art. 962
– na divisão: art. 972

CAIXA ECONÔMICA FEDERAL
– depósito de dinheiro: art. 666, I; Súm. 257, TFR

CALAMIDADE PÚBLICA
– prorrogação de prazos: art. 182, p.u.

CÁLCULO
– aritmético; liquidação de sentença; memória apresentada pelo credor; excesso: art. 475-B, § 3º
– do contador; liquidação de sentença; base; penhora: art. 475-B, § 4º

CANCELAMENTO
– das averbações efetivadas nos registros; penhora de bens suficientes para cobrir a dívida: art. 615-A, § 2º
– documento: art. 386

CAPACIDADE DA PESSOA
– competência do juiz para julgamento de ações concernentes: art. 92, II
– procedimento sumário; inadmissão: art. 275, p.u.

CAPACIDADE PROCESSUAL
– v. INCAPACIDADE e INCAPAZES
– conceito: art. 7º
– cônjuge: arts. 10 e 11
– curador especial: art. 9º
– defeito; suspensão do processo para ser sanado: art. 13
– incapazes; representação ou assistência: art. 8º
– perda; suspensão do processo: art. 265, I e § 1º
– representação de pessoas jurídicas: art. 12

CARÊNCIA DE AÇÃO
– aplicação na contestação: arts. 301, X, § 4º, e 327
– extinção do processo: art. 267, VI e § 3º

CARTA(S)
– citação com hora certa: art. 229
– citação pelo correio: arts. 221 a 223
– comunicação dos atos: arts. 202 a 212
– valor probante: art. 376

CARTA DE ARREMATAÇÃO
– alienação em leilão: art. 707
– conteúdo: art. 703

CARTA DE ORDEM
– v. CARTA PRECATÓRIA
– cabimento: art. 201
– expedição por meio eletrônico: art. 202, § 3º
– requisitos: art. 202

CARTA DE SENTENÇA
– homologação de sentença estrangeira; execução: art. 484

ÍNDICE REMISSIVO DO CPC

CARTA DE USUFRUTO
– conteúdo; inscrição: art. 722

CARTA PRECATÓRIA
– caráter itinerante: art. 204
– cumprimento; devolução ao juízo de origem: art. 212
– cumprimento de ato processual: art. 201
– execução por carta; embargos do devedor: art. 747; Súm. 46, STJ; 32 e 33, TFR
– expedição por meio eletrônico: art. 202, § 3º
– herança jacente; arrecadação de bens em outra comarca: art. 1.149
– juntada aos autos até o julgamento final: art. 338, p.u.
– Justiça Federal; cumprida pela Justiça Estadual: art. 1.213; Súm. 89, TFR
– nomeação de perito e assistentes: art. 428
– penhora: art. 658; Súm. 46, STJ; 32 e 33, TFR
– perícia: art. 202, §§ 1º e 2º
– prazo; início após a juntada: art. 241, IV
– prazo para cumprimento: art. 203
– recusa de cumprimento pelo juiz: art. 209
– requisitos essenciais: art. 202
– suspensão do processo: art. 338
– telegrama, radiograma e telefone: arts. 205 a 208

CARTA ROGATÓRIA
– autoridade estrangeira: art. 201
– concessão de exequibilidade no Brasil: art. 211
– expedição por meio eletrônico: art. 202, § 3º
– obediência a convenções internacionais: art. 210
– recusa de cumprimento; citação por edital: art. 231, § 1º
– remessa por via diplomática: art. 210
– requisitos essenciais: art. 202
– tradução: art. 210

CASAMENTO
– intervenção do Ministério Público: art. 82, II

CAUÇÃO
– advogado sem procuração; desnecessidade: art. 37; Súm. 115, STJ
– arrematação: art. 690
– audiência: art. 833
– autor residente fora: art. 835
– bens do ausente: art. 1.166
– contestação: arts. 832, I, e 833
– embargos de terceiros: art. 1.051
– espécies; real ou fidejussória: arts. 826 e 827
– medida cautelar: arts. 799, 805 e 826 a 838
– nunciação de obra nova: art. 940
– possessória: art. 925
– prestação; pelo interessado ou por terceiro: art. 828
– real: art. 826
– reforço: arts. 837 e 838
– réu; alegação: art. 301, XI
– sentença; proferimento imediato: art. 832

CAUSA
– v. VALOR DA CAUSA

CAUSA DE PEDIR
– ações conexas: art. 103
– ações idênticas: art. 301, § 2º
– alteração: art. 264
– litisconsórcio: art. 46, III
– saneamento do processo; impossibilidade de alteração: art. 264, p.u.

CAUSA PRÓPRIA
– advogado: arts. 20 e 39; Súm. 185, 234, 256, 257, 389, 512 e 616, STF; 14, 105, 110 e 111, STJ; 69, TFR
– partes: arts. 36 e 39

CAUSAS
– férias; prosseguimento do andamento: art. 174
– valor; procedimento sumário: art. 275, I

CERTIDÃO
– direito de requerer: art. 155, p.u.
– força probante: art. 365, I e II
– formal de partilha; substituição: art. 1.027, p.u.
– incumbência do escrivão: art. 141, V
– óbito; inventário: art. 987, p.u.

ÍNDICE REMISSIVO DO CPC

- óbito; nascituro; sucessão: art. 877, § 1º
- requisição pelo juiz; prova das alegações das partes: art. 399, I

CESSIONÁRIO
- inventário; legitimidade concorrente: art. 988, V
- legitimidade para propor ou prosseguir na execução: art. 567, II

CHAMAMENTO AO PROCESSO: arts. 77 a 80
- admissibilidade: art. 77
- citação: arts. 78 e 79
- sentença: art. 80

CHEFE DE SECRETARIA
- v. ESCRIVÃO

CHEQUE
- penhora: art. 672
- título executivo: art. 585, I

CITAÇÃO: Súm. 163, STF; 196 e 282, STJ; 44, 145 e 210, TFR
- aditamento; antes da citação: art. 294
- carta de ordem, precatória ou rogatória; início de prazo: art. 241, IV
- comarcas contíguas: art. 230
- comparecimento espontâneo; suprimento da falta: art. 214, § 1º
- conceito: art. 213; Súm. 78, TFR
- cônjuges; necessidade: art. 10 e § 1º
- correio: arts. 221 a 223
- correio; início de prazo: art. 241, I
- demente: art. 218
- denunciação da lide: arts. 71 a 73
- domingos e feriados ou fora do horário em dia útil: art. 172, § 2º
- edital; condições: art. 232
- edital; execução por quantia certa: art. 654
- edital; início do prazo: art. 241, V
- edital; requerimento doloso: art. 233
- edital; réu revel; nomeação de curador especial: art. 9º, II
- efeitos: art. 219; Súm. 106, STJ; 78, TFR
- efeitos; pedido: art. 264
- embargos no processo e insolvência; falta ou nulidade: art. 756
- execução; interrupção da prescrição: art. 617; Súm. 150, STF
- execução para entrega de coisa certa: art. 621
- execução por quantia certa: art. 652
- falta ou nulidade: art. 741, I
- falta ou nulidade; impugnação; cumprimento da sentença: art. 475-L, I
- hora certa: v. CITAÇÃO COM HORA CERTA
- inalterabilidade do pedido: art. 264
- juiz incompetente: art. 219; Súm. 106, STJ e 78, TFR
- litisconsortes passivos; início de prazo: art. 241, III
- locador que se ausentar do País: art. 215, § 2º
- local de efetuação: art. 216
- lugar inacessível; por edital: art. 231, II
- mandado; advertência da falta de contestação: art. 285
- mandado; início de prazo: art. 241, II
- mandado; requisitos: art. 225
- militar: art. 216, p.u.
- modos: art. 221
- noivos: art. 217, III
- nulidade: art. 247
- nulidade; comparecimento do réu apenas para argui-la: art. 214, § 2º
- oficial de justiça; procedimento: arts. 224 a 226
- opostos: art. 57
- parentes de pessoa falecida: art. 217, II
- pessoa doente: art. 217, IV
- pessoal; embargos de terceiro: art. 1.050, § 3º
- pessoal; réu, representante ou procurador legalmente autorizado: art. 215
- por meio eletrônico: art. 221, IV
- postal; aviso de recebimento (AR): Súm. 429, STJ
- postal; início de prazo: art. 241, I
- prazo; início: art. 241
- preliminar de inexistência ou nulidade: art. 301, I
- prescrição; interrupção: art. 219; Súm. 106, STJ; 78, TFR
- procedimento de jurisdição voluntária: art. 1.105
- procedimento ordinário: art. 285
- procedimento sumário: art. 277

1781

ÍNDICE REMISSIVO DO CPC

- propositura da ação; efeitos quanto ao réu: art. 263
- realização fora do horário: art. 172, § 2º
- realizada em férias e feriados: art. 173, II
- réu ausente: art. 215, § 1º
- réus; início do prazo: art. 241, III
- validade do processo; indispensável: art. 214

CITAÇÃO COM HORA CERTA
- ausência do citando; citação considerada realizada: art. 228, § 1º
- consignação em pagamento: art. 893
- domicílio do réu: arts. 227 e 228
- réu revel; curador especial: art. 9º, II

CLÁUSULA AD JUDICIA: art. 38

COAÇÃO
- prova testemunhal; contratos: art. 404

COBRANÇA DE DÍVIDA ATIVA
- União; legitimidade e cabimento: art. 1.212

COBRANÇA DOS AUTOS
- intimação pessoal: art. 196

CODICILO
- disposições aplicáveis: art. 1.134, IV

CÓDIGO DE DEFESA DO CONSUMIDOR: Lei 8.078/1990

CÓDIGO DE PROCESSO CIVIL: Lei 5.869/1973

COISA CERTA
- execução: arts. 621 a 628

COISA INCERTA
- execução: arts. 629 a 631

COISA JULGADA: arts. 467 a 475; Súm. 45 e 344, STJ; 77 e 234, TFR
- ação rescisória: art. 485, IV
- arresto: art. 817
- extinção do processo: arts. 267, V, 268 e 269
- restauração dos autos: art. 1.067
- réu; alegação: art. 301, VI e §§ 1º a 3º
- tribunal estrangeiro: art. 90

COISA LITIGIOSA
- efeito da citação válida: art. 219; Súm. 106, STJ; 78, TFR

COISAS VAGAS: arts. 1.170 a 1.176

COLAÇÕES: arts. 1.014 a 1.016
- v. INVENTÁRIO

COMARCA
- competência: art. 87; Súm. 1, 4, 10, 15, 32, 33, 46, 66, 82, 97, 137, 170 e 173, STJ; 15, 16, 21, 49, 51, 58, 60, 66, 67, 72, 82, 83, 87 a 89, 103, 114, 169, 183, 216 e 244, TFR
- contígua; citações/intimações: art. 230

COMEÇO DE PROVA POR ESCRITO
- v. PROVA

COMINAÇÃO
- pena pecuniária; pedido: art. 287; Súm. 500, STF

COMPENSAÇÃO
- embargos à execução contra a Fazenda Pública: art. 741, VI; Súm. 150, STF
- embargos ao pedido de declaração de insolvência: art. 756

COMPETÊNCIA: Súm. 249 e 330, STF; 3, 22, 41, 42, 55, 59, 150, 161, 206, 224, 270 e 367, STJ; 61, 82, 87, 189 e 263, TFR
- v. INCOMPETÊNCIA
- absoluta; relativa: art. 111; Súm. 335, STF
- ação acessória: art. 108
- ação declaratória incidente: art. 109
- ação de consignação: art. 891
- ação de garantia: art. 109
- ação de terceiro interveniente: art. 109
- causa da União e territórios: art. 99; Súm. 244, TFR
- conflito de competência; ocorrência: art. 115
- em razão da matéria e da hierarquia; inderrogável: art. 111; Súm. 335, STF
- em razão do valor e da matéria; normas de organização judiciária: art. 91
- em razão do valor e do território: art. 111; Súm. 335, STF
- execução fiscal: art. 578
- funcional; tribunais e juízes: art. 93

Índice Remissivo do CPC

- interna: arts. 91 a 124; Súm. 218 e 363, STF; 1, 22, 33 e 59, STJ; 58, 244 e 252, TFR
- internacional: arts. 88 a 90
- modificação pela conexão ou continência: art. 102
- processamento e decisão das causas: art. 86
- propositura da ação: art. 87; Súm. 1, 4, 10, 15, 32, 33, 46, 66, 82, 97, 137, 170 e 173, STJ; 15, 16, 21, 49, 51, 58, 60, 66, 67, 72, 82, 83, 87 a 89, 103, 114, 169, 183, 216 e 244, TFR
- prorrogação; ocorrência: art. 114; Súm. 252, TFR
- reconvenção: art. 109

COMPETÊNCIA TERRITORIAL
- ação de alimentos: art. 100, II; Súm. 1, STJ
- ação de anulação de títulos: art. 100, III
- ação de direito pessoal: art. 94
- ação de direito real sobre bens móveis: art. 94
- ação de separação e de anulação de casamento: art. 100, I
- ação relativa a direito real sobre imóvel: art. 95; Súm. 218, STF
- domicílio do réu: art. 94
- foro de eleição: arts. 95 e 111; Súm. 218 e 335, STF
- lugar de cumprimento da obrigação: art. 100, IV, d
- lugar do ato ou fato: art. 100, V, e p.u.
- modificação pela conexão ou continência: art. 102
- prevenção; ocorrência: arts. 106 e 107

CONCILIAÇÃO
- audiência: arts. 447 a 449
- audiência; procedimento sumário: art. 278
- audiência preliminar: art. 331
- Juntas de; jurisdição; definição: Lei 8.432/1992
- tentativa; competência do juiz: art. 125, IV
- termo homologado: art. 449

CONCURSO DE AÇÕES
- v. CUMULAÇÃO

CONCURSO DE CREDORES
- execução por quantia certa: arts. 711 a 713; Súm. 244, TFR

CONCUSSÃO
- ação rescisória: art. 485, I

CONDIÇÃO
- excesso de execução: art. 743, V
- execução da sentença; prova do advento da condição ou termo: art. 572
- nulidade de execução: art. 618, III
- prova de sua verificação; petição inicial da execução: art. 614

CONDIÇÕES DA AÇÃO
- ausência, extinção do processo: art. 267, VI

CONDOMÍNIO
- v. ALIENAÇÕES JUDICIAIS
- cobrança de quantias; rito sumário: art. 275, II, b
- encargo; título executivo: art. 585, V
- usufruto sobre quinhão: art. 720

CONDÔMINO
- ação de nunciação de obra nova: art. 934, II
- legitimidade na ação demarcatória: art. 952

CONEXÃO: Súm. 235, STJ
- ação; ocorrência: art. 103
- alegada na contestação: art. 301, VII
- competência; modificação: art. 102
- distribuição por dependência: art. 253, I
- litisconsórcio: art. 46, III
- objeto ou causa; litisconsórcio: art. 46, II

CONFISSÃO: arts. 348 a 354

CONFLITO DE COMPETÊNCIA
- atribuição entre autoridades judicial e administrativa: art. 124
- conceito: art. 115
- decisão; validade dos atos do juiz incompetente: art. 122
- decisão de plano; jurisprudência dominante do tribunal sobre a questão: art. 120, p.u.
- documentos: art. 118, p.u.

1783

ÍNDICE REMISSIVO DO CPC

- entre órgãos de tribunal; regimento interno: art. 123; Súm. 22, STJ
- exceção declinatória: art. 117, p.u.
- informação dos juízes: art. 119
- legitimidade: arts. 116 e 117
- MP: arts. 116, 118, II, e 121
- negativo: art. 115, II
- positivo: arts. 115, I, e 120
- reunião de processo: art. 115, III
- sobrestamento do processo: art. 120
- suscitado ao presidente do tribunal: art. 118; Súm. 59, STJ
- suscitar: arts. 116 a 119; Súm. 59, STJ
- tribunais: art. 548

CONFUSÃO
- entre autor e réu; extinção do processo: art. 267, X

CÔNJUGES
- v. MARIDO e MULHER
- afastamento temporário da morada: art. 888, VI
- bens; responsabilidade pela dívida: art. 592, IV
- citação: art. 10, § 1º
- direitos reais imobiliários: art. 10, caput
- nas ações possessórias: art. 10, § 2º

CONSELHEIROS
- inquiridos como testemunhas: art. 411, IX

CONSENTIMENTO
- v. SUPRIMENTO DE CONSENTIMENTO

CONSERVAÇÃO DE COISA LITIGIOSA
- medida cautelar: art. 888, I

CONSIGNAÇÃO EM PAGAMENTO
- v. AÇÃO DE CONSIGNAÇÃO EM PAGAMENTO

CONSTITUIÇÃO DE CAPITAL
- ato ilícito; indenização; prestação de alimentos: art. 475-Q

CONSULTA
- autos: art. 155, p.u.

CONTADOR
- cálculo; base; penhora: art. 475-B, § 4º
- impedimento e suspeição: art. 138
- inventário: art. 1.003, p.u.

- perícia: art. 145

CONTAS
- v. AÇÃO DE PRESTAÇÃO DE CONTAS
- inventariante, tutor, curador, depositário, administrador; processada em apenso: art. 919

CONTESTAÇÃO
- ação demarcatória: art. 954
- ação de usucapião: art. 942; Súm. 391, STF
- assinatura de documento; ônus da prova: art. 389, II
- caução: art. 831
- curador especial: art. 9º, II
- embargos de terceiro: art. 1.053
- habilitação: arts. 1.057 e 1.058
- incidente de falsidade: art. 390
- início do prazo: art. 241
- interesse e legitimidade: arts. 3º e 4º; Súm. 258, STF
- litispendência: art. 301, V e §§ 1º a 3º
- medida cautelar: arts. 802 e 803, p.u.
- novas alegações; posteriores à contestação: art. 303
- oposição: art. 57
- peça autônoma; contestação e reconvenção: art. 299
- perempção: art. 301, IV
- prazo: art. 297
- prazo comum; litisconsortes: art. 298
- preliminares: art. 301
- preliminares; oitiva do autor: art. 327
- prestação de contas: arts. 915, § 2º, e 916
- presunção; de veracidade; fatos não impugnados: art. 302
- reconvenção: arts. 315 e 316
- resposta do réu: arts. 297 e 300 a 303
- restauração dos autos; parte contrária: art. 1.065
- simultaneidade: art. 299
- valor da causa; impugnação: art. 261

CONTINÊNCIA DE CAUSAS
- ações civis públicas; justiça federal e estadual: Súm. 489, STJ
- competência; modificação: art. 102
- conceito: art. 104
- distribuição: art. 253, I

ÍNDICE REMISSIVO DO CPC

CONTRADIÇÃO
– embargos de declaração: art. 535, I

CONTRADITA À TESTEMUNHA: art. 414, § 1º

CONTRAFÉ: art. 226

CONTRAPRESTAÇÃO
– possibilidade de exigência subordinada ao implemento da prestação; execução: art. 582

CONTRAPROTESTO: art. 871

CONTRATO
– adesão; nulidade; cláusula; declaração de ofício: art. 112, p.u.
– admissibilidade da prova testemunhal: art. 401
– compromisso de conclusão; não cumprimento da obrigação: art. 466-B
– simulado; prova: art. 404, I
– transferência da propriedade; coisa determinada ou outro direito: art. 466-C

CONVENÇÃO DAS PARTES
– audiência: arts. 453, I, e 454, § 1º
– dilatação do prazo: art. 181
– ônus da prova; nulidade: art. 333, p.u.
– suspensão da execução: art. 792
– suspensão do processo: art. 265, II

CONVERSÃO DO JULGAMENTO EM DILIGÊNCIA
– pelo tribunal: art. 560, p.u.

CÓPIAS
– atos processuais: art. 159

CORREIO
– citação postal: arts. 221 a 223
– citação postal; aviso de recebimento (AR): Súm. 429, STJ
– intimação por carta: arts. 237, II, e 238

CORRETORES
– Bolsa de Valores; alienação de títulos penhorados: art. 704

CORRUPÇÃO
– passiva do juiz; ação rescisória: art. 485, I

COTAS MARGINAIS
– proibição; multa: art. 161

CREDORES
– declaração de insolvência; nomeação do administrador da massa: art. 761, I
– declaração judicial de insolvência; convocação por edital: art. 761, II; Súm. 244, TFR
– direito de retenção: art. 594
– execução; medidas acautelatórias: art. 615, III
– execução em seu interesse: art. 612; Súm. 244, TFR
– garantia real; intimação para penhora: art. 615, II
– inadimplente; excesso de execução: art. 743, IV
– obrigado à contraprestação; adimplemento: art. 615, IV
– preferência sobre bens penhorados: arts. 612 e 613; Súm. 244, TFR
– requerimento de declaração de insolvência: arts. 753 e 754
– título executivo; legitimidade: arts. 566, I, e 567
– trabalhistas; procedimentos: Provimento TST 1/2012
– usufruto; imóvel penhorado: arts. 721 e 722

CULTO RELIGIOSO
– citação: art. 217, I

CUMPRIMENTO DA SENTENÇA: arts. 475-I a 475-R

CUMULAÇÃO
– ação demarcatória e ação de divisão: art. 947
– ação rescisória: art. 488, I
– execuções de títulos: art. 573; Súm. 27, STJ
– indevida de execução: art. 741, IV
– pedido: arts. 292 e 488, I; Súm. 170, STJ
– pedido; valor da causa: art. 259, II
– possessória: art. 921
– procedimento: art. 292, § 2º
– requisitos de admissibilidade: art. 292, § 1º; Súm. 170, STJ

CURADOR
– citação; réu demente; nomeação: art. 218, §§ 2º e 3º
– compromisso: art. 1.187

1785

ÍNDICE REMISSIVO DO CPC

– contestação do pedido de remoção: art. 1.195
– escusa do encargo: arts. 1.192 e 1.193
– especial: arts. 9º e 302
– especialização de imóveis em hipoteca legal: art. 1.188
– idoneidade: art. 1.190
– incapazes: arts. 8º e 9º
– nomeação sem efeito; ausência de garantia: art. 1.191
– prestação de contas: art. 919
– remoção; processamento durante as férias: art. 174, II
– requerimento de exoneração: art. 1.198
– suspensão; substituto interino: art. 1.197

CURADOR DE AUSENTES
– cessação da curadoria: art. 1.162
– nomeação: art. 1.160

CURADOR DE HERANÇA JACENTE
– atribuições: arts. 1.143 e 1.144

CURATELA
– disposições: arts. 1.177 a 1.198
– intervenção do Ministério Público: art. 82

CUSTAS
– *v.* DESPESAS PROCESSUAIS e PREPARO
– procedimento; arbitramento; uniformização: IN TST 9/1996
– título executivo: art. 585, VI

DANIFICAÇÃO
– sequestro de bens: art. 822, I

DANO PROCESSUAL: arts. 16 a 18, 811 e 881, p.u.

DANOS
– acidente de veículo; ação de reparação; procedimento: art. 275, II, *d*
– execução indevida: art. 574
– prédio; ressarcimento; procedimento sumário: art. 275, II, *c*

DATA
– documento particular: art. 370

DATILOGRAFIA
– depoimento: art. 417
– despachos: art. 164
– sentença; audiência: art. 457, § 1º

– termos do processo: art. 169

DEBATES ORAIS
– no procedimento ordinário: art. 454
– no procedimento sumário: art. 281

DEBÊNTURE
– título executivo: art. 585, I

DECADÊNCIA: Súm. 360, STF; 106, STJ e 78, TFR
– ação rescisória: art. 495
– aplicação; prazos extintivos: art. 220
– extinção do processo: art. 269, IV
– indeferimento da inicial: art. 295, IV
– medida cautelar; acolhimento da alegação de decadência: art. 810

DECISÃO INTERLOCUTÓRIA
– agravo; cabimento: art. 522
– conceito: art. 162, § 2º
– proferida em audiência; interposição oral de agravo retido: art. 523, § 3º

DECISÕES
– fundamentação: art. 165
– indeferimento da inicial; reforma pelo juiz: art. 296
– turma; cabimento de embargos: art. 546; Súm. 158, 168 e 169, STJ

DECLARAÇÃO DE CRÉDITO
– processo de insolvência: art. 761, II; Súm. 244, TFR

DECLARAÇÃO DE INCOMPETÊNCIA: arts. 112 a 114; Súm. 33 e 59, STJ; 252, TFR

DECLARAÇÃO DE INCONSTITUCIONALIDADE
– designação da sessão de julgamento: art. 482
– pronunciamento anterior sobre a questão: art. 481, p.u.
– rejeição ou acolhimento: art. 481
– submissão da questão à turma ou câmara que conhecer do processo: art. 480

DECLARAÇÃO INCIDENTE
– despesas processuais: art. 34
– possibilidade de requisição: art. 325
– suspensão do processo: art. 265, IV

ÍNDICE REMISSIVO DO CPC

DECLARAÇÃO JUDICIAL DE INSOLVÊNCIA
– v. INSOLVÊNCIA
– sentença: art. 761; Súm. 244, TFR

DECLARAÇÕES DE VONTADE
– constituição, modificação e extinção de direitos: art. 158

DEFESA
– v. CONTESTAÇÃO e RESPOSTA DO RÉU
– contra texto expresso de lei ou fato incontroverso: art. 17, I
– de direito material ou de reconvenção: art. 354, última parte
– procedimento sumário: art. 278

DELITO
– questão prejudicial: art. 110, p.u.
– reparação; foro competente: art. 100, p.u.

DEMARCAÇÃO
– ação de demarcação; confinante: art. 946, I
– ação de divisão; consorte: art. 946, II
– apelação: art. 520, I
– colocação de marcos; marco primordial: art. 963
– competência territorial: art. 95; Súm. 218, STF
– contestação: arts. 954 e 955
– cumulação: art. 947
– despesas judiciais: art. 25
– embargos de terceiros: art. 1.047, I
– fixação de marcos: art. 948
– limites: arts. 946, I, e 965
– linha de demarcação: arts. 948 e 964
– memorial descritivo: art. 959
– parte legítima: art. 952
– pedido de restituição; ou indenização dos danos: art. 951
– terras particulares: arts. 946 a 966
– valor da causa: art. 259, VII

DEMENTE
– citação: art. 218

DEMOLIÇÃO DE PRÉDIO
– medida cautelar: art. 888, VIII

DENUNCIAÇÃO DA LIDE: arts. 70 a 76; Súm. 188, STF

DEPOIMENTO
– assinatura: art. 417, *caput*
– audiência; testemunha: art. 410
– datilografia: art. 417, § 1º
– interferência do advogado: art. 446, p.u.
– pessoal: arts. 342 a 347
– procedimento sumário: art. 279, p.u.
– processo eletrônico: art. 417, § 2º
– produção antecipada de provas: arts. 848, p.u., e 851; Súm. 263, TFR
– reduzido a termo: art. 279, p.u.
– requerido pela parte: art. 343
– respostas evasivas e omissão de respostas: art. 345
– serviço público: art. 419, p.u.
– sigilo profissional: art. 347, II
– testemunha: arts. 405, 406, 410 a 418
– tomado fora da audiência: art. 336, p.u.

DEPOIMENTO PESSOAL: arts. 342 a 347
– autor; réu: art. 452, II
– intervenção do advogado; inadmissibilidade: art. 446, p.u.

DEPOSITÁRIO
– arrolamento de bens: art. 859
– deveres e direitos: art. 150
– guarda e conservação de bens: art. 148
– infiel; prisão: art. 904, p.u.; Súm. 419, STJ
– infiel; suspensão da prisão: art. 904, p.u.
– judicial: art. 148
– penhora: arts. 666, 672, § 1º, 677 e 678; Súm. 257, TFR
– remuneração: art. 149
– sequestro; escolha do depositário: arts. 824 e 825

DEPÓSITO
– bens penhorados: arts. 664 e 666; Súm. 257, TFR
– coisa litigiosa; ação possessória: art. 925
– coisa vendida a crédito com reserva de domínio: art. 1.071
– comprovação; Justiça do Trabalho: IN TST 18/1999
– em dinheiro; substituição do bem penhorado: art. 668

1787

ÍNDICE REMISSIVO DO CPC

- férias e feriados: art. 173, II
- materiais e produtos; nunciação de obra nova: art. 936, p.u.
- menores ou incapazes: art. 888, V
- penhora de imóveis; apresentação da certidão de matrícula: art. 659, § 5º
- prestação; execução: art. 582
- prévio; ação rescisória: IN TST 31/2007
- recursal; Justiça do Trabalho: IN TST 15/1998

DEPÓSITO JUDICIAL
- v. CONSIGNAÇÃO EM PAGAMENTO

DEPÓSITO NECESSÁRIO
- prova testemunhal: art. 402, II

DEPÓSITOS DE BENS
- medida cautelar provisória: art. 799

DEPUTADOS
- testemunhas; inquirição na residência ou onde exercem a função: art. 411, II, VI, VIII, e p.u.

DESCONTO EM FOLHA
- prestação alimentícia: art. 734

DESEMBARGADORES
- testemunhas; inquirição na residência ou onde exercem a função: art. 411, IX, e p.u.

DESENTRANHAMENTO
- de alegações e documentos: art. 195

DESERÇÃO
- v. PREPARO
- recurso: art. 511, caput, e § 2º
- recurso; apelação: art. 519

DESISTÊNCIA
- da ação: arts. 158, p.u., 267, VIII, e § 4º, 298, p.u., e 317
- da execução: art. 569
- do recurso: art. 501
- prosseguimento da reconvenção: art. 317

DESOBEDIÊNCIA
- terceiro; não exibição de documento: art. 362

DESPACHO
- citação do réu; responder a petição inicial: art. 285
- conceito: art. 162, § 3º
- deliberação da partilha: art. 1.022
- expediente; prazo: art. 189, I
- mero expediente; irrecorribilidade: art. 504
- redação pelo juiz: art. 164

DESPACHO SANEADOR: Súm. 424, STF
- v. SANEAMENTO DO PROCESSO

DESPESAS
- abrangência: art. 20, § 2º; Súm. 69, TFR
- ação de consignação em pagamento: art. 897
- adiantamento: art. 19, § 2º
- atos adiados: art. 29
- cartas: arts. 208 e 212
- comparecimento à audiência; testemunha: art. 419, caput
- deveres das partes: arts. 19 a 35; Súm. 185, 234, 256, 257, 389, 512 e 616, STF; 14, 105, 110, 111 e 306, STJ; 69 e 154, TFR
- extinção do processo: arts. 28 e 267, § 2º
- jurisdição voluntária: art. 24
- MP: art. 19, § 2º
- pagamento em cada ato processual: art. 19, § 1º
- propositura de nova ação: art. 268
- sanção processual: art. 35

DEVEDOR
- cumprimento da obrigação; início ou prosseguimento da execução: art. 581
- declaração de vontade; sentença; efeitos: art. 466-A
- indisponibilidade dos bens; declaração de insolvência: art. 752
- obrigações; responde com seus bens: art. 591
- obrigações alternativas; escolha do devedor: art. 571, caput
- possibilidade de requerer a própria insolvência: art. 753, II
- reconhecido em título executivo; legitimidade passiva: art. 568, I
- sucessores; legitimidade passiva em execução: art. 568, II

ÍNDICE REMISSIVO DO CPC

DEVEDOR INSOLVENTE
– v. INSOLVÊNCIA

DEVER DA VERDADE: art. 339

DEVERES DO JUIZ: art. 125

DEVOLUÇÃO DOS AUTOS: arts. 195 a 197

DIGNIDADE DA JUSTIÇA
– advertência ao devedor: art. 599, II
– ato atentatório: arts. 599, II, e 600

DILIGÊNCIAS
– inúteis e protelatórias; indeferimento: art. 130

DINHEIRO
– levantamento pelo credor; execução por quantia certa: art. 709
– penhora: arts. 655, I e 655-A; Súm. 417, STJ

DINHEIRO A RISCO: art. 1.218, X

DIREITO
– ação; Ministério Público: art. 81
– apelação; conteúdo; fundamentos: art. 514, II
– autoral; busca e apreensão: art. 842, § 3º
– fato constitutivo, modificativo ou extintivo: art. 462
– indisponível; confissão inválida: art. 351
– indisponível; efeito da revelia: art. 320, II; Súm. 256, TFR
– indisponível; ônus da prova; nulidade de convenção: art. 333, p.u., I
– litigioso; alienação; legitimidade das partes: art. 42, caput
– ônus da prova: art. 333
– preferência: art. 637, p.u.
– retenção; credor; não poderá promover a execução: art. 594
– visita; filhos: art. 888, I e VI
– vizinhança; ação; competência; opção pelo autor: art. 95; Súm. 218, STF

DISSÍDIOS COLETIVOS
– normas: Lei 4.725/1965

DISSOLUÇÕES E LIQUIDAÇÕES DE SOCIEDADES: art. 1.218, VII

DISTRIBUIÇÃO: arts. 251 a 257

DISTRITO FEDERAL
– representação em juízo: art. 12, I

DIVERGÊNCIA
– contrato simulado; prova testemunhal: art. 404, I
– embargos infringentes; restrição: art. 530; Súm. 293, 354, 455 e 518, STF; 88, STJ; 48 e 77, TFR

DÍVIDA ATIVA
– Fazenda Pública; certidão: art. 585, VII
– legitimidade para a cobrança de dívida ativa da União: art. 1.212, caput

DÍVIDAS
– vencimento antecipado; declaração de insolvência: art. 751, I

DIVISÃO
– v. AÇÃO DE DIVISÃO

DIVÓRCIO
– v. SEPARAÇÃO CONSENSUAL
– consensual; por via administrativa: art. 1.124-A
– escritura pública/atos notariais; gratuidade; declaração de pobreza: art. 1.124-A, § 3º

DOCUMENTO(S)
– ação rescisória: art. 485, VII e IX
– autenticados: arts. 365, III, e 369
– depósito em cartório/secretaria; cópia digital de: art. 365, § 2º
– desentranhamento; não restituição dos autos no prazo legal: art. 195
– embargos de terceiro; prova sumária da posse: art. 1.050, caput
– em poder de terceiro; exibição: arts. 360 a 363
– entrelinha, emenda, borrão ou cancelamento: art. 386
– exibição; prova: arts. 355 a 363, 381 e 382; Súm. 260, STF
– exibição judicial; procedimento preparatório: art. 844, II e III; Súm. 260 e 390, STF
– falsidade: art. 387

1789

ÍNDICE REMISSIVO DO CPC

- força probante: arts. 364 a 389; Súm. 260, STF
- incidente de falsidade: arts. 390 a 395
- juntada: arts. 397 e 398
- língua estrangeira; versão firmada por tradutor juramentado: art. 157; Súm. 259, STF
- nota pelo credor: art. 377
- novo; ação rescisória: art. 485, VII
- novo; produção da prova: art. 397
- particular: arts. 368, 370 a 374, 384 e 385
- particular; datado: art. 370
- petição inicial: art. 283
- público: art. 364
- título executivo extrajudicial: art. 585, II; Súm. 300, STJ

DOLO
- ação rescisória: art. 485, III
- confissão: art. 352
- depositário: art. 150
- MP: art. 85
- partilha: art. 1.029, caput, e p.u., II
- perito: art. 147
- responsabilidade do juiz: art. 133, I
- responsabilidade dos serventuários de justiça: art. 144, II
- restauração dos autos: arts. 1.063 a 1.069

DOMICÍLIO
- arresto: art. 813, I e II
- citação com hora certa: arts. 227 e 228
- competência territorial: arts. 94 a 98 e 100, II, III, e p.u.; Súm. 218, STF; 1, STJ e 58, TFR
- diferentes: art. 94, § 4º
- réu: arts. 94 e 96 a 98; Súm. 58, TFR

DOMINGOS
- feriados: art. 175

DOMÍNIO
- ações possessórias: art. 923
- embargos de terceiros: art. 1.050, § 2º

DUPLICATA
- penhora de crédito: art. 672
- título executivo: art. 585, I

DUPLO GRAU DE JURISDIÇÃO
- possibilidades: art. 475, I e II; Súm. 45, STJ; 77, TFR
- vedação; valor excedente a 60 salários mínimos: art. 475, § 2º

EDITAIS DE PRAÇA
- bens penhorados; alienação: art. 685, p.u.
- conteúdo: art. 686, I a VI; Súm. 128, STJ
- fixação e publicação: art. 687, caput, e § 1º

EMANCIPAÇÃO
- jurisdição voluntária; procedimento: art. 1.112, I

EMBAIXADOR
- testemunha: art. 411, X

EMBARGO DE OBRA
- v. AÇÃO DE NUNCIAÇÃO DE OBRA NOVA
- extrajudicial: art. 935

EMBARGOS À ADJUDICAÇÃO
- alegações: art. 746

EMBARGOS À ARREMATAÇÃO
- apelação; efeito meramente devolutivo: Súm. 331, STJ
- oferecimento; devedor: art. 746, caput

EMBARGOS À EXECUÇÃO: arts 745 a 746
- adjudicação: art. 746
- alienação: art. 746
- apelação; efeito devolutivo: art. 520, V; Súm. 317, STJ
- arrematação: art. 746
- contra a Fazenda Pública: art. 741; Súm. 150, STF; e 487, STJ
- excesso de execução: art. 743
- manifestamente protelatórios; multa: art. 746, § 3º
- título judicial: arts. 741 a 743; Súm. 150, STF
- título judicial; exceção de incompetência: art. 742

EMBARGOS DE DECLARAÇÃO: Súm. 317 e 356, STF; 98, STJ
- alteração da sentença: art. 463, II
- cabimento: arts. 496, IV, e 535

ÍNDICE REMISSIVO DO CPC

- julgamento: art. 537
- omissão: art. 535, II
- prazo para oposição: art. 536
- prazo para outros recursos; interrupção: art. 538, *caput*; Súm. 418, STJ
- protelatórios; multa: art. 538, p.u.

EMBARGOS DE DIVERGÊNCIA: Súm. 233, 253, 273, 353 e 598, STF
- cabimento: arts. 496, VIII, e 546; Súm. 158, 168, 169, 315 e 316, STJ
- não cabimento: Súm. 420, STJ
- prazo: art. 508

EMBARGOS DE TERCEIRO: arts. 1.046 a 1.054; Súm. 84, 134, 195 e 303, STJ; 32, 33 e 184, TFR
- citação pessoal: art. 1.050, § 3º

EMBARGOS DO DEVEDOR: arts. 736 a 740; Súm. 32, 33 e 256, TFR
- carta precatória; execução: art. 748, § 2º
- depósito da coisa: arts. 622 e 623
- distribuição por dependência: art. 736, p.u.
- improcedência; apelação: art. 520, V; Súm. 317, STJ
- insolvência: arts. 755 a 757
- litigância de má-fé; multa ou indenização: art. 739-B
- manifestamente protelatório: art. 740, p.u.
- oposição pela Fazenda Pública: art. 730; Súm. 144, STJ
- peças processuais; declaração de autenticidade do advogado: art. 736, p.u.
- prazo: art. 738
- prestação alimentar: art. 732, p.u.
- rejeição liminar: art. 739
- quantia certa: arts. 673, *caput*, e 730; Súm. 144, STJ
- sem efeito suspensivo; regra: art. 739-A
- sentença: arts. 741, VI, e 743, III; Súm. 150, STF
- suspensão da execução: art. 791, I

EMBARGOS DO EXECUTADO
- *v.* EMBARGOS DO DEVEDOR

EMBARGOS INFRINGENTES: arts. 530 a 534; Súm. 293 a 296, 354, 355, 368, 455, 518 e 597, STF; 88, 169 e 255, STJ; 48 e 77, TFR
- cabimento: arts. 496, III e 530; Súm. 293, 354, 455 e 518, STF; 88, STJ; 48 e 77, TFR
- interposição: arts. 498 e 531
- prazo: arts. 498, p.u., e 508
- procedimento; regimento do tribunal: art. 533
- relator: arts. 531, 534 e 553

EMBARGOS MONITÓRIOS: art. 1.102-C

EMENTA
- obrigatoriedade: art. 563

EMOLUMENTOS
- *v.* CUSTAS

EMPRESA
- penhora e depósito: art. 678

EMULAÇÃO
- *v.* DANO PROCESSUAL

ENFITEUSE
- *v.* AFORAMENTO
- execução; alienação ineficaz; senhorio não intimado: art. 619

ENTREGA DE BENS
- medida cautelar; cônjuge e filhos: art. 888, II

ENTREGA DE COISA
- achada: arts. 1.170 a 1.176
- alienação de coisa litigiosa: art. 626
- certa: arts. 621 a 628
- depósito; devedor: arts. 622 e 623
- deteriorada: art. 627
- execução: arts. 621 a 631
- incerta: arts. 629 a 631

ENTREGA DE DINHEIRO
- execução; levantamento do depósito; privilégio/preferência: art. 709, II
- pagamento; execução por quantia certa: art. 708, I

ENTRELINHAS
- ressalva: art. 171

ENUNCIADO DE SÚMULA VINCULANTE PELO STF
- *v.* SÚMULA VINCULANTE

1791

ÍNDICE REMISSIVO DO CPC

EQUIDADE
– decisão: art. 127

ERRO
– cálculo; sentença: art. 463, I
– confissão; revogação: art. 352
– contador: art. 139
– descrição de bens de partilha: art. 1.028
– distribuição: art. 255
– forma do processo: art. 250
– prova testemunhal: art. 404, II
– sentença; erro de fato; ação rescisória: art. 485, IX e §§ 1º e 2º

ESBOÇO DE PARTILHA: arts. 1.023 e 1.024

ESBULHO
– v. AÇÕES POSSESSÓRIAS
– ação de demarcação; queixa: art. 951
– ação de reintegração de posse: arts. 926 a 931; Súm. 262, STF

ESCRITURAÇÃO CONTÁBIL
– v. LIVROS COMERCIAIS
– indivisível: art. 380

ESCRIVÃO
– v. SERVENTUÁRIO DE JUSTIÇA
– ad hoc; nomeado pelo juiz: art. 142
– atribuições: art. 141
– autuação; petição inicial: art. 166
– certidões: art. 141, V
– distribuição dos processos: arts. 251 e 252
– impedimento: art. 142
– juntada; vista e conclusão: art. 168
– numeração e rubrica das folhas: art. 167, caput
– procedimento dos atos: arts. 166 a 171
– responsabilidade civil: art. 144

ESPÓLIO
– competência para cumprimento das disposições testamentárias: art. 96; Súm. 58, TRF
– dívidas do falecido: art. 597
– representação em juízo: art. 12, V e § 1º
– representação pelo inventariante: arts. 12, V e § 1º, e 991, I
– réu; foro competente: art. 96; Súm. 58, TFR

– substituição do morto: art. 43

ESTABELECIMENTO
– penhora; depósito: art. 677

ESTADO DE FATO
– atentado; inovação ilegal: art. 879, III

ESTADO DE PESSOA
– ações; não observação do procedimento sumário: art. 275, p.u.

ESTADO DO PROCESSO
– antecipação da lide: art. 330
– extinção: art. 329
– julgamento: art. 329 a 331
– saneamento: art. 331, § 3º

ESTADO ESTRANGEIRO
– STJ; recurso ordinário: arts. 539, II, b, e 540

EVICÇÃO
– denunciação da lide; obrigatoriedade: art. 70, I

EXAME PERICIAL
– v. PERÍCIA e PROVA PERICIAL
– produção antecipada: arts. 849 a 851; Súm. 263, TFR

EXCEÇÃO: arts. 304 a 314
– embargos à execução: art. 742
– impedimento: arts. 265, III e § 4º, e 304
– impedimento do juiz: art. 742
– impedimento e suspeição: arts. 304 e 312 a 314
– incompetência: arts. 112, 117, 265, III, § 4º, 304, 307 a 311 e 742
– indeferimento da petição inicial: art. 310
– processo; apenso: art. 299
– suspensão do processo: art. 306

EXCEÇÃO DECLINATÓRIA DO FORO
– conflito de competência: art. 117, p.u.
– prorrogação da competência: art. 114; Súm. 252, TFR

EXCEÇÃO DE CONTRATO NÃO CUMPRIDO: art. 582

EXECUÇÃO: Súm. 600, STF; 46, 196, 270 e 279, STJ; 32 a 34, 184 e 242, TFR
– aplicação subsidiária; cumprimento de sentença: art. 475-R

1792

ÍNDICE REMISSIVO DO CPC

- averbação manifestamente indevida; indenização; incidente em autos apartados: art. 615-A, § 4º
- averbação no registro de imóveis, de veículo ou de outros bens; certidão comprobatória do ajuizamento da: art. 615-A
- bens sujeitos: arts. 591 e 592
- citação do executado; indicação dos bens: art. 652
- citação irregular; nulidade: art. 618, II
- competência; título judicial: art. 575
- concurso universal; insolvência do devedor: art. 751, III
- condição/termo; nulidade: art. 618, III
- contra a Fazenda Pública; embargos: art. 741; Súm. 150, STF
- contraprestação; recusa pelo credor: art. 582
- contraprestação de credor; prova do adimplemento: art. 615, IV
- credor; título executivo: art. 566, I
- cumprimento da obrigação pelo devedor: art. 581
- cumulação: art. 573; Súm. 27, STJ
- definitiva; caracterização: art. 587; Súm. 317, STJ
- desistência; faculdade do credor: art. 569
- dignidade da justiça: arts. 599, II, e 600
- dos bens do sucessor a título singular; fundada em direito real ou obrigação reipersecutória: art. 592, I
- embargos à arrematação: art. 746
- entrega de coisa: arts. 621 a 631
- escolha do meio menos gravoso: art. 620
- escolha do modo pelo credor: art. 615, I
- excesso; hipóteses: art. 743
- extinção: art. 794 e 795; Súm. 224, TFR
- fixação dos honorários advocatícios: art. 652-A
- inadimplemento do devedor: art. 580
- inicial; indicação de bens a penhora pelo credor: art. 652, § 2º
- interesse do credor: art. 612; Súm. 244, TFR
- intimação; cumpre ao credor requerer: art. 615, II
- intimação do executado; de ofício ou a requerimento do exequente; indicar bens a penhora: art. 652, § 3º
- intimação do executado; na pessoa de seu advogado ou pessoalmente: art. 652, § 3º
- legitimação ativa: arts. 566 e 567
- legitimação passiva: art. 568
- MP: art. 566, II
- nulidade; embargos à arrematação e à adjudicação: art. 746
- nulidade; ocorrência: art. 618
- nulidade; termo não ocorrido: art. 618, III
- nulidade; título executivo extrajudicial: art. 618, I
- obrigação alternativa: art. 571
- partes: arts. 566 a 574; Súm. 27, STJ
- petição inicial; correção: art. 616
- petição inicial; instrução: art. 614
- prestação do credor; excesso de execução: art. 743, IV
- processo: art. 598
- propositura; deferimento; interrupção da prescrição: art. 617; Súm. 150, STF
- provisória; caracterização: art. 587
- provisória; normas: art. 475-O
- relação jurídica condicional ou a termo: art. 572
- ressarcimento dos danos pelo credor: art. 574
- saldo declarado em sentença; prestação de contas: art. 918
- sentença penal condenatória ou sentença arbitral: art. 575, IV
- suspensão: arts. 791 e 793
- título extrajudicial; juízo competente: art. 576
- título de obrigação certa, líquida e exigível; cobrança de crédito: art. 586

EXECUÇÃO DEFINITIVA
- caracterização: art. 587; Súm. 317, STJ

EXECUÇÃO DE OBRIGAÇÃO DE FAZER: arts. 632 a 638
- citação do devedor: art. 632
- perdas e danos: art. 633
- prestação por terceiros: art. 634 e p.u.
- tutela específica: art. 461

1793

ÍNDICE REMISSIVO DO CPC

EXECUÇÃO DE OBRIGAÇÃO DE NÃO FAZER: arts. 642 e 643
– tutela específica: art. 461

EXECUÇÃO DE PRESTAÇÃO ALIMENTÍCIA: arts. 732 a 735; Súm. 144, STJ
– desconto em folha: art. 734

EXECUÇÃO DE SENTENÇA
– carta precatória; oferecimento de embargos: art. 747; Súm. 46, STJ; 32 e 33, TFR
– condenação em quantia certa ou fixada em liquidação; prazo para pagamento: art. 475-J
– cumulação: art. 741, IV
– decisão impugnada mediante recurso sem efeito suspensivo; natureza provisória: art. 475-I, § 2º
– decisão transitada em julgado; natureza definitiva: art. 475-I, § 1º
– embargos: arts. 741 a 743; Súm. 150, STF
– excesso da execução: art. 743
– impugnação: art. 475-L
– impugnação; efeitos: art. 475-M
– obrigação por quantia certa: art. 475-I
– títulos executivos judiciais; espécies: art. 475-N

EXECUÇÃO DE TÍTULO EXTRAJUDICIAL
– dispensa de caução às custas: art. 836, I
– embargos: art. 745

EXECUÇÃO FISCAL: Lei 6.830/1980; Súm. 137, 150, 277 e 511, STF; 121, 189 e 314, STJ; 40, 44, 48, 99, 112, 154, 189, 190, 209, 210 e 240, TFR
– competência: art. 578
– dívida ativa da União: art. 1.212, *caput*
– título executivo extrajudicial: art. 585, VII

EXECUÇÃO FORÇADA
– credor; título executivo: art. 566, I
– MP: art. 566, II
– prestação de contas: art. 918

EXECUÇÃO PARA ENTREGA DE COISA CERTA: arts. 621 a 628

EXECUÇÃO PROVISÓRIA
– apelação; efeito devolutivo: art. 521

– normas: art. 475-O
– sentença: art. 475-O

EXECUTADO
– *v.* DEVEDOR e EMBARGOS DO DEVEDOR

EXEQUATUR
– *v.* HOMOLOGAÇÃO DE SENTENÇA ESTRANGEIRA

EXIBIÇÃO
– coisa móvel: art. 844, I
– determinação judicial: art. 355
– documento ou coisa: arts. 341, II, e 355 a 363
– documento próprio ou comum: art. 844, II
– escritura comercial, balanços e arquivos: art. 844, III; Súm. 260 e 390, STF
– escusa parcial de documento: art. 363, p.u.
– escusas; parte e terceiro: art. 363
– negativa de posse; prova da inverdade: art. 357
– procedimento: arts. 844 e 845; Súm. 260 e 390, STF
– recusa: arts. 358 e 359, II
– requisitos do pedido: art. 356
– terceiro: art. 341, II
– terceiro; depoimento: art. 361
– terceiro; sem motivo justo; providências judiciais: art. 362

EXPEDIENTE FORENSE
– encerramento; prorrogação de prazos: art. 184, § 1º, II

EXPRESSÕES INJURIOSAS: art. 15

EXPROPRIAÇÃO
– adjudicação em favor do exequente: art. 647, I
– alienação em hasta pública: art. 647, III
– alienação por iniciativa popular: art. 647, II
– usufruto de bem móvel ou imóvel: art. 647, IV

EXTINÇÃO
– execução: arts. 794 e 795; Súm. 224, TFR
– obrigações; devedor insolvente; execução: arts. 777 a 782

ÍNDICE REMISSIVO DO CPC

– obrigações; prescrição; devedor insolvente; execução: art. 777

EXTINÇÃO DO PROCESSO
– abandono da causa: arts. 267, III, e 268, p.u.; Súm. 216, STF
– apelação; casos de extinção sem julgamento do mérito; questão de direito: art. 515, § 3º
– assistência: art. 53
– carência das condições da ação: art. 267, VI
– coisa julgada: art. 267, V
– com resolução de mérito: art. 269
– convenção de arbitragem: art. 267, VII
– despesas: arts. 28 e 267, § 2º
– execução; credor: art. 794, III
– execução; devedor: art. 794, I e II
– execução; efeito: art. 795
– inventário; cessação da eficácia de medida cautelar: art. 1.039, II
– julgamento conforme o estado do processo: art. 329
– litisconsórcio necessário; citação: art. 47, p.u.
– negligência das partes: art. 267, II
– pagamento de custas; prova: art. 268, *caput*
– perempção: art. 267, V
– petição inicial indeferida: art. 267, I
– possibilidade jurídica do pedido: art. 267, VI
– reconhecimento do pedido: art. 269, II
– requerimento do réu: art. 28
– sem resolução de mérito: art. 267; Súm. 216 e 631, STF

FALECIMENTO
– *v.* MORTE
– alienante; habilitação: art. 1.061
– herdeiro ou sucessor; restituição do prazo para recurso: art. 507

FALÊNCIA DO EMPRESÁRIO E DA SOCIEDADE EMPRESÁRIA: Súm. 192 e 565, STF; 44, TFR

FALSIDADE
– *v.* INCIDENTE DE FALSIDADE
– documento; ação declaratória: art. 4º, II
– documento; conteúdo: art. 387, p.u.
– documento; ônus da prova: art. 389, I
– prova; ação rescisória: art. 485, VI

FATO CONSTITUTIVO, IMPEDITIVO, MODIFICATIVO E EXTINTIVO
– ônus da prova: art. 333, I e II

FAZENDA PÚBLICA: Súm. 163, 277 e 383, STF; 45, 85, 232 e 279, STJ; 40, 99, 163, 240 e 256, TFR
– despesas processuais: art. 27; Súm. 154, TFR
– excesso de prazo; penalidades: arts. 195 a 197
– execução contra a Fazenda Pública: arts. 730 e 731; Súm. 144, STJ
– honorários advocatícios; execuções individuais de sentença proferida em ações coletivas: Súm. 345, STJ
– jurisdição voluntária; interesse da Fazenda Pública: art. 1.108
– prazos: art. 188; Súm. 116, STJ

FEITOR
– citação; réu ausente: art. 215, § 1º

FERIADOS
– atos processuais: art. 173
– efeito forense; conceito: art. 175
– prazo; não interrupção: art. 178

FÉRIAS FORENSES
– atos: art. 174, I

FIADOR
– chamamento ao processo: art. 77, I e II
– execução; penhora: art. 595, *caput*
– idôneo: art. 601, p.u.
– judicial: art. 568, IV
– pagamento da dívida: art. 595, p.u.
– responsabilidade patrimonial; execução: art. 595
– sujeito passivo na execução: art. 568, IV

FIANÇA
– caução: art. 827

FIDEICOMISSO
– extinção; procedimento de jurisdição voluntária: art. 1.112, VI

FILIAL
– pessoa jurídica estrangeira: art. 12, VIII, e § 3º

1795

ÍNDICE REMISSIVO DO CPC

FIRMA
– reconhecimento; telegrama ou radiograma: art. 374, p.u.

FORÇA POLICIAL
– execução; necessidade; requisição pelo juiz: art. 579

FORMA
– determinada; exigência expressa de lei: art. 154
– erro; efeito: art. 250, *caput*
– prescrita em lei: arts. 243 e 244
– validade; preenchimento; finalidade essencial: art. 154

FORMAÇÃO DO PROCESSO: arts. 262 a 264
– iniciativa da parte e impulso oficial: art. 262

FORMAL DE PARTILHA
– herdeiro: art. 1.027
– peças que deverão constar: art. 1.027, *caput*

FORO
– *v.* COMPETÊNCIA
– crédito decorrente; título executivo extrajudicial: art. 585, IV

FORO DE ELEIÇÃO
– competência: art. 111; Súm. 335, STF

FOTOCÓPIA: arts. 384 e 385, *caput*

FOTOGRAFIA
– apresentação do negativo: art. 385, §§ 1º e 2º
– eficácia probatória: arts. 384 e 385
– impugnação da autenticidade: art. 383, p.u.
– prova; admissibilidade: art. 383, *caput*
– publicada em jornal: art. 385, § 2º

FRAUDE
– juiz; responsabilidade: art. 133, I
– órgão do Ministério Público; responsabilidade: art. 85

FRAUDE À EXECUÇÃO
– alienação ou oneração de bens: art. 593
– alienação ou oneração de bens após a averbação; presume-se em: art. 615-A, § 3º

– arresto: art. 813, II, *b*
– atentatório à dignidade da justiça: art. 600, I
– bens sujeitos à execução: art. 592, V
– conluio: art. 672, § 3º
– hipótese: art. 593
– insolvência do devedor: art. 593, II

FRAUDE À LEI
– ação rescisória: art. 485, III

FRAUDE CONTRA CREDORES: art. 813, II, b e III; Súm. 195, STJ

FRUTOS
– bens inalienáveis; penhora: art. 650

FUNCIONÁRIO PÚBLICO
– desconto em folha: art. 734
– impenhorabilidade dos vencimentos: art. 649, IV
– testemunha: art. 412, § 2º

FUNDAÇÕES
– estatuto; alteração sujeita à aprovação do Ministério Público: art. 1.203
– estatuto; aprovação: art. 1.201, *caput*
– estatuto; elaboração: art. 1.199
– estatuto; elaboração pelo Ministério Público: art. 1.202
– extinção; promoção: art. 1.204
– intervenção do Ministério Público: arts. 1.200 a 1.204

FUNDAMENTAÇÃO: arts. 131, 165 e 458, II
– de sentença: art. 458, II

FUNGIBILIDADE
– *v.* PRINCÍPIO DA FUNGIBILIDADE
– da ação possessória: art. 920

GERENTE
– réu ausente; citação: art. 215, § 1º

GESTÃO DE NEGÓCIO
– ação contra gestor; competência: art. 100, V, *b*

GUARDA DE PESSOA
– medida cautelar provisória: art. 799

GUARDA E EDUCAÇÃO DE FILHOS
– medida cautelar: art. 888, VII

ÍNDICE REMISSIVO DO CPC

HABILITAÇÃO: arts. 1.055 a 1.062

HABEAS DATA
– acesso a informações; rito processual: Súm. 2, STJ

HASTA PÚBLICA
– v. PRAÇA
– alienação: arts. 686 e 687
– substituição do procedimento; pormeio da rede mundial de computadores: art. 689-A
– usufruto; locação de imóvel: art. 724

HERANÇA
– v. ESPÓLIO

HERANÇA JACENTE: arts. 1.142 a 1.158
– representação: art. 12, IV
– sucessão provisória de ausente: art. 1.165, p.u.

HERANÇA VACANTE
– v. HERANÇA JACENTE
– representação pelo curador: art. 12, IV

HIPOTECA
– alienação; ineficácia: art. 619
– bens; credor; intimação do credor hipotecário: art. 615, II
– bens insuficientes: art. 1.208
– caução: art. 827
– competência: art. 95; Súm. 218, STF
– credor; intimação do credor hipotecário: art. 615, II
– embargos de terceiros: art. 1.047, II
– execução provisória: art. 466, p.u., II
– judiciária: art. 466
– legal: arts. 1.188 e 1.205 a 1.210
– legal; Ministério Público: art. 1.188, p.u.
– penhora: art. 655, § 1º
– título executivo: art. 585, III

HIPOTECA LEGAL
– bens inferiores ao valor da responsabilidade: art. 1.209
– bens insuficientes: art. 1.208
– dispensa do valor da responsabilidade: art. 1.206, § 2º
– especialização: arts. 1.188, 1.205 a 1.210
– julgamento da especialização: art. 1.207
– Ministério Público: art. 1.188, p.u.

HOMOLOGAÇÃO DE PENHOR LEGAL
– decisão judicial e entrega dos autos: art. 876
– defesa: art. 875
– requerimento: art. 874, *caput*

HOMOLOGAÇÃO DE SENTENÇA ESTRANGEIRA: arts. 483 e 484
– eficácia no Brasil: art. 483

HONORÁRIOS
– v. REMUNERAÇÃO
– cobrança; procedimento sumário: art. 275, II, *f*
– de perito: art. 33, p.u.
– sucumbenciais; omissão; cobrança: Súm. 453, STJ

HONORÁRIOS DE ADVOGADO: Súm. 115, 256, 389, 450, 512 e 616, STF; 201, 303 e 421, STJ
– autor; nova ação; processo extinto sem apreciação do mérito; pagamento: art. 28
– condenação do litigante de má-fé: art. 18, *caput*
– fixação; critérios: art. 20, §§ 3º e 4º; Súm. 185, STF
– pagamento proporcional: arts. 21, *caput*, e 23; Súm. 306, STJ
– sentença; condenação: art. 20, *caput*; Súm. 14, 105, 110 e 111, STJ

IDENTIDADE FÍSICA DO JUIZ: art. 132, *caput*; Súm. 217 e 262, TFR

IDOSO
– procedimentos judiciais; prioridade: arts. 1.211-A a 1.211-C

IGUALDADE DAS PARTES: art. 125, I

ILEGITIMIDADE DE PARTE
– execução de sentença; embargos: art. 741, III
– indeferimento da inicial: art. 295, II

IMISSÃO NA POSSE
– inventariante removido; substituto: art. 998
– mandado na execução para entrega de coisa imóvel: art. 625
– violação; atentado: art. 879, I

1797

ÍNDICE REMISSIVO DO CPC

IMÓVEL
- ação; direitos reais imobiliários; consentimento do cônjuge: art. 10, *caput*
- citação dos cônjuges; necessidade: art. 10, § 1º
- competência: art. 107
- imissão na posse: art. 625
- situado no Brasil: art. 89, I

IMPEDIMENTO E SUSPEIÇÃO
- advogado; juiz: art. 134, IV, e p.u.
- dirigente de pessoa jurídica; juiz: art. 134, VI
- exceção: arts. 312 a 314
- exceção: art. 304 a 306
- intérprete: art. 138, IV
- juiz: arts. 134 a 137, 313, 485, II, 741, VII, e 742; Súm. 252, STF
- juiz; parentesco com advogado: art. 134, IV
- juiz; parentesco com a parte: art. 134, V
- órgão do Ministério Público: art. 138, I
- perito: art. 138, III
- serventuário de justiça: art. 138, II

IMPENHORABILIDADE
- absoluta: art. 649
- bem de família: Lei 8.009/1990
- bens inalienáveis: art. 649, I
- bens declarados por ato voluntário: art. 649, II
- cardeneta de poupança; 40 salários mínimos: art. 649, X
- ganhos de trabalhador autônomo e honorários de profissional liberal: art. 649, IV
- livros, máquinas, ferramentas, utensílios, instrumentos; necessários ou úteis ao exercício de profissão: art. 649, V
- materiais: art. 649, VIII
- móveis, pertences e utilidades domésticas que guranecem a residência do executado: art. 649, II
- propriedade rural; trabalhada em família: art. 649, VIII
- quantias recebidas por liberalidade para sustento familiar: art. 649, IV
- recursos públicos: art. 649, IX
- recursos públicos do fundo partidário: art. 649, XI
- seguro de vida: art. 649, VI
- vencimentos, subsídios, soldos, salários, remunerações, proventos de aposentadoria, pensões, pecúlios e montepios: art. 649, IV
- vestuários e pertences de uso pessoal do executado: art. 649, II

IMPOSTO
- cálculo; inventário: arts. 1.012 e 1.013; Súm. 115, STF
- inventário: arts. 1.012 e 1.013; Súm. 115, STF
- transmissão; arrolamento: arts. 1.034, § 2º, e 1.036, § 4º
- transmissão a título de morte: art. 1.026

IMPROPRIEDADE DA AÇÃO
- ação possessória: art. 920

IMPUGNAÇÃO
- matéria enumerada no art. 301

IMPULSO OFICIAL: art. 262

INADIMPLEMENTO DO DEVEDOR
- verificação; execução: art. 580

INCAPACIDADE
- testemunha: art. 405, *caput*, e § 1º

INCAPACIDADE DA PARTE
- alegada na contestação: art. 301, VIII

INCAPACIDADE PROCESSUAL
- prazo marcado pelo juiz para sanar o defeito: art. 13, *caput*

INCAPAZES
- arrematação de bem imóvel: art. 701
- causas; intervenção do Ministério Público: art. 82, I
- curador especial: arts. 9º, I, e p.u., e 1.042, II
- representação processual: art. 8º
- réu; alegação: art. 301, VIII
- réu; competência territorial: art. 98

INCIDENTE DE FALSIDADE
- *v.* ARGUIÇÃO DE FALSIDADE

INCOMPETÊNCIA
- absoluta: art. 113; Súm 33 e 59, STJ
- absoluta; alegada na contestação: art. 301, II

1798

ÍNDICE REMISSIVO DO CPC

- declaração: arts. 112 a 124; Súm. 22, 33 e 59, STJ; 252, TFR
- exceção: arts. 304, 307, 308 e 742
- exceção; petição; protocolo no domicílio do réu: art. 305, p.u.
- relativa; arguição: art. 112
- suspensão do processo: arts. 265, III, e 306

INCONSTITUCIONALIDADE
- v. DECLARAÇÃO DE INCONSTITUCIONALIDADE

INDEFERIMENTO DA PETIÇÃO INICIAL
- apelação: art. 296
- casos ou hipóteses de indeferimento: art. 295; Súm. 284, 287 e 291, STF

INDENIZAÇÃO
- v. RESPONSABILIDADE CIVIL
- ação demarcatória: arts. 948 e 949, p.u.
- averbação manifestamente indevida; incidente em autos apartados: art. 615-A, § 4º
- benfeitorias: art. 628
- litigante de má-fé: art. 18

INÉPCIA
- petição inicial: arts. 295, I e p.u., e 301, III; Súm. 284, 287 e 291, STF

INEXIGIBILIDADE DO TÍTULO
- embargos: arts. 741, II, e 756, I

INFORMAÇÃO AO JUIZ
- compete ao terceiro: art. 341, I

INFORMATIZAÇÃO DO PROCESSO JUDICIAL: Lei 11.419/2006
- Regulamenta a Lei 11.419/2006 no âmbito da Justiça do Trabalho: IN TST 30/2007

INICIAL
- v. PETIÇÃO INICIAL

INICIATIVA
- ação: art. 2º
- parte; começo do processo: art. 262

INJÚRIA
- expressões injuriosas: art. 15

INSOLVÊNCIA: arts. 748 a 753
- arrecadação de bens: art. 751, II

- atribuições do administrador: arts. 763 a 767
- caracterização: art. 748
- competência em razão da matéria: art. 92, I; Súm. 244, TFR
- declaração: arts. 751 a 753
- declaração judicial: arts. 761 e 762; Súm. 244, TFR
- devedor casado: art. 749
- disposições gerais: arts. 783 a 786-A
- espólio: arts. 759 e 760
- extinção das obrigações: arts. 777 a 782
- fraude de execução: art. 593, II
- foro competente: art. 99, p.u., I
- pensão: art. 785
- petição: art. 760
- presunção: art. 750
- requerida pelo credor ou seu espólio: arts. 754 a 760
- requerida pelo devedor: arts. 759 e 760
- saldo devedor: arts. 774 a 776
- verificação e classificação dos créditos: arts. 768 a 773

INSOLVENTE
- arrecadação e alienação; bens do devedor: art. 776
- pedido de pensão; pelo devedor: art. 785

INSPEÇÃO JUDICIAL: arts. 440 a 443

INSTÂNCIA
- v. PROCESSO

INSTRUÇÃO
- v. AUDIÊNCIA

INSTRUMENTO PÚBLICO
- exigência da lei; prova: art. 366

INSTRUMENTOS
- profissão; impenhorabilidade: art. 649, V

INTERDIÇÃO: arts. 1.182 a 1.186
- intervenção do Ministério Público: art. 82, II
- prédio; medida cautelar: art. 888, VIII

INTERDITOS
- v. AÇÕES POSSESSÓRIAS; CURATELA e INTERDIÇÃO
- curatela: arts. 1.187 a 1.198
- incapacidade para depor: art. 405, § 1º, I

1799

ÍNDICE REMISSIVO DO CPC

- MP: arts. 82, I e II, e 84
- proibitório; cabimento e procedimento: arts. 932 e 933
- proibitório; citação de ambos os cônjuges: art. 10, § 2º
- proibitório; fungibilidade: art. 920

INTERESSE
- *v.* LEGÍTIMO INTERESSE
- relação jurídica ou autenticidade de documento: art. 4º; Súm. 258, STF

INTERESSE EM RECORRER: art. 499; Súm. 99, STJ

INTERESSE PROCESSUAL
- ação: art. 3º
- ausência; extinção do processo: art. 267, VI
- carência; indeferimento da inicial: art. 295, III

INTERPELAÇÃO: arts. 867 a 873

INTERPRETAÇÃO
- direito; uniformização: arts. 476 e 478
- pedido: art. 293; Súm. 254, STF; 176, STJ

INTÉRPRETE: arts. 151 a 153
- *v.* TRADUTOR
- honorários; título executivo extrajudicial: art. 585, VI
- impedimento e suspeição: art. 138, IV

INTERVENÇÃO DE TERCEIROS: arts. 56 a 80; Súm. 188, STF
- anotação pelo distribuidor: art. 253, p.u.
- competência; causa principal: art. 109

INTIMAÇÃO: arts. 234 a 242; Súm. 310, STF; 25 e 121, STJ; 117, TFR
- ação de usucapião: art. 943
- curador: art. 1.187
- endereço residencial ou profissional declinado na inicial; presunção de validade da comunicação e: art. 238, p.u.
- incidente de falsidade: arts. 390 e 392
- litisconsorte: art. 49
- nulidade: art. 247
- por meio eletrônico: art. 237, p.u.
- prazo para comparecimento: art. 192
- protesto: art. 883
- protesto; edital: arts. 870 e 883, p.u.

- sentença: arts. 242 e 506, II; Súm. 25, STJ
- testamenteiro: arts. 1.127 e 1.131, II
- testamento particular: art. 1.131

INVENTARIANTE: arts. 990 a 998; Súm. 265, STF
- representação do espólio: art. 12, V
- requerimento de insolvência do espólio devedor: art. 753, III
- substituição do *de cujus*: art. 43

INVENTÁRIO
- *v.* ARROLAMENTO
- abertura pelo juiz; de ofício: art. 989
- adjudicação; pagamento de dívidas: art. 1.017, § 4º
- administrador provisório: arts. 985 e 986
- admissão de sucessor preterido: art. 1.001
- avaliação; repetição: art. 1.010
- avaliação dos bens: arts. 1.003, 1.007 e 1.008
- bens fora da comarca: art. 1.006
- bens situados no Brasil: art. 89, II
- citações: art. 999
- colação: arts. 1.014 a 1.016
- comerciante: arts. 993, p.u., I, e 1.003, p.u.
- competência: arts. 96, p.u., e 97; Súm. 58, TFR
- credor de dívida líquida e certa; não vencida: art. 1.019
- cumulação de inventários: arts. 1.043, parágrafos, e 1.045
- curador especial: art. 1.042
- declaração de insolvência: art. 991, VIII
- dívida impugnada: art. 1.018, p.u.
- emenda e esboço da partilha: arts. 1.023 e 1.028
- Fazenda Pública; citação: art. 999
- Fazenda Pública; informações: art. 1.002
- herdeiro; contestação: art. 1.000, III
- herdeiro ausente; curadoria: art. 1.042, I
- impostos; cálculo: art. 1.013
- incapaz: art. 1.042, II
- incidente de negativa de colação: art. 1.016
- incidente de remoção de inventariante: arts. 996 a 998

ÍNDICE REMISSIVO DO CPC

- inventariante; contas: art. 991, VII
- inventariante; dativo: arts. 12, § 1º e 991, I
- inventariante; nomeação: art. 990
- inventariante; remoção: art. 995
- inventariante; sonegação; arguição: art. 994
- judicial; hipóteses: art. 982, 1ª parte
- julgamento da partilha: art. 1.026
- lançamento da partilha: art. 1.024
- laudo de avaliação; impugnação: art. 1.009
- medidas cautelares incidentes; cessação da eficácia: art. 1.039
- nomeação de bens à penhora: art. 1.021
- pagamento de dívida; interesse de legatário: art. 1.020
- pagamento de dívidas: art. 1.017
- partilha; deliberação: art. 1.022
- partilha; folha de pagamento: art. 1.025, II
- partilha amigável: art. 1.029
- partilha de bens de herdeiro morto na pendência do inventário: arts. 1.044 e 1.045
- por via administrativa; escritura pública; condições; registro imobiliário: art. 982, 2ª parte
- prazo para requerimento e conclusão: art. 983
- primeiras declarações: art. 993; Súm. 265, STF
- primeiras declarações, erros e omissões; manifestações: art. 1.000, I
- procedimento judicial: art. 982
- questões de alta indagação: art. 984
- requerida pelo inventariante; insolvência: art. 991, VIII
- requerimento; legitimidade: arts. 987 e 988
- sobrepartilha: arts. 1.040, p.u., 1.041 e 1045, p.u.
- sonegação: arts. 994 e 995, VI
- últimas declarações: art. 1.011
- valor dos bens: art. 1.002

INVESTIGAÇÃO DE PATERNIDADE

- ação; segredo de justiça: art. 155, II
- depoimento pessoal: art. 347, p.u.

IRREGULARIDADES

- *v.* NULIDADES
- suprimento; providências: art. 328

JUIZ

- afastamento: art. 132; Súm. 217 e 262, TFR
- alienação antecipada; penhora: art. 670
- alteração da *causa petendi*: art. 128
- aplicação justa da lei: art. 126
- aposentado: art. 132
- apreciação de prova: art. 131
- apreensão de título: art. 885
- audiência: art. 446, I
- citação do réu: art. 285
- correlação entre pedido e sentença: art. 128
- cumprimento do ato: art. 133, II
- cumprimento do prazo pelo serventuário: art. 193
- decisão da lide: art. 128
- declaração de insolvência: art. 761
- dignidade a justiça: art. 125, III
- dilatação do prazo: art. 181, § 1º
- direção do processo: art. 125
- equidade: art. 127
- excesso de prazo: arts. 187 e 198
- fiscalização dos prazos: art. 193
- força policial; execução: arts. 579, 662 e 825, p.u.
- identidade física: art. 132; Súm. 217 e 262, TFR
- igualdade das partes: arts. 125, I, e 130
- impedido: art. 485, II
- impedimento e suspeição: arts. 134 a 138, 313, 409, I, 485, II, 741, VII, e 742; Súm. 252, STF
- lacuna na lei: art. 126
- livre convencimento: art. 131
- nomeação de perito: art. 421
- parcialidade: art. 135
- parentes: art. 136
- parte do processo: art. 134, I
- pedido de protesto; indeferimento: art. 869
- pedido de vista: art. 555, § 2º
- pena pecuniária estabelecida: art. 644
- perdas e danos: art. 133
- poder de polícia: art. 445
- poder geral de cautela: arts. 798 e 799

1801

ÍNDICE REMISSIVO DO CPC

- poderes; deveres e responsabilidade: arts. 125 a 133; Súm. 217 e 262, TFR
- princípio dispositivo: arts. 128 e 130
- processo simulado: art. 129
- pronunciamento de nulidade: art. 249
- prova documental; apreciação: art. 386
- rápida solução do litígio: art. 125, II
- repetição de informações: art. 399
- responsabilidade: art. 133
- restauração dos autos: art. 1.066
- sequestro: art. 822
- substituto: art. 132; Súm. 217 e 262, TFR
- suspeição de parcialidade: art. 135
- suspensão da execução: arts. 792 e 793
- titular: art. 132; Súm. 217 e 262, TFR
- valor da prova: art. 131

JUÍZO
- admissibilidade; apelação: art. 518
- admissibilidade; competência: art. 496; Súm. 315 e 316, STJ
- admissibilidade; embargos infringentes: art. 531
- arbitral: art. 575, IV
- competência; medidas cautelares: art. 800; Súm. 634 e 635, STF; 263, TFR
- mérito; recurso: art. 496; Súm. 315 e 316, STJ
- retratação; agravo de instrumento: art. 527, p.u.
- retratação; apelação: art. 521
- retratação; ato judicial: art. 162
- universal da insolvência: art. 762; Súm. 244, TFR

JULGAMENTO
- antecipado da lide: arts. 318, 329 a 331 e 915, § 2º
- audiência: arts. 444 a 457
- câmara: art. 555
- caução: art. 834
- colegiado: art. 555, § 1º
- competência: art. 553
- conexão: art. 105
- conversão em diligência: art. 130
- embargos do devedor: art. 740
- embargos infringentes: arts. 532 e 534
- estado do processo: arts. 329 a 331
- exceção: arts. 311 e 313
- *extra petita*: art. 515

- impedimento e suspeição: art. 313
- Juntas de Conciliação; definição de jurisdição: Lei 8.432/1992
- pedido de vista: art. 555, § 2º
- preferência: art. 562
- processos no tribunal: arts. 553 e 554
- questão preliminar: arts. 560 e 561
- reconvenção: art. 318
- resultado; anúncio: art. 556
- turma: art. 555
- voto: art. 555

JULGAMENTO ANTECIPADO
- ação demarcatória não contestada: art. 955
- ação de prestação de contas: art. 915, § 2º
- ocorrência: art. 330

JURISDIÇÃO
- civil, contenciosa e voluntária: art. 1º
- definição: Lei 8.432/1992
- ofício jurisdicional: art. 463
- tutela jurisdicional; requerimento: art. 2º
- voluntária; citação: art. 1.105
- voluntária; decisão: art. 1.109
- voluntária; despesas processuais: arts. 24 e 34
- voluntária; férias: art. 174, I
- voluntária; iniciativa do procedimento: art. 1.104
- voluntária; prazo para resposta: art. 1.106
- voluntária; provas: art. 1.107
- voluntária; sentença; apelação: art. 1.110
- voluntária; sentença; possibilidade de modificação: art. 1.111

JURISPRUDÊNCIA
- uniformização: art. 476

JUROS LEGAIS
- principal: art. 293; Súm. 254, STF; 176, STJ

JUSTA CAUSA
- conceito: art. 183, § 1º

JUSTIÇA DO TRABALHO
- aplicação de normas processuais trabalhistas à União, Estados, Municípios,

ÍNDICE REMISSIVO DO CPC

Distrito Federal e autarquias e fundações de direito público: Dec.-lei 779/1969
- competência: Lei 8.984/1995 e IN TST 27/2005
- comprovação; depósito recursal: IN TST 18/1999
- depósito para recurso nas ações: IN TST 3/1993 e 15/1998
- Tribunal do Trabalho; processos coletivos: Lei 7.701/1988

JUSTIÇA GRATUITA: Súm. 481, STJ
- dispensa de despesas judiciais: art. 19

JUSTIFICAÇÃO
- arresto: art. 815
- citação dos interessados; intervenção do Ministério Público: art. 862, p.u.
- inadmissibilidade de defesa e recurso: art. 865
- julgamento por sentença: art. 866
- medida cautelar: arts. 861 a 866; Súm. 32, STJ
- testemunha e documentos: arts. 863 e 864

LAUDÊMIO
- título executivo: art. 585, IV

LAUDO PERICIAL
- apresentação: art. 433
- prorrogação; entrega: art. 432

LEALDADE
- dever processual: art. 14, II

LEGATÁRIO
- dívidas do espólio: art. 1.020
- inventário: art. 988, III

LEGITIMIDADE
- ação declaratória incidental: art. 5º
- ação rescisória: art. 487; Súm. 175, STJ
- alienação da coisa: art. 42
- demarcação: art. 952
- execução; ativa e passiva: arts. 566 a 568
- interdição; Ministério Público: art. 1.178
- inventário: arts. 987, 988 e 1.020
- partes; extinção do processo sem julgamento do mérito: art. 267, VI
- proposição e contestação: art. 3º
- recurso: art. 499; Súm. 99, STJ

LEI
- violação; ação rescisória: art. 485, V; Súm. 343, STF

LEI DE INTRODUÇÃO ÀS NORMAS DO DIREITO BRASILEIRO: Dec.-lei 4.657/1942 e Lei 12.376/2010

LEILÃO
- bens penhorados: art. 704
- carta de arrematação: art. 707
- leiloeiro; atribuições: art. 705
- leiloeiro; indicado pelo exequente: art. 706
- local de realização: art. 686, § 2º
- maior lance: arts. 686, VI, e 701, § 4º; Súm. 128, STJ
- público; hipóteses; regra: art. 704, § 2º

LETRA DE CÂMBIO
- penhora: art. 672
- título executivo extrajudicial: art. 585, I

LEVANTAMENTO DE DINHEIRO
- sem caução idônea: art. 558

LIDE
- denunciação: arts. 70 a 76; Súm. 188, STF
- temerária: art. 17, V

LIQUIDAÇÃO DE SENTENÇA: Súm. 344, STJ
- ação rescisória: art. 485; Súm. 343, STF
- agravo de instrumento; cabimento: art. 475-H
- arbitramento; hipóteses: art. 475-C
- cabimento: art. 475-A
- cálculo aritmético; memória apresentada pelo credor; excesso: art. 475-B, § 3º
- cálculo do contador; base; penhora: art. 475-B, § 4º
- condenação; determinação do valor: art. 475-B, *caput*
- elaboração da memória do cálculo; dependência de dados; prazo para o cumprimento da diligência: art. 475-B, § 1º
- erro: art. 463, I
- liquidação por artigos: arts. 475-E e 475-F
- modificação da sentença: art. 475-G
- nomeação de perito; prazo para a entrega do laudo: art. 475-D

ÍNDICE REMISSIVO DO CPC

– procedimento comum sumário; sentença ilíquida: art. 475, § 3º

LIQUIDEZ E CERTEZA: arts. 586, caput, e 618, I

LITIGANTE DE MÁ-FÉ
– condições: art. 17
– prejuízos causados; condenação: art. 18

LITISCONSÓRCIO: arts. 46 a 49; Súm. 631 e 641, STF; 145 e 261, TFR
– assistência: art. 54
– citação: art. 241, III
– citação por edital: art. 231
– coisa julgada: art. 472
– cônjuges; necessário: art. 10, § 1º
– processo; distribuição por dependência: art. 253, II
– recurso; aproveitamento: art. 509
– unitário: art. 509
– usucapião: art. 942; Súm. 391, STF

LITISCONSORTE
– ação demarcatória; legitimidade ativa: art. 952
– autonomia: arts. 48 e 49
– confissão judicial; efeito: art. 350
– contestação; prazo: art. 298
– debates em audiência: art. 454, § 1º
– intimação e andamento do processo: art. 49
– litigantes de má-fé: art. 18, § 1º
– prazo em dobro: art. 191; Súm. 641, STF

LITISPENDÊNCIA
– ação declaratória incidental: art. 5º
– ação perante tribunal estrangeiro; não ocorrência: art. 90
– alegação; contestação; oportunidade: art. 301, V
– citação válida: art. 219; Súm. 106, STJ; 78, TFR
– extinção do processo sem julgamento do mérito: art. 267, V
– ocorrência: art. 301, §§ 1º e 3º

LIVROS COMERCIAIS
– exibição: arts. 381 e 382; Súm. 260, STF
– valor probante: art. 379

LOCADOR
– ausente; citação: art. 215, § 2º

LOTEAMENTO E VENDA DE IMÓVEIS A PRESTAÇÕES: art. 1.218, I

MÁ-FÉ
– fundamento: art. 17, I
– litigante: arts. 16 a 18 e 129
– modo temerário: art. 17, V
– responsabilidade; perda e danos: art. 16
– sanções: art. 35

MANDADO
– citação; conteúdo: art. 285
– citação; requisitos: art. 225
– inicial; conversão; mandado executivo: art. 1.102-C
– intimação; depoimento pessoal: art. 343, § 1º

MANDADO DE SEGURANÇA INDIVIDUAL E COLETIVO: Lei 12.016/2009; Súm. 101, 248, 266 a 269, 271, 294, 304, 330, 405, 429, 430, 474, 510, 512, 597, 622 a 626, 629 a 632, STF; 41, 105, 169, 177, 202 e 213, STJ; 60, 103, 121 e 145, TFR

MANDATÁRIO
– confissão; poderes especiais: art. 349, p.u.
– réu ausente; citação: art. 215, § 1º

MANDATO
– renúncia: art. 45
– revogação: art. 44

MANUTENÇÃO DE POSSE
– casos: art. 926
– citação de ambos os cônjuges: art. 10, § 2º
– cumulação com ação demarcatória: art. 951
– fungibilidade: art. 920
– procedimento: arts. 927 a 931; Súm. 262, STF
– reconhecimento do domínio; impossibilidade: art. 923

MARIDO
– dívida contraída; ação: art. 10, § 1º, III
– requerimento de outorga: art. 11

MASSA FALIDA
– representação em juízo: art. 12, III

ÍNDICE REMISSIVO DO CPC

MEDIDAS CAUTELARES: Súm. 735, STF; e 482, STJ
– ação acessória: art. 108
– ação declaratória: art. 4º, p.u.; Súm. 258, STF
– ação declaratória incidental: art. 5º
– alimentos provisionais: arts. 852 a 854
– apreensão de títulos: arts. 885 a 887
– arresto: arts. 813 a 821
– arrolamento: arts. 855 a 860
– atentado: arts. 879 a 881
– ausência de contestação: art. 803
– busca e apreensão: arts. 839 a 843
– caução: arts. 799, 805, 826 a 838
– decadência: arts. 806, 810 e 811, IV
– disposições gerais: arts. 796 a 812; Súm. 634 e 635, STF; 263, TFR
– efetivação: art. 806
– eficácia; cessação: arts. 808, 811, III e 1.039
– exibição: arts. 844 e 845; Súm. 260 e 390, STF
– homologação; penhor legal: arts. 874 a 876
– indeferimento: art. 810
– interpelação; protesto: arts. 870, III, 871 e 873
– inventário: art. 1.039
– justificação: arts. 861 a 866; Súm. 32, STJ
– justificação prévia: art. 802, p.u., II
– petição: art. 801
– posse em nome de nascituro: arts. 877 e 878
– prejuízo: art. 811
– preparatória: arts. 800, 801, p.u., e 806; Súm. 634 e 635, STF; 263, TFR
– procedimentos cautelares específicos: arts. 813 a 889; Súm. 260 e 390, STF; 32, STJ; 263, TFR
– processo principal: arts. 807 e 809
– produção antecipada de provas: arts. 846 a 851; Súm. 263, TFR
– propositura da ação: art. 806
– protesto e apreensão de títulos: arts. 882 a 887
– protestos, notificações e interpelações: arts. 867 a 873

– requisição: art. 800; Súm. 634 e 635, STF; 263, TFR
– sequestro: arts. 822 a 825
– substituição por caução: art. 805

MEMORIAL
– debate de questões complexas: art. 454, § 3º

MENORES
– capacidade processual: art. 8º
– casamento contra vontade dos pais: art. 888, IV
– depoimento; incapacidade: art. 405, § 1º, III
– MP; administração de bens: art. 1.189
– posse provisória; afastamento; depósito; medidas cautelares previstas: art. 888, III a V

MÉRITO
– extinção do processo; sem resolução de mérito: art. 267; Súm. 216 e 631, STF
– extinção do processo; com resolução de mérito: art. 269

MINISTÉRIO PÚBLICO: Súm. 189, STJ
– ação de usucapião; intervenção: art. 944; Súm. 99, STJ
– ação rescisória; legitimidade: art. 487, III
– ato processual: art. 27; Súm. 154, TFR
– bens de ausente; processo de entrega; participação: art. 1.169
– causa; intervenção: art. 82
– conflito de competência: arts. 116, p.u., e 121
– despesas processuais: art. 29
– direito de ação; exercício: art. 81
– discussão da causa; elevação e urbanidade: art. 446, III
– entrega de coisa vaga: art. 1.172
– especialização de hipoteca; tutor e curador; ausência de requerimento: art. 1.188, p.u.
– excesso de prazo: art. 197
– fiscal da lei: art. 83
– impedimento e suspeição: art. 138, I
– impugnação; ônus; não sujeição: art. 302, p.u.
– inquirição: art. 1.131, III
– interdição; requerimento: arts. 1.177, III, 1.178 e 1.179

1805

ÍNDICE REMISSIVO DO CPC

- intimação pessoal: art. 236, § 2º; Súm. 117, TFR
- inventário; citação: art. 999
- inventário e partilha; legitimidade: art. 988, VIII
- jurisdição voluntária; iniciativa: art. 1.104
- legitimidade para recorrer: art. 499, caput e § 2º; Súm. 99, STJ
- nulidade: art. 246
- prazos: art. 188; Súm. 116, STJ
- preparo; dispensa: art. 511, § 1º
- processo de escusa testamentária: art. 1.141
- processo de justificação: art. 862, p.u.
- regência de pessoa e bens de incapaz: art. 1.189
- responsabilidade civil: art. 85
- sequestro de quantia da Fazenda Pública: art. 731
- sucessão provisória: art. 1.163, § 2º
- tutor ou curador; remoção: art. 1.194
- uniformização de jurisprudência; interpretação; manifestação: art. 478, p.u.

MODIFICAÇÃO DA COMPETÊNCIA: arts. 99, p.u., e 102 a 111; Súm. 335, STF e 244, TFR

MORA
- consignação em pagamento: arts. 891 e 896, I
- efeito da citação: art. 219; Súm. 106, STJ e 78, TFR

MORTE
- habilitação: art. 1.055
- parte; suspensão do processo: art. 265, I
- partes, representante ou procurador; suspensão de prazos: art. 180
- procurador: art. 265, § 2º
- testemunha: art. 408, I

MULHER
- bens reservados: art. 10, § 1º, III
- embargos de terceiro: art. 1.046, § 3º
- foro competente; alimentos: art. 100, II; Súm. 1, STJ
- foro competente; separação: art. 100, I
- outorga; suprimento: art. 11
- produto de seu trabalho: art. 10, § 1º, III

MULTA
- ação rescisória inadmissível ou improcedente: art. 488, II; Súm. 175, STJ e 129, TFR
- advogado e Ministério Público: arts. 196 e 197
- arrematação de bem imóvel de incapaz; arrependimento: art. 701, § 2º
- arrematante; não pagamento: art. 695
- citação por edital; alegação dolosa: art. 233
- cominatória: arts. 287 e 461, § 4º; Súm. 500, STF
- custas; cobrança excessiva ou indevida: art. 30
- devedor: art. 601
- embargos de declaração; protelação: art. 538, p.u.
- imposta contra o autor de cota marginal ou interlinear: art. 161
- litigantes ou serventuários de má-fé: art. 35
- modificação do valor ou da periodicidade: art. 461, § 6º
- perito: art. 424, p.u.
- pretendente; arrematação: art. 701, § 2º

MUNICÍPIO
- arresto: art. 816, I
- preparo; dispensa: art. 511, § 1º
- representação em juízo: art. 12, II

NASCITURO
- curador: art. 878, p.u.
- laudo de gravidez: art. 878
- MP: art. 877
- posse dos direitos em nome do: arts. 877 e 878

NAVIO E AERONAVE
- nomeação de bens: art. 655, V
- penhora; efeitos: art. 679

NEGOCIAÇÃO COLETIVA DO TRABALHO: Dec. 908/1993

NOMEAÇÃO
- administrador; insolvência: arts. 761, I, 763 e 764
- bens; arresto: art. 653
- bens; citação do devedor; penhora: arts. 652 a 658; Súm. 46, STJ; 32 e 33, TFR
- bens; devedor: art. 655

ÍNDICE REMISSIVO DO CPC

- bens; ineficácia: art. 656
- curador ao interdito: art. 1.183, p.u.
- curador especial: art. 9º
- curador e tutor: arts. 1.160 e 1.187, I
- depositário; sequestro: art. 824
- médico; nascituro: art. 877
- perito; hipoteca legal: art. 1.206
- perito; interditando: art. 1.183
- perito; prova pericial: art. 421
- perito; usufruto de imóvel: art. 722

NOMEAÇÃO À AUTORIA: arts. 62 a 69

NOTA PROMISSÓRIA
- penhora de crédito: art. 672
- título executivo extrajudicial: art. 585, I

NOTIFICAÇÃO JUDICIAL: arts. 867 a 873

NOVAÇÃO
- arresto; cessação: art. 820, II
- embargos à arrematação: art. 746
- embargos de declaração de insolvência: art. 756
- execução: art. 568, III
- execução fundada em sentença: art. 741, VI; Súm. 150, STF

NULIDADE: arts. 243 a 250
- cláusula contratual; declaração de ofício: art. 112, p.u.
- execução: art. 618
- falta de intervenção do Ministério Público: arts. 84 e 246
- irregularidade da representação das partes: art. 13, I
- ônus da prova: art. 333, p.u.
- partilha: art. 1.029
- processual; falta de autorização ou outorga: art. 11, p.u.
- processual; incapacidade processual: art. 13, I
- processual; Ministério Público; falta de intimação: art. 84
- processual; representação irregular: art. 13, I
- sanável; apelação; cumprimento de diligências: art. 515, § 4º

NUNCIAÇÃO DE OBRA NOVA
- caução: art. 940
- competência: art. 95; Súm. 218, STF
- conceito: art. 934
- férias: art. 173, II
- jurisdição contenciosa: arts. 934 a 940
- obra embargada; violação; atentado: art. 879, II
- oficial de justiça: art. 938
- prejudicado: art. 935

OBRIGAÇÃO ALTERNATIVA: art. 571

OBRIGAÇÃO DE FAZER: arts. 461 e 632 a 638
- entrega de coisa: arts. 621 a 631
- pena pecuniária: arts. 644 e 645
- tutela específica: art. 461

OBRIGAÇÃO DE NÃO FAZER: arts. 642 e 643

OBRIGAÇÃO INDIVISÍVEL
- credor; não participação no processo: art. 291

OBRIGAÇÕES
- insolvente; prazo de extinção: art. 778
- não cumprimento; efeito: art. 466-B

OBSCURIDADE DA LEI: art. 126

OFICIAL DE JUSTIÇA
- arresto de bens: art. 653
- arrombamento de portas: arts. 660 e 661
- atos executivos: art. 577
- atribuições e deveres: art. 143
- busca e apreensão: art. 842
- citação; procedimento: arts. 224 e 226
- citação com hora certa: arts. 227 e 228
- cópia da citação; inventário: art. 999, § 3º
- embargo de obra nova: art. 938
- impedimento e suspeição: art. 138, II
- intimação: art. 239
- intimação; prazo: art. 241, II
- mandado de citação; conteúdo: art. 225
- nomeação de bens: art. 652, § 1º
- penhora: arts. 659 a 663; Súm. 44, TFR
- protesto de títulos: arts. 883 e 884
- responsabilidade civil: art. 144

OMISSÃO
- da lei: art. 126
- da sentença: art. 535, I

ÍNDICE REMISSIVO DO CPC

– do acórdão: art. 535, II
– do pedido na inicial: arts. 264 e 294

ÔNUS
– *v.* IMÓVEL
– documento particular: art. 368, p.u.
– falsidade documental: art. 389, I
– fato constitutivo; autor: art. 333, I
– fato extintivo; réu: art. 333, II
– fato impeditivo; réu: art. 333, II
– fato modificativo; réu: art. 333, II
– impugnação; réu; confissão: art. 302
– poder instrutório do juiz: art. 130
– prova; incumbência: art. 333

OPOENTE
– debates em audiência; prazo: art. 454, § 2º

OPOSIÇÃO
– despesas: art. 34
– distribuição, citação e contestação: art. 57
– julgamento: art. 61
– oferecimento; parcial ou total: art. 56
– oferecimento antes da audiência; apensamento; julgamento pela mesma sentença: art. 59
– oferecimento após iniciada a audiência; procedimento ordinário; possibilidade de sobrestamento do processo: art. 60
– reconhecimento do pedido: art. 58

ORDEM DE ARROMBAMENTO
– penhora dificultada: arts. 660 e 661

ORDEM JUDICIAL: art. 200

ORIENTAÇÃO JURISPRUDENCIAL
– Tribunal Superior do Trabalho; normas: IN TST 19/2000

ORGANIZAÇÃO JUDICIÁRIA
– adaptação ao CPC: art. 1.214
– competência: arts. 91 e 93
– excesso de prazo; instauração de procedimento administrativo: art. 194
– serventuários e oficiais de justiça; atribuições: art. 140

OUTORGA
– consentimento do cônjuge; direitos reais imobiliários: art. 10

– contestação; alegação: art. 301, VIII
– uxória ou marital: art. 11

PAGAMENTO
– arresto; cessa: art. 820, I
– consignação: arts. 890 a 900
– credor: arts. 708 a 724; Súm. 244, TFR
– dinheiro: arts. 709 a 713 e 890
– dívidas do espólio; separação de dinheiro ou bens: arts. 1.017 e 1.021
– embargos à arrematação e adjudicação: art. 746
– embargos à declaração de insolvência: art. 756
– espólio; dívidas: arts. 992, III, e 1.017 a 1.021
– extinção; execução: art. 794, I
– prestação alimentícia: art. 732; Súm. 144, STJ
– remissão da dívida: art. 403
– testemunha; audiência: art. 419

PARCERIA RURAL
– causa; rito sumário: art. 275, II, *a*

PARTE
– danos processuais; responsabilidade: arts. 16 a 18
– deveres; competência: art. 340
– deveres processuais: arts. 14 e 15
– execução: art. 566
– execução; ordem do juiz: art. 599, I
– falecimento; restituição de prazo: art. 507
– igualdade de tratamento: art. 125, I
– impossibilidade de recorrer: art. 503
– manifestamente ilegítima: art. 295, II
– MP: art. 81
– morte; substituição: art. 43
– morte; suspensão do processo: art. 265, I
– perda da capacidade processual; suspensão do processo: art. 265, I e § 1º
– substituição: arts. 41 a 43
– vencida; recurso: art. 499; Súm. 99, STJ

PARTILHA
– amigável; anulação: art. 1.029, p.u.
– amigável; homologação: art. 1.029
– amigável; por via administrativa; homologada de plano; prova de quitação dos tributos: art. 1.031

ÍNDICE REMISSIVO DO CPC

- auto de orçamento: art. 1.025, I
- bens situados no Brasil: art. 89, II
- bens sujeitos a sobrepartilha: art. 1.040
- certidão de pagamento: art. 1.027, p.u.
- competência: arts. 96, p.u., e 97; Súm. 58, TFR
- erros de fato; emendas: art. 1.028
- esboço; elaboração: art. 1.023
- folhas de pagamento: art. 1.025, II
- formal de partilha: art. 1.027
- julgamento por sentença: art. 1.026
- lançamento nos autos: art. 1.024
- pedidos de quinhões e deliberação de partilha: art. 1.022
- por via administrativa; escritura pública; condições; registro imobiliário: art. 982, 2ª parte
- rescisão: art. 1.030
- separação consensual: art. 1.121, I e § 1º
- sobrepartilha: arts. 1.040, 1.041 e 1.045, p.u.

PÁTRIO PODER
- intervenção do Ministério Público: art. 82, II

PEÇAS
- agravo de instrumento: art. 525; Súm. 288, STF e 235, TFR
- autônomas; contestação e reconvenção: art. 299

PEDIDO
- acolhido ou rejeitado: art. 269, I
- alternativo: art. 288
- causa de pedir; falta: art. 295, p.u., I
- certo; sentença ilíquida; vedação: art. 459, p.u.; Súm. 318, STJ
- cumulados e sucessivos: art. 289
- determinado: art. 286
- inalterabilidade; revelia: art. 321
- incompatível; inépcia: art. 295, p.u., IV
- interpretação restritiva: art. 293; Súm. 254, STF e 176, STJ
- juridicamente impossível; inépcia: art. 295, p.u., III
- prestações periódicas: art. 290
- omitido na inicial: art. 294
- reconhecimento pelo réu: art. 269, II
- sentença: art. 459; Súm. 318, STJ

PENA DE CONFISSÃO
- depoimento pessoal; não comparecimento: art. 343, § 2º

PENA PECUNIÁRIA: art. 287; Súm. 500, STF

PENHOR LEGAL
- embargos de terceiros: art. 1.047, II
- homologação: arts. 874 a 876

PENHORA: Súm. 205, STJ e 242, TFR
- ações e quotas de sociedades empresárias: art. 655, VI
- aeronave; efeitos: art. 679
- alienação antecipada dos bens: art. 670
- ampliação ou transferência: art. 685, II
- aplicação de suas disposições ao arresto: art. 821
- arresto: art. 818
- auto; conteúdo: arts. 664 e 665; Súm. 319, STJ
- avaliação; improcedência: art. 684
- avaliação; nomeação de avaliador: art. 680, 2ª parte
- avaliação; conteúdo do laudo: art. 681
- avaliação; oficial de justiça: arts. 143, V e 680, 1ª parte
- avaliação; repetição: art. 683
- avaliação de imóvel: art. 681, p.u.
- avaliação de títulos e ações: art. 682
- bem indivisível; meação do conjuge recai sobre a o produto da alienação: art. 655-B
- bens do devedor: art. 659; Súm. 44, TFR
- bens gravados; intimação do credor: art. 615, II
- bens imóveis: art. 655, IV
- bens imóveis; intimação do cônjuge do executado: art. 655, § 2º
- bens móveis: art. 655, II
- bens que podem ser penhorados: art. 650
- caução real: art. 827
- concurso de preferência: arts. 711 a 713; Súm. 244, TFR
- crédito; depoimentos do devedor e de terceiro: art. 672, § 4º
- crédito; intimação do devedor: art. 671
- depositário; legitimidade: art. 666; Súm. 257, TFR

ÍNDICE REMISSIVO DO CPC

- depósito: art. 664
- descrição dos bens: art. 659, § 3º
- devedor; insolvência presumida: art. 750, I
- dinheiro ou aplicação em instituição financeira: arts. 655, I e 655-A; Súm. 417, STJ
- direito e ação; sub-rogação do credor: art. 673
- empresa; depósito e administração: art. 678, p.u.
- empresa concessionária: art. 678
- estabelecimento: art. 677
- execução; alienação ineficaz: art. 619
- férias e feriados: art. 173, II
- guarda de bens pelo depositário: art. 148
- letra de câmbio: art. 672
- nomeação de bens: arts. 652 e 655 a 657
- nomeação de bens; inventariante: art. 1.021
- ordem da nomeação de bens: art. 655
- ordem de arrombamento: arts. 660 e 661
- partido político; sistema bancário; ativos: art. 655-A, § 4º
- pedras e metais preciosos: art. 655, VIII
- percentual do faturamento de empresa devedora: arts. 655, VII e 655-A, § 3º
- prestação ou restituição de coisa determinada: art. 676
- procedência; segunda penhora: art. 667; Súm. 224, TFR
- realização: art. 664
- realização fora do horário: art. 172, § 2º
- redução aos bens suficientes: art. 685, I
- resistência; auto: art. 663
- resistência; requisição de força: art. 662
- rosto dos autos: art. 674
- segunda penhora: art. 667; Súm. 224, TFR
- substituição do bem penhorado; hipóteses: art. 656
- substituição do bem penhorado; requisitos: art. 668
- títulos da dívida pública com cotação em mercado: art. 655, IX
- títulos e valores mobiliários com cotação em mercado: art. 655, X

- título executivo: art. 585, III
- veículo de via terrestre: art. 655, II
- violação; atentado: art. 879, I

PENSÃO ALIMENTÍCIA
- execução: arts. 732 a 735; Súm. 144, STJ
- separação consensual: art. 1.121, IV
- substituição processual: art. 6º

PERDAS E DANOS
- ações possessórias; cumulação de pedidos: art. 921, I
- credor; coisa deteriorada: art. 627
- denunciação da lide: art. 76
- entrega de coisa: arts. 624 e 627, § 2º
- obrigação de fazer: arts. 633, p.u., e 638, p.u.
- responsabilidade: arts. 16 e 811
- responsabilidade do juiz: art. 133

PEREMPÇÃO
- conceito: art. 28
- conhecimento de ofício: art. 267, § 3º
- contestação; alegação: art. 301, IV
- extinção do processo: arts. 267, V, e 268, p.u.
- ocorrência: art. 268, p.u.
- prazo: arts. 181 e 182

PERÍCIA
- complexa: art. 431-B
- confronto com primeira perícia: art. 437
- documento; carta precatória, de ordem ou rogatória: art. 202, § 2º
- indeferimento: art. 420, p.u.
- local: art. 176
- nova: art. 437
- prova: arts. 420 a 439
- segunda: arts. 438 e 439

PERITO
- assistentes técnicos: arts. 433, p.u. e 431-B
- conhecimento técnico ou científico; dependência: art. 145
- data e local: art. 431-A
- escusa do encargo: art. 146
- honorários; título executivo: art. 585, VI
- impedimentos e suspeição: art. 138, III
- inspeção judicial: art. 441
- perícia complexa: art. 431-B
- poder de pesquisas: art. 429

ÍNDICE REMISSIVO DO CPC

- remuneração: art. 33; Súm. 69, TFR
- responsabilidade civil e criminal: art. 147
- substituição e multa: art. 433, p.u.
- técnico de estabelecimento oficial: art. 434

PERSONALIDADE JURÍDICA
- capacidade processual: art. 7º

PESSOA JURÍDICA: Súm. 365, STF e 60, TFR
- competência: art. 100, IV; Súm. 363, STF
- direito público; ação possessória: art. 928, p.u.
- estrangeira: art. 12, VIII, § 3º
- estrangeira; domicílio: art. 88, p.u.

PETIÇÃO INICIAL
- ação de alimentos provisionais: art. 854
- ação de anulação e substituição de títulos ao portador: art. 908
- ação de arrolamento de bens: art. 857
- ação de busca e apreensão: art. 840
- ação de consignação em pagamento: art. 893
- ação de divisão: art. 967
- ação de execução; indeferimento: art. 616
- ação de interdição: art. 1.180
- ação demarcatória: arts. 950 e 951
- ação de protesto judicial: arts. 868 e 869
- ação rescisória: art. 488; Súm. 175, STJ e 129, TFR
- aditamento pelo denunciado à lide: art. 74
- cominação de pena pecuniária: art. 287; Súm. 500, STF
- cópia; mandado de citação: art. 225, p.u.
- deferimento: art. 285
- documentos indispensáveis: art. 396
- embargos de terceiros: art. 1.050
- execução; documentos: art. 614
- indeferimento: art. 295; Súm. 284, 287 e 291, STF
- indeferimento; extinção do processo sem resolução do mérito: art. 267, I
- inepta: art. 295, p.u.; Súm. 284, 287 e 291, STF
- irregular; indeferimento: art. 295, VI
- matéria controvertida; sentença improcedente; casos idênticos; dispensa da citação: art. 285-A
- obrigações decorrentes de empréstimo, financiamento ou arrendamento mercantil: art. 285-B
- omissão do pedido: art. 294
- oposição; requisitos: art. 57
- procedimento de caução: art. 829
- procedimento do atentado: art. 880
- procedimento sumário: art. 276
- regularização: art. 284
- requisitos: art. 282
- restauração de autos: art. 1.064, III

PETIÇÕES
- recibo do cartório: art. 160

PODER DE POLÍCIA
- audiência: art. 445

PODER FAMILIAR
- v. PÁTRIO PODER

POSSE
- ação; competência: art. 95; Súm. 218, STF
- bens da herança: arts. 987 e 1.137, III
- embargos de terceiro: arts. 1.046, 1.050 e 1.051; Súm. 84, 134, 303, STJ e 184, TFR
- nascituro: arts. 877 e 878
- prova: art. 927, I
- provisória: art. 888, III

POSSE DE FILHOS: art. 888, III

POSSE EM NOME DO NASCITURO: arts. 877 e 878

POSSESSÓRIA
- v. AÇÕES POSSESSÓRIAS

POSSIBILIDADE JURÍDICA DO PEDIDO: art. 267, VI

PRAÇA
- v. ARREMATAÇÃO e LEILÃO
- adiamento: art. 688
- adiamento culposo; sanções: art. 688, p.u.
- diversos bens; preferência do lançador: art. 691
- impedimento: art. 690-A

1811

ÍNDICE REMISSIVO DO CPC

– local: art. 686, § 2°
– sobrevindo a noite; prosseguimento no dia imediato: art. 689
– transferência culposa; sanção contra responsável: art. 688, p.u.

PRAZO: Súm. 150, 310, 322, 360, 383, 392 e 425, STF; 117, STJ
– avocação: art. 198
– citação com hora certa: art. 241
– citação pessoal; início da fluência: art. 241, II
– comparecimento: art. 192
– contínuo: art. 178
– excedido pelo juiz: arts. 187, 198 e 199
– excedido por advogado: arts. 195, 198 e 199
– excesso por serventuário da justiça: arts. 193 e 194
– extintivo: art. 220
– extração de certidões/reproduções fotográficas; peças indicadas pelas partes ou de ofício: art. 399, § 1°
– início com a juntada de carta precatória, de ordem ou rogatória: art. 241, IV
– intimação: art. 240
– juiz; despacho e decisão: art. 189
– justa causa por excesso: art. 183
– litisconsortes: art. 191; Súm. 641, STF
– MP: art. 188; Súm. 116, STJ
– para comunicar ao juízo da execução sobre a averbação no registro de imóveis, de veículos ou outros bens: art. 615-A, § 1°
– peremptório; improrrogável: art. 182
– prescrição legal ou determinação judicial: art. 177
– processo de inventário e partilha: art. 983
– prorrogação legal: art. 184, § 1°
– prorrogação por acordo das partes; dilatório: art. 181
– recursos: art. 508
– redução: art. 181
– renúncia pela parte beneficiada: art. 186
– representante da Fazenda Pública e Ministério Público: art. 188; Súm. 116, STJ
– resposta do réu; após férias e feriados: art. 173, p.u.
– restituição: art. 180

– revel: art. 322
– serventuário: art. 190
– suspensão em férias: art. 179; Súm. 105, TFR
– suspensão por obstáculo: art. 180

PRECATÓRIO: Súm. 733, STF
– atualização e competência: art. 93
– expedição; procedimentos: IN TST 32/2007
– ofício do presidente do tribunal em execução contra a Fazenda Pública: art. 730, I

PRECLUSÃO
– arguição: art. 112
– coisa julgada: arts. 467 e 471
– conceito: arts. 183 e 473
– consumativa: arts. 183 e 299
– contestação e definição: art. 183
– extinção do processo: art. 267; Súm. 216 e 631, STF
– lógica; justa causa: art. 183, §§ 1° e 2°

PREFERÊNCIA
– alienação de coisa comum: arts. 1.118 e 1.119
– anterioridade da penhora: arts. 612, 613, 709, I, 711 e 712

PREJUDICIAL
– v. QUESTÃO PREJUDICIAL
– coisa julgada: arts. 469, III, e 470
– justiça criminal: art. 110, p.u.
– suspensão do processo: art. 265, IV

PREJUÍZO: arts. 249, § 1°, e 250, p.u.

PREJULGADO
– pronunciamento prévio do tribunal: arts. 476 a 479

PRELIMINAR(ES)
– apelação; agravo retido: art. 523
– competência do réu: art. 301
– recurso extraordinário; existência da repercussão geral: art. 543-A, § 2°

PRÊMIO
– perda: arts. 919 e 1.140
– testamenteiro; base de cálculo: art. 1.138, § 1°
– testamenteiro meeiro: art. 1.139

ÍNDICE REMISSIVO DO CPC

- testamenteiro meeiro; herdeiro: art. 1.138

PREPARO: Súm. 483 e 484, STJ
- v. CUSTAS
- agravo de instrumento: art. 525, § 1º
- agravo retido: art. 522, p.u.
- apelação: art. 519
- exibição judicial: art. 844; Súm. 260 e 390, STF
- Ministério Público, Fazenda Pública e autarquias; dispensa: art. 511, § 1º
- recurso adesivo: art. 500, p.u.
- recurso extraordinário: arts. 545 e 557, §§ 1º e 2º

PREPOSTO
- procedimento sumário: art. 277, § 3º

PRESCRIÇÃO: Súm. 264, 383 e 443, STF; 106 e 314, STJ; 78 e 163, TFR
- ação de execução: art. 741, VI; Súm. 150, STF
- ação rescisória: art. 495
- decretação pelo juiz: arts. 219, § 5º, e 225, II
- de rito: art. 295, IV
- embargos à arrematação e à adjudicação: art. 746
- embargos à declaração de insolvência: art. 756, I
- extinção do processo; resolução de mérito: art. 269, IV
- indeferimento da inicial: art. 295, IV
- interrupção; citação: art. 219, §§ 1º a 4º
- interrupção; concurso de credores; reinício do prazo: art. 777
- partilha amigável: art. 1.029, p.u.
- reconhecida em procedimento cautelar: art. 810
- resposta do réu; contestação: art. 303, III

PRESIDENTE DO TRIBUNAL
- avocação de processo sujeito ao duplo grau de jurisdição: art. 475, § 1º
- execução contra Fazenda Pública: arts. 730, I, e 731

PRESO
- nomeação de curador especial: art. 9º, II

PRESSUPOSTOS PROCESSUAIS
- citação: art. 214
- coisa julgada: art. 467
- existência: art. 214
- incompetência absoluta: art. 113; Súm. 59, STJ
- validade: arts. 7º, 214, 267, IV, e 1.055; Súm. 631, STF

PRESTAÇÃO ALIMENTÍCIA
- apelação: art. 520, II
- desconto em folha: art. 734
- execução: arts. 732 a 735; Súm. 144, STJ

PRESTAÇÃO DE CONTAS
- competência: art. 914
- contestação: arts. 915, § 3º, e 916
- direito e obrigação: art. 914, I e II
- execução forçada: art. 918
- forma mercantil: art. 917
- herança jacente: art. 1.140, I
- inventariante: arts. 919, 991, VII, e 995, V
- jurisdição contenciosa: arts. 914 a 919
- testamenteiro: arts. 1.135 e 1.140, I

PRESTAÇÕES PERIÓDICAS
- implícitas: art. 290

PRESTAÇÕES VINCENDAS
- pedido de prestações: art. 290

PRESUNÇÃO
- de fraude à execução: art. 615-A, § 3º
- de validade de comunicação e intimação; endereço residencial ou profissional declinado na inicial: art. 238, p.u.
- dispensa de prova: art. 334, IV

PREVENÇÃO
- competência: art. 107
- ocorrência: art. 106
- validade da citação: arts. 219 e 263; Súm. 106, STJ; 78, TFR

ÍNDICE REMISSIVO DO CPC

PRINCÍPIO DA ADERÊNCIA: art. 1º

PRINCÍPIO DA CAUSALIDADE: art. 20

PRINCÍPIO DA IDENTIDADE FÍSICA DO JUIZ: art. 132; Súm. 217 e 262, TFR

PRINCÍPIO DA INÉRCIA: art. 2º

PRINCÍPIO DA INSTRUMENTALIDADE: arts. 244, 248 e 250

PRINCÍPIO DA LEALDADE PROCESSUAL
– das partes: arts. 14, II, e 599, II
– dos procuradores: arts. 14, II, e 599, II

PRINCÍPIO DA LIVRE APRECIAÇÃO DAS PROVAS: art. 131

PRINCÍPIO DA PARIDADE DE TRATAMENTO OU DA ISONOMIA: art. 125, I

PRINCÍPIO DA PUBLICIDADE: art. 548

PRINCÍPIO DA SUCUMBÊNCIA: art. 20

PRINCÍPIO DO DUPLO GRAU DE JURISDIÇÃO
– obrigatório: art. 475; Súm. 45, STJ; 77, TFR
– voluntário: art. 515

PRINCÍPIO DO IMPULSO PROCESSUAL
– da parte: art. 262
– do juiz: arts. 130 e 262

PRINCÍPIOS GERAIS DO DIREITO: art. 126

PRISÃO
– depositário infiel: art. 558; Súm. 419, STJ
– férias e feriados: art. 173, II
– presença de testemunhas: art. 143, I
– prestação alimentícia: art. 733, §§ 1º a 3º

PROCEDIMENTO
– cautelar; ação principal; responsabilidade civil: art. 811, III
– cautelar; acolhimento de decadência ou prescrição; responsabilidade civil do requerente: art. 811, IV
– cautelar; autos em apenso aos principais: art. 809
– cautelar; concessão de arresto: art. 814
– cautelar; específicas; aplicação das disposições gerais: art. 812
– cautelar; instauração antes ou no curso do processo principal: art. 796
– cautelar; medida liminar; citação: art. 811, II
– cautelar; medida provisória: arts. 798 e 799
– cautelar; sentença; apelação; efeito devolutivo: art. 520, IV
– cautelar; sentença desfavorável; efeito: art. 811, I
– comum: arts. 271 e 272
– especial: art. 272, p.u.
– especial; jurisdição contenciosa: arts. 890 a 1.071; Súm. 115, 262, 265 e 391, STF; 84, 99, 134 e 303, STJ; 32, 33 e 184, TFR
– especial; jurisdição voluntária: arts. 1.103 a 1.210
– especial; reconvenção: art. 315
– inadequado; indeferimento da inicial: art. 295, V
– judicial; prioridade: arts. 1.211-A a 1.211-C
– ordinário: arts. 272 e 274
– ordinário; audiência: arts. 444 a 457
– ordinário; coisa julgada: arts. 467 a 475
– ordinário; confissão: arts. 348 a 354
– ordinário; contestação; resposta do réu: arts. 300 a 303
– ordinário; declaração incidente: art. 325
– ordinário; depoimento pessoal: arts. 342 a 347
– ordinário; exceções: arts. 304 a 314
– ordinário; impedimento e suspeição: arts. 312 a 314
– ordinário; incompetência: arts. 307 a 311
– ordinário; inicial; indeferimento: arts. 295 e 296; Súm. 284, 287 e 291, STF
– ordinário; julgamento conforme estado do processo: arts. 329 a 331
– ordinário; prova documental: arts. 396 a 399
– ordinário; prova pericial: arts. 420 a 439
– ordinário; prova testemunhal: arts. 400 a 419
– ordinário; provas: arts. 332 a 443; Súm. 260, STF e 301, STJ
– ordinário; resposta do réu; disposições gerais: arts. 297 a 299

Índice Remissivo do CPC

- ordinário; revelia: arts. 319 a 322; Súm. 256, TFR
- sumário: arts. 272 e 275 a 281
- sumário; ação declaratória incidental; proibição: art. 280
- sumário; aplicabilidade: art. 275, I
- sumário; atos probatórios: art. 279
- sumário; audiência de conciliação: art. 277
- sumário; ausência de revisor: art. 551, § 3º
- sumário; citação do réu: art. 277
- sumário; contestação: art. 278, § 1º
- sumário; petição inicial: art. 276
- sumário; recurso; prazo para julgamento: art. 550
- sumário; resposta do réu: art. 278
- sumário; revogação de doação: art. 275, II, g
- sumário; testemunhas: arts. 276 e 278
- sumário; valor da causa: art. 275, I
- sumário; veículo; ressarcimento por danos: art. 275, II, d

PROCESSO

- administrativo; repartições públicas: art. 399, II
- administrativo; serventuário faltoso: arts. 193 e 194
- cautelar: arts. 796 a 889; Súm. 390, 634 e 635, STF; 32, STJ; 263, TFR
- de conhecimento: arts. 1º a 565
- execução: arts. 566 a 795; Súm. 150, STF; 27, 46, 121, 128, 134, 144, 300, 317 e 319, STJ; 32, 33, 44, 224, 244 e 257, TFR
- formação e extinção: arts. 262 a 264 e 267 a 269; Súm. 216 e 631, STF
- julgamento conforme estado: arts. 329 a 331
- paralisação por negligência: art. 267, II
- procedimento: arts. 270 a 281
- resistência injustificada ao seu andamento: art. 17, IV
- suspensão; execução: arts. 791 a 795; Súm. 224, TFR
- suspensão; nomeação à autoria: art. 64
- suspensão; ocorrência: arts. 265 e 266
- tribunais: arts. 476 a 495; Súm. 249, 252, 343 e 515, STF; 129, TFR

PROCESSO CAUTELAR

- apelação: art. 520, IV
- arresto: arts. 813 a 821
- audiência: art. 797
- citação: art. 219; Súm. 106, STJ; 78, TFR
- competência: art. 800; Súm. 634 e 635, STF; 263, TFR
- embargos de terceiro: art. 1.048
- medidas cautelares: arts. 796 a 889; Súm. 260, 390, 634 e 635, STF; 32, STJ; 263, TFR
- preparatório: arts. 800 e 801, p.u.; Súm. 634 e 635, STF; 263, TFR
- procedimento específico: arts. 813 a 889; Súm. 260 e 390, STF; 32, STJ; 263, TFR
- processo principal: art. 809

PROCESSO DE CONHECIMENTO

- ação: arts. 3º a 6º; Súm. 258, STF
- auxiliares da justiça e órgãos judiciários: arts. 86 a 153; Súm. 218, 252, 335 e 363, STF; 1, 4, 10, 15, 22, 32, 46, 59, 66, 82, 97, 137, 170 e 173, STJ; 16, 21, 49, 51, 58, 60, 66, 67, 72, 82, 83, 87 a 89, 103, 114, 169, 183, 216, 217, 244, 252 e 262, TFR
- embargos de terceiro: art. 1.048
- extinção; prova; pagamento ou depósito das custas e honorários de advogado: art. 268, caput
- extinção do processo: arts. 267 a 269; Súm. 216 e 631, STF
- formação do processo: arts. 262 a 264
- jurisdição: arts. 1º e 2º
- MP: arts. 81 a 85
- partes e procuradores: arts. 7º a 80; Súm. 185 e 188, STF; 14, 105, 110, 111, 115 e 306, STJ; 69 e 154, TFR
- procedimento ordinário: arts. 282 a 475; Súm. 254, 260, 284, 287, 291 e 500, STF; 45, 170, 176, 301 e 318, STJ; 77 e 256, TFR
- processo e procedimento: arts. 270 a 281
- processos nos tribunais: arts. 476 a 495; Súm. 249, 252, 343 e 515, STF; 175, STJ; 129, TFR

ÍNDICE REMISSIVO DO CPC

- recursos: arts. 496 a 565; Súm. 288 e 639, STF; 88, 99, 117, 158, 168, 169 e 315 a 317, STJ; 48, 77 e 235, TFR
- suspensão do processo: arts. 265 e 266

PROCESSO DE EXECUÇÃO

- citação: arts. 214 e 219; Súm. 106, STJ; 78, TFR
- competência: arts. 575 a 579
- desistência: art. 569
- disposições gerais: arts. 598 a 601 e 612 a 620; Súm. 150, STF e 244, TFR
- diversas espécies de execução: arts. 612 a 735; Súm. 150 e 563, STF; 46, 121, 128, 134, 144 e 319, STJ; 32, 33, 44, 224, 244 e 257, TFR
- embargos à execução fundada em sentença: arts. 741 a 743; Súm. 150, STF
- embargos de terceiro: art. 1.048
- embargos do devedor: arts. 736 a 747; Súm. 150, STF; 46, STJ; 32 e 33, TFR
- entrega da coisa: arts. 621 a 631
- execução em geral: arts. 566 a 601; Súm. 27, 300 e 317, STJ
- extinção: arts. 794 e 795; Súm. 224, TFR
- insolvência: arts. 748 a 762; Súm. 244, TFR
- obrigações de fazer e de não fazer: arts. 632 a 645
- partes: arts. 566 a 574
- prestação alimentícia: arts. 732 a 735; Súm. 144, STJ
- quantia certa; devedor insolvente: arts. 748 a 786-A; Súm. 244, TFR
- requisitos necessários: arts. 580 a 587; Súm. 300 e 317, STJ
- responsabilidade patrimonial: arts. 591 a 597
- suspensão: arts. 791 a 793

PROCESSO DE INSOLVÊNCIA: art. 92, I; Súm. 244, TFR

PROCESSO DO TRABALHO

- assistência judiciária; prestação na Justiça do Trabalho: Lei 5.584/1970
- depósitos recursais: IN TST 3/1993

PROCESSO EXTINTO: art. 28

PROCESSO FRAUDULENTO: art. 129

PROCESSO NOS TRIBUNAIS

- acórdão; publicação: art. 564
- adiamento de julgamento a pedido de juiz: art. 555, § 2°
- câmara; colegiado: art. 555, § 1°
- conclusão do relator: art. 549
- conferência de acórdão: art. 563
- dia para julgamento: arts. 551, § 2°, e 552; Súm. 117, STJ
- distribuição; publicidade; alternatividade e sorteio: art. 548
- julgamento; anúncio do resultado: art. 556
- julgamento; juiz; visto: art. 552, § 3°
- julgamento do mérito: arts. 560 e 561
- julgamento em turma ou câmara: art. 555
- pauta; apelação e agravo no mesmo processo: art. 559
- pedido de vista: art. 555, § 2°
- preferência no julgamento: art. 562
- protocolo descentralizado: art. 547, p.u.
- protocolo e registro: art. 547
- questão preliminar: art. 560
- recurso em processo sumário; prazo para julgamento: art. 550
- relator; sustação de execuções: art. 558
- relator; visto e relatório: art. 549
- relevante questão de direito: art. 555, § 1°
- revisor; recursos sujeitos à revisão: art. 551
- seguimento negado; recurso manifestamente inadmissível: art. 557; Súm. 288, STF
- sustentação do recurso: art. 554
- sustentação oral; requerimento de preferência: art. 565
- turma; julgamento por três juízes: art. 555

PROCESSO SIMULADO: art. 129

PROCURAÇÃO

- advogado: arts. 37, 38 e 202, II; Súm. 115, STJ

ÍNDICE REMISSIVO DO CPC

- agravo de instrumento: art. 525, I; Súm. 288, STF; 235, TFR
- assinatura digital; emissão de certificado por certificadora credenciada: art. 38, p.u.
- atos urgentes: art. 37; Súm. 115, STJ
- distribuição de petição: art. 254
- exceção de suspeição: art. 312
- foro em geral: art. 38
- judicial: art. 37; Súm. 115, STJ
- ratificação: art. 37, p.u.
- renúncia ao direito; exceção: art. 38

PROCURADORES
- advogado: arts. 36 a 40; Súm. 115, STJ
- capacidade postulatória: art. 36
- causa própria: art. 36
- citação: art. 215
- deveres processuais: arts. 14 e 15
- representação em juízo: art. 12
- procuração: art. 37; Súm. 115, STJ
- procuração geral: art. 38

PRODUÇÃO ANTECIPADA DE PROVA
- exame pericial: arts. 849 e 850
- inquirição de testemunhas: art. 848, p.u.
- interrogatório da parte; inquirição de testemunha; exame pericial: art. 846; Súm. 263, TFR
- interrogatório e inquirição; momento: art. 847
- necessidade; justificação: art. 848

PROTESTO DE TÍTULO: arts. 883 e 884

PROTESTO JUDICIAL
- alienação de bens: art. 870, p.u.
- editais; procedimento: art. 870
- entrega dos autos à parte: art. 872
- inadmissibilidade de defesa: art. 871
- indeferimento: art. 869
- petição inicial: arts. 868 e 869
- prevenção de responsabilidade; conservação e ressalva de direito: art. 867

PROTESTOS FORMADOS A BORDO: art. 1.218, VIII

PROTOCOLO
- descentralizado: art. 547, p.u.
- horário: art. 172, § 3º

- para interposição do recurso: art. 506, p.u.
- processo no tribunal: art. 547

PROVA: Súm. 231 e 279, STF; 7, STJ
- ação de depósito: art. 902
- ação rescisória: arts. 485, VI, e 492
- apreciação pelo juiz: arts. 131 e 485, VI
- arguição de falsidade: arts. 390 a 395
- audiência: arts. 336 e 452
- autenticação; documentos: arts. 365, III, 369 e 372
- carta precatória: art. 338
- carta rogatória: art. 338
- certidões textuais: art. 365, I
- coisa julgada: art. 467
- começo de prova por escrito: art. 402, I
- competência de terceiro: art. 341
- confissão: arts. 348 a 354
- contestação: art. 300
- cópia reprográfica de peça processual; declaração de autenticidade pelo advogado: art. 365, IV
- documento ou coisa em poder de terceiro: art. 360
- documento particular: arts. 368 e 370 a 374
- depoimento pessoal: arts. 342 a 347
- deveres da parte: art. 340
- disposições gerais: arts. 332 a 341; Súm. 301, STJ
- documental: arts. 364 a 399; Súm. 260, STF
- documental; produção: arts. 396 a 399 e Lei 7.115/1983
- documental: Lei 7.115/1983
- domínio: art. 1.172
- exibição: arts. 355 a 363
- *ex officio*: art. 130
- extratos digitais de bancos de dados públicos/privados; alteração pelo emitente; faz mesma prova que os originais: art. 365, V
- falsa: art. 485, VI
- fatos que independem de prova: art. 334
- impedimento: art. 134; Súm. 252, STF
- incidente de falsidade: arts. 390 a 395
- inspeção judicial: arts. 440 a 443
- instrução do processo: art. 130
- jurisdição voluntária: art. 1.107

1817

ÍNDICE REMISSIVO DO CPC

- livre convencimento: art. 131
- Ministério Público: art. 83, II
- pericial: arts. 420 a 439
- perito: art. 145
- petição inicial; indicação: art. 276
- posse: arts. 927, I, 1.050 e 1.051
- preservação dos originais dos documentos digitalizados; ação rescisória: art. 365, § 1º
- procedimento sumário: arts. 276 a 279
- produção antecipada: arts. 846 a 851; Súm. 263, TFR
- repetição: arts. 132, p.u., e 1.066
- reprodução digitalizada de documento público/particular; faz mesma prova que o original: art. 365, VI
- reprodução fotográfica: arts. 365, III, 383 a 385 e 399, p.u.
- restauração de autos: art. 1.066
- revelia: art. 324
- terceiro; exibição; recusa: arts. 361 a 363
- traslados: art. 365, II
- veracidade: arts. 285, 319 e 803; Súm. 256, TFR

PROVA ANTECIPADA: arts. 846 a 851; Súm. 263, TFR

PROVA DOCUMENTAL: Lei 7.115/1983
- apreciação pelo juiz: art. 386
- arguição de falsidade: arts. 390 a 395
- autenticação: arts. 365, III, e 369
- documento novo: arts. 397 e 398
- documento particular: arts. 368, 370 a 374, 384 e 385
- embargos do devedor: art. 740, p.u.
- escrituração contábil: art. 380
- falsidade: arts. 389, I, e 390 a 395
- força probante dos documentos: arts. 364 a 389; Súm. 260, STF
- incidente de falsidade: arts. 390 a 395
- livros comerciais: arts. 378 a 382; Súm. 260, STF
- produção de prova: arts. 396 a 399

PROVA LITERAL
- arresto: art. 814, p.u.

PROVA PERICIAL
- assistente técnico: arts. 421, §§ 1º, I, e 2º, e 422
- avaliação: art. 420
- carta: art. 428
- esclarecimentos: art. 435
- laudo: arts. 433 e 436
- nomeação de perito: art. 421
- substituição do perito: art. 424
- vistoria: art. 420

PROVA TESTEMUNHAL
- ação declaratória incidental: art. 5º
- ação rescisória: art. 485, VI
- admissibilidade: art. 400
- arrolamento; petição inicial: art. 276
- audiência: art. 309
- conceito: art. 400
- contrato: arts. 401 e 403
- depoimento: arts. 405, 406 e 410 a 418
- embargos de terceiro: art. 1.050
- interrogatório: art. 416
- produção de prova: arts. 407 a 419
- remissão: art. 403
- substituição de testemunha: art. 408
- valor: arts. 401 a 403

PROVIDÊNCIAS PRELIMINARES: art. 323

PROVIMENTOS MANDAMENTAIS E JUDICIAIS: art. 14, V e p.u.

PUBLICAÇÃO
- acórdão: art. 564
- alteração da sentença: art. 463
- *Diário da Justiça do Trabalho Eletrônico*: Ato Conjunto TST/CSJT 15/2008
- edital; arrematação: art. 687
- gratuita: art. 1.216
- processos nos tribunais; distribuição: arts. 548 e 552; Súm. 117, STJ
- sentença de interdição: arts. 1.184 e 1.186, § 2º

PUBLICIDADE: art. 444

QUADRO GERAL DE CREDORES: art. 769

QUESITOS
- apresentação: art. 421, § 1º, II
- impertinentes: art. 426, I
- no sumário: arts. 276 e 278
- pelo juiz necessários ao esclarecimento da causa: art. 426, II
- suplementares: art. 425

ÍNDICE REMISSIVO DO CPC

QUESTÃO PREJUDICIAL
- ação declaratória incidental: art. 265, IV, *a* e *c*
- ação penal: art. 110, p.u.
- coisa julgada: arts. 469, III, e 470
- resolução: art. 470
- sobrestamento: art. 110, p.u.
- suspensão processual: arts. 110 e 265, IV

QUESTÕES PRELIMINARES
- contestação: arts. 301 e 327; Súm. 256, TRF
- julgamento: arts. 560 e 561

QUINHÃO
- alienação: art. 1.117
- condômino: art. 720
- divisão: arts. 970 e 979
- jurisdição voluntária: art. 1.112, V
- partilha: arts. 1.022, 1.023, IV, 1.025, I, c, e II, e 1.027, II e III
- pedido: arts. 1.022
- usufruto de imóvel: art. 720

QUITAÇÃO
- execução; levantamento de dinheiro: art. 709, p.u.

RADIOGRAMA
- conforme original: art. 375
- documento particular: art. 374

RATEIO
- execução por quantia certa; vários credores: art. 711; Súm. 244, TFR

RATIFICAÇÃO DE ATOS PROCESSUAIS
- advogado sem procuração: art. 37; Súm. 115, STJ

RECONHECIMENTO DE FIRMA
- autenticidade de documento: art. 369

RECONHECIMENTO DO PEDIDO
- assistência não obsta à parte principal: art. 53
- custas e honorários: art. 26
- extinção do processo; resolução de mérito: art. 269, II
- oposição: art. 58

RECONVENÇÃO: Súm. 258, STF
- anotação pelo distribuidor: art. 253, p.u.
- competência: art. 109
- desistência ou extinção da ação: art. 317
- despesas processuais: art. 34
- dispensa de caução às custas: art. 836, II
- julgamento com a ação: art. 318
- momento para reconvir: art. 315
- prazo para contestação: art. 316
- procedimento sumário: art. 278, § 1º
- simultânea com a contestação: art. 299

RECURSO: Súm. 187, 216 e 253, STJ
- aceitação da sentença; impossibilidade de recorrer: art. 503
- adesivo; admissão: art. 500
- apelação; reexame dos pressupostos de admissibilidade: art. 518, § 2º
- baixa dos autos ao juízo de origem: art. 510
- cabimento; enumeração: art. 496; Súm. 315 e 316, STJ
- desistência em qualquer tempo: art. 501
- despachos irrecorríveis: art. 504
- direito do Trabalho; processamento no âmbito dos Tribunais: Lei 9.756/1998 e IN TST 17/1999
- dispensa de preparo: art. 511, § 1º
- impugnação da sentença: art. 505
- legitimidade para interposição: art. 499; Súm. 99, STJ
- litisconsorte; aproveitamento: art. 509
- prazo: art. 508
- preferência no julgamento: art. 562
- preparo: arts. 511 e 525, § 1º
- processos regulados por leis especiais: art. 1.217; Súm. 169, STJ
- renúncia do direito de recorrer: art. 502
- solidariedade passiva; aproveitamento: art. 509, p.u.
- sustentação perante tribunal: art. 554

RECURSO DE REVISTA
- decisão monocrática; agravo de instrumento: Ato TST 310/2009
- uniformização; interpretação da Lei 9.756/1998: IN TST 17/1999

RECURSO DE TERCEIRO PREJUDICADO
- no procedimento ordinário: art. 499; Súm. 99, STJ
- no procedimento sumário: art. 280

ÍNDICE REMISSIVO DO CPC

RECURSO ESPECIAL: arts. 541 a 546; Súm. 639, STF; 7, 13, 83, 86, 123, 126, 158, 168, 169, 203, 207, 211, 315 e 418, STJ
- embargos de divergência: art. 496, VIII; Súm. 315 e 316, STJ
- execução de sentença: art. 497
- interposição: art. 498
- multiplicidade de recursos; idêntico fundamento: art. 543-C
- prazo: art. 508
- repetitivos; processo e julgamento: Res. STJ 8/2008
- sobrestamento; múltiplos recursos; idêntica questão de direito: art. 543-C

RECURSO EXTRAORDINÁRIO: arts. 541 a 546; Súm. 233, 279 a 289, 291, 292, 296, 300, 355, 399, 400, 454, 456, 513, 528, 598, 634 a 640, 727, 728, 733 e 735, STF; 158, 168, 169 e 315, STJ
- execução da sentença; não suspensão: art. 497
- multiplicidade de recursos; idêntico fundamento: art. 543-B
- questão constitucional não oferece repercussão geral; não conhecimento do: art. 543-A
- recurso adesivo; admissibilidade: art. 500, II
- repercussão geral; requisito para o: art. 543-A, §§ 1º a 7º
- sobrestamento; múltiplos recursos; repercussão geral: art. 543-B e §§ 1º a 3º
- sobrestamento até julgamento de embargos infringentes: art. 498 e p.u.

RECURSO OFICIAL
- casos sujeitos ao duplo grau de jurisdição: art. 475; Súm. 45, STJ; 77, TFR

REEXAME NECESSÁRIO: art. 475; Súm. 45, 490, STJ; 77, TFR

REGIMENTOS INTERNOS DOS TRIBUNAIS
- adaptação ao CPC: art. 1.214
- conflito de competência: arts. 123 e 124; Súm. 22, STJ
- disposição sobre distribuição de processos: art. 548
- disposição sobre súmulas: art. 479, p.u.

- exceções de incompetência e de suspeição: art. 265, § 4º
- STF; repercussão geral: art. 543-B

REGISTRO
- certidão comprobatória do ajuizamento de execução; para fins de averbação no: art. 615-A
- doméstico; valor probante: art. 376
- imobiliário; ação de usucapião; transcrição: art. 945
- processo remetido ao tribunal: art. 547
- processos; obrigatoriedade: art. 251
- testamento: art. 1.126
- torrens: art. 1.218, IV

REGRAS DE EXPERIÊNCIA
- aplicação; em falta de normas jurídicas: art. 335

REINTEGRAÇÃO DE POSSE
- citação de ambos os cônjuges: art. 10, § 2º
- cumulação com demarcação: art. 951
- esbulho: art. 926
- fungibilidade: art. 920
- procedimento: arts. 926 a 931; Súm. 262, STF
- reconhecimento do domínio; impossibilidade: art. 923; Súm. 487, STF

RELATOR
- embargos infringentes: arts. 531 e 534
- processamento de habilitação: art. 1.059
- processo de arguição de impedimento ou suspeição; julgamento: art. 138, § 2º
- recurso inadmissível, improcedente ou em confronto; seguimento negado: art. 557; Súm. 288, STF
- restauração de auto desaparecido: art. 1.068

REMIÇÃO
- executado; execução: art. 651
- efeito suspensivo do agravo: art. 558

REMISSÃO
- dívida; extinção da execução: art. 794, II
- dívida; prova: art. 403

REMUNERAÇÃO
- de depositário ou administrador: arts. 149 e 767

ÍNDICE REMISSIVO DO CPC

RENDA
– imóvel; título executivo extrajudicial: art. 585, V

RENÚNCIA
– direito; extinção do processo com resolução de mérito: art. 269, V
– direito de recorrer: art. 502
– prazo: art. 186

REPARTIÇÃO PÚBLICA
– fornecer documentos em meio eletrônico: art. 399, § 2°

REPERCUSSÃO GERAL: Lei 11.418/2006
– v. RECURSO EXTRAORDINÁRIO
– condição de existência: art. 543-A, § 1°
– extensão da decisão; negação a existência da: art. 543-A, § 5°
– manifestação de terceiros; admissibilidade: art. 543-A, § 6°
– múltiplo recursos; fundamentação em idêntica controvérsia: art. 543-B
– objeto de impugnação do recurso; decisão contrária à súmula/jurisprudência: art. 543-A, § 3°
– preliminar do recurso; demonstração da existência da: art. 543-A, § 2°
– quórum mínimo; dispensa de remessa do recurso ao Plenário: art. 543-A, § 4°
– não oferecimento; recurso extraordinário; não conhecimento: art. 543-A, *caput*
– súmula da decisão; publicação oficial; acórdão: art. 543-A, § 7°

REPETIÇÃO DE ATO PROCESSUAL
– nulidade: art. 249

RÉPLICA
– alegação de matéria processual: art. 327
– oposição de fato impeditivo, modificativo ou extintivo: art. 326

REPRESENTAÇÃO
– juízo; advogado: art. 36
– massa de bens do insolvente: art. 766, II
– partes; irregularidade; suspensão do processo; prazo para sanar o defeito: art. 13
– partes; alegação com a contestação: art. 301, VIII
– pessoa jurídica estrangeira: art. 12, VIII
– pessoas jurídicas: art. 12, VI
– Prefeito Municipal: art. 12, II

REPRESENTANTE
– judicial; incapazes ou ausentes; função de curador especial: art. 9°, p.u.
– legal; citação pessoal: art. 215

REQUISIÇÃO
– de testemunha ao chefe da repartição ou ao comando; funcionário público ou militar: art. 412, § 2°
– penhora: art. 659, § 1°
– processos administrativos: art. 399, II

RESERVA DE BENS
– inventário: arts. 1.000, p.u., 1.001 e 1.018, p.u.

RESISTÊNCIA
– injustificada ao andamento do processo; litigância de má-fé: art. 17, IV

RESPONSABILIDADE
– danos ao meio ambiente: Lei 7.347/1985
– partes; dano processual: arts. 16 a 18

RESPONSABILIDADE CIVIL
– administrador: art. 150
– advogado; atos não ratificados no prazo: art. 37, p.u.
– atentado; réu: art. 881, p.u.
– depositário: art. 150
– juiz: art. 133
– MP: art. 85
– requerente de medida cautelar: art. 811, p.u.

RESPONSABILIDADE PATRIMONIAL: arts. 591 a 597
– espólio; dívidas do falecido: art. 597
– execução: arts. 591 a 597
– fiador; execução: art. 595
– fraude de execução: arts. 592, V, e 593
– sócio; bens; execução: art. 592, II
– sucessor; bens; execução: art. 592, I

RESPOSTA DO RÉU
– contestação: arts. 297 a 303
– exceções: arts. 297 e 304 a 314
– forma: art. 297
– impedimento: arts. 312 a 314
– incompetência: arts. 307 a 311

ÍNDICE REMISSIVO DO CPC

- peças autônomas; contestação e reconvenção: art. 299
- prazo: arts. 297 e 298
- procedimento sumário: art. 278
- prova documental: art. 396
- reconvenção: arts. 297 e 315 a 318
- reinquirição de testemunhas: art. 1.066, § 1°
- revelia: arts. 321 e 324
- suspeição: arts. 312 a 314
- vários réus; citação; prazo comum: art. 298

RESTAURAÇÃO DE AUTOS: arts. 1.063 a 1.069

RESTITUIÇÃO DE PRAZO
- atos processuais; hipóteses: art. 180
- interposição de recurso; hipóteses: art. 507

RETIFICAÇÃO: art. 249

REVELIA: Súm. 231, STF; 196, STJ
- citação por edital ou com hora certa; nomeação de curador especial: art. 9°, II
- intervenção no processo: art. 322
- prazos: art. 322
- revelia do oposto: art. 57, p.u.
- efeito; confissão: art. 319; Súm. 256, TFR
- julgamento antecipado: art. 330, II
- representação irregular ou incapacidade processual: art. 13, II
- verificação pelo juiz: art. 324

REVISOR
- processo no tribunal: art. 551

REVOGAÇÃO
- da confissão: arts. 352 e 485, VIII
- do mandato: art. 44

RUBRICA: art. 167

SANEAMENTO DO PROCESSO
- v. DESPACHO SANEADOR
- alteração do pedido; inadmissibilidade: art. 264, p.u.
- transação inadmissível ou improvável: art. 331, § 3°

SEGREDO DE JUSTIÇA: arts. 155 e 841

SEGURO
- contrato; título executivo extrajudicial: art. 585, III

SEGURO DE VIDA: art. 649, VI

SEMOVENTES: arts. 677 e 993, IV, c

SENTENÇA: Súm. 34 e 188, TFR
- ação de atentado; efeitos: art. 881
- ação demarcatória: art. 958
- ação de usucapião; transcrição: art. 945
- ação rescisória: arts. 485 a 495; Súm. 249, 252, 343 e 515, STF; 175, STJ; 129, TFR
- aceitação tácita ou expressa: art. 503
- ações reunidas por conexão ou continência: art. 105
- acolhimento ou rejeição; total ou parcial do pedido: art. 459, *caput*
- alteração: art. 463
- alteração por embargos de declaração: art. 463, II
- arbitral: arts. 575, IV
- arresto; coisa julgada na ação principal: art. 817
- conceito: art. 162, § 1°
- concisa; extinção do processo: art. 459, *caput*
- condenatória de prestação em dinheiro; arresto: art. 814, p.u.
- correção de inexatidões materiais e erro de cálculo: art. 463, I
- cumprimento: arts. 475-I a 475-R
- cumprimento; aplicação subsidiária da normas do processo de execução de título extrajudicial: art. 475-R
- cumprimento; impugnação: art. 475-L
- definitiva; provisória; cumprimento: art. 475-I, § 1°
- declaratória de insolvência: art. 758
- despesas e honorários advocatícios: art. 20; Súm. 185, STF; 14, 105, 110 e 111, STJ; 69, TFR
- dispositivo decisório: art. 458, III
- efeitos; denunciação da lide: art. 76
- estrangeira: homologação: arts. 483 e 484
- execução provisória: art. 475-O
- extinção de execução: art. 795

ÍNDICE REMISSIVO DO CPC

- *extra petita*: art. 460
- fato ou direito supervenientes; consideração: art. 462
- Fazenda Pública; recurso oficial: art. 475, II; Súm. 45, STJ; 77, TFR
- força de lei: art. 468
- fundamentos da sentença; coisa julgada: art. 469, II
- homologatória de penhor legal: arts. 874 a 876
- ilíquida; impossibilidade: art. 459, p.u.; Súm. 318, STJ
- inalterabilidade; exceções: art. 463
- indenização por ato ilícito; prestação de alimentos; constituição de capital: art. 475-Q
- inexatidões e erros materiais e de cálculo; correção: art. 463, I
- intimação das partes; prazo de recurso: art. 506, II
- intimação do advogado: art. 242; Súm. 25, STJ
- lacuna da lei: art. 126
- leitura em audiência; prazo para recurso: art. 506, I
- matéria decidida: art. 471
- mérito; alegações e defesas: art. 474; Súm. 45, STJ; 77, TFR
- modificação; jurisdição voluntária: art. 1.111
- modo conciso; fundamentação: art. 165
- motivação; não faz coisa julgada: art. 469, I
- mutabilidade; em jurisdição voluntária: art. 1.111
- nulidade de ato decisório; incompetência absoluta: art. 113, § 2º; Súm. 59, STJ
- obscuridade da lei: art. 126
- passada em julgado; comunicação ao réu: art. 219, § 6º
- penal; efeito civil; competência: art. 575, IV
- prazo para proferir: art. 456
- processo cautelar de justificação: art. 866
- processo de caução: arts. 832, II, e 834
- proferida entre partes originárias; efeitos ao adquirente ou ao cessionário: art. 42, § 3º
- publicação: art. 463
- publicação pela imprensa; início do prazo para recurso: art. 506, III
- questão prejudicial incidente; coisa julgada: arts. 469, III, e 470
- reconvenção e ação: art. 318
- recurso com efeito suspensivo; execução provisória: art. 587
- reexame necessário; não aplicação quando a sentença estiver fundada em Súmula do STF: art. 475, § 3º
- relação condicional: art. 80
- relação do objeto com o pedido: art. 460
- relatório; conteúdo: art. 458, I
- requisitos essenciais: art. 458
- termo de conciliação; validade: art. 449
- título de hipoteca judiciária: art. 466
- transitada em julgado; efeitos: art. 466-A
- trânsito em julgado; execução definitiva: art. 587; Súm. 317, STJ
- *ultra petita*: art. 460

SEPARAÇÃO CONSENSUAL

- arquivamento do processo: art. 1.122, § 2º
- audiência do Ministério Público: art. 1.122, § 1º
- audiência dos cônjuges: art. 1.122
- conversão da separação judicial em separação consensual: art. 1.123
- escritura pública/atos notariais; gratuidade; declaração de pobreza: art. 1.124-A, § 3º
- homologação do pedido: art. 1.122, § 1º
- motivos da separação; conhecimento do juiz: art. 1.122
- partilha posterior: art. 1.121, § 1º
- prazo para nova audiência: art. 1.122, § 1º
- por via administrativa; escritura pública; condições; conteúdo: art. 1.124-A
- por via administrativa; escritura pública; não depende de homologação judicial; registros civil e de imóveis: art. 1.124-A, § 1º
- redução a termo: art. 1.122, § 1º
- requerimento; assinaturas: art. 1.120

SEPARAÇÃO DE CORPOS

- férias e feriados: art. 173, II

ÍNDICE REMISSIVO DO CPC

SEQUESTRO
- bem confiado a guarda; administrador: art. 919
- bens: arts. 822 a 825
- coisa litigiosa; ação possessória: art. 925
- decretação pelo juiz; requerimento da parte: art. 822
- depositário; nomeação: arts. 824 e 825
- guarda dos bens: art. 148
- férias e feriados: art. 173, II
- resistência: art. 825, p.u.
- violação; atentado: art. 879, I

SERVENTUÁRIO DE JUSTIÇA
- despesas: art. 29
- emolumentos ou honorários; custas; título executivo extrajudicial: art. 585, VI
- excesso de prazo; verificação e sanção: arts. 193 e 194
- impedimentos e suspeição: art. 138, II e parágrafos
- má-fé; sanção: art. 35
- prazos; atos: art. 190

SERVIDÕES PREDIAIS
- ação; competência: art. 95; Súm. 218, STF
- usucapião: art. 941

SIGILO PROFISSIONAL
- recusa de exibição de documento ou coisa: art. 363, IV
- respeito; depoimento pessoal: art. 347, II
- testemunha; dispensa de depor: art. 406, II

SIMULAÇÃO
- processo: art. 129
- prova testemunhal: art. 404, I

SOBREPARTILHA: arts. 1.040, 1.041 e 1.045, p.u.

SOBRESTAMENTO: art. 110

SOCIEDADE
- dissolução e liquidação: art. 1.218, VII
- execução; bens dos sócios: art. 596
- sem personalidade; oposição da irregularidade: art. 12, § 2º
- sem personalidade; representação: art. 12, VIII

SOCIEDADE DE FATO
- ação declaratória: art. 4º, p.u.; Súm. 258, STF
- competência: art. 100, IV, c
- representação em juízo: art. 12, VII

SOCIEDADES CIVIS
- declaração de insolvência: art. 786

SÓCIO
- ação regressiva contra a sociedade: art. 596, § 2º
- bens particulares: art. 596
- bens sujeitos à execução: art. 592, II
- morte; exibição integral dos livros comerciais e dos documentos do arquivo: art. 381, II
- nomeação à penhora de bens da sociedade: art. 596, § 1º
- usufruto incidente sobre seu quinhão: art. 720

SOLDO: art. 649, IV

SOLIDARIEDADE
- chamamento ao processo: art. 77, III
- litigantes de má-fé: art. 509
- passiva; interposição do recurso: art. 509, p.u.

SONEGAÇÃO: arts. 994 e 995

SUB-ROGAÇÃO
- competência: art. 1.112, II
- fiador; interesse na execução: art. 567, III
- ônus; alienação judicial: art. 1.116

SUBSTITUIÇÃO
- assistente técnico: art. 145
- bem penhorado: art. 668
- partes: arts. 41 a 45
- perito: art. 424
- processual; exigência de autorização legal: art. 6º
- processual; morte das partes: arts. 43 e 1.055
- processual; reconvenção: art. 315, p.u.
- testemunha: art. 408
- títulos ao portador: arts. 907 a 913

SUCESSÃO
- abertura; prazo para inventário e partilha: art. 983

Índice Remissivo do CPC

- bens sujeitos à execução: art. 592, I
- definitiva; abertura: art. 1.168
- definitiva; ausente: arts. 1.167 e 1.168
- definitiva; Ministério Público: art. 1.169
- direito de crédito: art. 567, I
- habilitação: arts. 1.055 e 1.056, II
- provisória; abertura: arts. 1.164 e 1.165
- provisória; ausente: arts. 1.162, II, 1.163 e 1.166
- provisória; bens dos ausente: art. 1.063
- provisória; caução: art. 1.166
- provisória; cessa a sucessão provisória: art. 1.167
- provisória; garantia; restituição dos bens: art. 1.166
- provisória; habilitação: art. 1.164
- provisória; Ministério Público: art. 1.169
- provisória; procedimento: art. 1.169
- provisória; restituição dos bens: art. 1.166
- provisória; sucessão definitiva; conversão: art. 1.167
- responsabilidade patrimonial; execução: art. 592, I
- sucessores do credor: art. 567, I
- sucessores do devedor: art. 568, II
- sujeito passivo; execução: art. 568, II

SUCESSOR
- execução; bens: art. 592, I

SÚMULA VINCULANTE: Lei 11.417/2006

SUPERIOR TRIBUNAL DE JUSTIÇA: Súm. 177, 187 e 216, STJ
- julgamento de recursos repetitivos no; procedimento: art. 543-C; e Res. STJ 8/2008

SUPREMO TRIBUNAL FEDERAL: Súm. 248, 249, 330, 454 a 456, 515, 623, 624, 634, 727 e 734, STF
- cassar/reformar acórdão; repercussão geral; mantida decisão/admitido recurso: art. 543-B, § 4º
- concessão de exequibilidade de carta rogatória das justiças estrangeiras: art. 211
- reexame necessário; não aplicação: art. 475, § 3º

SUPRIMENTO DE CONSENTIMENTO: arts. 11 e 301, VIII

SURDO-MUDO
- nomeação de intérprete: art. 151, III

SUSPEIÇÃO
- intérprete: art. 138, IV
- juiz; embargos à execução; fundamentação em sentença: arts. 741, VII, e 742
- juiz; hipóteses: art. 135, I a V
- juiz; motivo íntimo: art. 135, p.u.
- juiz; recusa pela parte: art. 137
- MP: art. 138, I
- perito: art. 138, III
- serventuário da justiça: art. 138, II

SUSPENSÃO DO PROCESSO: arts. 265 e 266
- atos urgentes; prática: art. 266
- causa principal; atentado: art. 881
- convenção das partes; prazo: art. 265, § 3º
- hipóteses: art. 265, I a VI

SUSTENTAÇÃO ORAL: art. 565

TABELIÃO
- autenticidade de documento: art. 369

TAQUIGRAFIA
- audiência: art. 141, III
- permissão: art. 170

TELEGRAMA
- força probatória de documento particular: art. 374
- original; presunção: art. 375

TERCEIRO INTERESSADO
- ação rescisória; legitimidade ativa: art. 487, II; Súm. 175, STJ
- anulação e substituição de títulos ao portador: art. 909, p.u.

TERCEIRO PREJUDICADO
- interposição de recurso: art. 499, *caput*, e § 1º

TERCEIROS
- adquirente; coisa litigiosa; mandado: art. 626
- bens do devedor; execução; citação: art. 592, III

ÍNDICE REMISSIVO DO CPC

- exclusão do processo por irregular representação ou incapacidade processual: art. 13, III
- exibição de documento: art. 844, II
- limites da coisa julgada: art. 472
- penhora de crédito: art. 672, §§ 1º a 4º
- prestação de caução: art. 828

TERMO
- audiência: art. 457
- certidão; escrivão: art. 141, V
- circunstanciado; primeiras declarações: art. 993; Súm. 265, STF
- da testamentaria: art. 1.127
- de colação de bens: art. 1.014, *caput*
- de confissão: art. 349, *caput*
- de declarações de separação consensual: art. 1.122, § 1º
- de entrega de coisa: art. 624
- de inventariante; formal de partilha: art. 1.027, I
- de juntada, vista e conclusão; atos do escrivão: art. 168
- de nomeação de bens à penhora: art. 657, *caput*
- de quitação; entrega de dinheiro: art. 709, p.u.
- de últimas declarações: art. 1.011
- do processo; produzido, transmitido, armazenado e assinado por meio eletrônico: art. 154, § 2º
- espaços em branco, entrelinhas, emendas ou rasuras: art. 171
- processual: arts. 154, 156 e 169
- separação consensual: art. 1.122, § 1º

TESTAMENTEIRO
- atribuições: art. 1.137
- escusa do cargo: art. 1.141
- intimação para assinar termo de testamentaria: art. 1.127, *caput*
- obrigação de prestar contas: art. 1.135, p.u.
- prêmio: art. 1.138
- prêmio; não será pago mediante adjudicação: art. 1.139
- prêmio; perda: art. 1.140
- remoção: art. 1.140

TESTAMENTO: arts. 1.125 a 1.141
- competência para cumprimento das disposições testamentárias: art. 97
- férias e feriados; abertura de testamento: art. 173, II
- intervenção do Ministério Público: arts. 82, II, 1.126, *caput*, 1.131, 1.133 e 1.141

TESTEMUNHA
- acareação: art. 418, II
- audiência; não comparecimento: art. 412, *caput*
- busca e apreensão: art. 842, § 2º
- cega e surda; incapacidade: art. 405, § 1º, IV
- compromisso da verdade: art. 415, *caput*
- condução: art. 412, *caput*
- contradita: art. 414, § 1º
- depoimento: arts. 405, *caput*, 406, 410, 413, 414, 416, *caput*, e 417
- documento particular: art. 585, II; Súm. 300, STJ
- doença: art. 410, III
- embargos de terceiro; oferecimento de rol com a petição: art. 1.050, *caput*
- enfermidade: arts. 336, p.u., e 408, II
- exceção de incompetência; necessidade de audiência de instrução: art. 309
- inquirição: arts. 411, 413, 415, 416, 418, I, e 452, III
- interrogatório: art. 412
- justificação: arts. 863 e 864
- ministros; inquirição na residência ou onde exercem a função: art. 411, III e IV
- nunciação de obra nova; embargo extrajudicial: art. 935, *caput*
- petição inicial; apresentação do rol: art. 276
- presidente da república: art. 411
- procedimento sumário: arts. 276 e 278, § 2º
- produção antecipada de provas: arts. 846, 847 e 848, p.u.; Súm. 263, TFR
- rol; procedimento sumário: arts. 276 e 278, § 2º
- senadores: art. 411, VI
- substituição: art. 408
- testamento particular; confirmação: arts. 1.130 a 1.133

ÍNDICE REMISSIVO DO CPC

– vice-presidente da república: art. 411, I

TÍTULO EXECUTIVO: arts. 585 a 587; Súm. 300 e 317, STJ
– cobrança; requisitos do título: art. 586
– direito resultante; execução: art. 567, I e II
– execução forçada: art. 566, I
– extrajudicial: arts. 576 e 585; Súm. 300 e 317, STJ
– judicial: arts. 475-N e 583
– líquido, certo e exigível: arts. 586, *caput*, e 618, I
– reconhecimento do devedor; sujeito passivo: art. 568, I
– sentença penal condenatória: arts. 575, IV
– transferido o direito; cessionário: art. 567, II
– vendas a crédito; reserva de domínio: art. 1.070, *caput*

TÍTULO EXECUTIVO JUDICIAL: art. 475-N

TÍTULOS AO PORTADOR: art. 907

TÍTULOS EXECUTIVOS EXTRAJUDICIAIS: art. 585; Súm. 300 e 317, STJ
– depósito em cartório/secretaria; cópia digital de: art. 365, § 2º
– embargos à execução: art. 745
– execução; instrução da petição inicial com: art. 614, I
– execução; nulidade: art. 618, I

TRADUTOR
– cobrança; título executivo extrajudicial: art. 585, VI
– juramentado: art. 157; Súm. 259, STF
– público: art. 151

TRANSAÇÃO
– ação rescisória; anulação: art. 485, VIII
– assistente: art. 53
– causa impeditiva da execução: art. 741, VI; Súm. 150, STF
– cessação do arresto: art. 820, III
– conciliação; causas relativas à família: art. 447, p.u.
– despesas: art. 26, § 2º
– embargos à arrematação ou à adjudicação: art. 746

– extinção do processo; resolulão de mérito: art. 269, III
– extingue a execução: art. 794, II
– inadmissibilidade; saneamento do processo: art. 331, § 3º
– por inventariante: art. 992, II

TRASLADOS
– força probante: art. 365, II

TRIBUNAIS
– competência funcional: art. 93
– competência originária: art. 575, I
– do Trabalho; especialização de Turmas: Lei 7.701/1988
– estrangeiro; não induz litispendência: art. 90
– excesso de prazo: art. 198

TUTELA
– disposições comuns com a curatela: arts. 1.187 a 1.198
– intervenção do Ministério Público: art. 82

TUTELA ANTECIPADA: art. 273

TUTELA CAUTELAR: arts. 797 e 798

TUTELA ESPECÍFICA: art. 461

TUTOR
– nomeação e remoção; processamento em férias: art. 174
– prestação de contas; procedimento: art. 919
– representação de incapazes: art. 8º

UNIÃO: Súm. 150, STJ
– arresto: art. 816, I
– foro competente: art. 99, I
– preparo; dispensa: art. 511, § 1º
– representação em juízo: art. 12, I

UNIFORMIZAÇÃO DA JURISPRUDÊNCIA: arts. 476 a 479
– oitiva do chefe do Ministério Público: art. 478
– pronunciamento prévio do tribunal: art. 476, I
– reconhecimento: art. 477

USUCAPIÃO
– ação: arts. 941 a 945; Súm. 391, STF e 99, STJ

ÍNDICE REMISSIVO DO CPC

USUFRUTO: arts. 716 a 724
– de bem móvel ou imóvel; pagamento ao exequente: arts. 716 e 717
– extensão da eficácia: art. 718
– extinção; procedimento e jurisdição voluntária: art. 1.112, VI
– locação: art. 724
– perito: art. 722

USUFRUTUÁRIO
– alienação; intimação para execução: art. 619
– intimação de penhora: art. 615, II

UTENSÍLIOS
– profissão; impenhorabilidade: art. 649, VI

VALOR DA CAUSA: arts. 258 a 261; Súm. 259 e 261, TFR
– competência pelo valor: arts. 91 e 111; Súm. 335, STF
– especificação na inicial: art. 282, V
– procedimento sumário: art. 275, I
– qualquer que seja o valor; causas específicas: art. 275, II

VENDAS A CRÉDITO COM RESERVA DE DOMÍNIO: arts. 1.070 e 1.071

VERDADE DOS FATOS
– coisa julgada; fundamento da sentença: art. 469, II

– dever processual: arts. 14, I, e 339
– má-fé; alteração: art. 17, II

VERNÁCULO: arts. 156 e 157; Súm. 259, STF

VIAGEM: art. 20, § 2°; Súm. 69, TFR

VÍCIOS DO CONSENTIMENTO: art. 404, II

VIOLAÇÃO DA LEI: art. 485, V; Súm. 343, STF

VISTA DE AUTOS
– advogado; direitos: arts. 40 e 155, p.u.
– Ministério Público: arts. 83, I, e 141, IV, b
– restrita às partes e a seus procuradores: art. 155, p.u.

VISTORIA DE FAZENDA AVARIADA: art. 1.218, XI

VIZINHO: art. 275

VOTO
– registro em arquivo eletrônico inviolável/assinatura digital: art. 556, p.u.
– relator: art. 555
– vencido; embargos de declaração: art. 535
– vencido; embargos infringentes: art. 530; Súm. 293, 354, 455 e 518, STF; 88, STJ; 48 e 77, TFR

XEROX: arts. 384 e 385

ÍNDICE DE MATÉRIAS DA LEGISLAÇÃO TRABALHISTA

ABONO ANUAL – PIS/PASEP

*Lei 7.859, de 25 de outubro de 1989 – Regula a concessão e o pagamento do abono previsto no § 3º do art. 239 da Constituição Federal. 577

ADMISSÃO AO TRABALHO

Lei 9.029, de 13 de abril de 1995 – Proíbe a exigência de atestados de gravidez e esterilização, e outras práticas discriminatórias, para efeitos admissionais ou de permanência da relação jurídica de trabalho, e dá outras providências. 579

Portaria 4.677, de 29 de julho de 1998, do Ministério da Previdência e Assistência Social – MPAS – Dispõe sobre o preenchimento de cargos por pessoas portadoras de deficiência ou beneficiários reabilitados. 580

Resolução 630, de 20 de outubro de 1998, do Instituto Nacional do Seguro Social – INSS – Dispõe sobre ações a serem desenvolvidas, para garantir a reserva de vagas pelas empresas, destinadas a beneficiário reabilitado ou pessoa portadora de deficiência habilitada. 580

Portaria 1.246, de 28 de maio de 2010, do Ministério do Trabalho e Emprego – MTE – Orientação às empresas e aos trabalhadores em relação à testagem relacionada ao vírus da imunodeficiência adquirida – HIV.** 581

ALIMENTAÇÃO DO TRABALHADOR

Lei 6.321, de 14 de abril de 1976 – Dispõe sobre a dedução do lucro tributável para fins de Imposto sobre a Renda das pessoas jurídicas, do dobro das despesas realizadas em programas de alimentação do trabalhador. 583

Decreto 5, de 14 de janeiro de 1991 – Regulamenta a Lei 6.321, de 14 de abril de 1976, que trata do Programa de Alimentação do Trabalhador, revoga o Decreto 78.676, de 8 de novembro de 1976, e dá outras providências. 583

Portaria 3, de 1º de março de 2002, da Secretaria de Inspeção do Trabalho e Diretoria do Departamento de Segurança e Saúde no Trabalho – SIT/DSST –

* Conteúdo parcial de acordo com a matéria específica de cada Código ou Coletânea.
** Ementa não oficial.

ÍNDICE DE MATÉRIAS

Baixa instruções sobre a execução do Programa de Alimentação do Trabalhador – PAT.* .. 585

AVISO-PRÉVIO

Lei 12.506, de 11 de outubro de 2011 – Dispõe sobre o aviso-prévio e dá outras providências. ... 591

AVULSOS E TRABALHO PORTUÁRIO

Lei 5.085, de 27 de agosto de 1966 – Reconhece aos trabalhadores avulsos o direito a férias. ... 593

Lei 9.719, de 27 de novembro de 1998 – Dispõe sobre normas e condições gerais de proteção ao trabalho portuário, institui multas pela inobservância de seus preceitos, e dá outras providências. ... 593

Lei 12.023, de 27 de agosto de 2009 – Dispõe sobre as atividades de movimentação de mercadorias em geral e sobre o trabalho avulso. 595

Lei 12.815, de 5 de junho de 2013 – Dispõe sobre a exploração direta e indireta pela União de portos e instalações portuárias e sobre as atividades desempenhadas pelos operadores portuários; altera as Leis 5.025, de 10 de junho de 1966, 10.233, de 5 de junho de 2001, 10.683, de 28 de maio de 2003, 9.719, de 27 de novembro de 1998, e 8.213, de 24 de julho de 1991; revoga as Leis 8.630, de 25 de fevereiro de 1993, e 11.610, de 12 de dezembro de 2007, e dispositivos das Leis 11.314, de 3 de julho de 2006, e 11.518, de 5 de setembro de 2007; e dá outras providências. .. 597

CONTRATO DE TRABALHO A TEMPO PARCIAL E SUSPENSÃO DO CONTRATO DE TRABALHO

Medida Provisória 2.164-41, de 24 de agosto de 2001 – Altera a Consolidação das Leis do Trabalho – CLT, para dispor sobre o trabalho a tempo parcial, a suspensão do contrato de trabalho e o programa de qualificação profissional, modifica as Leis 4.923, de 23 de dezembro de 1965, 5.889, de 8 de junho de 1973, 6.321, de 14 de abril de 1976, 6.494, de 7 de dezembro de 1977, 7.998, de 11 de janeiro de 1990, 8.036, de 11 de maio de 1990, e 9.601, de 21 de janeiro de 1998, e dá outras providências. ... 615

CONTRATO DE TRABALHO POR PRAZO DETERMINADO

Lei 9.601, de 21 de janeiro de 1998 – Dispõe sobre o contrato de trabalho por prazo determinado e dá outras providências. 621

ÍNDICE DE MATÉRIAS

Decreto 2.490, de 4 de fevereiro de 1998 – Regulamenta a Lei 9.601, de 21 de janeiro de 1998, que dispõe sobre o contrato de trabalho por prazo determinado e dá outras providências. .. 623

CRIANÇA, ADOLESCENTE E APRENDIZ

Lei 8.069, de 13 de julho de 1990 – Dispõe sobre o Estatuto da Criança e do Adolescente, e dá outras providências.* .. 625

Resolução 74, de 13 de setembro de 2001, do Conselho Nacional dos Direitos da Criança e do Adolescente – Conanda – Dispõe sobre o registro e fiscalização das entidades sem fins lucrativos que tenham por objetivo a assistência ao adolescente e à educação profissional e dá outras providências. 626

Decreto 5.598, de 1º de dezembro de 2005 – Regulamenta a contratação de aprendizes e dá outras providências. ... 627

Lei 12.594, de 18 de janeiro de 2012 – Institui o Sistema Nacional de Atendimento Socioeducativo (Sinase), regulamenta a execução das medidas socioeducativas destinadas a adolescente que pratique ato infracional; e altera as Leis 8.069, de 13 de julho de 1990 (Estatuto da Criança e do Adolescente); 7.560, de 19 de dezembro de 1986, 7.998, de 11 de janeiro de 1990, 5.537, de 21 de novembro de 1968, 8.315, de 23 de dezembro de 1991, 8.706, de 14 de setembro de 1993, os Decretos-leis 4.048, de 22 de janeiro de 1942, 8.621, de 10 de janeiro de 1946, e a Consolidação das Leis do Trabalho (CLT), aprovada pelo Decreto-lei 5.452, de 1º de maio de 1943.* 633

CRIMES

Decreto-lei 2.848, de 7 de dezembro de 1940 – Código Penal.* 635

DESPORTO

Lei 9.615, de 24 de março de 1998 – Institui normas gerais sobre desporto e dá outras providências.* ... 641

Lei 12.663, de 5 de junho de 2012 – Dispõe sobre as medidas relativas à Copa das Confederações Fifa 2013, à Copa do Mundo Fifa 2014 e à Jornada Mundial da Juventude – 2013, que serão realizadas no Brasil; altera as Leis 6.815, de 19 de agosto de 1980, e 10.671, de 15 de maio de 2003; e estabelece concessão de prêmio e de auxílio especial mensal aos jogadores das seleções campeãs do mundo em 1958, 1962 e 1970.* .. 654

DISSÍDIOS COLETIVOS

Decreto 1.572, de 28 de julho de 1995 – Regulamenta a mediação na negociação coletiva de natureza trabalhista e dá outras providências. 661

ÍNDICE DE MATÉRIAS

Portaria 817, de 30 de agosto de 1995, do Ministério do Trabalho – MTb – Estabelece critérios para participação do mediador nos conflitos de negociação coletiva de natureza trabalhista. .. 662

Portaria 818, de 30 de agosto de 1995, do Ministério do Trabalho – MTb – Estabelece critérios para o credenciamento de mediador perante as Delegacias Regionais do Trabalho. .. 662

Instrução Normativa 24, de 9 de outubro de 2003, do Tribunal Superior do Trabalho – TST – Dispõe sobre a faculdade de o Ministro Presidente do Tribunal Superior do Trabalho designar audiência prévia de conciliação, no caso de pedido de efeito suspensivo a recurso ordinário interposto à decisão normativa da Justiça do Trabalho. .. 663

Portaria 282, de 6 de agosto de 2007, do Ministério do Trabalho e Emprego – MTE – Dispõe sobre a implantação do Sistema de Negociações Coletivas de Trabalho – Mediador. .. 664

Instrução Normativa 9, de 5 de agosto de 2008, da Secretaria de Relações do Trabalho – SRT/MTE – Estabelece a obrigatoriedade do Sistema de Negociações Coletivas de Trabalho – Mediador, implantado pela Portaria 282, de 6 de agosto de 2007.. ... 664

Instrução Normativa 11, de 24 de março de 2009, da Secretaria de Relações do Trabalho – SRT/MTE – Dispõe sobre o depósito, registro e arquivo de convenções e acordos coletivos de trabalho nos órgãos do Ministério do Trabalho e Emprego. ... 664

DOCUMENTOS

Portaria 3.120, de 19 de maio de 1980, do Ministério do Trabalho – MTb – Dispõe sobre a entrega, através da ECT, em porte registrado, de documentos que devam ser apresentados às repartições do Ministério do Trabalho. 667

Portaria 235, de 14 de março de 2003, do Ministério do Trabalho e Emprego – MTE ... 667

Portaria 210, de 29 de abril de 2008, do Ministério do Trabalho e Emprego – MTE ... 668

EMPREGADO DOMÉSTICO

Lei 5.859, de 11 de dezembro de 1972 – Dispõe sobre a profissão de empregado doméstico, e dá outras providências. 671

Decreto 71.885, de 9 de março de 1973 – Aprova o Regulamento da Lei 5.859, de 11 de dezembro de 1972, que dispõe sobre a profissão de empregado doméstico, e dá outras providências. 672

Decreto 3.361, de 10 de fevereiro de 2000 – Regulamenta dispositivos da Lei 5.859, de 11 de dezembro de 1972, que dispõe sobre a profissão de empregado

ÍNDICE DE MATÉRIAS

doméstico, para facultar o acesso do empregado doméstico ao Fundo de Garantia do Tempo de Serviço – FGTS e ao Programa do Seguro-Desemprego. 674

Lei 10.208, de 23 de março de 2001 – Acresce dispositivos à Lei 5.859, de 11 de dezembro de 1972, que dispõe sobre a profissão de empregado doméstico, para facultar o acesso ao Fundo de Garantia do Tempo de Serviço – FGTS e ao seguro-desemprego. ... 675

Lei 11.324, de 19 de julho de 2006 – Altera dispositivos das Leis 9.250, de 26 de dezembro de 1995, 8.212, de 24 de julho de 1991, 8.213, de 24 de julho de 1991, e 5.859, de 11 de dezembro de 1972; e revoga dispositivo da Lei 605, de 5 de janeiro de 1949. .. 675

ESTÁGIO DE ESTUDANTES

Lei 11.788, de 25 de setembro de 2008 – Dispõe sobre o estágio de estudantes; altera a redação do art. 428 da Consolidação das Leis do Trabalho – CLT, aprovada pelo Decreto-lei 5.452, de 1º de maio de 1943, e a Lei 9.394, de 20 de dezembro de 1996; revoga as Leis 6.494, de 7 de dezembro de 1977, e 8.859, de 23 de março de 1994, o parágrafo único do art. 82 da Lei 9.394, de 20 de dezembro de 1996, e o art. 6º da Medida Provisória 2.164-41, de 24 de agosto de 2001; e dá outras providências. 677

FÉRIAS E FERIADOS

Quadro Demonstrativo .. 683

Portaria 3.118, de 3 de abril de 1989, do Ministério do Trabalho – MTb – Subdelega competência aos Delegados Regionais do Trabalho para decidir sobre os pedidos de autorização para trabalho aos domingos e nos dias feriados civis e religiosos. ... 684

Lei 9.093, de 12 de setembro de 1995 – Dispõe sobre feriados. 684

Instrução Normativa 936, de 5 de maio de 2009, da Secretaria da Receita Federal do Brasil – RFB – Dispõe sobre o tratamento tributário relativo a valores pagos a título de abono pecuniário de férias. 685

FISCALIZAÇÃO DO TRABALHO

Decreto 4.552, de 27 de dezembro de 2002 – Aprova o Regulamento da Inspeção do Trabalho. .. 687

Portaria 1.199, de 28 de outubro de 2003, do Ministério do Trabalho e Emprego – MTE – Aprova normas para a imposição da multa administrativa variável prevista no art. 133 da Lei 8.213, de 24 de julho de 1991, pela infração ao art. 93 da mesma Lei, que determina às empresas o preenchimento de cargos com pessoas portadoras de deficiência ou beneficiários reabilitados. 694

ÍNDICE DE MATÉRIAS

FUNDO DE GARANTIA DO TEMPO DE SERVIÇO – FGTS

Lei 8.036, de 11 de maio de 1990 – Dispõe sobre o Fundo de Garantia do Tempo de Serviço, e dá outras providências. .. 695

Decreto 99.684, de 8 de novembro de 1990 – Consolida as normas regulamentares do Fundo de Garantia do Tempo de Serviço – FGTS. 707

Lei 8.844, de 20 de janeiro de 1994 – Dispõe sobre a fiscalização, apuração e cobrança judicial das contribuições e multas devidas ao Fundo de Garantia do Tempo de Serviço – FGTS. ... 721

Portaria 148, de 25 de janeiro de 1996, do Ministério do Trabalho – MTb – Aprova normas para a organização e tramitação dos processos de multas administrativas e de Notificações para Depósito do Fundo de Garantia do Tempo de Serviço – NDFG, e revoga os normativos que menciona. 722

Portaria 1.061, de 1º de novembro de 1996, do Ministério do Trabalho – MTb – Institui procedimentos para a organização e tramitação dos processos de débito salarial, mora do Fundo de Garantia do Tempo de Serviço – FGTS, mora contumaz salarial e mora contumaz do Fundo de Garantia do Tempo de Serviço – FGTS e dá outras providências. .. 728

Lei Complementar 110, de 29 de junho de 2001 – Institui contribuições sociais, autoriza créditos de complementos de atualização monetária em contas vinculadas do Fundo de Garantia do Tempo de Serviço – FGTS e dá outras providências. .. 730

Decreto 3.913, de 11 de setembro de 2001 – Dispõe sobre a apuração e liquidação dos complementos de atualização monetária de saldos de contas vinculadas do Fundo de Garantia do Tempo de Serviço – FGTS, de que trata a Lei Complementar 110, de 29 de junho de 2001. .. 734

Decreto 3.914, de 11 de setembro de 2001 – Dispõe sobre a regulamentação das contribuições sociais instituídas pela Lei Complementar 110, de 29 de junho de 2001. .. 737

Decreto 5.113, de 22 de junho de 2004 – Regulamenta o art. 20, inciso XVI, da Lei 8.036, de 11 de maio de 1990, que dispõe sobre o Fundo de Garantia do Tempo de Serviço – FGTS, e dá outras providências. 739

GARIMPEIRO

Lei 11.685, de 2 de junho de 2008 – Institui o Estatuto do Garimpeiro e dá outras providências. .. 741

GRATIFICAÇÃO DE NATAL – 13º SALÁRIO

Lei 4.090, de 13 de julho de 1962 – Institui a gratificação de Natal para os trabalhadores. .. 745

ÍNDICE DE MATÉRIAS

Lei 4.749, de 12 de agosto de 1965 – Dispõe sobre o pagamento da gratificação prevista na Lei 4.090, de 13 de julho de 1962. 745

Decreto 57.155, de 3 de novembro de 1965 – Expede nova regulamentação da Lei 4.090, de 13 de julho de 1962, que institui a gratificação de Natal para os trabalhadores, com as alterações introduzidas pela Lei 4.749, de 12 de agosto de 1965. ... 746

Decreto 63.912, de 26 de dezembro de 1968 – Regula o pagamento da gratificação de Natal ao trabalhador avulso e dá outras providências. 747

GREVE

Lei 7.783, de 28 de junho de 1989 – Dispõe sobre o exercício do direito de greve, define as atividades essenciais, regula o atendimento das necessidades inadiáveis da comunidade, e dá outras providências. 749

Decreto 7.777, de 24 de julho de 2012 – Dispõe sobre as medidas para a continuidade de atividades e serviços públicos dos órgãos e entidades da administração pública federal durante greves, paralisações ou operações de retardamento de procedimentos administrativos promovidas pelos servidores públicos federais. .. 751

JORNADA DE TRABALHO

Lei 3.270, de 30 de setembro de 1957 – Fixa em seis o número de horas de trabalho diário de cabineiros de elevador e dá outras providências. 753

Lei 4.923, de 23 de dezembro de 1965 – Institui o cadastro permanente das admissões e dispensas de empregados, estabelece medidas contra o desemprego e de assistência aos desempregados, e dá outras providências. 753

Portaria 417, de 10 de junho de 1966, do Ministério do Trabalho e Previdência Social – MTPS – Dispõe sobre dilatação de horário de repouso. 757

Portaria 412, de 20 de setembro de 2007, do Ministério do Trabalho e Emprego – MTE – Disciplina a alteração na jornada e no horário de trabalho dos empregados que trabalhem em regime de turnos ininterruptos de revezamento. 757

Portaria 1.095, de 19 de maio de 2010, do Ministério do Trabalho e Emprego – MTE – Disciplina os requisitos para a redução de intervalo intrajornada. 757

Portaria 373, de 25 de fevereiro de 2011, do Ministério do Trabalho e Emprego – MTE – Dispõe sobre a possibilidade de adoção pelos empregadores de sistemas alternativos de controle de jornada de trabalho. 758

MICROEMPRESA E EMPRESA DE PEQUENO PORTE

Lei Complementar 123, de 14 de dezembro de 2006 – Institui o Estatuto Nacional da Microempresa e da Empresa de Pequeno Porte; altera dispositivos das Leis

ÍNDICE DE MATÉRIAS

8.212 e 8.213, ambas de 24 de julho de 1991, da Consolidação das Leis do Trabalho – CLT, aprovada pelo Decreto-lei 5.452, de 1º de maio de 1943, da Lei 10.189, de 14 de fevereiro de 2001, da Lei Complementar 63, de 11 de janeiro de 1990; e revoga as Leis 9.317, de 5 de dezembro de 1996, e 9.841, de 5 de outubro de 1999.* ... 761

MINISTÉRIO PÚBLICO DO TRABALHO

Lei Complementar 75, de 20 de maio de 1993 – Dispõe sobre a organização, as atribuições e o estatuto do Ministério Público da União.* 773

MOTORISTA PROFISSIONAL

Lei 12.009, de 29 de julho de 2009 – Regulamenta o exercício das atividades dos profissionais em transporte de passageiros, "mototaxista", em entrega de mercadorias e em serviço comunitário de rua, e "motoboy", com o uso de motocicleta, altera a Lei 9.503, de 23 de setembro de 1997, para dispor sobre regras de segurança dos serviços de transporte remunerado de mercadorias em motocicletas e motonetas – motofrete –, estabelece regras gerais para a regulação deste serviço e dá outras providências. 785

Lei 12.619, de 30 de abril de 2012 – Dispõe sobre o exercício da profissão de motorista; altera a Consolidação das Leis do Trabalho – CLT, aprovada pelo Decreto-lei 5.452, de 1º de maio de 1943, e as Leis 9.503, de 23 de setembro de 1997, 10.233, de 5 de junho de 2001, 11.079, de 30 de dezembro de 2004, e 12.023, de 27 de agosto de 2009, para regular e disciplinar a jornada de trabalho e o tempo de direção do motorista profissional; e dá outras providências. 786

MULTAS

Lei 7.855, de 24 de outubro de 1989 – Altera a Consolidação das Leis do Trabalho, atualiza os valores das multas trabalhistas, amplia sua aplicação, institui o Programa de Desenvolvimento do Sistema Federal de Inspeção do Trabalho, e dá outras providências. .. 793

Portaria 290, de 11 de abril de 1997, do Ministério do Trabalho – MTb – Aprova normas para a imposição de multas administrativas previstas na legislação trabalhista. ... 794

ORIENTAÇÕES NORMATIVAS DA SECRETARIA DAS RELAÇÕES DO TRABALHO

Portaria 1, de 25 de maio de 2006, da Secretaria de Relações do Trabalho – SRT – Aprova Ementas Normativas da Secretaria de Relações do Trabalho. 803

ÍNDICE DE MATÉRIAS

PARTICIPAÇÃO DOS TRABALHADORES NOS LUCROS DAS EMPRESAS

Lei 10.101, de 19 de dezembro de 2000 – Dispõe sobre a participação dos trabalhadores nos lucros ou resultados da empresa e dá outras providências. ... 811

Lei 12.832, de 20 de junho de 2013 – Altera dispositivos das Leis 10.101, de 19 de dezembro de 2000, que dispõe sobre a participação dos trabalhadores nos lucros ou resultados da empresa, e 9.250, de 26 de dezembro de 1995, que altera a legislação do imposto de renda das pessoas físicas 814

POLÍTICA SOCIAL

Lei 11.770, de 9 de setembro de 2008 – Cria o Programa Empresa Cidadã, destinado à prorrogação da licença-maternidade mediante concessão de incentivo fiscal, e altera a Lei 8.212, de 24 de julho de 1991. 817

Decreto 7.052, de 23 de dezembro de 2009 – Regulamenta a Lei 11.770, de 9 de setembro de 2008, que cria o Programa Empresa Cidadã, destinado à prorrogação da licença-maternidade, no tocante a empregadas de pessoas jurídicas. 817

PORTADORES DE DEFICIÊNCIA

Lei 7.853, de 24 de outubro de 1989 – Dispõe sobre o apoio às pessoas portadoras de deficiência, sua integração social, sobre a Coordenadoria Nacional para Integração da Pessoa Portadora de Deficiência (Corde), institui a tutela jurisdicional de interesses coletivos ou difusos dessas pessoas, disciplina a atuação do Ministério Público, define crimes, e dá outras providências.* 819

Decreto 3.298, de 20 de dezembro de 1999 – Regulamenta a Lei 7.853, de 24 de outubro de 1989, dispõe sobre a Política Nacional para a Integração da Pessoa Portadora de Deficiência, consolida as normas de proteção, e dá outras providências.* .. 821

PROFISSÕES – REGULAMENTAÇÃO ESPECÍFICA

Quadro Demonstrativo ... 827

Lei 12.790, de 14 de março de 2013 – Dispõe sobre a regulamentação do exercício da profissão de comerciário. 829

PROPRIEDADE INDUSTRIAL

Lei 9.279, de 14 de maio de 1996 – Regula direitos e obrigações relativos à propriedade industrial.* ... 831

ÍNDICE DE MATÉRIAS

RECUPERAÇÃO DE EMPRESAS E FALÊNCIA

Lei 11.101, de 9 de fevereiro de 2005 – Regula a recuperação judicial, a extrajudicial e a falência do empresário e da sociedade empresária.* 833

REFORMAS DA CONSOLIDAÇÃO DAS LEIS DO TRABALHO

Lei 12.440, de 7 de julho de 2011 – Acrescenta Título VII-A à Consolidação das Leis do Trabalho (CLT), aprovada pelo Decreto-lei 5.452, de 1º de maio de 1943, para instituir a Certidão Negativa de Débitos Trabalhistas, e altera a Lei 8.666, de 21 de junho de 1993. .. 879

Lei 12.551, de 15 de dezembro de 2011 – Altera o art. 6º da Consolidação das Leis do Trabalho (CLT), aprovada pelo Decreto-lei 5.452, de 1º de maio de 1943, para equiparar os efeitos jurídicos da subordinação exercida por meios telemáticos e informatizados à exercida por meios pessoais e diretos. 880

Lei 12.740, de 8 de dezembro de 2012 – Altera o art. 193 da Consolidação das Leis do Trabalho – CLT, aprovada pelo Decreto-lei 5.452, de 1º de maio de 1943, a fim de redefinir os critérios para caracterização das atividades ou operações perigosas, e revoga a Lei 7.369, de 20 de setembro de 1985. 880

Lei 12.761, de 27 de dezembro de 2012 – Institui o Programa de Cultura do Trabalhador; cria o vale-cultura; altera as Leis 8.212, de 24 de julho de 1991, e 7.713, de 22 de dezembro de 1988, e a Consolidação das Leis do Trabalho – CLT, aprovada pelo Decreto-lei 5.452, de 1º de maio de 1943; e dá outras providências.. .. 880

Lei 12.812, de 16 de maio de 2013 – Acrescenta o art. 391-A à Consolidação das Leis do Trabalho – CLT, aprovada pelo Decreto-lei 5.452, de 1º de maio de 1943, para dispor sobre a estabilidade provisória da gestante, prevista na alínea *b* do inciso II do art. 10 do Ato das Disposições Constitucionais Transitórias.. ... 883

REGIME DE EMPREGO PÚBLICO DO PESSOAL DA ADMINISTRAÇÃO PÚBLICA

Lei 9.962, de 22 de fevereiro de 2000 – Disciplina o regime de emprego público do pessoal da Administração federal direta, autárquica e fundacional, e dá outras providências. ... 885

REGISTRO DE EMPREGADOS

Portaria 3.626, de 13 de novembro de 1991, do Ministério do Trabalho e Previdência Social – MTPS – Dispõe sobre o registro de empregados, as anotações na Carteira de Trabalho e Previdência Social e o registro de horário de trabalho. . 887

Portaria 41, de 28 de março de 2007, do Ministério do Trabalho e Emprego – MTE – Disciplina o registro e a anotação de Carteira de Trabalho e Previdência Social de empregados. ... 888

ÍNDICE DE MATÉRIAS

RELAÇÃO ANUAL DE INFORMAÇÕES SOCIAIS – RAIS

Decreto 76.900, de 23 de dezembro de 1975 – Institui a Relação Anual de Informações Sociais – Rais, e dá outras providências. 891

REPOUSO SEMANAL REMUNERADO

Lei 605, de 5 de janeiro de 1949 – Dispõe sobre o repouso semanal remunerado e o pagamento de salário, nos dias feriados civis e religiosos. 893

Decreto 27.048, de 12 de agosto de 1949 – Aprova o regulamento da Lei 605, de 5 de janeiro de 1949, que dispõe sobre o repouso semanal remunerado e o pagamento de salários nos dias feriados, civis e religiosos. 895

REPRESENTANTES COMERCIAIS AUTÔNOMOS

Lei 4.886, de 9 de dezembro de 1965 – Regula as atividades dos representantes comerciais autônomos. .. 901

RESCISÃO CONTRATUAL

Instrução Normativa 15, de 14 de julho de 2010, da Secretaria de Relações do Trabalho – SRT/MTE – Estabelece procedimentos para assistência e homologação na rescisão de contrato de trabalho. 909

SALÁRIO-EDUCAÇÃO

Decreto-lei 1.422, de 23 de outubro de 1975 – Dispõe sobre o salário-educação. 915

Decreto 87.043, de 22 de março de 1982 – Regulamenta o Decreto-lei 1.422, de 23 de outubro de 1975, que dispõe sobre o cumprimento do art. 178 da Constituição por empresas e empregadores de toda natureza, mediante a manutenção do ensino de 1º grau gratuito ou recolhimento da contribuição do salário-educação. ... 916

Lei 9.766, de 18 de dezembro de 1998 – Altera a legislação que rege o Salário-Educação, e dá outras providências. 919

SALÁRIOS

Lei 4.266, de 3 de outubro de 1963 – Institui o salário-família do trabalhador e dá outras providências. .. 923

Decreto-lei 368, de 19 de dezembro de 1968 – Dispõe sobre efeitos de débitos salariais e dá outras providências. 924

ÍNDICE DE MATÉRIAS

Decreto-lei 691, de 18 de julho de 1969 – Dispõe sobre a não aplicação, aos contratos de técnicos estrangeiros, com estipulação de pagamento de salários em moeda estrangeira, de diversas disposições da legislação trabalhista, e dá outras providências. .. 925

Lei 6.858, de 24 de novembro de 1980 – Dispõe sobre o pagamento, aos dependentes ou sucessores, de valores não recebidos em vida pelos respectivos titulares. ... 926

Decreto 85.845, de 26 de março de 1981 – Regulamenta a Lei 6.858, de 24 de novembro de 1980, que dispõe sobre o pagamento, aos dependentes ou sucessores, de valores não recebidos em vida pelos respectivos titulares. 927

Portaria 3.296, de 3 de setembro de 1986, do Ministério do Trabalho – MTb – Autoriza as empresas e empregadores a adotar o sistema de Reembolso-Creche, em substituição à exigência contida no § 1º do artigo 389, da CLT. 929

Instrução Normativa 1, de 7 de novembro de 1989, da Secretaria das Relações de Trabalho – SRT – Dispõe sobre o prazo para o pagamento do salário. 930

Lei 8.073, de 30 de julho de 1990 – Estabelece a Política Nacional de Salários e dá outras providências. ... 931

Lei 8.542, de 23 de dezembro de 1992 – Dispõe sobre a política nacional de salários e dá outras providências. ... 931

Lei 8.880, de 27 de maio de 1994 – Dispõe sobre o Programa de Estabilização Econômica e o Sistema Monetário Nacional, institui a Unidade Real de Valor – URV e dá outras providências.* ... 932

Lei Complementar 103, de 14 de julho de 2000 – Autoriza os Estados e o Distrito Federal a instituir o piso salarial a que se refere o inciso V do art. 7º da Constituição Federal, por aplicação do disposto no parágrafo único do seu art. 22. 941

Lei 10.192, de 14 de fevereiro de 2001 – Dispõe sobre medidas complementares ao Plano Real e dá outras providências. .. 942

Decreto 4.840, de 17 de setembro de 2003 – Regulamenta a Medida Provisória 130, de 17 de setembro de 2003, que dispõe sobre a autorização para desconto de prestações em folha de pagamento, e dá outras providências. 945

Lei 10.820, de 17 de dezembro de 2003 – Dispõe sobre a autorização para desconto de prestações em folha de pagamento, e dá outras providências. 949

Lei 12.382, de 25 de fevereiro de 2011 – Dispõe sobre o valor do salário mínimo em 2011 e a sua política de valorização de longo prazo; disciplina a representação fiscal para fins penais nos casos em que houve parcelamento do crédito tributário; altera a Lei 9.430, de 27 de dezembro de 1996; e revoga a Lei 12.255, de 15 de junho de 2010. .. 952

Decreto 7.655, de 23 de dezembro de 2011 – Regulamenta a Lei 12.382, de 25 de fevereiro de 2011, que dispõe sobre o valor do salário mínimo e a sua política de valorização de longo prazo. .. 953

ÍNDICE DE MATÉRIAS

Decreto 7.872, de 26 de dezembro de 2012 – Regulamenta a Lei 12.382, de 25 de fevereiro de 2011, que dispõe sobre o valor do salário mínimo e a sua política de valorização de longo prazo. 953

SERVIÇOS NO EXTERIOR

Lei 7.064, de 6 de dezembro de 1982 – Dispõe sobre a situação dos trabalhadores contratados ou transferidos para prestar serviços no exterior. 955

Decreto 89.339, de 31 de janeiro de 1984 – Regulamenta o disposto nos arts. 5º, § 2º, 9º, §§ 1º a 4º, e 12 da Lei 7.064, de 6 de dezembro de 1982, que dispõe sobre a situação de trabalhadores contratados ou transferidos para prestar serviços no exterior. ... 957

SINDICATOS

Lei 11.648, de 31 de março de 2008 – Dispõe sobre o reconhecimento formal das centrais sindicais para os fins que especifica, altera a Consolidação das Leis do Trabalho – CLT, aprovada pelo Decreto-lei 5.452, de 1º de maio de 1943, e dá outras providências. 959

Portaria 186, de 10 de abril de 2008, do Ministério do Trabalho e Emprego – MTE – Procedimento administrativo para pedido de registro sindical e alteração estatutária.** ... 960

Portaria 194, de 17 de abril de 2008, do Ministério do Trabalho e Emprego – MTE – Aprova instruções para a aferição dos requisitos de representatividade das crentrais sindicais, exigidos pela Lei 11.648, de 31 de março de 2008, e dá outras providências. ... 967

SOCIEDADES COOPERATIVAS

Lei 5.764, de 16 de dezembro de 1971 – Define a Política Nacional de Cooperativismo, institui o regime jurídico das sociedades cooperativas, e dá outras providências. .. 971

Lei 12.690, de 19 de julho de 2012 – Dispõe sobre a organização e o funcionamento das Cooperativas de Trabalho; institui o Programa Nacional de Fomento às Cooperativas de Trabalho – Pronacoop; e revoga o parágrafo único do art. 442 da Consolidação das Leis do Trabalho – CLT, aprovada pelo Decreto-lei 5.452, de 1º de maio de 1943. 988

TRABALHO FORÇADO

Portaria 1.153, de 13 de outubro de 2003, do Ministério do Trabalho e Emprego – MTE – Estabelece procedimentos a serem cumpridos pelos Auditores Fiscais do Trabalho nas ações fiscais para identificação e libertação de trabalhadores sub-

ÍNDICE DE MATÉRIAS

metidos a regime de trabalho forçado e condição análoga à de escravo visando à concessão do benefício do seguro-desemprego. 993

Lei 10.803, de 11 de dezembro de 2003 – Altera o art. 149 do Decreto-lei 2.848, de 7 de dezembro de 1940 – Código Penal, para estabelecer penas ao crime nele tipificado e indicar as hipóteses em que se configura condição análoga à de escravo. 995

Instrução Normativa 91, de 5 de outubro de 2011, da Secretaria de Inspeção do Trabalho – SIT/MTE – Dispõe sobre a fiscalização para a erradicação do trabalho em condição análoga à de escravo e dá outras providências. 995

TRABALHO NA INDÚSTRIA PETROQUÍMICA

Lei 5.811, de 11 de outubro de 1972 – Dispõe sobre o regime de trabalho dos empregados nas atividades de exploração, perfuração, produção e refinação de petróleo, industrialização do xisto, indústria petroquímica e transporte de petróleo e seus derivados por meio de dutos. 1001

TRABALHO RURAL

Lei 5.889, de 8 de junho de 1973 – Estatui normas reguladoras do trabalho rural e dá outras providências. 1003

Decreto 73.626, de 12 de fevereiro de 1974 – Aprova o Regulamento da Lei 5.889, de 8 de junho de 1973. 1006

Lei 11.718, de 20 de junho de 2008 – Acrescenta artigo à Lei 5.889, de 8 de junho de 1973, criando o contrato de trabalhador rural por pequeno prazo; estabelece normas transitórias sobre a aposentadoria do trabalhador rural; prorroga o prazo de contratação de financiamentos rurais de que trata o § 6º do art. 1º da Lei 11.524, de 24 de setembro de 2007; e altera as Leis 8.171, de 17 de janeiro de 1991, 7.102, de 20 de junho de 1993, 9.017, de 30 de março de 1995, e 8.212 e 8.213, ambas de 24 de julho de 1991.* 1010

TRABALHO TEMPORÁRIO E TERCEIRIZAÇÃO

Lei 6.019, de 3 de janeiro de 1974 – Dispõe sobre o trabalho temporário nas empresas urbanas e dá outras providências. 1013

Decreto 73.841, de 13 de março de 1974 – Regulamenta a Lei 6.019, de 3 de janeiro de 1974, que dispõe sobre o trabalho temporário. 1015

Instrução Normativa 3, de 29 de agosto de 1997, do Ministério do Trabalho – MTb – Dispõe sobre a fiscalização do trabalho nas empresas de prestação de serviços a terceiros e empresas de trabalho temporário. 1020

Instrução Normativa 14, de 17 de novembro de 2009, da Secretaria de Relações do Trabalho – SRT/MTE – Dispõe sobre o registro de empresas de trabalho temporário. 1022

ÍNDICE DE MATÉRIAS

Portaria 550, de 12 de março de 2010, do Ministério do Trabalho e Emprego – MTE – Prorrogação do contrato de trabalho temporário.** 1024

TRABALHO VOLUNTÁRIO

Lei 9.608, de 18 de fevereiro de 1998 – Dispõe sobre o serviço voluntário e dá outras providências. ... 1027

VALE-TRANSPORTE

Lei 7.418, de 16 de dezembro de 1985 – Institui o vale-transporte e dá outras providências. .. 1029

Decreto 95.247, de 17 de novembro de 1987 – Regulamenta a Lei 7.418, de 16 de dezembro de 1985, que institui o vale-transporte, com a alteração da Lei 7.619, de 30 de setembro de 1987. 1030

VENDEDORES

Lei 3.207, de 18 de julho de 1957 – Regulamenta as atividades dos empregados vendedores, viajantes ou pracistas. 1035

ÍNDICE DE MATÉRIAS

Portaria 550, de 12 de março de 2010, do Ministério do Trabalho e Emprego – MTE – Prorrogação do contrato de trabalho temporário 1024

TRABALHO VOLUNTÁRIO

Lei 9.608, de 18 de fevereiro de 1998 – Dispõe sobre o serviço voluntário e dá outras providências 1027

VALE TRANSPORTE

Lei 7.418, de 16 de dezembro de 1985 – Institui o Vale-transporte e dá outras providências 1029

Decreto 95.247, de 17 de novembro de 1987 – Regulamenta a Lei 7.418, de 15 de dezembro de 1985, que institui o vale-transporte, com a alteração da Lei 7.619, de 30 de setembro de 1987 1030

VENDEDORES

Lei 3.207, de 18 de julho de 1957 – Regulamenta as atividades dos empregados vendedores, viajantes ou pracistas 1035

ÍNDICE CRONOLÓGICO DA LEGISLAÇÃO (GERAL)

LEIS COMPLEMENTARES*

75	– de 20 de maio de 1993 – Estatuto do Ministério Público da União.*	773
103	– de 14 de julho de 2000 – Piso salarial proporcional.	941
108	– de 29 de maio de 2001 – Relação entre Administração Pública e as suas respectivas entidades de previdência complementar.	1355
109	– de 29 de maio de 2001 – Regime de Previdência Complementar.	1360
110	– de 29 de junho de 2001 – Institui contribuições sociais e autoriza créditos de complementos em contas do FGTS.	730
123	– de 14 de dezembro de 2006 – Estatuto Nacional da Microempresa e da Empresa de Pequeno Porte (Supersimples)*.	761
142	– de 8 de maio de 2013 – Regulamenta o § 1º do art. 201 da CF no tocante à aposentadoria da pessoa com deficiência segurada do RGPS.	1427

LEIS

605	– de 5 de janeiro de 1949 – Repouso semanal remunerado.	893
1.060	– de 5 de fevereiro de 1950 – Lei de Assistência Judiciária.	1037
3.207	– de 18 de julho de 1957 – Empregados vendedores, viajantes ou pracistas.	1035
3.270	– de 30 de setembro de 1957 – Jornada de trabalho de cabineiros de elevador.	753
4.090	– de 13 de julho de 1962 – Gratificação natalina (13º Salário).	745
4.266	– de 3 de outubro de 1963 – Salário-família.	923
4.725	– de 13 de julho de 1965 – Processo de dissídios coletivos.	1040
4.749	– de 12 de agosto de 1965 – Pagamento da gratificação natalina.	745
4.886	– de 9 de dezembro de 1965 – Representantes comerciais autônomos.	901
4.923	– de 23 de dezembro de 1965 – Cadastro permanente de admissões e dispensas de empregados e redução da jornada de trabalho.	753
5.085	– de 27 de agosto de 1966 – Direito de férias aos trabalhadores avulsos.	593

* Conteúdo parcial de acordo com a matéria específica de cada Código ou Coletânea.

CRONOLÓGICO DA LEGISLAÇÃO

5.584	– de 26 de junho de 1970 – Processo do trabalho e assistência judiciária.	1042
5.764	– de 16 de dezembro de 1971 – Sociedades cooperativas.	971
5.811	– de 11 de outubro de 1972 – Regime de trabalho na indústria petroquímica.	1001
5.859	– de 11 de dezembro de 1972 – Empregado doméstico.	671
5.869	– de 11 de janeiro de 1973 – CPC.	405
5.889	– de 8 de junho de 1973 – Trabalho rural.	1003
6.019	– de 3 de janeiro de 1974 – Trabalho temporário.	1013
6.321	– de 14 de abril de 1976 – Dedução do IR de despesas do PAT.	583
6.830	– de 22 de setembro de 1980 – Lei de Execução Fiscal.	1044
6.858	– de 24 de novembro de 1980 – Pagamentos de valores aos dependentes ou sucessores.	926
6.899	– de 8 de abril de 1981 – Correção monetária nos débitos oriundos de decisão judicial.	1051
7.064	– de 6 de dezembro de 1982 – Prestação de serviços no exterior.	955
7.115	– de 29 de agosto de 1983 – Prova documental.	1052
7.347	– de 24 de julho de 1985 – Ação civil pública.	1052
7.418	– de 16 de dezembro de 1985 – Vale-transporte.	1029
7.627	– de 10 de novembro de 1987 – Eliminação de autos findos na Justiça do Trabalho.	1056
7.701	– de 21 de dezembro de 1988 – Turmas Especializadas nos Tribunais do Trabalho.	1056
7.783	– de 28 de junho de 1989 – Direito de greve.	749
7.853	– de 24 de outubro de 1989 – Pessoas portadoras de deficiência.*	819
7.855	– de 24 de outubro de 1989 – Multas trabalhistas.	793
7.859	– de 25 de outubro de 1989 – Abono anual.	577
7.998	– de 11 de janeiro de 1990 – Seguro-desemprego.	1341
8.009	– de 29 de março de 1990 – Impenhorabilidade do bem de família.	1059
8.036	– de 11 de maio de 1990 – FGTS.	695
8.069	– de 13 de julho de 1990 – ECA.*	625
8.073	– de 30 de julho de 1990 – Política Nacional de Salários.	931
8.078	– de 11 de setembro de 1990 – Código de Defesa do Consumidor*.	1060
8.212	– de 24 de julho de 1991 – Seguridade Social e Plano de Custeio.	1149
8.213	– de 24 de julho de 1991 – Planos de Benefícios da Previdência Social.	1183

Cronológico da Legislação

8.432	– de 11 de junho de 1992 – Cria as Juntas de Conciliação e Julgamento e define jurisdições.*	1065
8.542	– de 23 de dezembro de 1992 – Política Nacional de Salários – Salário Mínimo.	931
8.844	– de 20 de janeiro de 1994 – Fiscalização e cobrança judicial das contribuições do FGTS.	721
8.870	– de 15 de abril de 1994 – Altera a Legislação Previdenciária.	1346
8.880	– de 27 de maio de 1994 – Institui a URV.*	932
8.900	– de 30 de junho de 1994 – Benefício do seguro-desemprego e altera a Lei 7.998/1990.	1351
8.984	– de 7 de fevereiro de 1995 – Estende a competência da Justiça do Trabalho (art. 114 da CF).	1112
9.029	– de 13 de abril de 1995 – Proíbe a exigência de atestados de gravidez e de esterilização.	579
9.093	– de 12 de setembro de 1995 – Feriados.	684
9.279	– de 14 de maio de 1996 – Lei da Propriedade Industrial.*	831
9.477	– de 24 de julho de 1997 – Fundo de Aposentadoria Programada Individual – Fapi e Plano de Incentivo à Aposentadoria Programada Individual.	1352
9.601	– de 21 de janeiro de 1998 – Contrato de trabalho por prazo determinado.	621
9.608	– de 18 de fevereiro de 1998 – Serviço voluntário.	1027
9.615	– de 24 de março de 1998 – Lei Pelé.*	641
9.719	– de 27 de novembro de 1998 – Normas de proteção ao trabalhador portuário.	593
9.756	– de 17 de dezembro de 1998 – Processamento de recursos nos Tribunais.	1114
9.766	– de 18 de dezembro de 1998 – Salário-educação.	919
9.800	– de 26 de maio de 1999 – Sistema de transmissão de dados para a prática de atos processuais.	1115
9.876	– de 26 de novembro de 1999 – Contribuição previdenciária do contribuinte Individual.	1354
9.962	– de 22 de fevereiro de 2000 – Regime de emprego público na administração federal.	885
10.101	– de 19 de dezembro de 2000 – Participação dos trabalhadores nos lucros.	811
10.192	– de 14 de fevereiro de 2001 – Medidas complementares ao Plano Real.	942
10.208	– de 23 de março de 2001 – Empregado doméstico – FGTS e Seguro-desemprego.	675
10.421	– de 15 de abril de 2002 – Estende à mãe adotiva o direito à licença-maternidade e ao salário-maternidade.	1374

Cronológico da Legislação

10.666	– de 8 de maio de 2003 – Aposentadoria especial ao cooperado de cooperativa de trabalho ou de produção.	1374
10.803	– de 11 de dezembro de 2003 – Trabalho escravo.	995
10.820	– de 17 de dezembro de 2003 – Autorização para desconto em folha de pagamento.	949
10.887	– de 18 de junho de 2004 – Altera a legislação previdenciária.*	1377
10.999	– de 15 de dezembro de 2004 – Revisão dos benefícios previdenciários concedidos com data de início posterior a fevereiro de 1994.	1381
11.101	– de 9 de fevereiro de 2005 – Lei de Recuperação de Empresas e Falência.*	833
11.324	– de 19 de julho de 2006 – Altera dispositivos das Leis 9.250/1995, 8.212/1991, 5.859/1972 e 605/1949.	675
11.417	– de 19 de dezembro de 2006 – Súmula vinculante.	1119
11.418	– de 19 de dezembro de 2006 – Repercussão geral.	1121
11.419	– de 19 de dezembro de 2006 – Informatização do processo judicial.	1121
11.457	– de 16 de março de 2007 – Super-Receita.*	1391
11.648	– de 31 de março de 2008 – Reconhecimento formal das centrais sindicais e altera a CLT.	959
11.685	– de 2 de junho de 2008 – Estatuto do Garimpeiro.	741
11.718	– de 20 de junho de 2008 – Altera a Lei 5.889/1973 – Normas transitórias para aposentadoria do trabalhador rural – Prorroga o prazo de contratação de financiamentos rurais (art. 1º, § 6º, Lei 11.524/2007).*	1010
11.770	– de 9 de setembro de 2008 – Programa Empresa Cidadã (Licença-maternidade).	817
11.788	– de 25 de setembro de 2008 – Estágio de Estudantes.	677
12.009	– de 29 de julho de 2009 – Exercício das atividades de "motoboy" e de "mototaxista".	785
12.016	– de 7 de agosto de 2009 – Mandado de segurança individual e coletivo.	1139
12.023	– de 27 de agosto de 2009 – Atividades de movimentação de mercadorias em geral e trabalho avulso	595
12.154	– de 23 de dezembro de 2009 – Superintendência Nacional de Previdência Complementar – Previc.*	1402
12.254	– de 15 de junho de 2010 – Reajuste dos benefícios mantidos pela Previdência Social em 2010 e 2011.	1413
12.376	– de 30 de dezembro de 2010 – Altera a ementa do Dec.-lei 4.657/1942	204
12.382	– de 25 de fevereiro de 2011 – Salário mínimo em 2011	952
12.440	– de 7 de julho de 2011 – Altera a CLT.	879
12.470	– de 31 de agosto de 2011 – Altera as Leis 8.212/1991 e 8.213/1991.	1414

CRONOLÓGICO DA LEGISLAÇÃO

12.506	– de 11 de outubro de 2011 – Aviso-prévio.	591
12.513	– de 26 de outubro de 2011 – Altera as Leis 7.998/1990 e 8.212/1991.	1416
12.551	– de 15 de dezembro de 2011 – Altera a CLT.	880
12.594	– de 18 de janeiro de 2012 – Sistema Nacional de Atendimento Socioeducativo (Sinase).*	633
12.619	– de 30 de abril de 2012 – Motorista profissional.	786
12.663	– de 5 de junho de 2012 – Lei Geral da Copa.*	654
12.690	– de 19 de julho de 2012 – Cooperativas de trabalho.	988
12.740	– de 8 de dezembro de 2012 – Redefine os critérios para caracterização das atividades ou operações perigosas.	880
12.761	– de 27 de dezembro de 2012 – Institui o Programa de Cultura do Trabalhador e cria o Vale-cultura.	880
12.790	– de 14 de março de 2013 – Regulamentação do exercício da profissão de comerciário.	829
12.812	– de 16 de maio de 2013 – Acrescenta o art. 391-A à CLT.	883
12.815	– de 5 de junho de 2013 – Exploração direta e indireta pela União de portos e instalações portuárias e atividades desempenhadas pelos operadores portuários.	597
12.832	– de 20 de junho de 2013 – Altera a Lei 10.101/2000	814

DECRETOS-LEIS

2.848	– de 7 de dezembro de 1940 – CP.*	635
4.657	– de 4 de setembro de 1942 – Lei de Introdução às normas do Direito Brasileiro	201
5.452	– de 1º de maio de 1943 – CLT.	223
368	– de 19 de dezembro de 1968 – Débitos salariais.	924
691	– de 18 de julho de 1969 – Não aplicação de dispositivos da CLT aos contratos de técnicos estrangeiros.	925
779	– de 21 de agosto de 1969 – Normas processuais trabalhistas aplicadas a entes públicos que não explorem atividade econômica.	1041
1.422	– de 23 de outubro de 1975 – Salário-educação.	915

DECRETOS

27.048	– de 12 de agosto de 1949 – Regulamenta a Lei 605/1949.	895

CRONOLÓGICO DA LEGISLAÇÃO

57.155	– de 3 de novembro de 1965 – Regulamenta a Lei 4.090/1962.	746
63.912	– de 26 de dezembro de 1968 – Gratificação natalina ao trabalhador avulso.	747
71.885	– de 9 de março de 1973 – Regulamenta a Lei 5.859/1972.	672
73.626	– de 12 de fevereiro de 1974 – Regulamenta a Lei 5.889/1973.	1006
73.841	– de 13 de março de 1974 – Regulamenta a Lei 6.019/1974.	1015
76.900	– de 23 de dezembro de 1975 – Relação Anual de Informações Sociais – Rais.	891
85.845	– de 26 de março de 1981 – Regulamenta a Lei 6.858/1980.	927
86.649	– de 25 de novembro de 1981 – Regulamenta a Lei 6.899/1981.	1051
87.043	– de 22 de março de 1982 – Regulamenta o Dec.-lei 1.422/1975.	916
89.339	– de 31 de janeiro de 1984 – Regulamenta dispositivos da Lei 7.064/1982	957
95.247	– de 17 de novembro de 1987 – Regulamenta a Lei 7.418/1985.	1030
99.684	– de 8 de novembro de 1990 – Normas regulamentares do FGTS.	707
5	– de 14 de janeiro de 1991 – Regulamenta a Lei 6.321/1976.	583
908	– de 31 de agosto de 1993 – Negociações coletivas de trabalho das entidades estatais.	1111
1.572	– de 28 de julho de 1995 – Mediação na negociação coletiva de natureza trabalhista.	661
2.490	– de 4 de fevereiro de 1998 – Regulamenta a Lei 9.601/1998.	623
3.048	– de 6 de maio de 1999 – Regulamento da Previdência Social.*	1216
3.298	– de 20 de dezembro de 1999 – Regulamenta a Lei 7.853/1989.*	821
3.361	– de 10 de fevereiro de 2000 – Regulamenta a Lei 5.859/1972.	674
3.913	– de 11 de setembro de 2001 – Apuração e liquidação dos saldos de contas do FGTS.	734
3.914	– de 11 de setembro de 2001 – Regulamentação das contribuições sociais da LC 110/2001.	737
4.552	– de 27 de dezembro de 2002 – Regulamento da Inspeção do Trabalho.	687
4.840	– de 17 de setembro de 2003 – Autorização para desconto na folha de pagamento.	945
5.113	– de 22 de junho de 2004 – Regulamenta dispositivos da Lei 8.036/1990.	739
5.598	– de 1º de dezembro de 2005 – Contrato de aprendiz.	627
6.042	– de 12 de fevereiro de 2007 – Altera o Regulamento da Previdência Social.*	1390
6.106	– de 30 de abril de 2007 – Prova de regularidade fiscal perante a Fazenda Nacional.	1401

Cronológico da Legislação

7.052	– de 23 de dezembro de 2009 – Regulamenta a Lei 11.770/2008.	817
7.655	– de 23 de dezembro de 2011 – Salário mínimo.	953
7.721	– de 16 de abril de 2012 – Condicionamento do recebimento do seguro-desemprego à comprovação de matrícula e frequência em curso.	1426
7.777	– de 24 de julho de 2012 – Medidas de continuidade de serviços públicos durante greves de servidores públicos federais.	751
7.872	– de 26 de dezembro de 2012 – Regulamenta a Lei 12.382/2011.	953

MEDIDA PROVISÓRIA

2.164-41	– de 24 de agosto de 2001 – Trabalho em regime de tempo parcial e suspensão do contrato de trabalho.	615

ATOS

15	– de 5 de junho de 2008, do TST/CSJT – *Diário Eletrônico da Justiça do Trabalho*.	1135
310	– de 19 de maio de 2009, do TST – Autoriza o Presidente do Tribunal a decidir, monocraticamente, os agravos de instrumento em recurso de revista e os recursos de revista pendentes de distribuição.	1138
342	– de 27 de julho de 2010, do TST – Processo judicial eletrônico no TST	1143

INSTRUÇÕES NORMATIVAS

1	– de 7 de novembro de 1989, da SRT – Prazo de pagamento do salário.	930
3	– de 5 de março de 1993, do TST – Depósito recursal na Justiça do Trabalho.	1108
9	– de 19 de dezembro de 1996, do TST – Procedimentos para o arbitramento das custas processuais.	1113
3	– de 29 de agosto de 1997, do MTb – Fiscalização do trabalho temporário.	1020
15	– de 8 de outubro de 1998, do TST – Normas relativas ao depósito recursal.	1113
16	– de 26 de agosto de 1999, do TST – Uniformiza a interpretação sobre o agravo de instrumento.	1115
17	– de 1999, do TST – Uniformiza a interpretação sobre o recurso de revista.	1116
18	– de 17 de dezembro de 1999, do TST – Comprovação do depósito recursal na Justiça do Trabalho	1117

CRONOLÓGICO DA LEGISLAÇÃO

19	– de 27 de abril de 2000, do TST – Normas relativas à inserção de tema na Orientação Jurisprudencial no TST.	1117
24	– de 9 de outubro de 2003, do TST – Audiência prévia de conciliação.	663
27	– de 16 de fevereiro de 2005, do TST – Ampliação da competência da Justiça do Trabalho pela EC n. 45/2004.	1118
30	– de 13 de setembro de 2007, do TST – Regulamenta, no âmbito da Justiça do Trabalho, a Lei 11.419/2006.	1125
31	– de 27 de setembro de 2007, do TST – Regulamenta a realização do depósito prévio em ação rescisória.	1130
32	– de 19 de dezembro de 2007, do TST – Procedimentos para a expedição de Precatórios e Requisições de Pequeno Valor.	1131
9	– de 5 de agosto de 2008, da SRT/MTE – Sistema de Negociações Coletivas de Trabalho – Mediador.	664
11	– de 24 de março de 2009, da SRT/MTE – Depósito, registro e arquivo de convenções e acordos coletivos de trabalho nos órgãos do MTE.	664
936	– de 5 de maio de 2009, da RFB – Tratamento tributário relativo a valores pagos a título de abono pecuniário de férias.	685
14	– de 17 de novembro de 2009, da SRT/MTE – Registro de empresas de trabalho temporário.	1022
15	– de 14 de julho de 2010, da SRT/MTE – Procedimentos para assistência e homologação na rescisão de contrato de trabalho.	909
91	– de 5 de outubro de 2011, da SIT/MTE – Fiscalização para a erradicação do trabalho em condição análoga à de escravo.	995

PORTARIAS

417	– de 10 de junho de 1966, do MTPS – Dilatação do horário de repouso.	757
3.120	– de 19 de maio de 1980, do MTb – Apresentação de documentos ao Ministério do Trabalho.	667
3.296	– de 3 de setembro de 1986, do MTb – Reembolso-Creche.	929
3.118	– de 3 de abril de 1989, do MTb – Autorização para trabalho aos domingos e feriados.	684
3.626	– de 13 de novembro de 1991, do MTPS – Registros e anotações na CTPS.	887
817	– de 30 de agosto de 1995, do MTb – Participação de mediador nos conflitos de negociação coletiva trabalhista.	662
818	– de 30 de agosto de 1995, do MTb – Credenciamento de mediador na DRT.	662

CRONOLÓGICO DA LEGISLAÇÃO

148	– de 25 de janeiro de 1996, do MTb – Processos administrativos de multas e de notificações para depósitos do FGTS.	722
1.061	– de 1º de novembro de 1996, do MTb – Normas para organização e tramitação dos processos de débito salarial e mora do FGTS.	728
290	– de 11 de abril de 1997, do MTb – Multas administrativas trabalhistas.	794
4.677	– de 29 de julho de 1998, do MPAS – Preenchimento de cargo por pessoas portadoras de deficiência.	580
3	– de 1º de março de 2002, da SIT/DSST – Execução de Programa de Alimentação do Trabalhador – PAT.*	585
235	– de 14 de março de 2003, do MTE – Cadastro Geral de Empregados e Desempregados – Caged.	667
1.153	– de 13 de outubro de 2003, do MTE – Auditores fiscais e o trabalho escravo.	993
1.199	– de 28 de outubro de 2003, do MTE – Multa administrativa.	694
1	– de 25 de maio de 2006, da SRT – Ementas normativas da Secretaria de Relações do Trabalho.	803
41	– de 28 de março de 2007, do MTE – Registro e Anotação da CTPS.	888
282	– de 6 de agosto de 2007, do MTE – Sistema de Negociações Coletivas de Trabalho – Mediador.	664
412	– de 20 de setembro de 2007, do MTE – Disciplina a alteração na jornada e no horário de trabalho dos empregados que trabalhem em regime de turnos ininterruptos de revezamento.	757
186	– de 10 de abril de 2008, do MTE – Procedimento administrativo para pedido de registro sindical e alteração estatutária.	960
194	– de 17 de abril de 2008, do MTE – Instruções para a aferição dos requisitos de representatividade das centrais sindicais.	967
210	– de 29 de abril de 2008, do MTE – CTPS Informatizada.	668
550	– de 12 de março de 2010, do MTE – Prorrogação do contrato de trabalho temporário.	1024
1.095	– de 19 de maio de 2010, do MTE – Requisitos para a redução do intervalo intrajornada.	757
1.246	– de 28 de maio de 2010, do MTE – Orientação às empresas e aos trabalhadores sobre testagem relacionada ao HIV.	581
373	– de 25 de fevereiro de 2011, do MTE – Sistemas alternativos de controle de jornada de trabalho.	758
68	– de 11 de janeiro de 2012, do MS – Benefício financeiro às gestantes nos deslocamentos para o pré-natal e parto.	1424

CRONOLÓGICO DA LEGISLAÇÃO

RESOLUÇÕES

630	– de 20 de outubro de 1998, do INSS – Reserva de vagas nas empresas a beneficiários ou pessoas portadoras de deficiência e reabilitados.	580
74	– de 13 de setembro de 2001, do Conanda – Registro e fiscalização de entidades sem fins lucrativos que tenham por objetivo assistência ao adolescente.	626
4	– de 30 de novembro de 2006, do STJ – Agravo de instrumento manifestamente inadmissível.	1119
8	– de 7 de agosto de 2008, do STJ – Procedimentos relativos ao processamento e julgamento de recursos especiais repetitivos.	1134
1.418	– de 30 de agosto de 2010, do TST – Regulamenta o Agravo de Instrumento interposto de despacho que negar seguimento a recurso de competência do TST.	1146

REGIMENTO INTERNO DO TST .. 1431

PROVIMENTOS

1	– de 14 de novembro de 2001, da CGJT – Processamento do agravo de instrumento.	1117
1	– de 3 de maio de 2012, do TST – Procedimentos dos Juízos Trabalhistas relativamente a credores trabalhistas de empresa falida ou em recuperação judicial.	1147

QUADRO DEMONSTRATIVO DE FÉRIAS E FERIADOS 683

QUADRO DEMONSTRATIVO DE PROFISSÕES 827

EXPOSIÇÃO DE MOTIVOS DA CLT 215

EXPOSIÇÃO DE MOTIVOS DO CPC 389

NOTAS DE ATUALIZAÇÃO DA CLT 213